『十二五』國家重點圖書出版規劃項目
全國古籍整理出版規劃領導小組資助出版
首屆向全國推薦優秀古籍整理圖書

說文解字注

上

（漢）許 慎 撰
（清）段玉裁 注
許惟賢 整理

鳳凰出版社

圖書在版編目（CIP）數據

說文解字注 / (漢)許慎撰 ; (清) 段玉裁注 ; 許惟賢整理. -- 2版. -- 南京 : 鳳凰出版社, 2015.7 (2025.1重印)
ISBN 978-7-5506-2167-1

Ⅰ. ①說… Ⅱ. ①段… ②許… Ⅲ. ①漢字－古文字學②《說文》－注釋 Ⅳ. ①H161

中國版本圖書館CIP數據核字(2015)第104351號

書　名	說文解字注
著　者	(漢)許慎 撰　(清)段玉裁 注　許惟賢 整理
責任編輯	王華寶　韓鳳冉
責任監製	程明嬌
出版發行	鳳凰出版社(原江蘇古籍出版社) 發行部電話025-83223462
出版社地址	江蘇省南京市中央路165號,郵編:210009
照　排	南京理工出版信息技術有限公司
印　刷	南京愛德印刷有限公司 江蘇省南京市江寧區東善橋秣周中路99號,郵編:211153
開　本	718毫米×1005毫米　1/16
印　張	104.25
字　數	1892千字
版　次	2015年7月第2版
印　次	2025年1月第11次印刷
標準書號	ISBN 978-7-5506-2167-1
定　價	298.00圓(全二册) (本書凡印裝錯誤可向承印廠調換,電話:025-57928003)

目録

目録

前言

我國有重視語文教育和文字規範的傳統。據文獻記載，西周就有負責推廣雅言通語和教授貴族子弟讀書識字的官員，與之相應，遠在春秋戰國之時，就編出了用作課本的《史籀篇》這樣的字書。秦漢兩代，續有編修，據《漢書·藝文志》所載，就有八九種之多。每書所收字數，也陸續增至五六千。這些書既用作童蒙課本，也被視爲用字的規範。從遺存的《倉頡篇》殘簡和傳世的《急就篇》可知，這類書多爲四字或七字一句，間小有變化，押韻，便於記誦，並不附解釋。但是當時教學要求，却是要能識字體、明字音、懂字義，會念、會寫、會用。教學要做到這點，教官當然要有一套辦法。《説文解字·叙》中提到：「周禮，八歲入小學，保氏教國子，先以六書。」可見，分析字形以掌握字音、字義這種方法先秦已有。我們讀到《左傳》上説「夫文止戈爲武」、「故文反正爲乏」(分見宣十二年、十五年)，便是證明。

這些課本和教學方法，並不系統完備，談不上是文字研究，但却是後來建立傳統文字學的基礎。到了東漢，由於時代的需要和學術的積累，出現了一本系統、科學、完備的文字學奠基之作——《説文解字》。此書出現的背景、學術源流、製作目的，作者許慎在《叙》中都有説明。後世學者無不認爲它的出現標志着中國文字學理論的建立和代表作的誕生。它的巨大作用，竟促成了前述各種字書逐漸被人忽視、淡忘以至失傳，只有一本《急就篇》因其書法特色爲人喜愛和有顔師古注而流傳下來。

《説文解字》，後世簡稱《説文》，東漢許慎著。許慎字叔重，汝南召陵(今河南郾城)人，生卒年不詳，大致生活在明帝至安帝之世。他博學經籍，世稱「五經無雙」，師從古文學家賈逵。曾「爲郡功曹，舉孝廉，再遷除洨長」，做過太尉南閣祭酒，又曾「校書東觀」，著有《五經異義》、《孝經古文説》、《淮南子注》等，皆已失傳。《説文解字》是他積數十年心血研究的成果，在他老病之時，由他兒子許沖呈送朝廷，得傳布於世，成爲中國傳統文字學的經典。

《説文解字》是曠世之作，許慎寫此書在許多方面都屬創舉。《説文》在理論和實踐方面的成就及對後世的影響，亦非同類他書可比擬。綜合學界的評價，《説文》一書的貢獻主要是：

一、整理彙集了當時通行的漢字。計九千多個小篆，另外還收録了五百多個古文、二百多個籀文及相當數量的異體字。它所保存的這些字的形、音、義成爲後世研究漢字和漢語詞彙發展的寶貴資料。《説文》因而成爲溝通古漢字的橋梁，研究古代文字訓詁的必讀書。

二、創立了以五百四十部首統率全書漢字的編排法。這是抓準漢字特點的重大創造，有非凡的理論和實踐價值，故而經後人改進，至今仍被採用。

三、闡明「六書」義例，據「六書」分析全書漢字結構，作爲確立漢字形音義的基礎。「六書」的界定與應用，歷代學者並不完全一致，但它至今仍在漢字結構分析中發揮着不可替代的作用。

四、詮釋漢字本義。《説文》釋義以本義爲主。因爲只有本義確立，解説字形，分析引申義，辨析假借才有基礎，才能使一篆之下，形音義之説解達到統一。《説文》在這點上，一直是後代字書、辭書的楷模。

《説文》博大精深，體例謹嚴，内容確實有據，使它成爲我國語言文字學的寶藏。近世的甲、金文研究，一方面使我們發現許慎和《説文》的時代局限性和缺陷，另一方面則更使我們認識到《説文》是我們文史研究不可缺少的通古達今的橋梁，它的價值永遠存在。

《説文》簡古而深奥，許多方面需後人研討闡發；千餘年的傳鈔刊刻，也發生許多譌脱，需要校補。歷代研究《説文》的著作很多，丁福保所編《説文解字詁林》就開列兩百餘種，有清一代，尤爲突出，佔其大半，其中有被稱爲「四大家」的段玉裁、朱駿聲、桂馥、王筠，各有專著，互相輝映，而最爲精深、全面的當推段氏《説文解字注》。段氏此書，被其同時代的小學大家王念孫譽爲「蓋千七百年來無此作矣」（見本書《序》），而現代語言學家王力也推崇説：「在《説文》研究中，段氏應坐第一把交椅。」（《中國語言學史》）由於段氏的成就和《段注》的特色，後來學人多以之爲「許學」的入門書。如果説治中國文史之學者無不讀《説文》，而近世讀《説文》者則很少是不從讀《段注》入手的。

段玉裁（一七三五—一八一五），字若膺，號茂堂，江蘇金壇人。自幼即好聲音文字之學，讀書有兼人之資，乾隆二十五年（一七六〇）考得舉人，至京師，得識戴震，拜爲師。後任貴州玉屏知縣，又調四川，署富順及南溪縣事，又任巫山縣知縣。公務之餘，篝燈著述，乙未年（一七七五）定稿《六書音均表》。四十六歲辭官歸里，自此不問世事，潛心學術。精研許慎《説文》三十餘年，先成長編《説文解字讀》，後檃栝整理成《説文解字注》，時已七十三歲（嘉慶十二年，一八〇七）。八十歲時，《説文注》全書刻成，當年段氏卒於蘇州。段氏之重要著作尚有《詩經小學》、《毛詩故訓傳定本小箋》、《古文尚書撰異》、《周禮漢讀考》、《儀禮漢讀考》、《經韻樓集》等。《説文解字注》耗費他半生精力，萃集其學術精華，享譽最高，傳布最廣。

《説文解字注》問世以後，即受學者推崇，讀者服膺，誦習不絶，以至「綴學之家，幾於户置一册」（陳慶鏞《説文解字義證叙》），是因爲它有以下的傑出貢獻：

一、闡發許書的義例。許書簡古精嚴，然其内在義例，許氏並未一一説明。學者讀之，難以融會貫通。段氏每於注中揭示許慎著書法則，明其通例及術語含義。如「一部」之注，就指明許氏收録篆文、古文、籀文的原則（弌字下注），五百四十部之先後「以形之相次」，一部内各字先後「以義之相引爲次」的編排方法（部末注），以及「凡篆一字先釋其義，次釋其形，次釋其音，合三者以完一篆」（元字下注）的説解通例等。這種闡發許書義例的文字，有二百多條，散見全書注中，幫助讀者通其條貫，執簡馭繁，以之理解《説文》精義，有事半功倍之效。

二、校正《説文》傳本之譌誤。《説文》經長期傳鈔翻刻，不免産生錯譌奪衍，其間也夾着不少某些學者據己意所作的竄改，若不校正，讀者將被導入歧途。段氏對這一工作十分重視，採用的方法，也很謹嚴。首先是以《説文》校《説文》，即用不同版本互校，前後文對校，據義例推校。其次是根據他書材料，如經傳訓詁，韻書、字書例證來覈正。校訂所據，多於注中説明。段氏所指，常切中其誤，後人曾用新發現的唐寫本《説文》殘頁檢覈，證明與段氏所校頗多暗合，可見段校之精。當然因主觀武斷而誤校者也不乏其例。

三、疏證許書的説解。許慎對一字形音義的説解，因體例及時代因素常簡而不明，對其進行疏證，使之可信、可解、可用，是段注的主要任務。尤其是釋義，是《説文》之精髓，但其只述本義（偶用「一曰」介紹異説、别義），常古奥不爲人知，段注於此則頗下功夫，尤其注重對《説文》所列本義的考釋。其不明者，疏以解之，例以證之；其意藴深者，挑以出之，析以明之；其有偏頗或别義未及者，扶以正之，擴以充之；其義近、義異者，則聚而辨其同異；其形音義相關者，則牽引而明其會通。爲了做到這些，段氏廣搜博引，内外繫聯，又運用假借、引申、古今字、渾言析言、音義同通、語轉、字同、省文、或作、俗作等術語幫助定性。行文上有時簡潔明快，一語破的；有時不煩梳理舉證，作爲長篇，務使讀者透徹理解。對此，江沅在爲段書所作的《後叙》中贊曰：「先生發明許書之要，在善推許書每字之本義而已矣。……形以經之，聲以緯之，凡引古以證者，於本義，於餘義，於引申，於假借，於形，於聲，各指所之，罔不就理。……縣是書以爲的，則許氏著書之心以明，經史百家之文字亦無不由此以明。」確實，段氏這方面的工作，最使學者受益。

四、對漢字形音義的全面系統研究。段氏深刻理解許慎對漢字形音義統一關係的重視，他説：「許君以爲音生於義，義著於形，聖人之造字，有義以有音，有音以有形，必審形以知音，審音以知義。」（《說文解字叙・注》）因此他提出形音義三者互相求的理論：「小學有形，有音，有義，三者互相求，舉一可得其二。有古形，有今形，有古音，有今音，有古義，有今義，六者互相求，舉一可得其五。」（《廣雅疏證序》）《說文》雖分析六書，但它反映的古音系統未經整理並不明確，段氏之前，有顧亭林、江慎修的古音研究，但段氏認爲他們分析未備，不是研究古字形音義的完善基礎。因此段氏前半生花了很大精力完成了《六書音均表》，並提出「古本音說」「古諧聲必同部說」「音韻隨時代變遷說」「古合韻說」「古假借必同部說」等重要理論，取得里程碑性質的成就，爲古字形音義系統研究提供了條件。他說：「音均明而六書明，六書明而古經傳無不可通。」因此他在注《說文》時保留了大徐本的反切，又於每字注明古音屬第幾部，以語音爲樞紐論證本義，推衍引申義，破解假借義，馳騁縱橫上下，對古漢字的形音義進行系統研究，糾正了不少前人的錯誤，爲古漢語研究作出了很大貢獻。只可惜其時金文研究成果還不突出，甲骨文還未發現，在古字形方面他只是主要根據《說文》所列，較少突破，在許多方面影響他取得更大成就。

段氏的成就遠不止以上四點，他結合《說文》研究在校勘闡釋群書以及考釋古代山川草木、鳥獸蟲魚、典章禮儀等方面也取得許多成果，縷述於《說文解字注》中，多爲學者所稱道。

段注的缺點與局限，前人研究也指出不少。如對某些篆文和說解的改動，因所持證據不足或有誤，顯得主觀武斷；進行形音義互相探求及推闡字義引申時，有時不够嚴密而導致結論失當或自相矛盾；對《說文》義例的某些解說，如轉注、說解必用本字、三字句等是否符合實際，也多爲學者質疑；段氏在注中引用書證，常不全具書名篇名或雖出而有誤，引文亦常有改竄錯譌，使讀者理解、採用産生困難：凡此等等，皆爲巨著之瑕疵。段氏書出不久，即有學者著專書對其進行補正匡謬，此類著作共有十餘種。重要的有：王念孫《說文段注簽記》、鈕樹玉《段氏說文注訂》、徐承慶《說文解字注匡謬》、王紹蘭《說文段注訂補》、徐灝《說文段注箋》、馮桂芬《說文解字段注考正》等，各書所論，雖亦有得失偏頗，但對我們研讀段書，均有一定的參考價值。

段注一書，於嘉慶二十年（公元一八一五年）段氏去世前刻印完成，是爲經韻樓初刻本。此後清代有皇清經解學海堂本、蘇州保息局本、湖北崇文書局本、成都尊經書院本、船山書局本、上海江左書林本等，民國年間有掃葉山房石印本、世界書局影印本、中華書局四部備要排印本等，新中國成立後有上海古籍出版社的影印本等。後出之本無論復刻本、影印本、重排本，於初刻本之刻印譌誤多未糾正，有的因所據版本損缺反而增加了譌誤。

此次鳳凰出版社爲了滿足讀者需要，決定整理出版《段玉裁全集》，《説文解字注》新標點本，亦列其中。爲了提高此书質量，一方面精選底本，一方面在標點過程中對段氏引文進行了大量的原書核對工作。前述段氏在引用書證方面的缺陷遂暴露無遺，其引書譌誤及刻本的錯譌也多所發現。總括起來，段注在這方面的問題有十六端：一、引文不全注書名、篇名、卷數，多數只注其中一項；二、書名標注隨意變換，如玄應的《一切經音義》，變稱多達十餘種，又如《儀禮·既夕禮》，或稱《既夕禮》，或用漢人一説稱爲《士喪禮》下篇，多處則逕稱《士喪禮》；三、誤注書名、篇名、傳注名，張冠李戴；四、引文並稱同出數書，其實各書並不相同；五、引文謂出某書，實雜引他書；六、引文連引舊注，而所引之注原不屬所引之文；七、引文中夾引注文而不分析；八、引文係原書注文而標爲正文；九、引文係據他書轉引而不説明，其與通行傳本有出入而讀者不得其因由；十、引文據他人校勘或段氏本人校改而不説明；十一、引文有改竄或删節，或引文上下文在原書本遠隔，或引時句次顛倒錯亂；十二、引文破句、誤用；十三、引文增字成義；十四、引文有誤字、衍脱；十五、注文將常用字改用本字，又不劃一，如備備、萠萌、湥深、嘼畜、瓜瓜、舄鳥間出；十六、引文及所加斷語，一書之内時有矛盾，甚至一字之内前後兩説，如「娟」字下「一曰，梅目相視」，段注先謂梅當作怒，繼又謂梅當作侮。除此十六項有關注文引文的問題外，還有因刊刻引起的《説文》本文錯字，和錯刻字形若干項，後者如從殳字常缺一筆，鬲又多一筆成鬲，痕刻成痕等。

引起以上缺失的主要原因，一方面是段氏過於自信，又習於當時行文習慣；一方面是此書卷帙浩繁，整理多歷年所，精力難以專一。雖然在段氏談及引文譌誤時，也告誡説「凡持記憶而不檢閲者，多此病」（四篇下「殪」字注），然自己也竟難避免。段氏晚年似也感到此書修撰未盡稱意，想請王引之代爲修訂，但未能如願（段氏《與劉端臨書》）。訂補段注諸書中，馮桂芬之《考正》於校補引文缺失最爲精審，此次標點校核，多所參用；他如今人余行達《説文段注研究》也指出段氏一些誤失，我們得到不少幫助。《六書音均表》部分，中華書局《音韻學叢書》本附有周祖謨訂誤二十三條，本書採用並補充數條。馮、余二書亦有疏忽，則另據校核補充之。然本書附注所及，只能限於糾其錯譌，至於段注之缺失，如漏注書名、篇名的問題，則因量大，難以補齊。至於本字的使用，有時牽涉到注文，問題較爲複雜，多仍其舊。如此，擇其要者，共出附注近一千二百條，少數因手民刊刻産生的誤字，則逕改爲正字。這些工作，雖非屬對此書之全面校勘，然亦望對讀者使用有所幫助。

段氏在《說文注》中，很注重字或詞的類比研究，即在一篆之下，於闡發字的本義、推衍字的引申義的同時，常牽連相關字加以比較，說明兩者的同異、古今、正俗、正譌、形變、音變、同義、近義、反義、異義、假借等種種關係，極大地豐富了注的內容。這方面的注說，常爲所牽涉類比之字下所未及，因此，各字之注，實互相補充，相輔相成，這是我們讀段注時不可不注意的。如：段氏於口部「含」字下謂「《禮樂志》吟青黄，以吟爲含」，是說吟可借爲含，但段氏於「吟」字下並未及此。又如鬲部「鬵」下謂是「甑之或體」，瓦部「甑」下亦未提及，依鬵下所說，鬵實甑之異部重文。再如爻部「棥」下注：「(籬)六朝人謂之援」，此義手部「援」下亦闕如；勹部匃下說「今人以物與人曰給，其實當用匃字」，這一有關漢語詞彙發展的見解，却不見於糸部「給」下。段注還提到許多《說文》未收的字，如簿見於篰下注，杀見於殺下注，拭見於㕞下注，鍋見於斛下注；「古無架字，以加爲之」，不見於加下而見於言部誣下。因此，段注釋字，實常超出於本篆，亦大於許書所收。段氏的這種做法，揭示了《說文》的內在系統性，正如他在《說文・敘》的注中所說：「苟取其義之相同相近者，各比其類爲一書，其條理精密，勝於《爾雅》遠矣。」但是過去我們要掌握這部分材料，只有將《說文段注》反覆對閱，熟記於胸之一法，這是一般讀者所難以做到的。爲了幫助讀者掌握段注中這方面的大量寶貴信息，特將每字注中類比的相關字勾出，編成「類比字索引」，讀者要瞭解一字在他字段注中是否有解說，可利用此表檢索。

本書承江蘇省金壇市段玉裁紀念館支持，提供了北京師範大學教授蕭璋先生生前捐贈的經韻樓初刻本作爲底本；在工作中又得到南京師範大學徐復教授生前的關心與指導，一些問題還曾向趙振鐸教授、趙航教授和薛正興編審請教；在出版過程中並曾得到楊蓉蓉、王華寶等同志的支持幫助，又承王華寶編審協助編排索引，在此一並表示衷心的感謝！ 本書作爲《段玉裁全集》的主幹部分最先出版，限於水平與經驗，我的工作可能存在不少缺陷與紕漏，則希望學者與讀者多多批評指正。

許惟賢

二〇〇七年一月於南京大學

凡　例

一、本書以經韻樓初刻本《説文解字注》爲底本。初刻本之一部早期印本現藏於江蘇省金壇市段玉裁紀念館，爲北京師範大學教授蕭璋先生在該館落成時所捐獻，先生有文記之。此本雕版朽壞缺損之處甚少，故極爲珍貴，本書即據以整理。

二、是書初刊刻時，於《説文》本文即產生少許錯字，段氏注文刻工誤鐫者亦有，又段氏文稿於引文譌誤亦不少。此等錯失，在標點核對過程中多有發現，其要者今皆以附注記於每篇之後，共約一千二百條。至於段氏於大徐本、小徐本等用此取彼及改竄《説文》之是非，則有研究者之評説，非本書之務，而引文與原書之微小異同，如因截引後主詞不明而補入，或加「者」「也」等詞以足語氣之類，皆不予計較。因此，本書這方面工作不屬嚴格意義上之校勘，故不以爲名。

三、本書基本遵用國頒標準《標點符號用法》給全書作新式標點，唯專名號、省略號、破折號等未使用。引號之内則盡量不疊用引號。又段氏標注書名篇名，因無標點時之引文習慣，常有一些特殊情況，如一書名之下連帶多個篇名，同一篇名之上並冠兩書名之類，則據具體情況變通靈活標點之，難求一致。

四、段注文中時有雙行小字自注，現均加以括號，以注文稍小之字排之。

五、本書仍用繁體字排印，段氏所用之隸古定本字，異體字，皆仍其舊。段氏文中又用避諱字，如玄作元，續字避父諱缺末筆等，則皆改回。刻工個別錯誤增減筆劃之字，如縠作穀、痕作痕之類，亦逕改爲正字。

六、爲便讀者認讀及檢索，每篆及重文之上標注此字之楷體，楷體皆用新字形。部分篆體與楷體出入大者，則於原篆之上標舊用之隸定字形，另將相應楷體重出於索引中。如篆上注歬、萅字，索引中另重出前、春字等。這類字共約三十五個。

七、原書直行，每篆連排，本書亦用直排，每頁分上下兩欄，每篆改爲自行起行，以清眉目，重文亦另起行，然低半格以别之。

八、本書除編有筆畫索引外，又編有「類比字索引」，其内容已於前言中説明。

說文解字注序

《說文》之爲書，以文字而兼聲音訓詁者也。凡許氏形聲讀若，皆與古音相準，或爲古之正音，或爲古之合音。方以類聚，物以羣分，循而考之，各有條理。不得其遠近分合之故，則或執今音以疑古音，或執古之正音以疑古之合音，而聲音之學晦矣。《說文》之訓，首列製字之本意，而亦不廢假借，凡言一曰，及所引經，類多有之。蓋以廣異聞，備多識，而不限於一隅也。不明乎假借之指，則或據《說文》本字以改書傳假借之字，或據《說文》引經假借之字，以改經之本字，而訓詁之學晦矣。吾友段氏若膺，於古音之條理，察之精，剖之密。嘗爲《六書音均表》，立十七部以綜核之。因是爲《說文注》，形聲讀若，一以十七部之遠近分合求之，而聲音之道大明。於許氏之說，正義借義，知其典要，觀其會通。而引經與今本異者，不以本字廢借字，不以借字易本字，揆諸經義，例以本書，若合符節，而訓詁之道大明。訓詁聲音明而小學明，小學明而經學明，蓋千七百年來無此作矣。若夫辨點畫之正俗，察篆隸之繁省，沾沾自謂得之，而於轉注假借之通例，茫乎未之有聞，是知有文字而不知有聲音訓詁也。其視若膺之學，淺深相去爲何如邪。余交若膺久，知若膺深，而又皆從事於小學，故敢舉其犖犖大者以告綴學之士云。嘉慶戊辰五月，高郵王念孫序。

説文解字第一篇上

金壇段玉裁注

一一 惟初大極，道立於一。造分天地，化成萬物。《漢書》曰：「元元本本，數始於一。」凡一之屬皆从一。一之形，於六書爲指事。凡云凡某之屬皆从某者，《自序》所謂「分別部居，不相襍厠」也。《爾雅》、《方言》，所以發明轉注假借。《倉頡》、《訓纂》、《滂憙》及《凡將》、《急就》、《元尚》、《飛龍》、《聖皇》諸篇，僅以四言、七言成文，皆不言字形原委。以字形爲書，俾學者因形以考音與義，實始於許，功莫大焉。於悉切，古音第十二部。○凡注言一部、二部以至十七部者，謂古韻也。玉裁作《六書音均表》，識古韻凡十七部。自倉頡造字時，至唐虞、三代、秦漢以及許叔重造《説文》，曰某聲，曰讀若某者，皆條理合一不紊。故既用徐鉉切音矣，而又某字志之曰古音第幾部。又恐學者未見六書音均之書，不知其所謂，乃於《説文》十五篇之後，附《六書音均表》五篇，俾形聲相表裏，因耑推究，於古形、古音、古義，可互求焉。

弌弌 古文一。凡言古文者，謂倉頡所作古文也。此書法後王、尊漢制，以小篆爲質，而兼録古文、籀文，所謂「今叙篆文，合以古籀」也。小篆之於古籀，或仍之，或省改之，仍者十之八九，省改者十之一二而已。仍則小篆皆古籀也，故不更出古籀；省改則古籀非小篆也，故更出之。一、二、三之本古文明矣，何以更出弌、弍、弎也？蓋所謂即古文而異者，當謂之古文奇字。

元元 始也。見《爾雅·釋詁》。《九家易》曰：「元者，氣之始也。」从一，兀聲。徐氏鍇云：不當有「聲」字。以髡从兀聲，軏从元聲例之，徐説非，古音元、兀相爲平入也。凡言「从某，某聲」者，謂於六書爲形聲也。凡文字有義、有形、有音，《爾雅》已下，義書也。《聲類》已下，音書也。《説文》，形書也。凡篆一字，先訓其義，若「始也」、「顛也」是。次釋其形，若「从某，某聲」是。次釋其音，若「某聲」及「讀若某」是。合三者以完一篆，故曰形書也。愚袁切，古音第十四部。

天天 顛也。此以同部疊韻爲訓也。凡「門，聞也」、「户，護也」、「尾，微也」、「髮，拔也」皆此例。凡言「元，始也」、「天，顛也」、「丕，大也」、「吏，治人者也」，皆於六書爲轉注，而微有差別。元、始可互言之，天、顛不可倒言之。蓋求義則轉移皆是，舉物則定名難假。然其爲訓詁則一也。顛者，人之頂也，以爲凡高之偁。始者，女之初也，以爲凡起之偁。然則天亦可爲凡顛之偁，臣於君、子於父、妻於夫、民於食，皆曰天是也。至高無上，从一大。至高無上，是其大無有二也，故从一大，於六書爲會意。凡會意，合二字以成語，如「一大」、「人言」、「止戈」皆是。他前切，十二部。

丕丕 大也。見《釋詁》。从一，不聲。敷悲切，古音在第一部。鋪怡切丕與不音同，故古多用不爲丕，如不顯即丕顯之類，於六書爲假借。凡假借，必同部、同音。○丕，隷書中直引長，故云丕之字「不十」，《漢石經》作「丕」可證，非與丕殊字也。

吏 治人者也。治與吏同在第一部，此亦以同部疊韻爲訓也。从一，从史。此亦會意也。天下曰：「从一大」，此不曰「从一史」者，吏必以一爲體，以史爲用，一與史二事，故異其詞也。史者，記事者也。史亦聲。凡言亦聲者，會意兼形聲也。凡字有用六書之一者，有兼六書之二者。力置切，一部。

文五。　重一。此蓋許所記也。每部記之，以得其凡若干字也。凡部之先後，以形之相近爲次。凡每部中字之先後，以義之相引爲次。《顔氏家訓》所謂「檃栝有條例」也。《説文》每部自首至尾，次弟井井如一篇文字。如一而元，元，始也，始而後有天，天莫大焉，故次以丕，而吏之从一終焉是也。雍熙校刊部首某字説解爲大字，已下説解皆爲夾行小字，絕非舊式。

二 二 高也。此古文丄。古文上作二，故帝下、㫄下、示下，皆云「从古文上」，可以證古文本作二，篆作丄。各本誤以丄爲古文，則不得不改篆文之上爲上，而用上爲部首，使下文从二之字皆無所統，示次於二之恉亦晦矣。今正丄爲二，上爲丄，觀者勿疑怪可也。凡《説文》一書，以小篆爲質，必先舉小篆，後言古文作某。此獨先舉古文，後言小篆作某，變例也。以其屬皆从古文上，不从小篆上，故出變例而別白言之。指事也。凡指事之文絕少，故顯白言之。不於一下言之者，一之爲指事，不待言也。象形者，實有其物，日月是也。指事者，不泥其物而言其事，丄丅是也。天地爲形，天在上，地在下，地在上，天在下，則皆爲事。凡二之屬皆从二。時掌、時亮二切。古音第十部。

上 丄 篆文上。謂李斯小篆也。今各本篆作上，後人所改。

帝 帝 諦也。見《春秋元命苞》、《春秋運斗樞》。《毛詩故訓傳》曰：「審諦如帝。」王天下之號。从二，朿聲。都計切，古音第十六部。

帝 帝 古文帝。古文諸丄字皆从一，篆文皆从二。二，古文上字。古文从一，小篆从古文上者，古今體異。必云二古上字者，明非二字也。徐鍇曰：古文上，兩畫上短下長。一二之二，則兩畫齊等。辛、俗本辛下有「言」，非也。言从辛，舉辛可以包言。示、辰、龍、童、音、章，皆从古文上。古文示作𥘅，古文禮作𥘅，古文辰作𠨑，此古文从一、小篆从二之證。然則古文以一爲二，六書之假借也。

旁 㫄 溥也。司馬相如《封禪文》曰：「旁魄四塞。」張揖曰：「旁，衍也。」《廣雅》曰：「旁，大也。」按，旁讀如滂，與溥雙聲。後人訓側，其義偏矣。从二，闕，闕，謂从冂之説未聞也。李陽冰曰：「冂象旁達之形也。」按《自序》云：「其於所不知，蓋闕如也。」凡言闕者，或謂形，或謂音，或謂義，分別讀之。方聲。凡徐氏鉉、鍇二本不同，各从其長者。如此處鍇作「方聲，闕」。闕字在方聲下，於未聞从冂之説不瞭，故不从之，是也。後不悉注。步光切，十部。

旁 㫄 古文旁。以許説推之，亦小篆从二、古文从一也。

旁 㫄 亦古文旁。李斯改一爲二，則爲小篆。

雱 籒文。《詩》：「雨雪其雱。」《故訓傳》曰：「雱，盛皃。」即此字也。籒文从雨，衆多如雨意也。毛云盛，與許云溥正合。今人不知旁、雱同字，音讀各殊，古形古音古義皆廢矣。

丅 底也。底當作氐。广部曰：「底者，山凥也。一曰，下也。」許氏解字，多用轉注。轉注者，互訓也。底云「下也」，故下云「底也」。此之謂轉注。全書皆當以此求之。抑此底字，當作氐。广部「一曰下也」四字，疑後人所綴①。何者？許書無低字，日部昏下曰：「从氐省。氐者，下也。」正與此「下者，氐也」爲轉注。上，高也；下，氐也。高氐亦正相反相對。今本氐篆解云「至也」，亦當本作「下也」。如是正之，乃見許氏發揮轉注之恉。有好學深思者，當能心知其意也。从反丄爲丅。有物在一之下也。此古文下本如此，如丙字從古文下是也。後人改丅爲丅，謂之古文，則不得不改丅爲𠄟，謂之小篆文矣。胡雅、胡駕二切，古音在第五部。

下 篆文下。今各本篆文作𠄟，後人所改。

文四。　重六。

示 天垂象，見吉凶。見《周易・毄辭》。所㠯示人也。从二，古文上。三垂：謂川。日、月、星也。觀乎天文，㠯察時變，見《周易・賁》彖傳。示神事也。言天縣象箸明以示人，聖人因以神道設教。凡示之屬皆从示。神至切，古音第十五部。《中庸》、《小雅》以示爲寘。

𥘠 古文示。所謂「古文諸丄字皆从一」也。

祜 上諱。言上諱者五：禾部秀，漢世祖名也；艸部莊，顯宗名也；火部炟，肅宗名也；戈部肈，孝和帝名也；祜，恭宗名也。殤帝名隆不與焉。伏侯《古今注》曰：「隆之字曰盛。」亦當言上諱明矣。而《五經異義》云：「漢幼小諸帝皆不廟祭，而祭於陵。」②既不廟祭矣，則不諱可知。此許沖奏上時，於隆字不曰「上諱」所由也。諱止於世祖者，《記》曰：「既卒哭，宰夫執木鐸以徇於宮，曰：舍故而諱新。」故，謂高祖祖之父當遷者。杜預亦言「自父至高祖皆不敢斥言。」③計許君卒於恭宗已後，自恭宗至世祖適五世，世祖已上，雖高帝不諱，蓋漢制也。此書之例，當是不書其字，但書「上諱」二字，書其字則非諱也。今本有篆文者，後人補之。不書，故其詁訓、形聲俱不言。假令補之，則曰「祜，福也。从示，古聲」。祜訓福，則當與祿、褫等爲類，而列於首者，尊君也。古音第五部。

禮 履也。見《禮記・祭義》、《周易・序卦》傳。履，足所依也。引伸之，凡所依皆曰履，此假借之法。履，履也。禮，履也。履同而義不同。所㠯事神致福也。从示，从豊。「禮有五經，莫重於祭。」故禮字从示，豊者行禮之器。豊亦聲。靈啓切，十五部。

𠛓 古文禮。

禧 禮吉也。行禮獲吉也。《釋詁》曰：「禧，福也。」从示，喜聲。許其切，一部。

禛 㠯真受福也。从示，真聲。此亦當云「从示，从真，真亦聲。」不言者，省也。聲與義同原，故龤聲之偏旁多與字義相近，此會意、形聲兩兼之字致多也。《說文》或偁其會意，略其形聲；或偁其形聲，略其會意。雖則渻文，實欲互見。不知此，則聲與義隔。又或如宋人《字說》，祇有會意，別無形聲，其失均誣矣。側鄰切，十二部。

祿 福也。《詩》言福祿多不別。《商頌》五篇，兩言福，三言祿，大恉不殊。《釋詁》、《毛詩》傳皆曰：「祿，福也。」此古義也。鄭《既醉》箋始爲分別之詞④。从示，彔聲。盧谷切，三部。

褫 福也。見《釋詁》。張衡《東京賦》曰：「祈褫禳災。」从示，虒聲。息移切，《字林》弋爾反，十六部。

禎 祥也。从示，貞聲。陟盈切，十一部。

祥 福也。凡統言則災亦謂之祥，析言則善者謂之祥。从示，羊聲。似羊切，十部。鉉本此下有「一云善」三字，淺人所增。一書中此類不少。

祉 福也。見《釋詁》。从示，止聲。敕里切，一部。

福 備也。《祭統》曰：「賢者之祭也，必受其福，非世所謂福也。福者，備也。備者，百順之名也。無所不順者之謂備。」按，福、備古音皆在第一部，疊韵也。鉉本作「祐也」，非。祐正世所謂福也。从示，畐聲。方六切，古音在一部。

祐 助也。古祇作右。从示，右聲。于救切，古音在一部。

祺 吉也。《周頌》曰：「維周之祺。」⑤《釋言》曰：「祺，祥也。祺，吉也。」从示，其聲。渠之切，一部。

禥 籒文从基。基聲也。古其基通用。如《尚書》「丕丕基」，伏生作「丕丕其」是也。

祗 敬也。見《釋詁》。从示，氐聲。旨夷切。古音凡氐聲字在第十五部，凡氏聲字在第十六部，此《廣韵》祇入《五支》，祗入《六脂》所由分也。鉉所據《唐韵》，祗，旨移切。是孫愐祗入《五支》，遠遜於宋《廣韵》所改定矣。《經典釋文》於《商頌》「上帝是祗」，諸時反，則又闌入《七之》，於《孔子閒居》，諸夷反，則固不誤。此等學者所當審定畫一也。

禔 安也。本「安」下有「福」，今依李善《文選》注。从示，是聲。司馬貞引《說文》市支反，此《說文音隱》所載也。《唐韵》切同，十六部。《易》曰：「禔既平。」《周易·坎》：「九五，祗既平。」釋文曰：「祗，京作禔。」按，許《自序》所偁《易》孟氏。京房受《易》焦延壽，延壽嘗從孟喜問《易》。虞翻自言：臣高祖光、曾祖成、祖鳳、父歆，皆治孟氏《易》，至臣五世⑥。翻注此爻云：「祗，安也。」然則孟《易》作「禔」訓安甚明。翻本作「祗」，謂祗即禔之假借。與《何人斯》鄭箋正同。氏、是同在第十六部，得相假借。

神 天神引出萬物者也。天、神、引三字，同在古音第十二部。从示，申聲。食鄰切。

祇 地祇提出萬物者也。地、祇、提三字，同在古音

第十六部。地本在十七部，而多轉入十六部用。从示，氏聲。巨支切，古音十六部。凡假借必取諸同部。如《周易》「无祇悔」，釋文云：「祇，辭也。馬同，音之是反。」此讀祇爲語辭，適也。《五經文字》、《廣韻》作衹者，是也。又云：「鄭云病也。」此讀祇爲疷，與《何人斯》同也。又云：「王肅作禔，時支反。陸云：安也。九家本作敍字，音支。韓伯祁支反，云：大也。」⑦音讀皆在第十六部。通志堂刻作「无祇悔」，則誤。○又「祇既平」，《唐石經》作「祇」，釋文云⑧：「京作禔。《説文》同，音支。又上支反，安也。」其讀亦皆在十六部。又云：「鄭云：當爲坻，小丘也。」此則改爲第十五部字。古人云「當爲」者，皆是改其形誤之字。云「當爲」⑨者以音近之字易之。云「讀如」者，以同音之字擬之。此云「當爲」，則鄭謂祇爲字之誤也。○《五經文字》衣部曰：「衹，止移切。適也。」《廣韻・五支》曰：「衹，章移切。適也。」《唐石經》：「衹既平」、《左傳》「衹見疏也」、《詩》「衹攪我心」、《詩》、《論語》「亦衹以異」，字皆从衣，正用張參《字㨾》。而張參以前，顏師古注《竇嬰傳》曰：「衹，適也。音支。」其字从衣，豈師古太宗朝刊定經籍皆用此説歟？宋《類篇》則衹、祇皆云「適也」。《韻會》則从示之祇訓「適也」。近日經典訓適者，皆不从衣，與唐不合。

祕 神也。《魯頌》：「閟宫有侐。」箋曰：「閟，神也。」此謂假借閟爲祕也。从示，必聲。兵媚切，古音在第十二部，質櫛韻。

齋 戒絜也。《祭統》曰：「齋之爲言齊也，齊不齊以致齊者也。」齋戒或析言，如「七日戒，三日齋」是；此以戒訓齋者，統言則不別也。从示，𪗉省聲。謂減𪗉之二畫，使其字不緐重也。凡字有不知省聲則昧其形聲者，如融、蠅之類是⑩。側皆切，十五部。

𩆂 籒文齋，从𩇯省。凡籒文多緐重。

禋 絜祀也。韋昭注《周語》同。《釋詁》：「禋，祭也。」孫炎曰：「潔敬之祭也。」各本作「潔」，依《玉篇》作「絜」。一曰，精意㠯享爲禋。凡義有兩岐者，出一曰之例。《山海經》、《韓非子》、《故訓傳》皆然，但《説文》多有淺人疑其不備而竄入者。《周語》内史過曰：「精意以享禋也。」絜祀二字已芑之，何必更端偁引乎？舉此可以隅反。从示，垔聲。於真切，古音在十三部。《尚書大傳》以「湮」爲禋。

䆡 籒文从宀。

祭 祭祀也。統言則祭、祀不别也。从示，㠯手持肉。此合三字會意也。子例切，十五部。

祀 祭無巳也⑪。析言則祭無巳曰祀。从巳，而釋爲無巳，此如治曰亂，徂曰存，終則有始之義也。《釋詁》曰：「祀，祭也。」从示，巳聲。詳里切，一部。

禩 祀或从異。《周禮・大宗伯》、《小祝》注皆云：「故書祀作禩。」按，禩字見於故書，是古文也。篆隸有祀無禩，是以漢儒杜子春、鄭司農不識，但云「當爲祀」、「讀爲祀」，而不敢直言「古文祀」，蓋其慎也。至許乃定爲一字，至魏時乃入《三體石經》。古文巳聲、異聲同在一部，故異形而同字也。

祡 燒柴寮祭天也。此從《爾雅音義》。寮各本作「燎」，非也。火部曰：「寮，柴祭天也」，此曰「祡，寮祭天也」，是爲轉注冣較然者。柴與祡同此聲，故燒柴祭曰祡。《釋天》曰：「祭天曰燔柴。」《祭法》曰：「燔柴於泰壇，祭天也。」《孝經説》曰：「封乎泰山，考績柴寮。」《郊特牲》曰：「天子適四方，先祡。」注：「所到必先燔柴，有事於上帝。」从示，此聲。仕皆切，十五部。凡此聲亦多轉入十六部。《虞書》曰：「至于岱宗，祡。」許《自序》偁「《書》孔氏」，知古文《尚書》作祡，不从木作柴也。《王制》、《郊特牲》、《大傳》同。

𥛚 古文祡，从隋省。此蓋壁中《尚書》作𥛚也。既偁古文《尚書》作祡矣，何以云壁中作𥛚也？凡漢人云古文《尚書》者，猶言古本《尚書》，以別於夏侯、歐陽《尚書》，非其字皆倉頡古文也。《儀禮》有古文、今文，亦猶言古本、今本，非一皆倉頡古文，一皆隸書也。如此字壁中簡作𥛚，孔安國以今文讀之，知𥛚即小篆祡字，改从小篆作祡，是孔氏古文《尚書》出於壁中云爾，不必皆仍壁中字形也。綴𥛚於祡下者，猶《周禮》既从杜子春易字，乃綴之云「故書作某」也。隋聲古音在十七部，此聲古音在十六部，音轉冣近。𥛚之爲祡，猶玼瑳、髊傞皆同字。

禷 目事類祭天神。《五經異義》曰：「今《尚書》夏侯、歐陽説：禷，祭天名也。以禷祭天者，以事類祭之。以事類祭之何？天位在南方，就南郊祭之是也。古《尚書》説：非時祭天謂之禷。言以事類告也。肆禷于上帝，時舜告攝，非常祭也。」許君謹按：「《周禮》郊天無言禷者，知禷非常祭，從古《尚書》説。」玉裁按，郊天不言禷，而《肆師》「類造上帝」，《王制》「天子將出，類於上帝」，皆主軍旅言。凡經傳言禷者，皆謂因事爲兆，依郊禮而爲之。《説文》亦从古《尚書》説。从示，類聲。此當曰「从示類，類亦聲」，省文也。力遂切，十五部。《禮》以類爲禷。

祪 祔、祪，祖也。見《釋詁》。祔謂新廟，祪謂毀廟，皆祖也。《説文》併祔字連引之，故次之以祔。从示，危聲。過委切，十六部。

祔 後死者合食於先祖。《士虞禮》：「卒哭，明日以其班祔。」《春秋左氏傳》曰：「凡君薨，卒哭而祔，祔而作主，特祀於主，蒸嘗禘於廟。」《春秋穀梁傳》曰：「作主壞廟，有時日於練焉。」《士虞禮》注與《穀梁》同。从示，付聲。符遇切，古音在第四部。

祖 始廟也。始兼兩義：新廟爲始，遠廟亦爲始。故祔祪皆曰祖也。《釋詁》曰：「祖，始也。」《詩》毛傳曰：「祖，爲也。」皆引伸之義。如初爲衣始，引伸爲凡始也。从示，且聲。則古切，五部。

𥛱 門内，祭先祖所旁皇也。舊所下有「以」，今依《詩》、《爾雅》音義。旁或作傍、徬、彷，皇或作徨，皆俗。《詩》毛傳曰：「祊，門内也。」《郊特牲》曰：「索祭祝於祊，不知神之所在。於彼乎，於此乎，或諸遠人乎？祭於祊，尚曰求諸遠者與？」此旁皇之説也。𥛱、旁、皇，三字疊韵。从示，彭聲。補盲切，古音在十部。《詩》曰：「祝祭于𥛚。」《小雅·楚茨》文。今作「于祊」。

祊 𥛚或从方。彭聲、方聲同部。

祰 告祭也。自祪以下六字，皆主言祖廟。故知「告祭」謂《王制》「天子、諸侯將出，造乎禰」。《曾子問》「諸侯適天子，必告於祖，奠於禰；諸侯相見，必告於禰，反必親告於祖禰」，伏生《尚書》「歸假於祖禰」皆是也。《周禮》六祈，「二曰造」，杜子春云：「造祭於祖也。」當許時，《禮》家「造」字，容有作「祰」者。从示，告聲。苦浩切，古音在第三部。

祏 宗廟主也。《五經異義》：「今《春秋公羊》說：祭有主者，孝子以主繫心，夏后氏以松，殷人以柏，周人以栗。今《論語》說：哀公問主於宰我，宰我對曰：夏后氏以松，夏人都河東，河東宜松也。殷人以柏，殷人都亳，亳宜柏也。周人以栗，周人都豐鎬，豐鎬宜栗也。古《周禮》說：虞主用桑，練主用栗。無夏后氏以松爲主之事。」許君謹按：「從《周禮》說。《論語》所云，謂社主也。」鄭君無駁。《五經要義》曰：「木主之狀四方，穿中央以達四方。天子長尺二寸，諸侯長尺。皆刻謚於其背。《春秋左氏傳》：典司宗祏。又曰：使祝史徙主祏於周廟。又曰：反祏於西圃。皆謂木主也。」主當同宀部作「宔」，宔字下曰：「宗廟宔祏也。」祏字下曰：「宗廟宔也。」是爲轉注。《藝文類聚》引作「宗廟之木主曰祏。」周禮有郊宗石室。《五經異義》：「古《春秋左氏》說：古者日祭於祖考，月薦於高曾，時享及二祧。歲祫及壇墠，終禘及郊宗石室。終者，謂孝子三年喪終，則禘於大廟，以致新死者也。又《春秋左氏》曰：徙石主於周廟。言宗廟有郊宗石室，所以藏栗主也。」玉裁按，郊宗石室，蓋謂天子有之。郊宗，蓋謂郊鯀宗禹，郊冥宗湯，郊稷宗武王之類。遠祖之宔，爲石室藏之。至祭上帝於南郊，祭五帝於明堂，則奉其宔以配食，故謂之郊宗石室。《祭法》、《周語》皆言「禘郊祖宗」，此舉郊宗以包禘祖也。其餘毀廟之主亦附藏焉。至禘祫而升，合食於大祖，故曰禘及郊宗石室。云周禮者，說《左氏》家謂成周之禮，非謂《周官》經有此也。一曰，大夫㠯石爲主。《五經異義》：「今《春秋公羊》說：卿大夫士非有土子民之君，不得祫享、序昭穆，故無木主。大夫束帛依神，士結茅爲菆。」許君謹按：「《春秋左氏傳》曰：衞孔悝反祏於西圃。祏，石主也。言大夫以石爲主。今山陽民俗，祭皆以石爲主。」鄭君駁之曰：「大夫士無昭穆，不得有主。少牢饋食，大夫禮也，束帛依神。特牲饋食，士祭禮也，結茅爲菆。大夫以石爲主，《禮》無明文。孔悝之反祏有主者，祭其所出之君爲之主耳。」玉裁按，《異義》先出，《說文》晚成，多所叜定，故《說文》之說，多有異於《異義》，同於鄭駁者。祏以宗廟主爲本義，以大夫石主爲或義，是也。从示石，許言「周禮有石室」，言「大夫以石爲主」，皆證明从石會意之恉。玉裁謂，宗廟本木宔，而字从石者，蓋取如石不可轉意。石室自别是一事。春秋之末，大夫僭侈作宔不可知。云「反祏」者，猶言反宔耳，不必以石爲之也。摯虞《決疑注》曰：「凡廟之主，藏於户外北牖下，有石函，故名宗祏。」石亦聲。常隻切，古音在五部。

𥙊 㠯豚祠司命也。鄭注《周禮》曰：「求福曰禱，得求曰祠。」此祠與春祭之祠異。《祭法》注曰：「司命，小神，居人之閒，司察小過，作譴告者，主督察三命。今時民家或春秋祠司命。」《風俗通義》曰：「《周禮》司命，文昌也。今民閒祀司命，刻木長尺二寸爲人像，行者擔篋中，居者別作小屋。齊地大尊重之，汝南餘郡亦多有，皆祠以睹，率以春秋之月。」按，睹同豬，許所謂豚也。應説司命爲文昌，鄭説人閒小神，未知許意何居也。許君竈字下説《周禮》以竈祀祝融，用賈逵句芒祀於户、祝融祀於竈、蓐收祀於門、玄冥祀於井、后土祀於中霤之説。鄭則云老婦之祭，報先炊之義，斷非祝融。然則許不必同鄭也。从示，比聲。卑履切，《初學記》引俾利反，十五部。《漢律》曰：「祠祉司命。」高帝時，蕭何攈摭秦法，取其宜於時者，作律九章。至孝武時，律令凡三百五十九章。

祠 祠 春祭曰祠。品物少，多文辭也。上言「祠司命」，故次以祠。辭與祠疊韻。《周禮》：「以祠春享先王。」《公羊傳》曰：「春曰祠。」注：「祠猶食也，猶繼嗣也。春物始生，孝子思親，繼嗣而食之，故曰祠。」許與何異。从示，司聲。似兹切，一部。仲春之月，祠不用犧牲，用圭璧及皮幣。此引《月令》，證品物少，多文辭也。《禮記》祠作「祀」，《呂覽》同，《淮南》作「祭」。及，《禮記》、《呂覽》、《淮南》皆作「更」。鄭曰：「更猶易也。」高誘曰：「更，代也。以圭璧皮幣代犧牲也。」《説文》祠、及二字，疑皆字之誤。或曰漢時《月令》，鄭君謂之「今《月令》」，或與《記》不同。《説文》「⿱雨录雨」、「舫人」，皆「今《月令》」也。○江沅曰：「言用不用，代義已瞭，或更字即及字義，許據本作及也。鄭訓易，高訓代。寘圭璧皮幣中間，似未妥。」

礿 礿 夏祭也。《周禮》：「以禴夏享先王。」《公羊傳》曰：「夏曰礿。」注：「始熟可汋，故曰礿。」《釋天》曰：「春祭曰祠，夏祭曰礿，秋祭曰嘗，冬祭曰蒸。」孫炎曰：「祠之言食。礿，新菜可汋。嘗，嘗新穀。蒸，進品物也。」汋與礿疊韻，汋即《説文》鬻字⑫。《王制》：「春曰礿，夏曰禘。」與《周禮》異。从示，勺聲。以灼切，古音在第二部。礿亦作禴，勺、龠同部。

禘 禘 諦祭也。言部曰：「諦者，審也。」諦祭者，祭之審諦者也。何言乎審諦？自來説者皆云：審諦昭穆也。禘有三，有時禘，有殷禘，有大禘。時禘者，《王制》「春曰礿，夏曰禘，秋曰嘗，冬曰蒸」是也。夏商之禮也。殷禘者，周春祠、夏禴(即礿字)、秋嘗、冬蒸。以禘爲殷祭，殷者，盛也。禘與祫皆合羣廟之主，祭於大祖廟也。大禘者，《大傳》、《小記》⑬皆曰：「王者禘其祖之所自出，以其祖配之。」謂王者之先祖皆感大微五帝之精以生，皆用正歲之正月郊祭之。《孝經》：「郊祀后稷以配天。」配靈威仰也。《毛詩》言禘者二：曰「雝禘大祖」也，大祖謂文王，此言殷祭也；曰「長發大禘」也，此言商郊祭感生帝汁光紀，以玄王配也。云大禘者，蓋謂其事大於宗廟之禘。《春秋經》言諸侯之禮，僖八年「禘于太廟」，太廟謂周公廟，魯之太祖也。天子宗廟之禘，亦以尊太祖，此正禮也。其他經言「吉禘于莊公」，傳之「禘於武公」、「禘於襄公」、「禘於僖公」，皆專祭一公，僭用禘名，非成王賜魯重祭周公得用禘禮之意也。昭穆固有定，曷爲審諦而定之也？禘必羣廟之主皆合食，恐有如夏父弗忌之逆祀亂昭穆者，則順祀之也。天子諸侯之禮，兄弟或相爲後，諸父諸子或相爲後，祖行孫行或相爲後。必後之者與所後者爲昭穆：所後者昭，則後之者穆；所後者穆，則後之者昭。而不與族人同昭穆，以重器授受爲昭穆，不以世系蟬聯爲昭穆也。故曰：宗廟之禮，所以序昭穆也。宗廟之禮，謂禘祭也。禘之説大亂於唐之陸淳、趙匡，後儒襲之，不可以不正。从示，帝聲。特計切，十六部。周禮曰：五歲一禘。《五經異義》：「今《春秋公羊》説：五年而再殷祭。古《春秋左氏》説：古者日祭於祖考，月祀於高曾，時享及二祧，歲祫及壇墠，終禘及郊宗石室。」許君謹案：「叔孫通宗廟有日祭月薦之禮，知自古而然也。三歲一祫，此周禮也。五歲一禘，疑先王之禮也。」鄭君駁之曰：「三年一祫，五年一禘，百王通義。」以爲禮讖云，殷之五年，殷祭亦名禘也。玉裁按，此與《公羊》「五年而再殷祭」説正合。今閩縣陳氏恭甫名壽祺云：《初學記》、《藝文類聚》引許《異義》文有譌脱，當作「三歲一祫，五歲一禘，此周禮也。三歲一禘，疑先王之禮也」。今脱四字，譌一字。陳説是也。

祫 大合祭先祖親疏遠近也。《春秋·文二年》：「八月丁卯，大事于大廟。」《公羊傳》曰：「大事者何？大祫也。大祫者何？合祭也。毁廟之主陳於大祖，未毁廟之主皆升(句)，合食於大祖(兼上二者)，五年而再殷祭。」鄭康成曰：「魯禮：三年喪畢，而祫於大祖，明年春禘於羣廟，自此之後，五年而再殷祭。一祫一禘。《春秋經》書祫謂之大事，書禘謂之有事。」《商頌·玄鳥》：「祀高宗也。」鄭云：「祀當爲祫，高宗崩而始合祭於契之廟，歌是詩焉。」[14]《曾子問》：「祫祭於祖，則祝迎四廟之主。」許言合祭先祖親疏遠近，正用《公羊》「大事」傳。禘之合食蓋同，而以審禘會合分別其名，亦分別其歲有三年五年之殊，分別其時有夏秋之殊。禘即《周禮》之「肆獻祼追亯」，祫即《周禮》之「饋食朝亯」。夏殷有時禘，有時祫。《周禮》禘祫皆爲殷祭，非四時祭。毛公傳曰：「諸侯夏禘則不禴，秋祫則不嘗。」[15]謂周禮諸侯禘在夏，祫在秋，則皆廢時祭，天子則不廢時祭。从示合。會意。不云「合亦聲」者，省文重會意也。侯夾切，古音弟七部。《士虞禮》今文祫爲「合」。周禮曰：三歲一祫。兩云周禮者，以别於夏殷之禮，兩「曰」字皆衍文也。

祼 灌祭也。《詩》毛傳曰：「祼，灌鬯也。」《周禮》注曰：「祼之言灌，灌以鬱鬯。謂始獻尸求神時，周人先求諸陰也。」从示，果聲。古玩切，按，此字從果爲聲，古音在十七部。《大宗伯》、《玉人》字作果，或作淉[16]。注兩言祼之言灌。凡云「之言」者，皆通其音義以爲詁訓，非如「讀爲」之易其字，「讀如」之定其音。如：載師，「載之言事」；族師，「師之言帥」；禮衣，「禮之言亶」；翜柳，「柳之言聚」；副編次，「副之言覆」；禋祀，「禋之言煙」；卝人，「卝之言礦」，皆是。未嘗曰「禋即讀煙」、「副即讀覆」也。以是言之，祼之音本讀如果，卝之音本爲卵，讀如鯤，與灌、礦爲雙聲，後人竟讀灌、讀礦，全失鄭意。古音有不見於周人有韵之文，而可意知者，此類是也。

𥜶 數祭也。《廣雅·釋詁》曰：「𥜶，祭也。」《釋天》曰：「𥜶，謝也。」數，讀數罟之數，雙聲也。从示，毳聲。讀若春麥爲⿱毳木之⿱毳木。凡言「讀若」者，皆擬其音也。凡傳注言「讀爲」者，皆易其字也。注經必兼茲二者，故有讀爲，有讀若。讀爲亦言讀曰，讀若亦言讀如。字書但言其本字、本音，故有讀若，無讀爲也。讀爲、讀若之分，唐人作正義已不能知。爲與若兩字，注中時有譌亂。「爲⿱毳木」之⿱毳木字，从木，各本譌从示，不可解。《廣雅》：「⿱毳木，舂也。楚芮反。」《説文》無⿱毳木字，即臼部「舂去麥皮」曰臿也。江氏聲云：「《説文》解説內，或用方言俗字，篆文則仍不載。」⿱毳木，此芮切，十五部。

祝 祭主贊詞者。从示，从儿口。此以三字會意，謂以人口交神也。一曰，从兑省。《易》曰：「兑爲口，爲巫。」此字形之別説也。凡「一曰」，有言義者，有言形者，有言聲者。引《易》者，《説卦》文。兑爲口舌，爲巫，故祝从兑省。此可證虙羲先倉頡製字矣。凡引經傳，有證義者，有證形者，有證聲者。此引《易》證形也。之六切，三部。

𥛆 祝𥛆也。惠氏士奇曰：「《素問》：『黃帝曰：古之治病，可祝由而已。』祝由，即祝𥛆也。已，止也。」玉裁按，《玉篇》曰：「古文作袖。」从示，留聲。力救切，《玉篇》除霤切，三部。

祓 除惡祭也。从示，犮聲。敷勿切，十五部。

祈 求福也。祈、求雙聲。从示，斤聲。渠稀切，古音在十三部。音芹，此如「旂」字，古今音異。

禱 告事求福也。禱、告、求，三字疊韵。从示，壽聲。都浩切，古音在三部。

⿰礻己 禱或省。

⿰馬壽 籀文禱。以真致福意，疑下從夂，非從夊也。夂，陟侈切。

禜 設緜蕝爲營，㠯禳風雨雪霜水旱厲疫于日月星辰山川也。《史記》、《漢書》、《叔孫通傳》皆云：「爲緜蕞野外習之。」韋昭云：「引繩爲緜，立表爲蕞。」蕞即蕝也。詳艸部。凡環帀爲營。禜、營疊韵。《左氏傳》：「子産曰：山川之神，則水旱癘疫之災，於是乎禜之；日月星辰之神，則雪霜風雨之不時，於是乎禜之。」許與鄭司農《周禮》注引皆先日月星辰，與今本不同也。从示，从營省聲。下从字，度他字下皆當有，後人删之。爲命切，十一部。一曰，禜，逗。衞使災不生。此字義之別説也。上言禳之於已至，此言禦之於未來。鉉本此下引《禮記》「雩禜祭水旱」，誤用錯語爲正文也。

禳 磔禳，逗。祀除厲殃也。厲殃，謂厲鬼凶害。各本作「癘」，誤。《月令》：三月「命國難，九門磔禳，以畢春氣」。注：「此月之中，日行歷昴。昴有大陵積尸氣，佚則厲鬼隨而出行。命方相氏毆疫，又磔牲以禳於四方之神，所以畢止其災。」又：十二月「命有司大難旁磔」。注：「此月之中，日歷虛危。虛危有墳墓四司之氣，爲厲鬼，將隨强陰出害人也。旁磔於四方之門。磔，禳也。」按，許與《月令》注合。《周禮》注曰：「郤變異曰禳。禳，攘也。」與許異。古者燧人禜子所造。未聞。禜子，爲其子禜災也。从示，襄聲。汝羊切，十部。

禬 會福祭也。《周禮》注曰：「除災害曰禬。禬，刮去也。」與許異。从示，會聲。此等皆舉形聲包會意。古外切，十五部。《周禮》曰：「禬之祝號。」《周禮·詛祝》文。

禪 祭天也。从示，單聲。凡封土爲壇，除地爲墠。古封禪字，蓋祗作墠。項威曰：「除地爲墠，後改墠曰禪，神之矣。」服虔曰：「封者，增天之高，歸功於天。禪者，廣土地。」應劭亦云：「封爲增高，禪爲祀地。」惟張晏云：「天高不可及，於泰山上立封，又禪而祭之，冀近神靈也。」元鼎二年《紀》⑰云：「望見泰一，修天文襢。」襢即古禪字。是可證禪亦祭天之名。但禪訓祭天，似當與祡爲伍，不當厠此。時戰切，十四部。

禦 祀也。从示，御聲。後人用此爲禁禦字。疑舉切，五部。古只用御字。

𥛩 祀也。从示，昏聲。古末切。《周禮》注：「禬，刮去也。」疑𥛩乃禬字之或體也。十五部。已上三篆，疑後人所增。

禖 祭也。謂祭名也。《商頌》傳曰：「春分玄鳥降，湯之先祖有娀氏女簡狄，配高辛氏帝，帝率與之祈於郊禖而生契，故本其爲天所命，以玄鳥至而生焉。」《大雅》傳曰：「古者必立郊禖焉。玄鳥至之日，以大牢祀於郊禖。天子親往，后妃率九嬪御，乃禮天子所御，帶以弓韣，授以弓矢於郊媒之前。」玉裁按，據此則禖神之祀，不始於高辛明矣。鄭注《月令》云：「玄鳥，媒氏之官以爲候。高辛氏之世，玄鳥遺卵，娀簡吞之而生契。後王以爲媒官嘉祥，而立其祠焉。」變媒言禖，神之也。注《禮記》時未專信《毛詩》，故説鉏鋙爾。《鄭志》焦喬之荅，回護鄭公，殊爲詞費。从示，某聲。莫桮切，古音在一部。

稰 祭具也。《山海經》、《離騷經》皆作「糈」。王逸曰：「糈，精米。所以享神。」郭璞曰：「糈，祭神之米名。」疑許君所據二書作稰。从示，胥聲。私吕切，五部。

祳 社肉。盛之㠯蜃，故謂之祳。《五經異義》曰：「古《左氏》説：脤，祭社之肉，盛之以蜃。」⑱鄭注《掌蜃》、杜注《左傳》皆同。蜃、祳疊韵。經典祳多从肉作脤，《詩·緜》箋、《掌蜃》注徑用蜃爲祳字。天子所㠯親遺同姓。《大宗伯》：「以脤膰之禮，親兄弟之國。」《大行人》：「歸脤以交諸侯之福。」从示，辰聲。時忍切，古音在十三部。《春秋傳》曰：「石尚來歸祳。」《春秋經·定公十四年》文。凡《説文》引《春秋經》皆轂諸傳，謂《左氏春秋》有此文也。

祴 宗廟奏祴樂。宗廟中賓醉而出，奏《祴夏》，故字從示。从示，戒聲。古哀切，一部。

禡 師行所止，恐有慢其神，下而祀之，曰禡。《釋天》曰：「是禷是禡，師祭也。」《王制》注云：「爲兵禱。」《周禮·肆師》、《甸祝》皆作「貉」，杜、鄭讀貉爲十百之百，云：爲師祭造軍法者，禱氣勢之十百增倍。許説不同者，許時古今説具在，《五經異義》

今已亡，又賈氏《周禮解詁》亦亡，不詳其所本也。从示，馬聲。莫駕切，古音在五部。《周禮》：「禡於所征之地。」《王制》文。

禂 禱牲馬祭也。《甸祝》：「禂牲，禂馬。」杜子春云：「禂，禱也。爲馬禱無疾，爲田禱多獲禽牲。《詩》云：既伯既禱。《爾雅》曰：既伯既禱。伯，馬祭也。」玉裁按：此許説所本。杜引《詩》者，以伯證禱馬。毛傳云：「伯，馬祖也。重物慎微，將用馬力，必先爲之禱其祖。」此《周禮》之「禂馬」也。又云：「禱，禱獲也。」此釋「既禱」、《周禮》之「禂牲」也。杜本毛説，鄭君易杜説云：「禂讀如伏誅之誅，今侏大字也。爲牲祭求肥充，爲馬祭求肥健。」鄭以上文既有表貉釋爲「禱氣勢之十百而多獲」，不當禂牲又云「禱多獲禽牲」，故必易爲「侏大」而後安。今本《爾雅》、《周禮》注，馬祭之上皆脱「伯」字。从示，周聲。都皓切。《五經文字》直由反，又音誅。古音在三部。○鍇引《詩》曰「既禡既禂」，《詩》無此語，鉉又誤入正文。

䮞 鉉本作騳。或从馬，壽省聲。此字从馬則不該，云𠷎聲足矣，不當取省聲。

社 地主也。《五經異義》：「今《孝經》説：曰社者，土地之主，土地廣博不可徧敬，封五土以爲社。古《左氏》説：共工爲后土，爲社。」許君謹案曰：「《春秋》稱公社，今人謂社神爲社公，故知社是上公，非地祇。」鄭駁之云：「社祭土而主陰氣。又云⑲：社者，神地之道。謂社神但言上公，失之矣。人亦謂雷曰雷公，天曰天公，豈上公也。」《宗伯》：以血祭祭社稷五祀五嶽。社稷之神若是句龍、柱、棄，不得先五嶽而食。」又引《司徒》五土名。又引《大司樂》五變而致介物，及土示。「土示，五土之總神，即謂社也。六樂於五地無原隰，而有土祇，則土祇與原隰同用樂也」。玉裁按，許訓社爲地主，此用今《孝經》説，而以「地主也。从示、土」之云先於《左氏傳》，則與《異義》从《左氏説》者不符。蓋許君《異義》先成，《説文》晚定，往往有《説文》之説早同於鄭君之駁者。如社稷、昊天、聖人感天而生、三窓等，皆是也。从示土。鍇土下本無「聲」字，《韻會》所引是也。地主爲社，故字从示土。《春秋傳》曰：「共工之子句龍爲社神。」《左氏傳·昭公廿九年》，史墨曰：「共工氏有子曰句龍，爲后土，后土爲社。」許既从今《孝經》説矣，又引古《左氏》説者，此與心字云「土藏也。象形。博士説以爲火藏」一例，兼存異説也。鄭駁《異義》，以爲社者五土之神，能生萬物者，以古之有大功者配之。然則句龍配五土之神祭於社。《周禮》二十五家爲社，《風俗通義》曰：「《周禮》説二十五家爲社，但爲田祖報求。」許云「周禮」者，《周禮》説也。賈逵、杜預注《左傳》，高誘注《呂覽》，薛瓚注《五行志》皆同。《晏子春秋》「桓公以書社五百里封管仲」，《呂覽》「越以書社三百里封墨子」，《史記》「將以書社七百里封孔子」，皆謂二十五家爲里，里有社，故云「書社」若干里。鄭駁《異義》引《州長職》曰：「以歲時祭祀州社」，是二千五百家爲社也。《祭法》：「大夫以下成羣立社曰置社。」注云：「大夫以下謂下至庶人也。大夫不得特立社，與民族居，百家以上則共立一社，今時里社是也。」引《郊特牲》「唯爲社事單出里」。是鄭不用《周禮》説，與許異。各樹其土所宜木。《大司徒》：「設其社稷之壝而樹之田主，各以其野之所宜木，遂以名其社與其野。」注：「所宜木謂若松柏栗也。若以松爲社者，則名松社。」《五經異義》許君謹案：「《論語》所云，謂社主也。」鄭無駁。注《周禮》從許義。按，《莊周書》之「櫟社」，高祖所禱之「枌榆社」，皆以木名社之遺。《韓非子》云：「社木者，樹木而塗之。鼠穿其閒，堀穴託其中，熏之則恐焚木，灌之則恐塗阤。」此可見樹木爲主之制。○社爲地主而尊天親地，二十五家得立之。故字不與祡禷爲伍。常者切，古音在五部。

䄯 古文社。各本從示，非古文也。今依夏氏竦《古文四聲韵》所引。從木者，各樹其土所宜木也。

禓 道上祭。史游《急就篇》曰：「謁禓塞。」王伯厚曰：「《周禮》注：衍祭，羨之道中，如今祭殤。」从示，昜聲。與章切，十部。按，《郊特牲》：「鄉人禓，孔子朝服立於阼。」即《論語》「鄉人難⑳，朝服而立於阼階」也。注：「禓，或爲獻，或爲儺。」凡云「或爲」者，必此彼音讀有相通之理。昜聲與獻、儺音理遠隔，《記》當本是禓字，從示，昜聲，則與獻、儺差近。徐仙民音禓爲儺，當由本是禓字，相傳讀儺也。

祲 精气感祥。气、氣古今字。《周禮·眡祲》注：「祲，陰陽氣相侵漸成祥者。」《魏志·高堂隆傳》：「孔子曰：災者修類應行，精祲相感。」从示，侵省聲。子林切，七部。《春秋傳》曰「見赤黑之祲」是。《左氏傳·昭公十五年》：「梓慎知爲喪氛。」

禍 害也。禍、害雙聲。神不福也。从示，咼聲。胡果切，十七部。

祟 神禍也。釋玄應《衆經音義》曰：「謂鬼神作災禍也。」从示出。按，出亦聲。雖遂切，十五部。

[illegible] 籀文祟，从䜌省。瀆於鬼神則致祟，故从䜌省。

祅 地反物爲祅也。《左氏傳》：伯宗曰：「天反時爲災，地反物爲妖，民反德爲亂。亂則妖災生。」釋例曰：「此《傳》地反物惟言妖耳。《洪範五行傳》則妖、孽、禍、痾、眚、祥六者，以積漸爲義。」按，虫部云：「衣服歌謠艸木之怪謂之祅，禽獸蟲蝗之怪謂之蠥。」此蓋統言皆謂之祅，析言則祅、蠥異也。祅省作祆，經傳通作妖。从示，芺聲。於喬切，二部。

祘 明視以筭之。从二示。示與視，筭與祘，皆疊韵也。明視故从二示。《逸周書》曰：《藝文志》：「《周書》七十一篇。」周史記也。劉向曰：「蓋孔子所論百篇之餘。」故許君謂之《逸周書》，亦以別於偁《尚書》之《周書》，免學者惑也。「士分民之祘。」今《逸周書》無此語，當在亡篇內。均分以祘之也。此釋《逸周書》語。或曰，《本典解》「均分以利之則民安」，即此句也。讀若筭。蘇貫切，十四部。

禁 吉凶之忌也。禁、忌雙聲。忌古亦讀如記也。《曲禮》曰：「入竟而問禁。」从示，林聲。居蔭切，七部。禁當次祘之前。

禫　除服祭也。《士虞禮記》曰：「中月而禫。」注：「中，猶閒也。禫，祭名也。與大祥閒一月，自喪至此凡二十七月。禫之言澹澹然，平安意也。」从示，覃聲。徒感切，古音在七部。玉裁按，《說文》一書，三言「讀若三年導服之導」，考《士虞禮》注曰：「古文禫或爲導。」《喪大記》注曰：「禫或皆作道。」許君蓋從古文，不録今文禫字。且祘字重示，當居部末。如䪿、聑、聶、驫、猋，皆居部末是也。祘字下出禫字，疑是後人增益。鄭君从禫，許君从導，各有所受之也。

文六十三。　重十三。六十三，鍇本作六十五，禫下有禰、𥜥二字，云：「禰，秋畋也。从示，爾聲。」「𥜥，祝也。从示，虘聲。」即犬部之「獮」，言部之「詛」也。用此知《說文》多爲淺人增竄。部末凡數，多非原文。示部，鉉六十三，鍇六十五，可證。又鉉新附有禰、祧、祆、祚四字。禰訓親廟，泥米切。據《五經文字·序》，「若祧、禰、逍、遥之類，《說文》漏略，今得之於《字林》。」禰廟之字，許意蓋欲以爾、邇概之。《周禮》故書祧作濯，鄭司農濯讀爲祧，或許君意在別裁，謂祧字不古，當從故書。祆則後人杜撰，祚則胙之俗也。然則今可用乎？曰：祆於經無所用之，祚則用胙，祧則鄭時《禮經》固爾，吕忱已補入《字林》，禰字自今文《堯典》早有此字，何休云：「父死稱考，入廟稱禰。」舊說云雖入廟而猶冣近於己，故从示旁爾。行之久遠，安可不用也。

三　數名。天地人之道也。陳煥曰：「數者，《易》數也。三兼陰陽之數言。」一下曰：「道立於一。」二下曰：「地之數。」王下曰：「三者天地人也。」《老子》曰：「一生二，二生三，三生萬物。」此釋三之義，下釋三之形，故以「於文」二字別言之。於文，一耦二爲三，成數也。此依《韵會》所引。《韵會》多據鍇本，今鍇本又非舊矣。耦，各本作「偶」，今正。二下曰「从一耦一」，以一儷一也。此曰「一耦二爲三」，以一儷二也。今又皆脱一字。三畫而三才之道在焉，故謂之成數。又字下曰：「手之列多，略不過三。」凡三之屬皆从三。

弎　古文三。穌甘切，古音在七部。

文一。　重一。

王　天下所歸往也。見《白虎通》。王、往疊韵。董仲舒曰：「古之造文者，三畫而連其中謂之王。三者，天地人也。而參通之者，王也。」見《春秋緐露》，引之説字形也。韋昭注《國語》曰：「參，三也。」孔子曰：「一貫三爲王。」又引孔子語證董説。凡王之屬皆从王。雨方切，十部。

𠙻　古文王。

閏　餘分之月，五歲再閏也。戴先生《原象》曰：「日循黄道右旋，邪絡乎赤道而南北。凡三百六十五日小餘不滿四分日之一，日發斂一終。月道邪交乎黄道，凡二十七日小餘過日之半，月逡其道一終。日月之會，凡二十九日小餘過日之半以起朔，十二朔凡三百五十四日有奇分而近歲終，積其差數置閏月，然後時序之從乎日行發斂者以正。故《堯典》曰：朞三百有六旬有六日，以閏月正四時成歲。」言六日者，舉成數。玉裁按，五歲再閏，而無餘日。告朔之禮，天子居宗廟，閏月居門中。从王在門中。《周禮》：「閏月，王居門中終月也。」此說字形也。《周禮·大史》「閏月，詔王居門終月。」注：「謂路寢門也。鄭司農云：《月令》，十二月分在青陽、明堂、總章、玄堂左右之位，惟閏月無所居，居於門。故於文：王在門謂之閏。」《玉藻》：「天子玄端而朝日於東門之外，聽朔於南門之外，閏月則闔門左扉，立於其中。」玉裁按，古路寢、明堂、大廟，異名而實一也。當云告朔之禮，天子居明堂。如順切，十三部。

皇㉑ 大也。見《詩》毛傳。从自王。依《韻會》補王字。自，始也。始王者，三皇，王，各本譌「皇」，今正。先鄭注《周禮》云：「四類，三皇、五帝、九皇、六十四民咸祀之。」《尚書大傳》：「燧人爲燧皇，伏羲爲羲皇，神農爲農皇。」譙周說同。《白虎通》曰：「三皇者何，伏羲、神農、燧人。」則改燧人居第三，恐非舊也。鄭依《春秋緯》，伏羲、女媧、神農爲三皇。皇甫謐說同。大君也。始王天下，是大君也，故號之曰皇。因以爲凡大之稱。此說字形會意之恉，并字義訓大之所由來也。皇本大君，因之凡大皆曰皇。假借之法，準此矣。自，讀若鼻。自下曰：「鼻也。」則自、鼻二字爲轉注。此曰「自，讀若鼻。」言皇字所从之自，讀若鼻，其音同也。今俗目作始生子爲鼻子是。楊氏雄《方言》曰：「鼻，始也。嘼之初生謂之鼻，人之初生謂之首。」許謂始生子爲鼻子，字本作鼻，今俗乃以自字爲之，徑作自子。此可知自與鼻，不但義同，而且音同相假借也。今俗謂漢時也。鉉本無「作」字，誤。鍇本有，新刻刪之。胡光切，十部。

文三。重一。

玉 石之美有五德者：者字新補。潤澤目温，仁之方也；䚡理自外，可目知中，義之方也；其聲舒揚，專目遠聞，專，鍇作「尃」，音敷，布也。玉裁按，汲古閣毛氏刊鉉本初作專，後改作尃，非也。《管子》曰：「叩之其音清摶徹遠，純而不殺。」摶古專壹字，今本作搏，蓋非。此專謂專壹也。上云舒揚矣，則不必更云專。智之方也；不撓而折，謂雖折而不撓。《管子》、《孫卿》皆作「折而不撓」。勇之方也；銳廉而不忮，忮，很也。絜之方也。絜，取圜轉之義。凡度直曰度，圍度曰絜。《管子》、《孫卿》皆作「廉而不劌，行也」。已上《禮記·聘義》、《管子·水地》、《孫卿·法行》辭皆不同。象三玉之連，謂三也。丨，其貫也。貫謂如璧有紐，襍佩有組，聘圭有繫，瓚有五采絲繩，荀偃以朱絲係玉二瑴之類。凡玉之屬皆从玉。魚欲切，三部。

玉 古文玉。

璙 玉也。謂玉名也。如毛傳「皋，山也。繹，山也」之例，不言山名也。古傳注多不言名。从王，尞聲。洛蕭切，二部。

瓘 瓘 玉也。《左氏傳》，齊有陳瓘字子玉。从王，雚聲。工玩切，十四部。《春秋傳》曰：「瓘斝。」《左氏傳·昭公十七年》：「裨竈曰：我用瓘斝、玉瓚，鄭必不火。」

璥 璥 玉也。从王，敬聲。居領切，十一部。

琠 琠 玉也。从王，典聲。多殄切，古音在十三部。《玉篇》曰：「古文作瑕。」

瓇 瓇 玉也。从王，夒聲。讀若柔。耳尤切，三部。

瓑 瓑 玉也。从王，毄聲。讀若鬲。郎擊切，十六部。

璠 璠 璠與，逗。與，各本作「璵」。鉉本有篆文璵字，云：「《説文》闕載。依注所有，增爲十九文之一。」鍇本則張次立補之。考《左傳釋文》曰：「璵本又作與，音餘。」此可證古本《左傳》、《説文》皆不从玉，後人輒加，篆文之璵可勿補也。又各本作「璵璠」，今依《太平御覽》所引作璠璵，《法言》亦作璠璵。魯之寶玉。《左氏傳·定公五年》：「季平子卒，陽虎將以璵璠斂。」今本《左傳》上與下璠，許君所據不同。从王，番聲。附袁切，十四部。孔子曰：「美哉璠與，遠而望之奂若也，文采之皃。《御覽》作「焕」。近而視之瑟若也。瑟，同瑟。一則理勝，謂奂若。二則孚勝。」謂瑟若。此蓋出《逸論語》。《御覽》引正作《逸論語》。

瑾 瑾 瑾瑜，逗。美玉也。《左氏傳》曰：「瑾瑜匿瑕。」《山海經》：「黄帝乃取密山之玉榮，而投之鍾山之陽。瑾瑜之玉爲良。」王逸注《九章》云：「瑾瑜，美玉也。」从王，堇聲。居隱切，十三部。

瑜 瑜 瑾瑜也。凡合二字成文，如瑾瑜、玫瑰之類，其義既舉於上字，則下字例不復舉，俗本多亂之。此也字之上，有「美玉」二字是[22]。从王，俞聲。羊朱切，古音在四部。

玒 玒 玉也。从王，工聲。户工切，九部。

琜 琜 琜瓄，逗。玉也。《廣雅》玉類有琜瓄。按，説解有瓄，而無篆文瓄者，蓋古衹用賣，後人加偏旁。許君書或本説解内作賣，或説解内不妨從俗，而篆文則不録也。从王，來聲。落哀切，一部。瓄，曹憲音瀆。

瓊 瓊 亦玉也。亦，各本作赤，非。《説文》時有言「亦」者，如李賢所引「診亦視也」，鳥部「鸞亦神靈之精也」之類。此上下文皆云玉也，則瓊亦當爲玉名，倘是赤玉，當廁璊、瑕二篆閒矣。《離騷》曰：「折瓊枝以爲羞。」《廣雅》玉類首瓊支，此瓊爲玉名之證也。唐人陸德明、張守節皆引作「赤玉」，則其誤已久。《詩》瓊琚、瓊瑶、瓊華、瓊瑩、瓊英、瓊瑰，毛傳云：「瓊，玉之美者也。」蓋瓊支爲玉之最美者，故《廣雅》言玉，首瓊支。因而引伸凡玉石之美皆謂之瓊。應劭曰：「瓊，玉之華也。」是其理也。从王，敻聲。渠營切，古音在十四部。《招魂》與姦、安、軒、山、連、寒、湲、蘭、筵韻。

璚 璚 瓊或从矞。巂[23]，聲也。矞爲敻之入聲，角部觼或作鐍。此十四部與十五部合音之理。

瓗 瓊或从瓗㉔。巂，聲也。此十四部與十六部合音之理。虫部蠵，亦作蠖。

珦 玉也。从王，向聲。許亮切，十部。

⿰王剌 玉也。从王，剌聲。盧達切，十五部。

珣 醫無閭之珣玗璂，《爾雅》曰：「東北㉕之美者，有醫無閭之珣玗琪焉。」璂、琪同。醫無閭，山名。在今盛京錦州府廣寧縣西十里。屈原賦謂之「於微閭」。珣玗璂，合三字爲玉名。玗、璂二字又各有本義，故不連舉其篆也。蓋醫無閭，珣玗璂皆東夷語。《周書》所謂夷玉也。夷玉，《顧命》文。鄭注云：「東北之珣玗琪也。」从王，旬聲。相倫切，十二部。一曰，玉器。此字義別説也。《周禮》「玉瑞玉器」注曰：「禮神曰器。」《爾雅》：「璧大六寸謂之宣。」《郊祀志》：「有司奉瑄玉。」《詛楚文》：「設用吉王宣璧。」㉖皆即珣字。讀若宣。謂訓器則讀若宣也。音轉入十四部。如《毛詩》「于嗟洵兮」，《韓詩》洵作夐之比。

璐 玉也。《九章》：「被明月兮佩寶璐。」王逸注：「寶璐，美玉也。」从王，路聲。洛故切，五部。

瓚 三玉二石也。从王，贊聲。徂贊切，十四部。禮：天子用全，純玉也；上公用駹，四玉一石；侯用瓚，伯用埒，玉石半相埒也。《攷工記·玉人》曰：「天子用全，上公用龍，侯用瓚，伯用將。」注：「鄭司農云：全，純色也。龍，當爲尨，尨謂雜色。玄謂全，純玉也。瓚，讀如餈餍之餍。龍、瓚、將，皆雜名也。卑者下尊以輕重爲差，玉多則重，石多則輕。公侯四玉一石，伯子男三玉二石。」按，許君龍作駹，從先鄭易字也。埒，許、鄭同，皆不作將。倘是將字，鄭不得釋爲雜。鄭已後傳寫失之。鄭云「公侯四玉一石」，則《記》文不當公侯分別異名。許説爲長。戴先生曰：「此蓋泛記用玉爲飾之等。」玉裁謂此與祼圭之瓚異義。許不言祼圭之瓚者，蓋其字古祇作贊，黃金爲勺，不用玉也。《詩》謂之玉贊、圭贊者，以贊助祼圭也。

瑛 玉光也。《山海經》言「玉榮」，《離騷》、《孝經援神契》、《雒書》皆言「玉英」。《淮南鴻烈》曰：「龍淵有玉英。」高注：「英，精光也。」从王，英聲。於京切，古音在十部。

璑 三采玉也。《周禮》故書「璑玉三采」，注曰：「璑，惡玉名。」江沅曰：「惡玉者，亞次之玉也。古惡、亞字通。」《廣雅》玉類有璑。玉裁按，天子純玉，公四玉一石，侯二玉二石。故書作璑，新書作珉，皆謂石之次玉者。諸公之冕，璑玉三采，謂以璑雜玉備三采，下於天子純玉備五采也。許云三采玉謂之璑，誤矣。从王，無聲。武無切，徐堅引《説文》音舞，五部。

玊 朽玉也。从王有點。讀若畜牧之畜。各本篆文作珛，解云：「从玉，有聲。」今訂正。《史記》：「公玊帶。」索隱曰：「《三輔決録》注云：杜陵有玊氏，音肅。《説文》以爲从王，音畜牧之畜。」此可證唐本但作玊，不作珛。《廣韻·一屋》云：「玊音肅，朽玉。」此《説文》本字。《四十九宥》云：「珛，音齅。」此從俗字。《玉篇》玊，欣救、思六二切。此《説文》本字。「珛，許救切。」引《説文》「朽玉也」，此後人據俗本《説文》所增。《佩觿》曰：「玉有欣救、魚録、息足、相逐四翻，俗别爲玊。」郭云别爲玊者，謂玉石字點在三畫之側，欣救、息足、相逐三切，點在二畫之側也。蓋後人以朽玉字爲玉石字，以别於帝王字，復高其點爲朽玊、玊姓字，以别於玉石字，又或改《説文》从王加點爲从王有聲作「珛」，亦以别於玉石字也。朽玉者，謂玉有瑕玷，故从王加點以象形。《淮南書》云：「夏后之璜，不能無考。」考、朽古音同。《史記》藺相如曰：「璧有瑕，請指示王。」从王加點，謂可指示也。畜牧字，依《説文》本作嘼。許救、許六二切，玊音同之。杜陵玊姓，音肅，雙聲也。三部。

璿　美玉也。《山海經》：「西王母之山，有璿瑰瑶碧。」郭傳：「璿瑰，玉名。」竹書《穆天子傳》：「重璧氏之所守，曰枝斯璿瑰。」郭注：「璿瑰，玉名。」引《左傳》「贈我以璿瑰」。按《左傳》，成公十八年，今本作「瓊瑰」，僖公廿八年，「璿弁」今本作「瓊弁」。張守節《史記》「璿璣」作「瓊璣」。璿與瓊，古書多相亂。璿瑰，郭音旋回，合二字爲美玉名。《山海經》單言「琁」者，亦美玉也。从王，睿聲。似沿切，十四部。《春秋傳》曰：「璿弁玉纓。」見上。張衡《西京賦》「璿弁玉纓」，薛敬文解「弁，馬冠也。叉髦以璿玉作之。纓，馬鞅也。以玉飾之」。鍇本弁作「冠」，諱李昪嫌名也。

琁　璿或从旋省。各本廁瓊、璚、瓗三字之下，解云：「瓊或从旋省。」考《文選·陶徵士誄》「璿玉致美」，李善注曰：「《山海經》云：『升山，黄酸之水出焉，其中多琁玉。』《説文》云：琁亦璿字。」李氏以琁注璿，引《説文》爲證，然則李所據《説文》不同今本。今據以訂正。楊倞注《孫卿》，引《説文》「琁，赤玉。音瓊」，則同今本矣。《中山經》、《海内西經》言琁者，皆美玉也。郭云：「琁，石次玉者也。」又云：「琁，玉類。」又云：「璿瑰，亦玉名。」是未知璿、琁同字矣。

壡　籀文璿。叔部曰：「叡，籀文叡。」疑此籀當作「壡，叡聲。」小篆叡字，省大篆爲之也。

璿　古文璿。疑當古文作璿，小篆作璿。

球　玉也。鉉本「玉磬也」㉗，非。《爾雅·釋器》曰：「璆，美玉也。」《禹貢》、《禮器》鄭注同。《商頌》「小球大球」，傳曰：「球，玉也。」按，磬以球爲之，故名球，非球之本訓爲玉磬。从王，求聲。巨鳩切，三部。

璆　球或从翏。求、翏二聲同。三部。

琳　美玉也。高注《淮南》、王注《楚辭》、李孫郭注《爾雅》，皆曰：「琳，美玉名。」某氏注《尚書》曰：「琳，玉名。」从王，林聲。力尋切，七部。

璧　瑞玉。圜也。瑞以玉爲信也。《釋器》：「肉倍好謂之璧。」邊大孔小也。鄭注《周禮》曰：「璧圜象天。」从王，辟聲。比激切，十六部。

瑗　大孔璧。《釋器》曰：「好倍肉謂之瑗。」孔大於邊也。人君上除陛以相引。未聞。瑗、引雙聲。《孫卿》曰：「聘人以珪，召人以瑗。」《爾雅》曰：「好倍肉謂之瑗，肉倍好謂之璧。」《釋器》文。好謂孔，肉謂邊也。从王，爰聲。王眷切，十四部。

環 璧肉好若一謂之環。亦見《釋器》。古者還人以環，亦瑞玉也。鄭注《經解》曰：「環取其無窮止。」肉上舊衍「也」字。从王，睘聲。户關切，十四部。環引伸爲圍繞無端之義。古祗用「還」。

璜 半璧也。鄭注《周禮》、高注《淮南》同。按，《大戴禮》珮玉下有雙璜，皆半規，似璜而小。古者天子辟廱，築土雝水之外圜如璧，諸侯泮宮，泮之言半也。蓋東西門以南通水，北無也。鄭箋《詩》云爾。然則辟廱似璧，泮宮似璜，此黌字之所由製歟。从王，黄聲。户光切，十部。

琮 瑞玉。大八寸，似車釭。鄭注《周禮》曰：「琮，八方象地。」《玉人》曰：「大琮尺二寸，射四寸。」注：「射，其外鉏牙。」疏云：「角各出二寸，兩相幷，四寸也。」玉裁按，除去射四寸，則大琮八方之徑八寸。許云「瑞玉。大八寸」者，謂大琮也。其他琮不言射，惟瑑琮大八寸。如車釭者，葢車轂空中不正圜，爲八觚形，琮似之。琮、釭疊韻。从王，宗聲。藏宗切，九部。

琥 發兵瑞玉。《周禮》：「牙璋以起軍旅，以治兵守。」不以琥也。漢與郡國守相爲銅虎符，銅虎符從第一至第五，國家當發兵，遣使者至郡國合符，符合乃聽受之。蓋以代牙璋也。許所云未聞。爲虎文。瑑虎爲文也。鄭注《周禮》：「琥猛象秋嚴。」从王，虎聲。呼古切，五部。《春秋傳》曰：「賜子家子雙琥。」是。昭公卅二年《左傳》文。

瓏 禱旱玉也。未聞。爲龍文。瑑龍爲文也。《左傳》：「昭公使公衍獻龍輔於齊侯。」正義引《說文》爲說。从王，龍聲。力鍾切，九部。

琬 圭有琬者。此當作「圭首宛宛者」，轉寫譌脱也。琬、宛疊韻。先鄭云：「琬，圭無鋒芒，故以治德結好。」後鄭云：「琬猶圜也，王使之瑞節也。」戴先生曰：「凡圭剡上寸半，直剡之，倨句中矩。琬圭穹隆而起，宛然上見。」玉裁謂，圜剡之，故曰「圭首宛宛者」，與丠上有丠爲宛丠同義。《爾雅》又云：「宛中，宛丠。」此與毛傳「四方高中央下曰宛丠」、《釋名》「丠宛宛如偃器」正同，謂窊其中宛宛然也。二義相反，俱得云宛。《爾雅》兼采異說，郭說「宛中」失之。从王，宛聲。於阮切，十四部。

璋 剡上爲圭。《聘禮記》曰：「圭剡上寸半。」《雜記》曰：「剡上左右各半寸。」㉘半圭爲璋。見《詩》毛傳及《公羊傳》注、《周禮》注。从王，章聲。諸良切，十部。《禮》六幣：圭以馬，璋以皮，璧以帛，琮以錦，琥以繡，璜以黼。見《周禮·小行人》。注：「六幣，所以享也。享天子用璧，享后用琮。皆有庭實，以馬若皮。皮，虎豹皮也。用圭璋者，二王之後也。二王後尊，故享用圭璋而特之。其於諸侯，亦用璧琮耳。子男於諸侯，則享用琥璜，下其瑞也。」按，六玉皆見上文。圭見璋字下，故引《禮》總言其所用之幣。

琰 璧上起美色也。璧當爲圭也。當爲者，《周禮》注云：「凡圭，剡上寸半；琰圭，剡半以上，又半爲瑑飾。」許云「起美色」，蓋與鄭意同。或當作「圭剡上起美飾」者，若高注《淮南》、顏注《司馬相如傳》，皆云「琬琰，美玉名。」此當合二字爲一名，別是一物。《尚書》「玉五重」，琬琰亦是一物，非《周禮》之二圭也。从王，炎聲。以冄切，古音第八部。

玠 大圭也。《攷工記》：「天子鎮圭，諸侯命圭。」戴先生曰：「二者皆謂之介圭。《爾雅》『圭大尺二寸爲玠』，據鎮圭言也。《詩》『錫爾介圭，以作爾寶』，據命圭言也。介者，大也。《禮器》：『大圭不瑑，以素爲貴。』亦謂此也。」从王，介聲。古拜切，十五部。《周書》曰：「稱奉介圭。」《顧命》曰：「大保承介圭。」又曰：「賓稱奉圭兼幣。」蓋許君偶誤合二爲一，如「或簸或舀」、「竷竷舞我」之類。《韻會》引介圭作玠玉。

瑒 圭尺二寸，有瓚，以祠宗廟者也。《玉人》曰：「祼圭尺有二寸，有瓚，以祀廟。」祼圭謂之瑒圭。瑒讀如暢。《魯語》謂之鬯圭，用以灌鬯者也。祠，《玉篇》作「祀」。从王，昜聲。丑亮切，十部。

瓛 桓圭，公所執。《大宗伯》曰：「公執桓圭。」注：「公，二王之後及王之上公。雙植謂之桓。桓，宮室之象，所以安其上。桓圭蓋亦以桓爲瑑飾。」玉裁按，鍇本作「三公」，《韻會》引亦無三。从王，獻聲。胡官切，十四部。

珽 大圭，長三尺，抒上，終葵首。見《玉人》。注曰：「王所搢大圭也。或謂之珽。終葵，椎也。爲椎於其杼上，明無所屈也。杼，殺也。」按，《玉藻》謂之珽。注云：「此亦笏也。珽之言挺然無所屈也。」《典瑞》曰：「王晉大圭以朝日。」《魯語》曰：「天子大采朝日。」《管子》曰：「天子執玉笏以朝日。」皆謂此。司馬相如賦有「晁采」，晁，古朝字。朝采，即朝日之大采也。長三尺，博三寸。蓋自其中已上殺之，其殺六分而去一，至其首則仍博三寸而方之。鄭云：「方如椎頭」是也。珽，王逸引《相玉書》作「珵」。抒，今《周禮》作杼，《玉藻》注「同杼」是也。从王，廷聲。他鼎切，十一部。

瑁 諸侯執圭朝天子，天子執玉以冒之，似犂冠。《周禮》曰：「天子執瑁四寸。」《玉人》曰：「天子執冒四寸以朝諸侯。」注：「名玉曰冒者，言德能覆蓋天下也。四寸者方，以尊接卑，以小爲貴。」《尚書大傳》曰：「古者圭必有冒，不敢專達也。天子執冒以朝諸侯，見則覆之。故冒圭者，天子所與諸侯爲瑞也。諸侯執所受圭以朝於天子。瑞也者，屬也。」犂冠，《爾雅》注作「犂錧」，謂耜也。《周禮·匠人》：「耜廣五寸。」二耜之伐廣尺，耜刃方，瑁上下方似之。从王冒，冒亦聲。莫報切，古音在三部。《考工記》以冒爲瑁。

玥 古文从冃。各本篆作「玥」，云：「古文从目。」惟《玉篇》不誤。此蓋壁中《顧命》字。

瑞 以玉爲信也。《典瑞》：「掌玉瑞玉器之藏。」注云：「人執以見曰瑞，禮神曰器。」又云：「瑞，節信也。」《說文》卪下云：「瑞信也。」是瑞、卪二字爲轉注。禮神之器，亦瑞也，瑞爲圭、璧、璋、琮之總偁。自璧至瑁十五字皆瑞也，故總言之。引伸爲祥瑞者，亦謂感召若符節也。**从王，耑聲。** 耑聲在十四部，而瑞、揣、圌字音轉入十五部。《唐韻》是僞切，又入十六部。

璬 玉佩。璬、珩、玦三字，鉉本在玒下瑞上，鍇本則珩、玦又綴於部末，皆非舊次。凡一書内舊次可考者，訂正之。此自璬至璗九篆，皆飾之類。古者雜佩謂之佩玉，見《周禮·玉府》、《大戴禮·保傅篇》、《禮記·玉藻》。亦謂之玉珮，見《詩·秦風》。璬之言皦也，玉石之白曰皦。**从王，敫聲。** 古了切，二部。

珩 佩上玉也。《詩》毛傳曰：「雜佩者，珩、璜、琚、瑀、衝牙之類。」韓傳曰：「佩玉上有蔥衡，下有雙璜、衝牙，蠙珠以納其間。」按，衡即珩字，《晉語》：「白玉之珩六雙。」注：「珩，佩上飾。」《楚語》：「楚之白珩。」注：「珩，佩上之横者。」《玉藻》曰：「一命、再命幽衡，三命蔥衡。」注：「衡，佩上之衡也。」其制，珩上横爲組三，繫於珩。繫於中組者曰衝牙，繫於左右組者曰璜，皆以玉。璜似半璧而小，亦謂之牙。繫於中者觸牙而成聲，故曰衝牙。蠙珠、琚、瑀貫於珩之下，璜、衝牙之上。故毛、韓、大戴皆曰「以納其間」。云「佩上玉」者，謂此乃玉佩最上之玉也。統言曰佩玉，析言則珩居首，以玉爲之。依《玉藻》所言，則當天子白玉珩，公侯山玄玉珩，大夫水蒼玉珩，所謂三命蔥珩，士瓀玟，則以石。《月令》：春倉玉，夏赤玉，中央黄玉，秋白玉，冬玄玉。注：「凡所服玉，謂冠飾及所佩之珩璜。」則又隨時異色矣。**从王行，所以節行止也。** 依《韻會》所引訂。从玉行者，會意。所以節行止也者，謂珩所以節行止，故字从玉行，發明會意之恉也。《周語》「改玉改行」注：「玉，佩玉，所以節行步也。」此字行亦聲。户庚切，古音在十部。

玦 玉珮也。《九歌》注曰：「玦，玉佩也。先王所以命臣之瑞。故與環即還，與玦即去也。」《白虎通》曰：「君子能決斷，則佩玦。」韋昭曰：「玦如環而缺。」[29] **从王，夬聲。** 古穴切，古音在十五部。

珥 瑱也。《戰國策》：孟嘗君進五珥以請立后[30]。李斯上書曰：「宛珠之簪，傅璣之珥。」**从王耳，耳亦聲。** 仍吏切，一部。

瑱 㠯玉充耳也。《詩》毛傳曰：「瑱，塞耳也。」又曰：「充耳謂之瑱。天子玉瑱，諸侯以石。」按，瑱不皆以玉，許專云以玉者，爲其字之从玉也。凡字从某、爲某之屬，許君必言其故。**从王，真聲。** 佗甸切，十二部。**《詩》曰：「玉之瑱兮。」**《鄘·君子偕老》文。今《詩》「兮」作「也」。女部又引「邦之媛兮」，可知此篇「也」字古皆作「兮」。孫毓《詩評》亦引「玉之瑱兮」。

䀻 瑱或从耳。《考工記》汁引《左傳》「縛一如瑱」，釋文曰：「瑱本或作䀻。」耳形真聲，不入耳部者，爲其同字異處，且難定其正體或體。凡附見之例眡此。

琫　佩刀上飾也。《小雅》:「鞞琫有珌。」傳:「鞞,容刀鞞也。琫,上飾。珌,下飾。」《大雅》:「鞞琫容刀。」傳:「下曰鞞,上曰琫。」戴先生疑《瞻彼洛矣》之「珌下飾」當爲「鞞,下飾。珌,文飾皃」。「有珌」與首章「有奭」句法同。《說文》訓鞞爲「刀室」誤也㉛。玉裁按,鞞之言裨也,刀室所以裨護刀者,漢人曰削,俗作鞘。琫之言奉也,奉俗作捧,刀本曰環,人所捧握也,其飾曰琫。珌之言畢也,刀室之末,其飾曰珌,古文作蹕。傳云「鞞,容刀鞞也」,謂刀削。其云「琫,上飾。珌,下飾」者,上下自全刀言之。琫在鞞上,鞞在琫下,珌在鞞末。《公劉》詩不言珌,故云「下曰鞞」,舉鞞以該珌。「鞞琫有珌」,言鞞琫而又加珌也。《王莽傳》「瑒琫」「瑒珌」,孟康曰:「佩刀之飾,上曰琫,下曰珌。」若劉熙《釋名》曰:「室口之飾曰琫。琫,捧也。捧束口也。下末之飾曰琕。琕,卑也。下末之言也。」琕即鞞之譌。劉意自一鞘言之,故雖襲毛「上曰琫,下曰鞞」之云,而大非毛意。至杜預,本之注《左傳》云:「鞞,佩刀削上飾。鞛,下飾。」又互譌上下字矣。凡訓詁必考其源流得失者,舉眡此。許云「佩刀上飾」,用毛說,謂一刀之上,非一削之上也。凡刀劍,以手所執爲上,刀謂之穎,亦曰環。書刀謂之拊,劒謂之鐔。天子以玉,諸侯以金。毛傳曰:「天子玉琫而珧珌,諸侯璗琫而璆珌,大夫鐐琫而鏐珌,士珕琫而珕珌。」天子以玉,故其字从玉。从王,奉聲。邊孔切,九部。《左傳》作「鞛」,音、奉合音,如棓字亦音聲之比。

珌　佩刀下飾,天子以玉。毛傳云:「天子以珧。」《說文》珧字下亦云:「天子珧珌」。此當云「天子以珧,諸侯以玉」。淺人妄竄改之。从王,必聲。卑吉切,十二部。

蹕　古文珌。各本無。《玉篇》曰:「珌,古文作蹕。」《汗簡》、《古文四聲韻》皆曰:「蹕見《說文》」,今據補。必、畢古通用,同在十二部。

璏　劒鼻玉也。各本篆文皆誤,今正。《王莽傳》:「美玉可以滅瘢,欲獻其璏。」服虔曰:「璏音衛。」蘇林曰:「劒鼻玉也。」俗本脫「玉」字。《初學記》、《蓺文類聚》引《字林》「劒鼻謂之璏」,亦脫玉字。从王,彘聲。直例切,十五部。

瑵　車蓋玉瑵。司馬彪《輿服志》曰:「乘輿、金根、安車、立車,羽蓋華蚤。」劉昭注:「徐廣云:翠羽蓋黄裏,所謂黄屋車也。金華施橑末,有二十八枚,即蓋弓也。」又張衡《東京賦》:「羽蓋威蕤,葩瑵曲莖。」薛綜注曰:「羽蓋,以翠羽覆車蓋也。威蕤,羽貌。葩瑵,悉以金作華形,莖皆低曲。」蔡邕《獨斷》云:「凡乘輿車,皆羽蓋金華爪。爪與瑵同。」又《王莽傳》曰:「造華蓋,九重,高八丈一尺,金瑵。」師古曰:「瑵讀曰爪。」玉裁按,瑵、蚤、爪,三字一也。皆謂蓋橑末。《說文》指爪字作叉,當云車蓋玉叉也。瑵、叉疊韻。他家云華瑵、金瑵者,謂金華飾之。許云玉瑵者,謂玉飾之。故字从玉也。从王,蚤聲。側絞切,古音在三部。

瑑　圭璧上起兆瑑也。《周禮》先鄭注云:「瑑,有圻鄂瑑起也。」後鄭云:「瑑,文飾也。」許云「起兆瑑」,與先鄭說合。兆者,垗也。營域之象,先鄭所謂垠堮也。大圭不瑑者,以素爲貴也。

从王，彖聲。彖聲，依《韻會》所引鍇本。今鍇本亦作「篆省聲」，又淺人改之也。直戀切，十四部。《周禮》曰：「瑑圭璧。」《典瑞》曰：「瑑圭、璋、璧、琮。」疑此有脱誤。

珇 琮玉之瑑。《玉人》：「駔琮五寸，宗后以爲權；駔琮七寸，天子以爲權。」注：「駔，讀爲組。以組繫之，因名焉。」許作珇，蓋杜子春讀故書之駔爲珇，鄭所不從，不載其説者也。《記》又云：「瑑琮八寸」，則駔琮非謂瑑明矣。似讀駔爲珇，訓琮玉之瑑，失之。《方言》曰：「珇，好也，美也。」許意謂兆瑑之美曰珇。从王，且聲。則古切，五部。

⿰王綦 弁飾也。往往冒玉也。上也字，依《詩音義》補。《弁師》曰：「王之皮弁，會五采玉琪。」鄭司農云：「故書會作膾。膾讀如馬會之會，謂以五采束髮也。琪讀如綦車轂之綦。」按，許謂以玉飾弁曰琪，與司農説同。後鄭則易琪爲綦，綦，結也。皮弁之縫中每貫結五采玉以爲飾，謂之綦。蓋後鄭謂經琪字乃玉名，故易爲綦字。《曹風》：「其弁伊騏。」箋亦云：「騏當作綦。」㉜自用其《周禮》説也。許同先鄭説。往往，歷歷也，鄭云「皪皪而處」是也。从王，綦聲。渠之切，一部。

璂 ⿰王綦或从基。

璪 玉飾，如水藻之文。謂彫飾玉之文。璪、藻疊韻。从王，喿聲。子皓切，二部。《虞書》曰：「璪火粉米。」古文《尚書·咎繇謨》文。按，《虞書》璪字，衣之文也，當从衣，而从玉者，假借也。衣文、玉文皆如水藻，聲義皆同，故相假借。非衣上爲玉文也。凡《説文》有引經言假借者，例此。《禮經》文采之訓，古文多用繅字，今文多用璪、藻字。其實三字皆假借。

瑬 垂玉也，冕飾。《弁師》：「掌王之五冕。五采繅，十有二就，皆五采玉十有二。諸侯之繅斿九就，瑉玉三采，繅斿皆就。」注：「繅，雜文之名。合五采絲爲之繩，垂於延之前後。就，成也。繩之每一帀而貫五采玉十二。斿則十二玉也。繅不言皆，有不皆者。袞衣之冕十二斿，則用玉二百八十八。鷩衣之冕繅九斿，用玉二百一十六。毳衣之冕七斿，用玉百六十八。希衣之冕五斿，用玉百二十。玄衣之冕三斿，用玉七十二。侯當爲公，字之誤也。三采，朱白蒼也。繅斿皆就，皆三采也。每繅九成，則九玉也。公之冕用玉百六十二。」按，《弁師》作斿，《玉藻》从俗字作旒，皆瑬之假借字。从王，流聲。力求切，三部。

璹 玉器也。徐鍇曰：「《爾雅》璋大八寸謂之琡，《説文》有璹無琡，宜同也。」从王，𠷎聲。讀若淑。殊六切，三部。

瓃 玉器也。《雋不疑傳》：「帶櫑具劍。」晉灼曰：「古長劍首以玉作井鹿盧形，上刻木作山形，如蓮花初生未敷時。」霍清《治書》云：「《攷古圖》有玉轆轤玉具劍，《古樂府》所云腰閒轆轤劍也。」㉝按，古玉器爲鹿盧轉旋，蓋不獨劍具。先鄭注《周禮》云：「駔外有捷盧也。」捷盧亦謂鹿盧也。从王，畾聲。《説文》無畾字，而云「畾聲」者，畾即靁之省也。靁字下曰：「從雨，畾象回轉形。」木部櫑字下曰：「刻木作雲靁，象施不窮。」楊雄賦曰：「輻轤不絶。」凡從畾字，皆形聲兼會意。魯回切，十五部。

玼 新玉色鮮也。各本無「新」。《詩音義》兩引皆作「新色鮮也」，今補。玼本新玉色，引伸爲凡新色。如《詩》「玼兮玼兮」，言衣之鮮盛；「新臺有玼」，言臺之鮮明。《韻會》引作「玉色鮮絜也」。从王，此聲。《詩音義》音此，又且禮反，十五部。古此聲之字，多轉入十六部。十六部與十七部至近，是以劉昌宗云「倉我反」也。玼之或體作「瑳」，楚景瑳以爲名。《詩·君子偕老》二章、三章皆曰：「玼兮玼兮」，是以二章毛鄭有注，三章無注。或兩章皆作瑳，《內司服》注引「瑳兮瑳兮，其之翟也」，又引「瑳兮瑳兮，其之展也」可證。自淺人分別玼屬二章，瑳屬三章，畫爲二字二義，又於《說文》增瑳爲訓釋，今刪。《詩》曰：「新臺有玼。」《詩·邶風》文。今本作「泚」，《韓詩》作「漼」，云「鮮皃」，即今璀璨字也。

璱 玉英華相帶如瑟弦也。左思《吴都賦》㉞：「符采彪炳。」劉逵注曰：「符采，玉之橫文也。」郭璞引《王子靈符應》曰：「赤如雞冠，黃如蒸栗，白如割肪，黑如純漆，玉之符采也。」璱、瑟疊韻。从王，瑟聲。所櫛切，十二部。《詩》曰：「璱彼玉瓚。」《詩·大雅》作「瑟」，箋云：「瑟，絜鮮皃。」孔子曰：「璠與，近而視之璱若也。」㉟《韻會》引作璱，彼則引《詩》爲發明从瑟意。

瑮 玉英華羅列秩秩。《爾雅·釋訓》：「秩秩，清也。」毛傳：「秩秩，有常也。」瑮、列雙聲，瑮、秩疊韻。从王，㮚聲。力質切，十二部。《聘義》說玉云：「縝密以栗。」《逸論語》曰：「玉粲之璱兮，其瑮猛也。」《藝文志》曰：「《論語》漢興有齊、魯之說。傳《齊論》者，惟王陽名家。傳《魯論》者，安昌侯張禹，最後而行於世。」然則張禹《魯論》所無，則謂之《逸論語》。如十七篇之外爲《逸禮》，二十九篇之外爲《逸尚書》也。《齊論》多《問王》、《知道》二篇，王伯厚云：「《問王》疑當作《問玉》。」按，《說文》玉、瑮、瑩三字下所引，蓋即《問玉》篇歟。

瑩 玉色也。謂玉光明之皃。引伸爲磨瑩。亦作鎣。从王，熒省聲。李善引《說文》烏明切，《唐韻》烏定切，十一部。一曰，石之次玉者。此字義之別說也。《齊風》傳曰：「瑩，石似玉也。」《衛風》傳曰：「瑩，美玉也。」㊱。《逸論語》曰：「如玉之瑩。」此蓋引證玉色之義。

璊 玉䞓色也。毛傳曰：「璊，䞓玉也。」今本脱玉字。从王，㒼聲。莫奔切，古音在十四部。禾之赤苗謂之穈。各本从木作「樠」，今依《毛詩釋文》宋槧。穈即艸部虋字之或體，艸部不言「或作穈」，而此見之，亦可見或字不能悉載。言璊玉色如之。虋聲在十三部，與十四部㒼聲最近，而又雙聲，此璊穈字皆於虋得義也。

玧 璊或从允。允聲在十三部。

瑕 玉小赤也。《子虛賦》㊲：「赤瑕駁犖。」張揖曰：「赤瑕，赤玉也。」揚雄《蜀都賦》、左思《吴都賦》皆云「瑕英」㊳，劉逵曰：「瑕，玉屬也。」木華《海賦》：「瑕石詭暉。」《廣雅》玉屬有「赤瑕」。若《聘義》「瑕不揜瑜」，注：「瑕，玉之病也」，高注《淮南書》曰：「瑕猶釁也」，此別一義。釁同璺。 从王，叚聲。乎加切，古音在五部。

[琢] 治玉也。《釋器》：「玉謂之琢，石謂之摩。」毛傳同。按，琢、琱字謂鐫鑿之事，理字謂分析之事。《攷工記》刮磨五工，《玉人》記玉之用，《楖人》、《雕人》，闕。楖人蓋理之，如楖之疏髮。雕人蓋琢之，如鳥之啄物。左思賦水鳥曰「彫琢蔓藻」是其意㊴。 从王，豖聲。竹角切，三部。

[琱] 治玉也。《釋器》：「玉謂之雕。」按，琱、琢同部雙聲相轉注。《詩》、《周禮》之「追」，《大雅》之「敦弓」，皆與琱雙聲也。 一曰，石似玉。此字義之別說。 从王，周聲。都僚切，古音在三部。經傳以雕、彫爲琱。

[理] 治玉也。《戰國策》：「鄭人謂玉之未理者爲璞。」是理爲剖析也。玉雖至堅，而治之得其䚡理以成器不難，謂之理。凡天下一事一物，必推其情至於無憾，而後即安，是之謂天理，是之謂善治。此引伸之義也。戴先生《孟子字義疏證》曰：「理者，察之而幾微必區以別之名也。是故謂之分理。在物之質曰肌理，曰腠理，曰文理。得其分則有條而不紊，謂之條理。鄭注《樂記》曰：理者，分也。許叔重曰：知分理之可相別異也。古人之言天理，何謂也？曰：理也者，情之不爽失也。未有情不得而理得者也。天理云者，言乎自然之分理也。自然之分理，以我之情絜人之情，而無不得其平是也。」从王，里聲。良止切，一部。

[珍] 寶也。宀部曰：「寶，珍也。」是爲轉注。 从王，㐱聲。陟鄰切，古音在十三部。

[玩] 弄也。廾部曰：「弄，玩也。」是爲轉注。《周禮》曰：「玩好之用。」从王，元聲。五換切，十四部。

[貦] 玩或从貝。

[玲] 玉聲也。《甘泉賦》：「和氏瓏玲。」《大玄》：「亾彼瓏玲。」皆謂玉聲。《法言》、《廣雅》作「玲瓏」。 从王，令聲。郎丁切，古音在十二部。

[瑲] 玉聲也。《小雅》：「有瑲蔥珩。」毛傳：「瑲，珩聲也。」《秦風》：「佩玉將將。」《玉藻》：「然後玉鏘鳴。」皆當作此字。 从王，倉聲。七羊切，十部。 《詩》曰：「攸革有瑲。」《周頌·載見》文。攸，各本作「鋚」，今正。說見鋚字下。「有瑲」，今《詩》作「有鶬」，亦作「鎗」。按，鸞鈴轡飾之聲，而字作「瑲」，玉聲，而字作「鏘」，皆得謂之假借。

[玎] 玉聲也。以「椓之丁丁」、「伐木丁丁」例之，蓋當疊字言「玎玎」。 从王，丁聲。中莖、當經二切，十二部。 齊大公子伋謚曰玎公。《齊世家》、《古今人表》皆云：師尚父之子丁公，丁公之子乙公，乙公之子癸公。猶之魯禽父，晉燮父，衛康伯，宋微仲皆無謚。不聞謚玎也。此當云：「讀若齊大公子伋謚曰丁公。」轉寫脱「讀若」字，因改丁爲玎。不直言「讀若丁」者，古音丁公之讀當與凡丁異也。丁、乙、癸皆非謚明矣。而云「謚丁公」者，古者以字爲謚之義也。

琤 玉聲也。从王，爭聲。楚耕切，十一部。按，此字恐系瑲之俗。

瑣 玉聲。謂玉之小聲也。《周易》：「旅瑣瑣。」鄭君、陸績皆曰：「瑣瑣，小也。」从王，肖聲。蘇果切，十七部。

瑝 玉聲。謂玉之大聲也。从王，皇聲。《廣韻》云：「《說文》音皇。」十韻⑩。

瑀 石之次玉者。次，各本譌「似」，依《詩》音義、正義引訂。《鄭風》傳曰：「雜佩者，珩、璜、琚、瑀、衝牙之類。」又曰：「佩有琚、瑀，所以納閒。納閒者，納於上珩下璜衝牙之中也。」《韓詩》傳：「蠙珠以納其閒。」《保傅篇》曰：「玭珠以納其閒，琚瑀以雜之。」玭即蠙。毛不言蠙珠，韓不言琚瑀，《保傅篇》兼言之。蓋蠙珠居中，琚、瑀皆美石，又貫於蠙珠之上下，故曰雜佩。雜，集也；集衆美也。盧辨曰：「玭珠之赤者曰琚，白者曰瑀。」誤矣。从王，禹聲。王矩切，五部。

玤 石之次玉者，㠯爲系璧。系璧，蓋爲小璧系帶閒，縣左右佩物也。从王，丰聲。讀若《詩》曰「瓜瓞菶菶」。《大雅·生民》文。此引經說字音也。補蠓切，九部。一曰，若蛤蚌。今音蚌在講韻，古音江、講合於東、董。

玪 玪塾，逗。石之次玉者。鄭本《尚書》：「璆玪琅玕。」鄭注：「璆，美玉。玪，美石。」《子虛賦》：「瑊玏玄厲。」張揖曰：「瑊玏，石之次玉者。」《中山經》：「葛山其下多瑊石。」郭傳：「瑊玏，石似玉。」《廣雅》：「瑊玏，石次玉也。」按，玪、瑊同字，塾、玏同字。玪塾合二字爲石名。亦有單言玪者，如《尚書》、《中山經》及《穆天子傳》是。从王，今聲。古函切，古音在七部。《廣韻》瑊音箴，是。

塾 玪塾也。从王，勒聲。盧則切，一部。

琚 珮玉石也。各本作「瓊琚也」，今正。《詩·鄭風》正義、釋文皆引《說文》「琚，珮玉名」。《衛風》釋文又引「琚，珮玉名」。按，雜佩謂之佩玉，見《周禮》、《大戴禮》、《玉藻》、《詩·鄭風》《秦風》《衛風》、《尚書大傳》。贅以「名」字，語不可通。琚乃佩玉之一物，不得云佩玉名也。毛公、《大戴》皆云「琚、瑀以納閒」，許君以瑀字廁於石次玉之類，然則名字爲石之字誤無疑。佩玉石者，謂佩玉納閒之石也。《木瓜》毛傳云：「琚，佩玉石也。」許君用之。今毛傳石譌爲名，莫能是正。瑀下不言「佩玉石」，琚下不言「美石次玉」，互見也。《詩》「佩玉瓊琚」，謂佩玉之閒有美琚也。「瓊瑰玉佩」，謂美瑰在玉佩之閒也。从王，居聲。九魚切，五部。《詩》曰：「報之以瓊琚。」

琇 石之次玉者。《衛風》：「充耳琇瑩。」傳：「琇、瑩，美石也。」按，琇、瑩是二石名。故《都人士》傳曰：「琇，美石也。」《著》傳曰：「瑩，石似玉也。」从王，莠聲。陸德明引《說文》弋久反，《唐韻》息救切，三部。按，《說文》从莠，隸从秀，猶从芺之多爲夭也。《詩》曰：「充耳琇瑩。」

玖 石之次玉黑色者。《詩・木瓜》傳曰：「玖，玉名。」《丘中有麻》傳曰：「玖，石次玉者。」按，不應同物異訓。蓋《木瓜》傳本作「玉石」。《漢書・西域傳》：「于闐國多玉石。」注曰：「玉石，石之似玉者也。」楊雄《蜀都賦》亦言「玉石」[41]。轉寫石譌名耳。玖音近黝，故訓黑色。 从王，久聲。 陸德明引《說文》紀又反，《唐韻》舉友切，古音在一部。《詩》久字在一部，孔子《易傳》久在三部。《詩》曰：「貽我佩玖。」貽當作「詒」，《王風》文。 讀若芑。 此古音在一部之證。 或曰：若人句脊之句。 此又一音也。上句音鉤，下句當作痀。疒部曰：「痀，曲脊也。」古讀如苟。句聲在四部，此一部、三部、四部合韻最近之理。

⿰王𦣞 石之似玉者。 似，《玉篇》作次，又引《倉頡》云：「五色石也。」 从王，𦣞聲。 讀若貽。 與之切，一部。

珢 石之似玉者。 从王，艮聲。 語巾切，古音在十三部。

⿰王曳 石之似玉者。 从王，曳聲。 余制切，古音在十六部。曳从申，以象抴引之，丿爲聲。按，《玉篇》、《廣韻》皆兼有⿰王曳、⿰王臾字，訓釋同。⿰王臾音臾，必有一誤。

璅 石之似玉者。 从王，巢聲。 子晧切，二部。

璡 石之似玉者。 从王，進聲。 讀若津。 將鄰切，十二部。

㻸 石之似玉者。 从王，朁聲。 側岑切，七部。

璁 石之似玉者。 从王，悤聲。 讀若蔥。 倉紅切，九部。

⿰王號 石之似玉者。 从王，號聲。 讀若鎬。 乎到切，二部。

⿰王羍 石之似玉者。 从王，羍聲。 讀若曷。 乎捌切，十五部。

⿱臤王 石之似玉者。 从王，臤聲。 烏貫切，十四部。

⿰王燮 石之玉。 鍇本如此。下有「言次玉者」四字，蓋注釋語。自⿰王曳至玗十八字，皆似玉者。鉉本作「石之次玉者」，與鍇本注皆非。《玉篇》、《廣韻》皆云「⿰王燮，石似玉」。 从王，燮聲。 穌叶切，七部。

玽 石之似玉者。 似，汲古原本作「次」，非。 从王，句聲。 讀若苟。 古厚切，四部。

琂 石之似玉者。 从王，言聲。 語軒切，十四部。

璶 石之似玉者。 从王，盡聲。 徐刃切，十二部。

琟 石之似玉者。 从王，隹聲。 讀若維。 以追切，十五部。

瑦 石之似玉者。 从王，烏聲。 安古切，五部。

瑂 石之似玉者。 从王，眉聲。 讀若眉。 武悲切，十五部。

璒 石之似玉者。从王，登聲。都騰切，六部。

玜 石之似玉者。从王，厶聲。讀與私同。凡言「讀與某同」者，亦即讀若某也。息夷切，十五部。

玗 石之似玉者。鍇釋以「珣玗琪」，非也。珣玗琪合三字爲玉名。單言珣者，玉器也。單言璂者，弁飾也。單言玗者，美石也。《齊風》：「尚之以瓊華。」傳曰：「華，美石。」華，蓋即玗。二字同于聲也。从王，亏聲。羽俱切，五部。

㺳 玉屬也。《玉篇》引《穆天子傳》：「采石之山有㺳瑤。」凡言某屬者，謂某之類。从王，𠬛聲。讀若沒。莫悖切，十五部。

瑎 黑石似玉者。从王，皆聲。讀若諧。尸皆切，十五部。

碧 石之青美者。《西山經》：「高山其下多青碧。」傳：「碧亦玉類也。」《淮南書》：「崑崙有碧樹。」注：「碧，青石也。」劉逵、常璩、郭璞皆曰：「越嶲會無縣東山出碧。」从王石，白聲。从玉石者，似玉之石也。碧色青白，金剋木之色也，故从白。云「白聲者」，以形聲苞會意。兵彳切，古意在五部[42]。

琨 石之美者。王肅及某氏注《禹貢》皆曰：「瑤、琨皆美石。」劉逵注《吳都賦》、顔師古注《地理志》皆曰：「琨，美石。」今本轉寫，石多譌玉。《穆天子傳》：「天子之瑤玉昆。」傳：「石似美玉。」今本昆譌「果」。《招魂》：「昆蔽象棋。」注：「昆，玉也。」當云「昆同琨，石似玉。」从王，昆聲。古渾切，十三部。《夏書》曰：夏，各本譌虞。「楊州貢瑤琨。」

璭 琨或从貫。馬融《尚書》、《漢・地理志》皆作「璭」。貫聲在十四部，與十三部昆聲合韻最近，而又雙聲。如昆夷亦爲串夷。韋昭璭音貫。

珉 石之美者。《弁師》：「珉玉三采。」从王，民聲。武巾切，十二部。按，凡民聲字，在十二部。凡昏聲字，在十三部。昏不以民爲聲也。《聘義》注曰：「碈或作玟。」凡文聲、昏聲同部，瑉、碈字皆玟之或體，不與珉同字，其譌亂久矣。

瑤 石之美者。各本石譌玉，今依《詩音義》正。《衛風》：「報之以瓊瑤。」傳曰：「瑤，美石。」[43]正義不誤。王肅、某氏注《尚書》，劉逵注《吳都賦》皆曰：「瑤、琨皆美石也。」《大雅》曰：「維玉及瑤。」云及，則瑤賤於玉。《周禮》：享先王，大宰贊王玉爵，内宰贊后瑤爵。《禮記》：「尸飲五，君洗玉爵獻卿，尸飲七，以瑤爵獻大夫。」是玉與瑤等差明證。《九歌》注云：「瑤，石之次玉者。」凡謂瑤爲玉者，非是。从王，䍃聲。余招切，二部。《詩》曰：「報之㠯瓊瑤。」《衛風・木瓜》。

珠 蚌中陰精也。蚌，或蚌字。中，各本作「之」，今依《初學記》。《大戴禮》曰：「珠者，陰之陽也。故勝火。」从王，朱聲。章俱切，古音在三部[44]。《春秋國語》曰「珠足以御火災」是也。足字，依《玉篇》補。御，各本作「禦」，今正。《楚語》：

「左史倚相曰：珠足以禦火災則寶之。」韋注：「珠，水精。故以禦火災。」

玓 玓瓅，逗。明珠光也。光，各本作「色」，今依李善所引。《史記·司馬相如傳》曰：「明月珠子，玓瓅江靡。」應邵曰：「靡，邊也。」从王，勺聲。都歷切，古音在二部。

瓅 玓瓅也。从王，樂聲。郎擊切，古音在二部。二字疊韻。

玭 珠也。謂珠名也。从王，比聲。韋昭薄迷反，十五部。紕字下曰：「讀若玭珠。」宋宏曰：「淮水中出玭珠。玭珠，珠之有聲者。」此宋宏説伏生《尚書》語也。宏字仲子，能薦桓譚辟牟長者。伏生《尚書》：「徐州之貢，淮夷玭珠臮魚。」仲子謂淮水中出玭珠，與鄭古文《尚書》説合。「玭珠，珠之有聲者」七字，當作「玭，蚌之有聲者」六字。玭本是蚌名，以爲珠名。韋昭曰：「玭，蚌也。」《廣韻》曰：「蠙，珠母也。」《西山經》：「鮆魮之魚，其狀如覆銚，鳥首而翼，魚尾，音如磬之聲，是生珠玉。」《江賦》所謂「文魮磬鳴」，郭郭傳㊺云：「蚌類。」按，玭、蚌蓋類是，能鳴，故曰「蚌之有聲者」。

蠙 《夏書》玭从虫賓。謂古文《夏書》玭字如此作。从虫，賓聲。古音在十二部。故《唐韻》步因切，其音變爲蒲邊、扶堅二切。小篆从比，其雙聲也。玭字蓋亦古文，故伏生《尚書》作玭，《夏本紀》、《地理志》從之。非伏生依小篆，乃其壁藏本固爾也。

珕 蜃屬。謂蜃之類，其甲亦可飾物也。从王，劦聲。郎計切，十五部。《禮記》曰：「記曰」字依《韻會》所引補。士部「《禮記》曰天子赤墀」，今本亦刪「記曰」字。《藝文志》曰：「《記》百三十一篇，七十子後學者所記也。」「佩刀，士珕琫而珧珌。」《詩正義》作「珕琫而珕珌」㊻。

珧 蜃甲也。介物之殼曰甲。所以飾物也。《釋器》曰：「以蜃者謂之珧。」按，《爾雅》：「蜃小者珧。」《東山經》：「嶧皋之水多蜃珧。」傳曰：「蜃，蚌屬。珧，玉珧，亦蚌屬。」然則蜃、珧二物也。許云一物者，據《爾雅》言之。凡物統言不分，析言有別。蜃飾謂之珧，猶金飾謂之銑，玉飾謂之珪。金不必皆銑，玉不必皆珪也。从王，兆聲。余昭切，二部。《禮記》曰：二字補。「佩刀，天子玉琫而珧珌。」見毛傳。按，天子玉琫珧珌，備物也。諸侯璗琫璆珌，讓於天子也。璆，美玉也。天子玉上，諸侯玉下，故曰「讓於天子也」。大夫鐐琫鏐珌，銀上金下也。士珕琫珧珌，珧有玉珧之偁，貴於珕。自諸侯至士，皆下美於上，惟天子上美於下。《毛詩》集注定本、釋文皆作「諸侯璆珌」，惟正義作「諸侯鏐珌」，又集注定本、釋文皆作「大夫鏐珌」，惟正義作「大夫鐐珌」。又《説文》作「士珧珌」，正義作「士珕珌」㊼，與《説文》異。

玫 玫瑰，逗。火齊珠。各本作「火齊玫瑰也」，今依《韻會》所引正。《子虛賦》晉灼注、呂靜《韻集》皆同。《吳都賦》注曰：「火齊如雲母，重沓而可開，色黃赤似金，山日南。」《廣雅》珠屬有玟瑰。一曰，石之美者。謂石之美者名玟，此字義之別説也。釋玄應《大唐衆經音義》引「石之美好曰玟」。《聘義》：「君子貴玉而賤碈。」注：「碈，石似玉，或作玟。」《玉藻》：「士佩瓀玟。」玟又作「砇」。按，《史記》《子虛賦》：「琳琘琨珸。」砇、琘、琘㊽皆玟之或體，與珉各部。从王，文聲。二義古音皆讀如文，在十三部。今音則前義讀如枚，入十五部；後義讀如瑉，入十二部。

瑰　玫瑰也。从王，鬼聲。公回切，十五部。玫瑰本雙聲，後人讀爲疊韻。一曰，圜好。謂圜好曰瑰，此字義之別説也。《衆經音義》亦引「圜好曰瑰」，《玉篇》「圜好」上增「珠」字，誤。後義當音回。〇按，《詩·秦風》傳曰：「瑰，石而次玉。」疑許失載。

璣　珠不圜者。各本作「也」，今依《尚書音義》、《後漢書》注作「者」。凡經傳沂鄂謂之璣，門橜謂之機，故珠不圜之字从幾。从王，幾聲。居衣切，十五部。

琅　琅玕，逗。似珠者。《尚書》：「璆琳琅玕。」鄭注曰：「琅玕，珠也。」王充《論衡》曰：「璆琳琅玕，土地所生，真玉珠也。魚蚌之珠，與《禹貢》琅玕，皆真珠也。」㊾《本艸經》「青琅玕」，陶貞白謂即《蜀都賦》之青珠，而某氏注《尚書》、郭注《爾雅》、《山海經》皆曰：「琅玕，石似珠。」玉裁按，出於蚌者爲珠，則出於地中者爲似珠，似珠亦非人爲之，故鄭、王謂之真珠也。从王，良聲。魯當切，十部。

玕　琅玕也。从王，干聲。古寒切，十四部。《禹貢》：「雝州璆琳琅玕。」

⿰王旱　古文玕，从王旱。蓋壁中《尚書》如此作。干聲、旱聲一也。賈誼《新書》：「上有蔥珩，下有雙璜，捍珠以納其閒，琚瑀以雜之。」捍必⿰王旱之誤。

珊　珊瑚，逗。色赤，生於海，《廣韻》引「生海中而色赤也」。或生於山。《廣雅》，珊瑚爲珠類，故次於此。《上林賦》注曰：「珊瑚生水底石邊，大者樹高三尺餘，枝格交錯，無有葉。」《石部》曰：「上擿山巖空青珊瑚墮之。」珊瑚有青色者，或云赤爲珊瑚，青爲琅玕。从王，刪省聲。穌干切，十四部。

瑚　珊瑚也。从王，胡聲。户吳切，五部。

珋　石之有光者，璧珋也。者字，依李善《江賦》注補。此當作「璧珋，石之有光者也」。恐亦後人倒之。璧珋，即璧流離也。《地理志》曰：「入海市明珠、璧流離。」《西域傳》曰：罽賓國出璧流離。璧流離，三字爲名，胡語也。猶珣玗琪之爲夷語。漢武梁祠堂畫有璧流離，曰：王者不隱過則至。《吳國山碑》紀符瑞亦有璧流離。梵書言吠瑠璃，吠與璧音相近。《西域傳》注，孟康曰：「璧流離，青色如玉。」今本《漢書》注無璧字，讀者誤認正文璧與流離爲二物矣。今人省言之曰流離，改其字爲瑠璃。古人省言之曰璧珋，珋與流、瑠音同。楊雄《羽獵賦》：「椎夜光之流離。」是古亦省作流離也。出西胡中。西胡，西域也。班固曰：「西域三十六國，皆在匈奴之西。」故《説文》謂之西胡，凡三見。《魏略》云：「大秦國出赤、白、黑、黄、青、緑、縹、紺、紅、紫十種流離。」師古曰：「此蓋自然之物，采澤光潤，踰於衆玉，其色不恒。今俗所用，皆銷洽石汁，加以衆藥，灌而爲之，尤虚脃不貞實。」**从王，丣聲。**《廣韻》引《説文》音留，三部。玉裁按，古音卯、丣二聲同在三部，爲叠韻。而畱、珋、茆、聊、駵、鰡、劉等字，皆與丣又叠韻中雙聲，昴、貿、茆等字與卯叠韻中雙聲，部分以叠韻爲重，字音以雙聲爲重。許君丣、丣畫分㊿，而从丣之字俗多改爲从卯，自漢已然。卯金刀爲劉之説，緯書荒繆，正屈中、止句、馬頭人、人持十之類，許所不信也。凡俗字丣變卯者，今皆更定。學者勿持漢人繆字以疑之。

琀 送死口中玉也。《典瑞》曰：「大喪共飯玉、含玉。」注：「飯玉，碎玉以雜米也。含玉，柱左右顛及在口中者。」《雜記》曰：「含者執璧將命。」則是璧形而小耳。《穀梁傳》曰：「貝玉曰含。」按，琀，士用貝，見《士喪禮》；諸侯用璧，見《雜記》；天子用玉。**从王含，含亦聲。**胡紺切，古音在七部。經傳多用含，或作哈。

𤨼 遺玉也。謂贈遺之玉也。蒙上送死言之。何休曰：「知死者贈襚。」襚，猶遺也。《大宰》、《典瑞》皆言「大喪贈玉」，注云：「蓋璧也。」鍇説以《山海經》遺玉。𤨼是玉名，則當厠於璙已下十六字閒。**从王，歔聲。**以周切，三部。此字蓋在《禮》古經及《記》。

璗 金之美者。《釋器》：「黄金謂之璗，其美者謂之鏐。」許説小異。**與玉同色。从王，**謂光色如玉之符采，故其字从玉。**湯聲。**徒朗切，十部。**《禮記》曰：**二字依《韻會》補。

「**佩刀，諸矦璗琫而璆珌。**」《詩》毛傳同。《詩》正義作「璗琫而鏐珌也」㊿①。《王莽傳》「瑒琫瑒珌」，瑒即璗字。孟康云「玉名」，非。

靈 巫也。各本巫上有「靈」字，乃複舉篆文之未删者也。許君原書篆文之下，以𨽻複寫其字，後人删之，時有未盡。此因巫下脱「也」字，以「靈巫」爲句，失之，今補「也」字。屈賦《九歌》「靈偃蹇兮皎服」，又「靈連蜷兮既畱」，又「思靈保兮賢姱」，王注皆云：「靈，巫也。楚人名巫爲靈。」許亦當云「巫也」無疑矣。引伸之義，如《謚法》曰「極知鬼事曰靈」、「好祭鬼神曰靈」，曾子曰「陽之精氣曰神，陰之精氣曰靈」，毛公曰「神之精明者稱靈」，皆是也。**以玉事神。**依《韻會》無「也」字。**从王，**巫能以玉事神，故其字从玉。**霝聲。**郎丁切，十一部。

靈 靈或从巫。

文百二十四。依鍇本。**重十七。**鍇十六，今增瓃字，則十七。按，自璙已下，皆玉名也。瓚者，用玉之等級也。瑛，玉光也。璑已下五文，記玉之惡與美也。璧至瑞，皆言玉之成瑞器者也。璬、珩、玦、珥至瑞，皆以玉爲飾也。玼至瑕，皆言玉色也。琢、琱、理三文，言治玉也。珍、玩二文，言愛玉也。玲已下六文，玉聲也。瑀至玖，石之次玉者也。𤥭至瑎，石之似玉者也。琨、珉、瑤，石之美者也。玓至珋，皆珠類也。琀、𤨼二文，送死玉也。璗，異類而同玉色者。靈，謂能用玉之巫也。通乎《説文》之條理次第，斯可以治小學。

玨 二玉相合爲一玨。《左傳正義》曰：「瑴，《倉頡篇》

作玨，云雙玉爲玨，故字从雙玉。」按，《淮南書》曰：「玄玉百工。」注：「二玉爲一工。」工與玨雙聲，百工即百玨也。不言「从二玉」者，義在於形，形見於義也。古岳切，三部。**凡玨之屬皆从玨。**因有班、𤦡字，故玨專列一部，不則綴於玉部末矣。凡《説文》通例如此。

瑴　玨或从㱿。㱿，聲也。《左傳》：「納玉十瑴。」《魯語》：「行玉廿瑴。」字皆如此作。韋昭、杜預解同《説文》。

班　分瑞玉。《堯典》曰：「班瑞于羣后。」**从玨刀。**會意。刀，所以分也。布還切，古音在十三部。讀如「文質份份」之份。《周禮》以「頒」爲班。古頒、班同部。

𤦡　車笭閒皮匧也。「也」字依《玉篇》補。《東京賦》、司馬彪《輿服志》皆曰「𤦡弩」。李善曰：「𤦡，車闌閒皮筐。置弩於𤦡曰𤦡弩。」師古亦曰：「𤦡弩，皮篋盛弩也。」今本《輿服志》𤦡弩二字譌爲「轓輒弩」三字。**古者使奉玉所以盛之。**依《玉篇》補正。**从車玨。**謂此皮篋漢時輕車以藏弩，輕車，古之戰車也。其制沿於古者，人臣出使，奉圭、璧、璋、琮諸玉，車笭閒皮篋，所用盛之。此其字之所由从車玨，會意也。《聘禮》：「圭藏於櫝。」然則櫝藏於皮篋。**讀與服同。**房六切，古音當在一部，以服古在一部也。

文三。　重一。

气　雲气也。气、氣古今字。自以氣爲雲气字，乃又作餼爲稟氣字矣。气本雲气，引伸爲凡气之偁。**象形。**象雲起之皃。三之者，列多不過三之意也。是類乎從三者也，故其次在是。去既切，十五部。借爲气假於人之气，又省作乞。**凡气之屬皆从气。**

氛　祥气也。謂吉凶先見之氣。《左傳》曰：「非祭祥也，喪氛也。」杜注：「氛，惡氣也。」《晉語》曰：「見翟柤之氛。」注：「氛，祲氛，凶象也。凶曰氛，吉曰祥。」玉裁按，統言則祥、氛二字皆兼吉凶，析言則祥吉、氛凶耳。許意是統言。《左傳》又曰：「楚氛甚惡。」杜注：「氛，氣也。」可見不容分別。**从气，分聲。**符分切，十三部。

雰　氛或从雨。按，此爲《小雅》「雨雪雰雰」之字。《月令》：「雰霧冥冥。」[52]《釋名》：「氛，粉也。潤氣著艸木，因凍則凝色白若粉也。」皆當作此雰，與祥氣之氛各物，似不當混而一之。

文二。　重一。

士　事也。《豳風》、《周頌》傳凡三見。《大雅》「武王豈不仕」傳亦云：「仕，事也。」鄭注《表記》申之曰：「仕之言事也。」士、事疊韻。引伸之，凡能事其事者偁士。《白虎通》曰：「士者，事也。任事之稱也。故傳曰通古今、辯然不謂之士。」**數始於一，終於十，从一十。**三字依《廣韻》。此説會意也。**孔子曰：「推十合一爲士。」**《韻會》、《玉篇》皆作「推一合十」，鉉本及《廣韻》皆作「推十合一」，似鉉本爲長。數始一終十，學者由博返約，故云推十合一。博學、審問、慎思、明辨、篤行，惟以求其至是也。若一以貫之，則聖人之極致矣。鉏里切，一部。凡士之屬皆从士。

壻 夫也。夫者，丈夫也。然則壻爲男子之美稱，因以爲女夫之稱。《釋親》曰：「女子子之夫爲壻。」从士胥。鉉本有「聲」字，誤。《周禮》注、《詩》箋皆曰：「胥，有才知之稱。」又曰：「胥讀如諝。謂其有才知爲什長。」《説文》言部曰：「諝，知也。」然則从胥者，从諝之省。《詩》曰：「女也不爽，士貳其行。」士者，夫也。此引《衛風》而釋之，明从士之意。讀與細同。穌計切，古音當在十六部。

婿 壻或从女。以女配有才知者，爲會意。

壯 大也。《方言》曰：「凡人之大謂之奘，或謂之壯。」尋《説文》之例，當云「大士也」，故下云「从士」，此葢淺人删士字。从士，爿聲。側亮切，十部。

墫 士舞也。各本無「士」，依《詩》、《爾雅》音義補。《周禮》大胥以學士合舞，小胥巡學士舞列，故其字从士。也當爲皃。毛傳「墫墫，舞皃。」古書「也」、「皃」二字多互譌。从士，尊聲。慈損切，十三部。《詩》曰：「墫墫舞我。」《詩·小雅》文。《爾雅》：「坎坎、墫墫，喜也。」今《詩》作「蹲」。

文四。　重一。

丨 下上通也。依《玉篇》。引而上行讀若囟。囟之言進也。引而下行讀若逿。可上可下，故曰下上通。竹部曰：「篆，引書也。」凡字之直，有引而上、引而下之不同，若至字，當引而下，不字當引而上；又若才、中、木、生字，皆當引而上之類是也。分用之，則音讀各異，讀若囟，在十三部，讀若逿，在十五部。今音思二切，囟之雙聲也。又音古本切。凡丨之屬皆从丨。

中 内也。俗本「和也」，非是，當作「内也」。宋麻沙本作「肉也」，一本作「而也」，正皆内之譌。入部曰：「内者，入也。入者，内也。」然則中者，别於外之辭也，别於偏之辭也，亦合宜之辭也。作内，則此字平聲、去聲之義，無不賅矣。許以和爲唱和字，龢爲諧龢字，龢、和皆非中之訓也。《周禮》「中失」，即得失。从口丨，下上通也。按，中字會意之恉，必當从口，音圍。衛宏説用字「从卜中」，則中之不从口明矣。俗皆从口，失之。云下上通者，謂中直或引而上，或引而下，皆入其内也。陟弓切，九部。

𠁧 古文中。此字可疑，豈淺人誤以屈中之虫入此歟？

𣃘 旌旗杠皃。《釋天》曰：「素錦韜杠。」杠謂旗之竿也。《詩》謂之干。从丨㫃。以丨象杠形，加㫃爲偏旁會意。㫃亦聲。丑善切，十四部。

文三。　重一。依鍇本。張次立依鉉本增𠁩字，云：籒文中。

附注：

① 卷九下广部底字下段注説與此異。

② 此係鄭玄駁《異義》文。

③ 「厈言」即「斥言」。斥字在《説文》作「㡿」，見九篇下广部，段注云：「俗作厈、作斥，幾不成字。」段氏若采用俗字，亦當用「斥」。

④ 《詩·瞻彼洛矣》箋：「爵命爲福，賞賜爲祿。」此稱《既醉》，乃記誤。

⑤ 見《周頌·維清》，今本「祺」作「禎」，段氏係據釋文。

⑥ 「京房」句，見《經典釋文序》，「虞翻自言」以下，段氏檃括《三國志·虞翻傳》注所引《翻别傳》文。

⑦ 以上引《釋文》三節，見《經典釋文》卷二《易·坎卦》「祇」下，段氏引顛倒原文次序。

⑧ 下引《釋文》兩節，見同⑦。

⑨ 此「當爲」是「讀爲」之誤。參後「蟊」字段注。

⑩ 蠅是繩字之誤。蠅「从黽虫」，段氏不謂省聲，而謂「此蟲大腹，故其字从黽虫會意」，「繩爲蠅省聲」。繩下段注意同。

⑪ 段氏謂漢人巳已無二音，辰巳之巳久用爲已然之已，見十四篇下巳字注。此處「祭無巳」，應讀爲「祭無已」。

⑫ 參三卷下鬲部鬻字注，又《集韻·十八藥》：「鬻，通作瀹、汋。」刻本鬻誤作鬻，今改正。

⑬ 指《禮記》之《大傳》、《喪服小記》。

⑭ 以上兩引鄭説，係段氏綜合《禮記·王制》「天子犆祫」下鄭玄注及《詩·玄鳥》鄭玄注而成。

⑮ 見《詩·閟宫》「秋而載嘗」句下。

⑯ 《大宗伯》是《大行人》之誤。《大行人》「再祼」注：「故書祼作果。」又《玉人》「祼圭」注：「或作淉，或作果。」

⑰ 《紀》指《漢書·武帝紀》，「二年」當作「五年」。

⑱ 見《周禮·大宗伯》「以脤膰之禮」疏引，「祭社」當作「社祭」。

⑲ 「又云」上下兩句皆係鄭引《禮記·郊特牲》文。

⑳ 今本《論語》「難」作「儺」。

㉑ 此字篆文，上部當作𦥑，而段注刻本作臼，所見各本誤同，疑係初即損脱一筆。二徐本皆作𦥑，段注本从皇各字如瑝、煌、鍠等篆皆不誤。

㉒ 是，當作「非」。下字義既「例不復舉」，則有「美玉」二字當非是。《説文解字讀》亦謂此若有「美玉」二字，「與瑾字下複沓不可讀」。

㉓ 「㻫」是「璚」之誤。

㉔ 「璊」是「㻫」之誤。

㉕ 「東北」當作「東方」。

㉖ 「吉王」即「吉玉」。

㉗ 孫星衍仿刻宋本《説文解字》作「玉聲也」，黄侃手批圈改爲「玉磬也」。依段注下文，亦當是「磬」，此作「罄」，誤。下文《禮器》當作《玉藻》，注在「笏天子以球玉」句下。

㉘《雜記》「半寸」作「寸半」，段氏記誤。

㉙所引《白虎通》文，今本無，疑據《太平御覽》卷六百九十二引。韋昭注，見《國語・晉語一》「佩之以金玦」句下。

㉚見《齊策》，「五珥」當作「七珥」。

㉛見戴氏《毛詩補傳》卷十九，段氏概述其意。

㉜「綦」當作「璂」。阮元校勘記已指出段氏此誤。

㉝見《輟耕録》卷二十三「玉轆轤」条，「霍清」作「霍清甫」。

㉞《吳都賦》當作《蜀都賦》。

㉟見前「璠」字下説解引《逸論語》。

㊱《衛風・淇奥》毛傳：「琇、瑩，美石也。」參後「琇」下段注。

㊲《子虛賦》當作《上林賦》。

㊳左思《吳都賦》亦當作《蜀都賦》。

㊴見《吳都賦》，「琢」今本作「啄」。

㊵「韻」當作「部」。

㊶《蜀都賦》當作《羽獵賦》，「玉石嶜崟」，見《文選》卷八。

㊷「古意」是「古音」之誤。

㊸見《木瓜》，今本毛傳作「美玉」，依下句「正義不誤」之意，毛傳亦當爲「玉」字，段氏以爲誤也。

㊹《六書音均表》朱聲在四部，此「三部」當作「四部」。

㊺「郭郭傳」是「郭璞注」之誤。見《山海經・西山四經》「鳥鼠同穴山」。

㊻「正義」當作「毛傳」。見《瞻彼洛矣》「鞞琫有珌」句下。

㊼「正義」當作「毛傳」，見同㊻。

㊽下「瑨」字是「碈」字之誤。參見「珉」下段注。

㊾見《率性》篇。段氏引有誤、脱。

㊿下「卯」字是「丣」之誤。

51《詩》毛傳見同㊻，《詩》正義之文參該句下阮元校勘記。

52今本《禮記・月令》「雰」作「氛」。觀下文段氏謂「皆當作此雰」，則此引亦當作「氛」，誤書作「雰」。

說文解字第一篇下

金壇段玉裁注

屮屮 艸木初生也。象丨出形，有枝莖也。丨讀若囟。引而上行也。枝謂兩旁莖枝，柱謂丨也。過乎屮則爲㞢，下垂根則爲朩。古文或㠯爲艸字。漢人所用尚爾。或之言有也，不盡爾也。凡云「古文以爲某字」者，此明六書之叚借。以，用也。本非某字，古文用之爲某字也。如古文以「洒」爲灑埽字，以「疋」爲《詩·大雅》字，以「丂」爲巧字，以「臤」爲賢字，以「𣄼」爲魯衛之魯，以「哥」爲歌字，以「詖」爲頗字，以「㗊」爲靦字，籀文以「爰」爲車轅字，皆因古時字少，依聲託事。至於古文以「屮」爲艸字，以「疋」爲足字，以「丂」爲亏字，以「佚」爲訓字，以「臭」爲澤字，此則非屬依聲，或因形近相借，無容後人效尤者也。讀若徹。上言「以爲」，且言「或」，則本非艸字，當何讀也？讀若徹。徹，通也。義存乎音，此尹形說，尹彤見漢人艸木字多用此，俗誤謂此即艸字，故正之。言叚借必依聲託事，屮、艸音類遠隔，古文叚借尚屬偶爾，今則更不當爾也。丑列切，十五部。凡屮之屬皆从屮。尹彤說。三字當在「凡屮」上，轉寫者倒之。凡言某説者，所謂博采通人也。有説其義者，有説其形者，有説其音者。

屯屯 難也。屯《韵會》有。象艸木之初生，屯然而難。从屮貫一，屈曲之也。一，地也。此依《九經字様》、《衆經音義》所引。《説文》多説一爲地，或説爲天，象形也。屮貫一者，木剋土也。屈曲之者，未能申也。乙部曰：「春，艸木冤曲而出，陰氣尚彊，其出乙乙。」屯字从屮而象其形也。陟倫切，十三部。《易》曰：「屯，剛柔始交而難生。」《周易》彖傳文。《左傳》曰：「屯固比入。」《序卦傳》曰：「屯者，盈也。」不堅固，不盈滿，則不能出。

每每 艸盛上出也。《左傳》：「輿人誦曰：原田每每。」杜注：「晉君美盛，若原田之艸每每然。」《魏都賦》「蘭渚每每」用此，俗改爲「莓」①。按，每是艸盛，引伸爲凡盛，如「品庶每生」，貪也，「每懷」，懷私也②，皆盛意。毛公曰：「每，雖也。」凡言雖者，皆充類之辭。今俗語言「每每」者，不一端之辭，皆盛也。从屮，母聲。武罪切。《左傳音義》亡回、梅對二反。古音在一部。李善莫來反。

毒毒 厚也。毒，厚疊韵。三部、四部同入也。毒兼善惡之辭，猶祥兼吉凶、臭兼香臭也。《易》曰：「聖人以此毒天下而民從之。」《列子》書曰：「亭之毒之。」③皆謂厚民也。毒與竺、篤同音通用。《微子篇》「天毒降災」，《史記》作「天篤」。害人之艸，往往而生。从屮，字義訓厚矣，字形何以从屮？葢製字本意，因害人之艸，往往而生，往往猶歷歷也。其生蕃多，則其害尤厚，故字从屮，引伸爲凡厚之義。毐聲。毐在一部，毒在三部，合韵至近也。徒沃切。

𥁕𥁕 古文毒，从刀䈞。从刀者，刀所以害人也。从篙爲聲，篙，厚也。讀若篤。篙字，鍇本及《汗簡》、《古文四聲韵》上从竹，不誤；而下譌从副、从畐，鉉本則竹又誤爲艸矣。古文築作篁，亦篙聲。

芬 艸初生，其香分布也。《衆經音義》兩引《說文》「芬，芳也。」其所據本不同。按，艸部「芳，艸香也。」《詩》說馨香多言苾、芬，《大雅》毛傳曰：「芬芬，香也。」然則玄應所據正是古本。从中，分聲。撫文切，十三部。

芬 芬或从艸。

㞷 菌㞷，逗。地蕈。《釋艸》曰：「中馗，菌。」注：「地蕈也，似蓋。今江東名爲土菌，亦曰馗廚。」又：「出隧，蘧蔬。」注：「蘧蔬似土菌，生菰草中。」按，馗廚、蘧蔬、菌㞷，三者一音之轉語。菌㞷，《玉篇》作圈㞷。叢生田中。陳藏器曰：「地生者爲菌，木生者爲檽。」按，檽同萸。許云：「蕈，桑萸也。」故謂地生者爲地蕈。从中，六聲。力竹切，三部。

𡴭 籀文㞷，从三㞷。象叢生之狀也。籀文陸字从此。

熏 火煙上出也。《豳風》曰：「穹窒熏鼠。」从中，象煙上出。此於六書爲叚借。从黑，中黑熏象。此恐學者不達會意，故發明之。曰：中，而繼之以黑，此煙上出，而煙所到處成黑色之象也。合二體爲會意。單言上體，則爲叚借。與鋈本金而从玉同意，故居部末。許云切，十三部。

文七。　重三。

艸 百芔也。卉下曰：「艸之總名也。」是謂轉注。二中、三中一也。引伸爲艸稿、艸具之艸。从二中。倉老切，古音在三部。俗以草爲艸，乃别以皁爲草。凡艸之屬皆从艸。

莊 上諱。見示部。其說解當曰「艸大也。从艸，壯聲」。其次當在蓟、蕲二字之閒。此形聲兼會意字。壯訓大，故莊訓艸大。古書莊、壯多通用。引伸爲凡壯盛精嚴之義。《論語》：「臨之以莊。」苞咸曰：「莊，嚴也。」是也。側羊切，十部。

𤖈 古文莊。莊字篆文本不書，今書之者，後人補也。然則録古文注之曰：「古文莊。」亦恐後人所加，且其形本非莊字，當是奘字之譌。古文士或作𠀀，譌爲𠂕也。凡古文經後人轉寫茫昧難知者，舉以箘、奘二字爲例求之。

蓏 在木曰果，在艸曰蓏。各本作「在地曰蓏」，今正。考《齊民要術》引《說文》「在木曰果，在艸曰蓏」，以别於許慎注《淮南》云「在樹曰果，在地曰蓏」。然則賈氏所據未誤，後人用許《淮南》注、臣瓚《漢書》注改之。惟在艸曰蓏，故蓏字从艸。凡爲傳注者，主說大義④，造字書者主說字形，此所以注《淮南》、作《說文》出一手而互異也。應劭、宋衷云：「木實曰果，艸實曰蓏。」與《說文》合。若張晏云：「有核曰果，無核曰蓏。」臣瓚云：「木上曰果，地上曰蓏。」馬融、鄭康成云：「果，桃李屬；蓏，瓜瓠屬。」高注《吕氏春秋》云：「有實曰果，無實曰蓏。」沈約注《春秋元命苞》云：「木實曰果，蓏，瓜瓠之屬。」韓康伯注《易傳》云：「果蓏者，物之實。」說各不同，皆無不合。高云「有實、無實」即有核、無核也。从艸胍。此合二體會意。㼌者，「本不勝末，微弱也。」謂凡艸結實如瓜瓞下垂者，統謂之蓏。郎果切，十七部。鍇本作「㼌聲」，誤。㼌、蓏聲蓋在五部。此會意、形聲之必當辨者也。

芝 神芝也。《釋艸》曰：「苬芝。」《論衡》曰：「土氣和，故芝艸生。」从艸，之聲。止而切，一部。

萐 萐莆，逗。瑞艸也。堯時生於庖廚，扇暑而涼。《白虎通》曰：「孝道至則萐莆生庖廚。萐莆者，樹名也。其葉大於門扇，不搖自扇，於飲食清涼，助供養也。」《論衡》作「箑脯」，言廚中自生肉脯，薄如箑，搖鼓生風，寒涼食物。从艸，疌聲。山洽切，八部。

莆 萐莆也。从艸，甫聲。方矩切，五部。鍇本苗、莆二字在茀下、茶上。

虋 赤苗。句。嘉穀也。《大雅》曰：「誕降嘉穀，維虋維芑。」《爾雅》、毛傳皆曰：「虋，赤苗；芑，白苗。」按，《倉頡篇》曰：「苗者，禾之未秀者也。」禾者，今之小米。赤苗、白苗，謂禾莖有赤白之分，非謂粟。云「嘉穀」者，據《生民》詩言之。今《詩》作「嘉種」，許君引「誕降嘉穀，維秬維秠」，虋、芑下皆曰「嘉穀」⑤。从艸，釁聲。莫奔切，十三部。今《詩》作「穈」，非。

荅 小尗也。《禮》注有「麻荅」。《廣雅》云：「小豆，荅也。」叚借爲酬荅。从艸，合聲。都合切，七部。

萁 豆莖也。當云「尗」，而曰豆，從漢時語也。或後人改之。《楊惲傳》：「種一頃豆，落而爲萁。」《孫子兵法》曰：「𦸹秆一石，當吾二十石。」曹操注：「𦸹，音忌。豆稭也。」按，𦸹即萁字。潘岳《馬汧督誄》曰：「其稈空虛。」用𦸹秆字。从艸，其聲。渠之切，一部。

藿 尗之少也。少讀養幼少之少。《毛詩》傳曰「藿猶苗也」是也。李善引《說文》作「豆之葉也」，與《士喪禮》注合⑥。从艸，靃聲。虛郭切，五部。

莥 鹿藿之實名也。見《釋艸》。从艸，狃聲。敕久切，三部。

蓈 禾粟之莠生而不成者，謂之童蓈。莠，各本作「采」，鍇音穗。童，各本作「董」，今依《詩》、《爾雅》音義。生而不成，謂不成莠也。不成謂之童蓈，已成謂之莠，此蓈莠二字連屬之義。云「禾粟之莠」者，惡其類禾而別之也。《小雅》曰：「不稂不莠。」《爾雅》、毛傳皆曰：「稂，童粱也。」童粱，即童蓈。陸璣疏云：「禾莠爲穗而不成，崱嶷然，謂之童粱。」今本莠作「秀」，誤。从艸，郎聲。魯當切，十部。

稂 蓈或从禾。今《詩》、《爾雅》皆作此字。非禾而從禾，非孔子惡莠意。

莠 禾粟下揚生莠也。禾粟下，猶言禾粟閒也。禾粟者，今之小米。莠，今之狗尾艸。莖、葉、采皆似禾，故曰「惡莠恐其亂苗」。苗者，禾也。凡禾，采下垂，故《淮南書》謂之向根，張衡賦美其顧本。莠則采同而揚起不下垂，故《詩》刺其「驕驕桀桀」，此君子小人之別也。《七月》傳曰：「揚，條揚也。」从艸，秀聲。讀若酉。與久切，三部。古書多借爲秀字。

葩 枲實也。枲，麻也。枲實，麻子也。《釋艸》作「蕡」。《周禮・籩人》《艸人》作「蕡」。《喪服傳》云：「苴絰，苴麻之有蕡者也。」按，麻實名葩，因之麻亦名葩。《艸人》「用蕡」、《說文》𣏟下云「葩之總名」皆是。从艸，肥聲。房未切，十五部。

䕈 葩或从麻賁。按，賁聲本在十五部，音轉入十三部，故䕈亦符刃、符分切。

芓 麻母也。見《釋艸》。今《爾雅》作「芓」。按，《釋艸》云：「蕡，枲實。」枲實猶言麻實耳。《儀禮》傳云：「牡麻者，枲麻也。」然則枲無實，芓乃有實。統言則皆偁枲，析言則有實者偁芓，無實者偁枲。麻母言麻子之母，《喪服》所謂「苴」。「斬衰皃若苴，齊衰皃若枲。」苴麤於枲矣。《詩》「九月叔苴」，則又評麻子爲苴。从艸，子聲。疾吏切，一部。一曰，芓即枲也。此字義之別說也。芓、枲不分，故云枲實。

萁 芓也。从艸，異聲。羊吏切，一部。

蘇 桂荏也。桂上鍇本有「蘇」字，此複寫隸字刪之未盡者。「蘇，桂荏」，《釋艸》文。《內則》注曰：「薌，蘇荏之屬也。」《方言》曰：「蘇亦荏也。關之東西或謂之蘇，或謂之荏。」郭璞曰：「蘇，荏類。」是則析言之，則蘇、荏二物，統言則不別也。桂荏今之紫蘇。蘇之叚借爲樵蘇。从艸，穌聲。素孤切，五部。

荏 桂荏，逗。蘇也。是之謂轉注。凡轉注有各部互見者，有同部類見者。荏之別義爲荏染。从艸，任聲。如其切，七部。

芺 菜也。从艸，矢聲。失匕切，十五部。

蘴 菜之美者，雲夢之蘴。《呂氏春秋》：伊尹對湯曰：「菜之美者，雲夢之芹。」高注：「雲夢，楚澤。芹生水涯。」許作蘴，蓋殷、微二韵轉移㝡近。許君采自《伊尹書》，與《呂覽》字異，音義則同。《廣韵》曰：「蘴菜似蕨，生水中。」說者謂豐水有芑，即此。从艸，豈聲。《廣韵》祛豨切，是。《唐韵》作驅喜，蓋謂蘴即芑字也。十五部。

葵 菜也。崔寔曰：「六月六日可種葵，中伏後可種冬葵，九月可作葵菹、乾葵。」《齊民要術》有種葵法、種冬葵法。从艸，癸聲。彊惟切，十五部。今作葵。

薑 御溼之菜也。御，鉉作「禦」。《神農本艸經》曰：「乾薑，主逐風溼痹（溼病也）、腸澼（匹辟切，腸閒水）、下痢。生者尤良。久服去臭氣，通神明。」按，生者尤良，謂乾薑中之不孰而生者耳。今人謂不乾者爲生薑，失之矣。从艸，彊聲。居良切，十部。

蓼 辛菜。句。薔虞也。蓼爲辛菜，故《內則》用以和，用其莖葉，非用實也。薔虞見下文薔字下。此云「蓼，薔虞也」，下文云「薔虞，蓼也」，是爲轉注。正與「蘇，桂荏也」「桂荏，蘇也」同。特以篆籀異其處耳。顔注《急就篇》乃云「虞蓼一名薔，叔重云，蓼一名薔虞，非也」。夫《釋艸》一篇，許君偁用異其讀者，往往而是。其萌虇蕍爲夢灌渝也，鎬矦莎爲莎鎬矦也，蓫月爾爲蓫土夫也，蘋葑蓯爲葑須從也，何所疑於蓼訝薔虞哉。某氏、孫炎、郭璞皆薔爲句，虞蓼爲句。蓼借爲蓼蕭之蓼，長大皃。从艸，翏聲。盧鳥切，古音在三部。

蒩 菜也。《廣雅》：「蒩，蕺也。」崔豹《古今注》曰：「荆楊人謂蒩爲蕺。」《蜀都賦》劉注曰：「蒩亦名土茄，葉覆地生，根可食，人饑則以繼糧。」《風土記》曰：「蘵，香菜，根似茅根，蜀人所謂蒩香。」段公路《北户録》曰：「蘵，秦人謂之葅子。」按，蘵與蕺同，側立切，作葅者誤。蒩作葅、葅皆誤。《説文》無蕺字，即今魚腥艸也，凶年人掘食之。从艸，祖聲。則古切，五部。

藘 菜也，佀蘇者。此《齊民要術》「蘘荷芹藘」之藘，《本艸》新補之苦苣也。野生者名褊苣，人家常食爲白苣。江外嶺南吴人無白苣，嘗植野苣，以供廚饌。字或作「藘」，俗譌作「苣」。《廣雅》云：「蕒，藘也。」曹憲云：「白藘與苦蕒大異。」恐非。《廣韵》曰：「苦藘，江東呼爲苦蕒。」賈思勰引《詩義疏》云：「藘，苦葵也。青州謂之芑。」从艸，豦聲。其吕切，又彊魚切，五部。

薇 菜也。見毛傳。佀藿。謂似豆葉也。陸璣《詩疏》曰：「薇，山菜也。莖葉皆似小豆，蔓生，其味亦如小豆。藿可作羹，亦可生食。今官園種之以供宗廟祭祀。」項安世曰：「薇，今之野豌豆也。蜀人謂之大巢菜。」⑦按，今四川人掐豌豆媆梢食之，謂之豌豆顛顛。古之采於山者，野生者也。《釋艸》云「垂水」，薇之俗名耳。不當以「生於水邊」⑧釋之。从艸，微聲。無非切，十五部。

𦵉 籀文薇省。

蓶 菜也。《齊民要術》曰：「蓶菜，音唯，似烏韭而黄。」从艸，唯聲。以水切，十五部。

菦 菜，類蒿。《詩》、《禮》皆作「芹」，《小雅》箋曰：「芹，菜也。可以爲菹。」《魯頌》箋曰：「芹，水菜也。」《釋艸》及《周禮》注曰：「芹，楚葵也。」按，即今人所食芹菜。今《説文》各本於艾、葦二字之下，又出芹字，訓「楚葵也。从艸，斤聲」。此恐不知菦即芹者妄用《爾雅》增之。攷《周禮音義》曰：「芹，《説文》作菦。」則《説文》之有菦無芹明矣。且《詩》箋引《周禮》「芹菹」，《説文》引《周禮》「菦菹」，豈得云二物也。从艸，近聲。《周禮音義》引《説文》音謹，《唐韵》巨巾切，古在十三部⑨。《本艸》作「蘄」。《周禮》有「菦菹」。見《醢人》。菦葅《周禮》故書字。

蘸 菜也。《方言》曰：「蘇，沅湘之南或謂之蓍（音車轄），其小者謂之蘸葇。」許所説未必此也。《齊民要術》以爲藏菹之蘸，人丈切。《内則》注「菜蘸」，不从艸。从艸，釀聲。《玉篇》引《説文》而丈切，《唐韵》女亮切，十部。

莧 莧菜也。菜上莧字，乃複寫隸字删之僅存者也。尋《説文》之例，云芺菜、葵菜、蒩菜、藘菜、薇菜、蓶菜、菦菜、蘸菜、莧菜，以釋篆文。䒫者，字形；葵菜也者，字義。如水部，河者，字形；河水也者，字義。若云此篆文是葵菜也，此篆文是河水也。概以爲複字而删之，此不學之過。《周易音義》引宋衷云：「莧，莧菜也。」此可以證矣。《爾雅》：「蕢，赤莧。」郭注：「今人莧，赤莖者。」按，人莧，莧名。**从艸，見聲。**矦澗切，十四部。

芋 大葉，實根，駭人，故謂之芌也。口部曰：「吁，驚也。」毛傳曰：「訏，大也。」凡于聲字，多訓大。芋之爲物，葉大、根實，二者皆堪駭人，故謂之芋。其字从艸，于聲也。《小雅》：「君子攸芋。」毛傳：「芋，大也。謂居中以自光大。」箋云：「芋當作幠。」**从艸，亐聲。**王遇切，五部。

莒 齊謂芋爲莒。所謂別國方言也。借爲國名。**从艸，呂聲。**居許切，五部。《顏氏家訓》云：「北人之音，多以舉莒爲矩。唯李季節云：齊桓公與管仲於臺上謀伐莒，東郭牙望桓公口開而不閉，故知所言者莒也。然則莒、矩必不同呼。此爲知音矣。」按，《廣韵》莒、矩雖分語、麌，然雙聲同呼。顏氏云北人讀舉莒同矩者，《唐韵》矩其吕切，北人讀舉莒同之也。李季節《音譜》讀舉莒居許切，則與矩之其吕不同呼，合於《管子》所云口開而不閉。《廣韵》矩，俱雨切，非《唐韵》之舊矣。又按，《孟子》「以遏徂莒」，《毛詩》作「徂旅」，知莒從吕聲。本讀如吕，是所以口開不閉，不第如李季節所云也。

蘧 蘧麥也。三字一句。《釋艸》曰：「大菊，蘧麥。」《本艸》謂之瞿麥，一名巨句麥。《廣雅》謂之紫葳，一名麥句薑，俗謂之洛陽花，一名石竹。**从艸，遽聲。**彊魚切，五部。

菊 大菊，逗。蘧麥。**从艸，匊聲。**居六切，三部。

葷 臭菜也。謂有氣之菜也。《士相見禮》：「夜侍坐，問夜，膳葷，請退可也。」注：「葷，辛物，葱薤之屬，食之以止卧。」古文葷作薰。《玉藻》：「膳於君，有葷桃茢。」注：「葷，薑及辛菜也。」葷或作焄。按，《儀禮》注謂葱薤之屬爲辛物，即《禮記》注所謂辛菜也。《禮記》注先以薑者，薑辛而不葷，金辛之臭腥，葱薤之屬皆辛而葷，實與薑同類也。葷古作薰，或作焄者，殠得名薰，猶治曰亂。《祭義》注：「焄謂香臭也。」**从艸，軍聲。**許云切，十三部。

蘘 蘘荷也。三字句。蘘荷見《上林賦》、劉向《九歎》、張衡《南都賦》、潘岳《閒居賦》。**一名葍蒩。**《史記》、《子虛賦》作「猼且」，《漢書》作「巴且」，王逸作「蓴菹」，顏師古作「蓴苴」，《名醫別録》作「覆菹」，皆字異音近。景瑳《大招》則倒之曰「苴蓴」，崔豹《古今注》曰「似薑，宜陰翳地」⑩。師古曰：「根旁生筍，可以爲菹，又治蠱毒。」宗懔《荆楚歲時記》云：「仲冬以鹽藏蘘荷，以備冬儲。」《急就篇》所云「老菁蘘荷冬日藏」也。**从艸，襄聲。**汝羊切，十部。

菁 韭華也。《周禮》「菁菹」，先鄭曰：「菁菹，韭華菹也。」今各本脱「華」字，則何以别於上文之「韭菹」乎？《廣雅》曰：「韭，其華謂之菁。」若《南都賦》曰：「秋韭冬菁。」則是二物。史游所云「老菁冬日藏」也。**从艸，青聲。**子盈切，十一部。

蘆 蘆菔也。**一曰，薺根。**此字義別説，謂薺根謂之蘆也。**从艸，盧聲。**落乎切，五部。

菔 蘆菔。佀蕪菁，實如小尗者。今之蘿蔔也。

《釋艸》「葖，蘆萉」。郭云：「萉當爲菔。蘆菔，蕪菁屬。紫花，大根。一名葖，俗呼雹葖。」按，實根駭人，故呼突，或加艸耳。蕪菁即蔓菁。从艸，服聲。蒲北切，一部。

苹 蓱也。無根浮水而生者。《小雅》：「呦呦鹿鳴，食野之苹。」傳曰：「苹，蓱也。」《釋草》苹字兩出，一曰蓱，一曰藾蕭。鄭箋以「水中之艸，非鹿所食」，易之曰「苹，藾蕭也」。於《月令》曰：「蓱，萍也。」於《周禮·萍氏》引《爾雅》「萍，蓱」，似分別萍爲水艸，苹爲藾蕭。鄭所據《爾雅》自作「萍，蓱」，而《毛詩》《夏小正》以苹爲萍，皆屬叚借。許君則苹、蓱、萍三字同物，不謂苹爲叚借。〇李善注《高唐賦》引《說文》「苹苹，艸皃。音平」。从艸，平聲。符兵切，十一部。

茞 艸也。謂艸名。从艸，臣聲。稹鄰切，十二部。

薲 大蓱也。《釋艸》曰：「苹，蓱，其大者蘋。」毛傳曰：「蘋，大蓱也。」薲、蘋古今字。从艸，賓聲。符真切，十二部。

藍 染青艸也。《小雅》傳⑪曰：「藍，染艸也。」从艸，監聲。魯甘切，八部。

藼 令人忘憂之艸也。見毛傳。藼之言諼也。諼，忘也。从艸，憲聲。況袁切，十四部。《詩》曰：「安得藼艸。」《衛風》文。今《詩》作「焉得諼草」。

蕿 或从煖。煖聲。此字小徐無，張次立補，可刪。

萱 或从宣。宣聲。

营 营藭，逗。香艸也。《左傳》作「鞠窮」。賈逵云：「所以禦溼。」按，今本《左傳》「有山鞠窮乎」，山字注疏皆不釋，疑衍，或本作鞠，而譌爲二字。从艸，宮聲。去弓切，九部。

芎 司馬相如說营从弓。葢《凡將篇》如此作。弓聲在六部，古音讀如肱，音轉入九部。如船字，亦或弓聲。

藭 营藭也。从艸，窮聲。渠弓切，九部。营、藭疊韵。

蘭 香艸也。《易》曰：「其臭如蘭。」《左傳》曰：「蘭有國香。」說者謂似澤蘭也。从艸，闌聲。落干切，十四部。

葌 香艸也。依《衆經音義》補二字。出吳林山。《中山經》曰：「吳林之山，其中多葌草。」又云：「葌山，有葌水出焉。」又云：「有艸，其狀如葌。」郭云：葌即菅。誤。从艸，姦聲。古顏切，十四部。

葰 薑屬，可目香口。《既夕禮》：「實綏澤焉。」注：「綏，廉薑；澤，澤蘭也。皆取其香且禦溼。」按，綏者，葰之叚借字。一名山辣，今藥中三柰也。《吳都賦》謂之薑彙。从艸，俊聲。息遺切，十五部。

芄 芄蘭，逗。莞也。《釋艸》：「雚，芄蘭。」此莞當爲雚。《說文》莞與藺蒲爲類，芄蘭與香艸爲類，劃分異處，斷非一物。或曰：莞衍字。鄭、陸、郭說芄蘭皆同許君，以芄蘭列於香艸，未審其意同否也。从艸，丸聲。胡官切，十四部。《詩》曰：「芄蘭之枝。」《說苑》亦作枝，今《詩》作「支」。

虈 楚謂之蘺，晉謂之虈，齊謂之茝。此一物而方俗異名也。茝，《本艸經》謂之白芷，茝、芷同字，𦣞聲、止聲同在一部也。《内則》曰：「佩帨茝蘭。」掌禹錫曰：「范子計然云：白芷出齊郡。」王逸《九思》曰：「芳虈兮挫枯。」《埤蒼》曰：「齊茝一曰虈。」按，屈原賦有茝，有芷，又有葯。王注曰：「葯，白芷也。」《廣雅》曰：「白芷，其葉謂之葯。」《說文》無葯字。囂聲、約聲同在二部，疑虈、葯同字耳。但又曰「楚謂之蘺」，下即系以蘺篆云：「江蘺，蘪蕪。」以茝、江蘺、蘪蕪爲一物，殊不可曉。《離騷》曰：「扈江蘺於辟芷兮。」非一物明矣。从艸，囂聲。許驕切，二部。

蘺 江蘺，逗。蘪蕪。相如賦云：「芷若射干，穹窮昌蒲，江離蘪蕪。」又云：「被以江離，糅以蘪蕪。」是各物明矣。而說者云：江蘺、蘪蕪，皆芎藭苗也。有二種：似槀本者爲江蘺，似虵牀而香者爲蘪蕪。則芎藭、江蘺、蘪蕪爲一。徐之才《藥對》亦云：「蘪蕪一名江蘺，芎藭苗也。」⑫而《說文》以蘪蕪釋江蘺，且以江蘺即楚人謂茝者。但楚謂茝爲蘺，不云謂茝爲江蘺也。葢因《釋艸》有「蘄茝蘪蕪」之文而合之。茝與蘄茝，又未必一物也。从艸，離聲。呂支切，古音在十六部。

茝 虈也。从艸，𦣞聲。昌改切，一部。

蘪 蘪蕪也。三字句。蘪、蕪雙聲。从艸，麋聲。靡爲切，古音在十五部。

薰 香艸也。《左傳》曰：「一薰一蕕。」《蜀都賦》劉注曰：「葉曰蕙，根曰薰。」張揖注《上林賦》曰：「蕙，薰艸也。」陳藏器曰：「薰即是零陵香也。」郭注《西山經》曰：「蕙，蘭屬也。」非薰葉。从艸，熏聲。許云切，十三部。

薄 水萹茿也。謂萹茿之生於水者，謂之薄也。統言則曰萹茿，析言則有水陸之異。異其名因異其字。《詩·衛風》：「綠竹猗猗。」音義曰：「竹，《韓詩》作薄，萹茿也。《石經》亦作薄。」按，《石經》者，葢漢一字石經《魯詩》也。《西京賦》李注引《韓詩》「綠薄如簀」。《玉篇》曰：「䓯同薄。」从艸水，毒聲。讀若督。徒沃切，三部。

萹 萹茿也。三字句。《釋艸》云：「竹，萹蓄。」按，竹者，釋《毛詩·衛風》之竹也。韓、魯《詩》皆作「薄」，《毛詩》獨叚借作竹，《爾雅》與《毛詩》合。茿、蓄疊韵通用。《本艸經》亦作萹蓄。从艸，扁聲。方沔切，十二部。

茿 萹茿也。从艸，筑省聲⑬。陟玉切，三部。按，此不云「巩聲」而云「筑省聲」者，以巩字工聲，筑字竹亦聲也。茿篆鍇本在後莙下、范上。

藒 藒車，逗，芞輿也。各本無「藒車」二字，今依《韵會》所引補。藒、芞，車、輿，皆疊韵。《爾雅》本或無車字，不得以之改《說文》也。《離騷》、《上林賦》皆作「揭車」，《廣志》曰：「黄葉白華。」从艸，楬聲。去謁切，十五部。《玉篇》作藒，從木。

芞　芞輿也。三字句。从艸，气聲。去謁切，十五部。

苺　馬苺也⑭。苺篆不厠於此，則非山苺也。从艸，母聲。母臯切，古音在一部。

茖　艸也。《釋艸》：「茖，山葱。」按，《爾雅》雖有此字，然許君果用《爾雅》，何以不云「山葱」，而云「艸也」？凡所不知，寧從蓋闕。从艸，各聲。古額切，古音在五部。

苷　甘艸也。所謂藥中國老，安和七十二種石，一千二百種艸者也。从艸，甘聲。此以形聲包會意。古三切，八部。

芧　艸也。《上林賦》：「蔣芧青薠。」張揖曰：「芧，三棱也。」郭璞音杼。按，三棱者，蘇頌《圖經》所謂「葉似莎艸極長，莖三棱如削，高五六尺，莖端開花」是也。江蘇蘆灘中極多，呼爲馬芧。音同宁。莖可繫物，亦可辮之爲索。《南都賦》：「藨苧薠莞。」李注引《說文》「苧，可以爲索」，蓋賦文本作「芧」。《文選·上林賦》亦作「苧」，苧者，芧之別字。从艸，予聲。直呂切，五部。可㠯爲繩。

藎　艸也。蘇恭、掌禹錫皆云：「俗名菉蓐艸。」《爾雅》所謂「王芻」，《詩·淇澳》之「菉」也。按，《說文》有藎，又別有菉，則許意藎非菉矣。从艸，盡聲。徐刃切，十二部。《大雅》以爲進字。

蒁　艸也。陳藏器《本艸》：「蓬莪茂（旬律切），一名蓬莪，二名蒁，三名波殺。」徐鍇引之，未知是否。从艸，述聲。食聿切，十五部。

荵　荵冬艸。三字句。《名醫別録》作忍冬，今之金銀藤也，其花曰金銀花。从艸，忍聲。而軫切，十二部。

萇　萇楚，跳弋。見《檜風》、《釋艸》、毛傳⑮。一曰，羊桃。陸璣、張揖皆曰：「羊桃也。」从艸，長聲。直良切，十部。

薊　芙也。《釋艸》曰：「芙、薊，其實荂。」郭云：「芙似薊。」許以芙釋薊，則爲一物，而芙字又不類列於此，未聞。从艸，𠜹聲。古詣切，十五部。

荲　艸也。下文之苗也。《本艸經》曰：「羊蹄。」《小雅》謂之「蓫」，蓫即苗字，亦作蓄。《廣韵·一屋》：「荲，許竹、丑六二切，羊蹄菜也。」从艸，里聲。讀若釐。里之切，一部。按，《廣韵》荲讀許竹、丑六切者，因荲、蓄同物，而誤讀荲同蓄也。

藋　堇艸也。依《集韵》、《類篇》。李仁甫本作堇，《廣雅》：「堇（謹音），藋也。」《名醫別録》：「蒴藋，一名堇草，一名芨。」按，下籀文內有堇字，云「根如薺，葉如細柳」，未知是一否。〇凡物有異名同實者。《釋艸》曰：「芨，堇艸。」陸德明謂即《本艸》之蒴藋。按，郭釋以烏頭，烏頭名堇，見《國語》，而芨名無見。陸說爲長。鍇本堇作釐。一曰，拜商藋。《釋艸》商作「蔏」。《說文》言「一曰」者，有二例：一是兼採別說，一是同物二名。此「一曰」未詳何屬。疑堇艸爲蒴藋，拜商藋爲今之灰藋也。灰藋似藜。《左傳》：

「斬之蓬蒿藜藋。」李燾本商作「啻」，宋麻沙大徐本亦作「啻」，蓋許所據《爾雅》不同今本。从艸，翟聲。徒弔切，二部。

芨 菫艸也。見上。从艸，及聲。讀若急。居立切，七部。

葥 山苺也。見《釋艸》。从艸，歬聲。子賤切，古音在十二部。

蓩 毒艸也。鉉、鍇本篆皆作「⿱艹婺」，從艸，婺聲。鉉本⿱艹婺下又出「蓩」篆，云：「卷耳也。從艸，務聲。」鍇本無蓩，張次立依鉉補之。攷《後漢書·劉聖公傳》：「戰於蓩鄉。」注曰：「蓩音莫老反。」《字林》云：「毒艸也。因以爲地名。」《廣韵》：「蓩，毒艸。武道切。又地名。」據此，則毒艸之字從力，不從女明矣。《玉篇》云：「蓩，莫屋、莫老二切。毒艸也。」此顧野王原本。而蓩下引「《說文》：卷耳也。」又出⿱艹婺字，莫候切。引「《說文》：毒艸也」。此孫强、陳彭年輩據俗本《說文》增之。今改正篆文，作「蓩，毒艸也」，而刪「蓩，卷耳也」之云。卷耳果名蓩，則當與「苓，卷耳也」同處矣。又按，《韵會》引《後漢書》注作「⿱艹敄鄉」，《說文》有⿱艹敄字，云：「細艸叢生也。」从艸，務聲。古音在三部。

蓡 人蓡，逗。藥艸。句。出上黨。《本艸經》作人參。从艸，浸聲。山林切，七部。

虊 鳧葵也。後又云「茆，鳧葵也」。二字不同處者，以小篆、籒文別之也。虊茆雙聲。《廣雅》曰：「虊、茆，鳧葵也。」按，虊、蓴古今字。古作虊，今作蓴、作蒓。从艸，攣聲。洛官切，曹憲力船、力眷二切，十四部。

菮 艸也。可㠯染畱黃。糸部綟下曰：「帛菮艸染色也。」畱黃，辭賦家多作「流黃」，皇侃《禮記義疏》作「駵黃」。土剋水，故中央駵黃，色黃黑也。漢諸侯王盭綬，晉灼曰：「盭，艸名。出琅邪平昌縣。似艾，可染黃，因以爲綬名。」⑯玉裁按，盭同音叚借字也。漢制盭綬在紫綬之上，其色黃而近緑，故徐廣云「似緑」。或云「似紫，綬名緺綬」者，非也。緺紫青色，與綟不同。从艸，戾聲。郎計切，十五部。

荍 蚍虾也。《釋艸》曰：「荍，蚍衃。」毛傳曰：「荍，芘芣也。」與《說文》皆字異音同。陸璣曰：「一名荊葵，似蕪菁，華紫緑色，可食，微苦。」蚍虾音毗浮。从艸，收聲。渠遥切，古音在三部。

⿱艹毗 蒿也。从艸，毗聲。房脂切，十五部。

萭 艸也。从艸，禹聲。王矩切，五部。《攷工記》故書「禹之以眡其匡」，先鄭讀爲萭，鄭云「萭蔞」，未詳何物。

苐 艸也。鍇本作「荑」，夷聲。鉉本作苐，今鉉本篆體尚未全誤。攷《廣韵》、《玉篇》、《類篇》皆本《說文》云：「苐，艸也。」知《集韵》合苐、荑爲一字之誤矣。荑見《詩》，茅之始生也。从艸，弟聲。杜兮切，十五部。

薛 艸也。《子虛賦》：「高燥生薛。」張揖曰：「薛，賴蒿也。」按，賴蒿蓋即藾蕭。从艸，辥聲。私列切，十五部。

苦 大苦，逗。苓也。見《邶風》、《唐風》毛傳。《釋艸》苓作蘦。孫炎注云：「今甘艸也。」按，《說文》苷字解云「甘艸」矣，倘甘艸又名大苦，又名苓，則何以不類列，而割分異處乎？且此云「大苦，苓也」，中隔百數十字，又出蘦篆云：「大苦也」，此苓必改爲蘦而後畫一，即畫一之，又何以不類列也？攷周時音韵，凡令聲皆在十二部，今之真、臻、先也；凡霝聲皆在十一部，今之庚、耕、清、青也。《簡兮》苓與榛、人韵，《采苓》苓與顛韵。倘改作蘦，則爲合音，而非本韵。然則《釋艸》作蘦，不若《毛詩》爲善。許君斷非於苦下襲《毛詩》，於蘦下襲《爾雅》，劃分兩處，前後不相顧也。後文蘦篆，必淺人據《爾雅》妄增，而此「大苦，苓也」固不誤。然則大苦即卷耳與？曰：非也。毛傳、《爾雅》皆云「卷耳，苓耳」。《說文》苓篆下必當云「苓耳（逗），卷耳也」。今本必淺人刪其「苓耳」字。卷耳自名苓耳，非名苓。凡合二字爲名者，不可刪其一字以同於他物。如單云蘭，非芄蘭，單云葵，非鳧葵是也。此大苦斷非苓耳，而苦篆、苓篆不類厠，又其證也。然則大苦何物？曰：沈括《筆談》云：「《爾雅》『蘦，大苦』注云：蔓延生，葉似荷青，莖赤。此乃黃藥也。其味極苦，謂之大苦。」⑰郭云甘草，草也。甘草枝葉全不同。苦爲五味之一，引伸爲勞苦。从艸，古聲。康杜切，五部。

菩 艸也。《周禮》注：犯軷「以菩芻棘柏爲神主」。郭璞注《穆天子傳》云：「蓍，今菩字。」按，許書則菩、蓍各物各字也。从艸，咅聲。步乃切，一部。《易》：「豐其蔀。」鄭、薛作菩，云小席。

蔐 蔐苢。《本艸經》艸部上品有薏苡人，陶隱居云：「生交阯者子冣大，彼土人呼爲䕢（音幹）珠，馬援大取將還，人讒以爲珍珠也。」按，䕢與⿱艹贛雙聲。从艸，啻聲。於力切，一部。一曰，蔐英。未詳。

茅 菅也。按，統言則茅、菅是一，析言則菅與茅殊。許菅、茅互訓，此從統言也。陸璣曰：「菅似茅而滑澤無毛，根下（當作上）五寸中有白粉者，柔韌宜爲索，漚乃尤善矣。」此析言也。从艸，矛聲。莫交切，古音在三部。可縮酒爲藉。各本無此五字，依《韵會》所引補。「縮酒」見《左傳》，「爲藉」見《周易》。此與蕧可以香口、蒻可以爲苹席一例。

菅 茅也。《詩》：「白華菅兮。」《釋艸》曰：「白華，野菅。」毛傳足之曰「已漚爲菅」。按，《詩》謂白華既漚爲菅，又以白茅收束之。菅别於茅，野菅又别於菅也。从艸，官聲。古顏切，十四部。

蘄 艸也。《釋艸》蘄字四見，不識許所指何物也。从艸，斳聲。《說文》無斳字，蘄當是從蕇、斤聲，如虫部蠲字，當是從蜀益聲。不立蕇部、蜀部，是以傳於艸、虫二部。而斳聲不可通，或曰當有從單斤聲之斳字，《說文》無單部，因無斳字也。陸德明曰：「蘄古芹字。」然《說文》有芹字，則非一字也。汪氏龍曰：「斳字蓋失收。」《集韵》渠希切，古音當在十三部。古鐘鼎欵識多借爲祈字。江夏有蘄春縣。見《地理志》。縣各本作亭，今正。凡縣名系於郡，亭名鄉名系於某郡、某縣。

莞 莞 艸也。可㠯作席。《小雅》：「下莞上簟。」箋云：「莞，小蒲之席也。」《司几筵》：「蒲筵加莞席。」正義：「以莞加蒲，麤者在下，美者在上也。」《列子》：「老韭之爲莞。」殷敬順曰：「莞音官。似蒲而圓，今之爲席者是也。」楊承慶《字統》音關。玉裁謂莞之言管也，凡莖中空者曰管。莞蓋即今席子艸，細莖，圓而中空。鄭謂之小蒲，實非蒲也。《廣雅》謂之葱蒲。从艸，完聲。胡官切，在十四部。

藺 藺 莞屬。可爲席。依《韵會》所引補三字。《急就篇》有藺席。从艸，閵聲。良刃切，十二部。

蒢 蒢 黄蒢，職也。《釋艸》：「職，黄蒢。」从艸，除聲。直魚切，五部。按，鍇本無蒢。莞、藺皆蒲屬，故次之以蒲也。鉉本有之。依郭注，藏似酸漿，未審亦蒲屬否。

蒲 蒲 水艸也。或㠯作席。《周禮》，祭祀席有蒲筵。从艸，浦聲。此當云「從艸水，甫聲」。薄胡切，五部。

蒻 蒻 蒲子。句。可㠯爲平席。蒲子者，蒲之少者也。凡物之少小者，謂之子，或謂之女。《周書》「蔑席」，苜部曰：「纖蒻席也。」馬融同。王肅曰：「纖蒻苹席也。」某氏《尚書》傳曰：「底席，蒻苹也。」鄭注《閒傳》曰：「苄，今之蒲苹也。」《釋名》曰：「蒲苹，以蒲作之，其體平也。」苹者，席安隱之偁。此用蒲之少者爲之，較蒲席爲細。《攷工記》注曰：「今人謂蒲本在水中者爲弱。」弱即蒻。蒻必媆，故蒲子謂之蒻，非謂取水中之本爲席也。世謂蒲蒻。《太平御覽》有此四字。从艸，弱聲。而灼切，二部。

⿱艹㴱 ⿱艹㴱 㴱蒲，逗。各本脱㴱字，今補。蒻之類也。此釋《周禮》也：「加豆之實，㴱蒲醓醢。」先鄭曰：「㴱蒲，蒲蒻入水㴱，故曰㴱蒲。」鄭曰：「㴱蒲，蒲始生水中子。」是則㴱蒲即蒲蒻在水中者。許君以蒲子別於蒲，以蒻之類別於蒻，謂蒲有三種，似二鄭説爲長。从艸，㴱聲。此當云「从艸水，突聲」。式箴切，七部。此字蓋出故書。

蓷 蓷 隹也。隹，各本作「萑」，誤，今正。《王風》：「中谷有蓷。」《釋艸》：「萑，蓷。」毛傳曰：「蓷，鵻。」蓋《爾雅》本作隹，與毛傳鵻字同，後人輒加卄頭耳。茺亦一名鵻，皆謂其色似夫不也。陸璣云：「舊説及魏周元明皆云菴閭，《韓詩》及《三蒼》、《説苑》云益母，《本艸》云：益母，茺蔚也。劉歆云：蓷，臭穢（艸名）。臭穢，即茺蔚也。」按，臭、茺雙聲，穢、蔚疊韵。李、郭注《爾雅》亦云「茺蔚」，未知許意何屬。从艸，推聲。他回切，十五部。《詩》曰：「中谷有蓷。」按，鉉本此下有萑篆，萑訓「艸多皃」，則鍇本在茸、葏二篆閒是也。鉉乃移而類居之，必萑訓「蓷也」則可矣。

茥 茥 缺盆也。見《釋艸》。郭云：「覆盆也，實可食。」从艸，圭聲。苦圭切，古音在十六部。

莙 莙 牛藻也。見《釋艸》。按，藻之大者曰牛藻，凡艸類之大者多曰牛、曰馬。郭云「江東呼馬藻」矣。陸璣云：「藻二種：一種葉如雞蘇，莖大如箸，長四五尺；一種莖大如釵股，葉如蓬，謂之聚藻。扶風人謂之藻，聚爲發聲也。」牛藻當是葉如雞蘇者，但析言則有別，統言則皆謂之藻，亦皆謂之莙。《顔氏家訓》云：「莙艸細，細葉蓬茸水中，一節長數寸，細茸如絲，圓繞可愛。《東宮舊事》所云六色罽緄者，凡寸斷五色絲，橫著線股閒繞之，以象莙艸，用以飾物，即名爲莙。於時當縛六色罽，作此莙以飾緄帶，張敞因造糸旁畏耳。」⑱據此則莖如釵股者亦謂之莙也。从艸，君聲。讀若威。渠殞切，十三部。按，君聲而讀若威，此由十三部轉入十五部。張敞之變爲⿰糸畏，⿰糸畏音隈，《說文音隱》之音塢瑰反，《字林》窘亦音巨畏反，皆是也。《唐韵》渠殞切，則不違本部。地有南北，時有古今，語言不同之故。竊疑《左傳》「蕰藻」即莙字。蕰與藻爲二，猶筐與筥、錡與釜皆爲二也。

⿱艹睆 夫離也。見《釋艸》。⿱艹睆，《釋艸》亦作莞，夫作苻。从艸，睆聲。胡官切，十四部。

蒚 夫離上也。見《釋艸》。从艸，鬲聲。力的切，十六部。按，前既有「莞艸可以作席」之文，復出⿱艹睆字，則《爾雅》「⿱艹睆，苻離」，非可以作席之莞也。

苢 芣苢，逗。一名馬舄，其實如李，令人宜子。《釋艸》：「芣苢，馬舄。馬舄，車前。」《說文》凡云「一名」者，皆後人所改竄。《爾雅音義》引作「芣苢，馬舄也」可證。其實如李，徐鍇謂其子亦似李，但微而小耳。按，《韵會》所引，李作麥，似近之。但未知其何本。陸德明、徐鍇所據已作李矣。令人宜子，陸璣所謂治婦人產難也。从艸，㠯聲。羊止切，一部。《周書》所說。示部曰《逸周書》，此不言「逸」，或詳或略錯見也。《王會篇》曰：「康民以桴苡。桴苡者，其實如李，食之宜子。」《詩音義》云：「《山海經》及《周書》皆云：芣苡，木也。」今《山海經》無芣苡之文，若《周書》正文，未嘗言桴苡爲木。陶隱居又云：「《韓詩》言芣苡，是木，食其實，宜子孫。」此蓋誤以說《周書》者語系之《韓詩》。德明引《韓詩》：「直曰車前，瞿曰芣苡。」李善引薛君曰：「芣苡，澤瀉也。」《韓詩》何嘗說是木哉！竊謂古者殊方之貢獻，自出其珍異，以將其誠，不必知中國所無，而後獻之。然則芣苢無二，不必致疑於許偁《周書》也。

蕁 芜藩也。今本篆文無彡，誤。芜當是本作冘，俗加艸。《本艸》作沈（直林切）燔。說《爾雅》者謂即今之知母。从艸，𢒫聲。𢒫各本作「尋」，誤。徒南切，古音在七部。

⿱艹⿰爻尋 蕁或从爻。

⿱艹毄 艸也。从艸，毄聲。古歷切，十六部。

蓲 烏蓲，逗。二字依《爾雅音義》補。艸也。《廣韵》曰：「烏蓲，艸名。」本《說文》。郭注《爾雅》「菼，薍」云：「江東呼爲烏蓲，音丘。」許不與蒹、薍、⿱艹剡、薕四字類厠，則許意不同郭也。从艸，區聲。去鳩切，古音在四部。

⿱艹固 艸也。从艸，固聲。古慕切，五部。

⿱艹榦 艸也。从艸，榦聲。古案切，十四部。

藷 藷蔗也。三字句。或作「諸蔗」，或「都蔗」。藷、蔗二字疊韵也。或作「竿蔗」或「干蔗」，象其形也。或作「甘蔗」，謂其味也。或作「邯睹」。服虔《通俗文》曰：「荆州竿蔗。」从艸，諸聲。章魚切，五部。

蔗 藷蔗也。从艸，庶聲。之夜切，古音在三部。

⿱艹毀 牂⿱艹毀，逗。可目作縻綆。縻，牛轡也。綆，汲井綆也。从艸，毀聲。女庚切，古音在十部。牂、⿱艹毀疊韵。

藸 艸也。从艸，豬聲。直魚切，五部。鉉本移此字於荎豬下，以荎、藸二字當類列，而不知許意單呼藸者，别是一物也。

⿱艹賜 艸也。从艸，賜聲。斯義切，十六部。

⿱艹中 艸也。从艸，中聲。陟宮切，九部。

萯 王萯也。《夏小正》：「四月王萯秀。」《月令》四月：「王瓜生」。注云：「今《月令》云：王萯秀。」⑲《豳風》：「四月秀葽。」箋疑葽即王萯。《管子·地員》有萯，有大萯、細萯。从艸，負聲。房九切，古音在一部。

芺 艸也。味苦，江南食之目下气。《名醫别録》云：「苦芺，主桼瘡。」不云可下氣。漢人謂豫章長沙爲江南。从艸，夭聲。烏浩切，二部。

⿱艹弦 艸也。从艸，弦聲。胡田切，十二部。

⿱艹𡈝 艸也。从艸，𡈝聲。于救切，古音在一部。𡈝，籒文囿。

莩 艸也。从艸，孚聲。芳無切，古音在三部。

蔩 兔瓜也。見《釋艸》。从艸，寅聲。翼真切，十二部。

荓 馬帚也。見《釋艸》。《夏小正》：「七月荓秀。」荓也者，馬帚也。《廣雅》曰：「馬帚，屈，馬荓也。」⑳从艸，并聲。薄經切，十一部。《詩·大雅》：「荓，使也。」㉑

蕕 水邊艸也。《漢書》、《子虚賦》音義曰：「軒于，蕕艸也。生水中，楊州有之。」㉒《釋艸》：「莤，蔓于。」莤即蕕，蔓于即軒于。从艸，猶聲。以周切，三部。

荌 艸也。从艸，安聲。烏旰切，十四部。

藄 土夫也。各本作「綦，月爾也」。今依《爾雅音義》。攷今本《釋艸》，「芏，夫王。」郭云：「芏艸生海邊。」「綦，月爾。」郭云：「即紫綦也。似蕨可食。」陸德明曰：「綦字亦作藄，紫藄菜也。《説文》云：藄，土夫也。」其所據《説文》，必與《爾雅》殊異而偁之，不則何容偁也。今本《説文》，恐是據《爾雅》郭本、郭注改者，但許君《爾雅》之讀，今不可知矣。从艸，綦聲。渠之切，一部。

莃 兔葵也。見《釋艸》。从艸，希聲。香衣切，十五部。

⿱艹夢 灌渝。今《釋艸》「葭，蘆，菼，薍，其萌虇。」郭云：「今江東呼蘆筍爲虇，音繾綣。」下文「蕍、芛、葟、華，榮」，郭别爲一條。許君所據《爾雅》「⿱艹夢，灌渝」，句字皆與今本大乖，今不可得其讀矣。从艸，夢聲，讀若萌。古音在六部，而讀若萌者，轉入十部也。

今莫中切。

蕧 盜庚也。見《釋艸》。从艸，復聲。房六切，三部。

苓 苓耳，逗。二字各本脱，今補。説見苦字下。卷耳艸。艸字各本作「也」，今依《韵會》所引。《釋艸》、毛傳皆曰：「卷耳，苓耳也。」从艸，令聲。郎丁切，古音在十二部。

䔷 艸也。从艸，贛聲。古送切，又古禫切，古音在七八部，轉入九部。一曰，薏苢。《本艸》曰：「一名䔷，音感。」即此字。陶隱居云：「交阯實大者名簳珠。」簳與䔷雙聲字也。

藑 藑茅，逗。各本無藑字，此淺人不知其不可删而删之。如「嶲周，燕也」，今本删嶲字，其誤正同。今補。葍也。《釋艸》曰：「葍，藑茅。」一名舜。䑞字下曰：「楚謂之葍，秦謂之藑。」是也。今本作一名蕣，是以木堇爲葍矣。从艸，敻聲。渠營切，古音在十四部。

䔰 葍也。从艸，富聲。方布切，古音在一部。布字依宋刻。

葍 䔰也。見《釋艸》。郭云：「大葉，白華，根如指，正白，可啖。」按，《邶風》箋云：「葑、菲二菜，蔓菁與葍之類也。皆上下可食。」此根可啖之證也。郭又云：「葍華有赤者，爲藑。」藑、葍一種耳，亦猶蔆苕，華黄白異名。陸璣云：「葍有兩種，一種莖葉細而香，一種莖赤有臭氣。」按，毛公云「葍，惡菜」，殆因有臭氣與？从艸，畐聲。方六切，古音在一部。

蓨 苖也。《釋艸》曰：「苖，蓨也。」《管子》：「黑埴，其草宜苹、蓨。」按，苹、蓨二艸名。从艸，條聲。徒聊切，又湯彫切，古三部。按小徐本無蓨。

苖 蓨也。按，小徐本苖字在後菲下、荼上。从艸，由聲。徒歷切，又池六切，三部㉓。

募 艸也。也字各本無，今補。按，《説文》凡艸名，篆文之下皆複舉篆文某字，曰：「某艸也。」如葵篆下必云「葵菜也」。蘁篆下必云「蘁艸也」。篆文者，其形，説解者，其義。以義釋形，故《説文》爲小學家言形之書也。淺人不知，則盡以爲贅而删之。不知「葵菜也」、「蘁艸也」、「河水也」、「江水也」，皆三字句，首字不逗。今雖未復其舊，爲舉其例於此。此募篆之下，本云「募艸也」，各本既删「募」字，又去「也」字，則募篆不爲艸名，似爲凡枝枝相值、葉葉相當之偁矣。《玉篇》募下引《説文》，謂即蓫募、馬尾、蔏陸也。薚同募。攷《本艸經》曰：「商陸一名募(句)，根一名夜呼。」陶隱居曰：「其花名募。」是則絫呼曰蓫募，單呼曰募。或謂其花募，或謂其莖葉募也。枝枝相值，葉葉相當。从艸，昜聲。褚羊切，十部。

薁 嬰薁也。嬰，鍇本作「蘡」，俗加艸頭耳。《豳風》：「六月食鬱及薁。」傳曰：「鬱，棣屬。薁，蘡薁也。」正義曰：「劉稹《毛詩義問》云：鬱樹高五六尺，其實大如李。《本艸》鬱一名棣，則與棣相類。蘡薁亦是鬱類。《晉宮閣銘》：車下李，三百一十四株。

車下李，即鬱也。薁李一株，薁李即薁也。二者相類，而同時熟。」玉裁按，《說文》李、棣皆在木部，薁在艸部。毛公但云「鬱，棣屬」，未嘗云「薁，鬱屬。」《廣雅·釋艸》：「燕薁，蘡舌也。」《釋木》云：「山李，雀李（二字今正，未知是否），鬱也。」然則薁之非木實明矣。《晉宫閣銘》所謂車下李、薁李，皆非毛許之嬰薁也。《齊民要術》引《詩義疏》曰：「櫻薁，實大如龍眼，黑色。今車鞅藤實是。」按，賈氏凡引《詩艸木蟲魚疏》，皆謂之《詩義疏》。陸璣本有釋薁云云，今本脱之耳。魏王《花木志》引《詩疏》亦同。

葴 馬藍也。見《釋艸》。郭云：「今大葉冬藍也。」《釋艸》又云：「葴，寒漿。」郭云：「今酸漿艸。江東呼曰苦葴。」《子虛賦》：「葴、析、苞、荔。」張揖釋以馬藍。郭璞云：「葴，酸漿。江東名烏葴。」从艸，咸聲。職深切，七部。

蘆 艸也。可㠯束。从艸，魯聲。郎古切，五部。

菡 蘆或从鹵。《釋艸》云：「菡，蘆。」郭云：「作履苴艸。」按，《說文》云：「苴，履中艸。」謂以艸襯履底曰苴。賈子曰：「冠雖敝，不以苴履。」是也。許云：可用束。郭云：可苴履。大約是一物。

蒯 艸也。《左傳》引《詩》曰：「雖有絲麻，無棄菅蒯。」李善引《聲類》曰：「蒯艸，中爲索。」苦怪切。」《史記》馮驩有一劍，蒯緱。裴駰曰：「蒯，茅之類，可爲繩，其劍把無物可裝，以小繩纏之也。」从艸，㕢聲。按，《說文》無㕢字，而《爾雅》有之。《釋詁》曰：「㕢，息也。」音義曰：「㕢，苦怪反。又墟季反。《字林》以爲喟，丘懷反。孫本作快，郭又作嘳。」按，㕢字，今不可得其左旁所從何等，字之本訓何屬，但其古音在十五部甚明。《說文》聲、蒯皆以爲聲，而聲字亦作聵，蒯字逸《詩》與萃、匱爲韵，皆在十五部也。不知何時蒯改作蒯，從朋、從刀，殊不可曉。葢本扶風郿鄉之字誤，郿讀若陪，在第一部、第六部，與十五部相隔絶遠，而誤其形作蒯，且用爲蒯字，不可從也。《玉篇》引「無棄菅蒯」，不作蒯。苦怪切。

蔞 艸也。可㠯亨魚。《召南》㉔：「言刈其蔞。」陸璣云：「蔞，蔞蒿也。」《爾雅》：「購，蔏蔞。」郭云：「蔞蒿也。江東用羹魚。《楚辭》曰：吴酸蒿蔞。」按，蔞蒿，俗語耳，古祇呼蔞。《釋艸》古讀或於購蔏句絶。从艸，婁聲。力朱切，古音在四部。

藟 艸也。《詩》七言「葛藟」。陸璣云：「藟，一名巨荒，似燕薁。亦延蔓生，葉如艾，白色，其子赤，可食，酢而不美。幽州謂之椎藟。《開寶本艸》及《圖經》皆謂即千歲虆也。」按，凡藤者謂之藟，系之艸則有藟字，系之木則有虆字，其實一也。戴先生《詩補注》說：「葛藟猶言葛藤。」《爾雅》山虆、虎虆、《山海經》卑（一作畢）山多虆（古本從木），皆是也。然鄭君《周南》箋云「葛也」「藟也」，分爲二物，與許合。葛與藟皆藤生，故《詩》多類舉之。《左氏》亦云「葛藟猶能庇其木根」㉕。藤，古祇作縢，謂可用緘縢也。《山海經》傳曰：「虆一名縢。」从艸，畾聲。力軌切，十五部。《詩》曰：「莫莫葛藟。」《大雅·旱麓》文。一曰，秬鬯。此字義別說也。秬鬯之酒，鬱而後鬯。凡字從畾聲者，皆有鬱積之意，是以神名鬱壘。《上林賦》云：「隱轔鬱𡾊。」秬鬯得名藟者，義在乎是。其字從艸者，釀芳艸爲之也。

蒬 棘蒬也。見《釋艸》。《本艸經》云：「遠志，一名棘菀，一名葽繞，一名細艸。」从艸，冤聲。於元切，十四部。

茈 茈艸也。三字句。茈字僅得免刪，可以證蔽下必云「蔽艸也」，藺下必云「藺艸也」，皆淺人刪之。《周禮》注云：「染艸，茅蒐、橐盧、豕首、紫茢之屬。」按，紫茢即紫𦸦也。紫𦸦即茈艸也。《廣雅》云：「茈𦸦，茈草也。」古列、戾同音，茈、紫同音。《本艸經》云：「紫草一名紫丹，一名紫芙。」陶隱居云：「即是今染紫者。」《說文》云：「𦸦艸可以染留黃。」謂之紫𦸦者，以染紫之𦸦，別於染騆黃之𦸦也。《西山經》曰：「勞山多茈艸。」司馬彪注《上林賦》曰：「茈薑，紫色之薑。」郭注《南山經》曰：「茈羸，紫色羸。」故知古紫、茈通用。从艸，此聲。將此切，古音在十五部，轉入十六部。

藐 茈艸也。見《釋艸》。从艸，貌聲。莫覺切，古音在二部。古多借用爲眇字，如「說大人則藐之」及凡言「藐藐」者皆是。

萴 烏喙也。《廣雅》：「蕉，奚毒，附子也。一歲爲萴子，二歲爲烏喙，三歲爲附子，四歲爲烏頭，五歲爲天雄。」按，《本艸經》有附子、烏頭、天雄三條。云：「烏頭一名奚毒，一名即子，一名烏喙。」即子，即萴子。猶鰂、鯽一字也。《名醫別録》又沾側子一條，誤矣。从艸，則聲。阻力切，一部。按，茈、藐、蒐、茜等字，皆染艸也。乃中隔以萴字，恐後人妄移。

蒐 茅蒐，茹藘。藘音閭。鉉本作「蘆」。《鄭風》：「茹藘在阪。」《釋艸》、毛傳皆云：「茹藘，茅蒐也。」陸璣云：「茹藘，茅蒐，蒨艸也。一名地血，齊人謂之茜，徐州人謂之牛蔓，今圃人或作畦種蒔。故《貨殖傳》云：卮茜千石，亦比千乘之家。」按，《本艸經》有茜根，蜀本《圖經》、蘇頌《圖經》言其狀甚悉。徐廣注《史記》云：「茜一名紅藍，其花染繒赤黄。」此即今之紅花，張騫得諸西域者，非茜也。陳藏器云：「茜與蘘荷，皆《周禮》攻蠱嘉艸之冣。」人血所生，可㠯染絳。云「人血所生」者，釋此字所以從鬼也。从艸鬼。會意。所鳩切，三部。茅，古音矛。茅、蒐、茹、藘，皆疊韵也。經傳多以爲春獵字。

茜 茅蒐也。从艸，西聲。倉見切，古音在十三部。蒨即茜字也，古音當在十一部，其音變適同耳。

蕼 赤蕼也。从艸，肆聲。息利切，十五部。

薜 牡贊也。見《釋艸》。从艸，辟聲。蒲計切，古音在十六部。

莣 杜榮也。見《釋艸》。郭云：「今芒艸也。似茅，皮可以爲繩索、履屩也。」按，《太平御覽》引《襍字解詁》「芒，杜榮」，而芒譌作芸。从艸，忘聲。武方切，十部。

苞 艸也。《曲禮》：「苞屨不入公門。」注：「苞，藨也。齊衰藨蔽之菲也。」《子虛賦》：「葴、析、苞、荔。」張揖曰：「苞，藨也。」玉裁按，當是藨是正字，苞是叚借。故《喪服》作「藨蔽之菲」，《曲禮》作「苞屨」，《南都賦》說艸有藨，即《子虛》之苞也。《斯干》、

《生民》傳曰：「苞，本也。」此苞字之本義，凡《詩》云「苞櫟」、「苞棣」，《書》云「艸木蕲苞」者，皆此字。叚借爲包裹，凡《詩》言「白茅苞之」，《書》言「厥苞橘柚」，《禮》言「苞苴」，《易》言「苞蒙」、「苞荒」、「苞承」、「苞羞」、「苞桑」、「苞瓜」，《春秋傳》言「苞茅不入」，皆用此字。近時經典凡訓包裹者，皆徑改爲包字。郭忠恕之説誤之也。許君立文當云：「苞，本也。從艸，包聲。」若不謂爲叚借，則當云：「苞，藨也。」下文即云：「藨，蔽屬。」使讀者知《曲禮》之苞，即《喪服》之藨。蓋艸木既難多識，文字古今屢變，雖曰至精，豈能無誤，善學古者不泥於古可也。南陽吕爲麤履。麤，各本不從艸，誤。麤，艸履也。見後。从艸，包聲。布交切，古音在三部。按，《曲禮》音義曰：「苞，白表反。」爲欲讀同藨耳。

艾 冰臺也。見《釋艸》。張華《博物志》曰：「削冰令圓，舉以向日，以艾於後承其影，則得火。」从艸，乂聲。五葢切，十五部。古多借爲乂字，治也，又訓養也。

蔁 艸也。《玉篇》曰：「蔁，栜根，即蔏陸也。」此非許意。从艸，章聲。諸良切，十部。

芹 楚葵也。从艸，斤聲。詳菦字下。巨巾切，古音在十三部。

薽 豕首也。《釋艸》曰：「蒳薽，豕首。」許無蒳字者，攷《太平御覽》引《爾雅》：「黄，土瓜。」孫炎曰：「一名列也。」按，叔然以蒳上屬。許君讀葢與孫同。鄭注《周禮》「豕首」爲「染艸之屬」，《吕氏春秋》曰：「豨首生而麥無葉。」《本艸經》曰：「天名精，一名豕首。」从艸，甄聲。側鄰切，古音在十三部。

蔦 寄生艸也。艸字各本脱，依《毛詩音義》及《韵會》補。《小雅》傳曰：「蔦，寄生也。」陸璣曰：「蔦，一名寄生。葉似當盧，子如覆盆子。」《本艸經》：「桑上寄生，一名寓木，一名宛童。」按，寓木、宛童，見《釋木》。从艸，毛、陸皆曰「寄生」耳，許獨云「寄生艸」者，爲其字之從艸也。鳥聲。《詩音義》云：「《説文》音弔。」《唐韵》都了切，二部。《詩》曰：「蔦與女蘿。」《小雅·頍弁》文。

樢 蔦或從木。艸屬，故從艸；寓木，故從木。《廣雅·釋木》作樢字。

芸 艸也。佀目宿。《夏小正》：「正月采芸，爲廟采也。二月榮芸。」《月令》：「仲冬芸始生。」注：「芸，香艸。」高注《淮南》、《吕覽》皆曰：「芸，芸蒿，菜名也。」《吕覽》曰：「菜之美者，陽華之芸。」注：「芸，芳菜也。」賈思勰引《倉頡解詁》曰：「芸蒿，似斜蒿，可食。」沈括曰：「今謂之七里香者是也。葉類豌豆，其葉極芬香，古人用以藏書辟蠹，採置席下，能去蚤蝨。」从艸，云聲。王分切，十三部。淮南王説：芸艸可吕死復生。淮南王，劉安也。可以死復生，謂可以使死者復生，葢出《萬畢術》、《鴻寶》等書，今失其傳矣。

蔌 艸也。从艸，榖聲。麤最切，十五部。

葎 艸也。《唐本艸》曰：「葛葎蔓。」《宋本艸》曰：「葛勒蔓，似葛有刺。」从艸，律聲。呂戌切，十五部。

茦 莿也。「茦，刺。」見《釋艸》，刺不從艸。《方言》曰：「凡艸木刺人，北燕朝鮮之閒謂之茦，或謂之壯。」按，木芒曰朿，艸芒曰茦，因木芒之字爲義與聲也。但許君上下文皆係艸名，不當泛釋凡艸之刺，或因上文葎艸有刺聯及之，或自有艸名茦，一名莿，與《方言》異義，未可定也。从艸，朿聲。楚革切，古音在十六部。

苦 苦蔞，逗。果臝也。果臝，宋鉉本作「果蓏」。依鍇本，與《詩》合。《豳風》：「果臝之實，亦施于宇。」《釋艸》曰：「果臝之實，栝樓也。」㉖毛傳同。李巡曰：「栝樓，子名也。」《本艸經》：「栝樓一名地樓。」玉裁按，苦、果，蔞、臝，皆雙聲。藤生蔓於木，故今《爾雅》、《本艸》字從木。艸屬也，故《說文》字從艸。从艸，昏聲。古活切，十五部。

葑 須從也。《邶風》：「采葑采菲。」毛傳曰：「葑，須也。」《釋艸》曰：「須（逗），葑蓯。」《說文》曰：「葑，須從也。」三家互異，而皆不誤。葑、須爲雙聲，葑、從爲疊韵。單評之爲葑，絫評之爲葑從；單評之爲須，絫評之爲須從：語言之不同也。或許所據《爾雅》與今本異矣。《坊記》注云：「葑，蔓菁也。陳宋之閒謂之葑。」《方言》云：「蘴、蕘，蕪菁也。陳楚之郊謂之蘴。」郭注：「蘴，舊音蜂。今江東音嵩，字作菘也。」玉裁按，蘴、菘皆即葑字，音讀稍異耳。須從正切菘字，陸佃、嚴粲、羅願皆言在南爲菘，在北爲蕪菁、蔓菁。若菰葑讀去聲，別是一物。从艸，封聲。府容切，九部。

薺 疾黎也。今《詩·鄘風》、《小雅》皆作「茨」。《釋艸》、傳、箋皆曰：「茨，蒺藜也。」《易》曰：「據于蒺藜。」陶隱居曰：「子有刺，軍家鑄鐵作之，以布敵路，亦呼蒺藜。」从艸，齊聲。疾咨切，十五部。《詩》曰：「牆有薺。」

莿 茦也。按，《方言》祇作「刺」。即從艸，亦當與茦篆相屬，恐後人增之。从艸，刺聲。七賜切，十六部。

董 鼎董也。《釋艸》曰：「蘱，薡董。」郭云：「似蒲而細。」按，《說文》無蘱字者，葢許所據祇作類。从艸，童聲。多動切，九部。亦作董，古童、重通用。或用爲童莔字，誤。杜林曰：「藕根。」《漢志》有杜林《倉頡訓纂》一篇，杜林《倉頡故》一篇。此葢二篇中語。藕，當從後文作蕅。蕅根，猶荷根也。郭璞曰：「北方人以藕爲荷，用根爲母號也。」然則杜林謂蕅爲董。

蘩 狗毒也。見《釋艸》。樊光云：「俗語苦如蘩。」从艸，繫聲。古詣切，十六部。

⿱艹嫂 艸也。《釋艸》曰：「蔜，⿱艹嫂蔞」未知許斷句如此否。从艸，嫂聲。蘇老切，古音在三部。《說文》無蔜字者，葢所據祇作敖。

苄 地黃也。見《釋艸》。《本艸經》謂之乾地黃。从艸，下聲。侯古切，五部。《禮》記依宋本及《韵會》補記字，按，下文《公食大夫禮記》文。「鉶毛牛藿羊苄豕薇」是。今《儀禮》毛作「芼」，與許所據不同。今《儀禮》曰「羊苦」，注：「苦，苦荼也。今文苦爲苄。」然則許從今文，鄭從古文也。《士虞禮》、《特牲饋食禮》二記「鉶芼用苦若薇」，注皆云：「今文苦爲苄。」《特牲》又正之曰：「苄乃地黄，非也。」

薟 白薟也。《本艸經》作「白斂」。从艸，僉聲。良冄切，七部。

蘞 薟或从斂。《唐風》：「蘞蔓于野。」陸璣云：「似栝樓，葉盛而細，其子正黑，如燕薁，不可食。」陸疏《廣要》曰：「《本艸》蘞有赤白黑三種。」疑此是黑蘞也。

菳 黄菳也。《本艸經》、《廣雅》皆作「黄芩」，今藥中黄芩也。从艸，金聲。巨今切，七部。

芩 艸也。《小雅》：「呦呦鹿鳴，食野之芩。」傳曰：「芩，艸也。」陸璣云：「芩艸，莖如釵股，葉如竹，蔓生澤中下地鹹處，爲艸真實，牛馬皆喜食之。」按，如陸說，則非黄芩藥也。許君黄菳字從金聲，《詩》野芩字從今聲，截然分別。他書亂之，非也。《毛詩音義》引《說文》云「蒿也」，以別於毛公之「艸也」，甚爲可據。但訓蒿，則與弟二章不別，且《說文》當以芩與蒿篆類廁，恐是一本作「蒿屬」，釋文「也」字或「屬」字之誤。又按，《集韵》、《類篇》皆曰：「荶、蔵、芩三字同魚音切，菜名，似蒜，生水中。」攷《字林》、《齊民要術》皆云：「荶似蒜，生水中。」此則別是一物。从艸，今聲。巨今切，七部。《詩》曰：「食野之芩。」

藨 鹿藿也。前茢篆訓「鹿藿之實」，此藨訓「鹿藿」，則當類處。徐鍇曰：「《釋艸》：蔨，鹿藿。藨，麃。二者各物。疑字形之誤，以藨麃爲鹿藿也。」玉裁按，蓋麃誤爲鹿，淺人因妄增藿字耳。从艸，麃聲。讀若剽。平表切，二部。一曰，蔽之屬。此字義別說也。《南都賦》：「其艸則藨、芧、薠、莞。」《廣韵》曰：「可爲席。」或作⿱艹炰、苞。

𧅬 綬艸也。艸字依《韵會》補。《陳風》：「邛有旨鷊。」傳曰：「鷊，綬艸也。」《釋艸》曰：「虉，綬。」按，《毛詩》作「鷊」，叚借字也。今《爾雅》作「虉」，與《說文》作「𧅬」不同者，鷊、鶪同在十六部也。陸璣曰：「鷊，五色，作綬文，故曰綬艸。」从艸，鶪聲。五狄切，十六部。《詩》曰「邛有旨𧅬」是。

蓤 芰也。《周禮》「加籩之實」有「蓤」。注：「蓤，芰也。」《子虛賦》應劭注同。从艸，淩聲。力膺切，六部。楚謂之芰，《楚語》：「屈到嗜芰。」韋曰：「芰，蓤也。」秦謂之薢茩。《釋艸》曰：「薢茩，芵光。」郭云：「芵明也，或曰蔆也，關西謂之薢茩。」按，景純兩解，後解與《說文》、《字林》合。《釋艸》又曰：「蔆，蕨攈（孫炎居郡反）。」郭云：「今水中芰。」按，蕨、攈，芵、光，皆雙聲。《爾雅》「薢茩，芵光」，或可以決明子釋之，不嫌異物同名也。而《說文》之「芰、薢茩」，即今蓤角，本無疑義，不知徐鍇何以淆惑。

⿱艹遴 司馬相如說：蓤从遴。此當是《凡將篇》中字。《藝文志》曰：史游作《急就篇》，李長作《元尚篇》，「皆《倉頡》中正字也」，司馬相如《凡將篇》「則頗有出矣」。據是，則《倉頡篇》正字作蔆，《凡將》別作薢。萿、芎同此。淩聲古音在六部，薢聲古音在十二部，而合之者，以雙聲合之也。今《史》、《漢》、《文選》，《子虛賦》祇作蔆華。

芰 蔆也。是謂轉注。从艸，支聲。奇寄切，十六部。

茤 杜林說：芰从多。此葢《倉頡訓纂》、《倉頡故》二篇中語。支聲在十六部，多聲在十七部，二部合音冣近，古弟十七部中字多轉入弟十六部。

薢 薢茩也。不云「蔆也」者，已見上矣。王注《離騷》曰：「芰，蔆也。秦人曰薢茩。」按，薢與芰同在十六部，徐言之則云薢茩。从艸，解聲。胡買切，十六部。

茩 薢茩也。从艸，后聲。蔆以角得名，蔆之言棱也，茩之言角也。茩、角雙聲，同在第三部。唐韵胡口切。薢、茩雙聲。

芡 雞頭也。《周禮》「加籩之實」有「芡」。注同此。《方言》：「茷、芡，雞頭也。北燕謂之茷，青徐淮泗之閒謂之芡，南楚江湘之閒謂之雞頭，或謂之鴈頭，或謂之烏頭。」从艸，欠聲。巨儉切，古音在八部。

蘜 日精也。目秋華。以，各本作「似」，今依宋本及《韵會》正。《本艸經》：「菊花一名節花。」又曰：「一名日精。」按，一名節花，即許所謂「以秋華」也。一名日精，與許合。《夏小正》：「九月榮鞠。鞠，艸也。鞠榮而樹麥，時之急也。」《月令》：「鞠有黃華。」《離騷》：「夕餐秋菊之落英。」字或作菊，或作鞠。以《說文》繩之，皆叚借也。《釋艸》：「蘜，治牆。」郭云：「今之秋華菊。」郭意蘜、菊爲古今字。玉裁謂許君剖析菊爲大菊、蘧麥，蘜爲治牆，蘜爲日精[27]，分厠三所。又恐學者以其同音易溷也，著之曰「以秋華」，言此蘜字乃《小正》、《月令》之布華玄月者也。然則許意治牆別是一物，種類甚殊，如大菊之非蘜。郭注《爾雅》與許全乖。攷郭氏所注小學三書，今存者二，有時涉及《字林》，而絕未嘗偁用《說文》也。《本艸經》、《名醫別録》秋華有九名，而無治牆，則治牆之非秋華，亦略可見。从艸，𥹉省聲。居六切，三部。

蓻 蘜或省。按，米部𥹉從米，篘省聲。省竹則爲蘜，又省米則爲蓻，即夲部之𡙇之省聲也。

蘥 爵麥也。見《釋艸》。爵，當依今《釋艸》作雀。許君從所據耳。郭云：「即燕麥也。」生故墟野林下，苗實俱似麥。或云，爵麥即穱麥，誤也。《招𩲡》、《七發》皆云「穱麥」，穱即穛字之異者，古爵焦聲同在弟二部。許云「穛，早取穀也」。《招魂》王注云：「擇麥中先熟者也。」義正同。从艸，龠聲。以勺切，二部。

藗 牡茅也。見《釋艸》。此當與萅、茅二篆類厠，而不爾者，葢其種類殊也。从艸，遬聲。桑谷切，三部。遬，籒文速。凡速聲字皆從速，則牡茅字作蓮可矣，而小篆偶從遬，與他速聲字不畫一，故箸之。《序》曰：「小篆取史籀大篆，或頗省改。」遂者，大篆文，應省改而不省改者也。

𦬸 茅秀也。《廣雅》曰：「蒤、𦬸，茅穗也。」蒤即荼字之變。《周禮》《儀禮》注、《鄭風》箋、《吳語》注皆云：「荼，茅秀。」當是荼爲茅之秀，𦬸爲蒹之秀，統言之則曰茅秀而已。其色正白。从艸，私聲㉘。息夷切，十五部。

蒹 雚之未秀者。蒙上茅秀，而及雚之秀與未秀也。凡經言「雚葦」，言「蒹葭」，言「葭菼」，皆並舉二物。蒹、菼、雚一也，今人所謂荻也。葭、葦一也，今人所謂蘆也。雚一名薍，一名鵻，一名蒹葦，一名華。《釋艸》曰「葭華」、「蒹薕」，每二字爲一物。又曰「葭蘆」、「菼薍」，亦每二字爲一物。葭蘆即葭華也，菼薍即蒹薕也。《夏小正》傳、毛公、許君，説皆同此。舍人、李巡、樊光，則云蘆、薍爲一艸。陸璣、郭璞，則又蒹、葭、菼爲三矣。《夏小正》「七月秀雚葦」傳曰：「未秀則不爲雚葦，秀然後爲雚葦。」又曰：「雚未秀爲菼，葦未秀爲蘆。」按，已秀曰雚，未秀則曰蒹，曰薍，曰菼也。於此不列雚篆者，以小篆、大篆隔之也。从艸，兼聲。古恬切，七部。

薍 𦵔也。从艸，亂聲。五患切，十四部。八月薍爲雚，葭爲葦。各本脱「雚葭爲」三字，今補正。按，此正申明未秀爲𦵔，既秀爲雚之恉。八月，秀之時也。言「葭爲葦」者，類言之也。《豳》詩：「八月雚葦。」傳云：「薍爲雚，葭爲葦。」謂至是月，而薍秀爲雚，葭秀爲葦矣。許正用毛語。

𦵔 雚之初生。一曰，薍；一曰，鵻。鵻，各本作「騅」，今依《爾雅》。兩「一曰」，謂𦵔之一名也。《釋言》云：「菼，鵻也。菼，薍也。」《王風》傳云：「菼，鵻也。蘆之初生者也。」箋云：「菼，薍也。」按，毛釋爲鵻，恐其與萑無別也，故又申之曰「蘆之初生者也」。菼別於蘆，析言之也；統言之，則菼亦偁蘆。鄭恐雚、葦無別也，故又申之曰「薍也」。𦵔與鵻皆言其青色，薍言其形細莖稹密。許云「雚之初生」，亦以正毛也。从艸，剡聲。土敢切，八部。

菼 𦵔或从炎。經典皆作此字。

薕 蒹也。二字疊韵。从艸，廉聲。力鹽切，七部。

薠 青薠。句。佀莎而大者。「而大」二字，依《韵會》所引補。《子虛賦》：「薛莎青薠。」張揖曰：「青薠，似莎而大，生江湖，鴈所食。」按，高注《淮南》曰：「薠狀如葴。」與張説不同。《楚辭》有「白薠」，殆與青薠一種，色少異耳。从艸，煩聲。附袁切，十四部。

茚 茚䓞，逗。二字各本脱，今依全書通例補之。昌蒲也。《周禮》朝事之豆實，有昌本。注：「昌本，昌蒲根。切之四寸爲菹。」《左氏》謂之「昌歜」，《本艸經》：「菖蒲一名昌陽。」按，或單呼曰昌，或曰堯韭，或曰荃，或曰蓀。茚䓞之名，今未見所出。从艸，印聲。五剛切，十部。益州云。《本艸經》曰：「生上洛池澤及蜀郡嚴道。」「云」，毛扆改「生」。

䓞 茚䓞也。从艸，邪聲。以遮切，古音在五部。

芀 葦華也。《釋艸》曰：「葦醜，芀。」顔注《漢書》云「蒹錐」者是也，取其脱穎秀出，故曰芀。《方言》：「錐謂之鍣(音苕)。」因此，凡言芀秀者，多借「苕」字爲之。《韓詩》「葦萵」，字作「萵」。《釋艸》蕫、蒡、荼、猋、藨、芀，皆謂艸之秀。《豳風》傳曰：「荼，萑苕也。」《夏小正》傳曰：「荼，萑葦之秀。」是與茅秀同名荼矣。葦華大於萑華，故葮一名華。从艸，刀聲。徒聊切，二部。

茢 芀也。《檀弓》：「君臨臣喪，以巫祝桃茢執戈。」注：「茢，萑苕，可埽不祥。」《玉藻》：「膳於君，有葷桃茢。」注：「茢，菼帚也。」按，許云「葦」，鄭云「萑」、「菼」者，此統言不別也。芀帚，花退用穎爲之。芀一名茢，故帚一名茢。从艸，列聲。良薛切，十五部。

菡 菡蕳也。从艸，圅聲。胡感切，八部。

蕳 菡蕳，逗。扶渠華。句絶。扶渠，各本作「芙蓉」，誤。今從釋玄應所引。許意扶渠爲華葉莖實本根之總名。《爾雅》説此艸以夫渠建首，毛公亦曰「荷，扶渠也，其華菡萏」。扶渠一作「夫渠」。今《爾雅》作「芙蕖」，俗字也。未發爲菡蕳，已發爲夫容。此就華析言之也。《陳風》：「有蒲菡萏。」《爾雅》、毛傳皆曰：「其華菡萏。」此統言之，不論其未發、已發也。屈原、宋玉言芙蓉不言菡萏，亦猶是也。許意菡之言含也，夫之言敷也，故分别之。高誘曰：「其華曰夫容，其秀曰菡萏。」與許意合。華與秀，散文則同，對文則别。夫容今本作「芙蓉」，俗字也。从艸，閻聲。徒感切，八部。

蓮 扶渠之實也。《陳風》：「有蒲與蕑。」箋云：「蕑當作蓮。蓮，夫渠實也。」鄭意欲合三章爲一物耳。《本艸經》謂之藕實，一名水芝丹。从艸，連聲。洛賢切，古音在十四部。

茄 扶渠莖。謂華與葉之莖皆名茄也。茄之言柯也，古與荷通用。《陳風》：「有蒲與荷。」鄭箋：「夫渠之莖曰荷。」樊光注《爾雅》引《詩》「有蒲與茄」。屈原曰：「製芰荷以爲衣，䕯芙蓉以爲裳。」楊雄則曰：「衿芰茄之緑衣，被芙蓉之朱裳。」《漢樂府》：「鷺何食？食茄下。」亦謂葉下。从艸，加聲。古牙切，十七部。

荷 扶渠葉。今《爾雅》曰：「其葉蕸。」音義云：「衆家無此句，惟郭有。就郭本中或復無此句，亦並闕讀。」玉裁按，無者是也。高注《淮南》云：「荷，夫渠也。其莖曰茄，其本曰蔤，其根曰藕，其華曰夫容，其秀曰菡萏，其實蓮，蓮之藏者菂，菂之中心曰薏。」大致與《爾雅》同，亦無「其葉蕸」三字。蓋大葉駭人，故謂之荷；大葉扶摇而起，渠央寬大，故曰夫渠。《爾雅》假葉名其通體，故分别莖、華、實、根各名，而冠以「荷，夫渠」三字，則不必更言其葉也。荷夫渠之華爲菡萏，菡萏之葉爲荷夫渠，省文互見之法也。或疑闕葉而補之，亦必當曰「其葉荷」，不嫌重複，無庸肊造「蕸」字。又案，屈原、宋玉、楊雄皆以芙蓉與芰荷對文，然則芰者，蔆之葉；蔆者，芰之實。蔆之言棱角也，芰之言支起也。从艸，何聲。胡哥切，十七部。

蔤 扶渠本。《釋艸》：「其本蔤。」郭云：「莖下白蒻在泥中者。」按，蔤之言入水深密也。蒲本亦偁蔤，《周書》「莧席」，今作「蔑席」，纖蒻席也。《檀弓》：「子蒲卒，哭者呼滅。」注曰：「滅，蓋子蒲名。」哭呼名，故子臯非之。莫、滅，皆蔤之叚借也。名蔤，故字蒲。从艸，密聲。美必切，十二部。

蕅 扶渠根。《釋艸》：「其根耦。」㉙按，《釋艸》以「其本蔤」系於「荷，扶渠，其莖茄」之下者，謂此乃全荷之本，今俗所謂藕者是也。蔤之言滅没於泥中也。以「其根藕」系於「其華菡萏，其實蓮」之下者，謂此乃花實之根。凡花實之莖，必偕葉一莖同出，似有耦然，故下近蔤，上近花莖之根曰藕。本言其全，根言其偏。本在下，根上於本。下文的，薏仍蒙花實言之，此作《爾雅》之精意也。叔重列字次弟，未得其解矣。从艸水，會意。禺聲。五厚切，四部。今訂之，乃從艸、從耦會意兼形聲。

蘢 天蘥也。見《釋艸》。从艸，龍聲。盧紅切，九部。

蓍 蒿屬。謂似蒿而非蒿也。陸璣曰：「似藾蕭，青色。」生千歲，三百莖。《艸木疏》、《博物志》説皆同。《尚書大傳》曰：「蓍之爲言耆也，百年一本，生百莖。」《易》目爲數，數，筭也。謂占《易》者，必以是計筭也。詳《易·毄辭》。天子蓍九尺，諸侯七尺，大夫五尺，士三尺。此《禮三正記》文也，亦見《白虎通》。《儀禮·特牲饋食》，筮者坐筮；《少牢饋食》，筮者立筮。鄭注：卿大夫蓍五尺，立筮；士之蓍短，坐筮。皆由便也。賈公彦曰：然則天子諸侯立筮可知。从艸，耆聲。式脂切，十五部。

菣 香蒿也。《詩》：「食野之蒿。」《爾雅》、毛傳皆云：「蒿，菣也。」郭璞云：「今人呼爲青蒿，香中炙啖者爲菣。」从艸，臤聲。去刃切，十二部。

䕂 菣或从堅。按，陸德明曰：「菣，《字林》作䕂。」

莪 莪，逗。蘿也。此三字舊作「蘿莪」二字，今正。莪系複舉不當倒於蘿下。《小雅》：「菁菁者莪。」「蓼蓼者莪。」《釋艸》曰：「莪，蘿。」以蘿釋莪。毛傳曰：「莪，蘿蒿也。」以蘿蒿釋莪。陸璣亦云：「莪蒿一名蘿蒿。」蒿屬。凡言屬，則别在其中，故鄭注《周禮》每云屬别。从艸，我聲。五何切，十七部。

蘿 莪也。是謂轉注。从艸，羅聲。魯何切，十七部。

菻 蒿屬。郭璞曰：「莪蒿亦曰䕲蒿。」按，䕲同菻。許不言莪、菻一物也。从艸，林聲。力稔切，七部。

蔚 牡蒿也。《小雅》：「匪莪伊蔚。」《釋艸》、毛傳皆云「牡菣」。按，牡菣猶牡蒿也。郭云：「無子者。」陸璣云：「牡蒿，七月華，八月角，一名馬薪蒿。」與郭異。《名醫别録》有「牡蒿」一條，唐人注曰：齊頭蒿也。从艸，尉聲。於胃切，十五部。古多借爲茂鬱字。

蕭 艾蒿也。《大雅》：「取蕭祭脂。」《郊特牲》：「焫蕭合馨香。」故毛公曰：「蕭所以共祭祀。」鄭君曰：「蕭，薌蒿也。」陸璣曰：「今人所謂萩蒿也。或云牛尾蒿。許慎以爲艾蒿，非也。」按，陸語非是。此物蒿類而似艾，一名艾蒿，許非謂艾爲蕭也。齊高帝云：「蕭即艾也」，乃爲誤耳。○又按，《曹風》傳曰：「蕭，蒿也。」此統言之。諸家云「薌蒿」「艾蒿」者，析言之。从艸，肅聲。蘇彫切，古音在三部，音修，亦與肅同音通用。《甸師》：「共蕭茅。」杜子春讀肅爲蕭。蕭牆、蕭斧，皆訓肅。

萩　蕭也。从艸，秋聲。七由切，三部。古多以萩爲楸，如《左氏傳》「伐雍門之萩」，《史》、《漢》「河濟之閒千樹萩」是也。

芍　鳧茈也。見《釋艸》。今人謂之葧臍，即鳧茈之轉語。郭璞云「苗似龍須，根可食，黑色」是也。《廣雅》云：「葃姑，水芋，烏芋也。」《名醫別録》云：「烏芋一名藉姑，一名水萍。」藉與葃同音，萍必芋之誤。此專謂茨菰，不必因烏字牽合鳧茈也。茈，徂咨切。从艸，勺聲。胡了切，二部。古勺聲與弱聲同，芍之可食者，其蒻也。

⿱艹湔　王彗也。《釋艸》字作葥。郭云：「似藜，可爲彗。」按，凡物呼王者皆謂大。从艸，湔聲。昨先切，十二部。

蔿　艸也。晉有士蔿，楚有蔿姓。从艸，爲聲。于委切，古音在十七部。大徐引《唐韵》于鬼切，鬼字恐誤。《左傳》蔿、薳錯出，薳即蔿字。

⿱艹冘　艸也。此與⿱艹冘蕃各物。从艸，冘聲。直深切，古在八部。

蘜　治牆也。未詳何物。《集韵・七之》曰：「菭蘠，艸名。」从艸，鞠聲。居六切，三部。

蘠　蘠靡，逗。虋冬也。見《釋艸》。按，《本艸經》有天門冬、麥門冬，未知《爾雅》、《説文》謂何品也。从艸，牆聲。賤羊切，十部。

芪　芪母也。三字一句。按，前已有蕁，不與芪字爲伍，則説《爾雅》者謂蕁即芪母，非許意也。从艸，氏聲。常支切，十六部。一名蝭母，一名知母，一名蚳母，皆同部同音。

菀　茈菀。句。《本艸經》作紫菀。古紫通用茈，見上。《唐本艸》注云：「白菀謂之女菀。」《急就篇》：「牡蒙甘艸菀藜蘆。」師古曰：「菀謂紫菀、女菀之屬也。」出漢中房陵。《本艸》亦曰生房陵山谷。从艸，宛聲。於阮切，十四部。《詩》：「菀彼北林」㉚，「有菀者栁」，假借爲鬱字也。

莔　貝母也。《詩》：「言采其蝱。」毛傳曰：「蝱，貝母。」《釋艸》、《説文》作莔。莔，正字；蝱，假借字也。根下子如聚小貝。《韵會》引作「貝母艸，療蛇毒」六字。从艸，朙省聲。武庚切，古音在十部。不曰囧聲而曰省聲者，取皆讀如茫也。

⿱艹朮　山薊也。見《釋艸》、《本艸經》。从艸，朮聲。直律切，十五部。

蓂　析蓂，二字逗。大薺也。此薺當作「齊」。許君薺爲蒺藜字，則薺菜必當作齊。如洛爲歸德水名，則知豫州水名必作雒也。《説文》字多與《爾雅》異，後人依《爾雅》改之。《釋艸》曰：

「菥蓂，大薺。」郭云：「似薺，葉細。」按，此薺菜中之一種也。从艸，冥聲。莫歷切，古音在十一部。

菋 荎藸也。見《釋艸》。郭云：「五味也。」从艸，味聲。無沸切，十五部。

荎 荎藸艸也。四字句。《釋艸》有味荎藸，《釋木》有味荎著，實一物也。春初生苗，引赤蔓於高木，長六七尺，故又入《釋木》。从艸，至聲。直尼切，古音在十二部。

葛 絺綌艸也。《周南》：「葛之覃兮，爲絺爲綌。」从艸，曷聲。古達切，十五部。

蔓 葛屬也。此專謂葛屬，則知滋蔓字古衹作曼，正如蔓延字多作莚。从艸，曼聲。無販切，十四部。

𦽏 葛屬也。白華。《南山經》其名曰白𦽏。《廣雅》曰：「𦽏蘇，白𦽏也。」按，未知即此物與否。从艸，皋聲。古勞切，古音在三部。𦽏音同。

莕 菨餘也。《周南》：「參差荇菜。」毛傳：「荇，接余也。」《釋艸》荇作莕。从艸，杏聲。何梗切，古音在十部。

荇 莕或从洐，同。各本作「荇」，注云：「或從行。」今依《爾雅音義》、《五經文字》正。

菨 菨餘也。三字句。毛傳、陸疏作接余。按，莕菜，今江浙池沼閒多有，葉不正圜，花黃，六出。北方以人莧當之，南方以蓴絲當之，皆非也。从艸，妾聲。子葉切，八部。

𦿆 艸也。从艸，䍜聲。古渾切，十三部。

芫 魚毒也。《爾雅·釋木》：「杬，魚毒。」郭云：「大木，皮厚，汁赤，堪藏卵果。」顏師古注《急就篇》「芫華」曰：「景純所説，乃左思《吴都賦》所謂緜杬杶櫨者耳，非魚毒也。芫草一名魚毒，煮之以投水中，魚則死而浮出，故以爲名。其華可以爲藥。芫字或作杬。」玉裁按，《爾雅》杬字本或作芫，入於《釋木》。《本艸》及許君皆入艸部。从艸，元聲。愚袁切，十四部。

蘦 大苦也。此與前「大苦，苓也」相乖刺，説詳苦字下。从艸，霝聲。郎丁切，十一部。

蕛 蕛苵也。見《釋艸》。郭云：「蕛似稗，布地生。」邵氏晉涵云：「《孟子》之荑稗，《莊子》之稊稗，皆是也。」从艸，梯聲。按，今本篆作蕛，稊聲，從禾。考禾部無稊字，則稊聲乃梯聲之誤，蕛乃蕛之誤。大兮切，十五部。

苵 蕛苵也。郭於蕛字逗，以苵釋蕛。許合蕛苵二字爲艸名。凡《爾雅》固有舉其名而無訓釋者，不當强爲句絶也。从艸，失聲。徒結切，十二部。

芇 芇熒朐也。《釋艸》曰：「蔏，芇熒。」未知許於熒字逗，抑以芇逗、熒朐也句，與今《爾雅》異也。从艸，丁聲。天經切，十一部。

蔣 苽也。各本作「苽，蔣也」，此「蔣，苽也」之誤倒耳。今依《御覽》正。《蜀都賦》曰：「攢蔣叢蒲。」从艸，將聲。子良切，十部。

苽 雕胡，一名蔣。各本胡字作苽，今依《御覽》正。《食醫》、《内則》皆有苽食，鄭云：「苽，彫胡也。」《廣雅》曰：「菰，蔣也。其米謂之彫胡。」然則猶扶渠實名蓮，亦因以爲華葉名也。彫胡，枚乘《七發》謂之「安胡」。其葉曰苽，曰蔣，俗曰茭，其中臺如小兒臂，可食，曰苽手，其根曰葑（封去聲）。从艸，瓜聲。古胡切，五部。

蓿 艸也。从艸，育聲。余六切，三部。

藣 艸也。《爾雅·釋器》「旄謂之藣」作此字，假借爲麾字也。从艸，罷聲。符羈切，古音在十七部。

䕼 艸也。从艸，難聲。如延切，十四部。火部⿱艹⿱難火以爲聲。

茛 艸也。《子虛賦》：「卑溼則生藏茛。」《漢書音義》曰：「茛，茛尾艸也。」按，《釋艸》曰：「孟，狼尾。」狼與茛同音。狼尾似狗尾而麤壯者也。孟作盂者，譌。从艸，良聲。魯當切，十部。

葽 艸也。从艸，要聲。於消切，二部。《詩》曰：「四月秀葽。」劉向說：此味苦，苦葽也。「四月秀葽」，《豳風》文。毛曰：「葽者，葽艸也。」箋云：「《夏小正》四月王萯秀，葽其是乎？物成自秀葽始。」玉裁按，《小正》「四月秀幽」，幽、葽一語之轉，必是一物，似鄭不當援王萯也。劉向說「此味苦，苦葽也」，苦葽當是漢人有此語。漢時目驗，今則不識，其味苦則應夏令也。小徐按：「《字書》云：狗尾艸。」夫狗尾即莠，莠四月未秀，非莠明矣。

薖 艸也。《衛風》：「碩人之薖。」假借此字。毛云：「寬大皃。」鄭云：「饑意。」按，毛、鄭意謂薖爲款之假借。《爾雅》：「款足者謂之鬲。」《漢志》作「空足曰鬲」。《楊王孫傳》：「窾木爲匱。」服虔曰：「窾，空也。」《淮南書》：「窾者主浮。」注：「窾，空也。讀如科條之科。」然則薖、款古同音。許君亦曰「窠，空也」。毛、鄭說皆取空中之意。从艸，過聲。苦禾切，十七部。

菌 地蕈也。屮部所謂「菌𡴭」也。从艸，囷聲。渠殞切，十三部。

蕈 桑䓴也。䓴之生於桑者曰蕈，蕈之生於田中者曰菌𡴭。鄭司農注《周禮》云：「深蒲，或曰桑耳。」从艸，覃聲。慈衽切，七部。

䓴 木耳也。《内則》記燕食所加庶羞，有「芝、栭」，正義曰：「盧植云：芝，木芝也。王肅云：無華而實者名栭。」按，芝栭，猶《攷工記》之「之而」，鄭君謂芝栭爲一物，栭即䓴字也。今人謂光滑者木耳，皺者蕈，許意謂蕈爲木耳。从艸，耎聲。而兗切，十四部。按，耎從大而聲，《内則》作栭，又作楰，賀氏云「栭，輭棗」，其所據本作楰也。釋文云：「又作檽。」檽字誤。一曰，萮茈。未聞。《説文》亦無萮字，《集韵・九麌》：「萮，勇主切。萮茈，木耳。」是謂萸之一名也。

葚 桑實也。見《詩》。从艸，甚聲。常衽切，七部。

蒟 果也。《史記》、《漢書》有「枸醬」。左思《蜀都賦》、常璩《華陽國志》作「蒟」。《史記》亦或作蒟。據劉逵、顧微、宋祁諸家説，即扶留藤也。葉可用食檳榔，實如桑葚而長，名蒟，可爲醬。《巴志》曰：「樹有荔支，蔓有辛蒟。」然則此物縢生緣木，故作蒟，從艸，亦作枸，從木，要必一物也。許君木部有枸字，云：「可爲醬。」於艸部又有蒟字，蓋不能定而兩存之。次於葚者，以其實似葚也。其實名蒟，故云果也。果，木實也。當云「蒟果也」，爲三字句。从艸，竘聲。俱羽切，五部。

芘 艸也。一曰，芘尗木。尗，鉉作「茮」。芘尗木，未聞。王氏念孫曰：「芘茮木三字，當是芘芣二字之譌。」玉裁謂《説文》苃字下作「蚍虾」，不當此作「芘芣」，蓋木名也。从艸，比聲。旁脂切，十五部。

蕣 木堇。句。朝華莫落者。《鄭風》：「顔如舜華。」毛曰：「舜，木槿也。」《月令》：「季夏木堇榮。」《釋艸》云：「椵，木堇。櫬，木堇。」鄭君曰：「木堇，王蒸也。」《莊子》：「朝菌不知晦朔。」潘尼云：「朝菌，木槿也。」从艸，陸璣《疏》入木類，而《爾雅》《説文》皆入艸類者，樊光曰：「其樹如李，其華朝生莫落，與艸同氣，故入艸中。」䑞聲。舒閏切，十三部。《詩》曰：「顔如蕣華。」今《詩》作「舜」，爲假借。

茱 茱萸，逗。茮屬。《内則》：「三牲用藙。」注：「藙，煎茱萸也。《漢律》：會稽獻焉。《爾雅》謂之榝。」《本艸經》：「吳茱萸，味辛温，一名藙。」从艸，《本艸經》、《廣雅》入木類。鄭君曰，茱萸即榝也，而《爾雅》椒、榝在《釋木》，許君則茱萸與榝爲二物，木部曰揚州有茱萸樹㉛，正以見茱萸之本爲艸類也。朱聲。市朱切。古音在四部。

萸 茱萸也。从艸，臾聲。羊朱切，古音在四部。

茮 茮莍也。此三字句。茮莍蓋古語，猶《詩》之椒聊也。單呼曰茮，絫呼曰茮莍、茮聊。《唐風》「椒聊之實」，毛曰：「椒聊，椒也。」《釋木》曰：「椒，榝醜，莍。檓，大椒。」《神農本艸經》有蜀椒，又有秦椒。从艸，《爾雅》、《本艸》、陸《疏》皆入木類，今驗實木也，而《説文》正從艸，此沿自古籒者。凡析言有艸木之分，統言則艸亦木也，故造字有不拘爾。尗聲。子寮切，古音在三部。

莍 榝，茮實，裹如裘也。依《爾雅音義》正誤。裘、莍同音也。郭云：「莍，萸子聚生成房皃。」《詩》箋作「捄」。《釋木》：「櫟，其實梂。」皆即莍字也。从艸，求聲。巨鳩切，三部。求即裘之古文，亦會意也。

荆 楚木也。林部曰：「楚，叢木，一名荆。」是爲轉注。从艸，刑聲。舉卿切，十一部。

𦵧 古文荆。

落 水青衣也。依《爾雅音義》補青字。《醢人》「箈菹」，鄭司農曰：「箬，水中魚衣。」玄謂：「箬，箭萌。」玉裁按，先後鄭異字，先鄭作菭從艸。許說正同。後鄭作篙，從竹，郭注《爾雅》引「篙菹鴈醢」，從後鄭也。後鄭注當有「菭當爲篙」四字，而佚。今本《周禮》作箈，混誤不成字，所當正者也㉜。《吳都賦》注曰：「海苔，生海水中，正青，狀如亂髮，乾之赤，鹽藏有汁，名曰濡苔。」从艸，治聲。徒哀切，沈重云：北人丈之反，一部。今作苔。

芽　芽，萌也。按，此本作「芽，萌也」，後人倒之㉝。从艸，牙聲。五加切，古音在五部。古多以牙爲芽。

萌　艸木芽也。木字依《玉篇》補。《說文》以艸木芽，艸木榦，艸木葉聯綴成文。萌、芽析言則有別，《尚書大傳》「周以至動，殷以萌，夏以牙」是也。統言則不別，故曰「萌，艸木芽也」。《月令》：「句者畢出，萌者盡達。」注：「句，屈生者；芒而直曰萌。」《樂記》作「區萌」。从艸，朙聲。武庚切，古音在十部。

茁　艸初生地皃。从艸出。依《韵會》所引。鄒滑切，十五部。言會意以包形聲也。《詩》曰：「彼茁者葭。」《召南》文。毛曰：「茁，出也。」按，「也」當爲「皃」之譌。

莖　艸木榦也。依《玉篇》所引。此言艸而兼言木。今本作「枝柱」，考《字林》作「枝主」，謂爲衆枝之主也。葢或用《字林》改《說文》，而主又譌柱。从艸，巠聲。户耕切，十一部。

莛　莖也。《說苑》：「建天下之鳴鐘，撞之以莛。」从艸，廷聲。特丁切，十一部。

葉　艸木之葉也。凡物之薄者，皆得以葉名。从艸，枼聲。與涉切，古音在八部。

⿱艹㓹　艸之小者。从艸，㓹聲。㓹，古文銳字。按，金部、网部皆云：「㓹，籒文銳。」則此「古」字誤也。當改「籒」。讀若芮。今居例切，十五部。

芣　華盛。《詩》言「江漢浮浮」、「雨雪浮浮」，皆盛皃。芣與浮聲相近。从艸，不聲。縛牟切，古音在一部。一曰，芣苢。疑前苢字下衹作「不苢」，此於芣字下又明之，曰「不苢」之「不」亦作「芣」也。

葩　華也。古光華字與花實字，同義同音。葩之訓華者，艸木花也，亦華麗也。艸木花㝡麗，故凡物盛麗皆曰華。韓愈曰：「《詩》正而葩。」謂正而文也。葩亦散也，通作「吧」。《靈樞經》曰：「紛紛吧吧，終而復始。」从艸，吧聲。普巴切，古音在五部。

芛　艸之皇榮也。皇，當作「葟」或「䔊」字。《釋艸》曰：「蕍、芛、葟、華，榮。」郭曰：「今俗呼艸木華初生者爲芛，音豨豬之豨。」从艸，尹聲。羊捶切，古音在十三部。

蘳　黃華。《後漢書·馬融傳》曰：「蓶扈蘳熒。」蘳或作蘳。从艸，黊聲。此舉形聲見會意。讀若墮壞。此謂讀如墮壞之墮也。墮、隋聲在十七部，音轉許規切，入十六部。凡圭聲字在十六部。鉉本脫去「墮」字。《廣韵》蘳有壞音，誤矣。《唐韵》胡瓦切，十七部之音變也。

蔈 苕之黃華也。《釋艸》：「苕，陵苕。黃華，蔈；白華，茇。」郭云：「苕，華色異，名亦不同。」玉裁按，許君茇字下云：「一曰艸之白華爲茇。」不云「苕之白華」，則蔈字下亦當云「艸之黃華」，不當如郭說也。今本苕字恐是後人用郭說改之。許於苕下云：「艸也。」亦不云陵苕。从艸，𤋮聲。方小切，二部。一曰，末也。金部之鏢，木部之標，皆訓末。蔈當訓艸末。禾部曰：「秒，禾芒也。秋分而秒定。」按，《淮南·天文訓》作「秋分蔈定」，此蔈爲末之證也。

英 艸榮而不實者。見《釋艸》。一曰，黃英。此別一義也。疑即「權，黃華。」从艸，央聲。於京切，古音在十部。

薾 華盛。㸚部曰：「麗爾，猶靡麗也。」薾與爾音義同。从艸，爾聲。此於形聲見會意。薾爲華盛，濔爲水盛。兒氏切，十六部。《詩》曰：「彼薾惟何。」《小雅》文。今作「爾」。惟，今作「維」。

萋 艸盛。从艸，妻聲。七稽切，十五部。《詩》曰：「菶菶萋萋。」《大雅》文。謂梧桐也。艸木同類。

菶 艸盛。毛曰：菶菶萋萋，「梧桐盛也」。从艸，奉聲。補蠓切，九部。《說文》兩引《詩》「瓜瓞菶菶」，今《生民》作「唪唪」，假借。

薿 茂也。从艸，疑聲。魚己切，一部。《詩》曰：「黍稷薿薿。」《小雅》文。箋云：「薿薿然而茂盛。」《廣雅·釋訓》：「薿薿，茂也。」

蕤 艸木華㒸皃。引伸凡物之垂者皆曰蕤。冠緌，系於纓而垂者也，《禮》家定爲蕤字。《夏采》「建綏」，《王制》「大綏小綏」，《明堂位》「夏后氏之綏」，《襍記》「以其綏復」，鄭君皆改爲「緌」字，謂旄牛尾之垂於杠者也，讀如冠蕤、蕤賓之蕤。《白虎通》說「蕤賓」曰：「蕤者，下也。賓者，敬也。」从艸，甤聲。《唐韵》儒隹切，非也。當儒隨切，入五支，古音在十六部也。甤從生，豕聲。豕聲在十六部，綏、緌字亦皆同部。

葼 青、齊、兖、冀謂木細枝曰葼。見《方言》。引《傳》曰：「慈母之怒子也，雖折葼笞之，其惠存焉。」从艸，㚇聲。子紅切，九部。

䔟 艸萎䔟。萎、䔟疊韵。萎平聲。从艸，移聲。弋支切，古音在十七部。

蒝 艸木形。从艸，原聲。愚袁切，十四部。

莢 艸實。《周禮》曰：「墳衍植物宜莢物。」按，莢物兼艸木言。从艸，夾聲。古叶切，八部。

芒 艸耑也。《說文》無鋩字，此即鋒鋩字也。从艸，亾聲。武方切，十部。

⿱艹隋 藍蓼秀。从艸，隋聲。羊捶切，古音在十七部。按，⿱艹隋與芛字皆切羊捶，蓋即芛字之異者；且當與苿、葩、芛、蘳、蔈、英、蘠七字類列，此非其次，疑後人所沾也。

蔕 瓜當也。《曲禮》：「削瓜士疐之。」《釋木》：「棗李曰疐之。」疐者，蔕之假借字。《聲類》曰：「蔕，果鼻也。」瓜當、果鼻正同類。《老子》：「深根固柢。」柢亦作蔕。《西京賦》：「蔕倒茄於藻井。」皆假借爲柢字。从艸，帶聲。都計切，十五部。

荄 艸根也。見《釋艸》及《方言》。郭曰：「今俗謂韭根爲荄。」从艸，亥聲。古哀切，一部。

荺 茇也。茅根也。荺見《釋艸》。荺者，茇也。茇者，艸根也。文相承。顧廣圻曰：「依許君所説，是《爾雅》本云『荺、茇，荄根。』郭誤茇爲茭，遂以荺、茭爲一義，荄根爲一義。」「茅根也」之上，當有「一曰」二字，此別一義，以荺專屬茅根也。从艸，均聲。于敏切，十二部。

茇 艸根也。从艸，犮聲。北末切，十五部。春艸根枯，引之而發土爲撥，故謂之茇。此申明艸根爲茇之義也。《氾勝之書》曰：「春土長冒橛，陳根可拔，耕者急發。」㉞《攷工記》注曰：「く土曰伐，伐之言發也。」㉟《詩》：「駿發爾私。」箋云：「發，伐也。」《周語》：「王耕一墢。」注：「一墢，一耦之發也。」「引之而發土」者，謂枱耤陳根，土易解散，其耕澤澤也。爲撥之撥，即《攷工記》之伐，《國語》之墢，《説文》土部之坺，今韵書之垡，實一字也。其連根之土曰坺，故艸根曰茇，引伸爲《詩》、《禮》艸舍之茇。一曰，艸之白華爲茇。見《釋艸》。郭連上文，謂苕之白華，許泛言艸。

芃 艸盛皃。皃字依《韵會》。《鄘風》：「芃芃其麥。」毛曰：「芃芃然方盛長。」从艸，凡聲。房戎切，古音在七部。《衛彈碑》：「梵梵黍稷。」隸變從林。而葛洪《字苑》始有梵字，潔也，凡泛切。《詩》曰：「芃芃黍苗。」《曹風》傳曰：「美皃。」《小雅》傳曰：「長大皃。」

蒪 華葉布也。與尃、敷字義通。從艸，故訓華葉布。从艸，傅聲。讀若傅。方遇切，五部。

蓻 艸木不生也。蓻之言蟄也，與蒪反對成文。《玉篇》云：「艸木生皃。」未知孰是。一曰，茅根。此別一義也。从艸，埶聲。姊入切，七部。

𦯒 艸多皃。从艸，狋聲。語斤切，十三部。江夏平春見《郡國志》。有𦯒亭。凡云「有某亭」、「有某縣」者，皆證其字形，不必名縣名亭取字義也。今《説文》艸部末有菰篆，訓釋十四字全同，此因𦯒誤爲菰，或妄附之部末也。

茂 艸木盛皃。依《韵會》訂。茂之引伸借爲懋勉字。从艸，戊聲。莫候切，古音在三部。

𧃒 艸茂也。《孟子》、《史記》艸木暘茂字皆作「暘」，俗又作暢。从艸，暘聲。丑亮切，十部。

蔭 艸陰地。《左氏傳》曰：「若去枝葉，則本根無所庇蔭矣。《楚語》：「玉足以庇蔭嘉穀。」引伸爲凡覆庇之義也。《釋言》曰：「庇，庥，蔭也。」《說文》曰：「庇，蔭也。休，止息也。」㊱从艸陰。依《韵會》，無聲字。此以會意包形聲。於禁切，七部。《詩·桑柔》以陰爲蔭。

⿱艹造 艸皃。从艸，造聲。初救切，三部。玉裁按，《左氏傳》：「僖子使助薳氏之簉。」杜注：「簉，副倅也。」釋文曰：「《說文》簉從艸。」《五經文字》艸部曰：「⿱艹造，倅也。《春秋傳》從竹。」攷李善注《長笛賦》「簉弄」曰：「《說文》簉倅字如此。」注江淹詩「步櫩簉瓊弁」曰：「《說文》簉襍字如此。」然則《左傳》、《文選》從竹之簉，皆從艸之⿱艹造之譌，而《說文》「艸皃」之下，本有「一曰⿱艹造襍也」五字。今人言集，漢人多言襍。倅，《周禮》作萃、作倅，亦湊集意也。小徐注⿱艹造字云：「艸相次也。」葢識此意。

茲 艸木多益。《詩·小雅》：「兄也永歎。」毛曰：「兄，茲也。」戴先生《毛鄭詩考正》曰：「茲，今通用滋。《說文》茲字說云：艸木多益；滋字說云：益也。韋注《國語》云：兄，益也。《詩》之辭意，言不能如兄弟相救，空滋之長歎而已。」按《大雅》「職兄斯引」，傳亦云：「兄，茲也。」从艸，絲省聲。絲，宋本作「玆」，非也。玆從二玄，音玄，字或作滋。兹，從絲省聲。《韵會》作丝聲。丝者，古文絲字。滋、孳、鶿皆茲聲。子之切，一部。經典茲，此也。《唐石經》皆誤作玆。

⿱艹俶 艸旱盡也。此與艸木多益反對成文。从艸，俶聲。徒歷切，古音在三部。《詩》曰：「⿱艹俶⿱艹俶山川。」《大雅》文。今《詩》作「滌滌」，毛云：「滌滌，旱氣也。山無木，川無水。」按，《玉篇》、《廣韵》皆作「蔋」。今疑當作「藡」，艸木如盪滌無有也。叔聲、淑聲字，多不轉爲徒歷切，《詩》「踧踧周道」，踧字亦疑誤。

藃 艸皃。从艸，歊聲。許嬌切，二部。《周禮》曰：「轂獘不藃。」《攷工記》文。獘字誤，當依本書作「敝」。鄭衆云：「藃當爲秏。」康成云：「藃，藃暴。陰柔後必橈減，幬革暴起。」按，此荀卿及漢人所謂「槁暴」也，橈減爲槁木之槁，與革之暴相因而致，木歉則革盈。《瓬人》注云：「暴者，墳起也。」先鄭謂藃當是秏字之誤，後鄭謂藃爲槁之假借，其義則通。不言藃讀爲槁者，從先鄭作秏亦得也。凡許君引經傳，有證本義者，如「⿱艹俶⿱艹俶山川」是，有證假借者，如「轂敝不藃」，非關艸皃也。

蔇 艸多皃。木部：「穊，稠也。」㊲音義同。从艸，既聲。居味切，十五部。

薋 艸多皃。《離騷》曰：「薋菉葹以盈室。」王注：「薋，蒺蔾也。菉，王芻也。葹，枲耳也。《詩》：楚楚者薋。三者皆惡艸也。」據許君説，正謂多積菉葹盈室，薋非艸名。禾部曰：「穦，積禾也。」音義同。蒺蔾之字，《說文》作薺，今《詩》作茨，叔師所據《詩》作薋，皆假借字耳。从艸，資聲。疾茲切，古音在十五部。《廣韵》疾資切。

蓁 艸盛皃。《毛詩》傳曰：「蓁蓁，至盛皃。」从艸，秦聲。側詵切，十二部。

萷　惡艸皃。从艸，肖聲。所交切，二部。

芮　芮芮，疊字。艸生皃。芮芮與茙茙雙聲，柔細之狀。从艸，内聲。讀若汭。而銳切，十五部。

茬　艸皃。从艸，在聲。仕甾切，一部。濟北有茬平縣。茬，俗作茌。《地理志》：「泰山郡茬縣。」應劭曰：「茬山在東北，音淄。」「東郡茬平縣。」應劭曰：「在茬山之平地者也。」司馬彪《郡國志》，茬平屬濟北國，注曰：「本屬東郡。」㊳

薈　艸多皃。引伸爲凡物會萃之義。从艸，會聲。烏外切，十五部。《詩》曰：「薈兮蔚兮。」《曹風》文。毛曰：「薈蔚，雲興皃。」謂南山朝隮如艸木蒙茸也。

䓮　細艸叢生也。䓮，與茂音義同。《廣雅》曰：「蓩，茂也。」蓩即䓮之譌。从艸，敄聲。莫候切，古音三部。曹憲亾老反，音之轉也。

芼　艸覆蔓。覆地曼莚。从艸，毛聲。莫抱切，二部。《詩》曰：「左右芼之。」《周南》文。《毛鄭詩考正》曰：「芼，菜之烹於肉湆者也。《禮》羹、芼、菹、醢，凡四物：肉謂之羹，菜謂之芼，肉謂之醢，菜謂之菹。菹醢生爲之，是爲醢人豆實；芼則湆烹之，與羹相從，實諸鉶。《儀禮》鉶芼，牛藿、羊苦、豕薇，牲用魚，芼之以蘋藻。《内則》雉兔皆有芼是也。孔沖遠疑四豆之實無荇，不知《詩》明言芼非菹也。」玉裁按，芼字本義是「艸覆蔓」，故從艸毛會意，因之《爾雅》曰「搴也」，毛公曰「擇也」，皆於從毛得解。搴之而擇之，而以爲菜釀，義實相成，《詩》《禮》本無不合。

蒼　艸色也。引伸爲凡青黑色之偁。从艸，倉聲。七岡切，十部。

葻　艸得風皃。从艸風，風亦聲。讀若婪。盧含切，古音在七部。

萃　艸皃。《易》彖傳曰：「萃，聚也。」此引伸之義。从艸，卒聲。讀若瘁。秦醉切，十五部。按，鍇本無萃。

蒔　更別種。《方言》曰：「蒔，立也。蒔，更也。」《堯典》：「播時百穀。」鄭讀時爲蒔。今江蘇人移秧插田中曰蒔秧。从艸，時聲。時吏切，一部。

苗　艸生於田者。从艸田。武鑣切，二部。按，苗之故訓「禾也」。禾者，今之小米。《詩》：「誕降嘉穀，維秬維秠，維虋維芑。」《爾雅》、毛傳、《說文》皆曰：「虋，赤苗。芑，白苗。」《魏風》：「無食我苗。」毛曰：「苗，嘉穀也。」此本《生民》詩首章言黍，二章言麥，三章則言禾。《春秋經·莊七年》：「秋大水，無麥苗。」《廿八年》：「冬，大無麥禾。」麥苗即麥禾，秋言苗，冬言禾。何休曰：「苗者，禾也。生曰苗，秀曰禾。」《倉頡篇》曰：「苗者，禾之未秀者也。」孔子曰：「惡莠恐其亂苗。」魏文侯曰：「幽莠似禾。」明禾與苗同物，苗本禾未秀之名，因以爲凡艸木初生之名。《詩》言「稷之苗」、「稷之穗」、「稷之實」是也。《說文》立文，當以苗字次虋字之前，云「禾也，嘉穀也」，則虋爲赤苗，籀文芑爲白苗，言之有序。艸生於田，皮傅字形爲説而已。○古或假苗爲茅，如《士相見禮》古文「艸茅」作「艸苗」，《洛陽伽藍記》所云「魏時苗茨之碑」實即「茅茨」，取堯舜「茅茨不翦」也。

苛 小艸也。引伸爲凡瑣碎之稱。从艸，可聲。乎哥切，十七部。

蕪 薉也。从艸，無聲。武扶切，五部。

薉 蕪也。从艸，歲聲。於廢切，十五部。今作穢。

荒 蕪也。荒之言尨也，故爲蕪薉。从艸，巟聲。呼光切，十部。一曰，艸掩地也。《周南》、《魯頌》毛鄭皆曰：「荒，奄也。」此艸掩地引伸之義也。一本掩作淹。

⿱艹爭 ⿱艹爭薴，逗。艸亂也。从艸，爭聲。側莖切，十一部。杜林説：⿱艹爭薴，艸皃。⿱艹爭、薴疊韵。此蓋出《蒼頡訓纂》、《蒼頡故》。

薴 ⿱艹爭薴也。从艸，寧聲。女庚切，十一部。此二篆及解舊譌舛，今依全書通例正。

落 凡艸曰零，木曰落。零，《爾雅音義》作「苓」。落亦爲籬落、纏絡字，木部「杝，落也」，糸部「繯，落也」，是也。从艸，洛聲。盧各切，五部。

蔽 蔽蔽，疊字。小艸也。也，當作「皃」。《召南》：「蔽芾甘棠。」毛云：「蔽芾，小皃。」此小艸皃之引伸也。按，《爾雅·釋言》：「芾，小也。」《卷阿》毛傳云：「茀，小也。」芾、茀同字。《説文》有茀無芾，《甘棠》本作茀，或本作市，不可知。蔽、芾疊韵，猶滭沷、滭沸。从艸，敝聲。必袂切，十五部。沈重音必。

蘀 艸木凡皮葉落陊地爲蘀。陊，落也。鍇本作墮。从艸，擇聲。他各切，五部。《詩》曰：「十月殞蘀。」《豳風》文。毛曰：「蘀，落也。」殞，鉉作隕。

蒀 積也。《左傳》：「芟夷蒀崇。」杜注：「蒀，積也。」又：「蘋蘩蒀藻之菜。」注：「蒀藻，聚藻也。」《小雅·都人士》、《禮記·禮運》借菀，菀字爲之。从艸，温聲。於粉切，十三部。俗作蘊。《春秋傳》曰：「蒀利生孽。」《左傳·昭十年》文。

蔫 菸也。不鮮也。从艸，焉聲。於乾切，十四部。

菸 鬱也。鬱，各本作「鬰」，誤。蔫、菸、鬱三字雙聲。鬱者，如釀鬱也。《王風·中谷有蓷》：「暵其乾矣。」毛曰：「暵，菸皃。陸艸生於谷中傷於水。」玉裁按，暵即蔫字之假借，故既云「暵其乾」，又云「暵其溼」，乾、溼文互相足。从艸，於聲。央居切，五部。一曰，矮也。矮，病也。菸、矮雙聲。《九辯》曰：「葉菸邑而無色。」按，鬱、矮二義互相足。

䕨 艸旋皃也。䕨與縈音義同。从艸，榮聲。於營切，十一部。《詩》曰：「葛藟䕨之。」《周南》文。毛曰：「旋也。」今《詩》作「縈」。陸德明作「帶」。

蔡 艸丰也。丰，讀若介。丰字本無，今補。四篇曰：

「丯，艸蔡也。」此曰「蔡，艸丯也」，是爲轉注。艸生之散亂也。丯、蔡疊韵，猶莘薟。此無丯字，則蔡當爲艸名，不廁此處矣。**从艸，祭聲。**蒼大切，十五部。

茷 **艸葉多。**《詩》：「白斾央央」，本又作「茷」。《泮水》之「其旂茷茷」，即《出車》之「旟旐斾斾」，《采菽》之「其旂淠淠」也。然則《小弁》「萑葦淠淠」，亦當云「萑葦茷茷」。本言艸葉之多，而引伸之狀旌旗也。**从艸，伐聲。**符發切，十五部。**《春秋傳》曰：「晉糴茷」。**見成十年《左氏傳》。

菜 **艸之可食者。**菜字當冠於芑、葵等字之上㊴。**从艸，采聲。**此舉形聲包會意。古多以采爲菜。蒼代切，一部。

茾 **艸多葉皃。**茾之言「之而」也，如鱗屬之「之而」。**从艸，而聲。**如之切，一部。**沛城父**見《地理志》。**有揚茾亭。**

芝 **艸浮水中皃。**芝與氾音義同㊵。**从艸，乏聲。**孚凡切，古音在七部。

薄 **林薄也。**《吳都賦》：「傾藪薄。」劉注曰：「薄，不入之叢也。」按，林木相迫不可入曰薄。引伸凡相迫皆曰薄，如「外薄四海」、「日月薄蝕」皆是。傍各、補各二切同也。相迫則無閒可入。凡物之單薄不厚者，亦無閒可入，故引伸爲厚薄之薄。曹憲云：必當作「欂」，非也。**一曰，蠶薄。**《月令》：「季春，具曲植籧匡。」注：「時所以養蠶器也。曲，薄也。植，槌也。」《方言》云：「宋魏陳楚江淮之閒謂之苖，或謂之麴，自關而西謂之薄。」《周勃傳》：「勃以織薄曲爲生。」**从艸，溥聲。**旁各切，五部。

苑 **所㠯養禽獸。**《周禮·地官·囿人》注：「囿，今之苑。」是古謂之囿，漢謂之苑也。《西都賦》：「上囿禁苑。」《西京賦》作「上林禁苑」。**从艸，夗聲。**於阮切，十四部。

藪 **大澤也。**《地官·澤虞》曰：「每大澤大藪，中澤中藪，小澤小藪。」注：「澤，水所鍾也。水希曰藪。」此析言則澤、藪殊也。《職方氏》云：「其澤藪曰某。」《毛詩》傳曰：「藪，澤」，此統言則不別也。《職方氏》注曰：「大澤曰藪。」與《說文》合。葢藪實兼水鍾、水希而言。《爾雅》十藪毄《釋地》，不毄《釋水》，正謂地多水少，艸木所聚。**从艸，數聲。**蘇后切，四部。**九州之藪，**見《職方氏》。**楊州具區，**鄭曰：「具區在吳南。」謂漢吳縣南，屬會稽郡，《禹貢》謂之震澤，今謂之太湖。**荆州雲夢，**夢，今《周禮》作「瞢」。鄭曰：「雲瞢在華容。」漢華容縣屬南郡。**豫州甫田，**甫，今本作「圃」，汲古未改本、宋本、李燾《五音韵譜》本皆作「甫」。《毛詩》：「東有甫草。」毛云：「甫，大也。」箋云：「甫草者，甫田之草也。鄭有甫田（俗本作圃田，釋文及吳應龍本不誤）。」葢鄭所據《爾雅》、許所據《周禮》，皆作甫田。甫、圃古通用，故《毛詩》「甫艸」，《韓詩》作「圃艸」。《詩》箋、《說文》作「甫田」，今他書皆作「圃田」。《職方》注曰：「圃田在中牟。」漢中牟屬河南郡。**青州孟諸，**孟，今《周禮》作「望」。鄭曰：「望諸，明都也。在睢陽。」漢睢陽縣屬梁國。**兖州大野，**鄭曰：「大野在鉅野。」漢鉅野屬山陽郡。**雝州弦圃，**今《周禮》作「弦蒲」。注曰：「弦或爲汧，蒲或爲浦。」按，許所據，葢即鄭之或本，圃、浦未知孰是。今本《説文》作「蒲」，汲古未改本、宋本、李燾本皆作「圃」。《職方》注曰：「弦蒲在汧。」漢汧縣屬右扶風。**幽州奚養，**《周禮》作「貕養」。杜子春讀貕爲奚。按，《説文》大部：「奚，大腹也。」豕部：「貕，豘生三月腹奚奚皃也。」杜葢説此藪名取大腹意，不取豕意，故易貕爲奚，而班、許從之。鄭曰：「貕養在長廣。」漢長廣縣屬琅邪郡。**兾州楊紆，**鄭曰：「楊紆所在未聞。」《爾雅》曰：「秦有楊陓。」《呂氏春秋》作「陽華」，注曰：「陽華在鳳翔。或曰在華陰西。」《淮南》作「陽紆」，注曰：「在馮翊池陽，一名具圃。」**并州昭餘祁，是也。**鄭曰：「昭餘祁在鄔。」漢鄔縣屬太原郡。徐鍇本餘作「余」，《淮南》作「燕之昭余」，無「祁」字。凡《職方氏》之川寖，《説文》散舉之，藪則彙舉之。

菑　不耕田也。海寧陳氏鱣曰：「不當爲才。才耕田，謂始耕田也。才、財、材皆訓始。」玉裁按，不當爲「反」字之誤也。《爾雅》：「田一歲曰菑。」《毛詩》傳，馬融、虞翻《易》注皆用之。《韓詩》、董遇《易章句》皆曰：「菑，反艸也。」與田一歲義相成。《詩·大田》箋曰：「俶載讀爲熾菑。時至，民以其利耜熾菑，發所受之地，趨農急也。」攷諸經傳，凡入之深而植立者皆曰菑，如《攷工記·輪人》，菑訓建輻，《弓人》，菑訓以鋸副析，《公羊傳》「以人爲菑」，《漢書》「楗石菑」。鄭仲師云：「泰山、平原所樹立物爲菑，聲如胾；博立梟棊亦爲菑。」其他若毛傳「木立死曰菑」，《漢書》「事刃公之腹中」，《急就篇》「分別部居不襍廁」，漢太學石經「以人爲側」，皆此字之引伸假借。又假爲菑害字。**从艸田，巛聲。**鍇本原有「聲」字，惟田、巛二字倒易，又誤合爲一字。鍇欲作「從艸巛田」，無「聲」字，非也。初耕反艸，故從艸田會意，以巛爲聲也。側詞切，一部。**《易》曰：「不菑畬。」**《周易·无妄》六二爻辭。《周禮》注作「不菑而畬」，語較明，言爲之無漸也。畬，二歲田也。

甾　菑或省艸。此取巛諧聲。鄭所云利耜熾發地之意也。

蘨　艸盛皃。从艸，繇聲。此以形聲包會意。繇，隨從也。他書凡繇皆作繇，蘨作蘨。余招切，古音在三部。**《夏書》曰：「厥艸惟繇。」**依鍇本及宋本作繇，馬融注《尚書》曰：「繇，抽也。」故合艸繇爲蘨。此許君引《禹貢》明從艸繇會意之指。引經説字形之例，始見於此，詳後「蘮」下。

薙　除艸也。《明堂月令》曰：「季夏燒薙。」从艸，雉聲。他計切。案，《周禮·雉氏》「掌殺草」，雉或作「夷」。古雉音同夷，故鄭云：「字從類。」類謂聲類也。大鄭從夷，後鄭從雉，而讀爲鬀，作薙者，乃俗字。猶《稻人》芟夷字俗作「芟荑」也。《月令》「燒薙」，葢亦本作「燒雉」。許君《説文》本無薙字，淺人所羼入也。

莱　耕多艸。从艸耒。耒，所以耕也。從耒艸會意。

未亦聲。兼形聲。盧對切，十五部。

菿 艸大也。《毛詩》：「倬彼甫田。」《韓詩》作「菿彼圃田」。《釋故》曰：「菿，大也。」卓聲、到聲，古同在第二部。从艸，到聲。都盜切。○案，各本篆作「葝」，訓同。《玉篇》、《廣韵》皆無「葝」字，菿之誤也。後人檢菿字不得，則於艸部末綴菿篆，訓曰「艸木倒」，語不可通，今更正。《爾雅釋文》、《廣韵·四覺》皆引《說文》：「菿，艸大也。」

蔪 艸相蔪苞也。蔪苞，即今《禹貢》之「漸包」。釋文曰：「漸本又作蔪。《字林》才冄反，艸之相包裹也。包，或作苞，叢生也。馬云：相苞裹也。」按，叢生之義，字作苞者是。从艸，斬聲。慈冄切，八部。今本有「《書》曰：艸木蔪苞」六字，此誤以鍇語入正文，今依《韵會》訂。

槧 蔪或从槧。此葢兼從艸木也。

茀 道多艸，不可行。《周語》：「火朝覿矣，道茀不可行也。」注：「草穢塞路爲茀。」从艸，弗聲。分勿切，十五部。《毛詩》借作蔽厀字。

苾 馨香也。見《小雅》。《韓詩》作「馥」。許君香部無馥字，從毛不從韓也。从艸，必聲。毗必切，十二部。

蔎 香艸也。香艸，當作「艸香」。前文营、芎已下十二字，皆說香艸，蔎、芳、蕡不與同列，而廁苾下，是非艸名可知也。劉向《九歎》：「懷椒聊之蔎蔎。」王注：「椒聊，香草也。蔎蔎，香貌。」从艸，設聲。識列切，又桑葛切，十五部。

芳 香艸也。香艸，當作「艸香」。从艸，方聲。敷方切，十部。

蕡 襍香艸。當作「襍艸香」，葢此字之本義。若「有蕡其實」，特假借爲墳大字耳。从艸，賁聲。浮分切，十三部。

藥 治病艸。《玉篇》引作「治疾病之艸總名」。从艸，樂聲。以勺切，二部。

䕻 艸木生箸土。箸，丈略切。此依《韵會》引。从艸，麗聲。此當云：「從艸麗，麗亦聲。」呂支、郎計二切，十六部。《易》曰：「百穀艸木䕻於地。」此引《易》彖傳說從艸麗之意也。凡引經傳，有證字義者，有證字形者，有證字音者。如「艸木䕻於地」說從艸麗，「豐其屋」說從宀豐，皆論字形耳。陸氏《易釋文》乃云《說文》作䕻、作豐，不亦謬哉。他如蘇字之引《夏書》，荆字、相字、𣈆字、和字、葬字、庸字、云字之引《易》，䜌字之引《詩》，有字之引《春秋傳》，穴字之引《孝經說》，罔字之引《孟子》，易字之引祕書，畜字之引《淮南王》，公字之引《韓非》[41]，皆說字形會意之指，而學者多誤會。

蓆 廣多也。《鄭風》：「緇衣之蓆兮。」《釋故》、毛傳皆云：「蓆，大也。」《韓詩》云：「儲也。」廣義與大近，多義與儲近。从艸，席聲。祥易切，古音在五部。

芟 刈艸也。見《周頌》、《周禮》。毛云：「除艸曰芟。」

从艸，㕡。鍇有「聲」字，非。此會意，㕡取殺意也。所銜切，八部。

荐 薦席也。薦見廌部，艸也。不云「艸席」，云「薦席」者，取音近也。席各本誤「蓆」。薦席爲承藉，與所藉者爲二，故《釋言》云：「荐、原，再也。」如且爲俎几，故亦爲加增之詈。《易》作「洊」。从艸，存聲。在甸切，古音在十二、十三部。荐與薦同音，是以承藉字多假借爲之。如《節南山》傳：「薦，重也。」《説文》云：「且，薦也。」皆作荐，乃合。《左傳》云：「戎狄荐居。」《外傳》：「荐處。」服云：「荐，艸也。」此謂荐同薦。韋云：「荐，聚也。」此與《爾雅》再訓近。

藉 祭藉也。稭字下：「禾稾去其皮，祭天以爲藉也。」㊷引伸爲凡承藉、蘊藉之義，又爲假藉之義。一曰，艸不編狼藉。此別一義。从艸，耤聲。慈夜、秦昔二切，古音在五部。

蒩 茅藉也。《司巫》：祭祀共「鉏館」㊸。杜子春云：「鉏讀爲蒩。蒩，藉也。」玄謂「蒩之言藉也。祭食有當藉者，館所以承蒩。《士虞禮》，苴刌茅長五寸，實于筐」。按，鄭謂《儀禮》之苴，即《周禮》之蒩也。从艸，租聲。子余切，又子都切，五部。《禮》曰：此當云「《禮記》曰」，脱記字。記者，百三十一篇文也。「封諸侯㠯土，蒩㠯白茅。」《白虎通》、《獨斷》皆云：「天子大社，以五色土爲壇。封諸侯，受天子社土以所封之方色，東方受青，南方受赤，他如其方色。皆苴以白茅授之。歸國立社。」按，班、蔡作苴，假借字；許作蒩，正字也。

蕝 朝會束茅表位曰蕝。《晉語》：「昔成王盟諸侯於岐陽，置茅蕝，設望表，與鮮卑守燎，故不與盟。」㊹司馬貞引賈逵云：「束茅以表位爲蕝。」許用賈侍中説也。《史記》、《漢書》，《叔孫通傳》字作「蕞」。如淳曰：「蕞謂以茅翦樹地，爲纂位尊卑之次也。」从艸，絶聲。子悦切，又茲會切，又音纂。此十四部、十五部合音。何氏《纂文》云：「蕝今之纂字。」是也。鄭注《樂記》作「鄭」，作管切。今人編纂之語本此。《春秋國語》曰：「致茅蕝表坐。」

茨 茅蓋屋。俗本作「以茅葦蓋屋」。見《甫田》鄭箋。《釋名》曰：「屋以艸蓋曰茨。茨，次也。次艸爲之也。」从艸，次聲。此形聲包會意。疾資切。十五部。

葺 茨也。从艸，咠聲。七入切，七部。

蓋 苫也。引伸之爲發端語詞。又不知者不言，《論語》謂之「蓋闕」，《漢書》謂之「丘蓋」。从艸，盇聲。古太切，十五部。盇在八部，此合音也。

苫 蓋也。从艸，占聲。失廉切，今俗語舒贍切，古音在七部。

藹 蓋也。今人靄字當用此。从艸，渴聲。於蓋切，十五部。

蒏 㕞也。㕞，當作刷，字之誤也。㕞，拭也。刷，掊杷也。蒏之言掘也，與掊杷義近。今人謂以鈍帚去薉物曰蒏，正是此字。《廣雅・釋器》：「蒏謂之刷。」从艸，屈聲。區勿切，十五部。

藩 屏也。屏，蔽也。从艸，潘聲。甫煩切，十四部。

菹 酢菜也。酢，今之醋字。菹須醯成味。《周禮》七菹：韭、菁、茆、葵、芹、箈、筍也。鄭曰：「凡醯醬所和，細切爲齏，全物若牒爲菹。《少儀》：麋鹿爲菹。則菹之稱，菜肉通。」玉裁謂，齏、菹皆本菜稱，用爲肉稱也。从艸，沮聲。側魚切，五部。

⿱艹⿱沮皿 或从血。

⿱艹⿱⿰缶且皿 或从缶。案，二篆今本從皿，李燾本注或從血，五篇血部有⿱艹⿱沮皿⿱艹⿱⿰缶且皿二字，《玉篇》血部⿱艹⿱沮皿字下引《周禮·醢人》七⿱艹⿱沮皿。菹或從血者，鄭君「菜肉通稱」之説是也。從缶者，謂鬱諸器中乃成也。菹、醢通稱，故血部云：「⿱艹⿱沮皿，醢也。」此艸部⿱艹⿱沮皿、⿱艹⿱⿰缶且皿二字，葢後人增之。

荃 芥脃也。黑部曰：「以芥爲齏名曰芥荃。」云「芥脃」者，謂芥齏鬆脃可口也。此字據上下文則非《楚詞》荃字也。从艸，全聲。晁説之云：「唐本《説文》初劣切。」按，《集韵》猶存其音。全聲當在十四部，此十四、十五二部合音也。

⿱艹酤 韭鬱也。鬱同鬱。《廣雅》：「寑、醓、鬱、䤈，幽也。」皆謂飲食也。此許君酤訓「韭鬱」㊺、豉訓「幽尗」之證。从艸，酤聲。苦步切，五部。

⿱艹濫 瓜菹也。从艸，濫聲。各本篆作「藍」，解誤作「監聲」，今依《廣韵》、《集韵》訂。魯甘切，八部。

⿱艹泜 菹也。从艸，泜聲。纏伊切，十五部。

⿱艹⿱泜皿 ⿱艹泜或从皿。皿器。

⿱艹橑 乾梅之屬。鄭注《周禮》云：「乾⿱艹橑，乾梅也。有桃諸、梅諸，是其乾者。」按，鄭意《周禮》上文桃是濡者，此著乾以別之。从艸，橑聲。梅、桃當從木，而從艸者，艸亦木也。盧晧切，二部。《周禮》曰：「饋食之籩，其實乾⿱艹橑」。《籩人》文。後漢長沙王始煑艸爲⿱艹橑。謂《周禮》之後，至漢長沙王始煑艸爲⿱艹橑，不用梅桃也。

⿱艹潦 ⿱艹橑或从潦。

⿱艹顡 煎茱萸。《内則》：「三牲用藙。」鄭云：「藙，煎茱萸也。《漢律》，會稽獻焉。《爾雅》謂之椴。」玉裁謂，許君云：「椴似茱萸，出淮南。」則與鄭説異。皇侃《義疏》曰：「煎茱萸，今蜀郡作之。九月九日取茱萸，折其枝，連其實，廣長四五寸，一升實可和十升膏，名之藙也。」㊻《本艸圖經》曰：「食茱萸，蜀人呼其子爲艾子。」按，艾即藙字。从艸，顡聲。魚既切，十五部。《漢律》：「會稽獻⿱艹顡一斗。」

⿱艹宰 羹菜也。謂取菜羹之也。《集韵》有宷字，亨也，即此字。从艸，宰聲。阻史、子亥二切，一部。

若 擇菜也。《晉語》：「秦穆公曰：夫晉國之亂，吾誰使先若夫二公子而立之，以爲朝夕之急。」此謂使誰先擇二公子而立之。若正訓擇，擇菜引伸之義也。从艸右，右，手也。此會意。毛傳曰：「若，順也。」於雙聲叚借也。又假借爲如也，然也，乃也，汝也，又兼及之詞。五部。一曰，杜若，香艸。此別一義。此六字依《韵會》，恐是鉉用鍇語增，今人又用鉉本改鍇本耳。

蓴 蒲叢也。《本艸圖經》引《西京襍記》曰：「太液池邊，皆是彫胡、紫籜、綠節、蒲叢之類。」《廣雅·釋艸》曰：「蒲穗謂之蓴。大丸切。」謝靈運詩：「新蒲含紫茸。」亦謂蒲穗。从艸，專聲。當從《集韵》徒官切，十四部。鉉本常倫切，此蒓絲字。

茜 㠯艸補缺。《廣雅·釋詁》四：「茜，補也。」丈例反。」从艸，西聲。讀若俠。或作「陸」，誤字也。或㠯爲綴。讀如俠，在八部。讀如綴，在十五部。古文西字亦沾、誓兩讀。鉉直例切。一曰，約空也。此別一義。約空，未聞。

蕁 叢艸也。蕁蕁，見《魏都賦》，茂盛皃。从艸，尊聲。慈損切，十三部。

莜 耘田器。舊作「艸田器」，今依《韵會》。《論語疏》作「芸田器」。毛傳曰：「芸，除艸也。」孔安國曰：「除艸曰芸。」故其字從艸。匸部有「匬」字，金部有「銚」字，皆云：「田器。」疑皆此字之古文也。从艸，攸聲。舊作「條省聲」，乃淺人所改。條亦攸聲也。徒弔切，古音在三部。《論語》曰：「以杖荷莜。」見《微子篇》。謂子路見丈人，手用杖，莜加於肩，行來至田，則置杖於地，用莜芸田。植杖者，置杖也。云以杖荷莜，置杖而芸，則莜爲芸田器明矣。《集解》包曰：「莜，竹器。」此有脱誤。

萆 雨衣。一曰，衰衣。謂萆一名衰也。韋昭注《齊語》曰：「襏襫，蓑薜衣也。」薜或作襞，皆即萆字。《廣雅·釋器》曰：「萆謂之衰。」从艸，卑聲。蒲歷切，十六部。一曰，萆歷，侣烏韭。此別一義。艸名也。烏韭，在《本艸》艸部下品之下，石衣也。青翠茸茸，長者可四五寸。

䓦 艸也。芪母前已見，則此非芪母也。从艸，是聲。是支切，十六部。案，艸名之字，不當廁此。

苴 履中艸。《賈誼傳》：「冠雖敝，不以苴履。」引伸爲苞苴。从艸，且聲。且，薦也。此形聲包會意。子余切，五部。

䕮 艸履也。《方言》曰：「以絲作之者，謂之履；以麻作之者，謂之不借；麤者謂之屨。東北朝鮮洌水之閒謂之鞹角，南楚江沔之閒總謂之麤。」《急就篇》：「屐屩鞜麤。」《儀禮·喪服傳》「疏屨」注云：「疏猶麤也。」按，《禮》注、《方言》、《急就》之麤字，皆䕮字之省。疏屨者，藨蒯之菲，則是艸爲之。从艸，麤聲。倉胡切，五部。

蕢 艸器也。《孟子》曰：「不知足而爲屨，我知其不爲蕢也。」知蕢是盛物之器。从艸，貴聲。求位切，十五部。

臾 古文蕢。象形。《論語》曰：「有荷臾而過孔氏之門。」此古文《論語》也，《憲問篇》。

䔂 覆也。从艸，侵省聲。七朕切，七部。

茵 車重席也。《秦風》「文茵」，文，虎皮也，以虎皮爲茵也。从艸，因聲。於真切，十二部。

鞹　司馬相如説：茵从革。　蓋亦《凡將篇》字。《廣雅·釋器》曰：「靯鞲謂之鞹。」《釋名》曰：「靯鞲，車中重薦也。」

芻　刈艸也。　謂可飤牛馬者。　象包束艸之形。　叉愚切，古音在四部。

茭　乾芻。　《粊誓》曰：「峙乃芻茭。」鄭注同。　从艸，交聲。　古肴切，二部。　一曰，牛蘄艸。　此別一義。見《釋艸》。蘄音祈。

荹　亂艸。　《玉篇》曰：「牛馬艸，亂稾也。」　从艸，步聲。　薄故切，五部。

茹　飤馬也。　从艸，如聲。　人庶切，五部。

莝　斬芻。　謂以鈇斬斷之芻。　从艸，坐聲。　麤臥切，十七部。《小雅》：「秣之摧之。」以摧爲莝。莝之者，以莝飤馬也。

萎　食牛也。　下文云：「以穀萎馬。」則牛馬通偁萎。　从艸，委聲。　於僞切，十六部。今字作餧，見《月令》。

蔌　㠯穀萎馬置莝中。　以穀曰餗，穀襍莝中曰蔌。　从艸，敕聲。　楚革切，古音十六部。

⿱艹曲　蠶薄也。　《豳風》㊼毛傳曰：「豫畜萑葦，可以爲曲也。」《月令》：「季春，具曲植筥筐。」注曰：「曲，薄也。」《方言》：「薄，宋魏陳楚江淮之閒謂之⿱艹曲，或謂之麴，自關而西謂之薄，南楚謂之蓬薄。」案曲與⿱艹曲同，曲部云：「或説曲，蠶薄也。」是許兼用此二形。　从艸，曲聲。　邱玉切，三部。

蔟　行蠶蓐。　从艸，族聲。　千木切，三部。引伸爲六律大蔟字，七豆切。

苣　束葦燒也。　《後漢書·皇甫嵩傳》：「束苣乘城。」俗作炬，以此爲苣藤、萵苣字。　从艸，巨聲。　其吕切，五部。

蕘　艸薪也。　艸字，依《詩釋文》補。《大雅》：「詢于芻蕘。」毛曰：「芻蕘，薪采者。」按，《説文》謂物，《詩》義謂人。　从艸，堯聲。　如昭切，二部。

薪　蕘也。　从艸，新聲。　息鄰切，十二部。

蒸　析麻中榦也。　析，各本作折，誤。謂朩（音匹刃切）其皮爲麻，其中莖謂之蒸，亦謂之菆，今俗所謂麻骨棓也。潘岳《西征賦》李注云：「菆井，即渭城賣麻蒸市也。」《毛詩》傳曰：「粗曰薪，細曰蒸。」㊽《周禮·甸師》注云：「大曰薪，小曰蒸。」是凡言薪、蒸者，皆不必專謂麻骨。古凡燭用蒸，《弟子職》云「蒸閒容蒸」，《毛詩》傳云「蒸盡搚屋而繼之」是也。　从艸，烝聲。　煑仍切，六部。

⿱艹丞　蒸或省火。　丞聲、烝聲一也。《大射儀》注、《既夕禮》注皆作此⿱艹丞，張淳、葉林宗所見《釋文》皆爾。

蕉　生枲也。　枲，麻也。生枲謂未漚治者。今俗以此爲芭蕉字，楚金引《吳都賦》：「蕉葛竹越。」㊾按，《本艸圖經》云：「閩人灰理芭蕉皮令錫滑，緝以爲布，如古之錫衰焉。」左賦之蕉，正謂芭蕉，非生枲也。　从艸，焦聲。　即消切，二部。

⿱艹囟　糞也。　从艸，胃省。　會意也。式視切，十五部。

《左氏傳》、《史記》假借矢字爲之。官溥說：「糞字之上，佀米而非米者，矢字。」是漢人多用矢也。

薶 瘞也。土部曰：「瘞，幽薶也。」从艸，貍聲。莫皆切，古音在一部。《周禮》假借貍字爲之。今俗作埋。

葠 喪藉也。从艸，侵聲。按，此字可疑。上文曰：「蔓，覆也。從艸，侵省聲。」不得以一省、一不省畫爲二字二義明矣。且鉉曰「失廉切」，則與苫音義同，苫固凶服覆席也。且以次第求之，不當廁此。

𣂚 斷也。从斤斷艸，譚長說。會意也。食列切，十五部。《周禮》「折瘍」，劉昌宗本作𣂚，此漢人之舊也。

[illegible] 籒文𣂚。从艸在仌中，仌寒故折。《廣雅・釋器》斷字從此。

折 篆文𣂚从手。按，此唐後人所妄增。斤斷艸，小篆文也。艸在仌中，籒文也。從手從斤，隸字也。《九經字樣》云：「《說文》作𣂚，隸省作折。」《類篇》、《集韵》皆云：「隸從手。」則折非篆文明矣。

卉 艸之總名也。《方言》曰：「卉，艸也。東越楊州之閒曰卉。」从艸屮。三屮即三艸也。會意。許偉切，十五部。

艽 遠荒也。艽之言究也。窮也。从艸，九聲。《詩》曰：「至于艽野。」巨鳩切，三部。

蒜 葷菜也。菜之美者，雲夢之葷菜。《爾雅音義》、《齊民要術》、《太平御覽》引皆作此九字。《音義》云：「一本如是，今兩存之。」《大戴禮・夏小正》：「十二月納卵蒜。卵蒜者何？本如卵者也。納者何？納之君也。」案，經之卵蒜，今之小蒜也。凡物之小者偁卵。《禮》之卵醬，即鯤醬。《詩》之「總角丱兮」，謂幼稚也，丱者，《說文》卵字也。陶貞白云：「小蒜名薍子，薍音亂。」即《小正》卵字。其大蒜，乃張騫始得自西域者。《本艸》大蒜名葫，小蒜名蒜。蓋始以大蒜別於蒜，後復以小蒜別於大蒜，古祇有蒜而已。从艸，祘聲。蘇貫切，十四部。案，蒜字當聯葷字之下，今在此者，寫者脫而補於此。或曰，當下屬芥、葱字，亦大篆從茻之一也。

左文五十三。　重二。　大篆从茻。

左當作「ナ」，蓋許時已通用左，許從俗也。在左之字五十三，皆小篆，從艸。大篆從茻，如芥作[illegible]，葱作[illegible]，餘同。省約其辭，總識於此，以目下文。是以苹與蓱一物，而不相屬；蒹薍[illegible]薕與萑葭一物，而不相屬；蓼與薔一物，而不相屬；蘻與茀一物，而不相屬；蒸與菆一物，而不相屬，皆由此分別。若《汗簡》、《古文四聲韵》廣搜大篆，不知舉此五十三文，是爲疏矣。　又案，鍇本無此十一大字，而艽字之下繫以蘇字、芓字、萁字，乃後系以蒜、芥、葱字，蘇與荏一物不相屬，芓、萁與萉同類不相屬，蒜與葷同類不相屬，又菩下出茿字，茀下重出苗字，又出莆字，茸下出萑字，皆與鉉本不同。　蓋改竄者多，莫能肊說。　鉉本十一大字斷非鑿空，故仍鉉舊，而刪菰、菿之譌複，萑字從鍇本，得五十二文云。

芥　菜也。借爲艸芥、纖芥字。从艸，介聲。古拜切，十五部。籒文作莽。

蔥　菜也。《爾雅》：「茖，山蔥。」《管子》「冬蔥」，皆蔥之屬。从艸，悤聲。倉紅切，九部。籒文作蘛。

藿　艸也。《爾雅》：「藿，山韭。」郭注謂「山中多有此菜，如人家所種者」，故許不謂之菜與？从艸，隺聲。余六切，古音在二部。籒文作䕅。《詩》曰：「食鬱及藿。」宋掌禹錫、蘇頌皆云：「《韓詩》：六月食鬱及藿。」許於《詩》主毛，而不廢三家也。

蕇　亭歷也。《釋艸》文。《月令》「靡艸」之一也。从艸，單聲。多殄切，十四部。籒文作蕇。

苟　艸也。孔注《論語》云：「苟，誠也。」鄭注《燕禮》云：「苟，且也。假也。」皆假借也。从艸，句聲。古厚切，四部。籒文作萞。

蕨　鼈也。《釋艸》、毛傳同。陸璣云：「周秦曰蕨，齊魯曰鼈。」鼈俗從艸。从艸，厥聲。居月切，十五部。籒文作蘻。

莎　鎬侯也。《夏小正》：「正月緹縞。縞也者，莎隨也。緹也者，其實也。先言緹而後言縞者何也？緹先見者也。」《釋艸》：「薃侯，莎，其實媞。」按，縞、薃、鎬同字。許讀《爾雅》「鎬侯」爲句。鎬、侯雙聲，莎、隨疊韵，皆絫呼也，單呼則曰縞、曰莎。其根即今香附子。从艸，沙聲。穌禾切，十七部。籒文作莏。《漢書·地理志》「芯題」，省水從㣺，㣺與少同也。俗誤作芯。

蓱　苹也。此與前苹字互訓，而不類厠者，以字體篆、籒別之也。《小正》於七月言「苹生」，《月令》於三月言「生蓱」⑩。郭璞云：「江東謂之薸。」从艸水，并聲。舊作「從艸，洴聲」。《說文》無洴字，今改同薄、薄、藻字之例。薄經切，十一部。籒文作蓱。

堇　艸也。根如薺，葉如細柳，蒸食之甘。《大雅》：「堇荼如飴。」傳曰：「堇，菜也。」《夏小正》：「二月榮堇采蘩。」傳曰：「皆豆實也。堇，采也。」⑤《内則》「堇荁」，注曰：「荁，堇類也。冬用堇，夏用荁。」按，《釋艸》堇有二，「齧，苦堇」，《詩》、《禮》之堇也。「芨，堇艸」，《晉語》之「置堇於肉」，即今附子也。从艸，堇聲。居隱切，十三部。籒文作䕘。今經典通用堇字。

菲　芴也。《釋艸》、毛傳皆同。《釋艸》又云：「菲，蒠菜也。」从艸，非聲。芳尾切，十五部。籒文作莾⑤。

芴　菲也。音義皆同。从艸，勿聲。文弗切，十五部。籒文作茻。

⿱艹鶾　艸也。从艸，鶾聲。呼旰切，十四部。籒文作䕭。按，鳥部鶾、韓，一字也。而艸部蘸、蘸各字，恐有誤。

萑　薍也。薍之已秀者也。薍已見前，此以篆、籒分別異處。从艸，萑聲。胡官切，十四部。籒文作䕥。今人多作萑者，蓋其始假雖屬之萑爲之，後又誤爲艸多皃之萑。

葦　大葭也。《夏小正》曰：「未秀則不爲萑葦，秀然後爲萑葦。」毛傳曰：「八月「薍爲萑，葭爲葦。」許云「大葭」，猶言葭之已秀者。从艸，韋聲。于鬼切，十五部。籒文作葦。

葭 葦之未秀者。从艸，叚聲。古牙切，古音在五部。籒文作葭。

萊 蔓華也。今《釋艸》作「釐，蔓華」。許所見作「萊」。《小雅》「北山有萊」之萊，未知即此與不也。經典多用爲艸萊字。从艸，來聲。洛哀切，一部。籒文作萊。

荔 艸也。佀蒲而小，根可作刷。《月令》：「十一月，荔挺出。」鄭云：「荔挺，馬薤也。」鄭以荔挺爲艸名。蔡邕《章句》云：「荔佀挺。」高注《呂覽》云：「荔艸挺出。」則以挺下屬。歙程氏瑶田曰：「荔，今北方束其根以刮鍋。」李時珍以馬帚之丼當之，誤也。按，刷各本作㕞，今依《顔氏家訓》正。上文曰：「葴，刷也。」从艸，劦聲。郎計切，十五部。籒文作荔。

蒙 王女也。王或作玉，誤。《釋艸》云：「蒙，王女。」又云：「唐蒙，女蘿。女蘿，兔絲。」孫炎曰：「别三名。」按，《衛風》[53]「爰采唐矣」，傳云：「唐蒙，菜名。」《小雅》「蔦與女蘿」，傳云：「女蘿，兔絲，松蘿也。」疑《爾雅》、毛傳此二條皆不謂一物。从艸，冡聲。莫紅切，九部。籒文作蒙。今人冡冒皆用蒙字爲之。

藻 水艸也。今水中莖大如釵股，葉蒙茸深緑色，莖寸許有節者是。左氏謂之薀藻。从艸水，巢聲。子晧切，二部。籒文作藻。《禮經》華采之字，古文用繅，今文用藻、璪。《詩》曰：「于以采藻。」《召南》文。

藻 藻或从澡。

菉 王芻也。見《釋艸》、毛傳。从艸，彔聲。力玉切，三部。籒文作菉。《詩》曰：「菉竹猗猗。」今《毛詩》作「緑」，《大學》引作「菉」。《小雅》「終朝采緑」，王逸引作「菉」。

蓸 艸也。从艸，曹聲。昨牢切，古音在三部。籒文作蓸。

蓾 艸也。从艸，𠧪聲。以周切，三部。籒文作蓾。

⿱艸沼 艸也。从艸，沼聲。昨焦切，二部。籒文作⿱艸沼。

⿱艸吾 艸也。《廣韵》云：「似艾。」郭江《方言》云：「今江東人呼荏爲⿱艸吾，音魚。」从艸，吾聲。五乎切，五部。籒文作⿱艸吾。《楚詞》有⿱艸吾蕭。按，今《楚詞》無「⿱艸吾蕭」，惟宋玉《九辨》云：「白露既下百艸兮，奄離披此梧楸。」梧楸葢許所見作⿱艸吾蕭，正百艸之二也。

范 艸也。从艸，氾聲。房芝切，八部。籒文作范。

艿 艸也。按，許謂艿爲艸名也。《廣韵》云：「陳根艸不芟，新艸又生，相因仍，所謂燒火艿。」此别義，其字亦作芿。《列子》「趙襄子狩於中山，藉芿燔林」是也。今《玉篇》以「舊艸不芟，新艸又生曰艿」係之《說文》，此孫强、陳彭年輩之誤也。从艸，乃聲。如乘切，六部。乃在一部，仍、艿在六部者，合韵㝡近也。籒文作艿。

葐 艸也。蒨或謂之地葐，許不云茜也，則許意非一物也。从艸，血聲。呼決切，十二部。籀文作𦼾。

萄 艸也。今人爲蒲萄字。从艸，匋聲。徒刀切，古音在二部[54]。籀文作𦽮。

芑 白苗。句。嘉穀也。虋字下詳之矣。芑不類厠於虋者，以字有篆、籀別之。《管子》「其種蓼杞」，字從禾。从艸，己聲。驅里切，一部。籀文作𦱓。《詩》曰：「維虋維芑。」今本無此六字，依《韵會》所據補。《詩·小雅·采芑》毛云：「菜也。」《大雅》：「豐水有芑。」毛云：「艸也。」

藚 水舄也。《魏風》毛傳同。《釋艸》：「藚，牛脣。」从艸，賣聲。似足切，三部。按，《詩釋文》引《說文》其或反，今本多改爲「似足」矣。籀文作𧃼。《詩》曰：「言采其藚。」

苳 艸也。从艸，冬聲。都宗切，九部。籀文作𦼂。

蔷 蔷虞，句。蓼。當有也字。蓼下云：「蔷虞也。」故此云「蔷虞，蓼也」句絶。與郭璞異。蔷不與蓼類厠者，以字有篆、籀別之。从艸，嗇聲。所力切，一部。籀文作𧀂。

苕 艸也。《詩·苕之華》。从艸，召聲。徒聊切，二部。籀文作𦽌。

𦺼 艸也。从艸，楙聲。莫厚切，三部。籀文作𦿥。

萺 艸也。从艸，冒聲。莫報切，古音在三部。籀文作𦿈。

苐 梟葵也。《魯頌》毛傳同。《周禮·醢人》「茆菹」，鄭大夫讀爲茅。或曰：茆，水艸。杜子春讀爲茆。後鄭曰：「茆，梟葵也。」今《周禮》轉寫多譌誤，爲正之如此。漢時有茆、苐二字，經文作茆，兩鄭皆易字爲苐也。梟葵名苐，亦名蘗，今之蒓菜也。苐不與蘗類厠者，以篆、籀別之。从艸，丣聲。力久切，三部。俗作茆，音卯，非也。籀文作𦾍。《詩》曰：「言采其苐。」今《詩》言作「薄」。

荼 苦荼也。《釋艸》、《邶》毛傳皆云：「荼，苦菜。」《唐風》：「采苦采苦。」傳云：「苦，苦菜。」然則苦與荼正一物也。《儀禮》：「鉶芼，牛藿，羊苦，豕薇。」《記·内則》：「濡豚包苦。」亦謂之苦。《月令》、《本艸》、《易通卦驗》皆謂之苦菜。从艸，余聲。同都切，五部。《詩》「荼蓼」、「有女如荼」及後世「荼荈」皆用此字。籀文作𦿂。

蘇 白蒿也。《釋艸》、《豳》毛傳同。《召南》傳曰：「皤，蒿也。」皤亦白也。《夏小正》曰：「繁，由胡。由胡者，繁母也。繁，旁勃也，豆實也，故記之。」从艸，緐聲。附袁切，十四部。《儀禮》「采緐」，假緐字爲之[55]。籀文作𧄌。

蒿 菣也。《釋艸》、《小雅》毛傳同。陸璣曰：「青蒿也。」从艸，高聲。呼毛切，二部。籀文作𦿗。

蓬 蒿也。从艸，逢聲。薄紅切，九部。籀文作𧂇。

莑 籀文蓬省。按，此「籀文」，當作「古文」。䖵部蠭古文作蠡，可比例也。

藜 艸也。《左傳》：「斬之蓬蒿藜藋。」藜初生可食，故曰蒸藜不孰。《小雅》：「北山有萊。」陸璣云：「萊，兖州人蒸以爲茹，謂之萊蒸。」按，萊蒸蓋即蒸藜，如《詩》「騋牝」訓驪牝也。从艸，黎聲。郎奚切，十五部。籀文作䔧。

蘬 薺實也。今《釋艸》：「紅，龍古，其大者蘬。」蒫，薺實。」許所據絶不同。从艸，歸聲。驅歸切，十五部。籀文作䔁。歸籀作㱕也。

葆 艸盛皃。《漢書·武五子傳》曰：「當此之時，頭如蓬葆。」師古曰：「草叢生曰葆。」引伸爲羽葆幢之葆，《史記》以爲寶字。从艸，保聲。博褒切，古音在三部。籀文作䕋。

蕃 艸茂也。《左氏傳》曰：「其必蕃昌。」从艸，番聲。甫煩切，十四部。籀文作䕰。

茸 艸茸茸皃。茸之言茙也。《召南》毛傳曰：「襛猶戎戎也。」《韓詩》：「何彼茙矣。」《左氏傳》「狐裘尨茸」，即《詩》之「狐裘蒙戎」。从艸，耳聲。今本作「聰省聲」，此淺人所肊改。此形聲之取雙聲不取疊韵者。而容切，九部。籀文作䕪。

萑 艸多皃。此從鍇本厠此，鉉本以萑厠蓷篆後，非也。詳蓷下。从艸，隹聲。職追切，十五部。籀文作䕳。

葏 艸皃。《集韵·一先》曰：「《詩》：葏葏者莪。李舟說。」从艸，津聲。子僊切，古音十二部。籀文作䕺。

叢 艸叢生皃。叢，聚也，槩言之；叢則專謂艸。今人但知用叢字而已。《爾雅·釋魚》音義引《說文》：「叢，艸衆生也。」从艸，叢聲。此形聲包會意。徂紅切，九部。籀文作䕺。

草 草斗，櫟實也。一曰，象斗。木部：「栩，柔也。其阜一曰樣。」又曰：「柔，栩也。」又曰：「樣，栩實也。」按，此言櫟者，即栩也。陸璣云：「栩，今柞櫟也。徐州人謂櫟爲杼，或謂之栩。其子爲阜，或言阜斗。其殼爲汁，可以染阜。今京洛及河内多言杼汁。」或云橡斗。按，草斗之字俗作阜、作皂，於六書不可通。象斗字當從木部作樣，俗作橡。从艸，早聲。自保切，古音在三部。《周禮·大司徒》：「其植物宜早物。」假借早晚字爲之。籀文作䕼。

菆 麻蒸也。此不與上文蒸字類厠者，以篆、籀別之。《西征賦》曰：「感市閭之菆井。」東方朔《七諫》曰：「菎蕗褋於廏蒸。」王逸注：「枲翮曰廏。一作菆。」按，枲翮，枲莖也。麻部出廏字云：「麻藍也。」鍇本無之，俗添之耳。从艸，取聲。側鳩切，三部。籀文作䕽。

蓄 積也。从艸，畜聲。丑六切，三部。籀文作䕸。一曰，蓐也。此別一義。蓐見下部。

萅 推也。此於雙聲求之。《鄉飲酒義》曰：「東方者春，春之爲言蠢也。」《尚書大傳》曰：「春，出也。萬物之出也。」从日艸屯，日艸屯者，得時艸生也。屯字象艸木之初生。屯亦聲。此七字依《韵會》，今二徐本皆亂以鍇語。昌純切，十三部。籒文作萛。

文四百四十五。　重三十一。按，鉉本文四百四十五，鍇本少莒、蕍、蓀、蘳、蕎、萃六字，則爲四百三十九。今仍鉉本，惟復審定蔞、菰、菽三字，確是誤體，删去，是爲四百四十二。其列字之次第，類聚羣分，皆有意義，雖少爲後人所亂，而大致可稽。如荃之非香艸，於上下文得之也。重三十一，鍇少蔆字，今亦仍鉉。

蓐 陳艸復生也。从艸，辱聲。而蜀切，三部。一曰，蔟也。此別一義。艸部曰：「蔟，行蠶蓐也。」蓐訓陳艸復生，引伸爲薦席之蓐，故蠶蔟亦呼蓐。凡蓐之屬皆从蓐。

䕅 籒文蓐从茻。此不與艸部五十三文爲類，而別立蓐部者，以有薅字從蓐故也。

薅 披田艸也。大徐作「拔去田艸」，《衆經音義》作「除田艸」，《經典釋文》、《玉篇》、《五經文字》作「拔田艸」，惟《繫傳》舊本作「披」，不誤。披者，迫地削去之也。木部曰：「槈，薅器也。」从蓐，好省聲。呼毛切，古音在三部。

蔙 籒文薅省。

茠 薅或从休。古好聲、休聲同在三部。《詩》曰：「既茠荼蓼。」《周頌》文。今《詩》作「以薅」。

文二。　重三。

茻 衆艸也。按，經傳艸莽字當用此。从四中。凡茻之屬皆从茻。讀若與冈同。謂其讀若與冈[56]之讀若同也。模朗切，十部。

莫 日且冥也。且冥者，將冥也。木部曰：「杳者，冥也。」夕部曰：「夕，莫也。」引伸之義爲有無之無。从日在茻中。茻亦聲。此於雙聲求之。莫故切，又慕各切，五部。會意。

莽 南昌謂犬善逐兔艸中爲莽。从犬茻。此字犬在茻中，故偁南昌方言，説其會意之恉也。引伸爲鹵莽。茻亦聲。謀朗切，十部。古音讀如模上聲，在五部。取諸雙聲也。

葬 臧也。見《檀弓》。从死在茻中，一其中所㠯荐之。荐，各本作「薦」，今正。荐，艸席也，有藉義。故凡藉於下者，用此字。《易》曰：「古者葬厚衣之以薪。」此引《易·毄辭》説從死在茻中之意也。上古厚衣以薪，故其字上下皆艸。茻亦聲。此於疊韵得之。則浪切，十部。

文四。此部不與五十三文同類者，彼小篆從艸，此小篆從茻也。

凡萬六百三十九字。　文六百七十二。　重八十。此第一篇部文、重文、解説字之都數也。每篇末識之，以得十四篇都數，識於叙目之後，云：「此十四篇，五百四十部，九千三百五十三文，重一千一百六十三，解説凡十三萬三千四百四十一字」是也。自二徐每篇分上下，乃移之冠篇首，非是。小徐書轉寫尤舛誤，今復其舊云。

十四部。

附注：

①《魏都賦》句，今胡刻本作「莓莓」，李善注引《左傳》，亦作「原田莓莓」。《廣韵·十四皆》：「莓莓，美田也。」

②「品庶每生」，《漢書·賈誼傳》文，孟康注：「每，貪也。」「每懷」，見《詩·皇皇者華》，箋曰：「《春秋外傳》曰：懷私爲每懷。」段氏下文引毛傳，亦見此詩。

③《列子》爲《老子》之誤，文見五十一章。

④「大義」疑是「文義」之誤。

⑤「誕降嘉種，維秬維秠，維穈維芑。」見《詩·大雅·生民》。段氏在前引此詩一、三兩句時，據説解改《詩》「嘉種」爲「嘉穀」，據《爾雅》改《詩》及毛傳「穈」字爲「虋」。此處謂「許君引」，見禾部「秠」字下。段氏之意，虋下、芑下許氏説解稱「嘉穀」，皆因許氏所據《詩》爲「嘉穀」，如「秠」下所見，非如今《詩》作「嘉種」，此亦段氏引《詩》改字之由。

⑥李善注見阮籍《詠懷》詩下。《士喪禮》當作《公食大夫禮》。注見「牛藿」下。《儀禮》用「藿」僅此一次。

⑦項氏説見《六書故》卷二十四引。「大巢菜」原作「小巢菜」。

⑧指郭璞注。

⑨此下原衍一「部」字，已删。

⑩「似薑」上應依原書補「葉」字。

⑪「傳」當作「箋」。見《采緑》「終朝采藍」句下。

⑫《藥對》，見《史記·司馬相如列傳》「江離蘪蕪」句下索隱引。

⑬「茿省聲」，「茿」是「筑」之誤。

⑭「馬莓」當依二徐本作「馬苺」。《説文》無「莓」字。朱駿聲《説文通訓定聲》：「苺，字亦作莓。」《廣韵》「莓」在《四十九宥》，「苺」在《五十候》，皆謂覆盆草。

⑮《檜風》當移《釋艸》下，與「毛傳」相連。「萇楚，銚弋」見《爾雅·釋艸》、《詩·檜風·隰有萇楚》毛傳。

⑯見《漢書·百官公卿表》「金璽盭綬」句下顔注引，「可染黄」原作「可染緑」。綟篆段注引不誤。

⑰見《夢溪筆談·藥議》。「葉似荷青，莖赤」二句，當作「葉似荷，莖青赤」，段引誤倒字序。

⑱見《書證篇》，段氏引有改竄，宜參讀原文。

⑲「王萯秀」原注作「王負生」。

⑳「馬莽」，《廣雅》本作「馬第」，見卷十上。

㉑此是毛傳文，《大雅》下當補「傳曰」。

㉒此係顔注引張揖語。

㉓「池六切」，《説文解字讀》謂作「他六切」者誤。

㉔《召南》是《周南》之誤，見《漢廣》。

㉕「木根」是「本根」之誤。

㉖《豳風》、《釋艸》「蠃」皆作「蠃」。段氏改字，參蠃字注。

㉗「蘜爲日精」，「蘜」是「蘜」之誤。

㉘「松聲」是「私聲」之誤。

㉙「耦」是「藕」之誤。

㉚今《詩・晨風》作「鬱彼北林」，《周禮・函人》「欲其惌也」句下鄭司農注引作「宛彼北林」，皆不與段氏引同，不作「菀」。

㉛木部：「椴，似茱萸，出淮南。」是段氏所謂，則此「揚州」當作「淮南」。

㉜此段氏考訂之說，見《周禮漢讀考》，或可參《周禮注疏》「箈菹」阮元校勘記。

㉝大小徐本皆作「芽，萌芽也」。

㉞文見《月令》「草木萌動」注引，謂出自《農書》；又見《齊民要術一》引，亦稱出《農書》。《農書》即《氾勝之書》又稱。原皆無首「春」字。

㉟「𡿨土」，《攷工記》原作「畎上」，段氏于《周禮漢讀考》謂「上」當作「土」。「畎」「𡿨」音義同。

㊱「止息」當作「息止」。

㊲「木部」是「禾部」之誤。

㊳今本《後漢書》所補《郡國志》三，「濟北國」下作「茌平，本屬東郡。」

㊴「芑」是「荳」之誤。「芑」見後列，與「葵」不相連，義亦不相關。「荳」下段注謂有以「荳即芑字」，當因此記誤。

㊵「芝」是「芝」之誤。

㊶以上所舉各例，「和」下并未引《易》，「罔」爲「网」之重文，下未引《孟子》，皆誤列。「和」當易爲「龠」，「罔」當易爲「買」，方合段氏之指。

㊷「以爲藉」，當作「以爲席」。

㊸今本十三經作「葅館」，段校爲「鉏」，此據校文。參《周禮漢讀考》或《周禮注疏》此下阮元校勘記。

㊹見《晉語八》，置字上脱「楚爲荆蠻」一句。

㊺「酟」是「䣶」之誤。

㊻所引見《禮記・内則》「三牲用藙」句下孔疏轉引「賀氏云」，段氏誤記爲皇侃《義疏》文。

㊼《幽風》是《豳風》之誤。見《七月》。

㊽見《無羊》，「傳曰」當作「箋曰」。

㊾「竹越」本作「升越」。參《經韻樓集》卷十二《吳都賦蕉葛竹越解》。

㊿《夏小正》：七月「湟潦生苹」，《月令》：季春「萍始生」，釋文「萍」作「蓱」。段氏引皆有出入。

(51)「采也」，《說文解字讀》注云：采菜古通用。

(52)此「莽」字與次條「苭」下段注籀文「菲」互倒。

(53)《衛風》是《鄘風》之誤，見《桑中》篇。

(54)《六書音均表》匋聲在第三部。

(55)《儀禮》「采蘩」見于《鄉飲酒禮》、《鄉射禮》、《燕禮》各一次，今字皆作「蘩」，唯《燕禮》阮元出校云或作「繁」。皆與段氏所據不同。

(56)「冈」，《說文》未録。黃侃手批注爲「罔」字。

說文解字第二篇上

金壇段玉裁注

小 物之微也。从八，丨見而八分之。八，別也。象分別之形，故解从八爲分之，丨才見而輒分之，會意也。凡槶物分之則小。私兆切，二部。凡小之屬皆从小。

少 不多也。不多則小，故古少小互訓通用。从小，丿聲。丿，右戾也。房密、匹蔑二切，又於小切。按，上二切近是。少之形聲，蓋於古雙聲求之。書沼切，二部。

尐 少也。《方言》曰：「尐、杪，小也。」《孟子》：「力不能勝一尐雛。」趙注尐爲小，與《方言》同。孫宣公《音義》得之，作匹者非。髟部曰：「鬣，束髮尐小也。」《廣韵·十六屑》曰：「蠽尐，小也。」《方言》「懱爵」注：「言懱截也。」懱截即蠽尐。从小，乀聲。乀，左戾也。讀若輟。子結切，十五部。今俗語說小，往往言子結切之音。

文三。

八 別也。此以雙聲疊韵說其義。今江浙俗語以物與人謂之八，與人，則分別矣。象分別相背之形。凡八之屬皆从八。博拔切，古音在十一部。

分 別也。从八刀。會意。刀目分別物也。此釋从刀之意也。甫文切，十三部。

尒 䛐之必然也。䛐，今作詞，《說文》字體本作䛐。尒之言如此也，後世多以爾字爲之。凡曰果爾、不爾、云爾、莞爾、鏗爾、卓爾、鼎鼎爾、猶猶爾、聊復爾耳、故人心尚爾，皆訓如此。亦有單訓此者，如《公羊》「焉爾」之爲於此，《孟子》「然而無乎爾」、「則亦有乎爾」是也。語助有用「耳」者，與爾絕殊。《三國志》云「生女耳」是也。耳之言而已也。近人爾、耳不分，如《論語》「女得人焉爾乎」，《唐石經》譌爲「焉耳」，《詩·陳風》箋「梅之樹善惡自爾」，宋本譌爲「善惡自耳」，皆是也。古書尒字，淺人多改爲「爾」，如手部引《論語》「鏗尒」，《考工記》「掔尒」，小徐本不誤是也。从丨八，八象气之分散。从丨八，與小同異①。入聲。今本無此二字，上文作「从入丨八」，此依《韵會》所引小徐本訂正。入聲在七部，而尒在十五、十六部閒者，於雙聲求之也。兒氏切。

曾 䛐之舒也。曰部曰：「暓，曾也。」《詩》「暓不畏明」、「胡暓莫懲」，毛、鄭皆曰：「暓，曾也。」按，曾之言乃也。《詩》「曾是不意」、「曾是在位」、「曾是在服」、「曾是莫聽」，《論語》「曾是以爲孝乎」、「曾謂泰山不如林放乎」，《孟子》「爾何曾比予於管仲」，皆訓爲乃，則合語氣。趙注《孟子》曰：「何曾猶何乃也」，是也。是以暓訓爲曾，「暓不畏明」者，乃不畏明也。皇侃《論語》疏曰：「曾猶嘗也。」嘗是以爲孝乎，絕非語氣。蓋曾字古訓乃，子登切，後世用爲曾經之義，讀才登切，此今義、今音，非古義、古音也。至如曾祖、曾孫，取增益層絫之意，則曾層皆可讀矣。从八从曰，从八者，亦象氣之分散。囟聲。囟者，囱古文。囱在九部，此合韵之理也。昨棱切，六部。昨當爲作。

尚　曾也，尚之詈亦舒，故釋尚爲曾。曾，重也。尚，上也。皆積絫加高之意，義亦相通也。庶幾也。《釋言》曰：「庶幾，尚也。」从八，亦象氣之分散。向聲。時亮切，十部。

㒸　从意也。从，相聽也。㒸者，聽从之意。司部曰：「詈者，意内而言外也。」凡全書説解，或言詈，或言意，義或錯見。言「从意」，則知㒸者从詈也。言「詈之必然」，則知尒者必然意也。隨从字當作㒸，後世皆以「遂」爲㒸矣。从八。有所从則有所背，故从八。豕聲。豕在十六部，㒸、遂在十五部，合韵冣近也。徐醉切。

詹　多言也。《莊子》曰：「小言詹詹。」从言，从八，从厃。此當作厃聲，淺人所改也。厂部曰：「屋梠，秦謂之楣，齊謂之厃。」木部曰：「屋櫋聯，秦謂之楣，齊謂之檐，楚謂之梠。」厃與檐同字同音。詹，厃聲。職廉切，八部。

介　畫也。畫部曰：「畫，畍也。」按，畍也當是本作「介也」。介與畫互訓。田部畍字，蓋後人增之耳。介、畍古今字。分介，則必有閒，故介又訓閒。《禮》「擯介」，《左傳》「介人之寵」，皆其引伸之義也。一則云「介特」，兩則云「閒介」。从人，从八。人各守其所分也。此依《韵會》所引。古拜切，十五部。

𠔁　分也。此即今之兆字也。《廣韵》：「兆，治小切」，引《説文》「分也」。此可證孫愐以前，𠔁即兆矣。又云：「𠧞，灼龜坼也。出《文字指歸》。」《文字指歸》者，曹憲所作。此可證孫愐以前，卜部無兆𠧞字矣。顧野王《玉篇》八部有「𠔁，兵列切」②。卜部之後出兆部，又云：「𠧞，同兆。」此可證顧氏始不謂𠔁即兆字矣。虞翻説《尚書》「分北三苗」云：「北，古別字。」不知其所本，要與重八之𠔁無涉，豈希馮始牽合而歧誤與？治《説文》者，乃於卜部增𠧞爲小篆，兆爲古文，於𠔁下增之云：「八，別也，亦聲。兵列切。」以證其非兆字，而《説文》之面目全非矣。𠔁从重八者，分之甚也，龜兆其一也。凡言朕兆者，如舟之縫，如龜之坼。从重八。此下删「八，別也，亦聲」五字。會意。治小切，二部。楚金云：「或本音兆。」按，此相承古説也。《孝經説》曰：《孝經説》者，《孝經緯》也。後鄭注經引緯亦曰「某經説」，《鄭志》答張逸曰：「當爲注時，時在文網中，嫌引祕書，故諸所牽圖讖，皆謂之説。」「故上下有別。」此引緯説字形重八之意也。上別下別，則二八矣。《集韵》改爲「上下有𠔁」，非也。

公　平分也。从八厶。八厶，背私也。今本「从八从厶」，凡此等从字，皆淺人所增。八猶背也。鄭注《堯典》「分北三苗」云：「北猶別也。」證以韋昭《吳語》注云「北，古之背字」，然則許鄭之語，正互相發明。分別之，乃相僢背，其義相因相足。故許不云「八，背也」，而云「猶背」；鄭不云「北，別也」，而云「猶別」。凡古訓故之言猶者，視此。古紅切，九部。《韓非》曰：「背厶爲公。」《五蠹篇》：「倉頡之作書也，自環者謂之私，背私者謂之公。」自環爲厶，六書之指事也。八厶爲公，六書之會意也。

必 分極也。極，猶準也。木部棟、極二字互訓。橦字下云：「帳極也。」凡高處謂之極。立表爲分判之準，故云分極。引伸爲詈之必然。从八弋。樹臬而分也。弋，今字作杙。八亦聲。八，各本誤弋，今正。古八與必同讀也。卑吉切，十二部。

余 語之舒也。語，《匡謬正俗》引作「詈」。《左氏傳》：「小白余敢貪天子之命，無下拜。」此正詈之舒。亏部曰：「亏，於也。象气之舒亏然。」則余、亏異字而同音義。《釋詁》云：「余，我也。余，身也。」孫炎曰：「余，舒遲之身也。」然則余之引伸訓爲我。《詩》、《書》用予不用余，《左傳》用余不用予。《曲禮》下篇：「朝諸侯，分職授政任功，曰予一人。」注云：「《覲禮》曰：伯父寔來，余一人嘉之。余、予古今字。」凡言古今字者，主謂同音，而古用彼，今用此異字。若《禮經》古文用「余一人」，《禮記》用「予一人」，余、予本異字異義，非謂予、余本即一字也。顏師古《匡謬正俗》不達斯恉，且又以予上聲、余平聲爲分別。又不知古音平上不甚區分，重悂貤繆。《儀禮漢讀攷》糾之詳矣。从八，象气之分散。舍省聲。以諸切，五部。

𠎝 二余也。讀與余同。五部。按，《易·困九》：「四來徐徐。」子夏作「茶茶」，王肅作「余余」，皆舒意也。許言𠎝之形，未言其義，舉此以補之。

文十二。當云十三。　重一。按，此二字誤衍，𠎝之音義同余，非即余字也。惟𠎝從二余，則《説文》之例當别余爲一部，上篇蓐、薅不入艸部是也。容有省併矣。

釆 辨別也。象獸指爪分別也。倉頡見鳥獸蹏迒之迹，知文理之可相別異也，遂造書契。釆字取獸指爪分別之形。凡釆之屬皆从釆。讀若辨。蒲莧切，十四部。

𠂔 古文釆。惠氏棟云：「《尚書》平章、平秩，平字皆當作乎，與古文平相似而誤。」按，此肊測不可从。

番 獸足謂之番。从釆，田象其掌。下象掌，上象指爪，是爲象形。許意先有釆字，乃後从釆而象其形，則非獨體之象形，而爲合體之象形也。附袁切，十四部。

蹞 番或从足从煩。此形聲也。

𤰷 古文番。按，《九歌》：「𤰷芳椒兮成堂。」王注：「布香椒於堂上也。𤰷一作播。」丁度、洪興祖皆云：「𤰷，古播字。」按，播以番爲聲，此屈賦假番爲播也。

宷 悉也。知宷諦也。諦，《廣韵》引作諟。古同部假借也。从宀釆。鍇曰：「宀，覆也。釆，别也。能包覆而深别之也。」按，此與覈字从襾敫同意。式荏切，七部。

審 篆文宷。从番。然則宷古文籀文也。不先篆文者，从部首也。

悉 詳盡也。从心釆。會意。息七切，十二部。

𢗝 古文悉。此亦會意，从心囧。囧者，窻牖麗廔闓明也。

釋 解也。《廣韵》曰：「捨也。解也。散也。消也。廢也。服也。」按，其實一解字足以包之。從釆，釆取其分別，从睪聲。《考工記》以澤爲釋，《史記》以醳爲釋，皆同聲假借也。古音在五部，音轉則《廣韵》在《二十二昔》，施隻切，是也。徐鉉所引《唐韵》賞職切。

文五。　重五。　鍇本作重四，今刊本改作重五。

半　物中分也。从八牛。牛爲物大，可㠯分也。故取牛會意。　凡半之屬皆从半。　博幔切，十四部。

胖　半體也。各本「半體肉也」，今依《玄應》訂。《周官經・腊人》注曰：「鄭大夫云，胖讀爲判。杜子春讀胖爲版。」又云：「膴胖皆謂夾脊肉。」又云：「《禮》家以胖爲半體。玄謂胖宜如脯而腥。胖之言片也，析肉意也。」按，許用《禮》家說。　一曰，廣肉。　此別一義。胖之言般也，般，大也。《大學》：「心廣體胖。」其引伸之義也。　从肉半，半亦聲。　普半切，十四部。

叛　半反也。　反，覆也。反者，叛之全；叛者，反之半。以半反釋叛，如以是少釋尟。　从半反，半亦聲。　按，各本云「半也。从半，反聲」，轉寫者多奪字耳。　薄半切，十四部。　古多假畔爲叛。

文三。

牛　事也。　理也。　事也者，謂能事其事也。牛任耕。　理也者，謂其文理可分析也。庖丁解牛，依乎天理，批大卻，道大窾。牛、事、理三字，同在古音第一部。此與羊、祥也，馬、怒也、武也一例。自淺人不知此義，乃改之云「大牲也，牛件也。件，事理也」。與吳字下妄增之曰「姓也。亦郡也」同一紕繆。　像角頭三、封尾之形也。　角頭三者，謂上三岐者，象兩角與頭爲三也。牛角與頭而三，馬足與尾而五。封者，謂中畫象封也。封者，肩甲墳起之處。字亦作「犎」。尾者，謂直畫下垂像尾也。羊、豕、馬、象，皆像其四足，牛略之者，可思而得也。語求切，古音讀如疑。　凡牛之屬皆从牛。

牡　畜父也。　从牛，土聲。　按，土聲求之疊韵、雙聲皆非是，蓋當是从土，取土爲水牡之意。或曰，土當作士，士者，夫也。之韵、尤韵合音㝡近。从土則爲會意兼形聲。莫厚切，古音在三部。

犅　特也。　今本作「特牛也」，依《詩正義》訂。《公羊傳》曰：「魯祭周公，何以爲牲？周公用白牡，魯公用騂犅，羣公不毛。」何休云：「騂犅，赤脊。」按，《說文》岡訓山脊，故何謂犅爲牛脊。但《毛詩》秖作剛，許説犅同特，與何異。　从牛，岡聲。　亦可云「从剛省。會意。」古郎切，十部。

特　特牛也。　鉉本云：「朴特，牛父也。」按，《天問》：「焉得夫朴牛。」洪氏引《說文》：「特牛，牛父也。言其朴特。」皆與鍇本異。蓋言其朴特，乃注《說文》者語，鉉本改竄上移耳。王逸、張揖皆云：「朴，大也。」《玉篇》㸬訓「特牛」，《廣韵》㸬訓「牛未劇」，此因古有朴特之語，而製㸬字。特本訓牡，陽數奇，引伸之爲凡單獨之偁。一與一爲耦，故「實維我特」、「求爾新特」，毛云：「特，匹也。」

从牛，寺聲。徒得切，一部。亦作犆。

牝 畜母也。从牛，匕聲。毗忍切，古音在十五部。經典舊音多云「扶死反」，是也。《易》曰：「畜牝牛吉。」《離卦》辭也。牝爲凡畜母之偁，而牝牛冣吉，故其字從牛也。按，鍇本無牝篆，自是奪去耳。麀字下曰：「从牝省」，則非無牝字也。

犢 牛子也。見《釋嘼》。从牛，賣聲。徒谷切，三部。

⿰牛市 二歲牛。⿰牛市字見《爾雅·釋畜》，牛體長也③。許君則曰「二歲牛」。按，犙字从參，故爲三歲牛；牭字从四，故爲四歲牛。則⿰牛貳字从貳，當爲二歲牛矣。而謂⿰牛貳爲籀文牭字，二、四既不同數，且四之籀文作亖，則牭之籀文當作⿰牛亖。凡此乖剌，當由轉寫脱繆。如鼎部鼏、鼏，馬部驂、驂，衣部衫、袀，今皆奪其一，其明論也。宜易之曰：「⿰牛市，牛體長也。⿰牛貳，二歲牛。犙，三歲牛。牭，四歲牛；⿰牛亖，籀文牭。」則可讀矣。而非可無徵專輒也。从牛，市聲。博蓋切，十五部。

犙 三歲牛。从牛，參聲。穌含切，古音在七部。

牭 四歲牛。从牛四，四亦聲。息利切，十五部。

⿰牛貳 籀文牭从貳。按，鍇本此下有「仁至反」三字，與十三篇「二」字反語同，是朱翺不謂⿰牛貳即牭字，而謂⿰牛貳乃二歲牛之正字也。疑鍇本本不誤，後人用鉉本改之，未删朱氏切音耳。《龍龕手鑑》引《玉篇》直利反，顧野王亦不云籀文牭。

犗 騬牛也。馬部曰：「騬，犗馬也。」謂今之騸馬。从牛，害聲。古拜切，十五部。

牻 白黑襍毛牛。古謂襍色不純爲尨，亦作駹，古文假借作龍，亦作蒙。《周易·説卦》傳、《毛詩·小戎》、《周禮·牧人》《巾車》《玉人》皆可證也。牻訓爲「白黑襍毛」，然則凡謂襍色不純，亦可用牻字。从牛，尨聲。此以形聲包會意。莫江切，古音在九部。

⿰牛京 牻牛也。从牛，京聲。吕張切，十部。《春秋傳》曰：「牻⿰牛京。」閔二年傳，本作「尨涼」，蓋許引之證此二字所以從尨、從京也。京者，涼之省也。牻、⿰牛京同義，如尨涼一理相似，傳寫誤爲「《春秋傳》曰牻⿰牛京」，殊不可通。

犡 牛白脊也。从牛，厲聲。洛帶切，十五部。

⿰牛余 黄牛虎文。从牛，余聲。讀若塗。塗當作涂。同都切，五部。

犖 駁牛也。馬色不純曰駁。駁、犖同部疊韵。《廣雅》牛屬「郭牞，丁犖」，桓譚《新論》作「郭椒，丁櫟」。牞、椒，犖、櫟，皆同韵也。从牛，勞省聲。吕角切，古音讀如遼，在二部。《天官書》：「此其犖犖大者。」謂寥寥甚少者也。又卓犖，超絶也。

⿰牛寽 牛白脊也。牛惟脊白，是亦駁屬。《廣韵》曰：「⿰牛寽出《字林》。」不言出《説文》，何也？从牛，寽聲。力輟切，十五部。

抨 牛駁如星。駁文似星點。从牛，平聲。普耕切，十一部。

犥 牛黄白色。黄馬發白色曰驃。票、麃同聲。然則犥者，黄牛發白色也。《内則》「鳥皫色」，亦謂發白色。从牛，麃聲。補嬌切，二部。

犉 黄牛黑脣也。《釋畜》云：「黑脣，犉。」毛傳云：「黄牛黑脣曰犉。」按，《爾雅》不言黄牛者，牛以黄爲正色，凡不言何色，皆謂黄牛也。从牛，𦎧聲。如勻切，十三部。《詩》曰：「九十其犉。」見《小雅》。

⿰牜隺 白牛也。白部曰：「皠，鳥之白也。」此同聲同義。从牛，隺聲。五角切，古音在二部。讀如堯。

⿰牜畺 牛長脊。《廣韵》：「⿰牜畺，牛長脊。一曰，白脊牛。」按，「一曰」五字，疑亦出《説文》，今佚。从牛，畺聲。居良切，十部。

⿰牜攸 牛徐行也。俗謂舒遲曰「⿰牜攸⿰牜攸」。从牛，攸聲。讀若滔。土刀切，二部。按，舀聲字，周時在尤幽部。漢時已讀入蕭豪部，故許云⿰牜攸讀若滔也。

犫 牛息聲。心部曰：「息，喘也。」从牛，讎聲。赤周切，三部。按，今本皆作犨，雔聲，而《經典釋文》、《唐石經》作犫，《玉篇》、《廣韵》皆作犫，云「犨同」，《五經文字》且云「犫作犨，訛」。蓋唐以前所據《説文》，無不从言者。凡形聲多兼會意。讎从言，故牛息聲之字从之。鍇、鉉本皆誤也，今正。一曰，牛名。此别一義。《廣韵》《手鑑》皆云：「白色牛。」晉大夫郤犫，不知取何義也。

牟 牛鳴也。《初學記》名作鳴。从牛，𠙵象其聲气從口出。此合體象形，與羋同意。韓愈詩曰：「椎肥牛呼牟。」柳宗元賦曰：「牟然而鳴，黄鍾滿脰。」莫浮切，三部。

⿰牜產 畜⿰牜產，畜牲也。依《廣韵》、《手鑑》訂。《左傳》、《内則》皆云：名子「不以畜牲」④。从牛，產聲。所簡切，十四部。

牲 牛完全也。引伸爲凡畜之偁。《周禮·庖人》注：「始養之曰畜，將用之曰牲。」按，如「鼷鼠食郊牛角」，則非完全。从牛，生聲。所庚切，十一部。

牷 牛純色。《牧人》注：「鄭司農曰：牷，純也。」按，凡時事之牲用牷物，凡外祭毁事用尨，以尨與牷對舉，則牷爲純色可知也。大鄭注釋牷爲純也，爲許所本。後鄭則訓犧爲純毛，牷爲體完具，與許異。《禮》：上脱「周」字。「祭祀牷牲。」此是引《牧人》「祭祀之牲牷」，依《韵會》補。从牛，全聲。疾緣切，十四部。

牽 引而前也。牽、引疊韵。引伸之，輓牛之具曰牽。《牛人》「牽徬」是也。牲，腥曰餼，生曰牽。又凡聯貫之詈曰牽。从牛，冂象引牛之縻也，玄聲。苦堅切，十二部。

牿 牛馬牢也。从牛，告聲。古屋切，三部。《周書》曰：「今惟牿牛馬。」《粊誓》：「今惟淫舍牿牛馬。」大小徐本皆無「淫舍」二字，今刊本妄增之。此許偶遺二字，非必許所據《尚書》少二字也。惟大放牿牢之牛馬，故令無以擭穽傷牛馬，若牛馬在牢中，擭穽安得傷之？《周易》：「僮牛之牿。」許及九家作「告」，鄭作梏，劉、陸作角，不訓牢也。

牢　閑也。「也」字今補。養牛馬圈也。《充人》注曰：「牢，閑也。必有閑者，防禽獸觸齧。」牲繫於牢，故牲謂之牢。如《粊誓》呼牛馬爲牿，《禮》呼牲爲牽也。从牛，冬省，取其四周帀。从古文冬省也。冬取完固之意，亦取四周象形。引伸之，爲牢不可破。魯刀切，古音在三部。

犓　㠯芻莝養圈牛也。今本莝誤「莖」，脱圈字。依《文選》注訂。莝，斬芻也。趙岐注《孟子》曰：「艸生曰芻，穀養曰豢。」韋注《國語》曰：「艸食曰芻，穀食曰豢。」《孟子正義》引《說文》「牛馬曰芻，犬豕曰豢」，今《說文》無此語。經傳犓豢字，今皆作「芻豢」。从牛芻，芻亦聲。測愚切，古音在四部。《春秋國語》曰：「犓豢幾何。」見《楚語》。

犪　牛柔謹也。《玉篇》曰：「《尚書》：犪而毅，字如此。」按，凡馴擾字，當作此。隸作㹛，《廣雅》：「㹛，柔也。善也。」从牛，夒聲。而沼切，古音在三部。按，此以貪獸之夒爲聲，《爾雅》注「犪牛」，以有角之夔爲聲，陸德明誤爲一字⑤。

犕　《易》曰：「犕牛乘馬。」此蓋與革部之「鞁」同義。鞁，車駕具也。故《玉篇》云：「犕，服也。以鞍裝馬也。」从牛，葡聲。《毄辭》今作「服」，古音㠯聲、葡聲同在第一部，故服、犕皆扶逼反。以車駕牛馬之字，當作犕，作服者，假借耳。《左傳》：「王使伯服如鄭請滑。」《史記·鄭世家》作「伯犕」。《後漢書·皇甫嵩傳》：「義真犕未乎？」《北史》魏收嘲陽休之「義真服未」，正作服字。此皆通用之證也。今韵犕，平祕切。

犂　耕也。《山海經》曰：「后稷之孫曰叔均，是始作牛耕。」郭傳：「始用牛犂也。」按，耒部耕訓犂，是犂、耕二字互訓，皆謂田器，今人分別，誤也。《仲尼弟子列傳》冉耕字伯牛，司馬耕字子牛，《論語》司馬牛，孔注曰：「宋司馬犂也。」此可證司馬牛名耕，一名犂也。蓋其始，人耕者謂之耕，牛耕者謂之犂，其後互名之。从牛，黎聲。郎奚切，十五部。俗省作「犁」。《論語》「犂牛之子」，皇注：「犂音貍，貍，襍文也。」張參曰：「犂，洛西反。」《論語》借以爲力之反。」張謂借犂爲貍文也。犂、貍異部而相借，如《爾雅》釋駁牝爲驪牝。

⿱非牛　兩壁耕也。壁當作辟，辟是旁側之語。莊廿一年《左傳》：「鄭伯享王于闕西辟。」服虔云：「西辟，西偏也。」兩辟耕，謂一田中兩牛耕，一從東往，一從西來也。此耕字自人牛言之，與木部六叉犂自器言之不同。从牛，非聲。此形聲包會意。非从飛下翄，取其相背。非尾切，十五部。《廣韵》入去聲。一曰，覆耕穜也，此別一義，未聞。讀若匪。

𤛓 牛羊無子也。从牛，𦊆聲。讀若糗糧之糗。糗糧，見《粊誓》。徒刀切，古音在三部。

牴 觸也。角部曰：「觸，牴也。」亦作抵、觝。从牛，氐聲。都禮切，十五部。

𤛱 牛踶𤛱也。《廣韻》曰：「踶𤛱，牛展足。」按，展足二字，乃疉字之誤。疉，同跈。足部曰：「踶者，躗也。」𤛱與躗互訓，踶𤛱猶踐踢也。从牛，衛聲。于歲切，十五部。

㸷 牛很不從牽也。从牛臤，臤者，堅也。故从牛臤會意。臤亦聲。喫善切，古音在十二部。一曰，大皃，別一義。讀若賢。

牼 牛厀下骨也。牛脛也。脛者，骹也。从牛，巠聲。口莖切，十一部。《春秋傳》，宋司馬牼字牛。按，《仲尼弟子列傳》，宋司馬耕字牛。《左傳·哀十四年》兩書司馬牛，不偁其名。許云司馬牼，豈即司馬耕與？外此昭廿年、廿一年，宋有華牼，《孟子》書有宋牼，皆不傳其字。

㸯 牛舌病也。《廣韻》作「牛舌下病」。舌病則噤閉不成聲。亦作矜。从牛，今聲。巨禁切，七部。

犀 徼外牛。各本有「南」字，今依《韵會》。《楚語》曰：「巴浦之犀、犛、兕、象，其可盡乎？」《後漢·章帝紀》：「蠻夷獻生犀、白雉。」一角在鼻，一角在頂。《爾雅》、《山海經》郭注、劉欣期《交州記》皆云：「有三角，一在頂上，一在額上，一在鼻上。鼻上角短小。」按，《晉語》：「角犀豐盈。」《孟子》注：「頷角犀厥地。」《戰國策》：「眉目準頞權衡，犀角偃月。」此皆謂人自鼻至頂，豐滿如相書所云伏犀貫頂也。佀豕。見《釋獸》。劉欣期云：「其毛如豕，頭如馬。」郭璞云：「形似水牛，豬頭。」說各不同也。从牛，尾聲。先稽切，十五部。

牣 牣，此複字刪之未盡者。滿也。見《大雅》毛傳。从牛，刃聲。而震切，古音在十三部。《詩》曰：「於牣魚躍。」於如字。

物 萬物也。牛爲大物，牛爲物之大者，故物从牛，與半同意。天地之數起於牽牛，戴先生《原象》曰：「周人以斗、牽牛爲紀首，命曰星紀。自周而上，日月之行不起於斗、牽牛也。」按，許説物从牛之故，又廣其義如此。故从牛，勿聲。文弗切，十五部。

犧 宗廟之牲也。《魯頌》：「享以騂犧。」毛傳：「犧，純也。」《曲禮》：「天子以犧牛。」鄭云：「犧，純毛也。」《牧人》：「祭祀共其犧牲。」鄭云：「犧牲，毛羽完具也。」僞孔注《微子》云：「色純曰犧，體完曰牷。」杜注《左傳》又云：「牷，純色完全也。」説犧皆與許異。从牛，羲聲。許羈切，古音在十七部。賈侍中說：他皆偁名，獨賈逵偁官者，尊其師也。此非古字。《魯頌》毛傳曰：「犧尊有沙羽飾也。」《明堂位》注曰：「犧尊以沙羽爲畫飾。」鄭注⑥

答張逸曰：「刻畫鳳皇之象於尊，其形娑娑然，故曰沙。」按，沙、娑、羲古音三字同在十七部。犧牲、犧尊，葢本祇假羲爲之，漢人乃加牛旁，故賈云非古字，許則諸部末。

文四十五。鍇四十四。　重一。此部列字次第大致井井可玩。

犛 西南夷長髦牛也。今四川雅州府清谿縣大相嶺之外有地名旄牛，產旄牛，而清谿縣南抵寧遠府，西抵打箭鑪，古西南夷之地，皆產旄牛。如郭璞注《山海經》所云：「背、厀及胡、尾皆有長毛」者，小角，其體純黑，土俗用爲菜，其尾腊之可爲拂子。云長髦者，謂背、厀、胡、尾皆有長毛，下文氂字，乃專謂尾也。此牛名犛牛，音如貍。《楚語》：「巴浦之犀犛。」《上林賦》：「獑旄貘犛。」以其長髦也，故《史記・西南夷傳》謂之「髦牛」。以其尾名氂也，故《周禮・樂師》注謂之「氂牛」。以氂可飾旄也，故《禮》注、《爾雅》注、《北山經》、《上林賦》注、《漢書・西南夷傳》皆謂之「旄牛」。氂、髦、旄三字音同，因之讀犛如毛，非也。據《上林賦》，則旄、犛異物。《中山經》：「荆山多犛牛。」郭曰：「旄牛屬。」从牛，𠩺聲。里之切，一部。按，犛切里之，氂切莫交，徐用《唐韵》不誤，而俗本誤易之。凡犛之屬皆从犛。

氂 犛牛尾也。凡經云干旄、建旄、設旄、右秉白旄、羽旄、齒革干戚羽旄，今字或有誤作「毛」者，古注皆云旄牛尾也。旄牛即犛牛，犛牛之尾名氂，以氂爲幢曰旄，因之呼氂爲旄。凡云「注旄干首」者是也。呼犛牛爲旄牛，凡云「旄牛尾」者是也。从犛省，从毛。莫交切，二部。按，《周禮・樂師》音義，氂舊音毛。但許不言毛亦聲，而《左傳》「晏氂」，《外傳》作「晏萊」，《後漢書》魏郡輿人歌「岑熙狗吠不驚，足下生氂」與災、時、茲三字韵，則是犛省亦聲，在弟一部也。

斄 彊曲毛也。也，依《廣韵》補。可目箸起衣。箸同褚，裝衣也。《王莽傳》：「以氂裝衣。」師古曰：「毛之彊曲者曰氂，以裝褚衣，令其張起也。」按，此氂皆斄之誤。劉屈氂，亦當本作屈斄。屈斄，謂彊曲毛也。从犛省，來聲。洛哀切，舊音力之切，一部。

庲 古文斄省。

文三。　重一。

告 牛觸人，角箸橫木，所目告人也。从口，从牛。如許説，則告即楅衡也。於牛之角寓人之口爲會意。然牛與人口非一體，牛口爲文，未見告義。且字形中無木，則告意未㬎。且如所云，是未嘗用口，是告可不用口也。何以爲一切告字見義哉？愚謂此許因「童牛之告」，而曲爲之説，非字意，故木部楅下不與此爲轉注。此字當入口部，从口、牛聲，牛可入聲讀玉也。《廣韵》：「告上曰告，發下曰誥。」古沃切，三部，音轉古到切。〇又汪氏龍曰：「此因嚳字，故立告部。」愚謂誠然。嚳从斆省，斆亦教也。教之，故急急告之，告亦聲。然則當立斆部，嚳屬焉，不當有告部。《易》曰：「僮牛之告。」《大畜》爻辭。僮牛，僮昏之牛也。告，九家同，王弼作「牿」。凡告之屬皆从告。

嚳 急告之甚也。急告，猶告急也。告急之甚，謂急而又急也。釋玄應説嚳與酷音義皆同。按，《白虎通》云：「謂之帝嚳者何也？嚳者，極也，教令窮極也。」窮極，即急告引伸之義。从告，學省聲。苦沃切，三部。

文二。

口 人所㠯言食也。言語、飲食者，口之兩大耑。舌下亦曰：「口，所以言别味也。」《頤》象傳曰：「君子以愼言語，節飲食。」象形。苦厚切，四部。凡口之屬皆从口。

噭 口也。口，俗本譌「吼」，今正。《史》、《漢》《貨殖傳》皆云：「馬蹄噭千。」徐廣曰：「噭，馬八髎也。」小顔云：「噭，口也。蹄與口共千，則爲馬二百也。」按，以口釋噭，此必本《説文》。《説文》以口建首，下噭、噣、喙、吻字，皆與口字轉注相接，此全書之例也。《通俗文》、《埤倉》皆曰：「尻骨謂之八髎。」惟《史記》噭字從口，故徐以八髎釋之，尻亦得謂之口也。各本《史記》作「嗷」，乃誤字耳。噭與竅音義相同，俗本《説文》作吼者，葢或識孔字於口字之旁，因誤併爲一字。从口，敫聲。徐廣苦弔反。小顔江弔、口釣二反。《唐韵》古弔切。二部。一曰，噭，呼也。此别一義。呼當作嘑，字之誤也。嘑，號也。《曲禮》：「毋噭應。」鄭曰：「噭，號呼之聲也。」呼亦當作嘑，俗寫通用耳。昭廿五年《公羊傳》曰：「昭公於是噭然而哭。」注：「噭然，哭聲皃。」釋文皆古弔反。

噣 喙也。《曹風》：「不濡其咮。」毛曰：「咮，喙也。」《玉篇》引「不濡其噣」。咮、噣二同，朱聲、蜀聲同部也。亦假借作「注」，《爾雅》「咮星」，《史記》、《考工記》注作「注」是也。亦作「啄」，《詩·韓奕》傳：「厄，烏噣也。」厄同軛，烏噣，《釋名》、《小爾雅》作「烏啄」。从口，蜀聲。陟救切，三部。

喙 口也。《説卦》傳：「爲黔喙。」《左傳》：「深目而豭喙。」叚借爲困極之義。《廣韵》引「昆夷瘃矣」，今《詩》作「喙矣」。郭注《方言》，引《外傳》「余病㱟矣」，今《外傳》作「余病喙」，郭云：「江東呼極爲㱟，亦作瘃。」从口，彖聲。許穢切，十五部。彖聲在十四部，合韵也。

吻 口邊也。《曲禮》注云：「口旁曰咡。」《廣雅》云：「咡謂之吻。」《考工記》：「鋭喙決吻。」鄭曰：「吻，口腃也。」《釋名》曰：「吻，免也。抆也。卷也。」从口，勿聲。武粉切，十三部。勿聲在十五部，合韵也。

䐇 吻或从肉，从昏。昏聲也。凡昏皆从氏，不从民。字亦作𦞂、作脗，皆䐇之俗也。凡言脗合，當用此。

嚨 喉也。《釋鳥》曰：「亢，鳥嚨。」郭曰：「謂喉嚨。」从口，龍聲。盧紅切，九部。

喉 咽也。从口，侯聲。乎鉤切，四部。

噲 咽也。噲者，會也。聲氣所會也。从口，會聲。或讀若快。苦夬切，十五部。《小雅》：「噲噲其正。」箋云：「噲噲猶快快也。」謂同音假借。盧氏文弨云：《淮南・精神訓》「噲然得臥」，《宋書・樂志》吳鼓吹曲「我皇多噲事」，皆與快同。一曰，噲，嚵也。此別一義。噲亦複舉字也。凡一曰之下，多複舉本字，俗本作「嚵，噲也」，非。《集韵》作「一曰，嚵也」。

吞 咽也。今人以吞吐對舉，據此則咽喉本名吞，俗云喉吞是也。猶之喉本名咽，平聲，今人以爲下咽字，一見切。从口，天聲。土根切，古音在十二部。

咽 嗌也。咽者，因也。言食因於是以上下也。从口，因聲。烏前切，十二部。

嗌 咽也。嗌者，扼也。扼要之處也。咽嗌雙聲。《漢書》：「昌邑王嗌痛。」《爾雅》注云：「江東名咽爲嗌。」从口，益聲。伊昔切，十六部。

𦏧 籀文嗌。上象口，下象頸脈理也。此象形字，與亢略同。《漢・百官公卿表》曰：「𦏧作朕虞。」應劭曰：「𦏧，伯益也。」師古曰：「𦏧，古益字也。」按，此假借籀文嗌爲益，如《九歌》假借古文番爲播也。趙宋時，古文《尚書》益作𦏧，此本諸《漢・表》耳。○又按，凡言項、領、頸、亢、胡者，自外言之。言嚨、喉、噲、吞、咽、嗌者，自内言之。故皆从口，自口而入也。

喗 大口也。从口，軍聲。牛殞切，十三部。

哆 張口也。《小雅》：「哆兮侈兮。」毛曰：「哆，大皃。」从口，多聲。釋玄應兩引《說文》殆可切，此本《音隱》。《唐韵》丁可切，十七部。

呱 小兒嗁聲。《咎繇謨》：「啟呱呱而泣。」从口，瓜聲。古乎切，五部。《詩》曰：「后稷呱矣。」《大雅》。

啾 小兒聲也。《倉頡篇》：「啾，衆聲也。」《三年問》：「啁噍之頃。」此假噍爲啾也。从口，秋聲。即由切，三部。

喤 小兒聲。啾，謂小兒小聲，喤謂小兒大聲也。如《離騷》：「鳴玉鑾之啾啾。」《詩》：「鍾鼓喤喤」，「喤喤厥聲」，則泛謂小聲大聲。从口，皇聲。乎光切，十部。《詩》曰：「其泣喤喤。」

咺 朝鮮謂兒泣不止曰咺。《方言》：「咺，痛也。凡哀泣而不止曰咺。朝鮮洌水之閒少兒泣而不止曰咺。」从口，亘聲。此依《韵會》。況晚切，十四部。

唴 秦晉謂兒泣不止曰唴。《方言》：「自關而西，秦晉之閒，凡大人少兒泣而不止謂之唴，哭極音絶亦謂之唴，平原謂啼極無聲謂之唴哴。」从口，羌聲。丘尚切，十部。

咷 楚謂兒泣不止曰噭咷。《方言》：「楚謂之噭咷。」按，噭字見上。从口，兆聲。徒刀切，二部。

喑 宋齊謂兒泣不止曰喑。《方言》：「齊宋之閒謂之喑，或謂之惄。」按，喑之言瘖也，謂啼極無聲。从口，音聲。於今切，七部。

凝【篆】小兒有知也。《大雅》：「克岐克嶷。」毛曰：「岐，知意也。嶷，識也。」按，此由俗人不識凝字，蒙上岐字改从山旁耳。高注《淮南》曰：「軫艴之艴，讀如克岐克凝之凝。」⑦《太玄》作凝。釋文：「凝，牛力切。」又音擬，擬然有所識別也。从口，疑聲。魚力切，一部。《詩》曰：「克岐克凝。」

咳【篆】小兒笑也。《内則》云「孩而名之」，爲作小兒笑而名之也。从口，亥聲。戶來切，一部。

孩【篆】古文咳从子。《内則》、《孟子》皆作此字。按，亥部有古文亥，則右當作古文亥，而亦从𠀅者，𠀅亦古文也。於史趙之言知之⑧。

嗛【篆】口有所銜也。《夏小正》曰：「田鼠者，嗛鼠也。」《爾雅》「鼸鼠」，古本亦作嗛，故孫叔然云：「嗛者，頰裏也。」《廣韵》曰：「嗛，蝯藏食處也。」嗛鼠食積於頰，人食似之，故頰車或曰鼸車。假借爲銜字，如《佞幸傳》「大后由此嗛韓嫣」是也。亦假借爲歉字，商銘「嗛嗛之食」「嗛嗛之德」⑨是也。亦假借爲謙字，如子夏《周易》、《漢・藝文志》謙卦作嗛是也。《志》云：「合於《易》之嗛嗛，一嗛而四益。」轉寫下句从言，遂滋異說。从口，兼聲。戶監切，古音蓋在七部。

咀【篆】含味也。含而味之。凡湯酒膏藥，舊方皆云：「㕮咀。」《廣韵・九麌》云：「㕮咀，嚼也。」按，㕮即「哺」字，古父、甫通用，後人不知爲一字矣。含味之上，似當有「哺咀」二字。从口，且聲。慈呂切，五部。

啜【篆】嘗也。《孟子》：「徒餔啜也。」从口，叕聲。昌說切，十五部。一曰，喙也。此別一義。

𠹖【篆】噍也。也，當作皃。从口，集聲。讀若集。雧省作集。子入切，七部。

嚌【篆】嘗也。見《儀禮》。从口，齊聲。在詣切，十五部。《周書》曰：「大保受同，祭嚌。」《顧命》文。《儀禮》多言「嚌肺啐酒」，據《周書》則酒至齒亦云嚌也。

噍【篆】齧也。《少儀》：「侍食於君子，小飯而亟之，數噍。」按，「數噍」句絕，所謂「亟之」也。从口，焦聲。才肖切，二部。

嚼【篆】噍或从爵。古焦、爵同部同音。《唐韵》乃分噍切才笑，嚼切才爵矣。今北音去聲，南音入聲。古讀平聲，如「嚼復嚼，今年尚可後年饒」⑩是也。

吮【篆】欶也。欠部云：「欶，吮也。」从口，允聲。徂沇切，十四部。

啐【篆】小㱃也。《士冠禮》注曰：「古文啐爲呼。」按，呼與啐音義皆隔，必是誤字。當是古文啐为嚛之誤。如古文酳作酌，今《禮》酌皆誤酌也。从口，率聲。讀若𠩺。所劣切，十五部。

嚵【篆】小啐也。从口，毚聲。士或切⑪，八部。一曰，喙也。此別一義。

噬【篆】啗也。喙也。喙上當有「一曰」二字。各本作

「噬」，今正。《說文》有簭無筮，則筮者𢀩變，不當用爲諧聲。《周禮·梓人》「攫殺援簭」⑫，正作簭，從簭聲而省吅也。又《周禮》卜筮字皆作簭，此則假借也。从口，簭聲。時制切，十五部。按，《釋言》《詩》「噬肯適我」，毛曰：「噬，逮也。」此謂噬爲逮之假借也。《釋言》作「遾」，《方言》亦作「噬」。

啗 食也。从口，臽聲。徒濫切，八部。讀與含同。與今音異。

嘰 小食也。《大人賦》曰：「嘰瓊華。」按，皀部有既字，云：「小食也。」嘰與既，音義皆同而各字。《玉藻》「進禨」，《少儀》注曰：「已沐飲曰禨。」皆當作此嘰。从口，幾聲。居衣切，十五部。

⿰口尃 噍皃。按，釋玄應書三引《說文》，皆云：「⿰口尃嘄，嘄皃也。」《廣韻·十九鐸》《廿六緝》皆云：「⿰口尃嘄，嘄皃。」釋行均書同。《說文》古本當先⿰口尃字，云：「⿰口尃嘄，嘄皃也。」次嘄字，云：「⿰口尃嘄也。」今⿰口尃字、嘄字厠兩處，無「⿰口尃嘄」之語，葢口部脱誤多矣。从口，尃聲。補各切，五部。

含 嗛也。从口，今聲。胡男切，古音在七部。《禮樂志》「吟青黄」，以吟爲含。

哺 哺咀也。哺咀，蓋疊韵字。釋玄應引許《淮南》注曰：「哺，口中嚼食也。」又引《字林》：「哺，咀食也。」凡含物以飼曰哺。《爾雅》：「生哺，鷇。」从口，甫聲。薄故切，五部。

味 滋味也。滋，言多也。从口，未聲。無沸切，十五部。

嚛 食辛嚛也。嚛，謂辛螫。火部引《周書》：「味辛而不熮。」《吕覽·本味》：「味辛而不烈。」嚛與熮、烈同義。《玉篇》云：「伊尹曰：酸而不嚛。」此古《伊尹書》之僅存者。酸疑當作辛，辛而不嚛，即《本味》之「辛而不烈」也。从口，樂聲。火沃切，古音在二部。

⿱窡口 口滿食。从口，窡聲。丁滑切，十五部。

噫 飽出息也。各本作「飽食」，今依《玉篇》、《衆經音義》訂。息，鼻息也。《内則》：「在父母舅姑之所，不敢噦噫。」《莊子》：「大塊噫氣，其名曰風。」《靈樞經》曰：「五藏氣，心主噫。」按，噫字亦作「餩」，見《廣雅》、《玉篇》、《廣韵》。於北、烏克二反⑬。高注《淮南書》曰：「欬讀如人飲食太多以思下欬之欬。」以思下欬之欬，乃「以息上餩之餩」之誤。高注多言「心中滿該」，亦謂此也。从口，意聲。於介切，古音在一部。《論語》：「子曰：噫，天喪予！」鄭氏《毛詩》「噫此皇父」、「噫厥哲婦」，皆爲有所痛傷之聲⑭。

嘽 喘息也。《小雅》傳曰：「嘽嘽，喘息也。」馬勞則喘息。一曰，喜也。《樂記》：「其樂心感者，其聲嘽以緩。」注：「嘽，寬綽皃。」从口，單聲。他干切，十四部。《詩》曰：「嘽嘽駱馬。」證前一義。

唾 口液也。《曲禮》：「讓食不唾。」《内則》：「不敢唾涹。」从口，垂聲。湯臥切，十七部。

涶 唾或从水。

咦 南陽謂大呼曰咦。呼，外息也。大呼，大息也。从口，夷聲。以之切，古音在六脂。

呬 東夷謂息爲呬。《方言》：「呬，息也。東齊曰呬。」《釋詁》郭注亦云：「今東齊謂息爲呬。」疑許襲《方言》，東夷當作東齊，字之誤也。从口，四聲。虛器切，十五部。按，《大雅》：「民之攸塈。」毛曰：「塈，息也。」塈不訓息，此正謂塈即呬之假借。《爾雅》：「呬，息也。」某氏引《詩》「民之攸呬」，蓋《三家詩》作「呬」，《毛詩》作「塈」。《説文》尸部有屌字，鼻部有齂字，皆臥息也，亦皆虛器切。凡古休息與鼻息同義。《詩》曰：「犬夷呬矣。」《大雅》：「混夷駾矣，維其喙矣。」合二句爲一句，與日部引「東方昌矣」相似。混作犬，喙作呬，蓋亦用《三家詩》。馬部引「昆夷駾矣」，則《毛詩》也。毛云：「喙，困也。」《方言》：「餯，喙，呬：息也。」按，人之安寧與困極，皆驗諸息，故《假樂》、《緜》之呬，不嫌異義同偁，喙與呬，不嫌異字同義。

喘 疾息也。此分別言之。息下曰「喘也」，渾言之也。从口，耑聲。昌沇切，十四部。

呼 外息也。外息，出其息也。从口，乎聲。荒烏切，五部。今人用此爲號嘑、評召字，非也。

吸 内息也。内息，納其息也。从口，及聲。許及切，七部。

嘘 吹也。从口，虛聲。朽居切，五部。

吹 嘘也。从口欠。口欠則气出，會意。昌垂切，古音在十七部。

喟 大息也。《論語》兩云「喟然歎曰」，謂大息而吟歎也。何晏云：「喟然，歎聲也。」殊非是。从口，胃聲。丘貴切，十五部。

嘳 喟或从貴。胃、貴聲同部。

哼 口气也。从口，𦎫聲。他昆切，十三部。《詩》曰：「大車哼哼。」《王風》。毛云：「哼哼，重遲之皃。」按，哼言口气之緩，故引伸以爲重遲之皃。

嚏 悟解气也。悟解气者，欠字下云「張口气悟」是也。悟，覺也。解，散也。《通俗文》曰：「張口運气謂之欠㰦。」鄭注《周易》「百果艸木皆甲坼」曰：「皆讀爲人倦解之解。」郭注《方言》「蛤解」曰：「解讀『解悟聲』之解。」皆是。許意嚏與欠異音同義。玉裁按，許説嚏義非是。不必曲徇。嚏之見於《月令》、《内則》者各一，鄭氏《終風》箋曰：「疐讀當爲不敢嚏咳之嚏。今俗人嚏云人道我，此古之遺語也。」⑮《月令》「民多鼽嚏」，謂鼻塞而妨嚏。《説文》嚏下「一曰，鼓鼻」，而釋嚏爲欠，直以其字从口不从鼻故耳。殊不思《内則》既云「不敢嚏」，又云「不敢欠」，其爲二事憭然。《素問》説五气所病，腎爲欠、爲嚏，亦分二事。倘云嚏即是欠，則《内則》、《素問》皆不可通矣。故嚏解當改云「歕鼻也」爲安。口與鼻同時气出，此字之所以从口也。至若《詩》「願言則疐」，毛傳云：「疐，跲也。」釋文疐作疌，跲作劫，自是古字通叚。觀《狼跋》傳「疐，跲也」，而其疐本又作疌，可證。崔靈恩集注乃改劫爲「故」，訓以今俗人體倦則伸，志倦則故，音丘據反，是葢以附合許之嚏解，而不知許自解嚏，非解毛之疐也。改疐爲嚏，自鄭君始。許在鄭前，安得從鄭易毛？各本有「《詩》曰願言則嚏」六字，休寧汪氏龍以爲後人妄增者，是也。今删。學者可以知毛、許於《詩》本無故説，《唐石經》作嚏者，乃從鄭，非從毛。从口，疐聲。都計切，古音在十二部。

⿰口質 野人之言。《論語》曰：「質勝文則野。」此字會意兼形聲。从口，質聲。之日切，十二部。

唫 口急也。从口，金聲。巨錦切，七部。

噤 口閉也。《史·淮陰侯傳》：「雖有舜禹之智，吟而不言。」此假吟爲噤也，吟、噤義相似。从口，禁聲。巨禁切，七部。

名 自命也。《祭統》曰：「夫鼎有銘，銘者自名也。」此許所本也。《周禮·小祝》故書作銘，今書或作名。《士喪禮》古文作銘，今文皆爲名。按，死者之銘，以緇長半幅，經末長終幅，廣三寸，書名于末，曰某氏某之柩。此正所謂自名。其作器刻銘，亦謂稱揚其先祖之德，著己名於下。皆祇云名已足，不必加金旁，故許君於金部不録銘字，從《周官》今書，《禮》今文也。許意凡經傳銘字，皆當作名矣。鄭君注經，乃釋銘爲刻。劉熙乃云：「銘，名也。記名其功也。」吕忱乃云：「銘，題勒也。」不用許説。从口夕。夕者，冥也。冥不相見，冥，幽也。故目口自名。故从夕口會意。武并切，十部。

吾 我自偁也。偁，各本作「稱」，誤。《釋詁》曰：「吾，我也。」从口，五聲。五乎切，五部。

哲 知也。《釋言》曰：「哲，智也。」《方言》曰：「哲，知也。」古智、知通用。从口，折聲。按，凡从折之字，皆當作斤斷艸。各本篆文皆作手旁，用隸改篆也，今悉正之。陟列切，十五部。

悊 哲或从心。《韵會》引《説文》：古以此爲哲字。按，心部云：「悊，敬也。」疑敬是本義，以爲哲是假借。

嚞 古文哲，从三吉。或省之作喆。

君 尊也。此「羊，祥也」，「門，聞也」，「户，護也」，「髮，拔也」之例。从尹口。尹，治也。口目發號。此依《韵會》，又補一口字。尹亦聲。舉云切，十三部。

⿱𭕄口 古文象君坐形。小徐木作⿵几口。

命 使也。从口令。令者，發號也，君事也。非君而口使之，是亦令也。故曰命者，天之令也。眉病切，古音在十二部。令亦聲。

咨 謀事曰咨。《左傳》曰：「訪問於善爲咨。」毛傳同。从口，次聲。即夷切，十五部。

召 評也。言部曰：「評，召也。」从口，刀聲。直少切，二部。

問 訊也。言部曰：「訊，問也。」引伸爲禮之聘問。从口，門聲。亾運切，十三部。

唯 諾也。此渾言之。《玉藻》曰：「父命呼，唯而不諾。」析言之也。从口，隹聲。以水切，十五部。

唱 導也。《鄭風》曰：「唱予和女。」从口，昌聲。尺亮切，十部。古多以倡字爲之。

和 相應也。从口，禾聲。古唱和字不讀去聲。户戈切，十七部。

咥 大笑也。《衛風》毛傳曰：「咥咥然笑。」《周易》：「履虎尾，不咥人。」馬云：「齕也。」此別一義。从口，至聲。許既切，又直結切，古音在十二部。《詩》曰：「咥其笑矣。」

啞 笑也。馬融曰：「啞啞，笑聲。」鄭云：「樂也。」从口，亞聲。於革切，古音在五部。按，《字林》云：「謚，笑聲。呼益反。」此由「笑言啞啞」字音形皆變而云然。啞俗訓爲瘖，幺下切。《易》曰：「笑言啞啞。」《震卦》辭。

噱 大笑也。从口，豦聲。其虐切，五部。

唏 笑也。《廣雅》：「唏唏，笑也。」从口，希聲。依《韵會》訂。虚豈切，十五部。一曰，哀痛不泣曰唏。《方言》：「唏，痛也。凡哀而不泣曰唏，於方則楚言哀曰唏。」《十二諸侯年表》曰：「紂爲象箸，而箕子唏。」

听 笑皃也。司馬相如賦：「亾是公听然而笑。」从口，斤聲。宜引切，古音十三部。

呭 多言也。《孟子》、毛傳皆曰：「泄泄，猶沓沓也。」曰部云：「沓，語多沓沓也。」言部又云：「詍，多言也。」引《詩》：「無然詍詍。」从口，世聲。余制切，十五部。《詩》曰：「無然呭呭。」《大雅》今作「泄泄」。

嘄 聲嘄嘄也。《周禮·大祝》注：「祈，嘄也。」謂爲有災變，號呼告神以求福。嘄，陸音叫。从口，梟聲。古堯切，二部。按，《玉篇》有⿰口県無嘄，「⿰口県，古弔反，聲也。」此以倒首之県爲聲，即嘄字也。《廣韵》引《漢·刑法志》「県首」，今《志》作「梟首」，《地理志》「鉅鹿鄡縣」，今《說文》作「鄡縣」，鄡與嘄疑皆淺人改作，非許書本字。

咄 相謂也。謂欲相語而先驚之之詈。凡言咄嗟、咄唶、咄咄怪事者，皆取猝乍相驚之意。《倉頡篇》曰：「咄，咤也。」《說文》：「咤，驚也。」李善注曹植《贈彪詩》引《說文》：「咄，叱也。」从口，出聲。當没切，十五部。

唉 應也。《方言》：「欸，然也。南楚凡言然者曰欸，或曰譬。」按，《廣雅》：「欸，譬，然；譍也。」本《方言》。許以唉訓應，欠部欸訓訾，與《方言》異。蓋唉、欸古通用也。《玄應書》引作「譍聲也」。从口，矣聲。讀若塵埃。烏開切，一部。

哉 言之閒也。《釋詁》：「孔，魄，哉，延，虛，無，之，言：閒也。」許分別釋之曰：哉爲「言之閒」。鍇云：若《左傳》「遠哉遥遥」，《論語》「君子哉若人」，是哉爲閒隔之詈。按，如鍇說，則必句中乃爲言之閒，豈句末者非耶？句中哉字，皆可斷句。凡兩者之際曰閒，一者之竟亦曰閒，一之竟即兩之際也。言之閒歇多用哉字。若「哉生明」，「初，哉，首，基」，則又訓哉爲始，凡竟即爲始。从口，𢦏聲。將來切，一部。

噂 聚語也。《小雅》傳曰：「噂猶噂噂，沓猶沓沓。」从口，尊聲。子損切，十三部。《詩》曰：「噂沓背憎。」人部又引《詩》「僔沓背憎」，《詩釋文》曰：「噂，《說文》作僔。」《五經文字》亦云：「僔，《詩·小雅》作噂。」陸、張皆不云《說文》有噂，則知淺人依《詩》增也。

咠 聶語也。耳部曰：「聶，附耳私小語也。」按，聶取兩耳附一耳，咠取口附耳也。从口耳。七入切，七部。《詩》曰：「咠咠幡幡。」《巷伯》三章：「緝緝翩翩。」四章：「捷捷幡幡。」許引當云「咠咠翩翩」，而云「咠咠幡幡」者，誤合二章爲一耳。咠咠，今《詩》作「緝緝」，毛云：「緝緝，口舌聲。」

呷 吸呷也。司馬相如賦曰：「翕呷萃蔡」，張揖曰：「翕呷，衣起張也。」《海賦》：「猶尚呀呷，餘波獨湧。」李善曰：「呀呷，波相吞之皃。」《吴都賦》曰：「諠譁喤呷。」《廣韵》：「喤呷，衆聲也。」从口，甲聲。呼甲切，八部。

嘒 小聲也。《小雅》：「鳴蜩嘒嘒。」毛曰：「嘒嘒，聲也。」按，《商頌》：「嘒嘒管聲。」毛曰：「嘒嘒，和也。」从口，彗聲。呼惠切，十五部。《詩》曰：「嘒彼小星。」

嚖 或从慧。

嘫 語聲也。《方言》：「欸，然也。」《廣雅》：「欸，譍，然，譍也。」按，然即嘫，應聲也。从口，然聲。如延切，十四部。

唪 大笑也。《玉篇》、《手鑑》皆作「大聲」。从口，奉聲。讀若《詩》曰「瓜瓞菶菶」。方蠓切，九部。按，今《生民》作「瓜瓞唪唪」，而玉口二部兩引皆作「菶菶」。

嗔 盛气也。門部曰：「闐，盛皃。」聲義與此同。今《毛詩》「振旅闐闐」，許所據作「嗔嗔」。《玉藻》「盛氣顛實」，注云：「顛讀爲闐，盛身中之氣，使之闐滿。」《孟子》「填然鼓之」，是則聲同得相假借也。古音陳，今俗以爲謓恚字。从口，真聲。待年切，十二部。《詩》曰：「振旅嗔嗔。」《小雅》。

嘌 疾也。《檜風》：「匪車嘌兮。」毛曰：「嘌嘌，無節度也。」按，無節度者，即上章所云「疾驅」，非有道之車也。从口，票聲。撫招切，二部。《詩》曰：「匪車嘌兮。」

嘑 號也。号部曰：「號，嘑也。」是爲轉注。《雞人》：「夜嘑旦以嘂百官。」此嘑字之僅存者也。若《銜枚氏》「嘂呼歎鳴」，

《大雅》「式號式呼」，以及諸書云叫呼者，其字皆當作嘑，不當用外息之字。嘑或作謼，崔靈恩《毛詩》：「式號式謼。」从口，虖聲。荒烏切，五部。

㗘 音聲㗘㗘然。从口，昱聲。余六切，古音在七部。

嘯 吹聲也。《召南》箋曰：「嘯，蹙口而出聲也。」从口，肅聲。穌弔切，古音在三部。

歗 籒文嘯，从欠。欠部重出歗字，引《詩》「其歗也謌」，今《詩》惟「條其歗矣」作歗。

台 説也。台説者，今之怡悦字。《説文》怡訓和，無悦字。今文《尚書》「舜讓于德不台」，見《漢書·王莽傳》，班固《典引》，而《五帝本紀》本之，作「舜讓于德不台懌」。《自序》曰：「唐堯遜位，虞舜不台。」「惠之早霣，諸吕不台。」皆謂不爲百姓所悦也。古文《禹貢》：「祇台德先。」鄭注：「敬悦天子之德既先。」从口，㠯聲。与之切，一部。按，《湯誓》、《高宗肜日》、《西伯戡黎》皆云「如台」，《殷本紀》皆作「柰何」，《釋詁》台、予同訓我，此皆以雙聲爲用，何、予、台三字雙聲也。

嗂 喜也。从口，䍃聲。余招切，二部。此字與䍃義相近。

启 開也。按，後人用啟字訓開，乃廢启不行矣。啟，教也。《玉篇》引《堯典》「胤子朱启明」。《釋天》：「明星謂之启明。」从户口。會意。康禮切，十五部。此字不入户部者，以口户爲開户也。

嗿 聲也。《周頌》傳曰：「嗿，衆皃。」按，許以字从口，故釋與毛異。从口，貪聲。他感切，古音在七部。《詩》曰：「有嗿其饁。」

咸 皆也，悉也。咸，皆也。見《釋詁》。从口，从戌。會意。胡監切，古音在七部。戌，悉也。此从戌之故。戌爲悉者，同音假借之理。

呈 平也。今義云示也，見也。从口，𡈼聲。直貞切，十一部。𡈼之言挺也，故訓平。

右 助也。从口又。又者，手也。手不足以口助之，故曰助也。今人以左右爲𠂇又字，則又製佐佑爲左右字。于救切，古音在一部。

啻 語時不啻也。《玄應》引《倉頡篇》曰：「不啻，多也。」按，不啻者，多之詈也。《秦誓》曰：「不啻若自其口出。」《世説新語》云：「王文度弟阿智惡乃不啻。」《玉篇》云：「買賣云不啻也。」可知爲市井常談矣。不啻，如楚人言夥頤。啻亦作翅，支聲、帝聲同部也。疒部疷下曰：「病不翅。」《孟子》曰：「奚翅食重。」从口，帝聲。施智切，十六部。一曰，啻，諟也。言部曰：「諟，理也。」亦用諟爲宷諦字。讀若鞮。疑此謂後一義之讀。

吉 善也。从士口。居質切，十二部。

周 密也。密，山部曰：「山如堂者。」引伸訓爲周緻也。

《左傳》：「晏子曰：清濁、小大、短長、疾徐、哀樂、剛柔、遲速、高下、出入、周疏以相濟也。」以周與疏反對。又襄二十七年：「春胥梁帶使諸喪邑者，具車徒以受地，必周。」杜皆云：「周，密也。」按，忠信爲周，謂忠信之人無不周密者。从用口。善用其口則密，不密者皆由於口。職雷切，三部。

周 古文周字。从古文及。及之者，周至之意。

唐 大言也。引伸爲大也。如說《尚書》者云：「唐之爲言蕩蕩也。」見《論衡》。又爲空也，如梵書云：「福不唐捐。」凡陂塘字，古皆作唐，取虛而多受之意。𠂤部曰：「隄，唐也。」从口，庚聲。徒郎切，十部。

啺 古文唐，从口昜。亦形聲。

𠷎 誰也。从口𠃬，又聲。𠃬，古文疇。按，此篆疑有誤。白部曰：「𠷎，詈也。从白，𠃬聲。」引《唐書》「帝曰：𠷎咨。」與此音義大同，但其字从口、𠃬聲足矣，不當兼从又聲。又在一部，非聲也。老部𦒱、酉部𨡴、巾部𢄍，皆从𠷎聲。竹部籌、火部燾、言部譸、邑部𨟊，皆从𠷎聲。絶無从𠷎聲之字，可知此正當作𠷎，爲𦒱之聲。直由切，三部。

嘾 含深也。《莊子》曰：「大甘而嘾。」从口，覃聲。徒感切，古音在七部。

噎 飯窒也。《王風》：「中心如噎。」毛曰：「謂噎憂不能息也。」噎、憂雙聲，憂即終日號而不嚘之嚘，氣逆也。今本毛傳譌脫，惟《玉篇》不誤。《鄭風》傳「憂不能息」，憂亦讀爲嚘。欠部曰：「歐，嚘也。」歐嚘即噎憂，劉氏台拱說。从口，壹聲。烏結切，十二部。

嗢 咽也。咽當作噎，聲之誤也。欠部曰：「㰬，咽中息不利也。」與嗢音義同。笑云嗢噱者，嗢在喉中，噱在口也。从口，𥁑聲。烏没切。𥁑聲在十三部，與十五部合音最近也。

哯 不歐而吐也。欠部曰：「歐，吐也。」渾言之。此云「不歐而吐也」者，析言之。歐以匈喉言，吐以出口言也。有匈喉不作惡而已吐出者，謂之哯。《玉篇》、《廣韵》作「不顧而唾」，非也。从口，見聲。胡典切，古音在十四部。

吐 寫也。从口，土聲。他魯切，五部。

噦 气啎也。啎，逆也。《通俗文》曰：「氣逆曰噦。」《内則》曰：「不敢噦噫。」《靈樞經》說六府氣，「胃爲氣逆噦」。从口，歲聲。於月切，十五部。

咈 違也。違與韋同，相背也。从口，弗聲。符弗切，十五部。《周書》曰：按，《說文》引《微子篇》「咈其耇長」，「我興受其退」，皆系《周書》；引「子顛躋」，則曰《商書》，未知孰是誤字。《洪範》一篇，商、周說異，《微子》則必是《商書》也。「咈其耇長。」《玉篇》引《易》「咈經丁丘」，今《易》作「拂」，蓋誤。

嚘　語未定皃。《東方朔傳》曰：「伊優亞者，辭未定也。」《集韵》云：「憂或作嚘。」⑯又《老子》「終日號而不嗄」，《玉篇》作「不嚘」，云：「嚘，氣逆也。」《太玄》：「柔兒于號，三日不嚘。」傳奕校定《老子》作「歠」，歠同嚘。从口，憂聲。於求切，三部。師古一矦反。

吃　言蹇難也。从口，气聲。居乙切，十五部。

嗜　喜欲之也。此依《韵會》本。喜當作「憙」，憙，悦也。經傳多假耆爲嗜。从口，耆聲。常利切，十五部。

啖　噍啖也。《荀子・王霸篇》：「啖啖常欲人之有。」注：「啖啖，并吞之皃。」从口，炎聲。徒敢切，八部。一曰，噉。《韵會》無此三字。云：「或作噉。」按，口部無噉字，《玉篇》、《廣韵》皆正作「噉」，云：「啖同。」以「犫」字例之，葢《説文》本作噉。

哽　語爲舌所介也。哽、介雙聲。《漢書》：「祝哽在前。」⑰从口，更聲。讀若井汲綆。古杏切，十一部。

嘐　誇語也。《孟子》：「何以謂之狂也？曰：其志嘐嘐然，曰古之人，古之人，夷考其行而不掩焉者也。」从口，翏聲。古肴切，古音在三部。

啁　啁，此複舉字未删者。嘐也。《楚語》：「鶡雞啁哳而悲鳴。」⑱啁，大聲；哳，小聲也。从口，周聲。陟交切，古音在三部。《倉頡篇》：「啁，調也。」謂相戲調也。今人啁作「嘲」。

哇　諂聲也。淫哇也。《王莽傳》又假鼃爲哇。从口，圭聲。於佳切，古音十六部。讀若醫。醫在第一部，相隔遠甚。疑是翳字，翳在十六部。

𠯑　語相訶歫也。歫，今之拒字。訶歫者，訶而拒之。从口辛，音愆。辛，惡聲也。口辛以口拒惡聲也。讀若櫱。五葛切，十五部。

吺　讘吺，多言也。言部曰：「讘，多言也。」讘吺，《玉篇》作「呫吺」。从口，殳聲。當矦切，四部。

呧　苛也。苛者，訶之假借字。漢人多用荷爲訶，亦用苛爲訶。从口，氐聲。都禮切，十五部。按，言部有詆字，云：「訶也。」口部呧似複出。《集韵》詆、呧爲一字。

呰　苛也。苛亦當作「訶」。《玄應》引作訶。凡言呰毁，當用呰。《喪服四制》：「呰者，莫不知禮之所生也。」鄭云：「口毁曰呰。」《玄應》引如此。今《禮記》作「訾」。按，《少儀》注兩云「訾，思也」。从口，此聲。將此切，十六部。

嗻　遮也。《廣韵》：「嗻，多語之皃。」然則遮者，謂多言遏遮人言也。从口，庶聲。之夜切，古音在五部。

唊　妄語也。《廣韵》：「唊唊，多言也。」从口，夾聲。讀若莢。古叶切，八部。

嗑　多言也。从口，盍聲。讀若甲。候榼切，八部。

嗙 訶聲嗙喻也。从口，旁聲。補盲切，十部。司馬相如說「淮南宋蔡舞嗙喻」也。《上林賦》：「巴渝宋蔡，淮南于遮。」此所偁非賦文，葢《凡將》之一句也。劉逵引「黃潤纖美宜製禪」，歐陽詢引「鐘磬竽笙筑坎侯」，知《凡將》七言爲句。

噧 高气多言也。《廣韻》曰：「高聲皃，又多言。」从口，蠆省聲。按，篆文作萬，此直云「萬聲」可矣，不當云省⑲。訶介切，十五部。《春秋傳》曰「噧言」。未見所出，惟《公羊·襄十四年》經「鄭公孫噧」二傳作「蠆」。疑「噧言」二字有誤，當云「鄭公孫噧」。

㕤 高气也。从口，九聲。巨鳩切，三部。《詩》「㕤矛」，是此㕤字。臨淮有㕤猶縣。見《地理志》。按，《韓子》智伯伐仇猶，非此縣地。

嘮 嘮呶，讙也。从口，勞聲。敕交切，二部。

呶 讙聲也。从口，奴聲。女交切，古音在五部。《詩》曰：「載號載呶。」見《小雅》。毛曰：「號，呼。呶，讙也。」

叱 訶也。訶，大言而怒也。从口，七聲。昌栗切，十二部。

噴 吒也。从口，賁聲。普魂切，十三部。一曰，鼓鼻。此別一義。許釋嚏爲欠，以鼓鼻繫之噴。

吒 噴也。叱怒也。此三字明叱、噴、吒三字互訓也。《曲禮》曰：「毋吒食。」謂當食而叱怒他事，嫌於怒食，故注云「嫌薄之」。《淮陰侯傳》曰：「項王喑噁叱吒，千人皆廢。」从口，乇聲。陟駕切，古音在五部。亦作咤。

噊 危也。見《釋詁》。从口，矞聲。余律切，十五部。

啐 驚也。从口，卒聲。七外切，十五部。《儀禮》今文以爲啐酒字。

唇 驚也。後人以震字爲之。从口，辰聲。側鄰切，十三部。

吁 驚也。从口，亐聲。況于切，五部。按，此篆當刪，說見亐部。

嘵 懼聲也。《豳風》毛傳曰：「嘵嘵，懼也。」从口，堯聲。許幺切，二部。《詩》曰：「予維音之嘵嘵。」《玉篇》、《廣韻》作「予維音之嘵嘵」。本《說文》也。今本《說文》作「唯予音之嘵嘵」。

嘖 大呼也。呼當作「嘑」。《廣韻》：「嚄嘖，叫也。」《左傳·定四年》：「嘖有煩言。」从口，責聲。士革切，十六部。

謮 嘖或从言。《百官公卿表》，典客太初元年更名大鴻臚，應劭曰：「郊廟行禮，讚九賓，鴻聲臚傳之也。」今《漢書》譌「讚」。

嗸 衆口愁也。《董仲舒傳》：「嗸嗸苦不足。」《食貨志》：「天下嗸嗸。」《陳湯傳》：「嗸嗸苦之。」皆同音假借字也。从口，敖聲。五牢切，二部。按，此字《五經文字》、《玉篇》、《廣韻》、

《經典釋文》皆下口上敖，本《說文》也。今《說文》作「嗷」，後人所妄改。《詩》曰：「哀鳴嗸嗸。」《小雅》。

唸 唸吚，逗。呻也。今本無「唸」者，淺人以爲複字而刪之。無「呻」者，淺人所改也。今依全書通例補正。从口，念聲。都見切，古音在七部。郭音坫。今切都見者，因《詩》作殿也。《詩》曰：「民之方唸吚。」《大雅》文。今作「殿屎」。

吚 唸吚也。《釋訓》：「殿屎，呻也。」毛傳：「殿屎，呻吟也。」陸氏《詩》、《爾雅》音義皆云：「殿屎，《說文》作唸吚。」从口，伊省聲。依《詩》、《爾雅》音義、《五經文字》云：「屎，《說文》作吚。」然則今本《說文》作吚者，俗人妄改也⑳。以虫部蛜字例之，亦爲伊省聲。馨伊切，十五部。

⿰口嚴 呻也。从口，嚴聲。五銜切，八部。《廣韵》作「⿰口巖」。

呻 吟也。按，呻者，吟之舒。吟者，呻之急，渾言則不別也。从口，申聲。失人切，十二部。

吟 呻也。从口，今聲。魚音切，七部。

⿰音今 吟或从音。

嗞 嗟也。嗟，言部作「⿱差言」，云：「⿱差言，嗞也。」與此爲互訓。今本言部作「咨也」，淺人妄改耳。謀事曰咨，音義皆殊。《戰國策·秦策五》：「平原令見諸公，必爲言之曰：嗟嗞乎，司空馬。」《詩·綢繆》：「子兮子兮，如此良人何！」毛傳：「子兮者，嗟茲也。」茲當作嗞，古言⿱差言嗞，今人作嗟咨，非也。《廣韵》：「嗞嗟，憂聲也。」从口，茲聲。子之切，一部。

哤 哤異之言。《齊語》曰：「四民者，勿使襍處。襍處則其言哤，其事易。」韋注：「哤，亂也。」从口，尨聲。莫江切，九部。一曰，襍語。漢人多用襍爲集字。集語，猶聚語也。讀若尨。兩義讀同。

叫 嘑也。从口，丩聲。古弔切，古音在三部。按，㗊部嘂，言部訆，皆訓「大嘑」，與此音同義小異。疑「叫」字淺人所增。

嘅 嘆也。从口，既聲。苦蓋切，十五部。《詩》曰：「嘅其嘆矣。」《王風》。

唌 語唌嘆也。《梁鴻傳》：「競舉枉兮措直，咸先佞兮唌唌。」注：「唌音延，讒言捷急之皃。」郭注《爾雅》假爲次字，夕連切。从口，延聲。十四部。

嘆 吞歎也。《九經字樣》作「吞聲也」，非。按，嘆、歎二字，今人通用。《毛詩》中兩體錯出，依《說文》則義異。歎近於喜，嘆近於哀。故嘆訓吞歎，吞其歎而不能發。詳欠部。从口，歎省聲。他案切，十四部。一曰，大息也。此別一義。與喟義同。

喝 㵣也。疑當作「㵣音也」，今脫音字耳。《莊子·庚桑楚》：「終日嗥而嗌不嗄。」崔譔本作「不喝」，云「啞也」。《子虛賦》：「榜人歌聲流喝。」郭璞曰：「言悲嘶也。」又謝希逸文：「喝邊簫於松霧。」从口，曷聲。於介切，十五部。

哨 不容也。鄭注《考工記》曰：「哨，頃小也。」㉑《記・投壺》曰：「某有枉矢哨壺。」从口，肖聲。才笑切，二部。

吪 動也。見《釋詁》、《毛詩》傳。从口，化聲。五禾切，十七部。《詩》曰：「尚寐無吪。」《王風》。又《小雅》：「或寢或吪。」今各本作「訛」，非也。訛即譌字。

噆 嗛也。《玄應》引作「銜也」。嗛銜音義同。从口，朁聲。子荅切，七部。

吝 恨惜也。慳吝亦恨惜也。从口，文聲。按，此字葢从口文會意。凡恨惜者，多文之以口，非文聲也。良刃切，十二部。《易》曰：「㠯往吝。」《蒙》初六爻辭。按，辵部引「以往遴」，不同者，許《易》偁孟氏，或兼偁他家，或孟《易》有或本，皆未可知也。

古文吝，从彣。

各 異詞也。詞者，意内而言外。異爲意，各爲言也。从口夊。陟侈切。夊者，有行而止之，不相聽意。夊部曰：「從後至也。象人兩脛後有致之者。」致之，止之，義相反而相成也。古洛切，五部。

否 不也。从口不。按，否字見不部，此誤增也。

唁 弔生也。《庸風》：「歸唁衛矦。」《春秋》：「齊矦唁公于野井。」《穀梁傳》、毛傳皆云：「弔失國曰唁。」此言「弔生」者，以弔生爲唁，别於弔死爲弔也。何注《公羊》云：「弔亡國曰唁，弔死曰弔。」與此相發明。今本《公羊》注「弔死國曰弔」，衍國字。从口，言聲。魚變切，十四部。《詩》曰：「歸唁衛矦。」

哀 閔也。閔，弔者在門也。引伸之，凡哀皆曰閔。从口，衣聲。烏開切，古音在十五部。

嗁 号也。号，各本作「號」，今正。号下曰：「痛聲也。」此可證嗁号與嘑號不同字也。号，痛聲；哭，哀聲，痛在内，哀形於外，此嗁與哭之别也。《喪大記》：「始卒，主人啼，兄弟哭，婦人哭踊。」注：「悲哀有淺深也。若嬰兒中路失母，能勿啼乎？」按，鄭用《襍記》語也。嗁俗作「啼」，《士喪禮》作「諦」，古多假諦爲嗁。从口，虒聲。杜兮切，十六部。

嗀 歐皃。今俗語如此。从口，殸聲。許角切，三部。《春秋傳》曰：「君將嗀之。」《左・哀廿五年》文。之，《玉篇》作「焉」。

咼 口戾不正也。《通俗文》：「斜戾曰咼。」从口，冎聲。苦媧切，古音十七部。

㖢 㖢嗼也。三字一句。俗本删㖢字，非也。宀部曰：「寂，無人聲也。」从口，叔聲。前歷切，古音在三部。

嗼 㖢嗼也。按，歺部云「寂募」㉒，義略同。《爾雅・釋詁》曰：「嗼，定也。」《呂覽・首時篇》「嗼然」，高注：「嗼然，無聲也。」今《毛詩》「求民之莫」，毛曰：「莫，定也。」又「貊其德音」，《左傳》、《韓詩》貊皆作莫，《韓》云：「莫，定也。」从口，莫聲。莫各切，五部。《玉篇》亾格切。

𠯑 塞口也。《廣雅·釋詁》曰：「𠯑，塞也。」《易·巛》：「六二，括囊無咎。」㉓ 括即𠯑字也。从口，氒省聲。氒即氏部氒字，隸變或作氒，或作牙。凡𠯑聲字，隸變皆爲舌，如括、刮之類。古活切，十五部。

𦧇 古文从甘。戴先生曰：「古文氏不省，誤爲从甘。」按，《汗簡》、《古文四聲韵》云：「𠯑、𦧇皆同厥，出古《尚書》。」𦧇即𠯑字不省者也。

嗾 使犬聲。見《左傳·宣二年》。使犬者，作之噬也。《方言》曰：「秦晉之西鄙，自冀隴而西，使犬曰哨。」郭音騷。哨與嗾一聲之轉。《公羊》疏云：「今呼犬謂之屬。」从口，族聲。穌奏切，三部。《釋文》素口反。《春秋傳》曰：「公嗾夫獒。」按，嗾，服本作「取」，云：「取，嗾也。嗾夫獒使之噬盾也。」今本釋文、正義皆譌亂，取誤爲㖩㉔。

吠 犬鳴。从口犬。口犬者，動口之犬也。《字林》作「吠」，則爲形聲字。《太玄》曰：「鴟鳩在林，吠彼衆經。」㉕《文選》注引《戰國策》作「哦」，亦是形聲字。符廢切，十五部。

咆 嗥也。《廣韵》曰：「咆虓，熊虎聲。」从口，包聲。薄交切，二部。

嗥 咆也。《廣韵》：「嗥，熊虎聲。」《左傳》曰：「狐狸所居，豺狼所嗥。」从口，皋聲。乎刀切，古音在三部。

獆 譚長說：嗥从犬。《公羊春秋經》：「趙盾弒其君夷獆。」㉖

喈 鳥鳴聲也。从口，皆聲。古諧切，十五部。一曰，鳳皇鳴聲喈喈。按，此八字葢後人所增。鳳皇亦鳥耳，《詩·風雨》曰：「雞鳴喈喈。」《卷阿》曰：「噰噰喈喈。」

哮 豕驚聲也。按，哮亦作「豞」。許角切。《吳都賦》曰：「封豨𧄍。」李云：「𧄍，豨聲。呼學切。」亦即哮字，但字形有譌耳。从口，孝聲。許交切，亦許角切，古音在三部。

喔 雞聲也。从口，屋聲。於角切，三部。

呝 喔也。呝、喔雙聲。《射雉賦》：「良遊呝喔，引之規裏。」《廣韵·廿一麥》曰：「呝喔，鳥聲。」疑兩篆文下本皆云「呝喔」，後人亂之耳。从口，戹聲。烏格切，十六部。

咮 鳥口也。今人噣、咮、啄三字同音通用，許分別甚明，人口不曰咮。从口，朱聲。章俱切，古音在四部。按，《廣韵·十虞》曰：「譳咮，多言皃。」《四十九宥》曰：「咮，鳥口。」然則大徐用章俱一切，誤也。

嚶 鳥鳴也。《小雅》：「鳥鳴嚶嚶。」毛曰：「嚶嚶，驚懼也。」《釋訓》曰：「丁丁，嚶嚶：相切直也。」鄭曰：「嚶嚶，兩鳥聲也。」按，《詩》：「鳥鳴嚶嚶，出自幽谷。」本不言何鳥，昔人因嚶嚶似離黃之聲，出谷遷喬，亦似離黃出蟄土而登樹，故就嚶改鸎，爲倉庚之名。唐試士以「鸎出谷」命題，本《毛詩》也。古者倉庚名離黃，名黧黃，名楚雀，名黃栗留、黃鸝留，不名黃鸎，亦無鸎字也。惟高誘注《吕覽》曰：「含桃，鸎桃，鸎鳥所含。」陸璣《詩疏》云：「黃鸝留，幽州人謂之黃鸎。」鸎字始見，要因其聲製字耳。果名依高誘作鸎桃爲是。鄭注《月令》作櫻桃者，乃俗人所改。《詩》「交交桑扈，有鶯其羽」，毛公云：「鶯然有文章也。」鶯絶非鸎。唐人耕韵鶯注「鳥羽文也」，鸎注「黃鸎也」，一韵中可竝用。舊本唐詩黃鸎字皆如此。元明以後，淺人乃謂古無鸎字，盡改爲鶯，而鶯失其本義，而昔人因嚶製鸎之理晦矣。《玉篇》：「鶯，鳥有文。鸎，黃鳥也。」分別亦是。而謂倉庚爲黃鳥，失《詩》之訓。《毛詩》黃鳥非倉庚也。至《集韵》、《類篇》乃皆合鶯、鸎爲一字，斯謂不識字。从口，嬰聲。烏莖切，十一部。

啄　鳥食也。鳥咮鋭，食物似琢。《吳都賦》説水鳥曰：「彫琢蔓藻。」㉗从口，豖聲。丁角切，三部。

唬　虎聲也。鍇本不誤，鉉本改爲嗁聲，誤甚。自吠篆已下，皆言鳥獸矣。《通俗文》曰：「虎聲謂之哮唬。」當讀呼去聲，亦讀如罅字。从虎口，虎亦聲也。五部。从口虎。與吠意同，主於説口，故不入犬虎部。〇此下鍇有「一曰虎聲」四字，鉉本此四字在从口之上，皆淺人誤增。讀若暠。《説文》無此字，鉉用《唐韵》呼訝切，《玉篇》呼交切，與此讀合。

呦　鹿鳴聲也。見《小雅》。从口，幼聲。伊虯切，三部。

𣢉　呦或从欠。

噳　麋鹿羣口相聚皃。《大雅》：「麀鹿噳噳。」毛曰：「噳噳然衆也。」《小雅》：「麀鹿麌麌。」毛曰：「麌麌，衆多也。」按，毛意麌麌即噳噳之假借也。《説文》無麌。从口，虞聲。魚矩切，五部。《詩》曰：「麀鹿噳噳。」

喁　魚口上見。師古、《玄應》皆作「衆口」。按，魚是也。《淮南書》：「水濁則魚噞喁。」㉘劉逵注《吳都賦》曰：「噞喁，魚在水中羣出動口皃。」喁本狀魚，引伸他用，如《論語素王受命讖》：「莫不喁喁延頸歸德。」《淮南書》：「羣生莫不喁喁然仰其德。」《司馬相如傳》：「延頸舉踵喁喁然。」皆是也。从口，禺聲。魚容切，葢古音在四部。

局　促也。以疊韵爲訓。从口在尺下，復局之。一曰，博所目行棊，象形。博當作簙，簙，局戲也。六箸十二棊，簙有局，以行十二棊。局之字象其形，此別一義。渠録切，三部。尺所以指斥規榘事也，口在尺下，三緘其口之意。

谷　山閒陷泥地。閒，《玉篇》作「澗」。陷當作「臽」，字之誤。水部曰：「臽，泥水臽臽也。」从口，謂山閒。从水敗皃。水敗土謂臽泥。谷字、𠀠字皆从水半見，谷亦从水半見出於口也。水敗土而臽泥多，是曰谷。讀若沇州之沇。按，漢隸沇州字已多作兖。以轉切，十四部。九州之渥地也，毛傳曰：「渥，厚也。」故㠯沇名焉。此釋州名之意。沇爲九州之渥地，如谷爲山閒之渥地，其義同，其音亦同也。

㕡古文㕣。按，下葢从谷，上从列骨之殘𣦵字，𣦵象水敗也。漢人作兖字者，葢合和㕡、沇二字爲之。

文一百八十。鍇一百八十二。重二十一。張次立曰：重二十，補遺諂一字，共重二十一。按，諂字今不補。

凵張口也。象形。也，《廣韵》作「皃」。口犯切，八部。凡凵之屬皆从凵。

文一。

吅驚嘑也。《玉篇》云：「吅與讙通。」按，言部讙、譁二字互訓，與驚嘑義別。从二口。凡吅之屬皆从吅。讀若讙。況袁切，十四部。

𤕦亂也。从爻工交吅。疑有譌脫。寸部：「㝷，繹理也。从口、从工、从又、从寸。工口，亂也，又寸，分理之。彡聲。」與𤕦同意。是則从吅、从爻、从工者，亦亂也。从己分理之。𤕦不云亂理，㝷不云亂者，互見其義也。乙部曰：「亂，治也。」𠬪部曰：「𤔔，治也。幺子相亂，𠬪治之。」凡言亂而治在焉，《易》「窮則變」也。《莊子·在宥》「傖囊」，崔譔作「戕囊」，云：「戕囊猶搶攘。」晉灼注《漢書》曰：「搶攘，亂皃也。」搶、攘疊韵，本在陽唐韵，轉入庚韵。攘即𤕦之假借。凡髮亂曰「鬇鬤」，艸亂曰「䔙薴」，皆搶攘同意。一曰，室𤕦。𤕦，《玉篇》作「穰」，葢誤。室𤕦，葢充塞之意。周漢人語也。讀若穰。兩義同讀，在十部。《唐韵》女庚切。

籒文𤕦。

嚴教命急也。嚴、急疊韵。趙注《孟子》曰：「事嚴，喪事急。」从吅，𠪚聲。語杴切，八部。

古文嚴。

咢譁訟也。引伸爲徒擊鼓曰咢。又《韋賢傳》「咢咢黃髮」。从吅屰，屰亦聲。五各切，五部。

單大也。當爲「大言」也，淺人刪言字，如「誣，加言也」，淺人亦刪言字。《爾雅》、《廣雅》説大皆無單。引伸爲雙之反對。《大雅》：「其軍三單。」毛云：「三單，相襲也。」鄭云：「丁夫適滿三軍之數，無羨卒也。」从吅甲，大言，故从吅。吅亦聲。都寒切，十四部。闕。當云「甲闕」，謂甲形未聞也。

喌呼雞重言之。當云「喌喌，呼雞重言之」也。淺人刪之耳。《夏小正》：「正月，雞桴粥。粥也者，相粥之時也。」案，相粥之時也，一本作「相粥粥呼也」。粥、喌古今字。雞聲喌喌，故人效其聲評之。《風俗通》曰：「呼雞朱朱，俗説雞本朱公化而爲之，今呼雞曰朱朱也。謹按《説文解字》喌从二口，二口爲讙，州其聲也。讀若祝，祝者，誘致禽畜和順之意。喌與朱音相似耳。」今按，應仲遠似當引《小正》爲原本。从吅从州聲。之六切，三部。讀若祝。依《風俗通》，則祝當重，謂喌喌讀若祝祝也。《左傳》「州吁」，《穀梁》作「祝吁」。《博物志》云：祝雞翁善養雞，故呼祝祝㉙。

文六。　重二。

哭 哀聲也。从吅，从獄省聲。苦屋切，三部。按，許書言省聲，多有可疑者。取一偏旁，不載全字，指爲某字之省，若家之爲豭省，哭之从獄省，皆不可信。獄固从㹜，非从犬，而取㹜之半，然則何不取穀、獨、倏、狢之省乎？竊謂从犬之字，如狡、獪、狂、默、猝、猥、姍㉚、狠、獷、狀、獳、狎、狃、犯、猜、猛、犺、𤞤、狟、戾、獨、狩、臭、獘、獻、類、猶卅字，皆从犬而移以言人，安見非哭本謂犬嘷，而移以言人也？凡造字之本意有不可得者，如禿之从禾；用字之本義亦有不可知者，如家之从豕、哭之从犬。愚以爲家入豕部，从豕宀，哭入犬部，从犬吅，皆會意而移以言人，庶可正省聲之勉强皮傅乎。哭部當廁犬部之後。**凡哭之屬皆从哭。**

喪 亡也。亡部曰：「亡，逃也。」亡非死之謂，故《中庸》曰：「事死如事生，事亡如事存。」《尚書大傳》曰：「王之於仁人也，死者封其墓，況於生者乎？王之於賢人也，亡者表其閭，況於在者乎？」皆存亡與生死分別言之。凶禮謂之喪者，鄭《禮經目録》云：「不忍言死而言喪，喪者，棄亡之辭。若全居於彼焉，己失之耳。」是則死曰喪之義也。公子重耳自偁身喪，魯昭公自偁喪人，此喪字之本義也。凡喪失字，本皆平聲，俗讀去聲，以别於死喪平聲，非古也。**从哭亡，亡亦聲。**此從《禮記》「奔喪之禮」釋文所引。息郎切，十部。

文二。

走 趨也。《釋名》曰：「徐行曰步，疾行曰趨，疾趨曰走。」此析言之，許渾言不别也。今俗謂走徐趨疾者，非。**从夭止。夭者，屈也。**依《韵會》訂。夭部曰：「夭，屈也。」止部曰：「止爲足。」从夭止者，安步則足胻較直，趨則屈多。子苟切，四部。《大雅》假本奏爲奔走。**凡走之屬皆从走。**

趨 走也。《曲禮》注曰：「行而張足曰趨。」按，張足過於布武。《大雅》：「左右趣之。」毛曰：「趣，趨也。」此謂假借趣爲趨也。**从走，芻聲。**七逾切，古音在四部。

赴 趨也。《聘禮》：「赴者未至。」《士喪禮》：「赴曰君之臣某死。」㉛注皆云：「今文赴作訃。」按，古文訃告字祇作赴者，取急疾之意。今文从言，急疾意轉隱矣。故言部不收訃字者，从古文不从今文也。凡許於《禮經》，从今文則不收古文字。如口部有名，金部無銘是也。从古文則不收今文字，如赴是也。《襍記》作訃不作赴者，《禮記》多用今文《禮》也。《左傳》作赴者，左丘明述《春秋傳》以古文，故與古文《禮》同也。**从走，卜聲。**芳遇切，古音在三部。

趣 疾也。《大雅》：「來朝趣馬。」箋云：「言其辟惡早且疾也。」《玉篇》所引如是，獨爲不誤。早釋來朝，疾釋趣馬也。又，「濟濟辟王，左右趣之。」箋云：「左右之諸臣皆促疾於事。」《周禮》「趣馬」，大鄭曰：「趣馬，趣養馬者也。」按，趣養馬，謂督促養馬。古音七口反，音轉乃有清須、七句二反。後人言歸趣、旨趣者，乃引伸之義，輒讀爲七句，以别於七苟，非古義古音也。**从走，取聲。**七句切，古音在四部。

超　跳也。跳，一曰躍也。躍，迅也。迅，疾也。然則超與趣同義。从走，召聲。敕宵切，二部。

趫　善緣木之士也。依《二京賦》注、《衆經音義》訂。《吴都賦》曰：「趫材悍壯，此焉比廬。」成公綏《洛禊賦》曰：「趫才逸態，習水善浮。」按，張注《列子・説符篇》「異伎」云僑人。郭注《山海經》長股國，言「有喬國，今伎家僑人象此」。僑人，今俗謂之踹僑。僑即趫字，去囂切。从走，喬聲。去囂切，二部。讀若王子蹻。王子蹻，蓋即王子喬，周靈王太子晉也。又有王喬者，蜀武陽人也。《淮南・齊俗訓》「王喬、赤誦子」，誦同松。師古注《王褒傳》「僑松」云：「王僑，赤松子。」凡辭賦言「喬松」者皆謂王喬，非王子喬。

赳　輕勁有才力也。《周南》傳曰：「赳赳，武皃。」《釋訓》曰：「洸洸，赳赳，武也。」《詩音義》引《爾雅》武作勇。从走，丩聲。居黝切，三部。讀若鐈。喬聲在二部，合韵冣近。

趌　緣大木也。與蚑音義略同。一曰，行皃。此別一義。《小雅》：「鹿斯之奔，維足伎伎。」《玉篇》作「趌趌」。从走，支聲。巨之切，之當作支，十六部。

趮　疾也。《考工記》：「羽豐則遲，羽殺則趮。」鄭云：「趮，旁掉也。」按，今字作躁。从走，喿聲。則到切，二部。

趯　躍也。《召南》傳曰：「趯趯，躍也。」足部曰：「躍，迅也。」从走，翟聲。以灼切，古音在二部，平聲。

⿺走厥　蹠也。⿺走厥，跳起也。足部曰：「楚人謂跳躍曰蹠。」从走，厥聲。居月切，十五部。

越　度也。與辵部⿺辶戉字音義同。《周頌》：「對越在天。」箋云：「越，於也。」此假借越爲粵也。《尚書》有越無粵，《大誥》、《文矦之命》越字，《魏三體石經》作粵，《説文》引「粵三日丁亥」，今《召誥》作「越三日丁巳」。从走，戉聲。王伐切，十五部。

趁　⿺走亶也。从走，㐱聲。讀若塵。丑忍切，十三部。按，趁當平聲，同馬部駗，張人切。今人趁逐字作此，反語爲丑刃，非古義古音也。

⿺走亶　趁也。按，趁、⿺走亶即《屯》「六二，屯如邅如」，馬融云：「難行不進之皃。」亶俗本作「邅」，葉林宗抄宋版《釋文》、吕祖謙《音訓》皆作「亶」。馬部作駗驙。駗驙，馬載重難也。皆雙聲疊韵。疑网篆下本皆作「趁⿺走亶也」。从走，亶聲。張連切，十四部。

趞　趬趞也。从走，昔聲。七雀切，古音在五部。一曰，行皃。

趬　行輕皃。今俗語輕趬，當用此字。从走，堯聲。牽遥切，二部。一曰，趬，舉足也。今俗語謂舉足正如此。按，趬、趞雙聲字，疑篆當先趬後趞。趬下曰：「趬趞，行輕皃。一曰，趬，舉足也。从走，堯聲。」趞下云：「趬趞也。从走，昔聲。」今本葢淺人所亂。

⿺走弦　急走也。从走，弦聲。形聲包會意。从弦，有急意也。胡田切，十二部。

趀 倉卒也。倉俗从廾，誤。《夬》：「九四，其行次且。」次，鄭作「趀」。《論語》：「造次必於是。」造次，馬云：「急遽也。」鄭云：「倉卒也。」然則次者，趀之假借字。錢氏大昕説。从走，朿聲。讀若資。取私切，十五部。

⿺走票 輕行也。从走，票聲。撫招切，二部。

⿺走臤 行皃。从走，臤聲。讀若菣。棄忍切，十二部。

趥 行皃。从走，酋聲。千牛切，三部。

⿺走蜀 行皃。《篇》、《韵》皆曰：「小皃行。」从走，蜀聲。讀若燭。之欲切，三部。

⿺走匠 行皃。从走，匠聲。讀若匠。疾亮切，十部。

⿺走叡 走皃。走疾於行。从走，叡聲。讀若紃。詳遵切，十三部。按，此字今篆作⿺走叡，説云：「叡聲。」溝叡字讀若郝。部分絶遠。依《廣韵·十八諄》作⿺走叡，則與玉部璿、壡字同一諧聲取韵。詳遵與似沿分十三、十四部而冣近也。《玉篇》亦作⿺走叡，祀傳切，今改正。

⿺走薊 走意。《廣韵》：「走皃。」从走，薊聲。讀若髽結之結。結者，今之髻字。鄭注經《少牢饋食》、《追師》、《弁師》、《襍記》用「紒」字，从《禮》今文也。許造《説文》髟部四用「結」字，此一用結字，从《禮》古文也。《士冠禮》「采衣紒」，注云：「古文紒爲結。」許不从今文，故糸部無紒。⿺走薊，古屑切，十五部。

⿺走困 走意。《廣韵》：「走皃。」从走，困聲。丘忿切，十三部。

趖 走意。《花閒詞》曰：「荳蔻花閒趖晚日。」今京師人謂日跌爲晌午趖㉜。从走，坐聲。穌和切，十七部。

⿺走憲 走意。《石鼓詩》：「⿺走憲⿺走憲夔夔。」从走，憲聲。許建切，十四部。

⿺走臱 走意。从走，臱聲。布賢切，十二部。按，鍇本作「臱省聲」，而其篆文不省。

⿺走𢧵 走也。从走，𢧵聲。讀若《詩》「威儀秩秩」。此偁《假樂》「威儀抑抑，德音秩秩」，誤合二句爲一。如「東方昌矣」，「昆夷呬矣」亦然也。秩秩，李仁甫本作「袟袟」。《少牢饋食禮》注曰：「古文替爲袟，袟或爲𢧵。」與⿺走𢧵讀如秩相似。直質切，十一、十二部合韵冣近。

⿺走有 走也。《篇》、《韵》皆作「走皃」。从走，有聲。讀若又。于救切，古音在一部。

⿺走烏 走輕也。从走，烏聲。讀若鄔。安古切，五部。

⿺走瞿 走顧皃。从走，瞿聲。此形聲包會意。瞿，鷹隼之視也。《記》曰：「見似目瞿。」讀若劬。其俱切，五部。

⿱𡨄走 走皃。从走，寒省聲。今本寒作「⿱寒走」，誤。

《篇》、《韵》皆丘言、虚言二切。鉉云九輦切。

⿺走才 疑之，等⿺走才而去也。等讀若躉。等、⿺走才疊韵字，濡滯之皃。疑之，故等⿺走才而去。等在之止韵，音變入咍海韵，音轉入拯等韵。从走，才聲。倉才切，一部。

⿺走此 淺渡也。从走，此聲。雌氏切，十五、十六部。

⿺走匀 獨行也。《唐風》：「獨行煢煢。」毛曰：「煢煢無所依也。」煢聲、匀聲合音最近，故煢、⿺走匀同義。从走，匀聲。讀若煢。渠營切，十一部。匀聲古在十二部。

⿺走與 安行也。《廣韵·九魚》：「⿺走與⿺走與，安行皃。」按，欠部：「歟，安气也。」心部：「⿱與心，趣步⿱與心⿱與心也。」馬部：「⿱與馬，馬行徐而疾也。」《論語》曰：「與與如也。」《漢書》：「長倩懙懙。」从走，與聲。余吕切，五部。

起 能立也。起本發步之偁，引伸之，訓爲立，又引伸之，爲凡始事、凡興作之偁。从走，巳聲。《五經文字》云：「从辰巳之巳。」是。《字鑑》「从戊己之己」，非也。墟里切，十五部。

⿺辶巳 古文起，从辵。

⿺走里 留意也。从走，里聲。讀若小兒咳。咳，今本作「孩」，誤。許用小篆也。户來切，一部。

⿺走臭 行也。《廣韵·一送》曰：「⿱艹豈⿺走臭，疲行皃。」《大人賦》説螭虯：「沛艾赳螑仡以佁儗兮。」張揖曰：「赳螑，申頸低卬也。」按，赳螑猶⿱艹豈⿺走臭。从走，臭聲。香仲切，古音在三部。

趛 低頭疾行也。从走，金聲。牛錦切，七部。

趌 趌⿺走曷，逗。怒走也。从走，吉聲。去吉切，十二部。

⿺走曷 趌⿺走曷也。凡異部疊韵，必部分相近。从走，曷聲。居謁切，十五部。

⿺走睘 疾也。《齊風》：「子之還兮。」毛曰：「還，便捷之皃。」按，毛以還爲⿺走睘之假借也，或毛、許所據《詩》本作⿺走睘。从走，睘聲。讀若讙。況袁切，十四部。

⿺走乞 直行也。从走，乞聲。魚訖切，十五部。

⿺走翼 「趨進，⿺走翼如也。」㉝有但引經文不釋字義者，如此及「詞之𦥪矣」、「紩衣長，短右袂」是也。又「色艴如也」、又「足躩如也」。从走，翼聲。與職切，一部。

趹 踶也。足部曰：「踶，躛也。」按，踶，蹋也。从走，夬聲。各本作「決省聲」，非。古穴切，十五部。

趩 行聲也。《石鼓詩》：「其來趩趩。」从走，異聲。讀若敕。丑亦切，一部。一曰，不行皃。按，趩字鍇本在部末，疑⿺走翼、趩本一字而二之，如水部之潩、瀷也。

趆 趨也。《玉篇》：「走皃。」《廣韵》：「趨走皃。」从走，氐聲。都禮切，十五部。《篇》、《韵》皆去聲。

趍 趍趙，二字句。夊也。夊，行遲曳夊夊也，楚危切，各本皆譌「久」。《玉篇》、《廣韵》不誤。趍趙雙聲字，與峙𨇤、篙箸、蹢躅字，皆爲雙聲轉語。从走，多聲。直离切，古音在十七部。

趙 趍趙也。从走，肖聲。治小切。

𧺆 行難也。《廣雅》：「𧺆，難也。」按，今人靳固字，當作此𧺆字。从走，斤聲。讀若菫。丘菫切，十三部。

𧽃 走意也。从走，𡙇聲。讀若繘。居聿切，十五部。𡙇，古音在十四部，合音冣近。故𩞄、觼亦同字。

趠 遠也。辵部曰：「逴，遠也。」音義同。《上林賦》：「捷垂條，逴希閒。」《玄應》引如是。《史記》作「踔」，郭璞曰：「踔，懸擿也。」《吴都賦》：「狖鼯猓然，騰趠飛超。」按，許云遠者，騰擲所到遠也。从走，卓聲。敕角切，李善吐教切，今俗語如綽，二部。

𧾍 趠𧾍也。三字一句。趠、𧾍疊韵字。《廣韵》：「趠𧾍，行皃。」《方言》：「𨆢，行也。」𨆢即𧾍字。从走，龠聲。以灼切，二部。

𧾩 大步也。从走，矍聲。丘縛切，五部。

𧼯 超特也。《廣韵》曰：「𧼯同跇。」按，足部有跇字，迣也。迣，踰也。《禮樂志》：「體容與，迣萬里。」迣，迾也。於義隔。《史記·樂書》作「跇」。《吴都賦》：「跇踰竹柏。」李善引如淳曰：「跇，超踰也。」丑例切。」𧼯與跇音義同。从走，契聲。丑例切，十五部。

𧾌 走也。从走，幾聲。居衣切，十五部。

𧼮 走也。《篇》、《韵》皆作「趯」，云：「走皃。」从走，弗聲。敷勿切，十五部。

𧾒 狂走也。《東京賦》：「捎魑魅，斮獝狂。」薛曰：「獝狂，惡戾之鬼。」按，獝當作𧾒。从走，矞聲。余律切，十五部。《廣韵》𧾒同𧽃。

𧾉 行遟也。今人通用慢字。从走，曼聲。莫還切，十四部。

㞙 走也。《玉篇》曰：「卒起走也。」按，今俗語有之。从走，出聲。讀若無尾之屈。尾部曰：「屈，無尾也。」高注《淮南》云：「屈讀如秋雞無尾屈之屈。」《方言》「隆屈」，郭音「屈尾」[34]。瞿勿切，十五部。

𧾷 窮也。毛傳：「鞫，窮也。」《説文》：「窾，窮也。」「簕，窮治辠人也。」皆於雙聲疊韵求之。《廣韵》曰：「𧾷，困人也。」从走，匊聲。居六切，《廣韵》又巨竹切，三部。

趑 趑趄，逗。行不進也。《易》：「其行次且。」釋文：「次，本亦作趑，或作跋。馬云：卻行不前也。且，本亦作趄，或作跙，馬云：語助也。王肅云：趑趄，行止之礙也。」按，馬云「卻行不前」者，於次本字得其義也。云「語助」者，《王風》毛傳所云「且，辭也」。馬、鄭同用費氏《易》，而馬「次」、鄭「越」不同。趑者後出俗字，趄又因趑而加走旁者也。許斷不録。鉉之前已有趑字，注曰：「趑趄。」鉉因又補趄篆爲十九文之一，今姑皆存之，俟好學者深思焉。

从走，次聲。取私切，十五部。

趄 趑趄也。从走，且聲。七余切，五部。

趫 蹇行趫趫也。从走，虔聲。讀若愆。去虔切，十四部。

趯 行趯趢也。《廣韵》：「趯，曲走皃。」从走，雚聲。巨員切，十四部。一曰，行曲脊皃。《玉篇》無行字。

趢 趯趢也。《東京賦》曰：「狹三王之趢趗。」薛云：「趢趗，局小皃也。」从走，录聲。力玉切，三部。

趥 行速趥趥也。鍇本「行速趥趥」，趥趥者，行速皃。鉉本改下趥爲「也」字，非[35]。夊部曰：「夋，行夋夋也。」《廣雅·釋宮》曰：「趥，犇也。千綏反。」今本綏譌「繡」。从走，夋聲。七倫切，十三部。

趚 側行也。側行者，謹畏也。从走，朿聲。資昔切，十六部。《詩》曰：「謂地蓋厚，不敢不趚。」《小雅》趚作「蹐」，毛曰：「蹐，累足也。」足部引「不敢不蹐」，此不同者，蓋三家文異也。朿聲、脊聲同部。

趌 半步也。今字作「跬」。《司馬法》曰：「一舉足曰跬，跬三尺。兩舉足曰步，步六尺。」从走，圭聲。讀若跬同。丘弭切，十六部。讀若跬同，當作「讀若圭」三字，淺人所改也。《伍被傳》作「窺」[36]，同部假借。《祭義》作「頃」，異部假借，支與清轉移次近也。《荀卿子》作「蹞」。

趙 趙鷟，逗。輕薄也。趙鷟，周漢人語。从走，虒聲。直离切，十六部。讀若池。鍇本作「地」。

趥 僵也。僵，僨也。此與足部之踣音義竝同，未審孰爲本字，孰爲後增。从走，音聲。讀若匐。朋北切，一部。

趚 距也。距，當作「歫」，歫，止也。一曰，槍也。按，蹠弩主於堂歫，故曰趚張。从走，废聲。鍇本不曰「省聲」，《五經文字》废𧼮省作斥，𧼮《字林》作「洊」，《九經字樣》𧼮𧼮省作「坼」。又鍇本𧼮，鉉作訴，是知今本篆作趚，云「废省聲」非也，今正。車者切，古音在五部。《漢令》曰：「趚張百人。」《史》、《漢》，《申屠嘉傳》：「材官蹶張。」如淳曰：「材官之多力，能腳蹋强弩張之，故曰蹶張。律有蹶張士。」孟康曰：「主張强弩。」蹶音其月反。《漢令》蹶張士百人[37]。考許書𧼮趚二字竝出，𧼮云「蹠也」，趚云「歫也」，引《漢令》「趚張百人」，與如、孟引作「蹶張」不合。今尋繹字義，𧼮者，跳起也；趚者，拓也。如、孟二家作「蹶張」，皆由認蹶、𧼮、趚爲一字耳。讀《說文》者因废、厥相似，合𧼮、趚爲一字。《篇》、《韵》皆云：「趚同𧼮」，正誤合二爲一之證也。厥之省，不得作废。

趮 動也。《篇》、《韵》皆云：「趮同。」《大戴禮》曰：「騏驥一躒，不能千步。」[38]从走，樂聲。郎擊切，古音在二部。讀若《春秋傳》曰「輔趮」。當作「《春秋傳》有輔趮」六字，見襄廿四年，今《傳》作「躒」，又有「荀躒」。

趡 動也。楊雄《河東賦》曰：「神騰鬼趡。」師古子笑、才笑二反[39]。按，《說文》有趡無趭，《廣雅·釋室》：「騰趭，犇也。」曹音子肖。今疑趭恐誤字，子肖恐誤音耳。然《大人賦》曰：「騰而狂趭。」師古音醮。《吳都賦》：「狂趭獷猤。」李子召反。則古非無趭字矣。从走，隹聲。千水切，十五部。《春秋傳》曰：「盟于趡。」見桓十七年。陸翠軌反。趡，地名。此三字，後人增。

𧺽 𧺽田，逗。易居也。《周禮·大司徒》：「不易之地家百畮，一易之地家二百畮，再易之地家三百畮。」大鄭云：「不易之地，歲種之，地美，故家百畮。一易之地，休一歲乃復種，地薄，故家二百畮。再易之地，休二歲乃復種，故家三百畮。」《遂人》：「辨其野之土：上地、中地、下地，以頒田里。上地夫一廛田百畮，萊五十畮。中地夫一廛田百畮，萊百畮。下地夫一廛田百畮，萊二百畮。」注：「萊謂休不耕者。」《公羊》何注曰：「司空謹別田之高下美惡，分爲三品。上田一歲一墾，中田二歲一墾，下田三歲一墾。肥饒不得獨樂，墝埆不得獨苦，故三年一換主易居，財均力平。」《漢書·食貨志》曰：「民受田，上田夫百畮，中田夫二百畮，下田夫三百畮。歲耕種者，爲不易上田。休一歲者，爲一易中田。休二歲者，爲再易下田。三歲更耕，自爰其處。」《地理志》曰：「秦孝公用商君，制轅田。」張晏云：「周制三年一易，以同美惡。商鞅始割列田地，開立仟伯，令民各有常制。」孟康云：「三年爰土易居，古制也，末世浸廢。商鞅相秦，復立爰田，上田不易，中田一易，下田再易。爰自在其田，不復易居也。」按，何云換主易居，班云更耕自爰其處，孟云爰土易居，許云𧺽田易居。爰、轅、𧺽、換四字，音義同也。古者，每歲易其所耕，則田廬皆易。云三年者，三年而上中下田徧焉。三年後一年仍耕上田，故曰自爰其處。孟康說古制易居爲爰田，商鞅自在其田不復易居爲轅田，名同實異，孟說是也。依孟則商鞅田分上中下，而少多之。得上田者百畝，得中田者二百畝，得下田者三百畝，不令得田者彼此相易。其得中田二百畝者，每年耕百畝，二年而徧。得下田三百畝者，亦每年耕百畝，三年而徧。故曰上田不易，中田一易，下田再易。爰自在其田，不復易居。《周禮》之制，得三等田者彼此相易，今年耕上田百畝，明年耕中田二百畝之百畝，又明年耕下田三百畝之百畝，又明年而仍耕上田百畝。如是乃得有休一歲、休二歲之法，故曰三歲更耕，自爰其處。與商鞅法雖異而同也。鞅之害民，在開仟伯。从走，亘聲。羽元切，十四部。

𧼒 走頓也。足部曰：「蹎，跋也。」此與音義同。从走，真聲。讀若顛。都年切，十二部。

𧻓 喪擗𧻓。今《禮經》、《禮記》皆作「踊」。足部曰：「踊，跳也。」是二字義殊也。《左傳》「曲踊三百」、「三踊于幕庭」之類當从足，若「即位哭，三踊而出」之踊，當从走。擗，鉉作「辟」。《詩·邶風》、《爾雅》諸家本多作擗。撫心爲擗，跳躍爲𧻓。从走，甬聲。余隴切，九部。

𧼴 止行也。今《禮經》皆作「蹕」，惟《大司寇》釋文作「𧼴」，云：「本亦作蹕。」是可見古經多後人改竄，亦有僅存古字也。

《五經文字》曰：「趩，止行也。」《梁孝王傳》：「出稱警，入言趩。」一曰，竈上祭名也。《篇》、《韵》皆有「禪」字，云：「竈上祭。」从走，畢聲。卑吉切，十二部。

𧼓 進也。按，水部漸云：「漸水也。」則訓進者，當專作𧼓，許所見《周易》卦名當如是矣。从走，斬聲。藏濫切，八部。《廣韵》作「蹔」，慈染切。

趧 趧婁，逗。四夷之舞，各自有曲。趧婁，今《周禮》作「鞮鞻氏」，注云：「鞻讀爲屨，鞮屨，四夷舞者扉也。今時倡蹋鼓沓行者，自有扉。」按，今《説文》革部：「鞮，革履也。」無鞻字。《釋文》引《説文》「鞮，屨也」，《字林》：「鞮，革屨也。」「鞻者，軨屨。」是則《字林》乃有鞻字，許、鄭《周禮》所無。鄭注當本作婁，讀爲屨。革部之鞮，是常用之屨，走部之趧婁，乃四夷舞者之屨。曲當作「屨」，聲之誤也。四夷之舞，各自有屨，正與鄭注説同。許意當亦婁讀爲屨。从走，是聲。都兮切，十六部。

趒 雀行也。今人槩用跳字。从走，兆聲。徒遼切，二部。

赶 舉尾走也。从走，干聲。巨言切，十四部。按此後人所增，非許書本有也。《衆經音義》曰：「《通俗文》曰：舉尾走曰揵。律文作赶，馬走也。」然則唐初《説文》無赶，即有赶，亦不訓「舉尾走」。《都人士》鄭箋：「蠆，螫蟲也。尾末揵然，似婦人髮末上曲卷然。」釋文引《漢書音義》「揵，舉也」，此舉尾用揵不用赶之證。

文八十五。重一。

止 下基也。與丌同部同義。象艸木出有阯。止，象艸木生有阯。中象艸木初生形，屮象艸過中，枝莖益大，出象艸木益滋上出達也。故目止爲足。此引伸假借之法。凡以韋爲皮韋，以朋爲朋黨，以來爲行來之來，以西爲東西之西，以子爲人之偁，皆是也。以止爲人足之偁，與以子爲人之偁正同。許書無趾字，止即趾也。《詩》「麟之止」，《易》「賁其止」、「壯于前止」，《士昏禮》「北止」，注曰：「止，足也。」古文止爲趾，許同鄭，从今文，故不録趾字。如从今文名，不録古文銘也。或疑銘、趾當爲今文，名、止當爲古文，周尚文，自有委曲煩重之字不合於《倉頡》者，故名止者古文也，銘趾者，後出之古文也。古文《禮》、今文《禮》者，猶言古本、今本也，古本出於周，從後出之古文；今本行於漢，轉從冣初之古文。猶隷楷之體，時或有捨小篆用古籒體者也。諸市切，一部。凡止之屬皆从止。

歱 跟也。足部曰：「跟，足歱也。」跟、歱雙聲。《釋名》曰：「足後曰跟，或曰踵。踵，鍾也，上體之所鍾聚也。」按，劉熙作踵，許歱、踵義別。从止，重聲。之隴切，九部。

𣥺 歫也。今音丑庚切，古音堂。今俗語亦如堂。《考工記》：「維角𣥺之。」大鄭曰：「𣥺讀如牚距之牚。」牚距即𣥺歫，字之變體。車𣥺，《急就篇》、《釋名》作「車棠」。《説文》金部作「車樘」。木部曰：「樘，衺柱也。」今俗字𣥺作「撐」。从止，尚聲。丑庚切，古音十部。

歭 躇也。足部曰：「躇者，歭躇不前也。」歭、躇爲雙聲字。此以躇釋歭者，雙聲互訓也。心部曰「篙箸」，足部曰「躊躅」，《毛詩》曰「踟躕」，《廣雅》曰「蹢躅」、「跢跦」，皆雙聲疊韵而同義。**从止，寺聲。**直离切，按，离當作耋，一部。假借以歭爲偫，以躇爲儲。《粊誓》「峙乃糗糧」，峙即歭，變止爲山，如岐作歧，變山爲止，非真有从山之峙，从止之歧也。歭躇之歭，平聲，歭具、峻歭之歭，亦作跱，上聲。

歫 止也。許無拒字，歫即拒也。此與彼相抵爲拒，相抵則止矣。《書》傳云：「歫，至也。」至則止矣，其義一也。漢石經《論語》「其不可者距之」，字作距，許歫與距義別。**从止，巨聲。**其吕切，五部。**一曰，槍也。**木部曰：「槍，歫也。」兩字互訓。槍者，謂牴觸也。**一曰，超歫。**《史記》：「投石超距。」超，一作拔。《漢書》：「甘延壽投石拔拒，絶於等倫。」張晏曰：「拔拒，超距也。」劉逵曰：「拔拒，謂兩人以手相按，能拔引之也。」

歬 不行而進謂之歬。**从止在舟上。**昨先切，十二部。按，後人以齊斷之前爲歬後字，又以羽生之翦爲前齊字。

歷 過也。傳也。引伸爲治曆明時之曆。**从止，厤聲。**郎擊切，十六部。

𣦼 至也。**从止，叔聲。**昌六切，三部。

𣦢 人不能行也。《王制》：「瘖聾跛躃。」按，跛，《説文》作彼，蹇也。蹇行越越，是能行而蹁邪不正者也。躃，《説文》作「壁」，有足而不能行者，如有牟子而無見曰矇也。《荀卿書》、《賈誼傳》皆假辟字爲之。服虔曰：「辟，病躃不能行也。」**从止，辟聲。**必益切，十六部。

歸 女嫁也。《公羊傳》、毛傳皆云：「婦人謂嫁歸。」此非婦人假歸名，乃凡還家者假婦嫁之名也。**从止，婦省，**當云「从婦止，婦省」，寫者奪之。婦止者，婦止於是也。**𠂤聲。**舉韋切，十五部。林罕妄改爲追省聲。

帰 籀文省。會意。

疌 疾也。凡便捷之字當用此。捷，獵也。非其義。《豫》：「九四，朋盍簪。」子夏傳云：「簪，疾也。」鄭云：「速也。」晁説之云：「陰弘道按張揖《古今字詁》，疌作撍。《埤倉》云，撍，疾也。」玉裁按，説之案：撍簪同一字，王原叔謂即《詩》不疌字，祖感反。《釋詁》：「疌，速也。」本或作疌。**从又，又，手也。从止。**鍇曰：「止，足也。手足共爲之，故疾。」**屮聲。**疾葉切，按，屮聲在十五部，疌在八部，合音也。

𣥠 機下足所履者。𣥠者，躡也。**从止，从又，入聲。**尼輒切，八部。

𣥂 蹈也。**从反止。讀若撻。**《廣韵》引《文字音義》同。他達切，十五部。

歰 不滑也。**从四止。**色立切，七部。

文十四。　重一。

癶 足刺癶也。刺、癶疊韵字。刺，盧達切。从止𣥂。凡癶之屬皆从癶。隸變作癶。讀若撥。北末切，十五部。

登 上車也。引伸之，凡上陞曰登。从癶豆，象登車形。都滕切，六部。

𤼷 籒文登从収。按，籒文省𢍜之肉，小篆併肉収省之。

癹 㠯足蹋夷艸。《周禮》：「夷氏掌殺艸。」㊵一作雉氏。从癶，从殳。从癶，謂以足蹋夷也。从殳，殺之省也。艸部芟亦从殳。癶亦聲。普活切，十五部。《春秋傳》曰：「癹夷蘊崇之。」隱六年《左傳》。今癹作「芟」，音衫。又班固《答賓戲》：「夷險發荒。」晉灼曰：「發，開也。」今諸本多作芟。」按，發亦癹之誤。

文三。　重一。

步 行也。行部曰：「人之步趨也。」步徐趨疾。《釋名》曰：「徐行曰步。」从止𣥂相背。止𣥂相竝者，上登之象。止𣥂相隨者，行步之象。相背，猶相隨也。薄故切，五部。凡步之屬皆从步。

歲 木星也。五星：水曰辰星，金曰太白，火曰熒惑，木曰歲星，土曰填星。越歷二十八宿，歲、越疊韵。宣徧陰陽，宣、歲雙聲。此二句謂十二歲而周十二次也。十二月一次。《釋天》云：「載，歲也。夏曰歲，商曰祀，周曰年。」孫炎云：「歲星行一次也。」賈公彥引《星備》云：「歲星一日行十二分度之一，十二歲而周天。」从步，行於天有常，故从步。戌聲。戌，悉也。亦是會意。相銳切，十五部。律曆書名五星爲五步。此釋从步之意。《漢書・律歷志》云「五步」。

文二。

此 止也。《釋詁》曰：「已，此也。」正互相發明。於物，爲止之処；於文，爲止之䇯。从止匕。句。匕，相比次也。此釋从匕之故，相比次而止也。雌氏切，十五部。漢人入十六部。凡此之屬皆从此。

呰 窳也。闕。將此切，十五、十六部。按，此非許本文。《史記・貨殖傳》云：「呰窳偷生，無積聚。」《漢・地理志》：「呰窳媮生，而無積聚。」應劭曰：「呰，弱也。」晉灼曰：「呰，病也。窳，惰也。」徐廣曰：「呰窳，苟且惰嬾之謂也。」師古曰：「呰，短也。窳，弱也。言短力弱才，不能勤作。」是皆呰窳爲雙字，不以窳釋呰。小顔云「呰，短」者，本《方言》。今《說文》以窳釋呰，非《史》、《漢》文義。又凡云闕者，或闕其義，或闕其音，或闕其形。既釋爲窳，則義非闕也。其音則如淳音紫，其形則从此、从吅，此亦聲，皆非蓋闕無可言者。許以訾入言部，以呰入口部，惟呰不入吅部入此部，許必審知其說。今本蓋許說亡後，淺人補之也。《釋詁》曰：「茲，斯，咨，呰，已：此也。」疑呰本作呰，訓此，故許類諸「此，止也」而入此部歟？

𣦸 識也。从此，朿聲。遵誄切，古音在十六部。一曰，藏也。藏，今字也，古作臧。《廣雅》：「石鍼謂之𣦸。」與識訓相近。又，「𣦸，眷也。」與藏訓相近。眷同舒卷之卷。

文三。

附注：

①同異，當作「同意」。

②《宋本玉篇》：「𠔁，補徹切，分也。古文別。」

③《爾雅·釋畜》：「體長，犻。」阮元校勘記謂當作「犻」。郝懿行《義疏》引《說文》亦作「犻」。

④語見《左傳·桓六年》。《禮記·内則》作「凡名子，不以日月，不以國，不以隱疾」，段氏記誤。

⑤謂陸德明誤「犪」、「犪」爲一字。《爾雅·釋畜》：「犩牛。」郭璞注：「即犪牛也。如牛而大，肉數千斤，出蜀中。」是爲牛名。而陸于《經典釋文》云：「犪，巨龜反。《字林》云，牛柔謹也。」是以「犪」義注「犪」。

⑥「鄭注」當作「鄭志」。

⑦見《淮南子·原道訓》「扶搖抮抱羊角而上」句下高注：「抱讀《詩》克岐克嶷之嶷。」「抮抱」不作「軫艴」，「嶷」亦不作「凝」。「軫艴」，《廣雅疏證》卷六上「軫軳」條下王念孫謂軫軳同抮抱，各本軳譌作艴。段氏所據疑即王氏所指譌體。然黃侃《廣雅疏證箋識》謂艴非誤字，色嶷同部。

⑧史趙之言，見《左傳·襄三十年》：「史趙曰：亥有二首六身，下二如身。」

⑨商之銘，見《國語·晉語一》。

⑩見《後漢書·五行志一·謠》。饒，原作「鐃」。李賢注：「《風俗通》作譊。」《後漢書》下文：「鐃者，陳寶被誅，天下大壞。」按《集韻·三十六效》：「撓，擾也，屈也。或作鐃。」

⑪「士或切」是「士咸切」之誤。

⑫殺，今本《周禮》作「𦋺」，段氏指爲譌體，見殳部殺下注。

⑬二音見《博雅音》。

⑭此謂鄭箋之義。「鄭氏《毛詩》」當作「鄭箋《毛詩》」，意方顯順。兩《詩》上見《十月之交》，「噫」今作「抑」，鄭曰：「抑之言噫，噫是皇父疾而呼之。」下見《瞻卬》，「噫」今作「懿」，箋云：「懿，有所傷痛之聲也。」

⑮《終風》詩今本作「願言則嚏」，阮元校勘記云當作「疐」，可參。

⑯《漢書·東方朔傳》及《集韻·十九侯》所引，「憂」皆作「優」。

⑰《漢書》當作《後漢書》，見《明帝紀》。《漢書·賈山傳》録此語，文字不同。

⑱《楚語》是《楚辭》之誤，見《九辯》。

⑲篆文作噧，不作蠆，段氏以上數語無的放矢，不可解。

⑳此字大小徐本篆皆作「屴」，説解爲「唸屴，呻也。从口，尸聲」。

㉑今《考工記·梓人》「燿後」注作「燿讀爲哨，頎小也」。阮元校

勘記謂嘉靖本及《經典釋文》卷九，頎作頃。阮按：「頃是頎非也，頃同傾，言傾側而小也。」按頎有修長義，頎小正合上下文義，似不可謂非。

㉒歺部：「𡖋，死宋𡖋也。」段注：「宋𡖋猶啾嘆也。」又夕部「𡖋，寂也。」段注：「當云『寂𡖋』也。寂𡖋者，夕之靜也。啾嘆者，口之靜也。宋𡖋者，死之靜也。」

㉓「巛」是「巜」（中皆斷）之誤，巛即「坤」字。「六二」是「六四」之誤。

㉔見《左傳·宣二年》。阮元校勘記：「段玉裁云：此段宋本誤。正義當云，服虔本嗾作取，注云，取，嗾也，公乃嗾夫獒使之噬盾也。」梳理此處段注甚明。

㉕「衆經」當作「衆禽」，段氏引誤。

㉖「試」是「弒」之誤。

㉗胡刻《文選》「琢」作「啄」。

㉘《淮南子·主術訓》作「水濁則魚噞，政苛則民亂」，兩句相對成文，不作「噞喁」。莊逵吉按云：十字出《韓詩外傳》，「噞」本作「喁」，疑是音近而異文。按，段氏所引，係據《吳都賦》「噞喁沈浮」注引《淮南子》，相承而誤。

㉙此不見于今本《博物志》，段氏據《藝文類聚》九十一轉引。

㉚「姍」當是「狦」之誤。

㉛此《士喪禮》指《既夕禮》。

㉜跌是「昳」之誤。《說文解字讀》不誤。

㉝見《論語·鄉黨》，今本作「翼如」，阮元《校勘記》曰：「今作翼者，趩之省文。」

㉞「郭音」是「郭注」之誤。

㉟趍字說解，鍇本作「行速趍趍」，速即迹字，鉉本作「行趚趍也」，與此段氏所述，皆有異。

㊱《伍被傳》當作《息夫躬傳》。二傳同在一卷，段氏引誤。

㊲「蹶音」二句，爲司馬貞《索隱》語。

㊳「千步」當作「千里」，見《大戴禮記·勸學篇》。

㊴見《漢書·揚雄傳》，字作「趡」，不作「趭」。《說文解字讀》引亦作「趡」。後文段氏引《大人賦》，見《漢書·司馬相如傳》，字作趭。

㊵夷氏，《周禮》今作「薙氏」，《秋官》序官注稱「薙或作夷」。

說文解字第二篇下

金壇段玉裁注

正 是也。从一，句。一㠯止。江沅曰：「一所㠯止之也，如乍之止亡，毌之止姦，皆以一止之。」之盛切，十一部。凡正之屬皆从正。

𤴓 古文正。从二，二，古文上字。此亦同辛、示、辰、龍、童、音、章，皆从二。

𤴕 古文正。从一足，足亦止也。止部曰：「止爲足。」

乏 《春秋傳》曰：「反正爲乏。」《左傳·宣十五年》文。此說字形而義在其中矣。不正則爲匱乏，二字相鄉背也。禮：受矢者曰正，拒矢者曰乏，以其禦矢謂之乏，以獲者所容身謂之容。房法切，古音在七部。

文二　重二。

是 直也。直部曰：「正見也。」从日正。十目燭隱則曰直，以日爲正則曰是。从日正，會意。天下之物莫正於日也。《左傳》曰：「正直爲正，正曲爲直。」《五經文字》是入曰部，則唐本从曰也，恐非。承旨切，旨當作紙，十六部。凡是之屬皆从是。

昰 籒文是。从古文正。按，此知籒篆皆从日。

韙 是也。古文《尚書》曰：「時五者來備。」今文《尚書》作「五是來備」。李賢於李雲、荀爽傳皆引《史記》「五是來備」，可證。凡《史記》多用今文《尚書》也。荀爽對策曰：「五韙咸備」，韙與是義同，六書之轉注也。李雲上書曰「五氏來備」，氏與是音同，在十六部，六書之叚借也。从是，韋聲。于鬼切，十五部。《春秋傳》曰：「犯五不韙。」《左傳·隱十一年》文。

愇 籒文韙从心。《玉篇》云：「愇，怨恨也。」《廣韵》引《字書》：「愇，恨也。」皆不云同韙。

尟 是少也。《易·毄辭》：「故君子之道鮮矣。」鄭本作「尟」，云：「少也。」又「尟不及矣」，本亦作「鮮」。又《釋詁》：「鮮，善也。」本或作「尠」，尠者，尟之俗。是少，逗。俱存也。「是少」二字，各本譌作尟字。此釋上文是少之意。是，此也。俱存而獨少此，故曰是少。从是少。於其形得其義也。賈侍中說。此字說得諸侍中也。穌典切，十四部。

文三　重一。

辵 乍行乍止也。《公食大夫禮》注曰：「不拾級而下曰辵。」鄭意不拾級而上曰栗階，亦曰歷階；不拾級下曰辵階也。《廣雅》：「辵，奔也。」从彳止。彳者乍行，止者乍止。丑略切，古音蓋在二部。讀如超。凡辵之屬皆从辵。讀若《春秋傳》曰：「辵階而走。」「讀若」二字衍。《春秋傳》者，《公羊·宣二年》文。今《公羊》作「躇」，何休曰：「躇猶超遽不暇以次。」①

迹　步處也。《莊子》云：「夫迹，履之所出，而迹豈履也？」从辵，亦聲。迹本作「速」，束聲，故音在十六部。小篆改爲亦聲，則當入五部，而非本部之形聲矣。李陽冰云：「李丞相持束作亦」，謂此字也。資昔切，古音在十六部。

蹟　或从足責。責，亦束聲也。《小雅》：「念彼不蹟。」毛傳：「不蹟，不循道也。」

速　籀文迹从束。《釋獸》：「鹿，其跡速。」釋文本又作「麤」，素卜反。引《字林》「鹿跡也」。按，速正速字之誤。周時古本云「其速速」，速之名不嫌專繫鹿也。《廣雅》：「躔，踈，解，亢：跡也。」即《爾雅》「麋跡躔，鹿跡速，麤跡解，兔跡迒」也。曹憲踈音匹迹反，《集韻》云：「迹或作踈。」然則《字林》從鹿、速聲，素卜反之字，紕繆實甚，或以竄入《爾雅》，又或以羼入鹿部麌、麤二字之閒，其誤可不辯自明矣。

䢕　無違也。舛部曰：「舝，車軸耑鍵也。兩相背，从舛。」䢕从舝而曰「無違」，猶祀從巳而曰「祭無巳」也。从辵，舝聲。讀若害。胡蓋切，十五部。《廣韻》音會。

逹　先道也。道，今之導字。逹，經典假率字爲之。《周禮》：「燕射，帥射夫以弓矢舞。」故書帥爲「逹」。鄭司農云：「逹當爲帥。」大鄭以漢人帥領字通用帥，與周時用逹不同故也。此所謂古今字。《毛詩》「率時農夫」，《韓詩》作「帥時」；許引《周禮》「逹都建旗」，鄭《周禮》作「帥都」②：《聘禮》注曰「古文帥皆爲逹」，皆是也。又《釋詁》、毛傳皆云：「率，循也。」此引伸之義。有先導之者，乃有循而行者，亦謂之逹也。

邁　遠行也。《釋言》、毛傳曰：「邁，行也。」从辵，萬聲。莫話切，十五部。萬聲在十四部，合音也。

𨘬　邁或从蠆。按，虫部蠆字上不从萬，而𠂆部、厂部蠆皆从萬从虫，未聞其詳。

巡　視行也。也，各本作「皃」，今依《篇》、《韻》訂。視行者，有所省視之行也。天子適諸侯曰巡狩，巡所守也。視行一作延行。延、巡雙聲。从辵，川聲。詳遵切，十三部。

𨓈　恭謹行也。从辵，𣪘聲。讀若九。居又切，三部。

徒　步行也。《賁》：「初九，舍車而徒。」引伸爲徒搏、徒涉、徒歌、徒擊鼓。从辵，土聲。同都切，五部。辻隸變作徒。

𨘢　行𨘢徑也。《玉篇》：「𨘢，疾行也。」按，此當作「行徑也」，或作「行由徑也」。从辵，䌛聲。以周切，三部。

𨑨　正行也。《釋言》、毛傳皆曰：「征，行也。」許分別之，𨑨爲正行，邁爲遠行。从辵，正聲。形聲包會意。諸盈切，十一部。廴部又有延字，行也。

征　𨑨或从彳。引伸爲征伐。《孟子》曰：「征之爲言正也。」

隨 從也。行可委曲從迹謂之委隨。从辵，隋聲。旬爲切，古音在十七部。

迊 行皃。从辵，𣎵聲。按，各本篆文作述，非也。从即禮切之朿，則不得云「𣎵聲」，云「蒲撥切」矣。𣎵，普活切，隸變作市。《廣韵》：「迊，北末切。急走也。跡，蒲撥切。行兒。趚，上同。」此三字實一字，二音實一音也。許書言「剌癶」，癶與迊音義同。自下文迷譌爲迹，因改此迊爲迹，而以「蒲撥」、「北末」分隸之，其誤久矣。十五部。

迋 往也。迋、往疊韵。从辵，王聲。于放切，十部。《春秋傳》曰：「子無我迋。」《左傳·昭廿一年》文。《鄭風》：「無信人之言，人實迋女。」毛曰：「迋，誑也。」傳意謂迋爲誑之叚借。《左氏》此迋正同。迋本訓往，而經傳叚借爲誑，故偁之以明依聲託事。如攷本人姓，而「無有作攷」借爲好字；狟本訓犬行，而「尚狟狟」借爲桓桓；莫本訓火不明，而「布重莫席」借爲蔤字，皆其理也。

逝 往也。《釋詁》、《方言》同。《方言》曰：「逝，秦晉語也。」从辵，折聲。讀若誓。時制切，十五部。各本篆文不从斷艸，非也。

退 往也。《釋詁》、《方言》皆曰：「徂，往也。」按，《鄭風》：「匪我思且。」箋云：「猶非我思存也。」此謂且即徂之叚借。《釋詁》又云：「徂，存也。」是也。从辵，且聲。全徒切，五部。退，齊語。《方言》文。

徂 退或从彳。

遣 籀文从虘。

述 循也。述、循疊韵。述或叚借術爲之，如《詩》「報我不述」本作術是也。古文多叚借遹爲之，如《書》「祇遹乃文攷」，《詩》「遹駿有聲」、「遹追來孝」，《釋言》、毛傳③皆曰「遹，述也」，是也。孫炎曰：「遹，古述字。」蓋古文多以遹爲述，故孫云爾。謂今人用述，古人用遹也。凡言古今字者，視此。从辵，术聲。食聿切，十五部。

遂 籀文从秫。术者，秫之省。

遵 循也。遵、循疊韵。見《釋詁》。从辵，尊聲。將倫切，十三部。

適 之也。《釋詁》：「適，之：往也。」《方言》：「逝，徂，適：往也。適，宋魯語也。」按，此不曰「往」而曰「之」，許意蓋以之與往稍別。逝、徂、往，自發動言之。適，自所到言之。故變卦曰「之卦」，女子嫁曰「適人」。从辵，啻聲。施隻切，十六部。適，宋魯語。

過 度也。引伸爲有過之過。《釋言》：「郵，過也。」謂郵亭是人所過，愆郵是人之過，皆是。分別平、去聲者，俗説也。从辵，咼聲。古禾切，十七部。

遦　習也。此與手部摜音義同。从辵，貫聲。工患切，十四部。亦假貫，或假串。《左傳》曰：「貫瀆鬼神。」《釋詁》：「貫，習也。」《毛詩》曰：「串夷載路。」

𨗼　媟瀆也。女部作「媟嬻」，黑部作「黷」，今經典作「瀆」。从辵，賣聲。徒谷切，三部。

進　登也。从辵，閵省聲。即刃切，十三部。

造　就也。造、就疊韻。《廣雅》：「造，詣也。」从辵，告聲。七到切，古音在三部。譚長說：造，上士也。《王制》：「升於司徒者，不征於鄉，升於學者，不征於司徒，曰造士。」注：「造，成也。能習禮則爲成士。」按，依鄭則與就同義。

艁　古文造，从舟。《釋水》：「天子造舟。」毛傳同。陸氏云：「《廣雅》作艁。」按，艁者，謂並舟成梁。後引伸爲凡成就之言。

逾　越進也。越進，有所超越而進也。从辵，俞聲。羊朱切，四部。《周書》曰：「無敢昏逾。」《顧命》文。昏从民者，誤。

遝　迨也。《廣韻》：「迨遝，行相及也。」《文賦》：「紛葳蕤以馺遝。」《方言》：「迨、遝，及也。東齊曰迨，關之東西曰遝，或曰及。」《公羊傳》：「祖之所逮聞也。」《漢石經》作「遝聞」。从辵，眔聲。目部云：「眔，目相及也。」是遝亦會意。徒合切，八部。按，褱、鱀字皆眔聲，是合韻之理也。

迨　遝也。迨、遝疊韻。从辵，合聲。侯閤切，七部。

迮　迮迮，起也。此與人部作音義同。《公羊傳》：「今若是迮而與季子國。」何云：「迮，起也。倉卒意。」按，《孟子》：「乍見孺子將入於井。」乍者，倉卒意，即迮之叚借也。引伸訓爲迫迮，即今之窄字也。从辵，乍聲。阻革切，古音在五部，子各切。

逪　这逪也。这，各本作「迹」，依《廣韻》、《玉篇》正。《小雅》：「獻醻交錯。」毛曰：「東西爲交，邪行爲錯。」《儀禮》：「交錯以辯。」旅酬、行禮，一这一逪也。从辵，昔聲。倉各切，五部。

遄　往來數也。數，所角、桑谷二切。《釋詁》曰：「遄，疾也。速也。」《崧高》、《蒸民》傳同。从辵，耑聲。市緣切，十四部。《易》曰：「已事遄往。」已，依《韵會》。虞翻曰：「祀，舊作巳。」是也。今本鉉作目，鍇作以。

速　疾也。見《釋詁》。从辵，束聲。桑谷切，三部。

遬　籒文从欶。二傳作「速」，《公羊》作「遬」。如「衛侯遬」、「仲孫遬」是也。《呂覽·辨志》注：「遬，疾也。」④《玉藻》：「見所尊者齊遬。」假遬爲肅也。

⿱欶言　古文从欶，从言。籒、古皆欶聲。

迅　疾也。見《釋詁》。迅、疾疊韻。从辵，卂聲。息進切，十二部。

适　疾也。从辵，昏聲。讀與括同。古活切，十五部。

逆　迎也。逆、迎雙聲，二字通用。如《禹貢》「逆河」，今文《尚書》作「迎河」是也。今人假以爲順屰之屰，逆行而屰廢矣。从辵，屰聲。宜戟切，古音在五部。關東曰逆，關西曰迎。《方言》：「逢，逆：迎也。自關而西或曰迎，或曰逢，自關而東曰逆。」

迎　逢也。夆，啎也。逢，遇也。其理一也。从辵，卬聲。疑卿切，古音在十部。

这　會也。東西正相值爲这，今人假交脛之交爲这會字。从辵，交聲。古肴切，二部。

遇　逢也。从辵，禺聲。牛具切，古音在四部。

遭　遇也。見《釋詁》⑤。从辵，曹聲。作曹切，古音三部。一曰，邐行。俗云週遭是也。

遘　遇也。見《釋詁》。《易·姤卦》釋文曰：「薛云，古文作遘。鄭同。」按，《襍卦傳》：「遘，遇也。柔遇剛也。」可以證全經皆當作遘矣。遘、遇疊韵。从辵，冓聲。古候切，四部。

逢　遇也。見《釋詁》。从辵，夆聲。符容切，九部。按，夆，啎也。啎，逆也。此形聲包會意。各本改爲「峯省聲」，誤。《説文》本無峯。

遻　相遇驚也。《釋詁》：「遇，遻也。遻，見也。」从辵屰，屰亦聲⑥。五各切，五部。

迪　道也。見《釋詁》。按，道兼道路、引導二訓。《方言》：「由，迪：正也。」迪、道疊韵。从辵，由聲。徒歷切，古音在三部。

遞　更易也。《招䰟》：「二八侍宿，射遞代些。」王云：「遞，更也。」遞、易疊韵。从辵，虒聲。特計切，十六部。

通　達也。通、達雙聲。達，古音同闥。《禹貢》：「達于河。」今文《尚書》作「通于河」。按，達之訓行不相遇也，通正相反。經傳中通、達同訓者，正亂亦訓治，徂亦訓存之理。从辵，甬聲。他紅切，九部。

徙　迻也。从辵止。各本有「聲」字，非也。止在一部，徙在十六部。從辵止會意者，乍行乍止而竟止，則移其所矣。斯氏切。

㣥　徙或从彳。彳者，行也。

屎　古文徙。未詳其形聲會意。《韵會》云：「《説文》古作㣥。」《集韵》作[illegible]、[illegible]。然則此字不出《説文》也。《集韵》字體亦不同。

迻　遷徙也。今人假禾相倚移之移爲遷迻字。从辵，多聲。弋支切，古音在十七部。

遷　登也。从辵，䙴聲。七然切，十四部。

拪　古文遷，从手西。形聲。

運　迻徙也。《釋詁》：「遷，運徙也。」从辵，軍聲。

王問切，十三部。

遁　遷也。此字古音同循，遷延之意。凡逡遁字如此，今之逡巡也。《儀禮》鄭注用逡遁十有一。一曰，逃也。此别一義，以遁同遯，蓋淺人所增。从辵，盾聲。徒困切，十三部。

遜　遁也。从辵，孫聲。穌困切，十三部。按，六經有孫無遜，《大雅》「孫謀」、《聘禮》「孫而說」、《學記》「不陵節而施之謂孫」，《論語》「孫以出之」，皆愻之叚借也。《春秋》「夫人孫于齊」、「公孫于齊」，《詩》「公孫碩膚」，《尚書·序》「將孫于位」，皆逡遁遷延之意，故《穀梁》云：「孫之爲言猶孫也。」《公羊》云：「孫猶孫也。」何休云：「孫猶遁也。」鄭箋云：「孫之言孫遁也。」《釋言》云：「孫，遁也。」《釋名》曰：「孫，遜也。遜遁在後生也。」古就孫義引伸，卑下如兒孫，非别有遜字也。至部臸字下云：「從至，至而復孫。孫，遁也。」此亦有孫無遜之證。今《尚書》、《左氏》經傳、《爾雅·釋言》淺人改爲遜。許書「遜，遁也」，蓋後人據今本《爾雅》增之，非本有也。

返　還也。返、還疊韵。从辵反。反，覆也。覆、復同。反亦聲。扶版切，十四部。《商書》曰：「祖伊返。」《西伯戡黎》文。各本作「祖甲」，今依《集韵》訂。

𢓊　《春秋傳》返从彳。謂《左氏傳》也。《漢書》曰：「《左氏》多古字古言。」許亦云：「左丘明述《春秋傳》以古文。」今《左氏》無𢓊字者，轉寫改易盡矣。

還　復也。《釋言》：「還，復：返也。」今人還繞字用環，古經傳衹用還字。从辵，睘聲。户關切，十四部。

選　遣也。選、遣疊韵。《左傳》：「秦后子有寵於桓，如二君於景，其母曰：弗去，懼選！鍼適晉，其車千乘。」按，此選字正訓遣，后子懼遣，故適晉，實非出奔也。从辵巽，句。巽，逗。遣之。巽爲風，故云遣之。巽亦聲。思沇切，十四部。一曰，擇也。此别一義。《邶風》：「不可選也。」毛曰：「物有其容，不可數也。」《小雅》：「選徒囂囂。」毛云：「維數車徒者爲有聲也。」數與擇義通，選與算音同。《周禮》注曰：「算車徒，謂數擇之也。」

送　遣也。从辵，倂省。倂，送也。是會意。蘇弄切，九部。

⿺辶⿱丷廾　籀文不省。

遣　縱也。糸部曰：「縱，緩也。一曰，舍也。」从辵，𦥑聲。去衍切，十四部。

邐　行邐邐也。邐邐，縈紆皃。从辵，麗聲。力紙切，十六部。

逮　唐逮，逗。及也。唐、逮雙聲，蓋古語也。《釋言》曰：「遏、遾，逮也。」《方言》曰：「東齊曰蝎，北燕曰噬。逮，通語也。」从辵，隶聲。隶部曰：「隶，及也。」此形聲包會意。徒耐切，古音在十五部。

遟 徐行也。今人謂稽延爲遟，平聲；謂待之爲遟，去聲。**从辵，犀聲。**直尼切，十五部。**《詩》曰：「行道遟遟。」**《邶風》文。毛曰：「遟遟，舒行皃。」

遲 遟或从尸。按，此字疑後人因《楊雄傳》而增也。《甘泉賦》曰：「靈遟遲兮。」説者皆云：上音棲，下音遟。遲即遟字也。然《文選》作「迡遲」，與《漢書》異。《玉篇》、《汗簡》亦皆作「遲」，《集韵》引《尚書》「遲任」⑦，又未必真壁中古文也。

遅 籒文遟从屖。兼會意形聲也。《五經文字》曰：「今从籒文。」謂唐人經典用遅不用遟也。

遾 徐也。或假「黎」爲之。《史記・衛霍傳》「遾明」，遾，待也，一作黎。傅毅賦「黎收而拜」，李注：「言舞將罷，徐收斂容態而拜。」引《倉頡篇》：「遾，徐也。」又或假「犂」爲之。《史記・尉佗列傳》：「犂旦城中皆降伏。」⑧犂旦即黎明。《漢書》「犂旦」爲「遟旦」。《晉世家》：「重耳妻笑曰：犂二十五年，吾冢上柏大矣。」益可見犂之爲遟也。**从辵，黎聲。**郎奚切，十五部。

遰 去也。《夏小正》：「九月，遰鴻鴈。」遰，往也。**从辵，帶聲。**特計切，十五部。

䢍 行皃。**从辵，㞑聲。**烏懸切，十二部。

䢌 不行也。「不」上有「馬」者誤。**从辵，䭯聲。**按，䭯，馬小皃。从馬，垂聲。讀若箠。則䢌不得讀若住。倘云會意，則又無取馬小也。疑此字當在十六、十七部。下文「讀若住」三字，當在从辵豆聲之下。豆、主同部。**讀若住。**按，住當作「侸」。人部曰：「侸，立也。」立部曰：「立，住也。」住即侸之俗也。中句切，四部。

逗 止也。逗遛。**从辵，豆聲。**田候切，四部。

迟 曲行也。迟、曲雙聲。乚部曰：「迟曲隱蔽。」孟康注《子虛賦》曰：「文理茀鬱迟曲。」軍法有逗留，有迟橈。《光武紀》：「不拘以逗留法。」如淳曰：「軍法，行而逗留畏㤼者，要斬。」此謂止而不進者。《史》、《漢》、《韓安國傳》「廷尉當恢迟橈，當斬」。服虔曰：「迟音企。」應劭曰：「迟，曲行避敵也。橈，顧望也。軍法語也。」此謂有意回遠遟誤者。《淮南書》云：「兩軍相當，屈橈者要斬。」是也。《漢書》一本作「逗橈」，蘇林逗音豆，小顏、小司馬從之，而改服、應之注作逗，不可通矣。迟通作「枳」，《明堂位》注：「枳椇謂曲橈之。」《莊子》「吾行郤曲」，郤曲即迟曲，異部叚借也。**从辵，只聲。**綺戟切。《字林》丘亦反，服子慎音企。十六部。

逶 逶迆，逗。疊韵。衺去皃。**从辵，委聲。**於爲切，十六、十七部。

迆 衺行也。**从辵，也聲。**移尒切，十六、十七部。**《夏書》曰：「東迆北會于匯。」**《禹貢》。

遹 回辟也。依《韵會》作「辟」。《小雅》：「謀猶回遹。」毛曰：「回，邪。遹，辟也。」按，辟、僻古今字。《大雅》兩言「回遹」，箋皆云：「回邪。」《韓詩》遹作「穴」，或作「泬」，或作「歒」，皆叚借字也。遹古多假爲述字，《釋言》云：「遹，述也。」言叚借也。《釋詁》

云：「遹、遵、率、循。」《釋訓》云：「不遹，不蹟也。」皆謂遹即述字也。言轉注也。不遹者，今《邶風》之「報我不述」也。从辵，矞聲。余律切，十五部。

避　回也。上文回辟之回訓衺，褢之叚借字也。此回依本義訓轉，俗作迴是也。然其義實相近。从辵，辟聲。毗義切，十六部。經傳多假辟爲避。

違　離也。《邶風》：「中心有違。」毛曰：「違，離也。」从辵，韋聲。羽非切，十五部。

遴　行難也。《漢書》：「遴柬布章。」遴簡，謂難行封也。引伸爲遴選，選人必重難也。从辵，粦聲。良刃切，十二部。《易》曰：「以往遴。」見口部吝下。

逡　復也。彳部曰：「復，往來也。」《方言》：「躔，逡：循也。日運爲躔，月運爲逡。」从辵，夋聲。七倫切，十三部。

䢜　怒不進也。一曰，鷙也。惟鍇本有此四字，而鷙从鳥則誤。馬部曰：「鷙，馬重皃。」艸部曰：「𦯬，鷙不行也。」从辵，氐聲。都禮切，十五部。

達　行不相遇也。此與水部滑、泰字音義皆同，讀如撻。今俗說不相遇尚有此言，乃古言也。讀徒葛切。訓通達者，今言也。从辵，羍聲。十五部。《詩》曰：「挑兮達兮。」《鄭風》文。挑當同又部作叏，叏，滑也。

达　達或从大。亦形聲也。或曰，迭。下脱「字」字，或曰此迭字之異體也。鳥部隼「一曰鶽字」，蚰部蠠「一曰蜈字」，彳部徯「一曰此與馺同」，是其例也。

逯　行謹逯逯也。張衡賦「趢趗」，謂局小皃，義與此同。《廣雅》：「逯逯，衆也。」女部：「娽，隨從也。」《蕭相國世家》、《平原君列傳》作「錄錄」，義皆相近。从辵，录聲。盧谷切，三部。

迵　迵，此複舉字之未删者。迭也。迭當作「达」。《玉篇》云：「迵，通達也。」是也。水部：「洞，疾流也。」馬部：「駧，馳馬洞去也。」義皆相同。《倉公傳》曰：「臣意診其脈曰迵風。」裴曰：「迵音洞，言洞徹入四肢。」从辵，同聲。徒弄切，九部。

迭　更迭也。或假佚字、迭字⑨、载字爲之。从辵，失聲。徒結切，十二部。一曰，达。下脱「字」字，一曰此达字之異體也。葢达、迭二字互相爲用。

迷　惑也。見《釋言》。惑，宋本作或。心部曰：「惑，亂也。」从辵，米聲。莫兮切，十五部。

連　負車也。負車，各本作「負連」，今正。連即古文輦也。《周禮·鄉師》「輂輦」，故書輦作連，大鄭讀爲輦。《巾車》「連車」，本亦作輦車。《管子·海王》：「服連軺輂。」《立政》：「刑餘戮民，不敢服絻，不敢畜連。」負車者，人輓車而行，車在後如負也。字从辵車會意，猶輦从扶車會意也。人與車相屬不絕，故引伸爲連屬字。耳部曰：「聯，連也。」《大宰》注曰：「古書連作聯。」然則聯、連爲古今字，連、輦爲古今字。假連爲聯，乃專用輦爲連。大鄭當云：「連，今之輦字。」而云「讀爲輦者」，以今字易古字，令學者易曉也。許不於車部曰「連古文輦」，而入之辵部者，小篆連與輦殊用故。云「聯，連也」者，今義也。云「連，負車也」者，古義也。从辵車，會意。依《韵會》訂。力延切，古力展切，十四部。

逑 斂聚也。勹部曰：「勼，聚也。」音義略同。从辵，求聲。巨鳩切，三部。《虞書》曰：《虞書》當本是《唐書》，轉寫妄改之耳。凡許偁《堯典》，曰「《唐書》」，説詳禾部。「旁逑孱功。」今《堯典》之「方鳩僝功」也。人部僝下作「旁救僝功」。凡《儀禮》古文作「旁」，今文作「方」。凡《尚書》古文作「方」，今文作「旁」，然則此所偁者，今文《尚書》也。今《堯典》逑作「鳩」，説者亦云鳩聚。又曰，怨匹曰逑。「又曰」與「一曰」同，別一義也。桓二年《左傳》曰：「嘉耦曰妃，怨耦曰仇，古之命也。」謂古者命名之法如是。逑、仇古多通用。《關雎》「君子好逑」，亦作仇。《兔罝》云「好仇」，毛傳：「逑，匹也。」《釋詁》：「仇，匹也。」孫炎曰：「相求之匹。」則孫本《釋詁》亦作逑可知。逑爲怨匹，而《詩》多以爲美詈者，取匹不取怨也。渾言則不別，《爾雅》「仇，妃：匹也」是也。析言則別，《左氏》「嘉耦」、「怨耦」異名是也。許所據《左氏》、《爾雅》作逑，《大玄》、《方言》之訙，即逑字。

退 斅也。攴部曰：「斅，毀也。」⑩退與敗音義同。从辵，貝聲。薄邁切，十五部。《周書》曰：「我興受其退。」《微子》文云《周書》者，葢許所據不系於《商書》也。亦見口部咈下。

逭 逃也。《緇衣》引《大甲》曰：「天作孽，可違也。自作孽，不可以⿰𧾷官。」⿰𧾷官，本又作「逭」。鄭注：「逭，逃也。」亦見《釋言》。从辵，官聲。胡玩切，十四部。

⿰兆雚 逭或从雚，从兆。从兆者，从逃省也。从雚者，雚聲也。

遯 逃也。鄭注《周易》曰：「遯者，逃去之名。」从辵，豚聲。徒困切，十三部。

逋 亡也。亡部曰：「亡，逃也。」《訟》九二曰：「歸而逋。」从辵，甫聲。博孤切，五部。

逋 籀文逋从捕。亦形聲。

遺 亡也。《廣韵》：「失也。贈也。加也。」按，皆遺亡引伸之義也。从辵，貴聲。以追切，十五部。

遂 亡也。《廣韵》：「達也。進也。成也。安也。止也。往也。從志也。」按，皆引伸之義也。从辵，㒸聲。徐醉切，十五部。

䢟 古文遂。按，不得其所從，疑是从「艸木𠦒孛」之𠦒。

逃 亡也。亡、逃互訓。从辵，兆聲。徒刀切，二部。

追 逐也。《詩》、《禮》假爲治金玉之鎚。从辵，𠂤聲。陟佳切，十五部。

逐　追也。从辵，豕省聲。按，鉉本作「从豚省」，鍇本、《韵會》作「豕省」二字，正「豕省聲」三字之誤也。直六切，三部。

迺　迫也。《大雅》：「似先公酋矣。」正義「酋」作「遒」。按，酋者，遒之叚借字。《釋詁》、毛傳皆曰：「酋，終也。」終與迫義相成，遒與揫義略同也。从辵，酉聲。字秋切，三部。

遒　迺或从酋。

近　附也。許附爲附婁字，坿爲坿益字，疑附近當作坿也。《經典釋文》遠近上聲，近之去聲，古無此分別。从辵，斤聲。渠遴切，古音十三部。《廣韵》其謹、巨靳切。

峕　古文近。

邋　搚也。手部曰：「搚，摺也。」《公羊傳》曰：「搚幹而殺之。」邋、搚疊韵。从辵，巤聲。良涉切，八部。

迫　近也。《釋言》曰：「逼，迫也。」逼，本又作偪。許無逼、偪字，葢衹用畐。从辵，白聲。博陌切，古音在五部。

遷　近也。《釋言》：「馹，傳也。」郭云：「本或作遷。」按，此假遷爲馹也。《聲類》云：「遷亦馹字。」則附會《爾雅》或本而合爲一字。从辵，臸聲。按，至部：「臸，到也。」重至與並至一也。人質切，十二部。

邇　近也。見《釋詁》、《小雅》毛傳。从辵，爾聲。兒氏切，《三百篇》在十五部，漢人在十六部。

迩　古文邇。以尒形聲。

遏　微止也。《釋詁》：「遏，止也。」按，微者，細密之意。从辵，曷聲。讀若桑蟲之蝎。「之」字衍。烏割切，十五部。桑蟲蝎，見虫部，蜀也，亦名蛣蟩。

遮　遏也。从辵，庶聲。止車切，古音在五部。《易》：「用錫馬蕃庶。」鄭讀爲「藩遮」。

遂　遮遂也。此當是「遂，遮也」之倒。删複字之僅存者。从辵，羨聲。于線切，十四部。

迣　迾也。晉趙曰迣。《鮑宣傳》：「部落鼓鳴，男女遮迣。」此其義也。《禮樂志》：「體容與，迣萬里。」孟康迣音逝，此叚借也。从辵，世聲。讀若寘。按，許有窴無寘。寘者，窴之誤。凡「寘彼周行」、「寘諸河之干」，皆當作「窴」。真聲而入十五部者，合音也。迣，征例切，十五部。

迾　遮也。《周禮》假「厲」爲之。《山虞》、《澤虞》、《卝人》、《迹人》「厲禁」，大鄭云：「遮列守之。」是也。《禮記》假「列」爲之。《玉藻》「山澤列而不賦」，鄭云：「列之言遮列也。」是也。《漢書》假「迣」爲之。《禮樂志》、《鮑宣傳》晉灼云：「迣古迾字。」是也。《西京賦》「迾卒清候」，李引《禮記》注：「迾，遮也。」此可證《玉藻》注本作「列之言迾，遮也」。今本誤。从辵，列聲。良薛切，十五部。

迁　進也。干求字當作迁，干犯字當作奸。从辵，干聲。讀若干。古寒切，十四部。

䢎 過也。本義。此爲經過之過，心部愆、寒、㥶，爲有過之過。然其義相引伸也，故《漢書・劉輔傳》云：「元首無失道之䢎。」⑪从辵，侃聲。去虔切，十四部。

遱 連遱也。連、遱雙聲。《集韵》：「連遱，謂不絕皃。」从辵，婁聲。洛侯切，四部。

䢡 前頓也。从辵，枼聲。各本篆作𨕪，汲古改本作迊，解說作「市聲」，皆非也。今依《玉篇》正。《廣韵》入《三十怗》，先頰切，云：「迺䢡：走也。」賈侍中說：一讀若拾，一，疑衍。鍇本作「一曰」。又若郅。手部「㨗」字，《易》音有時設、息列、思頰三反不同。此讀若拾，則在七部，讀若郅，則在十二部，猶丙、西音皆岐也。《玉篇》口黠、竹季二切，則十五部。

迦 迦牙，逗。令不得行也。牙，各本作「互」，今依《玉篇》正。迦牙，今音曡韵，古音雙聲。行，《篇》、《韵》皆作進。从辵，枷聲。古牙切，古音在十七部。

䢒 踰也。足部曰：「踰，䢒也。」踰與逾義小別。从辵，戉聲。王伐切，十五部。《易》曰：「雜而不䢒。」《𣪊辭》傳文。

逞 通也。《方言》曰：「逞，快也。自山而東或曰逞，江淮陳楚之閒曰逞。」又曰：「逞，疾也。楚曰逞。」又曰：「逞，解也。」从辵，呈聲。丑郢切，十一部。楚謂疾行爲逞。本《方言》。《春秋傳》曰：「何所不逞欲。」《左傳・昭十四年》文。

遼 遠也。《小雅》：「山川悠遠，維其勞矣。」箋云：「其道里長遠，邦域又勞勞廣闊。」勞者，遼之叚借也。从辵，尞聲。洛蕭切，二部。

遠 遼也。从辵，袁聲。雲阮切，十四部。

𨗿 古文遠。

逖 遠也。《釋詁》：「逷，遠也。」按，《集韵》云：「《說文》引《詩》舍爾介逖。」王伯厚《詩攷》因之。攷《大雅》作「介狄」，毛訓「遠也」。葢謂狄同逖，言叚借也。「用逷蠻方」，云：「逷，遠也。」則言轉注也。《集韵》所據不足信。从辵，狄聲。他歷切，十六部。

逷 古文逖。《大雅》：「用逷蠻方。」《牧誓》：「逷矣西土之人。」郭璞注《爾雅》、顏之推《觀我生賦》、李善《文選注》引《書》，皆作「逷」，衛包始改爲「逖」也。《左傳》古字後人多妄改，如襄十四年「豈敢離逷」用古文，僖廿八年「糾逖王慝」則用小篆，豈非改之不畫一乎。易、狄同部。

迥 遠也。見《釋詁》。《大雅・泂》：「酌彼行潦。」毛曰：「泂，遠也。」謂泂爲迥之叚借也。从辵，同聲。户穎切，十一部。

逴 遠也。《哀時命》曰：「處逴逴而日遠。」《九章》曰：「道逴遠而日忘。」从辵，卓聲。敕角切，古音在二部。一曰，蹇也。此別一義。蹇，䠟也。《莊子》：「夔謂蚿曰：吾以一足趻踔而行。」謂脚長短也。踔即逴字。今《莊子》作「趻卓」。讀若掉苕之掉。「掉苕」，未聞。或曰：苕者，末也。禽獸之趠於木杪，曰掉苕⑫。蓋漢時語。

迂 迂 避也。迂曲、回避，其義一也。从辵，于聲。憶俱切，五部。

𨓆 𨓆 自進極也。𨓆、進疊韵。《埤倉》云：「𨓆，至也。」从辵，聿聲。子僊切，古音在十二部。《廣韵》則前切。

邍 邍 高平曰邍。此依《韵會》，各本作「高平之野」，非也。《大司徒》：「山林、川澤、丘陵、墳衍、邍隰。」鄭云：「下平曰衍，高平曰原，下溼曰隰。」《釋地》：「廣平曰原，高平曰陸。」此及鄭注，皆以高平釋原者，謂大野廣平偁原。高而廣平亦偁原，下文所謂可食者曰原也。凡陸、𨸏、陵、阿皆高地，其可種穀給食之處，皆曰原。是之謂高平曰原也。序官「邍師」注云：「邍，地之廣平者。」與《大司徒》注不同者，單言原則爲廣平，墳衍、原隰並言，則衍爲廣平，原爲高平也。邍字後人以「水泉本」之原代之，惟見《周禮》。人所登。从辵备彔，闕。此八字疑有脱誤，當作「从辵，从略省，从彔。人所登也，故从辵」十四字，今本淺人所亂耳。人所登，蒙高解从辵之意也；略者，土地可經略也；彔者，土地如刻木彔彔然，《西都賦》「溝塍刻鏤」是也。蓋从三字會意。愚袁切，十四部。

道 道 所行道也。毛傳每云「行，道也」。道者，人所行，故亦謂之行。道之引伸爲道理，亦爲引道。从辵首。首者，行所達也。首亦聲。徒晧切，古音在三部。一達謂之道。《釋宮》文。行部偁「四達謂之衢」，九部偁「九達謂之馗」。按，許三偁，當是一例。當作「一達謂之道，从辵首。道，人所行也，故从辵」。此猶上文邍，人所登，故从辵也。自邍以下字，皆不系於人，故發其例如此。許書多經淺人改竄，遂不可讀矣。

𩠐 𩠐 古文道，从首寸。从寸者，如九軌、七軌、五軌。

遽 遽 傳也。《釋言》：「馹、遽，傳也。」孫炎曰：「傳，車驛馬也。」《左傳·僖卅三年》：「使遽告於鄭」，「遽興姜戎」，昭二年「乘遽而至」。傳，中戀反。一曰，窘也。窘，迫也。从辵，豦聲。其倨切，五部。

迒 迒 獸迹也。《釋獸》：「兔迹迒。」按，《序》曰：「黄帝之史倉頡，見鳥獸蹏迒之迹，知分理之可相別異也。」是凡獸迹皆偁迒，不專謂兔也。从辵，亢聲。胡郎切，十部。

䟘 䟘 迒或从足更。亦形聲。更亢同在十部。

𨑩 𨑩 至也。从辵，弔聲。都歷切，古音在二部。《小雅》、《盤庚》皆作「弔」，《釋詁》、毛傳皆云：「弔，至也。」至者，弔中引伸之義，加辵乃後人爲之。許蓋本無此字，如本有之，則不當與邍、道、遽、迒爲伍。

邊 邊 行垂崖也。《釋詁》曰：「邊，垂也。」土部曰：「垂，遠邊也。」厂部曰：「厓，山邊也。」屵部曰：「崖，高邊也。」行於垂崖曰邊，因而垂崖謂之邊，然則邊不當厠於此。从辵，𩡧聲。布賢切，十二部。

文一百一十八。　重三十。張次立注小徐本曰：重二十七，補遺蠲、僯二字，重二十九。⑬

彳　小步也。象人脛三屬相連也。三屬者，上爲股，中爲脛，下爲足也。單舉脛者，舉中以該上下也。脛動而股與足隨之。丑亦切。李斯作彳，筆迹小變也。凡彳之屬皆从彳。

德　升也。升當作「登」。辵部曰：「遷，登也。」此當同之。德訓登者，《公羊傳》：「公曷爲遠而觀魚？登來之也。」何曰：「登讀言得，得來之者，齊人語。齊人名求得爲得來。作登來者，其言大而急，由口授也。」唐人詩：「千水千山得得來。」得即德也。登、德雙聲。一部與六部合韵又㝡近。今俗謂用力徙前曰德，古語也。从彳，㥁聲。多則切，一部。

徑　步道也。《周禮》：「夫閒有遂，遂上有徑。」鄭曰：「徑容牛馬，畛容大車，涂容乘車一軌，道容二軌，路容三軌。」此云步道，謂人及牛馬可步行而不容車也。从彳，巠聲。居正切，十一部。按，辵部道、足部路，皆廁部末。此廁部首，不同者，錯見之意。

復　往來也。辵部曰：「返，還也。還，復也。」皆訓往而仍來。今人分別入聲、去聲，古無是分別也。从彳，复聲。房六切，三部。

𢔶　復也。此字引伸爲狃忕之義，故《玉篇》云：「習也，忕也。或與狃同。」按，狃行而𢔶廢矣。《左傳》有慣字，慣者，狃忕之意，即復字之變也。復之引伸之義，亦爲狃忕。从彳，柔聲。人九切，三部。按，《廣韵》：「女久切，習也。」从《廣韵》是。

徎　徎行也。《廣韵》：「丈井切，雨後徑也。」《玉篇》力整、丈井二切，徑也。从彳，呈聲。丑郢切，十一部。按，依今本《說文》音義，則徎與逞同。

往　之也。从彳，㞷聲。于兩切，十部。

迬　古文从辵。按，左辵右㞷，㞷，古文㞷也。《汗簡》云：「迬，《尚書》往字。」《甘泉賦》曰：「迬迬離宮，般以相燭。」

忂　行皃。此與足部「躣」音義同。走部又有「趯」。从彳，瞿聲。其俱切，五部。

彼　往有所加也。彼、加疊韵。从彳，皮聲。補委切，古音在十七部。

徼　循也。《百官表》曰：「中尉掌徼循京師。」如淳曰：「所謂游徼循禁備盜賊也。」按，引伸爲徼求，爲邊徼，今人分平、去，古無是也。从彳，敫聲。古堯切，二部。

循　行也。各本作「行順也」，淺人妄增耳。依《大誓》正義、《衆經音義》所引訂。行，今音讀下孟反。如《月令》「循行國邑」、「出行田原」，「循行縣鄙」，《周禮》注「行夜」，皆是也。《釋詁》：「遹，遵，率：循也。」引伸爲撫循，爲循循有序。从彳，盾聲。詳遵切，十二部。

彶　急行也。急、彶疊韵。凡用彶彶字，乃彶彶之叚借也。从彳，及聲。居立切，七部。

𢕙　行皃。《吳都賦》：「𠎝矗㬌𤢖。」𠎝當从彳。《廣韵》：「𢕙，衆行皃。」从彳，㲋聲。穌合切，七部。一曰，此與馺同。一説，𢕙即馺字也。馺，馬行相及也。

微　隱行也。𢼸訓眇，微从彳，訓隱行。叚借通用微而𢼸不行。《邶風》「微我無酒」，又假微爲非。从彳，𢼸聲。無非切，十五部。《春秋傳》曰：「白公其徒微之。」《左傳·哀十六年》文。杜曰：「微，匿也。」與《釋詁》「匿，微也」互訓，皆言隱不言行，𢼸之叚借字也。此偁傳説叚借。

徥　徥徥，行皃也。《方言》：「徥，用：行也。」郭曰：「徥，皆行皃。度揩反。」《集韵》曰：「徍，徥：行皃。」於佳、度皆二切。从彳，是聲。是支切，十六部。《爾雅》曰：「徥，則也。」今本《釋言》作「是，則也」，葢古《爾雅》假徥爲是也。此偁《爾雅》説叚借。

徐　安行也。从彳，余聲。似魚切，五部。

𢓊　行平易也。《廣雅》：「𢓊𢓊，行也。」按，凡平訓皆當作𢓊，今則夷行𢓊廢矣。从彳，夷聲。以脂切，十五部。

𢕟　使也。疑使上當有「𢕟夆」二字。《周頌》「莫予荓蜂」，蜂本又作夆。毛曰：「荓夆，𢫬曳也。」《釋訓》作「甹夆，𢫬曳也。」𢕟夆葢甹夆之正字。𢫬曳者，使之也。《大雅》傳曰：「荓，使也。」从彳，㗂聲。按，此疑誤。言部無㗂，當作「从彳，从言，甹聲」。普丁切，十一部。《玉篇》云：「俗作𢔦。」

夆　使也。疑當作「𢕟夆也」三字。从彳，夆聲。敷容切，九部。讀若螽。各本作𧒒，誤。螽者蠭之省。

後　迹也。《豳風》：「籩豆有踐。」箋云：「踐，行列皃。」按，踐同後，故云行列皃。从彳，戔聲。慈衍切，十四部。

徬　附行也。《牛人》：「共兵車之牛與其牽徬。」注曰：「牽徬，在轅外輓牛也。人御之，居其前曰牽，居其旁曰徬。」按，徬，附也，从人。徬，附行也，从彳。此音同義微別也。从彳，旁聲。蒲浪切，十部。

徯　待也。《孟子》引《書》「徯我后」，趙曰：「徯，待也。」从彳，奚聲。胡計切，十六部。按，《書》《孟》音義、《廣韵》、《玉篇》、《集韵》、《説文篆韵譜》皆上聲，疑胡計誤。

蹊　徯或从足。《左傳》：「牽牛以蹊人之田。」《孟子》：「山徑之蹊。」《月令》：「塞徯徑。」凡始行之以待後行之徑曰蹊，引伸之義也。今人畫爲二字，音則徯上、蹊平，誤矣。

待　竢也。立部曰：「竢，待也。」从彳，寺聲。徒在切，一部。今人易其語曰等。

䌷　行䌷䌷也。䌷䌷，葢與《小弁》「踧踧」同，行平易也，皆徒麻切。《玉篇》云：「䌷，除又切，與宙同，古往今來無極之名。」从彳，由聲。古音在三部。

徧　帀也。帀部曰：「帀，𠣜也。」勹部曰：「𠣜，帀徧也。」

从彳，扁聲。比薦切，十二部。《禮》、《禮記》多假「辯」字爲之。

徦 至也。《方言》曰：「徦，𢓜：至也。邠唐冀兖之閒曰徦，或曰𢓜。」按，𢓜古格字。徦，今本《方言》作「假」，非也。《集韵·四十禡》可證。《毛詩》三《頌》假字或訓大也，或訓至也。訓至則爲徦之假借。《尚書》古文作「格」，今文作「假」，如「假于上下」是也。亦徦之假借。从彳，叚聲。古雅切，五部。郭璞音駕。

𢓴 卻也。从彳日夊。彳，行也。行而日日遲曳，是退也。夊，行遲曳夊夊也。他内切，十五部。一曰，行遲。四字疑後增。

衲 𢓴或从内。

退 古文从辵。今字多用古文，不用小篆。

後 遲也。从彳幺夊，幺夊者，後也。各本奪二字，今補。幺者，小也。小而行遲，後可知矣。故从幺夊會意。胡口切，四部。

逡 古文後，从辵。

徲 久也。久，疑當作夊。从彳，犀聲。讀若遲。杜兮切，十五部。按，《廣韵》：「徲，杜奚切。久待也。」無徲字。《玉篇》、《集韵》有徲無徲，未知孰是。《廣雅》：「徲徲，往來也。」丈尸反。

很 不聽從也。一曰，行難也。一曰，盭也。从彳，艮聲。胡懇切，十三部。盭，弼戾也。《韵會》無此四字。

徸 相迹也。後迹與前迹相繼也。《玄應》合踵、徸爲一字。从彳，重聲。之隴切，九部。

得 行有所㝵也。㝵，各本作「得」，誤，今正。見部曰：「㝵，取也。」行而有所取，是曰得也。《左傳》曰：「凡獲器用曰得。」从彳，㝵聲。多則切，一部。

㝵 古文省彳。按，此字已見於見部，與得並爲小篆，義亦少異。

徛 舉脛有渡也。《釋宫》曰：「石杠謂之徛。」郭曰：「聚石水中以爲步渡彴也。音居義反。」从彳，奇聲。去奇切，古音在十七部。

㣀 行示也。《大司馬》：「斬牲，以左右徇陳曰：不用命者斬之。」《小子》：「凡師田，斬牲，以左右徇陳。」陸德明引《古今字詁》曰：「徇，巡也。」按，如《項羽傳》「徇廣陵」、「徇下縣」，李奇曰：「徇，略也。」如淳曰：「徇音撫循之循。」此古用循、巡字，漢用徇字之證。此《古今字詁》之義也。从彳，勻聲。古勻、旬同用，故亦作徇。詞閏切，十二部。《司馬法》：「斬以徇。」許引《司馬法》者，凡八。

律 均布也。均、律雙聲。均古音同勻也。《易》曰：「師出以律。」《尚書》：「正日，同律度量衡。」《爾雅》：「坎、律，銓也。」律者，所以笵天下之不一而歸於一，故曰均布也。从彳，聿聲。吕戌切，十五部。

御　使馬也。《周禮》六藝：四曰「五馭」。《大宰》注曰：「凡言馭者，所以敺之，内之於善。」此引伸之義也。从彳卸。按，卸亦聲。牛據切，五部。

馭　古文御，从又馬。惟見《周禮》。

亍　步止也。《魏都賦》曰：「澤馬亍阜。」《赭白馬賦》曰：「秀騏齊亍。」从反彳，讀若畜。丑玉切，三部。

文三十七。　重七。

廴　長行也。《玉篇》曰：「今作引。」是引弓字行而廴廢也。从彳引之。引，長之也。余忍切，十二部。凡廴之屬皆从廴。

廷　朝中也。朝中者，中於朝也。古外朝、治朝、燕朝皆不屋，在廷，故雨霑服，失容則廢。从廴，壬聲。特丁切，十一部。《甘禄字書》⑭、《佩觿》音定。《廣韵》同。

延　行也。此與辵部延、征字音義同。漢武帝年號延和字如此作，今《漢書》多誤爲以然切之「延」，又或改爲从辵之「延」，亦非也。从廴，正聲。諸盈切，十一部。

建　立朝律也。今謂凡豎立爲建，許云「立朝律也」，此必古義，今未攷出。从聿，律省也。从廴。廷省也。居萬切，十四部。

文四。

㢟　安步㢟㢟也。从廴止。引而復止，是安步也。丑連切，十四部。《魏志》：「鍾會兄子毅及峻㢟下獄。」裴曰：「㢟，勑連反。」按，即㢟字也，止之隸變作山。凡㢟之屬皆从㢟。

延　長行也。本義訓長行，引伸則專訓長。《方言》曰：「延，長也。凡施於年者謂之延。」又曰：「延，徧也。」从㢟，𠂆聲。𠂆部曰：「象抴引之形。」余制切，虒、延、曳皆以爲聲，今篆體各異，非也。𠂆、延、虒、曳，古音在十六部，故《大雅》「施於條枚」，《吕氏春秋》、《韓詩外傳》、《新序》皆作「延于條枚」，延音讀如移也。今音以然切，則十四部。

文二。

行　人之步趨也。步，行也。趨，走也。二者一徐一疾，皆謂之行，統言之也。《爾雅》：「室中謂之時，堂上謂之行，堂下謂之步，門外謂之趨，中庭謂之走，大路謂之奔。」析言之也。引伸爲巡行，行列、行事、德行。从彳亍。彳，小步也。亍，步止也。戶庚切，古音在十部。凡行之屬皆从行。

術　邑中道也。邑，國也。引伸爲技術。从行，朮聲。食聿切，十五部。

街　四通道也。《風俗通》曰：「街，攜也，離也。四出之路，攜離而別也。」⑮按，此以疊韵爲訓。从行，圭聲。古膎切，十六部。

衢 四達謂之衢。《釋宫》文。《釋名》曰：「四達曰衢。齊魯閒謂四齒杷爲欋，欋杷地則有四處，此道似之也。」按，《中山經》：「宣山桑枝四衢，少室山木曰帝休，枝五衢。」《天問》：「靡萍九衢。」《淮南書》：「木大則根欋。」皆謂交遘歧出。从行，瞿聲。其俱切，五部。

衝 通道也。衝、通疊韵。引伸之義爲當也，向也，突也。从行，童聲。昌容切，九部。今作「衝」。《春秋傳》曰：「及衝以擊之。」《左傳・昭元年》文。各本以下有「戈」字。李燾本無。按，上云「子南執戈逐之」，則云「以擊之」，不再出戈是也。今傳作「擊之以戈」，亦淺人所改。

衕 通街也。衕、通疊韵。今京師衚衕字如此作。从行，同聲。徒弄切，九部。

𧗳 迹也。此與彳部㣤音義同。从行，戔聲。才綫切，十四部。

衙 衙衙，依《廣韵・九魚》補二字。行皃。《九辯》：「導飛廉之衙衙。」王注：「風伯次且而埽塵也。」按，衙衙是行列之意，後人因以所治爲衙。从行，吾聲。魚舉切，又音牙，五部。

衎 行喜皃。《小雅》毛傳曰：「衎，樂也。」从行，干聲。空旱切，十四部。

𧗼 行且賣也。《周禮》：「飾行儥慝。」大鄭云：「儥，賣也。慝，惡也。謂行且賣姦僞惡物者。」後鄭云：「謂使人行賣惡物於市，巧飾之，令欺誑買者。」从行言。黄絢切，十四部。言亦聲也。

衒 𧗼或从玄。依或字諧聲，則在十二部。

𧗿 將𧗿也。𧗿也，今本作「衛也」，誤。將，如鳥將雛之將，古不分平、去也。𧗿，導也，循也。今之率字。率行而𧗿廢矣。率者，捕鳥畢也。將帥字，古衹作將𧗿，帥行而𧗿又廢矣。帥者，佩巾也。𧗿與辵部䢦音義同。从行，率聲。所律切，十五部。

衛 宿衛也。《宫正》：「夕擊柝而比之。」注：「暮行夜以比直宿者。」《宫伯》：「掌王宫之士庶子，凡在版者。」大鄭云：「庶子，宿衛之官。」後鄭云：「衛王宫者，必居四角四中，於徼候便也。」漢有衛尉掌宫門衛屯兵。从韋帀行。韋者，圍之省。圍，守也。帀，匌也。韋亦聲。于歲切，十五部。行，逗。列也。依《韵會》訂。此釋从行之意。行者，列也。今音讀如杭，別於步趨之行。衛从三字會意。

文十二。 重一。

齒 口齗骨也。鄭注《周禮》曰：「人生齒而體備。男八月女七月而生齒。」象口齒之形。𠚕者，象齒，餘凵字也。止聲。昌里切，一部。凡齒之屬皆从齒。

𠀁 从小徐也，大徐本誤。古文齒字。古文獨體象形，不加聲旁。

齗 齒本肉也。各本無「肉」，《玄應》兩引作「齒肉也」。

《篇》、《韵》皆作「齒根肉也」，今補。斷爲肉，故上文齒爲斷骨，此骨出肉外，故肉爲骨本。《魯世家》：「甚矣，魯道之衰也，洙泗之閒斷斷如也。」《地理志》云：「魯濱洙泗，其民涉渡，幼者扶老者而代其任。俗既薄，長老不自安，與幼者相讓。故曰：魯道衰，洙泗之閒斷斷如也。」按，彼此爭辞，露其齒本，故曰「斷斷」。徐廣五鼰反。又按，《曲禮》：「笑不至矧。」鄭云：「齒本曰矧，大笑則見。」矧正斷之近部叚借字也。从齒，斤聲。魚斤切，十三部。

齔 毀齒也。男八月生齒，八歲而齔；女七月生齒，七歲而齔。从齒匕。各本篆作齔，云：「从齒从七」，初忍、初覲二音，殆傳會七聲爲之。今按，其字从齒匕，匕，變也。今音呼跨切，古音如貨。《本命》曰：「陰以陽化，陽以陰變，故男以八月生齒，八歲而毀，女七月生齒，七歲而毀。」毀與化義同音近。《玄應書》卷五：「齔舊音差貴切。」卷十一：「舊音羌貴切。」然則古讀如未韵之槼。蓋本从匕，匕亦聲，轉入寘至韵也。自誤从七旁，《玄應》云初忍切，孫愐云初堇切，《廣韵》乃初覲切，《集韵》乃初問、恥問二切。其形唐宋人又譌齓，从乚，絶不可通矣。今當依舊音差貴切，古音蓋在十七部。

⿰齒責 齒相值也。今《左傳》作幘，譌字也。古無幘，則述傳時無此字也。杜云：「齒上下相值也。」按，謂上下齒整齊相對，《詩》所云如瓠犀。从齒，責聲。士革切，十六部。一曰，齧也。別一義。《春秋傳》曰：「晳⿰齒責。」定九年文。按，晳謂人色白，與⿰齒責二事。

齜 齒相齗也。齗，各本誤「斷」，李本不誤。《廣韵》：「齹齷，齒不正。」上士佳、下五佳切。《玉篇》曰：「齷亦作齷。」一曰，開口見齒之皃。《管子》曰：「東郭有狗啀啀，旦莫欲齧我猳。」啀啀，露齒之皃。从齒，此聲。各本作「柴省聲」，淺人改也。讀若柴。仕街切，十六部。

齘 齒相切也。謂上下齒緊相摩切也。相切則有聲，故《三倉》云：「齘，鳴齒也。」《函人》：「爲甲衣之，欲其無齘也。」大鄭云：「齘謂如齒齘，不齘則隨人身便利。」《方言》：「齘，怒也。」郭曰：「言噤齘也。」噤亦作䫷。《篇》、《韵》皆云：「䫷齘，切齒怒。」从齒，介聲。胡介切，十五部。

齞 張口見齒也。依《文選》注訂。《登徒子好色賦》：「齞脣歷齒。」从齒，只聲。研繭切，古音在十六部。

⿰齒兼 齒差也。差，當作齹。从齒，兼聲。五鹹切，七部。《廣韵》語廉切。

齺 齒搚也。搚，今本作「擠」。手部曰：「搚，一曰，拉也。」齒拉者，謂齒折也。一曰，馬口中橛也。《司馬相如傳》：「猶時有銜橜之變。」張揖曰：「銜，馬勒銜也。橜，騑馬口長銜也。」司馬貞曰：「周遷《輿服志》云：鉤逆上者爲橜。橜在銜中，以鐵爲之，大如雞子。《鹽鐵論》云：無銜橜而禦悍馬。」是也。从齒，芻聲。側鳩切，四部。《廣雅》、《廣韵》及《管子注》士角切。

一曰，齰也。《廣雅》：「齺，齰也。」本此。按，《管子》：「車轂齺騎，連伍而行。」《荀卿子》：「齺然上下相信，而天下莫之敢當。」二書於齰義差近。齰則齒近物。《廣韻》曰：「齺，齒相近皃。」

齱 齱齵，逗。疊韻。齒不正也。《廣韻》齱下曰：「齱齵，齒偏。」齵下曰：「齱齵。」从齒，取聲。側鳩切，四部。

齵 齱齵也。从齒，禺聲。五婁切，四部。按，二字各本譌亂，今依《廣韻》正之。

⿰齒虘 ⿰齒虘齬，逗。疊韻。齒不相值也。《廣韻》曰：「齟齬，不相當也。」或作鉏鋙，上牀呂切，下魚巨切。按，金部鋙下云：「鉏䥏也。」䥏或作鋙。《周禮》注作「鉏牙」。《左傳》「西鉏吾」，以鉏吾爲名。牙、吾古音皆在九魚。古齟字有單用者，《東方朔傳》曰：「齟者，齒不正也。」許書各本⿰齒虘訓「齬齒也」，齬訓「齒不相值也」，二篆自當類廁。各本離之甚遠。又，⿰齒虘，側加切，齬，魚舉切，全失古語疊韻之理。蓋由⿰齒虘之字變爲齟，齬之字變爲齖，因以⿰齒虘齖並入麻韻，而與齬畫分異處耳。今从齱齵之例正之，不爲專輒也。从齒，虘聲。大徐側加切。按，古音在五部，當依《廣韻》牀呂切。《篆韻譜》鉏阻反。

齬 ⿰齒虘齬也。从齒，吾聲。魚舉切，五部。

齹 齒差跌皃。差者，不值也。跌者，踼也。齒差跌，謂參差踼跌不平正也。从齒，佐聲。鉉曰：佐當是傞傳寫之誤，《說文》無佐字。昨何切，十七部。《春秋傳》，鄭有子齹。見《左傳·昭十六年》。今傳作齹，實一字也。釋文曰：「齹，《字林》才可、士知二反。《說文》作齹，云：齒差跌也。在河、千多二反。」是《字林》始有齹，各本《說文》乃以齹篆先齹，而別爲音義，誤甚。今刪之。古人名字相應，或以相反爲相應，齹者不齊，故爲嬰齊之字也。

齤 缺齒也。一曰，曲齒。缺齒者，齾也。曲齒者，上云齒差跌，今俗云齒齙也。按，《淮南·道應訓》：「若士齤然而笑。」謂露其齒病而笑也。从齒，𠔉聲。讀又若權。按，云又者，謂𠔉讀若書卷，齤讀同，又讀若權也。大徐刪又，非。巨員切，十四部。

齳 無齒也。《韓詩外傳》：「以爲姣好邪，則大公年七十二，齳然而齒墮矣。」从齒，軍聲。魚吻切，十三部。

齾 缺齒也。引伸凡缺皆曰齾。《左傳》曰：「兩軍之士皆未慭也。」杜曰：「慭，缺也。」釋文：「慭，魚覲反。又魚轄反。」按，慭得有魚轄反者，正因本或作齾。陸氏失於不分別言之耳。正義曰：「慭者，缺之皃。今人猶謂缺爲慭。」所據本必作齾，故如此云。下文蓋有「一本作慭」之語，亦爲淺人刪之矣。从齒，獻聲。五轄切，十五部。獻聲在十四部，合音也。

⿰齒巨 齗腫也。从齒，巨聲。巨主切，五部。《廣韻》其呂切。

齯 老人齒。《魯頌》：「黃髮兒齒。」《釋詁》曰：「黃髮齯齒，壽也。」《釋名》曰：「九十或曰齯齒。大齒落盡，更生細者，如小兒齒也。」按,《毛詩》作「兒」,古文;他書作齯,今文也。从齒,兒聲。此形聲包會意。五雞切,十六部。

齮　齧也。《史》、《漢》《田儋傳》:「齮齕用事者墳墓。」如淳曰:「齮齕猶齚齧也。齕,齩也。」按,凡從奇之字多訓偏,如掎訓偏引,齮訓側齧。索隱注《高紀》云:「許慎以爲側齧。」从齒,奇聲。魚綺切,古音在十七部。

齜　齚齒也。謂齚物而外露之齒也。故從齒出。从齒,出聲。仕乙切,十五部。

齰　齧也。《漢書·灌夫傳》:「齰舌自殺。」《鄧通傳》:「使大子齰癰。」从齒,昔聲。側革切,古音在五部。

齚　齰或从乍。乍聲亦五部也。

⿰齒咸　齧也。从齒,咸聲。工咸切,《廣韵》苦洽切,古音在七部。

齦　齧也。此與豕部豤音義同。疑古衹作豤,齦者後出,分別之字也。今人又用爲斷字矣。从齒,皀聲。康很切,十三部。

⿰齒干　齒見皃。《廣韵》曰:「齴⿰齒干,齒不正。」从齒,干聲。五版切,十四部。

⿰齒卒　⿰齒卒,此複舉字之未删者。齚也。从齒,卒聲。昨没切,十五部。

⿰齒列　齒分骨聲。从齒,列聲。《篇》、《韵》皆作𪗾。讀若剌。盧達切,十五部。

齩　齧骨也。俗以鳥鳴之咬爲齩齧。从齒,交聲。五巧切,二部。

齥　齒差也。此與⿰齒兼訓齒差義異,謂齒相摩切也。齒與齒相切,必參差上下之。差即今磋磨字也。引伸之義,摩物曰齥。《衛風》:「如切如瑳,如琢如摩。」《釋器》曰:「骨謂之切,象謂之瑳,玉謂之琢,石謂之摩。」切亦作齥,瑳亦作磋,摩亦作磨。差者正字,瑳、磋皆加偏旁字也。从齒,屑聲。讀若切。千結切,十二部。

⿰齒吉　齧堅聲。齧,各本作「齒」,今依《玉篇》訂。石部曰:「硈,石堅也。」皆於吉聲知之。从齒,吉聲。赫鎋切,十五部。按,自齮至齩九文,并⿰齒吉十文,皆謂齧也。宜移廁齥文之上。

⿰齒豈　齥牙也。齥牙,猶差齒也。亦引伸爲摩器之名。刀部曰:「剴,一曰摩也。」皆於豈聲知之。从齒,豈聲。五來切,古音在十五部。

齝　吐而噍也。噍即嚼字也,見口部。《釋獸》郭注曰:「食之已久,復出嚼之。」从齒,台聲。丑之切,一部。《爾雅》曰:「牛曰齝。」《釋獸》文。

齕　齧也。如淳注《漢書》曰:「齕,齩也。」《曲禮》:「庶人齕之。」从齒,气聲。户骨切,十五部。

⿰齒聯 齒見皃。从齒，聯聲。力延切，十四部。

齧 噬也。口部曰：「噬，啗也。」《釋名》曰：「鳥曰啄，獸曰齧。齧，齾也。所臨則禿齾也。」从齒，㓞聲。五結切，十五部。

齭 齒傷酢也。酢者，今之醋字，酸澀也。从齒，所聲。讀若楚。創舉切，五部。亦作「齼」。凡言痛憷、憷澀，意皆同。

齨 老人齒如臼也。如臼者，齒坳。从齒臼，臼亦聲。其久切，三部。一曰，馬八歲也。馬八歲曰⿰馬八，齒亦如臼，俗名之齨，亦作「⿰馬臼」。

齛 羊粻也。《釋獸》曰：「羊曰齛。」郭曰：「齛音漏泄。」按，唐人諱世作「齥」。粻，米部無此字，食部引「峙乃餱粻」。从齒，世聲。私列切，十五部。

齸 鹿麋粻。《釋獸》曰：「麋鹿曰齸。」釋文云：「字或作嗌。」按，嗌，咽也。咽，喉也。郭云「齝食之所在，因名之」是也。然則齸與齝同，言其自喉出復嚼，故字从齒。嗌、嗉、嗛則皆自其藏食之處言之，字祇从口。嗌或作「齸」者，蓋亦謂出嚼之也。从齒，益聲。伊昔切，十六部。

⿰齒至 齧堅也。《玉篇》：「齧堅皃。」《廣韵》：「齧聲。」各本齧作「齒」，恐誤。从齒，至聲。陟栗切，十二部。

⿰齒骨 齧骨聲。《曲禮》曰：「毋齧骨。」鄭云：「爲有聲響不敬。」从齒骨，骨亦聲。户八切，十五部。

⿰齒舌 噍聲。《廣韵》曰：「骨端。」⑯ 从齒，昏聲。古活切，十五部。

⿰齒尃 噍堅也。口部：「⿰口尃，⿰口集：噍皃。」《廣韵》曰：「⿰齒尃同⿰口尃。」从齒，尃聲。補莫切，五部。按，此蓋⿰口尃之或字，後人竄入者也。

文四十四。今刪齹字，則四十三。　重二。

牙 壯齒也。壯，各本譌作「牡」，今本《篇》、《韵》皆譌，惟石刻《九經字樣》不誤，而馬氏版本妄改之。士部曰：「壯，大也。」壯齒者，齒之大者也。統言之，皆偁齒、偁牙；析言之，則前當脣者偁齒，後在輔車者偁牙。牙較大於齒，非有牝、牡也。《釋名》：「牙，樝牙也。隨形言之也。輔車或曰牙車，牙所載也。」《詩》：「誰謂雀無角」，「誰謂鼠無牙」，謂雀本無角，鼠本無牙，而穿屋、穿牆，似有角牙者然，鼠齒不大，故謂無牙也。東方朔説騶牙曰：「其齒前後若一，齊等無牙。」此爲齒小、牙大之明證。象上下相錯之形。五加切，古音在五部。凡牙之屬皆从牙。

𠀽 古文牙。从齒而象其形也。古文齒。

⿰牙奇 虎牙也。虎，一本作「武」，避唐諱耳。今俗謂門齒外出爲虎牙，古語也。《大招》云：「靨輔奇牙，宜笑嫣只。」《淮南》云：「奇牙出，𩈯酺摇。」高注：「將笑，故好齒出也。」按，奇牙所謂⿰牙奇也。可部曰：「奇，異也。一曰，不耦。」笑而露其齒，獨好。故曰奇牙。从牙奇，奇亦聲。去奇切，古音在十七部。

𤘅 齒蠹也。《釋名》曰：「𤘅，朽也。蟲齧之缺朽也。」《史記》：「齊中大夫病齲齒。」《淮南》：「斲木愈齲。」司馬彪《五行志》：「桓帝元嘉中，京都婦女作齲齒笑。」从牙，禹聲。邱禹切，五部。

齲 𤘅或从齒。

文三。　重一。

足 人之足也，在體下。从口止。依《玉篇》訂。口猶人也，舉口以包足已上者也。齒上止下口，次之以足，上口下止，次之以疋，似足者也，次之以品，从三口。今各本从口，非也。即玉切，三部。凡足之屬皆从足。

蹏 足也。俗作蹄。从足，虒聲。杜兮切，十六部。

跟 足踵也。踵，各本作「蹱」，誤。止部曰：「歱，跟也。」《釋名》曰：「足後曰跟，一體任之，象本根也。」从足，艮聲。古痕切，十三部。

⿰止艮 跟或从止。

踝 足踝也。《釋名》曰：「踝，确也。居足兩旁磽确然也。」按，踝者，人足左右骨隆然圜者也。在外者謂之外踝，在內謂之內踝。丮部曰：「⿰丮凡，擊踝也。」从足，果聲。胡瓦切，十七部。

跖 足下也。今所謂腳掌也。《史記》曰：「跖勁弩。」按，弩以足蹋張之，故曰跖。跖或借蹠爲之，又作「⿰足亥」。《賈誼傳》曰：「病非徒瘇也，又苦⿰足亥盭。」⿰足亥，跖字之異者也，足跖反戾不可行。从足，石聲。之石切，古音在五部。

踦 一足也。《管子》：「告堯之時，一踦腓，一踦屨，而當死。」謂一足刵，一足屨，當死罪也。引伸之，凡物單曰踦。《方言》：「倚，踦，奇也。自關而西，凡全物而體不具，謂之倚。梁楚之閒謂之踦。雍梁之西郊，凡嘼支體不具者，謂之踦。」《公羊傳》：「匹馬隻輪無反者。」何曰：「匹馬，一馬也。隻，踦也。」又：「相與踦閭而語。」何云：「閉一扇，開一扇，一人在內，一人在外。」《戰國策》：「必有踦重者矣。」踦重，偏重也。若衣部曰：「襱，綺踦也。」毛傳曰：「蠨蛸，長踦也。」則皆謂足，不必一足。从足，奇聲。去奇切，古音在十七部。

跪 拜也。手部曰：「𢷎，首至手也。」按，跪與拜二事，不當一之，疑當云「所以拜也」，後人不達此書「所以」字，往往刪之。《釋名》：「跪，危也。兩膝隱地，體危隉也。」从足，危聲。去委切，十六部。

跽 長跽也。長跽，各本作「長跪」，今正。按，係於拜曰跪，不係於拜曰跽。《范雎傳》四言「秦王跽」，而後乃云「秦王再拜」是也。長跽乃古語，長，俗作「⿰足長」。人安坐則形弛，敬則小跪聳體，若加長焉，故曰長跽。《方言》：「東齊海岱北燕之郊跪謂之⿰足長蹬。」郭曰：「今東郡人亦呼長跽爲⿰足長蹬。」《釋名》：「跽，忌也。見所敬忌不敢自安也。」徐廣注《滑稽傳》「鞠䐇」曰：「䐇，其紀反。與跽同，謂小跪也。」《廣雅》：「⿰足長蹬，跪拜也。」此統言之，許跪、跽析言之。从足，忌聲。渠几切，古音在一部。徐廣音是也。

踧 行平易也。《小雅》毛傳曰：「踧踧，平易也。」从足，叔聲。子六切，三部。《詩》曰：「踧踧周道。」《小弁》。

躣 行皃。《九辯》：「右蒼龍之躣躣。」从足，瞿聲。其俱切，五部。

踖 長脛行也。《小雅》：「執爨踖踖。」毛曰：「踖踖，言爨竈有容也。」从足，昔聲。資昔切，古音在五部。一曰，踧踖。見《論語·鄉黨》。馬融曰：「恭敬皃也。」《廣韵·一屋》曰：「踧踖，行而謹敬。」按，《左傳》「石碏」，漢石經《公羊》作「石踖」。从石，誤字也。

踽 疏行皃。《唐風》：「獨行踽踽。」毛曰：「踽踽，無所親也。」按，許合經傳云爾。疏，通也。引伸爲親疏。《孟子》：「行何爲踽踽涼涼。」義同。从足，禹聲。區主切，五部。《詩》曰：「獨行踽踽。」

䠶 行皃。《聘禮》：「衆介北面蹌焉。」鄭云：「容皃舒揚。」《曲禮》：「天子穆穆，諸侯皇皇，大夫濟濟，士蹌蹌。」鄭曰：「皆行容止之皃也。」按，許䠶爲「行皃」，蹌訓「動也」，然則《禮》言行容者，皆䠶爲正字，蹌爲叚借字。《廣雅》：「䠶䠶，走也。」从足，將聲。七羊切，十部。《詩》曰：「管磬䠶䠶。」《周頌》文。今《詩》作「磬筦將將」。毛曰：「將將，集也。」

𨇽 踐處也。此與疃同義。田部曰：「疃，禽獸所踐處也。」王逸《九思》：「鹿蹊兮𨇽𨇽。」亦作「躖」。按，衹云「踐處」，別於疃字，專屬禽獸。从足，斷省聲。不云「𢇍聲」者，𢇍，古文絶也。徒管切，十四部。

𧿒 趣越皃。趣，疾也。小徐作趨。𧿒與赴音義略同。从足，卜聲。芳遇切，古音在三部。

踰 越也。越，度也。踰與逾音義略同。从足，俞聲。羊朱切，四部。

跋 輕也。《廣韵》：「娍，輕也。」字从女。从足，戉聲。王伐切，十五部。

蹻 舉足小高也。蹻、高疊韵。各本作「行高」。晉灼注《漢書·高帝紀》作「小高」。《玄應》引文穎曰：「蹻，猶翹也。」又引《三蒼解詁》云：「蹻，舉足也。丘消切。」按，今俗語猶然。从足，喬聲。丘消切。大徐居勺切，非也。二部。《詩》曰：「小子蹻蹻。」《大雅》文。毛曰：「蹻蹻，驕皃。」此引伸之義。

跾 疾也。長也。二義相反而相成。《易》：「其欲逐逐。」薛云：「速也。」子夏傳作「攸攸」，荀作「悠悠」，劉作「跾」，云：「遠也。」按，《方言》：「透，驚也。」式竹切。《吳都賦》：「驚透沸亂。」透即跾字，音義正同。今人以爲透漏字，他候切。从足，攸聲。式竹切，三部。

蹌 動也。从足，倉聲。七羊切，十部。

踊 跳也。與走部⿺走甬別。从足，甬聲。余隴切，九部。

躋 登也。从足，齊聲。祖雞切，十五部。《商書》曰：按，口部引「咈其耇長」，辵部引「我興受其退」，皆系之《周書》，此作《商書》，恐此爲是。「予顛躋。」《微子篇》文。今《尚書》作「隮」，注家云：「顛隕隮墜。」按，升降同謂之躋，猶治亂同謂之亂。俗作「隮」。《顧命》：「由賓階隮。」《毛詩》：「朝隮于西」，「南山朝隮」。《周禮》：「九曰隮。」皆訓升。《左傳》：「知隮於溝壑矣。」則訓降。

躍 迅也。迅，疾也。从足，翟聲。以灼切，二部。

跧 蹴也。蹴，躡也。从足，全聲。莊緣切，十四部。一曰，卑也。絭也。絭，當爲拳曲之拳。《魯靈光殿賦》：「狡兔跧伏於柎側。」注當引「卑也，絭也」，李善引「蹴也」，非。

蹴 躡也。《玄應》云：「《說文》：蹴，蹋也。以足逆蹋之曰蹴。」从足，就聲。七宿切，三部。

蹋 踐也。从足，𦐇聲。徒盍切，八部。俗作「踏」。

躡 蹈也。《史記》「張良、陳平躡漢王足」是也。《耤田賦》注引《說文》：「躡，追也。」不同。从足，聶聲。尼輒切，八部。

跨 渡也。謂大其兩股閒以有所越也，因之兩股閒謂之跨下。《史記·淮陰侯傳》作「胯下」。夊部曰：「㐄，跨步也。」苦瓦切。从足，夸聲。苦化切。按，古音在五部，音轉入於十七部耳。《五經文字》云：「《說文》作⿰足⿱大㐄，經典相承隸省作跨。」此實不然。夸聲在五部，㐄聲⑰在十七部，絶無⿱大㐄字。至肉部云：「《說文》⿰月⿱大㐄，隸省作胯。」則更誤。《說文》有㐄字，無⿰月⿱大㐄、胯字，胯即㐄之俗。《廣韻》曰：「兩股閒也。」玉裁又按，蹴、蹋、躡、踄、蹈、躔、踐七字一氣銜接，不當中絶以跨字。疑許書本無跨字，夊部之㐄，釋曰「跨步也」，跨步當爲「夸步」。夸步者，大步也。大張其兩股曰夸。必云夸步，不云大步者，㐄、夸雙聲也。後人改㐄作跨，《玉篇》云：「㐄與跨同。」其明證也。又專言「兩股閒」則作胯，㐄字之訓則改之曰「跨步」，皆出後人增竄。此所以張參本與今本參差乖異，而皆不必是歟？

踄 蹈也。从足，步聲。旁各切，又音步，五部。

蹈 踐也。《釋名》：「蹈，道也。以足踐之如道。」从足，舀聲。徒到切，古音在三部。

躔 踐也。《方言》：「躔，歷行也。日運爲躔。」从足，廛聲。直連切，十四部。

踐 履也。履之箸地曰履。履，足所依也。从足，戔聲。慈衍切，十四部。

踵 追也。與止部歱別。从足，重聲。之隴切，九部。一曰，往來皃。

踔 踶也。許意踔與蹈義同。从足，卓聲。知教切，二部。《廣韻》：「丑教切。蝯跳也。」《漢書》、《上林賦》：「踔希閒。」⑱《史記》作「踔希閒」是也。又《莊子》：「一足踸踔而行。」謂腳長短也。敕甚、敕角切。

蹛 踶也。《玄應》曰：「躉，《三蒼》音帝，郭訓古文奇字，以爲古文逝字。《漢書》，韋昭音徒計切。」按，蹛即躉字。《漢書》躉憚作躉，蹛林作蹛。从足，帶聲。當蓋切，十五部。

蹩 踶也。《集韵》作「蹩」，云：「反足踶也。匹蔑切。」《莊子》：「蹩躠爲仁。」亦作「弊薛」。从足，敝聲。蒲結切，十五部。一曰，跛也。

踶 躗也。李軌曰：「踶，蹋也。」《通俗文》曰：「小蹋謂之踶。」从足，是聲。特計切，十六部。

躗 衞也。按，此必有脱誤。當云：「躗，踶也。」牛部犕下云：「牛踶犕也。」然則躗、犕義略同。从足，衞聲。于歲切，十五部。

蹔 蹔足也。案，此三字一句。蹔即蹀字也，叚借作啑，作喋。《文帝紀》：「新喋血京師。」服虔曰：「喋音蹀屣履之蹀。」如淳曰：「殺人流血滂沱爲喋血。」司馬貞引《廣雅》：「喋，履也。」⑲然則喋血者，蹔血也。謂流血滿地污足下也。从足，執聲。徒叶切，七部。

𧿹 尌也。與跱、偫雙聲，義略同。从足，氏聲。承旨切，按，旨當作紙，十六部。

蹢 蹢躅，各本奪此二字，《文選》注四引皆有。逗足也。逗，各本作「住」，今正。逗者，止足也。《說文》無住字，人部有侸。侸者，立也。立者，侸也。是爲轉注。侸非蹢躅之義。《易》曰：「羸豕孚蹢躅。」《三年問》：「鳴號焉，蹢躅焉。」蹢躅之雙聲疊韵曰踟蹰，曰跢珠，曰跱躇，曰篡箸，俗用躊躇。从足，啇聲。俗本作「適省聲」，非是。直隻切，十六部。或曰，蹢躅，按，四字衍文。賈侍中説：足垢也。賈謂足垢爲蹢躅。

躅 蹢躅也。蹢、躅雙聲。从足，蜀聲。直録切，三部。

踤 觸也。《長楊賦》：「帥軍踤阹。」《漢書音義》曰：「踤，聚也。」師古曰：「踤，足蹴也。」从足，卒聲。昨没切，十五部。一曰，駭也。一曰，倉踤。今人多用「蒼猝」，古書多用「倉卒」。

蹷 僵也。僵，僨也。《方言》：「跌，蹷也。」《左傳》：「是謂蹷其本。」从足，厥聲。居月切，十五部。一曰，跳也。《孟子》：「今夫蹶者，趨者，是氣也，而反動其心。」讀亦若橜。亦者，謂讀若厥矣，又讀若橜也。橜，瞿月切。

𨇾 蹷或从闕。

跳 蹷也。《方言》：「自關而西，秦晉之閒曰跳。」从足，兆聲。徒遼切，二部。一曰，躍也。躍，迅也。

䟴 動也。與口部唇，雨部震，手部振，音義略同。从足，辰聲。側鄰切，十二部。

躇 峙躇，逗。不前也。峙見止部，云：「躇也。」今按，當云「峙躇也」，淺人刪一字耳。从足，屠聲。直魚切，五部。

𨁎 跳也。《方言》：「踏，䠥，𨁎：跳也。」从足，弗聲。敷勿切，十五部。

蹠 楚人謂跳躍曰蹠。見《方言》。从足，庶聲。之石切，古音在五部。

踏 𨀥也。按，𨀥當作跳。《方言》：「踏，跳也。自關而西秦晉之閒曰跳，或曰踏。」从足，沓聲。他合切，七部。

䠥 跳也。《方言》：「䠥，跳也。陳鄭之閒曰䠥。」从足，䍃聲。余招切，二部。

𨀥 進足有所擷取也。《爾雅》、毛傳皆云：「執衽曰袺，扱衽曰襭。」衣部云：「以衣衽扱物謂之襭。襭或作擷。」从足，及聲。穌合切，七部。《爾雅》曰：「𨀥謂之擷。」按，所據《爾雅》扱作𨀥。無衽字，與今本異，亦與衣部説異。蓋衣部用毛傳，此據《爾雅》也。

䟺 步行獵跋也。獵，今之躐字，踐也。毛傳曰：「跋，躐也。老狼進則躐其胡。」獵跋猶踐踏也。从足，貝聲。博蓋切，十五部。

躓 跲也。《釋言》、毛傳皆曰：「疐，跲也。」疐者，躓之段借字。从足，質聲。陟利切，古音在十二部。《詩正義》引竹二反。《詩》曰：「載躓其尾。」《豳風》：「載疐其尾。」許所據作躓。

跲 躓也。《中庸》：「言前定則不跲。」从足，合聲。居怯切，七部。

跇 述也。述當作「迣」，字之誤也。《樂書》：「騁容與兮跇萬里。」裴引如淳曰：「跇謂超逾也。」《吳都賦》説田獵曰：「跇踰竹柏，獵猭杞柟。」从足，世聲。丑例切，十五部。鄒誕生云：跇一作「世」。

蹎 跋也。經傳多段借顛字爲之。如《左傳》「子都自下射之，顛」是也。《貢禹傳》：「誠恐一旦蹎仆氣竭。」从足，真聲。都年切，十二部。《豳風》正義引丁千反。

跋 蹎也。依《豳風》正義訂。跋，經傳多段借沛字爲之。《大雅》、《論語》「顛沛」皆即「蹎跋」也。毛傳：「顛，仆也。沛，拔也。」拔同跋。《豳風》「狼跋」，亦或作「拔」，馬融《論語注》曰：「顛沛，僵仆也。」按，《豳風》「狼跋其胡」，謂躐也。躐則仆矣。引伸爲近人題跋字。題者，標其前，跋者，系其後也。《邶風》傳：「艸行曰跋」，别一義。从足，犮聲。北末切，《廣韵》蒲撥切，十五部。

蹐 小步也。毛傳：「蹐，絫足也。」按，絫、蹐疊韵。絫足者，小步之至也。从足，脊聲。資昔切，十六部。《詩》曰：「不敢不蹐。」《小雅》。走部引作「趚」。

跌 踼也。从足，失聲。徒結切，十二部。一曰，越也。別一義。

踼 跌也。今本作「跌踼也」，恐是誤倒。《吳都賦》：「蒐褫氣懾而自踼跌者。」劉曰：「踼跌，頓伏也。」李引《聲類》：「踼，跌也。」《漢書音義》：「跌，崩也。」从足，昜聲。徒郎切，十部。一曰，槍也。別一義。木部曰：「槍，歫也。」止部曰：「歫，槍也。」按踼與堂音義同。堂，歫也。

蹲 居也。尸部曰：「居，蹲也。」是爲轉注。各本作「踞也」，以俗改正，又增一踞篆於蹲後，今正而刪之。《左傳》：「蹲甲而射之。」蹲，居也。引伸爲居積之義。从足，尊聲。徂尊切，十三部。《山海經》作踆。

跨 居也。从足，夸聲。苦化切。按，此恐又跨字之異體。

躩 足躩如也。《論語》苞氏曰：「躩，盤辟皃也。」从足，矍聲。丘縛切，五部。

踣 僵也。僵，卻偃也。从足，咅聲。蒲北切。按，古音在四部，《爾雅釋文》音赴，或孚豆、蒲矦二反，是也。然則踣與仆音義皆同。孫炎曰：「前覆曰仆。」《左傳正義》曰：「前覆謂之踣。」對文則偃與仆別，散文則通也。走部趞同。《春秋傳》曰：「晉人踣之」。《左傳·襄十四年》文。

蹇 𡯌也。尣部曰：「𡯌，蹇也。」是爲轉注。𡯌，曲脛也。《易》曰：「蹇，難也。」行難謂之蹇，言難亦謂之蹇，俗作「謇」，非。从足，寒省聲。九輦切，十四部。按，各本𡯌作跛，又於蹇篆之上出跛篆，云：「行不正也。從足，皮聲。一曰，足排之。讀若彼。」此後人不知跛即𡯌之隸變而增之耳。今刪。《曲禮》：「立毋跛。」鄭云：「跛，偏任也。」此謂形體偏任一邊，如𡯌者然。凡經傳多作跛。

蹁 足不正也。《南都賦》説舞曰「躈躃蹁躚」，即《上林賦》之「便姍嫳屑」也。从足，扁聲。部田切，十二部。一曰，拖後足馬。拖，俗字。當作「拕」。讀若苹。此十一部、十二部合韵。或曰，徧。讀如徧也。

跭 脛肉也。从足，夅聲。一曰，曲脛也。《廣韵》作「左脛曲」。讀若逵。渠追切，古音在三部。按，「一曰曲脛也」，橫梗不貫。凡似此者，疑皆後人所妄增。

踒 足跌也。跌當爲「胅」字之誤也。肉部曰：「胅，骨差也。」踒者，骨委屈失其常，故曰胅，亦曰差跌。从足，委聲。烏過切，十七部。

跣 足親地也。親、跣疊韵。古者坐必脱屨，燕坐必褫韈，皆謂之跣。如趙盾侍君燕，跣以下。此褫韈之跣也。如晉悼公跣而出，此不暇屨之跣也。《喪大記》「主人徒跣」，亦謂褫韈。从足，先聲。穌典切，十二部。

跔 天寒足跔也。《周書・大子晉解》：「師曠東躅其足，曰：善哉，善哉。大子曰：大師何舉足驟？師曠曰：天寒足跔，是以數也。」此許所本。《莊子音義》亦引《周書》「天寒足跔」，今本《周書》作「足躅」，誤也。跔者，句曲不伸之意。从足，句聲。其俱切，四部。

⿰𧾷困 瘃足也。疒部曰：「瘃，中寒腫覈也。」據《趙充國傳》，手足皆有皸瘃之患，此字從足，故訓爲瘃足。从足，困聲。困聲，鍇本作「困聲」，非。古音由斂而侈，困聲字多轉入𡨋韵。苦本切，十三部。

距 雞距也。《左傳》：「季氏介其雞，郈氏爲之金距。」服曰：「以金沓距也。」按，鳥距如人與獸之叉，此距與止部之歫異義。他家多以距爲歫。从足，巨聲。求許切，五部。亦作鉅，作觝。

躧 舞履也。鄭注《周禮》曰：「鞮屨，四夷舞者屝也。」《史記・貨殖傳》：「躡利屣。」徐廣曰：「舞屣也。」躡一作跕。跕，吐協反。《地理志》「跕躧」，臣瓚曰：「躡跟爲跕。」按，舞不納履，故凡不著跟曳之而行曰躧履，如《雋不疑傳》、《長門賦》皆是也。《西京賦》説舞曰：「振朱屣於盤樽。」薛曰：「朱屣，赤絲履也。」从足，麗聲。所綺切，十六部。

韊 或从革。

踂 足所履也。从足，叚聲。乎加切，凡叚聲古在五部。按，踂疑「蹳」之誤。《篇》、《韵》有蹳字，丁貫切。今俗謂語用力踏地曰蹳[20]，蹳音同也。許書碫字譌碬，鍛、鍜錯出，是其比矣。

踂 跀也。字亦作「剕」。从足，非聲。扶味切，十五部。

跀 斷足也。此與刀部刖異義。刖，绝也。經傳多以刖爲跀。《周禮・司刑》注云：「周改臏作刖。」按，唐虞夏剕用髕，去其厀頭骨也。周用跀，斷足也。凡於周言髕者，舉本名也。《莊子》：「魯有兀者叔山無趾踵見仲尼。」崔譔云：「無趾，故踵行。」然則跀刖即漢之斬趾，無足指，故以足跟行也。無足指不能行，故别爲刖足者之屨以助其行。《左氏》云「踊貴屨賤」是也。髕則足廢不能行，跀則用踊尚可行，故跀輕於髕也。跀一名踂，踂一作剕。鄭駁《異義》云：「皋陶改臏爲剕。《吕刑》有剕，周改剕爲刖。」此恐誤，與《司刑》注不合。从足，月聲。魚厥切，十五部。

⿰𧾷兀 跀或从兀。亦形聲。《莊子・養生主》注曰：「介，偏刖之名。」崔本作兀，又作⿰𧾷兀，云：「斷足也。」《德充符》：「申徒嘉，兀者也。」李云：「刖足曰兀。」

跻 曲脛馬也。《廣雅》曰：「跻，跻：踤也。」跻見上，踤，俱達切。从足，方聲。讀與彭同。薄庚切，古音在十部。

趹 馬行皃。《戰國策》、《史記》云：「秦馬之良，探前趹後，蹄間三尋。」《西都賦》：「要趹追踨。」《廣雅》：「趹，奔也。」[21]从足，夬聲。各本作「決省聲」，淺人改也。古穴切，十五部。

趼 獸足企也。《釋嘼》：「騉蹏趼，善陞甗。」又，「騉駼枝蹏趼，善陞甗。」趼者，謂其足企。企，舉踵也，故善登高。趼本或作研。研，滑石也。舍人、李巡、孫炎、郭璞、顏師古皆以「蹄下平正如研」釋之。从足，幵聲。五甸切，十四部。

路 道也。《釋宮》：「一達謂之道路。」此統言也。《周禮》：「澮上有道，川上有路。」此析言也。《爾雅》、毛傳：「路，大也。」此引伸之義也。从足，各聲。洛故切，五部。

蹸 轢也。車部曰：「轢，車所踐也。」从足，粦聲。良忍切，十二部。

跂 足多指也。从足，支聲。巨支切，十六部。按，足部當終於路、蹸字，跂字不當厠此。《莊子·駢拇》枝指字只作枝，跂蓋俗體。

文八十五。按，去踞、跛二字，則八十三。　重四。

疋 足也。上象腓腸，肉部曰：「腨，腓腸也。」下从止。止，下基也。《弟子職》曰：《弟子職》，《管子》書篇名。《漢·藝文志》以列於《孝經》十一家，是其單行久矣。「問疋何止。」謂問尊長之臥足當在何方也。《內則》曰：「將衽，長者奉席請何止。」止一作「趾」，足也。古文㠯爲《詩·大雅》字。雅，各本作「疋」，誤。此謂古文叚借疋爲雅字，古音同在五部也。亦㠯爲足字。此則以形相似而叚借，變例也。或曰，胥字。此亦謂同音叚借。如府史胥徒之胥，徑作疋可也。一曰，疋，記也。記下云：「疋也。」是爲轉注。後代改疋爲疏耳。疋、疏古今字。此與「足也」別一義。凡疋之屬皆从疋。所菹切，五部。

𤴙 門戶青疏窻也。青字，依《篇》、《韻》補。於門戶刻鏤爲窻牖之形，而以青飾之也。云部曰：「疏，通也。」薛注《西京賦》曰：「疏，刻穿之也。」《招䰟》：「網戶朱綴，刻方連些。」古詩曰：「交疏結綺窻。」从疋，從疋者，綺文相連，如足迹相乘也。疋亦聲。囪象𤴙形。囪部曰：「在牆曰牖，在屋曰囪。」則囪、疋爲會意矣。而云象形者，正謂門戶刻文如囪牖也。讀若疏。所菹切，五部。

𤴓 通也。此與云部「疏」音義皆同。《玉篇》引《月令》：「其器𤴓以達。」今《月令》作「疏」，諸書枎疏字，《太玄》作「枎𤴓」。《太玄》又有𤴓首，轉寫譌作⿰爻寸。从爻疋。爻者，刻文相交也。疋亦聲。所菹切，五部。

文三。

品 衆庶也。从三口。人三爲衆，故從三口，會意。丕飲切，七部。凡品之屬皆从品。

喦 多言也。此與言部讘音義皆同。从品相連。會意。《春秋傳》曰：「次于喦北。」僖元年《左傳》文。今《左》作聶，聶北，邢地，杜氏說。讀與聶同。音同也。尼輒切，七部。

喿 鳥羣鳴也。此與雧同意。俗作噪。《方言》假喿爲鍬臿字。从品在木上。穌到切，二部。

文三。

龠 樂之竹管。此與竹部籥異義。今經傳多用籥字，非也。三孔，孔同空。按，《周禮・笙師》、《禮記・少儀》《明堂位》鄭注、《爾雅》郭注、應氏《風俗通》皆云「三孔」，惟毛傳云「六孔」，《廣雅》云「七孔」。目和衆聲也。和衆聲，謂奏樂時也。萬舞時祇用龠以節舞，無他聲。从品侖。惟以和衆聲，故從品。侖，理也。亼部曰：「侖，思也。」按，思猶䚡，䚡理一也。《大雅》：「於論鼓鍾。」毛傳曰：「論，思也。」鄭曰：「論之言倫也。」毛、鄭意一也。從侖，謂得其倫理也。以灼切，二部。凡龠之屬皆从龠。

龡 龡音律管壎之樂也。八字一句。音律者，如王者行師，大師吹律合音是也。竽、笙、籥、簫、篪、篴、管，皆竹屬，獨言管者，舉一以該六也。土屬則惟壎可吹。《小師》言鼓，《瞽矇》言播，《笙師》言龡者，各因其文也。以人氣作音曰吹。从龠，炊聲。昌垂切，古音在十七部。

䶵 管樂也。管猶箫也。故龠、䶵、簫皆曰管樂。鄭司農注《周禮》云：「篪七空。」《廣雅》云：「八孔。」賈公彦引《禮圖》云：「九孔。」其言多轉寫錯亂。疑不能明也。《世本》云：「暴辛公作塤，蘇成公作篪。」譙周云：「二人善塤善篪，記者因以爲作，謬矣。」按，許於壎、䶵下皆不引《世本》，於鐘、磬、笙、簧、琴、瑟則引之，其匡謬不在允南之前乎？从龠，虒聲。直离切，十六部。

篪 䶵或从竹。《樂記》又作笹㉒。

龢 調也。言部曰：「調，龢也。」此與口部和音同義別。經傳多假和爲龢。从龠，禾聲。讀與咊同。禾各本作「和」㉓，今正。此言其音同而已。户戈切，十七部。

龤 樂龢也。龤訓龢，龢訓調，調訓龢，三字爲轉注。龤龢作諧和者，皆古今字變。許説其未變之義。今本龤下、調下作「和也」，則與龢下「調也」不爲轉注。龤與言部諧音同義異，各書多用諧爲龤。从龠，皆聲。户皆切，十五部。《虞書》曰：《虞書》當作《唐書》。「八音克龤。」《堯典》文。

文五。　重一。

冊 符命也。諸侯進受於王者也。者字，依《韵會》補。《尚書》：「王命周公後，作冊逸誥。」《左傳》：「王命尹氏及王子虎、内史叔興父策命晉侯爲侯伯。」「王使劉定公賜齊侯命。」及《三王世家》策文皆是也。後人多假策爲之。象其札，一長一短。中有二編謂二横。之形。蔡邕《獨斷》曰：「策，簡也。其制長者一尺㉔，短者半之。其次一長一短，兩編下附。」札，牒也，亦曰簡。編，次簡也。次簡者，竹簡長短相閒，排比之，以繩横聯之，上下各一道。一簡容字無多，故必比次編之，乃容多字。《聘禮記》云：「百名以上書於策。」是也。一簡可容，書於簡，每簡一行而已。不及百名書於方，則合若干行書之。百名以上書於策。方即牘也，牘，書版也。簡、冊，竹爲之；牘，木爲之。一冊不容，則絫册爲之。國史册書蓋如是。鄭注《禮》云：「策，簡也。」此渾言之，不分別耳。册字五直，象一長一短，象其意而已。其簡之若干，未可肊定也。蔡氏云「長者一尺，短者半之」，此漢法如是。鄭引《鉤命決》云：「《易》、《詩》、《書》、《禮》、《樂》、《春秋》，策皆長二尺四寸。《孝經》謙半之，一尺二寸。《論語》策八寸，尺二寸者三分居二，又謙焉。」此古制也。見於《聘禮》、《左傳序》正義者乖異不同，今訂之如是，未知然否㉕。鄭注《尚書》云：「三十字，一簡之文。」服注《左氏》云：「古文篆書，一簡八字。」《漢志》劉向以中古文校今文《尚書》，古文簡有二十五字者，有二十二字者，是簡之長短不同，而字數不同也。楚革切，十六部。凡册之屬皆从册。

笧 古文册，从竹。《左傳》：「備物典筴。」釋文：「筴本又作册，亦作策，或作笧。」按，筴者，策之俗也。册者，正字也。策者，叚借字也。笧者，册之古文也。《左氏》述《春秋傳》以古文，然則笧其是歟。

嗣 諸侯嗣國也。引伸爲凡繼嗣之偁。从册口。小徐曰：「册必於廟，史讀其册，故从口。」按，當是从口，音圍，口者，國象也，故曰諸侯嗣國。司聲。祥吏切，一部。

孠 古文嗣从子。

扁 署也。署者，部署有所网屬也。从户册。户册者，署門户之文也。署門户者，秦書八體，六曰署書。蕭子良云：「署書，漢高六年蕭何所定，以題蒼龍、白虎二闕。」方沔切，古音在十二部。

文三。重二。

三十部。文六百九十三。三，小徐作二。重八十七。宋本七作八，小徐作重七十九。凡八千四百九十八字。此第二篇都數。

附注：

①「宣二年」當作「宣四年」。今經文、注文此字皆作「踖」，不作「躇」。

②見《周禮·司常》，今作「師都建旗」，段氏謂「師」當作「帥」，見《周禮漢讀考》及《説文》㫃部「旗」下注。

③「毛傳」當作「鄭箋」。見《文王有聲》。

④「辨志」是「辯土」之誤，注在「弱不相害，故遬大」句下。

⑤《爾雅》未録「遭」字，《釋詁》「遘、逢，遇也」郭璞注：「謂相遭遇。」

⑥两「屰」字皆當作「𢀷」。

⑦《大廣益會玉篇·辵部》：「遲，除梨切，晚也，舒行皃也。迡，同上，又奴計切，近也。」《集韻》仅《十二齊》有「迡」字；《六脂》陳尼切「遲、迡、遅」下云「《説文》徐行也」，未引《尚書》人名；侍夷切「迡」下引人名「迡任」。今本《尚書·盤庚》作「遲任」。

⑧「降伏」下當補「波」字，伏波將軍，是漢時名將路博德的稱號，

不當割裂。

⑨「迭」字與本篆同，顯誤。可易以「遞」字，《莊子・天運》：「四時佚起。」釋文：「佚，一本作遞。」見高亨《古字通假會典》引。

⑩「毀」是「敗」之誤。

⑪今《漢書》作「元首無失道之譽」，與所引異。

⑫「掉茗」是「掉苕」之誤。

⑬段注本重文實爲二十八。

⑭「甘禄」是「干禄」之誤。

⑮此據《太平御覽》卷一百九十五引。

⑯《廣韵》未收「𩨷」形，《十三末》有「䯏，古活切，骨端」。䯏，同「𩨷」，見《説文》四篇下骨部。

⑰原作「𦍒聲」，當作「𢆉聲」，已改。下文八個𢆉字原誤同，皆改正。

⑱今《文選》及《漢書》，皆作「掉希閒」。唯玄應《一切經音義》卷五引作「趠」，疑爲段氏所據。

⑲今《廣雅・釋詁》作「蹀」。

⑳「謂語」是「語謂」之誤倒。

㉑《廣雅》今無此條，段氏係據《文選・西都賦》注引。

㉒《樂記》是《月令》之誤，見「調竽笙篪簧」句。

㉓「禾」字當作「咊」，此謂説解「讀與咊同」之「咊」，二徐本皆作「和」。

㉔「一尺」是「二尺」之誤。下文「蔡氏云」下同誤。

㉕此上引鄭玄，見《儀禮・聘禮》「百名以上書於策」句下正義引及鄭玄《春秋序》「大事書之於策」句下正義引，兩處原文有差異，段氏綜合之。「三分居二」，「二」原作「一」，段氏引誤。阮元校勘記曰：「《論語》八寸，居六經三分之一，比《孝經》更少四寸，故云又謙焉。」

說文解字第三篇上

金壇段玉裁注

㗊 衆口也。从四口。凡㗊之屬皆从㗊。讀若戢。阻立切，七部。一曰，呶。鍇曰：「呶，讙也。」鉉本作「又讀若呶」。《集韵·五肴》不載此字。

嚚 語聲也。《左傳》曰：「口不道忠信之言爲嚚。」引伸之義也。从㗊，臣聲。語巾切，十二部。

古文嚚。

囂 聲也。《左傳》：「湫隘囂塵。」杜曰：「囂，聲也。」《廣韵》曰：「喧也。」气出頭上。欠部曰：「歊歊，气上出皃。」歊與囂音同義近。《孟子》：「人知之亦囂囂，人不知亦囂囂。」言人自得無欲，如气上出悠閒也。从㗊頁。聲出而气隨之，故从㗊頁會意。許嬌切，二部。頁亦首也。頁部曰：「頁，頭也。」

囂或省。

嘂 高聲也。此與口部叫、噭聲同義異。一曰，大嘑也。嘑，各本譌「呼」，今正。此與叫、噭義略同。《小雅》：「或不知嘂號。」《周禮》：「禁嘂呼歎鳴于國中者。」「夜嘑旦以嘂百官。」从㗊，丩聲。古弔切，古音在三部。《春秋公羊傳》曰：言《公羊》者，以別於凡偁《左氏》徑云《春秋傳》也。《序》言其「偁《春秋》：左氏」，蓋主左氏，而不廢公羊。「魯昭公嘂然而哭。」嘂，各本作「叫」，譌，今正。昭廿五年《傳》文。今本「昭公於是噭然而哭」，何云：「噭然，哭聲皃。」

𡅅 嘑也。嘑，各本作「呼」，今正。嘑，號也。《廣雅》：「嚾，鳴也。」《玉篇》云：「嚾，荒貫切。與喚同。」《廣韵》同。按，《說文》無喚字，然則嚾、喚古今字也。从㗊，莧聲。讀若讙。呼官切，十四部。

器 皿也。皿部曰：「皿，飯食之用器也。」然則皿專謂食器，器乃凡器統偁。器下云「皿也」者，散文則不別也。木部曰：「有所盛曰器，無所盛曰械。」陸德明本如是。象器之口，謂㗊也。與上文从㗊字不同。犬所㠯守之。會意。去冀切，冀當作既，十五部。

文六。　重二。

舌 在口，所㠯言、別味者也。言下各本有「也」，剩字。者，依《韵會》補。口下曰：「人所以言、食也。」口云食，舌云別味，各依文爲義。舌、后，字有互譌者。如《左傳》「舌庸」譌「后庸」，《周書》「美女破后」，譌「破舌」是也①。从干口，干，犯也。言，犯口而出之；食，犯口而入之。干亦聲。干在十四部，與十五部合韵。食列切，十五部。凡舌之屬皆从舌。

䑙 歠也。歠，歙也。《曲禮》曰：「毋嚃羹。」《廣韵》：「嚃，歠也。」然則嚃即䑙也。羹之無菜者，不用梜，直歠之而已。禮禁䑙羹者，何也？䑙者，流歠。許渾言之耳。从舌，沓聲。他合切，八部。

舓 㠯舌取食也。从舌，易聲。神旨切。按，旨當作紙。十六部。

䑛 舓或从也。也聲古在十七部，與十六部合韵冣近。或作舐，或作狧。《漢書》：「狧康及米。」

文三。 重一。

干 犯也。犯，侵也。《毛詩》「干旄」、「干旌」假爲竿字。从一，从反入。反入者，上犯之意。古寒切，十四部。 凡干之屬皆从干。

𢆉 撖也。撖，刺也。《甘泉賦》：「洪臺崛其獨出兮，撖北極之嶟嶟。」从干，入一爲干，入二爲𢆉。說會意之指。讀若飪。同音也。如審切，七部。南从𢆉聲。 言稍甚也。飪，甚同音。入二甚於入一，故讀若飪，即讀若甚也。

屰 不順也。後人多用逆，逆行而屰廢矣。 从干下凵，屰之也。凵，口犯切。凶下云：「象地穿交陷其中也。」方上干而下有陷之者，是爲不順。屰之也，當作「屰之意也」。魚戟切，古音在五部。

文三。

𧮫 口上阿也。《大雅》：「有卷者阿。」箋云：「有大陵卷然而曲。」口上阿，謂口吻已上之肉隨口卷曲。毛傳：「臄，函也。」㔾部：「函，𧮫也。」② 與毛合。晉灼注《羽獵賦》曰：「口之上下名爲噱。」按，《通俗文》云：「口上曰臄，口下曰函。」服析言之，毛、許、晉皆渾言之。許舉上以包下耳。今《說文》各本函下譌作「舌也」，古者舌無函名。《特牲》、《少牢禮》，肵俎用心舌，與「加殽脾臄」異用。陸釋文云：「《說文》曰：函，舌也。」又云：「口次肉也。」似陸時《說文》已誤矣。單行《釋文》，口次譌「口裏」，則義全非。讀書之難如是。 从口，上象其理。文理。其虐切，五部。 卻、綌从𧮫聲。 凡𧮫之屬皆从𧮫。

⿰口卻 𧮫或如此。

臄 𧮫或从豦肉。二皆形聲。 臄見《大雅》。

㐁 舌皃。《魯靈光殿賦》：「玄熊甛談以斷斷。」善曰：「甛談，吐舌皃。吐玷、吐暫二切。」按，甛蓋即㐁之俗也。 从𧮫省，象形。象形者，謂⼕象吐舌也。从𧮫省者，謂人也。舌出於𧮫外，故內𧮫外舌。他念切，七部。

𠥈 古文㐁，讀若三年導服之導。《士虞禮》注曰：「古文禫或爲導。」《檀弓》、《喪大記》注皆曰：「禫或作道。」③ 是今文《禮》作禫，古文《禮》作導。鄭从今文，故見古文於注。許从古文，故此及木、穴部皆云「三年導服」，而示部無禫。今有者，後人增也。導服者，導凶之吉也。棪、突、㐁讀若導服，皆七八部與三部合韵之理。不於上文㐁下言之者，以「舌皃」之讀別下文

「竹上皮」之讀，使人易了也。不云「讀若導」而云「三年導服之導」者，三年導服之導，古語蓋讀如澹，故今文變爲禫字，是其音不與凡導同也。一曰，竹上皮。此別一義。竹上青皮。《顧命》、《禮器》、《聘義》皆謂之筍。筍、箁古今字。讀若沾。沾，古之添字。他兼切。一曰，讀若誓。讀沾，又讀誓，此七八部與十五部合韵之理。弼字从此。謂弼字从㐁爲聲也。弜部作弻。然則从㐁者，小篆；从㐭作弻者，古文也。

文二。　重三。

只 語已詞也。已，止也。矣、只，皆語止之詞。《鄘風》「母也天只，不諒人只」是也。亦借爲「是」字，《小雅》「樂只君子」，箋云：「只之言是也。」《王風》「其樂只且」，箋云：「其且樂此而已。」按，以此釋只，與《小雅》箋同。宋人詩用只爲「祇」字，但也。今人仍之，讀如隻。从口，象气下引之形。語止則气下引也。諸氏切，十六部。凡只之屬皆从只。

𠷎 聲也。謂語聲也。晉宋人多用「馨」字，若「冷如鬼手馨，强來捉人臂」，「何物老媼，生此寧馨兒」是也。馨行而𠷎廢矣。隋唐後則又無馨語，此古今之變也。从只，甹聲。讀若馨。呼形切，十一部。

文二。

㕯 言之訥也。《檀弓》作「呐」，同。「其言呐呐然，如不出諸其口。」注：「呐呐，舒小皃。」此與言部「訥」音義皆同，故以訥釋㕯。从口内。内，入也。會意。内亦聲。女滑切，十五部。凡㕯之屬皆从㕯。

矞 以錐有所穿也。从矛㕯。㕯者，入意。小徐作「㕯聲」，會意兼形聲也。余律切，十五部。一曰，滿有所出也。「矞雲」，蓋取此義。

商 從外知内也。从㕯，章省聲。《漢·律曆志》云：「商之爲言章也。物成孰可章度也。」《白虎通》説商賈云：「商之爲言章也。章其遠近，度其有亡，通四方之物，故謂之商也。」按，《粊誓》：「我商賚女。」徐仙民音章，此古音也。從外知内，了了章箸，曰商。今式陽切，十部。

𧶠 古文商。

𠻶 亦古文商。

𧸗 籀文商。

文三。　重三。

句 曲也。凡曲折之物，侈爲倨，斂爲句。《考工記》多言倨句，《樂記》言倨中矩，句中鉤，《淮南子》説獸言句爪、倨牙。凡地名有句字者，皆謂山川紆曲。如句容、句章、句餘、高句驪皆是也。凡章句之句，亦取稽留可鉤乙之意。古音總如鉤，後人句曲音鉤，章句音屨，又改句曲字爲勾，此淺俗分别，不可與道古也。从口，丩聲。古矦切，古音也，四部。又九遇切，今音也。凡句之屬皆从句。

拘 止也。从手句，手句者，以手止之也。句亦聲。舉朱切，古音在四部。讀如鉤。

笱 曲竹捕魚笱也。《邶風》毛傳曰：「笱，所以捕魚也。」《周禮·𣪠人》：「掌以時𣪠爲梁。」大鄭云：「梁，水偃。偃水而爲關空，以笱承其空。」偃、堰，空、孔，皆古今字。魚梁，皆石絶水。笱，曲竹爲之，以承孔，使魚入其中不得去者。若以薄爲梁，以笱承之，則謂之寡婦之笱。从竹句，曲竹，故从竹句。句亦聲。古厚切，四部。

鉤 曲鉤也。鉤字依《韵會》補。曲物曰鉤，因之以鉤取物亦曰鉤。从金句，句亦聲。鉤鑲、吴鉤、釣鉤，皆金爲之，故从金。按，句之屬三字，皆會意兼形聲。不入手、竹、金部者，會意合二字爲一字，必以所重爲主。三字皆重句，故入句部。古矦切，四部。

文四。

丩 相糾繚也。丩、糾疊韵，糾、繚亦疊韵字也。毛傳曰：「糾糾，猶繚繚也。繚，纏也。」一曰，瓜瓠結丩起。謂瓜瓠之滕緣物纏結而上，如《詩》言「南有樛木，甘瓠纍之」。象形。象交結之形。居虯切，三部。《真誥》一卷爲一弓，弓當即是弖字。一丩猶言一縛。丩、卷雙聲，故謂卷爲丩也。凡丩之屬皆从丩。

⿲艸丩艸 艸之相丩者。艸相糾繚，故从茻丩，不專謂秦艽也。从茻丩，丩亦聲。居虯切，三部。

糾 繩三合也。糸部曰：「紉，單繩也。」劉表《易章句》曰：「兩股曰纆。」按，李善引《字林》：「糾，兩合繩。纆，三合繩。」與許不合。糸部綸下曰：「糾青絲綬也。」凡交合之謂之糾，引伸爲糾合諸侯之糾，又爲糾責之糾。从糸丩，丩亦聲。「丩亦」二字今補。居黝切，三部。《詩音義》引《說文》已小反，音之轉也，出《音隱》。按，丩之屬二字不入茻、糸部者，說與句部同。

文三。

古 故也。《邶風》、《大雅》毛傳曰：「古，故也。」攴部曰：「故，使爲之也。」按，故者，凡事之所以然，而所以然皆備於古，故曰：「古，故也。」《逸周書》：「天爲古，地爲久。」鄭注《尚書》「稽古」爲「同天」④。从十口，識前言者也。識前言者，口也。至於十，則展轉因襲，是爲自古在昔矣。公户切，五部。凡古之屬皆从古。

古文古。

嘏 大遠也。《釋詁》、《小雅》《大雅》傳、《少牢禮》注皆曰：「嘏，大也。」《少牢》「祝嘏于主人」，謂予主人以大福。許獨兼遠言之者，大則必遠，故《郊特牲》曰：「嘏，長也。大也。」此許所本也。經傳嘏字，多謂祭祀致福，其本訓則謂大遠。《爾雅》、毛傳「假，大也。」假蓋即嘏之假借。从古，叚聲。古雅切，古音在五部。

文二。　重一。

十 數之具也。《漢·志》：「協於十。」一爲東西，丨爲南北，則四方中央備矣。是執切，七部。凡十之屬皆从十。

丈 十尺也。从又持十。夫部曰：「周制八寸爲尺，十尺爲丈。人長八尺，故曰丈夫。」然則伸臂一尋，周之丈也。故从又持十。直网切，十部。

千 十百也。从十，人聲。此先切，十二部。

肸 肸蠁，逗。布也。李善注《上林賦》、《甘泉賦》皆引「肸蠁，布也」，今據正。《上林賦》曰：「肸蠁布寫。」彪注曰：「肸，過也。芬芳之過，若蠁之布寫也。」《甘泉賦》：「薌呹肸以掍批。」薌蓋同蠁。按，虫部：「蠁，知聲蟲也。」肸蠁者，蓋如知聲之蟲一時雲集。《蜀都賦》「翕響」義同。春秋晉羊舌肸字叔向。向，《釋文》許网切，即蠁字。知「肸蠁」之語甚古。从十，⿱八月聲。羲乙切，十二部。

卙 卙卙，逗。盛也。小徐曰：《詩》「宜爾子孫蟄蟄兮」，毛曰：「蟄蟄，和集也。」與卙卙義近。从十，甚聲。子入切，七部。按，《廣韵》昌入切，《玉篇》又充入切。汝南名蠶盛曰卙。此汝南方言也。今江蘇俗語多云「密卙卙」，音如蟄。

博 大通也。凡取於人易爲力曰博。《陳風》鄭箋：「交，博好也。」⑤从十博⑥。會意。尃，布也，亦聲。補各切，五部。

协 材十人也。十倍於人也。十人爲协，千人爲俊。《王制》：「祭用數之仂。」注：「仂，什一也。」按，一當十爲协，故十取一亦爲仂。蓋仂本作协也。从十力，十人之材也。力亦聲。「力亦」二字今補。盧則切，一部。

廿 二十幷也。古文省多。省多者，省作二十网字爲一字也。《考工記》：「程長倍之，四尺者二，十分寸之一謂之枚。」本於二字爲句絶。故書十與上二合爲廿，此可證周時凡言二十可作廿也。古文廿仍讀二十网字，秦碑小篆則「維廿六年」、「維廿九年」、「卅有七年」皆讀一字，以合四言。廿之讀如入，卅之讀如趿，皆自反也。至《唐石經》二十皆作廿，三十皆作卅，則仍讀爲二十、三十矣。人汁切，七部。

⿰咠十 詞之集也。此依《廣韵》、《玉篇》訂。詞當作「辭」。此下當有「《詩》曰：辭之⿰咠十矣」六字。蓋《詩》作⿰咠十，許以集解之。今《毛詩》作「輯」，傳作「輯，和也」。許所偁蓋《三家詩》。从十，咠聲。秦入切，七部。按，十部當終於二十幷之廿，⿰咠十字或寫者奪之，而綴於末。

文九。

卅 三十幷也。古文省。此亦當云「省多」，奪耳。古音當先立切，七部。今音蘇沓切。凡卅之屬皆从卅。

世 三十年爲一世。《論語》：「如有王者，必世而後仁。」孔曰：「三十年曰世。」按，父子相繼曰世，其引伸之義也。从卅而曳長之，曳長之，謂末筆也。亦取其聲。末筆曳長，即爲十二篇之乁，从反厂，亦是抴引之義。世合卅、乁會意，亦取乁聲爲聲，讀如曳也。許書言「取其聲」者二：禿取粟聲，世取曳聲也。曳从厂聲，厂、乁一也。舒制切，十五部。《毛詩》世在十五部，而枼、葉以爲聲，又可證八部與十五部合韵之理矣。

文二。

言 言 直言曰言，論難曰語。《大雅》毛傳曰：「直言曰言，論難曰語。」論，正義作「荅」。鄭注《大司樂》曰：「發端曰言，荅難曰語。」注《襍記》曰：「言，言己事；爲人説爲語。」⑦按，三注大略相同。下文「語，論也。論，議也。議，語也」則《詩》傳當從定本集注矣。《爾雅》、毛傳：「言，我也。」此於雙聲得之，本方俗語言也。从口，䇂聲。語軒切，十四部。凡言之屬皆从言。

譻 譻 聲也。《思玄賦》：「鳴玉鸞之譻譻。」原注：「譻譻，聲也。」按，篆下當有「譻譻」二字，淺人刪之。从言，賏聲。烏莖切，十一部。

謦 謦 欬也。欬，屰气也。《通俗文》曰：「利喉謂之謦欬。」按，「謦欬」見《莊子・徐無鬼》。从言，殸聲。去挺切，十一部。殸，籀文磬字。見石部。

語 語 論也。此即毛、鄭説也。語者，禦也。如毛説，一人辯論是非謂之語；如鄭説，與人相荅問、辯難謂之語。从言，吾聲。魚舉切，五部。

談 談 語也。談者，淡也。平淡之語。从言，炎聲。徒甘切，八部。

謂 謂 報也。㚔部曰：「報，當罪人也。」葢刑與罪相當謂之報，引伸凡論人論事得其實謂之報。謂者，論人論事得其實也。如《論語》「謂韶」、「謂武子」、「謂子賤」、「子謂仲弓」、「其斯之謂與」，《大學》「此謂身不脩，不可以齊其家」是也。亦有借爲曰字者，如《左傳》「王謂叔父」，即《魯頌》之「王曰叔父」也。亦有訓爲勤者，亦以合音冣近也。从言，胃聲。于貴切，十五部。

諒 諒 信也。《方言》：「衆信曰諒。」《周南》、《召南》、《衛》之語也。經傳或假亮爲諒。从言，京聲。力讓切，十部。

詵 詵 致言也。从言先，所謂先容也。先亦聲。所臻切，十三部。《詩》曰：「螽斯羽，詵詵兮。」此引《周南》説假借也。毛曰：「詵詵，衆多也。」按，以衆多釋「詵詵」，謂即「䛨䛨」之假借。陸氏《詩音義》云：「詵詵，《説文》作䛨。」陸所據多部有䛨字，引《詩》「螽斯羽，䛨䛨兮」，葢《三家詩》，此引《毛詩》。或作駪駪、莘莘、侁侁，皆同。

請 請 謁也。周禮春朝秋覲，漢改爲春朝秋請。从言，青聲。七井切，又才性切，十一部。

謁 謁 白也。《廣韵》曰：「白，告也。」按，謁者，若後人書刺，自言爵里姓名，並列所白事。从言，曷聲。於歇切，十五部。

許 許 聽言也。聽從之言也。耳與聲相入曰聽，引伸之凡順從曰聽。許或假爲所，或假爲御。《下武》傳：「許，進也。」即御進也。東平王蒼正作「昭茲來御」⑧。又爲鄦之叚借字。从言，午聲。虚吕切，五部。

諾 譍也。譍者，應之俗字。説解中有此字，或偶爾从俗，或後人妄改，疑不能明也。大徐於此部增譍字，誤矣。口部曰：「唯，諾也。」唯諾有急緩之别，統言之，則皆應也。从言，若聲。奴各切，五部。

讎 猶譍也。心部曰：「應，當也。」讎者，以言對之。《詩》云「無言不讎」是也。引伸之，爲物價之讎。《詩》「賈用不讎」，高祖飲酒「讎數倍」是也。又引伸之，爲讎怨。《詩》「不我能慉，反以我爲讎」，《周禮》「父之讎」、「兄弟之讎」是也。人部曰：「仇，讎也。」仇讎本皆兼善惡言之，後乃專謂怨爲讎矣。凡漢人作注云「猶」者，皆義隔而通之。如《公》《穀》皆云：「孫猶孫也。」謂此子孫字，同孫遁之孫。《鄭風》傳：「漂猶吹也。」謂漂本訓浮，因吹而浮，故同首章之吹。凡鄭君、高誘等每言「猶」者，皆同此。許造《説文》，不比注經傳，故徑説字義，不言「猶」。惟𡨄字下云：「㠭猶齊也」，此因㠭之本義「極巧視之」，於𡨄从㠭義隔，故通之曰「猶齊」。此以應釋讎甚明，不當曰「猶應」，葢淺人但知讎爲怨詈，以爲不切，故加之耳。然則爾字下云「麗爾猶靡麗也」，此猶亦可刪與？曰：此則通古今之語，示人麗爾古語，靡麗今語。《魏風》傳「糾糾猶繚繚」、「摻摻猶纖纖」之例也。○物價之讎，後人妄易其字作售，讀承臭切，竟以改易《毛詩》「賈用不讎」，此惡俗不可從也。从言，雔聲。此以聲苞意。市流切，三部。

諸 辯也。辯當作辨，判也。按，辨下奪「䛐」字。諸不訓辨，辨之䛐也。䛐者，意内而言外也。白部曰：「者，別事䛐也。」諸與者，音義皆同。《釋魚》：「前弇諸果，後弇諸獵。」諸即者。《郊特牲》：「或諸遠人乎」，亦作「或者遠人乎」。凡舉其一，則其餘謂之諸以別之，因之訓諸爲衆。或訓爲之，或訓爲之於，則於雙聲疊韵求之。从言，者聲。此以聲苞意。章魚切，五部。

詩 志也。《毛詩序》曰：「詩者，志之所之也。在心爲志，發言爲詩。」按，許不云「志之所之」，徑云「志也」者，《序》析言之，許渾言之也。所以多渾言之者，欲使人因屬以求別也。又《特牲禮》「詩懷之」注：「詩猶承也。」謂奉納之懷中。《内則》「詩負之」注：「詩之言承也。」按，正義引《含神霧》云：「詩，持也。」假詩爲持，假持爲承，一部與六部合音冣近也。《上林賦》「葴持」，持音懲。从言，寺聲。書之切，一部。

𧦧 古文詩省。左从古文言，右从之，省寸。

讖 驗也。驗本馬名，葢即譣之假借。讖、驗疊韵。有徵驗之書，河雒所出，書曰讖。十二字依李善《鵩鳥》、《魏都》二賦注補。《釋名》：「讖，纖也。其義纖微也。」从言，韱聲。楚蔭切，七部。

諷 誦也。《大司樂》：「以樂語教國子，興道諷誦言語。」注：「倍文曰諷，以聲節之曰誦。」倍同背，謂不開讀也。誦則非直背文，又爲吟詠，以聲節之。《周禮》經注析言之，諷誦是二；許統言之，諷誦是一也。从言，風聲。芳奉切，古音在七部。

誦 誦 諷也。从言，甬聲。似用切，九部。

讀 讀 籒書也。籒，各本作「誦」，此淺人改也，今正。竹部曰：「籒，讀書也。」讀與籒疊韻而互訓。《庸風》傳曰：「讀，抽也。」《方言》曰：「抽，讀也。」葢籒、抽古通用。《史記》「紬史記石室金匱之書」，字亦作紬。抽繹其義薀，至於無窮，是之謂讀。故卜筮之辭曰籒，謂抽繹《易》義而爲之也。《尉律》：「學僮十七已上，始試諷籒書九千字，乃得爲吏。」諷謂背其文，籒謂能繹其義。大史公作《史記》，曰「余讀高祖侯功臣」，曰「大史公讀列封至便侯」，曰「大史公讀秦楚之際」，曰「余讀諜記」，曰「大史公讀《春秋曆譜諜》」，曰「大史公讀《秦記》」，皆謂紬繹其事以作表也。漢儒注經，斷其章句爲讀，如《周禮注》「鄭司農讀火絶之」，《儀禮注》「舊讀昆弟在下」，「舊讀合大夫之妾，爲君之庶子，女子子嫁者未嫁者」是也。擬其音曰讀，凡言讀如、讀若皆是也。易其字以釋其義曰讀，凡言讀爲、讀曰、當爲皆是也。人所誦習曰讀，如《禮記注》云「周田觀文王之德，博士讀爲厥亂勸寧王之德」是也。諷誦亦爲讀，如《禮》言「讀賵」、「讀書」，《左傳》「公讀其書」皆是也。諷誦亦可云讀，而讀之義不止於諷誦。諷誦止得其文辭，讀乃得其義薀。自以誦書改籒書，而讀書者尟矣。《孟子》云：「誦其詩，讀其書。」則互文見義也。从言，賣聲。徒谷切，三部。

𧥣 𧥣 快也。快，喜也。从言中。會意。中之言得也，言而得，故快。於力切，一部。

訓 訓 説教也。説教者，説釋而教之，必順其理。引伸之，凡順皆曰訓。如「五品不訓」、「聞六律、五聲、八音、七始訓，以出内五言」⑨是也。从言，川聲。許運切，十三部。

誨 誨 曉教也。曉教者，明曉而教之也。訓以柔克，誨以剛克。《周書・無逸》「胥訓告」、「胥教誨」⑩是也。曉之以破其晦是曰誨。从言，每聲。荒内切，十五部。

譔 譔 專教也。專教者，專壹而教之也。鄭注《論語》「異乎三子者之撰」：「撰讀曰譔，譔之言善也。」⑪《廣韵》曰：「譔，善言也。」本鄭。从言，巽聲。此緣切，十四部。

譬 譬 諭也。諭，告也。譬與諭非一事，此亦統言之也。从言，辟聲。匹至切，十六部。

謜 謜 徐語也。从言，原聲。魚怨切，十四部。《孟子》曰：「故謜謜而來。」《萬章篇》文。趙曰：「如流水之與源通。」據此，謜本作源，源古作原。葢許引《孟》「原原而來」，證從原會意之恉，淺人加之言旁，如「百穀艸木麗于地」加艸頭之比。

詇 詇 早知也。从言，央聲。於亮切，十部。

諭 諭 告也。凡曉諭人者，皆舉其所易明也。《周禮・掌交》注曰：「諭，告曉也。」曉之曰諭，其人因言而曉亦曰諭。諭或作喻。从言，俞聲。羊戍切，四部。

詖 辨論也。此詖字正義。皮，剥取獸革也。柀，析也。凡从皮之字，皆有分析之意，故詖爲辨論也。古文㠯爲頗字。此古文同音假借也。頗，偏也。从言，皮聲。彼義切，古音在十五部。

諄 告曉之孰也。《大雅》：「誨爾諄諄。」《左傳》：「年未盈五十，而諄諄如八九十者。」《孟子》：「諄諄然命之乎。」《大雅》「諄諄」，鄭注《中庸》引作「忳忳」，云：「忳忳，懇誠皃也。」按，其中懇誠，其外乃告曉之孰，義相足也。《方言》曰：「諄，辠也。」又曰：「宋魯凡相惡謂之諄憎。」此則敦字之假借。攴部曰：「敦，怒也。詆也。《詩》：王事敦我。」从言，𦎫聲。讀若庉。章倫切，十三部。

謘 語諄謘也。諄謘，葢猶鈍遲也。此諄字與上文不同，鍇本謘本在訖篆下。从言，屖聲。讀若行道遲遲。直离切，古音在十五部。《廣韵》直利切。

詻 論訟也。訟，當作頌。論頌，即言容也。《玉藻》曰：「戎容暨暨，言容詻詻。」注：「詻詻，教令嚴也。」《周禮·保氏》六儀，「五曰軍旅之容。」注：「軍旅之容，暨暨詻詻。」傳曰：「詻詻孔子容。」未聞。《論語》曰：「子温而厲。」从言，各聲。五陌切，五部。

誾 和說而諍也。《論語·鄉黨》孔注：「侃侃，和樂皃，誾誾，中正皃。」《先進》皇侃亦云爾。按，侃侃爲和樂者，謂侃侃即衎衎之假借也。誾誾爲中正者，謂和悦而諍，柔剛得中也。言居門中，亦有中正之意。从言，門聲。語巾切。按，此字自來反語皆恐誤，凡齗齗爲辨爭，狺狺爲犬吠，皆於斤聲、言聲得語巾之音。若門聲字，當讀莫奔切，或讀如瞞、如蠻，斷不當反從言之雙聲切語巾也。《楊子》：「何後世之訔訔也。」司馬曰：「爭辨皃。」是訔訔同《漢書》之齗齗。自來字書、韵書與門聲之誾同，又恐誤也。誾誾與穆穆、慔慔、勉勉、亹亹等爲雙聲。古音在十三部。

謀 慮難曰謀。《左傳》叔孫豹説《皇皇者華》曰：「訪問於善爲咨，咨難爲謀。」《魯語》作「咨事爲謀」。韋曰：「事當爲難。」《吳語》：「大夫種曰：夫謀必素見成事焉而後履之。」口部曰：「圖，畫計難也。」圖與謀同義。从言，某聲。莫浮切，古音在一部。

㖊 古文謀。鍇本作[illegible]，不誤。从母，非从毋也。母聲、某聲同在一部。《士冠禮》古文某爲謀，葢古文《禮》某作㖊也。

䛕 亦古文。上从母，下古文言。

謨 議謀也。《釋詁》曰：「謨，謀也。」許於雙聲釋爲議謀。《詩·巧言》假莫爲謨。从言，莫聲。莫胡切，五部。《虞書》曰曰當作「有」。「咎繇謨。」謂自「曰若稽古咎繇」至「帝拜曰往欽哉」一篇也。

暮 古文謨从口。此葢壁中《尚書》古文如此作也。上文言「咎繇謨」者，孔安國以隸寫之作謨也。

訪 汎謀曰訪。汎與訪雙聲，方與旁古通用，溥也。《洪範》：「王訪于箕子。」《晉語》：「文王諏於蔡原而訪於辛尹。」韋曰：「諏、訪皆謀也。」本《釋詁》。許於方聲別之曰「汎謀」。从言，方聲。敷亮切，十部。

諏 聚謀也。《左傳》：「咨事爲諏。」《魯語》作「咨才」。韋曰：「才當爲事。」按，《釋詁》：「諏，謀也。」許於取聲別之曰「聚謀」。《儀禮》今文假詛爲諏。《大玄》作謱。从言，取聲。子于切，古音在四部。

論 議也。論以侖會意。亼部曰：「侖，思也。」龠部曰：「侖，理也。」此非兩義。思如玉部「鰓理自外，可以知中」之鰓。《靈臺》：「於論鼓鍾。」毛曰：「論，思也。」此正許所本。《詩》「於論」正侖之假借。凡言語循其理得其宜謂之論，故孔門師弟子之言謂之《論語》。皇侃依俗分去聲、平聲異其解，不知古無異義，亦無平去之別也。《王制》「凡制五刑，必即天論」，《周易》「君子以經論」，《中庸》「經論天下之大經」，皆謂言之有倫有脊者。許云「論者，議也」，「議者，語也」，似未盡。从言，侖聲。當云「从言侖，侖亦聲」。盧昆切，十三部。

議 語也。上文云「論難曰語」，又云「語，論也」，是論、議、語三字爲與人言之稱。按，許説未盡。議者，誼也。誼者，人所宜也。言得其宜之謂議。至於《詩》言「出入風議」，《孟子》言「處士橫議」，而天下亂矣。一曰，謀也。《韵會》引有此四字。从言，義聲。當云「从言義，義亦聲」。宜寄切，古音在十七部。

訂 平議也。《考工記》注：「參訂之而平。」从言，丁聲。他頂切，十一部。

詳 審議也。審，悉也。經傳多假爲祥字。又音羊，爲詳狂字。从言，羊聲。似羊切，十部。

諟 理也。《左傳》：「君與大夫不善是也。」《國語》作「王弗是」，韋曰：「是，理也。」是者，諟之假借字。韋注與許合。理，猶今人言「是正」也。臣之行譖者，王不能是正也。《大學》引《大甲》「顧諟天之明命」，注：「諟猶正也。」某氏僞《大甲》傳「諟，是也」，皆與許合。《大學》諟或爲題。从言，是聲。承旨切，按，旨當作紙，十六部。

諦 審也。毛傳曰：「審諦如帝。」从言，帝聲。都計切，十六部。

識 常也。常，當爲「意」，字之誤也。草書常、意相似。六朝以草寫書，迨草變真，譌誤往往如此。意者，志也。志者，心所之也。意與志、志與識，古皆通用。心之所存謂之意，所謂知識者，此也。《大學》「誠其意」，即實其識也。一曰，知也。矢部曰：「知，識䛐也。」按，凡知識、記識、標識，今人分入去二聲，古無入去分別，三者實一義也。从言，戠聲。賞職切，一部。

訊 問也。《釋言》曰：「訊，言也。」《小雅》：「訊之占夢。」毛曰：「訊，問也。」鄭箋「執訊」⑫，皆兼言問爲訓。从言，卂聲。思晉切，十二部。

𧦝 古文訊从卤。卤，古文西。西古音詵，與十二部最近。

詧 言微親察也。从言，祭省聲。鉉祭作察，誤。楚八切，十五部。

謹 慎也。心部曰：「慎，謹也。」从言，堇聲。居隱切，十三部。

訒 厚也。因仍則加厚。訒與仍音義略同。从言，乃聲。如乘切，六部。

諶 誠諦也。《釋詁》：「諶，信也。」許曰「誠諦」，未詳。疑諦乃締之誤。从言，甚聲。是吟切，七部。《詩》曰：「天難諶斯。」《大雅》文。今《詩》作「忱」。毛曰：「忱，信也。」按，諶、忱義同音近，古通用。今《詩》「其命匪諶」，心部作「天命匪忱」。

信 誠也。《釋詁》：「誠，信也。」从人言。《序》説會意曰「信武是也」，人言則無不信者，故从人言。息晉切，十二部。古多以爲屈伸之伸。

㐰 古文信省也。

訫 古文信。言必由衷之意。

訦 燕代東齊謂信訦也。《方言》：「允、訦、恂、展、諒、穆，信也。燕代東齊曰訦。」从言，冘聲。是吟切，古音在八部。

誠 信也。从言，成聲。氏征切，十一部。

誡 敕也。攴部曰：「敕，誡也。」从言，戒聲。古拜切，古音在一部。

誋 誡也。《淮南・繆稱》注曰：「誋，誡也。」从言，忌聲。渠記切，一部。

誥 告也。見《釋詁》。按，以言告人，古用此字，今則用告字，以此誥爲上告下之字。又秦造詔字，惟天子獨稱之。《文選注》卅五引《獨斷》曰：「詔猶告也。三代無其文，秦漢有也。」⑬據此可證秦已前無詔字，至《倉頡篇》乃有「幼子承詔」之語，故許書不録詔字，鉉補之，非也。从言，告聲。古到切，古音在三部。

[illegible] 古文誥。按，此从言，肘聲，是古音在三部之證。

誓 約束也。《周禮》五戒，「一曰誓」，用之於軍旅。按，凡自表不食言之辭，皆曰誓，亦約束之意也。从言，折聲。時制切，十五部。

譣 問也。按，言部「讖，驗也。」竹部「籤，驗也。」驗在馬部，爲馬名。然則云徵驗者，於六書爲假借，莫詳其正字。今按，譣其正字也。譣訓問，謂按問，與試驗、應驗義近。自驗切魚窆，譣切息廉，二音迥異，尟識其關竅矣。从言，僉聲。息廉切，七部。《周書》曰：「勿以譣人。」《立政》文。按，此偁《周書》説假借也。《立政》「勿用譣人，其惟吉士」，此譣正憸之假借。心部曰：

「憸，詖也。憸利於上佞人也。」依今音訓問則魚窆切，譣人則息廉切。

詁 詁 訓故言也。故言者，舊言也。十口所識前言也。訓者，説教也。訓故言者，説釋故言以教人，是之謂詁。分之，則如《爾雅》析故、訓、言爲三，三而實一也。漢人傳注多偁故者，故即詁也。《毛詩》云「故訓傳」者，故訓猶故言也，謂取故言爲傳也。取故言爲傳，是亦詁也。賈誼爲《左氏傳訓故》，訓故者，順釋其故言也。从言，古聲。公戶切，五部。《詩》曰「詁訓」。此句或謂即《大雅》「古訓是式」，或謂即毛公《詁訓傳》，皆非是。按，《釋文》於《抑》「告之話言」下云：「戶快反，《説文》作詁。」則此四字當爲「《詩》曰告之詁言」六字無疑。毛傳曰：「詁言，古之善言也。」以古釋詁，正同許以故釋詁。陸氏所見《説文》未誤也，自有淺人見《詩》無「告之詁言」，因改爲「《詩》曰詁訓」，不成語耳。

藹 譪 臣盡力之美。《釋訓》曰：「藹藹、萋萋，臣盡力也。」《大雅》毛傳曰：「藹藹猶濟濟也。濟濟，多威儀也。」《詩》曰：「藹藹王多吉士。」《卷阿》文。从言，葛聲。於害切，十五部。

誎 誎 餔旋促也。未聞，疑有誤字。《廣雅》：「誎，促也。」《集韵》、《手鑑》云：「餔也。」从言，束聲。桑谷切，三部。

諝 諝 知也。《周禮》、《詩》皆假胥爲之。《天官》「胥十有二人」注：「胥讀爲諝，謂其有才知爲什長。」⑭《秋官》「象胥」注：「胥，其有才知者也。」《小雅》「君子樂胥」，箋云：「胥，有才知之名也。」《周易》假須爲之。鄭云：「須，有才知之稱。」《天文》有須女，屈原之妹名女須⑮。按，荀爽一名諝。从言，胥聲。私吕切，五部。

証 証 諫也。《吕覽》：「士尉以証靜郭君。」高曰：「証，諫也。」今俗以証爲證驗字，遂改《吕覽》之証爲證。从言，正聲。讀若正月。之盛切，十一部。按，古音凡正皆讀如征，獨言正月者，隨舉之耳。

諫 諫 証也。从言，柬聲。古晏切，十四部。

諗 諗 深諫也。諗、深疊韵。深諫者，言人之所不能言也。《小雅》：「是用作歌，將母來諗。」箋云：「諗，告也。以養父母之志來告於君。」《左傳》：「昔辛伯諗周桓公。」此皆於深諫義近。毛曰：「諗，念也。」此則謂諗爲念之同音假借。从言，念聲。式荏切，七部。《春秋傳》曰：「辛伯諗周桓公。」《左傳·閔二年》文。《桓十八年》諗作「諫」。

課 課 試也。《廣韵》：「第也。税也。」皆課試引伸之義。从言，果聲。苦卧切，十七部。

試 試 用也。从言，式聲。式束切⑯，一部。《虞書》曰：「明試以功。」《堯典》、《皋陶謨》兩見。偁《堯典》，則《虞書》當爲《唐書》。

諴 諴 和也。和，當作龢。某氏注《尚書》同。从言，咸聲。胡覣切，七部。《周書》曰：「不能諴于小民。」《洛誥》⑰文。不，今各本作「丕」，宋本《説文》、宋本《集韵》皆作「不」，《詩》《書》丕多通不也。能，鉉有，鍇無。

䛬 徒歌。《釋樂》曰：「徒歌曰謡。」《魏風》毛傳曰：「曲合樂曰歌，徒歌曰謡。」又《大雅》傳曰：「歌者，比於琴瑟也。徒歌曰謡，徒擊鼓曰咢。」⑱今本或妄删之。从言，肉聲。各本無「聲」字。缶部䍃「从缶，肉聲」，然則此亦當曰「肉聲」無疑。肉聲則在弟三部，故䌛即由字，音轉入弟二部，故䛬、瑤、䌛、傜皆讀如遙。䛬、謡古今字也，謡行而䛬廢矣。凡經傳多經改竄，僅有存者。如《漢·五行志》：「女童䛬曰：檿弧其服。」余招切，二部。《篇》《韵》皆曰「䛬，與周切，從也。」此古音古義。

詮 具也。《淮南書》有《詮言訓》，高注曰：「詮，就也。就萬物之指以言其徵，事之所謂，道之所依也。故曰詮言。」欠部欥下曰：「詮詈也。」然則許意謂詮解。从言，全聲。此緣切，十四部。

訢 喜也。从言，斤聲。許斤切，十三部。按，此與欠部欣音義皆同。《萬石君傳》：「僮僕訢訢如也。」晉灼引許慎曰：「訢，古欣字。」葢灼所據《説文》訢在欠部欣下，云「古文欣從言」。

説 説釋也。説釋即悦懌。説、悦，釋、懌，皆古今字。許書無悦、懌二字也。説釋者，開解之意，故爲喜悦。釆部曰：「釋，解也。」从言，兑聲。儿部曰：「兑，説也。」本《周易》。此從言兑會意。兑亦聲。弋雪切，十五部。一曰，談説。此本無二義二音，疑後增此四字。別音爲失爇切。

計 會也。筭也。會，合也。筭當作算，數也。舊書多假筭爲算。从言十。會意。古詣切，十五部。

諧 詥也。此與龠部龤異用，龤專謂樂和。从言，皆聲。户皆切，十五部。

詥 諧也。詥之言合也。从言，合聲。候閤切，七部。

調 龢也。龢，各本作「和」，今正。龠部曰：「龢，調也。」與此互訓。和本係唱和字，故許云「相應也」，今則槩用和而龢廢矣。从言，周聲。徒遼切，古音葢在三部。

話 會合善言也。話、會疊韵。《大雅》：「慎爾出話。」毛曰：「話，善言也。」从言，𠯑聲。胡快切，十五部。傳曰：「告之話言。」此當作「《春秋傳》曰：箸之話言。」見文六年《左氏傳》，淺人但知《抑》詩，故改之，删「春秋」字，妄擬《詩》可稱傳也。《抑》詩作「告之話言」，於詁下稱之，又妄改爲「《詩》曰詁訓」。

譮 籀文話。从言會。𠯑、會同在十五部，故檜亦作栝。

諈 諈諉，絫也。絫、累正俗字，今人槩作累，而絫廢矣。見《釋言》。孫炎曰：「楚人曰諈，齊人曰諉。」郭璞曰：「以事相屬累爲諈諉。」⑲从言，垂聲。竹寘切，音在十六、十七部閒。

諉 諈諉也。舊作絫也，今依全書通例正。从言，委聲。女恚切，音在十六、十七部閒。

警 言之戒也。廾部曰：「戒，警也。」《小雅》：「徒御不警。」⑳毛曰：「不警，警也。」《大雅》以敬爲之。《常武》：「既敬既戒。」箋云：「敬之言警也。」亦作儆。从言敬，敬亦聲。己皿切，十一部。

謐 靜語也。今文《尚書》：「維刑之謐哉。」《周頌》：「誐以謐我。」《釋詁》曰：「謐，靜也。」按，《周頌》謐亦作「溢」，亦作「恤」。《堯典》謐亦作「恤」。《釋詁》：「溢，慎也。」「溢、慎、謐，靜也。」恤與謐同部，溢葢恤之譌體。慎靜二義相成。許云「靜語」者，爲其從言也。从言，𥁕聲。彌必切，十二部。一曰，無聲也。今多用此義。

謙 敬也。敬，肅也。謙與敬，義相成。从言，兼聲。苦兼切，七部。謙或假嗛爲之。

誼 人所宜也。《周禮·肆師》注：「故書儀爲義。鄭司農云：義讀爲儀。古者書儀但爲義，今時所謂義爲誼。」按，此則誼義古今字。周時作誼，漢時作義，皆今之仁義字也。其威儀字，則周時作義，漢時作儀。凡讀經傳者，不可不知古今字。古今無定時，周爲古，則漢爲今，漢爲古，則晉宋爲今。隨時異用者謂之古今字，非如今人所言古文、籀文爲古字，小篆、隸書爲今字也。云誼者，人所宜，則許謂誼爲仁義字。今俗分別爲恩誼字，乃野説也。《中庸》云：「仁者，人也。義者，宜也。」是古訓也。从言宜。宜亦聲也。儀寄切，古音在十六部。

詡 大言也。《禮器》：「德發揚，詡萬物。」注：「詡猶普也。」按，詡之本義爲大言，故訓爲普則曰猶。凡古注言猶者視此。詡之引伸之義爲大，故「周弁，殷吁，夏收」，《白虎通》吁作「詡」，鄭注《禮》云：「吁名出於幠。幠，覆也。」㉑義可相發明。从言，羽聲。況羽切，五部。

諓 善言也。善上當有「諓諓」二字。古文《秦誓》「截截善諞言」，諞字下引之。今文《秦誓》「戔戔」，戈部戔字下引之，釋云：「巧言也。」戔戔，《公羊傳》作「諓諓」，云：「惟諓諓善竫言。」劉向《九歎》、《漢書·李尋傳》亦皆作「諓諓」。王逸注《楚辭》，引《尚書》「諓諓竫言」，正皆今文《尚書》也。諸家作諓，許作戔者，同一今文而有異本，如同一古文而馬作偏，許作諞不同也。戔下既引「戔戔」矣，而諓下又云「善言」者，此又用王逸所據「諓諓竫言」之本也。善言釋竫言。何休曰：「竫猶撰也。」撰同譔，譔言，善言也。《廣雅·釋訓》曰：「諓諓，善也。」賈逵《外傳》注曰：「諓諓，巧言也。」韋昭注曰：「諓諓，巧辨之言。」然則此善言，謂善爲言辭者，不同語下之善言也。从言，戔聲。慈衍切，十四部。一曰，謔也。別一義。

誐 嘉善也。誐、嘉疊韵。壴部：「嘉，美也。」从言，我聲。五何切，十七部。《詩》曰：「誐以謐我。」《周頌》文。謐，鉉本作「溢」，此用《毛詩》改竄也。《廣韵》引《説文》作

「謚」㉒。按，《毛詩》「假以溢我」，傳曰：「假，嘉；溢，慎。」與誐、謚字異義同。許所偁葢《三家詩》。誐、謚皆本義，假、溢皆假借也。然謚、溢並見《釋詁》，可知周時已有此二本之殊矣。若《左氏》作「何以恤我」，何者，誐之聲誤。恤與謚同部。《堯典》「惟刑之謚哉」，古文亦作「恤」。

詷 共也。从言，同聲。徒紅切，九部。《周書》曰：「在后之詷。」《顧命》文。某氏《尚書》作「在後之侗」，釋文曰：馬本作「詷」，共也。許葢用馬説。《祭統》：「鋪筵設詷几。」注：「詷之言同也。祭者，以其妃配之，亦不特几也。」按，此經注本如是，假令經本作「同几」，又何煩以詷釋之哉。鄭必云「之言」者，鄭意詷本不訓同，於其疊韵訓爲同，非若馬、許徑云共也。引《書》後作「后」者，《儀禮》注引《孝經説》云：「后者，後也。」此依《韵會》用鍇本。一曰，譀也。《通俗文》：「言過謂之謥詷。」𧬊痛、徒痛二切。」按，「言過」者，言之太過也，與譀訓合。《廣韵》作「言急」，恐誤。

設 施陳也。設、施雙聲。㫃部曰：「施，旗旖施也。」有布列之義。𠂤部曰：「敶，列也。」㉓然則凡言陳設者，敶之假借字。陳行而敶廢矣。从言殳。會意。言殳者，以言使人也。凡設施，必使人爲之。識列切，十五部。殳，使人也。殳者，可運旋之物，故使人取意於殳。般字下曰：「殳，所以旋也。」

護 救視也。《尚書中候·握河紀》：「堯受河圖，伯禹進迎，舜、契陪位，稷辨護。」注云：「辨護者，供時用相禮儀。」《周禮》注亦云「辨護」。《蕭何世家》：「數以吏事護高祖。」从言，蒦聲。胡故切，五部。

譞 譞，此複舉字之未删者。慧也。與人部儇音義皆同。从言，瞏聲。許緣切，十四部。

誧 大也。《廣雅》同。从言，甫聲。博孤切，五部。一曰，人相助也。《廣韵》曰：「誧，諫也。」讀若逋。

諰 思之意。《廣韵》曰：「言且思之。」疑古本作「言且思之意也」。《方言》：「而又思之。」故其字從言思。意者，䛐下「意内言外」之意。《荀卿》曰：「諰諰然常恐天下之一合而軋己也。」《漢書》諰作「鰓」。蘇林曰：「讀如慎而無禮則葸之葸。鰓，懼皃也。」按，又作葸，又作偲，皆訓懼，與思訓義近。从言思。會意。思亦聲。「思亦」二字今補。胥里切，一部。

託 寄也。與人部侂音義皆同。从言，乇聲。他各切，五部。

記 疋也。疋，各本作「疏」，今正。疋部曰：「一曰，疋，記也。」此疋、記二字轉注也。疋今字作疏，謂分疏而識之也。《廣雅》曰：「註、紀、疏、記、學、栞、志，識也。」按，晉、唐人作註記字，註從言不從水，不與傳注字同。从言，己聲。居吏切，一部。

譽 稱也。稱，當作「偁」，轉寫失之也。偁，舉也。譽，偁美也。从言，與聲。羊茹切，五部。

譒 譒 敷也。手部：「播，一曰，布也。」此與音義同。从言，番聲。補過切，十七部。番聲本在十四部。《商書》曰：「王譒告之。」《般庚》上篇文。今《尚書》作播。

謝 謝 辤去也。辤，不受也。《曲禮》：「大夫七十而致事。若不得謝，則必賜之几杖。」此謝之本義也。引伸爲凡去之偁，又爲衰退之偁，俗謂拜賜曰謝。从言，䠶聲。辝夜切，古音在五部。按，經典無榭字，衹作謝。《釋宫》：「無室曰榭。」轉寫俗字也，木部不録。

謳 謳 齊歌也。師古注《高帝紀》曰：「謳，齊歌也。」謂齊聲而歌。或曰，齊地之歌。」按，假令許意齊聲而歌，則當曰「衆歌」，不曰「齊歌」也。李善注《吴都賦》引曹植《妾薄相行》曰：「齊謳楚舞紛紛。」《太平御覽》引《古樂志》曰：「齊歌曰謳，吴歌曰歈，楚歌曰豔，淫歌曰哇。」若《楚辭》「吴歈蔡謳」，《孟子》「河西善謳」，則不限於齊也。从言，區聲。烏矦切，四部。

詠 詠 歌也。《堯典》曰：「歌永言。」《樂記》曰：「歌之爲言也，長言之也。説之，故言之，言之不足，故長言之。」从言，永聲。爲命切，古音在十部。

咏 咏 詠或从口。

諍 諍 止也。經傳通作「爭」。从言，爭聲。側迸切，十一部。

評 評 召也。口部曰：「召，評也。」後人以呼代之，呼行而評廢矣。从言，乎聲。荒烏切，五部。

謼 謼 評也。依《韵會》訂。此與口部嘑異義而通用。《大雅》崔本：「式號式謼。」从言，虖聲。荒故切，五部。

訖 訖 止也。見《釋詁》。《穀梁傳》：「毋訖糴。」范曰：「訖，止也。」按，《孟子》謂之「遏糴」。从言，气聲。居迄切，十五部。

諺 諺 傳言也。諺、傳疊韵。傳言者，古語也。古字從十口，識前言，凡經傳所偁之諺，無非前代故訓，而宋人作注，乃以俗語、俗論當之，誤矣。《玄應》引此，下有「謂傳世常言也」，葢庾儼默注。从言，彦聲。魚變切，十四部。按，此與《尚書》「乃逸乃喭」，《論語》「由也喭」，皆訓「畔喭」者各字。衛包改《尚書》之喭爲諺，大誤㉔。

訝 訝 相迎也。《周禮》曰：「諸矦有卿訝」也。《秋官·掌訝》職文。惟《周禮》作訝，他經皆作「御」。如《詩》「百兩御之。」毛曰：「御，迎也。」「以御田祖。」箋云：「御，迎也。」《書》：「予御續乃命于天」，「弗御克奔，以役西土」，「御衡不迷」，某氏皆訓迎。故衛包遂皆改爲「迓」。《士昏禮》「媵御」，《曲禮》「大夫士必自御之」，《穀梁傳》「跛者御跛者，眇者御眇者」，《列子》「遇駭鹿，御而擊之」，皆訓迎，則皆訝之同音假借。从言，迎必有言，故從言。牙聲。吾駕切，古音在五部。此下鉉增迓字，云：「訝或從辵」，爲十九文之一。按，迓俗字，出於許後，衛包無識，用以改經，不必增也。

詣 候至也。候至者，節候所至也。致下云：「送詣也。」凡謹畏精微深造以道而至曰詣。《關中記》：「建章宮有駁娑、駘盪、枍詣、承光四殿。」《西京》、《西都賦》皆作「枍詣」，俗作「栺」，誤。从言，旨聲。五計切，十五部。

講 和解也。和，當作龢。不合者，調龢之。紛糾者，解釋之。是曰講。《易》曰：「君子以朋友講習。」《史記》虞卿、甘茂二傳，《漢書·項羽傳》皆假媾爲講，古音同也。从言，冓聲。古項切，古音在四部。

謄 迻書也。今人猶謂謄寫。从言，朕聲。徒登切，六部。

訒 頓也。訒、頓疊韵。頓之言鈍也。从言，刃聲。而振切，十三部。《論語》曰：「其言也訒。」《顔淵篇》文。

訥 言難也。與訒義同。與㕯音義皆同。《論語》：「君子欲訥於言而敏於行。」苞曰：「訥，遲鈍也。」从言内。内亦聲也。内骨切，十五部。

謯 謯娽也。《廣雅》曰：「謯，諑也。」《篇》、《韵》皆曰：「謯，諑也。諑，謯也。」按，許書有娽無諑，故仍之，其義則未聞。謯娽當是古語，許當是三字句。从言，虘聲。側加切，《廣韵》子邪切，古音在五部。

𧦝 待也。小徐曰：「此與徯字義相通。」从言，伿聲。讀若𩜁。胡禮切，古音在十六部。

謷 痛嘑也。嘑，作呼誤。謷與嗷義略同。痛嘑若《顔氏家訓》所云北人呼「羽罪反」之音，南人呼「于來反」㉕之音也。从言，敫聲。古弔切，二部。

譊 恚嘑也。从言，堯聲。女交切，二部。

謍 小聲也。小上當奪「謍謍」二字。謍謍，小聲也。从言，熒省聲。余傾切，十一部。《詩》曰：「謍謍青蠅。」《小雅》文。《毛詩》作「營營」。傳曰：「營營，往來皃。」許所偁葢《三家詩》也。

諎 大聲也。《爾雅》：「行扈唶唶。」釋文曰：「唶，《說文》云，借字也。一云，大聲也。」按，《說文》人部無借字，據陸則此「大聲也」之上，今奪五字。但「借字也」三字語不完，且陸不分疏云「唶，《說文》作諎」，今未敢輒補。要陸所據爲善本。許書叚下曰「借也」，耤下曰「古者使民如借」，《序目》曰「六曰假借」，人部未必無借字，而諎、唶可以爲借字，固非無徵矣。借，資昔、資夜二切。孔沖遠曰：假借字，「在取者則假讀上聲，借讀入聲；在與者，則皆讀去聲」㉖。《聲類》曰：「嚄，大笑。唶，大呼。」《考工記》「侈則柞」，注：「柞讀爲咋咋然之咋，聲大外也。」按，咋咋、諎諎同，皆大聲。从言，昔聲。讀若筰。莊革切，古音在五部。

唶 諎或从口。

諛 讇也。諛者，所以爲讇，故渾言之。从言，臾聲。羊朱切，四部。

讇 諛也。讇者未有不諛。从言，閻聲。丑剡切，八部。

諂 讇或从臽。

諼 詐也。《公羊傳》：「此伐楚也，其言救江，何爲諼也。」何曰：「諼，詐也。」《息夫躬傳》：「虛造詐諼之策。」按，師古注云：「諼，詐辭也。」辭當是詈。此葢小顔所據《説文》作「詐詈」也，淺人刪詈耳。《衛風》：「終不可諼兮。」傳曰：「諼，忘也。」此諼葢藼之假借。藼，本令人忘憂之艸，引伸之，凡忘皆曰藼。《伯兮》詩作「諼艸」，《淇奥》詩作「不可諼」，皆假借也。許偁「安得藼艸」，葢《三家詩》也。从言，爰聲。況袁切，十四部。

謷 不省人言也。省，各本作「肖」，今正。言字依《韵會》補。《詩·板》：「我即爾謀，聽我嚻嚻。」傳曰：「嚻嚻猶謷謷也。」箋云：「女聽我言，謷謷然不肎受。」《玉篇》謷字下，引《廣雅》「不入人語也」。謷即謷之俗。《廣韵·六豪》曰：「謷，不省人也。」㉗奪言字。《五肴》曰：「謷，不肖也。」則依誤本《説文》而又少二字。《東方朔傳》「聲謷謷」，亦正謂其不省人言耳。此條得諸鈕非石。又按，《釋訓》曰：「嚻嚻，傲也。」嚻嚻即謷謷之叚借。从言，敖聲。五牢切，二部。一曰，哭不止悲，聲謷謷。此亦用《朔傳》爲説：一説「聲謷謷」者，詆其不勝痛呼謈也。當許時，《朔傳》已有二解矣。

訹 誘也。按，《晉語》，里克、丕鄭告公子重耳曰：「子盍入乎，吾請爲子鉥。」此假鉥爲訹也。《服鳥賦》：「怵迫之徒兮，或趨西東。」孟康曰：「怵，爲利所誘怵然。」此假怵爲訹也。从言，朮聲。思律切，十五部。

訑 沇州謂欺曰訑。此不見於《方言》。《方言》：「秦謂之謾。」郭云：「言謾訑。訑音大和切。」按，《戰國策》曰：「寡人正不喜訑者言也。」从言，它聲。託何切，十七部。

謾 欺也。宣帝詔「欺謾」，《季布傳》「面謾」，韋注《漢書》云：「謾，相抵讕也。」㉘从言，曼聲。母官切，十四部。

譇 譇拏，逗，疊韵字。羞窮也。《方言》：「讕哰，謰謱，拏也。拏，楊州會稽之語也。或謂之惹，或謂之䛒。」郭曰：「拏謂譇拏也。奴加反。」按，譇拏出此。羞窮者，謂羞澀辭窮而支離牽引，是曰譇拏。从言，奢聲。陟加切，古音在五部。

詐 慙語也。與心部怍音同義近。《論語》：「其言之不怍，則爲之也難。」當作此詐。从言，作聲。鉏駕切，古音在五部。按，《玉篇》云：「𧨞語也。」疑《左傳·定八年》「桓子咋謂林楚」，杜云：「咋，暫也。」當作詐字。

讋 讋讘也。讋讘，當是疊韵雙字，但不類列，而讘在後讇字下，葢後人亂之。从言，執聲。之涉切，七部。

謰 謰謱也。《方言》：「讕哰，謰謱，拏也。東齊周晉之鄙曰讕哰，讕哰亦通語也。南楚曰謰謱，或謂之支註，或謂之詁謕。」

按，諸孯、謰謱，皆雙聲。从言，連聲。力延切，十四部。

謱 謰謱也。从言，婁聲。洛侯切，四部。

詒 相欺詒也。《金縢》：「公乃爲詩，以詒王，名之曰《鴟鴞》。」鄭曰：「詒，說也。周公恐其屬黨將死，恐其刑濫，又破其家，而不敢正言，故作《鴟鴞》之詩，以詒王。」按，《尚書》字本作詒，鄭注說當讀輸芮切，正義改爲怡悅字，誤矣。周公善辭以誘王，故史臣目之曰詒，此鄭意也。《穀梁傳》曰：「夫請者非可詒託而往也，必親之者也。」注：「詒託猶假寄。」《列子》：「狎侮欺詒。」郭注《方言》云：「汝南人呼欺亦曰詒，音殆。」《史》、《漢》多假紿爲之。一曰，遺也。《釋言》、毛傳皆曰：「詒，遺也。」俗多假貽爲之。从言，台聲。與之切，按，今音前義徒亥切，一部。

謲 相怒使也。从言，參聲。倉南切，七部。《玉篇》千紺切。

誑 欺也。从言，狂聲。居況切，十部。

譺 騃也。騃，馬行仡仡也。此騃之本義也。《方言》：「癡，騃也。」騃，吾駭反。此騃之別義也。《廣雅》：「譺，調也。」謂相嘲調。《通俗文》：「大調曰譺。」按，大相嘲調者，如癡騃然也。从言，疑聲。五介切，古音在一部。

⿰言䀛 相誤也。《廣韵》：「相⿰言䀛誤也。」⿰言䀛誤，葢同詿誤。从言，䀛聲。古罵切。按，䀠部作䀛，䀛，舉朱切。不得䀛聲讀古罵切。

訕 謗也。《論語》：「惡居下而訕上者。」訕與女部「姍，誹也」音義同。从言，山聲。所晏切，十四部。

譏 誹也。譏、誹疊韵。譏之言微也，以微言相摩切也。引伸爲「關市譏而不征」之譏。从言，幾聲。居衣切，十五部。

誣 加也。《玄應》五引皆作「加言」，加言者，架言也。古無架字，以加爲之。《淮南・時則訓》「鵲加巢」，加巢者，架巢也。《毛詩》箋曰：「鵲之作巢，冬至加之。」劉昌宗加音架。李善引《呂氏春秋》注曰：「結，交也。構，架也。」云「加言」者，謂憑空構架，聽者所當審愼也。按，力部曰：「加，語相增加也。从力口。」然則加與誣同義互訓，可不增言字。加與誣皆兼毁譽言之，毁譽不以實，皆曰誣也。《方言》：「誣，淹與也。吳越曰誣，荆楚曰淹與，猶齊晉言阿與。」㉙《表記》：「受祿不誣。」注曰：「於事不信曰誣。」从言，巫聲。武扶切，五部。

誹 謗也。誹之言非也，言非其實。从言，非聲。敷尾切，十五部。

謗 毁也。謗之言旁也。旁，溥也。大言之過其實。《論語》：「子貢方人。」假方爲謗。从言，旁聲。補浪切，十部。

譸 詶也。按，詶，詛也。則譸亦詛也。从言，壽聲。讀若醻。張流切，三部。《周書》曰：「無或譸張爲幻。」《無逸》文。《釋訓》曰：「侜張，誑也。」《毛詩》作侜張，他書或作侏張，或作輈張，皆本無正字，以雙聲爲形容語。此偁譸張，訓誑，不訓詶，是亦假借之理也。

詶 詛也。《玉篇》云：「《説文》職又切，詛也。」《玄應》六引曰：「祝，今作呪。《説文》作詶，詛也。之授切。」今各本作「譸也」，乃因俗用詶爲酬應字，市流切，不欲釋以詛，遂改之耳。詶訓以言荅之，而詶詛作呪，此古今之變也。若經典則通用祝，不用詶。《左傳》：「雖其善祝，豈能勝億兆人之詛。」此祝、詛分言也。《大雅》：「矦作矦祝。」傳云：「作、祝，祖也。」㉚此祝讀呪，祝、詛不分也。从言，州聲。三部。

詛 詶也。从言，且聲。莊助切，五部。

䛆 詶也。祝𥛚字亦作袖，蓋與䛆一字也。从言，由聲。直又切，三部。

誃 離別也。《釋言》曰：「斯、誃，離也。」郭云：「誃見《詩》。」今《毛詩》未見誃字，疑「析薪扡矣」，容有作誃者。别，兵列切。从言，多聲。尺氏切，古音在十七部。讀若《論語》「跢予之足」。《泰伯篇》云：「啓予足，啓予手。」鄭云：「啓，開也。」跢當是啓誤。或曰，當作「哆予之足」，哆猶開也。周景王作洛陽誃臺。《東京賦》曰：「於南則謻門曲榭。」薛曰：「謻門，冰室門也。」《水經注·穀水篇》曰：「洛陽諸宫名曰南宫，有謻臺、臨照臺。《東京賦》謻門，即宣陽門也。門内有宣陽冰室。」按，謻臺蓋謂謻門之臺也，謻者，誃之或體。李善直移反。周景王作大錢大鐘，則其作誃臺也，亦侈大之意。《釋宫》：「連謂之簃。」郭云：「堂樓閣邊小屋，今呼之簃廚連觀也。」鉉竹部新附有簃字。按，陸雲《與兄書》曰：「曹公所爲屋，坼其謻堂，不可壞，直以斧斫之。」其字亦作謻。《爾雅》之簃，蓋亦誃之異體。

誖 亂也。从言，孛聲。蒲没切，十五部。

悖 誖或从心。

𧮫 籀文誖，从二或。兩國相違，舉戈相向，亂之意也。角部觲以爲聲㉛。

䜌 亂也。一曰，治也。與爪部𤔔、乙部亂音義皆同㉜。一曰，不絶也。别一義。从言絲。治絲易棼，絲亦不絶，故从絲會意。吕員切，十四部。宋景公之名，《左傳》作欒，《古今人表》作兜欒，《宋世家》作頭曼。趙宋祕閣有宋公䜌餗鼎，與《竹書》宋景公䜌合。

𢑘 古文䜌。

誤 謬也。按，謬當作繆，古繆誤字從糸，如綢繆相戾也㉝，《大傳》「五者一物紕繆」是。謬訓狂者妄言，與誤義隔。从言，吳聲。五故切，五部。

詿 誤也。詿謂有所挂牽而然也。《史記·吳王濞傳》：「詿亂天下。」《漢書》景帝詔曰：「吳王濞爲逆，詿誤吏民。」从言，圭聲。古賣切，十六部。

誒 可惡之詞。詞，各本作「辭」，誤，今正。詞者，意内而言外也。韋孟詩：「勤唉厥生。」《漢書》唉作誒，師古曰：「誒，歎聲。」㉞《項羽本紀》索隱曰：「唉，歎恨發聲之䛐。」皆與許此義合。从言，矣聲。許其切，一部。一曰，誒，逗。然。下當有「也」。《方言》：「欸，䇅然也。南楚凡言然者曰欸，或曰䇅。」口部曰：「唉，譍也。」《廣雅》：「欸，䇅，然，譍也。」是則誒與欸、唉音義皆同，通用也。《春秋傳》曰：「誒誒出出。」襄三十年文。此證前一義也。今傳作「譆譆」。

譆 痛也。當作「痛聲」。《左傳》：「或叫于宋大廟，曰：譆譆出出！鳥鳴于亳社，如曰譆譆。甲午，宋大災。」按，譆與熹同音，故云痛聲。从言，喜聲。火衣切。按，火衣《廣韵》作許其，爲是。一部。

詯 膽气滿，聲在人上。从言，自聲。葢即元曲所用咱字。讀若反目相睞。荒内切，十五部。

譺 譺詍，逗。多言也。《玉篇》云：「欺謾之言。」《廣韵》云：「弄言。」从言，𦬼聲。吕之切。按，《廣韵》之作支，爲是。古音在十七部。

詍 多言也。與口部呭音義皆同。从言，世聲。余制切，十五部。《詩》曰：「無然詍詍。」口部偁《詩》作「呭呭」，此作詍詍，葢四家之别也。

訿 訿訿，逗。二字今補。不思稱意也。《釋訓》云：「翕翕，訿訿，莫供職也。」毛傳云：「潝潝然患其上，訿訿然不思稱其上。」不思稱其上者，謂不思報稱其上之恩也。《大雅》傳云：「訿訿，窳不供事也。」㉟二傳辭異義同。意者，意内言外之意。按，《禮記・少儀》注：「訾，思也。」凡二見，此别一義。从言，此聲。將此切，十五、十六部。按，呰毁字古作呰，與訾别，後人混用。《詩》曰：「翕翕訿訿。」《小雅》文。

詾 往來言也。一曰，小兒未能正言也。一曰，祝也。从言，匋聲。大牢切，古音在三部。

詯 詾或从包。匋聲、包聲，同在三部。

訥 訥訥，逗。多語也。从言，冄聲。汝閻切，七部。樂浪有訥邯縣。《地理志》、《郡國志》同。孟康音男。

譅 譅諮，逗。語相及也。此依《玉篇》訂。隶，及也㊱。眔，目相及也。然則此從遝訓語相及無疑。从言，遝聲。

諮 譅諮也。與曰部沓字音義皆同。《荀卿書》：「愚者之言諮諮然而沸。」注：「諮諮，多言也。」从言，沓聲。徒合切，八部。此形聲包會意。他合切，八部。

詽 諍語詽詽也。劉祥言事，蒙遜曰：「汝聞劉裕入關，敢研研然也！斬之。」㊲《魏書》作「姸姸」，皆詽詽之同音也。《匡謬正俗》所謂「殿研」，即此。从言，幵聲。呼堅切，十二部。

譪 言壯皃。一曰，數相怒也。从言，嶲聲。

讀若畫。呼麥切，十六部。

訇 駭言聲。駭，各本作「騃」，依《韵會》訂。此本義也，引伸爲匉訇大聲。从言，匀省聲。虎横切，古音在十二部。變爲圁字，則西河郡圁陰、圁陽皆音銀是也。《西京賦》「沸卉軿訇」，與鞫、温、門、論韵，則入十三部，今入耕韵，非也。漢中西城有訇鄉。城，俗本作域，誤。又讀若玄。謂讀若匀矣，其訇鄉則又讀若玄也。

籒文不省。

諞 便巧言也。諞，便疊韵。从言，扁聲。部田切，十二部。《周書》曰：「截截善諞言。」古文《尚書·秦誓》文。《論語》曰：「友諞佞。」《季氏篇》文。今作便。

䛒 匹也。於疊韵釋之。从言，頻聲。符真切，十二部。

𧥢 扣也。扣、叩古今字。《説文》有敂無叩，此扣當作「敂」。如求婦，先𧥢叕之。此葢古語。《論語》：「我叩其兩端而竭焉。」孔曰：「我則發事之始終以語之。」《公羊傳》：「吾爲子口隱矣。」何曰：「口猶口，語發動也。」按，「猶口」當作「猶叩」，句絶。从言口。會意。口者，叩也。口亦聲。苦后切，四部。

誽 言相説司也。説司猶刺探，説之言莣也，司之言伺也。从言，兒聲。女家切，古音在十六部。

誂 相評誘也。《戰國策》：「楚人有兩妻。人誂其長者，長者詈之；誂其少者，少者許之。」《史記·吳王濞傳》：「使中大夫應高誂膠西王。」按，後人多用挑字。从言，兆聲。徒了切，二部。

譄 加也。加下曰：「語相譄加也。」按，譄、加、誣三字互訓。从言，曾聲。作滕切，六部。

詄 忘也。《廣雅》：「誤也。」从言，失聲。徒結切，十二部。

諅 忌也。《廣韵·七之》曰：「謀也。」《七志》曰：「志也。」从言，其聲。渠記切，一部。《周書》曰：「上不諅于凶德。」《多方》文。上，今《書》作「爾尚」二字。諅，今《書》作「忌」。按，宋本《説文》、《篇》、《韵》皆作「上不諅于凶德」。

譀 誕也。《東觀漢記》曰：「雖誇譀猶令人熱。」按，「誕也」當作「誇也」，譀與誇互訓。从言，敢聲。下闞切，八部。

⿰言忘 俗譀从忘。

誇 譀也。从言，夸聲。苦瓜切，古音在五部。

誕 詈誕也。此三字葢有誤。《釋詁》、毛傳皆云：「誕，大也。」从言，延聲。徒旱切，十四部。

這 籒文誕省正。

⿰言萬 譀也。从言，萬聲。莫話切，十五部。

謔 戲也。从言，虐聲。虚約切，古音在二部。《詩》曰：「善戲謔兮。」《衛風》文。

詪 很戾也。《廣韻》：「難語皃。」从言，皀聲。乎懇切，十三部。

訌 ⿰言貴也。《大雅·召旻》傳曰：「訌，潰也。」《抑》傳曰：「虹，潰也。」虹者，訌之假借字。《釋言》：「虹，潰也。」亦作訌。」郭云：「謂潰敗。」按，許作⿰言貴者，許以⿰言貴與潰同也。《詩》：「彼童而角，實虹小子。」「天降罪罟，蟊賊内訌。」皆謂禍由中出，與中止之義合。从言，工聲。户工切，九部。《詩》曰：「蟊賊内訌。」

⿰言貴 中止也。中止者，自中而止，猶云内亂。《魏都賦》李注引《説文》「⿰言貴列，中止也。」此依賦文衍列字。賦云：「齊被練而銛戈，襲偏裻以⿰言貴列。」非中止之訓也。从言，貴聲。胡對切，十五部。《司馬法》曰：「師多則民⿰言貴。」民，各本作人，今依《廣韻》所引。⿰言貴，止也。此以止與中止義别也。凡偁經傳而又釋其義者，皆必其義與字本義不同。如「聖讒説」、「曰圛」、「其席」皆是。

䜊 聲也。《廣韻》：「衆聲。」从言，歲聲。呼會切，十五部。《詩》曰：「有䜊其聲。」《毛詩·雲漢》：「有嘒其星。」毛曰：「嘒，衆星皃。」此「有䜊其聲」，葢《三家詩》也。如《史》所云「赤氣亙天，砰隱有聲」是也。或曰，聲當是星之誤。「有䜊其星」，如《天官書》「天鼓有音」、「天狗有聲」之類也。

諣 疾言也。从言，咼聲。呼卦切，古音在十七部。

䜅 譟也。从言，魋聲。杜回切，十五部。按，許書無魋字，大徐據此補入鬼部。

譟 擾也。手部曰：「擾，煩也。」从言，喿聲。穌到切，二部。

訆 大嘑也。與㗊部嚻、口部叫音義皆同。从言，丩聲。古弔切，三部。《春秋傳》曰：「或訆于宋大廟。」襄三十年文。今傳作「叫」。

諕 號也。从言虎。此與号部號音義皆同。口部唬從口虎，亦讀若暠。凡嘑號之聲，虎爲㝡猛，故皆從虎會意。乎刀切，二部。

讙 譁也。从言，雚聲。呼官切，十四部。

譁 讙也。从言，華聲。呼瓜切，古音在五部。

謣 妄言也。从言，雩聲。羽俱切，五部。

⿰言荂 謣或从荂。《玉篇》云：「同譁。」

譌 譌言也。疑當作「僞言也」。《唐風》「人之爲言」，定本作「僞言」。箋云：「爲，人爲善言以稱薦之，欲使見進用也。」《小雅》：「民之訛言。」箋云：「訛，僞也。人以僞言相陷入。」按，爲、僞、譌古同通用。《尚書》「南譌」，《周禮注》、《漢書》皆作「南僞」。从言，爲聲。五禾切，十七部。《詩》曰：「民之譌言。」今《小雅》作「訛」。《說文》無訛有吪，吪，動也。訛者，俗字。

謬 狂者之妄言也。古差繆多用從糸之字，與此謬義別。从言，翏聲。靡幼切，三部。

詤 夢言也。夕部曰：「夢，不明也。」《吕覽》：「無由接而言見，詤。」高曰：「詤讀爲誣妄之誣。」按，讀詤爲誣者，正如亡無通用，荒幠通用也。从言，巟聲。呼光切，十部。

謈 大嘑自冤也。冤，各本作「勉」，今依《廣韵》正。《東方朔傳》：「舍人不勝痛呼謈。」鄧展曰：「謈音瓜瓟之瓟。」按，「自冤」者，自稱己冤枉也。田蚡「疾，一身盡痛，若有擊者，謼服謝罪。」晉灼曰：「服音瓟。關西俗謂得杖呼及小兒啼呼爲呼瓟。」然則謈亦作服，作瓟也。《朔傳》呼字亦音髐，《蚡傳》謼字亦音火交反，皆與下一字疊韵。《廣韵》曰：「嗃謈，大呼也。」是也。謈古音讀如匏。从言，暴省聲。蒲角切，古音在二部。

訬 訬，此複舉字删之未盡者。擾也。手部曰：「擾，煩也。」今俗語云「炒吏」者，當作此字。一曰，訬獪。犬部：「獪，狡獪也。」《漢書》曰：「江都輕訬。」《吳都賦》曰：「輕訬之客。」高注《淮南》曰：「訬，輕利急疾也。」李善音眇。从言，少聲。楚交切，二部。按，此當爲前一義之音。讀若毚。此未詳。葢「緅亦作纔」之比。顧氏炎武曰：毚當作㲋。

諆 欺也。諆、欺疊韵。小徐引《漢書》「詆諆」，然《漢書》自作「詆欺」㊳也。从言，其聲。去其切，一部。

譎 權詐也。益梁曰謬，欺天下曰譎。《方言》：「膠，譎，詐也。涼州西南之閒曰膠，自關而東西或曰譎，或曰膠。詐，通語也。」按，《廣雅》及《爾雅釋文》引《方言》皆有謬字，此「欺天下曰譎」，不可通，當爲「關東西曰譎」。从言，矞聲。古穴切，十五部。

詐 欺也。从言，乍聲。測駕切，古五部。

訏 詭譌也。从言，于聲。况于切，五部。一曰，訏䛐。今字作「吁嗟」，此别一義。齊楚謂信曰訏。按，信當作大。《釋詁》：「訏，大也。」《方言》：「訏，大也。中齊西楚之閒曰訏。」許語本楊。

䛐 嗞也。口部曰：「嗞，䛐也。」㊴此云：「䛐，嗞也。」是爲異部互訓。各本改作「咨」者，淺人爲之耳。謀事曰咨，義不相涉。从言，差聲。子邪切，古音在十七部。一曰，痛惜。此與「嗞，䛐」義别。

讋 失气言。此與慴音義同。此从言，故釋之曰失气言。《東都賦》：「陸讋水慄。」一曰，言不止也。言字各本無，依《玉篇》補。謂詍詍沓沓也。从言，龖省聲。傅毅讀若慴。之涉切，七部。

讋 籒文讋不省。

謵 言謵讋也。疑上文「失气言」之上，當有「謵讋」二字，疊韵字也。从言，習聲。秦入切，七部。

⿰言亞 相毀也。从言，亞聲。宛古切，五部。一曰，畏⿰言亞。此與惡惡之惡略同。

⿰言隋 相毀也。从言，隋聲。雖遂切，古音在十七部。《篇》、《韵》皆虚規切。

⿰言闒 嗑也。口部曰：「嗑，多言也。」《玉篇》曰：「謵⿰言盍，多言也。」謵⿰言盍即⿰言闒嗑。从言，闒聲。徒盍切，八部。

詾 訟也。訟，各本譌「説」，今依《篇》、《韵》及《六書故》所據唐本正。《爾雅·釋言》、《小雅》《魯頌》傳箋皆云：「訩，訟也。」按，下文系之云「訟，爭也」，《説文》之通例如是。从言，匈聲。許容切，九部。

訩 或省。今《詩》如是作。

⿰言兇 詾或从兇。

訟 爭也。公言之也。《漢書·吕后紀》：「未敢訟言誅之。」鄧展曰：「訟言，公言也。」⑩ 从言，公聲。此形聲包會意。似用切，九部。一曰，歌訟。訟、頌古今字。古作訟，後人假頌皃字爲之。

⿰言谷 古文訟。从谷聲。

謓 恚也。今人用嗔，古用謓。从言，真聲。昌真切，十二部。賈侍中說：謓，笑。别一義。一曰，讀若振。

讘 多言也。从言，聶聲。之涉切，七部。河東有狐讘縣。見《地理志》。按，《史》、《漢》、《表》皆有「瓡讘侯」，徐廣、小顔瓡皆音狐。考《漢·志》，北海有瓡縣，小顔云：「瓡即執字。」疑瓡、讘二字疊韵，瓡當從爪作𤓯，執之或體，不音狐。《漢·志》、《説文》作狐讘，皆譌字也。

訶 大言而怒也。从言，可聲。虎何切，十七部。

⿰言臣 訐也。訐或作許，誤。从言，臣聲。讀若指。臣聲而讀若指，十二、十五部合音也。職雉切。

訐 面相厈罪告訐也。依《韵會》訂。《論語》：「惡訐以爲直者。」从言，干聲。居謁切，十五部。

訴 告也。从言，㡿聲。桑故切，五部。凡從㡿之字，隸變爲厈，俗又譌斥。《論語》曰：「訴子路於季孫。」《憲問篇》文。

⿰言朔 訴或从言朔。

愬 訴或从朔心。今《論語》作此。

譖 愬也。《論語》譖、愬析言之，此統言之。从言，朁聲。莊蔭切，七部。

讒 譖也。从言，毚聲。士咸切，八部。

譴 謫問也。从言，遣聲。去戰切，十四部。

讁 罰也。从言，啻聲。陟革切，十六部。

諯 數也。謂數責也。今音讀上聲。一曰，相讓也。相責讓。二義亦略同耳。从言，耑聲。讀若專。尺絹切，十四部。

讓 相責讓。經傳多以爲謙攘字。从言，襄聲。人漾切，十部。

譙 嬈譊也。嬈，擾，戲弄也。譊，恚嘑也。《方言》：「譙，讓也。齊楚宋衛荆陳之閒曰譙，自關而西秦晉之閒，凡言相責讓曰譙讓。」从言，焦聲。讀若嚼。才肖切，二部。

誚 古文譙。从肖。《周書》曰：「亦未敢誚公。」漢人作「譙」，壁中作「誚」，實一字也。《金縢》文。

諫 數諫也。謂數其失而諫之。凡譏刺字當用此。从言，朿聲。七賜切，十六部。

誶 讓也。《釋詁》、毛傳皆云：「誶，告也。」許云「讓也」。《釋詁》、毛傳泛言之，許專言之也。从言，卒聲。雖遂切，十五部。《國語》曰：「誶申胥。」《吳語》文。韋曰：「誶，告讓也。」今《國語》、《毛詩》、《爾雅》及他書誶皆譌「訊」，皆由轉寫形近而誤。

詰 問也。从言，吉聲。去吉切，十二部。

⿰言朢 責望也。《太玄》：「寇⿰言朢其户。」范曰：「⿰言朢，責也。」按，朢之古文作⿱臣壬，故⿰言朢之古文亦作⿰言⿱臣壬。从言，朢聲。巫放切，十部。

詭 責也。《漢書》：「況自詭滅賊。」孔融表云：「昔賈誼求試屬國，詭係單于。」从言，危聲。過委切，十六部。今人爲詭詐字。

證 告也。从言，登聲。諸應切，六部。今人爲證驗字。

詘 詰詘也。二字雙聲。屈曲之意。一曰，屈襞。此謂衣襞積。見衣部。从言，出聲。區勿切，十五部。

誳 詘或从屈。

⿰言夗 尉也。尉，各本作「慰」，而《集韵》、《類篇》及葉石君抄本《說文》皆作尉，則知大徐本作尉也。火部曰：「尉者，從上案下也。」⿰言夗訓尉，未得其證。攷《毛詩・凱風》傳：「慰，安也。」《車舝》傳曰：「慰，怨也。」二傳不同。《車舝》傳一本作「尉，安也。」陸氏德明從怨，謂作安乃馬融義。今按，此《毛詩》及傳正當作「尉，⿰言夗也。」爲許所本，後人以易識之字易之耳。⿰言夗者，以善言案其心，如火申繒然。⿰言夗、尉雙聲。从言，夗聲。於願切，十四部。

詷 知処告言之。《史》、《漢》、《淮南傳》：「王愛陵，多予金錢，爲中詷長安。」孟康曰：「詷音偵。西方人以反閒爲偵，王使其女爲偵於中也。」服虔亦云：「偵，伺之也。」如淳曰：「詷音朽政反。」按，《說文》無偵字，則從服、孟說詷即偵是也。从言，同聲。

朽正切，十一部。

讂 讂 流言也。从言，夐聲。火縣切，十四部。

詆 詆 訶也。鉉本：「苛也。一曰，訶也。從言，氐聲。」鍇本：「荷也。從言，氐聲。一曰，訶。」今按，二本皆誤。漢人訶多假荷爲之，如《周禮·宮正》《比長》注，荷皆呼何反。宋槧《周禮》及釋文可證。淺人改爲苛，此亦其比也。不得其説，乃訶、荷竝存矣。今依《韵會》刪正。从言，氐聲。都禮切，十五部。

誰 誰 誰何也。三字爲句。各本少「誰」字，誤刪之也。敦字下云「一曰，誰何也」可證。李善引有「謂責問之也」五字，葢注家語。《六韜》：「令我壘上誰何不絕。」賈誼書：「陳厲兵而誰何。」《史記·衛綰傳》「歲餘不誰何綰」，《漢書》作「不孰何」。韋注《國語》「彉弩注矢以誰何」。有單云「誰」者，如《五行志》：「大誰卒。」《易林》：「無敢誰者。」楊雄箴：「閽樂矯搜，戟者不誰。」《耤田賦》：「靡誰督而常勤。」有單云「何」者，如《廣雅》：「何，問也。」《賈誼傳》：「大譴大何。」从言，隹聲。示隹切，十五部。

諽 諽 飭也。作「飾」誤。諽與悈音義同。从言，革聲。讀若戒。古覈切，一部。一曰，更也。諽與革音義同。

讕 讕 抵讕也。抵，各本作「詆」，誤。《文三王傳》：「王陽病，抵讕置辭。」師古曰：「抵，距也。讕，誣諱也。」《文帝紀》韋注曰：「謾，抵讕也。」按，抵讕猶今俗語云抵賴也。从言，闌聲。洛干切，十四部。

譋 譋 讕或从閒。

診 診 視也。《倉公傳》「診脈」，視脈也。從言者，醫家先問而後切也。从言，㐱聲。直刃切，又之刃切，十二部。

䜐 䜐 悲聲也。斯，析也。澌，水索也。凡同聲多同義。鍇曰：「今謂馬悲鳴爲嘶。」从言，斯省聲。先稽切，十六部。按，《釋詁》：「鮮，善也。」釋文曰：「本或作䜐。」

訧 訧 罪也。《邶風》毛傳：「訧，過也。」亦作郵，《釋言》：「郵，過也。」亦作尤，《孟子》引《詩》：「畜君何尤。」从言，尤聲。羽求切，古音在一部。《周書》曰：「報以庶訧。」《吕刑》文。

誅 誅 討也。凡殺戮糾責皆是。从言，朱聲。陟輸切，四部。

討 討 治也。發其紛糾而治之曰討。《秦風》傳曰：「蒙，討羽也。」箋云：「蒙，尨也。討，襍也。畫襍羽之文於伐，故曰尨伐。」據鄭所言，則討者，亂也。治討曰討，猶治亂曰亂也。《論語》：「世叔討論之。」馬曰：「討，治也。」《學記》：「古之學者，比物醜類。」醜，或作討。凡言討論、探討，皆謂理其不齊者而齊之也。从言寸。寸，法也。或曰，從肘省聲。他晧切，古音在三部。

諳 諳 悉也。此與宷義同音近。从言，音聲。烏含切，七部。《玄應書》卷廿一云：「《説文》諳，於禁切，大聲也。」豈所據本異與。

讄 禱也。絫功德㠯求福也。讄、絫雙聲。按，讄，施於生者以求福；誄，施於死者以作謚。《論語》之「讄曰」，字當從畾。毛傳曰：「桑紀能誄。」㊶字當從耒。《周禮》六辭，鄭司農注二字已不分矣。《論語》云：「讄曰：禱尒于上下神祇。」《述而篇》文。从言，畾聲。按，本書無畾字，靁從雨象形作此。凡曰從畾聲者，皆從靁省聲也。力軌切，十五部。

⿰言纍 讄或从纍。《論語釋文》：「或云作⿰言纍。」

謚 行之迹也。《周書·謚法解》、《檀弓》《樂記》《表記》注皆云：「謚者，行之迹也。」謚、迹疊韵。从言，益聲。按，各本作「從言兮皿，闕。」此後人妄改也。攷《玄應書》引《説文》：「謚，行之迹也。從言，益聲。」《五經文字》曰：「謚，《説文》也。諡，《字林》也。《字林》以謚爲笑聲，音呼益反。」《廣韵》曰：「諡，《説文》作謚。」《六書故》曰：「唐本《説文》無諡，但有謚，行之迹也。」據此四者，《説文》從言益無疑矣。自吕忱改爲諡，唐宋之閒又或改爲謚，遂有改《説文》而依《字林》羼入「謚，笑皃」於部末者。然唐《開成石經》、宋一代書版皆作謚，不作諡，知徐鉉之書不能易天下是非之公也。近宗《説文》者不能攷知《説文》之舊，如汲古閣刊經典，依宋作謚矣，而覆改爲諡，可歎也。今正諡爲謚，而刪部末之「謚，笑皃」，學者可以撥雲霧而覩青天矣。神至切，古音在十六部。

誄 謚也。當云「所以爲謚也。」《曾子問》注曰：「誄，絫也。絫列生時行迹，讀之以作謚。」从言，耒聲。力軌切，十五部。

諱 忌也。鉉本「諱，誋也。」在誡、誋二字之下，淺人妄移也。鍇本廁此是矣，而忌作誋，仍誤。誋，誡也。忌，憎惡也。故諱與謚、誄爲類。从言，韋聲。許貴切，十五部。

謑 謑詬，二字今補。逗。恥也。《漢書·賈誼傳》：「頑鈍亡恥，奊詬亡節。」師古曰：「奊詬謂無志分也。」从言，奚聲。胡禮切，十六部。奚聲、圭聲同部，是以或作奊，或作⿰言奊也。

⿰言奊 謑或从奊。

詬 謑詬也。依全書例訂。从言，后聲。呼寇切，四部。

訽 詬或从句。后、句同部。

諜 軍中反閒也。《釋言》：「閒，俔也。」郭云：「《左傳》謂之諜，今之細作也。」按，《左傳》「諜輅之」「諜告曰：楚幕有烏」皆是。《大史公書》借爲牒札字。从言，枼聲。徒叶切，七部。

該 軍中約也。凡俗云當該者，皆本此。从言，亥聲。古哀切，一部。讀若心中滿該。該同餩，飽息也。詳口部噫下。

譯 傳四夷之語者。依李善、徐堅訂。《方言》：「譯，傳也。」《王制》曰：「東方曰寄，南方曰象，西方曰狄鞮，北方曰譯。」从言，睪聲。羊昔切，古音在五部。

訄 迫也。《廣雅》同。从言，九聲。讀又若丘。謂九聲，則讀如鳩矣，而又讀如丘也。今俗謂逼迫人有所爲曰訄，音正同丘。《廣韵》巨鳩、去鳩二切，三部。

譶 疾言也。从三言，讀若沓。《文選·琴賦》：「紛澀譶以流漫。」注：「澀譶，聲多也。徒合切。」《吴都賦》：「澀譶澩漻，交貿相競。」注引《倉頡篇》：「譶，言不止也。佇立切。」大徐引《唐韵》徒合切。

文二百四十七。七，宋本作五，小徐作六，於此可定謚字系後增。今删謚，則二百四十六㊷。 重三十二。毛本卅三，小徐本卅四。

誩 競言也。从二言。渠慶切，古音在十部。讀如彊。凡誩之屬皆从誩，讀若競。

譱 吉也。口部曰：「吉，譱也。」从誩芊。此與義美同意。我部曰：「義與善同意。」羊部曰：「美與善同意。」按，羊，祥也。故此三字從羊。常衍切，十四部。

善 篆文从言。據此，則譱爲古文可知矣。此亦上部之例，先古後篆也。譱字今惟見於《周禮》，他皆作善。

競 彊語也。競、彊疊韵。彊語謂相爭。从誩二人。從二人二言也。渠慶切，古音在十部。讀如彊。 一曰，逐也。別一義。

讟 痛怨也。《方言》：「讟，謗也。」「讟，痛也。」二義相足。从誩，𧶠聲。徒谷切，三部。《春秋傳》曰：「民無怨讟。」《左傳·昭元年》曰：「民無謗讟。」八年曰：「怨讟動於民。」疑相涉而誤。

文四。 重一。

音 聲生於心，有節於外，謂之音。十一字一句。各本聲下衍「也」字。《樂記》曰：「聲成文謂之音。」宮、商、角、徵、羽，聲也。宋本無「也」。絲、竹、金、石、匏、土、革、木，音也。从言含一。有節之意也。於今切，七部。凡音之屬皆从音。

響 聲也。渾言之也。《天文志》曰：「鄉之應聲。」析言之也。鄉者，假借字。按，《玉篇》曰：「響，應聲也。」从音，鄉聲。許兩切，十部。

韽 下徹聲。《周禮·典同》曰：「微聲韽。」此葢賈侍中《周官解故》說。杜子春、鄭康成說各異。从音，酓聲。恩甘切，古音在七部。

韶 虞舜樂也。《樂記》曰：「韶，繼也。」《公羊》疏引宋鈞注《樂》說云：「簫之言肅，舜時民樂其肅敬而紹堯道，故謂之簫韶。」按，韶字葢舜時始製。《書》曰：書上當有虞字，誤衍於上句。「簫韶九成，鳳皇來儀。」《咎繇謨》文。从音，召聲。市招切，二部。或作「招」，《周禮》作「磬」，皆假借。

章 樂竟爲一章。歌所止曰章。从音十。會意。諸良切，十部。十，數之終也。説從十之意。

竟 樂曲盡爲竟。曲之所止也。引伸之，凡事之所止，土地之所止，皆曰竟。毛傳曰：「疆，竟也。」俗別製境字，非。从音儿。此猶章從音十會意。儿在人下，猶十爲數終也。故竟不入儿部。居慶切，古音在十部。讀如疆。

文六。

辛 辠也。辠，犯法也。从干二，會意。二，古文上字。干上是犯法也。凡辛之屬皆从辛。讀若愆。去虔切，十四部。《廣韵》曰：「辛，古文愆。」張林説。

童 男有辠曰奴，奴曰童。女曰妾。女部曰：「奴婢皆古之辠人也。」偁《周禮》：「其奴男子入于辠隸，女子入于舂槀。」从辛，重省聲。徒紅切，九部。今人童僕字作「僮」，以此爲僮子字，葢經典皆漢以後所改。

童 籀文童。中與竊中同从廿。句。廿，逗。㠯爲古文疾字。當作「古文以爲疾字」。廿本「二十并」也，古文假爲疾字，此亦不同音之假借也。竊字下曰：「廿，古文疾。」則不言「以爲」。童從疾者，亦取有辠之意。

妾 有辠女子，給事之得接於君者。十二字一句。妾、接疊韵。有罪女子給事，若《周禮》女酒、女漿、女籩、女醢、女醯、女鹽、女冪、女祝、女史、内司服、女御、縫人、女御、女工、女舂抌、女饎、女槀各若干人，各有奚若干人是也。鄭注：「女酒，女奴曉酒者。」古者從坐男女，没入縣官爲奴，其少才知以爲奚，今之侍史官婢或曰奚官女。云得接於君者，如内司服、縫人，皆有女御。鄭云：「有女御者，以衣服進，或當於王，廣其禮使無色過」是也。奚，女部作媄。从辛女。辛女者，有罪之女也。七接切，八部。《春秋傳》云：「女爲人妾。」傳字今補。《左傳・僖十七年》：「卜招父曰：男爲人臣，女爲人妾。」越王句踐亦云：「身請爲臣，妻請爲妾。」妾，逗。不娉也。此釋《左傳》妾字之義，別於上文有罪女子之得接者也。《内則》曰：「聘則爲妻，奔則爲妾。」不必有罪，故云爾。此與釋《尚書》「𠔀席」、「曰圛」一例。

文三。　重一。

丵 叢生艸也。象丵嶽相並出也。謂此象形字也。丵、嶽疊韵，字或作族嶽。吴語不經見者謂丵嶽。凡丵之屬皆从丵。讀若浞。士角切，三部。

業 大版也。見《釋器》。所㠯飾縣鐘鼓。捷業如鋸齒，㠯白畫之。《周頌》傳曰：「業，大版也，所以設栒爲縣也，捷業如鋸齒，或曰畫之。植者爲虡，横者爲栒。」《大雅》箋云：「虡也，栒也，所以縣鐘鼓也。設大版於上，刻畫以爲飾。」按，栒以縣鐘鼓，業以覆栒爲飾，其形刻之捷業然如鋸齒，又以白畫之，分明可觀，故此大版名曰業。業之爲言𪗴也。許説本毛，毛傳「或曰畫之」，或曰二字乃「以白」二字之譌，未有正其誤者。凡程功積事言業者，如版上之刻，往往可計數也。象其鉏鋙相承也。从丵，鉏鋙相承，謂捷業如鋸齒也。象之故從丵。从巾，巾象版。巾版皆方正，丵巾會意也。魚怯切，八部。俗作㸁。《詩》曰：「巨業維樅。」《大雅》文。今《詩》作虡。《上林賦》虡作鉅，許作巨，葢《三家詩》巨與鉅同也。《墨子·貴義》曰：「鉅者，白也。黔者，黑也。」鉅業者，葢謂以白畫之與？

古文業。字形未詳其意。

叢 聚也。於疊韵得之。从丵，取聲。徂紅切。按，古音在四部。《左傳·僖三十年》「取郜婁」，《公羊》作「鄹」。亦作「䕺」㊸。

對 譍無方也。《聘禮》注曰：「對，荅問也。」按，對荅古通用。云「譍無方」者，所謂善待問者如撞鐘，叩以大者則大鳴，叩以小者則小鳴也。無方，故從丵口。从丵口，从寸。寸，法度也。丵口而一歸於法度也。都隊切，十五部。

對 對或从士。漢文帝𠂎爲責對而面言，依《廣韵》訂。多非誠對，故去其口，𠂎從士也。鍇曰：「士，事也。取事實也。」按，《篇》、《韵》皆作土，未知孰是。趙氏明誠曰：「攗古鐘鼎皆作對。」是漢文亦從古耳，非𠂎更也。

文四。 重二。

菐 瀆菐也。瀆、菐疊韵字。瀆，煩瀆也。菐如《孟子》書之「僕僕」，趙云：「煩猥皃。」从丵，从廾。竦手也。音邛。廾亦聲。蒲沃切，三部。凡菐之屬皆从菐。

僕 給事者。《周禮》注曰：「僕，侍御於尊者之名。」然則大僕、戎僕，以及《易》之童僕，《詩》之臣僕，《左傳》「人有十等，僕第九，臺第十」皆是。《大雅》：「景命有僕。」毛傳：「僕，附也。」是其引伸之義也。《大雅》：「芃芃棫樸。」毛曰：「樸，枹木也。」《考工記》「樸屬」。此皆取附箸之義，字當作「僕」。《方言》作樸。从人菐。人之供煩辱者也。菐亦聲。蒲沃切，三部。

⿰臣菐 古文从臣。

⿱八菐 賦事也。賦者，布也。《魯語》曰：「社而賦事，蒸而獻功。」从菐八。以煩辱之事分責之人也。八，逗。分之也。釋從八之意。八亦聲。讀若頒。按，八古音如必，平聲如賓，在十二部。音轉乃入十三部，讀如頒者，如頒首之頒也。再轉入十四部，讀布還切矣。一曰，讀若非。《周禮》：「匪頒之式。」先鄭云：「匪，分也。」凡從非之字皆有分背之意。讀頒、又讀非者，十三、十四部與十五部合韵之理。《玉篇》敷尾切。

文三。 重一。

𠬞 竦手也。竦，敬也。从𠂇又。按，此字謂竦其兩手，以有所奉也。故下云「奉，承也。」手部曰：「承，奉也。受也。」《五經文字》其恭反，《九經字樣》音邛，《廣韵》引《說文》居竦切。以菐從廾聲求之，古音在三部。凡廾之屬皆从廾。

𢪙 楊雄說：𠬞从兩手。蓋《訓纂篇》如此作。古文𢪙從二手，此以古文𢪙爲𠬞也。

奉 承也。手部曰：「承，奉也。受也。」从手廾，從手𠂇又雙引也。丰聲。扶隴切，九部。

丞 翊也。翊當作「翼」，俗書以翊爲翼，翼猶輔也。哀十八年《左傳》曰：「使帥師而行，請承。」杜曰：「承，佐也。」承者，丞之假借。《文王世子》引《記》曰：「虞夏商周有師保，有疑丞。」《百官公卿表》「丞相」，應劭曰：「丞者，承也。相者，助也。」按，漢凡官多有丞者，皆以輔之。从廾，从卪，从山。四字當作「從𡴀」二字。山部曰：「𡴀，高山之節。」山高，逗。山高謂𡴀也。奉承之義。義，當作「意」，字之誤也。凡高者在上，必竦手以承之。丞、承疊韵。署陵切，六部。

奐 取奐也。未聞。一曰，大也。《大雅》：「伴奐爾游矣。」毛曰：「伴奐，廣大有文章也。」《檀弓》：「美哉輪焉，美哉奐焉。」注：「輪，輪囷，言高大。奐言衆多。」从廾，夐省聲。鉉本去聲字，而爲之說，不知古音故也。呼貫切，十四部。

弇 蓋也。《釋言》曰：「弇，同也。弇，蓋也。」此與「奄，覆也」音義同。《釋器》曰：「圜弇上謂之鼒。」謂斂其上，不全蓋也。《周禮》說鐘「弇聲鬱」，弇謂中央寬也。从廾，合聲。廾、合，鍇誤倒。古南切，又一儉切，七部。皿部有盦字，蓋弇之別體，後人所增也。

⿱穴廾 依《玉篇》、《類篇》作，毛刻初印本同。古文弇。

𢍃 引繒也。《篇》、《韵》此字皆作睪，非也。睪與𢍃不得合爲一字。各本「引給也」，不可通。惟《廣韵》作「引繒皃」，似是隨唐相傳《說文》古本。引繒而長之，蓋作僞之事，與「斁，解也」「殬，敗也。」音義相通。或曰當作「引給」，給，絲勞也。从廾，睪聲。羊益切，古音在五部。

𢍏 舉也。从廾，甶聲。各本作「由聲」，誤。或從鬼頭之甶，亦非也。此從東楚名缶之甶。故《左傳》作𢍏，今《左》作「惎」。系部綥從𢍏聲，或字作綦。甶聲、其聲皆在一部也。《春秋傳》曰：「晉人或以廣隊，楚人𢍏之。」《左傳·宣十二年》文。今傳𢍏作「惎」。黃顥說：廣車陷，楚人爲舉之。此許偁古本古說。杜本作惎，云：「惎，教也。」杜林㠯爲麒麟字。謂杜伯山謂𢍏爲麒字也。《廣韵·七志》曰：「𢍏，《說文》音其。」是也。蓋《蒼頡訓纂》、《蒼頡故》二篇中語。綥可作綦，則麒可作𢍏，其理一也。麟當作麐。

异 舉也。从廾。㠯聲。羊吏切，一部。按，篆從㠯，隸作异，不合。疑篆隸皆從己而誤也。《虞書》曰：《虞書》當作《唐書》。「嶽曰异哉。」《堯典》文。釋文曰：「鄭音異。」於其音求其義，謂四嶽聞堯言，驚愕而曰「異哉」也。謂异爲異之假借也。

弄　玩也。玉部曰：「玩，弄也。」《小雅》：「載弄之璋。」《左傳》曰：「弱不好弄。」又曰：「君以弄馬之故。」《國語》曰：「還弄吳國於股掌之上。」从廾玉。盧貢切，九部。

𢍏　兩手盛也。从廾，𠔉聲。余六切，三部。《廣韵》曰：「《説文》音匊。」

𢍰　摶飯也。𢍰、摶疊韵。《曲禮》：「毋摶飯。」从廾，釆聲。釆，古文辨字。釆下云：「辨别也。」此云「釆，古文辨」，互相足。讀若書卷。俱券切，十四部。

𢍭　持弩拊。凡弓刀把処皆曰拊。今《攷工記·弓人》作「柎」，从木。从廾，肉聲。按，肉聲故讀如逵。逵古音同仇。足部跡，頁部頯，皆讀如仇也。小徐云：「肉非聲。」大徐徑删「聲」字，誤矣。古音在三部，今渠追切。讀若逵。

戒　警也。言部曰：「警，戒也。」从廾戈。會意。居拜切，十五部。持戈以戒不虞。説從戈之意。

兵　械也。械者，器之緫名。器曰兵，用器之人亦曰兵。下文云：「從廾持斤。」則製字兵與戒同意也。从廾持斤，并力之皃。補明切，古音在十部。

𠊧　古文兵从人廾干。干與斤皆兵器。

𢍮　籒文兵。

龔　慤也。心部曰：「慤，謹也。」此與心部恭音義同。从廾，龍聲。紀庸切，九部。按，紀庸似從廾得聲，未詳。

弈　圍棊也。从廾，亦聲。羊益切，古音在五部。《論語》曰：「不有博弈者乎。」《陽貨篇》文。博，《説文》作「簙」。

具　共置也。共、供古今字。當從人部作供。从廾，貝省。會意。其遇切，古音在四部。古㠯貝爲貨。説從貝之意。

文十七。　重四。

𠬜　引也。《上林賦》：「仰𠬜橑而捫天。」晉灼曰：「𠬜，古攀字。」按，今字皆用攀，則𠬜爲古字，𠬜亦小篆也。从反廾。象引物於外，普班切，十四部。凡𠬜之屬皆从𠬜。

攀　𠬜或从手，从樊。樊，聲也。今作「攀」。《公羊傳》作「扳」。

樊　騺不行也。騺，各本譌鷙。馬部曰：「騺，馬重皃。」騺不行，沈滯不行也。《毛詩》：「折柳樊圃。」借爲棥字。《莊子》：「澤雉畜乎樊中。」樊，籠也。亦是不行意。从𠬜棥。會意。棥亦聲。附袁切，十四部。

𦦟　樊也。此與手部攣音義皆同。《玉篇》云：「攣，𦦟也。」从𠬜，䜌聲。呂員切，十四部。

文三。　重一。

共 同也。从廿廾。廿，二十也。二十人皆竦手，是爲同也。渠用切，九部。《周禮》、《尚書》供給、供奉字，皆借共字爲之。衛包盡改《尚書》之共爲恭，非也。《釋詁》：「供、峙、共，具也。」郭云：「皆謂備具。」此古以共爲供之理也。《尚書》、《毛詩》、《史記》恭敬字皆作恭，不作共。《漢石經》之存者《無逸》一篇中「徽柔懿共」、「惟正之共」皆作共，「嚴恭寅畏」作恭，此可以知古之字例矣。《毛詩》、「温温恭人」、「敬恭明祀」、「温恭朝夕」皆不作共。「靖共爾位」，箋云：「共，具也。」則非恭字也。「虔共爾位」，箋云：「古之恭字，或作共。」云「或」，則僅見之事也。《史記》恭敬字亦無作共者。凡共之屬皆从共。

古文共。體從小徐本，按[古文]有順從之象，[古文]有睽異之象，《古文四聲韵》引《説文》誤以[古文]爲共。

龔 給也。糸部曰：「給，相足也。」此與人部供音義同。今供行而龔廢矣。《尚書·甘誓》、《牧誓》「龔行天之罰」，謂奉行也。漢、魏、晉、唐引此，無不作龔，與供給義相近。衛包作恭，非也。《秦和鐘銘》「龔夤天命」，言奉敬天命也。从共，龍聲。俱容切，九部。按，俱容於共得聲，未詳。

文二　重一

異 分也。分之則有彼此之異。从廾畀。畀，予也。竦手而予人，則離異矣。羊吏切，一部。凡異之屬皆从異。

戴 分物得增益曰戴。《釋訓》曰：「蓁蓁、孽孽，戴也。」毛傳云：「蓁蓁，至盛皃。孽孽，盛飾。」是皆謂加多也。引伸之，凡加於上皆曰戴。如「土山戴石曰崔嵬」、「石山戴土曰砠」是也。又與載通用。言其上曰戴，言其下曰載也。《釋山》或本「石載土謂之崔嵬」、「土載石爲砠」，謂石載於土，土載於石，則與毛傳不異也。《周頌》「載弁俅俅」、《月令》「載青旂」，皆同戴。从異，𢦔聲。都代切，一部。

戴 籒文戴。弋聲、𢦔聲同在一部。蓋非从戈也。

文二　重一

舁 共舉也。从臼廾。謂有叉手者，有竦手者，皆共舉之人也。共舉則或休息更番，故有叉手者。凡舁之屬皆从舁。讀若余。以諸切，五部。

䙴 升高也。升之言登也。此與辵部遷揭音義同。从舁，囟聲。囟音信，䙴音遷，合音也。七然切，十四部。

𢍜 䙴或从卩。卩謂所登之階級也。《郊祀志》：「湯伐桀，欲䙴夏社，不可。」《地理志》：「《春秋經》曰：衛䙴于帝丘。」

䙴 古文䙴。

與 黨與也。黨當作「攩」，攩，朋群也。與當作「与」，与，賜予也。从舁与。會意。共舉而与之也。舁与皆亦聲。余吕切，五部。

舁 古文與。

興起也。《廣韵》曰：「盛也。舉也。善也。」《周禮》六詩，曰比，曰興。興者，託事於物。按，古無平去之别也。从舁同。會意。同，逗。此字補。同力也。説從同之意。虚陵切，六部。

文四。　重三。

臼叉手也。又部曰：「叉，手指相錯也。」此云「叉手」者，謂手指正相向也。从𦥑彐。此亦從ナ又而變之也。居玉切，三部。凡臼之屬皆从臼。

𦝫身中也。象人𦝫自臼之形，从臼。按各本篆作，「從臼」下，有「交省聲」三字，淺人所妄改也。今依《玉篇》、《九經字㨾》訂。顧氏、唐氏所據《説文》未誤也。《漢·地理志》「北地大𦝫縣」注：「一遥反」。上黨沾縣大𦝫谷，清漳水所出，《説文》、《水經注》作「大要谷」，今志誤爲䍜字矣。上象人首，下象人足，中象人𦝫，而自臼持之，故從臼。必從臼者，象形猶未顯，人多護惜其𦝫故也。於消切，二部。

要古文𦝫。按，今人變爲要，以爲要約、簡要字，於消，於笑切。

文二。　重一。

晨早昧爽也。日部曰：「早，晨也。昧爽，旦明也。」《文王世子》注曰：「早昧爽，擊鼓以召衆。」亦三字絫言之。《左傳·僖五年》正義解《説文》，謂夜將旦雞鳴時也。从臼辰，會意。辰，逗。時也。辰亦聲。食鄰切，十二部。丮夕爲夙，臼辰爲晨，皆同意。聖人以文字教天下之勤。凡晨之屬皆从晨。

農耕人也。各本無「人」字，今依《玄應書》卷十一補。《食貨志》：「四民有業，闢土植穀曰農。」《洪範》：「次三曰農用八政。」鄭云：「農讀爲醲。」易其字也。某氏因訓農爲厚矣。从晨，庶人明而動，晦而休，故從晨。囟聲。鍇曰：「當從凶，乃得聲。」玉裁按，此囟聲之誤。囟者，明也。

䢉籀文農从林。

𨑃古文農。

辳亦古文農。小徐從屮，大徐從林。夏竦曰：「農見古《尚書》。」

文二。　重三。

爨齊謂炊爨。各本謂下衍「之」字，今正。火部曰：「炊，爨也。」然則二字互相訓。《孟子》趙注曰：「爨，炊也。」「齊謂炊爨」者，齊人謂炊曰爨。古言謂則不言「曰」，如毛傳「婦人謂嫁歸」是也。《特牲》《少牢禮》注皆曰：「爨，竈也。」此因爨必於竈，故謂竈爲爨。《禮器》「燔柴於爨」同。《楚茨》傳曰：「爨，饔爨、廩爨也。」此謂竈。又曰：「踖踖，爨竈有容也。」此謂炊。𦥔象持甑，中似甑，臼持之，今本𦥔譌臼。冖爲竈口，廾推林内火。林，柴也。内同納。凡爨之屬皆从爨。七亂切，十四部。

籒文爨省。然則爨本古文也。

䰜 所㠯枝鬲者，从爨省，鬲省。渠容切，九部。

釁 血祭也。《周禮·大祝》注云：「隋釁，謂薦血也。凡血祭曰釁。」《孟子·梁惠王》趙注曰：「新鑄鐘，殺牲以血塗其釁郤，因以祭之曰釁。」《漢書·高帝紀》「釁鼓」，應劭曰：「釁，祭也。殺牲以血塗鼓釁呼爲釁。」呼同罅。按，凡言釁廟、釁鐘、釁鼓、釁寶鎮寶器、釁龜策、釁宗廟名器，皆同。以血塗之，因薦而祭之也。凡坼罅謂之釁，《方言》作亹，音問。以血血其坼罅亦曰釁。《樂記》作「衅」。象祭竈也。从爨省，祭竈亦血塗之，故從爨省，爨者，竈也。从酉，酉所㠯祭也。酉者，酒之省。从分，取血布散之意。分亦聲。分聲，故釁或爲薰。如《齊語》「三釁三浴」，或爲「三薰」。《呂覽》：「湯得伊尹，釁以犧豭。」《風俗通》作「熏以萑葦」。《漢書》「豫讓釁面吞炭」，顔云：「釁，熏也。」皆是也。釁又讀爲徽。如《周禮·女巫》《鬯人》注先鄭説是也㊹。分聲讀徽，此即煇旂入微韵之比。古音十三部，在問韵。今韵虛振切，非也。

文三。 重一。

附注：

① 參見《左傳·哀二十六年》「后庸」阮元《校勘記》及王念孫《讀書雜志·逸周書》「美女破舌」條。《説文解字讀》則引劉端臨説。

② 此及下文「今《説文》各本函下譌作『舌也』」，與马部函篆下段注所論不一致。段氏於七篇上已説明以此爲是。

③ 《檀弓》無此注，段氏記誤。

④ 《尚書·堯典》「若稽古帝堯」下正義引鄭玄：「訓稽爲同，訓古爲天。」

⑤ 見《陳風·東門之枌》「貽我握椒」句下，今本及各本箋多作「交情好也」，唯小字本與段氏引同。參阮元《校勘記》。

⑥ 「博」是「專」之誤。

⑦ 鄭注《大司樂》，見「興道諷頌言語」句下，「荅難」本作「荅述」。《雜記》注見「言而不語」句下，刻本爲「已」，已改正。

⑧ 漢東平王蒼上書引《詩·下武》「昭兹來許」作「昭哉來御」。見《後漢書·祭祀志下》注引《謝承書》。

⑨ 「五品不訓」，今《虞書·舜典》作「五品不遜」。「聞六律」一段，見《虞書·益稷》，段氏改「在始忽」爲「七始訓」，説見《古文尚書撰異》。

⑩ 「胥教悔」，「悔」是「誨」之誤。

⑪ 《經典釋文·論語》「之撰」條下：「鄭作僎，讀曰詮，詮之言善也。」與段氏引異。

⑫ 鄭箋「執訊」有二，《詩·皇矣》：「執訊連連。」箋：「訊，言也。」《詩·出車》：「執訊獲醜。」箋：「訊，問也。」

⑬ 「卌五」是卷次。見潘勗《册魏公九錫文》「制詔」下。

⑭ 注中「讀爲」，原作「讀如」，段氏謂當改，説見《周禮漢讀考》。

⑮「妹」,《離騷》王逸注作「姊」。《説文解字讀》謂《詩·桑扈》正義作「屈原之妹」是。

⑯當作「式吏切」。《廣韵》及徐鉉音皆如此。

⑰《洛誥》是《召誥》之誤。

⑱見《詩·行葦》「或歌或咢」句下,傳文原無「徒歌曰謡」四字。

⑲孫、郭語見邢疏引。「齊人」,當作「秦人」。

⑳見《車攻》。「不警」原作「不驚」,段氏據傳、箋校改。參《詩經小學》。

㉑「周弁」等六字,見《儀禮·士冠禮》,經文及鄭注,「吁」本皆作「昪」。

㉒《廣韵·七歌》:「誐,嘉善也。《詩》曰:誐以謐我。」未言引《説文》。

㉓「自部」是「攴部」之誤。

㉔段氏説詳《古文尚書撰異》。

㉕見《顔氏家訓·風操》。王利器集解引趙曦明曰:「俗本作于來反,今從宋本(作於來反)。」

㉖見《左傳·莊十八年》「不以禮假人」句下《正義》。

㉗《廣韵·六豪》作「聱,不省語也。又,哭不止悲。」與段氏引異。

㉘《漢書》用「謾」二十四次,檢之顔注未見引此韋注。此注見《史記·孝文本紀》二年三月索隱引。

㉙《方言》此條,「荆楚」原作「荆齊」,「齊晉」原作「秦晉」。《説文解字讀》録文不誤。

㉚見《大雅·蕩》。「祖」是「詛」之誤。

㉛「鬻」是「鬻」之誤。鬻、鬻《説文》未收,是後起字。

㉜「爪部」是「𠬪部」之誤。

㉝「綢繆」無相戾之義,疑是「紕繆」之誤,方與下文相接。鄭注《大傳》:「紕繆猶錯也。」錯即相戾。

㉞韋孟詩及顔注見《漢書·韋賢傳》。

㉟見《召旻》「皐皐訿訿」句下,今本毛传「窳」作「窳」,《説文》穴部窳下段注引亦作窳,然有疑辞。按窳是窳非,唐時《説文》当有「窳,嬾也」一条,今本脱之。參《召旻》句下阮元校勘記。

㊱此字與「隶」無涉,疑「隶,及也」是「逮,及也」之誤。《方言》:「逮,及也。」本書二篇辵部「逮,迨也」,亦是及義。

㊲見《晉書·沮渠蒙遜傳》。

㊳小徐引見《繫傳》「諆」下。然今《漢書·枚皐傳》作「詆娸」,《東方朔傳》等作「詆欺」,《漢書》無作「詆諆」之例。

㊴口部「嗞,嗟也。」段注:「嗟,言部作䜉。」此引作䜉,則嗟、䜉、䜉爲一字。

㊵《漢書·高后紀》及顔引鄧展注,皆作「誦言」。當改引《史記·吕后紀》及索隱。

㊶見《詩·定之方中》。「桑紀」是「喪紀」之誤。

㊷實爲二百四十四。

㊸「三十年」當作「三十三年」。今《公羊》傳文作「取叢」,疏云:「有作鄒字者。」

㊹此字先鄭于《女巫》無注,除《𨛭人》外,鄭司農此説又見《天府》「釁寶鎮及寶器」及《雞人》「凡祭祀面禳釁」下。

說文解字第三篇下

金壇段玉裁注

革革 獸皮治去其毛曰革。各本「獸皮治去其毛，革更之，象古文革之形。」文義、句讀皆不可通。今依《召南》《齊風》《大雅》、《周禮・掌皮》四疏訂正。革與鞹二字轉注。皮與革二字對文則分別，如「秋斂皮，冬斂革」是也；散文則通用，如《司裘》之皮車即革路，《詩・羔羊》傳「革猶皮也」是也。**革，更也。**二字雙聲。治去其毛，是更改之義。故引伸爲凡更新之用。《襍卦》傳曰：「革，去故也。」鄭注《易》曰：「革，改也。」《公羊傳》：「革取清者。」何曰：「革，更也。」《管子・輕重》：「革築室。」房注：「革，更也。」**象古文革之形。**凡字有依倣古文製爲小篆，非許言之猝不得其於六書居何等者，如革曰「象古文革之形」，弟曰「從古文之象」，民曰「從古文之象」，酉曰「象古文酉之形」是也。易臼爲ㄩ，蓋省煩爲簡耳。而或云「從卅，從囗，音韋，囗爲國邑，卅年而法更。」①此蓋楊承慶《字統》之肊說。古覈切，一部。**凡革之屬皆從革。**

革革 古文革從卋。上廿、下十，是三十也。**卋年爲一世，而道更也。**據此則革之本訓更，後以爲皮去毛之字。**臼聲。**臼，居玉切，在三部。革在一部，合音冣近。

鞹鞹 革也。各本作「去毛皮也」，今依《載驅》《韓奕》正義正。《大雅》傳云：「鞹，革也。」《論語》孔注云：「皮去毛曰鞹。」此恐人不省，詳言之。若《説文》革字下已注明，何庸辭費。**《論語》曰：「虎豹之鞹。」**《顔淵篇》文。**从革，郭聲。**苦郭切，五部。

靬靬 靬，此複舉字删之未盡者。**乾革也。**乾，古寒切。**武威有麗靬縣。**《地理志》：「張掖郡驪靬。」李奇曰：「音遲虔。」如淳曰：「靬音弓鞬。」《郡國志》驪靬亦屬張掖，許系之武威，未詳。**从革，干聲。**苦旰切，十四部。

⿰革各⿰革各 生革可㠯爲縷束也。《小雅》：「約之閣閣。」毛曰：「約，束也。閣閣猶歷歷也。」按，閣讀如絡。《秦風》「五楘」傳曰：「五束，歷録。」生革縷束曰⿰革各者，謂束之歷録也。**从革，各聲。**盧各切，五部。

鞄鞄 柔革工也。**从革，包聲。**蒲角切，古音在三部。**讀若朴。**朴在三部，合音冣近。劉昌宗音僕。**《周禮》曰：「柔皮之工鮑氏。」鮑即鞄也。**鮑、鞄字舊互譌，今正。《考工記》：「攻皮之工五，函、鮑、韗、韋、裘。」先鄭云：「鮑讀如鮑魚之鮑，書或爲鞄。《蒼頡篇》有鞄䩯。」②又「鮑人之事」，後鄭云：「鮑，故書或作鞄。」許云鮑即鞄者，謂《周禮》之鮑即《蒼頡篇》之鞄。鞄，正字；鮑，假借。𠫓部云：「《易》曰：突如其來如。不孝子突出，不容於内也。𠫓即《易》突字也。」謂𠫓正字，突假借。文意正相似。

韗韗 攻皮治鼓工也。《考工記》注：先鄭云「韗，書或爲鞠。皋陶，鼓木也。」後鄭云：「鞠者，以皋陶名官也。鞠則陶字，從革。」按，先後鄭韗、鞫兩存，許從韗不從鞫也。从革，軍聲。讀若運。先鄭云：「讀如曆運之運。」王問切，十三部。

韗　韗或從韋。今《周禮》如此作。釋文曰：「韗或作韗。」

鞣　耎也。耎同偄，弱也。从革柔，柔亦聲。耳由切。

靼　柔革也。柔當作鞣。上文云：「柔皮之工」，謂治之使柔。此云「柔革」，謂革之柔耎者也。从革，旦聲。旨熱切，十五部。旦聲在十四部，合音也。

䩢　古文靼从亶。

鞼　革繡也。《齊語》：「管子曰，輕罪贖以鞼盾一戟。」韋曰：「鞼盾，綴革，有文如繢也。」《後漢・烏桓傳》曰：「婦人能刺韋作文繡。」从革，貴聲。求位切，十五部。

鞶　大帶也。《易》曰：「或錫之鞶帶。」《訟》上九。男子帶鞶，婦人帶絲。鞶，革帶也，故字從革。《內則》曰：「男鞶革，女鞶絲。」注云：「鞶，小囊盛帨巾者。男用韋，女用繒。有飾緣之。則是鞶裂與《詩》云垂帶如厲，紀子帛名裂繻字雖今異，意實同。」按，《小雅》「垂帶而厲」，箋云：「而亦如也。而厲，如鞶厲也。鞶必垂厲以爲飾，厲字當作裂。」説與《禮記》注同。而毛傳云：「厲，帶之垂者。」《左傳》「鞶厲」，服云：「鞶，大帶也。」賈逵、杜預説同。虞翻注《易》亦云：「鞶帶，大帶。」皆與鄭異。葢鄭以大帶用素，天子諸侯大夫同，士用練，皆不用革也。大帶所以申束衣，革帶以佩玉佩及事佩之等，故《喪服》以要絰象大帶，又有絞帶象革帶也。《內則》云：「男鞶革，女鞶絲。」則鞶非大帶明矣。《周禮・巾車》疏引《易》注云：「鞶帶，佩鞶之帶。」此葢鄭注與《詩》、《禮》注同，而《內則》「施鞶袠」注云：「鞶，小囊也。鞶袠言施，爲箴管綫纊有之。」則鞶亦與鞶同類。从革，此鄭知非大帶也。般聲。薄官切，十四部。

鞏　㠯韋束也。《大雅》：「藐藐昊天，無不克鞏。」毛曰：「鞏，固也。」此引伸之義也。《易》曰：「鞏用黃牛之革。」《革》初九辭。王弼曰：「鞏，固也。」按，此與卦名之革相反而相成。从革，巩聲。居竦切，古音在三部。見《詩・瞻卬》。

鞔　履空也。小徐曰：「履空猶履𣪠也。」按，空、腔古今字。履腔如今人言鞵幫也。逋旁切。《吕氏春秋》曰：「南家工人也，爲鞔者也。」高曰：「鞔，履也。作履之工也。」高不云「履空」者，渾言之也。《三蒼》：「鞔，覆也。」《考工記》注：「飾車，謂革鞔輿也。」此鞔引伸之義。凡鞔皆如綴幫於底。从革，免聲。母官切，十四部。

靸　小兒履也。《急就篇》有靸，《釋名》曰：「靸，韋履深頭者之名也。」从革，及聲。穌合切，七部。

䩕　䩕角，逗。鞮屬。《方言》：「禪者謂之鞮，絲作之者謂之履，麻作之者謂之不借，麤者謂之屨，東北朝鮮洌水之間謂之鞮角，南楚江沔之閒總謂之䩕，西南梁益之閒或謂之屩，或謂之家。履其通語也。徐土邳圻之閒大䩕謂之鞮角。」按，末句郭注「今漆履有齒者」。顔注《急就篇》曰：「卬角形若今之木履，而下有齒。」《釋名》則曰：「仰角，屐上施履之名也。當仰履角舉足乃行也。」从革，卬聲。五剛切，十部。

鞮 革履也。《周禮釋文》云：「許慎曰：鞮，屨也。吕忱曰：鞮，革屨也。」與今本異。徐堅、玄應引與今本同。《曲禮》「鞮屨」注：「無絇之菲也。」《周禮·鞮鞻氏》注：「鞮鞻，四夷舞者所扉也。」《王制》「西方曰狄鞮」注：「鞮之爲言知也。」胡人履連脛謂之絡鞮。各本無此九字，《韵會》引有。《釋名》曰：「鞾本胡服，趙武靈王所服也。」③从革，是聲。都兮切，十六部。

䩡 鞮䩡沙也。謂鞮之名䩡沙者也。鞮角、䩡沙，皆漢人語，《廣雅》之「鞢䩡」也。鞢，古匣切；䩡音沙。「鞢䩡、𩍐釋、靸，履也」。《集韵》履與鞾同。《廣韵》：「鞢䩡、索釋，胡履也。」《釋名》：「𩍐釋，鞾之缺前壅者，胡中所名也。」从革，夾聲。古洽切，八部。

⿰革徙 鞮屬。从革，徙聲。所綺切，十六部。

鞵 生革鞮也。生革，各本作「革生」，今正。从革，奚聲。户佳切，十六部。

靪 補履下也。原思納履則踵決④，故履下可補也。今俗謂補綴曰「打補靪」，當作此字。从革，丁聲。當經切，十一部。

鞠 蹋鞠也。劉向《別録》曰：「蹵鞠者，傳言黄帝所作。或曰起戰國之時。蹋鞠，兵勢也。所以練武士、知有材也，皆因嬉戲而講練之。」《漢·藝文志》兵技巧十三家，有《蹵鞠》二十五篇。郭璞注《三蒼》云：「毛丸可蹋戲者曰鞠。」按，鞠居六、求六二切。《廣韵》曰：「今通謂之毬子。」巨鳩切，古今字也。从革，匊聲。三部。

⿱竹鞠 鞠或从簐。簐或字。

鞀 鞀，此複字删之未盡者。遼也。此「門，聞也」、「户，護也」、「鼓，郭也」、「琴，禁也」之例，以疊韵説其義也。遼者，謂遼遠必聞其音也。《周禮》注曰：「鼗如鼓而小，持其柄摇之，旁耳還自擊。」从革，召聲。徒刀切，二部。

鞉 鞀或从兆聲。

鼗 鞀或从鼓兆。

⿱殸召 籒文鞀，从殸召。《周禮》以爲鞀字。

⿰革冤 量物之⿰革冤。一曰，抒井⿰革冤。小徐曰：「抒井，今言淘井。⿰革冤，取泥之器。」玉裁按，依《説文》：「浚，抒也。」則小徐説是。依手部「抒，挹也」，則汲井亦可云抒井。缶部曰：「罋，汲缾也。」《春秋傳》言「具綆缶」，《周易》言「羸其缾」，是其物用缶久矣，而其始，用革也。古㠯革。謂此二者古皆用革，故從革。从革，冤聲。於袁切，十四部。

⿰革宛 ⿰革冤或从宛。宛者，下也。宛亦聲。

鞞 刀室也。刀部曰：「削，鞞也。」削、鞘古今字，音肖。

《小雅》《大雅》毛傳不同。說詳玉部。从革，𤰇聲。并頂切，古音當在十六部。支清多合韵，故今音入迥韵。

鞎 車革前曰鞎。《釋器》曰：「輿革前謂之鞎。」郭曰：「以韋鞔車軾。」按，李巡云：「輿革前，謂輿前以革爲車飾曰鞎。」不言軾。依毛傳，韋鞔軾自名鞃，不名鞎。疑李注是。从革，艮聲。戶恩切，十三部。

鞃 車軾中把也。各本無「中把」二字，《韵會》作「中靶」，靶字誤，今補正。《大雅》傳曰：「鞹，革也。鞃，軾中也。」此謂以去毛之皮鞔軾中人所凭處。《篇》、《韵》皆云：「軾中靶。」靶，轡革。不當以名軾。葢許本作「把」，而俗譌從革。「軾中把」者，人把持之處也。較毛多一字。从革，弘聲。丘弘切，六部。《詩》曰：「鞹鞃淺幭。」讀若穹。穹從穴，弓聲。弓古音讀如肱，故鞃亦作鞆，又作⿰革厷。

鞪 車軸束也。此與木部楘音同義近。楘謂輈束，鞪謂軸束，分析易明。而《小戎》音義曰：「楘本又作鞪。」《玉篇》亦曰：「鞪亦作楘，曲轅束也。」疑本一字。許書有楘無鞪，後人補之，又改輈爲軸。从革，敄聲。莫卜切，三部。

⿰革必 車束也。《考工記》：「天子圭中必。」注：「必讀如鹿車縪之縪，謂以組約其中央，爲執之以備失隊。」《方言》曰：「車下鉄，陳宋淮楚之閒謂之畢，大者謂之綦。」郭注云：「鹿車也。」按，鄭、郭云鹿車者，非小車財容一鹿之謂。《方言》曰：「縺車，趙魏之閒謂之轣轆車，東齊海岱之閒謂之道軌。」《廣雅》：「縺車謂之厤鹿。道軌謂之鹿車。」本《方言》。葢厤鹿即《毛詩》傳之歷録，鹿車即《周禮》注之鹿車。鹿車與歷鹿義同，皆於其圍繞命名也。糸部：「縪，止也。」古畢、必通用，故必、⿰革必、縪同，約圭與約車相類也。从革，必聲。毗必切，十二部。

⿰革爨 車衡三束也。當作「車句衡五束也」。《秦風》：「五楘梁輈。」毛曰：「小戎，兵車也。五，五束也。楘，歷録也。梁輈，輈上句衡也。一輈五束，束有歷録。」句衡謂轅也。故下文言轅不言衡。曲轅⿰革爨縛，直轅暈縛。曲轅，謂兵車、乘車、田車，皆小車也。直轅謂牛車，所謂大車也。小車人所乘，欲其安，故暢轂梁輈。大車任載而已，故短轂直轅。曲轅車畫飾。⿰革爨之言欑也，以革縛之，凡五，歷歷録録然。大鄭云：「駟車之轅率尺所一縛」是也。直轅車無飾。以革縛，不必五也。暈之言纂也，纂，約也。从革，爨聲。借官反，十四部。讀若《論語》「鑽燧」之鑽。見《陽貨篇》。按，火部無燧。

⿰革贊 ⿰革爨或从革贊。

⿰革旨 葢杠系也。葢杠，《考工記》謂之桯，桯讀如楹。系各本作絲，今正。系，係也。係，絜束也。絜束者，圍而束之。⿰革旨用革，故字從革。从革，旨聲。脂利切，十五部。

鞁 車駕具也。《晉語》：「吾兩鞁將絶，吾能止之。」韋曰：「鞁，靷也。」按，韋以《左傳》作靷，故以靷釋之。其實鞁所包者多，靷其大者。《封禪書》言：「雍五時，路車各一乘，駕被具。西時、畦時，禺車各一乘，禺馬四匹，駕被具。」被即鞁字也。鞁與糸部紴繡各物⑤。从革，皮聲。平祕切。按，當依《廣韻》平義切。古音在十七部。

鞥 鞥 轡鞥。轡鞥葢古語。轡亦名鞥也。从革，弇聲。烏合切，七部。讀若灊。此蒸登與侵覃合韻之理。一曰，龖頭繞者。龖，各本作龍，《玉篇》作籠。而《玉篇》有部龖下曰：「馬龖頭。」《吳都賦》云「軍龖」，則龖頭爲長，籠近之，龍非也。龖頭即羈也。繞，纏也。者，當作也。鞥之言罨也。

靶 靶 轡革也。《王褒傳》：「王良執靶。」音義：「或曰，靶音霸，謂轡也。」⑥《吳都賦》：「迴靶乎行邪睨。」劉曰：「靶，轡革也。」按，云「轡革」者，毛傳云：「革，轡首也。」从革，巴聲。必駕切，古音在五部。

𩏇 𩏇 箸亦鞥也。亦，鉉本作掖，非其物也。鍇作腋，俗字也。今正。亦，人之臂亦也。箸亦鞥，謂箸於馬兩亦之革也。箸亦，謂直者；當膺，謂橫者。鞥當作靶。《左傳》釋文、正義引皆作皮。作鞥，非也。《史記·禮書》「鮫韅」，徐曰：「韅者，當馬腋之革。」若《釋名》云：「橫經腹下。」杜注《左》云：「在背曰韅。」皆異說也。从革，顯聲。呼典切，十四部。按，古假顯爲之。《檀弓》子顯，公子縶也。盧氏植云：「古者名字相配，顯當作韅。」

靳 靳 當膺也。《左傳》曰：「吾從子，如驂之有靳。」杜曰：「靳，車中馬也。言己從書，如驂馬之隨靳也。」正義曰：「驂馬之首，當服馬之胸。胸上有靳，故云：我從子如驂當服之靳。」按，《左傳》：「晉車七百乘，韅、靷、鞅、靽。」杜曰：「在胸曰靷。」此正「在匈曰靳」之誤。以《秦風》傳「靳環」或作「靷環」證之，其誤正同矣。游環在服馬背上，驂馬外轡貫之，以止驂之出，故謂之靳環。靳者，驂馬止而不過之處，故引伸之義爲靳固。《左傳》：「宋公靳之。」吝其寵也。从革，斤聲。居近切，十三部。

䩞 䩞 驂具也。上二文當是服馬鞁具，此云驂具，互文見義也。从革，蚩聲。丑郢切，十一部。讀若騁蜃。按，虫部蚩讀若騁，則此蚩聲讀騁宜矣，不知何以多蜃字。騁蜃連文不可通，疑當爲「又讀若蜃」也。《廣韻·廿八獮》有蚩、鍇、䩞三字。

靷 靷 所目引軸者也。所以者字，依楊倞注《荀卿》補。凡許書所以字，淺人往往刪之。《秦風》毛傳曰：「靷，所以引也。」毛不言軸。許云軸，以箸明之。輈載於軸，兩靷亦係於軸。《左傳》：「兩靷將絶，吾能止之。」駕而乘材，兩靷皆絶。」此可見靷之任力幾與輈等。靷在輿下，而見於軓前，乃設環以續靷，而係諸衡。故《詩》云：「陰靷沃續。」孔沖遠云：「靷繫於陰版之上，令驂馬引之。」此非是。驂在服外，而後於服，與靷不正相當。且軓非能任力，不當係於軓也。許云「所以引軸」，説不可易。从革，引聲。余忍切，十二部。

𩌌 𩌌 籀文靷。

輨 輨 車鞁具也。从革，官聲。古滿切，十四部。

鞁 車鞁具也。从革，豆聲。田候切，四部。

靬 鞃内環靼也。鞃，各本譌「鞃」，今依《玉篇》。環靼者，環之以靼。从革，亏聲。羽俱切，五部。

轉 車下索也。《釋名》：「縛在車下，與輿相連縛也。」當作「轉在車下」。从革，専聲。補各切，五部。

鞥 車具也。从革，奄聲。烏合切，八部。

韈 車具也。从革，𠭯聲。陟劣切，十五部。

鞌 馬鞁具也。此爲跨馬設也。《左傳》「趙旃以良馬二，濟其兄與叔父」，「左師展將以公乘馬而歸」，三代時非無跨馬者矣。《春秋經》有鞌字。从革，安聲。烏寒切，十四部。

鞇 鞌毳飾也。毳，獸細毛也。从革，茸聲。而隴切，九部。《玄應》曰：「《三蒼》而用切。」

鞊 鞌飾。《篇》、《韵》皆曰「鞌鞊」。从革，占聲。他叶切，七部。

鞈 防汗也。此當作「所以防捍也」，轉寫奪誤。巾部曰：「幩，馬纏鑣扇汗也。」與此無涉。《篇》、《韵》皆曰「防捍」，是。相傳古本捍亦作扞，故譌汗。《荀卿》曰：「犀兕鮫革，鞈如金石。」《管子》：「輕罪入蘭盾鞈革二戟。」注曰：「鞈革，重革。當心箸之，可以禦矢。」鼂錯曰：「匈奴之革笥、木薦弗能支。」孟康曰：「革笥，以皮作，如鎧者被之。木薦，以木版作，如楯。一曰，革笥若楯，木薦之以當人心也。」此皆防捍之説。鍇曰：「今胡人扜胥也。」知鍇本故作扞。从革，合聲。當云「从革合，合亦聲」。古洽切，七部。按，鼓部「鞈，古文鼙」，而此作小篆，訓防扞，與上文鞌、鞇、鞊，下文勒，皆爲馬具者不相貫。鍇本篆體作鞈，獨從古文革，則恐好事者增之，仍从鼓部偏旁耳。

勒 馬頭落銜也。落、絡古今字。糸部繯下云：「落也。」知許之不作絡矣。《釋名》：「勒，絡也。絡其頭而引之。」按，网部「羈，馬落頭也。」金部「銜，馬勒口中。」此云「落銜」者，謂落其頭而銜其口，可控制也。引伸之，爲抑勒之義。又爲物勒工名之義。《廣韵》云：「石虎諱勒，呼馬勒爲轡。」此名之不正也。《爾雅》：「轡首謂之革。」革即勒之省。馬絡頭者，轡所係也，故曰「轡首」。《毛詩》「鞗革」，皆當依古金石作「攸勒」、「鋚勒」。毛傳曰：「攸，轡首飾也。革，轡首也。」自來上句奪「首飾」二字，而莫得其解。从革，力聲。盧則切，一部。

鞙 大車縛軛靼。大車，牛車也。縛軛者，苞注《論語》云：「輗者，轅端横木，以縛枙者也。」皇曰：「古作牛車，先取一横木縛著兩轅頭，又別取曲木爲枙，縛著横木，以駕牛脰也。」然則軛縛於横木，横木縛於轅。縛於轅者，輗也。軛縛於輗用靼。鞙亦作䩭，《釋名》：「䩭，縣也。所以縣縛軛也。」从革，肙聲。狂沇切，十四部。

鞴 勒靼也。謂馬勒之靼也。勒在馬面，故從面。從革，面聲。此以形聲包會意。彌沇切，十四部。

靲 鞮也。鞮，革履也。《玉篇》靲下云：「靲，鞻也。」《周禮》「鞮鞻氏」，音義：「吕忱云：鞮者，革履也。鞻者，靲鞻。」按，鞮鞻，走部作「趧婁」，故革部無鞻。《字林》有鞻，釋之曰「靲鞻」，則靲字亦《字林》始有之。《説文》靲字，殆後人所增，不與鞕、鞮、鞅等爲伍。从革，今聲。巨今切，七部。《士喪禮》：「緊用靲。」注：「靲，竹簭也。」陸云：「其闇反。」按，鄭以爲紟字。紟者，係也。鬲與重，但當以竹簭係之，因謂簭爲紟。

鞬 所吕戢弓矢。《左傳》：「左執鞭弭，右屬櫜鞬。」杜曰：「櫜以受箭，鞬以受弓。」《方言》：「弓謂之鞬。」《釋名》：「受矢之器，馬上曰鞬。鞬，建也。言弓矢竝建立其中也。」《廣韵》曰：「馬上藏弓矢器。」从革，建聲。居言切，十四部。

韇 弓矢韇也。《方言》：「弓謂之鞬，或謂之皾丸。」《左傳》服注云：「冰，櫝丸蓋也。」《後書·南匈奴傳》⑦引《方言》「藏弓爲鞬，藏箭爲韇丸。」《廣雅》：「鞬，弓藏也。皾㚒，矢藏也。」皆與今《方言》異。按，絫呼之曰「韇丸」，單呼之曰「韇」。《士冠禮》：「筮人執筴抽上韇。」注：「韇，藏筴之器。今時藏弓矢者，謂之韇丸也。」亦疑《説文》本有「丸」，淺人删之。从革，賣聲。徒谷切，三部。

𩏂 緌也。疊韵。糸部曰：「緌，系冠纓也。」引伸凡垂者謂之緌。《廣雅》：「𩏂，謂之鞘。」鞘音梢。《玉篇》云「韋邊帶」是也。从革，巂聲。山垂切，十六部。

䩯 急也。雙聲。此亦「鼓，郭」，「琴，禁」之例。《廣韵》：「䩯，皮鞭皃。」按，䩯、鞭二字相屬，疑本作「鞭急也」，轉寫奪鞭。从革，亟聲。紀力切，一部。

鞭 毆也。毆，各本作「驅」，淺人改也，今正。毆上仍當有「所以」二字。《尚書》：「鞭作官刑。」《周禮·條狼氏》：「掌執鞭而趨辟。凡誓，執鞭以趨於前，且命之。」《司市》：「凡市入則胥執鞭度，守門。」《左傳》：「誅屨於徒人費，弗得，鞭之見血。」又：「公怒，鞭師曹三百。」皆謂鞭所以毆人之物，以之毆人亦曰鞭。經典之鞭，皆施於人，不謂施於馬。《曲禮》：「乘路馬，載鞭策。」《左傳》：「左執鞭弭，馬不出者助之鞭之。」皆是假借施人之用，爲施馬之偁，非若今人竟謂以杖馬之物杖人也。葢馬箠曰策，所以擊馬曰箠，以箠擊馬曰敕，本皆有正名，不曰鞭也。擊馬之箠用竹，毆人之鞭用革，故其字亦從竹、從革不同。自唐以下毆變爲歐，與驅同音，謂鞭爲捶馬之物，因改此毆爲驅，不知絶非字義。毆，捶擊物也。驅，馬馳也。从革，便聲。卑連切，十四部。

古文鞭。從亼攴。

鞅 頸靼也。《釋名》：「鞅，嬰也。喉下稱嬰，言嬰絡之也。」按，劉與許合。杜云「在腹曰鞅」，恐未然也。《小雅》「鞅掌」，毛曰：「失容也。」从革，央聲。於兩切，十部。

韄 佩刀系也。系，各本作「絲」，今正。此葢糸部所謂緌也。《廣韵》云：「佩刀飾。」《莊子音義》引《三蒼》云：「韄，佩刀靶韋也。」《莊子》「外韄内韄」，引伸之義也。李云：「縛也。」从革，蒦聲。乙白切，古音在五部。

䩞 馬尾䩞也。《方言》：「車紂，自關而東，周雒汝潁而東謂之緻，或謂之曲綯，或謂之曲綸。自關而西謂之紂。」糸部曰：「緧，馬紂也。紂，馬緧也。」《考工記》：「必緧其牛後。」鄭云：「關東謂紂爲緧。」按，䩞、鞫語相似，䩞蓋鞫之轉語。从革，它聲。徒何切，十七部。今之般緧。四字疑後人沾注。

䩓 繫牛脛也。繫當作系。从革，見聲。按，《篇》、《韵》皆呼結切，於見聲爲近，古音在十四部。鉉本作己彳切。

文五十九。宋本九作七。　重十一。

鬲 鼎屬也。《釋器》曰：「鼎，款足者謂之鬲。」實五觳，《考工記》：「陶人爲鬲，實五觳，厚半寸，脣寸。」斗二升曰觳。大鄭云：「觳受三豆。」後鄭云：「觳受斗二升。」按，《旊人》職云：「豆實三而成觳。」大鄭本之。今俗本譌爲「觳受三斗」，誤甚。許必言觳所受者，角部觳下無此義也。《魏三體石經》以鬲爲《大誥》「嗣無疆大歷服」之歷，同在十六部也。象腹交文三足。上象其口，㐅象腹交文，下象三足也。《考工記圖》曰：「款足。」按，款足，郭云「曲腳」，《漢·郊祀志》則云：「鼎空足曰鬲。」釋款爲空。郎激切，十六部。凡鬲之屬皆从鬲。

甌 鬲或从瓦。《楚世家》：楚武公曰：「居三代之傳器，登三翮六翼以高世主。」⑧小司馬曰：「翮亦作甌，同音歷。三翮六翼，謂九鼎。空足曰翮，翼即耳。事見《爾雅》。」按，翮者，甌之假借字。翼者，釴之假借。九鼎，款足者三，附耳於外者六也。《爾雅》曰：「鼎，款足謂之鬲，附耳外謂之釴。」

𤮍 《漢令》鬲，从瓦，厤聲。謂載於令甲、令乙之鬲字也。《樂浪挈令》織作「糹式」。

𩰲 三足鍑也。鍑，如釜而大口。《廣雅》：「𩰲，鬴也。」一曰，滫米器也。滫米猶淅米，淅之以得其泔也。从鬲，支聲。魚綺切，十六部。

鬹 三足鬴也。《廣雅》：「鬹，鬴也。」有柄喙。有柄可持，有喙可寫物。此其別於𩰲者也。讀若嬀。嬀，漢人已讀如規矣。从鬲，規聲。居隨切，十六部。

鬷 鬴屬。《廣雅》：「鐈，鬲鬷也。」《陳風》：「越以鬷邁。」《商頌》：「鬷假無言。」毛曰：「鬷，數也。」又曰：「鬷，總也。」數讀如數罟之數。數罟，《豳風》作「緵罟」，《魚麗》作「總罟」⑨，然則二傳皆謂鬷者，總之假借字也。从鬲，㚇聲。子紅切，九部。

𩰫 秦名土鬴曰𩰫。今俗作鍋。土釜者，出於匋也。从鬲，干聲。讀若過。古禾切，十七部。

鬵 大鬴也。《檜風》：「誰能亨魚，摡之釜鬵。」毛曰：「鬵，釜屬。」按，下文別一義。一曰，鼎大上小下若甑曰鬵。《釋器》：「鼎，絕大謂之鼐，圜弇上謂之鼒，附耳外謂之釴，款足者謂之鬲。䰝謂之鬵。鬵，鉹也。」按，此六句皆説鼎，故許以「鼎大上小下若甑」發明「甑謂之鬵」。金部云：「鉹，鬵鼎。」亦所以發明「鬵，鉹也。」釋《爾雅》者，尟通此矣。从鬲，兓聲。讀若岑。才林切，七部。

鬵 籒文鬵。從䰜。

䰝 鬵屬。从鬲，曾聲。按，此篆淺人妄增也。瓦部：「甑，甗也。甗，甑也。一穿。」䰝者，甑之或體耳。《爾雅音義》云：「䰝本或作甑。」《篇》、《韻》皆云甑、䰝同字，可知古本《說文》不分入鬲瓦二部。至《集韵》乃據徐鉉之書截然爲二字矣。

鬴 鍑屬也。升四曰豆，豆四曰區，區四曰鬴。从鬲，甫聲。扶雨切，五部。

釜 鬴或从金，父聲。今經典多作釜，惟《周禮》作鬴。

鬳 鬲屬。鬲，鼎屬也。从鬲，虍聲。牛建切，十四部。按，戴氏侗引唐本「虔省聲」，似是。然獻尊即犧尊，車轙亦作钀。歌元古通，魚歌古又通，虍聲即魚歌之合也。

融 炊气上出也。《釋詁》、毛傳、《方言》皆曰：「融，長也。」此其引伸之義也。通作「肜」。《思玄賦》：「展泄泄以肜肜。」《廣成頌》：「豐肜薱蔚。」从鬲，蟲省聲。以戎切，九部。

融 籒文融不省。

䰛 炊气皃。䀠部曰：「䀠，聲也。气出頭上。從䀠頁。」炊气亦上出，故從䀠。从鬲，䀠聲。舉形聲包會意。許嬌切，二部。

鬺 䰞也。鬺，亦作「鬺」，亦作「䰞」。《韓詩》：「于以鬺之，惟錡及釜。」《封禪書》：「禹收九牧之金，鑄九鼎，皆嘗亨鬺上帝鬼神。」亨鬺，《郊祀志》作「鬺亨」。亨，許兩切，謂煮而獻之上帝鬼神也。《毛詩》假「湘」爲之。毛曰：「湘，亨也。」从鬲，羊聲。式羊切，十部。

䰟 涫也。水部曰：「涫，䰟也。」今俗字涫作「滾」，䰟作「沸」，非也。《上林賦》曰：「湁潗鼎䰟。」嚴夫子《哀時命》曰：「氣涫䰟其若波。」从鬲，沸聲。芳未切，十五部。按，此當云「從水鬲，弗聲」，非畢沸字也。

文十三。按，䰝宜刪。　重五。

䰜 歷也。二字淺人妄增。此云「古文亦鬲字」，即介籒文大改古文之例，何取以《漢令》鬲爲訓釋乎？古文，亦鬲字，鬲䰜皆古文也。象孰飪五味气上出也。謂弜也。鬲、䰜本一字，鬲專象器形，故其屬多謂器；䰜兼象孰飪之气，故其屬皆謂孰飪。凡䰜之屬皆从䰜。

𩱖 鬻也。从䰜，侃聲。諸延切，十四部。按，此當去虔切。𩱖或作餰，猶愆作僁也。淺人謂即饘字，不分，故同切諸延耳。

餰 𩱖或从食衍聲。《荀卿書》：「酒醴餰鬻。」《內則》曰：「取稻米舉糔溲之，小切狼臅膏，以與稻米爲酏。」注：「此《周禮》酏食也。此酏當從餈。」《周禮・醢人》「酏食」注曰：「酏，餈也。」引《内則》「取稻米」云云，正作餈字。按，《襍問志》曰：「《内則》餈次糁，《周禮》酏次糁。酏在六飲中，不合在豆。且《内則》有餈無酏，《周禮》有酏無餈，明酏餈是一也。故破酏從餈也。」⑩據此則《内則》本作餈字，注中「此酏當從餈」，謂《周禮》此酏字當從《内則》作餈字，言「此酏」者，以別於六飲之酏也。今本《内則》作酏，淺人所改。

飦 鬻或从食，干聲。《孟子》曰：「飦粥之食。」趙曰：「飦，餍粥也。」餍同糜。

𩜹 鬻或从食，建聲。《韵會》引《左傳》注「饘於是，鬻於是」，今未詳所據。

鬻 𩜹也。从𩰲米。會意。之六切，三部。按，一音余六切，是以賣鬻字作此，賣之假借也。鉉本作「米聲，武悲切」，此因誤衍「聲」字而爲之切音，非真《唐韵》有武悲切也。《爾雅》「猶如麂」之猶，舍人本作「鬻」，異文同部，是可以定其非形聲矣。《廣韵》、《集韵》、《篆韵譜》脂韵内皆無鬻，《玉篇》云「《説文》又音糜」，《廣韵》云「《説文》本音糜」者，乃陳彭年輩誤用鉉本也。《玉篇》糜字，又麋之誤。《類篇》「怴皮切」之誤本此。鬻作粥者，俗字也。作鬻者，《樂記》假鬻爲育，而轉寫致譌也。

𩱐 𩜹也。《釋言》：「餬，饘也。」當作此字。今江蘇俗粉米麥爲粥曰餬。从𩰲，古聲。户吳切，五部。

𩱛 五味盉鬻也。皿部曰：「盉，調味也。」《内則》注曰：「凡羹齊宜五味之和，米屑之糁。」《晏子》曰：「和如羹焉，水火醯醢鹽梅以亨魚肉，宰夫和之，齊之以味，濟其不及，以泄其過。」凡魚肉必用菜，菜謂之芼。《儀禮》：「鉶芼牛藿羊苦豕薇。」芼及醯醢鹽梅，是之謂五味之和也。實於鉶謂之鉶羹，肉汁不和五味，謂之大羹。从𩰲，从羔。會意。凡從羔者，羔猶美也。古行切，古音在十部。《詩》曰：「亦有和鬻。」《商頌》文。鍇本鬻作「羹」。

䰢 鬻或省。

𩱗 或从美𩰲省。羔下從美，今各本作兩羔，非也。

羹 小篆从羔从美。此是小篆，則知上三字古文、籀文也。不先小篆者，此亦丄部之例。

𩱲 鼎實惟葦及蒲。此有奪。當云「鼎實也。《詩》云：其𩱲維何，維筍及蒲。」或曰：「筍」作「葦」者，《三家詩》也。《爾雅》「其萌蘿」，今蘆筍可食者也。按，《詩》「其殽維何，炰鼈鮮魚」，此謂鼎中肉也。「其蔌維何，維筍及蒲」，此謂鼎中菜也。菜謂之芼。《釋器》曰：「肉謂之羹，菜謂之蔌。」毛曰：「蔌，菜殽也。」菜殽對肉殽而言。凡《禮经》之藿、苦、薇，《昏義》之蘋、藻，二《南》之荇，皆是。《周易》「覆公餗」，鄭曰：「餗，菜也。」凡肉謂之醢，菜謂之菹，皆主謂生物實於豆者。肉謂之羹，菜謂之芼，皆主謂孰物實於鼎者。說詳戴先生《毛鄭詩考正》。陳畱謂𩜹爲𩱲。《周易》馬注：「餗，𩜹也。」按，鼎中有肉有菜有米，以米和羹曰糜。糜者，𩜹之類。故古訓或舉菜爲言，或舉米爲言，《正考父鼎銘》：「饘於是，鬻於是，以餬余口。」亦單舉米言也。許不以陳畱語爲別一義。鬻至𩱲共七文，皆謂鬻也。分別之，則有米和肉菜之鬻，有不和肉菜之鬻。从䰜，速聲。桑谷切，三部。

餗　鬻或从食束。束聲。

鬻　鬻也。疊韵。从䰜，毓聲。余六切，三部。按，此切余六，鬻切之六，本分別不同。後人以鬻之切爲鬻之切，而混誤日甚。

鬻　鬻或省从米。

鬻　涼州謂鬻爲鬻。按，此鬻鍇本作「糜」爲長。糜、鬻雙聲故也。从䰜，𥢶聲。莫結切，十五部。

粖　鬻或省从末。

鬻　粉餅也。《周禮》：「糗餌粉餈」，食部曰：「餈，稻餅也。」此曰「鬻，粉餅也。」蓋謂餈者，不粉之稻米爲餅；餌者，稻米粉之爲餅。文互相足。經云「糗餌」者，謂以熬米麥傅於餌；「粉餈」者，謂以他穀粉傅於餈。此許意與先、後鄭說異。小徐云：許說㝡精。又《內則》注：「餌，筋腱也。」又《莊子》「以五十犗爲餌」，餌，釣啗魚者。从䰜，耳聲。仍吏切，一部。

餌　鬻或从食耳。耳聲。

鬻　熬也。《爾雅音義》引「《三蒼》：熬也。《說文》：火乾物也。」與今本異。《玄應》再引與今本同。《方言》：「熬、聚、煎、僰、鞏，火乾也。秦晉之閒或謂之聚。」按，聚即鬻字，或作煼。《玄應》曰：「崔寔《四民月令》作炒，古文奇字作𤍽。」从䰜，芻聲。尺沼切，《廣韵》初爪切，古音在四部。

鬻　內肉及菜湯中薄出之。內，今之納字。薄，音博，迫也。納肉及菜於鬻湯中而迫出之，今俗所謂煠也。《玄應》曰：「江東謂瀹爲煠。」煠音助甲切。鬻，今字作瀹，亦作汋。《通俗文》曰：「以湯煑物曰瀹。」《廣雅》曰：「瀹，湯也。」孫炎說夏礿之義曰：「新菜可汋。」从䰜，翟聲。以勺切，古音在二部。

鬻　亯也。亯，普庚切。羹，鬻也。鬻下當云「羹也」。經傳用亯，用烹，乃羹之假借字耳。亯部曰：「獻也。」不訓鬻。从䰜，者聲。章與切，五部。按，惟《周禮》作鬻。

煮　鬻或从火。

鬻　鬻或从水。水在鬲中會意。

鬻　炊釜鬻溢也。炊，各本作「吹」，今從《類篇》。「釜鬻溢」，各本作「釜溢」，宋本作「聲沸」，今參合定爲「釜鬻溢」。今江蘇俗謂火盛水鬻溢出爲鋪出，鬻之轉語也，正當作鬻字。从䰜，孛聲。蒲没切，十五部。

文十三。　重十二。

爪　丮也。丮，持也。覆手曰爪。仰手曰掌，覆手曰爪。今人以此爲叉甲字，非是。叉甲字見又部。䖵部蚤字下云：「叉，古爪字。」非許語也。象形。側狡切，二部。凡爪之屬皆从爪。

孚 卵即孚也。即字依《玄應書》補。《通俗文》：「卵化曰孚。音方赴反。」《廣雅》：「孚，生也。」謂子出於卵也。《方言》：「雞卵伏而未孚。」於此可得孚之解矣。卵因伏而孚，學者因即呼伏爲孚。凡伏卵曰抱，房奧反。亦曰蓲，央富反。从爪子。鍇曰：「鳥裒恒以爪反覆其卵也。」按，反覆其卵者，恐煦嫗之不均。芳無切，古音在三部。一曰，信也。此即「卵即孚」引伸之義也。雞卵之必爲雞，鼂卵之必爲鼂，人言之信如是矣。

古文孚从禾。禾，古文保。保亦聲。古音孚、保同在三部。

爲 母猴也。《左傳》魯昭公子公爲亦稱公叔務人，《檀弓》作公叔禺人。由部曰：「禺，母猴屬也。」然則名爲字禺，所謂名字相應也。假借爲作爲之字，凡有所變化曰爲。其爲禽好爪，内部曰：「禽者，走獸揔名。」好爪，故其字從爪也。此下各本有「爪母猴象也」五字衍文。下腹爲母猴形。腹當作「復」，上既從爪矣，其下又全象母猴頭、目、身、足之形也。王育曰：爪象形也。此博異說。爪，衍文。王說全字象母猴形也。薳支切，古音在十七部。

古文爲。象兩母猴相對形。《左傳》：「仲子生，有文在其手，曰爲魯夫人。」手文必非若小篆爲、魯，蓋作此，容或相似也。

𠬞 亦丮也。亦者，亦上篆。此亦持也。从反爪。對覆手言。闕。謂闕其音也。其義其形皆可知，而其讀不傳，故曰闕。後人肊爲説曰「諸兩切」，蓋以覆手反之即是掌也。楊雄《河東賦》：「河靈矍踼，𠬞華蹈衰。」蘇林曰：「掌據之，足蹈之也。」三云「掌據之」，正合丮持之訓。而小顔云：「𠬞古掌字。」酈注《水經・河水篇》、李注《西京賦》皆引賦作掌⑪，則自蘇林已後皆讀掌也。許曰：「其於所不知，蓋闕如也。」何必許所闕而强爲之辭乎！𠬞之變爲仉，見《廣韵》⑫。

文四。 重二。

丮 持也。持，握也。象手有所丮據也。外象拳握形。凡丮之屬皆从丮。讀若戟。几劇切。按，《毛詩》戟與澤作韵，丮古音當在五部。

埶 穜也。《齊風》毛傳曰：「蓺猶樹也。」樹種義同。从丮坴。會意。土部曰：「坴，土塊坴坴也。」丮字今補。丮持穜之。説從丮之意。魚祭切，十五部。唐人樹埶字作蓺，六埶字作藝，説見《經典釋文》。然蓺、藝字皆不見於《説文》。周時六藝字，蓋亦作埶。儒者之於禮、樂、射、御、書、數，猶農者之樹埶也。又《説文》無勢字，蓋古用埶爲之。如《禮運》「在埶者去」是也。《詩》曰：「我埶黍稷。」《小雅》文。

孰 食飪也。飪，大孰也。可食之物大孰，則丮持食之。从丮𦎫。𦎫部曰：「𦎫，孰也。」此會意。各本衍「聲」字，非也。殊六切，三部。孰與誰雙聲，故一曰「誰也」。後人乃分別熟爲生熟，孰爲誰孰矣。曹憲曰：顧野王《玉篇》始有埶字。《易》曰：「孰飪。」《鼎》彖傳曰：「以木巽火，亯飪也。」許所據作「孰飪」。

𩟼　設飪也。飪，宋本作「食」。《玉篇》同⑬。《廣雅·釋言》曰：「𩟼，設也。」又《釋詁四》曰：「飢，詞也。」錢氏大昕定飢爲𩟼字之誤，古用爲發語之載也。如《石鼓詩》載作𩟼。从丮食，才聲。讀若載。作代切，一部。

巩　褱也。手部曰：「拲，攤也。攤，褱也。」从丮，工聲。居竦切，九部。

𢀜　巩或加手。又見手部。

谻　相踦谻也。踦，當作「掎」。谻，《玉篇》作「卻」。从丮，谷聲。其虐切，五部。

𢦒　擊踝也。从丮戈。疑奪「聲」字。讀若踝。胡瓦切，古音在十七部。

𠃨　亦持也。从反丮。此亦謂𠂇又手之別。闕。亦謂音讀不傳也。後人讀居玉切，此因毛傳云「拮据，㦸挶也。」丮讀如㦸，故反丮讀如挶。手部云：「挶，㦸持也。」不云𠃨挶同字，然則寧從蓋闕。

文八。　重一。

鬥　兩士相對，兵杖在後，象鬥之形。按，此非許語也。許之分部次弟，自云「據形系聯」。丮、𠃨在前部，故受之以鬥。然則當云「爭也。兩丮相對，象形。」謂兩人手持相對也。乃云「兩士相對，兵杖在後」，與前部說自相戾。且文從兩手，非兩士也。此必他家異說，淺人取而竄改許書。雖《孝經音義》引之⑭，未可信也。都豆切，四部。凡鬥之屬皆從鬥。

鬭　遇也。疊韻。凡今人云鬭接者，是遇之理也。《周語》：「穀雒鬭，將毀王宮。」謂二水本異道，而忽相接合爲一也。古凡鬭接用鬭字，鬥爭用鬥字，俗皆用鬭爲爭競，而鬥廢矣。从鬥，斲聲。都豆切，四部。

鬨　鬥也。舊作「鬭」，今正。从鬥，共聲。下降切，張鎰胡弄切，九部。《孟子》曰：「鄒與魯鬨。」《梁惠王篇》文。趙曰：「鬨，鬭聲也。猶構兵而鬭也。」劉熙曰：「鬨，構也。構兵以鬭也。」按，趙注長。《呂覽》：「崔杼之子相與私鬨。」高曰：「鬨，鬭也。鬨讀近鴻，緩氣言之。」⑮

䰗　經繆殺也。手部曰：「摎，縛殺也。」按，縛殺若今以一繩勒死。「經繆殺」若今絞罪，以二繩絞死，故從鬥。从鬥，翏聲。力求切。《玉篇》吉了、力求二切，三部。按，此恐即摎之或體，俗增之。上下文皆言鬥，中梗非其次也。

鬮　鬥取也。舊作「鬭」，今正。《廣韻》作「鬮取」。按，力取是此字本義，今人以爲拈鬮字，殆古藏彄之譌。《荆楚歲時記》注曰：藏彄之戲，《辛氏三秦記》以爲鉤弋夫人所起，「周處、成公綏竝作彄字，《藝經》庾闡則作鉤字，其事同也。」从鬥，龜聲。讀若三合繩糾。見丩部。古侯切，《廣韵》居求、居黝二切，三部。按，鬮古音如姬，漢人多讀如鳩，合音最近也。

⿵鬥爾 智少力劣也。《莊子》：「苶然疲役而不知其所歸。」郭云：「疲困苶然。」釋文：「乃結反。」按，苶者，⿵鬥爾之變也。諸韵書皆於薺韵作⿵鬥爾，屑怗韵作苶，是不知爲一字矣。从鬥，爾聲。奴禮切，十五、十六部。

⿵鬥賓 ⿵鬥賓⿵鬥燹，逗。鬥連結繽紛相牽也。舊作「⿵鬥分」，今正。繽，各本作「⿵鬥賓」。今按，許云「讀若繽」，則許時非無繽字也。《離騷》：「時繽紛其變易。」王曰：「繽紛，亂也。」⑯从鬥，賓省聲。讀若繽。繽，大徐作「賓」，淺人以糸部所無改之也。匹賓切，十二部。

⿵鬥燹 ⿵鬥賓⿵鬥燹也。从鬥，燹聲。按，此下當有「讀若紛」三字。撫文切，十三部。繽紛、⿵鬥賓⿵鬥燹，皆合二部疊韵。各本譌𢆉，今依全書通例正之。

鬩 恒訟也。恒，常也。故以小兒善訟會意。《詩》曰：「兄弟鬩于牆。」《小雅》文。《釋言》、毛傳皆曰：「鬩，很也。」孫炎云：「相很戾也。」李巡本作「恨」，非。鄭注《曲禮》，韋注《國語》可證。从鬥兒。會意。兒亦聲。許激切，十六部。兒，逗。善訟者也。說從兒之意。

⿵鬥戈 試力士錘也。錘，當作「縋」，以繩有所縣鎮也。下文云「讀若縣」，知正當作「縋」，錘非其義。葢轉寫失之。《呂氏春秋》云：「硾之以石。」硾，鎮也。然則作錘亦可。《左傳》曰：「主人縣布，堇父登之，及堞而絶之，隊。則又縣之，蘇而復上者三。」又曰：「子占使師夜縋而登。登者六十人，縋絶。」从鬥，从戈，或从戰省。當作「或曰從戰省聲」六字。讀若縣。胡畎切，十四部。

文十。

又 手也。象形。此即今之右字。不言「又手」者，本兼ナ又而言。以屮別之，而又專謂右。猶有古文《尚書》，而後有今文《尚書》之名；有《後漢書》，而後有《前漢書》之名；有《下曲禮》，而後有《上曲禮》之名也。又作右，而又爲更然之詞。《穀梁傳》曰：「又，有繼之辭也。」三指者，三岐象三指。手之列多略不過三也。以指記數者，或全用，或用三。略者，言其大略。于救切，古音在一部。凡又之屬皆从又。

右 助也。李燾本及《集韵》如是。今二徐本皆作「手口相助也。」从又口。按，又下曰厷、曰叉、曰㕚，自臂指言之，以又下象臂、上象指也，不當早厠從口之字。口部有此字，云：「助也。从口又。」主謂以口助手，不當入此謂手助口，宜删。

厷 臂上也。臂手上也。古假弓爲厷，二字古音同也。傳《易》者江東馯臂子弓，馯姓，臂名，子弓字。名臂，故字厷。《左》、《穀梁》郲黑肱，《公羊》作黑弓。鄭公孫黑肱，字伯張，則肱即弓也。从又，从古文厷。小篆以厶太古，故加又。古薨切，六部。

古文厷。象形。象曲肱。

肱　左或从肉⑰。今皆作此。

叉　手措相錯也⑱。謂手指與物相錯也。凡布指錯物閒而取之曰叉，因之凡岐頭皆曰叉。是以首笄曰叉，今字作釵。魚部鯿下云「大如叉股」。譙周《異物志》曰：「涪陵多大龜，其甲可以卜，其緣中叉，似瑇瑁，俗名曰靈叉。」劉逵注《蜀都賦》、常璩述《華陽國志》、郭璞注《爾雅》，皆用其語。「緣中叉」，謂緣可爲釵也。今《爾雅注》譌作「緣中文似瑇瑁，俗呼爲靈龜」，自賈公彥《周禮疏》所引已然矣。从又一，此字今補。象指閒有物也。象叉之形。初牙切，古音在十六部。

㕚　手足甲也。㕚、爪古今字。古作㕚，今用爪。《禮經》假借作蚤。《士喪禮》：「蚤揃如他日。」《士虞禮》：「浴沐櫛搔。」揃搔或爲蚤。《曲禮》：「大夫士去國不蚤鬋。」蚤皆即㕚字也。鄭注皆云「蚤讀爲爪」，讀爲者，易其字也。不易爲㕚，而易爲爪，於此可見漢人固以爪爲手足甲之字矣。《釋名》曰：「爪，紹也。筋極爲爪，紹續指端也。」亦不作㕚。从又，象㕚形。側狡切，古音在三部。

父　巨也。以疊韵釋之。家長率教者。率同達，先導也。經傳亦借父爲甫。从又舉杖。《學記》曰：「夏楚二物，收其威也。」故從又舉杖。扶雨切，五部。

叜　老也。疊韵。《方言》曰：「傁、艾、長，老也。東齊魯衛之閒凡尊老謂之傁，或謂之艾。」从又灾。鉉本作「從又從灾，闕。」按，此有義有音，則闕者謂「從又灾」之意不傳也。《玄應》曰：「又音手。手灾者，衰惡也。言脈之大候在於寸口，老人寸口脈衰，故從又從灾也。」此說葢有所受之。《韵會》引《說文》「從又灾。灾者，衰惡也。」葢古有此五字，而學者釋之。穌后切，三部。今字作「叟」，亦未聞其說。

籀文从寸。

傁　叜或从人。今《左傳》如此作。

燮　和也。見《釋詁》。从言又，會意也。言與手皆所以和之。炎聲。依小徐有「聲」字。穌叶切，八部。讀若溼。與今切音不同而雙聲。

籀文燮从羊。羊音飪。籀文燮如此作。按，此重文也，舊不分別出之，殊誤。炎部有燮字，云「大孰也。从炎，从又持辛。辛者，物孰味也。」《廣韵》謂此爲曹憲《文字指歸》之說。然則炎部葢本無燮字，俗用《文字指歸》說增之。因羊、辛相似，羊音同飪，飪義訓孰，遂依又部之籀文，加炎部之小篆，未爲典要。

曼　引也。《魯頌》毛傳曰：「曼，長也。」从又，冒聲。此以雙聲爲聲也。無販切，十四部。

㬰　伸也。依宋本。从又昌聲。失人切，十二部。昌，古文申。按，申部曰「□，古文申；昌，籀文申。」然則此古當作籀。

夬　分決也。《易》彖傳曰：「夬，決也。剛決柔也。」从又屮，象決形。鍇曰：「丨，物也。丨所以決之。」古賣切，十五部。

尹 治也。伊下曰：「尹治天下。」《廣韵》曰：「正也。進也。誠也。」从又丿。句。握事者也。又爲握，丿爲事。余準切，十三部。

古文尹。各本乖異，今姑從大徐。

𠭥 又卑也。各本作「又取」，今依《類篇》作「叉」、宋本作「卑」正。叉卑者，用手自高取下也。今俗語讀如渣。若手部云「𢹂者，以鉏物刺而取之也」。《方言》：「担，摣取也。南楚之閒，凡取物溝泥中謂之担，或謂之摣。」亦此字引伸之義。从又，虘聲。側加切，古音在五部。

𠭖 引也。从又，𠩺聲。里之切，一部。

㕞 飾也。飾，各本作「拭」，今依《五經文字》正。巾部曰：「飾，㕞也。」彼此互訓。手部無拭字，彡下云：「毛飾畫文也。」聿下云：「聿，飾也。」皆即今之拭字。獨於㕞下改「拭」，與全書矛盾矣。按，「拭圭」雖見《聘禮》，然必系俗改。古者拂拭字只用飾，以巾去其塵，故二字皆從巾。去塵而得光明，故引伸爲文飾之義。《司尊彝》「涗酌」，大鄭云：「涚拭勺而酌也。」拭，釋文作飾。㕞亦通用刷。刀部云：「《禮》有刷巾。」即㕞巾也。从又持巾在尸下。屋字下云：「尸象屋形。」所劣切，十五部。

及 逮也。辵部：「逮，及也。」从又人。及前人也。巨立切，七部。

古文及。句。秦刻石及如此。今載《史記》者，《琅邪臺刻石》云：「澤及牛馬。」《碣石刻石》云：「惠論功勞，賞及牛馬。」按，李斯作小篆，而刻石仍不廢古文也。

亦古文及。按，凡字從此。

亦古文及。左從辵，右蓋從筆。

秉 禾束也。《小雅》：「彼有遺秉。」毛云：「秉，把也。」《聘禮記》：「四秉曰筥。」注：「此秉謂刈禾盈手之秉也。」《左傳》：「或取一秉秆焉。」按，經傳假秉爲柄字。从又持禾。兵永切，古音在十部。

反 覆也。覆，𧟡也。从又必有覆之者。厂。各本作「厂反形」，未允。《韵會》無「反形」字。然則當云「厂聲」而奪也。厂，呼旱切。反，府遠切，十四部。

反 古文。

𠬝 治也。从又卪。卪，事之節。說从卪之意。房六切，古音在一部。

叏 滑也。《詩》云：「叏兮達兮。」今《鄭風》：「挑兮達兮。」辵部引亦作「挑」，毛云：「挑達，往來相見皃。」按，往來相見，即滑泰之意。達同泰。水部：「泰，滑也。」从又中。土刀切，古音蓋在三部。按，從中未詳其意，蓋從又、肯省聲。肯，幬帳之象，從冂，㞢其飾也。叏從肯省，而弢鼓字從之。云皆取垂飾意，則從叏亦即從肯也。叏、彂皆以肯爲聲，則謂肯苦江切者，非也。一曰，取也。別一義。

叡　楚人謂卜問吉凶曰叡。與祝雙聲。从又持祟。讀若贅。之芮切，十五部。

叔　拾也。《豳風》：「九月叔苴。」毛曰：「叔，拾也。」按，《釋名》：「仲父之弟曰叔父。叔，少也。」於其雙聲疊韵假借之。假借既久，而叔之本義鮮知之者，惟見於《毛詩》而已。从又，於此知拾爲本義也。尗聲。式竹切，三部。汝南名收芋爲叔。言此者，箸商周故言猶存於漢之汝南也。

村　叔或从寸。又、寸皆手也，故多互用。

𠬛　入水有所取也。从又在囘下。莫勃切，十五部。囘，古文回。回，淵水也。讀若沬。沬，各本作「沫」。沬，荒内切。凡未聲近於十三部，凡末聲近於十四部。𠬛之平音在十三部，故知必讀若沬也。《檀弓》：「瓦不成味。」鄭曰：「味當作沬。沬，靧也。」此沬亦荒内切，洒面也。恐人不了，故又以古今字釋之，云沬即今《内則》之靧字。謂瓦器之光澤如洒面然，今俗所謂釉也。釋文作沫，亡葛反，與此沬作沫同誤。

取　捕取也。辛部曰：「執，捕罪人也。」从又耳。七庾切，四部。《周禮》：「獲者取左耳。」《大司馬》職。《司馬法》曰：「載獻聝。」聝者，耳也。偁《周禮》，又偁《司馬法》釋之，以説從耳之意。

彗　埽竹也。从又持甡。甡，衆生竝立之皃。從甡者，取排比之意。祥歲切，十五部。

篲　彗或从竹。凡帚柔者用荊，施於淨處；剛者用竹，施於薉處。

⿱竹習　古文彗。从竹習。蓋七部、十五部合韵。

叚　借也。人部假云：「非真也。」此叚云「借也。」然則凡云「假借」，當作此字。古多借瑕爲叚，晉士文伯名匄，字伯瑕。楚陽匄，鄭駟乞皆字子瑕，古名字相應，則瑕即叚也。《禮記》公肩假，《古今人表》作公肩瑕。《左傳》：「瑕嘉平戎於王。」《周禮》注作「叚嘉」，皆同音叚借。闕。謂闕其形也。其從又可知，其餘則未解，故曰闕。古雅切，古音在五部。

⿱穴叚　古文叚。

叚　譚長説：叚如此。

友　同志爲友。《周禮》注曰：「同師曰朋，同志曰友。」从二又相交。二又，二人也。善兄弟曰友，亦取二人而如左右手也。云久切，三部。

丱丱　古文友。

習　亦古文友。未詳。

度　法制也。《論語》曰：「謹權量，審法度。」《中庸》曰：「非天子不制度，今天下車同軌。」古者五度：分、寸、尺、丈、引，謂之制。《周禮》：「出其淳制。」天子巡守禮制，幣丈八尺，純三咫⑲。純謂幅廣。从又，周制寸、尺、咫、尋、常、仞，皆以人之體爲法。寸法人手之寸口，咫法中婦人手長八寸，仞法伸臂一尋，皆於手取法，故從又。庚省聲。徒故切，五部。

文二十八。　重十六。今别出燮字，則十七。

𠂇 左手也。鉉本作「𠂇手也」，非。左，今之佐字。左部曰：「左，𠂇手相左也」是也。又手得𠂇手則不孤，故曰左助之手。象形。反又爲𠂇，故相戾曰𠂇。臧可切，十七部。俗以左右爲𠂇又字，乃以佐佑爲左右字。凡𠂇之屬皆从𠂇。

卑 賤也。執事者。从𠂇甲。古者尊又而卑𠂇，故從𠂇在甲下。甲象人頭。補移切，十六部。

文二。

史 記事者也。《玉藻》：「動則左史書之，言則右史書之。」不云記言者，以記事包之也。从又持中。中，正也。君舉必書，良史書法不隱。疏士切，一部。凡史之屬皆从史。

事 職也。疊韵。職，記微也。古假借爲士字。《鄭風》曰：「子不我思，豈無他事。」毛曰：「事，士也。」今本依傳改經，又依經改傳，而此傳不可通矣。从史，㞢省聲。鉏史切，一部。

叓 古文事。鍇曰：此則之不省。

文二。　重一。

支 去竹之枝也。从手持半竹。此於字形得其義也。章移切，十六部。凡支之屬皆从支。

古文支。上下各分竹之半，手在其中。

攲 持去也。支有持義，故持去之攲從支。宗廟宥座之器曰攲器。按，此攲當作攲。危部曰：「攲，攲䧢也。」竹部箸訓飯攲，此攲亦當作攲。箸必邪用之，故曰飯攲。《廣韵》：「攲，不正也。」《玉篇》曰：「攲，今作不正之攲。」从支，奇聲。去奇切。按，《廣韵》曰：「《說文》居宜切。」此本《音隱》。葢後人借爲攲，字從危，讀去奇切也。攲，奇聲，古在十七部；攲，支聲，古在十六部。

文二。　重一。

聿 手之疌巧也。从又，持巾。尼輒切，八部。凡聿之屬皆从聿。

肄 習也。从聿，𢑱聲。羊至切，十五部。

𦘼 籀文肄。此依小徐。右從聿，左從籀文𢑱也。

肆 篆文肄。按，此條先以古文，亦上部之例也。必先古文者，古文從聿，篆不從聿也。各本篆文右從聿，則何不以篆文居首哉？肆從隶，而隸作肆，肆亦同也。《類篇》不誤，今正。

矣，古文矢字，𠤕、疑二字從之。此亦從𠤕聲也。

肅 持事振敬也。《廣韵》：「恭也。敬也。戒也。進也。疾也。」按，訓進者，羞之假借。訓疾者，速之假借。皆見《禮》。从聿在𣶒上。會意。戰戰兢兢也。引《詩》說從𣶒之意也。息逐切，三部。

古文肅。从心卪。聖達節，次守節，下失節。故從卪。

文三。　重三。

所㠯書也。以，用也。聿者，所用書之物也。凡言所以者，視此。楚謂之聿，吳謂之不律，燕謂之弗。一語而聲字各異也。《釋器》曰：「不律謂之筆。」郭云：「蜀人呼筆爲不律也。語之變轉。」按，郭云蜀語，與許異。郭注《爾雅》、《方言》，皆不偁《說文》。弗同拂拭之拂。从聿一。各本作「一聲」，今正。此從聿而象所書之牘也。余律切，十五部。凡聿之屬皆从聿。

秦謂之筆。从聿竹。鄙密切，古音在十五部。

聿飾也。飾，今之拭字，㕞下詳之矣。彡下曰：「毛飾畫文也。象形。」謂以毛拭畫成文，彡象其文形也。𦘒者，筆之所拭文成彡形，故從聿、從彡。楚金以妝飾解之，繆矣。从聿，从彡。會意。俗語㠯書好爲𦘒。此別一義。今人所謂津津、亹亹者，蓋出此。歎羨其好，則口流盡液。音義皆與盡通。讀若𦘒也。將鄰切，十二部。

箸也。此「琴，禁」、「鼓，郭」之例，以疊韵釋之也。《敘目》曰：「箸於竹帛謂之書。書者，如也。」箸於竹帛，非筆末由矣。从聿，者聲。商魚切，五部。

文四。

介也。介，各本作「畍」，此不識字義者所改，今正。八部曰：「介，畫也。從八，從人。」人各有介。從聿，二字今補。象田四介，田之外，橫者二，直者二，今篆體省一橫，非也。聿所㠯畫之。說從聿之意。引伸爲繪畫之字。胡麥切，十六部。凡畫之屬皆从畫。

古文畫。古文從聿田。此依鍇本。

亦古文畫。依鍇本。按，刀部有劃字。

日之出入，與夜爲介。从畫省，从日。按，今篆體葢亦少一橫。陟救切，四部。

籀文晝。按，省下一橫者，至夜則日在下，未嘗息也。

文二。　重三。

及也。此與辵部逮音義皆同。逮專行而隶廢矣。从又，尾省。又持尾者，從後及之也。徒耐切，古音在十五部。凡隶之屬皆从隶。

及也。《釋言》、毛傳、《方言》皆曰：「迨，及也。」此與歺部殆音義皆同。殆，危也。危猶及也。从隶，枲聲。徒耐切，一部。《詩》曰：「隸天之未陰雨。」《豳風》文。今《詩》作「迨」，俗字也。

附箸也。附，當是本作坿，淺人改也。《周禮》注：「隸，給勞辱之役者。漢始置司隸，亦使將徒治道溝渠之役，後稍尊之，使主官府及近郊。」⑳《左傳》：「人有十等，輿臣隸。」按隸，與僕義同，皆訓坿箸，故從隶。**从隶，柰聲。**郎計切，十五部。

𨽿　篆文隸。从古文之體。按，此云篆文，則上古文也。先古後篆，亦丄部之例。但先古後篆，必古從隶，篆不從隶，乃合。各本隸、𨽿俱從隶，則何取爾？有以知篆文必非從隶矣。《九經字樣》云：「𨽿字故從又持米，從柰聲，又象人手。經典相承作隸已久，不可改正。」《玄應書》曰：「字從米，𣪠聲。」𣪠从又，從祟，音之絹切。考楊君《石門頌》、《王純碑》作𨽿，與《字樣》合。《魯峻碑》作𨽿，與《玄應》合。二人所謂，葢皆謂《說文》，而右旁皆作桼。《玄應》說似近是，葢即《說文》之篆文也。《說文》因小篆作𨽿，故不得先舉篆而系以古文。以其形與古文略相似也，故依革、弟、民、酉之例云「從古文之體」。至《玄應》乃說之曰「從米，𣪠聲」。𣪠，之芮切。從米，則唐玄度說以《周禮》曰：「奴，男子入于罪𨽿，女子入于舂稾。」

文三。　重一。

臤　堅也。从又，臣聲。謂握之固也，故從又。**凡臤之屬皆从臤。讀若鏗鎗。**謂讀同鏗也。鏗從堅聲，堅從臤聲，古音在十二部。今音鏗在耕韵，非也。臤，今音苦閑切。**古文㠯爲賢字。**凡言「古文以爲」者，皆言古文之假借也。例見屮部。《漢校官碑》：「親臤寶智。」又：「師臤作朋。」《國三老袁良碑》：「優臤之寵。」按，漢魏人用優賢字，皆本今文《般庚》「優賢揚歷」句，葢今文《般庚》固以臤爲賢也。

緊　纏絲急也。緊、急雙聲。此字別作「𥿮」。《玉篇》引「成公四年，鄭伯𥿮卒。」古千、古兩二切。考《左》作堅，《公》作臤，《穀》作賢，則別本作𥿮，切古千必矣。臣聲與臤聲一也，而顧書譌作「𥿮」。《釋名》云：「絹，𥿮也。其絲𥿮厚而疏也。」是其譌久矣。《集韵》養韵作「𥿮，舉兩切」，先韵作「𥿮，緊也。縪、堅同。經天切」。是宋時故有𥿮字，特丁度等不能用正𥿮之譌，又不知即是緊字耳。《春秋》鄭伯𥿮，釋文不載，考經字者所當知。**从臤，絲省。**糾忍切，十二部。

堅　土剛也。土字今補。《周禮・草人》：「騂剛用牛。」《九章筭術》：「穿地四，爲壤五，爲堅三。」引伸爲凡物之剛。如云「臤，堅也」是也。**从臤土。**按，緊、堅不入糸、土部者，說見句、丩部下。古賢切，十二部。

豎　豎立也。豎立謂豎固立之也。豎與尌音義同，而豎從臤，故知爲堅立。《周禮・內豎》鄭云：「豎，未冠者之官名。」葢未冠者才能自立，故名之豎，因以爲官名。豎之言孺也。**从臤，豆聲。**臣庾切，古音在四部。

𥪡　籀文豎从殳。

文四。　重一。

臣　牽也。以疊韵釋之。《春秋說》、《廣雅》皆曰：「臣，堅也。」《白虎通》曰：「臣者，繵也。屬志自堅固也。」**事君者，**者，各本作「也」，今正。象屈服之形。植鄰切，十二部。按，《論語音義》：「𢘑，植鄰切。古臣字。」陸時武后字未出也。武后埊、𢘑二字見《戰國策》，六朝俗字也。凡臣之屬皆从臣。

𦣞 乖也。从二臣相違。讀若誑。居況切，十部。按，夰部奰以爲聲。

臧 善也。《釋詁》、毛傳同。按，子郎、才郎二反，本無二字，凡物善者必隱於內也。以從艸之藏爲臧匿字，始於漢末，改易經典，不可從也。又贓私字，古亦用臧。从臣，戕聲。則郎切，十部。

𢧈 籒文。按，宋本及《集韵》、《類篇》皆從二，今本下從土，非。

文三。　重一。

殳 㠯杖殊人也。杖，各本作杸，依《太平御覽》正。云杖者，殳用積竹而無刃。毛傳：「殳長丈二而無刃」是也。殊，斷也。以杖殊人者，謂以杖隔遠之。《釋名》：「殳，殊也。有所撞挃於車上，使殊離也。」殳、殊同音，故謂之殳，猶以近窮遠謂之弓也。《周禮》：周字今補。下文所説，皆出於《周禮》也。殳㠯積竹，以積竹者，用積竹爲之。《漢書》：「昌邑王道買積竹杖。」文穎曰：「合竹作杖也。」竹部曰：「籚，積竹矛戟矜也。」木部曰：「欑，積竹杖也㉑。柲，欑也。」《考工記》注曰：「廬謂矛戟柄，竹欑柲。」凡戈矛柄皆積竹，而殳無金刃，故專積竹杖之名，廬人爲之。八觚，《考工記》注云：「凡矜八觚。」此無刃，亦八觚也。長丈二尺，建於兵車，《考工記》曰：「廬人爲廬器，殳長尋有四尺。車有六等之數，車軫四尺，戈崇於軫四尺，人崇於戈四尺，殳崇於人四尺，車戟崇於殳四尺，酋矛崇於戟四尺。」注云：「此所謂兵車也。殳、戟、矛皆插車輢。」旅賁㠯先驅。《周禮·旅賁氏》：「掌執戈盾，夾王車而趨。」蓋亦執殳矣。《詩》曰：「伯也執殳，爲王前驅。」从又，几聲。市朱切，古音在四部。凡殳之屬皆从殳。

祋 殳也。見毛傳。从殳，示聲。丁外切，十五部。或說：城郭市里高縣羊皮，有不當入而欲入者，暫下㠯驚牛馬曰祋。此別一義，祋與咄義同。《詩》曰：「何戈與祋。」《曹風》文。此證前一義。

杸 軍中士所持殳也。軍中士所持殳，不必皆用積竹，故字從木。从木殳。市朱切，古音在四部。《司馬法》曰：「執羽從杸。」從字依《廣韵》。

毄 相擊中也。《考工記》「毄兵同强」，兼戈戟殳言之。「和弓毄摩」，注：「毄，拂也。」手部曰：「拂，過擊也。」惟《記》文用此字本義。若《司門》：「祭祀之牛牲毄焉」，《校人》：「三皁爲毄，毄一馭夫，六毄爲廄，廄一僕夫」，皆假借爲系字，今之繫也。《易·毄辭》釋文作此字，故云「系也，字從毄。若直作毄下系者，音口奚反，非」。此謂繫乃《説文》繫縭字，《毄辭》不當作繫也。《漢書》景帝詔「農桑轂畜」，注：「食養之畜。」如車相𨌲，故从殳軎也。𨌲，本從手，今正。𨌲，車轄相擊也。轄亦𨌲字，車軸耑鍵也。軎，車軸耑也。殳，可用擊之物，故從殳軎，取意於車相𨌲也。古歷反，十六部。

㱿 從上擊下也。從上擊下，正中其物，確然有聲。从殳，肯聲。苦角切，三部。凡⿱㱿木、⿱㱿木、⿱㱿車字以爲聲。大小徐皆云：「青，口江切。」今《廣韻・四江》無，㱿在三部，則肯古音亦在三部可知。音轉讀如韜，土刀切。一曰，素也。素謂物之質，如土坏也。今人用腔字，《説文》多作空。空與㱿義同。俗作殼，或作㲉。吴會閒音哭，卵外堅也。

炈 下擊上也。《廣雅》四曰：「炈，禁也。」㉒謂禁上使不得下也。从殳，冘聲。知朕切，八部。

豛 繇擊也。繇，《説文》作䌛，隨從也。《説文》無遙字，此即其遙字。繇擊者，遠而擊之。如良與客狙擊秦皇帝博浪沙中也。从殳，豆聲。度侯切，四部。古文投如此。投，各本譌作「祋」，今正。投，殳聲。豛，豆聲。殳、豆同在古音四部也。此五字蓋後人所註記語。假令果是古文投，則許之例當入手部投下重文矣。投下云：「擿也」，此云：「遙擊」，則義固別。

⿰壽殳 縣物𣪘擊也。此與手部擣音義同。擣，手椎也。从殳，⿸尸己聲。市流切，三部。

⿰豕殳 椎毃物也。謂用椎擊中物。與攴部㪄、木部椓音義略同。从殳，豖聲。各毒切，《廣韻》竹角切，三部。

毆 捶毄物也。捶，以杖擊也，因謂杖爲捶。捶毄物者，謂用杖擊中人物也。按，此字即今經典之「敺」字。《廣韻》曰：「俗作敺」是也。《唐石經》：《周禮》「射鳥氏，以弓矢敺烏鳶。」「方相氏，索室敺疫，入壙，以戈擊四隅，敺方良。」「冥氏，以靈鼓敺之。」「庶氏，凡敺蠱，則令之比之。」「壺涿氏，以炮土之鼓敺之。」今版本皆作「敺」㉓。唐刻獨不誤。張參《五經文字》殳部：「毆，一口反。」攴部無敺，殳部毆字正爲經典而出，特未嘗箸之曰「又起俱反，俗作敺」耳。毆訓捶毄物，故以弓矢、以戈、以靈鼓、以炮土之鼓，皆捶擊意也。區聲，古音在四部，讀一口反。音轉入五部，釋文讀起俱、丘于反。淺人乃分析一口爲毆打之字，起俱、丘于爲驅逐之字，誤矣。又云敺是馬部驅之古文。夫敺在馬部爲古文，驅在殳部爲俗毆字，無庸牽合。驅訓馬馳，毆訓捶毄，試思「爲淵毆魚」、「爲叢毆爵」之類，可改爲驅魚、驅爵乎？鄭注《周禮》曰：「凡言敺者，所以毆之納之於善。」豈可改爲驅之納之於善乎！即古閒有假借通用，《唐石經》固不可易也。〇又按，此部自㱿而下言擊者八，言毄者二，不應錯出不倫。蓋擊字皆本作毄，淺人改之而未盡。擊，攴也。攴，小毄也。與毄字義異。从殳，區聲。烏后切，四部。

毃 擊頭也。《淮南書》曰：「以年之少，爲閭丈人説事，救敲不給，何道之能明也。」高注：「老人敲其頭，自救不暇。」按，敲當作毃。《吕氏春秋》曰：「死而操金椎以葬，曰：下見六王五伯，將毃其頭矣。」按，毃今本譌縠。从殳，高聲。口卓切，二部。

殿 擊聲也。此字本義未見。假借爲宫殿字。《燕禮》

注：「人君爲殿屋。」疏云：「漢時殿屋，四向流水。」《廣雅》曰：「堂埠，壓也。」《爾雅》：「無室曰榭。」郭注：「即今堂埠。」然則無室謂之殿矣。又假借爲軍後曰殿。**从殳，屍聲。**堂練切，古音在十三部。

毆 擊中聲也。此字本義亦未見。酉部醫從毆，「王育説：毆，惡姿也。一曰，毆，病聲也。」此與㱿中聲義近。秦人借爲語詞。《詛楚文》：「禮使介老，將之以自救毆。」薛尚功所見《秦權銘》：「其於久遠毆。」《石鼓文》：「汧毆沔沔。」《權銘》毆字，琅邪臺刻石及他秦權秦斤皆作乜。然則周秦人以毆爲「也」可信。《詩》之兮字，偁《詩》者或用「也」爲之，三字通用也。**从殳，医聲。**於計切，十五部。

段 椎物也。用椎曰椎。《考工記》：「段氏爲鎛器。」徐丁亂反，劉徒亂反，徐音是也。鎛欲其段之堅，故官曰段氏。《函人》職曰：「凡甲鍛不摯則不堅。」鍛亦當作段。金部曰：「鍛，小冶也。」小冶，小鑄之竈也。後人以鍛爲段字，以段爲分段字，讀徒亂切。分段字自應作斷，蓋古今字之不同如此。《大雅》「取厲取碫。」毛曰：「碫，段石也。」鄭曰：「段石，所以爲段質也。」古本當如是。石部：「碫，段石也。從石段。」《春秋傳》，鄭公孫段字子石，古本當如是。段石與厲石各物。《説文》訓詁多宗毛傳。**从殳，耑省聲。**徒玩切，十四部。

𣪊 擊空聲也。**从殳，宮聲。**徒冬切，又火宮切，九部。按，亦作㲨，枯公切。

殽 相襍錯也。《食貨志》：「鑄錢之情，非殽襍爲巧則不可得贏。」按，殽謂襍以鉛鐵也。《董仲舒傳》：「賢不肖混殽。」經典借爲肴字，《禮記》借爲效字。**从殳，肴聲。**胡茅切，二部。

毅 妄怒也。圭下曰：「妄生也。」凡氣盛曰妄。一曰，毅，有決也。《中庸》曰：「發强剛毅。」《左傳》曰：「殺敵爲果，致果爲毅。」苞注《論語》曰：「毅，强而能決斷也。」**从殳，**取用武之意。**豙聲。**按，豙從辛。《五經文字》曰：「從辛省。」非也。𢑚省從辛省耳。魚既切，十五部。

𣪠 揉屈也。《説文》有煣無揉。煣，屈申木也。煣屈，謂柔而屈之。《廣韵》曰「强擊」，正與柔屈相反。**从殳𠶷。**殳者，有力之物。用有力之物而精謹也。𠶷，小謹也。居又切，三部。**𠶷，古叀字。**當云：「古文叀。」斤部云：「𠶷，古文叀字」是也。**㲉字从此。**

役 戍也。依《韵會》訂。戍，守邊也。《司馬法》曰：「弓矢圉，殳矛守，戈戟助，凡五兵。長以衞短，短以救長。」按，圉，古禦字。今《周禮注》作「圍」，誤。殳，所以守也，故其字從殳。引伸之義，凡事勞皆曰役。又《生民》詩「禾役穟穟」，役者，穎之假借。禾部兩引《詩》，皆作「禾穎」。**从殳彳。**彳，取巡行之意。營隻切，十六部。

伇 古文役。**从人。**與戍從人持戈同意。

𣪠改，逗。大剛卯也，㠯逐精鬽。鬽，各本作「鬼」，今正。《王莽傳》：「剛卯金刀之利，皆不得行。」服虔、晉灼注，司馬彪《輿服志》，言其制詳矣。按，𣪠從殳者，謂其可擊鬼也。从殳，亥聲。古哀切，《廣韵》音開，一部。

文二十。　重一。

殺 戮也。戈部曰：「戮，殺也。」从殳，杀聲。鉉等曰：「《說文》無杀字，相傳音察。」按，張參曰：「杀，古殺字。」張說似近是。此如朮本作朮，或加禾爲秫。所八切，十五部。凡殺之屬皆从殺。

𣪘 古文殺。按，鉉本宋刻無此字，李燾本同。

㣵 古文殺。

𢽿 古文殺。

𣏂 古文殺。按，此葢即杀字，轉寫譌變耳。加殳爲小篆之殺。此類甚多。《古文四聲韵》：「𣏂爲崔希裕《纂古》，𣏂爲《說文》。」則夏氏所據《說文》爲善本，正與張參說合。首字下當云「從殳，從杀」，或譌爲杀聲也。

𣪚 籀文殺。按，鉉本、宋刻無此字，李燾本同。《類篇》云：「史文殺作𣪚，臣光曰：《說文》失收，故《集韵》今不載。」然則司馬公所據鉉本無𣪚信矣。今版本依鍇本增之耳。《考工記》「𦋺」字，不識何以從「閃」，今據殳部古文役、殺部籀文殺，殳皆作㕛求之。知㕛譌爲閃，頓釋此疑。學者觸類而長之可也。

弒 臣殺君也。經傳殺、弒二字，轉寫既多譌亂，音家又或拘泥，中無定見，多有殺讀弒者。按，述其實則曰殺君，正其名則曰弒君。《春秋》，正名之書也，故言弒，不言殺。三傳，述實以釋經之書也，故或言殺，或言弒，不必傳無殺君字也。許釋弒曰「臣殺君」，此可以證矣。殺在古音十五部，弒在一部，本不相通也。弒，《漢石經·公羊》作試，二字同式聲也。《白虎通》引《春秋讖》曰：「弒者，試也。欲言臣子殺其君父不敢卒，候間司事，可稍稍試之。」《釋名》曰：「弒，伺也。」說同。皆本《文言》傳之意。《易》曰：「臣弒其君。」《文言》傳文。从殺省，式聲。式吏切，一部。

文二。　重五。宋刻作重四，實重三，李燾作重三，鍇本作重四，實重五。

𠘧 鳥之短羽，飛𠘧𠘧也。象形。凡𠘧之屬皆从𠘧。讀若殊。市朱切。按，以殳從𠘧聲求之，古音在四部。

㐱 新生羽而飛。此與彡部㐱，音同形似而義殊。从𠘧，从彡。從𠘧而象其形也。之忍切，十三部。

鳧 舒鳧，逗。鶩也。《釋鳥》曰：「舒鴈，鵝。舒鳧，鶩。」《內則》注同。舍人、李巡云：「野曰鴈，家曰鵝」，「野曰鳧，家曰鶩。」按，野曰鴈、鳧，而畜於家者曰舒鴈、舒鳧，是爲鵝、鶩。舒者，謂其行舒遲不畏人也。《詩》：「弋鳧與鴈。」以及他言鴻鴈鳧鷖，皆謂野鳥，非舒鳧、舒鴈也。《大雅》傳曰：「鳧，水鳥也。鷖，鳧屬也。」然則《說文》於梟下舉舒梟，蓋謂統言可不別；但云舒梟，則固析言之矣。尋許意不以梟入鳥部，而入九部，此句、丩二部之例。鷍之羽短，不能飛，故其字從九，豈知野鷍亦短羽而能飛乎。**从九鳥，九亦聲。**各本作「從鳥，九聲」，今補正。房無切，古音蓋在四部。

文三。

寸 **十分也。**度別於分，忖於寸。禾部曰：「十髮爲程，一程爲分，十分爲寸。」**人手卻一寸動脈謂之寸口。从又一。**卻，猶退也。距手十分動脈之處，謂之寸口。故字從又一會意也。《周禮注》云：「脈之大候，要在陽明寸口。」倉困切，十三部。**凡寸之屬皆从寸。**

寺 **廷也。**廴部曰：「廷，朝中也。」《漢書注》曰：「凡府庭所在，皆謂之寺。」《釋名》：「寺，嗣也。治事者相嗣續於其內。」《廣韵》：「寺者，司也。官之所止有九寺。」按，經典假寺爲侍。《詩·瞻卬》傳曰：「寺，近也。」《周禮注》曰：「寺之言侍也。」凡《禮》、《詩》、《左傳》言「寺人」皆同。若漢西域白馬駝經來，初止於鴻臚寺，遂取寺名，初置「白馬寺」，此名之不正者也。**有法度者也。从寸，**《考工記》曰：「市朝一夫。」注云：「方各百步。」知天子三朝，各方百步，其諸侯大夫之制未詳。步必積寸爲之，言法度字多從寸。又部曰：「度，法制也。」**㞢聲。**祥吏切，一部。

將 **帥也。**帥，當作衛。行部曰：「衛，將也。」二字互訓。《儀禮》、《周禮》，古文衛多作率，今文多作帥。《毛詩》「率時農夫」，《韓詩》作「帥」，說詳《周禮漢讀考》。帥者，佩巾。漢人假爲率字。率亦衛之假也。許造《說文》，當是本作「將，衛也。」以自伸其說。經轉寫改竄，而非舊矣。後人謂將帥二字去聲，與平聲之將，入聲之帥別者，古無是說也。《毛詩》將字，故訓特多：大也，送也，行也，養也，齊也，側也，願也，請也。此等或見《爾雅》，或不見，皆各依文爲義，亦皆就疊韵雙聲得之。如願、請是一義，將讀七羊反，故釋爲請也。將讀即羊反，故《皇矣》傳釋爲側，《釋言》及《楚茨》傳釋爲齊。齊，徐仙民《周禮》音蔣細反，皆雙聲也。《釋言》：「將，齊也。」郭云：「謂分齊也。」引《詩》「或肆或將」。此甚明畫：或肆，蒙「或剥」言，剥之乃陳於互也；或將，蒙「或亨」言，亨之必劑量其水火及五味之宜，故云齊其肉也。如是乃以祝祭于祊。《詩》、《爾雅》疏皆不了，故箸之。**从寸，**必有法度而後可以主之，先之，故從寸。**醬省聲。**即諒切，十部。

尋 **釋理也。**謂抽繹而治之。凡治亂必得其緒，而後設法治之。引伸之義爲長。《方言》曰：「尋，長也。海岱大野之閒曰尋，自關而西，秦晉梁益之閒凡物長謂之尋。」《周官》之法，度廣爲尋。古文《禮》假尋爲㷋。《有司徹》：「乃㷋尸俎。」注：「㷋，温也。」古文㷋皆作尋，《記》或作尋。《春秋傳》：「若可尋也，亦可寒也。」案，《左傳》服注：「尋之言重也，温也。」《論語》何注：「温，尋也。」互相發明。俗本《禮注》作「燖」，誤。**从工口，从又寸。工口，亂也。又寸，分理之也。彡聲。**徐林切，七部。**此與𤔔同意。**說見𤔔下。**度人之兩臂爲尋，八尺也。**此別一義。

亦因从寸及之。《考工記》曰：「澮廣二尋。」

專　六寸簿也。《說文》無簿，有薄。葢後人易艸爲竹，以分別其字耳。六寸薄，葢笏也。曰部云：「曶，佩也。」無笏字。《釋名》曰：「笏，忽也。君有命則書其上，備忽忘也。或曰薄，可以簿疏物也。」徐廣《車服儀制》曰：「古者貴賤皆執笏，即今手版也。」杜注《左傳》：「珽，玉笏也。若今吏之持簿。」《蜀志》：「秦宓見廣漢太守，以簿擊頰。」裴松之曰：「簿，手版也。」六寸，未聞。疑上奪「二尺」字。《玉藻》曰：「笏度二尺有六寸。」此法度也，故其字從寸。从寸，叀聲。職緣切，十四部。一曰，專，紡專。《小雅》：「乃生女子，載弄之瓦。」毛曰：「瓦，紡專也。」糸部：「紡，网絲也。」网絲者，以專爲錘。《廣韵》曰：「鏄，紡錘」是也。今專之俗字作甎、塼，以專爲嫥壹之嫥。《廣韵》曰：「擅也。單也。政也。誠也。獨也。自是也。」

尃　布也。《祭義》：「溥之而橫乎四海。」釋文：「溥本或作尃，同芳于反。」今刻云：「或作敷」，繆也。《集韵》、《韵會》可證。《說卦》傳：「震爲尃。」鄭、虞、姚皆同。王肅、干寶作「專」，干云：「花之通名爲鋪，花皃謂之藪。」《漢書》，《上林賦》「布結縷」，《史記》布作尃。徐廣曰：「尃，古布字。」按，尃訓布也，非一字。从寸，凡敷敀必有法度而後行，故从寸。甫聲。芳無切，五部。

導　導，此複舉字未删者。引也。經傳多假道爲導，義本通也。从寸，引之必以法度。道聲。徒皓切，《廣韵》徒到切，古音在三部。

文七。

皮　剝取獸革者謂之皮。剝，裂也。謂使革與肉分裂也。云「革」者，析言則去毛曰革，統言則不別也。云「者」者，謂其人也。取獸革者謂之皮。皮，柀。柀，析也，見木部。因之所取謂之皮矣。引伸凡物之表皆曰皮，凡去物之表亦皆曰皮。《戰國策》言「皮面抉眼」，王褒《僮約》言「落桑皮椶」，《釋名》言「皮瓠以爲蓄」㉔皆是。从又，又，手也，所以剝取也。爲省聲。符羈切，古音爲、皮皆在十七部。凡皮之屬皆从皮。

𥫶　古文皮。从竹者，葢用竹以離之。

𠬳　籀文皮。

皰　面生气也。《玉篇》作「面皮生氣也」，《玄應書》一作「面生熱氣也」。《淮南》：「潰小皰而發痤疽。」高曰：「皰，面氣也。」《玄應》引作靤。从皮，包聲。旁教切，古音在三部。

皯　面黑气也。《列子》曰：「燋然肌色皯黴。」从皮，干聲。古旱切，十四部。

文三。　重二。

甍　柔韋也。柔者，治之使鞣也。韋，可用之皮也。《考工記》注曰：「《蒼頡篇》有鞄甍。」从北，鉉曰：「從北者，反覆柔治之也。」从皮省。謂𠬳也。非耳，非瓦。今鞣下皆作瓦矣。㼱省聲。各本無「聲」，今補。夐古音在十四部，此省其上下，取冂爲聲也。而兖切，十四部。凡𤿭之屬皆从𤿭。讀若耎。一曰，若儁。儁同俊，人部有俊無儁。

古文𤿭。从皮省，从人治之。

籒文𤿭。从夐省。下從皮省，上從夐省。

⿰𤿭灷　羽獵韋絝。羽獵，見《高唐賦》、《楊雄傳》服虔曰：「士卒負羽也。」从𤿭，柔韋爲絝。灷聲。按，火、廾二部無灷字，而此部有⿰𤿭灷，人部有⿰亻灷，舟部有朕，皆從灷聲。然則今本《説文》奪灷字無疑。其義未聞。其音，則⿰亻灷、朕、勝、騰、黱、滕、螣、榺、縢皆在六部，⿰𤿭灷本音蓋在六部，轉入九部也。而隴切。

⿴衣灷　《虞書》曰：《虞書》當作《唐書》。「鳥獸⿴衣灷毛。」《堯典》文。今《尚書》作「氄」，毛部作「⿰毛隼」，云：「盛毛也。」此作⿴衣灷，豈彼古文，此今文之異與？从朕，从衣。小徐本如是。而注之曰：「此亦⿰𤿭灷字。」大徐因倒之云：「或從衣，從朕。《虞書》曰：鳥獸⿴衣灷毛。」今依小徐者，仍舊也，闕疑也。朕聲古在六部，轉入九部。

文二。鉉作文三。　重三。鉉作重二。

攴　小擊也。手部曰：「擊，攴也。」此云：「小擊也。」同義而微有別。按，此字從又卜聲，又者，手也。經典隸變作扑。凡《尚書》、三《禮》鞭扑字，皆作扑，又變爲手，卜聲不改。蓋《漢石經》之體。此手部無扑之原也。《唐石經》初刻作朴，從木者，唐元度覆挍正之從手是也。《豳風》：「八月剥棗。」假剥爲攴。毛曰：「擊也。」音義曰：「普卜反。」从又，卜聲。普木切，三部。凡攴之屬皆从攴。

啟　教也。从攴，启聲。康禮切，十五部。《論語》曰：「不憤不啟。」《述而篇》文。

徹　通也。《孟子》曰：「徹者，徹也。」鄭注《論語》曰：「徹，通也。爲天下通法也。」按，《詩》：「徹彼桑土。」傳曰：「裂也。」「徹我牆屋。」曰：「毀也。」「天命不徹。」曰：「道也。」「徹我疆土。」曰：「治也。」各隨文解之㉕。而通字可以隱栝。古有徹無轍。从彳，从攴，从育。蓋合三字會意。攴之，而養育之，而行之，則無不通矣。毛傳所謂「治也」。丑列切，十五部。一曰，相臣。疑有譌。鉉本無此四字。

古文徹。中從鬲。

敏　疾也。《釋詁》、毛傳同。从攴，每聲。眉殞切，古音在一部。《生民》詩：「履帝武敏。」《釋訓》：「敏，拇也。」謂敏爲拇之假借。拇，足大指也，古作母。

敃　彊也。《釋詁》：「昏、暋，强也。」按，《説文》暋作敃，冒也。則許所據《爾雅》作「敃，强也」。昏字從氏省，不從民聲。自俗寫殽譌，音韵亦亂。《玉篇》謂敃、敯同字，是也。从攴，民聲。眉殞切，十二部。

敄　彊也。从攴，矛聲。亡遇切，古音在三部。

敀 迮也。迮，起也。敀者，起之也。與迫音義同。从攴，白聲。博陌切，古音在五部。《周書》曰：「常敀常任。」《立政篇》文。按，漢人所用，皆作「常伯」，今《尚書》作「伯」。許所據絶異者，壁中古文多假借字也。以敀爲伯，如《洪範》以𢻫爲好，《顧命》以萛爲蔑，《牧誓》以狟爲桓，皆壁中古文假借。今《尚書》作伯、好、蔑、桓者，孔安國以今文字讀古文而易之，而漢世言古文《尚書》者因之。如杜子春、鄭司農讀《周禮》故書，往往易其字，而許叔重、鄭康成多因之，其理一也。杜子春已改之，《周禮》其故書古字猶存於鄭注。孔安國已改之，《尚書》其壁中古文之字猶存於《說文》。

整 齊也。齊者，禾麥吐采上平也。引伸爲凡齊之偁。从攴，从束正，正亦聲。之郢切，十一部。

效 象也。象，當作「像」。人部曰：「像，似也。」《毛詩》：「君子是則是傚。」又：「民胥傚矣。」皆效法字之或體。《左傳》引《詩》「民胥效矣」是也。彼行之而此效之，故俗云報效，云效力，云效驗。《廣韵》云：「俗字作効。」今俗分別效力作効，效法、效驗作效，尤爲鄙俚。效法之字，亦作「爻」，《𣪊辭》「爻法之謂坤」是。亦作「殽」，《禮運》「殽以降命」是。亦作「詨」，《儀禮》注引《詩》「君子是則是詨」是。皆假借也。从攴，交聲。胡教切，二部。

故 使爲之也。今俗云「原故」是也。凡爲之必有使之者，使之而爲之則成故事矣。引伸之爲故舊，故曰「古，故也」。《墨子·經上》曰：「故，所得而後成也。」許本之。从攴，取使之之意。古聲。古慕切，五部。

政 正也。《論語》：「孔子曰：政者，正也。」从攴正，正亦聲。之盛切，十一部。

𢼊 敷也。今字作施，施行而𢼊廢矣。施，旗旖施也。經傳多假借。从攴，也聲。讀與施同。式支切，古音在十七部。

敷 𢼊也。此與寸部尃音義同。从攴，尃聲。芳無切，五部。俗作敷，古寸與方多通用。《周書》曰：「用敷遺後人。」《顧命》文。

敟 主也。《廣韵》典字下曰：「主也。常也。法也。經也。」按，凡典法、典守字，皆當作敟。經傳多作典，典行而敟廢矣。从攴，典聲。多殄切，十二部。

𢿱 數也。《大雅》：「其麗不億。」毛曰：「麗，數也。」《方言》作𢿱，亦云「數也」。葢𢿱是正字，麗是假借字。從麗者，麗，兩也。兩兩而數之也。从攴，麗聲。力米切，古音在十六部。曹憲引《說文》李衣反，葢本《音隱》。

數 計也。六藝，六曰九數。今《九章筭術》是也。今人謂在物者去聲，在人者上聲，昔人不盡然。又引伸之義、分析之音甚多，大約速與密二義可包之。从攴，婁聲。所矩切，古音在四部。

𣀓　辟𣀓鐵也。張協《七命》：「乃鍊乃鑠，萬辟千灌。」李注：「辟謂疊之，灌謂鑄之。」引《典論》魏太子丕造百辟寶劒，又引王粲《刀銘》「灌辟以數，質象以呈」。按，辟者，襞之假借也。𣀓者，段也。簡取精鐵，不計數摺疊段之，因名爲辟𣀓鐵也。从攴涑。從攴者，取段意。涑者，瀾也，從涑取簡擇之意。涑亦聲。郎電切，十四部。

孜　孜孜，二字今補。汲汲也。《廣雅》：「孜孜、汲汲，劇也。」按，汲汲與彶彶同，急行也。从攴，子聲。子之切，一部。《周書》曰：「孜孜無怠。」《大誓》篇文。見《詩·文王》正義引㉖，又見《史記·周本紀》，字作「孳孳」。按，伏生二十八篇，本無《大誓》，民閒後得《大誓》，博士習而讀之，合二十八篇爲二十九篇。司馬遷《史記》、董仲舒對策、劉向《說苑》及終軍、班伯、谷永、匡衡、平當奏對多用之，此今文《大誓》也。孔安國得壁中古文，有《大誓》三篇，古文家馬、鄭、王皆作注，與今文字或異。如「流爲雕」，馬曰：「雕，鷙鳥。」此古文《大誓》作雕之證。《尚書大傳》鄭所引《禮說》、《周本紀》、《董仲舒傳》皆作「烏」，此今文《大誓》作烏之證。鄭注云：「雕當爲雅。雅，烏也。」此據今文正古文也。《說文》此及搯下、涘下所引，皆古文《大誓》也。許作「孜」，《史記》作「孳」，蓋亦古文、今文之異也。唐孔穎達、賈公彥謂枚頤本三篇爲真古文，則不得不謂馬、鄭、王所注爲今文《大誓》。詳見《古文尚書撰異》。

攽　分也。从攴，分聲。此形聲包會意。《周書》曰：「乃惟孺子攽。」《雒誥》文。今《尚書》作「頒」，蓋孔安國以今文字易之。《周禮》亦作「頒」，當是攽爲正字，頒爲假借字。鄭司農云：「頒讀爲班布之班。」據許所偁古文，則當云「頒當爲攽」，不爾者，漢時攽字不行也。馬注《尚書》「頒猶分也」，云猶者，頒訓大，大則必分，非可徑訓分也，故云猶。讀與虨同。分聲、彬聲本皆在十三部。徐仙民於《周禮》頒音墳，於《書》音甫云反，是也。音轉入十四部，布還切。

㪋　止也。㪋、扞古今字。扞行而㪋廢矣。《毛詩》傳曰：「干，扞也。」謂干爲扞之假借，實則干爲㪋之假借也。手部曰：「扞，忮也。」从攴，旱聲。侯旰切，十四部。《周書》曰：「㪋我于艱。」《文侯之命》篇文。今作扞。

敳　有所治也。《左傳》八凱有隤敳。从攴，豈聲。讀若豤。此十五部、十三部合音也。今音五來切，非是。豤，鍇本作墾。

敞　平治高土，可㠯遠望也。惟平治，故字從攴。後人乃謂高土可以遠望爲敞，而昧其本始矣。从攴，尚聲。昌兩切，十部。

敒　理也。從攴，伸聲。直刃切，十二部。按，直刃乃誤同陳音耳。《東京賦》：「振天維，衍地絡。」㉗衍謂申布也，《玉篇》余忍切。衍當是敒之或體。

改　更也。雙聲。从攴，己聲。或無「聲」，誤。古亥切，一部。

變　更也。从攴，䜌聲。祕戀切，十四部。

更　改也。更訓改，亦訓繼。不改爲繼，改之亦爲繼。故《小雅》毛傳曰：「庚，續也。」用部庸下曰：「庚，更事也。」《列子》云：「五年之後，心庚念是非，口庚言利害；七年之後，從心之所念，庚無是非，從口之所言，庚無利害。」皆假庚爲更。今人分別平、去二音，非古也。从攴，丙聲。古孟切，又古行切，古音在十部。

敕　誡也。言部曰：「誡，敕也。」二字互訓。《小雅》毛傳曰：「敕，固也。」此謂敕即飭之假借。飭，致堅也。後人用勑爲敕，力部：「勑，勞也。洛代切。」又或從力作勅。一曰，二字今補。臿地曰敕。此別一義。凡植物地中謂之菑，或作傳、事、剚、鍤，側吏、初吏二切。敕與初吏一切正同部雙聲也。臿者，今之插字，漢人衹作臿。从攴朿。各本有「聲」，誤，今删。攴而收束之，二義皆於此會意，非朿聲也。恥力切，一部。

[耳攴]　使也。从攴，耴省聲。而涉切，八部。

斂　收也。从攴，僉聲。良冉切，七部。

敹　擇也。《粊誓》某氏注「言當善簡汝甲胄」，與許説合。鄭注敹謂穿徹之。从攴宷。各本有「聲」，誤，今删。宷，或罙字，冒也。從攴宷者，轂其冒昧而擇之。洛蕭切，依今音在二部。《周書》曰：「敹乃甲胄。」

敿　繫連也。繫當作系。《粊誓》某氏注云：「施汝盾紛。」王云：「敿盾當有紛繫持之。」鄭云：「敿猶繫也。」按，鄭云猶者，鄭意敿是矯拂之偁，矯之而後繫之，非一事也。敿不訓繫，故云猶。許云繫連者，謂繫而連之。《秦風》「龍盾之合」，毛云：「合而載之。」《左傳》：「齊子淵捷從泄聲子，射之中盾瓦，繇朐汏輈，匕入者三寸。」詳傳文，盾正蔽車前，必聯合之以爲車蔽，故云繫連。凡字有專釋經者，敹、敿是也。从攴，喬聲。《周書》曰：「敿乃干。」讀若矯。居夭切，二部。

㪉　合會也。見《釋詁》。今俗云㪉縫。从攴合，合亦聲。古沓切，七部。

敶　列也。《韓詩》：「信彼南山，惟禹敶之。」《爾雅》：「郊外謂之田。」李巡云：「田，敕也。謂敕列種穀之處。」敕者，敶之省。《素問》注云：「敕，古陳字」是也。此本敶列字，後人假借陳爲之，陳行而敶廢矣。亦本軍敶字，𠕋下云：「讀若軍敶之敶」是也。後人別製無理之陣字，陳行而敶又廢矣。从攴，陳聲。直刃切。《廣韵·十七真》曰：「敶者，陳之古文。」古文當作古字。十二部。

敵　仇也。仇，讎也。《左傳》曰：「怨耦曰仇。」仇者，兼好惡之詞。相等爲敵，因之相角爲敵。古多假借適爲敵。《襍記》：「訃於適者。」《史記》：「適人開户，適不及拒。」《荀卿子》：「天子四海之內無客禮，告無適也。」《文子》曰：「一也者，無敵之道也。」按，後人取《文子》注《論語》曰：「敬者，主一無適之謂。」適讀如字。夫主一，則有適矣，乃云無適乎？敬者，持事振敬，非謂主一也。《淮南書》曰：「一者，萬物之本也，無適之道也。」與《文子》同。正作敵。从攴，啻聲。徒歷切，十六部。

救　止也。《論語》：「子謂冉有曰：女弗能救與？」馬曰：「救猶止也。」馬意救與止稍別，許謂凡止皆謂之救。从攴，求聲。居又切，三部。

敓　彊取也。此是爭敓正字，後人假奪爲敓，奪行而敓廢矣。《周書》曰：「敓攘矯虔。」《吕刑篇》文。今《尚書》作「奪」，此唐天寶衛包所改。凡《尚書》之字，有古文家改壁中相沿已久者，有衛包肊改者，皆可分別考而知之，詳見《古文尚書撰異》。唐人尚用敓字，《陸宣公集》有「敓攘」是也。从攴，兑聲。徒活切，十五部。

斁　解也。此與釋音義同，後人區別之。从攴，睪聲。羊益切，古音在五部。《詩》曰：「服之無斁。」《周南》文。斁，厭也。見《釋詁》、毛傳。按，此三字，釋所引《詩》之斁，以別於上文解訓。此全書之一例也。厭同猒，飽也。經典亦假射爲斁。一曰，終也。此別一義。

赦　置也。网部曰：「置，赦也。」二字互訓。赦與捨音義同，非專謂赦罪也。後捨行而赦廢，赦專爲赦罪矣。从攴，赤聲。始夜切，古音在五部。

赦或从亦。亦聲古在五部。

攸　行水也。戴侗曰：唐本作「水行攸攸也，其中从巛。」按，當作「行水攸攸也」，行水順其性，則安流攸攸而入於海。《衛風》傳：「滺滺，流皃」[28]是也。作滺者，俗變也。《左傳》說火曰：「鬱攸從之，蒙葺公屋。」火之行如水之行，故曰「鬱攸」。《大雅》曰：「爲韓姞相攸。」《釋言》：「攸，所也。」水之安行爲攸，故凡可安爲攸。又借爲逌字。逌，气行皃。水行之攸，气行之逌，皆主和緩，故或用攸，或用逌。从攴，从人，攴取引導之意，人謂引導者。水省。以周切，三部。

汥　秦刻石嶧山，句。石文攸字如此。人省，水不省。嶧山石文，《史記》不載。其文曰：「登于繹山，羣臣從者，咸思汥長。」今作攸者，傳刻失真也。又《史記》載會稽石文曰：「皇帝休烈，平一海内，德惠脩長。」小司馬云：「王劭按，張徽所録會稽南山秦始皇碑文，脩作攸。」葢其字亦作汥也。用此知《小雅》、《大雅》毛傳皆云「脩，長也」，經文脩字，皆攸之假借，本作攸，後改耳。《釋詁》：「永、悠、迥、遠，遐也。」悠當作攸。

攺　撫也。从攴，亡聲。讀與撫同。亡在九部，無在五部，古借亡爲無，故改讀如撫也。芳武切。

敉　撫也。見《釋言》。从攴，米聲。《周書》曰：「亦未克敉公功。」《雒誥》文。讀若弭。緜婢切，十六部。按，米聲十五、弭十六，此合音也。

侎　敉或从人。

敭 侮也。此與人部傷義略同。从攴，从易。易亦聲。以豉切，十六部。

⿰韋攴 戾也。王注《離騷》曰：「緯繣，乖戾也。」《廣雅·釋訓》曰：「緯繣，乖剌也。」《廣韻·廿一麥》曰：「徽繣，乖違也。」《說文》無繣。緯、徽皆⿰韋攴之假借也。从攴，韋聲。羽非切，十五部。

敦 怒也。詆也。一曰，誰何也。皆責問之意。《邶風》：「王事敦我。」毛曰：「敦，厚也。」按，心部：「惇，厚也。」然則凡云敦厚者，皆假敦爲惇。此字本義訓責問，故從攵。「誰何」，見言部。从攴，𦎫聲。都昆切，十三部。

⿰羣攴 朋侵也。从攴羣。羣，朋也。攴，侵也。羣亦聲。渠云切，十三部。

敗 毀也。从攴貝。會意。貝亦聲。薄邁切，十五部。賊、敗皆从貝。二字同意。古者貨貝，故從貝會意。戈部云：賊「從戈，則聲。」與此不合。

⿰賏攴 籀文敗从賏。從二貝也。《老子》曰：「多藏必厚亡。」

⿰𤔔攴 煩也。煩，熱頭痛也。引伸爲煩亂。按，⿰𤔔攴與𠬪部𤔔、乙部亂、言部䜌，音義皆同。煩曰⿰𤔔攴，治其煩亦曰亂也。从攴，𤔔聲。郎段切，十四部。

寇 暴也。暴當是本部之暴，暴疾之字，引伸爲暴亂也。从攴完。此與敗、賊同意。苦候切，四部。

⿰耑攴 刺也。刺，各本作「刺」。今按，⿰耑攴與⿰扌致雙聲，定作刺，七迹切。从攴，耑聲。豬几切，按，几當作己，古音在一部。

⿰度攴 閉也。杜門字當作此，杜行而⿰度攴廢矣。丹部引《周書》：「惟其⿰度攴丹雘。」此假⿰度攴爲塗也。从攴，度聲。讀若杜。徒古切，五部。

剫 ⿰度攴或从刀。按，刀部：「剫，判也。」則此當刪。

敜 塞也。《粊誓》某氏注云：「窒敜之。」按，《士喪禮》㉙：「隸人涅厠。」注：「涅，塞也。」蓋敜其本字，涅其假借字也。異部雙聲相假借，故敜亦音乃結反。从攴，念聲。奴叶切，七部。《周書》曰：「敜乃穽。」

⿰畢攴 ⿰畢攴，此複舉字之僅存者。盡也。事畢之字當作此，畢行而⿰畢攴廢矣。畢，田网也。从攴，畢聲。卑吉切，十二部。

收 捕也。手部曰：「捕，取也。」从攴，丩聲。式州切，三部。

鼓 擊鼓也。从攴壴。壴者，鼓之省。攴者，擊。壴亦聲。壴，古音在四部矦韵。尤矦之入聲爲屋沃燭。讀若屬。鉉本無此三字，非也。屬，之欲切，故鼓讀如𣪠，與擊雙聲。大徐以其形似鼓，讀公户切，刪此三字，其誤葢久矣。《玉篇》云：「之録切，擊也。」此顧氏原文。云「又公户切」，此孫强所增也。《佩觿》云：

「鼔，之録、工五二切。」沿孫之繆。至《廣韵》乃姥韵有鼔，而燭韵無鼔。至《集韵》、《類篇》，乃以朱欲、殊玉二切歸之從豈聲之敳字，而不知二切皆本《說文》，鼔讀如屬，敳安得有此二切也？皆由沿襲徐鉉，遂舛誤至此。至乎南宋，毛晃又云：鼓舞字從攵，與鐘鼓字不同。岳珂刊九經三傳，凡鼓瑟、鼓琴、鼓鍾于宮、弗鼓弗考、鼓之舞之，皆分别作鼔。《經典釋文》、《五經文字》、《九經字㨾》、《開成石經》皆無此例也。《周禮·小師》：「掌教鼓鼗，柷、敔、塤、簫、管、弦、歌。」注云：「出音曰鼓。」按，鼓，郭也，故凡出其音皆曰鼓。若鼔，訓擊也。鼗、柷、敔可云鼔，塤、簫、管、弦、歌，可云鼔乎？亦由鼔切公户，寖成異說。滅裂經字，以至於此。

攷 敂也。《唐風》：「子有鐘鼓，弗擊弗考。」毛曰：「考亦擊也。」攷引伸之義爲攷課，《周禮》多作攷，他經攷擊、攷課皆作考，假借也。攷、敂疊韵。从攴，丂聲。苦浩切，古音在三部。

敂 擊也。《周禮》：「凡四方之賔客敂關。」《宋書》、《山居賦》「敂弦」，即《江賦》之「叩舷」也。舟底曲如弓，故其上曰弦。自扣，叩行而敂廢矣。手部「扣，牽馬也。」無叩字。从攴，句聲。讀若扣。苦候切，四部。

攻 擊也。《考工記》「攻木」、「攻皮」、「攻金」，注曰：「攻猶治也。」此引伸之義。从攴，工聲。古洪切，九部。

敲 横擿也。擿，今之擲字。横擿，横投之也。《左傳》：「奪之杖以敲之。」釋文曰：「《說文》作毃。」此謂《左》字當作毃也。横投不必以杖。又按，《公羊傳》：「以斗摮而殺之。」何云：「摮猶擊也。」摮謂旁擊頭項，摮即敲字，摮即毃字。其字義異，故云「猶」。擿或作樀，誤。从攴，高聲。口交切，二部。

⿰豖攴 擊也。此與木部椓音義皆同。从攴，豖聲。竹角切，三部。

⿰㞢攴 放也。放部曰：「逐也。」《廣韵》曰：「⿰㞢攴，曲侵。」从攴，㞢聲。迂往切，十部。

⿰𠩺攴 坼也。从攴，攴可剖物，故從攴。从厂，厂之性坼，山石之厓巖多坼裂，故從厂。果孰有味亦坼，故从未。各本「故謂之𠩺，从未聲」，衍四字。此說從未之意，非說形聲，未與𠩺不爲聲也。未下曰：「味也。六月滋味也。」利下曰：「從刀，從未。未，物成有滋味，可裁斷也。」未即味。此云「果孰有味亦坼，故從未」，正同。果坼者，如左思賦云：「㯓栗罅發，石榴競裂」也。此合三字會意。許其切，一部。

斀 去陰之刑也。斀，斲也。《大雅》：「昬椓靡共。」鄭云：「昬、椓皆奄人也。昬，其官名也。椓，毀陰者也。」[30]此假椓爲斀也。从攴，蜀聲。竹角切，三部。《周書》曰：「刖劓斀黥。」《吕刑篇》文。刖當作「刵」。《尚書正義》曰：「賈、馬、鄭古文《尚書》劓刵劅剠，大小夏矦歐陽《尚書》作臏宫劓割頭庶剠。」按，賈、馬、鄭皆作「刵」，許必同。釋文及正義卷二皆云「劓刵」，本篇正義作「刵劓」，唐初本固不同耳。「斀黥」，據正義賈、馬、鄭作「劅剠」。劅同斆，剠同黥。衞包因正義云「劉椓人陰」，乃易爲椓字，而不知斀、椓字義之不同。椓，擊也，去陰不可云椓。

敃 冒也。今本《爾雅》：「昬、敃，强也。」《般庚》：「不昬作勞。」鄭注：「昬讀爲敃，勉也。」似鄭所據《爾雅》與今本亦不同。《康誥》：「敃不畏死。」《孟子》作「閔」。《立政》：「其在受德敃。」心部作「忞」。昬聲、文聲同部。从攴，昬聲。眉殞切，十三部。按，昬從氐省，不從民，凡昬旁作昏者誤，詳日部。《周書》曰：「敃不畏死。」

敔 禁也。與圉、禦音同。《釋言》：「禦、圉，禁也。」《說文》禦訓祀，圉訓囹圄，所以拘罪人，則敔爲禁禦本字，禦行而敔廢矣。古假借作御、作圉。一曰，樂器椌楬也，形如木虎。按，此十一字後人妄增也。《樂記》「椌楬」，注謂「柷敔也」，椌謂柷，楬謂敔，柷形如桼桶，敔狀如伏虎，不得併二爲一。木部椌云「柷樂也」，楬下不云「敔樂」者，敔取義於遏，楬爲遏之假借耳。敔者所以止樂，故以敔名。上云禁也，已包此物，無庸別舉。用此知凡言「一曰」者，或經淺人增竄。从攴，吾聲。魚舉切，五部。

敤 研治也。从攴，果聲。苦果切，十七部。舜女弟名敤首。《古今人表》上下等：「敤手，舜妹。」顔云：「流俗本作擊者，合敤手二字譌爲一字也。」按，《列女傳》云：「舜之女弟繫」，則又擊之譌矣。首、手古同音通用。

敜 持也。雙聲。此與捦義略同。从攴，金聲。讀若琴。巨今切，七部。

𢿘 棄也。《鄭風》毛傳曰：「𢿘，棄也。」許本毛也，鄭乃讀爲醜㉛。从攴，𠷎聲。𠷎，口部作「𠷎」，誤。市流切，三部。《周書》吕爲討。此言假借也。今《尚書·周書》中無討字，惟《虞書·咎繇謨》云：「天討有罪。」疑「周」當作「虞」。討，古音在三部。《詩》曰：「無我𢿘兮。」釋文曰：「魗本亦作𢿘。」

畋 平田也。《齊風》「無田甫田」，上田即畋字。从攴田。田亦聲。待年切，十二部。《周書》曰：「畋尒田。」《多方篇》文。

改 毅改，逗。大剛卯吕逐鬼鬽也。見殳部。从攴，巳聲。讀若巳。余止切。一本作古亥，非。一部。巳，小徐作吕。

敘 次弟也。《咎繇謨》曰：「天敘有典。」《釋詁》曰：「舒、業、順、敘，緒也。」古或假序爲之。从攴，余聲。徐吕切，五部。

𢾃 毀也。从攴，卑聲。辟米切，十六部。

𢾷 𢾃也。按，𢾃下當云「𢾃𢾷，毀也。」𢾷下當云「𢾃𢾷也。」此全書之例，多爲淺人亂之。《篇》、《韵》皆連舉𢾃𢾷字，知爲疊韵無疑。《廣韵》云：「𢾃𢾷，擊聲也。」从攴，兒聲。五計切，當依《篇》、《韵》五禮切，十六部。

牧 養牛人也。《左傳》曰：「馬有圉，牛有牧。」引伸爲牧民之牧。 从攴牛。會意。莫卜切，古音在一部。 《詩》曰：「牧人乃夢。」《小雅》文。

敕 擊馬也。所以擊馬者曰箠，亦曰策。以策擊馬曰敕，策專行而敕廢矣。 从攴，朿聲。楚革切，十六部。

𢿱 小春也。臼部言春者三字，此云「小春」，謂稍春之。《廣雅》言春者十一字，有𢿱字，𢿱亦作𥻦。 从攴，算聲。初絭切，十四部。

𢾩 𣀏田也。《玄應書》卷六曰：「《三蒼》𢾩敲，相擊也。」卷十三曰：「敲，《蒼頡訓詁》作𢾩，同苦交切。下擊也。《說文》橫撾也，擊頭也。」據此則《說文》本無𢾩字，後人增之。其訓葢本作「擊也。」擊者，旁擊也。一譌爲𣀏，再譌又衍田，莫能通矣。李仁甫本尚無田字，《篇》、《韵》皆云「𢾩，擊也。」 从攴，堯聲。牽遥切，《廣韵》苦幺切，二部。

文七十八。宋本作七十七。按，古無肈、𣀔二字。𣀔者，土部壞之籒文；肈者，戈部肇之俗字㉜。《玉篇》云：「肇俗肈字。」《五經文字》云：「肇作肈，譌。」可證也。《經典釋文》、《開成石經》肇皆從戈，近經典皆改從攵，妄人竄入《說文》。甚矣，此書攷正之不可緩也。今刪二字以還古。實七十六字。

重六。

教 上所施下所效也。教、效疊韵。 从攴𡥈。𡥈見子部，效也。上施故從攴，下效故從𡥈。古孝切，二部。 凡教之屬皆从教。

𧥬 古文教。右从古文言。

𤕝 亦古文教。從攴，從爻。

斆 覺悟也。斆、覺疊韵。《學記》曰：「學然後知不足，知不足然後能自反也。」按，知不足，所謂覺悟也。《記》又曰：「教然後知困，知困然後能自强也。故曰，教學相長也。《兑命》曰：學學半。其此之謂乎。」按，《兑命》上學字謂教，言教人乃益己之學半。教人謂之學者，學所以自覺，下之效也；教人所以覺人，上之施也。故古統謂之學也。枚頤僞《尚書》、《說命》上字作斆，下字作學，乃已下同《玉篇》之分別矣。 从敎冂。會意。 冂，逗。尚矇也。冂下曰：「覆也。」尚童矇，故教而覺之。此說從冂之意。詳古之製字作斆，從教，主於覺人。秦以來去攵作學，主於自覺。《學記》之文，學、教分列，已與《兑命》统名爲學者殊矣。 臼聲。胡覺切，三部。

學 篆文斆省。此爲篆文，則斆古文也。亦丄部之例。後人分別斆胡孝反，學胡覺反。

文二。 重三。鉉本作二，誤。

卜 灼剥龜也。火部：「灼，灸也。」刀部：「剥，裂也。」灼剥者，謂灸而裂之。灼雙聲，剥疊韵。 象灸龜之形。直者象龜，橫者象楚焞之灼龜。 一曰，象龜兆之縱衡也。字形之别説也。博木切，三部。 凡卜之屬皆从卜。

卜 古文卜。

卦 所吕筮也。「所以」二字，各本删之，今補。从卜，圭聲。古壞切。按，當從《廣韵》古賣切。十六部。

卟 卜吕問疑也。《左傳》曰：「卜以决疑，不疑何卜。」从口卜，當作卜口，卜而以口問也。凡若此等，未能盡正。學者於此例之，可以三隅反矣。讀與稽同。古兮切，十六部。按，小徐曰：「《尚書》曰：明用卟疑。今文借稽字。」徐語肊説耳。《尚書》無作「卟疑」者，即有之，亦陸氏所謂穿鑿之徒務欲立異者也。大徐乃於同下沾「《書》云：卟疑」四字，疑惑後生，其亦妄矣。

貞 卜問也。《大卜》：「凡國大貞。」大鄭云：「貞，問也。國有大疑，問於蓍龜。」後鄭云：「貞之爲問，問於正者。必先正之，乃從問焉。」引《易》「師貞，丈人吉。」从卜貝。會意。貝，逗。吕爲贄。説從貝之意。一曰，鼎省聲。京房所説。一説是鼎省聲，非貝字也。許説從貝，故鼎下曰「貞省聲」。京説古文以貝爲鼎，故云「從卜，鼎聲」也。陟盈切，十一部。

𠧪 《易》卦之上體也。今《尚書》、《左傳》皆作「悔」，疑𠧪是壁中古文，孔安國以今文讀之，易爲悔也。或曰，據許則小篆有此字。玉裁謂不然，許書以先小篆後古文爲正例，以先古文後小篆爲變例。曷爲先古文也，於其所從系之也。如斆者，古文；學者，小篆。斆從教，則必先之執然也。然則𠧪本古文，非小篆，因其從卜，則系之卜部，亦執然也。不曰篆文作悔，亦不於心部悔下列𠧪云「古文悔」者，本非一字也。小篆無𠧪，而壁中古文有𠧪，不可以不存之於卜部。凡其存《尚書》古文之例如此。鄭注《尚書》云：「悔之言晦，晦猶終也。」《商書》曰：曰字今補。「曰貞曰𠧪。」謂《洪範》也。按，《左傳》三引《洪範》，《説文》五引，皆云《商書》。馬、鄭本皆不如是。葢今文《尚書》説與？許謂《堯典》《唐書》，《咎繇謨》《虞書》，《禹貢》《夏書》，皆今文説也。而三引《微子》，兩云《周書》，一云《商書》，疑商系周誤。葢今文家以《微子》系《周書》，以《洪範》系《商書》，豈微子歸周，故周之；箕子不臣，故商之與？春秋時卿大夫所習《洪範》，皆《商書》，則今文家説乃古説也。从卜，每聲。荒内切，古音在一部。

占 視兆問也。《周禮・占人》注曰：「占，蓍龜之卦兆吉凶。」又「占人掌占龜」，注曰：「占人亦占簭。」言掌占龜者，簭短龜長，主於長者。此云「視兆問」，亦専謂龜卜。从卜口。職廉切，七部。按，上文卟字，疑占之變體，後人所竄入。

𠧩 卜問也。疑此即後人杯珓字。後人所增。从卜，召聲。市沼切，《廣韵》又音照，二部。

𠧞 灼龜坼也。《周禮》注曰：「兆者灼龜發於火，其形可占者，其象似玉瓦原之璺罅，是用名之焉。」按，凡曰朕兆者，朕者如舟之縫，兆者如龜之坼，皆引伸假借也。从卜兆。象形。治少切，二部。

兆 𠔁 古文𠧞省。按，古文衹爲象形之字，小篆加卜，非古文減卜也。《廣韵》曰：「𠧞，灼龜坼。出《文字指歸》。兆，治小切。」引《説文》「分也」。分也之訓，見八部仌下。𠧞出《説文》，則不得云出《文字指歸》。葢古本《説文》卜部無𠧞兆字，八部仌字，即龜兆字。今仌音兵列切，卜部兆中多一筆，以殊於𠔁，皆非古也。《玉篇》卜部之外，别爲兆部，云「兆，事先見也。形也。𠧞同上。」假令顧氏所據《説文》早同今本，何爲作此紛更乎？是必《説文》無兆，而增此一部，曉然。據《篇》、《韵》以正《説文》，可無疑矣。尋此字之原委，葢由虞翻讀《尚書》「分𠔁三苗」爲𠔁，云𠔁古别字，由是信之者讀《説文》八部之𠔁爲兵列切，又增竄「八亦聲」於説解中，而《説文》乃無龜兆字矣。《説文》無龜兆字，梁顧氏作《玉篇》乃增兆部於卜部之後。隨曹憲作《文字指歸》，乃又收𠧞爲龜兆字，而改竄《説文》者，乃於卜部增𠧞爲篆文，兆爲古文，又恐其形之溷於八部也，乃加增一筆以殊之，紕繆之由，歷歷可見。○又按，《集韵》、《類篇》皆引《説文》𠧞「古省或作𠔁」。臣光曰：「按𠔁兵列切，重八也。𠧞古當作兆。」是則勉强區分，葢由司馬公始。徐鍇、徐鉉、丁度等皆作𠔁，司馬公所襲者，夏竦輩之書也。

文八。　重二。

用 用 可施行也。从卜中。衞宏説。卜中，則可施行，故取以會意。余訟切，九部。凡用之屬皆从用。

用 用 古文用。

甫 甫 男子之美偁也。《春秋》：「公及邾儀父盟于蔑。」《穀梁傳》曰：「儀，字也。父猶傅也，男子之美稱也。」《士冠禮》「字辭曰，伯某甫，仲、叔、季，惟其所當」。注：「伯、仲、叔、季，長幼之稱。甫是丈夫之美稱。」按，甫者，男子美偁。某甫者，若言尼甫、嘉甫、孔甫，謂之「且字」。且者，薦也。五十以伯仲，乃謂之字。以下一字爲伯仲叔季之薦，故曰且字也。甫則非字，凡男子皆得偁之。以男子始冠之偁，引伸爲始也，又引伸爲大也。从用父。可爲人父也。父亦聲。鍇本無。方矩切，五部。《士冠禮》甫作父，他經某甫之甫亦通用父，同音假借也。

庸 庸 用也。疊韵。从用庚。會意。余封切，九部。庚，更事也。庚、更同音。説從庚之意。《易》曰：「先庚三日。」《巽》九五爻辭。「先庚三日」者，先事而圖更也。引以證用庚爲庸，與麓、豐引《易》同意。説見艸部麓下。

葡 葡 具也。具，供置也。人部曰：「備，慎也。」然則防備字當作備，全具字當作葡。義同而略有區别。今則專用備而葡廢矣。从用，苟省。苟，己力切，自急敕也。敕，誡也。此會意。平祕切，古音在一部。苟亦聲也。

甯 甯 所願也。此與丂部寧音義皆同。許意寧爲願詈，甯爲所願，略區别耳。二字古皆平聲，故公孫寧儀行父，《公羊》作公孫甯也。《漢郊祀歌》「穰穰復正直往甯。」師古曰：「言獲福既多，歸於正道，克當往日所願也。甯音寧。」从用，寧省聲。此不云「寍省聲」，云「寧省聲」者，以形聲包會意也。乃定切，十一部。隸變作寕，非。

文五。　重一。

爻 交也。疊韵。《毄辭》曰：「爻也者，效天下之動者也。」象《易》六爻頭交也。胡茅切，二部。凡爻之屬皆从爻。

棥 藩也。艸部曰：「藩，屏也。」按，《齊風》：「折柳樊圃。」毛曰：「樊，藩也。」樊者，棥之假借。藩，今人謂之籬笆。籬，《説文》作「杝」。《通俗文》曰：「柴垣曰橻，木垣曰柵。」字作橻。六朝人謂之援。謝靈運云「激流植援」是也。从爻林。會意。附袁切，十四部。《詩》曰：「營營青蠅，止于棥。」《小雅》文。營營，言部引作「謍謍」。棥，今《詩》作「樊」。毛曰：「樊，藩也。」三章曰：「榛，所以爲藩也。」

文二。

㸚 二爻也。二爻者，交之廣也。以形爲義。故下不云「從二爻」。珏、秝，疑皆此例，無庸補「從二玉」、「從二余」也。《玉篇》力爾切，《廣韵》力紙切，云「㸚尒，布明白。象形也。」此附合爾之同韵爲音。大徐力几切。凡㸚之屬皆从㸚。

爾 麗爾，逗。猶靡麗也。麗爾，古語。靡麗，漢人語。以今語釋古語，故云猶。毛傳云：「糾糾猶繚繚也。」「摻摻猶纖纖也。」是此例也。後人以其與汝雙聲，假爲爾汝字。又凡訓如此、訓此者，皆當作尒，乃皆用爾。爾行而尒廢矣。从冂㸚。句。㸚，其孔㸚㸚。依《韵會》訂。冂，莫狄切。幎其外也。㸚㸚，猶歷歷也。从尒聲。兒氏切。周時在十五部，漢時在十六部。此與爽同意。爽之從大，猶爾之從冂。惟爽不諧聲耳。

爽 明也。爽本訓明，明之至而差生焉，故引伸訓差也。朝旦之時，半昧半明，故謂之早昧爽。日部曰：「昧爽，旦明也。」昧之字，《三蒼》作「曶」，云：「曶爽，早朝也。」《司馬相如傳》云：「疏逖不閉，曶爽得耀乎光明。」今本多「闇昧」二字，乃用注家語益之耳。从㸚大。其孔㸚㸚，明之露者盛也。疏兩切，十部。

爽 篆文爽。此字淺人竄補，當刪。爽之作爽，奭之作奭，皆隸書改篆，取其可觀耳。淺人補入《説文》，云此爲小篆。从㸚既同，何不先篆後古籀乎！凡若此等，不可不辨。

文三。　重一。當刪。

五十三部。　文六百三十七。宋本無七。　重百四十三。宋本三作五。　凡八千六百八十四字。此弟三篇都數。

附注：

① 《説文解字讀》此説引自玄應《一切經音義》卷十八、二十三。

② 先鄭注「讀如」本作「讀爲」，段氏改，説見《周禮漢讀考》。

③ 此二句，《釋名》今本無，據《廣韵·八乂》所引。

④原思即原憲，事見《韓詩外傳》卷一。

⑤「緰」當作「鞴」，是「紴」之重文。

⑥音義見《文選・聖主得賢臣頌》注引。

⑦《後書》，即《後漢書》。此當補「注」字。所引見「弓箭韇丸，一矢四發」句下注。

⑧所引係「周王赧使武公謂楚相昭子」之語，武公乃周之武公，非楚武公，段氏記誤。又語中「登」字是「吞」字之誤。

⑨《魚麗》毛傳作「庶人不數罟」，正義作「庶人不摠罟」。阮元校勘記：「緵總同字，摠又總之別體，當以正義本爲長。」

⑩《襍問志》，見《醢人》「酏食」下正義引。

⑪酈所引，見《水經注・河水四》「河水又東，永樂澗水注之」句下，李所引見《西京賦》「綴以二華」句下，皆作「掌華蹈襄」。襄指襄山，段氏誤引作「衺」。

⑫《廣韵・三十六養》，「仉」下注爲「姓」，「爪」下注爲「反爪」，不是一字之變，段氏誤解。

⑬二徐本此字説解皆作「設餁也」，《玉篇》七十二丮部作「谻，設食也」。

⑭《經典釋文・孝經》「諫諍」下音義「二士對戟曰鬭」，語相似而不謂引《説文》。

⑮見《吕氏春秋・慎行篇》，今本文及注字皆作「闔」。

⑯「王曰」是「吕延濟曰」之誤。見《文選》五臣注。

⑰依文例，「左」當作「ナ」，形近而誤，大小徐皆作「ナ」。

⑱「措」是「指」之誤。

⑲此暗引鄭注，見《周禮・内宰》「出其度量淳制」下，鄭用「純」爲淳，又「三」，鄭注作「四」，「咫」，鄭注作「䄷」。

⑳「近郊」當作「近郡」，段氏引誤。見《秋官》序官「司隸」下。

㉑「積杖杖」是「積竹杖」之誤。

㉒今本《廣雅・釋詁四》「炈」作「炈」，王念孫疏證據《集韵》引，改作炈。

㉓所引後三例，今本皆作「敺」。

㉔《釋名・釋飲食》：「瓠，蓄皮瓠以爲脯，蓄積以待冬月時用之也。」段引乃概述之語。

㉕「徹彼桑土」，見《鴟鴞》，毛傳：「徹，剥也。」不作「裂也」。「徹我牆屋」，見《十月之交》，「徹我疆土」，見《江漢》，「徹」皆無傳，段所引乃鄭箋之義。

㉖《文王》是《大明》之誤。

㉗《東京賦》是《西京賦》之誤。「㧊」，胡刻本作「衍」。段氏係據《玉篇》引。

㉘見《衞風・竹竿》，今作「滺」。此據《釋文》，段氏于《詩經小學》有説。

㉙此《士喪禮》指《既夕禮》。

㉚鄭箋「毀」上重「㮇」字，不當略。

㉛見《鄭風・遵大路》，今本作「無我魗兮」，毛傳：「魗，棄也。」鄭箋：「魗亦惡也。」釋文：「魗本作𣪠，又作𣫃。或云，市由反，鄭音爲醜。」

㉜「戈部肇」，肇是「肈」之誤。

說文解字第四篇上

金壇段玉裁注

旻 舉目使人也。此與言部詠音同義亦相似。《項羽本紀》「梁眴籍曰：可行矣。籍遂拔劍斬首頭。」①然則眴同旻也。目部曰：「旬，目搖也。」謂有目搖而不使人者。从攴目。動其目也。會意。凡旻之屬皆从旻。讀若颰。火劣切，十五部。

敻 營求也。營求者，圜帀而求之也。帀而求之，則不遐遺矣。故引伸其義爲遠也。《韓詩》：「于嗟敻兮。」云：「遠也。」《毛詩》作「洵」，異部假借字。从旻人在穴。依《韵會》訂。謂舉目使人之人臨穴也。合三字會意。朽正切，按，古音在十四部。《招䰟》：「挂曲瓊些。」與寒、湲、蘭、筵韵。藑字敻聲，角部觼或作鐍，皆可證也。《商書》曰：「高宗夢得說，使百工營求，得之傅巖。」《書·序》文。巖，穴也。此引《書·序》釋之，以說从穴之意。營求而得諸穴，此字之所以「从旻人在穴」也。與引《易》「先庚三日」說庸从庚之意同。鉉本改「營求」爲「敻求」，誤甚。山部云：「巖，岸也。」此云「穴也」者，厂部曰：「山石之厓巖，人可居也。」

闅 氏目視也。氏，各本「低」。按，人部無低，日部曰：「氏者，下也。」从旻，門聲。無分切，十三部。俗作「閿」。弘農湖縣有闅鄉。《後漢書》：「鄭興客授闅鄉。」注曰：「闅，建安中改作閿。」汝南西平有闅亭。

奭 大視也。也，《廣韵》作「皃」。从大旻。讀若齤。況晚切，《廣韵》巨員切，十四部。

文四。

目 人眼也。象形。重童子也。象形，總言之。嫌人不解二，故釋之曰：重其童子也。《釋名》曰：「瞳，重也。膚幕相裹重也。子，小稱也。主謂其精明者也。或曰眸子。眸，冒也。相裹冒也。」按，人目由白而盧，童而子，層層包裹，故重畫以象之。非如《項羽本紀》所云「重瞳子」也。目之引伸爲指目、條目之目。莫六切，三部。凡目之屬皆从目。

囼 古文目。口象面，中象眉目。江沅曰：外象匡，內象眊目。

眼 目也。《釋名》：「眼，限也。瞳子限限而出也。」从目，𥃩聲。五限切，古音在十三部。

睘 兒初生蔽目者。「蔽目」二字，各本作「瞥」，今依《篇》、《韵》正。蔽目，謂外有物雍蔽之，非牟子之翳也。从目，睘聲。方辯切，十四部。讀若告之謂調。語有譌奪，鉉遂刪之。

眩 目無常主也。《孟子》引《書》：「若藥不瞑眩。」《方言》：「凡飲藥而毒，東齊謂之瞑、眩。」《漢書》借爲幻字，「犛靬眩人」是也。二字音義皆相似。从目，玄聲。黃絢切，十二部。

眥　目匡也。謂目之匡當也。木部曰：「欟，匡當也。」《字林》作目厓。从目，此聲。在詣切，十五、十六部。

睞　目旁毛也。《玄應》曰：「睫，《説文》作睞。《釋名》作毦，云：捷，接也，插於目眶而相接也。」按，大鄭《周禮注》云：「無目眹謂之瞽，有目眹而無見謂之矇。」眹或作睞。無睞、有睞，即無眹、有眹也。从目，夾聲。子葉切，八部。

矊　盧童子也。《方言》：「黸童之子謂之矊，宋衛韓鄭之間曰鑠。」按，《方言》矊字，當是矊之字誤。郭釋爲「緜邈」，云與上文顥同，非也。緜邈可言目，而不可言子。盧童子者，《方言》所謂「黸瞳之子」也。盧，黑也。俗作矑。有單言矑者，《甘泉賦》「玉女無所眺其清矑」是也。童，重也。膚幕相裹重也。子，小稱也，主謂其精明者也。居冣中如縣然，故謂之矊。从目，縣聲。胡畎切，又胡涓切，十四部。

暿　目童子精暿也。當作「曰暿也」。精謂精光也，俗作睛。从目，喜聲。讀若《爾雅》「禧福」。禧，福也。見《爾雅·釋詁》。許其切，一部。

矏　目旁薄緻宀宀也。矏、宀疊韵。自部曰：「宀宀不見。」按，宀宀，微密之皃。目好者，必目旁肉好，乃益見目好。矏葢即《方言》之「顥」。《釋言》曰：「矏，密也。」引伸爲凡密之偁也。从目，臱聲。形聲包會意。武延切，十四部。

𥆤　大目也。从目，非聲。芳微切，十五部。

䁂　大目也。从目，臤聲。矦簡切，古音在十二部。

睅　大目也。《左傳》：「宋城者謳曰：睅其目。」杜曰：「睅，出目。」从目，旱聲。户版切，十四部。按，鉉本補「睆」篆，云或睅字。

暖　大目也。从目，爰聲。况晚切，十四部。

䛔　平目也。平目對出目、深目言之。今俗借爲欺謾字。从目，㒼聲。母官切，十四部。

睴　大目出也。目本大而又出其目也。《考工記》：「望其轂欲其眼也。」注：「眼，出大皃也。」陸云：「魚懇反。」按，此鄭謂眼爲睴之假借也。从目，軍聲。古鈍切，十三部。

矕　目矕矕也。《廣雅》曰：「矕，視也。」《馬融傳》：「右矕三塗，左概嵩嶽。」此《廣雅》義也。班固《答賓戲》：「矕龍虎之文。」孟康、蘇林皆曰：「矕，被也。」此雙聲之假借也。从目，䜌聲。武版切，十四部。

睔　目大也。从目，侖聲。古本切，十三部。《春秋傳》有鄭伯睔。見襄二年，三傳皆同。《古今人表》作「鄭成公綸」，顔曰：「工頑反。」又有「泠淪」，服虔曰：「淪音鰥。」皆音之轉也。

盼　白黑分也。《玄應書》引如此。《詩》曰：「美目盼兮。」見《衛風》。毛曰：「盼，白黑分也。」《韓詩》云：「黑色也。」馬融曰：「動目皃。」按，許从毛。**从目，分聲。**此形聲包會意。从毛，則以目分會意也。匹莧切，古音在十三部。按，盼、眄、盻三字，形近多互譌，不可不正。

盱 盱 目白皃。依《玉篇》訂。**从目，干聲。**古旱切，十四部。

眅 眅 多白眼也。多白眼，見《説卦》傳。**从目，反聲。**普班切，十四部。**《春秋傳》曰：**「曰」衍。**鄭游眅字子朙。**見《左傳・襄廿二年》。《釋文》古本、《五經文字》、《開成石經》皆从目，今俗本从日，誤。《戰國策》「田瞖」，高注：「瞖讀鄭游眅之眅。」姚宏曰：「瞖，恐是瞖，瞖同眅。」

睍 睍 目出皃也。依《玄應》訂。《考工記》曰：「湥其爪，出其目。」《邶風》：「睍睆黄鳥。」毛曰：「睍睆，好皃。」《韓詩》有「簡簡黄鳥」，疑毛作「睍睍」，韓作「簡簡」。睆，《説文》無，《詩》《禮記》有。《詩》古本又多作「晥」。《杕杜》傳云：「實皃。」《大東》傳云：「明星皃。」《檀弓》注云：「刮節目。」又許注《淮南》曰：「晥，謂目内白翳也。」大徐謂晥爲或睅字。**从目，見聲。**胡典切，十四部。

矔 矔 目多精也。矔之言灌注也。**从目，雚聲。**古玩切，十四部。《左傳》：宋大夫鱗矔。**益州謂瞋目曰矔。**此別一義。《方言》曰：「梁益之閒瞋目曰矔，轉目顧視亦曰矔。」

𥆧 𥆧 目精也。《吴都賦》：「鷹𥆧鶚視。」《鵔鸃賦》：「𥆧悍目以旁睞。」徐爰曰：「𥆧，視皃。」**从目，粦聲。**力珍切，十二部。

窅 窅 湥目皃。皃字依《玉篇》正。《靈樞經》：「按其腹，窅而不起。」《漢・禮樂志》：「窅窊桂華。」蘇林曰：「窅音窅胅之窅。」按，窅胅即今坳突字。《玄應》云：「《倉頡篇》作容突，上烏交切，墊下也；下徒結切，突也。葛洪《字苑》上作凹，陷也；下作凸，起也。」容突、凹凸，許皆不收。然則許用窅胅也。孟康云：「窅，出；窊，入。」葢對窊言之，則訓窅爲出。如徂之爲存，苦之爲快。**从穴中目。**烏皎切，二部。

眊 眊 目少精也。《孟子》：「胷中不正，則眸子眊焉。」趙曰：「眊者，蒙蒙目不明之皃。」《廣雅》：「眊眊，思也。」謂思勞而目少精也。或作「毷毷」。**从目，毛聲。**亡報切，二部。**《虞書》耄字从此。**按，《虞書》無耄字。僞《大禹謨》有之，非許所知也。惟《商書・微子》、《周書・吕刑》皆有耄，《吕刑》「耄荒」，《周禮注》引作「秏荒」，《漢・刑法志》作「眊荒」。《漢書》多以眊爲耄，豈許所據《書》作眊與？當云「《尚書》耄字如此」。此爲假借。

矘 矘 目無精直視也。《後漢・梁冀傳》：「洞精矘眄。」注引《説文》「目睛直視。」按，章懷因既曰「洞精」，遂改易《説文》爲「目睛直視」，非也。「洞精」者，謂其目精洞達；「矘眄」者，謂其流眄矘䁹。此固不妨竝行。《遠游》曰：「旹曖曃其矘莽。」王曰：「日月晻黮而無光也。」矘䁹猶矘莽。**从目，黨聲。**他朗切，十部。

睒 睒 暫視皃。《大玄》曰：「酒作失德，鬼睒其室。」此與

「高明之家，鬼瞰其室」語同也。《吴都賦》：「踸踔乎紭中，忘其所以睒睗。」《江賦》：「獱獺睒瞲乎厰空。」从目，炎聲。失冉切，八部。讀若「白蓋謂之苫」相似。謂讀與《爾雅·釋器》之苫字音略同也。

瞯 吴楚謂瞋目、顧視曰瞯。《方言》：「矔瞯，轉目也。梁益之閒瞋目曰矔，轉目顧視亦曰矔。吴楚曰瞯。」按，瞋目、顧視是二事，梁益皆曰矔，吴楚皆曰瞯也。从目，同聲。徒弄切，九部。

䀸 直視也。从目，必聲。讀若《詩》云「泌彼泉水」。《邶風》文。今《詩》作「毖」，泌之假借也。釋文云：「《韓詩》作秘，《説文》作䀸。」陸氏此語蓋誤。鉉本作「泌」，乃古本也。兵媚切，十五部。

瞴 瞴婁，逗。疊韵。微視也。《篇》、《韵》婁作瞜。从目，無聲。莫浮切，古音在五部。

𥄎 蔽人視也。鍇曰：「映人而視也。」从目，幵聲。讀若攜手。苦兮切，按，《廣韵》户圭切，十六部。一曰，直視也。

𥃳 𥄎，目或在下。

睌 睌䁝，逗。目視皃。从目，免聲。武限切，十四部。

眂 視皃也。馬融《長笛賦》：「特麚昏髟。」李曰：「昏，視也。髟，振髦也。」按，昏、眂一字也。與眂別，眂古文視，氏聲，在十五部。眂，氏聲，在十六部。宋元以來，尟有知氏、氏之不可通用者。从目，氏聲。承旨切，李善昌夷切，《廣韵》：「眂眂，役目也。是支切。」按，古音在支紙韵。

睨 衺視也。《左傳》：「余與褐之父睨之。」《中庸》：「睨而視之。」从目，兒聲。研計切，十六部。

䁋 氐目視也。从目，冒聲。亡保切，古音在三部。《周書》曰：「武王惟䁋。」《君奭篇》文。今書作「冒」。蓋古文以䁋爲冒也。

眓 視高皃。豁目字當作此。从目，戉聲。呼括切，十五部。讀若《詩》曰：「施罟濊濊。」許四引《衛風》此句，而此與「罛」下作「濊濊」，不誤。水部作「濊濊」，大部作「濊濊」，宋刻「泧泧」，皆誤也。説詳水部「濊」下。

眈 視近而志遠。謂其意湥沈也。馬云：「虎下視皃。」从目，冘聲。丁含切，八部。《易》曰：「虎視眈眈。」《頤》六四爻辭。

𥇛 相顧視而行也。从目，从延，延亦聲。于線切，《廣韵》以然切，十四部。

盱 張目也。張載注《魏都賦》「盱衡」曰：「眉上曰衡。」

盱，舉眉大視也。」《釋詁》：「盱，憂也。」此引伸之義。凡憂者，亦有張目直視者也。《毛詩·卷耳》曰：「盱，憂也。」《何人斯》、《都人士》皆無傳。然則三詩皆作「盱」，訓憂。今《卷耳》作「吁」，誤也。鄭箋盱爲「病」，又憂之引伸之義。**从目，亏聲。**況于切，五部。**一曰，朝鮮謂盧童子曰盱。**《方言》：「矑瞳之子，燕代朝鮮洌水之閒曰盱，或謂之揚。」

睘 **目驚視也。**《唐風》毛傳曰：「睘睘，無所依也。」許不从毛者，許說字非說經也。製字之本義則尒，於从目知之。**从目，袁聲。**渠營切。按，袁聲當在十四部，《毛詩》與青、姓韵，是合音也。**《詩》曰：「獨行睘睘。」**

瞳 **視而不止也。**不字依《廣韵》補。**从目，亶聲。**旨善切，十四部。

昒 **目冥遠視也。**冥當作「瞑」，目雖合而能遠視也。**从目，勿聲。**莫佩切，《廣韵》莫拜切，十五部。**一曰，久視也。**依《廣韵》補視。**一曰，旦昒也。**《玉篇》引《說文》無此五字，妄人所增也。《漢書·敘傳》：「昒昕寤而仰思。」孟康曰：「昒昕，早旦也。」韋昭曰：「音妹，又音忽。」《司馬相如傳》：「曶爽闇昧得燿乎光明。」②司馬貞引《三蒼》：「曶爽，早朝也。」音妹。《字林》音忽。然則昒、曶一字也，與昧同。故日部有昧無昒，不知何人寫《幽通賦》譌作昒，而仍其誤者於《說文》增竄五字。

盻 **目有所恨而止也。**《左傳》曰：「夫寵而不驕，驕而能降，降而不憾，憾而能眕者，鮮矣。」許語蓋古《左傳》說。《釋言》：「眕，重也。」重亦止意。**从目，㐱聲。**之忍切，十三部。

瞟 **瞭也。**今江蘇俗謂以目伺察曰瞟，音如飄，上聲。**从目，票聲。**敷沼切，二部。

䁮 **察也。**《魏都賦》：「有䁮呂梁。」䁮、察疊韵。**从目，祭聲。**戚細切，十五部。

睹 **見也。从目，者聲。**當古切，五部。

覩 **古文从見。**按，《篇》、《韵》皆不言覩爲古文。

眔 **目相及也。**隶，及也。石經《公羊》「祖之所逮聞。」今本作「逮」。《中庸》：「所以逮賤。」釋文作「遝」。此眔與隶音義俱同之證。**从目，隶省。**會意。**讀若與隶同也。**眔，徒合切，在八部。隶在十五部。云同者，合音也。

睽 **目不相聽也。**聽，猶順也。二女志不同行，猶二目不同視也，故卦曰《睽》。人部倸即睽。**从目，癸聲。**苦圭切，十五部。

眛 **目不明也。**《吳都賦》：「相與眛潛險，搜怪奇。」③劉曰：「眛，冒也。」李曰：「《說文》：眛，門撥切，謂之潛隱之穴也。」撥，俗本作廢。**从目，末聲。**莫撥切，十五部。

⿱般目 **轉目視也。**般，辟也。象舟之旋，故般目爲轉目。《戰國策》有田⿱般目。**从目，般聲。**薄官切，十四部。

⿲辛目辛 小兒白眼視也。依《廣韻》補視字。从目，辡聲。蒲莧切，《廣韻》匹莧切，十四部。

眽 目財視也。財，當依《廣韻》作「邪」，邪當作「衺」。此與𠂢部覛音義皆同。財視非其訓也。𠂢者，水之衺流别也。《九思》：「目眽眽兮寤終朝。」注曰：「眽眽，視貌也。」《古詩十九首》：「眽眽不得語。」李引《爾雅》：「眽，相也。」郭璞曰：「眽眽謂相視貌。」按，今《釋詁》無郭注④。釋文曰：「覛字又作眽。」《五經文字》有眽字。《文選》眽皆系眽之譌。从目，𠂢聲。形聲包會意。莫獲切，十六部。

⿰目條 失意視也。《魏都賦》：「吳蜀二客⿰目條焉失所。」李引同。从目，條聲。各本从脩聲，作⿰目脩。按，⿰目條音他狄反，猶滌之切亭歷，皆於條取聲，脩聲不得切他狄也。譌爲⿰目脩，乃溷同眘字，而《篇》、《韵》皆曰敕周切矣。今依《魏都賦》正。古音在三部，《唐韵》他歷切。

⿰目享 謹鈍目也。从目，𦎫聲。之閏切，十三部。

瞤 目動也。《素問》：「肉瞤瘛。」注：「動掣也。」《西京襍記》：「陸賈曰：目瞤得酒食。」从目，閏聲。如匀切，十三部。

矉 恨張目也。从目，賓聲。符真切，十二部。《詩》曰：「國步斯矉。」《大雅》文。《毛詩》作「頻」，云：「頻，急也。」鄭云：「頻猶比也。哀哉國家之政，行此禍害比比然。」頻字絕非假借。此作矉者，蓋《三家詩》。許偁毛而不廢三家也。又按，《通俗文》：「蹙頞曰矉。」矉者，顰之假借。

眢 目無眀也。《左傳》：「目於眢井。」井無水，若目無眀，故曰眢井。从目，夗聲。讀若委。大徐一丸切，刪「讀若委」三字，非也。此與《小雅·谷風》怨讀如萎一例，合音也。《左傳音義》烏丸反，引《字林》「眢，井無水也，一皮反」。一皮，即委之平聲，古讀如此。《集韵·五支》「邕危切」，即一皮也。近刊《繫傳》者，益一字云：「讀若宛委」，謂讀若宛，誤甚。

睢 仰目也。《五行志》：「萬衆睢睢。」《莊子》：「而目睢睢。」又「恣睢」讀去聲，暴戾也。从目，隹聲。許惟切，十五部。

旬 目搖也。《項羽本紀》：「梁眴籍曰：可行矣。」从目，勻省聲。黄絢切，十二部。

眴 旬或从目旬。旬聲。

矆 大視皃。依《廣韵》作「皃」。《魏都賦》：「⿰忄蒦焉失容。」⑤李曰：「今本作⿰目矍，大視也。」从目，蒦聲。按，《篇》、《韵》皆⿰目矍爲正字，矆爲或字。許縛切，五部。

睦 目順也。从目，坴聲。莫卜切，《廣韵》莫六切，三部。一曰，敬和也。五字疑後增。古書睦、穆通用。如《孟子》注：「君臣集穆。」《史記》「旼旼睦睦」，《漢書》作「旼旼穆穆」，是也。穆多訓敬，故於睦曰敬和。

⿱圥目 古文睦。按，此从古文目，圥聲也。各本作⿱圥囧，則从囧，非字意也。今依戴氏《六書故》正。凡从𦣝之字，皆當作此。○江沅曰：不必依。

瞻 臨視也。《釋詁》、毛傳皆曰：「瞻，視也。」許別之云「臨視」。今人謂仰視曰瞻，此古今義不同也。从目，詹聲。職廉切，八部。

瞀 氐目謹視也。氐，各本作「低」，今从宋本。《玉篇》云：「目不明皃。」按，《洪範》曰：「雺，恒風若」，《尚書大傳》作「瞀」，《宋世家》作「霧」，《漢書·五行志》作「霿」，《宋書》、《隨書·五行志》作「瞀」。《班志》云「區霿」，服虔云：「人儛瞀」，《荀卿》云「儛猶瞀儒」。他書或云「嫯瞀」，或云「瞀瞀」，或云「怐愗」。《說文》子部云「穀瞀」，皆謂冒亂不明。其字則霿爲正字，雨部云：「霿，晦也。」从目，敄聲。莫候切，三部。

䁝 小視也。《大玄》：「旌旗絓羅，干戈蛾蛾。師孕唁之，哭且䁝。」注：「䁝音麻，竊視之稱。」从目，買聲。莫佳切，十六部。《大玄》與十七合韵。

⿰目監 視也。《釋詁》：「監、瞻、臨、涖、頫、相，視也。」按，《釋文》曰：「監字又作⿰目監。」然則《小雅》「何用不監」，亦可作「⿰目監」，⿰目監亦當爲臨視也。从目，監聲。古銜切，八部。

䁈 省視也。如晝姓之明也。从目，啓省聲。苦系切，十五部。

相 省視也。《釋詁》、毛傳皆云：「相，視也。」此別之云「省視」，謂察視也。从目木。會意。息良切，十部。按，目接物曰相，故凡彼此交接皆曰相。其交接而扶助者，則爲相瞽之相，古無平、去之別也。《旱麓》⑥、《桑柔》毛傳云：「相，質也。」質謂物之質與物相接者也。此亦引伸之義。《易》曰：「地可觀者，莫可觀於木。」此引《易》說从目木之意也。目所視多矣，而从木者，地上可觀者莫如木也。《五行志》曰：「說曰：木，東方也。於《易》，地上之木爲觀。」顔云：「坤下巽上，觀。巽爲木，故云地上之木。」許蓋引《易·觀卦》說也。此引經說字形之例。《詩》曰：「相鼠有皮。」《庸風》文。

瞋 張目也。此與言部謓義略同。从目，真聲。昌真切，十二部。

⿰目戌 祕書瞋从戌。祕書，謂緯書。易部亦云「祕書說日月爲易，象陰陽也。」戌聲、真聲同在十二部。

⿰目鳥 目孰視也。孰、熟正俗字。从目，鳥聲。讀若雕。都僚切，二部。

睗 目疾視也。鍇本疾作「孰」，非。古睒、睗聯用，雙聲字也。《韵會》引鍇本作「目急視」，毛晃《增韵》、《龍龕手鑑》皆作急。从目，易聲。施隻切，十六部。

⿰目肙 視皃也。《孟子》引晏子「⿰目肙⿰目肙胥讒」，趙曰：「⿰目肙⿰目肙，側目相視。」从目，肙聲。於絢切，《廣韵》古縣切，十四部。

⿰目窅 目突皃也。从目窅。會意。於悅切，十五部。

讀若《易》曰「勿衈」之衈。見《夬》九二爻辭。

睼 迎視也。《小雅》：「題彼脊令。」毛云：「題，視也。」按，題者，睼之假借。从目，是聲。他計切，十六部。讀若珥瑱之瑱。此合韵也。如祇、振之比。《廣韵》他甸切本此。

𥈅 目相戲也。《方言》：「𥈅、略，視也。東齊曰𥈅，吳楊曰略。凡以目相戲曰𥈅。」从目，晏聲。於殄切，十四部。《詩》曰：「𥈅婉之求。」《邶風》文。按，今《詩》作「燕婉」，毛曰：「燕，安也。婉，順也。」許所據作「𥈅」，豈毛謂𥈅爲晏之假借，後人轉寫改爲燕與？抑《三家詩》有作𥈅者與？

𥈆 短突目皃也。上文曰窅，曰䁘，皆謂「湥目」。此云「短湥」者，目匡短而目湥窒圓𥈆然，如搯目也。故从𥃩。从目，𥃩聲。形聲包會意。烏括切，十五部。

睠 顧也。《大東》：「睠言顧之。」毛曰：「睠，反顧也。」睠同眷。《小明》云：「睠睠懷顧。」《皇矣》云：「乃眷西顧。」凡顧眷並言者，顧者，還視也，眷者，顧之湥也。顧止於側而已，眷則至於反，故毛云「反顧」，許渾言之，故云「顧也」。引伸之，訓爲眷屬。《史記》作婘。从目，𢍏聲。居倦切，十四部。《詩》曰：「乃眷西顧。」

督 察視也。視字依師古《漢書注》補。凡師古引《說文》，多有不言《說文》曰者。《車千秋傳》：「詔丞相、御史督二千石求捕。」又曰：「宜有以教督。」按，六經但言「董」，董即督也。督者，以中道察視之。人身督脈，在一身之中。衣之中縫，亦曰督縫。从目，叔聲。冬毒切，三部。叔省作督。一曰，目痛也。鍇本痛作「病」，誤。

看 睎也。从手下目。鍇曰：「宋玉所謂揚袂障日而望所思也。此會意。」苦寒切，十四部。

𥄫 看或从倝。倝聲。

睎 望也。《西都賦》曰：「睎秦嶺。」古多假希爲睎。如《公孫弘傳》「希世用事」⑦，《晉・虞溥傳》「希顔之徒」是也。从目，希聲。《說文》無希篆，而希聲字多有，然則希篆奪也。香衣切，十五部。海岱之閒謂眄曰睎。《方言》：「睎，眄也。東齊青徐之閒曰睎。」

瞫 湥視也。瞫、湥疊韵。見其底裏曰湥視。一曰，下視也。別一義。又，竊見也。又一義。从目，覃聲。式荏切，七部。《左傳》有晉人狼瞫。

眝 長眙也。《外戚傳》：「飾新宮以延眝。」此眝正眝之誤。延眝⑧，謂長望也。凡辭章言「延佇」者，亦皆當作眝。《說文》無佇、竚字，惟有宁字，宁、佇、竚皆訓立，延眝非謂立也。《九章》：「思美人兮，擥涕而竚眙。」王逸云：「竚立悲哀。」《文選》注：「佇眙，立視也。」此則訓立，然作「眝眙」，亦無不可。从目，宁聲。陟呂切，五部。一曰，張眼。《廣韵》亦作眼。

眙 眙 直視也。《方言》：「眙，逗也。西秦謂之眙。」郭曰：「眙謂住視也。」按，眙、瞪古今字。敕吏、丈證古今音。《廣韵·七志》作眙，《四十七證》作瞪，别爲二字矣。而瞪下云：「陸本作眙。」攷《玄應》引《通俗文》云：「直視曰瞪。」是知眙之音，自一部轉入六部，因改書作瞪，陸法言固知是一字也。从目，台聲。丑吏切，一部。

睇 睇 小衺視也。依《小雅·小宛》正義。言小衺視者，别於睨爲衺視也。《周易》「夷於左股」，夷，子夏作睇。鄭、陸同，云「旁視曰睇。」京作眱。按，眱亦睇字也。《夏小正》：「來降燕乃睇。」睇者，眄也。《内則》：「不敢睇視。」鄭曰：「睇，傾視也。」从目，弟聲。特計切，十五部。南楚謂眄睇。謂眄曰睇也。眄爲「衺視」，睇爲「小衺視」者，析言之，此渾言之。《方言》曰：「睇，眄也。陳楚之閒，南楚之外曰睇。」

略 略 眄也。《方言》：「略，眄也。吴楊江淮之閒或曰瞯，或曰略。」从目，各聲。盧各切，五部。

盻 盻 恨視也。《孟子》引龍子曰：「爲民父母，使民盻盻然，將終歲勤動，不得以養其父母，又稱貸而益之。」趙云：「盻盻，勤苦不休息之貌。」按，丁公著本盻作「肹肹」，據趙注，則肹近是。作盻者，譌字也。从目，兮聲。胡計切，十六部。孫奭引《説文》五禮切。○按自盯而下，各本失其原次，今正之。

睡 睡 坐寐也。知爲坐寐者，以其字从垂也。《左傳》曰：「坐而假寐。」《戰國策》：「讀書欲睡。」从目垂。宋本無「聲」字，此以會意包形聲也。目垂者，目瞼垂而下，坐則爾。是僞切，古音在十七部。

瞑 瞑 翕目也。《釋詁》、毛傳皆曰：「翕，合也。」《莊子》：「晝瞑」，「據槁梧而瞑」，引伸爲瞑眩。从目冥。《韵會》引小徐曰：「會意。」此以會意包形聲也。武延切，按，古音在十一部。俗作「眠」，非也。

眚 眚 目病生翳也。《玄應》曰：「翳，《韵集》作瞖。」眚，引伸爲過誤。如「眚災肆赦」，「不以一眚掩大德」是也。又爲災眚。李奇曰：「内妖曰眚，外妖曰祥」是也。又假爲減省之省。《周禮》：「馮弱犯寡則眚之。」注：「眚猶人省瘦也，四面削其地。」按，省瘦亦作瘠瘦，俗云瘦省。从目，生聲。所景切，十一部。

瞥 瞥 過目也。倏忽之意。《莊子》作「覕」。又，目翳也。障蔽之意。从目，敝聲。普滅切，十五部。一曰，財見也。財，今之纔字。此似前義足以包之。

眵 眵 目傷眥也。《釋名》曰：「目眥傷赤曰䁾。䁾，末也。創在目兩末也。」許謂目傷眥曰眵，與劉異。从目，多聲。叱支切，古音在十七部。一曰，蔑兜也。蔑各本譌作「瞢」，今依《玄應》正。蔑兜者，今人謂之眼眵是也。韓愈曰：「兩目眵昏。」此與上義别。二病常相因，而有不相兼者。

蔑 蔑 蔑兜，逗。目眵也。各本無「蔑兜」二字，今依《玄應書》卷十、卷廿一補。蒙上弟二義言之。宋玉《風賦》：「中脣爲胗，得目爲蔑。」《吕氏春秋》：「氣鬱處目則爲䁾。」高注：「䁾，眵也。」按，蔑者，假借。䁾者，或體。蔑兜，見部作「覕」，云：「目蔽垢。」从目，蔑省聲。莫結切，十五部。

映 睊也。按，鍇作「睊也」，鉉作「涓目也」，皆誤。假令訓明，則當與睊字類廁。自眚而下，皆系目病。《廣韵》云：「映，目患。」可以得其解矣。刀部曰：「削，一曰窒也。」此「睊也」當作「削目」，謂窒目也。窒，下也。从目，夬聲。古穴切，十五部。

眼 目病也。《急就篇》「眵瞢眼」，顏曰：「眼，目視不正也。」《雷公炮炙論・序》云：「目辟眼雖，有五花而自正。」注：「五加皮是也。」从目，良聲。力讓切，十部。

眛 目不明也。今音眛在末韵，眛在隊韵。攷从末之字，見於《公》、《穀》二傳及《吳都賦》，从末之字，未之見。其訓皆曰「目不明」，何不類居而畫分二処？且《玉篇》於眼、瞷二字之閒，云：「眛，莫達切。目不明。」葢依《說文》舊次。則知《說文》原書从末之眛當在此，淺人改爲从未，則又增从末之眛於前也。从目，未聲。莫佩切，十五部。

瞷 戴目也。戴目者，上視如戴然。《素問》所謂「戴眼」也，諸書所謂「望羊」也。目上視則多白，故《廣韵》云：「瞷，人目多白也。」《爾雅・釋嘼》：「一目白，瞯。」瞯同瞷，亦作驏。引伸爲闚伺之義。如《孟子》：「王使人瞷夫子」是。从目，閒聲。户閒切，十四部。按，此字諸書多从閑，作「瞯」。江淮之閒謂眄曰瞷。眄，各本作「眂」，依宋本及《集韵》正。《方言》：「瞷，眄也。吳楚江淮之閒或曰瞷，或曰路。」

眯 艸入目中也。《莊子》：「簸糠眯目。」《字林》云：「眯，物入眼爲病。」然則非獨艸也。从目，米聲。莫禮切，十五部。

眺 目不正也。按，《釋詁》、《說文》皆云：「覜，視也。」然則覜望字不得作「眺」。《月令》：「可以遠眺望。」系假借。小徐注引《射雉賦》：「目不步體，衺眺旁剔。」徐爰曰：「視瞻不正，常驚惕也。」此眺字本義。从目，兆聲。他弔切，二部。

睞 目童子不正也。目精注人，故从來。屈賦所謂「目成」也。《洛神賦》：「明眸善睞。」李曰：「睞，旁視。」从目，來聲。洛代切，一部。

睩 目睞謹也。睩睩，謹皃也。故睩爲目睞之謹。言注視而又謹畏也。《招䰟》：「娥眉曼睩目騰光。」王曰：「好目曼澤，時睩睩然視，精光騰馳，感人心也。」从目，录聲。讀若鹿。盧谷切，三部。

脩 眣也。唐人小說：術士相裴夫人目脩而緩，主淫[9]。俗誤脩長之脩。从目，攸聲。敕鳩切，三部。

𥄎 脩或从丩。

眣 目不從正也。鉉無「從」字，非。自眺至此，皆狀目之邪，所謂「匈中不正」者也。按，《公羊傳・文六年》[10]：「眣晉大夫使與公盟也。」何云：「以目通指曰眣。」《成二年》：「郤克眣魯衞之使，使以其辭而爲之請。」釋文字皆从矢，云：「眣音舜，本又作眣，丑乙反，又大結反。」《五經文字》曰：「眣音舜，見《春秋傳》。」《開成石經・公羊》二皆作「眣」。疑此字从矢會意，从失者，其譌體。以譌體改《說文》，淺人無識之故也。陸云「又作眣」而已，未嘗云《說文》作眣也。許云「目不从正」者，《公羊》兩言眣皆不以正也。从目，失聲。丑栗切，十二部。

矇 童蒙也。此與《周易》「童蒙」異，謂目童子如冡覆也。毛公、劉熙、韋昭皆云：「有眸子而無見曰矇。」鄭司農云：「有目眹而無見謂之矇。」其意略同。毛說爲長，許主毛說也。《禮記》：「昭然若發矇。」謂如發其覆。从目，蒙聲。莫中切，九部。一曰，不明也。此泛言目不明，爲別一義。

眇 小目也。各本作「一目小也」，誤。今依《易》釋文正。《履》：「六三，眇能視。」虞翻曰：「《離》目不正，《兑》爲小，故眇而視。」《方言》曰：「眇，小也。」《淮南・說山訓》：「小馬大目，不可謂大馬。大馬之目眇，謂之眇馬。物有似然而似不然者。」按，眇訓小目，引伸爲凡小之偁，又引伸爲微妙之義。《說文》無妙字，眇即妙也。《史記》：「户說以眇論。」即妙論也。《周易》：「眇萬物而爲言。」陸機賦：「眇衆慮而爲言。」皆今之妙字也。从目少。鍇曰：「會意。」按，物少則小，故从少，少亦聲。亡沼切，二部。

眄 目偏合也。偏，各本作「徧」，誤。今依《韵會》正。偏，帀也。帀，周也。周，密也。瞑爲臥，眄爲目病。人有目皆全合而短視者，今眄字此義廢矣。从目，丏聲。莫甸切，古音當在十二部。讀如泯。一曰，衺視也。秦語。《方言》：「瞯、睇、睎、略，眄也。自關而西秦晉之閒曰眄。」薛綜曰：「流眄，轉眼貌也。」

盲 目無牟子也。牟，俗作「眸」。趙注《孟子》曰：「眸子，目瞳子也。」《釋名》曰：「眸，冒也。相裹冒也。」毛傳曰：「無眸子曰瞍。」鄭司農、韋昭皆云：「有目無眸子謂之瞍。」許云目無牟子謂之盲，說與毛、鄭異。無牟子者，白黑不分是也。今俗謂青盲。从目，亾聲。武庚切，古音在十部。

䁍 目陷也。《廣雅》：「䁍，陷也。」引伸爲凡陷之偁。从目，咸聲。苦夾切，古音在七部。

瞽 目但有眹也。眹，俗作「眹」，誤。眹从舟，舟之縫理也。引伸之，凡縫皆曰眹。「但有眹」者，才有縫而已。《釋名》曰：「瞽，鼓也。瞑瞑然目平合如鼓皮也。」眄者，目合而有見。瞽者，目合而無見。按，鄭司農云：「無目眹謂之瞽。」韋昭云：「無目曰瞽。」皆與許異。从目，鼓聲。公户切，五部。

瞍 無目也。無目與無牟子別。無牟子者，黑白不分；無目者，其中空洞無物。故《字林》云：「瞍，目有眹無珠子也。」瞽者，才有眹而中有珠子；瞍者，才有眹而中無珠子。此又瞽與瞍之別。凡若此等，皆對文則別，散文則通。如《詩》箋云：「瞽，矇也。」《史記》云：「瞽叟盲。」皆是散文則通也。人偁爲瞽叟，其實則盲者也。凡作「瞽瞍」者，字誤也。《國語》：「瞽獻曲，瞍獻賦，矇誦。」此對文則別也。从目，叜聲。穌后切，古音在三部。

䁝 䁝惑也。䁝惑，雙聲字。各本誤刪「䁝」，今依《廣韻》補。《淮南鴻烈》、《漢書》皆假營爲䁝。高誘注每云：「營，惑也。」不誤。小顏多拘牽營字本義，訓爲「回繞」，非也。營行而䁝廢。从目，熒省聲。熒，各本作「榮」，今正。凡營、塋、罃、鎣、褮、縈、禜字，皆曰「熒省聲」，而此字尤當从熒會意。熒者，火光不定之皃。火星偁熒惑。戶扃切，十一部。

睉 小目也。从目，坐聲。昨禾切，十七部。鉉等曰：「《尚書》：元首叢睉哉。今睉从肉，非是。」按，脞，馬、鄭皆以小釋之，許書無脞，因改爲睉，此恐肊決專輒。攷《玄應書》卷一於睉字云：出《字林》，不云出《說文》，許書睉疑後增。

𥄎 捾目也。捾，搯也。《吳語》、《吳世家》皆云子胥以手抉目是也。从目叉。「目叉」者，目爲叉捾也。會意。烏括切，十五部。

瞚 開闔目數搖也。「開闔目」，《玄應》本作「目開閉」。闔，「一曰，閉也」。《左傳》：「臾駢曰：使者目動而言肆，懼我也。」目動者，開閉數搖也。《呂覽》曰：「夫死，其視萬歲猶一瞚也。」《莊子》：「兒子終日視而目不瞚。」此皆瞚字本義。凡謂與《公羊》「眣」同者，非也。旬爲目搖，瞚爲目數搖，皆不必以目使人，惟眣主以目通指。从目，寅聲。舒閏切。按，寅聲當在十二部。《莊釋文》因或作瞬，統音舜耳。

𥈅 目不眀也。从目，弗聲。普未切，十五部。按，此疑即昒之或字。

文百十三。重九。宋本作八。

䀠 ナ又視也。ナ又，各本作「左右」，非也，今正。凡《詩・齊風》《唐風》、《禮記・檀弓》《曾子問》《雜記》《玉藻》，或言瞿，或言瞿瞿⑪，蓋皆䀠之假借，瞿行而䀠廢矣。瞿下曰：「鷹隼之視也。」若毛傳，於《齊》曰「瞿瞿，無守之皃。」於《唐》曰「瞿瞿然顧禮義也。」各依文立義，而爲驚遽之狀則一。从二目，會意。凡䀠之屬皆从䀠。讀若拘。又若「良士瞿瞿」。九遇切，五部。

𥄕 目圍也。圍，當作「回」。回，轉也。从䀠、ㄏ。會意。ㄏ下曰：「抴也。明也。」讀若書卷之卷。𥄕與眷顧義相近，故讀同書卷。居倦切，十七部。古文㠯爲醜字。醜，鉉本作「醜」，誤。醜與𥄕卷部分遠隔也。醜者，姡也。面部曰：「面見人也。从面見。」古文作𥄕，蓋亦謂徒有二目見人而已。古音同在十四部，故得相假借。

𡘋 目衺也。从䀠，从大。大，人也。「大人也」三字疑非是。𡘋與爽、奭同意。爽之明大，奭之盛大，𡘋之目衺淫視者大，故皆从大會意。舉朱切。𡘋字从此，以《小雅》仇讀爲𡘋求之，古音在三四部。

文三。

眉 目上毛也。人老則有長眉。《豳風》、《小雅》皆言「眉壽」，毛曰：「豪眉也。」又曰：「秀眉也。」《方言》：「眉、黎、耋、鮐，老也。東齊曰眉。」《士冠禮》古文作「麋」，《少牢饋食禮》古文作「微」，皆假借字也。从目，象眉之形。謂𠃌。上象頟理也。謂𠆢在兩眉上也，並二眉，則頟理在眉閒之上。武悲切，十五部。凡眉之屬皆从眉。

省 視也。省者，察也。察者，覈也。漢禁中謂之省中。師古曰：「言入此中者，皆當察視，不可妄也。」《釋詁》曰：「省，善也。」此引伸之義。《大傳》曰：「大夫有大事，省於其君。」謂君察之而得其大善也。从眉省，从屮。屮音徹，木初生也，財見也。从眉者，未形於目也。从屮者，察之於微也。凡省必於微，故引伸爲減省字。《說文》有渻、媘二字，然經傳多作省。所景切，亦息井切，十一部。

省 古文省从少囧。按，囧非也，古文目作⊙，此與𥄉皆從之。从少目者，少用其目，省之用甚微也。

文二。　重一。

盾 瞂也。經典謂之干，戈部作戰。所㠯扞身蔽目。用扞身，故謂之干。毛傳曰：「干，扞也。」用蔽目，故字从目。从目，各本少二字，今依《玄應》補。象形。鍇曰：「厈象盾形。」按，今鍇本或妄增「厂聲」二字。食閏切，十三部。《廣韵》食尹切。凡盾之屬皆从盾。

瞂 盾也。《秦風》：「蒙伐有苑。」毛曰：「伐，中干也。」《周禮·司兵》：「掌五盾。」鄭曰：「五盾，干櫓之屬。其名未盡聞也。」按，木部及韋昭曰：「大楯曰櫓。」則中干次之。盾之大小，略見於《釋名》。毛云「中干」，析言之；《方言》及許統言之。《方言》曰：「盾，自關而東謂之瞂，或謂之干。關西謂之盾。」作瞂者，或體也。作伐者，假借字。《蘇秦傳》作吷。从盾，犮聲。扶發切，十五部。

⿰盾圭 盾握也。人所握処也。其背脊隆処曰瓦，見《左傳》。从盾，圭聲。苦圭切，十六部。

文三。

自 鼻也。象鼻形。此以鼻訓自，而又曰「象鼻形」。王部曰：「自讀若鼻。今俗以作始生子爲鼻子是。」然則許謂自與鼻義同音同，而用自爲鼻者絶少也。凡从自之字，如尸部「眉，臥息也」，言部「詯，膽气滿，聲在人上也」，亦皆於鼻息會意。今義從也，己也，自然也，皆引伸之義。疾二切，十五部。凡自之屬皆从自。

𦣻 古文自。

臱 宀宀不見也。臱、宀，疊韵。宀，交覆㴱屋也。宀宀，密緻皃。《毛詩》曰「緜緜」，《韓詩》曰「民民」，其實一也。闕。上从自，下不知其何意，故云闕。謂闕其形也。武延切，古音如民，十二部。

文二。　重一。

白　此亦自字也。省自者，詞言之气从鼻出，與口相助。詞者，意内而言外也。言从口出，而气从鼻出，與口相助，故其字上从自省，下从口，而讀同自。疾二切，十五部。凡白之屬皆从白。

皆　俱詞也。司部曰：「詞者，意内而言外也。」其意爲俱，其言爲皆。以言表意，是謂意内言外。人部俱下曰：「皆也。」是謂轉注。又偕下曰：「一曰，俱也。」則音義皆同。从比，从白。从比會意。古諧切，十五部。

魯　鈍詞也。孔注《論語》曰：「魯，鈍也。」《左傳》：「魯人以爲敏。」謂鈍人也。《釋名》曰：「魯，魯鈍也。國多山水，民性樸鈍。」按，椎魯、鹵莽，皆即此。从白，魚聲。各本作「羨省聲」。按，羨从差省聲，在古音十七部，今之歌麻韵。魯字古今音皆在五部，蓾、櫓字用爲諧聲。古文以旅爲魯，則羨爲淺人妄改也。今正。郎古切，五部。《論語》曰：「參也魯。」《先進篇》文。

者　别事詞也。言主於别事，則言者以别之。《喪服經》：「斬衰裳，苴絰杖絞帶，冠繩纓，菅屨者。」注曰：「者者，明爲下出也。」此别事之例。凡俗語云「者箇」、「者般」、「者回」，皆取别事之意。不知何時以迎這之這代之。這，魚戰切。从白，𣥂聲。𣥂，古文旅。㫃部曰：「𣥂，古文旅。」者之偏旁乃全不類，轉寫之過也。之也切，古音在五部。讀如煑。

疇　詞也。凡毛傳之例云「辭也」，如《芣苢》之薄，《漢廣》之思，《草蟲》之止，《載馳》之載，《大叔于田》之忌，《山有扶蘇》之且，皆是。《説文》之例云「某詞」，自部外，吹爲詮詞，矣爲語已詞，矧爲況詞，曶爲出气詞，各爲異詞，粤爲驚詞，尒、詞之必然也，曾、詞之舒也，皆是。然則「詞也」二字非例，當作「誰詞也」三字。《堯典》言「疇若予」者二，皆訓誰。則言「疇咨若」者二，亦必同。疇咨，當先咨後疇，語急故尒。壁中古文字作𠃬，古字也。《爾雅》：「疇、孰，誰也。」字作疇，今字也。許以疇爲假借字，𠃬爲正字。故口部曰：「𠃬，誰也。」則又𠃬、疇爲古今字。《説文》之例，叙篆文合以古籀。𠃬者古文，非小篆也，何以厠此也？凡《書》、《禮》古文，往往依其部居録之，不必皆先小篆後古文，亦不必如上部之例先古文必系以小篆，所以尊經也。《尚書》作疇不作𠃬者，蓋孔安國以今文字讀之，易之同《爾雅》也。从白，𠃬聲。𠃬與疇同。直由切，三部。《虞書》曰：《虞書》當作《唐書》。曰字今補。「帝曰𠃬咨。」

𥏼　識詞也。此與矢部知音義皆同，故二字多通用。从白亏知。鍇曰：「亏亦气也。」按，从知會意，知亦聲。知義切，十六部。

古文智。此依鍇本。臣即口，矩即知也。省白。

百　十十也。从一白。博陌切，五部。數，句。十十爲一百。百，白也。白，告白也。此説从白之意。數長於百，可以𧪞言白人也。各本脱此八字，依《韵會》補。十百爲一貫。貫，章也。此類舉之。百、白疊韵。貫、章雙聲。章，明也。數大於千，盈貫章明也。各本下貫譌「相」，依《韵會》正。

百 古文百。自白同。

文七。　重二。

鼻 所㠯引气自畀也。「所以」二字今補。口下曰：「所以言食也。」舌下曰：「所以言別味也。」是其例。《老子》注曰：「天食人以五氣，从鼻入；地食人以五味，从口入。」《白虎通》引《元命苞》曰：「鼻者，肺之使。」按，鼻一呼一吸相乘除，而引氣於無窮。自讀如今人言自家之自。自本訓鼻，引伸爲自家。从自畀。以義爲形也。父二切，十五部。凡鼻之屬皆从鼻。

齅 㠯鼻就臭也。《玉篇》引《論語》「三齅而作」。从鼻臭，臭亦聲。讀若嘼牲之嘼。各本嘼作畜，非。許救切，三部。

鼾 卧息也。息，鼻息也。《廣韵》曰：「卧氣激聲。」許干切。从鼻，干聲。讀若汗。侯幹切，十四部。按，古讀平聲。

鼽 病寒鼻窒也。《月令》：「民多鼽嚏。」窒，塞也。从鼻，九聲。巨鳩切，三部。

齂 卧息也。此與尸部屓音義並同。《篇》、《韵》皆祇云「鼻息」，《釋詁》云：「齂，息也。」从鼻，隶聲。許介切，十五部。讀若虺。

文五。

皕 二百也。即形爲義，不言从二百。凡皕之屬皆从皕。讀若逼。逼，各本作「祕」。按，《五經文字》皕音逼，《廣韵》彼側切，至韵不收。李仁甫《五音韵譜目録》云：「讀若逼。」本注云：「彼力切」，皆由舊也。𥁕、奭字以爲聲，在弟五部。逼音相近也。

奭 盛也。《釋詁》：「赫赫，躍躍。」⑫赫赫，舍人本作「奭奭」。《常武》毛傳云：「赫赫然盛也。」按，奭是正字，赫是假借字。《小雅》：「路車有奭」、「韎韐有奭」，毛曰：「奭，赤皃。」此當作赩。赤部云：「赩，火赤皃。」奭是假借字。从大，从皕。皕與大皆盛意也。皕亦聲。詩亦切，古音讀若郝，在五部。隸作奭。此燕召公名，讀若郝。三字當在「皕亦聲」之下。《史篇》名醜。此爲召公名徵古説也。召公名奭，見《尚書》、《史記》，而《史篇》云名醜。《史篇》之作，去周初未遠，未審何以乖異。《叙目》云：「及宣王大史籀，箸大篆十五篇。《漢・志》史籀十五篇，周宣王大史作。」又云：「《史籀篇》者，周時史官教學童書也。」按，省言之曰《史篇》，《王莽傳》：「徵天下《史篇》文字。」孟康曰：「史籀所作十五篇也。」許三偁《史篇》，姚下云：「《史篇》以爲姚易也。」匋下云：「《史篇》讀與缶同。」此云：「《史篇》名醜。」計度其書，必四言成文，教學童誦之。《倉頡》、《爰歷》、《博學》實仿其體。

奭 古文奭。古文百作𦣻，則知皕作𦣞。

文二。　重一。

習 數飛也。數，所角切。《月令》：「鷹乃學習。」引伸之義爲習孰。**从羽，白聲。**按，此合韵也。又部彗，古文作習⑬，亦是从習聲合韵。似入切，七部。**凡習之屬皆从習。**

翫 習猒也。猒，飽也。此與心部忨音同義近。**从習，元聲。**五換切，十四部。**《春秋傳》曰：「翫歲而愒日。」**《左傳·昭元年》文。按，心部忨下引《春秋傳》「忨歲而𣽥日」，當作《春秋國語》。今《晉語》作「忨日而𣽥歲」。

文二。

羽 鳥長毛也。長毛，別於毛之細縟者。引伸爲五音之羽。《晉書·樂志》云：「羽，舒也。陽氣將復，萬物孳育而舒生。」《漢·志》曰：「羽，宇也。物聚臧宇覆之。」《爾雅》：「羽謂之柳。」**象形。**長毛必有耦，故竝𠃜。𠘧部曰：「𠃜，新生羽而飛也。」羽，竝𠃜也。王矩切，五部。**凡羽之屬皆从羽。**

翨 鳥之彊羽猛者。按，當作「猛鳥也，彊羽。」轉寫誤耳。《周禮·翨氏》：「掌攻猛鳥，以時獻其羽翮。」此釋《周禮》，故云猛鳥也。猛鳥羽必彊，故其字从羽。此與「赤羽」、「尾長」皆从羽，文法正同。大鄭翨讀爲翅翼之翅，以是聲、支聲皆在十六部，翨當即是翅之奇字。後鄭以經云「獻羽翮」，則訓翨爲鳥翮，是聲、鬲聲亦同十六部也。翮，羽莖，擧翮以該羽。許與二鄭說異。**从羽，是聲。**居豉切，十六部。

翰 天雞也。也字依《御覽》補。《釋鳥》：「鶾，天雞。」鶾本又作翰。鳥部鶾訓「雉肥翰音者」，則此作翰是。天雞，樊光云：「一名山雞。」**赤羽，**各本有「也」，非，今刪。自翨至翠五字，皆主謂鳥，其鳥彊羽、赤羽，故其字从羽，不从鳥。**从羽，倝聲。**矦幹切，十四部。《小宛》傳云：「翰，高也。」謂羽長飛高。此別一義。《桑扈》、《文王有聲》、《崧高》、《板》傳皆云「翰，幹也。」此謂《詩》以翰爲楨幹字也，同音假借。**《逸周書》曰：**此《漢·志》「《周書》七十一篇，周史記」也，以別於《尚書》之《周書》，故謂之《逸周書》。**「文翰若翬雉，一名鷐風，周成王時蜀人獻之。」**文，或作「大」，誤。《王會篇》文。今本作「蜀人以文翰，文翰者若皐雞。」孔晁云：「鳥有文彩者。」《太平御覽》皐作「皇」。郭注《爾雅》皐作「彩」，許作「翬雉」，疑有誤。按，許引《王會》者六：魚部「周成王時揚州獻鰅魚」，鳥部「周成王時氐羌獻鸞鳥」，艸部「芣苢，其實如李，令人宜子，《周書》所說」，内部「周成王時州靡國獻𩴾𩴾」，馬部「騳，吉皇之乘，周成王時犬戎獻之」，犬部「匈奴有狡犬」。内四條文義略同此，此不當有「一名鷐風」四字横梗於其中也。四字當在「蜀人獻之」之下，「一名」當作「一曰」，一曰者，別一義也。《常武》曰：「如飛如翰。」毛云：「疾如飛，摯如翰。」鄭云：「翰，飛鳥之豪俊也。」此鷐風曰翰之證。《釋鳥》、毛傳皆云：「晨風，鸇也。」《易林》晨風、文翰竝擧，無緣文翰一名鷐風，譌舛顯然矣。

翟 (篆) 山雉也。《釋鳥》：「翟，山雉。」郭曰：「長尾者。」按，郭翰、翟二注，葢取諸《說文》。《邶風》：「右手秉翟。」毛曰：「翟，翟羽也。」《鄘風》：「其之翟也。」毛曰：「翟，褕翟、闕翟，翟羽飾衣也。」《周禮》，王后五路：「重翟」、「厭翟」，鄭曰：「重翟，重翟雉之羽。厭翟，次其羽使相迫。」按，翟羽，經傳多假狄爲之；狄人字，傳多假翟爲之。尾長，故从羽。不入隹部者，隹爲短尾鳥總名，又此鳥以尾長爲異也。从羽，从隹。徒歷切，古音在二部。《庸風》韵於十六部，合韵也。

翡 (篆) 赤羽雀也。出鬱林。漢郡。从羽，非聲。房未切，十五部。

翠 (篆) 青羽雀也。《釋鳥》：「翠鷸。」郭曰：「似燕，紺色。」按，鳥部鷸下不云「翠鳥」也。出鬱林。从羽，卒聲。七醉切，十五部。

翦 (篆) 羽生也。羽初生如前齊也。前，古之翦字，今之歬字。一曰，矢羽。矢，舊作「矢」。《釋器》：「金鏃翦羽謂之鍭，骨鏃不翦羽謂之志。」翦者，前也。前者，斷齊也。鍭矢前其羽短之，使前重。志矢不前羽較長。喪禮，則鍭矢骨鏃，異於金鏃。志矢無鏃短衛，異於骨鏃不前羽。按，鍭矢前羽謂羽爲翦，因之志矢之羽亦謂之翦。故云「一曰，矢羽」。从羽，歬聲。即淺切，十二部。

翁 (篆) 頸毛也。《山海經》：「天帝之山，有鳥黑文而赤翁。」《漢郊祀歌》：「赤鴈集，六紛員。殊翁襍，五采文。」《急就篇》：「鳧翁。」按，俗言老翁者，假翁爲公也。《周禮·酒人》⑭注，假翁爲滃。从羽，公聲。烏紅切，九部。

翄 (篆) 翼也。飛部曰：「𩙪，翄也。」翼，篆文𩙪也。从羽，支聲。施智切，十六部。

𦐊 (篆) 翄或从羽氏。支、氏同部。《魏都賦》：「𦐊𦐊精衛。」李云：「《說文》𦐊亦翄字，叔豉反，今音祇。𦐊𦐊，飛貌也。」按，《廣韵》：「翄翄，飛皃。巨支切。」《小雅》：「提提，羣飛貌。」⑮是移切。

䩐 (篆) 翅也。《小雅》：「如鳥斯革。」毛云：「革，翼也。」《韓詩》作䩐，云：「翅也。」毛用古文假借字，韓用正字，而訓正同。《廣雅》：「䩐，𦐊，翼也。」《魏都賦》：「雲雀踶甍而矯首，壯翼摛鏤於青霄。」注：「踶則舉羽翮用勢，若將飛而尚住。」此「如鳥斯䩐」之謂。許不言「《詩》曰」者，省文非有意也。从羽，革聲。古翮切，古音在一部。

翹 (篆) 尾長毛也。班固《白雉詩》：「發皓羽兮奮翹英。」《射雉賦》：「斑尾揚翹。」按，尾長毛必高舉，故凡高舉曰翹。《詩》曰：「翹翹錯薪。」高則危，《詩》曰：「予室翹翹。」从羽，堯聲。渠遙切，二部。

翭 (篆) 羽本也。謂入於皮肉者也。按，《詩》、《周禮》「鍭矢」，《士喪禮》⑯作「翭矢」。葢此矢金鏃翭物而中，如羽本之入肉，故假借通用也。从羽，侯聲。乎溝切，四部。一曰，羽初生。

翮 羽莖也。莖，枝柱也。謂衆枝之柱。翮，亦謂一羽之柱。莖、翮雙聲。《唐風》：「肅肅鴇行。」毛曰：「行，翮也。」亦於雙聲求之。上文云「鴇羽」、「鴇翼」，故不得以行列釋之也。从羽，鬲聲。下革切，十六部。

翑 羽曲也。凡從句者，皆訓曲。《釋木》曰：「句如羽，喬。上句曰喬。」然則羽曲者，謂上句反鄉。从羽，句聲。其俱切，古音在四部。讀如鉤。《釋嘼》云：「馬後足皆白狗。」

羿 羽之羿風。羿，疑當爲幵。幵，平也。羽之幵風，謂搏扶搖而上之狀。亦古諸矦也。此謂有窮后羿。邑部曰：「窮，夏后時諸矦夷羿國也。」弓部曰：「𢏚，帝嚳射官，夏少康滅之。」一曰，射師。《淮南書》曰：「雖有羿之知，而無所用之。」高云：「是堯時羿也，能射十日，繳大風、殺窫窳、斬九嬰、射河伯之知巧也。非有窮后羿。」⑰按，許云「一曰，射師」，亦謂堯時羿。从羽幵。鍇本無「聲」，鉉有。葢會意兼形聲也。五計切，十五部。幵合韵也。俗作羿。

翥 飛舉也。《方言》曰：「翥，舉也。楚謂之翥。」郭云：「謂軒翥也。」《西京賦》：「鳳騫翥於甍標。」从羽，者聲。章庶切，五部。

翕 起也。《釋詁》、毛傳皆云：「翕，合也。」許云「起也」者，但言合則不見起，言起而合在其中矣。翕从合者，鳥將起必斂翼也。从羽，合聲。許及切，七部。

翾 小飛也。《九歌》：「翾飛兮翠曾。」按，《荀子》：「喜則輕而翾。」假翾爲儇也。从羽，睘聲。許緣切，十四部。

翬 大飛也。《釋鳥》曰：「鷹隼醜，其飛也翬。」郭云：「鼓翄翬翬然疾。」从羽，軍聲。許歸切，古音在十三部。一曰，伊雒而南，雉五采皆備曰翬。《釋鳥》：「伊洛而南，素質五彩皆備成章曰翬。」王后褘衣，刻繒爲之形而采畫之。《詩》曰：「有翬斯飛。」《小雅·斯干》文。今《詩》有作「如」。唐玄度、徐鍇《說文》皆作「有」。按，《毛詩》作有，則與「如鳥斯革」合爲一事，翬訓「大飛」，或許所據《毛詩》如此，與鄭不同，未可知也。鄭云「此章四如」，又云「翬者鳥之奇異者」，則作「如」顯然。翬訓後一義。

翏 高飛也。从羽㐱。㐱，新生羽而飛也。羽毛新生豐滿，可以高飛也。《莊子》「翏翏」，謂長風之聲，此引伸之義。力救切，三部。《匡謬正俗》云：「翂，古文戮字。」《湯斮》云：予則孥翂女。」按，翂正翏之譌，假借字。

翩 疾飛也。《魯頌》傳曰：「翩，飛皃。」《泰》：「六四，翩翩。」虞曰：「離飛故翩翩。」从羽，扁聲。芳連切，古音在十二部。

翜 捷也。《釋詁》曰：「際、接、翜，捷也。」郭云：「捷謂相接續也。」按，翜、捷皆謂敏疾，敏疾則際接無痕，其義相成也。許舉其本義，故下云「飛之疾也」，以釋从羽。今俗語「霎時」者，當作此。止部曰：「疌，疾也。」俗通用捷。疌、翜疊韵。**飛之疾也。从羽，夾聲。讀若瀒。**瀒，不滑也。與澀同義而雙聲。讀若瀒，即讀若澀。山洽切，七部。**一曰，俠也。**人部曰：「俠，俜也。」漢人多用俠爲夾，此俠當爲夾，或當爲挾。

翊 飛皃。《漢郊祀歌》：「神之來，泛翊翊。甘露降，慶雲集。」師古曰：「翊音弋入切，又音立。」按，翊字本義本音僅見於此。經史多假爲昱字，以同立聲也。《釋言》曰：「翌，明也。」《尚書》五言「翌日」，皆訓明日；一言「翌室」，訓明室。天寶閒盡改爲「翼」。凡《尚書》翼字，訓敬、訓輔與訓明者溷同無別，自衛包始。漢、魏、晉、唐初皆有「翌日」，無「翼日」，郭璞、玄應、李善引《尚書》皆作「翌日」，自同其字，又同其音，以七部立聲之字讀一部異聲之與職切。字書、韵書承謁襲繆，小顔弋入、力入之音，無有採者矣。又《吳都賦》云「翋⿰羽沓」，《廣雅》：「翋⿰羽沓，飛也。」力荅、徒合二切，翋同翊，此亦翊之本義本音也。**从羽，立聲。**大徐用《唐韵》與職切，非也。

⿱冃羽 飛盛皃。按，《廣雅》「翋⿰羽沓」，即《說文》之「翊⿱冃羽」，疊韵字也。**从羽冃。**鉉曰：「犯冒而飛是盛也。」按，从冃者，《莊子》所云「翼若垂天之雲」也。土盍切，八部。

⿱屮羽 羽盛皃也。羽，大徐作「飛」。《集韵》：「⿱屮羽⿱屮羽，羽翼盛。」**从屮，羽聲**[18]。侍之切，一部。

翱 翱，此複舉字之未刪者。**翔也。**《釋名》：「翱，敖也。言敖遊也。翔，佯也。言彷徉也。」按，彷徉，徘徊也。《左傳》作方羊。方，蒲郎切。**从羽，皋聲。**五牢切，二部。

翔 回飛也。《釋鳥》：「鳶烏醜，其飛也翔。」郭云：「布翅翱翔。」高注《淮南》曰：「翼上下曰翱，直刺不動曰翔。」《曲禮》：「室中不翔。」鄭曰：「行而張拱曰翔。」此引伸假借也。按，翱翔統言不別，析言則殊。高注析言之也。《夏小正》：「黑鳥浴。」浴也者，飛乍高乍下也。此所謂「翼上下曰翱」也。**从羽，羊聲。**似羊切，十部。按，古多讀如羊。

翽 飛聲也。《詩釋文》引《說文》：「羽聲也。」《字林》：「飛聲也。」此俗以《字林》改《說文》之證。毛傳云：「翽翽，衆多也。」此謂鳳飛羣鳥從以萬數，毛比傳下文「多吉士」、「多吉人」爲說。許說其字義，故不同也。**从羽，歲聲。**呼會切，十五部。**《詩》曰：「鳳皇于飛，翽翽其羽。」**《大雅》文。

翯 鳥白肥澤皃。《大雅》：「白鳥翯翯。」毛傳曰：「翯翯，肥澤也。」釋文引《字林》亦云：「鳥白肥澤曰翯。」毛則言「肥澤」而白在其中也。白部曰：「皠，鳥之白也。」何晏賦：「皠皠白鳥。」翯與皠音義皆同。賈誼書作「皜皜」。《孟子》作「鶴鶴」，趙注與毛傳合。**从羽，高聲。**胡角切，古音在二部。**《詩》曰：「白鳥**

翯翯。」

𦏺 樂舞。目羽𦑝自翳其首，目祀星辰也。𦑝同翳，翳猶覆也。《周禮・舞師》云：「教皇舞，帥而舞旱暵之事。」注：「鄭司農云：𦏺舞，蒙羽舞。書或爲皇，或爲義。」《樂師》云：「有皇舞。」注：「故書皇作𦏺。鄭司農云：𦏺舞者，以羽冒覆頭上，衣飾翡翠之羽。𦏺讀爲皇，書亦或爲皇。」按，大鄭從故書作𦏺，後鄭則從今書作皇，云：「襍五采羽如鳳皇色，持以舞。」許同大鄭，惟不云「衣飾翡翠羽」，又不同經文「舞旱暵之事」，而云「祀星辰」耳。蓋本賈侍中《周官解故》。〇《禮》注文今攷定。从羽，王聲。讀若皇。胡光切，十部。按，此等字，小篆皆未必有之，專釋古經古文也。

翇 樂舞。執全羽，目祀社稷也。《樂師》有帗舞，有羽舞。注：「故書帗作翇，皇作𦏺。鄭司農云：翇舞者，全羽；羽舞者，析羽。社稷以翇。玄謂帗析五采繒，今靈星舞子持之是也。」按，今本脱「帗作翇」三字，又將大鄭注翇改爲帗，非也。《舞師》注亦有脱。大鄭及許皆從故書作翇，以字从羽，故知爲全羽。後鄭從今書作帗，以字从巾，故知析五采繒也。从羽，犮聲。讀若紱。《文選》注引《倉頡篇》曰：「紱，綬也。」許無紱字，而見於此。翇，分勿切，十五部。

翿 翳也。所目舞也。《釋言》曰：「翢，纛也。纛，翳也。」《王風》毛傳曰：「翿，纛也。翳也。」翳、翢、翿同字。毛傳本《釋言》，「翳也」之上當本有「纛」字，此「熠燿，粦也。粦，熒火也」之例也。《陳風》傳則約之云：「翿，翳也。」許本之。許無「纛」字者，無毐部，亦無縣部，無所入也。《王風》音義曰：「纛，俗作纛。」《爾雅音義》曰：「纛字又作纛。」《五經文字》曰：「纛作纛譌。」《開成石經》：《周禮》、《爾雅》正作纛。今本《爾雅音義》譌舛，葉林宗鈔本不誤。纛从縣毐會意，與緐从糸毐會意同。从毐者，如艸之盛也。淺人改从毒，謂爲諧聲耳。郭注《爾雅》云：「今之羽葆幢，舞者所以自蔽翳。」《王風》：「左執翿」，《陳風》「值其鷺羽」，「值其鷺翿」，傳云：「值，持也。鷺鳥之羽，可以爲翳。」𦏺字下云：「樂舞。以羽𦑝自翳其首。」皆謂舞也。射則用翿旌，見《鄉射禮》。喪則天子鄉師執纛御匶，諸矦匠人執翿御匶。《周禮注》作「執翿」，《襍記》作「執羽葆」。然則翿也，纛也，羽葆也，異名而同實也。漢羽葆幢以犛牛尾爲之，在乘輿左騑馬頭上，或云在衡。从羽，𣪊聲。徒到切，古音在三部。按，《釋文》多音平聲。《詩》曰：「左執翿。」

翳 華蓋也。《司馬相如傳》曰：「泰山梁父設壇場，望華蓋。」劉歆《遂初賦》：「奉華蓋於帝側。」《西京賦》：「華蓋承辰。」薛綜曰：「華蓋星覆北斗，王者法而作之。」蔡邕曰：「凡乘輿車皆羽蓋金華爪。」張衡賦曰：「羽蓋葳蕤，葩瑤曲莖。」又曰：「樹翠羽之高蓋。」薛綜云：「羽蓋，以翠羽覆車蓋也。」按，以羽，故其字从羽。翳之言蔽也，引伸爲凡蔽之偁。在上在旁皆曰翳。从羽，殹聲。於計切，十五部。

翣 棺羽飾也。羽，衍文。棺飾本《周禮》。《周禮》：

「喪縫棺飾焉，衣翣柳之材。」《檀弓》：「周人牆置翣。」又：「飾棺牆，置翣。」鄭曰：「翣以布衣木，如攝與。」《喪大記》注：「漢禮，翣以木爲筐，廣三尺，高二尺四寸，方，兩角高，衣以白布。畫者畫雲氣，其餘各如其象。柄長五尺。車行，使人持之而從。既窆，樹於壙中。」按，翣柳皆棺飾也。鄭云以布衣木，又引漢禮況之。經無用羽明文，以其物下垂，故从羽也。天子八，諸矦六，大夫四，士二。《禮器》曰：「天子八翣，諸矦六翣，大夫四翣。」《喪大記》：「君黼翣二，黻翣二，畫翣二。」此諸矦六翣也。「大夫黻翣二，畫翣二。」此大夫四翣也。《周禮注》：「天子又有龍翣二。」下𠂹，从羽，翣者下垂於棺兩旁，如羽翼然，故字从羽，非真羽也，故居末焉。「从羽」之上，當有「如羽」二字。妾聲。《周禮》故書翣作「接」，鄭司農云：「接讀爲翜。」引《檀弓》「周人牆置翜」。《春秋傳》：「四翜不蹕。」接與翜，皆假借字也。山洽切，八部。

文三十四。重一。

隹 鳥之短尾總名也。短尾名隹，別於長尾名鳥。云「總名」者，取數多也。亦鳥名。「翩翩者鵻」，夫不也。本又作隹。象形。職追切，十五部。凡隹之屬皆从隹。

雅 楚烏也。一名鸒，一名卑居，秦謂之雅。楚烏，烏屬。其名楚烏，非荆楚之楚也。鳥部曰：「鸒，卑居也。」即此物也。酈善長曰：「按《小爾雅》，純黑返哺謂之慈烏，小而腹下白不返哺者謂之雅烏。」《爾雅》曰：鸒斯，卑居也。孫炎曰：卑居，楚烏。犍爲舍人以爲壁居，《說文》謂之雅，《莊子》曰雅賈，馬融亦曰賈烏。」按，卑居之爲壁居，如《史記》「卑耳之山」，即《齊語》「壁耳之山」，卑、壁同十六部。卑俗作鵯，音匹，非也。雅之訓，亦云「素也。正也。」皆屬假借。从隹，牙聲。五下、烏加二切，古音在五部。

隻 鳥一枚也。雙下曰：「隹二枚也。」隹、鳥統言不別耳。从又持隹。持一隹曰隻，持二隹曰雙。依《韵會》訂。造字之意，隻與雙皆謂在手者，既乃泛謂耳。之石切，古音在五部。按，此字次第，當在雚、雔以下。

雒 忌欺也。各本作「鵋鵙」，今考《爾雅音義》當作「忌欺」。《釋鳥》曰：「鵅，鵋鵙。」《玄應》引作「忌欺」。《釋鳥》又曰：「怪鴟。」舍人曰：「謂鵂鶹也。南陽名鉤鵅，一名忌欺。」然則忌欺與怪鴟一物。《玄應》以爲關西名訓矦，關東名訓狐，皆此也。按，萑部「䧑舊」「舊留」，不云即雒，未知許意爲一不。鵅即雒字，各家音格，但今江蘇此鳥尚呼鉤雒鴟，雒音同洛，則音格者南北語異耳。又按，自魏黃初以前，伊雒字皆作此，與雍州渭洛字迥判。曹丕云：「漢忌水，改洛爲雒。」欺世之言也。詳水部。从隹，各聲。盧各切，五部。

閵 今閵，逗。佀鴝鵒而黃。今閵，鳥名。《玉篇》作含閵。从隹，𠔀省聲。良刃切，十二部。

䕨 籀文不省。

巂 巂周，逗。燕也。各本周上無巂，此淺人不得其句讀，删複舉之字也。《釋鳥》：「巂周，燕燕，乙。」孫炎、舍人皆云：「一物三名。」郭景純、陸德明誤讀《説文》，滅去「一曰」二字，乃以子巂釋巂周矣。巂周、子巂異物而同字。《文選·七命》：「巂䴊猩脣。」李云：「《呂氏春秋》曰：肉之美者，巂燕之䴊。」此燕名巂周之證。今《本味篇》不同。从隹，山象其冠也，冠猶首也。㕯聲。户圭切，十六部。按，㕯聲在十五部，合韵也。《曲禮》：「立視五巂。」借爲規字。漢之越巂，即此字，音髓。或以作嶲别之，誤。一曰，已下别一義。蜀王望帝婬其相妻，慙亡去，爲子巂鳥。故蜀人聞子巂鳴，皆起曰：是望帝也。依《爾雅音義》訂。子巂，亦曰子規，即杜鵑也。人化爲鳥，固或然之事，而常璩曰：「有王曰杜宇，號曰望帝，其相開明，決玉壘山以除水害，遂禪位於開明，升西山隱焉。時適二月，子鵑鳥鳴，故蜀人悲子鵑鳥鳴也。」説略同楊雄《蜀王本紀》。

⿰方隹　⿰方隹鳥也。此與鳥部鴋各物。从隹，方聲。讀若方。府良切，十部。

雀　依人小鳥也。今俗云麻雀者是也。其色褐，其鳴節節足足。禮器象之曰爵，爵與雀同音，後人因書小鳥之字爲爵矣。《月令》：「鴻鴈來賓，爵入大水爲蛤。」高注《呂覽》曰：「賓爵，老爵也。棲宿於人堂宇，有似賓客，故謂之賓爵。」又有似雀而色純黄者，曰黄雀。《戰國策》云：「俛啄白粒，仰棲茂樹。」《詩》所謂黄鳥也。从小隹。讀與爵同。小亦聲也。即略切，古音在二部。

⿰犬隹　⿰犬隹鳥也。也，《廣韵》作「名」。从隹，犬聲。五隹切，古音當在十四部。睢陽有⿰犬隹水。睢陽，前、後《志》皆屬梁國。按，《玉篇》邑部：「⿰犭阝，胡灰切。睢陽鄉名。」⿰犭阝即⿰犬隹字。有⿰犬隹水而後有⿰犭阝鄉也。《集韵》、《類篇》字作⿰犭阝。

雗　雗鷽也。三字一句。此與鳥部鶾各物，鳥部曰：「雗鷽，山鵲。知來事鳥也。」从隹，倝聲。矦幹切，十四部。

雉　有十四種：目下文。盧諸雉，張揖《上林賦》注曰：「盧，白雉也。」按，《上林》自謂水鳥，然張語必《爾雅》古説。鷮雉，各本作「喬」，誤。鳥部曰：「鷮，走鳴長尾雉也。」卜雉，各本作「鳪」，誤。鳥部無鳪，《釋鳥》作鳪，郭云：「黄色，鳴自呼。」鷩雉，鳥部曰：「鷩，赤雉也。」又曰：「鵔鸃，鷩也。」秩秩海雉，郭云：「如雉而黑，在海中山上。」陸曰：「秩秩，本又作失失。」翟山雉，見羽部。雗雉，郭與鶾雉爲一，許爲二。陸云：「雗字又作翰。」卓雉，卓，今《爾雅》作鵫。郭云：「今白鵫也。江東呼白雗，亦名白雉。」伊雒而南曰翬，雒，各本作「洛」，誤。《釋鳥》曰：「伊洛而南，素質五彩皆備成章，曰翬。」見羽部。江淮而南曰摇，《釋鳥》：「江淮而南，青質五彩皆備成章，曰鷂。」「夫人揄狄。」⑲鄭云：謂衣畫摇者。揄，衣部作「褕」，云：「翟羽飾衣也。」義同毛傳。南方曰⿹弓一，賈逵、杜預注《左傳》，⿹弓一作「翟」。按，⿹弓一與翟韵部相近，但上文已有翟，則作⿹弓一爲得也。今《爾雅》作⿹弓一。東方曰甾，今《爾雅》作鷂。**北方曰稀，**今《爾雅》作鵗。**西方曰蹲。**今《爾雅》作鷷。**已上十四雉，皆見《釋鳥》。从隹，矢聲。**直几切，十五部。按，雉古音同夷，《周禮·雉氏》「掌殺艸」，故書作「夷氏」，大鄭从夷，後鄭从雉，而讀如鬀。今本《周禮》作「薙」者，俗製也。《左傳》：「五雉爲五工正，夷民者也。」楊雄賦「辛雉」⑳即辛夷。《漢·地理志》「南陽雉縣」，舊音弋爾反。「江夏下雉縣」，如淳音羊氏反。皆古音也。

𩿿　古文雉从弟。弟聲。

雊　雄雉鳴也。言雄雉鳴者，别於鷕之爲雌雉鳴也。《小雅》：「雉之朝雊，尚求其雌。」《邶風》：「有鷕雉鳴。」下云：「雉鳴求其牡。」按，鄭注《月令》云：「雊，雉鳴也。」是雊不必系雄，鷕則毛公系諸雌，亦望文立訓耳。若潘安仁賦：「雉鷕鷕而朝雊。」此則所謂渾言不别也。顔延年、顔之推皆云潘誤，用未孰於訓詁之理。**雷始動，雉乃鳴，而句其頸。**乃字依《尚書正義》補。句，各本誤「雊」，依《小弁》正義正。《夏小正》：「正月雷震雉雊。」雊也者，鳴鼓其翼也。正月必雷，雷不必聞，唯雉必聞之。何以謂之雷震，則雉雊相識以雷。」《小正》古本，依《太平御覽》、《藝文類聚》訂當如是。《初學記》所引，乃徐堅妄改也。言雷於鴈雉魚之閒，故知雷雉一事也。釋雊爲「鳴鼓其翼」者，讀雊爲敂，敂，擊也，動也。雞鳴必鼓其翼，知雉鳴亦必鼓其翼也。許云「句其頸」，與《大戴》異。鼓其翼、句其頸，皆狀其鳴也。《洪範五行傳》曰：「正月雷微動而雉雊，雷通氣也。」《易通卦驗》：「雉雊雞乳在立春節。」立春在十二月，《月令》「季冬雉雊」，皆謂雷鳴地中時也。句音鉤，曲也。句其頸，故字从句。**从隹句，句亦聲。**古侯切，四部。今鉉本侯作矦誤。

雞　知時畜也。从隹，奚聲。古兮切，十六部。

鷄　籒文雞，从鳥。

雛　雞子也。雞子，雞之小者也。《淮南》：「天子以雛嘗黍。」高曰：「雛，新雞也。」《吕覽》注云：「雛，春雡也。」郭景純言：「今呼少雞爲翟。」㉑則二注正同。《王制》：「春薦韭，韭以卵。」卵謂少雞，古者少雞亦曰卵。《方言》：「雞雛，徐魯之閒謂之𥢄子。」按，雛引伸爲凡鳥子細小之偁。《釋鳥》曰：「生哺，鷇。生噣，雛。」

鶵　籒文雛，从鳥。

从隹，芻聲。士于切，古音在四部。

雡　鳥大雛也。此與鷚别，而俗通用鷚。高注《吕覽》曰：「雡，春鷚也。」《吴都賦》：「翳薈無麢鷚。」按，《爾雅音義》、《文選》李注引《説文》同。鍇本作「天鷚」，誤。**从隹，翏聲。**力救切，三部。**一曰，雉之莫子爲雡。**《釋鳥》字作鷚。郭云：「晚生者。」

離　離黄，逗。各本無「離」，淺人誤删，如巂周删巂之比。依《爾雅音義》、《廣韵》補。**倉庚也。**《豳風》毛傳曰：「倉庚，離黄也。」《月令》注云：「倉庚，驪黄也。」《釋鳥》曰：「倉庚，鵹黄也。」又曰：「鵹黄，楚雀。」又曰：「倉庚，商庚。」然則離黄一物四名。按，《説文》離、鵹不類廁，則不謂一物。又按，毛傳：「黄鳥，搏黍也。」不云「即倉庚」。倉庚下亦不云「即黄鳥」。然則黄鳥非倉庚。焦氏循云：鄭箋稱黄鳥宜食粟，又云：緜蠻，小鳥皃。顯非倉庚。玉裁謂蓋今之黄雀也。《方言》云：「驪黄或謂之黄鳥。」此方俗語言之偶同耳。陸璣乃誤以倉庚釋黄鳥。鳴則蠶生。《月令》：「仲春倉庚鳴。」《内宰》職曰：「仲春，詔后帥外内命婦，始蠶于北郊。」从隹，离聲。吕支切，古音在十六部。今用鸝爲鸝黄，借離爲離别也。

雕　鷻也。鳥部曰：「鷻，雕也。」假借爲琱琢、凋零字。从隹，周聲。都僚切，二部，古音在三部。《考工記》故書雕或爲舟。

鵰　籀文雕，从鳥。

䧹　䧹鳥也。《左傳》：「如鷹鸇之逐鳥雀。」《釋鳥》：「鷹來鳩。」郭云：「來當爲爽。」按，《左傳》：「爽鳩氏司寇也。」杜曰：「爽鳩，鷹也。」从隹，从人。鍇曰：「鷹隨人所指蹤，故從人。」按，雁、鳫亦从人。瘖省聲。此七字依《韵會》訂。瘖在七部，而䧹在六部者，合韵冣近也。於陵切。

鷹　籀文䧹从鳥。按，䧹蓋古文也。小篆從之，从隹，从瘖省聲，籀文則从鳥而應省聲，非兼用隹鳥也。

⿰氐隹　⿰垂隹也。今江蘇俗呼鷂鷹。盤旋空中，攫雞子食之。《大雅》云：「懿厥哲婦，爲梟爲鴟。」《莊周》云：「鴟得腐鼠」是也。《爾雅》有鴟鴞、怪鴟、茅鴟，皆與單言鴟者各物。从隹，氏聲。處脂切，十五部。

鴟　籀文鴟从鳥。今多从籀。

⿰垂隹　鴟也。从隹，𡍮聲。是僞切，古音在十七部。

雃　石鳥。一名雝渠，一曰精列。毛傳曰：「脊令，雝渠也。飛則鳴，行則搖，不能自舍爾。」《釋鳥》作鷑鴒，俗字也。精列者，脊令之轉語。从隹，幵聲。苦堅切，十二部。《春秋傳》，秦有士雃。見《左傳·襄九年》。按，雃當是士會之後。《傳》云：「秦人歸其帑，其處者爲劉氏。」蓋處者不皆爲劉氏，或雃之後乃改氏劉。

雝　雝渠也。渠，鳥部作「⿰鳥渠」，鉉本同。从隹，邕聲。於容切，九部。經典多用爲雝和、辟雝，隸作雍。

雂　雂鳥也。《廣韵》云：「句喙鳥。」本《字林》。从隹，今聲。巨淹切，古音在七部。《春秋傳》有公子苦雂。見《左傳·昭廿一年》。若，鉉本及《唐石經》皆作苦。

雁　雁鳥也。此與鳥部鴈别。鴈从鳥爲鵝，雁从隹爲鴻雁。《禮》舒鴈當作舒雁，謂雁之舒者，以别於真雁也。舒雁謂之鴈，猶舒鳧謂之鶩也。經典鴻雁字多作鴈，毛傳曰：「大曰鴻，小曰鴈。」按，鴻，大也，非鳥名。从隹，从人，雁有人道，人以爲摯，故从人。厂聲。厂呼旱切，雁五晏切，十四部。

⿰黎隹　⿰黎隹黄也。三字句。⿰黎隹，《字林》省作⿱利隹，又作鵹。⿱利隹黄即離黄，見離下。⿰黎隹、離異部而雙聲，故⿰黎隹黄與離黄異名，但二字不類廁，其説未聞。从隹，黎聲。郎兮切，十五部。一曰，楚雀也。一曰，謂一名也。見《釋鳥》。其色黎黑而黃。黎，黑皃。《月令》注作「驪」，亦謂黑色。

虗 虗鳥也。从隹，虍聲。荒烏切，五部。虧字從此。

雓 牟毋也。毋，音無。鉉作「母」，誤。《釋鳥》：「鴽，牟毋。」㉒鄭注《公食大夫禮》、《月令》皆作「鴽，母無也。」母與牟、無與毋皆音同也。今二注舛譌。蔡邕《月令章句》：「鴽爲鶉鴿之屬。」《時則訓》注云：「鴽，鶉也。」李巡云：「鴽鴿，一名鵪毋。」郭云：「鴽，鴿也。」按，《内則》、《爾雅》皆鶉、鴽竝舉，則不可云雓即鶉也。从隹，奴聲。人諸切，五部。按，經典皆从如聲。

鴑 雓或从鳥。

雇 九雇，逗。農桑候鳥，扈民不婬者也。《左傳·昭十七年》：「郯子曰：五鳩，鳩民者也。五雉，爲五工正，利器用，正度量，夷民者也。九扈，爲九農正，扈民無淫者也。」皆以同音訓詁。鳩民者，勼民也。夷民者，古雉與夷音同也。扈民者，户民也。杜曰：「扈，止也。」《左傳》：「屈蕩户之」，《漢書》：「王嘉户殿門，失闌。」注皆曰：「户，止也。」此扈同户，户下曰：「護也。」从隹，户聲。矦古切，五部。今用爲雇僦字。春雇鳻盾，夏雇竊玄，秋雇竊藍，冬雇竊黃，棘雇竊丹，行雇唶唶，宵雇嘖嘖，桑雇竊脂，老雇鴳也。鴳，當从《集韵》、《類篇》作「頒」，鴳也，各本作「鷃也」，今依《廣韵》，與《釋鳥》合。賈、服注《左》皆作鷃鷃，按，疊字則當作晏晏，鳥聲也；一字則當作鴳，鳥部曰：「鴳，雇也」是也。賈侍中云：「春扈分循，相五土之宜，趣民耕種者也。夏扈竊玄，趣民耘苗者也。秋扈竊藍，趣民收斂者也。冬扈竊黃，趣民蓋藏者也。棘扈竊丹，爲果驅鳥者也。行扈唶唶，晝爲民驅鳥者也。宵扈嘖嘖，夜爲農驅獸者也。桑扈竊脂，爲蠶驅雀者也。老扈鷃鷃，趣民收麥，令不得晏起者也。」舍人、樊光、蔡邕説皆同。故皆爲農桑候鳥。户民不淫者，少昊之官督民農桑者取其名，亦户民不使淫逸者也。

鶚 雇或从雩。从鳥，雩聲。

鳸 籒文雇从鳥。今《爾雅》同籒。

雜 雡屬也。按，《説文》或言屬，或言別。言屬而別在焉，言別而屬在焉。言雡屬，則雜非雡也。焦氏循曰：《説文》隼下云：「一曰，鶉字。」鶉即鷻省。《鶉人》：「鳥旟七斿，以象鶉火。」鳥隼爲旟，則鶉火之鶉即鷻。《左傳》童謡《鶉之賁賁》，下舉鶉火證之，則《詩》之言奔奔者，當亦是鷻。惟「有縣鶉兮」，毛特訓爲小鳥，乃爲鶕鶉也㉓。按，《内則》有「鶉羹」，《詩》貆、特、鶉皆謂食物。从隹，𦎫聲。常倫切，十三部。

雡 雜屬也。从隹，酓聲。恩含切，七部。《太平御覽》引有「一曰，牟毋」四字。

鶕 籒文雡，从鳥。

雒 雒鳥也。漢武帝造鳷鵲觀，在雲陽甘泉宮外。从隹，支聲。章移切，十六部。一曰，雒度。未聞。或曰，蓋如長三丈、高一丈爲雒，度廣以廣，度高以高。

琟 鳥肥大琟琟然也。然，依《韵會》補。《詩》傳云：「大曰鴻，小曰鴈。」當作此琟字，謂鴈之肥大者也。从隹，工聲。户工切，九部。

鳿 琟或从鳥。《玄應》曰：「鳿古文琟。」《聲類》以爲鴻鵠之或字。

𨿅 繳𨿅也。繳𨿅者，謂縷繫矰矢，放散之加於飛鳥也。按，繳𨿅字當作此，亦取先斂後放也。从隹，㪔聲。穌旰切，十四部。一曰，飛㪔也。𣏟部曰：「㪔，分離也。」

隿 繳射飛鳥也。經傳多假弋爲之。从隹，弋聲。从弋者，如以弋爲的也。與職切，一部。

雄 鳥父也。从隹，厷聲。羽弓切，古音在六部。

雌 鳥母也。从隹，此聲。此移切，十五、十六部。

䍜 覆鳥令不得飛走也。得，依《廣韵》補。网部有「罩，捕魚器也。」此與罩不獨魚鳥異用，亦且䍜非网罟之類。謂家禽及生獲之禽，慮其飛走，而籠䍜之，故其字不入网部。今則罩行而䍜廢矣。从网隹，讀若到。都校切，二部。

雋 鳥肥也。各本作「肥肉也」，今依《廣韵》。《廣韵》不云《說文》，然必《說文》善本也。不言鳥，則字何以从隹？蒯通著書，號曰《雋永》，言其所説味美而長也。惟野鳥味可言雋，故从弓。从弓隹，補二字。弓所㠯射隹。説从弓之意。徂沇切，十二部。長沙有下雋縣。前、後《志》同。

𨿳 飛也。从隹，隓聲。山垂切，古音在十七部。

○魋 如小熊，赤毛而黃。从隹，鬼聲。各本無此篆，據言部譙篆下曰：「从言，魋聲。」必當有此篆。但大徐補入鬼部，未當。今依《爾雅》補入隹部。獸可言隹也。杜回切，十五部。

文三十九。今補魋，則四十。　重十二。

奞 鳥張毛羽自奮奞也。奞，依《篇》《韵》補。奮、奞雙聲字。从大隹。大其隹也。張毛羽，故从大。凡奞之屬皆从奞。讀若睢。息遺切，十五部。按，又先晉切。

奪 手持隹失之也。引伸爲凡失去物之偁。凡手中遺落物，當作此字。今乃用脱爲之，而用奪爲争敓字，相承久矣。脱，消肉臞也，徒活切。鄭康成説《禮記》曰：「編簡爛脱。」脱音奪。从又奞。又，手也。持隹而奞，少縱即逝也。徒活切，十五部。

奮 翬也。疊韵。羽部曰：「翬，大飛也。」雉雞羊絶有力，皆曰奮。从奞在田上。田，猶野也。方問切，十三部。《詩》曰：「不能奮飛。」《邶風》文。毛云：「奮翼。」即許云「張毛羽自奮奞」也。

文三。

雈 雖屬。雖，雖也。《釋鳥》：「雈，老兔。」㉔郭云：「木兔也。似鴟鵂而小，兔頭。」**从隹，从𦫳，有毛角。**説从𦫳之意。毛角者，首有蔟毛如角也。**所鳴其民有旤。凡雈之屬皆从雈。讀若和。**當若桓，云若和者，合韵也。萑葦字以爲聲。胡官切，十四部。

蒦 **規蒦，**逗。**商也。从又持雈。**規蒦二字葢古語。釋之曰「商也」，葢手持雈，則恐其奪去，圖所以處之，是曰規蒦。乙虢切，五部。**一曰，視遽皃。**矆下云：「一曰，視遽皃。」蒦與矆形聲皆相似，故此義同。**一曰，蒦，**逗。**度也。**度，徒故切。《漢·志》曰：「寸者，忖也。尺者，蒦也。」故蒦爲五度之度。鳥飛起止多有中度者，故雉、蒦皆訓度。度高廣皆曰雉。

彟 **蒦或从尋，尋亦度也。**寸部曰：「度人之兩臂爲尋，八尺也。」**《楚辭》曰：「求矩彟之所同。」**見《離騷》。王曰：「榘，法也。彟，度也。」高注《淮南》曰：「榘，方也。彟，度法也。」

雚 **雚爵也。**三字句。爵當作雀，雚今字作鸛。鸛雀乃大鳥，各本作小爵，誤。今依《太平御覽》正。陸璣疏云：「鸛，鸛雀也。」亦可證。陸云：「似鴻而大。」《莊子》作「觀雀」。土部垤下，鳥部鳳下，皆作「鸛」，係俗改。**从雈，吅聲。**工奂切，十四部。**《詩》曰：「雚鳴于垤。」**《豳風》文。今《詩》作「鸛」。釋文曰：「本又作雚。」

舊 **雖舊，**逗。**舊留也。**《釋鳥》：「怪鴟。」舍人曰：「謂鵂鶹也。南陽名鉤鵅，一名忌欺。」按，今字爲新舊字。**从雈，臼聲。**巨救切，古音在一部。

鵂 **舊或从鳥，休聲。**按，《毛詩》舊在一部，音轉入三部，乃別製鵂字，音許流切矣。角部但云「鴟舊」。

文四。　重二。

𦫳 **羊角也。**《玉篇》曰：「𦫳𦫳，兩角皃。」《廣韵》曰：「𦫳𦫳，羊角開皃。」**象形。**知爲羊角者，於芈字知之也。**凡𦫳之屬皆从𦫳。讀若乖。**工瓦切，《篇》、《韵》又乖買切，古音在十六、十七部。

乖 **戾也。**犬部曰：「戾，曲也。」曲則不伸，故爲睽離。**从𦫳八。**八部曰：「八，分也。」八籀作兆，乖从𦫳、从兆，皆取分背之意。各本此下有「八，古文別」，此淺人所妄增，説詳八部、卜部。凡許自注云「某古文某」者，皆見於許書。刀部別下㉕，未嘗有「八古文別」之云也。乖籀从北，以兆與北形相似也。古懷切，古音葢在十六部。

芇 **相當也。**《廣韵》曰：「今人賭物相折謂之芇。」按，《廣雅》「芇，當也。」亡殄、亡安二切，俗本譌作「莔」。**闕。**此謂闕其形也。从𦫳則知之矣，𦫳取兩角相當，从冂則不可知也。以𦻌从芇聲求之，則三直均長。讀若宀。母官切，古音蓋在十二部。

文三。

苜　目不正也。从𦫳目。𦫳者，外向之象，故爲不正。凡苜之屬皆从苜。讀若末。模結切，十五部。

瞢　目不明也。《周禮・眡祲》：「六曰瞢。」注云：「日月瞢瞢無光也。」按，《小雅》：「視天夢夢。」夢與瞢音義同也。又《左傳》：「亦無瞢焉。」《小爾雅》：「瞢，慙也。」此引伸之義。从苜，从旬。旬，目數摇也。苜、旬皆不明之意。木空切，古音在六部。《廣韵》武登切，是也。

萈　火不明也。按，火當作「目」，淺人所改也。假令訓火不明，則當入火部矣。此部四字皆説目。从苜，从火。火易眩，故从火。苜亦聲。莫結切，十五部。《周書》曰：「布重萈席。」《顧命》文。今作「敷重蔑席」。蔑，衞包又改爲「篾」，俗字也。萈者，蔑之假借字也。萈席，二字今補。纖蒻席也。纖，各本作「織」，今正。馬融云：「蔑，纖蒻。」王肅云：「蔑席，纖蒻苹席。」則許亦當作纖。纖與蔑，皆細也。萈者，蔑之假借。馬、王謂底席爲青蒲席，則謂蔑席爲纖蒻席。許説當同之。艸部曰：「蒻，蒲子。可以爲苹席也。」蒲子，蒲之幼稚者，細於蒲，故謂之纖蒻。鄭注四席皆謂竹席，與馬、許不同。詳《尚書撰異》。萈蓋壁中古文，蔑蓋孔安國以今文字讀之，易爲蔑。讀與蔑同。上文已云「苜亦聲」，此專謂萈席言。

蔑　勞目無精也。目勞則精光茫然。通作眛。如《左傳》「公及邾儀父盟于蔑」，《公》、《穀》皆作「眛」是也。引伸之義爲細，如木細枝謂之蔑是也。又引伸之義爲無，如「亡之命矣夫」，亦作「蔑之命矣夫」是也。《左傳》䁾蔑字然明，此以相反爲名字也。从苜，从戍。人勞則蔑然也。説从戍之意。戍人最勞者。此十字依《廣韵》、《韵會》訂。莫結切，十五部。

文四。

羊　祥也。疊韵。《考工記》注曰：「羊，善也。」按，譱、義、美、美字皆从羊。从𦫳，象四足尾之形。謂干也。與章切，十部。孔子曰：「牛羊之字，以形舉也。」許多引孔子言，如王、士、儿、黍、羊、犬㉖、貉、烏，皆是也。凡羊之屬皆从羊。

芈　羊鳴也。各本中筆直，今依《五經文字》《纂韵譜》正。气出不徑直也。从羊，象气上出。與牟同意。凡言某與某同意者，皆謂其製字之意同也。緜婢切，十六部。

羔　羊子也。虞氏注《説卦》傳「爲羊」作「爲羔」，云：女使也。妾與羔皆取位賤。鄭本作「陽」，云：「讀爲養，无家女行賃炊爨，今時有之，賤於妾也。」二説字異義同。武進臧鏞堂曰：「羔者，養之誤也。」从羊，照省聲。古牢切，二部。

羜　五月生羔也。謂羔生五月者也。《釋畜》、毛傳皆云：「羜，未成羊也。」郭云：「俗呼五月羔爲羜。」从羊，宁聲。讀若煑。直吕切，五部。

六月生羔也。《廣雅》：「羍、䍪、羜、䍾，羔也。」从羊，敄聲。讀若霚。各本作「霧」，《說文》無，今正。亡遇切，古音在三部。

小羊也。羊當作「羔」，字之誤也。羜、䍪皆曰羔，羍又小於羔，是初生羔也。薛綜荅韋昭云：「羊子初生名達，小名羔，未成羊曰羜，大曰羊。長幼之異名。」《初學記》引「羍，七月生羔也。」《藝文類聚》引「七月生羊也。」與陸德明、孔穎達所據不同，似未可信。按，《生民》：「誕彌厥月，先生如達。」毛曰：「達，生也。姜嫄之子先生者也。」此不可通，當是經文作「羍」，傳云：「羍，達也。先生，姜嫄之子先生者也。」達，他達切，即滑達字。凡生子始生較難，后稷爲姜嫄始生子，乃如達出之易，故曰先生如羍。先釋羍，後釋先生者，欲文義顯箸，文法與《白華》傳先釋「煁」，後釋「桑薪」正同。鄭箋如字，訓爲「羊子」，云如羊子之生，媟矣！尊祖之詩，似不應若是。且嘼類之生，無不易者，何獨取乎羊？尋箋不云達讀爲羍，則知《毛詩》本作羍，毛以達訓羍，謂羍爲達之假借也。凡故訓傳之通例如此。用毛說改經、改傳、改箋，使文義皆不可通，則淺人之過而已。从羊，大聲。讀若達同。他末切，十五部。

羍或省。按，此不當从入，當是从人。大，人也，故或从人。羊有仁義禮之德，故从人。

羊未卒歲也。《廣雅》：「吳羊牡一歲曰牯䍦，三歲曰羝；其牝，一歲曰牸䍦，三歲曰牂。」[27]从羊，兆聲。治小切，二部。或曰，羠羊百斤ナ又爲䍦。羠，各本作「夷」。小徐釋以殷紂時夷羊，非也。今依《急就篇》顔注正。劇羊易肥，故有重百斤左右者。讀若《春秋》「盟于洮」。見僖八年。釋文：「洮，他刀反。」羠、䍦音同。

牡羊也。見《大雅》毛傳。从羊，氐聲。都兮切，十五部。

牡羊也。各本作「牂羊」，誤，今依《初學記》正。《釋嘼》：「羊牡，羒。」郭曰：「謂吳羊白羝。」《廣韵》：「羒，白羝羊也。」《國語》：「土之怪羵羊。」羵者，雌雄未成。从羊，分聲。符分切，十三部。

牝羊也。各本作「牡羊」，誤，今止。《釋嘼》、毛傳、《內則》注，皆曰「牂，牝羊」。角部觲下云：「牂羊生角者也。」羖羊無無角者，故《詩》以童羖爲難，牂羊多無角，故殊之。从羊，爿聲。按，許無爿字。《五經文字》曰：「爿音牆，有所受之也。」牂，則郎切，十部。

夏羊牝曰羭。牝，各本作「牡」，誤。按，《釋嘼》：「夏羊：牝，羭；牡，羖。」自郭所據牝牡字已互譌，引之者多誤，因之竄改《說文》，今正。下文「夏羊牡曰羖」，亦有譌作「夏羊牝曰羖」者。牝牡字易互譌，而羖必是牡，則知羭必是牝。《爾雅》牝羭、牡羖，猶上文云牡羒、牝牂也。《急就篇》：「牂，羖，羯，羠，䍦，羝，羭。」師古曰：「牂，吳羊之牝也。羝，牂羊之牡也。羭，夏羊之牝也。羖，夏羊之牡也。」此所據《說文》尚不誤。《左傳》曰：「攘公之羭。」杜曰：「羭，美也。」牝羊美於牡者，故《内則》八珍亦用牂，《歸藏・齊母》亦曰「兩壺兩羭」。夏羊謂黑羊。郭注《爾雅》云：白者吳羊，黑者夏羊㉘。**从羊，俞聲。**羊朱切，四部。

羖　夏羊牡曰羖。此牡字大小徐皆不誤，今刻大徐本誤「牝」。假令羖是牝，則下文安得云犗乎？**从羊，殳聲。**公户切，五部。

羯　羊羖犗也。羊羖，當作「羖羊」。《廣雅》曰：「羖羊犗曰羯。」牛部曰：「犗者，騬牛也。」按，《小雅》：「俾出童羖。」鄭云：「羖羊之性，牝牡有角。」則鄭謂羖羊兼有牡牝，與許説殊。疑鄭説即郭所云「今人便以牂羖名白黑羊」也。黑羊則名羖，牝牡皆角，故童羖爲難。白羊則名牂，牝者多無角，故許別言牂羊生角者。**从羊，曷聲。**居謁切，十五部。

羠　騬羊也。夏羊犗曰羯，吳羊犗曰羠也。《爾雅》、《説文》皆無「吳羊」之名，單言羊則謂白羊也。馬部曰：「騬，犗馬也。」《貨殖傳》：「其民羯羠不均。」謂很如羊也。**从羊，夷聲。**徐姊切，十五部。

羳　黃腹羊也。見《釋嘼》。**从羊，番聲。**附袁切，十四部。

羥　羊名也。从羊，巠聲。口莖切，十一部。按，《初學記》引《説文》楷閒反，葢本《音隱》。《考工記》「顧」字，故書或作「羥」，劉音羥苦顏反，皆雙聲合韵也。《左傳》「郲子羥卒」，《穀梁》作瞯。

𦏁　羊名。从羊，執聲。汝南平輿有𦏁亭，讀若晉。《春秋》：「蔡滅沈。」杜預、司馬昭㉙皆云：「平輿有沈亭。」疑沈亭即𦏁亭也。𦏁从執聲，執與沈皆七部字也。讀若晉之「晉」，疑有誤。大徐即刃切，《篇》、《韵》同。

羸　瘦也。引伸爲凡瘦之偁，又假借爲纍字。《易》「羸其角」、「羸其瓶」，或作纍，或作虆，其意一也。**从羊，𣎆聲。**力爲切，十六部。

䍴　羊相䍴䍧也。各本誤，今依《篇》、《韵》補正。䍴䍧，疊韵字，猶委積也。《夏小正》：「三月䍚羊。」傳曰：「羊有相還之時，其類䍚䍚然。」其䍴䍧之謂與。**从羊，委聲。**於僞切，十五部。

䍧　羊相䍴䍧也。从羊，責聲。子賜切，十六部。

羣　輩也。若軍發車百兩爲輩，此就字之從車言也。朋也，類也，此輩之通訓也。《小雅》：「誰謂爾無羊，三百維羣。」犬部曰：「羊爲羣，犬爲獨。」引伸爲凡類聚之偁。**从羊，君聲。**渠云切，十三部。《五經文字》曰：「俗作群。」

䍐　羣羊相積也。積，各本作「䍧」，今依《玉篇》。**一曰，黑羊也。**《字林》有「黫」字，黑色也。《左傳》：「左輪朱殷。」祇作殷。許意黑羊曰䍐，借爲凡黑之偁。**从羊，垔聲。**烏閑切，十四部。

𦍩 𦍩 羊名。蹏皮可㠯割桼。未聞。从羊，此聲。此思切，按，當从《廣韵》此移切，十五、十六部。

美 美 甘也。甘部曰：「美也。」甘者，五味之一，而五味之美皆曰甘。引伸之，凡好皆謂之美。从羊大。羊大則肥美。無鄙切，十五部。羊在六畜，主給膳也。《周禮》：「膳用六牲。」始養之曰六畜，將用之曰六牲：馬、牛、羊、豕、犬、雞也。膳之言善也。羊者，祥也，故美从羊。此説从羊之意。美與善同意。美、譱、義、羑皆同意。

羌 羌 西戎。句。按，此當有「也」字。《商頌》：「自彼氐羌。」箋云：「氐羌，夷狄國，在西方者也。」《王制》曰：「西方曰戎。」是則戎與羌一也。羊種也。各本作「从羊人也」，《廣韵》、《韵會》、《史記索隱》作「牧羊人也」，學者多言「牧羊人」爲是，其實非也。下文言僰、焦、僥字，乃从人；東夷字，乃从大；南方蠻、閩字，从虫，以其蛇種也；北方狄字，从犬，以其犬種也；東北方貉字，从豸，以其豸種也；故字皆不从人。假令羌字从人牧羊，則既人之矣，何待僰、僥字始从人哉。且何不入儿部，而入羊部哉。是則許謂爲羊種，與蛇種、犬種、豸種一例。各本作「牧羊人」，似取《風俗通》竄改。《御覽》引《風俗通》曰：「羌本西戎，卑賤者也。主牧羊，故羌字从羊人，因以爲號。」按，應氏《風俗通》其語有襲用《説文》者，有竄改《説文》者。其説貉不从豸種之説，亦見《御覽》，則説羌不从羊種正同，今正。从羊儿。各本作「从人，从羊」，誤也，今正。羊儿者，羊種而人肵也。羊亦聲。去羊切，十部。南方蠻閩从虫，見虫部。南方蠻，東南閩越，此云南方者，概言之。北方狄从犬，見犬部。東方貉从豸，見豸部。豸部云「北方」，此云東者，謂東北方也。西方羌从羊，此六種也。上文祇有四種，不得言六。或云，此當作有謂羌有六種，《明堂位》、《爾雅》所云「六戎」也。今按，亦非文義。當云「皆異種也」，以引下文从人从大之字。西南僰人焦僥从人，僰人之人賸字。焦各本作「僬」，誤。僰、僥字皆見人部。蓋在坤地，頗有順理之性。坤，順也，在西南。此説僰、僥字得从人之意。唯東夷从大，大部曰：「夷，平也。从大弓，東方之人也。」大，人也。天大，地大，人亦大，故大象人形。僰、焦僥略有人性，故進之，字从人；東夷俗仁，故又進之，字从大。夷俗仁，仁者壽，有君子不死之國。《山海經》有君子之國，有不死民。《後漢書·東夷傳》曰：「仁而好生，天性柔順，易以道御，有君子不死之國焉。」孔子曰：「道不行，欲之九夷，乘桴浮於海。」見《論語·公冶長篇》、《子罕篇》。有㠯也。《漢·地理志》曰：「東夷天性柔順，異於三方之外，故孔子悼道不行，設桴於海，欲居九夷，有以也夫。」自南方蠻閩已下，揔論四夷字各不同之意。

𢒊 𢒊 古文羌如此。不得其説。

羑羑　進善也。進，當作道。道善，導以善也。《顧命》：「誕受羑若。」馬曰：「羑，道也。」文王拘羑里，《尚書大傳》、《史記》作牖里。从羊，羊，善也，故从羊。久聲。與久切，三部。按，此字又見厶部，曰：「羗古文。」文王拘羑里，在蕩陰。蕩，各本作「湯」，誤，今正。水部正作「蕩陰」。《漢》二《志》皆云：河内郡蕩陰有羑里城，西伯所拘，音湯。

文二十六。　重二。

羴羴　羊臭也。臭者，气之通於鼻者也。羊多則气羴，故从三羊。从三羊。式連切，十四部。凡羴之屬皆从羴。

羶羶　羴或从亶。亶，聲也。今經傳多从或字。

羼羼　羊相厠也。《釋名》曰：「厠，襍也。」从羴在尸下。尸，屋也。尸者，屋之省。此説从尸之意。初限切，十四部。一曰，相出前也。相厠者，襍厠而居。相出前者，突出居前也。《顔氏家訓》曰：「典籍錯亂，皆由後人所羼。」此相出前引伸之義。

文二。　重一。

瞿瞿　䧹隼之視也。隼亦鷻字也。知爲鷹隼之視者，以从隹䀠知之也。《吳都賦》曰：「鷹瞵鶚視。」經傳多假瞿爲䀠，見䀠下。从隹䀠，䀠亦聲。凡瞿之屬皆从瞿。讀若章句之句。古音句讀如鉤，别之曰章句之句，知許時章句已不讀鉤矣。九遇切，四部。又音衢。錯本有此三字，音當作若。

矍矍　隹欲逸走也。隹，當作「隼」。也，當作「皃」。隼欲逸走而未能，矍矍然。《震》：「上六，視矍矍。」馬云：「中未得之皃。」人之中未得者，如隼之欲逸走也。从又，持之瞿瞿也。瞿瞿，各本作「矍矍」，今正。又持之而瞿瞿然，故其字爲矍。讀若《詩》云「穬彼淮夷」之穬。《泮水》：「憬彼淮夷。」憬下既引之，而此作「穬」，假借字也。《詩釋文》則云：「憬，《説文》作懬，音獷。」今心部懬下佚此文。《文選注》引《韓詩》則作「獷」。矍在五部，讀若从廣聲字者，十部與五部同入也。九縛切。一曰，視遽皃。前義自鷹隼言，後義自人言。《東都賦》：「西都賓矍然失容。」善注引「驚視皃。」

文二。

雔雔　雙鳥也。按，《釋詁》：「仇、讎、敵、妃、知、儀，匹也。」此讎字作雔，則義尤切近。若應也、當也、醻物價也、怨也、寇也，此等義則當作讎。度古書必有用雔者，今則讎行而雔廢矣。从二隹。凡雔之屬皆从雔。讀若醻。市流切，三部。

靃靃　飛聲也。此字之本義也。引伸爲揮霍，爲靃靡。靃靡音選委切。从雨雔。各本少此三字，今補。呼郭切，五部。俗作霍。雨而雔飛者，其聲靃然。説从雨之意。

雙雙　隹二枚也。見隹部隻下。《方言》：「飛鳥曰雙，鴈曰乘。」从雔，又持之。所江切，九部。

文三。

雥 羣鳥也。許善心《神雀頌》：「嘉貺雥集。」从三隹。徂合切，七部。凡雥之屬皆从雥。

雦 鳥羣也。如淵爲水聚。从雥，淵聲。烏玄切，十二部。

雧 羣鳥在木上也。引伸爲凡聚之偁。漢人多假襍爲集。从雥木。秦入切，七部。

集 雧或省。今字作此。

文三。　重一。

鳥 長尾禽總名也。《釋鳥》音義引「長尾羽衆禽揔名也」㉚。按，厹部云：「禽，走獸總名。」此不同者，此依《釋鳥》「二足而羽謂之禽也」。短尾名隹，長尾名鳥，析言則然，渾言則不別也。象形。鳥之足似匕。从匕，鳥足以一該二，能、鹿足以二該四。都了切，二部。凡鳥之屬皆从鳥。

鳳 神鳥也。天老曰：天老，黄帝臣。鳳之像也，麐前鹿後，蛇頸魚尾，龍文龜背，燕頷雞喙，五色備舉。麐前鹿後，各本作「鴻前麐後」，又「魚尾」下有「鸛顙鴛思」四字。按，《爾雅釋文》、《大雅・卷阿》正義、《初學記》、《論語疏》所引，皆作「麐前鹿後」，皆無「鸛顙鴛思」四字，惟《左傳正義》同今本。葢唐人所據原有二本，《左疏》所據非善本也。天老對黄帝之言，見《韓詩外傳》，今《外傳》亦無此四字。郭氏《山海經圖讚》曰：「八象其體，五德其文。」云「八象」，則益爲十者非矣，今皆更正。「五德其文」者，首文曰德，翼文曰順，背文曰義，腹文曰信，膺文曰仁也。見《山海經》。出於東方君子之國，見羊部羌下。翱翔四海之外，過崐崘，崐崘當作「昆侖」。飲砥柱，濯羽弱水，弱，水部作「溺」。莫宿風穴，二語見《淮南書》。《文選注》引許慎曰：「風穴，風所從出也。」見則天下大安寧。黄帝、周成王之世是也。从鳥，凡聲。馮貢切，古音在七部。《荀卿書》引《詩》：「有鳳有皇，樂帝之心。」當作「有皇有鳳」，與心爲韵。

朋 古文鳳。象形。象其首及羽翼。鳳飛，羣鳥從㠯萬數，故㠯爲朋黨字。此説假借也。朋本「神鳥」，「以爲朋黨字」。韋本「相背」也，「以爲皮韋」。烏本「孝烏也」，「以爲烏呼」。子本「十一月陽气動萬物滋」也，「人以爲偁」。凡此四「以爲」，皆言六書假借也。朋黨字何以借朋鳥也？鳳飛則羣鳥從以萬數也。未製鳳字之前，假借固已久矣，猶習聞鳳至者爲之也。六部、七部音冣相近，故朋在六部蒸登韵，小篆鳳入七部侵韵也。

鵬 亦古文鳳。既象其形矣，又加鳥旁，葢朋者冣初古文，鵬者踵爲之者也。《莊子書》：「化而爲鳥，其名爲鵬。」崔云：「古鳳字。」按，莊生寓言，故鯤魚子也，鵬羣鳥之一也，而皆云大不知其幾千里。

鸞 赤神靈之精也。赤，各本作「亦」，誤，今依《藝文類聚》、《埤雅》、《集韵》、《類篇》、《韵會》正㉛。《後漢書注》、《廣韵》皆引孫氏《瑞應圖》曰：「鸞，赤神之精也。」《春秋元命包》曰：「离爲鸞。」赤色五采，謂赤多而五采畢具也。《後漢書·輿服志》：「鸞雀立衡。」崔豹《古今注》：「五路衡上金雀。金雀者，朱鳥也。或謂朱鳥者，鸞也。」後漢太史令蔡衡曰：「多赤色者鳳，多青色者鸞。」其説非是。《月令》「鸞路」，鄭云：「取有虞氏之車有鸞和之節爲名。春言鸞，夏言色，互文。」然則鄭不謂鸞鳥青色矣㉜。雞形，郭注《西山經》云：「舊説鸞似雞。」鳴中五音，鑾下曰：「鈴象鸞鳥聲和。」頌聲作則至。周成王之世是也。《西山經》曰：「見則天下安寧。」从鳥，䜌聲。洛官切，十四部。周成王時，氐羌獻鸞鳥。見《逸周書·王會篇》。

鸑 鸑鷟，逗。鳳屬，神鳥也。从鳥，獄聲。五角切，三部。《春秋國語》曰：「周之興也，鸑鷟鳴於岐山。」《周語》内史過説。韋曰：「三君云：鸑鷟，鳳之別名也。」按，三君者，侍中賈逵，侍御史虞翻，尚書僕射唐固也。許云「鳳屬」，於賈小異。劉逵曰「鸑鷟，鳳雛也」，説又異。江中有鸑鷟，佀鳧而大，赤目。此言江中鸑鷟，別是一物，非神鳥。或許所記，或後人所增，不可定也。《上林賦》「屬玉」，《吴都賦》作「鸀鳿」，郭璞曰：「屬玉似鴨而大，長頸赤目，紫紺色。」劉逵曰：「如鶩而大，長頸赤目，其毛辟水毒。」㉝陳藏器曰：「鸀鳿，主治沙蝨、短弧、蝦鬚等病，能唼病人身，出含沙䠶人之沙箭。如鴨而大，眼赤觜斑。」《玄中記》曰：「水弧者，其形蟲也，其氣乃鬼也。鴛鴦、鸑鷟、蟾蜍好食之。」合是四説，知鸑鷟即鸀鳿。云似鴨眼赤者，亦正與許合。

鷟 鸑鷟也。从鳥，族聲。士角切，三部。

鷫 鷫鷞也。从鳥，肅聲。息逐切，三部。五方神鳥也。東方發明，南方焦明，西方鷫鷞，北方幽昌，中央鳳皇。劉昭引《叶圖徵》云「似鳳，有四」。《司馬相如傳》：「揜焦明。」又：「焦明已翔乎寥廓。」張揖曰：「焦明似鳳，西方之鳥。」按，西字疑誤。《左傳》：唐成公「有兩肅爽馬。」賈逵曰：「色如霜紈。」馬融説：「肅爽，雁也。其羽如練，高首而脩頸，馬似之，天下稀有。」高注《淮南》云：「鷫鸘，長頸，綠色，似鴈。」賈、馬、高等所説，蓋別一鳥，非西方神鳥。

𪇆 司馬相如説：从叜聲。按，肅、叜同在三部，鷫𪇆皆可讀如搜也。蓋《凡將》字如此。

鷞 鷫鷞也。从鳥，爽聲。所莊切，十部。

鳩 鶻鵃也。按，今本《説文》奪譌。鳩與隹、雇皆本《左傳》，鳩爲五鳩之總名，猶隹爲十四隹之總名，雇爲九雇之總名也。當先出鳩篆，釋云：「五鳩，鳩民者也。」乃後云：「鶌鳩，鶻鵃也。鵻，祝鳩也。秸鵴，尸鳩也。鴡，王鴡，鴡鳩也。」鶻鳩，鷙鳥，故別爲類厠之。而䧹爲爽鳩，已見於隹部矣。今本以鳩名專系諸鶻鵃，則不可通矣。《毛詩·召南》傳曰：「鳩，尸鳩，秸鞠也。」《衛風》傳曰：「鳩，鶻鳩也。」《月令》注曰：「鳩，搏穀也。」

經文皆單言鳩，傳注乃别爲某鳩，此可證鳩爲五鳩之總名。經傳多假鳩爲逑，爲勼。辵部曰：「逑，斂聚也。」勹部曰：「勼，聚也。」从鳥，九聲。居求切，三部。

鶌（篆）鶌鳩，鶻鵃也。「鶻鵃」二字依《爾雅》補。《釋鳥》曰：「鶌鳩，鶻鵃。」《小雅》：「宛彼鳴鳩。」毛曰：「鳴鳩，鶻鵰也。」《衛風》：「于嗟鳩兮，無食桑葚。」毛曰：「鳩，鶻鳩也。食桑葚過，則醉而傷其性。」鶻鳩食桑葚，毛葢目驗而知。鵰與鵃音同。郭云：「今江東亦呼爲鶻鵃，似山鵲而小，短尾，青黑色，多聲。即是此也。舊説及《廣雅》皆云班鳩，非也。」按，此郭注，見《左正義》，今本不完。《左傳》：「鶻鳩氏，司事也。」鶻鳩春來冬去而多聲，故《詩·小宛》謂之鳴鳩，若《陳風》、《魯頌》之鴞，毛皆謂惡聲之鳥，則必鉤雒之類，而非司事之鳥矣。从鳥，屈聲。九勿切，十五部。

鵻（篆）祝鳩也。《小雅》：「翩翩者鵻。」《釋鳥》：「鵻其，鳺鴀。」㉞毛傳曰：「鵻，夫不也。」《南有嘉魚》傳曰：「鵻，壹宿之鳥。」《左傳》：「祝鳩氏，司徒也。」杜曰：「祝鳩，鵻鳩也。鵻鳩孝，故爲司徒主教民。」樊光注《爾雅》亦云：「孝故爲司徒。」郭云：「今鵓鳩也。」按，鵓鳩今俗呼爲勃姑，鵓、勃語之轉，鵓即《爾雅》之夫不也。从鳥，隹聲。《詩釋文》：「鵻音隹，本又作隹。」按，《釋鳥》直作隹。職追切，十五部。大徐思允切。

隼（篆）鵻或从隹一。从一者，謂壹宿之鳥也。箋云：「壹宿者，壹意於其所宿之木也。」《毛詩》、《爾雅音義》云：「鵻本作隹。」葢是本作隼，轉寫譌之耳。《廣韵》及大徐鵻思允切，未爲非也。一曰，鶉字。按，此鶉字即鷻字，轉寫混之。《詩·四月》「鶉」，陸德明釋文云「字或作鷻」可證。《毛詩》兩言隼，俱無傳，《四月》：「匪鷻匪鳶。」傳曰：「鷻，鵰也。」葢隼人所習知，故不詳其名物。隼與鷻，當是同物而異字異音。隼當在十五部，鷻當在十三部也。祝鳩與鷻異物而同字同音，豈因鳩鷹互化而謂爲一物與？依鄭則鷹化布穀，非雒化祝鳩也㉟。○按，陽湖莊氏述祖依《韵會》作「一曰，鷻子」。證之以《兩京賦》薛解云：「隼，小鷹也。」余始從其説，繼思作「一曰，鷻字」爲是。異字同義謂之轉注，異義同字謂之假借。隼與鷻同音同字，是亦假借也，謂隼亦即鷻字也。此外䖵部蠹下「一曰，螟字」，謂蠹亦即螟字；大部奰下「或曰，拳勇字」，謂奰亦即拳字也。此三條一例。今本鳥部或作「鷻子」，䖵部作「螟子」者，失之。

鶻（篆）鶻鵃也。按，鶻、鵃二篆宜蒙鶌篆類厠，乃中隔以祝鳩，豈轉寫倒易與？《小宛》釋文云：「鵰，《字林》作鵃，云：骨鵃，小種鳩也。」不云《説文》作鵃，而係《字林》，且《字林》鶻作「骨」，豈鶻、鵃二篆《説文》本無，而後人益之與？从鳥，骨聲。古忽切，十五部。

鵃（篆）鶻鵃也。从鳥，舟聲。張流切，三部。按，鶻音骨，鵃，郭音嘲，《釋文》音陟交反。凡鳥名多取其聲爲之，郭云「今江東亦呼爲鶻鵃」，正謂江東皆呼骨嘲而定此音也。

鵴（篆）秸鵴，逗。尸鳩也。秸，各本作「桔」，今依《廣韵》《韵會》。《説文》無此字，即稭字也。《釋鳥》曰：「鳲鳩，鴶鵴。」毛傳：「尸鳩，秸鞠也。」字異音同。《方言》作「結誥」、「擊穀」，郭云：

「今之布穀也。江東呼爲穫穀。」按，今之「郭公」也，以穀雨後鳴。古名、今名，皆像似其音爲之。《左傳》曰：「鳲鳩氏，司空也。」《召南・序》云：「德如尸鳩。」《曹風》傳云：「尸鳩之養其子，朝從上下，莫從下上，平均如一。」《月令》：「仲春鷹化爲鳩。」鄭云：「鳩，搏穀也。」「季春鳴鳩拂其羽。」鄭云：「鳩鳴飛翼相擊，趨農急也。」鄭意鳴鳩即搏穀，鳴鳩猶鳩鳴也。與蔡邕、孫炎謂此鳴鳩爲鶻鵃不同。从鳥，簐聲。居六切，三部。

鴿 鳩屬也。鳩之可畜於家者。狀全與勃姑同。从鳥，合聲。古沓切，七部。

鴠 渴鴠也。《月令》作「曷旦」，《坊記》作「盍旦」，鄭云：「夜鳴求旦之鳥。」《方言》作「鶡鴠」、「鴇鴠」，《廣志》作「侃旦」。皆一語之轉。此渴旦當同《月令》作曷旦，淺人改之，誤用渴爲飢㵣字耳。《太平御覽》引「鴠，可旦也。」冣爲古本。曷旦、可旦，鳥語如此，故云求旦之鳥。从鳥，旦聲。得案切，十四部。

鶪 伯勞也。《夏小正》作「百鷯」，《月令》注作「博勞」，《詩》箋作「伯勞」，古音同也。鶪，《夏小正》、《孟子》作「鴂」，乃雙聲假借字。《小正》、《月令》皆云：五月鳴。惟《豳風》曰「七月鳴鶪」。《左傳》曰：「伯趙氏，司至者也。」从鳥，狊聲。古闃切，十六部。

䳢 鶪或从隹。

鷚 天蘥也。鷚，今本作「鷚」。蘥，今本作「鸙」。宋本李燾本作「鷚」，作「龠」。《釋鳥》：「鷚，天鸙。」釋文曰：「鷚字又作鷚。鸙，《說文》作蘥。」今從之。《玉篇》：「鸙，天蘥也。」㊱許無鸙字。郭云：「大如鷃，雀色，似鷚，好高飛作聲。今江東名之天鷚，音綢繆之繆。」按，此與隹部雡異義。从鳥，翏聲。力救切，三部。陸云：《說文》力幼反，本《音隱》。

鸒 卑居也。見隹部雅下，卑音壁。从鳥，與聲。羊茹切，五部。

鷽 雗鷽，逗。山鵲。句。知來事鳥也。隹部雗下但云「雗鷽」，此乃足之。《淮南書》：「乾鵠知來而不知往。」高曰：「乾鵠，雗也。人將有來事憂喜之徵，則鳴，此知來也。知歲多風，卑巢於木枝，人皆探其卵，故曰不知往也。」乾讀如乾燥之乾，鵠讀告退之告。《太平御覽》引「乾鵲知來而不知往，此修短之分也。」注：「乾鵲，鵲也。見人有吉事之徵，則修修然；凶事之徵，則鳴啼。而知來歲多風，則巢於下枝，而童子乃探其卵而不知。各有所能，故曰修短之分也。」此正文作「乾鵲」，與高本作「乾鵠」異，注亦小異，必是許注。玉裁謂《釋鳥》「鷽，山鵲」，未嘗云「雗鷽」也。高、許注《淮南》皆曰「鵲也」，未嘗云「山鵲也」。《廣雅》亦云「鳱鵠，鵲也」，不云「山雗」。然則《釋鳥》「鷽，山鵲」爲一物，《說文》當云「雗鷽，雗也」爲一物。今本「山」字，淺人依《爾雅》增之。避太歲，知來歲風，知人憂喜，知行人將至，此正今之喜雗，其性好晴，故曰乾雗。雗、乾、鳱同。鷽、鵠同。射有正鵠，正之言正，鵠之言較。較者，直也，非取名於鳱鵠也，鳱鵠非小而難中之鳥也。从鳥，學省聲。胡角切，三部。

雤 鷽或从隹。

鷲 鷲鳥。鷲字今補。黑色多子。《山海經》：「其獸多鹿麐就。」郭引《廣雅》：「鷲，雕也。」《李將軍傳》：「是必射雕者。」服虔曰：「雕，一名鷲。」黑色多子，可以其毛作矢羽。按，《廣雅》：「鷻、鶚、鸇、鷲，雕也。」統言之。許雕鷲爲一，鷻爲一，鶚爲一，析言之。師曠曰：「南方有鳥，名曰羌鷲。黃頭赤目，五色皆備。」此別一鳥名羌鷲，非鷲也。《藝文志》小說家有《師曠》六篇，豈許所偁與？今世有《禽經》，係之師曠，其文理淺陋，蓋因《說文》此條而僞造。《吳都賦》：「彈鸞鵕。」劉注引師曠曰云云，蓋本《說文》，不知字何以作鵕，李音京。《廣韵·十二庚》有「鵕」字，注：「羌鵕也。」《玄應書》引《說文》，赤目作「赤咽」。从鳥，就聲。疾僦切，三部。

鴞 鴟鴞，逗。鴟當作「雖」，雖，鵻也。雖鴞則爲寧鴂，雖舊則爲舊留，不得舉一雖字謂爲同物。又不得因鴞與梟音近，謂爲一物。又不得因雖鴞與鴟鵂音近，謂爲一物也。雖舊不可單言雖，雖鴞不可單言鴞，凡物以兩字爲名者，不可因一字與他物同謂爲一物。寧鴂也。《釋鳥》：「鴟鴞，鸋鴂。」《豳風》毛傳同。《方言》曰：桑飛有工爵、過鸁、女匠、鸋鴂、懱爵諸名。陸璣曰：「鴟鴞似黃雀而小，取茅秀爲窠，以麻紩之，如刺韈然。或謂之韈爵。」按，郭氏因一雖字，謂寧鴂必雖屬，後人滨信之者，謂此鳥呼「既取我子」之鳥而告之耳，不知鳥名多自呼，開端一句正是鳥聲㊲。从鳥，号聲。于嬌切，二部。按，今人讀許嬌切，非。

鴂 寧鴂也。《小正》、《孟子》借鴂爲鶪，《離騷》：「恐鵜鴂之先鳴。」楊雄作「鷤搗」，或釋爲子規，或釋爲伯勞，未得其審。而《廣韵》乃合鸋鴂、鶗鴂爲一物。凡物名因一字相同而溷誤之類如此。从鳥，夬聲。古穴切，十五部。

⿱崇鳥 鳥也。《廣韵》曰：「小鳥名。」从鳥，崇聲。辛聿切，十五部。

鴋 澤虞也。《釋鳥》：「鶭，澤虞。」釋文：「鶭本或作旊，《說文》作鴋。」郭云：「今婟澤鳥，常在澤中，有象主守之官。」按，此釋澤虞之意，謂若《周禮》之澤虞也。楊雄云：「鳸鳩或謂之鶭鸅。」蓋尸鳩之一名耳。孫氏乃援以注《爾雅》之「鶭，澤虞。」不知其斷句本異。从鳥，方聲。分网切，十部。此不得牽合鸅鶭。

⿰截鳥 ⿰截鳥鳥也。⿰截鳥之言尐也，小鳥名也。《篇》、《韵》皆云小雞。从鳥，截聲。子結切，十五部。

⿰桼鳥 ⿰桼鳥鳥也。从鳥，桼聲。親吉切，十二部。

鴩 鋪豉也。二徐上字皆作「鋪」，宋刻鉉本、李燾本不作餔也。《爾雅》作「餔」，《釋鳥》：「鴩，餔豉。」此必鳥聲如云「餔豉」，自郭氏已未詳矣。从鳥，失聲。徒結切，十二部。

鶤 鶤雞也。《釋鳥》：「雞三尺爲鶤。」㊳郭曰：「陽溝巨鶤，古之名雞。」釋文：「字或作鶤。」《九辯》：「鶤雞啁哳而悲鳴。」王云：「奮翼鳴呼而低昂。」王正謂雞三尺者也。高注《淮南》曰：「鶤雞，鳳皇別名。」張揖注《上林賦》曰：「昆雞似鶴，黃白色。」則非《釋鳥》所云矣。許意不謂雞罶，亦不謂鳳皇，故其字厠於此，葢與張說同也。从鳥，軍聲。讀若運。古渾切，十三部。

鷎　鷎鳥也。各本鸛、鴁、鷎等字皆删，今補。三字句。疑即《釋鳥》之鳽頭。从鳥，芺聲。烏浩切，二部。

鷽　鷽鳥也。从鳥，𦥑聲。居玉切，三部。

鷦　鷦䳂，逗。桃蟲也。桃蟲，見《周頌》。《釋鳥》曰：「桃蟲，鷦。其雌，鴱。」毛傳亦云：「桃蟲，鷦也。鳥之始小終大者。」箋云：「鷦之所爲鳥，題肩也。或曰鴞。」按，單呼曰鷦，絫呼曰鷦䳂。鷦䳂謂其小也，取義於焦眇也。桃蟲之桃，亦取兆聲，謂其小。《列子》「盜驪之馬」，《廣雅》作「駣騀」。《荀卿》《戰國策》作「纖離」。郭注《穆天子傳》云：「爲馬細頸。」此桃訓小之證也。郭注《爾雅》云：「俗呼爲巧婦。」注《方言》云：「桑飛即鷦鷯也。今亦名爲巧婦。」按，許意巧婦者，其所謂雖鴞、寧鴂也；鷦鷯者，其所謂鷦䳂也。許二之，郭一之，陸璣疏分別與許合。从鳥，焦聲。即消切，二部。

䳂　鷦䳂也。从鳥，眇聲。眇，小也。亡沼切，二部。

鶹　鳥少美長醜爲鶹離。《邶風》：「瑣兮尾兮，留離之子。」毛云：「留離，鳥也。少好長醜。」《釋鳥》曰：「鳥少美長醜爲鶹鷅。」鶹與留、鷅與離，皆同也。《詩》字本作「留」，《爾雅》注及音義可證。《詩音義》則淺人改易之。按，此詩以少好長醜比衛臣，始有小善，終無成功。陸疏乃謂：「流離，梟也。其子長大，還食其母。」絶非《爾雅》、毛、鄭、許諸君意也。从鳥，留聲。力求切，三部。

鷬　鷬鳥也。今爲難易字，而本義隱矣。从鳥，堇聲。那干切，十四部。按，堇聲在十三部，合韵也。

難　鷬或从隹。今難易字皆作此。

囏　古文鷬。

𩁶　古文鷬。

䧔　古文鷬。

鶨　欺老也。《釋鳥》：「鶨，鶪老。」下云：「鳸，鴳。」按，許上文說九雇，既云：「老雇，鴳也。」則以「老」下屬，與賈逵、樊光同。此以「老」上屬，下云：「鴳，雇也。」復與舍人、李巡、孫炎同，葢兩從未定也。欺老，未詳何鳥。从鳥，彖聲。丑絹切，十四部。

鵽　鵽鳥也。《玉篇》：「水鳥也。」从鳥，兌聲。弋雪切，十五部。

鴸　鴸鳥也。《篇》、《韵》皆云：「水鳥，黑色。」从鳥，主聲。天口切，四部。

鴖　鴖鳥也。《廣韵》：「鳥似翠而赤喙。」《玉篇》作「鴟」，作「鶥」。从鳥，昏聲。武巾切，古音在十三部。

鷯　刀鷯，逗。剖葦。句。《釋鳥》：「鳭鷯，剖葦。」鳭者，刀之俗字。郭云：「好剖葦皮食其中蟲，因名云。」按，《爾雅》、《說文》之剖葦，自是刀鷯之別名。今本《說文》「食其中蟲」四字，淺人用郭注羼入也。能剖葦，故名刀鷯，刀與剖義相應，改刀爲鴉，讀丁堯切，非也。《玉篇》云：「鷦鷯亦作鴉鷯。」其説尤誤㊴。鷦鷯爲小鳥，刀鷯則不甚小，觀郭云「似雀，青斑，長尾」，則大於鷦鷯可知也。食其中蟲。四字當刪。从鳥，尞聲。洛蕭切，二部。

鶠 鶠鳥也。其雌皇。《釋鳥》：「鶠，鳳；其雌，皇。」説者便以鳳皇釋之。據許則有鳥名「鶠鳳」，非可以鳳釋鶠也。鳥字蓋鳳之誤，三字一句。从鳥，匽聲。於幰切，十四部。一曰，鳳皇也。此別一義，與説《爾雅》者同。

䳟 瞑䳟也。《廣韻》曰：「小青雀也。」按，《廣韻》蓋謂即竊脂。从鳥，旨聲。旨夷切，十五部。

鵅 烏鸔也。見《釋鳥》。郭云：「水鳥也。」按，此與隹部雒音同義別。从鳥，各聲。盧各切，五部。

鸔 烏鸔也。从鳥，暴聲。蒲木切，古音在二部。

鶴 鶴鳴九皐，聲聞于天。「鶴」字今補。此見《詩·小雅》，毛曰：「皐，澤也。言身隱而名著也。」《爾雅》無「鶴」，故偁《詩》。後人鶴與鵠相亂。从鳥，隺聲。下各切，古音在二部。

鷺 白鷺也。《釋鳥》曰：「鷺，舂鋤。」《周頌》、《魯頌》傳曰：「鷺，白鳥也。」按，《大雅》：「白鳥翯翯。」白鳥謂鷺，傳不言者，人所共知也。漢人謂鷺爲白鳥也，於《頌》則以人所知説其所不知，此傳注之體也。陸氏疏云：「好而潔白，故謂之白鳥。」此白鷺當作白鳥，許之例多因毛傳也。舂鋤者，謂其狀俯仰如舂如鋤。从鳥，路聲。洛故切，五部。

鵠 黄鵠也。黄，各本作「鴻」，今依《玄應書》、李善《西都賦》注正。《戰國策》：「黄鵠游於江海，淹於大沼，奮其六翮，而陵清風。」賈生《惜誓》曰：「黄鵠一舉兮，知山川之紆曲。再舉兮，知天地之圜方。」凡經史言「鴻鵠」者，皆謂黄鵠也。或單言鵠，或單言鴻。从鳥，告聲。胡沃切，三部。

鴻 鴻，逗。此複舉字之未刪者。鵠也。黄鵠一名鴻。《豳風》：「鴻飛遵渚。」毛曰：「鴻不宜循渚。」「鴻飛遵陸。」毛曰：「陸非鴻所宜止。」按，鄭箋衹云：「鴻，大鳥。」不言何鳥。學者多云：「鴈之大者。」夫鴻鴈遵渚、遵陸，亦其常耳，何以毛云「不宜」，以喻周公未得禮？正謂一舉千里之大鳥，常集高山茂林之上，不當循小州之渚、高平之陸也。經傳鴻字有謂大鴈者，如《曲禮》「前有車騎，則載飛鴻」，《易》「鴻漸于磐」是也。有謂黄鵠者，此《詩》是也。單呼鵠，絫呼黄鵠、鴻鵠。黄言其色，鴻之言琟也，言其大也，故又單呼鴻雁之大者曰鴻。字當作鳿，而假借也。从鳥，江聲。户工切，九部。

鶖 秃鶖也。《小雅》毛傳：「鶖，秃鶖也。」張尚對孫皓曰：「鳥之大者，有秃鶖。」《古今注》曰：「扶老，秃秋也。大者頭高八尺。」李時珍説其形甚詳，云「頭項皆無毛」，此其偁秃之故乎。从鳥，赤聲。七由切，三部。赤聲、秋聲同在三部也。

鶖 鵚或从秋。秋聲。

鴛 鴛鴦也。《小雅》傳曰：「鴛鴦，匹鳥也。」《古今注》曰：「雌雄未嘗相離。」按，鸂鶒者，鴛鴦屬也。从鳥，夗聲。於袁切，十四部。

鴦 鴛鴦也。二字雙聲。从鳥，央聲。於良切，十部。

鵽 鵽鳩也。《釋鳥》「鵽鳩」，郭連下文「寇雉」爲一物。《釋鳥》：「寇雉泆泆。」郭云：「即鵽鳩也。」據許不云「寇雉也」，則許讀不同郭也。郭云：「鵽大如鴿，出北方沙漠地。俗名突厥雀。」按，《南都賦》：「歸雁鳴鵽，黃稻鱻魚，以爲勺藥。」若《莊子·逸篇》云：「青鵽愛子忘親。」此必別是一物也。从鳥，叕聲。丁刮切，十五部。

鵱 蔞鵝也。《釋鳥》：「鵱鷜，鵝。」郭云：「今之野鵝。」按，《篇》、《韵》皆以「鵱鷜」爲句，許作「蔞」而下屬，則古讀不同。蔞鵝，鳥名，今不定爲何鳥也。《論衡》云：「蚈彈雀則失鵝。」从鳥，坴聲。力竹切，三部。按，鵱篆鍇本在部末。

鴚 鴚鵝也。三字句。《方言》：「鴈自關而東謂之鴚鵝，南楚之外謂之鵝，或謂之鶬鴚。」《廣雅》：「鳴鵞、倉鳴，鴈也。」本此。按，楊、張所云鴈者，鴻雁也。許以鴻雁字系隹部，此不云「鴚鵝，雁也」，知許意不爲鴻雁。鴚字亦作「鴐」，《大玄》作鴚鵝，《子虛》、《上林》、《反離騷》、《南都賦》皆作鴐鵝。古作「鴐」，《山海經》「鴐鳥」，「魯大夫榮鴐鵝」，皆即鴐鵝也。古加聲與可聲同音。張揖注《上林賦》曰：「鴐鵝，野鵝也。」[40]然則非家鵝，亦非鴻雁、鴻雁屬也。許意當同。〇「魯大夫榮鴐鵝」，《左傳》、《漢書》皆作「駕」，與《山海經》同。毛居正云：「从馬誤。」毛非也，《釋文》、宋刊皆作「駕」，通志堂乃於定元年改作「鴐」。从鳥，可聲。古俄切，十七部。《爾雅音義》曰：「《說文》音河，郭音加。」

鵝 鴚鵝也。从鳥，我聲。五何切，十七部。

鴈 鵝也。鴈與雁各字，鵝與鴚鵝各物。許意隹部雁爲鴻雁，鳥部鴈爲鵝。鴚鵝爲野鵝。單呼鵝，爲人家所畜之鵝。今字雁、鴈不分久矣。《禮經》單言鴈者，皆鴻雁也。言舒鴈者，則鵝也。《爾雅》「舒鴈，鵝」是也。李巡云：「野曰鴈，家曰鵝。」鵝謂之舒鴈者，家養馴不畏人，飛行舒遲也。是則當作舒雁，謂雁之舒者也，雁在野，鵝爲家雁也。《儀禮》：「出如舒鴈。」不言「如鴈」。《内則》「舒鴈翠」，別於下文「鴈腎」。鵝之名舒鴈顯然。而某氏注《爾雅》云：「在野舒翼飛遠者爲鴈。」以《爾雅》舒鴈爲一物，鵝爲一物，非是。鵝固有單呼鴈者，如《莊子》「命豎子殺鴈而烹之」。謂鵝也。王褒《僮約》云：「鴈鶩百餘者爲鵝鴨。」別於上文云「繳鴈彈鶩者爲雁鳧」，蓋雁、鴈不分久矣。許當云：「鴈，舒雁也。舒雁，鵝也。」文乃備。从鳥人。鵝依人，故同雁從人。厂聲。厂，呼旱切。鴈，五晏切，十四部。

鶩 舒鳧也。九部曰：「舒鳧，鶩也。」與《釋鳥》同。舍人、李巡云：「鳧，野鴨名。鶩，家鴨名。」許於鳧下當云「鳧，水鳥也。」

舒鳧，鶩也。」文乃備。《左傳》疏云：「謂之舒鳧者，家養馴不畏人，故飛行遲，别野名耳。」某氏注云：「在野舒飛遠者爲鳧。」非是。詞章家鳧亦呼鶩，此如今野人雁亦呼雁鵝也。《春秋繁露》：「張湯問祠宗廟，或以鶩當鳧，可用否？仲舒曰：鶩非鳧，鳧非鶩也。以鶩當鳧，名實不相應，以承大廟，不可。」此舒鳧與鳧之判。《廣雅》云：「鳧、鶩，鴨也。」此統言而未析言之也。从鳥，敄聲。莫卜切，三部。

鷖　鳧屬也。《大雅·鳧鷖》傳曰：「鳧，水鳥也。鷖，鳧屬也。」按，此謂鳧屬，非謂舒鳧屬也。《周禮》：「王后之五路，安車彫面鷖總。」故書鷖或爲「緊」，鄭司農云：「緊讀爲鳧鷖之鷖。鷖總者，青黑色，以繒爲之。」按，於此知此鳥青黑色也。陸、孔皆引《倉頡解詁》曰：「鷖，鷗也。一名水鴞。」許云「鷗，水鴞」。而不云「鷖，鷗也」，則許不謂一物也。鳧屬者，似鳧而别，其《釋鳥》之「鸍，沈鳧」乎。从鳥，殹聲。烏雞切，十五、十六部。《詩》曰：「鳧鷖在梁。」梁當作「涇」，《大雅》文。

䳌　䳌𪇆，逗。鳧屬。《南都賦》：「其鳥則有䳌鶂鷫鷞。」李引《説文》曰：「䳌鶂，鳧屬。」按，鶂皆𪇆之誤，故李音雅札反，與《集韵》牛轄切同。若鶂，則五歷切，在今錫韵，不相謀也。从鳥，契聲。古節切，十五部。李善苦札切，《廣韵》古黠切。

𪇆　䳌𪇆也。从鳥，辥聲。魚列切，十五部。《集韵》牛轄切。

鸏　水鳥也。《史記》、《上林賦》説水鳥有煩鶩。徐廣曰：「煩鶩，一作番鸏。」按，矛聲、敄聲之字，音轉多讀如蒙，賦文當依此本。从鳥，蒙聲。莫紅切，九部。

鷸　知天將雨鳥也。《釋鳥》：「翠，鷸。」李巡、樊光、郭璞皆云一鳥，許於羽部曰：「翠，青羽雀也。」合此條知其讀不同，各爲一鳥。从鳥，矞聲。余律切，十五部。《禮記》曰：「知天文者冠鷸。」引《禮記》者，《漢·志》百三十一篇中語也。《左傳》：「鄭子臧出奔宋，好聚鷸冠。鄭伯聞而惡之，使盜殺之。君子曰：服之不衷，身之災也。《詩》曰：彼己之子，不稱其服。子臧之服不稱也夫。」云「不稱」者，正謂子臧不知天文，而冠聚鷸也。《獨斷》曰：「建華冠，形制似縷鹿。《記》曰：知天文者服之。鄭子臧聚鷸冠前圜，此則是也。」司馬彪《輿服志》引《記》曰：「知天者冠述，知地者履絇。」《莊子》鷸一作鵡，然則述者，鵡之省。毛傳：「遹，述也。」㊶古音同也。《説苑》：「知天道者冠鉥，知地道者履蹻。」則又假鉥、蹻爲鵡、絇字。小顔説《禮》之衣服圖謂爲術氏冠，亦以古音同耳。

𪇗　鷸或从遹。

鸊　鸊鷉也。《釋鳥》：「鷉，須鸁。」按，單呼曰鷉，絫呼曰鸊鷉。《方言》：「野鳧其小而好没水中者，南楚之外謂之鷿鷉，大者謂之鶻鷉。」《南都賦》作「䴙鷉」。从鳥，辟聲。普擊切，十六部。

鷉　鸊鷉也。从鳥，虒聲。土雞切，十六部。按，䳌𪇆、鸊鷉皆疊韵。

鸕　鸕鷀也。《釋鳥》：「鶿，鷧。」郭云：「即鸕鷀也。」按，今江蘇人謂之水老鴉，畜以捕魚。鸕者，謂其色黑也。鷀者，謂其不卵而吐生。多者生八九，少生五六，相連而出，若絲緒也。有單言鸕者，《上林賦》：「箴疵鵁盧」，《南都賦》「䴅鸕」是也。有單言鷀者，《釋鳥》是也。从鳥，盧聲。洛乎切，五部。

鷀　鸕鷀也。从鳥，茲聲。疾之切，一部。

鷧　鷀也。从鳥，壹聲。乙冀切，十五部。

鴔　鴔鵖也。《釋鳥》：「鵖鴔，戴鵀。」郭云：「鵀即頭上勝，今亦呼爲戴勝。」按，《說文》倒之曰「鴔鵖」，疑當從《爾雅》。鵖、戴一音也，鴔、鵀、勝一音也。《呂覽》作「任」，勝與任六部、七部合音冣近。《方言》又謂之「戴南」。《月令》：「戴勝降於桑。」鄭云：「戴勝，織紝之鳥。」郭注《方言》云：「勝，所以纏紝。」按，木部云：「榺，機持經者。」系部云：「紝，機縷也。」此鳥之首文有如纏機縷之榺，故曰戴勝。《方言》又謂之「鶝鵖」，鵖鴔之雙聲也。从鳥，乏聲。平立切，七部。

鵖　鴔鵖也。从鳥，皀聲。彼及切，七部。

鴇　鴇鳥也。鴇見《詩》、《禮記》。陸疏曰：「連蹄，性不樹止。」肉出尺胾。未聞。按，《內則》「鵠鴞胖」，謂脅側薄肉也。鵠或爲鴇，鴇胖在不利人之列。此云「出尺胾」者，蓋謂去此尺胾不食，其餘可食。从鳥，𠤏聲。博好切，古音在三部。

鳵　鴇或从包。古𠤏聲、包聲同在三部。《管子》、《周禮》注皆作「鳵」。

鸈　雝鸈也。見隹部雝下。从鳥，渠聲。强魚切，五部。

鷗　水鴞也。《山海經》注曰：「鷗，水鴞也。」按，《列子》作漚。从鳥，區聲。烏矦切，四部。

𩿡　𩿡鳥也。从鳥，犮聲。讀若撥。蒲達切，十五部。

鷛　鷛鳥也。《上林賦》說水鳥有庸渠，《史記》作「鷛鸈」。郭曰：「鷛鸈，似鶩，灰色而雞足。一名章渠。」㊷《吳都賦》「鷛鸈」，劉注同郭。李善音庸渠。按，此鳥本單呼鷛也。从鳥，庸聲。余封切，九部。

鶃　鶃鳥也。字見《春秋經·文十六年》。水鳥也。《博物志》曰：「鷁，雄雌相視則孕。或曰，雄鳴上風，雌鳴下風。」薛綜曰：「鷁首者，船頭。象鷁鳥，厭水神。」按，今字多作鷁。从鳥，兒聲。五歷切，十六部。《春秋傳》曰：「六鶃退飛。」三傳皆同。今皆左兒右鳥。

鷊　鶃或从鬲。兒聲、鬲聲、益聲，皆十六部也。

𪁉　司馬相如鶃从赤。按，赤聲古音在五部，而用爲鶃字者，合韵也。蓋《凡將篇》如此作。今《上林賦》「濯鷁牛首」，祗作鷁。

鴮　鴮胡，逗。污澤也。《釋鳥》：「鵜，鴮鸅。」毛傳：「鵜，洿澤鳥也。」按，今《爾雅》多俗字，《毛詩》作「洿澤」是也。鄭注

《表記》云：「鵜，鵜胡，污澤也。污澤，善居泥水之中。」許、鄭皆云鵜胡，《爾雅》、《毛詩》不言胡者，此鳥本單呼鵜，以其胡能抒水，故又名鵜胡也。《國語》：「盛以鴟夷而投之於江。」惟宋明道二年本作「鴟鴺」，注云：「鴟鴺，革囊。」按，陸疏云：「鵜胡，頷下胡大如數升囊，若小澤中有魚，便羣共抒水，滿其胡而棄之，令水竭盡，乃共食之，故曰淘河。」然則此革囊名鴺，亦取能容受之意。應劭注《漢書》曰：「取馬革爲鴟夷。」鴟夷榼形。而楊雄《酒箴》曰：「鴟夷滑稽，腹如大壺。盡日盛酒，人復借酤。」師古曰：「鴟夷，韋囊，以盛酒，即今鴟夷幐也。」然則凡作夷者，皆鴺之省。云鴟夷者，謂其如鴟之貪，如鴺之善受也。古音鴺讀同夷。从鳥，夷聲。杜兮切，十五部。

鵜 鴺或从弟。今字多作鵜。

鴗 天狗也。見《釋鳥》。郭曰：「小鳥也。青似翠，食魚。江東呼爲水狗。」按，今所在園池有之，謂之魚狗，亦謂之魚虎。从鳥，立聲。力入切，七部。

鶬 麋鴰也。見《釋鳥》。郭云：「今呼鶬鴰。」師古曰：「今關西呼爲鴰鹿，山東通謂之鶬。鄙俗名爲錯落。」司馬彪云：「鶬似鴈而黑。」从鳥，倉聲。七岡切，十部。

雓 鶬或从隹。

鴰 麋鴰也。从鳥，昏聲。古活切，十五部。

鵁 鵁鶄也。三字句。《釋鳥》：「鳽，鵁鶄。」《職方氏》：「楊州其畜宜鳥獸。」鄭云：「孔雀、鸞、鵁鶄、犀象之屬。」《史記》，《上林賦》「鵁鶄」，《漢書》作「交精」。《爾雅音義》曰：「本亦作交精。」从鳥，交聲。古肴切，二部。一曰，鵁鸕也。此謂鵁鶄一名鵁鸕。《玄應書》作「一名鵁鸕」。按，《上林賦》既云「交精旋目」，又云「箴疵鵁盧」。《史記》盧作「鸕」。張揖、郭璞注皆鵁、鸕爲二物，與此不同。

鶄 鵁鶄也。从鳥，青聲。子盈切，十一部。按，辭章家有單呼鶄者，《吳都賦》「鶄、鶴、鶖、鶬」，謂四鳥也。

鳽 鵁鶄也。鳽者，古名。鵁鶄者，今名。此與隹部雃各物。从鳥，幵聲。古賢切，十二部。

鱵 鱵鴜也。《上林賦》「箴疵」，《史記》作「鱵鴜」。張揖曰：「箴疵似魚虎，而蒼黑色。」按，鱵鴜二音。鴜之言觜也，觜，口也。鱵鴜蓋其味似鍼之鋭。从鳥，箴聲。職深切，七部。

鴜 鱵鴜也。从鳥，此聲。即夷切，十六部。○按，自「鶩，舒鳧也」至此，皆謂水鳥。而鴳、鴠、鴇、鶬非水鳥，辭章家鋪陳水鳥，或舉鴇鶬，而不舉鴠鴳。

鷻 雕也。隹部曰：「雕，鷻也。」今《小雅·四月》「匪鶉」，鶉字或作鷻，毛曰：「鷻，雕也。」隹部㊸隼下曰：「一曰，鶉字。」鶉者，鷻之省。鷻、鶉字與隹部䧿字別。經典鶉首、鶉火、鶉尾字，當爲「鷻」。《魏風》「縣鶉」，《內則》「鶉羹」，字當爲「䧿」，當隨文釋之。《漢書音義》㊹、《廣雅》皆雕、鷻爲一鳥，許二之，且鵰不列於鷙鳥。从鳥，敦聲。度官切，古音在十三部。《詩》曰：「匪鷻匪鳶。」

鳶 鷙鳥也。此今之鶚字也。咢，《說文》作咢。鶚，《廣雅》作鶚。古音屰聲、咢聲皆在五部，五各切。作鶚者，隸變耳。自皦至鶚九篆，皆鷙鳥，獨於鳶鴟言之者，鳶鴟無他名，則直謂鷙鳥而已矣。《詩》：「匪皦匪鳶」。正義鳶作「鶚」，引孟康曰：「鶚，大雕也。」又引《說文》「鳶，鷙鳥也。」是孔沖遠固知鳶即鶚字。陸德明本乃作「鳶」，云：「以專反。」今《毛詩》本因之，又以「與專反」改《說文》鳶字之音，誤之甚矣。鳶，《夏小正》作「弋」，與職切。俗作鳶，與專切。此猶鷕切「以水」譌爲「以沼」耳。弋者，雖也，非鶚也。从鳥，屰聲。五各切，五部。

鷳 雖也。隹部曰：「雖，鵻也。鵻，雖也。」又名鷳，今之鷂鷹也。《廣雅》曰：「鷳，鴟。」《夏小正》謂之弋，「十有二月鳴弋」，弋即雖也。弋之字，變爲鳶，讀與專切，鳶行而弋廢矣。鳶讀與專切者，與鷳疊韵，而又雙聲。《毛詩正義》引《倉頡解詁》「鳶即鴟也。」然則《倉頡》有鳶字，从鳥，弋聲。許無者，謂鷳爲正字，鳶爲俗字也。《毛詩·四月》「匪鶚」，《說文》作「匪鳶」，陸《釋文》作「匪鳶」，不獨改其字，且非其物矣。《大雅》「鳶飛戾天，魚躍于淵。」語與《四月》相類，鳶亦當爲鳶。箋云：「鳶，鴟之類。」云「類」，則別於鴟。經文字本爲鳶，明矣。正義又引《說文》云：「鳶，鷙鳥也。」此亦引《說文》「鳶，鷙鳥」而從俗寫爲鳶耳。蓋唐初已認鳶爲鳶二字不分，故正義不能質言。从鳥，閒聲。户閒切，十四部。

鷂 鷙鳥也。《釋鳥》「鸇，負雀。」郭曰：「鸇，鷂也。江東呼之爲鸇。」按，鸇古音淫，見《釋文》，今音燿，見《廣韵》，語之轉也。《說文》鷂即鸇，以其善捉雀，故亦爲鷙鳥。从鳥，䍃聲。弋笑切，二部。

鷢 白鷢，逗。王睢也。《釋鳥》曰：「鸉，白鷢。」郭云：「似鷹，尾上白。」按，《釋鳥》云「睢鳩，王睢」，與「鸉，白鷢」劃分二鳥，許乃一之，恐係轉寫譌誤，非許書本然也。當爲正之曰：「鷢者，白鷢，楊也。鴡者，鴡鳩，王鴡也。」乃合。《毛詩正義》曰：「陸璣疏云，睢鳩大小如鴟，深目，目上骨露。幽州人謂之鷲，而楊雄、許慎皆曰白鷢。白鷢似鷹，尾上白。」此是陸璣，而非楊雄、許慎也。楊雄、許慎已下孔沖遠語也。所謂楊雄者，今不見於《方言》，未知其所本。从鳥，厥聲。居月切，十五部。

鴡 王鴡也。按，鴡鳩見《詩》、《春秋傳》。《傳》曰：「睢鳩氏，司馬也。」五鳩鳩民之一。許不當不箸「鴡鳩」二字，「王鴡也」之上，當出「鴡鳩」，乃與前文鶌鳩、祝鳩、尸鳩爲一例。《釋鳥》：「睢鳩，王睢。」郭云：「雕類。今江東呼之爲鶚。」《周南》毛傳曰：「睢鳩，王睢也。鳥摯而有別。」摯，本亦作「鷙」，古字同。从鳥，且聲。七余切，五部。

鸛 鸛專，逗。畐蹂。句。如鵲，短尾。射之，銜矢射人。見《釋鳥》。《釋鳥》作「鸛鶇，鶝鶔」。《廣韵》作「鸛鶇」。按，「畐蹂」蓋其一名。郭云又名「瞍羿」，釋文：「瞍古以爲懈惰字，言此鳥捷勁，雖羿之善射，亦懈惰不敢射也。」鄭注《周禮》「設其鶚」云：「謂之鶚者，取名於稚鶚。稚鶚，小鳥而難中。」按，當是此鳥。鸛、稚音近。鶚呼雗鶚，此鳥狀如鶚，故亦謂之稚鶚。 从鳥，雚聲。呼官切。專，徒端切，疊韵。十四部。

鸇 鸇風也。《秦風》作「晨風」。《釋鳥》、毛傳皆云：「晨風，鸇也。」郭云：「鷂屬。」《孟子》趙注謂之土鸇。 从鳥，亶聲。諸延切，十四部。《釋文》引《説文》「上仙反」。

鸇 籀文鸇从廛。廛聲也。又作「𪆨」。《戰國策》：「宋康王之時，有雀生𪆨於城之陬。」《新序》作「鸇」，一字也。今《戰國策》誤爲「鷏」，《通鑑》作「𪆨」，不誤。而《集韵》不收。

鷐 鷐風也。一名「鶾」，見羽部。 从鳥，晨聲。植鄰切，十三部。《毛詩》作「晨」，古文假借。

鷙 擊殺鳥也。《夏小正》：「六月鷹始摯。」《月令》：「鷹隼蚤鷙。」古字多假摯爲鷙。《儒行》：「鷙蟲攫搏。」注曰：「鷙从鳥，墊省聲。」此注《正義》本誤，郭忠恕所據不誤。《六月》毛傳云：「輊，摯也。」《士喪禮》注云：「輖，墊也。」㊺《考工記》注云：「摯，輖也。」然則墊即摯字，摯之或體也。鄭注少言字體，此言之者，蓋鷙上从執，俗認爲執聲，則當在侵韵，而非音理，故云「摯省聲」以正之。摯之在質、術韵，而不在侵、緝，易明也。擊殺鳥者，謂能擊殺之鳥。自鷻至鷐風，皆擊殺鳥也，故釋鷙。 从鳥，从執。各本作「从鳥，執聲」，非也。許説會意，鄭説形聲，皆可以知此字之非執聲也。不曰「从執鳥」，而曰「从鳥，从執」者，惡其以鳥殺鳥，傷其類，且容所殺不獨鳥也。殺鳥必先攫搏之，故从執。《小正》傳曰：「諱殺，故言摯。」然則摯者，執也。脂利切，古音在十二部。一作「鷙」，从折聲，則在十五部。

鴥 鸇飛皃。《秦風》：「鴥彼晨風。」毛曰：「鴥，疾飛皃。」許專系諸鸇。 从鳥，穴聲。按，各本篆作「鴥」，陸云：「鴥，《説文》作鴪。」今從之。余律切，古音在十二部。《詩》曰：「鴪彼鷐風。」

鶯 鳥有文章皃。各本作「鳥也」，必淺人所改，今正。《毛詩》曰：「交交桑扈，有鶯其羽」，「有鶯其領」，傳曰：「鶯鶯然有文章皃。」皃，舊作「也」，非。鶯鶯猶熒熒也，皃其光彩不定，故从熒省，會意兼形聲。自淺人謂鶯即鸎字，改《説文》爲「鳥也」，而與下引《詩》不貫，於形聲會意亦不合，不可以不辨也。 从鳥，熒省聲。熒，各本作「榮」，今正。《説文》熒省聲之字共十有九，無榮省聲之字。烏莖切，十一部。《詩》曰：「有鶯其羽。」

鴝 鴝鵒也。今之八哥也。《左氏春秋·昭二十五年》：「有鸜鵒來巢。」鸜，本又作「鴝」。《公羊》作「鸛」，音權。《穀梁》作「鸜」，亦作鸛。《考工記》作「鸛」，亦作「鸜」。郭注《山海經》云：「鸛鵒，鴝鵒也。」按，句、瞿音同，作鸛音權者，語轉也。鴝與隹部雊各字。 从鳥，句聲。其俱切，四部。

鵒 鴝鵒也。 从鳥，谷聲。余蜀切，三部。 古者鴝鵒不踰泲。見《考工記》。《五經異義》：「《公羊》以爲鸜鵒夷狄之鳥，穴居，今來至魯之中國巢居，此權臣欲自下居上之象。《穀梁》

亦以爲夷狄之鳥來中國，義與《公羊》同。《左氏》以爲鸜鵒來巢，書所無也。彼注云：《周禮》曰：鸜鵒不踰濟，今踰，宜穴而又巢，故曰：書所無也。許君謹案：從二傳。後鄭駁之云：按，《春秋》言來者甚多，非皆從夷狄來也。從魯疆外而至，則言來。鸜鵒本濟西穴處，今乃踰濟而東，又巢，爲昭公將去魯國。」㊻玉裁按，先鄭云：「不踰濟，無妨於中國有之。」駁二傳也。作《異義》時，從二傳；作《説文解字》，亦引《考工記》爲證，不言夷狄之鳥，則從古《左氏》説。許君《異義》先成，《説文解字》晚定，故多有不同《異義》者。不言《周禮》曰」，而言「古者」，此以釋《左氏》「書所無也」之恉也。

雗 鵒或从隹臾。臾聲。此如鬼臾區亦爲鬼容區也。

鷩 赤雉也。隹部：雉十四種，有鷩雉。《釋鳥》：「鷩雉。」樊光曰：「丹雉也。」《左傳》：「丹鳥氏，司閉也。」杜曰：「丹鳥，鷩雉也。以立秋來，立冬去。入大水爲蜃。」《周禮》「鷩冕」注曰：「鷩，畫以雉，謂華蟲也。華蟲，五色之蟲。」《繢人》職曰：「鳥獸蛇襍四時五色以章之。」謂是也。《考工記》「鳥獸蛇」注曰：「蟲之毛鱗有文采者也。」按，鄭意鷩爲雉五色，不云「赤雉」也。許云「赤雉」，與樊光合。从鳥，敝聲。并列切，十五部。《周禮》曰：「孤服鷩冕。」《司服》曰：「矦伯之服，自鷩冕而下，如公之服。」此云「孤服鷩冕」者，葢以天子之孤當矦伯。

鵔 鵔鸃，逗。鷩也。師古注《上林賦》㊼曰：「鵔鸃，鷩也。似山雞而小，冠背毛黄，腹赤，項緑，尾紅。」按，許云「赤雉」者，不必全赤，謂赤多也。劉逵注《蜀都賦》曰：「蛸蛦，鳥名也。如今之所謂山雞。」注《吴都賦》曰：「今所謂山雞者，鷩䳌也。合浦有之。」此葢皆鷩屬。从鳥，夋聲。私閏切。按，古音當讀如雖。十五部。

鸃 鵔鸃也。从鳥，義聲。魚羈切，古音在十七部。秦漢之初，侍中冠鵔鸃。《佞幸傳》曰：「孝惠時，郎、侍中皆冠鵔鸃，貝帶。」

鷊 雉屬。戇鳥也。戇，愚也。从鳥，啻聲。都歷切，十六部。

鶡 侣雉，出上黨。《後書·輿服志》：虎賁、羽林皆鶡冠。「鶡者，勇雉也。其鬭對一死乃止，故趙武靈王以表武士。」「加雙鶡尾豎左右爲鶡冠。」徐廣曰：「鶡似黑雉，出於上黨。」从鳥，曷聲。胡割切，十五部。

鳻 鳻雀也。依《顏氏家訓》、《廣韵》訂。侣鶡而青，出羌中。《顏氏家訓》曰：「竇如同得一青鳥，呼之爲鶡。吾曰：鶡出上黨，數曾見之，色竝黄黑。故陳思王《鶡賦》云：揚玄黄之勁羽。試檢《説文》，鳻雀似鶡而青，出羌中。《韵集》音介，此疑頓釋。」《漢·循吏傳》：「張敞舍鳻雀飛集丞相府。」蘇林曰：「今虎賁所箸鶡也。」師古曰：「蘇説非也。鳻音芥，或作鶡，此通用耳。鳻雀大而色青，出羌中，非武賁所箸也。武賁鶡者，色黑，出上黨。今時俗人所謂鶡雞，音曷。非此鳻雀。」按，二書今本舛譌，介誤分，芥誤芬，鳻誤鶡，誤鴿，不可讀，故全載之。據此，知郭注《山海經》云「鶡似雉而大，青色，有毛角，鬭死乃止」，亦誤認鴿爲鶡也。今《玉篇》、毛晃《增韵》，皆襲《漢書》誤字。从鳥，介聲。古拜切，十五部。

鸚 鸚䳇，逗。能言鳥也。《曲禮》曰：「鸚母能言，不離飛鳥。」从鳥，嬰聲。烏莖切，十一部。

䳇 鸚䳇也。从鳥，母聲。《曲禮》釋文：「鸚本或作鸚，母本或作䳇，同音武，諸葛恪茂后反。」按，裴松之引《江表傳》曰：「恪呼殿前鳥爲白頭翁，張昭欲使恪復求白頭母，恪亦以鳥名鸚母未有鸚父相難。」此陸氏所謂「茂后反」也。據此，知彼時作母、作䳇，不作鵡。至唐武后時，狄仁傑對云：「鵡者，陛下之姓，起二子則兩翼振矣。」其字、其音皆與三國時不同，此古今語言文字變移之證也。《釋文》當云：「母本或作䳇，古茂后反；今作鵡，音武」乃合。李善注《文選》云：「鵡一作䳇，莫口反。」較明析。大徐用《唐韵》文甫切，亦鵡音，非䳇音也。古音母在一部。

鷮 長尾雉，走且鳴。依《毛詩正義》、《韵會》訂。隹部，雉十四種，有鷮雉。《小雅》：「有集維鷮。」毛曰：「鷮，鷮雉也。」《釋鳥》「鷮雉」，陸疏云：「鷮微小於翟，走而且鳴曰鷮鷮。」薛綜曰：「雉之健者爲鷮，尾長六尺。」按，《韓詩·鄭風》「二矛重鷮」，謂以鷮羽飾矛。乘輿尾爲防釳，箸馬頭上。尾，各本作「以」，今從《詩正義》。防釳，詳金部。按，金部云：「臿以翟尾。」此云「以鷮尾」者，鷮，翟屬也。陸疏云：「似翟而小」是也。从鳥，喬聲。巨嬌切，二部。按，當依《鄭風》、《小雅》陸釋文「居橋反」。《廣韵》、《玉篇》皆音嬌，雉聲如是。

鷕 雌雉鳴也。《邶風》：「有鷕雉鳴。」又云：「雉鳴求其牡。」毛曰：「鷕，雌雉聲也。」此望文爲義。从鳥，唯聲。以沼切，古音在十五部。《釋文》引《說文》「以水反」，《字林》「于水反」，皆古音也。其云「以小反」者，字之譌，亦聲之譌也。《詩》曰：「有鷕雉鳴。」

鸓 鼠形，飛走且乳之鳥也。走字疑衍。《釋鳥》：「鼯鼠，夷由。」鼯或作「鼯」，由或作「䳑」。郭云：「狀如小狐，似蝙蝠肉翅，飛且乳。其飛善從高集下。」⑱劉淵林、陶隱居說略同。其物見《本艸經》、《上林》、《西京》、《南都》、《吳都》諸賦。亦名「飛生」，飛而生子故也。亦名「飛鸓」，亦名「鼺鼠」。其字惟《史記》作「鸓」，《本艸經》作「鼺」，在獸部。賦家或作「蠝」，或作「𤢖」，以其似鳥似獸似蟲似鼠也。諸家皆云「以肉翼飛」，而張揖云：「狀如兔而鼠首，以其頿飛。」此本《北山經》：「有獸狀如兔而鼠首，以其背飛，名曰飛鼠。」惟張所據背作頿耳。不若劉、郭說可信也。今雲南有之。从鳥，畾聲。《說文》無畾字，當作「靁省聲」。力軌切，十五部。

𪇰 籀文鸓。𤳳省聲也。𤳳，古文靁。

鶾 雞肥翰音者也。各本作「雉肥鶾音者也」，今正。《曲禮》：「凡祭宗廟之禮，雞曰翰音。」注：「翰猶長也。」正義曰：「雞肥則其鳴聲長也。」《易》：「翰音登于天。」虞曰：「翰，高也。」按，《小雅》：「翰飛戾天。」毛曰：「翰，高也。」高飛曰翰，因之聲高亦曰翰。故鄭云：「翰猶長也。」翰音之雞謂之鶾，此許以疊韵爲訓也。

《玉篇》曰：「鶾，雞肥皃。」此所據《説文》古本不誤也。若作雉，則下文「丹雞」不可通矣。鶾與隹部翰義別。从鳥，倝聲。矦旰切，十四部。魯郊吕丹雞祝曰：「吕斯翰音赤羽，去魯矦之咎。」此引《魯郊禮》文，證翰音之爲肥雞也。各本翰作「鶾」，誤。田部曰：「《魯郊禮》畜字從田兹作蓄。」《五經異義》曰：「《魯郊禮》祝延帝尸。」《風俗通》亦言：「魯郊祀常以丹雞祝曰：以斯翰聲赤羽，去魯矦之咎。」

鴳　雇也。《釋鳥》：「鳸，鴳。」舍人、李巡、孫炎皆云：「鳸，一名鴳。鴳，雀也。」《玄應》曰：「鴳，又作鷃。一名鳸，一名鴾鴳。《纂文》云：關中有鴳濫堆是也。」按，杜注《左傳》「青鳥氏」爲鴾鴳，而九鳸有「老鳸鷃鷃」，是則別爲二鳥，不如玄應所説也。《國語》：「晉平公射鴳。」《内則》云：「雉兔鶉鷃。」又云：「爵鷃蜩范。」雇下云：「老雇鴳也。」皆不云鴾鴳。从鳥，安聲。烏諫切，十四部。

鴆　毒鳥也。《左傳正義》：「鴆鳥食蝮，以羽翮擽酒水中，飲之則殺人。」按，《左傳》鴆毒字皆作「酖」，假借也。酉部曰：「酖，樂酒也。」从鳥，冘聲。直禁切，古音在八部。一曰，運日。一曰，猶一名也。《廣雅》云：「雄曰運日，雌曰陰諧。」《淮南書》云：「暉日知晏，陰諧知雨。」

鷇　鳥子生哺者。《釋鳥》：「生哺，鷇。」郭云：「鳥子須母食之。」「生噣，雛。」郭云：「能自食。」《方言》：「北燕朝鮮洌水之閒爵子及雞雛皆謂之鷇。」从鳥，𣪊聲。口豆切，三部。

鳴　鳥聲也。引伸之，凡出聲皆曰鳴。从鳥口。武兵切，十一部。

騫　飛皃也。《楚辭》：「鳳騫翥而飛翔。」从鳥，寒省聲。虛言切，十四部。

鴍　鳥聚皃也。言繽紛也。一曰，飛皃也。《莊子》：「翂翂翐翐。」司馬云：「舒遲皃。一曰，飛不高皃。」从鳥，分聲。府文切，十三部。

文百十六。　重十九。㊾

烏　孝鳥也。謂其反哺也。《小爾雅》曰：「純黑而反哺者，謂之烏。」象形。鳥字點睛，烏則不。以純黑故，不見其睛也。哀都切，五部。孔子曰：「烏，亏呼也。」亏，各本作「盱」，今正。亏，於也。象气之舒。亏呼者，謂此鳥善舒气自叫，故謂之烏。取其助气，故吕爲烏呼。此許語也。取其字之聲，可以助气，故以爲烏呼字。此發明假借之法，與朋爲朋黨，韋爲皮韋，來爲行來，西爲東西，止爲足，子爲人偁一例。古者短言於，長言烏呼，於、烏一字也。《匡繆正俗》曰：「今文《尚書》悉爲於戲字，古文《尚書》悉爲烏呼字，而《詩》皆云於乎，中古以來文籍，皆爲烏呼字。」按，經傳、《漢書》烏呼無有作嗚呼者，《唐石經》誤爲嗚者，十之一耳。近今學者無不加口作嗚，殊乖大雅。又小顔云古文《尚書》作烏呼，謂枚頤本也。今文《尚書》作於戲，謂《漢石經》也。洪适載石經《尚書》殘碑，於戲字尚四見，可證也。今《匡繆正俗》古今字互譌。凡烏之屬皆从烏。

𦏭 古文烏。象形。

於 象古文烏省。此即今之於字也。象古文烏而省之，亦革省爲革之類。此字葢古文之後出者，此字既出，則又于於爲古今字。《釋詁》、毛傳、鄭注經皆云「亏，於也。」凡經多用亏，凡傳多用於，而烏鳥不用此字。

舄 誰也。謂舄即誰字。此以今字釋古字之例。古文作舄，小篆作誰。早下曰：「𡱼也。」《周禮》注曰：「勛讀爲勳。」皆以今字釋古字。鳥部曰：「𩿧鸒，誰也。」言其物，此云「舄，誰也。」言其字。舄本誰字，自經典借爲履舄字，而本義廢矣。《周禮》注曰：「複下曰舄，禪下曰履。」《小雅》毛傳曰：「舄，達屨也。」達之言重沓也，即複下之謂也。《釋名》曰：「舄，腊也。複其下使乾腊也。」象形。烏、舄、焉皆象形，惟首各異，故合爲一部。七削切，古音在五部。

誰 雒 篆文舄从隹昔。昔，聲也。此亦上部先古文之例。誰緐變从烏。

焉 焉鳥，逗。黄色，出於江淮。今未審何鳥也。自借爲詞助，而本義廢矣。古多用焉爲發聲，訓爲於，亦訓爲於是。如《周禮》「焉使則介之」，《晉語》「焉作爰田」、「焉作州兵」，《左傳》「晉鄭焉依」、「裔焉大國」，《公羊傳》「焉爾」、「焉門者」、「焉閨者」，《吕覽》、《淮南》「焉始乘舟」，《三年問》：「焉爲之立中制節」、「焉使倍之」、「焉使不及也」，《招䰟》「巫陽焉乃下招」。象形。有乾切，十四部。凡字，朋者羽蟲之長，烏者日中之禽，《淮南書》曰：「日中有踆烏」，《靈憲》曰：「日陽精之宗積而成烏。烏有三趾，陽之類故數奇。」舄者知大歲之所在，《淮南書》曰：「蟄蟲鵲巢，皆向天一。」按，天一謂太陰所建也。《博物志》曰：「鵲背太歲。」然則鵲巢開户，向天一而背歲。燕者請子之俟，見乙部。作巢避戊己。亦見《博物志》。陸氏佃、羅氏願皆曰：「燕之來去，皆避社，又戊己日不取土。」所貴者，故皆象形。烏多矣，非所貴，皆爲形聲字。今字作鳳，作誰，作鵲，作鳦，作鷰，則惟烏、焉不改焉。焉亦是也。焉亦象形，必有可貴者也。按，烏、舄、焉皆可入鳥部，云「從鳥省」，不爾者，貴之也。貴燕，故既有燕部，又有乙部。朋何以不別爲部也？冠於羣鳥之首矣，故傳諸小篆也。

文三。　重三。

附注：

① 「首頭」是「守頭」之誤。

② 今《史記·司馬相如列傳》本文作「阻深闇昧」，然索隱引作「留爽闇昧」。

③ 「怪奇」當依《文選》作「瓌奇」。

④ 《爾雅·釋詁》字作「覛」，相也。郭璞注：「謂相視也。」與李引一致，不得謂無郭注。

⑤ 今《文選·魏都賦》作「矆焉相顧」，李善注之語與段氏引同。

胡氏《考異》謂矆當作「㦜」。段氏於十篇下心部㦜下引此句則作「㦜焉相顧」，認爲「俗本譌爲矆」。

⑥《旱麓》當作《棫樸》。二詩相連，段氏記誤常有。

⑦「弘希世用事」，語不見《史記・公孫弘傳》，而見于《董仲舒傳》，段氏記誤。「希世用事」又見《建元以來諸侯年表》「褚先生曰」。

⑧此「貯」亦當作「眝」。

⑨此據楊慎《轉注古音略》，楊説爲《康熙字典》目部「眳」字下引，段氏引語同。唐人小説，指《朝野僉載》，文句有不同。

⑩「六年」是「七年」之誤。

⑪《曾子問》，當删。《禮記》用「瞿」四次，用「瞿瞿」兩次，皆不在《曾子問》。唯《檀弓上》「曾子聞之瞿然曰：呼！」與曾子相關，或因此誤記作篇名。

⑫《釋詁》是《釋訓》之誤。

⑬「習」是「篫」之誤。

⑭《酒人》是《酒正》之誤。

⑮見《小弁》毛傳。篇名下當加「傳」字。

⑯此《士喪禮》指《既夕禮》。

⑰高注首二句「十日」以上九字，原作「是堯時羿善射，能一日落九烏」十二字。

⑱二徐皆作「从羽，㞢聲。」此誤。

⑲四字見《禮記・玉藻》。下「鄭云」係約述其意。

⑳《甘泉賦》：「列新雉於林薄。」《漢書》、《文選》皆不作「辛雉」。

㉑《吕覽》注見《仲夏紀》「天子以雛嘗黍」句下，「雡」，作「鷚」。段氏于「雡」字下引同。郭璞之語，見《爾雅・釋鳥》「雉之暮子爲鷚」句下，「雡」亦作「鷚」，不作「雛」。可參。

㉒十三經注疏本《爾雅》「毋」作「母」，阮元校勘記謂當作「毋」，

㉓以上段氏節述焦循《毛詩補疏》之文。焦氏謂毛傳訓鶉爲「小鳥」，不確。毛祇云「鳥也」，見《伐檀》「有縣鶉兮」句下。

㉔《爾雅・釋鳥》作「老鳸」。

㉕「刀部」是「冎部」之誤。

㉖此「犬」字他本有誤作「大」者，顯係雕版爛脱之故，而此本尚有微痕存焉。

㉗《廣雅》「牯羠」本作「牡羠」，段氏引誤。《説文解字讀》引不誤。又下文注末「羠羠音同」，羠是「洮」之誤。

㉘此概述《爾雅・釋畜》「羊」下各條郭注而言。

㉙「司馬昭」是「司馬彪」之誤，指司馬彪作《後漢書・郡國志》。

㉚今《經典釋文》單行本卷三十「釋鳥第十七」下引《説文》，「長尾」誤作「短尾」。《爾雅注疏》引則略去此二字。

㉛第一篇上玉部「瓊」字下，段氏引「鸞」下用「亦」作「《説文》時有用亦者」之證，與此矛盾。

㉜《月令》：「乘鸞路。」鄭注：「鸞路，有虞氏之車，有鸞和之節而飾之以青，取其名耳。春言鸞，冬夏言色，互文。」是鄭氏明言鸞飾青色。不知何故段氏引鄭删節其「飾之以青」之文而又斷言其「不謂鸞鳥青色」。

㉝《文選・吴都賦》劉逵注此三句係在「鵁鶄」字下，「鵁鶄」下祇注

「水鳥也」三字。
㉞《爾雅·釋鳥》字作「隹其」，與此段注下文謂「《釋鳥》直作隹」一致，則此處段引作「鵻其」是誤字。
㉟「化」字原空缺，據他本補入。
㊱宋本《玉篇》「天龠」作「天鸙」。
㊲此節段注過於簡略，致所指不明。「郭氏」也者，指《爾雅·釋鳥》「鴟鴞，鸋鴂」郭注：「鴟類。」「既取我子」、「開端一句」是就《詩·豳風·鴟鴞》「鴟鴞鴟鴞，既取我子，無毀我室」一節而言。
㊳《釋鳥》是《釋畜》之誤。下文所称同誤。
㊴宋本《玉篇》鳥部「鵻」字下：「鵻鵜鳥，亦作鳰。」不作「𪀗」，亦無末「鵜」字。另又收「𪀗」字，注云「𪀗鵜，剖葦」。是《玉篇》鳰與𪀗、鵻鵜與𪀗鵜有別。段說《玉篇》之誤不當。
㊵《史記》、《漢書》、《文選》中《上林賦》「駕鵝」下均無此張揖注語，馮桂芬說係段氏誤記，當是《史記》中《子虛賦》「連駕鵝」句下集解所引之郭璞注。
㊶「毛傳」當作「鄭箋」，見《文王有聲》。
㊷此係《史記·司馬相如列傳》「煩鶩鷛𪇰」句下集解引《漢書音義》語。郭璞注見《漢書》同句下注引，文字稍異。
㊸「隹部」是「鳥部」之誤，隼是「鵻」字重文。
㊹《漢書音義》當作《漢書音訓》，服虔作，見《隋書·經籍志》。《史記·李將軍列傳》索隱引服虔說：「雕，一名鷲。」當據此書。
㊺此《士喪禮》指《既夕禮》。注，見「軒輖中亦短衛」句下。
㊻以上引《五經異義》及鄭駁之文見《考工記》「鸜鴿不踰濟」句下賈疏引。
㊼《上林賦》當作《子虛賦》，見「射鵔鸃」句下。
㊽此是節引郭璞注，末句則係改用劉淵林注《吳都賦》「狖鼯猓然」語。
㊾段注本實文百十五，重文二十。

說文解字第四篇下

金壇段玉裁注

華 箕屬。所㠯推糞之器也。糞，各本作「弃」，今依《篇》、《韵》正。推糞者，推而除之也。象形。此物有柄，中直象柄，上象其有所盛，持柄迫地推而前，可去穢纳於其中。箕則無柄，而受穢一也。故曰：「箕屬。」北潘切，十四部。按，《篇》、《韵》皆音畢，此古今音不同也。凡華之屬皆从華。官溥說。官溥者，博採通人之一也。

畢 田网也。謂田獵之网也。必云田者，以其字從田也。《小雅》毛傳曰：「畢所以掩兔也。」《月令》注曰：「罔小而柄長謂之畢。」按，《鴛鴦》傳云：「畢掩而羅之。」然則不獨掩兔，亦可掩鳥，皆以上覆下也。畢星主弋獵，故曰畢，亦曰罕車。許於率下曰：「捕鳥畢也。」此非別有一畢，亦是掩物之网。《特牲饋食禮》助載鼎實之器，象之亦曰畢，此則用以上載爲異。从田，各本無此二字，依《韵會》補。从華，象形。謂以華象畢形也。柄長而中可受，畢與華同，故取華象形。各本作「象畢形微也」，有誤，今正。或曰，田聲。上云從田華會意而象其形，則非形聲也。「或曰，田聲」，田與畢，古音同在十二部也。各本田誤「由」，鉉曰：「由音拂。」此大誤也。畢，卑吉切。畢之言蔽也。攴部曰：「斁，盡也。」今盡義通作畢。

糞 棄除也。按，棄亦「糞」之誤，亦複舉字之未删者。糞方是除，非棄也。與土部坌音義皆略同。《禮記》作糞，亦作攢，亦作拚。《曲禮》曰：「凡爲長者糞之禮。」《少儀》曰：「氾埽曰埽，埽席前曰拚。」《老子》曰：「天下有道，卻走馬以糞。」謂用走馬佗棄糞除之物也。《左傳》：「小人糞除先人之敝廬。」許意坌用帚，故曰埽除；糞用華，故但曰除。古謂除穢曰糞，今人直謂穢曰糞。此古義、今義之別也。凡糞田多用所除之穢爲之，故曰糞。从廾推華糞采也。合三字會意。方問切，古音在十四部。官溥說：佀米而非米者，矢字。此偁官説，釋篆上體，采佀米非米，乃矢字。故廾推華除之也。矢，艸部作「菌」，云「糞也」。謂糞除之物爲糞，謂菌爲矢，自許已然矣。諸書多假矢，如《廉藺傳》「頃之三遺矢」是也。許書説解中多隨俗用字。

棄 捐也。手部曰：「捐，棄也。」从廾，推華棄也。竦手推華而捐之也。从㐬，㐬，逆子也。既以廾華會意，又加㐬以箸之。㐬者，不孝子，人所棄也。棄，詰利切，十五部。

弃 古文棄。古文以竦手去㐬子會意。按，棄字隸變作棄，中體佀「世」，唐人諱世，故《開成石經》及凡碑板皆作弃，近人乃謂經典多用古文矣。

棄 籀文棄。今字亦從云，不從㐬。

文四。重二。

冓 交積材也。高注《淮南》曰：「構，架也。材木相乘架也。」按，結冓當作此，今字構行而冓廢矣。木部曰：「構，蓋也。」義別。象對交之形。冓造必鉤心鬭角也。古候切，四部。《廣韵》侯、候二韵皆曰「冓，數也。」此古《筭經》説也。而紙韵①引《風俗通》作「壤生溝，溝生澗」，《五經筭術》《數術記遺》等書亦皆作溝矣。凡冓之屬皆从冓。

再　一舉而二也。凡言二者，對偶之詞。凡言再者，重複之詞，一而又有加也。从一，冓省。冓者，架也。架，古祇作加。作代切，一部。

爯　幷舉也。从爪，冓省。冓爲二。爪者，手也。一手舉二，故曰幷舉。趙注《孟子》「稱貸」曰：「稱，舉也。」凡手舉字當作爯，凡偁揚當作偁，凡銓衡當作稱。今字通用稱。處陵切，六部。

文三。

幺　小也。《通俗文》曰：「不長曰幺，細小曰麼。」許無麼字。象子初生之形。子初生甚小也。俗謂一爲幺，亦謂晚生子爲幺，皆謂其小也。於堯切，二部。凡幺之屬皆从幺。

幼　少也。《釋言》曰：「幼、鞠，稚也。」又曰：「冥，幼也。」《斯干》毛傳亦云：「冥，幼也。」幼同幽，一作窈。从幺力。幺亦聲。伊謬切，三部。

文二。

𢆶　微也。微，當作「散」。人部曰：「散，眇也。」小之又小則曰散。从二幺。二幺者，幺之甚也。於虯切，三部。凡𢆶之屬皆从𢆶。

幽　隱也。𨸏部曰：「隱，蔽也。」《小雅》：「桑葉有幽。」毛曰：「幽，黑色也。」此謂幽爲黝之假借。《玉藻》「幽衡」，鄭云：「幽讀爲黝。」毛不易字，鄭則易之。《周禮·牧人》：「陰祀，用幽牲。」《守祧》：「幽堊之。」鄭司農皆幽讀爲黝，引《爾雅》「地謂之黝。」今本幽、黝字互譌。从山𢆶。幽從山，猶隱從𨸏，取遮蔽之意。從𢆶者，微則隱也。𢆶亦聲。於虯切，三部。

幾　微也。《毄辭》傳曰：「幾者，動之微，吉凶之先見也。」又曰：「顔氏之子，其殆庶幾乎。」虞曰：「幾，神妙也。」殆也。歺部曰：「殆，危也。」危與微二義相成，故兩言之。今人分微義爲上聲，危義爲平聲。按，《禮記》「雕幾」，借爲「圻堮」之圻②。从𢆶，从戍，戍，兵守也。𢆶而兵守者，危也。説從戍之意。居衣切，十五部。

文三。

叀　小謹也。各本小上有「專」字，此複舉字未删，又誤加寸也。从幺省，小意。从屮。二字今補。屮，財見也。亦小意。田，象謹形。四字各本無，今補。蓋李陽冰爲墨斗之説而有所删也。上從屮，下從幺省，中象顓顓謹皃。屮亦聲。職緣切，十四部。凡叀之屬皆从叀。

𢆲 古文叀。

𠧪 亦古文叀。斤部古文斷，殳部𣪠，皆從此。

惠 仁也。人部曰：「仁，親也。」經傳或假惠爲慧。从心叀。爲惠者，必謹也。胡桂切，十五部。

𢡊 古文惠从卉。從心，叀省。從卉聲。小篆省卉。

疐 礙不行也。《釋言》云：「疐，跲也。」《豳風》毛傳同。足部「躓，跲也。跲，躓也。」以《大學》懥亦作懫推之，則疐即躓字，音義皆同。許不謂一字、殊其義者，依字形爲之説也。如許説，則《爾雅》、毛傳假疐爲躓。从叀，引而止之也。叀者，如叀馬之鼻。馬，當作「牛」。牛鼻有桊，所以叀牛也。叀之義，引伸讀同纙。纙，綰也。有所牽掣之謂。楊雄《酒箴》曰：「一旦叀礙，爲瓽所轠。」謂汲井之缾，略有牽絆，爲貯水大盆所擊碎也。字從叀者，如叀牛之鼻然，可使行亦可使止，故曰「引而止之」也。此説從叀之意。从冂，此與牽同意。冂，各本無，今補。從冂者，象挽之使止。如牽字，冂象牛縻，可引之使行也。故曰此與牽同意。陟利切，古音在十一部。《詩》曰：「載疐其尾。」按，足部引「載躓其尾」必《三家詩》之異也。或同一《毛詩》而異字。如同一《周禮》故書、《儀禮》古文而或有異文。

文三。　重三。

玄 幽遠也。《老子》曰：「玄之又玄，衆妙之門。」高注《淮南子》曰：「天也。」聖經不言玄妙，至僞《尚書》乃有「玄德升聞」之语。象幽，谓幺也，小則隱。而入覆之也。幽遠之意。胡涓切，十二部。黑而有赤色者爲玄。此別一義也。凡染一入謂之縓，再入謂之赬，三入謂之纁，五入爲緅，七入爲緇，而朱與玄，《周禮》、《爾雅》無明文。鄭注《儀禮》曰：「朱則四入與。」注《周禮》曰：「玄色者，在緅緇之間，其六入者與。」按，纁染以黑則爲緅。緅，漢時今文《禮》作「爵」，言如爵頭色也。許書作「纔」，纔既微黑，又染則更黑，而赤尚隱隱可見也。故曰黑而有赤色，至七入則赤不見矣。緇與玄通偁，故《禮》家謂緇布衣爲玄端。凡玄之屬皆从玄。

𢆯 古文。

玆 黑也。从二玄。胡涓切，十二部。今本子之切，非也。按，《左傳》：「何故使吾水玆。」釋文曰：「玆音玄。」此相傳古音在十二部也。又曰：「本亦作滋，子絲反。」此俗加水作滋，因誤認爲滋益字，而入之之韵也。艸部兹，從絲省聲，凡水部之滋，子部之孳，鳥部之鷀，皆以兹爲聲，而玆、滋字祇當音懸，不當音孜。《廣韵·七之》作滋，《一先》作滋③，音義各不同爲是也。且訓此之兹，本假借從艸之兹，而不當用二玄之玆。蔡邕《石經》見於《隸釋》、《漢隸字原》者，《尚書》兹字五見，皆從艸，則《唐石經》皆作玆者，非矣。今本《説文》滋、孳、鷀篆體皆誤從玆。《春秋傳》曰：「何故使吾水玆。」見《左傳·哀八年》，釋文曰：「玆音玄，本亦作滋，子絲反，濁也。《字林》云：黑也。」按，宋本如是，今本玆、滋互易，非也。且「本亦作滋」，則仍胡涓切，不同水部滋水字子絲反也。陸氏誤合二字爲一。

文二。　重一。

予 推予也。予、與古今字。《釋詁》曰：「台、朕、賚、畀、卜、陽，予也。」按，推予之予，假借爲予我之予，其爲予字一也。故「台、朕、陽」與「賚、畀、卜」皆爲予也。《爾雅》有此例，《廣雅》尚多用此例。予我之予，《儀禮》古文、《左氏傳》皆作「余」，鄭曰：「余、予古今字。」象相予之形。象以手推物付之。余呂切，五部。古予我字亦讀上聲。凡予之屬皆从予。

舒 伸也。經傳或假荼，或假豫。从予，物予人得伸其意。舍聲。此依鍇本。今鍇本作「從舍，予聲」者，淺人不知舍之古音而改之也。傷魚切，五部。一曰，舒緩也。此與糸部紓音義皆同。

幻 相詐惑也。譸誑惑人也。《漢書》犛靬眩人字作眩。从反予。倒予字也。使彼予我，是爲幻化。胡辦切，十四部。《周書》曰：「無或譸張爲幻。」《無逸篇》文。又見言部譸下。

文三。

放 逐也。从攴，方聲。甫妄切，十部。凡放之屬皆从放。

敖 出游也。《邶風》曰：「以敖以游。」敖、游同義也。經傳假借爲倨傲字。从出放。從放，取放浪之意。出部又收此，後人妄增也。五牢切，二部。

敫 光景流皃。皃，各本作「也」，今從《廣韵》。謂光景流行，煜燿昭箸。从白放。凡物光景多白，如白部所載是也，故從白。不入白部者，重其放於外也。讀若龠。與爚燿字音義略同。以灼切，古音在二部平聲。

文三。

𠬪 物落也。也字依《韵會》補。草曰苓，木曰落。引伸之，凡物皆曰落。上下相付也。付与也。从爪又。以覆手与之，以手受之，象上下相付。凡物陊落皆如是觀。凡𠬪之屬皆从𠬪。讀若《詩》「摽有梅」。見《周南》④。毛曰：「摽，落也。」按，摽，擊也。《毛詩》摽字正𠬪之假借。《孟子》：「野有餓莩。」趙曰：「餓死者曰莩。《詩》云：莩有梅。莩，零落也。」丁公箸云：「莩有梅，《韓詩》也。」《食貨志》：「野有餓芰。」鄭氏：「芰音蔈有梅之蔈。」⑤《孟子》作「莩」者，「芰」之字誤。《漢志》作「芰」者，又「𠬪」之俗字。《韓詩》作「𠬪」是正字。《毛詩》作摽是假借字。鄭德作「蔈」，亦假借也。《鄭風》：「風其漂女。」毛曰：「漂猶吹也。」毛意「漂」亦「𠬪」之假借。平小切，二部。

爰 引也。此與手部援音義皆同。《韵會》作「引也。謂引詞也。」六字，「謂引詞也」四字當出《演說文》。今按，援從手，爰聲，訓引也；爰從𠬪，從亐，訓引詞也。轉寫奪「詞」字。《釋詁》：

「粵、于，爰，曰也。」「爰、粵，于也。」「爰、粵、于、那、都、繇，於也。」八字同訓，皆引詞也。粵、于、曰、爰，見經傳者多。那，若《越語》「吳人之那不穀」。都，若《孟子》「謨蓋都君」，《相如傳》「終都攸卒」。繇同由，於即今人所用於字。凡言於者，兩物相於，自此引而之彼。此八字皆由上引下之詞也。曰下云：「詈也。」亏下云：「於也。」粵下云：「于也。」烏、於同引「孔子曰：烏，于呼也」。是可以得其解。从𠬪，从亏。𠬪者，相付取，相引之意。亏亦引詞，與爰雙聲。羽元切，十四部。籒文㠯爲車轅字。此説假借也。轅所以引車，故籒文車轅字衹用爰。《左傳》「晉作爰田」，《國語》作「轅田」。《地理志》：「制轅田。」《食貨志》云：「自爰其処。」孟康云：「轅、爰同。」此又皆假轅爲爰也。

𤔔 治也。此與乙部亂音義皆同。幺子相亂，𠬪治之也。幺子謂𢆶，亂當作爭，謂𠔁也。𠔁音扃，介也。彼此分介，則爭。門部云：「兒善訟者也。」𠬪治之，如𢽼下「又寸，分理之」。讀若亂同。郎段切，十四部。一曰，理也。與治無二義。當由唐人避諱致此妄增。

𤔔 古文𤔔。

受 相付也。𠬪者，自此言。受者，自彼言。其爲相付一也。从𠬪，舟省聲。舟省聲，蓋許必有所受之。殖酉切，三部。《尚書》紂字，古文《尚書》作受。

𤕌 撮也。从𠬪，乙聲。鍇本如是。云乙者，甲乙之乙。鉉本作「從𠬪從己」，云：「己者，物也。」以音求之，佀小徐近是。力輟切，乙聲，則當在十二部。

爭 引也。凡言爭者，皆謂引之使歸於己。从𠬪厂。從𠬪猶從手。厂，余制切，抴也。抴，引也。側莖切，十二部。

𤔕 有所依也。依《玄應》本訂。依、𤔕雙聲，又合韵冣近。此與自部隱音同義近，隱行而𤔕廢矣。凡諸書言安隱者，當作此。今俗作安穩。从𠬪工。𠬪工者，所落之処巧得宜也。讀與隱同。於謹切，十三部。

寽 五指寽也。各本寽作持，宋本、李燾本、《類篇》、《集韵．六術》皆作「捋」，捋又寽之誤。今依《集韵．十三末》作寽。按，寽與捋各字。捋，毛曰「取也」，許曰「取易也」。寽，許曰「五指寽也」。凡今俗用五指持物引取之曰寽。《廣韵》曰：「今寽禾是。」是也。《芣苡》「薄言捋之」，説者謂取其子。假令謂取其子，則當作「寽」。从𠬪，五指寽而落之，故從𠬪。一聲。「聲」疑衍。一，謂所寽也。吕戌切，十五部。讀若律。

𠭫 進取也。从𠬪，猶從手也。古聲。古聲在五部，敢在八部，此於雙聲合韵求之。古覽切。

敢 籒文𠭫。彐，蓋亦爪也。冃音冒，用爪、用殳，冒而前也。今字作敢，𣪊之𢑴變。

𢼄 古文𠭫。

文九。　重三。

奴 殘穿也。殘穿者，殘賊而穿之也。睿字下曰：「卢，殘也。」亦謂殘穿。从又卢。又，所以殘穿也。殘穿之，去其穢襍，故從又卢會意。卢亦聲。昨干切，十四部。卢，讀若櫱，十五、十四合韵也。凡奴之屬皆从奴。讀若殘。

叡 溝也。《大司徒》「溝封」，鄭曰：「溝，穿地爲阻固也。」水部：「溝，水瀆。廣四尺，深四尺。」此單舉《匠人》文耳。凡穿地爲水瀆皆稱溝，稱叡。《毛詩》：「實墉實壑。」謂城池也。鄭伯有爲窟室飲酒，人謂之壑谷。从奴，从谷。穿地而通谷也。《釋水》曰：「注谷曰溝。」讀若郝。呼各切，五部。

壑 叡或从土。謂穿土。

𣦼 突堅意也。各本深上有「𣦼奴」字，宋本無「𣦼」有「奴」。今按，𣦼係複舉，奴則衍文也。凡言意者，意下「意內言外」之意。其意爲深堅，其言云𣦼也。从奴，从貝。深意，故從奴。堅意，故從貝。貝，堅實也。説從貝之意。實，大徐作「寶」。讀若概。古代切，十五部。𩠿以爲聲。

𣦽 阬也。自部曰：「阬，閬也。」《釋詁》曰：「叡、阬，虛也。」𣦽與井部阱、穽音同義異。𣦽謂穿地使空也。从奴井，井亦聲。疾正切，十一部。

叡 突明也。鉉本此下有「通也」二字。雖合古訓，然恐俗增。馬注《尚書》，鄭注《尚書大傳》，皆曰：「睿，通也。」許則於叡曰「深明也」，於聖曰「通也」。叡從目，故曰明；聖從耳，故曰通。此許意也。《周書・謚法解》曰：「叡，聖也。」《邶風》毛傳曰：「聖，叡也。」古文《尚書》「睿作聖」，故《周書》、毛傳叡聖互訓。《楚語》：「謂之睿聖武公。」韋曰：「睿，明也。」按，韋但曰「明」，許曰「深明」者，許主解字，爲其字之從奴也。从奴，从目。故曰深明。从谷省。谷以皃其深也。按，叡實從叡省，從叡者，皃其能容也。能容而後能明。古文《尚書》「思曰睿」，今文《尚書》「思心曰容」，義實相成也。許不云「從叡」者，不立叡部也。《五經文字》曰：「《易》作叡」，是可證《尚書》作睿也。以芮切，十五部。

睿 古文叡。見古文《尚書》。卢者，奴之省。睿下曰：「卢，殘也。」按，殘者，謂殘穿。

壡 籀文叡从土。此亦從壑省也。玉部籀文璿從此。

文五。　重三。

歺 列骨之殘也。刀部曰：「列，分解也。」殘當作「歾」。許殘訓賊，歾訓餘，後人輒同之也。从半冎。冎，剔人肉置其骨也。半冎，則骨殘矣。鉉曰：「不當有中一。」秦刻石文有之。凡歺之屬皆从歺。讀若櫱岸之櫱。櫱岸，未聞。櫱當作岸。岸者，岸高也。五割切，櫱音同，葢轉寫者以其音改其字耳。十五部。《五經文字》、《九經字㨾》音兢，非。

𣦵 古文歺。古文殂、古文殪、古文死、古文伊，皆從此。

殜 病也。艸部曰：「菸，一曰，殜也。」菸、殜雙聲。《廣韵》曰：「殜，枯死也。萎，蔫也。」按，殜、萎古今字，菸、蔫古今字。《内則》注曰：「今益州有鹿殜。」从歺，委聲。於爲切，十六部。

殙　瞀也。瞀，當作「霿」。雨部曰：「霿，晦也。」諸家霿、瞀通用。子部「穀瞀」亦作瞀字。《莊子》：「以瓦注者巧，以鉤注者憚，以黄金注者殙。」釋文引《説文》「瞀也」。《左傳》：「札瘥夭殙。」杜曰：「未名而死曰殙。」今傳作「昏」。从歺，昏聲。呼昆切，十三部。

殰　胎敗也。《樂記》：「胎生者不殰。」注曰：「内敗曰殰。」《管子》：「羽卵者不段，毛胎者不贕。」房曰：「贕謂胎敗潰也。」《集韵》曰：「古作贕。」从歺，賣聲。徒谷切，三部。

歾　終也。《白起王翦列傳》曰：「偷合取容，以至歾身。」徐廣云：「歾音没。」按，今歾譌㘬。《集韵》傅會之云：「㘬，埋也。」从歺，勿聲。莫勃切，十五部。

殁　歾或从㱼。按，㱼死字當作此。入水有所取曰㱼，湛於水曰没，内頭水中曰㪅，此許之分别也。

殚　大夫死曰殚。《曲禮》：「天子死曰崩，諸侯曰薨，大夫曰卒，士曰不禄，庶人曰死。」《白虎通》曰：「大夫曰卒，精燿終也，卒之爲言終於國也。」字皆作卒，於《説文》爲假借。从歺，卒聲。子聿切，十五部。

殊　死也。凡漢詔云「殊死」者，皆謂死罪也。死罪者，首身分離，故曰殊死。引伸爲殊異。从歺，朱聲。市朱切，四部。

一曰，斷也。各本無此四字，依《左傳釋文》補。斷與死本無二義，許以字從歺，故以死爲正義，凡物之斷爲别一義。《左傳》曰：「武城人塞其前，斷其後之木而弗殊，邾師過之，乃推而蹷之。」《史·蘇秦列傳》：「刺蘇秦不死，殊而走。」按，「弗殊」者，謂不絶也。「不死殊而走」者，謂人雖未死，創已決裂也。皆斷之説也。宣帝詔曰：「骨肉之親，粲而不殊。」凡言殊異、殊絶，皆引伸之義。殳部曰「以杖殊人」，謂隔遠敵仇不得近，亦是斷義。《漢令》曰：「蠻夷長有罪當殊之。」按，殊之者，絶之也。所謂别異蠻夷。此舉《漢令》證斷義，而裴駰以來皆謂「殊之」爲誅死。夫蠻夷有罪，非能必執而殺之也，而顧箸爲令哉。今鍇本作「當殊之市」，多「市」字，此由張次立以鉉本改鍇本，誤以鉉本「市朱切」市字系殊之下，其可笑有如此者。

殟　暴無知也。各本作「胎敗也」，誤同殰解。《玄應書》卷八、卷十三、十四，皆引《説文》「殟，暴無知也。」《聲類》「烏殟，欲死也。」今據正。《廣韵》云：「病也。」又云：「心悶。」其義正合。蓋上下文皆説死之類，此亦謂暴死者。烏、殟雙聲。《玄應》：「殟，於門切。」从歺，昷聲。烏没切，古音在十三部。讀温。

殤　不成人也。不，《喪服傳》作「未」。人年十九至十六死，爲長殤；十五至十二死，爲中殤；十一至八歲死，爲下殤。見《喪服傳》。鄭曰：「殤者，男女未冠笄而死，可傷者也。」从歺，傷省聲。式陽切，十部。

殂　往死也。殂之言退也。退，往也。故曰往死。《玉篇》曰：「殂，今作徂。」从歺，且聲。昨胡切，五部。《虞書》曰：「勛乃殂。」《虞書》當作《唐書》。「勛乃殂」，二徐本皆如是。宋本《説文》及洪邁所引皆可證。至《集韵》、《類篇》乃增「放」字，至李仁甫乃增之曰「放勛乃殂落」，或用改大徐本，此皆不信古之過也。《堯典》曰：「二十有八載，放勳乃殂落。」見《孟子》。《春秋繁露》、皇甫謐《帝王世紀》所引皆如是。此作「勛乃殂」，據力部，勳者小篆，勛者古文勳，則許所偁真壁中文也，而無「放」「落」二字。蓋《孟子》、董子所偁者，今文《尚書》也；許所偁者，古文《尚書》也。《孟子》何以偁今文《尚書》？伏生本與孔安國本皆出周時，説詳《尚書撰異》矣。放勛何以但言勛也？或言放勛，或言勛，一也。蓋當世臣民所偁不一也。殂落何以但言殂也？云殂則已足矣，不必言殂落也。《釋詁》：「崩、薨、無禄、卒、殂、落、殪，死也。」《白虎通》曰：「《書》言殂落死者，各自見義。堯見憯痛之，舜見終，各一也。」此其所據皆今文《尚書》，且《爾雅》無妨殂落二字各爲一句也。師古注《王莽傳》引《虞書》「放勳乃殂」，則唐初《尚書》尚有無落字者。

𣧛 古文殂。从歺，从作。此從古文歺作聲也。

小徐本篆爲舭，非也。

殛 殊也。殊，謂死也。《廣韵》曰：「殊，陟輸切。殊殺字也。從歹，歹五割切。戕同殊。」⑥據此知古殊殺字作殊，與誅責字作誅迥别矣。《周禮》：「八曰誅，以馭其過。」《禁殺戮》、《禁暴氏》、《野廬氏》皆云「誅之」，此誅責也。《公羊傳》：「君親無將，將而誅焉。」此殊殺也。當各因文爲訓。从歺，从亟聲。己力切，一部。《虞書》曰：「殛鯀于羽山。」《堯典》文。此引經言假借也。殛本殊殺之名，故其字廁於殤、殂、殪、募之閒。《堯典》「殛鯀」，則爲極之假借，非殊殺也。《左傳》曰：「流四凶族，投諸四裔。」劉向曰：「舜有四放之罰。」屈原曰：「永遏在羽山，夫何三年不施？」王注：「言堯長放鯀於羽山，絶在不毛之地，三年不舍其罪也。」《鄭志》荅趙商云：「鯀非誅死。鯀放居東裔，至死不得反於朝。禹乃其子也，以有聖功，故堯興之。」尋此諸説，可得其實矣。《周禮》「廢以馭其罪」注：「廢猶放也。舜極鯀於羽山是也。」此條釋文宋本「極，紀力反」可證。《洪範》：「鯀則殛死。」釋文：「殛，本又作極。」《多方》：「我乃其大罰殛之。」釋文：「殛本又作極。」《左傳·昭七年》：「昔堯殛鯀於羽山。」釋文：「殛本又作極。」《魯頌》：「致天之届，于牧之野。」箋云：「届，極也。」引《書》「鯀則極死」⑦。又云：「天所以罰極紂于商郊牧野。」正義云：「届，極。虞，度。《釋言》文。《釋言》又云：極，誅也。武王致天所罰誅紂於牧野，定本、集注皆云：殛紂於牧野。殛是殺，非也。」此條宋本、岳本、元本皆不誤。《小雅》：「後予極焉。」毛曰：「極，至也。」鄭曰：「極，誅也。」正義云：「極，至。《釋詁》文。極，誅。《釋言》文。」合《魯頌》、《小雅》兩箋、兩正義觀之，則《釋言》之爲「極，誅」甚明。今《爾雅》作「殛，誅也。」蓋誤以《洪範》、《多方》殛字鄭皆作極例之。則知《周禮》注引「極鯀於羽山」，鄭所見《尚書》，自是作極不作殛也。《説文》引「殛鯀于羽山」作「殛」，疑是後人增之。若以引「尚狟狟」爲「尚桓桓」，引「無有作玫」爲「無有作好」例之，則引「殛鯀」爲「極鯀」正是一例。鄭注《周禮》引「遂覲東后」，注《明堂位》引「應𨋫縣鼓」，本經作「肆」作「田」，則或本經作「殛」而引作「極」，亦注家有是例也。假殛爲極，正如《孟子》假殺爲竄。鯀因極而死於東裔。韋注《晉語》云：「殛，放而殺也。」此當作「放而死也」。高注《呂覽》云：「先殛後死」，此當作「先極後死」。若《呂覽》「副之以吳刀」，《山海經》「殺鯀於羽郊」，則言之不從，不可信矣。然則馬注《尚書》、趙注《孟子》、韋注《國語》皆云「殛，誅也」何也？曰：此皆用《釋言》「極，誅也」之文，謂正文殛當作極也。

殪 死也。《左傳》：「聲子射其馬，斬鞅，殪。將擊子車，子車射之，殪。」《小雅》毛傳、文穎注《上林賦》皆曰：「壹發而死爲殪。」是也。故其字從壹。按，《尚書》言「殪戎殷」，殪，仆也。此引伸之義。《中庸》言「壹戎衣」，注：「衣讀爲殷，聲之誤也。壹戎殷者，壹用兵伐殷也。」郭忠恕《佩觿》乃引鄭注云：「壹當爲殪。」此記憶之誤耳。凡恃記憶而不檢閱者，多此病。从歺，壹聲。形聲包會意。於計切，古音在十二部。

古文殪从死。從古文死，壹省聲。

⿱莫歹 死宋⿱莫歹也。宋⿱莫歹，猶啾嘆也。从歺，莫聲。莫各切，五部。

殯 死在棺，將遷葬柩，賓遇之。按，《士喪禮》：主人奉尸由阼階鄉西階，斂於棺。棺先在肂中矣，所謂殯也。在西階，故《檀弓》曰：「殯於客位。」又曰：「周人殯於西階之上，賓之也。」《釋名》亦曰：「於西壁下塗之曰殯。殯，賓也。賓客遇之，言稍遠也。」此去葬期尚遠，非將葬賓遇之也。將葬而朝於祖，而設遷祖奠，而載柩於車，而祖，而設祖奠，而設葬奠。此不得名殯，淺人竄改之，致此不通耳。當云：「屍在棺，肂於西階，賓遇之。」从歺賓。屍在棺，故從歺；西階賓之，故從賓。賓亦聲。必刃切，十二部。夏后殯於阼階，殷人殯於兩楹之閒，周人殯於賓階。見《檀弓》。據此可證「將遷葬柩」四字之誤。

殔 瘞也。土部曰：「瘞，幽薶也。」《士喪禮》「掘肂」，注曰：「肂，埋棺之坎也。」棺在肂中斂屍焉，所謂殯也。肂者所以殯，故其字次於殯。可證上文「將遷葬柩」之誤。从歺，隶聲。羊至切，十五部。

殣 道中死人，人所覆也。今《小雅·小弁》作「墐」，傳曰：「墐，路冢也。」按，墐者，假借字。殣者，正字也。義在人所覆，故其字次於殔。《左傳》「道殣相望」，杜云：「餓死爲殣。」从歺，堇聲。渠吝切，十三部。《詩》曰：「行有死人，尚或殣之。」許所據作「殣」。

殠 腐气也。《廣韵》曰：「腐，臭也。」按，臭者，氣也，兼芳殠言之。今字專用臭而殠廢矣。《儀禮釋文》引《孟子》「飯殠茹菜」。《楊敞傳》：「冒頓單于得漢美食好物，謂之殠惡。」《楊王孫傳》：「其穿下不亂泉，上不泄殠。」从歺，臭聲。尺救切，三部。

殨 爛也。今殨爛字作潰而殨廢矣。从歺，貴聲。胡對切，十四部。

㱙 腐也。肉部曰：「腐，爛也。」今字用朽而㱙廢矣。从歺，丂聲。許久切，三部。

朽 𣦸或从木。

殆 危也。危者，在高而懼也。引伸之，凡將然之詈皆曰殆，曰危，與「隸天之未陰雨」音義同。又《豳風》：「殆及公子同歸。」傳曰：「殆，始也。」此謂殆爲始之假借也。从歺，台聲。徒亥切，一部。

殃 凶也。各本作「咎也」，今依《易釋文》。从歺，央聲。於良切，十部。

殘 賊也。戈部曰：「賊，敗也。」𣦼部：「殘穿也。」今俗用爲𣧠餘字。按，許意殘訓賊，𣧠訓餘，今則殘專行而𣧠廢矣。《周禮·稾人》注假戔爲𣧠。从歺，戔聲。昨干切，十四部。

殄 盡也。《釋詁》、《大雅·瞻卬》傳同。《邶風》：「籧篨不殄。」傳曰：「殄，絶也。」此盡義之引伸也。箋云：「殄當作腆。腆，善也。」按，古文假殄爲腆。《儀禮》注云「腆古文作殄」是也。从歺，㐱聲。徒典切，十二部。

古文殄如此。

殲 微盡也。殲之言纖也，纖細而盡之也。从歺，韱聲。子廉切，七部。《春秋傳》曰：小徐本無傳字。「齊人殲于遂。」《春秋经·莊十七年》文。《左》、《穀》作殲，《公》作瀸，字之同音假借也。《穀》曰「殲，盡也」，《公》曰：「瀸，漬也。」何云：「瀸之爲死，積死非一之辭。故曰漬。」《釋詁》：「殲，盡也。」

殫 極盡也。窮極而盡之也。極，鉉本作殛，誤。古多假單字爲之。《郊特牲》云：「社事單出里。」《祭義》：「歲既單矣。」《大雅》：「其軍三單。」箋云：「單者，無羡卒也。」皆是也。从歺，單聲。都寒切，十四部。

殬 敗也。經假斁爲殬。《雲漢》鄭箋云：「斁，敗也。」孔穎達引《洪範》「彝倫攸斁」。从歺，睪聲。當故切，五部。《商書》曰：「彝倫攸殬。」《洪範》文。今作「斁」者，蓋漢人以今字改之。許所云者，壁中文也。彝，張次立本作「夷」。

𣩡 畜産疫病也。畜産當作嘼牲。《左傳》：「不疾蔟蠡。」杜云：「無疥癬。」釋文：「蠡，《説文》作瘰，云：瘯瘰，皮肥也。」按，今《説文》無瘯、瘰二字。《本艸經》有瘰癧字。瘰癧，皮病，非皮肥也。陸氏書「《説文》」二字、「肥」字蓋有誤。此云「嘼牲疫病」，則又非瘰癧也。人曰癘疫，嘼曰𣩡。从歺，羸聲。郎果切，十七部。《篇》、《韵》皆力外、力臥二切。

𣩹 殺羊出其胎也。此與刀部㓷音同義異。云「殺羊出其胎」，則《廣雅》云：「𣩹、腜，胎也」辭不達意矣。从歺，豈聲。五來切，古音在十五部。

𣧠 禽獸所食餘也。引伸爲凡物之餘。凡殘餘字當作𣧠。从歺，从月。月，各本作「肉」，篆體作𣧠，今正。禽獸所食，不皆肉。歺者，殘也。月者，缺也。於禿𪙬之意近。昨干切，十四部。《廣韵·十五鎋》有此字，與刖、明同音，是其字之從月可知矣。

殖 脂膏久殖也。久下當有「曰」字，《國語舊音》⑧引《說文》：「殖，脂膏久也。」《考工記》故書昵或作樴，注云：「樴讀爲脂膏膱敗之膱。」按，膱即殖字。《字林》云：「膱，膏敗也。亦作膱。」《廣雅》云：「膱，臭也。」《玉篇》、《廣韵》皆云：「膱，油敗也。」其字常職切，亦音職。今俗語謂膏油久不可用，正讀職之平聲也。脂膏以久而敗，財用以多藏而厚亡，故多積者謂之殖貨，引伸假借之義也。从歺，直聲。常職切，一部。

𣧩 枯也。《周禮》：「殺王之親者，辜之。」注：「辜之言枯也。謂磔之。」桀部曰：「磔，辜也。」按，𣧩同辜，磔也。《玉篇》曰：「𣧩，古文辜字。」⑨从歺，古聲。苦孤切，五部。

殑 棄也。从歺，奇聲。去其切。按，其誤，當依《廣韵》去奇切。古音在十七部。俗語謂死曰大殑。別一義。

文三十二。　重六。

死 澌也。水部曰：「澌，水索也。」《方言》：「澌，索也。」盡也。」是澌爲凡盡之偁。人盡曰死，死、澌異部疊韵。人所離也。形體與䰟魄相離，故其字從歺人。从歺人。息姊切，十五部。

凡死之屬皆从死。

𣦸 古文死如此。從古文歺、古文人。

薨 公侯𣨛也。《曲禮》曰：「公侯曰薨。」歺部曰：「大夫死曰𣨛。」此不曰「公侯死」，而言「公侯𣨛」⑩者，欲見分別，則惟大夫偁𣨛，統言則不爾也。《曲禮》又曰：「壽考曰卒，短折曰不祿。」此概言之，非謂大夫士也。从死，瞢省聲。呼肱切，六部。

薧 死人里也。《樂府·相和曲》有《薤露》《蒿里》之歌，譙周、崔豹皆云：「起於田横自殺，從者爲作悲歌。」崔云：「謂人命奄忽，如薤上之露易晞滅，亦謂人死䰟魄歸於蒿里。」《蒿里》辭曰：「蒿里誰家地，聚斂䰟魄無賢愚。」然則蒿里者，謂虛墓之閒也。且其字作蒿，此獨云「薧，死人里」，則字作薧，而義亦殊。蓋有一里人盡死者，因目爲薧里，許所聞不同譙、崔也。按，《周禮》：「乾魚謂之薧。」《內則》：「堇荁枌榆免薧。」注：「免，新生者。薧，乾也。」然則凡死而枯槁謂之薧，不必如許所說。从死，蒿省聲。呼毛切，二部。按，《周禮》《禮記》音考。

𣩵 戰，句。見血曰傷，句。《周禮》曰：「凡傷人見血而不以告者。」注：「傷人見血，見血乃爲傷人耳。」此見血曰傷，謂戰者見血受傷也。亂或爲惽，或、惑古今字。心部曰：「惽，不憭也。」此謂戰傷殙瞀者，重於見血也。死而復生爲𣩵。此謂戰傷又重於惽也。謂之𣩵者，次於死也。三言皆謂戰，蓋出《司馬法》等書。从死，次聲。形聲包會意也。咨四切，十五部。

文四。　重一。

冎 剔人肉置其骨也。剔當作𩑶，解也。其《周禮》膊之、焚之、辜之之刑與？《列子》曰：「炎人之國，其親戚死，冎其肉而棄之。」刀部無剮字。冎俗作「剮」。**象形，頭隆骨也。**隆，豐大也。說此字爲象形者，謂上大下小，象骨之隆起也。古瓦切，十七部。口部咼以爲聲。**凡冎之屬皆从冎。**

別　**分解也。**分別、離別皆是也。今人分別則彼列切，離別則憑列切，古無是也。俗謂八部𠔁爲古別字，且或於丫部乖字下益曰：「𠔁，古文別。」假令果尒，則於此何不載乎？**从冎，从刀。**冎者，分解之皃。刀者，所以分解也。十五部。

髀　**別也。从冎，卑聲。讀若罷。**府移切，十六部。罷聲，古音在十七部，合韵也。髀與𠂢、衇字音義相近。

文三。

骨　**肉之覈也。**襾部曰：「覈，實也。」肉中骨曰覈。蔡邕注《典引》曰：「肴覈，食也。肉曰肴，骨曰覈。」《周禮》：「丘陵其植物宜覈物。」注云：「核物，梅李之屬。」《小雅》：「殽核維旅。」箋云：「豆實，菹醢也。籩實有桃梅之屬。」按，覈、核古今字。故《周禮》經文作覈，注文作核，古本皆如是。《詩》「殽核」，蔡邕所據《魯詩》作「肴覈」。梅李謂之覈者，亦肉中有骨也。**从冎有肉。**去肉爲冎，在肉中爲骨。古忽切，十五部。**凡骨之屬皆从骨。**

髑　**髑髏，**逗。**頂也。**頁部曰：「頂，顛也。」《廣雅》：「頊顱謂之髑髏。」按，頁部：「頊顱，頭骨也。」⑪**从骨，蜀聲。**徒谷切，三部。

髏　**髑髏也。**二字疊韵。**从骨，婁聲。**洛侯切，四部。

髆　**肩甲也。**肉部曰：「肩，髆也。」單呼曰肩，絫呼曰肩甲。甲之言蓋也，肩蓋乎衆體也。今俗云肩甲者，古語也。《釋名》作「肩甲」，《靈樞經》作「肩胛」。《水經注》云：「如人袒胛，故謂之赤胛山。」胛者，甲之俗也。應劭《漢書注》曰：「大宛天馬汗血，汗從前肩髆中出，如血。」《周禮·醢人》「豚拍」，注云：「或曰豚拍肩也。」然則假拍爲髆字。**从骨，尃聲。**補各切，五部。

髃　**肩前也。**《士喪禮記》⑫「即牀而奠當髃」，注曰：「髃，肩頭也。」髃即腢字。《毛詩》傳曰：「自左膘而射之，達於右髃爲上殺。」膘，脅後髀前肉也。何注《公羊》云：「自左膘射之，達於右髃，中心死疾鮮絜也。」髃本謂人，亦假爲獸骨之偁。凡肩後統於背，前爲髃，髃之言隅也，如物之有隅也。**从骨，禺聲。**午口切，四部。

骿　**骿脅，**逗。**并幹也。**依《左傳正義》訂。肉部：「脅，膀也。肋，脅骨也。」《廣雅》：「幹謂之肋。」是脅骨一名幹。故韋注《國語》云：「骿，并幹也。」杜注《左傳》云：「駢脅，合幹也。」其字《左傳》、《史記》作駢，《國語》、《吳都賦》作骿，《論衡》作仳。駢、仳，假借字。**从骨，并聲。**形聲包會意也。部田切，古音在十一部。**晉文公骿脅。**見《左傳·僖廿三年》、《晉語》。

髀　**股外也。**各本無外，今依《爾雅音義》、《文選·七命》注、《玄應書》、《太平御覽》補。股外曰髀，髀上曰髖。肉部曰：

「股，髀也。」渾言之。此曰「髀，股外也。」析言之。其義相足。大部曰：「奎，兩髀之閒也。」从骨，卑聲。并弭切，十六部。

⿰足卑 古文髀。從足者，足所恃以能行也。鄭司農注《周禮·典同》曰：「鍾形下當⿰足卑。」按其文義，當是庳之假借。庳，卑也。《列女傳》：「古者婦人身子寢不側，坐不邊，立不⿰足卑。」⑬按其文義，當是跛之假借。今兩書皆譌作蹕。

髁 髀骨也。髀骨，猶言股骨也。《醫經》亦謂之股骨。沈氏彤《釋骨》云：「腰䯊骨旁臨兩股者曰堅骨，曰大骨，曰髂，一身之伸屈司焉，故通曰機關。關之旁曰髀樞，亦曰樞機者，髀骨之入樞者也。在膝以上者曰髀骨，曰股骨。其直者曰楗，其斜上俠髖者則所謂機也。」按，髀之上曰髖，即俗所謂髂也。髁者，髀與髖相按之處，人之所以能立、能行、能有力者，皆在於是。故《醫經》謂之機，《骨空論》曰：「俠髖曰機」是也。《醫經》曰：「腰髁骨」者，其字當作䯊，即髂字，不當作髁，《文選注》引《埤蒼》曰：「髂，腰骨也。」从骨，果聲。苦臥切，十七部。

⿰骨厥 尻骨也。《廣雅》曰：「臎，臀也。」臎者，翠之俗。《内則》所謂「舒鴈翠」、「舒鳧翠」是也。《呂覽》：「雋觾之翠。」高注曰：「翠，厥也。」此假厥爲⿰骨厥也。《醫經》曰：「尻骨曰脊骶，曰尾骶，曰尾屈，曰橛骨，曰窮骨。」从骨，厥聲。居月切，十五部。

髖 髀上也。髀上爲尻之兩旁，故其字次於⿰骨厥。髖者，其骨㝡寬大也。諸書所謂䯊骨，⿰骨叚、髂皆同也。《埤蒼》作髂，《字林》作䯊，皆云「䯊骨」，謂上屬於䯊也。《釋名》云：「樞，機也。要髀股動摇如樞機也。」正謂此髖與髀相接處。《釋骨》曰：「骶之上俠脊十七節至二十節起骨曰腰髁骨，曰兩髁。」按，髁當作䯊。○《骨空論》云：「輔骨上，横骨下，爲楗。」注：「膝輔骨上，腰髖骨下，爲楗。」按，横骨即髖，横之言廣也。楗即髀骨之直者，機即髀骨與髖相構處也。从骨，寬聲。胡官切，十四部。

髕 厀耑也。厀，脛頭節也。《釋骨》云：「蓋膝之骨曰膝髕。」《大戴禮》曰：「人生朞而髕」，髕不備則人不能行。古者五刑：臏、宫、劓、墨、死。臏者，髕之俗，去厀頭骨也。周改髕作跀，其字借作刖，斷足也，漢之斬趾是也。髕者，廢不能行。跀者，尚可箸踊而行。踊者，跀足者之屨。《莊子》：「兀者叔山無趾踵見仲尼。」崔譔云：「無趾故以踵行。」是則跀輕於髕也。古文《尚書·吕刑》說夏刑作剕，《周本紀》、《漢·刑法志》、《周禮·司刑》注引《尚書大傳》皆作髕。《周禮》注云：「周改臏作刖。」而《公羊》疏引鄭駁《異義》云：「臯陶改臏爲剕，《吕刑》有剕，周改剕爲刖。」與《周禮注》不合。足部云：「䠊，跀也。」䠊即剕字。許謂䠊即跀矣，鄭析䠊、跀爲二。不知其制何以分别。竊謂《周禮注》爲長，駁《異義》則未定之論。許說亦非是也。剕，惟見於《吕刑》，他經傳無言䠊、言剕者。蓋䠊者，髕之一名。故《周禮》說周制作刖，《吕刑》說夏制，則今文《尚書》作臏，古文《尚書》作剕，實一事也。周改髕爲跀，即改䠊爲跀也。許釋䠊爲跀，非。鄭云「臯陶改髕爲䠊」，亦非也。髕作䠊，如《禹貢》蠙作玭，《商書》紂作受，音轉字異，非有他也。从骨，賓聲。毗忍切，十二部。

䯏 骨耑也。骨當是骸之誤。《骨空論》云：「膝解爲骸關」是也。關、䯏雙聲，䯏取機括之意。从骨，昏聲。古湣切，十五部。

䯌 厀脛閒骨也。《骨空論》云：「骸下爲輔，輔上爲膕，膕上爲關」是也。膝解爲骸關，言外也。膕上爲關，言內也。从骨，貴聲。丘媿切，十五部。

骹 脛也。脛，厀下也。凡物之脛，皆曰骹。《釋嘼》：「馬四骹皆白驓。」薛注《西京》曰：「青骹，鷹青脛者。」《方言》曰：「矛骹細如鶴脛者，謂之鶴膝。」《考工記》說輻材曰：「參分其股圍，去一以爲骹圍。」大鄭云：「方言股以喻其豐，故言骹以喻其細。」《禮》多假校爲之。《士喪禮記》：「綴足用燕几，校在南。」注：「校，脛也。」《祭統》：「夫人薦豆執校。」注：「校，豆中央直者也。」此皆假校爲骹也。从骨，交聲。口交切，二部。

骭 骹也。《呂覽》注引《孟子》：「拔骭一毛而利天下。」⑭《甯戚歌》：「短布單衣適至骭。」按，骭之言榦也。榦者，本也。人體之阯也。脅骨何以亦名榦也？曰：脅榦見於《左傳》「楄柎藉榦」，《公羊》「搚公榦而殺之」。古榦、翰通用。《毛詩》翰字多爲榦之假借，脅榦乃翰之假借，脅肋如鳥之羽翰分布也。从骨，干聲。古案切，十四部。

骸 脛骨也。上文言「脛也」，「骹也」，不言骨者，骹、骭皆目其表也。《骨空論》曰：「膝解爲骸關，俠膝之骨爲連骸。」然則正謂脛骨爲骸矣。下文云：「連骸下爲輔。」輔即骸也。膝解爲其關，俠膝之骨連之也。字從亥者，亥，荄也。荄，根也。《公羊傳》注：「骸，人骨也。」則引伸爲凡人骨之偁。从骨，亥聲。户皆切，古音在一部。

𩪕 骨中脂也。从骨，隓聲。息委切，古音在十七部。隸作髓。

𩩲 骨閒黃汁也。从骨，易聲。讀若《易》曰「夕惕若厲」。「讀若」二字小徐無，非也。《汗簡》、《古文四聲韵》皆云：「𩩲出古《周易》」，正因《說文》奪「讀若」字，遂徑作「夕𩩲」也。「夕惕若厲」，又見夕部及他古籍。《易》惟費氏以古字號古文《易》，鄭君傳費氏，亦云「惕，懼也。」且《易》惕字屢見，倘古文皆作𩩲，諸家必有爲之說者，而未見也。他歷切，十六部。

體 總十二屬也。十二屬，許未詳言。今以人體及許書覈之，首之屬有三：曰頂，曰面，曰頤；身之屬三：曰肩，曰脊，曰𡱂；手之屬三：曰厷，曰臂，曰手；足之屬三：曰股，曰脛，曰足。合《說文》全書求之，以十二者統之，皆此十二者所分屬也。从骨，豊聲。他禮切，十五部。

髍 瘺病也。疒部曰：「瘺，半枯也。」《漢書·敘傳》曰：「又況幺髍不及數子。」鄭氏曰：「髍音靡，小也。」晉灼曰：「此骨偏髍之髍也。」按，二說皆是，本骨偏髍字，借爲幺麼。是以《文選》

作「幺麼」。且偏膂是不全之病，不全則不大，故引伸爲不長曰幺，細小曰麼之義。許書無麼字，葢以髍包之，不得以髍平麼上爲疑也。从骨，麻聲。莫鄱切，十七部。

骾　食骨留咽中也。《晉語》卜籀曰：「狹以銜骨。」韋曰：「骨所以鯁刺人也。」忠言逆耳，如食骨在喉，故云骨骾之臣。《漢書》已下，皆作「骨鯁」，字從魚。謂留咽者，魚骨校多也。依《説文》則鯁訓魚骨，骨留咽中當作骾。按，自髑至髓，皆言人骨。體者，總上文言之也。髍者，人骨之病也。骼、骴二文，則禽獸之骨。骾者，人哽於物，骨主謂人，故其字非人骨而從骨，其次則必先於骼、骴也。从骨，㪅聲。古杏切，古音在十部。

骼　禽獸之骨曰骼。按，骨當作髖。許據《禮》十七篇，故云「禽獸之髖曰骼」也。禽者，走獸總名。《儀禮》多言「肫骼」，肫亦作膞，皆《説文》之腨字也。骼亦作胳，於人曰髖也。髖者，髀上也。牲前足體三：曰肩，曰臑，曰臂。臑於人爲厷，肩下臂上也。後足體三：曰骼，曰髀，曰腨。《禮》，髀賤不升，故經多言肩、臂、臑、膞、骼。臑在臂上，骼在肫上，而先言臂、肫者，蓋四胑以下爲貴也。骼是本字，至《埤蒼》乃作「髂」，《廣雅》、《字林》變作「骻」，又或作「骰」，魚虞、歌麻通轉之故也。云曰骼，曰骴者，所以別人禽之異名。肉部曰：「臂，羊豕曰臑。」是其例也。許據十七篇爲言，故不敢謂骼爲人骨也。《月令》：「孟春掩骼薶骴。」鄭云：「骨枯曰骼，肉腐曰骴。」蔡云：「露骨曰骼，有肉曰骴。」高注《吕覽》云：「白骨曰骼，有肉曰骴。」注《淮南》同。皆不言骼、骴爲禽獸之骨也，則亦未嘗不可通用矣。从骨，各聲。古覈切，《廣韵》古伯切，古音在五部。

骴　鳥獸殘骨曰骴。殘，同歺，餘也。鳥獸，《廣韵》作「鳥鼠」。《曲禮》曰：「四足曰漬。」注：「漬謂相瀸汙而死也。」《小雅》：「助我舉柴。」手部引作「𢱭」。毛、許皆云：「𢱭，積也。」鄭箋：「雖不中，必助中者舉積禽。」三經漬、𢱭字，音義皆同骴，故許知骴不謂人骨也。《周禮·蜡氏》「掌除骴」，故書骴作「脊」，先鄭云：「脊讀爲殰，謂死人骨也。《月令》『掩骼埋胔』，骨之尚有肉者也，及禽獸之骨皆是。」此先鄭兼人與禽獸言之。而《公羊傳》：「大災者何？大瘠也。大瘠者何？痢也。」《漢·食貨志》：「國亡捐瘠。」孟康曰：「肉腐爲瘠，捐骨不薶者。」《公羊》、《漢·志》，瘠即「骴」字。合之鄭注《月令》「肉腐曰骴」，蔡氏、高氏云有肉曰骴，又皆指人言之。説雖不同，皆關王政仁民愛物之意，其字正作骴，假借作漬、作𢱭、作瘠、作脊，皆同音假借也。漬又作殰。骴，逗。可惡也。釋骴字音義也。以其歺薉可惡，人所不欲見，故從骨，從此，此亦聲。从骨，此聲。資四切，十六部。《明堂月令》曰：《大戴禮·盛德篇》云：「明堂月令。」盧辨曰：「於明堂之中，施十二月之令也。」按，《漢·志》説《禮》云：「《明堂陰陽》三十三篇，古明堂之遺事。」《月令》蓋三十三篇之一，許偁《月令》，皆云「《明堂月令》」。「掩骼薶骴。」鉉本此下有「骴或從肉」四字，鍇無。按，假令許有此四字，則當先冠以篆文。胔見《周禮》《禮記釋文》，或字也。《玉篇》骴作「胔」，豈《周禮》、《説文》古本皆如是與？《吕氏春秋》作「髊」，亦或字也。

骫　骨耑骫㚃也。夂部㚃下曰：「頭衺骫㚃態也。」《招隱士》曰：「林木茷骫。」王注：「枝條盤紆也。」《枚皋傳》：「其文骫骫，曲隨其事，皆得其意。」師古曰：「骫骫猶言屈曲也。」然則骫㚟者，謂屈曲之狀。骫字厠於此者，統人及禽獸之骨言。**从骨，丸聲。**於詭切，十六部。按，丸聲在十四部，此合韵也。

䯤　**骨擿之可會髮者。**䯤、會疊韵。《鄘風》：「象之揥也。」毛曰：「揥，所以摘髮。」摘，本又作「擿」。䯤所以會髮，與揥所以擿髮，訓釋正同。䯤與揥一物而少異。《釋名》曰：「揥，摘也。所以摘髮也。導，所以導擽鬢髮使入巾幘之裏也。或曰擽鬢，以事名之也。」然則揥一名擿，《鄘風》所云也。導，一名撩鬢，漢魏已後，多云玉導、簪導，今人之抿簪，《詩》、《禮》之䯤也。《周禮·弁師》：「會五采玉琪。」注曰：「故書會作䯤。先鄭云：讀如馬會之會，謂以五采束髮也。《士喪禮》：檜用組，乃笄。檜讀與䯤同。書之異耳。説曰：以組束髮，乃箸笄，謂之檜。沛國人謂反紒爲䯤。」按，先鄭説云爾者，葢由會髮之器謂之䯤，因之束髮謂之䯤，與《儀禮》之檜同。今《士喪禮》字作鬠，注云：「古文鬠皆爲括。」骨擿猶象揥也，必云骨者，爲其字從骨。䯤者，獸骨之成器者也，故厠於末。**从骨，會聲。**形聲包會意也。古外切，十五部。**《詩》曰：「䯤弁如星。」**《衛風》文。今作「會弁」。毛傳曰：「弁，皮弁。所以會髮。」按，此傳極可疑，葢淺人改竄也。皮弁者，諸侯所以視朔，及與諸侯相朝聘，非爲會髮之用也。云「所以會髮」，殊不辭矣。《説文》多沿毛傳，其云「可會髮者」，必本毛傳。此文葢《毛詩》本作「䯤弁」，傳本云「䯤所以會髮。弁，皮弁。」正同《周禮》故書「皮弁䯤五采」，謂先束髮而後戴弁，其光耀如星也。自鄭箋《毛詩》乃易䯤爲會，釋爲弁之縫中，與注《周禮》從今書不從故書正同。後人據箋改傳，致有此不通耳。毛、許、先鄭説《詩》、《禮》皆與後鄭不同，其義則後鄭爲長。

文二十五。　重一。

肉　**胾肉。**下文曰：「胾，大臠也。」謂鳥獸之肉。《説文》之例，先人後物，何以先言肉也？曰：以爲部首，不得不首言之也。生民之初，食鳥獸之肉，故肉字冣古。而製人體之字，用肉爲偏旁，是亦假借也。人曰肌，鳥獸曰肉，此其分別也。引伸爲《爾雅》「肉好」、《樂記》「廉肉」字。**象形。**如六切，三部。**凡肉之屬皆从肉。**

腜　**婦孕始兆也。**依《廣韵》訂。《韓詩》曰：「周原腜腜。」又曰：「民雖靡腜。」《毛詩》皆作「膴」。腜腜，美也。《廣雅》曰：「腜腜，肥也。」此引伸之義也。**从肉，某聲。**莫桮切，古音在一部。

肧　**婦孕一月也。**《文子》曰：「一月而膏，二月血脈，三月而肧，四月而胎，五月而筋，六月而骨，七月而成形，八月而動，九月而躁，十月而生。」《淮南》曰：「一月而膏，二月而胅，三月而胎。」説各乖異，其大致一也。李善注《江賦》，引《淮南》「三月而肧胎」，與今本異。**从肉，不聲。**匹桮切，古音在一部。

胎　**婦孕三月也。**《玄應》兩引，皆作「二月」。《釋詁》曰：「胎，始也。」此引伸之義。《方言》曰：「胎，養也。」此假借胎爲頤養也。又曰：「胎，逃也。」則方俗語言也。**从肉，台聲。**土來切，一部。

肌 肉也。从肉，几聲。居夷切，十五部。

臚 皮也。今字皮膚從籀文作膚，膚行而臚廢矣。《晉語》：「聽臚言於市。」《史》《漢》「臚句傳」，蘇林曰：「上傳語告下爲臚。」此皆讀爲「敷奏以言」之敷也。《史記》「臚於郊祀」，《漢書》「大夫臚岱」，韋昭《辨釋名》：「鴻，大也。臚，陳序也。謂大以禮陳序賔客。」此皆讀爲「廷實旅百」之旅也。劉熙《釋名》：「鴻臚，腹前肥者曰臚，以京師爲心體，王侯外國爲腹腴以養之也。」⑮此讀爲「夏右腴」⑯之腴，皆假借也。其本義則皮膚也。从肉，盧聲。甫無切，五部。

膚 籀文臚。經籍通用此字。《禮運》曰：「膚革充盈。」引伸爲《狼跋》、《文王》之膚美，爲《六月》之膚大，爲《論語》之「膚受」。

肫 面頯也。頁部曰：「頯，權也。」權俗作顴。肫，《史》、《漢》作準。高祖「隆準」，服虔曰：「準音拙。」應劭曰：「隆，高也。準，頰權準也。」按，準者，假借字，肫其正字。《儀禮釋文》引《説文》「肫，之允反」⑰是也。其入聲則音拙，《廣雅》作「頔」是也。若《戰國策》準、頞、權、衡竝言，則準訓鼻矣。《儀禮》「牲體肫骼」，假借肫爲腨字也。腨者，腓腸也。又《中庸》「肫肫其仁」，鄭讀爲「誨爾忳忳」之忳。忳忳，懇誠皃也。是亦假借也。《士昏禮》「腊一肫」，肫者，純之假借。純，全也。从肉，屯聲。章倫切，十三部。

䐚 頰肉也。《東方朔傳》曰：「樹頰胲。」師古曰：「胲，頰肉。音改。」按，《集韵·十五海》曰：「頰下曰頣，或作胲䐚。」《廣韵·十五海》曰：「頦，頰頦也。」頦爲頰肉，與䐚異部而同義。或作頣，或假借胲字。从肉，幾聲。讀若畿。居衣切，十五部。

脣 口耑也。口之厓也。假借爲水厓之字。鄭注《乾鑿度》，引《詩》「寘之河之脣」。从肉，辰聲。食鄰切，古音十三部。

𩓾 古文脣从頁。

脰 項也。頁部曰：「項，頭後也。」按，頭後即頸後也。《左傳》曰：「兩矢夾脰。」《公羊傳》曰：「宋萬搏閔公，絶其脰。」注：「脰，頸也。齊人語。」《士虞禮》：「膚祭三，取諸左膉上。」注：「膉，脰肉也。古文曰左股上。此字從肉，非從殳矛之殳聲。」鄭意謂股者，髀也。《禮經》多言「髀不升」，則取諸左股爲膚祭，非也。尋古文用字之例，假股爲膉，正與假脾爲髀、假肫膊爲腨、假胳爲骼、假頭爲脰，皆以異物同音相假借。股與膉當是同音，葢從肉，役省聲，如垼、疫、豛皆從役省聲之比。役與益同部，此股非股肱字，注當云「此字從肉從役省聲，非從殳矛之殳聲」，今本脱誤不完。據賈疏云，鄭「以殳與股不是形聲之類，其理未審」。賈實錯解，而可證有「非」字，今本又奪非字，則更不可通矣。从肉，豆聲。徒候切，四部。

肓 心下鬲上也。下上各本互譌。《篇》、《韵》同。今依《左傳音義》正。《左傳》：「疾不可爲也，在肓之上，膏之下。」賈逵、杜預皆曰：「肓，鬲也。心下爲膏。」按，鄭駁《異義》云：「肺也，心也，肝也，俱在鬲上。」賈侍中說：「肓，鬲也。」統言之。許云鬲上爲肓者，析言之。鬲上肓，肓上膏，膏上心。今本作「心上鬲下」，則不可通矣。《素問》曰：「肓之原在臍下。」《釋名》曰：「膈，塞也。塞上下使氣與穀不相亂也。」从肉，亡聲。呼光切，十部。按，當云网平聲。《春秋傳》曰：「病在肓之上。」《左傳·成十年》文。各本上譌下，今正。

腎　水藏也。今《尚書》、古《尚書》説同。从肉，臤聲。時忍切，十二部。

肺　金藏也。按，各本不完。當云：「火藏也。博士説以爲金藏。」下文脾下當云：「木藏也。博士説以爲土藏。」肝下當云：「金藏也。博士説以爲木藏。」乃與心字下「土藏也。博士説以爲火藏」一例。《玄應書》兩引《説文》「肺，火藏也」。其所據當是完本。但未引「一曰金藏」耳。《五經異義》云：「今《尚書》歐陽説：肝，木也。心，火也。脾，土也。肺，金也。腎，水也。古《尚書》説：脾，木也。肺，火也。心，土也。肝，金也。腎，水也。」許慎謹案：「《月令》春祭脾，夏祭肺，季夏祭心，秋祭肝，冬祭腎。與古《尚書》同。」鄭駁之曰：「《月令》祭四時之位，乃其五藏之上下次之耳。冬位在後，而腎在下；夏位在前，而肺在上；春位小前，故祭先脾；秋位小卻，故祭先肝。腎也，脾也，俱在鬲下；肺也，心也，肝也，俱在鬲上。祭者必三，故有先後焉，不得同五行之義。今醫病之法，以肝爲木，心爲火，脾爲土，肺爲金，腎爲水，則有瘳也，若反其術，不死爲劇。」鄭注《月令》，自用其説，從今《尚書》説。楊雄《大玄》：「木藏脾，金藏肝，火藏肺，水藏腎，土藏心。」從古《尚書》説。高注《吕覽》於「春祭先脾」曰：「春木勝土，先食所勝也。一説脾屬木，自用其藏也。」於「夏祭先肺」曰：「肺，金也。祭禮之先進肺，用其勝也。一曰，肺，火，自用其藏。」於「秋祭先肝」曰：「肝，木也。祭祀之肉，用其勝也，故先進肝。一曰，肝，金也，自用其藏也。」於「冬祭先腎」曰：「腎屬水，自用其藏也。」於「中央土，祭先心」曰：「祭祀之肉，先進心。心，火也。用所勝也。一曰，心，土，自用其藏也。」其注《淮南》時，則訓略同。皆兼從今古《尚書》説而先今後古。許《異義》從古《尚書》説，《説文》雖兼用今古《尚書》説，而先古後今，與鄭不同矣。从肉，巿聲。芳吠切，在十五部。

脾　土藏也。文有脱誤，説見上。从肉，卑聲。符支切，在十六部。按，古文以脾爲髀字。

肝　木藏也。文有脱誤，説見上。从肉，干聲。古寒切，十四部。按，《禮經》「正脅謂之榦」，《少牢》古文榦爲肝，此與古文髀爲脾，皆但取同音假借而已。

膽　連肝之府也。《白虎通》曰：「府者，爲藏官府也。膽者，肝之府也。肝主仁，仁者不忍，故以膽斷，仁者必有勇也。」《素問》曰：「膽者，中正之官，決斷出焉。」从肉，詹聲。都敢切，八部。

胃　穀府也。《白虎通》曰：「胃者，脾之府也。脾主稟氣，胃者穀之委也，故脾稟氣於胃也。」《素問》：「脾胃者，倉廩之官，五味出焉。」从肉，図象形。云貴切，十五部。

脬　旁光也。各本作「膀」，非。兩膀謂脅也，今正。《白虎通》曰：「旁光者，肺之府也。肺者，斷決，膽、旁光亦常張有勢，故先決難也。」《素問》曰：「旁光者，州都之官，津液藏焉。」按，此所引《白虎通》本小徐，與《御覽》所引《元命苞》合。脬，俗作胞。旁光，俗皆從肉。从肉，孚聲。匹交切，古音在三部。

腸 大小腸也。《白虎通》曰：「大腸小腸，心之府也。心者，主禮。禮者，有分理，腸之大小相承受也。腸爲胃紀，胃爲脾府，心爲支體主，故有兩府。」《素問》曰：「大腸者，傳道之官，變化出焉。小腸者，受盛之官，化物出焉。」按，所引《白虎通》從顔氏《急就篇》注所引也。藏府古通偁。如《周禮》注五藏幷胃、旁光、大腸、小腸爲九藏是也。从肉，昜聲。直良切，十部。

膏 肥也。按，肥當作「脂」，脂字不廁於此者，許嚴人物之別。自胙篆已下，乃謂人所食者。膏謂人脂，在人者可假以名物，如無角者膏是也。脂專謂物，在物者不得假以名人也。从肉，高聲。古勞切，二部。

肪 肥也。肥，亦當作「脂」。王逸《正部論》說玉符曰：「白如豬肪。」《通俗文》曰：「脂在腰曰肪。」此假在人者以名物也。从肉，方聲。甫良切，十部。

膺 匈也。勹部曰：「匈，膺也。」《魯頌》：「戎狄是膺。」《釋詁》、毛傳曰：「膺，當也。」此引伸之義。凡當事以膺，任事以肩。从肉，雁聲。於陵切，六部。

肊 匈骨也。宋本、李燾本皆作骨，俗本作「肉」，非也。此如脅爲兩膀，榦爲脅骨，正名百物，不可紊也。从肉乙。各本作「乙聲」，今按，聲字淺人所增也。肊臆字古今音皆在職德韵，乙字古今音皆在質櫛韵。是則作臆者形聲，作乙者會意也。從乙者，皃其骨也。魚骨亦有名乙者。於力切，一部。

臆 肊或从意。意聲也。亦作䯝。

背 脊也。𠂹部曰：「脊，背呂也。」然則脊者背之一端，背不止於脊。如髀者股外，股不止於髀也。云「背，脊也」，「股，髀也」，文法正同。《周易》：「艮其背，不獲其身。」从肉，北聲。補妹切，古音在一部。

脅 兩膀也。《廣雅》曰：「膀、胠、胉，脅也。」按，許無胉字，胠下云「亦下」者，析言之，不與《廣雅》同也。膀言其前，胠言旁迫於肱者。又按，《周禮》：「豚脅謂之豚拍。」《儀禮》：「牲體脅謂之兩胉。」注曰：「今文胉爲迫。」許此部前後皆無胉字，是則鄭從古文胉，許從今文迫也。膀亦假旁爲之，《考工記》「旁鳴」蜩屬是。从肉，劦聲。虛業切，八部。

膀 脅也。从肉，旁聲。步光切，十部。

髈 膀或从骨。

脟 脅肉也。脅者，統言之，脟，其肉也，肋，其骨也。《子虛賦》：「脟割輪焠。」假脟爲臠也。《九歎》說流水「龍卭脟圈，繚戾宛轉」。脟，一作綸。从肉，寽聲。力輟切，十五部。一曰，脟，腸閒肥也。一曰，膫也。肥當作「脂」。此別一義，謂禽獸也。下文云：「膫，牛腸脂也。」腸脂謂之脟，一名膫。下「一曰」，當作「一名」。

肋 脅骨也。亦謂之榦。榦者，翰也。如羽翰然也。从肉，力聲。盧則切，一部。

胂 夾脊肉也。《易·艮》：「九三，艮其限，裂其夤。」馬云：「夤，夾脊肉也。」虞亦云：「夤，脊肉。」王弼云：「當中脊之肉也。」按，夕部：「夤，敬惕也。」《周易》假爲胂，故三家注云爾。若鄭本作「膑」，膑恐夤之誤。《廣雅》云：「胂，謂之脢。」《周易音義》云：「胂，以人反。」則胂音同夤。○又按，《艮》「九三」字當是上肉下寅，故鄭本作膑，非叚夤敬字也。从肉，申聲。失人切，十二部。

脢 背肉也。《咸》：「九五，咸其脢。」子夏《易傳》云：「在脊曰脢。」馬云：「脢，背也。」鄭云：「脢，背脊肉也。」虞云：「夾脊肉也。」按，諸家之言，不若許分析憭然。胂爲迫吕之肉，脢爲全背之肉也。釋文云：《説文》同鄭作背脊肉，未知其審。《内則》注：「胲，脊側肉也。」胲即脢字。从肉，每聲。莫桮切，古音在一部。《易》曰：「咸其脢。」

肩 髆也。骨部曰：「髆，肩甲也。」从肉，象形。象其半也。古賢切，十四部。

肩 俗肩从户。從門户，於義無取，故爲俗字。

胳 亦下也。亦、腋古今字。亦部曰：「人之臂亦也。」兩厷迫於身者，謂之亦；亦下謂之胳，又謂之胠，身之迫於兩厷者也。《深衣》曰：「胳之高下，可以運肘。」注：「肘不能不出入。胳，衣袂當腋之縫也。」按，衣袂當胳之縫，亦謂之胳，俗作袼。《禮經》牲體之胳，今文作胳，古文作骼⑱。鄭出古文於注，是注從今文也。許訓胳爲「亦下」，訓骼爲禽獸之骨，是從古文《禮》，不同鄭也。从肉，各聲。古洛切，五部。

胠 亦下也。《玉藻》説袂二尺二寸，袪尺二寸，袪，袂末也。袪與胠同音，然則胳謂迫於厷者，胠謂迫於臂者。《左傳·襄廿三年》：「齊侯伐衛」，有先驅、申驅、戎車、貳廣、啓、胠、大殿。賈逵曰：「左翼曰啓，右翼曰胠。」啓、胠皆在旁之軍。《莊子》「胠篋」，司馬曰：「從旁開爲胠。」皆取義於人體也。《廣雅》：「胠，脅也。」未若許説之明析。从肉，去聲。按，胠，去魚切，五部。鉉從去劫一切，此因訓脅而讀同之也。

臂 手上也。又部曰：「厷，臂上也。」此皆析言之。亦下云：「人之臂亦」，渾言之也。渾言則厷、臂互偁。从肉，辟聲。卑義切，十六部。

臑 臂，句。羊豕曰臑。各本皆作「臂，羊矢也。」《鄉射禮》音義引《字林》「臂，羊豕也」，《禮記音義》引《説文》「臂，羊犬也」，皆不可通，今正。許書嚴人物之辨，人曰臂，羊豕曰臑，此其辨也。禽有假臂名者，如《周禮》《内則》「馬般臂」是也。人臂無偁臑者，如《儀禮》、《禮記》肩、臂、臑皆謂牲體也。許書之體，本多言「曰某」，轉寫者多改「曰某」二字爲一「也」字。字既改「曰臑」爲「也」，又誤羊豕爲「矢」，襲繆者久矣。不曰「羊豕臂曰臑」，而先言「臂」者，何也？尊人也。謂人之臂，在羊豕則曰臑也。不以臑字廁於胡、肱、臎、胵、膘、脺、膫之所，而廁於此，何也？ 廁於此以舉正人物之名之例也。《禮經》臂、臑爲二，然則手上人禽皆曰臂，臂上則人曰厷，禽曰臑。何以言人臂、禽臑也？ 曰，臂可偁厷，厷亦可偁臂。 許蒙上文臂篆言，故爲統辭，未及分析也。 鄭注《禮》曰：「肩、臂、臑，肱骨。肫、骼，股骨。」則又以肱統三者，以股統二者也。 臑之言濡也，濡者，柔也。 从肉，需聲。 讀若儒。 各本作「襦」，今從《鄉射禮》音義。 人于反，古音在四部。 鉉用那到一切，乃音轉，非古本音也。 作「腝」者，誤。

肘 臂節也。 厷與臂之節曰肘，股與脛之節曰厀。 卪部曰：「厀，脛頭卪也。」其文法同也。 肘，今江蘇俗語曰「手臂挣注」是也。《深衣》曰：「袼之高下，可以運肘；袂之長短，反詘之及肘。」注云：「肘當臂中爲節，臂骨上下各尺二寸。」按，上謂厷，下謂臂也。 从肉寸。 陟柳切，三部。 寸，逗。 手寸口。 說從寸之意。 謂從寸口至此爲一節也。 此一節之中曰掔。

臍 毗臍也。 各本毗作「肶」，誤。 囟部曰：「毗臍，人臍也。」凡居中曰臍。《釋言》、馬注《吕刑》皆云：「齊，中也。」《釋地》：「中州曰齊州。」《列子》：「中國曰齊國。」《莊》、《列》：「與齊俱入，與汩偕出。」司馬云：「齊，回水如磨齊也。」皆臍字引伸假借之義。《左傳》「噬齊」，字衹作齊。 从肉，齊聲。 徂兮切，十五部。

腹 厚也。 腹，厚曡韵。 此與「髮，拔也」、「尾，微也」一例。 謂腹之取名，以其厚大。《釋名》曰：「腹，複也。 富也。」文法同。《釋詁》、毛傳皆云：「腹，厚也。」則是引伸之義。 謂凡厚者，皆可偁腹。 如《小雅》「出入腹我」，《月令》「水澤腹堅」是也。 从肉，复聲。 方六切，三部。

腴 腹下肥者。 者，各本作「也」，今依《文選注》。 此主謂人。《論衡》：「《傳》語曰：堯若腊，舜若腒，桀紂之君垂腴尺餘」是也。 若《少儀》「羞濡魚者進尾，冬右腴」，《七發》「犓牛之腴」，假人之偁偁之也。 从肉，臾聲。 羊朱切，四部。

脽 屍也。 屍，鍇作「尻」，非也。《東方朔傳》曰：「臣觀其臿齒牙，樹頰胲，吐脣吻，擢頷頤，結股脚，連脽尻。」每句二字，皆相爲屬別。 師古曰：「脽，臀也。」本《說文》也。 渾言則屍、尻爲一，尸部曰：「屍，髀也。」《朔傳》曰「尻益高」是也。 析言則屍統之，尻乃近穢處，今北方俗云「溝子」是也。「連脽尻」者，斂足而立之狀。《漢·武帝紀》：「立后土祠於汾陰脽上。」如淳曰：「脽者，河之東岸特堆。」《魏土地記》云：「河東郡，北八十里有汾陰城，北去汾水三里，城西北隅曰脽丘。」詳邑部鄈下。 从肉，隹聲。 示隹切，十五部。

𦙶 孔也。 蒙脽言則謂屍孔也。 俗謂之𩪓𩪋。 从肉，夬聲。 讀若決水之決。 夬聲，鉉本作「決省聲」，誤。 鍇本亦同者，張次立依鉉改之也。 決水在盧江，見水部。 古穴切，十五部。

胯 股也。 合兩股言曰胯。《廣韵》曰：「胯，兩股之閒也。」《史記》曰：「不能死，出我胯下。」 从肉，夸聲。 苦故切，五部。

股 髀也。 骨部曰：「髀，股外也。」言股則統髀，故曰髀也。从肉，殳聲。公户切，五部。按，殳字古音在四部，股、羖字古音在五部，見於《詩》者如此。

腳　脛也。《東方朔傳》曰：「結股腳。」謂跪坐之狀。股與腳以厀爲中，腳之言卻也。凡卻步必先脛。从肉，卻聲。居勺切，五部。

脛　胻也。厀下踝上曰脛。脛之言莖也，如莖之載物。从肉，巠聲。胡定切，十一部。

胻　脛耑也。耑，猶頭也。脛近厀者曰胻，如股之外曰髀也。言脛則統胻，言胻不統脛。《龜策傳》曰：「壯士斬其胻。」即斮朝涉之脛也。从肉，行聲。户更切，古音在十部。《篇》、《韵》皆胡郎切。

腓　脛腨也。《咸》：「六二，咸其腓。」鄭曰：「腓，膞腸也。」按，諸書或言膞腸，或言腓腸，謂脛骨後之肉也。腓之言肥，似中有腸者然，故曰腓腸。荀爽《易》作「肥」，云：「謂五也尊盛，故稱肥。」此荀以意改字耳。从肉，非聲。符飛切，十五部。

腨　腓腸也。腨者，脛之一耑，舉腨不該脛也。然析言之如是，統言之則以腨該全脛。如《禮經》之言「肫骼」是也。《禮經》多作「肫」，或作「膞」，皆假借字。《山海經》謂之脣。从肉，耑聲。市沇切，十四部。

职　體四职也。《荀子·君道篇》：「如四职之從心。」《淮南·脩務訓》：「四职不動。」《孟子》謂之「四體」，《孟子注》职作「枝」，云「體者，四枝股肱也。」又云：「折枝，按摩折手節，解罷枝也。」自胳、肱至腨，言手足也，故總之以职。从肉，只聲。章移切，十六部。

肢　职或从支。只、支同部。

胲　足大指毛肉。肉字，依《篇》、《韵》補，《倉公傳》正義作「皮」。足母指上多生毛謂之毛肉，故字從肉。《國語》：「至於手拇毛脈。」謂手拇有毛脈也。《莊子》：「臘者之有膍胲。」音義云：「胲，足大指也。」《漢書》：「樹頰胲。」假爲⿰月幾也。从肉，亥聲。古哀切，一部。

肖　骨肉相佀也。骨肉相似者，謂此人骨肉與彼人骨肉狀皃略同也。故字從肉。《漢·刑法志》假「宵」，《列子》假「俏」。从肉，小聲。私妙切，二部。不佀其先，故曰不肖也。釋經傳之言「不肖」，此肖義之引伸也。

胤　子孫相承續也。《釋詁》：「胤、嗣，繼也。」《大雅》毛傳：「胤，嗣也。」从肉，从八，象其長也。八，分也。骨肉所傳，支分辰別，傳之無窮。幺，亦象重絫也。絫，俗作累。上非幺麽之幺，直像其重絫之意。羊晉切，十二部。

古文胤。兩旁蓋亦從八之意。

冑　胤也。《左傳》曰：「是四嶽之裔冑也。」从肉，由聲。許書無由字，然由聲字甚多，不可謂古無由字，欲盡改爲「甹省聲」也。直又切，三部。與甲冑字別。

𦚏　振𦚏也。振𦚏，依《玉篇》，今本《玉篇》𦚏譌眸。十部曰：「肸蠁，布也。」然則振𦚏者，謂振動布寫也。以疊韵爲訓也。鍇本云「振也」，鉉本云「振肸也」皆非是。《禮樂志》曰：「鸞路龍鱗，罔不肸飾。」師古曰：「肸，振也。謂皆振整而飾之也。」《上林賦》：「肸蠁布寫。」師古曰：「肸蠁，盛作也。」《甘泉賦》：「薌呹肸以掍根。」師古曰：「言風之動樹，聲響振起。」此皆與《説文》合。蓋𦚏與肸音義皆同，許無「八佾」字，今按，作𦚏、作肸皆可。《左傳》言「振萬」，舞者必振動也。尸部曰：「屑，動作切切也。」此從𦚏會意也。从肉，八聲。許乞切，古音在十二部。

膻　肉膻也。《釋訓》、毛傳皆云：「膻裼，肉襢也。」李巡云：「脱衣見體曰肉襢。」孫炎云：「襢，去裼衣。」按，多作「襢」，作「袒」非正字⑲，膻其正字。《素問》「膻中」，謂氣海。从肉，亶聲。徒旱切，十四部。《詩》曰：「膻裼暴虎。」《鄭風》文。今《詩》作「襢」，作「袒」。

𦢊　益州鄙言人盛，諱其肥謂之𦢊。《方言》曰：「梁益之閒，凡人言盛及其所愛，諱其肥腻，謂之壤。」⑳鄒陽《上書》「壤子王梁代」，晉灼注引《方言》「梁益之閒，所愛諱其肥盛曰壤也。」李善曰：「諱，《方言》作瑋。」按，李所據《方言》作瑋，許書諱亦當作瑋，瑋同偉，奇也，驚羨之意也。𦢊，假借作壤。从肉，襄聲。如兩切，十部。

肥　多肉也。从肉卪。鉉等曰：「肉不可過多，故從卪。」符非切，十五部。按，各本此篆在部末，蓋因奪落而補綴之也。今考定文理，必當廁此，與下文少肉反對。

膌　臞也。从肉，晋聲。古諧切，十五部。

臞　少肉也。《釋言》：「臞，瘠也。」《周禮注》：「瘠，臞也。」从肉，瞿聲。其俱切，五部。

脱　消肉臞也。消肉之臞，臞之甚者也。今俗語謂瘦太甚者曰脱形，言其形象如解蜕也。此義少有用者，今俗用爲分散遺失之義。分散之義當用「捝」，手部捝下曰：「解捝也。」遺失之義當用「奪」，奞部曰：「奪，手持隹失之也。」从肉，兑聲。徒活切，十五部。

脙　齊人謂臞脙也。臞，齊人曰脙。雙聲之轉也。《釋言》曰：「臞、脙，瘠也。」《玉篇》云：「齊人謂瘠腹爲脙。」从肉，求聲。讀若休止。木部曰：「休，息止也。」許音休，今音巨鳩切，三部。

臠　臞也。《毛詩》傳曰：「欒欒，瘦瘠皃。」㉑蓋或《三家詩》有作臠，從正字，毛作欒，從假借字。抑許所據毛作臠，皆不能肊定也。从肉，䜌聲。力沇切，十四部。古皆讀平聲。一曰，切肉也。依《廣韵》訂。切肉曰臠，臠之大者曰胾。此許義也。《詩》曰：「棘人臠臠。」此證前一義也。

膌　瘦也。疒部曰：「瘦，臞也。」許欲令其義錯見也。膌亦作瘠，瘦亦作膄。凡人少肉，則脊吕歷歷然，故其字從脊。《大雅》：「串夷載路。」箋云：「路，瘠也。天意去殷之惡，就周之德，文王則侵伐混夷以瘠之。」此讀路爲露也，瘠者，露骨。从肉，脊聲。資昔切，十六部。

𤺺 古文膌。从疒朿。朿，木芒也。木芒是老瘠之狀，故從朿。《吕覽》曰：「凡耕之大方，棘者欲肥，肥者欲棘。」高云：「棘，羸瘠也。《詩》：棘人之欒欒，言羸瘠也。土亦有瘠土。」按，棘從竝朿，故高云爾。朿亦聲。朿聲與脊聲同十六部也。

脀 騃也。馬部曰：「騃，馬行仡仡也。」人部曰：「仡，勇壯也。」按，騃取壯意。凡肥者多癡，故《方言》曰：「癡，騃也。」《廣韵》曰：「脀，癡皃。」下文胗、腄等字皆言人病，騃亦病之一也。从肉，丞聲。按，《禮經》《戴記》以此字爲「薦脀」字，葢假脀爲烝也。烝，進也。而《廣韵》乃分别脀爲熟，脀爲癡皃，《集韵》亦分别異體，皆非是。讀若丞。署陵切，六部。

胗 脣瘍也。宋玉《風賦》曰：「中脣爲胗。」从肉，㐱聲。之忍切，十三部。

疹 籒文胗从疒。

腄 跟胝也。跟，鉉作「瘢」，不可通。跟，足踵也。《戰國策》：「墨子聞之，百舍重繭。」高注：「重繭，絫胝也。」是足跟生胝之説也。从肉，垂聲。竹垂切，古音在十七部。

胝 腄也。《漢書》：「船奏無胈。」《史記》作「船胝無胈」。徐廣曰：「胝，竹移反。胝，腄也。」㉒李善引郭璞《三蒼解詁》曰：「胝，[足繭]也。竹施反。」按，據此二音，似胝本從氐聲，在《五支》韵，然小顔注《漢》云：「竹尸反」，今《説文》作胝，從氐，今韵入《六脂》，姑仍其舊。从肉，氐聲。竹尼切，十五部。

肬 贅肬也。各本奪肬字，今補。贅同綴，書傳多贅綴通用，故此直作贅。綴，屬也，屬於皮上，如地之有丘也。从肉，尤聲。羽求切，三部。

䵋 籒文肬从黑。

肒 搔生創也。手搔皮肉成瘡。从肉，丸聲。胡岸切，十四部。

腫 癰也。疒部曰：「癰，腫也。」《瘍醫》注曰：「腫，瘍癰而上生創者。」按，凡膨脹粗大者謂之雍腫，《生民》毛傳：「種，雍腫也。」《莊子》説木盤瘿曰「雍腫」，雍，俗作「擁」。从肉，重聲。之隴切，九部。

胅 骨差也。謂骨節差忒不相值，故胅出也。蘇林《漢書注》云：「窅胅，窅謂入，胅謂出。」㉓《爾雅注》云：「胅起高二尺許。」《山海經》「結匈國」注云：「臆前胅出如人結喉。」《玄應書》：「頓頭胅頷。」皆是。窅胅，《倉頡篇》作「容胅」㉔，《葛洪字苑》作「凹凸」，今俗通用作「坳突」。从肉，失聲。讀若跌同。蹉跌者骨多差，音義皆同。徒結切，十二部。

脪 創肉反出也。今《洗冤録》所謂「皮肉捲凸」也。

从肉，希聲。香近切，十三部。希聲讀入殷韵，猶斤聲讀入微韵。

肕 瘢也。疒部：「瘢，痍也。痍，傷也。」从肉，引聲。羊晉切，十二部。一曰，遽也。別一義。按，《篇》、《韵》皆云：「肕，脊肉。」是爲胂膑字也。

臘 冬至後三戌臘祭百神。三戌下《玉篇》有「爲」字，非也。臘本祭名，因呼臘月臘日耳。《月令》：「臘先祖五祀。」《左傳》：「虞不臘矣。」皆在夏正十月，臘即蜡也。《風俗通》云：「禮傳夏曰嘉平，殷曰清祀，周曰大蜡。」皇侃曰：「夏殷蜡在己之歲終。」皇説是也。《秦本紀》：「惠王十二年初臘。」記秦始行周正亥月大蜡之禮也。始皇三十一年十二月，更名臘曰嘉平。十二月者，丑月也。始皇始建亥，而不敢謂亥月爲春正月，但謂之「十月朔」而已。《項羽紀》書「漢之二年冬」，繼之以春，繼之以四月，可證也。更名臘爲嘉平者，改臘在丑月，用夏制，因用夏名也。臘在丑月，因謂丑月爲臘月。《陳勝傳》書「臘月」是也。漢仍秦制，亦在丑月，而用戌日，則漢所獨也。《風俗通》曰：「臘者，接也。新故交接，大祭以報功也。漢家火行，火衰於戌，故曰臘也。」高堂隆曰：「帝王各以其行之盛，而祖以其終。而臘火生於寅，盛於午，終於戌，故火家以午祖，以戌臘。」㉕按，必在冬至後三戌者，恐不在丑月也。鄭注《月令》曰：「臘謂以田獵所得禽祭也。」《風俗通》亦曰：「臘者，獵也。」按，獵以祭，故其祀從肉。从肉，巤聲。盧盍切，八部。

膢 楚俗以二月祭飲食也。《風俗通》曰：「《韓子書》：山居谷汲者，膢臘而買水。楚俗常以十二月祭飲食也。」按，「買水」，今本《韓子》作「相遺以水」，皆謂水少耳。《風俗通》作「十二月」，劉昭引同，與許書「二月」異。疑「十」爲衍字，仲遠書多襲用《説文》也。《劉玄傳》注引《漢書音義》云：「冀州北郡以八月朝作飲食爲膢，其俗語曰膢臘社伏。」《玄應》引《三倉》云：「膢，八月祭也。」《篇》、《韵》皆云：「膢，飲食祭也。冀州八月，楚俗二月。」合《説文》與《漢書音義》言之。从肉，婁聲。力俱切，古音在四部。按，「俱」，近鉉本誤「居」。《廣雅》膢作褸。一曰，祈穀食新曰膢。鉉本膢上有「離」字。《風俗通》曰：「又曰嘗新始殺食曰貙膢。」㉖劉昭所引如是。按，《後漢·禮儀志》：「立秋之日，武官肄兵，習戰陣之儀，斬牲之禮，名曰貙劉。」《劉玄傳》：「立秋貙膢時。」注引前書《音義》曰：「貙獸以立秋日祭獸，王者亦以此日出獵，用祭宗廟。」是則貙劉、貙膢同義。依《風俗通》似「祈穀」二字當作「始殺」，或曰：「祈穀食新」，即八月祭之説也。

朓 祭也。祭名也。《廣雅》云：「祧，祭也。」祧當作「朓」。从肉，兆聲。《玉篇》通堯、他召二切。二部。鉉本土了切，蓋誤，以月部之朓當之也。

胙 祭福肉也。福者，「皇尸命工祝，承致多福無疆，于女孝孫」㉗是也。《周禮》：「以脤膰之禮，親兄弟之國。」注曰：「同福祿也。」引伸之，凡福皆言胙。如《左傳》言「天胙明德」，「無克胙國」，《國語》「胙以天下」，「胙四岳國」是也。自後人肊造祚字，以改經傳，由是胙、祚錯出矣㉘。从肉，乍聲。昨誤切，五部。

隋 裂肉也。衣部曰：「裂，繒餘也。」《齊語》：「戎車待游車之裂。」韋曰：「裂，殘也。」裂訓繒餘，引伸之，凡餘皆曰裂。裂肉，謂尸所祭之餘也。《守祧》：「既祭則藏其隋。」注：「隋，尸所祭肺脊黍稷之屬。」其儀節詳於《禮》十七篇，其字古文《士虞禮》作「隋」，與《周禮》同。《特牲》《少牢》篇今文作「綏」，古文作「挼」，或作「妥」。鄭注云：「《周禮》作隋，隋與挼讀同。」又云：「挼讀爲隋。」注《曾子問》亦云：「綏，《周禮》作隋。」是鄭以隋爲正字，與許同也。尸祭刌肺黍稷之屬，已祭則爲殘餘無用之物，故云裂肉。單言肉者，爲其字從肉也。从肉，隓省聲。徒果切，十七部。按，今《儀禮》注隋皆作「墮」，誤。

膳　具食也。此與食部籑字同義。具者，供置也，欲善其事也。鄭注《周禮·膳夫》曰：「膳之言善也。」又云：「膳羞之膳，牲肉也。」从肉，善聲。常衍切，十四部。

腬　嘉善肉也。謂肥美。小徐云：《晉語》曰：「若克有成，無亦晉之柔嘉，是以甘食。偃之肉腥臊，將焉用之？」㉙ 从肉，柔聲。耳由切，三部。

肴　啖也。折俎謂之肴，見《左傳》、《國語》，豆實謂之肴，見毛傳。凡非穀而食曰肴，見鄭箋。皆可啖者也。按，許當云「啖肉也」，謂熟饋可啖之肉，今本有奪字。从肉，爻聲。胡茅切，二部。按，今經傳皆作殽，非古經之舊也。

腆　設膳腆腆多也。《士昏禮》注、《邶風》箋皆曰：「腆，善也。」《方言》、《公羊傳》注皆曰：「腆，厚也。」此皆引伸之義也。《禮》古文以殄爲腆。从肉，典聲。他典切，十二部。

〓　古文腆。從日，葢誤。《玉篇》作「〓」。

腯　牛羊曰肥，豕曰腯。按，人曰肥，獸曰腯，此人物之大辨也。又析言之，則牛羊得偁肥，豕獨偁腯。《曲禮》：「豕曰剛鬛，豚曰腞肥。」注云：「腞亦肥也。《春秋傳》作腯，腯，充皃也。」按，《曲禮》經注當如是。今本經文作「腯」，則不可通矣。腞亦腯字也。釋文：「腯本亦作豚」，乃「本亦作腞」之誤。郭注《方言》曰：「腯腯，肥充也。音突。亦作腞。」是其證。《左傳》：「奉牲以告曰：博碩肥腯。」下文以「謂民力溥存」釋博，以「謂其畜之碩大蕃滋」釋碩，以「謂其不疾瘯蠡」釋肥，以「謂其備腯咸有」釋腯。《曲禮》專謂豚、《左氏》統言之。从肉，盾聲。他骨切，十五部。

䏟　肥肉也。《廣韵》曰：「䏟，奞肥也。」奞，肥狀也。从肉，必聲。蒲結切，十二部。

胡　牛顄垂也。玄應、司馬貞引皆作「牛領」㉚。按，此言顄以包頸也。顄，頤也，牛自頤至頸下垂肥者也。引伸之，凡物皆曰胡。如「老狼有胡」、「鶘胡」、「龍垂胡顙」是也。胡與矦音轉冣近，故《周禮》「立當前矦」注曰：「車轅前胡下垂柱地者。」經傳胡、矦、遐皆訓何。《士冠禮》「永受胡福」，鄭曰：「胡，猶遐也。」毛傳：「胡，壽也。」《謚法》：「彌年壽考曰胡，保民耆艾曰胡。」皆謂壽命遐遠。从肉，古聲。户孤切，五部。

胘　牛百葉也。《廣雅》：「胃謂之胘。」李時珍云：「胘即胃之厚處。」《齊民要術》有「牛胘炙」，即牛百葉也。《公羊傳》注「自左髀達於右胘」，謂達於胃也。 从肉，弦省聲。 胡田切，十二部。

膍 牛百葉也。《周禮·醢人》、《既夕禮》皆云「脾析」，《周禮注》鄭司農云：「脾析，牛百葉也。」《既夕》注云：「脾讀爲雞脾肶之脾，脾析，百葉也。」按，肶從此聲，釋文：「尺之反。」《內則》「鴇奧」注：「奧，脾肶也。」字亦作肶。 釋文：「昌私反。」今《儀禮注》《禮記釋文》肶皆作「肚」，誤甚。 肶與斯、斯與析音近，故釋脾析爲脾肶。雞鴇皆有脾肶，謂胃也。 即許所謂「鳥膍胵」也。 鄭與許字異而音義同。 謂之百葉者，胃薄如葉，碎切之，故云百葉。 未切爲膍胵，既切則謂之脾析，謂之百葉也。 此胃也，而經注何以謂之脾？ 蓋如今人俗語脾胃連言，故以脾之名加於胃也。 經文「脾析」，説《禮》家容有讀爲膍者，故許從之，不欲與土藏同名也。《莊子》：「臘者之有膍胲。」司馬云：「膍，牛百葉也」是也。《大雅》：「加肴脾臄。」脾蓋亦謂百葉。 許以牛百葉系諸獸，系諸已成之豆實，故以「鳥膍胵」爲別一義。 實則皆謂胃也。《廣雅》云：「百葉謂之膍胵。」渾言之也。 从肉，𣬉聲。 房脂切，十五部。 一曰，鳥膍胵， 逗。 鳥胃也。 「鳥胃也」三字本在胵下，今更定。《內則》「鴇奧」注：「奧，脾肶也。」《玉篇》、《廣韵》奧皆作「膄」，云「膄，鳥胃。」

肶 膍或从比。《釋詁》曰：「肶，厚也。」《毛詩》曰「膍」，「厚也」。 實一字也。 皆引伸假借之義也。《采菽》：「福祿膍之。」音義曰：「《韓詩》作肶。」按，《韓詩》、《爾雅》皆同《説文》或字，《毛詩·節南山》又作「毗」，毗即妣字。《釋詁》肶亦作「脾」。

胵 鳥膍胵也。 依全書通例正。 从肉，至聲。 處脂切，十五部。 古音至聲在十二部。 一曰，胵五藏總名也。 此單呼胵，不連膍。 五藏亦謂禽獸。

膘 牛脅後髀前合革肉也。 合革肉者，他處革與肉可分剝，獨此處不可分剝也。《七發》所謂「犓牛之腴」。 毛傳云：「射左膘。」㉛《三蒼》云：「膘，小腹兩邊肉也。」 从肉，㶾聲。 讀若繇。 敷紹切，二部。 今俗謂牲肥者曰膘壯，音如標。

䏈 血祭肉也。《郊特牲》曰：「取膟膋燔燎升首，報陽也。」鄭云：「膟膋，腸閒脂也。 朝事時，取牲膟膋，燔於爐炭，至薦孰之時，又取膟膋與蕭合燒之。」按，此注謂「膟膋，腸閒脂」二字一物。《祭義》注云：「膟膋，血與腸閒脂也。」則以血釋膟，以腸閒脂釋膋，略同許説。《小雅》：「執其鸞刀，以啓其毛，取其血膋。」正與《祭義》「毛牛尚耳，鸞刀以封，取膟膋，乃退」語相合。 毛云：「毛以告純也。膋，脂膏也。 血以告殺，膋以升臭，合之黍稷，實之於蕭，合馨香也。」㉜ 蓋説《禮》家以膟當《詩》之血，故許云「血祭」，鄭注《祭義》同。考之《郊特牲》，血祭與燔膟膋各事，膟膋自是一物，《郊特牲》注爲長也。 許云「血祭肉」者，肉是衍字，血祭不容有肉。《祭義》疏引《説文》、《字林》「膟，血祭。」無肉字。 釁字下亦云「血祭」。 从肉，帥聲。 呂戌切，十五部。

膟 䏈或从率。 今《毛傳》、《禮記》皆作膟。

膫　牛腸脂也。从肉，尞聲。洛蕭切，二部。《詩》曰：「取其血膫。」《小雅・信南山》文。膋字下云：「一曰，膋，腸閒肥也。一名膫。」然則膫一名膋矣。今按，膋蓋即膫字之異者，膋、膫同訓「腸閒脂」，與《郊特牲》注合。

膋　膫或从勞省聲。今《毛詩》、《禮記》皆作膋。

脯　乾肉也。《周禮・腊人》：「掌乾肉，凡田獸之脯腊膴胖之事。」注云：「大物解肆乾之，謂之乾肉。薄析曰脯，捶之而施薑桂曰段脩。腊，小物全乾也。」許於脯、於日部之昔，統言之曰「乾肉」，鄭則以大物、小物析言之。从肉，甫聲。方武切，五部。

脩　脯也。《膳夫》大鄭注曰：「脩，脯也。」按，此統言之，析言之，則「薄析曰脯，捶而施薑桂曰段脩」。後鄭注《内饔》云：「脩，鍛脯也」是也。《曲禮》疏云：「脯訓始，始作即成也。脩訓治，治之乃成。」修治之，謂捶而施薑桂。經傳多假脩爲修治字。从肉，攸聲。息流切，三部。

膎　脯也。《太玄》曰：「多田不婁，費我膎功。」从肉，奚聲。户皆切，十六部。皆，當從《廣韵》作「佳」。膎俗作鮭。

脼　膎肉也。《廣雅》曰：「膎、脼，肉也。」不列於脯類。鍇本膎、脼二篆在膊篆之下。《集韵》曰：「吳人謂腌魚膎脼。」从肉，兩聲。良獎切，十部。

膊　薄脯，膊之屋上。膊之屋上，當作「薄之屋上」。薄，迫也。《釋名》：「膊，迫也。薄椓肉迫箸物使燥也。」説與許同。《方言》：「膊，暴也。燕之外郊，朝鮮洌水之閒，凡暴肉、發人之私、披牛羊之五藏，謂之膊。」《左傳》：「龍人囚盧蒲就魁，殺而膊諸城上。」《周禮》：「斬殺賊，諜而膊之。」皆謂去衣磔其人，如迫脯於屋上也。又《儀禮》「兩胉」，今文作「迫」。《周禮》「豚拍」，杜子春以拍爲膊，謂脅也。按，脅之正字，當從《禮》今文作「迫」。从肉，尃聲。匹各切，五部。

脘　胃脯也。胃脯，見《史》《漢・貨殖傳》。晉灼曰「今大官常以十月作沸湯燖羊胃，以末椒薑坋之暴使燥」是也。《廣雅》曰：「脘，脯也。」鉉本胃脯作「胃府」，則與上下文言脯者不貫，脘篆應厠於胃篆下矣。《素問》：「胃脘，謂胃宛中可容受。」脘蓋宛之俗。《大廣益會玉篇》脘注：「古卵切。胃脘。」非許意。从肉，完聲。讀若患。曹憲丸、管二音。十四部。

朐　脯挺也。許書無脡字，挺即脡也。何注《公羊》曰：「屈曰朐。申曰脡。」朐脡就一脡析言之，非謂脡有曲直二種也。《曲禮》曰：「左朐右末。」鄭云：「屈中曰朐。」屈中，猶言屈處，末即申者也。《士虞禮》曰：「設俎于薦東，朐在南。」鄭云：「朐，脯及乾肉之屈也。」曰「左朐」，曰「朐在南」，則朐在脯端明矣。《鄉飲酒記》曰：「薦脯五挺，横祭于其上。」注引《曲禮》「左朐右末」。《鄉射記》：「薦脯五樴，樴長尺二寸。」注：「樴猶挺也。」然則每一脯爲一樴，謂之一挺，每樴必有屈處，故亦可謂之一朐。挺作脡，樴作膱，皆俗字。朐，引伸爲凡屈曲之偁。漢巴郡有朐忍縣，《十三州志》曰：「其地下溼多朐忍蟲，因名。」朐忍蟲即丘蚓，今俗云曲蟺也。漢碑、古書皆作朐忍無異，不知何時朐譌「朐」，忍譌「䏰」。䏰䏰上音春，下音閏。《通典》上音蠢，下音如尹切。《廣韵》則上音蠢，下音閏。而大徐乃於肉部增朐、䏰二篆，上音如順，下音尺尹，不知爲「朐忍」之字誤，且謂其地在漢中，又不知漢朐忍在今夔州府雲陽縣名萬户垻者是，去漢中遠甚也。从肉，句聲。凡從句之字皆曲物，故皆入句部。朐不入句部，何也？朐之直多曲少，故釋爲「脯挺」，但云「句聲」也。云句聲，則亦形聲包會意也。其俱切，四部。

膴　無骨腊也。腊，今字也。日部作昔。《腊人》：「掌乾肉，凡田獸之脯腊膴胖之事。」脯腊皆謂乾肉，故許釋膴爲「無骨腊」。蓋賈侍中《周禮解詁》説與？鄭司農云：「膴，膺肉。」杜子春云：「膴、胖，皆謂夾脊肉。」後鄭云：「《公食大夫禮》曰：庶羞皆有大，《有司》曰：主人亦一魚加膴祭于其上。《内則》曰：麋鹿田豕麕皆有胖。足相參正也。大者，胾之大臠。膴者，魚之反覆。膴又詁曰大，二者同矣。則是膴亦牒肉大臠，胖宜爲脯而腥。胖之言片也，析肉意也。」按，依後鄭説，膴胖皆非腊也。趙商問「腊人掌凡乾肉而有膴胖何？」鄭荅「雖鮮亦屬腊人」。此可證膴胖之非腊。許説蓋偏執耳。下文云：「《周禮》有膴判」，易胖爲判，度許亦必釋爲腊屬，而今亡其説矣。無骨之腊，故其字從肉。無骨則肥美，故引伸爲凡美之偁。《毛詩》傳曰：「膴膴，美也。」楊雄説：鳥腊。此别一義。鳥腊必非無骨也。蓋楊雄《蒼頡訓纂》一篇中有此語。从肉，無聲。荒胡切，五部。《周禮》有「膴判」，按，《周禮》作「胖」。鄭大夫云：「胖讀爲判。」許同之，半部釋胖爲半體。讀若謨。後鄭云：「膴又詁曰大」，注《有司徹》云：「膴讀如殷冔之冔。」則讀同幠，火吴反。

腒　北方謂鳥腊腒。《周禮》、《内則》注皆曰：「腒，乾雉。」《士相見之禮》：「摯，冬用雉，夏用腒。」注曰：「備腐臭也。」按，鄭主謂「乾雉」，依《士相見禮》腒謂雉，《周禮》、《内則》不必專謂雉。許槩言鳥腊爲長。从肉，居聲。九魚切，五部。《傳》曰：「堯如腊，舜如腒。」亦見王充《論衡》引《傳》。

䐹　乾魚尾䐹䐹也。䐹䐹，各本作「䐹䐹」，今正。肅肅，乾皃。今俗尚有乾肅肅之語。《風俗通》説夏馬「掉尾肅肅」，古言也。《庖人》、《内則》注曰：「鱐，乾魚。」《籩人》注曰：「鱐者，析乾之，出東海。」从肉，肅聲。所鳩切，三部。《周禮》有「腒䐹」。今《周禮·庖人》作「腒鱐」。

肍　孰肉醬也。用孰肉爲醬。孰，《廣韵》作「乾」，疑乾是。下文云「生肉醬」者，鮮肉醬也。从肉，九聲。讀若舊。巨鳩切，三部。

腝　有骨醢也。酉部曰：「醢，肉醬也。」《釋器》曰：「肉謂之醢，有骨者謂之臡。」《醢人》注曰：「臡亦醢也。或曰，有骨爲臡，無骨爲醢。」《公食大夫禮》注曰：「醢有骨謂之臡。」从肉，耎聲。人移切，古音在十四部。

臡 腝或从難。耎、難二聲同在十四部。按，《公食大夫禮》注曰：「今文臡皆作麋」，麋系腝之誤。《儀禮》、《爾雅》音義曰：「臡，《字林》作腝。」《五經文字》曰：「臡見《禮經》、《周禮》，《說文》、《字林》皆作腝。」據此則《說文》本無臡字甚明，後人益之也。許於《禮經》或從今文，或從古文。此從今文「腝」，鄭則從古文「臡」也。

脠 生肉醬也。《廣韻》曰：「魚醢也。」引《說文》云：「肉醬。」《釋名》《齊民要術》有「生脠」。从肉，㢟聲。丑連切，十四部。按，此字從㢟。非從延也。目部䀡、木部梴同。今本《說文》梴作梃，脠篆大徐不誤而注誤，云延聲。

䏽 豕肉醬也。魚部曰：「鮨，魚䏽醬也。」是魚肉醬亦偁䏽。从肉，咅聲。各本作「否聲」，誤。薄口切，四部。

胥 蟹醢也。《庖人》：「共祭祀之好羞。」注：「謂四時所爲膳食，若今荊州之鮺魚，青州之蟹胥，雖非常物，進之孝也。」《釋名》曰：「蟹胥取蟹藏之，使骨肉解，足胥胥然也。」㉝《字林》云：「胥，蟹醬也。」按，鄭云「作醢及臡，必先膊乾其肉，乃後莝之，襍以粱麴及鹽，漬以美酒，塗置甀中，百日則成。」許云「蟹醢」，作之當同也。《釋名》所云，則似今之醉蟹。似劉說長。蟹者，多足之物。引伸假借爲相與之義。《釋詁》曰：「胥，皆也。」又曰：「胥，相也。」今音相分平去二音，爲二義，古不分。《公羊傳》曰：「胥命者，相命也。」《穀梁傳》曰：「胥之爲言猶相也。」毛傳於「聿來胥宇」、「于胥斯原」皆曰：「胥，相也。」此可證相與、相視古同音同義也。《小雅》：「君子樂胥。」毛曰：「胥，皆也。」賈誼書引此《詩》云「胥，相」，此《爾雅》皆與相同義之證也㉞。从肉，疋聲。按，蟹八跪二敖，故字從疋。劉熙云：「足胥胥然也。」相居切，五部。劉昌宗音素，《集韻》又作「蝑、蝂、蝍、蛤」，音四夜切。按，胥篆舊在膴、腒之閒，非其類，今正之，移於此。

胹 爛也。爛，火部作「爤」，火孰也。《左傳》「宰夫胹熊蹯不孰」，謂火孰之而未孰也。《方言》：「胹，熟也。自關而西，秦晉之郊曰胹。」按，《內則》作濡。从肉，而聲。如之切，一部。《廣韻》作「臑」，云：籀文作䰭。

䐶 切孰肉內於血中和也。《釋名》有「肺䐪」，䐪同䐶。《五經文字》曰：「䐪見《禮經注》。」《廣韻．三十三線》曰：「䐪同饌。見《儀禮》。士戀切。」从肉，員聲。讀若遜。穌本切，十三部。

胜 犬膏臭也。《庖人》、《內則》「秋行犢麛膳膏腥。」杜子春云：「膏腥，豕膏也。」後鄭云：「膏腥，雞膏也。」許云「犬膏」，葢本賈侍中。从肉，生聲。桑經切，十一部。一曰，不孰也。上文云：「生肉醬」，字當作胜。《論語》：「君賜腥，必孰而薦之。」字當作胜。今經典「膏胜」、「胜肉」字通用腥爲之，而胜廢矣，而腥之本義廢矣。

臊 豕膏臭也。《庖人》、《內則》曰：「夏行腒鱐膳膏臊。」杜子春云：「膏臊，犬膏。」大鄭云：「膏臊，豕膏。」後鄭從杜說，許同大鄭。从肉，喿聲。穌遭切，二部。

膮 豕肉羹也。《公食大夫禮》注曰：「膷、臐、膮，今時臛也。牛曰膷，羊曰臐，豕曰膮。皆香美之名也。古文膷作香，臐作熏。」按，許無膷、臐二字，從古文不從今文也。《内則》同今文作膷、臐。又按，此庶羞豆實也，其謂之羹何？羹有實於鼎者，牛藿、羊苦，豕薇是也。有實於豆者，膷、臐、膮是也。鄭云「臛也」，許云「臛，肉羹也」說正同。臛亦謂之羹，而較乾於鉶羹，且鉶羹有菜芼，臛不云用菜芼也。从肉，堯聲。許幺切，二部。

腥 星見食豕，令肉中生小息肉也。息當作「瘜」。疒部曰：「瘜，寄肉也。」星見時飼豕，每致此疾。《内饔》曰：「豕盲眡而交睫腥。」盲眡，《内則》作「望視」。鄭云：「腥當爲星，聲之誤也。肉有如米者似星。」注《内則》同。按，鄭意腥爲腥孰字，豕不可食者當作星，與經傳及今俗用字皆合。許則謂腥孰字正作胜，腥專謂豕不可食者，與鄭絶異。《爾雅》：「米者謂之檗。」郭云：「飯中有腥。」其用字與許同也。从肉星，星亦聲。穌佞切，十一部。《字林》先定反。

脂 戴角者脂，無角者膏。《大戴·易本命》曰：「戴角者無上齒。」謂牛無上齒，觸而不噬也。「無角者膏而無前齒。」謂豕屬也。無前齒者，齒盛於後不用前。「有羽者脂而無後齒。」羽當爲「角」，謂羊屬也，齒盛於前不任後。《考工記》鄭注曰：「脂者，牛羊屬。膏者，豕屬。」《内則》注曰：「肥凝者爲脂，釋者爲膏。」按，上文膏系之人，則脂系之禽，此人物之辨也。有角、無角者，各異其名，此物中之辨也。釋膏以脂，禽亦曰膏，《周禮》香臊腥羶皆曰膏，此皆統言不別也。从肉，旨聲。旨夷切，十五部。

⿰月𧴪 ⿱𦥯月也。⿱𦥯月，各本譌「觷」，説者以《釋器》「角謂之觷」釋之，誤甚。角部本無觷字。此上下文皆言脂膏，治角之義無從闌入也。《玉篇》「⿰月𧴪，膏⿱𦥯月也。⿱𦥯月，膏⿰月𧴪也。」《廣韵》過韵「⿰月𧴪，⿱𦥯月膏也。」⿱𦥯月又見屋沃韵，是可據以正誤補缺矣。从肉，𧴪聲。穌果切，十七部。《廣韵》先臥切。

⿱𦥯月 膏肥皃。从肉，學省聲。烏酷切，三部。此篆舊無今補。按，⿰月𧴪、⿱𦥯月二篆，蓋古本皆無，或增⿰月𧴪而失其解，則不若併增⿱𦥯月也。

膩 上肥也。謂在上者。《釋器》曰：「冰脂也。」郭云：「《莊子》：肌膚若冰雪。冰雪，脂膏也。」按，此所謂上肥也。冰、凝古今字。《毛詩》「膚如凝脂」，同也。《楚辭》：「靡顔膩理。」膩，滑也。从肉，貳聲。女利切，十五部。

膜 肉閒胲膜也。《釋名》：「膜，幕也。幕絡一體也。」《廣雅》：「⿰月絜、⿰月弱。膜也。」⿰月弱與膜爲一，許意爲二，膜在肉裏也。許爲長。胲膜者，絫呼之。胲之言該也。按，膜、⿰月弱皆人物所同，許專系之物者，在人者不可得見也。从肉，莫聲。慕各切，五部。

⿰月弱 肉表革裏也。《考工記》注曰：「今人謂蒲本在水中者爲弱。」按，蒻在莖之下、根之上，肉表革裏名⿰月弱，亦猶是也。从肉，弱聲。而勺切，二部。

臛 肉羹也。鬻部曰：「鬻，五味盉鬻也。」《釋器》曰：

「肉羹。」羹有二：實於鉶者用菜芼之，謂之羹；實於庶羞之豆者，不用芼，亦謂之羹。《禮經》牛膷、羊臐、豕膮，鄭云：「今時臛也。」是今謂之臛，古謂之羹。臛字不見於古經，而見於《招魂》。王逸曰：「有菜曰羹，無菜曰臛。」王説與《禮》合。許不云羹也，而云「肉羹」也者，亦無菜之謂。《匡謬正俗》駁叔師説，其言甚誤。从肉，隺聲。呼各切，古音在二部。

膹 臛也。《廣雅》曰：「臇、膹、䐛，臛也。」臛，俗臛字。从肉，賁聲。房吻切，十三部。

臇 臛也。李善引《蒼頡解詁》曰：「臇，少汁臛也。」曹植《七啓》曰：「臇漢南之鳴鶉。」《名都篇》曰：「膾鯉臇胎鰕。」从肉，雋聲。讀若纂。子沇切，十四部。

⿰火巽 臇或从火巽。

胾 大臠也。切肉之大者也。从肉，𢦏聲。側吏切，一部。按，《鄉射禮》古文樴爲胾，戠聲、𢦏聲同也。脯脡字本作梃，從木。從手、從肉，皆誤也。梃，一枚也。樴猶梃也。樴作胾則同聲而不同義。凡《禮》古文髀作脾，榦作肝，骼作胳等，皆同聲而不同義。

䐑 薄切肉也。云薄者，取從枼之意。《少儀》曰：「牛與羊魚之腥，聶而切之爲膾。」注：「聶之言䐑也。先藿葉切之，復報切之，則爲膾。」《醢人》注引《少儀》，聶皆作䐑。《腊人》注云：「膴亦䐑肉大臠。」按，如許、鄭説䐑者，大片肉也。鄭云：「凡醢醬所和細切爲韲，全物若䐑爲菹。」从肉，枼聲。直葉切，八部。

膾 細切肉也。所謂「先藿葉切之，復報切之」也。報者，俗語云急報。凡細切者，必疾速下刀。《少儀》注云：「報讀爲赴疾之赴。拔、赴皆疾也。」㉟从肉，會聲。古外切，十五部。

腌 漬肉也。今淹漬字當作此，淹行而腌廢矣。《方言》云：「淹，敗也。水敗爲淹。」㊱皆腌之引伸之義也。腌猶瀸也。肉謂之腌，魚謂之饐。《倉頡篇》云：「腌、酢，淹肉也。」从肉，奄聲。於業切，八部。

脃 小耎易斷也。《七發》曰：「甘脃肥膿。」《魏都賦》：「稟質遳脃。」作「脆」者誤也。从肉，絶省聲。形聲包會意也。易斷故從絶省。此芮切，十五部。

膬 耎易破也。耎，《七發》注作「腝」。腝者，醢有骨者也。《七發》曰：「飲食則温淳甘膬，脭醲肥厚。」从肉，毳聲。七絶切，十五部。按，脃膬葢本一字異體，《篇》、《韵》皆云「膬同脃。」《小宗伯》注曰：「今南陽名穿地爲竁，聲如腐脃之脃。」音義云：「字書無脃字，但有膬字，音千劣反，今注本或膬字者，則與劉音清劣反爲協。」據此則陸氏所見《説文》等書有膬無脃也。而李善於《魏都》、《七發》分引此二字，則唐初《説文》非無脃矣。二字皆可入、可去，分廁祭、薛，古音理不然也。

散 襍肉也。從㪔者，會意也。㪔，分離也。引伸凡㪔皆作散，散行而㪔廢矣。从肉，㪔聲。穌旰切，十四部。

膞 切肉也。膞與剸義近。《儀禮》説牲體前有肩、臂、臑，後有肫、髀，骼，髀不升於俎，故多言肫、骼。肫亦作膞，經肫、膞錯出，皆假借字也。經本應作腨，腨，腓腸也。以腓腸該全脛，假肫、膞字爲之。从肉，專聲。市沇切，十五部。

腏 挑取骨閒肉也。手部曰：「抉，挑也。」从肉，叕聲。讀若《詩》曰「啜其泣矣」。《王風》文。陟劣切，十五部。

𦙦 食所遺也。馬融、陸績皆曰：「肉有骨謂之胏。」《說文》、《字林》作𦙦，訓爲「食所遺」，蓋孟本孟說與。从肉，仕聲。阻史切，古音在一部。《易》曰：「噬乾𦙦。」今鍇本此下衍止字，《噬嗑》「九四」爻辭。

胏 楊雄說：「𦙦从𠂔。」蓋《訓纂篇》中字如此作。馬、鄭《易》同楊。鄭云：「胏，簀也。」蓋謂胏爲第之假借，其說未聞。胏當在十五部，而與𦙦同字者，合韵之理也。

𦛍 食肉不猒也。猒，飽也。从肉，臽聲。讀若陷。户猪切，八部。

肰 犬肉也。从肉犬。讀若然。如延切，十四部。

𦜝 古文肰。小篆從一犬，古文從二犬。

𣆃 亦古文肰。按，此蓋𣆃之譌耳。

䐜 起也。當云「肉起也」。《素問》曰：「濁氣在上，則生䐜脹。」王砅注：「䐜脹，起也。」按，許亷此謂人所食肉。从肉，真聲。齒真切，十二部。

䏙 肉汁滓也。《醢人》：「韭菹醓醢。」注云：「醓，肉汁也。」《公食大夫禮》注曰：「醓醢，醢有醓。」《釋名》曰：「醢多汁者曰醓。醓，瀋也。宋魯人皆謂汁爲瀋。」按，合此三條，可見《禮經》醓醢正字當作「䏙」，謂多肉汁之醢也。許云「汁滓」者，謂醢不同湆也。合《醢人》注及血部盬下觀之，䏙醢用牛乾脯莝之，襍以粱麴及鹽，漬以美酒，塗置甀中，百日則成。蓋他醢及醬皆用此法，如贏醢則用乾贏肉，麋醬則用乾麋肉也。凡醢醬皆有汁，而牛乾脯獨得䏙名者，六畜不言牲名，他醢醬不言䏙，立文錯見之法。汁即鹽酒所成，醢皆胜物，非有孰汁也。毛傳云：「以肉曰醓醢。」大鄭云：「醓醢，肉醬也。」皆言肉以包汁。不言何肉者，蓋謂《周禮》六牲之肉。下文醢醬，麋、鹿、麇、兔、鴈，在六獸六禽内可證也。許但言牛乾脯者，舉六牲之一以包其餘也。正字作䏙醢，假借字作盬醢。許所據《禮》作盬，今字作醓。从肉，冘聲。他感切，八部。

膠 昵也。《弓人》說膠曰：「凡昵之類不能方。」注：「故書昵或作樴。杜子春云：樴讀爲不義不昵之昵。或爲䵒，䵒，黏也。玄謂樴，脂膏䐈敗之䐈，䐈亦黏也。」按，此經杜作昵，又作䵒，後鄭作䐈，其意則同也。許從杜作昵。日部曰：「暱，日近也。或作昵。」是則昵亦訓黏也。一說此昵也，及《周禮》注不義不昵之昵，三昵字皆當作䵒。作之曰皮。《考工記》：「鹿膠青白，馬膠赤白，牛膠火赤，鼠膠黑，魚膠餌，犀膠黃。」注云：「皆謂煮用其皮，或用角。」按，皮近肉，故字從肉。从肉，翏聲。古肴切，古音在三部。

𦝤 或曰，嘼名。或曰，不定之詈。云「嘼名」，蓋羸爲羸之古字與？驢、羸皆可畜於家，則謂之畜，宜也。象形，闕。「象形」二字，淺人所增。闕，謂闕其形也。其義則畜名，其音則以羸聲之字定之，其形則從肉以外，不能强爲之説也。郎果切，十七部。一説「或曰嘼名」四字，亦後人所增，義形皆闕。

胆　蠅乳肉中也。《三蒼》曰：「蠅乳肉中曰胆。」《通俗文》云：「肉中蟲曰胆。」《周禮·蜡氏》注：「蜡，骨肉腐臭蠅蟲所蜡也。蜡讀如狙司之狙。」按，狙司，俗作「覰伺」。《釋蟲》「翥醜鏬」㊲，翥，本作「蠚」，千據反，見《廣韵》。即《周禮》所謂蜡，《三蒼》所謂「乳肉中」也。从肉，且聲。七余切，五部。作「蛆」者，譌。

肙　小蟲也。蟲部蜎下曰：「肙也。」《考工記》注云：「謂若井中蟲蜎蜎。」按，井中孑孓，蟲之至小者也，不獨井中有之。字從肉者，狀其耎也。從口者，象其首尾相接之狀也。从肉口。各本有「聲」字，非也。烏懸切，十四部。《廣韵》、《玉篇》皆烏縣切。一曰，空也。甑下孔謂之窐，窐亦作「瓺」，是其義也。

腐　爛也。上文云：「腝，爛也。」爛之正義，此云「腐，爛也」，歹部云「殨，爛也」，爛之引伸之義。从肉，府聲。扶雨切，四部。

肯　骨閒肉肎肎箸也。肎肎，附箸難解之皃。《莊子》説庖丁解牛曰：「技經肯綮之未嘗。」肯，崔引此解釋之。綮音罄，司馬云猶結處也。按，肎之言可也，故心所願曰肎，得其竅郤曰中肎，引伸之義也。从肉，从冎省。冎者，剔肉置其骨也。肎肎相箸，有待於剔，故從冎。陸德明引《説文》《字林》皆口乃反。《唐韵》苦等切。按，肎、等二字，古音同在一部，故皆在海韵。音轉入六部，乃在抍等韵也。隸作「肯」。一曰，骨無肉也。此別一義。

肎　古文肎。

朘　赤子陰也。《老子》：「未知牝牡之合而朘作。」河上本如是。从肉，夋聲。《釋文》引《説文》子和反，又子壘反。按，此字各本無之，《老子音義》引《説文》，可據，故補綴於末。

文一百四十。今補脅、朘二篆，則百四十二。　重二十。腜、肧、胎，人之始也。自肌、膚以及肕、胲，皆言人體所具，而依次弟言之。肖至胄，言人之苗裔也。肰、膻，人所時有也。臞至脪，言人之肥瘦也。胥至朋，言人之疵病也。臘至隋，言祭也，祭必以肉，故字從肉也。膳至腆，言食也。自腒至膫，言六畜體所具也。自脯至朓，皆乾肉可食者也，皆胜物也。自腥至肬，皆肉可食者。膠用皮，皮者，肉肌至脂，皆醬屬也。自朋至肬，皆肉可食者。膠用皮，皮者，肉之類也。羸、胆、肙三文，以其多肉製字。腐、肎之用，皆取義於肉也。朘之次，當本在脽、肤二篆之下。

筋　肉之力也。力下曰：「筋也。」筋力同物，今人殊之耳。《考工記》，故書筋或作「薊」。从肉力，从竹。竹，物之多筋者。説從竹之意。居銀切，十三部。凡筋之屬皆从筋。

笏　筋之本也。《內則》注曰：「餌，筋腱也。」王逸注《招䰟》曰：「腱，筋頭也。」餌，《篇》、《韵》作「胒」。从筋省，夗省聲。渠建切，十四部。

腱 筋或从肉建。建聲也，今字多作此。

䈥 手足指節鳴也。其聲膊膊然。从筋省，勺聲。北角切，二部。

肑 䈥或省竹。按，《廣雅》曰：「肑謂之腴。」《篇》、《韵》皆云：「肑，腹下肉。」此別一義。

文三。　重二。

刀 兵也。刀者，兵之一也。《衞風》假借爲舠字。象形。都牢切，二部。凡刀之屬皆从刀。

⿰缶刂 刀握也。謂握持處也。《篇》、《韵》皆云「⿰缶刂同弣。」按，弓把曰弣，《考工記》、《少儀》弣作「拊」。刀把曰⿰缶刂，《少儀》亦作「拊」：「刀卻刃授穎，削授拊。」注：「穎，鐶也。拊謂把也。」按，穎近拊，拊近刃，故削外削内異其授。拊與⿰缶刂音相近。从刀，缶聲。方九切，三部。《玉篇》孚主切。

㓵 刀劒刃也。《淮南·脩務訓》：「摩其鋒㓵。」王子淵《聖主得賢臣頌》、《漢書》作「越砥斂其咢」，《文選》作「鍔」。从刀，咢聲。五各切，五部。

⿱㓞各 籒文㓵从㓞各。各聲與咢聲同部。《釋詁》：「剡、⿱㓞各，利也。」陸德明本作「⿱㓞各」，顏籒、孔沖遠引作「略」，《周頌》：「有略其耜。」毛云：「略，利也。」張揖《古今字詁》云：「略，古作⿱㓞各。」以《説文》折衷之：⿱㓞各者，古字；㓵者，今字；㓵者，正字；略者，假借字。

削 鞞也。革部曰：「鞞，刀室也。」《少儀》曰：「削授拊。」《史》《漢》，《貨殖傳》曰「洒削」。《方言》：「劒削，自河而北，燕趙之閒，謂之室。自關而東，或謂之廓，或謂之削。自關而西，謂之鞞。」廓即郭，鞞即鞞。今字作鞘。《玄應》曰：「《小爾雅》作鞘。」从刀，肖聲。息約切。按，當依《廣韵》私妙切。二部。一曰，析也。木部曰：「析，破木也。」析從斤，削從刀，皆訓破木。凡侵削、削弱，皆其引伸之義也。今音息約切。

⿰句刂 鎌也。⿰句刂亦作「鉤」。《周禮·雉氏》：「夏日至而夷之。」注云：「以鉤鎌迫地芟之也。」《方言》曰：「刈鉤，江淮陳楚之閒謂之鉊(音昭)，或謂之鐹(音果，亦作划)，自關而西，或謂之鉤，或謂之鎌，或謂之鍥(音結)。」按，鎌之屬見於金部。从刀，句聲。古矦切，四部。

剴 大鎌也。謂可切地芟刈也。金部曰：「鉊，大鎌也。」一曰，摩也。下文云：「刀不利，於瓦石上刉之。」剴、刉音義皆同也。引伸之，爲規諷之義。如《大司樂》注曰：「導者，言古以剴今。」《雨無正》箋「巧言謂以事類風切剴微之言」是也。《唐·魏徵傳》：「二百餘奏，無不剴切當帝心。」今人乃謂直言爲剴切，昧於字義甚矣。从刀，豈聲。五來切，古音在十五部。又古愛反，與杚、槩音義皆同。

剞 剞劂，逗。曲刀也。高注《俶真訓》曰：「剞，巧工鉤刀。劂，規度刺墨邊箋也(箋字有誤)。所以刻鏤之具。」應劭注《甘泉賦》曰：「剞，曲刀也。劂，曲鑿也。」二注皆謂剞剧有二。王逸注《哀時命》：「剞劂，刻鏤刀也。」與許合。从刀，奇聲。居綺切，古音在十七部。

剧　剞剧也。二字雙聲。从刀，屈聲。九勿切，十五部。亦作「劂」。

利　銛也。銛者，臿屬。引伸爲銛利字。銛利引伸爲凡利害之利。刀和然後利，从刀，和省。依《韵會》本。毛傳曰：「鸞刀，刀有鸞者。言割中節也。」《郊特牲》曰：「割刀之用，而鸞刀之貴，貴其義也，聲和而後斷也。」許據此説會意。力至切，十五部。《易》曰：「利者，義之和也。」又引《易》，説從和省之意。上云「刀和然後利」者，本義也。引《易》者，引伸之義也。

𥝢　古文利。蓋從刀禾。

剡　鋭利也。《釋詁》曰：「剡，利也。」《毛詩》假借覃爲之。《大田》曰：「以我覃耜。」毛曰：「覃，利也。」《釋詁》文也。按，此二篆古本當作「利，剡也。剡，利也」。二字互訓。从刀，炎聲。以冉切，八部。

初　始也。見《釋詁》。从刀衣。會意。楚居切，五部。裁衣之始也。衣部曰：「裁，製衣也。」製衣以鍼，用刀則爲製之始。引伸爲凡始之偁。此説從刀衣之意。

前　齊斷也。《釋言》、《魯頌》傳皆曰：「翦，齊也。」《士喪禮》：「馬不齊髦。」注云：「齊，翦也。」二字互訓。許必云「齊斷」者，爲其從刀也。其始，前爲刀名，因爲斷物之名，斷物必齊，因爲凡齊等之偁。如「實始翦商」，謂周之氣象始與商齊等，語本甚明。戈部引此詩，作「戩商」，字之假借，如竹箭之爲竹晉也。前，古假借作翦。《召南》毛傳曰：「翦，去也」是也。《禮經》「蚤揃」，假借揃爲之。又或爲「鬋」。今字作「剪」，俗。从刀，歬聲。子善切，十二部。

則　等畫物也。等畫物者，定其差等，而各爲介畫也。今俗云科則是也。介畫之，故從刀。引伸之爲法則，假借之爲語詞。从刀貝。貝，古之物貨也。説從貝之意。物貨有貴賤之差，故從刀介畫之。子德切，一部。

𠟭　古文則。重貝者，定其等差之意。

⿰鼎刂　籒文則从鼎。鼎部曰：「籒文以鼎爲貝。」故員作鼎，⿰女員作⿰鼎攵，霣作⿱雨鼎，則作⿰鼎刂。

剛　彊斷也。彊者，弓有力也。有力而斷之也，《周書》所謂「剛克」。引伸凡有力曰剛。从刀，岡聲。古郎切，十部。

㓻　古文剛如此。按，從仁。仁，古文信。信者必剛也。從二者，仁從二之意，仁者必有勇也。侃，剛直也，亦從仁。

剬　斷齊也。齊字衍。从刀，耑聲。旨兖切，十四部。按，首部「𣃔，斷首也。亦𢧤也。」㊳剸上同。考鍇本無「剸上同」之文，而《玄應書》云：「剬，《聲類》作剸。」《説文》：剬，斷首也，亦𢧤也。」然則許書首部有剬、無剸，刀部無剬，後人以《聲類》之剸，改首部之剬，又移剬入刀部，二徐本皆非古也。此篆宜删。

劊　斷也。《易·困》：「九五，劓刖，困于赤紱。」京房本作「劓劊」。按，刖，絶；劊，斷。義正相同。今俗云劊子手。从刀，會聲。古外切，十五部。

切　刌也。二字雙聲同義。古文《禮》「刌肺」，今文刌爲「切」。引伸爲迫切，又爲一切，俗讀七計切。師古曰：「一切者，權時之事，如以刀切物，苟取整齊，不顧長短縱横，故言一切。」从刀，七聲。千結切，十二部。

刌　切也。《玉藻》：「瓜祭上環。」注曰：「上環，頭刌也。」《元帝紀》：「分刌節度。」从刀，寸聲。凡斷物必合法度，故從寸。《周禮》：「昌本切之四寸爲菹。」陸續之母「斷葱以寸爲度」是也。云「寸聲」，包會意。《詩》：「他人有心，予寸度之。」俗作「忖」，其實作寸、作刌，皆得如切物之度其長短也。倉本切，十三部。

𠜾　斷也。从刀，辥聲。私列切，十五部。

刏　劃傷也。錐刀畫曰劃。《周禮·士師》職：「凡刏珥」，《小子》職作「珥祈」，祈或爲刏。《肆師》職作「祈珥」，祈或作幾。按，鄭讀珥皆爲衈，云：作「刏衈」爲正字。「刏衈者，釁禮之事。用牲，毛者曰刏，羽者曰衈。」《小子》：「衈於社稷，刏於五祀。」謂始成其宫兆時也。《襍記》：「雍人舉羊升屋，中屋南面，刲羊血流于前。門、夾室皆用雞，其衈皆于屋下。割雞，門，當門；夾室，中室。」是刏衈之事也。許云「劃傷」者，正謂此禮不主於殺之，但得其血涂祭而已。血部無衈字，葢許依經作珥。《襍記》注曰：「衈謂將封割牲以釁，先搣耳旁毛薦之。」《周禮注》引《公羊傳》「叩其鼻以衈社」，今《公羊》作「血社」。《山海經》「衈用魚。」傳引「叩其鼻以衈社」，字又不同。衈葢從神省、從耳。从刀，气聲。當九祈切，十五部。一曰，斷也。此别一義。又讀若殪。又者，蒙上文乞聲言之，云乞聲則得其音矣，而斷之義，讀如殺羊出其胎之殪，音稍不同也。今音五來切。一曰，刀不利，於瓦石上刏之。又别一義。刏與厲不同，厲者，厲於厲石，刏者，一切用瓦石磢之而已。與槩、杚、剴音義略同。今音當古愛切。

劌　利傷也。《聘義》：「廉而不劌，義也。」注云：「劌，傷也。」按，玉部作「廉而不忮」，毛公曰：「忮，害也。」是其義同也。「利傷」者，以芒刃傷物。从刀，歲聲。居衞切，十五部。

刻　鏤也。金部曰：「鏤，剛鐵可以刻鏤也。」《釋器》曰：「金謂之鏤，木謂之刻。」此析言之，統言則刻亦鏤也。引伸爲刻覈、刻薄之刻。从刀，亥聲。苦得切，一部。

刪　古文刻。各本無，此依《玉篇》增。各本「則」下有古文作「[illegible]」，《篇》《韵》皆不載。《汗簡》載之云：「《説文》續添。」則古本所無可知矣。葢古文刻之譌而誤系也。

副　判也。《毛詩·大雅》曰：「不坼不副。」《曲禮》曰：「爲天子削瓜者，副之。」《匡繆正俗》曰：「副貳之字本爲福，從衣、畐聲，俗呼一襲爲一福衣，是也。書史假借，遂以副字代之。副本音普力反，義訓剖、劈，學者不知有福字，以副貳爲正體。《詩》不坼不副，乃以朱點發副字。」按，顏説未盡然也。副之則一物成二，因仍謂之副。因之凡分而合者，皆謂之副。訓詁中如此者致多。流俗语音如付，由一部入三部，故韵書在宥韵，俗语又轉入遇韵也。沿襲既久，其義其音遂皆忘其本始。福字雖見於《龜策傳》、《東京賦》，然恐此字因副而製耳。鄭仲師注《周禮》云：「貳，副也。」貝部貳下因之。《史記》曰：「藏之名山，副在京師。」《漢書》曰：「臧諸宗廟，副在有司。」周人言貳，漢人言副，古今語也。豈容廢副用福。从刀，畐聲。芳逼切，一部。《周禮》曰：「副辜祭。」鄭注《周禮》作「疈」，云：「疈，疈牲胷也。疈而磔之，謂磔禳及蜡祭。」許所據作「副」，葢副者，古文小篆所同也。鄭所據用籀文。

疈　籀文副从畐。當云重畐。重畐者，狀分析之聲。

剖　判也。《史記》曰：騶衍「稱引天地剖判以來。」从刀，咅聲。浦后切，四部。

辨　判也。《小宰》「傅別」，故書作「傅辨」，《朝士》「判書」，故書判爲「辨」。大鄭辨讀爲別。古辨、判、別三字義同也。辨從刀，俗作辨，爲辨別字，符蹇切。別作從力之辨，爲幹辦字，蒲莧切。古辨別、幹辦，無二義亦無二形二音也。从刀，辡聲。十二部。

判　分也。《媒氏》：「掌萬民之判。」注：「判，半也。得耦爲合，主合其半成夫婦也。」《朝士》：「有判書以治則聽。」注：「判，半分而合者。」从刀，半聲。形聲包會意。普半切，十四部。

剫　判也。《釋器》：「木謂之剫。」郭引《左傳》：「山有木，工則剫之。」从刀，度聲。徒洛切，五部。

刳　判也。《内則》云：「刲之刳之。」按，刲謂刺殺之，刳謂空其腹。《毄辭》：「刳木爲舟。」亦謂虚木之中。刳木一作「挎木」。《鄉飲酒禮》：「相者二人，皆左何瑟，後首挎越内弦。」賈公彦曰「瑟底有孔，越以指深入」而持之也。手部無挎。从刀，夸聲。苦孤切，五部。

列　分解也。列之本義爲分解，故其字從刀。齒分骨之𪗉從列。引伸爲行列之義。古假借烈爲列，如《鄭風》：「火烈具舉。」毛曰：「烈，列也」是也。《羽獵賦》：「舉夆烈火。」烈亦與列同。从刀，𡿪聲。良辥切，十五部。

刊　剟也。《柞氏》：「夏日至，令刊陽木而火之。」注：「刊謂斫去次地之皮也。」按，凡有所削去謂之刊，故刻石謂之刊石，此與木部栞音同義異。唐衞包乃改栞爲刊，誤認爲一字也㊴。从刀，干聲。苦寒切，十四部。

剟　刊也。《商子》曰：「有敢剟定法令者，死。」㊵《賈誼傳》曰：「盜者，剟寢户之簾。」从刀，叕聲。陟劣切，十五部。

删　剟也。凡言删、剟者，有所去即有所取。如《史記·司馬相如傳》曰：「故删取其要，歸正道而論之。」删取，猶節取也。謂去其侈靡過實、非義理所尚，取其「天子芒然而思」已下也。既錄其全賦矣，謂之删取何也？言錄賦之意在此不在彼也。《藝文志》曰：「今删其要，以備篇籍。」删其要，謂取其要也。不然豈劉歆《七略》之要，孟堅盡刪去之乎？ 詳言之，則如《律曆志》曰：「刪其僞辭，取其義者，箸於篇。」㊶約言之，則如《相如傳》、《藝文志》。 从刀冊。 冊，逗。 書也。 說從刀冊之意也。 云「冊，書也」者，謂凡簡牘非必受於王之符命也。《築氏》「爲削」，鄭云：「今之書刀。」㊷凡艸捌不定者，以削削之，謂之刪。 因之凡刊落不用者皆謂之刪。 所姦切，十四部。

劈 [seal] 破也。 此字義與副近而不同。 今字用劈爲副，劈行而副廢矣。 劈與副，古經有相通者。《大宗伯》：「疈辜祭。」疈在一部，故書疈爲「罷」，大鄭釋爲「披磔牲以祭」。 罷、披、破同十七部，劈在十六部，此其音義相通之證也。《考工記》假「薜」爲劈。 注云：「薜，破裂也。」又或假「擘」爲之。 張衡賦云：「分肌擘理」是也。 从刀，辟聲。 普擊切，十六部。

剝 [seal] 裂也。 衣部曰：「裂，繒餘也。」謂殘破也。《夏小正》：「二月剝鱓，以爲鼓也。 八月剝瓜，畜瓜之時也。 剝棗，剝也者，取也。 栗零，零也者，降也。 零而後取之，故不言剝也。」按，剝鱓者，謂殘其皮。 剝瓜、棗者，謂殘其實。 其用一也。 皮部曰：「剝取獸革。」與剝鱓合。 孔子《易傳》曰：「致飾，然後通則盡矣，故受之以《剝》。 剝者，剝也。 物不可以終盡，剝窮上反下，故受之以《復》也。」按，此是剝訓盡，裂則將盡矣。《豳風》假剝爲攴。「八月剝棗。」毛曰：「剝，擊也。」音義云：「普卜反。」故知剝同攴也。《小正》傳云取，毛傳云擊，此後人訓詁必密於前人也。 从刀彔。 彔，刻也。 說從彔之意。 彔下云：「刻木彔彔也。」破裂之意。 彔亦聲。 北角切，三部。 一曰，剝，割也。 此別一義。 與上義相通。 按，此篆解說合二徐本及《尚書·泰誓》正義宋刻本參定。

⿰卜刂 [seal] 剝或从卜。 卜聲也。

割 [seal] 剝也。 蒙剝之第二義互訓。 割謂殘破之。《釋言》曰：「蓋、割，裂也。」《尚書》多假借割爲害，古二字音同也。《釋言》舍人本蓋作「害」，明害與割同也。 鄭注《緇衣》曰：「割之言蓋也。」明蓋與割同也。 从刀，害聲。 古達切，十五部。 按，古字亦從匄聲，故宋次道、王仲至家所傳古文《尚書》曰「匄申勸寧王之德」。

剺 [seal] 剝也。《方言》：「劙，解也。」劙與剺雙聲義近。 劃也。 此別一義。 當言「一曰」。 按，《玄應書》引《三蒼》云：「剺，劃也。」文部曰：「𠩺，微畫也。」音同義近。 从刀，𠩺聲。 里之切，一部。

劃 [seal] 錐刀畫曰劃。 畫字各本無，今補。 謂錐刀之末所畫，謂之劃也。 上文云：「刉，劃傷也。 剺，劃也。」皆是也。 从刀畫，畫亦聲。 呼麥切，十六部。 當依《廣韵》胡麥切。

剈 [seal] 挑取也。 抉而取之也。 挑，抉也。 今俗云剜。 許書無剜字。 从刀，肙聲。 烏玄切，十四部。 一曰，窐也。 穴部曰：「窐，空也。」窐與剈音義通，如圭蠲之比。

劀 [seal] 刮去惡創肉也。《瘍醫》：「掌腫瘍、潰瘍、金瘍、斯瘍之祝藥劀殺之齊。」鄭云：「劀，刮去膿血。殺謂以藥食其惡肉。」與許異。刮、劀爲疊韵。从刀，矞聲。古鐯切，十五部。《周禮》曰：「劀殺之齊。」

劑 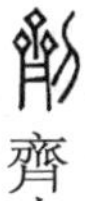 齊也。《釋言》：「劑、翦，齊也。」按，《周禮》或言「質劑」，或言「約劑」，鄭訓劑爲券書。大鄭曰：「質劑謂市中平價，今時月平是也。」鄭云：「長券曰質，短券曰劑。」是劑所以齊物也。《周禮》又多用齊字。《亨人》注：「齊多少之量。」此與劑義不同。今人藥劑字，乃《周禮》之齊字也。从刀，從刀者，齊之如用刀也。不必用刀而從刀，故不與前爲伍。餘倣此。齊聲。形聲包會意。在詣切，十五部。

刷  刮也。刷與㕞別。又部曰：「㕞，飾也。」巾部曰：「飾，㕞也。」飾今拭字，拭用手、用巾，故從又巾。刷者，掊杷也。掊杷必用除穢之器，如刀然，故字從刀。艸部曰：「𦿍，刷也。」是也。从刀，㕞省聲。其義亦略相近。所劣切，十五部。《禮》有「刷巾」。有，鉉譌「布」，黃氏公紹所據鍇本不誤，而宋張次立依鉉改爲布。今《繫傳》本乃張次立所更定，往往改之同鉉，而佳處時存《韵會》也。《禮》謂《禮經》十七篇也。《鄉飲酒禮》、《鄉射禮》、《燕禮》、《大射儀》、《公食大夫禮》、《有司徹》皆言「帨手」，注：「帨，拭也。」帨手者，於帨。帨，佩巾。據賈氏《鄉飲》、《公食》二疏，知經注皆作帨，絶無挩字也㊸。帨之爲巾，見於《士昏禮》及《内則》。《内則》「盥卒授巾」注云：「巾以帨手。」鄭即用《禮經》帨手字也。此云「刷巾」，刷當作「㕞」。葢漢時《禮經》，挩手有作「刷手」者，假刷爲㕞，説《禮》家所定字不同也。刷巾又見服氏《左傳注》，《左傳》「藻率鞞鞛」，服云：「藻爲畫藻，率爲刷巾。《禮》有刷巾。」服語正與許同。《樂師》故書帥爲「率」，《聘禮》古文帥皆作「率」，《韓詩》「帥時農夫」，《毛詩》作「率」，是率與帥同音假借。《左氏傳》之率，即《説文》之帥，而許、服所見《禮經》皆作「刷手」，鄭《禮經》今文作「帨手」，古文作「説手」，是則帥、帨、率、説、刷、㕞六字以同音通用，而陸德明本作「挩手」者，爲誤字。

刮  掊杷也。杷，各本作「把」，誤。手部曰：「掊，杷也。」木部曰：「杷，收麥器。」凡掊地如杷麥然，故絫言之曰掊杷。《考工記》故書「捖摩之工」，大鄭捖讀爲「刮」。从刀，𠯑聲。古八切，十五部。今字作刮。

剽  砭刺也。謂砭之、刺之，皆曰剽也。砭者，以石刺病也。刺者，直傷也。砭刺必用其器之末，因之凡末謂之剽。《莊子》謂本末爲「本剽」。《素問》有《標本病傳論》，標亦末也。从刀，票聲。匹妙切，二部。按，當依李軌《莊子音》怖遥反，陸甫小反。一曰，剽，劫也。《史記·貨殖傳》：「攻剽椎埋，劫人作姦。」《漢·賈誼傳》：「白晝大都之中，剽吏而奪之金。」按，此義當去聲。

刲  刺也。馬、虞説《易》同。从刀，圭聲。圭刲上，故從圭。形聲包會意也。苦圭切，十六部。《易》曰：「士刲羊。」《歸妹》上六爻辭。

剉 折傷也。剉與手部挫音同義近。《考工記》:「揉牙内不挫。」注:「挫,折也。」是二字通用也。經史剉折字多作挫。按,今俗謂錮爲剉,乃錯之聲誤耳。《説文》作厝。从刀,坐聲。麤臥切,十七部。

劋 絶也。《夏書·甘誓》:「天用劋絶其命。」天寶已前本如是。釋文曰:「劋,子六反。」《玉篇》:「子小反。」馬本作「剿」,宋開寶已前本如是。今《玉篇》「劋,子小切。絶也。剿同上。」此顧希馮之舊也。自衛包改劋爲勦,以刀部訓絶之字改爲力部訓勞之字,於是《五經文字》力部曰:「勦見《禮記》,又見《夏書》。」而刀部反無劋字。開寶中改《釋文》劋爲勦,勦爲巢。《羣經音辨》、《集韵》等皆云「勦,絶也。」㊹重紕貤繆,莫能諟正。蓋衛包當日改劋爲從刀之剿,猶可説也。改爲從力之勦,則不可説矣。《王莽傳》:「郭欽封劋胡子。」又詔曰:「將遣大司空征伐劋絶之矣。」此用《夏書》也。《外戚傳》:「命樔絶而不長。」此假借字也。《説文》水部「灂,讀若《夏書》天用勦絶。」此必淺人以衛包本改之也。《曲禮》「毋剿説」,字從刀,不從力。从刀,喿聲。子小切,二部。《周書》曰: 周者,夏之誤。「天用劋絶其命。」

刖 絶也。凡絶皆偁刖,故劓下云:「刖鼻也。」刖足則爲跀。《周禮》「刖者使守囿」,此是假刖爲跀。《困》:「九五,劓刖。」京房作「劓劊」。《説文》劊與刖義同。从刀,月聲。魚厥切,十五部。

刜 擊也。《左傳》:「苑子刜林雍,斷其足。」《齊語》:「刜令支。」从刀,弗聲。分勿切,十五部。

㓼 傷也。辈下曰:「虢皮可以割桼。」桼疑㓼之誤。割㓼絫言之也。《廣雅》曰:「㓼,割也。測紀切。」从刀,桼聲。親結切,十二部。

劖 斷也。與金部鑱義略近。从刀,毚聲。鉏銜切,八部。一曰,剽也。砭刺也。釗也。刓也。《廣韵》引無此二字。

刓 剸也。剸當作「團」,團,圜也。《通俗文》曰:「斷截曰剸。」非其訓也。且許書本無剸字。《韓信傳》:「刻印刓,忍不能予。」蘇林曰:「刓音刓角之刓,與摶同。手弄角訛,不忍授也。」按,正文當本是同《酈食其傳》作「玩」,故蘇以「手弄角訛」釋之,訛當作「鈋」,見金部。刓,《齊物論》作「园」。从刀,元聲。五丸切,十四部。一曰,齊也。

釗 刓也。未聞。从刀金。金有芒角,摩弄泯之。《釋詁》曰:「釗,勉也。」其引伸之義也。又曰:「釗,見也。」此假借釗爲昭也。《孟子》引《書》「昭我周王」,郭引《逸書》「釗我周王」。止遥切,二部。周康王名。

制 裁也。衣部曰:「裁,製衣也。製,裁衣也。」此裁之本義。此云「制,裁也。」裁之引伸之義。古多假折爲制,《吕刑》:「制以刑。」《墨子》引作「折則刑」。《魯論》「片言可以制獄。」古作「折獄」。《羽獵賦》:「不制中以泉臺。」制或爲折。又《吕刑》「折民惟㓝」，《四八目》引作「制民」。从刀未。會意。征例切，十五部。未，逗。物成有滋味可裁斷。說從未之意。未下曰：「味也。」有滋味可裁斷，故刀未爲制。一曰，止也。前義可包此義。

𠛐 古文制如此。從彡者，裁斷之而有文也。

⿰占刂 缺也。《大雅·抑》詩：「白圭之玷。」毛曰：「玷，缺也。」箋云：「玉之缺，尚可磨鑢而平。」按，⿰占刂、玷古今字。从刀，從刀者，待磨鑢也。占聲。丁念切，七部。《詩》曰：「白圭之⿰占刂。」

罰 辠之小者。辠，犯法也。罰爲犯法之小者，㓝爲罰辠之重者。五罰輕於五㓝。从刀詈。會意。房越切，十五部。未㠯刀有所賊，但持刀罵詈，則應罰。說從刀詈之意。罰者，但持刀而詈，則法之。然則㓝者，謂持刀有所賊，則法之。別其犯法之輕重也。《初學記》云：「《元命包》曰：网言爲詈，刀守詈爲罰。罰之爲言内也，陷於害也。注云：詈以刀守之則不動矣。今作罰用寸，寸，丈尺也，言納以繩墨之事。」《初學記》又云：「《元命包》曰：㓝，刀守井也。飲水之人，入井爭水，陷於泉，刀守之，割其情也。注云：井飲人，則人樂之不已，則自陷於泉，故加刀謂之㓝，欲人畏懼以全命也。」此二條皆引《春秋元命包》，今本《初學記》皆系諸《說文》，殊誤。觀《玄應書》卷廿一、廿五引《春秋元命包》說㓝字，與此同，可以諟正矣。云刀守詈、刀守井，則㓝罰不分輕重，古五罰不用刀也。故許說罰爲刀詈，犯法之小者，㓝爲井刀，執法之大者，一入刀部，一入井部，所以正緯說也。〇唐人諱淵作泉，亦或作川。

刵 斷耳也。刵見《康誥》、《吕刑》。五㓝之外有刵。軍戰則不服者殺而獻其左耳，曰聝。《周禮》，田獵取禽左耳以效功曰珥。从刀耳。會意包形聲。仍吏切，一部。

⿰臬刂 刖鼻也。刖，絶也。《周禮注》曰「截鼻」。从刀，臬聲。臬，法也。形聲包會意。魚器切，十五部。《易音義》引《說文》牛列反。《易》曰：「天且⿰臬刂。」《睽》六三爻辭。馬、虞皆云「黥頟爲天。」

劓 ⿰臬刂或从鼻。刀鼻會意。今經典如此作。

刑 剄也。按，㓝者，五㓝也。凡㓝罰、典㓝、儀㓝皆用之。刑者，剄頸也，横絶之也。此字本義少用，俗字乃用刑爲㓝罰、典㓝、儀㓝字，不知造字之恉既殊，井聲、幵聲各部：凡井聲在十一部，凡幵聲在十二部也。从刀，幵聲。户經切。按，古音當與《一先》韵内幵聲諸字爲伍。

剄 刑也。耳部曰：「小罪聅，中罪刖，大罪剄。」剄謂斷頭也。《左傳》：「越句踐使罪人三行，屬劒於頸而辭曰：臣不敢逃㓝，敢歸死。遂自剄也。吴師屬之目。」剄，《經典釋文》宋刻作「頸」，非也。按，許意剄謂斷頸，㓝之至重者也。从刀，巠聲。古零切，十一部。《廣韵》古挺切。

⿰尊刂 減也。⿰尊刂、撙古今字。蓋𥻊鑾也。《曲禮》：「恭敬撙節退讓以明禮。」注：「撙猶趨也。」按，趨同趣，疾也。當音促，非趨走之趨。《戰國策》：「伏軾撙銜。」《集韻》曰：「撙，挫也。」从刀，尊聲。茲損切，十三部。

剸 楚人謂治魚也。楚語也。从刀魚。讀若鍥。古屑切，十五部。薊以爲聲。

券 契也。《小宰》：「官府之八成。」大鄭曰：「稱責謂貣予，傅別謂券書，聽訟責者以券書決之。傅，傅箸約束於文書。別，別爲兩，兩家各得一也。書契，符書也。質劑，謂市中平價，今月平是也。」後鄭曰：「傅別，謂爲大手書於一札，中字別之。書契，謂出予受入之凡要。凡簿書之冣目，獄訟之要辭，皆曰契。《春秋傳》曰：王叔氏不能舉其契。質劑，謂兩書一札，同而別之，長曰質，短曰劑。質劑皆今之券書也。」按，云今之券書者，謂漢時名券書，其實券字自古有之也。大部曰：「契，大約也。」引《易·毄辭》「書契」。从刀，𢍏聲。去願切，十四部。券別之書，㠯刀判契其旁，契，各本作「契」，今正。判，分也。契，刻也。兩家各一之書牘，分刻其旁，使可兩合以爲信。《韓子》曰：「宋人得遺契而數其齒」㊺是也。故曰書契。書契，鉉作「契券」，鍇無「書」，皆非也，今正。書契，謂《易·毄辭》、《周禮·小宰》所云書契也。書而契之，是曰書契。契、契音同。此三句說從刀之意。

刺 君殺大夫曰刺。刺，直傷也。刺篆疑非舊次。「刺，直傷也」，當爲正義。「君殺大夫曰刺」，當爲別一義。辭之先後，今又倒亂矣。上文「剽，砭刺也。封，刺也。」皆直傷之義，然則刺篆當廁剽、封二篆下。《禮經》云：「刺草」，《大雅》之刺訓責，史稱「刺六經，作王制」，官稱「刺史」，鍼黹曰「刺繡」，用檣曰「刺船」，盜取國家密事爲「刺探尚書事」，皆其引伸之義也。一曰「君殺大夫曰刺」者，《春秋·僖二十八年》：「公子買戍衞，不卒戍，刺之。」《成十六年》：「刺公子偃。」《公羊傳》曰：「刺之者何？殺之也。內諱殺大夫，謂之刺之也。」考諸《周禮·司刺》：「掌三刺之法，壹刺曰訊羣臣，再刺曰訊羣吏，三刺曰訊萬民。」注：「刺，殺也。訊而有罪則殺之。」然則《春秋》於他國書「殺其大夫」，於魯國則兩書「刺」，諱魯之專殺而謂之刺，謂其當罪，合於《周禮》、《公羊》內諱之說，是矣。此云「君殺大夫曰刺」，《春秋》於他國不云爾也。从刀朿，朿亦聲。七賜切，十六部。按，又七迹切，古不分去入。

文六十四。舊有「剔」篆在末，大徐所增十九文之一也。今刪，說在髟部鬄下。得六十三。　重十。十，誤。實得九字㊻。小徐作重七。自首至剝、劀、㓨，皆謂刀及刀之用也。自劑、刷至券，皆非必用刀，而擬乎刀之用者也。其刵、劓、刑、剄四字，則司寇之荆，用刀者也。不與凡用刀之字爲伍者，因上文言罰而系聯之也。

刃部

刃 刀堅也。堅，各本作「堅」，今正。刀部曰：「劉，刀劍刃也。」金部曰：「鋻，剛也。」郭璞《三倉解詁》曰：「焠，作刀鋻也。」象刀有刃之形。而振切，十三部。凡刃之屬皆从刃。

刅 傷也。凡殺傷必以刃。从刃，从一。按，鉉本篆作刅，鍇本篆作刅。今按，當是從刃，從一。一者，傷之象，劉之所入也。刅省則作刄，小徐本井部刱、米部粱皆從刄。考《桐柏廟碑》梁字，《羊竇道碑》粱字，《五經文字》及《唐石經》梁、粱皆不作刅。今人作𨽸書梁、粱皆從刅，非古法，不可從也。楚良切，十部。

創 刄或从倉。從刀，倉聲也。凡刀創及創瘍字皆作此。俗變作刅、作瘡。多用創爲刱字。

劒 人所帶兵也。《桃氏》爲劒，有上制，有中制，有下制。注云：「此今之匕首也。人各以其形皃大小帶之。」从刃，僉聲。居欠切，八部。

劍 籀文劒从刀。

文三。　重二。

㓞 巧㓞也。巧㓞葢漢人語。从刀，丯聲。恪八切，十五部。凡㓞之屬皆从㓞。

契 齘契，刮也。齘契，逗。疊韵。刮也。刮者，掊杷也。从㓞，夬聲。古黠切，十五部。一曰，契，逗。畫堅也。畫當作劃。劃堅曰契。

栔 刻也。《釋詁》：「契、滅、殄，絶也。」《唐韵》引作「栔」㊼。郭云：「今江東呼刻斷物爲栔斷。」㊽按，古經多作契，假借字也。《大雅》：「爰契我龜。」毛曰：「契，開也。」《周禮》亦作「契」。《左傳》：「盡借邑人之車，契其軸。」《爾雅音義》所引如是，今《左傳》《荀子》作「鍥」，《漢書注》引《綿》詩作「挈」，《大戴禮》「楔而舍之，朽木不折」，皆假借字也。《晉·虞溥傳》作「㓞」，俗字也。从㓞木。刻之用於木多，故從木。苦計切，十五部。按，又苦結切。

文三。

丯 艸蔡也。艸部曰：「蔡，艸丯也。」疊韵互訓。《孟子》曰：「君之視臣如土芥。」趙云：「芥，草芥也。」《左傳》：「以民爲土芥。」杜注同。《方言》：「蘇，芥草也。江淮南楚之閒曰蘇，自關而西或曰草，或曰芥，南楚江湘之閒謂之莽。」按，凡言艸芥，皆丯之假借也。芥行而丯廢矣。象艸生之散亂也。散，當作「㪔」。《外傳》曰：「道茀不可行。」中直象道，彡象茀。凡丯之屬皆从丯。讀若介。古拜切，十五部。

挌 枝挌也。枝挌者，遮禦之意。《玉篇》曰：「挌，枝柯也。」《釋名》：「戟，格也。旁有枝格也。」庾信賦：「草樹溷淆，枝格相交。」格行而挌廢矣。从丯，各聲。古百切，古音在五部。

文二。

耒 耕曲木也。各本耕上有「手」，今依《廣韵》、《周易音義》正。下文云：「耕，犂也。」謂犂之曲木也。《禮記音義》引《字林》亦云：「耕曲木。」《考工記》：「車人爲耒，庛長尺有一寸，中直者三尺有三寸，上句者二尺有二寸，自其庛緣其外，以至於首，以弦其內，六尺有六寸。」注云：「庛讀爲棘刺之刺。刺耒下前曲接耜，緣外六尺有六寸，內弦六尺，應一步之尺數。」按，經多云「耒耜」，據鄭說耒以木，耜以金，沓於耒刺。京房云：「耜，耒下耓也。耒，耜上句木也。」許木部耜作「枱」，耒耑也，耕犂也。許說與京同，與鄭異。鄭本

《匠人》謂犁爲耜，統言之也。許分別金謂之犁，木謂之枱，析言之也。**从木推丯。**《考工記》曰：「直庛則利推。」從木推丯會意。盧對切，十五部。**古者垂作耒枱，**枱見木部，今之耜字也。各本作梠，誤。梠，臿也。**目振民也。**此出《世本》。《世本》有《作篇》。振，舉救也。**凡耒之屬皆从耒。**

耕 **犂也。**牛部曰：「犂，耕也。」人用以發土，亦謂之耕。**从耒井。**會意包形聲。古莖切，十一部。**古者井田，故从井。**此說從井之意也。已上十字，依《韵會》所據鍇本。

耦 **耕廣五寸爲伐，二伐爲耦。**耕，各本作「耒」，今依《太平御覽》正。《匠人》：「耜廣五寸，二耜爲耦，一耦之伐，廣尺深尺，謂之𤰝。」注：「古者耜一金，兩人併發之，其壟中曰𤰝，𤰝土曰伐，伐之言發也。𤰝，甽也。今之耜岐頭兩金，象古之耦也。」許與《記》文辭異義同。耕即耜，謂犂之金其廣五寸也。不曰「枱廣五寸」者，許意枱乃耒本之耑，耕鍇於枱，故必析言之。「長沮桀溺耦而耕」，此兩人併發之證。引伸爲凡人耦之偁，俗借偶。**从耒，禺聲。**五口切，四部。

耤 **帝耤千畝也。**「帝耤」，見《月令》。《周禮·甸師》：「掌帥其屬而耕耨王藉，以時入之以共齍盛。」《禮記》曰：「天子爲藉千畝，冕而朱紘，躬秉耒以事天地山川社稷先古。」**古者使民如借，故謂之藉。**鄭注《周禮》、《詩·序》云：「藉之言借也。借民力治之，故謂之藉田。」韋注《周語》云：「藉，借也。借民力以爲之。」按，鄭、韋與許同。應劭云：「帝王典藉之常。」臣瓚曰：「蹈藉也。」皆非也。親耕不能終事，故借民力，而謂之藉田。言藉者，歉然於當親事而未能親事也。臣瓚、師古之言尤爲剌繆。**从耒昔聲。**秦昔切，古音在五部。按，今經典多作藉。

⿰耒圭 **冊叉可目劃麥，河內用之。**冊，今刻大徐本作⿰耒圭，鍇本及《集韵》皆作冊，《集韵》所據鉉本未誤也，冊當是冊之譌。今定作冊。冊者，數之積也，見𠦜下。《漢石經》以爲四十字。叉，鉉作叉，鍇作叉㊾，今定作叉。叉者，手甲也。今字作爪。冊叉可以劃麥，即今俗用麥杷也。木部曰：「杷，收麥器也。」謂之冊叉者，言其多爪可掊杷也。《廣韵》曰：「冊，先立切。《字統》云：插糞杷。《說文》云：數名。」此冊字之證。插糞者，抹撥糞除之言。據《廣韵》，則十部當有冊篆。《方言》曰：「杷，宋魏之閒謂之渠挐，或謂之渠疏。」《釋名》曰：「齊魯閒謂四齒杷爲欋。」然則河內謂之⿰耒圭也。**从耒，圭聲。**古攜切，十六部。

䎣 **除苗閒穢也。**穢，當作薉。艸部：「薉，蕪也。」無穢字。《小雅》毛傳曰：「耘，除草也。耔，雝本也。」《食貨志》云：「播種於甽中，苗生三葉以上，稍耨壠草，因墤其土以附苗根。比成壠盡而根深，能風與旱，故㦽㦽而盛也。」㊿按，此古者䎣耔爲一事也。謂苗初生之始也，既成已後，仍有莠及童莨生乎其閒，蓐下所云「陳艸復生」也，則又以槈薅之。薅者，披田艸也。亦謂之䎣。《呂覽》云：「其耨六寸，所以閒稼也。」注云：「耨所以耘苗，刃廣六寸，所以入苗閒。」〇又按，《吕覽》云：「六尺之耜，所以成畝也。」謂六尺爲步，步百爲畝。即《車人》爲耒，所謂「弦其内，與步相中也」。又云：「其博八寸，所以成畎也。」八寸者，周之一尺。見夫部、尺部。即《匠人》所謂「一耦之伐廣尺」也。又云：「耨柄尺，此其度也。」謂耨柄之尺寸，以耒六尺爲度也。又云：「其耨六寸，所以閒稼也。」此謂耨頭之金廣六寸，入於苗閒，所謂立苗欲疏也。高注：「古者以耜耕，六尺爲步，步百爲畝，廣尺爲甽。」今本舛誤不可讀。从耒，員聲。員，物數也。謂艸之多也。此形聲包會意。羽文切，十三部。

䒎 𦓤或从芸。按，當云「或從耒艸，云聲。」今字省艸作「耘」。

耡 殷人七十而耡。《孟子·滕文篇》文。今《孟子》作「助」。《周禮注》引作「莇」。耡，耤税也。《孟子》曰：「夏后氏五十而貢，殷人七十而助，周人百畝而徹，其實皆十一也。徹者，徹也；助者，藉也。」趙曰：「徹者，猶人徹取物也。藉者，借也，猶人相借力助之也。」按，耤、耡二篆，皆偁古成語而後釋其字義。耡即以耤釋之，「耤税」者，借民力以食税也。从耒，助聲。牀倨切，五部。《周禮》曰：「吕興耡利萌。」《遂人》職文。今萌作「甿」，俗改也。注曰：「變民言萌，異外内也。萌猶懵懵無知貌也。」鄭本作「萌」，淺人一改爲「氓」，再改爲「甿」，注又云：「鄭大夫讀耡爲藉，杜子春讀耡爲助，謂起民人令相佐助。」按，鄭意，耡者，合耦相助，以歲時合耦于耡，謂於里宰治處合耦，因謂里宰治處爲耡也。許意以《周禮》證七十而耡，謂其義同。

文七。重一。

角 獸角也。人體有偁角者，如「日月角」、「角犀豐盈」之類。要是假借之辭耳。象形。古岳切，三部。按，舊音如榖，亦如鹿。角與刀魚相佀。其字形與刀魚相似也。此龜頭似蛇頭、虎足似人足之例。凡角之屬皆从角。

䚢 揮角皃。揮、䚢雙聲。从角，雚聲。況袁切，十四部。梁鄢縣有䚢亭。梁國鄢，《地理志》作「傿」。應劭曰：「鄭伯克段於傿是也。」[51]《郡國志》作「鄢」。今按，𨸏部無鄢，則從傿是矣。又讀若繙。又者，蒙雚聲而言。又讀若布名之繙者，與十五部合韵也。

觻 角也。按，尋立文之例，角下當奪一字。《廣韵》、《集韵》錫韵皆曰：「觻，角鋒也。」从角，樂聲。盧谷切，古音在二部。張掖有觻得縣。二志同。《廣韵》德韵曰：「觻悳，縣名。《漢書》作得。」

䚡 角中骨也。骨，當作「肉」，字之誤也。鄭注《樂記》「角觡生」曰：「無䚡曰觡。」謂角中堅實無肉者，麋鹿是也。許亦解觡爲骨角，亦謂中無肉者也。《本艸經》：「牛角䚡下閉血，瘀血，瘀痛，女人帶下血。」此則謂角之中，角之本當中有肉之處，外有文理可觀。故陳藏器曰：「久在糞土爛白者佳。」玉部曰：「䚡理自外，可以知中。」引伸謂凡物之文理也。从角，思聲。亼部曰：「侖，思也。」龠部曰：「侖，理也。」是思即理也。此云「思聲」，包會意。穌來切，一部。

觠 曲角也。《釋嘼》曰：「角三觠，羷。」吕、郭音權，謝居轉反。从角，尖聲。巨員切，十四部。

觬 角觬曲也。《篇》、《韵》皆云：「角不正。」从角，兒聲。研啟切，十六部。《廣韵》又五稽切。西河有觬氏縣。《前志》有，《後志》無，蓋省併也。《前志》氏作「是」。按，是、氏古多通用。《覲禮》「大史是右」，古文是爲「氏」。《曲禮》「是職方」，是或爲氏。古文《尚書》曰：「時五者來備。」今文作「五是來備。」見於《宋微子世家》。後漢李雲上書作「五氏來備」。《漢書》云：「造父後有非子，至玄孫氏爲莊公。」師古曰：「氏與是同。」

觢 一角仰也。一當作「二」。《釋嘼》曰：「角一俯一仰，觭；皆踊，觢。」皆踊，謂二角皆豎也。蒙上文一俯一仰，故曰「皆」。許「一俯一仰」之云，在下文。故云二角，俗譌爲一，則與觭無異。《易音義》引《説文》以「角一俯一仰」系之觢，當時筆誤耳。《睽》：「六三，其牛掣。」鄭作「⿱㓞牛」，云：「牛角皆踊曰⿱㓞牛。」與《爾雅》、《説文》同。子夏作「契」，荀作「觭」，虞作「掣」，皆以「一俯一仰」爲訓，與許、鄭不同也。觢者，如有掣曳然，角本當邪展而乃聳直也。虞本當同荀作「觭」，李氏鼎祚正文作「掣」，遂比而同之耳。从角，㓞聲。尺制切，十五部。《易》曰：「其牛觢。」釋文曰：「《説文》之世反。」

⿰角虎 角傾也。从角，虒聲。敕家切，十五部。

觭 角一俛一仰也。荀《易》：「其牛觭。」按，子夏傳作「契」，云：「一角仰也。」虞作「掣」，云：「牛角一低一仰。」是子夏、虞皆作「觭」也。觭者，奇也。奇者，異也。一曰，不耦也。故其字從奇。《公羊傳》：「匹馬隻輪無反者」，《穀梁》作「倚輪」，《漢・五行志》作「觭輪」，此不耦之義之引伸也。《周禮》「觭夢」，杜子春讀爲奇偉，此異義之引伸也。从角，奇聲。去奇切，又音羈，又古音在十七部。

觓 角皃。《周頌》：「有捄其角。」傳云：「社稷之牛角尺。」箋云：「捄，角皃。」捄者觓之假借字也。《小雅・桑扈》：「兕觥其觓。」俗作觩。从角，丩聲。渠幽切，三部。《詩》曰：「有觓其角。」

⿰角畏 角曲中也。《考工記》曰：「夫角之中，恆當弓之畏，畏也者必橈。」杜子春讀畏爲威，威謂弓淵。鄭讀畏如「秦師入隈」之隈。按，《大射儀》「弓淵」字作「隈」，鄭讀從之也。弓之中曰畏，角之中曰⿰角畏，皆其曲處，而弓人必以⿰角畏傅於畏，故《記》曰「恆當」。从角，畏聲。烏賄切，十五部。

⿰爿角 角長皃。按，此字見於經史者，皆譌爲觕，從牛角。《公羊傳》曰：「觕者曰侵，精者曰伐。」何曰：「觕，麤也。」《公羊・隱元年》注曰：「用心尚麤觕。」《漢・藝文志》曰：「庶得麤觕。」以麤觕連文，則觕非麤字也。麤觕，若今人曰粗糙，雙聲字也。⿰爿角從爿聲，古葢讀如倉。轉寫譌其形作觕，其音讀才古反，又或讀七奴反矣。其義則本訓角長，引伸之爲鹵莽之意。因之觕與精爲對文。《月令》：「其器高以粗。」《吕覽》粗作觕。**从角，**《廣韵》：「觕，徂古切。牛角直下也。」於本義近。**爿聲。**《集韵》曰：「獸角長曰衡，或作觕。鋤庚切。」於本音近。**讀若粗牄。**牄，衍字。讀若粗，則徂古切，《經典釋文》所由才古反也。今字别觕、牄爲二，牄音士角切。

觼 角有所觸發也。厂部曰：「厥，發石也。」此字從角厥，謂獸以角有所觸發。《西都賦》曰：「窮虎奔突，狂兕觸蹷。」蹷者，觼之假借。《孟子》曰：「厥角稽首。」趙曰：「叩頭以額角犀撅地也。」按，「厥角」二字，皆假借之言。**从角，厥聲。**形聲包會意也。居月切，十五部。

觸 牴也。牛部曰：「牴，觸也。」**从角，蜀聲。**尺玉切，三部。

觲 用角低仰便也。《小雅》：「觲觲角弓。」毛曰：「觲觲，調利也。」按，毛意謂角弓張弛便易，許意謂獸之舉角高下馴擾，毛説正許説之引伸也。**从羊牛角。**羊，祥也。祥，善也。牛角馴善之意。息營切，十一部。**讀若《詩》曰：「觲觲角弓。」**今《詩》作「騂騂」。按，許所引《詩》作「觲」，則不得言讀若，鉉本所以删讀若也。《詩音義》云：「騂騂，《説文》作弲，火全反。」此陸氏之誤，當云「《説文》作觲」也。弲自訓角弓，不訓弓調利。

䚗 舉角也。假借爲扛字。《魏大饗碑》：「上索蹹高，䚗鼎緣橦。」《西京賦》：「烏獲⿰角工鼎。」是也。⿰角工亦䚗字。**从角，公聲。**古雙切，九部。

衡 牛觸横大木。各本大木下有「其角」二字，今依《韵會》所據鍇本。按，許於告字下曰：「牛觸角箸横木，所以告也。」是設於角者謂之告，此云牛觸横大木，是闌閑之謂之衡。衡與告異義，大木斷不可施於角，此易明者。《魯頌》傳曰：「楅衡，設牛角以楅之也。」箋云：「楅衡其牛角，爲其觸觝人也。」許説與毛、鄭不同。毛、鄭謂設於角，許不云設於角也。木部云：「楅，以木有所畐束也。」亦不言角。云大木者，字從大也。古多假衡爲横。《玉人》注曰：「衡，古文横，假借字也。」○鄭注《周禮》云：「楅設於角，衡設於鼻，如椵狀。」楅、衡爲二。許於衡不言楅，於楅不言衡，葢亦二之。**从角大，行聲。**户庚切，古音在十部。**《詩》曰：「設其楅衡。」**《詩》曰，當作「《周禮》曰」。

⿱角大 古文衡如此。

⿰角耑 角⿰角耑，逗。**獸也。狀侶豕，角善爲弓。**《上林賦》：「獸則麒麟、角⿰角耑。」張揖曰：「角⿰角耑，侶牛，角可以爲弓。」郭璞曰：「角⿰角耑，音端，侶豬，角在鼻上，堪作弓。李陵嘗以此弓十張遺蘇武也。」**出胡尸國。一曰，出休尸國。**十字，依《御覽》訂。吳淑《事類賦》祇引「出胡尸國」四字，今各本作「出胡休多國」五字，乃脱誤本也。**从角，耑聲。**多官切，十四部。《漢書》、《文選》

作端。

觰 觰拏，逗。疊韵字。獸也。未聞。从角，者聲。陟加切，古音在五部。一曰，下大者。謂角之下大者曰觰也。《廣雅·釋詁》曰：「觰，大也。」本此。

觤 羊角不齊也。《釋畜》曰：「角不齊觤。」郭云：「一短一長。」按，此依《爾雅》系之羊。上文觢、觭不系之牛者，意以觢、觭可凡獸通偁也。觤、觟則專謂羊。从角，危聲。過委切，十六部。

觟 牝羊角者也。各本作「牝牂羊生角者也」，今依《韵會》正。羊部曰：「牂，牝羊也。」然則此云「牝羊」者，牂也。羖，夏羊牡之偁。羖羊無無角者，故《小雅》云：「俾出童羖。」牂羊多無角，故其角者别之曰觟也。《大雅》云：「彼童而角。」傳云：「童羊之無角者也，而角自用也。」箋云：「童羊謂皇后也。」按，童羊正謂牂羊。从角，圭聲。下瓦切，十六部。

觡 骨角之名也。骨角，角之如骨者，猶石言玉石也。《樂記》「角觡生」，注云：「無鰓曰觡。」無鰓者，其中無肉，其外無理。郭氏《山海經》傳云：「麋鹿角曰觡」是也。牛羊角有肉有理。《玉篇》云：「無枝曰角，有枝曰觡。」此取枝格之意。惟麋鹿角有枝，則其説非異也。《封禪文》：「犠雙觡共柢之獸。」謂二角同本也。言觡者，白麟，鹿之大者也。从角，各聲。古百切，古音在五部。按，觡不廁於鰓下者，觟、觡、觜皆角之異者也。

觜 雖舊頭上角觜也。角觜，萑下云「毛角」是也。毛角，頭上毛有似角者也。觜猶柴，銳詞也。毛角銳。凡羽族之咮銳，故鳥咮曰觜，俗語因之凡口皆曰觜，其實本鳥毛角之偁也。鳥口之觜，《廣雅》作「柴」，郭《爾雅》注云：「山鵲柴脚赤。」葉抄《釋文》不誤。一曰，觜，逗。觹也。别一義。从角，此聲。按，當子髓、遵爲二切，十五、十六部。

解 判也。从刀判牛角。會意。佳買切，又户賣切，十六部。一曰，解廌，逗。疊韵字。獸也。見廌部。按，《大玄》、《論衡》「觟𧣴」，解廌字之假借也。四字皆在十六部。

觹 佩角。銳耑，可㠯解結。《衛風》傳曰：「觹，所以解結，成人之佩也。」《内則》注曰：「小觹，解小結也。觹皃如錐以象骨爲之。」《周禮·眡祲》：「十煇，三曰鑴。」鄭云：「鑴讀如童子佩鑴之鑴。謂日旁氣刺日者。」按，此注當云「讀爲童子佩觹之觹」，轉寫誤也。《周禮》假鑴爲觹。从角，巂聲。户圭切，十六部。《詩》曰：「童子佩觹。」

觛 卮也。各本作「小觶也」，《廣韵》同。《玉篇》作「小卮也」，《御覽》引《説文》，亦作「小卮也」。今按，卮下云：「圜器也，一名觛。」則此當作「卮也」無疑。小徐本廁此，大徐本改廁於觶篆後，云：「小觶也。」殊誤。卮非觶也。《漢·高紀》：「奉玉卮爲大上皇壽。」應劭曰：「飲酒禮器也。古以角作，受四升。古卮字作觗。」許云觶，《禮經》作觗，則觗字非卮古字。應仲遠誤合爲一。《三都賦序》舊注因之，遂有改《説文》者矣。今更正。古者簠、簋、爵、觶，禮器也。敦、牟、卮、匜，常用器也。**从角，旦聲。**徒旱切，十四部。

觵 觵 **兕牛角可吕歓者也。**《詩》四言「兕觵」，而傳不同。《卷耳》曰：「兕觵，角爵也。」《七月》曰：「觵所以誓衆也。」《桑扈》曰：「兕觵，罰爵也。」[52]《絲衣》箋曰：「釋之旅士用兕觵，變於祭也。」《周禮·閭胥》注曰：「觵撻者，失禮之罰也。」《小胥》曰：「觵，罰爵也。」《卷耳》無罰義。故衹云「角爵」。《七月》因鄉飲酒而正齒位，故云「誓」，誓者，示以失禮，則受罰也。蓋觵之用於罰多，而非專用以罰，故《卷耳》《絲衣》竝用兕觥，此許不言罰爵，而言可以飲之意也。《異義》：「《韓詩》説：觥亦五升，所以罰不敬。觥，廓也，箸明之貌。君子有過，廓然箸明。《毛詩》説：觥大七升。許慎謹案：觥罰有過，一飲而盡，七升爲過多。」許意當同《韓詩》説，大五升也。五升亦恐非一飲能盡，故於《説文》不言升數。**从角，**據許是以兕角爲之。《詩正義》引《禮圖》：「先師云，刻木爲之。」非許意。又按，凡觵、觶、觴、觚，字皆從角，許不言其義。《考工記》飲器爲於梓人，梓人者，攻木之工也。飲器惟觵多連兕言，許云「兕牛角可以飲」，其他不以角爲，而字從角者，葢上古食鳥獸之肉，取其角以飲，飲之始也。故四升曰角，猶仍角名，而觚觶字從角與？**黄聲。**古横切，古音如光，在十部。**其狀觵觵，故謂之觵。**觵觵，壯皃。猶僙僙也。《後漢書》曰：「關東觥觥郭子横。」

觥 觥 **俗觵从光。**今《毛詩》從俗。

觶 觶 **鄉飲酒觶。**鄉，當作「禮」。《禮經》十七篇用觶者多矣，非獨《鄉飲酒》也。因下文「一人洗舉觶」之文見《鄉飲酒篇》，淺人乃改鄉字。觶，鉉本作「角」，非。當同觚下作「爵」。**从角，單聲。**支義切，十六部。按，鄭駁《異義》云：「今《禮》角旁單。」然則是今文《禮》作觶也。單聲而支義切，由古文本作觗，從氏聲，後遞變其形，從辰，從單爲聲，而古音終不改也。**《禮》曰：「一人洗舉觶。」**《鄉飲酒》曰：「一人洗，升，舉觶于賓。」《鄉射禮》曰：「一人洗，舉觶于賓。」《禮經》言觶多矣，略舉其一耑。**觶受四升。**《異義》云：「今《韓詩》一升曰爵，爵，盡也。足也。二升曰觚，觚，寡也。飲當寡少。三升曰觶，觶，適也。飲當自適也。四升曰角，角，觸也。不能自適，觸罪過也。五升曰散，散，訕也。飲不能自節，人所謗訕也。總名曰爵，其實曰觴。觴者，餉也。觥，廓也，箸明之皃。君子有過，廓然箸明。非所以餉，不得名觴。古《周禮》説：爵一升，觚三升。獻以爵，而酬以觚。一獻而三酬，則一豆矣。食一豆肉，飲一豆酒，中人之食。許慎謹案：《周禮》云：一獻而三酬，當一豆，若觚二升，不滿一豆矣。」鄭駁之曰：「《周禮》獻以爵而酬以觚，觚，寡也。觶字角旁箸友（誤字），汝潁之閒師讀所作。今《禮》角旁單，古書或作角旁氏，則與觚字相近。學者多聞觚，寡聞觶，寫此書亂之，而作觚耳。又南郡太守馬季長説，一獻而三酬則一豆，豆當爲斗，與一爵三觶相應。」按，《駁異義》從《韓詩》説，觶受三升，謂《考工記》觚三升，觚爲觗誤，其注《考工記》同，其注《禮·特牲篇》云：「舊説爵一升，觚二升，觶三升，角四升，散五升。」謂《韓詩》説也。《士冠禮》注亦云：「爵三升曰觶。」而許云觶受四升，葢從《周禮》不改字，觚受三升，則觶當受四升也。○按，馬季長説與一爵三觶相應，此觶字乃觚之誤。改觚爲觶，始於鄭，馬不尒也。馬注《論語》云：爵一升，觚三升。

⿰角辰　觶或从辰。辰聲而讀支義切，此如古祇、振多通用也。《考工記》疏引鄭《駁異義》云：「觶字角旁友，汝潁之間師讀所作。」今本皆如是。友字無理，葢辰之誤。《韵會》徑改友作「支」，云：「古作⿰角支。」於形聲合矣，而《玉篇》、《廣韵》、《集韵》、《類篇》、《釋行均書》皆有⿰角辰、觗，無⿰角支，則不可信也。

觗　《禮經》觶。此謂古文《禮》也。鄭《駁異義》云：「今禮角旁單，古書或作角旁氏。」然則古文《禮》作觗。「或」之云者，改竄之後不畫一也。《燕禮》「媵觚于公。」鄭云：「酬之禮，皆用觶，言觚者，字之誤也。古者觶字或作角旁氏，由此誤耳。」按，上文「主人北面盥，坐取觚洗。」注：「古文觚，皆爲觶。」此亦谓古文作觗而誤。

觴　實曰觴，虚曰觶。《投壷》：「命酌曰，請行觴。」觴者，實酒於爵也。《韓詩》説爵、觚、觶、角、散五者緫名曰爵，其實曰觴。觴者，餉也。觥者，罰爵，非所以餉，不得名觴。然《投壷》之「請行觴」，固罰爵也。凡《禮經》曰實者，皆得曰觴。獨於觶言者，觶之用多，舉觶以該他也。下文云：「觴受三升者曰觚。」从角，𥏻省聲。𥏻從矢，矢從入，故曰𥏻省聲也。式陽切，十部。

⿱爵昜　籒文觴，或从爵省。

觚　鄉飲酒之爵也。鄉，亦當作「禮」。《鄉飲酒禮》有爵、觶，無觚也。《燕禮》、《大射》、《特牲》皆用觚。一曰，觴受三升者觚。觚受三升，古《周禮》説也。言「一曰」者，許作《五經異義》時，從古《周禮》説，至作《説文》，則疑焉。故言「一曰」，以見古説未必盡是。則《韓詩》説觚二升未必非也。不先言「受二升」者，亦疑之也。上文觶實四升文，次於「從角，單聲」引《禮》之下，其意葢與此同。或云，亦當有「一曰」二字。从角，瓜聲。古乎切，五部。

⿰角亘　角匕也。匕下曰：「匕，所以比取飯。一名柶。」柶下曰：「匕也。」按，《士冠禮》有「角柶」，即⿰角亘也。从角，亘聲。讀若讙。況袁切，十四部。

⿱敫角　杖耑角也。杖耑，謂杖首也。司馬彪《禮儀志》：「仲秋之月，民始七十者授之以玉杖，餔之糜粥，八十、九十有加賜。玉杖長尺，端以鳩鳥爲飾。」謂玉長尺飾杖首，玉之顛復爲鳩形也。《廣韵》曰：「⿱敫角，以角飾杖策頭。」小徐謂飾拄地處，誤甚。从角，敫聲。胡狄切，古音在二部。

觼　環之有舌者。《秦風》曰：「沃以觼軜。」《爾雅》：「環謂之捐。」捐者，觼之假借字。《詩》容有作捐者。《通俗文》曰：「缺環曰鐍。」許與服不同，服谓如玦，許謂環中有横者以固系。从角，夐聲。古穴切，十五部。夐在十四部，合韵也。

鐍　觼或从金矞。矞，聲也。《莊子》：「固扃鐍。」崔云：「鐍，環舌也。」按《通俗文》，直謂鐍爲玦字。

觬 調弓也。手部云：「搦，按也。」鄭注《矢人》云：「撓搦其幹。」亦是調意。《弓人》曰：「和弓轂摩。」注：「和猶調也。將用弓，必先調之，拂之，摩之。」引《大射禮》：「大射正以袂順左右隈，上再下一。」《小雅》：「觲觲角弓。」毛傳曰：「觲觲，調利也。」《世說新語》曰：「輕在角觬中，爲人作議論。」角觬，方俗語言也。从角，弱省聲。於角切，古音在二部。按，《廣韵》女角切。

䚢 惟射收繁具也。蓋以角爲之。从角，發聲。方肺切，十五部。

觰 惟射收繁具。按，兩字同義，蓋其物名䚢觰，上字當云「䚢觰，惟射收繁具也。」下字當云「䚢觰也。」今本恐非舊，但無證據，未敢專輒。从角，酋聲。讀若鰌。字秋切，三部。

觳 盛觵卮也。盛字當是衍文。觵卮，謂大卮觵者，酒器之大者也。韋注《越語》曰：「觥，大也。」《旊人》曰：「豆實三而成觳。」鬲部曰：「斗二升曰觳。」鄭注《考工記》同。按，簋、庚、鬲、甗、盆、甑、量，皆以觳計，小者曰卮，可以飲，大卮曰觳，可宁酒漿，以待酌也。觵之大，極於觳，故引伸之曰「觳，盡也。」見《釋詁》。《禮經》牲體之跗曰觳，謂牲體之盡也。一曰，䠶具。从角，㱿聲。讀若斛。胡谷切，三部。按，此篆當厠䚟篆之下，而厠此者，此器屬陶瓬之事，非角爲之，亦非角飾。

觱 羌人所龡角屠觱。句。目驚馬也。羌人，西戎也。屠觱，羌人所吹器名，以角爲之，以驚中國馬。後乃以竹爲管，以蘆爲首，謂之觱篥，亦曰筆篥。唐以編入樂部，徐廣《車服儀制》曰：「角者，前世書記不載。或云本出羌胡，以驚中國之馬也。」按，仌部滭冹，今《詩》作「觱發」，水部滭沸，今《詩》作「觱沸」，皆假借字也。从角，𤎩聲。卑吉切，按，𤎩聲古音在十五部。𧥘，古文詩字。古當爲「籒」，言部云籒文。

文三十九[53]。重六。

四十五部。文七百四十七。今肉部補二字，刀部删一字。七，宋本作八。重百一十六。六，宋本作二。

凡七千六百三十八字。此第四篇都數。

附注：

①「紙韵」是「旨韵」之誤，引文見「秭」字下。

②《禮記·郊特牲》：「丹漆雕幾之美。」鄭注：「謂漆飾沂鄂也。」「沂鄂」與「圻堮」「圻鄂」義同，皆謂雕刻之紋理。

③《廣韵·一先》胡涓切下作「玆」，不作「滋」。

④《周南》是《召南》之誤。

⑤鄭氏指鄭德，見顔注引。

⑥見《廣韵·十虞》，陟輸切。今字頭及注文誤「殊」字爲「列」，注文下「歹」字又誤作「又」，段氏校改。

⑦見《閟宮》，箋無引此四字之文。

⑧見《國語補音》，宋庠著，引文見卷一《周語上》。

⑨張氏澤存堂本《玉篇》歺部「𣦸」作「𣧂」。

⑩此「碎」及下「碎」字，皆爲「𣧑」之誤。

⑪「頭骨」原作「首骨」。

⑫此《士喪禮》指《既夕禮》。後「骹」字下引《士喪禮》同。

⑬見《列女傳》卷一《周室三母》，「身子」當作「姙子」。

⑭見《吕氏春秋·不二篇》「陽生貴己」下注，引《孟子》作「拔體一毛」，《孟子》原文只作「拔一毛」，段氏此引作「拔骭一毛」，未知所據。

⑮見《釋名補遺》據《藝文類聚》卷四十九引補。「腹腴」當作「腹臚」。

⑯「夏右腴」是「冬右腴」之誤，見《禮記·少儀》。

⑰見《經典釋文》卷十《儀禮·少牢饋食禮》「膞」字下，陸謂「劉音純，《説文》之允反」。未見「肫」下有引《説文》音。下文「膞」字段注，謂「肫亦作膞」，故如此引。

⑱《深衣》文及注，今胳皆作「袼」。釋文：「袼，本亦作胳。」又《儀禮·鄉飲酒禮》「介俎脊脅肫胳肺」下鄭注：「今文胳作骼。」《有司徹》「羊骼一」下鄭注：「古文骼爲胳。」與段氏所述相反。

⑲以上引《釋訓》、毛傳（見《大叔于田》）「肉襢」之「襢」，及李巡、孫炎説（見《大叔于田》正義引）中「襢」字，今本皆作「袒」。

⑳見《方言》卷二。「肥膩」，錢繹《箋疏》校爲「肥䐈」，䐈，同盛。錢氏謂《玉篇》、《廣韻》皆無「膩」字，《集韻》則係據《方言》誤本采入，當訂正。又「壤」是「𦢊」之誤。

㉑見《素冠》「棘人欒欒」句下，傳文原無「瘠」字。

㉒所引見《難蜀父老》。《漢書·司馬相如傳》此句作「躬傶骿胝無胈」六字句，顏注引張揖注：「戚，湊理也。」《文選》此句作「躬腠胝無胈」。《史記·司馬相如列傳》此句作「躬胝無胈」，徐廣注見集解引，并無「胝，腫也」之語。段氏引有出入。

㉓見《禮樂志》之《安世房中歌》「窅窊桂華」句下。顏注引蘇林説，衹「窅音窅眹之窅，窊音窊下之窊」兩句，「窅，出；窊，入」是孟康注語，段氏記誤，説「窅」之義亦相反。

㉔四篇上目部「窅」下，段氏據《玄應一切經音義》引《倉頡篇》，作「窅窔」，此引作「窅眹」，此誤。

㉕高堂隆《魏臺訪議》，見《太平御覽》卷三十三引，「火家」作「火行之君」。

㉖劉昭所補《後漢書·禮儀志中》注引「嘗」誤作「當」字。原文見《風俗通義》卷八「祀典·膢」條，作「又曰嘗新始殺也，食新曰貙膢。」

㉗此引《儀禮·少牢饋食禮》文。

㉘上引《左傳》、《國語》四「胙」字今本皆作「祚」。

㉙此段氏據《晉書》本文引，小徐《繫傳》所引，文字有出入。

㉚《史記·封禪書》「有龍垂胡頿」句下索隱引《説文》作「胡，垂頷也」。段氏有誤。

㉛《詩·小雅·車攻》「大庖不盈」毛傳：「自左膘而射之，達於右腢，爲上殺。」

㉜ 此「毛云」，孔疏本作「箋云」，段氏係據校勘記所云他本。

㉝ 畢沅《釋名疏證》所據本「足」作「之」，畢謂是衍文。段氏「足」字屬下讀，見下文。

㉞ 《尚書大傳》卷二：「周文王胥附、奔腠、先後、禦侮謂之四鄰。」

㉟ 見「毋拔來，毋報往」句下。

㊱ 「水敗」是「水敝」之誤。

㊲ 「虢」是「鏄」之誤。

㊳ 九篇上首部䴘字下說解原爲「截也」，段氏校爲「截首也」，此處引又不同。剸則是重文。

㊴ 木部「栞」下段注說《尚書正義》已作「刊」，「則非衞包所改」，與此不一致。

㊵ 見《商君書・定分》。

㊶ 「取其義者」原作「取正義」。

㊷ 注疏本注及疏「書刀」皆作「書刃」。

㊸ 上引《儀禮》諸篇文，今注疏本皆作「捝手」，鄭有注，皆曰：「捝，拭也。古文捝作說。」可參《鄉飲酒禮》「坐捝手」下阮元校勘記。

㊹ 《集韻・一屋》：「勶，截也。」他韻「勶」下亦無訓「絶」者。

㊺ 此不見于《韓非子》，係《列子・說符》文，疑段氏沿毛奇齡《論語稽古篇》卷七之誤。

㊻ 以上六字，當作「本作九，誤，實得十字」。

㊼ 《唐韻》當作《廣韻》，見《十六屑》「栔」下。

㊽ 郭注「栔斷」本作「契斷」。

㊾ 此鉉、鍇二字誤倒。「鞋」下說解，鉉本作「叉」，鍇本作「叉」。

㊿ 此係段氏據《左傳・昭元年》正義轉引，與今《漢書・食貨志》本文略異。段氏引又誤「壝」爲「墤」，「比成」則當作「比盛暑」三字。

51 《漢書・地理志》傿屬陳留郡，顏注引應劭，「傿」作「鄢」。

52 《桑扈》注語，當爲「箋曰」，不是毛傳。

53 實三十八，少鬋字。

說文解字第五篇上

金壇段玉裁注

竹　冬生艸也。云「冬生」者，謂竹胎生於冬，且枝葉不凋也。云「艸」者，《爾雅》竹在《釋艸》，《山海經》有云「其艸多竹」，故謂之「冬生艸」。戴凱之云：「植物之中有艸、木、竹，猶動品之中有魚、鳥、獸也。」象形。象𠕲𠕲竝生。陟玉切，三部。按，《廣韵》張六切。下𠂹者箁箬也。恐人未曉下𠂹之恉，故言之。凡竹之屬皆从竹。

箭　矢竹也。各本無「竹」，依《藝文類聚》補。矢竹者，可以爲矢之竹也。《周禮》及《釋地》注皆曰：「箭，篠也。」《方言》：「箭自關而東謂之矢，江淮之閒謂之鏃，關西曰箭。」郭云：「箭者，竹名，因以爲號。」按，今天下語言皆謂矢爲箭。从竹，前聲。子賤切，古音在十一部。《周禮》故書箭爲「晉」，杜云：「晉當爲箭。」按，《吳越春秋》：「晉竹十廋。」晉竹即箭竹，假借字也。

箘　箘簬，逗。竹也。竹字，今補。《禹貢》鄭注曰：「箘簬，聆風也。」①按，箘簬二字，一竹名，《吳都賦》之「射筒」也。劉逵曰：「射筒竹，細小通長，長丈餘，無節，可以爲矢笴，名（此三字補）射筒。及由梧竹，皆出交阯九真。」《招魂》：「昆蔽象棊。」王曰：「昆或言箟簬，今之箭囊也。」箟即箘之異體，箭囊即射筒之異詞。無底曰囊，通簫曰筒，皆自其無節言之，謂之好箭幹耳。古者絫呼曰箘簬，《戰國策》「箘簬之勁不能過」是也。單呼曰箘，《吕氏春秋》「越駱之箘」是也。《書正義》及戴凱之説箘簬爲二竹，繆矣。从竹，囷聲。渠隕切，十三部。一曰，簙棊也。《方言》：「簙或謂之蔽，或謂之箘。秦晉之閒謂之簙，吳楚之閒或謂之蔽，或謂之棊。」

簬　箘簬也。从竹，路聲。洛故切，五部。《夏書》曰：「惟箘簬枯。」《禹貢》文。枯，各本作「楛」，今依木部正。

簵　古文簬从輅。當作「簬或从輅」，轉寫之誤也。《篇》、《韵》皆云：「簵同簬。」今《尚書》、《史記》皆作「簵」，若《古文四聲韵》云：「簵，古文」，即取諸誤本《説文》也。

筱　箭屬小竹也。《釋草》曰：「篠，箭。」《周禮》注曰：「箭，篠也。」《二京賦》解曰：「篠，箭竹也。」②此云「箭屬」，小異。从竹，攸聲。先杳切，今字作「篠」，古音在三部。

簜　大竹也。《大射儀》：「簜在建鼓之閒。」注：「簜，竹也。笙簫之屬。」按，簜者，竹名，以竹成器亦曰簜，笙簫皆用小竹，而云簜者，大之也③。从竹，湯聲。徒朗切，十部。《夏書》曰：「瑤琨筱簜。」《禹貢》文。簜可爲幹，幹，弓幹也。《弓人》曰：「凡取幹之道，七竹爲下。」筱可爲矢。筱、簜之用不止於此，而此爲冣宜。

𥳧　竹也。竹名。按，𥳧、篃古今字也。如《禮經》古文眉作微，《爾雅》湄作溦之比。《西山經》：「英山其陽多箭，多箘。」今本作「簜」。郭云：「今漢中郡出，厚裏而長節，根深，筍冬生。」戴凱之云：「生非一處，江南山谷所饒也。故是箭竹類。一尺數節，葉大如履，可以作篷，莖中作矢，俗謂之篏筍。」按，郭云「長節」，戴云概節，不合。既云「中作矢」，則「一尺數節」，當作「數尺一節」也。从竹，微聲。無非切，十五部。按，《廣韵》云：「又武悲切。」

籢 籢 籀文从微省。按，當云「从散」，省字衍。

筍 筍 竹胎也。《醢人》注曰：「筍，竹萌。」按，許與鄭稍異。胎言其含苞，萌言其已擢也。《吳都賦》曰：「苞筍抽節。」引伸爲竹青皮之偁。《尚書》云：「敷重筍席。」《禮器》：「如竹箭之有筍。」《聘義》：「浮筍旁達。」皆是。其音爲贇切，今字作「筠」④。从竹，旬聲。思允切，十二部。今字作「笋」。

䈚 䈚 竹萌也。《釋草》曰：「䈚，箭萌。」《醢人》鄭注同。許意筍、䈚不以大竹、小竹分別。筍从旬，旬从勹，取裹妊之意。䈚从怠，與始同音，取始生之意。筍謂掘諸地中者，如今之冬筍。䈚謂已抽出者，如今之春筍。與鄭說不同也。按，《周禮》「箈菹」本作「落菹」，故大鄭云：「落，水中魚衣也。」與艸部「落，水青衣也」合。後鄭讀落爲「䈚」，用《釋草》「箭萌」之訓，故郭注《爾雅》引《周禮》「䈚菹鴈醢」也。今本《周禮》作「箈」，非落非䈚，乃是譌字。注中亦奪「落當爲䈚」四字。从竹，怠聲。徒哀切，一部。

箁 箁 竹箁也。从竹，音聲。薄侯切，四部。

箬 箬 楚謂竹皮曰箬。今俗云「筍籜箬」是也。毤而陊地，故竹篆下垂者像之。从竹，若聲。若，擇菜也。擇菜者，絶其本末。此形聲包會意也。而勺切，五部。

節 節 竹約也。約，纏束也。竹節如纏束之狀。《吳都賦》曰：「苞筍抽節。」引伸爲節省、節制、節義字，又假借爲符卪字。从竹，即聲。子結切，十二部。

筡 筡 析竹筤也。析，各本譌「折」，今正。《方言》：「筡，析也。析竹謂之筡。」郭云：「今江東呼篾竹裏爲筡，亦名筡之也。」按，此注謂已析之篾爲筡，人析之亦偁筡之，本無誤字。戴氏《疏證》改「筡之」二字爲「筤」字，非也。《爾雅》：「簢，筡中。」蓋此義之引伸。肉薄好大者謂之筡中，如析去青皮而薄也。醫方「竹茹」音如，即此字。《別録》从竹，俗从艸。从竹，余聲。讀若絮。絮，宋刻作「絮」，小徐同⑤。同都切，五部。

䉋 䉋 筡也。謂筡之也。《釋草》：「粼，堅中。」粼同磨磷之磷，謂堅中者必磨之也。「簢，筡中。」簢同䉋，謂空中者必析之也。从竹，臱聲。武移切，古音在十二部。

筤 筤 竹膚也。膚，皮也。竹膚曰筤，亦曰筍，見《禮器》。俗作筠。已析可用者曰「篾」，《禮》注作「簚」，《士喪禮》謂之「笭」。析之謂之筡，亦謂之䉋。从竹，民聲。武盡切，十二部。

笨 笨 竹裏也。謂其內質白也。又有白如紙者，《吳都賦》

注謂之「竹孚俞」。从竹，本聲。布忖切，十三部。

篛　竹皃。《南都賦》：「其竹阿那篛笡，風靡雲披。」李善引：「《説文》：篛，竹皃也。《埤蒼》：笡，竹頭有文也。」上烏孔反，下如涌反。按，《吴都賦》云：「篛笡蕭瑟。」謝靈運《山居賦》自注「修竦便娟，蕭森篛蔚」，「皆竹貌也」。今三賦篛皆誤从艸矣。从竹，翁聲。烏紅切，九部。

篸　篸差也。各本差上無「篸」，此淺人謂爲複舉字而删之也。《集韵》：「篸差，竹皃。初簪切。」又：「篸，竹長皃。疏簪切。」按，木部：「槮，木長皃。」引「槮差荇菜」。葢物有長有短，則參差不齊，竹木皆然。今人作參差，古則从竹从木也。从竹，參聲。所今切，七部。

篆　引書也。引書者，引筆而箸於竹帛也。因之李斯所作曰篆書，而謂史籒所作曰大篆，既又謂篆書曰小篆。其字之本義爲引書，如彫刻圭璧曰瑑，《周禮》注：「五采畫轂約謂之夏篆。」从竹，彖聲。特兖切⑥，十五部。

籒　讀書也。言部曰：「讀，籒書也。」《敘目》曰：「《尉律》，學僮十七已上始試，諷籒書九千字，乃得爲吏。」試字句絶，諷籒連文，謂諷誦而抽繹之。滿九千字，皆得六書之恉，乃得爲吏也。此籒字之本義，經傳尠用。周宣王時大史以爲名，因以名所箸大篆曰籒文。迄今學者絶少知其本義者，故於讀下籒書改爲「誦書」，於《敘目》釋爲籒文九千字，重悂貤繆，可勝嘆哉。毛傳曰：「讀，抽也。」《方言》曰：「抽，讀也。」抽皆籒之假借。籒者，抽也。讀者，續也。抽引其緒相續而不竆也。亦假紬字爲之，《大史公自序》：「紬史記石室金匱之書。」如淳云：「抽徹舊書故事而次述之也。」亦借繇字爲之，《春秋傳》卜筮「繇辭」，今皆作「繇」，又俗作「䌛」，據許則作籒。服虔曰：「繇，抽也。抽出吉凶也。」从竹，擂聲。此形聲包會意。直又切，三部。《春秋傳》曰卜「籒云」。《左傳》卜筮皆云「繇」，此言卜以該筮也。

篇　書也。書，箸也。箸於簡牘者也。亦謂之篇。古曰篇，漢人亦曰卷，卷者，縑帛可捲也。一曰，關西謂榜篇。榜，所以輔弓弩者。此其引伸之義。今之榜額、標榜是也。關西謂之篇，則同扁。从竹，扁聲。芳連切，古音在十二部。

籍　簿也。簿當作「薄」。「六寸薄」，見寸部⑦。引伸凡箸於竹帛皆謂之籍。从竹，耤聲。秦昔切，古音在五部。

篁　竹田也。《戰國策》：「薊丘之植，植於汶篁。」《西京賦》：「篠蕩敷衍，編町成篁。」《漢書》：「篁竹之中。」注：「竹田曰篁。」今人訓篁爲竹而失其本義矣。从竹，皇聲。户光切，十部。

箬　剖竹未去節謂之箬。謂未去中之相隔者。《方言》：「所以隱櫂謂之籅。」郭云：「搖櫓小橛也。」按，籅葢即箬字，其始以剖竹未去節爲之，後乃以木爲之，改其字作籅，作槳，後人又不以名橛而以名櫂矣。从竹，將聲。即兩切，十部。按，此二篆之次當在篸下、篆上，則皆得其所矣。

葉 籥也。小兒所書寫每一笘謂之一葉，今書一紙謂之一頁，或作葉，其實當作此葉。从竹，枼聲。與接切，八部。

籥 書僮竹笘也。笘下曰：「潁川人名小兒所書寫爲笘。」按，笘謂之籥，亦謂之觚，蓋以白墡染之，可拭去再書者。其拭觚之布曰幡。从竹，龠聲。以灼切，二部。按，管龠字與此別。

䉧 竹聲也。小徐曰：「猶言瀏然聲清也。」从竹，劉聲。力求切，三部。

簡 牒也。片部曰：「牒，札也。」木部曰：「札，牒也。」按，簡，竹爲之；牘，木爲之；牒、札，其通語也。《釋器》曰：「簡謂之畢。」《學記》云：「呻其佔畢」是也。等者，齊簡也。編者，次簡也。詳册下。从竹，閒聲。古限切，十四部。

笐 竹列也。列，《玄應書》作「次」。竹列者，謂竹之生，疏數偃仰，不齊而齊。笐之言行也，行，列也。《釋草》：「仲，無笐。」蓋謂竹有行列，如伯仲然也。無者，發聲也。引伸之，取竹爲衣架亦曰笐。《廣韵·四十二宕》曰：「笐，衣架。」是也。《内則》所謂「楎、椸」，《釋器》所謂「竿謂之箷」也。其字亦作「桁」，《古樂府》云：「還視桁下無懸衣」是也。从竹，亢聲。古郎切，十部。按，依《爾雅音義》户剛反。其衣笐、衣桁，韵書下浪切。

篰 滿爰也。《廣雅》曰：「滿篗，篰也。」曹憲上音滿，下音緩。《廣韵》曰：「滿篗，簡也。篰，牘也。」《玉篇》曰：「篰，竹牘也。」按，滿爰，漢人語，俗字加竹。从竹，部聲。薄口切，四部。按，許書無簿字，篰，蓋即今之簿字也。

等 齊簡也。齊簡者，疊簡册齊之，如今人整齊書籍也。引伸爲凡齊之偁，凡物齊之，則高下歷歷可見，故曰等級。刀部云：「則，等畫物也。」从竹寺。會意。寺，官曹之等平也。說从寺之意。寸部曰：「寺，廷也。有法度者也。」故从寸。官之所止九寺，於此等平法度，故等从竹寺。古在一部。止韵音變入海韵，音轉入等韵，多肯切。

笵 法也。《毄辭》：「範圍天地之化而不過。」鄭曰：「範，法也。」《考工記》「軓前十尺」，注云：「書或作軋。軓，法也。」按，許無軓字，車部範爲範軷。則《毄辭》「範圍」，假借字也。从竹，氾聲。防𠬝切，八部。竹，簡書也。古法有竹刑。說从竹之意。法具於簡書，故笵从竹也。《左傳》曰：「鄭駟歂殺鄧析，而用其竹刑。」竹刑者，刑罰科條載於竹簡也。《通俗文》曰：「規模曰笵。」《玄應》曰：「以土曰型，以金曰鎔，以木曰模，以竹曰笵，一物材別也。」說與說合⑧。

箋 表識書也。鄭《六藝論》云：「注《詩》宗毛爲主。毛義若隱略，則更表明，如有不同，即下己意。」按，注《詩》偁箋，自說甚明。《博物志》云：「毛爲北海相，鄭是郡人，故稱箋以爲敬。」此泥魏晉時上書偁箋之例，絶非鄭意。从竹，戔聲。則前切，十四部。

符 信也。漢制以竹，長六寸，分而相合。《周禮》："門關用符節。"注曰："符節者，如今宫中諸官詔符也。"《小宰》"傅別"，故書作"傅辨"，鄭大夫讀爲"符別"。《漢·孝文紀》："始與郡國守相爲銅虎符、竹使符。"應劭云："銅虎符，一至五，國家當發兵，遣使至郡合符，符合乃聽受之。竹使符皆以竹箭，五枚，長五寸，鐫刻篆書第一至第五。"張晏曰："符以代古之圭璋，從簡易也。"按，許云六寸，《漢書注》作五寸，未知孰是。从竹，付聲。防無切，古音在四部。

筮 《易》卦用蓍也。《曲禮》曰："龜爲卜，策爲筮。策者，蓍也。"《周禮·簭人》注云："問蓍曰筮，其占《易》。"艸部曰："蓍，《易》以爲數。"从竹𢍰。从竹者，蓍如筭也。筭以竹爲之。从𢍰者，事近於巫也。九簭之名，巫更、巫咸、巫式、巫目、巫易、巫比、巫祠、巫參、巫環，字皆作巫。時制切，十五部。𢍰，古文巫字。

笄 兂也。兂，各本作"簪"，今正。兂下曰："首笄也。"俗作簪。戴氏曰："無冠笄而冕弁有笄。笄所以貫之於其左右，是以冠無之。凡無笄者，纓。"冕制，延前圓垂旒，後方。延有紐，自延左右垂，笄貫之以爲固。紘以組，自頤屈而上，左右屬之笄，垂其餘。凡冕弁笄，有笄者紘。《記》曰：天子冕而朱紘，諸侯冕而青紘。《士冠禮》：皮弁笄，爵弁笄，朱組紘纁邊。"⑨从竹，幵聲。古兮切，古音在十二部。

篦 取蟣比也。比、篦古今字。比，密也。引伸爲櫛髮之比。《釋名》曰："梳，言其齒疏也。數言比，比於梳其齒差數也，比言細相比也。"木部曰："櫛者，梳比之緫名也。"《史記》："遺單于比余一。"《漢書》作"比疏一"。余、疏皆即梳字。比梳一者，統言則比亦梳也。蟣者，蝨子。云"取蟣比"者，比之至密者也。今江浙皆呼篦筐，比當依俗音毗。《漢書》頻寐反。从竹，𦣞聲。居之切，一部。

簍 所以收絲者也。所以二字今補。《方言》曰："簍，榬也。兗豫河濟之閒謂之榬。"郭云："所以絡絲也。音爰。"按，今俗謂之簍車，于縛切。字亦作"籰"。从竹，蒦聲。王縛切，五部。

䈃 簍或从角閒。

筳 繀絲筦也。糸部曰："繀，箸絲於筟車也。"按，絡絲者必以絲耑箸於筳，今江浙尚呼筳。从竹，廷聲。特丁切，十一部。

筦 筟也。从竹，完聲。古滿切，十四部。

筟 筳也。筳、筦、筟，三名一物也。《方言》曰："繀車，趙魏之閒謂之轣轆車，東齊海岱之閒謂之道軌。"按，自其轉旋言之，謂之麻鹿，亦謂之道軌，亦謂之鹿車；自其箸絲之筳言之，謂之繀車，亦謂之筟車，實即今之簍車也。从竹，孚聲。讀若《春秋》魯公子彄。公子彄，見《春秋經·隱公五年》，臧僖伯也。孚聲在三部，區聲在四部，合音冣近。今音芳無切。

簾 堂簾也。小徐曰：「此書及《釋名》簾帷皆作嵰，疑嵰或與簾別，或者此簾字後人所加之乎，所不能決也。」按，巾部曰：「嵰，帷也。」又曰：「在旁曰帷。」《周禮・幕人》：「掌帷幙幄帟綬之事。」注曰：「王出宮則有是事。在旁曰帷，在上曰幕。帷幕皆以布爲之，四合象宮室，曰幄。帟者，王在幕若幄中坐上承塵。幄、帟皆以繒爲之。」然則嵰施於次以蔽旁，簾施於堂之前以隔風日而通明。嵰以布爲之，故从巾；簾析竹縷爲之，故其字从竹。其用殊，其地殊，其質殊，學者可以無疑矣。从竹，廉聲。力鹽切，七部。按，韋昭注《國語》曰：「薄，簾也。」薄，今字作「箔」。

笮 迫也。疊韵。《説文》無窄字，笮、窄古今字也。屋笮者本義，引伸爲逼窄字。在瓦之下，棼上。棼，複屋棟也。《釋宮》：「屋上薄謂之筄。」郭云：「屋笮也。」《考工記》注曰：「重屋，複笮也。」按，笮在上椽之下，下椽之上，迫居其閒，故曰笮。《釋名》曰：「笮，迮也。編竹相連迫迮也。」以竹爲之，故从竹。从竹，乍聲。阻厄切，古音在五部。

簀 牀棧也。《衛風》：「綠竹如簀。」毛曰：「簀，積也。」此言假借也。《韓詩》傳亦同。从竹，責聲。阻厄切，十六部。

笫 簀也。見《釋器》。《左傳》：「牀笫之言不踰閾。」《周易》：「噬乾胏。」鄭曰：「胏，簀也。」此言假胏爲笫也。《士喪禮》⑩古文笫爲「茨」。从竹，朿聲。阻史切，按，史當作「死」，十五部。

筵 竹席也。《周禮・司几筵》注曰：「筵，亦席也。鋪陳曰筵，藉之曰席。然其言之筵席通矣。」按，《司几筵》掌五几五席之名物，筵席不別也。五席不用竹，惟後鄭説次席是桃枝席，又説《顧命》蔑席、底席、豐席、筍席，皆爲竹席。許釋筵爲竹席者，其字从竹也。从竹，延聲。以然切，十四部。《周禮》曰：「度堂以筵。」《匠人》職曰：「室中度以几，堂上度以筵。」筵一丈。此釋《周禮》也。《周禮》曰：「度九尺之筵。」此不合，未詳。

簟 竹席也。《毛詩》箋曰：「竹葦曰簟。」从竹，覃聲。徒念切，《廣韵》上聲，七部。

籧 籧篨，逗。粗竹席也。《方言》曰：「簟，宋魏之閒謂之笙，或謂之籧苗，自關而西或謂之簟，或謂之⿱竹折。其麤者謂之籧篨，自關而東或謂之篕棪。」郭云：「江東呼籧篨爲⿱竹廢，音廢。」按，此云粗者，與上筵簟別言之。筵簟，其精者也。《晉語》、《毛詩》皆云「籧篨不可使俯。」此謂捲籧篨而豎之，其物不可俯。故《詩・風》以言醜惡，《爾雅》以名口柔也⑪。从竹，遽聲。彊魚切，五部。

篨 籧篨也。从竹，除聲。直魚切，五部。

籭 竹器也。可㠯取麤去細。俗云簁籮是也。《廣韵》云：「籭，盪也。能使麤者上存，細者盪下。」籭、簁古今字也。《漢・賈山傳》作「篩」。从竹，麗聲。所宜切，十六部。今音山佳切。

籓 大箕也。《廣雅》曰：「籓籮，箕也。」从竹，潘聲。甫煩切，十四部。一曰，蔽也。艸部曰：「藩，屏也。」尸部曰：

「屏，蔽也。」是則籓與藩音義皆同。

籅 漉米籔也。《方言》曰：「炊籅謂之縮，或謂之篗，或謂之匠。」郭注：「漉米籅，江東呼淅籤。」按，《史記索隱》引《纂要》云：「籅，淅箕也。」此注籤字正箕之誤。今江蘇人呼淘米具曰溲箕是也。从竹，奥聲。於六切，三部。

籔 炊籅也。本漉米具也。既浚乾，則可炊矣，故名炊籅。《方言》「篗」同籔，「縮」即籔之入聲也。《毛詩·伐木》傳曰：「以筐曰釃，以籔曰湑。」籔即今之溲箕也，今誤从艸，作藪。筐者，盛飯之器，較細。籔者，滰淅之器，較麤。皆可以漉酒者。从竹，數聲。穌后切，三部。

箅 蔽也。此「户，護也」，「門，聞也」之例。所㠯蔽甑底。甑者，蒸飯之器，底有七穿，必以竹席蔽之，米乃不漏。《雷公炮炙論》云：「常用之甑中箅，能淡鹽味，煑昆布用弊箅。」《哀江南賦》曰：「敝箅不能救鹽池之鹹。」从竹，畀聲。必至切，十五部。按，《廣韵》博計切。

䈰 飯筥也。受五升。《方言》曰：「簇，南楚謂之筲。」郭曰：「盛餅筥也。」按，簇即筥字，筲即䈰字也。《論語》「斗筲之人」，鄭曰：「筲，竹器。容斗二升。」與許説受五升異。从竹，稍聲。山樞切，古音在二部。《廣韵·十虞》無此。秦謂筥曰䈰。

䈾 陳畱謂飯帚曰䈾。飯帚者，所以埽殉餘之飯。从竹，捎聲。所交切，二部。一曰，飯器。容五升。此説謂䈾與䈰同字也。一曰，宋魏謂箸筩爲䈾。箸筩者，所以盛飯攲之筩也。《方言》曰：「箸筩，陳楚宋魏之閒謂之筲，或謂之籯，自關而西，謂之桶檧。」按，筲即䈾字。郭云：「音鞭鞘。」

筥 䈰也。䈰，當作「䈾」。《方言》：「簇，南楚謂之筲，趙魏之郊謂之笶簇。」《禮經》鄭注云：「笲形蓋如今之筥，笶籚。」按，笶籚，即笶簇也。从竹，呂聲。居許切，五部。

笥 飯及衣之器也。《禮記·曲禮》注曰：「圓曰簞，方曰笥。」《禮經·士冠禮》注曰：「隋方曰篋。」許曰：「簞，笥也。」又匚部曰：「匧，笥也。」⑫許渾言之，鄭別言之也。《曲禮》注曰：「簞笥，盛飯食者。」此飯器之證。《禮記》引《兑命》曰：「惟衣裳在笥。」此衣器之證。从竹，《大射儀》曰：「小射正奉決拾以笥。」注：「笥，萑葦器。」按，此蓋笥之小者也，大者以竹爲之。司聲。相吏切，一部。

簞 笥也。《論語》孔注同。皇侃曰：「以竹爲之，如箱篋之屬。」《左傳》夫差以一簞珠問趙孟，蓋亦簞之小者也。从竹，單聲。都寒切，十四部。《漢律令》：簞，小匡也。匡，俗作筐。匚部曰：「匡，飯器。筥也。」按，筥者，䈰也，容五升。《漢律令》之簞，謂匡之小者也，與經傳所云簞謂笥者異。蓋匡、簞皆可盛飯，而匡、筥無蓋，簞、笥有蓋，如今之箱盒，其制不同。故小匡爲別一義。《傳》曰：「簞食壺漿。」《孟子》及他儒家書皆有此言，故約之以「《傳》曰」也。此證前一義。

簁 簁箄，逗。竹器也。按，簁箄，器名。以上下文例之，是盛物之器，而非可以取麤去細之器也。可以取麤去細之器，其字作籭，不作簁。若《廣韵》支韵云：「簁，下物竹器。」紙韵曰：「簁，籭也。」皆韵曰：「簁，簁籭。古以玉爲柱，故字从玉。今俗作簁。」此皆用簁爲籭，古今字變，非許意也。小顏注《急就篇》誤。从竹，徙聲。所綺切，十六部。

箄 簁箄也。絫呼曰簁箄，單呼曰箄。《方言》：「箄、簍、籅、𥫱，簏也。簏小者，自關而西秦晉之閒謂之箄。」郭云：「今江東呼小籠爲箄。」⑬按，許意簁箄與簏各物。从竹，卑聲。并弭切，十六部。按，《考工記》注：「鄭司農云：綆讀爲關東言餠之餠，謂輪箄也。玄謂輪雖箄，爪牙必正也。」箄，劉昌宗薄歷反，李軌方四反⑭。箄謂偏僻，漢人語也，與箅字絶異。江氏慎修改爲甑箅字，亦千慮之一失也。果是从畀，則不得反以薄歷矣。

篿 圜竹器也。盛物之器而圜者。篿與團音同也。《離騷》王注曰：「楚人名結草折竹卜曰篿。」別一義也。从竹，專聲。度官切，十四部。

箸 飯攲也。攲，各本作敧。支部：「敧，持去也。」危部：「攲，嶇也。」攲者，傾側意。箸必傾側用之，故曰飯攲。宗廟宥座之器曰敧器，古亦當作攲器也。箸，《曲禮》謂之梜，假借爲箸落，爲箸明，古無去入之別，字亦不从艸也。从竹，者聲。陟慮切，又遲倨切，五部。

簍 竹籠也。《方言》：「簍，簏也。簏小者南楚謂之簍。」从竹，婁聲。洛侯切，四部。

筤 籃也。《廣雅》：「筤謂之笶。」《廣韵》曰：「筤，車籃。一名笶。笶音替。」按，許不言車籃，汎言籠下之器耳。从竹，良聲。盧當切，十部。

籃 大篝也。今俗謂熏篝曰烘籃是也。从竹，監聲。魯甘切，八部。

𠨷 古文籃如此。未詳。

篝 笿也。可熏衣。按，「也」字衍文，當云：「笿。可熏衣者。」《廣韵》曰：「熏籠。」从竹，冓聲。古侯切，四部。宋楚謂竹篝牆居也。各本牆居之閒誤衍「以」字。《方言》曰：「篝，陳楚宋魏之閒謂之牆居。」《廣雅》：「篝，籠也。薰篝謂之牆居。」

笿 桮笿也。《方言》：「桮落，陳楚宋衛之閒謂之桮落，又謂之豆筥。自關東西謂之桮落。」郭云：「盛桮器籠也。」按，引伸爲籠絡字，今人作絡，古當作笿，亦作落。从竹，各聲。盧各切，五部。

䇨 桮笿也。《廣雅》曰：「䇨，桮落也。」从竹，夅聲。古送切，九部。或曰，盛箸籠。箸筩曰箾，亦曰䇨也。

籢 鏡籢也。《玉篇》引《列女傳》曰：「置鏡籢中。」別作匲，俗作奩。《廣韵》云：「盛香器也。」从竹，斂聲。力鹽切，七部。

籫 竹器也。《廣雅》、《方言》注皆曰：「籫，箸筩。」从竹，贊聲。讀若纂。作管切，十四部。一曰，叢也。木部欑下曰：「一曰，叢木。」籫音同義近。

籯 笭也。笭字下曰：「一曰，籯也。」《漢書》：「遺子黄金滿籯，不如教子一經。」竹籠也。《廣雅》曰：「籯，箸筩也。」从竹，嬴聲。以成切，十一部。

⿱竹删 竹器也。《玉篇》曰：「似箱而羸。」从竹，删聲。穌旰切，十四部。

簋 黍稷方器也。《周禮・舍人》注曰：「方曰簠，圓曰簋。盛黍稷稻粱也。」《掌客》注曰：「簠，稻粱器也。簋，黍稷器也。」《秦風》傳曰：「四簋，黍、稷、稻、粱也。」按，毛意言簋可以該簠，鄭注則據《公食大夫禮》分别所盛也。許云簋方、簠圜，鄭則云簋圜、簠方。不同者，師傳各異也。《周易》：「二簋可用享。」鄭注云：「《離》爲日，日體圓。《巽》爲木，木器圓，簋象。」《聘禮》「竹簋方」注云：「竹簋方者，器名。以竹爲之，狀如簋而方。」賈疏云：「凡簋皆用木而圓，此則用竹而方，故云如簋而方。」宋刻單行疏内「簋」字凡四見，今本依《釋文》，改經注疏皆作「簠」字，非也。已上可證鄭確謂簋爲圓器。《周禮》疏云：「《孝經》陳其簠簋，注云：内圓外方受斗二升者，直據簠而言，若簋則内方外圓。」《孝經》鄭注，説者謂鄭小同之注也。賈所引文亦不完，則無用深求矣。而《秦風》釋文，有「内圓外方曰簠，内方外圓曰簋」之文，葢本《孝經》注。《聘禮》釋文則又方圓字皆互易之，自相乖剌。聶崇義曰：「舊圖云，内方外圜曰簋，外方内圜曰簠。」與《秦風》音義合。《廣韵》曰：「内圓外方曰簠。」歐陽氏《集古録》曰：「簋外方内圓。」與《聘禮》音義合。攷圜器之内爲之方，方器之内爲之圜，似以木、以瓦、以竹皆難爲之，他器少如是者，恐《孝經》注不可信。許、鄭皆所不言也。鄭注《禮》曰：「飾葢象龜。」葢者，意擬之詞。注《禮器》云：「大夫刻爲龜形」，可證也。聶氏、陳氏《禮圖》皆於葢頂作一小龜，誤解一葢字耳。見《考工記圖》。从竹皿皀。合三字會意。按，簋古文或从匚，或从木。葢本以木爲之，大夫刻其文爲龜形，諸侯刻龜而飾以象齒，天子刻龜而飾以玉。其後乃有瓦簋，乃有竹簋，方因製从竹之簋字。木簋、竹簋、禮器瓦簋，常用器也。皀，穀之馨香，謂黍稷也。居洧切，古音在三部。讀如九。

⿷匚飢 古文簋。从匚食九。各本作「从匚飢」，飢非聲也。从方⑮，从食，九聲也。

匭 古文簋。从匚軌。按，許説簋爲方器，葢以古文从匚也。軌聲，古音簋軌皆讀如九也。《史記・李斯傳》曰：「飯土匭。」《公食大夫禮》注曰：「古文簋皆作軌。」《易・損》「二簋」，蜀才作軌。《周禮・小史》故書簋或爲九，大鄭云：「九讀爲軌，書亦或爲軌，簋古文也。」今本《周禮》脱誤，爲正之如此。軌九皆古文假借字也，匭，古文本字也。匭之字，後世用爲匭匣字。

《尚書》：「苞匭菁茅。」鄭曰：「匭，纏結也。」鄭意謂匭爲糾之假借字。《吴都賦》注用之。

杋 亦古文簋。簋以木爲之，故字从木也。惠氏棟《九經古義》曰：「《易》渙奔其机，當作杋。宗廟器也。」

簠 黍稷圜器也。簠盛稻粱，見《公食大夫禮》，經文云：「左擁簠粱」是也。此云黍稷者，統言則不別也。如毛傳云：「四簋，黍、稷、稻、粱。」亦是統言。云圜器，與鄭云方器互異。从竹皿，甫聲。方矩切，五部。

医 古文簠从匚夫。夫聲也。

籩 竹豆也。豆，古食肉器也。木豆謂之梪，竹豆謂之籩。《周禮·籩人》：「掌四籩之實。」注曰：「籩，竹器如豆者。其容實皆四升。」从竹，邊聲。布玄切，十二部。

𠥱 籀文籩。匚者，籀文匚也。

𥬠 篅也。《廣韵》：「𥬠，籧也。」按，今俗謂盛穀高大之器曰土籧。从竹，屯聲。徒損切，十三部。

篅 㠯判竹。句。謂用析竹爲之也。圜㠯盛穀者。用竹篾圜其外，殺其上，高至於屋，蓋以盛穀。近底之処爲小户，常閉之，可出穀。今江蘇謂之土籧是也。古曰𥬠。今江蘇編稻艸爲之，容數石謂之𥬠。《淮南書》曰：「與守其篅𥬠。」注：「篅𥬠，受穀器也。」篅讀顓孫之顓。按，別作圌。从竹，耑聲。市緣切，十四部。

簏 竹高匧也。匧之高者，竹爲之。从竹，鹿聲。盧谷切，三部。

箓 簏或从录。

簜 大竹筩也。《大射儀》：「簜在建鼓之閒。」按，當作簜，簜乃竹名，非其義也。笙簫之屬，而謂之簜者，大之也。从竹，昜聲。徒朗切，十部。

筩 斷竹也。《漢·律麻志》曰：「制十二筩，以聽鳳之鳴。」此筩之一耑也。从竹，甬聲。徒紅切，九部。

箯 竹輿也。《公羊傳》曰：「脅我而歸之，筍將而來也。」何曰：「筍者，竹箯。一名編輿。齊魯以北名之曰筍。將，送也。」釋文曰：「筍音峻。」《史》、《漢》，《張耳傳》曰：貫高「箯輿前。」服虔曰：「箯音編。編竹木如今峻，可以糞除也。」韋昭曰：「輿，如今輿牀，人舁以行。」按，《公羊》、《史記》、《説文》輿皆去聲。亦作「轝」，作「𣞤」。从竹，便聲。旁連切，十二部。

笯 鳥籠也。《方言》：「籠，南楚江沔之閒謂之篣，或謂之笯。」《懷沙》曰：「鳳皇在笯。」洪興祖補注引《説文》：「笯，籠也。南楚謂之笯。」豈洪氏所見本異與？从竹，奴聲。乃故切，五部。

竿 竹梃也。木部曰：「梃，一枚也。」按，梃之言挺也，謂直也。《衛風》曰：「籊籊竹竿。」引伸之，木直者亦曰竿。凡干旄、干旟、干旌，皆竿之假借。又《莊子》「竿牘」，即簡牘也。从竹，干聲。古寒切，十四部。

籗　罩魚者也。网部曰：「罩，捕魚器也。」《小雅》傳曰：「罩，籗也。」《釋器》曰：「籗謂之罩。」李巡云：「籗，編細竹以爲罩捕魚也。」孫炎云：「今楚籗也。」从竹，靃聲。竹角切。按，靃聲當在五部，隺聲當在二部。《爾雅》作籗，故郭音七角反，《唐韵》竹角切。《説文》作籱，故《廣韵》苦郭切。

篧　籗或从隺。鉉本篆作「篧」，云「籱或省」。

箇　竹枚也。竹梃自其徑直言之，竹枚自其圜圍言之。一枚謂之一箇也。《方言》曰：「箇，枚也。」从竹，固聲。古賀切，按，古音在五部。

个　箇或作个，半竹也。各本無，見於《六書故》所引唐本。按，竝則爲竹，單則爲个。竹字象林立之形，一莖則一个也。《史記》：「木千章，竹竿萬个。」正義引《釋名》：「竹曰个，木曰枚。」今《釋名》佚此語。經傳多言个，《大射》、《士虞禮》、《特牲饋食禮》注皆云：「个，猶枚也。今俗或名枚曰個，音相近。」又云：「今俗言物數有云若干個者，此讀然。」經傳个多與介通用。《左氏》或云「一个行李」，或云「一介行李」，是一介猶一个也。介者，分也。分則有閒，閒一而已，故以爲一枚之偁。《方言》曰：「介，特也」是也。閒之外必兩分，故曰「介居二大國之閒」，《月令》「左介」「右介」⑯是其義也。〇又按，支下云：「从手持半竹。」即个爲半竹之證。半者，物中分也。半竹者，一竹兩分之也。各分其半，故引伸之曰「左个」「右个」。竹从二个者，謂竹易分也。分曰个，因之槶者亦曰个。

筊　竹索也。謂用析竹皮爲繩索也。今之篕纜也。《漢·溝洫志》曰：「搴長茭兮湛美玉。」如淳曰：「茭，草也。一曰，竿也。」臣瓚曰：「竹葦絚謂之茭，所以引置土石也。」⑰師古曰：「瓚説是也。茭字宜从竹。」《風俗通》、《後漢·禮儀志》皆言「葦茭」，謂葦索也。从竹，交聲。胡茅切，二部。

筰　筊也。《廣韵》曰：「笮、筰二同。竹索也。西南夷尋之以渡水。」按，西南夷有筰縣，在越嶲，其名本此。或从艸作莋⑱，非也。从竹，作聲。在各切，五部。

箔　潎絮簀也。潎，各本作「蔽」，今正。《廣韵》曰：「箔，漂絮簀也。」漂與潎同義。水部曰：「潎，於水中擊絮也。」潎絮簀，即今做紙密緻竹簾也。潎絮，《莊子》所謂「洴澼纊」，即做紙之事。糸部曰：「紙，絮一箔也。」謂絮一箔成一紙也。紙之初起，用敝布魚网爲之，用水中擊絮之法成之。紙字、箔字載於《説文》，則紙之由來遠矣。从竹，沾聲。讀若錢。昨鹽切，七部。按，讀若錢者，合韵也。

箑　扇也。户部曰：「扇，扉也。」扉可開合，故箑亦名扇。《方言》：「扇自關而東謂之箑，自關而西謂之扇。」郭曰：「今江東亦通名扇爲箑。」按，今江東皆曰扇，無言箑者。凡江東方言見於郭注者，今多不同。蓋由時移世易，士民遷徙不常故也。《士喪禮》下注曰：「翣，扇也。」此言經文假翣爲箑也。从竹，疌聲。山洽切，八部。

篓 箑或从妾。 妾聲。

籠 舉土器。 木部曰：「梠，一曰徙土輂，齊人語也。」一作梩。」手部曰：「捄，盛土於梩中也。」是則籠即梩也。 一曰，笭也。 笭下云：「一曰，籯也。」《周禮・縫人》：「凡乘車充其籠箙。」注云：「充籠箙者以矢。」从竹，龍聲。 盧紅切，九部。

籯 褢也。 衣部曰：「褢，褢也。」此謂竹器可以中藏一切者，音義如瓜瓠之瓠。《篇》、《韵》皆云：「籯篗，遜米竹器。」从竹，襄聲。 如兩切，十部。

䇘 可目收繩者也。 者字今補。收，當作「糾」，聲之誤也。糾，絞也。今絞繩者尚有此器。从竹，象形。 謂其物像工字。中象人手所推握也。 謂ㄐ，像人手推之、持之。胡誤切，五部。

互 䇘或省。 或字，當作「古文」二字，故栢以爲聲。唐玄度云：「䇘，古文互，隸省。」誤也。《周禮》：「牛牲之互。」注云：「縣肉格也。」

簝 宗廟盛肉竹器也。《牛人》：「共盆簝以待事。」注：「盆所以盛血，簝受肉籠也。」从竹，尞聲。 洛蕭切，二部。《周禮》：「供盆簝己待事。」供，當依《周禮》作「共」。

簴 食牛匡也。 食，各本作「飲」，誤。《韵會》作「飯」。按，萎下曰：「食牛。」餗下曰：「食馬。」今正作食。匚部曰：「匡，飯器。筥也。」簴，匡之圜者，飯牛用之，今字通作「筥」。許簴與筥別。从竹，豦聲。 居許切，五部。方曰匡，圜曰簴。《召南》傳：「方曰筐，圓曰筥。」筥當作簴。《月令》：「具曲植簴筐。」或譌作籧。

篼 食馬器也。《方言》：「飤馬橐，自關而西謂之裺囊，或謂之裺篼，或謂之㡘篼，燕齊之閒謂之帪。」从竹，兜聲。 當侯切，四部。

籚 積竹矛戟矜也。 積竹，見殳部。矜，柄也⑲。《考工記》：「攻木之工，輪輿弓廬匠車梓。」注：「廬，矛戟矜柲也。」按，廬者，籚之假借字也。釋文曰：「廬本或作籚。」从竹，盧聲。 洛乎切，五部。《春秋國語》曰：「朱儒扶籚。」《晉語》文。今本「朱、籚」作「侏、盧」。朱儒扶籚，《西京賦》所謂「都盧尋橦」也。

箝 籋也。 拑，脅持也。以竹脅持之曰箝，以鐵有所劫束曰鉗。書史多通用。从竹，拑聲。 巨淹切，七部。

籋 箝也。 二字雙聲。夾取之器曰籋，今人以銅鐵作之，謂之鑷子。从竹，爾聲。 尼輒切，古音十五、十六部。

簦 笠蓋也。 笠而有柄如蓋也，即今之雨繖。《史記》：「躡屩擔簦。」按，簦亦謂之笠，渾言不別也。《士喪禮》下篇「燕器杖笠翣。」注曰：「笠，竹篣蓋也。」云蓋，則簦也。又按，疏云：「篣，竹青皮。」恐非。是篣疑同箬，竹箬也。今人謂之箬帽。从竹，登聲。 都滕切，六部。

笠　簦無柄也。汪氏龍曰：「笠本以御暑，亦可御雨。故《良耜》傳：笠所以御暑雨。《無羊》傳：蓑所以御雨，笠所以備暑。《都人士》傳：臺所以御雨，笠所以御暑。三傳相合。」今《都人士》暑、雨互譌。以《南山有臺》疏、《文選注》正。从竹，立聲。力入切，七部。

箱　大車牝服也。《考工記》：「大車牝服二柯又參分柯之二。」注云：「大車平地載任之車，牝服長八尺，謂較也。」鄭司農云：「牝服謂車箱，服讀爲負。」《小雅》傳曰：「服，牝服也。箱，大車之箱也。」按，許與大鄭同，箱即謂大車之輿也。毛二之，大鄭一之，要無異義。後鄭云較者，以左右有网較，故名之曰箱，其實一也，假借爲匧笥之稱，又假借爲東西室之稱。《禮經》箱字俗改爲「廂」字，非也。从竹，相聲。息良切，十部。

篚　車笭也。《釋器》曰：「輿，革前謂之鞎，後謂之笰。竹前謂之禦，後謂之蔽。」按，此對文則別之，散文則不別。《詩》言「簟茀」，毛曰：「簟，方文席也。茀，車之蔽也。」《周禮·巾車》「蒲蔽」「棼蔽」等，蔽即茀也。故鄭引「翟茀以朝」作「翟蔽以朝」。竹前、竹後，許所謂車笭也。《廣雅》曰：「筤謂之笓。」又曰：「陽門、簈篂、雀目、蔽篭也。」皆謂車笭。笭之言櫺也，言其昤曨也。茀，《詩·碩人》从艸，《載驅》从竹。从竹者，誤也。茀之言蔽也。篚是正字，茀是假借字。如《儀禮》今文作厞，古文作茀，厞、茀同字。从竹，匪聲。敷尾切，十五部。按，依許匡匪之匪不从竹，在匚部，从竹者，專謂車笭。

笭　車笭也。从竹，令聲。郎丁切，十一部。一曰，笭，逗。籯也。竹籠。

⿱竹剡　所㠯搔馬也。所㠯二字今補。《廣韵》：「刮馬篦也。」从竹，剡聲。丑廉切，八部。《篇》、《韵》特甘切。

策　馬箠也。馬棰曰策，以策擊馬曰敕。經傳多假策爲册。又計謀曰籌策者，策猶籌，籌猶筭，筭所以計曆數。謀而得之，猶用筭而得之也。故曰筭，曰籌，曰策，一也。張良借箸爲籌。从竹，朿聲。楚革切，十六部。

箠　所㠯擊馬也。所㠯二字今補。假借爲杖人之稱。《漢書》「定箠令」是也。《周禮》假垂爲箠。「垂氏掌共燋契」是也。从竹，垂聲。之壘切。按，壘當作「累」。古音在十七部。

笶　箠也。笶、檛古今字，亦作「簻」。《左傳》：「繞朝贈之以策。」杜預曰：「馬檛也。」檛婦翁字本从木，後人又改从手。从竹，朶聲。陟瓜切，古音在十七部。戈韵。

笍　羊車騶箠也。箸箴其耑，長半分。金部曰：「鍪，羊車箠也。耑有鐵。」ㄣ部曰：「匿讀如羊車騶箠之鍪。」⑳羊車，見《考工記》。鄭曰：「羊，善也。善車若今定張車。」《釋名》曰：「羊，祥也。祥，善也。羊車，善飾之車，今犢車是也。」馬部曰：「騶，廄御也。」《月令》注曰：「七騶謂趣馬，主爲諸官駕説者也。」《左傳》：「程鄭爲乘馬御，六騶屬焉，使訓羣騶知禮。」按，騶即御，騶箠者，御車之馬箠也。箸箴其耑，長半分。箴當作鍼，所謂耑有鐵，可以郵勿而椓刺之。善飾之車，駕之以犢，馳驟不揮鞭策，惟用箴刺而促之。《淮南·道應訓》字作「錣」，高曰：「策馬捶，端有鐵以刺馬，謂之錣。」錣與笍，音義皆同。从竹，內聲。陟衞切，十五部。

籣 所吕盛弩矢，人所負也。《信陵君列傳》曰：「平原君負韊矢。」韊即籣字，《字林》作「韊」，《玉篇》作「䪁」。索隱曰：「如今之胡鹿而短。」胡鹿，《廣韵》作「弧簶」，箭室也。按，《西京》、《吳都》、《魏都賦》皆云「蘭錡」，劉逵曰：「受他兵曰蘭，受弩曰錡。」蘭字皆當从竹。从竹，闌聲。洛干切，十四部。

箙 弩矢箙也。《司弓矢》曰：「中秋獻矢箙。」注曰：「箙，盛矢器也。以獸皮爲之。」按，本以竹木爲之，故字从竹。《國語》：「𡋯弧其服。」韋昭曰：「其，木名。服，房也。」《小雅》：「象弭魚服。」皆假服爲箙。从竹，服聲。房六切，古音在一部。《周禮》：「仲秋獻矢箙。」經文仲作中。

䇬 栙雙也。栙雙，見木部。《廣雅》：「𥬠䉶謂之䇬。」《廣韵·四江》曰：「栙䉶者，帆未張也。」又曰：「䉶者，帆也。」按，以篷席爲帆曰栙雙，故字或皆从竹。今大船之帆多用篷席是也。从竹，朱聲。陟輸切，古音在四部。

笘 折竹箠也。折竹爲箠，箠之便易者也。从竹，占聲。失廉切，七部。按，《篇》、《韵》丁頰切，爲是。失廉，誤也。潁川人名小兒所書寫爲笘。此別一義。籥下曰：「書僮竹笘也。」用此義。《廣雅》：「笘，籥也。」

笪 笞也。笪者，可以撻人之物。从竹，旦聲。當割切，十五部。

笞 擊也。疑奪「所吕」二字。笞，所以擊人者，因之謂擊人爲笞也。《方言》引《傳》曰：「慈母之怒子也，雖折葼笞之，其惠存焉。」後世笞、杖、徒、流、大辟五刑，制於隨唐，至於今日，笞有名無實。从竹，台聲。丑之切，一部。

籤 驗也。驗，當作「譣」，占譣然不也。小徐曰：「籤出其處爲驗也。」一曰，銳也。貫也。銳、貫二義相成，與占譣意相足。从竹，韱聲。七廉切，七部。

𥳑 榜也。木部曰：「榜，所以輔弓弩也。」檢柙弓弩，必攷擊之，故《廣雅》曰：「榜，擊也。」引伸之義也。《史》、《漢》多言榜笞、榜箠。从竹，殿聲。殳部曰：「殿，擊也。」此形聲包會意。徒冤切，十三部。

箴 綴衣箴也。綴衣，聯綴之也，謂籤之使不散。若用以縫，則从金之鍼也。《尚書》「贅衣」，即綴衣也㉑。引伸之義，爲箴規。古箴、鍼通用。《風俗通》曰：「衞大夫箴莊子」，今《左傳》作鍼莊子。从竹，咸聲。職深切，七部。

箾 吕竿擊人也。《西京賦》曰：「飛罕潚箾。」薛曰：「潚箾，罕形也。」按，罕者，网之以竿爲柄者也。《左傳》：「舞象箾南籥。」杜曰：「象箾，舞所執。南籥，以籥舞也。」箾不知何等器，豈以竽舞與？从竹，削聲。所角切，二部。虞舜樂曰箾韶。按，音部引《書》「簫韶九成」，知《皋陶謨》字作「簫」，此云「箾韶」，葢據《左傳》。《左》云：「見舞韶箾者。」此作箾韶，見《書》與《左》一也。孔疏云：「箾即簫字。」釋文：「箾音簫。」與上文「象箾」音朔異。今按，同爲樂名，不當異義異音。疏引賈逵釋「象箾」云：「箾，舞曲名。言天下樂削去無道。」於「箾韶」又不引賈注。

竽　管三十六簧也。管下當有「樂」字。凡竹爲者，皆曰管樂。《周禮·笙師》：「掌教龡竽。」大鄭曰：「竽三十六簧。」按，據《廣雅》「竽三十六管」。然則管皆有簧也。《通卦驗》、《風俗通》皆云：長四尺二寸。竽與笙之管，皆列於匏。《宋書·樂志》曰：「竽，今亡。」从竹，亏聲。羽俱切，五部。

笙　十三簧。蒙上管樂而言，故不云管樂也。大鄭《周禮注》曰：「笙十三簧。」按，《廣雅》云：「笙十三管。」亦每管有簧也。象鳳之身也。笙，正月之音，物生故謂之笙。《白虎通》曰：「八音，匏曰笙。匏之爲言施也，在十二月萬物始施而牙。笙者，大蔟之氣，象萬物之生，故曰笙。」《釋名》曰：「笙，生也。象物貫地而生也。」按，《禮經》東方鐘磬謂之笙鐘、笙磬，笙猶生也。東爲陽中，萬物以生，是以東方鐘磬謂之笙也。初生之物必細，故《方言》云：「笙，細也。」竽，大笙也。故竽可訓大。大者謂之巢，小者謂之和。見《釋樂》。孫云：「巢高大，和小笙。」《鄉射記》曰：「三笙一和而成聲。」三笙謂大者，一和謂小者也。从竹生。列管，故从竹。正月之音，故从生。舉會意包形聲也。《韵會》本無「聲」字爲長。所庚切，十一部。古者隨作笙。《通典》曰：「出《世本》。」

簧　笙中簧也。《小雅》：「吹笙鼓簧。」傳曰：「簧，笙簧也。吹笙則簧鼓矣。」按，經有單言簧者，謂笙也。《王風》：「左執簧。」傳曰：「簧，笙也。」是也。从竹，黃聲。户光切，十部。古者女媧作簧。葢出《世本·作篇》。《明堂位》曰：「女媧之笙簧。」按，笙與簧同器，不嫌二人作者，簧之用廣，或先作簧而後施於笙竽，未可知也。

䇲　簧屬。今之鎖，簧以張之，䇲以斂之，則启矣。其用與笙中簧同也。从竹，是聲。是支切，十六部。

簫　參差管樂。言管樂之列管參差者。竽笙列管雖多，而不參差也。《周禮·小師》注：「簫，編小竹管，如今賣飴餳所吹者。」《周頌》箋同。《廣雅》云：「大者二十三管，小者十六管。」[22]王逸注《楚辭》云：「參差洞簫也。」象鳳之翼。排其管相對如翼。从竹，肅聲。《釋名》：「簫，肅也。其聲肅肅而清也。」穌彫切，古音在三部。

筒　通簫也。所謂洞簫也。《廣雅》云：「大者二十三管，無底。」[23]是也。《漢·章帝紀》：「吹洞簫。」[24]如淳曰：「洞者，通也。簫之無底者也。」从竹，同聲。徒弄切，九部。

籟　三孔龠也。龠部曰：「龠，管樂，六孔，以和衆聲。」[25]按，《毛詩》傳曰：「龠，六孔。」許龠下從之。此云「三孔龠」者，謂龠之三孔者，則名籟也。鄭注《笙師》、《少儀》、《明堂位》皆云：「籥如笛，三孔。」鄭專謂籟耳。今本《說文》龠下爲淺人所亂，然於此可以正彼。《莊子》人籟、地籟、天籟，引伸義也。大者謂之笙，笙，《釋樂》作「產」。其中謂之籟。《釋樂》作「謂之仲」，蓋誤。小者謂之箹。三句見《釋樂》。大者葢六孔者也，中者三孔。从竹，賴聲。洛帶切，十五部。

箹 小籟也。从竹，約聲。於角切，二部。

管 如篪，六孔。篪有七孔，見大鄭《笙師》注。管之異於篪者，孔六耳。賈逵、大鄭、許君、應劭《風俗通》、蔡邕《月令章句》、張揖《廣雅》皆云：「如篪，六孔。」惟後鄭《周禮》注、《詩》箋云：「如篴而小，併兩而吹之。今大予樂官有焉。」十二月之音，物開地牙，故謂之管。《風俗通》曰：「管，漆竹，長一尺，六孔。十二月之音也。物貫地而牙，故謂之管。」「物開地牙」四字有脱誤，當作「物貫地而牙」。貫、管同音，牙、芽古今字。古書多云「十一月物萌，十二月物牙，正月物見」也。从竹，官聲。古滿切，十四部。

琯 古者管吕玉。此句今正。舜之時，西王母來獻其白琯。見《大戴禮》、《尚書大傳》。前零陵文學姓奚，於泠道舜祠下得笙玉琯。見《風俗通》。孟康《漢書注》、《宋書·樂志》皆云：「漢章帝時，零陵文學奚景於泠道舜祠下得笙白玉管。」惟孟注無「笙」字，盧注《大戴》作「明帝時」，亦無笙字。夫吕玉作音，故神人吕和，鳳皇來儀也。《風俗通》同。从王，官聲。按，此疑出後人用《風俗通》沾綴許書，衹當云「古者管以玉，或从玉」。

篎 小管謂之篎。《釋樂》：「大管謂之簥，其中謂之篞，小者謂之篎。」許無「簥」、「篞」字者，許所據不从竹。从竹，眇聲。亡沼切，二部。

笛 七孔筩也。《文選》李注引《說文》：「笛，七孔，長一尺四寸。今人長笛是也。」此葢以注家語益之。《風俗通》亦云「長尺四寸，七孔。」《周禮·笙師》字作「篴」，大鄭云：「杜子春讀篴如蕩滌之滌，今人所吹五空竹篴。」按，篴、笛古今字。大鄭注上作篴，下作笛。後人妄改一之。大鄭云「五孔」，馬融賦亦云：「《易》京君明識音律，故本四孔加以一，君明所加孔後出，是謂商聲五音畢。」然則漢時長笛五孔甚明，云七孔者，《禮》家說古笛也。許與大鄭異。从竹，由聲。由與逐皆三部聲也。古音如逐，今音徒歷切。羌笛三孔。言此以別於笛七孔也。馬曰：「近世雙笛從羌起。」謂長笛與羌笛皆出於羌，漢丘仲因羌人截竹而爲之，知古篴漢初亡矣。李善曰：「羌笛長於古笛，有三孔，大小異。」

筑 吕竹曲五弦之樂也。「以竹曲」，不可通。《廣韵》作「以竹爲」，亦繆。惟《吳都賦》李注作「似箏，五弦之樂也」近是。箏下云：「五弦，筑身。」然則筑似箏也。但高注《淮南》曰：「筑曲二十一弦。」可見此器絫呼之名「筑曲」。《釋名》：「筑，以竹鼓之也。」《御覽》引《樂書》云：「以竹尺擊之，如擊琴然。」今審定其文，當云「筑曲，以竹鼓弦之樂也。」高云「二十一弦」，《樂書》云「十三弦」，筑弦數未審。古者箏五弦，《説文》殆筑下「鼓弦」與箏下「五弦」互譌耳。箏下云「筑身」，則筑下不必云「似箏」，恐李善亦眛於筑曲而改之。从巩竹。持而擊之也。巩，持之也。《樂書》曰：「項細肩圓，鼓法以左手扼項，右手以竹尺擊之。」《史》云「善擊筑者高漸離。」竹亦聲。張六切，三部。

箏 五弦筑身樂也。各本作「鼓弦竹身」，不可通。今依《太平御覽》正。《風俗通》曰：「箏，謹按：《樂記》：五弦筑身也。今并、梁二州箏形如瑟，不知誰所改作也。或曰，秦蒙恬所造。」據此，知古箏五弦，恬乃改十二弦，變形如瑟耳。魏晉以後，箏皆如瑟十二弦，唐至今十三弦。筑似箏細項，古筑與箏相似，不同瑟也。言筑身者，以見形如瑟者之非古也。言五弦筑身者，以見箏之弦少於筑也。《宋書·樂志》改筑身爲「瑟身」㉖，誤矣。从竹，筑本竹聲，故从竹，即从筑省也。筑、箏皆木爲之。爭聲。側莖切，十一部。

箛 吹鞭也。《風俗通》曰：「《漢書》舊注：箛者，吹鞭也。」《急就篇》曰：「箛篍起居課後先。」師古曰：「箛，吹鞭也。篍，吹箭也。起居，謂晨起夜臥及休食時，督作之司以此二者爲之節度。」《宋書·樂志》：「《晉先蠶》注：吹小箛、大箛。」按，云鞭者，如《長笛賦》云「裁以當邁便易持」也。从竹，孤聲。古乎切，五部。

篍 吹箭也。吹鞭，葢葭爲之；吹箭，葢竹爲之。《風俗通》曰：「《漢書注》：篍，箭也。言其聲音篍篍，名自定也。」从竹，秌聲。七肖切。按，《廣韵》七遙切，又音秋，古音在三部。

籌 壺矢也。《禮記·投壺篇》曰：「籌，室中五扶，堂上七扶，庭中九扶。」注曰：「籌，矢也。」按，引伸爲泛偁，又謂計筭爲籌度。从竹，𠷎聲。直由切，三部。

簺 行棊相塞謂之簺。格五，見《吾丘壽王傳》。劉德曰：「格五，棊行。《簺法》曰：簺自乘五，至五格不得行，故云格五。」《莊子》作「博塞」。从竹塞。塞亦聲。先代切，一部。

簙 局戲也。六箸十二棊也。古戲，今不得其實。箸，《韓非》所謂「博箭」。《招䰟》注云：箟簬作箸㉗。故其字从竹。从竹，博聲。補各切，五部。經傳多假「博」字。古者，烏曹作簙。曹字依《韵會》，各本作「冑」，非。《廣韵》曰：「出《世本》。」

篳 藩落也。藩落，猶俗云籬落也。篳之言蔽也。从竹，畢聲。卑吉切，十二部。《春秋傳》曰：「篳門圭窬。」見襄十年《左傳》。杜曰：「篳門，柴門。」《廣韵》曰：「織荆門也。」

⿱竹⿱旡夊 蔽不見也。《爾雅》：「薆，隱也。」《方言》：「揜、翳，薆也。」其字皆當从竹，竹善蔽。《九歌》曰「余處幽篁兮，終不見天」是也。《大雅》「愛莫助之」，毛曰：「愛，隱也。」假借字也。《邶風》

「愛而不見」，郭注《方言》作「薆而」。从竹，㤅聲。烏代切，十五部。

⿱竹嚴 雉射者所蔽者也。依晉灼補上「者」字。此即《射雉》之「翳」也㉘。亦謂之「廩」。《廣雅》廩作「篻」。从竹，嚴聲。語杴切，八部。

䉌 禁苑也。《宣帝紀》：「詔池䉌未御幸者，假與貧民。」蘇林曰：「折竹以繩綿連禁禦，使人不得往來，律名爲䉌。」應劭曰：「䉌者，禁苑也。」按，蘇、應説與許合。《元帝紀》：「詔罷嚴䉌池田，假與貧民。」《西京賦》㉙云：「洪池清䉌。」清䉌，猶《漢書》云「嚴䉌」也。晉灼釋嚴䉌爲射苑，故引許⿱竹嚴字之解，謂嚴與⿱竹嚴同，可以訓射，亦迂曲矣。从竹，御聲。魚舉切，五部。《春秋傳》曰：「澤之自䉌。」自，當作「舟」。昭二十年《左傳》曰：「澤之萑蒲，舟鮫守之。」鮫當是魰誤，許所據竟作「舟䉌」耳。《魯語》有「舟虞」，同也。

魰 䉌或作魰。从又，从魚。从又者，取扞衞之意。

筭 長六寸，所㠯計曆數者。所㠯二字今補。《漢·志》云：「筭法，用竹，徑一分，長六寸，二百七十一枚而成六觚，爲一握。」此謂筭籌，與算數字各用。計之所謂算也，古書多不別。从竹弄。穌貫切，十四部。言常弄乃不誤也。説从弄之意。

算 數也。《論語》：「何足算也。」鄭曰：「算，數也。」古假選爲算。如《邶風》「不可選也」，《車攻·序》「因田獵而選車徒」，選皆訓數是也。又假撰爲算。如《大司馬》「羣吏撰車徒」，鄭曰「撰讀曰算，謂數擇之也」是也。筭爲算之器，算爲筭之用，二字音同而義別。从竹具。从竹者，謂必用筭以計也。从具者，具，數也。讀若筭。穌管切，十四部。

笑 喜也。从竹，从犬。徐鼎臣説「孫愐《唐韻》引《説文》云：笑，喜也。从竹，从犬。而不述其義。」攷孫愐《唐韻·序》云：「仍篆隸石經，勒存正體，幸不譏煩。」蓋《唐韻》每字皆勒《説文》篆體，此字之从竹犬，孫親見其然，是以唐人無不从犬作者。《干祿字書》云：「咲，通；笑，正。」《五經文字》，力尊《説文》者也，亦作「笑，喜也。从竹下犬。」《玉篇》竹部亦作笑。《廣韻》因《唐韻》之舊，亦作笑，此本無可疑者。自唐玄度《九經字様》始先笑後笑，引楊承慶《字統》異説云：「从竹，从夭。竹爲樂器，君子樂然後笑。」《字統》每與《説文》乖異，見《玄應書》。蓋楊氏求从犬之故不得，是用改夭形聲，唐氏從之。李陽冰遂云：「竹得風其體夭屈，如人之笑。」自後徐楚金缺此篆，鼎臣竟改《説文》笑作笑，而《集韻》、《類篇》乃有笑無笑，宋以後經籍無笑字矣。今以顧野王、孫愐、顏元孫、張參爲據，復其正始。或問曰：从犬可得其説乎？曰：从竹之義，且不敢妄言，況从犬乎？聞疑載疑可也。假云必不宜从犬，則哭又何以从犬乎？哭之獄省聲，乃亦强作解事者爲之也。詳哭下。私妙切，二部。〇又按，宋初《説文》本無笑，鉉增之，十九文之一也。孫愐但从竹从犬，其本在竹部，抑在犬部，鉉不能知，姑綴於竹末。今依之。恐有未協，準哭从犬求之，笑或本在犬部，而从竹部之字之省聲，未可知也。

第 次也。从竹弟。此見《毛詩正義》卷一之一引《説文》，其在弟部抑竹部，今不可知。要孔沖遠所據有此篆無疑，俗省弟作第耳。特計切，十五部。

文百四十四。今補「第」，則百四十五。　重十五㉚。

箕 所㠯簸者也。「所㠯、者」三字今補。全書中「所㠯」字，爲淺人刪者多矣。《小雅》曰：「維南有箕，不可以簸揚。」《廣韵》引《世本》曰：「箕帚少康作。」按，簸揚與受𡍮皆用箕。从竹𠀠，象形。丌，其下也。四字依《韵會》本。今各本丌下互譌。居之切，一部。凡箕之屬皆从箕。

𠀠 古文箕。象形。不用足，今之箕多不用足者。

𠈶 亦古文箕。下象竦手。

𠀡 亦古文箕。此象箕之哆口。

其 籒文箕。依大徐作籒。按，經籍通用此字爲語詞。渠之切，或居之切。

𠥱 籒文箕。从匚會意。匚部曰：「𠤭，籒文匚。」

簸 揚米去康也。與播布之義相近。从箕，皮聲。布火切，十七部。

文二。　重五。

丌 下基也。字亦作「六」，古多用爲今渠之切之「其」，《墨子》書其字多作六，六與丌同也。荐物之丌，象形。平而有足，可以薦物。凡丌之屬皆从丌。讀若箕同。居之切，一部。

𨑖 古之遒人，㠯木鐸記詩言。《左傳·襄十四年》師曠引《夏書》曰：「遒人以木鐸徇于路，官師相規，工執藝事以諫。正月孟春，於是乎有之。」杜云：「木鐸徇于路，采歌謡之言也。」何注《公羊》曰：「五穀畢入，民皆居宅，男女同巷，相從夜績。從十月盡正月止。男女有所怨恨，相從而歌。飢者歌其食，勞者歌其事。男年六十，女年五十無子者，官衣食之。使之民間求詩，鄉移於邑，邑移於國，國以聞於天子。故王者不出牖户，盡知天下。」《食貨志》曰：「孟春之月，行人振木鐸徇於路，㠯采詩獻之。大師比其音律，以聞於天子。故曰：王者不窺牖户，而知天下。」遒人，即班之行人。以木鐸巡於路，使民間出男女歌詠，記之簡牘，遞薦於天子。故其字從辵丌。辵者，行也。丌者，薦也。記與丌疊韵也。僞《尚書》襲《左傳》，而不言振木鐸者何所事。〇按，劉歆《與楊雄書》云：「三代周秦，軒車使者，逌人使者以歲八月巡路，求代語僮謡歌戲。」楊《荅劉書》云：「嘗聞先代輶軒之使奏籍之書，皆藏於周秦之室。」又云：「翁孺猶見輶軒之使所奏言。」二書皆即遒人之事也。逌、輶、遒三字同音，逌人即遒人。楊劉皆謂使者采集絶代語釋別國方言，故許㮚栝之曰「詩言」，班、何則但云采詩也。劉云求「代語僮謡歌戲」，則詩在其中矣。《周禮·大行人》：「屬象胥諭言語，協辭命，屬瞽史諭書名，聽聲音。」豈非楊、劉所謂使者，班所謂行人與？説者雖殊，可略見古者考文之事，爲政之不外正名矣。〇乃部云：「逌，氣行皃。」逌訓行，故逌人即行人也。逌蓋迺之假借字。从辵丌，丌亦聲。讀與記同。居吏切，一部。《大雅》「往近王舅」，假借爲語詞也。《王風》「彼其之子」，箋云：「其或作記，或作己，讀聲相似。」《鄭風》箋云：「忌讀爲彼己之子之己。」《崧高》傳曰：「近，己也。」箋申之曰：「己，辭也。讀如彼己之子之己。」㉛是則己、忌、記、其、近，五字通用，一部也。《大雅》作「近」者，誤。近，十三部也。

典　五帝之書也。三墳五典，見《左傳》。从冊在丌上，尊閣之也。閣猶架也。以丌庋閣之也。多殄切，古音在十三部。莊都說：典，大冊也。此字形之別說也。莊都者，博訪通人之一也。謂典字上从冊，下从大，以大冊會意。與冊在丌上說異。不别爲篆者，許意下本不從大，故存其說而已。

䈞　古文典从竹。古文冊作笧，此从古文冊也。漢碑多有从竹、从艸者。

畀　相付与之約在閣上也。与，舊作「與」。勺部曰：与，與予同。予，推予也。與，黨與也。今正。約，當作「物」。古者物相与必有藉，藉即閣也。故其字从丌。疑此有奪文，當云「相付与也。付与之物在閣上。从丌。」《祭統》曰：「夫祭有畀煇、胞、翟、閽者，惠下之道也。」畀之爲言與也，能以其餘畀其下者也。此謂上之与下，庋閣而命取之。从丌，由聲。由，敷勿切，鬼頭也。必至切，十五部。

巺　具也。孔子說《易》曰：「巺，入也。」巺乃愻之假借字。愻，順也。順故善入。許云「具也」者，巺之本義也。巺今作「巽」。从丌，𠯑聲。形聲包會意。卪部曰「𠯑，二卪也。巺从此。」按，二卪者，具意也。蘇困切，古音在十四部。

巽　古文巺。从𠯑，从廾。

巽　篆文巺。《汗簡》、《古文四聲韵》載此體，各乖異，未詳宜何從也。竊疑此篆字當作「籀」，字之誤也。古文下从廾，廾亦具意也。籀文緐重，則从𠯑、从廾，而又从丌。《古文四聲韵》作巽，蓋不誤。小篆則省廾作巺，後人隸字則从籀變之作巽。說文㉜仿隸爲之，非也。

顨　巺也。具也。从丌，从頭。頁部曰：「頭，選具也。」按，選具者，選而供置之也。此《易·顨卦》「爲長女」「爲風」者。今《周易·巺卦》作「巺」。許於巺下云「具也」，不云「卦名」，謂顨爲《易》卦名之字。蓋二字皆訓具也，其義同，其音同。伏羲、文王作「顨」，孔子則作「巽」、「巺」，而小篆乃作「巺」矣。顨爲卦名，巺爲卦德。孔子《彖傳》但言健順、動止、巺陷、麗說，皆卦德也。其言重巺以申命，巺以行權。震，動也。巺，入也。巺爲雞，巺爲股，巺爲木，爲風，爲長女，皆當舉卦名而不作顨，但云巺以德爲名者，於伏羲、文王爲古今字也。是可以知字有古今之理矣。許於此特言之者，存《周易》冣初之古文也。此說本之江氏聲。愚又謂許所見《易》惟此爲木、爲風、爲長女之字作顨，猶今《易》惟《襍卦》傳之「姤」作「遘」也。各本此篆在畀篆之上，今正之，次此。

奠　置祭也。置祭者，置酒食而祭也。故从酋丌，丌者，所置物之質也。如置於席，則席爲丌。引伸爲凡置之偁，又引伸爲奠高山大川之奠，定也。《大玄》：「天地奠位。」假奠字爲之。从酋，酋，酒也。見酋下。置之物多矣，言酒者，舉其一耑也。丌，其下也。丌下各本互譌，今依箕篆下正。堂練切，古音在十一部。《禮》有奠祭。各本下有「者」字，《韵會》無。《説文》「《禮》有刷巾」，「《禮》有柶」，「《禮》有緇緣」，句法皆同，無「者」是也。《禮》謂《禮經》也。《士喪禮》、《既夕禮》祭皆謂之奠，葬乃以「虞」易「奠」。又《文王世子》篇：「釋奠于其先師。」注云：「釋奠，薦饌酌奠而已，無迎尸以下之事。」《召南》：「于以奠之。」毛云：「奠，置也。」箋云：「謂教成之祭也。」《昏義》注云：「此告事耳，非正祭也。」

文七。　重三。

左　𠂇手相左也。各本俱誤，今正。左者，今之佐字。《説文》無佐也。𠂇者，今之左字。𠂇部曰：「左手也。」謂左助之手也。以手助手，是曰左；以口助手，是曰右。从𠂇工。工者，左助之意。則箇切，十七部。凡左之屬皆从左。

差　貣也。左不相值也。貣，各本作「貳」，左，各本作「差」，今正。貣者，忒之假借字。心部曰：「忒，失當也。」失當即所謂不相值也㉝。《釋言》曰：「爽，差也。爽，忒也。」忒與㤜蓋本一字。《尚書》「二人，衍忒」，《宋世家》作「貣」。《易》「四時不忒」，京房作「貣」。《管子》全書皆以貣爲忒。貣與貳，形易相誤。《月令》「宿離不貣」。釋文：「貣，他得切。徐音二。」「無有差貣。」釋文：「貣音二。又他得反。」《緇衣》：「其儀不忒。」釋文：「忒，他得反。又作貳，音二。」《漢費鳳碑》貣與則、德韵，婁氏釋作貳，皆貣之誤爲貳者也。貳與貣、忒，音既脂、之迥別，義則貳訓副也。副貳之解，何得同於差忒乎。《左氏傳》：「其卜貳圉。」杜注：「貳，代也。」按，《外傳》作「以代圉」，謂用世次當立之圉。《左傳》作「貳圉」，謂副貳之圉。《坊記》注引之。此則當各依文爲釋。杜注《左》云「貳，代也」，似爲牽合。此云「貣也」者，用漢人常用字，故不作「忒」也。云「左不相值也」者，左之而不相當，則𢀩矣。今俗語所謂左也，故其字从左，从𠂹。𠂹者，乖也。从左𠂹。《韵會》作「𠂹省聲」，疑是「𠂹省聲」之誤。初牙切，十七部。在支韵，則楚宜切。在佳韵，則楚佳、楚懈切。《説文》竹部曰「篸差」，木部曰「槮差」，糸部曰「參縒」。《吉日》傳曰：「差，擇也。」其引伸之義也。

差　籒文𢀩，从二。从二者，歧出乖異之意。

文二。　重一。

工　巧飾也。飾，㧜古今字。又部曰：「㕞，飾也。」巾部曰：「飾，㕞也。」聿部曰：「𦘔，聿飾也。」彡部曰：「彡，毛飾畫文也。」皆今之拭字也。此云「巧飾也」者，依古文作𢒄爲訓。彡者，飾畫文。巧飾者，謂如嫚人施廣領大袖以仰涂，而領袖不污是也。惟孰於規榘乃能如是。引伸之，凡善其事曰工。見《小雅》毛傳。象人有規榘，直中繩，二平中準，是規榘也。與巫同意。𢒄有規榘，而彡象其善飾。巫事無形，亦有規榘，而𠬞象其网袤，故曰同意。凡言某與某同意者，皆謂字形之意有相似者。古紅切，九部。凡工之屬皆从工。

𢒄古文工从彡。

式 法也。廌部法作「灋」。灋，荆也。引伸之義爲式用也。按，《周禮》八灋、八則、九式，異其文。注曰：「則亦法也。式謂用財之節度。」从工，弋聲。賞職切，一部。

巧 技也。手部曰：「技，巧也。」从工，丂聲。苦浩切，古音在三部。丂部曰：「古文以丂爲丂。」㉞

巨 規巨也。《周髀筭經》曰：「圜出於方，方出於矩，矩出於九九八十一，故折矩以爲句廣三，股脩四，徑隅五。既方其外，半之一矩，環而共盤，得成三四五。兩矩共長二十有五，是謂積矩。用矩之道，平矩以正繩，偃矩以望高，覆矩以測深，臥矩以知遠，環矩以爲圓，合矩以爲方。方屬地，圓屬天，天圓地方。方數爲典，以方出圓。」按，規矩二字，猶言法度，古不分別。規圜矩方者，圜出於方，圜方皆出於矩也。夫部曰：「規，有法度也。」不言圜曰規。《考工記》：「斲轂之道必矩其陰陽。」注：「矩謂刻識之也。」凡識其廣長曰矩，故凡有所刻識皆謂之矩。从工，象手持之。謂コ也。其呂切，五部。按，後人分別「巨，大也」，「矩，法也。常也」。與《説文》字異。其呂切，《唐韵》也。《廣韵》作「矩」、「榘」，入《九麌》，俱雨切。又云：「《説文》又其呂切。」此出《説文音隱》。

榘 巨或从木矢。矢者，其中正也。矢部曰：「有所長短，以矢爲正。」按，今字作「矩」，省木。

𢀗 古文巨。此爲象手持之。小篆變之，取整齊耳。《大學》「絜矩之道」注云：「矩或作巨。」此古文之遺也。

文四。　重三。

㠭 極巧視之也。工爲巧，故四工爲極巧。極巧視之，謂如離婁之明，公輸子之巧，既竭目力也。凡展布字當用此，展行而㠭廢矣。《玉篇》曰：「㠭，今作展。」从四工。知衍切，十四部。凡㠭之屬皆从㠭。

𡫳 窒也。穴部曰：「窒，𡫳也。」此與土部「塞」音同義異，與心部「㥶」音同義近。塞，隔也。隔，塞也。與「𡫳，窒」訓別。㥶，實也。實，富也。與「𡫳，窒」訓近。凡填塞字，皆當作𡫳，自塞行而𡫳、㥶皆廢矣。从㠭，从廾，窒宀中。竦手舉物填屋中也。从三字會意。㠭猶齊也。説从㠭之意。凡漢人訓詁，本異義而通之曰猶，㠭从四工，同心同力之狀，窒不必極巧，故曰「猶齊」。注經者多言猶，許書言猶者，三見耳㉟。穌則切，一部。

文二。

巫 巫祝也。依《韵會》本三字一句。按，祝乃「覡」之誤。巫覡皆巫也，故覡篆下總言其義。示部曰：「祝，祭主贊辭者。」《周禮》祝與巫分職，二者雖相須爲用，不得以祝釋巫也。女能事無形吕舞降神者也。無，舞皆與巫疊韵。《周禮》：「女巫無數，旱暵則舞雩。」許云能「以舞降神」，故其字象舞褎。象人兩褎舞形，謂⺍也。太史公曰：「《韓子》稱長袖善舞。」不言从工者，工小篆也，巫小篆之仍古文者也，古文不从小篆也。不言工象人有規榘者，已見上文工下矣。式巧何以从工？式巧之古文本从彡也。巨何以从工也？巨下云「从工」，猶云象規榘也。與工同意。此當云與彡同意。說見工下。武扶切，五部。古者巫咸初作巫。蓋出《世本·作篇》。《君奭》曰：「在大戊時，則有巫咸乂王家。」《書·序》曰：「伊陟相大戊，伊陟贊于巫咸。」馬云：「巫，男巫，名咸，殷之巫也。」鄭云：「巫咸謂爲巫官者。」《封禪書》曰：「伊陟贊巫咸，巫咸之興自此始。」謂巫覡自此始也。或云：大臣必不作巫官。是未讀《楚語》矣，賢聖何必不作巫乎。凡巫之屬皆从巫。

古文巫。筮之小篆从此。

覡　能齊肅事神明者。《楚語》：「民之精爽不懈貳者，而又能齊肅衷正，其知能上下比義，其聖能光遠宣朗，其明能光照之，其總能聽徹之，如是則明神降之，在男曰覡，在女曰巫，是使制神之處位次主，而爲之牲器時服。」㊱韋注：「齊，一也。肅，敬也。巫覡，見鬼者。」今《說文》齊作「齋」，非；《國語》神明作「明神」，非。在男曰覡，在女曰巫。此析言之耳，統言則《周禮》男亦曰巫，女非不可曰覡也。《詩譜》曰：「陳大姬無子，好巫覡禱祈鬼神歌舞之樂，民俗化而爲之。」从巫見。見鬼者也，故从見。胡狄切，十六部。

文二。　重一。

甘　美也。羊部曰：「美，甘也。」甘爲五味之一，而五味之可口皆曰甘。从口含一。一，道也。食物不一，而道則一，所謂味道之腴也。古三切，古音在七部。凡甘之屬皆从甘。

甛　美也。《周禮注》「恬酒」，恬即甛字。从甘舌。舌，知甘者。說从舌之意。

曆　和也。和，當作「盉」，寫者亂之耳。皿部曰：「盉，調味也。」从甘厤。厤，調也。說从厤之意。厂部曰：「厤，治也。」秝部曰：「稀疏適也。」稀疏適者，調龢之意。《周禮》：「凡和，春多酸，夏多苦，秋多辛，冬多鹹，調以滑甘。」此从甘厤之義也。各本及《篇》、《韵》、《集韵》、《類篇》字體皆譌，今正。甘亦聲。讀若函。古三切，七部。

猒　飽也。足也。足也二字依《韵會》增。淺人多改猒爲「厭」，厭專行而猒廢矣。猒與厭音同而義異。《雒誥》：「萬年猒于乃德。」此古字當存者也。按，飽足則人意倦矣，故引伸爲猒倦、猒憎。《釋詁》曰：「豫、射，厭也」是也。豫者，古以爲舒字，安也，亦緩也。《洪範》「曰豫」「曰急」，豫猶怠也。猒、厭古今字。猒、饜正俗字。从甘肰。肰，犬肉也。此會意。於鹽切，古音在七部。

猒　猒或从㠯。㠯，用也。用之猶甘之也。

甚　尤安樂也。尤甘也。引伸凡殊尤皆曰甚。从甘匹。匹，各本誤「甘」，依《韵會》正。常枕切，七部。匹，逗。

耦也。說从匹之意。人情所尤安樂者，必在所溺愛也。

𠙻 古文甚。从口猶从甘也。

文五。　重二。

旨 美也。疊韵。今字以爲意恉字。从甘，匕聲。職雉切，十五部。凡旨之屬皆从旨。

𣅀 古文旨。从千甘者，謂甘多也。

嘗 口味之也。引伸凡經過者爲嘗，未經過爲未嘗。从旨，尚聲。市羊切，十部。

文二。　重一。按，旨部本在亏後、喜前，江聲曰：旨當與甘爲類。今移於此。

曰 詞也。詞者，意内而言外也。有是意而有是言，亦謂之「曰」，亦謂之「云」，云、曰雙聲也。《釋詁》：「粵、于、爰，曰也。」此謂《詩》、《書》古文多有以曰爲爰者，故粵、于、爰、曰四字可互相訓，以雙聲疊韵相假借也。从口乚，象口气出也。各本作「从口，乙聲，亦象口气出也」，非是。《孝經音義》曰：「从乚在口上，乚象氣，人將發語，口上有氣。」今據正。王伐切，十五部。凡曰之屬皆从曰。

𠕁 告也。按，下云「从曰从冊」會意，則當作「冊告也」三字。簡牘曰冊，以簡告誡曰𠕁，冊行而𠕁廢矣。从曰，从冊，冊亦聲。楚革切，十六部。

曷 何也。雙聲也。《詩》有言「曷」者，如「曷不肅雝」，箋云：「曷，何也。」有言「害」者，如「害澣害不」，傳云：「害，何也。」害者，曷之假借字，《詩》、《書》多以害爲曷。《釋詁》：「曷，止也。」此以曷爲遏。《釋言》曰：「曷，盍也。」此亦假借。凡言「何不」者，急言之，但云「曷」也。从曰，匃聲。胡葛切，十五部。

曶 出气詞也。《玉篇》作曶。出乞者㊲，其意也。曶者，其言也。意内言外謂之詞。此與心部忽音同義異。忽，忘也。若《羽獵賦》「蠁曶如神」，傅毅《舞賦》「雲轉飄曶」，《漢樊敏碑》「奄曶滅形」，皆出气之意。倐猝之皃，本當用此字，不當作忽忘字也。《楊雄傳》「於時人皆曶之」，則假曶爲忽。《古今人表》仲忽作「中曶」，許云「鄭大子曶」，則未識名字取何義也。今則忽行而曶廢矣。从曰，乚象气出形。呼骨切，十五部。俗作「曶」。《春秋傳》曰：「鄭大子曶」始見《左傳·桓公十年》，今字作「忽」。

𡆪 籀文曶。从口。一曰，佩也。象形。按，六字當作「一曰，佩曶也」五字，系於象气出形之下，《春秋傳》之上，淺人改易之，致不通耳。不得謂古曶可从口，不可从曰，亦不得謂曶象曶形也。《咎繇謨》「六律五聲八音在治忽」，《漢書》「在治忽」作「七始訓」㊳，《史記》作「來始滑」，裴駰曰：「《尚書》滑字作曶，音忽。鄭曰：曶者，臣見君所秉書思對命者也。君亦有焉。」據此，則象笏字古作曶。許竹部無笏。

朁 曾也。《釋言》、《大雅》傳、《小雅》箋同。八部曰：「曾者，䛐之舒也。」曾之言乃也。詳八部。从曰，兓聲。七感切，古音在七部。《詩》曰：「朁不畏明。」《大雅》文。今《民勞》、《十月之交》、《爾雅》字皆作「憯」，憯之本義，痛也。

沓 語多沓沓也。《孟子》、毛傳釋《詩》皆曰「泄泄猶沓沓也。」引伸爲凡重沓字，假借爲達字。毛《生民》傳曰：「達，達生也。先生，姜嫄之子先生者也。」達生即沓生，謂始生而如再生、三生之易也。《車攻》傳曰：「舄，達履也。」達履即沓履，所謂「複下曰舄」也。《板》箋曰：「女無憲憲然，無沓沓然，爲之制法度，達其意以成其惡。」以達釋沓，是其理也。从水曰。會意也。徒合切，古音葢在十五部。遼東有沓縣。兩《志》皆作「遼東沓氏縣」，顏曰：「凡言氏者，皆謂因之而立名。」

曹 獄兩曹也。兩曹，今俗所謂原告、被告也。曹猶類也。《史記》曰：「遣吏分曹逐捕。」古文《尚書》：「兩造具備。」《史記》「兩造」一作「兩遭」，兩遭、兩造，即兩曹，古字多假借也。曹之引伸爲輩也，羣也。从棘，在廷東也。兩曹在廷東，故从二東之棘，其制未聞也。从曰，治事者也。謂聽獄者。已上十二字，依《韵會》本。昨牢切，古音在三部。

文七。 重一。

乃 曳䛐之難也。《玉篇》䛐作「離」，非也。上當有「者」字。曳有矯拂之意，曳其言而轉之，若「而」、若「乃」皆是也。乃則其曳之難者也。《春秋·宣八年》「日中而克葬」，定十五年「日下昃乃克葬」。《公羊傳》曰：「而者何？難也。乃者何？難也。曷爲或言而或言乃？乃難乎而也。」何注：「言乃者，內而深；言而者，外而淺。」按，乃、然、而、汝、若，一語之轉，故乃又訓汝也。象气之出難也。气出不能直遂，象形。奴亥切，一部。凡乃之屬皆从乃。

𠄎 古文乃。

𠄏 籒文乃。三之以見其意。

𠧧 驚聲也。从乃省，卤聲。卤聲，宋本作「西聲」，不誤。趙鈔及俗刻作「鹵聲」，誤甚。「从乃省」者，从乃而未盡其曲折也。卤者，籒文西字，以西爲聲也。鍇本作「从乃，卤省聲」，非是。「驚聲」者，驚訝之聲，與乃字音義俱別。《詩》、《書》、《史》、《漢》發語多用此字作「迺」，而流俗多改爲「乃」。按，《釋詁》曰：「仍、迺、侯，乃也。」以乃釋迺，則本非一字可知矣。西聲則古音當在十三部，古音西讀如詵，又讀如仙。籒文𠧧不省。按，此五字疑有誤，當作「卤，籒文𠧧」。《說文》之通例如此。或曰𠧧，逗。鍇作「隨」，非。往也。《玄應書》三引《倉頡篇》「迺，往也」。讀若仍。如乘切。按，此三字不在卤聲之下而系於此，是或說往義之音則然也。仍、孕字皆乃聲，一部與六部合音也。𠧧讀若仍，則謂从卤乃省聲。或說與前說迥異，今人迺讀乃，與或說相近。

𠧧 古文𠧧。𠧧本古文，此又古文之異者也。

逌 气行皃。隸作「逌」。《禹貢》「陽鳥攸居」、「豐水攸同」、「九州攸同」,《漢・地理志》攸皆作「逌」。逌之言于也,陽鳥于是南來得所也,與爰、粤義同。劉歆書「逌人使者」,謂行人之官也。从乃,按,依上卤云「从乃省」,則此亦當有「省」字。卣聲。讀若攸。以周切,三部。

文三。 重三。

丂 气欲舒出,ㄅ上礙於一也。ㄅ者,气欲舒出之象。一其上,不能徑達。此釋字義而字形已見,故不別言形也。苦浩切,古音在三部。丂,古文吕爲亏字,亏與丂音不同而字形相似,字義相近,故古文或以丂爲亏。又吕爲巧字。此則同音假借。凡丂之屬皆从丂。

甹 亟詈也。其意爲亟,其言爲甹,是曰意内言外。甹亦語詈也。《説文》「⿰彳甹⿰彳夆」,《爾雅》作「甹夆」,假借字也。从丂,从由。普丁切,十一部。或曰,與「一曰」同。甹,俠也。此謂甹與俜音義同。人部曰:「俜,俠也。俠,俜也。」《漢・季布傳》「爲人任俠」,音義:「或曰,任,氣力也。俠,甹也。」㊴三輔謂輕財者爲甹。所謂俠也。今人謂輕生曰「甹命」,即此甹字。

寧 願詞也。其意爲願,則其言爲寧,是曰意内言外。寍部㊵曰:「寍,安也。」今字多假寧爲寍,寧行而寍廢矣。古文《尚書》蓋有寍字。陸氏於《大禹謨》曰:「寍,安也。《説文》安寍字如此。寧,願詞也。」此陸氏依許分別二字,今本經宋開寶閒改竄,不可讀。从丂,寍聲。奴丁切,十一部。

文四。

𠀀 反丂也。讀若呵。虎何切,十七部。

可 肎也。肎者,骨閒肉肎肎箸也。凡中其肎綮曰肎。可、肎雙聲。从口𠀀。口气舒。𠀀亦聲。肯我切,十七部。凡可之屬皆从可。

奇 異也。不羣之謂。一曰,不耦。奇耦字當作此,今作偶,俗。按,二義相因。从大,从可。會意,可亦聲。古音在十七部。今音前義渠羈切,後義居宜切。

哿 可也。見《小雅》毛傳。从可,加聲。古我切,十七部。《詩》曰:「哿矣富人。」

哥 聲也。此義未見用者。今呼兄爲哥。从二可。古俄切,十七部。古文目爲歌字。《漢書》多用哥爲歌。

文四。鉉新附有「叵」字,不可也。從反可。按《玄應》引《三蒼》「叵,不可也。」《説文・敘目》亦云:「雖叵復見遠流。」

兮 語所稽也。兮、稽疊韵。稽部曰:「畱止也。」語於此少駐也。此與哉「言之閒也」相似。有假「猗」爲兮者,如《詩》「河水清且漣猗」是也。从丂八,象气越亏也。越、亏皆揚也,八象气分而揚也。胡雞切，十六部。凡兮之屬皆从兮。

㝁 驚詞也。詞，各本作「辭」，誤。今依《篇》、《韵》正。其意驚也，其言㝁也，是爲意内言外。从兮，旬聲。思允切，十二部。

惸 㝁或从心。《大學》：「瑟兮僩兮者，恂栗也。」注曰：「恂字或作峻，讀爲嚴峻之峻，言其容貌嚴栗也。」按，《大學》之恂，即《說文》之惸，有驚懼之意，故恂栗爲容皃嚴栗。心部曰：「恂，信心也。」是其本義。《大學》則假恂爲惸也。《莊子》：「衆狙見之，恂然棄而走。」亦是驚意。

羲 气也。謂气之吹嘘也。按，气下當有奪字。从兮，義聲。許羈切，古音在十七部。

乎 語之餘也。乎、餘疊韵。意不盡，故言乎以永之。班史多假虖爲乎。从兮，象聲上越揚之形也。謂首筆也。象聲气上升越揚之狀。户吴切，五部。

文四。　重一。

号 痛聲也。号，嗁也。凡嗁號字古作号。口部曰：「嗁，号也。」今字則號行而号廢矣。从口在丂上。丂者，气舒而礙。雖礙而必張口出其聲，故口在丂上，号咷之象也。胡到切，二部。按，當讀平聲。凡号之屬皆从号。

號 嘑也。嘑，各本作「呼」，今正。呼，外息也，與嘑義別。口部曰：「嘑，號也。」此二字互訓之證也。《釋言》曰：「號，謼也。」《魏風》傳曰：「號，呼也。」以《說文》律之，謼、呼皆假借字。號嘑者，如今云高叫也。引伸爲名號，爲號令。从号，从虎。嗁号聲高，故从号；虎哮聲厲，故从虎。号亦聲。乎刀切，亦去聲，二部。

文二。

于 於也。於者，古文烏也。烏下云：「孔子曰：烏，亏呼也。取其助气，故以爲烏呼。」然則以於釋亏，亦取其助气。《釋詁》、毛傳皆曰：「亏，於也。」凡《詩》、《書》用亏字，凡《論語》用於字。葢亏、於二字，在周時爲古今字，故《釋詁》、毛傳以今字釋古字也。凡言於，皆自此之彼之詞，其气舒亏。《檀弓》：「易則易，于則于。」《論語》：「有是哉，子之于也。」于皆廣大之義。《左傳》「于民生之不易」，杜云：「于，曰也。」此謂假于爲曰，與《釋詁》「于，曰也」合。象气之舒亏。从丂，从一。一者，其气平也。气出而平，則舒于矣。羽俱切，五部。按，今音于羽俱切，於央居切，烏哀都切，古無是分別也。自周時已分別於爲屬辭之用，見於羣經、《爾雅》，故許仍之。凡亏之屬皆从亏。

虧 气損也。引伸凡損皆曰虧。《小雅》兩言「不騫不崩」，《魯頌》作「不虧不崩」，毛曰：「騫，虧也。」从亏，雐聲。去爲切，據《道德經》㊶。古音在十七部，雐在五部，魚歌合韵也。

虧 虧或从兮。亏兮皆謂气。

粤 亏也。《釋詁》曰：「粤、于、爰，曰也。爰、粤，于也。」

爰、粵、于、那、都、繇，於也。」粵與于雙聲，而又从亏，則亦象气舒于也。《詩》、《書》多假越爲粵，箋云：「越，於也。」又假曰爲粵。寀慎之詞也。也，各本作「者」，今正。此説从寀之意。粵、亏皆訓於，而粵尤爲寀度慎重之詞，故从寀。从寀亏。寀，慎而言之也。王伐切，十五部。《周書》曰：「粵三日丁亥。」今《召誥》「越三日丁巳」，亥當作「巳」。

吁　驚語也。《吕刑》：「王曰：吁，來。」按，亏有大義，故从亏之字多訓大者。芋下云：「大葉，實根，駭人。」吁訓驚語，故从亏口。亏者，驚意。此篆重以亏會意，故不入口部。如「句」「丩」屬字之例。後人又於口部增「吁」，解云「驚也」，宜删。从口亏，亏亦聲。況于切，五部。

平　語平舒也。引伸爲凡安舒之偁。从亏八。句。八，逗。分也。説从八之意。分之而匀適，則平舒矣。符兵切，十一部。爰禮説。爰禮者，《敘目》云「孝宣皇帝時沛人爰禮」是也。

古文平如此。此等篆皆轉寫譌亂，何氏煌曰：《玉篇》中畫不斷，小篆疑从古文者也。今从《玉篇》。

文五。　重二。

喜　樂也。樂者，五聲八音總名。《樂記》曰：「樂者，樂也。」古音樂與喜樂無二字，亦無二音。从壴，从口。壴象陳樂立而上見，从口者，笑下曰：「喜也。」聞樂則笑，故从壴、从口會意。虚里切，一部。凡喜之屬皆从喜。

歖　古文喜从欠，蓋古文作歖，轉寫誤耳。與歡同。同下當有「意」，謂皆从欠也。

憙　説也。説者，今之「悦」字。樂者，無所箸之詞；悦者，有所箸之詞。口部嗜下曰：「憙欲之也。」然則憙與嗜義同，與喜樂義異。淺人不能分別，認爲一字，喜行而憙廢矣。顔師古曰：「喜下施心，是好憙之意。音虚記切。」从心喜，喜亦聲。許記切，一部。古有通用喜者，如《封禪書》「天子心獨喜其事」。

嚭　大也。从喜，否聲。按，訓大則當从丕，《集韵》「一作噽」是也。匹鄙切，十五部。《春秋傳》吳有大宰嚭。見《左傳》。

文三。　重一。

壴　陳樂立而上見也。謂凡樂器有虡者，豎之，其顛上出可望見。如《詩》、《禮》所謂「崇牙」，金部所謂「鎛鱗」也。厂部曰：「屵，岸上見也。」亦謂遠可望見。从屮豆。豆者，豎也。豎，竪立也。豆有骹而直立，故侸、豎从豆，壴亦从豆。屮者，上見之狀也。艸木初生，則見其顛，故从屮。中句切，四部。凡壴之屬皆从壴。

尌　立也。與人部侸音義同。今字通用樹爲之，樹行而尌廢矣。《周禮注》多用尌字。从壴，从寸。句。寸，逗。此字補。持之也。寸與又古通用。又者，手也。此説从寸之意。壴而復持之，則固矣。壴亦聲。讀若駐。常句切，四部。

鼜 夜戒守鼓也。《周禮·鼓人》「軍旅夜鼓鼜」注同此。《鎛師》：「凡軍之夜，三鼜皆鼓之，守鼜亦如之。」注曰：「守鼜，備守鼓也。鼓之以鼖鼓。」从壴，鼓必有虡，从壴者，鼓之省。蚤聲。今《周禮》作「鼜」。《禮》：此當云《禮記》。《軍禮司馬法》百五十五篇，《藝文志》以入禮家。昏鼓四通爲大鼓，四者，陰數。唐李靖云：鼓三百三十三槌爲一通，未知古法然不。大鼓，當依《周禮注》作「大鼜」，大鼜謂大行夜也。夜半三通爲戒晨，戒晨，《周禮注》作「晨戒」。旦五通爲發明。旦，鉉本作「旦明」，《周禮注》亦作「旦明」。發明，《周禮注》作「發昫」。日部曰：「昫，日出温也。」已上據《鼓人》注，乃《司馬法》之文也。讀若戚。戚，古音如促。尗聲與蚤聲同在三部。《眂瞭》注云：「杜子春讀鼜爲憂戚之戚，擊鼓聲疾數，故曰戚。」許意同也。杜以他經傳無鼜字，故或讀爲造次之造，或易爲戚，許則謂但讀如戚而已。今音倉歷切。

彭 鼓聲也。《詩》之言鼓聲者，惟「鼉鼓逢逢」，毛曰：「逢逢，和也。」逢逢，《埤蒼》、《廣雅》作「韸韸」。高注《淮南》《吕覽》，郭注《山海經》，引《詩》皆作「韸韸」。許無韸字，彭即韸也。東陽合韵也。《毛詩》「出車彭彭」，又「四牡彭彭」，又「駟騵彭彭」，又「以車彭彭」，凡言「彭彭」，皆謂馬，即《鄭風》「駟介旁旁」之異文。彭、旁皆假借，其正字則馬部之「騯」也。言馬而假鼓聲之字者，其壯盛相似也。《齊風》「行人彭彭」，傳曰：「多皃。」亦盛意。从壴，鼓省。从彡。从彡，各本作「彡聲」，今正。从彡，猶从三也。指之列多略不過三，故毛飾畫文之字作彡，彭亦从彡也。《大司馬》冬狩，言「三鼓」者四，言「鼓三闋」者一，《左傳》曹劌亦言「三鼓」，雖未知每鼓若干聲，而从彡之意可見矣。薄庚切，古音在十部，同旁。

嘉 美也。見《釋詁》。又曰：「嘉，善也。」《周禮》：「以嘉禮親萬民。」鄭曰：「嘉，善也。所以因人心所善者而爲之制。」按，誩部曰：「譱，吉也。」羊部曰：「美與善同意。」經有借假爲嘉者，如《大雅》《周頌》毛傳皆曰「假，嘉也」是也。有借賀爲嘉者，《覲禮》古文「余一人嘉之」，今文嘉作「賀」是也。从壴，壴者，陳樂也。故嘉从壴。加聲。古牙切，十七部。

文五。

鼓 郭也。城𩫏字俗作「郭」。凡外障内曰郭，自内盛滿出外亦曰郭。郭、廓正俗字。鼓、郭疊韵。春分之音，萬物郭皮甲而出，故曰鼓。《風俗通》全用此説。从壴，鼓必有虡也。从屮又。屮象𠂹飾，又象其手擊之也。各本篆文作「鼓」，此十四字作「从支，支象其手擊之也。」今正。弓部弢下云：「从弓，从屮又。屮，垂飾，與鼓同意。」則鼓之从屮憭然矣。弢、鼓皆从屮以象飾，一象弓衣之飾，一象鼓虡之飾也。皆从又，一象手執之，一象手擊之也。夢英所書郭氏《佩觿》皆作「鼓」是也。凡作「鼓」作「皷」作「鼓」者，皆誤也。从屮，从又，非从支滑之支，後人譌删。

弓衣之飾如紛綬是也，鼓虡之飾如崇牙樹羽是也。工户切，五部。《周禮》六鼓：靁鼓八面，靈鼓六面，路鼓四面，鼖鼓、皐鼓、晉鼓皆兩面。六鼓見《周禮・鼓人》。六面、四面、兩面，鄭與此同。凡鼓之屬皆从鼓。

𡔷 籒文鼓从古。

鼛 大鼓也。《周禮》作「皐」，古音同在三部也。《鼓人》：「以皐鼓鼓役事。」《韗人》：「爲皐鼓，長尋有四尺，倨句磬折。」毛傳：「鼛，大鼓也。長一丈二尺。」从鼓，咎聲。古勞切，古音在三部。《詩》曰：「鼛鼓不勝。」不，二徐同。汲古閣作「弗」，非也。今《類篇》、《集韵》、宋刻《說文》皆作「不」。《大雅》文，今《詩》不作「弗」。

鼖 大鼓謂之鼖。凡賁聲字多訓大，如毛傳云：「墳，大防也。頒，大首皃。汾，大也」皆是。卉聲與賁聲一也。鼖，八尺而兩面。《韗人》：「鼓長八尺。鼓四尺，中圍加三之一，謂之鼖鼓。」鄭曰：「大鼓謂之鼖。」目鼓軍事。見《鼓人》。从鼓，卉聲。鉉本改作「賁省聲」，非也。賁从貝、卉聲，微與文合韵冣近。符分切，十三部。

鞼 鼖或从革，賁聲。鉉本改作「賁不省」，非是。《大司馬》職作「賁鼓」，即鞼之省也。

鼙 騎鼓也。戴先生曰：「《儀禮》有朔鼙、應鼙。鼙者，小鼓，與大鼓爲節。魯鼓、薛鼓之圖：圜者擊鼙，方者擊鼓。後世不別設鼙，以擊鼓側當之。作堂下之樂，先擊朔鼙，應鼙應之。朔者，始也。所以引樂，故又謂之朄。朄之言引也。朔鼙在西，置鼓北；應鼙在東，置鼓南。東方諸縣西鄉，西方諸縣東鄉故也。」按，《大司馬》云：「師帥執提，旅帥執鼙。」大鄭曰：「提謂馬上鼓，有曲木提持，鼓立馬髦上者。」然則騎鼓謂提，非謂鼙也。許與大鄭異。从鼓，卑聲。部迷切，十六部。

𪔵 鼓聲也。此當云：「𪔵𪔵，鼓聲也。」《篇》、《韵》良弓切。其作「鼕」，讀徒東、徒冬二切者，即𪔵鼕之變也。从鼓，隆聲。徒冬切，九部。

鼘 鼘鼘，鼓聲也。各本無鼘鼘二字，今依《韵會》。《詩・小雅》、《商頌》作「淵淵」，《魯頌》作「咽咽」，皆假借字也。《魯頌》音義曰：「本又作鼝，譌字也。」《小雅》傳曰：「淵淵，鼓聲也。」《魯頌》傳曰：「咽咽，鼓節也。」从鼓，𣶒聲。烏玄切，十二部。《詩》曰：「鼗鼓鼘鼘。」今《商頌》作「鞉鼓淵淵。」

鼞 鼓聲也。《周禮》注曰：「《司馬法》云：鼓聲不過閶，鼙聲不過闒，鐸聲不過琅。」音義曰：「閶，吐剛反。」然則閶即鼞也。《投壺》音義曰：「〇，鄭呼爲鼓，其聲高，其音鏜鏜然。鏜音吐郎反。」㊷是則鏜亦鼞也。《上林賦》：「金鼓迭起，鏗鎗闛鞈。」顔曰：「鏗鎗，金聲。闛鞈，鼓音。」闛亦鼞也。楊雄賦「闛闛」即「閶闔」，堂聲、昌聲古通用耳。从鼓，堂聲。土郎切，十部。《詩》

曰：「擊鼓其鼞。」《邶風》文。今《詩》作「鏜」。金部曰：「鏜，鼓鐘聲也。」鼓鐘謂擊鐘也。字从金，故曰鐘聲。於鼓言鏜，爲假借。按，今金部鏜下作「鐘鼓之聲」，葢誤倒。

鼛 鼛聲也。鼛，各本誤作「鼓」，今正。《司馬法》曰：「鼛聲不過闒。」音義曰：「闒，吐臘反。劉湯苔反（臘今誤从犬）。」闒即鼛字也。《投壺》音義曰：「○，鄭呼爲鼛也，其聲下，其音榻榻然。榻音吐臘反。」榻亦即鼛也。《史記》、《上林賦》「鏗鎗鏜鼛」，《漢書》、《文選》作「闛鞈」。郭璞曰：「闛鞈，鼓音也。」此渾言之耳。鼛亦鼓也。《淮南・兵略訓》：「若聲之與響，若鏜之與鞈。」高注：「鏜鞈，鼓聲。」此謂鏜、鼓聲，鞈、鼛聲也。**从鼓，合聲。**徒合切，七部。按，當依《釋文》吐臘反。

鞈 古文鼛。从革。按，革部有此字，別爲訓。後人誤移此增彼也。

鼛 鼓無聲也。上文皆言聲，故以鼓無聲廁於後。**从鼓，咠聲。**他叶切，七部。字又作「鼛」。

鼛 鼓鼛聲。**从鼓，缶聲。**土盍切。按，缶聲不得土盍切明矣。《玉篇》曰：「鼛，鼓聲也。七盍切。」《廣韵》曰：「鼛，鼓聲也。倉雜切。」皆即其字。缶者，去之譌。去聲，古或入侵部也。然皆鼛之誤字耳。今鼛之解說既更正，則鼛篆可刪。

文十。　重三。

豈 還師振旅樂也。《公羊傳》曰：「出曰祠兵，入曰振旅。」《周禮・大司樂》曰：「王師大獻，則令奏愷樂。」注曰：「大獻，獻捷於祖。愷樂，獻功之樂。鄭司農說以《春秋》晉文公敗楚於城濮，《傳》曰：振旅愷以入於晉。」按，經傳豈皆作「愷」。**一曰，欲登也。**各本作「欲也。登也。」多「也」字，今刪正。欲登者，欲引而上也。凡言豈者，皆庶幾之䛐，言幾至於此也。故曰「欲登」。《曾子問》：「周公曰：豈不可。」注：「言是豈於禮不可。」按，此謂於禮近於不可也。《漢書・丙吉傳》：「豈宜褒顯。」猶言葢庶幾宜褒顯也。周漢文字，用豈同此者甚多，舉二事足以明矣。欠部有「欥」字，幸也。《文王世子》注、《孔廟禮器碑》有「𩣡」字，意皆與豈相近，𩣡即豈之變也。豈本重難之䛐，故引伸以爲疑䛐。如《召南》傳曰：「豈不，言有是也。」後人文字言豈者，其意若今俚語之難道，是與《曾子問》、《丙吉傳》二豈字似若相反，然其徘徊審顧之意一也。**从豆，**豆當作「壴省」二字。豈爲獻功之樂，壴者，陳樂也。**𢼄省聲。**𢼄，各本作「微」，誤。今依鉉本𢼄下注語正。墟豨切，十五部。按，鉉豨作「喜」，誤。**凡豈之屬皆从豈。**

愷 康也。愷、康雙聲。《釋詁》曰：「康，安也。」毛傳釋「豈弟」曰：「豈，樂也。弟，易也。」按，「奏豈」經傳多作「愷」，「愷樂」，《毛詩》亦作「豈」，是二字互相假借也。愷不入心部而入此者，重以豈會意也㊸。《詩》又作「凱」，俗字也。《邶風》傳曰：「凱風謂之南風，樂夏之長養。」凱亦訓樂，即愷字也。**从豈心，豈亦聲。**苦亥切，古音在十五部。

⿰豈幾 訖也。汔，各本作「⿸幾乞」，無此字，今正。《釋詁》曰：「⿰豈幾，汔也。」孫炎曰：「汔，近也。」《民勞》箋云：「汔，幾也。」幾與⿰豈幾同，汔與訖同。汔，水涸也。水涸則近於盡矣，故引爲凡近之詈。木部「杚，平也。」亦摩近之義也。丝部曰：「幾，微也。殆也。」然則見幾、研幾字當作幾，庶幾、幾近字當作⿰豈幾，幾行而⿰豈幾廢矣。訖事之樂也，从豈，說从豈之意也。終事之樂，五角切，如「賓出奏陔」，「公入奏驁」是也。終事之樂，盧各切。如言「可與樂成」是也。其意一也，故从豈。訖與汔通。幾聲。按，當云「从豈幾，幾亦聲」。渠稀切，十五部。

文三。

豆 古食肉器也。《考工記》曰：「食一豆肉，中人之食也。」《左傳》曰：「四升爲豆。」《周禮·醢人》：「掌四豆之食。」㊹从口，音圍。象器之容也。象形。上一象幎也。《特牲》「籩巾以綌纁裏」，《士昏》「醯醬二豆，菹醢四豆，兼巾之」，《士喪》「籩豆用布巾」是也。下一象六也。《祭統》注曰「鐙豆下跗」是也。‖象骹也。《祭統》曰「夫人薦豆，執校。」校者，骹之假借字，注云「豆中央直者」是也。豆柄一而已，㒳之者，望之則㒳也，畫繪之法也。《考工記》曰：「豆中縣。」注「縣繩正豆之柄」是也。豆柄直立，故豎、侸、豈字皆从豆。徒候切，四部。凡豆之屬皆从豆。

⿳一日一 古文豆。鍇本如此作。《玉篇》亦曰「豆，古文」，當近是。

梪 木豆謂之梪。《釋器》曰：「木豆謂之梪，竹豆謂之籩，瓦豆謂之登。」毛傳亦曰：「木曰豆，所以薦菹醢也。瓦曰登，所以薦大羹也。」《毛詩》豆當作「梪」。《旊人》「豆中縣」，豆本瓦器，故木爲之則異其字。《韓勑碑》：「爵鹿柤梪。」僞古文《武成》有「梪」。从木豆。豆亦聲。徒候切，四部。

⿱𦲸豆 蠡也。瓠部曰：「瓢，蠡也。」然則⿱𦲸豆，瓢也。蠡，《說文》三見。斗部曰：「斡，蠡柄也。」併此及瓠部，凡三見也。蠡之言離，《方言》曰：「劙，解也。」一瓠離爲二，故曰蠡。鄭注《鬯人》云：「瓢謂瓢蠡也。」㊺《漢書》「以蠡測海」，張晏曰：「蠡，瓠瓢也。」字皆借蠡㊻。《九歎》「瓟瓥蠹於筐簏」，《急就篇》「瓥升參升半卮觛」，《方言》「瓥或謂之瓢，或謂之簞，或謂之櫼」，則字皆从瓜。王伯厚注《急就》云：「《皇象碑》本作蠡，李本作瓥。」《廣韵》齊、薺韵皆有蠡。《士昏禮》「四爵合巹」，注云：「合巹，破匏也。」《昏義》亦作「巹」，正義云：「以一瓠分爲㒳瓢。」巹者，⿱𦲸豆之假借字。巹从丞聲，⿱𦲸豆从𦲸聲，故同音假借。从豆。此非豆而从豆者，謂瓠可盛飲食，略同豆。蒸省聲。艸部蒸或省火作「𦲸」，不云「𦲸聲」者，蓋𦲸字後出也。古音在六部。今音居隱切，劉昌宗、呂忱反語已誤。

⿱龹豆 豆屬。此《本艸經》之大豆黃卷也。味甘平，主濕痹、筋攣、厀痛。唐本注云：「以大豆爲，芽蘗生便乾之。名爲黃卷。」《靈樞》曰：「腎病者宜食。」《廣韵》阮韵云：「⿱龹豆，黃豆也。」从豆，許言：「尗，豆也。象豆生之形也。」「荅，小豆也。」「萁，豆莖也。」「藿，尗之少也。」「敊，配鹽幽尗也。」然則尗與古食肉器同名，故⿱龹豆、⿱𦲸豆二字入豆部。按，豆即尗一語之轉。周人之文皆言尗，少言豆者。

惟《戰國策》張儀云：「韓地五穀所生，非麥而豆。」《史記》作「菽」。吳氏師道云：「古語衹稱菽，漢以後方呼豆。」若然，則荳、豋字葢出漢製乎。𢍏聲。居願切，《廣韵》求晚切，十四部。

豋 豆飴也。飴，米蘗煎也。蘗，芽米也。然則豆飴者，芽豆煎爲飴也。黑部黷下曰：「讀若飴豋」之豋。《方言》：「飴謂之餃，䬪謂之餶。」郭注：「以豆屑雜餳也。」䬪即豋字。从豆，夗聲。一丸切。按，《篇》、《韵》皆於月切，「一丸」，非也。十四部。

𤼷 禮器也。《生民》曰：「于豆于登。」《釋器》、毛傳皆曰：「瓦豆謂之登。」毛云：「登薦大羹。」《公食大夫禮》：「大羹湆不和實于鐙。」登、鐙皆假借字。劉氏台拱曰：「《詩》、《爾雅》皆作『登』。《釋文》、《唐石經》、《篇》、《韵》皆無登字。《玉篇》有𤽔字。俗製登字改經，非也。从𠬞持肉在豆上。會意。讀若鐙同。都滕切，六部。

文六。　重一。按，𤼷篆當次豆篆之下、梪篆之上，説解當云「豆也」乃合。豆本陶瓬爲之，故不云瓦豆也。今非其次，疑許本無此篆，淺人妄增之。籒文登作䶭，又或益之肉成此字，云「从廾持肉在豆上」，亦非也。

豊 行禮之器也。豊、禮疊韵。从豆，象形。上象其形也。林罕《字源》云：「上从𠁩。」郭氏忠恕非之。按，《説文》之例，成字者則曰从某，假令上作𠁩，則不曰象形。盧啟切，十五部。凡豊之屬皆从豊。讀與禮同。

豑 爵之次弟也。爵者，行禮之器，故从豊。有次弟，故从弟。爵之次弟，若《士虞禮》：「主人廢爵，主婦足爵，賓長繶爵」，《祭統》：「玉爵獻卿，瑤爵獻大夫，散爵獻士及羣有司」是也。凡酒器皆曰爵，則如《禮運》云「宗廟之爵，貴者獻以爵，賤者獻以散，尊者舉觶，卑者舉角」㊼，《梓人》云「獻以爵而酬以觶」是也。从豊弟。直質切。按，因《堯典》作「平秩」，故爲此音耳，當是「弟亦聲」也。十五部。《虞書》曰：虞當作「唐」。「平豑東作。」《堯典》文。今《尚書》作「平秩」，《史記》作「便程」，《周禮》鄭注引《書》作「辨秩」，許作「平豑」。豑葢壁中古文之字如此，孔氏安國乃讀爲秩，而古文家從之，許存壁中之字，如鄭注《禮經》存古文之字，注《周禮》存故書之字也。

文二。

豐 豆之豐滿也。謂豆之大者也。引伸之，凡大皆曰豐。《方言》曰：「豐，大也。凡物之大皃曰豐。」又曰：「朦、尨，豐也。豐，其通語也。趙魏之郊，燕之北鄙，凡大人謂之豐。《燕記》：豐人杼首。燕趙之閒言圍大謂之豐。」許云「豆之豐滿」者，以其引伸之義明其本義也。《周頌》「豐年」，傳曰：「豐，大也。」然則豐年亦此字引伸之義，而賈氏《儀禮疏》不得其解。从豆，象形。𡴀象豆大也，此與豊上象形同耳㊽。戴侗云：「唐本曰：从豆从山丯聲。蜀本曰：丰聲，山取其高大。」按，生部云：「丰，艸盛丰丰也」，與豐音義皆同。《大射儀》注曰：「豐其爲字从豆，𠁩聲。近似豆，大而卑矣。」

似鄭時有𠚕字，但鄭注轉寫至今，亦多譌誤。𠚕聲之聲，或是䐜字。豐字當是丯儀徵阮氏元説𠚕字瓦云：「豐字當是丰丰聲，而凵象形。一从屮盛之丰，一从屮蔡之丰也。」㊾玉裁按，竝丰、竝丰，《説文》無字。如䜭、鸞字从䜭聲，蒜字从祘聲，飆、𣌬字从猋聲、𩙡聲，𣖬、𣖬字从林，皆非無字者也。則唐本、蜀本未可遽信。敷戎切，九部。一曰，鄉飲酒有豐矦者。此别一義。鄉當作「禮」，與觚下、觶下之誤同。《禮》飲酒有豐矦，謂《鄉射》、《燕》、《大射》、《公食大夫》之豐也。鄭言其形云：「似豆卑而大」，説者以爲若井鹿盧，言其用於《鄉射》云：「所以承爵也。」於《大射》云：「以承尊也。」《公食大夫》之豐，亦當是承爵。《燕禮》之豐，亦當是承尊。皆各就其篇之文釋之。《禮》但云豐，許云「豐矦」者，葢漢時説《禮》家之語。《漢·律麻志》：「王命作策豐刑。」《竹書紀年》成王十九年「黜豐矦」，阮諶曰：「豐，國名也。坐酒亡國。」崔駰《酒箴》曰：「豐矦荒矦沈湎，荷罌負缶，自戮於世，圖形戒後。」李尤《豐矦銘》曰：「豐矦荒謬，醉亂迷迭。乃象其形，爲禮戒式。後世傳之，固無正説。」三君皆後漢人。諶，撰《三禮圖》者。漢人傳會《禮經》有豐矦之説，李尤以爲無正説，鄭不之用，許則襲《禮》家説也。凡豐之屬皆从豐。

豊 古文豐。

豔 好而長也。《小雅》毛傳曰：「美色曰豔。」《方言》：「豔，美也。宋衞晉鄭之閒曰豔。美色爲豔。」按，今人但訓美好而已，許必云「好而長」者，爲其从豐也。豐，大也。大與長義通。《詩》言莊姜之美，必先言「碩人頎頎」；言魯莊之美，必先言「猗嗟昌兮，頎若長兮」，所謂好而長也。《左傳》㒳言「美而豔」，此豔進於美之義，人固有美而不豐滿者也。毛傳及《方言》皆渾言之也。从豐，豐，大也。説从豐之意。豐之本義，無當於豔，故舉其引伸之義。盇聲。以贍切，八部。《春秋傳》曰：「美而豔。」《左傳》桓元年文，十六年文。

文二。　重一。

䖒 古陶器也。陶，當作「匋」，書多通用。匋，作瓦器也。从豆，虍聲。許羈切。按，虍聲當在五部，而䖒戲轉入十六部、十七部，合音之理也。凡䖒之屬皆从䖒。

𧇖 土鍪也。金部曰：「鍪，鍑屬也。」鍑，釜大口者。《廣雅》：「鍑、鍪、𧯷，鬴也。」𧯷即𧇖字。鍪，金爲之，𧇖則土爲之。鄭注《周禮》所謂「黄堥」也。堥即鍪字。鬲部曰：「秦名土釜曰𩰤。」从䖒，号聲。讀若鎬。胡到切，二部。

𧇛 器也。从䖒宔，宔亦聲。直吕切，五部。闕。此疑衍。其義、其形、其聲皆具，則無缺矣。

文三。

虍 虎文也。象形。小徐曰：「象其文章屈曲也。」荒烏切，五部。凡虍之屬皆从虍。讀若《春秋傳》曰：「虍有餘。」有譌字，不可通。疑是「賈余餘勇」之賈。

虞 騶虞也。騶虞，《山海經》、《墨子》作「騶吾」，《漢·

東方朔傳》作「騶牙」，皆同音假借字也。**白虎黑文，**見毛傳。《鄭志》：「張逸問：傳曰，白虎黑文。荅曰：《周史・王會》云。」按，今《王會篇》文不具。**尾長於身，**見《山海經》。**仁獸也。食自死之肉。**毛傳曰：「騶虞，義獸也。白虎黑文，不食生物，有至信之德則應之。」許云「仁獸」，不同者，毛用古《左氏》修母致子之說，許不從也。哀十四年《左傳》服虔注云：「視明禮修而麟至，思睿信立白虎擾，言從義成則神龜在沼，聽聰知止而名山出龍，貌恭禮仁則鳳皇來儀。」[50]此以昭九年《傳》[51]云「水官不修則龍不至」故也。毛云：「麟，信而應禮。」又云：「騶虞，義而應信。」又云：「鳳皇，靈鳥仁瑞也。」正用古說。許不从古說，故麟、騶虞皆謂之仁獸，鳳謂之神鳥。騶虞之仁何也？以其不食生物，食自死之肉也。**从虍，吳聲。**五俱切。按，此字假借多，而本義隱矣。凡云「樂也」、「安也」者，娛之假借也。凡云「規度」也者，以爲度之假借也。**《詩》曰：「于嗟乎騶虞。」**《召南》文。《五經異義》：「今《詩》韓魯說：騶虞，天子掌鳥獸官。古《詩》毛說：騶虞，義獸，白虎異文，食自死之肉，不食生物。人君有至信之德，則應之。《周南》終《麟止》，《召南》終《騶虞》，俱稱『嗟』歎之，皆獸名。謹按：古《山海經》、《鄒書》云騶虞獸，說與《毛詩》同。」按，許說《詩》从毛，作《說文》則於从毛之中不从其義獸應信之說也。《鄒書》蓋謂鄒子書。

虙　虎兒。古伏羲字作「虙」。《五經文字》引《論語釋文》云：「宓子賤姓虙，文字譌舛轉而爲宓，故濟南伏生稱子賤之後也。」**从虍，必聲。**房六切。按，古音在十二部，讀如密。《顏氏家訓》云：「張揖、孟康皆云：虙、伏古今字。而皇甫謐《帝王世紀》云：伏羲或謂之宓羲。案諸經史緯候遂無宓羲之號，虙、宓二字下俱爲必，是以誤耳。孔子弟子虙子賤，即虙羲之後，俗字亦爲宓。今兗州永昌郡城東門子賤碑，漢世所立，云濟南伏生，即子賤之後。是虙之與伏，古來通字，誤以爲宓，較可知矣。」顏語謂虙音房六切，與伏音同；而宓音綿一切，與虙音殊。故謂宓羲、宓子賤皆誤字。不知虙、宓古音正同，故虙羲或作宓羲。其爲伏羲者，如《毛詩》「苾」字，《韓詩》作「馥」，語之轉也。宓子賤之當爲虙子賤，則出黃門肊測，而陸氏《釋文》、張氏《五經文字》從之，蓋古未有作虙子賤者。若論其同从必聲，則作虙子賤亦無不可。

虔　虎行兒。《釋詁》、《大雅》《商頌》傳皆曰：「虔，固也。」《商頌》傳、《魯語》注皆曰：「虔，敬也。」《左傳》「虔劉我邊陲」注：「虔、劉，皆殺也。」《方言》：「虔，慧也。虔，殺也。虔，謾也。」按，《方言》不可盡知其說。糾虔、虔劉，皆即《釋詁》虔固之義。堅固者必敬，堅固者乃能殺也。堅固者，虎行之兒也。《商頌》箋：「虔，椹也。」[52]亦取堅固之意。**从虍，文聲。**按，「聲」當是衍字。虎行而箸其文，此會意。**讀若矜。**渠焉切。按，矜从令聲，亦作「穜」，則虔古音當在十二、十三部也。

虘　虎不柔不信也。剛暴矯詐。**从虍，且聲。讀若鄌縣。**昨何切。按，邑部曰：「鄌，沛國縣也。」鄌、覰皆虘聲，然則古音本在五部。沛人言鄌若昨何切，此方言之異，而虘讀同之。

虖　哮虖也。口部曰：「哮，豕驚聲也。唬，虎聲。」《通俗文》曰：「虎聲謂之哮唬。」疑此哮虖當作「哮唬」。《漢書》多假虖爲乎字。从虍，乎聲。荒烏切，五部。

虐 殘也。歹部曰：「殘，賊也。」从虍爪人。爪人補。三字會意。虎足反爪人也。覆手曰爪，虎反爪鄉外攫人，是曰虐。魚約切，二部。

古文虐如此。

虨 虎文彪也。彪下曰：「虎文也。」二字雙聲。假借作「班」，《漢書·敘傳》曰：「楚人謂虎班，其子㠯爲號。」上文既曰楚人「謂虎於檡」矣，此正當作楚人「謂虎文班」。《上林賦》「被班文」，《史記》作「豳文」。李善曰：「班文，虎豹之皮。」索隱引《輿服志》：「虎賁騎被虎文單衣。」按，豳與虨同部之假借也，班與虨同類之假借也。錢氏大昕曰：「《易·象傳》大人虎變，其文炳也，與下文蔚、君爲韵。蔚讀如氳，轉移冣近。炳當爲虨，則音義皆近。」从虍，彬聲。布還切，古音在十三部。與文部「辬」音義皆相近。

虡 鐘鼓之柎也，木部曰：「柎，咢足也。」《靈臺》、《有瞽》傳皆曰：「植者曰虡，横者曰栒。」《考工記》曰：「梓人爲筍虡。」飾爲猛獸。《梓人》曰：「羸屬恒有力而不能走，其聲大而宏，若是者，以爲鐘虡。」按，鼓虡當亦象羸屬也。戴氏《考工記圖》曰：「虡所以負筍，非以羸者羽者爲虡下之跗也。」引《西京賦》：「洪鐘萬鈞，猛虡趪趪，負筍業而餘怒，乃奮翅而騰驤。」薛注云：「當筍下爲兩飛獸以背負。」張揖注《上林賦》曰：「虡獸重百二十萬斤，以俠鐘旁。」俠同夾，此可見虡制。師古改其注云「以縣鐘」，則昧於古制矣。《廣韵》引《埤倉》：「鐻，樂器，以夾鐘，削木爲之。」與張注同。今本《廣韵》作「形似夾鐘」，則非矣。又考《上林賦》「擽飛虡」，《廣韵》引正作「虡」。張揖曰：「飛虡，天上神獸，鹿頭龍身。」是長卿謂虡爲神獸，許謂栒虡字飾以猛獸，説不同也。从虍，異象形，異，各本作「異」，非，今正。謂篆之中體象猛獸之狀，非畀、異二字也。「形」字鉉本無，非是。其下足。謂「六」也。六者，下基也，虡之迫地者也。其吕切，五部。

鐻 虡或从金豦。或當作「篆」，此亦丄部之例也。《周禮·典庸器》注：「横者爲筍，從者爲鐻。」釋文曰：「鐻，舊本作此字，今或作虡。」按，經典鐻字，祇此一處，此字葢秦小篆，李斯所作也。《秦始皇本紀》：「收天下兵，聚之咸陽，銷以爲鐘鐻。」本篇引賈生論云「銷鋒鑄鐻」。《三輔黄圖》曰：「始皇收天下兵，銷以爲鐘鐻，高三丈。」字皆正作「鐻」。葢梓人爲虡本以木，始皇乃易以金，李斯小篆乃改爲从金豦聲之字。司馬賦云：「千石之鐘，萬石之鉅。」正謂秦物。《史記》作「鉅」，即鐻字之異者也。鐘鐻與金人爲二事，《本紀》、賈論、《西都》《西京》二賦、《三輔黄圖》皆竝舉，《漢·賈山傳》《陳項傳》各舉其一，學者或認爲一事，非也。《典庸器》經文作「虡」，注文作「鐻」，此鄭氏注經之通例。如《禮經》經文作「廇」，注文作「廟」，《周禮》經文作「眂」，注文作「視」，皆是也。

虡 篆文虡。《五經文字》曰：「虡，《説文》也。虡，隸省也。」然則虡爲隸字，不用小篆而改省古文，後人所增也。

文九。　重三。

虎　山獸之君。从虍，从儿。會意。　虎足象人足也。已上八字，鉉本妄改，張次立復以鉉本改鍇本，惟《韵會》如是，此古本之真也。从儿，《韵會》作从八，此其誤已久耳。儿部曰：「孔子曰：在人下，故詰屈。」謂人之股腳也。虎之股腳似人，故其字上虍、下儿，虍謂其文，儿謂其足也。《説文》䨲頭、黽頭似它頭，燕尾似魚尾，兔頭似㲋頭，莧足似兔足，能足、㲋足似鹿足，㲋頭似兔、足似鹿，文義相同。儿有其字，故先言从儿，而後言虎足象人足。篆體改作虎，則象人足之云不可通，顧氏藹吉乃疑虎下當从爪矣，今正之。凡篆虎字，依𧥄體从儿爲是。呼古切，五部。五部與十七部通，故《左氏》「陽虎」，《論語》作「陽貨」，非一名一字也。邢昺、孫奭乃有虎名貨字之説。　凡虎之屬，皆从虎。

䖈　古文虎。

勴　亦古文虎。

𧇖　虎聲也。《篇》、《韵》作「虪」。　从虎，毄聲。　讀若隔。古覈切，十六部。

𧆫　白虎也。　从虎，昝省聲。　讀若鼏。　昔，當作「冥」，字之誤也。水部曰：「汨从水，冥省聲。」《玉篇》曰：「𧇭，俗𧆫字。」可證也。又按，《漢書》「金日磾」，説者謂「密低」二音，然則日聲可同密。蚰部䖑、蜜同字，《禮》古文鼏皆爲密，則鼏、密音同也。今音𧆫莫狄切。

𧆞　𧆫屬。《釋獸》：「甝，白虎。」許無「甝」，𧆞即甝也。一説《釋文》云「甝，《字林》下甘反，又亡狄反」。甘聲之字不能切亡狄，甝與𧆫當是以一譌二。未知孰是耳。　从虎，厺聲。　呼濫切。鉉等曰：「去非聲，未詳。」按，業韵之㹤、怯，亦音去劫切，而血部之盇，𧥄字多作盍，蓋厺、盇二字古通，去聲即盇聲也。　重讀爲呼濫切。

虪　黑虎也。《釋獸》曰：「虪，黑虎。」釋文曰：「虪，今作䖇。」《吳都賦》曰：「𧇢甝䖇。」　从虎，儵聲。　式竹切，三部。　此舉形聲包會意也。　但形聲則言攸聲已足，如倏、儵是也。

虦　虎竊毛謂之虦苗。　苗，今之貓字。　許書以苗爲貓也。《釋獸》曰：「虎竊毛謂之虥貓。」按，毛、苗古同音，苗亦曰毛，如不毛之地是。　竊、虥、淺亦同音也。　具言之曰「虦苗」，急言之則但曰「苗」。《詩》言「有貓有虎」，《記》言「迎貓迎虎」是也。　从虎，戔聲。　昨閑切，十四部。　竊，淺也。　此於雙聲疊韵求之，必言此者，嫌竊之本義謂盜自中出也。《大雅》曰：「鞹鞃淺幭。」傳曰：「淺，虎皮淺毛也。」言竊、言淺一也。《釋鳥》「竊藍」、「竊黃」、「竊丹」皆訓淺，於六書爲假借，不得云竊即淺字。

彪　虎文也。　此與虨雙聲同義。　虎皮，《詩》謂之虎，如虎韔是也。　亦謂之文，如文茵是也。　分別言之，謂之淺，如淺幭是也。《説文》曰「虍」，曰「虨」，曰「彪」，皆狀其文也。　班彪字伯皮，此取虎文之義也。　从虎彡。　彡，補。　句。　彡，逗。　象其文也。　説从彡之意。　彡，毛飾畫文也。　故虎文之字從之。

𧆨　虎皃。从虎，乂聲。魚廢切，十五部。

𧆸　虎皃。《篇》、《韵》作「䖈」。从虎，气聲。魚迄切，十五部。

虓　虎鳴也。《大雅》：「闞如虓虎。」毛曰：「虓虎，虎之自怒虓然。」按，自怒猶盛怒也。口部曰：「唬，虎聲也。」虓與唬雙聲同義。从虎，九聲。四字依《韵會》本在此。許交切，古音在三部。一曰，師子。別義。謂師子名虓也。師、獅正俗字。《釋獸》曰：「狻麑如虦貓，食虎豹。」郭曰：「即獅子也。出西域。」按，鹿部云：「狻麑，獸也。」不云「師子」。然則許意不同郭也。《東觀記》曰：「順帝時，疎勒王遣使文時詣闕獻獅子，似虎正黄，有𩓿耏，尾端茸毛其大如斗。」

䖐　虎聲也。猶狺爲犬吠聲。从虎，斤聲。語斤切，古音在十三部。

虩　《易·履》：「虎尾虩虩」《履》「九四」爻辭。今《易》虩虩作「愬愬」。釋文曰：「愬愬，子夏傳云：恐懼皃。馬本作虩虩，云：恐懼也。《説文》同。」按，《震卦》辭「震來虩虩」，馬云：「恐懼皃。」鄭同馬。鄭用費《易》，許用孟《易》，而字同義同也。虩虩，二字今補。恐懼也。已上引《易》而釋之。一曰，蠅虎也。崔豹曰：「蠅虎，蠅狐也。形似蜘蛛，而色灰白，善捕蠅。一名蠅蝗，一名蠅豹。」从虎，按，此篆下先引經者，以「履虎尾」説字之从虎也。𡵉聲。許逆切，古音在五部。故《易》一作愬也。

虢　虎所攫畫明文也。攫者，丮所扟也。畫者，丮所劃，故有明文也。虢字本義久廢，罕有用者。从虎寽。各本衍「聲」字，今正。寽在十五部，虢在五部，非聲也。𠬪部曰：「寽，五指寽也。」虎所攫畫，故从虎寽會意。今音古伯切。

虒　委虒，疊韵。虎之有角者也。虎無角，故言「者」以別之。《廣韵》曰：「虒，似虎有角，能行水中。」按，《韵會》引《説文》羼以《廣韵》語，非偁古之法。从虎，厂聲。息移切，十六部。

䖇　黑虎也。从虎，騰聲。徒登切，六部。按，此篆當與虪爲伍，今非其次，或轉寫失而補之，或後人羼綴，未可定也。

文十五。　重二。

虤　虎怒也。从二虎。此與「㹜，兩犬相齧也」同意。五閑切，十四部。凡虤之屬皆从虤。

𧇭　兩虎爭聲。从虤，从曰。會意。讀若憖。語巾切，十二部。

贙　分別也。《魏都賦》「蒹葭贙」，謂蒹葭茂密，若爭地而生也。《釋獸》之贙，獸名也。从虤對爭貝。爭則分別矣。讀若回。古音在十五部。今音胡畎切。

文三。

皿　飯食之用器也。飯，汲古閣作「飲」，誤。《孟子》：

「牲殺器皿。」趙注：「皿，所以覆器者。」此謂皿爲幎之假借，似非孟意。象形，與豆同意。上象其能容，中象其體，下象其底也。與豆略同而少異。凡皿之屬皆从皿。讀若猛。按，古孟、猛皆讀如芒。皿在十部，今音武永切。

盂 𥁋 飲器也。飲，大徐及《篇》、《韵》、《急就篇》注作「飯」，誤。小徐及《後漢書》注、《御覽》皆作飲，不誤。木部「槔，木也。可屈爲杅者。」杅即盂之假借字。《既夕禮》「兩敦兩杅」注：「杅盛湯漿。」《公羊傳》：「古者杅不穿。」何注：「杅，飲水器。」《孫卿子》曰：「槃圓而水圓，杅方而水方。」《史記·滑稽傳》：「操一豚蹏、酒一盂而祝。」《後漢書·孝明紀》：「盂水脯糒而已。」《方言》：「盂，宋楚魏之閒或謂之盌。」又曰：「盂謂之柯。」又曰：「盂謂之榼。河濟之閒謂之盞甆。」又曰：「盂謂之銚鋭。」从皿，亏聲。羽俱切，五部。

盌 𥁑 小盂也。《方言》曰：「盌謂之盂，或謂之銚鋭。」又曰：「盌謂之櫂。」又曰：「椀謂之盦。」从皿，夗聲。于、夗皆坳曲意，皆以形聲包會意也。烏管切，十四部。

盛 𥁕 黍稷在器中㠯祀者也。盛者，實於器中之名也，故亦評器爲盛。如《左傳》「旨酒一盛」，《喪大記》「食粥於盛」是也。引伸爲凡豐滿之偁。今人分平去，古不分也。如《左傳》「盛服將朝」，盛音成，本亦作成。从皿，成聲。形聲包會意。小徐無「聲」字，會意兼形聲也。氏征切，十一部。

齍 𥂃 黍稷器，所㠯祀者。各本作「黍稷在器以祀者」，則與盛義不別。今从《韵會》本。按，《周禮》一書，或兼言齍盛，或單言齍，單言盛，皆言祭祀之事，他事絶不言齍盛，故許皆云「以祀者」。兼言齍盛，若《甸師》、《舂人》、《肆師》、《小祝》是也。單言齍，若《大宗伯》、《小宗伯》、《大祝》是也。單言盛，若《饎人》、《廩人》是也。《小宗伯》「逆齍」注云：「受饎人之盛以入。」然則齍盛可互偁也。《甸師》注云：「粢，稷也。穀者，稷爲長，是以名云。」《肆師》注云：「粢，六穀也。」《大祝》注云：「粢號謂黍稷皆有名號也。」《舂人》注云：「齍盛謂黍稷稻粱之屬，可盛以爲簠簋實。」經文齍字注三易爲「粢」，而《小宗伯》「六齍」注云：「齍讀爲粢。六粢謂六穀，黍、稷、稻、粱、麥、苽。」此則易齍爲粢之恉，謂齍、粢古今字也。考《毛詩·甫田》作「齊」，亦作「齍」，用古文；《禮記》作「粢盛」，用今文。是則齍、粢爲古今字憭然。《左傳》作「粢盛」，則用今字之始。《左傳》曰：「絜粢豐盛。」毛曰：「器實曰齍，在器曰盛。」鄭注《周禮》，齍或專訓稷，或訓黍稷稻粱；盛則皆訓在器。是則齍之與盛別者，齍謂穀也，盛謂在器也。許則云器曰齍，實之則曰盛，似與毛、鄭異。蓋許主説字，其字从皿，故謂其器可盛黍稷曰齍。要之，齍可盛黍稷，而因謂其所盛黍稷曰齍。凡文字故訓，引伸每多如是，説經與説字不相妨也。从皿，齊聲。齊，禾麥吐采上平也。形聲包會意。即夷切，十五部。

㿼 𥁓 小甌也。甌，小盆也。《廣韵》：「㿼，抒水器也。」从皿，有聲。讀若灰。灰有二聲，古音皆在一部也。今音于救切。一曰，若賄。賄从有聲，古音亦在一部。

⿱右皿 盍或从右。右，聲也。古亦在一部。

盧 盧，飯器也。凵部曰：「凵盧，飯器。以栁爲之。」《士昏禮》注曰：「笲，竹器而衣者。如今之筥笿簏矣。」筥、笿簏，二物相似。笿簏即凵盧也。《方言》：「箄，趙魏之郊謂之去箄。」注：「盛飯筥也。」錢氏大昕曰：「去箄，即凵盧也。」从皿，虍聲。洛乎切，五部。

盧 籀文盧。

⿱⿰缶古皿 器也。从缶皿，古聲。公户切，五部。

盄 器也。从皿，弔聲。止遙切，二部。

盎 盆也。《釋器》：「盎謂之缶。」注云：「盆也。」假借爲酒名。《周禮》「盎齊」，注曰：「盎猶翁也。成而翁翁然蔥白色，如今酇白矣。」按，翁者，滃之假借。滃滃猶泱泱也，酒之成似之。《孟子》：「盎於背。」趙曰：「其背盎盎然。」凡言盎然者，皆謂盛，以音假借也。从皿，央聲。烏浪切，十部。

㼜 盎或从瓦。《莊子》「甕㼜大癭。」

盆 盎也。《廣雅》：「盎謂之盆。」《考工記》：「盆實二鬴。」从皿，分聲。步奔切，十三部。

⿱宁皿 器也。从皿，宁聲。直呂切，五部。盬字從此。

盨 櫝盨，逗。負戴器也。櫝，小栝也，見匚部。此櫝盨之櫝，乃別一義。《廣韵・一送》云：「櫝，格木也。」《三十六養》云：「儧，載器也。出《埤蒼》。」《玉篇》云：「儧，渠往切。載器也。」載器皆當作「戴器」，古載、戴通用。格木亦謂庋閣之木。《東方朔傳》：「朔曰：是寠數也。」師古曰：「寠數，戴器也。以盆盛物，戴於頭者，則以寠數薦之。今賣白團餅人所用者也。」又《楊敞傳》：「鼠不容穴銜寠數。」師古曰：「寠數，戴器也。」按，寠數，其羽、山羽二反。櫝盨，渠往、相庾二反。櫝與寠雙聲，盨與數雙聲疊韵，一語之轉也。「負戴器」者，謂藉以負戴物之器。从皿，須聲。相庾切，古音在四部。

⿱漻皿 器也。《廣韵》古巧切，濁也。苦絞切，温器也。从皿，漻聲。古巧切，古音在三部。

⿱必皿 拭器也。《廣韵》、《集韵》、《類篇》皆作「拭」，許書以飾爲拭，不出拭，此作拭者，説解中容不廢俗字，抑後人改也。可以㕞拭之器，若今㕞子之類。《韓非》所謂「懷刷」，其是歟？古㕞、刷通用也。今各本作「械器」，非古本。从皿，必聲。彌畢切，十二部。

醯 酸也。酉部曰：「酸，酢也。關東謂酢曰酸。」《周禮・醯人》：「掌共醯物。」作醯㠯鬻㠯酒。鬻者，鬻或字。从鬻酒，㐬省；从皿，皿，器也。器者，《周禮》所謂甕也。呼雞切，十六部。

盉 調味也。調聲曰龢，調味曰盉。今則和行而龢、盉皆廢矣。鬻部曰：「鬻，五味盉羹也。」从皿，調味必於器中，故从皿。古器有名盉者，因其可以盉羹而名之盉也。《廣川書跋》引《説文》「調味器也」，沾「器」字，非。禾聲。户戈切，十七部。

益 饒也。食部曰：「饒，飽也。」凡有餘曰饒。《易·象傳》曰：「風雷益，君子以見善則遷，有過則改。」从水皿。水皿，此水字今補。益之意也。説會意之恉。伊昔切，十六部。

盈 滿器也。滿器者，謂人滿宁之，如彉下云「滿弩」之滿。水部溢下云：「器滿也。」則謂器中已滿。滿下云：「盈溢也。」則兼滿之、已滿而言。許書之精嚴如此。从皿夃。秦以市買多得爲夃，故从夃。以成切，十一部。

盡 器中空也。《釋詁》：「㱿、悉、卒、泯、忽、滅、罄、空、畢、罊、殲、拔、殄，盡也。」《曲禮》曰：「虛坐盡後，實坐盡前。」即忍切，俗作「儘」，亦空義之引伸。从皿，㶳聲。慈忍切，十二部。

盅 器虛也。丘部曰：「虛，大丘也。」引伸爲虛落，今之墟字也。又引伸爲空虛，《邶風》：「其虛其邪。」毛曰：「虛，虛也。」是其義也。謂此虛字乃虛中之虛也。盅虛字，今作「沖」，水部曰：「沖，涌繇也。」則作沖非也。沖行而盅廢矣。从皿，中聲。直弓切，九部。《老子》曰：「道盅而用之。」今《道德經》作「沖」。

盦 覆蓋也。此與大部「奄」音義略同。此謂器之蓋也。从皿，酓聲。烏合切，七部。合當作「含」。

昷 仁也。从皿，㠯食囚也。官溥説。凡云溫和、溫柔、溫暖者，皆當作此字，溫行而昷廢矣。水部溫篆下但云「水名」，不云「一曰，煗」者，許謂煗義自有昷字在也。用此知日部「昫，日出溫也」、「安㬆，溫也」、「㬎，溫溼也」，火部「煗，溫也」、「衮，以微火溫肉也」，金部「銚，溫器也」、「鏕，溫器也」，凡若此等，皆作昷不作溫矣。官溥者，博訪通人之一也。烏渾切，十三部。

盥 澡手也。水部曰：「澡，洒手也。」《禮經》多言盥，《内則》：「每日進盥，五日請浴，三日具沐，其閒面垢請靧，足垢請洗。」是則古人每旦必洒手，而洒面則不必旦旦爲之也。《大學》有湯之盤，即《特牲》、《内則》之盥槃。故其銘曰：「日日新。」凡洒手曰澡，曰盥，洒面曰靧，濯髮曰沐，洒身曰浴，洒足曰洗。从𦥑水臨皿也。會意。皿者，《禮經》之所謂洗，《内則》之所謂槃也。《内則》注曰：「槃，承盥水者。」《禮經》注曰：「洗，承盥。洗者，棄水器也。」古玩切，十四部。《春秋傳》曰：「奉匜沃盥。」《左傳·僖廿三年》文。匜者，柄中有道可以注水。《内則》亦云：「請沃盥。」沃者，自上澆之；盥者，手受之而下流於槃。故曰「𦥑水臨皿」，此引傳説字形之意。《特牲》經曰：「尸盥，匜水實于槃中，簞巾在門内之右。」注：「設盥水及巾，尸尊不就洗，又不揮。」謂不就洗，故設匜水，水實於匜，匜實於槃也。不揮，故設巾，巾實於簞也。古之盥手者，用匜澆手，水下流於洗。洒爵者，用匜澆爵中，覆水於洗。盥者，揮手令乾而已。故《禮經》盥不言帨手，尸尊則帨，敬老則盥卒授巾也。匜之水勺於罍，《少牢》注曰：「凡設水用罍，沃盥用枓，禮在此也。」

是則常用爲匜，爲槃；禮器爲枓，爲洗。又云：「洗者，統洗爵而名之也。」設水之器，禮器爲罍，常用未聞。

盪　滌器也。水部曰：「滌，洒也。洒，滌也。」此字从皿，故訓滌器。凡貯水於器中，搖蕩之去滓，或以碝垢瓦石和水吮潠之，皆曰盪。盪者，滌之甚者也。《易》曰：「八卦相盪」，《左傳》：「震盪播越」，皆引伸之義。《郊特牲》曰：「滌蕩其聲。」注：「滌蕩猶搖動也。」蕩者，盪之假借。从皿，湯聲。徒朗切，十部。

文二十五。　重三。

凵　凵盧，疊韵爲名。飯器。凵盧，詳皿部「盧」下。按，皿部不言凵者，單評曰盧，絫評曰凵盧也。㠯柳作之。象形。下侈上斂。去魚切，五部。凡凵之屬皆从凵。

⿱竹去　凵或从竹。去聲。按，《士昏禮》注作「⿱竹去籚」。《廣韵》曰：「⿱竹去，飯器。」

文一。　重一。

去　人相違也。違，離也。人離故从大，大者人也。从大，凵聲。丘據切，五部。凡去之屬皆从去。

朅　去也。《思玄賦》舊注、劉逵《蜀都賦》注皆同。按，古人文章多云「朅來」，猶往來也。从去，曷聲。丘竭切，十五部。

⿰夌去　去也。从去，夌聲。讀若棘陵。力膺切，六部。按，大徐删棘字。今按，《玉篇》曰：「居力切，又力膺切。」《廣韵》、《集韵》皆兼入蒸、職二韵，一力膺切，一紀力切。葢許書本作「讀若棘」，夌聲而讀同棘，一部與六部之合也。或又讀若陵，註陵於旁，而小徐兩存之。

文三。

血　祭所薦牲血也。肉部曰：「𦙶，血祭肉也。」釁部曰：「釁，血祭也。」《郊特牲》曰：「毛血，告幽全之物也。」注：「幽謂血也。」《毛詩》「血以告殺，膋以升臭。」[53]此皆血祭之事。按，不言人血者，爲其字从皿，人血不可入於皿，故言祭所薦牲血。然則人何以亦名血也？以物之名加之人。古者茹毛飲血，用血報神，因製血字，而用加之人。从皿，皿者，《周禮》珠槃玉敦之類。一象血形。在皿中也。呼決切，十二部。凡血之屬皆从血。

衁　血也。《易·歸妹》：「上六，女承筐無實，士刲羊無血。」《左傳》：「晉筮嫁曰：士刲羊亦無衁也，女承筐亦無貺也。」正義曰：「《易》言血而此言衁，故杜知衁是血也。」从血，亡聲。呼光切，十部。《春秋傳》曰：「士刲羊，亦無衁也。」《左·僖十五年》文。

衃　凝血也。《素問》：「赤如衃血者死。」注：「衃血，謂敗惡凝聚之血，色赤黑也。」从血，不聲。芳杯切，古音在一部。

𧖴　气液也。此字各書皆假津爲之，津行而𧖴廢矣。水部曰：「液，𧖴也。」从血，𦘔聲。將鄰切，十一部。

⿱血丂　定息也。心部曰：「息，喘也。」喘定曰⿱血丂。从血，甹省聲。讀若亭。特丁切，十一部。

衄 鼻出血也。《素問》曰「鼻衄」，又「脾移熱於肝則爲驚衄」。按，諸書用挫衄者，縮朒字之假借也。縮朒者，退卻之意也。从血，丑聲。女六切，三部。

𧖱 腫血也。腫，癰也。停滯之血則爲𧖱。《周禮》注曰：「潰瘍，癰而含膿血者。」从血，農省聲。奴冬切，九部。

膿 俗𧖱。从肉，農聲。《周禮》注如此作。

䀋 血醢也。以血爲醢，故字从血。从血，肬聲。肬聲，當作「从肬」，此以會意兼形聲也。肉部曰：「肬，肉汁滓也。」按，醢多汁則曰肬醢，以血爲醢則曰䀋醢，其多汁汪郎相似也。故从肬，而肬亦聲。他感切，八部。《禮》有䀋醢，各本禮下有「記」，誤。今依《韵會》本。《禮經》、《周禮》皆云醓醢，非出於《記》也。許書言「《禮》有梱」、「《禮》有刷巾」、「《禮》有奠祭」、「《禮》有縉緣」，皆謂《禮經》。㠯牛乾脯粱𥻗鹽酒也。《醢人》注曰：「作醢及臡者，必先膊乾其肉，乃後莝之，雜以粱麴及鹽，漬以美酒，塗置甀中，百日則成矣。」其作法許、鄭正同。鄭槩云「膊乾其肉」，許云「牛乾脯」者，鄭總釋諸醢臡，許單釋醓醢，舉一以見例也。經，牛醢不言牛，他醢臡不言䀋，立文錯見也。以牛乾脯粱𥻗鹽酒，則非血醢矣。其謂之䀋醢，何也？《禮經》醓即䀋之變，醓醢用牛乾脯、粱𥻗鹽酒，閉之甀中，令其汁汪郎然，是曰肉汁滓，是曰肬醢宜矣。而許時《禮經》作䀋醢，則假借血醢之字也。故許引《禮經》而釋䀋醢，非䀋之本訓。猶圛下引《商書》「曰圛」而又釋之，堲下引《唐書》「堲讒」而又釋之，非圛、堲之本義。

𧖴 醢也。从血，菹聲。《醢人》注曰：「凡醢醬所和，細切爲𩐁，全物若牒爲菹。」《少儀》曰：「麋鹿爲菹，野豕爲軒，皆牒而不切；麕爲辟，雞兔爲宛脾，皆牒而切之。切葱若薤實之，醯以柔之。」[54]由此言之，則𩐁菹之稱菜肉通。按，菹亦爲肉稱，故其字又作「𧖴」，从血菹會意也。从血猶从肉也。側余切，五部。

𧗃 𧖴或从缶。从缶者，菹醢必鬱諸器中而成也。𧖴、𧗃二篆又見艸部，後人增之耳。《玉篇》艸部無之，當刪彼存此。

𧗄 㠯血有所刏涂祭也。詳刀部「刏」下，𧗄蓋亦刏字之異者。从血，幾聲。渠稀切，十五部。

卹 憂也。憂當作「𢝊」。𢝊，愁也。《釋詁》曰：「恤，憂也。」卹與心部恤音義皆同。古書多用卹字，後人多改爲恤。如比部引《周書》「無毖于卹」，潘岳《藉田賦》「惟穀之卹」，李注引《書》「惟刑之卹」，今《尚書》卹皆作恤是也。从血，卩聲。辛聿切，古音在十二部。一曰，鮮少也。此別一義。卹與惜雙聲。鮮少，可惜也。鮮當作「尟」。

衋 傷痛也。某氏注《尚書》亦云：「衋然痛傷其心。」从血聿，聿者，所以書也。血聿者，取披瀝之意。皕聲。皕讀若逼，在第一部。《周書》曰：「民罔不衋傷心。」《酒誥》文。讀若憘。心部無「憘」，喜部有「憙」，而義不相近。按，當作「譆」，言部曰：「譆，痛也。」音義皆近。許其切，一部。今許力切。

衉 羊凝血也。《釋名》曰：「血脂以血作之。」脂即衉字也。陶氏注《本艸》：「宋帝時太官作血衉，庖人削藕皮誤落血中，遂皆散不凝。」陶所云血衉，即劉之血䐄也。按，必系諸羊者，惟羊血供飲食。前云「衁，血也」。「衃，凝血也」。皆謂人，至監、䘓、衉三字，乃言牲血。此許書嚴人物之辨也。从血，臽聲。苦紺切，八部。

𧗠 衉或从贛。依小徐及《玉篇》。

盇 覆也。皿中有血而上覆之，覆必大於下，故从大。艸部之蓋，从盇會意，訓苫，覆之引伸耳。今則蓋行而盇廢矣。曷，何也。凡言何不者，急言之亦曰何，是以《釋言》云：「曷，盇也。」鄭注《論語》云：「盇，何不也。」盇古音在十五部，故爲曷之假借，又爲蓋之諧聲，今入七八部，爲閉口音，非古也。从血，大聲。此以形聲包會意。大徐删「聲」，非也。今胡臘切，其形隸變作盍。

衊 污血也。《漢·文三王傳》「污衊宗室」，孟康曰：「衊音漫。」从血，蔑聲。莫結切，十五部。

文十五。　重二。按，卹、盡二篆當上屬，盥篆已上皆人事也。監、蘁、衉，當以類廁焉。

丶 有所絶止，丶而識之也。按，此於六書爲指事。凡物有分別，事有可不，意所存主，心識其處者，皆是。非專謂讀書止輒乙其處也。知庾切，古音在四部。凡丶之屬皆从丶。

主 鐙中火主也。《釋器》：「瓦豆謂之登。」郭曰：「即膏鐙也。」[55]膏鐙，《説文》金部之鐙、錠二字也。其形如豆，今之鐙盞是也。上爲盌盛膏而爇火，是爲主。其形甚微，而明照一室。引伸假借爲臣主、賓主之主。𡳿象形，謂象鐙形。从丶，謂火主。丶亦聲。之庾切，古音在四部。按，丶主古今字，主炷亦古今字。凡主人、主意字本當作丶，今假主爲丶，而丶廢矣。假主爲丶，則不得不別造鐙炷字，正如假左爲𠂇，不得不別造佐爲左也。

咅 相與語唾而不受也。今俗有此。从丶，从否，否亦聲。丶，各本作「否」，非，今正。否，不部曰：「否，不也。」从丶否者，主於不然也。丶亦聲。否，韵書皆入矦部，或字从豆聲，豆與丶同部。《周易》蔀、斗、主爲韵，蔀正咅聲也。天口切，四部。其形隸作音。

𣢑 音或从豆欠。欠者，口气也。豆者，聲也。

文三。　重一。

附注：

① 見《禹貢》「惟箘簬楛」句下，鄭注作「箘簬，簬風也」。簬，同簵。

② 《東京賦》無此解，《二京賦》實爲《西京賦》，注語應作「竹箭」，段氏引誤倒。

③ 本篇「簜」字下，段注云《大射儀》之簜應作「篡」，「簜」僅是竹名。説與此有異。

④ 今《禮器》「筍」作「筠」，《聘義》「筍」作「尹」，段氏據鄭注謂皆當作「筍」，説見其《古文尚書撰異》。

⑤ 祁刻本《繫傳》此字作「綮」。

⑥大徐本及《廣韵》皆作「持兖切」。

⑦寸部：「專，六寸簿也。」段注謂「簿」《說文》所無，當本作「薄」。六寸薄即笏。然段氏于此後之「篰」(訓簡牘)下又謂篰即今簿字，似不一。

⑧「與說合」當作「與許合」。

⑨所引見《東原文集·記冕弁冠》，引文前後二節倒其原序，又「朱組紘」，《儀禮》作「緇組紘」，戴書不誤，段氏録誤。

⑩此《士喪禮》指《既夕禮》。

⑪見《晉語四》「文公問于胥臣曰」一節。《毛詩》之語見《邶風·新臺》鄭箋。《爾雅·釋訓》：「籧篨，口柔也。」

⑫匚部匧下說解作「椷藏也」，係段氏據小徐本訂。與此引不一致。

⑬郭注文爲「今江南亦名籠爲箄」。此所引者，爲《玉篇》語，段氏誤記。

⑭「方四反」是「方匹反」之誤。見《釋文》。

⑮「从方」當作「从匚」。

⑯《禮記·月令》「左介」「右介」，今本皆作「左个」、「右个」。王引之《經義述聞》卷三十一《通說》「个」字條云：「《北堂書鈔》歲時部二，《初學記》歲時部上，引《月令》并作介。徐鉉《論俗書》曰：《明堂》左右个當作介。是也。」可參。

⑰竹葦，段氏原誤引作「竹索」。

⑱「或从艸作筰」，「筰」是「莋」之誤。莋之例見《漢書·司馬相如傳》。

⑲說解中矜字，大徐本作「矜」，段氏校改爲矜，參矛部矜下注。

⑳此引金部「鍪」篆下、匚部「匿」篆下說解内本皆無「車」字，《說文解字讀》「笍」篆下注引二字說解亦無「車」字，且云笍下說解内「車」字是「賸文」。

㉑今《尚書》皆作「綴衣」，《立政》二見，《顧命》二見。無作「贅衣」者。

㉒《廣雅》卷八下「籟謂之籥」條作「大者二十四管」。二十三管之說見《爾雅·釋樂》郭注。

㉓此說見《爾雅·釋樂》邢昺疏引，今本《廣雅》未見。

㉔《章帝紀》是《元帝紀》之誤，顏注引如淳，並無「洞者通也」四字。此四字見《文選·王褒〈洞簫賦〉》題下李善注引如淳。

㉕六孔，當作「三孔」，見龠篆說解。

㉖《宋書·樂志》一，引《風俗通》曰：「筑身而瑟絃」，段氏說不確。

㉗《楚辭·招魂》：「菎蔽象棊，有六簙兮。」王逸注：「菎，玉也；蔽，簙箸，以玉飾之也。菎蕗作箸，象牙爲棊，妙且好也。」又可參「箘」下段引。

㉘指《文選·射雉賦》，有「擎場拄翳」句。

㉙《西京賦》是《東京賦》之誤。

㉚段氏於箇下補重文「个」，故當爲「十六」。

㉛《詩·崧高》今本「往近王舅」句下，毛傳：「近，己也。」鄭箋：「近，辭也，聲讀爲彼記之子之記。」段氏《詩經小學》謂「近」爲「迈」，迈借爲己。此即據己說改引。

㉜此「説文」二字，當易作「今文」。馮桂芬説。

㉝十篇下心部：「忲，失常也。」不作「失當」。作「失當」系段氏據己意改。《説文解字讀》差篆下段氏謂「忲字解當曰失當也」。可證原作「失常」，「失當」是段改。又心部下忒篆段氏注曰：「本無忲字，各本有忲篆。蓋淺人妄增，宜刪。」是論定又不同。

㉞「以丂爲丂」，下丂字是「巧」字之誤。

㉟據余行達統計，應是十二例。見《説文段注研究》三十六頁。

㊱見《楚語下》首節。段氏引誤「㩗」爲「懏」，誤「聰」爲「總」。

㊲「出乞」當作「出气（氣）」。

㊳「七始訓」，《漢書・律曆志》作「七始詠」，段氏據《隋書・律曆志》校改，説見《古文尚書撰異》。

㊴「音義」當作「集解」，文見《史記・季布傳》「爲氣任俠」句下。

㊵「窋部」是「宀部」之誤。

㊶《道德經》未用「虧」字，段氏記誤。

㊷《禮記・投壺》經文有一段以□○二形記擊鼓之節，鄭玄注：「圜者擊鼙，方者擊鼓。」此引釋文（音義），□下原有「方鼓」二字，段氏節略。次「鼙」字引《投壺》音義，○，本作圜。

㊸許于心部重收「愷」篆，段氏謂爲後人增竄。

㊹「食」是「實」之誤。

㊺「瓢蠡」原作「瓠蠡」。

㊻此説蠡是借字，是因蠡的本義是「蟲齧木中」。段意瓠瓢義本字當是下文所引各例證中的蠡字。段氏認爲説解用字，應是本字本義，故作《説文解字讀》時，蒼篆下説解逕改爲「蠡也」，謂「作蠡，誤也。」但作《注》時，蒼篆下以及瓢篆下説解蠡字都未改易，原因大概是考慮到《説文》並未收蠡篆。這反映出段氏處理上的矛盾。

㊼《禮運》當作《禮器》。又首句當作「宗廟之祭」，「爵」爲誤字。

㊽「與豐上」，當作「與豐上」。

㊾阮説見《揅經室集》一集卷五《𦉫字瓦拓本跋》，段氏引文下豐字是豊之誤。

㊿此服虔注見《詩・周南・麟之趾》疏引，引文「知止」應作「知正」，「禮仁」當作「體正」。

(51)「昭九年」是「昭二十九年」之誤。

(52)見《殷武》「方斲是虔」句下，箋云：「椹謂之虔。」

(53)此八字是鄭箋語，見《信南山》「取其血膋」句下。

(54)《少儀》引文中兩「牒」字，今本皆作「聶」。鄭注：「聶之言牒也。」（在段氏引文之前一句「牛與羊魚之腥，聶而切之爲膾」下）《周禮・醢人》「五齊七醢」下鄭注引《少儀》此數語，皆易「聶」爲「牒」，疑爲段氏所據。

(55)「膏鐙」，郭注本作「膏登」。

說文解字第五篇下

金壇段玉裁注

丹 巴越之赤石也。巴郡、南越皆出丹沙。《蜀都賦》「丹沙赩熾出其坂」，謂巴也。《吴都賦》「赬丹明璣」，謂越也。丹者，石之精，故凡藥物之精者曰丹。象采丹井，謂冂也。采丹之井，《史記》所謂丹穴也。蜀、吴二都賦注皆云：出山中，有穴。丶象丹形。都寒切，十四部。凡丹之屬皆从丹。

古文丹。

彬 亦古文丹。按，此似是古文「彤」。

臒 善丹也。按，《南山經》曰：「雞山其下多丹臒，侖者之山其下多青臒。」然則凡采色之善者皆偁臒，蓋本善丹之名，移而他施耳。亦猶白丹、青丹、黑丹皆曰丹也。从丹，蒦聲。讀與霍同。各本作「讀若隺」，今依《尚書音義》正。烏郭切，五部。《周書》曰：「惟其敷丹臒。」《杍材》文。敷，孔穎達正義本作「斁」，衞包改作「塗」，俗字也。

彤 丹飾也。《春秋經》曰：「丹桓宫楹。」从丹彡。以丹拂拭而涂之，故从丹彡。彡者，毛飾畫文也。飾、拭古今字。彡其畫也。說从彡之意。彡亦聲。小徐有此三字，然則彤古音當在七部矣。今音徒冬切。

文三。重二。

青 東方色也。《考工記》曰：「東方謂之青。」木生火。从生丹。丹，赤石也。赤，南方之色也。倉經切，十一部。丹青之信言必然。俗言信若丹青，謂其相生之理有必然也。援此以說从生丹之意。凡青之屬皆从青。

古文青。

静 宷也。《上林賦》「靚糚」，張揖注①曰：「謂粉白黛黑也。」按，靚者，静字之假借。采色詳宷得其宜，謂之静。《考工記》言「畫繢之事」是也。分布五色，疏密有章，則雖絢爛之極，而無淟涊不鮮，是曰静。人心宷度得宜，一言一事必求理義之必然，則雖緐勞之極，而無紛亂，亦曰静。引伸假借之義也。安静本字當从立部之竫。从青，爭聲。疾郢切，十一部。

文二。重一。

井 八家爲一丼。《穀梁傳》曰：「古者公田爲居，井竈葱韭盡取焉。」《風俗通》曰：「古者二十畝爲一井，因爲市交易，故稱市井。」皆謂八家共一井也。《孟子》曰：「方里而井，井九百畝，其中爲公田。」此古井田之制。因象井韓而命之也。象構韓形。謂井也。韓，井上木闌也，其形四角，或八角，又謂之銀牀。丶，罋象也。缶部曰：「罋，汲缾也。」丼，子郢切，十一部。古者伯益初作井。出《世本》。凡丼之屬皆从丼。

⿱𤇾丹 [seal] 穾池也。按，《玉篇》作「澤地」，雖不言出《說文》，然恐《說文》古本如是。《廣韻》：「汫濙，小水也。」濙蓋即⿱𤇾丹。从丼，瑩省聲。按，凡从𤇾之字，皆曰「熒省聲」，則瑩當作「熒」。烏迥切，十二部。

阱 [seal] 陷也。穿地陷獸。从𨸏丼。於大陸作之如井。丼亦聲。疾正切，十一部。

穽 [seal] 阱或从穴。《中庸》音義曰：「阱本作穽，同。」引《說文》「穽或阱字也」。今本《釋文》於「或」下妄沾「爲」字。按，古本《說文》多云「某或某字」，見於《經典釋文》者，往往如是。《周禮注》所謂「古字多或」也。今本《說文》盡改之，云「某或作某」，非古也。若讀《釋文》竄改者，則益可⿰虫欠矣。

汬 [seal] 古文阱从水。鍇本作「阱或从水」。《玉篇》云：「古文作汬。」

㓝 [seal] 罰辠也。假借爲典型字。从刀丼。《易》曰：「丼者，法也。」此引《易》說从井之意。「井者，法也」，蓋出《易說》。司馬彪《五行志》引《易說》同。《風俗通》亦云：「井者，法也，節也。」《春秋元命包》曰：「㓝，刀守井也。飲水之人，入井爭水，陷於泉，刀守之，割其情也。」又曰：「网言爲詈，刀守詈爲罰，罰之爲言內也，陷於害也。」已上見玄應《大唐衆經音義》、徐堅《初學記》。夫井上爭水，不至用刀，至於詈罵當罰，五罰斷不用刀也。故許以罰入刀部，謂持刀罵詈，則應罰。以㓝入井部，謂有犯五㓝之辠者，則用刀法之。同一从刀，而一系諸受法者，一系諸執法者。且从井，非爲入井爭水，視《元命包》之說，正如摧枯拉朽，安置妥帖矣。故其書百世師承可也。丼亦聲。戶經切，十一部。按，此㓝罰正字也，今字改用刑。刑者，剄也。見刀部。其義其音皆殊異。

刱 [seal] 造法刱業也。蒙上文「丼者，法也」而言，故云「造法刱業」。《國語》、《孟子》字皆作「創」，趙氏、韋氏皆曰「創，造也」。假借字也。从丼，刅聲。讀若創。初亮切，十部。

文五。　重二。

皀 [seal] 穀之馨香也。禾部曰：「穀，續也。」續當作「粟」。粟者，嘉穀實也。《曲禮》曰：「黍曰薌合，粱曰薌萁。」薌即香字。《左傳》引《周書》曰：「黍稷非馨，明德惟馨。」馨者，香之遠聞者也。香者，芳也。象嘉穀在裹中之形。謂白也。《大雅》謂秬、虋、芑爲嘉穀，毛傳謂苗爲嘉穀，許書謂禾爲嘉穀。虋、芑、苗、禾，一物也。連裹曰穀，曰粟；去裹曰米。米之馨香曰皀。裹者，禾部所謂稃也，⿰禾會也，糠也，穀皮是也。匕，所㠯扱之。說下體从匕之意。匕部曰：「匕所以比取飯。一名柶。」扱者，收也。或說，皀一粒也。《顏氏家訓》曰：「在益州與數人同坐，初晴，見地下小光。問左右是何物，一蜀豎就視云：是豆逼耳。皆不知所謂，取來，乃小豆也。蜀土呼豆爲逼，時莫之解。吾云《三蒼》、《說文》皆有皀字，訓粒，《通俗文》音方力反。衆皆歎悟。」凡皀之屬皆从皀。又讀若香。又字上無所承，疑有奪文。按，顏黄門云《通俗文》音方力反，不云出《説文》，然則黄門所據，未嘗有方力反矣。而許書中卿鄉字从皀聲，讀若香之證也。又鳥部鵖鴔字从皀聲，《爾雅音義》云：「鵖，彼及反。郭房汲反。《字林》方立反。」是則皀有在七部一音，當云「讀若某」，在「又讀若香」之上，今奪。

即　即食也。即，當作「節」。《周易》所謂「節飲食」也。節食者，檢制之使不過，故凡止於是之詞謂之即，凡見於經史言即皆是也。《鄭風》毛傳曰：「即，就也。」从皀，卪聲。此當云「从卪皀，卪亦聲」，其訓節食，故从卪皀。卪、節古通也。今音子力切，古音在十二部。

既　小食也。此與口部嘰音義皆同。《玉藻》、《少儀》作「機」，假借字也。引伸之義，爲盡也，已也。如《春秋》「日有食之既」，《周本紀》：「東西周皆入於秦，周既不祀」，正與小食相反。此如亂訓治，徂訓存。既者，終也，終則有始。小食則必盡，盡則復生。从皀，旡聲。居未切，十五部。《論語》曰：「不使勝食既。」《鄉黨篇》文。此引經説假借也。《論語》以既爲气，如《商書》以攷爲好，《詩》以及爲姑之類。今《論語》作「氣」。气、氣古今字。作氣，蓋《魯論》也。許偁蓋古文《論語》也。或云，謂不使肉勝於食，但小小食之。説固可通，然古人之文，云不使勝則已足，不必贅此字。

冟　飯剛柔不調相箸。按，《玉篇》作「飯堅柔調也」，無「不」字，非也。堅與柔不龢，謂不純堅，不純柔，柔者與堅者兩相附箸，飯之不美者也。米者謂之糜，則純有性者也。从皀，冖聲。讀若適。施隻切，十六部。

文四。

鬯　㠯𩰪釀鬱艸，芬芳攸服，㠯降神也。攸服，當作「條暢」。《周禮·鬯人》注、《大雅·江漢》箋皆云「芬香條暢」，可證也。《郊特牲》云：「周人尚臭，灌用鬯臭，鬱合鬯，臭陰達於淵泉。」云「鬱合鬯」，與下文「蕭合黍稷」，皆謂二物相合也。《周禮·鬱人》職：「凡祭祀賓客之祼事，和鬱鬯以實彝而陳之。」注云：「築鬱金煑之以和鬯酒。」按，此正所謂鬱合鬯也。鄭注《序官·鬱人》云：「鬱，鬱金香草，宜以和鬯。」注《鬯人》云：「鬯，釀秬爲酒，芬香條暢於上下也。」是鬯與鬱之分較然矣。秬釀爲鬯，芳艸築煑爲鬱，二者攪和之爲鬱鬯。許説略同。故於鬯言秬釀，於鬱言芳艸。其鬯下兼言鬱艸者，於分中見其合，謂用秬釀及築煑之鬱艸合和之降神。鬯主於秬釀也，故説字形曰「中象米，匕所以扱之」。又按，《江漢》傳云：「秬，黑黍也。鬯，香草也。築煑合而鬱之曰鬯。」此鬱鬯不爲二物，又謂鬯爲香艸，皆與後來許、鄭異。攷《王度記》云：「天子以鬯，諸矦以薰，大夫以蘭芝，士以蕭，庶人以艾。」《禮緯》云：「鬯艸生郊。」《中矦》云：「鬯艸生庭。」徐氏《中論》云：「煑鬯燒薰，以揚其芬。」皆謂鬯爲艸名，與毛説合者也。竊謂鬱者蘊積，鬯者條暢，凡物必蘊積而後條暢，秬釀非不可言鬱，香艸未嘗不言鬯也。則秬艸二物固可各兼二名矣。从凵，音祛。凵，器也。凵部云：「凵盧，飯器。」中象米，謂※也。※即米字，斜書之。匕所㠯扱之。《士冠》、《士昏禮》皆以柶扱醴，柶即匕也。《易》曰：「不喪匕鬯。」

《震》卦辭。經言鬯者多矣，獨偁此文者，說鬯从匕之意也。與豐、虋等字引《易》同。鬯，丑諒切，十部。凡鬯之屬皆从鬯。

鬱　芳艸也。十葉爲貫。十當作「千」，百字下曰「十百爲一貫」是也。《周禮注》作「十」亦誤。百廿貫廿者，古文二十也。《周禮注》作「二十」。築吕煑之爲鬱。《鬱人》注：「鄭司農云：鬱，草名。十葉爲貫，百二十貫築以煑之鐎中，停於祭前。」按，許說同此。今本注「百二十貫」之下，衍「爲」字，賈公彥誤連築爲句矣。築、鬻二字見《肆師》職，注云：「築鬱草煑之。」②《鬱人》注云：「築鬱金煑之，以和鬯酒。」又云：「鬱者，鬱金香草，宐以和鬯。」是則鄭意謂築之、煑之，以和秬黍，所釀之鬯酒，乃用於祼也。凡以鬱和鬯，謂之鬱鬯。如《鬱人》云：「和鬱鬯以實彝。」是。不和鬱者，但謂之秬鬯。如《鬯人》「掌共秬鬯而飾之」是也。許意與鄭略同。从臼缶冖音覓。鬯，臼，叉手也。缶，瓦器。冖，覆也。鬯之言暢也。叉手築之令糜，乃盛之於缶，而覆之，封固以幽之，則其香气暢達，此會意之恉也。彡其飾也。此說从彡之意。其物用於祭祀、喪紀、賓客者也。故必飾其器。鬱，迂勿切，十五部。一曰，鬱鬯。此連鬯爲文釋之。百艸之華，遠方鬱人所貢芳艸，合釀之，吕降神。謂凡言鬱鬯者，用中國百艸之華，及遠方鬱人所貢芳艸，二者合而釀之，芬芳條暢，可用降神，是曰鬱鬯。此別一義也。前說芳艸築煑爲鬱，合秬釀爲鬯；此說謂合釀艸華及遠國芳艸爲鬱鬯，不必合秬酒而後爲鬯也。《肆師》職大鄭注，亦謂築煑香艸爲鬯。《水經注・溫水篇》引應仲遠《地理風俗記》語，乃仲遠檃栝許書而爲之者。鬱，逗。謂鬱人之鬱字。今鬱林郡也。以上三鬱字，舊作「鬱」，今依《漢・志》作鬱。或說，正以鬱釋鬱，許意古書云鬱人所貢，即今鬱林郡地之人也。《水經》：溫水至鬱林廣鬱縣爲鬱水。《地理志》：武帝元鼎六年，更名桂林爲鬱林。

爵　禮器也。古說今說皆云「爵一升」，《韓詩》說，爵觚觶角散，總名曰爵，其實曰觴。象雀之形。各本作「象爵之形」四字，今正。古文全象爵形，即象雀形也。小篆改古文婎之，首象其正形，下象其側形也。中有鬯酒，又持之也。又，手也。《祭統》：「尸酢夫人執柄，夫人受尸執足。」柄者，尾也。所吕飲器象雀者，各本雀作「爵」，今正。取其鳴節節足足也。節節足足，雀音如是。《廣雅》曰：「鳳皇，雄鳴即即，雌鳴足足。」《宋書・符瑞志》因之，皮傅之說耳。即略切，二部。爵引伸爲爵秩字，假借爲雀字。《韓詩》說曰：「爵，盡也。足也。」《白虎通》說爵祿曰：「爵者，盡也。所以盡人材。」古爵音同焦。釂、潐字皆取盡意。

依《古文四聲韻》。古文爵如此。象形。首尾喙翼足具見。爵形即雀形也。程氏瑤田《通藝録》曰：「前有流，喙也，腦與項也，胡也。後有柄，尾也。容酒之量，其口左右侈出者，翅也，近前二柱，聳翅將飛皃也，其量，腹也。腹下卓爾鼎立者，其足也。古爵之存於今者驗之，兩柱拄眉而酒盡，古經立之容不能昂其首也。不昂首而實盡，取節於兩柱之拄眉。《梓人》所謂

「鄉衡」者如是。

䰞 黑黍也。一稃二米以釀。《生民》曰：「誕降嘉穀，維秬維秠。」毛曰：「秬，黑黍也。秠，一稃二米也。」禾部：「稃，穭也。秠，一稃二米。天賜后稷之嘉穀也。」是則黑黍名䰞，自其一稃二米言之，則謂之秠，以釀酒是曰䰞釀，經典曰䰞鬯，故其字从鬯也。黑黍容有不一稃二米者。从鬯，矩聲。其呂切，五部。

秬 䰞或从禾。今經典字皆如此作。

䰟 列也。列，當从《玉篇》作「烈」，字之誤也。烈，火猛也。引伸爲凡猛之偁。䰟謂酒氣酷烈。《左傳》「嘉栗旨酒」，栗讀爲烈。䰟引伸爲迅疾之義，今俗用駛疾字當作此。从鬯，䰞鬯灌地，臭陰達於淵泉，其氣烈也。吏聲。讀若迅。吏聲，即史聲。史與迅雙聲。《唐韵》疏吏切，古音亦在一部。

文五。　重二。

食 亼米也。各本作「一米也」，《玉篇》同，葢孫强時已誤矣。《韵會》本作「米也」，亦未是。今定爲「亼米也」，由亼字俗罕用而誤也。以合下云「亼口」例之，則此當爲「亼米」，信矣。亼，集也，集衆米而成食也。引伸之，人用供口腹亦謂之食，此其相生之名義也。下文云：「飯，食也。」此食字引伸之義也。人食之曰飯，因之所食曰飯；猶之亼米曰食，因之用供口腹曰食也。食下不曰「飯也」者，何也？食者，自物言；飯者，自人言。嫌其義不顯，故不以飯釋食也。飯下何以云「食也」？自饕篆以下皆自人言，故不嫌也。《周禮·膳夫》職注曰：「食，飯也。」《曲禮》「食居人之左」，注：「食，飯屬也。」凡今人食分去入二聲，飯分上去二聲，古皆不如此分別。从皀，亼聲。或說，亼皀也。此九字當作「从亼皀」三字，經淺人竄改不可通。皀者，穀之馨香也。其字从亼皀，故其義曰亼米，此於形得義之例。乘力切，一部。凡食之屬皆从食。鍇本此下有「讀若粒」三字，衍文。

餴 脩飯也。脩，各本作「滫」，誤，今依《爾雅音義》引正。脩，《倉頡篇》作「餐」。脩之言溲也。水部曰：「溲，浂汏也。」飯者，人所飯也。餴，《爾雅》作「饙」，《釋言》曰：「饙、餾，稔也。」孫云：「蒸之曰饙，均之曰餾。」郭申之云：「今呼餐，音脩，餐飯爲饙，饙均孰爲餾。」《詩釋文》引《字書》云：「饙，一蒸米也。」劉熙云：「饙，分也。衆粒各自分也。」按，《大雅》：「洞酌行潦③，挹彼注茲，可以餴饎。」箋云：「酌取行潦，投大器之中，又挹之注之於此小器，而可以沃酒食之餴者，以有忠信之德，齊絜之誠，以薦之故也。」此謂以水溲熱飯，古語云餐飯。从食，奉聲。奉从卉聲，賁奔亦从卉聲，十五部與十三部合音也。府文切。

饙 餴或从賁。賁聲也。

𩞤 餴或从奔。奔聲也。今《詩》字如此。

餾 飯气流也。流，各本作「蒸」，今依《洞酌》正義引改。餧下云：「馬食穀多，气流四下也。」然則飯气流者，謂气液盛流也。據孫、郭《爾雅》注及《詩釋文》所引《字書》，似一蒸爲餴，再蒸爲餾，然許不如此説。从倉，丣聲。力救切，三部。

飪　大孰也。《特牲禮》「請期曰羹飪」注：「飪，孰也。」飪亦假稔爲之。《釋言》：「饙、餾，稔也。」字又作「餁」。餁同飪。从倉，壬聲。如甚切，七部。

肝　古文飪。从肉。

恁　亦古文飪。心部恁下云：「齎也。」此古文系後人增羼。小徐説，李舟《切韵》不云亦古文飪。

饔　孰食也。已孰可食者也。《小雅》毛傳曰：「孰食曰饔。」《周禮注》曰：「饔，割亨煎和之稱。」从倉，雝聲。於容切，九部。

飴　米櫱煎者也。者字今補。米部曰：「櫱，芽米也。」火部曰：「煎，熬也。」以芽米熬之爲飴，今俗用大麥。《釋名》曰：「餳，洋也。煮米消爛洋洋然也。飴小弱於餳，形怡怡也。」《内則》曰：「飴蜜以甘之。」从倉，台聲。与之切，一部。

䬳　籒文飴，从異省。異省聲。

餳　飴和饊者也。不和饊，謂之飴；和饊，謂之餳。故成國云「飴弱於餳」也。《方言》曰：「凡飴謂之餳。自關而東，陳楚宋衞之閒通語也。」楊子渾言之，許析言之。《周禮·小師》注：「管如今賣飴餳所吹者。」《周頌》箋亦云。从倉，昜聲。各本篆作「餳」，云：「易聲」，今正。按，餳从昜聲④，故音陽，亦音唐，在十部。《釋名》曰：「餳，洋也。」李軌《周禮》音唐是也。其陸氏《音義》：《周禮》辭盈反，《毛詩》夕清反，因之《唐韵》徐盈切，此十部音轉入於十一部，如行庚觵等字之入庚韵。郭璞《三倉解詁》曰：「楊音盈協韵。」晉灼《漢書音義》反楊惲爲由嬰，其理正同耳。淺人乃易其龤聲之偏旁，《玉篇》、《廣韵》皆誤从「易」，然《玉篇》曰：「餳，徒當切。」《廣韵·十一唐》曰：「糖，飴也。」《十四清》曰：「餳，飴也。」皆可使學者知餳、糖一字，不當从易。至於《集韵》始以餳入唐韵，餳入清韵，畫分二字。使人真雁不分，其誤更甚，猶賴《類篇》正之。餳古音如洋，語之轉如唐，故《方言》曰：「餳謂之餹。」郭云：「江東皆言餹，音唐。」

饊　熬稻粻餭也。餭依《韵會》从食，各本作「䅴」，葢因許書無餭改之耳。《楚辭》、《方言》皆作「粻餭」，古字葢當作「張皇」。《招䰟》「有粻餭些」，王曰：「粻餭，餳也。」《方言》曰：「餳謂之粻餭。」郭云：「即乾飴也。」諸家渾言之，許析言之。熬，乾煎也。稻，稌也。稌者，今之稬米，米之黏者。鬻稬米爲張皇，張皇者，肥美之意也。既又乾煎之，若今煎粢飯然，是曰饊。飴者，熬米成液爲之，米謂禾黍之米也。饊者，謂乾熬稻米之張皇爲之。兩者一濡一小乾，相盉合則曰餳。此許意也。楊、王、郭以餳飴釋粻餭，渾言之也。豆飴謂之𧯠，見豆部。从倉，㪔聲。穌旱切，十四部。

餅　麪餈也。麥部曰：「麪，麥末也。」麪餈者，餅之本義也。《方言》曰：「餅謂之飥，或謂之餦，或謂之餛」是也。从倉，并聲。必郢切，十一部。

餈　稻餅也。《方言》曰：「餌謂之餻，或謂之粢，或謂之餘，或謂之餣，或謂之䬪，謂米餅也。」《周禮》「糗餌粉餈」注曰：「餌餈皆粉稻米黍米所爲也，合蒸曰餌，餅之曰餈。糗者，擣粉熬大豆爲餌，餈之黏著以粉之耳。餌言糗，餈言粉，互相足。」按，許說與鄭不同，謂以稉米蒸孰，餅之如麪餅，曰餈。今江蘇之餈飯也。粉稉米而餅之而蒸之，則曰餌。䰞部云：「䰞，粉餅也」是也。今江蘇之米粉餅、米粉團也。粉餅則傅之以熬米麥之乾者，故曰糗餌。米部云：「糗，熬米麥也。」可證。餈則傅之以大豆之粉。米部曰：「粉，傅面者也。」可證也。許不言何粉，大鄭云「豆屑」，是也。从食，次聲。疾資切，十五部。《周禮》故書作「茨」，假借字也。

𩟄 餈或从齊。齊聲。

粢 餈或从米。猶从食也。《內則》音義曰：「餈本或作粢。」按，粢與禾部粢各義。

饘 糜也。米部曰：「糜，糝也。糝，以米和羹也。」按，以米和羹者，鼎實也。故正考父《鼎銘》曰：「饘於是，粥於是，以餬余口。」詳鬻部。从食，亶聲。諸延切，十四部。周謂之饘，宋衞謂之餰。此五字各本作「宋謂之餬」四字，今依《檀弓》音義、《初學記》正。餰者，鬻之或字，見鬻部。去虔切。一人妄謂鬻、饘同字，故於此改餰爲餬耳。

餱 乾食也。《小雅》：「乾餱以愆。」《釋言》、毛傳皆曰：「餱，食也。」《大雅》毛傳又云：「餱𩟓，食也。」⑤凡乾者曰餱，故許曰乾食。《無羊》「或負其餱」，亦必乾者，乃可負也。小徐曰：「今人謂飯乾爲餱。」从食，侯聲。乎溝切，四部。《周書》曰：「峙乃餱粻。」《粊誓》文。今《書》作「糗糧」，據正義引鄭注「糗，擣熬穀也」，與《周禮》注糗同⑥。然則古文《尚書》作糗矣。許或兼偁歐陽、夏侯書與？粻字不見米部，而《大雅》云：「以峙其粻。」《釋言》、《詩》箋皆曰：「粻，糧也。」《大雅》又云：「乃裹餱糧。」則餱粻即餱糧。

餥 餱也。《釋言》曰：「餥，餱食也。」从食，非聲。非尾切，十五部。陳楚之閒，相謁而食麥飯曰餥。《方言》曰：「餥，食也。陳楚之內，相謁而食麥饘謂之餥。」郭曰：「音非。」

饎 酒食也。《大雅·泂酌》傳曰：「饎，酒食也。」《七月》、《大田》箋同。按，酒食者，可喜之物也，故其字从食喜。《商頌》「大糦是承」，傳曰：「糦，黍稷也。」⑦《周禮·饎人》大鄭注云：「饎人，主炊官也。」《特牲饋食禮》注曰：「炊黍稷曰饎。」皆依文爲訓。由黍稷而炊之，爲酒爲食，其事相貫。饎本酒食之偁，因之名炊曰饎，因之名黍稷曰饎，引伸之義也。《方言》：「糦，孰食也。氣孰曰糦。」據《毛詩》箋則古文以喜爲饎。从食，喜聲。昌志切，一部。《詩》曰：「可㠯饙饎。」《大雅》文。謂行潦之水，可用於酒食之饙。

䭡 饎或从巸。巸，聲也。《周禮注》曰：「故書饎作䭡。」蓋轉寫多灬。

糦 饎或从米。《商頌》字如此作。《特牲》注曰：「古文饎作糦。」

籑 具食也。廾部曰：「具，共置也。」《禮經》凡言饌，注曰：「陳也。」陳與置義同。《論語》曰：「有酒食，先生饌。」从𠊊，算聲。士戀切，十四部。

饌 籑或从巽。巽聲。《論語》「先生饌」，馬云：「飲食也。」鄭作「餕」，食餘曰餕。按，馬注者，古《論》；鄭注者，校周之本以齊古，讀正凡五十事。其讀正者，皆云「魯讀爲某，今从古」。此不云「今从古」，則是从魯《論》作餕者。何晏作「饌」，从孔安國、馬融之古《論》也。據《禮經·特牲》《少牢》注皆云「古文籑作餕」⑧，許書則無餕有籑、饌字，是則許於《禮經》从今文不从古文也。但《禮經》之籑訓食餘，而許籑、饌同字，訓爲具食，則食餘之義無箸。且《禮經》言饌者多矣，注皆訓陳，不言古文作「餕」。食餘之字皆作籑，未有作饌者，然則《禮》饌、籑當是各字，饌當獨出訓具食也，籑餕當同出訓食餘也，乃與《禮經》合。若《論語》魯餕、古饌，此則古文假饌爲餕，此謂養親必有酒肉，既食恆餕而末有原，常情以是爲孝也。〇又按，《禮記》之字，於《禮經》皆从今文，而皆作「餕」，疑《儀禮注》當云今文籑作餕。

養 供養也。今人分別上去，古無是也。从𠊊，羊聲。余兩切，十部。

𢼊 古文養。

飯 食也。自饎篆已上，皆自物言之。自籑篆已下，皆自人言之。然則云食也者，謂食之也。此飯之本義也。引伸之，所食爲飯。今人於本義讀上聲，於引伸之義讀去聲，古無是分別也。《禮記音義》云：「依《字書》食旁作卞，扶万反（謂所食也），食旁作反，符晚反（謂食之也），二字不同，今則混之。故隨俗而音此字。」陸語殊誤，古衹有飯字。後乃分別作餅，俗又作飰，此正如汳水俗作汴也。唐以前書多作餅字，後來多譌爲餅字。从𠊊，反聲。符萬切，十四部。按，大徐不達許意，故切符萬，而不云扶晚也。

䭃 襍飯也。从𠊊，丑聲。女久切，三部。按，米部曰：「粗，襍飯也。」此䭃篆葢俗增，故非其次，宜刪。

飤 糧也。从人𠊊。祥吏切，一部。按，以食食人物，其字本作食，俗作「飤」，或作「飼」，經典無飤，許云：「飤，食馬穀也。」不作「飤馬」，此篆淺人所增，故非其次，釋爲「糧也」又非，宜刪。

饡 以羹澆飯也。此飯用引伸之義。謂以羹澆飯而食之也。《考工記》注曰：「瓚讀餐屢之屢。」屢即饡字也。《玉篇》曰：「𡲬者，饡之古文。」然則本作𡲬，轉寫作屢耳。《內則》注曰：「狼臅膏，『臆中膏也。以煎稻米，則似今膏屢矣。』」《釋名》曰：「肺䐪，䐪饡也，以米糝之，如膏饡也。」以羹澆飯者，饡之本義。膏饡者，漢人所爲。从𠊊，贊聲。則幹切，十四部。

𩜹 晝食也。此猶朝曰饔、夕曰飧也。晝食曰𩜹，俗譌爲「日西食曰𩜹」，見《廣韵》。今俗謂日西爲晌午，頃刻爲半晌，猶𩜹之遺語也。从𠊊，象聲。書兩切，十部。

𩞁 𩜹或从𥏻。

飧 餔也。《小雅》傳曰：「孰食曰饔。」《魏風》傳曰：「孰食曰飧。」然則饔、飧皆謂孰食，分別之，則謂朝食、夕食。許於饔不言朝，於飧不言孰，互文錯見也。趙注《孟子》曰：「朝食曰饔，夕曰飧。」此析言之，《公羊傳》「趙盾食魚飧」，《左傳》「僖負羈饋盤飧」，「趙衰以壺飧從」，皆不必夕時，渾言之也。《司儀》注曰：「小禮曰飧，大禮曰饔餼。」《掌客》：「上公飧五牢，饔餼九牢；矦伯飧四牢，饔餼七牢；子男飧三牢，饔餼五牢。」此飧、饔與常食不同，且多生腥，不皆孰物。从夕食。會意。俗作「飱」，非也。思魂切，十三部。按，《伐檀》正義引《說文》：「飧，水澆飯也。从夕食。」正以《釋文》則《字林》語，與《說文》異。

餔 申時食也。各本申時上有「日加」二字，今依《廣韵》、《類篇》、《韵會》正。《淮南書》云：「日至於悲谷，是謂餔時。」餔，一作「晡」。引伸之義，凡食皆曰餔，又以食食人謂之餔。从食，甫聲。博狐切，五部。

䀦 籒文餔。从皿，浦聲。皿，飲食器也。

餐 吞也。口部曰：「吞，咽也。」《鄭風》曰：「使我不能餐兮。」《魏風》曰：「彼君子兮，不素餐兮。」是則餐猶食也。《鄭風》：「還予授子之粲兮。」《釋言》、毛傳皆曰：「粲，餐也。」謂粲爲餐之假借字也。餐訓吞，引伸之爲人食之，又引伸之爲人所食，故曰授餐。飧與餐，其義異，其音異，其形則飧或作飱，餐或作餐。《鄭風》《釋言》音義誤認餐爲飧字耳。而《集韵》《類篇》竟謂飧、餐一字。从食，𣦼聲。七安切，十四部。與十三部之飧迥別，《魏·伐檀》一章、三章分用。

湌 餐或从水。

䭑 嗛也。口部曰：「嗛，小食也。」从食，兼聲。讀若風溓溓。風溓溓，未聞。禾部曰：「稴，讀若風廉之廉。」葢同此，未識孰是。力鹽切，七部。一曰，廉絜也。一謂讀若廉潔之廉也。轉寫奪「若」字。

饁 餉田也。《釋詁》、《豳》傳皆曰：「饁，饋也。」孫炎云：「饁，野之餉。」从食，盍聲。筠輒切，古音葢在十五部。《詩》曰：「饁彼南畝。」《豳風》、《小雅》文。

饟 周人謂餉曰饟。《周頌》曰：「其饟伊黍。」正周人語也。《釋詁》曰：「饁、饟，饋也。」从食，襄聲。人漾切，十部。

餉 饟也。饟，各本作「饋」，今依《韵會》本。《孟子》說「葛伯仇餉」云「老弱饋食」，又云「有童子以黍肉餉」。从食，向聲。式亮切，十部。

饋 餉也。饋之言歸也，故饋多假歸爲之。《論語》「詠而饋」，「饋孔子豚」，「齊人饋女樂」，古文皆作「饋」，魯皆作「歸」，鄭皆从古文。《聘禮》「歸饔餼五牢」，鄭云：「今文歸或爲饋。」今本《集解》《陽貨》、《微子》篇作「歸」，依《集解》引孔安國語，則當作「饋」也。从食，貴聲。求位切，十五部。按，今字以餽爲饋，此乃假借，其義本不相通也。《孟子》：「餽孔子豚。」《漢·禮樂志》：「齊人餽魯，而孔子行。」已作此字。

饗 鄉人飲酒也。《豳風》：「朋酒斯饗，曰殺羔羊。」傳曰：「饗，鄉人飲酒也。其牲，鄉人以狗，大夫加以羔羊。」此傳各本譌奪，依正義攷定如是，許君所本也，饗字之本義也。孔沖遠曰：「鄉人飲酒而謂之饗者，鄉飲酒禮尊事重，故以饗言之。」此不知亯燕之亯正作亯，亯，獻也。《左傳》作亯爲正字，《周禮》《禮記》作饗爲同音假借字，猶之《左傳》作宴爲正字，宴，安也，《禮經》《周禮》作燕爲同音假借字也。沖遠證之以用樂或上取，其説迂曲矣。至若《毛詩》云「我將我亯」，下文云「既右饗之」；云「以亯以祀」，下文云「神保是饗」；云「亯以騂犧」，下文云「是饗是宜」：《毛詩》之例，凡獻於上曰亯，凡食其獻曰饗。《左傳》用字正同。凡《左氏》亯燕字皆作亯，惟「用人其誰饗之」字作饗。从鄉，从食。鄉食會意。鄉亦聲。許兩切，十部。

饛 盛器滿皃。《小雅》傳曰：「饛，滿簋貌。」許謂字之本義，不專謂簋也，故易爲器。从食，蒙聲。莫紅切，九部。《詩》曰：「有饛簋飧。」

飵 楚人相謁食麥曰飵。《方言》：「餥，飵食也。陳楚之內，相謁而食麥饘，謂之餥。楚曰飵。凡陳楚之郊，南楚之外，相謁而餐，或曰飵，或曰䬯。秦晉之際，河陰之閒，曰䭇䬪，此秦語也。」从食，乍聲。在各切，五部。

䬯 相謁食麥也。从食，占聲。奴兼切，七部。

䭇 秦人謂相謁而食麥曰䭇䬪。从食，㬰聲。烏困切，十三部。

䬪 䭇䬪也。从食，豈聲。五困切，十三部。豈聲在十五部，合音也。

餬 寄食也。《左傳》：「餬其口於四方。」《方言》曰：「餬，寄也。寄食曰餬。」引伸之義，《釋言》曰：「餬，饘也。」是。从食，胡聲。户吴切，五部。

飶 食之香也。《周頌》傳曰：「飶，芬香皃。」許云「食之香」，爲其字从食也。从食，必聲。毗必切，十二部。與艸部「苾」音同義近。《詩》曰：「有飶其香。」

䬲 燕食也。燕，同宴，安也。安食者，無事之食也。無事食，則充腹而已，故語曰猒飫。《釋言》曰：「飫，私也。」私即安食之謂。此非《周語》房烝立成之飫，亦非毛傳脱屨升堂之飫，其字下與飽、餶、饒、餘相屬，則其義略同也。从食，芺聲。依據切，古音在二部。今字作「飫」。《詩》曰：「飲酒之䬲。」此引《常棣》六章説叚借也。䬲，《韓詩》作「醧」，説曰：「跣而上坐謂之宴，能者飲，不能者已，謂之醧。」《毛詩》叚䬲爲醧，故傳曰：「䬲，燕私也（今本奪燕字）。脱屨升堂謂之䬲（今本句首衍不字）。」毛、韓義一也。故曰許引此《詩》説「醧」之叚借也。此猶引作玫爲作好，引莫席爲篾席也。説詳酉部。

飽 猒也。甘部曰：「猒，飽也。」是爲轉注。从食，包聲。博巧切，古音在三部。

𩟂 古文飽从采聲。采，古文孚也。孚聲在三部。

餥　亦古文飽。从卯聲。卯聲亦在三部。

餇　猒也。賈思勰《齊民要術》曰：「食飽不餇。」按，猒，飽也。餇則有猒棄之意，皆猒中之義也。《呂覽》曰：「甘而不喂。」《玉篇》、《集韵》引同。喂即餇字，《廣韵》曰：「喂，甘而猒也。」是也。《集韵》鐸韵又引伊尹曰：「甘而不餇，肥而不䬦。」从食，肙聲。烏玄切，十四部。按，《篇》、《韵》、《集韵》皆於縣切，在霰韵，《類篇》亦無平聲⑨。

饒　飽也。饒者，甚飽之𧦝也。引以爲凡甚之偁。漢謠曰：「今年尚可後年饒。」⑩謂後年更甚也。近人索饒、討饒之語，皆謂已甚而求已也。从食，堯聲。如昭切，二部。

餘　饒也。从食，余聲。以諸切，五部。

餀　食臭也。食臭，謂殠而食之也。《儀禮音義》引《孟子》「飯殠」。从食，艾聲。呼艾切，十五部。《爾雅》曰：「餀謂之喙。」《釋器》文。今《爾雅》喙作「餯」。按，許作喙，二徐、李燾及《集韵》、《類篇》皆同。汲古初印本亦不誤，而毛扆改作餯。

餞　送去食也。各本少「食」字，今依《左傳音義》補。毛傳曰：「祖而舍軷，飲酒於其側曰餞。」从食，戔聲。才線切，十四部。《詩》曰：「顯父餞之。」《大雅》文。

餫　野饋曰餫。《左傳》：「晉荀首如齊逆女，宣伯餫諸穀。」杜云：「野饋曰餫，運糧饋之，敬大國也。」按，餫之言運也，遠𧦝也。穀，齊地，魯之禮不當至此，是野饋也。犧象不出門，嘉樂不野合，傳書餫者，譏之也。《小雅·黍苗》箋云：「營謝轉餫之役，有負任者，有輓輦者，有將車者，有牽傍牛者。」可證餫爲運糧。从食，軍聲。王問切，十三部。

館　客舍也。《鄭風》、《大雅》傳曰：「館，舍也。」按，館古假觀爲之，如《白虎通》引「于邠斯觀」，又引《春秋》「築王姬觀于外」。沈約《宋書》曰：「陰館前漢作觀，後漢、晉作館。」《東觀餘論》曰：《漢書·郊祀志》作益壽延壽館，《封禪書》云作益延壽觀，《漢書》衍一壽字耳。自唐以前，六朝時，凡今道觀皆謂之某館，至唐始定謂之觀。从食，官聲⑪。古玩切，十四部。《周禮》：五十里有市，市有館，館有積，㠯待朝聘之客。《遺人》職：「凡賓客會同師役，掌其道路之委積。五十里有市，市有候館，候館有積。」鄭云：「候館，樓可以觀望者也。」以觀望釋館。《釋名》曰：「觀者，於上觀望也。」

饕　貪也。从食，號聲。土刀切，二部。

叨　俗饕从口，刀聲。今俗與饕分別異用。

⿱唬食　籒文饕。从號省。

飻　貪也。从食，㐱聲。鉉本作「殄省聲」，不明於平入一理，妄改之也。他結切，十二部。《春秋傳》曰：「謂之饕飻。」《左傳·文十八年》文。今傳作「餮」。賈、服及杜皆曰：「貪財爲饕，貪食爲飻。」此蒙上文「貪于飲食，冒于貨賄」分言之，非許意也。

饖 飯傷熱也。《周禮》、《禮記》皆言「食齊視春時」，鄭皆曰：「飯宜温。」按，温者，不寒不熱之謂也。《曲禮》曰：「毋揚飯。」注云：「嫌欲疾也。」按，飯傷熱，則或揚之矣。《爾雅音義》引《倉頡篇》：「饖，食臭敗也。」《廣韵》本之，與許異。《玉篇》無饖。从食，歲聲。於廢切，十五部。

饐 飯傷溼也。魚部曰：「鮑，饐魚也。」是。引伸之，凡淹漬皆曰饐也。《字林》云：「饐，飯傷熱溼也。」混饐於饖。葛洪云：「饐，飯餿臭也。」本《論語》孔注，而非許説。从食，壹聲。乙冀切，古音在十二部。

餲 飯餲也。飯餲者，謂飯久而味變，餲之言鬱也。今江蘇俗云「餲生」，當作此字。《鄉黨篇》「食饐而餲」，孔曰：「饐餲，臭味變也。」皇侃云：「饐謂飲食經久而腐臭也，餲謂經久而味惡也。」是則孔注本作「饐，臭；餲，味變也」，今本誤倒耳。據《論語》及許説，饐餲是二事，析言之也。《釋器》云「食饐謂之餲」，則統言之。李充云「皆飲食壞敗之名」是也。从食，曷聲。乙例、烏介二切，十五部。《論語》曰：「食饐而餲。」

饑 穀不孰爲饑。《釋天》文。又曰：「仍饑爲荐。」按，《論語》「年饑」、「因之以饑饉」，鄭本皆作飢。从食，幾聲。居衣切，十五部。

饉 蔬不孰爲饉。《釋天》文。按，許書無「蔬」字，此蔬當是本作「疏」，疏之言疋也。凡艸菜可食者，皆有根足而生也。从食，堇聲。渠吝切，十三部。

⿰飠戹 飢也。《廣韵》作「飢皃」。从食，戹聲。讀若楚人言恚人。於革切，十六部。恚與戹皆十六部聲也。

餒 飢也。从食，妥聲。各本篆作「餧」，解作「委聲」，非也，今正。攷《論語音義》曰：「餒，奴罪反。《説文》魚敗曰餒，本又作餧。《字書》同。」《爾雅音義》亦云：「餒，奴罪反。《説文》魚敗曰餒，《字書》作餧。」⑫別《字書》於《説文》，則陸所據《説文》从妥明矣。按，妥聲乃與奴罪切音相近，猶挼必妥聲，乃與女禾切相近，綏必妥聲乃得，妥、綏爲古今字也。若《五經文字》曰：「餧，飢也。經典相承，別作餒爲飢餒，以餧爲餧餉。」蓋張時《説文》已改从委聲，與陸所據《説文》不同，故其字各異。餒古音十七部。餧爲餧餉俗字，許艸部作萎。一曰，魚敗曰餒。《論語》：「魚餒而肉敗。」《釋器》曰：「肉謂之敗，魚謂之餒。」按，魚爛自中，亦飢義之引伸也。

飢 餓也。與饑分別，葢本古訓。諸書通用者，多有轉寫，錯亂者亦有之。从食，几聲。居夷切，十五部。

餓 飢也。从食，我聲。五箇切，十七部。

餽 吳人謂祭曰餽。《方言》：「餽、餟，餽也。」三字皆謂祭。《戰國策》三十三：「飲食餔餽。」高注：「吳謂祭鬼爲餽，古文通用，讀與饋同。」按，祭鬼者，餽之本義，不同饋也。以餽爲饋者，古文假借也。高説與楊、許同，今本高注，淺人增竄不可從。从食鬼。會意。鬼亦聲。俱位切，十五部。

餟 祭酹也。 酉部曰：「酹，餟祭也。」《史記・孝武帝紀》「其下四方地爲餟食」，《封禪書》作「醊食」，《漢・郊祀志》作「腏」。《方言》：「餟，餽也。」 从食，叕聲。 陟衛切，十五部。

䬽 小餟也。 《方言》：「䭜，餽也。」《玉篇》云：「䭜同䬽。」《廣雅》：「祱，祭也。」祱亦同䬽。 从食，兑聲。 輸芮切，十五部。

䬬 馬食穀多，气流四下也。 謂汗液前後左右四面流下也。䬬與淋雙聲義近。由於食穀多也，故从食。 从食，夌聲。 里甑切，六部。

䬴 食馬穀也。 以穀飤馬也。《周南》傳曰：「秣，養也。」《小雅》：「乘馬在廏，摧之秣之。」傳曰：「摧，挫也。秣，粟也。」按，挫謂以莝飤之，粟謂以粟飤之也。秣同䬴。 从食，末聲。 莫撥切，十五部。

文六十二。　重十八。

亼 三合也。从入一，象三合之形。 許書通例，其成字者必曰「从某」，如此，言「从入一」是也。从入一，而非會意，則又足之曰：「象三合之形。」謂似會意而實象形也。 凡亼之屬皆从亼。 讀若集。 秦入切，七部。

合 亼口也。 各本亼作「合」，誤。此以其形釋其義也。三口相同是爲合，十口相傳是爲古。引伸爲凡會合之偁。《釋詁》曰：「敆、郃、盇、翕、仇、偶、妃、匹、會，合也。妃、合、會，對也。」 从亼口。 侯閤切，七部。

僉 皆也。 《釋詁》曰：「僉、咸、胥，皆也。」 从亼，从吅，从从。 吅，驚嘑也。从，相聽也。七廉切，七部。 《虞書》曰： 虞，當作唐。 「僉曰伯夷。」 《堯典》文。

侖 思也。 龠下曰：「侖，理也。」《大雅》毛傳曰：「論，思也。」按，論者，侖之假借。思與理義同也。思，猶䚡也，凡人之思，必依其理。倫、論字皆以侖會意。 从亼冊。 聚集簡冊，必依其次第，求其文理。 力屯切，十三部。

𠎝 籒文侖。 古文冊作笧。

今 是時也。 今者，對古之偁。古不一其時，今亦不一其時也。云是時者，如言目前。則目前爲今，目前已上皆古。如言趙宋，則趙宋爲今，趙宋已上爲古。如言魏晉，則魏晉爲今，魏晉已上爲古。班固作《古今人表》，漢人不與焉，而謂之「古今人」者，謂近乎漢者爲今人，遠乎漢者爲古人也。作《古今人表》者，所以補《漢書》之所無，存漢已前之厓略也，亦謂三皇至漢以前迭爲古今人也。古今人用字不同，謂之古今字，張揖作《古今字詁》是也。自張揖已後，其爲古今字，又不知幾更也。古今音之不同，近世言之冣詳。自商周至近世，不知凡幾古今也。故今者，無定之詈，約之以是時，則兼賅矣。《召南》傳曰：「今，急辭也。」今、急疊韵。 从亼乁。 會意。乁，逮也。乁亦聲。居音切，七部。 乁，古文及。 見又部。

舍 市居曰舍。 食部曰：「館，客舍也。」客舍者，何也？

謂市居也。市居者何也？《周禮·遺人》曰：「凡國野之道，十里有廬，廬有飲食；三十里有宿，宿有路室，路室有委；五十里有市，市有候館，候館有積。」鄭云：「一市之閒有三廬、一宿。」候館及廬、宿，皆所謂「市居曰舍」也。此市字非買賣所之，謂賔客所之也。舍可止，引伸之爲凡止之偁。《釋詁》曰：「廢、稅、赦，舍也。」凡止於是曰舍，止而不爲亦曰舍，其義異而同也。猶置之而不用曰廢，置而用之亦曰廢也。《論語》「不舍晝夜」，謂不放過晝夜也。不放過晝夜，即是不停止於某一晝一夜，以今俗音讀之，上去無二理也。古音不分上去，舍、捨二字義相同。**从亼屮口。**屮口二字今補。全書之例，成字則必曰「從某」，而下釋之也。从亼者，謂賔客所集也。**屮，象屋也。**象屋上見之狀。說从屮之意。**口，象築也。**口音圍。說从口之意。始夜切，古音在五部。

文六。　重一。

會 **合也。**見《釋詁》。《禮經》器之蓋曰會，爲其上下相合也。凡曰會計者，謂合計之也。皆非異義也。**从亼，曾省。**三合而增之會意。黄外切，十五部。**曾，益也。**說从曾之意。土部曰：「增，益也。」是則曾者，增之假借字。如曾祖、曾孫之曾，即含益義。**凡會之屬皆从會。**

會 **古文會如此。**

朇 **益也。**朇、裨古今字。今字作裨益，古字作朇益。裨行而朇廢矣。**从會，卑聲。**符支切，十六部。

𣊟 **日月合宿爲𣊟。**各本作「爲辰」，今依《廣韵》、《集韵》、《類篇》訂。《左傳》，晉侯問伯瑕，「曰：何謂六物？對曰：歲時日月星辰是謂也。公曰：多語寡人辰，而莫同。何謂辰？對曰：日月之會是謂辰，故以配日。」按，辰以配日者，謂以從子至亥配從甲至癸也。十日十二辰，見《周禮·馮相氏》《硩蔟氏》，注云：「日謂從甲至癸，辰謂從子至亥。」從子至亥者，日月一歲十二會，所會之處謂之十二次。星紀之次爲丑，玄枵之次一名天黿爲子，豕韋之次一名娵訾爲亥，降婁之次爲戌，大梁之次爲酉，實沈之次爲申，鶉首之次爲未，鶉火之次爲午，鶉尾之次爲巳，壽星之次爲辰，大火之次爲卯，析木之次爲寅是也。據《周禮》、《左傳》，則日月𣊟處謂之辰也。據《說文》，則日月之合宿謂之𣊟，𣊟者，即《左傳》之會字，非《左傳》之辰字也。**从會辰。**辰，時也。日月以時而會，故从辰會會意。**會亦聲。**各本作「辰亦聲」。攷《廣韵·十四泰》有「𣊟」，音黄外切；《十七真》無「𣊟」字，是可證說文本作「會亦聲」也。《玉篇》曰：「𣊟，時真切。日月會也。今作辰。」蓋當希馮時，《說文》已有作「辰亦聲」者，而顧從之。《集韵》、《類篇》亦沿誤耳，皆誤讀《左氏》者爲之也。大徐用孫愐《唐韵》爲音，而不必盡用《唐韵》。如此字《廣韵》入泰、不入真可證。十五部。

文三。　重一。

倉 **穀藏也。**藏當作「臧」，臧，善也。引伸之義，善而存之亦曰臧，臧之之府亦曰臧。俗皆作藏，分平去二音。穀臧者，謂穀所臧之處也。广部曰：「府，文書藏。庫，兵車藏。廥，芻稾藏。」今音皆徂浪切。蒼黃取而臧之，蒼，舊作「倉」，今正。蒼黃者，匆遽之意，刈穫貴速也。故謂之倉。蒼、倉疊韵。从倉省。口象倉形。七岡切，十部。凡倉之屬皆从倉。

仺 仺 奇字倉。蓋从古文巨。

牄 牄 鳥獸來食聲也。牄，蓋壁中文如此。孔安國以今文字讀之，易爲「蹌蹌」，鄭云：「飛鳥走獸蹌蹌然而舞。」僞孔說本之。許則徑從牄字，說爲「鳥獸來食聲」，與鄭異。鄭易字，許不易字也。鄭注《大司樂》亦引「鳥獸牄牄」，《公羊春秋》有頓子牄。从倉，鳥獸來食，故从倉。爿聲。七羊切，十部。《虞書》曰：「鳥獸牄牄。」《咎繇謨》文。

文二。　重一。

入 入 内也。自外而中也。象從上俱下也。上下者，外中之象。人汁切，七部。凡入之屬皆从入。

内 内 入也。今人謂所入之処爲内，乃以其引伸之義爲本義也。互易之，故分別讀奴荅切，又多假納爲之矣。《周禮》注云：「職内，主入也。内府，主良貨賄藏在内者。」然則職内之内，是本義。内府之内，是引伸之義。从冂入。小徐曰：「冂音坰。」按，當音覓。許冂、冂異篆，冂者，覆也，覆在外。各本無「入」字，今依《韵會》補。奴對切，十五部。自外而入也。釋會意之指。

火 火 入山之突也。《廣韵》作「入山深皃」。於形得義。从山，从入。會意。闕。此闕謂闕其音讀也。大徐鉏箴切，《篇》、《韵》同。乃後人强爲之音，以其字似岑，因謂音岑耳。

糴 糴 市穀也。从入糴。米部曰：「糴，穀也。」故市穀从入糴。糴亦聲。今徒歷切，古音在三部。《左傳》晉大夫有糴茷。

仝 仝 完也。宀部曰：「完，全也。」是爲轉注。从入，从工。从工者，如巧者之製造，必完好也。疾緣切，十四部。

全 全 篆文仝从王。按，篆當是籒之誤。仝、全皆从入，不必先古後篆也。今字皆从籒，而以仝爲同字。純玉曰全。《考工記・玉人》云：「天子用全。」大鄭云：「全，純色也。」許玉部云：「全，純玉也。」後鄭《周禮注》同許。按，云「純玉曰全」者，引經說此字从玉之意。

𠓥 𠓥 古文仝。按，下體未宷其所從。《汗簡》作𠓥，《古文四聲韵》載《王庶子碑》亦作𠓥，疑近是。

从 从 二入也。以形爲義。㒳从此。㒳，各本作「兩」。今按，兩从㒳，㒳从从也。闕。此闕亦謂音讀不傳也。大徐良獎切，乃因㒳字從此，謂同㒳音。

文六。　重二。

缶 缶 瓦器。所㠯盛酒漿。《釋器》、《陳風》傳皆云：「盎謂之缶。」許云：「盎，盆也。罌，缶也。」似許與《爾雅》說異。缶有小有大，如汲水之缶，蓋小者也；如五獻之尊，門外缶大於一石之壺，五斗之瓦甒，其大者也。皆可以盛酒漿。秦人鼓之㠯節謌。鼓，之錄切，擊也。《韵會》鼓作「擊」，《李斯傳》、《廉藺傳》、《漢・楊惲傳》皆可證。象形。字象器形。方九切，三部。俗作缻。凡缶之屬皆从缶。

㲉 未燒瓦器也。土部曰：「瓦未燒曰坏。」㲉與坏，不但義同，而音㝡相近，故《集韵》謂爲一字，披尤切也。从缶，㱿聲。讀若筩莩同。謂讀與筩莩之莩同也。《漢書》：「非有葭莩之親。」張晏曰：「葭，蘆也。莩，葉裏白皮也。」晉灼曰：「莩，葭裏之白皮也。」師古曰：「莩者，蘆筩中白皮，至薄者也。張説非也。」按，張説本同，惟轉寫蘆誤爲葉耳。司馬彪《律曆志》「以葭莩灰抑其端」，當亦謂此。劉注：「葭莩出河内。」豈以河内者爲善歟？莩音孚，則㲉亦音孚。孚古音同浮，是以在一部爲坏字，在三部爲㲉字。大徐苦候切，《玉篇》苦谷切。

匋 作瓦器也。作字各本無，今依《玉篇》補。《大雅》：「陶復陶穴。」箋云：「復穴皆如陶然。」正義引《説文》：「匋，瓦器竈也。」按，穴部云：「窯，燒瓦竈也。」瓦部云：「甄，匋也。」然則依《玉篇》爲長。作瓦器者，㲉之燒之，皆是其事。故匋之字，次於㲉，今字作陶，陶行而匋廢矣。陶見自部，「再成丘也」。从缶，包省聲。疑作勹聲亦是，皆形聲包會意也。徒刀切，古音在三部。古者昆吾作匋。裴駰曰：「出《世本》。」《吕覽》：「昆吾作陶。」高云：「昆吾，顓頊之後，吴回黎之孫，陸終之子，己姓也。爲夏伯，制作陶冶，埏埴爲器。」按，顓頊產老童，老童產黎。《左傳》云：「顓頊氏有子曰黎，爲祝融。」是也。帝嚳誅黎，而以其弟吴回爲黎後，奉黎之祀，故高云「吴回黎之孫」，實則吴回之孫也。《國語》：「昆吾爲夏伯。」韋云：「昆吾，祝融之孫，陸終第一子，名樊，爲己姓，封於昆吾，衛是也。其後夏衰，昆吾爲夏伯，遷於舊許。」⑬按，《帝繫》、《世本》皆言：「昆吾者，衛是也。」昆吾始封在衛，故哀十七年《左傳》衛矦夢見人登昆吾之觀也。其後遷於舊許，故昭十二年《傳》「楚靈王曰：昔我皇祖伯父昆吾，舊許是宅」也。其後滅於湯。《商頌》云：「韋顧既伐，昆吾夏桀。」《楚世家》曰「昆吾氏，夏之時嘗爲矦伯，桀之時湯滅之」是也。據高説，是始封之昆吾作匋。據《古史考》云：「夏時昆吾氏作瓦。」張華《博物志》云：「桀作瓦。」《尸子》云：「夏桀臣昆吾作陶。」是謂湯所滅之昆吾與桀作匋。以舜匋河濵，而有虞氏上匋斷之，則高説是而他説失之也。案《史篇》讀與缶同。許書言「案」者二條，疑後人所羼入。《史篇》者，史籀所作大篆十五篇也。詳皕部。「讀與缶同」者，謂《史篇》以匋爲缶，古文假借也。匋與缶古音同在三部，故得相假借。據此可知《史篇》四言成文，如後世《倉頡》、《爰歷》之體。

罌 缶也。缶，《太平御覽》作「䍇」。今按，作缶爲是。許意缶、罌、䍇一物也。《方言》：「瓬、㼝、甒、𦈪、甄、㼜、甀、瓮、瓿、甊、甇，甖也。自關而西晉之舊都河汾之閒其大者謂之甀，自關而東趙魏之郊謂之瓮，或謂之甖，甖其通語也。」甀即䍇，甖即罌。瓦部曰：「罌謂之甀。瓮，罌也。康瓠，破罌也。」《史》、《漢》、《淮陰矦傳》曰：「信乃益爲疑兵，乘船欲渡臨晉，而伏兵從夏陽以木罌缻渡軍襲安邑。」木罌缶者，以木爲罌缶狀，實兵於其中，不欲人知，故不爲盆狀。

韋昭云：「以木爲器如罌缻，以渡軍，無船，且尚密也。」韋説是也。罌缶，器之大者。从缶，賏聲。烏莖切，十一部。

𦉥 小口罌也。上文罌者，兼大口、小口渾言之。此云小口罌，則析言之也。小口則宁物必垂下之，故曰𦉥。《凌人》注云：「鑑如甀，大口以盛冰。」謂如𦉥而大口也。《醢人》注曰：「塗置甀中，百日則成矣。」《方言》：「甇，周洛韓鄭之閒謂之甀，或謂之甇。」按，甇者，缾之長頸者。𦉥不長頸。方俗或同名。从缶，𠂹聲。池僞切，古音在十七部。

⿰缶咅 小缶也。按，《方言》曰：「瓿甊，甖也。自關而西，晉之舊都，河汾之閒，其大者謂之甀，其中者謂之瓿甊。」又曰：「缶謂之瓿甌。」許意缶、罌一物也。故云：「瓿，小缶也。」即楊之「中者謂之瓿甊」也。从缶，咅聲。蒲候切。《廣韵》薄矦切，四部。

缾 罋也。《易·井》卦辭曰：「羸其瓶。」《左傳》「衞孫蒯飲馬於重丘，毁其瓶。」按，瓶亦評缶。《左傳》：「具綆缶。」此缶之小者。从缶，并聲。薄經切，十一部。

瓶 缾或从瓦。

罋 汲缾也。井下曰：「外象構韓形，●，其罋也。」《井》爻辭曰：「甕敝漏。」按，缾罋之本義爲汲器，經傳所載不獨汲水者偁缾罋也。許云「汲缾」，分別言之，許固謂缾不專用汲矣。罋俗作「甕」。从缶，雝聲。烏貢切，九部。

⿰缶乏 下平缶也。下，當作「不」，字之誤也。凡器無不下平者，以從乏之意求之，當是不平缶，反正爲乏之也。又以讀若㬱求之，㬱與替雙聲，替者，一偏下也。《集韵》、《類篇》皆引《説文》「瓨也」，二書引《説文》皆用大徐本，何以乖異若是？《廣雅》：「⿰缶乏，瓶也。」从缶，乏聲。讀若簿引㬱。土盍切，七部。

罃 備火長頸缾也。《左傳·襄九年》：「宋災，具綆缶，備水器。」杜曰：「缶，汲器也。水器，盆鑒之屬也。」是謂汲水、貯水之分。師古注《五行志》則謂「缶即盎也。水器者，罃瓮之屬」。引許氏《説文解字》：「罃，備火，今之長頸瓶也。」按，各本無「今之」二字。「備火長頸缾」者，備火之汲罋，則長其頸，以多盛水，且免傾覆也。其説《左傳》者，杜爲長。从缶，熒省聲。烏莖切，十一部。按，近人謂罌、罃一字，依許則劃然二物二字也。罌大罃小，用各不同。《方言》、《廣雅》説雖不與許同，而罌罃亦畫爲二。今本《廣雅》「甂瓶」之下，奪二「也」字。

缸 瓨也。瓦部曰：「瓨，似罌，長頸，受十斗。」缸與瓨音義皆同也。《史》、《漢》、《貨殖傳》皆曰：「醯醬千瓨。」从缶，工聲。下江切，九部。

䍁 瓦器也。从缶，或聲。于逼切，一部。

⿰缶薦 瓦器也。《詩·斯干》：「乃生女子，載弄之瓦。」傳曰：「瓦，紡專也。」箋云：「紡專，習其壹所有事也。」案，專同塼，紡專，正義不言何物。《廣韵·卄二霰》⑭云：「⿰缶薦，紡錘。」《集韵》霰韵云：「⿰缶薦，一曰紡甎。」然則婦人撚綫錘頭，古用塼爲之。婦人所重者紡績，故箋云習其壹意於所有事也。許云「瓦器」，渾言之，未及詳說耳。紡錘下垂，如戈鐏之在底，故其字亦七鈍切。从缶，薦聲。作甸切，十二部。

䍃 瓦器也。从缶，肉聲。以周切，三部。

䍡 瓦器也。《篇》、《韵》皆云：「似瓶有耳。」从缶，霝聲。郎丁切，十一部。

𦈢 缺也。刀缺謂之刮，瓦器缺謂之𦈢。《詩》云：「白圭之刮。」⑮引伸通用也。从缶，占聲。都念切，七部。

缺 器破也。俗誤作缼，又通用闕。从缶，夬聲。各本作「決省聲」，今正。傾雪切，十五部。

罅 裂也。《考工記・旊人》所謂薜也。引伸爲凡裂之偁。从缶，虖聲。呼迓切，古音在五部。缶燒善裂也。說从缶之意。

罄 器中空也。《釋詁》、毛傳皆曰：「罄，盡也。」引伸爲凡盡之偁。如《韓詩》「罄天之妹」，《毛詩》「俔，磬也」，郭注《爾雅》云：今人「呼厭極爲罄」皆是。古書罄、磬多互相假借。从缶，殸聲。苦定切，十一部。殸，古文磬字。依石部、耳部、香部，古當作籒。《詩》曰：「缾之罄矣。」《小雅》文。不偁「罄無不宜」，而偁此者，於从缶之意切也。

罊 器中盡也。《釋詁》曰：「罊，盡也。」皿部曰：「盡，器中空也。」从缶，毄聲。苦計切，十六部。《爾雅音義》引《說文》口地反。

缿 受錢器也。易入難出器也。《史記・酷吏列傳》：「惡少年投缿。」《漢書》：趙廣漢「教吏爲缿筩」。蘇林曰：「缿如瓨，可受投書。」師古曰：「缿若今盛錢藏瓶，爲小孔，可入而不可出。」从缶，后聲。大口切，又胡講切。按，胡講，音之轉也。古音在四部。大當作火。古曰瓦，今曰竹。說从缶之意也。《趙傳》「缿筩」，缿即以瓦者，筩即以竹者。許云「今以竹」，則許時用竹者多也。今市中錢筩皆用竹。

文二十一。　重一。

矢 弓弩矢也。弓弩所用䠶之矢也。从入，矢欲其中。象鏑栝羽之形。鏑謂丨也。金部曰：「鏑，矢鏠也。」栝，作括者，誤。栝謂八也。木部曰：「桰，矢桰。㮚弦処。」岐其耑以居弦也。羽謂一也。羽部曰「翦，矢羽」是也。矢羽從，而横之，何也？以識其物耳。矢之制，詳於《考工記・矢人》。式視切，十五部。古者夷牟初作矢。《山海經》曰：「少皞生般，般是始爲弓矢。」郭曰：「《世本》云：牟夷作矢，揮作弓。弓矢一器，作之兩人，於義有疑。此言般之作是。」按，弦木爲弧，掞木爲矢。《毄傳》系諸黄帝、堯舜之下，葢不妨有同時合成之者。夷牟，郭作牟夷，《孫卿》作浮游。凡矢之屬皆从矢。

䠶 弓弩發於身而中於遠也。謂用弓弩發矢於身而中於遠也。《詩》、《禮記》以射爲猒斁之「斁」。从矢，从身。會意。食夜切，古音在五部。

射 篆文䠶。射者，小篆；䠶者，古文。此亦丄部之例也。何不以射入寸部而以䠶傅見也？爲其事重矢也。从寸，寸，法度也，亦手也。説从寸之意。射必依法度，故从寸；寸同又，射必用手，故从寸。

矯 揉箭箝也。揉，當作柔。許無揉有柔，煣也。箭者，矢竹所爲矢也。不言矢言箭者，矯施於笴，不施於鏑羽也。箝，籋也。柔箭之箝曰矯，引伸之，爲凡矯枉之偁。凡云矯詔者，本不然而云然也。从矢，喬聲。居夭切，二部。

矰 隿射矢也。《周禮·司弓矢》云：「矰矢、茀矢，用諸弋射。」注云：「結繳於矢謂之矰，矰，高也。茀矢象焉，茀之言刜也。二者皆可以弋飛鳥，刜羅之也。前於重又微輕，行不低也。《詩》云：弋鳧與鴈。」从矢，曾聲。作滕切，六部。

侯 春饗所射侯也。饗者，鄉人飲酒也。春饗所射侯，謂天子諸侯養老，先行大射禮之侯也。天子諸侯養老，皆如鄉飲酒之禮，故亦謂之饗。《文王世子》曰：「設三老五更，群老之席位。」注云：「三老，如鄉飲酒禮之賓；五更如介，群老如衆賓。」《魯頌》曰：「魯侯戾止，在泮飲酒。」箋云：「徵先生君子，與之行飲酒之禮，而因以謀 事也。」此天子諸侯養老即鄉飲酒之證也。廱下曰：「天子饗飲辟廱也。」泮下曰：「諸侯饗射泮宮也。」饗皆謂養老也。古者鄉飲鄉射，必聯類而行。卿大夫士之射，必先行鄉飲酒之禮。天子諸侯，則先大射後養老。天子諸侯，賓射於朝，燕射於寢，大射於澤、於射宮。射宮者，大學也。《行葦》爲養老之詩。箋云：「先王將養老，先與群臣行射禮，擇其可與者以爲賓。今我成王承先王之法度，亦既序賓矣，有醇厚之酒醴，以告黄耇之人，徵而養之。」《王制》曰：「王親視學。」注云：「謂習射、習鄉以化之。」習射即大射，習鄉即養老。此天子大射而養老之證也。《七月》、《行葦》皆詠公劉之詩。《七月》言「朋酒斯饗」，《行葦》箋言「先王將養老，先與群臣行射禮」。先王即謂公劉，此諸侯大射而養老之證也。大射張皮侯而棲鵠，其禮大，故得專侯名。郊廟祭祀必先大射，不言祭，但言饗，舉饗以晐祭也。不言秋，但言春，何也？舉春以晐秋也。廱下但言饗，不言射，舉饗以晐射也。从人，爲人父子君臣者，各以爲父子君臣之鵠，故其字从人。鄭云：「侯制，上廣下狹，蓋取象於人，張臂八尺，張足六尺，是取象率焉。」从厂，象張布，《梓人》：「爲侯，上兩个與其身三，下兩个半之。」注云：「个者，《鄉射禮記》所謂舌也。侯凡用布三十六丈。」侯之張布，如厓巖之狀，故从厂。矢在其下。象矢集之也。乎溝切，四部。天子射熊虎豹，服猛也。諸侯射熊虎，大夫射麋。麋，惑也。熊虎豹，當依《周禮》作「虎熊豹」，轉寫誤倒也。諸侯射熊虎，各本作「射熊豕虎」，賸豕字，今正。此本《周禮》，言春官所射也。《司裘》曰：「王大射，則共虎侯、熊侯、豹侯，設其鵠。諸侯則共熊侯、豹侯，卿大夫則共麋侯，皆設其鵠。」鄭曰：「以虎熊豹麋之皮飾其側，又方制之，以爲𩏑，謂之鵠，箸於矦中，所謂皮矦。王之大射，虎矦王所自射也，熊矦諸矦所射，豹矦卿大夫以下所射。諸矦之大射，熊矦諸矦所自射，豹矦羣臣所射。卿大夫之大射，麋矦君臣共射焉。」按，《梓人》云「張皮矦而棲鵠」者，謂此也。諸矦射熊虎，與今本不同者，鄭曰：「故書則共熊矦、虎矦。」杜子春云：「虎當爲豹。」是則鄭從杜改，許從故書也。天子諸矦服猛，大夫去惑，説其義也。《郊特牲》曰：「虎豹之皮，示服猛也。」《漢・五行志》曰：「麋之爲言迷也。」士射鹿豕，爲田除害也。《鄉射禮記》曰：「凡矦，天子熊矦白質，諸矦麋矦赤質，大夫布矦畫以虎豹，士布矦畫以鹿豕。」鄭云：「此所謂獸矦也。」《梓人》「張獸矦則王以息燕」是也。息者，休農，息老物也。燕謂勞使臣，若與羣臣飲酒而射。是則士射鹿豕，在王息燕時，不在大射。而許牽合言之，容鄭以前説《禮》不同也。鄭云：「士不大射，士無臣，祭無所擇。」故《司裘》於大射不言士。鹿豕爲田害，故大蜡迎虎。其祝曰：「毋若不寧矦，不朝于王所，故伉而射汝也。」十九字，《韵會》用《考工記》作四十二字，非也。《梓人》曰：「祭矦之禮，以酒脯醢。其辭曰：惟若寧矦，毋或若女不寧矦，不屬于王所。故抗而射汝。强飲强食，貽曾孫諸矦百福。」《大戴禮》略同。抗，舉也。許作「伉」，《大戴》作亢。

医 古文矦。

𥏫 傷也。謂矢之所傷也。引伸爲凡傷之偁。从矢，傷省聲。各本篆作「𥏫」。注曰：「昜聲。」鉉於傷下、觴下曰「𥏫省聲」，知字本作𥏫，今正爲「傷省聲」。式羊切。凡傷聲之字皆同此切也。

短 有所長短，以矢爲正。从矢，按，此上當補「不長也」三字乃合。有所長短，以矢爲正，説从矢之意也。榘字下曰：「矢者，其中正也。」正直爲正，必正直如矢而刻識之，而後可裁其長短。故《詩》曰：「其直如矢。」《韓詩》曰：「如矢斯朸。」豆聲。按，《考工記》曰：「豆中縣。」謂縣繩正豆之柄也。然則「豆聲」當作从「豆」，从豆之意，與从矢同也。都管切，十四部。

矤 況䛐也。各本況下有「也」，誤，今刪。況當作兄，古今音殊，乃或假況，許書當本作兄也。兄長之兄，引伸爲兄益。《詩・常棣》傳曰：「況，滋也。」《桑柔》傳曰：「兄，滋也。」《召旻》傳曰：「兄，兹也。」兄況不同，以兄爲正。滋、兹不同，許皆訓益。兄䛐者，增益之䛐。其意益，其言曰矤。是爲意内言外。今俗所云已如是，況又如是也。《尚書》多用矤字。俗作矧。从矢，引省聲。式忍切，十二部。从矢，取䛐之所之如矢也。説从矢之意。今言矧，則其䛐有一往不可止者。

知 䛐也。白部曰：「𥏼，識䛐也。从白，从亏，从知。」按，此「䛐也」之上，亦當有「識」字。知、𥏼義同，故𥏼作知。从口矢。識敏，故出於口者疾如矢也。陟离切，十六部。

矣 語已䛐也。已、矣疊韵。已，止也。其意止，其言曰矣，是爲意内言外。《論語》或單言矣，或言已矣，如《學而》、《子張》篇皆云：「可謂好學也已矣。」《公冶長》篇：「不可得而聞也已矣。」

「已矣乎，吾未見能見其過，而内自訟者也。」俗本句末删「矣」者，非。《淮南書》説矣與也二字不同。**从矢，㠯聲。**于已切，一部。

文十。　重二。

高　崇也。山部曰：「崇，嵬高也。」**象臺觀高之形。**謂合也。**从冂口。**上音莫狄切，下音圍。**與倉舍同意。**倉、舍皆从口，象築也。合與屮皆象高。古牢切，二部。**凡高之屬皆从高。**

𩫏　小堂也。《集韵》曰：「傾敻切。瓜屋也。」**从高省，冋聲。**去潁切，十一部。

廎　高或从广，元次山唐廎，宋人多謂廎即亭字，非也。今按，可讀如今之廳。**頃聲。**宋本有「聲」。

亭　民所安定也。亭、定疊韵。《周禮》「三十里有宿」，鄭云：「宿可止宿，若今亭有室矣。」《百官公卿表》曰：「縣道大率十里一亭，亭有長。十亭一鄉，鄉有三老，有秩嗇夫。」《後漢・志》曰：「亭有長，以禁盜賊。」《風俗通》曰：「亭，留也。蓋行旅宿會之所館。」《釋名》曰：「亭，停也。人所停集。」按，云「民所安定」者，謂民於是備盜賊，行旅於是止宿也。亭、定疊韵。亭之引伸爲亭止，俗乃製停、渟字。依《釋名》，則漢時已有停字，而許不收。徐氏鉉云：「低、債、價、停、僦、伺六字，皆後人所加。」是也。**亭有樓。故从高。从高省，丁聲。**特丁切，十一部。

亳　京兆杜陵亭也。《六國表》：「湯起于亳。」徐廣曰：「京兆杜縣有亳亭。」錢氏大昕《史記攷異》曰：「《殷本紀》：湯始居亳。皇甫謐曰：梁國穀熟爲南亳，湯所都也。《立政》三亳，皆非京兆之亳亭。《秦本紀》：寧公二年遣兵伐蕩社，三年與亳戰，亳王奔戎，遂滅蕩社。徐廣云：蕩一作湯，社一作杜。皇甫謐以爲亳號湯，西夷之國。又云，周桓王時自有亳王號湯，非殷也。《封禪書》于杜亳有三杜主之祠，蓋京兆之亳，乃戎王號湯者之邑。徐廣以爲殷湯所起，其不然乎。然此篇稱作事者必於東南，收功實者常於西北，乃述禹興西羌，周始豐鎬，而及湯之起亳，則史公固以關中之亳系之湯矣。」按，許不言三亳，而獨言杜陵亳亭者，正爲其字从高，則以此亭當之也。然十里一亭者，秦制；亳亭之名，秦漢乃有之。亳之字，固不起於亭也。以解字爲書，不得不有涉於皮傳者。**从高省，乇聲。**旁各切，五部。古亦借薄爲之，如《禮記》「薄社北牖。」

文四。　重一。

冂　邑外謂之郊，郊外謂之野，野外謂之林，林外謂之冂。與《魯頌》、毛傳同。邑，國也。岠國百里曰郊。野，郊外也。平土有叢木曰林。皆許説也。《爾雅・釋地》：「邑外謂之郊，郊外謂之牧，牧外謂之野，野外謂之林，林外謂之坰。」多「謂之牧牧外」五字。依《野有死麕》、《燕燕》、《干旄》傳，《叔于田》箋斷之，淺人妄增也。牧，李巡作「田」。王砅注《素問》作「邑外謂之郊，郊外謂之甸，甸外謂之牧，牧外謂之林，林外謂之坰，坰外謂之野」。所偁更繆。**象遠介也。**介，各本作「界」，誤，今正。八部曰：「介，畫也。冂像遠所聯亙，一象各分介畫也。古熒切，十一部。凡冂之屬皆从冂。

冋 冋 古文冂从口，象國邑。像國邑在介内也。

坰 坰 冋或从土。《詩》、《爾雅》皆如此作。

市 市 買賣所之也。《釋詁》曰：「之，往也。」《古史考》曰：「神農作市。」本《𣪊辭》說也。《世本》曰：「祝融作市。」市有垣，从冂。垣所以介也，故从冂。从乁，象物相及也。乁，古文及字。依《韵會》本。㞢省聲。舉形聲包會意也。時止切，一部。

冘 冘 冘冘，逗。行皃。冘冘，各本作「淫淫」，今依《玉篇》、《集韵》、《類篇》正。《玉篇》別立冘部，云：「冘冘，行皃。」則知冂部有冘者，孫强所增也。而引《說文》作「淫淫」，是唐時譌本耳。《後漢書·盧植傳》注所引不誤⑯。《羽獵賦》：「三軍芒然，窮冘閼與。」孟曰：「冘，行也。」如曰：「冘，懈怠也。」古籍内冘豫義同猶豫，「巴東灩澦堆」亦曰猶豫，《坤元録》作冘豫，《樂府》作淫豫，然則冘是遲疑蹢躅之皃矣。从儿出冂。儿者，古文奇字人也。冘者，遠望人行，若行若不行之皃。余箴切，七部。

央 央 央，中也。央，逗。複舉字之未删者也。《月令》曰：「中央土。」《詩》箋：「云夜未渠央。」《古樂府》「調弦未詎央」，《顔氏家訓》作「未遽央」，皆即「未渠央」也。渠央者，中之謂也。《詩》言「未央」，謂未中也。毛傳：「央，且也。」⑰且者，薦也。凡物薦之，則有二，至於艾，而爲三矣。下文「夜未艾」，艾者，久也。箋云：「芟末曰艾，以言夜先雞鳴時。」合初昏與艾言之，是央爲中也。从大在冂之内，大，逗。人也。人在冂内，正居其中。於良切，十部。央、旁同意。央取大之中居，旁取网旁外廓，故曰同意。一曰，久也。此別一義。

隺 隺 高至也。从隹上欲出冂。上翔欲遠行也。胡沃切，古音在二部。《易》曰：「夫乾隺然。」見《𣪊辭》。今《易》作「確」。按，《釋文》云：「確，苦角反。馬、韓云：剛皃。《說文》云：高至。」按，陸不云《說文》作「隺」，葢《釋文》固作隺，然淺人改爲從石耳。許書有确無確。

文五。　重三⑱。

𦫳 𦫳 度也。此以音説義，與「蒦，度也」音義略同。民所度居也。《釋名》曰：「郭，廓也。廓落在城外也。」按，城𦫳字今作郭，郭行而𦫳廢矣。邑部曰：「䣊，齊之郭氏虚也。」鼓下云：「萬物郭皮甲而出。」當作𦫳，即今之廓字也。从回，象城𦫳之重，内城，外𦫳。兩亭相對也。謂上𠓛、下𠓛也。内城外𦫳，兩亭相對。漢《典略》曰：「雒陽二十街，街一亭；十二城門，門一亭。」⑲此城内亭也。《百官公卿表》：「縣道十里一亭。」此城外亭也。或但从口，音韋，謂篆作㐭也。按，當出㐭篆在「皆从𦫳」之下。凡𦫳之屬皆从𦫳。

𦎫 缺也。以疊韵爲義。古者城闕其南方，謂之𦎫。闕之義同缺。何氏《公羊傳》注曰：「天子周城，諸侯軒城。軒城者，缺南面以受過也。」按，《毛詩》傳曰：「闉，曲城也。闍，城臺也。」城門上有臺，謂之闍。《周官·匠人》、《詩·靜女》所謂「城隅」也。無臺謂之𦎫。《詩·子衿》所謂「城闕」也。三面有臺，而南方無臺，故謂之𦎫。猶軒縣之缺南方，泮水之缺北方，不敢同天子也。《毛詩》「城闕」，當作「𦎫」，闕其假借字，非象闕之闕也。《詩》曰：「在城闕兮。」傳曰：「乘城而見闕。」箋申之曰：「登高而見於城闕。」明非城墉不完，如《公羊》疏所疑也。本城𦎫之字，故从𩫏。引伸爲凡缺之偁，故先之曰「缺也」。从𩫏，夬聲。讀若拔物爲決引也。以物塞其口，拔其物，使內出𦎫。傾雪切，十五部。

文二。

京 人所爲絶高丘也。《釋丘》曰：「絶高爲之京，非人爲之丘。」郭云：「爲之者，人力所作也。」按，《釋詁》云：「京，大也。」其引伸之義也。凡高者必大。从高省，丨象高形。舉卿切，古音在十部。凡京之屬皆从京。

就 就，此複舉字之未删者。高也。《廣韵》曰：「就，成也。迎也。即也。」皆其引伸之義也。从京尤，尤，異於凡也。説从尤之意。京者，高也。高則異於凡。疾僦切，三部。

𩫱 籒文就。

文二。　重一。

亯 獻也。下進上之詞也。按，《周禮》用字之例，凡祭亯用「亯」字，凡饗燕用「饗」字。如《大宗伯》「吉禮」下六言「亯先王」，「嘉禮」下，言「以饗燕之禮親四方賓客」，尤其明證也。《禮經》十七篇用字之例，《聘禮》內臣亯君字作亯，《士虞禮》、《少牢饋食禮》「尚饗」字作饗。《小戴記》用字之例，凡祭亯、饗燕字皆作饗，無作亯者。《左傳》則皆作亯，無作饗者。《毛詩》之例，則獻於神曰亯，神食其所亯曰饗。如《楚茨》「以亯以祀」，下云「神保是饗」；《周頌》「我將我亯」，下云「既右饗之」；《魯頌》「亯祀不忒」，「亯以騂犧」，下云「是饗是宜」；《商頌》「以假以亯」，下云「來假來饗」，皆其明證也。鬼神來食曰饗，即《禮經》「尚饗」之例也。獻於神曰亯，即《周禮》祭亯作亯之例也。各經用字，自各有例。《周禮》之饗燕，《左傳》皆作亯宴，此等葢本書固尒，非由後人改竄。从高省，獻者，必高奉之。《曲禮》曰：「執天子之器，則上衡，國君則平衡。」後世亦以舉案齊眉爲敬。曰象孰物形。《禮經》言饋食者，薦孰也。許兩切，十部。亯象薦孰，因以爲飪物之偁，故又讀普庚切。亯之義訓薦神，誠意可通於神，故又讀許庚切。古音則皆在十部。其形薦神作亨，亦作享；飪物作亨，亦作烹。《易》之「元亨」，則皆作亨。皆今字也。《孝經》曰：「祭則鬼亯之。」《孝經·孝治章》文。凡亯之屬皆从亯。

享 篆文亯。後篆者，丄部之例也。據《玄應書》，則亯者籒文也。小篆作亯，故隸書作亨、作享，小篆之變也。

𦎧 孰也。今俗云純熟，當作此字。純、醇行而𦎧廢矣。《周禮・司裘》注假借爲埻的字。从亯羊。凡从𦎧者，今隸皆作享，與亯之隸無別。讀若純。常倫切，十三部。一曰，鬻也。鬻，鍵也。

𦎧 篆文𦎧。

䈞 㫗也。㫗，各本作「厚」，今正。㫗、厚古今字。䈞、篤亦古今字。䈞與二部竺音義皆同，今字篤行而䈞、竺廢矣。《公劉》毛傳曰：「篤，厚也。」此謂篤即竺、䈞字也。从亯，竹聲。讀若篤。冬毒切，三部。

𩫖 用也。此與用部庸音義皆同。《玉篇》曰：「𩫖，今作庸。」《廣韵》曰：「𩫖者，庸之古文。」从亯，从自。自，知臭。句。自，鼻也。知臭味之芳殠。香，所食也。香，當作「亯」，轉寫之誤也。上説从自之意，此説从亯之意。鼻聞所食之香而食之，是曰𩫖。今俗謂喫爲用是也。讀若庸同。余封切，九部。

文四。　重二。

㫗 厚也。厚當作「䈞」。上文曰：「䈞，㫗也。」此曰：「㫗，䈞也。」是爲轉注。今字厚行而㫗廢矣。凡經典㫗薄字，皆作厚。从反亯。倒亯者，不奉人而自奉㫗之意也。胡口切，四部。凡㫗之屬皆从㫗。

覃 長味也。此與西部醰音同義近。醰以覃會意也。引伸之，凡長皆曰覃。《葛覃》傳曰：「覃，延也。」凡言覃及、覃思，義皆同。經典《葛覃》字，亦假蕈爲之。从㫗，鹹省聲。當作「鹹省，鹹亦聲」，以从鹹，故知字本義爲味長也。徒含切，古音在七部。《詩》曰：「實覃實吁。」《大雅》文。傳曰：「覃，長也。訏，大也。」許作「吁」，疑轉寫誤。

𠧻 古文覃。

覃 篆文覃省。今隸本此。以古𠧻[20]，篆覃推之，則覃乃籀也。先籀後篆者，上部之例也。

厚 山陵之㫗也。㫗，各本作厚，今正。山陵之厚，故其字从厂。今字凡㫗薄字皆作此。从厂，从㫗。㫗亦聲。胡口切，四部。

垕 古文厚从后土。从土，后聲也。

文三。　重三。

畗 滿也。《方言》：「悀、偪，滿也。凡以器盛而滿謂之悀。」注：「言涌出也。」「腹滿曰偪。」注：「言勅偪也。」按，《廣雅》「悀、愊，滿也。」本此，而《玉篇》云「腹滿謂之涌，腸滿謂之畗」，與今本《方言》異。《玄應書》「畗塞」注曰「普逼切」，引《方言》「畗，滿也」。是則希馮、玄應所據《方言》皆作「畗」也。許書無偪、逼字，大徐附逼於辵部，今乃知逼仄、逼迫字，當作畗，偪、逼行而畗廢矣。《荀卿子》：「充盈大宇而不窕，入卻穴而不偪。」《淮南・兵略訓》：「入小而不偪，處大而不窕。」凡云「不偪」者，皆謂不塞。《淮南・俶真訓》：「處小隘而不塞。」《要略訓》：「置之尋常而不塞。」《氾論訓》：

「内之尋常而不塞。」《齊俗訓》：「大則塞而不入，小則窕而不周。」偪與塞義同。畐、偪正俗字也。《釋言》曰：「逼，迫也。」本又作偪，二皆畐之俗字。从高省，謂合也。象高厚之形。謂田也。凡畐之屬皆从畐。讀若伏。芳逼切。按，畐、伏二字古音同在第一部，今音同房六切。

良 善也。从畗省，亾聲。吕張切，十部。

目 古文良。《玉篇》不録。

㠆 亦古文良。

莨 亦古文良。《玉篇》作筤。

文二。 重三。 按，此部小徐在㐭部之前。

㐭 穀所振入也。 穀者，百穀總名。《中庸》注曰：「振，猶收也。」手部曰：「振，舉也。」《周禮》注曰：「米藏曰廩。」㉑ 宗廟粢盛，粢各本作「粢」，今正。粢，稻餅之或字也。粢者，稷之或字也。《甸師》「以共齍盛」，鄭注「齍」作粢，云：「粢，稷也。穀者，稷爲長，是以名云。在器曰盛。」按，《小宗伯》注云：「齍讀爲粢。六粢謂六穀：黍、稷、稻、粱、麥、苽。」是則六穀稷爲長，故單舉粢也。許於皿部曰：「齍，黍稷器也。盛，黍稷在器中也。」字依《周禮》，此作「粢盛」者，齍粢古今字。《禮記》多用「粢盛」，故許從之，與鄭同也。 蒼黄㐭而取之，故謂之㐭。 蒼，舊作「倉」，今正。「㐭而取之」之㐭，當作「澟」，澟澟，寒也。凡戒慎曰澟澟，亦作懔懔，《漢書》通作廩廩。許云「澟而取之，故謂之㐭」，澟、㐭疊韵，如上文「蒼黄取而藏，故謂之倉」，藏、倉疊韵也。上文云「穀所振入也」者，《周禮》所謂「廩人掌九穀之數，以待國之匪頒，賙賜稍食」也。此云「宗廟粢盛，蒼黄澟而取之」者，《穀梁傳》所謂「甸粟而内之三宫，三宫米而藏之御廩」，《周禮》所謂「廩人大祭祀則共其接盛」，舉其重者以釋㐭之音義也。鄭云：「大祭祀之穀，藉田之收藏於神倉者也，不以給小用。」《釋言》：「廩，廯也。」臧氏鏞堂曰：「廯，古本當作鮮。舍人云廩，少鮮也。《公羊》羣公廩注云：連新於上財令半相連耳。襄廿三年所傳聞注亦云：廩廩近升平。皆廩、鮮也之義。」玉裁按，此與《漢書》「廩廩庶幾」，賈誼「爲此廩廩」，皆澟澟之假借也。 从入，穀所入，故从入。从回，回之訓轉也，而此从回之意，則如下所云。 象屋形，謂外口。舍下云：「口象築。」此云「象屋」者，屋在上者也。㐭之户牖多在屋。 中有户牖。 謂内口。小徐曰：「户牖以防蒸熱也。」力甚切，七部。 凡㐭之屬皆从㐭。

廩 㐭或从广禀。 會意也。禀亦聲。

稟 賜穀也。 賜穀曰稟。《中庸》：「既稟稱事。」鄭注《周禮·宫正》《内宰》《廩人》《掌固》皆云：「稍食，禄稟也。」又《司稼》注云：「賙，稟其艱阨。」晉惠帝云：「官費可給稟。」凡若此類，今本多譌爲廩，即有未譌者，亦皆讀爲力甚切矣。今之廩膳生員，於古當作稟膳。 从㐭禾。 禾猶穀也。穀在於㐭，《周禮》所謂以待「賙賜稍食」也。凡賜穀曰稟，受賜亦曰稟。引伸之，凡上所賦、下所受，皆曰稟。《左傳》言「稟命則不威」是也。 筆錦切，七部。

亶 多穀也。亶之本義爲多穀，故其字从㐭。引伸之義爲厚也，信也，誠也。見《釋詁》、毛傳。从㐭，旦聲。多旱切，十四部。

啚 嗇也。下文云：「嗇，愛濇也。」水部曰：「濇，不滑也。」凡鄙吝字當作此，鄙行而啚廢矣。《論語》「鄙夫」，《周書》「鄙我周邦」，皆當作此。从囗，音韋。囗猶聚也。从㐭。㐭，受也。㐭，所以受穀。引伸之，凡受皆曰㐭。聚而受之，愛濇之意也。方美切，十五部。

啚 古文啚如此。

文四。　重二。

嗇 愛濇也。嗇、濇疊韵。《廣韵》引作「歰」。歰與濇皆不滑也。《大雅》云：「好是家嗇，力民代食。」箋云：「但好任用是居家之吝嗇，於聚斂作力之人，令代賢者處位食祿。」又云：「家嗇維寶，代食維好。」箋云：「言王不尚賢，但貴吝嗇之人與愛代食者而已。」《老子》曰：「治人事天莫若嗇。」《詩·序》云：「其君儉嗇褊急。」从來㐭。來者㐭而臧之，故田夫謂之嗇夫。說从來㐭之意也。嗇者多入而少出，如田夫之務蓋藏，故以來㐭會意。嗇夫見《左傳》所引《夏書》。漢制，十亭一鄉，鄉有三老，有秩嗇夫、游徼，皆少吏之屬。許云「田夫謂之嗇夫」者，若《郊特牲》「先嗇」、「司嗇」、「報嗇」，嗇皆謂農。古嗇、穡互相假借，如稼穡多作「稼嗇」，《左傳》「小國爲蘇，大國省穡而用之」，即省嗇也。所力切，一部。 一曰，棘省聲。來㐭者，會意。棘省聲者，形聲，別一說也。「棘省」謂省竝朿爲單朿。來亦象朿，故云「棘聲」，然少迂矣。 凡嗇之屬皆从嗇。

嗇 古文嗇从田。

牆 垣蔽也。土部曰：「垣，牆也。」《左傳》曰：「人之有牆，以蔽惡也。」故曰垣蔽。《釋宮》曰：「牆謂之墉。」《釋名》曰：「牆，障也。」从嗇，爿聲。小徐曰：「取愛嗇自護也。」才良切，十部。按，凡爿聲，二徐多肊改爲「牀省聲」，此爿聲小徐云「亦當言牀省」，《韵會》遂改之。

牆 籀文从二禾。

牆 籀文亦从二來。按，《玉篇》云：「牆者，籀文。牆者，古文。」與今本異。

文二。　重三。

來 周所受瑞麥來麰也。「也」字今補。《詩正義》此句作「周受來牟也」五字。《周頌》「詒我來麰」。箋云：「武王渡孟津，白魚躍入王舟，出涘以燎。後五日，火流爲烏，五至。以穀俱來，此謂遺我來牟。《書》說以穀俱來，云穀紀后稷之德。」按，鄭箋見《尚書·大誓》、《尚書旋機鈐》、《合符后》。《詩》云「來牟」，《書》云「穀」，其實一也。下文云：「來麰，麥也。」此云「瑞麥來麰」，然則來麰者，以二字爲名。《毛詩》傳曰：「牟，麥也。」當是本作「來牟，麥也」，爲許麰下所本，後人刪「來」字耳。古無謂來、小麥，麰、大麥者，至《廣雅》乃云「麰，小麥；麳，大麥」，非許説也。《劉向傳》作「釐麰」，《文選・典引》注引《韓詩内傳》「貽我嘉麳」，薛君曰：「麳，大麥也。」與趙岐《孟子注》同，然《韓傳》未嘗云「來，小麥」。二麥一夆，象其芒朿之形。二麥一夆，各本作「一來二縫」，不可通；惟《思文》正義作「二麥一夆」。今定爲「二麥一夆」，夆即鏠字之省。許書無「峯」，則山耑字可作夆。凡物之標末，皆可偁夆。夆者，朿也。二麥一夆，爲瑞麥，如二米一稃爲瑞黍，葢同夆則亦同稃矣。《廣韵・十六咍》引《埤蒼》曰：「秾麰之麥，一麥二稃，周受此瑞麥。」此一二兩字亦是互譌。二麥一稃，亦猶異畮同穎，雙觡共柢之類，其字以从象二麥，以朿象一芒，故云「象其芒朿之形」。洛哀切，古音在一部。天所來也，故爲行來之來。自天而降之麥，謂之來麰，亦單謂之來。因而凡物之至者，皆謂之來。許意如是。猶之相背韋之爲皮韋，朋鳥之爲朋攩，鳥西之爲東西之西，子月之爲人偁，烏之爲烏呼之烏，皆引伸之義行而本義廢矣。如許説，是至周初始有來字，未詳其恉。《詩》曰：「詒我來麰。」今《毛詩》詒作「貽」，俗字也。麰作牟，古文假借字也。凡來之屬皆从來。

⿰來矣　⿰來矣　《詩》曰：「不⿰來矣不來。」《毛詩》無此語。《釋訓》曰：「不⿰來矣，不來也。」《爾雅》多釋《詩》《書》，葢《江有汜》之詩「不我以」，古作「不我⿰來矣」。⿰來矣者，來之也。不我⿰來矣者，不來我也。許葢兼偁《詩》、《爾雅》，當云：「《詩》曰：不我⿰來矣。不⿰來矣，不來也。」轉寫譌奪不可讀耳。⿰來矣與以不同者，葢許兼偁《三家詩》也。从來，矣聲。牀史切，一部。

⿰彳矣　⿰彳矣　⿰來矣或从彳。今韵書、字書以⿰來矣、⿰彳矣同竢，訓待，非也。

文二。　重一。

麥　麥　芒穀。有芒朿之穀也。稻亦有芒，不偁芒穀者，麥以周初二麥一鏠箸也。鄭注《大誓》引《禮説》曰：「武王赤烏，芒穀應。」許本《禮説》。秋穜厚薶，故謂之麥。薶、麥曡韵。《夏小正》：「九月樹麥。」《月令》：「仲秋之月，乃勸種麥毋或失時。」麥以秋穜。《尚書大傳》、《淮南子》、《説苑》皆曰：「虚昏中可以穜麥。」《漢書・武帝紀》謂之「宿麥」。麥，金也。金王而生，火王而死。程氏瑶田曰：《素問》云：「升明之紀，其類火，其藏心，其穀麥。」鄭注《月令》云：「麥實有孚甲，屬木。」許以時，鄭以形，而《素問》以功性，故不同耳。从來，有穗者也。「也」字今補。有穗猶有芒也。有芒故从來，來象芒朿也。从夊。夊，思隹切，行遲曳夊夊也。从夊者，象其行來之狀。莫獲切，古音在一部。凡麥之屬皆从麥。

麰　麰　來麰，逗。麥也。見《毛傳》。从麥，牟聲。莫浮切，三部。

⿱艹牟　⿱艹牟　麰或从艸。

麧　麧　堅麥也。謂麥之堅者也。《史》《漢》皆云：「亦食糠覈耳。」孟康曰：「覈，麥糠中不破者也。」晉灼曰：「覈音紇。京師人謂麤屑爲紇頭。」按，《廣韻》引《漢書》「食糠麧」爲是，孟注、晉音，皆是麧字，後人妄改《漢書》耳。麧在沒韵，覈在麥韵，音不同也。孟注與許説合。从麥，气聲。乎沒切，十五部。

䴭 小麥屑之覈。此晉灼所云「京師人謂麤屑爲麧頭」也。上文堅麥兼大小麥言，此單謂小麥；又堅麥謂檲者，此謂屑之而仍有核，覈同果中核之核，今所謂粗麪也。䴭與麧皆謂堅者，故類言之。从麥，𧴪聲。穌果切，十七部。

䴾 礦麥也。謂以石礦礦之，是曰䴾也。从麥，差聲。昨何切，十七部。一曰，擣也。別一義。

麩 小麥屑皮也。麩之言膚也。屑小麥，則其皮可飤嘼。大麥之皮不可食用，故無名。从麥，夫聲。甫無切，五部。

麱 麩或从甫。

麪 麥屑末也。屑字依《類篇》補。末者，屑之尤細者。《齊民要術》謂之勃，今人俗語亦云麪勃勃，取蓬勃之意，非白字也。《廣雅》：「糒謂之麪。」《篇》、《韵》皆云：「麩，麪也。」麩即末也。末與麪爲雙聲，糒與麪爲疊韵。从麥，丏聲。彌箭切，十二部。

䵂 麥覈屑也。上文云麥屑之覈，謂其堅；此云带覈之屑，謂其𥢶碎。礦之尚未成末，麩與麪未分，是爲䵂。《廣韵》云「麩䵂」，又云「䵂麩」，皆謂麩未離析。《九章筭術》曰：「小䵂之率十三半，大䵂之率五十四㉒。麥八斗六升七分升之三，得小䵂二斗五升一十四分升之一十三。麥一斗得大䵂一斗二升。」李籍《音義》曰：「细曰小䵂，粗曰大䵂。」然則《九章》之小䵂，許所謂麪也。《九章》之大䵂，許所謂麩及䴭也。十斤爲三斗。然則一秙爲三斛也，葢出古《筭經》。从麥，啻聲。直隻切，又音敵，十六部。

麷 煮麥也。《周禮》籩實有麷。大鄭云：熬麥曰麷㉓。後鄭云：「今河閒以北，煑穜麥賣之名曰逢。」後鄭謂逢，即麷之遺語也。穜，《釋文》直龍反，是穜稑之穜。程氏瑶田曰：「熬煑葢通偁。熬，乾煎也。」《荀卿子》：「午其軍，取其將若撥麷。」葢麥乾煎則質輕，撥去之甚易，故以爲易之況。今南方蒸稉米爲飯，曝乾熓之，呼爲米蓬，與鄭云逢者合。籩食皆乾物餌餈，亦必以粉坌之，然則煑麥非麥粥也。今人通呼乾煎爲熓，《説文》：「鬻，熬也。」从麥，豊聲。讀若馮。馮从馬，仌聲。漢時馮姓之馮，葢已讀如今音矣。敷戎切，九部。

麮 麥甘鬻也。《荀卿書》：「冬日則爲之饘粥，夏日則與之瓜麮。」《釋名》曰：「煑麥曰麮。麮亦齲也，煑熟亦齲壞也。」按，「麥甘鬻」者，以麥爲粥，其味甜也。《急就篇》云：「甘麮殊美奏諸君。」是也。其法當用大麥爲之，或去皮，或粉之，皆可爲粥，其性清虛，於夏日宜。大麥甘，故今煎飴餹亦用大麥。从麥，去聲。丘據切，五部。

𪎊 餅籟也。餅籟者，堅築之成餅也。《方言》：「𪎊、麳、䴷、麰、䴳、麯也。自關而西秦豳之閒曰𪎊，晉之舊都曰麳，齊右河泲曰䴷，或曰麰，北鄙曰䴳，麯其通語也。」从麥，殸聲。讀若庫。許音庫，合音也。今音空谷切，依𣪊聲也。

䴮 餅麴也。从麥，穴聲。户八切，十五部。

䴭 餅麴也。从麥，才聲。昨哉切，一部。

文十三。　重二。

夊 行遲曳夊夊也。「也」字今補。《曲禮》曰：「行不舉足，車輪曳踵。」《玉藻》曰：「圈豚行，不舉足，齊如流。」注云：孔子執圭，足縮縮如有循是也㉔。《玉篇》曰：「《詩》云：雄狐夊夊。今作綏。」象人兩脛有所躧也。《通俗文》：「履不箸跟曰屣。」屣同躧。躧、屣古今字也。行遲者如有所拕曳然，故象之。楚危切，《玉篇》思隹切，十五部。凡夊之屬皆从夊。

夋 行夋夋也。夋夋，行皃。一曰，倨也。亢部𡕾下曰：「夋，倨也。」故莽𡕾字从夋會意。从夊，允聲。七倫切，十三、十四部。

复 行故道也。彳部又有復，復行而复廢矣。疑彳部之復，乃後增也。从夊，畐省聲。房六切，三部。按，畐聲在一部，合音也。

夌 越也。凡夌越字當作此。今字或作淩，或作凌，而夌廢矣。《檀弓》：「喪事雖遽不陵節。」鄭曰：「陵，躐也。」躐與越義同。《廣韵》陵下云：「犯也。侮也。侵也。」皆夌義之引伸，今字概作陵矣。从夊𡴆。越之義也。力膺切，六部。𡴆，高大也。說从𡴆之意。一曰，夌徲也。彳部曰：「徲，久也。」凡言陵遲、陵夷，當作夌徲。今字陵遲、陵夷行而夌徲廢矣。《玉篇》云：「夌，遲也。」《廣韵》云：「陵，遲也。」遲與徲同也。《匡謬正俗》釋陵遲曰：「陵爲陵阜之陵。」而遲者，遲遲微細削小之義。古遲夷通用，或言陵夷，其義一也。言陵阜漸平，喻王道弛替耳。」玉裁謂許書作夌，則知説陵爲陵阜非也。夌徲爲邌之反語，古遲、邌通用，夌徲言時久則弛替。遲古讀如夷，夌夷疊韵字耳。以《左傳》「下陵上替」説之，許前義於下陵近，後義於上替近。下陵與上替，其事常相因也。

致 送詣也。言部曰：「詣，候至也。」送詣者，送而必至其処也。引伸爲召致之致，又爲精致之致。《月令》「必工致爲上」是也。精致，漢人祇作致。糸部緻字，徐鉉所增。凡鄭注俗本乃有緻。从夊，从至。夊，猶送也。陟利切，十五部。

憂 和之行也。《商頌》、毛傳曰：「優優，和也。」《廣雅·釋訓》：「憂憂，行也。」行之狀多，而憂憂爲龢之行。和當作龢。憂，今字作優，以憂爲㥑愁字。从夊，㥑聲。於求切，三部。《詩》曰：「布政憂憂。」《商頌》文。今《詩》作「優優」。

愛 行皃也。心部曰：「㤅，惠也。」今字假愛爲㤅，而㤅廢矣。愛，行皃也。故从夊。从夊，㤅聲。烏代切，古音在十五部。

𡕝 行𡕝𡕝也。从夊，闕。讀若僕。各本篆作𡕚，今依《廣韵》作𡕝，與小徐注合。此闕，謂形上體作亢，不知其説也。讀若僕，則知夌夌即今俗語「僕僕道途」之謂。趙注《孟子》曰：「僕僕，煩猥皃。」皮卜切，三部。

竷 繇也。舞也。繇，當作「䍃」。䍃，徒歌也。上「也」字衍。謡舞者，謡且舞也。《詩·序》曰：「維清，奏象舞也。」「武，奏大武也。」《禮記·文王世子》《明堂位》《祭統》皆云「管象」，「舞大武」。象與大武，皆謂《周頌·武》篇。鄭注《祭統》云：「吹管而舞武象之樂也。」《樂記》説武以「咏歎淫液，發揚蹈厲」竝言，則舞兼歌矣。故其字从章、从夂。**从夂，从章，樂有章也。**説从章之意。**夅聲。**已上十字，今更正。夅聲在九部，與八部合韵。苦感切，八部。**《詩》曰：「竷竷鼓我。」**鼓，各本作「舞」，今依《韵會》訂。士部引「墫墫舞我」，則此當同《詩》作「鼓」矣。今《小雅·伐木》㉕作「坎坎」，毛無傳。而《陳風》曰：「坎坎，擊鼓聲也。」《魏風》傳曰：「坎坎，伐木聲也。」《魯詩·伐檀》作「欿欿」。疑「竷竷鼓我」，容取《三家》，與毛異。

㚇 𡿺蓋也。司馬彪《輿服志》：「乘輿金鋑。」劉昭引蔡邕《獨斷》曰：「金鋑者，馬冠也。高廣各五寸，上如五華形，在馬髦前。」薛綜注《東京賦》同㉖。按，在馬髦前，則正在馬之𡿺蓋。其字本作金㚇，或加金旁耳。馬融《廣成頌》：「揚金㚇而拖玉瓖。」字正作㚇，可證。《西京賦》：「璿弁玉纓。」薛曰：「弁，馬冠叉髦也。」徐廣説金鋑云：「金爲馬叉髦」，然則弁也，叉髦也，㚇也，一也。㚇或誤作「叜」，鋑或誤作「鑁」。《玉篇》又誤作「金鑀」，皆音子公反，非也。𡿺蓋者，人囟也。見囟部。**象皮包覆𡿺，**謂爪。**下有兩臂，**謂人。**而夂在下。**人足也。**讀若范。**亡范切，七部八部。

夏 中國之人也。以別於北方狄、東北貉、南方蠻閩、西方羌、西南焦僥、東方夷也。夏引伸之義爲大也。**从夂，从頁，从臼。臼，兩手。夂，兩足也。**胡雅切，古音在五部。

𡕾 古文夏。

畟 治稼畟畟進也。《釋訓》曰：「畟畟，耜也。」《周頌》毛傳曰：「畟畟，猶測測也。」箋云：「農人測測，以利善之耜，熾菑是南畝也。」按，畟畟古語，測測今語，毛以今語釋古語，故曰猶。《周禮·雉氏》注曰：「耜之者，以耜測凍土剗之。」然則畟、測皆進意。**从田儿，**儿亦人字。田人者，農也。**从夂。**夂，言其足之進。足進而耜亦進矣。初力切，一部。**《詩》曰：「畟畟良耜。」**許書耜作枱、鈶二形。見木部。云：「耒耑也。」

㚅 斂足也。䧿鶪醜，其飛也㚅。二句見《釋鳥》。今《爾雅》作「翪」，許所據異也。**从夂，**斂足，故从夂。**兇聲。**子紅切，九部。

夒 貪獸也。一曰，母猴。謂夒一名母猴。犬部曰：「猴，夒也。玃，犬母猴也。」甶部曰：「禺，母猴屬。」爪部曰：「爲，母猴也。」單評猴，絫評母猴，其實一也。母猴與沐猴、獼猴，一語之轉，母非父母字。《詩·小雅》作「猱」，毛曰：「猱，猨屬。」《樂記》作「獶」，猱之變。鄭曰：「獶，彌矦也。」㉗ **佀人，**似人面手足。

从頁，句。巳止夊，其手足。巳止象其似人手，夊象其足。奴刀切，古音在三部。

夔 即魖也。即，鉉作「神」，疑神是。鬼部曰：「魖，耗鬼也。」神魖，謂鬼之神者也。《甘泉賦》曰：「捎夔魖而抶獝狂。」《東京賦》曰：「殘夔魖與罔象。」皆夔魖連文，可證。《國語》：「木石之怪夔罔兩。」韋注：「或云夔一足，越人謂之山繅，或作猱，富陽有之。人面猴身，能言。」《廣韵》曰：「山魈出汀州，獨足鬼也。」神魖，謂山繅之尤靈異者。若《大荒東經》云：「有獸狀如牛，蒼身而無角，一足，出入水則必風雨，其光如日月，其聲如雷，名曰夔。黄帝得其皮爲鼓，聲聞五百里。」此獸也，非鬼也。薛注《二京》合而一之，恐非是。如龍，一足。从夊，孟康曰：「夔神如龍，有角，人面。」薛綜曰：「木石之怪，如龍，有角。」按，从夊者，象其一足。象有角手人面之形。云如龍則有角可知，故丫象有角。又止巳，象其似人手；頁，象其似人面。渠追切，十五部。古假歸作夔，《樂緯》云「昔歸典協律」，即夔典樂也。《地理志》「歸子國」，即夔子國也。

文十五。　重一。

舛 對卧也。謂人與人相對而休也。引伸之，足與足相抵而卧亦曰舛。其字亦作僢。《王制》注釋「交趾」云：「浴則同川，卧則僢足。」是也。又引伸之，凡足相抵皆曰僢。《典瑞》：「兩圭有邸。」注云：「僢而同本。」是也。《淮南書》及《周禮注》多用僢字。从夊中相背。相背猶相對也。昌兖切，古音在十三部。凡舛之屬皆从舛。

踳 楊雄作舛。从足，萅。春聲也。李善注《魏都賦》引司馬彪《莊子注》曰：「踳讀曰舛，舛，乖也。」按，司馬意舛、踳各字而合之，楊、許則云踳爲舛之或也。蓋《訓纂篇》如此作，諸家多用踳駁謂謬舛也。

舞 樂也。用足相背。説从舛之意。从舛，無聲。文撫切，五部。按，諸書多作儛。

𦏶 古文舞从羽亡。亡聲也。攴部曰：「𢼸，讀與撫同。」然則以亡爲無也古矣。

舝 車軸耑鍵也。金部：「鍵，一曰，轄也。」㉘車部：「轄，一曰，鍵也。」然則許意謂舝、轄同也。以鐵豎貫軸頭而制轂，如鍵閉然。《邶風》傳曰：「脂舝其車。」《小雅》傳曰：「閒關設舝皃。」皆謂舝必行而後設也。車軸耑謂之軎，軎今字作轊。《大馭》：「右祭兩軹。」軹，故書作軒。杜子春云：軒謂兩轊也。或讀軒爲簪笄之笄㉙。按，鐵貫軸，如笄貫弁然。軸耑名軒者，以鐵名之也。子春易爲軹，非也。兩穿相背，从舛。據許說，則每耑爲兩穿，每穿鍵以一鐵，兩穿相對，故其字从舛。禼省聲。胡戛切，十五部。禼，古文禼字。禼，各本作「偰」，今依厹部正。禼讀如偰，故《漢書》以禼爲稷偰字。

文三。　重一。

舜 䑞艸也。楚謂之葍，秦謂之藑。艸部曰：「藑，茅蒿也。一名舜。」是一物三名也。蔓地生而連蕐。象形。「生而」二字，依《爾雅音義》補。匧象葉蔓蕐連之形也。从舛，亦狀蔓連相鄉背之皃。舛亦聲。舒閏切，十三部。鬊作舜。按，此與艸部蕣音同義別。有虞氏以爲謚者，堯，高也，舜，大也。舜者，俊之同音假借字。《山海經》作帝俊。凡舜之屬皆从舜。

𡕥 古文舜。

䑞 蕐榮也。《釋言》曰：「皇，華也。」《釋草》曰：「蕍、芛、葟、華，榮。」許蕐部曰：「榮也。」𠌶部曰：「艸木蕐也。」此云「蕐榮」者，絫言之。从舜，𡉚聲。𡉚見㞢部。形聲包會意。各本譌「生」，則非聲。大徐本篆文右半譌「生」，非也。户光切，十部。讀若皇。《爾雅》曰：「䑞，蕐也。」今《釋言》作「皇」，非。

葟 䑞或从艸皇。皇聲。《釋艸》如此作。

文二。 重二。

韋 相背也。故从舛。今字違行，而韋之本義廢矣。《酒誥》：「薄韋襛父。」馬云：「韋，違行也。」據《羣經音辨》則古文《尚書》當如是。从舛，囗聲。宇非切，十五部。獸皮之韋，此韋當作「圍」，謂繞也。可目束物枉戾相韋背。物字，依《韵會》補。生革爲縷，圍束物可以矯枉戾，而背其故也。故借目爲皮韋。其始用爲革縷束物之字，其後凡革皆偁韋。此與西、朋、來、子、烏五字下文法略同，皆言假借之恉也。假借專行而本義廢矣。凡韋之屬皆从韋。

𡕦 古文韋。

韠 韍也。巿部曰：「韠也。」巿，小篆作韍。所目蔽前者。鄭注《禮》曰：「古者佃漁而食之，衣其皮。先知蔽前，後知蔽後。後王易之以布帛，而獨存其蔽前者，不忘本也。」按，韠之言蔽也，韍之言亦蔽也。目韋，故从韋。下廣二尺，上廣一尺，其頸五寸。《記·玉藻》文也。《玉藻》曰：「韠下廣二尺，上廣一尺，長三尺，其頸五寸。」《襍記》云：「會去上五寸。」會謂頸下縫也，會已上長五寸，即所謂其頸長五寸也。又云：「紕以爵韋六寸，不至下五寸。」謂頸五寸之下，下五寸之上，中長二尺，兩邊皆紕以爵韋，左右各廣三寸也。又云：「下五寸純以素。」謂下五寸緣以生帛也。鄭云「其頸五寸」，其緣當亦用爵韋。一命緼韠，再命赤韠。《玉藻》曰：「一命緼韍幽衡，再命赤韍幽衡，三命赤韍葱衡。」鄭云：「尊祭服，故變韠言韍。」又云：「玄端服稱韠，玄冕爵弁服之韠稱韍。」然則韠、韍同物殊其名耳。許於此言「一命緼韠，再命赤韠」，於巿下言「天子朱巿，諸矦赤巿，大夫赤巿葱衡。」許意卑者偁韠，尊者偁韍，説與鄭少異。緼者，赤黃之閒色，所謂韎也，緼之假借字也。从韋，畢聲。卑吉切，十二部。

韎 茅蒐染韋也。《左傳》云「韎韋」。一入曰韎。入字，宋本、汲古初印本同。與《五經文字》、《毛詩》定本合。毛扆修版，改入爲又，則倒易其是非矣。《小雅》毛傳曰：「韎者，茅蒐染革也。一入曰韎(句)。韐(逗)，所以代韠也。」《士冠禮》注云：「韎韐，縕韍也。」此鄭以縕釋韎，以韍釋韐。《玉藻》：「一命縕韍。」注云：「縕，赤黄之閒色，所謂韎也。」按，赤黄之閒色曰縓，糸部：「縓，帛赤黄色。」是也。《爾雅》：「一染謂之縓。」縕者，縓之假借字。「一入曰韎」，即一入曰縓也。三君注《國語》云：「一染曰韎。」《詩》箋云：「韎，茅蒐染也。茅蒐，韎聲也。韐，祭服之韠，合韋爲之。」又駁《異義》云：「齊魯之閒言韎，聲如茅蒐，字當作韎。陳留人謂之蒨。」韋注《國語》云：「茅蒐，今絳草也。急疾呼茅蒐成韎。」此皆《詩》箋所謂「茅蒐韎聲」也。《士冠禮》「韎韐」注云：「士染以茅蒐，因以名焉。今齊人名蒨爲韎(句)。韐之制似韠。」已上諸文今本譌舛特甚，悉爲正之。**从韋，末聲。**莫佩切，十五部。按，許云「末聲」，鄭駁《異義》云：「韎，齊魯之閒言韎，聲如茅蒐，字當作韎。」今《詩》箋版本，二體不別。葢鄭所據亦作末聲，鄭謂當从未聲也。鄭必知當从未聲者，未聲與文蒐爲類，末聲與元寒爲類，文蒐與尤矦相似也，元寒與魚模相似也。茅蒐爲韎聲，則當从未矣。《唐韵》莫佩切，劉、李《周禮》音妹者，鄭未聲之説也。《廣韵》音末，諸經音莫介反者，許末聲之説也。

韢　櫜紐也。櫜，車上大櫜也。紐，系也。一曰，結而可解也。**从韋，惠聲。**胡計切，十五部。**一曰，盛虜頭櫜也。**《吕覽》：「北郭騷告其友曰：盛吾頭於笥中，奉以託，以白晏子也。退而自刎。其友因奉以託。」按，託者，櫜之假借字。云「虜頭」者，如函梁君臣之首之類。

韜　劒衣也。《少儀》曰：「劒則啟櫝葢襲之，加夫襓與劒焉。」注曰：「夫襓，劒衣也。夫或爲煩，皆發聲。」按，許書無襓字，襓與韜音相近，襓即韜也。曹憲《廣雅》：「袟襓袾，劒衣也。」袾音「陳律反。」按，熊氏安生《義疏》引《廣雅》：「夫襓，木劒衣也。」木葢本作朮，熊認爲屮木字，夫朮曹本乃作袟袾，知今本《廣雅》多增益偏旁而不古矣。引伸爲凡包藏之偁。**从韋，**以韋爲之也。熊云「木劒衣」，非是，櫝既木爲之矣。**舀聲。**土刀切，古音在三部。

韝　臂衣也。各本作「射臂決也」，誤甚。決箸於右手大指，不箸於臂，今依《文選・荅蘇武書》注正。射韝者，《詩》之拾，《禮經》之遂，《内則》之捍也。毛傳曰：「拾，遂也。」《大射》注曰：「遂，射韝也。以朱韋爲之，箸左臂，所以遂弦也。」凡因射箸左臂謂之射韝，非射而兩臂皆箸之以便於事謂之韝。許不言射韝者，言臂衣則射韝在其中矣。《東方朔傳》曰：「緑幘傅青韝。」韋昭曰：「韝形如射韝，以縛左右手於事便也。」崔豹《古今注》曰：「攘衣，廝役之服，取其便於用耳。乘輿進食者服攘衣。」按，攘衣即韝也。以繩纕臂謂之絭，以衣斂袖謂之韝。其字或作「褠」，見《後漢書》，或作「幬」，見《南都賦》。**从韋，**《繕人》注曰：「韝扞箸左臂裹，以韋爲之。」**冓聲。**古矦切，四部。

韘　射決也。所㠯拘弦。《衛風》：「童子佩韘。」毛曰：「韘，決也。能射御則帶韘。」《小雅・車攻》傳曰：「決所以鉤弦也。」鄭注《周禮》曰：「抉，挾矢時所以持弦飾也。」注《鄉射禮》、《大射儀》云：「決猶闓也，以象骨爲之，箸右大巨指，以鉤弦闓體。」按，即今人之扳指也。經典多言決，少言韘。韘惟見《詩》，毛公釋爲決，而箋云「韘之言沓，所以彄沓手指」，此以《禮經》之極釋韘也。《大射》云：「朱極三。」注云：「極猶放也。所以韜指利放弦也。以朱韋爲之，食指、將指、無名指各一，小指短不用。」鄭意以韘、極、沓三字雙聲，且極用韋爲之，故字从韋，決則用象骨爲之，故不从毛而易其義。許説从毛也。以字从韋論之，鄭爲長矣。《内則》言「佩決」，《詩》言「佩韘」，蓋言一可以包二。

目象骨，句。**韋系，**句。**箸右巨指。从韋。**《繕人》注云：「《士喪禮》抉用正王棘若檡棘，則天子用象骨與？」按，用棘，蓋施諸死者，疑生者用象若骨，故《鄉射》、《大射禮》注皆云「用象骨」，許意正如是。用韋爲系，箸右巨指，故字从韋。但今世扳指不用系，《士喪禮》注云「決以韋爲之藉」，又云「以紐環大擘本」，恐生者皆不必然也。**枼聲。**失涉切，八部。《釋文》大涉切。**《詩》曰：「童子佩韘。」**

弽 韘或从弓。

韣 弓衣也。《月令》：「带以弓韣。」高誘曰：「韣，弓韜也。」按，革部韇下曰：「弓矢韇也。」韇葢又在韣之外，容以木爲之，飾以皮耳。故服注《左》云：「冰，櫝丸葢也，如劒衣在劒櫝之内。」**从韋，蜀聲。**之欲切，三部。

韔 弓衣也。《秦風》「虎韔」，毛曰：「虎，虎皮也。韔，弓室也。」又：「交韔二弓。」毛曰：「交韔，交二弓於韔中。」《鄭風》作「鬯」，毛曰：「鬯弓，弢弓。」**从韋，長聲。**丑亮切，十部。**《詩》曰：「交韔二弓。」**

韍 履後帖也。帖，帛書署也。引伸爲今俗語帮貼之字。凡履跟必帮貼之令堅厚，不則易敝。臣瓚曰：「躡跟曰跕。」按，履緊曰跕屣也，跕與帖音同。《急就篇》：「履舄鞜裒絨緞紃。」師古引《説文》爲注。**从韋，叚聲。**此形聲包會意也。叚取堅意。古本葢祇有韍、緞二篆，自从叚譌爲从叚，而《篇》、《韵》皆有韍、緞，音乎加切，此韍篆之上，亦妄增韍篆，云：「履也。从韋，叚聲。」正如石部碫譌爲碬，各本《説文》乃作碬耳。今删韍篆。徒玩切，《篇》、《韵》皆上聲徒管切，十四部。

緞 韍或从糸。今俗以爲錦繡段之段。

韤 足衣也。《左傳》曰：「褚師聲子韤而登席。」謂燕禮宜跣也。**从韋，蔑聲。**望發切，十五部。

韠 軶裹也。軶，轅前也。以皮裹之。**从韋，尃聲。**匹各切，五部。按，《玉篇》云：「韠，扶豆、扶武二切。尻衣也。」次於韍下、韏上，與《説文》同。攷許書「韤，足衣也」，「絝，脛衣也」，則當别有尻衣，即《史》《漢》《萬石君傳》所謂中裙也。而《廣韵·九麌》曰：「韠，尻衣。」《集韵·九麌》曰：「韠，帨也。」帨即許之幒字，疑《説文》本有「韠，尻衣也。从韋，甫聲」之文，因與韠相似而佚之。如㬥、鼏，衸、衸皆佚其一之比。

韏 革中辨謂之韏。《釋器》：「革中絶謂之辨。」郭注：「中斷皮也。」「革中辨謂之韏。」注：「復平分也。」[30] 如郭説，則正文當云。「辨中絶謂之韏。」立文不當如是。今按，當云「革辨謂之韏」，「中」乃衍文。衣部襞下云：「韏衣也。」衣襵，古曰韏，亦曰襞積，亦曰縝。然則皮之緆文韏韏者曰韏何疑。文部曰：「辮，駁文也。」許所據《爾雅》不同郭本，而淺人以郭本易之。从韋，𢍏聲。九萬切，十四部。

𩏙 收束也。《漢·律曆志》曰：「秋，𩏙也。物𩏙斂乃成孰。」《鄉飲酒義》曰：「西方者秋，秋之爲言揫也。」㉛ 从韋，取圍束之義。䊷聲。讀若酋。⿰米焦从焦聲，焦从雔省聲。即由切，三部。

⿰韋⿱焦要 𩏙或从要。亦取圍束之意。

揫 𩏙或从秋手。

韓 井橋也。橋，各本作「垣」，今依《史記·孝武本紀》索隐正。井橋見《曲禮》、《莊子》、《說苑》、《淮南子》。《曲禮》「奉席如橋衡」注曰：「橋，井上挈皋，衡上低昂者。」《莊子》曰：「鑿木爲機，後重前輕，挈水若抽，數如泆湯，其名爲槔。」槔本又作橋。《淮南書》：「今夫橋直植立而不動，俛仰取制焉。」高曰：「橋，枯皋上衡也。」《說苑》曰：「爲機重其後，輕其前，命曰橋。終日溉韭百區不倦。」橋，陸音義音居廟反。按，其義當同撟，舉也。井韓見《史》《漢》，《孝武紀》《封禪書》《郊祀志》《枚乘傳》，《莊子·秋水篇》，其字多作「井榦」。司馬彪云：「井榦，井闌也。」崔譔云：「井以四邊爲榦，猶築之有楨榦。」晉灼曰：「井上四交之榦，常爲汲者所契傷。」是諸家皆說井榦爲井闌。按，并韓爲木架，四圍，中其圍橫圜木爲橋（如字），毌兩旁木有軸可轉，中設鹿盧，縣綆上下，故言橋而韓見也㉜。从韋，取其帀也。說韋同口。倝聲。胡安切，十四部。諸書榦亦音寒。

文十六。今刪韏，則十五。　重五。

弟 韋束之次弟也。以韋束物，如輈五束，衡三束之類。束之不一，則有次弟也。引伸之，爲凡次弟之弟，爲兄弟之弟，爲豈弟之弟。《詩正義》引《說文》有第字。从古文之象。文，各本作字，今正。《說文》小篆有从古文之像似者凡三：曰弟，曰革，曰民。皆各像其古文爲之。特計切，十五部。凡弟之屬皆从弟。

古文弟。从古文韋省。古文韋，見韋部。丿聲。丿，右戾也。房密、匹蔑二切。

罤 周人謂兄曰罤。昆弟字當作此，昆行而罤廢矣。《釋親》：「晜，兄也。」郭注：「今江東通言曰晜。」按，晜者，罤之誤。男子先生爲兄，後生爲弟，此本定偁。謂兄罤者，周人語也。《詩》惟《王風》有昆字，此周人謂兄之證也。諸經皆言兄，如《尚書》「乃寡兄勖」，《春秋》「衛侯之兄縶」，《周禮》「父之讎」，「兄弟之讎」，「從父兄弟之讎」，《詩》「瞻望兄兮」皆是。惟《禮·喪服》經傳，大功已上皆曰昆弟，小功已下同異姓皆曰兄弟，不相淆亂。蓋《禮經》欲別服之親疏隆殺，遂以周人謂兄者專系之同姓大功已上，以爲立言之別也。戴先生曰：「兄弟與昆弟，在《儀禮·喪服》、《爾雅·釋親》截然有辨。《喪服》：『傳曰，何如則可謂之兄弟？傳曰，小功已下爲兄弟。』此傳中引傳相證明也。《爾雅》曰：『母與妻之黨爲兄弟。』又曰：『婦之黨爲婚兄弟，壻之黨爲姻兄弟。』《詩·小雅》：『兄弟無遠。』鄭箋云：『兄弟，父之黨、母之黨。』蓋兄弟云者，或專言異姓，或兼同姓、異姓，皆舉遠不以闗大功之親。《記》曰：『兄弟皆在他邦，加一等，不及知父母與兄弟居，加一等。』此惟小功已下即於疏，故加等。若大功已上，則昆弟也，世父母、叔父母也，從父昆弟也，豈可以皆在他邦及少孤相依而加等哉。大功之親，分當相恤，其不相恤，是賊其性者也。小功已下而相恤，斯進之也。《記》又曰：『夫之所爲兄弟服，妻降一等。』篇内明言夫之昆弟無服，此兄弟服，即所謂小功者兄弟之服是也。謂夫爲之小功者，妻降一等則緦，如從祖祖父母、從祖父母及外祖父母、從母在小功章，夫之諸祖父母在緦麻章，此降一等之謂。《禮記·服問篇》『公子之妻爲公子之外兄弟』，謂爲夫之外祖父母、從母緦也。《禮》之稱兄弟，通乎尊卑如是。凡同姓異姓既漸即於疏者，而與之相親好，皆得稱兄弟。」玉裁按：《大司徒》「聯兄弟」，鄭曰：「兄弟，昏姻嫁娶也。」與《調人》職「兄弟」不同。知以昆弟、兄弟異其辭者，惟《禮經》，他經不尒。从弟眔。眔者，逮也。鰥下曰：「从魚，眔聲。」則此亦可眔聲合韵也。古蒐切，十三部。

文二。　重一。

夂 從後至也。至當作致。象人兩脛後有致之者。致，送詣也。凡夂之屬皆从夂。讀若黹。陟侈切，《玉篇》竹几切，十五部。

夆 相遮要害也。要害猶險隘也。从夂，丰聲。乎葢切，十五部。南陽新野有夆亭。

夆 啎也。午部曰：「啎，逆也。」夆訓啎，猶逢、迎、逆、遇、遻互相爲訓。《釋訓》曰：「甹夆，掣曳也。」掣曳者，啎逆之意。夆古亦借爲鏠、峯字。从夂，丰聲。讀若縫。敷容切，九部。

夅 服也。从夂㐄，相承不敢竝也。上从夂，下从反夂，相承不敢竝，夅服之意也。凡降服字當作此，降行而夅廢矣。下江切，九部。

夃 秦人市買多得爲夃。爲，當作「謂之」二字。此秦人語也，《方言》不載。从乃，从夂，益至也。説从乃夂之意。乃夂者，徐徐而益至也。古乎切，五部。《詩》曰：「我夃酌彼金罍。」《周南》文。今《毛詩》作「姑酌」，傳曰：「姑，且也。」許所據者，《毛詩》古本，今作「姑」者，後人以今字易之也。如《尚書》壁中古文，本作「無有作政」，本作「黎民俎飢」之類。夃者，姑之假借字。如政、俎者，好、阻之假借字。《玉篇》曰：「夃，今作沽。」引《論語》「求善價而夃諸」，未審其所本之《論語》。

𡕢 跨步也。跨當作「夸」。夸步謂大張其兩股也。从反夂。苦瓦切，十七部。𨈏从此。以午爲聲。

文六。

久 從後灸之也。也字今補。久、灸疊韵。火部曰：「灸，灼也。」灼，灸也。灸有迫箸之義，故以灸訓久。《士喪禮》：「鬲幎用疏布久之」，鄭曰：「久讀爲灸。謂以葢塞鬲口也。」《既夕》：「苞、筲、甕、甒，皆木桁久之」，鄭曰：「久讀爲灸㉝。謂以葢案塞其口。」此經二久字，本不必改讀，葢久本義訓從後歫之，引伸之，則凡歫塞皆曰久。鄭以久多訓長久，故易爲灸，以釋其義。《考工記》：

「灸諸牆，以眂其橈之均。」鄭曰：「灸猶柱也。以柱㒳牆之閒。」許所偁作久，與《禮經》用字正同。許蓋因經義以推造字之意，因造字之意以推經義，無不合也。相歫則其候必遲，故又引伸爲遲久，遲久之義行而本義廢矣。**象人㒳脛後有歫也。**歫，各本作「距」，今正。歫，止也。距，雞距也。舉友切，古音在一部。**《周禮》曰：「久諸牆，以觀其橈。」凡久之屬皆从久。**

文一。

桀　磔也。裴駰引《謚法》曰：「賊人多殺曰桀。」故引伸爲桀黠字。**从舛在木上也。**《通俗文》曰：「張伸曰磔。」舛在木上，張伸之意也。《毛詩》「雞棲於杙爲桀」，其引伸之義。《釋宫》作「榤」，俗字也。渠列切，十五部。《左傳》：「桀石以投人。」此假桀爲揭也。揭，高舉也。**凡桀之屬皆从桀。**

磔　辜也。辛部曰：「辜，辠也。」《掌戮》：「殺王之親者辜之。」注：「辜之言枯也。謂磔之。」鄭與許合也。《大宗伯》「以疈辜祭四方百物」，大鄭從故書作「罷辜」，云：「罷辜，披磔牲以祭。」《爾雅》：「祭風曰磔。」郭云：「今俗當大道中磔狗，云以止風。」按，凡言磔者，開也，張也，刳其胷腹而張之，令其乾枯不收。字或作「矺」，見《史記》。**从桀，石聲。**陟格切，古音在五部。今俗語云「磔破」者，當作此字，音如作。

乘　覆也。加其上曰乘。人乘車是其一耑也。**从入桀。**入者，覆之意也。食陵切，六部。**桀，黠也。**說从桀之意。《方言》：「黠，慧也。自關而東趙魏之閒謂之黠。」《史記》云「桀黠奴」。凡黠者必强，故桀訓黠。入桀者，謂籠罩桀黠。**《軍法》：「入桀曰乘。」**各本奪「入桀」二字，則不可通。今依《韵會》補。此偁《軍法》説字形會意，猶引《易》「艸木麗于地」説蘼，引「豐其屋」説豐也。云《軍法》者，蓋出《漢·志》兵書四種内。入桀者，以弱勝强。《書·序》云：「周人乘黎。」《左傳》：「車馳卒奔，乘晉軍。」乘之證也。

椉　古文乘，从几。凭几者，亦覆其上。故从几。然則椉亦可以爲依憑字。

文三。　重一。

六十三部。　文六百三十七。今韋部删一字，則六百三十六。**　重百二十二。　凡七千二百七十三字。**

此第五篇都數。

附注：

①《史記·司馬相如列傳》集解引作郭璞注。《漢書》顔注同。段氏據《文選·吴都賦》劉淵林注所引，斷爲張揖注。《説文解字讀》静篆下小注有説。

②《肆師》「及果築鬻」句注引鄭司農云：「築煮，築香草煮以爲鬯。」

③《大雅·泂酌》，段氏引首句脱「彼」字，下文引鄭箋，應補首句

「遠酌取之」，義方完。

④「按」下「錫」字是「鍚」字之誤。

⑤《大雅》「餱糧」唯見《公劉》，其下無傳。

⑥《禮記・内則》「糗餌粉酏」句下鄭注：「糗，擣熬穀也。」《周禮・籩人》「糗餌粉餈」下鄭注則爲「糗者，擣粉熬大豆，爲餌餈之黏著，以粉之耳。」

⑦「傳曰」是「箋云」之誤。

⑧《少牢》當作《有司徹》。

⑨《類篇》有「烏玄」一切，是平聲。

⑩見《後漢書・五行志一》，字作「鐃」，注云：「《風俗通》作譊。」段氏作「饒」，與《册府元龜》卷八九四引同。

⑪「宫聲」是「官聲」之誤。

⑫《論語釋文・鄉黨》「魚餒」下作「本又作鯘」，《爾雅釋文・釋器》「餒」下作「《字書》作鯘」。段氏引文皆作「餧」，不合。

⑬見《國語・鄭語》，「第二子」《國語》作「第一子」。

⑭「卄二霰」當作「卅二霰」。

⑮見《詩・抑》，刮，《詩》作「玷」。段氏雖于「刮」下謂「刮玷古今字」，然不宜改《詩》本文。

⑯見《盧植傳論》。注未言引《説文》。

⑰今本《庭燎》毛傳作「央，旦也」。釋文作「且，七也反」。段氏據釋文。

⑱「重三」當作「重二」。

⑲見《太平御覽》卷一百九十四引，書名作《漢官典職》，「二十街」作「二十四街」。《續漢書・百官志》劉昭注引書名是蔡質《漢儀》，同作「二十四街」。段氏引有脱。（據余行達校。）

⑳「古壹」當作「古壴」，字頭古文既據大徐作「壴」，注當随之。黄侃曰：「小徐作壴，非也。」見《手批説文》。

㉑四字未見于《周禮注》，惟《地官・序官》注有「藏米曰廩」之語。據《經籍籑詁》所記，「米藏曰廩」之詁，見《荀子・富国》注及《文選・籍田賦》注引蔡邕《月令章句》。

㉒此處脱「麥率四十五」一句，爲以下計算之據，不可略。

㉓《周禮・天官・籩人》：「其實麷。」大鄭注：「麥曰麷。」賈疏：「麷，亦是熬煑之麥。」

㉔原注云：「圈，轉也。豚之言若有所循，不舉足曳踵，則衣之齊如水之流矣。孔子執圭則然，此徐趨也。」段氏檃栝記之。

㉕《伐木》是《伐檀》之誤。

㉖《文選・東京賦》「金鍐鏤鍚」句下未見薛綜注，李善注下引蔡庸(邕)全同段氏所引。

㉗見「夒雜子女」句下注，「獮侯」本作「獮猴」。

㉘十四篇金部鍵下説解，段訂为「一曰，鞶也」。

㉙自「軓，故書」三字至此，是段氏約引鄭玄注文。

㉚「平分」應依原注作「分半」。

㉛經文：「西方者秋，秋之爲言愁也。」不作「揫」。鄭注曰：「愁讀爲揫。揫，斂也。」段氏如此引，嫌不準確。

㉜原刻「韓見」誤「韓」爲車旁，已改。

㉝此「讀爲」原注作「當爲」。段引改「當」爲「讀」，以與前注一致，合鄭意。

說文解字第六篇上

金壇段玉裁注

木 冒也。以疊韵爲訓。冃部曰：「冒，冢而前也。」冒地而生，東方之行。从屮，下象其根。謂𣎳也，屮象上出，𣎳象下垂。莫卜切，三部。凡木之屬皆从木。

橘 橘果。出江南。《禹貢》：「荆州，厥苞橘柚。」《考工記》曰：「橘踰淮而北爲枳。」《屈原賦》曰：「受命不遷，生南國兮。」許言出江南者，即《考工》、《屈賦》所云也。王逸注云：「言橘受天命，生於江南。」从木，矞聲。居聿切，十五部。

橙 橘屬。《南都賦》曰：「穰橙鄧橘。」《蜀都賦》劉注曰：「蜀有給客橙。」从木，登聲。丈庚切，《廣韵》宅耕切，古音在六部。

柚 條也。佀橙而酢。《釋木》：「柚，條。」郭云：「似橙，實酢，生江南。」《列子》曰：「吳楚之國，有大木焉，其名爲櫾。碧樹而冬生，實丹而味酸。食其皮汁，已憤厥之疾。」按，今橘、橙、柚三果，莫大於柚，莫酢於橙汁，而橙皮甘可食。《本草經》合橘柚爲一條，渾言之也。从木，由聲。余救切，三部。按，《爾雅》亦作「櫾」，《列子》、《山海經》皆作「櫾」，許則云「櫾者，崐崘河隅之長木也」。《夏書》曰：「厥苞橘柚。」苞，俗作「包」，今正。《禹貢》文。

樝 樝果。佀梨而酢。《内則》「柤梨」，注曰：「柤，梨之不臧者。」《爾雅》郭注、《山海經》郭傳皆云：「樝似梨而酢澀。」按，即今梨之肉粗味酸者也。張揖注《子虛賦》云：「樝似梨而甘。」乃以同類而互易其名耳。陶隱居譏鄭公不識樝，恐誤。从木，虘聲。側加切，古音在五部。

棃 棃果也。各本作「果名」二字，淺人改也。《釋木》：「棃山樆。」謂棃之山生者曰樆也。樆，本亦作離。《子虛賦》：「檗離朱楊。」裴駰引《漢書音義》云：「離，山棃也。」師古注《急就篇》云：「棃一名山樆。」非是。从木，𥝢聲。力脂切，十五部。𥝢，古文利。見刀部。

梬 梬棗也。三字一句。梬棗，果名。非今俗所食棗也。《南都賦》曰：「梬棗若留。」張揖注《子虛》曰：「梬，梬棗也。」李善引《說文》亦云：「梬棗似柹。」於此可以訂删複字者之非矣。从柹而小①。一曰，梗。各本無「而小一曰梗」五字，今合《齊民要術》、《衆經音義》、《廣韵》、《子虛》《南都》二賦李善注引訂補。按，梬即《釋木》之「遵，羊棗」也。郭云：「實小而圓，紫黑色，今俗呼之爲羊矢棗。」引《孟子》「曾晳嗜羊棗」。何氏焯曰：「羊棗非棗也，乃柹之小者。初生色黃，熟則黑，似羊矢。其樹再接，即成柹矣。余客臨沂始覩之。亦呼牛妳柹，亦呼梬棗。此尤可證以柹得棗名，《孟子正義》不得其解。」玉裁謂：凡物必得諸目驗，而折衷古籍，乃爲可信。昔在西苑萬善殿庭中，曾見其樹。葉似柹而不似棗，其實似柹而小如指頭。内監告余，用此樹接之，便成柹。《古今注》曰：「㮕棗，實似柹而小，味亦甘美。」師古曰：「梬棗，即今之㮕棗也。」㮕與遵音相近，㮕即遵字也。「一曰㮕」者，一名㮕也。本作「一曰」，李善改爲「名曰」，以便於文也。許無㮕篆，葢俗字不列也。《内則》「芝栭」，賀氏云：「芝，木椹。栭，軟棗。」②釋文云：「栭本又作檽。」檽者，㮕之誤。賀氏作㮕，許不妨作耎也。「梬棗」者，柹屬。故受之以柹篆。〇又按，《衆經音義》：「㮕棗，如兗切。《説文》云：似柹而小。或作濡，非體也。」似玄應所據本有㮕篆，其解當云「梬棗也。從木，耎聲。」似柹而小，乃梬篆下語也。〇司馬氏光曰：「君遷子，即今牛奶柹。」按，《吳都》劉注：「桾櫏子，如瓠形。」《玉篇》曰：「桾櫏子，如雞子。」不當以羊棗當之。從木，甹聲。以整切，十一部。㮕，而兗切。

柹 赤實果。言果又言實者，實，謂其中也。赤中，與外同色，惟柹。《内則》曰：「棗栗榛柹。」從木，𠂔聲。鉏里切，古音在十五部。俗作「柿」，非。

枏 梅也。從木，冄聲。汝閻切，七部。

梅 枏也。可食。從木，每聲。莫桮切，古音在一部。按，《釋木》曰：「梅，枏也。」《毛詩·秦風》《陳風》傳皆曰：「梅，枏也。」與《爾雅》同。但《爾雅》、毛傳皆謂楩枏之枏。毛公於《召南·摽有梅》、《曹風》「其子在梅」、《小雅·四月》「侯栗侯梅」無傳，而《秦》、《陳》乃訓爲枏，此以見《召南》等之梅，與《秦》、《陳》之梅，判然二物。《召南》之梅，今之酸果也。《秦》、《陳》之梅，今之楠樹也。楠樹，見於《爾雅》者也。酸果之梅，不見於《爾雅》者也。樊光釋《爾雅》曰：「荆州曰梅，揚州曰枏，益州曰赤楩。」孫炎釋《爾雅》曰：「荆州曰梅，揚州曰枏。」陸璣《疏草木》曰：「梅樹，皮葉似豫樟。」皆謂楠樹也。枏亦名梅，後世取梅爲酸果之名，而梅之本義廢矣。郭釋《爾雅》乃云：「似杏，實酢。」《篇》、《韵》襲之，轉謂酸果有枏名。此誤之甚者也。然則許以枏、梅二篆厠諸果之閒，又云「可食」，豈非始誤與？曰：此淺人所改竄也。如許謂梅酸果，其立文當先梅篆，云「酸果也」，次枏篆，云「梅也」。桼、杏、李、桃等不云可食，何必獨云可食哉！許意某爲酸果正字，故某篆解云「酸果也。從木，從甘」。其字當本厠柹下、杏上，而枏、梅二篆當本厠諸木名之閒，淺人易其處，又增竄其文耳。以許書律羣經，則凡酸果之字作梅，皆假借也。凡某人之字作某，亦皆假借也。假借行而本義廢，固不可勝數矣。

楳 或从某。某聲。《召南》釋文曰：「《韓詩》作楳。」

杏 杏果也。《内則》：「桃李梅杏。」从木，向省聲。向，各本作「可」，誤，今正。莕以杏爲聲，亦作「荇」，從行聲，則知杏、莕字，古皆在十部也。今何梗切。〇《六書故》云：「唐本曰：从木，从口。」

柰 柰果也。假借爲柰何字，見《尚書》、《左傳》。俗作「奈」，非。从木，示聲。奴帶切，十五部。

李 李果也。从木，子聲。良止切，一部。古李、理同音通用，故行李與行理竝見，大李與大理不分。

杍 古文。《尚書音義》曰：「梓材音子，本亦作梓。」

馬云：「古作梓字，治木器曰梓。」正義曰：「此古杍字，今文作梓。」按，正義本經作杍，音義本經作梓，據二家說，蓋壁中古文作杍，而馬季長易爲梓匠之梓也。如馬說是，壁中文假借杍爲梓匠字也。

桃　桃果也。从木，兆聲。徒刀切，二部。

楘　冬桃。《釋木》曰：「旄，冬桃。」郭云：「子冬孰。」按，作旄者，字之假借，二部、三部合韵冣近也。《釋文》曰：「《字林》作楘」，今本譌爲「《字林》作楙」。从木，敄聲。讀若髦。莫候切，三部。按，《釋文》及《篇》、《韵》皆音毛，鼎臣蓋據《唐韵》無此字，因以楙字當之，故音茂也。

亲　亲實如小栗。《韵會》作「木名，實如小栗」六字。《周禮·籩人》、《記·曲禮》《内則》、《左傳》、《毛詩》字皆作「榛」，假借字也，榛行而亲廢矣。鄭云「如栗而小」，與許合。《齊民要術》引《詩義疏》云：榛栗有二種。从木，辛聲。側詵切，十二部。《蜀都賦》作「㯂」。《春秋傳》曰：「女摯不過亲栗。」《左傳·莊二十四年》文。

楷　楷木也。孔子冢蓋樹之者。《皇覽》云：「冢塋中樹以百數，皆異種。傳言弟子各持其方樹來種之。」按，楷亦方樹之一也。《儒行》曰：「今世行之後世以爲楷。」楷，法式也。楷之言稽，我稽古而後世又於此焉稽也。从木，皆聲。苦駭切，十五部。以下言木名，故先之以孔冢所樹。

梫　桂也。《釋木》：「梫，木桂。」郭曰：「今南人呼桂厚皮者爲木桂，葉似枇杷而大。」按，《南方草木狀》云：「桂有三種，葉似枇杷者爲牡桂。」牡、木音同。許言梫桂也者，梫爲桂之一，而桂不止於梫也。《蜀都賦》：「其樹則有木蘭梫桂。」劉逵曰：「梫桂，木桂也。」从木，侵省聲。七荏切，七部。

桂　江南木。《本艸》曰：「桂生桂陽，牡桂生南海山谷，箘桂生交趾、桂林山谷。」百藥之長。《本艸經》木部上品首列牡桂、菌桂③。箘桂味辛温，主百病，養精神，和顏色，爲諸藥先聘通使，故許云「百藥之長」。《檀弓》、《内則》皆薑桂竝言，劉逵引《本艸經》正文曰：「菌桂圓如竹，出交趾。」然則其樹正圓如竹，故名箘桂。今《本艸》云：「無骨，正圓如竹。」不系之正文。無骨，蓋謂空心也。左思賦「邛竹緣嶺，箘桂臨崖」，正以竹之實中者，與桂之虚中者反對也。从木，圭聲。古惠切，十六部。

棠　牡曰棠，牝曰杜。艸木有牡者，謂不實者也。《小雅》云：「有杕之杜，有睆其實。」此牝者曰杜之證也。陸璣《詩疏》曰：「赤棠與白棠同耳，但子有赤白美惡。子白色爲白棠、甘棠，少酢滑美；赤棠子澀而酢無味。俗語云：澀如杜是也。」依陸説是棠杜皆有子，然種類甚多，今之海棠，皆華而不實，蓋所謂牡者曰棠也。从木，尚聲。徒郎切，十部。

杜　甘棠也。《召南》：「蔽芾甘棠。」毛曰：「甘棠，杜也。」《釋木》曰：「杜，甘棠。」本無不合。棠不實，杜實而可食，則謂之甘棠。凡實者皆得謂之杜，則皆得謂之甘棠也。牡棠牝杜，析言之也。杜得偁甘棠，互言之也。《釋木》又曰：「杜，赤棠。白者，棠。」《魏風》傳用之④。此以其木色之異，異其名，與「杜，甘棠」説異，即與分牡牝説異，爲許所不取。戴先生曰：《爾雅》謂杜甘曰棠，毛公失其句讀。蓋依陸璣疏，白棠即甘棠，子美，赤棠即杜，子澀，爲此説耳。非許意，亦非《爾雅》意也。先生又曰：「梨山樆」，謂梨山生曰樆。「榆白枌」，謂榆之白者曰枌。今按，毛傳云：「枌白，榆也。」誠當於白爲讀。《漢書音義》云：「離，山梨也。」是《爾雅》當同音義，乙其字矣。从木，土聲。徒古切，五部。借以爲杜塞之杜。

槢　槢木也。《莊子》、《淮南》有「桉槢」字⑤，皆謂械楔，不爲木名。从木，習聲。似入切，七部。

樿　樿木也。可目爲櫛。《玉藻》曰：「櫛用樿櫛，髮晞用象櫛。」《禮器》曰：「樿勺。」鄭曰：「樿木白理。」《中山經》曰：「風雨之山，其木多椒樿。」郭曰：「樿木白理，中櫛。」从木，單聲。旨善切，十四部。

椲　椲木也。可屈爲杅者。屈當作「詘」，詰詘，紆曲也。糸部云：「紆，詘也」是也。杅當作「盂」，盂，飲器也。《玉篇》曰：「椲木，皮如韋，可屈以爲盂。」从木，韋聲。于鬼切，十五部。

楢　柔木也。工官目爲耎輪。大鄭引《鄹子書》：「秋取柞楢之火。」工官若周之輪人，漢之考工室也。耎輪者，安車之輪也。郭注《山海經》云：「楢，剛木，中車材。」剛木即柔木，蓋此木堅韌，故柔剛異偁，而同實耳。从木，酋聲。讀若糗。以周切，三部。

桏　椶椐木也。《集韻》作「椶」，《類篇》作「櫡」，是宋初本不同也。宋刻鉉本及李氏《五音韻譜》作「櫡」，毛刻初印同，斧季剜版作椶。按，櫡字無攷，椶椐木，合二木爲名，未知何木也。《釋木》曰：「楥，柜桏。」郭注云：「未詳。」或曰，桏當爲柳，柜柳似柳，皮可以煮作飲。郭易桏爲柳，而後釋柜柳，則《篇》、《韻》以柜柳釋桏，非也。《説文》蓋取諸《爾雅》，椶與楥形似，椐與柜聲同，椶疑楥之誤。从木，邛聲。渠容切，九部。

棆　母杶也。按，母杶當作「毋疵」，皆字之誤也。《釋木》：「棆，無疵。」古毋、無通用，故許作毋。《玉篇》「棆，木名也。枇，無枇木也。」二字爲伍，蓋謂一物也。《廣韻》云：「無枇木，一名棆。」是也。楊雄《蜀都賦》説木有枇，郭云：「棆，楩屬。似豫章。」从木，侖聲。讀若《易卦·屯》之屯。陟倫切，十三部。

楈　楈木也。《上林賦》有「楈邪」，《南都賦》作「楈枒」。郭璞曰：「楈邪似并閭，皮可作索。」按，未審即許所云楈木否也。从木，胥聲。讀若芟刈之芟。芟在七、八部，胥在五部，合韵也。《唐韵》私閭切。

柍　柍梅也。柍梅，合二字成木名。今各本刪去「柍」字，是柍即梅矣。《釋木》：「時，英梅。」《齊民要術》引郭注云：「英梅未聞。」今本注云「雀梅」，殆非郭語。《南都賦》曰「柍柘檍檀」與「櫻梅山柿」等各爲一條，柍梅非今之梅類明矣。从木，央聲。於京切，古音在十部。李善於兩切。一曰，江南橦材，其實謂之柍。橦，帳極也。與此不相涉。以《唐式柴方》「三尺五寸曰一橦，音鍾」解之，下文又不屬也。况漢人曰章，唐人乃曰木鍾乎。柍字下曰「淮南謂之柍」，宜以訂正此句。一説，《蜀都賦》「布有橦華」，劉逵云：「橦，樹名。」謂此橦材堅實者謂之柍也。「實」下當有「者」字。

楑 楑木也。未詳。从木，癸聲。求癸切，十五部。一曰，度也。度，徒落切。此與手部揆音義皆同，揆專行而楑廢矣。

𣐿 𣐿木也。《六書故》以烏臼當之，未知是否。从木，咎聲。讀若皓。皓，各本作「晧」，非，今正。古老切，古音在三部。

椆 椆木也。《中山經》：「虎首之山，多苴椆椐。」郭曰：「椆，未詳也。音彫。」从木，周聲。讀若丩。職畱切，三部。

樕 樸樕，小木也。樸，當作「樸」。樸、樸正俗字也。各本無「小」字，今依《五音韵譜》、《韵會》、《集韵》、《類篇》補。《召南》：「林有樸樕。」毛曰：「樸樕，小木也。」《釋木》云：「樕樸，心。」樕樸即《詩》之樸樕。俗書立心多同小，又艸書心似小，毛傳、《説文》當本作心木，譌爲小木耳。《詩正義》云：「某氏曰樸樕，斛樕也。有心能溼，江河閒以作柱。」孫炎曰：「樸樕一名心。」據此及許立文之次弟，知樸樕乃木名，非凡小木之偁也。斛俗作槲，槲樕，櫟之類。樸，《爾雅音義》作「樸」。《廣韵》曰：「杺，木名。其心黄。」杺即《爾雅》心字。从木，欶聲。桑屋切，三部。

𣞏 𣞏木也。未祥⑥。从木，彝聲。羊支切。《廣韵》以脂切，十五部。

梣 青皮木。《淮南書》曰：「夫梣木色青翳，而羸蝸瘉睆。此皆治目之藥也。」高曰：「梣木，苦歷木名也。生於山，剥其皮以水浸之，正青，用洗眼，瘉人目中膚翳。」正文各本譌誤，今考定如是。按，《本艸經》謂之秦皮，以一名岑皮，而聲誤作秦耳。其木一名石檀。陶隱居云：「是樊槻木。」槻音規。《集韵》云：「江南樊雞木，其皮入水緑色，可解膠益墨。」樊雞即樊槻也。从木，岑聲。子林切，七部。《玉篇》作今切。

𣜩 或从𡨄省。𡨄，籒文寑。見宀部。

棳 棳木也。未詳。俗以爲梁上楹之字。从木，叕聲。職説切，十五部。益州有棳縣。棳上當有「毋」。《地理》、《郡國》二志，益州皆有毋棳縣。

𣟧 𣟧木也。未詳。从木，號省聲。乎刀切，二部。

棪 遬其也。《釋木》：「棪，樕其。」郭曰：「棪，實如柰，可食。」《南山經》傳曰：「棪，别名速，其子似柰而赤，可食。」按，遬，籒文速字也。今《爾雅》作「樕」，爲俗字。从木，炎聲。讀若三年導服之導。「三年導服」，詳示部禫下。棪讀如淡，與導服相似也。《山海經》傳音剡，《爾雅音義》餘念反，《唐韵》以冄切。

椯 椯木也。未詳。从木，耑聲。市緣切，十四部。

椋 即來也。《釋木》曰：「椋，即棶。」釋文曰：「棶，《埤蒼》、《字林》作來。」⑦本《說文》也。絫評曰即來，單評曰來，《唐本艸》謂之椋子木。从木，京聲。呂張切，十部。

橨 橨木也。未詳。从木，費聲。房未切，十五部。

樗 樗木也。各本樗與榑二篆互譌，今正。《毛詩音義》、《爾雅音義》、《五經文字》可證也。假令許書與今互異，則陸氏、張氏當辨明之，如穜種之例矣。《豳風》、《小雅》毛傳皆曰：「樗，惡木也。」惟其惡木，故豳人祇以爲薪，《小雅》以儷惡菜，今之臭椿樹是也。所在有之，有一種葉香者可食。从木，雩聲。各本作「虖聲」，今正。丑居切，五部。

楀 楀木也。未詳。《小雅》：「楀維師氏。」箋云：「楀，氏也。」《集韵》、《類篇》皆云：「楀，木名。掚，姓。」引《詩》「掚維師氏」。《唐石經》初刻從手，後改從木。按，《篇》、《韵》皆無掚字，《釋文》、《五經文字》、《急就篇》顏注，皆從木。从木，禹聲。王矩切，五部。

蘽 蘽木也。《釋木》：「諸慮，山櫐。欇，虎櫐。」郭曰：「今江東呼櫐爲藤。虎櫐，今虎豆。纏蔓林樹而生。」《中山經》：「畢山，其上多櫐（依《齊民要術》、《藝文類聚》）。」郭曰：「今虎豆、貍豆之屬。櫐，一名縢。音耒。」按，櫐者，蘽之省。其物在艸木之閒。近於艸者，則爲艸部之藟，《詩》之「藟」也。近於木者，則爲木部之蘽，《釋木》之山櫐、虎櫐也。縢、藤古今字。謂之縢者，可以爲緘縢也。蘽之屬不一，統名之曰蘽木。从木，藟聲。形聲包會意。力軌切，十五部。

𣡍 籀文。

桋 赤桋也。《釋木》曰：「桋，赤栜。白者栜。」毛傳曰：「桋，赤栜也。」郭云：「赤栜樹，葉細而岐銳。白栜，葉圓而岐，爲大木。」按，栜，《釋文》音山厄反。許書無栜字，葢古只作朿也。从木，夷聲。以脂切，十五部。《詩》曰：「隰有杞桋。」《小雅》文。

栟 栟櫚，逗。椶也。各本奪「椶」字，今依《韵會》本補。《廣雅》、劉逵引《異物志》皆曰：「栟櫚，椶也。」《上林》、《甘泉賦》字作「并閭」。《南都》《吳都賦》字作「栟櫚」。許書有栟無櫚，櫚因栟之木旁而同之耳。从木，并聲。府盈切，十一部。

椶 栟櫚也。互訓也。《蜀都賦》：「椶枒楔樅。」四木名也。从木，㚇聲。子紅切，九部。按，椶與《召南》之緫，音義略同。毛曰：「緫，數也。」數讀數罟之數。可作萆。艸部曰：「萆，雨衣。一名衰衣。」按，可作萆之文，不系於栟下，而系椶下者，此樹有葉無枝，其皮曰椶，可爲衰，故不系栟下也。椶本皮名，因以爲樹名。故栟閭與椶得互訓也。張揖注《上林賦》曰：「并閭，椶也。」皮可以爲索，今之椶繩也。」《玉篇》云：「椶櫚，一名蒲葵。」今按，《南方艸木狀》云：「蒲葵，如栟櫚而柔薄，可爲簦笠，出龍川。」是蒲葵與椶樹各物也。謝安之蒲葵扇，今江蘇所謂芭蕉扇也。椶葉縷析，不似蒲葵葉成片，可爲笠與扇。

椅椅　梓也。《釋木》曰：「椅，梓。」渾言之也。《衞風》傳曰：「椅，梓屬。」⑧析言之也。椅與梓有別，故《詩》言「椅桐梓漆」。其分別甚微也，故《爾雅》、《説文》渾言之。從木，奇聲。於离切，古音在十七部。按，賈逵説又作「樆」。

檟檟　楸也。《釋木》：「槐，小葉曰榎。」郭云：「槐，當爲楸。楸細葉者爲榎。」又：「大而皵，楸。小而皵，榎。」郭云：「老乃皮粗皵爲楸，小而皮粗皵者爲榎。」又：「稻，山榎。」郭云：「今之山楸。」按，榎者，檟之或字。《左傳》、《孟子》作檟。《爾雅》別言之，許渾言之。從木，賈聲。古雅切，古音在五部。《春秋傳》曰：「樹六檟於蒲圃。」見《左傳·襄四年》。

梓梓　楸也。從木，宰省聲。即里切，一部。按，許知「宰省聲」而非辛聲者，於或字知之也。或字，葢古文之遺與。

梓梓　或不省。

楸楸　梓也。《左傳》、《史》、《漢》以萩爲楸，如「秦周伐雍門之萩」，「淮北常山巴南河濟之閒千樹萩」是也。《左傳》萩一作「秋」。從木，秋聲。七由切，三部。

橲橲　梓屬。大者可爲棺椁，小者可爲弓材。按，橲、檍古今字。心部意，今作億。艸部蓄，今作薏。水部澺，今作澺。人部億，今作億。然則經典檍字，即《説文》之橲何疑。《考工記》：「取幹之道七，柘爲上，檍次之。」⑨此即所謂小者可爲弓材也。《唐風》：「隰有杻。」《釋木》、毛傳皆曰：「杻，檍也。」許無杻字，豈其字正作紐，俗作杻與？大鄭云：「檍，讀如億萬之億。」陸璣云：「今官園種之，正名曰萬歲，取名於億萬。共汲山下人或謂之牛筋，或謂之檍。材可爲弓弩幹也。」今各本椋、檟二篆之閒有檍篆，云：「杶也。從木，意聲。」葢淺人謂不當闕檍字而增之。本云「檍，杻也」。後又譌杻爲「杶」，不可通。考《韵會》云：「《説文》作橲，今文作檍。」則黃氏所據鍇本未誤也。今删檍篆。從木，啻聲。於力切，一部。

柀柀　黏也。⑩黏，各本作「檆」，徐鉉因增一檆篆，非也。今删檆篆，依《爾雅》正檆爲黏。《釋木》曰：「柀，黏。」上音彼，下音所咸反，即今之杉木也。黏與杉爲正俗字。郭云：「黏生江南，可以爲船及棺。」羅氏願《爾雅翼》曰：「柀似杉而異。杉以材偁，柀又有美實，而材尤文采。其樹大連抱，高數仞，葉似杉，木如柏，作松理，肌理細軟，堪爲器用。古所謂文木也。其實有皮殼，大小如棗而短。去皮殼，可生食。」《本艸》有彼子，即柀子也。引蘇恭説《本艸》誤入蟲部，陶隱居木部出之。⑪按，依羅氏説，則柀與杉有別。今人恆用者皆杉，非柀也。《爾雅》、《説文》渾言之耳。《南方艸木狀》曰：「杉，一名柀、黏。」⑫從木，皮聲。甫委切，古音在十七部。按，《爾雅音義》音彼，又匹彼反。《集韵》、《類篇》本之，皆補靡、普靡二切。今《爾雅音義》彼譌作「披」，非也。蘇恭《本艸》「彼子」注云：「彼，當作柀。柀仍音彼。」成化刻本彼亦譌披。一曰，析也。析，各本譌「折」，今正。葉石君寫本及《類篇》正作「析」。按，柀析字，見經傳極多，而版本皆譌爲手旁之披，披行而柀廢矣。《左傳》曰：「披其地以塞夷庚。」《韓非子》曰：「數披其木，毋使木枝扶疎。」

《戰國策》范雎引《詩》曰：「木實繁者披其枝，披其枝者傷其心。」《史記・魏其武安傳》曰：「此所謂枝大於本，脛大於股，不折必披。」《方言》曰：「披，散也。東齊聲散曰廝，器破曰披。」此等非柀之字誤，即柀之假借。手部披，訓從旁持，木部柀，乃訓分析也。陸德明、包愷、司馬貞、張守節、吳師道皆音上聲普彼反，是可證字本從木也矣。

榛 榛木也。《邶風》：「山有榛。」傳曰：「榛，木也。」《小雅》：「營營青蠅，止于榛。」傳曰：「榛，所以爲藩也。」《衛風》箋曰：樹榛、栗、椅、桐、梓、漆「六木於宮，可伐以爲琴瑟」⑬。從木，秦聲。側詵切，十二部。一曰，叢木也。各本作「一曰，菆也」。艸部曰：「菆，蓐也。」今依《玄應書》卷十一所引爲長。《倉頡篇》、《淮南》高注、《漢書》服注、《廣雅》皆云：「木叢生曰榛。」菆，一作蕪。

⿰木尻 山樗也。樗，舊作「榑」，今改。《釋木》、《唐風》傳皆曰：「栲，山樗。」⿰木尻、栲古今字，許所據作⿰木尻也。陸璣云：「山樗與下田樗無異，葉似差狹耳。方俗無名此爲栲者。今所云栲者，葉如櫟木，皮厚數寸，可爲車軸，或謂之栲。」⑭郭云：「栲，似樗。色小白，生山中，因名云。亦類漆樹。俗語曰：櫄樗栲漆，相似如一。」按，二説似許爲長。從木，尻聲。讀若糗。「讀若糗」三字，依陸璣補。陸云：「許愼正以栲讀爲糗，今人言考，失其聲耳。」古音在三部，今苦浩切。

杶 杶木也。《禹貢》：「杶榦栝柏。」釋文：「杶，本又作櫄。」《山海經》：「成侯之山，其上多櫄木。」郭曰：「似樗樹，材中車轅，吳人呼櫄，音輴車。」從木，屯聲。敕倫切，十三部。《夏書》曰：「杶榦栝柏。」

櫄 或從熏。

杻 古文杶。按，依《汗簡》所載沂是，即屯字側書之耳。《集韵》徑作「杻」，非也。

⿰木筍 杶也。此杶木別名，非即杶字也。《左傳》：「孟莊子斬雍門之⿰木筍，以爲公琴。」從木，筍聲。相倫切，十二部。

桵 白桵，逗。棫也。「也」字今補。《大雅》：「芃芃棫樸。」《釋木》、毛傳皆云：「棫，白桵也。」陸璣曰：「其材理全白，無赤心者，爲白桵。直理易破，可爲犢車軸，又可爲矛戟矜。」從木，妥聲。鉉曰：「當從綏省聲。」按，鉉因《説文》無妥字，故云尒。綏下則又云：「當作從爪，從安省。」抑思妥字見於《詩》、《禮》，不得因許書偶無妥字，而支離其説也？儒隹切，古音在十七部。

棫 白桵也。從木，或聲。于逼切，一部。

⿰木息 ⿰木息木也。未詳。《玉篇》不載。從木，息聲。相即切，一部。

椐 樻也。《大雅》：「其檉其椐。」《釋木》、毛傳皆云：「椐，樻也。」陸璣云：「節中腫，似扶老，即今靈壽是也。今人以爲馬鞭及杖。」郭云：「腫節，可以爲杖。」按，杖以木者曰靈壽，亦曰扶老。《漢書・孔光傳》：「賜靈壽杖。」孟康曰：「扶老杖也。」服虔曰：「靈壽，木名。」郭注《山海經》亦云：「靈壽，木名。似竹，有枝節。」常璩云「朐忍縣有靈壽木」，劉逵云「靈壽木出涪陵」，楊雄作《靈節銘》，皆是也。以竹者名扶老杖。《中山經》:「其上多扶竹。」郭云:「邛竹也。高節，實中，中杖。名之扶老竹。」《漢書》之「邛竹杖」，王逸少以邛竹杖分贈老友，皆是也。靈壽木與邛竹，皆以節勝。陸氏云椐即靈壽，然椐與靈壽俱見《山海經》，郭不云一物。若陶潛云「策扶老以流憩」，則又未識其爲椐與靈壽也。從木，居聲。九魚切，五部。按，郭音祛，《字林》紀庶反。

樻　椐也。從木，貴聲。求位切，十五部。《詩音義》曰:「去塊反。何音匱。」⑮

栩　柔也。見《唐風》毛傳。陸璣曰:「栩，今柞櫟也。徐州人謂櫟爲杼，或謂之爲栩。」按，毛傳、《說文》皆栩、柔、樣爲一木，櫟下但云木也，不云即栩也。然則陸璣專據徐州語言合之耳。從木，羽聲。況羽切，五部。其皁，一曰樣。按，各宋本及《集韻》《類篇》皆同。毛氏依小徐作「其實皁」，非也。艸部曰:「皁斗，櫟實也。一曰樣斗。」⑯許蓋謂栩爲柞櫟，與陸璣同。

柔　栩也。《莊子》:「狙公賦芧。」司馬云:「芧，橡子也。」芧即柔字，橡即樣字。柔本樹名，因用爲實名也。從木，予聲。此與機杼字，以下形上聲、左形右聲分別。讀若杼。按，《玉篇》時渚切，《廣韻》神與切，是也。大徐直吕切，則與機杼字同音，五部。

樣　栩實也。樣、橡正俗字。《爾雅》舊注曰:「柔實爲橡子。」以橡殼爲柔斗者，以剜剜似斗故也。橡子，儉歲可食以爲飯，豐年牧豬，飤之可以致肥也。見《齊民要術》。從木，羕聲。徐兩切，十部。按，樣，俗作橡。今人用樣爲式樣字，像之假借也。唐人式樣字，從手作㨾。

杙　劉劉，杙。見《釋木》。當讀劉劉爲句。郭云:「劉子生山中，實如梨，酢甜，核堅。」未知許意然否也。今人以杙爲橜弋字，乃以橜弋爲隿射字。從木，弋聲。與職切，一部。

枇　枇杷木也。四字句。從木，比聲。房脂切，十五部。

桔　桔梗，逗。藥名。《本艸經》曰:「桔梗，味辛，微温，主胷脅痛如刀刺、腹滿、腸鳴幽幽、驚恐悸氣。」《戰國策》曰:「今求柴胡桔梗於沮澤，則絫世不得一焉。」從木，桔梗，艸類，《本艸經》在艸部，而字從木者，艸亦木也。吉聲。古屑切，十二部。一曰，直木。鄭有桔柣之門，蓋取直木爲門限之義。《釋宮》曰:「柣謂之閾。」

柞　柞木也。《詩》有單言柞者，如「維柞之枝」、「析其柞薪」是也。有柞棫連言者，如《皇矣》、《旱麓》、《緜》是也。陸璣引《三蒼》:「棫即柞也。」與許不合。假令許謂棫即柞，則二篆當聯屬之。且《詩》不當或單言棫，或單言柞，或柞棫竝言也。鄭《詩》箋云:「柞，櫟也。」孫炎《爾雅》注:「櫟實，橡也。」《齊民要術》援《爾雅注》合柞、栩、櫟爲一，亦皆非許意。從木，乍聲。在各切，五部。按，柞可薪，故引伸爲凡伐木之偁。《周禮》有「柞氏」，《周頌》傳曰:

「除艸曰芟，除木曰柞。」古無二音也。

杼 杼木。出橐山。《中山經》曰：「傅山西五十里，曰橐山，其木多樗，多構木。」按，樗者，杼之誤。許所引《山海經》樵字，今作「柘」，涂字，今作「涔」，劦字，今作「颶」，其不同如此。《廣韵·十一模》曰：「黃杼木可染。」《十姥》曰：「杼，木名。可染繒。」按，《周禮注》曰：「染艸，茅蒐、橐盧、豕首、紫茢之屬。」橐盧豈即黃杼與？抑字音相近而艸木異類也？《玉篇》乃佚杼字。從木，乎聲。他乎切，五部。

榗 榗木也。未詳。《尚書大傳》曰：「南山之南，有木名橋，高高然而上，父道也。南山之陰，有木名梓，晉晉然而俯，子道也。」高與橋，晉與梓，皆疊韵。梓字當是榗字。梓從宰省聲，不與晉同韵也。從木，晉聲。子賤切，古音在十二部。《書》曰：「竹箭如榗。」六字未詳。疑當作「《周禮》曰：竹榗」。讀如晉」八字。《職方氏》：「其利金錫竹箭。」注云：「故書箭爲晉。」葢許所見故書作榗，榗本木名，故書借爲竹名也。《大射儀》：「幎用錫若絺，綴諸箭。」注云：「古文箭作晉。」《吳越春秋》：「晉竹十廋。」晉竹即箭竹。皆與《周禮》故書同。讀如晉者，許謂榗之音同晉也。轉寫淆譌，致不可讀矣。

椽 椽羅也。《釋木》：「檖，蘿。」《秦風》毛傳曰：「檖，赤羅也。」陸璣、郭璞皆云：「今之楊檖也。實似梨而小，酢，可食。」按，蘿者，羅之誤。從木，豙聲。徐醉切，十五部。《詩》曰：「隰有樹椽。」今《詩》、《爾雅》作檖。

椵 椵木，可作牀几。牀，鍇本作「伏」，疑誤。《釋木》曰：「櫠，椵。」《本艸》陶隱居說人參曰：「高麗人作《人參讚》曰：三椏五葉，背陽向陰，欲來求我，椵樹相尋。椵樹，葉似桐，甚大，陰廣。《圖經》亦言：人參春生苗，多於深山背陰，近椵漆下潤溼處。」是則椵爲大木，故材可牀几。郭云「子大如盂」者，未知是不也。從木，叚聲。讀若賈。古雅切，五部。

槵 槵木也。未詳。從木，惠聲。胡計切，十五部。

楛 楛木也。《大雅》：「榛楛濟濟。」陸璣曰：「楛，其形似荆而赤，葉似蓍，上黨人蔑以爲筥箱，又屈以爲釵。」按，《禹貢》「惟箘簬楛」，楛不與上文杶榦栝柏相爲伍，而與箘簬爲伍，楛之用葢與箘簬同也。從木，苦聲。侯古切，五部。《詩》曰：「榛楛濟濟。」

櫅 櫅木也。《釋木》曰：「櫅，白棗。」按，許不云白棗，與《爾雅》異。葢《爾雅》本作「齊白棗」，今人所食棗，白乃孰，是也。櫅乃別一木。《廣韵》曰：「櫅榆堪作車轂。」正與許合，轂軸異耳。楊雄《蜀都賦》：「枇櫅枎楊。」章樵注云：「櫅，榆屬。」可㠯爲大車軸。從木，齊聲。祖稽切，十五部。

朷 朷木也。未詳。從木，乃聲。讀若仍。如乘切，六部。按，乃聲在一部，合韵也。

櫇 櫇木也。未詳。疑即仁頻也。《上林賦》有「仁頻」，孟康曰：「仁頻，椶也。」李善曰：「《仙藥錄》云：檳榔一名椶。」然則仁頻即檳榔也。從木，頻聲。符真切，十二部。

樲 酸棗也。《釋木》曰：「樲，酸棗。」《孟子》曰：「舍其梧檟，養其樲棗。」趙曰：「樲棗，小棗。所謂酸棗也。」按，《孟子》本作樲棗，宋刻《爾雅》單行疏，及《玉篇》、《唐本艸》又《本艸圖經》皆可證。今本改作「樲棘」，非是。樲之言副貳也，爲棗之副貳，故曰樲棗。《本艸經》曰：「酸棗，味酸平，主心腹寒、熱，邪結氣聚，四肢酸疼，温痹，煩心不得眠。諸家皆云：似棗而味酸。」從木，貳聲。而至切，十五部。

樸 樸棗也。《釋木》言棗之名十有一，繼之言櫬梧，繼之言樸枹者，是今《爾雅》樸不謂棗也。疑許所據有不同，故云尒。寇宗奭曰：「御棗，甘美輕脃，今人所謂撲落酥者是。」樸棗豈即御棗歟？樸、樸古今字。《大雅》毛傳曰：「樸，枹木也。」《方言》曰：「樸，盡也。南楚凡物盡生者曰樸生。」郭云：「今種物皆生，曰樸地生也。」又曰：「樸，聚也。楚謂之樸。」郭云：「樸屬，藂相箸皃。」按，《詩》、《爾雅》之樸，皆當同《方言》作樸。樸從僕，附也。《考工記》「樸屬」猶附箸，《文選》「廛閈樸地」，字皆當作樸。《釋木》、毛傳，皆訓樸爲枹。許以爲棗名，則徧矣。從木，僕聲。博木切，三部。

橪 酸小棗。此云酸小棗，則上文「樲，酸棗」者與棗大小同矣。《上林賦》：「枇杷橪柿。」按，廁橪於枇杷柿之閒，然則皆果也，與許說合。《淮南子》：「伐橪棗以爲矜。」亦云橪棗。郭云：「橪，橪支木。音煙。」與許異。從木，然聲。人善切，十五部。

一曰，染也。染，小徐作柔，皆未詳。

柅 柅木也。實如棃。今字以爲檷字。從木，尼聲。女履切，十五部。

梢 梢木也。未詳。《廣韵》曰：「梢，船舵尾也。又枝梢也。」此今義也。《釋木》曰：「梢，梢櫂。」郭云：「梢，音朔。」按，梢櫂字葢本從手作「捎」。從木，肖聲。所交切，二部。

⿰木隸 ⿰木隸木也。未詳。從木，隸聲。郎計切，十五部。

㭪 㭪木也。未詳。從木，寽聲。力輟切，十五部。

梭 梭木也。未詳。從木，夋聲。私閏切。《玉篇》且泉切，十三部。今人訓織具者，用爲杼字也，於其雙聲讀之也。《廣雅》作「桫」。

⿰木畢 ⿰木畢木也。未詳。從木，畢聲。卑吉切，十二部。

楋 楋木也。未詳。從木，剌聲。盧達切，十五部。

枸 枸木也。可爲醬，出蜀。《史》、《漢》皆云「枸醬」，詳艸部蒟下。從木，句聲。俱羽切，四部。按，《小雅》「南山有枸」，毛曰：「枸，枳枸也。」枳枸，即《禮記》之椇。許於枸下不言「枳枸」，椇字亦不錄。

樜 樜木。出發鳩山。《北山經》曰：「發鳩之山，其上多柘木。」許所據柘作「樜」也。發鳩山，即水部漳水所出之發包山。《淮南書》亦作「發包」，古音包、鳩同在三部。許不言樜同柘，而

《廣韵》謂一字，非許意也。從木，庶聲。之夜切，古音在五部。

枋　枋木。可作車。《禮》、《周官》皆以枋爲柄。古音方聲、丙聲同在十部也。從木，方聲。府良切，十部。

橿　枋也。謂一木二名。《考工記》注曰：「今世轂用襍榆，輻以檀，牙以橿。」郭注《山海經》曰：「橿中車材。」《南都賦》、《吳都賦》說木，皆有橿。從木，畺聲。居良切，十部。一曰，鉏柄。《釋名》曰：「鋤，齊人謂其柄曰橿。橿然正直也。頭曰鶴，似鶴頭也。」

樗　樗木也。《釋木》：「檴落。」郭云：「可以爲杯器素。」按，《小雅》：「薪是穫薪。」箋云：「穫落，木名也。」⑰陸云：「依鄭則字宜木旁。」樗、檴古今字也。司馬《上林賦》字作華，師古曰：「華，即今之樺。皮貼弓者。」《莊子》「華冠」，亦謂樺皮爲冠也。樺者，俗字也。㠯其皮裹松脂。所謂樺燭。從木，虖聲。乎化切，古音在五部。讀若蕚。

檴　或從蒦。

檗　黃木也。《本艸經》之檗木也。一名檀桓。從木，辟聲。博戹切，十六部。俗加艸作「蘗」，多誤爲蘖字⑱。

梤　香木也。芬爲艸香，故梤爲香木。從木，芬聲。形聲包會意也。撫文切，十三部。按，𣝈字多作棻，蓋由篆體本作棻，象香气上出。

榝　似茱萸，出淮南。《釋木》：「椒、榝醜，莍。」郭云：「莍萸，子聚生成房皃。榝，似茱萸而小，赤色。」《內則》注曰：「藙，煎茱萸也。《漢律》：會稽獻焉。《爾雅》謂之榝。」按，鄭云藙即榝，許於艸部有茱萸，有藙，此云似，與鄭說小異。《本艸經》木部云：「吳茱萸，一名藙。」是則一物異名，亦不待煎成始爲藙也。從木，茱萸、藙，字在艸部，榝字在木部，故許不云一物。然茱萸在《本艸經》木部，茮從艸，而《爾雅》在《釋木》，則從艸、從木一也。殺聲。所八切，十五部。

椷　椷木，可作大車輮。未詳今何木。大車，牛車也。輮，車网，《考工記》之牙也。從木，戚聲。子六切，三部。

楊　蒲柳也。各本作「木也」二字，今依《藝文類聚》、《初學記》、《本艸圖經》、《太平御覽》所引正。《釋木》云：「楊，蒲柳。」許所本也。按，蒲，蓋本作浦。浦，水瀕也。《王風》「不流束蒲」⑲，毛云：「蒲艸也。」箋云：「蒲，蒲柳。」孫毓云：「蒲艸之聲，不與戍許相協，箋義爲長。」是則晉人讀蒲柳爲浦柳之明證。《古今注》曰：「蒲柳，生水邊。」又曰：「水楊，蒲楊也。枝勁細，任矢用。」任矢用者，《左傳》云「董澤之蒲」是也。緐呼曰蒲柳，單評曰蒲，音同浦。至唐而失其讀矣。從木，昜聲。与章切，十部。古假楊爲揚，故《詩・楊之水》，毛曰：「楊，激揚也。」《廣雅》曰：「楊，揚也。」《佩觿》曰：「楊，柳也。亦州名。」古書州名皆作楊矣。

檉　河柳也。《釋木》、毛傳同。陸璣云：「生水旁，皮正赤，如絳。一名雨師。」羅願云：「葉細如絲。天將雨，桱先起氣迎之，故曰雨師。」按，桱之言頳也，赤莖，故曰桱。《廣韻》釋楊爲「赤莖桺」，非也。从木，巠聲。敕貞切，十一部。

柳 少楊也。各本作「小楊」，今依《孟子正義》，葢古本也。古多以少爲小，如少兒即小兒之類。楊之細莖小葉者曰桺。《周禮》故書「衣接櫝之材」，鄭司農讀爲翣桺，後鄭云：「桺之言聚也。」引《書》「分命和仲，度西曰桺穀」。按，「度西曰桺穀」者，今文《尚書》也。「宅西曰昧谷」者，後鄭所讀之古文《尚書》也。詳見《尚書撰異》。从木，丣聲。丣古文酉。力久切，三部。古多假桺爲酉。如鄭印癸，字子桺。桺即丣，名癸字酉也。《仲尼弟子列傳》：顏幸，字子桺。桺亦即丣。幸者，辛之譌也。已上海寧錢馥字廣伯說。

⿰木粤 大木，可爲鉏柄。未詳。从木，粤聲。詳遵切，十二部。

欒 欒木，似欄。欄者，今之楝字。《本艸經》有「欒華」，未知是不。借爲圜曲之偁，如鐘角曰欒，屋曲枅曰欒是。从木，䜌聲。洛官切，十四部。《禮》：「天子樹松，諸侯柏，大夫欒，士楊。」「士楊」二字，當作「士槐，庶人楊」五字，轉寫奪去也。《禮》，謂《禮緯含文嘉》也。《周禮・冢人》：「以爵等爲丘封之度，與其樹數。」賈疏引《春秋緯》：「天子墳高三仞，樹以松；諸侯半之，樹以柏；大夫八尺，樹以藥草；士四尺，樹以槐；庶人無墳，樹以楊桺。」藥草二字，「欒」之誤也。《白虎通》引《春秋含文嘉》，語全同，正作「大夫以欒」。又《廣韵》引《五經通義》「士之家樹槐」⑳，然則此士下有奪可知矣。《含文嘉》是《禮緯》，《白虎通》云《春秋含文嘉》，葢引《春秋》、《禮》二緯，而《春秋》下有奪字。唐《封氏聞見記》引《禮經》及《說文》，皆譌舛。

移 棠棣也。《釋木》曰：「唐棣，移。常棣，棣。」唐與常音同，葢謂其花赤者爲唐棣，花白者爲棣，一類而錯舉。故許云「移，棠棣也」，「棣，白棣也」。改唐爲棠，改常爲白。以棠對白，則棠爲赤可知。皆即今郁李之類，有子可食者。《小雅・常棣》、《論語》逸詩《唐棣》，實一物也。郭注「唐棣」云：「似白楊，江東呼夫移。」白楊，大樹也。《古今注》云：「移楊，亦曰移桺，亦曰蒲移，圓葉弱蒂，微風善搖。」此正今之白楊樹，安得有韡韡偏反之咢耶？因一移字掍合之。从木，多聲。弋支切，古音在十七部。

棣 白棣也。《小雅》傳曰：「常棣，棣也。」《秦風》傳曰：「棣，唐棣也。」常與唐同字可證矣。渾言之，則白棣亦評唐棣也。《豳風》傳云：「鬱，棣屬。」从木，隶聲。特計切，十五部。

枳 枳木，似橘。《考工記》：「橘踰淮而北爲枳。」《本艸經》所謂「枳實」也。枳可爲籬，《周書・小開》曰：「德枳維大人。」从木，只聲。諸氏切，十六部。

楓 楓木也。厚葉弱枝，善搖。一名欇欇。各本搖作搖，今正。少一欇字，今依《韵會》補。《釋木》曰：「楓，欇欇。」犍爲舍人曰：「楓爲樹，厚葉弱莖，大風則鳴，故曰欇欇。」按，欇，木葉搖白也。搖，樹動也。厚葉弱枝，故善搖；善搖，故名欇欇。

嵇含《南方艸木狀》分楓人、楓香爲二條，實一木也。從木，風聲。方戎切，古音在七部。《招䰟》楓、心、南爲韵，《上林賦》楓一作汎，是也。

權 權 黃華木。《釋木》曰：「權，黃英。」按，英華一也。郭云：「未詳。」而《釋艸》亦云：「權，黃華。」郭云：「今謂牛芸艸爲黃華。」艸部英下：「一曰黃英。」然則《爾雅》木曰黃英，艸曰黃華，許則英華字互易。從木，雚聲。巨員切，十四部。一曰，反常。《論語》曰：「可與立，未可與權。」《孟子》曰：「執中無權，猶執一也。」《公羊傳》曰：「權者何？權者，反於經然後有善者也。」

柜 柜 柜木也。趙注《孟子》曰：「杞柳，柜柳也。」郭注《爾雅》曰：「柜柳，似柳。皮可煑作飲。」《廣韵》柜下云：「柜柳。」按，柜，今俗作「欅」，又音譌爲鬼柳樹。未知許所說是此不。從木，巨聲。其呂切，《廣韵》居許切，五部。按，《周禮》「梐枑」注，故書枑作「拒」，從手，俗本從木作柜，非。

槐 槐 槐木也。《釋木》曰：「櫰，槐，大葉而黑。守宮槐，葉晝聶宵炕。」按，此皆槐之異者。從木，鬼聲。户恢切，十五部。

穀 穀 楮也。此篆體依《五經文字》正，各本作穀者，從縠便也。《小雅》傳曰：「穀，惡木也。」陸璣疏曰：「江南以其皮擣爲紙，謂之穀皮紙。絜白光輝。」按，《山海經》傳曰：「穀，亦名構。」此一語之輕重耳。從木，㱿聲。古祿切，三部。

楮 楮 穀也。從木，者聲。丑呂切，五部。

柠 柠 楮或從宁。宁聲。

檵 檵 枸杞也。《四牡》、《四月》傳皆曰：「杞，枸檵也。」他杞字無傳，讀《詩》者有「三杞」之說焉。從木，繼省聲。按，繼下云：「一曰，反𢇍爲㡭。」然則此云「㡭聲」足矣，疑或竄改之也。古詣切，十五部。一曰，堅木也。堅，各本作「監」，誤，今正。此別一義，謂堅木偁檵。堅、檵雙聲，如蒯與筋也。

杞 杞 枸杞也。按，《釋木》、毛傳皆云：「杞，枸檵。」《禮記》鄭注亦云：「芑，枸檵也。」郭注《爾雅》云：「今枸杞也。」是則枸檵爲古名，枸杞雖見《本艸經》，而爲今名。許檵篆下，當云：「枸檵，杞也。」杞篆下當云：「杞，枸檵也。」乃合。今本後人亂之耳。從木，己聲。墟里切，一部。

枒 枒 枒木也。《上林賦》有「胥邪」，《史記》作「胥餘」，《南都賦》作「楈枒」，《蜀都》《吴都賦》單評之曰「枒」，《艸木狀》作「椰」。其木葉在顛，略似椶樹。而實大如瓠，繫在顛，若挂物。今俗用椰瓢是也。從木，牙聲。五加切，古音在五部。一曰，車网會也。网，俗本作「輞」，今正。《考工記・輪人》注曰：「牙，讀如訝。謂輪輮也。世閒或謂之网，書或作輮。」按，《車人》牙作「輮」。車部曰：「輮，車网也。」車輪之肉，今北人謂之瓦，即古語之牙也。謂之牙者，如艸木萌芽句曲然。襍佩之璜曰牙，亦猶是也。車网必合衆曲而成大圜，故謂之网會。网會，絫言之也。牙、枒，蓋古今字。

檀 檀 檀木也。《鄭風》傳曰：「檀，彊刃之木。」刃，今韌字。榽醯似檀，齊人諺曰：「上山斫檀，榽醯先殫。」從木，亶聲。徒乾切，十四部。

櫟　櫟木也。《秦風》：「隰有苞櫟。」㉑傳曰：「櫟，木也。」陸璣曰：「苞櫟，秦人謂柞櫟爲櫟，河内人謂木蓼爲櫟，椒椴之屬。其子房生爲梂，木蓼子亦房生，故說者或曰柞櫟，或曰木蓼。璣以爲此秦詩也，宜從其方土之言，柞櫟是也。」按，陸意謂秦詩當是柞櫟，今觀許櫟、梂二篆連屬，正與陸所云木蓼「子房生爲梂」者合，然則許意謂木蓼也。艸部云：「草斗，櫟實也。一曰，樣斗。」木部栩下云：「柔也，其草一曰樣。」此則謂草斗爲櫟實，正陸所謂秦人謂柞櫟爲櫟。又云：「栩，今柞櫟也。」草下櫟實字，非木部之櫟。許意栩柔、樣草爲一物，是名柞櫟，亦名櫟，而非柞也，亦非子梂生之櫟也。柞與棫爲類，櫟似椒椴。鄭箋《大雅》云：「柞，櫟也。」則以柞與柞櫟合爲一耳。從木，樂聲。郎擊切，古音在二部。

梂　櫟實。此櫟實與草下櫟實各物。草下當云：「草斗，柞櫟實。」損「柞」字耳。《釋木》曰：「櫟，其實梂。」陸璣云：「椒椴之屬。其子房生爲梂。」木蓼子亦房生，然則許何爲以梂字專系諸木蓼也？曰：艸部以茮系諸椴矣，則以梂系諸櫟也。茮與梂皆謂聚生成房，橡斗不尒也。梂與茮古通用。《椒聊》箋云：「一梂之實，蕃衍滿升，非其常也。」此假梂爲茮也。今俗語謂緐多叢聚曰一梂，椒子每梂數十百顆，詩人言其盛，則曰：每梂將盈升，不識正義何以不解也。木蓼，《唐本艸》謂之木天蓼。蘇頌云：「木高二三丈，三四月開花，似柘花，五月採子，子作毬。」一曰，鑿首。《豳風》毛傳曰：「鑿屬曰錡，木屬曰銶。」釋文曰：「錡，《韓詩》云木屬。銶，《韓詩》云鑿屬也。」按，許用《韓詩》說也。鑿，所以穿木也。鑿首，謂鑿柄。鑿柄必以木爲之，今木工尚然矣，故字從木。金部無銶，許所據《詩》然也。從木，求聲。巨鳩切，三部。

欄　欄木也。各木篆作楝，下文云「柬聲」，今改正。按，《考工記》「以欄爲灰」，字作欄。許於欒下云：「木似欄。」然則此當同《考工記》可知矣。《廣韵・廿五寒》欄下云：「木名。」從古字古音也。欄，俗作「楝」，乃用欄爲闌檻俗字。欄實曰金鈴子，可用浣衣。從木，闌聲。郎電切，十四部。按，《莊子》「非練實不食」，或謂即欄實。欄實非珍物，似非的解也。

檿　山桑也。《釋木》曰：「檿桑，山桑。」《大雅》毛傳曰：「檿，山桑也。」《禹貢》「檿絲」，《史記》檿作「酓」，同音假借字也。從木，猒聲。於琰切，七部。《詩》曰：「其檿其柘。」

柘　柘桑也。三字句。各本無「柘」字，今補。山桑、柘桑，皆桑之屬。古書竝言二者，則曰桑柘；單言一者，則曰桑，曰柘。柘亦曰柘桑，如《淮南注》「烏號」云：「柘桑，其木堅勁，烏峙其上。」是也。桑柘相似而別，見胡氏《通鑑釋文辨誤》。從木，石聲。之夜切，古音在五部。《漢・志》：「琅邪郡靈門高粟山。」粟乃原之誤，《水經注》可證。師古謂即柘字，誤。

⿰木厀　⿰木厀木，可爲杖。小徐云：「今楖栗之屬。」從木，厀聲。親吉切，十二部。

欔 欔味，逗。稔棗也。《釋木》：「還味，稔棗。」釋文云：「還，《字林》作欔。」不言出《說文》，疑或取《字林》增此。從木，還聲。似沿切，十四部。

梧 梧桐木。三字句。《釋木》曰：「櫬，梧。」賈思勰曰：「注云：今梧桐皮青者曰梧桐。案今人以其皮青，號曰青桐也。」玉裁謂：此今人所植梧桐樹也。其華五出，子如珠，綴於瓢邊，瓢如羹匙。賈氏云：「青桐，九月收子，炒食甚美，如菱芡是也。」從木，吾聲。五胡切，五部。一曰，櫬。一曰，猶一名也。本《爾雅》。

榮 桐木也。見《釋木》。按，梧下云：「梧桐木。」榮下曰：「桐木。」此即賈思勰青桐、白桐之別也。白桐華而不實，材中樂器，青桐則不中用。《毛詩》「椅桐梓漆，爰伐琴瑟」，其白桐與？又云：「其桐其椅，其實離離。」則青桐亦評桐，渾言之也。郭注《爾雅》於「榮，桐木」曰：「即梧桐。」於「櫬，梧」曰：「今梧桐皮青者。」本不誤，今本刪節，乃不可通。從木，熒省聲。永兵切，十一部。一曰，屋梠之兩頭起者爲榮。《士冠禮》、《鄉飲酒禮》皆云「東榮」，鄭曰：「榮，屋翼也。」韋注《甘泉賦》同。梠，楣也。楣，齊謂之檐，楚謂之梠。檐之兩頭軒起爲榮，故引伸凡揚起爲榮，卑污爲辱。

桐 榮也。從木，同聲。徒紅切，九部。

橎 橎木也。未詳。從木，番聲。讀若樊。附轅切，十四部。

榆 榆白，枌。見《釋木》。《陳風·東門之枌》傳云：「枌，白榆也。」然則《釋木》「榆白」爲逗，枌爲句，顯然。許意亦如此讀，別榆一種以起下也。榆莢可食，亦可爲醬，酉部所謂「醔𨡕」也。從木，俞聲。羊朱切，古音在四部。

枌 枌榆也。三字句。各本少「枌」，淺人以爲複字而誤刪之。枌榆者，榆之一種。漢初有「枌榆社」是也。從木，分聲。扶分切，十三部。

梗 山枌榆，有朿。山枌榆，又枌榆之一種也。有朿，故名梗榆，即《齊民要術》所謂刺榆者也。《方言》「凡草木刺人，自關而東或謂之梗」，郭注「今云梗榆」是也。莢可爲蕪荑也。荑，當作夷。《爾雅》、《急就篇》皆不從艸。《釋木》：「無姑，其實夷。」郭云：「無姑，姑榆也。生山中，莢圓而厚（莢各本作「葉」，《急就篇》注引不誤）。剝取皮，合漬之，其味辛香。所謂蕪夷。」按，《齊民要術》分姑榆、刺榆、山榆爲三，云：「刺榆，木甚堅肕；山榆，可以爲蕪夷。」依許說，則刺榆、山榆一物也。賈氏言種植，皆得諸目驗，豈許有未諦與。姑榆，即《周禮》之樟，杜子春作枯榆。鄭注《周易·大過》曰：「枯，音姑。謂無姑山榆。」《廣雅》：「山榆，母估也。」㉒是則山枌榆即《爾雅》無姑之證。從木，叓聲。古杏切，古音在十部。按，梗引伸爲凡柯莖骾刺之偁。

樵 散木也。《小雅》：「樵彼桑薪。」《列子書》以蕉爲樵。按，上下文皆木名也，此字廁此，恐非其舊次，當與柴篆爲伍。從木，焦聲。昨焦切，古音二部三部。

松（篆）松木也。從木，公聲。祥容切，九部。《集韵》：「思恭切，關内語也。」按，俗皆從關内語，惟徽州讀祥容切。

㝝（篆）松或從容。容聲也。此如頌、額同字。

樠（篆）松心木。疑有奪誤，當作：「松心也。一曰，樠木也。」《廣韵·廿二元》注曰：「松心，又木名也。」所據古本也。蒙上文松木言之，故曰松心謂之樠。葢松心微赤，故與𦅸、璊同音。又松心有脂，《莊子》所謂「液樠」。《廣韵》養韵釋柄曰：「松脂。」正樠爲松脂之誤也。「一曰，樠木也」者，別有木名樠，如《左傳》「卒於樠木之下」，馬融《廣成頌》「陵喬松，履脩樠」，《漢書》「烏孫國山多松樠」是也。小顔云：「樠，木名。其心似松。」是小顔所據已同今本矣。舊有樠、柄二字，一㒼聲，一兩聲。《左傳》「樠木」，音義云：「郎蕩反，又莫昆、武元二反。」《馬援傳》章懷注曰：「《水經注》，武陵五溪，謂雄溪、樠溪、酉溪、無溪、辰溪，蠻土俗雄作熊，樠作朗，無作武。」是皆認樠爲柄，未別其字而强説其音也。從木，㒼聲。莫奔切，十五部。

檜（篆）柏葉松身。《釋木》、《衞風》毛傳皆曰：「檜，柏葉松身。」《禹貢》作「栝」。從木，會聲。古外切，十五部。

樅（篆）松葉柏身。見《釋木》。郭引《尸子》曰：「松柏之鼠，不知堂密之有美樅。」按，堂密，謂山如堂者。從木，從聲。七恭切，九部。

柏（篆）鞠也。《釋木》曰：「柏，椈。」《禮記》：「鬯臼以椈。」鄭曰：「椈，柏也。」按，椈者，鞠之俗。柏，古多假借爲伯仲之「伯」、促迫之「迫」。從木，白聲。博陌切，古音在五部。張參曰：「經典相承亦作栢。」

机（篆）机木也。《山海經》：「單狐之山多机木。族箇之山多松柏机桓。」郭曰：「机木，似榆。可燒以糞稻田。音飢。」按，葢即榿木也。今成都榿木樹，讀若豈平聲。楊雄《蜀都賦》曰：「春机楊柳。」机、榿古今字。榿見杜詩。王安石詩以榿、滋、移爲韵。《韵會》音邱其切，與蜀語合。從木，几聲。居履切，十五部。

枯（篆）枯木也。未詳。從木，占聲。息廉切，七部。

梇（篆）梇木也。未詳。從木，弄聲。盧貢切，九部。益州有梇棟縣。益州，漢郡名也。《前志》字作弄，《後志》作梇。

楰（篆）鼠梓木。《釋木》、《小雅》毛傳皆曰：「楰，鼠梓也。」陸璣、郭璞皆云：「楸屬。」從木，臾聲。羊朱切，四部。《詩》曰：「北山有楰。」

梔（篆）黄木，可染者。各本篆文誤作「桅」，今依《韵會》所據本正。小徐云：「《史記·貨殖傳》：千畝卮茜。又書記多言鮮支。皆此。」是鍇本固作梔字。證一。《玉篇》列字次弟，與《説文》同，而梇楰杒楛四字之閒，字作梔，之移切，不作桅。桅字乃在下文孫强等增竄之処。證二。水部染下，引裴光遠曰：「從木，木者，所以染，梔茜之屬也。」此用《史記》「梔茜」，而亦譌作「桅」。證三。

梔㉓，今之梔子樹。實可染黃，相如賦謂之鮮支，《史記》假巵爲之。從木，巵聲。巵，各本誤作「危」，音過委反。今依《韵會》所據正。章移切，十六部。《釋木》：「桑辨有甚，梔。」此別一義。

杒　桎杒也。未詳何木。從木，刃聲。而震切，十二部。

榙　榙㯓，逗。果似李。《史記》、《上林賦》「榙㯓」㉔，字同許。《漢書》、《文選》皆作「荅遝」，假借字也。郭云：「荅㯓似李。」《廣韵》引《埤蒼》同。從木，荅聲。讀若嚃。嚃，口部無，即舌部䑙之異文也。「毋嚃羹」，見《曲禮》。土合切，七部。按，各本二篆先後失次，今從《玉篇》。

㯓　榙㯓木也。從木，遝聲。徒合切，八部。

某　酸果也。此是今梅子正字，説見梅下。從木甘，闕。此闕，謂義訓酸而形從甘，不得其解也。玉裁謂，甘者，酸之母也，凡食甘多易作酸味，水土合而生木之驗也。莫厚切，古音在一部。

槑　古文某，從口。從口者，甘之省也。㒳之者，皃其酢醶。

櫾　崐崘山河隅之長木也。崐崘，當作「昆侖」，山字，依《類篇》補。《西山經》曰：「槐江之山，西望其大澤，其陰多榣木。」郭曰：「榣木，大木。」引《國語》「榣木不生危。」按，榣即櫾字。韋注《晉語》亦云：「榣木，大木也。」《晉語》一本作「拱木」，非。許謂櫾爲「長木」，榣爲樹動，他書則櫾爲橘柚，榣爲長木，用字之不同也。

《穆天子傳》曰：「天子釣于河，以觀繇之木。」㉕郭云：「姑繇，大木。」姑繇，亦即櫾也。從木，䌛聲。按，許書有「䌛」、無「繇」，或傳寫之誤。以周切，三部。

樹　木生植之緫名也。植，立也。假借爲尌豎字。從木，尌聲。形聲包會意。常句切，四部。

尌　籒文。籒文從豆不從壴者，豆柄直，亦有直立之義。豆與壴同在四部，爲龤聲。寸，則謂手植之也。

本　木下曰本。從木，從丅。此篆各本作𣎵。解云：「從木，一在其下。」今依《六書故》所引唐本正，本末皆於形得義，其形一從木丄，一從木丅，而意即在是。全書如此者多矣。一記其處之説，非物形也。《大雅》以「本奏」爲「奔走」，假借也。布忖切，十三部。

𣓧　古文。此從木象形也。根多竅，似口，故從三口。

柢　木根也。《道德經》：「深其根，固其柢，長生久視之道。」《韓非·解老》曰：「樹木有曼根，有直根。直根者，書之所謂柢也。柢也者，木之所以建生也。曼根者，木之所以持生也。」按，直者曰直根，橫者曰曼根。柢，或借蔕字爲之，又借氐字爲之。《節南山》傳曰：「氐，本也。」是。從木，氐聲。都禮切，十五部。

朱　赤心木，松柏屬。朱本木名，引伸假借爲純赤之字。糸部曰：「絑，純赤也。」是其本字也。從木，一在其中。赤心不可像，故以一識之。若本末非不可像者，於此知今本之非也。章俱切，古音在四部。又按，此字解云「赤心木，松柏屬」，當廁於松、樠、檜、樅、柏之処，今本失其舊次。杢、柢、根、株、末，五文一貫，不當中閒以他物，葢淺人類居之，以傅會其一在上、一在中、一在下之說耳。

根　木株也。從木，𥃩聲。古痕切，十三部。

株　木根也。《莊》、《列》皆有「厥株駒」。株，今俗語云「樁」。從木，朱聲。陟輸切，古音在四部。

末　木上曰末。從木，從丄。此篆各本作朩。解云：「從木，一在其上。」今依《六書故》所引唐本正。莫撥切，十五部。《六書故》曰：「末，木之窮也。因之爲末殺、末減、略末，又與蔑、莫，無聲義皆通。」《記》曰：末之卜也。《語》曰：「吾末如之何，末由也已。」

樱　細理木也。樱見《西山經》、《南都賦》。郭曰：「樱似松，有刺，細理。」劉淵林注《蜀都賦》曰：「楔似松有刺。」按，《蜀都》楔字，葢樱之譌。從木，畟聲。子力切，一部。按，此篆亦失其舊次，當與諸木名爲伍。

果　木實也。上文言果多矣，故總釋之。引伸假借爲誠實勇敢之偁。從木，象果形在木之上。謂田也。古火切，十七部。

樏　木實也。絫者，今之累積字。從絫，言其多也。假借則扁榼謂之樏，似盤中有隔也。從木，絫聲。力追切，按，當依《廣韵》力委切，十六部。

杈　杈枝也。三字句。《廣韵》曰：「《方言》云：江東言樹枝爲椏杈也。」枝如手指相錯之形，故從叉。從木，叉聲。初牙切，古音在十六部。

枝　木別生條也。艸部曰：「莖，枝主也。」榦與莖爲艸木之主，而別生條謂之枝。枝必岐出也，故古枝岐通用。從木，支聲。章移切，十六部。

條　小枝也。毛傳曰：「枝曰條。」渾言之也。條爲枝之小者，析言之也。從木，攸聲。徒遼切，古音在三部。

朴　木皮也。《洞簫賦》：「秋蜩不食，抱朴以長吟。」李注：「抱音附。」引《蒼頡篇》：「朴，木皮也。」顔注《急就篇》、《上林賦》「厚朴」曰：「朴，木皮也。此樹以皮厚得名。」按，《廣雅》云：「重皮，厚朴也。」從木，卜聲。匹角切，三部。按，凡鞭扑字，從手作扑，即攴字也。凡樹皮字，從木作朴。凡棫樸、樸屬字，作樸，即樸之省也。凡朴素字，作樸。皆見《說文》。

枚　榦也。毛傳曰：「榦曰枚。」引伸爲銜枚之枚，爲枚數之枚。《豳風》傳曰：「枚，微也。」《魯頌》傳曰：「枚枚，礱密也。」皆謂枚爲微之假借也。從木攴。會意。可爲杖也。說從攴之意也。攴，小毄也，因爲鞭扑字。杖可以毄人者也，故取木攴會意。莫桮切，十五部。《詩》曰：「施于條枚。」《大雅》文。

栞　槎識也。槎，衺斫也。槎識者，衺斫以爲表志也。斫之以爲表識，如孫臏斫大樹白，而書之曰：龐涓死此樹下，是其意也。《禹貢》「隨山栞木」，《夏本紀》作「行山表木」，此古説也。今《尚書・益稷》、《禹貢》皆作「隨山刊木」、「九山刊旅」。《周禮》曰「刊陽木」，《左傳》曰「井堙木刊」，木非不言刊也。然刀部曰：「刊，剟也。剟，刊也。」刊者，除去之意，與栞訓槎識不同。葢壁中古文作「栞」，今文《尚書》作「栞」，則未知何時改爲刊也。據正義已作刊，則非衞包所改。 **從木𢎘，闕。** 此云闕者，謂𢎘形不可識，無由知其形聲抑會意也。《説文》之例，先小篆，後古文。惟此先壁中古文者，尊經也。**《夏書》曰：「隨山栞木。」**《夏書》，謂《禹貢》也。 **讀若刊。** 此謂同音耳。苦寒切，十四部。

栞 篆文從幵。 李斯輩作栞，《史》、《漢》所引《禹貢》作栞，故知今文《尚書》作栞也。

欇 木葉榣白也。 榣，各本從手，今正。榣，樹動也。凡木葉面青背白，爲風所攝，則獵獵然背白盡露，故曰榣白。楓厚葉弱枝善榣，一名「欇欇」是也。《釋木》又有「欇，虎欇」，則未得其解。 **從木，聶聲。** 之涉切，七部。

栠 弱皃。 《小雅》、《大雅》皆言「荏染柔木」，毛曰：「荏染，柔意也。」《論語》：「色厲而内荏。」孔曰：「荏，柔也。」按，此荏，皆當作栠。桂荏，謂蘇也。經典多假荏，而栠廢矣。 **從木，任聲。** 如甚切，七部。

枖 木少盛皃。 《周南》：「桃之夭夭。」毛曰：「桃，有華之盛者。夭夭，其少壯也。」《邶風》：「棘心夭夭。」毛曰：「夭夭，盛皃。」按，夭下曰：「屈也。」屈者，大之反。然屈者大之兆也。故枖字從夭。 **從木，夭聲。** 「聲」疑衍文。以會意包形聲也。於喬切，二部。 **《詩》曰：「桃之枖枖。」** 按，《韵會》引《説文》「從木夭聲」之下，不言引《詩》「桃之枖枖」，而云「通作夭」，引《詩》「棘心夭夭」。至鍇注「棘心夭夭」，始援「厥草唯夭」、「桃之夭夭」等語，是黄氏所據鍇本，作「《詩》曰：棘心夭夭」明甚。枖從木夭會意，故偁「棘心夭夭」，説從木夭之意。如引「豐其屋」，説寷從宀豐；引「艸木麗于地」，説䕻從艸麗，同一例也。淺人不知此例，故改「夭夭」爲「枖枖」，又易「棘心」爲「桃之」，好學深思者當能知之矣。

槙 木頂也。 人頂曰顛，木頂曰槙。今顛行而槙廢矣。 **從木，真聲。** 都年切，十一部。 **一曰，仆木也。** 人仆曰顛，木仆曰槙。顛行而槙廢矣。頂在上而仆於地，故仍謂之顛、槙也。《大雅》：「人亦有言，顛沛之揭。枝葉未有害，本實先撥。」此以木爲喻。故毛曰：「顛，仆。沛，跋。揭，見根皃。」是《毛詩》之顛，槙之假借也。《般庚》「若顛木之有由櫱」，義亦同槙。《考工記》「稹理」，亦或假槙。

梃 一枚也。 凡條直者曰梃，梃之言挺也。一枚，疑當作「木枚」。竹部曰：「箇，竹枚。」則梃當云「木枚」也。《方言》曰：「箇，枚也。」鄭注《禮經》云：「个猶枚也。」今俗或名枚曰個，音相近。按，枚，榦也。一莖謂之一枚，因而凡物皆以枚數。《左傳》「以枚數闔」，謂枚枚數之，猶云一一數之也。直者則曰梃。如《孟子》「制梃」，《漢書》「白梃」皆是。《禮經》「脯梃」字，本作梃，亦作挺，俗作脡，誤也。 詳肉部。 **從木，廷聲。** 徒頂切，十一部。

𣡌 衆盛也。 焱部曰：「焱，盛皃。」𣡌與燊同意。三馬三火，皆盛意也。 從木，驫聲。 驫見馬部。《唐韻》甫虯切，曹憲《廣雅音》曰：香幽、必幽二反。《廣韻》甫休切，又音標。然則𣡌音當在三部明矣。而鉉云所臻切，《篇》、《韵》皆同，與許云驫聲者不合。蓋燊屬會意，𣡌屬形聲，而皆訓盛，燊讀若莘莘征夫之莘，因强同之耳。 《逸周書》曰：「𣡌疑沮事。」 各本脱𣡌字，今依《玉篇》補。《周書・文酌解》「七事：三，聚疑沮事。」聚古讀如驟，與𣡌音近。𣡌疑沮事，猶云蓄疑敗謀也。各本此下有闕字者，淺人不解《周書》語，妄增也。

標 木杪末也。 杪末，謂末之細者也。古謂木末曰本標，如《素問》有《標本病傳論》是也。亦作「本剽」，如《莊子》云「有長而無本剽者」是也。標在冣上，故引伸之義曰標舉。《肆師》：「表齍盛告絜。」注云：「故書表爲剽。剽、表，皆謂徽識也。」按，表、剽皆同標。 從木，票聲。 敷沼切，二部。

杪 木標末也。 《方言》曰：「杪，小也。木細枝謂之杪。」郭注：「言杪捎也。」按，引伸之，凡末皆曰杪。《王制》言「歲之杪」是也。 從木，少聲。 亡沼切，二部。

朵 樹木𠂹朵朵也。 凡枝葉華實之埀者，皆曰朵朵，今人但謂一華爲一朵。引伸爲《易》之「朵頤」，李鼎祚曰：「朵，頤垂下動之皃也。」 從木，象形。 謂乁也。丁果切，十七部。 此與采同意。 宋本作采，今本作采。按，采、采會意，朵則不同，言其挭槩而已，當云與𣎵同意。

桹 高木也。 此泛言高木謂之桹，非謂桄桹及檳榔也。門部閬訓門高，義相近。 從木，良聲。 魯當切，十部。

橌 大木皃。 未見其證。小徐説以《左傳》「橌然授兵登陴」，今《左傳》自《唐石經》而下，皆從手。 從木，閒聲。 古限切，十四部。

枵 木皃。 大徐本作「木根」，非也。木根，則當廁於杗、柢、根、株四篆処矣。枵，木大皃，《莊子》所云「呺然大」也。木大則多空穴，《莊子》曰：「大木百圍之竅穴，似枅，似圈，似臼，似洼者，似污者。」故《左氏》釋「玄枵」云：「枵，虚也。」 從木，号聲。 許嬌切，二部。 《春秋傳》曰：「歲在玄枵。枵，虚也。」 依《韻會》本訂。見襄卄八年《左氏傳》，許檃栝其辭耳。《傳》曰：「玄枵，虚中也。枵，秏名也。」《爾雅》曰：「玄枵，虚也。」孫炎云：「枵之言秏，秏，虚之意也。」許亦以虚正釋枵字。玄枵以虚得名，如天駟以房得名，天根以氐得名。《左氏》云「虚中」，猶言虚之區域耳，不必泥於杜注「玄枵三宿，虚星在其中」之説。

柖 樹榣皃。 榣，各本作「搖」，今正。柖之言招也，樹高大，則如能招風者然。《漢・志》郊祀歌：「體招搖，若永望。」注：「招搖，申動之皃。」按，此招搖，與柖榣同。師古招音韶，猶《玉篇》「柖，時昭切」也。 從木，召聲。 止搖切，二部。

榣 樹動也。 榣之言搖也。今俗語謂煽惑人爲招搖，當用此從木二字，謂能招致而搖動之也。 從木，䍃聲。 余昭切，二部。

朻 𣏕 高木下曲也。從木丩，丩亦聲。此《韵會》所據小徐本也。今二徐本皆分樛、朻爲二篆，樛訓下曲，朻訓高木，乃張次立以鉉改鍇而然。鍇云：「《詩》作樛，《爾雅》作朻，依《詩》爲正。」鍇意，許書作朻未是也。今考《釋木》曰：「下句曰朻。」「南有樛木」，毛傳曰：「木下曲曰樛。」下曲，即下句也；樛，即朻也。一字而形聲不同。許則從丩聲者，容許當日《毛詩》亦作朻也。《玉篇》分引《詩》、《爾雅》而云二同，甚爲明晢。丩者，相糾繚也。凡高木下句，垂枝必相糾繚，故曰「從木丩，丩亦聲」。吉虯切，三部。

枉 𣏚 衺曲也。本謂木衺曲，因以爲凡衺曲之偁。從木，㞷聲。迂往切，十部。

橈 𣛰 曲木也。引伸爲凡曲之偁，見《周易》、《考工記》、《月令》、《左傳》。古本無從手撓字，後人肊造之，以别於橈，非也。從木，堯聲。女教切，二部。

枎 𣏞 枎疏，逗。四布也。枎，汲古刊木從手，非也。今依《玉篇》、《五音韵譜》、《集韵》、《類篇》正。枎之言扶也，古書多作「扶疏」，同音假借也。《上林賦》：「垂條扶疏。」《劉向傳》：「梓樹生枝葉，扶疏上出屋。」《楊雄傳》：「枝葉扶疏。」《吕覽》：「樹肥無使扶疏。」是則扶疏謂大木枝柯四布。疏，通作胥，亦作蘇。《鄭風·山有扶蘇》，毛曰：「扶蘇，扶胥木也。」釋文所引不誤，正義作「小木」，誤也。毛意，山則有大木，隰則纔有荷華，是爲高下大小各得其宜。後人以鄭箋掍合而改之。從木，夫聲。防無切，五部。

檹 𣝤 木旖施也。旖，各本作「檹」。施，《集韵》、《類篇》作「柂」。皆非也。㫃部旖下曰：「旗旖施也。」旗旖施，故字從㫃。木如旗之旖施，故字從木旖。《九辨》：「紛旖旎乎都房。」王注：「旖旎，盛皃。」引《詩》「旖旎其華」，《九歎》注同。然則今《曹風》「猗儺」㉖，毛曰：「猗儺，柔順也。」猗儺即旖施。旎者，施之俗也。柅者，又旎之譌也。《上林賦》：「旖旎從風。」張揖云：「旖旎，猶阿那。」《漢書》、《文選》皆作「猗柅」。韵書紙韵作「猗狔」，「椅柅」，「旖旎」，哿韵作「旖⿸㫃多」、「檹橠」，其實皆同字也。從木，旖聲。形聲包會意。於离切，古音在十七部。賈侍中說：檹即椅也。也，各本作「木」，今依《篇》、《韵》。可作琴。賈說檹即椅字之異者也。椅可作琴，見《衛風》㉗。

⿰木小 𣏍 ⿰木曶也。⿰木曶，各本作「相高」二字，今正。《玉篇》曰：「⿰木小，木忽高也。」以⿰木曶字之解解之，是⿰木小訓⿰木曶也。⿰木小者，言其杪末之高。從木，小聲。私兆切，二部。《玉篇》子了切。

⿰木曶 𣘽 曶高皃。各本無「曶」字。今按，《玉篇》⿰木小下云「忽高」者，正用⿰木曶之解也。倏忽字，今作忽，許作曶。曶高者，忽然而高，如桑穀「一暮大拱」，《西京賦》「神山崔巍，倏從背見」之類。從木，曶聲。形聲包會意。呼骨切，十五部。

槮 𣟃 長木皃。本作「木長」，今正。《九辨》「萷櫹槮之可哀」，即許之櫹、槮二字也。王注：「莖獨立也。」《上林賦》：「紛溶萷蔘。」郭云：「支竦擢也。」蔘，同槮，李善音森。從木，參聲。所今切，七部。《詩》曰：「槮差荇菜」是也。見《周南》，今《詩》作「參」，許所據作「槮」，謂如木有長有短不齊也。

梴 長木也。從木，延聲㉘。丑連切，十四部。《詩》曰：「松桷有梴。」見《商頌》。毛云：「長皃。」按，此篆疑後人所增。《毛詩》本從手作挻，不從木也。《商頌》音義曰：「有挻，丑連反，又力鱣反，長皃。柔挻，物同耳。字音羶，俗作埏。」又《道德經》音義曰：「挻，始然反。河上云：和也。《聲類》云：柔也。《字林》云：長也。丑連反。一曰柔挻。《方言》云：取也。」玉裁謂，挻埴字俗作「埏」，古作挻，柔也。陸氏於《商頌》云：「挻，長皃。」又云：「柔挻物同。」謂柔挻與長皃無二字也。於《老子》「挻埴」云：「和也。柔也。」而又引《字林》云「長也」，謂長與柔挻無二字也。陸氏《毛詩》本從手作挻，明甚。今本《音義》作木旁延，非也。《白氏六帖》於松柏類引《詩》「松桷有挻」，勑延切，字正作挻之俗字。是亦可以證《商頌》之本作挻也。《五經文字》木部有梴，云見《詩·頌》，蓋所據已爲誤本矣。故曰：梴篆，淺人以誤本《毛詩》羼入者也。手部云：「挻，長也。」此正用《商頌》傳也。是説明，而治《說文》者可刪此篆矣。

橚 長木皃。橚與槮同義聯文，淺人以梴梗其閒，非也。《九辨》櫹即橚，淺人加艸耳。《吳都賦》說竹曰：「橚矗森萃。」《史記》、《上林賦》：「紛容蕭蔘。」蕭同橚。從木，肅聲。山巧切，古音在三部。《廣韵》蘇彫切，《玉篇》息六切。

杕 樹皃。樹當作「特」，字之誤也。在顔黃門時已誤矣。《唐風》：「有杕之杜。」毛曰：「杕，特皃。」許所本也。引伸爲舟舵。高注《淮南》曰：「杕，舟尾也。」柁、舵，皆俗字。從木，大聲。特計切，十五部。顔黃門云：《詩》河北本皆爲夷狄之狄，讀亦如字。此大誤也。按，近人有謂古無入聲，興於江左者，據黃門此條，則河北非無入聲也。《詩》曰：「有杕之杜。」此句，《詩》凡六見。

梟 木葉陊也。陊，落也。小徐云：「此亦蘀字。」按，此與蘀義同，音不必同。相爲轉注，非一字也。言部訬讀若皀，此梟讀如薄，然則皀之在二部或五部難定也。《玉篇》云：「梟同欜。」則合皀聲、毚聲爲一，其誤甚矣。從木，皀聲。讀若薄。他各切。

格 木長皃。以木長别於上文長木者，長木言木之美，木長言長之美也。木長皃者，格之本義。引伸之，長必有所至，故《釋詁》曰：「格，至也。」《抑》詩傳亦曰：「格，至也。」凡《尚書》「格于上下」、「格于藝祖」、「格于皇天」、「格于上帝」是也。此接於彼曰至，彼接于此則曰來。鄭注《大學》曰「格，來也」。凡《尚書》「格爾衆庶」、「格汝衆」是也。至則有摩杚之義焉，如云「格君心之非」是也。或借假爲之。如《雲漢》傳曰：「假，至也。」《尚書》格字，今文《尚書》皆作「假」是也。有借格爲庋閣字者，亦有借格爲扞挌字者。從木，各聲。古百切，古音在五部。

槸 木相摩也。《釋木》曰：「木相磨，槸。」按，《大雅》：「作之屏之，其菑其翳。脩之平之，其灌其栵。」《爾雅》：「立死，菑。蔽者，翳。木相磨，槸。」除灌木叢木已見於上，則槸即栵也。以文法論，栵必非木名。毛云：「栵，栭也。」栭謂之而小木相迫切，與《爾雅》義無不合也。栭爲小木，如鮞爲魚子。**從木，埶聲。**魚祭切，十五部。按，槷，《考工記·輪人》以爲槷楔字，又《匠人》以爲臬字，又《輪人》注以爲危隉字。

⿰木蓺 或從蓺作。據此，則蓺字古有之矣。

枯 槁也。從木，古聲。苦孤切，五部。**《夏書》曰：「唯箘輅枯。」**《禹貢》文。今《尚書》作「惟箘簵楛」。按，惟作唯，轉寫誤也。輅當依竹部引《書》作簵。楛作枯，則許所據古文《尚書》如是。竹部引《書》作楛，非也。**枯，**逗。各本無此字，今補。**木名也。**此釋《書》之枯，非枯槀之義。如引「堲讒説」，而又釋堲；引「曰圛」，而又釋圛；引「布重莫席」，而又釋莫，皆非堲、圛、莫本義，必别釋以曉人也。木名，未審何木。《周易·大過》之枯，鄭音姑，謂無姑山榆。《周禮·壺涿氏》杜子春讀橭爲枯，云枯，榆木名。疑當是枯榆也。而馬云「可以爲箭」，或謂枯乃楛之假借，未知其審。《考工記》注，引《尚書》「箘簵枯」，音義曰：「枯，《尚書》作楛。」《鄉射禮》注，引《國語》「肅慎貢枯矢」，音義曰：「枯，字又作楛。」然則鄭所據《尚書》、《國語》皆作枯，與許所據合也。

槀 木枯也。枯槀、禾稾字，古皆高在上，今字高在右，非也。凡潤其枯槀曰槀，如慰其勞苦曰勞，以膏潤物曰膏。《尚書》「槀飫」，《周禮》「槀人」，《小行人》「若國師役則令槀禬之」，義皆如是。鄭司農以漢字通之，於「槀人」曰：「槀讀爲犒師之犒，主冗食者，故謂之犒。」於《小行人》曰：「槀當爲犒，謂犒師也。」葢漢時盛行犒字，故大鄭以今字易古字，此漢人釋經之法也。《左傳》、《國語》皆有犒字，《左傳》服注曰：「以師枯槀，故饋之飲食。」韋注《國語》曰：「犒，勞也。」計《左》、《國》皆本作槀，今本作犒者，亦漢人所改。如《牛人》「軍事共其犒牛」，此必後鄭從大鄭所易也。《小行人》經文從大鄭易爲犒，而注之曰：「故書犒作槀。」今本則譌舛難讀矣。何注《公羊》曰：「牛酒曰犒。」高注《淮南》曰：「酒肉曰餉，牛羊曰犒。」《漢庰彰長碑》又作「勞⿰酉高」。許不録犒、⿰酉高字者，許以槀爲正字，不取俗字也。**從木，高聲。**苦浩切，二部。鄭箋《詩》讀橋爲槀。

樸 木素也。素，猶質也。以木爲質，未彫飾，如瓦器之坯然。《士喪禮》、《周禮·槀人》皆云「獻素獻成」。注云：「形法定爲素，飾治畢爲成」是也。引伸爲凡物之偁，如石部云：「磺，銅鐵樸」是也。作璞者，俗字也。又引伸爲不奢之偁，凡云「儉樸」是也。《漢書》「以敦朴爲天下先」，假朴爲樸也。**從木，菐聲。**匹角切，三部。今《詩》「棫樸」、《周禮》「樸屬」，借用此字。

楨 剛木也。此謂木之剛者曰楨，非謂木名也。《吳都賦》之楨，《廣韵》之女楨，則爲木名。**從木，貞聲。**陟盈切，十一部。**上郡有楨林縣。**《地理》、《郡國》二志同。

柔 木曲直也。《洪範》曰：「木曰曲直。」凡木曲者可直，直者可曲，曰柔。《考工記》多言揉，許作煣，云「屈申木也」，必木有可曲可直之性，而後以火屈之申之，此柔與煣之分别次弟也。《詩》「荏染柔木」，則謂生木。柔之引伸，爲凡耎弱之偁，凡撫安之偁。從木，矛聲。耳由切，三部。

㭊 判也。土裂曰㙕，木判曰㭊。二字今可用，今人從手作拆，甚無謂也。自專以㭊爲擊㭊字，而㭊之本義廢矣。從木，㡿聲。他各切，五部。按，此古音也，以今語言讀之，則丑格切。《易》曰：「重門擊㭊。」《繫辭》傳文。按，欜下引《易》「重門擊欜」，欜之本義也，引經言轉注也。此引《易》「擊㭊」者，欜之借字也，引經言假借也。《易》有異文，兼引之而六書明矣。

朸 木之理也。《考工記》曰：「陽木稹理而堅，陰木疏理而柔。」《毛詩》傳曰：「析薪必隨其理。」《毛詩》「如矢斯棘」，《韓詩》棘作「朸」。毛曰：「棘，棱廉也。」韓曰：「朸，隅也。」學者皆不解。及觀《抑》詩「維德之隅」，毛曰：「隅，廉也」，箋申之云「如宮室之制，内有繩直，則外有廉隅」，然後知《斯干》詩謂如矢之正直，而外有廉隅也。韓朸爲正字，毛棘爲假借字。如矢之直，則得其理，而廉隅整飭矣。毛、韓辭異而意一也。從木，力聲。以形聲包會意也。阞下曰：「地理」，朸下曰：「木理」，泐下云：「水理」，皆從力。力者，筋也，人身之理也。盧則切，一部。平原有朸縣，見《地理志》。

材 木梃也。梃，一枚也。材謂可用也。《論語》「無所取材」，鄭曰：「言無所取桴材也。」《貨殖傳》曰：「山居千章之材。」服虔云：「章，方也。」孟康云：「言任方章者千枚。」按，漢人曰章，唐人曰橦，音鐘。材方三尺五寸爲一橦。材引伸之義，凡可用之具皆曰材。從木，才聲。昨哉切，一部。

柴 小木散材。《月令》：「乃命四監收秩薪柴，以供郊廟及百祀之薪燎。」注云：「大者可析，謂之薪。小者合束，謂之柴。薪施炊爨，柴以給燎。」按，寮，柴祭天也。燔柴曰祡。《毛詩・車攻》假柴爲積字。從木，此聲。士佳切，十六部。

榑 榑桑，神木。日所出也。叒下曰：「日初出東方湯谷，所登榑桑叒木也。」然則榑桑，即叒木也。東下曰「從日在木中」，杲下曰「從日在木上」，皆謂榑木也。《淮南》高注亦曰：「榑桑，日所出也。」從木，尃聲。防無切，五部。

杲 明也。《衛風》：「杲杲出日。」毛曰：「杲杲然日復出矣。」從日在木上，讀若槀。日在木中，昒也。日在木上，旦也。古老切，二部。

杳 冥也。冥，窈也。莫爲日且冥，杳則全冥矣。由莫而行地下，而至於榑桑之下也。引伸爲凡不見之偁。從日在木下。烏皎切，二部。

㮶 角械也。角，蓋角鬭之角。從木，郤聲。其逆切，古音在五部。一曰，木下白也。未詳。

栽 築牆長版也。古築牆，先引繩營其廣輪方制之正。《詩》曰：「俾立室家，其繩則直。」是也。繩直則豎楨榦。題曰楨，植於兩頭之長杙也。旁曰榦，植於兩邊之長杙也。植之謂之栽，栽之言立也。而後横施版於兩邊榦内，以繩束榦，實土，用築築之。一版竣，則層絫而上。《詩》曰：「縮版以載，捄之仍仍，度之薨薨，築之登登」是也。然則栽者，合楨榦與版而言。許云「築牆長版」爲栽者，以版該楨榦也。《中庸》：「故栽者培之。」鄭云：「栽猶殖也。今時人名艸木之殖曰栽，築牆立版亦曰栽。」鄭同許説。長版者，《五經異義》曰：「《戴禮》及《韓詩》説：八尺爲版，五版爲堵，五堵爲雉。版廣二尺，積高五版爲一丈，五堵爲雉，雉長四丈。古《周禮》及《左氏》説：一丈爲版，版廣二尺，五版爲堵。一堵之牆，長丈，高丈。三堵爲雉，一雉之牆，長三丈，高一丈。以度爲長者用其長，以度爲高者用其高也。《毛詩》説亦云：一丈爲版，五版爲堵。《公羊》説：五版而堵，五堵而雉，百雉而城。鄭君曰：《左氏傳》説鄭莊公弟段居京城，祭仲曰：都城過百雉，國之害也。先王之制，大都不過三國之一，中，五之一，小，九之一。今京不度，非制也。古之雉制，書傳各不得其詳。案天子之城九里，公城七里，侯伯之城五里，子男之城三里。今以《左氏》説鄭伯之城方五里，積千五百步也。大都三國之一，則五百步也。五百步爲百雉，則知雉五步，五步於度長三丈，則雉長三丈也。雉之度量，於是定可知矣。」按，何注《公羊》曰：「八尺曰版，堵凡四十尺。」此用今《戴》、《韓》説也。鄭箋《詩》曰：「《春秋傳》云：五版爲堵，五堵爲雉。雉長三丈，則版六尺。」自用其説也。若《異義》，今無全書，未識許氏何從。而於此但云「長版」，不箸丈尺，是作《説文》時，於今説八尺，古説一丈，皆疑之而不敢定矣。**從木，𢦏聲。**昨代切，一部。今分平去二聲，古無是也。《中庸》注可證。**《春秋傳》曰：「楚圍蔡，里而栽。」**《左傳·哀公元年》文，《莊二十九年》曰：「水昏正而栽。」杜云：「樹版榦。」《定元年》：「城成周，庚寅栽。」杜云：「設版築。」

築　所㠯擣也。所㠯二字，今補。此蒙上築牆言，所用築者，謂器也。其器名築，因之人用之亦曰築。手部曰：「擣，築也」是也。築者，直舂之器。鄭注《周禮》引《司馬法》云：「輂：一斧，一斤，一鑿，一梩，一鉏。周輂加二版二築。」正義曰：「築者，築杵也。」**從木，筑聲。**陟玉切，三部。

𥳓　古文。按，此從土、⿱竹亯聲也。今本篆體譌舛，故正之。

榦　築牆耑木也。耑，謂兩頭也。假令版長丈，則牆長丈，其兩頭所植木曰榦。《釋詁》曰：「楨，榦也。」舍人曰：「楨，正也。築牆所立兩木也。榦，所以當牆之兩邊，鄣土者也。」《粊誓》注曰：「題曰楨，旁曰榦。」正義云：「題曰楨，謂當牆兩端者；旁曰榦，謂在牆兩邊者也。」然則舊説皆謂楨爲兩耑木，榦爲夾版兩邊木。許不尒者，舊説析言之，《爾雅》與許皆渾言之也。《大雅》傳亦以榦釋楨。許於楨下，渾云「剛木」。**從木，倝聲。**古案切，十四部。按，《詩》多以翰爲榦，故《爾雅》、毛傳曰：「翰，榦也。」言六書之假借也。榦，俗作幹。**一曰，本也。**四字今補。《文選·魏都賦》注，盧諶《贈劉琨詩》注，皆引《説文》「榦，本也。」按，上文云「枚，榦也。」引《詩》「施于條枚」，與此訓相足。木下曰本，木身亦曰本。

檥　榦也。《釋詁》曰：「楨、翰、儀，榦也。」許所據《爾雅》

作「檥」也。人儀表曰榦，木所立表亦爲榦，其義一也。《史記》：「烏江亭長檥船待。」檥船者，若今小船，兩頭植樯爲系也。從木，義聲。魚羈切，古音十七部。

構 蓋也。此與冓音同義近。冓，交積材也。凡覆蓋必交積材。從木，冓聲。以形聲包會意。古后切，四部。杜林㠯爲椽桷字。杜林用構爲桷字。桷，古音如穀。杜意構造字用冓，椽桷字用構。蓋《蒼頡訓纂》一篇及《蒼頡故》一篇中語。

模 法也。以木曰模，以金曰鎔，以土曰型，以竹曰范，皆法也。《漢書》亦作「橅」。從木，莫聲。讀若嫫母之嫫。女部曰：「嫫母，都醜也。」莫胡切，五部。

桴 𥦗棟也。也，各本作「名」，今正。《釋宮》：「棟謂之桴。」許云「𥦗棟」者，《爾雅》渾言之，許析言之。鄭注《鄉射禮記》曰：「五架之屋，正中曰棟，次曰楣，前曰庪。」注《鄉飲酒禮》曰：「楣，前梁也。」許之「眉棟」，即《禮經》之「楣」也。許厂部之产，即《禮經》之「庪」也。許以屋槫聯曰楣，則棟前曰𥦗棟，謂棟之近前若𥦗者也。豈許所據《禮經》楣作𥦗與。張載注《靈光殿賦》亦云𥦗梁。從木，孚聲。附柔切，三部。

棟 極也。極者，謂屋至高之處。《繫辭》曰：「上棟下宇。」五架之屋，正中曰棟。《釋名》曰：「棟，中也。居屋之中。」從木，東聲。多貢切，九部。

極 棟也。李奇注《五行志》㉙、薛綜注《西京賦》皆曰：「三輔名梁爲極。」按，此正名棟爲極耳。今俗語皆呼棟爲梁也。《搜神記》：「漢蔡茂夢坐大殿，極上有禾三穗。主簿郭賀曰：極而有禾，人臣之上祿也。」此則似謂梁。按，《喪大紀》㉚注曰：「危，棟上也。」引伸之義，凡至高至遠皆謂之極。從木，亟聲。渠力切，一部。

柱 楹也。柱之言主也，屋之主也。從木，主聲。直主切，古音在四部。按，柱引伸爲支柱、柱塞，不計縱横也。凡經注皆用柱，俗乃别造從手拄字，音株主切。

楹 柱也。《釋名》曰：「楹，亭也。亭亭然孤立，旁無所依也。」按，《禮》言「東楹」「西楹」，非孤立也，自其一言之耳。《考工記》「蓋杠謂之桯」，桯即楹。如欒盈《史記》作「欒逞」其比也。從木，盈聲。以成切，十一部。《春秋傳》曰：「丹桓宫楹。」《左氏·莊二十三年》傳文。

樘 柱也。各本柱上有「衺」字，今删。《文選·靈光殿賦》、《長笛賦》李注，皆引《説文》「柱也」，《長門賦》李注引《字林》「柱也」，皆無「衺」字。惟樘字，或作牚，或作撐，皆俗字耳。《玉篇》云：「樘，柱也。」亦無「衺」。蓋樘本柱名，如《靈光》「枝樘杈枒而斜據」，枝樘與層櫨、曲枅、芝栭爲儷，然則訓爲柱無疑也。樘可借爲𣥂歫，猶柱可借爲支柱，而支柱遂正釋樘。俗閒謂撐拄必用衺木，遂沾一衺字矣。從木，堂聲。丑庚切，李善引《説文》恥孟反，古音在十部。

欂 壁柱也。壁柱，謂附壁之柱，柱之小者。此與欂櫨之欂各字，《篇》《韵》皆兩存不混。從木，蓴聲。弼戟切，古音在五部。○按，各本在榕篆之後，誤也，今移正。

楮 柱氐也。氐，各本作「砥」，誤，今正。日部昏下曰：「氐者，下也。」广部曰：「底，一曰，下也。」氐、底古今字。《玄應書》引作「柱下」，知本作「柱氐」矣，今之磉子也。《釋言》曰：「楮，拄也。」即「楮柱」之譌。磉在柱下而柱可立，因引伸爲凡支拄、拄塞之偁。古用木，今以石。從木，此説古用木，故字從木也。柱氐之用石久矣，《尚書大傳》曰：「天子賁庸，諸侯疏杼，大夫有石材，庶人有石承。」鄭曰：「石材，柱下質也。石承，當柱下而已，不出外爲飾也。」《廣雅》：「礎、碣、磌，礩也。」碣見《西京》《景福殿》二賦，字作「舄」。磌見《西都賦》，字作瑱。礎見《淮南書》，許注曰：「楚人謂柱碣爲礎。」按，礎者，濋也。礩者，質也。舄者，如人之舄也。瑱者，填也。皆謂石。此云古用木者，溯其始言之。耆聲。章移切，十五部。《易》曰「楮恆，凶」是。《恆》上六爻辭。釋文曰：「振恆，張璠作震，今《易》皆同張。」耆聲、辰聲，合韵冣近。許偁蓋孟《易》也。

榕 欂櫨也。《明堂位》注曰：「山節，刻欂櫨爲山也。」按，榕，《論語》、《禮器》、《明堂位》、《爾雅》舊本，皆作「節」。從木，咨聲。子結切，十二部。

欂 欂櫨，逗。柱上枅也。《魏都賦》、《靈光殿賦》、《景福殿賦》、《長門賦》，李注皆引《説文》「欂櫨，柱上枅也。」《王莽傳》：「爲銅薄櫨。」師古曰：「柱上枅也。」亦本《説文》。枅，今本作「柎」，誤。欂櫨，絫呼之也。單呼亦曰櫨。詞賦家或言欂櫨，或言櫨，一也。《釋名》曰：「盧在柱端，如都盧負屋之重也。」此單言櫨也。《廣雅》曰：「欂謂之枅。」此單言欂也。李善引《蒼頡篇》曰：「枅，柱上方木。」許説榕也，欂櫨也，枅也，一物三名也。從木，薄聲。《篇》、《韵》皆有補各、弼戟二切，五部。按，各本篆作欂，解云「壁柱。從木，蓴聲。」而無欂篆。今尋文義，當有欂、欂二篆，欂與楹樘爲類，欂則蒙上文「榕欂櫨也」言之，淺人誤合爲一。正如鼏、鼏，袗、袀之比。爲分別依類補正之。

櫨 欂櫨也。依全書通例正。從木，盧聲。落胡切，五部。伊尹曰：「果之美者，箕山之東，青鳧之所，有甘櫨焉，夏孰也。」語見《呂覽·本味篇》，鳧作「㠀」[31]，不言夏孰。高誘曰：「箕山，在潁川陽城之西。青㠀，崑崙山之東。二處皆有甘櫨之果。」《上林賦》：「盧橘夏孰。」應劭曰：「《伊尹書》云：果之美者，箕山之東，青鳥之所，有盧橘，夏孰。」《史》、《漢》注作「青馬」[32]，依《文選》作「青鳥」爲長。蓋即《山海經》之三青鳥，疑㠀、鳧皆鳥之誤也。《漢·志》「道家者流」，有《伊尹》五十一篇，「小説家者流」，有《伊尹説》二十七篇。許葦下[33]、秏下、鰤下及此，皆取諸《伊尹書》。相如用「盧橘夏孰」，太沖猶譏其不實，後人以給客橙、枇杷等當之，繆甚。一曰，宅櫨木。出弘農山也。鄭注《周禮》説染艸之屬，有橐蘆，未知是不。

枅 屋欂櫨也。按，有枅，有曲枅。枅者，《蒼頡篇》云：「柱上方木也。」曲枅者，《廣雅》云：「曲枅謂之欒。」薛綜《西京賦》注云：「欒，柱上曲木，兩頭受櫨者。」《釋名》：「欒，攣也。其體上曲攣拳然也。」然則曲枅謂之欒，欒以承欂櫨。故《靈光殿賦》曰：「層櫨磥垝以岌峩，曲枅要紹而環句。」二者竝言。《景福殿賦》亦櫨、欒對舉。《魏都賦》亦云：「欒櫨疊施。」皆可證曲枅與枅爲二事。從木，幵聲。古兮切，十五部。亦作「椾」。

栵 栭也。《大雅》：「其灌其栵。」毛曰：「栵，栭也。」栭與灌爲類，非木名，謂小木叢生者，如魚子名鯤鮞也。許云「栵，栭也」者，字之本義。曲枅加於柱，枅加於曲枅，栭又加於枅，以次而小，故名之栭。毛取小木之義，故亦曰「栵，栭也」。從木，𠛱聲。良辥切，十五部。《詩》曰：「其灌其栵。」《大雅》文。許説爲本義，毛傳爲引伸假借之義。

栭 屋枅上標也。標，《靈光殿賦》《王命論》二注，皆作「梁」。今按，作標爲長。標者，表也，高也。辥注《西京賦》曰：「栭，斗也。」張載注《靈光》曰：「栭，方小木爲之。」栭在枅之上。枅者，柱上方木。斗又小於枅，亦方木也。然後乃抗梁焉。《靈光》「層櫨曲枅」之下，曰「芝栭攢羅」。《景福》「蘭栭積重」之下，曰「欂櫨各落」，此可證栭與枅非一物。《釋宮》云：「栭謂之格。」合二事渾言之，許則析言之也。諸家襲《爾雅》者，皆少分別。從木，而聲。如之切，一部。《爾雅》曰：「栭謂之格。」偁《爾雅》者，欲見渾言、析言，兩不相背也。

檼 棼也。林部曰：「棼，複屋棟也。」注詳彼矣。《釋名》及郭璞謂棟爲檼，非也。從木，㥯聲。於靳切，十三部。

橑 椽也。《九歌》曰：「桂棟兮蘭橑。」王云：「以木蘭爲榱也。」按，《西都賦》：「列棼橑以布翼。」下又云：「裁金璧以飾當。」《西京賦》：「結棼橑以相接。」下又云：「飾華榱與璧當。」《魏都賦》：「棼橑複結。」下又云：「朱桷森布而支離。」橑必與棼連言，而別於榱桷，則榱桷爲屋椽，橑爲複屋之椽可知。簷霤在複屋，故《廣韵》曰：「屋橑，簷前木。」此檼橑二篆相屬，亦此意也。當是本作「橑，檼椽也。」謂屬於檼之椽。從木，尞聲。盧浩切，二部。

桷 榱也。榱也者，渾言之。《釋宮》云：「桷謂之榱」是也。下文「椽方曰桷」者，析言之。從木，角聲。形聲包會意也。古岳切，三部。椽方曰桷。桷之言棱角也。椽方曰桷，則知桷圜曰椽矣。《周易》：「或得其桷。」虞曰：「桷，椽也。方者謂之桷。」《春秋傳》曰：「刻桓宮之桷。」《左氏·莊二十四年》經文。

椽 榱也。《左傳》：「以大宮之椽歸，爲盧門之椽。」《釋名》曰：「椽，傳也。相傳次而布列也。」從木，彖聲。直專切，十四部。

榱 椽也。二字依《韵會》補。秦名屋椽也。周謂之榱，齊魯謂之桷。上二句，各本作「秦名爲屋椽，周謂之榱」，大誤。今依《左傳·桓十四年》音義、《周易·漸卦》音義正。謂屋椽秦名之曰榱，周曰椽，齊魯曰桷也。各本妄改，乃或疑《釋文》有誤矣。《釋宮》音義云：「㮰，秦名屋椽也。周謂之㮰，齊魯謂之桷。」此淺人改周椽爲周㮰耳。其引《字林》云：「周人名椽曰㮰，齊魯名㮰曰桷。」則《字林》始與《説文》乖異矣。㮰之言差次也，自高而下，層次排列，如有等衰也。從木，衰聲。所追切，古音在十七部。

楣 秦名屋櫋聯也。齊謂之厃，楚謂之梠。「秦名屋櫋聯也」者，秦人名屋櫋聯曰楣也，與秦名屋椽曰㮰同解。李善注《文選》引《説文》曰：「梍梠，秦名屋櫋聯。」㉞失其義矣。齊謂之厃，各本厃作檐，今依厂部厃下正。厃，屋梠也。秦謂之楣，齊謂之厃。《禮經》：「正中曰棟，棟前曰楣。」又《爾雅》「楣謂之梁」，皆非許所謂楣者。從木，眉聲。武悲切，十五部。

梠 楣也。《釋名》曰：「梠，旅也。連旅之也。」㉟《士喪禮》注曰：「宇，梠也。」宀部曰：「宇，屋邊也。」從木，呂聲。力舉切，五部。

梍 梠也。梍之言比敘也。《西京賦》曰：「三階重軒，鏤檻文梍。」按，此文梍，謂軒檻之飾，與屋梠相似者。從木，皀聲。讀若枇杷之枇。房脂切，十五部。

櫋 屋櫋聯也。《釋名》曰：「梠，或謂之櫋。櫋，緜也。緜連榱頭使齊平也。上入曰爵頭，形似爵頭也。」按，郭云「雀梠」，即爵頭也。《九歌》曰：「擘蕙櫋兮既張。」從木，𣔾聲。各本作「邊省聲」，非，今正。武延切，十二部。讀如民。

檐 梍也。檐之言隒也，在屋邊也。《明堂位》「重檐」注云：「重檐，重承壁材也。」姚氏鼐云：「漢時名檐爲承壁材，以其直垂而下如壁。」從木，詹聲。余廉切，八部。俗作簷。按，古書多用檐爲儋何之儋。

橝 屋梠前也。梠與霤之閒曰橝。從木，覃聲。徒含切，古音在七部。一曰，蠶槌。《方言》言蠶槌備矣，獨無橝字。

樀 户樀也。按，户樀，謂門檐也。郭注《爾雅》及《篇》、《韵》，皆云屋梠，則不專謂門。從木，啻聲。樀之言滴也，與霤滴相近。都厤切，十六部。《爾雅》曰：「檐謂之樀。」見《釋宮》。樀，朝門。鉉本無此三字，鍇本有之。門部闍下云：「闍謂之樀。樀，廟門也。」許以此樀爲朝門之樀，彼樀爲廟門之樀，正謂此檐彼闍分朝廟，形異而義隨之也。葢本舊説。讀與滴同。

植 户植也。《釋宮》曰：「植謂之傳，傳謂之突。」郭曰：「持户鎖植也。見《埤蒼》。」邵氏晉涵曰：「《墨子》：『爭門關決植。』《淮南》云：『縣聯房植。』高曰：『植，户植也。』植當爲直立之木，徐鍇以爲横鍵，非也。」按，今豎直木而以鐵了鳥關之，可以加鎖，故曰「持鎖植」。植之引伸，爲凡植物植立之植。從木，直聲。常職切，一部。

櫃 或從置。置亦直聲也。《漢石經·論語》「置其杖而耘」，《商頌》「置我鼗鼓」，皆以置爲植。

樞 户樞也。户所以轉動開閉之樞機也。《釋宮》曰：

「樞謂之椳。」從木，區聲。昌朱切，四部。

槏 户也。《通俗文》云：「小户曰㡟，口減反。」《集韵》槏、㡟、㯹三同。「口減切，户也。」按，許㡟爲古文户，不爲槏。從木，兼聲。苦減切，七部。

樓 重屋也。重屋與複屋不同。複屋不可居，重屋可居。《考工記》之重屋，謂複屋也。《釋名》曰：「樓，謂牖户之閒，諸射孔樓樓然也。」樓樓，當作「婁婁」。女部曰：「婁，空也。」囧下曰：「窗牖麗廔開明。」㊱從木，婁聲。洛侯切，四部。

龒 房室之疏也。按，疏當作「𤕠」。疏者，通也。𤕠者，門户疏窗也。房室之窗牖曰龒，謂刻畫玲瓏也。從木，龍聲。盧紅切，九部。

楯 闌檻也。闌，門遮也。檻，櫳也。此云「闌檻」者，謂凡遮闌之檻，今之闌干是也。王逸《楚辭》注曰：「檻，楯也。從曰檻，横曰楯。」古亦用爲盾字。從木，盾聲。食允切，十三部。

櫺 楯閒子也。闌楯爲方格，又於其横直交處爲圜子，如綺文瓏玲，故曰櫺。《左傳》車曰「怱靈」，亦其意也。《文選注》作「窗閒子」。從木，霝聲。郎丁切，十一部。

杗 棟也。從木，亡聲。武方切，十部。《爾雅》曰：「杗廇謂之梁。」按，此條當以此八字冠於「從木亡聲」之上，而删去「棟也」二字。門部「閣謂之樀」，正其例也。棟與梁不同物，棟言東西者，梁言南北者。上文言棟而未及梁，故於此補之。杗廇者，杗之言网也，廇者，中庭也，架兩大梁，而後可定中庭也。《釋宫》曰：「杗廇謂之梁。其上楹謂之棳。」今宫室皆如此，不得謂梁爲棟也。

𣏕 短椽也。此當與桷、椽、榱爲類，而廁此者，亦以補前也。《廣雅》：「𣏕，椽也。」從木，束聲。丑録切，三部。

杇 所㠯涂也。涂塗古今字。涂者，飾牆也。土部曰：「墐，涂也。墍，仰涂也。墀，涂地也。」《論語》曰：「糞土之牆，不可杇也。」秦謂之杇，關東謂之槾。從木，按，此器，今江浙以鐵爲之。或以木。《戰國策》：「豫讓變姓名，入宫塗廁，欲以刺襄子。襄子如廁，心動，執問塗者，則豫讓也。刃其杅，曰欲爲智伯報讎。」杅，謂涂廁之杅。今本皆作扞，矦旰切，繆甚。刃其杅，謂皆用木而獨刃之。以楮下云「古用木，故從木」例之，疑杅古全用木，故「杅槾」，古字也。「釫鏝」，今字也。亏聲。哀都切，五部。經傳多假爲盂字。

槾 杇也。《釋宫》曰：「鏝謂之杇。」釋文云：「鏝本或作槾。」按，《孟子》作墁。從木，曼聲。母官切，十四部。

椳 門樞謂之椳。見《釋宫》。謂樞所檃謂之椳也。椳猶淵也，宛中爲樞所居也。弓淵，《大射儀》作隈，《考工記》作畏，亦此意。與上文户樞義互相足。其文，則以户與門區别之，實則户與門制同。從木，畏聲。烏恢切，十五部。

楣 門樞之横梁。《釋宫》曰：「楣謂之梁。」郭曰：「門户上横梁。」今本《爾雅》作「楣」，字之誤也。《釋文》：「楣，亡悲反。或作楣，亡報反。《埤蒼》云：梁也。呂伯雍云：門户之横梁也。《説文》曰：楣，秦名屋櫋聯也。」陸引《埤蒼》、《字林》以證楣，引《説文》以證楣，謂楣、楣義不同，今本脱誤不可讀。陸於楣不引《説文》者，隨繙閲所得也。根言樞之下，楣言樞之上。門上爲横梁，鑿孔以貫樞，今江浙所謂門龍也。從木，冒聲。莫報切，古音在三部。

梱 門橛也。橛下云：「一曰，門梱也。」門部曰：「闑，門梱也。」然則門梱、門橛、闑，一物三名矣，謂當門中設木也。《釋宫》：「橛謂之闑。」《廣雅》：「橛、機、闑，朱也。」朱同梱。《史記·孫叔敖傳》曰：「楚俗好庳車，王欲下令使高之，相教閭里使高其梱。居半歲，民悉自高其車。」《史記·張釋之馮唐傳》曰：「閫以内者，寡人制之。閫以外者，將軍制之。」《漢書》閫作「闑」，韋昭曰：「此郭門之梱也。門中橛曰梱。」鄭注《曲禮》曰：「梱，門限也。」與許不合。從木，困聲。苦本切，十三部。

榍 限也。𨸏部限下云：「一曰，門榍也。」門部云：「閾，門榍也。」亦一物三名矣。《釋宫》：「柣謂之閾。」柣，郭千結反。柣，即榍字也。漢人多作切，《考工記》注云：「眼，讀如限切之限。」限切，謂門限也。《漢書·外戚傳》：「切皆銅沓，黄金塗。」師古曰：「切，門限也。千結反。」按，《西都賦》：「玄墀釦切。」釦切，即《漢書》之切，皆銅沓黄金塗也。《文選》切作「砌」，誤。《西京賦》云「金戺」，即釦切也。《西京賦》又云：「設切厓隒。」即《西都賦》之「仍增厓而衡閾」也。《廣雅》：「柣、戺、橉，切也。」切，今本亦譌砌。橉，見《淮南書》。《匡謬正俗》云：「俗謂門限爲門蒨者，《爾雅》柣謂之閾，郭音切，今言門蒨，是柣聲之轉耳。」字當爲柣而作切音。」玉裁謂：柣當爲榍而作切音，如《多方》[37]「大淫泆有辭」，泆又作佾，馬本作屑，是其比也。從木，屑聲。先結切，十二部。

柤 木閑也。門部曰：「閑，闌也。」《廣雅》曰：「柤、樘、柱，距也。」距，當作歫，止也。從木，且聲。側加切。按，當依《廣雅》士加切，古音在五部。

槍 歫也。止部曰：「歫，止也。一曰，槍也。」按，槍有相迎鬭爭之意，《通俗文》曰：「剡木傷盜曰槍。」今俗作鎗。從木，倉聲。七羊切，十部。一曰，槍攘也。三字句。攘，各本從木，誤，今正。《莊子·在宥》「傖囊」，崔譔作「戕囊」，云：「戕囊猶搶攘。」晉灼注《漢書》曰：「搶攘，亂皃也。」按，許無從手之搶，凡槍攘，上從木，下從手。

楗 歫門也。歫，各本作「限」，非。今依《南都賦》注所引正。《老子釋文》亦作「距門也」。《月令》：「脩鍵閉，慎管籥。」注曰：「鍵，牡。閉，牝也。管籥，搏鍵器也。」《周禮·司門》：「掌授管鍵以啓閉國門。」先鄭云：「管，謂籥也。鍵，謂牡。」按，楗閉，即今木鎖也。諸經多借鍵爲楗，而《周禮·司門》作「管蹇」，先鄭云：「蹇，讀爲鍵。」今本乃互易蹇、鍵字。從木，建聲。其獻切，十四部。

欃 欃也楔也。《玄應書》曰：「《説文》欃，子林切。今江南言欃，中國言屚，楔，通語也。屚，側洽切。」按，子林切，葢本《説文音隱》，今江浙語正作知林切，不作子林切也。木工於鑿枘相入處，有不固，則斫木札楔入固之，謂之欃。欃，亦作鉆。《戰國策》：「蘇秦謂趙王曰：柱山有兩木，一葢呼侶，一葢哭。問其故，曰：吾苦夫匠人且以繩墨案規矩刻鏤我。一曰：此非吾所苦也，是故吾事也。吾所苦夫鐵鉆然自入而出夫人者。今臣使於秦，而三日不見，無有爲臣鐵鉆者乎。」鉆自入而出，謂以大鐵鉆釘入大樹一邊，既析破，乃取樹之一邊爲用。夫人者，言此人冣所苦也。今四川建昌山中取杪方，皆以楔釘入，取陽面一塊，而樹尚卓立。蘇秦以此喻離閒之人也。砧蘇秦謂鐵器，許謂木札，其用正同。《周禮》注「飛鉆」，當作此解。音。從木，韱聲。子廉切，七部。

楔 楔欃也。今俗語曰楔子，先結切。《考工記》曰：「牙得，則無槷而固。」注曰：「鄭司農云：槷，椴也。蜀人言椴曰槷。玄謂槷讀如涅，從木，埶省聲。」按，槷、椴皆假借字，椴即楔之假借也。《釋木》楔、荆，桃爲木名。《南都》、《蜀都》二賦，皆有楔。從木，契聲。先結切，十五部。

柵 柵編豎木也。豎，各本作樹。今依《篇》《韵》正。臤部曰：「豎，堅立也。」《通俗文》曰：「木垣曰柵。」從木，冊聲。依《韵會》本。楚革切，十六部。

杝 杝落也。《玄應書》謂杝、𣞤、籬三字同，引《通俗文》「柴垣曰杝，木垣曰柵」。按，《釋名》亦云：「籬，離也。以柴竹作，疏離離也。柵，磧也。以木作之，上平磧然也。」皆杝、柵類舉。落，《廣雅》作「箈」，《廣韵》引《音譜》作「格」。《齊民要術》引仲長子曰：「杝落不完，垣牆不牢，掃除不淨，笞之可也。」杝者，杝之誤。《小雅》：「析薪杝矣。」傳曰：「析薪者，必隨其理。」謂隨木理之迆衺而析之也，假杝爲迆也。凡笆籬多衺織之，故其義相通。從木，也聲。池尒切，古音在十七部。按，池尒之音，傅合下文讀若阤爲之，非許意也。許意讀如離，而又如阤。讀又若阤。又字，鉉本無，非也。許時杝爲籬字，人人所知，而杝之讀又或如阤，故箸之。阤，古皆作他，非也。趙凡夫鈔本作阤。

欜 欜行夜所擊木。行夜，各本譌「夜行」；木，作「者」，今依《御覽》正。行，去聲，巡也。《周禮·宮正》：「夕擊柝而比之。」注云：「莫行夜以比直宿者。」《修閭氏》：「比國中宿互欜者。」先鄭云：「欜，謂行夜擊欜。」《九家易》曰：「柝者，兩木相擊以行夜也。」《孟子》注云：「柝，行夜所擊木也。」《左傳》：「賓將掫。」注云：「掫，行夜也。」從木，橐聲。從橐者，葢虛其中則易響，今之敲梆是也。他各切，五部。《易》曰：「重門擊欜。」注詳柝下。

桓 桓亭郵表也。《檀弓》注曰：「四植謂之桓。」按，二植亦謂之桓；一柱上四出，亦謂之桓。《漢書》：「瘞寺門桓東。」如淳曰：「舊亭傳於四角面百步，築土四方。有屋，屋上有柱，出高丈餘。有大板，貫柱四出，名曰桓表。縣所治，夾兩邊各一桓。陳宋之俗言桓聲如和，今猶謂之和表。」師古曰：「即華表也。」《孝文紀》：「誹謗之木。」服虔曰：「堯作之橋梁交午柱。」崔浩以爲木貫柱四出名桓。

從木，亘聲。胡官切，十四部。《釋訓》曰：「桓桓，威也。」

楃 木帳也。《周禮·巾車》：「翟車，有楃。」字從木，釋文及各本從手，非也。釋文云：「握，劉音屋。賈馬皆作幄。」㊳攷《幕人》注曰：「四合象宮室曰幄。」許書無幄有楃，楃蓋出《巾車》職，今本《周禮》轉寫誤耳。鄭云：「有楃，則此無蓋。」謂上四車皆有容有蓋，翟車以楃當容，不云有蓋也。《釋名》云：「幄，屋也。以帛衣版施之，形如屋也。」故許曰木帳。從木，屋聲。於角切，三部。

幢 帳極也。極，棟也。帳屋高処也。宋本、葉鈔本、小徐本作「帳柱」。按，《西京賦》「都盧尋橦」，謂植者也。從木，以木爲之，故從木。童聲。宅江切，三部。

杠 牀前横木也。《方言》曰：「牀，其杠，北燕朝鮮之閒謂之樹，自關而西秦晉之閒謂之杠，南楚之閒謂之趙，東齊海岱之閒謂之樺。」按，《廣韻》作「牀前横」，無「木」字。然則横讀古曠反，《孟子》「徒杠」，其引伸之義也。《爾雅》：「素錦韜杠。」㊴丨部曰：「於，旌旗杠皃。」則謂直者也。從木，工聲。古雙切，九部。

桯 牀前几。《方言》曰：「榻前几，江沔之閒曰桯，趙魏之閒謂之椸。」按，古者坐於牀而隱於几，《孟子》「隱几而臥」，《内則》「少者執牀與坐，御者舉几」是也。此牀前之几，與席前之几不同。謂之桯者，言其平也。《考工記》「蓋桯」，則謂直杠。從木，呈聲。他丁切，十一部。

桱 桱，此複舉字之未刪者。桯也。東方謂之蕩。蕩，《集韻》、《類篇》皆從竹作「簜」。桱、蕩，皆牀前几之殊語也，而《方言》不載。從木，巠聲。古零切，十一部。《廣韻》古定切，似杉而硬之木。

牀 安身之几坐也。鉉本作「安身之坐者」五字，非是。牀之制，略同几，而庳於几，可坐，故曰安身之几坐。牀制同几，故有足，有桄。牀可坐，故凥下曰：「処也。從尸得几而止。」引《孝經》「仲尼凥」，而釋之曰「謂閒居如此」。按，「得几而止」者，謂得牀而止也。「仲尼凥」者，謂坐於牀也。上文曰：「凭，依几也。」乃謂手所凭之几。漢管寧常坐一木榻，積五十餘年，未嘗箕股，其榻上當膝處皆穿。此皆古人坐於牀，而又不似今人垂足而坐之證也。牀亦可臥，古人之臥，隱几而已。牀前有几，孟子「隱几而臥」是也。《孟子》曰：「舜在牀琴。」蓋《尚書》佚篇語也，而古坐於牀可見。琴必在几，則牀前有几亦可見。然則古人之臥無横陳者乎？曰：有之。《弟子職》曰：「先生將息，弟子皆起，敬奉枕席，問疋何止。」《内則》曰：「父母舅姑將衽，長者奉席請何趾。」《論語》曰：「寢不尸。」《左傳》：「掘地下冰而牀焉，鮮食而寢。」皆是也。《内則》云：「少者執牀與坐，御者舉几。」謂晨興時也，即以所衽爲所坐也。從木，爿聲。今書牂、牂、斨、牆、壯、戕、狀、將字，皆曰「爿聲」。張參《五經文字》爿部曰：「爿，音牆。」《九經字㨾》鼎字注云：「下象析木以炊。篆文爿，析之兩向。左爲爿，音牆；右爲片。」李陽冰亦云：「木字右旁爲片，左爲爿，音牆。」許書列部，片之後次以鼎，然則反片爲爿，當有此篆。《六書故》曰：「唐本《說文》有爿部。」蓋本晁氏說之《參記許氏文字》一書，非肊說。其次弟正當在片後、鼎前矣。二徐乃欲盡改全書之爿聲爲牀省聲，非也。顧野王片部後出牀部，則其誤在前耳。仕莊切，十部。

枕 臥所目薦首者。目字今補。警枕曰頍，見《少儀》。從木，冘聲。章荏切，八部。

椷 椷窬，褻器也。《史記·萬石君列傳》：「石建取親中裙廁牏，身自浣滌。」徐廣曰：「一讀牏爲竇，竇音豆。言建又自洗蕩廁竇，瀉除穢惡之穴也。」呂靜云：「椷窬，褻器也。音威豆。」裴駰按：蘇林曰：「牏，音投。」賈逵解《周官》椷，虎子。窬，行清也。」孟康曰：「廁，行清；窬，行清空中受糞者也。東南人謂鑿木空中如曹，謂之窬。」㊵玉裁謂，賈、孟說是也。虎子，所以小便也。行清，所以大便，鄭司農謂之路廁者也。清、圊古今字。穴部窬下曰：「一曰，空中也。」空中與孟說合，今馬子其遺象也。椷窬二物，許類舉之。從木，威聲。於非切，十五部。

櫝 匱也。此與匚部匵音義皆同。匱，匣也。《論語》「韞匵而藏諸」，作匵；「龜玉毀於櫝中」，作櫝。從木，賣聲。徒谷切，三部。一曰，木名。未詳。又曰，櫝木枕也。木枕，大徐作「大梡」，字之誤也。木枕，謂以圜木爲枕，《少儀》所謂頍也。謂之頍者，圜轉易醒，令人憬然，故鄭注曰：「警枕。」

櫛 梳比之總名也。比，讀若毗。疏者爲梳，密者爲比。《釋名》曰：「梳，言其齒疏也。數言比，比於梳，其齒差數也。比，言細相比也。」按，比之尤細者曰篦，見竹部。從木，節聲。阻瑟切，十二部。按，《考工記》楖字，櫛之古文也。

梳 所目理髮也。所目二字，今補。器曰梳，用之理髮因亦曰梳。凡字之體用同稱如此。《漢書》亦作疏。從木，疏省聲。疏，通也。形聲包會意。所菹切，五部。

㭘 劒柙也。柙，當作匣，聲之誤也。《少儀》所謂劒櫝也。《廣雅》：「㭘、室、郭，劒削也。」從木，合聲。胡甲切，七部。按，《廣韵》古沓、巨業二切。

槈 薅器也。蓐部曰：「薅，披去田艸也。」槈者，所以披去之器也。槈刃廣六寸，柄長六尺，說詳耨下。從木，辱聲。奴豆切，三部。

鎒 或作從金。從木者主柄，從金者主刃。

𣓌 苿臿也。從木，謂柄。人象形，從人者，象兩刃也。眀聲。舉朱切，《廣韵》況于、矩于二切，五部。

苿 兩刃臿也。兩刃臿者，謂臿之兩邊有刃者也。臿者，刺土之器。《釋器》曰：「㪺謂之疀。」㪺、鍫、疀、臿，皆古今字。作臿者，就舂臼之義引伸之，俗作郭衣鍼之鍤，非也。金部曰：「銛、鈂、鍦，皆『臿屬』，『鍫，河內謂臿頭金也』。」此云「兩刃臿」，則又與凡臿不同。《方言》曰：「臿，燕之東北朝鮮洌水之閒謂之㪺，宋魏之閒謂之鏵，或謂之鍏，江淮南楚之閒謂之臿，沅湘之閒謂之畚，趙魏之閒謂之喿，東齊謂之梩。」按，苿、鏵古今字也。《方言》渾言之，許析言之耳。高注《淮南》曰：「臿，鏵也。青州謂之鏵，有刃也。三輔謂之鍋。」《釋名》：「鍤，插也，掘地起土也。或曰銷，銷，削也，能有所穿削也。或曰鏵，鏵，刳也，刳地爲坎也。其板曰葉，象木葉也。」高、劉皆作鏵。高云「有刃」，當作「有兩刃」，奪一字耳。茉字亦作鋘，《吴越春秋》：「夫差夢兩鋘殖吾宫牆。大宰嚭占之曰：農夫就成，田夫耕也。公孫聖占之曰：越軍入吴國，伐宗廟，掘社稷也。」《玄應》曰：「茉，古文奇字作鋘。」李賢引何承天《纂文》、張揖《字詁》作鋘，鋘又鋘之俗。承天改吴爲吳，因又改鋘爲鋘耳，非張揖有鋘字也。吴、荂，皆在古音弟五部。**从木，**謂柄。**𠂇象形。**从𠂇者，謂兩刃，如羊兩角之狀。互瓜切，古音在弟五部。**宋魏曰茉也。**《方言》云：「宋魏之閒謂之鏵。」是也。嘗論《方言》之字，多爲後人以今易古，以俗易正，此其一耑也。

釫 釫 或从金亐。亐聲也。荂，𦬼聲；𦬼，亐聲。鏵，即釫字也。

梠 梠 臿也。《周禮》注引《司馬法》曰：「輂，一斧，一斤，一鑿，一梩。」疏云：「梩，或解謂臿，或解謂鍬，鍬臿亦不殊。」《孟子》：「蓋歸反虆梩而掩之。」趙曰：「虆梩，籠臿之屬。可以取土者也。」按，虆即欙之假借字，可以舁土者。梩同梠，可以臿地揠土者。趙以籠屬釋虆，以臿屬釋梩也。**从木，㠯聲。**詳里切，一部。郭注《方言》音駭。**一曰，徙土輂。**此別一義，謂梠即欙。孫奭《孟子音義》云：「梩，土轝也。」本此。《廣韵》曰：「梩，里之切。徙土轝。出《六韜》。」**齊人語也。**按，此四字，與「宋魏曰茉」文法同。《方言》云：「臿，東齊謂之梩。」是也。由此言之，疑「一曰徙土輂」五字，當移在此下。

梩 梩 或从里。㠯聲、里聲，同在一部。

枱 枱 耒耑也。枱，今經典之耜。耒下曰：「耕曲木也。」此云「耒耑也」，與京房「耜，耒下耓也」、「耒，耜上句上也」㊶相合。曲木，《考工記》所謂上句者二尺有二寸也。耒耑，所謂庛長尺有一寸也。許意上曰耒，下曰枱，皆謂木材。鐯於庛之金，是曰耕曰𦓳。鄭注《周禮》則云：耒爲木，枱爲金。故云：「古者耜一金，兩人併發之。」又云：「庛讀爲刺。刺，耒下前曲接耜。」又注《月令》，於「孟春」云：「耒，耜之上曲也。」於「季冬」云：「耜，耒之金也。」説與許異。鄭本《匠人》「耜廣五寸」而云，許則謂《記》文枱、𦓳不分，渾言之。《記》云「耜廣五寸」者，謂𦓳也，故於耦下易之云「耕廣五寸」。**从木，台聲。**弋之切。按，當云「詳里切」。今俗作耜。鉉本乃以訓臿，訓徙土輂之梠注云：「今作耜」，則大誤矣。《玉篇》同誤，後人所改也。一部。

鈶 鈶 或从金，台聲。以其木也，故从木；以其屬於金也，故亦从金。

辝 辝 籀文从辝。从木辝聲也。辝者，籀文辭。

楎 楎 六叉犂。叉，各本誤叉。《廣韻·廿三䰟》曰：「三爪犂曰楎。」此謂一犂而三爪也。許云「六爪犂」者，謂爲三爪犂者二，而二牛竝行如人耦耕也。一犂一牛，二犂則二牛，共用三人。《食貨志》所云趙過法「用耦犂，二牛三人」也。其上爲樓，貯穀下種，故亦名三腳樓。今陝甘人用之。**一曰，𦓳上曲木𦓳轅。**按，

《集韵》、《類篇》皆無犂、轅二字，似可刪。許云：「耕上曲木爲耒」，此云「犂上曲木爲楎」者，正謂耒耑也。故《廣韵》云：「楎，犂頭。」《玉篇》云：「楎，犂轅頭也。」從木，軍聲。讀若緯。緯，音徽。今《篇》、《韵》皆云呼歸切，文微合韵也。或如渾天之渾。《益部耆舊傳》㊷：落下閎，「字長公，於地中轉渾天。」户昆切，十三部。

櫌 摩田器也。《漢石經·論語》：「櫌不輟。」《五經文字》曰：「經典及釋文皆作耰。」鄭曰：「耰，覆種也。」與許合。許以物言，鄭以人用物言。《齊語》：「深耕而疾耰之，以待時雨。」韋曰：「耰，摩平也。」《齊民要術》曰：「耕荒畢，以鐵齒鎇錂再徧杷之，漫擲黍穄，勞亦再徧。」按，先云「再徧杷之」，即《國語》所謂「疾耰、待時雨」也。後云「勞亦再徧」，即鄭所謂「覆種」也。許云「摩田」，當兼此二者。賈又曰：「春耕尋手勞，秋耕待白背勞。古曰耰，今曰勞。」勞，郎到切。《集韵》作「橯」。若高誘云：「櫌，椎也。」如淳云：「椎塊椎也。」服虔、孟康云：「櫌，鉏柄也。」椎塊尚近之，鉏柄之説，未可信矣。從木，憂聲。於求切，三部。《論語》曰：「櫌而不輟。」《微子篇》。

欘 斫也。齊謂之兹箕。各本作「鎡錤」，今依《爾雅》正。其實箕尚誤，當作「其」耳。斤部曰：「斫，擊也。」《釋器》曰：「斫斸謂之定。」釋文云：「斸，本或作欘。」引《説文》「齊謂之兹箕。一曰斤柄自曲」。據陸氏以《説文》語系之「或作欘」之下，則《説文》有欘無斸可知。今本斤部出斫、斸二篆，皆云「斫也」。夫《爾雅》斫斸本一物，安得二之。且《考工記》注引《爾雅》作「句欘」，又《爾雅音義》云：「斫，本或作拘。」是則句、拘皆訓曲，不爲別一器名也。句欘者，李巡云：「鉏也。」郭璞云：「鉏屬。」蓋似鉏而健於鉏，似斤而不以斫木，專以斫田，其首如鉏然，句於矩，故謂句欘也。斤部斫、斸二篆，淺人依《爾雅》俗本增之，今刪。《管子》曰：「美金以鑄戈劒矛戟，試諸狗馬。惡金以鑄斤斧鉏夷鋸欘，試諸木土。」謂「斤斧鋸」，試諸木者；「鉏夷欘」，試諸土者也。韋曰：「夷者，所以削艸平地也。」云「齊謂之兹其」者，《孟子》引齊人言曰：「雖有兹基，不如待時。」齊謂斫地欘也，趙注云：「耒耜之屬。」約略言之耳。《月令》：「修耒耜，具田器。」鄭曰：「田器，鎡錤之屬。」然則鎡錤之非耒耜可知矣。韋注《國語》云：「耨，兹其也。」亦分別未審。一曰，斤柄性自曲者。此別一義。謂斫木之斤，及斫田之器，其木首接金者，生而内句，不假煣治，是之謂欘。《考工記》曰：「半矩謂之宣，一宣有半謂之欘，一欘有半謂之柯，一柯有半謂之磬折。」鄭司農云：「《蒼頡篇》有柯欘。」從木，屬聲。陟玉切，三部。

櫡 斫謂之櫡。見《釋器》。櫡，一作鐯，俗字也。凡斫木之斤，斫地之欘，皆謂之櫡。櫡之言箸也。箸，直略反。郭云：「钁也。」金部云：「钁，大鉏也。」從木，欘、櫡皆重柄，故字皆從木。箸聲。張略切，五部。

杷 收麥器。《方言》云：「杷，宋魏之閒謂之渠挐，亦謂之渠疏。」郭云：「無齒爲朳。」按，耒部云：「耛，冊叉也。可以劃麥，河内用之。」耛亦杷也。杷引伸之義爲引取，與掊、捊義略同。從木，巴聲。蒲巴切，五部。

椴（篆）穜樓也。穜者，今之種字。樓者，今之耬字。《廣韵》曰：「耬，種具也。」今北方謂所以耩者曰耬。耩者，種也。小徐本樓作「椴」。**一曰，燒麥柃椴也。**燒，猶爇也。柃椴者，爇麥器名。**從木，役聲。**與辟切，十六部。

柃（篆）**木也。**《上林賦》張揖注曰：「櫧似柃。」按，云「木也」，非其次。當作「柃椴也」三字。葢蒙上釋柃字耳。**從木，令聲。**郎丁切，十一部。

柫（篆）**擊禾連枷也。**《方言》曰：「僉，宋魏之閒謂之欇殳，或謂之度，音量度。自關而西謂之棓，蒲項反。或謂之柫，音拂。齊楚江淮之閒謂之柍，音悵怏。亦音車鞅。或謂之桲，音勃。」㊸《齊語》：「耒耜枷芟。」韋云：「枷，柫也。所以擊草也（草當作禾）。」《王莽傳》：「必躬載柫。」《釋名》曰：「枷，加也。加杖於柄頭，以撾穗而出其穀也。或曰羅枷，三杖而用之也。或曰了了，杖轉於頭，故以名之也。」戴先生曰：「羅連，語之轉。今連枷之制，與古同。」**從木，弗聲。**敷勿切，十五部。

枷（篆）**柫也。從木，加聲。**古牙切，十七部。**淮南謂之柍。**出《方言》。

杵（篆）**舂杵也。**舂，擣粟也。其器曰杵。《繫辭》曰：「斷木爲杵，掘地爲臼。臼杵之利，萬民以濟。」**從木，午聲。**昌與切，五部。

槩（篆）**所㠯杚斗斛也。**所以二字，今補。《月令》：「正權槩。」鄭、高皆云：「槩，平斗斛者。」槩本器名，用之平斗斛，亦曰槩。許、鄭、高皆云其器也。凡平物曰杚，所以杚斗斛曰槩。引伸之義，爲節槩、感槩、挭槩。**從木，既聲。**工代切，十五部。

杚（篆）**平也。**杚非器也，厠於此者，因上文云「杚斗斛」而釋之也。按，許書有杚無扢，杚在入聲，則古沒切，亦居乙切，去聲則古代切，亦古對切，無二字也。《廣韵》去入聲皆作扢，從手，皆從木之誤耳。《集韵》代、沒二韵，皆於杚字之外別出扢字，則由未知《廣韵》之爲字誤也。杚者，平物之謂。平之必摩之，故《廣雅》曰：「杚，摩也。」《廣韵》摩之訓本此。古杚與槩二字通用。班固《終南山賦》：「槩青宮，觸紫宸。」曹植《贈丁儀王粲詩》：「員闕出浮雲，承露槩泰清。」李善注云：「《西都賦》：杚仙掌與承露。《廣雅》：杚，摩也。槩與杚同，古字通。」今書籍此等杚字，皆譌作「扢」，而今《文選》、《後漢書》「抗仙掌以承露」，又與李善所引迥異。凡學古者，當優焉游焉，以求其是。顏黃門云：「觀天下書未徧，不可妄下雌黃。」是也。**從木，气聲。**古沒切，十五部。杚與刏、剴、磯，音義皆相近。

⿰木省（篆）**木參交，㠯支炊箄者也。**支，各本作「枝」，今依《集韵》、《類篇》正。竹部曰：「箄，漉米籔也。籔，炊箄也。」箄、籔二字爲一物，謂米既淅將炊，而漉之令乾，又以三叉之木支此箄，則瀝乾尤易也。三交之木是爲⿰木省。**從木，省聲。**所綆切，十一部。**讀若驪駕。**《漢·平帝紀》：「禮娶親迎，立軺併馬。」服虔曰：「立軺，立乘小車也。併馬，驪駕也。」按，驪之言麗也，駢下云：「駕二馬也」，駕二馬爲麗駕。楷讀若驪駕之驪，此清支二部合韵也。按，《玉篇》曰：「杫、楷、榹三同。思漬切。肉几也。」《集韵》説同。考《方言》曰：「俎，几也。西南蜀漢之郊曰杫。」音賜。《後漢書》：「藥崧家貧爲郎，常獨直臺上，無被，枕杫。」是則肉几應作杫、榹。支篪應作楷，不知何以合之，而亦可以證十一、十六部合韵之理也。

柶　《禮》有柶。凡言《禮》者，謂《禮經》十七篇也。《禮經》多言柶，《士冠禮》注曰：「柶，狀如匕。以角爲之者，欲滑也。」**柶，匕也。**鄭云「如匕」，許云「匕也」，小異。葢常用器曰匕，禮器曰柶。匕下曰：「一名柶。」**從木，四聲。**息利切，十五部。

桮　**䀀也。**匚部曰：「䀀，小桮也。」析言之。此云：「桮，䀀也。」渾言之。《方言》：「盃、椷、盞、温、問、㯤、㼜，杯也。桮其通語也。」古以桮盛羹，桮圈是也。**從木，否聲。**布回切，一部。俗作杯。

匩　**籒文桮。**鉉本作匩。

槃　**承槃也。**承槃者，承水器也。《内則》曰：「進盥，少者奉槃，長者奉水，請沃盥。」《左傳》曰：「奉匜沃盥。」《特牲經》曰：「尸盥，匜水實于槃中。」古之盥手者，以匜沃水，以槃承之，故曰承槃。《内則》注曰：「槃，承盥水者。」《吳語》注曰：「槃，承盥器也。」《大學》湯之盤銘曰：「苟日新，日日新，又日新。」正謂刻戒於盥手之承槃，故云「日日新」也。古者晨必洒手，日日皆然，至於沐浴靧面，則不必日日皆然。據《内則》所云知之。槃引伸之義，爲凡承受者之偁。如《周禮》「珠槃」、「夷槃」是也。**從木，般聲。**薄官切，十四部。

鎜　**古文從金。**葢古以金，後乃以木。

盤　**籒文從皿。**今字皆作盤。

榹　**槃也。**《急就篇》：「槫榼椑榹」，榹當與許訓同。《釋木》以爲榹桃字，《夏小正》作「杝桃」。**從木，虒聲。**息移切，十六部。

案　**几屬。**《考工記》：「玉人之事，案十有二寸，棗栗十有二列。」大鄭云：「案，玉案也。」後鄭云：「案，玉飾案也。棗栗實於器，乃加於案。」戴先生云：「案者，棜禁之屬。《儀禮注》曰：棜之制，上有四周，下無足。《禮器》注曰：『禁，如今方案。隋長，局足，高三寸。』此以案承棗栗，宜有四周。漢制小方案局足，此亦宜有足。」㊹按，許云「几屬」，則有足明矣。今之上食木槃近似，惟無足耳。《楚漢春秋》：「淮陰侯謝武涉，漢王賜臣玉案之食。」《後漢書·梁鴻傳》：「妻爲具食，不敢於鴻前仰視，舉案齊眉。」《方言》曰：「案，陳楚宋魏之閒謂之㯷，自關而東謂之案。」後世謂所凭之几爲案，古今之變也。**從木，安聲。**烏旰切，十四部。

檈　**圜案也。**檈圜疊韵。**從木，瞏聲。**似沿切，十四部。

椷　**篋也。**匚部曰：「匧，笥也。」竹部曰：「笥，飯及衣之器也。」《方言》：「椷，杯也。」與許異。《漢·天文志》：「閒可椷劒。」

蘇林曰：「椷，音圅。容也。」此假椷爲含也。從木，咸聲。古咸切，七部。

料　勺也。勺下曰：「所以挹取也。」與此義相足。凡升斗字作斗，料勺字作料，本不相謀，而古音同當口切，故料多以斗爲之。《小雅》：「維北有斗，不可以挹酒漿。」「維北有斗，西柄之揭。」《大雅》：「酌以大斗。」皆以斗爲料也。《考工記》注曰：「勺，尊斗也。尊斗者，謂挹取於尊之勺。」《士冠禮》注亦曰：「勺，尊斗也。所以𣂁酒也。」此等本皆假斗爲料，而俗本譌爲「尊升」，遂不可通。《少宰》注曰：「凡設水用罍，沃盥用料。」此則用本字。《趙世家》：「使廚人操銅料。」《張儀傳》説此事作「金斗」。《喪大記》：「沃水用料。」《周禮·鬯人》作「斗」。從木，斗聲。鉉本作「從斗」，非也。之庾切，音之轉也。古當口切，在四部。

杓　料柄也。料柄者，勺柄也。勺謂之料，勺柄謂之杓。《小雅》言：「西柄之揭。」《大雅》傳曰：「大斗長三尺。」《張儀傳》：「令工人作爲金斗，長其尾，令可以擊人。」《天官書》、《天文志》皆云：「杓攜龍角，魁枕參首。」北斗一至四爲魁，五至七爲杓，象料柄也。從木，勺聲。甫遙切，二部。按，《索隱》引《説文》匹遙反。

櫑　龜目酒尊。《五經異義》：「《韓詩》説：金罍，大器也。天子以玉，諸侯大夫以金，士以梓。古《毛詩》説：金罍，酒器也。諸臣之所酢。人君以黄金飾，尊大一碩，金飾龜目，葢刻爲雲靁之象。許君曰：謹案，《韓詩》説，天子以玉，經無明文。謂之罍者，取象雲靁博施，故從人君下及諸臣同。」按，《異義》從古《毛》説，《説文》同也。故云「龜目酒尊，刻本爲雲靁象」。《爾雅》：「彝、卣、罍，器也。小罍謂之坎。」然則櫑有小大。《燕禮》「罍水在東」，則罍亦以盛水。刻木作雲靁象，句。象施不窮也。從木，從畾，畾亦聲。此五字，今補正。刻木至從畾，此述古《毛》説，説從木從畾之意也。刻爲龜目，又通體刻爲雲靁。古之刻雲，如古文之；刻靁，如古文之。所以刻爲雲靁者，以雲靁施澤不窮，人君之櫑，爲諸臣取酒自酢者，故象之也。畾者，靁之省。凡許言畾聲，皆靁省聲也。魯回切，十五部。

罍　櫑或從缶。葢始以木，後以匋。

櫑　櫑或從皿。

𦉪　籒文櫑，從缶回。猶籒文𩰲作鬻也。《漢書·文三王傳》，孝王有䨻尊，如此作。

椑　圜榼也。《漢書》曰：「美酒一椑。」㊺椑見《急就篇》及《廣雅》。按，《考工記·廬人》：「句兵椑。」注云：「椑，隋圜也。」從木，卑聲。部迷切，十六部。

榼　酒器也。師古注《急就篇》曰：「榼，盛酒之器。其形榼榼然也。」《孔叢子》曰：「子路嗑嗑，當飲十榼。」從木，盍聲。枯蹋切，八部。

橢　車笭中橢橢器也。橢橢，當作「隋隋」。山部：「嶞，山之隋隋者。」今本亦譌作「嶞嶞者」。隋隋，狹長皃也。《史記索隱》引《三蒼》云：「橢，盛鹽豉器。他果反。」師古注《急就篇》云：「橢，小桶也。所以盛鹽豉。」《廣韵》曰：「橢，器之狹長。」從木，隋聲。徒果切，十七部。《廣韵》他果切。

槌 關東謂之槌，關西謂之㭙。《方言》：「槌，宋魏陳楚江淮之閒謂之植，自關而西謂之样。」郭云：「槌，縣蠶薄柱也。度畏反。植，音值。样，音陽。」按，㭙與植蓋一字，古音同在一部也。依《方言》，當作「關西謂之样，關東謂之㭙」。容許所據不同耳。從木，追聲。直類切，十五部。

㭙 槌也。從木，寺聲。各本作「特省聲」，淺人所改也。特又何聲耶？㭙即《方言》之植。《月令》「具曲植」，鄭曰：「植，槌也。」《吕覽》作「具挾曲」，高曰：「挾，讀曰朕。三輔謂之挾，關東謂之得。」《淮南書》作「具撲曲」，高曰：「薄，持也。三輔謂之撲。」按，高注持即㭙之誤，得即㭙之假借字也。《篇》、《韵》皆云：「㭙，一作棏，一作⿰木悳。」朕本謂横者，高注蓋統言之耳。陟革切，古言在一部㊻。

栚 槌之横者也，關西謂之槇。《方言》：「槌，其横，關西曰㮳。宋魏陳楚江淮之閒謂之䊧，音帶。齊海岱之閒謂之䌊，相卞反。」按，栚、㮳、朕三同。「關西謂之槇」，西，當作東，槇，當同簨虡之簨。横者曰簨。《方言》作䌊，亦同音也。《吕覽》注曰：「挾，讀曰朕。三輔謂之朕。」正與《方言》「關西曰㮳」合。從木，灷聲。許佚、勝字皆灷聲，是本有灷篆而佚之也。直衽切，七部。

槤 胡槤也。胡，各本作「瑚」，今正。瑚雖見《論語》、《禮記》，然依《左傳》作「胡」爲長。《明堂位》曰：「有虞氏之兩敦，夏后氏之四璉，殷之六瑚，周之八簋。」而苞注《論語》曰：「瑚璉者，黍稷器也。夏曰瑚，商曰璉，周曰簠簋。」杜注《左》云：「夏曰瑚，周曰簋。」孔沖遠云：「包、鄭等注《論語》，賈、服等注《左傳》，皆云夏曰瑚，杜亦同之，或別有所據，或相從而誤。」按，此非相從而誤。漢人所據《戴記》不同也。璉，當依許從木。據《明堂位》音義本作「四連」，《周禮》、《管子》以連爲輦。《韓勑禮器碑》「胡輦器用」，即胡連也。《司馬法》：「夏后氏謂輦曰余車，殷曰胡奴車，周曰輜輦。」疑胡輦皆取車爲名。從木，連聲。里典切，《廣韵》力展切，十四部。

櫎 所㠯几器。謂所以庋閣物之器也。几可庋物，故凡庋曰几。《廣韵》曰：「櫎，兵闌。」從木，廣聲。胡廣切，十部。一曰，帷屏屬。各本屏下有「風之」二字，今依李善《吳都賦》注正。《吳都賦》曰：「房櫳對櫎。」櫎之字，一變爲榥，再變爲幌。《雪賦》注引《文字集略》曰：「幌，以帛明牕也。」

㯫 所㠯舉食者。所㠯二字，今補。按，㯫、梮二字同。㯫，四圍有周，無足，置食物其中，人舁以進。別於案者，案一人扛之，㯫二人對舉之也。《漢書·溝洫志》：「山行則梮。」韋昭曰：「梮，木器。如今轝牀，人轝以行也。」《左傳·襄九年》：「陳畚梮。」杜曰：「梮，土轝也。」梮同㯫。人轝、土轝與食轝，形製則一。《史記》梮作「橋」，許則云「山行乘欙」；而盛土之「梮」，《孟子》《毛傳》皆謂之虆。虆即欙字，梮即㯫字。應劭注《漢書》曰：「梮，或作欙，爲人所牽引也。」此蓋物重，則舁之而又輓之，故曰欙。孔沖遠《左傳正義》作從手之「搨」，乃誤字也。從木，局聲。俱燭切，古音在四部。

檕 繘耑木也。繘，汲井綆也。綆耑木者，下耑有轡，上耑有木以爲硾。檕之言系也，《釋木》以爲檕梅字。從木，毄聲。古詣切，十六部。

檷 絡絲柎也。柎，各本作「檷」，今依《易釋文》、《玉篇》、《廣韵》正。《釋文》作「跗」。柎、跗古今字。柎，咢足也。「絡絲柎」者，若今絡絲架子。《姤》：「初六，繫於金柅。」《九家易》曰：「絲繫於柅，猶女繫於男，故以喻初宜繫二也。」從木，爾聲。奴禮切，十六部。讀若昵。昵，各本作「柅」，今依《易釋文》正。昵，或暱字，合韵也。《易》曰：「繫於金檷。」六字各本無，今依《易釋文》補。

機 主發謂之機。下文云：「機持經者」、「機持緯者」，則機謂織具也。機之用主於發，故凡主發者皆謂之機，檃栝之辭。從木，幾聲。居衣切，十五部。

榺 機持經者。《三倉》曰：「經所居，機榺也。」《淮南・氾論訓》曰：「後世爲之機杼勝複，以便其用，而民得以揜形御寒。」勝者，榺之假借字。戴勝之鳥，首有横文似榺。故鄭云「織紝之鳥」。《小雅》云：「杼軸其空。」榺即軸也。謂之軸者，如車軸也，俗作柚。謂之榺者，勝其任也，任正者也。從木，朕聲。詩證切，六部。按，《集韵》引《廣雅》「柢謂之榺」，今《廣雅》柢作「桬」，誤也。

杼 機持緯者。桬、梭，皆俗字。從木，予聲。直吕切，五部。按，此與木名之柔，以左形右聲、下形上聲爲別。

椱 機持繒者。繒字不可通，《玉篇》作「繪」。按，當作「會」，會者，經與緯之合也。緯與經合，慮其不緊，則有椱入經之間以緊之。魯季敬姜説織曰：「持交而不失，出入不絕者，梱也。梱可以爲大行人也。」持交，正許所云持「會」也。趙注《孟子》「梱屨」曰：「梱，猶叩椓也。織屨欲堅，故叩之也。」此與敬姜説梱義同。字皆當從木。孫氏《孟子音義》從手，誤。《淮南・氾論訓》云「機杼勝複」，複即椱之假借字也。從木，复聲。扶富切，三部。

楥 履法也。今鞋店之楦也。楥、楦正俗字。從木，爰聲。吁券切，十四部。讀若指撝。手部撝下曰：「一曰，手指也。」按，撝古音在十七部，此合韵也。今人語音爲正。

核 蠻夷㠯木皮爲匧，狀如籢尊之形也。未詳所本。今字果實中曰核，而本義廢矣。按，許不以核爲果實中者，許意果實中之字，當用「覈」也。《小雅》「肴核維旅」，班固、蔡邕作「肴覈」，左思作「肴槅」，槅即覈也。今本《毛詩》作「核」，非古也。《周禮》：「其植物宜覈物。」覈，猶骨也。《廣韵》云：「榾，果子榾也。出《聲譜》，户骨切。」此字近是。《玉篇》亦云：「核，户骨切。果實中也。」從木，亥聲。古哀切，一部。

棚 棧也。《通俗文》曰：「板閣曰棧，連閣曰棚。」析言之也。許云「棚，棧也」，渾言之也。今人謂架上以蔽下者皆曰棚。從木，朋聲。薄衡切，古音在六部。

棧　棚也，竹木之車曰棧。不言「一曰」者，其義同也。《小雅》傳曰：「棧車，役車。」箋云：「棧車，輦者。」許云「竹木之車」者，謂以竹若木散材編之爲箱，如柵然，是曰棧車。棧者，上下四旁皆偁焉。《公羊傳》云：「亡國之社，掩其上而柴其下。」《周禮·喪祝》注，作「奄其上而棧其下」，棧其下，謂以竹木布於地也。從木，戔聲。士限切，十四部。

栫　以柴木雝也。雝者，今之壅字也。《文選注》引「以柴木壅水」，《玉篇》《類篇》同。然此不獨施於水，無水爲長也。上文棧云「竹木」，謂竹木之整齊者。此云「柴木」，謂散材不整齊者。横直皆可云栫。《左傳》：「吳囚邾子於樓臺，栫之以棘。」杜曰：「栫，擁也。」《釋器》：「槮謂之涔。」《江賦》：「栫澱爲涔。」此則聚積柴木於水中也。從木，存聲。徂悶切，十三部。按，《篇》、《韵》皆在甸切。

椢　匡當也。匡當，今俗有此語，謂物之腔子也。椢，亦作簂，亦作蔮。《士冠禮》注云：「滕、薛名蔮爲頍。」《釋名》曰：「簂，恢也。恢廓覆髮上也。魯人曰頍，齊人曰幗。」按，鄭、劉所説，椢之一耑耳。從木，國聲。古悔切，古音在一部。

梯　木階也。《孟子》：「父母使舜完廩，捐階。」趙曰：「階，梯也。階以木爲之，便於登高。」從木，弟聲。土雞切，十五部。

棖　杖也。未詳。從木，長聲。宅耕切，《廣韵》直庚切，古音在十部。一曰，法也。未詳。《釋宫》曰：「棖謂之楔。」《玉藻》注：「棖，門楔也。」《鄭風》箋：「棖，門梱上木近邊者。」按，門兩旁木，亦法之一端也。鄭説梱爲門限，故曰「門梱上木」。

桊　牛鼻環也。各本環上有「中」字，今依《玄應》删。《玄應》曰：「桊，牛拘也。今江以北皆曰牛拘，以南皆曰桊，居院切。」按，《吕氏春秋》曰：「使烏獲疾引牛尾，尾絶力勯而牛不可行，逆也。使五尺童子引其棬，而牛恣所以之，順也。」棬者，桊之譌字。從木，𢍏聲。居倦切，十四部。

椯　箠也。《淮南·氾論訓》：「是猶無鏑銜橜策錣而御馯馬也。」高注：「錣，椯頭箴。」注《道應訓》又曰：「策，馬捶也。端有箴，以刺馬，謂之錣。」按二注，是箠、策、椯一物也。竹部曰：「策，馬箠也。」從木，耑聲。兜果切，古音當在十四部。一曰，度也。手部揣下曰：「度高曰揣。一曰，捶之。」此云：「椯，箠也。一曰，度也。」然則椯與揣音義略同，如楔與揳皆訓度也。一曰，椯剟也。刀部曰：「剟，刊也。」椯與剟雙聲。

橜　弋也。弋下曰：「橜也。」從木，厥聲。瞿月切，十五部。與氏部𠂹音同義相近。《莊》、《列》：「橜株駒」。一曰，門梱也。上文云：「梱，門橜也。」與此爲互訓。此亦樴弋之一耑耳。橜或借厥，梱或借困。《荀卿》曰：「和之璧，井里之厥也，玉人琢之，爲天子寶。」《晏子》作「井里之困」。

樴 弋也。《釋宮》曰：「樴謂之杙，在牆者謂之楎，在地者謂之臬。大者謂之栱，長者謂之閣。」弋、杙古今字。樴，《周禮》作職，《牛人》曰：「祭祀，共其享牛，求牛，以授職人而芻之。」注云：「職讀爲樴。樴謂之杙，可以繫牛。」引伸凡物一枚曰一樴。《鄉射禮記》：「薦脯五樴。」㊼注云：「樴，猶梃也。爲記者異耳。」《鄉飲酒禮記》：「薦脯五梃。」注云：「梃，猶樴也。」今本《儀禮》樴譌「膱」，梃譌「挺」及「脡」，今依張淳、葉林宗所據《釋文》正。從木，戠聲。之弋切，一部。

杖 持也。杖、持疊韵。凡可持，及人持之，皆曰杖。喪杖、齒杖、兵杖，皆是也。兵杖字，俗作「仗」，非。門下云：「兵杖在後。」欑下云：「積竹杖。」可證。從木，丈聲。直兩切，十部。

柭 棓也。從木，犮聲。北末切，十五部。

棓 棁也。棓、棒正俗字。《天官書》：「紫宮左三星，曰天槍；右五星，曰天棓。」《淮南書》：「寒浞殺羿於桃棓。」從木，咅聲。步項切。按，音聲在四部，合韵也。

棁 木杖也。木，一本作「大」。《穀梁傳・宣十八年》曰：「邾人戕繒子于繒。戕，猶殘也，棁殺也。」棁殺，謂杖殺之。今本注疏、釋文，皆譌從手，而《唐石經》初從木作棁，後改從手。唐玄度之紕繆也。《後漢・禰衡傳》：「手持三尺棁杖。」按，經典用爲梁上短柱之棳。從木，兑聲。他活切，又之説切，十五部。〇棁篆，舊在椎柯二篆後，今移正。

椎 所㠯擊也。所㠯二字，今補。器曰椎，用之亦曰椎。《方言》曰：「㧜、抌，椎也。南楚凡相椎搏曰㧜，或曰揔，沅涌澧幽之語，或曰攩。」郭云：「今江東人亦名椎爲攩。」按，《方言》椎字，今本多誤從手作推。齊謂之終葵。《考工記》：「大圭長三尺，杼上，終葵首。」注曰：「終葵，椎也。爲椎於其杼上，明無所屈也。」按，《考工記》「終古」、「終葵」、「椑」，皆用齊言，葢齊人作。從木，隹聲。直追切，十五部。

柯 斧柄也。見《豳風》毛傳。《考工記》曰：「一欘有半謂之柯。」注云：「伐木之柯柄，長三尺。」又《廬人》注曰：「齊人謂柯斧柄爲椑。」按，柯斧者，大斧也。柯之假借爲枝柯。從木，可聲。古俄切，十七部。

柄 柯也。柄之本義，專謂斧柯，引伸爲凡柄之偁。《周禮》、《禮經》作「枋」，丙聲、方聲，同在十部也。從木，丙聲。陂病切，古音在十部。

棅 或從秉。秉聲，古亦在十部也。《莊子・天道篇》：「天下奮棅而不與之偕。」《管子・山權數篇》：「此謂君棅。」按，古又以秉爲柄，如《左傳》：「國子實執齊秉。」㊽《前・五行志》：「殺生之秉終矣。」

柲 欑也。欑，各本誤從手。葉本誤從亻，今正。此即下文積竹杖也。《考工記》：「廬人爲廬器，戈柲六尺有六寸，殳長尋有四尺，車戟常，酋矛常有四尺，夷矛三尋。」注云：「柲，猶柄也。」按，戈戟矛柄，皆用積竹杖，不比他柄用木而已。殳則用積竹杖而無刃。柲之引伸，爲凡柄之偁。《左傳》「剝圭以爲鏚柲」，鏚柄不用積竹。從木，必聲。兵媚切，古音在十二部。

欑 積竹杖。詳竹部籣下、殳部殳下。鄭注《考工記》曰：「矛戟柄竹欑柲。」從木，贊聲。在丸切，十四部。一曰，穿也。此與金部鑽音義皆同。一曰，叢木。《蒼頡篇》云：「欑，聚也。」《衆經音義》云：「儧、欑同。」《喪大記》：「君殯，欑至於上。」注云：「欑，猶菆也。」按，注謂與《檀弓》「菆塗」同也。欑、菆、叢，皆聚意。

杘 籆柄也。竹部曰：「籆，所以收絲者也。」《方言》：「籆，榬也。兖豫河濟之閒謂之榬。」郭云：「所以絡絲也。」「絡謂之格。」郭云：「所以轉籆絡車也。」按，注籆字葢衍，籆即絡車也。所以轉絡車者，即杘也。此與檷異物。從木，尸聲。女履切，十五部。

柅 杘或從木，尼聲。《中山經》注曰：「檷音絡柅之柅。」《易·姤》：「初六，繫于金柅。」釋文曰：「柅，《説文》作檷。」按，昔人謂檷、柅同字，依許，則柅者，今時籆車之柄，檷者，今時簏絲於上之架子，以受籆者也。故曰絡絲柎。臣鉉等曰：「上文云：柅，木實如棃。此重出。」

榜 所㠯輔弓弩也。經傳未見此義。竹部曰：「篣，榜也。」假借之義也。辭章家用「榜人」，則舟部之舫人也。從木，㫄聲。補盲切，古音在十部。

檠 榜也。《秦風》：「竹閉緄縢。」毛曰：「閉，紲；緄，繩；縢，約也。」《小雅·角弓》傳曰：「不善紲檠巧用，則翩然而反。」《既夕記》説明器之弓「有柲」，注云：「柲，弓檠也。弛則縛之於弓裏，備損傷也。以竹爲之。」引《詩》：「竹柲緄縢。」《考工記·弓人》注云：「紲，弓鞑。弓有鞑者，爲發弦時備頓傷。」引《詩》「竹鞑緄縢」。合此言之，《禮》謂之「柲」，《詩》謂之閉，《周禮注》謂之「鞑」，《禮》古文作「枈」，四字一也，皆所謂檠也。紲者，繫檠於弓之偁。緄，則繫之之繩。謂之檠者，正之也。謂之榜者，以竹木異體，從㫄傅合之之言。凡言榜笞、榜箠者，取義於縲紲。凡後世言標榜者，取義於表見在外也。從木，敬聲。巨京切，十一部。

櫽 桰也。櫽與桰互訓。櫽亦作「㢈」，亦假借作「隱」。桰亦假借作「括」。《尚書大傳》：「子贛曰：櫽桰之㫄多曲木，良醫之門多疾人，砥厲之㫄多頑鈍。」《荀卿·大略篇》：「大山之木，示諸櫽桰。」櫽桰者，矯制衺曲之器也。《方言》：「所以隱櫂謂之㰏。」郭云：「搖㰏小㰏也。」按，櫂以索繫於㰏而後可打，是㰏者，所以櫽其櫂也。如許云：矢「櫽弦處」謂之矢桰，矢桰，所以檢弦也。《般庚》：「尚皆隱哉。」某氏注云：「相隱括共爲善政。」《公羊傳·何序》云：「隱括使就繩墨。」《孫卿書》云：「劫之以勢，隱之以阸。阸而用之，得而後功之。」隱皆讀爲櫽。《漢·刑法志》：「隱之以勢。」㊾臣瓚注曰：「秦政急峻，隱括其民於隘狹之法。」是也。凡古云安隱者，皆謂櫽桰之而安也，俗作安穩，聲形皆變也。從木，隱省聲。於謹切，十三部。按，《篇》、《韵》皆引《說文》「檃栝也」，不省心。

桰 檃也。從木，𠯑聲。古活切，十五部。一曰，矢桰，檃弦處。檃，各本作「築」，不可通，今正。《釋名》曰：「矢末曰栝。栝，會也。與弦會也。」云「檃弦處」者，弦可隱其閒也。此亦檃栝之一耑耳。而別言之者，俗但知桰爲矢桰字，嫌義不備，故箸之也。矢桰字，經傳多用「括」，他書亦用「筈」。

棊 簙棊。竹部曰：「簙，局戲也。六箸，十二棊。」從木，其聲。渠之切，一部。

椄 續木也。今栽華植果者，以彼枝移椄此樹，而華果同彼樹矣。椄之言接也，今接行而椄廢。從木，妾聲。子葉切，八部。

栙 栙雙也。三字句。竹部曰：「筌，栙雙也。」《廣韵》曰：「栙雙，帆未張。」又曰：「雙，帆也。」按，《廣韵》有跭䠸、跭䠸、艂艭，皆疊韵字。從木，夅聲。讀若鴻。下江切，九部。

栝 炊竈木。今俗語云竈㮇是也。《廣韵》云：「㮇，火杖。」栖、㮇，古今字也。從木，舌聲。臣鉉等曰：「當從甛省乃得聲。」按，徐說非也。栝、甛、銛等字，皆從㐁聲，㐁見谷部，轉寫譌爲舌耳。他念切，七部。

槽 嘼之食器。嘼，各本作「畜獸」二字，今正。嘼，六嘼也。馬櫪曰槽。《方言》：「櫪，梁宋齊楚北燕之閒謂之樎阜。」阜與槽，音義同也。從木，曹聲。昨牢切，古音在三部。按，《大雅》「乃造其曹」。曹葢槽之假借，謂造於豕之處也。

臬 射埻的也。埻的，各本作「準的」，今正。土部曰：「埻，射臬也。」二字互訓。日部曰：「的，明也。」埻、準，的、的，皆古今字。李善《東京賦》注引作「埻」，可證古本不作俗字矣。臬，古假「藝」爲之。《上林賦》：「弦矢分，藝殪仆。」文穎曰：「所射準的爲藝。」《左傳》：「陳之藝極。」皆是也。臬之引伸，爲凡標準法度之偁。《釋宮》曰：「樴謂之杙。在牆者謂之臬。」㊿《康誥》曰：「陳時臬事。」《考工記·匠人》作「槷」，𨸏部曰：「賈侍中說：隉，法度也。」皆臬之假借字也。從木，自聲。五結切，十五部。李陽冰曰：「自非聲。」以去入爲隔礙也。

桶 木方受六升。疑當作「方斛受六斗」。《廣雅》曰：「方斛謂之桶。」《月令》：「角斗甬。」注曰：「甬，今斛也。」甬即桶，今斛者，今時之斛。凡鄭言今者，皆謂漢時。秦漢時有此六斗斛，與古十斗斛異。《史記》：商君「平斗桶」，吕不韋《仲春紀》「角斗桶」，故知起於秦也。從木，甬聲。他奉切，九部。

櫓 大盾也。盾，瞂也。戰，盾也。《秦風》毛傳曰：「伐，中干也。」伐即瞂，干即戰，櫓其大者也。《釋名》曰：「盾大而平者曰吳魁，隆者曰須盾。」櫓或假「杵」爲之。流血漂杵，即流血漂櫓也。從木，魯聲。郎古切，五部。

樐 或從鹵。鹵聲也。《始皇本紀》亦假鹵爲之。天子出行鹵簿，鹵，大楯也。以大盾領一部之人，故名鹵簿。

樂　五聲八音總名。《樂記》曰：「感於物而動，故形於聲。聲相應，故生變。變成方，謂之音。比音而樂之，及干戚羽旄，謂之樂。」音下曰：「宫、商、角、徵、羽，聲也。絲、竹、金、石、匏、土、革、木，音也。」樂之引伸，爲哀樂之樂。象鼓鞞。鞞，當作「鼙」，俗人所改也。「象鼓鼙」，謂𢆶也。鼓大鼙小，中象鼓，兩旁象鼙也。樂器多矣，獨像此者，鼓者，春分之音，《易》曰：「雷出地奮豫，先王以作樂崇德」，是其意也。木，逗。謂從木。虡也。虍部曰：「虡，鐘鼓之柎也。」五角切，古音在二部。

柎　闌足也。柎，蒙上文「木虡」言之，闌字恐有誤。《韵會》本闌作「鄂」。柎、跗，正俗字也。凡器之足皆曰柎。《小雅》：「鄂不韡韡。」傳云：「鄂，猶鄂鄂然。言外發也。」箋云：「承華者曰鄂。不，當作柎。柎，鄂足也。鄂足得華之光明，則韡韡然盛。古聲不柎同。」箋意，鄂承華者也，柎又在鄂之下。以華與鄂，喻兄弟相依。郭璞云：「江東呼草木子房爲柎。」草木子房，如石榴房、蓮房之類，與花下鄂一理也。從木，付聲。甫無切，四部。

枹　擊鼓柄也。柄，各本作「杖」，今依《文選》注、《玄應書》正。《左傳音義》引《字林》亦作「柄」。《左傳》：「右援枹而鼓。」《禮運》、《明堂位》皆云：「凷桴土鼓。」《玄應》云：「衛宏詔定古文官書，枹、桴二字同體，音扶鳩切，鼓椎也。」按，桴本訓棟，借爲鼓柄字耳。從木，包聲。甫無切。按，當依《廣韵》縛謀切。三部。

椌　柷樂也。《樂記》注曰：「椌楬，謂柷敔也。」此釋椌爲柷，釋楬爲敔也。謂之椌者，其中空也。從木，空聲。苦江切，九部。

柷　樂木椌也。樂上當有「柷」字。椌，各本作「空」，誤。《周頌》毛傳曰：「柷，木椌也。圉，楬也。」許所本也。今更正。所㠯止音爲節。按鉉本此六字[51]大誤。柷以始樂，非以止音也。鍇本此篆已佚，而見《韵會》者，亦譌舛不可讀。今按，當作「以止作音爲柷」。《釋樂》曰：「所以鼓柷謂之止。」蓋椌之言空也，自其如桼桶言之也。柷之言觸也，自其椎柄之撞言之也。《皋陶謨》：「合止柷敔。」鄭注云：「柷狀如桼桶而有椎。合之者，投椎其中而撞之。」[52]《爾雅》郭注云：「柷如桼桶，方二尺四寸（《風俗通》、《廣雅》云，三尺五寸），深一尺八寸（《風俗通》云，尺五寸），中有椎柄，連底挏之，令左右擊。止者，其椎名。」劉熙云：「柷，祝也。故訓祝爲始，以作樂也。」[53]從木，祝省聲。昌六切，三部。

槧　牘樸也。樸，素也，猶坏也。牘，書版也。槧謂書版之素，未書者也。《論衡》曰：「斷木爲槧。」《釋名》曰：「槧，版之長三尺者也。槧，漸也。言漸漸然長也。」楊雄曰：「天下上計孝廉，及内郡衛卒會。雄常把三寸弱翰，齎油素四尺，以問其異語。歸，即以鉛擿次之於槧。」《西京雜記》曰：「懷鉛提槧。」從木，斬聲。自剡切，八部。

札　牒也。片部曰：「牒，札也。」二字互訓。長大者曰槧，薄小者曰札，曰牒。《釋名》曰：「札，櫛也。編之如櫛齒相比也。」《司馬相如傳》曰：「上令尚書給筆札。」師古曰：「札，木簡之薄小者也。」從木，乙聲。側八切，古音在十二部。

檢 書署也。書署，謂表署書函也。《後漢・祭祀志》曰：「尚書令奉玉牒檢，皇帝㠯二分璽親封之，訖，太常命人發壇上石，尚書令藏玉牒已，復石覆訖，尚書令以五寸印封石檢。」按，上云「玉牒檢」者，玉牒之玉函也，所謂玉檢也。下云「石檢」者，上文云「石覆訖」是也。檢以盛之，又加以璽印。《周禮注》曰：「璽節，印章，如今斗檢封矣。」《廣韵》云：「書檢者，印窠封題也。」則通謂印封爲檢矣。《公孫瓚傳》曰：「袁紹矯刻金玉㠯爲印璽，每有所下，輒皁囊施檢。」章懷曰：「檢，今俗謂之排。」排，如今言幖簽耳。從木，僉聲。居奄切，七部。引伸爲凡檢制、檢挍之偁。

檄 尺二書。各本作「二尺書」，小徐《繫傳》已佚。見《韵會》者，作「尺二書」，葢古本也。李賢注《光武紀》曰：「《說文》以木簡爲書，長尺二寸，謂之檄。以徵召也。」與《前書・高紀》注同。此葢出演《說文》，故語加詳。云「尺二寸」，與鍇本合。但漢人多言「尺二」，未知其分別之詳。《後漢書》、《水經注》皆曰：「李雲上書云：孔子言，帝者，諦也。今尺一拜用，不經御省，是帝欲不諦乎。」又《後漢書・儒林傳》云：「詔曰：乞楊生師，即尺一出升。」《文選注》引蕭子良《古今篆隸文體》曰：「鶴頭書，偃波書，俱詔板所用。在漢時則謂之尺一簡。」《獨斷》曰：「策書長二尺，以命諸侯王三公。三公以罪免，亦賜策，以尺一木。」從木，敫聲。胡狄切，古音在二部。

棨 傳信也。此字蒙上槧、札、檢、檄爲次。若今之文書也。《漢・孝文紀》：「除關無用傳。」張晏曰：「傳，信也。若今過所也。」如淳曰：「兩行書繒帛，分持其一，出入關，合之乃得過，謂之傳也。」李奇曰：「傳，棨也。」師古曰：「古者或用棨，或用繒帛。棨者，刻木爲合符也。」按，用繒帛謂之繻。《終軍傳》曰「關吏予軍繻」是也。用木謂之棨，此云「傳信也」是也。傳讀張戀反。《釋名》曰：「棨，詣也。以啓語官司所至詣也。」當謂此。今本譌舛不可讀，爲正之如此。從木，啓省聲。康禮切，十五部。今字棨釋爲兵闌。

楘 車歷録，句。束文也。束文上當疊「歷録」字，今奪。文，宋本、葉本、趙本、《韵會》皆同。一本作「交」，非。《秦風》：「五楘梁輈。」傳曰：「五，五束也。楘，歷録也。梁輈，輈上句衡也。一輈五束，束有歷録。」《考工記》：「輈欲頎典。」大鄭云：「頎讀爲懇，典讀爲殄。駟車之轅，率尺所一縛，懇殄似謂此也。」按，此所謂「曲轅纍縛」也。歷録者，歷歷録録然，坳胅分明皃。歷録，古語也。《小雅》：「約之閣閣。」毛云：「約，束也。閣閣，猶歷歷也。」革部曰：「車軸束謂之鞪。」從木，敄聲。莫卜切，三部。《詩》曰：「五楘梁輈。」

梐 梐枑，逗。行馬也。《周禮・掌舍》：「掌王之會同之舍，設梐枑再重。」注曰：「故書枑爲拒。杜子春讀爲梐枑。梐枑，謂行馬。玄謂行馬再重者，以周衛有外內列。」按，許亦從杜子春作梐枑也。從木，陛省聲。邊兮切，十五部。按，當作「坒聲」，與非部陛下「陛省聲」不同。《周禮》曰：「設梐枑再重。」

枑 枑 梐枑也。從木，互聲。胡誤切，五部。○按，舊二篆先枑後梐，今正。又此二篆舊次，當與柤、槍等篆爲伍，而桼、槅、橾、楇當聯文。

极 极 驢上負也。當云「驢上所以負也」，淺人刪之耳。《廣韵》云：「驢上負版。」蓋若今馱鞍。或云負笈字當用此，非也。《風土記》曰：「笈，謂學士所以負書箱，如冠箱而卑者也。」謝承《後漢書》曰：「負笈隨師。」然則笈者書箱，人所負以徒步者，不得合爲一也。從木，及聲。其輒切，七部。或讀若急。云或者，云「及聲」則既讀若及矣，又或若急也。

㭕 㭕 极也。《廣韵》曰：「版置驢上負物。」從木，去聲。去魚切，五部。

槅 槅 大車枙。枙，當作「軶」，隸省作「軛」。車部曰：「軶，轅前也。」槅，《考工記》作「鬲」。大鄭云：「鬲，謂轅端厭牛領者。」大車者，鄭云：「平地任載之車也。」[54]通曰軶，大車之軶曰槅。《釋名》曰：「槅，扼也。所以扼牛頸也。」馬曰：「烏啄，下向叉馬頸，似烏開口向下啄物時也。」《西京賦》曰：「五都貨殖，既遷既引。商旅聯槅，隱隱展展。」此正謂大車也。下文云：「冠帶交錯，方轅接軫。」謂乘車也。從木，鬲聲。古覈切，十六部。按，左思《蜀都賦》以槅爲覈。

橾 橾 車轂中空也。《考工記》：「以轂圍之阞捎其藪。」注曰：「捎，除也。阞，三分之一也。」鄭司農云：「捎，讀如桑螵蛸之蛸。藪，讀如蜂藪之藪。謂轂空壺中也。」玄謂此藪徑三寸九分寸之五，壺中當輻菑者也。藪者，猶言趨也。蜂藪者，衆輻之所趨也。」舊本經注多誤字，今挍正之如是。按，《記》文蓋本作「捎其橾」，大鄭乃易爲「藪」，故云「讀爲」[55]。後人直用大鄭說改《記》文耳。程氏瑤田《通藝録》曰：「阞與《王制》祭用數之仂同，十分之一也。藪，謂鑿深，捎之以待置輻也。《記》曰：六分其輪崇，以其一爲之牙圍，參分其牙圍而漆其二，椁其漆内而中詘之，以爲轂長，是則轂長當三尺二寸五分四釐一豪六絲六不盡。由是以轂長爲圍，以圍之十一爲鑿深。十一，當三寸二分五釐四豪一絲六忽六不盡，用其成數得三寸，輻廣亦三寸也。《車人》，大車輻廣三寸，柏車羊車，不見輻廣，亦三寸可知。故下文云：凡輻，量其鑿深以爲輻廣。先鄭言蜂藪，後鄭言衆輻所趨，則藪之名義當起於輻鑿也。」按，先後鄭說，直以轂空壺中與衆輻之孔相接，故云「壺中當輻菑者」也。合二者爲一以釋經，而未知輻孔不通壺中，壺中以受軸，橾以受輻，劃然二事。鄭不若程氏之精確也。許字作橾，從喿，喿鳥羣鳴也。亦與衆趨之義合。其云「車轂中空也」，亦未該。從木，喿聲。讀若藪。大鄭云讀爲藪者，易橾爲藪也，注經之法也。許云讀如藪者，擬其音也，字書之體也。山樞切，古音當在二部，讀如臊。《急就篇》有輮字，橾、藪、輮雙聲，宜分別壺中曰輮，輻孔曰橾、曰藪。

楇 楇 盛膏器。《孟子荀卿列傳》：「談天衍，雕龍奭，炙轂過髡。」劉伯莊云：「轂字衍。」裴駰云：「劉向《別録》過字作輠。輠者，車之盛膏器。炙之雖盡，猶有餘流者，言淳于髡不盡如炙輠也。」按，《方言》：「車釭，齊燕海岱之閒謂之鍋，或謂之錕，自關而西謂之釭，盛膏者乃謂之鍋。」此謂關西謂盛膏者曰鍋也，脂施於車釭，故釭或得楇名，而楇自別有物，如今時御者，亦系小油缾於車以備用是也。過、輠、鍋三字同。從木，咼聲。乎卧切，十七部。按，當依《篇》、《韵》古禾切。

柳 馬柱也。謂系馬之柱也。《蜀志》：「劉備解綬縛督郵馬柳。」《華陽國志》曰：「建寧郡存駹縣，雍闓反。結壘於縣山，繫馬柳柱生成林。」從木，卬聲。吾浪切，十部。按，亦平聲。

梱 梱斗，逗。可射鼠。從木，固聲。古慕切，五部。

欙 山行所乘者。《河渠書》作「橋」，丘遙反。徐廣曰：「一作輂，几玉反。輂，直轅車也。」[56]《漢書》作「梮」，韋昭曰：「梮，木器也。如今轝牀，人轝以行也。」應劭曰：「梮，或作欙。爲人所牽引也。」《尚書正義》引《尸子》「山行乘欙」，僞孔傳亦作「欙」。按，輂、梮、橋三字同，以梮爲正。橋者，音近轉語也。欙與梮一物異名，梮自其盛載而言，欙自其輓引而言。纍，大索也。欙從纍，此聲義之皆相倚者也。應釋欙，韋釋梮皆是。兼二說而後全。《孟子》「虆梩」，趙云：「虆，籠屬。」《毛詩》傳：「捄，虆也。」亦謂土籠，舁之曰梮，人引之而行，則曰欙也。虆者，欙之假借字，或省作樏者，非也。《毛詩》之「捄」，亦梮之假借字也。從木，纍聲。力追切，十五部。《虞書》曰：「予乘四載」：《臯陶謨》文。水行乘舟，陸行乘車，山行乘欙，澤行乘𨋩。此四載之故訓也，故統系之《虞書》，猶《河渠書》、《溝洫志》謂《臯陶謨》《夏書》，則亦以此四句統系之《夏書》也。𨋩，《史記》作「毳」，亦作「橇」，《漢書》作「毳」。如淳曰：「毳，音茅蕝之蕝。謂以版置泥上以通行路也。」服虔曰：「木毳，形如木箕，擿行泥上。」孟康說同。《尚書正義》引《尸子》作「蕝」，引《慎子》爲「毳」者，患塗之泥也。徐廣注《史記》作「楯」，僞孔傳作「輴」。凡此諸字，皆一聲之轉，其義一也。車部曰：「𨋩，車約𨋩也。」此「乘𨋩」當讀同毳，非車約𨋩之謂。

榷 水上橫木。句。所目渡者。《釋宮》曰：「石杠謂之徛。」《孟子》：「歲十月徒杠成（古本如是）。」趙岐釋爲「步度」，郭釋云：「步渡彴。」然則石杠者，謂兩頭聚石，以木橫架之可行，非石橋也。凡直者曰杠，橫者亦曰杠，杠與榷雙聲。《孝武紀》曰：「榷酒酤。」韋曰：「以木渡水曰榷。」謂禁民酤釀，獨官開置，如道路設木爲榷，獨取利也。」凡言大榷、揚榷、辜榷，當作此字。不當從手。從木，隺聲。江岳切，古音在二部。

橋 水梁也。水梁者，水中之梁也。梁者，宮室所以關舉南北者也。然其字本從水，則橋梁其本義，而棟梁其假借也。凡獨木者曰杠，駢木者曰橋，大而爲陂陀者曰橋。古者挈臯曰井橋，《曲禮》「奉席如橋衡」，讀若居廟反，取高舉之義也。從木，喬聲。巨驕切，二部。

梁 水橋也。梁之字用木跨水，則今之橋也。《孟子》：

「十一月輿梁成(古本如是)。」《國語》引《夏令》曰：「九月除道，十月成梁。」《大雅》：「造舟爲梁。」皆今之橋制。見於經傳者，言梁不言橋也。若《爾雅》「隄謂之梁」，毛傳「石絶水曰梁」，謂所以偃塞取魚者，亦取亙於水中之義謂之梁。凡《毛詩》自「造舟爲梁」外，多言魚梁。從木水，會意。刅聲。呂張切，十部。

𣹰 古文。水闕者必木與木相接，一，其際也。

㮴 船總名。《漢書·溝洫志》：「漕船五百㮴。」其字從木，古本從手。從木，叜聲。穌遭切，古音在三部。

橃 海中大船。《廣韵》橃下曰：「木橃，《說文》云：海中大船。」謂《說文》所說者古義，今義則同筏也。凡《廣韵》注，以今義列於前，《說文》與今義不同者列於後，獨得訓詁之理，葢六朝之舊也。即如此篆。《玉篇》注云：「海中大船也。泭也。」是爲古義、今義襍糅。漢人注經，固云大者曰筏，小者曰桴。是漢人自用筏字，後人以橃代筏，非漢人意也。從木，發聲。房越切，十五部。

楫 所㠯擢舟也。各本作「舟櫂也」。許無櫂字，手部曰：「擢，引也。」楫所以引舟而行，故亦謂之擢。而《漢書·劉屈氂傳》、《外戚傳》57、《百官表》，皆用輯濯爲楫擢，假借也。毛《衞風》傳曰：「楫，所以擢舟也。」此許所本，今據以正。今《毛詩》擢譌「櫂」，淺人所改也。《鄧通傳》：「以濯船爲黄頭郎。」《司馬相如傳》：「濯鷁牛首。」皆擢舟之義也。《詩》、《爾雅》音義，引《說文》「舟棹也」。則其誤久矣。棹，又櫂之俗。從木，咠聲。子葉切，七部。《方言》曰：「楫謂之橈，或謂之櫂。」櫂亦擢之譌也。擢、櫂正俗字。

欚 江中大船也。《越絶書》曰：「欐溪城者，闔廬所置船宫也。」葢欐與欚古通用。從木，蠡聲。盧啓切，十六部。

校 木囚也。囚，繫也。木囚者，以木羈之也。《易》曰：「屨校滅趾，何校滅耳。」屨校，若今軍流犯人新到箸木鞾。何校，若今犯人帶枷也。此字似當與下文械、杽等篆爲伍矣。《周禮·校人》注曰：「校之言挍也。主馬者必仍挍視之。校人，馬官之長。」按，此引伸假借之義也。陸德明曰：「比挍字當從手旁。」張參《五經文字》手部曰：「挍，經典及《釋文》或以爲比挍字。案字書無文。」張語正謂《說文》無從手之挍也。故《唐石經》考校字皆從木，用張說也。但訂以《周禮》鄭注，則漢時固有從手之挍矣。比挍字，古葢無正文，較、榷等皆可用。從木，交聲。古孝切，二部。

樔 澤中守艸樓。謂澤中守望之艸樓也。艸樓，葢以艸覆之。《藝文類聚》艸譌作「竹」。《左傳·成十六年》正義引此文，樔譌爲「櫓」。從木，巢聲。形聲包會意也。從巢者，謂高如巢。鉏交切，二部。

采 捋取也。大雅《曰》：「捋采其劉。」《周南·芣苢》傳曰：「采，取也。」又曰：「捋，取也。」是采、捋同訓也。《詩》又多言「采采」，《卷耳》傳曰：「采采，事采之也。」此謂上采訓事，下采訓取。而《芣苢》傳曰：「采采，非一辭也。」《曹風》：「采采衣服。」傳曰：「采采，衆多也。」《秦風》：「蒹葭采采。」傳曰：「采采，猶萋萋也。」此三傳義略同，皆謂可采者衆也。凡文采之義本此。俗字手采作「採」，五采作「彩」，皆非古也。《釋詁》曰：「采，事也。」此言假借，采，事同在一部也。從木，從爪。此與采同意。采之訓曰：「禾成秀人所收也。」則采⑬亦可云：「木成文人所取也。」此采爲五采字，而《毛詩》屢言「采采」與？倉宰切。

柿 削木朴也。各本作「削木札樸也」，今依《玄應書》卷十九正。朴者，木皮也。樸者，木素也。柹安得有素？則作朴是矣。知札爲衍文者，《玄應》引《倉頡篇》曰：「柹，札也。」此下文云「陳楚謂之札柹」，《玄應》曰：「江南名柹，中國曰札，山東名朴豆。」《廣韵》柹注曰：「斫木札。」然則札非簡牒之札，乃柹之一名耳。許以札、柹系諸陳楚方言，則此云「削木朴」已足。《小雅》「伐木許許」，許書作「所所」，毛云：「許許，柹皃。」泛謂伐木所斫之皮。許云「削木」，猶斫木也。《顏氏家訓》必云「削札牘之柹」，又廣爲之證，恐非許意。《晉書》：「王濬造船，木柹蔽江而下。」柹之證也。《漢書》中山靖王、劉向、田蚡傳，多言「肺附」，謂斫木之柹札也。已於帝室親近，猶柹札附於大木材也。此柹之假借字也。《後漢・楊由傳》：「風吹削肺。」亦柹之假借也。一譌爲脯，再譌爲哺，釋之者曰：「削哺，是屏障之名。」絶無證據。從木，朩聲。朩在六篇，柹、胏、沛字皆從之，隸變作柿、肺、沛，殊誤。而柿之誤作柹果，肺之誤作乾肺，沛之誤作沛水，其譌又不勝改也。芳吠切，十五部。陳楚謂之札柹。各本作「陳楚謂櫝爲柹」，今依《韵會》所引鍇本正。札柹絫言之，非謂札牘之柹。《漢書注》柹札字，亦正用此也。此箸柹語所出。

横 闌木也。闌，門遮也。引伸爲凡遮之偁。凡以木闌之，皆謂之横也。古多以衡爲横，《陳風》傳曰：「衡門，横木爲門也。」《考工記》「衡四寸」注曰：「衡，古文横。」假借字也。從木，黄聲。户盲切，古音在十部。

梜 檢柙也。檢柙，皆函物之偁。然則梜亦謂函物之器也。《曲禮》：「羹之有菜者用梜。」謂箸爲梜，此引伸之義也。從木，夾聲。古洽切，八部。

桄 充也。見《釋言》。陸氏《音義》曰：「桄，孫作光。」按，《堯典》「光被四表」，某氏傳曰：「光，充也。」用《爾雅》爲訓也。桄讀古曠切，所以充拓之圻堮也。必外有桄，而後内可充拓之令滿，故曰「桄，充也」。不言所以者，仍《爾雅》文也。桄之字，古多假横爲之。且部曰：「從几，足有二横。」横即桄字。今文《尚書》曰：「横被四表。」《孔子閒居》曰：「以横於天下。」鄭曰：「横，充也。」《樂記》曰：「號以立横，横以立武。」鄭曰：「横，充也。」皆即《釋言》之「桄，充也」。今文《尚書》作「横被」，故《漢書・王莽傳》《王褒傳》、《後漢書・馮異傳》《崔駰傳》《班固傳》、《魏都賦》注所引《東京賦》，皆作「横被」，古文《尚書》作「光被」，與孫叔然《爾雅》合。某氏傳「光，充也」不誤。鄭注釋以「光耀」，蓋非。《淮南書》「横四維」，即《尚書》之「横被四表」也。《玄應》曰：「桄，音光。古文横、㶉二形。《聲類》作輄。今車牀及梯轝下横木。」皆是也。從木，光聲。古曠切，十部。

檇 㠯木有所擣也。宋永嘉戴侗曰：「今人猶有此語。」從木，雋聲。遵爲切，按，當從《廣韵》將遂切，古音在十三、十五部也。《公羊傳》作「醉李」。《春秋傳》曰：「越敗吳於檇李。」定公十四年事。檇李，地名。杜預曰：「吳郡嘉興縣南醉李城是。」

椓 椓 擊也。此與攴部斀音義皆同。《詩》云：「椓之丁丁。」又云：「椓之橐橐。」《呂刑》曰：「爰始淫爲劓刵椓黥。」從木，豖聲。竹角切，三部。

朾 朾 撞也。撞從手，各本誤從木、從禾，今正。《通俗文》曰：「撞出曰朾。丈鞭、丈莖二切。」與《説文》合。謂以此物撞彼物使出也。《三蒼》作「敞」，《周禮・職金》注作「摬」，他書作「敞」，作「敦」，實一字也。朾之字，俗作「打」，音德冷、都挺二切，近代讀德下切，而無語不用此字矣。從木，丁聲。宅耕切，十一部。

柧 柧 棱也。柧與棱二字互訓。「殳以積竹，八觚。」觚，當作柧。觚行而柧廢矣。《史記・酷吏傳》曰：「漢興，破觚而爲圜。」應劭曰：「觚，八棱，有隅者。」《通俗文》曰：「木四方爲棱，八棱爲柧。」按，《通俗文》析言之，若渾言之，則「急就奇觚」，謂四方版也。從木，瓜聲。古胡切，五部。又柧棱，逗。殿堂上㝡高之處也。《文選・西都賦》曰：「設璧門之鳳闕，上觚棱而棲金爵。」《後漢書》正作「柧棱」，李賢引《説文》爲注。

棱 棱 柧也。從木，夌聲。魯登切，六部。俗作「楞」。

𣡌 𣡌 伐木餘也。《商頌》傳曰：「櫱，餘也。」《周南》傳曰：「肄，餘也。斬而復生曰肄。」按，肄者，櫱之假借字也。韋昭曰：「以株生曰櫱。」《方言》：「烈、枿，餘也。陳鄭之閒曰枿，晉衛之閒曰烈，秦晉之閒曰肄，或曰烈。」枿者，亦櫱之異文。從木，獻聲。五葛切，十五部。按，獻聲在十四部，合韵也。《商書》曰：「若顛木之有甹𣡌。」《般庚上》文。今《尚書》作「由櫱」，本又作「枿」，馬云：「顛木而肄生曰枿。」

櫱 櫱 𣡌或從木，辥聲。今經典用此字。

不 不 古文𣡌。從木無頭。謂木禿其上，而僅餘根株也。

𣐿 𣐿 亦古文𣡌。從木㚔聲也。㚔者，𡴘之或字，見羊部。《古文四聲韵》作「𣐿」。

枰 枰 平也。此門、聞也，户、護也之例。謂木器之平偁枰，如今言棊枰是也。《上林賦》「華楓枰櫨」，《吳都賦》「枰仲君遷」，本皆作平。「木名也」，非許所説。從木平，平亦聲。蒲兵切，十一部。

柆 柆 折木也。此與手部拉義殊，猶榣與搖之别也。從木，立聲。盧合切，七部。

槎 槎 衺斫也。桀下曰：「槎識也。」《魯語》：「里革曰：山不槎櫱。」李善注《西京賦》，引賈逵《解詁》曰：「槎，邪斫也。」韋曰：「槎，斫也。」按，賈云「衺斫」者，於字從差得之。《周禮》有「柞氏」，《周頌》曰：「載芟載柞。」毛云：「除木曰柞。」柞，皆即槎字。異部假借，魚歌合韵之理也。從木，𡍮聲。側下切，十七部。按，徐爰注《射雉賦》千荷切，此爲舊音。《漢書·貨殖傳》作「山不茬櫱」，此爲古字。今《漢書》譌爲「茬」字。《春秋傳》曰：「山不槎。」宋本皆如此，惟趙鈔本作「山木不槎」。今按，當於槎下補「櫱」，不當於山下添「木」也。許書亦有謂《國語》爲《春秋傳》者，此其一也。

檮 檮柮，逗。二字今補。斷木也。謂斷木之榦，棞頭可憎者。從木，𠷎聲。徒刀切，古音在三部。《春秋傳》曰：「檮柮。」《左傳》無「檮柮」，惟文十六年有「檮杌」，杜預曰：「檮杌，凶頑無疇匹之皃。」趙注《孟子》曰：「檮杌，嚚凶之類。」按，蓋取斷木之可憎，爲惡人名也。出聲、兀聲同部，許所據與今異。

柮 檮柮也。舊作「斷也」二字，今更正。今人謂木頭爲榾柮，於古義未遠也。從木，出聲。讀若《爾雅》「貀無前足」之貀。女滑切，十五部。《玉篇》當骨切，引《說文》五骨切。○按，二篆舊先後倒置，今依全書通例正之，亦與槎、栭同。

析 破木也。斯下云「析也」，柀下云「一曰，析也」。《詩》多言「析薪」。一曰，折也。以斤破木，以斤斷艸，其義一也。《魏都賦》注，引《說文》「析，量也」，與今本異。從木，從斤。先激切，十六部。

棷 木薪也。按，《禮運》假棷爲藪字。從木，取聲。側鳩切，四部。

梡 棞木薪也。對析言之。梡之言完也。從木，完聲。胡本切，《玉篇》口管、胡管二切，十四部。

棞 梡木未析也。此梡當作「完」，全也。《通俗文》曰：「合心曰棞。」《纂文》曰：「未判爲棞。」頁部頑下云：「棞頭也。」凡全物渾大皆曰棞。完、棞雙聲，完、頑疊韵。從木，圂聲。胡昆切，十三部。

楄 楄部，逗。方木也。部字衍，當刪。《左傳正義》引《說文》「楄，方木也」可證。方木泛言，非專謂棺中笭牀，故不與棺、槨等篆爲伍也。何平叔《景福殿賦》曰：「爰有禁楄，肋分翼張。」亦方木之一耑也。從木，扁聲。部田切，十二部。《春秋傳》曰：「楄部薦榦。」《左傳·昭廿五年》文。今作「楄柎藉榦」，杜云：「楄柎，棺中笭牀也。榦，骸骨也。」

楅 㠯木有所畐束也。畐，依《韵會》本。各本作逼者，後人以俗字改之也。泛云㠯木有所畐束，則不專謂施於牛者，引《詩》特其一證耳。《鄉射禮》：「命弟子設楅。」注：「楅猶幅也。所以承笴齊矢者。」按，《記》云：「楅髹橫而拳之，南面坐而奠之，南北當洗。」是以木有所畐束也。從木，畐聲。彼即切，一部。《詩》曰：「夏而楅衡。」《魯頌》文。注詳角部。

枼 楄也。方木也。枼，逗。薄也。枼上當有「一曰」二字。凡木片之薄者，謂之枼。故葉、牒、鍱、䈎、偞等字，皆用以會意。《廣韵》：「偞，輕薄美好皃。」從木，𠁣聲。與涉切，八部。

按，鉉曰：「當從卅，乃得聲。」此非也。毛傳曰：「葉，世也。」葉與世音義俱相通。凡古侵覃與脂微，如立、位，盇、蓋，疌、中，協、荔，軜、內，籥、爾，遝、隶等，其形聲皆枝出，不得專疑此也。

槱 積木燎之也。木，各本作「火」，今依《玉篇》、《五經文字》正。《大雅》：「芃芃棫樸，薪之槱之。」傳曰：「槱，積也。山木茂盛，萬民得而薪之。賢人衆多，國家得用蕃興。」按，如毛說，則槱謂積薪而已。至鄭箋乃以「煙祀槱尞」爲說。許不但云「積木」，而兼云「燎之」者，爲其字之從火也。不云「尞之」，而云「燎之」者，燎，放火也，尞，柴祭天也。毛曰「萬民薪之」而已，故但云燎。從木火，酉聲。余救切，三部。《詩》曰：「薪之槱之。」《周禮》：「以槱燎祠司中司命。」見《大宗伯》。燎，依許火部，當作「尞」。祠，今《周禮》作祀。許從毛說，又引《周禮》者，廣槱證也。鄭注《周禮》曰：「槱，積也。」

禉 槱或從示。柴祭天神也。各本作「柴祭天神，或從示」，今正。謂其字有從示者，以燔柴乃祀天神之禮，故從示也。各本作「天神」，趙本作「大神」。

休 息止也。《周南》曰：「南有喬木，不可休思。」從人依木。許尤切，三部。

庥 休或從广。《釋詁》曰：「休，戾也。」又曰：「庇、庥，廕也。」此可證休庥同字。

栕 竟也。《弓人》注曰：「恆讀爲栕。栕，竟也。」《大雅》：「恆之秬秠。」毛云：「恆，徧也。」徧與竟義相足。從木，恆聲。古鄧切，六部。

亙 古文栕。按，今字多用亙不用栕。舟在二之閒，絕流而竟，會意也。恆之字本從心從舟。

械 桎梏也。從木，戒聲。胡戒切，古音在一部。一曰，械，逗。此字今補。器之總名。趙注《孟子》曰：「械，器之總名。」《禮記音義》引郭璞《三蒼解詁》同。一曰，械，逗。此字今補。治也。各本治作「持」，恐是唐人諱改。今依李善《長笛賦》注正。一曰，有所盛曰器，無所盛曰械。各本作「有盛爲械，無盛爲器」，《詩·車攻》釋文，引「無所盛曰械」，今據正。按，㗊部曰：「器，皿也。」何注《公羊》云：「攻守之器曰械。」《大傳》：「異器械。」注云：「禮樂之器及兵甲也。」《王制》：「器械異制。」注云：「謂作務之用。」皆可爲有盛無盛之證。師古注《宣帝紀》，與各本同。恐淺人所改也。若《六書故》云：「唐本《說文》曰：或說內盛爲器，外盛爲械。」「外盛」未安，當作外戒。

杽 械也。械，當作「梏」，字從木手，則爲手械無疑也。《廣雅》曰：「杽謂之梏。」杽、杻古今字。《廣韵》曰：「杽，杻古文。」從木手，會意。手亦聲。敕九切，三部。

桎 足械也。所目質地。「所目質地」四字，依《周禮音義》補。桎、質疊韵也。《周禮·掌囚》注：「鄭司農云：拲者，兩手共一木也。桎梏者，兩手各一木也。玄謂在手曰梏，在足曰桎。

中罪不搴，手足各一木耳。」按，後鄭從許説也。韋昭云：「兩手共一木曰搴，兩手各一木曰梏。」從木，至聲。之日切，十二部。

梏 手械也。所目告天。「所目告天」四字，依《周禮音義》補。梏、告疊韵也。從木，告聲。古沃切，三部。

櫪 櫪撕，逗。柙指也。柙，各本作「椑」，今正。柙指，如今之拶指，故與械、杽、桎、梏爲類。《莊子》曰：「罪人交臂厤指。」厤指，謂以櫪撕柙其指也。《通俗文》曰：「考具謂之櫪撕。」考，俗作「拷」。《尉繚子》曰：「束人之指，而訊囚之情。」從木，歷聲。郎擊切，十六部。

撕 櫪撕也。二字疊韵。撕，讀同析。從木，斯聲。先稽切，十六部。

檻 櫳也。李善注《長楊賦》引《釋名》曰：「檻車上施闌檻，以格猛獸，亦囚禁罪人之車也。」按，許云「檻，櫳也」者，謂罪人及虎豹所居，假借爲凡闌檻字。從木，監聲。胡黯切，八部。一曰，圈。圈者，養畜之閑。

櫳 檻也。從木，龍聲。字有偏旁稍移而爲二字者：「柔，栩也」；「杼，機持緯者也」；「龒，房室之疏也」；「櫳，檻也」是也。竊有疑焉，龒與櫳，皆言橫直爲窗櫺通明，不嫌同偁。如檻亦爲闌檻，許於楯下云「闌檻」是也。左木右龍之字，恐淺人所增。盧紅切，九部。

柙 檻也。所目臧虎兕也。「所」「也」二字，依《廣韵》補。《論語》：「虎兕出於柙」，馬曰：「柙，檻也。」引伸爲凡檢柙之偁。如上文云「柙指」是也。從木，甲聲。烏匣切，《廣韵》胡甲切，八部。

古文柙。

棺 關也。以疊韵爲訓。門、聞、户、護之例也。所目掩屍。屍，各本作「尸」，誤，今正。《釋名》曰：「棺，關也。」關，閉也。」從木，官聲。古丸切，十四部。

櫬 棺也。《玉篇》曰：「親身棺也。」按，天子之棺四重，諸公三重，諸侯再重，大夫一重，士不重。天子水兕革棺㝡在內，諸侯杝棺㝡在內。《檀弓》：「君即位而爲椑。」「椑，謂杝棺親屍者。椑，堅箸之言也。」從木，親聲。初僅切，十二部。《春秋》傳曰：「士輿櫬。」《左傳·僖六年》文。

槥 棺櫝也。櫝，匱也，棺之小者，故謂之棺櫝。《急就篇》：「棺槨槥櫝」，櫝即槥也。《高帝紀》：「令士卒從軍死者，爲槥。」應劭曰：「小棺也，今謂之櫝。」臣瓚引《金布令》曰：「不幸死，死所爲櫝，傳歸所居，縣賜以衣棺。」從木，彗聲。祥歲切，十五部。

椁 葬有木𩫏也。「木𩫏」者，以木爲之，周於棺，如城之有𩫏也。《檀弓》曰：「殷人棺椁。」注：「椁，大也。以木爲之，言郭大於棺也。」[59] 從木𩫏。會意。𩫏亦聲。「𩫏亦」二字今補。古博切，五部。

楬 楬櫫也。三字句。趙鈔本及近刻《五音韵譜》作「楬櫫」，宋本、葉本、《類篇》、《集韵》、宋刊《五音韵譜》皆作「楬桀」，葢宋時大徐本固有二，故同一《五音韵譜》而流傳不一也。今按，作「桀」不可通。桀自訓磔，雖杙有評榤者，然頗迂遠。楬櫫見《周禮注》。《職金》：「楬而璽之。」注曰：「楬，書其數量以著其物也。今時之書有所表識，謂之楬櫫。」《廣雅》曰：「楬櫫，杙也。」《廣韵》曰：「楬櫫，有所表識也。」楬櫫，漢人語。許以漢人常語爲訓，故出櫫字於説解，仍不大列櫫篆。《漢・酷吏傳》曰：「瘞寺門桓東，楬著其姓名。」著、櫫同字可證也。《韵會》楬下引《説文》曰：「杙也。櫫也。」此小徐真本，而語似不完。師古注《漢書》曰：「楬，杙也。椓杙於瘞處而書死者名也。」師古「杙也」之云，葢本《説文》，但《説文》杙字當作「弋」。從木，曷聲。其謁切，十五部。今字揭行而楬廢矣。《春秋傳》曰：「楬而書之。」未見，疑是引《周禮》「楬而璽之」。

梟 不孝鳥也。故日至捕梟磔之。《漢儀》：「夏至賜百官梟羹。」《漢書音義》孟康曰：「梟，鳥名，食母。破鏡，獸名，食父。黄帝欲絶其類，使百吏祠皆用之。」如淳曰：「漢使東郡送梟，五月五日作梟羹，以賜百官，以其惡鳥，故食之也。」從鳥在木上。《五經文字》曰：「從鳥在木上。隸省作梟。」然則《説文》本作梟甚明。今各本云「從鳥頭在木上」，而改篆作梟，非也。此篆不入鳥部而入木部者，重磔之於木也。倉頡在黄帝時，見黄帝磔此鳥，故製字如此。古堯切，二部。

棐 輔也。《尚書》多言棐。《釋詁》曰：「弼、棐、輔、比，俌也。」按，棐葢弓檠之類。從木，非聲。府尾切，十五部。按，此篆失其舊次。

文四百二十一。古本皆作二十一，毛扆剜沾閑篆於部末，改作二十二，非也。今删櫶、樛二篆，則四百十九。　重三十九。

東 動也。見《漢・律厤志》。從木。官溥説：從日在木中。木，榑木也。日在木中曰東，在木上曰杲，在木下曰杳。得紅切，九部。凡東之屬皆從東。

棘 二東。謂其形也。曹從此。謂曹以會意也。闕。謂義與音皆闕也。鍇曰：「按《説文》舊本無音。」鉉亦不箸反語。

文二。

林 平土有叢木曰林。《周禮・林衡》注曰：「竹木生平地曰林。」《小雅》「依彼平林」，傳曰：「平林，林木之在平地者也。」冂部曰：「野外謂之林。」引伸之義也。《釋詁》、毛傳皆曰：「林，君也。」假借之義也。從二木。力尋切，七部。凡林之屬皆從林。

𣡗 豐也。《釋詁》曰：「蕪、茂，豐也。」釋文云：「蕪，古本作𣡗。」從林𡗜。會意。𡗜，逗。此字今補。或説規模字。或説𡗜是規模之模字也。或之者，疑之也。故木部模下不録。從大卌。謂𠀤從大卌會意也。卌，逗。此字今補。數之積也。卌篆不見於本書，故釋其義。𣎵部𣐺下曰「卌叉」，用卌字。《漢石經·論語》：「年卌見惡焉。」是卌爲四十幷，猶廿爲二十幷，卅爲三十幷也。其音則《廣韵》先立切，四十之合聲，猶卄讀如入，卅讀如趿也。《廣韵》引《說文》云「數名」，即此。已上十四字，說從𠀤之意。林者，木之多也。說從林之意。𣡡與庶同意。𣡡，各本作「卌」，誤。𣡡從林大卌，庶從广芡，其製字之意略同，皆貌其衆盛也。文甫切，五部。按，此蕃𣡡字也，隸變爲無，遂借爲有𣡡字。而蕃無乃借廡，或借蕪爲之矣。《商書》曰：「庶艸緐𣡡。」《洪範》文。今《尚書》作「蕃廡」，《晉語》：「黍不爲黍，不能蕃廡。」亦同。

鬱 木叢者。依《韵會》本。《秦風》：「鬱彼北林。」毛曰：「鬱，積也。」鄭司農注《考工記》曰：「䆗讀如宛彼北林之宛。」《菀柳》傳曰：「菀，茂林也。」《桑柔》傳曰：「菀，茂皃。」按，宛、菀皆即鬱字。從林，鬱省聲。迂弗切，十五部。

楚 叢木。《小雅》傳曰：「楚楚，茨棘皃。」小徐引小謝詩曰：「寒城一以眺，平楚正蒼然。」一名荆也。一名，當作「一曰」。許書之一曰，有謂別一義者，有謂別一名者。上文叢木泛詞，則一曰爲別一義矣。艸部荆下曰：「楚木也。」此云「荆也」，是則異名同實。楚國，或評楚，或評荆，或𥿋評荆楚。從林，疋聲。創舉切，五部。

棽 木枝條棽儷也。也，各本作「皃」。今依《集韵》、《類篇》正。人部儷下云：「棽儷也。」棽儷者，枝條茂密之皃，借爲上覆之皃。《東都賦》：「鳳蓋棽麗。」李善注引《七略》「雨蓋棽麗」，麗與儷同力支切。張揖《大人賦》注曰：「林離，摻攦也。」摻攦，所林、所宜二反，蓋即棽儷。從林，今聲。丑林切，七部。

楙 木盛也。此與艸部茂音義皆同，分艸木耳。《釋木》：「楙，木瓜。」則專爲一物之名。從木⑥⓪，矛聲。莫候切，四部。

麓 守山林吏也。《左傳》：「山林之木，衡鹿守之。」杜曰：「衡鹿，官名也。」按，鹿者，麓之假借字。天子曰林衡，諸侯曰衡鹿，皆守山林吏也。《晉語》：「史黯曰：主將適螻而麓不聞。」韋曰：「麓，主君苑囿者。」從林，鹿聲。盧谷切，三部。按，此亦形聲包會意。守山林之吏，如鹿之在山也。一曰，林屬於山爲麓。《春秋傳》曰：「沙麓崩。」《春秋·僖公十四年》文。三傳同。《穀梁傳》曰：「林屬於山爲麓。」《周禮》、《王制》皆云「林麓」，鄭云：「山木生平地曰林，生山足曰麓。」《詩·大雅·旱麓》，毛曰：「麓，山足也。」蓋凡山足皆得偁麓也。亦假借作鹿。《易》：「即鹿無虞。」虞翻曰：「山足稱鹿。鹿，林也。」

禁 古文從录。录聲。

棼 複屋棟也。複屋，《考工記》謂之重屋。木部曰：「櫺，棼也。」是曰櫺，曰棼者，複屋之棟也。曰橑者，複屋之椽也。竹部曰：「笮者，在瓦之下、棼上者也。」姚氏鼐曰：「椽棟既重，軒版垂檐皆重矣。軒版，即屋笮，或木或竹異名，在瓦之下椽之上。檐垂椽端，椽亦謂之橑。《考工記》重屋，鄭以複笮釋之，而他書所稱，曰重檐，曰重橑，曰重軒，曰重棟，曰重棼，各舉其一爲言爾。」按，《左傳》「治絲而棼之」，假借爲紛亂字。**從林，分聲。**符分切，十三部。

森 木多皃。**從林，從木。**按，《篇》、《韵》皆云：「森，長木皃。」疑《篇》、《韵》所據爲長，從林，從木，正謂有木出乎林之上也。**讀若曾參之參。**所今切，七部。

文九。　重一。

才 艸木之初也。引伸爲凡始之偁。《釋詁》曰：「初、哉，始也。」哉即才，故哉生明，亦作才生明。凡才、材、財、裁、纔字，以同音通用。**從丨上貫一，將生枝葉也。一，**逗。**地也。**一，謂上畫也。將生枝葉，謂下畫。才有莖出地，而枝葉未出，故曰將。艸木之初，而枝葉畢寓焉。生人之初，而萬善畢具焉。故人之能曰才，言人之所藴也。凡艸木之字，才者，初生而枝葉未見也。中者，生而有莖有枝也。之者，枝莖益大也。出者，益茲上進也。此四字之先後次弟。昨哉切，一部。**凡才之屬皆從才**61。

文一。

附注：

① 「从」是「似」之誤。二徐皆作「似」。

② 賀氏説，見《内則》正義引，原作「賀氏云：栭，軟棗。亦云：芝，木椹也」。據此，段注下文「賀氏作楆，許不妨作耎也」似應作「賀氏作栭，許不妨作楆也」，方與以上引文及許説解用字合。段氏引此又見艸部「萸」字下，可參閲。

③ 段氏此條「菌」字，下文或作竹頭「箘」，按，《本草》十二木部上品，作「菌」，段氏下文所引左思《蜀都賦》、《文選》亦作「菌」。

④ 《魏風》當作《唐風》，見《杕杜》。

⑤ 見《莊子·在宥》、《淮南子·主術訓》。《淮南子》今作「楫楔」，段氏據《莊子釋文》所引及《集韵》所引作「椄槢」。

⑥ 「祥」是「詳」之誤。

⑦ 今本《爾雅》本文作「來」，釋文作「棶」，引《埤蒼》、《字林》并作「棶」。

⑧ 《衛風》誤，傳見《鄘風·定之方中》。

⑨ 見《弓人》，「榦」當作「幹」。此本多有此誤，以下逕改不注。

⑩ 對照大小徐本，此字説解本作「⿰木黏也」，段改應爲「粘也」。以下注文及引《釋木》與郭注中「黏」皆當作「粘」，「⿰木黏」皆當作「⿰木粘」。

⑪ 以上引《爾雅翼》，三「杉」字皆作「粘」。「《本草》有」三字以下至「出之」爲檃栝羅氏語。

⑫「黏」本作「粘」。

⑬《衞風》誤，箋見《鄘風・定之方中》，「可伐」二字上，有「其長大」三字，段氏略去。

⑭「車軸」是「車輻」之誤，下文引陸，「今人言考」，「考」原作「栲」。

⑮見《詩・皇矣》「其檉其椐」句下，音義作「樻，去愧反，又去軌反。何音匱」。段氏引誤「愧」爲「塊」，又阮元《校勘記》謂今脱毛傳「椐，樻也」一語，故使音義「樻」上無所接。

⑯見艸部草字下，「皁斗」原作「草斗」，「樣斗」原作「象斗」。

⑰見《詩・大東》，箋語在「無浸穫薪」句下，段氏不當後引「薪是穫薪」句。

⑱疑下一「蘗」字是「蘖」字之誤，不當前後兩句重字。清邵瑛《説文解字群經正字》：「檗，黄木也。今經典作蘗……相傳寫刻譌。」即此段氏所謂。

⑲見《王風・揚之水》。「玉」字誤。

⑳《廣韻》欒、槐二字下均未見引《五經通義》，段氏所引見《太平御覽》卷九五四引，疑記誤。

㉑見《晨風》，「隰」當作「山」。

㉒「母估」是「毋估」之誤。見《廣雅・釋草》，王念孫疏證：「毋估，與無姑同」。

㉓此「桅」當是「梔」之誤。

㉔今本《史記》中《上林賦》作「榙㯳」，未可説與許同。

㉕見《穆天子傳》卷六，「谿」上原有「姑」字，依下引郭注，亦當有。

㉖見《鄘風・隰有長楚》，《曹風》誤。

㉗《衞風》當作《鄘風》，見《定之方中》。

㉘此篆大小徐右旁皆作延，段氏改爲㢟，似與丑連切之音相合。然注内相關字，又右旁皆作延，互相矛盾。二篇下㢟部，㢟訓安步，丑連切，延訓長行，以然切，音義皆異。

㉙李奇注不見《五行志》，見《天文志》「孝昭始元中」一節。

㉚「紀」當作「記」。

㉛今《呂氏春秋》本文及注皆作「鳥」。

㉜今《史記・司馬相如列傳》索隱引應劭注經校改已作「青鳥」，《呂氏春秋・本味》高注引同，此段氏據所見本言。

㉝「葦」字下未涉《伊尹書》，余行達指「葦」是「萓」之誤。

㉞《文選・景福殿賦》「櫋梠緣邊」句下李善注引《説文》，「櫋聯」作「緜聯」。王念孫《讀書雜志・淮南子》「縣聯房植」：「縣當爲緜，緜聯即屋檐也。」

㉟今《釋名・釋宮室》下句「連旅之也」作「連旅旅也」。

㊱「開明」當作「闓明」。

㊲《多方》是《多士》之誤。

㊳「賈馬」，黄焯《經典釋文彙校》謂本文作「卜馬」，盧文弨校爲「干馬」，段玉裁校爲「賈馬」或「干馬」。

㊴《爾雅》本作「素錦綢杠」，疏曰：「綢，韜也。」段氏似以注文易本文。

㊵上引徐廣以下各注，見《史記》集解引。徐廣語「瀉除」上，原重「厠竇」二字。孟康語「行清空中」，「清」字原缺，段氏引補。

㊶京房語中「句上」，原作「句木」。段氏于「未」字下同引不誤。

㊷「部」當作「都」。《益都耆舊傳》，晉陳壽撰。益部、益都雖皆指川蜀，然陳壽書名不用「部」。

㊸此引《方言》，文中夾引郭注語。此種情況段注往往有。

㊹見戴震《考工記圖補注》（下），「宜有四周」句首原有「上」字。

㊺椑在《漢書》爲縣名，見《地理志上》琅琊郡，段引四字見謝承《後漢書》，《太平御覽》卷七六一引。

㊻「古言」是「古音」之誤。

㊼今本作「薦脯用籩五膱」，段氏引略二字，又易「膱」爲「樴」。阮元《校勘記》曰：「若以《鄉飲記》音義正之，此膱乃樴之誤。」

㊽《左傳・哀十七年》文，今「秉」作「柄」。阮元《校勘記》指出服虔所見本當作「秉」。

㊾「勢」是「阢」之誤，臣瓚注亦可證。

㊿「牆」是「地」之誤。

51「木」是「本」之誤。

52見《周禮・小師》正義引。

53見《釋名・釋樂器》。今本無「柷，祝也」三字，畢沅據《北堂書鈔》補「祝，始也」。王先謙又引吴翊寅曰：「依誼當云：柷，祝也。祝，始也。」

54見《大車》注。「任載」原作「載任」。

55前引注中鄭司農語，兩「讀如」本皆作「讀爲」，段氏改「爲」作「如」，說見《周禮漢讀考》。阮元《校勘記》記之。

56今本《史記》集解引徐廣，「几玉反」作「己足反」，「華」作「樺」。

57《外戚傳》是《元后傳》之誤。

58「采」當作「釆」。

59「郭」本作「椁」。

60「從木」是「從林」之誤。

61六篇上自「樗」篆始至末，說解「从某」段注刻本皆作「從某」，今仍之未改。

說文解字第六篇下

金壇段玉裁注

叒 日初出東方湯谷所登榑桑，句。叒木也。按，當云「叒木，榑桑也。」日初出東方湯谷所登也。」榑桑，已見木部，此處立文當如是。宋本、葉本、宋刻《五音韵譜》、《集韵》、《類篇》皆作「湯」，別刻作「暘」，毛扆改「湯」爲「暘」，非也。《尚書》「暘谷」，自説青州嵎夷之地，非日出之地也。日出之地，豈羲仲所能到？《天問》曰：「出自湯谷，次于蒙汜。」《淮南・天文訓》曰：「日出于湯谷，浴于咸池，拂于扶桑，是謂晨明。」《墬形訓》注曰：「扶木，扶桑也。在湯谷之南。」《海外東經》曰：「湯谷上有扶桑，十日所浴。」《大荒東經》曰：「湯谷上有扶木，一日方至，一日方出，皆載於烏。」按，今《天文訓》作「暘谷」，以王逸《楚辭注》、《史記索隱》、《文選注》所引正之，則「暘」亦淺人改耳。《離騷》「總余轡乎扶桑，折若木以拂日」，二語相聯，蓋若木即謂扶桑，扶、桑字即榑、叒字也。象形。枝葉蔽翳。而灼切，五部。凡叒之屬皆从叒。

籀文。

桑 蠶所食葉木。从叒木。榑桑者，桑之長也，故字从叒。桑不入木部，而傳於叒者，所貴者也。息郎切，十部。

文二。重一。

之 出也。引伸之義爲往。《釋詁》曰：「之，往。」是也。按，之有訓爲此者，如「之人也」、「之德也」、「之條條」、「之刀刀」，《左傳》「鄭人醢之三人也」，《召南》毛傳曰「之事，祭事也」，《周南》曰「之子，嫁子也」，此等之字，皆訓爲是。之有訓爲上出者，戴先生釋《梓人》曰「頰側上出者曰之，下垂者曰而，須鬣」①是也。象艸過中，過於中也。枝莖漸益，大有所之也。莖漸大，枝亦漸大，勢有日新不已者然。一者，地也。凡之之屬皆从之。止而切，一部。

㞷 艸木妄生也。㞷、妄疊韵。妄生，猶怒生也。从之在土上，讀若皇。户光切，十部。

古文。按，从之从壬會意也。鉉本無此，然宋本「文二」之下有「重一」兩字，則知固有此篆，與小徐本同。辵部古文往作「𨑒」，从此。

文二。重一。

帀 𠣬也。𠣬，各本作「周」，誤，今正。勹部：「𠣬，帀徧也。」是爲轉注。按，古多假襍爲帀。从反之而帀也。反之，謂倒之也。凡物順屰往復則周徧矣。子荅切，七八部。凡帀之屬皆从帀，周盛説。周盛者，亦博采通人之一也。

師 二千五百人爲師。《小司徒》曰：「五人爲伍，五伍爲兩，五兩爲卒，五卒爲旅，五旅爲師。」師，衆也。京師者，大衆之稱。衆則必有主之者，《周禮・師氏》注曰：「師教人以道者之稱也。」《黨正》、《旅師》、《閭胥》注曰：「正、師、胥，皆長也。」師之言帥也。」从帀，从𠂤。會意。疎夷切，十五部。𠂤，四帀，衆意也。𠂤下曰：「小𠂤也。」小𠂤而四圍有之，是衆意也。說會意之指。

𡴀　古文師。

文二。　重一。

出　進也。本謂艸木，引伸爲凡生長之偁。又凡言外出，爲内入之反。象艸木益兹，上出達也。兹，各本作「滋」，今正。兹，艸木多益也。艸木由才，而屮，而㞢，而出，日益大矣。尺律切，十五部。凡出之屬皆从出。

敖　游也。游，本旗游字，假借爲出游字。《詩·邶風》曰：「以敖以游。」經傳多假敖爲倨傲字。从出，从放。五牢切，二部。按，此篆當刪，說見四篇放部。

賣　出物貨也。《周禮》多言「賣儥」，謂賣買也。从出，从買。出買者，出而與人買之也。《韵會》作「買聲」，則以形聲包會意也。莫邂切，十六部。

糶　出穀也。米部曰：「糴，穀也。」出穀之字从出糶，市穀之字从入糴。从出，从糶，糶亦聲。他弔切，二部。

𡴘　槷𡴘，逗。不安也。此釋《易》也。从出，臬聲。五結切，十五部。《易》曰：「槷𡴘。」槷，一本作「執」，非也。《困》：「上六，于臲卼。」釋文云：「臲，《說文》作劓；卼，《說文》作𡴘。云：𡴘，不安也。」陸云《說文》作「劓」，與今本不同。小徐本作「《易》曰：劓𡴘，困于赤芾」。劓字與陸氏合，而多「困于赤芾」四字，則爲九五爻辭，又不與陸合。鍇注仍引上六爻辭，恐四字淺人所增也。「九五劓刖」，荀、王作「臲𨏇」，鄭云：「劓刖當爲倪伆。」則兩爻辭義同矣。許作「槷𡴘」，蓋孟《易》也。《尚書》：「邦之杌隉。」槷與隉、臲、劓、倪同，𡴘與杌、𨏇、卼、伆同。杌、𨏇、卼、伆，皆兀聲，以《說文》「檮杌」作「檮柮」例之，則出聲、兀聲同，𡴘當是从臬，出聲，五忽切，因不立臬部，誤謂从出，臬聲耳。臬聲，則與槷同音五結切，非也。許書有扤無杌。

文五。

𣎵　艸木盛𣎵𣎵然。𣎵𣎵者，枝葉茂盛因風舒散之皃。《小雅》：「萑葦淠淠。」毛曰：「淠淠，衆皃。」淠淠者，𣎵𣎵之假借也。《小雅》：「胡不旆旆。」毛曰：「旆旆，旒垂皃。」旆旆者，亦𣎵𣎵之假借字，非繼旐之旆也。《魯頌》作「伐伐」。按，《玉篇》𣎵作市，引毛傳「蔽市，小皃」。玉裁謂：《毛詩》「蔽市」字，恐是用蔽厀之市字，經傳韍多作芾、作茀，可證也。象形。謂屮也。不曰「从屮」，而曰象形者，艸木方盛，不得云从屮也。八聲。八爲寘之入聲，在十二部，而合於十五部。凡𣎵之屬皆从𣎵。讀若輩。普活切，十五部。

𡴆　艸木𡴆孛之皃。當作「𡴆孛，艸木之皃」。《周易》：「拔茅茹，以其彙，征吉。」釋文云：「彙，古文作𩫏。」按，𩫏即𡴆字之異者，彙則假借字也。𡴆、孛疊韵。从𣎵，畀聲。于貴切，十五部。

孛 㪍孛也。依全書通例補孛字。《春秋》：「有星孛入于北斗。」《穀梁》曰：「孛之爲言猶茀也。」茀者，多艸，凡物盛則易亂，故星孛爲㪍孛引伸之義。誖、悖字从孛。从𣎵，从子。二字今補。會意。蒲妹切，十五部。人色也，故从子。故字今補。說从子之意。《論語》曰：「色孛如也。」《鄉黨篇》文。今作「勃」，此證人色之說也。艸木之盛，如人色盛，故从子作孛，而艸木與人色皆用此字。〇按，各本孛篆在索篆之下，非也，今移正。

索 艸有莖葉，可作繩索。當云：「索，繩也。」與糸部「繩，索也」爲轉注。而後以「艸有莖葉，可作繩索」發明从𣎵之意。今本乃淺人所刪耳。《爾雅》曰：「紼，繂也。」謂大索。經史多假索爲𡩡字，又水部曰：「澌，水索也。」索訓盡。从𣎵糸。𣎵糸者，謂以艸莖葉糾繚如絲也。《詩》曰：「晝爾于茅，宵爾索綯。」以艸者，如蔽、秆、茅、麻是。以竹者，竹部之筊是。以木者，椶、㯻之屬是。穌各切，五部。杜林說：𣎵亦朱木字。未詳。疑當作「索亦朱巿字」。巿者，篆文韍也。杜林說索爲韍字，从糸，𣎵聲。與杜林說構爲桷字、㝵爲貶損字、畁爲麒麐字、鼂爲朝旦字正同。

𣎴 止也。从𣎵盛而一横止之也。會意。即里切，古音當在十五部。《詩》「萬億及秭」，與醴、妣、禮、皆韵，可證也。而倩，仕聲，楊雄作胏，又疑𠂔在一部。

南 艸木至南方有枝任也。此亦脫誤。當云：「南，任也。」與「東，動也」一例。下乃云「艸木至南方有枝任也」，發明从𣎵之意。《漢·律曆志》曰：「大陽者，南方。南，任也。陽氣任養物，於時爲夏。」云「艸木至南方」者，猶云艸木至夏也。「有枝任」者，謂夏時艸木暘楙丁壯，有所枝格任載也。故从𣎵。按，古南、男二字相假借。从𣎵，羊聲。那含切，古音在七部。

𡴫 古文。

文六。　重一。

生 進也。象艸木生出土上。下象土，上象出。此與屮、出、𣎵以類相從。所庚切，十一部。凡生之屬皆从生。

丰 艸盛丰丰也。引伸爲凡豐盛之偁。《鄭風》：「子之丰兮。」毛曰：「丰，豐滿也。」鄭曰：「面皃丰丰然豐滿。」《方言》：「好或謂之妦。」妦即丰字也。从𡳾上下達也。上盛者，根必深。敷容切，九部。

産 生也。从生，彥省聲。所簡切，十四部。通用爲𦉰㹌字。按，今南北語言皆作楚簡切。

隆 豐大也。隆者，漢殤帝之名。不云上諱，而直書其字者，《五經異義》云：「漢幼小諸帝，皆不廟祭而祭於陵。」既不廟祭，似可不諱。然《漢·志》「河内郡隆慮」，應劭曰：「隆慮，山在北，避殤帝名，改曰林慮也。」又《郡國志》：「林慮，故隆慮。殤帝改。」漢制生而諱，故孝宣更名。此葢殤帝在位時所改，而書成於和帝永元十二年，以前未及諱，至安帝建光元年許沖上書時，不追改，故不云上諱。祐曰「上諱」者②，今天子之名，又在開卷也。林與隆合韵，故

《毛詩》「臨衝」,《韓詩》作「隆衝」。从生,降聲。力中切,九部。

甤 艸木實甤甤也。甤與蕤音義皆同。甤之言垂也。从生,豕聲。豕與甤皆在十六部,鍇作「豕聲」取善,鉉作「豨省聲」非也。唐玄應引亦云「豕聲」。讀若綏。綏當作緌。《禮》家緌與蕤通用,故知之。儒追切,古音在十六部。

甡 衆生竝立之皃。《大雅》毛傳曰:「甡甡,衆多也。」其字或作「詵詵」,或作「駪駪」,或作「侁侁」,或作「莘莘」,皆假借也。《周南》傳曰:「詵詵,衆多也。」《小雅》傳曰:「駪駪,衆多之皃。」从二生。所臻切,十二部。《詩》曰:「甡甡其鹿。」

文六。

乇 艸葉也。當作「艸華皃」。下云「垂𠂹,上貫一」。華則有𠂹,葉不當言𠂹也。𠂹,直者,莖也。斜垂者,華之𠂹也。𠂹篆亦以下垂象其𠂹。上毌一,下有根。在一之下者,根也。一者,地也。象形字。謂雖中从一,而於六書爲象形字也。陟格切,五部。凡乇聲字,皆在五部。用以會意者,古文𠂹字𠂇旁从此。凡乇之屬皆从乇。

文一。

𠂹 艸木華葉𠂹。引伸爲凡下𠂹之偁,今字垂行而𠂹廢矣。象形。象其莖枝華葉也。此篆各書中直,惟《廣韵·五支》及夢英所書作𠂹。是爲切,古音在十七部。凡𠂹之屬皆从𠂹。

玏 古文。《地理志》曰:「武功垂山,古文以爲敦物。」豈古文𠂹與物字相似故與?

文一。重一。

䔢 艸木華也。此與下文蕚音義皆同。蕚,榮也。《釋艸》曰:「蕚,荂也。蕚、荂,榮也。」今字花行而䔢廢矣。从𠂹,亐聲。況于切,五部。凡䔢之屬皆从䔢。

荂 䔢或从艸,从夸。夸聲亦亐聲也。《釋艸》有此字,郭曰:「今江東呼華爲荂,音敷。」按,今江蘇皆言花呼瓜切。《方言》曰:「華、荂,晠也。齊楚之閒或謂之華,或謂之荂。」《吳都賦》曰:「異荂蓲蘛。」李善曰:「荂,枯瓜切。」

韡 盛也。《小雅》傳曰:「韡韡,光明也。」从䔢,韋聲。于鬼切,十五部。《詩》曰:「咢不韡韡。」咢,各本作「萼」,俗字也,今正。今《詩》作「鄂」,亦非也。毛云:「咢猶咢咢然,言外發也。」鄭云:「承華者曰咢。」皆取咢布之意。

文二。重一。

華 榮也。見《釋艸》。艸部曰:「葩,華也。」𤕟部曰:「𤕟,華榮也。」按,《釋艸》曰:「蕍、芛、葟、華,榮。」渾言之也。又曰:「木謂之華,艸謂之榮,榮而實者謂之秀,榮而不實者謂之英。」析言之也。引伸爲《曲禮》「削瓜爲國君華之」之字,又爲光華、華夏字。从艸䔢。䔢亦聲。此以會意包形聲也。户瓜切,又呼瓜切,古音在五部。俗作花，其字起於北朝③。凡𠌶之屬皆从𠌶。

皣　艸木白華皃。皃，各本作「也」，今依《文選・西都賦》注正。賦曰：「蘭茝發色，皣皣猗猗。」从𠌶，从白。不入白部者，重華也。皅下曰：「艸華之白也。」重白，故入白部也。左思《白髮賦》曰：「予觀橘柚，一皜一皣。貴其素華，匪尚綠葉。」則音在八部也，筠輒切。

文二。

禾　木之曲頭止不能上也。此字古少用者。《玉篇》曰：「亦作㲺。」非是。㲺在一部，禾當在十五、十六部。古兮切，《玉篇》古溉、古兮二切④。凡禾之屬皆从禾。

積　積椺，逗。二字各本無，今補。多小意而止也。「小意」者，意有未暢也。謂有所妨礙，含意未伸。《廣韻》積、椺皆訓「曲枝果」。按，積椺字，或作「枳椇」，或作「枳枸」，或作「枳句」，或作「枝拘」，皆上字在十六部，下字在四部，皆詰詘不得伸之意。《明堂位》：「俎殷以椇。」注：「椇之言枳椇也，謂曲橈之也。」《莊子・山木篇》：「騰蝯得柘棘枳枸之閒，處勢不便，未足以逞其能。」宋玉《風賦》：「枳句來巢，空穴來風。」枳句、空穴，皆連緜字。空穴即孔穴。「枳句來巢」，陸璣《詩疏》作「句曲來巢」，謂樹枝屈曲之處，鳥用爲巢。《逸莊子》作「桐乳致巢」，乃譌字耳。《淮南書》：「龍夭矯，燕枝拘。」亦屈曲盤旋之意。其入聲則爲「迟曲」。積與枳、枝、迟，椺與椇、句、枸、拘、曲，皆疊韵也。積椺與迟曲皆雙聲字也。《急就篇》：「沽酒釀醪稽極程。」王伯厚云：「稽極當作積椺。」蓋詘曲爲酒經程，寓止酒之義。又按，《釋地》「枳首蛇」，枳本或作積，此則借積枳爲岐字，亦同部假借也，故郭釋以岐頭蛇。从禾，从支。支者，枝格之意。只聲。職雉切，按，古音在十六部，亦音支。一曰，木也。一說積是木名也。

椺　積椺也。上篆下釋積椺之義，此祇云「積椺也」，全書之例如此。从禾，从又，句聲。俱羽切，古音在四部。讀如苟，亦如勾。又者，从丑省。說从又之意。丑，紐也。紐者，不伸之意。一曰，木名。一說椺是木名也。木名但謂單字。

文三。

稽　畱止也。《玄應書》引「畱止曰稽」。高注《戰國策》曰：「畱其日，稽畱其日也。」凡稽畱，則有審慎求詳之意，故爲稽攷。禹會諸侯於會稽，稽，計也。稽攷則求其同異，故說《尚書》「稽古」爲同天。稽，同也，如「流，求也」之例。从禾，从尤。取乙欲出而見閡之意。旨聲。古兮切，十五部。凡稽之屬皆从稽。

䅬　特止也。鍇曰：「特止，卓立也。」按，「如有所立卓爾」，當用此字。从稽省，卓聲。此說形聲包會意。卓者，高也。竹角切，二部。

穃　穃椺而止也。積椺謂之雙聲，穃椺謂之疊韵。从稽省，咎聲。讀若晧。古老切，古音咎聲、告聲皆在三部。

賈侍中說：稽、𥢶、𥢔三字，皆木名。有木名稽，有木名𥢶，有木名𥢔也。皆別一義。

文三。

巢 鳥在木上曰巢，在穴曰窠。穴部曰：「穴中曰窠，樹上曰巢⑤。」巢之言高也，窠之言空也。在穴之鳥，如鴝鵒之屬，今江蘇語言通名禽獸所止曰窠。从木，象形。象其架高之形。鉏交切，二部。凡巢之屬皆从巢。

𡬠 傾覆也。《周禮·晢蔟氏》掌覆夭鳥之巢。从寸，臼覆之。寸巢猶晢蔟也。寸，人手也。古寸與又通用。臼，今補。从巢省。臼者，巢之省。以手施於巢，傾覆之意也。方斂切，七部。按，解云從寸，從臼，而各本篆體作叟，誤。今依《玉篇》、《廣韵》、《集韵》、《類篇》更正。杜林說：㠯爲貶損之貶。此亦如以構爲桷，以索爲市，以鼂爲朝，以畀爲麒也。巢在上，覆之而下，則與貶損義相通。《上林賦》：「適足以𡬠君自損。」晉灼曰：「𡬠，古貶字。」

文二。

桼 木汁，可㠯𩮀物。木汁名桼，因名其木曰桼。今字作漆，而桼廢矣。漆，水名也，非木汁也。《詩》、《書》梓桼、桼絲，皆作漆，俗以今字易之也。《周禮·載師》：「桼林之征，二十而五。」大鄭曰：「故書桼林爲漆林。」杜子春云：「當爲桼林。」是則漢人分別二字之嚴，今注疏譌舛，爲正之如此。《周禮·巾車》注，髤桼字皆作桼，不作漆。漢人多假桼爲七字，《史記》「六律五聲八音來始」，來始正桼始之誤，《尚書大傳》、《漢·律曆志》皆作「七始」，《史》、《漢》同用今文《尚書》也。从木，各本無⑥，今補。《韵會》作「象木形」，亦誤。象形。謂左右各三，皆象汁自木出之形也。親吉切，十二部。桼如水滴而下也。也字補。說象形之意也。左右各三，象水滴下。凡桼之屬皆从桼。

𩮀 桼也。韋昭曰：「㕞桼曰𩮀。」師古曰：「以桼桼物謂之髤，今關東俗謂之捎桼，捎即髤聲之轉耳。髤或作𩮀。」按，以桼桼物皆謂之髤，不限何色也。《鄉射禮記》曰：「楅髤。」注云：「赤黑桼也。」《巾車》注云：「髤謂赤多黑少之色韋也。」《漢書》：「中庭彤朱，殿上髤桼。」《西都賦》謂之「彤庭」、「玄墀」，然則或赤，或黑，或赤黑兼，或赤多黑少，皆得云𩮀。从桼，髟聲。許尤切，三部。髟，必由切。

⿰桼包 桼垸已，句。復桼之。垸者，以桼龢灰垸而𩮀也。既垸之，復桼之，以光其外也。从桼，包聲。舉形聲包會意也。匹皃切，古音在三部。《篇》、《韵》步交切。

文三。

束 縛也。糸部曰：「縛，束也。」是爲轉注。《襍記》曰：「納幣一束，束五兩，兩五尋。」从口木。口音韋，回也。《詩》言「束薪」、「束楚」、「束蒲」，皆口木也。書玉切，三部。凡束之屬皆从束。

柬 分別簡之也。《釋詁》曰：「流、差、柬，擇也。」《韵會》無簡字爲長。凡言簡練、簡擇、簡少者，皆借簡爲柬也。柬訓分別，故其字從八。一說當作「分別簡之」。簡，在也。在，存也。**从束八，**爲若干束而分別之也。古限切，十四部。**八，分別也。**說從八之意。

𣎆 **小束也。**《齊民要術》曰：「麻葉欲小縛欲薄，爲其易乾。」**从束，幵聲。讀若繭。**古典切，十四部。

剌 **戾也。**戾者，韋背之意。凡言乖剌、剌謬字如此。《謚法》：「愎很遂過曰剌。」**从束，从刀。刀束者，**束字今補。刀束如导下言寸曰。**剌之也。**既束之，則當藏弆之矣，而又以刀毁之，是乖剌也。盧達切，十五部。

文四。

㯻 **㯻也。**《廣韵》曰：「㯻，大束。」**从束，圂聲。**胡本切，十三部。按，《五經文字》云：「捕幺反。」《廣韵》云：「符霄切。」是以㯻音爲㯻音也。**凡㯻之屬皆从㯻。**

橐 **囊也。**按，許云：「橐，囊也。囊，橐也。」渾言之也。《大雅》毛傳曰：「小曰橐，大曰囊。」高誘注《戰國策》曰：「無底曰囊，有底曰橐。」皆析言之也。囊者，言實其中如瓜瓤也。橐者，言虛其中以待如木槖也。《玄應書》引《蒼頡篇》云：「橐，囊之無底者。」則與高注互異。許多用毛傳，疑當云：「橐，小囊也。囊，橐也。」則同異皆見，全書之例如此。此葢有奪字。又《詩釋文》引《說文》：「無底曰囊，有底曰橐。」與今本絕異。**从㯻省，石聲。**他各切，五部。

囊 **橐也。从㯻省，𩁹聲。**𩁹，各本作「襄省」二字，淺人改也，今正。奴郎切，十部。

櫜 **車上大櫜。**云車上大櫜者，謂可藏任器，載之於車也。《樂記》注曰：「兵甲之衣曰櫜，鍵櫜言閉藏兵甲也。」《大雅》、《周頌》毛傳曰：「櫜，韜也。」《齊語》：「垂櫜而入。」韋曰：「櫜，囊也。」引伸之義，凡韜於外者皆爲櫜。《周禮》「膏物」，注云：「膏當爲櫜，蓮芡之實有櫜韜。」**从㯻省，咎聲。**古勞切，古音在三部。**《詩》曰：「載櫜弓矢。」**《周頌》文。

𣝋 **囊張大皃。**《石鼓文》：「其魚隹可，隹鱮隹鯉。可以𣝋之，隹楊及栁。」𣝋讀如苞苴之苞。蘇軾詩作「貫」，非也。**从㯻省，缶聲。**符宵切，古音在三部。

文五。

囗 **回也。**回，轉也。按，圍繞、週圍字當用此，圍行而囗廢矣。**象回帀之形。**帀，周也。羽非切，十五部。**凡囗之屬皆从囗。**

圜 **天體也。**圜，環也。《呂氏春秋》曰：「何以說天道之圜也？精氣一上一下，圜周復襍（高曰：襍猶帀），無所稽留，故曰天道圜。何以說地道之方也？萬物殊類殊形，皆有分職，不能相爲，故曰地道方。」按，天體不渾圓如丸，故《大戴禮》云：「參嘗聞之夫子曰：天道曰圓，地道曰方。」盧云道曰：「方圓耳，非形也。」《淮南子》曰：「天之圓不中規，地之方不中矩。」《白虎通》曰：「天，鎮也，其道曰圓。地，諦也，其道曰方。」許言「天體」，亦謂其體一氣循環，無終無始，非謂其形渾圜也。下文云「圓，圜全也。」斯爲渾圜。許書圓、圜、圎三字不同，今字多作方圓、方員、方圜，而圎字廢矣。依許則言天當作圜，言平圓當作圎，言渾圓當作圓。 从口，睘聲。王權切，十四部。

團 圜也。《鄭風》：「需露團兮。」⑦《周禮》假專爲團。《大司徒》注曰：「專，圜也。」 从口，專聲。度官切，十四部。

圎 規也。規，有法度也。 从口，肙聲。似沿切，十四部。

囩 回也。二字疊韵。雲字下曰：「象雲回轉形。」沄字下曰：「轉流也。」凡從云之字，皆有回轉之義。 从口，云聲。形聲包會意也。羽巾切，十三部。

圓 圜全也。全，《集韵》、《類篇》作「合」，誤字也。圜者，天體。天屈西北而不全，圜而全，則上下四旁如一，是爲渾圜之物。《商頌》：「幅隕既長。」毛曰：「隕，均也。」按，《玄鳥》傳亦曰：「員，均也。」是則毛謂員、隕皆圓之假借字。渾圜，則無不均之処也。箋申之曰：「隕當作圓。圓謂周也。」此申毛非易毛。 从口，員聲。讀若員。王問切，十三部。

回 轉也。淵，回水也。故顏回字子淵。《毛詩》傳曰：「回，邪也。」言回爲𡆥之假借也。又曰：「回，違也。」亦謂假借也。「𡆥，衺也。」見交部。 从口，中象回轉之形。中當作「口」，外爲大口，内爲小口，皆回轉之形也。如天體在外，左旋；日月五星在内，右旋是也。户恢切，十五部。

回 古文。古文象一气回轉之形。

圖 畫計難也⑧。《左傳》曰：「咨難爲謀。」畫計難者，謀之而苦其難也。《國語》曰：「夫謀必素見成事焉，而後履之。」謂先規畫其事之始終，曲折歷歷可見，出於萬全，而後行之也。故引伸之義謂繪畫爲圖。《聘禮》曰：「君與卿圖事。」《釋詁》曰：「圖，謀也。」《小雅》傳曰：「慮、圖，皆謀也。」⑨ 从口，規畫之意。 从啚。啚，逗。 難意也。說從啚之意。啚者，嗇也。嗇者，愛濇也。慎難之意。同都切，五部。

圛 回行也。謂回曲而行。 从口，睪聲。羊益切，古音在五部。 《商書》曰： 商，各本譌「尚」，今依《廣韵》《玉篇》正。曰字，各本無，今補。 「曰圛。」句絕。《商書》謂《洪範》。「曰圛」，唐衛包改爲「曰驛」，而《尚書正義》、《詩·齊風》正義，皆作「曰圛」，此天寶以前未改之本也。自貞觀以前，《史記·宋世家》集解云：「《尚書》作圛。」引鄭注「圛，色澤而光明也」。《周禮·大卜》注引《洪範》：「曰雨，曰濟，曰圛，曰蟊，曰剋。」《齊風》鄭箋云：「古文《尚書》弟爲圛。」皆古文《尚書》作圛之明證也。「古文《尚書》弟爲圛」者，謂夏侯歐陽作「弟」，古文《尚書》則作「圛」也。言此者，證《詩》之「弟」字，亦當爲「圛」而訓明也。知今文《尚書》作「弟」者，《宋世家》作

「涕」可證也。今本鄭箋作「以弟爲圛」，衍一字而不可通矣。圛者，者字，依《廣韵》、《五經文字》補。舊讀「圛圛升雲」爲句，誤甚。升雲半有半無。此釋《書》「曰圛」之義，與本訓「回行」不同，故箸之。如「莫席」別於火不明，「聖讒」別於以土增大道，文法正同。升雲半有半無，正某氏「氣落驛不連屬」、王肅「霍驛消滅如雲陰」所本。如許說，則《商書》圛字，正繹之假借。讀若驛。

國 邦也。邑部曰：「邦，國也。」按，邦、國互訓，渾言之也。《周禮》注曰：「大曰邦，小曰國。邦之所居，亦曰國。」析言之也。从口，从或。戈部曰：「或，邦也。」古或、國同用，邦、封同用。古惑切，一部。

壼 宮中道。《釋宮》曰：「宮中衖謂之壼。」郭云：「巷，閤門道也。」按，《大雅》：「室家之壼。」毛曰：「壼，廣也。」箋云：「壼之言梱也。室家相梱致。」皆引伸假借之義。从口，象宮垣道上之形。從口，象宮垣也，餘象道。按，上當是從朿省，從朿者，内言不出於閫之意與？《玉篇》此字入橐部。苦本切，郭、吕竝邱屯反，古音在十二部。《詩》曰：「室家之壼。」

囷 廩之圜者。从禾在口中。去倫切，十二部。圜謂之囷，見《詩·魏風》傳、《考工記》注、《吳語》韋注、《急就篇》顔注。方謂之京。《管子》曰：「新成囷京。」《史記·倉公傳》：「見建家京下方石。」《釋名》曰：「京，矜也。寶物可矜惜者，投之其中也。」《急就篇》：「門户井竈廡囷京。」《廣雅》曰：「京、庾、廩、廘，倉也。」按，《吳語》注：「員曰囷，方曰鹿。」鹿即京也。廘者，鹿之俗。

圈 養畜之閑也。畜，當作「嘼」，轉寫改之耳。閑，闌也。牛部曰：「牢，閑，養牛馬圈也。」是牢與圈得通偁也。从口，卷聲。考《公羊傳·文十一年》：「楚子伐圈。」音義云：「圈，《說文》作圈。」而《集韵·廿五願》云：「圈圈二同。養畜閑也。」《類篇》圈、圈分出，皆云「養畜閑也」。疑《說文》本作「圈」，後人改之耳。渠篆切，十四部。

囿 苑有垣也。高注《淮南》曰：「有牆曰苑，無牆曰囿。」與許互異，葢有無互譌耳。《魏都賦》曰：「繚垣開囿。」繚垣，《西京賦》作「繚亙」：「繚亙綿聯」，即《西都賦》之「繚以周牆」也。《周禮》注曰：「囿，今之苑。」按，古今異名，許析言之，鄭渾言之也。引伸之，凡淵奥處曰囿。《夏小正》：「正月囿有見韭，囿也者，園之燕者也。四月囿有見杏，囿也者，山之燕者也。」又引伸之，凡分別區域曰囿。常道將引《洛書》曰：「人皇始出，分理九州爲九囿。」九囿，即《毛詩》之「九有」，《韓詩》之「九域」也。域同或，古「或」與「有」、與「囿」通用。从口，有聲。于救切，古音在一部。一曰，所㠯養禽獸曰囿。養字依《御覽》補。「所㠯」二字，今補。《大雅·靈臺》傳曰：「囿所以域養禽獸也。」域養者，域而養之。《周禮·囿人》：「掌囿游之獸禁，牧百獸。」按，《韵會》無「一曰」二字。艸部云：「苑，所㠯養禽獸也。」此云「苑有垣」，則養禽獸在其中矣。此句葢淺人增之。

𡈾 籀文囿。艸部蘙從此爲聲。

園 所㠯樹果也。《鄭風》傳曰：「園所以樹木也。」按，毛言木，許言果者，《毛詩》檀、穀、桃、棘，皆系諸園。木可以包果。故《周禮》云：「園圃毓草木。」許意凡云苑囿，已必有艸木，故以樹果系諸園。从囗，袁聲。羽元切，十四部。

圃 所㠯種菜曰圃。「所㠯」二字，今補。《齊風》毛傳曰：「圃，菜園也。」馬融《論語》注曰：「樹菜蔬曰圃。」《玄應》引《倉頡解詁》云：「種樹曰園，種菜曰圃。」从囗，甫聲。博古切，五部。

因 就也。就下曰：「就高也。」爲高必因丘陵，爲大必就基阯，故因從囗大，就其區域而擴充之也。《中庸》曰：「天之生物，必因其材而篤焉。」《左傳》曰：「植有禮，因重固。」⑩人部曰：「仍，因也。」《論語》：「因不失其親。」謂所就者不失其親。从囗大。於真切，十二部。

㘝 下取物縮臧之。謂攝取也。今農人罱泥，罱即㘝之俗字。从又，下取，故從又。从囗。縮藏之，故從囗。讀若聶。女洽切，七部。聶，小徐作「籋」。

囹 獄也。獄上當有「囹圄」二字。幸部曰：「囹圄，所㠯拘罪人。」蓋許作「囹圄」，與他書「囹圄」不同也。《月令》鄭注曰：「囹圄，所以禁守繫者，若今別獄矣。」蔡邕云：「囹，牢也。圄，止也。所以止出入，皆罪人所舍也。」《鄭志》：崇精問曰：「囹圄，何代之獄？」焦氏荅曰：「《月令》，秦書。則秦獄名也。漢曰若盧，魏曰司空。」从囗，令聲。鍇曰：「囹，櫺也。櫳檻之名。」郎丁切，十一部。

圄 守之也。从囗，吾聲。魚舉切，五部。按，《韵會》云：「圄，《說文》本作圉。」蓋小徐本有圉無圄。《左傳》：「圄伯嬴於轑陽而殺之。」

囚 繫也。从人在囗中。似由切，三部。

固 四塞也。四塞者，無罅漏之謂。《周禮・夏官・掌固》注云：「固，國所依阻者也。國曰固，野曰險。」按，凡堅牢曰固。又事之已然者曰固，即故之假借字也。漢官「掌故」，唐官多作「掌固」。从囗，古聲。古慕切，五部。

圍 守也。从囗，韋聲。羽非切，十五部。

困 故廬也。廬者，二畝半，一家之居。居必有木，「樹牆下以桑」是也。故字從囗木。謂之困者，疏廣所謂「自有舊田廬，令子孫勤力其中也」。困之本義爲止而不過，引伸之爲極盡。《論語》「四海困窮」，謂君德充塞宇宙，與「橫被四表」之義略同。苞注曰：「言爲政信執其中，則能窮極四海，天祿所以長終也。」凡言困勉、困苦，皆極盡之義。从木在囗中。苦悶切，十三部。

朱 古文困。《廣雅》：「橜、機、闑，朱也。」按，稚讓用「朱」爲「梱」字，此可證四海困窮之義。

圂 豕廁也。《少儀》：「君子不食圂腴。」注云：「《周禮》圂作豢，謂犬豕之屬，食米穀者也。腴有似於人穢。」按，云「《周禮》圂作豢」者，《槀人》「掌豢祭祀之犬」是也。豢從豕，𢍏聲，圂從囗豖會意，據許説本非一字。豢以人之萎養而言，圂以牢中溷濁而言。《少儀》「圂腴」不煩改字，謂豖廁爲圂，因謂豖犬爲圂耳。引伸之義，人廁或曰圂，俗作溷；或曰清，俗作圊；或曰軒，皆見《釋名》。从口，象豖在口中也。會意。象當作豖，字之誤也。胡困切，十三部。

囮 譯也。譯，疑當作「誘」。一説《周禮》「貉隸掌與獸言」，「夷隸掌與鳥言」，是其事也。从口，化聲。今小徐本有「聲」字是。五禾切，十七部。率鳥者，繫生鳥吕來之，名曰囮。率，捕鳥畢也。將欲畢之，必先誘致之。潘安仁曰：「暇而習媒翳之事。」徐爰曰：「媒者，少養雉子，至長狎人，能招引野雉，因名曰媒。」讀若譌。囮者，誤之也。故讀若譌。

圝 囮或从繇。各本篆作「圝」，解作「䌛」，今正。按，「或」當作「也本」二字。一化聲，一繇聲，其義則同。《廣雅·釋言》曰：「囮，圝也。」是可證爲二字轉注矣。潘岳《射雉賦》：「恐吾游之晏起」，又：「良游呃喔，引之規裹。」徐爰注：「雉，媒。江淮閒謂之游。」唐吕温有《由鹿賦》。游與由皆即圝字也。從繇，當作「從口，繇聲。」音由，三部。徐鉉云：訛、由二音。誤也。

文二十六。當作七。　重四。當作三。

員 物數也。本爲物數，引伸爲人數。俗偁官員，《漢·百官公卿表》曰：「吏員自佐史至丞相十二萬二百八十五人。」是也。數木曰枚、曰梃，數竹曰箇，數絲曰紽、曰緫，數物曰員。《小雅》：「員于爾輻。」毛曰：「員，益也。」此引伸之義也。又假借爲云字，如《秦誓》：「若弗員來。」《鄭風》：「聊樂我員。」《商頌》：「景員維河。」箋云：「員，古文云。」从貝，口聲。貝，古以爲貨物之重者也。王權切，古音云，在十三部。口聲在十五部，合韵冣近。凡員之屬皆从員。

鼎 籀文从鼎。鼎下曰：「籀文以鼎爲貝字。」故員作鼎，則作鼎刂。

䞣 物數紛䞣亂也。䞣，今字作「紜」，紜行而䞣廢矣。紛䞣謂多，多則亂也。古假芸爲䞣，《老子》：「大物芸芸，各歸其根。」从員，云聲。讀若《春秋傳》曰：「宋皇鄖。」宋皇鄖，見《左傳》。羽文切，十三部。

文二。　重一。

貝 海介蟲也。介蟲之生於海者。居陸名猋，在水名蜬。見《釋魚》。猋作「贆」，俗字也。蜬亦當作「函」，淺人加之偏傍耳。虫部曰：「蜬，毛蠹也。」則非貝名。象形。象其背穹隆而腹下岐。博蓋切，十五部。古者貨貝而寶龜，謂以其介爲貨也。《小雅》：「既見君子，錫我百朋。」箋云：「古者貨貝，五貝爲朋。」《周易》亦言「十朋之龜」，故許以貝與龜類言之。《食貨志》：王莽貝貨五品：大貝、壯貝、幺貝、小貝，皆二枚爲一朋，不成貝不得爲朋。龜貨四品：元龜當大貝，十朋；公龜當壯貝，十朋；矦龜當幺貝，十朋；子龜當小貝，十朋。此自莽法。鄭箋《詩》云：「古者五貝爲朋。」注《易》以《爾雅》之十龜，未嘗用歆、莽説也。周而有泉，《周禮·外府》：「掌邦布之入出，以共百物，而待邦之用。」《泉府》：「掌以市之征布，斂市之不售，貨之滯於民用者。」注云：「布，泉也。讀爲宣布之布。其藏曰泉，其行曰布。取名於水泉，其流行無不徧。泉始蓋一品，周景王鑄大泉，而有二品。」按，許謂周始有泉，而不廢貝也。至秦廢貝行錢。秦始廢貝專用錢。變泉言錢者，周曰泉，秦曰錢，在周、秦爲古今字也。金部錢下，鍇本云：「一曰，貨也。」《檀弓》注曰：「古者謂錢爲泉布。」則知秦漢曰錢，周曰泉也。《周禮·泉府》注云：鄭司農云：「故書泉或作錢。」葢周人或用假借字，秦乃以爲正字。凡貝之屬皆从貝。

貞 貝聲也。从小貝。聚小貝則多聲，故其字從小貝，引伸爲細碎之偁。今俗瑣屑字當作此，瑣行而貞廢矣。《周易·旅》：「初六，旅瑣瑣。」陸績曰：「瑣瑣，小也。艮爲小石，故曰旅瑣瑣也。」按，瑣者，貞之假借字。《玉部》瑣謂玉聲。穌果切，十七部。

賄 財也。《周禮》注曰：「金玉曰貨，布帛曰賄。」析言之也。許渾言之，貨賄皆釋曰財。从貝，有聲。呼罪切。按，古音在一部，古假悔字爲之。《聘禮》注曰：「古文賄皆作悔。」

財 人所寶也。寶，珍也。《周禮》注曰：「財，泉穀也。」霡下云：「小雨財零也。」以爲今之纔字。从貝，才聲。昨哉切，一部。

貨 財也。《廣韵》引蔡氏《化清經》曰：「貨者，化也。變化反易之物，故字从化。」⑪从貝，化聲。形聲包會意。《韵會》無「聲」字。呼臥切，十七部。

𧶠 資也。按，《篇》《韵》皆云「賭也」，許無賭字。从貝，爲聲。詭僞切，古音在十七部。或曰：此古貨字。鍇本無此，但云「臣鍇按字書云：古貨字」。按，爲化二聲同在十七部，貨古作𧶠，猶訛譌通用耳。鉉本此下更有「讀若貴」三字。

資 貨也。貨者，化也。資者，積也。旱則資舟，水則資車。夏則資皮，冬則資絺綌。皆居積之謂。資者，人之所藉也。《周禮》注曰：「資，取也。」《老子》曰：「善人不善人之師，不善人善人之資。」从貝，次聲。即夷切，十五部。

贎 貨也。《廣韵》云：「贈貨。」从貝，萬聲。無販切，十四部。

賑 富也。見《釋言》。郭曰：「謂隱賑富有。」《西京賦》：「鄉邑殷賑。」薛曰：「謂富饒也。」《匡謬正俗》曰：「振給、振貸字皆作振。振，舉救也。俗作賑，非。」从貝，辰聲。之忍切，十三部。

賢 多財也。財，各本作「才」，今正。賢本多財之偁，引伸之凡多皆曰賢。人偁賢能，因習其引伸之義而廢其本義矣。《小雅》：「大夫不均，我從事獨賢。」傳曰：「賢，勞也。」謂事多而勞也。故《孟子》説之曰：「我獨賢勞。」戴先生曰：「《投壺》：某賢於某若干純。賢，多也。」从貝，臤聲。胡田切，十二部。

賁 飾也。《易》象傳曰：「山下有火，賁。」《序卦》傳曰：「賁，飾也。」按，古假賁爲奔。从貝，卉聲。彼義切，十五部。按，亦音墳，亦音肥，文與微合韵冣近。

賀 㠯禮物相奉慶也。物字依《韵會》、《玉篇》補。「相奉慶」，《玉篇》作「相慶加」爲長。心部曰：「慶，行賀人也。」是慶與賀二字互訓。賀之言加也，猶贈之言增也。古假賀爲嘉，《覲禮》「余一人嘉之」，今文嘉作賀是也。《廣韵》曰：「賀，擔也，勞也。」此謂或假賀爲儋何字也。儋何，俗作「擔荷」。从貝，加聲。胡箇切，十七部。

貢 獻功也。貢、功疊韵。《魯語》曰：「社而賦事，烝而獻功。」韋注：「社，春分祭社也。事農桑之屬也。冬祭曰烝，烝而獻五穀布帛之屬也。」《周禮》「八則治都鄙」，「六曰賦貢，以馭其用」⑫，注云：「貢，功也。九職之功所税也。」按，《大宰》「以九貢致邦國之用」，凡其所貢，皆民所有事也。故《職方氏》曰：「制其貢，各以其所有。」从貝，工聲。古送切，九部。

贊 見也。此以疊韵爲訓。疑當作「所以見也」，謂彼此相見，必資贊者。《士冠禮》「贊冠者」，《士昏禮》「贊者」，注皆曰：「贊，佐也。」《周禮·大宰》注曰：「贊，助也。」⑬是則凡行禮必有贊，非獨相見也。从貝，从兟。鉉曰：「兟音詵，進也。」鍇曰：「進見以貝爲禮也。」則旰切，十四部。

賮 會禮也。以財貨爲會合之禮也。《蒼頡篇》曰：「賮，財貨也。」張載注《魏都賦》曰：「賮，禮贄也。」又《孟子》曰：「行者必以賮，辭曰餽賮。」或假進爲之。如《漢·高紀》曰「蕭何爲主吏，主進」是也。从貝，𦘒聲。徐刃切，十二部。

齎 持遺也。《周禮·掌皮》：「歲終則會其財齎。」注：「予人以物曰齎。今時詔書或曰：齎計吏。鄭司農云：齎或爲資。」《外府》：「共其財用之幣齎。」注：「齎，行道之財用也。《聘禮》曰：問幾月之齎。鄭司農云：齎或爲資。今《禮》家定齎作資。玄謂齎資同耳，其字以齊次爲聲，從貝變易，古字亦多或。」玉裁按，此鄭君不用許書説，謂齎、資一字，聲義皆同也。許則釋資爲貨，釋齎爲持而予之，其義分別，不爲一字。近人則訓齎爲持矣。从貝，齊聲。祖雞切，十五部。

貸 施也。謂我施人曰貸也。从貝，代聲。他代切，一部。

貣 從人求物也。從人猶向人也，謂向人求物曰貣也。按，代、弋同聲，古無去入之别。求人、施人，古無貣、貸之分，由貣字或作貸，因分其義，又分其聲。如求人曰乞，給人之求亦曰乞，今分去訖、去既二音。又如假借二字，皆爲求者、予者之通名，唐人亦有求讀上入、予讀兩去之説，古皆未必有是。貣别爲貸，又以改竄許書，尤爲異耳。經史内貣貸錯出，恐皆俗增人旁。蟘字《經典釋文》、《五經文字》皆作蟘，俗作⿰虫貸，亦其證也。《周禮·泉府》「凡民之貸者」注云：「貸者，謂從官借本賈也。」《廣韵·廿五德》云：「貣謂從官借本賈也。」其所據《周禮》正作貣，而《周禮注》中借者、予者同用一字，釋文别其音，亦可知本無二字矣。从貝，弋聲。他得切，亦徒得切，一部。按，古多假貣爲差忒字。

賂 遺也。見《魯頌》「大賂」傳，箋云：「大，猶廣也。廣賂者，賂君及卿大夫也。」按，以此遺彼曰賂，如道路之可往來也。貨賂皆謂物，其用之則有公私衺正之不同。从貝，各聲。洛故切，五部。按，各古有洛音，鉉云：賂當從路省聲。非也。

賸 物相增加也。賸、增疊韵。以物相益曰賸，字之本義也。今義訓爲贅疣，與古義小異，而實古義之引伸也。改其字作剩而形異矣。从貝，朕聲。以證切，六部。一曰，送也，副也。人部曰：「佚，送也。」賸訓送，則與佚音義皆同。副，貳也。貳，副益也。訓送、訓副，皆與增加義近。

贈 玩好相送也。贈、送疊韵。《秦風·渭陽》、《大雅·韓奕》皆云：「何以贈之？」⑭毛傳、鄭箋皆云：「贈，送也。」《崧高》云：「以贈申伯。」傳云：「贈，增也。」增與送義異而同，猶賸之訓增亦訓送也。《既夕禮》云：「知死者贈，知生者賻。」何休云：「知死者賵賻，知生者贈襚。」⑮按，以玩好送死者亦贈之一端也。今人以物贈人曰送，送亦古語也。从貝，曾聲。昨鄧切，六部。

貱 迻予也。迻，遷徙也。展轉寫之曰迻書，展轉予人曰迻予。貱、迻疊韵。从貝，皮聲。彼義切，古音在十七部。

贛 賜也。《釋詁》曰：「贛，賜也。」據釋文本作贛，後人改作貢耳。端木賜字子贛，凡作子貢者，亦皆後人所改。《淮南·道應》⑯、《要略》二訓注皆云：「贛，賜也。」从貝，竷省聲。古送切。按，竷聲當在八部，而讀同貢，則音之轉也。贛之古義古音皆與貢不同。

贑 籀文贛。《集韵》、《類篇》作贑。

賚 賜也。《釋詁》：「賚、貢、錫、畀、予、況，賜也。」又曰：「賚，予也。」《小雅》毛傳云：「賚，予也。」《大雅》傳云：「釐，賜也。」釐者，賚之假借也。从貝，來聲。洛帶切，一部。按，徐仙民音來。《周書》曰：「賚尒秬鬯。」《文矦之命》文。今尒作「爾」。

賞 賜有功也。鍇曰：「賞之言尚也。尚其功也。」从貝，尚聲。書兩切，十部。

賜 予也。《釋詁》：「賚、貢、錫、畀、予、況，賜也。」七字轉注。凡經傳云錫者，賜之假借也。《公羊傳》曰：「錫者何？賜也。」賜者，與之通稱。《禹貢》「納錫大龜」，乃下與上之詞。又《玉藻》言「賜君子」、「與小人」者，別言之，統言則不別也。《方言》曰：「賜，盡也。」此借賜爲澌。澌，盡也。盡之字俗作儩。从貝，易聲。斯義切，十六部。

貤 重次弟物也。《漢書注》引作「物之重次弟也」。重次弟者，既次弟之，又因而重之也。漢武帝詔曰：「受爵賞而欲移賣者，無所流貤。」應劭訓貤爲移。《上林賦》說果樹曰「貤丘陵，下平原」，郭璞曰：「貤猶延也。」按，賣爵者展轉與人，蔓莚丘陵者層疊茲長，皆重次弟之意也。《毛詩》「施于中谷」、「施于子孫」，皆當作貤。

从貝，也聲。以豉切，古音在十七部。

贏 賈有餘利也。依《韵會》本訂。《左傳》曰：「賈而欲贏，而惡囂乎。」俗語謂贏者輸之對。从貝，𣎆聲。按，惟贏、贏字可云𣎆聲，贏字當云「從貝𣎆」。𣎆者，多肉之獸也，故以會意。女部贏當云「贏省聲」，今本多誤。以成切，十一部。

賴 贏也。《高帝紀》：「始大人常吕臣亡賴。」應曰：「賴者，恃也。」晉曰：「許慎云：賴，利也。無利入於家也。或曰，江淮之閒謂小兒多詐狡獪爲亡賴。」按，今人云無賴者，謂其無衣食致然耳。《方言》云：「賴，讎也。南楚之外曰賴。」「賴，取也。」从貝，剌聲。洛帶切，十五部。

負 恃也。《左傳》曰：「昔秦人負恃其衆，貪於土地，逐我諸戎。」《孟子》曰：「虎負隅，莫之敢攖。」从人守貝，有所恃也。會意。房九切，古音在一部。《樂記》：「禮樂偩天地之情。」《史記》：「栗姬偩貴。」皆作「偩」，俗字也。一曰，受貸不償。凡以背任物曰負，因之凡背德忘恩曰負。

貯 積也。此與宁音義皆同。今字專用貯矣，《周禮注》作褚，俗字也。从貝，宁聲。直吕切，五部。

貳 副益也。當云：「副也。益也。」《周禮注》：「副，貳也。」⑰説詳刀部。从貝，弍聲。形聲包會意。而至切，十五部。

弍古文二。

賓 所敬也。《大宰》：「八統：八曰禮賓。」《大宗伯》：「以賓禮親邦國賓客。」渾言之也。析言之，則賓客異義。又賓謂所敬之人，因之敬其人亦曰賓。又君爲主，臣爲賓。故《老子》曰：「樸雖小，天下莫能臣也。矦王若能守之，萬物將自賓。」司馬相如引《詩》：「率土之賓，莫非王臣。」⑱从貝，貝者，敬之之物也。㝖聲。必鄰切，十二部。

賔 古文。鉉本無首畫，《玉篇》、《集韵》、《類篇》皆有。

賒 貰買也。貰買者，在彼爲貰，在我則爲賒也。《周禮·泉府》：「凡賒者祭祀無過旬日，喪紀無過三月。」鄭司農云：「賒，貰也。」从貝，余聲。式車切，古音在五部。

貰 貸也。《泉府》以「凡賒者」與「凡民之貸者」竝言，然則賒與貸有別。賒，貰也，若今人云賒是也。貸，借也，若今人云借是也。其事相類，故許渾言之曰：「貰，貸也。」《高祖本紀》：「常從武負王媼貰酒。」韋昭曰：「貰，賒也。」按，賒、貰皆紓緩之詞。从貝，世聲。神夜切，按，古音在五部。《聲類》、《字林》、鄒誕生皆音勢⑲，劉昌宗《周禮音》乃讀時夜反。

贅 吕物質錢。若今人之抵押也。《漢·嚴助傳》：「賣爵贅子，以接衣食。」如淳曰：「淮南俗賣子與人作奴婢名爲贅子，三年不能贖遂爲奴婢。」按，《大雅》傳曰：「贅，屬也。」謂贅爲綴之假借也。《孟子》「屬其耆老」，《大傳》作「贅其耆老」。《公羊傳》云：「君若贅旒。」《史》、《漢》云「贅壻」，此爲聯屬之偁。又《莊子》云「附贅縣肬」，《老子》云「餘食贅行」，此爲餘賸之偁。皆綴字之假借。从敖貝。會意。之芮切，十五部。敖者猶放，敖，出游也。放，逐也。謂貝當復取之。謂字，依《韵會》補。放者當復還，贅者當復贖，其義一也。此十字釋敖貝之意。

質 㠯物相贅。質、贅雙聲。以物相贅，如春秋交質子是也。引伸其義，爲樸也，地也。如有質有文是。《小雅》毛傳云：「旳，質也。」《周禮》「射則充椹質」，《左傳》「策名委質」皆是。又《緜》詩、《抑》詩傳曰：「質，成也。」《禮》謂平明爲「質明」。从貝，从所。闕。闕者，闕從所之說也。《韵會》從所作「所聲」，無闕字。之日切，十二部。

貿 易財也。《衛風》：「抱布貿絲。」《咎繇謨》：「貿遷有無化居。」从貝，卯聲。莫俟切，三部。

贖 貿也。《堯典》：「金作贖刑。」从貝，𧶠聲。殊六切，三部。

費 散財用也。《論語》曰：「君子惠而不費。」从貝，弗聲。房未切，十五部。

責 求也。引伸爲誅責、責任。《周禮・小宰》：「聽稱責以傳別。」稱責，即今之舉債。古無債字，俗作債，則聲形皆異矣。从貝，朿聲。側革切，十六部。

賈 賈，此複舉字之未删者。市也。市，買賣所之也，因之，凡買凡賣皆曰市。賈者，凡買賣之偁也。《酒誥》曰：「遠服賈。」《漢石經・論語》曰：「求善賈而賈諸。」今《論語》作「沽」者，假借字也。引伸之，凡賣者之所得，買者之所出，皆曰賈。俗又別其字作價，別其音入禡韵，古無是也。从貝，襾聲。公户切，五部。一曰，坐賣售也。六字葢淺人妄增。《司市》注：「通物曰商，居賣物曰賈。」居賣物，謂居積物亦兼賣之也。居非謂坐，此以坐與下行相對，又贅以《説文》所無之售字，殊無文理。

𧶠 行賈也。《白虎通》曰：「商賈何謂也？商之爲言章也，章其遠近，度其有亡，通四方之物，故謂之商也。賈之爲言固也，固其有用之物，以待民來，以求其利者也。通物曰商，居賣曰賈。」按，《白虎通》古本如是。《漢・律麻志》：「商，章也。物成孰可章度也。」《尚書》：「我商賚女。」徐邈商音章。冏部商從章聲，皆可證。𧶠俗作「賫」，經傳皆作「商」，商行而𧶠廢矣。渾言之，則𧶠賈可互偁。析言之，則行賈曰𧶠，行賈者，通四方之珍異以資之。从貝，商省聲。式陽切，十部。

販 買賤賣貴者。《司市》曰：「夕市夕時而市，販夫販婦爲主。」注云：「販夫、販婦，朝資夕賣。」按，資猶取也。从貝，反聲。形聲包會意。方願切，十四部。

買 市也。市者，買物之所，因之買物亦言市。《論語》：「沽酒市脯。」从网貝。會意。莫蟹切，十六部。《春秋・襄三十一年》：「莒人弑其君密州。」密州，《左傳》作「買朱鉏」，杜云：「買朱鉏，密州之字。」按，弑君未有書字者，傳明云：「書曰：莒人弑其君買朱鉏。」然則左公所據之經，實作「買朱鉏」不作「密州」也。買爲密，朱爲州，皆音之轉。朱鉏者，猶邾之言邾婁也。今本經與傳不合，葢或以《公》、《穀》經文改《左氏》經文。《孟子》曰：「登壟斷而网市利。」見《公孫丑篇》，此引以證從网貝之意也。壟，孟子作「龍」，丁公箸讀爲「隆」，陸善經乃讀爲「壟」，謂岡壟斷而高者。按，趙注釋爲「堁斷而高者也」。堁，塵壢也。高誘云：「楚人謂塵爲堁。」趙本葢作「尨斷」，尨，塵褋之皃，躝塵不到地勢略高之處也。古書尨龍二字多相亂，許書亦當作尨斷，淺人以陸善經説改爲壟耳。

貴 物不賤也。从貝，臾聲。居胃切，十五部。臾，古文蕢。見艸部。〇按，貴篆各本厠部末賏上，非舊次也，今更正。

賤 賈少也。賈，今之價字。从貝，戔聲。才線切，十四部。

賦 斂也。《周禮・大宰》：「以九賦斂財賄。」斂之曰賦，班之亦曰賦。經傳中凡言以物班布與人曰賦。从貝，武聲。方遇切，五部。

貪 欲物也。心部惏、女部婪，皆訓貪。从貝，今聲。他含切，七部。

貶 損也。从貝，乏聲。形聲包會意也。鉉本作「從貝，從乏」。方斂切。杜林作「导」。

貧 財分少也。謂財分而少也。合則見多，分則見少。富，備也，厚也；則貧者，不備，不厚之謂。从貝分，分亦聲。符巾切，十三部。

𡧍 古文从宀分。

賃 庸也。庸者，今之傭字。《廣韵》曰：「傭，餘封切。傭，賃也。」凡僱僦皆曰庸，曰賃。从貝，任聲。尼禁切，七部。

賕 吕財物枉法相謝也。枉法者，違法也。法當有罪，而以財求免，是曰賕。受之者亦曰賕。《吕刑》「五過之疵惟來」，馬本作「惟求」，云：「有請賕也。」按，上文「惟貨」者，今之不枉法贓也；「惟求」者，今之枉法贓也。从貝，求聲。形聲包會意。巨畱切，三部。一曰，載質也。載，各本作「戴」，今依《韵會》正。謂載質而往求人偁貣也。質謂以物相贅。

購 吕財有所求也。縣重價以求得其物也。《漢律》：「能捕豺貀，購錢百。」[20] 从貝，冓聲。古候切，四部。

𧵍 齎財卜問爲𧵍。卜問，《廣韵》作「問卜」。《史記・貨殖傳》：「醫方諸食技術之人，焦神竭能，爲重糈也。」《日者傳》：「卜而有不審，不見奪糈。」按，糈皆當作𧵍，同音假借。𧵍，所以餽卜者也。祭神米曰糈。卜者必禮神，故其字亦作糈。从貝，疋聲。讀若所。疏舉切，五部。

貲 小罰吕財自贖也。貲字本義如是。引伸爲凡財貨之偁。从貝，此聲。即夷切，十五部。《漢律》：民不繇，貲錢二十三。繇，傜古今字。二十三，各本作「二十二」，今正。《漢儀注》曰：「人年十五至五十六，出賦錢人百二十爲一筭，又七歲至十四，出口錢人二十，以供天子。至武帝時，又口加三錢，以補車騎馬。」見《昭帝紀》、《光武紀》二注及今《四庫全書》内《漢舊儀》。按，《論衡・謝短篇》曰「七歲頭錢二十三」，亦謂此也。然則民不傜者，謂七歲至十四歲。貲錢二十三者，口錢二十，併武帝所加三錢也。

賨 南蠻賦也。《後漢書・南蠻西南夷傳》曰：槃瓠之傳蠻夷，「秦置黔中郡，漢改爲武陵。歲令大人輸布一匹，小口二丈，是謂賨布。」《魏都賦》曰：「賨幏積墆。」幏見巾部。从貝，宗聲。徂紅切，九部。

賣 衙也。衙，行且賣也。賣字不見經傳，《周禮》多言價。價訓買，亦訓賣。《胥師》「飾行價慝」，《賈師》「貴價者」，葢即《説文》之賣字，而《説文》人部「價，見也」，則今之覿字也。《玉篇》云：「賣或作粥鬻。」是賣、鬻爲古今字矣。按，賣隷變作賣，易與賣相混。从貝，𡍲聲。𡍲，古文睦。見目部。讀若育。余六切，三部。

賏 頸飾也。从二貝。駢貝爲飾也。烏莖切，十一部。

文五十九。 重三。

邑 國也。鄭莊公曰：「吾先君新邑於此。」《左傳》凡偁人曰「大國」，凡自偁曰「敝邑」，古國、邑通偁。《白虎通》曰：「夏曰夏邑，商曰商邑，周曰京師。」《尚書》：「曰西邑夏」，「曰天邑商」，「曰作新大邑於東國雒」皆是。《周禮》：「四井爲邑。」《左傳》：「凡邑有宗廟先君之主曰都，無曰邑。」此又在一國中分析言之。从口。音韋。封域也。先王之制，尊卑有大小，从卪。尊卑謂公矦伯子男也，大小謂方五百里、方四百里。方三百里、方二百里、方百里也。土部曰：「公矦百里，伯七十里，子男五十里。」從《孟子》説也。尊卑大小出於王命，故從卪。於汲切，七部。凡邑之屬皆从邑。

邦 國也。《周禮注》曰：「大曰邦，小曰國。」析言之也。許云：「邦，國也。國，邦也。」統言之也。《周禮注》又云：「邦之所居亦曰國。」此謂統言則封竟之内曰國，曰邑；析言則國野對偁，《周禮》「體國經野」是也。古者城𩫏所在曰國，曰邑，而不曰邦。邦之言封也，古邦、封通用。《書・序》云：「邦康叔」，「邦諸矦」，《論語》云：「在邦域之中」，皆封字也。《周禮》故書「乃分地邦而辨其守地」，邦謂土畍。杜子春改邦爲域，非也。从邑，丰聲。博江切，九部。

𡴀 古文。從㞢田。之，適也，所謂「往即乃封」。古文封字亦從之土。

郡 周制，天子地方千里，分爲百縣，縣有四郡。《逸周書・作雒篇》曰：「千里百縣，縣有四郡。」高注《六月紀》㉑云：「周制，天子畿内方千里，分爲百縣，縣有四郡，郡有監。故《春秋傳》曰：上大夫受縣，下大夫受郡。周時縣大郡小，至秦始皇兼天下，初置三十六郡以監縣耳。」按，《作雒篇》與《周禮》不合，鄭注《月令》但云：「四監，主山林川澤之官。百縣，鄉遂之屬。」是不從《作雒》説也。故《春秋傳》曰「上大夫受縣，下大夫受郡」是也。各本少「受縣下大夫」五字，今從《水經注·河水篇》所引補正。「趙簡子曰：克敵者，上大夫受縣，下大夫受郡。」見《左傳·哀公二年》。至秦初，天下置三十六郡㠯監縣。《戰國策》：「甘茂曰：宜陽，大縣也。」名爲縣，其實郡也。秦武王時，已郡大縣小矣。前此惠文王十年，魏納上郡十五縣，後十三年，攻楚漢中，取地六百里，置漢中郡。吴氏師道云：「或者山東諸矦先變古縣大郡小之制，而秦效之。」是也。至始皇廿六年，始置三十六郡。三十六郡者，錢氏大昕曰：「《地理志》河東、太原、上黨、東郡、潁川、南陽、南郡、九江、鉅鹿、齊郡、琅邪、會稽、漢中、蜀郡、巴郡、隴西、北地、上郡、雲中、鴈門、代郡、上谷、漁陽、右北平、遼西、遼東、南海，皆曰秦置。長沙國曰秦郡，河南曰故秦三川郡，沛郡曰故秦泗水郡，五原曰秦九原郡，鬱林曰故秦桂林郡，日南曰故秦象郡，趙國曰故秦邯鄲郡，梁國曰故秦碭郡，魯國曰故秦薛郡，數之適得三十六。下文揔之曰：本秦京師爲内史，分天下作三十六郡，此確然不易者也。《史記·始皇本紀》二十六年，分天下爲三十六郡，而略取陸梁地爲桂林、象郡、南海，乃在三十三年。裴駰以爲不當在三十六之内，因舍三郡，以内史、鄣郡、黔中足之。内史别於三十六郡不待言，故鄣郡雖見於《志》注，而不系之秦，黔中郡見昭襄王三十年而《志》不之數，不可爲典要也。《史記》之三十六與《漢·志》同，乃揔攝後事而言之，故《漢·志》、《説文》、高誘《吕覽注》、應劭《風俗通》、皇甫謐《帝王世紀》、司馬彪《郡國志》皆言秦分三十六郡。裴氏不從《漢·志》之目，而唐人作《晉書》乃造秦四十郡之説，前此無言之者。」从邑，君聲。渠運切，十三部。按，《釋詁》曰：「郡，乃也。」此未得其説，疑「那」之誤也。

都 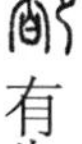 有先君之舊宗廟曰都。《左傳》曰：「凡邑有宗廟先君之主曰都，無曰邑。」《周禮·大司徒》注曰：「都鄙者，王子弟公卿大夫采地，其畍曰都，鄙，所居也。」《載師》注曰：「家邑，大夫之采地。小都，卿之采地。大都，公之采地，王子弟所食邑也。」《大宰》「八則」注曰：「都鄙，公卿大夫之采邑，王子弟所食邑。周召、毛、聃、畢、原之屬在畿内者。祭祀者，其先君社稷五祀。」按，據杜氏釋例，大曰都，小曰邑。雖小而有宗廟先君之主曰都，尊其所居而大之也。又按，《左氏》言有宗廟先君之主曰都，許改云有先君之舊宗廟，則必如晉之曲沃故絳而後可偁都，恐非《左氏》意也。《左氏》與《周官》合。从邑，者聲。當孤切，五部。《周禮》：歫國五百里爲都。此《周禮》説也。《周禮·載師》注引《司馬法》曰：「王國百里爲郊，二百里爲州，三百里爲野，四百里爲縣，五百里爲都。」《大宰》注曰：「邦中，在城郭者。四郊，去國百里。邦甸，二百里。家削，三百里。邦縣，四百里。邦都，五百里。」

鄰 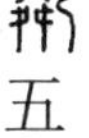 五家爲鄰。見《遂人》職。按，引伸爲凡親密之偁。从邑，粦聲。力珍切，十二部。

酇 百家爲酇。《遂人》：「五家爲鄰，五鄰爲里，四里爲酇，五酇爲鄙，五鄙爲縣，五縣爲遂。」酇，聚也。謂酇與欑、儹音義皆同。欑，一曰叢木也。儹，冣也。从邑，贊聲。作管切，又作旦切。南陽有酇縣。《漢・地理志》：「南陽郡酇侯國。」孟康曰：「音讚。」按，南陽縣作「酇」，沛郡縣作「鄼」，許二字畫然不相亂也。在沛者，後亦作「酇」，直由莽曰贊治而亂。南陽酇音讚，沛鄼及改作酇字皆音嵯，音亦本不相亂。蕭何始封之酇，《茂陵書》、文穎、臣瓚、顔師古、杜佑皆云在南陽，江統、戴規、姚察、李吉甫、今錢氏大昕皆云在沛，在沛説是也。始封於鄼，高后乃封之南陽之酇與筑陽，文帝至莽之酇侯皆在南陽，故《地理志》於南陽云酇侯國，而沛郡鄼下不云矦國，爲在沛者不久也。諸家所傳班固作《泗水亭高祖碑》云：「文昌四友，漢有蕭何。序功第一，受封於鄼。」以韵求之，可以不惑。

鄙 五酇爲鄙。見《遂人》，五百家也。又《周禮》：「都鄙，王子弟公卿大夫采地，其畍曰都，鄙，所居也。」按，《大司徒》以邦國，都鄙對言，鄭注以「邦之所居曰國，都之所居曰鄙」對言。《春秋》經傳鄙字多訓爲邊者，葢《周禮》都鄙距國五百里，在王畿之邊，故鄙可釋爲邊。又引伸爲輕薄之偁，而鄙夫字古作啚。《冣目》云：「俗儒啚夫，翫其所習。」可證也。今則鄙行而啚廢矣。从邑，啚聲。兵美切，古音在一部，故鄙、否通叚用也。

郊 距國百里爲郊。杜子春注《周禮》曰：「五十里爲近郊，百里爲遠郊。」《玉藻》説郊祭曰：「於郊，故謂之郊。」㉒从邑，交聲。古肴切，二部。按，《周禮》故書作「蒿」，假借字。

邸 屬國舍也。《文帝紀》曰：「入代邸。」顔注曰：「郡國朝宿之舍，在京師者率名邸。邸，至也。言所歸至也。」㉓按，今俗謂旅舍爲邸。經典假借邸爲柢，如《典瑞》「四圭有邸」是也。《釋器》：「邸謂之柢」，當作「柢謂之邸」。㉔《釋言》曰：「柢，本也。」鄭司農引作「邸，本也」可證。《爾雅》皆釋經之辭。从邑，氐聲。都禮切，十五部。

郛 𩫏也。𩫏，各本作「郭」，今正。《公羊傳》「入其郛」注：「郛，恢郭也。城外大郭也。」㉕从邑，孚聲。甫無切，古音在三部。

郵 竟上行書舍。《孟子》：「德之流行，速於置郵而傳命。」《釋言》：「郵，過也。」按，經過與過失古不分平去，故經過曰郵，過失亦曰郵，爲尤、訧之假借字。从邑𡍮。會意。羽求切，古音在一部。𡍮，邊也。説從𡍮之意。在境上，故從𡍮。

䣊 國甸，大夫稍稍所食邑。《載師》注曰：「故書稍或作削。」按，削當是「䣊」之誤。許所據正故書或本也。《太宰》「家削之賦」，當作「家䣊」，釋文曰：「家削，本又作䣊。」是也。按，「國甸」之下，疑有奪文。《大宰》曰：「三曰邦甸之賦，四曰家削之賦。」《載師》曰：「以公邑之田任甸地，以家邑之田任䣊地。」此云國甸即經之邦甸也。邦甸去國二百里，家䣊三百里，此當云「國甸之外曰家䣊，大夫稍稍所食邑」。鄭曰：「家邑，大夫之采地也。」稍與鄁疊韵。从邑，肖聲。所教切，二部。《周禮》曰：「任鄁地在天子三百里之內。」鄭説同。

鄯 鄯善，逗。西胡國也。許書三言西胡，皆謂西域也。言西胡以別於匈奴爲北胡也。《漢・西域傳》云：「鄯善國，本名樓蘭。王治扜泥城，去陽關千六百里，去長安六千一百里。元鳳四年，傅介子誅其王，更名其國爲鄯善，爲刻印章。」是則此時初製鄯字也。漢鄯善國城在今哈密衞東南。中國山川，維首在隴蜀，紀地者必始於西，故起西域而雍州。从邑善，善亦聲。時戰切，十四部。

竆 夏后時諸矦夷羿國也。弓部曰：「𢏚，帝嚳䠶官，夏少康滅之。」羽部曰：「羿，羽之羿風，亦古諸矦也。」按，𢏚、羿古通用。云帝嚳射官，而夏少康滅之，則夏之夷羿即帝嚳䠶官之後裔明矣。夷羿見《左傳》「虞箴」、《左傳》魏絳云：夏訓有之曰：有竆后羿。昔有夏方衰，后羿自鉏遷於窮石，因夏民以代夏政。寒浞殺羿，靡滅浞，立少康，有窮由是遂亡。今《左傳》作「窮」，許所據作「竆」，今古字也。《左氏》之竆石，杜不言其地所在，葢非《山海經》、《離騷》、《淮南子》所云弱水所出之窮石也。《地理志》、《説文》皆云弱水出張掖山丹，則《山海經》、《離騷》、《淮南子》所云竆石當在山丹。漢山丹今爲甘州府山丹縣，距夏都安邑甚遠。然許鄯善之下即出竆字，固謂西北邊地。从邑，竆省聲。渠弓切，九部。

郪 周封黃帝之後於郪也。《樂記》曰：「武王克殷及商，未及下車，而封黃帝之後於薊。」按，郪、薊古今字也，薊行而郪廢矣。《漢・地理志》《郡國志》皆作薊，則其字假借久矣。陸德明曰：「薊，今涿郡薊縣。」是也，即燕國之都也。孔安國、司馬遷及鄭皆云：燕召公與周同姓。案黃帝姓姬，君奭葢其後也。或黃帝之後封薊者滅絶而更封燕召公乎？疑不能明也。而皇甫謐以召公爲文王之庶子，記傳更無所出。又《左傳》富辰言文王之昭亦無燕。玉裁按，《地理志》曰：「廣陽國薊，燕召公所封。」然則班意謂封黃帝之後即召公也，而《周本紀》以封堯後於薊，封召公奭於燕竝言，張守節疑薊爲燕所幷，未知其審。从邑，契聲。讀若薊。古詣切，十五部。上谷有郪縣。《地理志》廣陽國下曰：「高帝燕國，昭帝元鳳元年爲廣陽郡，宣帝本始元年更爲國。」《郡國志》廣陽郡注曰：「世祖省廣陽郡，幷上谷，永平八年復。」按，許云上谷有薊縣，依光武省幷而言也。今京師順天府附郭大興縣治，即古燕都。許説漢制作郪，則知漢時故作郪矣。但不解今之《漢・志》何以作薊也。〇又按，此五字當如下文邰下、𨟚下之例，作「今上谷薊縣是也」七字。漢時字已作薊，如邰已作斄，𨟚已作穰，古今字不同，故著之以言其合。假令漢時字本作郪，則其立文當云：「上谷縣也。周時黃帝之後所封。」如鄒下云「魯縣，古邾國帝顓頊之後所封」之例矣。然則郪者，許所見古字也。薊者，漢時字也。

邰 炎帝之後姜姓所封，周棄外家國。《大雅》：「有邰家室。」毛傳曰：「邰，姜嫄之國也。」堯見天因邰而生后稷，故國后稷於邰使事天，以顯神順天命。」是則邰本后稷外家之國名，炎帝之後姜姓所封也。國后稷於邰時，蓋國姜姓於他處矣。至武王克殷，興滅國，繼絶世，乃封神農之後於焦。**从邑，台聲。**土來切，一部。**右扶風斄縣是也。**見《地理志》。周人作邰，漢人作斄，古今語小異，故古今字不同。《郡國志》無斄縣，郿下曰：「有邰亭。」蓋斄縣併入郿也。邰亭，杜預謂之「釐鄉」，徐廣謂之「斄鄉」，今陝西乾州武功縣縣西南二十二里故斄城是。**《詩》曰：「有邰家室。」**今《生民》詩有「即」字，考高誘注《呂覽·辨土》，引「實穎實栗，有邰家室」，亦無「即」。○宋本《説文》無「即」，與《九經字樣》所引合。一本有者，非也。

郂 **周文王所封，在右扶風美陽中水鄉。**經典有岐無郂，惟《漢·地理志》曰：「大王徙郂，文王作酆。」《匈奴傳》曰：「秦襄公伐戎至郂。」師古曰：「郂古岐字。」岐專行而郂廢矣。許所見豳岐作郂，猶所見薊作鄚也。《地理志》曰：「右扶風美陽，《禹貢》岐山在西北。中水鄉，周大王所邑。」《魯頌》箋曰：「大王自豳徙居岐山之陽。」按，此云文王所封，要其終而言。《皇矣》詩曰：「度其鮮原，居岐之陽。」箋云：「乃始謀居善原廣平之地，亦在岐山之南也。」文王自郂遷酆，非文王始國郂也。下云「酆，周文王所都」，則此當云「大王」矣。戴先生曰：「美陽今爲陝西鳳翔府岐山、扶風二縣。《漢·志》美陽，岐山在西北，今岐山縣東七十里岐山是。」**从邑，支聲。**巨支切，十五部。

岐 **郂或从山，支聲。因岐山㠯名之也。**「郂或」者，岐之或字，謂岐即郂邑之或體也。又云「因岐山㠯名之」，則又郂邑、岐山畫爲二字矣。考岐山見於《夏書》、《雅》、《頌》、《漢·志》，郂邑因岐山以名，郂邑可作岐，岐山不可作郂。薛綜注《西京賦》引《説文》：「岐山在長安西美陽縣畍，山有兩岐，因以名焉。」此《説文》山部原文也。山有兩岐，當作「山有兩枝」。山有兩枝，故名曰岐山。疑後人移入於此而刪改之，學者讀此可以刪邑部之岐，專入山部矣。○按，《漢書·地理志》曰：「大王徙郂」，曰：「襄公將兵救周有功，賜受郂酆之地」，《郊祀志》曰：「大王建國於郂梁」，《匈奴傳》曰：「秦襄公伐戎至郂」，皆作「郂」，郂，周字也。而岐山字，《地理志》皆作岐，是可證郂、岐之別。

⿰木⿱支山 **古文郂。从枝，从山。**古文郂，當作「古文岐」，此亦淺人改山部之文入此部耳，亦當刪此入彼。

邠 **周大王國，在右扶風美陽。从邑，分聲。**補巾切，十三部。

豳 **美陽亭即豳也。民俗㠯夜市。有豳山。从山，从豩。闕。**按，此二篆説解可疑。豳者，公劉之國。《史記》云慶節所國，非大王國。疑一。《漢·地理志》、《毛詩》箋、《郡國志》皆云：「豳在右扶風栒邑，不在美陽。」疑二。《地理》、《郡國》二志皆云：「栒邑有豳鄉。」徐廣曰：「新平漆縣之東北有豳亭。」漢右扶風之漆與栒邑皆是豳域，不得美陽有豳亭。疑三。從山，豩聲，非有闕也。而云「從豩，闕」。疑四。假令許果以豳合邠，當云「或邠字」，而不言及。疑五。蓋古地名作邠，山名作豳，而地名因於山名，同音通用，如郊、岐之比。是以《周禮・籥師》㉖經文作豳，注作邠，漢人於地名用邠，不用豳。許氏原書當是豳，岐本在山部，而後人移之，併古今字爲一字。抑或許書之變例有然，未能定也。經典多作豳，惟《孟子》作邠。唐開元十三年，始改豳州爲邠州，見《通典》、《元和郡縣志》。郭忠恕云：「因似幽而易誤也。」

郿 右扶風縣。前後二《志》同。《大雅》：「申伯信邁，王餞于郿。」毛云：「郿地。」箋云：「時王蓋省岐周，故于郿云。」正義云：「申在鎬京之東南，自鎬適申，塗不經郿。時宣王蓋省視岐周，申伯從王至岐，自岐餞之。」按，今鳳翔府郿縣縣東北十五里渭水之北，有故郿城。从邑，眉聲。武悲切，師古音媚，十五部。

郁 右扶風郁夷也。見《地理志》。班引《詩》「周道郁夷」，師古曰：「《毛詩》周道倭遲，《韓詩》作郁夷字，言使臣乘馬行於此道。」按，古假借爲戫字，如《論語》：「郁郁乎文哉。」是也。戫，有文章也。其始借彧爲戫，其後又借郁爲彧。今陝西鳳翔府隴州州西五十里有故郁夷城，後漢建武二年鄧禹遣兵擊赤眉於郁夷，在此處也。从邑，有聲。於六切，古音在一部。

鄠 右扶風縣也。前後二《志》同。今陝西西安府鄠縣縣北二里有故鄠城，即古扈國也。从邑，雩聲。胡古切，五部。

扈 夏后同姓所封戰於甘者。《尚書・序》曰：「啟與有扈戰於甘之野，作《甘誓》。」馬融曰：「有扈，姒姓之國，爲無道。」又曰：「甘，有扈南郊地名也。」《左傳》曰：「夏有觀扈。」五觀與扈，皆夏同姓也。在鄠，謂夏之有扈在漢之鄠縣也。鄠即扈，如縶即郤，薊即鄚，皆古今字。姚察《史記訓纂》云：「户、扈、鄠三字一也。」按，扈爲周字，鄠爲秦字。《通典》云：「至秦改爲鄠。」有扈谷甘亭。此五字有脱誤，當作「有户谷、户亭、甘亭」七字，今《漢書》「鄠」下云：「古國，有扈谷亭。」語不完，當依《元和郡縣志》所引云：「古扈國，有户谷、户亭，又有甘亭。」《史記正義》所引《志》云：「古扈國，有户亭。」疑《正義》尚脱户谷二字，許書當與《漢・志》同。户、扈同字，姚察云：「户、扈、鄠三字同。」是也。从邑，户聲。胡古切，五部。按，《左傳》「扈民無淫者也」，同「屈蕩户之」之户，止也。又《離騷》「扈江蘺於辟芷」，王云：「楚人名被爲扈。」

𡵑 古文扈从山弓。此未詳其右所從也。鍇曰：「從辰巳之巳。」竊謂當從户，而轉寫失之。

𨞺 右扶風鄠鄉。謂右扶風鄠縣有𨞺鄉也。下仿此。漢𨞺成矦周緤，服虔音菅蒯之蒯，蘇林音簿催反，小顏、小司馬皆云字從崩，從邑。《功臣表》蒯成在長沙，張守節引《輿地志》云：「𨞺成縣，故陳倉縣之故鄉聚名也。周緤所封。」與《漢・表》、《說文》皆乖異。而《穆天子傳》「天子西征至于𨞺」，又未詳其地。从邑，崩聲。沛城父有𨞺鄉。沛郡城父，見《地理志》。城父者，《左傳・襄元年》《昭九年》之夷地，今安徽潁川府亳州東南七十里，有故城父城是也。《史記索隱》引《三蒼》云：「𨞺鄉在城父縣，音裴。」讀若陪。許云「崩聲」，則在第六部也。「讀若陪」，則音轉在一部也。鄘城，《楚漢春秋》作「憑城」，師古云：「鄘又音普肯反。」皆本音也。今音薄回切，依「讀若陪」之云而入灰韵也。

䢸 右扶風鄠鄉。从邑，且聲。子余切，五部。

郝 右扶風鄠、盩厔鄉。鉉本如此。謂右扶風之鄠縣、盩厔縣皆有郝鄉也。《玉篇》作「右扶風盩厔鄉」，無「鄠」字，而鍇本作「右扶風鄠鄉盩厔縣」，脱落不完。汲古毛扆乃取以改舊本，可笑也。《前志》曰：「右扶風盩厔」，按，在今陝西西安府盩厔縣。从邑，赤聲。呼各切，五部。

酆 周文王所都，《詩》、《書》皆作「豐」，《左傳》：「酆，文之昭也。」字從邑。前後二《志》亦作「酆」。《大雅》曰：「既伐于崇，作邑于豐。」杜預曰：「酆在鄠縣。」《後志》曰：「酆在京兆杜陵西南。」在京兆杜陵西南。京兆尹杜陵，二《志》同。今陝西西安府府東南十五里，有故杜陵城。从邑，豐聲。敷戎切，九部。

鄭 京兆縣，二《志》同。今陝西同州府華州州城北，有故鄭城。周厲王子友所封。《前志》曰：「周宣王弟鄭桓公邑。」从邑，奠聲。直正切，十一部。宗周之滅，鄭徙潧洧之上，今新鄭是也。桓公友之子武公與平王東遷，取虢、鄶、鄢、蔽、補、丹、依、疇、歷、華十邑之地，右雒左濟，前華後河，食溱洧焉，從其故名曰鄭，至漢爲河南郡新鄭。二《志》同。今河南開封府新鄭縣西，有故鄭城。

郃 左馮翊郃陽縣。二《志》同。應劭曰：「在郃水之陽也。」按，今陝西同州府郃陽縣即其地。从邑，合聲。矦閤切，七部。《詩》曰：「在郃之陽。」《大雅》文。今《詩》郃作「洽」，《水經注》引亦作「郃」。按《魏世家》，文矦時西攻秦，築雒陰合陽，字作「合」，葢合者，水名。《毛詩》本作「在合之陽」，故許引以説會意，秦漢間乃製郃字耳。今《詩》作「洽」者，後人意加水旁；許引《詩》作「郃」者，後人所改。

叩 京兆藍田鄉。二《志》皆云「京兆尹藍田」。今陝西西安府藍田縣縣治西十一里，有藍田故城。叩者，鄉名。今人叩擊字从卩，不當作叩。从邑，口聲。苦后切，四部。

䣞 京兆杜陵鄉。《水經注·渭水篇》：「沉水上承皇子陂於樊川，其地即杜之樊鄉也。漢祖至櫟陽，以將軍樊噲灌廢丘最，賜邑於此鄉。」㉗按，樊鄉見《史》、《漢》、《樊噲傳》。索隱引《三秦記》曰：「長安正南，山名秦嶺，谷名子午，一名樊川，一名御宿。」樊鄉即樊川也。」宋敏求《長安志》曰：「樊川在萬年縣南三十五里。」引《十道志》云：「其地即杜陵之樊鄉。」凡言樊鄉，即許之䣞鄉也。在今西安府府南三十里之樊川。《周語》：「樊仲山父諫。」韋曰：「仲山父，王卿士，食采於樊。」毛傳曰：「仲山甫，樊侯也。」按，周襄王賜晉文公陽樊之田，陽樊一名樊，一名陽。《國語》：陽人不服，而曰陽有「樊仲之官守焉」。然則仲山甫之樊，非此䣞也。陽樊，《方輿紀要》云：「或曰在今河南懷慶府濟源縣。」从邑，樊聲。附袁切，十四部。

鄜 左馮翊縣。見《地理志》。按《封禪書》：秦文公作鄜畤。今陝西鄜州洛川縣縣東南七十里，有鄜城廢縣。从邑，麃聲。甫無切。按，票聲、麃聲當在二部，而孟康鄜音敷者，凡《漢・志》地名，皆隨其地語言爲音故也。毓省作鄜。

鄌 左馮翊部陽亭。謂左馮翊部陽有鄌亭也。各本作「鄌陽亭」，誤。今依《集韵》、《類篇》、王伯厚《詩地理考》正。伯厚《困學紀聞》亦作「鄌陽亭」，則宋時本固是非錯出也。《大雅・韓奕》：「出宿于屠。」毛曰：「屠，地名。」宋濬水李氏謂地在同州郃谷，是也。按，屠、鄌古今字，顧氏祖禹《讀史方輿紀要》作「荼谷渡」，云在今陝西同州府郃陽縣東河西故城南。从邑，屠聲。同都切，五部。

邮 左馮翊高陵亭。各本無亭字，今依《廣韵》尤韵及《玉篇》補。錫韵又曰：「邮，鄉名。在高陵。」按，左馮翊高陵，二《志》同。今陝西西安府高陵縣即其地。从邑，由聲。徒歷切，古音在三部。

⿰年阝 左馮翊谷口鄉。左馮翊谷口，見《地理志》。今陝西西安府醴泉縣東北七十里，有故谷口城。从邑，年聲。讀若寧。奴顛切，十二部。按，《廣韵》奴丁切，年聲而讀如寧，合韵也。

邽 隴西上邽也。見《地理志》。《郡國志》曰：「漢陽郡上邽故屬隴西。」胡氏三省云：「《秦本紀》武公伐邽冀戎，初縣之。上邽縣故邽戎地也。」此爲上邽，京兆有下邽，今甘肅秦州州西六十里有故上邽城。从邑，圭聲。古畦切，十六部。

部 天水狄部。《地理志》天水無狄部，未詳。顧氏祖禹曰：「漢天水郡，今陝西鞏昌府以東秦州之境是其地。」从邑，否聲㉘。蒲口切，四部。按，《廣韵》曰：「部，署也。」許《冣目》曰：「分別部居，不相雜廁。」

郖 弘農縣庾地。二《志》弘農郡首弘農縣，郡縣同名，故但言弘農縣也。庾當作「渡」，字之誤也。《水經注・河水篇》曰：「門水又北，徑弘農縣故城東。城即故函谷關。門水側城北流而注於河。河水於此有浢津，以河北有浢水南入於河，故有浢津之名也。」《穆天子傳》：「天子自竇軨乃次於浢水之陽，丁亥入於南鄭。」考其沿歷所踵，路直斯津，是知袁豹之徒竇津之説非矣。按，浢、郖同字，《魏志・杜畿傳》：「畿遂詭道從郖津渡。」陳壽用字合許書也。宋元嘉二十九年，北魏將封禮自郖津南渡，赴弘農拒柳元景，在今河南陝州靈寶縣西十里。从邑，豆聲。當矦切，四部。按，矦當作候。

鄏 郟鄏，逗。二字依《韵會》補。河南縣直城門官陌地也。官，趙抄宋本、李仁甫本作「宮」，今《集韵》作「宮」。《類篇》作「官」，似官是。官陌，即今云官路也。河南縣者，二《志》皆云「河南郡」。河南郡縣同名，故但云河南縣，以別於凡縣不云縣也。若漢魏時碑，則云河南河南矣。漢雒陽縣，周之成周也。漢河南縣，周之王城也。今河南河南府府東北二十里，有雒陽故城，西北有河南故城，河南故城西有郟鄏陌，或謂之郟山，北二里曰邙山。从邑，辱聲。而蜀切，三部。《春秋傳》曰：「成王定鼎于郟鄏。」宣三年《左傳》文。按，《逸周書》云：「周公作大邑成周於中土，南繫於雒水，北因於郟山，以爲天下之大湊。」㉙《地理志》曰：「河南郡河南，故郟鄏地，周武王遷九鼎，周公致太平，營以爲都，是爲王城。」是則漢之河南縣，《左傳》之郟鄏也。周時郟鄏爲大名，漢時專評城外官陌爲郟鄏陌，舊名之僅存者。故皇甫謐、杜預皆云「縣西有郟鄏陌」也。許君先舉漢陌，後舉周地，使文義相足，別詳邙下。

鄻 周邑也。《左傳·昭廿九年》：「王子趙車入于鄻以叛。」杜云：「鄻，周邑。」从邑，輦聲。力展切，十四部。

⿰祭阝 周邑也。《左傳》曰：「凡蔣邢茅胙祭，周公之胤也。」按，《春秋經》、《左傳》、《國語》、《史記》、《逸周書》、《竹書紀年》凡云「祭伯」、「祭公謀父」，字皆作「祭」，惟《穆天子傳》云「⿰祭阝父」，注云：「⿰祭阝父，⿰祭阝公謀父。」⿰祭阝者，本字；祭者，假借字。韋注《國語》云：「祭，畿内之國，周公之後也，爲王卿士。謀父，字也。」是則⿰祭阝本西都畿内邑名，至東周時，隱元年祭伯來，莊廿三年祭叔來聘，尚仍其西都舊偁。許云「周邑」，系諸河南河内之閒，其諸東都亦有⿰祭阝與？抑如鄭之仍舊偁與？从邑，祭聲。側介切，十五部。《禮記》「葉公之顧命」，以《周書·祭公解》正之，葉乃祭之誤。

邙 河南雒陽北雒，各本作「洛」，誤，今正。河南雒陽，二《志》同。芒山上邑。芒，宋本或作「亡」，或作「土」，《玉篇》、《集韵》、《類篇》作「土」，今定作「芒」。《左傳·昭廿二年》杜注曰：「北山，洛北芒也。」《文選·應休璉與從弟君苗君胄書》曰：「登芒濟河。」李注引《說文》：「芒，洛北大阜也。」今《說文》雖無此語，然所據爲唐以前書。《郡國志》「雒陽」下，亦引《皇覽》：「縣北芒山，道西呂不韋冢。」《水經注·穀水篇》曰：「廣莫門，北對芒阜。」是則山本名芒，山上之邑則作邙，後人但云北邙，毖知芒山矣。亡者，譌字也。土者，淺人肊改之也。北芒山，在今河南河南府府北十里。山連偃師、鞏、孟津三縣，綿亘四百餘里。《左傳·昭二十二年》「王田北山」即此。按，《周書》所謂郟山者，北邙山也。王城謂之郟者，以山名之。桓七年王「遷盟向之民于郟」，襄二十四年「齊人城郟」，《周語》「晉文公既定襄王于郟」，皆謂王城也。然則云郟鄏者，謂郟山下肥溽之地。郟古字容當作「夾」。从邑，亡聲。亦從芒省。會意。莫郎切，十部。

鄩 周邑也。《左傳·昭廿二年》：「郊鄩潰。」杜曰：「河南鞏縣西南有地名鄩中。」《水經注·洛水篇》曰：「鄩水於訾城西北東入洛水，京相璠云有鄩城，蓋周大夫鄩肸之邑也。」按，鄩肸、鄩羅皆子朝之黨，見《左傳》。今河南河南府鞏縣西南五十八里，有故鄩城。从邑，尋聲。徐林切，七部。

郗 周邑也。在河内。《左傳·隱十一年》：「王與鄭人蘇忿生之田：温、原、絺、樊、隰郕、欑茅、向、盟、州、陘、隤、懷。」杜曰：「絺在野王縣西南。」按，郗者本字，絺者古文假借字也。《前志》「河内郡波縣」，孟康云：「有絺城。」《後志》亦云「河内波有絺城。」按，許但云河内，不云某縣者，有所未審也。从邑，希聲。丑脂切，十五部。

鄆 河内沁水鄉。河内郡沁水，二《志》同。今河南懷慶府濟源縣縣東北，有故沁水城是也。沁水縣有鄆鄉。从邑，軍聲。王問切，十三部。魯有鄆地。見《左氏春秋》經傳，《公羊》作「運」，文公十二年、成公九年、襄公十二年、昭公元年之「鄆」，杜云：「莒別邑，在城陽姑幕縣。」此在魯東者也。成公十六年之「鄆」，杜云：「魯西邑，在東郡廩丘。」此在魯西境者也。東鄆當在今山東青州府諸城縣，西鄆在今山東曹州府鄆城縣，有鄆城故城。按，此與沛城父有郙鄉，魯東有郚戎爲一例，別於前義。

邶 故商邑。商，畿内之地也。邑，國也。《商頌》曰：「商邑翼翼。」自河内朝歌㠯北是也。河内朝歌，二《志》同。《前志》曰：「朝歌紂所都。」《詩譜》曰：「邶、鄘、衞者，商紂畿内方千里之地。武王伐紂以其京師封紂子武庚爲殷後，三分其地置三監，使管叔、蔡叔、霍叔尹而教之。自紂城而北謂之邶，南謂之鄘，東謂之衞。後三監導武庚叛，成王殺武庚，伐三監，更於此三國建諸侯。封康叔於衞，使爲之長。後世子孫稍并彼二國，混而名之。從其國本而異之，爲邶、鄘、衞之詩焉。」故邶城在今河南衞輝府府東北。《通典》曰：「故鄘城在新鄉縣西南三十二里。」从邑，北聲。補妹切，古音在一部。

邘 周武王子所封，《左傳》曰：「邘、晉、應、韓，武之穆也。」在河内野王是也。「是也」二字衍文。河内野王，二《志》同。《前志》孟康注曰：「故邘國，今邘亭是也。」《後志》曰：「野王有邘城。」《尚書大傳》曰：「文王受命一年，斷虞芮之訟；二年，伐邘。」此商時之邘也，武王子所封。徐廣曰：「在野王縣西北。」按，今河南懷慶府府西北十三里，有故邘城。从邑，亏聲。況于切，五部。讀又若區。于聲則讀如于矣，又讀同區，與四部合韵也。

𨛫 殷諸矦國。今《商書·西伯戡黎》，今文《尚書》作「耆」，《尚書大傳》：「文王受命五年，伐耆。」《周本紀》「明年敗耆國」是也。或作「阢」，或作「飢」，皆假借字也。許所據古文《尚書》作「𨛫」，戈部作「黎」，葢俗改也。《左傳》曰：「赤狄奪黎氏地。」《詩序》曰：「狄人迫逐黎矦。」未知即商諸矦之後與否。在上黨東北。上黨，郡名。不言何縣者，有未審也。《前志》「上黨壺關」，應劭曰：「黎，矦國也。今黎亭是。」《後志》同應說。今山西潞安府治即漢壺關縣府，西南三十五里有黎亭。从邑，𥝢聲。郎奚切，十五部。𥝢，古文利。見刀部。《商書》：「西伯戡𨛫。」《商書》篇名。

邵 晉邑也。《左傳·襄二十三年》：「齊矦伐衞，遂伐晉，入孟門，登大行，張武軍於熒庭，戍郫邵。」杜曰：「取晉邑而守之。」杜不言郫、邵二邑名，據許則當是二邑也。文六年：「賈季召公子樂於陳，趙孟使殺諸郫。」此單言郫也。《後志》：「河東垣縣有邵亭。」注引《博物記》：「縣東九十里有郫邵之阨，趙孟殺公子樂於郫邵。」豈張華所見《左傳》有異歟？按，今山西絳州垣曲縣東有邵城，後魏之邵郡，後周之邵州，皆此也。依許則經典獨此字從邑召，凡周召字作邵者俗也。後儒或謂垣曲邵城爲周召分陝之所，其說不經。从邑，召聲。寔照切，二部。

鄍　晉邑也。《左傳·僖二年》：「荀息假道於虞，曰：冀爲不道，入自顛軨，伐鄍三門。」服虔曰：「謂冀伐晉也。下文『冀之既病，亦唯君故』，謂虞助晉也。將欲假道稱前恩以誘之。」按，服説是也。杜云：「鄍，虞邑。」非也。許同服説。从邑，冥聲。莫經切，十一部。《春秋傳》曰「伐鄍三門」是也。

鄐　晉邢侯邑。按，當云：「晉雍子邑。」許筆誤也。《左傳·襄廿六年》，聲子曰：「雍子奔晉，晉人與之鄐。子靈(即中公巫臣)奔晉，晉人與之邢。」昭十四年：「晉邢侯與雍子爭鄐田。」杜曰：「邢侯，巫臣之子也。」从邑，畜聲。丑六切，三部。

鄇　晉之温地。《左傳·成十一年》：「晉郤至與周爭鄇田。郤至曰：温，吾故也。」杜曰：「鄇，温別邑。今河内懷縣西南有侯人亭。」按，鄇田今在河南懷慶府武陟縣。劉歆《遂初賦》：「越侯田而長驅兮，釋叔向之飛患。」已下皆述叔向事，則侯田正謂邢侯、雍子所爭者也。章樵以鄇田説之，疑非。从邑，侯聲。胡遘切，四部。《春秋傳》曰：「爭鄇田。」

邲　晉邑也。杜曰：「邲，鄭地。」按，《水經注·濟水篇》曰：「次東得宿胥水口。濟水與河渾濤東注。濟水於此，又兼邲目。《春秋·宣公十二年》，晉楚之戰，楚軍於邲，即是水也。」顧氏祖禹曰：「其地蓋即滎口受河之處，今在河陰縣西。」从邑，必聲。毗必切，十二部。《春秋傳》曰：「晉楚戰于邲。」宣十二年《左傳》文㉚。

郤　晉大夫叔虎邑也。叔虎之子曰郤芮，以邑爲氏。从邑，谷聲。綺戟切，古音在五部。

⿱非邑　河東聞喜鄉。鄉，各本作縣。今依《廣韵》正。河東郡聞喜，二《志》同。今山西絳州聞喜縣，漢縣地也。《廣韵》曰：「⿱非邑，鄉名，在聞喜。伯益之後封於⿱非邑鄉，因以爲氏，後徙封解邑。乃去邑從衣。」按，今字裴行而⿱非邑廢矣。从邑，非聲。薄回切，十五部。

⿰虘阝　河東聞喜聚。仈部曰：「邑落曰聚。」舜所居，一年成聚，二年成邑，三年成都。聚小於邑也。从邑，虘聲。渠焉切，葢十四部。

⿰匡阝　河東聞喜鄉。从邑，匡聲。去王切，十部。

鄈　河東臨汾地。河東郡臨汾，二《志》同。今山西平陽府太平縣縣南二十五里臨汾故城是也。《漢·武帝紀》：「元鼎四年，立后土祠於汾陰脽上。」如淳曰：「脽者，河之東岸特堆堀，長四五里，廣二里餘，高十餘丈。汾陰縣治脽之上，后土祠在縣西。汾在脽之北，西流與河合也。」師古曰：「以其形高起如人尻脽，故以名云。一説地臨汾水之上，地本名鄈，音與葵同。彼鄉人呼鄈音如誰，因轉而爲脽字耳。故《漢舊儀》云葵上。」玉裁按，《水經》：「汾水又西過皮氏縣。」注曰：「汾水徑鄈丘北，故漢氏之方澤也。賈逵云：漢法，三年祭地汾陰方澤，澤中有方丘，故謂之方澤，丘即鄈丘也。」經又曰：「又西至汾陰縣北，西注於河。」注曰：「水南有長阜，背汾帶河，阜長四五里，廣二里餘，高十丈。汾水歷其陰，西入河。《漢書》謂之汾陰脽。」據酈氏此注，郟、脽異處極明。然《封禪書》、《郊祀志》皆云：「始立后土祠汾陰脽上。」與《武紀》合。《水經注·河水篇》亦云：「河水東際汾陰脽，縣故城在脽側，城西北隅有脽丘，上有后土祠。」是則郟、脽本無二。《漢·志》云「汾陰」，許云「臨汾」者，蓋二縣地邊竟相接，故似不當分別郟、脽爲兩地也。从邑，癸聲。《水經注》引此。揆唯切，十五部。即漢之所祭后土處。

邢 周公子所封。《左傳》：「富辰曰：凡蔣邢茅胙祭，周公之胤也。」杜曰：「邢國在廣平襄國縣。」地近河内懷。《前志》：「趙國襄國，故邢國。」《後志》同。按，襄國故城在今直隸順德府城西南。許不云在趙國襄國，而云「地近河内懷」者，有所審定之辭也。河内郡懷，二《志》同。今河南懷慶府武陟縣西南十一里有故懷城。从邑，幵聲。户經切，按，《玉篇》又輕千切，十一、十二部。

鄔 太原縣。二《志》同。《前志》曰：「晉大夫司馬彌牟邑。」按，彌牟爲鄔大夫，見昭二十八年《左傳》，前此有鄔臧，以邑爲氏。戴先生曰：「今山西汾州府介休縣東三十五里，有故鄔城，漢縣也。其北魏之鄔城，在今介休縣東四十五里，俗譌武城。」从邑，烏聲。安古切，五部。按，據許字從烏，以烏爲聲甚明。此所以《字林》乙袪反。郭璞《三蒼解詁》音瘀，於庶反。闞駰音厭飫之飫，重言之也。陸氏《左傳音義》乃云太原縣字，從焉作鄢，誤甚。且云「舊音烏户反非，當從於庶反」，夫於庶與烏户亦南朝魚虞斂侈之辨耳，安有是非也。

祁 太原縣。二《志》同。《前志》曰：「晉大夫賈辛邑。」按，賈辛爲祁大夫，見《左傳·昭廿八年》，前此已有祁奚、祁午、祁盈，祁勝以邑爲氏。今山西太原府祁縣縣東南七里，有故祁城，漢縣治也。毛傳於《吉日》云：「祁，大也。」於《采蘩》《大田》云：「祁祁，舒遲也。」「祁祁，徐皃也。」於《七月》云：「祁祁，衆多也。」皆與本義不相關。从邑，示聲。巨支切，按，古音在十五部，當依《廣韵》渠脂切。

鄴 魏郡縣。二《志》同。漢魏郡治鄴縣。今河南彰德府臨漳縣縣西二十里，有故鄴城。从邑，業聲。魚怯切，八部。

郱 鄭地有郱亭。从邑，井聲。云「鄭地」，恐誤。蓋京兆之鄭，則篆文宜次於鄭之後。若河南之新鄭，則宜次於下文鄶、邧、𨛫之伍。此上下文皆河内地，不宜忽羼以河南地名也。疑即二《志》常山郡之井陘縣，趙地也。郱、井蓋古今字。井陘山，《穆天子傳》作「鈃山」，《地理志》上黨郡下，謂之石研關。師古曰：「研音形。」《玉篇》郱，子省切。《廣韵》子郢切，大徐户經切，十一部。

邯 趙邯鄲縣。趙國邯鄲，二《志》同。《左傳》有邯鄲午，秦始皇置邯鄲郡，漢趙國，故邯鄲郡也。張晏曰：「邯山在東城下。單，盡也。城郭從邑，故加邑。」按，今直隸廣平府邯鄲縣西南二十里，有故邯鄲城。从邑，甘聲。胡安切，按，甘聲當音含，古在七部。

鄲 邯鄲也。依張晏，古字本作單，後人加邑耳。从邑，單聲。都寒切，十四部。

郇 周文王子所封國。文，各本作「武」，誤。今依《篇》、《韵》正。《左傳》：「富辰曰：郇，文之昭也。」毛傳曰：「郇伯，郇侯也。」《左傳》曰：「軍於郇。」曰：「盟於郇。」曰：「必居郇瑕氏之地。」皆是也。郇國爲晉所并。在晉地。在二《志》之河東解縣。今山西蒲州府臨晉縣東北十五里，有故郇城。从邑，旬聲。相倫切，十二部。讀若泓。此合韵也。疑當作淵。

鄃 清河縣。《前志》：「清河郡鄃。」《後志》：「清河國鄃。」《史記·河渠書》曰：「田蚡奉邑食鄃。」又：呂嬰、欒布皆封俞侯。㉛俞即鄃。今山東臨清州夏津縣東北三十里，有故鄃縣城。从邑，俞聲。式朱切，四部。

鄗 常山縣也。从邑，高聲。呼各切，古音在二部。世祖所即位，今爲高邑。《前志》曰：「常山郡鄗，世祖即位，更名高邑。」《後志》曰：「常山國高邑，故鄗。光武更名。」按，今直隸趙州柏鄉縣之縣北二十里，有故鄗城是也。春秋時晉邑。《左傳·哀四年》：「齊國夏伐晉取鄗。」杜曰：「鄗即高邑縣。」

鄡 鉅鹿縣也。二《志》同。《前志》作「郻」，県與梟一字。但《前志》鉅鹿郻縣，豫章鄡陽縣，《玉篇》、《廣韵》皆郻與鄡陽二縣字別，然則許書此字作「鄡」及《後志》二縣字皆作「鄡」，非是。許書當是淺人改之，如県首之改爲梟首也。盧氏文弨云：「《仲尼弟子列傳》鄡單，鄡當作郻，郻單葢即《檀弓》縣亶，縣乃字之誤。」按，漢鉅鹿縣城，即今直隸順德府平鄉縣城。唐《通典》曰：「漢鄡城在深州鹿城縣東。」从邑，梟聲。梟，當作「県」，篆文當作「郻」。牽遥切，二部。

鄚 涿郡縣。見《前志》。《後志》曰：「河閒郡鄚，故屬涿。」《史記》曰：「扁鵲者，勃海郡鄚人。」徐廣云：「鄚當爲鄭。」按，司馬以鄭系勃海者，境相際也。扁鵲，漢以前人，不當冣以漢制耳。今直隸河閒府任丘縣北十三里，有莫州城，往來孔道也。唐開元十三年改鄚爲莫，見《通典》、《舊唐書》。从邑，莫聲。慕各切，五部。今俗語如「冒」。

郅 北地郁郅縣。見《前志》。漢北地郡，今甘肅慶陽府北至寧夏衞是其境。慶陽府附郭安化縣府城東，有故郁郅城。《水經注》謂之「尉李城」，聲之誤也。从邑，至聲。之日切，十二部。

鄋 北方長狄國也。《春秋》文公十一年《左傳》：「鄋瞞侵齊，遂伐我。叔孫得臣獲長狄僑如。」《穀梁傳》曰：「身横九畝。」在夏爲防風氏，在殷爲汪芒氏。芒或作「茫」、作「汒」，皆誤。《魯語》：「仲尼曰：昔禹致羣神於會稽山，防風氏後至，禹殺而戮之，其骨節專車。防風，汪芒氏之君也，守封嵎之山者也。爲漆姓，在虞夏商爲汪芒氏，在周爲長翟，今爲大人。」按，《國語》本作「在虞夏爲防風氏，在商爲汪芒氏」，爲《說苑》、《說文》、王肅《家語》所本，今《國語》及《史記·孔子世家》皆誤奪數字耳。韋注云：「防風，汪芒氏之國名。汪芒，長翟之國名。」謂汪芒之國，在夏爲防風氏之國，長翟之國，在商爲汪芒氏之國。此依孔子「防風，汪芒之君也」而言之，今韋注譌爲汪芒氏之君名，則不可解矣。韋注云：「封嵎二山，在今吴郡永安縣，周世其國北遷爲長翟也。」吴之永安縣，在今浙江湖州府武康縣。顧氏祖禹曰：「鄋瞞在山東濟南府北境，或云今青州府高苑縣有廢臨濟城，古狄邑，即長狄所居。」按，許以此篆廁郯郡北地之下，則許意謂其地在西北方，非在今山東也。从邑，叜聲。所鳩切，三部。《春秋傳》曰：「鄋瞞侵齊。」

鄦 炎帝大嶽之胤甫侯所封。炎帝神農氏之裔子爲大嶽，詳吕部下。大嶽封於吕，其裔子甫侯又封於鄦。鄦、許古今字。《前志》曰：「潁川郡，許故國，姜姓，四岳後，大叔所封。」大叔，《左傳·隱十一年》正義作「文叔」。《說文·叙目》云：「吕叔作藩，俾侯於許。」然則封鄦者文叔，非甫侯也。鄭注《吕刑》曰：「吕侯受王命入爲三公。」引《尚書刑德放》云：「周穆王以吕侯爲相。」古文《尚書》「吕刑」，今文《尚書》作「甫刑」，且據《國語》、毛傳、《史記》、《潛夫論》諸書，吕、甫、許皆姜姓封國。《詩·王風》申、甫、許三國竝言，武王既封文叔於許矣，豈待穆王封甫侯於許？叔重言甫侯所封者，甫侯即謂吕叔，吕叔即謂文叔，無二人也。在潁川。謂鄦在潁川許縣也。潁川郡許，二《志》同。漢字作許，周時字作鄦。《史記·鄭世家》「鄦公惡鄭於楚」，葢周字之存者。今《春秋》經傳不作鄦者，或後人改之，或周時已假借，未可定也。不曰在潁川許縣者，其字異形同音，其地古今一也。今河南許州州東三十里有故許昌城。从邑，無聲。讀若許。虚吕切，五部。

邟 潁川縣。見《前志》。今《地理志》云：「潁川郡，周承休侯國，元帝置，元始二年更名鄭公。」攷《後漢書·黄瓊傳》「封邟鄉侯」，注引《前書》「周承休侯國，元始二年更名曰邟」，與顏本絶異。今按，李本、顏本皆非事實，《志》文當是「邟」字大書，「周承休侯國」五字小書注於下，此侯國不與他侯國同，故不以縣名爲國名也。「元始二年更名曰鄭公」，二年當依《平帝紀》、《外戚恩澤侯表》作四年，字之誤也。《郡國志》無邟縣者，并省也。并省之，故有邟鄉矣。漢封殷周之後可攷者，《武帝紀》「元鼎四年巡省豫州，封周孼子嘉爲周子南君」，此《史記·封禪書》所謂「以三十里封周後」，《外戚恩澤侯表》所謂「初得周後，復加爵邑」也；《元帝紀》：「初元五年以周子南君爲周承休侯。」此《地理志》所謂「周承休侯國，元帝時置」也。《成帝紀》：「綏和元年二月封孔吉爲殷紹嘉侯，三月進爵爲公，及周承休侯皆爲公。」此《後漢書·光武紀》注所謂「成帝封姬延爲周承休公」是也。《平帝紀》：「元始四年改殷紹嘉公曰宋公，周承休公曰鄭公。」是則成帝先進周承休侯爲公，平帝乃改周承休公爲鄭公，《地理志》特約言之耳。《後漢書·光武帝紀》：「建武二年封周後姬常爲周承休公，四年封殷後孔安爲殷紹嘉公。」㉜葢亂後失其封故也。建武十三年以殷紹嘉公孔安爲宋公，周承休公姬常爲衛公，則又易其地而因易其國名也。《地理志》「東郡觀」，應劭云：「世祖更名衛國以封周後。」又「汝南新郪」，應劭曰：「章帝封殷後，更爲宋。」《郡國志》曰：「東郡，衛公國，本觀，光武更名。汝南郡，宋公國，周名郪丘，漢改爲新郪，章帝建初四年徙宋公於此。」云「徙宋公」，則光武時宋公不在新郪，未審在何地，而成帝之殷紹嘉、平帝之宋公，《地理志》不載其封地，據《恩澤矦表》及《水經注》，則綏和元年始封於沛也。前漢之周子南君，據《恩澤矦表》在長社，周承休在邟。《後漢·光武紀》注曰：「承休所封故城在今汝州東北。」《通典》曰：「汝州梁縣，光武封姬常爲周承休公，故城在今縣東。」《方輿紀要》曰：「承休廢縣在今汝州州治子城東，光武封姬常於東郡觀縣曰衛公，以邟縣廢入陽城。」然則始在邟縣，後徙於觀爲衛公，則非邟縣地矣。○按，東郡縣二十三，畔、觀，二縣也。今本《漢書》譌舛，舉正於此。 从邑，亢聲。苦浪切，十部。

郾 潁川縣。二《志》同。《前志》曰：「南陽郡雉衡山，澧水所出，東至郾入汝。」郾今本譌作「鄽」，全氏祖望勘以《水經》正之。今河南許州郾城縣是其地。 从邑，匽聲。於建切，十四部。

郟 潁川縣。見《前志》。故楚郟邑也。《左傳·昭元年》：「楚公子圍使公子黑肱城郟。」十九年：「令尹子瑕城郟。」秦二世元年，陳勝將鄧寵將兵居郟，在今河南汝州郟縣。 从邑，夾聲。工洽切，八部。按，郟、鄏之郟，山名，非此郟。

郪 新郪，逗。汝南縣。見《前志》。《後志》曰：「汝南郡宋公國，周名郪丘，漢改爲新郪，章帝建初四年，徙宋公於此。」按，《魏世家》「安釐王十一年，秦拔我郪丘」是其地，今安徽潁州府城東八里有城，故新郪城也。 从邑，妻聲。七稽切，十五部。

鄎 姬姓之國在淮北。《左傳·隱十一年》：「鄭息有違言。」杜曰：「鄎國，汝南新息縣。」按，此經作「息」，注作「鄎國」也，釋文云：「鄎音息，一本作息。」此爲注作音也，自墨書朱字不分，而學者惑矣。《左傳》用古文假借字，杜解用《說文》本字，不與經同。此鄭氏注經之例也。《左》正義引《世本》曰：「息國，姬姓。」許云「姬姓之國」，本《世本》也。息矦伐鄭，君子謂其不親親，以其同姓也。《左傳》云：「息嬀者，謂息所娶之陳嬀也。」今河南光州息縣，淮水在縣南五里，故息城在縣北三十里。 从邑，息聲。相即切，一部。今汝南新息是也。新息，大徐作新鄎，誤。汝南郡新息，二《志》同。孟康、司馬彪皆曰：「故息國。」按，漢字作「息」，與《左氏》合，地在今息縣。

郋 汝南召陵里。召，各本作「邵」，誤，今正。汝南郡召陵，二《志》同。闞駰曰：「召者，高也。」《左傳·僖四年》：「楚屈完來盟于師，盟于召陵。」又見昭十四年、定四年傳。杜曰：「召陵，潁川縣也。」晉改屬潁川也。按，今河南許州郾城縣縣東四十五里，有故召陵城。郋者，召陵里名。召陵又有萬歲里，許君召陵萬歲里人也。 从邑，自聲。讀若奚。自聲在十五部，奚聲在十六部，合韵也。許蓋用其方言如是，胡雞切。

⿰旁阝 汝南鮦陽亭。汝南郡鮦陽，二《志》同。鮦，孟康音紂，此方言如是。或云當作紂紅反者，非也。今河南汝寧府新蔡縣縣北，有鮦陽故城，又有鮦陽渠。鮦者，水名。《水經注》：「葛陂東出爲鮦水，俗謂之三丈陂。」是也。⿰旁阝者，鮦陽亭名，疑即《左傳》襄四年、定四年之緐陽也㉝。 从邑，旁聲。步光切，十部。

郥 蔡邑也。《地理志》：汝南郡有新蔡、上蔡二縣，沛郡有下蔡縣。「上蔡縣故蔡國，周武王弟叔度所封。度放，成王封其子胡，十八世徙新蔡。」新蔡縣，「蔡平矦自蔡徙此，後二世徙下蔡」。下蔡縣，「故州來國，爲楚所滅。吳取之，至夫差遷昭矦於此。後四世矦齊竟爲楚所滅」。按，杜預説同。上蔡、新蔡、下蔡，漢時用以名縣，非周時有此名也。上蔡、新蔡，漢時同在汝南郡，今二縣皆屬汝寧府，相距不遠。若下蔡，則距上蔡、新蔡遠矣。昭十九年《左傳》云：「楚子之在蔡也，郥陽封人之女奔之，生大子建。」平王爲蔡公時，蔡方滅，尚未遷新蔡，則郥陽當在上蔡矣。《左傳》又云：「齊矦、衛矦次于垂葭，實郥氏。」則衛地非蔡地也。从邑，貝聲。古闃切，十六部。《春秋傳》曰：「郥陽人女奔之。」按，許當云「郥陽，蔡邑也」，以别於衛之郥氏。

鄧 曼姓之國。《左傳》楚武王夫人曰鄧曼，則知鄧國曼姓也。《前志》曰：「鄧縣，故國。」今屬南陽。南陽郡鄧，二《志》同。今河南南陽府鄧州是其地。从邑，登聲。徒亘切，六部。

鄾 鄧國地也。《左傳·桓九年》：「楚子使道朔將巴客以聘於鄧，鄧南鄙鄾人攻而奪之幣。」杜曰：「鄾在今鄧縣南，沔水之北。」《後志》曰：「鄧有鄾聚。」《水經注》曰：「淯水又南徑鄧塞東，又徑鄾城東，古鄾子國也。蓋鄧之南鄙也。」从邑，憂聲。於求切，三部。《春秋傳》曰：「鄧南鄙，鄾人攻之。」

𨚕 南陽淯陽鄉。淯，二《志》作「育」。南陽郡育陽，二《志》同。今河南南陽府東育陽故城是也。𨚕者，漢時鄉名。从邑，号聲。乎刀切，二部。

鄛 南陽棘陽鄉。棘，各本作「棗」，誤，今依《後漢書·宦者傳》注及《玉篇》正。南陽郡棘陽，二《志》同。今河南南陽府新野縣東北七十里，有棘陽城是也。鄛其鄉名也。从邑，巢聲。鉏交切，二部。

𨟙 今南陽穰縣。南陽穰，二《志》同。今河南南陽府鄧州東南二里穰縣故城是也。本楚地，後爲韓邑。《史記》：「韓襄王十一年，秦取我穰。」又秦武王封魏冄於此㉞，爲穰矦。𨟙者，古字；穰者，漢字。如鄚、薊，鄦、許，郎、息，郃、楘之例。蓋許所見古籍作𨟙，漢時縣名字從禾也。从邑，襄聲。汝羊切，十部。

𨞬 南陽穰鄉。穰縣鄉名也。从邑，婁聲。力朱切，古音在四部。

𨜷 南陽陰鄉。南陽郡陰，二《志》同。師古曰：「《左傳》所云遷陰於下陰者也。」𨜷者，其鄉名。从邑，葛聲。古達切，十五部。○按，此篆舊在鄘篆後，今依《玉篇》厠此。

𨛦 南陽西鄂亭。南陽郡西鄂，二《志》同。今河南南陽府北五十里故西鄂城是也。𨛦者，漢時亭名。从邑，里聲。良止切，一部。

𨜏 南陽舞陰亭。南陽郡舞陰，二《志》同。《水經》曰：「潕水出潕陰縣西北扶予山，東過其縣南。」凡水之南爲陰，當因水在縣西北，縣即在水東南而名舞陰矣。水作無，縣作舞者，漢時縣字作舞也。《水經注》作「潕陰」者，依水改字也。鄒者，漢時亭名。庾信賦曰：「栩陽亭有離別之賦。」《漢・藝文志》之《別栩陽賦》也。栩陽亭豈即鄒亭與？ 从邑，羽聲。 王榘切，五部。

郢 故楚都，楚，芈姓。楚熊繹始居丹陽。顧氏《輿地志》：「秭歸縣東有丹陽城，周迴八里，熊繹始封也。」按，今湖北宜昌府歸州，州東七里丹陽城是。至文王熊貲始都郢。 在南郡江陵北十里。 南郡江陵，二《志》同。今湖北荆州府治江陵縣府治，即故江陵城府。東北三里有故郢城。《前志》曰：「江陵縣，故楚郢都。楚文王自丹陽徙此，後九世平王城之，後十世秦拔我郢徙東。」按，楚有二郢，所都曰郢，別邑曰郊郢。《左傳》：「鬬廉曰：君次於郊郢，以禦四邑。」杜曰：「郊郢，楚地。」此必非郢都也。故《前志》曰：「江陵縣，故楚郢都。」又曰：「郢縣，楚別邑故郢。」劃然二縣，「故郢」二字，正「故郊郢」之奪誤也。許君於他邑不言岠今縣方向里數，獨此云「在南郡江陵北十里」，詳之者，以見非漢郢縣之郢也。《水經注》：「江水又東，逕江陵縣故城南。」謂楚都也。「又東逕郢城南」，子囊遺言所城可知也，謂楚別邑也。 从邑，呈聲。 以整切，十一部。按，《孟子》：「文王生於岐周，卒於異郢。」㉟郢者，程字之假借也。

郢 郢或省。

鄢 南郡縣，孝惠三年改名宜城。 南郡宜城，二《志》同。《前志》曰：「宜城，故鄢，惠帝三年更名。」按，今湖北襄陽府宜城縣縣西南九里故鄢城，亦謂之宜城廢縣是也，《左傳・昭十三年》：「王沿夏，將欲入鄢。」杜曰：「夏，漢別名。順流爲沿。順漢水南至鄢也。」秦昭襄王廿八年，白起攻楚取鄢、鄧。二十九年，白起攻楚取郢，爲南郡。高誘曰：「秦兵出武關則臨鄢，下黔中則臨郢也。」 从邑，焉聲。 於乾切，十四部。按，《釋文》於建反，又於晚反。又按，《春秋》經傳「鄭伯克段于鄢」，「晉及楚鄭戰于鄢陵」，説者謂潁川郡地也。《前志》作「傿陵」。

鄳 江夏縣。 二《志》同。地當在南陽、江夏二郡之閒，今河南信陽州、湖北德安府應山縣之閒。縣葢以黽阨得名也。《左傳・定四年》：「楚司馬戌云：塞大隧、直轅、冥阨。」三者漢東之隘道，總名曰城口。魏晉以後，義陽有三關之塞。三關者，一曰平靖關，亦名西關，即《左傳》之冥阨也，今在信陽州東南九十里，應山縣北六十五里；一曰武陽關，亦名東關，即《左傳》之大隧也，在信陽州東南一百五十里，西南至應山縣一百三十里；一曰黃峴關，即《左傳》之直轅也，在信陽州南九十里，南至應山縣亦九十里。《呂氏春秋》、《淮南鴻烈》皆云：「天下九塞，冥阨其一。」《戰國策》、《史記》二書，或云「黽阨」，或云「黽塞」，或云「黽阨之塞」，或云「鄳隘」，或云「冥阨之塞」，其實黽、冥、鄳一字，阨、隘一字。而《魏策》無忌謂魏王作「危隘之塞」，危即黽之字誤也。黽古音讀如「忙」，與冥字爲陽庚之轉冣近。《隋書・地理志》：「義陽郡鍾山縣，舊曰鄍。」《魏世家》正義引《水經注》作「鄍」。鄍者，鄳之變。《宋書・州郡志》曰：「《晉太康地志》屬義陽，作鄳。《永初郡國志》何竝作鄍（此字今正）。」《廣韻》、《集韻》皆云：「鄍在義陽。」陽今譌「昌」。又《通典》申州羅山、鐘山二縣下，皆曰漢郢縣地。此處不當有郢地，二郢字皆郾字之誤。从邑，黽聲。莫杏切，古音在十部。按，庚韵音盲。

邔 南郡縣也。郡，各本誤「陽」，今正。南郡邔，二《志》同。《後志》俗本譌作「印」，《水經》曰：「《禹貢》三澨沱，在南郡邔縣北。」今湖北襄陽府宜城縣縣北五十里有故邔城。从邑，己聲。居擬切，一部。○按，邔篆舊廁鄀、邾之閒，今正。

鄂 江夏縣。二《志》同。今湖北武昌府武昌縣縣西南二里故鄂城是也。江夏有鄂縣，故南陽之縣曰西鄂。顧氏祖禹曰：「《史記》，熊渠當周夷王時興兵伐庸楊粵至於鄂，又封中子紅爲鄂王。孔氏以爲南陽之鄂，誤矣。時楚兵未能逾漢而北也。」从邑，咢聲。五各切，五部。

邾 江夏縣。二《志》同。《前志》曰：「衡山王吳芮都。」按，芮都邾，見《項羽本紀》。今湖北黃州府城，去故邾城二里許是也。今大江東流，徑黃州府城南，隔江相望者曰武昌縣。《水經》曰：「又東過邾縣南、鄂縣北。」是也。酈善長曰：「楚宣王滅邾，徙居於此。」王隱《地道記》、劉昭《郡國志注》皆有此說。但此事不見《楚世家》。時楚之强未必滅此彈丸，而尚以地居之。蓋此地古名邾，魯附庸國，古名邾婁。依許所説，本不相謀，無庸牽合。从邑，朱聲。陟輸切，古音在四部。

鄖 漢南之國。《左傳·桓十一年》：「鄖人軍於蒲騷。」宣四年：「若敖娶於鄖。」字或作「䢵」。杜曰：「鄖國在江夏，雲杜縣東南有鄖城。」按，二《志》江夏皆有雲杜，今湖北德安府城即故鄖都也。漢水自西北而東南，德安在漢水北，而云漢南者，漢之下游地勢處南也。春秋時楚滅鄖，故有鄖公辛。从邑，員聲。羽文切，十三部。漢中有鄖關。《地理志》曰：「漢中郡長利有鄖關。」《史記·貨殖傳》曰：「南陽西通武關、鄖關。」按，武關在今河南內鄉縣西百七十里，鄖關在今湖北鄖陽府西。張守節注《貨殖傳》曰：「鄖關當爲洵關，在金州洵陽縣。」玉裁按：蓋即今鄖陽府舊上津縣，唐室亂時用通貢道者。東南通今鄖陽府，西通今陝西興安府洵陽縣。謂《酈商傳》之旬關即鄖關可也。其關隘延長，不當謂兩地，鄖關去鄖國甚遠，其字同耳，故別言之。

鄘 南夷國。《牧誓》有「庸蜀」，《左傳·文十六年》：「庸人率羣蠻以叛楚，楚滅之。」杜曰：「庸，今上庸縣，屬楚之小國。」按，二《志》漢中郡皆有上庸縣，今湖北鄖陽府竹山縣東四十里有故上庸城。《尚書》庸地在漢水之南，南至江尚遠。僞傳云「在江南」，非也。今字庸行而鄘廢，於《詩》風之邶、庸作鄘，皆非也。又按，南夷國當作「漢南國」。从邑，庸聲。余封切，九部。

郫 蜀縣也。二《志》同。今四川成都府郫縣縣北故郫城是。从邑，卑聲。符支切，十六部。

鄨 蜀江原地。蜀郡江原，二《志》同。故城當在今灌縣竟。《華陽國志》曰：「縣在郡西，渡大江，濵文井江，去郡一百二十里是也。」鄭注梁州之沱曰：「江原有鄨江，首出江南，至犍爲武陽，又入江。豈沱之類與？」《前志》曰：「鄨水首受江，南至武陽入江。」《水經注》亦云：「江原縣，鄨江水出焉。」蓋有鄨地而以名江也。今則無𨞪地、𨞪江之偁矣。从邑，壽聲。市流切，三部。

䣢 蜀地也。鍇曰：「按《字書》，鄉名，在臨邛。」从邑，耤聲。秦昔切，古音在五部。

鄤 蜀廣漢鄉也。按，「蜀」字衍。漢有蜀郡，有廣漢郡，此云「廣漢鄉」，上文云「蜀地」，皆不舉縣名者，未審也。从邑，蔓聲。無販切，十四部。今《集韵》、《類篇》又武粉切，即此字而譌其體。

邡 汁邡，逗。廣漢縣也。汁，各本作「什」，非，今正。應劭注《地理志》曰：「汁音十。」如淳注《功臣表》曰：「汁音什。」《漢王君平鄉道碑》曰：「汁邡王卿。」是則漢時此縣名作汁字，凡作什者，以其音改之也。廣漢郡汁邡，二《志》同。今四川成都府什邡縣是也。从邑，方聲。府良切，十部。

𨛜 存𨛜，逗。犍爲縣。宋本皆作「存」，或作「郁」者，俗，又或譌爲「郁」矣。《前志》犍爲郡存𨛜，今本存作「郁」，而師古不爲音，知故作存。《華陽國志》、《晉書》尚作「存」。今四川敘州府府西南有郁𨛜廢縣，府西北百六十里有郁𨛜灘。从邑，馬聲。莫駕切，古音在五部。

鄨 牂柯縣，二《志》同。《前志》曰：「不狼山，鄨水所出，東入沅，過郡二，行七百三十里。」按，犍爲郡武帝建元六年開，牂柯郡武帝元鼎六年開，則𨛜字、鄨字必其時所製。今貴州遵義府府城西有鄨縣故城是也。《方輿紀要》曰：「雲南陸涼州，州北有廢鄨縣。」非是。从邑，敝聲。讀若鷩雉之鷩。必袂切，十五部。師古曰：「不列切。」

𨚔 地名。按，字廁於此，當是西南夷之地。从邑，包聲。布交切，古音在三部。

那 西夷國。其地當在今四川之西。《史記》：「自筰以東北，君長以什數，冄駹最大，在蜀之西。」又謂牂柯爲南夷，邛筰爲西夷。那蓋即冄駹之冄字，古今字也。按，文王之子耼季，賈逵、韋昭皆云「耼，國名。」但其地闕。《史記》作「冄」。索隱云：「冄或作那。」終莫詳其地也。《左傳·莊十八年》有「那處」，杜云：「那處，楚地。」凡若此等異地同名者，今皆不引以玆緐蕪。从邑，冄聲。諾何切，按，冄聲本在七、八部，雙聲合韵也。《小雅》、《商頌》毛傳曰：「那，多也。」《釋詁》曰：「那，於也。」《左傳》：「棄甲則那。」杜云：「那，猶何也。」今人用那字，皆爲柰何之合聲。《越語》：「吴人之那不穀，亦又甚焉。」韋注：「那，於也。」此《釋詁》之證，郭失其解。又《魚藻》箋云：「那，安皃。」安定有朝那縣。安定郡朝那，二《志》同。今陝西平涼府府東南有朝那故城。許意葢謂那與朝那異處，如上文鄍與鄍關之例。如淳朝音株。

鄱 鄱陽，逗。豫章縣。二《志》同。《前志》云：「有鄱水西入湖漢。」則縣在鄱水之北也。今江西饒州府治鄱陽縣府東六十里，有故鄱陽城，府南有鄱江是也。《楚世家》：「昭王十二年，吴伐楚，取番。」按，字本作「番」，故《史》《漢》皆曰「番君吴芮」。《地理志》作鄱陽者，漢字也。从邑，番聲。薄波切，十七部。按，番聲在十四部，合韵也。

酃 長沙縣。《前志》「長沙國酃」，《後志》「長沙郡酃」，今湖南衡州府治衡陽縣府東廿五里，有故酃縣城是也。有酃湖，即《荆州記》、《水經注》所云湖水「釀酒甚美，謂之酃酒」者也。从邑，霝聲。郎丁切，十一部。

郴 桂陽縣，二《志》同。今湖南直隸郴州，即古郴縣，漢桂陽郡治也。从邑，林聲。丑林切，七部。

⿰耒阝 今桂陽耒陽縣。耒，各本作⿰耒阝，今正。許謂⿰耒阝即今之耒陽縣，如言鄍即今之新息，鄹即今之穰縣也。其字既異，其地則一，故言「今」以説之。桂陽郡耒陽，二《志》同。今湖南衡州府耒陽縣，縣東四十五里有耒陽廢城，耒陽以耒水得名。从邑，耒聲。盧對切，十五部。

鄮 會稽縣，二《志》同。今浙江寧波府治、鄞縣府治東三十里故鄮城是也。陸士龍曰：「秦始皇身在鄮縣三十餘日。」从邑，貿聲。莫候切，三部。

鄞 會稽縣。二《志》同。今浙江寧波府奉化縣有故鄞城是也。說者謂以赤堇山得名，《越絶書》所謂「赤堇之山，破而出錫」是也。蓋其字初作堇，後乃加邑。《越語》曰：「句踐之地，東至於鄞。」韋曰：「今鄞縣。」是也。从邑，堇聲。語斤切，十三部。

⿰巿阝 沛國也。鉉本作「沛郡」，鍇本作「沛國郡」。按，當作「沛國沛郡」也。謂後漢之沛國，前漢之沛郡，皆此⿰巿阝也。不言沛縣者，言郡而縣可知矣。二《志》字皆作「沛」，⿰巿阝、沛古今字。如鄍、息，鄹、穰，⿰耒阝、耒之比。今江蘇徐州府，漢沛郡地。从邑，巿聲。博蓋切，十五部。

邴 宋下邑。下邑，猶言小邑。《左傳》邴歜、邴意茲、邴泄、邴夏，皆非宋人。《公羊·隱八年》「歸邴」、「入邴」，九年「會齊侯于邴」，皆非宋地。十年「取防」，防者，宋地。疑當作邴。从邑，丙聲。兵永切，古音在十部。

⿰虘阝 沛國縣。《前志》「沛郡酇」，《後志》「沛國酇」。陳勝攻銍、酇、苦、柘、譙，謂此酇也。今河南歸德府永城縣縣西南，有故酇縣城。从邑，虘聲。昨何切，《通典》引「《説文》在何反」是也。古音在五部。今酇縣。謂本爲⿰虘阝縣，今爲酇縣。古今字異也。班固《泗水亭長碑》曰：「文昌四友，漢有蕭何，序功第一，受封于⿰虘阝。」正作⿰虘阝。《水經注》曰：「渙水又東徑酇縣城南。《春秋·襄公十年》：公會諸侯及齊世子光於⿰虘阝。今其地⿰虘阝聚是也。」㊱按，今三經皆作「相」，酈所據作「⿰虘阝」，此皆古字作⿰虘阝之證。許云「今酇縣」者，謂當時皆作酇，故著之。如邧縣既爲周承休矣，而必存邧字，以著其始也。

⿰少阝 地名。从邑，少聲。書沼切，一部。

⿰臣阝 地名。从邑，臣聲。植鄰切，十二部。

酁 宋地也。《左傳·哀十七年》：「宋皇瑗之子麇，有友曰田丙，而奪其兄酁般邑以與之。」酁般猶祁午、盂丙㊲。酁者，般之邑也，不詳其地在漢之何郡縣，故但曰宋地。从邑，毚聲。讀若讒。士咸切，八部。

鄑 宋、魯閒地。《左傳·莊元年》：「齊師遷紀郱、鄑、郚。」杜曰：「三邑也。北海都昌縣有訾城。」杜意訾即鄑也。許於下文郚曰：「東海縣，故紀侯之邑。」此不云「紀邑」，而云「宋、魯閒地」者，據莊十一年「公敗宋師于鄑」而言，不謂紀邑也。从邑，晉聲。即移切，按，晉聲在古音十二部，今鄑在《五支》者，蓋由杜以訾城當之，而同其讀耳。《集韵》、《類篇》皆有即刃切。

郜 周文王子所封國。《左傳》：「富辰曰：郜、雍、曹、滕，文之昭也。」杜云：「濟陰成武縣東南有郜城。」隱十年：「敗宋師取郜。」蓋郜附庸於宋，魯隱取其地，桓又取郜鼎於宋。僖二十年「郜子來朝」，則魯未滅之也。許不云在成武者，許意以爲未宋也。今山東兖州府城武縣縣東南二十里㊳，有故郜城。从邑，告聲。古到切，古音在三部。

鄄 衛地。《春秋·莊十四年》：「單伯會齊侯、宋公、衛侯、鄭伯于鄄。」十五年：「復會于鄄。」十九年：「公子吉及齊侯宋公盟于鄄。」襄十四年：「衛獻公如鄄，出奔齊。」哀十七年：「晉伐衛，衛人出莊公而與晉平」，既而「衛侯自鄄入」。杜曰：「鄄，衛地。」今東郡甄城是也。今濟陰鄄城。二《志》同。謂在周曰鄄，在漢爲鄄城縣也。今山東曹州府濮州州東二十里，有鄄城廢縣。从邑，垔聲。吉掾切，古音在十二部。《左傳》杜注作「甄城」，音真，可證也。

邛 邛成，逗。成，各本作「地」，今正。濟陰縣。各本衍「在」字，今删。今本《地理志》曰：「山陽郡，郜成，侯國。」宋氏祁云：「郜當作邛。《外戚侯表》，邛成屬濟陰，與山陽相距不遠。」玉裁按，宋説是也。《玉篇》邛字下曰：「山陽邛成縣。」此邛成之確證。前漢時容有改屬，故《志》、《表》不符耳。《志》云「侯國」，即《表》之「邛成共侯王奉先」也㊴。邛成之誤「郜成」者，以莽曰告成之故也。《郡國志》成武有郜城，與此無涉。〇又按，《水經注·泗水篇》曰：「黄溝又東逕邛城縣故城南，《地理志》山陽縣也。王莽更名之曰郜城矣，故世有南郜、北郜之論也。」此可證《漢·志》本作「邛」，《水經注》版本譌作「卬」。戴先生校注文乃依《漢·志》誤本改卬城爲郜成，改郜城爲告成，非是。郜城本在成武縣東南，自莽改邛城曰郜城，於是謂在成武者北郜，此曰南郜。今本《漢·志》作「莽曰告成」，亦誤也。地理中成城二字多淆，猝難審定。从邑，工聲。渠容切，九部。

鄶 祝融之後，妘姓所封潧洧之閒，鄭滅之。鄶《詩譜》曰：「檜者，古高辛氏火正祝融之墟，檜國在《禹貢》豫州外方之北，熒播之南，居溱洧之閒。祝融氏名黎，其後八姓，惟妘姓檜者處其地焉。後爲鄭桓公之子武公所滅。」按，鄶在外方之東，非外方之北也。熒播，依小顔《地理志》注引作「播」。《鄭語》云：祝融

「其後八姓，妘姓鄢、鄶、路、偪陽」[40]也。鄶以祝融之後，仍封祝融之墟。《左傳》「黎爲祝融」，《大戴禮》、《世本》皆云祝融之弟吳回，吳回生陸終，陸終弟四子萊言是爲妘鄶人，即鄶之祖也。萊亦作「求」，妘亦作「云」，鄶亦作「會」，今河南許州密縣古鄶地。**从邑，會聲。**古會切，十五部。按，檜者，假借字也。《左傳》、《國語》作鄶，《詩釋文》曰：「檜，本又作鄶。」

邧　鄭邑也。《左傳・文四年》：「晉矦伐秦，圍邧新城，以報王官之役。」《廣韵》云：「秦邑名。」是也。今《左傳》鄭地無名邧者。**从邑，元聲。**虞遠切，十四部。

郔　鄭地。《左傳・宣三年》：「晉矦伐鄭及郔。」杜曰：「郔，鄭地。」釋文：「郔音延」。宋淳化本及明人補刻石經作「延」，皆誤字也。又宣十二年：「楚子北師次于郔。」實一地也。若隱元年「大叔收貳以爲己邑，至於廩延。」當別是一地，字不從邑。**从邑，延聲。**以然切，十四部。

郠　琅邪莒邑。按，當云「莒邑也，在琅邪」，如「郗，周邑也，在河內」之例。**从邑，更聲。**古杏切，古音在十部。**《春秋傳》曰：「取郠。」**《左傳・昭十七年》：「季平子伐莒，取郠。」[41]杜云：「郠，莒邑。」

鄅　妘姓之國。《春秋・昭十八年》：「邾人入鄅。」《左傳》云：「鄅人藉稻。」杜云：「鄅，妘姓國也。」正義云：「鄅爲妘姓，《世本》文。」按，韋昭曰：「陸終弟四子求言爲妘姓。」杜曰：「鄅，今琅邪開陽縣。」《前志》曰：「東海郡開陽，故鄅國。」《後志》：「開陽屬琅邪。」開陽，即《春秋經・哀三年》之「啓陽」也。啓有鄅地爲啓陽，《荀卿》則云：「襄賁開陽。」今山東沂州府府北十五里，有故開陽城。**从邑，禹聲。《春秋傳》曰：「鄅人藉稻。」**服虔曰：「藉，耕種於藉田也。」**讀若規榘。**今王榘切，五部。

鄒　魯縣。古邾婁國，帝顓頊之後所封。魯國騶，二《志》同。二《志》作「騶」，許作「鄒」者，葢許本作「魯騶縣」，如「今汝南新息」、「今南陽穰縣」之比，淺者乃删去騶字耳。周時或云鄒，或云邾婁者，語言緩急之殊也。周時作鄒，漢時作騶者，古今字之異也。邾婁，各本無「婁」，今依《韵會》所據正。《左》、《穀》作「邾」，《公羊》、《檀弓》作「邾婁」，婁如字，邾又夷也。邾婁之合聲爲鄒，夷語也。《國語》、《孟子》作鄒，三者鄒爲正，邾則省文，故邾篆下不言春秋邾國，此必依《公羊》作邾婁國也。漢時縣名作騶，如《韓勑碑陰》「騶韋仲卿」，足證。《鄭語》曰：「曹姓鄒莒。」韋云：「陸終第五子曰安，爲曹姓，封於鄒。」《杜諡》[42]云：「邾，曹姓。顓頊之後有六終産六子，其弟五子曰安，邾即安之後也。周武王封其苗裔俠爲附庸，居邾。」《前志》曰：「騶故邾國，曹姓，二十九世爲楚所滅。」按，《左傳》顓頊氏有子曰黎爲祝融，祝融之後八姓，妘、曹其二也。然則上文「鄶祝融之後，妘姓所封」，此云「帝顓頊之後」，互文錯見也。今山東兖州府鄒縣縣東南二十六里，有古邾城。〇趙氏岐曰：「鄒本春秋邾子之國，至孟子時改曰鄒。」此未知其始本名鄒也。**从邑，芻聲。**側鳩切，三部。

𨙸 邾下邑地。邾，當作「鄒」，如鄒篆與鄧篆相聯之例。地，當作「也」。《周禮・雍氏》注：「伯禽以王師征徐戎。」劉本徐作𨙸，音徐。按，《魯世家》：「頃公十九年，楚伐我取徐州。」徐廣曰：「徐州在魯東，今薛縣。」引《後志》曰：「魯國薛縣，本國，六國時曰徐州。」玉裁謂楚所取之徐州，即𨙸地，疑非薛。齊湣王三年，已封田嬰於薛，不能至魯頃公十九年，魯尚有薛也。《齊世家》：「田常執簡公於徐州。」亦非此徐州。**从邑，余聲。魯東有𨙸城。** 城，當作「戎」。許書之例，未有言城者。𨙸戎，即《周禮》注所云「伯禽以王師征𨙸戎」，今《尚書》作「徐夷」、「徐戎」，許、鄭所據作𨙸。鄒在魯東，則𨙸在魯東可知矣。《書・序》曰：「徐夷竝興，東郊不闢。」昭元年《傳》「周有徐奄」，徐蓋𨙸戎也。鄒習於夷，故《左傳》曰：「鄒又夷也。」**讀若塗。** 塗，當作「涂」。同都切，五部。

邿 附庸國。《王制》曰：「不能五十里者，不合於天子，附於諸矦，曰附庸。」鄭云：「不合，謂不朝會也。小城曰附庸。附庸者，以國事附於大國，不能以名通也。」《春秋・襄十三年》：「夏，取邿。」邿者，魯附庸也。**在東平亢父邿亭。** 《前志》曰：「東平國亢父詩亭，故詩國。」《後志》曰：「章帝元和元年，分東平國爲任城國，亢父屬任城國。」按，《前志》當作「詩亭，故邿國」，許書當作「東平亢父詩亭」。杜預《左注》亦當本作「詩亭」，皆寫者亂之耳。邿、詩古今字也。今山東濟寧州東南有故邿城。**从邑，寺聲。** 書之切，一部。**《春秋傳》曰：「取邿。」**

郰 魯下邑，孔子之鄉。《論語》孔注曰：「鄹，孔子父叔梁紇所治邑也。」《左傳》杜注曰：「紇，郰邑大夫，仲尼父叔梁紇也。」《檀弓》：「郰曼父之母。」鄭云：「曼父之母與徵在爲鄰，相善。」《孔子世家》曰：「孔子生魯昌平鄉郰邑。」杜曰：「郰邑，魯縣東南莝城是也。」張守節曰：「夫子生在鄒之闕里，長徙曲阜，仍號闕里。」按，杜云「莝城」者，今不得其詳。說者以爲今鄒縣西北之東鄒村西鄒集是也。《孔子世家》言「郰人輓父」，《檀弓》言「郰曼父」，鄭注言「郰叔梁紇」，蓋孔子之父，魯人以郰人紇呼之，如《周禮》之鄉以州名，野以邑名，非郰爲所治邑也。《論語》云「郰人之子」者，孔子弟子爲師諱紇字也。「郰大夫」之文，始見於王肅私定《家語》，而孔氏《論語注》乃肅輩僞托者。**从邑，取聲。** 側鳩切，四部。《論語》作「鄹」。

郕 魯孟氏邑。今《春秋》三經、三傳皆作「成」，郕、成古今字也。《左傳・昭七年》：「晉人來治杞田，季孫將以成與之。」杜云：「成，孟氏邑。本杞田。」定十二年：「將墮成。公斂處父曰：墮成，齊人必至于北門。」杜云：「成在魯北竟。」按，孟氏邑非姬姓郕國之地也。今《左傳・隱五年》「衛人入郕」，文十二年：「郕伯來奔」，僖廿四年：「管蔡郕霍，文之昭也」，字皆正作「郕」，而許不云「姬姓之國」者，蓋許所據《左氏》郕、成字互易，不可以今所據繩許也。《公羊》郕國之字則作「盛」。古郕國，在今兗州府汶上縣北二十里故郕城，不在魯北竟。**从邑，成聲。** 氏征切，十一部。

𨛘 周公所誅𨛘國，在魯。《玉篇》作「周公所誅叛國商奄」是也。奄、𨛘二字，周時竝行，今則奄行而𨛘廢矣。單呼曰

「奄」，絫呼曰「商奄」。《書・序》、《孟子》、《左傳》皆云奄，如「踐奄」、「歸自奄」、「伐奄」、昭元年「周有徐奄」是也。《左傳》又云「商奄」，如昭九年「蒲姑商奄，吾東土也」，定四年「因商奄之民，命以伯禽，而封於少皞之虛」是也。大部曰：「奄，覆也。」《爾雅》：「弇，蓋也。」故商奄亦呼「商蓋」。《墨子》曰：「周公旦非關叔辭三公，東處於商蓋。」《韓非子》曰：「周公旦將攻商蓋，辛公甲曰：不如服衆小以劫大，乃攻九夷，而商蓋服矣。」商蓋即商奄也。奄在淮北，近魯，故許云「在魯」。鄭注《書・序》云：「奄在淮夷之北。」注「多方」云：「奄在淮夷旁」，是也。祝鮀說因商奄之民封魯者，杜云「或迸散在魯」是也。今山東兖州府曲阜縣城東二里，有奄城，云故奄國，即《括地志》之奄里，此可證「迸散在魯」之說。《豳風》：「四國是皇。」毛傳云：「四國，管、蔡、商、奄也。」商謂武庚，則此傳商、奄爲二。从邑，奄聲。依檢切，八部。

鄿 鄿 魯下邑。《春秋經・定十年》：「齊人來歸鄆讙龜陰之田。」鄆，《公羊》作「運」。讙，三經、三傳皆同。許作「鄿」，容許所據異也。應劭注《前志》，引《春秋・哀八年》「取鄿及闡」，字亦作「鄿」。賈、服云：鄆、讙，二邑名。《左傳・桓三年》杜注曰：「讙，魯地。濟北蛇丘縣西有下讙亭。」从邑，雚聲。呼官切，十四部。《春秋傳》曰：「齊人來歸鄿。」按，許引《左氏》，則言「《春秋傳》曰」，引《公羊》，則言「《春秋公羊傳》曰」，以別於《左氏》。

郎 郎 魯亭也。《春秋・隱元年》：「費伯率師城郎。」㊸桓四年：「公狩于郎。」十年：「齊侯、衛侯、鄭伯來戰于郎。」莊八年：「師次于郎，以俟陳人、蔡人。」三十一年：「築臺于郎。」哀十一年：「戰于郊」，《檀弓》作「戰於郎」。鄭曰：「郎，魯近邑也。」杜云：「郎，魯邑。高平方與縣東南有郁郎亭。」按，以郎爲男子之偁及官名者，皆良之假借字也。从邑，良聲。魯當切，十部。

邳 邳 奚仲之後、湯左相仲虺所封國。《左傳・定元年》：「薛宰曰：薛之皇祖奚仲居薛，以爲夏車正。奚仲遷於邳，仲虺居薛，以爲湯左相。」《譜》云：「薛，任姓，黃帝之苗裔奚仲封爲薛侯，今魯國薛縣是也。奚仲遷於邳。仲虺居薛，以爲湯左相。武王復以其胄爲薛侯，齊桓黜爲伯。小國無記，世不可知，亦不知爲誰所滅。」按，杜亦云仲虺奚仲之後，與許合。邳者，所封國名。如竆、郟、郃、扈、邗、鄨、邢、鄨、郎、鄧、郜、鄫、鄎等字之例。《左傳・昭元年》云：「虞有三苗，夏有觀、扈，商有姺、邳，周有徐、奄。」皆國名也。杜云：「姺、邳二國，商諸侯。」按，蓋謂仲虺之後爲亂者也。在魯，句。薛縣是也。謂商之邳國，在今漢之魯國。魯國，薛縣是其地也。魯國薛，二《志》同。《前志》云：「夏車正奚仲所國，後遷於邳，湯相仲虺居之。」合班、許所云。蓋奚仲所遷之邳，歫薛密邇，如郼遷於繹之比。遷於邳，則國名邳，仲虺所居薛，而邳名不改。姺、邳與觀、扈、徐、奄同，則國嘗滅矣，周復封其後於邳爲薛侯也。應劭注「東海下邳」曰：「邳在薛，其後徙此，故曰下。」臣瓚曰：「有上邳，故曰下邳。」按，呂后三年㊹，封楚元王子郢客爲上邳侯，上邳即薛也。然則昭元年、定元年杜注皆云：「邳，下邳縣。」非是。下邳在今江蘇徐州府之邳州，薛縣在今山東兖州府滕縣，縣南四十里有故薛城。

从邑，丕聲。敷悲切，十五部。

鄣 紀邑也。《春秋經·莊三十年》：「齊人降鄣。」《公羊》、《穀梁》皆曰：「鄣，紀之遺邑也。」劉歆、賈逵依之，許説同。杜云：「紀，附庸國。東平無鹽縣東北有鄣城。」歫紀太遠，非許意也。古紀國在今山東青州府壽光縣西南三十里紀城，鄣邑當附近，即昭十九年《左傳》之紀鄣也。紀鄣者，本紀國之鄣邑，猶《齊語》「紀酅」，謂本紀國之酅邑也。《公》、《穀》云「鄣，紀之遺邑」，與《左傳》云紀鄣合。杜云「紀鄣在東海贛榆」，是也。莊三十年之鄣，即此。杜分爲兩地，非。今江蘇海州贛榆縣縣北七十五里，有故紀鄣城，亦曰紀城。从邑，章聲。諸良切，十部。

邗 國也。今屬臨淮。《左傳·哀九年》：「吴城邗，溝通江淮。」杜云：「於邗江築城穿溝，東北通射陽湖，西北至末口入淮，通糧道也。今廣陵邗江是。」按，《左傳》「吴城邗」爲句，「溝通江淮」爲句。曰「城邗」，則知邗地名。許云「國」者，許必有所據矣。本是邗國，其地漢屬臨淮郡。不言何縣者，有未審也。此與鄦在潁川、鄧屬南陽一例。《地理志》曰：「廣陵國江都，有渠水首受江，北至射陽入湖。」《水經注》曰：「邗城下掘深溝，謂之韓江，亦曰邗溟溝，自江東北通射陽湖，《地理志》所謂渠水也，西北至末口入淮。」江都縣，《前志》屬廣陵郡㊺。許云「今屬臨淮」者，許意邗國地當在前漢臨淮郡，不在廣陵也。从邑，干聲。胡安切，十四部。一曰，邗本屬吴。錢氏大昕曰：「許前後兩説，後説似即用《左氏》吴城邗溝通江淮之文。」

𨟚 臨淮徐地。《前志》曰：「臨淮郡，徐故國，盈姓。春秋時，徐子章禹爲楚所滅。」《後志》曰：「下邳國，徐本國。」《後志》之下邳國，即《前志》之臨淮郡也。今安徽泗州州北五十里，有故徐城廢縣。𨟚者，徐縣地名也。从邑，義聲。魚羈切，古音在十七部。《春秋傳》曰：「徐𨟚楚。」《左傳·昭六年》：「徐儀楚聘于楚，楚子執之。」杜云：「儀楚，徐大夫。」按，許所據《左》作「𨟚」，以邑爲氏，古本古説也。

郈 東平無鹽鄉。東平國無鹽，二《志》同。杜預曰：「故宿國，今山東東平州州東二十里，有故無鹽城。」《前志》曰：「無鹽有郈鄉。」《左傳·昭二十五年》：「臧會逸奔郈。」杜曰：「東平無鹽縣東南有郈鄉亭。」《左正義》曰：「此時尚爲公邑，後爲叔孫私邑。」从邑，后聲。胡口切，四部。

郯 東海縣。東海郡郯，二《志》同。今山東沂州府郯城縣縣西南百里，有故郯城。帝少昊之後所封。《前志》曰：「郯故國少昊後，盈姓。」按，盈即嬴字。宣四年《經》曰：「公及齊侯平莒及郯。」从邑，炎聲。徒甘切，八部。

郚 東海縣。《前志》云：「東海郡郚鄉。」疑此當云：「郚鄉，東海縣。」故紀侯之邑也。《春秋經·莊元年》：「齊師遷紀郱、鄑、郚。」杜云：「郚在東莞朱虚縣東南。」按，前漢郚鄉縣，後漢並入琅邪之朱虚。永初元年，朱虚又屬北海國，晉屬東莞郡。故杜預、劉昭皆云：「朱虚有郚城。」朱虚，今山東青州府臨朐縣縣東六十里故朱虛城是也。故郚城在今青州府安丘縣縣西南六十里。从邑，吾聲。五乎切，五部。

酅 東海之邑。《春秋經・莊三年》：「紀季以酅入于齊。」《前志》：「甾川國東安平。」孟康注曰：「春秋之酅，今酅亭是也。」《後志》：「東安平屬北海國，有酅亭。」按，《前志》云甾川國，後并北海。疑許當云「北海之邑酅亭」，在今山東青州府臨淄縣縣東。《齊語》曰：「正封疆，地東至于紀酅。」紀酅猶言紀郚，謂故紀國之酅也。从邑，巂聲。户圭切，十六部。

鄫 姒姓國。按，許書無「姒」字，漢碑姒作「似」。《左傳》：「衞成公命祀夏后相，甯武子不可。曰：杞鄫何事。」《國語》韋注曰：「杞鄫二國姒姓，夏禹之後。」在東海。《前志》曰：「東海郡，鄫故國，禹後。」《後志》曰：「琅邪國鄫，故屬東海。」今山東兖州府嶧縣東八十里有故鄫城。按，國名之字，《左傳》作「鄫」，《國語》作「繒」，《公羊》作「鄫」，《穀梁》作「繒」，《左釋文》於鄫首見處云：「亦作繒。」據許則國名從邑也，漢縣名從糸。从邑，曾聲。疾陵切，六部。

邪 琅邪郡也。謂琅邪郡之字如此作也。《前志》曰：「琅邪郡，秦置，屬徐州。」《後志》曰：「琅邪國，屬徐州刺史部。」許從前漢之制，故曰郡。《前志》郡領東武等五十一縣，今山東兖州府東境、沂州府及青州府南境、莒州、萊州府南境、膠州一帶皆是其地。今兖州府諸城縣縣東南百四十里，有故琅邪城，古齊琅邪邑也。其地有琅邪山。《管子》：「齊桓公將東遊，南至琅邪。」《孟子》：「齊景公欲遵海而南，放於琅邪。」蘇秦説齊宣王曰：「齊南有泰山，東有琅邪。」《史記》：秦始皇屢竝海至琅邪。《子虛賦》曰：「齊東陼鉅海，南有琅邪。」皆謂今諸城縣。《山海經》云：「琅邪臺在渤海郡閒。」非也。趙岐曰：「琅邪，齊東南境上邑。」《越絶書》：「句踐既滅，吳欲霸中國，徙都琅邪，立觀臺於山上，周七里，以望東海。」始皇立琅邪郡爲三十六郡之一，而漢因之。尋周時琅邪之名，未知何解。許君以其字從邑，傅合郡名爲釋耳。《九經字㨾》曰：「郎邪，郡名。郎，良也。邪，道也。以地居鄒魯，人有善道，故爲郡名，今經典玉旁作良者譌。」未知其説所出。古書絶無作郎者，且琅邪齊地，非鄒魯地。邪，古書用爲衺正字，又用爲辭助，如「乾坤，其《易》之門邪」，「乾坤，其《易》之緼邪」是也。今人文字，邪爲疑辭，也爲決辭，古書則多不分別。如「子張問十世可知也」，當作「邪」是也。又邪、也二字，古多兩句竝用者，如《龔遂傳》：「今欲使臣勝之邪，將安之也？」韓愈文：「其真無馬邪，其真不知馬也？」皆也與邪同。从邑，牙聲。以遮切，古音在五部。按，漢碑琅邪字或加玉旁，俗字也。近人隸書從耳，作「耶」。由牙、耳相似，臧三牙，或作臧三耳㊻。

邞 琅邪縣也。《前志》：「琅邪郡邞。」《後志》無，并省也。漢孝文元年，封呂平爲侯國。一名純德。《前志》曰：「莽曰純德。」从邑，夫聲。甫無切，五部。

⿰桼阝 齊地也。从邑，桼聲。親吉切，十二部。

郭 齊之郭氏虛。謂此篆乃齊郭氏虛之字也。郭本國名，虛、墟古今字。郭國既亡，謂之郭氏虛。如《左傳》言「少昊之虛」、「昆吾之虛」、「大皞之虛」、「祝融之虛」也。郭氏虛，在齊境內。**善善不能進，惡惡不能退，是㠯亡國也。**郭何以爲虛？職是故也。事見《韓詩外傳》、《新序》、《風俗通》皆同。亦有取此説《春秋》者。按，莊二十四年《經》云：「赤歸于曹。郭公。」《公羊傳》曰：「赤者何？曹無赤者，蓋郭公也。郭公者何？失地之君也。」《穀梁傳》曰：「赤蓋郭公也。何爲名也？禮，諸侯無外歸之義，外歸，非正也。」《左》無傳。郭，今以爲城𩫏字，又以爲恢郭字。又《左傳》虢國字，《公羊》作郭。**从邑，𩫏聲。**古博切，五部。

郳　齊地。从邑，兒聲。五雞切，十六部。**《春秋傳》曰：「齊高厚定郳田。」**《左傳·襄六年》：「齊侯滅萊，遷萊于郳，高厚、崔杼定其田。」杜云：「遷萊子於郳國。」正義云：「郳即小邾。小邾附屬於齊，故滅萊國而遷其君於小邾。」按，《世本》云：「邾顏居邾，肥徙郳。」宋仲子注：「邾顏別封小子肥於郳，爲小邾子。」《左傳》曰：「魯擊柝聞於邾。」小邾者，邾所別封，則其地亦在邾魯，不當爲齊地。今鄒縣有故邾城，滕縣東南有郳城，皆魯地。且郳之偁小邾久矣，不應又忽評爲郳也。許意郳是齊地，非小邾國。凡地名同實異者，不可枚數。如許書邾非鄒國，是其例也。據傳云「遷萊於郳，高厚、崔杼定其田」，蓋定其與萊君之田，以郳田與之也。

郣　郣地。此從鍇本，鉉作「郣海地」，非是。郣是複舉字之未删者，地謂有地名郣也。今其地未聞，蓋春秋時齊地也。若漢二《志》之勃海郡，今直隸河閒天津二府地。其謂之勃海者，師古曰：「在勃海之濱，因以爲名也。」水部澥下曰：「勃澥，海之别也。」《漢書》：《子虛賦》音義曰：「勃澥，海别枝也。」勃澥，《史記·河渠書》謂之「勃海」，今静海縣之海與山東遼東接境者，即勃澥。司馬相如賦所以自琅邪觀成山，射之罘而浮勃澥；始皇所以竝勃海以東，過黃腄，窮成山，登之罘，而南登琅邪也。《齊都賦》注曰：「海旁曰勃，斷水曰澥。」勃與郣似可通，然勃海郡、勃澥，字皆不作郣，假令勃海郡字可作郣，則許當云「郣海郡也」，而不曰地。**从邑，孛聲。**蒲没切，十五部。**一曰，地之起者曰郣。**《周禮·草人》：「勃壤用狐。」鄭云：「勃壤，粉解者。」《廣雅》：「垺，塺也。」今俗謂粉之細者曰勃，皆即郣字。地之起者，謂虛脆。

鄿　國也。齊桓公之所滅。《衞風》曰：「譚公維私。」《小雅》曰：「東國困於役而傷於譏，譚大夫作《大東》以告病。」《左傳·莊十年》曰：「齊師滅譚，譚無禮也。」譚子奔莒，同盟故也。今濟南府府東南七十里，有故譚城，在二《志》濟南郡之東平陵縣。東平陵，故城在今濟南府府東七十五里。**从邑，覃聲。**徒含切，古音在七部。按，《詩》、《春秋》、《公》、《穀》皆作譚，許書又無譚字，蓋許所據從邑。《齊世家》譌作郯，可證司馬所據正作鄿。鄿、譚古今字也。許書有「譚長」，不以古字廢今字也。

邭　地名。《左傳注》多不言名，如毛傳云「水也」、「山也」、「地也」皆是。許君亦不言名，如「郭，地也」、「邭，地也」，以及「邑也」、「國也」皆是。凡言名者，後人所改。**从邑，句聲。**其俱切，四部。

郂　陳留鄉。陳留郡，二《志》同。今河南開封府東，至歸德府西，皆是其境。陳畱郡屬有陳畱縣，此不云「陳畱縣鄉」，但云「陳畱鄉」，則是舉郡名不箸某縣也。曷爲不箸？有未審也。鄗下曰：「弘農縣」，郿下曰：「河南縣」，是舉郡縣同名之例。从邑，亥聲。古哀切，一部。

𢦏 故國，在陳畱。《春秋經·隱十年》：「宋人、蔡人、衞人伐載。」三經皆作「載」，惟《穀梁音義》曰：「載本或作戴。」而《前志》作「戴」，古載、戴同音通用耳。許作𢦏，《左氏音義》引《字林》亦作𢦏。吕本許，許所據從邑也。《前志》云：「梁國甾，故戴國。」《後志》云：「陳畱郡考城，故菑。」注引《陳畱志》云：「古戴國，今河南衞輝府考城縣縣東南五里有考城故城。」漢之甾縣，古之𢦏國也。甾與𢦏古音同。𢦏，古字；甾，漢字。許云「在陳畱」者，章帝改名考城，屬陳畱也。《水經注·汳水篇》曰：「《陳畱風俗傳》曰：秦之穀縣，後遭漢兵起，邑多災年，故改曰菑縣。王莽更名嘉穀，章帝東巡，詔曰：菑縣名不善，其改曰考城。」按，莽、章帝不達同音謁字之源委，故不能正爲「𢦏」字。而《風俗傳》云「秦之穀縣」，則更無稽之言耳。从邑，𢦏聲。作代切，一部。

酀 地名。从邑，燕聲。烏前切，十四部。齊有高酀，即高偃，高傒之玄孫，《左傳》曰「敬仲之曾孫」者。古人立文，後裔統云曾孫。

邱 地名。从邑，北聲。去鳩切，古音在一部。今制，諱孔子名之字曰邱。

邚 地名。从邑，如聲。人諸切，五部。

⿰丑阝 地名。从邑，丑聲。女九切，三部。

⿰几阝 地名。从邑，几聲。居履切，十五部。按，「西伯𢦏𨞾」，《周本紀》作「耆」，徐廣曰：「一作阢。」阢葢即⿰几阝字。

⿰翕阝 地名。从邑，翕聲。希立切，七部。

⿰求阝 地名。《玉篇》曰：「⿰求阝鄉，在陳畱。」从邑，求聲。巨鳩切，三部。

⿰嬰阝 地名。从邑，嬰聲。於郢切，十一部。

⿰尚阝 地名。《廣韻》曰：「⿰黨阝，地名。《說文》作⿰尚阝。」从邑，尚聲。多朗切，十部。今俗以爲鄉黨字。

郱 地名。从邑，并聲。薄經切，十一部。《前志》：「齊郡臨朐。」應劭云：「有伯氏駢邑。」《後志》：「齊國臨朐有古郱邑。」按，《春秋·莊元年》：「齊師遷紀郱、鄑、郚。」杜云：「郱在東莞臨朐縣東南，齊取其地。」然則伯氏駢邑，即此地。駢即郱字。今山東青州府臨朐縣東南，有郱城是也。未知許意然不。

⿰虖阝 地名。《玉篇》云：「魯地名。」从邑，虖聲。呼古切，五部。

邩 地名。从邑，火聲。呼果切，十七部。

鄝 地名。从邑，翏聲。盧鳥切，三部。《左傳·文公五年》：「楚滅蓼。」釋文云：「字或作鄝。」《穀梁·宣八年經》：「楚人滅舒鄝。」釋文云：「本又作蓼。」《小雅·漸漸之石》詩《序》注云：「舒，舒鳩、舒鄝、舒庸之屬。」釋文云：「鄝又作蓼。」按，《坊記》

「陽矦、繆矦」，即《淮南·氾論訓》之「陽矦、蓼矦」。繆者，字誤耳。《前志》「六安國」、《後志》「廬江郡」，皆作「蓼」，許不謂此也。

鄬 地名。从邑，爲聲。居爲切，十七部。《春秋經·襄七年》：「公會晉矦、宋公、陳矦、衞矦、曹伯、莒子、邾子于鄬。」杜云：「鄬，鄭地。」

邨 地名。从邑，屯聲。此尊切，十二部。按，本音豚，屯聚之意也。俗讀此尊切，又變字爲村。

⿰舍阝 地名。从邑，舍聲。式車切，五部。按，《玉篇》引《春秋》：「徐人取⿰舍阝。」杜預云：「今廬江舒縣。」按，僖三年，三經皆作「舒」，《魯頌》亦作「舒」，二《志》廬江舒縣，亦皆作「舒」，未審希馮所據。

⿰盇阝 地名。从邑，盇聲。胡蠟切，八部。二《志》「泰山郡」皆有「葢縣」，《孟子》有「葢大夫」，《廣韵》：「葢，姓。字書作⿰盇阝。古盇切。」

⿰乾阝 地名。从邑，乾聲。古寒切，十四部。

⿰酓阝 地名。从邑，酓聲。讀若淫。力荏切，七部。

⿰山阝 地名。从邑，山聲。所閒切，十四部。

⿰興阝 地名。从邑，興聲。鉉無，鍇有。今按，《廣韵》蒸韵、《集韵》證韵，皆引《説文》，則有者是也。虛陵切，六部。

⿰臺阝 地名。从邑，臺聲。徒郎切，十部。《玉篇》鄌、⿰臺阝，二同。引《續漢書》云：「廣陵鄌邑也。」按，《續漢書》謂司馬彪《郡國志》也。今《志》作「堂邑」，云：「故屬臨淮，春秋時曰堂。」考《左傳·襄十四年》：「楚子囊師于棠以伐吳。」昭二十年：「棠君五尚。」字皆從木，而《廣韵》引《風俗通》：「堂，楚邑，大夫五尚爲之，其後氏焉。」字從土。葢今《左傳》從木，或誤。堂邑，今江蘇江寧府六合縣是也。許但云「地名」，未知謂此地與否。臺，古文堂字。文字，各本奪，今補。見土部。

⿰馮阝 姬姓之國。《廣韵》曰：「馮，姓也。畢公高之後，食采於馮城，因而命氏。」《左傳》云：「畢者，文之昭。」王肅注《尚書》云：「畢毛，文王庶子。」然則⿰馮阝爲姬姓國，其後以國氏，省作馮也。師古云：「馮，歸姓。」恐非。字廁於此者，許不審⿰馮阝地所在。从邑，馮聲。房戎切，古音在六部。〇按，許既知爲姬姓國，則當知其地所在。葢古本據其次第可推，今本葢寫者奪之，補綴於此。

⿰㡀阝 汝南安陽鄉。汝南郡安陽，二《志》同。今河南汝寧府真陽縣縣東故安陽城是也。有鄉名⿰㡀阝。从邑，敝省聲。敝，宋版及小徐皆不從艸，艸部蔽、耳部聲，皆敝聲，則固有敝字矣。苦怪切，十五部。《漢書》「⿰㡀阝成矦周緤」，服虔音菅蔽之蔽，則服作⿰㡀阝成矦。

郙 汝南上蔡亭。汝南郡上蔡，二《志》同。今河南汝寧府上蔡縣，縣西南十里，故蔡城是也。有亭名郙。从邑，甫聲。方矩切，五部。〇按，⿰㡀阝、郙二篆，當與鄄、郞、郎、郲、鄍等篆爲伍，寫者奪之，補綴於此。

鄘（篆）南陽縣。南陽郡鄘，二《志》同。秦二世二年㊼，沛公攻析、鄘，皆下之。則是秦所置縣。今河南南陽府内鄉縣縣東北，有故鄘縣城。从邑，麗聲。郎擊切，十六部。按，蘇林、如淳皆音擲㊽，小顔《漢書注》鄘姓音歷，縣名音同蘇、如。〇按，鄘篆當與郘、鄎、鄛、鄞、鄍、郱六篆爲伍，寫者奪之而補綴於此。

𨟻（篆）地名。从邑，䙴聲。七然切，十四部。

邑（篆）从反邑，𨛜字从此，闕。闕，謂其音闕也。

文一百八十一。一，宋本作四，今依鍇補𨟻，則一百八十二。　重六。邑部自邦至鄘，皆國邑殊名及國邑所有之地也。自鄯以下，則皆地名。自西而東，鄯、竆，西北之冣遠者也，郟則近東北矣。自郃至邠，漢之三輔，屬司隸。邽、部二文，隴西天水郡也，在三輔之西，屬涼州。自邙至邢，弘農、河南、河内、河東四郡也，在三輔之東，亦屬司隸。鄔、祁，大原郡也，屬并州。自鄴至鄡，魏郡、趙國、清河、常山、鉅鹿郡也，屬冀州。鄚，涿郡也，屬幽州。郅，北地郡也，屬涼州。鄋者，近北地之狄。自鄦至郹，潁川、汝南郡也，屬豫州。自鄧至鄖，南陽、南郡、江夏三郡也，屬荆州。自鄖至邡，漢中、蜀、廣漢、犍爲、牂柯五郡也，屬益州。自鄱至鄞，豫章、桂陽、會稽三郡也，屬楊州。長沙在江南，故附於豫章下，長沙本屬荆州也。自郴至鄣，蓋漢豫州、兖州之地。自邿至郯，臨淮、東海、琅邪三郡也，屬徐州。郭至郈，齊地也，當屬青州。郊、䣊，陳留郡也，屬兖州。以下槩云地名，則未審其在何所也。

𨛜（篆）鄰道也。道當爲「邑」，字之誤也。其字從二邑會意。从邑，从邑。䜌變作𨙨。凡𨛜之屬皆从𨛜，闕。闕者，謂其音未聞也。大徐云「胡絳切」，依鄉字之音，非有所本，如䀠字或依䦨字之音，或依𦣞字之音，皆非是。

鄉（篆）國離邑。離邑，如言離宫別館。國與邑，名可互偁。析言之，則國大邑小，一國中離析爲若干邑。民所封鄉也，封，猶域也。鄉者，今之「向」字。漢字多作鄉，今作向。所封，謂民域其中；所鄉，謂歸往也。《釋名》曰：「鄉，向也。民所向也。」以同音爲訓也。嗇夫別治。別，彼列切。別治，謂分治也。《百官公卿表》曰：「縣大率十里一亭，亭有長；十亭一鄉，鄉有三老，有秩嗇夫、游徼。三老掌教化，嗇夫職聽訟、收賦税，游徼徼循禁盗賊。」司馬彪《百官志》曰：「鄉置有秩三老、游徼，鄉小者置嗇夫一人。」《風俗通》云：「嗇者，省也。夫，賦也。言消息百姓，均其役賦。」按，許不言三老游徼者，舉一以該其二，亦謂鄉小者，但置嗇夫，不置三老、游徼也。封圻之内六鄉，六卿治之。按，封圻上，當有「周禮」二字，上云「嗇夫別治」，言漢制，此云「六鄉六卿治之」，謂周禮也。封圻，即邦畿。《周禮》：「方千里曰國畿。」六鄉地在遠郊以内，「五家爲比，五比爲閭，四閭爲族，五族爲黨，五黨爲州，五州爲鄉。」「鄉老二鄉則公一人，鄉大夫每鄉卿一人。」許先舉漢制，後言周禮者，許書凡言郡縣鄉亭，皆漢制。《漢表》云：「凡縣道國邑千五百八十七，鄉六千六百二十二，亭二萬九千六百三十五。」許全書所舉某縣、某鄉、某亭，皆在此都數之中。从𨛜，皀聲。許良切，十部。

𨞰 [篆] 里中道也。不言「邑中道」，言「里中道」者，言邑不該里，言里可該邑也。析言之，國大邑小，邑大里少㊾；渾言之，則國邑通偁，邑里通偁。《載師》注曰：「今人云邑居里，此邑里通偁也。」《高祖紀》云：「沛豐邑中陽里人。」此邑里析言也。應劭曰：「沛，縣也。豐，其鄉也。」然則鄉可偁邑矣。《周禮》「五家爲鄰，五鄰爲里」，此周制也。《齊語》「五家爲軌，十軌爲里」，此齊制也。《百官志》曰：「里魁掌一里百家，什主十家，伍主五家，以相檢察。」此漢制也。里中之道曰巷，古文作「𨞰」，《爾雅》作「衖」。引伸之，凡夾而長者皆曰巷，宮中衖謂之壼是也。十七史言弄者，皆即巷字，語言之異也。今江蘇俗尚云弄。从郒共，會意。言在邑中所共。說會意之恉。道在邑之中，人所共由。胡絳切，共亦聲也，九部。

巷 [篆] 篆文从邑省。巷爲小篆，則知𨞰爲古文、籀文也。先古籀後篆者，亦丄部之例。巷，今作巷。

文三。　重一。

二十五部。　文七百五十四。宋本四作三，鈕樹玉曰：按實七百五十五。　重六十。宋本作六十一，鈕曰：實五十九。

凡九千四百四十三字。此弟六篇都數。

附注：

①見《考工記圖·補釋》。「鬚鬣」下有「屬也」二字，不當引略。

②「祐」是「祜」之誤。

③王念孫《廣雅疏證》卷十上「花，華也」下，說「花」見于魏晉時，可參。

④《宋本玉篇》第一百七十四「𥝌，五溉、古兮二切」，不作「古溉」。

⑤穴部窠下：「在樹曰巢，在穴曰窠。」

⑥「木」是「本」之誤。

⑦見《野有蔓草》，今本團作「漙」，釋文云：「本亦作團。」是段注所據。

⑧本書十篇上「猶」、十篇下「慮」下段注，引此皆作「圖，畫也，計難也」。三篇上「謀」下段注引「圖，畫計難也」。

⑨《雨無正》：「弗慮弗圖。」箋曰：「慮、圖皆謀也。」另《常棣》：「是究是圖。」傳曰：「圖，謀也。」兩者段注括爲「傳曰」，不當。

⑩見《閔公元年》，「植」當作「親」。

⑪見《廣韵·三十九遇》。「从化」本作「有化也」。

⑫見《大宰》。「六曰」當作「五曰」。

⑬此注不見于《大宰》，見于《大行人》「賀慶以贊諸侯之喜」句下。

⑭《韓奕》詩作「其贈爲何」。

⑮見《公羊傳·隱元年》「車馬曰賵」下何注，段氏此引誤倒「生」「死」二字。

⑯《道應訓》無「贛，賜也」之注，此當作《精神訓》，見「今贛人敖倉」句下。

⑰《周禮》用「副」，唯《追師》「爲副編次」一例，然無注。或係此句正義所云「副者，副貳之副」，段氏誤記爲注語；或段氏本欲引《周

禮・小宰》鄭注「貳，副也」而誤倒。

⑱此據《文選・難蜀父老》注：「本或作賓。」《史記》、《漢書》皆作「濱」。

⑲鄒誕生音見《史記・高祖本紀》索隱引：「鄒誕生貫音世，與《字林》聲韻並同。」不作「勢」。

⑳引《漢律》，此刻本「貀」字下空一字。余行達謂「空缺處各本並作一，此亦雕版腐朽後所印刷而致缺者」。余説或是。然本書九篇下「貀」字説解「能捕豺貀購錢百」，中並無「一」字，或此段注原引有「一」字，印前校者據「貀」字説解而挖去之。一時未能考定。

㉑指《呂氏春秋・季夏紀》。

㉒《玉藻》是《郊特牲》之誤。

㉓顔注在「至邸而議之」句下，不屬「入代邸」。

㉔疑「秖」當作「秪」。「秪」雖同「秖」，然非本字，《十三經》無用例，《説文》不載，此處叙「邸」「秖」之關係，似無必要牽入「秪」字。

㉕見《公羊傳・文十五年》，傳文曰：「入其郛。郛者何？恢郭也。」注：「恢，大也。郭，城外大郭也。」段氏以「恢郭也」作注文，誤。

㉖《籥師》當作《籥章》。

㉗見卷十九，「泬水」是「沈水」之誤。

㉘「否聲」，誤，當作「杏聲」或「音聲」。

㉙見《作雒篇》，「中土」本作「土中」。

㉚段注前文引《水經注》作「十三年」，是《水經注》引誤。

㉛《史記・呂后本紀》及《欒布傳》記封呂它、欒布爲俞侯，此謂呂嬰，是誤記。

㉜「四年」當作「五年」。

㉝「定四年」當作「定六年」。

㉞「秦取我穰」，見《六國年表》，又「秦武王」當作「秦昭王」，見《穰侯傳》。

㉟見《離婁下》，「異」是「畢」之誤。

㊱王國維《水經注校》本二「鄡」字皆作「鄐」，王校曰：「鄐字誤，按三傳皆作『會于柤』，古文柤作鄐。」

㊲盂丙，今《左傳・昭二十八年》：「孟丙爲孟大夫。」阮元校勘記：「以其爲盂大夫，而謂之盂丙。」

㊳據《大清一統志》，清代城武縣屬曹州府。

㊴《漢書・外戚侯表》作「卬成共侯王奉光」，段氏誤「光」爲「先」。

㊵《國語・鄭語》「鄢」作「鄔」。

㊶「昭十七年」當作「昭十年」。

㊷杜預《春秋釋例・氏族譜》「六終」作「陸終」，段氏引誤。

㊸下引各條雖《春秋經》文，然此句係《左傳》文，不應統標《春秋》。

㊹據《史記・惠景間侯者年表》，「三年」當作「二年」。

㊺「郡」當作「國」，見上文引《地理志》。

㊻「臧三牙」，見《呂氏春秋・淫辭》，今本「臧」作「藏」，《孔叢子・公孫龍篇》記作「臧三耳」。各家有關之説，可參陳奇猷《呂氏春秋校釋》所録。

㊼據《史記・高祖本紀》，「二年」當作「三年」。

㊽見《史記・高祖本紀》「降析、酈」句下集解引。

㊾「里少」當是「里小」之誤。

說文解字第七篇上

金壇段玉裁注

日 實也。以疊韵爲訓。《月令》正義引《春秋元命包》云：「日之爲言實也。」《釋名》曰：「日，實也。光明盛實也。」大昜之精不虧，故曰實。从○一象形。○，象其輪郭；一，象其中不虧。人質切，十二部。凡日之屬皆从日。

古文象形。蓋象中有烏，武后乃竟作「囸」，誤矣。

旻 秋天也。此《爾雅·釋天》及歐陽《尚書》說也。《釋天》曰：「春爲昊天，夏爲蒼天，秋爲旻天，冬爲上天。」許、鄭本如是。孫炎、郭璞本乃作春蒼、夏昊。从日，文聲。武巾切，十三部。《虞書》說：說，各本作「曰」，今依《韵會》訂。「虞書說」三字當作「唐書說曰」四字，古文《堯典》「欽若昊天」說也。仁覆閔下則偁旻天。「覆閔」各本作「閔覆」，誤，今依《玉篇》、《廣韵》皆作「仁覆愍下，謂之旻天」訂。此古《尚書》說也，與《毛詩·王風》傳同。《五經異義》「天號」：「今《尚書》歐陽說《堯典》『欽若昊天』：春曰昊天，夏曰蒼天，秋曰旻天，冬曰上天，緫爲皇天。《爾雅》亦云。古《尚書》《毛詩》說：天有五號，各用所宜稱之：尊而君之，則曰皇天；元氣廣大，則稱昊天；仁覆愍下，則稱旻天；自天監下，則稱上天；據遠視之蒼蒼然，則稱蒼天。許君曰：謹按，《堯典》羲和以昊天緫勑以四時，故昊天不獨昊春也。《左傳》：夏四月，孔丘卒。稱曰：旻天不弔。非秋也。玄之聞也：《爾雅》者，孔子門人所作，以釋六藝之言，蓋不誤也。春氣博施，故以廣大言之；夏氣高明，故以遠言之；秋氣或生或殺，故以閔下言之；冬氣閉藏而清察，故以監下言之；皇天者，至尊之號也。六藝之中，諸稱天者，以情所求言之耳，非必於其時稱之。浩浩昊天，求天之博施；蒼天蒼天，求天之高明；旻天不弔，求天之生殺當其宜；上天同雲，求天之所爲當順其時也。此之求天，猶人之說事，各从其主耳。若察於是，則堯命羲和欽若昊天，孔丘卒稱旻天不弔，無可怪爾。」按，許作《五經異義》，不从《爾雅》从《毛詩》，造《說文》兼載二說而先《爾雅》，於毛與鄭說無不合，蓋《異義》早成，《說文》後出，不待鄭之駁正，而已權衡悉當。觀此及社下、姓下，皆與《異義》不同，與鄭說相合，可證。

時 四時也。本春秋冬夏之稱，引伸之爲凡歲月日刻之用。《釋詁》曰：「時，是也。」此時之本義，言時則無有不是者也。《廣雅》曰：「時，伺也。」此引伸之義，如「不能辰夜」，「遠猶辰告」，傳皆云「辰，時也。」是也。从日，寺聲。市之切，一部。

旹 古文時。从日㞢作。之，聲也。小篆从寺，寺亦之聲也。漢隸亦有用旹者。

早 晨也。晨者，早昧爽也。二字互訓。引伸爲凡爭先之偁。《周禮·大司徒》「早物」，叚早爲草。从日在甲上。甲象人頭，在其上，則早之意也。《易》曰：「先甲三日。」子浩切，古音在三部。

昒 尚冥也。冥者，窈也，幽也。自日入至於此，尚未日出也。《司馬相如傳》：「曶爽暗昧，得燿乎光明。」然則曶尚未明也。按，漢人曶、昧通用不分，故《幽通賦》「昒昕寤而仰思」，曹大家曰：「昒昕，晨旦明也。」韋昭曰：「昒，昧，忽兩音。」郭璞注《三倉解詁》云：「曶，旦明也。」然則獨許分别曶爲未明，昧爽爲旦明，以其時相際，故説之者異。从日，勿聲。大徐作「昒」，古皆有之。呼骨切，十五部。按，韋音梅憒切，《字林》音勿，皆與昧通用之證。

昧 昧爽，逗。昧字舊奪，今補。且朙也。各本且作「旦」，今正。且明者，將明未全明也。《牧誓》：「時甲子昧爽，王朝至于商郊牧野。」言昧爽起行，朝旦至牧野。《左傳》晏子述讒鼎之銘曰：「昧旦丕顯。」僞《尚書》演其辭曰：「昧爽丕顯，坐以待旦。」《郊祀志》：「十一月辛巳朔旦冬至，昒爽。」《封禪書》昒作「昧」。既言旦，又言昧爽者，以「辛巳朔旦冬至」合前文黄帝「己酉朔旦冬至」爲言，明冬至均在朔之旦也。繼云「昧爽，天子始郊拜泰一」。明未旦時即郊拜泰一也。《内則》：成人皆雞初鳴適父母舅姑之所，未冠笄者昧爽而朝，後成人也。昧與曶古多通用，而許分别之，直以昧連爽爲習。昧者，未明也；爽者，明也。合爲將旦之偁。从日，未聲。莫佩切，十五部。一曰，闇也。闇者，閉門也。閉門則光不明，明闇字用此，不用暗。暗者，日無光也，義異。《司馬相如傳》：「阻深闇昧，得燿乎光明。」

睹 且朙也。各本作「旦明」，誤，今正作「且朙」。睹與昧爽同義，許書有睹無曙，而《文選·魏都賦》、謝康樂《溪行詩》李注竝引作「曙」，古今字形異耳。許本作睹，後乃變爲曙，署亦者聲也。《玉篇》昒、昧二文閒出「曙」字，市據切，此顧希馮以今字易古字也。後出睹字，丁古切，此孫强、陳彭年輩所據《説文》妄增者也。《吕覽》謂一朝爲「一曙」。《廣韵》曰：「睹，詰朝欲明也。」从日，者聲。當古切，《廣韵》亦睹入姥韵，曙入御韵，五部。

晢 各本篆體誤，今正。昭晢，逗。朙也。旦下曰：「朙也。」朙下曰：「昭也。」①既昧爽則旦矣。《周易》王弼本：「明辨晢也。」《陳風》：「明星晢晢。」傳曰：「晢晢，猶煌煌也。」《洪範》：「明作晢。」鄭曰：「君視明則臣昭晢。」按，昭晢皆从日，本謂日之光，引伸之爲人之明晢。口部曰：「哲，知也。」从日，𣂺聲。𣂺，舊作「折」，今正。晢字日在下，或日在旁作晣，同耳。旨熱切，十五部。《禮》曰：「晢朙行事。」《禮》謂十七篇也。許《序例》云：「其偁《禮》、《周官》。」《禮》謂《儀禮》，《周官》謂《周禮》也。《士冠禮》：「宰告曰：質明行事。」鄭云：「質，正也。」許所據作「晢明」。以《戴記·禮器》《昏義》兩言「質明」推之，《戴記》多从今文，則知「質明」今文，「晢明」古文也。鄭不疊古文者，畧也。

曉 朙也。此亦謂旦也，俗云天曉是也。引伸爲凡明之偁。《方言》：「黨、曉、哲，知也。楚謂之黨，或曰曉，齊宋之閒謂之哲。」从日，堯聲。呼鳥切，二部。曉、昕二篆鉉本奪而綴于末，今依鍇本。

昕 且朙也。小徐本作「旦也，明也」。《韵會》作「旦，明也」。今正爲「且明」。《文王世子》「大昕」，鄭云：「早昧爽也。」是昕即晨而未旦也。《士昏禮記》曰：「凡行事必用昏昕。」《齊風》：「東方未晞，顛倒裳衣。」傳曰：「晞，明之始升。」按，《蒹葭》、《湛露》傳皆云：「晞，乾也。」此云「明之始升」，則當作「昕」無疑。昕與晞，各形各義，而昕讀同希，因誤爲晞耳。日將出也。按，此亦言且明，而不次諸晢篆之前者，正謂昧爽於旦猶遠，昕於旦僅一間耳，故毛云「明之始升」。許先列晢、曉篆，而以昕足之。从日，斤聲。讀若希。斤聲而讀若希者，文、微二韵之合，《齊風》是以與衣韵也。今讀許斤切，則又合乎冣初古音矣，十三部。○《説文》讀若希，見《文王世子》音義。錯作「讀若忻」，非。鄭注《樂記》「訢讀爲熹」，是其理也。

昭　日朙也。引伸爲凡明之偁。廟有昭、穆，昭取陽明，穆取陰幽，皆本無正字，叚此二字爲之。自晉避司馬昭諱，不敢正讀，一切讀上饒反，而陸氏乃以入《經典釋文》，陋矣。又別製「佋」字，注云：「廟佋穆：父爲佋，南面；子爲穆，北面。从人，召聲。」此冣爲不通。昭穆乃鬼神之偁，其字當从示，而从人，何也？無識者又取以竄入《説文》人部中，其亂名改作有如此者。今人部刪佋。从日，召聲。止遙切，二部。

晤　朙也。晤、旳、晄、曠四篆，不必專謂日之明，然莫明于日，故四字皆从日，而厠于此也。晤者，启之明也。心部之悟，寢部之㝛，皆訓覺，覺亦明也。同聲之義必相近。从日，吾聲。五故切，五部。《詩》曰：「晤辟有摽。」《邶風》文。今《詩》作「㝛」。此篇云「耿耿不寐」，云「我心匪石」，云「如匪澣衣」，則當作㝛，訓覺晤，其叚借之字也。

旳　朙也。旳者，白之明也，故俗字作「的」。《漢魯峻碑》曰：「永傳啻齡，晚矣的的。」引伸爲䠶的。从日，勺聲。都歷切，古音在二部。《詩》「發彼有勺」，叚勺爲旳字。《易》曰：「爲旳顙。」《説卦》傳文。旳顙，白顛也。馬部又有馰篆，云：「馬白頟也。」引《易》「馬馰顙」②。疑馰後出，非古。

晃　朙也。各本篆作「晄」。《篇》、《韵》皆云：「晃，正；晄，同。」今正。晃者，動之明也。凡光必動，會意兼形聲字也。楊雄賦：「北熿幽都。」李善云：「熿與晃音義同。」从日，光聲。胡廣切，十部。

曠　朙也。廣大之明也。會意兼形聲字也。引伸爲虛空之偁。从日，廣聲。苦謗切，十部。

旭　日旦出皃。《邶風》：「旭日始旦。」傳曰：「旭者，日始出。謂大昕之時。」旭與曉雙聲。《釋訓》曰：「旭旭、蹻蹻，憍也。」郭云：「皆小人得志憍蹇之皃。」此其引伸叚借之義也。今《詩》旭旭作「好好」，同音叚借字也。从日，九聲。讀若好。好，各本作「勖」，誤，今依《詩音義》訂。按，音義云：「許玉反。徐又許九反。」是徐讀如朽，朽即好之古音，朽之入聲爲許玉反，三讀皆於九聲得之。不知何時許九誤爲「許元」，《集韵》、《類篇》皆云「許元切，徐邈讀」③。今之音義又改元爲袁，使學者求其説而斷不能得矣。大徐許玉切，三部。一曰，朙也。此別義也。明謂日之明，引伸爲凡明之偁。

晉　進也。《周易》彖傳曰：「晉，進也。」以疊韵爲訓。凡進皆曰晉，難進亦曰晉。《周禮》「凡田，王提馬而走，諸侯晉」是也。《禮》古文、《周禮》故書皆叚晉爲箭。日出而萬物進。故其字从日。从日，从臸。臸者，到也。以日出而作會意。隸作「晉」。即刃切，十二部。《易》曰：「朙出地上，晉。」此引《易》象傳文，以證从日之意也。

暘　日出也。《洪範》：「八，庶徵。曰雨，曰暘。」某氏云：「雨以潤物，暘以乾物。」《祭義》：「夏后氏祭其闇，殷人祭其陽，周人祭日以朝及闇。」鄭云：「闇，昏時也。陽，讀爲曰雨曰暘之暘，謂日中時也。朝，日出時也。」暘之義當从鄭。《孟子》：「秋陽以暴之。」亦當作「秋暘」。从日，昜聲。與章切，十部。《虞書》曰：「曰暘谷。」《虞書》，宋本、葉本如是，他本作「商」，非也。各本少一「曰」字，今補。《虞書》當作《唐書》，說見禾部。此古文《尚書·堯典》文也。

晵　雨而晝姓也。晵之言闓也。姓者，雨而夜除星見也。雨而晝除見日，則謂之晵。晵亦謂之姓。从日，啟省聲。康禮切，十五部。按，《集韵》又輕甸切，語之轉也。今蘇州俗語云「晵晝不是好晴」，正作此音。

晹　日覆雲暫見也。覆雲者，揜於雲。暫見者，倏見也。此與目部睗義畧同④。从日，易聲。羊益切，十六部。按，當施隻切。

昫　日出温也。温，各本作溫，今正。詳水部。昫與火部煦義畧同，《樂記》「煦嫗」，《淮南書》作「昫嫗」，《廣韵》直以爲一字。《周禮注》曰：「《司馬法》旦明鼓五通爲發昫。」是知主初日出言也。从日，句聲。火于切，又火句切，古音在四部。北地有昫衍縣。見《前書·地理志》。今甘肅寧夏府靈州東南花馬池境，有昫衍廢縣是也。俗譌作「朐衍」，非。

晛　日見也。《毛詩》：「見晛曰消。」毛云：「晛，日氣也。」《韓詩》：「曣晛聿消。」韓云：「曣晛，日出也。」二解義相足，日出必有溫氣也。《廣雅·釋詁》云：「曣䁳，煗也。」「曣䁳」，即《韓詩》之「曣晛」，煗即毛「日氣」之說。《荀卿·非相篇》引《詩》作「宴然」，「宴然」即「曣䁳」也。宴、晏、曣古通用。《玉篇》曰：「䁳同晛。」从日見，形即義。見亦聲。胡甸切，十四部。《詩》曰：「見晛曰消。」《小雅·角弓》文。

晏　天清也。楊雄《羽獵賦》曰：「天清日晏。」李引許《淮南子》注曰：「晏，無雲之處也。」《漢·天文志》曰：「日餔時天星晏。」星即今之晴字。《淮南書》：「鶤日知晏，陰蝔知雨。」晏對陰而言。如淳注《郊祀志》云：「三輔謂日出清濟爲晏。」按，《郊祀》之「晏溫」，《封禪書》作「曣𥁕」，猶「氤氳」也。《郊祀志》字異而義同。如淳以「日出清霽」釋之，謂晏而溫是爲異，非是。晏之言安也，古晏、安通用，故今文《堯典》「晏晏」，古文作「安安」。《左傳》「安孺子」，《古今人表》作「晏孺子」。 从日，安聲。 烏諫切，十四部。

曣 星無雲也。 姚氏鼒曰：「星即姓字。」按，日閒雨除，亦曰姓，無雲謂晴而無雲也，晴容有有雲者。其字亦作「曣」。《毛詩》「見晛曰消」，《韓詩》作「曣晛聿消」，劉向上封事引之，師古注云：「曣，無雲也。」⑤今《漢書》譌舛不可讀。《韓詩》釋曣晛爲日氣⑥，許注《淮南》釋晏爲無雲，此以天清釋晏，以晴無雲釋曣，言各有當，不以音義相近而淆之也。一說「星無雲」謂星而無雲，如雨部云「風雨土」謂風而雨土也。《詩》：「星言夙駕。」韓云：「星，晴也。」即許星而無雲之說。 从日，燕聲。 於甸切，十四部。

景 日光也。 日字各本無，依《文選》張孟陽《七哀詩》注訂。火部曰：「光，明也。」《左傳》曰：「光者，遠而自他有燿者也。」日月皆外光，而光所在處物皆有陰光如鏡，故謂之景。《車舝》箋云：「景，明也。」後人名陽曰光，名光中之陰曰影，別製一字，異義異音，斯爲過矣。《爾雅》《毛詩》皆曰：「景，大也。」其引伸之義也。 从日，京聲。 居影切，古音在十部，讀如姜。

晧 日出皃。 謂光明之皃也。天下惟絜白者㝡光明，故引伸爲凡白之偁，又改其字从白作皓矣。 从日，告聲。 胡老切，古音在三部。

暤 晧旰也。 晧，鍇本作暤。《集韵》、《類篇》从之。晧旰，謂絜白光明之皃。旰同日出光軌軌之軌，非下文訓晚之旰也。《漢書》：《上林賦》「采色澔旰」⑦，《史記》作「澔旰」。《靈光殿賦》：「澔澔涆涆。」曹植《七啟》云：「丹旗燿野，戈殳晧旰。」此可證晧旰之爲古語。古者大暤、少暤葢皆以德之明得偁，俗作「大昊、少昊」。晧旰，雙聲字。 从日，皋聲。 胡老切，古音在三部。俗从白作皥。

曅 光也。 也，當作「皃」，字之誤。《思玄賦》舊注云：「曄，光皃。」《漢書·叙傳》云：「世宗曄曄。」《吳都賦》云：「飾赤烏之韡曄。」 从日𠌶。 鍇本日在𠌶上。《玉篇》曰：「《說文》作曅。」大徐日在旁，非也。 筠輒切，八部。

暈 光也。 按，光也二字，當作「日光氣也」四字。篆體暉當作暈。《周禮》暈作「煇」，古文叚借字。《眂祲》：「掌十煇之法，以觀妖祥，辨吉凶。一曰祲，二曰象，三曰鑴，四曰監，五曰闇，六曰瞢，七曰彌，八曰叙，九曰隮，十曰想。」鄭司農云：「煇謂日光炁也。」按，日光氣謂日光捲結之氣。《釋名》曰：「暈，捲也，氣在外捲結之也。日月皆然。」孟康曰：「暈，日旁氣也。」篆體日在上，或移之在旁，此篆遂改爲暉，改其訓曰光，與火部之煇不別。葢淺者爲之，乃致鉉以暈爲新附篆矣。 从日，軍聲。 軍者，圜圍也。此以形聲包會意。王問切，十三部。大徐許歸切，非。

旰 晚也。 襄十四年《左傳》。杜注曰：「旰，晏也。」 从日，干聲。 古案切，十四部。 《春秋傳》曰：「日旰君勞。」 昭十二年《左氏傳》文。今本勞作勤。

暆 日行暆暆也。 《史記·屈原賈生列傳》曰：「庚子日施兮，服集予舍。」施即《説文》暆字也。暆暆，迆邐徐行之意。暆暆猶施施。《詩》毛傳曰：「施施，難進之意。」从日，施聲。弋支切，十六、十七部。樂浪有東暆縣，樂浪郡東暆，見《地理志》。樂浪，今朝鮮國地，東暆故城未聞。魚部云：「東暆輸鰅魚。」讀如酏。三字當在施聲之下。

晷 日景也。上文云：「景，光也。」渾言之；此云「晷，日景也」，不云「日光」，析言之也。以其陰別於陽，即今之影字也。《左傳》謂之蔭，云：「趙孟視蔭。」《釋名》曰：「晷，規也。如規畫也。」此謂以表度日。《大雅》：「既景乃岡。」傳云：「考於日景，參之高岡。」从日，咎聲。居洧切，古音在三部。

昃 日在西方時側也。蒙上日景言之。日在西方則景側也。《易》曰：「日中則昃。」孟氏《易》作「稷」。《穀梁春秋經》：「戊午日下稷。」古文叚借字。从日，仄聲。此舉形聲包會意。隸作昃，亦作昗。小徐本矢部又出昗字，則複矣。夫製字各有意義，晏景晷早之日在上，皆不可易也。日在上而干聲，則爲不雨；日在旁而干聲，則爲晚；然則昃訓爲日在西方，豈容移日在上？形聲之內非無象形也。阻力切，一部。《易》曰：「日昃之離。」《離》九三爻辭。

晚 莫也。莫者，日且冥也。从日在茻中，見茻部。引伸爲凡後之偁。从日，免聲。無遠切，十四部。

昏 日冥也。冥者，窈也。窈者，深遠也。鄭《目録》云：「士娶妻之禮，以昏爲期，因以名焉。必以昏者，陽往而陰來，日入三商爲昏。」引伸爲凡闇之偁。从日，氐省。氐者，下也。氐部曰：「氐者，至也。」其引伸之義則爲下，故此云「氐者，下也」。上部云：「下者，氐也。」目部云「氐目」，即低目。人部無低字。昏字於古音在十三部，不在十二部。昏聲之字蟁亦作蚊，敯亦作岐，敃亦作忞，昏古音同文，與真臻韵有斂侈之別。字从氐省爲會意，絶非从民聲爲形聲也。蓋隸書淆亂，乃有从民作昬者，俗皆遵用。唐人作《五經文字》，乃云：「緣廟諱偏傍，準式省从氏，凡汦昬之類皆从氏。」以昬類汦，其亦傎矣。呼昆切，冤韵者，文韵之音變。一曰，民聲。此四字蓋淺人所增，非許本書，宜删。凡仝書內昏聲之字，皆不从民，有从民者，譌也。

曫 日且昏時也。且，各本作「旦」，今正。昏訓冥，莫訓日且冥，則曫即莫也。曫之言蠻也，蠻者，文皃，日將入而色有異也。从日，䜌聲。讀若新城䜌中。䜌，他書作「蠻」。《地理志》「河南郡新城」下：「蠻中，故戎蠻子國也。」《郡國志》：「河南郡新城，有鄤聚，古鄤氏，今名蠻中。」《左傳·昭十六年》：「楚子誘戎蠻子殺之。」杜云：「河南新城縣東南有蠻城。」《水經注·伊水篇》曰：「新城縣，故蠻子國也。縣有鄤聚，今名蠻中。漢新城故城在今河南河南府洛陽縣南。」今《左》、《穀》皆作「蠻」，《公羊》作「曼」，劉昭引《左傳》作「鄤」。曫音如蠻，《集韵》謨還切者，是；大徐洛官切，非也。十四部。

晻 不明也。《北征賦》：「日晻晻其將暮。」《漢書·元帝紀》：「三光晻昧。」《南都賦》：「晻曖蓊蔚。」《吳都賦》：「旭日晻㬃。」凡言晻藹，謂陰翳也。《蜀都賦》作「菴藹」。从日，奄聲。烏敢切，八部。

暗 日無光也。《集韵》、《類篇》皆以晻、暗爲一字，依許則義各殊。明之反當用晻，暗主謂日無光。《眂祲》：「掌十煇之灋，五曰闇。」鄭司農云：「闇，日月食也。」暗者，正字；闇者，叚借字也。引伸爲凡深沈不明之偁。从日，音聲。烏紺切，古音在七部。

晦 月盡也。朔者，月一日始蘇；朢者，月滿，與日相望似朝君。字皆从月，月盡之字獨从日者，明月盡而日如故也，日如故則月盡而不盡也。引伸爲凡光盡之偁。僖十五年《春秋經》：「晦，震夷伯之廟。」《公羊》曰：「晦，晝冥也。」《穀梁》曰：「晦，冥也。」杜注《左》云：「與凡書晦同。」《爾雅》曰：「霿謂之晦。」从日，每聲。荒内切，十五部。

㫓 埃㫓，逗，疊韵字。日無光也。埃㫓，猶靉靆也。《通俗文》：「雲覆日謂之靉靆。」从日，能聲。奴代切，一部。

曀 天陰沈也。各本作「陰而風也」，今正。攷《開元占經》引作「天地陰沈也」。《太平御覽》引作「天陰沈也」。《邶風》曰：「終風且曀。」《爾雅》、毛傳皆云：「陰而風曰曀。」《釋名》：「曀，翳也。言雲氣晻翳日光，使不明也。」《小爾雅》：「曀，冥也。」曀主謂不明，《爾雅》、毛傳因《詩》句兼風言耳，故許易之「陰沈」，當作「霒霃」。从日，壹聲。於計切，古音在十二部。《詩》曰：「終風且曀。」

旱 不雨也。从日，干聲。乎旰切，十四部。

𣅀 望遠合也。合者，望遠則其形不分，其色不分，其小大高下不分是也。與沓字義略相近。从日匕。會意。匕，逗。合也。匕何以訓合？比之省也。猶會下云「曾，益也」。曾何以訓益？增之省也。是亦許書言叚借之一也。𣅀何以省比？有昆字在也。讀若窈窕之窈。窈，古讀如黝，音轉如杳。烏皎切，二部。

昴 白虎宿星。《召南》傳曰：「昴，留也。」古謂之昴，漢人謂之留。故《天官書》言昴，《律書》直言留。毛以漢人語釋古語也，《元命包》云：「昴六星。昴之言留，物成就繫留。」此昴亦謂留之義也。从日，丣聲。丣古音讀如某，丣，古文酉字，字別而音同在三部。雖同在三部，而不同紐，是以丣聲之劉、留、聊、柳、珋、駵、鼦、茆、窌爲一紐，卯聲之昴爲一紐。古今音讀皆有分別。丣聲之不讀莫飽切，猶卯聲之不讀力九切也。惠氏棟因毛傳之語，謂昴必當从丣，其説似是而非。王氏鳴盛《尚書後案》襲之，非也。莫飽切，古音在三部。

曏 不久也。《士相見禮》曰：「曏者吾子辱使某見，請還贄於將命者。」注云：「曏，曩也。」按，《禮》注曏字或作「鄉」，今人語曰向年、向時。向者，即曏字也。又曰一晌，曰半晌，皆是曏字之俗。从日，鄉聲。許兩切，十部。《春秋傳》曰：「曏役之三月。」僖廿八年《左氏傳》文。曩猶前也。城濮之役在四月，前乎此役之三月，正與不久之義合。杜作「鄉」，云：「鄉猶屬也。」殊誤。

曩 曏也。《釋言》文。《左傳》曰：「曩者志入而已，今則怯也。」《晉語》曰：「曩而言戲乎。」《莊子》曰：「曩子行，今子止。」从日，襄聲。奴朗切，十部。

昨 絫日也。絫，鉉本作「壘」，誤。鍇本作「累」，絫、累正俗字。古書積累字皆作絫，厽部云：「絫者，增也。」絫日，謂重絫其日也。《廣韵》云：「昨日，隔一宵也。」《周禮・司尊彝》叚昨爲酬酢字。从日，乍聲。在各切，五部。

暇 閑也。各本作「閑」，俗字也，今正。《酒誥》曰：「不敢自暇自逸。」古多借假爲暇，《周書・多方》：「天惟須夏之子孫。」鄭云：「夏之言假。」《大雅・皇矣》、《周頌・武》二箋皆作「須假」，而孔本作「暇」。《孫卿子》：「其爲人也多假日，其出人不遠也。」賈逵《國語注》：「假，閒也。」《登樓賦》：「聊假日以銷憂。」李善云：「假或爲暇。」引《楚辭》：「聊暇日以消時。」⑧可見古假、暇通用。假訓大，故包閒暇之義。《匡謬正俗》似未識此意。从日，叚聲。胡嫁切，古音在五部。

暫 不久也。《左傳》：「婦人暫而免諸國。」今俗語云霎時間，即此字也。从日，斬聲。藏濫切，八部。

昪 喜樂皃。《小雅》：「弁彼鸒斯。」傳曰：「弁，樂也。」此昪之叚借也。《釋詁》、《詩・序》皆云：「般，樂也。」⑨般亦昪之叚借也。古三字同音盤，故相叚借如此。昪其正字，而尠用之者。从日，从日者，熙熙如春登臺之意。弁聲。皮變切，十四部。

昌 美言也。《咎繇謨》曰：「禹拜昌言。」今文《尚書》作「黨」。趙注《孟子》引《尚書》「禹拜黨言」。《逸周書・祭公解》：「拜手稽首黨言。」《張平子碑》：「黨言允諧。」《劉寬碑》：「對策嘉黨。」皆「昌言」字之叚借也。至於「讜言」，亦見漢人文字，《字林》：「讜言，美言也。」此又因黨言而爲之言傍，謂之正俗字可。从日，从曰。會意。取「縣諸日月不刊」之意也。不入曰部者，日至尊也。尺良切，十部。一曰，日光也。裴松之引《易運期讖》曰：「兩日並光，日居午。」⑩兩日，昌字。圖讖説字多不合本義。裴引《孝經中黄讖》，曹爲「日載東」，曹字亦本从曰，非从日。蓋昌之本義訓美言，引伸之爲凡光盛之偁，則亦有訓爲日光者。日光祇爲餘義，例所不載，「一曰日光也」五字，恐魏時因許昌之説而妄增之。《詩》曰：「東方昌矣。」《齊風》：「東方明矣，朝既昌矣。」傳曰：「東方明則夫人纚笄而朝，朝已昌盛，則君聽朝。」三云「朝已昌盛」，與美言之義相應。許幷二句爲一句，當由轉寫筆誤。

籒文。

暀 光美也。《釋詁》曰：「暀暀、皇皇，美也。」按，暀見《爾雅》而不見他經。《泮水》箋云：「皇皇當作暀暀，暀暀猶往往也。」此易皇爲暀，復訓暀爲往，以作暀而後可訓往也。《少儀》：「祭祀之儀，齊齊皇皇。」注云：「皇皇，讀爲歸往之往。」皇氏云：「謂心所繫往。」此處鄭不讀爲晤，徐先民於況反⑪，非是。从日，往聲。此舉形聲包會意，謂往者衆也。於放切，十部。

昄　大也。《大雅》：「士宇昄章。」《釋詁》、毛傳皆曰：「昄，大也。」从日，反聲。補綰切，十四部。

昱　日明也。日明，各本作「明日」，今依《衆經音義》及《玉篇》訂。《大玄》曰：「日以昱乎晝，月以昱乎夜。」注云：「昱，明也。」日無日不明，故自今日言下一日謂之明日，亦謂之昱日。昱之字，古多叚借翌字爲之。《釋言》曰：「翌，明也。」是也。凡經傳子史，翌日字皆昱日之叚借。翌與昱同立聲，故相叚借。本皆在緝韵，音轉又皆入屋韵。劉昌宗讀《周禮》「翌日乙丑」音育是也。俗人以翌與翼形相似，謂翌即翼，同入職韵，唐衛包改《尚書》六「翌」皆爲「翼」，而昱日之義廢矣。朙部朚下曰：「翌也。」翌當爲「昱」。朚从亡明，晝夜之道亡明而明復矣。昱之義引伸爲凡明之偁。故《顧命》「翌室」⑫，某氏曰「明室」，《三輔決録》注釋「左馮翊」曰：「馮，盛也。翊，明也。」翊即翌。从日，立聲。余六切，古音在七部。

㬉　𥁕溼也。𥁕，各本作「溫」，今正，說詳水部。溫而生溼，故其字从日。从日，赧省聲。溫溼生黴，亦有色赤者，未必不从赤會意也。《集韵》、《類篇》：「㬉㬉，小赤也。」讀與赧同。女版切，十四部。

暍　傷暑也。《北山經》：「北嚻之山，鳥名鶖鶥，食之已暍。」按，今俗語謂鬱蒸之曰暍，聲如遏，即此字。从日，曷聲。於歇切，十五部。

暑　熱也。暑與熱，渾言則一，故許以熱訓暑；析言則二，故《大雅》：「𥁕隆蟲蟲。」毛云「𥁕𥁕而暑，隆隆而雷，蟲蟲而熱」也。暑之義主謂溼，熱之義主謂燥，故溽暑謂溼暑也。《釋名》曰：「暑，煑也。如水煑物也。熱，爇也。如火所燒爇也。」⑬从日，者聲。舒吕切，五部。

㬮　安㬮，逗，疊韵字也。𥁕也。𥁕，各本作「溫」，今正，說詳水部。安㬮，猶𥁕存也。二字皆平聲。《廣雅》云：「暍㬮，煗也。」安作暍，語之轉耳。巾部云：「讀若水溫㬮。」則安亦作溫。从日，難聲。奴案切，十四部。按，《廣韵》、《集韵》、《類篇》㬮皆讀平聲，入山韵。《玉篇》㬮亦奴達切。平則二字皆平，去則二字皆去，入則二字皆入，是之謂疊韵。

㬎　衆微杪也。从日中視絲。此九字《廣韵》作「衆明也，微妙也。从日中視絲」十一字，疑當作「衆明也。从日中見絲，絲，散眇也」。散者，今之微字。眇者，今之妙字。《玉篇》亦作「妙」。日中視絲，衆明察及微妙之意。古文㠯爲顯字。顯爲頭明飾，㬎爲日中見微妙，則經傳顯字皆當作㬎。㬎者本義，顯者叚借，載籍既皆作顯，乃謂古文作㬎爲叚借矣。故曰古文以爲顯字。頁部顯下曰：「从頁，㬎聲。」是則㬎之讀如顯可知。呼典切。或曰，衆口皃。讀若唫唫。此別一義也。讀若唫唫，當作「讀若口唫之唫」轉寫譌奪耳。巨錦切。〇《集韵》不得其句，乃於寑韵云：「㬎者，絮中小繭，渠飲切。」或㠯爲繭。句。謂或用爲繭字也。其字从絲，故或用爲繭字。繭者，絮中往往有小繭也。蒙繭而釋之。必釋之者，此繭不同糸部訓蠶衣之繭也，亦蠶衣之義之引伸也。《釋名》云：「繭者，幕也。貧者著（音褚，衰衣也）衣可以幕絡絮也。或謂之牽離，煑熟爛牽引使離散如緜然也。」牽離即糸部之繫𦄅，繫𦄅一名惡絮。繫，牽奚切。𦄅，郎兮切。與牽離爲一語之轉。絓字下亦云：「繭，滓也。一名絓頭，一名牽離。」按，此蓋繅絲之餘滓，亦可褏衣，而中有纇結，故云絮中歷歷有小繭。繭之言結也。《釋名》則謂可以煑爛牽引幂之絮外，説無不合。以㬎爲此繭，則㬎古典切，七部。○已上三義，畫然三音，大徐總曰五合切，非也。惟第二義讀若唫也，故濕水字从之爲聲。

暴 𣊒 晞也。《攷工記》：「晝暴諸日。」《孟子》：「一日暴之。」引伸爲表暴、暴露之義，與夲部暴義別。凡暴疾，暴虐，暴虎，皆夲部字也。而今隸一之，經典皆作暴，難於諟正。从日出𠬞米。日出而竦手舉米曬之，合四字會意。《玉篇》步卜切。《五經文字》捕沃切。《廣韵》蒲木切。大徐薄報切，非也。三部。

𪰶 古文暴，从日，麃聲。

曬 暴也。《漢·中山靖王傳》：「白日曬光，幽隱皆照。」从日，麗聲。曬與釃同意，散其光也。所智切，音變則所賣切，十六部。

暵 乾也。乾上當有「日」字。乾者，上出也。凡物乾者必上，溼者必下。《王風》傳曰：「暵，菸皃。」《周禮》：「旱暵之事。」鄭云：「暵，熱氣也。」皆引伸之義也。耕暴田曰暵。暴田曰暵，因之耕暴田曰暵。《齊民要術》論耕曰：「寧燥不溼。燥雖耕塊，一經得雨，地則粉解；溼耕堅垎，數年不佳。」垎，胡格反。从日，堇聲。同一堇聲，而謹、殣入十三部，漢、暵、難則入十四部，且隸易其字从莫，蓋部分甚相近故也。呼旰切。《易》曰：「燥萬物者莫暵乎火。」依《韵會》所據小徐本訂。《説卦》傳文。今《易》作「熯」。

晞 乾也。《玄應書》引作「日乾曰晞」。《小雅》：「湛湛露斯，匪陽不晞。」傳曰：「陽，日也。晞，乾也。」「陽日也」者，謂陽即暘之叚借也。《方言》：「膊、曬、晞，暴也。暴五穀之類，秦晉之閒謂之曬，東齊北燕海岱之郊謂之晞。」又曰：「晞，燥也。」从日，希聲。香衣切，十五部。

昔 乾肉也。《周禮·腊人》：「掌乾肉，凡田獸之脯腊膴胖之事。」鄭云：「大物解肆乾之，謂之乾肉。若今涼州烏翅矣。腊，小物全乾者。」鄭意大曰乾肉，小曰腊。然官名「腊人」，則大物亦偁腊也，故許渾言之。从殘肉，謂䒑也，象形。日㠯晞之。昨之殘肉，今日晞之，故从日。鄭注《腊人》云：「腊之言夕也。」此可證《周禮》故作昔字，後人改之。㫺者，古文。籀文增肉作䐩，於義爲短。昔肉必經一夕，故古叚昔爲夕。《穀梁經》：「辛卯昔，恆星不見。」《左傳》：「爲一昔之期。」《列子》：「昔昔夢爲君。」皆是。又引伸之，則叚昔爲昨。又引伸之，則以今昔爲今古矣。今古之義盛行，而其本義遂廢。凡久謂之昔，《周禮》「昔酒」，鄭云：「今之酋久白酒。」《周語》：「厚味實腊毒。」韋云：「腊，亟也。讀若酋昔酒焉。味厚者其毒亟也。」韋意久與亟義相成，積之久則發之亟。思積切，古音在五部。與俎同意。俎，从半肉且薦之；昔，从殘肉日晞之。其作字之恉同也，故曰同意。

腊 籒文从肉。今隸作腊，專用諸脯腊。

暱 日近也。日謂日日也，皆日之引伸之義也。《釋詁》、《小雅》傳皆云：「暱，近也。」《左傳》：「不義不暱。」「非其私暱，誰敢任之。」从日，匿聲。舉形聲包會意。尼質切，古音在一部，魚力切。《春秋傳》曰：「私降暱燕。」昭廿五年《左傳》文。今本作昵。

昵 或从尼作。《攷工記》：「凡昵之類不能方。」故書昵或作「樴」，或爲「䵒」，杜子春讀爲不義不昵之昵。按，古文叚尼爲昵，古文《尚書》：「典祀無豐於尼。」《釋詁》云：「即，尼也。」孫炎曰：「即猶今也，尼，近也。」郭璞引《尸子》「悅尼而來遠」。釋文引《尸子》「不避遠尼」。自衛包改《尚書》作「昵」，宋開寶閒又改《釋文》，而古文之讀不應《爾雅》矣。

暬 日狎習相嫚也。嫚者，侮易也。《小雅》：「曾我暬御。」傳云：「暬御，侍御也。」《楚語》：「居寢有暬御之箴。」韋云：「暬，近也。」暬與褻音同義異，今則褻行而暬廢矣。从日，埶聲。各本篆作暬，埶聲作執聲。《五經文字》亦誤，今正。私列切，十五部。

𣅀 不見也。从日，否省聲。此字古籍中未見。其訓云「不見也」，則於从日無涉。其音云「否省聲」，則與自來相傳密音不合。且何不云「不聲」也？以理求之，當爲「不日也。从不日」。《王風》曰：「不日不月。」謂不知其旋反之何日何月，即上章之「不知其期」也。《大雅》：「不日成之。」箋云：「不設期日。」今俗謂不遠而不定何日亦曰「不日」。即形即義，許書有此例。如止戈爲武，日見爲晛是也。其音「美畢切」者，葢謂遠不可期，則讀如蔑；近不可期，則讀如密也。自讀許書者不解而妄改其字，或改作「𣅀」，《廣韵》改作「冐」，意欲與覓之俗字作覔者比附爲一。十一部。

昆 同也。《夏小正》：「昆小蟲。」傳曰：「昆者，衆也。由䰟（由同猶）。䰟也者，動也，小蟲動也。」《王制》：「昆蟲未蟄。」鄭曰：「昆，明也。明蟲者，得陽而生，得陰而藏。」以上數説兼之而義乃備。惟明斯動，動斯衆，衆斯同。同而或先或後，是以昆義或爲先，如昆弟是也；或爲後，如「昆命元龜」，《釋言》「昆，後也」是也。《羽獵賦》：「噍噍昆鳴。」从日，从比。从日者，明之義也，亦同之義也。从比者，同之義。今俗謂合同曰渾，其實當用昆、用㮯。古渾切，十三部。

晐 兼晐也。《吳語》：「一介嫡女，執箕帚以晐姓於王宮。」韋云：「晐，備也。姓，庶姓。」引《曲禮》：「納女於天子曰備百姓。」《廣雅》：「晐、皆，咸也。」按，此晐備正字，今字則該、賅行而晐廢矣。《莊子》、《淮南》作「賅」，今多作「該」。从日，日者，天下所大同也。故从之。亥聲。古哀切，一部。

普 日無色也。此義古籍少用。衣部袢下曰：「無色也。讀若普。」㒳無色同讀，是則普之本義實訓日無色，今字借爲溥大字耳。今《詩》「溥天之下」，《孟子》及漢人引《詩》皆作「普天」，趙岐曰：「普，徧也。」从日，竝聲。小徐本如此，《韵會》同。竝古音同傍，普从竝聲，又轉入虞模部。袢讀若普，知普古音亦讀若伴，以雙聲爲用也。滂古切，五部。

文七十。　重六。

旦 朙也。明當作「朝」，下文云：「朝者，旦也。」二字互訓。《大雅・板》毛傳曰：「旦，明也。」此旦引伸之義，非其本義。《衞風》：「信誓旦旦。」傳曰：「信誓旦旦然，謂明明然也。」从日見一上。一，地也。《易》曰：「明出地上𣈆。」得案切，十四部。凡旦之屬皆从旦。

暨 日頗見也。頗，頭偏也。頭偏則不能全見其面，故謂事之略然者曰頗。「日頗見」者，見而不全也。《釋言》曰：「暨，不及也。」⑭此其引伸之義。㐺部曰：「臮者，衆與詞也。」引《唐書》「臮咎繇」。臮之叚借，多作洎，作暨。《公羊傳》曰：「會及暨，皆與也。」暨猶暨暨也。」按，暨暨猶幾幾，《爾雅》所謂不及也。从旦，既聲。其冀切，十五部。既，小食也。日不全見，故取其意，亦舉形聲包會意。

文二。

倝 日始出，始，式吏切。光倝倝也。从旦，㫃聲。古案切，十四部。凡倝之屬皆从倝。

𠦝 闕且。从三日在㫃中。按，此葢倝籒文也。《汗簡》朝作「𣉵」，翰作「𩩲」，亦可證矣。闕且二字，當作「籒文」二字。从三日在㫃中，則篆體曐下不當有一也。

朝 旦也。旦者，朝也。以形聲會意分別。《鄘風》：「崇朝其雨。」傳云：「崇，終也。從旦至食時爲終朝。」此謂至食時乃終其朝，其實朝之義主謂日出地時也。《周禮》：「春見曰朝。」注曰：「朝猶朝也，欲其來之早。」《毛詩》叚輖爲朝。《周南》：「惄如輖飢。」傳云：「輖，朝也。」此謂叚借也。从倝，舟聲。陟遙切，二部。按，舟聲在三部，而與二部合音冣近。《毛詩》以周聲之調、輖爲朝，則朝非不可讀如舟也。

文三。當云文二，重一。

㫃 旌旗之游㫃蹇之皃。旌旗者，旗之通偁。旌有羽者，其未有羽者，各舉其一，以該九旗也。王逸《九歌》注云：「偃蹇，舞皃。」《大人賦》説旌旗曰：「掉拮撟以偃蹇。」張揖曰：「偃蹇，高皃。」⑮从屮曲而𠂹下㫃相出入也。此十二字當作「从屮，曲而下𠂹者游，从入，游相出入也」十五字，从屮者，與岦肯𡵂同意，謂杠首之上見者。曲而下垂者象游。游相出入者，謂从風往復如一出一入然，故从入。大徐云：「此字从屮下垂，當只作𠃓，相承多一畫。」玉裁謂，从屮謂竿首，下垂謂游也，鼎臣殊誤會。讀若偃，於幰切，十四部。古人名㫃，字子游。晉有籍偃、荀偃，鄭有公子偃、駟偃，孔子弟子有言偃，皆字游。今之經傳皆變作偃，偃行而㫃廢矣。凡㫃之屬皆从㫃。

古文㫃字，象旌旗之游及㫃之形。此小徐本也。大徐作「象形及象旌旗之游」。皆不可通。其篆形各本古文與上小篆文皆不可分別，惟小徐本牽連其上端略異，與《古文四聲韻》及《汗簡》合。此等不能強爲之說。或曰當是「㫃古文以爲偃字」七字之誤。

旗　熊旗五游，㠯象伐星。五，鄭本《攷工記》作「六」，「熊旗六游，以象伐也」。《司常》職曰：「熊虎爲旗。」注曰：「畫熊虎者，鄉遂出軍賦，象其守猛莫敢犯也。」「伐屬白虎宿，與參連體而六星。」⑯按，記不言虎者，舉熊以包虎。士卒㠯爲期。期、旗疊韻。《釋名》曰：「熊虎爲旗，軍將所建，象其猛如虎，與衆期之於下也。」从㫃，其聲。渠之切，一部。《周禮》曰：「率都建旗。」《司常》職文。今《周禮》率作「師」，師者，帥之誤。《樂師》注曰：「故書帥爲率。」然則許作「率都」者，故書；鄭作「帥都」者，今書也。《聘禮》注曰：「古文帥皆作率。」《毛詩》：「率時農夫。」《韓詩》作「帥」，見《文選注》。《大司馬》職：「仲秋教治兵，軍吏載旗。」

旐　龜蛇四游，㠯象營室。《攷工記》文也。《司常》：「掌九旗之物名。龜蛇爲旐。」鄭云：「畫龜蛇者，象其扞難避害也。」《爾雅》曰：「緇廣充幅長尋曰旐。」是則九旗之帛皆用絳，惟旐用緇。《攷工記》注曰：「營室，玄武宿，與東辟連體而四星。」故旐四游。營室一名水，《左傳》云「水昏正而栽」是。一名定，《詩》「定之方中」是也。攸攸而長也。小徐作「悠悠」，今正。古悠長字皆作攸。攸攸而長，故謂之旐。攸、旐音近，以疊韻釋之也。旐何以著其長，以有繼旐之斾故也。孫炎云：「帛續旐末亦長尋。」二尋則長丈六尺，故獨長也。从㫃，兆聲。治小切，二部。《周禮》曰：「縣鄙建旐。」《司常》職文。《大司馬》職：「仲秋教治兵，郊野載旐。」

斾　繼旐之旗也。旗者，旌旗之總名。下文云：「旗有衆鈴」，「旗曲柄」，「旗旖施」皆是。《爾雅》：「繼旐曰斾。」郭云：「帛續旐末爲燕尾者。」何休注《公羊》云：「繼旐如燕尾曰斾。」《釋名》云：「斾以帛繼旐末也。」《小雅》：「帛斾央央。」毛曰：「帛斾，繼旐者也。」按，帛蓋用絳。沛然而垂。沛、斾疊韻。引伸爲凡垂之偁。《出車》傳曰：「斾斾，旒垂皃。」《左傳・昭十三年》曰：「八月辛未，治兵建而不斾。壬申，復斾之。」杜云：「建立旌旗，不曳其斾。斾，游也。」按，不斾者，卷而不垂。斾之者，垂之也。定四年：「晉人假羽旌於鄭，鄭人與之。明日，或斾以會。」亦是垂旒之義。《大雅》：「荏菽斾斾。」傳曰：「斾斾然長也。」沛然而垂，則長。故毛云爾也。又斾爲旗幟之總名。如《左傳》：「狐毛設二斾而退之」，「晉亡大斾之左旃」是也。又假茷爲斾。如《左傳》「綪茷」即「蒨斾」，《詩》「帛茷央央」，即「帛斾」是也。亦有與末通用者。《士喪禮》：「書銘於末曰：某氏某之柩。」注曰：「今文銘皆爲名，末爲斾。」从㫃，巿聲。蒲蓋切，十五部。

旌 游車載旌，《司常》職文。注云：「游車木路也，王以田以鄙。」析羽注旄首也，《司常》職曰：「析羽爲旌。」《爾雅·釋天》曰：「注旄首曰旌。」李巡注《爾雅》曰：「以犛牛尾著旌首。」郭云：「載旄於竿頭，如今之幢亦有旒。」鄭注《周禮》云：「全羽析羽皆五采，繫之於旞旌之上，所謂注旄於干首也。」《周禮》舉羽以晐旄，《爾雅》舉旄以晐羽，許鄭則兼舉之，合《周禮》、《爾雅》以立文。鄭云：「《明堂位》曰：夏后氏之綏。綏以旄牛尾爲之，綴於橦上，所謂注旄於干首者。」蓋夏后氏但用旄牛尾，周人加用析羽，夏時徒綏不旒，周人則注羽旄而仍有縿旒。先有旄首，而後有析羽注之，故許云「析羽注旄首」，孫炎云「析五采羽注旄上」也。孫、郭皆云：其下亦有旒縿。《庸風》：「孑孑干旄。」傳云：「孑孑，干旄之皃。注旄於干首，大夫之旃也。」此可證大常、旂、旃、旆、旗、旟、旐七者，皆得注羽旄於首矣。《左傳》言「晉人假羽旄於鄭」，言「范宣子假羽旄於齊」[17]，則在春秋時，諸侯少有此者。所㠯精進士卒也。精、旌疊韵。《釋名》曰：「旌，精也。有精光也。」引伸爲凡表異之偁。从㫃，生聲。子盈切，十一部。

旟 錯革鳥其上，鳥上各本有「畫」字，妄人所增。攷《韵會》所據小徐本無此字，今刪。《司常》職曰：「鳥隼爲旟。」《爾雅》曰：「錯革鳥曰旟。」《小雅》毛傳曰：「鳥章，錯革鳥爲章也。」李巡云：「錯革鳥者，以革爲之，置於旐端。」孫炎云：「錯，置也。革，急也。言畫争疾之鳥於縿，《周官》所謂鳥隼爲旟者矣。」郭云：「此謂合剥鳥皮毛置之竿頭，即《禮記》云載鴻及鳴鳶。」三人釋革各不同。許仍《爾雅》原文，許意大約於孫説無異。鄭注《周禮》云：「畫日月，畫交龍，畫熊虎鳥隼龜蛇。」是則鄭之説「錯革鳥」，謂畫鳥隼，孫説所本也。許云「其上」者，謂畫於正幅高處。所㠯進士衆。《小雅》：「大人占之，旐維旟矣。室家溱溱。」傳云：「溱溱，衆也。旐旟所以聚衆也。」旟旟，宋本、《集韵》皆疊旟字。衆也。从㫃，與聲。按，此八字當作「从㫃，从與。與與，衆也。與亦聲」十一字，轉寫譌舛耳。《楚茨》箋云：「與與，蕃廡皃。」旟从與會意。以諸切，五部。《周禮》曰：「州里建旟。」《司常》職文。《大司馬》：「仲秋教治兵，百官載旟。」

旂 旗有衆鈴，《爾雅》曰：「有鈴曰旂。」《司常》職曰：「交龍爲旂。」許偁《爾雅》，不偁《周禮》者，錯見其説，欲學者互攷也。畫交龍於正幅，一升一降，象諸侯升朝下復也。《周頌》曰：「龍旂陽陽，和鈴央央。」傳云：「鈴在旂上。」李巡云：「以鈴著旐端。」郭璞云：「縣鈴於竿頭。」按，李説近是。惟羽旄注竿首，鈴非注竿首之物也。《左傳》：「鍚鸞和鈴，昭其聲也。」杜云：「鈴在旂。」李云：「以鈴著旐端。」《公羊》疏、《左傳》疏同。《周頌》疏旐作「旒」，誤。云旐者，旐亦旗正幅之通偁。㠯令衆也。令、鈴與旂疊韵。令古音如鄰。从㫃，斤聲。渠希切，按，古音如芹，十三部。此不偁諸侯建旂者，亦錯見。

旞 導車所載。各本作「所以載」，今依《御覽》訂。《司常》職曰：「道車載旞，斿車載旌。」注云：「道車，象路也。王以朝夕燕出入。」按，道、導字異，許、鄭所據不同。金氏榜曰：「九旗：王建大常，諸侯建旂，孤卿建旜，大夫士建物，師都建旗，州里建旟，縣鄙建旐，此七旗蓋無羽，賓祭之所用也。其曰旞、曰旌，則以有羽爲異。道車謂象路，斿車謂革路、木路。變路言車，闕孤卿、大夫士也。旞、旌皆張縿幅屬旒焉，畫於縿如日月，以下旜與物，不畫。夏采以乘車建襚復於四郊。襚當爲旞。《説文》旞亦作䢺，因譌而爲襚。復者，求之平生常所有事之處，故以道車朝夕燕出入者建旞以復。《襍記》：諸侯死於道，以其綏復。又曰：大夫士死於道，以其綏復。綏皆旞之譌。言其旞者，明異物。天子以大常，諸侯以旂，孤卿以旜，大夫士以物。鄭君謂去其旒，異之於生，失之矣。《大司馬》：仲秋教治兵，王載大常，諸侯載旂，軍吏載旗，師都載旜，鄉遂載物，郊野載旐，百官載旟。此指師田所用者，凡七旗，即謂斿車載旌者。司馬辨於治兵，司常贊於大閱，胥此也。司馬所頒旗物，與司常互異，禮尚相變。載旞者設旗，宜從司常之序。載旌者設旗，宜從司馬之序。《司常》王建大常以下文，與下經皆畫其象爲緣起，而與上贊司馬頒旗物文不相屬。」全羽目爲允。句。允、旞亦雙聲疊韵也。《詩》「仲允膳夫」，《古今人表》作「膳夫中術」，術與遂古同音通用。允古音如戈盾之盾，是以漢之大子中盾，後世稱大子中允。允、盾、術、遂，四字音近。《御覽》改此文云「全羽允允而進也」，殊爲昧昧。允，逗。進也。此謂允即粇之叚借。夲部曰：「粇，進也。」引《易》「粇升大吉」。从㫃，遂聲。徐醉切，十五部。

⿸㫃遺　或从遺作。《釋名》字如此作，轉寫譌爲「旜」。

旝　旌旗也。旌旗有名旝者，下文所偁《詩》及《左傳》皆是也。从㫃，會聲。古會切，十五部。《詩》曰：「其旝如林。」《大雅・大明》文。今《毛詩》作「會」，鄭箋以「盛合其兵衆」釋之。然則毛作會，《三家詩》作「旝」，許偁毛而不廢三家也。馬融《廣成頌》曰：「旃旝摻其如林。」季長所偁同許，而旝爲旃之類，則説亦同許也。飛石起於《范蠡兵法》，《左傳》云親受矢石，恐尚非飛石。《春秋傳》曰「旝動而鼓」。桓五年《左氏傳》文。杜曰：「旝，旃也。」與馬許合。蓋《左傳》舊説多如此，惟賈侍中獨爲異説也。一曰，以下別一義。建大木，置石其上，發目機，目槌敵。槌，依小徐及《五經文字》，大徐作「追」，非也。桓五年《左傳》疏云：「賈侍中以旝爲發石，一曰飛石。」引《范蠡兵法》作飛石之事。然則許之別義，正用賈説也。《魏志》：「大祖乃爲發石車，號曰霹靂車。」裴注引《魏氏春秋》曰：「以古有矢石，又傳言旝動而鼓，説曰發石也，於是爲發石車。」《魏氏春秋》所云「説曰」者，即謂賈侍中。○按，此條大小徐二本皆作「建大木，置石其上，發以機，以槌敵。」从㫃，會聲。《春秋傳》曰：旝動而鼓。《詩》曰：其旝如林」。此非許書之舊，今依《韵會》所據小徐本，乃許書之舊也。前一説旝爲旌旗，故廁於旂、旞、旃三篆閒。

旃　旗曲柄也，《漢・田蚡傳》曰：「前堂羅鐘鼓，列曲旃。」蘇林云：「禮：大夫立曲旃。曲旃，柄上曲也。」⑱按，蘇林所據「禮」，正與《周禮・司常》「孤卿建旜，大司馬帥都載旜」合。帥都，遂大夫也。《左傳》曰：「昔我先君之田也，旃以招大夫。」正謂大夫用旃也。《庸風》傳曰：「干旄，大夫之旃。」《子虛賦》：「靡魚須之橈旃。」張揖曰：「以魚須爲柄。」師古曰：「橈旃，即曲旃也。」所吕旃表士衆。旃當爲「展」，以疊韵爲訓。《聘禮》曰：「使者載旜。」注云：「載之者，所以表識其事也。」「及竟，張旜誓。」注云：「張旜，明事在此國也。」此與仲秋治兵載旜，皆展表士衆之義。从㫃，丹聲。諸延切，十四部。叚借爲語助，如「尚慎旃哉」，傳曰：「旃，之也。」《周禮》曰：「通帛爲旃。」《司常》職文。注云：「通帛，謂大赤，從周正色，無飾。」《爾雅》：「因章曰旃。」郭云：「因絳帛之文章，不復畫之。」

旜 旜 或从亶。亶聲也。《周禮》、《禮經》皆如此作。

𣄃 𣄃 旌旗之流也。宋刊本皆作「流」，作「旒」者俗。从㫃，攸聲。以周切，三部。《篇》、《韵》皆餘昭切。

𣄠 𣄠 旗屬。从㫃，要聲。烏皎切，二部。

旖 旖 旖施，逗。旗皃。旖施，疊韵字。在十七部。許於旗曰旖施，於木曰檹施，於禾曰倚移，皆讀如阿那。《檜風》：「猗儺其枝。」傳云：「猗儺，柔順也。」《楚辭·九辨》《九歎》則皆作「旖旎」，《上林賦》「旖旎從風」，張揖曰：「旖旎，猶阿那也。」《文選》作「猗狔」，《漢書》作「椅柅」⑲，《攷工記》注則作「倚移」，與許書禾部合。知以音爲用，製字日多。《廣韵》、《集韵》曰婀娜，曰旖㫊，曰𧙇袲，曰檹㰋，皆其俗體耳。本謂旌旗柔順之皃，引伸爲凡柔順之偁。倚移與旖施同，許以从㫃、从禾別之。从㫃，奇聲。於离切，古音在十七部。

施 施 旗旖施也。《大人賦》説旌旗曰：「又旖旎以招搖。」施字俗改爲「旎」，从尼聲，殊失音理。从㫃，也聲。式支切，古音在十七部。按，經傳叚此爲敷敀字，敀之形、施之本義俱廢矣。毛傳曰：「施，移也。」此謂施即延之叚借。《大雅》：「施于條枚。」《呂氏春秋》、《韓詩外傳》、《新序》（見黄琬傳注）皆引作「延」。《上林賦》：「貤丘陵下平原。」司馬彪曰：「貤，延也。」按，「貤丘陵」與《詩》「施中谷」、「施條枚」同，貤亦延之叚借。齊欒施字子旗，見《左氏傳》。孔子弟子巫馬施亦字子旗。知施者，旗也。自叚施爲敀，而施从㫃之意隱矣，故明之。〇此二篆各本轉寫譌舛，據全書連綿字通例更正。

旚 旚 旌旗旚繇也。繇，今之「搖」字。小徐作搖。旚，今字作「飄」，飄、搖行而旚、繇廢矣。《廣成頌》曰：「羽旄紛其髟鼬。」髟鼬即旚搖之叚借字也。从㫃，𤋮聲。匹昭切，二部。

𣄴 𣄴 旌旗飛揚皃。扶搖風曰飈，義略相近。从㫃，猋聲。甫遙切，二部。

游 游 旌旗之流也。流，宋刊本皆同。《集韵》、《類篇》乃作「旒」，俗字耳。旗之游，如水之流，故得偁流也。大常十有二游，旂九游，旟七游，旗六游，旐四游。周禮：王建大常十有二游，上公建旂九游，侯伯七游，子男五游。孤卿建旜，大夫士建物，其游各視其命之數。《禮緯含文嘉》云：「天子之旗九仞，十二 旒曳地；諸侯七仞，九旒齊軫；卿大夫五仞，七旒齊較；士三仞，五旒齊首。」皆不言其命數，未可信。旗之正幅爲縿，游則屬焉。《節服氏》「六人，維王之大常。」注：「王旌十二旒，兩兩以縷綴連，旁三人持之。」然則旗之制，游屬於兩旁。十二游者，一旁六游。九游，則兩旁一四一五，已下可知也。曳地、齊軫，皆謂游其正幅之長。《爾雅》曰旐長尋餘，未聞。游亦曰旓，楊雄賦有此字，《大人賦》作「髾游」。《周禮》省作「斿」，引伸爲凡垂流之偁。如《弁師》説冕弁之斿是。又引伸爲出游、嬉游，俗作「遊」。从㫃，汓聲。以周切，三部。此字省作「斿」，俗作「旒」。《集韵》云：「斿亦作旇。」按，此説必有據，上文旇篆與此同義，而居非其次，當移此下，正之曰「游或作旇」。

逕　古文游。从辵者，流行之義也。从孚者，汓省聲也。俗作「遊」者，合二篆爲一字。

旇　旌旗披靡也。披靡，當是「指麾」之誤，淺人所改也。《爾雅》曰：「旇謂之龍。」《集韵》、《類篇》皆作「旄謂之旇」。《爾雅》龍字，即許之旇字。《大人賦》張揖注云：「指橋，隨風指麾也。」今麾誤靡。从㫃，皮聲。敷羈切，古音在十三部。披、靡皆上聲。

旋　周旋，逗。旌旗之指麾也。《左傳》曰：「師之耳目，在吾旗鼓。進退從之。」手部麾下曰：「旌旗所以指麾者也。」旗有所鄉，必運轉其杠，是曰周旋。引伸爲凡轉運之偁。从㫃疋。句。疋，逗。足也。杠之柱地者，是旌旗之足也。似沿切，十四部。

旄　幢也。劉熙曰：「幢，童也。其皃童童也。」《廣雅》曰：「幢謂之獡。」《爾雅》曰：「翢，纛也。」毛傳曰：「翿者，纛也，翳也。」羽部曰：「翳者，翳也。所以舞也。」人部曰：「儔者，翳也。」按，或用羽，或用犛牛尾，或兼用二者。翢、儔、翿實一字。纛俗作纛，亦即翳字。《爾雅》、毛傳皆以今字釋古字耳。幢亦即翳字，古弓聲、周聲與童聲轉移，如《詩》以「調」韵「同」，漢縣鮦陽讀如紂之比。其始祇有翳字，繼乃有纛，繼乃有幢，皆後出。故許書不列纛、幢二篆。此釋旄必云幢，不云翳者，翳嫌舞者所持。旄是旌旗之名，漢之羽葆幢，以犛牛尾爲之，如斗，在乘輿左騑馬頭上，用此知古以犛牛尾注竿首，如斗童童然，故《詩》言干旄，言建旄，言設旄。有旄則亦有羽，羽或全，或析，言旄不言羽者，舉一以晐二也。其字从㫃、从毛，亦舉一以晐二也。以犛牛尾注旗竿，故謂此旗爲旄，因而謂犛牛尾曰旄、謂犛牛曰旄牛，名之相因者也。《禹貢》兩言「羽旄」，《周禮》「旄人」、「旄舞」，皆謂犛牛尾曰旄也。从㫃，毛聲。舉形聲包會意。莫袍切，二部。

旛　旛胡也。各本作「幅胡也」，今依葉石林抄宋本及《韵會》所據本訂。《韵會》作「幡胡」，幡即旛之俗。《序例》「所以書幡信」，字亦從俗，叚巾部之幡爲旛，而旛廢矣。旛胡，葢古語。如甎甎之名𤮊瓳，見《廣雅》。《漢堯廟碑》作「播𡐨」。玉曰璠璵，艸木盛曰蕃廡，皆雙聲字。凡旗正幅謂之縿，亦謂之旛胡。《廣韵》云：「旛者，旗旐總名。」古通謂凡旗正幅曰旐，是則凡旗幅皆曰旛胡也。《吳語》「建肥胡」，韋注：「肥胡，幡也。」幡即旛字，與許互相發明。旛胡即肥胡，謂大也。《吳都賦》作「祀姑」，誤。謂旗幅之下垂者。《集韵》、《類篇》、《韵會》皆有此七字，今據補。从㫃，番聲。孚袁切，十四部。按，當依符袁切。

旅 軍之五百人。《大司徒》：「五人爲伍，五伍爲兩，四兩爲卒，五卒爲旅，五旅爲師，五師爲軍，以起軍旅。」注云：「此皆先王所因農事而定軍令者也，欲其恩足相恤，義足相救，服容相別，音聲相識。」引伸爲凡衆之偁。《小雅》：「旅力方剛。」傳云：「旅，衆也。」又引伸之義爲陳。《小雅》：「殽核維旅。」傳云：「旅，陳也。」又凡言羈旅，義取乎廬。廬，寄也。故《大雅》「廬旅」猶處處、言言、語語也。又古叚爲盧弓之盧，俗乃製玈字。从㫃，从从。句。从㫃者，旌旗所以屬人耳目。从，逗。俱也。說从从之意。力舉切，五部。

古文旅。《左傳》：「仲子生而有文在其手，曰：爲魯夫人。」正義曰：「隸書起於秦末，手文必非隸書，石經古文虞作炏，魯作𣥂，手文容或似之。」者字以爲聲。古文㠯爲魯衞之魯。此言古文叚借也。《周本紀》：「周公受禾東土，魯天子之命。」即《書·序》「旅天子之命」，旅者，陳也。

族 矢鏠也。今字用鏃，古字用族。金部曰：「鏃者，利也。」則不以爲矢族字矣。束之族族也。族族，聚皃。毛傳云：「五十矢爲束。」引伸爲凡族類之偁。从㫃，从矢。會意。㫃所㠯標衆，衆矢之所集。此說从㫃之意。㫃所以標衆者，亦謂旌旗所以屬人耳目。旌旗所在，而矢咸在焉，衆之意也。《韵會》、《集韵》、《類篇》皆引此而衍「一曰从」三字，則不可解矣。昨木切，三部。

文二十三。小徐本作二十二，疑本無旐字。　重五。

冥 窈也。窈，各本作「幽」。唐玄應同。而李善《思玄賦》、《歎逝賦》、陶淵明《赴假還江陵詩》三注皆作「窈」。許書多宗《爾雅》、《毛傳》。《釋言》曰：「冥，窈也。」孫炎云：「深闇之窈也。」郭本作「幼」，釋云：「幼稺者多冥昧。」頗紆洄。《小雅·斯干》傳曰：「正，長也。冥，窈也。」正謂宫室之寬長深窈處。王肅本作「幼」，其說以人之長幼對文，與下「君子攸寧」不相屬。然則三者互相證，知皆當作窈。穴部曰：「窈，深遠也。」窈與杳音義同，故杳之訓曰「冥也」。萛之訓曰：「日且冥也。」昏之訓曰：「日冥也。」鄭箋《斯干》曰：「正，晝也。冥，夜也。」引伸爲凡闇昧之偁。从日六，从冖。从冖，各本作「冖聲」。下文曰「冖亦聲」，則此衹當云「从冖」矣。冖者，覆也。覆其上則窈冥。日數十，十六日而月始虧，冥也。冥，各本作「幽」，今依玄應本。「冥也」二字，當作「冥之意也」四字，此釋从日六之義也。日之數十，昭五年《左傳》文，謂甲至癸也。歷十日復加六日，而月始虧，是冥之意，故从日六。冖亦聲。亦字舊奪，依小徐説補。冖，今音莫狄切，鼏蓋之鼏用爲聲，蚰部䵝又用鼏爲聲。冥在十一部，莫經切，以雙聲爲聲也。凡冥之屬皆从冥。

鼆（篆）冥也。从冥，黽聲。讀若黽蛙之黽。黽蛙，即黽部之「鼃黽」。武庚切，古音在十部，讀如芒。此字見於經者，文十五年《左傳》曰：「一人門于句鼆。」杜云：「魯邑名。」

文二。

晶（篆）精光也。凡言物之盛，皆三其文。日可三者，所謂彖日也。从三日。子盈切，十一部。凡晶之屬皆从晶。

曐（篆）萬物之精，上爲列星。《管子》云：「凡物之精，此則爲生。下生五穀，上爲列星。流於天地之閒，謂之鬼神。藏於胷中，謂之聖人。」星之言散也，引伸爲碎散之偁。从晶，从生聲。桑經切，十一部。一曰，象形。从○，从三○，故曰象形也。大徐○作「口」，誤。古○復注中，故與日同。古文从三○，而或復、其中，則與晶相似矣。依此説，則當入生部，解云「从生，象形」。

曐（篆）古文。所謂象形从○。

星（篆）或省。《春秋説題辭》云：「星之爲言精也，陽之榮也。陽精爲日，日分爲星，故其字日生爲星。」依此則又當入日部。

曑（篆）商星也。商，當作「晉」，許氏記憶之誤也。《左傳》：「子産曰：后帝遷閼伯於商丘，主辰，商人是因，故辰爲商星。遷實沈於大夏，主參，唐人是因，以服事夏商。及成王滅唐，而封叔虞，故參爲晉星。」依此則商當爲晉明矣。或云：此以篆文曑連商句絕，釋爲「星也」。夫苟氾釋爲星，安用商字。參商之云，起於漢時辭章，聯綴不倫，許君何取。此於曟舉《國語》「農祥」釋之，於參舉「晉星」釋之，一重民事，一重分野也。《召南》傳曰：「參，伐也。」漢人參伐統評伐，故毛以伐釋參。从晶，㐱聲。㐱聲，疑後人竄改，當作「㐱象形」。《唐風》傳曰：「三星，參也。」《天官書》、《天文志》皆云：「參爲白虎三星，直者是爲衡石。」蓋彡者象三星，其外則象其畛域與。今隸變爲參，用爲參兩、參差字。所今切，七部。

參（篆）或省。即今用參兩、參差字也。凡槮、篸、驂字用爲聲。

曟（篆）房星。《爾雅》曰：「天駟，房也。大辰，房心尾也。」於天官爲東官蒼龍。爲民田時者。《周語》曰：「農祥晨正。」韋云：「農祥，房星也。晨正，謂立春之日晨中於午也。農事之候，故曰農祥。」《爾雅》注曰：「龍星明者以爲時候，故曰大辰。」从晶，辰聲。以晨解例之，當云：「从晶，从辰。辰，時也。辰亦聲。」上文「爲民田時者」，正爲从辰發也。曟星字亦徑作辰，《周語》「辰馬農祥」。植鄰切，十三部。

晨（篆）曟或省。今之晨字作此。

曡（篆）楊雄說，㠯爲古理官決罪，三日得其宜，乃行之，从晶宜。已上楊雄説也。理官，士也。《詩》「莫不震疊」，《韓詩》薛君傳曰：「震，動也。疊，應也。天下無不動而應其政教。」李固曰：「此言動之於內而應之於外者也。」按，疊爲應，即「得其宜乃行之」之説也。《毛詩》傳曰：「疊，懼也。」今毛義行而韓義廢矣。抑楊子所説者，本義也，故許述之；《毛詩》之云，謂疊即㬪之叚借字也，故許不偁。从晶宜會意。徒叶切，八部。亡新㠯从三日大盛，改爲三田。亡新不知三日爲絫日，譏其陋也。今皆從之，亦可已矣。多部曰：「重夕爲多，重日爲疊。」此今人用疊之義也。

文五。　重四。

月　闕也。大侌之精，月、闕疊韵。《釋名》曰：「月，缺也。滿則缺也。」象形。象不滿之形。魚厥切，十五部。凡月之屬皆从月。

朔　月一日始蘇也。朔、蘇疊韵。日部曰：「晦者，月盡也。」盡而蘇矣。《樂記》注曰：「更息曰蘇。」息，止也，生也，止而生矣。引伸爲凡始之偁。北方曰朔方，亦始之義也。朔方，始萬物者也。从月，屰聲。所角切，古音在五部。

朏　月未盛之朙也。《律歷志》曰：「《召誥》曰：惟三月丙午朏。」周公七年復子明辟之歲三月甲辰朔之三日也。「《畢命豐刑》曰：惟十有二年六月庚午朏，王命作策《豐刑》。」康王十二年六月戊辰朔之三日也。《志》引「古文《月采》篇曰：三日曰朏」。按，《尚書正義》曰：「《周書·月令》云：三日粤朏。」疑即取諸《漢·志》，而《月采》作《月令》，未知孰是。《逸周書·月令》弟五十三，據《牛弘傳》，蔡邕、王肅時已亡，孟堅時未亡也。小顔《漢書》「采」字，當從孔沖遠作「令」，小顔讀孟注而不察耳。从月出。會意。普乃切，又芳尾切，十五部。《周書》曰：「丙午朏。」

霸　月始生魄然也。霸、魄疊韵。承大月二日，承小月三日。《鄉飲酒義》曰：「月者三日則成魄。」正義云：「前月大，則月二日生魄；前月小，則三日始生魄。」馬注《康誥》云：「魄，朏也。謂月三日始生兆朏，名曰魄。」《白虎通》曰：「月三日成魄，八日成光。」按，已上皆謂月初生明爲霸，而《律歷志》曰：「死霸，朔也。生霸，望也。」孟康曰：「月二日以往，明生魄死⑳，故言死魄。魄，月質也。」三統説是，則前説非矣。从月，䨣聲。普伯切。《書音義》引《説文》匹革反，古音在五部。《漢·志》所引《武成》、《顧命》皆作「霸」，後代魄行而霸廢矣。俗用爲王霸字，實伯之叚借字也。《周書》曰：「哉生霸。」《康誥》、《顧命》文。

𩂣　古文或作此。

朗　朙也。《大雅》：「高朗令終。」傳曰：「朗，朙也。」《釋言》曰：「朙，朗也。」从月，良聲。盧黨切，十部。今字作「朗」。

朓　篆體今正。晦而月見西方謂之朓。朓、朒皆言月之變也。《尚書·五行傳》曰：「晦而月見西方謂之朓。朓則侯王其荼（音舒）。」注云：「朓，條也。條達行疾皃。荼，緩也。日，君象也。月，臣象也。君政急則日行疾，月行徐，臣逡遁不進也。」蔡邕曰：「元首寬則望舒朓，侯王肅則月側匿。」从月，兆聲。土了切，二部。

朒　朔而月見東方謂之縮朒。《尚書·五行傳》：

「朔而月見東方謂之側匿，側匿則侯王其肅。」注云：「側匿猶縮縮，行遲皃。肅，急也。君政緩則日行徐，月行疾，臣放恣也。」按，鄭注謫奪。側匿與縮朒疊韵雙聲。从月，肉聲。各本篆作「肭」，解作「内聲」，今正。女六切，三部。

期 會也。會者，合也。期者，要約之意，所以爲會合也。叚借爲期年、期月字，其本字作稘，期行而稘廢矣。《周禮·質人》、《士虞禮》古文期年字作「基」。从月，月猶時也，要約必言其時。其聲。渠之切，一部。

古文从日亓。日猶時也，亓聲。

文八。　重二。

有 不宜有也。謂本是不當有而有之偁，引伸遂爲凡有之偁。凡《春秋》書有者，皆有字之本義也。《春秋傳》曰：「日月有食之。」从月，日下之「月」，衍字也。此引經釋不宜有之恉，亦即釋从月之意也。日不當見食也，而有食之者，孰食之？月食之也。月食之，故字从月。《公羊傳》注曰：「不言月食之者，其形不可得而覩也。故疑言曰：有食之。」引孔子曰：「多聞闕疑，慎言其餘，則寡尤。」又聲。云九切，古音在一部。古多叚有爲又字。凡有之屬皆从有。

䶣 有彣彰也。彣彰，各本作「文章」，誤，今正。彣下曰：「䶣也。」是其轉注也。䶣古多叚或字爲之，或者，惑之隸變。今本《論語》「郁郁乎文哉」，古多作「或或」，是以荀彧字文若，《宋書》王彧字景文。《大戴·公冠篇》：「遵並大道邠或。」邠或即「彬彧」，謂彬彬彧彧也。《小雅》：「黍稷彧彧。」傳云：「彧彧，茂盛皃。」即有彣彰之義之引伸也。从有，惑聲。於六切，古音在一部。讀如域。

䶬 兼有也。今牢籠字當作此，籠行而䶬廢矣。《吳都賦》曰：「沈虎潛鹿，馽䶬僒束。」按，馽䶬者，縶而籠其頭也。《玉篇》曰「馬䶬頭」，《說文》靮下云「䶬頭繞」者，亦取兼包之意。从有，龍聲。讀若聾。盧紅切，九部。

文三。

朙 照也。火部曰：「照，明也。」小徐作「昭」。日部曰：「昭，明也。」《大雅·皇矣》傳曰：「照臨四方曰明。」凡明之至則曰明明，明明猶昭昭也。《大雅·大明》《常武》傳皆云：「明明，察也。」《詩》言「明明」者五，《堯典》言「朙朙」者一，《禮記·大學篇》曰：「大學之道，在明明德。」鄭云：「明明德，謂顯明其至德也。」《有駜》：「在公明明。」鄭箋云：「在於公之所，但明明德也。」引《禮記》「大學之道，在明明德」。夫由微而著，由著而極，光被四表，是謂明明德於天下。自孔穎達不得其讀，而經義隱矣。从月囧。从月者，月以日之光爲光也。从囧，取窗牖麗廔闓明之意也。囧亦聲，不言者，舉會意包形聲也。武兵切，古音在十部。凡朙之屬皆从朙。

明 古文从日。云古文作明，則朙非古文也。葢籀作朙，而小篆隸从之。《干祿字書》曰：「明，通；朙，正。」顏魯公書無不作朙者，《開成石經》作明，從張參說也。《漢石經》作「明」。

朚　翌也。翌也，未聞。當作「昱」，昱，朙也。朚即今之忙字，亦作茫，俗作忙。《玄應書》曰：「茫又作朚，遽也。朚人晝夜作，無日用月，無月用火。常思明，故从明。或云，朚人思天曉，故字从明也。」按，《方言》、《通俗文》皆作「茫」，《方言》：「茫，遽也。」《通俗文》：「時務曰茫。」許書則有朚。从朙，亾聲。呼光切，十部。按，當依《廣韵》武方、莫郎二切。

文二。　重一。

囧　窗牖麗廔闓朙也。麗、廔雙聲，讀如離婁。謂交延玲瓏也。闓明謂開明也。象形。謂象窗牖玲瓏形。凡囧之屬皆从囧，讀若獷。獷，古音如廣，囧音同也。䢐讀若迋，䢐聲之䢐為古文囧字，可以證矣。古音在十部，今音俱永切。賈侍中說，讀與朙同。賈侍中說讀若芒也。

盟　各本下从血，今正。《周禮》曰：「國有疑則盟。」《周禮·司盟》職：「掌盟載之法，凡邦國有疑會同，則掌其盟約之載及其禮儀。」鄭云：「有疑，不協也。」諸侯再相與會，十二歲一盟。「再相與會」四字，當作「再朝而會再會」六字，轉寫之誤也。昭十三年《左傳》曰：「明王之制，使諸侯歲聘以志業，閒朝以講禮，再朝而會以示威，再會而盟以顯昭明。」杜云：「三年而一朝，六年而一會，十二年而一盟。」北面詔天之司慎司命。《司盟》職曰：「北面詔明神。」僖二十八年《左傳》曰：「有渝此盟，以相及也，明神先君，是糾是殛。」襄十一年：「載書曰：或閒茲盟，司慎、司命，名山，名川，羣神，羣祀，先王，先公，七姓十二國之祖，明神殛之。」按，今《左傳·襄十一年》「盟」與「命」二字互譌，陸、孔皆不能正。許合《周禮》、《左傳》爲言，謂司慎，司命爲明神之首，司慎，司命葢《大宗伯》職之司中、司命，文昌宮弟五、弟四星也。《尚書大傳》注，司中作司人。〇又按，天之司盟，見《覲禮》注，然則《左傳》正文不容輕改。盟殺牲歃血，朱盤玉敦，㠯立牛耳。朱，小徐及《周禮》作「珠」，今依大徐本。立，當爲「莅」，莅，臨也。《曲禮》曰：「莅牲曰盟。」是也。《玉府》職曰：「若合諸侯，則共珠槃玉敦。」鄭云：「合諸侯者，必割牛耳，取其血歃之以盟，朱盤以盛牛耳，尸盟者執之。玉敦，歃血玉器。」《戎右》職曰：「贊牛耳桃茢。」《左傳》曰：「諸侯盟，誰執牛耳？」从囧，囧，明也。《左傳》所謂「昭明於神」，冢上詔司慎、司命言。皿聲。鍇皿作「血」，云：「聲字衍。」鉉因作「从血」，刪「聲」字，今與篆體皆正。按，盟與孟皆皿聲，故孟津、盟津通用。今音武兵切，古音在十部。讀如芒，亦舉形聲包會意。朱盤，玉敦，器也，故从皿。

盟　各本下从血，今正。篆文从朙。朙，小篆文也，故盟爲小篆。鍇本云「古文从朙」，非也。

盟　各本下从血，今正。古文从明。明者，朙之古文也，故古文盟作盟。鍇本云「籒文」，非也。盟者，盟之籒文。先籒後篆者，以其囧之屬也。今人皆作盟，不從小篆作盟者，猶皆作明，不作朙也。

文二。　重二。

夕　莫也。莫者，日且冥也。日且冥而月且生矣，故字从月半見。旦者，日全見地上。莫者，日在茻中。夕者，月半見。皆會意象形也。从月半見。祥易切，古音在五部。凡夕之屬皆从夕。

夜　舍也。以疊韵爲訓。天下休舍。休舍猶休息也。舍，止也。夜與夕，渾言不別，析言則殊。《小雅》「莫肎夙夜」，「莫肎朝夕」，朝夕猶夙夜也。《春秋經》「夏四月辛卯夜」，即辛卯夕也。从夕，亦省聲。羊謝切，古音在五部。

夢　不明也。《小雅》：「民今方殆，視天夢夢。」傳曰：「王者爲亂夢夢然。」《釋訓》曰：「夢夢，亂也。」按，故訓釋爲亂，許云「不明」者，由不明而亂也。以其字从夕，故釋爲不明也。夢之本義爲不明，今字叚爲㝱寐字，夢行而㝱廢矣。从夕，瞢省聲。莫忠切，又亡貢切，古音在六部。舉形聲包會意也。

夗　轉卧也。謂轉身卧也。《詩》曰：「展轉反側。」凡夗聲、宛聲字，皆取委曲意。从夕卪，會意。卧有卪也。釋从卪之意。卪節古今字。於阮切，十四部。

夤　敬惕也。此與十二辰之寅，義各不同。《釋詁》云：「寅，敬也。」凡《尚書》寅字，皆叚寅爲夤也。漢唐碑多作夤者，凡云夤緣者，即延緣；云八夤者，即八埏，皆雙聲叚借也。从夕，寅聲。翼真切，十二部。《易》曰：「夕惕若厲。」《乾》九三爻辭也。厲，各本作「夤」，今正。凡漢人引《周易》「夕惕若厲」，不暇枚舉。許書䑋字下，亦作「夕惕若厲」。此引者，說从夕之意也。夕惕者，火滅修容之謂。凡許書引《易》「井者法也」，說㓝从井之意；引《易》「地可觀者，莫可觀於木」，說相从目木之意；引《易》「先庚三日」，說庸从庚之意；引《易》「豐其屋」，說豐从宀 豐之意；引《易》「百穀艸木麗於地」，說䕻从艸麗之意；引《易》「突如其來如」，不孝子突出不容於內也，說𠫓从倒子之意；皆偁《周易》以說字形之意。學者不憭，往往誤會於是，改厲爲夤，改突爲𠫓，而惠氏定宇作《周易述》竟作「夕惕若夤厲无咎」「𠫓如其來如」矣。

籒文。

夝　雨而夜除星見也。《衛風》：「靈雨既零，命彼倌人，星言夙駕。」《韓詩》曰：「星者，精也。」按，精者，今晴字。《史記》：「天精而見景星。」《漢書》作「天暒」，孟康曰：「暒者，精明也。」《漢書》亦作精。」韋昭曰：「精者，清朗也。」郭璞注《三倉》云：「暒者，雨止無雲也。」古夝、暒、精皆今之晴，而《詩》作「星」。《韓非子》曰：「荆伐陳，吳救之，軍閒三十里，雨十日，夜星。」夜星，即夜夝也。雨夜止星見謂之夝。夝、星疊韵。引伸爲晝晴之偁，故其字又作暒。○按，《漢書》亦作精，故孟康曰：「精，暒明也。」今本係後人所改，《史》《漢》之「天精」，即晶之叚借。从夕，生聲。疾盈切，十一部。

外　遠也。此下當有「从夕卜」三字。卜尚平旦，今若夕卜，於事外矣。此說从夕卜之意。五會切，十五部。

外 古文。卜部曰：「卜，古文卜。」

𠈉 早敬也。《召南》毛傳曰：「夙，早也。」此言「早敬」者，以字从丮，故晨下曰：「臼辰爲晨，丮夕爲夙，皆同意。」是也。《大雅》：「載震載夙。」毛云：「夙，早也。」箋云：「夙之言肅也。」惟夙有敬意，故鄭云爾。从丮夕。夕，舊奪，今補。息逐切，三部。隸變作「夙」。持事雖夕不休，早敬者也。此説會意之指。謂日莫人倦，齊莊正齊而不敢懈惰，是乃完今日之早敬，基明日之早敬也。抑夕者夜之通偁，未旦而執事有恪，故字从丮夕敷。

𠈉 古文。谷部曰：「㐁，古文西，讀若三年導服之導。」此从人，从㐁聲也。

㑛 古文。谷部㐁本亦古文，㑛亦夙之古文，宿从㑛聲。

募 宋也。當云「宋募也」，轉寫佚字耳。宋募者，夕之靜也。啾嘆者，口之靜也。宋募者，死之靜也。从夕，莫聲。莫白切，古音在五部，讀如莫。

文九。　重四。

多 緟也。緟者，增益也，故爲多。多者勝少者，故引伸爲勝之偁。戰功曰多，言勝於人也。从緟夕。會意。得何切，十七部。夕者相繹也，故爲多。相繹者，相引於無窮也。抽絲曰繹，夕繹疊韵，説从重夕之意。緟夕爲多，緟日爲疊。凡多之屬皆从多。

𡖅 古文並夕。有並與重別者，如棘、棗是也。有並與重不別者，𡖅、多是也。

夥 齊謂多也。《方言》曰：「大物盛多，齊宋之郊楚魏之際曰夥。」㉑許謁字下曰：「讀若楚人名多夥。」此云齊語，皆本《方言》也。《史記・陳勝世家》曰：「楚人謂多爲夥。」陳勝楚人，在楚言楚也。从多，果聲。呼果切，十七部。

𡖈 大也。與恢音義皆同。从多，圣聲。苦回切，古音在一部。

㚊 厚脣皃。从多尚。陟加切，按，鍇本云「尚聲」，而注云「从多尚會意」。則聲字衍也。依今音則當云「多亦聲」，十七部。

文四。　重一。按，《詩・螽斯》釋文引《説文》㚋字，豈古本有之。

毌 穿物持之也。从一橫⿴口丨，各本⿴口丨作「貫」，淺人所改也，今正。⿴口丨象寶貨之形。各本脱「⿴口丨」，今補。⿴口丨者，寶貨之形。獨言寶貨者，例其餘。一者，所以穿而持之也。古貫穿用此字，今貫行而毌廢矣。毌之用廣，如鼏下云：「以物橫毌鼎耳而舉之也」㉒，軸下云：所以「持輪也」皆是。貫之用專，後有串字、有弗字，皆毌之變也。毌不見於經傳。惟《田完世家》「宣公取毌丘」。索隱曰：「毌音貫。」凡毌之屬皆从毌。讀若冠。古丸切，十四部。

貫 錢貝之毌也。毌，各本作「貫」，今正。錢貝之毌，故其字从毌貝會意也。《漢書》：「都内之錢，貫朽而不可校。」㉓其本義也。《齊風》：「射則貫兮。」傳云：「貫，中也。」《詩》「及爾如貫」，《易》「貫魚以宮人寵」，《左傳》「使疾其民以盈其貫」，皆其引伸之義也。其字皆可作毌。叚借爲摜字，習也。如《孟子》「我不貫與小人乘」是也。亦借爲宦字，事也。如《毛詩》「三歲貫女」，《魯詩》作「宦」是也。《毛詩》「串夷」，傳云：「串，習也。」串即毌之隸變。傳謂即慣字，箋謂即昆字，皆於音求之。从毌貝。古玩切，十四部。

虜獲也。《公羊傳》：「爾虜焉。」故凡虜囚亦曰纍臣，謂拘之以索也。於毌義相近，故从毌。从毌，从力。《左傳》曰：「武夫力而拘諸原。」虍聲。郎古切，五部。

文三。

𢎘嘾也。口部曰：「嘾者，含深也。」艸木之𠌶未發圅然。圅之言含也。深含未放。象形。下象承𠌶之莖，上象未放之蓓蕾。凡𢎘之屬皆从𢎘。讀若含。乎感切，古音在七部。

圅舌也。舌在口，所以言別味也。圅之言含也，含於口中也。按，《大雅》毛傳曰：「膍者，圅也。」《通俗文》云：「口上曰臄，口下曰圅。」毛、服之圅，皆即《説文》之顄字。顄，頤也。故服云「口下」，毛則渾言之，口上口下不分耳。陸氏《音義》引許「圅，舌也」之云以釋毛，去之遠矣。許圅與顄各字各義，毛、服用圅爲顄。圅借爲含，如「席閒圅丈」，「圅人爲甲」是也。《周頌》：「實圅斯活。」傳曰：「圅，含也。」㉔謂叚借也。舌體𢎘𢎘，从𢎘，舌有莖而如𠌶蕾，故从𢎘。象形。二字各本誤在「舌體」上，今正。謂囷象舌輪郭及文理也。小徐云：《説文》篆如此，李陽冰非之，謂當作函。按，如李説，易與臽混。今《廣韵》圅、函別爲二字，則更非矣。𢎘亦聲。胡男切，七部。

肣俗圅，从肉今。《大雅》音義引《説文》云：「圅，舌也。」又云：「口裏肉也。」按，「口裏肉也」四字，當在此下，釋从肉之意也。从今者，今聲也。

㽕木生條也。條者，小枝也。从𢎘，由聲。許書由聲之字不減數十，淺人因許書無由字，欲盡改爲「㽕省聲」，然則㽕从由聲又何説也？以州切，三部。《商書》曰：「若顛木之有㽕枿。」《般庚》上篇文。今《書》作「由蘖」。許木部作「㽕櫱」，枿即櫱，蘖之異體也。㽕者，生也。《左傳》：「史趙曰：陳，顓頊之族也。歲在鶉火，是以卒滅，陳將如之。今在析木之津，猶將復由。」此以生滅對言，由即㽕之叚借。《詩·序》曰：「由儀，萬物之生各得其宜也。」此以生釋由，以宜釋儀，由亦㽕之叚借。下云「古文言由枿」，則作㽕者，伏生、歐陽、夏侯之書也。許於《書》偁孔氏而不廢伏生，於此可見矣。古文言由枿。古文謂孔氏壁中書也。伏作「㽕」，爲正字。孔作「由」，爲叚借字。偁伏又偁孔者，明叚借也。不曰「古文㽕作由」，云「古文言由枿」者，此偁經非説字也。嫌其無別也，故別之。孟康注《漢書》「黎民祖飢」曰：「祖，古文言阻。」

甬艸木𠌶甬甬然也。小徐曰：「甬之言涌也。若水

涌出也。《周禮》，鐘柄爲甬。」按，凡从甬聲之字，皆興起之意。 从𢎘，用聲。 余隴切，十部。

文四。 大徐本部末有𢎘字，云：「艸木𢎘盛也。 从二𢎘。 胡先切。」小徐本無，今依小徐。

重一。

𣐺 艸木垂𠌶實也。 艸字依《玉篇》補。 从木𢎘，小徐本及大徐宋本皆同。 惟趙抄宋本作「从木𢎘，𢎘亦聲」，《五音韵譜》有同之者，殊誤。 蓋篆體一𢎘在木中，寫者屈曲反覆似从二𢎘，因改此解，又於前部末增𢎘篆耳。 𢎘音胡先切，則用爲聲之篆不當胡感切也。 𢎘亦聲。 胡感切，古音在七部。 凡𣐺之屬皆从𣐺。

韡 𣐺也。 𣐺之訓於从韋得之。 从𣐺，小徐曰：「言𣐺之象木華實之相累也。」韋聲。 於非切，十五部。

文二。

𠧪 艸木實垂𠧪𠧪然。 𠧪𠧪，垂皃。《莊子》曰：「之調調，之刀刀。」之，此也。 調調謂長者，刀刀謂短者。 調調即𠧪𠧪也。 𠧪之隸變爲「卣」。《周書・雒誥》曰：「秬鬯二卣。」《大雅・江漢》曰：「秬鬯一卣。」毛云：「卣，器也。」鄭注《周禮》「廟用修」曰：「修讀曰卣。 卣中尊。 凡彝爲上尊，卣爲中尊，罍爲下尊。 中尊謂獻象之屬。」按，如許說，則木實垂者其本義，叚借爲中尊字也。 象形。 凡𠧪之屬皆从𠧪，讀若調。 徒遼切，二部。 按，調本周聲，中尊之義羊久反，又音由。 乃部之𠧟，用𠧪爲聲。 古三部與二部合音取近。

𣡌 籒文从三𠧪作。 然則𠧪爲古文，小篆用之。

栗 栗木也。 三字句。 舊刪栗字，非也。 叚借爲戰栗。 从𠧪木。 𠧪字今補，會意。 力質切，十二部。 其實下垂，故从𠧪。 說从𠧪之意。

𥻆 古文㮚。 古，鍇作「籒」，今依大徐。 籒文𠧪从三𠧪，則籒文㮚亦當从三𠧪。《玉篇》曰：「𣡌，籒文。」是也。 疑許書本一古一籒並載，轉寫佚亂之。 从西，卥部曰：「𠧪，古文卥。」 疑篆體當从𠧪，隸變作栗者，竊取古文从西之意。 从二𠧪。 徐巡說，木至西方戰栗也。 引徐說，說从西之意。《後漢書・杜林傳》曰：「沛南徐巡始師事衞宏，後更受林學，林於西州得桼書古文《尚書》一卷，雖遭艱困，握持不離。 衞、徐能傳之，於是古文遂行。」《論語》：「周人以栗，曰使民戰栗。」字从西者，取西方揫斂戰栗之意。 葢《堯典・皋陶謨》「寬而栗」，壁中古文《尚書》作「𣡌」，而徐巡說之如此也。 陧，凶也。 亦徐說《秦誓》語。

粟 嘉穀實也。 禾下曰：「嘉穀也。」黍下曰：「禾屬而黏者也。」然則嘉穀謂禾黍也。《大雅》曰：「誕降嘉穀，惟秬惟秠，惟虋惟芑。」秬秠謂黍，虋芑謂禾。 許於秠下曰：「秬秠者，天賜后稷之嘉穀也。」虋下曰：「赤苗嘉穀也。」芑下曰：「白苗嘉穀也。」毛《魏風》傳釋苗爲嘉穀。 苗者，禾也。《生民》傳釋黃爲嘉穀。 黃者，黃粱，謂禾也。 古者民食莫重於禾黍，故謂之嘉穀。 穀者，百穀之總名。 嘉者，美也。 嘉穀字見《詩・生民》，許書及《典引》注可據。 改爲嘉種者，非。嘉穀之實曰粟，粟之皮曰穅，中曰米。从鹵，自其采言之。从米。自其蘊言之。相玉切，三部。孔子曰：粟之爲言續也。孔子以疊韵爲訓也。嘉種不絕，蒸民乃粒，禹稷之功也。

籀文㮚。

文三。　重二。

齊　禾麥吐穗上平也。象形。从二者，象地有高下也。禾麥隨地之高下爲高下，似不齊而實齊。參差其上者，蓋明其不齊而齊也。引伸爲凡齊等之義。古叚爲臍字，亦叚爲齋字。徂兮切，十五部。凡齊之屬皆从齊。

𪗉　等也。齊等字當作此。齊行而𪗉廢矣。从𠫔，妻聲。妻者，齊也。此舉形聲包會意。徂兮切，十五部。

文二。

朿　木芒也。芒者，艸耑也。引伸爲凡鐵鋭之偁。今俗用鋒鋩字，古祇作芒。朿，今字作刺，刺行而朿廢矣。《方言》曰：「凡草木刺人，北燕朝鮮之閒謂之萊，或謂之壯。自關而東或謂之梗，或謂之劌。自關而西謂之刺，江湘之閒謂之棘。」象形。不言从木者，朿附於木，故但言象形也。凡朿之屬皆从朿。讀若刺。七賜切，十六部。

棗　羊棗也。羊蓋衍文。羊棗即木部之樗，《爾雅》諸棗中之一，與常棗絕殊，不當專取以爲訓。葢此當云「棗木也」。棗樹隨地有之，盡人所識，赤心而外朿，非羊棗也。必轉寫妄改之誤。从重朿。《釋木》曰：「槐棘醜喬。」棘即棗也，析言則分棗、棘，統言則曰棘。《周禮》：「外朝九棘三槐。」棘正謂棗。故注云：「取其赤心而外刺。」上句曰喬，故从重朿會意。子晧切，古音在三部。

棘　小棗叢生者。此言小棗，則上文謂常棗可知。小棗樹叢生，今亦隨在有之，未成則爲棘而不實，已成則爲棗。《魏風》：「園有棘，其實之食。」《唐風》：「肅肅鴇翼，集于苞棘。」《小雅》：「有捄棘匕。」毛傳曰：「棘，棗也。」此謂統言不別也。《邶風》「吹彼棘心」，「吹彼棘薪」，《左傳》「除翦其荆棘」，此則主謂未成者。古多叚棘爲亟字，如「棘人欒欒兮」，「我是用棘」[25]，「匪棘其欲」皆是。棘、亟同音，皆謂急也。从竝朿。棘庳於棗，而朿尤多，故从並朿會意。己力切，一部。

文三。

片　判木也。謂一分爲二之木。片、判以疊韵爲訓。判者，分也。《周禮·媒氏》：「掌萬民之判。」《喪服傳》曰：「夫妻牉合也。」牉當作片，片即《媒氏》判字。鄭注《周禮》云：「判，半也。得耦爲合，主合其半成夫婦也。」按，夫婦各半而合，故取象於合巹。《漢書》「一半冰」，亦叚半爲片字。从半木。木字之半也。匹見切，十四部。凡片之屬皆从片。

版　片也。舊作「判也」，淺人所改，今正。凡施於宮室器用者，皆曰版，今字作「板」。古叚爲反字，《大雅》：「上帝板板。」傳云：「板板，反也。」謂版即反之叚借也。从片，反聲。布綰切，十四部。

𤗉 片也。片，各本作「判」，今正。副者，判也，𤗉則判木也。《廣韵》曰：「𤗉版，出《通俗文》。」从片，畐聲。芳逼切，一部。

牘 書版也。牘，專謂用於書者。然則《周禮》之版，《禮經》之方，皆牘也。《小宰》注曰：「版，户籍也。」《宫正》注曰：「版，其人之名籍也。」《聘禮》注曰：「策，簡也，方版也。」李賢《蔡邕傳》注引《說文》而曰：「長一尺。」按，漢人多云尺牘，《史記》：「緹縈通尺牘。」此臣得用於君也。《漢書》：「陳遵與人尺牘，主皆藏去。」此施於儕輩者也。木部云：「槧，牘樸也。」然則粗者爲槧，精者爲牘。顔師古曰：「形若今之木笏，但不挫其角耳。」从片，賣聲。徒谷切，三部。

牒 札也。木部云：「札，牒也。」《左傳》曰：「右師不敢對，受牒而退。」司馬貞曰：「牒，小木札也。」按，厚者爲牘，薄者爲牒。牒之言枼也，葉也。竹部䈎義略同。《史記》叚諜爲牒。从片，枼聲。徒叶切，八部。

牑 牀版也。《方言》曰：「牀其上版，衛之北郊、趙魏之閒謂之牒，或曰牑。」按，《左傳》「牑柎藉幹」，義與牑近。从片，扁聲。讀若邊。方田切，十二部。

牖 穿壁㠯木爲交窗也。交窗者，以木横直爲之，即今之窗也。在牆曰牖，在屋曰囱，此則互明之。必言以木者，字从片也。古者室必有户、有牖，牖東户西，皆南鄉。《毛詩》曰：「向，北出牖也。」㉖北或有穴通明，至冬塞之。然《士虞禮》「祝啓牖鄉」注云：「鄉、牖一名。」《明堂位》「達鄉」注：「牖屬。」是南牖亦名向。《士喪禮》：「寢東首於墉下。」《喪大記》作「北墉下」。今本墉皆譌「牖」，非也。牖所以通明，故叚爲誘。《召南》「吉士誘之」、《大雅》「天之牖民」，傳皆訓曰：「道也。」道即導。从片户，甫聲。葢用合韵爲聲也。與久切，三部。譚長㠯爲：譚長者，博采通人之一。甫上，句。日也，非户也。牖所㠯見日。說从日之意也。許篆作牖，而偁譚說者，字久从户作，譚說有理，故偁之。

牏 築牆短版也。木部栽下曰：「築牆長版也。」長版用於兩邊，短版用於兩耑，一縮一横也。此牏之本義。《史》、《漢》、《萬石君傳》：「石建取親中裙廁牏，身自浣滌。」蘇林曰：「牏音投。」賈逵解《周官》云：「牏，行清也。」孟康曰：「廁，行清。牏，行清中受糞函者也。東南人謂鑿木空中如曹謂之牏。」依蘇、孟說，則《史》、《漢》之牏，即窬之叚借字。穴部曰：「窬，空中也。」徐廣謂讀牏爲竇，是也。至若晉灼云「今世謂反閉小袖衫爲侯牏」，則尤爲叚借字。《釋名》曰：「齊人謂如衫而小袖曰侯頭。侯頭猶言解瀆，臂直通之言。」是則其語本無正字。从片，俞聲。讀若俞。度侯切，四部。徐廣曰：「音住。」葢本《說文音隱》，住即侸。一曰，若紐。此音則入三部。

反片爲爿。讀若牆。各本無此。按，《六書故》云：「唐本有爿部。」蓋從晁氏以道說也。今不別立一部，依彳部終於反彳爲亍之例補焉，說詳木部牀下。

文八。新補一，共文九。

鼎　三足兩耳，和五味之寶器也。三足兩耳，謂器形，非謂字形也。《九家易》曰：「鼎三足，以象三台也。」《易》曰：「鼎，黄耳。」和，當作「盉」，許亦從俗通用。象析木目炊。已下次第依《韵會》所據小徐本訂。片者，判木也。反片爲爿，一木析爲二之形。炊鼎必用薪，故像之。唐張氏參誤會三足兩耳爲字形，乃高析木之兩旁爲耳，唐人皆作鼎，非也。唐氏玄度既辨之矣。貞省聲。大徐本無。無此三字，則上體未說。此謂上體目者，貞省聲也。或曰，離爲目，巽爲木，鼎卦上離下巽，何不以此說字乎？曰：言《易》卦之取象則可，若六書之會意，必使二字相合成文，如人言止戈是。目與木，不相合也。故釋下體爲象形，上體爲諧聲。古叚鼎爲丁，如《賈誼傳》「春秋鼎盛」，《匡衡傳》「匡鼎來」皆是。鼎之言當也，正也。都挺切，十一部。昔禹收九牧之金，鑄鼎荆山之下。入山林川澤者，此字依《韵會》補。离魅蛧蜽莫能逢之，目協承天休。离，俗用「螭」，依内部則當作离。此用宣三年《左傳》王孫滿說。《傳》不言鑄鼎荆山之下。《尚書古文疏證》云：「陝西同州朝邑縣西南三十二里有懷德城，漢縣也。」《漢·志》「左馮翊褱德」下曰：「《禹貢》北條荆山在南。」皇甫謐《帝王世紀》：「禹鑄鼎於荆山，在馮翊懷德之南，山下有荆渠。」酈氏《水經注》：「懷德縣故城，在渭水之北，沙苑之南。《禹貢》北條荆山在南，山下有荆渠，即夏后鑄九鼎處也。」《易》卦：巽木於下者爲鼎。此引《易》證下體象析木之意，與晉下引《易》證从日一例。古文，目貝爲鼎，籒文目鼎爲貝。二貝字，小徐皆作「貞」。郭忠恕《佩觿》云：「古文以貞爲鼎，籒文以鼎爲則。」亦誤，今正。京房說貞字鼎聲，此古文以貝爲鼎之證也。許說𠟭、鼎、霣、𪔂者，籒文之則、員、霣、妘字，此籒文以鼎爲貝之證也。凡鼎之屬皆从鼎。

鼒　鼎之圜掩上者。《周頌》：「鼐鼎及鼒。」《釋器》曰：「圜弇上謂之鼒。」手部曰：「掩，斂也。小上曰掩。」𠬞部曰：「弇，蓋也。」然則此依許作掩爲正字。从鼎，才聲。子之切，一部。《詩》曰：「鼐鼎及鼒。」

鎡　俗鼒从金，兹聲。兹，各本作「茲」，今正。

鼐　鼎之絶大者。《釋器》曰：「鼎絶大謂之鼐。」《周頌》傳曰：「大鼎謂之鼐，小鼎謂之鼒。」傳與《爾雅》說鼒異，說鼐則略同。絶大謂函牛之鼎也。《九家易》曰：「牛鼎受一斛，羊鼎五斗，豕鼎三斗。」乃者，詞之難也，故从乃爲大。才者，艸木之初也，故从才爲小。从鼎，乃聲。奴代切，一部。《魯詩》說，鼐小鼎。《魯詩》說，謂傳魯申公之學者也。惠氏棟云：「《說苑》曰：《詩》自堂徂基，自羊徂牛，言自内及外，以小及大也。」《魯詩》者，劉向家學，故説鼏小鼒大。」

鼏 㠯木横貫鼎耳舉之。貫，當作毌。許亦從俗也。《禮經》十七篇多言「扃鼏」，注多言「今文扃爲鉉，古文鼏爲密」㉗。按，扃者叚借字，鼏者正字，鉉者音近義同字也。以木横毌鼎耳，是曰鼏。兩手舉其木之耑，是曰扛鼎。鼏横於鼎蓋之上，故《禮經》必先言抽扃，乃後取鼏，猶扃爲户外閉之關，故或以扃代之也。从鼎，冂聲。五篇有冂部，此从之爲聲。古熒切，十一部。按，大小徐篆皆作鼏，解作「冖聲，莫狄切」，以鼎蓋字之音，加諸横毌鼎耳之義，誤矣。《廣韵》、《集韵》、《禮部韵略》、《玉篇》、《類篇》，皆佚此字。然《廣韵》、《玉篇》皆云「亡狄切，鼎蓋也」。則鼏字尚未亡。《集韵》、《類篇》引「横貫鼎耳」云云於錫韵冥狄切，而鼏字亡矣。惟《匡謬正俗》及毛晃《禮部韵略》增字獨不誤。《周禮》：「廟門容大鼏七箇。」《攷工記·匠人》文。今本作「大扃七箇」，許所據作「鼏」，用此知《禮經》古文本亦作「鼏」。古文以鼏密連文，今文以鉉密連文，鄭上字從古文，下字從今文，遂鼏鼏連文，轉寫恐其易混，則上字易爲扃耳。《韵會》無大。即《易》「玉鉉，大吉」也。《鼎》上九爻辭。金部鉉下曰：「所以舉鼎也。」《易》謂之鉉，《禮》謂之鼏，據此則許所據《禮》古文作鼏，鄭則據《禮》今文作鉉，同《易》也。鼏、鉉異字同義，或讀鉉古冥反，則非矣。《韵會》無「大吉也」。

鼏 鼎覆也。从鼎冖，冖亦聲。此九字各本無，以鼏篆鼏解、牛頭馬脯而合之，今補正。鼏見《禮經》，所以覆鼎，用茅爲之。今本作鼏，正字也，《禮》古文作密，叚借字也。「从鼎冖」者，冖，覆也。「冖亦聲」者，據冥字之解知之。古者覆巾謂之幎，鼎蓋謂之鼏，而《禮經》時亦通用。蚰部鼏从鼏聲，亦作蜜，虎部䖑讀若鼏，是知鼏古音同冥，亦同密，在十一、十二部之間，今音則莫狄切。

文四今補一，共文五。　重一。

克 肩也。《周頌》傳曰：「仔肩，克也。」人部曰：「仔，克也。」此曰：「克，肩也。」然則《周頌》「仔肩」絫言之，毛謂二字皆訓克也。肩謂任，任事以肩，故任謂之肩，亦謂之克。《釋詁》云：「肩，克也。」又曰：「肩，勝也。」鄭箋云：「仔肩，任也。」許云：「勝，任也。任，保也。保，當也。」㉘凡物壓於上謂之克，今蘇常俗語如是。《釋言》曰：「克，能也。」其引伸之義。《左傳》曰：「凡師得儁曰克。」於「鄭伯克段於鄢」曰：「如二君，故曰克。」即得儁之説也。《穀梁》曰：「克者何？能也。何能也？能殺也。」此《釋言》之説也。《公羊》曰：「克之者何？殺之也。」此以相勝爲義。《大雅》毛傳云：「掊克，自伐而好勝人也。」俗作「尅」。象屋下刻木之形。上象屋，下象刻木彔彔形。木堅而安居屋下栔刻之，能事之意也，相勝之意也。苦得切，一部。刻、克疊韵。凡克之屬皆从克。

古文克。

亦古文克。

文一。　重二。

彔 刻木彔彔也。小徐曰：「彔彔猶歷歷也，一一可數之皃。」按，剝下曰：「彔，刻割也。」彔彔，麗廔嵌空之皃。《毛詩》「車歷録」，亦當作「歷彔」。象形。盧谷切，三部。凡彔之屬皆从彔。

文一。

禾　嘉穀也。嘉、禾疊韵。《生民》詩曰：「天降嘉穀，維虋維芑。」㉙虋芑，《爾雅》謂之赤苗、白苗，許艸部皆謂之嘉穀，皆謂禾也。《公羊》何注曰：「未秀爲苗，已秀爲禾。」《魏風》：「無食我黍，無食我麥，無食我苗。」毛曰：「苗，嘉穀也。」嘉穀謂禾也。《生民》傳曰：「黄，嘉穀也。」嘉穀亦謂禾。民食莫重於禾，故謂之嘉穀。嘉穀之連稿者曰禾，實曰㮚，㮚之人曰米，米曰粱㉚，今俗云小米是也。㠯二月始生，八月而孰，得之中和，故謂之禾。依《思玄賦》注、《齊民要術》訂。和、禾疊韵。禾，木也。木王而生，金王而死。謂二月生，八月孰也。伏生、《淮南子》、劉向所著書，皆言張昏中種穀，呼禾爲穀。《思玄賦》注引此，下有「故曰木禾」四字。从木，禾，木也。故从木。象其穗。各本作「从木，从𠂹省，𠂹象其穗」九字，淺人增四字，不通，今正。下从木，上筆𠂹者象其穗，是爲从木而象其穗，禾穗必下垂。《淮南子》曰：「夫子見禾之三變也，滔滔然曰：狐向丘而死，我其首禾乎。」高注云：「禾穗垂而向根，君子不忘本也。」張衡《思玄賦》曰：「嘉禾垂穎而顧本。」王氏念孫説莠與禾絶相似，雖老農不辨，及其吐穗，則禾穗必屈而倒垂，莠穗不垂，可以識別。艸部謂莠揚生，古者造禾字，屈筆下垂以象之。户戈切，十七部。凡禾之屬皆从禾。

秀　上諱。上諱二字，許書原文。秀篆許本無，後人沾之。云上諱，則不書其字宜矣。不書故義形聲皆不言。説詳一篇示部。伏侯《古今注》曰：「諱秀之字曰茂。」葢許空其篆而釋之曰「上諱」，下文「禾之秀實爲稼」，則本作「茂實」也。許既不言，當補之曰：「不榮而實曰秀。从禾人。」「不榮而實曰秀」者，《釋艸》、《毛詩》文。按，《釋艸》云：「木謂之榮，艸謂之華。」㉛榮華散文則一耳。榮而實謂之實，桃李是也。不榮而實謂之秀，禾黍是也。榮而不實謂之英，牡丹、勺藥是也。凡禾黍之實皆有華，華瓣收即爲稃而成實，不比華落而成實者，故謂之榮可，如「黍稷方華」是也，謂之不榮亦可，「實發實秀」是也。《論語》曰：「苗而不秀，秀而不實。」秀則已實矣，又云實者，此實即《生民》之堅好也。秀與采義相成，采下曰：「禾成秀也。」采自其𠂹言之，秀自其挺言之，而非實不謂之秀，非秀不謂之采。《夏小正》：「秀然後爲萑葦。」《周禮注》：「荼，茅秀也。」皆謂其采而實。引伸之爲俊秀、秀傑。从禾人者，人者，米也。出於稃謂之米，結於稃内謂之人。凡果實中有人，《本艸》本皆作人，明刻皆改作「仁」，殊謬。禾稃内有人是曰秀。《玉篇》、《集韵》、《類篇》皆有秂字，「欲結米也，而鄰切」。本秀字也。隸書秀从乃，而秂別讀矣。息救切，三部。

稼　禾之秀實爲稼。既言秀又言實者，《論語》説也。謂禾采之成曰稼也。《甫田》：「曾孫之稼。」箋云：「稼，禾也。」謂有稿者也。莖節爲禾。全體爲禾，渾言之也，《聘禮》：「禾三十車」是也，《禹貢》所謂「總」也。莖節爲禾，別於采而言，析言之也。下文之稭稈也。从禾，家聲。古訝切，古音在五部。一曰，稼，家事也。此取从家爲義。《史記》曰：「五穀蕃孰，穰穰滿家。」《邠風》「八月其穫」，謂禾可穫也。「九月築場圃，十月納禾稼」，謂治於場而納之囷倉也。此説與穡義略同。一曰，在野曰稼。稼之言嫁也。毛傳曰：「種之曰稼。」《周禮・司稼》注曰：「種穀曰稼，如嫁女，以有所生。」此説與穡義别。《吕覽・君守篇》曰：「后稷作稼。」

穡　穀可收曰穡。毛傳曰：「斂之曰穡。」許不云「斂之」，云「可收」者，許主謂在野成孰。不言禾，言穀者，晐百穀言之，不獨謂禾也。古多叚嗇爲穡。从禾，嗇聲。此舉形聲包會意。所力切，一部。

穜　埶也。丮部曰：「埶，穜也。」小篆埶爲穜，之用切；種爲先穜後孰，直容切。而隸書互易之。詳張氏《五經文字》。種者，以穀播於土，因之名穀可種者曰種。凡物可種者皆曰種，别其音之隴切。《生民》曰：「種之黄茂。」又曰：「實種實褎。」箋云：「種生不雜也。」从禾，童聲。之用切，九部。

稙　早穜也。此謂凡穀皆有早穜者。《魯頌》傳曰：「先種曰稙。」謂先種先孰也。《釋名》曰：「青徐人謂長婦曰稙長，禾苗先生者曰稙，取名於此也。」从禾，凡氾言諸穀而字从禾者，依嘉穀爲言也。直聲。常職切，一部。《詩》曰：「稙稚尗麥。」《魯頌・閟宫》文。按，稚當作「穉」，郭景純注《方言》曰「穉古稚字」。是則晉人皆作稚，故穉、稚爲古今字。寫《説文》者用今字，因襲之耳。

種　先穜後孰也。此謂凡穀有如此者。《邠風》傳曰：「後孰曰重。」《周禮・内宰》注：「鄭司農云：先種後孰謂之種。」按，《毛詩》作「重」，叚借字也。《周禮》作「種」，轉寫以今字易之也。从禾，重聲。直容切，九部。

稑　疾孰也。謂凡穀有如此者。《邠風》傳曰：「先孰曰穋。」《周禮・内宰》注：「鄭司農云：後種先孰謂之稑。」按，土宜物性，即同一種而有不同，故大司徒必辨十有二壤之物，而知其種。司稼掌巡邦野之稼，而辨穜稑之種也。从禾，坴聲。力竹切，三部。《詩》曰：「黍稷種稑。」《邠風・七月》文。按，《七月》及《閟宫》皆作「重」，許種下不偁，而偁於稑下，葢本作重，轉寫易之也。

穋　稑或从翏。翏，聲也。今《周禮》作稑，《毛詩》作穋。

稺　幼禾也。《魯頌》毛傳曰：「後種曰稺。」許不言後種者，後種固小於先種，即先種者，當其未長亦稺也，先種而中有遲長者亦稺也。故惟《魯頌》稙稺對言，毛釋之。《小雅》「無害我田稺」，「彼有不穫稺」，毛不釋者，亦謂槩言幼禾。引伸爲凡幼之偁。今字作「稚」。从禾，屖聲。屖者，遟也。直利切，十五部。

稹　穜概也。此與鬒爲稠髮同也。引伸爲凡密緻之偁。从禾，真聲。之忍切，十二部。《周禮》曰：「稹理而堅。」《攷工記・輪人》文。鄭云：「稹，致也。」致，今之緻字。

稠　多也。本謂禾也，引伸爲凡多之偁。《小雅》：「綢直如髮。」叚綢爲稠也。从禾，周聲。直由切，三部。

穊　稠也。《漢書》劉章言耕田曰：「深耕穊種，立苗欲疏，非其種者，鉏而去之。」引伸爲凡稠之偁。从禾，既聲。己利切，十五部。

稀　疏也。㐬部曰：「疏，通也。」稀與穊爲反對之辭，所謂立苗欲疏也。引伸爲凡疏之偁。从禾，希聲。許書無希字，而希聲字多有，與由聲字正同。不得云無希字、由字也，許時奪之，今不得其説解耳。香衣切，十五部。

䅋　禾也。蓋禾有名䅋者也。《廣韵》曰：「《莊子》謂之禾也。」从禾，蔑聲。莫結切，十二部。

穆　禾也。蓋禾有名穆者也。凡經傳所用穆字，皆叚穆爲㣎。㣎者，細文也，从彡𡭴省。彡言文，𡭴言細。凡言穆穆、於穆、昭穆，皆取幽微之義。《釋訓》曰：「穆穆，敬也。」《大雅·文王》傳曰：「穆穆，美也。」从禾，㣎聲。莫卜切，三部。

私　禾也。蓋禾有名私者也，今則叚私爲公厶。倉頡作字，自營爲厶，背厶爲公。然則古祇作厶，不作私。从禾，厶聲。息夷切，十五部。北道名禾主人曰私主人。北道，蓋許時語立乎南以言北之辭。《周頌》：「駿發爾私。」毛曰：「私民田也。」

䆏　稻紫莖不粘者也。者字今補。从禾，糞聲。讀若靡。王氏念孫曰：「靡當作𪎭，字之誤也。」扶沸切，古音在十三部、十五部之閒。又按，此爲稻屬，則當廁於下文稻、稌、稴、秔、秏之類，蓋轉寫者亂之。

稷　齋也。程氏瑤田《九穀攷》曰：「稷，齋大名也。粘者爲秫，北方謂之高粱，通謂之秫，秫又謂之蜀黍，高大似蘆。《月令》：首種不入。鄭云：首種，謂稷。今以北方諸穀播種先後攷之，高粱最先。《管子書》：日至七十日，陰凍釋而蓺稷，百日不蓺稷。日至七十日，今之正月也。今南北皆以正月蓺高粱是也。凡經言疏食者，稷食也。稷形大，故得疏偁。」按，程氏《九穀攷》至爲精析，學者必讀此而後能正名其言。漢人皆冒粱爲稷，而稷爲秫秫，鄙人能通其語者，士大夫不能擧其字，真可謂撥雲霧而覩青天矣。五穀之長。謂首種也。《月令》注：「稷，五穀之長。」按，稷長五穀，故田正之官曰稷。《五經異義》：「今《孝經》説：稷者，五穀之長，穀衆多不可徧敬，故立稷而祭之。古《左氏》説：列山氏之子曰柱，死祀以爲稷，稷是田正。周棄亦爲稷，自商以來祀之。許君曰：謹按，禮緣生及死，故社稷人事之。既祭稷穀，不得但以稷米祭，稷反自食。同《左氏》義。」鄭君駁之曰：「《宗伯》以血祭祭社稷、五祀、五嶽，社稷之神若是句龍柱棄，不得先五嶽而食。《大司徒》五地：一曰山林，二曰川澤，三曰丘陵，四曰墳衍，五曰原隰。《大司樂》五變而致介物及土示。土示者，五土之總神，即謂社也。六樂於五地無原隰而有土祇，則土祇與原隰同用樂也，是以變原隰言土示。《詩·信南山》云：畇畇原隰。下云：黍稷彧彧。原隰生百穀，稷爲之長。然則稷者，原隰之神。若達此義，不得以稷米祭稷爲難。社者，五土總神。稷者，原隰之神。皆能生萬物者。以古之有大功者配之：句龍以有平水土之功，配社祀之；稷有播種之功，配稷祀之。㉜按，許造《說文》，但引今《孝經》說，則其說社稷當與鄭意同。玉裁謂《異義》早成，《說文》晚出爲定說，此亦一耑也。从禾，畟聲。子力切，一部。古叚稷爲即。《小雅》：「既齊既即。」㉝毛云：「稷，疾。」是也。亦叚爲昃字。如《穀梁》「日昃」作「日稷」是也。

𥞫　古文稷。按，兂蓋即古文畟字。

𪗉　稷也。《釋艸》曰：「粢，稷也。」《周禮·甸師》「齍盛」注云：「粢者，稷也。穀者稷爲長。」按，經作齍，注作粢，此經用古字，注用今字之例。《周禮》「齍盛」字，鄭易爲粢者三：《甸師》、《肆師》、《大祝》也。《小宗伯》「六齍」注云：「齍讀爲粢。六粢謂六穀：黍、稷、稻、粱、麥、苽。」云「齍讀爲粢」，此易齍爲粢之證也。粢本謂稷，何以六穀統名粢，則以稷爲穀之長，故得槩之。《甸師》注是其恉也。米本謂禾，凡穀皆得名米，粢盛之粢猶是矣。《甫田》作「齊」，亦作「齍」。毛曰：「器實曰齍。」而《左傳》、《禮記》皆作「粢盛」，是可證齍、粢之同字。穀名曰粢，用以祭祀則曰齍，別之者，貴之也。今經典粢皆譌粢，而𪗉字且不見於經典矣。《廣韵》曰：「𪗉，祭飯也。」《玉篇》曰：「黍稷在器曰𪗉。」知舊本經典故作「𪗉盛」。从禾，𠫤聲。即夷切，十五部。

粢　𪗉或从次作。鄭注《周禮》曰：「齎、資字同。」其字以𠫤、次爲聲，从貝變易；此亦以𠫤、次爲聲，从禾變易。而今日經典粢盛皆从米作，則又粉餈之或字而誤叚之。

秫　稷之粘者。《九穀攷》曰：「稷，北方謂之高粱，或謂之紅粱。其粘者黃白二種，所謂秫也。秫爲黏稷，而不黏者亦通評爲秫秫，而他穀之黏者，亦叚借通偁之曰秫。陶淵明使公田二頃，五十畝種秫，稻之黏者也。崔豹《古今注》所謂秫爲黏稻是也。」从禾，朮象形。下象其莖葉，上象其采。食聿切，十五部。鍇本作朮聲。

朮　秫或省禾。

穄　穈也。此謂黍之不粘者也。黍部曰：「穈者，穄也。」《呂氏春秋》：「飯之美者，陽山之穄。」高注云：「關西謂之穈，冀州謂之䵚。」《廣雅》：「䵚、穈，穄也。」《九穀攷》曰：「據《說文》，禾屬而黏者黍，則禾屬而不黏者穈。對文異，散文則通偁黍。《內則》：飯黍、稷、稻、粱，白黍、黃粱。鄭注：黍，黃黍也。黃黍者，穈也，穄也。飯用之。黏者，釀酒及爲餌餈酏粥之屬。不黏者，評穈、評穄，而黏者乃專得黍名矣。今北方皆評黍子、穈子，穄與稷雙聲，故俗誤認爲稷，其誤自唐之蘇恭始。」从禾，祭聲。子例切，十五部。《九穀攷》曰：「簠簋實穈爲之，以供祭祀，故又異其名曰穄。」

稻　稌也。今俗槩謂黏者不黏者，未去糠曰稻，稉稻、秈稻、秔稻，皆未去糠之偁也。既去糠則曰稉米，曰秈米，曰秔米。古謂黏者爲稻，謂黏米爲稻。《九穀攷》曰：「《七月》詩：十月穫稻，爲此春酒。《月令》：乃命大酋，秫稻必齊。《內則》、《襍記》並有稻醴，

《左傳》進稻醴粱糗，是以稻爲黏者之名，黏者以釀也。《内則》糝酏用稻米，《籩人》職之餌餈，注亦以爲用稻米，皆取其黏耳。而《食醫》之職牛宜稌，鄭司農説：稌，粳也。是又以粳釋稻，粳其不黏者也。孔子曰：食夫稻。亦不必專指黏者言。《職方氏》揚荆諸州亦但云其穀宜稻，吾是以知稌稻之爲大名也。」玉裁謂，稻其渾言之偁，秔與稻對爲析言之偁。稻宜水，故《周禮》：「稻人掌稼下地。」从禾，舀聲。徒晧切，古音在三部。

稌 稻也。《釋艸》曰：「稌，稻。」《周頌》毛傳同。許曰：沛國謼稬，而郭璞曰「今沛國呼稌」，然則稌、稬本一語，而稍分輕重耳。从禾，余聲。徒古切，五部。《周禮》曰：「牛宜稌。」《食醫》文。

稬 沛國謂稻曰稬。襄五年《穀梁傳》：「仲孫蔑、衛孫林父會吳於善稻。吳謂善，伊；謂稻，緩。」按，謂善爲伊者，古合韵也。謂稻爲緩者，即沛國謂稻曰稬之理也。緩古亦讀如暖。昭五年「狄人謂賁泉矢胎」，謂賁爲矢者，即今俗語謂糞爲矢也。今矢胎作「失台」者，誤。从禾，耎聲。奴亂切，十四部。今語奴臥切。

稴 稻不黏者。凡穀皆有黏者，有不黏者。秫則稷之黏者也，穄則黍之不黏者也。稻有不黏者，則稴是也。今俗通謂不黏者爲秈米。《集韵》、《類篇》皆云：「方言江南呼粳爲秈，亦作籼，作粞。」按，《説文》、《玉篇》皆有稴無秈，葢秈即稴字音變而字異耳。《廣雅》曰：「秈，稉也。」渾言不別也。从禾，兼聲。讀若風廉之廉。風廉之廉，疑當同食部作「風溓」。溓，力兼切，亦胡兼切，七部。

秔 稻屬。凡言屬者，以屬見別也；言別者，以別見屬也。重其同則言屬，秔爲稻屬是也。重其異則言別，稗爲禾別是也。《周禮注》曰「州黨族閭比鄉之屬別」，「介次市亭之屬別小者」，屬別並言，分合並見也。稻有至黏者，稬是也。有次黏者，稉是也。有不黏者，稴是也。稉比於稬，則爲不黏；比於稴，則尚爲黏。稉與稴爲飯，稬以釀酒、爲餌餈。今與古同矣。散文稉亦偁稻，對文則別。《魏都賦》：「水澍稉稌，陸蒔稷黍。」《蜀都賦》：「黍稷油油，稉稻莫莫。」皆稉稻並舉。《本艸經》秔米、稻米殊用，陶貞白乃不能分別，其亦異矣。从禾，亢聲。古行切，古音在十部。

稉 俗秔。更，聲也。陸德明曰：稉與粳皆俗秔字。

秏 稻屬。《漢書》曰：「訖於孝武後元之年，靡有孑遺秏矣。」孟康曰：「秏音毛，無有秏米在者也。」㉞秏米，米名，即所謂稻屬也。今本作毛米，誤。孟意若今言無有一粒存者。《水經注》曰：「燕人謂無爲毛。」㉟故有用毛爲無者，又有用秏者。初讀莫報切，既又讀呼到切，改禾旁爲耒旁，罕知其本音本義本形矣。《大雅》：「秏斁下土。」秏者，乏無之謂。故《韓詩》云：「惡也。」从禾，毛聲。呼到切，二部。按，當音毛音耄。伊尹曰：「飯之美者，玄山之禾，南海之秏。」《呂氏春秋·本味篇》：「伊尹曰：南海之秬。」高注：「南海，南方之海。秬，黑黍也。」許所據《伊尹書》不同。

《伊尹書》見《漢・藝文志》。

穬　芒粟也。《周禮・稻人》：「澤草所生，種之芒種。」鄭司農云：「芒種，稻麥也。」按，凡穀之芒，稻麥爲大，芒粟次於此，麥下曰「芒穀」，然則許意同先鄭也。稻、麥得評粟者，從嘉穀之名也。从禾，廣聲。古猛切，古音在十部。

秜　稻，今年落，來年自生謂之秜。《淮南書》：「離先稻孰，而農夫耨之，不以小利傷大穫也。」注云：「離與稻相似，耨之爲其少實。」疑離即秜。《玉篇》、《廣韵》秜皆力脂切，則音同也。他書皆作「穭」，力與切。《埤蒼》：「穭，自生也。」亦作稆。《後漢書・獻帝紀》：「尚書郎以下自出采稆。」古作「旅」。《史》、《漢》皆云：「觜觿主葆旅事。」晉灼曰：「葆，采也。野生曰旅。今之飢民采旅生。」按，離、秜、旅一聲之轉，皆謂不種而自生者也。从禾，尼聲。里之切。按，之當依《廣韵》作「脂」，十五部。

稗　禾別也。謂禾類而別於禾也。《孟子》曰：「苟爲不孰，不如荑稗。」《左傳》云：「用秕稗也。」杜云：「稗，草之似穀者。稗有米似禾可食，故亦種之。」如淳曰：「細米爲稗，故小説謂之稗官，小販謂之稗販。」从禾，卑聲。旁卦切，十六部。琅邪有稗縣。《地理志》：「琅邪郡椑縣。」《郡國志》無。《後漢》省也。椑，當是本作稗。莽曰「識命」，蓋惡其名而易之。今山東沂州府莒州州南有稗縣故城。或曰，本春秋時向國，隱公二年莒人入向是也。

移　禾相倚移也。相倚移者，猶言虛而與之委蛇也。《吕氏春秋》曰：「苗其弱也欲孤，其長也欲相與俱，其孰也欲相扶。」倚移，連緜字，疊韵，讀若阿那。《攷工記》鄭司農注兩引「倚移從風」，今《上林賦》作「旖旎從風」。《説文》於禾曰「倚移」，於旗曰「旖施」，於木曰「檹施」，皆謂阿那也。毛傳曰：「猗儺，柔順也。」猗儺即阿那。《表記》：「衣服以移之。」注：「移讀如禾氾移之移，移猶廣大也。」禾氾移，蓋謂禾蕃多。《郊特牲》：「其蜡乃通以移民也。」鄭曰：「移之言羡也。」古叚移爲侈。如《攷工記》「飾車欲侈」，故書侈爲移，《少牢饋食禮》「移袂」，皆是。今人但讀爲遷移。據《説文》，則自此之彼，字當作迻。从禾，多聲。弋支切，古音在十六部。一曰，禾名。別一義。

穎　禾末也。穎之言莖也，頸也。近於采及貫於采者皆是也。《大雅》：「實穎實栗。」毛曰：「穎，垂穎也。」《禹貢》鄭注曰：「百里賦入緫，謂入刈禾也。二百里銍，銍，斷去稿也。三百里秸，秸，又去穎也。四百里入粟，五百里入米者，遠彌輕也。」《禮器》：「槀鞂之設。」鄭注：「穗去實曰鞂。」鞂與秸同物。鄭注《尚書》曰：「去穎，謂用其采也。」注《禮器》曰：「去實，謂用其穎也。」《史記》曰：「錐處囊中，穎脱而出，非特其末見而已。」《少儀》：「刀卻刃授穎。」是則穎在錐則卻於末，在刀則卻於刃，在禾則卻於采也。渾言之，則穎爲禾末；析言之，則禾芒乃爲秒。从禾，頃聲。余頃切，十一部。《詩》曰：「禾穎穟穟。」《大雅・生民》文。今《詩》作「禾役」。毛曰：「役，列也。」玉裁按：役者，穎之叚借字。古支耕合韵之理也。列者，梨之叚借，禾穰也。此穎通穰言之，下章之穎，則專謂垂者。

⿰禾來 齊謂麥⿰禾來也。來之本義訓麥，然則加禾旁作來，俗字而已。蓋齊字也。據《廣韵》，則《埤蒼》來麰字作⿰禾來。从禾，來聲。洛哀切，一部。按，上下文皆言禾，中閒以麥，疑皆非舊次。

采 禾成秀，人所收者也。依《爾雅音義》及《玄應書》訂。采與秀古互訓，如《月令》注「黍秀舒散」，即謂黍采也。人所收，故从爪。从爪禾。會意。小徐作爪聲，非。此與采同意。徐醉切，十五部。

穗 俗从禾，惠聲。

⿰禾勺 禾危采也。危采，謂穎欲斷落也。《齊民要術》云：「刈晚則穗折，遇風則收減。」《玉篇》云：「⿰禾勺亦懸物也。」則⿰禾勺同《方言》之「𠄌」。《方言》曰：「𠄌，縣也。趙魏之閒曰𠄌，燕趙之郊縣物於臺之上謂之𠄌。」郭璞曰：「了𠄌，縣物皃。丁小反。」按，《玄應書》及《集韵》所引《方言》皆如是，今本《方言》作「佻」，妄人所改耳。王延壽《王孫賦》：「𠄌瓜懸而瓠垂。」𠄌者，象形字。⿰禾勺者，諧聲字。从禾，勺聲。都了切，二部。

穟 禾采之皃。《大雅·生民》曰：「禾役穟穟。」《釋訓》曰：「穟穟，苗也。」毛傳曰：「穟穟，苗好美也。」按，《公羊傳》注：「生曰苗，秀曰禾，苗、禾一也。」《釋訓》、毛傳與許説一也。許以經言禾穎，則穟穟指采，言成就之皃。从禾，遂聲。徐醉切，十五部。《詩》曰：「禾穎穟穟。」按，古音支、清二部互轉。役在支部，即穎之入聲，蓋即穎之叚借字。許此句蓋用《三家詩》。如「如鳥斯翰」爲正字，《毛詩》作革，爲叚借字也。

蓫 穟或从艸。

⿰禾耑 禾𠂹皃。禾采必𠂹，采重則秆𠂹。从禾，耑聲。讀若端。十四部，今音丁果切。取朵字之意。

䅥 禾舉出苗也。何休曰：「生曰苗，秀曰禾。」禾采初挺出於苗，是曰䅥，既成則屈而下𠂹矣。《周頌》曰：「驛驛其達，有厭其傑。」毛云：「達，射也。有厭其傑，言傑苗厭然特美也。」毛、鄭釋《詩》皆謂苗，許云「禾舉出苗」，則謂采。手部：「揭者，高舉也。」音義略同。从禾，曷聲。居謁切，十五部。《廣韵》入曷、薛二韵。

秒 禾芒也。下文云：「禾有秒，秋分而秒定。」《淮南書》秒作「蔈」，亦作「標」。按，艸部云：「蔈，末也。」禾芒曰秒，猶木末曰杪。《九穀攷》曰：「粟之孚甲無芒，芒生於粟采之莖。」从禾，少聲。亡沼切，二部。

穖 禾穖也。《九穀攷》曰：「禾采成實，離離若聚珠相聯貫者謂之穖。與珠璣之璣同意。」《呂氏春秋》：「得時之禾，疏穖而穗大。得時之稻，長桐疏穖。」高注云：「穖，禾穗果蠃是也。」玉裁謂：穖貴疏者，禾采緊密，每顆皆綻而後能疏也，穖疏而穗乃大。从禾，幾聲。居豨切，十五部。

秠 一稃二米。从禾，丕聲。《詩》曰：「誕降嘉穀，惟秬惟秠。」天賜后稷之嘉穀也。按，此解當云：「稃也。从禾，丕聲。《詩》曰：誕降嘉穀，惟秬惟秠。黑黍一稃二米，天賜后稷之嘉穀也。」爲淺人改竄之耳。《詩·生民》：「惟秬惟秠。」《釋艸》曰：「秬，黑黍；秠，一稃二米。」毛傳正同。葢黑黍一稃二米曰秬，言秬而一稃二米已見。經文以「惟秠」足句，見黑黍之稃有異，不比下文「惟虋惟芑」畫然二物。故《釋訓》者，以黑黍系秬，以一稃二米系秠，分屬之。《鄭志》張逸問云：「《鬯人》職注：秬如黑黍，一秠二米。按《爾雅》秠一稃二米，未知二者同異。」「荅曰：秠即其皮，稃亦皮也。《爾雅》重言以曉人，更無異偁也。」據此知秠即稃，凡稃皆曰秠，非必二米一稃也。許於鬯部𩰪下云：「黑黍也。一稃二米。」是可見一稃二米者，謂秬，非謂凡秠也。此必偁經文「惟秬惟秠」而後總釋之曰「黑黍一稃二米」，則《爾雅》、毛傳訓詁之意明矣。秠之本義與稃同，故必先之曰：「稃也。从禾，丕聲。」而後引《詩》，則知經義與字義無不合矣。小徐本秠、稃二篆相屬，此必古本秠、稃、穭、穅四篆同義，淺人墨守《爾雅》、毛傳，而不心知其意，乃妄改許書，致文理不通而不可讀。敷悲切。《字林》匹几、匹九、夫九三反。匹九、夫九二反，則當从不聲，《玉篇》作杯是也。古音在一部。○今《鬯人》注「如黑黍一稃二米」，《詩正義》引作「一秠二米」，葢正義所引是。鄭作「一秠」，《爾雅》作「一稃」，鄭意秠即稃，故荅問云爾。

稃　穭也。小徐本此篆與秠篆相屬，古本也。《玉篇》次第正同。自淺人不知秠解而改竄之，乃又移易篆之次第矣。《甫田》箋曰：「方，房也。謂孚甲始生而未合時也。」古借孚爲稃。从禾，孚聲。芳無切，古音在三部。

⿰米付　稃或从米，付聲。

穭　穅也。从禾，會聲。讀若裹。苦會切，十五部。《玉篇》公卧、公外二切。公卧即讀若裹之云。會聲而讀若裹者，合音也。

穅　穀之皮也。云穀者，晐黍、稷、稻、粱、麥而言。穀，猶粟也。今人謂已脱於米者爲穅，古人不爾。穅之言空也，空其中以含米也。凡康寧、康樂皆本義空中之引伸，今字分別，乃以本義从禾，引伸義不从禾。从禾米，庚聲。庚，毛刻作「康」，誤，今正。苦岡切，十部。

康　穅或省作。稃、穭、穅、康四篆，大徐在秳、𥝩二篆之下，今以類移此。

秨　禾䌛皃。䌛，今搖字。今俗語說動搖之皃曰秨，即此字也。从禾，乍聲。讀若昨。在各切，五部。

穮　槈鉏田也。各本作「耕禾閒也」，今正。《周頌》釋文引《說文》：穮，槈鉏田也。表嬌反。《字林》：穮，耕禾閒也。方遙反」。然則今本《說文》淺人用《字林》改之。穮者，耘也，非耕也。《周頌》：「緜緜其麃。」毛傳曰：「麃，耘也。」《釋訓》曰：「緜緜，麃也。」孫炎云：「緜緜言詳密也。」郭璞云：「芸不息也。」《左傳》：「是穮是蔉。」杜云：「穮，耘也。」許云「槈鉏田」者，槈，薅器也。鉏，立薅斫也。薅者，披田艸也。或槈其田，或鉏其田，皆曰穮。今吳下俗語說用鉏曰暴，即此字也。从禾，麃聲。甫嬌切，二部。《周頌》叚麃爲之。《春秋傳》曰：「是穮是衮。」《左傳·昭元年》文。衮之言甽也，謂壅禾本也。

案　轢禾也。轢者，車所踐也。此轢讀如勞，即《齊民要術》所謂勞也。郎到切。賈思勰曰：「古曰耰，今曰勞。《說文》：耰，摩田器。今人鄙語曰：摩勞。種穀之法，苗既出壟，每一經雨白背時，輒以鐵齒鎘楱縱橫杷而勞之。杷法：令人坐上，數以手斷去艸，如此令地輭，易鉏，省力。中鋒止，苗高一尺，鋒之。」按，賈云「鋒之」，謂鉏之也。勞之而後鋒之，然則案之而後穮之矣。从禾，安聲。轢禾者，所以安禾也。形聲包會意。烏旰切，十四部。

秄　雝禾本。雝，俗作壅。《小雅》：「或耘或耔。」毛曰：「耘，除艸也。耔，雝本也。」《食貨志》：「后稷始甽田，以二耜爲耦，廣尺深尺曰甽，長終畝。一畝三甽，一夫三百甽，而播種於甽中。苗生三葉以上，稍耨隴艸，因壝其土以附苗根，故其《詩》曰：或芸或芓，黍稷儗儗。芸，除艸也。芓，附根也。言苗稍壯，每耨輒附根，比盛暑，隴盡而根深，能風與旱，故儗儗而盛也。」㊱按，班所據《詩》作「芓」，古文叚借字，說詩作「秄」㊲，小篆字。《詩》言耘耔。《左傳》言穮衮㊳。衮者，甽也。隤，壟艸壅於甽中也。耔、蓘皆俗字。从禾，子聲。即里切，一部。

穧　穫刈也。穫刈，謂穫而芟之也。刈同乂，芟艸也。刈之必齊，故从亝。《小雅》曰：「此有不斂穧。」謂已刈而遺於田未斂者也。上文「不穫穉」，謂幼禾留於田未刈者也。《釋詁》曰：「鹹、穧，穫也。」鄭注《周禮》云：「四秉曰筥，謂一穧也。」一曰，撮也。撮者，四圭也。一曰，兩指撮也。然則穧之別義謂少也。从禾，亝聲。上文既有𪗉字，以禾在上、禾在旁別其義㊴。在詣切，十五部。

穫　刈穀也。穫之言獲也。刈穀者，以銍以鎌。从禾，蒦聲。胡郭切，五部。

穦　積禾也。穦、積雙聲。《廣雅》曰：「穦，積也。」从禾，資聲。即夷切，十五部。《詩》曰：「穦之秩秩。」《周頌》文。今作「積之栗栗」，毛云：「栗栗，衆多也。」無「穦積也」之文，蓋許偁《三家詩》也。

積　聚也。禾與粟皆得偁積。引伸爲凡聚之偁。《淇奧》詩叚簀爲積。从禾，責聲。則歷切，十六部。

秩　積皃。皃，各本作「也」，今正。積之必有次敘、成文理，是曰秩。《詩·叚樂》傳曰：「秩秩，有常也。」《斯干》傳曰：「秩秩，流行也。」《巧言》傳曰：「秩秩，進知也。」《賓之初筵》傳曰：「秩秩然肅敬也。」《釋訓》曰：「條條、秩秩，智也。」又曰：「秩秩，清也。」皆引伸之義也。从禾，失聲。直質切，十二部。古叚𢧢爲秩，如「秩秩大猷」，人部作「𢧢𢧢大猷」。《儀禮》注云：「秩或爲𢧢。」㊵皆是也。《詩》曰：「穦之秩秩。」

稛　絭束也。絭束，謂以繩束之。《國語》：「垂櫜而入，稛載而歸。」韋注：「稛，絭也。」㊶古亦叚麇爲之。如《左傳》：「羅無勇麕之」「及潞麕之」是也。《方言》：「稛，就也。」注：「稛稛，成就皃。」《廣韵》作「成熟」。蓋禾熟而刈之，而紥束之，其義相因也。从禾，困聲。苦本切，十三部。按，本从囷聲，丘吻反，轉入䡅韵，爲苦本切，非从困聲也。

稞 穀之善者。謂凡穀顆粒俱佳者。《廣韵》云：「淨穀。」从禾，果聲。胡瓦切，古音讀如顆，十七部。一曰，無皮穀。謂穀中有去稃者也。此義當讀如祼。

秳 舂粟不潰也。水部曰：「潰，漏也。」舂粟不潰者，謂無散於臼外者也。蓋舂之用力重，則或潰，用力輕，則不，是曰秳。今俗謂輕舂曰桄，古曠切，即秳之轉語也。从禾，昏聲。户括切。按，當古活切，十五部。

䅂 稻也。从禾，气聲。居气切，十五部。《篇》、《韵》皆下没切。

䅵 禾皮也。禾皮者，禾稾之皮也。《吕氏春秋》曰：「得時之麥，薄䅵而赤色。」本謂稾皮，因以評稍皮。羔聲、勺聲，古音同在二部。故䅵音灼。下文曰「禾若秧穰」，曰「把取禾若」，若即䅵，今音相近，又改其字耳。从禾，羔聲。之若切，古音在二部，平聲。按，《春秋經》有禚字，齊地名。今《釋文》、《五經文字》皆作「禚」，从示。惟《玉篇》禾部䅵下曰：「又齊地名」，而示部禚字在部末，孫强等所沾，然則希馮所據《春秋》，字从禾。

稭 禾稾去其皮，祭天目爲席也。《禮器》曰：「莞簟之安，而稾鞂之設。」鄭注：「穗去實曰鞂。」引《禹貢》「三百里納鞂服」。《禹貢》釋文：「秸本或作稭。」然則稭、秸、鞂三形同，又或作「藍」，亦同。謂禾莖既刈之，上去其穗，外去其皮，存其淨莖，是曰稭。鄭云「穗去實」，猶云「穎去穗」也。穎謂莖之近穗者。鄭注《禹貢》云：「銍謂刈穗斷去稾也，稭又去其穎也。」是謂下截爲稾，近穗爲穎。故「三百里納秸」者，不惟去稾，又去穎而納穗。其注《禮器》云「穗去實」者，正謂去穗用近穗之穎，與許云稾去皮者少異。許云「稾」者，兼穎而言。言稾得兼穎，言穎不兼稾也。从禾，皆聲。古黠切，十五部。

稈 禾莖也。謂自根之上至貫於穗者是也。从禾，旱聲。古旱切，十四部。《春秋傳》曰：「或投一秉稈。」昭公廿七年《左傳》曰：「或取一編菅焉，或取一秉秆焉，國人投之。」此以二句合爲一句耳。

秆 稈或从干作。干聲。

稾 稈也。《廣雅》、《左傳注》皆云：「秆，稾也。」叚借爲矢榦之稾、屈平屬艸稾之稾。从禾，高聲。古老切，二部。

秕 不成粟也。按，不成粟之字从禾，惡米之字从米，而皆比聲，此其別也。《左傳》：「若其不具，用秕粺也。」杜云：「秕，穀不成者。」僞古文云：「若粟之有秕。」《吕覽》云：「凡禾之患，不俱生而俱死，是以先生者美米，後生者多秕。是故其耨也，長其兄而去其弟。」按，今俗評穀之不充者曰癟，補結切，即秕之俗音、俗字也。引伸之凡敗者曰秕。《漢書》曰：「秕我王度。」从禾，比聲。卑履切，十五部。

䅌 麥莖也。麥莖光澤娟好，故曰䅌。一作「藹」，潘岳《射雉賦》曰「闞閭藹葉」是。从禾，肙聲。古玄切，十四部。

梨 黍穰也。《廣雅》：「黍穰謂之䅀。」《左傳》：「使巫以桃茢先祓殯。」杜注云：「茢，黍穰。」《檀弓》：「以巫祝桃茢執戈。」鄭注云：「茢，萑苕。」按，二物皆可爲彗，二字可通用，故注不同。許説其本義也。《詩·生民》：「禾役穟穟。」毛傳：「役，列也。」列蓋梨之叚借，禾穰亦得謂之梨也。从禾，梨聲㊷。良薛切，十五部。

穰 黍梨已治者。已治，謂已治去其箬皮也㊸。謂之穰者，莖在皮中，如瓜瓤在瓜皮中也。《周頌》傳曰：「穰穰，衆也。」此叚借也。从禾，襄聲。汝羊切，十部。

秧 禾若秧穰也。若即上文之䅿也。若者，擇菜也。擇菜者，必去其邊皮。因之凡可去之皮曰若，竹皮亦曰箬。《漢書》：「印絫絫，綬若若。」絫絫，重積也。若若，如擇若之多也。秧、穰疊韵字。《集韵》曰：「禾下葉多也。」今俗謂稻之初生者曰秧，凡艸木之幼可移栽者皆曰秧，此與古義别。从禾，央聲。於良切，十部。

䅭 䅭䅣，穀名。《廣雅》曰：「䅭䅣，穄也。」按，許但云「穀名」，不與穄篆爲伍，則與張説異。从禾，旁聲。薄庚切，古音在十部。

䅣 䅭䅣也。二字疊韵。从禾，皇聲。户光切，十部。

年 穀孰也。《爾雅》曰：「夏曰歲，商曰祀，周曰年，唐虞曰載。」年者，取禾一孰也。从禾，千聲。奴顛切，古音在十二部。《春秋傳》曰：「大有年。」宣十六年經文。《穀梁傳》曰：「五穀皆孰爲有年，五穀皆大孰爲大有年。」

穀 此篆體依《五經文字》木部正。續也。穀與粟同義，引伸爲善也。《釋詁》毛傳皆曰：「穀，善也。」又《大雅》傳曰：「穀，禄也。」㊹百穀之總名也。《周禮·太宰》言「九穀」，鄭云：「黍、稷、稻、粱、麻、大小豆、小麥、苽也。」《膳夫》「食用六穀」，先鄭云：「稌、黍、稷、粱、麥、苽也。」《疾醫》言「五穀」，鄭曰：「麻、黍、稷、麥、豆也。」《詩》、《書》言「百穀」，種類繁多，約舉兼晐之詞也。惟禾黍爲嘉穀。李善引辥君《韓詩章句》曰：「穀類非一，故言百也。」从禾，㱿聲。㱿者，今之殼字。穀必有稃甲，此以形聲包會意也。古禄切，三部。

稔 穀孰也。稔之言飪也。从禾，念聲。而甚切，七部。《春秋傳》曰：「不五稔」是。昭元年《左傳》文。

租 田賦也。从禾，且聲。則吾切，五部。

税 租也。从禾，兑聲。輸芮切，十五部。

䆃 䆃米也。三字句。各本删䆃字，改米爲禾，自吕氏

《字林》、《顏氏家訓》時已然，今正。䆃，擇也。擇米曰䆃米，漢人語如此，雅俗共知者。《漢書·百官表》《後書·殤帝、和帝紀》皆有「䆃官」，注皆云：「䆃官主擇米。」鄧后詔曰：「減大官䆃官，自非共陵廟稻粱米不得䆃擇。」光武詔曰：「郡國異味，有豫養䆃擇之勞。」凡作導者，譌字也。䆃米是常語，故以䆃米釋䆃篆。如河下云「河水」，嶲下云「嶲周」之比。淺人槩謂複字而刪之，又改米爲禾。呂忱、徐廣、顏之推、司馬貞皆執誤本《說文》，謂䆃是禾名，豈知䆃果禾名，則許書之例當與穖、穆、私三篆爲伍，而不廁於此。**从禾，道聲。**徒到切，古音在三部。**司馬相如曰：「䆃一莖六穗也。」**《史》《漢》《司馬相如傳》封禪文曰：「囿騶虞之珍羣，徼麋鹿之怪獸。䆃一莖六穗於庖，犧雙觡共柢之獸。獲周餘珍放龜於岐，招翠黃乘龍於沼。」鄭德云：「䆃，擇也。一莖六穗謂嘉禾之米。」鄭語最明憭。言「於庖」者，擇米作飯，必於庖也。呂忱乃云：「禾一莖六穗謂之䆃。」蓋不讀封禪文，而誤斷許書之句度矣。

⿰禾荒　虛無食也。《爾雅》：「果不孰爲荒。」《周禮疏》曰：「疏穀皆不孰爲大荒。」按，荒年字當作⿰禾荒，荒行而⿰禾荒廢矣。**从禾，荒聲。**呼光切，十部。

穌　杷取禾若也。杷，各本作「把」，今正。禾若散亂，杷而取之，不當言把也。《離騷》：「蘇糞壤以充幃兮，謂申椒其不芳。」王逸曰：「蘇，取也。」《韓信傳》曰：「樵蘇後爨，師不宿飽。」《漢書音義》曰：「樵，取薪也。蘇，取草也。」此皆假蘇爲穌也。蘇，桂荏也，蘇行而穌廢矣。《樂記》：「蟄蟲昭蘇。」注云：「更息曰蘇。」據《玉篇》云：「穌，息也。死而更生也。」然則希馮所據《樂記》作穌。**从禾，魚聲。**素孤切，五部。

稍　出物有漸也。漸，依許當作「趣」，漸行而趣廢矣。稍之言小也，少也。凡古言稍稍者，皆漸進之謂。《周禮》：「稍食祿稟也。」云稍者，謂祿之小者也。**从禾，肖聲。**所教切，二部。

秋　禾穀孰也。其時萬物皆老，而莫貴於禾穀，故从禾。言禾復言穀者，晐百穀也。《禮記》曰：「西方者秋，秋之爲言揫也。」㊺**从禾，龜省聲。**七由切，三部。

⿰禾龜　籒文不省。

秦　伯益之後所封國。鄭《詩譜》曰：「秦者，隴西谷名，於《禹貢》近雍州鳥鼠之山。堯時有伯翳者，實皋陶之子，佐禹治水。水土既平，舜命作虞官，掌上下草木鳥獸。賜姓曰嬴。歷夏、商興衰，亦世有人焉。周孝王使其末孫非子養馬於汧渭之閒，孝王封非子爲附庸，邑之於秦谷。至曾孫秦仲，宣王又命作大夫，始有車馬禮樂侍御之好。國人美之，秦之變風始作。」按，伯益、伯翳實一人，皋陶之子也。今甘肅秦州清水縣有故秦城，《漢·地理志》之隴西秦亭、秦谷也。**地宜禾。从禾，舂省。**地宜禾者，說字形所以从禾从舂也。《職方氏》曰：「雍州穀宜黍稷。」豈秦穀獨宜禾與？匠鄰切，十二部。按，此字不以舂禾會意爲本義，以地名爲本義者，通人所傳如是也。**一曰，秦，禾名。**此別一義。

⿱𡗗秝　籒文秦，从秝。

稱 銓也。銓者，衡也。《聲類》曰：「銓所以稱物也。」稱，俗作秤。按，爯，并舉也。偁，揚也。今皆用稱，稱行而爯、偁廢矣。从禾，爯聲。處陵切，六部。《廣韵》：「又昌孕切，是也，等也。」銓義之引伸。春分而禾生，上文云：以二月生。日夏至晷景可度，禾有秒，謂其時禾乃有芒也。秋分而秒定。上文云：以八月孰，孰時芒乃定。律數十二。句。十二謂六律六吕也。十二秒而當一分，十二兩字舊奪，今補。下文云「十髮爲程，一程爲分，十分爲寸」，然則十二禾秒而當十髮。《淮南·天文訓》作「十二蔈而當一粟」。十分而寸，《天文訓》作「十二粟而當一寸」。其巳爲重，以衡輕重也。十二粟爲一分，此粟謂禾粟。十二分爲一銖。百四十四粟也。《天文訓》曰：「十二粟而當一分，十二分而當一銖，十二銖而當半兩。衡有左右，因倍之，故二十四銖爲一兩。」按，金部銖下曰：「權十分黍之重也。」「十分黍」有譌，依此則當云「十二分粟之重」也。許用《淮南》説，與《説苑》《律歷志》説異。故諸程品皆从禾。度起於十二秒，權起於十二粟。「諸程品」之字，謂稱以下七篆也。此釋稱从禾之意，併釋科以下六字从禾之意也。

科 程也。《廣韵》曰：「程也，條也，本也，品也。」又：「科，斷也。」按，實一義之引伸耳。《論語》曰：「爲力不同科。」《孟子》曰：「盈科而後進。」趙岐曰：「科，坎也。」按，盈科爲盈等也。从禾斗。依《韵會》所據小徐本。苦禾切，十七部。斗者，量也。説从斗之意。

程 程品也。大徐無程字。按，此三字爲句，與「稟米也」一例。淺人槩謂複字而删之。品者，衆庶也。因衆庶而立之法，則斯謂之程品。上文言「諸程品」可證矣。《荀卿》曰：「程者，物之準也。」《月令》：「陳祭器，按度程。」注：「程謂器所容也。」《漢書》：「張蒼定章程。」如淳云：「章，曆數之章術也。程者，權衡丈尺斗斛之平法也。」十髮爲程，一程爲分，一，俗本作十，誤。大小徐舊本、《漢制攷》、《小學紺珠》皆不誤。百髮爲分，斷無是理。十分爲寸。十髮爲程，度起於此。十髮當禾秒十二，故字从禾。从禾，呈聲。直貞切，十一部。

稯 布之八十縷爲稯。按，此當有奪文。《聘禮記》曰：「禾四秉曰筥，十筥曰稯，十稯曰秅。」許下文「五稯爲秭，二秭爲秅」，正本《記》文。若先之曰「布八十縷爲稯」，則下文不爲「四百縷爲秭」、「八百縷爲秅」乎？知其斷不然矣。葢必云：「禾四十秉爲稯。从禾，嵏聲。一曰，布之八十縷爲稯。」轉寫奪漏而亂之耳。秉，見又部，云：「禾把也。从又持禾。」㊻云四十秉爲稯，則上下相屬成文。鄭注《周禮》云：「禾，稾實并刈者也。秉，手把也。稯，猶束也。」《國語》：「其歲，收田一井，出稯禾、秉芻、缶米，不是過也。」稯禾，謂禾四十秉。秉芻，謂芻一把。韋注殊誤。布八十縷爲稯者，《史記·孝景本紀》：「令徒隸衣七稯布。」索隱、正義皆云：「葢七升布，用五百六十縷。」《漢書·王莽傳》：「一月之禄，十緵布二匹。」孟康云：「緵，八十縷也。」攷鄭注《喪服》曰：「八十縷爲升。升當爲登，登，成也。今之《禮》皆登爲升，俗誤已行久矣。」賈公彦云：「今亦云布八十縷謂之宗。宗即古之升也。」是則宗、緵、登、升，一語之轉。《聘禮》今文作「稯」，古文作「緵」，許从今文，故糸部無緵。布縷與禾把皆數也，故同名。糸部緵下云：「十五升布」，謂十五稯布也。从禾，㚇聲。子紅切，九部。

稅 籀文稯省。㚇，亦兇聲也。

秭 五稯爲秭。禾二百秉也。《周禮・掌客》注有「秅秭麻荅」之文，秅秭連文，則非《詩》之秭也，謂五稯也。从禾，𠂔聲。將几切，十五部。一曰，數意至萬曰秭。意，各本作「億」，今依心部正。《周頌》兩言「萬億及秭」，毛曰：「數萬至萬曰億，數億至萬曰秭。」定本集注、釋文皆作「數億至萬」，釋文所記別本及正義及前此甄鸞《五經筭術》皆作「數億至億」。許書多襲毛傳，此云「數意至萬曰秭」，似當出於毛。然心部云「十萬曰意」，不從毛之「萬萬曰億」，而從古數，則說秭亦不必同毛。葢毛作「數億至億曰秭」，許別有所受作「數億至萬」與？秭不見他經，惟見《周頌》。鄭《内則》注：「萬億曰兆。」依許說則秭即他經之兆與？《五經筭術》曰：「黄帝爲法，數有十等：億、兆、京、垓、秭、壤、溝、澗、正、載是也。及其用也，乃有上、中、下三等。下數十十變之，中數萬萬變之，上數數窮則變。」「以中數言之，毛傳應云：數垓至億曰秭。而言數億至億曰秭，有所未詳。」㊼玉裁按，十等之說，起於漢末，取《周頌》云秭、《國語》云經姟者演之。三等之說，取鄭云今數古數者演之。許、鄭所不言，未可盡信。「數億至萬」，亦不爲不多矣，不必從毛之「數億至億」也。秭之言積也，《韓詩》云：「陳穀曰秭。」亦取積義，如第、簀之爲一物其例也。○《釋詁》云：「歷、秭、筭，數也。」郭云：「今以十億爲秭。」

秅 二秭爲秅。禾四百秉也。《周禮・掌客》曰：「上公車禾眂死牢，牢十車，車三秅。」注云：「禾，槀實并刈者也。」《聘禮》：「四秉曰筥，十筥曰稯，十稯曰秅。」每車三秅，則三十稯也。《聘禮》注云：「一車之禾三秅，爲千二百秉，三百筥，三十稯也。」○按，小徐本作「秭也」，《廣韵》從之。是則秅即秭爲今數，二秭爲秅爲古數也。小徐本非奪字，仍記於此。从禾，乇聲。宅加切，古音在五部，丁故反。《周禮》曰：《周禮》當是本作「禮記」，淺人所改也。許書之例，謂《周官經》曰《周禮》，謂十七篇曰《禮》，十七篇之記謂之《禮記》。如偁「鈃毛牛藿羊苄豕薇」，系之《禮記》是也。「四秉爲筥」以下，《聘禮記》文。二百四十斤爲秉，此七字妄人所增，當刪。《聘禮記》曰：「十斗曰斛，十六斗曰籔，十籔曰秉，二百四十斗。」云「二百四十斗者」，經致饔米三十車，每車秉有五籔，計之得二十四斛，爲二百四十斗也。此說米之數，與禾無涉。鄭君所謂米禾之秉筥，字同數異，妄人乃益之曰「爲秉」，與下文言禾之「四秉曰筥」相屬，而轉寫又斗譌「斤」，曾謂許君而有此乎！《國語》：「稯禾，秉芻，缶禾。」韋注當本云：「稯禾，四十秉也。秉，把也。缶，庾也。庾米十六斗也。」《聘禮》曰：「十六斗曰庾，四秉曰筥，十筥曰稯。」今本亦不知何人妄改，致不可讀。要之，許、韋不可誣也。若《廣雅》之謬誤，又無論矣。四秉曰筥。秉見又部，曰：「禾秉也。

从又，持禾。」㊽秝部云：「持一」爲秉，「持二」爲兼。《詩》毛傳云：「秉，把也。」四秉，冡又部言之，謂禾四把也。禾者，稾實兼刈者也。鄭注《禮》云：「筥，穧名也。若今萊陽之閒刈稻聚把有名爲筥者。《詩》云：彼有遺秉。又云：此有不斂穧。」按，鄭意筥即穧。刈禾盈手曰秉，盈手者四聚於一處爲一穧，穧十而總束之則爲稯。故曰稯猶束也。《周禮注》云：「筥讀如棟梠之梠，謂一穧也。」疑今《禮注》奪去一字。**十筥曰稯，十稯曰秅，四百秉爲一秅。**

秅 **百二十斤也。**《律厤志》曰：「五權之制，銖者，物繇忽微至於成著，可殊異也。本起於黄鐘之重，一龠容千二百黍，重十二銖。兩者，兩黄鐘律之重也，二十四銖而成兩。斤者，明也，十六兩成斤。鈞者，均也，三十斤成鈞。石者，大也，權之大者也。四鈞爲石。」古多叚石爲秅，《月令》「鈞衡石」是也。有假秅爲山石者，《楚辭》「悲任秅之何益」㊾是也。**稻一秅爲粟二十斗，禾黍一秅爲粟十六斗大半斗。**斗，宋刻皆譌「升」，毛本又誤改「斤」，今正。稻亦可偁粟，猶凡穀皆可偁米也。秅不專用諸穀而从禾，故舉稻與禾黍之粟各一秅合於量者言之。**从禾，石聲。**常隻切，古音在五部。

稘 **復其時也。**言帀也。十二月帀爲期年。《中庸》一月帀爲期月。《左傳》旦至旦亦爲期。㊿今皆假期爲之，期行而稘廢矣。**从禾，**从禾者，取舊穀没新穀升也。**其聲。**居之切，一部。**《唐書》曰：「稘三百有六旬。」**《堯典》文。今《堯典》作期，蓋壁中古文作稘，孔安國以今字讀之，易爲期也。《唐書》大徐作《虞書》，攷心部偁《唐書》「五品不愻」，大小徐本同，此則小徐作《唐書》，大徐作《虞書》，他偁《堯典》者，凡二十五，皆云《虞書》，不云《唐書》，參差不畫一，未得其解。竊謂《尚書》鄭贊云：「三科之條，五家之教。」三科者，古文家説《虞夏書》、《商書》、《周書》是也。五家者，今文家説《唐書》、《虞書》、《夏書》、《商書》、《周書》是也。虞夏同科，則自《堯典》至《甘誓》爲《虞夏書》，《湯誓》以下爲《商書》，《大誓》、《牧誓》以下爲《周書》。五家《堯典》爲《唐書》，《皋陶謨》爲《虞書》，《禹貢》、《甘誓》爲《夏書》，《湯誓》以下爲《商書》，《大誓》、《牧誓》以下爲《周書》。《論衡》曰：「唐、虞、夏、殷、周者，土地之名，重本不忘始，故以爲號，若人之有姓矣。説《尚書》謂五者，功德之名，盛隆之意。唐之爲言蕩蕩也；虞者，樂也；夏者，大也；殷者，中也；周者，至也。其褒五家大矣，然而失其初意。」王充業今文，此五家之説之證也。伏生有五家之教，故《尚書大傳》有《唐傳》、《虞傳》、《夏傳》、《殷傳》、《周傳》之目，見唐人正義所偁引。《大傳》既亡，近惠氏定宇蒐集之爲書，乃標《堯典》之首曰《虞夏傳唐傳》，標《禹貢》之首曰《虞夏傳夏傳》，以古文家之目羼入今文家，殊爲不可通。許君云《唐書》者，從今文家説也。曷爲從今文家説也？《堯典》紀唐事，紀舜皆紀堯也，則謂之《唐書》，《皋陶謨》紀虞事，則謂之《虞書》，《禹貢》紀禹之功，則謂之《夏書》，勝於古文家之槩偁《虞夏書》未得其實也。曷爲自言偁《書》孔氏古文，而從今文説也？古文、今文家標目皆非孔子所題，皆學之者爲之説耳。説則可擇善而從，無足異也。若《左傳》以「昚徽五典」六句系之《虞書》，以「敷内以言」三句系之《夏書》，

《洪範》一篇系之《商書》，亦與古文家説不同。許於《洪範》則依《左傳》謂之《商書》，於《堯典》、《皋陶謨》、《禹貢》則依今文五家之教謂之《唐書》、《虞書》、《夏書》，葢合諸説而折其衷矣。凡今本《説文》以《堯典》系《虞書》者二十五，皆淺人所妄改，許不應自相舛戾如是。

文八十七。　重十三。

秝 稀疏適秝也。各本無「秝」字，今依江氏聲、王氏念孫説補。適秝，上音的，下音歷，疊韵字也。《玉篇》曰：「稀疏厤厤然。」蓋凡言歷歷可數、歷録束文皆當作秝，歷行而秝廢矣。《周禮·遂師》：「及窆，抱磿。」鄭云：「磿者，適歷。執綍者名也。遂人主陳之，而遂師以名行校之。」賈公彦云：「天子千人分布於六綍之上，稀疏得所，名爲適歷也。」王氏念孫《廣雅疏證》云：《子虚賦》、《七發》、楊雄《蜀都賦》、《南都賦》、《論衡·譴告篇》、嵇康《聲無哀樂論》皆云勺藥。伏儼、文穎、晉灼、李善皆説是調和之名，上丁削反，下旅酌反。勺藥之言適歷也。《周禮注》及《説文》皆云「適歷」，《説文》厤字下云「治也」，⿰甘厤字下云「調也」，凡均調謂之適歷51。从二禾。禾之疏密有章也。凡秝之屬皆从秝，讀若歷。郎擊切，十六部。

兼 并也。并，相從也。从又持秝。會意。古甜切，七部。兼持二禾，秉持一禾。

文二。

黍 許云「雨省聲」，則篆體當如是。引「孔子曰」者，其別説也。禾屬而黏者也。《九穀攷》曰：「以禾況黍，謂黍爲禾屬而黏者，非謂禾爲黍屬而不黏者也。禾屬而黏者黍，禾屬而不黏者穈，對文異，散文則通偁黍。謂之禾屬，要之，皆非禾也。今山西人無論黏與不黏，統呼之曰穈黍，太原以東則呼黏者爲黍子，不黏者爲穈子。黍宜爲酒，爲羞籩之餌餈，爲酏粥。穈宜爲飯。禾、黍、稻、稷，各有黏、不黏二種。」按，黍爲禾屬者，其米之大小相等也，其采異，禾穗下垂如椎而粒聚，黍采略如稻而舒散。㠯大暑而穜，故謂之黍。大，衍字也。《九穀攷》曰：「伏生《尚書大傳》、《淮南》、劉向《説苑》皆云大火中種黍菽，而《吕氏春秋》則云：日至樹麻與菽。麻正穈之誤。又《夏小正》五月初昏大火中種黍菽穈，穈字因下文誤衍。諸書皆言種黍以夏至，《説文》獨言以大暑，葢言種暑之極時，其正時實夏至也。」玉裁謂種植有定時，古今所同，非可叚借。許書經轉寫妄增一字耳，以暑種，故謂之黍。猶二月生八月孰得中和，故謂之禾。皆以疊韵訓釋。从禾，雨省聲。舒吕切，五部。孔子曰：黍可爲酒，如稷與秫皆宜酒。故从禾入水也。依《廣韵》補「故从」二字，此説字形之異説也。凡云「孔子曰」者，通人所傳。以禾入水，不見其必爲酒，故先「雨省聲」之説，而禾入水會意之説次之。今之隸書則从禾入水，不从雨省。凡黍之屬皆从黍。

穈 穄也。穄見禾部。穈，黍之不黏者，如稴爲稻之不黏者，稷爲秫之不黏者也。高注《吕氏春秋》曰：「穄，關西謂之穈，冀州謂之䵚。」《九穀攷》曰：「《特牲饋食禮》尸嘏主人有摶黍之儀，必是炊穈爲飯，不相黏著，故令佐食者摶之，而後授尸。」按，《周禮·土訓》注云：「荆揚地宜稻，幽并地宜麻。」依李氏、聶氏皆忙皮反，則麻本作麋。《九穀攷》云：「鄭據《職方氏》爲説也。幽州宜三種，并州宜五種，内皆有黍。」从黍，麻聲。靡爲切，古音在十七部。

䵝 黍屬也。禾之别爲稗，黍之屬爲䵝。言别而屬見，言屬而别亦見。䵝之於黍，猶稗之於禾也。《九穀攷》曰：「余目驗之，采與穀皆如黍。農人謂之野稗，亦曰水稗。」从黍，卑聲。并弭切，十六部。《篇》、《韵》又皆平懈切。

黏 相箸也。有叚溓爲黏者，如《攷工記》「雖有深泥，亦弗之溓也」是。从黍，占聲。女廉切，七部。

䵚 黏也。从黍，古聲。户吳切，五部。俗作「糊」。

粘 黏或从米作。

䵒 黏也。从黍，日聲。尼質切，十二部。《春秋傳》曰：「不義不䵒。」隱元年《左傳》文。今《左傳》作「暱」。昵，或暱字，日近也。《攷工記·弓人》：「凡昵之類不能方。」故書昵或作「樴」。杜子春云：「樴，讀爲不義不昵之昵。或爲䵒，䵒，黏也。」按，許所據《左傳》作「䵒」爲長。䵒與暱音義皆相近。

䵑 䵒或从刃。刃，聲也。據杜子春説，《攷工記·弓人》昵「或爲䵑」。《方言》曰：「䵑，黏也。齊魯青徐自關而東或曰䵑，或曰敎。敎，黏也。」

黎 履黏也。《釋詁》曰：「黎，衆也。」衆之義行而履黏之義廢矣。古亦以爲黧黑字。从黍，𥝢省聲。𥝢省者，不欲重禾也。郎奚切，十五部。𥝢，此依刀部作㊾。古文利。作履黏㠯黍米也。説从黍之意。

䵗 治黍禾豆下潰葉也。潰葉菸殘，恐其傷穀，故必治之。治之者當以杷以鉏，此今農人所當知也。从黍，畐聲。蒲北切，一部。

文八。汲古閣妄增䵜，非。　重二。

香 芳也。艸部曰：「芳，艸香也。」芳謂艸香則氾言之。《大雅》曰：「其香始升。」从黍，从甘。會意。許良切，十部。《春秋傳》曰：「黍稷馨香。」約舉《左傳·僖五年》文。此非爲香證，説香必从黍之意也。凡香之屬皆从香。

馨 香之遠聞也。同《大雅·鳧鷖》傳。按，《唐風·椒聊》一章曰：「椒聊且，遠條且。」傳曰：「條言馨之遠聞也。」今本前後章皆作條，則毛不應别爲傳矣。而足利古本尚可證經言脩者，枝條之長，條者，芬香條鬯之謂。傳馨字今譌「聲」。从香，殸聲。呼形切，十一部。殸，籒文磬。

文二。徐鉉新附馥字。按，《毛詩》苾字，《韓詩》作「馥」，許於艸部已録苾，故不收馥，不從韓也。

米 粟實也。卤部曰：「粟，嘉穀實也。」嘉穀者，禾黍也。實，當作「人」。粟舉連秠者言之，米則秠中之人，如果實之有人也。

果人之字，古書皆作人，金刻《本艸》尚無作「仁」者，至明刻乃盡改爲「仁」。鄭注《冢宰》職九穀不言粟，注「倉人掌粟入之藏」云：「九穀盡藏焉，以粟爲主。」粟正謂禾黍也。禾者，民食之大同；黍者，食之所貴，故皆曰嘉穀。其去秠存人曰米，因以爲凡穀人之名。是故禾黍曰米，稻、稷、麥、苽亦曰米。舍人注所謂六米也。六米即《膳夫》《食醫》之食用六穀也。《賓客》之車米、筥米，《喪紀》之飯米，不外黍、粱、稻、稷四者。凡穀必中有人而後謂之秀，故秀从禾人。**象禾黍之形。**大徐作「禾實」，非是。米謂禾黍，故字象二者之形。四點者，聚米也。十其閒者，四米之分也。篆當作四圜點以象形，今作長點，誤矣。莫禮切，十五部。**凡米之屬皆从米。**

粱 **禾米也。**各本作「米名也」，今正。古訓詁多不言某名，如毛傳但言水也，山也，艸也，木也皆是。上文粟與米皆兼禾黍言，粱則專爲禾米，故別言之。淺人不得其解，乃刪禾字矣。生曰苗，秀曰禾，稾實并刈曰禾，其實曰粟，粟中人曰米，米可食曰粱。《禮經》：「簠陳稻粱，簋陳黍稷。」《聘禮》：「米百筥，設於中庭，十以爲列。黍、粱、稻皆二行，稷四行。」《內則》：「飯黍、稷、稻、粱、白黍、黃粱。」《食醫》：「六食，犬宜粱。」《喪大記》：「君用粱，大夫用稷，士用粱。」[53]凡黍、稷、稻之米無別名，禾之米則曰粱，自糲以至於侍御皆粱也。《小雅·黃鳥》：「無啄我粟。」兼禾黍言之，二章言粱，三章言黍，其目也。粟言連秠，粱黍言米，又其别也。**从米，梁省聲。**呂張切，十部。

⿰米焦 **早取穀也。**《內則》「稰穛」注云：「孰穫曰稰，生穫曰穛。」正義曰：「穛是斂縮之名，明以生穫，故其物縮斂也。」按，穛即⿰米焦字，亦作穱，古爵與焦同音通用也。《大招》[54]、《七發》皆云「穱麥」，王逸云：「擇麥中先孰者也。」《大招》以爲飯，《七發》以飤馬。《吳都賦》云：「穱秀苽穗。」《廣韵》云：「穱者，稻處種麥。」皆與早取之義合。凡早取穀，皆得名穱，不獨麥也。**从米，焦聲。**側角切，二部。**一曰，小。**謂穀之小者也。取揫斂之意。

粲 **稻重一秅爲粟二十斗，**見禾部。**爲米十斗曰毇。**此當有奪文。當以「爲米十斗」句絶，下云「爲米九斗曰毇」。稻粟二十斗爲米十斗者，《九章筭術》所謂稻率六十，糲米率三十也。稻粟二十斗，爲米十斗，今目驗猶然。其米甚粗，不得曰毇明矣。爲米九斗曰毇者，下文云「米一斛舂爲九斗曰毇」是也。毇即粺，禾黍言粺，稻言毇。稻米九斗而舂爲八斗，則亦曰糳。八斗而舂爲六斗大半斗，則曰粲，猶之禾黍糳米爲七斗則曰侍御也。禾黍米至於侍御，稻米至於粲，皆精之至矣。不言「亦曰糲」，不言「爲米八斗亦曰糳」者，名各有所系，欲讀者參伍而得之。**爲米六斗大半斗曰粲。**謂以八斗舂爲六斗大半斗也。以今日驗言之，稻米十斗，舂之爲六斗大半斗，精無過此者矣。漢刑法有鬼薪、白粲。白粲謂舂也。粲米最白，故爲鮮好之偁。《穀梁》「粲然皆笑」，謂見齒也。《鄭風》傳曰：「粲，餐也。」此謂粲爲餐之叚借也。**从米，𣦼聲。**舂之義亦與𣦼相近。倉案切，十四部。

糲 **粟重一秅爲十六斗大半斗，**見禾部。不言禾黍者，粟本禾黍實之名，稻評粟則借辭也。舂爲米一斛曰糲。粟十六斗大半斗爲米十斗，即《九章筭術》粟米之法，粟率五十，糲米三十也。張晏曰：「一斛粟七斗米爲糲。」與《九章筭術》率異。从米，萬聲。今皆作「糲」，从厲。古从萬聲，與牡蠣字正同。《漢書·司馬遷傳》「糲粱之食」㊺，與許篆體合。洛帶切，十五部。

精 擇米也。米字各本奪，今補。擇米，謂簡擇之米也。《莊子·人閒世》曰：「鼓筴播精。」司馬云：「簡米曰精。」簡即柬，俗作揀者是也。引伸爲凡冣好之偁。撥雲霧而見青天亦曰精。《韓詩》於《定之方中》云：「星，精也。」从米，青聲。子盈切，十一部。

粺 毇也。粺者，糲米一斛舂爲九斗也。《大雅》：「彼疏斯粺。」傳云：「彼宜食疏，今反食精粺。」箋云：「米之率，糲十，粺九，鑿八，侍御七。」按，漢《九章筭術》云：「糲米三十，粺米二十七，鑿米二十四，御米二十一。」即鄭説所本。粺謂禾黍米，毇謂稻米，而可互偁，故以毇釋粺。从米，卑聲。旁卦切，十六部。

粗 疏也。《大雅》：「彼疏斯粺。」箋云：「疏，麤也。謂糲米也。」麤即粗，正與許書互相證。疏者，通也，引伸之猶大也。故粗米曰疏，糲米與粺米校，則糲爲粗，稷與黍、稻、粱校，則稷爲粗。《九穀攷》云：「凡經言疏食者，稷食也。《論語》：疏食菜羹，即《玉藻》之稷食菜羹。《左傳》：粱則無矣，麤則有之。麤對粱而言，稷之謂也。《儀禮·昏禮》：婦饋舅姑，有黍無稷。特著其文，蓋婦道成以孝養，不進疏食也。」按，引伸叚借之，凡物不精者，皆謂之粗。从米，且聲。徂古切，五部。今皆讀平聲。

粊 惡米也。粟之不成者曰秕，米之惡者曰粊，其音同也。《莊子》：「塵垢粃康。」粃即粊字。从米，比聲。各本篆作「⿱北米」，解云：「北聲」，今正。粊在古音十五部，不當用一部之北諧聲也。《經典釋文》、《五經文字》皆不誤。若《廣韵》作「粊」，注云：「《說文》作粜。」蓋由《說文》之誤已久，《玉篇》作「⿱非米」，作「⿰米非」，作「⿱北米」，皆云「惡米」，而皆粊之誤。兵媚切，十五部。《周書》有《粊誓》。《尚書·粊誓》，即今所用衞包妄改本之《費誓》也。《周禮》、《禮記·曾子問》鄭注皆云《粊誓》，裴駰司馬貞注《史記》皆云《尚書》作「粊」，司馬貞當開元時，衞包本猶未行，至包乃改作「費」，至宋開寶陳諤乃將《尚書音義》之粊改「費」，學者莫知古本矣。貞之改粊爲「費」也，直謂粊即季氏費邑。不知漢費縣故城在今兖州府費縣西北二十里，去曲阜且三百里。《粊誓》全篇乃初出師時語，未必遠在今費縣。《史記》作《肸誓》，徐廣曰：「一作鮮，一作獮。」蓋伏生作肸、作鮮、作獮，古文作粊，音正相近，不當从一部北聲可知。

糱 牙米也。牙同芽。芽米者，生芽之米也。凡黍、稷、稻、粱，米已出於穅者，不牙；麥、豆亦得云米，本無穅，故能芽。芽米謂之糱，猶伐木餘謂之櫱，庶子謂之孽也。按，許云芽米，蓋容穀言之，散文則粟得偁米。《月令》：「乃命大酋，秫稻必齊，麴糱必時。」注云：「古者穫稻而漬米麴，至春而爲酒。」按，漬米、漬麴是二事，漬米即大酋之糱也，此糱不必有芽，以凡穀漬之，則有芽，故名漬米曰糱。从米，辥聲。魚列切，十五部。

粒 糂也。按，此當作「米粒也」，米粒是常語，故訓釋之例如此。與䊪篆下云「䊪米也」正同。《玉篇》、《廣韵》粒下皆云「米粒」可證。淺人不得其解，乃妄改之，以與糂下「一曰，粒也」相合。不知粒乃糂之別義，正謂米粒，如妄改之文，則粒爲以米和羹矣，而「一曰，粒也」何解乎？今俗語謂米一顆曰一粒。《孟子》：「樂歲粒米狼戾。」趙注云：「粒米，粟米之粒也。」《皋陶謨》：「烝民乃粒。」《周頌》：「立我烝民。」鄭箋：「立當作粒。」《詩》、《書》之粒，皆《王制》所謂「粒食」，始食艱食、鱻食，至此乃粒食也。从米，立聲。力入切，七部。按，此篆不與糂篆相屬，亦可證其解斷不作糂也。

𩚁　古文从食。

釋　漬米也。《大雅》曰：「釋之叜叜。」傳曰：「釋，淅米也。叜叜，聲也。」按，漬米，淅米也。漬者初湛諸水，淅則淘汰之。《大雅》作釋，釋之叚借字也。从米，睪聲。施隻切，古音在五部。

糂　㠯米和羹也。古之羹必和以米。《墨子》：「藜羹不糂十日。」《吕覽》作「藜羹不斟，七日不粒」。不斟正不糂之誤。《内則》注曰：「凡羹齊宜五味之和，米屑之糝。」从米，甚聲。桑感切，七部。一曰，粒也。今南人俗語曰米糝飯，糝謂孰者也。《釋名》曰：「糝，黏也。相黏𪏰也。」按，《廣韵》、《集韵》、《類篇》、《干禄字書》皆有「粽」字，云：「蜜漬瓜食也。桑感切。」[56]蓋糝有零星之義，故今之小菜古謂之糝，別製其字作粽。《通鑑》：盧循遺劉裕益智粽，宋廢帝殺江夏王義恭，以蜜漬目睛，謂之鬼目粽。《廣韵·二仙》：「枸櫞樹皮可作粽。」《南方艸物狀》[57]：「建安八年，交州刺史張津以益智子粽餉魏武帝。」俗多改「粽」字，胡三省注《通鑑》曰：「角黍也。」蓋誤認爲送韵之粽字。《齊民要術》引《廣州記》：「益智子取外皮蜜煮爲糝，味辛。」徑作糝字。

䊨　籒文糂从朁。朁聲、甚聲同在七部。

糝　古文糂从參。參聲亦在七部。《周禮·醢人》《内則》皆如此作。《周頌》：「潛有多魚。」傳曰：「潛，糝也。」古本如此。《爾雅》：「糝謂之涔。」涔即《詩》之潛也。《小爾雅》及郭景純改糝爲木旁，謂積柴水中令魚依之止息，字當从木也。而舍人、李巡皆云：「以米投水中養魚曰涔。」[58]似其說各異，不知積柴而投米焉，非有二事。以其用米，故曰糝；以其用柴，故或製字作罧。罧見《淮南書》。䊨、糝，皆魏晉閒妄作也。

糪　炊，句。米者謂之糪。炊謂飯與䰞也。下言炊爨之失，故先之曰炊。《釋器》曰：「米者謂之糪。」米者，謂飯之米性未孰者也。李巡云：「飯米半腥半孰曰糪。」[59]腥，先定反。《廣韵》引《新字林》云：「擗，豆中小硬者。」義相近[60]。从米，辟聲。博戹切，十六部。

糜　糝糜也。各本無糜字，淺人所刪，今補。以米和羹謂之糝，專用米粒爲之謂之糝糜，亦謂之䰞，亦謂之饘。食部曰：「饘，糜也。」《釋名》曰：「糜，煑米使糜爛也。粥淖於糜，粥粥然也。」引伸爲糜爛字。从米，麻聲。靡爲切，古音在十七部。黄帝初教作糜。各本無此六字，今依《韵會》所據鍇本補。《初學記》、《藝文類聚》、《北堂書鈔》皆引《周書》「黄帝始亨穀爲粥。」此記化益作井[61]、揮作弓、奚仲造車之例。

䊞 糜和也。糜和謂菜屬也。凡羹以米和之曰糝，糜或以菜和之曰䊞。从米，覃聲。讀若譚。大徐譚作「鄲」，鄲、譚古今字也。徒感切，古音在七部。

⿱尼米 潰米也。潰，漏也。謂米之棄於地者也。禾部曰：「稰，春粟不潰也。」不拋散謂之不潰。从米，尼聲。武夷切，十五部。交止有⿱尼米泠縣。止，俗作「阯」，誤，今正。《地理志》：「交止郡，麊泠。」《後・郡國志》同。麊者，⿱尼米之誤。應劭曰：「麊音彌。」孟康曰：「泠音螟蛉之蛉。」

⿱𥫗⿰米匊 酒母也。从米，⿱𥫗⿰米匊省聲。⿱𥫗⿰米匊或作粷，則亦可云「粷聲」也。駈六切，三部。

麴 ⿱𥫗⿰米匊或从麥，鞠省聲。作麴或以米，或以麥，故其字或从米，或从麥。

糟 酒滓也。《内則》曰：「重醴，稻醴，清糟；黍醴，清糟；粱醴，清糟。」注云：「重，陪也。糟，醇也。清，泲也。致飲有醇者，有泲者，陪飲之也。」[62]《周禮・酒正》：「共后之致飲於賓客之禮，醫酏糟。」注云：「糟，醫酏不泲者。泲曰清，不泲曰糟。」按，今之酒，但用泲者，直謂已漉之粕爲糟。古則未泲帶滓之酒謂之糟，泛齊，醴齊，滓浮尤濁，盎齊，緹齊，沈齊差清。《莊子音義》、《玄應書》皆引許君《淮南注》曰：「粕，已漉粗糟也。」然則糟謂未漉者。从米，𣍘聲。作曹切，古音在三部。大鄭《周禮注》引《内則》清糟字，皆作「莤」，云「糟音聲與莤相似，記之者各異耳」。按，莤葢从酒艸聲，亦糟字也。

醩 籒文从酉。大徐本作「⿱曹酉」，《集韵》從之。小徐本作「⿱𣍘酉」，《韵會》從之。汲古閣以小徐改大徐，非也。

糒 乾飯也。飯字，各本奪，今依李賢《明帝紀》注、《隗囂傳》注、李善《文選注》、《玄應書》補。乾音干。《釋名》曰：「干飯，飯而暴乾之也。」《周禮・廩人》注曰：「行道曰糧，謂糒也。止居曰食，謂米也。」按，干飯，今多爲之者。从米，葡聲。平祕切，古音在一部。

糗 熬米麥也。《周禮》：「羞籩之實，糗餌粉餈。」鄭司農云：「糗，熬大豆與米也。粉，豆屑也。」玄謂：「糗者，擣粉熬大豆，爲餌餈之黏著以坋之耳。」按，先鄭云「熬大豆及米」，後鄭但云「熬大豆」，注《内則》又云「擣熬穀」。不同者，黍、粱、秫、麥皆可爲糗，故或言大豆以包米，或言穀以包米、豆，而許云「熬米麥」，又非不可包大豆也。熬者，乾煎也。乾煎者，鬻也。鬻米豆，舂爲粉，以坋餌餈之上，故曰糗餌粉餈。鄭云「擣粉」之，許但云「熬」，不云「擣粉」者，鄭釋經，故釋粉字之義，許解字，則糗但爲熬米麥，必待⿱臼米之而後成粉也。《粊誓》「峙乃糗糧」，某氏云：「糗糒之糧。」《孟子》曰：「舜之飯糗茹草。」趙云：「糗，飯乾糒也。」《左傳》：「爲稻醴粱糗。」《廣韵》曰：「糗，乾飯屑也。」此皆謂熬穀未粉者也。从米，臭聲。去九切，三部。

⿱臼米 舂糗也。米麥已熬，乃舂之而簁之成勃，鄭所謂擣粉也，而後可以施諸餌餈。从米臼。臼，亦聲。此舉會意包形聲也。其九切，三部。

糈 糧也。凡糧皆曰糈，《離騷》王注曰：「糈，精米，所以享神。」其一耑耳。从米，胥聲。私吕切，五部。

糧 穀食也。《周禮·廩人》：「凡邦有會同師役之事，則治其糧與其食。」鄭云：「行道曰糧。」按，《詩》云：「乃裹餱糧。」《莊子》云：「適百里者宿舂糧，適千里者三月聚糧。」皆謂行道也。許云「穀食」，則兼居者、行者言。糧本是統名，故不爲分析也。从米，量聲。吕張切，十部。亦作「粮」。

粈 襍飯也。食部曰：「飷，襍飯也。」《廣韵》曰：「飷，亦作粈。」然則飷、粈一字，今之糅襍字也。从米，丑聲。女久切，三部。

䊮 穀也。䊮者，穀也。故糴字从入䊮會意。楊雄《蜀都賦》：「䊮米肥䐗。」言食穀米之肥䐗也。轉寫作「糴米」，誤矣。从米，翟聲。他弔切，二部。按，當依《玉篇》徒的、徒弔二切。

⿰米蔑 末也。末，小徐本作「麩」。據《玉篇》云：「⿰米蔑或作麩。」則⿰米蔑、麩一字。大徐作「麩」，麩乃麩之誤。汲古後人又依小徐改作麩矣，今正作末。凡糜而粉之曰末，麥部曰「麪，麥末也」是也。麪專謂麥末，⿰米蔑則統謂凡米之末。《廣雅》「⿰米蔑謂之麪」，此謂麪亦⿰米蔑之一耳。⿰米蔑者，自其細蔑言之，今之米粉、麪勃皆是。从米，蔑聲。莫撥切，古在十二部。

粹 不襍也。劉逵引班固云：「不變曰醇，不襍曰粹。」按，粹本是精米之偁，引伸爲凡純美之偁。从米，卒聲。雖遂切，十五部。

氣 饋客之芻米也。《聘禮》：「殺曰饔，生曰餼。」[63]餼有牛、羊、豕、黍、粱、稻、稷、禾、薪、芻等，不言牛、羊、豕者，以其字从米也。言芻米不言禾者，舉芻米可以該禾也。經典謂生物曰餼，《論語》：「告朔之餼羊。」从米，气聲。許既切，十五部。今字叚氣爲雲氣字，而饔餼乃無作氣者。《春秋傳》曰：「齊人來氣諸侯。」事見《左傳》桓六年、十年。十年《傳》曰：「齊人餼諸侯。」許所據作「氣」，左丘明述《春秋傳》以古文，於此可見。

⿱既米 氣或从既。既，聲也。《聘禮記》曰：「日如其饔既之數。」[64]注云：「古文既爲餼。」《中庸篇》曰：「既禀稱事。」注云：「既讀爲餼。」《大戴·朝事篇》：「私覿致饔既。」戴先生曰：「既即餼字。」按，三既皆⿱既米之省。

餼 氣或从食。按，从食而氣爲聲，葢晚出俗字，在叚氣爲气之後。

粠 陳臭米。《賈捐之傳》：「太倉之粟，紅腐而不可食。」師古曰：「粟久腐壞，則色紅赤也。」按，紅即粠之叚借字。从米，工聲。户工切，九部。

粉 所㠯傅面者也。「所㠯」字舊奪，今補。小徐曰：

「古傅面亦用米粉。故《齊民要術》有傅面粉英。」按，據賈氏説，粉英僅堪妝摩身體耳，傅人面者，固胡粉也。許所云「傅面者」，凡外曰面。《周禮》「傅於餌餈之上」者是也。引伸爲凡細末之偁。从米，分聲。方吻切，十三部。

𥻆　粉也。从米，卷聲。去阮切，十四部。《玉篇》曰：「䊐同。」

𥽟　𥽟𥼚也。𥽟𥼚，雙聲字，今俗語尚如此。言之斂曰𥽟，言之侈曰𥼚，皆單評也，絫評之曰𥽟𥼚。从米，悉聲。私列切，十二部。

𥼚　𥽟𥼚散之也。𥼚者，複舉字。𥽟者，衍字。《左傳正義》兩引《説文》「𥼚，散之也」可證。《左傳·昭元年》曰：「周公殺管叔而蔡蔡叔。」釋文曰：「上蔡字音素葛反，《説文》作𥼚。」正義曰：「《説文》𥼚爲放散之義，故訓爲放。隸書改作，已失字體。𥼚字不可復識，寫者全類蔡字，至有爲一蔡字重點以讀之者。」定四年正義同。是𥼚本謂散米，引伸之凡放散皆曰𥼚，字譌作蔡耳。亦省作殺，《齊民要術》凡云「殺米」者，皆𥼚米也。《孟子》曰：「殺三苗於三危。」即𥼚三苗也。从米，殺聲。桑割切，十五部。

䊳　碎也。石部云：「碎，䊳也。」二字互訓。王逸注《離騷》「瓊靡」云：「靡，屑也。」靡即䊳字。《廣雅》糜字二見，曰「糜，饘也」。與《説文》同。曰「糜，糏也。」即《説文》之「䊳，碎也」。糜與䊳音同義少别。凡言粉碎之義，當作䊳。从米，靡聲。此字《玉篇》、《廣韻》、《集韻》皆忙皮切[65]，徐鼎臣乃云莫卧切，而《類篇》從之，葢誤認爲礳字耳。鼎臣所説，不必皆《唐韻》也。䊳古音在十七部。

竊　盗自中出曰竊。小徐曰：「所謂亂在内爲宄也。」按，《春秋》曰：「盗竊寶玉大弓。」盗自中出也。虎部曰：「竊，淺也。」此於雙聲疊韻得之。从穴米，米自穴出，此盗自中出之象也。會意。禼廿皆聲也。一字有以二字形聲者。千結切，十五部。廿，古文疾。童下亦曰：「廿，古文以爲疾。」云「以爲」，則本訓二十并，古文叚借以爲疾字也。疒部疾下列古文仍與小篆不别，葢轉寫之誤。禼，偰字也。大徐作「古文偰」。按，内部「禼，蟲也。讀與偰同。」是則音同而義異也。此云「偰字」者，葢古文叚借以禼爲偰，猶見於《漢書》。

文三十六。　重七。

毇　糲米一斛舂爲九斗也。九斗，各本譌「八斗」，糳下八斗，各本譌「九斗」，今皆正。《九章筭術》曰：「糲米率三十，粺米二十七，糳米二十四，御米二十一。」《毛詩》鄭箋：「米之率，糲十，粺九，糳八，侍御七。」米部曰：「粺，毇也。」是則毇與粺皆一斛舂爲九斗明甚。毇見粲下，謂稻米也。稻米之始，亦得云糲。此云糲米者，兼稻米、粟米言也。从臼米，依《韻會》本。从殳。从臼米者，謂舂也。从殳者，殳猶杵也。許委切，十五部。鉉本从臼米作「从臾」。凡毇之屬皆从毇。

糳　糲米一斛舂爲八斗曰糳。此糲米，亦兼粟米、稻米言也。《詩·生民》《召旻》音義、《左傳·桓二年》音義皆引《字林》「糳，子沃反。糲米一斛舂爲八斗也。」與《九章筭術》、《毛詩》鄭箋皆合。然則許在張蒼之後、鄭呂之前，斷無乖異，各本八斗譌九斗，繆誤顯然。經傳多叚鑿爲糳。从毇，丵省聲。鍇有省字，今依之，篆體減一畫。則各切，古音在二部。

文二。

臼　舂臼也。各本無臼字，今補。杵下云：「舂杵也。」則此當云「舂臼也」明矣。引伸凡凹者曰臼。古者掘地爲臼。見《易·毄辭》傳，葢黄帝時雍父初作如此。其後穿木石。或穿木，或穿石。象形。凵象木石臼也。中象米也。所舂也。其九切，三部。凡臼之屬皆从臼。

舂　擣粟也。言粟以晐他穀，亦言粟以晐米。小徐本粟作「米」。《周禮》有「舂人」。《廣雅》曰：「臿、𥐟、𥗦、暘、糳、捶、𪎭、𣫵、䊮、䃓，舂也。」从廾持杵𠀆臨臼。會意。書容切，九部。杵省。此與日部「匕合也」、會部「曾益也」、㫃部「允進也」同。皆六書之叚借也。古者雝父初作舂。《太平御覽》：「《世本》：雍父作舂杵臼。」宋衷曰：「雍父，黄帝臣也。」《周本紀》：「楚圍雍氏。」正義云：「《括地志》：故雍城在洛州陽翟縣東北二十五里。故老云：黄帝時雍作杵臼所封也。」

𦥑　齊謂舂曰𦥑。按，《廣雅》獨不載此字，疑其臿即𦥑之誤，而其䊮即許之臿也。从臼，屰聲。讀若膊。匹各切，五部。

臿　舂去麥皮也。示部䊮下曰：「讀若舂麥爲䊮之䊮。」臿、䊮古今字也。許於說解中用今字耳。《周禮·廩人》：「大祭祀則共其接盛。」接即臿之叚借。凡穀皆得云臿也。引伸爲凡刺入之偁，如農器刺地者曰鍫臿。从臼，干聲。一曰，干所𠀆臿之。此依《韵會》所據鍇本。干聲在十四部，與十五部㝡近。臿䊮字本在十五部，臿又轉入於八部，音楚洽切也。「一曰，干所以臿之」，則爲會意，干猶杵也。

舀　抒臼也。《生民》詩曰：「或舂或揄，或簸或蹂。」毛云：「揄，抒臼也。」然則揄者，舀之叚借字也。抒，挹也。既舂之，乃於臼中挹出之。今人凡酌彼注此皆曰舀，其引伸之語也。从爪臼。會意。以沼切，今語也。古音讀如由，釋文引「《說文》弋紹切」，《音隱》已如此。《詩》曰：「或簸或舀。」此偁「或舂或揄」也。簸字系一時筆誤耳。舀、揄不同，則或許所據《毛詩》作舀，或許取諸《三家詩》，如毛作「革」，韓作「鞹」之比，皆不可定。

抭　舀或从手穴。从手，穴聲也。穴，今音在九部，古音當在三部。《周禮·舂人》：「奄二人，女舂抭二人，奚五人。」鄭曰：「抭，抒臼也。」引《詩》「或舂或抭。」《禮·有司徹》篇：「執挑匕柄，以挹湆注於疏匕。」鄭云：「挑讀如或舂或抭之抭。」⑥⑥按，鄭君注《禮》多用《韓詩》，然則《韓詩》作抭，即舀也。

䑒　舀或从臼穴。

臽　小阱也。阱者，陷也。臽謂阱之小者。从人在臼上。古者掘地爲臼，故从人臼會意。臼猶坑也。户猎切，八部。

文六。　重二。

凶　惡也。凶者，吉之反。象地穿交陷其中也。此爲指事。許容切，九部。凡凶之屬皆从凶。

兇　擾恐也。杜注《左》曰：「兇，恐懼聲。」从儿在凶下。會意。許拱切，九部。《春秋傳》曰：「曹人兇懼。」僖二十八年《左傳》文。

文二。

此篇釋圅字與三篇上釋𧮫字乖異。此云圅訓舌，彼以此舌也爲𧮫也之譌。今案，彼處説是。圅者，口次肉，以𠙴象其形，下言「舌體㔾㔾」，含於𧮫中，故其字从㔾也。象形二字，在舌體㔾㔾之上，不誤。圅，𧮫也，正與毛傳「臄，圅也」適合。非毛之圅即顄也，顄自𦣝言，圅自口次肉言。陸氏引《説文》「圅，𧮫也，口次肉也」，而𧮫譌舌，乃妄增「又云」字。服虔云「口上曰臄，口下曰圅」者，析言之；毛、許渾言之。

附注：

① 本篇冏部冏下作「照也」，不采小徐本之「昭也」，與此不一。

② 「馬」是「爲」之誤。

③ 《集韵・二十二元》，「徐邈讀」作「徐邈説」。

④ 目部無「暘」字，此暘乃「睗」之誤。睗，「疾視也」，故與「暫見」義「略同」與？

⑤ 見《漢書・劉向傳》，劉向引作「見晛聿消」。顔注亦作「晛，無雲也」。

⑥ 「日氣」當作「日出」，見《詩・角弓》釋文，亦見前「晛」下段注引。

⑦ 見《司馬相如傳》，「旰」作「汗」，《文選》同。下句引《史記》，「澔」當作「澔」。

⑧ 以上段氏所引各例，用「假」用「暇」，多與今傳本不一致。

⑨ 《詩・序》當作「《詩・般序》箋」。

⑩ 見《三國志・文帝紀》裴注，「午」原作「下」。

⑪ 「徐先民」當作「徐仙民」。徐音見《經典釋文》卷十二《禮記音義・少儀》，所録作「于況反」，不作「於況反」。

⑫ 「翌室」，今本作「翼室」。

⑬ 見《釋天》。「如水」本作「熱如」。

⑭ 《釋言》當作《釋訓》。

⑮ 見《史記・司馬相如傳》，賦文「拮撟」本作「指橋」，索隱謂「橋音矯」，引張揖曰：「指矯，隨風指靡。偃蹇，高皃。」後旋下注引作「指橋」。

⑯ 所引注語，「畫熊虎者」一節，見《司常》「師都建旗」句下，「伐屬」以下，見《輈人》「熊旗六斿，以象伐也」句下。

⑰「晉人」句見《左傳・昭四年》,「旌」本作「旄」。「范宣子」句見《左傳・襄十四年》,「旌」本作「毛」(即「旄」)。段氏引皆有誤。

⑱《漢書・田蚡傳》正文,「列」作「立」;蘇林語,上句,原作「大夫建旃」,「柄上」前「旃」字無。

⑲《漢書・司馬相如傳》所録《上林賦》作「猗柅從風」,所録《大人賦》作「又猗抳以招摇」。《漢書》全書無「椅柅」之例,舉例當用謝朓詩。

⑳孟康語見顔注引,「明」作「月」。

㉑見《方言》卷一,「大物」當作「凡物」。

㉒「物」是「木」之誤。

㉓見《食貨志》,「都内」當作「京師」。

㉔「傳曰」當作「箋云」。又本字下所論,段氏於篇末有補正。

㉕見《六月》,「棘」今作「急」,段氏校爲「棘」,見《詩經小學》及阮元《校勘記》。

㉖見《七月》,此是毛傳語,「曰」上當補「傳」字。

㉗《儀禮》「扃鼏」連用共十次,其下常見「今文扃爲鉉,古文鼏爲密」之注語。段氏此引,誤鼏爲「鼏」。

㉘「當也」是「養也」之誤。

㉙《生民》詩作「誕降嘉種,維秬維秠,維穈維芑。」段氏於前「粟」字下注謂「嘉種」是後人誤改。穈、虋音義同。

㉚「粱」是「粱」之誤。以下此誤逕改正。

㉛引文「榮」「華」二字誤倒。

㉜以上引鄭駁《異義》,分見《詩・甫田》正義引及《禮記・郊特牲》正義引。

㉝「既即」是「既稷」之誤。見《楚茨》。

㉞見《高惠高后文功臣年表》,今正文及孟康注「秏」皆作「耗」,注中「秏米」作「毛米」。

㉟《水經注・濕水篇》引《地理風俗志》:「燕語呼亡爲無。」段氏引異。段氏所引見《佩觿》卷上:「河朔謂無曰毛。」

㊱此據《左傳・昭元年》正義引《食貨志》,今《漢書》文字稍異,如「壝」,《漢書》作「隤」,故下文段注爲「隤」作解也。

㊲「説詩」當是「《説文》」之誤。

㊳見《左傳・昭元年》「是穮是蓘」,不作衮,故段注下文謂蓘是俗字。前「穮」下許説解引《春秋傳》此句作「衮」,乃此處段氏引作「穮衮」之據。

㊴「禾在上」,上,當作「下」。

㊵見《儀禮・少牢饋食禮》「勿替引之」下注,注中「秩」字原作「抶」,此段氏用錢大昕説易爲「秩」,參見阮元《校勘記》。

㊶見《齊語》,今正文及注「稛」皆作「綑」。

㊷「梨聲」是「列聲」之誤。

㊸「笤」是「箬」之誤。「秧」下段注同誤。

㊹見《小雅・天保》傳及《正月》箋。此「《大雅》傳曰」誤。

㊺「揫」是「愁」之誤。鄭注:「愁讀爲揫。揫,斂也。」

㊻「禾把也」當作「禾束也」。大小徐同。

㊼以上兩段引文皆見《五經算術》,次節中「數垓至億」本作「數億至垓」。

㊽「禾秉」是「禾束」之誤。參㊻。

㊾《楚辭·九章·悲回風》：「任重石之無益。」王注：「石，一作袥。」

㊿《中庸》見「而不能期月守也」疏。《左傳》見昭二十三年「叔孫旦而立期焉」疏。

51 以上約引王氏《廣雅疏證》卷十上「芍藥」條疏語。

52 刀部利作「𥝢」，不作「𥝢」。大小徐亦皆作「𥝢」。此説解及段注中「𥝢」字，應皆作「𥝢」。

53 引文中三「用」字，皆本作「沐」。

54《大招》當作《招魂》，見「稻粢穱麥，挐黄粱兮」句。下文「《大招》以爲飯」，亦當作「《招魂》以爲飯」。

55「粱」是「粱」之誤。

56 此注見《集韻·四十八感》，「食」是「實」之誤。

57 當作《南方草木狀》。

58 李巡語，見《詩·潛》「潛有多魚」正義及《爾雅·釋器》「槮謂之涔」邢疏引，「米」皆作「木」。

59 李巡語見《爾雅·釋器》「米者謂之糪」邢疏引，「飯米」應作「米飯」，「曰」作「名」。

60 見《廣韻·二十一麥》，余迺永校云：「鉅宋本、楝亭本、元泰定本作『檘』，《集韻》引《新字林》同。」近出《故訓匯纂》據《經籍纂詁補遺》將此義收入「檘」字下，似不妥。

61 見《世本·作篇》。《易·井》釋文引「宋衷云：化益，伯益也」。又《初學記》引亦作「伯益作井」。見通州雷氏本《世本》注語。

62「陪飲」是「陪設」之誤。

63 六字是《聘禮》「歸饔餼五牢」下注語，篇名下應補「注」字。

64 今《聘禮》中此句及其他五次用例，皆作「饔餼」，無「饔既」之例。

65《玉篇》第二百米部，「糜，亡皮切」，《廣韻·五支》：「糜，靡爲切」，《集韻》同段氏所記。

66 以上引文，今十三經注疏本，抗皆誤作「抗」。

說文解字第七篇下

金壇段玉裁注

朩 分枲莖皮也。謂分擘枲莖之皮也。从中，象枲莖。八象枲皮。兩旁者，其皮分離之象也。此字與讀若輩之朩別。凡朩之屬皆从朩。讀若髕。匹刃切，十二部。

枲 麻也。鍇本作「麻子也」，非。《玉篇》云：「有子曰苴，無子曰枲。」《廣韵》互易之，誤也。《喪服傳》曰：「苴，麻之有蕡者也。牡麻者，枲麻也。」艸部曰：「萉，枲實也。」萉者，蕡之本字。枲既無實之牡麻，何以言枲實也？枲亦爲母麻、牡麻之大名，猶麻之爲大名也。芓者，母麻。一曰，芓即枲也。是苴可評枲之證也。《周禮》但言枲以晐麻艸之物。《九穀攷》曰：「《閒傳》曰：苴，惡貌也。斬衰貌若苴，齊衰貌若枲。以今日北方種麻事目驗之，牡麻俗評花麻，夏至開花，所謂榮而不實謂之英者。花落即拔而漚之，剥取其皮，是爲夏麻。夏麻之色白。苴麻俗評子麻，夏至不作花而放勃，勃即麻實，所謂不榮而實謂之秀者。八九月閒，子熟則落，搖而取之，子盡，乃刈漚其皮而剥之，是爲秋麻。色青而黯，不潔白。《閒傳》所云若苴、若枲，殆以是與。」从朩，台聲。鍇作「辝省聲」，非也。胥里切，一部。

𦃃 籀文枲。从林，从辝。辝，聲也。

文二。　重一。

林 萉之總名也。各本萉作「葩」，字之誤也，與《呂覽·季冬紀》注誤同，今正。艸部曰：「萉，枲實也。」黂，或萉字也。萉本謂麻實，因以爲苴麻之名。此句疑尚有奪字，當云「治萉枲之總名」。下文云「林，人所治也」可證。萉枲則合有實無實言之也。趙岐、劉熙注《孟子》「妻辟纑」，皆云「緝績其麻曰辟」①。按，辟音劈，今俗語緝麻析其絲曰劈，即林也。林之爲言微也，林、微音相近。《春秋說·題辭》曰：「麻之爲言微也。」林、麻古蓋同字。微纖爲功。絲起於糸，麻縷起於林。象形。按，此二字當作「从二朩」三字。朩謂析其皮於莖，林謂取其皮而細析之也。匹卦切，十六部。凡林之屬皆从林。

檾 枲屬。類枲而非枲，言屬而別見也。檾者，草名也。《周禮·典枲》：「掌布緦縷紵之麻草之物。」注云：「草，葛蘔之屬。」《掌葛》：「徵草貢之材於澤農。」注云：「草貢出澤，蘔紵之屬可緝績者。」蘔即檾字之異者。蘔紵出於澤，與葛出於山不同。又作頴。《禯記》：「如三年之喪，則既頴，其練祥皆行。」鄭云：「頴，草名。無葛之鄉去麻則用頴。」《詩》兩言「褧衣」，許於此偁「檾衣」，於衣部偁「褧衣」，而云「褧，檾也。」示反古。然則褧衣者，以檾所績爲之，蓋《士昏禮》所謂景也。今之檾麻，《本草》作苘麻，其皮不及枲麻之堅韌，今俗爲麤繩索多用之。从林，熒省聲。去穎切，十一部。《詩》曰：「衣錦檾衣。」《衛·碩人》、《鄭·丰》文。今皆作「褧」。

㪔 分離也。散潸字以爲聲，散行而㪔廢矣。从𣏟，从攴。會意。穌旰切，十四部。𣏟，分㪔之意也。說从𣏟之意。

文三。

麻 枲也。麻與枲互訓，皆兼苴麻、牡麻言之。从𣏟，从广。會意。莫遐切，古音在十七部。𣏟，人所治也，在屋下。說从广之意。𣏟必於屋下績之，故从广。然則未治謂之枲，治之謂之麻。以已治之偁，加諸未治，則統謂之麻。此條今各本皆奪誤，惟《韵會》所據小徐本不誤，今從之。凡麻之屬皆从麻。

⿸麻後 未練治纑也。糸部曰：「纑，布縷也。」劉熙《孟子注》曰：「緝績其麻曰辟，練絲曰纑。」練絲謂取所緝之縷湅治之也。練者，湅也。湅者，瀾也，汏諸水漂澼之也。已湅曰纑，未湅曰⿸麻後。《廣雅》曰：「⿸麻後，絹也。」絹是生絲，未湅之縷如生絲然，故曰絹也，如成國謂已湅曰練絲。从麻，後聲。空谷切，三部。按，後之入聲如斛，如《大雅》垢與谷韵是也。

黀 麻⿱艹黠也。从麻，取聲。東方朔《七諫》曰：「菎蕗襍於黀篜。」王注云：「枲翮曰黀，煏竹曰篜。」按，⿱艹黠即稭字之俗，黀麻⿱艹黠即艸部之菆麻蒸。此部此篆葢淺人所增。側鳩切，四部。

⿸麻俞 檾屬。檾爲枲類，⿸麻俞又檾類也。《廣韵》引《字書》云：「⿸麻俞，麻一絜也。」从麻，俞聲。度侯切，四部。

文四。

尗 豆也。尗、豆古今語，亦古今字。此以漢時語釋古語也。《戰國策》：「韓地五穀所生，非麥而豆。民之所食，大抵豆飯藿羹。」《史記》豆作「菽」。尗象豆生之形也。尗象，各本作「象尗」，誤，今正。重言尗者，著其形也。豆之生也，所種之豆，必爲兩瓣，而戴於莖之頂，故以一象地，下象其根，上象其戴生之形。式竹切，三部。今字作「菽」。凡尗之屬皆从尗。

敊 配鹽幽尗也。《廣雅》說飲食曰：「寑、醓、鬱、辟，幽也。」幽與鬱同義。以豆鬱之，其味苦。《招䰟》曰：「大苦鹹酸，辛甘行些。」王云：「大苦，豉也。辛謂椒薑也，甘謂飴蜜也。言取豉汁調和以椒薑鹹酢，和以飴蜜，則辛甘之味皆發而行也。」《釋名》曰：「豉，嗜也。五味調和須之而成，乃可甘嗜。故齊人謂豉聲同嗜也。」按，《齊民要術》說作豉必室中溫煖，所謂「幽尗」也。云《食經》作豉法，用鹽五升，所謂「配鹽」也。从尗，支聲。是義切，十六部。

豉 俗敊从豆。此可證尗豆爲古今字，豆部之⿱𠔉豆字、豋字，皆非古文所有也。

文二。　重一。

耑 物初生之題也。題者，頟也。人體頟爲冣上，物之初見，即其頟也。古發端字作此，今則端行而耑廢，乃多用耑爲專矣。《周禮·磬氏》：「已下則摩其耑。」耑之本義也。《左傳》：「履端於始。」假端爲耑也。上象生形，以才屯韭字例之，一，地也，山象初生。下象根也。一下則象其根也。多官切，十四部。凡耑之屬皆从耑。

文一。

韭 韭菜也。三字一句。一種而久生者也，故謂之韭。此與說禾同例。韭、久疊韵。象形，謂非在一之上。一，地也。此與耑同意。耑亦象形在一之上也。耑下不言「一地也」，錯見互相足。舉友切，三部。凡韭之屬皆从韭。

䪨 韲也。《廣雅》：「䪨，菹也。」从韭，隊聲。徒對切，十五部。

𩐁 䪨也。《周禮·醢人》：「王舉則共醢六十甕，以五齊七醢七菹三臡實之。」注：「齊當爲韲。凡醢醬所和，細切爲韲，全物若牒爲菹。」王氏念孫曰：「𩐁者，細碎之名。《莊子》言𩐁粉是也。」按，艸部曰：「菹，酢菜也。」酢菜之細切者曰𩐁。《通俗文》曰：「淹韭曰𩐁，淹薤曰䪨。」葢其名起於淹韭、淹䪢，故从韭。从韭，次、朿皆聲。二字皆聲，米部穊字同也。祖雞切，十五部。

韲 𩐁或从齊。齊聲。

䪢 䪢菜也。《內則》多言䪢，《釋草》曰：「䪢，鴻薈。」似韭。从韭，叡聲。胡戒切，十五部。俗作「薤」。

韱 山韭也。山韭謂山中自生者。按，《夏小正》「正月囿有韭」[2]，與「四月囿有見杏」皆謂自生者也。《釋草》作「藿，山韭」。藿見艸部，不云「山韭」，然則許所據《爾雅》作「韱山韭」與？从韭，𢦔聲。息廉切，七部。

䪤 小蒜。艸部曰：「蒜，葷菜也。」《南都賦》曰：「其園圃則有藷、蔗、薑、䪤。」李善引《字書》：「䪤，小蒜也。」《玉篇》、《廣韵》皆云：「百合蒜也。」按，即《齊民要術》所云百子蒜。从韭，番聲。附袁切，十四部。

文六。重一。

瓜 蓏也。蓏，大徐作「㼌」，誤。艸部曰：「在木曰果，在地曰蓏。」瓜者，縢生布於地者也。象形。徐鍇曰：「外象其蔓，中象其實。」古華切，古音在五部。凡瓜之屬皆从瓜。

𤬪 小瓜也。謂有一種小瓜名𤬪，一名瓞。从瓜，交聲。蒲角切，二部。《爾雅》、《毛詩》傳皆作「瓝」，交聲、勺聲同在二部也。《隋書》「瓝稍」[3]，今之金瓜椎也。宋人字作「爆稍」，遂爲牛形，因字譌而附會有如此者。見《文昌襍録》。

瓞 𤬪也。《釋草》曰：「瓞，瓝。其紹瓞。」按，「瓞，瓝」者，一種艸結小瓜名瓞，即瓝瓜也。云「其紹瓞」者，瓝瓜之近本繼先歲之實，謂之瓞也。上云瓞瓝渾言之，此析言之也。《大雅》：「緜緜瓜瓞。」傳云：「瓜瓞，瓜紹也。瓞，瓝也。」今本傳奪「瓜瓞」二字，乃不可讀矣。云「瓜瓞，瓜紹也」者，言瓜之近本繼先歲之實必小，如瓝瓜之近本繼先歲之實亦小，故亦謂之瓞也。瓜紹不云瓞，以瓝紹之名名之，故曰瓜瓞，又引《爾雅》「瓞，瓝」，說其本義也。毛傳襲《爾雅》而文義不同。《詩》言「瓜瓞」者，與其先小後大。陸氏佃曰：「今驗近本之瓜常小，末則復大。」戴先生謂於《詩》意物理皆得之。从瓜，失聲。徒結切，十二部。《詩》曰：「緜緜瓜瓞。」《大雅·緜》文。

𤓯 瓞或从弗。按，弗當作「弟」，篆體誤也。《尚書》「平秩」亦作「平豑」，《釋草》稊亦曰「苵」，是其例。弟與失雙聲。

𤬏 小瓜也。亦一種小瓜之名。《齊民要術》引作「小瓜瓞也」。从瓜，熒省聲。户扃切，十一部。

𤬪 瓜也。有瓜名繇也。从瓜，䌛省聲。余昭切，古音在三部。

瓣 瓜中實也。《衛風》：「齒如瓠棲。」《釋草》及毛傳曰：「瓠棲，瓠瓣也。」瓜中之實曰瓣，實中之可食者當曰人，如桃杏之人。从瓜，辡聲。蒲莧切，古音蓋在十二部。

㼌 本不勝末，微弱也。从二瓜。本者，蔓也。末者，瓜也。蔓一而瓜多，則本微弱矣。故污窬之窳，惰嬾之窳皆从此。讀若庾。以主切，古音當在四部。

文七。　重一。

瓠 匏也。包部曰：「匏，瓠也。」二篆左右轉注。《七月》傳曰：「壺，瓠也。」此謂叚借也。从瓜，夸聲。胡誤切，五部。凡瓠之屬皆从瓠。

瓢 蠡也。蠡者，蓍也。豆部曰：「蓍者，蠡也。」以一瓠劙爲二，曰瓢，亦曰蠡，亦曰蓍。蠡一作「𥃊」，見《九歎》、《方言》。一作「盠」，見《皇象書急就碑本》。其作「蠡」者，見《周禮·鬯人》注、《漢書·東方朔傳》，詳豆部。从瓠省，不入瓜部者，瓠與瓜別也。㶾聲。符宵切，二部。《玉篇》作「瓢」。

文二。

宀 交覆突屋也。古者屋四注，東西與南北皆交覆也。有堂有室，是爲深屋。自部臱下曰：「宀宀，不見也。」是則宀宀謂深也。象形。象兩下之形，亦象四注之形。武延切，古音當在十二部。凡宀之屬皆从宀。

家 凥也。凥，各本作居，今正。凥，處也。處，止也。《釋宮》：「牖户之閒謂之扆。其内謂之家。」引伸之，天子諸侯曰國，大夫曰家。凡古曰家人者，猶今曰人家也。家人字見哀四年《左傳》、《夏小正傳》及《史記》、《漢書》。家、凥疊韵。从宀，豭省聲。古牙切，古音在五部。按，此字爲一大疑案。豭省聲，讀家，學者但見从豕而已。从豕之字多矣，安見其爲豭省耶？何以不云叚聲，而紆回至此耶！竊謂此篆本義乃豕之凥也，引申叚借以爲人之凥。字義之轉移，多如此。牢，牛之凥也，引伸爲所以拘罪之陛牢，庸有異乎。豢豕之生子冣多，故人凥聚處借用其字，久而忘其字之本義，使引伸之義得冒據之，蓋自古而然。許書之作也，盡正其失，而猶未免此，且曲爲之説，是千慮之一失也。家篆當入豕部。

𡧀 古文家。按，此篆體蓋誤，當从古文豕作「𡧀」，

《古文四聲韵》引作「[illegible]」，似近是。

宅 人所託凥也。依《御覽》補字。託者，寄也。人部亦曰「侂，寄也」。引伸之，凡物所安皆曰宅。宅、託疊韵。《釋名》曰：「宅，擇也。擇揀吉處而營之。」从宀，乇聲。場伯切，古音在五部。

古文宅。

厇 亦古文宅。侂从此。

室 實也。以疊韵爲訓。古者前堂後室。《釋名》曰：「室，實也。人物實滿其中也。」引伸之，則凡所居皆曰室。《釋宫》曰：「宫謂之室，室謂之宫」是也。从宀，至聲。大徐無聲字，非也。古至讀如質，至聲字皆在十二部。下文又言此字之會意。式質切。室屋皆从至，所止也。室屋者，人所至而止也。説从至之意。室兼形聲，屋主會意。尸部亦言之。

宣 天子宣室也。蓋謂大室，如璧大謂之瑄也。《賈誼傳》：「孝文受釐坐宣室。」蘇林曰：「宣室，未央前正室也。」天子宣室，葢《禮》家相傳古語。引伸爲布也，明也，徧也，通也，緩也，散也。从宀，亘聲。須緣切，十四部。

向 北出牖也。《豳風》：「塞向墐户。」毛曰：「向，北出牖也。」按，《士虞禮》：「祝啓牖鄉。」注云：「鄉、牖一名。」《明堂位》「達鄉」，注云：「鄉，牖屬。」是渾言不別。毛公以在冬日可塞，故定爲北出者。引伸爲向背字，經傳皆假鄉爲之。从宀，从口。口，舊作「口」。按，亘下曰：「从口，中有户牖。」是皆从口象形也，今正。許諒切，十部。《詩》曰：「塞向墐户。」

宧 養也。以雙聲爲訓。《周易・頤卦》亦訓爲養。《釋詁》曰：「頤，養也。」室之東北隅，《釋宫》曰：「東北隅謂之宧。」食所居。居當作凥。邵氏晉涵云：「君子之居恒當户，户在東南，則東北隅爲當户，飲食之處在焉。」此許意也。舍人云：「東北陽氣始起，育養萬物，故曰宧。宧，養也。」④《釋名》與舍人略同。从宀，𦣝聲。以形聲包會意。與之切，一部。

㝔 户樞聲也。室之東南隅。二句一義。古者，户東牖西，故以户樞聲名東南隅也。《釋宫》曰：「東南隅謂之㝔。」按，《釋名》曰：「窔，幽也。」⑤非許意。許㝔、窔義殊。《爾雅釋文》引《説文》「窅，深皃」。誤以窅爲㝔也。从宀，皀聲。烏皎切，二部。《禮經》及他書作窔，亦作穾。

奥 宛也。宛、奥雙聲。宛者，委曲也。室之西南隅宛然深藏，室之尊處也。室之西南隅。从宀，𠔉聲。烏到切，古音在三部。按，𠬞部「𠔉讀若書卷」。則奥宜讀若怨，而古音不尒者，取雙聲爲聲也。

宸 屋宇也。屋者，以宫室上覆言之，宸謂屋邊，故古書言柍桭者，即棟宇也。《甘泉賦》：「日月纔經於柍桭。」伏虔曰：「柍，中央也。桭，屋梠也。」《魏都賦》：「旅楹閑列，暉鑒柍桭。」張載曰：「柍，中央也。桭，屋宇穩也。」是知柍桭即上棟下宇之謂。柍即央字，振即宸字。《西京賦》：「消氛埃於中宸，集重陽之清澂。」中宸即柍振。韋昭注《國語》云：「宸，屋霤也。宇，邊也。」若《玉篇》引賈逵云：「宸，室之奧者。」當亦是《國語注》，而其說異矣。从宀，辰聲。植鄰切，十三部。

宇 屋邊也。《豳風》：「八月在宇。」陸德明曰：「屋四垂爲宇。」引《韓詩》「宇，屋霤也。」高誘注《淮南》曰：「宇，屋檐也。」引伸之，凡邊謂之宇。如《輪人》：「爲蓋上欲尊而宇欲卑。」《左傳》云：「在君之宇下。」又云：「失其守宇。」皆是也。宇者，言其邊，故引伸之義又爲大。《文子》及《三蒼》云：「上下四方謂之宇，往古來今謂之宙。」⑥上下四方者，大之所際也。《莊子》云：「有實而無乎處者宇也，有長而無本剽者宙也。」有實而無乎處，謂四方上下實有所際，而所際之處不可得到。从宀，亏聲。王榘切，五部。《易》曰：「上棟下宇。」《毄辭》傳文。虞翻曰：「宇謂屋邊也。」

寓 籒文宇从禹。禹，聲也。大徐本篆體从冖，非。

寷 大屋也。从宀，豐聲。此以形聲包會意。當云「从宀豐，豐亦聲也。」敷戎切，九部。《易》曰：「豐其屋。」《豐》上六爻辭。偁此說寷从宀豐會意之恉。宀，屋也。豐，大也。故寷之訓曰大屋。此與偁百穀艸木麗於地說蘼从艸麗同意。《經典釋文》不得其解，乃云：麗，《說文》作蘼；豐，《說文》作寷。大小徐皆於引《易》作蘼、寷之字，其繆非一日矣。

寏 周垣也。寏之言完也。《西京賦》曰：「繚亙綿聯，四百餘里。」⑦薛注曰：「苑之周圍也。」善曰：「《西都賦》之繚以周牆也。」从宀，奐聲。胡官切，十四部。

院 寏或从𠂤，完聲。完亦義也。《廣雅・釋室》云：「院，垣也。」《左傳》：「繕完葺牆，以待賓客。」李涪云：「完當爲宇。」按，「繕完葺」三字成文，猶下文云「觀臺榭」亦三字成文也，安得以今人儷辭之法繩之。必欲謂爲誤字，則完當是「院」字。蓋惟子產盡壞館垣，故措辭就垣言。上文「高其閈閎」，亦爲門不容車掩飾，古人字無泛設也。又按，鉉本云「寏或从𠂤」，鍇多「完聲」二字，皆非善本。蓋此篆當从宀、阮聲，與𠂤部从𠂤、完聲之字別，篆體及說解轉寫誤耳。

宏 屋突也。各本深下衍「響」字，此因下文「屋響」而誤，今依《韵會》、《集韵》、《類篇》正。大小徐本皆不誤也。或曰厷弘本一聲。谷部曰：「谹，谷中響也。」弓部曰：「弘，弓聲也。」水部曰：「泓，下深大也。」⑧參伍求之，蓋宏訓屋深響，宖其重文。愚按，此說近是，但《江賦》以泓汯成文，不妨宏宖各字也。「屋深」者，其內深廣也。《法言》曰：「其中弘深，其外肅括。」此宏字之義，假弘爲宏耳。《攷工記》：「其聲大而宏。」大而宏者，其聲外大而中宏也。《月令》：「其器圜以閎。」鄭云：「閎謂中寬，象土含物。」「圜以閎」，《呂氏春秋》作「圜以揜」。蓋宏者深廣其中，揜其外，故《禮記》、《呂覽》可互相足。揜者，斂也。閎亦宏之叚借字。从宀，厷聲。户萌切，古音在六部。

弦 屋響也。《長門賦》曰：「擠玉户以撼金鋪兮，聲噌吰而似鐘音。」《甘泉賦》：「帷弸環其拂汨兮，稍暗暗而靚深。」皆屋響之意。《魯靈光殿賦》曰：「隱陰夏以中處，弦寥窲以崢嶸。」今《文選》弦字皆誤，惟《韵會》所據不誤。从宀，弘聲。弓部曰：「弘，弓聲也。」此舉形聲包會意也。户萌切，古音在六部。

寪 屋皃。王逸注《招隱士》曰：「崎嶇閜寪。」从宀，爲聲。韋委切，古音在十七部。

㝩 屋㝩㝗也。《方言》：「㝩，空也。」郭注：「漮㝗，空皃。」从宀，康聲。苦岡切，十部。

㝗 㝩㝗也。各本删「㝗」字，今補。㝩㝗以疊韵成文。从宀，良聲。音良久。《説文》少言音者，當作「讀若」。力康切，十部。

宬 屋所容受也。宬之言盛也。《廣韵》無「所」字。从宀，成聲。氏征切。

寍 安也。此安寧正字，今則寧行而寍廢矣。僞古文「萬邦咸寍」，音義曰：「寍，安也。《説文》安寧字如此。寧，願詞也。」語甚分明。自衞包改正文，李昉、陳鄂又改《釋文》，令人不可讀矣。从宀，心在皿上。會意。奴丁切，十一部。皿，逗。人之食飲器，所㠯安人也。故既从宀而又从心在皿上。

定 安也。古亦叚奠字爲之。从宀，正聲。依《韵會》本訂。徒徑切，十一部。

寔 正也。正，各本作「止」，今正。《召南》毛傳曰：「寔，是也。」《韓奕》鄭箋亦曰：「寔，是也。」《春秋·桓六年》「寔來」，《公羊傳》曰：「寔來者何，猶云是人來也。」《穀梁傳》曰：「寔來者，是來也。」按，許云「正者，是也。」然則正與是互訓，寔與是音義皆同。此云「寔，正也。」即《公》、《穀》、毛、鄭之「寔，是也。」《詩》：「湜湜其止。」鄭箋尚以持正釋湜，而古多有以實爲寔者。《韓詩》「實命不猶」，即寔命不猶也。《大雅·韓奕》「實墉實壑」，即寔墉寔壑也。《周語》「咨於故實」，即故寔。故韋云：「故事之是者」也。實、寔音義皆殊，由趙魏之閒實寔同聲，故相叚借耳。若杜預注《春秋》「寔來」曰：「寔，實也。」則非是也。从宀，是聲。此舉形聲包會意。常隻切，古音在十六部。《廣韵》入《廿四職》，非。

安 竫也。竫，各本作「靜」，今正。立部曰：「竫者，亭安也。」與此爲轉注。青部：「靜者，審也。」非其義。《方言》曰：「安，靜也。」以許書律之，叚靜爲竫耳。安亦用爲語詞。从女在宀中。此與寍同意。烏寒切，十四部。

宓 安也。此字經典作「密」，密行而宓廢矣。《大雅》：「止旅乃密。」傳曰：「密，安也。」正義曰：「《釋詁》曰：『密、康，靜也。康，安也。』轉以相訓，是密得爲安。」按，《上林賦》『宓汨』，去疾也。義似異而實同。孔子弟子子賤姓宓。从宀，必聲。美畢切，十二部。

窫　竫也。《玉篇》引《蒼頡篇》云：「安也。」从宀，契聲。於計切，十五部。

宴　安也。引伸爲宴饗，經典多叚燕爲之。从宀，妟聲。妟見女部，安也。於甸切，十四部。《五經文字》曰：「《字林》作宴。」

宋　無人聲也。从宀，尗聲。前歷切，古音在三部。口部作「啾」。宋，今字作寂，《方言》作「㝈」，云：「靜也。江湘九嶷之郊謂之㝈。」

諔　宋或从言。

察　覆審也。襾部云：「襾，覆也。」「覈，从襾，敫聲，實也。攷事襾笮邀遮其辭得實曰覈。」然則察與覈同意。《釋訓》曰：「明明、斤斤，察也。」从宀，祭聲。从宀者，取覆而審之。从祭爲聲，亦取祭必詳察之意。初八切，十五部。

寴　至也。至者，親密無閒之意。見部曰：「親者，至也。」然則寴與親音義皆同，故秦碑以「寴軕」爲親巡。《廣韵》真韵曰：「寴，古文親也。」震韵曰：「寴，屋空皃。」此今義非古義。凡《廣韵》之例，今義與《說文》義異者，必先舉今義而後偁《說文》，故震韵先云「屋空皃」，而後云「《說文》至也。」从宀，親聲。覆而親之也。初僅切，十二部。按，《玉篇》且仁切。

完　全也。入部全作仝，「仝，完也。」是二字互訓。从宀，元聲。胡官切，十四部。古文㠯爲寬字。此言古文叚借字。

富　備也。富與福音義皆同。《釋名》曰：「福，富也。」一曰，厚也。从宀，畐聲。方副切，古音在一部。

實　富也。引伸之爲艸木之實。从宀貫。會意。神質切，十二部。貫爲貨物。以貨物充於屋下是爲實。

宲　藏也。藏當作「臧」。宲與保音同義近。从宀，呆聲。博褎切，古音在三部。按，《玉篇》既云「宲，補道切。」又重出而云「食質切，古實字。」殊誤。呆，古文保。見人部。《周書》曰：「陳宲赤刀。」《顧命》文。葢壁中古文如此。今作「寶」。

容　盛也。今字叚借爲頌皃之頌。从宀，谷聲。此依小徐本。谷古音讀如欲，以雙聲龤聲也。鉉本作「从宀谷」，云：「屋與谷皆所以盛受也。」亦通。余封切，九部。

宆　古文容从公。公聲。

宂　㰱也。从宀儿。各本奪「儿」，今補。儿即人也，會意。而隴切，九部。人在屋下無田事也。說會意之恉。《周書》曰：「宮中之宂食。」書，當作「禮」，轉寫之誤。《周禮・稾人》：「掌共外内朝宂食者之食。」許偁之，涉《校人》「宮中之稍食」而誤，記憶之過也。

寡　寡寡不見也。寡與㝠音義皆同。《毛詩》「緜緜」，《韓詩》作「民民」。按，緜緜、民民，皆謂密也，即寡寡不見之意。《莊子》：「窅然喪其天下焉。」郭象音武駢反，是郭本作寡然也。一曰，寡寡。上寡依《集韵》、《類篇》正。不省人。大徐作「不見省人」，見字衍。《玉篇》亦作「一曰不省人。」从宀，臱聲。武延切，古音讀如民，在十二部。

寶　寶　珍也。玉部曰：「珍，寶也。」二字互訓。《史記》多假葆爲寶。从宀、玉、貝，玉與貝在屋下會意。缶聲。博皓切，古音在三部。

寚　寚　古文寶省貝。《廣韵》曰：「古文作珤。」

宭　宭　羣尻也。以疊韵爲訓。《論語》曰：「羣居終日。」从宀，君聲。渠云切，十三部。

宦　宦　仕也。人部曰：「仕者，學也。」《左傳》：「宦三年矣。」服虔云：「宦，學也。」《曲禮》：「宦學事師。」注云：「宦，仕也。」熊氏云：「宦謂學官事，學謂習六藝，二者俱是事師。」《襍記》：「宦於大夫。」《左傳》：「妾爲宦女。」按，仕者，習所事也。古事、士、仕通用，貫、宦通用，故《魏風》「三歲貫女」，《魯詩》作「宦女」。从宀，臣。胡慣切，十四部。

宰　宰　辠人在屋下執事者。此宰之本義也。引伸爲宰制。从宀，从辛。辛，辠也。辛即辠之省。作亥切，一部。

守　守　守官也。《左傳》曰：「守道不如守官。」《孟子》曰：「有官守者，不得其職則去。」从宀，从寸。从宀，寺府之事也。寸部曰：「寺，廷也。」广部曰：「府，文書藏也。」从寸，法度也。守从二者會意。書九切，三部。从宀 以下十四字，參《韵會》本訂。

寵　寵　尊尻也。引伸爲榮寵。从宀，龍聲。丑壟切，九部。

宥　宥　寬也。《周頌》：「夙夜基命宥密。」叔向、毛公皆曰：「宥，寬也。」宥爲寬，故貫罪曰宥。《周禮·大司寇》假宥爲侑，《王制》假又爲宥。从宀，有聲。于救切，古音在一部。

宐　宐　所安也。《周南》：「宜其室家。」傳曰：「宜以有室家，無踰時者。」从宀之下，一之上，一猶地也。此言會意。多省聲。按，《廣韵》曰：「《説文》本作宐。」今據以正篆體。多省聲，故古音魚何切，十七部。今音魚羈切，《漢石經》作宜。

⿰宐宐　⿰宐宐　古文宜。

⿱宀多　⿱宀多　亦古文宜。

寫　寫　置物也。謂去此注彼也。《曲禮》曰：「器之溉者不寫，其餘皆寫。」注云：「寫者傳己器中乃食之也。」《小雅》曰：「我心寫兮。」傳云：「輸寫其心也。」按，凡傾吐曰寫，故作字作畫皆曰寫。俗作瀉者，寫之俗字。《周禮》：「以澮寫水。」不作瀉。从宀，寫之則安矣，故从宀。舄聲。悉也切，古音在五部。

宵　宵　夜也。《釋言》毛傳皆曰：「宵，夜也。」《周禮·司寤》：「禁宵行夜游者。」鄭云：「宵，定昏也。」按，此因經文以宵别於夜爲言，若渾言，則宵即夜也。有假宵爲小者，《學記》之「宵雅」是也。有假宵爲肖者，《漢・志》「人宵天地之貌」是也。从宀，宀，下冥也。謂日在下而窈冥，地覆日如屋也。肖聲。相邀切，二部。

宿　止也。凡止曰宿，夜止其一耑也。毛傳：「一宿曰宿，再宿曰信。」即《左傳》之「凡師一宿曰舍，再宿曰信，過信曰次」也。止之義引伸之，則爲素。如《史記》云「宿將」、「宿學」是也。先期亦曰宿。《周禮》：「世婦掌女宫之宿戒。」《祭統》：「宫宰宿夫人。」《禮經》：「宿尸。」皆謂先期戒飭。鄭云：「宿讀爲肅。」从宀，佤聲。佤，古文夙。息逐切，三部。按，去聲息救切，此南北音不同，非有異義也。星宿、宿留，非不可讀入聲。

寑　卧也。李善引《論語》鄭注：「寑，卧息也。」卧必於室，故其字从宀。引伸爲宫室之偁。《周禮・宫人》：「掌王之六寑之脩。」《釋宫》曰：「室有東西箱曰廟，無東西箱有室曰寑。」又引伸之，凡事止亦曰寑。从宀，㑴聲。今人皆作寢，寢乃㝱部寣字之省，與寑異義。七荏切，七部。

𡪚　籒文寑。省。省人也。水部濅下曰：「𡪚，籒文寑。」

𡧛　冥合也。冥合者，合之泯然無迹。今俗云吻合者，當用此字。从宀，丏聲。莫甸切，賓字以爲聲，十二部。讀若《書》曰「藥不瞑眩。」謂讀若此瞑也。十一、十二部之合音。按，此許引《孟子・滕文公篇》文也。鄭注《醫師》亦引《孟子》「藥不瞑眩，厥疾無瘳」。趙注《孟子》云《書》逸篇也，若今僞撰《説命》，則采《楚語》爲之，許、鄭所未見者。大徐本作「讀若《周書》」，繆甚。

寬　屋寬大也。《廣韵》曰：「裕也。緩也。」其引伸之義也。古文假完字爲之。从宀，萈聲。苦官切，十四部。

寤　寤也。寐覺而有言曰寤，寤之音義皆同也。从宀，吾聲。吾故切，五部。

寁　尻之速也。止部：「疌，疾也。」疌爲凡速之詞，从宀則爲居之速也。《鄭風》：「不寁故也。」毛曰：「寁，速也。」用寁以言凡速耳。《周易》：「朋盍簪。」晁氏説之曰：「簪，京本、蜀才本作撍。陰弘道案：張揖《古今字詁》㨖作撍。《埤蒼》云：撍，疾也。撍與簪同。王元叔謂即《詩》不寁字，祖感反。」玉裁按，㨖即寁，古宀广通用，葢《古今字詁》今字作㨖，古字作撍也。从宀，疌聲。子感切，八部。

寡　少也。引伸之凡倮然單獨皆曰寡。从宀頒。頒，分也。先鄭注《周禮》曰：「頒讀爲班布之班，謂分賜也。」⑨按，頒之本訓大頭也，此云「頒，分也。」謂叚借。宀分故爲少也。依《韵會》所據小徐本訂。宀分者，合於上而分於下也，故始多而終少。古瓦切，古音在五部。

宛　屈艸自覆也。上文曰：「奥，宛也。」宛之引伸義也。此曰「屈艸自覆」者，宛之本義也。引伸爲宛曲、宛轉。如《爾雅》「宛中」、「宛丘」，《周禮》「琬圭」，皆宛曲之義也。凡狀皃可見者，皆曰「宛然」，如《魏風》傳曰：「宛，辟皃。」《唐風》傳曰：「宛，死皃。」《攷工記》注：「窓，小孔皃。」皆是。宛與薀，薀與鬱，聲義皆通。故《方言》曰：「宛，蓄也。」《禮記》曰：「兔爲宛脾。」《春秋緐露》曰：「鶴無宛氣。」皆是。从宀，夗聲。夗，轉臥也。亦形聲包會意。於阮切，十四部。

窓 宛或从心。《函人》：「爲甲眡其鑽空，欲其窓也。」鄭司農云：「窓，小孔皃。窓讀爲宛彼北林之宛。」按，爲當作「如」。先鄭不云宛窓同字，許乃一之。

客 寄也。字从各，各，異詞也，故自此託彼曰客。引伸之，曰賓客。賓，所敬也。客，寄也。故《周禮・大行人》「大賓」、「大客」別其辭，諸侯謂之大賓，其孤卿謂之大客。《司儀》曰：諸公諸侯諸伯諸子諸男相爲賓，諸公之臣侯伯子男之臣相爲客是也。統言則不別耳。《論語》：「寢不尸，居不客。」謂生不可似死，主不可似客也。今本誤作「不容」。从宀，各聲。苦格切，古音在五部。

寄 託也。字从奇，奇，異也。一曰，不耦也。言部曰：「託，寄也。」《方言》曰：「餬、託、庇、寓、媵，寄也。」从宀，奇聲。居義切，古音在十七部。

寓 寄也。《方言》曰：「寓，寄也。」《左傳》曰：「寓書。」《史記》曰：「木禺龍。」禺者，寓之叚借也。从宀，禺聲。牛具切，四部。

庽 寓或从广作。

窶 無禮凥也。《邶風》：「終窶且貧。」傳曰：「窶者，無禮也。貧者，困於財。」箋云：「君於己祿薄，終不足以爲禮，又近困於財。」按，無禮因於祿薄，故《釋言》云：「窶，貧也。」然《倉頡篇》云：「無財曰貧，無財備禮曰窶。」則貧窶有別。《小雅》云：「佌佌彼有屋，蔌蔌方穀。」箋云：「小人富而窶陋將貴也。」然則有富而窶陋者矣。許從毛，益以居字者，以其字从宀也。無禮居，謂宮室不中禮。从宀，婁聲。其榘切，古音在四部。

㝄 貧病也。貧病者，貧之病也。从宀，室如縣罄之意。久聲。居又切，古音在一部。《詩》曰：「煢煢在㝄。」《周頌》文。今《詩》作「嬛嬛在疚」，毛曰：「疚，病也。」按，《毛詩》蓋本作「㝄」，毛釋以病者，謂㝄爲疚之叚借也。《左傳》亦曰：「煢煢余在疚。」

寒 凍也。凍，當作「冷」。十一篇曰：「凍，仌也。冷，寒也。」此可證矣。《釋名》曰：「寒，捍也。捍，格也。」《左傳》「寒盟」，寒者，尋之反。尋即㷊字。从人在宀下，从茻上下爲覆，此依小徐本，上下皆得云覆也。下有仌也。合一宀、一人、二艸、一仌會意。胡安切，十四部。

害 傷也。人部曰：「傷，創也。」刀部[10]曰：「創，傷也。」《詩》《書》多假害爲「曷」，故《周南》毛傳曰：「害，何也。」俗本改爲

「曷，何也。」非是。今人分别害去、曷入，古無去入之分也。从宀口，言从家起也。會意。言爲亂階，而言每起於衽席。丯聲。胡蓋切，十五部。

索 入家接也。接，求也。《顔氏家訓》曰：「《通俗文》云：入室求曰搜。」按，當作「入室求曰索」，今俗語云搜索是也。索，經典多假索爲之，如探嘖索隱是。从宀，入家，故从宀。索聲。所責切，古音在五部。

窾 窮也。窾、窮雙聲。毛傳於《谷風》、《南山》、《小弁》皆曰：「鞫，窮也。」鞫皆窾之叚借也。㚔部曰：「簐，窮治罪人也。」其字俗作「鞫」。然則《詩·谷風》《南山》《小弁》鞫字，皆窾之叚借也。毛傳於《公劉》曰：「鞫，究也。」於《節南山》曰：「鞫，盈也。」究與盈皆與窮義近，若《蓼莪》傳曰：「鞫，養也。」則就窮義而變之，所謂相反而相成也。若《菜芑》傳⑪云：「鞫，告也。」則謂鞫即告之叚借。自淺人不得其義例，多所改竄，《唐石經》鞫、鞠錯出，至近日而盡改爲鞠矣。鞠者，革部蹋鞠之字，其義相去遠。《詩》借鞫爲窾，義相近也，鞫行而窾廢矣。从宀，覆而窮之。䈀聲。䈀或簐字也，見㚔部。居六切，三部。

窾 窾或从穴。

宄 姦也。姦宄者，通偁。内外者，析言之也。外爲盜，内爲宄。凡盜起外爲姦，中出爲宄。成十七年《左傳》曰：「亂在外爲姦，在内爲宄。」《外傳·晉語》亦云：「亂在内爲宄，在外爲姦。」《魯語》：「竊寶者爲宄，用宄之財者爲姦。」亦謂莒太子僕竊莒寶爲内，魯藏姦爲外。三傳無異也。惟亂在内故字从宀。鄭注《尚書》云：「由内爲姦，起外爲軌。」或後人轉寫誤也。宄，經史亦假軌爲之。从宀，九聲。讀若軌。居洧切，古音九在三部。

𡧑 古文宄。

𡩑 亦古文宄。

𡨄 塞也。《廣雅》：「𡨄，塞也。」本此，陸贄《關中事狀》：「倘有賊臣盜𡨄。」从宀，𣪠聲。麤取切，十五部。讀若《虞書》曰《虞書》當作《唐書》，見禾部稘下。「竄三苗」之竄。二竄本皆作「𡨄」，妄人所改也，今正。《説文》者，説字之書。凡云讀若，例不用本字，倘《尚書》作𡨄，又不當言讀若也。改此者直疑竄七亂反，與𡨄音殊，不知《易·訟》象傳、宋玉《高唐賦》、班固《西都賦》、《魏大饗碑》、張協《七命》、潘岳《西征賦》、吕忱《字林》竄皆音七外反。

宕 過也。宕之言放蕩也。《穀梁傳》引「傳曰：長狄兄弟三人，佚宕中國。」⑫一曰，洞屋。洞屋謂通迵之屋，四圍無障蔽也。凡道家言洞天者，謂無所不通。从宀，碭省聲。徒浪切，十部。汝南項有宕鄉。汝南郡項縣，《地理志》、《郡國志》同，《春秋經》之項國也。今河南陳州府項城縣是其地。

宋 凥也。此義未見。經傳名子者不以國，而魯定公名宋則必取其本義也。从宀木，讀若送。蘇綜切，九部。

𡪫 屋傾下也。謂屋欹傾下陷也。與墊音義同。从宀，執聲。都念切，七部。

宗 宗 尊祖廟也。宗尊雙聲。按，當云：「尊也。祖廟也。」今本奪上「也」字，《大雅》：「公尸來燕來宗。」傳曰：「宗，尊也。」凡尊者謂之宗，尊之則曰宗之。《大雅》：「君之宗之。」箋云：「宗，尊也。」《禮記》：「別子爲祖，繼別爲宗，繼禰者爲小宗。」凡言大宗、小宗，皆謂同所出之兄弟所尊也。尊莫尊於祖廟，故謂之宗廟。宗从宀，从示。示謂神也，宀謂屋也。从宀示。會意。作冬切，九部。按，《唐韵》當在一東。

宔 宔 宗廟宔祏也。《五經異義》及鄭駁詳示部祏下。經典作主，小篆作宔。主者，古文也。祏猶主也，《左傳》「使祝史徒主祏於周廟」是也。鄭説卿大夫無宔，許説大夫以石爲宔。从宀，主聲。之庾切，古音在四部。

宙 宙 舟輿所極覆也。覆者，反也，與復同，往來也。舟輿所極覆者，謂舟車自此至彼而復還此，如循環然。故其字从由，如軸字从由也。訓詁家皆言上下四方曰宇，往古來今曰宙。由今溯古，復由古沿今，此正如舟車自此至彼，復自彼至此，皆如循環然。《莊周書》云：「有實而無乎處者宇也，有長而無本剽者宙也。」本剽即本末。莊子説正與上下四方曰宇，往古來今曰宙同，亦謂其大無極，其長如循環也。許言其本義，他書言其引伸之義。其字从宀者，宙不出乎宇也。韋昭曰：「天宇所受曰宙。」从宀，《淮南・覽冥訓》：「燕雀以爲鳳皇不能與爭於宇宙之間。」高注：「宇，屋簷也。宙，棟梁也。」引《易》「上棟下宇」。然則宙之本義謂棟，一演之爲舟輿所極復，再演之爲往古來今，則从宀爲天地矣。由聲。直又切，三部。

文七十一。　重十六。

宮 宮 室也。《釋宮》曰：「宮謂之室，室謂之宮。」郭云：「皆所以通古今之異語，明同實而兩名。」按，宮言其外之圍繞，室言其內。析言則殊，統言不別也。《毛詩》：「作于楚宮，作于楚室。」傳曰：「室猶宮也。」此統言也。宮自其圍繞言之，則居中謂之宮。五音宮、商、角、徵、羽，劉歆云：「宮，中也。居中央，唱四方。唱始施生，爲四聲綱也。」⑬从宀，躳省聲。按，説宮謂从宀吕會意，亦無不合。宀繞其外，吕居其中也。吕者，膂骨也，居人身之中者也。居戎切，九部。凡宮之屬皆从宮。

營 營 帀居也。帀，各本作「市」，今依葉抄宋本及《韵會》本訂。攷《集韵》《類篇》《韵會》作帀，葢由古本作帀，故有譌爲市者。帀居謂圍繞而居，如市營曰闤、軍壘曰營皆是也。《西京賦》：「通闤帶闠。」薛注：「闤，市營也。闠，中隔門也。」崔豹曰：「市牆曰闤，市門曰闠。」孫氏星衍曰：「營闤音近。」如自營曰厶，今本《韓非子》作自環。煢煢在疚，亦作嬛嬛是也。」諸葛孔明《表》云「營中之事」，謂軍壘也。引伸之，爲經營、營治，凡有所規度皆謂之營。从宮，下體从宮，不省，今隷皆省，誤也。李文仲《字鑑》不誤。熒省聲。謂省去「火」也，與他熒省聲但省下火者異。余傾切，十一部。

文二。

呂呂 脊骨也。象形。呂象顆顆相承，中象其系聯也。沈氏彤《釋骨》曰：「項大椎之下二十一椎，通曰脊骨，曰脊椎，曰膂骨，或以上七節曰背骨，第八節以下乃曰膂骨。」力舉切，五部。 昔大嶽爲禹心呂之臣，故封呂矦。《周語》：「大子晉曰：伯禹念前之非度，釐改制量，象物天地，比類百則，儀之于民，而度之于羣生。共之從孫四嶽佐之，高高下下，疏川道滯，帥象禹之功，度之于軌儀，莫非嘉績，克厭帝心。皇天嘉之，胙以天下，賜姓曰姒，氏曰有夏，謂其能以嘉祉殷富生物也。胙四嶽國，命爲矦伯，賜姓曰姜氏，曰有呂，謂其能爲禹股肱心膂，以養物豐民人也。」按，曰「共之從孫」，賈逵、韋昭皆曰：「共，共工也。」《外傳》曰「四嶽」，《內傳》曰「大嶽」，一也，官名也。《外傳》以祉訓姒，以殷富訓夏，以膂訓呂，以養訓姜。韋解云：「呂之爲言膂也。」是呂、膂各字。呂者，國名，以國爲氏。許云「大嶽爲禹心呂之臣，故封呂矦」，膂爲小篆呂，是許所據《國語》「股肱心膂」作「股肱心呂」，本無二字。後之爲《國語》學者，不得其解，乃以「氏曰有呂」作古文，「股肱心膂」作小篆，韋氏習而不察，乃云「呂之爲言膂」矣。以心呂之意名其地，而矦之，而氏之。《潛夫論》曰：「宛西三十里有呂。」酈道元、徐廣、司馬貞説皆同。宛城，今南陽府治附郭南陽縣是也。許《自序》曰：「大岳左夏，呂叔作藩，俾矦於許，世胙遺靈。」大岳者，許之先也，故詳之。 凡呂之屬皆从呂。

膂膂 篆文呂。从肉，旅聲。呂本古文，以古文爲部首者，因躳从呂也。此二部之例也。《秦誓》「旅力既愆」，《小雅》「旅力方剛」，古注皆訓爲衆力，不敢曰「旅與膂同」者，知《詩》、《書》倘以心膂爲義，則其字當从呂矣。僞《君牙》襲《國語》云「股肱心膂」，此未知古文無膂，秦文乃有膂也。《急就篇》：「尻寬脊膂要背僂，股腳膝臏脛爲柱。」云「要背僂」，曰「脛爲柱」，辭意相對。《皇象碑》本不誤，若顔本膂呂重出，師古不得不以脊內肉、脊骨分釋之，似史游早不識字矣。膂之譌或爲「脅」，《華陽國志》：「孝子隗通爲母汲江膂水，天爲出平石至江中。」⑭江膂水，謂江心水也。

躳躳 身也。《廣雅》同。 从呂，从身。从呂者，身以呂爲柱也。「矦執信圭」，伸圭人形直。「伯執躳圭」，躳圭人形曲。鞠躳者，斂曲之皃也。居戎切，九部。

躬躬 俗从弓身。弓身者，曲之會意也。

文二。　重一。

穴穴 土室也。引伸之，凡空竅皆爲穴。 从宀，覆其上也。 八聲。胡決切，十二部。 凡穴之屬皆从穴。

𥧑𥧑 北方謂地空因㠯爲土穴爲𥧑戶。因地之孔爲土屋也。《廣雅》：「𥧑，窟也。」 从穴，皿聲。 讀若猛。武永切，古音若芒，在十部。

窨窨 地室也。今俗語以酒水等埋藏地下曰窨，讀陰去聲。 从穴，音聲。於禁切，七部。

寝 地室也。《大雅》正義引作「覆於地也」四字。按，《詩·大雅》：「陶復陶穴。」箋云：「復者，復於土上。鑿地曰穴，皆如陶然。」庾蔚之云：「複謂地上累土爲之，穴則穿地也。」鄭、庾之云與許云覆於地合。覆於地者，謂旁穿之則地覆於上。穴則正穿之，上爲中霤。毛傳云：「陶其土而復之，陶其壤而穴之。」土謂堅者，堅則不患崩壓，故旁穿之，使上有覆，蓋陶其土，旁穿之也。壤謂柔者，柔則恐崩，故正鑿之，陶其壤，謂正鑿之，直穴之中爲中霤也。鄭注《月令》云：「中霤猶中室也。古者複穴，是以名室爲霤云。」連複言之者，文勢使然也。毛之「陶其土」「陶其壤」，蓋讀陶爲掏。鄭則云皆如窯然，特此爲異耳。漢時陵墓築封土謂之復土，義與此復土小異，要亦上覆之言耳。从穴，復聲。芳福切，三部。《詩》曰：「陶寝陶穴。」按，毛作「復」，《三家詩》有作「寝」者，如《斯干》毛「革」、韓「翱」之比。《釋名》説中霤云：「古者寝穴。」乃是寝穴之誤，語與《月令》注同。

竈 炊竈也。炊者，爨也。竈者，炊爨之處也。《周禮》曰竈祠祝融。各本無此七字，今據《史記·孝武本紀》索隐補。賈逵注《左傳》云：「句芒祀於户，祝融祀於竈，蓐收祀於門，玄冥祀於井（《吕氏春秋》注曰：行或作井。《淮南·時則訓》注曰：井或作行），后土祀於中霤。」《淮南·時則訓》：「孟夏之月，其祀竈。」高注云：「祝融吳回爲高辛氏火正，死爲火神，託祀於竈。是月火旺，故祀竈。」此皆用古《周禮》説也。《五經異義》：「竈神，今《禮戴》説引《禮器》燔柴盆瓶之事。古《周禮》説：顓頊氏有子曰黎，爲祝融，祀以爲竈神。」許君謹案同《周禮》説。鄭駁之云：「祝融乃古火官之長，猶后稷爲堯司馬，其尊如是，王者祭之，但就竈陘，一何陋也。祝融乃是五帝之神，祀於四郊，而祭火神於竈陘，於禮乖也。」[15]按，許君《説文》有此七字，是與《五經異義》不殊。《風俗通義》亦從《異義》，用古《周禮》説。从穴，鼀省聲。鼀在古音三部，入聲，故竈古音亦在三部，今音則到切。《周禮》故書以竈爲造。

竈 或不省作。今人皆作「竈」。

窯 燒瓦窯竈也。窯似竈，故曰窯竈。《韵會》本作「燒瓦窯也」，無竈字。大徐本作「燒瓦竈也」，非是。《緜》詩鄭箋云：復穴「皆如陶然」。是謂經之陶即窯字之叚借也。《緜》正義引《説文》：「陶，瓦器竈也。」蓋其所據，乃缶部匋下語。匋、窯蓋古今字。从穴，羔聲。余招切，二部。

窐 空也。《楚辭》曰：「圭璋襍於甑窐。」此甑下空也。《攷工記》：「梟氏爲鐘。」注：「隧在鼓中，窐而生光。」高注《淮南》曰：「靨輔者，頰上窐也。」然則凡空穴皆謂之窐矣。从穴，圭聲。烏瓜切，十六部。按，《廣韵》圭、攜二音。

突 深也。此以今字釋古字也。突、湥古今字。篆作突、湥，隸變作罙、深。水部湥下，但云「水名」，不言淺之反，是知古深淺字作罙，深行而罙廢矣。有穴而後有淺深，故字从穴。《毛詩》：「罙入其阻。」傳曰：「罙，深也。」此罙字見六經者，毛公以今字釋古字，而許襲之。此罙之音義原流也。鄭箋易罙爲「冞」，訓爲冒也，蓋以字形相似易之。罙在侵韵，冞在脂韵。鄭注經有易字之例，他經云「某讀爲某」，箋《詩》不尒。讀經者誤謂毛、鄭同字，作音義者當各字各音分別載之，云：「毛作罙，式針反，深也。鄭作冞，面規反，冒也。《説文》罙作突，冞作⿱罒米。」乃爲明析。而陸《釋文》則曰：「罙，面規反。毛，深也。鄭，冒也。《説文》作⿱罒米，从网米，云：冒也。」此條之弊有七：以罙切面規，絶非毛音，一也。以鄭箋作罙，非鄭所易字，二也。以《説文》之罙作冞，而不知《説文》罙作突；⿱罒米别一字，或體作宷，與突無交涉，三也。突字不見他經，惟見《商頌》，而陸亡其音，遂亡其義，四也。許用《商頌》毛傳造《説文》，而失許之原本，致許書突下義晦，冞下遂有妄人添「《詩》曰：冞入其阻」六字，鄭箋所改之字，許時代在前，安能用其説，五也。突隸作罙，猶湥隸作深，而各字書、韵書因陸罙切面規，突下不敢載罙，張參《五經文字》曰：「罙罙音彌，上《説文》，下《釋文》，相承隸省，見《詩》。」⑯《集韵》、《類篇》皆曰：「罙、冞、宷三形同字」，此皆陸爲作甬，六也。《唐石經》作罙，尚不誤，自宋及今日，《毛詩》刻本竟作采，不罙不冞，爲從古所無之字，陸實召之，七也。許水部不載深淺一義，故全書深淺字用突，今發其例於此。**一曰，竈突。**《廣雅》：「竈窻謂之堗。」《吕氏春秋》云：「竈突決，則火上焚棟。」蓋竈上突起以出烟火，今人謂之煙囱，即《廣雅》之「竈窻」，今人高之，出屋上，畏其焚棟也。以其顛言，謂之突，以其中深曲通火言，謂之突。《廣雅》：「突下謂之突。」今本正奪突字耳。《漢書》云：「曲突徙薪。」則有曲之，令火不直上者矣。趙宧光欲盡改故書之竈突爲竈突，真瞽説也。**从穴火，求省。**穴中求火，突之意也。此會意字。式針切，七部。**讀若《禮》三年導服之導。**導服，即禫服也，説詳木部棪下。按，突即湥淺字，不當有異音，蓋竈突可讀如禫，與突爲雙聲。

穿　通也。从牙在穴中。《召南》曰：「誰謂鼠無牙，何以穿我墉？」昌緣切，十四部。

寮　穿也。《倉頡篇》曰：「寮，小空也。」《西京賦》曰：「交綺豁以疏寮。」薛曰：「疏，刻穿之也。」善曰：「《倉頡篇》云：寮，小窗。」《魏都賦》：「皦日籠光於綺寮。」按，《大雅》：「及爾同寮。」《左傳》曰：「同官爲寮。」毛傳曰：「寮，官也。」箋云：「與汝同官，俱爲卿士。」蓋同官者同居一域，如俗云同學一處爲同窗也。亦假僚字爲之。《左傳》：「泉丘人女奔孟僖子，其僚從之。」杜注：「鄰女爲僚友。」**从穴，尞聲。**洛蕭切，二部。俗省作「寮」。**《論語》有公伯寮。**《憲問篇》。

⿱穴叏　穿也。从穴，叏聲。大徐作「決省聲」，此不知古音者爲之也。於決切，十五部。

⿱穴抉　湥抉也。抉之深，故从穴。**从穴抉。**此以會意包形聲。小徐作「抉聲」，亦通。於抉切，十五部。

竇　空也。空、孔古今語。凡孔皆謂之竇，古亦借瀆爲之。如《周禮注》「四竇」即「四瀆」。《左傳·襄三十年》：「墓門之瀆。」徐音豆，是也。**从穴，賣聲。**徒奏切，四部。按，古音去入不分。

竅 空也。空孔古今字。《老子》：「常有欲以觀其竅。」⑰ 从穴，敫聲。牽弔切，二部。

空 竅也。今俗語所謂孔也。天地之閒亦一孔耳。古者司空主土，《尚書大傳》曰：「城郭不繕，溝池不修，水泉不修，水爲民害，責於地公。」司馬彪曰：「司空公一人，掌水土事。凡營城起邑，浚溝洫，修墳防之事，則議其利，建其功。」是則司空以治水土爲職。禹作司空治水，而後晉百揆也。治水者，必通其瀆，故曰司空猶司孔也。从穴，工聲。形聲包會意也。苦紅切，九部。

⿱穴巠 空也。空虛、孔穴，本無二義。但有孔穴，則是空虛也。从穴，巠聲。去徑切，十一部。《詩》曰：「瓶之⿱穴巠矣。」《小雅·蓼莪》文。今《詩》作「罄」，傳曰：「罄，空也。」與《爾雅·釋詁》合。空與盡義相因。

穵 空也。鉉本作「空大也」，非是。《廣韵》引同，亦誤本耳。今依小徐及《玉篇》。今俗謂盜賊穴牆曰穵是也。从穴，乙聲。烏黠切，十五部。按，此篆當是从乙鳥之乙，非甲乙也。

⿱穴矞 空皃。孔之皃也。从穴，矞聲。呼決切，十五部。

窠 空也。雙聲爲訓。其字亦作「窾」，高誘曰：「窾，空也」是。或借科爲之，《孟子》：「盈科而後進」是。或借薖爲之，如《衛風》「碩人之薖」，毛云「寬大皃」，鄭云「飢意」皆是。从穴，果聲。苦禾切，十七部。一曰，鳥巢也。一曰者，義近而別者也。《蜀都賦》曰：「窠宿異禽。」在樹曰巢，在穴曰窠。此析言之也，與巢部合。

窻 通孔也。从穴，悤聲。楚江切，九部。按，此篆淺人所增，古本所無，當刪。十篇囪下曰：「在牆曰牖，在屋曰囪。」囪或从穴作窗。古衹有囪字，窗已爲或體，何取乎更取悤聲作窻字哉！自東江韵分，淺人多所僞撰。據《廣韵·四江》窻下云：「《說文》作窗，通孔也。」則篆體之不當有心明矣。依《廣韵》，宜囪部去窗篆，此窻篆改爲窗。然囪、窗本一字，宜囪部仍舊，而此從刪也。許但作空，不作孔，此云「通孔也」，則非許氏原文。

窊 污衺，逗。下也。《史記》：「甌窶滿篝，污邪滿車。」司馬彪曰：「污邪，下地田也。」按，凡下皆得謂之窊。水部：「洿者，窊下也。」《吳都賦》：「窊隆異等。」从穴，瓜聲。烏瓜切，五部。

窳 污窬也。污窬，葢與污衺同，亦謂下也。以衺與窊同韵，窬與窳同韵，故分別其辭也。《史記》：「舜陶河濱，器不苦窳。」裴駰曰：「窳，病也。」按，器窳者，低陷之謂，亦汙窬之意也。《釋詁》曰：「窳，勞也。」郭云：「勞苦者多惰窳。」《大雅》毛傳曰：「訿訿，窳不供事也。」《史記》：「呰窳偷生。」晉灼曰：「呰，病也。窳，惰也。」許於此部呰下亦云：「窳也。」葢即用毛傳。《毛詩》訿即呰也。此等窳皆訓惰嬾，亦皆污窬引伸之義。釋玄應屢引揚承慶《字統》，說懶者不能自起，如瓜瓠在地，不能自立，故字从㼌。又嬾人恒在室中，故从穴。夫穴訓土室，不必从宀而後爲室也。而《召旻》正義曰：「艸木皆自豎立，惟瓜瓠之屬臥而不起，似若嬾人常臥室，故字从宀，宀音眠。」此亦用《字統》説而與玄應所據有異。且陸氏《釋文》、孔氏《正義》皆引《説文》「窳，嬾也」。而《説文》無此語，聞疑載疑，不敢於宀部妄補𡨄篆。 从穴，㼌聲。 以主切，古音在四部。 按，《字統》説㼌爲會意，許則云形聲。 朔方有窳渾縣。 朔方郡窳渾縣，《地理志》有，《郡國志》無。《讀史方輿紀要》曰：「故窳渾城在故夏州西北，漢縣。 故夏州城在榆林衛西北二百里。」

窞 坎中更有坎也。 各本作坎中小坎，今依《易釋文》訂。《易·坎》「初六」曰：「入於坎窞。」虞翻曰：「坎中小穴稱窞。」釋文引《説文》：坎中更有坎也。《字林》：坎中小坎也。」然則今文爲後人以吕改許明矣。 从穴，臽，臽亦聲。 徒感切，八部。 《易》曰：「入于坎窞。」一曰，旁入也。 干寶釋《易》，正用旁入之義。

窌 窖也。《攷工記·匠人》注曰：「穿地曰窌。」⑱《吕覽》：「穿竇窌。」《月令》、《淮南》皆作窖。 从穴，丣聲。 丣聲，各本作「卯聲」，今正。 窌見《左傳釋文》，音力救、力到二反，則从丣雙聲可知矣。 漢公孫賀南窌侯，《表》作「南奅」，字皆从丣⑲，音力救切，譌从卯，乃匹皃切矣。 三部。

窖 地藏也。《月令》：「穿竇窖。」注曰：「入地隋曰竇，方曰窖。」《通俗文》曰：「藏穀麥曰窖。」 从穴，告聲。 古孝切，古音在三部。

窬 穿木户也。《淮南·氾論訓》：「古者爲窬木方版以爲舟航。」高誘曰：「窬，空也。方，並也。舟相連爲航也。」按，窬木爲舟，即《易·毄辭》「刳木爲舟」也。《儒行》：「篳門圭窬。」⑳鄭云：「門旁窬也，穿牆爲之如圭矣。」《左傳》「篳門圭竇」。杜曰：「竇，小户也。穿壁爲户，狀如圭形。」郭璞《三蒼解詁》云：「窬，門旁小竇也。」㉑是則於門旁穿壁，以木衺直居之，令如圭形，謂之圭窬。若《論語》本作「穿踰」，釋爲穿壁踰牆，似無煩與此牽混。 从穴，俞聲。 羊朱切，古音在四部。 一曰，空中也。 孟康《漢書注》曰：「東南謂鑿木空中如曹曰牏。」曹當作「槽」。 牏者，窬之或體，《玉篇》云「牏，木槽也」是也。 牏與腧古通用。 古音投、音豆。

窵 窵窅，逗。 窔也。 窅見目部，深目也。 杜詩：「動影窵窕沖融閒。」㉒ 从穴，鳥聲。 多嘯切，二部。

窺 小視也。 从穴，規聲。 去隓切，十六部。

䆵 正視也。 从穴中正見，正亦聲。 敕貞切，十一部。

窡 穴中見也。 从穴，叕聲。 丁滑切，十五部。

窋 物在穴中皃。《靈光殿賦》曰：「綠房紫菂，窋咤垂珠。」㉓謂蓮房之實，窋咤然見於房外如垂珠也。 上文云「反植荷蕖」，故曰「垂珠」。 从穴，出聲。 丁滑切，十五部。 后稷之子不窋。

窴 窫也。 窫，各本譌作「塞」，今正。《玉篇》曰：「窴，今作填。」按，窴、填同義，填行而窴廢矣。 从穴，真聲。 待秊切，十二部。

窒 窴也。各本窴譌「塞」，今正。窴，窒也。見玨部。此二字互訓也。窴之隸體爲寘，土部曰：「塞，隔也。」𨸏部曰：「隔，塞也。」塞於義不爲窒，邊塞其本義也。自用塞爲填寘字，而寘廢矣。且有讀寘爲鏄者，則寘愈失其本音本義矣。說詳玨部。《釋言》、《豳》傳皆曰：「窒，塞也。」从穴，至聲。陟栗切，十二部。《魯論語》以室爲窒。

突 犬從穴中暫出也。引伸爲凡猝乍之稱。从犬在穴中。徒骨切，十五部。一曰，滑也。義小別。

竄 匿也。《周易》「逋竄」，《左氏》「無所伏竄」是也。《堯典》：「竄三苗于三危。」與言流、言放、言極一例，謂放之令自匿。故《孟子》作「殺三苗」，即《左傳》「𥻆蔡叔」之𥻆。𥻆爲正字，竄、殺爲同音叚借。从鼠在穴中。《漢書》曰：「奉頭鼠竄。」七亂切，古音在十五部。

窣 從穴中卒出。卒、猝古今字。《子虛賦》：「媻姍敎窣，上乎金隄。」韋昭曰：「媻姍敎窣，匍匐上也。」按，媻姍謂徐行，敎窣謂急行。从穴，卒聲。穌骨切，十五部。

窘 迫也。《小雅》：「又窘陰雨。」毛傳：「窘，困也。」按，箋云：「窘，仍也。」仍者，仍其舊而不能變，亦是困意。从穴，君聲。渠隕切，十三部。《字林》巨畏反，文微合音也。

窕 突肆極也。窕與窘爲反對之辭。《釋言》曰：「窕，肆也。」《大戴禮・王言》：「七者布諸天下而不窕，內諸尋常之室而不塞。」《淮南・俶真訓》：「處小隘而不塞，橫扃天地之閒而不窕。」《要略訓》：「置之尋常而不塞，布之天下而不窕。」《氾論訓》：「舒之天下而不窕，內之尋常而不塞。」《齊俗訓》：「大則塞而不入，小則窕而不周。」《兵略訓》：「入小而不偪，處大而不窕。」《墨子・尚賢中》：「此道也，大用之天下則不窕，小用之則不困。」《尚同下》：「大用之治天下不窕，小用之治一國一家而不橫。」《荀卿子》曰：「充盈大宇而不窕，入郤穴而不偪。」《管子・宙合》曰：「大成軸之多也，其處大也不窕，其入小也不塞。」《司馬法》曰：「凡戰之道，位欲嚴，政欲栗，力欲窕，氣欲閑。」又曰：「擊其勞倦，避其閑窕。」凡此皆可證窕之訓寬肆。凡言在小不塞，在大不窕者，謂置之小處而小處不見充塞無餘地，置之大處而大處不見空曠多餘地。高誘曰：「不窕，在大能大也。」今本《管子》、《墨子》窕誤作「究」，非是。《毛詩》傳曰：「窈窕，幽閒也。」幽訓窈，閒訓窕。《方言》：「美狀爲窕」，言外之寬綽也；「美心爲窈」，言中之幽靜也。《左傳》泠州鳩論樂曰：「小者不窕，大者不槬，則和於物。」此可以諸子釋之：小者不窕，謂雖小而處大，不使多空廫之處也；大者不槬，謂雖大而處小，不使偪塞莫能容也。《莊周書》云：「瓠落無所容。」以注「槬」字其合。郭注《爾雅》云：「輕窕者多放肆。」㉔真憒憒之說也。《左傳》曰：「楚師輕窕。」此窕義之引伸，寬然無患謂之輕窕。《唐石經・左傳》譌作「宨」，从宀。《釋言》：「窕，肆也。窕，閒也。」其字其義皆同，而《唐石經》亦於「肆也」作「宨」，从宀，與「閒也」作「窕」从穴別異，皆字之偶誤耳。而或據以爲說，分別訓詁，攷之許書，本無从宀之字。从穴，兆聲。讀若挑。徒了切，二部。

穹 窮也。窮者，極也。《豳風》：「穹窒熏鼠。」毛傳曰：「穹，窮。窒，塞也。」穹、窮雙聲。《大雅》：「以念穹蒼。」《釋天》、《毛傳》皆曰：「穹蒼，蒼天也。」按，穹蒼者，謂蒼天難窮極也。《韗人》：「爲臯陶，穹者三之一。」注：「謂鼓木腹穹隆居鼓三之一。」今人皆謂高爲穹隆。从穴，弓聲。去弓切，古音在六部。

究 窮也。《釋言》同。《小雅·常棣》傳曰：「究，深也。」《釋詁》及《大雅·皇矣》傳曰：「究，謀也。」皆窮義之引伸也。从穴，九聲。居又切，三部。

竆 極也。从穴，躳聲。渠弓切，九部。或假爲躳字，如鞠躳，古作「鞠竆」。

窅 冥也。冥者，窈也。从穴，皀聲。烏皎切，二部。

窔 窅窔，逗。突也。也，《爾雅音義》作「皃」，《上林賦》曰：「巖窔洞房。」窔亦作「突」，郭璞曰：「於巖穴底爲室，潛通臺上也。」按，郭以通釋洞，小顏改窔爲「突」㉕，於郭注「巖穴底爲室」之下，輒增「如竈突然」四字，其亦妄矣。从穴，交聲。烏叫切，二部。

邃 突遠也。从穴，遂聲。雖遂切，十五部。

窈 突遠也。《周南》毛傳曰：「窈窕，幽閒也。」以幽釋窈，以閒釋窕。《方言》曰：「美心爲窈，美狀爲窕。」《陳風》傳又曰：「窈，糾舒之姿也。舒，遲也。」从穴，幼聲。烏皎切，古音在三部。

窱 杳窱也。《廣雅》曰：「窈窱，深也。」《西京賦》曰：「望窅窱以徑廷。」薛曰：「過度之義也。」《集韵》曰：「窅同窈。」从穴，條聲。徒弔切，二部。

竁 穿地也。《周禮·小宗伯》《冢人》皆曰「甫竁」，注曰：「甫，始也。鄭大夫讀竁皆爲穿，杜子春讀竁如毳㉖，皆謂葬穿壙也。今南陽名穿地爲竁，聲如腐脃之脃。」按，此注讀竁爲穿者，易其字也。讀竁如毳者，擬其音也。下文鄭伸子春之說，以南陽語證子春説之不誤。从穴，毳聲。充芮切，十五部。一曰，小鼠聲。謂鼠聲之小者也。聲字依《玉篇》補。宋本「小鼠」下皆空一字，必是聲字耳。竁入聲如猝，於鼠聲相似。《周禮》曰：「大喪甫竁。」

窆 葬下棺也。土部曰：「堋，葬下土也。《春秋傳》朝而堋，《禮》謂之封，《周官》謂之窆。」按，《禮》謂十七篇也。《士喪禮》下篇㉗曰：「及窆，主人哭踊無筭。」注：「窆，下棺也。今文窆爲封。」然則許十七篇從今文，鄭從古文而疊今文也。凡《戴記》皆作封，《戴記》從今文也。《周官》謂之窆者，《周禮·鄉師》云：「及窆，執斧以涖匠師。」先鄭云：「窆謂葬下棺，《春秋傳》所謂倗，《禮記》所謂封也。」按，堋、窆、封三字，分蒸、侵、東三韵而一聲之轉。从穴，乏聲。方驗切，古音在七部。《周禮》曰：「及窆執斧。」

窀 窀穸，逗。各本删此二字，今依全書例補。厚釋窀，夕釋穸。葬之厚夕也。襄十三年《左傳》曰：「惟是春秋窀穸之事，所以從先君於禰廟者。」杜曰：「窀，厚也。穸，夜也。厚夜猶長夜。春秋謂祭祀，長夜謂葬薶。」按，窀、淳同音，窀訓厚。从穴，屯聲。陟輪切，十三部。《春秋傳》曰：「窀穸從先君於地下。」與今《左傳》異。

穸　窀穸也。从穴，夕聲。《孔宙碑》作「窀夕」，乃蒙上穴而省耳。詞亦切，古音在五部。

窜　入脈刺穴謂之窜。蓋古醫經之言，《齊民要術》説相牛有窜字。从穴，甲聲。烏狎切，八部。

文五十一。　重一。

㝱　寐而覺者也。寐而覺，與醒字下「醉而覺」同意。今字叚夢爲之，夢行而㝱廢矣。从宀，从爿，夢聲。宀者，覆也。爿者，倚著也。夢者，不明也。夢亦聲，古音在六部，今莫鳳切。《周禮》：「目日月星辰占六㝱之吉凶。鄭注詳矣。一曰，正㝱；鄭云：「無所感動，平安自夢也。」二曰，咢㝱；咢者，譁訟也。借爲驚遻之遻。《周禮》作「噩夢」，杜子春云：「當爲驚愕之愕，謂驚愕爲夢也。」三曰，思㝱；鄭云：「覺時所思念之而夢也。」思，小徐作「觭」，誤。四曰，寤㝱；鄭云：「覺時所道之而夢也。」寤，大徐作「悟」。五曰，喜㝱；鄭云：「喜悅而夢也。」六曰，懼㝱。」鄭云：「恐懼而㝱也。」已上《周禮・占夢》文。凡㝱之屬皆从㝱。

寢　病臥也。寑者，臥也。寢者，病臥也。此二字之別。今字槩作寢矣。从㝱省，𡩠省聲。𡩠者，籒文寑。七荏切，七部。

寐　臥也。俗所謂睡著也。《周南》毛傳曰：「寐，寢也。」从㝱省，未聲。蜜二切，十五部。

寤　寐覺而有言曰寤。有言，今鍇本作「省信」，鉉本作「有信」，皆誤。今依《韵會》所據鍇本。釋玄應引《倉頡篇》「覺而有言曰寤」，《左傳》季寤字子言，是其證。按，《周南》毛傳曰：「寤，覺也。」《衞風》鄭箋同，言其大略而已。鄭釋《周禮》寤夢云「覺時道之而夢」[28]，亦與《倉頡篇》同也。古書多叚寤爲悟。从㝱省，吾聲。五故切，五部。一曰，晝見而夜㝱也。蓋亦《周禮》寤夢之說。《陳風》傳云：「晤，遇也。」箋云：「晤，對也。」寤與晤義相通。

𤺺　籒文寤。《周禮・占夢》釋文云：「寤本又作𤺺。」此用籒文而小變也。

𡪢　楚人謂寐曰𡪢。𡪢猶𥿍也。𥿍，黏也。从㝱省，女聲。依倨切，《廣韵》亦音女，五部。

𥨊　寐而厭也。鉉本作「未厭」，誤甚。胡身之《通鑑釋文辨誤》引作「米厭」，米即寐之譌。蓋古本作寐而寐厭，一譌作米，再譌作未。要不若小徐本爲長。《廣雅》曰：「𥨊、[illegible]，厭也。」按，厭、魘正俗字。大徐於鬼部妄增魘字云：「夢驚也。」由不解此處厭字故耳。《倉頡篇》曰：「伏合人心曰厭。」《字苑》曰：「厭，眠内不祥也。」皆見《玄應書》。《廣韵・五十琰》「厭」注「厭魅」，《一十九葉》「厭」注

「惡夢」，可見魘字之晚出最俗矣。《西山經》：「翼望之山，鳥名鵸鵌，服之使人不厭。」此用厭字之最古者。寱，古多叚借眯爲之。郭注《山海經》引《周書》「服之不眯」爲「不厭」之證。《莊子・天運》：「彼不得夢，必且數眯焉。」司馬彪曰：「眯，厭也。」《通鑑》：「劉曄曰：臣得與聞大謀，常恐眯夢漏泄，以益臣罪。」語本裴松之引《傅子》，胡身之引《說文》寐字解之。从㝱省，米聲。此篆今本《說文》作寐。攷《廣雅》作寱，《玉篇》、《廣韵》皆作寱，不載寐字，可知古本說文作「寱」也。若《集韵》云「寐或作寱」，《類篇》有寐無寱，則鉉本盛行之故耳，今正。莫禮切，十五部。

寱　孰寐也。从㝱省，水聲。讀若悸。求癸切，十五部。按，大徐用《唐韵》也。《玉篇》、《廣韵》、《集韵》、《類篇》皆祇渠季切一音。

㾘　臥驚病也。以疊韵爲訓。《爾雅》「三月爲㾘月」作此字。从㝱省，丙聲。皮命切，古音在十部。

寱　瞑言也。瞑，目翕也。瞑言者，寐中有言也。寱亦作囈，俗作囈。从㝱省，臬聲。牛例切，十五部。

寣　臥驚也。《廣雅》曰：「寣，覺也。」義相近。今江蘇俗語曰睡一寣。一曰，小兒號寣寣。別一義也。寣寣者，號聲。一曰，河內相評也。又別一義也。評者，召也。今字作「呼」。相召曰寣。如言「咄，少卿良苦」，言「嘆，大姊」之比，河內人語如此。从㝱省，从言。會意。火滑切，十五部。

文十。　重一。

疒　倚也。倚與疒音相近。人有疾痛也。也字，《玉篇》有。象倚箸之形。横者、直者相距，故曰象倚箸之形。或謂即牀、狀、牆、戕之左旁，不知其音迥不相同也。女戹切，十六部。凡疒之屬皆从疒。

疾　病也。析言之，則病爲疾加，渾言之，則疾亦病也。按，經傳多訓爲急也，速也。此引伸之義，如病之來多無期無迹也。从疒，矢聲。矢能傷人，矢之去甚速，故从矢會意。聲字疑衍。秦悉切，十二部。

𤶿　籒文疾。从廿者，古文疾也。从𤕫者，𤕫省也。

廿　古文。各本篆體作𤺋，是仍與小篆無異，今正。攷𥨊篆下曰：「廿，古文疾。」童篆下曰：「廿，古文以爲疾。」此廿爲古文疾之明證。而《集韵》《類篇》皆曰：「廿，古文疾。𤶿，籒文疾。」此丁度所見不誤之明證也。其曰籒文作𤶿，又作𤺋者，乃當其時已有誤本同今本而因併入之，又譌古爲籒也。

痛　病也。从疒，甬聲。他貢切，九部。

病　疾加也。苞咸注《論語》曰：「疾甚曰病。」从疒，丙聲。皮命切，古音在十部。

瘣　病也。从疒，鬼聲。胡罪切，十五部。《詩》曰：「譬彼瘣木。」今《小雅・小弁》作「壞木」，傳曰：「壞，瘣也。謂傷病也。」箋云：「猶内傷病之木，内有疾，故無枝也。」按，疑今毛傳瘣二字互譌，許及樊光所引皆作「瘣木」爲是。一曰，腫旁出也。此别一義。《釋木》：「瘣木，苻婁。」郭云：「謂木病尪傴瘻腫無枝條。」《攷工記》：「凡揉牙，外不廉而内不挫，旁不腫。」注：「腫，瘣也。」

疴 病也。《鴻範五行傳》鄭注同。从疒，可聲。烏何切，十七部。《五行傳》曰：「時即有口疴。」《五行傳》者，伏生《鴻範五行傳》也。言之不從，是謂不乂，時則有口舌之痾。

痡 病也。《釋詁》、毛傳同。从疒，甫聲。普胡切，五部。《詩》曰：「我僕痡矣。」《周南·卷耳》文。

瘽 病也。《釋詁》曰：「瘽，病也。」字亦作懃。从疒，堇聲。巨斤切。

瘵 病也。《釋詁》曰：「瘵病也。」《小雅·菀柳》毛傳同。箋云：「瘵，接也。」則謂《詩》叚瘵爲際也。从疒，祭聲。側介切，十五部。

瘨 病也。《大雅·雲漢》傳同㉙。按，今之顛狂字也。《廣雅》：「瘨，狂也。」《急就篇》作「顛疾」。从疒，真聲。都年切，十二部。一曰，腹張。張，汲古閣作脹，誤。今依宋本訂。古無脹字。《左傳》：「晉侯獳將食，張，如廁。」即今之脹字也。瘨與䐜、瞋字意略同。《集韵》稱人切。

瘼 病也。《小雅》曰：「亂離瘼矣。」《釋詁》、毛傳皆云：「瘼，病也。」《方言》曰：「瘼，病也。東齊海岱之閒曰瘼。」从疒，莫聲。慕各切，五部。

疛 腹中急痛也。痛字依小徐及《廣韵》補。今吳俗語云絞腸刮肚痛，其字當作疛也。古音讀如糾。《釋詁》云：「咎，病也。」咎葢疛之古文叚借字。从疒，丩聲。古巧切，古音在三部。

⿸疒員 病也。从疒，員聲。王問切，十三部。

癇 病也。从疒，閒聲。户閒切，十四部。按，今俗語皆呼閒切。方書，小兒有五癇。王符《貴忠篇》云：「哺乳多則生癇病。」《玄應》引《聲類》云：「今謂小兒瘨曰癇也。」

⿸疒出 病也。从疒，出聲。五忽切，十五部。

疵 病也。古亦叚玼爲之。从疒，此聲。疾咨切，十六部。《廣韵》「疾移切」是也。

癈 固病也。按，此當云「癈固，病也」。癈固爲逗，淺人刪癈字耳。下文痼爲久病，癈固則經傳所云廢疾也，其義不同。鍇本作「痼疾也」，則尤誤矣。癈猶廢，固猶錮，如瘖聾跛躃斷者侏儒皆是。癈爲正字，廢爲叚借字，亦有叚癈疾字爲興廢字者。从疒，發聲。方肺切，十五部。按，廢癈可入，發伐可去，南人作韵書分别，遂若約定俗成矣。古無去入之别。

瘏 病也。《周南·卷耳》曰：「我馬瘏矣。」《釋詁》、毛傳皆曰：「瘏，病也。」《豳風·鴟鴞》傳同。从疒，者聲。同都切，五部。《詩》曰：「我馬瘏矣。」

瘲 病也。从疒，从聲。將容切，九部。按，《廣韵》、《集韵》將容切内皆不收此字㉚，葢與瘛瘲爲二病。

⿸疒辛 寒病也。古多借洒爲⿸疒辛，《晉語》：「狐突曰：玦之以金銑，寒之甚矣。」韋注：「玦猶離也，銑猶洒也。洒洒，寒皃。」唐人舊音云洒或爲洗，《本艸》「爲色洗洗」，是寒皃。玉裁謂凡《素問》、《靈樞》、《本艸》言「洒洒」、「洗洗」者，其訓皆寒，皆⿸疒辛之叚借。古辛聲、先聲、西聲同在真文一類。《國語》注洒音銑不誤。从疒，辛聲。所臻切，十二部。

⿸疒或 頭痛也。从疒，或聲。吁逼切，一部。讀若溝洫之洫。按，洫聲在十二部，或聲在一部，然《毛詩》洫作淢，古文閾作⿵門洫，是合音之理也。

痟 酸痟，逗。頭痛也。《周禮·疾醫》：「春時有痟首疾。」注云：「痟，酸削也。首疾，頭痛也。」疏曰：「春時陽氣將盛，惟金沴木，故有痟首之疾。」从疒，肖聲。相邀切，二部。《周禮》曰：「春時有痟首疾。」

疕 頭瘍也。《周禮·醫師》：「凡邦之有疾病疕瘍者造焉，則使醫分而治之。」注云：「疕，頭瘍，亦謂禿也。」㉛从疒，匕聲。卑履切，十五部。

瘍 頭創也。按，頭字葢賸，上文疕下曰「頭瘍」，則見瘍不專在頭矣。鄭注《周禮》云：「身傷曰瘍。」以別於「頭瘍曰疕」，許則疊韵爲訓，疕得評瘍，他瘍不得評疕也。《檀弓》㉜曰：「居喪之禮，身有瘍則浴。」从疒，昜聲。與章切，十部。《魯頌》假瘍爲揚㉝。

痒 瘍也。《小雅》：「癙憂以痒。」傳曰：「癙、痒，皆病也。」《釋詁》亦曰：「痒，病也。」按，今字以痒爲癢字，非也。癢之正字，《說文》作蛘。从疒，羊聲。似陽切，十部。

⿸疒馬 目病。一曰，惡气箸身也。一曰，蝕創。凡三義。蝕者，敗創也。从疒，馬聲。莫駕切，古音在五部。

⿸疒斯 散聲也。《方言》：「⿸疒斯，噎也。楚曰⿸疒斯。」又曰：「⿸疒斯，散也。東齊聲散曰⿸疒斯，秦晉聲變曰⿸疒斯。器破而不殊，其音亦謂之⿸疒斯。」按，與斯、澌字義相通。馬嘶字，亦當作此。从疒，斯聲。先稽切，十六部。

⿸疒爲 口咼也。口部曰：「咼，口戾不正也。」此亦疊韵爲訓。从疒，爲聲。韋委切，古音在十七部。

⿸疒夬 ⿸疒爲也。《廣韵》云：「瘡裏空也。」今義也。从疒，夬聲。古穴切，十五部。

瘖 不能言也。从疒，音聲。於今切，七部。

癭 頸瘤也。下文云：「瘤，腫也。」此以頸瘤與頸腫別言者。頸瘤則如囊者也，頸腫則謂暫時腫脹之疾，故異其辭。《釋名》曰：「癭，嬰也。嬰在頤纓理之中也。青徐謂之脰。」《博物志》曰：「山居多癭，飲水之不流者也。」凡楠樹樹根贅肬甚大，析之中有山川花木之文，可爲器械。《吴都賦》所謂「楠瘤之木」。三國張昭作《楠瘤枕賦》，今人謂之癭木是也。癭木俗作「影木」，楠瘤俗本作「楠榴」，皆誤字耳。从疒，嬰聲。於郢切，十一部。

瘻　頸腫也。《淮南・説山訓》：「雞頭已瘻。」高注：「瘻，頸腫疾也。雞頭，水中芡也。」鍇本作「頭腫」，蓋淺人恐與頸瘤不别而改之。腫，癰也。頸腫即《釋名》之癰喉。从疒，婁聲。力豆切，四部。

㽱　顫也。與頁部頄、疣音義同。从疒，又聲。于救切，古音在一部。

瘀　積血也。血積於中之病也。《九辯》曰：「形銷鑠而瘀傷。」从疒，於聲。依據切，五部。

疝　腹痛也。《釋名》曰：「心痛曰疝。疝，詵也。氣詵詵然上而痛也。」「陰腫曰隤，氣下隤也。又曰疝，亦言詵也，詵詵引小腹急痛也。」从疒，山聲。所晏切，十四部。

疛　小腹病。小當作「心」，字之誤也。隸書心或作小，因譌爲小耳。《玉篇》云：「疛，心腹疾也。」仍古本也。《小雅》曰：「我心憂傷，惄焉如擣。」傳曰：「擣，心疾也。」釋文：「擣本或作㿇。《韓詩》作疛，義同。」按，疛其正字，㿇其或體，擣其譌字也。《玉篇》引《吕氏春秋》曰：「身盡疛腫。」今本《吕覽》作「身盡府種」，二字皆誤。高誘曰：「疛，腹疾也。」从疒，肘省聲。陟柳切，三部。《詩音義》除又切。

㿗　滿也。《毛詩》傳曰：「不醉而怒曰㿗。」然則㿗謂氣滿，㿗舉形聲包會意也。从疒，𦈢聲。平秘切，十五部。

府　俛病也。《方言》曰：「短，東陽之閒謂之府。」按，俛者多庳。《方言》與許義相近。从疒，付聲。方榘切，四部。

痀　曲脊也。玉部玖下曰：「讀若人句脊之句。」三句字皆痀之誤也。从疒，句聲。其俱切，古音讀如句，在四部。

瘚　屰气也。《釋名》曰：「厥逆，氣從下蹷起上行，入心脅也。」高誘《吕覽注》曰：「蹷逆，寒疾也。」从疒，从屰欠。欠，猶气也。居月切，十五部。

欮　瘚或省疒。厂部厥用爲聲。

痵　气不定也。心部曰：「悸，心動也。」義相近。《玉篇》曰：「痵亦作悸。」从疒，季聲。其季切，十五部。

痱　風病也。非、風雙聲。《釋詁》曰：「痱，病也。」郭注：「見《詩》。」按，《小雅》：「百卉具腓。」李善注《文選・戲馬臺詩》云：「《韓詩》云：百卉具腓。薛君曰：腓，變也。毛萇曰：痱，病也。今本作腓。」據李則《毛詩》本作痱，與《釋詁》合。从疒，非聲。蒲罪切，十五部。按，當扶非切，亦作疿。

瘤　腫也。《釋名》曰：「瘤，流也。流聚而生腫也。」㉞从疒，畱聲。力求切，三部。

痤　小腫也。《玉篇》曰：「癤也。」从疒，坐聲。昨禾切，十七部。《春秋經》：「宋公殺其世子痤。」是此字。三傳同，以隱疾名子也。一曰，族絫病。《左傳》曰：「牲不疾瘯蠡。」瘯者，族之俗。蠡與絫同部。杜注以「皮毛無疥癬」釋之。按，季良以「民力溥存」釋博，以「碩大蕃滋」釋碩，以「不疾瘯蠡」釋肥，以「備腯咸有」釋腯。《釋文》云：「《說文》蠡作瘰，云：瘯瘰，皮肥也。」此《說文》二字有譌，當是別本作瘰，注云：「不疾瘯瘰，皮肥也。」奪「不疾」二字。

疽　久癰也。《後漢書·劉焉傳》注、玄應《一切經音義》皆引「久癰」，與小徐合。癰久而潰沮濼然也。从疒，且聲。七余切，五部。

⿸疒麗　癰也。从疒，麗聲。郎計切，十六部。一曰，瘦黑。讀若隸。

癰　腫也。肉部曰：「腫，癰也。」按，腫之本義謂癰，引伸之爲凡墳起之名，如上文「瘤，腫也」「痤，小腫也」，則非謂癰也。《釋名》曰：「癰，壅也。氣壅否结裹而潰也。」从疒，雝聲。於容切，九部。

瘜　寄肉也。肉部腥下曰：「星見食豕，令肉中生小息肉也。」息肉，即瘜肉。《廣韵》曰「惡肉」。从疒，息聲。相即切，一部。

癬　乾瘍也。乾音干，瘍之乾者也。《釋名》曰：「癬，徙也。浸淫移徙處日廣也。故青徐謂癬爲徙也。」从疒，鮮聲。息淺切，十四部。

疥　搔也。搔音穌到切。疥急於搔，因謂之搔。俗作瘙，或作⿸疒澡，穌到切。今四川人語如此。《禮記釋文》引《說文》「疥，瘙瘍也」。《文選·登徒子好色賦》注引「疥，瘙也」，皆以俗字改正字耳。《後漢書·烏桓傳》㉟曰：「手足之蚧搔。」章懷音新到反。蚧同疥。《釋名》曰：「疥，齘也。癢搔之齒類齘也。」从疒，介聲。古拜切，十六部。

痂　疥也。按，痂本謂疥，後人乃謂瘡所蛻鱗爲痂，此古義今義之不同也。葢瘡鱗可曰介，介與痂雙聲之故耳。《南史》：「劉邕嗜食瘡痂」，謂有蝮魚味。从疒，加聲。古牙切，十七部。

瘕　女病也。按，女字必是衍字。《詩》：「厲假不瑕。」箋云：「厲、假，皆病也。」正義引《說文》：「癘，疫病也，或作癩。瘕，病也。」是唐初本無女字也。《倉公傳》曰：「潘滿如小腹痛，臣意診其脈曰：遺積瘕也。女子薄吾病甚，臣意診其脈曰：蟯瘕也。」瘕葢腹中病。从疒，叚聲。乎加切。《玉篇》曰：「《說文》本音遐。」《史記索隐》亦曰：「舊音遐。」按，古音在五部。○錢氏大昕曰：「《唐公房碑》：『癘蠱不遐』，即鄭箋之『癘瘕不瑕』也。」

癘　惡疾也。按，古義謂惡病，包内外言之。今義別製癩字，訓爲惡瘡，訓癘爲癘疫。古多借厲爲癘，《公羊傳》作「痢」，何注云：「痾者，民疾疫也。」《大戴禮》及《公羊》何注說「七出」，皆云「惡疾出」㊱，何休曰：「惡疾棄者，不可以奉宗廟也。」《論語》：「伯牛有疾。」苞氏曰：「牛有惡疾，不欲見人，故孔子從牖執其手也。」《韓詩》曰：「《芣苢》，傷夫有惡疾也。」薛君曰：「芣苢，澤瀉也。臭惡之草。詩人傷其君子有惡疾，人道不通，求己不得，發憤而作，以事興。芣苢雖臭惡乎，我猶采采而不已者，以興君子雖有惡疾，我猶守而不離去也。」从疒，蠆省聲。按，大徐厲作蠆，不誤㊲。洛帶切，十五部。

瘧 寒熱休作病。謂寒與熱一休一作相代也。《釋名》曰：「瘧，酷虐也。凡疾或寒或熱耳，而此疾先寒後熱，兩疾似酷虐者。」《周禮》曰：「秋時有瘧寒疾。」从疒虐，虐亦聲。魚約切，二部。

痁 有熱瘧。有熱無寒之瘧也。从疒，占聲。失廉切，七部。《春秋傳》曰：「齊侯疥，遂痁。」《左傳·昭二十年》文。按，梁元帝及袁狎、顏之推欲改疥爲痎，所謂無事而自擾也。陸氏德明既辨之矣。

痎 二日一發瘧也。今人謂閒二日一發爲大瘧。顏之推云：「兩日一發之瘧。今北方猶呼痎瘧，音皆。」从疒，亥聲。古諧切，古音在一部。

痳 疝病也。《釋名》曰：「淋，懍也。小便難懍懍然也。」按，痳篆不與疝伍者，以有疝痛而不痳者也。从疒，林聲。力尋切，七部。

痔 後病也。从疒，寺聲。直理切，一部。

痿 痹也。如淳曰：「痿音蹞㡱，病兩足不能相過曰痿。」張揖曰：「痿不能行。」師古曰：「蹞㡱，弩名。見《晉令》。煩蕤二音。」按，古多痿痹聯言，因痹而痿也。《素問》曰：「有漸於濕，肌肉濡漬，痹而不仁，發爲肉痿。」从疒，委聲。儒隹切，古音在十六部。《玉篇》曰：「《說文》音蕤。」

痹 溼病也。《素問》「痹論」、「痿論」名爲篇。岐伯曰：「風寒溼三氣襍至，合而爲痹也。」从疒，畀聲。必至切，十五部。

痺 足氣不至也。《玉篇》云：「足氣不至轉筋也。」从疒，畢聲。毗至切，十二部。

瘃 ㊳中寒腫覈。《趙充國傳》：「手足皸瘃。」文穎曰：「瘃，寒創也。」按，腫覈者，腫而肉中鞕如果中有覈也。覈、核古今字。从疒，豖聲。陟玉切，三部。

痛 半枯也。《尚書大傳》：「禹其跳，湯扁。其跳者，踦也。」鄭注云：「其，發聲也。踦，步足不能相過也。扁者，枯也。」注言湯體半小扁枯，按，扁即痛字之叚借，痛之言偏也。从疒，扁聲。匹連切，十一部。

瘇 脛气腫。《小雅·巧言》：「既微且尰。」《釋訓》、毛傳皆曰：「骭瘍爲微，腫足爲尰。」按，云「脛氣腫」，即足腫也。大徐本云「脛氣足腫」，非。从疒，童聲。時重切，九部。《詩》曰：

「既微且瘇。」

⿺尣童 籀文。左从尣，烏光切。右从籀文童。《爾雅音義》云：「尰，本或作⿺尣童，同，並籀文瘇字也。」按，籀文本作⿺尣童，又或變爲尰耳，非有兩籀文也。

⿸疒盍 跛病也。《廣韵》曰：「⿸疒盍，短氣也。」此今義也。从疒，盇聲。讀若脅，又讀若掩。烏盇切，八部。

疻 疻痏，逗。毆傷也。疻痏二字，各本無，依全書通例補。《漢書·薛宣傳》：「廷尉引傳曰：遇人不以義而見疻者，與痏人之罪鈞。惡不直也。」應劭曰：「以杖手毆擊人，剝其皮膚，起青黑而無創瘢者，律謂疻痏。」按，此應注譌脱。《急就篇》顏注云：「毆人皮膚腫起曰疻，毆傷曰痏。」葢應注「律謂疻」下奪去六字，當作「其有創瘢者謂痏」。《文選》嵇康詩：「怛若創痏。」李善引《説文》：「痏，瘢也。」正與應語合，皆本漢律也。疻輕痏重，遇人不以義而見疻，罪與痏人等。是疻人者輕論，見疻者重論，故曰惡不直也。創瘢謂皮破血流。从疒，只聲。諸氏切，十六部。

痏 疻痏也。按，依許全書之例，則疻下云「疻痏，毆傷也」。此但云「疻痏也」而義已足。此等往往爲淺人妄删，致文理不可讀矣。或曰，依應仲遠則疻痏異事，何爲合之也？曰，應析言之，許渾言之。許曰毆傷，則固兼無創瘢有創瘢者言之。《文選注》引《倉頡篇》「痏，毆傷也」，與許正合。从疒，有聲。榮美切，古音在一部。一曰痏，逗。瘢也。據《文選》嵇康詩注補此五字。此析言之，與應劭引律合。

⿸疒巂 創裂也。一曰，疾⿸疒巂。《玉篇》作「一曰，疾也」。从疒，巂聲。以水切，當依《廣韵》羊捶切，十六部。

⿸疒冄 皮剝也。剝，裂也。从疒，冄聲。讀若柟，又讀若襜。小徐有此七字。赤占切，七部。

⿸疒叏 各本下从叏，今按，尸部叏字也，故正之。籀文从叏。

癑 痛也。从疒，農聲。奴動切，九部。

痍 傷也。成十六年，晉侯及楚子、鄭伯戰于鄢陵，楚子、鄭師敗績。《公羊傳》曰：「敗者稱師，楚何以不稱師？王痍也。王痍者何？傷乎矢也。」按，《周易》：「夷，傷也。」《左傳》：「察夷傷。」皆假夷字爲之。从疒，夷聲。以脂切，十五部。

瘢 痍也。《長楊賦》：「哓鋋瘢耆。」孟康曰：「瘢耆，馬脊耆創瘢處。」按，古義傷處曰瘢，今義則少異。从疒，般聲。薄官切，十四部。

痕 胝瘢也。胝瘢謂胝之傷。肉部腄下云：「瘢胝也。」與此同義。胝下云：「腄也。」則不必傷者也。按，今義與此亦異，皆逐末而忘本也。《韵會》無胝字。从疒，㫐聲。户恩切，十二部。

痓 彊急也。《本艸經》曰：「朮主痓疽。」《廣韵》曰：「風，强病也。」按，《急就篇》：「癰疽瘛瘲痿痹疢。」疢即痓，顏云：

「體强急難用屈伸也。」从疒，巠聲。其頸切，十一部。

痋 動病也。痋，即疼字。《釋名》曰：「疼，旱氣疼疼然煩也。」按，《詩》：「旱既太甚，蘊隆蟲蟲。」《韓詩》作「鬱隆烔烔」，劉成國作「疼疼」，皆旱熱人不安之皃也。今義疼訓痛。从疒，蟲省聲。徒冬切，九部。

瘦 臞也。肉部曰：「臞，少肉也。」从疒，叜聲。所又切，四部。今字作「瘦」。

疢 熱病也。其字从火，故知爲熱病。《小雅》：「疢如疾首。」箋云：「疢，猶病也。」此以疢爲煩熱之偁。从火，从疒。會意。丑刃切，十二部。

癉 勞病也。《大雅》：「下民卒癉。」《釋詁》、毛傳皆云：「癉，病也。」《小雅》：「哀我癉人。」《釋詁》、毛傳曰：「癉，勞也。」許合云「勞病」者，如嘽訓「喘息皃」，幝訓「車敝皃」，皆單聲字也。癉與疸音同而義別，如郭注《山海經》、師古注《漢書》皆云：「癉，黄病。」王砅注《素問》「黄疸」云：「疸，勞也。」則二字互相假而淆惑矣。癉或假憚，或作⿸疒亶。从疒，單聲。丁幹、丁賀二切，十四部。

疸 黄病也。《素問》曰：「溺黄赤安臥者黄疸，目黄者曰黄疸。」从疒，旦聲。丁幹切，十四部。

㾜 病息也。病息謂病之鼻息也。心部瘱从此。从疒，夾聲。苦叶切，八部。

痞 痛也。《廣韵》曰：「腹内結痛。」从疒，否聲。符鄙切，古音在一部。

瘍 脈瘍也。脈、瘍疊韵字。脈瘍者，善驚之病也。《方言》曰：「脈瘍，欺漫也。」㊴又曰：「⿰山𠂢，慧也。」郭注：「今名黠爲鬼⿰山𠂢。」又曰：「慧，自關而東趙魏之閒謂之黠，或謂之鬼。」郭注：「言鬼脈也。」潘岳賦：「靡聞而驚，無見自脈。」徐爰注：「言雉性驚鬼黠。」按，蜥蜴「跂跂脈脈」亦是此意。《漢書》所云易病者，當是瘍之叚借。《王子矦表》：「樂平矦訢病狂易。」从疒，易聲。羊益切，十六部。

㾓 狂走也。《春秋經》：「甲戌、己丑，陳侯鮑卒。」㊵《公羊傳》曰：「曷爲以二日卒之？怴也。」注曰：「怴者，狂也。齊人語。甲戌之日亡，己丑之日死，而得君子疑焉，故以二日卒之也。」按，㾓、怴蓋同字。从疒，术聲。讀若歘。歘見欠部，今字譌作「欻」。食聿切，十五部。

疲 勞也。經傳多假罷爲之。从疒，皮聲。符羈切，古音在十七部。

⿸疒肙 疲也。从疒，肙聲。烏懸切，十四部。按，各本無此篆，今依謝靈運《發臨海嶠詩》㊶李善注引《說文》補。《篇》、《韵》皆云「⿸疒肙，骨節疼也。」今俗謂⿸疒肙酸。

⿸疒朿 瑕也。古本皆作「瑕」，惟小徐及毛本及《集韵》作「瘕」，恐是譌字耳。⿸疒朿之言疵也。从疒，朿聲。側史切，古音在十五部。

疷 病不翄也。翄，同啻。口部啻下曰：「語時不啻也。」《倉頡篇》曰：「不啻，多也。」古語不啻，如楚人言夥頤之類。《世説新語》云：「王文度弟阿至惡乃不翄。」晉宋閒人尚作此語。帝聲，支聲，氏聲同在十六部，故疷以「病不翄」釋之，取疊韵爲訓也。《爾雅·釋詁》、《詩·無將大車》《白華》傳皆云：「疷，病也。」《何人斯》叚借衹爲疷，故毛傳曰：「衹，病也。」言假借也。又按，古書或言「不啻」，或言「奚啻」，啻皆或作「翄」。《國語》曰：「奚啻其聞之也。」韋注云：「奚，何也。何啻，言所聞非一也。」《孟子》：「奚翄食重」，「奚翄色重」，趙注：「翄，辭也。若言何其重也。」今刻本作「何其不重也」，乃大誤。**从疒，氐聲。**渠支切，十六部。《爾雅音義》云：「或丁禮反。」非是。

㽹 病劣也。劣，猶危也。**从疒，及聲。**呼合切，七部。

𤸊 劇聲也。劇者，病甚也。𤸊者，病甚呻吟之聲。酉部醫下曰：「殹，病聲也。」殹，蓋𤸊之省。**从疒，殹聲。**於賣切，古音在十五部。

癃 罷病也。病當作「癃」。罷者，廢置之意。凡廢置不能事事曰罷癃。《平原君傳》：「躄者自言不幸，有罷癃之病。」然則凡廢疾皆得謂之罷癃也。師古注《漢書》，改罷病作「疲病」，非許意。**从疒，隆聲。**力中切，九部。

𤵸 籀文癃省。按，《篇》、《韵》皆作「𤺋」，疑篆體有誤。《漢書·高帝紀》：「年老癃病。」景祐本及《韵會》所引皆作「𤺋」。

疫 民皆疾也。鄭注《周禮》，兩言「疫癘之鬼」。**从疒，役省聲。**營隻切，十六部。

瘛 小兒瘛瘲病也。《急就篇》亦云「瘛瘲」，師古云：「即今癎病。」按，今小兒驚病也。瘛之言掣也，瘲之言縱也。《蓺文志》有《瘛瘲方》。**从疒，恝聲。**徐鉉等曰：「《説文》無恝字，疑从疒从心，契省聲也。」尺制切，十五部。

痑 馬病也。**从疒，多聲。**丁可切，十七部。**《詩》曰：「痑痑駱馬。」**《小雅·四牡》曰：「嘽嘽駱馬。」口部既偁之，訓「喘息皃」，與毛傳合矣。此復偁作「痑痑」，訓馬病，其爲《三家詩》無疑也。單聲之字，古多轉入弟十七部，此其異字異音之故。《漢書》：《大人賦》：「衍曼流爛，痑以陸離。」《史記》痑作「壇」。

痥 馬脛瘍也。瘍，《廣韵》作傷。**从疒，兑聲。**徒活切，十五部。**一曰，將傷。**將，疑當作「捋」。捋，痥疊韵。小徐本作「持」。

痼 久病也。多假「固」爲之。《月令》：「十二月行春令，則國多固疾。」注曰：「生不充其性，有久疾。」癈疾爲錮疾，痼謂久疾，故許異其義。**从疒，固聲。**古慕切，五部。

𤻲 治也。《方言》曰：「療，治也。」《周禮》注云：「止病曰療。」《詩·陳風》：「泌之洋洋，可以樂饑。」傳云：「可以樂道忘饑。」箋云：「可以𤻲饑。」㊷是鄭讀樂爲𤻲也。經文本作樂，《唐石經》依鄭改爲瘵，誤矣。从疒，樂聲。讀若勞。力照切，二部。

療 或从尞。尞聲。

瘌 楚人謂藥毒曰痛瘌。《方言》曰：「凡飲藥傅藥而毒，南楚之外謂之瘌，北燕朝鮮之閒謂之痨，東齊海岱之閒謂之眠，或謂之眩，自關而西謂之毒瘌，痛也。」㊸郭云：「痨、瘌，皆辛螫也。」按，瘌如俗語言辛辣。从疒，剌聲。盧達切，十五部。

痨 朝鮮謂藥毒曰痨。从疒，勞聲。郎到切，二部。郭音聊。

瘥 瘉也。通作「差」，凡等差字皆引伸於瘥。从疒，差聲。楚懈切，又才他切，十七部。

𤸷 減也。減亦謂病減於常也。凡盛衰字引伸於𤸷，凡等衰字亦引伸於𤸷。凡《喪服》曰衰者，謂其有等衰也，皆𤸷之叚借。从疒，衰聲。楚追切，古音在十七部。一曰，秏也。秏之本義，禾名也。亦謂無爲秏，讀如眊。

瘉 病瘳也。《釋詁》及《小雅·角弓》毛傳皆曰：「瘉，病也。」渾言之，謂瘳而尚病也。許則析言之，謂雖病而瘳也。凡訓勝，訓賢之「愈」，皆引伸於瘉，愈即瘉字也。从疒，俞聲。以主切，古音在四部。

瘳 疾瘉也。二字互訓也。从疒，翏聲。敕鳩切，三部。

癡 不慧也。心部曰：「慧者，儇也。」犬部曰：「儇者，急也。」癡者，遲鈍之意，故與慧正相反。此非疾病也，而亦疾病之類也，故以是終焉。从疒，疑聲。丑之切，一部。

文一百二。今增痏，爲百三。重七。

冖 覆也。覆者，葢也。从一下𠂹。冖者，所以覆之也，覆之則四面下垂。《廣韵》引《文字音義》云：「以巾覆，从冖下垂。」莫狄切，十六部。按，冥下曰「冖聲」，鼏亦冖聲，則亦在十一部，支耕之合也。凡冖之屬皆从冖。

冠 絭也。疊韵爲訓。所吕絭髮，絭者，纕臂繩之名，所吕約束袌者也。冠以約束髮，故曰絭髮，引伸爲凡覆葢之偁。弁冕之緫名也。析言之，冕、弁、冠三者異制；渾言之，則冕、弁亦冠也。从冖元。會意。元猶首也。元亦聲。古丸切，十四部。冠有法制，謂尊卑異服。故从寸。古凡法度之字，多从寸者。

冣 積也。冣與聚音義皆同，與冃部之最音義皆別。《公羊傳》曰：「會猶冣也。」何云：「冣之爲言聚。」《周禮·太宰》注曰：「凡簿書之冣目。」㊹劉歆《與楊雄書》索《方言》，曰：「欲得其冣目。」又曰：「頗願與其冣目，得使入録。」按，凡言冣目者，猶今言摠目也。《史記·殷本紀》：「大冣樂戲於沙丘。」冣一作聚。《張釋之馮唐列傳》「誅李牧，令顏聚代之」，《漢書》聚作「冣」。《爾雅》：「灌木，叢木也。」毛傳叢木作「冣木」。《説文》凡字下曰「冣栝也」，儹字下曰「冣也」。《史記·周本紀》「周冣」，《文選·過秦論》「周冣」，今各書此等冣字皆譌作「最」，讀祖會反，音義俱非。蓋《字林》固有冣字，音才句反，見李善《選注》。至乎南北朝，冣最不分，是以周續之、劉昌宗、陸德明輩皆不能知毛傳之本作「冣木」。顧野王《玉篇》冖部無冣，而冃部有最，云：「齊也。聚也。」《廣韵》本《唐韵》，而《廣韵·十遇》才句一切無冣字，然則《唐韵》葢亦本無冣字。學者知有最字，不知有冣字久矣。《玉篇》云：「最者，齊也，聚也。子會切。」是以冣之義爲最之義，而《廣韵·十四泰》云：「冣，極也。祖外切。」亦是冣之義，誤以爲最之義也。何以言之？古凡云殿冣者，皆當作从冖字，項岱曰：「殿，負也。冣，善也。」韋昭曰：「第上爲冣，極下爲殿。」㊺孫檢曰：「上功曰冣，下功曰殿。」《漢書·周勃傳》曰：「冣從高帝」云云，師古云：「冣，凡也。揔言其攻戰克獲之數。」又《衛青霍去病傳》曰「冣大將軍青凡七出」云云，文法正同。此皆與冣目之冣同。又《周勃傳》曰：「攻槐里好時冣。」又曰：「擊趙賁内史保於咸陽，冣。」又曰：「攻上邽，東守嶢關，擊項籍，攻曲遇，冣。」《樊噲傳》曰：「攻趙賁，下郿、槐里、柳中、咸陽，灌廢丘，冣。」此皆殿冣之冣。張晏曰：「冣，功第一也。」如淳曰：「於將帥之中功爲冣也。」此正如《葬書》所言「凡山顛可葬者名上聚之穴」。《漢蔡湛碑》「三載勳冣」，其字正作冣。以許君訓積求之，積則必有其高處，今人冣美、冣惡之云，讀祖會切，葢於形於音皆失之，古必作冣，讀才句切。**从冖取。**冖其上而取之。**取亦聲。**才句切，四部。

託 奠酒爵也。大徐作「奠爵酒」。今依《韵會》所據訂。《周書·顧命》曰：「王三宿，三祭，三託。」某氏注曰：「酌者，實三爵於王。王三進爵，三祭酒，三奠爵。」丌部曰：「奠，置也。」㊻**从冖，**禮器必有冪也，故从冖。**乇聲。**當故切，五部。**《周書》曰：「王三宿，三祭，三託。」**

文四。

冃 重覆也。下一，覆也，上又加冖，是爲重覆。**从冂一。**會意。**凡冃之屬皆从冃。讀若艸莓莓。**汲古閣作「艸莓之莓」，之字誤賸，今依宋本。莓當作苺，屮部曰：「苺，艸盛上出也。」苺，隸書作「每」。《左傳》：「輿人誦曰：原田每每。」杜注：「晉君美盛，若原田之草，每每然。」㊼《魏都賦》：「蘭渚莓莓。」每上加艸，非。按，古音葢在之尤二部閒，今音莫保切。

同 合會也。**从冃口。**口皆在所覆之下，是同之意也。徒紅切，九部。

青 幬帳之象。巾部曰：「幬，禪帳也。帳，張也。」**从冃，**幬帳所以覆也。**㞢其飾也。**帳必有飾，凡豈鼓右皆像垂飾。苦江切。按，古音在三部，殳部㱿从殳青聲，凡榖轂愨字从㱿聲。

冡 覆也。凡蒙覆、僮蒙之字，今字皆作「蒙」，依古當作冡，蒙行而冡廢矣。艸部蒙，艸名也。**从冃豕。**會意。莫紅切，九部。

文四。

冃 小兒及蠻夷頭衣也。謂此二種人之頭衣也。小兒未冠，夷狄未能言冠，故不冠而冃。《荀卿》曰：「古之王者，有務而拘領者矣。」楊注：「務讀爲冒，拘與勾同。」《淮南書》曰：「古者有鍪而綣領以王天下者。」高注：「古者，葢三皇以前也。鍪著兜鍪帽，言未知制冠。」按，高注「兜鍪」二字，葢淺人所加，務與鍪皆讀爲冃，冃即今之帽字也。後聖有作，因冃以制冠冕，而冃遂爲小兒、蠻夷頭衣。从冂，二其飾也。古報切㊽，古音在三部。凡冃之屬皆从冃。

冕 大夫吕上冠也。冠下曰：「弁冕之揔名。」渾言之也。此云「冕者，大夫以上冠」，析言之也。大夫吕上有冕，則士無冕可知矣。《周禮》：「王之五冕，皆玄冕朱裏延紐，五采繅，十有二就，皆五采玉十有二，玉笄朱紘。諸侯之繅斿九就，瑉玉三采。其餘如王之事，繅斿皆就。」戴先生曰：「實六冕而曰五冕者，陳采就玉之數止於五也。亦以見服自十二章至一章而六，冕璪自十二旒至三旒而五，其天子大裘之冕無旒也。槩舉諸侯，又申之曰繅斿皆就者，明九旒至於三旒，其就數九，公侯伯子男無降差同也。」㊾邃延垂瑬紞纊。邃，深遠也。延者，鄭云：「冕之覆。」《周禮・弁師》：「王之五冕，皆玄冕朱裏延紐。」謂延上玄下朱，以表裏冕版也。古者以三十升布爲之，故《尚書》、《論語》謂之麻冕。用三十升布上玄下朱爲延，天子至大夫所同也。其字《左傳》作「綖」。垂瑬，詳玉部瑬下。紞纊，糸部曰：「紞者，冕冠塞耳者也。」按，紞所以懸瑱也，瑱亦謂之纊，詳糸部紞下。據許紞系於延左右。據《周禮注》，王后之祭服有衡垂於副之兩旁當耳，其下以紞懸瑱，是專謂后服也。然《左傳》：「衡紞紘綖，昭其度也。」似男子有衡簪於冕覆而系紞。从冃，免聲。亡辨切。按，古音當在十三部，讀如問。許書無免字，而俛勉字皆免聲，葢本有免篆而佚之。或曰，古無免兔之分，俗强分别者，非也。冕之義取前俛，則與低頭之俛關通。古者黄帝初作冕。《大平御覽》引《世本》曰：「黄帝作旃冕。」宋衷注云：「通帛曰旃。」應邵曰：「周始加旒。」《周易・毄辭》曰：「黄帝堯舜垂衣裳而天下治，葢取諸乾坤。」

絻 冕或从糸作。从糸作者，謂冕延用三十升布也。《周禮》曰：「玄冕朱裏。」謂玄表朱裏。注云：「冕延之覆在上，是以名焉。」延之覆，猶云延之表也。「是以名焉」者，釋經文「玄冕」之冕字也。以其冣居上，故專得冕名也。《覲禮》注云：「今文冕皆作絻。」許或之者，許意從古文也。亦見《管子》、《荀卿子》及《封禪書》。

胄 兜鍪也。兜部兜下曰：「兜鍪，首鎧也。」按，古謂之胄，漢謂之兜鍪，今謂之盔。从冃，由聲。直又切，三部。

𩊚 《司馬法》胄从革。《荀卿子》、《鹽鐵論》、《大玄》皆作「軸」。

冒 冢而前也。冢者，覆也。引伸之，有所干犯而不顧亦曰冒。如假冒，如冒白刃，如貪冒是也。《邶風》「下土是冒」，傳曰：「冒，覆也。」此假冒爲冃也。从冃目。會意。冃目者，若無所見也。冃亦聲。目報切，古音在三部。

𦉦 古文冒。《汗簡》同。

最 犯取也。鍇曰：「犯而取也。」按，犯而取，猶冢而前。冣之字訓積，最之字訓犯取，二字義殊而音亦殊。《顏氏家訓》謂冣爲古聚字，手部撮字从最爲音義，皆可證也。今小徐本此下多

「又曰，會」三字，係淺人增之，《韵會》無之，是也。最，俗作「冣」，六朝如此作。○《莊子·秋水》：「鴟鵂夜撮蚤，察毫末，晝出瞋目而不見丘山。」釋文：「撮，崔本作最。」此可證最、撮古音同。蚤謂齧人跳蝨也。或誤爲「聚爪」，云夜入人家，索人指甲，可笑也。从冃取。會意。小徐衍聲字，非也。祖外切，十五部。

文五。　重三。

㒳 再也。冓部⑩曰：「再者，一舉而二也。」凡物有二，其字作「㒳」，不作「兩」。兩者，二十四銖之偁也。今字兩行而㒳廢矣。从冂，覆其上也。从从，入部曰：「从，二入也。㒳从此。」與此正相印合。而鉉本此作「从一，闕。」其誤甚矣。从丨。二字今補。蓋爲二入之介也。良獎切，十部。《易》曰：「參天㒳地。」《說卦》傳文。蓋孟氏《易》如此。凡㒳之屬皆从㒳。

兩 二十四銖爲一兩。一字衍。禾部曰：「十二粟爲一分，十二分爲一銖。」《律厤志》曰：「衡權本起於黃鍾之重。一龠容千二百黍，重十二銖。兩之爲兩，二十四銖爲兩。」按，兩者，㒳黃鍾之重，故从㒳也。从一㒳。會意。㒳，逗。平分也。㒳，小徐作「兩」，誤，今正。也字今增。此說从㒳之意。㒳亦聲。良獎切，十部。

㒼 平也。《廣韵》曰：「無穿孔狀。」按，《周禮·鼈人》：「掌取互物。」注云：「互物，謂有甲㒼胡，龜鼈之屬。」从廿，二十并也。五行之數二十分爲一辰；此說从廿之意。五行，每行得廿分，分之適平，其法未聞。从㒳，从字今補。㒳，各本作「㒼」，誤，今正。平也。此說从㒳之意。讀若蠻。母官切，十四部。

文三。

网 庖犧氏所結繩，㠯田㠯漁也。以田二字，依《廣韵》、《太平御覽》補。《周易·毄辭》傳文。从冂，冪其上也。下象网交文。㐅象网目。文紡切，在十部。《五經文字》曰：「《說文》作网。今依《石經》作冈。」凡网之屬皆从网。

罔 网或加亡。亡，聲也。

網 或从糸。以結繩爲之也。

冈 古文网从冂，亡聲。

𦉪 籒文从冂。

罨 罕也。《蜀都賦》曰：「罨翡翠。」从网，奄聲。奄，覆也。此舉形聲包會意。於業切，八部。

罕 网也。謂网之一也。《吳都賦》注曰：「罼、罕，皆鳥網也。」按，罕之制，蓋似畢小网長柄，故《天官書》：「畢曰罕車。」經傳叚爲尠字。故《釋詁》云：「希、寡、鮮，罕也。」从网，干聲。呼旱切，十四部。《五經文字》曰：「經典相承，隸省作罕。」

䍛 网也。网之一也。从网繯，會意。糸部曰：「繯，落也。」落者，今之包絡字。䍛网主於圍繞，故从繯。繯亦聲。古眩切，十四部。俗作「罥」。一曰，綰也。此別一義。糸部綰下曰：「絹也。」絹即羂字，俗書叚借也。《周禮·冥氏》注曰：「弧張罿罦之屬，所以扃絹禽獸。」《翟氏》注曰：「置其所食之物於絹中，鳥來下，則掎其腳。」亦皆假絹爲羂。綰之言絆也，下文云：「䍐者，羂獸足。」是其義。

䍙 网也。网之一也。《篇》、《韵》皆曰雉网。从网，每聲。莫桮切，古音在一部。

䍐 网也。网之一也。从网，巺聲。思沇切，十四部。

⿰足巺 䍐或从足巺。《逸周書》曰：「不卵不䍐，㠯成鳥獸。」《周書·文傳解》曰：「山林非時不升斤斧，以成草木之長；川澤非時不入罔罟，以成魚鼈之長。不麛不卵，以成鳥獸之長。」許所據有「不䍐」二字。䍐者，羂獸足。故从足。

⿱罒米 网也。各本作「周行也」，《詩釋文》引作「冒也」，乃涉鄭箋而誤。今尋上下文皆网名，《篇》、《韵》皆云「⿱罒米，罟也」，更正。蓋⿱罒米亦网名，其用主自上冒下，故鄭氏箋《詩·殷武》改毛之「突入其阻」爲「⿱罒米入」，云「冒也」，就字本義引伸之。此鄭箋之易舊，非經本有作⿱罒米者也。各本米聲下有「《詩》曰⿱罒米入其阻」六字，似許用鄭本，恐後人所增，今删。从网，米聲。武移切，按，古音在十五部。

⿱冎米 ⿱罒米或从冎。冎者，列骨之殘也。从冎，亦网罟殘害之意也。

罩 捕魚器也。《小雅·南有嘉魚》：「烝然罩罩。」《釋器》曰：「籗謂之罩。」毛傳曰：「罩，籗也。」[51]劉逵《吳都賦》注曰：「罩，籗也。編竹籠魚者也。」按，竹部曰：「籗，罩魚者也。」从网，卓聲。都教切，二部。

罾 魚网也。文穎曰：「罾，魚網也。」師古曰：「形如仰繖，蓋四維而舉之。」从网，曾聲。作騰切，六部。

罪 捕魚竹网。竹字蓋衍，小徐無「竹网」二字。从网，非聲。聲字舊缺，今補。本形聲之字，始皇改爲會意字也。徂賄切，十五部。秦㠯爲辠字。《文字音義》云：「始皇以辠字似皇，乃改爲罪。」按，經典多出秦後，故皆作罪。罪之本義少見於竹帛。《小雅》「畏此罪罟」，《大雅》「天降罪罟」，亦辠罟也。

罽 魚网也。《廣雅》：「罽，罔也。」从网，㓹聲。居例切，十五部。㓹，籒文銳。見金部。

罛 魚罟也。《衛風·碩人》曰：「施罛濊濊。」《釋器》、毛傳皆曰：「罛，魚罟。」从网，瓜聲。古胡切，五部。《詩》曰：「施罛濊濊。」按，此可以正今本水部「濊濊」、大部「濊濊」之譌。

罟 网也。《小雅·小明》傳曰：「罟，网也。」按，不言魚网者，《易》曰：「作結繩而爲网罟，以田以漁。」是网罟皆非專施於漁也。罟實魚网，而鳥獸亦用之，故下文有鳥罟、兔罟。从网，古聲。公户切，五部。

罶 曲梁。寡婦之笱，魚所畱也。《釋訓》曰：「凡曲者爲罶。」《釋器》曰：「嫠婦之笱謂之罶。」《小雅・魚麗》《苕華》傳，合之曰：「罶，曲梁也。寡婦之笱也。」許説本之。按，《邶風》傳云：「梁，魚梁。」《衛風》傳曰：「石絕水曰梁。」《曹風》傳云：「梁，水中之梁。」《邶風》傳云：「笱，所以捕魚也。」句部云：「笱，曲竹捕魚也。」葢曲梁別於凡梁，寡婦之笱別於凡笱。曲梁者，僅以薄爲之；寡婦之笱，笱之敝者也。《魚麗》美物盛多，能備禮也，故言此曲梁，寡婦之笱，而魚之多如是。《苕之華》，大夫閔時也，師旅並起，因之以飢饉，言三星在罶，則無魚可知也。梁與笱相爲用，故《詩》云「敝笱在梁」，言逝梁必言發笱。若《魯語》曰：「古者大寒降，土蟄發，水虞於是乎講罛罶，取名魚。」則非止曲梁寡婦之笱矣。从网畱，畱亦聲。力九切，三部。

𦋳 罶或从婁。三部、四部合音。《春秋國語》曰：「溝罛𦋳。」《魯語》文。溝，疑誤。古本葢作「冓」，冓，猶交加也。今《魯語》作「講」。

罜 罜䍡，逗。小魚罟也。《魯語》曰：「鳥獸成，水蟲孕，水虞於是禁罝罜䍡，設穽鄂，以實廟庖，畜功用也。」韋曰：「罜當作罛。罜䍡，小網也。」《西京賦》曰：「設罜䍡。」从网，主聲。之庾切，四部。按，古音獨。

䍡 罜䍡也。从网，鹿聲。盧谷切，三部。

罧 積柴水中㠯聚魚也。从网，林聲。《毛詩》：「潛有多魚。」《韓詩》潛作「涔」。《釋器》曰：「槮謂之涔。」毛傳曰：「潛，槮也。」《爾雅》、毛傳槮本从米，舍人、李巡皆云：「以米投水中養魚曰涔。」从米是也。自《小爾雅》改作槮（改米爲木），云：「橬（改水爲木），槮也。積柴水中而魚舍焉。」郭景純因之，云：「今之作槮者，聚積柴木於水，魚得寒入其裏藏隱，因以薄圍捕取之。」槮非古字。至若罧字，雖見《淮南鴻烈》，然與槮皆俗字也。《毛詩》、《爾雅》音義皆云：「《字林》作罧。」不云出《説文》，疑或取《字林》羼入許書，古本當無此篆。所今切，七部。按，舊皆山沁反。

罠 所㠯釣也。「所以」二字今補。《召南》曰：「其釣維何，維絲伊緡。」傳曰：「緡，綸也。」箋云：「以絲爲之綸，則是善釣也。」按，糸部曰：「緡，釣魚繁也。」此曰「罠，所以釣也」。然則緡、罠古今字，一古文，一小篆也。《吳都賦》注曰：「罠，麋網。」《廣韵》曰：「罠，彘網。」則又古今義殊。〇《釋器》：「彘罟謂之羉。」本或作罠。張載[52]《七命》：「布飛羉，張修罠。」則羉與罠非一字也。从网，民聲。武巾切，十二部。自罩至此十一篆，皆謂以漁者也。

羅 㠯絲罟鳥也。《釋器》：「鳥罟謂之羅。」《王風》傳曰：「鳥網爲羅。」从网，从維。會意。魯何切，十七部。或作罹，俗異用。古者芒氏初作羅。葢出《世本・作篇》。

罬 捕鳥覆車也。《釋器》曰：「繴謂之罿。罿，罬也。罬謂之罦。罦，覆車也。」郭云：「今之翻車也。有兩轅，中施罥，以捕鳥。展轉相解，廣異語。」按，又見糸部。从网，叕聲。陟劣切，十五部。

輟 罬或从車作。按，車部有輟篆，義殊。

罿 罬也。《王風》毛傳同。从网，童聲。尺容切，九部。

𦉼 覆車也。《王風》：「雉離于罦。」傳曰：「罦，覆車也。」从网，包聲。縛牟切，三部。《詩》曰：「雉離于𦉼。」今毛傳作罦㊿。

罦 𦉼或从孚作。古包聲、孚聲同在三部。

罻 捕鳥网也。《王制》注曰：「罻，小網也。」从网，尉聲。於位切，十五部。

罘 兔罟也。郭璞注《子虛賦》曰：「罘，罝也。」从网，否聲。縛牟切，古音在一部。秦刻石可證也。隸作罘。

𦊂 罟也。《廣韵》曰：「兔網。」从网，互聲。胡誤切，五部。

罝 兔网也。《周南》：「肅肅兔罝。」《釋器》、毛傳皆曰：「兔罟也。」从网，且聲。子邪切，古音在五部。

䍜 罝或从組作。

𦋂 籒文从虘。虘聲。自羅至此，八篆皆以田者也。

䍢 幮中网也。中字賸。或曰，當作「户幮网」，如《招魂》之「网户」，王逸曰：「网户，綺紋鏤也。」此似网非真网也，故次於此。从网，舞聲。文甫切，五部。

署 部署也。部署猶處分。疑本作「罘署」，後改「部署」也。《項羽本紀》曰：「梁部署吳中豪傑爲校尉候司馬。」《急就篇》曰：「分別部居不雜廁。」《魯語》：「孟文子曰：大位，政之建也；署，位之表也；署所以朝夕虔君命也。」按，官署字起於此。各有所网屬也，从网，网屬猶系屬。若网在綱，故从网。者聲。者，别事詞也。此舉形聲包會意。常恕切，五部。

罷 遣有辠也。引伸之爲止也，休也。《周易》：「或鼓或罷。」《論語》：「欲罷不能。」《周禮》有「罷民」。鄭曰：「民不愍作勞，有似於罷。」《齊語》有「罷士」、「罷女」。韋曰：「罷，病也。無作曰病。」按，罷民、罷士，謂偷惰之人。罷之音亦讀如疲，而與疲義殊。《少儀》：「師役曰罷。」鄭曰：「罷之言疲勞也。」凡曰「之言」者，皆轉其義之詞。从网能。會意。薄蟹切，古音在十七部。讀如婆，《論語》音杷。网，辠网也。依《韵會》補四字。言有賢能而入网，即貰遣之。《周禮》曰《大司寇》職文㊿。「議能之辟」是也。説會意之恉。

置 赦也。攴部曰：「赦，置也。」二字互訓。置之本義爲貰遣，轉之爲建立，所謂變則通也。《周禮》「廢置以馭其吏」，與廢對文。古借爲植字，如《攷工記》「置而搖之」，即植而搖之。《論語》「植其杖」，即置其杖也。从网直。徐鍇曰：「與罷同意。」是也。直亦聲。陟吏切，一部。

罯 覆也。从网，音聲。烏感切，七部。

詈 罵也。从网言。力智切，十六部。

罵 詈也。从网，馬聲。莫駕切，古音在五部。

䍜 馬落頭也。落、絡古今字。許書古本必是作落，引伸之爲覊旅。从网馽。馽，絆也。既絆其足，又网其頭。居宜切，十六部。

羈 䍜或从革。今字作「羈」，俗作「羇」。

文三十四。　重十二。

襾 覆也。从冂，上下覆之。下字賸。冂者，自上而下也；凵者，自下而上也；故曰「上覆之」。覆者，覂也。从一者，天也，上覆而不外乎天也。凡襾之屬皆从襾。讀若晋。呼訝切，古音在五部。

覂 覆也。《武帝紀》：「泛駕之馬。」師古曰：「泛，覆也。音方勇反。字本作覂，後通用耳。」《廣韵》正作「覂駕之馬」。《食貨志》：「大命將泛。」孟康曰：「泛音方勇反。」《玉篇》正作「大命將覂」。从襾，乏聲。方勇切，古音在七部。

覆 覂也。反也。覆、覂、反三字雙聲。又部反下曰：「覆也。」反覆者，倒易其上下。如襾从冂，而反之爲凵也。覆與復義相通。復者，往來也。从襾，復聲。此舉形聲包會意。芳福切，三部。一曰，蓋也。此別一義。艸部曰：「蓋者，苫也。」苫者，蓋也。上文云：「冖者，覆也。」皆此義。古本與上義同一音，南音乃別此義爲敷救切。

覈 實也。凡有骨之偁也。骨下曰：「肉之覈也。」蔡邕注《典引》曰：「有骨曰覈。」《周禮》：「其植物曰覈物。」謂梅李之屬。按，《詩·小雅》「肴覈維旅」，《典引》及注不誤。《蜀都賦》作「槅」，叚借字也。今本作「核」，傳譌也。《周禮》經作「覈」，注作「核」，蓋漢人已用核爲覈矣。攷事而笮邀遮其辭得實曰覈。襾者，反覆之。笮者，迫之。徼者，巡也。遮者，遏也。言攷事者定於一，是必使其上下四方之辭皆不得逞，而後得其實，是謂覈。此所謂咨於故實也，所謂實事求是也。从襾，敫聲。下革切，古音當在二部。

覈 覈或从雨。亦襾意。

文四。　重一。

巾 佩巾也。帶下云：「佩必有巾。」佩巾，《禮》之「紛帨」也。鄭曰：「紛帨，拭物之佩巾也。」[55]按，以巾拭物曰巾，如以帨拭手曰帨。《周禮》巾車之官，鄭注：「巾猶衣也。」然《吳都賦》：「吳王乃巾玉路。」陶淵明文曰：「或巾柴車，或櫂孤舟。」皆謂拂拭用之，不同鄭說也。陶句見《文選》江淹《雜體詩》注。今本作「或命巾車」，不可通矣。《玉篇》曰：「本以拭物，後人著之於頭。」从冂，巾可覆物，故从冂。《周禮·冪人》注：「以巾覆物曰冪。」丨象系也。有系而後佩於帶。居銀切，十二部。凡巾之屬皆从巾。

帉 楚謂大巾曰帉。《方言》：「大巾謂之帉。」《內則》曰：「左佩紛帨。」鄭云：「紛帨，拭物之佩巾。今齊人有言紛者。」釋文曰：「紛或作帉。」按，紛者，叚借字也。帉、帉同。从巾，分聲。撫文切，十三部。

帥 佩巾也。从巾，𠂤聲。聲字大徐奪。所律切，十五部。

帨 帥或从兑聲。今音稅。此二篆，今人久不知爲一字矣。《召南》毛傳曰：「帨，佩巾也。」《鄉飲酒禮》、《鄉射禮》、《燕禮》、《大射儀》、《公食大夫禮》、《有司徹》皆言「帨手」，注：「帨，拭也。」帨手者於帨，帨，佩巾。據賈氏《鄉飲》《公食》二疏，知經注皆作帨，别無「捝」字。《內則》：「盥卒授巾。」注云：「巾以帨手。」即用《禮經》帨手字也。㕞者，拭也。刷亦同㕞。《左傳》：「藻率鞞鞛。」服虔曰：「藻爲畫藻，率爲刷巾。」《禮》有刷巾。」許於刀部刷下亦云「《禮》有刷巾」。是則刷巾即《左傳》之率。率與帥古多通用。如《周禮·樂師》故書帥爲率，《聘禮》古文帥皆作率，《韓詩》「帥時農夫」，《毛詩》作「率」，皆是。佩巾本字作帥，叚借作率也。鄭曰：「今文帨，古文作說。」是則帥、率、帨、說、㕞、刷六字，古同音通用，後世分文析字，帨訓巾，帥訓率導，訓將帥，而帥之本義廢矣。率導、將帥字，在許書作「達」，作「衛」。而不作帥與率。六書惟同音叚借之用冣廣。

𢄊 禮巾也。从巾，執聲。篆體二徐皆作𢄊[56]。大徐曰：「从執。」小徐曰：「執聲。」皆誤，今正。𢄊，輸芮切，十五部。

今不見經典，恐亦帨之或體，然《廣雅》已兼載帨、𢄊矣。

帗 一幅巾也。幅，布帛廣也。一幅巾者，巾廣二尺二寸，其長當亦同也。此與鄭注《周禮》「帗舞」義絕殊。蓋許君《周禮》作「翇舞」，與鄭司農說同，見羽部。从巾，犮聲。讀若撥。北末切，十五部。

㡊 枕巾也。葢加枕以藉首，爲易污也。今俗所謂枕頭衣。《廣雅》亦曰：「㡊，巾也。」从巾，刃聲。而振切，十二部。亦作㡓。

幋 覆衣大巾也。从巾，般聲。薄官切，十四部。或曰爲首幋。首幋未聞。當依李善《思玄賦》注作「首飾」。

帤 巾帤也。《方言》：「幏，巾也。大巾謂之帉。嵩嶽之南陳潁之閒謂之帤巾，亦謂之幏。」[57]按，巾帤葢方俗語。从巾，如聲。女余切，五部。一曰，幣巾。幣，當爲「敝」字之誤也。如衣部袲爲敝衣，糸部絮爲敝絮。虞翻注《易》曰：「袽，敗衣也。」盧氏曰：「袽者，殘幣帛可拂拭器物也。」音義皆略同。《弓人》「厚其袽」。注：「謂弓中裨也。」《內景黄庭經》曰：「人閒紛紛臭帤如。」

幣 帛也。帛者，繒也。《聘禮》注曰：「幣，人所造成，以自覆蔽（作幣者誤），謂束帛也。愛之斯欲飲食之，君子之情也，是以享用幣，所以副忠信。」从巾，敝聲。毗祭切，十五部。

幅 布帛廣也。凡布帛廣二尺二寸，其邊曰幅。《左傳》曰：「夫富如布帛之有幅焉，爲之制度，使無遷也。」引伸爲邪幅。

《小雅》：「邪幅在下。」傳曰：「幅，偪也。所以自偪束也。」从巾，畐聲。方六切，古音在一部。

㡃 設色之工治絲練者。《攷工記》「設色之工」，㡃氏掌湅絲湅帛，此云「治絲」，謂湅絲。云治練，謂湅帛也。糸部曰：「練，湅繒也。」此謂帛爲練者，渾言之也。湅見水部。从巾，巟聲。呼光切，十部。一曰，㡃，逗。隔也。也字今補。《詩》曰：「葛藟荒之。」傳曰：「荒，掩也。」[58]隔之義謂網其上而蓋之，即《詩》所謂「荒之」也。《玉篇》曰：「㡃，幏也。」讀若荒。《攷工記》先鄭注曰：「讀爲芒芒禹迹之芒。」讀爲，當是讀如之誤。

帶 紳也。糸部曰：「紳，大帶也。」男子鞶帶，婦人帶絲。古本皆如此。毛本依小徐，誤。《内則》曰：「男鞶革，女鞶絲。」革部鞶下云：「大帶也。男子帶鞶，婦人帶絲。」按，古有大帶，有革帶。革帶以繫佩韍而後加之大帶，則革帶統於大帶，故許於紳、於鞶皆曰「大帶」。實則《内則》之鞶，專謂革帶，此偁《内則》者，謂鞶統於紳，佩繫於鞶也。象繫佩之形。謂卌也。佩必有巾，从重巾。謂巿也。當蓋切，十五部。

幘 髮有巾曰幘。《方言》曰：「覆髻謂之幘巾，或謂之承露，或謂之覆𩬊。」《獨斷》曰：「幘，古者卑賤執事不冠者之所服也。」漢以後服之，其制日詳，詳見司馬氏《輿服志》。从巾，賁聲。側革切，十六部。

㡄 領耑也。从巾，旬聲。相倫切，十二部。《篇》、《韵》皆無此字。

帔 弘農謂帬帔也。謂帬曰帔也。《方言》曰：「帬，陳魏之閒謂之帔，自關而東謂之襬。」从巾，皮聲。披義切，古音在十七部。

帬 繞領也。《方言》：「繞衿謂之帬。」《廣雅》本之，曰：「繞領(句)、帔(句)，帬也。」衿、領今古字。領者，劉熙云：「總領衣體爲端首也。」然則繞領者，圍繞於領，今男子婦人披肩其遺意。劉熙曰：「帔，披也。披之肩背不及下也。」蓋古名帬，弘農方言曰帔。若常則曰下帬，言帬之在下者，亦集衆幅爲之，如帬之集衆幅被身也。如李善引《梁典》，任昉諸子「冬月著葛巾、帔、練裙」。自是上下三物。《水經注》：「淮南王廟，安及八士像皆羽扇、裙帔，巾壺、枕物，一如常居。」亦帬帔竝言。自《釋名》裙系下、帔系上，後人乃不知帔帬之別，擅改《說文》矣。从巾，君聲。渠云切，十三部。按，此篆之解，各本改爲「下裳也」，無義，又移其次於常下帔上，今皆更正。

䙰 帬或从衣。

常 下帬也。《釋名》曰：「上曰衣，下曰裳。裳，障也。以自障蔽也。」《士冠禮》：「爵弁，服纁裳。皮弁，服素積。玄端，玄裳、黃裳、襍裳可也。」《禮記·深衣》：「續衽鉤邊，要縫半下。」今字裳行而常廢矣。从巾，尚聲。从巾者，取其方幅也。引伸爲經常字。市羊切，十部。

裳　常或从衣。

帴　帬也。衣部襌下曰：「帴也。」一曰，帗也。帗，一幅巾也。一曰，婦人脅衣。《釋名》所謂「心衣」。小徐作「脅巾」。从巾，戔聲。讀若末殺之殺。末殺，亦見《漢書·谷永傳》，服虔注《左傳》作末棳，皆即水部之「㳙泧，拭滅皃」也。今京師有此語。所八切，古音十四、十五部，合韵。

幝　幒也。《方言》：「褌，陳楚江淮之閒謂之䘨。」《釋名》：「褌，貫也。貫兩腳上繫腰中也。」按，今之套褲，古之絝也。今之滿襠褲，古之褌也。自其渾合近身言曰幝，自其兩襱孔穴言曰幒。《方言》：「無祠之袴謂之襣。」郭云：「即犢鼻褌。」从巾，軍聲。古渾切，十三部。

褌　幝或从衣。

幒　幝也。从巾，悤聲。職茸切，九部。《方言》錯勇反。一曰，帙。書衣也。

𢃏　幒或从松。《方言》作䘨。

㡳　楚謂無緣衣也。《方言》：「無緣之衣謂之襤。」又曰：「裯謂之襤。」又云：「楚謂無緣之衣曰襤，紩衣謂之褸。」又曰：「襜褕以布而無緣，敝而紩之謂之襤褸。」从巾，監聲。魯甘切，八部。

幎　幔也。謂冢其上也。《周禮注》曰：「以巾覆物曰幎。」《禮經》鼎有鼏，尊彝有幎，其字亦作冪，俗作羃。箕家幎積是此字。《魏都賦》注引《左傳》「冪館宮室」，塗暨曰冪者(59)，亦謂冢其上也。今本作「塓」，乃俗字。从巾，冥聲。莫狄切，古音在十一部。《周禮》有幎人。天官所屬，掌供巾幎。今《周禮》作「冪」。

幔　幎也。幎，各本作「幕」，由作冪而誤耳，今正。凡以物冢其上曰幔，與幎雙聲而互訓。《釋名》、《玉篇》、《廣韵》以帷幔釋之(60)，今義非古義也。从巾，曼聲。莫半切，十四部。

幬　禪帳也。禪，不重也。《古樂府》：「紅羅複斗帳。」則帳多複者。《召南》：「抱衾與裯。」傳：「禪被也。」箋云：「裯，牀帳也。」按，鄭謂裯爲幬之叚借也，不言禪者，統辭也。《釋訓》曰：「幬謂之帳。」引伸爲覆幬，見《左傳》及《中庸》。《中庸》注曰：「幬或作燾。」从巾，𠷎聲。直由切，三部。

㡘　帷也。《釋名》曰：「㡘，廉也。自障蔽爲廉恥也。戶㡘施之於戶外也。」按，與竹部簾異物，㡘以布爲之，簾以竹爲之。从巾，鄭云：「帷以布爲之。」兼聲。力鹽切，七部。

帷　在旁曰帷。《周禮注》同。《釋名》曰：「帷，圍也。所以自障圍也。」从巾，隹聲。洧悲切，十五部。

𠥓　古文帷。鍇曰：「从匚，象周帀。」

帳　張也。以疊韵爲訓。《釋名》曰：「帳，張也。張施於牀上也。」小帳曰斗帳，形如覆斗也。古亦借「張」字爲之。从巾，長聲。知諒切，十部。

幕（篆）帷在上曰幕。《周禮注》曰：「在上曰幕。幕或在地，展陳於上。」疏云：「《聘禮》布幕，官陳幣，史展幣，皆於幕下。又賓入境至館皆展幕。是幕在地，展陳於上也。」[61]按，大徐本此下有「覆食案亦曰幕」六字，蓋淺人所增。从巾，莫聲。慕各切，五部。按，《周禮》尚有「幄」、「帟」字，鄭云：「四合象宮室曰幄，王所居之帳也。帟，王在幕若幄中，坐上承塵。皆以繒爲之。」許無幄字者，木部有楃，本巾車；帟則蓋叚亦爲之。亦之言重也。其皆《周禮》故書與？

㠲（篆）㡜裂也。謂殘帛裂也。《急就篇》曰：「㠲敝囊橐不直錢。」《方言》：「器破而未離，南楚之閒謂之敀。」聲同義近。亦作「㠾」。从巾，匕聲。卑履切，十五部。

㡜（篆）殘帛也。《廣韵》曰：「㡜縷桃花。」《類篇》曰：「今時翦繒爲華者。」按，與碎音義略近。从巾，祭聲。所例切，《廣韵》音雪，十五部。

㡏（篆）正耑裂也。耑，各本作「耑」，今正。衣部曰：「耑，衣正幅也。」此謂帛之正耑，以別於上文㠲謂殘帛之裂。从巾，俞聲。山樞切，古音在四部。

帖（篆）帛書署也。木部曰：「檢，書署也。」木爲之，謂之檢；帛爲之，則謂之帖。皆謂㯉題，今人所謂籤也。帛署必黏黏，引伸爲帖服，爲帖妥。俗製貼字，爲相附之義；製怗字，爲安服之義。从巾，占聲。他叶切，七部。

帙（篆）書衣也。書衣謂用裹書者，亦謂之幒。陸德明撰《經典釋文》三十卷，合爲三袟，今人曰函。从巾，失聲。直質切，十二部。

袠（篆）帙或从衣。

𢄼（篆）幡幟也。幡幟，旛識之俗字也。古有旛無幡，有識無幟。許書本作旛識，淺人易之。旛識者，旗有幅可爲表識。𢄼之言箋也，箋謂表識。从巾，前聲。則前切，十四部。

徽（篆）徽識也。三字一句。各本刪「徽」字，識作「幟」，今正。以絳帛，句。箸於背。各本絳下衍徽字，誤移識上之徽於此也，今刪。《六月》詩：「識文鳥章。」[62]鄭箋：「識，徽識也。將帥以下衣皆箸焉。」《周禮·司常》：「掌九旗之物名，各有屬以待國事。」鄭注：「屬謂徽識也。《大傳》謂之徽號，今城門僕射所被，及亭長箸絳衣，皆其舊象。」《司常》又曰：「及國之大閱，贊司馬頒旗物。王建大常，諸侯建旂，孤卿建旜，大夫士建物，帥都建旗，州里建旟，縣鄙建旐；道車載旞，斿車載旌。皆畫其象焉：官府各象其事，州里各象其名，家各象其號。」[63]鄭云：「徽識，旌旗之細也。」《士喪禮》：「爲銘各以其物，以緇長半幅，䞓末，長終幅，廣三寸。書名於末。」此蓋其制也。大閱禮象而爲之，兵凶事，若有死事者，則以相別也。《左傳》曰：「揚徽者，公徒也。」杜注曰：「徽，徽識也。」《大傳》曰：「殊徽號。」鄭曰：「徽號，旗之名也。」《覲禮》曰：「公侯伯子男，皆就其旂而立。」賈公彦云：「此旂，鄭雖不解，鄭注《夏官》仲夏辨號名，此表朝位之旂，與銘旌及在軍徽識同，皆以尺易仞小而爲之也。」按，古朝覲軍禮皆有徽識，而徽各書作「徽」，容是叚借。識，各書作「幟」，則是俗字。唐初釋玄應曰：「幟與識本無二音。」若《毛詩》作「織」，則亦叚借字也。許書及杜注皆「徽識也」三字爲句，淺者皆删去一字，不完。「以絳帛」者，用絳帛爲之。《周禮》九旗之帛皆用絳，則其細亦皆用絳可知也。「箸於背」者，專謂軍禮，象銘旌而爲之者。下文云：「若今救火衣。」鄭注《周禮》云：「今城門僕射所被，及亭長箸絳衣，皆其舊象。」葢此等皆箸於背，以爲表識也。衣部卒下曰：「衣有題識者。」即鄭所云「亭長箸絳衣」也。从巾，微省聲。許歸切，十五部。《春秋傳》曰：「揚徽者公徒。」昭公二十一年《左傳》文。按，曰「揚」，則旌旗，而非箸背者。若今救火衣然也。此與箸於背相屬。

幖　幖識也。亦三字一句。各本作「幟也」二字，今正。《通俗文》曰：「徽号曰幖，私記曰幟。」《周禮・肆師》：「表盞盛告絜。」鄭注：「故書表爲剽。剽、表皆謂徽識也。」按，剽、表皆叚借字，幖其本字也。凡物之幖識亦曰徽識，今字多作標牓，標行而幖廢矣。从巾，㶾聲。方招切，二部。

帵　幡也。幡者，下文云：「書兒拭觚布也。」[64]與上文幑下云「幡幟」迥別。許書㫃部旛下曰：「旛，胡也。謂旗幅之下垂者。」與幡各義。自俗書從便，旗旛字皆作幡。《冣目》曰：「鳥蟲書所以書旛信也。」今本亦改爲幡信，而此部幑之幡識，鮮知其當作旛矣。幑與徽幖伍，旌旗類也。帵與幡同物，拭觚布也。《廣韵》繙字下云：「繙帵，亂取。」此今義，非許義。从巾，夗聲。於袁切，十四部。

幡　書兒拭觚布也。拭，本作「飾」，淺人所改也。飾、拭正俗字，許書有飾無拭。顔師古曰：「觚者，學書之牘，或以記事。削木爲之，其形或六面，或八面，皆可書。觚者，棱也，以有棱角，故謂之觚。即孔子所歎也。」按，觚以學書或記事，若今書童及貿易人所用粉版，既書可拭去再書。楊雄「齎油素四尺」，亦謂素之可拭者也。拭觚之布謂之幡，亦謂之帵，反覆可用之意。从巾，番聲。甫煩切，十四部。

𢃳　刜也。刜當作「拂」，字之誤也。刀部曰：「刜，擊也。」手部曰：「拂，過擊也。」過擊者，所過而擊箸，與拭之義近。上下文皆言拭，可證必當作拂矣。《玉篇》注作「拂也」，《廣韵》注作「拂箸」。从巾，剌聲。盧達切，十五部。

㡨　拭也。其義少見。《字林》：「幖，幟記。」則音義同籤。从巾，韱聲。精廉切，七部。

飾　㕞也。又部曰：「㕞，飾也。」二篆爲轉注。飾、拭古今字，許有飾無拭。凡説解中拭字，皆淺人改飾爲之。而彡下云：「毛飾畫文也。」聿下云：「聿，飾也。」[65]皆即拭字，淺人不解而不之改。若㕞下云「飾也」，則《五經文字》所據尚不誤。《周禮・司尊彝》注云：「涚酌者，捝飾勺而酌也。」釋文作「飾」，今本作「拭」，實無二義。凡物去其塵垢，即所以增其光采，故㕞者，飾之本義。而凡踵事增華，皆謂之飾，則其引伸之義也，若席下云「純飾」，璪下云「弁飾」，緟下云「緐采飾」是也。凡許書之義例依此求之，無不可得者。《聘禮》「拭圭」字，今作拭，蓋古經必作「飾」，鄭云：「拭，清也。」此必經文作飾，而以清訓之。倘經本作拭，又何用此注乎！《釋詁》云：「拭，清也。」《爾雅》少古字，故往往與經典不合，古本當不作拭耳。《管子·輕重》曰：「桓公使八使者式璧而聘之。」式者，飾之叚借。

从巾，从人。拭物者巾也，用巾者人也。从𠂆聲，讀若式。賞隻切。按，《廣韵》賞職切，與《唐韵》異。一部。飾篆各本皆在幠後、幃前，此不知許因上文四篆言飾，故緊承以飾篆，而誤移其次也。

一曰，襐飾。此別一義。衣部襐下曰：「襐，飾也。」《急就篇》曰：「襐飾刻畫無等雙。」《漢平帝后傳》曰：「令孫建世子襐飾，將醫往問疾。」顔注：「襐飾，盛飾也。一曰，首飾在兩耳後，刻鏤而爲之。」《廣韵》曰：「襐，未笄冠者之首飾也。」《玉篇》曰：「首飾也。」

幝 車敝皃。敝，各譌作「弊」，今正。皃，《釋文》引作「也」。《小雅·杕杜》曰：「檀車幝幝。」傳曰：「檀車，役車也。幝幝，敝貌。」釋文曰：「幝，《韓詩》作緂。」糸部曰：「緂，偏緩也。」○按，古本當是「巾敝皃」，故从巾。《詩》以爲車敝字，則其引伸之義也。《釋文》引《說文》：「巾敝也。从巾單。」今本《釋文》乃巾譌車，殊失陸意。从巾，單聲。昌善切，十四部。《詩》曰：「檀車幝幝。」

幏 蓋衣也。覆蓋物之衣也。《法言》：「震風凌雨，然後知夏屋之爲帡幪也。」幪即幏之俗。《尚書大傳》：「下刑墨幏。」《方言》：「幏，巾也。」與許義稍異。《大雅》：「麻麥幪幪。」傳曰：「幪幪然茂盛也。」按，此亦引伸之義，謂徧覆於地也。从巾，冡聲。莫紅切，九部。

幭 蓋幭也。幭之言幎也。《大雅》「淺幭」，傳曰：「淺，虎皮淺毛也。幭，覆式也。」按，幭之本義，不專爲覆軾，而覆軾其一端也。司馬彪、徐廣曰：「乘輿車文虎伏軾，龍首衡軛。」[66]文虎伏軾，即經之「淺幭」，「龍首衡軛」，即經之「金厄」也。說詳《詩經小學》。《曲禮》「素簚」注：「簚，覆笭也。」釋文：「簚，本又作幭。」幭者，正字。簚者，叚借字也。《篇》、《韵》皆以「帊幞」釋幭，今義也。从巾，蔑聲。莫結切，十五部。一曰，禪被。別一義，被，寢衣也。

幠 覆也。《喪大記》：「幠用斂衾。」《釋詁》：「幠，大也。幠，有也。」皆覆義之引伸也。《投壺》曰：「無幠無敖。」注曰：「幠敖，皆慢也。」又其引伸也。《斯干》以芋爲幠。从巾，無聲。荒烏切[67]，五部。

幃 囊也。《離騷》：「蘇糞壤以充幃。」王逸曰：「幃謂之幐。幐，香囊也。」按，凡囊皆曰幃，曰幐。王依文爲說，則謂之香囊耳。或曰：《爾雅》「婦人之褘」亦作幃，是許所云幃也。今按，此與《爾雅》之褘無涉。《釋器》曰：「婦人之褘謂之縭。縭，緌也。」郭云：「即今之香纓，女子既嫁之所著，示繫屬於人。義見《禮記》。」攷《士昏禮》注曰：「婦人十五許嫁，笄而禮之，因著纓，明有繫也。蓋以五采爲之，其制未聞。」《内則》：「婦事舅姑衿纓。」注曰：「婦人有纓，示繫屬也。」《詩》：「親結其縭。」毛云：「縭，婦人之褘也。母戒女，施衿結帨。」孫炎釋《爾雅》「婦人之褘」云：「帨巾也。」《禮》之纓必以采繩，《詩》《爾雅》之褘縭乃帨巾，其不相涉明甚。景純注非。許以囊釋幃，亦斷非《釋器》及《毛詩》之褘也。 从巾，韋聲。 許歸切，十五部。

帣 囊也。 《集韵》曰：「囊有底曰帣。」或借爲絭字，《史記》：「淳于髡帣韝鞠腃。」帣韝，謂以韝約袖。糸部曰：「絭，纕臂繩也。」 今鹽官三斛爲一帣。 與漢時語證之。掊字下曰：「今鹽官入水取鹽爲掊。」皆漢時鹽法中語。 从巾，𢍏聲。 居倦切，十四部。

帚 所㠯糞也。 所㠯二字，淺人刪之，今補。糞當作「𡊄」，土部曰：「𡊄，埽除也。」不言埽言𡊄者，𡊄亦埽也。《曲禮》言糞。《少儀》曰：「汛埽曰埽，埽席前曰拚。」拚即𡊄之叚借字。𡊄與埽對文則二，散文則一，帚亦謂之䉦。 从又持巾埽冂内。 冂，舊作冖，非。今按，當作郊冂字，音扃，介也。凡埽除以潔清介内。持巾者，埽之事，昉於拂拭。因巾可拭物，乃用萑芀黍梨爲帚拂地矣。合三字會意。支手切，三部。 古者少康初作箕帚、秫酒。 《太平御覽》云：「《世本》曰：少康作箕帚。」又云：「《世本》曰：儀狄始作酒醪，變五味，少康作秫酒。」按，許酒下亦曰：「古者儀狄作酒醪，杜康作秫酒。」 少康，杜康也。 葬長垣。 嫌少康即夏少康，故釋之。《文選注》引王著《與杜康絕交書》曰：「康字仲寧，或云黃帝時宰人，號酒泉太守。」按，此葢以文爲戲之言，未可爲典要。

席 藉也。 此以疊韵爲訓。户、護，門、聞之例也。藉本祭藉，引伸爲凡藉之偁，竹部曰：「竹席曰筵。」實通偁耳。 《禮》： 謂《周官經》。 天子諸矦席有黼繡純飾。 此約《周禮·司几筵》之文。「莞筵紛純，次席黼純。」鄭司農云：「紛讀爲和粉之粉，謂白繡也。純，緣也。」後鄭云：「斧謂之黼，其繡白黑采。」 从巾，其方幅如巾也。 庶省聲。 此形聲，非會意。祥易切，古音在五部。

𡧂 古文席从石省。 下象形，上从石省聲。

幐 囊也。 《離騷》：「蘇糞壤以充幃。」王注：「幃謂幐。幐，香囊也。」按，凡囊皆曰幐，王望文爲説耳。《玉篇》曰：「兩頭有物謂之幐擔。」《廣韵》曰：「囊可帶者，或借縢爲之。」 从巾，朕聲。 徒登切，六部。

𢅃 㠯囊盛穀，大滿而裂也。 𢅃之言壘也。壘者，隙也。《玉篇》曰：「又，弓筋起。」 从巾，奮聲。 方吻切，十三部。

𢄼 載米𦈢也。 宁部曰：「𦈢，𢄼也。所以盛米也。」二字相轉注。 从巾， 葢其體方。 盾聲。 讀若《易》屯卦之屯。 陟倫切，十三部。

𢂁 蒲席𦈢也。 甾部曰：「𤮺者，𢂁也。楊雄以爲蒲器。」然則𤮺與𢂁一物也。 从巾，及聲。 讀若蛤。 古沓切，七部。

幘 [篆] 馬纏鑣扇汗也。《衛風·碩人》曰：「朱幘儦儦。」傳曰：「幘，飾也。人君以朱纏鑣扇汗，且以爲飾。儦儦，盛皃。」金部曰：「鑣者，馬銜也。」以朱幓縷纏馬銜之上而垂之，可以因風扇汗，故謂之扇汗，亦名排沫。以其用幓也，故从巾。从巾，賁聲。符分切，十三部。《詩》曰：「朱幘儦儦。」儦儦，各本及《詩經》皆作「鑣鑣」，今依《玉篇》人部訂。希馮所據《詩》不誤，孔沖遠正義已誤矣。○按，《廣雅》亦曰：「鑣鑣，盛也。」則不必改。

𢅥 [篆] 墀地也。也字今補。土部曰：「墀者，涂地也。」然則墀地即涂地也。《漢書·楊雄傳》曰：「𢅥人亡，則匠石輟斤而不敢妄斲。」服虔曰：「𢅥，古之善塗墍者，施廣領大袖以仰塗，而領袖不污。」按，服注不言涂地，然仰涂如此其善，則涂地更可知矣。𢅥人，即《莊子》郢人。㠯巾撋之，从巾。說从巾之意也。撋，蓋即手部捪字，今之抆字。捪者，撫也。涂地以巾，按而摩之，如今之擦漆，故其字从巾。巾撋，《廣韵》作「巾捫」，《集韵》作「巾撋」。㬈聲。讀若水温㬈。㬈聲，各本作「夒聲」，篆體各本皆誤作「𢅥」，今正。按，許讀如㬈，大徐據《唐韵》乃昆切，《玉篇》奴昆切，蓋古温㬈之㬈讀乃昆切。《玉篇》、曹憲《廣雅音》、《廣韵》又乃回、奴回切，則乃昆之轉，脂文之合。《廣韵》又奴案切，則依《說文》㬈字今音。《莊子釋文》引《漢書音義》音温（一本作混），與乃昆一音相近。韋昭乃回反，則乃回一音之所本也。乃昆之音，因於㬈聲。㬈者，古文婚字，見女部。車部𨏔以爲聲，亦讀若閔。然則此爲㬈聲，而非夒聲明甚。夒在尤幽部，轉入蕭宵肴豪部，斷不得反以乃昆也。顧夒孰夒生，《說文》及《漢書》𢅥乃譌𢅥，賴可據音以證其形。而師古注《漢書》妄云「乃高反」，是其形終古不可正矣。今《漢書》字竟作獿，《莊子釋文》竟作懮，莫能諟正。近盧召弓重刻《莊子音義》，又改音温作音鐃，可不急辨其非哉。乃昆之音，可爲乃回，而斷不可爲乃高，斯聲音自然之理，學者所當究心也。十三部。○又按《廣韵》、《集韵》、《六豪》内皆無「𢅥，乃高切」之語，且師古明云「𢅥，抆拭也」，故謂塗者爲𢅥人，其語故依傍《說文》及《漢書音義》，其音必同《漢書音義》，斷不自造乃高一反先於乃回一反也。蓋師古之後，字誤作獿，而後有妄改顏注者耳。

帑 [篆] 金幣所藏也。此與府、庫、廥等一律。帑讀如奴。帑之言囊也，以幣帛所藏，故从巾。从巾，奴聲。乃都切，五部。《小雅·常棣》傳曰：「帑，子也。」此叚帑爲奴。《周禮》曰：「其奴，男子入於罪隸，女子入於舂槀。」本謂罪人之子孫爲奴，引伸之則凡子孫皆可偁奴，又叚帑爲之。鳥尾曰帑，亦其意也。今音帑藏他朗切，以别於妻帑乃都切。一曰，𥫗也。𥫗，直略反。此別一義。

布 [篆] 枲織也。其艸曰枲，曰萉，析其皮曰𣏟，曰朩，屋下治之曰麻，緝而績之曰綫，曰縷，曰纑，織而成之曰布。布之屬曰紨，曰䌊，曰絟，曰緦，曰緆，曰綸貲，曰幏，曰𢃿。古者無今之木綿布，但有麻布及葛布而已。引伸之，凡散之曰布，取義於可卷舒也。《外府》注曰：「布，泉也。其藏曰泉，其行曰布。」泉者，今之錢也。《衛風》：「抱布貿絲。」傳曰：「布，幣也。」箋云：「幣者，所以貿買物也。」此幣爲凡貨之偁，布帛金錢皆是也。从巾，父聲。博故切，五部。隸變作布。

幏　南郡蠻夷賨布也。貝部曰：「賨者，南蠻賦也。」《文選·魏都賦》注引《風俗通》曰：「槃瓠之後，輸布一匹，小口二丈（《後漢書》少「小口」二字）[68]，是爲賨布。廩君之巴氏，出幏布八丈（《後漢書》云八丈二尺）。」幏亦賨也，故統謂之賨布。从巾，家聲。古訝切，古音在五部。

𢄼　𢄼布也。各本删𢄼字，今補。布名也。出東萊。《地理志》、《郡國志》東萊郡皆有𢄼縣，葢以布得名也。𢄼縣故城在今山東登州府黃縣南百二十里。○按，《廣韵》：「𢄼，布名。」「㧥，縣名。在東萊。」《集韵》亦云：「㧥，縣名。」𢄼，布名，出東萊㧥縣。」而《魏·地形志》《晉·地理志》皆作「㤵縣」，字从忄，今本《郡國志》亦从忄，未能是正。从巾，弦聲。胡田切，十二部。師古音堅。

𢄐　䰉布也。䰉者，桼也。《廣韵》、《集韵》、《十遇》作「髮巾」。一曰，車衡上衣。衡上，各本誤倒，今依小徐及《廣韵》、《玉篇》、《集韵》、《類篇》訂。《廣韵》曰：「𢄐，轅上絲。」从巾，敄聲。讀若項。莫卜切，三部。按，此字《集韵》六引，皆不云出《說文》。

幦　䰉布也。《既夕禮》、《玉藻》、《少儀》鄭注、《公羊傳·昭廿五年》何注皆曰：「幦，覆笭也。」按，車覆笭與車笭是二事。車笭者，《周禮》之蔽，《毛詩》、《爾雅》之第[69]，《說文》之篚。鄭曰：「車旁禦風塵者也。」覆笭者，《禮經》、《周禮》、《禮記》、《公羊傳》之幦，《大雅》、《曲禮》之幭。今《周禮》之幎[70]，葢乎軾上者也，以禦旁之名名之也。車笭多以竹，故字从竹。覆笭不用竹用皮，《巾車》曰：「王喪之車，犬䄙，鹿淺䄙，然䄙，豻䄙。」各用其皮也。《大雅》之「淺幭」，虎皮也。與《玉藻》之羔幦、鹿幦，皆諸矦大夫士之吉禮也。《曲禮》之素幭，即《士喪禮》[71]之白狗幦，大夫士之凶禮也。然則車覆笭，古無用桼布者。許以䰉布釋幦，幦之本義也，經典用爲車覆笭之字也。从巾，辟聲。莫狄切，十六部。《周禮》曰：「駹車犬幦。」《巾車》職文。按，《巾車》云：「木車犬䄙，素車犬䄙，駹車然䄙。」葢許一時筆誤，如或簸、或舀之比。䄙、幦不同，葢故書、今書之異。車覆笭之字，當是幭爲正字。上文云「葢幭」是也。幦爲叚借字。《大雅》毛傳曰：「幭，覆軾」，然則幦者，主謂軾覆。《輿服志》曰：「文虎伏軾」，經之淺幦也。《士喪禮記》曰：「古文幦爲冪。」[72]又可證《禮》古文不作幦。

𢂼　領耑也。从巾，耴聲。陟葉切，八部。按，此篆與𢃗篆同義。《篇》、《韵》皆有𢂼無𢃗，《集韵》乃兼有之，葢此書當刪𢃗而存𢂼於𢃗處。

文六十二。　重八。

巿　韠也。韋部曰：「韠，韍也。」二字相轉注也。鄭曰：「韠之言蔽也。」「韍之言亦蔽也。」祭服偁韍，玄端服偁韠。上古衣蔽前而已，巿目象之。鄭注《禮》曰：「古者佃漁而食之，衣其皮，先知蔽前，後知蔽後。後王易之以布帛，而獨存其蔽前者，不忘本也。」[73]**天子朱巿，諸侯赤巿，卿大夫葱衡。**卿大夫下當有「赤巿」二字，奪文也。《斯干》箋云：「芾，天子純朱，諸侯黄朱。」《采芑》傳曰：「芾，黄朱芾也。」鄭注《易》云：「朱深於赤，則黄朱爲赤也。」《乾鑿度》曰：「《困》九五，文王爲紂三公，故言困於赤紱。至於九二，周將王，故言朱紱方來。」引孔子曰：「天子三公九卿朱紱，諸侯赤紱。」《玉藻》曰：「一命緼韍幽衡，再命赤韍幽衡，三命赤韍葱衡。」鄭注：「緼，赤黄之閒色，所謂韎也。衡，佩玉之衡也(同珩)。幽讀爲黝，黑謂之黝，青謂之葱。」《周禮》：「公侯伯之卿三命，其大夫再命，其士一命。子男之卿再命，其大夫一命，其士不命。」按，云「赤巿葱衡」者，以別於再命之赤巿也。**从巾，象連帶之形。**謂一也。《玉藻》云：「頸五寸，肩革帶博二寸。」鄭曰：「頸五寸，亦謂廣也。頸中央，肩兩角，皆上接革帶以繫之，肩與革帶廣同。」分勿切，十五部。**凡巿之屬皆从巿。**

韍 **篆文巿。从韋，从犮。**犮，聲也。此爲篆文，則知巿爲古文也。先古文後小篆，此亦二部之例。以有从巿之韐，故以巿爲部首，而韍次之，假令無从巿之字，則以韍入韋而以巿次之。**俗作紱。**疑當出一篆而注之。按，經傳或借黻爲韍，如《明堂位》注曰：「韍或作黻」是也。或借芾爲之，如《詩·候人》《斯干》《采菽》是也。或借沛爲之，如《易》「豐其沛」。一作芾，鄭云「蔽厀」是也。芾與沛，葢本用古文作巿，而後人改之。或借茀爲之，如《詩釋文》所載及李善所引《詩》皆是也。或作紱，如今《周易乾鑿度》「朱紱」「赤紱」是也。《倉頡篇》曰：「紱，綬也。」韍佩廢而存其係繸，秦乃以采組連結於繸，光明章表，轉相結受，故謂之綬，亦謂之紱。糸部曰：「綬，韍維也。」然則韍廢而綬乃出，韍字廢而紱字乃出。

韐 **士無巿有韐，**大夫以上祭服用玄冕爵弁服，其韠曰韍。士與君祭之服用爵弁服，其韠曰韐，不曰韍，故曰士無韍有韐也。《玉藻》之緼韍即韎韐，則非不可偁韍也。**制如榼缺四角。**《玉藻》曰：「韠，天子直。四角直無圜殺也。公侯前後方。殺四角使之方，變於天子也。所殺者去上下各五寸。大夫前方後挫角，圜其上角，變於君也。韠以下爲前，以上爲後。士前後正。士賤，與君同不嫌也。正、直方之閒語也。天子之士則直，諸侯之士則方。」[74]按，許云韐「缺四角」者，正謂如公侯殺四角使之方也。所謂殺四角使之方者，合上下成八角之形。方之言柧也。正義云：「既殺而補之使方。」非是。云「如榼」者，古榼之制葢八角，故木部椑下云：「圜榼也。」可以見榼之有棱而不正圜也。韠之制，下廣二尺，上廣一尺，長三尺。韐之制則大體圜而八角。故毛公云：「韐所以代韠也。」《士冠禮》注云：「韐之制似韠。」許云：「士無韍有韐。」葢其制不同，惟缺四角者略同諸侯大夫之韠耳。**爵弁服，**見《士冠禮》。**其色韎，**韋部曰：「茅蒐染韋，一入曰韎。」《瞻彼洛矣》傳曰：「韎韐者，茅蒐染韋，一入曰韎(句)，韐所以代韠也。」箋云：「韎者，茅蒐染也。茅蒐，韎聲也。韐，祭服之韠，合韋爲之。」《士冠禮》注曰：「韎韐，緼韍也。合韋爲之，士染以茅蒐，因以名焉。今齊人名蒨爲韎(句)。韐之制似韠。」按，凡言韎韐者，韐謂其物，韎謂其色，故《士喪禮》設韐帶不連韎緇言。自六朝人不知韎韐二字可分析，《詩》傳、鄭箋、

《禮》注、《鄭志》⑮皆譌亂不可讀矣。賤不得與裳同。《士喪禮》曰：「爵弁服，纁裳純衣，緇帶，韎韐。」⑯纁，淺絳也，三入爲纁。韎則茅蒐一入而已，不與裳同色也。凡韠同裳色。上文云：「天子朱市，諸矦赤市，卿大夫赤市蔥衡。」葢天子朱裳，諸矦卿大夫赤裳，士賤則裳韠色不同。若皮弁服素韠，則士亦與裳同色也。此下鉉本有「司農曰：裳纁色」六字，恐是淺人增注。司農者，不詳其何人。許自賈侍中而外，無舉官者。从市，亦市也，故从市。合聲。鄭云：「合韋爲之。」則形聲可兼會意。古洽切，七部。

韐 帢或从韋。按，經典有韐無帢，韐行帢廢矣。

文二。　重二。

帛 繒也。糸部曰：「繒，帛也。」《聘禮》、《大宗伯》注皆云：「帛今之壁色繒也。」从巾，白聲。旁陌切，古音在五部。凡帛之屬皆从帛。

錦 襄邑織文也。《漢・地理志》、《郡國志》陳留郡屬縣有襄邑，今河南歸德府睢州治即故縣地。《地理志》云：「縣有服官。」李善引《陳留記》云：「襄邑，渙水出其南，睢水經其北。傳云睢渙之閒出文章，故其黼黻絺繡，日月華蟲，以奉宗廟御服焉。」司馬彪《輿服志》云：「襄邑歲獻織成虎文。」按，許以漢法釋古，謂若今之襄邑織文即經典之錦文也。毛傳：「貝（逗），錦文也。」《禹貢》：「厥匪織貝。」鄭注云：「貝，錦名也。凡爲織者，先染其絲，乃織之，則成文矣。」《禮記》云：「士不衣織。」从帛，金聲。居飲切，七部。

文二

白 西方色也。侌用事，物色白。从入合二。出者，陽也；入者，陰也。故从入。二，侌數。說从二之指。旁陌切，古音在五部。凡白之屬皆从白。

𠂣 古文白。

皎 月之白也。上文云「物色白」，不一其物，則不一其白，故皆爲分別之詈。从白，交聲。古了切，二部。《詩》曰：「月出皎兮。」《陳風・月出》文。傳曰：「皎，月光也。」箋云：「喻婦人有美色之白皙。」

曉 日之白也。先月後日者，月陰日陽，月之白其正色也。从白，堯聲。呼鳥切，二部。

皙 人色白也。《鄘風》：「揚且之皙也。」傳曰：「皙，白皙也。」从白，析聲。今字皆省作「晳」，非也。先擊切，十六部。

皤 老人白也。《易釋文》、《文選・兩都賦》注皆作「老人皃」，非是。老人之色白，與少壯之白皙不同，故以次於皙。《兩都賦》曰：「皤皤國老。」《周易・賁》：「六四，賁如皤如。」引伸爲凡白素之偁也。从白，番聲。薄波切，古音在十四部。白蒿曰蘩，是其理也。《易》曰：「賁如皤如。」

⿰番頁 皤或从頁。然則白髮亦偁皤。

皠 鳥之白也。《景福殿賦》曰：「皠皠白鳥。」李善曰：「皠與翯音義同。」从白，隺聲。胡沃切，古音在二部。

皚 霜雪之白也。辭賦家多用皚皚字。从白，豈聲。五來切，古音在十五部。

皅 艸華之白也。葩字从此。《靈樞經》曰：「紛紛皅皅，終而復始。」紛紛皅皅，葢言多也。从白，巴聲。普巴切，古音在五部。

皦 玉石之白也。《王風》：「有如皦日。」傳曰：「皦，白也。」按，此叚皦爲曉也。《論語》：「皦如也。」何曰：「言樂之音節分明也。」此其引伸之義也。从白，敫聲。古了切，二部。

㿥 際見之白也。際者，壁會也。壁會者，隙也。見讀如現。壁隙之光一綫而已，故从二小。从白上下小見。會意。起戟切，古音在五部。

皛 顯也。顯當作「㬎」。顯，頭明飾也。㬎，衆明也⑦。顯行而㬎廢矣。許云：古文以㬎爲顯，則小篆以顯爲㬎久矣。《倉頡篇》曰：「皛，明也。」按，《蜀都賦》：「皛貙氓於葽艸。」貙氓，貙人也。江漢有貙人，能化爲虎。然則皛者，謂顯其形也。李善云：「當爲拍。」誤。通白曰皛。四字依李善注陶淵明《赴假還江陵》詩引補。从三白，會意。讀若皎。烏皎切，二部。

文十一。　重二。

㡀 敗衣也。此敗衣正字，自敝專行而㡀廢矣。从巾，象衣敗之形。毗際切，十五部。凡㡀之屬皆从㡀。

敝 帗也。帗者，一幅巾也。一曰，敗衣。引伸爲凡敗之偁。从㡀，从攴。會意。㡀亦聲。毗祭切，十五部。

文二。

黹 箴縷所紩衣也。箴，當作「鍼」。箴，所以綴衣；鍼，所以縫也。紩，縫也。縷，綫也。絲亦可爲綫矣。以鍼貫縷紩衣曰黹。《釋言》曰：「黹，紩也。」《臯陶謨》曰：「絺繡。」鄭本作「希」，注曰：「希讀爲黹。黹，紩也。」《周禮・司服》「希冕」，鄭注引《書》「希繡」，又云：「希讀爲黹。或作絺，字之誤也。」今本《周禮注疏》傳寫倒亂。今俗語云「鍼黹」，是此字。按，許多云「希聲」，而無希篆，疑希者古文黹也，从巾上象繡形。从㡀，丵省，象刺文也。《韵會》有此四字。丵者，叢生艸也。鍼縷之多象之。陟几切，十五部。凡黹之屬皆从黹。

𪓐 會五采鮮皃。本作「合五采鮮色」，今依《廣韵》、《韵會》訂。《曹風・蜉蝣》曰：「衣裳楚楚。」傳曰：「楚楚，鮮明皃。」許所本也。𪓐其正字，楚其叚借字也。葢《三家詩》有作「𪓐𪓐」者，如毛革、韓鞠之比。从黹，虘聲。創舉切，五部。《詩》曰：「衣裳𪓐𪓐。」

黼 白與黑相次文。《攷工記》文。鄭曰：「文章黼黻繡五者，言刺繡采所用也。繡以爲裳。」从黹，甫聲。方榘切，五部。

黻 黑與青相次文。《攷工記》文。从黹，犮聲。分勿切，十五部。

𪓑 會五采繒也。也，本作「色」，今依《廣韵》訂。五采繒者，五采帛也。《大人賦》：「綷雲蓋。」如淳云：「蓋有五色也。」《吳都賦》：「孔雀綷羽以翱翔。」按，綷者，或辭字。从黹，卒聲。各本作「綷省聲」，今正。子對切，十五部。

黺 黺 袞衣山龍華蟲。黺，畫粉也。《皋陶謨》曰：「日、月、星辰、山、龍、華蟲作繪，宗彝、藻、火、粉米、黼、黻絺繡。」鄭注云：「畫者爲繪，刺者爲繡。繡與繪各有六，衣用繪，裳用繡。」許書繪下云：「會五采繡也。」藻作璪，粉作黺，米作絲。鄭粉米爲一事，許黺絲爲二事。鄭説粉米爲繡，許説黺爲畫，粉絲爲繡，文如聚米。蓋許時鄭説未出，許以説黺系諸衛宏，但今缺有閒矣。且《尚書》山、龍、華蟲，不與粉相屬。許書恐轉寫有奪誤。畫粉，蓋何晏賦所謂「分閒布白」⑱。从黹，分聲。各本作「从粉省」，今正。方吻切，十三部。衛宏説。衛宏治古文《尚書》者。

文六。

五十六部。 文七百一十四。 重百一十五。 凡八千六百四十七字。

附注：

① 劉熙注見《文選》張景陽《雜詩》「取志於陵子」注引，「績」當作「續」。後文麻部「纔」字段注引不誤。

② 「有」下脱「見」字。

③ 《隋書・煬帝紀上》作「颮槊」，疑此段氏記誤。

④ 「舍人云」，誤。此乃李巡注語，見《經典釋文》卷二十九《爾雅音義・釋宮》「宧」下引。舍人注見《太平御覽》卷一八八引，語句有異。

⑤ 《爾雅・釋宮》，今本「宧」作「宎」。段氏引係據或本，見《釋文》。《釋名・釋宮室》，《四部叢刊》影印嘉靖翻宋刻本作「宎，幽也」。畢沅《疏證》作「宎」，畢謂《爾雅》、《釋名》原均應同《説文》作「宧」，作「宎」「窔」皆爲譌字。

⑥ 《文子》，見《自然篇》；《三蒼》，見《莊子・庚桑楚》釋文引。段氏所引有小異。

⑦ 《文選・西京賦》「亙」作「亘」。

⑧ 水部「泓」説解作「下深皃」。

⑨ 見《周禮・大宰》「八曰匪頒之式」下，「分賜」本作「班賜」。

⑩ 「刀部」當作「刃部」，創是刃部重文。

⑪ 「菜芑」是「采芑」之誤。

⑫ 「兄弟」原作「弟兄」。

⑬ 見《漢書・律歷志上》，「唱」當作「暢」。

⑭ 見《蜀志》，「脅」作「裔」，「至」作「生」，有注云：「裔當作脅，見《水經注》。」

⑮ 《五經異義》以下至此，見《禮記・禮器》「燔柴于奧」下正義引，「五帝」二字當作「五祀」。

⑯ 《五經文字》四部，「𥥍」原作「罙」。

⑰ 見第一章，今本「竅」作「徼」。

⑱見「困窌倉城」句下注。今經與注字皆作「窌」，不作「穽」，釋文：「劉古孝反，依字當爲窖，作窌，假借也。」

⑲公孫賀封南窌侯，《漢書・衛青傳》及《公孫賀傳》皆有記，又見《景武昭宣元成功臣表》，今《漢書》兩傳字皆作「窌」，《表》作「奅」。兩傳顔注皆引臣瓚曰：「《茂陵中書》云封南奅侯，《表》亦作奅。」師古注云：「窌音普教反。奅亦同字。」

⑳「竇」是「窬」之誤。

㉑見《禮記・儒行》音義引，「小竇」本作「小窬」，並注云「音臾」。

㉒見《漢陂行》，今本「窵」作「梟」。

㉓《文選》胡刻本，「窋窊」作「窋咤」。

㉔見前引《爾雅・釋言》「窕，肆也」下，「多」當作「好」。

㉕「窔」，段氏原誤作「突」。

㉖見《小宗伯》注，「杜子春讀竁如毳」，「如」本作「爲」，段氏《周禮漢讀考》同。此注認爲係「擬其音」，逕改爲「如」，處理不一。

㉗即《既夕禮》。此乃段氏據鄭《目録》謂《别録》指爲《士喪禮》下篇而用此稱，他處則多逕稱《士喪禮》，殊易引起誤解，今皆以附注改正之。

㉘前「寥」字説解「四曰寤寥」下段氏引此，「時」下有「所」字，係據《廣韵》引補，參阮元《校勘記》。

㉙「傳」是「箋」之誤。

㉚《集韵・三鍾》「將容切」内收「瘲」，注引「《説文》：病也」。又《三用》「足用切」内亦收此字，謂「瘛瘲，風病」。《廣韵》僅見於《三用》「子用切」，云「病也」。

㉛注文「疕」是「疕」之誤。

㉜《檀弓》是《曲禮》之誤。

㉝段氏係據《經典釋文》，今《魯頌》經文作「揚」，見《泮水》。

㉞今《釋名・釋疾病》下句作「血流聚所生瘤腫也」。《御覽》疾病三引《釋名》無「流」字，亦與段氏所引有異。

㉟《烏桓傳》當作《鮮卑傳》。

㊱《大戴禮記・本命篇》稱「七去」，何休注《公羊》，則稱「七棄」。

㊲此字篆文，大小徐皆作「癘」。小徐謂「從疒，厲省聲」，大徐作「从疒，蠆省聲」。小徐字在部末。按「蠆省聲」蠆字疑誤，于篆不合。

㊳此篆疒下當作「豕」，刻本誤作「家」。今改正。

㊴今《方言》卷十作「脈蜴，欺謾之語也」。

㊵「陳疾」是「陳侯」之誤。

㊶詩題「發」字是「登」之誤。

㊷見《衡門》，今經、傳、箋三「饑」字，皆作「飢」。

㊸見《方言》卷三，「剌」本作「瘌」，「眠」，本作「瞑」。

㊹《大宰》是《小宰》之誤，見「六曰聽取予以書契」下注。

㊺項、韋二注均見《文選・文賦》「考殿最於錙銖」句下注引《漢書音義》，「第上」是「第一」之誤。

㊻「置也」當作「置祭也」。

㊼見僖二十八年。杜注「晉君」上應補「喻」字，「君」又是「軍」之誤。

㊽不當有此音，當依大徐本作「莫報切」。

㊾上引見《戴震全集・記冕弁冠》，有小異。

(50)「冉部」是「冓部」之誤。

(51)《爾雅·釋器》及《南有嘉魚》毛傳兩「篧」字，今本皆作「篧」。

(52)「張載」是「張協」之誤。

(53)「毛傳」應作「毛詩」。

(54)《大司寇》是《小司寇》之誤。

(55)見《禮記·內則》「左佩紛帨」下。

(56)「⿱埶巾」是「⿱埶巾」之誤。

(57)「帤巾」，巾字《方言》原無。

(58)今毛傳作「奄也」。

(59)「塗暨」是「塗塈」之誤。

(60)《釋名·釋牀帳》：「幔，漫也，漫漫相連綴之言也。」

(61)注及疏皆見《周禮·幕人》。疏「幕下」，下本作「上」。

(62)今《詩·六月》經、箋「識」皆作「織」，故下文段注有「若《毛詩》作織則亦假借字也」之言。此作「識」疑段氏又據《周禮·司常》疏引。

(63)今《司常》「諸侯建旗」「旗」作「旂」；「帥都建旗」「帥」作「師」，段氏《周禮漢讀考》謂故書作率，今書作帥。説又見㫃部「旗」字下。

(64)「抵」是「拭」之誤。

(65)「聿下」是「隶下」之誤。

(66)「衡軛」當作「衡軶」，見《後漢書·輿服志》。

(67)「烏」是「烏」之誤。

(68)《風俗通義》見《文選·魏都賦》「賨幏積墆」句注引，原無「小口」二字，而《後漢書·南蠻傳》「歲令大人輸布一匹，小口二丈，是謂賨布。」有「小口」二字，是段注所叙與之正相反，係誤記。

(69)《毛詩》有「車蔽也」之「茀」，見《碩人》、《采芑》、《載驅》，並無「笰」字。

(70)此即指上句所説「《周禮》之幦」，見《巾車》，段氏于下文引之，作「⿰衤冥」。阮元于《巾車》校勘記謂「故書作⿰衤冥，今書作幦」。段氏此處又誤「⿰衤冥」爲「幎」，徒增讀者迷惑。

(71)此《士喪禮》是指《既夕禮》。

(72)此乃《既夕禮》「白狗幦」下注語，段氏標篇名不當，又脱「注」字，或「記」字是「注」字之誤。

(73)此非《禮》注，乃鄭氏注《乾鑿度》之文，見《詩·采菽》正義引，字句稍異。

(74)此連引《玉藻》經與注之文，其「韠，天子直」、「公侯前後方」、「大夫前方後挫角」、「士前後正」皆經文，餘皆相應之鄭注語。

(75)馮桂芬《考正》：「按問經堂《鄭志》集本無韎韐之説，此《鄭志》二字疑《駁異義》之誤。」

(76)此係《士冠禮》文，段氏記誤。

(77)《説文》：「㬎，衆微杪也。」見日部，段氏注謂當據《廣韵·二十七銑》作「衆明也」。

(78)《文選·景福殿賦》作「斑間賦白」，注引《廣雅》：「斑，分也。」又引毛傳：「賦，布也。」此疑段氏誤以注語入賦文。

說文解字第八篇上

金壇段玉裁注

人 天地之性㝡貴者也。㝡，本作最。性，古文以爲生字。《左傳》「正德利用厚生」，《國語》作「厚性」是也。許偁古語不改其字。《禮運》曰：「人者，其天地之德，陰陽之交，鬼神之會，五行之秀氣也。」又曰：「人者，天地之心也，五行之端也，食味，別聲，被色而生者也。」按，禽獸艸木皆天地所生，而不得爲天地之心，惟人爲天地之心，故天地之生此爲極貴。天地之心謂之人，能與天地合德；果實之心亦謂之人，能復生艸木而成果實，皆至微而具全體也。果人之字，自宋元以前《本艸》、方書、詩歌、紀載無不作人字，自明成化重刊《本艸》乃盡改爲仁字，於理不通，學者所當知也。○仁者，人之德也。不可謂人曰仁，其可謂果人曰果仁哉？金泰和閒所刊《本艸》皆作人，藏袁廷檮所。此籀文。此對「儿」爲「古文奇字人」言之，如「大」之有古文籀文之別也。字多从籀文者，故先籀而後古文。象臂脛之形。人以從生貴於横生，故象其上臂下脛。如鄰切，十二部。凡人之屬皆从人。

僮 未冠也。辛部曰：「男有辠曰奴，奴曰童。」按，《説文》僮、童之訓，與後人所用正相反，如穜、種二篆之比。今經傳僮子字，皆作童子，非古也。《襍記》注曰：「童，未成人之稱。」《學記》注曰：「成童，十五以上。」引伸爲僮蒙。《玉篇》引《詩》：「狂僮之狂也且。」傳曰：「狂行，僮昏所化也。」《廣雅》曰：「僮，癡也。」若《召南》「僮僮，竦敬也」，則又如愚之義也。从人，童聲。徒紅切，九部。

保 養也。《宣帝紀》：「阿保之功。」臣瓚曰：「阿，倚；保，養也。」賈誼説大師、大傅、大保曰：「保者，保其身體。」按，保全、保守，皆其引伸之義。《南山有臺》傳曰：「保，安也。」从人，采省聲。博褒切，古音在三部。孚聲亦在三部也。采，古文孚。各本誤，今正，見爪部。

古文不省。

古文。按，此葢古文以孚爲保也。

仁 親也。見部曰：「親者，密至也。」从人二。會意。《中庸》曰：「仁者，人也。」注：「人也讀如相人偶之人，以人意相存問之言。」《大射儀》「揖以耦」注：「言以者，耦之事成於此，意相人耦也。」《聘禮》「每曲揖」注：「以相人耦爲敬也。」《公食大夫禮》「賓入三揖」注：「相人耦。」《詩・匪風》箋云：「人偶能烹魚者」①，「人偶能輔周道治民者」。正義曰：「人偶者，謂以人意尊偶之也。」《論語》注：人偶，同位人偶之辭。《禮》注云：人偶，相與爲禮儀。皆同也。」按，人耦猶言爾我，親密之詞。獨則無耦，耦則相親，故其字从人二。《孟子》曰：「仁也者，人也。」謂能行仁恩者人也。又曰：「仁，人心也。」謂仁乃是人之所以爲心也。與《中庸》語意皆不同。如鄰切，十二部。

古文仁，从千心作。从心，千聲也。

𡰥 古文仁，或从尸。按，古文夷亦如此。

企 舉踵也。踵，各本作踵，非，今正。踵者，跟也。企，或作跂。《衞風》曰：「跂予望之。」《檀弓》曰：「先王之制禮也，過之者，俯而就之；不至焉者，跂而及之。」《方言》：「跂，登也。梁益之閒語。」从人止。按，此下本無聲字，有聲非也，今正。止部曰：「止爲足。」《說文》無趾，止即趾也。从人止，取人延竦之意。渾言之，則足偁止；析言，則前止後踵。止𨈚於前，則踵舉於後矣。企跂字，自古皆在十六部寘韵。用止在一部，非聲也。去智切。

𧿧 古文企，从足。足止同物。

仞 伸臂一尋八尺。按，此解疑非許之舊，恐後人改竄爲之。尺部下云：「周制，寸、尺、咫、尋、常、仞，諸度量皆以人之體爲法。」假令「尋」「仞」同物，許不當兩舉之矣。諸家之說仞也，王肅、趙岐、王逸、曹操、李筌、顔師古、房玄齡、鮑彪諸人並曰八尺，而鄭《周禮》《儀禮》注、包咸《論語》注、高誘注《吕氏春秋》、王逸注《大招》《招䰟》、李謐《明堂制度論》、郭璞注司馬相如賦用司馬彪之說、陸德明《莊子釋文》則皆謂七尺。《淮南子·原道訓》注八尺，而《覽冥訓》注則云七尺，百仞者七百尺。證以《吕氏春秋》注，則《原道》注可疑。近歙程氏瑶田《通藝録》有說曰：「言七尺者，是也。楊雄《方言》云：度廣曰尋。杜預《左傳》『仞溝洫』注：度深曰仞。二書皆言人伸兩手以度物之名，而尋爲八尺，仞必七尺者，何也？同一伸手度物，而廣深用之，其勢自不得不異。人長八尺，伸兩手亦八尺，用以度廣，其勢全伸而不屈。而用之以度深，則必上下其左右手而側其身焉，身側則胸與所度之物不能相摩，於是兩手不能全伸而成弧之形，弧而求其弦以爲仞，必不能八尺，故七尺曰仞亦其勢然也。《說文》測下云：『深所至也。』《玉篇》云：『度深曰測，測之爲言側也。』余說與之合矣。」玉裁謂，程說甚精，仞說可定矣。《考工記》：「廣二尋深二仞謂之澮。」倘其度同八尺，何不皆曰二尋，如上文廣二尺深二尺之例也？許書於尺下既尋仞兼舉，尋者，八尺也，見寸部，則仞下必當云七尺。今本乃淺人所竄易耳。程氏又曰：「《小爾雅》云四尺，應劭云五尺六寸。」此其繆易見也。从人，刃聲。而震切，十二部。或借爲牣滿字。《孟子》「掘井九軔」，借軔爲之。

仕 學也。訓仕爲入官，此今義也。古義宦訓仕②，仕訓學。故《毛詩》傳五言「士，事也。」而《文王有聲》傳亦言「仕，事也」。是仕與士皆事其事之謂。學者，覺悟也。事其事則日就於覺悟也。若《論語·子張》篇「子夏曰：仕而優則學，學而優則仕」，《公冶長》篇「子使漆雕開仕」，注云：「仕，仕於朝也。」以仕學分，出處起於此時矣。許說其故訓。从人，士聲。鉏里切，一部。

佼 交也。佼見《管子》。《明法解》曰：「羣臣皆忘主而趨私佼。」又曰：「養所與佼，而不以官爲務。」又曰：「小臣持祿養佼，不以官爲事。」其訓皆交也。而《韵會》引小徐本作「好也」。鍇引《史記》後有長姣美人」。按，小徐本女部「姣，好也」。引《史記》「長姣美人」，《韵會》移入此，甚誤。从人，交聲。下巧切，二部。按，交義當依《廣韵》古肴切。

僎 具也。具者，共置也。《論語》有「公叔文子之臣大夫僎」。《鄉飲酒禮》：「遵者降席。」注曰：「今文遵爲僎，或爲全。」《禮記》從今文《禮》作僎。从人，巺聲。士勉切，十三部。

俅 冠飾皃。《周頌·絲衣》曰：「載弁俅俅。」《釋訓》曰：「俅俅，服也。」傳曰：「俅俅，恭順（《玉篇》作慎。）皃。」按，許以上文紑屬衣言之，則俅俅亦當屬冠言之，故此用《爾雅》易傳義，而紑下不易傳也。从人，求聲。巨鳩切，三部。《詩》曰：「戴弁俅俅。」《毛詩》戴作載，鄭箋云：「載猶戴也。」按，載、戴古書多互譌者。

佩 大帶佩也。大帶佩者，謂佩必系於大帶也。古者有大帶，有革帶。佩系於革帶，不在大帶，何以言「大帶佩」也？革帶統於大帶也。許於糸部之紳，革部之鞶，皆曰「大帶」，實則紳爲大帶，鞶爲革帶也。佩者，《內則》「左右佩用」是。从人凡巾。从人者，人所以利用也。从凡者，所謂無所不佩也。从巾者，其一耑也。蒲妹切，古音在一部。俗作珮。佩必有巾，故从巾。故字依《韻會》補。巾部之帉，帥也。説从巾之意。巾謂之飾。巾部曰：「飾，㕞也。」又部曰：「㕞，飾也。」飾、拭古今字。巾以飾物，故謂之飾。《禮經》詳帨，《左氏》偁率巾者，㕞切於用者也。故倉頡製「佩」「帶」二文皆箸巾。

儒 柔也。以疊韻爲訓。鄭《目録》云：「《儒行》者，以其記有道德所行。儒之言優也，柔也，能安人，能服人。」又，「儒者，濡也。以先王之道能濡其身。」《玉藻》注曰：「舒儒者，所畏在前也。」術士之偁。術，邑中也。因以爲道之偁。《周禮》「儒以道得民」注曰：「儒有六藝以教民者。」《大司徒》「以本俗六安萬民，四曰聯師儒」注云：「師儒，鄉里教以道藝者。」按，六藝者，禮、樂、射、御、書、數也。《周禮》謂「六德」「六行」「六藝」，曰「德行道藝」。自真儒不見，而以儒相詬病矣。从人，需聲。人朱切，古音在四部。

俊 材過千人也。大徐本無「過」字。《尹文子》曰：「千人才曰俊，萬人曰傑。」《淮南·泰俗訓》曰：「智過萬人者謂之英，千人者謂之俊，百人者謂之豪，十人者謂之傑。」《春秋繁露》曰：「萬人者曰英，千人者曰俊，百人者曰傑，十人者曰豪。」《皋陶謨》鄭注曰：「才德過千人爲俊，百人爲乂。」《吕氏春秋·孟秋紀》高注曰：「才過萬人曰桀，千人曰俊。」王逸注《懷沙》曰：「千人才爲俊，一國高爲桀。」諸家説俊皆同，惟《月令》正義引蔡氏《辨名記》云：「十人曰選，倍選曰俊，萬人曰桀。」其説不同。《方言》曰：「孑，俊也；遵，俊也。」〇又按，《月令》疏，蔡氏下奪「引」字。《辨名記》即《白虎通》之《別名記》，古文《記》二百十四篇之一也。《禮運》及《左傳·宣十五年》疏皆引《辨名記》云：「倍人曰茂，十人曰選，倍選曰俊，千人曰英，倍英曰賢，萬人曰桀，倍桀曰聖。」語較完。而《白虎通》引《別名記》：「五人曰茂，十人曰選，百人曰俊，千人曰英，倍英曰賢，萬人曰傑，萬傑曰聖。」又不同，乖異。从人，夋聲。子峻切，十三部。按，《尚書》以「畯」爲「俊」，《山海經》以「俊」爲「舜」。

傑 埶也。以疊韻爲訓。埶，本穜埶字，引伸爲勢力字。傑者，言其勢傑然也。《衛風》毛傳曰：「桀，特立也。」材過萬人也。《辨名記》、《尹文子》、高誘、趙岐、王逸説同。以上七字大徐作「傲也」二字，非古義。且何不與傲篆相屬，而廁之俊篆下乎。二傳③相屬，則義相近，全書之例也。从人，桀聲。渠列切，十五部。

⿰亻軍人姓。从人，軍聲。吾昆切，十三部。按，此篆必淺人所增。許書自女部外，罕有言人姓者。且《廣韵》此字蒐韵网見，云：「女字；又姓，出《纂文》。」此姓既出何氏之書，安得云出許書乎。

伋人名。以此爲解，亦非例也。古人名字相應。孔伋字子思，仲尼弟子燕伋字子思，然則伋字非無義矣。人名二字非許書之舊也。荀卿曰：「空石之中有人焉，其名曰觙，其爲人也善射以好思，闢耳目之欲，遠蚊蝱之聲，閑居靜思則通，思仁若是，可謂微乎。」此葢設言善思之人名之以觙乎。觙與伋音義葢相近。从人，及聲。居立切，七部。

伉人名。非例也。《左傳》：施氏婦曰「不能庇其伉儷」。杜注曰：「伉，敵也。」儷，偶也。从人，亢聲。苦浪切，十部。《論語》有陳伉。按，《論語》作「陳亢」，字子禽，與《爾雅》「亢，鳥嚨」故訓相合。作「陳伉」似非也。然《古今人表》陳亢、陳子禽爲二人。

伯長也。《釋詁》、《正月》傳同。《載芟》傳云：「伯，長子也。」《伯兮》傳云：「伯，州伯也。」一義之引伸也。凡爲長者皆曰伯。古多假柏爲之。从人，白聲。博陌切，古音在五部。

仲中也。《白虎通》同。伯仲叔季，爲長少之次。伯仲見於此，子部曰：「季，少偁也。」叔則「少」之假借字也。古者幼名冠字。冠字者，爲之且字也。且字也者，若尼甫、嘉甫是也。「五十以伯仲」，乃偁伯某甫、仲某甫，以伯仲而後成字，伯仲之下一字爲且字。且者，薦也，爲伯仲之薦也。伯仲生而已定，故《士冠禮》「字辭曰伯某甫」。雖定此字，而五十以前但偁「某甫」也。女子笄而字，則曰伯姬、曰仲姬。毛傳於《大明》曰：「仲，中女也。」於《燕燕》曰：「仲，字也。」皆言婦人也。二傳其實一也。古中、仲二字互通。从人中，中亦聲。直衆切，九部。

伊殷聖人阿衡也。殷聖人之上當有「伊尹」二字，傳寫奪之。阿衡見《商頌》，毛傳曰：「阿衡，伊尹也。」箋云：「阿，倚；衡，平也。伊尹，湯所依倚而取平，故以爲官名。」伊與阿，尹與衡，皆雙聲，然則一語之轉也。許云伊尹「殷聖人阿衡也」，本毛説，不言伊尹爲姓名也。諸家或云伊氏、尹字，或云名摯，皆所傳聞異辭耳。《禮記》所偁古文《尚書》兩言「尹躬」，則尹實其名。尹治天下者。从人尹。尹治猶言治平，此説从人尹之意也。言阿衡者，尹治天下者也，故又謂之伊尹，而伊字亦从尹。於脂切，十五部。《釋詁》、毛傳皆曰「伊，維也。」爲發語辭。《詩·雄雉》《蒹葭》《東山》《白駒》之伊字，鄭箋云：「當爲繄。繄，猶是也。」

[illegible]古文伊从古文死。以死爲聲。

偰　高辛氏之子，爲堯司徒，殷之先也。爲字依《玉篇》補。《左傳》曰：「高辛氏有才子八人：伯奮、仲堪、叔獻、季仲、伯虎、仲熊、叔豹、季貍。」「舜臣堯，舉八元，使布五教於四方，父義、母慈、兄友、弟恭、子孝。內平外成。」偰即八元之一人也。《毛詩》傳曰：「玄王，契也。」經傳多作契，古亦假离爲之。米部曰：「离，古文偰。」言古文假借字也。从人，契聲。私列切，十五部。

倩　人美字也。依《韵會》本訂。《朱邑傳》：「陳平雖賢，須魏倩而後進。」師古曰：「倩，士之美稱也。」蓋本《説文》，而改人爲士，改字爲稱，其實可無改也。倩，猶甫也。《穀梁傳》曰：「父（同甫。）猶傅也，男子之美稱也。」男子之字有稱甫者，儀甫、嘉甫是；有偁倩者，蕭長倩、東方曼倩、韋昭云「倩，魏無知字也」皆是。倩，好也。毛傳説倩曰「好口輔」，以《詩》言「巧笑」，故知爲口輔好也。从人，青聲。倉見切，古音在十一部。東齊壻謂之倩。《方言》曰：「青齊之閒，壻謂之倩。」按，此蓋亦以美偁加之耳。郭云：「言可借倩也。」借倩讀七政、七見二切，蓋方俗語，謂請人爲之。

伃　婦官也。《漢書・外戚傳》，婦官十四等，「昭儀位視丞相，比諸侯王；倢伃視上卿，比列侯。」韋昭曰：「倢，承；伃，助也。」《漢舊儀》云：「皇后爲倢伃下輿，禮比丞相。」按，「婦官」上當有「倢伃」二字，淺人刪之。倢之本訓佽也，見下。从人，予聲。以諸切，五部。亦作妤。

伀　志及衆也。與公同義，其音當同。引伸爲夫兄曰兄伀之字，或作妐。若《方言》《廣雅》之「征伀」，即今怔忪字也。从人，公聲。職茸切，九部。

儇　慧也。心部慧下曰「儇也」，是二字互訓也。《齊風》：「揖我謂我儇兮。」傳曰：「儇，利也。」此言慧者多便利也。《方言》：「儇，慧也。」《荀卿子》曰：「鄉曲之儇子。」从人，睘聲。許緣切，十四部。

倓　安也。《倉頡篇》曰：「倓，恬也。」《荀卿子》曰：「桓公倓然見管仲之能足以託國也。」《洞簫賦》：「時恬倓以綏肆。」④按，蠻夷贖罪貨曰倓，此夷語耳⑤，字亦作賧。从人，炎聲。讀若談。徒甘切，八部。

㑿　倓或从剡。剡亦炎聲。

侚　疾也。《五帝本紀》：黄帝「幼而侚齊」。裴駰曰：「侚，疾；齊，速也。」《素問・上古天真論》：黄帝「幼而侚齊，長而敦敏」，王注：「侚，疾也。」按，侚今本譌作徇，司馬貞乃云「未見所出」矣。《釋言》：「宣、侚，徧也。」侚，本又作徇。《墨子》：「年踰五十，則聰明思慮不侚通矣。」⑥侚亦當作侚。《史記》「侚齊」，《大戴禮》作「叡齊」，亦作「慧齊」。从人，旬聲。辭閏切，十二部。

傛　不安也。與水波溶溶意義略同，皆動盪皃也。从人，容聲。余隴切，九部。一曰，華。按，華上當本有傛字，淺者刪之。傛華亦婦官，《外戚傳》注⑦：婦官十四等，弟三等「傛華，視真二千石，比大上造。」此義餘封切。

僷　宋衞之閒謂華僷僷。華，容華也。僷僷，好皃。

《方言》曰：「奕、偞，容也。凡美容謂之奕，或謂之偞。宋衞曰偞，陳楚汝潁之閒謂之奕。」按，偞亦作偞，《廣韵》曰：「偞偞，輕薄美好皃。」从人，葉聲。與涉切，八部。

佳　善也。《廣韵》曰：「佳，善也。」又曰：「好也。」又曰：「大也。」《老子》：「佳兵者不祥。」《淮南·説林訓》曰：「佳人不同體，美人不同面，而皆説於目。」从人，圭聲。古膎切，十六部。按，唐人入於下平九麻。

侅　奇侅，逗。非常也。《漢書·藝文志》五行家有《五音奇胲用兵》二十三卷，《五音奇胲刑德》二十一卷。如淳曰：「胲，音該。」《史記·扁鵲倉公列傳》：「臣意即避席再拜謁，受其脈書上下經、五色診、奇咳。」⑧集解曰：「奇，音羈；咳，音該。」按，據張守節正義，則《史記》「奇咳」本亦作「奇胲」。肉部訓胲爲「足指毛皮」。然則侅正字，胲其假借字耳。《淮南·兵略訓》：「明於星辰日月之運，刑德奇賌之數，背向左右之便，此戰之助也。」注云：奇賌之數，奇秘之數，非常術。其字又作賌，亦假借也。葢「奇侅」與今云「奇駭」音義皆同，是以《左氏春秋》「無駭」，《穀梁春秋》作「無侅」。若《莊子》「侅溺於馮氣」，據徐音，乃是假侅爲礙。从人，亥聲。古哀切，一部。《篇》《韵》皆又胡改切。

傀　偉也。《方言》：「傀，盛也。」注：「言瓌瑋也。」《廣雅》：「傀，盛也。」司馬注《莊子》曰：「傀，大也。」《字林》：「傀，偉也。」从人，鬼聲。公回切，十五部。《周禮》曰：「大傀異烖。」《大司樂》職文。《周禮》作裁，篆文也。許作烖，籒文也。鄭注：「傀猶怪也。大傀異烖，謂天地奇變，若星辰奔霣及震裂爲害者。」

瓌　傀或从玉，褱聲。

偉　奇也。《莊子》曰：「偉哉，夫造物者。」从人，韋聲。于鬼切，十五部。玄應曰：《埤蒼》作瑋。

份　文質備也。備，當作葡。許訓葡曰「具」，訓備曰「慎」，説解内字多自亂其例。葢許時所用固與古不同，許以後人又多竄改，二者皆有之矣。《論語·雍也》篇「文質彬彬，然後君子」，包咸注曰：「彬彬，文質相𧝎之皃也。」鄭注曰：「彬彬，𧝎半皃也。」按，古謂集爲𧝎；集，聚也。从人，分聲。府巾切，古音在十三部。《論語》曰：「文質份份。」

彬　古文份。今《論語》作彬，古文也。从彡林。彡者，「毛飾畫文也。」飾畫者，拭而畫之也。从彡，與彫彰同意。林者，从焚省聲。猶彫从彡周聲也。按，彬份字，古或借豳字爲之，如《上林》之「玢豳文鱗」是也；或借邠字爲之，如《太玄》「斐如邠如」是也。俗份作「斌」，取文武相半意。潘岳《藉田賦》之「頒斌」，即《上林賦》之「玢豳」。

僚　好皃。《陳風》：「佼人僚兮。」傳曰：「僚，好皃。」此僚之本義也。自借爲同寮字，而本義廢矣。从人，尞聲。力小切，二部。

佖　威儀也。按，此當作「威儀媟嫚也」。《小雅·賓之初筵》曰：「威儀怭怭。」傳曰：「怭怭，媟嫚也。」許所據作「佖佖」。自奪「媟嫚」字，《韵會》《廣韵》徑注云「有威儀」矣。从人，必聲。毗必切，十二部。《詩音義》曰：「《説文》作佖。」平一反。《詩》曰：「威儀佖佖。」

㑂 具也。从人，孨聲。馬注《尚書》同。《五帝本紀》曰：「旁聚布功。」釋以布也。士戀切，十四部。《玉篇》《廣韵》作「僝」。讀若「汝南㵐水」。「汝南㵐水」，未聞。水部無㵐。《虞書》曰：「旁救㑂功。」《虞書》當作《唐書》，説詳禾部稘下。《堯典》文。作「方鳩」者，古文《尚書》也。作「旁逑」者，歐陽、夏侯《尚書》也。辵部逑下偁「旁逑孱功」，此作救，彼作孱，皆駁文。小徐本此作「方鳩」。

儠 長壯儠儠也。《左傳》昭七年、十七年，《國語・楚語》皆云「長鬣」，鬣者，儠之假借字也。韋昭、杜預釋爲「美須頿」，誤。《廣雅》曰：「儠，長也。」按，儠儠，長壯皃，辭賦家用「獵獵」字，蓋當作儠儠。从人，巤聲。良涉切，八部。《春秋傳》曰：「長儠者相之。」《左傳・昭七年》曰：「使長鬣者相。」

儦 行皃。《齊風・載驅》曰：「行人儦儦。」傳曰：「儦儦，衆皃。」許曰「行皃」者，義得互相足也。《廣雅》亦曰：「儦儦，行也。」《玉篇》曰：「儦儦，盛皃也。」从人，麃聲。甫嬌切，三部。《詩》曰：「行人儦儦。」

儺 行有節也。《衞風・竹竿》曰：「珮玉之儺。」傳曰：「儺，行有節度。」按，此字之本義也。其歐疫字，本作難。自假儺爲歐疫字，而儺之本義廢矣。其《曹風》之「猗儺」⑨，則《説文》之「旖施」也。从人，難聲。諾何切，古本音葢在十四部。《詩》曰：「佩玉之儺。」

倭 順皃。倭與委義略同。委，隨也；隨，從也。《廣韵》作「慎皃」，乃梁時避諱所改耳。从人，委聲。於爲切，十六部。音轉則烏何切。《詩》曰：「周道倭遲。」《小雅・四牡》文。傳曰：「倭遲，歷遠之皃。」按，「倭遲」合二字成語。《韓詩》作「威夷」，故與順訓不同，而亦無不合也。

僓 嫺也。嫺者，雅也。从人，貴聲。吐猥切，又魚罪切，十五部。一曰，長皃。《廣韵》曰：「長好皃。」

僑 高也。僑與喬義略同。喬者，高而曲也。自用爲⿱宀喬寓字，而僑之本義廢矣。《字林》始有⿱宀喬字，云：「寄客爲⿱宀喬。」按，《春秋》有叔孫僑如，有公孫僑字子產，皆取高之義也。从人，喬聲。巨嬌切，二部。

俟 大也。此俟之本義也。自經傳假爲竢字，而俟之本義廢矣。立部曰：「竢，待也。」廢竢而用俟，則竢俟爲古今字矣。从人，矣聲。牀史切，一部。《詩》曰：「伾伾俟俟。」《小雅・吉日》文。今《毛詩》作「儦儦俟俟」，傳曰：「趨則儦儦，行則俟俟。」按，《西京賦》李善注、《馬融傳》太子賢注皆引《韓詩》「駓駓騃騃」，善引薛君《韓詩章句》曰「趨曰駓，行曰騃」。疑今毛傳非舊，或用韓改毛也。《駉》傳曰：「伾伾，有力也。」許從之。當是《吉日》傳有「俟俟，大也」之文，而許從之。

侗 大皃。此義未見其證，然同義近大，則侗得爲大皃矣。《論語》：「侗而不愿。」孔注曰：「侗，未成器之人。」按，此大義之引伸，猶言渾沌未鑿也。从人，同聲。他紅切，九部。《詩》曰：「神罔時侗。」《大雅·思齊》文。今本作「恫」。傳曰：「恫，痛也。」按，痛者，恫之本義。許所據本作侗，偁之以見《毛詩》假侗爲恫也。

佶 正也。《小雅·六月》傳曰：「佶，正也。」箋云：「佶，壯健之皃。」按，鄭以言壯健乃可皃馬，但毛言正自可含壯健也。从人，本言人，引伸言馬。吉聲。巨乙切，十二部。《詩》曰：「既佶且閑。」

俁 大也。《邶風·簡兮》曰：「碩人俁俁。」傳曰：「俁俁，容皃大也。」从人，吴聲。魚禹切，五部。《詩》曰：「碩人俁俁。」

仜 大腹也。與琟音義略同。《廣韵》曰：「身肥大也。」《廣雅》曰：「仜，有也。」从人，工聲，讀若紅。户工切，九部。

僤 疾也。速疾。从人，單聲。徒案切，十四部。《周禮》曰：「句兵欲無僤。」《考工記·廬人》文。今本作「欲無彈」，注曰：「故書彈或作但，鄭司農云：但讀爲彈丸之彈，謂掉也。」按，經文「彈」字疑本作「僤」，「彈」乃先鄭所易字。許訓僤爲疾者，古説也。

健 伉也。「伉」下曰：「人名。」而不言其義，以此云「伉也」證之，則知「人名」二字非許書之舊矣。《周易》曰：「乾，健也。」从人，建聲。渠建切，十四部。

倞 彊也。《廣雅》：「倞，强也。」按，《大雅》「無競維人」傳曰：「無競，競也。」箋云：「競，彊也。」「秉心無競」傳曰：「競，彊也。」《周頌》「無競維人」傳曰：「競，彊也。」「執競武王」傳曰：「執競，競也。」箋云：「競，彊也。」按，傳、箋皆謂「競」爲「倞」之假借字也。《郊特牲》「祊之爲言倞也」注：「倞猶索也。」倞不訓索，而與水部之「滰」音同。滰者，浚乾漬米也。索求神似之。从人，京聲。渠竟切，古音在十部。亦作傹。

傲 倨也。按，此當與下「倨，不遜也」連屬，伉篆當與健倞二篆相屬。蓋此部經傳寫既久，失其舊者多矣。古多假敖爲傲。女部又出「嫯」字，侮傷也。从人，敖聲。五到切，二部。

仡 勇壯也。《秦誓》曰：「仡仡勇夫。」某氏曰：「仡仡壯勇之夫。」《公羊傳》：「趙盾之車右祁彌明者，國之力士也，仡然從乎趙盾而入。」何云：「仡然，壯勇皃。」若《詩》「崇墉仡仡」，毛曰：「高大也」，引伸之義也。土部引作「圪圪」。从人，气聲。魚訖切，十五部。今字作仡。《周書》曰：「仡仡勇夫。」

倨 不遜也。遜當是本作「孫」，説詳辵部。孫者，逡循恭敬之意。《戰國策》曰：「何前倨而後恭。」引伸之，凡侈曰倨，凡斂曰句。（音鉤。）《大戴禮》：「與其倨也，寧句。」《樂記》：「倨中矩，句中鉤。」《左傳》：「直而不倨，曲而不屈。」《淮南子》：「句爪倨牙。」凡言侈斂之度，謂之倨句。《考工記》曰：「倨句一矩有半。」又曰：「倨句磬折。」即謂一矩有半也。又曰：「倨句外博。」謂侈於一矩而不及一矩有半也。又曰：「句於矩。」謂斂於一矩也。《管子·弟子職》曰：「倨句如矩。」謂正方也。从人，居聲。居御切，五部。

儼 昂頭也。昂，當是本作卬，淺人所改也。卬者，望欲有所庶及也。《陳風》：「碩大且儼。」傳曰：「儼，矜莊皃。」《曲禮》注同。古借嚴爲之。从人，嚴聲。魚儉切，八部。一曰，好皃。

傪 好皃。未見其證。《方言》曰：「傪，悄也。」悄，惡也。」此假傪爲慘也。从人，參聲。倉含切，七部。

俚 賴也。賴各本作「聊」，此用《方言》改許書也。今依《漢書·季布傳》晉灼注所引正。《方言》：「俚，聊也。」語之轉，字之假借耳。《漢書》曰：「其畫無俚之至。」無俚即今所謂「無賴」，亦語之轉。古叚理爲之。《孟子》：「稽大不理於口。」趙注：「理，賴也。大不賴人之口。」从人，里聲。良止切，一部。

伴 大皃。《大雅》：「伴奐爾游矣。」傳曰：「伴奐，廣大有文章也。」箋云：「伴奐，自縱弛之意。」按，𠬞部奐下「一曰大也」，故伴奐皆有大義。《大學》注：「胖猶大也。」胖不訓大，云猶者，正謂胖即伴之假借也。《方言》、《廣雅》、《孟子》注皆曰「般，大也」。亦謂般即伴。《廣韵》云：「侶也，依也。」今義也。夫部扶下曰：「讀若伴侶之伴。」知漢時非無伴侶之語，許於俗語不之取耳。至《聲類》乃云伴侶。从人，半聲。薄滿切，十四部。

俺 大也。與奄義略同。奄，大有餘也。其音當亦同。从人，奄聲。於業切，八部。《廣韵》於驗切。

僩 武皃。《衞風·淇奧》傳：「瑟，矜莊皃；僩，寬大也。」許言「僩，武皃」，與毛異者，以《爾雅》及《大學》皆曰「瑟兮僩兮者，恂栗也」。恂或作峻，讀如嚴峻之峻，言其容皃嚴栗，與寬大不相應，故易之。僩，《左傳》、《方言》、《廣雅》皆作「撊」。《左傳》：「撊然授兵登陴。」服注：「撊然，猛皃也。」杜注：「撊然，勁忿皃。」《方言》：「撊，猛也。晉魏之間曰撊。」《廣雅》亦曰：「撊，猛也。」而《荀卿子》「塞者俄且通也，陋者俄且僩也，愚者俄且知也」，則以陋陋與寬大反對，與毛合。蓋大毛公固受《詩》於孫卿子者。从人，閒聲。下簡切，十四部。《詩》曰：「瑟兮僩兮。」

伾 有力也。《魯頌·駉》曰：「以車伾伾。」傳曰：「伾伾，有力也。」俟下引《詩》「伾伾俟俟」。从人，本謂人有力，引伸謂馬。丕聲。敷悲切，古音在一部。《詩》曰：「以車伾伾。」

偲 彊力也。《齊風·盧令》曰：「其人美且偲。」傳曰：「偲，才也。」箋云：「才，多才也。」許云「彊力者」，亦取才之義申之。

才之本義，艸木之初也。故用其引伸之義。若《論語》「朋友切切偲偲」，馬曰：「相切責之皃。」毛傳作「切切節節」[10]。从人，思聲。倉才切，一部。《詩》曰：「其人美且偲。」

倬 箸大也。箸大者，箸明之大也。《小雅》：「倬彼甫田。」傳曰：「倬，明皃。」《大雅·棫樸》：「倬彼雲漢。」傳曰：「倬，大也。」許兼取之，曰「箸大」。《韓詩》「菿彼甫田」，音義同也，假菿爲倬也。从人，卓聲。竹角切，二部。《詩》曰：「倬彼雲漢。」

侹 長皃。與挺音義略同。一曰，箸地。箸，直略切。一曰，代也。《方言》：「侹，代也。江淮陳楚之間曰侹。」从人，廷聲。他鼎切，十一部。

倗 輔也。《周禮·士師》：「掌士之八成，七曰爲邦朋。」注曰：「朋黨相阿，使政不平者。故書朋作傰，鄭司農讀爲朋友之朋。」按，《管子》亦曰：「練之以散羣傰署。」皆即倗字也。鳥部朋下曰「鳳飛，羣鳥從以萬數，故以爲朋黨字。」葢朋黨字正作倗，而朋其假借字。然許云讀若陪，則似有別矣。从人，朋聲。步崩切，六部。讀若陪位。讀若陪者，之蒸合韵最近也。

傓 熾盛也。《小雅·十月之交》曰：「豔妻煽方處。」傳曰：「豔妻，褒姒；美色曰豔；煽，熾也。」按，《詩》本作傓，後人以訓熾之故，肊造煽字耳。古通作扇。《魯詩》：「閻妻扇方處。」《方言》：「扇，助也。」《廣雅》：「扇，疾也。」从人，扇聲。式戰切，十四部。《詩》曰：「豔妻傓方處。」

儆 戒也。與警音義同。《孟子》引《書》「洚水儆予」，用儆字。《左傳》《國語》亦用儆。《毛詩》「徒御不警」、《周禮》「警戒羣吏」皆用警。鄭注《周禮》曰：「警，勑戒之言也。」韋注《國語》曰：「儆，戒也。」从人，敬聲。居影切，十一部。《春秋傳》曰：「儆宮。」《左傳·襄公九年》：「令司宮巷伯儆宮。」

俶 善也。按，《釋詁》《毛傳》皆曰：「淑，善也。」葢假借之字，其正字則俶也。淑者，水之清湛也。自淑行而俶之本義廢矣。从人，叔聲。昌六切，三部。《詩》曰：「令終有俶。」《大雅·既醉》文。按，許引此爲善訓之證，而今本毛傳作「俶，始也」，鄭箋易之云：「俶，猶厚也。」豈許所據作善不作始與。一曰，始也。《釋詁》曰：「俶，作也。」《崧高》傳曰：「俶，作也。」《大田》傳[11]曰：「俶，始也。」《聘禮》「俶獻」注：「古文俶作淑。」是此義亦得假淑爲之。

傭 均也，直也。各本少上「也」字，今補。《玉篇》《廣韵》皆曰：「均也，直也。」所據古本也。均之義有未盡，故更言直也；直謂無枉曲也。《小雅》「昊天不傭」，《釋言》、毛傳皆曰：「傭，均也。」《周禮·典同》：「正聲緩。」先鄭云：「正者，不高不下，鐘形上下正傭。」《考工》「摶身而鴻」，注云：「鴻，傭也。」此謂鴻即傭之假借字也。若《廣雅》云：「傭，役也。」謂役力受直曰傭。此今義也。从人，庸聲。余封切，九部，依《廣韵》。《説文》當丑凶切。

僾 仿佛也。《祭義》曰：「祭之日入室，僾然必有見乎其位。」正義云：「僾，髣髴見也。見如見親之在神位也。」按，僾與《爾雅》之「薆，隱也」，《烝民》傳之「愛，隱也」，竹部之「䈇，蔽不見也」義相近。若《大雅》「亦孔之僾」，《釋言》及傳云：「僾，唈也。」此謂僾爲旡之假借字。旡，飲食屰气不得息也。从人，愛聲。烏代切，古音在十五部。《詩》曰：「僾而不見。」《邶風·城隅》文。今《詩》作愛，非古也。「僾而」猶「隱然」，《離騷》之「薆然」也。

仿　仿佛，逗。相佀。句。視不諟也。仿佛，雙聲疊字也。各本皆改竄非舊，今依《甘泉賦》《景福殿賦》李注所引訂。諟即諦，言部曰：「審也。」《長門賦》注、《海賦》注亦作諟。古是聲、帝聲同在十六部，故以諟爲諦。仿佛或作俩佛、或作髣髴、或作拂拂，或作放患，俗作彷彿，仿或又作髣。从人，方聲。妃罔切，十部。

俩　籀文仿从丙。丙聲。古音丙聲在十部。此與《周禮》柄亦作枋同。

佛　仿佛也。依《玉篇》，與全書例合。按，髟部有髴，解云：「髴，若似也。」即佛之或字。从人，弗聲。敷勿切，十五部。

僁　聲也。見《釋言》。謂聲之小者也，動作屑屑聲也。《廣韵》曰：「動草聲」，又「鷙鳥之聲」，又「僁僁，呻吟也」。从人，悉聲。讀若屑。私列切，《廣韵》先結切，十二部。

僟　精謹也。僟謹雙聲。凜凜庶幾之意也。从人，幾聲。巨衣切，十五部。《廣韵》居依切。《明堂月令》：「數將幾終。」宋本及《集韵》作數，《篇》《韵》作歲。《月令》：「季冬之月，日窮于次，月窮于紀，星回于天，數將幾終，歲且更始。」鄭高皆訓幾爲近⑫，許所據作僟。

佗　負何也。負字葢淺人增之耳。《小雅》：「舍彼有罪，予之佗矣。」傳曰：「佗，加也。」此佗本義之見於經者也。佗之俗字爲駝，爲馱，隸變佗爲他，用爲彼之偁。古相問無它乎，祇作它。又《君子偕老》「委委佗佗」，即《羔羊》之「委蛇委蛇」也。傳云：「委委者，行可委曲從迹也；佗佗者，德平易也。」《羔羊》傳云：「委蛇者，行可從迹也。」語詳略不同。从人，它聲。徒何切，十七部。

何　儋也。「何」，俗作「荷」，猶「佗」之俗作「駝」，「儋」之俗作「擔」也。《商頌》「百祿是何」、「何天之休」、「何天之龍」，傳曰：「何，任也。」箋云：「謂擔負。」《周易》「何天之衢」，虞翻曰：「何，當也。」「何校滅耳」，王肅云：「何，荷擔也。」又《詩》「何戈與祋」、「何蓑何笠」，傳皆云：「揭也。」揭者，舉也。戈、祋，手舉之；蓑、笠，身舉之。皆擔義之引伸也。凡經典作荷者，皆後人所竄改。一曰，誰也。誰、何、孰三字，皆問詈。从人，可聲。今音「擔何」，則胡可切，餘義胡歌切。古音平上不甚分也。十七部。按，今義何者，辭也，問也。今義行而古義廢矣。亦借爲呵。

儋　何也。「儋」，俗作擔。古書或假「檐」爲之，疑又「擔」之誤耳。韋昭《齊語》注曰：「背曰負，肩曰儋，任、抱也，何、揭也。」按，統言之，則以肩、以手、以背、以首，皆得云「儋」也。从人，詹聲。都甘切，八部。

供 設也。設者，施陳也。《釋詁》：「供、峙、共，具也。」按，「峙」即「儲偫」字，「共」即「供」之假借字。凡《周禮》，皆以共爲供；《尚書》一經，訓奉、訓待者，皆作「共」，其恭敬字，皆作「恭」，衞包乃盡改「共」爲恭。《毛詩》亦「共」「恭」分別。總之古經用「共」爲「供」之假借，不用「共」爲「恭」之假借，惟《左傳》「三命茲益共」，「其共也如是」，「君命以共」，則借「共」爲「恭」。鄭君箋《詩》所謂「古之恭字或作共」者乎。詳《古文尚書撰異》。从人，共聲。俱容切，九部。一曰，供給。給者，相足也。設與給二義相足。共部曰：「龔，給也。」是龔與供音義同。《尚書》「共行天罰」，漢人引皆作「龔行天罰」，謂奉行天罰也。

偫 待也。以疊韵爲訓，謂儲物以待用也。「偫」，經典或作「峙」，或作「庤」。《周頌·臣工》傳曰：「庤，具也。」「庤，儲置屋下也。」義本同。若《崧高》「以峙其粻」，《粊誓》「峙乃糗糧」，某氏傳云：「儲峙」，則假借「峙躇不前」字爲之。俗乃改从止爲从山作「峙」訓云「山立」以附合之矣。《釋詁》云：「供、峙、共，具也。」「峙」在《說文》爲「偫」。从人待。此舉會意包形聲也。小徐本作「从人，待聲。」直里切，一部。

儲 偫也。《文選》注引作「蓄也」，或作「具也」，或作「積也」，又引謂「蓄積之以待無也」，葢兼舉《演說文》語。古者太子謂之儲君。从人，諸聲。直魚切，五部。儲、偫爲雙聲。

備 愼也。心部曰「愼者，謹也」，言部曰「謹者，愼也」，得「備」而三字同訓。或疑「備」訓「愼」未盡其義，不知用部曰「葡，具也」，此今之「備」字，「備」行而「葡」廢矣。「葡」廢而「備」訓具，尟知其古訓愼者，今義行而古義廢矣。凡許之書，所以存古形、古音、古義也。《方言》曰：「備，咸也」，此具之義也；又曰「藏、敕、戒，備也」，此愼之義也。从人，葡聲。平祕切，古音在一部。

俻 古文備。

位 列中庭之左右，當作𠂇又。謂之位。「庭」當作「廷」，字之誤也。廴部曰：「廷，朝中也。」《釋宮》曰：「中庭之左右謂之位。」郭云：「羣臣之列位也。」《周語》注亦曰：「中廷之左右曰位。」按，中廷猶言廷中。古者朝不屋，無堂階，故謂之朝廷。朝士，掌外朝之位：左九棘，孤卿大夫位焉。右九棘，公侯伯子男位焉。面三槐，三公位焉。司士，掌治朝之位：王南鄉，三公北面東上，孤東面北上，卿大夫西面北上，王族故虎士在路門之右，南面東上，大僕、大右、大僕從者，在路門之左，南面西上。雖有北面南面之臣，皆以左右約舉之。《左傳》云「有位于朝」是也。引伸之，凡人所處皆曰位。从人立。會意。于備切，十五部。按，《小宗伯》「掌神位」，故書「位」作「立」。古文《春秋》「公即位」爲「公即立」。古者「立」「位」同字，葢古音十五部與八部多合韵。

儐 導也。導者，導引也。《周禮·司儀》注曰：「出接賓曰擯。」《聘禮》：「卿爲上擯，大夫爲承擯，士爲紹擯。」注曰：「擯謂主國之君所使出接賓者也。」《士冠禮》「擯者請期」注曰：「擯者有司佐禮者，在主人曰擯。」按，「擯」⑬經典多作「擯」，《史記》作「賓」，《廉藺列傳》「設九賓於廷」是也。〇《聘禮》「賓用束錦儐勞者」，又「儐之如初」，又「儐之兩馬束錦」，又「無儐」，凡言儐者九。鄭曰：「上於下曰禮，敵者曰儐。」上於下曰禮，謂如主國之禮聘賓是也；敵者曰儐，謂如「儐勞者」、「儐歸饔餼者」等是也。鄭據《禮經》字作「儐」，是以《周禮·司儀》「賓亦如之」、「賓使者如初之儀」皆云「賓」，當爲「儐」。易「賓」爲「儐」，取賓禮相待之義，非擯相之義也。然則合二《禮》訂之，擯相字當从手，賓禮字當从人，許儐、擯合而一，云「導也」，與二《禮》及鄭說不合。劉昌宗說《聘禮》「儐」與「擯」同，雖本許，而令學者惑矣。今《禮經》石本、版本於此九「儐」字内錯出「擯」字，非是。〇又《毛詩·絲衣》「繹賓尸也」、《有司徹》「賓尸」，《經典釋文》古本皆作賓，又無必刃反之音，而唐宋石本、版本「賓」「儐」錯出。要之，古無作「儐尸」者，此學者所當知也。〇《小雅》：「儐爾籩豆。」傳曰：「儐，陳也。」从人，賓聲。必刃切，十二部。

擯 儐或从手。今經典作擯相字多從此。《莊子·徐無鬼》注曰：「擯，棄也。」此義之窮則變也，擯之言屏也。

偓 偓佺，逗。古仙人名也。「偓佺」見《上林賦》，韋昭、郭璞說略同。从人，屋聲。於角切，郭璞音屋，三部。《篇》《韵》曰「偓促」，今義也。

佺 偓佺也。从人，全聲。此緣切，十四部。

㒆 心服也。心部「懾」下：「一曰心服也。」然則二字音義同。《廣韵》無㒆。从人，聶聲。齒涉切，八部。

仢 約也。疊韵爲訓。《釋天》曰：「奔星爲仢約。」舊作彴約，《佩觿辨證》曰：「字从人，不从彳。」或云許本作「仢約也」三字爲句。从人，勺聲。徒歷切，古音在二部。「仢約」讀如「招搖」。

儕 等輩也。等，齊簡也。故凡齊皆曰等。《樂記》曰：「先王之喜怒皆得其儕焉，喜則天下和之，怒則暴亂者畏之。」注：「儕，猶輩類。」从人，齊聲。仕皆切，十五部。《春秋傳》曰：「吾儕小人。」《左傳·宣十一年》、《襄十七年》文。

倫 輩也。軍發車百兩爲輩，引伸之，同類之次曰輩。鄭注《曲禮》《樂記》曰：「倫猶類也」，注《既夕》曰：「比也」，注《中庸》曰：「猶比也。」从人，侖聲。力屯切，十三部。一曰，道也。《小雅》：「有倫有脊。」傳曰：「倫，道；脊，理也。」《論語》：「言中倫。」包注：「倫，道也，理也。」按，粗言之曰道，精言之曰理。凡注家訓倫爲理者，皆與訓道者無二。

侔 齊等也。《輪人》注曰：「侔，上下等。」又曰：「侔，等也。」《弓人》注曰：「侔猶均也。」又曰：「侔猶等也。」从人，牟聲。莫浮切，三部。

偕 彊也。《小雅·北山》：「偕偕士子。」傳曰：「偕偕，强壯皃。」从人，皆聲。古諧切，十五部。一曰，俱也。《魏風》：「行役夙夜必偕。」傳曰：「偕，俱也。」《詩》曰：「偕偕士子。」

俱 皆也。皆，各本作偕，字之誤也，今正。白部曰：「皆，俱詞也。」與此爲互訓。《詩》有假具爲俱者，如《大叔于田》「火烈具舉」是也。从人，具聲。舉朱切，古音在四部。

僔 冣也。冣，才句切。各本誤作最，今正。《廣韵》曰：「僔，聚也。」冣聚古通用。木部欑，竹部篹，義皆相近。李善引「楊雄《覈靈賦》曰：『文王之始起，浸仁漸義，會賢僔智。』僔音攢。」从人，贊聲。作管切，十四部。

併 竝也。十篇曰：「竝者，併也。」與此爲互訓。竝古音在十部，讀如旁；併古音在十一部，讀如并。竝併義有別，許互訓者，《禮經》注曰：「古文竝，今文作併。」是古二字同也。从人，并聲。此舉形聲包會意。卑正切，十一部。

傳 相也。《左傳》：「鄭伯傳王。」注曰：「傳，相也。」賈子曰：「傳，傳之德義。」古假爲敷字，如「禹敷土」亦作「禹傳土」是也。亦爲今之附近字，如凡言附箸⑭是也。从人，尃聲。方遇切，五部。

侙 惕也。惕者，敬也。从人，式聲。恥力切，一部。《春秋國語》曰「於其心侙然」是也。《吳語》申胥曰：「夫越王之不忘敗吳，於其心也戚然，服士以司吾間。」韋注曰：「戚猶惕也。」按，韋本葢亦作侙，轉寫譌之耳。許云「惕」，韋云「猶惕」者，韋擬此字本義不訓惕也。

俌 輔也。謂人之俌，猶車之輔也。从人，甫聲。讀若撫。芳武切，五部。按，俌見《釋詁》：「弼、棐、輔、比，俌也。」郭云：「俌猶輔也。」《廣韵》曰：「俌出《埤蒼》。」葢輔專行而俌廢矣。

倚 依也。从人，奇聲。於綺切，古音在十七部。

依 倚也。从人，衣聲。於稀切，十五部。

仍 因也。《釋詁》曰：「攈、仍，因也。」《大雅·常武》傳曰：「仍，就也。」就與因義一也。《周禮》故書仍爲乃。从人，乃聲。如乘切，六部。

佽 便利也。《小雅·車攻》：「決拾既佽。」傳曰：「佽，利也。」按，《百官公卿表》「更名左弋爲佽飛」，葢取便利之意。从人，次聲。七四切，十五部。《詩》曰：「決拾既佽。」一曰，遞也。此與次音義同。《車攻》鄭箋云：「謂手指相次比也。」《唐風》：「胡不佽焉。」傳曰：「佽，助也。」箋云：「何不相推次而助之。」皆遞之意也。

佴 佽也。此冢遞訓言。《司馬遷傳》曰：「僕又佴之蠶室。」⑮如淳曰：「佴，次也。若人相次也。」一本佴作茸，蘇林云：「茸，次也。若人相俾次。」蘇以謂茸當作「佴」耳。佴之蠶室，猶云副貳之以蠶室也。小顏乃欲讀爲「搑」，云「推致蠶室中」，殊非文義。从人，耳聲。仍吏切，一部。

倢 佽也。按，上解冢遞訓，此解冢便利之訓。《廣雅》曰：「倢，疾也。」《廣韵》曰：「倢，斜出也，便也，利也。」《玉篇》曰：

「《詩》云『征夫倢倢』，倢倢，樂事也。本亦作捷。」按，倢伃，婦官也，亦作婕妤，蓋言敏捷而又安舒與。**从人，疌聲。**子葉切，八部。

侍　承也。承者，奉也，受也。凡言侍者，皆敬恭承奉之義。**从人，寺聲。**小徐作从人，从寺。時吏切，一部。

傾　仄也。仄部曰：「仄，傾也。」二字互訓。古多用頃爲之。又按，仄當作夨，夨下曰：「傾頭也。」引申謂凡夨皆曰傾。夨與仄義小異。**从人頃，頃亦聲。**去營切，十一部。

側　旁也。不正曰仄，不中曰側，二義有別，而經傳多通用。如反側當爲反仄，仄者，未全反也。**从人，則聲。**阻力切，一部。

侒　宴也。宀部曰：「宴，安也。」侒與安音義同。**从人，安聲。**烏寒切，十四部。

侐　靜也。靜者，審也，悉也，知審諦也。《魯頌》曰：「閟宮有侐。」傳曰：「侐，清淨也。」淨乃靜之字誤。《周頌》：「假以溢我。」傳曰：「溢，慎也。」許作「誐以謐我」，「謐，靜語也；一曰，無聲也」。《左傳》作「何以恤我」。《尚書》「惟刑之恤」，伏生《尚書》作「惟刑之謐」，《史記》作「惟刑之靜」。《爾雅》：「溢、慎、謐，靜也。」溢者，侐之字誤。《莊子》書云：「以言其老洫也，近死之心，莫使復陽也。」老洫者，枯靜之意。《莊子》洫本亦作「溢」。《周頌》之恤，《莊子》之洫，皆侐之假借。侐與謐古音同部。**从人，血聲。**況逼切，古音在十二部。**《詩》曰：「閟宮有侐。」**

付　予也。予者，推予也。《尚書》「天既孚命正厥德」，今文《尚書》作「天既付命正厥德」。**从寸持物㠯對人。**寸者，手也。方遇切，古音在四部。

俜　俠也。丂部曰：「甹，俠也。三輔謂輕財者爲甹。」然則俜甹音義皆同。**从人，甹聲。**普丁切，十一部。《韵會》作「从人甹，甹亦聲」。

俠　俜也。荀悅曰：「立氣齊，作威福，結私交，以立彊於世者，謂之游俠。」如淳曰：「相與信爲任，同是非爲俠，所謂權行州里，力折公侯者也。或曰任，氣力也；俠，甹也。」⑯按，俠之言夾也，夾者，持也。經傳多假俠爲夾，凡夾皆用俠。**从人，夾聲。**从二人之夾，非二入之夾也。胡頰切，八部。

儃　儃何也。未聞。假令訓爲儋何，則又不當析廁於此。或當作儃回，《九章》曰：「欲儃佪以干傺。」又曰：「入漵浦余儃佪。」王逸曰：「儃佪猶低佪也。」洪興祖曰：「儃，知然切。」**从人，亶聲。**徒干切，十四部。

侁　行皃。《招䰟》曰：「豺狼從目，往來侁侁。」王逸曰：「侁侁，往來聲也。」**《詩》曰：「侁侁征夫。」从人，先聲。**所臻切，十三部。

仰　舉也。與卬音同義近，古卬仰多互用。**从人卬。**此舉會意包形聲。魚兩切，十部。

侸　立也。十篇曰：「立，侸也。」與此爲互訓。今本立下改爲「住也」，則不可通矣。佢讀若樹，與封豎音義同，不當作住。今俗用住字，乃駐逗二字之俗，非佢字之俗也。**从人，豆聲，讀若樹。**常句切，古音在四部。按，佢《玉篇》作「侸」，云：「今作樹。」《廣韵》曰：「侸，同尌。」蓋樹行而佢、尌、豎廢，并侸亦廢矣。

儽 垂皃。《老子》曰：「儽儽兮若無所歸。」王弼、陸希聲本同。今按，此「儽儽」之誤。河上公本作「乘乘」。儽從積絫之絫，與乘義相近。《樂記》：「纍纍乎端如貫珠。」《音義》云：「本又作累。」即絫字。儽儽爲垂皃，則與絫絫義同也。**从人，絫聲。**各本篆皆作儽，解皆作纍聲，今正。絫者，增也；从厽，从糸，厽亦聲，在古音十六部。纍者，綴得理也，亦大索也；从糸，畾聲，在古音十五部。二字古形古音皆不同，而後人亂之。人部有儽、有儡，形音義皆各殊也。《廣韵・六脂》曰：「儽，亦作傫。」傫是儽非，累即絫也。《集韵》脂、《類篇》皆首列儽，次列儽，知儽爲正體矣。惟《玉篇》《廣韵》《集韵》力追、力罪切，皆不若《集韵》入《五寘》力僞一切合於古。**一曰，嬾解。**《廣雅》曰：「儽儽，疲也。」是其義也。今《廣雅》字尚从絫不誤。《史記》「纍纍若喪家之狗」，《韓詩外傳》作「羸乎若喪家之狗」，然則正當作儽也。《集韵・五寘》「病困謂之儽」，字體亦誤。

侳 安也。从人，坐聲。則卧切，十七部。

偁 揚也。揚者，飛舉也。《釋言》曰：「偁，舉也。」郭注引《尚書》「偁爾戈」。《玉篇》引《左傳》「禹偁善人」。凡古偁舉、偁謂字皆如此作。《自序》云：「其偁《易》孟氏，《書》孔氏。」子篆下云：「人以爲偁。」自稱行而偁廢矣，稱者今之秤字。**从人，爯聲。**處陵切，六部。

伍 相參伍也。參，三也；伍，五也。《周禮》曰：「五人爲伍。」凡言參伍者，皆謂錯綜以求之。《易・繫辭》曰：「參伍以變。」《荀卿》曰：窺敵制勝，「欲伍以參」。《韓非》曰：「省同異之言以知朋黨之分，偶參伍之驗以責陳言之實。」又曰：「參之以比物，伍之以合參。」⑰《史記》曰：「必參而伍之。」《漢書》曰：「參伍其賈，以類相準。」此皆引伸之義也。**从人五，**五亦聲也。疑古切，五部。

什 相什保也。《族師》職曰：「五家爲比，十家爲聯；五人爲伍，十人爲聯。使之相保相受。」鄭云：「保猶任也。」⑱《宫正》注：「五人爲伍，二伍爲什。」雅頌以十篇爲一什。按，後世曰什物，古曰任器，古今語也。任急言之曰什，如唐人詩十可讀如諶也。《周禮・牛人》《司隸》皆有任器，鄭云：「任猶用也。」**从人十。**此舉會意包形聲。是執切，七部。

佰 相什佰也。佰，汲古閣作「伯」，誤。佰連什言者，猶伍連參言也。佰之言百也，《廣韵》「一百」爲「一佰」。《過秦論》曰：「俛起什佰之中。」《漢書音義》云：「首出十長百長之中。」此謂十人之長爲什，百人之長爲佰也。《食貨志》：「無農夫之苦，有仟佰之得。」師古云：「仟，千錢也；佰，百錢也。佰，莫白反。今俗猶謂百錢爲一佰。」按，仟字罕見，《廣韵》、《集韵》、《類篇》皆曰：千人之長曰仟。毛晃云，出《文字音義》。《食貨志》語意謂兼十倍百倍之利耳，顔注非。仟疑本作什，顔不音千可證。**从人百。**博陌切，古音在五部。

佸　會也。《王風·君子于役》曰：「曷其有佸。」傳曰：「佸，會也。」此以疊韵爲訓。从人，昏聲。古活切，十五部。《詩》曰：「曷其有佸。」一曰，佸佸，力皃。小徐本無此六字，《篇》《韵》亦皆無。

佮　合也。从人，合聲。古沓切，七部。

𢼸　眇也。眇，各本作妙，今正。凡古言𢼸眇者，即今之微妙字。眇者，小也，引伸爲凡細之偁。微者，隱行也，微行而𢼸廢矣。《玉篇》有𢼸字，引《書》「虞舜側𢼸」，亦𢼸之俗體也。从人，从攴，豈省聲。鉉等曰：「豈字从𢼸省，𢼸不應从豈省，疑从耑省。耑，物初生之題尚𢼸也。」無非切，十五部。

傆　黠也。黠，《史記》所謂「桀黠」也。傆，蓋謂鄉原。从人，原聲。魚怨切，十四部。

作　起也。《秦風·無衣》傳曰：「作，起也。」《釋言》、《穀梁傳》曰：「作，爲也。」《魯頌·駉》傳曰：「作，始也。」《周頌·天作》傳曰：「作，生也。」其義別而略同。別者，所因之文不同；同者，其字義一也。有一句中同字而別之者，如《小雅》「作而作詩」⑲，箋云：「上作，起也；下作，爲也。」辵部曰：「迮迮，起也。」然則作迮二篆音義同。古文假借乍爲作。从人，乍聲。則洛切，五部。

假　非真也。又部曰：「叚，借也。」然則假與叚義略同。六書「六曰假借」，謂「本無其字，依聲託事」也。从人，叚聲。古雅切，古音在五部。《虞書》曰：《虞書》當作《唐書》，說見禾部。「假于上下。」《堯典》文。此引經說假借也。彳部曰：「徦，至也。」經典多借假爲徦，故偁之。淺人不得其例，乃於「《虞書》曰」之上妄加「一曰至也」四字，又分「非真也」爲古雅切，「至也」爲古頟切，而不知古音無此區別也，今删正。學者苟於全書引經說假借之處皆憭然，則無所惑矣。〇《毛詩·雲漢》傳、《泮水》傳「假，至也」，《烝民》、《玄鳥》、《長發》箋同。此皆謂假爲「徦」之假借字也。其《楚茨》傳「格，來也」，《抑》傳「格，至也」，亦謂格爲「徦」之假借字也。又《那》傳、《烈祖》傳「假，大也」，此與《賓筵》、《卷阿》傳之「嘏，大也」同，謂假爲「嘏」之假借字也。又《假樂》傳、《維天之命》傳「假，嘉也」，此謂假爲「嘉」之假借字也。

借　假也。从人，昔聲。資昔切，古音在五部。按，小徐本無此字，張次立乃依大徐增之，故曰「資昔切」，而不曰「資昔反」也。大徐依注義序例偏旁所有而補正文者十九字，「借」其一也。《序》曰六書「六曰假借」，又部叚下曰「借也」，此處當有借篆可知矣。《爾雅音義·釋鳥》「唶唶」下曰：「《說文》云借字也。」按，「云」當作「之」，「唶」乃「諎」之或體。今許書諎下無叚諎之訓，豈通作借而遂删之與？聞疑載疑，孰理而董之矣。古多用藉爲借，如言「藉令」，即假令也。

侵　漸進也。漸當作「𧼯」。𧼯，進也。侵之言駸駸也。水部：「浸淫，隨理也。」浸淫亦作侵淫。又侵陵亦漸逼之意，《左傳》曰：「無鐘鼓曰侵。」《穀梁傳》曰：「苞人民，毆牛馬曰侵。」《公羊傳》

曰：「㑴者曰侵，精者曰伐。」又《穀梁傳》曰：「五穀不升謂之大侵。」从人又持帚，句。若埽之進。釋持帚之意。又，叵。手也。七林切，七部。

儥 見也。貝部賣下曰：「衒也。」衒者，「行且賣也」。賣即《周禮》之儥字，今之鬻字。儥訓見，即今之覿字也。《釋詁》曰：「覿，見也。」《公羊傳》、《穀梁傳》、《士昏禮》、《聘禮》、《論語》鄭注、《國語》韋注皆同。按，經傳今皆作覿，覿行而儥廢矣。許書無覿字，獨存古形古義於此也。以他字例之，葢《禮經》古文作儥，今文作覿，許從古文不從今文歟。大徐本竊取《周禮》改見爲賣，非是。《周禮》儥訓買，《玉篇》作「儥，買也」，今又作賣，則誤之中又有誤焉。从人，賣聲。余六切。按，此音非也，今音徒歷切，古音徒谷切，三部。

候 司望也。司各本作「伺」，非，今正。司者，今之伺字也。《曹風·候人》傳云：「候人，道路送賓客者。」《周禮·候人》注云：「候，候迎賓客之來者。」按，凡覰伺皆曰候，因之謂時爲候。从人，侯聲。胡遘切，四部。

償 還也。《廣雅》曰：「復也。」《左傳》：「西鄰責言不可償也。」杜云：「不可報償。」从人，賞聲。食章切，十部。亦市亮切。

僅 材能也。材，今俗用之纔字也。《三蒼》及《漢書》作「纔」，鄭注《禮記》《周禮》、賈逵注《國語》、《東觀漢記》及諸史並作「裁」，許書水部、雨部、叀部作「財」，此作「材」。材能言僅能也。《公羊傳·僖十六年》曰：「是月者何？僅逮是月也。」何注：「在月之幾盡，故曰劣及是月。」《定八年》曰：「公斂處父帥師而至，慬然後得免。」慬葢僅之譌字。《射義》：「葢厪有存者。」言存者甚少，厪即僅字。广部廑下曰：「少劣之居也。」與僅義略同。唐人文字，僅多訓庶幾之幾。如杜詩「山城僅百層」，韓文「初守睢陽時，士卒僅萬人」，又「家累僅三十口」，栁文「自古賢人才士被謗議不能自明者，僅以百數」，元微之文「封章諫草，緐委箱笥，僅逾百軸」，此等皆李涪所謂以僅爲近遠者，於多見少，於僅之本義未隔也。今人文字皆訓僅爲但。从人，堇聲。渠吝切，十三部。

代 更也。更者，改也。《士喪禮》、《喪大記》注同。凡以此易彼謂之代，次第相易謂之遞代，凡以異語相易謂之代語。假代字爲世字，起於唐人避諱。世與代義不同也。唐諱言世，故有代宗。明既有世宗，又有代宗，斯失之矣。从人，弋聲。徒耐切，一部。

儀 度也。度，法制也。毛傳曰：「儀，善也。」又曰：「儀，宜也。」又曰：「儀，匹也。」其義相引伸。《肆師》職⑳曰：「古書儀但爲義，今時所謂義，古書爲誼。」按，如《文王》傳曰「義，善也」，此與《釋詁》及《我將》傳「儀，善也」正同，謂此義爲儀之假借字也。从人，義聲。魚羈切，古音在十七部。

傍 近也。古多假並爲之，如《史記·始皇紀》「並河以東」，《武帝紀》「並海」是也。亦假旁爲之，見《溝洫志》、《食貨志》。

从人，旁聲。此舉形聲包會意也。《韵會》無「聲」。步光切，十部。按，亦讀去聲。

似 像也。各本作「象也」，小徐作「象肖也」，皆非，今正。像下曰「佀也」，與此互訓，是爲轉注。度古本二篆必相屬，不知何時轉寫遠隔，又皆改其説解耳。相像曰相似，古今無異詈，緣俗閒用象爲像，乃致妄改許書。《廣雅》曰：「似，類也。」又曰：「似，象也。」又曰：「似，若也。」皆似之本義也。《詩・斯干》《裳裳者華》《卷阿》《江漢》傳皆曰：「似，嗣也。」此謂似爲嗣之假借字也。《斯干》「似續妣祖」箋云：「似，讀爲巳午之巳，巳續妣祖者，謂巳成其宮廟也。」此謂似爲巳之假借字也。从人，㠯聲。詳里切，一部。隷作似。

像 佀也。各本作「象也」，今依《韵會》所據本正。象者，南越大獸之名，於義無取。雖《韓非》曰：「人希見生象也，而案其圖以想其生，故諸人之所以意想者，皆謂之象。」然韓非以前，或祇有象字，無像字，韓非以後，小篆既作像，則許斷不以象釋似，復以象釋像矣。《毄辭》曰：「爻也者，效此者也；象也者，像此者也。」又曰：「象也者，像也；爻也者，效天下之動者也。」蓋象爲古文，聖人以像釋之。雖他本像亦作象，然鄭康成、王輔嗣本非不可信也。凡形像、圖像、想像字，皆當从人，而學者多作象，象行而像廢矣。許書「一曰象形」，度許固必作「像形」。《招䰠》云：「像設君室。」从人，象聲。鉉本云「从人，从象，象亦聲」，此葢用《韓非》語竄改也。今依《韵會》所據小徐本。讀若養字之養。古音如此。故今云「式𢱭」，即像之俗也，或又用「樣」爲之。今音徐兩切，十部。此篆原在後文傳篆下、倦篆上，今移廁此。

便 安也。古與「平」「辨」通用。如《史記》「便章百姓」，古文《尚書》作「平」，今文《尚書》作「辨」。《毛詩》「平平左右」，《左傳》作「便蕃左右」。人有不㑡，㪅之，故从人㪅。此會意。房連切，亦去聲，古音葢在十一部。

任 保也。按，上文云「保，養也」，此云「任，保也」，二篆不相屬者，保之本義，《尚書》所謂「保抱」，任之訓保，則保引伸之義，如今言「保舉」是也。《周禮》「五家爲比，使之相保」注云：「保猶任也。」又「孝、友、睦、婣、任、恤」注云：「任，信於友道也。」引伸之，凡儋何曰任。《小雅》「我任我輦，我車我牛」傳云：「任者、輦者、車者、牛者。」四云「者」，皆謂人也。《邶風》傳：「任，大也。」即《釋詁》之「壬，大也」。从人，壬聲。如林切，七部。

俔 諭也。各本作「譬諭」，今依《詩・正義》訂。言部曰「譬者，諭也」，則言諭已足矣。《大雅・大明》曰：「俔天之妹。」傳曰：「俔，磬也。」此以今語釋古語，俔者古語，磬者今語，一字雙聲。是以《毛詩》作俔，《韓詩》作磬，如十七篇之有古今文。孔穎達云：「如今俗語譬喻云磬作然。」許不依傳云「磬」而云「諭」者，磬非正字，以六書言之，乃俔之假借耳，不得以假借字釋正字也。磬罄古通用。《爾雅》：「罄，盡也。」猶言竟是天之妹也。一曰，閒見。閒各本作「聞」，今正。《釋言》曰：「閒，俔也。」正許所本。上訓用毛韓説，此訓用《爾雅》説，《爾雅》亦釋《詩》也。閒音諫，若言不可多見而閒見之。《爾雅》無見字，許益見字者，以其篆从見也，容《爾雅》原文今有倒奪矣。郭景純以「《左傳》謂之諜」釋之，恐非。从人，从見。此會意包形聲。苦甸切，十四部。《詩》曰：「俔天之妹。」

優　饒也。食部饒下曰：「飽也。」引伸之，凡有餘皆曰饒。《詩·瞻卬》傳曰：「優，渥也。」箋云：「寬也。」《周語》注曰：「優，饒也。」《魯語》注曰：「優，裕也。」其義一也。引伸之，爲優游，爲優柔，爲俳優。《商頌》「布政憂憂」、《小雅》「既瀀既渥」，今本皆假優爲之。从人，憂聲。於求切，三部。一曰，倡也。倡者，樂也，謂作妓者，即所謂俳優也。《左傳》：「陳氏鮑氏之圉人爲優。」《晉語》：「公之優曰施。」

僖　樂也。此字之本義，少用。其䜋變爲「嬉」，李注《洞簫賦》引《說文》「嬉，樂也」，即謂此也。謚法有釐、有僖，《周書》二謚並出，而《春秋》三傳「僖公」，《史》《漢》皆作「釐公」，殆《史》《漢》假釐爲僖乎。謚法曰：「小心畏忌曰僖。」从人，喜聲。許其切，一部。

偆　富也。《廣韵》曰：「厚也，富也。」若《白虎通》曰「春之爲言偆，偆，動也」，《春秋繁露》曰「偆偆者，喜樂之貌也」，葢皆蠢之假借字。从人，萅聲。尺允切，十三部。

俒　完也。以曡韵爲訓。《逸周書》曰：「朕實不明，已俒伯父。」《逸周書》者，謂《漢志》七十一篇之《周書》也。今《大戒解》有「朕實不明」句。《本典解》云：「今朕不知明德所則，政教所行，字民之道，禮樂所生，非不念而知，故問伯父。」許所據未知即此以不也。「以俒伯父」，俒當爲溷字之假借，經史亦作慁。《儒行》曰：「不慁君王」，注：「慁猶辱也。」《史記·酈陸傳》「無久慁公爲也」，《范雎蔡澤傳》「是天以寡人慁先生」，語意皆同。此引經說假借之例。从人，从完。胡困切。按，此字本義當讀如完，在十四部。胡困切者，借爲溷字之音也。

儉　約也。約者，纏束也。儉者，不敢放侈之意。古假險爲儉，《易》「儉德辟難」，或作險。从人，僉聲。巨險切，七部。

偭　鄉也。鄉，今人所用之向字也。漢人無作向者。《少儀》：「尊壺者面其鼻。」注云：「鼻在面中，言鄉人也。」按，許所據作偭，說與鄭同。偭訓鄉，亦訓背，此窮則變變則通之理，如廢、置，徂、存，苦、快之例。《離騷》：「偭規矩而改錯。」王逸曰：「偭，背也。」賈誼《弔屈原》曰：「偭蟂獺以隱處。」應劭曰：「偭，背也。」《項羽傳》：「馬童面之。」張晏曰：「背之也。」《張歐傳》：「上具獄事，不可卻者，爲涕泣面而封之。」師古曰：「謂偝之也。」惠氏定宇《左傳補注》曰：「面縛之謂反背而縛之。」《考工記》：「審曲面埶。」先鄭釋以「陰陽之面背」。許言鄉不言背者，述其本義也。古通作面。从人，面聲。此舉形聲包會意。彌箭切，十四部。《禮·少儀》曰：「尊壺者偭其鼻。」

俗　習也。以雙聲爲訓。習者，數飛也。引伸之，凡相效謂之習。《周禮·大宰》：「禮俗以馭其民。」注云：「禮俗，昏姻喪紀舊所行也。」《大司徒》：「以俗教安。」注：「俗謂土地所生習也。」《曲禮》：「入國而問俗。」注：「俗謂常所行與所惡也。」《漢·地理志》

曰：「凡民函五常之性，其剛柔緩急，音聲不同，繫水土之風氣，故謂之風；好惡取舍，動靜無常，隨君上之情欲，謂之俗。」从人，谷聲。似足切，三部。

俾 益也。俾與埤、朇、裨音義皆同，今裨行而埤、朇、俾皆廢矣。經傳之俾，皆訓使也，無異解，葢即益義之引伸。《釋詁》：「俾，從也。」《釋言》：「俾，職也。」亦皆引伸之義。手部挾下曰：「俾持。」亦部夾下曰：「蔽人俾夾。」古或假卑爲俾。从人，卑聲。并弭切，十六部。一曰，俾，門侍人。未聞。或曰：如寢門之内豎，是閽寺之屬。近得陽湖莊氏述祖說，門侍人當是門持人之誤。挾下曰：「俾持也」，正用此義。按，此條得此挍正，可謂渙然冰釋矣。

倪 俾也。然則倪亦訓益也。若《孟子》「反其旄倪」，借爲嫛婗之婗也；《爾雅》「左倪不類，右倪不若」，《左傳》注「城上僻倪」，借倪爲睨也；《莊子》「不知端倪」，借端爲耑，借倪爲題也。題者，物初生之題也。从人，兒聲。五雞切，十六部。

億 安也。《晉語》「億寧百神」注：「億，安也。」《吳語》「億負晉衆庶」注曰：「億，安也。」《左傳》曰「不能供億」，曰「心億則樂」，曰「我盍姑億吾鬼神，而寧吾族姓」，杜注皆曰：「安也。」此億字之本義也。今則本義廢矣。或假爲萬意字，諸經所用皆是也。或假爲意字，如《論語》「不億不信」，「億則屢中」是也。「億則屢中」，《漢書・貨殖傳》作「意」，「毋意毋必」，諸家偁作億，必是可證矣。从人，意聲。於力切，一部。

使 令也。大徐「令」作「伶」，誤。令者，發號也。《釋詁》：「使，從也。」其引伸之義也。按，許書無駛、駛字，《左傳》「吏走問諸朝」，本作「使走問諸朝」，古注「使，速疾之意也」。又邕部「⿰邕吏，烈也。讀若迅」。葢此二字即今之駛、駛字乎。水部「沺，水吏也」。吏同使，謂水疾。从人，吏聲。疏士切，一部。

⿰亻癸 ⿰亻癸，此複舉字之未删僅存者。左右兩視。兩，葢古本作网。目部曰：「睽，目不相聽也。」⿰亻癸即睽之或字耳。从人，癸聲。其季切，十五部。

伶 弄也。徐鍇曰：「伶人者，弄臣也。」《毛詩》：「寺人之令。」《釋文》曰：「令，《韓詩》作伶，云：使伶。」古伶人字本作泠，泠人，樂官也。从人，令聲。郎丁切，十一部。益州有建伶縣。《地理志》《郡國志》益州郡皆有建伶縣，今雲南雲南府西北有建伶廢縣。

儷 棽儷也。林部棽下曰：「木枝條棽儷也。」義已見彼，故此但云棽儷也。與同部偓下云「偓佺，仙人也」，佺下但云「偓佺也」例同。按，《左傳》「伉儷」，杜云：「儷，偶也。」《士冠禮》、《聘禮》「儷皮」，鄭云：「儷猶兩也。」古文儷爲離。《月令》「宿離不貣」，鄭云：「離讀爲儷偶之儷。」許但取枝條棽儷之訓，不及其他，於从人之意未合，於全書大例未符，恐非許書之舊。从人，麗聲。呂支切，十六部。

傳 遽也。辵部曰：「遽，傳也。」與此爲互訓，此二篆之本義也。《周禮・行夫》：「掌邦國傳遽。」注云：「傳遽，若今時乘傳騎驛而使者也。」《玉藻》：「士曰傳遽之臣。」注云：「傳遽，以車馬給使者也。」《左傳》、《國語》皆曰：「以傳召伯宗。」注皆云：「傳，驛也。」漢有置傳、馳傳、乘傳之不同。按，傳者，如今之驛馬，驛必有舍，故曰傳舍。又文書亦謂之傳，《司關》注云：「傳如今移過所文書。」是也。引伸傳遽之義，則凡展轉引伸之偁皆曰傳，而傳注、流傳皆是也。後儒分別爲知戀、直戀、直孿三切，實一語之轉。从人，專聲。直戀切，十四部。按，《廣韵》傳注直戀切，郵馬知戀切。

倌 小臣也。《鄘風・定之方中》曰：「命彼倌人。」傳曰：「倌人，主駕者。」按，許説異毛，小臣蓋謂《周禮》「小臣上士四人」，大僕之佐也。一云《左傳》所謂「巾車脂轄」也。从人，官聲。古患切，十四部。《詩》曰：「命彼倌人。」

价 善也。《大雅・板》曰：「价人維藩。」《釋詁》及傳曰：「价，善也。」箋云：「价，甲也。被甲之人，謂卿士掌軍事者。」蓋鄭易价爲介也。《詩》正義引《爾雅》作价，今《爾雅》作「介，善也」，蓋非善本。从人，介聲。古拜切，十六部。《詩》曰：「价人維藩。」

仔 克也。《周頌》曰：「佛時仔肩。」克也㉑。箋云：「仔肩，任也。」按，克，勝也；勝與任義似異而同。許云「仔，克也」，《釋詁》云「肩，克也」，許云「克，肩也」，然則仔肩絫言之耳。从人，子聲。子之切，一部。

佚 送也。佚，今之媵字。《釋言》曰：「媵、將，送也。」《周易》：「媵口説也。」虞曰：「媵，送也。」《燕禮》、《大射》：「媵觚于賓。」鄭注：「媵，送也。」《九歌》曰：「魚隣隣兮媵予。」王注：「媵，送也。」送爲媵之本義，以姪娣送女，乃其一耑耳。《公羊傳》曰「媵者何？諸侯娶一國則二國往媵之，以姪娣從」是也。今義則一耑行而全者廢矣。从人，灷聲。今形从女者，由一耑之義獨行故也。灷，許書無此字，而送、佚、朕皆用爲聲，此亦許書奪屚之一也。以證切，六部。朕、送二字，古音當亦在六部也。吕不韋曰：「有侁氏吕伊尹佚女。」《吕氏春秋・孝行覽・本味篇》曰：「湯於是請取婦爲婚，有侁氏喜，以伊尹爲媵送女。」爲、送二字，乃後人所妄增，許所據不如是。凡許引《吕氏春秋》，皆直書「吕不韋曰」，此與爝下是也，惡其人也。古文吕爲訓字。訓與佚音部既相距甚遠，字形又不相似如疋、足，屮、艸，丂、亏之比。今按，訓當作揚，由揚譌詠，由詠復譌訓；始則聲誤，終則字誤耳。《檀弓》：「杜蕢洗而揚觶。」注云：「舉爵於君也。」《禮》揚作媵。揚，舉也；媵，送也。揚近得之。」據此，知《禮經》作媵，《記》作揚，媵爲古文揚字。《燕禮》：「媵觚於賓。」注云：「讀或爲揚。」蓋禮家舊讀媵爲揚，許亦用禮家舊讀説也。若今文《禮》，媵作「騰」，騰正與揚義協。

徐 緩也。與徐義略同。《齊世家》：「田常執簡公於徐州。」索隱曰：徐廣㉒「音舒，其字从人。《左氏》作舒，《説文》作郐。」按，《魯世家》作徐。从人，余聲。似魚切，五部。

僻　辟寠也。寠者，無禮之居也。《廣韵》曰：「僻，隱僻也，無人處。」引《字統》云：「廁也。」按，僻與屏、庰義略同。**从人，屏聲。**毗正切，十一部。

伸　屈伸。屈者，無尾也，伸之反也。屈伸謠俗共知之語，故以爲訓。屈亦作詘，所謂「隨體詰詘」也。伸，古經傳皆作信，《周易》「詘信相感而利生焉」，又「尺蠖之詘，以求信也」，又「引而信之」。韋昭《漢書音義》云：「信，古伸字。」謂古文假借字。許書《冣目》曰：「近而申之，以究萬原。」[23]古本申作信。又虫部「尺蠖，屈申蟲也」。《太平御覽引》作「曲信蟲」。**从人，申聲。**疑此字不古。古但作詘信，或用申爲之，本無伸字。以屈伸訓伸篆，亦非説解之體。宋毛晃曰：「古惟申字，後加立人以別之。」失人切，十二部。

伹　拙也。《廣韵》作「拙人」，當是《説文》古本。「拙者，不巧也。」《廣雅》曰：「伹，鈍也。」《玉篇》引之，《集韵》《類篇》皆引之，云「千余切」。今《廣雅》乃譌爲「伹，度滿切」矣。按，此字千余切，與粗同紐，即今粗笨字也。《廣韵》衹有七余一切，《玉篇》七閭、祥閭二切。**从人，且聲。**似魚切，五部。

僣　意膬也。意者，志也。膬者，耎易破也。意膬，謂有此意而不堅。《玉篇》云：「意急而懼。」葢説《説文》之語也。或曰：當作膬意。○《通俗文》曰：「痛聲曰痡，驚聲曰僣。僣，于簡切。」**从人，然聲。**人善切，十四部。

偄　弱也。此與愞儒二字義略同，而音形異。愞、儒皆需聲，偄耎聲也。二聲轉寫多淆，所當覈正矣。偄从人，亦或从心。《左傳》、《穀梁傳》皆曰：「宮之奇之爲人也偄。」注皆云：「弱也。」《左傳音義》曰：「偄本又作耎，乃亂反，又乃貨反，弱也。」《字林》愞音乃亂反，懦音讓夫反，云：「弱也。」按，《左傳》此音義今本譌甚，考正之如此。古者耎聲本在元寒部，而入歌戈部；需聲本在矦部，而入虞部。分別劃然。古假耎爲偄。《考工記》：「馬不契耎。」鄭云：「耎讀爲畏偄之偄。」自唐初耎已譌需。**从人，从耎。**此舉會意包形聲也。宀部耎，讀若畏偄，二字義近音同。奴亂切，十四部。又奴貨切，音之轉也。○偄亦而沇切，俗作輭，譌作軟。王氏念孫曰：軟當輭之譌。

倍　反也。此倍之本義。《中庸》「爲下不倍」，《緇衣》「信以結之，則民不倍」，《論語》「斯遠鄙倍」，皆是也。引伸之，爲倍文之倍。《大司樂》注曰：「倍文曰諷。」不面其文而讀之也。又引伸之爲加倍之倍，以反者、覆也，覆之則有二面，故二之曰倍。俗人鉱析乃謂此專爲加倍字，而倍上、倍文則皆用背。餘義行而本義廢矣。倍之或體作偝，見《坊記》、《投壺》、《荀卿子》。**从人，咅聲。**薄亥切，一部。

傿　引爲賈也。引猶張大之。賈者，今之價字。引爲價，所謂豫價也。《後漢書》：「崔烈入錢五百萬，得爲司徒，及拜靈帝，顧謂親倖曰：悔不小傿，可至千萬。」**从人，焉聲。**於建切，十四部。

僭　儗也。各本作「假也」，今依《玉篇》所引正。《廣韵》

亦云「擬也。」以僭儗二篆相聯互訓，知作假之非矣。以下儗上，僭之本義也。引伸之，則訓差。《大雅》「不僭不賊」傳是也。又訓不信，《小雅》㉔「覆謂我僭」箋是也。其《小雅・巧言》傳曰：「僭，數也」，則謂僭即譖之假借也。《詩》亦假譖爲僭，如《大雅・桑柔》《瞻卬》箋是也。从人，朁聲。子念切，七部。

儗 僭也。以下僭上，此儗之本義。如《史記》説卓王孫「田池射獵之樂，儗於人君」㉕是也。與手部擬訓度不同。《曲禮》：「儗人必於其倫。」注：「儗猶比也。」此引伸之義也。《漢書・食貨志》假疑爲儗，又假儗爲「黍稷薿薿」。从人，疑聲。依小徐本，魚己切，一部。一曰，相疑。此别一義。

偏 頗也。頗，頭偏也。引伸爲凡偏之偁，故以頗釋偏。二字雙聲。《尚書》「無偏無頗」，絫言之也。《周易》「翩翩」，古文作偏偏。从人，扁聲。芳連切，十二部。

倀 狂也。狂者，猘犬也。假借爲人狂之偁。《仲尼燕居》曰：「譬猶瞽之無相，倀倀乎其何之。」《廣韵・四十三映》曰：「前倀，失道皃。」从人，長聲。楮羊切，十部。一曰，仆也。仆，葉抄本作什，俟攷。

儚 惽也。惽者，不憭也。《釋訓》曰：「儚儚、洄洄，惽也。」儚當作儚，與「夢夢，亂也」義别。从人，薨聲。呼肱切，六部。

儔 翳也。翳者，華蓋也。引伸爲凡覆蔽之偁。按，《玉篇》：「儔，直流切，侶也；又大到切，翳，隱，蔽也。」《廣韵》尤韵：「儔，侶也，直由切。」号韵：「儔，隱也，徒到切。」是儔有隱蔽之訓，而其音與疇侶絶不同，與翿、纛音同，由其義相近也。翳義廢而侶義獨行矣。然自唐以前，用儔侶皆作疇，絶無作儔者，蓋由古者一井爲疇，並畔爲疇。是以《釋詁》曰「疇，誰也。」注《易》、注《國策》、《漢書》者曰：「疇，類也。」注《國語》者曰：「疇，匹也。」下逮六朝辭賦，皆不作儔。玄應之書曰：「王逸云：二人爲匹，四人爲疇。疇亦類也，今或作儔」矣。然則用儔者起唐初，以至於今。从人，壽聲。直由切，三部。按，大徐此音失之不攷。

侜 有廱蔽也。廱，今之壅字。《陳風・防有鵲巢》曰：「誰侜予美。」《爾雅》及傳曰：「侜張，誑也。」誑亦壅蔽之意耳。許不用毛傳者，許以侜張乃《尚書》「譸張」之假借字，非侜之本義，故易之。从人，舟聲。張流切，三部。《詩》曰：「誰侜予美。」

俴 淺也。《秦風》：「小戎俴收。」《釋言》、毛傳皆曰：「俴，淺也。」从人，戔聲。慈衍切，十四部。

佃 中也。《廣韵》曰：「營田。」《玉篇》曰：「作田。」今義非古義也。許攴部自有畋字，不必用佃爲之。許所説者，相傳古義。从人，田聲。堂練切，十二部。《春秋傳》曰：「乘中佃。」中佃，二字今補。一轅車也。《左傳・哀公十七年》：「渾良夫乘衷甸兩牡。」杜曰：「衷甸，一轅卿車。」許所據作「中佃」。引傳而釋之者，孔穎達曰：「甸，乘也。四丘爲甸，出車一乘，故以甸爲名。蓋四馬爲上乘，二馬爲中乘。」㉖容許意同孔。一曰一轅兩牡，則一轅在兩牡之中，是亦中也，故絫言之曰中佃。

佪　小皃。《小雅·正月》曰：「佌佌彼有屋。」傳曰：「佌佌，小也。」許所據作佪，或作㜸。从人，囟聲。斯氏切，十六部。按，細字亦囟聲，蓋取雙聲。《詩》曰：「佪佪彼有屋。」

侊　小皃。小當作大，字之誤也。凡光聲之字，多訓光大，無訓小者。《越語》句踐曰：「諺有之曰：觥飯不及壺飧。」韋云：「觥，大也。大飯謂盛饌，盛饌未具，不能以虛待之，不及壺飧之救飢疾也。言已欲滅吳，取快意得之而已，不能待有餘力。」《韓詩》云：「觥，廓也。」許所據《國語》作侊，侊與觥音義同。《廣韻·十一唐》曰：「侊，盛皃。」用韋注。《十二庚》曰：「侊，小皃。」用《說文》，葢《說文》之譌久矣。从人，光聲。古橫切，古音讀如光，十部。《國語》曰：「侊飯不及壺飧。」壺飧，各本作「一食」，一由壺，壹遞譌，食奪偏旁，今依《玉篇》《廣韻》所引《說文》正。飧者，食部或餐字也。《集韻》正作餐。壺飧，猶《左傳》趙衰之「壺飧」。《史記》「操一豚蹄，酒一壺」㉗，皆謂薄少。古壺有大小，此非大一石之壺也。〇又按，許所據竟作「一食」，未可知，似不必改。

佻　愉也。古本皆作愉，汲古閣作「偷」，誤也。心部曰：「愉，薄也。」《小雅·鹿鳴》曰：「視民不恌。」許所據作佻，是。毛傳曰：「恌，愉也。」按，《釋言》：「佻，偷也。」偷者，愉之俗字。今人曰偷薄、曰偷盜，皆从人作偷，他侯切，而愉字訓爲愉悅，羊朱切。此今義今音今形，非古義古音古形也。古無从人之偷。愉訓薄，音他侯切，愉愉者，和氣之薄發於色也。盜者，澆薄之至也，偷盜字古只作愉也。凡古字之末流鋠析，類如是矣。《周禮》曰：「以俗教安，則民不愉。」注曰：「愉謂朝不謀夕。」服注《左傳》「視民不佻」云：「示民不愉薄。」《唐風》「他人是愉」傳曰：「愉，樂也。」箋云：「愉讀曰偷，猶取也。」此同字而各舉一義釋之。愉讀曰偷，如注《周禮》「主以利得民」云：「讀如上思利民之利耳。」然可見漢末已有从人之偷，許不之取。从人，兆聲。土彫切，二部。按，佻訓苟且，苟且者必輕，故《離騷》注曰：「佻，輕也。」《方言》曰：「佻，疾也。」《左傳》「楚師輕窕」，窕正佻之假借字。《詩》曰：「視民不佻。」

僻　辟也。辟，大徐本作避，非是。辟者，法也，引伸爲辟人之辟。辟人而人避之亦曰辟，若《周禮·閽人》「凡外内命婦出入，則爲之辟」，《孟子》「行辟人可也」，《曲禮》「若主人拜則客還辟辟拜」，《郊特牲》「有由辟焉」，包咸《論語》注「躩，盤辟皃也」，《投壺》「主人盤旋曰辟，賓盤旋曰辟」，《大射儀》「賓辟」注曰「辟，逡遁不敢當盛」，他書辟人、辟邪、辟寒、辟塵之類，語意大略相似。自屏之者言，則《閽人》《離婁篇》《郊特牲》是也。自退者言，則《曲禮》《投壺》《論語》注所云是也。舟部「般，辟也」，即旋辟、盤辟之謂。辟之言邊也，屏於一邊也，僻之本義如是。《廣韻》曰：「誤也，邪僻也。」此引伸之義。今義行而古義廢矣。《詩》曰：「民之多僻。」从人，辟聲。普擊切，十六部。《詩》曰：「宛如左僻。」《魏風·葛屨》文。此引《詩》證僻之本義也。今詩作「辟」者，俗人不解，易字而音避。一曰，從旁牽也。此義稍別異。

伭　很也。心部曰：「㤅，急也。」義略同。从人，弦省聲。胡田切，十二部。

伎 與也。舁部曰「與者，黨與也」，此伎之本義也。《廣韵》曰「侶也」，不違本義。俗用爲技巧之技。○《小弁》：「鹿斯之奔，維足伎伎。」傳云：「伎伎，舒皃。」按，此伎伎葢與「徥徥」音義皆同。从人，支聲。渠綺切，十六部。《詩》曰：「鞫人伎忒。」《大雅·瞻卬》文。今《詩》伎作「忮」，傳曰：「忮，害也。」許所據作伎，葢毛詩假伎爲忮，故傳與《雄雉》同。毛說其假借，許說其本義也。今《詩》則學者所竄易也。

侈 掩脅也。掩者，掩葢其上；脅者，脅制其旁。凡自多以陵人曰侈，此侈之本義也。《吳語》「夾溝而㢋我」，其字則「㢋」也，其義則掩脅也。从人，多聲。尺氏切，古音在十七部。一曰，奢泰也。泰字依《韵會》本補。奢者，張也；泰者，滑也。凡傳云「汰侈」者，即許書之泰字。《小雅》曰：「侈兮哆兮。」此與上義別，今上義廢而此義獨行矣。《三禮》皆假移爲侈。

佁 癡皃。《大人賦》：「沛艾赳螑仡以佁儗兮。」張揖曰：「佁儗，不前也。」此癡意也。《吕氏春秋》：「出輿入輦，命曰佁蹷之機。」高誘曰：「佁，至也。」此別一義也。从人，台聲，讀若駭。夷在切，一部。

傪 傪，此複舉字之未刪者。驕也。馬高六尺爲驕，借爲倨傲之偁。从人，蚤聲。穌遭切，古音在三部。

僞 詐也。詐者，欺也。《釋詁》曰：「詐，僞也。」按，經傳多假「爲」爲僞，如《詩》「人之爲言」即僞言，《月令》「作爲淫巧」，今《月令》云「詐僞淫巧」，古文《尚書》「南僞」，《史記》作「南爲」，《左傳》「爲」讀僞者不一。葢字涉於作爲則曰僞，徐鍇曰：「僞者，人爲之，非天真也，故人爲爲僞。」是也。《荀卿》曰：「桀紂，性也；堯舜，僞也。人之性惡，其善者僞也。不可學、不可事而在人者，謂之性；可學而能，可事而成之在人者，謂之僞。」又曰：「生之所以然者謂之性，心慮而能爲之動謂之僞，慮積焉，能習焉而後成謂之僞。」荀卿之意，謂堯舜不能無待於人爲耳。玉裁昔爲謝侍郎墉作《荀卿補注》，曾言之。从人，爲聲。危睡切，古音在十七部。

伿 惰也。惰者，不敬也。《醫經》「解㑊」之㑊，當作此字。从人，只聲。以豉切，十六部。

佝 佝瞀也。各本作「務也」二字，小徐作「覆也」，皆誤，今正。「佝瞀也」三字爲句。佝音寇，瞀音茂，疊韵字。二字多有或體：子部㝅下作「㝅瞀」，《荀卿·儒效》作「溝瞀」，《漢·五行志》作「區霿」，又作「傋霿」，《楚辭·九辨》作「怐愗」，《玉篇》引作「佝愗」，應劭注《漢書》作「瞉霿」，郭景純注《山海經》作「豰瞀」。其音同，其義皆謂愚蒙也。《山海經》注「豰」字葢有誤。从人，句聲。苦候切，四部。

僄 輕也。《方言》曰：「仍、僄，輕也。楚凡相輕薄或謂之仍，或謂之僄也。」班固賦曰：「雖輕迅與僄狡。」按，古或假剽爲之。僄亦作嫖，霍嫖姚是也。从人，票聲。匹妙切，二部。

倡　樂也。漢有黄門名倡，常從倡、秦倡皆鄭聲也。《東方朔傳》「有幸倡郭舍人」，則倡即俳也。經傳皆用爲「唱」字，《周禮・樂師》：「凡軍大獻，教愷歌遂倡之。」故書倡爲昌。鄭司農云：「樂師，主倡也，昌當爲倡。」按，當云「昌當爲唱」。从人，昌聲。尺亮切，十部。按，當尺良切。

俳　戲也。以其戲言之謂之俳，以其音樂言之謂之倡，亦謂之優，其實一物也。从人，非聲。步皆切，十五部。

僐　作姿也。《廣雅》曰：「僐，態也。」从人，譱聲。常演切，十四部。隷作僐。

儳　儳互，逗。不齊也。今人作「攙和」字當用此。《周語》：「戎翟冒没輕儳。」注云：「儳，進退上下無列也。」《曲禮》曰：「長者不及，毋儳言。」注云：「儳，猶暫也。」《左傳》：「聲盛致志，鼓儳可也。」注云：「儳巖，未整陳。」皆不齊之意。《表記》：「儳焉如不終日。」亦同。从人，毚聲。士咸切，八部。《廣韵》入去聲。

佚　佚民也。三字句。《論語・微子篇》：「逸民，伯夷、叔齊、虞仲、夷逸、朱張、柳下惠、少連。」按，許作佚民，正字也；作「逸民」者，假借字。佚从人，故爲佚民字也。《孟子》曰：「遺佚而不怨。」又以爲勞逸字，如「以佚道使民」是也。古失、佚、逸、泆字多通用，石經今文《尚書》「毋逸」字作「劮」，則許所不取，《廣雅》録之。从人，失聲。夷質切，十二部。一曰，佚，忽也。心部曰：「忽，忘也。」按，忘之言亡也。

俄　頃也。各本作「行頃」，乃妄加行耳，今正。《玉篇》曰：「俄頃，須臾也。」《廣韵》曰：「俄頃，速也。」此今義也。尋今義之所由，以俄、頃皆偏側之意，小有偏側，爲時幾何？故因謂倏忽爲俄頃。許説其本義以晐今義，凡讀許書當心知其意矣。匕部曰：「頃，頭不正也。」《小雅・賓之初筵》箋云：「俄，傾皃。」《廣雅》：「俄，衺也。」皆本義也。若《公羊傳》曰：「俄而可以爲其有矣。」何云：「俄者謂須臾之間，制得之頃也。」此今義也。有假「蛾」爲俄者，如《漢書》：「始爲少使，蛾而大幸。」如淳曰：「蛾，無幾之頃也。」單言之，或曰俄，或曰頃，絫言之曰俄頃。从人，我聲。五何切，十七部。《詩》曰：「仄弁之俄。」鄭云：「俄，傾皃。」古頃傾通用，皆謂仄也。今《詩》仄弁作「側弁」。

傜　喜也。喜下曰：「樂也。」《王風》：「君子陶陶。」傳曰：「陶陶，和樂皃」也。陶陶即傜傜之假借也。凡言遙遙、歈歈皆疊字，則知可作傜傜矣。《釋詁》曰：「繇，喜也。」繇亦即傜。郭注以《檀弓》「咏斯猶」釋繇，殊誤。鄭云：「猶當爲搖，謂身動搖也。」从人，䍃聲。余招切，二部。凡傜役字，即此字之隷變。自關㠯西物大小不同謂之傜。此《方言》殊語也。《方言》曰：「陂、傜，衺也。陳楚荆揚曰陂。自山而西，凡物細大不純者謂之傜。」郭注：「言俄傜也。」

㑰　徼㑰受屈也。《子虚賦》曰：「徼䣢受詘。」郭璞曰：「谻，疲極也。」司馬彪云：「徼，遮也。谻，倦也。謂遮其倦者。」按，長卿用假借字作谻，許用正字作𠍲。蘇林注《漢》曰：「谻音倦谻之谻」，當作「音倦𠍲之𠍲」也。《方言》曰：「𠍲，傍也。」㉘ 谻同𠍲，傍同倦。心部「𢜫者，勞也」，與𠍲音義同。《史記·匈奴傳》、《漢書·趙充國傳》皆云「徼極」，與徼𠍲音異義同。从人，卻聲。其虐切，古音在五部。

傞 醉舞皃。《小雅·賓之初筵》曰：「屢舞傞傞。」傳曰：「傞傞，不止也。」从人，差聲。素何切，十七部。《詩》曰：「屢舞傞傞。」屢當作婁。

僛 醉舞皃。《賓之初筵》曰：「婁舞僛僛。」傳曰：「僛僛，舞不能自止也。」从人，欺聲。去其切，一部。《詩》曰：「屢舞僛僛。」屢當作婁。

侮 偒也。偒，各本作「傷」，誤，今正。鍇曰：「偒，慢易字也。」鍇作注時未誤也。《小雅·常棣》假「務」爲侮。从人，每聲。五部，按，每聲在一部合音。

㑄 古文从母。母聲猶每聲也。《漢書·五行志》：「慢侮之心生。」

偒 輕也。此依小徐，侮、偒相屬。《蒼頡篇》曰：「偒，慢也。」《廣韵》曰：「偒，相輕慢也。」自易專行而偒廢矣。《禮記》：「易慢之心入之矣。」注：「易，輕易也。」《國語》：「貴貨而易土。」注：「易，輕也」。《國策》注、《吕覽》注、《漢書》注皆同。凡皆偒之假借字也。从人，易聲。以豉切，十六部。一曰，交偒。《周易·毄辭》曰：「交易而退。」經傳亦止作易。《公羊·莊十三年》：「冬，公會齊侯盟于柯。」傳曰：「何以不日？易也。」何云：「易猶佼易也，相親信無後患之辭。」按，何用漢時俗語，佼同交。

㑵 妎也。妎者，妬也。《離騷》注：「害賢曰㑵，害色曰妬。」如曰「女無美惡，入宫見妬；士無賢不肖，入朝見嫉」是也。渾言則不別，古亦假「疾」。从人，疾聲。秦悉切，十二部。一曰，毒也。《廣雅》曰：「嫉，惡也。」

嫉 㑵或从女。妬也，故从女。

俙 訟面相是也。謂内爭而外順也，《皋陶謨》所謂「面從」，今俗閒俚語猶有之。《篇》《韵》皆注云「訟也」，失之遠矣。从人，希聲。喜皆切，十五部。

僨 僵也。引伸之爲凡倒敗之偁。《大學》曰：「一人僨事。」㉙ 注云：「僨猶覆敗也。」《射義》假「賁」爲僨。《左傳》：「象有齒以焚其身。」假「焚」爲僨。从人，賁聲。匹問切，十三部。

僵 偃也。小徐及《爾雅釋文》皆作偃，大徐作僨，非是。玄應引「僵，却偃也；仆，前覆也」。按，僵謂仰倒，如《莊子》「推而僵之」，《漢書》「觸寶瑟僵」皆是。今人語言乃謂不動不朽爲僵。《廣韵》作「殭，死不朽也」。从人，畺聲。居良切，十部。

偃 僵也。《小雅》：「或棲遲偃仰。」《論語》：「寢不尸。」

苞注曰：「不偃臥布展手足似死人。」《左傳》：「偃且射子鉏。」《晉語》：「籧篨不可使俛。」韋注：「籧篨，偃人。」《參同契》曰：「男生而伏，女偃其軀，及其死也，乃復效之。」《水經注》曰：「徐偃王生而偃，故以爲號。」凡仰仆曰偃，引伸爲凡仰之偁。从人，匽聲。於幰切，十四部。依《玉篇》先偃後仆。

仆 頓也。頓者，下首也。以首叩地謂之頓首，引伸爲前覆之辭。《左氏音義》引孫炎曰：「前覆曰仆。」玄應三引《說文》「仆，頓也，謂前覆也。偃謂却偃，仆謂前覆」，蓋演《說文》者語。若《論語》注云「偃，仆也」，則渾言不別矣。从人，卜聲。芳遇切，古音在三部。

傷 創也。刃部曰：「刅，傷也。」二字爲轉注。《山海經》謂木束爲傷。从人，煬省聲。各本作「殤省聲」，殤下又云「傷省聲」，二字孰先後乎。今更正曰煬省，與殤、觴同。㉚式羊切，十部。

倄 刺也。刺者，戾也。盧逹切。从人，肴聲。胡茅切，二部。一曰，毒之。鍇曰：「謂疾害也。」《顏氏家訓》曰：「《蒼頡篇》有倄字，訓詁云：痛而謼也，羽罪反。今北人痛則呼之，《聲類》音于來反，今南人痛或呼之。」按，《廣韵》《集韵》有羽罪一音，無後一音。〇按，玄應《佛書音義》曰：「痏痏，諸書作倄。《通俗文》于罪切。痛聲曰痏。」此條合之字義，俗語皆無不合。其云諸書作倄，蓋《蒼頡》訓詁亦在其中。借倄爲痏，皆有聲也。《顏氏家訓》之倄，當是倄之誤，不必與《說文》牽合。大徐《說文》改「毒之」爲「痛聲」，恐是竊取黃門語。〇又《搜神記》卷十四云：「聞呻吟之聲曰：哊哊宜死。」哊亦痏之俗字。

侉 㤺詈也。古本皆作㤺，惟《類篇》誤作備耳。心部曰：「㤺者，愨也。愨者，㤺也。」㤺今隸作憊。詈者，意內而言外也。按，《爾雅》、毛傳皆曰「夸毗，體多柔」，然則侉即夸毗字乎。夸毗亦作舿䑣。从人，夸聲。苦瓜切，五部。

催 相擣也。猶相迫也。《邶風·北門》曰：「室人交徧摧我。」傳曰：「摧，沮也。」音義曰：「摧或作催。」據許則催是也。不從傳者，傳取沮壞之義，與摧訓擠、訓折義同。蓋當時字作催，而毛釋爲摧之假借，許則釋其本義也。从人，崔聲。倉回切，十五部。山部無崔，偶奪耳。大徐據摧、催字補。《詩》曰：「室人交徧催我。」

俑 痛也。此與心部恫音義同。《禮記》、《孟子》之「俑」，偶人也。俑即偶之假借字，如喁亦禺聲，而讀魚容切也。假借之義行而本義廢矣。《廣韵》引《埤蒼》說「木人送葬，設關而能跳踊，故名之俑」，乃不知音理者強爲之說耳。从人，甬聲。他紅切，九部。按，《玉篇》云：「《說文》他紅切。」此蓋出《音隱》，痛義之音如是㉛。大徐云：「又余隴切。」則木偶之音也。

伏 司也。司者，臣司事於外者也。司，今之伺字。凡有所司者，必專守之，伏伺即服事也。引伸之爲俯伏，又引伸之爲隱伏。从人犬，犬司人也。「犬司人也」四字，小徐本有。犬司人，謂犬伺人而吠之，說此字之會意也。不曰从犬人，而曰从人犬、入於人部者，尊人也。伏篆以明人事，非説犬也。房六切，古音在一部。

促 迫也。與趣音義皆同。**从人，足聲。**七玉切，三部。《玉篇》促催二文相屬。

例 比也。此篆葢晚出，漢人少言例者。杜氏説《左傳》乃云「發凡言例」。例之言迾也，迾者，遮迾以爲禁。經皆作列，作厲，不作迾。《周禮·司隸》注：「厲，遮例也。」釋文：「例本作列。」葢古比例字衹作列。**从人，㓮聲。**力制切，十五部。疑許本無此。

係 絜束也。絜者，麻一耑也。絜束者，圍而束之。《左傳》「係輿人」，又「以朱絲係玉二瑴」，束之義也。束之則縷與物相連，故凡相聯屬謂之係。《周易》「係遯」、「係丈夫」、「係小子」，《釋詁》曰：「係，繼也。」**从人，系聲。**胡計切，十五部。按，俗通用「繫」，許謂「繫䋫」即牽離惡絮之名。考諸古經，若《周禮·司門》《校人》字皆作毄，《周易·毄辭》，據《釋文》本作毄，《漢書·景帝紀》亦用毄。葢古假毄爲係，後人盡改爲繫耳。

伐 擊也。《詩》「勿翦勿伐」傳、「鉦人伐鼓」傳，皆曰「伐，擊也。」《禮記·郊特牲》：「二日伐鼓，何居？」鄭曰：「伐猶擊也。」《尚書》：「不愆于四伐五伐。」鄭曰：「一擊一刺曰伐。」《詩》：「是伐是肆。」箋云：「伐謂擊刺之。」按，此伐之本義也。引伸之，乃爲征伐。《周禮》「九伐」注云：「諸侯之於國，如樹木之有根，是以言伐云。」**从人持戈。**戈爲句兵，亦曰毄兵，《左傳》「擊之以戈」是也。戍者，守也，故从人在戈下，入戈部。伐者，外擊也，故从人杖戈，入人部。房越切，十五部。**一曰，敗也。**此謂引伸之義。伐、敗疊韵。《左傳》：「凡師有鐘鼓曰伐。」《穀梁傳》：「斬樹木、壞宮室曰伐。」攴部曰：「敗者，毀也。」《公羊傳》曰：「春秋伐者爲客，伐者爲主。」何云：「伐人者爲客，讀伐長言之；見伐者爲主，讀伐短言之。皆齊人語也。」按，今人讀房越切，此短言也。劉昌宗《周禮·大司馬》《大行人》《輈人》皆房廢切，此長言也。劉係北音，周顒、沈約韵書皆用南音，去入多强爲分別，而不合於古矣。伐人者有功，故《左傳》「諸侯言時記功，大夫稱伐」，《史記》：「明其等曰伐，積日曰閱。」又引伸之，自功曰伐。**亦斫也。**大徐無此三字爲長。

俘 軍所獲也。《春秋左氏經》：「齊人來歸衞俘。」傳作「衞寶」，《公羊》《穀梁》經傳皆作「衞寶」。杜曰：「疑《左氏經》誤。」按，非誤也，俘孚聲，寶缶聲，古音同在尤幽部，經用假借字，傳用正字。又如經曰「莒人弑其君密州」，《左氏》傳云「書曰：莒人弑其君買朱鉏」。買即密，如濆水即汨水；朱鉏即州，如邾婁即鄒。亦是字異實同。不得疑經誤，亦不得謂傳誤。**从人，孚聲。**芳無切，古音在三部。**《春秋傳》曰：「㠯爲俘聝。」**成三年《左傳》文。

但 裼也。衣部曰：「裼者，但也。」二篆爲轉注。古但裼字如此，袒則訓衣縫解，今之綻裂字也。今之經典凡但裼字，皆改爲袒裼矣。衣部又曰：「嬴者，但也。」「裎者，但也。」《釋訓》、毛傳皆曰：「袒裼，肉袒也。」肉袒者，肉外見無衣也。引伸爲徒也。凡曰但、曰徒、曰唐，皆一聲之轉，空也。今人「但」謂爲語辭，而尟知其本翟義傳》所云「不弔」者，皆謂不善。《大誥》《君奭》之「弗弔天」，三字連讀，《多士》之「弗弔昊天」，四字連讀，皆猶《小雅》之「不弔昊天」，鄭云：「不善乎昊天」也。蓋弔之爲善，今失其傳矣。以上王氏引之說。玉裁按，辵部：「迅，至也。」凡經文無迅，但有弔。弔或訓至，如《天保》傳「弔，至也」，《節南山》傳云「弔，至也」，箋云：「至猶善也。」《粊誓》「無敢不弔」，鄭云：「弔猶善也」。至與善，義本相近，古非必作迅而後訓至也。迅者，小篆分別之字。**从人弓。**三字今補。會意。多嘯切，二部。**古之葬者，厚衣之㠯薪，**此偁《易·毄辭》説人持弓會敺禽之故。**故人持弓會敺禽也。**故字舊作从，今正。《吳越春秋》陳音謂越王曰：「弩生於弓，弓生於彈，彈起古之孝子。古者人民樸質，飢食鳥獸，渴飲霧露，死則裹以白茅，投於中野。孝子不忍見父母爲禽獸所食，故作彈以守之。故歌曰：斷竹續竹，飛土逐肉。」按，孝子敺禽，故人持弓助之，此釋弔从人弓之意也。倉頡造字當黄帝時，既易之以棺椁矣，而葬文猶取衣薪，弔文猶依逐肉，反始不忘本也。禮也者，反其所自生。**弓蓋往復弔問之義。**小徐有此八字，蓋別一說也。當有「一曰」字。《左傳》有相問以弓者，故云然。

佋　**廟佋穆，父爲佋南面，子爲穆北面。从人，召聲。**市招切。按，此篆雖《經典釋文》時偁之，然必晉人所竄入。晉人以凡昭字可易爲曜，而昭穆不可易也，乃讀爲上招切，且又製此篆竄入《說文》，使天下皆作此，是猶漢人改蘭臺漆書以合己也。且生曰父、曰母，死曰考、曰妣，考妣則字當从鬼、从示也，从人何居？當删去。

㑗　**神也。**按，神當作身，聲之誤也。《廣雅》曰：「孕、重、妊、娠、身、嬬，㑗也。」《玉篇》曰：「㑗、妊，身也。」《大雅》曰：「大任有身。」傳曰：「身，重也。」箋云：「重謂懷孕也。」身者，古字；㑗者，今字。一説許云「神也」，蓋許所據古義，今不可詳。**从人，身聲。**此舉形聲包會意。失人切，十二部。

僊　**長生僊去。**僊去疑當爲「䙴去」。《莊子》曰：「千歲猒世，去而上僊。」《小雅》：「屢舞僊僊。」傳曰：「屢，數也，數舞僊僊然。」按，僊僊，舞袖飛揚之意，正引伸假借之義也。**从人䙴，**䙴，升高也。長生者䙴去，故从人䙴會意。**䙴亦聲。**相然切，十四部。按，上文「偓佺，仙人也」，字作仙，蓋後人改之。《釋名》曰：「老而不死曰仙。仙，遷也，遷入山也，故其制字人旁作山也。」成國字體與許不同，用此知漢末字體不一，許擇善而從也。漢碑或从䙴，或从山。《漢·郊祀志》「僊人羨門」，師古曰：「古以僊爲仙。」《聲類》曰：「仙，今僊字。」蓋仙行而僊廢矣。

仚　**人在山上皃。**引伸爲高舉皃。顔元孫引鮑明遠《書勢》云：「鳥仚魚躍。」**从人山。**山亦聲也。呼堅切，《廣韵》許延切，十四部。

僰　**楗爲蠻夷也。**楗各本作「犍」，今依漢碑从木。《司馬相如傳》曰：「唐蒙使略通夜郎西僰中。」文穎曰：「夜郎、僰中，皆西南夷，後以爲牂柯、楗爲二郡。」按，楗爲郡有僰道縣，即今四川叙州府治也。其人民曰僰。《王制》：「屏之遠方，西方曰僰，東方曰寄。」鄭注：「僰當爲棘，棘之言逼，使之逼寄於夷戎。」按，《記》文僰字，鄭不以爲西南夷，故易爲棘。經傳之棘，多訓亟也，故曰「棘之言逼」，使與寄字一例。《釋文》云：「棘又作僰。」於此知《記》本作僰，鄭易爲棘也，唐初本已誤。从人，棘聲。蒲北切，一部。

僥 南方有焦僥人，長三尺，短之極也。見《魯語》。焦，《魯語》作僬，以《説文》及《山海經》正之，則从人非是。人當作民，《魯語》作氏，民之誤也。據郭注《山海經》，兩引《魯語》，一作民，一作人，「人」皆唐避諱改耳。韋曰：「僬僥，西南蠻之別名。」《海外南經》曰：「焦僥國在三首東。」《大荒南經》曰：「有小人，名曰焦僥之國。」許系之南方，葢本《山海經》。从人，堯聲。五聊切，二部。

儯 市也。汲古閣及《集韵》、《類篇》皆作「巿」，宋刻葉抄及《廣韵》作市，今按，市爲長。其字从對，則無□匝意，葢即今之兑换字也。从人，對聲。都隊切，十五部。

侳 遠行也。《楚辭》曰：「魂侳侳而南征。」注：「侳侳，遑遽皃。」按，王注是也。从人，狌聲。居況切，十部。按，許書葢本終於「僰」「僥」二篆，「儯」「侳」非其次也，恐後人益之。侳訓遠行亦未確，此下大徐補「件」字，訓分也，按，「半」下云「物中分也。从八牛。」件乃半之誤體，今仍删。

文二百四十五。去「件」則二百四十四。　重十四。

匕 變也。變者，更也。凡變匕當作匕，教化當作化，許氏之字指也。今變匕字盡作化，化行而匕廢矣。《大宗伯》：「以禮樂合天地之化，百物之產。」注曰：「能生非類曰化，生其種曰產。」按，虞荀注《易》分別天變地化，陽變陰化，析言之也；許以匕釋變者，渾言之也。从到人。到者，今之倒字。人而倒，變匕之意也。呼跨切，十七部。凡匕之屬皆从匕。

𠤕 未定也。按，「未」衍字也。《大雅》：「靡所止疑。」傳云：「疑，定也。」箋云：「止，息。」《禮》十七篇多云「疑立」。鄭於《士昏禮》云：「疑，止。（句絶，作正者誤。）立，自定之皃。」於《鄉飲酒禮》云：「疑讀如（作爲者誤。）仡然從於趙孟之仡。疑，止。（句。）立，自定之皃。」於《鄉射禮》云：「疑，止也。有矜莊之色。」《釋言》：「疑、休，戾也。」郭云：「戾，止也。疑者亦止。」按，已上疑字，即《説文》之𠤕字，非《説文》訓惑之疑也。疑、𠤕字相似，學者識疑不識𠤕，於是經典無𠤕，於許書「定也」之上增之未字矣。𠤕从矢聲，其字在古音十五部。故《桑柔》以與資、維、階爲韵，鄭注《禮》讀如仡。若疑字，古音在一部，其字从子、从止、从𠤕省會意，非矢聲也。从匕，變匕而後定也。吴聲。按，大徐語期切，此音誤也，當同《儀禮》魚乙切。《桑柔》與資、維、階韵，則讀如尼。《釋文》音魚陟切，非也。十五部。吴，古文矢字。矢篆下不載。

真 僊人變形而登天也。此真之本義也。經典但言誠實，無言真實者，諸子百家乃有真字耳。然其字古矣，古文作𡗜，非倉頡以前已有真人乎。引伸爲真誠，凡稹、鎮、瞋、謓、䐜、填、寘、闐、嗔、滇、鬒、瑱、顛、慎字，皆以真爲聲，多取充實之意。其顛、槙字以頂爲義者，亦充實上升之意也。慎字今訓謹，古則訓誠。《小雅》「慎爾優游」、「予慎無罪」，傳皆云：「誠也。」又「慎爾言也」、《大雅》「考慎其相」，箋皆云：「誠也」。慎訓誠者，其字从真，人必誠而後敬，不誠未有能敬者也。敬者，慎之弟二義，誠者，慎之弟一義。學者沿其流而不溯其原矣。故若《詩》傳箋所説諸慎字，謂即真之假借字可也。**从匕目𠃊。**變形，故从匕目。獨言目者，《道書》云：「養生之道，耳目爲先，耳目爲尋真之梯級。」韋昭云，偓佺方眼。㊲𠃊，匿也，讀若隱。仙人能隱形也。丌，謂篆體之下也。**所㠯乘載之。**丌者，六之省，下基也。《抱朴子》曰：「乘蹻可以周流天下，蹻道有三，一曰龍蹻，二曰氣蹻，三曰鹿盧蹻。」㊳蹻，去喬切。真从四字會意。側鄰切，十二部。

𡗜 古文真。汗簡作𡗜。

化 教行也。教行於上，則化成於下。賈生曰：「此五學者既成於上，則百姓黎民化輯於下矣。」《老子》曰：「我無爲而民自化。」**从匕人。**上匕之，而下從匕，謂之化。化篆不入人部而入匕部者，不主謂匕於人者，主謂匕人者也。今以化爲變匕字矣。**匕亦聲。**呼跨切，十七部。

文四。 重一。

匕 相與比敘也。比者，密也。敘者，次弟也。以妣籀作𡚱，祉或作礼，秕或作𥝢等求之，則比亦可作匕也。此製字之本義，今則取飯器之義行而本義廢矣。**从反人。**相與比敘之意也。卑履切，十五部。**匕亦所㠯用比取飯。**㠯者，用也。用字衍。比當作匕。漢人曰匕黍稷、匕牲體，凡用匕曰匕也。匕即今之飯匙也，《少牢饋食禮》注所謂「飯橾」也。《少牢饋食禮》：「廩人摡甑獻匕與敦。」㊴注曰：「匕所以匕黍稷者也。」此亦當即飯匙。按，《禮經》匕有二，匕飯匕黍稷之匕蓋小，經不多見；其所以別出牲體之匕，十七篇中屢見。喪用桑爲之，祭用棘爲之，又有名疏、名挑之別。蓋大於飯匙，其形製略如飯匙，故亦名匕，鄭所云「有淺斗，狀如飯橾」者也。以之別出牲體，謂之「匕載」，猶取黍稷謂之「匕黍稷」也。匕牲之匕，《易》《詩》亦皆作匕，《大東》傳、《震》卦王注皆云：「匕所以載鼎實」是也。《禮記・襍記》乃作「枇」，本亦作「朼」，鄭注《特牲》引之而曰「朼畢同材曰朼載」，蓋古經作匕，漢人或作朼，非器名作匕，匕載作朼，以此分別也。若《士喪》、《士虞》、《特牲》、《有司》篇匕載字皆作朼，乃是淺人竄改所爲。鄭注《易》亦云「匕牲體薦鬯」，未嘗作「朼牲體」也。注中容有木旁之朼，經中必無，劉昌宗分別，非是。**一名柶。**木部曰：「《禮》有柶。柶，匕也。」**所以取飯。凡匕之屬皆从匕。**

匙 匕也。《方言》曰：「匕謂之匙。」蘇林注《漢書》曰：「北方人名匕曰匙。」玄應曰：「匕或謂之匙。」㊵今江蘇所謂「𣔻匙」、湯匙也，亦謂之調羹。實則古人取飯載牲之具，其首蓋鋭而薄，故《左傳》矢族曰匕，昭廿六年傳是也；劍曰匕首，《周禮·桃氏》注是也。亦作鍉，玄應曰：《方言》作⿰木是。从匕，是聲。是支切，十六部。《地理志》「朱提縣」讀如此字。

相次也，从匕十。十者，數之具也。比敘之則必有其次矣。博抱切。鴇亦作⿰鳥包，包聲，古音在三部，則鴇古音亦在三部也。鴇从此。

頃也。頃者，頭不正也。《小雅·大東》「跂彼織女」傳曰：「跂，隅皃。」按，隅者，陬隅不正，而角織女三星成三角，言不正也。許所據作歧，今本乃改爲俗企字，言同而義不同矣。从匕，支聲。去智切，十六部。匕，頭頃也。説从匕之意。小徐無此四字。《詩》曰：「歧彼織女。」

頭不正也。匕頭角而不正方，故頭不正从匕曰頃。引伸爲凡傾仄不正之偁。今則傾行而頃廢，專爲俄頃頃畝之用矣。《謚法》：「敏以敬慎曰頃，甄心動懼曰頃，祇勤追懼曰頃。」从匕頁。頁者，頭也。匕其頭，是不正也。義主於不正，故入匕部，不入頁部。去營切，十一部。

頭髓也。髓者，骨中脂也。頭髓者，頭骨中脂也。《左傳》：「晉侯夢與楚子搏，楚子伏己而盬其腦。」服注：「如俗語相罵云啑汝腦矣。」服語正謂吸其頭髓也。从匕，句。匕，逗。相匕箸也。匕箸，猶比箸。箸，直略切。釋从匕之意。巛吕象髮，巛即鬊也，見㠯字下。囟象囟形。囟形，各本作㐫形，今依《韵會》本正。囟者，頭之會，腦之蓋也。頭髓在囟中，故囟曰腦蓋。囟字上開象小兒囟不合，故曰象形。頭髓不可象，故言其比箸於鬊與囟，以三字會意。奴晧切，古音當在三部。《考工記》作「⿰囟刂」，乃譌體，俗作腦。

望也。鉉無也，非。卬與仰義別，仰訓舉，卬訓望，今則仰行而卬廢，且多改卬爲仰矣。《小雅·車舝》曰：「高山卬止。」箋云：「卬慕。」《過秦論》：「常以十倍之地，百萬之衆，卬關而攻秦。」俗本作叩，作仰，皆字誤、聲誤耳。《晉語》：「如川然有原，以御浦而後大。」孔晁本作「卬浦」，牛亮反，言川仰浦而大，人仰教而成。《廣雅》：「仰，恃也。」仰亦卬之誤。《大雅》傳曰：「顒顒卬卬，盛皃。」引伸之義也。《釋詁》毛傳皆曰：「卬，我也。」語言之叚借也。欲有所庶及也。从匕卪。匕同比，庶及意，庶及猶庶幾也；卪者，其欲庶及之所也。伍岡切，十部，亦讀去聲。《詩》曰：「高山卬止。」

高也。《論語》：「如有所立，卓爾。」凡言卓犖，謂殊絶也，亦作卓躒。按，稽部「⿰禾卓，特止也」，辵部「逴，遠也」，人部「倬，箸大也」，皆一義之引伸。《覲禮》：「匹馬，卓上，九馬隨之。」注：「卓讀如卓王孫之卓，卓猶的也。以素的一馬爲上。」素的一馬，謂白馬也，鄭意白馬出衆，故謂之卓。《史記》多叚「淖」爲卓。早匕爲卓。此上當有「從匕早」三字。匕同比，早比之，則高出於後比之者矣。匕卩爲卬，皆同意。意舊作「義」，今正。此與凡云「某與某同意」同也。竹角切，古音在二部。

帛 古文皁。漢隸及今隸从卜，用古文而小篆廢矣。又疑古文恐是篆文之誤。

艮 很也。很者，不聽從也，一曰行難也，一曰盭也。《易傳》曰：「艮，止也。」止可兼很三義，許不依孔子訓止者，止，下基也，足也，孔子取其引伸之義，許說字之書，嫌云止則義不明審，故易之。此字書與說經有不同，實無二義也。《方言》曰：「艮，堅也。」《釋名》曰：「艮，限也。」从匕目。會意。古恨切，十三部。匕目，逗。猶目相匕，目相匕即目相比，謂若怒目相視也。不相下也。很之意也。《易》曰：「艮其限。」《艮》九三爻辭。獨引「艮其限」者，以限與艮音義皆同也。匕目爲皀，匕音化。目爲真。亦言二字同意。

文九。惟匙取匕飯之意，以下皆取比敘之意。　重一。

从 相聽也。聽者，聆也，引伸爲相許之偁。言部曰：「許，聽也。」按，从者，今之從字，從行而从廢矣。《周禮·司儀》：「客从拜辱於朝。」陸德明本如此。許書凡云从某，大徐作从，小徐作從。江氏聲曰：作从者是也。以類相與曰从。从二人。疾容切，九部。以今音言之，从亦可去聲。凡从之屬皆从从。

從 隨行也。以从辵，故云隨行。《齊風》：「並驅從兩肩兮。」傳曰：「從，逐也。」逐亦隨也。《釋詁》曰：「從，自也。」其引伸之義也。又引伸訓順，《春秋經》「從祀先公」，《左傳》曰「順祀先公」，是從訓順也。《左傳》：「使亂大從。」王肅曰：「從，順也。」《左傳》：「大伯不從，是以不嗣。」謂不肎順其長幼之次也。引伸爲主從，爲從橫，爲操從，亦假「縱」爲之。从从辵。舊作「辵从」，今正。从辵者，隨行也。主从不主辵，故不入辵部。从亦聲。慈用切，九部。按，大徐以去韵別於平韵，非也。當疾容切。

并 相从也。从，舊作「從」，今正。合也，兼也。从从，幵聲。府盈切，十一部。一曰，从持二干爲幷。干，舊奪，今依《韵會》本補。上言形聲，此言會意。干，經典用爲竿，如「孑孑干旄」是也。二人持二竿，是人持一竿，并合之意。或曰當出弁篆，解云：幷或从人，人持二干爲弁。人持二干爲弁者，猶又持二禾爲兼也，俗幷字之所本也。漢隸作幷。

文三。

比 密也。今韵平上去入四聲皆録此字。要密義足以括之，其本義謂相親密也，餘義俌也、及也、次也、校也、例也、類也、頻也、擇善而從之也、阿黨也，皆其所引伸。許書無篦字，古祇作比，見《蒼頡篇》、《釋名》、《漢書·匈奴傳》。《周禮》或叚比爲庀。二人爲从，反从爲比。猶反人爲匕也。毗二切。按，四聲俱收，其義本一，其音强分耳。唐人詩多讀入聲者。十五部。凡比之屬皆从比。

夶 古文比。按，蓋从二大也。二大者，二人也。

毖 慎也。《釋詁》曰：「毖，慎也。」《大雅》：「爲謀爲毖。」傳曰：「毖，慎也。」从比，必聲。兵媚切，古音如必，十二部。《周書》曰：「無毖于卹。」《大誥》文。某氏傳云：「無勞於憂。」

文二。　重一。

北 乖也。乖者，戾也。此於其形得其義也。軍奔曰北，其引伸之義也，謂背而走也。韋昭注《國語》曰：「北者，古之背字。」又引伸之爲北方，《尚書大傳》、《白虎通》、《漢·律麻志》皆言「北方，伏方也。陽氣在下，萬物伏藏。」亦乖之義也。从二人相背。博墨切，一部。凡北之屬皆从北。

冀 北方州也。《周禮》曰：「河内曰冀州。」《爾雅》曰：「兩河閒曰冀州。」據許説，是北方名冀，而因以名其州也。叚借爲望也，幸也，蓋以冀同覬也。覬者，欲幸也。从北，異聲。几利切，古音在一部。

文二。

丘 土之高也，《大司徒》注曰：「土高曰丘。」非人所爲也。《釋丘》曰：「非人爲之丘。」謂非人力所爲也。从北，从一；會意。去鳩切，古音在一部。讀如欺，漢時讀入今之尤韵，故《禮記》「嫌名」注曰「宇與禹、丘與區」㊶之類，漢時區亦去鳩切也。一，地也。釋从一之意。人凥在丠南，故从北。釋从北之意。中邦之凥在昆侖東南。昆侖下，當有丘字。嫌人居不必在丘南，故言倉頡造字之初取意於此。一曰，四方高中央下爲丘。《淮南·墬形訓》注曰：「四方而高曰丘。」象形。與上會意别。凡丠之屬皆从丠。

𡊅 古文从土。从土猶从一。

虚 大丠也。昆侖丠謂之昆侖虚。昆侖丘，丘之至大者也。《釋水》曰：「河出昆侖虚。」《海内西經》曰：「海内昆侖之虚在西北，帝之下都。」即《西山經》「昆侖之丘，實惟帝之下都」也。水部曰：「泑津在昆侖虚下。」按，虚者，今之墟字，猶昆侖今之崐崘字也。虚本謂大丘，大則空曠，故引伸之爲空虚。如魯少皞之虚，衛顓頊之虚，陳大皞之虚，鄭祝融之虚，皆本帝都，故謂之虚。又引伸之爲凡不實之稱。《邶風》：「其虚其邪。」毛曰：「虚，虚也。」謂此虚字，乃謂空虚，非丘虚也。一字有數義數音，則訓詁有此例。如許書「巳，已也」。謂此辰巳之字，其義爲已甚也。虚訓空，故丘亦訓空，如《漢書》「丘亭」是。自學者罕能會通，乃分用墟、虚字，别休居、邱於二切，而虚之本義廢矣。古者九夫爲井，四井爲邑，四邑爲丠，丠謂之虚。此又引《小司徒》職文，言丘亦名虚，皆説虚篆从丘之意也。丘虚語之轉，《易·升》：「九三，升虚邑。」馬云：「虚，丘也。」虚猶聚也，居也，引伸爲虚落，今作墟。《鄘風》：「升彼虚矣。」傳曰：「虚，漕虚也。」从丠，虍聲。邱如切，又朽居切，五部。

屔 反頂受水丠也。《釋丘》曰：「水潦所止泥丘。」

《釋文》曰：「依字又作屔。」郭云：「頂上洼下者。」《孔子世家》：叔梁紇與顏氏女「禱於尼丘，得孔子，生而首上圩頂，故因名曰丘，字仲尼」。按，《白虎通》曰：「孔子反宇，是謂尼丘，德澤所興，藏元通流。」蓋頂似尼丘，故以類命爲象。屔是正字，泥是古通用字，尼是假借字。水潦所止，是爲泥淖。《儀禮》注曰：「淖者，和也。」劉瓛述張禹之説：「仲者，中也；尼者，和也。孔子有中和之德，故曰仲尼。」張固從泥淖得解。《顏氏家訓》乃曰：「至如仲尼居三字之中，兩字非體，《三蒼》尼旁益丘，《説文》尸下施几，如此之類，何由可從。」玉裁謂，若言駭俗則難依，若言古義則不可不知也。又漢碑有作仲泥者，淺人深非之，豈知其合古義哉。从丠，从泥省，不但曰尼聲，必曰从泥省者，説水潦所止之意也。泥亦聲。奴低切，十五部。

文三。　重一。

㐺　衆立也。《玉篇》作「眾也」。从三人。會意。《國語》曰：「人三爲衆。」凡㐺之屬皆从㐺。讀若欽崟。山部曰：「崟，山之岑崟也。」欽崟蓋即岑崟。《公羊傳》及《上林賦》又皆有「嶔巖」字。㐺讀如崟，魚音切，七部。

眾　多也。从㐺目，眾意。之仲切，九部，古平聲。

聚　會也。《公羊傳》曰：「會猶冣也。」注云：「冣，聚也。」按，冖部曰：「冣，積也。」積以物言，聚以人言，其義通也。古亦叚「冣」爲聚。从㐺，取聲。才句切，古音在四部。一曰，邑落曰聚。《平帝紀》：「立學官，郡國曰學，縣道邑侯曰校，鄉曰庠，聚曰序。」張晏曰：「聚，邑落名也。」韋昭曰：「小鄉曰聚。」按，邑落謂邑中村落。

臮　衆與詞也。與詞，各本誤倒，今依《廣韵》正。衆與者，多與也，所與非一人也。詞者，意内言外之謂。或假「洎」爲之，如鄭《詩譜》偁「無逸爰洎小人」是也。亦假「暨」爲之，如《公羊傳》：「及者何，與也。會及暨，皆與也。暨猶暨暨也。」《釋詁》曰：「暨，與也。」《釋訓》曰：「暨，不及也。」按，不及，及也，即《公羊》所謂「猶暨暨」也。从㐺，自聲。其冀切，按，冀當作洎，十五部。《虞書》曰：虞當作唐，説見禾部。「臮咎繇。」《堯典》文。今《書》作暨。

古文臮。此篆轉寫既久，今不可得其會意形聲，姑從宋本作。

文四。　重一。

壬　善也。从人士。會意。他鼎切，十一部。士，逗。事也。説从士之意。人各事其事，是善也。一曰，象物出地挺生也。壬、挺疊韵。此説象形，與前説别。上象挺出形，下當是土字也。古土與士不甚可分如此。凡壬之屬皆从壬。

徵　召也。召者，評也。《周禮·司市》《典祀》注、《鄉飲酒禮》注、《鄉射禮》注皆曰：「徵，召也。」按，徵者，證也，驗也，有證驗斯有感召，有感召而事以成，故《士昏禮》注、《禮運》注又曰：「徵，成也。」依文各解，義則相通。从壬，从微省。會意。微即𢼸也。陟陵切，六部。壬微爲徵，嫌上文未顯，故又明之。已上九字各本譌奪不可讀，今補正。行於微而聞達者，即徵也。聞，各本作「文」，今依《韵會》訂。又説壬微之意，言行於隱微而聞達挺箸於外，是乃感召之意也。

𢿱 古文。

朢 月滿也。與日相望，以朢韵爲訓。此與「望」各字，望从朢省聲，今則望專行而朢廢矣。《原象》曰：「日兆月而月乃有光，人自地視之，惟於朢得見其光之盈，朔則日之兆月，其光鄉日，下民不可得見，餘以側見而闕。」侣朝君。似，各本譌「以」，今正。《韵會》作「月望日，如臣朝君於廷。」此釋从臣从壬之意也。从月，从臣，从壬，合三字會意。不入月部者，古文以从臣壬見尊君之義，故箸之。無放切，十部。壬，朝廷也。説此壬爲廷之叚借字，與壬本義別。

𦣠 古文朢省。《大玄》譚作譚，亦古文也。

㸒 近求也。近求，浸淫之意也。小徐無近字。《廣韵》曰：「貪也。」从爪壬。會意。余箴切，七部。爪壬，舊奪爪字，今補。徼幸也。爪壬，言挺其爪妄有所取，徼幸之意。

文四。　重二。

重 厚也。厚者，𣆪也，厚斯重矣。引伸之爲鄭重、重疊。古祗平聲，無去聲。从壬，東聲。柱用切，九部。凡重之屬皆从重。㊷

量 稱輕重也。稱者，銓也。《漢志》曰：「量者，所以量多少也；衡權者，所以均物平輕重也。」此訓量爲稱輕重者，有多少斯有輕重，視其多少可辜搉其重輕也，其字之所以从重也。引伸之，凡料理曰量，凡所容受曰量。从重省，曏省聲。吕張切，十部。按，亦去聲。

量 古文。

文二。　重一。

臥 伏也。伏，大徐作「休」，誤。臥與寢異，寢於牀，《論語》「寢不尸」是也；臥於几，《孟子》「隱几而臥」是也；臥於几，故曰伏，尸篆下曰「象臥之形」是也。此析言之耳，統言之則不別。故宀部曰：「寢者，臥也。」《曲禮》云「寢毋伏」，則謂寢於牀者毋得俯伏也。引伸爲凡休息之偁。从人臣，取其伏也。臣下曰「象屈服之形」，故以人臣會意。吾貨切，十七部。凡臥之屬皆从臥。

監 臨下也。《小雅》毛傳：「監，視也。」許書：「[目監]，視也；監，臨下也。」古字少而義晐，今字多而義別。監與鑒互相假。从臥，衉省聲。古銜切，八部。

[臥言] 古文監。从言。會意。

臨 監也。各本作「監臨也」，乃複字未刪而又倒之，今正。从臥，品聲。力尋切，七部。

𦦝 楚謂小兒嬾𦦝。《玉篇》作「楚人謂小嬾曰𦦝」，此有兒，衍字也。从臥食。會意。尼戹切，十六部。

文四。　重一。

身　躳也。呂部曰：「躳，身也。」二字爲互訓。躳必入呂部者，躳謂身之傴，主於脊骨也。从人，申省聲。大徐作「象人之身，从人，厂聲」。按，此語先後失倫，厂古音在十六部，非聲也。今依《韵會》所據小徐本正。《韵會》「从人」之上有「象人身」三字，亦非也。申籀作𤰈，故从其省爲聲。失人切，十二部。凡身之屬皆从身。

軀　體也。體者，十二屬之緫名也。可區而別之，故曰軀。从身，區聲。豈俱切，古音在四部。

文二。

㐆　歸也。疊韵爲訓。从反身。此如反人爲匕，反从爲比。於機切，十五部。凡㐆之屬皆从㐆。

殷　作樂之盛偁殷。此殷之本義也。如《易·豫》象傳是。引伸之爲凡盛之偁，又引伸之爲大也，又引伸之爲衆也，又引伸之爲正也、中也。从㐆殳。依《廣韵》訂。樂者，樂其所自成，故从㐆。殳者，干戚之類，所以舞也。不入殳部者，義主於㐆也。於身切，古音十三部。《廣韵》於斤切是也。《易》曰：「殷薦之上帝。」《豫》象傳曰：「雷出地奮，豫，先王以作樂崇德，殷薦之上帝，以配祖考。」鄭注：「王者功成作樂，以文得之者作籥舞，以武得之者作萬舞，各充其德而爲制，祀天地以配祖考者，使與天同饗其功也。」

文二。

衣　依也。疊韵爲訓。依者，倚也。衣者，人所倚以蔽體者也。上曰衣，下曰常。常，下帬也。象覆二人之形。孫氏星衍曰：「當作二厶，厶古文厷也。」玉裁謂，自人部至此部及下文老部、尸部，字皆从人。衣篆非從人，則無由次此。故楚金《疑義篇》作㐺，云：「《說文》字體與小篆有異。」今人小篆作亽，乃是變體求工耳。㊸下文表、襄、衰、裔四古文皆从㐺，則知古文从二人也。今人作卒字，亦从二人。何以云覆二人也？云覆二人，則貴賤皆覆，上下有服而覆同也。於稀切，十五部。凡衣之屬皆从衣。

裁　制衣也。刀部曰：「制者，裁也。」二字爲轉注。《韓非子》曰：「管仲善制割，賓胥無善削縫，隰朋善純緣。」制割者，前裁之謂也。裁者，衣之始也。引伸爲裁度、風裁。从衣，𢦏聲。昨哉切，一部。

袞　天子亯先王，句。卷龍繡於下常。句。《周禮·司服》曰：「王之吉服，享先王則袞冕。」鄭仲師云：「袞，卷龍衣也。」《豳風》：「袞衣繡裳。」傳曰：「袞衣，卷龍衣也。」卷龍，謂龍拳曲。《禮記》袞衣字皆作卷。鄭於《王制》釋之曰：「卷，俗讀也，其通則曰袞。」蓋袞與卷古音同，故《記》假「卷」爲袞也。鄭云：「周制以日月星辰畫於旌旗。而冕服九章，初一曰龍，次二曰山，次三曰華蟲，次四曰火，次五曰宗彝，皆畫於衣；次六曰藻，次七曰粉米，次八曰黼，次九曰黻，皆繡於裳。則袞之衣五章，裳四章，凡九也。」許於糸部引《書》「山龍華蟲作繪」云：「會五采繡也」，此又云繡龍於裳，其釋黺則曰「畫粉也」，皆與鄭正相反。蓋鄭說未出以前，許所據之説多不可攷矣。幅一龍，蟠阿上鄉。鄉今向字。小徐作「卿」，誤。幅一龍，謂每幅一龍也。凡裳，前三幅，後四幅，然則繡龍者七與。蟠，阿曲皃也。上鄉，所謂升龍也。鄭注《覲禮》云：「上公衮無降龍。」然則惟天子衮有升龍也。龍曲體而卬首，故曰蟠阿上鄉。《白虎通》引《傳》云：「天子升龍，諸侯降龍。」賈公彦云：此據衣服言，若旌旗則諸侯畫交龍，一象其升，一象其下復。从衣，㕣聲。㕣見口部及水部，古文沇州字也，衮以爲聲。故《禮記》作卷。《荀卿》作裷㊹，《王純碑》以衮爲兖州字。各本作公聲，篆體作衮，公與衮雖雙聲，非同部，今正。按，《爾雅音義》曰：「衮，《説文》云：从衣，从㕣。㕣，羊兗反。或云从公衣。」「从㕣」當作「㕣聲」，「或云从公衣」五字，非許語也。許明云「天子衣」矣。十四部。

襄 丹縠衣也。縠，細絹也。《庸風》：「瑳兮瑳兮，其之展也。」《毛詩》傳：「禮有展衣者，以丹縠爲衣。」馬融從之，許说同。先後鄭注《周禮》及劉氏《釋名》皆云：「展衣白。」後鄭云：「展衣以禮見王及賓客之服，字當爲襢。襢之言亶，亶，誠也。」按，《詩》《周禮》作展，叚借字也。《玉藻》《襍記》作襢，後鄭從之，許作襄，漢《禮》家文字不同如此。从衣，㠭聲。知扇切，十四部。

褕 褕翟，逗。二字舊刪褕字，今依《毛詩》補。羽飾衣。《庸風》：「玼兮玼兮，其之翟也。」毛傳曰：「翟，揄狄，闕狄，羽飾衣也。」釋文：「揄，字又作褕；狄，字又作翟。」依《説文》，則毛傳本作褕、作翟也。羽部曰：「翟，山雉。」其衣曰褕翟、闕翟，故知爲羽飾衣也。毛許云「羽飾衣」，未詳其制。《内司服》：「褘衣、揄狄、闕狄。」《玉藻》之記同。鄭仲師云：「揄狄、闕狄，畫羽飾。」則釋爲畫。後鄭謂褘、揄即《爾雅》之翬雉、搖雉字，狄即翟字，翬衣、搖翟皆刻繒爲之形而采畫之，箸於衣以爲飾，因以爲名，闕翟刻而不畫。後鄭與毛異，亦與大鄭異。葢毛、許謂褘、褕、闕爲衣服之名，褕闕系以翟，故釋爲羽飾，褕者正字，揄者叚借字也。後鄭則謂揄者叚借字，搖者正字也。許無搖雉之説，鄭不取褕字。然搖與翟十四雉中二雉之名，經何不言搖衣，而偁搖又言翟也？其説似尚當審定矣。从衣，俞聲。羊朱切，古音在四部。一曰，直裾謂之襜褕。《方言》：「襜褕，江淮南楚謂之褈裕，自關而西謂之襜褕。」《釋名》：「荆州謂襌衣曰布襹，亦曰襜褕，言其襜襜弘裕也。」師古注《急就篇》及《雋不疑傳》曰：「直裾，襌衣也。」《史記》索隱曰：「謂非正朝衣，如婦人服也。」

袀 玄服也。各本無此篆，而袗篆下云：「玄服也」，葢誤合二爲一，正與鼎部鼏鼏同，今依《文選・閒居賦》「服以齊玄」李善注所引《説文》正。《左傳》卜偃曰：「童謠云：袀服振振。」服虔曰：「袀服，黑服也。」《吴都賦》：「六軍袀服。」劉注曰：「袀，皁服也。」《士昏禮》：「女從者畢袀玄。」袀玄言衣色。《月令》：「孟冬乘玄路。」鄭云：「今《月令》作袗，似當爲袀，聲之誤也。」按，今《士昏禮》、《月令》袀皆譌作袗，知其字形相近易誤矣。又鄭釋《士昏》、杜釋《左傳》皆釋袀爲同，此謂袀即均之假借字耳。从衣，勻聲，讀若均。李善引《説文》音均，葢有「讀若均」三字也。十二部。《廣韵》居勻切。

袗 禪衣也。各本作「玄服也」。今按，《論語》：「當暑袗絺綌。」陸云：「本又作袗。」下《曲禮》注引《論語》作「袗」，孔安國曰：「暑則單服。」《玉藻》：「振絺綌不入公門。」鄭云：「振讀爲袗。袗，禪也。」依此二注定其解。**一曰，盛服。**㐱本訓稠髮，凡㐱聲字多爲濃重。《上林賦》：「磐石裖崖。」孟康曰：「裖，砛致也，以石致川之廉也。」是裖與㐱、稹字義同。《孟子》：「被袗衣。」袗衣亦當謂盛服，趙云「畫衣」者，不得其說，姑依《皋陶謨》「作繪」言之耳。然則袗亦可訓盛服。若大徐作「玄服」、小徐作「袨服」，引鄒陽上書「袨服」釋之，當是脱誤之後改玄爲袨，傅會成說。「武力鼎士袨服叢臺之下」，服虔以大盛玄黃服釋之，不知袨本玄之異字，武士玄服即所謂六軍袀服也。**从衣，㐱聲。**之忍切，十三部。

裖 袗或从辰。

表 上衣也。上衣者，衣之在外者也。《論語》：「當暑袗絺綌，必表而出之。」孔曰：「加上衣也。」皇云：「若在家，則裘葛之上，亦無別加衣；若出行、接賓客，皆加上衣。」當暑絺綌可單，若出不可單，則必加上衣也。嫌暑熱不加，故特明之。《玉藻》：「表裘不入公門。」鄭曰：「表裘，外裘也。」（外裘，今本作外衣，誤。）禪絺綌外裘二者形且褻，皆當表之乃出。引伸爲凡外箸之稱。**从衣毛。**會意。毛亦聲也。陂矯切，二部。**古者衣裘，故㠯毛爲表。**說从衣毛之意也。古者衣裘，謂未有麻絲，衣羽皮也。衣皮時，毛在外，故裘之制，毛在外。以衣毛製爲表字，示不忘古。

襃 古文表从麃。麃聲。

裏 衣内也。引伸爲凡在内之偁。**从衣，里聲。**良止切，一部。

襁 負兒衣。**从衣，强聲。**居兩切。按，古繦緥字从糸不从衣，淺人不得其解，而增襁篆於此。叚令許有此字，當與褯篆爲類矣。當刪。說詳糸部。

䘇 衣領也。領者，頸項也。因以爲衣在頸之名。《魏風》：「要之䘇之。」毛傳曰：「要，要也；䘇，領也。」按，裳之上曰要，衣之上曰領，皆以人體名之也。《士喪禮》云：「裞者左執領，右執要。」**从衣，棘聲。**䘇之言亟也，領爲衣之亟者，故曰䘇。己力切，一部。亦作襋。**《詩》曰：「要之䘇之。」**

襮 黼領也。白與黑相次文謂之黼，黼領，刺黼文於領也。《唐風》：「素衣朱襮。」《釋器》曰：「黼領謂之襮。」毛傳曰：「襮，領也。諸侯繡黼丹朱中衣。」箋云：「繡當爲綃。綃黼丹朱中衣，中衣以綃黼爲領，丹朱爲純也。」按，或借爲表暴字，云「表襮」。**从衣，暴聲。**蒲沃切，三部。**《詩》曰：「素衣朱襮。」**

䙝 䙝領也。三字句。䙝領各本譌「福領」，字之誤也，今正。《方言》曰：「袚謂之䙝。」郭曰：「即衣領也。」戴先生云：「袚即《玉藻》、《深衣》、《曲禮》之袷字，交領也。《爾雅》「黼领謂之襮」，孫炎曰：「繡刺黼文以䙝領也。」《士昏禮》注：「卿大夫之妻刺黼以爲領，如今偃領矣。」偃即褗字，褗領古有此語。《廣韵》曰：「褗，衣領也。」从衣，匽聲。於幰切，十四部。

裺 褗謂之裺。葢奄覆之義。《方言》曰：「裺謂之襦。」又曰：「懸裺謂之緣。」又曰：「繞循謂之襹裺。」皆不與許同。从衣，奄聲。依檢切，八部。

衽 衣裣也。凡朝祭喪服，衣與裳殊，深衣不殊。《喪服記》曰：「衽二尺有五寸。」鄭曰：「衽所以掩裳際也。上正一尺，燕尾一尺五寸，凡用布三尺五寸。」玉裁按，朝祭服同，《玉藻》注所謂「或殺而下」，「屬衣則垂而放之」者也。《玉藻》：「衽當旁。」鄭曰：「謂裳幅所交裂也。」江氏永曰：「以布四幅正裁爲八幅，上下皆廣一尺一寸，各邊削幅一寸，得七尺二寸，既足要中之數矣。下齊倍於要，又以布二幅斜裁爲四幅，狹頭二寸在上，寬頭二尺在下，各邊削幅一寸，亦得七尺二寸，共得一丈四尺四寸。此四幅連屬於裳之兩旁，所謂衽當旁也。」玉裁按，此注所謂或殺而上屬裳，則縫之以合前後者也。此二者皆謂之衽。凡言衽者，皆謂裳之兩旁。鄭曰：「凡衽者或殺而下，或殺而上。是以小要取名焉。」小要者，《喪大記》云「君葢用漆三衽三束」是也。假借爲衽席，衽席者，今人所謂褥也。語之轉。从衣，壬聲。如甚切，七部。

褸 衽也。《方言》曰：「褸謂之衽。」注：「衣襟也，或曰裳際也。」又曰：「褸謂之袩。」注：「即衣衽也。」按，郭云「衣襟」者，謂正幅；云「裳際」者，謂旁幅。謂衽爲正幅者，今義非古義也。衽者，殺而下者也。故引伸之，衣被醜弊或謂之褸裂，或謂之襤褸，或謂之緻。从衣，婁聲。力主切，古音在四部。

⿰衤疌 裣緣也。緣，衣純也。純，之允切。《深衣》曰：「具父母、大父母，衣純以繢；具父母，衣純以青；如孤子，衣純以素。純袂，緣，純邊，廣各寸半。」《詩》：「青青子衿。」毛曰：「青衿，青領也。」正謂緣以青也。葢古者深衣，右自領及衽，左自袼亦及衽，皆緣之，故曰裣緣。从衣，疌聲。七入切，八部。

裣 交衽也。《釋器》曰：「衣皆謂之襟。」孫郭皆曰：「襟，交領也。」《鄭風》：「青青子衿。」毛曰：「青衿，青領也。」《方言》：「衿謂之交。」按，裣之字，一變爲衿，再變爲襟，字一耳。而《爾雅》之襟，毛傳、《方言》之衿，皆非許所謂裣也。《爾雅》、《詩》傳、《方言》皆自領言之。《深衣》：「曲袷如矩以應方。」注：「袷，交領也。古者方領，如今小兒衣領。」《玉藻》「袷二寸。」注：「曲領也。」《曲禮》「天子視不上於袷」，《玉藻》「侍於君，視帶以及袷」，注皆云：「交領也。」袷者，交領之正字，其字从合。《左傳》作「襘」，从會，與从合一也。交領宜作袷，而《毛詩》、《爾雅》、《方言》作衿，殆以衿袷爲古今字與。若許云「裣，交衽也」，此則謂掩裳際之衽，當前幅後幅相交之處，故曰交衽。裣本衽之偁，因以爲正幅之偁，正幅統於領，因以爲領之偁，此其推移之漸，許必原其本義爲言。凡金聲、今聲之字，皆有禁制之義，禁制於領與禁制前後之不相屬，不妨同用一字。从衣，金聲。居音切，七部。漢石經：「青青子裣。」

褘 蔽厀也。按，蔽厀非韠也。許釋韠、市皆云：「所以蔽前。」鄭注《禮》同。韠以蔽前，而非專蔽厀也。《方言》曰：「蔽厀，江淮之閒謂之褘，或謂之袯，魏宋南楚之閒謂之大巾，自關東西謂之蔽厀，齊魯之郊謂之衻。」許不云「褘者，韠也」，則知許不謂一物也。《釋名》曰：「褘所以蔽厀前也，婦人蔽厀亦如之。」亦不以爲一物，而已與許異。**从衣，韋聲。**許歸切，十五部。**《周禮》曰「王后之服褘衣」，謂畫袍。**《周禮·內司服》：「王后之六服：褘衣、揄狄、闕狄、鞠衣、展衣、緣衣。」許揄作褕，展作襢，見上文。以褘衣系之褘下弟二義者，許必有所受矣。袍當作衣。大鄭曰：「褘衣，畫衣。」引《祭統》「君卷冕，夫人副褘」，此古說也。至後鄭注，乃後褘讀爲翬。

袾　襲袾也。襲袾葢古语。或曰，當作「袾」逗，「襲也」句。《廣韵》曰：「袾，衣前襟。」鍇曰：「今俗猶言之。」《少儀》：「劒則啟櫝葢襲之，加夫襓與劒焉。」鄭曰：「夫襓，劒衣也。夫或爲煩，皆發聲。」按，鄭既謂夫襓是劒衣，又云夫是發聲，葢不能定其說也。而《廣雅》曰：「袾襓、袜，劒衣也。」夫加衣旁，即許此字，亦是韜藏意。韋部曰：「韜，劒衣也。」**从衣，夫聲。**甫無切，五部。

襲　ナ衽袍。小斂大斂之前衣死者謂之襲。《士喪禮》：「乃襲三稱。」注曰：「遷尸於襲上而衣之。凡衣死者，左衽不紐。」按，《喪大記》：「小斂大斂，祭服不倒，皆左衽，結絞不紐。」襲亦左衽不紐也。袍，褻衣也。《記》曰「纊爲繭，緼爲袍」也。許曰：「袍，襺也。」《士喪禮》：「襲衣有爵弁服、皮弁服、褖衣。」注：「褖衣所以表袍者。」子羔之襲繭衣裳與稅衣爲一，是也。斂始於襲，襲始於袍，故單言袍也。襲字引申爲凡揜襲之用，若《記》曰「帛爲褶」，《士喪禮》古文作襲，叚借字也。《喪大記》、《玉藻》用《禮》今文作「褶」，注曰：「褶，袷也。有表裏而無著。」許依古文《禮》，故不收褶字。凡經典重襲之義，如「筮襲于夢，武王所用」，「祥襲則行，不襲則增，修德而改卜」，皆當作褶，褶義之引申。**从衣，龖省聲。**似入切，七部。

襲　籒文襲不省。

袍　襺也。《秦風》：「與子同袍。」《釋言》、毛傳皆曰：「袍，襺也。」《玉藻》曰：「纊爲繭，緼爲袍。」注曰：「衣有著（同褚。）之異名也。」《記》文袍、襺有別，析言之，渾言不別也。古者袍必有表，後代爲外衣之偁。《釋名》曰：「袍，丈夫箸，下至跗者也。袍，苞也，苞內衣也。婦人以絳作，義亦然也。」**从衣，包聲。**薄褒切，古音在三部。**《論語》曰：「衣敝緼袍。」**敝，各本作弊，誤。《論語·子罕篇》文。

襺　袍衣也。从衣，繭聲。古典切，十二部。《玉藻》作「繭」者，字之叚借也。絮中往往有小繭，故絮得名繭。**吕絮曰襺，吕緼曰袍。**既渾言而又析言之也。《玉藻》言纊，許言絮者，糸部曰：「纊，絮也。」鄭注《玉藻》緼謂新綿及舊絮，故纊專爲新綿；許緼謂紼，故纊爲絮，不分新舊。糸部曰：「緼，紼也。」「紼，亂枲也。」亂枲即亂麻，《蒯通傳》注及《廣韵》云「亂麻」是也。孔安國《論語》「緼袍」注亦曰「枲著」。孔許與鄭異，似孔許爲長。**《春秋傳》曰：「盛夏重襺。」**襄二十一年《左傳》曰：「薳子馮方暑掘地下冰而牀焉，重繭衣裘。」許櫽栝其語。

褋［篆］南楚謂禪衣曰褋。《九歌》曰：「遺余褋兮醴浦。」《方言》曰：「禪衣，江淮南楚之間謂之褋，關之東西謂之禪衣。」按，屈原賦當用南楚語，王逸云「襜襦」，殆非也。从衣，枼聲。各本作枼，而篆體乃作褋，是改篆而未改説解也。枼者，薄也，禪衣故从枼。《方言》、《廣雅》、《玉篇》、《廣韵》皆作褋，至《集韵》乃云褋省作褋，正誤於已改之《説文》耳，今正。徒叶切，八部。

袤［篆］衣帶㠯上。此古義也，少得其證。今則後義行而古義廢矣。帶者，上衣下常之介也。从衣，矛聲。莫候切，四部。一曰，南北曰袤，東西曰廣。《周髀筭經》曰：「天地之廣袤。」《史記》曰：「蒙恬築長城，廣袤萬餘里。」《廣雅》：「袤，長也。」

𧝎［篆］籒文袤从楙。

襘［篆］帶所結也。昭十一年《左傳》，叔向曰：「衣有襘，帶有結，視不過結襘之中，所以道容貌也。」杜注：「襘，領會；結，帶結也。」《玉藻》、《曲禮》、《深衣》皆謂交領曰袷，襘即袷，會合同義。且叔向「視不過結襘之中」，即《曲禮》視天子「不上於袷，不下於帶」，《玉藻》「侍君視帶以及袷」也。然則杜注得之，許合繪結二者爲一，似誤矣。杜注當仍賈服之舊。从衣，會聲。古外切，十五部。《春秋傳》曰：「衣有襘。」

褧［篆］檾衣也。衣字舊無，今補。檾者，臬屬；績檾爲衣，是爲褧也。許意如是。若鄭箋《衛風》云：「褧，禪也。」不言禪用何物。《鄭風》箋云：「褧，禪也，蓋以禪縠爲之。」與許説異。縠者，細絹也，以絲而非以臬矣。鄭説本《玉藻》。《玉藻》、《中庸》作「絅」，《禮經》作「潁」，皆假借字也。《詩》曰：「衣錦褧衣。」《衛・碩人》《鄭・丰》同。示反古。此許釋《詩》也。毛傳曰：「衣錦，錦文衣也。夫人德盛而尊嫁，則錦衣加褧襜。」《中庸》曰：「衣錦尚絅，惡其文之箸也。」鄭以《中庸》箋《詩》，許云示反古，意亦略同。古者麻絲之作，蓋先麻而後絲，故「衣錦尚褧」，歸真反樸之意。从衣，耿聲。去潁切，《廣韵》口迥切，十一部。

衹［篆］衹裯，逗。短衣也。《方言》曰：「汗襦，江淮南楚之間謂之褶，自關而西或謂之衹裯，自關而東謂之甲襦，陳魏宋楚之間謂之襜襦，或謂之禪襦。」《後漢・羊續傳》：「其資藏惟有布衾敝衹裯，鹽麥数斛。」从衣，氐聲。都衣切㊺，十五部。

裯［篆］衣袂衹裯。依全書之例，此當云「衹裯也」，衣袂二字葢誤衍。《召南》：「抱衾與裯。」毛曰：「裯，禪被也。」从衣，周聲。都牢切，古音在三部，讀如周。衹裯雙聲字也。

襤［篆］裯謂之襤褸。裯謂衹裯。《九辨》：「被荷裯之晏晏。」王曰：「裯，衹裯也。」《方言》曰：「裯謂之襤。」郭注：「衹裯，敝衣，亦謂襤褸。」按，《説文》「褸」字疑衍，衹裯亦名襤耳，不如郭説也。襤，逗。無緣衣也。衣字依《韵會》補。《方言》又曰：「無緣之衣謂之襤」，「楚謂無緣之衣曰襤」，故衹裯無緣則謂襤也。巾部𢅅下曰：「楚謂無緣衣也。」襤與𢅅同。从衣，監聲。魯甘切，八部。

褙　無袂衣謂之褙。《方言》文。从衣，惰省聲。徒臥切，十七部。

禱　衣躬縫。躬从吕，自後言身也。躬與禱雙聲。下文曰「裻，背縫」，亦即此字也。《方言》作「𧜗」，「繞循謂之𧜗裺」。郭云：「衣督脊也。」《莊子》作「督」，「緣督以爲經」。李云：「緣，順也；督，中也。」衣躬縫者，《深衣》云「負繩及踝以應直」是也。从衣，毒聲。讀若督。冬毒切，三部。

祛　衣袂也。《鄭風·遵大路》《唐風·羔裘》傳皆曰：「祛，袂也。」按，祛有與袂析言之者：《深衣》注曰：「祛，袂口也。」㊻《喪服記》注曰：「祛，袖口也。」《檀弓》注曰：「祛，袖緣口也。」《深衣》《喪服》且袂與祛並言，蓋袂上下徑二尺二寸，至祛則上下徑尺二寸，其義當分別也。若《詩》之兩言祛，則無庸分別。定本《唐風》傳曰：「祛，袂末也。」此非是。傳下文言「本末」，本謂羔裘，末謂豹袖，非謂袂本、祛末也。从衣，去聲。去魚切，五部。一曰，祛，裹也；裹者，裛也。此義未見其證。《方言》曰：「袿謂之裾。」郭云：「裾或作祛。」按，下文云：「裾，衣裛也」，此云「祛，裛也」，則知古有假祛爲裾者矣。祛得訓裛，故或曰藏去，或曰弆，或曰祛，皆其義也。藏物必去此而藏彼，故其義亦爲攘却。《兒寬傳》李奇注曰：「祛，開也，散也。」凡襄開曰祛，若毛傳云：「祛祛，彊健皃」，亦於从去得義。古無从示之祛，至《集韵》而後有之。唐石經「以車祛祛」，从衣不誤。祛尺二寸。《喪服記》、《玉藻》皆有此句，上蓋奪「《禮記》曰」三字。《春秋傳》曰：「披斬其祛。」僖五年《左傳》文。杜注亦曰：「祛，袂也。」

褎　袂也。《唐風·羔裘》傳曰：「褎猶祛也」，蒙上章言之。褎引伸爲盛飾皃，《邶風》傳曰：「褎如，盛服皃」，《董仲舒傳》曰「褎然爲舉首」，《序傳》曰「樂安褎褎」，《生民》傳曰「褎，長也」，箋云「枝葉長也」，皆其義也。从衣，采聲。聲蓋衍字，采非聲。衣之有褎，猶禾之有采，故曰从衣采。似又切，三部。

袖　俗褎从由。由聲。

袂　褎也。从衣，夬聲。彌弊切，十五部。郭景純云：「襼即袂字。」

褢　褎也。褢之爲言回也。袼之高下，可以運肘；袂之長短，反詘之及肘。一曰，臧也。此義與褱近。从衣，鬼聲。户乖切，十五部。

裛　褢也。《論語》：「子生三年，然後免於父母之懷。」馬融釋以懷抱，即褢裛也。今字抱行而裛廢矣。抱者，引堅也。从衣，包聲。此舉形聲包會意。薄保切，古音在三部。

褱　俠也。俠當作夾，轉寫之誤。亦部曰：「夾，盜竊褱物也，从亦，有所持。俗謂蔽人俾夾是也。」腋有所持，褱藏之義也。在衣曰褱，在手曰握。今人用懷挾字古作褱夾。从衣，眔聲。眔，从隶省聲。十五部，户乖切。一曰，橐。

襜 衣蔽前。《釋器》曰：「衣蔽前謂之襜。」此謂衣，非謂蔽厀也。引伸之，凡衣或曰襜褕，或曰襜襦，皆取蔽義。又引伸之，凡所用蔽謂之襜。《巾車》：「皆有容葢。」大鄭曰：「容謂幨車，山東謂之裳幃，或曰潼容。」幨即襜字也。《詩》毛傳曰：「帷裳，婦人之車。」帷裳即裳幃也。《士昏禮》「婦車有裧」，《襍記》「其輤有裧」，裧亦即襜字。从衣，詹聲。處占切，八部。

袥 衣衸。《廣雅》：「衩、衸、袥，褠膝也。」《玉篇》：「褠膝，裹衸也。」按，褠膝者，裹衩在正中者也，故謂之袥，言其開拓也，亦謂之衸，言其中分也。袥之引伸爲推廣之義。《玄・瑩》曰㊼：「天地開闢，宇宙袥坦。」《廣雅・釋詁》曰：「袥，大也。」今字作開拓，拓行而袥廢矣。㡯與袥音義同。从衣，石聲。他各切，五部。

衸 袥也。《廣韵・十六怪》云「補膝裙也」，乃「褠膝裙衸也」五字之誤。从衣，介聲。胡介切，十五部。

袉 裾也。《士昏禮》：「主人爵弁，纁裳緇袘。」注曰：「纁裳者，衣緇衣。不言衣與帶，而言袘者，空其文，明其與衣皆用緇。袘謂緣。緣之言施㊽，以緇緣裳，象陽氣下施。」按，袘即袉之𦆞變。鄭云裳緣，許云裾者，許謂衣裛曰袉，經言緇袉，則緇衣可知也，緇衣未有無裛者也。从衣，它聲。唐左切，十七部。《玉篇》曰：「俗作袘。」《論語》曰：「朝服袉紳。」《鄉黨》篇文，今《論語》作拕，作拖，即手部拕字。《襍記》云「申加大帶於上」是也。許所據作袉，假借袉爲拕也。此在引經説假借之例。

裾 衣裛也。裛各本作袍，今依《韵會》正。上文云：「裛，褱也。」褱物謂之裛，因之衣前裣謂之裛。《方言》：「襌衣有裛者，趙魏之間謂之袏衣。」郭云：「前施裛囊也。」房報切。」按，「前施裛囊」即謂右外裣。《方言》：「無裛者謂之裎衣。」則今之對裣衣，無右外裣者也。褻衣無裛，禮服必有裛，上文之袥衸謂無裛者，唐宋人所謂衩衣也。《公羊傳》曰：「反袂拭面，涕沾袍。」此袍當作裛。何注曰：「衣前襟也。」《釋器》：「衣皆謂之襟，衱謂之裾。」衱同袷，謂交領，裛連於交領，故曰「衱謂之裾」。郭景純曰「衣後襟」，非也。《釋名》裾在後之説，非是。从衣，居聲，讀與居同。从居者，中可居物也。非謂在後常見踞。九魚切，五部。

褏 諸褏也。按，當云「諸褏，衣裛也」，《篇》《韵》可證。《後漢書・光武帝紀》：「皆冠幘而服婦人衣，諸于繡𧝑。」注引《前書音義》曰：「諸于，大掖衣，如婦人之袿衣。」按，大掖謂大其裛也。《方言》：「袿謂之裾。」于者，褏之假借字。从衣，亏聲。羽俱切，五部。

襗 絝也。絝者，脛衣也。按，《周禮・玉府》注云：「燕衣服者，巾絮寢衣袍襗之屬。」《論語》：「红紫不以爲褻服。」鄭注云：「褻衣，袍襗。」《秦風》：「與子同澤。」傳曰：「澤，潤澤也。」箋云：「襗，褻衣，近汗垢。」《釋名》曰：「汗衣，近身受汗垢之衣也。」《詩》謂之澤，受汗澤。」《廣韵》此字三見，一曰褻衣，一曰袗襗，一曰衣襦，亦皆不云絝。〇又按，毛云「潤澤也」，箋云「襗，褻衣」，此葢毛作「潤襗」，故箋冢「襗」而釋之。潤襗，衣名也。从衣，睪聲。徒各切，五部。《玉篇》云：「《説文》大各切。」則大徐用舊音也。襗篆舊在袗下袉上，今移此，與下三篆相屬。

褰 絝也。昭廿五年《左傳》曰：「公在乾侯，徵褰與襦。」杜曰：「褰，絝也。」《方言》曰：「絝，齊魯之間謂之䙨。」按，今《方言》作䙨，俗字也。褰之本義謂絝，俗乃假爲騫衣字，騫，虧也。古騫衣字作騫，今假褰而褰之本義廢矣。从衣，寒省聲。去虔切，十四部。《字林》已偃反。《春秋傳》曰：「徵褰與襦。」

襱 絝踦也。《方言》曰：「袴，齊魯之間謂之䙨，或謂之襱。」郭注：「今俗呼袴踦爲襱，音鮦魚。」按，絝踦對下文「絝上」言，袴之近足狹處也。从衣，龍聲。丈冢切，九部。

襩 襱或从賣。賣，聲也。三部與九部合音爲近，如《急就篇》「華洞樂」，《皇象碑》及《廣韵》作「華瀆樂」。

袑 絝上也。《漢・朱博傳》：「功曹官屬多褒衣大袑，不中節度。」絝上對上「絝踦」言，股所居也，大之則寬緩。从衣，召聲。市沼切，二部。

襑 衣博大也。从衣，尋聲。他感切，古音在七部。《篇》《韵》皆亦似林切。

褒 衣博裾。博裾謂大其褒囊也。《漢書》：「褒衣大袑。」謂大其衣絝之上也。引伸之爲凡大之偁，爲褒美。从衣，𠍋省聲。博毛切，古音在三部。隸作褒、作裦。𠍋，古文保。

褅 緥也。《小雅・斯干》曰：「載衣之裼。」傳曰：「裼，緥也。」此謂裼即褅之假借字也。易聲、啻聲古音同在十六部，故借但裼字爲褅字。《釋文》曰：「《韓詩》作褅。」褅，《集韵》云：「或褅字。」《韓詩》用正字，《毛詩》用假借字也。緥者，小兒衣也。从衣，啻聲。他計切，十六部。《詩》曰：「載衣之褅。」

褍 衣正幅。凡衣及裳不衺殺之幅曰褍。《左傳》「端委」杜注㊾：「禮衣，端正無殺，故曰端。」《周禮》：「士有玄端素端。」鄭云：「端者，取其正也。」按，褍者，正幅之名，非衣名。巾部⿰巾俞下曰：「正褍裂。」从衣，耑聲。多官切，十四部。

⿰衤圍 重衣皃。从衣，圍聲。羽非切，十五部。《爾雅》曰：「⿰衤圍⿰衤圍襩襩。」今《爾雅》無此文。《釋訓》：「洄洄，惛也。」《釋文》云：「洄，本或作⿰巾圍。」引《字林》：「⿰巾圍，重衣皃。」按，《玉篇》作「佪佪，惛也。」而《潛夫論》云「佪佪潰潰」，葢用《爾雅》文。《字林》「⿰巾圍」即「⿰衤圍」字，據《潛夫論》，則《爾雅》故有「潰潰」字，許所見「潰」作「襩」。襩字見《周禮・夏采》職故書，杜子春易爲「綏」，許不從故書，故無襩篆。

複 重衣也。也作「皃」者誤。凡古書也皃二字互譌者多矣。引伸爲凡重之偁。複與復義近，故書多用「復」爲複。《呂覽》：「水澤復。」注曰：「復或作複，凍重累也。」《詩》：「陶復陶穴。」鄭注：「《月令》曰：古者複穴。」从衣，复聲。方六切，三部。一曰，褚衣。褚見下文，裝衣也。

褆 衣厚褆褆。褆褆與媞媞義略同。《爾雅》曰：「媞媞，安也。」《篇》《韵》又曰：「衣服端正皃。」从衣，是聲。杜兮切，十六部。

襛 衣厚皃。凡農聲之字，皆訓厚。醲，酒厚也；濃，露多也；襛，衣厚皃也。引伸爲凡多厚之偁。《召南》曰：「何彼襛矣。」「唐棣之華」傳曰：「襛猶戎戎也。」按，《韓詩》作「茙」，茙即戎，戎之俗字耳。戎取同聲得其義。从衣，農聲。汝容切，九部。《詩》曰：「何彼襛矣。」《詩》俗本作「穠」，誤。

裻 新衣聲。此當依《玉篇》先鴿切。《子虛賦》：「翕呷萃蔡。」張揖曰：「萃蔡，衣聲也。」萃蔡，讀如碎粲二音，裻亦雙聲字。一曰，背縫。此則冬毒切，與上禱義同。《深衣》：「負繩及踝。」注云：「謂裻與後幅相當之縫也。」按，「後幅」當是「裳幅」之誤，衣與裳正中之縫相接也。《晉語》：「衣之偏裻。」韋曰：「裻在中，左右異，故曰偏。」引伸爲凡中之偁。《匠人》：「堂涂十有二分。」注曰：「分其裻旁之修，以一分爲峻也。」今本作「督」，《五經文字》引作「裻」，古多假督爲裻。从衣，叔聲。三部。

袳 衣張也。張，《篇》《韵》皆作長，非。按，袳之言侈也。經典罕用袳字者，多作移、作侈。《表記》曰：「衣服以移之。」注云：「讀如禾氾移之移，猶廣大也。」《周禮》注曰：「大夫已上移袂。」《少牢饋食禮》曰：「主婦被錫衣移袂。」注云：「移者，蓋半士妻之袂以益之。」从衣，多聲。尺氏切，古音在十七部。《春秋傳》曰：「公會齊侯于袳。」桓十五年文。《左氏》經作「公會宋公、衛侯、陳侯于袲。」《公羊》經作「公會齊侯、宋公、衛侯、陳侯于侈」。《穀梁》經與《左》同。許偁《左》也，《左》無齊侯，許言齊侯者，容今《左傳》有奪。袲與袳同。

裔 衣裙也。裙各本及《篇》《韵》皆作「裾」，今正。《玄應》書卷十四曰：「《説文》云：裔，衣裙也。以子孫爲苗裔者，取下垂義也。」按，帔曰裠，裳曰下裠，此衣裠謂下裠。故《方言》、《離騷》注皆曰：「裔，末也。」《方言》又曰：「裔，祖也。」㊿亦謂其遠也。《方言》又曰：「裔，夷狄之總名。」郭云：「邊地爲裔。」按，《左傳》衛侯卜，繇曰：「裔焉大國」，言邊於大國也。裔之義如此，言衣裙得以通之，若言衣裾則何以解焉？小徐云：「裾，衣邊。」蓋小徐作注時本作裙。从衣，此字衣在上，正謂其末下垂。㕯聲。余制切，十五部。

𧘫 古文裔。几聲。

衯 長衣皃。《子虛賦》：「衯衯裶裶。」郭璞曰：「皆衣長皃也。」《集韵》曰：「或書作衮。」疑作衮者是。从衣，分聲。撫文切，十三部。

裶 長衣皃。此即《子虛賦》「裶」字也。若《史記·子虛賦》「弭節裴回」，《漢·郊祀志》51「神裴回若留放」，乃長衣引伸之義。《後漢書·蘇竟傳》注云「裴回謂縈繞淹留」是也。俗乃作「俳佪」、「徘徊」矣。从衣，非聲。薄回切。按，當芳非切。十五部。舊在褺篆之後，今移此。

袁 長衣皃。此字之本義，今衹謂爲姓，而本義廢矣。

古與爰通用，如「袁盎」，《漢書》作「爰盎」是也。《王風》「有兔爰爰」傳曰：「爰爰，緩意。」遠、轅等字以袁爲聲，亦取其意也。从衣，叀省聲。蓋从古文叀而省。羽元切，十四部。

⿰衤鳥 短衣也。《釋名》曰：「三百斛曰⿰舟周。⿰舟周，⿰矢召也；⿰矢召，短也。」今俗語尚呼短尾曰⿰矢召尾。許書無⿰矢召，當作⿰衤鳥，以短衣之義引伸也。从衣，鳥聲。都僚切，二部。《春秋傳》曰有空⿰衤鳥。「曰」疑衍，空疑當作「公」，即昭廿五年《左傳》之「季公鳥」也。

褺 重衣也。凡古云「衣一襲」者，皆一褺之假借。褺讀如重疊之疊。《文選·王命論》：「思有短褐之襲。」李注引《說文》「襲，重衣也」。《王命論》本作「褺」，李注時不誤，淺人妄改《文選》耳。《漢書·敘傳》作「短褐之褻」，師古釋以「親身之衣」，不知爲褺字之誤也。古書之難讀如此。从衣，執聲。徒叶切，八部。巴郡有褺江縣。今《地理志》《郡國志》「巴郡」下皆作「墊江縣」，蓋淺人所改也。據孟康曰「音重疊之疊」，知《漢書》本不作「墊江」也。褺江縣在今四川重慶府合州，嘉陵江、涪江、渠江會於此入大江，水如衣之重複然，故以褺江名縣。

襡 短衣也。《篇》《韵》皆「襡」與「襹」爲二字，義別，《韵會》合而一之，非是。《晉書·夏統傳》：「使妓女服袿襡。」从衣，蜀聲，讀若蜀。市玉切，三部。

⿱斲衣 衣至地也。从衣，斲聲。竹角切，三部。

襦 短衣也。《方言》：「襦，西南蜀漢之閒謂之曲領，或謂之襦。」《釋名》有「反閉襦」，有「單襦」，有「要襦」。顏注《急就篇》曰：「短衣曰襦，自膝以上。」按，襦若今襖之短者，袍若今襖之長者。从衣，需聲。人朱切，古音在四部。襦之言濡也，猶襗之言澤也。一曰，㬉衣。一曰與一名同，非別一義也。日部曰：「安㬉，温也。」然則㬉衣猶温衣也。《內則》：「衣不帛襦袴。」注曰：「不用帛爲襦袴，爲大温傷陰氣也。」《釋名》曰：「襦，耎也，言温耎也。」

褊 衣小也。引伸爲凡小之偁。从衣，扁聲。方沔切，十四部。

袷 衣無絮。此對「以絮曰襺，以緼曰袍」言也。从衣，合聲。古洽切，七部。《小戴記》以爲交領之字。

襌 衣不重。此與「重衣曰複」爲對。从衣，單聲。都寒切，十四部。

襄 《漢令》：解衣而耕謂之襄。「而」字依《韵會》補。此襄字所以从衣之本義，惟見於《漢令》也。引伸之，爲除去。《爾雅·釋言》、《詩·牆有茨》《出車》傳皆曰：「襄，除也。」《周書·謚法》云：「辟地有德曰襄。」凡云攘地、攘夷狄皆襄之假借字也。又引伸之，爲反復。《大東》傳云：「襄，反也。」謂除此而復乎彼也。《釋言》又曰：「襄，駕也。」此驤之假借字，凡云「襄，上也」「襄，舉也」皆同。又馬注《皋陶謨》曰：「襄，因也。」《謚法》：「因事有功曰襄。」此又攘之假借字。「有因而盜曰攘」，故凡因皆曰攘也。今人用襄爲輔佐之義，古義未嘗有此。从衣，𤕦聲。息良切，十部。

襲（篆）古文襲。不能得其會意、形聲所在。

被（篆）寑衣，長一身有半。《論語・鄉黨》篇曰：「必有寑衣，長一身有半。」孔安國曰：「今被也。」鄭注曰：「今小臥被是也。」引伸爲横被四表之被。从衣，皮聲。皮義切，古音在十七部。

衾（篆）大被。《釋名》曰：「衾，广也。其下廣大，如广受人也。」寑衣爲小被，則衾是大被。从衣，今聲。去音切，七部。

襐（篆）襐飾也。各本作「飾也」，奪襐，今補。此三字爲句。如「偓佺」「離黄」之類。淺人泛謂爲複字可删而删之耳。巾部飾字下云：「襐飾也」，亦三字爲句。《廣韵》曰：「襐，未笄冠者之首飾也。」从衣，象聲。徐兩切，十部。

衵（篆）日日所常衣。衵服，見宣九年《左傳》。从衣，从日，日亦聲。人質切，十二部。

褻（篆）私服。私、褻疊韵。《論語》曰：「红紫不以爲褻服。」引伸爲凡昵狎之偁，假借爲「媟」字。从衣，埶聲。私列切，十五部。《詩》曰：「是褻絆也。」《庸風・君子偕老》文。今《詩》褻作「紲」。按，毛傳云：「是當暑袢延之服。」當暑二字釋褻也。

衷（篆）裏褻衣。褻衣有在外者，衷則在内者也。引伸爲折衷，假借爲中字。从衣，中聲。陟弓切，九部。《春秋傳》曰：「皆衷其衵服。」宣九年《左傳》文。

袾（篆）好佳也。好下奪「也」字。好者，美也。佳者，善也。《廣韵》曰：「朱衣也。」按，《廣韵》葢用《説文》古本，故其字从朱衣，所引《詩》則假「袾」爲「姝」也。从衣，朱聲。昌朱切，古音在四部。《詩》曰：「静女其袾。」《邶風・静女》文。今《詩》袾作「姝」。女部引《詩》作「𡚶」。

袓（篆）事好也。事好猶言學好也。黹部引《詩》「衣裳髗髗」。《方言》曰：「袓，好也。袓，美也。」然則袓與髗、袓音義略同。从衣，且聲。才與切，五部。

裨（篆）接也。此「也」字依《玉篇》補。手部曰：「接，交也。」益也。會部曰：「朇，益也。」土部曰：「埤，增也。」皆字異而音義同。《覲禮》：「侯氏裨冕。」注曰：「裨冕者，衣裨衣而冠冕也。裨之爲言埤也，天子六服，大裘爲上，其餘爲裨。」按，本謂衣也，引伸爲凡埤益之偁。从衣，卑聲。府移切，十六部。

袢（篆）衣無色也。衣字依《玉篇》補。日部曰：「普，日無色也。」袢讀若普，則音義皆同。女部曰：「姅，婦人污也。」義亦相近。从衣，半聲。博幔切，十四部。一曰，此二字衍文。《詩》曰：「是紲袢也。」《庸風・君子偕老》文。紲當同「褻」，篆下作「褻」。毛傳曰：「言是當暑袢延之服也。」袢、延疊韵，如《方言》之「襎裷」，漢時有此語，揩摩之意。外展衣中，用縐絺爲衣，可以揩摩汗澤，故曰褻袢。褻袢專謂縐絺也。暑天近汗之衣必無色，故知「一曰」爲衍文矣。讀若普。毛詩以展、袢、顔、媛爲韵，則知袢當依《釋文》符袁反。延讀如字，普音於雙聲得之，許讀如此。

雜 五采相合也。與辭字義略同，所謂五采彰施於五色作服也。引伸爲凡參錯之偁。亦借爲聚集字，《詩》言「雜佩」，謂集玉與石爲佩也。《漢書》凡言「雜治之」，猶今云會審也。**从衣，集聲。**此篆蓋本从衣、雧，故篆者以木移左衣下作雜，久之改雥爲隹，而仍作雜也。徂合切，七部。

褽 衽也。此衽當訓衽席。《左傳》：「歸國子之元，寘之新篋，褽之以玄纁，加組帶焉。」杜曰：「褽，薦也。」與許云衽也義同。**从衣，尉聲。**聲字今補。於胃切，十五部。

裕 衣物饒也。引伸爲凡寬足之偁。《方言》：「裕，道也。東齊曰裕。」**从衣，谷聲。**羊孺切，古音在三部。亦作⿴衣谷。**《易》曰：「有孚裕無咎。」**《晉》初六爻辭。今經「有」作「罔」，虞翻、王弼同，則未知許所據《孟易》獨異與，抑字譌與？

襞 韏衣也。韋部曰：「革中辨謂之韏。」革中辨者，取革中分其廣摺疊之。《廣雅》曰：「韏，曲也。」又曰：「韏，詘也。」衣之襵如革之襵，故曰韏衣。《士冠禮》：「皮弁，服素積。」注曰：「積猶辟也。以素爲裳，辟蹙其要中。」《子虛賦》：「襞積褰縐。」張揖曰：「襞積，簡齰也。」襞經傳作辟，積俗作績，簡俗作襉。襞亦謂之襵，襵，之涉反。**从衣，辟聲。**必益切，十六部。

衦 摩展衣也。摩展者，摩其襵縐而展之也。石部碫下曰：「以石衦繒也。」衦之用與熨略同而異。**从衣，干聲。**古案切，《篇》《韵》公但切，十四部。

裂 繒餘也。巾部曰：「帎，㡜裂也。㡜，殘帛也。㡏，繒端裂也。」《內則》曰：「衣裳綻裂。」《方言》曰：「南楚凡人貧衣被醜敝或謂之褸裂。」皆繒餘之意。引伸爲凡分散殘餘之偁。或假「烈」爲之。《方言》曰：「烈，餘也。晉衛之閒曰烈。」《齊語》：「戎車待游車之裂。」韋注云：「裂，殘也。」古作𧙌，通作列。**从衣，列聲。**良辥切，十五部。

⿱奴衣 敝衣。敝，各本作「弊」，誤，今正。袽者，敝衣；帤者，敝巾；䋞者，敝絮。各依所从而解之。《易·既濟》：「六四，繻有衣袽。」虞翻曰：「袽，敗衣也。」然則袽即⿱奴衣字。糸部引《易·需》有「衣䋞」，又見⿱奴衣與䋞可通用也。晁說之曰：「袽又作⿱如衣。」玉裁謂袽、⿱如衣皆⿱奴衣之誤字耳。**从衣，奴聲。**女加切，古音在五部，女居切。

袒 衣縫解也。許書無「綻」字，此即綻字也。許書但裼字作「但」，不作袒，今人以袒爲但裼字，而但袒二篆本義俱廢矣。《內則》曰：「衣裳綻裂。」綻或作⿰衤定。鄭曰：「綻猶解也。」綻尚未解而近於解，故曰猶。俗語引伸爲飽滿幢裂之偁[52]。按，袒爲衣縫解，故从衣，組爲補縫，故从糸，音同而義相因也。**从衣，旦聲。**丈莧切，十四部。

補 完衣也。既袒則宜補之，故次之以補。引伸爲凡相益之偁。**从衣，甫聲。**博古切，五部。

𧝎 紩衣也。系部曰：「紩者，縫也。縫者，以鍼紩衣也。」《方言》曰：「襜褕，其敝者謂之緻。」注云：「緻，縫納敝故之名也，丁履反。」按，「緻」即𧝎字。黹爲鍼刺，𧝎爲縫敝衣，與補組二字義略同。从衣黹，會意。黹亦聲。諸几切，十五部。

褫 奪衣也。奪當作「敓」，許訓奪爲遺失，訓敓爲彊取也。此等恐非許原文，後人以今字改古字耳。《周易·訟》：「上九，或錫之鞶帶，終朝三褫之。」侯果曰：「褫，解也。」鄭玄、荀爽、翟元皆作「三拕之」，荀、翟訓拕爲奪。《淮南書》曰：「秦牛缺遇盜拕其衣。」高注：「拕，奪也。」[53]拕者，褫之假借字。十七、十六二部音最近也。引伸爲凡敓之偁。从衣，虒聲，讀若池。直离切，十六部。

𧟎 但也。但各本作「袒」，今正。《左傳》：「欲觀其裸。」正義曰：「裸謂赤體無衣也。」《大戴禮》曰：「倮蟲三百六十，聖人爲之長。」《王制》：「𧟎股肱。」注曰：「捋衣出其臂脛也。」按，人部曰：「但，裼也。」謂免上衣露裼衣，此裸裎皆訓但者，裸裎者但之尤甚者也。从衣，𣎆聲。郎果切，十七部。

裸 𧟎或从果。果，聲也。俗作臝，致爲不通。

裎 但也。但各本作「袒」，今正。裎之言呈也，逞也。《孟子》「袒裼裸裎。」亦作「程」，《士喪禮》注：「倮程」。从衣，呈聲。丑郢切，十一部。

裼 但也。但，各本作「袒」，今正。人部曰：「但者，裼也。」故此云「裼者，但也」，是爲轉注。《序》云：「五曰轉注。建類一首，同意相受，考老是也。」老部曰：「老者，考也；考者，老也。」是之謂建類一首，同意相受。凡全書中異部而互訓者，視此。裼訓但，但訓裼，其一耑也。在許當時，確知訓裼之字作但不作袒，自許至今，經傳子史皆爲袒裼，不爲但裼，賴許書僅存可識字之本形本義，又以今字改之，則古形古義不傳。且上文云「袒，衣縫解也」，裸、裎、裼下皆云：「袒也。」不皆爲衣縫解乎？是許之不通甚矣。考諸經傳，凡中衣之外上衣，裘則有裼衣，裼衣之外上衣。《玉藻》：「裘之裼也，見美也；服之襲也，充美也。」[54]鄭曰：「裼者，免上衣見裼衣。凡當盛禮者，以充美爲敬，非盛禮者，以見美爲敬，禮尚相變也。」[55]按，覆裘之衣曰裼，行禮袒其上衣見裼衣謂之裼，不露裼衣謂之襲。鄭注《玉藻》曰：「袒而有衣曰裼」[56]，以別於無衣曰袒也。經傳凡單言裼者，謂免上衣也；凡單言袒者，謂免衣肉袒也。肉袒或謂之袒裼。《釋言》[57]、毛傳皆曰「袒裼，肉袒也」是也。許君肉袒字作「膻」，在肉部；而袒作但，與裼互訓，裼爲無上衣之但，𧟎裎爲無衣之但，𧟎裎亦肉膻也。字與鄭異而義同。裼襲之制，詳見《聘禮》注疏。从衣，易聲。先擊切，十六部。《禮》注曰：「古文《禮》裼皆爲賜。」[58]《詩·斯干》假借爲禘字。

衺 𡗱也。交部曰：「𡗱者，衺也。」二篆爲互訓。小徐本作「紕也」，非是。𡗱，今字作「回」，衺，今字作「邪」，《毛詩》傳曰：「回，邪也。」从衣，牙聲。似嗟切，古音在五部。

襭 吕衣衽扱物謂之襭。扱，收也。《周南》：「采采芣苢，薄言襭之。」《爾雅》曰：「扱衽謂之襭。」毛傳同。从衣，頡聲。胡結切，十二部。

擷 擷 襭或从手。

袺 袺 執衽謂之袺。《周南》：「采采芣苢，薄言袺之。」《爾雅》曰：「執衽謂之袺。」毛傳同。从衣，吉聲。格八切，十二部。

褿 褿 帴也。巾部曰：「帴，帬也。一曰被也。一曰婦人脅衣。」从衣，曹聲。昨牢切，又七刀切，三部。

裝 裝 裹也。束其外曰裝，故著絮於衣亦曰裝。从衣，壯聲。側羊切，十部。

裹 裹 纏也。纏者，繞也。从衣，果聲。古火切，十七部。

裛 裛 纏也。各本作「書囊也」，今依《西都賦》《琴賦》注、《後漢書·班固傳》注所引正。巾部曰：「帙，書衣也。」帙亦作袠。《廣雅》：「裛謂之袠」，今本殆據《廣雅》改耳。若依今本，則當云帙也。从衣，邑聲。於業切，七部。

齌 齌 緶也，裳下緝。各本無「裳下緝」三字，今依《韵會》補。依《釋名》當作「緝下」，「緝下，横縫緝其下也。」緶者，緁衣也。緝同緁，漢時通用。《論語·鄉黨》孔注曰：「衣下曰齊。」《玉藻》：「縫齌倍要。」正義曰：「齌謂裳之下畔。」《深衣》：「下齌如權衡以應平。」注曰：「齌，緝也。」《禮·喪服》：「疏衰裳，齊。」疏云：「衰裳既就，乃始緝之。」故言齊在衰裳下，不比言斬在衰上也。按，經傳多假齊爲之，亦省作齌[59]。从衣，脅聲。即夷切，十五部。

裋 裋 豎使布長襦。豎與裋疊韵。豎使謂僮豎也。《淮南》高注曰：「豎，小使也。」顏注《貢禹傳》曰：「裋褐，謂僮豎所著布長襦也。」《方言》曰：「襜褕，其短者謂之裋褕。」韋昭注《王命論》云：「裋謂短襦也」，本《方言》。从衣，豆聲。常句切，古音在四部。

䙔 䙔 編枲衣。謂取未績之麻編之爲衣，與艸雨衣相類，衣之至賤者也。一曰，頭䙔。冃下曰：「小兒蠻夷頭衣也。」頭䙔蓋即頭衣僅冒其頭耳。一曰，次裹衣。《方言》曰：「繄袼謂之䙔。」郭曰：「即小兒次衣也。翳、洛、嘔三音。」次裹，今俗語尚如此，小兒服之衣外以受汙者。从衣，區聲。於武切，又於侯切，四部。

褐 褐 編枲韤。取未績之麻編之爲足衣，如今艸韤之類。一曰，粗衣。《文選·藉田賦》注作「麁衣」。《廣韵》及《孟子正義》作「短衣」，誤也。趙注《孟子》曰：「褐以毳織之，若今馬衣者也。或曰枲衣也，一曰粗布衣。」按，趙云「以毳」，與《邠風》鄭箋云「毛布」合。馬衣，即《左傳·定八年》之馬褐也。枲衣亦謂編枲爲衣，褐賤者之服也。从衣，曷聲。胡葛切，十五部。

衰 衰 艸雨衣。雨衣有不艸者，《左傳》：「成子衣製杖戈。」杜曰：「製，雨衣。」按，言製則非艸爲，若今油布衣。秦謂之萆。艸部曰：「萆，雨衣。一曰衰衣。」此則著萆爲秦語也。《小雅》：「何蓑何笠。」傳曰：「蓑所以備雨，笠所以禦暑。」《公羊傳》：「不蓑城也。」何云：「若今以艸衣城。」《齊語》注云：「襏襫，蓑襞衣也。」襞，或萆字，亦作薛。《六韜》：「蓑薛簦笠。」衰俗从艸作蓑，而衰遂專爲等衰、衰絰字。衰絰本作「縗」，衰其假借字也。以艸爲雨衣，必層次編之，故引伸爲等衰，後世異其形異其音，古義茲昧矣。从衣，象形。謂𠂹也。穌禾切，十七部。

古文衰。

卒　隸人給事者爲卒。俗本者下有「衣」字，宋本及《御覽》《韵會》《玉篇》皆無。此謂人也，非謂衣也。《方言》：「楚東海之閒亭父謂之亭公，卒謂之弩父，或謂之褚。」注曰：「卒者，主擔幔弩導幨，因名。」古㠯染衣題識，故从衣一。此十字依《韵會》所據小徐本。衣有題識，如《左傳》云：「叔孫氏之甲有物。」杜云：「物，識也。」徽字下云：「若今救火衣。」《周禮·司常》注云：「今亭長箸絳衣。」此亭卒以染衣題識之證也。从一者，象題識也。臧没切，十五部。

褚　卒也。《方言》云「卒，或謂之褚」是也。郭云：「言衣赤褚，音赭。」从衣，者聲。丑吕切，五部。一曰，裝也。裝各本作「製」，誤。今依《玉篇》《廣韵》正。《左傳》：「鄭賈人將寘荀罃褚中以出。」此謂衣裝也。凡裝綿曰著，丑吕切，其字當作褚。《小正》：「七月灌荼。灌，聚也。荼，萑葦之秀，爲將褚之也。」褚之者，裝衣也。將，各本作蔣，字之誤也。

製　裁衣也。从衣，制聲。征例切，十五部。按，此篆處非其次，當本在裁篆之下。

袚　蠻夷衣。左衽衣。从衣，犮聲。北末切，十五部。一曰，蔽厀。《方言》曰：「蔽厀，江淮之閒謂之褘，或謂之袚。」郭音沸。

襚　衣死人也。《士喪禮》：「君使人襚。」注：「襚之言遺也。」《公羊傳》曰：「車馬曰賵，貨財曰賻，衣被曰襚。」注：「襚猶遺也。遺是助死之禮，知生者賵賻，知死者贈襚。」从衣，遂聲。徐醉切，十五部。《春秋傳》曰：「楚使公親襚。」襄二十九年《左傳》文。楚欲使襄公視衣死人，故下文魯行君臨臣喪之禮以報之也。

䘿　棺中縑裏也。《喪大記》曰：「君裏棺用朱綠，用雜金鐕；大夫裏棺用玄綠，用牛骨鐕；士不綠。」正義云：「君用朱繒貼四面，綠繒貼四角；大夫四面玄，四角綠；士不綠，悉用玄。」按，如其說，則當云「士玄」，不當云「不綠」也。且顔師古定本，綠皆作「琢」，謂鐕琢繒則著於棺，則士不琢，尤爲不辭。葢綠與琢皆字之誤，古本三綠皆正作「䘿」，以縑裏棺曰䘿，縑幷絲繒也。君朱䘿，以三色金鐕椓著之；大夫玄䘿，以牛骨鐕椓著之；士賤不䘿，則不用鐕。《士喪禮》纖悉畢載，而不言裏棺，可證也。鄭曰：「鐕所以椓著裏。」金部曰：「鐕所以綴著物者。」與鄭合。鐕與䘿皆據《喪大記》而言。从衣，弔聲，讀若雕。都僚切，二部。

祱 贈終者衣被曰祱。从衣，兑聲。輸芮切，十五部。按，此字僅見《漢書·朱建傳》，葢襚之或字，淺人所增，非許本書所有也。

褮 鬼衣也。鬼衣猶冥衣，明器之屬也。鬼部曰：「魃，鬼服也。」引《韓詩》傳「鄭交甫逢二女魃服。」《釋器》曰：「衣謂之褮。」郭云：「衣開孔。」非許義也。从衣，熒省聲。讀若《詩》曰：「葛藟褮之。」一曰，若「靜女其袾」之袾。「之袾」當作「之靜」。於營切，十一部。

䘰 車温也。車温，《玉篇》作「車韞」。䘰，《廣韵》曰：「帑䘰，牛領上衣。」葢當作「車温䘰」，如帑幡、幡裷、《詩》傳「袢延」之比，皆重疊字也。今本奪一字。从衣，延聲。式連切，十四部。

褭 以組帶馬也。《百官志》注曰：「秦爵二十等，三曰簪褭，御駟馬者。」按，於本義引伸之，因以爲馬名。要褭，古之駿馬也。从衣，从馬。衣馬，以組帶馬之意也。奴鳥切，二部。

文一百一十六。今增衸。 重十一。

裘 皮衣也。从衣，象形。各本作「从衣，求聲，一曰象形」，淺人妄增之也。裘之制，毛在外，故象毛文。與衰同意。皆从衣而象其形也。巨鳩切，古音在一部。凡裘之屬皆从裘。

求 古文裘。此本古文裘字，後加衣爲裘，而求專爲干請之用，亦猶加艸爲蓑，而衰爲等差之用也。求之加衣，葢不待小篆矣。

⿰鬲裘 裘裏也。表其毛而爲之裏附於革也。《詩》曰：「羔羊之皮，素絲五它。」皮言其表也。「羔羊之革，素絲五緎。」革言其裏也。「羔羊之縫，素絲五總。」合言其表裏也，其裏之所用未詳。从裘，鬲聲，讀若擊。楷革切，十六部。

文二。 重一。

老 考也。《序》曰：「五曰轉注。建類一首，同意相受，考老是也。」學者多不解，戴先生曰：「老下云：考也；考下云：老也。此許氏之恉，爲異字同義舉例也。一其義類，所謂建類一首也；互其訓詁，所謂同意相受也。考老適於許書同部，凡許書異部，而彼此二篆互相釋者，視此。如寱、窒也，窒、寱也，但、裼也，裼、但也之類。」老考以疊韵爲訓。七十曰老。《曲禮》文。从人毛匕。音化。按，此篆葢本「从毛匕」，長毛之末筆，非中有人字也。《韵會》無人字。言須髮變白也。説會意之恉。盧晧切，古音在三部。凡老之屬皆从老。

耋 年八十曰耋。《釋言》：「耋，老也。」毛傳云：「耋，老也。八十曰耋。」按，馬融注《易》，服虔注《左傳》皆云：「七十曰耋。」葢耋訓老，故七十、八十皆得偁也。从老省，小篆既从老省矣，今人或不省，非也。下同。至聲。古音至讀如銍。徒結切，十二部。

薹 年九十曰薹。今作「耄」，从老省，毛聲。秏今音讀蒿，去聲。蓋蒿聲、毛聲古可通用也。《曲禮》：「八十、九十曰耄。」注云：「耄，惛忘。」引《左傳》「老將知耄又及之」。按，其字亦作眊，亦作旄。从老，蒿省聲。从蒿者，取蒿目之意。莫報切，二部。

耆 老也。《曲禮》：「六十曰耆。」許不言者，許以耆爲七十已上之通偁也。鄭注《躰義》云：「耆、耋，皆老也。」古多假借爲「嗜」字。又按，《士喪禮》《士虞禮》「魚進鬐」注：「鬐，脊也。古文鬐爲耆。」[60] 許書髟部無鬐字，依古文《禮》故不錄今文《禮》之字也。徐鉉沾附，未識此意。許於《禮經》古文今文之字，依一則廢一。从老省，旨聲。渠脂切，十五部。

耇 老人面凍黎若垢。《釋詁》曰：「耇，老，壽也。」《小雅》毛傳曰：「耇，壽也。」孫炎曰：「耇，面凍黎色如浮垢，老人壽徵也。」《儀禮》注曰：「耇，凍梨也。」《方言》曰：「東齊曰眉，燕代之北郊曰梨，秦晉之郊陳兖之會曰耇鮐。」按，《方言》又曰：「麋、黎，老也。」「麋黎」即卷一之「眉梨」。「凍黎」謂凍而黑色，或假梨爲之。《尚書》「黎老」作「犁老」，亦假借也。孫炎注本作「面凍梨」，見《南山有臺》《大誓》二正義，本無「如」字。《釋名》及《方言》注乃云「如凍梨」，非也。从老省，句聲。古厚切，四部。

𦒸 老人面如點處。謂老人面有黑瘢之處也。點者，小黑也。从老省，占聲。丁念切，古音在七部。讀若耿介之耿。雙聲也。

䎛 老人行才相逮。才，僅也，今字作纔。纔相逮者，兩足僅能相及，言其行遲步小也。从老省，勿象形。各本作「易省，行象」，誤，今正。此非易省，乃象步小相迫之狀也。讀若樹。與駐聲義略同。今俗語尚如此。常句切，四部。

壽 久也。久者，從後灸之也。引伸爲長久，此用長久之義也。从老省，𠷎聲。𠷎，見口部，今篆體作「𠷎」，誤。殖酉切，三部。

考 老也。凡言壽考者，此字之本義也。引伸之爲成也，《考槃》、《江漢》、《載芟》、《絲衣》毛傳是也，凡《禮記》「皇考」、《春秋》「考仲子之宮」皆是也。又假借爲「攷」字，《山有樞》「弗鼓弗考」，傳曰：「考，擊也。」是也。凡言「考挍」「考問」字，皆爲攷之假借也。从老省，丂聲。苦浩切，古音在三部。

孝 善事父母者。《禮記》：「孝者，畜也。順於道不逆於倫，是之謂畜。」从老省，从子，子承老也。說會意之恉。呼教切，二部。

文十。

毛 眉髮之屬及獸毛也。眉者，目上毛也。髮者，首上毛也。而者，須也。須者，而也，𦣝下之毛也。䫇者，頰須也。頾，口上須也。及獸毛者，貴人賤畜也。象形。莫袍切，古音二部。凡毛之屬皆从毛。

𣯛 毛盛也。从毛，隼聲。而尹切，又人勇切。按，

「而尹」即《玉篇》之「而允」也。《書》釋文：「氄，徐而允反，又如兖反。」俗本允、兖字皆譌作充，而《集韵》《類篇》因有而融、如容兩切矣。古音當在十五部，如隼之在十五、十三兩部也。《虞書》曰：虞當作「唐」，説詳禾部。鳥獸𣬛髦。《堯典》文。髦毛古同用。今《書》𣬛作「氄」，馬云：「温柔皃。」

倝毛 獸豪也。豪者，豕鬣如筆管者也。引伸爲毛之長者之偁。倝毛，古書多作翰。《尚書大傳》：「之西海之濱取白狐青翰。」鄭曰：「翰，長毛也。」《長楊賦》：「藉翰林以爲主人。」韋昭曰：「翰，筆也。」善曰：「《説文》云：毛長者曰翰。」按，翰當作倝毛，葢《説文》古本有「毛長者曰倝毛」五字在「獸豪也」之下。《曲禮》：「雞曰翰音。」注：「翰猶長也。」其引伸之義也。从毛，倝聲。侯旰切，十四部。

毨 選也。二字依《韵會》。仲秋鳥獸毛盛可選取㠯爲器。毨選雙聲。《堯典》：「鳥獸毛毨。」鄭注：「毨，理也。毛更生整理。」《周禮》：「中秋獻良裘，王乃行羽物。」鄭注：「良，善也。仲秋鳥獸毛毨，因其良時而用之。」按，許説兼包鄭二義。从毛，先聲。讀若選。穌典切，古音在十三部。

𣯛 㠯毳爲罽。毳，獸細毛也。罽，西胡毳布也。色如虋，故謂之𣯛。與虋雙聲。虋，禾之赤苗也。詳艸部，取其同赤，故名略同。从毛，㒼聲。莫奔切，古音在十四部。《詩》曰：「毳衣如𣯛。」《王風》文。今詩𣯛作「璊」，毛曰：「璊，䞓也。」按，許云毳罽謂之𣯛，然則《詩》作「如璊」爲長，作「如𣯛」則不可通矣。玉部曰：「璊，玉䞓色也。」禾之赤苗謂之虋，璊玉色如之，是則𣯛與璊皆於虋得音義。許偁《詩》證毳衣色赤，非證𣯛篆體也。淺人改从玉爲从毛，失其恉矣。抑西胡毳布，中國即自古有之，斷非法服。毛傳曰：「大車大夫之車也，天子大夫四命，其出封五命，如子男之服，乘其大車檻檻然，服毳冕以決訟。」是則《詩》所云「毳衣」者，《周禮》之毳冕，非西胡毳布也。許專治《毛詩》，豈容昧此？疑此六字，乃淺人妄增，非許書固有。然鄭司農之注《周禮》曰：「毳，罽衣也。」至後鄭乃云：「毳畫虎蜼，謂宗彝也。」㊶是則自康成以前，皆謂毳爲罽衣，毛公但云「毳冕」，而不言何物，許説正同大鄭耳。

氈 撚毛也。手部曰：「撚者，蹂也。」撚毛者，蹂毛成氈也。《周禮·掌皮》曰：「共其毳毛爲氈。」古多假「旃」字。从毛，亶聲。諸延切，十四部。

文六。

毳 獸細毛也。《掌皮》注曰：「毳毛，毛細縟者。」从三毛。毛細則叢密，故从三毛，衆意也。此芮切，十五部。凡毳之屬皆从毳。

𣰆 毛紛紛也。紛紛者，多也。非分雙聲。𣰆𣰆猶紛紛也。《廣韵》曰：「細毛。」从毳，非聲。甫微切，十五部。

文二。

尸 陳也。陳，當作「敶」。攴部曰：「敶，列也。」《小雅·祈父》傳曰：「尸，陳也。」按，凡祭祀之尸，訓主。《郊特牲》曰：「尸，陳也。」注曰：「此尸神象，當從主訓之，言陳非也。」玉裁謂，祭祀之尸，本象神而陳之，而祭者因主之，二義實相因而生也，故許但言陳。至於在牀曰屍，其字从尸、从死，別爲一字，而經籍多借尸爲之。象臥之形。臥下曰：「伏也。」此字象首俯而曲背之形。式脂切，十五部。凡尸之屬皆从尸。

㞟 偫也。偫者，儲偫也。《大玄》假爲天地奠位之奠。从尸，奠聲。堂練切，古音在十一部。

居 蹲也。足部曰：「蹲，居也。」二字爲轉注，今足部改居爲「踞」，又妄添「踞」篆，訓云「蹲也」，總由不究許書條理，罔知古形古義耳。立部竢下亦曰「居也」，亦同義，而譌爲「偓竢也」，蓋俗本之紛亂如此。《說文》有凥，有居。凥，處也，从尸得几而止，凡今人居處字，古祇作凥處。居，蹲也，凡今人蹲踞字，古祇作居。《廣雅·釋詁二》「凥也」一條，《釋詁三》「踞也」一條，畫然分別。曹憲曰：「按《說文》今居字乃箕居字」，近之矣。但古人有坐、有跪、有蹲、有箕踞，跪與坐皆厀著於席，而跪聳其體，坐下其脾。《詩》所謂「啟處」，《四牡》傳曰：「啟，跪也；處，居也。」《四牡》「不遑啟處」，《采薇》《出車》作「不遑啟居」，居皆當作「凥」。許凥下云「處也」，正本毛傳引伸之爲凡凥處字也。若蹲，則足底著地，而下其脾、聳其厀曰蹲。其字亦作「竣」。「原壤夷俟」，謂蹲踞而待，不出迎也。若箕踞，則脾著席而伸其腳於前，是曰箕踞。趙佗箕踞見陸賈，聞賈言乃蹷然起坐是也。箕踞爲大不敬，三代所無。居篆正謂蹲也，今字用蹲居字爲凥處字，而凥字廢矣。又別製踞字爲蹲居字，而居之本義廢矣。从尸，古聲。各本作「古者居从古」，乖於全書之例，淺人因下云「俗居从足」而竄改譌謬耳，今正。九魚切，五部。

⿸尸足 俗居从足。小徐本如此，不誤。大徐本篆作踞，非也。小徐云「⿸尸足一本从居」，則小徐時固有兩本。

屓 臥息也。《西京賦》《吳都賦》皆用奰屓字，說者謂「作力之皃也」。奰見大部，奰俗譌「贔」，屓俗譌「屭」，又譌「屭」，今學者罕知其本字矣。屓之本義爲臥息，鼻部所謂鼾也。用力者必鼓其息，故引伸之爲作力之皃。呬，息也。音義略同。从尸自。徐鍇曰：「自，鼻也。」小徐作「自聲」，許介切，按，本虛器切，十五部。

屑 動作切切也。《方言》曰：「屑屑，不安也。秦晉謂之屑屑。」又曰：「屑，勞也。屑，獪也。」《邶風》：「不我屑以。」毛傳曰：「屑，潔也。」从尸，𦙶聲。私列切，十二部。按，俗从肖，非。

展 轉也。展者，未轉而將轉也。陸德明云「《字林》作輾」，然則《周南》作「輾轉」非古也。毛傳曰：「展，誠也。」《方言》曰：「展，信也。」此因展與真音近假借。从尸，⿴衣㠭省聲。知衍切，十四部。

屆 行不便也。此與艐義相近。艐，船著沙不行也。一曰，極也。《釋言》曰：「屆，極也。」《蕩》《閟宮》毛傳同。《釋詁》、《方言》皆曰：「艐，至也。」郭云：「艐，古屆字。」按，謂古用艐今用屆也。艐屆雙聲。从尸，凷聲。古拜切，十五部。

尻 脾也。按，《釋名》以尻與臀别爲二。《漢書》「結股腳，連脽尻」，每句皆合二物也。尻，今俗云溝子是也。脾，今俗云屁股是也。析言是二，統言是一。故許云：「尻，脾也。」《通俗文》、《埤蒼》皆云：「尻骨謂之八髎。」《釋名》曰：「尻，廖也。所在廖牢深也。」从尸，九聲。苦刀切，古音在三部。

屍 髀也。髀者，股外也。此云髀者專言股後。从尸下丌尻几。尻各本作「居」，誤，今正。丌，下基也。屍者，人之下基。尻几者，猶言坐於牀。木部曰：「牀，安身之几坐也。」尻下曰：「从尸得几而止。」皆謂牀也。徒魂切，十三部。

脽 屍或从肉隼。隼，聲也。與肉部脽字義同字異。

臀 屍或从骨，殿聲。今《周易》《春秋》《考工記》皆作臀，从肉，軍後曰殿，即臀之假借字也。

屒 尻也。从尸，旨聲。詰利切，十五部。

尼 從後近之。尼訓近，故古以爲親暱字。《高宗肜日》曰：「典祀無豐于尼。」釋文：「尼，女乙反。《尸子》云：不避遠尼。尼，近也。」正義：「《釋詁》云：即，尼也。孫炎云：即猶今也。尼，近也。郭璞引《尸子》：悅尼而來遠。」自天寶閒衛包改經「尼」爲「昵」，開寶閒陳諤又改釋文「尼」爲「昵」，而賈氏《羣經音辨》所載猶未誤也。尼之本義「從後近之」，若尼山乃取於圩頂、水潦所止，㞾之假借字也。《孟子》：「止或尼之。」尼，止也，與「致遠恐泥」同，泥濘之假借字也。从尸，匕聲。女夷切，古音葢在十五部。

屆 屆屖，二字各本無，今依全書通例補。從後相躡也。躡，各本作「臿」，今依《玉篇》訂。以後次前積疊之，謂之屆屖。《吳都賦》作「㙕塌」，楚立、除立二切。善曰：「枝柯相重疊皃。」《廣韵》曰：「重累土也。」《廣韵》亦單用屆字，訓楔，非此義也。从尸，臿聲。楚洽切，八部。《廣韵》云：初戢切。

屖 屆屖也。从尸，乏聲。直立切，七部。

屄 柔皮也。《周禮》所謂攻皮也。《函人》[62]職曰：「革欲其柔滑，而腥脂之，則耎。」《廣雅》曰：「屄，弱也。」是與耎音義同。从尸又。會意。又，申尸之後也。从尸，謂皮也。从又，謂申其後也。申者，引伸之意。此九字大小徐本皆不完，今補。大徐作「屄」，而曰「或从又」，小徐作「屄」，而曰「或从叉」，疑从又爲是。人善切，十五部。

屒 伏皃。未聞。一曰，屋宇也。與宀部宸音義同。尸象屋形。从尸，辰聲。珍忍切，十三部。

屖 屖遲也。三字爲句。《玉篇》曰：「屖，今作栖。」然則屖遲即《陳風》之「棲遲」也。毛傳曰：「棲遲，遊息也。」从尸，辛聲。先稽切，古音在十二部。

屝 履屬。履者，屨也，足所依也。云屬者，屨之麤者曰屝也。《方言》曰：「屝，麄屨也。」《釋名》曰：「齊人謂草屨曰屝。」按，《喪服》傳：「菅屨者，菅菲也。」杜注《左傳》曰：「屝，草屨也。」菲者，扉之假借字。从尸，非聲。扶沸切，十五部。

屍 終主也。終主者，方死無所主，以是爲主也。《曲禮》曰：「在牀曰屍。」今經傳字多作尸，同音假借也，亦尚有作屍者。从尸死。死者，終也。尸者，主也。故曰終主。式脂切，十五部。

屠 刳也。刳，判也。从尸，者聲。同都切，五部。

屧 履之荐也。之，各本作中，今依玄應所引訂。此藉於履下，非同履中苴也。荐者，藉也。吴宫有「響屧廊」，《東宫舊事》有「絳地文履屧百副」，即今婦女鞵下所施高低。其字本音他頰切，轉爲他計切，今緻匱有抽屜，本即屧字。从尸，枼聲。穌叶切，八部。

屋 凥也。凥，各本作「居」，誤，今正。凡凥處，於尸得几之字引伸，不當用蹲居字也。屋者，室之覆也，引申之凡覆於上者皆曰屋。天子車有黄屋，《詩》箋：「屋，小帳也。」从尸。句。尸，逗。所主也。凡尸皆得訓主，屋从尸者，人爲屋主也。一曰，尸象屋形。此从尸之又一説也，上象覆，旁象壁。从至。句。至，句。所止也。屋室皆从至。室下亦曰：「至，所止也。」烏谷切，三部。

屋 籀文屋从厂。厂，呼旱切。

臺 古文屋。按，此字葢即手部古文握字，見於《淮南書》，淺人補入此耳。

屛 屛，此複舉字之未刪者。蔽也。《小雅》：「萬邦之屛。」傳曰：「屛，蔽也。」引伸爲屛除。按，古無平仄之分。从尸，幷聲。必郢切，十一部。

層 重屋也。曾之言重也。曾祖、曾孫皆是也，故从曾之層爲重屋。《考工記》：「四阿重屋。」注曰：「重屋，複笮也。」後人因之作樓。木部曰：「樓，重屋也。」引伸爲凡重疊之偁，古亦假增爲之。从尸，曾聲。昨棱切，六部。

文二十三。　重五。

附注：

① 「烹魚」當作「割烹」。

② 「宧訓仕」，宧是「宦」之誤。七篇下宀部：「宦，仕也。」

③ 「傳」是「箋」之誤。

④ 《文選》「倓」作「淡」，李善注引《説文》亦作「淡，安也」。應是李注引誤。

⑤ 《後漢書・南蠻西南夷傳》：「殺人者得以倓錢贖死。」

⑥ 見《史記・五帝本紀》集解引「徐廣曰」下。「五十」原作「十五」，「不」原作「無不」。孫詒讓《墨子閒詁・公孟》謂：「徐引《墨子》，今無此文，蓋在佚篇中。」

⑦ 「注」字當刪。下所引見《漢書・外戚傳》本文。

⑧《史記》「奇咳」下有「術」字。
⑨《曹風》是《鄶風》之誤，見《隰有長楚》。
⑩見《常棣》「雖有兄弟，不如友生」下，毛傳：「朋友以義切切然。」正義：「朋友之交則以義，其聚集切切節節然。」正義又云：「切切節節者，相切磋勉勵之意。」
⑪「傳」當作「釋文」。或見《既醉》毛傳。
⑫「鄭」當作「正義」。高注見《吕氏春秋・季冬紀》。鄭玄訓幾爲「近」，另見《詩・瞻卬》「維其幾矣」箋。
⑬依文意，此「擯」字當作「儐」。
⑭依文意，「附箸」當作「傅箸」。
⑮所引見《報任少卿書》。《文選》中作「佴之」，如淳注見李善注引。《漢書・司馬遷傳》作「茸以」，蘇林語見顔師古注引。
⑯荀悦説見《史記・游俠傳》集解引，如淳注見《史記・季布傳》集解引，「或曰」以下，中华书局標點本以爲裴駰注語。
⑰《韓非》下例見《揚榷》，乾道本「合参」作「合虚」。
⑱鄭注見《大司徒》「使之相保」下。
⑲見《小雅・巷伯》，今本作「作爲此詩」，釋文云一本作「作爲作詩」，段氏《詩經小學》謂應爲「作而作詩」。
⑳「職」下脱「注」字。
㉑「克也」之上當補「傳曰：仔肩，」四字。
㉒此係索隱注，非引徐廣。
㉓「近」字是「引」字之誤。見十五篇下。
㉔《小雅》是《大雅》之誤。見《抑》。

㉕今本《史記》「儗」作「擬」。
㉖引有縮略，又「二」本作「兩」。
㉗「壺」，本作「盂」。见《滑稽列传》。
㉘《方言》「㑭」作「[illegible]」，觀段氏下句亦可知應是「[illegible]」。
㉙「一人」是「一言」之誤。
㉚此篆段注有三誤。一、此篆下，大徐本作「𥏫省聲」，小徐本作「婸省聲」，皆不符段氏説「各本作殤省聲」。二、此篆下段氏改爲婸省聲，謂「與殤觴同」，而四篇下歺部殤篆下，段氏仍用「傷省聲」未改，故不得云「同」。三、五篇下矢部𥏫篆，大小徐皆作婸，段改篆作𥏫，而此傷篆又定爲「婸省聲」，不但與字頭篆體不合，又與矢部所定矛盾。
㉛「音」，刻本原作「音」，爛缺一短横，補正。
㉜「注」是「釋文」之誤。
㉝引文不見于《管子》，見于《吕氏春秋・盡數篇》，段氏記誤。
㉞今本《荀子》無此語，段氏係據《廣韵・九麌》「傴」字注引。
㉟「移樂」是「侈樂」之誤。
㊱《左傳》「昊天」是「旻天」之誤，鄭注「昊天」是「閔天」之誤。
㊲見《史記・司馬相如傳》所録《子虚賦》「偓佺之倫暴于南榮」句下索隱引，「方眼」乃引《列仙傳》中語，段氏誤記韋昭。又《漢書》顔注引郭璞曰：「偓佺，仙人也，食松子而眼方。」
㊳見《雜應篇》，「氣」字是「虎」字之誤。
㊴「獻」字是「甗」字之誤。
㊵此係玄應引《通俗文》，見卷十四、十五，不應逕作「玄應曰」。

㊶見《曲禮》注，「宇與禹」是「禹與雨」之誤。

㊷下「重」字是「屬」字之誤。

㊸徐鍇于《疑義篇》下文云：「如衣之類，本以覆二人爲義。」

㊹見《富國篇》，段氏引誤「裷」爲示旁「裷」。

㊺「都衣切」大徐本作「都兮切」。

㊻《深衣》當作《玉藻》，見「袪尺二寸」句下。下文同。

㊼《玄》即《太玄》。

㊽「緣」是「袘」之誤。

㊾所引係《左傳·昭元年》正義引服虔語，段氏誤記爲「杜注」。

㊿《方言》卷十三：「裔，相也。」戴震疏證無説，不知段氏何據作「祖也」。

(51)《郊祀志》是《禮樂志》之誤。見《郊祀歌》之《天門》章。

(52)「幨」见巾部。此处刻本原误作「幨」。

(53)此約引《淮南子·人間訓》文，「拕其衣」，今本作「拖其衣被」，高注：「拖，奪也。」段氏説拖是拕俗字。見蹁下注。

(54)「裘之裼也」裼經文作「飾」。段氏據孔疏校。

(55)見《儀禮·聘禮》「裼降立」句下。

(56)見「錦衣以裼之」句下。

(57)《釋言》是《釋訓》之誤。

(58)見《儀禮·聘禮》「裼降立」句下。阮元校勘記引浦鏜曰：「賜疑裼字之誤。」

(59)此字疑誤，省則不當仍作原字形。

(60)《士喪禮》注在「進鰭三列」句下，段氏所引爲《士虞禮》文及注。

(61)二鄭之説均見《周禮·司服》「祀四望山川則毳冕」下。

(62)《函人》當作《鮑人》。

說文解字第八篇下

金壇段玉裁注

尺　十寸也。寸，十分也。禾部曰：「十髮爲程，一程爲分，十分爲寸。」又曰：「律數十二，十二禾秒而當一分，十分而寸。」《漢志》曰：「九十分黄鐘之長，一爲一分，十分爲寸，十寸爲尺，十尺爲丈，十丈爲引，而五度審矣。」**人手卻十分動脈爲寸口。**寸部下亦曰：「人手卻一寸動衇謂之寸口。」鄭注《周禮》曰：「脈之大候要在陽明寸口。」疏云：「陽明在大拇指本骨之高處與弟二指閒。寸口者，大拇指本高骨後一寸是也。」按，大拇指本高骨後一寸，許所謂「人手卻十分」也。卻者，卪也；卪者，拓也。人手竟，又開拓十分，得動脈之處，是曰寸口。凡寸之度，取象於此。**十寸爲尺，**十其長是爲尺。**尺，**逗。**所㠯指尺規榘事也。**指尺當作指斥，聲之誤也。指斥猶標目也。用規榘之事，非尺不足以爲程度。尺居中，下可晐寸分，上可包丈引也。《漢志》曰：「寸者，忖也。尺者，蒦也。」尺、斥、蒦，三字同韵。**从尸，主也。从乙。**會意。昌石切。古音在五部。古書亦借赤爲之，毛晃曰：宋時案牘如此。**乙，**逗。**所識也。**漢武帝讀東方朔上書未盡，輒乙其處，題識之意也。以榘尺記識所度，故從乙。**周制，寸、尺、咫、尋、常、仞，諸度量皆㠯人之體爲法。**寸法人寸口，尺起於寸，咫法中婦人手，尋八尺也，法人兩臂之長，常倍尋，或曰常當作丈。周制，八寸爲尺，十尺爲丈，人長八尺，故曰丈夫。人部曰：「仞，伸臂一尋也。」是仞、尋無二，而此尋、仞並舉，疑許主七尺曰仞之說。人部之解出後人改竄，非許原文，說詳人部。**凡尺之屬皆从尺。**

咫　**中婦人手長八寸謂之咫，**賈逵、韋昭注《國語》，杜預注《左傳》，說皆同。案，咫之言猶近也，《晉語》：「吾不能行也咫。」《楚語》：「是知天咫。」《周書》：「大子晉視道如咫。」**周尺也。**《通典》引《白虎通》曰：「夏法日，日數十也，日無不照，尺所度無不極，故以十寸爲尺。殷法十二月，言一歲之中無所不成，故以十二寸爲尺。周據地而生，地者，陰也，以婦人爲法，婦人大率奄八寸，故以八寸爲尺。」按，奄字未詳，疑是手之誤字。上文曰「十寸爲尺」，此及夫字下云「周制八寸爲尺」，別周制之異乎古也。《王制》曰：「古者以周尺八尺爲步，今以周尺六尺四寸爲步。」鄭注曰：「周尺之數未之詳聞。案禮制，周猶以十寸爲尺，蓋六國時多變亂法度，或言周尺八寸，以步更爲八，八八六十四寸。」鄭意八寸爲尺，周末始有之，與許說異，然許亦曰「諸侯力政，分爲七國，田疇異晦，車涂異軌，律令異法」，則其說亦未嘗不合也。《左傳》：「天威不違顏咫尺。」咫尺並言，不云二尺也。《國語》《列子》皆言「其長尺有咫」，亦不言其長二尺也，是可證周未嘗八寸爲尺矣。**从尺，只聲。**諸氏切。十六部。

文二。

尾　**微也。**微當作「𢼸」。𢼸，細也。此以曡韵爲訓，如「門，捫也」，「户，護也」之例。《方言》曰：「尾，盡也。尾，梢也。」引伸訓爲後，如《晉語》「歲之二七，其靡有微兮」，古亦叚「微」爲尾。从到毛在尸後。到者，今之「倒」字。無斐切，十五部。今隸變作尾。古人或飾系尾，未聞。鄭説韍曰：「古者佃漁而食之，衣其皮，先知蔽前，後知蔽後，後王易之以布帛，而獨存其蔽前者，不忘本也。」按，「蔽後」即或飾系尾之説也。西南夷皆然。《後漢書·西南夷列傳》曰：「槃瓠之後，好五色衣服，製裁皆有尾形。」按，尾爲禽獸之尾，此甚易解耳，而許必以尾系之人者，以其字從尸，人可言尸，禽獸不得言尸也。凡全書内嚴人物之辨每如此。人飾系尾，而禽獸似之，許意如是。凡尾之屬皆从尾。

屬　連也。連者，負車也。今字以爲聯字。屬，今韵分之欲、市玉二切，其義實通也。凡異而同者曰屬。鄭注《司徒序官》云：「州、黨、族、閭、比者，鄉之屬別。」注《司市》云：「介次、市亭之屬，別小者也。」凡言屬而別在其中，如秔曰「稻屬」，秏曰「稻屬」是也。言別而屬在其中，如稗曰「禾別」是也。从尾，取尾之連於體也。蜀聲。之欲切，三部。今作屬。

屈　無尾也。《韓非子》曰：「鳥有翢翢者，重首而屈尾。」高注《淮南》云：「屈讀如秋雞無尾屈之屈。」郭注《方言》「隆屈」云：「屈尾。」《淮南》「屈奇之服」，許注云：「屈，短也；奇，長也。」凡短尾曰屈，《玉篇》巨律切，《玄應書》《廣韵》衢勿切，今俗語尚如是。引伸爲凡短之偁，山短高曰崛，其類也。今人屈伸字古作詘申，不用屈字，此古今字之異也。鈍筆曰掘筆，短頭船曰撅頭，皆字之假借也。从尾，出聲。九勿切，十五部。按，九勿當作「衢勿」乃合。俗分屈、屈爲二字，不知屈乃屈之隸變。

尿　人小便也。从尾水。會意。古書多假溺爲之。奴弔切，二部。

文四。

履　足所依也。履依疊韵。古曰屨，今曰履，古曰履，今曰鞵，名之隨時不同者也。引伸之訓踐，如「君子所履」是也。又引伸之訓祿，《詩》：「福履綏之。」毛傳曰：「履，祿也。」又引伸之訓禮，《序卦》傳、《詩·長發》傳是也。履禮爲疊韵，履祿爲雙聲。从尸，服履者也。从彳夊。夊，楚危切。彳、夊皆行也。从舟，象履形。合四字會意。良止切。按，「良止」誤也。當依《篇》《韵》力几切，十五部。一曰，尸聲。別一説也。凡履之屬皆从履。

⿰足頁　古文履。从頁，从足。履重首，故从頁。

屨　履也。晉蔡謨曰：今時所謂履者，自漢以前皆名屨，《左傳》「踊貴屨賤」，不言履賤。《禮記》「户外有二屨」，不言二履。賈誼曰「冠雖敝不以苴屨」，亦不言苴履。《詩》曰：「糾糾葛屨，可以履霜。」屨，舄者，一物之別名。履者，足踐之通稱。按，蔡説極精。《易》《詩》《三禮》《春秋傳》《孟子》皆言屨，不言履；周末諸子、漢人書乃言履。《詩》《易》凡三履，皆謂踐也。然則履本訓踐，後以爲屨名，古今語異耳。許以今釋古，故云古之屨即今之履也。《周禮》屨人掌爲舄屨。鄭云：「複下曰舄，禪下曰屨。」古人言屨以通於複，今世言屨以通於褌，俗易語反與？」《方言》：「扉、屨、麤，履也。履，其通語也。」从履省，婁聲。九遇切，古音在四部。一曰，鞮也。革部鞮下曰「屨也」，二字爲轉注。《方言》曰：「褌者謂之鞮。」

𡳐 履下也。謂履之底也，行地經歷者。今人言履歷，當用此字。从履省，歷聲。郎擊切，十六部。

𡳏 履屬。从履省，予聲。徐吕切，五部。《廣韵》徐預切①。

屩 履也。屩，大徐作「屐」，非也。今依小徐。《史記·孟嘗君傳》「躡屩」，《虞卿傳》及《漢書·王褒傳》作「蹻」，假借字也。《釋名》曰：「屩，蹻也。出行著之蹻蹻輕便，因以爲名。」應劭曰：「木蹻。」臣瓚曰：「以繩爲屩。」徐廣曰：「蹻，草履也。」按，屩蓋輕便可遠行之履，非法服之履也。臣瓚、徐廣説是。从履省，喬聲。居勺切，古音在二部，平聲。

屐 屩也。从履省，支聲。奇逆反，古音在十六部。按，《釋名》云：「屐，搘也。爲兩足搘以踐泥也。」又云：「屩不可踐泥也，屐踐泥者也。」然則屐與屩有別。

文六。　重一。

舟 船也。《邶風》：「方之舟之。」傳曰：「舟，船也。」古人言舟，漢人言船，毛以今語釋古，故云舟即今之船也。不傳於《柏舟》而傳於此者，以見方之爲泭，而非船也。古者共鼓、貨狄刳木爲舟，剡木爲楫，以濟不通。郭注《山海經》曰：「《世本》云：共鼓、貨狄作舟。」《易·毄辭》曰：「刳木爲舟，剡木爲楫，舟楫之利，以濟不通，致遠以利天下，蓋取諸《涣》。」共鼓、貨狄，黄帝、堯、舜閒人，貨狄疑即化益，化益即伯益也。《考工記》故書舟作「周」。象形。職流切，三部。凡舟之屬皆从舟。

俞 空中木爲舟也。《淮南·氾論訓》：「古者爲窬木方版以爲舟航。」高曰：「窬，空也。方，並也。舟相連爲航也。」按，窬同俞。空中木者，舟之始。並板者，航之始。如椎輪爲大路之始。其始見本空之木用爲舟，其後因刳木以爲舟。凡穿窬、廁牏，皆取義於俞。《中孚》傳曰：「利涉大川，乘木舟虚也。」从亼，从舟，从巜。合三字會意。羊朱切，古音在四部。巜，水也。巜下曰：「水流澮澮也。」説从巜之意。

船 舟也。二篆爲轉注。古言舟，今言船，如古言屨，今言鞵。舟之言周旋也，船之言沿沿也。从舟，㕣聲。各本作「鉛省聲」，非是。口部有「㕣」字，水部有「沿」字，㕣聲，今正。食川切，十四部。

彤 船行也。夏曰復胙，商曰彤，周曰繹，即此字，取舟行延長之意也。其音以戎切，其字《毛詩》箋作「融」。从舟，彡聲。丑林切，七部。

舳 舳艫也。各本艫上删「舳」字，今補。此三字爲句，非以艫釋舳也。《韵會》所據本不誤。从舟，由聲。直六切，三部。《漢律》名船方長爲舳艫。長當作「丈」，《史》《漢》，《貨殖傳》皆曰：「船長千丈。」注者謂總積其丈數。蓋漢時計船以丈，每方丈爲一舳艫也。此釋舳艫之謂，二字不分析者也；下文分釋，謂船尾舳，謂船頭艫，此分析者也。一曰，船尾。船舊作「舟」，今正。此單謂舳字也。《方言》曰：舟「後曰舳」，舳所以「制水也」。郭云：「今江東呼柁爲舳。」按，《釋名》：「船，其尾曰柁。」仲長統、郭璞皆用「柁」字，而《淮南子》作杕。船之有舳，如車之有軸，主乎運轉。

艫 舳艫也。此二字不分析之説也。从舟，盧聲。洛乎切，五部。一曰，船頭。此單謂艫字也。《方言》曰：舟，「首謂之閤閭。」郭云：「今江東呼船頭屋謂之飛閭是也。」《釋名》曰：「舟其上屋曰廬，象廬舍也，其上重室曰飛廬，在上故曰飛也。」按，此皆許所謂船頭曰艫，艫閭古音同耳。李斐注《武帝紀》亦云：「舳，船後持柁處；艫，船頭刺櫂處。」説與許同。而《小爾雅》「艫，船後也；舳，船前也」，《吴都賦》劉注本之，與許異。蓋《小爾雅》呼設柁處爲「船頭」也。

𦨴 船行不安也。《方言》説舟曰：「僞謂之扤。扤，不安也。」郭云：「僞音訛，船動搖之皃也。扤，吾敎反。」按，𦨴者，正字；扤者，假借字也。《書》「阢隉」、《易》「臲卼」，皆不安也。从舟，刖省聲。聲字舊奪，今補。讀若兀。五忽切，十五部。《廣韵》曰：「俗作䑰。」

艐 船箸沙不行也。「沙」字各本奪，今依《廣韵·一東》、《三十三箇》②所引補。《大人賦》張揖注曰：「艐，箸也。」尸部「屆，行不便也。」郭注《方言》云：「艐，古屆字。」按，《釋詁》《方言》皆曰「艐，至也」，不行之義之引伸也。从舟，㚇聲。子紅切，九部。讀若莘。此音與子紅爲雙聲，與屆亦雙聲，漢時語如是。

朕 我也。闕。此説解既闕，而妄人補「我也」二字，未知許説字之例也。按，朕在舟部，其解當曰「舟縫也。从舟，灷聲」。何以知爲舟縫也？《考工記·函人》曰：「視其朕，欲其直也。」戴先生曰：「舟之縫理曰朕，故札續之縫，亦謂之朕。」所以補許書之佚文也。本訓舟縫，引伸爲凡縫之偁。凡言朕兆者，謂其幾甚微，如舟之縫，如龜之坼也。目部瞽字下云：「目但有朕也。」謂目但有縫也。《釋詁》曰：「朕，我也。」此如卬、吾、台、余之爲我，皆取其音不取其義。趙高之於二世，乃曰：「天子所以貴者，但以聞聲，羣臣莫得見其面，故號曰朕。」比傅朕字本義而言之，遂以亡國。凡説文字不得其理者，害必及於天下，趙高、王安石是也。云「从舟、灷聲」者，人部佚字亦云：「灷聲。」今《説文》雖無「灷」字，然論例當有之。凡勝、騰、滕、賸、縢，皆以朕爲聲，則朕古音當在六部矣。今音直禁切，六部與七部合韵冣近也。

舫 船也。各本作「船師也」，今依《韵會》所據本。舫祇訓船，舫人乃訓習水者，觀張揖之訓「榜人」，可得其理矣。《篇》《韵》皆曰「並兩船」，是認舫爲方也，舫行而方之本義廢矣，舫之本義亦廢矣。《爾雅·釋言》曰：「舫，舟也。」其字作舫，不誤。又曰：「舫，泭也。」其字當作「方」，俗本作舫。《釋水》「大夫方舟」，亦或作舫，則與《毛詩》「方，泭也」不相應。愚嘗謂《爾雅》一書多俗字，與古經不相應，由習之者多率肊改之也。《明堂月令》曰「舫人」，《月令》

六月「命漁師伐蛟。」鄭注：「今《月令》漁師爲榜人。」按，榜人即「舫人」，舫正字，榜假借字。許所據即鄭所謂「今《月令》」也。《子虚賦》「榜人歌」張揖注曰：「榜，船也。《月令》命榜人，榜人，船長也。」張所據亦作「榜人」。舫人，二字舊奪，今補。習水者。張揖所謂「船長」，杜詩所謂「長年」。《吴都賦》曰：「櫂工檝師，選自閩禺。」从舟，方聲。甫妄切，十部。

般　辟也。人部僻下曰：「辟也。」此辟字義同。《投壺》曰：「賓再拜受，主人般旋曰辟。主人阼階上拜送，賓般旋曰辟。」③般，步干反，還音旋，辟，徐扶亦反。《論語》包氏注：「足躩如，盤辟皃也。」盤當作般。般辟，漢人語，謂退縮旋轉之皃也。《大射儀》「賓辟」注曰：「辟，逡遁不敢當盛。」《釋言》曰：「般，還也。」還者，今之環字，旋也。荀爽注《易》曰：「盤桓者，動而退也。」般之本義如是，引伸爲般遊、般樂。象舟之旋。説从舟之意。从舟，从殳，會意。殳令舟旋者也。令，《韵會》作「命」。説從殳之意。殳謂所以刺船者也。北潘切，按，當云「薄官切」，十四部。

𢼄　古文般从攴。各本作「从支」，誤，今正。从攴，猶从殳也。

服　用也。《關雎》箋曰：「服，事也。」一曰，車右騑，所㠯舟旋。騑，毛刻作「騎」，誤。馬部曰：「騑，驂也，旁馬也。」古者夾輈曰服馬，其旁曰驂馬，此析言之。許意謂渾言皆得名服馬也，獨言右騑者，謂將右旋，則必策冣右之馬先向右，左旋亦同，舉右以晐左也。舟當作「周」。馬之周旋如舟之旋，故其字从舟。从舟，𠬝聲。房六切，古音在一部。

𦨈　古文服从人。从舟从人者，凡事如舟之於人冣切用也，凡事皆當如人之操舟也。

○𦨴　小船也。从舟，周聲。各本無此字，《衞風》：「曾不容刀。」釋文曰：「《説文》作𦨴，小船也。」正義曰：「《説文》作𦨴，小船也。」合據補於末，其形从正義④。

文十二。補「𦨴」則十三。　重二。

方　併船也。《周南》「不可方思」，《邶風》「方之舟之」，《釋言》及毛傳皆曰：「方，泭也。」今《爾雅》改方爲「舫」，非其義矣。併船者，並兩船爲一。《釋水》曰：「大夫方舟。」謂併兩船也。泭者，編木以爲渡，與併船異事。何以毛公釋方不曰「併船」而曰「泭」也？曰：併船、編木，其用略同，故俱得名方。方舟爲大夫之禮，《詩》所言不必大夫，則釋以泭可矣。若許説字，則見下从舟省，而上有竝頭之象，故知併船爲本義，編木爲引伸之義。又引伸之，爲比方，「子貢方人」是也。《秦風》：「百夫之防。」毛曰：「防，比也。」謂防即方之假借也。又引伸之，爲方圓，爲方正，爲方向，又假借爲旁。丄部曰：「旁，溥也。」凡今文《尚書》作旁者，古文《尚書》作方。爲大也，《生民》「實方實苞」，毛曰：「方，極畝也。」極畝，大之意也。又假借爲「甫」，《召南》「維鳩方之」，毛曰：「方之，方有之也。」方有之，猶甫有之也。象兩舟省總頭形。兩當作「网」。下象兩舟併爲一，上象兩船頭總於一處也。府良切，十部。《通俗文》：「連舟曰舫。」與許説字不同，蓋方，正字，俗用舫。凡方之屬皆从方。

汸 方或从水。

航 方舟也。舟字葢衍。《衞風》：「一葦杭之。」毛曰：「杭，渡也。」杭即航字。《詩》謂一葦可以爲之舟也。舟所以渡，故謂渡爲航。始皇臨浙江，水波惡，乃西百二十里從狹中渡，其地因有餘杭縣。杜篤《論都賦》：「造舟於渭，北杭涇流。」章懷《後漢書》作「北航」，注云：「《説文》航字在方部，今流俗不解，遂與杭字相亂者，誤也。」是説誠然，然航之作杭，久矣。章懷偶一正之，而不能盡正也。《李南傳》：「向度宛陵浦里，航馬蹄足。」亦係章懷改杭爲航。而《地理》《郡國》二志「餘杭縣」，未之或改也。航亦作「航」，《方言》曰：「舟或謂之航。」杭者，《説文》或抗字。从方，亢聲。胡郎切，十部。禮：天子造舟，諸侯維舟，大夫方舟，士特舟。《大雅》詩傳及《釋水》同。李巡曰：「比其舟而渡曰造舟，中央左右相維持曰維舟，併兩船曰方舟，一舟曰特舟。」孫炎曰：「造舟，比舟爲梁也；維舟，連四舟也。」《釋水》及《公羊傳》注此下，又有「庶人乘泭」句。

文二。　重一。

儿 古文奇字人也。此冡人部而言。「人者，天地之性冣貴者也。此籀文，象臂脛之形。」其作儿者，則古文奇字之人也。如大下曰「天大，地大，人亦大，故大象人形，古文亣也」，亣下曰「籀文大」，則例正同。亣與儿之義已見於大與人之下，故皆不必更言其義，今俗本古文奇字之上，妄添「仁人也」三字，是爲蛇足。同字而必異部者，異其从之之字也。象形。孔子曰：「儿在下，故詰詘。」「儿在」各本作「在人」，今依《玉篇》。詘，各本作「屈」，誤，今正。舉孔子説，證象形也。籀文兼象臂脛，古文奇字則惟象股腳。詰詘，猶今云屈曲也。如鄰切，十二部。凡儿之屬皆从儿。

兀 高而上平也。从一在儿上。儿各本作「人」，今正。一在儿上，高而平之意也。凡从兀聲之字，多取孤高之意。讀若夐。夐今韵在《四十四諍》，古音在元、寒部，今韵《十月》者，元之入也。兀音同月，是以跀亦作䟤，其平聲讀如涓，在十四部，今音五忽切。茂陵有兀桑里。《地理志》右扶風有茂陵縣，《郡國志》同。許多言鄉、言亭，此言里者，葢周秦舊名。

兒 孺子也。子部曰：「孺，乳子也。」乳子，乳下子也。《襍記》謂之「嬰兒」，女部謂之「嫛婗」。兒、孺雙聲。引伸爲凡幼小之偁。从儿，象小兒頭囟未合。謂篆體「囟」也。囟者，頭會匘葢也。小兒初生，匘葢未合，故象其形。汝移切，十六部。

允 信也。《釋詁》、毛傳皆曰：「允，信也。」《詩》「仲允」，《漢・表》⑤作「中術」。从㠯儿。大徐作「从儿，㠯聲。」㠯非聲也，今依《韵會》所據小徐本。㠯，用也。「任賢勿貳」是曰允。⑥此會意字。余準切，十三部。

兑 説也。説者，今之悦字。其義見《易》。《大雅》：「行道兑矣。」傳曰：「兑，成蹊也。」「松柏斯兑。」傳曰：「兑，易直也。」此引伸之義。《老子》：「塞其兑，閉其門。」借爲「閲」字，閲同穴。从儿，㕣聲。㕣與沇，古同字同音。兊爲㕣聲者，古合音也。大外切，十五部。

充　長也，高也。《廣韻》曰：「美也，塞也，行也，滿也。」从儿，育省聲。三部與九部合音也。昌終切，九部。

○亮　明也。从儿，高省。各本無此，依《六書故》所據唐本補，蓋即晁氏以道所見唐本也。古人名亮者字明，人處高則明，故其字从儿高。明者可以佐人，故《釋詁》曰：「亮，相導也。」《典》《謨》多用亮字。《大雅》：「涼彼武王。」傳曰：「涼，佐也。」此假涼爲亮也。《韓詩》正作「亮」。《孟子》曰：「君子不亮，惡乎執。」此假亮爲諒也。力讓切，十部。

文六。今增「亮」則文七。

兄　長也。古長不分平上，其音義一也。長短、滋長、長幼，皆無二義。兄之爲長，以疊韵爲訓也。《小雅》：「兄也永歎。」傳曰：「兄，茲也。」《大雅》：「倉兄填兮。」傳曰：「兄，滋也。」「職兄斯引，職兄斯弘。」傳曰：「兄，茲也。」又《小雅》：「僕夫兄瘁。」箋云：「兄，茲也。」又《大雅》：「亂兄斯削。」箋云：「而亂茲甚。」茲與滋義同。茲者，草木多益也。滋者，益也。凡此等《毛詩》本皆作兄，俗人乃改作从水之況，又譌作况，陸氏《音義》不能諟正畫一，正僞錯出，且於《常棣》云：「作兄者非。」由未知茲益乃兄之本義故耳。兄之本義訓益，許所謂長也。許不云茲者，許意言長，則可晐長幼之義也。矢部矤下曰：「兄詞也。」謂加益之詞，此滋長之義也。《無逸》「無皇曰」，今文《尚書》作「毋兄曰」，王肅本皇作「況」，注曰：「況，滋。」韋昭注《國語》云：「況，益也。」皆兄訓益之證。引伸之，則《爾雅》曰：「男子先生爲兄，後生爲弟。」先生之年自多於後生者，故以兄名之。猶弟本義爲韋束之次弟，以之名男子後生者也。莫重於君父，故有正字，兄弟之字，則依聲託事。古兄長與兄益無二音也。淺人謂兄之本義爲男子先生，則主從倒置，豈弟之本義爲男子後生乎。世之言小學者，知此而後可與言《說文》，可與言經義。顧希馮《玉篇》不知此，則直云「男子先生爲兄」「男子後生爲弟」而已，以兄弟二部次於男部、女部閒，觀其列部之次第，可以知其不識字義。从儿，从口。口之言無盡也，故以儿口爲滋長之意。今音許榮切，古音在十部，讀如荒，轉爲去聲許訪切。今人謂兄爲「況老」，乃古語也。用況者，於古爲假借。貺、況皆俗字。貺以意製，《左》《國》多用之；況乃況之變，冣爲後出。凡兄之屬皆从兄。

兢　競也。競者，彊語也。《小雅·無羊》傳曰：「矜矜兢兢，以言堅彊也。」釋文此義其冰反。从二兄。會意。二兄，競意。説從二兄之意。从丰聲。丰讀若介，此取雙聲也，二丰皆聲也。讀若矜。居陵切，六部。漢時矜讀如今韵矣。一曰，兢，此複舉兢字，各本誤作「競」，今依葉抄本、《集韵》《類篇》無此字。敬也。《小雅》：「戰戰兢兢。」傳曰：「戰戰，恐也。兢兢，戒也。」小徐本無此五字，《玉篇》引亦無。

文二。

先　首笄也。竹部曰：「笄，簪也。」二字爲轉注。古言笄，漢言先，此謂今之先，即古之笄也⑦。古經無簪字，惟《易·豫》「九四，朋盍簪」，鄭云：「速也」，實寁之假借字。張揖《古今字詁》疌作「撍」，《埤蒼》云：「撍，疾也。」寁、㨗、撍同字，京作撍。經文之簪，古無釋爲笄者。又《士喪禮》：「復者一人，以爵弁服簪衣于裳。」⑧注云：「簪，連也。」然則此實鐕之假借字。金部曰：「鐕，可以綴箸物者。」凡經典此二簪字外，無言簪者。从儿，匕象形。此非相與比敘之「匕」，乃象先之形也。先必有岐，故又曰「叉」，俗作釵。《釋名》曰：「叉，枝也。因形名之也。」⑨篆右象其叉，左象其所抵以固弁者。側琴切，七部。凡先之屬皆从先。

簪 俗先。今俗行而正廢矣。从竹，从朁。朁聲。

兓 兓兓，各本譌「朁朁」，今依《玉篇》《集韵》正。鋭意也。先主入，故兩先爲鋭之意。兓兓，其言所謂意內而言外也。凡俗用鐵尖字，即兓字之俗。从二先。子林切，七部。

文二。　重一。

皃 頌儀也。頁部曰：「頌，皃也。」此曰：「皃，頌儀也。」是爲轉注。頌者，今之容字。必言儀者，謂頌之儀度可皃象也。凡容言其內，皃言其外。引伸之，凡得其狀曰皃。析言則容皃各有當，如叔向曰「貌不道容」是也。絫言則曰「容貌」，如「動容貌，斯遠暴慢」是也。从儿，白象面形。上非黑白字，乃象人面也。莫教切，二部。凡皃之屬皆从皃。

䫉 皃或从頁，豹省聲。按，此葢易籀文之皃爲頁。

貌 籀文皃从豸。大徐本作从豹省，今字皆用籀文。

覍 冕也。按，當云「冕屬」，轉寫奪「屬」字耳。冠下云：「弁，冕之總名也。」云「總名」，則弁與冕固有分矣。冕下云：「大夫以上冠也。」云「大夫以上冠」，則士無冕可知。士有爵弁，非冕也。依《禮器》，則夏殷之士有冕，周之士爵弁，亦冕之亞也。《周禮》掌弁冕之官，但曰「弁師」。周曰覍，殷曰吁，夏曰收。吁，宋本及《五音韵譜》如此，此古本也。《五經文字》曰：「《字林》作冔，經典相承，隸省作冔。」然則冔字又出《字林》後，許書安得有冔。《白虎通》作詡⑩，吁、詡皆大義。《士冠禮記》曰：「周弁，殷冔，夏收。」鄭曰：「弁名出於槃。槃，大也，言所以自光大也。冔名出於幠。幠，覆，言所以自覆飾也。收言所以收斂髮也。」《郊特牲》亦曰：「周弁，殷冔，夏收。」弁者，爵弁，非冕也。而《王制》「有虞氏皇而祭，夏后氏收而祭，殷人冔而祭，周人冕而祭」，不言弁，言冕。鄭曰：「皇，冕屬。」則收、冔皆冕屬可知。《大雅》：「厥作祼將，常服黼冔。」傳曰：「冔，殷冠也。夏后氏曰收，周曰冕。」亦不以周弁配夏收、殷冔，而言周冕，故知《士冠禮》《郊特牲》之周弁，非不可云周冕，葢周之爵弁，即夏殷之收、冔，收、冔即夏殷之冕。《周禮·司服》《弁師》二職，皆不言爵弁，其諸爵弁包於冕與？鄭曰：「爵弁制如冕，黑色，但無繅耳。」玉裁謂，周覍、殷吁、夏收，皆冕也。爵弁即夏殷之冕，則韋弁、皮弁亦冕屬也。故許以冕屬釋之。从皃，象形。謂篆體小也，葢象皮弁之會。鄭曰：「會，縫中也。」皮變切，十四部。按，弁古音同盤，其引伸之義爲法，如《顧命》「率循大弁」是也。亦爲大，如鄭云：「所以自光大。」是。又假借爲「昪樂」字，如《詩·小弁》傳曰：「弁，樂也。」

即《衛風》傳之「盤樂」也。弁樂之反爲弁急，如《左傳》邾莊公「卞急」是也。

弁 或皃字。今則或字行而正字廢矣。□爲籀文，則皃本古文也。人象上覆之形。弁之譌俗爲卞，由隸書而貤謬也。

□ 籀文皃从廾，上象形。从廾者，敬以承之也。

文二。　重四。

兜 廱蔽也。廱，當作壅，俗作壅。此字經傳罕見，音與蠱同，則亦蠱惑之意也。《晉語》曰：「在列者獻詩，使勿兜。」疑兜或當爲兜，韋曰：「兜，惑也。」从儿，象左右皆蔽形。左右當作ナ又，謂口也。凡兜之屬皆从兜，讀若瞽。公户切，五部。

兜 兜鍪，逗。首鎧也，鎧者，甲也。鍑屬曰鍪，首鎧曰兜鍪，謂其形似鍪也。月部曰：「冑，兜鍪也。」古謂之冑，漢謂之兜鍪。《長楊賦》：「鞮鍪生蟣蝨。」李善曰：「鞮鍪，即兜鍪也。」玉裁謂鞮，屨也；鍪，兜鍪也。从兜，从皃省。會意。當侯切，四部。皃象人頭形也。説从皃省之意，皃之上體象人面。

文二。

先 前進也。前當作歬。不行而進曰歬。凡言歬者，緩詞；凡言先者，急詞也。其爲進一也。从儿之。之者，出也。引伸爲往也。穌前切，古音在十三部。讀若先聲之詵。凡先之屬皆从先。

兟 進也。《五經文字》儿部曰：「兟，色巾反。見《詩》。」按，此謂《大雅》「甡甡其鹿」也，今《大雅》作「甡」。傳曰：「甡甡，衆多也。」但《玉篇》云：「兟，多也。」亦作詵、駪、㹷、兟、甡字。⑪同是衆多之義，可作兟。據《五經文字》，則張參所據《大雅》作兟，葢並先爲衆進之意。今石刻《五經文字》此字已泐，而馬刻本乃誤爲「□」，葢因宋槧模糊而譌耳。从二先。贊从此。闕。闕謂闕其讀若也。今所臻切，十三部。

文二。

禿 無髮也。《喪服四制》曰：「禿者不髽。」《明堂位》注曰：「齊人謂無髮爲禿楬。」《周禮·醫師》注曰：「庀，頭瘍，亦謂禿也。」引伸之，凡不鋭者曰禿。《釋名》曰：「沐、禿皆無上皃之稱。」沐者，《管子》云：「沐涂樹之枝。」謂刊落之也。从儿，上象禾粟之形，取其聲。按，粟當作「秀」，以避諱改之也。采下云：「禾成秀也。」然則秀采爲轉注。象禾秀之形者，謂禾秀之穎屈曲下𠂹，莖屈處圓轉光潤如折釵股，禿者全無髮，首光潤似之，故曰象禾秀之形。秀與禿古音皆在三部，故云禿取秀之聲爲聲也。許書兩言「取其聲」，世下曰：「从卅而曳長之，亦取其聲。」謂取曳聲也。此云：「象禾秀之形，取其聲。」謂取秀聲也。皆會意兼形聲也。其實秀與禿古無二字，殆小篆始分之。今人禿頂亦曰秀頂，是古遺語。凡物老而椎鈍皆曰秀，如鐵生衣曰銹。他谷切。凡禿之屬皆从禿，王育説。謂以上爲王育説也。倉頡出見禿人伏禾中，因吕制字。未知其審。因一時之偶見，遂定千古之書契，禿人不必皆伏禾中，此説殆未然矣。《廣韵》禿下曰：「《説文》云：無髪也。从儿上象禾粟之形。《文字音義》云：倉頡出見禿人伏於禾中，因以制字。」《廣韵》不以倉頡云云爲《説文》語，則知古本無倉頡以下十七字，而「王育説」三字爲結上之辭，全書例固如此。《文字音義》者，《唐書·藝文志》有玄宗《開元文字音義》三十卷是也。

穨 禿皃。《周南》曰：「我馬虺穨。」《釋詁》及毛傳曰：「虺穨，病也。」禿者，病之狀也。此與𨸏部之「隤」迴別，今毛詩作「隤」，誤字也。又《小雅》「維風及穨」，毛傳曰：「穨，風之焚輪者也。」與《釋天》同。从禿，貴聲。此从㒸聲。今俗字作「頹」，失其聲矣。杜回切，十五部。

文二。

見 視也。析言之，有視而不見者，聽而不聞者，渾言之，則視與見、聞與聽一也。耳部曰：「聽，聆也。聞，知聲也。」此析言之。从目儿。用目之人也，會意。古甸切，十四部。凡見之屬皆从見。

視 瞻也。目部曰：「瞻，臨視也。」視不必皆臨，則瞻與視小别矣，渾言不别也。引伸之義，凡我所爲使人見之亦曰視。《士昏禮》：「視諸衿鞶。」注曰：「視乃正字，今文作示，俗誤行之。」《曲禮》：「童子常視毋誑。」注曰：「視，今之示字。」《小雅》：「視民不恌。」箋云：「視，古示字也。」按，此三注一也，古作視，漢人作示，是爲古今字。示下曰：「天垂象，見吉凶，所以示人也。」許書當本作「視人」，以疊韵爲訓，經淺人改之耳。从見，示聲。大徐無「聲」字。神至切，十五部。

眎 古文視。

眡 亦古文視。此氐聲，與目部眡氏聲迥別，氏聲古音在十五部，氐聲在十六部，自唐宋至今多亂之，眡見《周禮》。

覼 求視也。視字各本奪，今補。求視者，求索之視也。李善注《吴都賦》引《倉頡篇》曰：「覼，索視之皃也。」亦作矖。从見，麗聲，讀若池。郎計切，十六部。

覣 好視也。和好之視也。从見，委聲。取委順之意。於爲切，十六部。

覞 旁視也。目部曰：「睨，衺視也。」二字音義皆同。从見，兒聲。五計切，十六部。

𧢄 好視也。女部曰：「嫋，順也。」𧢄與嫋義近。《玉篇》曰：「𧢄縷，委曲也。」古書亦作「𧢄縷」，詳言之意。从見，𢀩聲。洛戈切，古音當在十四部。

親 笑視也。嬉笑之視也。目部曰：「睩，目睞謹也。」《廣韵》曰：「親，眼曲親也。」从見，录聲。力玉切，三部。

覒 大視也。目部曰：「暖，大目也。」故覒爲大視。从見，爰聲。况晚切，十四部。

覝 察視也。密察之視也。《高帝紀》「廉問」，師古注曰：「廉，察也。字本作覝，其音同耳。」按，史所謂「廉察」皆當作「覝」，廉行而覝廢矣。从見，㶣聲。㶣見火部，从「入二爲𢆉」之𢆉爲聲，非从入一爲干也。篆體沿誤，今皆正之。讀若鎌。力鹽切，七部。

䚍 外博眾視也。舊視上有「多」字，今依《廣韵》刪⑫。衆多之視，所視者衆也。貟，物數也。䢵，物數紛䢵亂也。䚍同音而義近。博，大通也。外大通而多所視也。从見，員聲，讀若運。王問切，十三部。

觀 諦視也。宷諦之視也。《穀梁傳》曰：「常事曰視，非常曰觀。」凡以我諦視物曰觀，使人得以諦視我亦曰觀，猶之以我見人、使人見我皆曰視，一義之轉移，本無二音也。而學者強爲分別，乃使《周易》一卦，而平去錯出支離，殆不可讀，不亦固哉。《小雅・采綠》傳⑬曰：「觀，多也。」此亦引伸之義。物多而後可觀，故曰「觀，多也」，猶灌木之爲藂木也。从見，雚聲。古玩切，按，玩當作完，十四部。

舊 古文觀，从囧。

㝵 取也，从見寸。會意。多則切，一部。寸，度之，亦手也。說从寸兼此二解。按，彳部㝵爲古文得，此爲小篆，義不同者，古今字之說也。在古文則同得，在小篆則訓取也。說詳女部之「嫡」。

覽 觀也。以我觀物曰覽，引伸之，使物觀我亦曰覽。《史記・孟荀列傳》：「爲開第康莊之衢，高門大屋尊寵之，覽天下諸侯賓客，言齊能致天下賢士也。」此覽字無讀去聲者，則觀字何必鈲析其音乎。从見監，會意。監亦聲。盧敢切，八部。

䚂 內視也。《史記》趙良曰：「內視之謂明。」於从來取意。从見，來聲。洛代切，一部。

䚙 顯也。顯當作「㬎」，㬎顯古今字。㬎者，衆明也，从日中見絲。然則䚙之爲言，亦察及微杪也。《小雅》：「題彼脊令。」傳曰：「題，視也。」題者，䚙之假借字。毛云視、許云㬎者，此葢轉寫奪字，當云「㬎視」，如覶下「求視」，亦奪視字。察及飛鳥，是爲明㬎之視。鄭箋云：「題之爲言睇也。」⑭則謂題同睇，非許意。睇者，小邪視也，與䚙音義皆不同。从見，是聲。杜兮切，《玉篇》亦達麗切，十六篇⑮。

覭 目有察省見也。目偶有所見也。伺者有意，覭者無心。今俗語尚云「覭」，與目部之「瞟」音義皆同。从見，㶾聲。方小切，二部。方係類隔。

覟 覟觀，逗，雙聲字也。闚觀也。闚者，閃也。閃者，闚頭於門中也。《易・觀》六二曰：「闚觀，利女貞。」虞翻曰：「竊觀爲闚。」从見，朿聲。七四切，十五部。《玉篇》此咨切，小徐本及《廣韵》《集韵》《類篇》皆譌作「束」，非是。

覰 覟覰也。三字依全書通例補，淺人刪之耳。覰，古多假「狙」爲之，《周禮・蜡氏》注曰：「蜡讀如狙司之狙。」狙司，即覰伺也。《史》《漢》「狙擊秦皇帝」，應劭云：「狙，伏伺也。」《方言》：「自關而西曰索，或曰狙。」《三倉》：「狙，伺也。」《通俗文》：「伏伺曰狙。」是則覰狙古今字。如今本少此三字，則覰之本義隱也。一曰，二字今補。拘覰，逗，此亦漢時語。未致密也。致，今之「緻」字，許書無緻。謂粗疏。从見，虘聲。七句切。按，當依《廣韵》七慮切，五部。

覭 小見也。如溟之爲小雨，皆於冥取意。《釋言》曰：「冥，幼也。」从見，冥聲。莫經切，十一部。《爾雅》曰：「覭髳，弗離。」《釋詁》文。今本弗作「茀」，非古也。郭云：「孫叔然字別爲義。」按，許單出覭字而釋之，則孫與合。

覞 内視也。《隸釋・張壽碑》：「覞覞虎視，不折其節。」覞與眈音義皆同。眈下曰：「視近。」此曰内視。从見，甚聲。丁含切，古音在七部。

覯 遇見也。覯與遇疊韵。辵部曰：「遘，遇也。」覯从見則爲逢遇之見。《召南・草蟲》曰：「亦既見止，亦既覯止。」傳曰：「覯，遇也。」此謂覯同遘。鄭箋云：「既覯，謂已昏也。」引《易》「男女覯精，萬物化生。」鄭意以覯即見無俟重言，毛云「遇也」，實含會合之義，故引而伸之，必俟脱纓燭出，昏禮既成，乃自信可以寧父母心，此申毛非異毛也。鄭所據《易》作「覯精」，今皆作「構」，蓋失之矣。从見，冓聲。古后切，四部。

覽 注目視也。專注之視也，於从歸取義。从見，歸聲。渠追切，十五部。

覘 闚視也。闚，各本作窺。今依《廣韵》訂。《左傳》：「公使覘之。」杜曰：「覘，視也。」[16]《檀弓》：「晉人之覘宋者。」鄭曰：「覘，闚視也。」《國語》：「公使覘之。」韋曰：「覘，微視也。」《檀弓》：「我喪也斯沾。」假沾爲覘。从見，占聲。敕豔切，《釋文》勑廉反，七部。《春秋傳》曰：「公使覘之，信。」《左傳・成十七年》。

覹 司也。司者，今之「伺」字，許書無「伺」。司下當有「視」字，《廣韵》曰：「⿰目微，伺視也。」於从微取意，⿰目微同覹。从見，微聲。無非切，十五部。

覢 暫見也。猝乍之見也。《倉頡篇》云：「覢覢，視皃。」按，與目部之「睒」音義皆同。从見，炎聲。失冉切，八部。《春秋公羊傳》曰：「覢然公子陽生。」言「公羊」者以別於「左氏」謂之「春秋傳」也。此哀公六年《公羊傳》文，何本覢作「闖」，何注云：「闖，出頭皃。」許所據不同也。

覾 覾⿰樊見，各本佚此二字，今依全書通例補。《集韵・十七眞》曰：「覾⿰樊見，暫見。」暫見也。从見，賓聲。必刃切，十二部。按，「覾⿰樊見」異部而疊韵，覾當依《集韵》紕民切。

⿰樊見 覾⿰樊見也。从見，樊聲，讀若幡。附袁切，十四部。小徐本篆作「⿰林見」。

⿰民見 病人視也。从見,民聲,讀若迷。按,各本篆作「⿰氐見」,解作氐聲。氐聲則應讀若低,與讀若迷不協。攷《廣韻·十二齊》曰:「⿰民見,病人視皃。」《集韻》曰:「⿰民見⿰氐見二同。」《類篇》曰:「⿰氐見⿰民見二同。」《集韻》《類篇》⿰民見又民堅切,訓病視。蓋古本作「⿰民見」,民聲;讀若眠者,其音變,讀若迷者,雙聲合音也。唐人諱民,偏旁省一畫,多似氏字,始作⿰氏見,繼又譌作⿰氐見,乃至正譌並存矣。今改从正體。莫兮切,古音在十一部。

⿰𠧪見 下視罙也。《曲禮》曰:「凡視下於帶則憂。」《左傳》曰:「單子視下言徐。」按,云「下視深」者,謂下視深窈之處。从見,𠧪聲,讀若攸。以周切,三部。

⿰彤見 私出頭視也。閃下曰:「闚頭門中也。」闖下曰:「馬出門皃也。」音義皆略同。从見,彤聲,讀若郴。丑林切,七部。

⿱冃見 突前也。前當作歬。與冡音義略同。冡重冃,故入冃部。此重突前,故入見部。从見冃。莫紅、莫沃二切,古音當在二部三部閒。按,鍇本冃部又有⿱冃見字,鉉本及《廣韻》有⿱冖見無⿱冃見,《集韻》二字兼有。

覬 欽㚔也。欠部欽下曰:「欽,㚔也。」覬、欽疊韻。古多作「幾」,漢人或作「⿰馬豈」,亦作「冀」。於从豈取意,豈下曰:「欲也。」从見,豈聲。几利切,十五部。

覦 欲也。覦、欲疊韻。《廣韻》曰:「覬覦,欲得也。」从見,俞聲。羊朱切,古音在四部。

⿰舂見 視不明也。此與心部「惷,愚也」音義同。从見,舂聲。丑龙切,九部。一曰,直視。別一義,於从「舂」取義。

⿰龠見 視誤也。从見,龠聲。弋笑切,二部。

覺 悟也。悟,各本作「寤」,今正。心部曰:「悟者,覺也。」二字爲轉注。㝱部曰:「寐覺而有言曰寤。」非其義也。何注《公羊》、趙注《孟子》皆曰:「覺,悟也。」《左傳》:「以覺報宴。」杜曰:「覺,明也。」引伸之,《抑》傳曰:「覺,直也。」此因覺與斠、梫疊韻雙聲而言。又引伸之,《斯干》傳曰:「有覺,言高大也。」从見,學省聲。古岳切,三部。一曰,發也。此義亦見《廣雅》,即警覺人之意。

⿰⿱⿰矢斤日見 目赤也。从見,⿱⿰矢斤日省聲。⿱⿰矢斤日,毛刻作「智」,誤,今依宋本。才的切,十六部。

靚 召也。《廣雅·釋言》曰:「令、召,靚也。」曹憲云:「恥敬反。亦爲靚妝之靚,似政反。恥敬則召靚之靚也。今多云靚師僧,則其字矣。」《廣韻》曰:「古奉朝請亦作此字。」按,《史記》《漢書》皆作「朝請」,徐廣云:「律,諸矦春朝曰朝,秋曰請。」⑰郭注:《上林賦》云:「靚糚,粉白黛黑也。」从見,青聲。疾正切,按,當依曹憲恥敬切,十一部。

親 至也。至部曰:「到者,至也。」到其地曰至,情意懇到曰至，父母者情之冣至者也，故謂之親。从見，亲聲。七人切，十二部。李斯刻石，文作親，左省一畫。

覲 諸矦秋朝曰覲，勤勞王事也。「勤也」二字舊奪，今補。《大宗伯》：「以賓禮親邦國，春見曰朝，秋見曰覲。」鄭曰：「覲之言勤也，欲其勤王之事。」按，鄭與許合，疊韵爲訓。《異義》：「朝名。《公羊》說：諸矦四時見天子及相聘皆曰朝，以朝時行禮，卒而相逢於路曰遇。古《周禮》說：春曰朝，夏曰宗，秋曰覲，冬曰遇。謹案，《禮》有《覲經》，《詩》曰：『韓矦入覲。』《書》曰：『江漢朝宗于海。』」知其朝覲宗遇之禮從《周禮》說。鄭駁曰：「此皆有似不爲古昔覲禮，諸矦前朝皆受舍於朝，朝通名也。秋之言覲，據時所用。」按，此條許、鄭本無異，不得云駁也。鄭《目録》云：「朝宗禮備，覲遇禮省，是以享獻不見焉。」是鄭謂《周禮》四者名殊禮異也。从見，堇聲。渠吝切，十三部。

覜 諸矦三年大相聘曰覜。《王制》曰：「諸矦之於天子也，比年一小聘，三年一大聘，五年一朝。」鄭曰：「此大聘與朝，晉文霸時所制也。」《異義》云：「《公羊》說：諸矦比年一小聘，三年一大聘，五年一朝天子。《左氏》說：十二年之閒，八聘、四朝、再會、一盟。許慎謹案：《公羊》說夏制，《左氏》說周禮，《傳》曰三代不同物，明古今異說。」鄭駁之云：「三年聘，五年朝，文襄之霸制。《周禮・大行人》各以服數來朝，其諸矦歲聘閒朝之屬，說無所出。晉文公強威諸矦耳，非所謂三代異物也。」按，《大宗伯》：「時聘曰問，殷覜曰視。」鄭注：「殷覜，謂一服朝之歲，以朝者少，諸矦乃使卿以大禮衆聘焉。一服朝在元年、七年、十一年。」鄭說殷覜，不用三年大聘之說，許則以《周禮》之覜，即三年大聘，故《大行人》曰：「王之所以撫邦國諸矦者，歲徧存，三歲徧覜，五歲徧省。」省與覜同，閒歲而舉。所謂三年大聘，下於上，上於下，皆得曰覜，故曰「相」。許說與《周禮》不相違也。覜，視也。《釋詁》文。覜訓視，故从見。《小行人》曰：「存、覜、省、聘、問，臣之禮也。」按，五者皆得訓視。从見，兆聲。他弔切，二部。

覒 擇也。《玉篇》引《詩》：「左右覒之。」按，《毛詩》作「芼」，擇也。葢《三家詩》有作「覒」者。《廣韵》：「邪視也。」从見，毛聲，讀若苗。莫袍切，二部。

覕 蔽不相見也。覕之言閟也，祕也。蔽、覕雙聲。从見，必聲。莫結切，十二部。

覗 司人也。司者，今之「伺」字。《釋訓》曰：「戚施，面柔也。」郭云：「戚施之疾，不能仰。面柔之人常俯，似之，亦以名云。」釋文云：「戚施，字書作規覗，同。」⑱按，面柔之人，不敢專輒，必伺人顏色，故云爾。但許無規字，許義不必同《爾雅》。从見，它聲，讀若馳。式支切，古音在十七部。

覴 目蔽垢也。目部所謂「蘉兜」也，兜即覴字。从見，豋聲，讀若兜。當矦切，四部。

文四十五。重三。

覞 竝視也。《廣韻》曰：「普視。」此今義也。从二見。弋笑切。按，《祭義》：「見以蕭光」「見閒以俠甒。」注云：「見及見閒，皆當爲覞字之誤也。」覞不見於許書，葢即覞字。謂蕭光與燔燎並見，俠甒與肝肺首心並見也。見者，視也。覞應古莧切，十四部。凡覞之屬，皆从覞。

䚊 很視也。很者，不聽從也。从覞，肩聲。苦閑切，十四部。齊景公之勇臣有成䚊者。《孟子·滕文公》篇作「成覸」，趙注曰：「成覸，勇果者也。」《廣韻》曰：「覸，人名，出《孟子》。」按，成䚊《淮南·齊俗訓》作「成荆」。䚊爲荆，猶《攷工記》故書「顧」或作「牼」也。

𧢄 見雨而比息。比下曰：「密也。」密息者，謂鼻息數速也。道途遇雨，急行則息必頻喘矣。此字讀如欷，正與齂爲卧息，眉爲卧息，呬爲息，吚爲呻，皆讀虚器切同。各本比作「止」，《篇》《韵》同。或又作「上」。似不若宋刊、葉抄二本作「比」爲長。从覞雨。从覞雨者，莫衆多於雨也。讀若欷。虚器切，十五部。

文三。

欠 張口气悟也。悟，覺也。引伸爲解散之意。口部嚏下曰：「悟解气也。」鄭注《周易》「草木皆甲宅」曰：「皆讀如人倦解之解。」人倦解，所謂張口气悟也。謂之欠，亦謂之嚏。《曲禮》：「君子欠伸。」正義云：「志疲則欠，體疲則伸。」《通俗文》曰：「張口運氣謂之欠㰦。」按，《詩》「願言則疐」傳曰：「疐，劫也。」孫毓同。崔靈恩集注云：「毛訓疐爲㰦，今俗人云欠欠㰦㰦是也。不作劫字。人體倦則伸，志倦則㰦。」玉裁謂，許説多宗毛，許釋嚏爲「悟解气」，葢用毛説也。㰦音邱據切。欠㰦，古有此語，今俗曰「呵欠」。又欠者，气不足也，故引伸爲欠少字。象气从儿上出之形。彡與彡同。李陽冰改篆作「[篆]」，乃是古文先耳，云上象人開口、下象气出，非也。去劒切，八部。凡欠之屬皆从欠。

欽 欠皃。凡气不足而後欠，欽者倦而張口之皃也。引伸之，乃欿然如不足謂之欽。《詩·晨風》：「憂心欽欽。」傳曰：「思望之，心中欽欽然。」《小雅》：「鼓鐘欽欽。」傳曰：「欽欽，言使人樂進也。」皆言沖虚之意。《尚書》：「欽哉，皆令其惟恐失之也。」《釋詁》曰：「欽，敬也。」攷虞夏商《書》言欽，《周書》則言敬；虞夏商《書》皆欽敬錯見，上曰「欽若昊天」，下曰「敬授民時」，又「欽哉」不曰「敬哉」，葢欽與敬意略同而畧有別也。《周書》言「敬哉」，不言「欽哉」，惟《多方》曰「有夏之民，叨懫日欽，劓割夏邑」，《立政》「帝欽罰之」，欽字兩見，某氏傳皆訓爲敬，未知合《書》意否。从欠，金聲。去音切，七部。欽歁欿歉皆雙聲疊韵字，皆謂虚而能受也。

𣤶 欠皃。《廣韻》曰：「迷惑不解理。」此今義也。从欠，䜌聲。洛官切，十四部。

欯 喜也。《廣韻》曰：「笑也。」从欠，吉聲。許吉切，十二部。

吹 出气也。从欠，从口。昌垂切，古音在十七部。

按吹已見口部，宜删此。

欱 吹也。一曰，笑意。从欠，句聲。況于切，古音在四部。

歑 温吹也。與「呼」音同義異。从欠，虖聲。虎烏切，五部。

㰵 吹气也。从欠，或聲。於六切，古音在一部。《玉篇》火麥切，是也。

歟 安气也。如趣爲安行，鷽爲馬行疾而徐，音同義相近也。今用爲語末之辭，亦取安舒之意。通作「與」。《論語》：「與與如也。」从欠，與聲。以諸切，五部。

歙 翕气也。翕，合也。《廣韵》作「歙氣」。从欠，脅聲。虚業切，八部。

歕 吹气也。歕、歕與口部之吸、噴義相似而異。从欠，賁聲。普魂切，十三部。

歇 息也。息者，鼻息也。息之義引伸爲休息，故歇之義引伸爲止歇。一曰，气越泄。泄當作「渫」。此别一義，越渫猶漏溢也。《七發》曰：「精神越渫，百病咸生。」李引高注《吕氏春秋》曰：「越，散也。」引鄭玄《毛詩》箋曰：「渫，發也。」从欠，曷聲，讀若香臭盡歇。許謁切，十五部。

歡 喜樂也。从欠，雚聲。呼官切，十四部。《孟子》借「驩」爲歡。

欣 笑喜也。言部訢下曰：「喜也。」義略同。按，《萬石君傳》「僮僕訢訢如也」，晉灼云：「訢，許慎曰：古欣字。」晉所據《説文》似與今本不同。从欠，斤聲。許斤切，十三部。

改 笑不壞顔曰改。各本篆作「弞」，今正。考《廣韵》：「弞，式忍切，笑不壞顔也。」《集韵》《類篇》同。今按，《曲禮》「笑不至矧」注云：「齒本曰矧，大笑則見此。」然則笑見齒本曰矧，大笑也；不壞顔曰改，小笑也。二義不當同音。淺人因已與弓略相似，妄合之耳。《玉篇》於欪、欣二文下曰：「改，呼來切，笑不壞顔也。」此希馮時所據《説文》也。於歙、歆二文之閒曰：「弞，式忍切，笑不壞顔也。」此孫强、陳彭年所據誤本《説文》也。學者可以悟矣。《廣雅》：「改，笑也。」《楚辭》《吴都賦》作咍。〇齒本曰矧，謂矧即「齗」之叚借也。《大戴》：「高柴執親之喪，未嘗見齒。」盧注曰：「哂則齒見，笑則矧見。」按，《論語》「夫子哂之」，馬曰：「哂，笑也。」蓋哂即矧，盧語未覈。《説文》無哂，後人因哂矧造弞耳。从欠，已聲。各本作引省聲，式忍切，今正。呼來切，一部。

款 意有所欲也。《屈原賦》曰：「悃悃款款。」王注：「心志纯也。」按，古款與窾通用。窾者，空也。款亦訓空，空中則有所欲也。《釋器》：「款足者謂之鬲。」小司馬引舊説「款足，謂空足也」，又引《申子》「款言無成」。从欠，𣪠省。臣鉉等曰：「𣪠，塞也。意有所欲而猶未塞，款款然也。」按，空則宜窒。苦管切，十四部。

款 款或从柰。取柰何之意。

𣢟 㚔也。㚔者，吉而免凶也。覬下曰：「𣢟㚔也。」𣢟與覬音義皆同。今字作「冀」，古音不同。从欠，气聲。居气切，十五部。一曰，口不便言。此謂與「吃」同也。口部曰：「吃，言蹇難也。」

欲 貪欲也。欲者，衍字。貝部貪下云：「欲也。」二篆爲轉注。今貪下作「欲物也」，亦是淺人增字[19]。凡此書經後人妄竄，蓋不可數計，獨其義例精密，迄今將二千年，猶可推尋以復其舊。是以《冣目》云：「後有達者，理而董之」也。感於物而動，性之欲也，欲而當於理，則爲天理，欲而不當於理，則爲人欲，欲求適可斯已矣，非欲之外有理也。古有欲字，無「慾」字，後人分別之製慾字，殊乖古義。《論語》申棖之欲，「克伐怨欲」之欲，一从心，一不从心[20]，可徵改古者之未能畫一矣。欲从欠者，取慕液之意，从谷者，取虛受之意。《易》曰：「君子以徵忿窒欲。」陸德明曰：「欲，《孟》作谷。」晁說之曰：「谷，古文欲字。」晁氏所據《釋文》不誤，今本改爲「《孟》作浴」，非也。从欠，谷聲。余蜀切，三部。

歌 詠也。言部曰：「詠，歌也。」二字爲轉注。从欠，哥聲。古俄切，十七部。

謌 歌或从言。歌永言，故从言。可部曰：「哥，聲也。古文以爲謌字。」

歂 口气引也。《廣韵》引《字林》同。《左傳》多有名歂者。从欠，耑聲，讀若輇。車部曰：「有輻曰輪，無輻曰輇。」市緣切，十四部。

歍 心有所惡，若吐也。心有所惡，若欲吐而實非吐也。《山海經》曰：「其所歍所尼。」郭曰：「歍，嘔，猶噴吒。」范注《太玄》曰：「歐歍，逆吐之聲也。」按，此所謂「喑噁」，噁即歍之或字也。喑，於鴆切。噁，烏路切。喑噁言其未發也，叱吒言其已發也。《太玄》則「歐歍」之歐謂吐，歍謂欲吐未吐。从欠，烏聲。哀都切，五部。一曰，歍𣤌，二字舊奪，今依《廣韵・一屋》「蹴」字下補[21]。口相就也。謂口與口相就也。

𣤌 歍𣤌也。其義已在上文，故但曰「歍𣤌」而已，此全書之通例。从欠，鼀聲。才六切，《廣韵》子六切，三部。

噈 俗𣤌从口，从就。會意兼形聲。

𣢼 惄然也。此以疊韵爲訓。心部曰：「惄，憂也。」𣢼然，心口不安之皃也。从欠，尗聲。才六切，三部。《孟子》曰：「曾西𣢼然。」見《公孫丑》篇，今作「蹵」。趙注：「蹵然，猶蹵踖也。」蹵踖同「踧踖」。

欦 含笑也。欦、含疊韵。从欠，今聲。丘嚴切，《廣韵》許兼切，七部。

歋 人相笑相歋瘉。《後漢書・王霸傳》：「市人皆大笑，舉手邪揄之。」李注：「《說文》曰：歋歋，手相笑也。歋音弋支反，歋音踰，或音由。」按，據此注似許書本有歋篆，然許本無瘉，則無从欠俞聲之字可知。方言本無正字，不妨下字作「瘉」，瘉之或从歈，或作廠，或作揄，或作撳，猶歈之或作撳，或作邪，或作揶，或作搋耳。此謂人相笑，故字从欠。李注引「手相笑」恐是因正文而誤。从欠，虒聲。以支切，十六部。

歊 歊歊，鍇本衹一歊，複舉字之未删者耳。气上出皃。上字依李善《兩都賦》注補。楊雄《解嘲》㉒曰：「泰山之高，不嶕嶢則不能浡滃雲而散歊烝。」亦作歊，《漢書·叙傳》：「曲陽歊歊。」師古曰：「氣盛也。」按，今本作歊，非。《祭義》假蒿字爲之。鄭曰：「蒿謂氣烝出貌也。」从欠高，高亦聲。許嬌切，二部。

欻 有所吹起。从欠，炎聲，讀若忽。《西京賦》：「欻從背見。」薛注：「欻之言忽也。」按，此篆久譌，从炎非聲，葢本从𠦍聲，譌而爲炎，莫能諟正。倘去聲字，說以从炎會意，亦恐非也。許勿切，十五部。

蚩欠 蚩欠蚩欠，戲笑皃。此今之嗤笑字也。《廣韵》晝蚩欠、嗤爲二字，殊誤。其云「嗤又作歖」，不知皆蚩欠之俗耳。《文賦》曰：「雖濬發於巧心，或受蚩欠於拙目。」李善曰：「蚩欠，笑也，與嗤同。」今本轉寫乖謬。从欠，㞢聲。許其切，按，當赤之切，一部。蚩亦从虫，㞢聲。

歙 歙歙，气出皃。按，《詩》：「君子陶陶。」傳曰：「陶陶，和樂皃。」疑正字當作歙，又鬱陶字亦當作此。从欠，䍃聲。余招切，古音二部三部皆可。

歗 吹也。吹，大徐作「吟」。从欠，肅聲。穌弔切，古音在三部。口部以歗爲籒文嘯矣，此重出者，葢小篆亦从欠作也。《詩》曰：「其歗也謌。」今《召南》「其嘯也歌」。《小雅·白華》「歗歌傷懷」，本亦作「嘯」。

歎 吟也。謂情有所悅，吟歎而歌詠。悅當作「說」。「謂情」已下十字各本無，今依李善注盧諶《覽古詩》所引補。葢演《說文》語也。古歎與「嘆」義別，歎與喜樂爲類，嘆與怒哀爲類。如《樂記》云：「一唱而三歎，有遺音者矣。」又云：「長言之不足，故嗟歎之；嗟歎之不足，故不知手之舞之，足之蹈之。」《論語》：「喟然歎曰。」皆是此歎字。《檀弓》曰：「戚斯嘆，嘆斯擗。」《詩》云「而無永嘆」，「嘅其嘆矣」，「慨我寤嘆」，皆是嘆字。从欠，鷬省聲。他案切，十四部。

𣣘 籒文歎不省。

歖 卒喜也。卒疑當作「猝」。从欠，从喜。許其切，一部。喜部曰：「歖，古文喜。」此重出，未聞。葢如女部「孌」之例。

欸 訾也。按，訾者「呰」之字誤。訾者，思稱意也。呰者，訶也。分見言部、口部。《玉篇》：「欸者，呰也。」可正訾字之譌。《廣韵·十六怪》曰：「怒聲。」《十六咍》曰：「歎也。」《玉篇》曰：「恚聲。」正與訶義合。口部有「唉」字，譍也，與欸義別。《項羽本紀》：「亞父受玉斗，拔劍撞而破之，曰：唉，孺子不足與謀。」此正怒聲，字當作欸。《方言》：「欸，然也。南楚凡言然者曰欸，或曰醫。」此正訓譍字，當作「唉」。从欠，矣聲。烏戒切，又烏開切，一部。

欪 歐也。从欠，此聲。前智切，十五、十六部。

歐 吐也。《海外經》：「歐絲之野，一女子跪據樹歐絲。」从欠，區聲。烏后切，四部。

歔 欷也。二字雙聲。从欠，虛聲。朽居切，五部。一曰，出气也。與口部噓略同。

欷 歔也。欷亦作「唏」。《史記》：「紂爲象箸而箕子唏。」从欠，希聲。香衣切，十五部。

歜 盛气怒也。引伸爲凡氣盛之偁。《左傳》：「饗有昌歜。」杜注曰：「昌歜，昌蒲葅也。」孔氏沖遠云：「相傳昌歜之音爲在感反，偏檢書傳，昌蒲之草，無此別名。」玉裁謂，此非草名也，乃葅名也。《周禮》「昌本」，言取其根，《左傳》「昌歜」，言昌陽氣辛香以爲葅，其氣觸鼻，故名昌歜。歜之讀在敢反者，語之轉也。⿰黽欠與歜同在三部，音轉皆可入八部，是以《玉篇》云：「⿰黽欠亦徂感切，昌蒲葅也。」葢古本《左傳》有作「昌⿰黽欠」者，二字可相假借，皆可讀屋、沃本韵之音，非必定當在敢反也。从欠，蜀聲。尺玉切，三部。

⿰卤欠 言意也。有所言之意也。意内言外之意。从欠，从卤。卤，氣行皃。卤亦聲，讀若酉。與久切，三部。

㵣 欲歠歠。从欠，渴聲。此舉形聲包會意。渴者，水盡也，音同竭。水渴則欲水，人㵣則欲飲，其意一也。今則用竭爲水渴字，用渴爲飢㵣字，而㵣字廢矣，渴之本義廢矣。《晉語》：「忨日而㵣歲。」心部引《春秋》：「忨歲而㵣日。」韋昭曰：「㵣，遲也。」遲讀爲遲久之遲，急待之意也。苦葛切，十五部。

欶 所歌也。《廣韵》無「所」字。所歌也，當作「欶楚歌也」四字。《上林賦》：「激楚結風。」郭璞曰：「激楚，歌曲也。」文穎曰：「楚地風氣本自漂疾，歌樂者，猶復依激結之急風爲節，其樂促迅哀切也。」按，「激楚」古葢作「欶楚」，楚作所者，聲之誤，淺人又刪去欶字耳。从欠，噭省聲，噭當作「敫」。讀若叫呼。口部曰：「噭，呼也。」呼當作「嘑」，此謂欶音同噭也㉓。古弔切，二部。古亦讀如「激」，《玉篇》公的切。

⿰嗇欠 悲意。意内言外之意。玄應書云：《通俗文》「小怖曰⿰嗇欠」，《公羊傳》「⿰嗇欠然而駭」是也。按，今《公羊》作「色然」。从欠，嗇聲。所力切，一部。合諸書攷之，⿰嗇欠下當云：「小怖也。从欠，嗇聲」，引《公羊傳》「⿰嗇欠然而駭」。又出「⿰奥欠」篆，下當云「悲意。从欠，奥聲。」今本舛奪，故《廣韵》《集韵》仍之，「⿰嗇欠」注「悲意，火弔切」，非也。《類篇》「⿰奥欠」注「馨叫切，悲意」，是也。

⿰⿰米焦欠 盡酒也。此與酉部釂音義皆同。从欠，⿰米焦聲。子肖切，二部。

⿰緘欠 堅持意。堅各本作「監」，今依《篇》《韵》正。从緘者，三緘其口之意。口閉也。从欠，緘聲。「口閉」說从欠、緘之意，當云：「从欠緘，緘亦聲。」此舉形聲包會意耳。古咸切，七部。

欥 指而笑也。《吕覽》：「舜爲天子，轉轉啟啟，莫不載悅。」高注曰：「啟啟，動而喜也。」又作「陳陳殷殷」，無二切，皆譌字耳。「啟」蓋即欥字，轉寫从攴。《吴都賦》：「東吴王孫囅然而咍。」劉注云：「囅，大笑皃。」引《莊周》：「齊桓公囅然而笑。」「囅」即欥字之異者，俗譌作「囅」。㉔ 从欠，辰聲，讀若蜃。時忍切，十三部。

䰟 䰟干，逗。不可知也。䰟干，各本作「昆干」，今依《篇》《韵》正。䰟干葢古語，讀如寬寒二音，不可知之意也，若云「汗曼」。从欠，鰥聲。古渾切，十三部。

歃 歠也。歠者，歓也。凡盟者歃血。从欠，臿聲。山洽切，八部。《春秋傳》曰：「歃而忘。」隱七年《左傳》：「歃如忘。」服虔曰：「如，而也。臨歃而忘其盟載之辭，言不精也。」許作「而」者，古如、而通用。許所據與服異。

欶 吮也。口部曰：「吮，欶也。」二篆爲轉注。《通俗文》：「含吸曰欶。」从欠，束聲。所角切，三部。

歁 食不滿也。从欠，甚聲，讀若坎。苦感切，七部。

欿 欲得也。《孟子》：「附之以韓魏之家，如其自視欿然，則過人遠矣。」張鎰曰：「欿音坎，内顧不足而有所欲也。」玉裁按，《孟子》假欿爲坎，謂視盈若虚也。《大玄》：「雷推欿窞。」即坎窞也。今本《大玄》欿字譌不可識。从欠，臽聲，讀若貪。他含切，七部。

欱 歠也。欱與吸意相近，與歕爲反對。《東都賦》曰：「欱野歕山。」从欠，合聲。呼合切，七部。

歉 歉食不滿也。歉疑當作嗛，謂口銜食不滿也。引伸爲凡未滿之偁，《穀梁傳》曰：「一穀不升謂之歉。」古多假嗛爲歉。从欠，兼聲。苦簟切，七部。

欭 咽中息不利也。玄應本作「气息不利」，多「气」字。咽者，嗌也。咽中息不利若骾而非餲也。《通俗文》：「大咽曰欭。」咽讀去聲，與許義不合。从欠，骨聲。烏八切，十五部。

欭 嚘也。口部曰：「嚘者，語未定皃。」欭、嚘爲雙聲。《王風》：「中心如噎。」傳曰：「噎謂噎憂不能息也。」（《玉篇》如此。）噎憂即欭嚘之假借字，不能息謂气息不利也。《鄭風》傳曰：「不能息，憂不能息也。」憂亦即嚘字。《老子》：「終日號而不嗄。」《玉篇》作「不嚘」，云：「嚘，气屰也。」《大玄》：「柔兒于號，三歲不嚘。」皆謂气窒寒不利。《廣韵》：「噎欭，歎也。」从欠，因聲。乙冀切，古音在十二部。

欬 屰气也。《周禮·疾醫》：「冬時有嗽上氣疾。」注曰：「嗽，欬也。上氣逆喘也。」按，嗽本亦作欶。欶者，含吸也。含吸之欲其下，而气乃逆上是曰欬。許書以欶包嗽，口部無「嗽」。俗又作瘷，《倉頡篇》齊部謂瘷曰欬㉕。从欠，亥聲。苦蓋切，一部。

歔 且唾聲。且唾者，聊唾也。一曰，小笑。此與

《字林》之「謚」音義同。《集韵》《類篇》皆作「小兒」，蓋奪笑字。从欠，殸聲。許壁切，十六部。

歙　縮鼻也。糸部曰：「縮者，蹴也。」歙之言攝也。从欠，翕聲。許及切，十六部。丹陽有歙縣。陽當作「楊」，字之誤也。《地理志》《郡國志》丹楊郡歙縣，今江南徽州府歙縣、休寧縣皆其地也。今徽人讀式涉切。

欱　蹴鼻也。蹴鼻即縮鼻也。《廣雅》曰：「欱，吐也。」此謂欱即歐之假借字。《左傳》：「吾伏弢嘔血。」杜曰：「嘔，吐也。」本又作「咯」。按，嘔咯即歐欱字。从欠，咎聲。於糾切，三部。讀若《爾雅》曰「麔䴢短脰」。見《釋獸》篇。䴢，今本作「䴢」，非。麔䴢，一獸名，非上文之「麎牡麔，鹿牡䴢」也。欱讀如此麔。

𣢭　愁皃。从欠，幼聲。於虯切，三部。按，口部云：「呦之或字。」《篇》《韵》此義上聲，於糾切。

欪　，咄欪，逗。此疊韵古語也。無慙。一曰，無腸意。無腸猶無心也。按，《廣韵》云：「訶也。」蓋謂同「咄」。从欠，出聲，讀若中。丑律切，五部。

欥　詮詞也。詮，具也。《淮南・詮言訓》高注曰：「詮，就也。就萬物之指以言其徵，事之所謂，道之所依也。」詮詞者，凡詮解以爲詞，如「欥求厥寧」、「欥中和爲庶幾」是也。《釋言》：「遹，述也。」《毛詩・悉蟀》傳曰：「聿，遂也。」《文王》傳曰：「聿，述也。」古聿、遹同字，述、遂同字。《爾雅》言述，而遂在其中；毛公或言遂，或言述，因文分別也。《毛詩》多言聿，獨《文王有聲》四言遹，而毛無傳，毛意遹即聿，聿訓遂，故鄭箋以述別之。遂者，因事之詞，亦專詞。《韓詩》及曹大家注《幽通賦》及杜注《左傳》皆云：「聿，惟也。」此專詞也。欥其正字，聿、遹、曰皆其假借字也。因詞、專詞，皆詮詞也。从欠曰，會意。气悟而出詞也。曰亦聲。余律切，十五部。《詩》曰：「欥求厥寧。」今《大雅》欥作「遹」。班固《幽通賦》：「欥中龢爲庶幾兮。」《文選》作「聿」。《詩》：「曰喪厥國」，「見晛曰消」，「見晛曰流」，《韓詩》皆作「聿」。

次　不前不精也。前當作「歬」，不歬不精，皆居次之意也。从欠，二聲。當作「从二，从欠」。从二，故爲次。七四切，古音在十二部，讀如漆。是以「魯漆室之女」，或作「次室」，《周禮・巾車》「軟」字，杜子春讀爲「桼」也。

𠀿　古文次。蓋象相次形。

歑　飢虛也。飢者，餓也。濂者，水之虛。㝩者，屋之虛。歑者，餓腹之虛。从欠，康聲。苦岡切，十部。

欺　詐也。大徐作「詐欺也」，今依《韵會》正。言部曰：「詐者，欺也。」此曰：「欺者，詐也。」是爲轉注。从欠者，猶从言之意。从欠，其聲。去其切，一部。

歆　神食气也。《大雅》曰：「履帝武敏歆。」傳曰：「歆，饗也。」許用毛義，而不云「饗也」者，嫌食部以「鄉飲酒」釋饗，故易其文「神食气」，故其字从欠也。引伸爲憙悅之意。《皇矣》「無然歆羨」，傳釋爲「貪羨」。《楚語》曰：「楚必歆之。」賈逵曰：「歆，貪也。」韋曰：「歆，猶貪也。」《周語》：「民歆而德之。」韋曰：「歆，猶欣。欣，喜服也。」按，鄭箋《生民》首章云：「心體歆歆然」，亦是以欣釋歆。从欠，音聲。許今切，七部。

文六十五。　重五。小徐重四。

㱃 歠也。《易·蒙卦》㉖虞注曰：「水流入口爲飲。」引伸之，可飲之物謂之飲。如《周禮》「四飲」是也。與人飲之謂之飲，俗讀去聲，如《左傳》「飲之酒」是也。又消納無迹謂之飲，《漢書·朱家傳》「飲其德」，猶隱其德也。从欠，酓聲。酓从酉，今聲，見酉部。於錦切，七部。隸作「飲」。凡㱃之屬皆从㱃。

⿱今水 古文㱃，从今水。从水，今聲也。

⿱今食 古文㱃，从今食。从食，今聲也。隸用此。

歠 㱃也。二篆爲轉注。與口部「啜」義異。从㱃省。不立㱃部，則歠字無所附。倘云从欠，从酒省，則所歠不獨酒也。叕聲。昌説切，十五部。

吷 歠或从口，从夬。夬聲也。《莊子》：「吹劍首者，吷之而已矣。」用此字。許劣切。

文二。　重三。

㳄 慕欲口液也。有所慕欲，而口生液也。故其字从欠水。从欠水。會意。叙連切，十四部。俗作涎，郭注《爾雅》作唌。凡㳄之屬皆从㳄。

⿱侃水 㳄或从侃。侃聲也。

㵪 籀文㳄。如⿲木水木⿲木水木皆籀文。

羨 貪欲也。《大雅》：「無然歆羨。」毛傳云：「無是貪羨。」此羨之本義也。假借爲「衍」字。如《大雅》「及爾游羨」，傳曰：「羨，溢也。」《周禮》：「以其餘爲羨。」鄭司農云：「羨，饒也。」皆是。亦假借爲延字。《典瑞》「璧羨」注云：「長也。」《玉人》注云：「徑也。」皆由延訓長，假此爲延也。墓中道曰羨道，音延，亦取㳄長之義。若江夏郡沙羨縣，音夷，則係方語。从㳄，羑省。按，羑當作「𦍒」。似面切，十四部。羑呼之羑，文王所拘羑里。此釋从羑會意之恉，而轉寫奪誤不完。當云「𦍒者，𦍒評之𦍒。文王所拘羑里作羑」共十四字。別羑、𦍒二文也。羑里之羑，進善也。見羊部。𦍒，相訹評也。見厶部。有所羨者，必好惡無節於内，知誘於外，故从𦍒省。然𦍒之古文作羑，則云「从羑」爲是。十四字葢庾儼輩爲之。

⿸厂㳄 歠也。从㳄，厂聲。厂，抴也，明也。見十二篇。讀若移。以支切，按，凡厂聲之字，皆在古音十六部。

盜 厶利物也。周公曰：「竊賄爲盜，盜器爲姦。」米部曰：「盜自中出曰竊。」从㳄皿。會意。㳄，欲也。欲皿爲盜。依《韵會》本。説从㳄之意。徒到切，二部。

文四。　重二。

旡　歙食屰气不得息曰旡㉗。屰气，各本作「气屰」，今依《篇》《韵》正。不得息者，咽中息不利。毛傳於《王》《鄭》皆曰「嚘不得息」㉘是也。屰气，故从反欠。旡之字，經傳無徵。《大雅·桑柔》曰：「如彼遡風，亦恐之僾。」傳曰：「僾，唈也。」《釋言》同。箋云：「使人唈然如鄉疾風，不能息也。」今觀許書則知旡乃正字，僾乃假借字。凡云「不得息」者，如歍字、欭字、嚘字、噎字、唈字，皆雙聲像意，然則旡必讀「於未切」也。僾之訓，仿佛見也，毛鄭何從知其訓「唈然不能息」，則以有旡字在也。僾从愛聲，愛从㤅聲，㤅从旡聲，可得其同音假借之理矣。凡古文字之可考者如此。或問《釋言》、《毛詩》傳唈字當作何字？曰此即㒫字也。於唈，古多作「邑」，如《史記·商君傳》、《漢書·杜鄴師丹傳》可證。古音七八部與十五部關通，相假之理也。毛謂「僾，㒫也」。此即「壺，瓠也」之例，謂壺即瓠之假借也。从反欠。居未切，十五部。按，居未當作「於未」。

凡㒫之屬皆从㒫。

㒫　古文㒫。觀此則知小徐「欠」作「[illegible]」，與此爲一正一反，正是古文欠也。葢今本欠有小篆而失古文矣。㒫从小篆者也，㤅者，从古文者也，今隸㒫作旡，从古文而小誤也。

𣄍　屰惡驚詈也。《玉篇》無「惡」字，誤。遇惡驚駭之詈曰𣄍，猶見鬼驚駭之詈曰䰨也。假借爲禍字，《史記》《漢書》多假「旤」爲禍，「旤」即𣄍也。从㒫，咼聲，讀若楚人名多夥。多部曰：「齊謂多爲夥」，葢齊楚皆有此語也。《陳勝世家》曰：「楚人謂多爲夥，故天下傳之。」平果切，十七部。

㫗　事有不善言㫗也㉙。故从兂。按，水部曰：「涼，薄也。」紬繹上下文，乃《周禮》「六飲」之涼，當作薄酒也，㫗則爲事有不善之言，若亮則爲朙也，諒則爲信也，四字在《說文》義別，而古經傳多相假。《爾雅》：「㫗，薄也。」按，《爾雅》無此文。《爾雅》二字，淺人所增耳。㫗，薄也。許以足上文意有未盡之語。《桑柔》毛傳、杜注《左傳》、《小爾雅》皆云：「涼，薄也。」涼即㫗字。《廣雅·釋詁》曰：「㫗，薄也。」薄即薄字。从㒫，京聲。力讓切，按，《篇》《韵》皆力章、力尚二切，十部。

文三。　重一。

三十七部。　文六百一十一。今人部去「件」，舟部補「舠」，儿部補「亮」。

重六十三。　凡八千五百三十九字。

附注：

①《廣韵》屖字共有三個音，作「徐預切」者，字形誤作「屐」。余迺永校云：「段改从㑒，合《說文》及《玉篇》。」

②「三十三」當作「三十八」。

③《投壺》兩句「般旋」，旋皆本作「還」，下引之反切，皆見《釋文》，故爲「還」注音。

④「合」疑是「今」之誤。舠篆上〇號系段氏原加，以與前各篆相

隔，明其系新補。下文儿部末補亮篆亦同。

⑤《漢書・古今人表》有「膳夫中術」，顔注：「即所謂中允膳夫也。」

⑥「任賢」句見《趙策》二。「任賢勿貳」係借《尚書・大禹謨》中語。

⑦上二先字，刻本誤作旡，逕改正。

⑧《士喪禮》下句本作「以爵弁服簪裳于衣左」。段氏引有誤倒又脱「左」字。

⑨《釋名・釋首飾》作「簪，又枝也。因形名之也」。段氏據《藝文類聚・服飾部下・釵》引，簪爲「叉」。

⑩《白虎通・紼冕篇》釋冔爲詡，非謂冔作詡，段氏説誤。

⑪宋本《玉篇》多部㚇字下，「詵」本作「莘」。

⑫宋本《玉篇》見部覞字下：「王問切，外博衆多視也。」不少「多」字，段氏説似不當。

⑬「傳」當作「箋」。見「薄言觀者」句下。

⑭見《小雅・小宛》，段引「睇」上脱「視」字。

⑮「篇」是「部」之誤。

⑯見《左傳・成公十七年》，段氏引「視」是「伺」之誤。

⑰《史記・魏其武安侯傳》此注見裴駰集解，非是引徐廣説。

⑱覘，《經典釋文》(單行本)本作覢，此誤。

⑲六篇下貝部貪篆説解仍作「欲物也」，段氏無説。

⑳今本《論語・公冶長》「棖也慾」，从心。又《憲問》「克伐怨欲」，不从心。

㉑《廣韵・一屋》啾下：「⿰馬欠啾，口相就也。」蹴下：「蹋也。」段氏所據「蹴」字，當作「啾」。啾歡同音，⿰馬欠啾，即⿰馬欠歡。

㉒《解嘲》當作《解難》，見《漢書・揚雄傳》。

㉓「謂」下「敫」字疑當作敫。

㉔「俗譌作囅」，囅疑當作「辴」。胡刻《文選》中《吳都賦》句及其下劉注與所引《莊子》句皆作「辴」。疑即段氏所指。檢宋本《玉篇》單部、辰部，只收「辴」字，未收「囅」字。

㉕「部」是「郡」之誤。見《玄應一切經音義》卷十五「欬瘷」注引《倉頡篇》。

㉖《蒙卦》當作《需卦》。

㉗「曰旡」刻本誤作「曰先」，注文中亦多誤，逕改正。又下文此字又依篆文作兂，仍之不改。

㉘毛傳見《王風・黍離》「中心如噎」下：「噎，憂不能息也。」《鄭風》中未見。

㉙⿸疒京，刻本誤作⿸疒京，逕改正。

說文解字第九篇上

金壇段玉裁注

頁 頭也。从百，从儿。古文䭫首如此。按，此十二字蓋後人所改竄，非許氏原文。原文當云：「頁，古文䭫𩠐字如此。从百，从儿。」共十一字。䭫字見下文𩠐部。䭫者，小篆，依常例當於䭫下出頁，解云：「古文䭫。」而以如是立文，則从頁之九十三文無所附，故別出頁爲部首。正如儿即古文奇字人，亣即籀文大，而皆必別出之爲部首，云「儿，古文奇字人也」，云「亣，籀文大，改古文」也。皆不必再釋儿字、亣字、頁字之義，後人乃於儿下贅之云「仁人也」，頁下贅之云「頭也」，而倒亂其文，皆由不知許氏立言之變例故爾。頁部不廁𩠐部後而列於前者，蒙八篇从儿之字爲次也。小篆百，古文作𩠐，小篆䭫，古文作頁，今隸則百用古文，䭫用「稽」字，而百、頁、䭫皆不行矣。从百儿爲頁首字，如从气儿爲欠，从目儿爲見，會意。字本與䭫同音，康禮切，十五部，今音轉爲胡結切。凡頁之屬皆从頁。大徐本此下有「百者，䭫𩠐字也」，小徐本「百」作「頁」，此古注謂頁即䭫字也。要非許語，今刪。

頭 百也。百各本作「𩠐」，今正。小篆作「百」，《說文》據小篆爲書，故《敘》曰：「今敘篆文，合以古籀也。」漢人多用𩠐，不用百者，自係一時相習而然。許造字書，則有定體，百下曰「頭也」，頭下曰「百也」，是曰轉注。《禮記》曰：「頭容直，頭頸必中。」从頁，𩠐以䭫爲冣重，故字多从頁。豆聲。度侯切，四部。

顏 眉之閒也。各本作「眉目之閒」，淺人妄增字耳，今正。眉與目之閒不名顏，《釋言》曰：「猗嗟名兮，目上爲名。」①郭注云：「眉眼之閒。」《西京賦》名作「眳」，薛注曰：「眉睫之閒。」是不謂之顏也。若云兩眉閒、兩目閒，則兩目閒已是鼻莖，謂之頞，又非顏也。面下曰「顏前也」，色下曰「顏气也」，是可證顏爲眉閒，《醫經》之所謂「闕」，道書所謂「上丹田」，相書所謂「中正印堂」也。按，《庸風》：「揚且之皙也」，「子之清揚，揚且之顏也」。傳曰：「揚，眉上廣也。」「清，視清明也。」揚且之顏者，「廣揚而顏角豐滿」也。毛云「顏角」，蓋指全額而言，中謂之顏，旁謂之角，由兩眉閒以直上皆得謂之顏，《醫經》「額曰顏曰庭」是也。《國語》「角犀豐盈」，亦角謂旁，犀謂中。犀牛一角在鼻，一角在頂，故相法有骨自印堂至頂者曰伏犀貫頂。若《方言》云：「瀕、頟、顏，顙也。湘江之閒謂之瀕，中夏謂之頟，東齊謂之顙，汝潁淮泗之閒謂之顏。」此則依方語通謂頟爲顏，非毛、許意也。《小雅》「顏之厚矣」，凡羞媿喜憂必形於顏，謂之「顏色」，故色下曰：「顏气也」。从頁，彥聲。五姦切，十四部。

[illegible] 籀文。鈕樹玉曰：各本篆體右作𩠐，誤也。此从古文百。

頌 皃也。皃下曰：「頌儀也。」與此爲轉注。不曰「頌也」，而曰「頌儀也」者，其義小別也。於此同之，於彼別之也。古作「頌皃」，今作「容皃」，古今字之異也。容者，盛也，與頌義別。六詩，一曰頌，《周禮》注云：「頌之言誦也，容也，誦今之德廣以美之。」《詩諡》曰：「頌之言容，天子之德，光被四表，格于上下，無不覆燾，無不持載，此之謂容。於是和樂興焉，頌聲乃作。」此皆以容受釋頌，似頌爲容之假借字矣。而《毛詩・序》曰：「頌者，美盛德之形容，以其成功告於神明者也。」此與鄭義無異而相成。鄭謂德能包容，故作頌；《序》謂頌以形容其德，但以形容釋頌，而不作形頌，則知假容爲頌其來已久，以頌字專系之六詩，而頌之本義廢矣。《漢書》曰「徐生善爲頌」，曰「頌禮甚嚴」，其本義也。曰「有罪當盜械者皆頌繫」，此假頌爲寬容字也。**从頁，公聲。**余封切，又似用切，九部。按，古祇余封一切。

⿰容頁　籒文。疑从𦣻。

頊　頊顱，首骨也。此五字，各本作「顱也」二字，今依全書通例正。骨部曰：「髑髏，頂也。」頊顱即髑髏，語之轉也。頊顱亦疊韵。《玉篇》引《博雅》、《聲類》作「頊顱」，恐有誤。《戰國策》云：「頭顱僵仆，相望於竟。」**从頁，乇聲。**徒谷切。按，此音誤也，《廣韵・一屋》無此字，《十九鐸》音徒落切，是不誤矣。五部。

顱　頊顱也。各本作「頊顱，𦣻骨也」五字，今依全書通例正。《漢書・武五子傳》作「盧」。**从頁，盧聲。**洛乎切，五部。

顚　顚頂也。《篇》《韵》皆云：「顚、顧二同。」按，《説文》義異。**从頁，𡖅聲。**宀部曰：「𡖅讀若傿。」魚怨切，十四部。

顛　頂也。見《釋言》，《國語》「班序顛毛」注同。引伸爲凡物之頂，如《秦風》「有馬白顛」，傳曰：「白顛，旳顙也。」馬以顙爲頂也。《唐風》「首陽之顛」，山頂亦曰顛也。顛爲冣上，倒之則爲冣下，故《大雅》「顛沛之揭」，傳曰：「顛，仆也。」《論語》「顛沛」，馬注曰：「僵仆也。」《離騷》注曰：「自上下曰顛。」廣雅曰：「顛，末也。」**从頁，真聲。**都秊切，十二部。

頂　顛也。頂、顛異部疊韵字。故顛倒，《樂府》或作「丁倒」。引伸爲凡在冣上之偁，故《廣雅》云：「頂，上也。」按，頂之假借字作「定」，《詩・周南》「麟之定」，《釋言》、毛傳皆曰：「定，題也。」毛傳一本作「顛也」，亦與《爾雅》無不合。葢禽獸横生，以頟爲頂，故《秦風・白顛》傳曰「旳顙」，亦以顙釋顛。**从頁，丁聲。**都挺切，十一部。

⿰丁𦣻　或从𦣻作。鈕曰：「从古文百也，舊作頂，誤。」

⿰鼎頁　籒文从鼎。鼎聲也。

顙　頟也。《方言》：「中夏謂之頟，東齊謂之顙。」九拜中之頓首，必重用其顙，故凡言稽顙者，皆謂頓首，非稽首也。《公羊傳》曰「再拜顙」者，即拜而後稽顙也，何曰：「顙者，猶今叩頭。」按，叩頭者，經之頓首也。**从頁，桑聲。**穌朗切，十部。

題　頟也。《釋言》、毛傳曰：「定，題也。」引伸爲凡居前之偁。**从頁，是聲。**杜兮切，十六部。

頟　顙也。《釋名》曰：「頟，鄂也，有垠鄂也。」引伸爲凡有垠鄂之偁，如《喪服》疏引《大戴禮》云：「大功尸上唯唯，小功已下頟頟然。」《臯陶暮》：「晝夜頟頟。」②《釋名》云：「頟頟然憚之。」韓碑③云：「頟頟蔡城。」从頁，各聲。五陌切，古音在五部。今隸作「額」。

頞 鼻莖也。鼻謂之準，鼻直莖謂之頞。《史記》唐舉相蔡澤曰：「先生曷鼻、巨肩、魋顔、蹙齃。」既言鼻又言頞者，曷同遏，遏鼻言其内不通而齆。蹙齃，則言在外鼻莖也。鼻有中斷者，蔡澤諸葛恪之相是也；有憂愁而蹴縮者，《孟子》言「蹙頞」是也；有病而辛頞者，此言其内酸辛，《素問》所言是也。从頁，安聲。烏割切，十五部。《釋名》曰：「頞，鞍也，偃折如鞍也。」知固可讀如安。

齃 或从鼻曷。曷聲也。

頯 權也。權者，今之顴字。《戰國策》：「眉目準頞權衡，犀角偃月。」其字正作權。《易·夬》：「九三，壯于頄。」王云：「面權也。」翟云：「面顴，頰間骨也。」鄭作「頯」，「頯，夾面也」。王與許説同。《國策》謂之「權衡」者，象其平也。按，《大玄》視、次、四、頯、須、姝爲韵，今本頯作「頞」，誤。肉部曰：「肫者，面頯也。」《儀禮釋文》引《説文》：「肫，章允反。」漢高祖隆準，準與肫音同。故應劭曰：「隆，高也。準，頰權準也。」入聲音拙，則字又作「頔」。从頁，弁聲。渠追切，按，古音仇在三部，是以「蜀才作仇」④也，三篇廾部弁从肉聲，讀如逵，逵同馗，讀如仇。

頰 面旁也。面者，顔前也。顔前者，兩眉閒兩目閒已下至頰閒也。其旁曰頰。面部曰：「𩈉，頰也。」《易·咸》：「上六，咸其輔頰舌。」輔即𩈉之假借字也。凡言頰車者，今俗謂牙牀骨，牙所載也。與單言頰不同。从頁，夾聲。古叶切，八部。

𩒨 籒文頰。各本右作覓，誤，今依《集韵》正。又左體之夾，今改从籒文大。

䫀 頰後也。頰後謂近耳及耳下也。从頁，𥃩聲。古恨切，十三部。《廣韵》古很切。

頜 顄也。《公羊傳》：「呼獒而屬之，獒亦躇階而從之，祁彌明逆而踆之，絶其頷。」何云：「以足逆蹋曰踆。頷，口也。」按，《玉篇》引作「絶其頜」，此謂以足迎蹋之，遂使獒之頤不能噬也。《方言》：「頷、頤，頜也。南楚謂之頷，秦晉謂之頜，頤其通語也。」从頁，合聲。胡感切。按，依《方言》，則緩言曰頷，急言曰頜，頜當讀如合也。《玉篇》公荅切。七部。

顄 頤也。𦣝下曰：「顄也。」𦣝者，古文頤，與此爲轉注。《王莽傳》作顄，正字也。《方言》作頷，於《説文》爲假借字。从頁，圅聲。胡男切，七部。顄同。

頸 頭莖也。从頁，巠聲。居郢切，十一部。

領 項也。按，項當作「頸」。《碩人》、《桑扈》傳曰：「領，頸也。」此許所本也。《釋名》、《國語》注同。領字以全頸言之，不當釋以頭後，若《廣雅》「領，頸，項也」合宜分別者渾言之，其全書之例類皆然矣。衣之曲祫謂之領，亦不謂衣後也。《仲尼燕居》注：「領猶治也。」《淮南書》高注：「領，理也。」皆引伸之義，謂得其首領也。《龜策傳》用領爲「蓮」，異部假借⑤。从頁，令聲。良郢切，古音在十二部。

項 項 頭後也。頭後者，在頭之後。後項雙聲，故項橐亦曰后橐也。肉部曰：「脰，項也。」《公羊傳》：「搏閔公之脰。」何云：「脰，頸也。齊人語。」此當曰項而曰頸者，渾言則不別。《小雅·四牡》「項領」，傳曰：「項，大也。」此謂項與㑺同。从頁，工聲。胡講切，九部。

⿰冘頁 ⿰冘頁 玉枕也。玉枕，各本作「項⿰冘頁」，小徐作「項枕」，《廣韻》作「項⿰冘頁」，云「項，魚欲切」。《醫經》本作「玉枕」，許説同。一譌爲「項⿰冘頁」，再譌爲「項⿰冘頁」，皆非也。沈氏彤詳攷《内經》《甲乙經》作《釋骨》，曰：「顛之後橫起者曰頭橫骨，曰枕骨，其兩旁尤起者曰玉枕骨。」玉枕骨即偃臥箸枕之處，單評曰「⿰冘頁」。《玉篇》引《蒼頡》云：「垂頭之兒。」此別一義。从頁，冘聲。章衽切，八部。

顀 顀 出頟也。謂頟胅出向前也。玄應曰：「今江南言顀頭胅額。」乃以顀爲後枕之名。按，後枕即上文之⿰冘頁也。从頁，隹聲。直追切，十五部。

⿰不頁 ⿰不頁 曲頤也。曲頤者，頤曲而微向前也。《揚雄傳》「顉頤」，師古曰：「曲頤也。」按，廣頤曰𦣞，曲頤曰⿰不頁，頤狀之不同也。从頁，不聲。薄回切，古音在一部。

顩 顩 齞兒也。齞者，齒差也。《篇》《韻》皆云：「⿰禾頁顩，不平也。」⿰禾頁，邱檢切，字當作⿰羊頁，羊聲。按，許説顩之本義。《文選·解嘲》「顩頤」，乃假顩爲⿰兼頁也。从頁，齒差必形於外，故从頁。僉聲。魚檢切，七部。

⿰尹頁 ⿰尹頁 面目不正兒。《玉篇》曰：「面不平。」《廣韻》曰：「面斜。」从頁，尹聲。余準切，十三部。

頵 頵 頭頵頵大也。按，鍇本作「頭頵也」。與《文選》注合，然恐有奪字耳。《文選·長笛賦》：「重巘增石，簡積頵砡。」春秋楚君有名頵者。从頁，君聲。於倫切，十三部。李善引《説文》丘隕切。

⿰員頁 ⿰員頁 面色⿰員頁⿰員頁兒。兒當依《玉篇》作「也」。从頁，員聲，讀若隕。于閔切，十三部。

⿰兼頁 ⿰兼頁 頭頰長也。四字當作「頭陜面長兒」五字。《玉篇》云：「頭頰面長兒」，頰亦譌字。《廣韻》：「面長兒」，則少「頭陜」二字。《文選·解嘲》：「顩頤折頞。」韋昭曰：「面長曰顩，欺甚切。」《玉篇》引《蒼頡》云：「顩，面長鋭頤之兒。」⑥蓋《解嘲》及《蒼頡》皆以顩爲⿰兼頁也。从頁，兼聲。五咸切，七部。

碩 碩 頭大也。引伸爲凡大之偁。《釋詁》、毛傳皆曰：「碩，大也。」《簡兮》傳曰：「碩人，大德也。」碩與石二字互相借。从頁，石聲。常隻切，古音在五部。

頒 頒 大頭也。《小雅·魚藻》曰：「魚在在藻，有頒其首。」傳曰：「頒，大首兒。」《苕之華》：「牂羊墳首。」傳曰：「墳，大也。」此假「墳」爲頒也。《孟子》：「頒白者不負戴於道路。」此假頒爲「䰉」也。《周禮》：「匪頒之式。」鄭司農云：「匪，分也。頒，讀爲班布之班，謂班賜也。」此假頒爲班也。从頁，分聲。布還切，按，古音在十三部，符分切。一曰，鬢也。鬢者，頰髮也。引伸之，頰亦曰頒。《玉藻》：「笏，大夫以魚須文竹。」鄭云：「文猶飾也。大夫、士飾竹以爲笏。」按，「須」乃頒之誤，故釋文音班，崔靈恩作魚班，知唐初故作「頒」，須無音班之理。魚頒者，謂魚頰骨。《考工記》注曰：「之而，頰頜也」是也。《詩》曰：「有頒其首。」證前一義。

顒 大頭也。引伸之，凡大皆有是偁。《小雅·六月》：「其大有顒。」傳曰：「顒，大皃。」《大雅·卷阿》傳曰：「顒顒，温皃；卬卬，盛皃。」《釋訓》曰：「顒顒、卬卬，君之德也。」又其引伸之義也。从頁，禺聲。魚容切，按，禺聲本在四部，此四部、九部合音也。《詩》曰：「其大有顒。」

⿰羙頁 大頭也。《玉篇》引《蒼頡》云：「頭大也。」《廣雅》曰：「⿰羙頁，大也」从頁，羙聲。口幺切，二部。

顝 大頭也。《廣雅》曰：「顝，大也。」《思玄賦》：「顝羈旅而無友。」舊注：「顝，獨也。」此與《九辨》「塊獨守此無澤」之塊同，皆於音求之。《玉篇》引《蒼頡》云：「相抵觸」，《廣雅》云：「醜也」，皆引伸之義。从頁，骨聲，讀若魁。苦骨切，十五部。《玉篇》口骨、口回二切，《廣韵》同。

願 大頭也。本義如此，故从頁，今則本義廢矣。《邶風》：「願言思子，中心養養。」傳曰：「願，每也。」此「每」如《春秋外傳》「懷私爲每懷」⑦、賈誼賦「品庶每生」之每。按，《毛詩》願字首見於《終風》「願言則嚏」而無傳，則毛意謂與今人語同耳。《釋詁》曰：「願，思也。」《方言》曰：「願，欲思也。」《邶風》鄭箋曰：「願，念也。」皆與今語合。丂部曰：「寧，願詈也。」用部曰：「甯，所願也。」心部曰：「憖，肎也。」凡言願者，葢寧、甯、憖三字語聲之轉。自《詩》所用已如是，而《二子乘舟》語意尤深，故傳別言之，實非異也。从頁，原聲。魚怨切，十四部。

顤 高長頭。《玉篇》下有「皃」字。《靈光殿賦》李注：「䫥顤顟，大首深目之皃。」从頁，堯聲。五弔切，二部。

頎 頭佳皃。此本義也。引伸爲長皃。《衛風》「碩人其頎」、《齊風》「頎若長兮」傳皆曰：「頎，長皃。」又曰：「敖敖猶頎頎也。」⑧古假頎爲「懇」，如《檀弓》「頎乎其至」是也。从頁，斤聲。渠希切。按，古音在十三部，如旂本讀同芹，然則《碩人》何以韵衣也？曰：《碩人》頎讀入微韵，衣讀如殷，皆可。讀又若鬢。讀又若者，謂讀若芹矣，又有此讀也。按，頎篆併解各本奪，今依小徐本及《集韵》、《類篇》、《韵會》所引訂補。

⿱敖頁 贅⿰敖頁，高也。當云「頭高也。」《廣韵》云：「頭長。」从頁，敖聲。五到切，二部。亦作「⿰敖頁」。

⿰岳頁 前面岳岳也。前當作「歬」。歬面猶俗云當面。李白詩「山從人面起」。《靈光殿賦》「神仙岳岳於棟間」李注：「岳岳，立皃。」从頁，岳聲。岳古文「嶽」。五角切，古音在二部。

顯 昧前也。前當作「歬」，昧當作「眛」。眛於當歬。《論語》所謂「正牆面而立也。」从頁，㬎聲，讀若昧。莫佩切，十五部。

顬 面瘦淺顬顬也。从頁，需聲。郎丁切，十一部。

顡 頭蔽顡也。蔽顡疊韵字，葢古語也。《集韵》曰：「謂頭癡。」錢氏大昕曰：春秋戰國人名有蒯聵者，疑即此蔽顡字。从頁，豙聲。五怪切，十五部。

頑 㮯頭也。木部曰：「㮯，梡木未析也。」「梡，㮯木薪也。」凡物渾淪未破者，皆得曰㮯；凡物之頭渾全者，皆曰㮯頭。㮯、頑雙聲。析者鋭，㮯者鈍，故以爲愚魯之偁。《左傳》曰：「心不則德義之經爲頑。」从頁，元聲。五還切，十四部。

䫏 小頭䫏䫏也。䫏之言嫢也，嫢者細也。从頁，枝聲，讀若規。又己恚切。徐云「又」者，謂居隨切矣，又有此切也。十六部。亦作頛，亦作櫇。

顆 小頭也。引伸爲凡小物一枚之偁。珠子曰顆，米粒曰顆是也。《賈山傳》：「蓬顆蔽冢。」晉灼曰：「東北人名土塊爲蓬顆。」按，此即《淮南書》、宋玉《風賦》之「堁」字。許注《淮南》曰：「堁，塵壓也。」从頁，果聲。苦惰切，十七部。

頢 短面也。《廣韵》曰：「小頭皃。」从頁，昏聲。五活切，又下活切，十五部。《廣韵》古活切。

頲 狹頭頲也。疑當作「頲頲也」。假借爲挺直之挺。《釋詁》曰：「頲，直也。」从頁，廷聲。他挺切，十一部。

頠 頭閑習也。閑當作「嫺」，字之誤也。引伸爲凡嫺習之偁。《釋詁》曰：「頠，靜也。」頠與女部之姽義略同。从頁，危聲。語委切，十六部。

頷 面黃也。《離騷》：「苟余情其信姱以練要兮，長顑頷亦何傷。」王注：「顑頷，不飽皃。」本部顑字下云：「飯不飽面黃起行也。」義得相足。今則頷訓爲頤，古今字之不同也。从頁，含聲。胡感切，七部。李善注《離騷》音呼感反⑨。

[爰頁] 面不正也。从頁，爰聲。于反切，十四部。

頍 舉頭也。此頍之本義也，故其字从頁。《士冠禮》：「緇布冠缺項。」注：「缺讀爲頍。頍圍髮際，結項中，隅爲四綴以固冠。今未冠笄者箸冠卷，頍象之所生也。滕薛名簂爲頍。」如鄭說，則頍所以支冠，舉頭之義之引伸也。《小雅》：「有頍者弁。」傳曰：「頍，弁皃。弁，皮弁也。」惟舉頭曰頍，故載弁亦曰頍，義之相因而引伸者也。从頁，支聲。丘弭切，十六部。《詩》曰：「有頍者弁。」《頍弁》篇。

[𠬸頁] 內頭水中也。內者，入也。入頭水中，故字从頁𠬸，與水部之沒義同而別。今則𠬸頭廢而沒專行矣。从頁𠬸，𠬸亦聲。烏沒切，十五部。

顧 還視也。還視者，返而視也。《檜風》箋云：「迴首曰顧。」析言之，爲凡視之偁⑩。《鄉黨》「賓不顧矣」，謂還視也；「車中内顧」，苞氏謂前視不過衡軛，旁視不過輢較，則顧猶視也。又引伸爲臨終之命曰「顧命」。又引伸爲語將轉之詞。从頁，雇聲。古慕切，五部。

順 理也。理者，治玉也。玉得其治之方，謂之理；凡物得其治之方，皆謂之理。理之而後天理見焉，條理形焉，非謂空中有理，非謂性即理也。順者，理也；順之所以理之，未有不順民情而能理者。凡訓詁家曰「從，順也」，曰「悉，順也」，曰「馴，順也」，此六書之轉注。曰「訓，順也」，此六書之假借。凡順、慎互用者，字之譌。从頁川。人自頂以至於踵，順之至也。川之流，順之至也。故字从頁、川會意，而取川聲。小徐作川聲，則舉形聲包會意。訓、馴字皆曰「川聲」也。食閏切，十三部。

䪼 顏色䪼䫴，慎事也。慎事，《玉篇》《廣韵》作「順事」，疑南宋改耳。从頁，㐱聲。之忍切，十三部。《廣韵》亦章刃切。

䫴 䪼䫴也。从頁，粦聲。良刃切。《玉篇》來軫切。二篆今作須、顮。十二部。一曰，頭少髮。《廣韵・廿一震》曰：「須顮，頭少髮。」竊疑頭少髮單承「䫴」字言，《十六軫》説是也。

顓 頭顓顓謹皃。此本義也，故从頁。《白虎通》曰：「謂之顓頊何？顓者，專也。頊者，正也。言能專正天之道也。」按，叀者，小謹也，今字作「專」。亦假顓作專，如《淮南》云「顓民」，《法言》云「顓蒙」，《漢書》言「顓顓獨居一海之中」皆是。从頁，耑聲。職緣切，十四部。

頊 頭頊頊謹皃。此本義也，故从頁。引伸爲正也。《白虎通》又曰：「冬其帝顓頊，顓頊者，寒縮也。」从頁，玉聲。許玉切，三部。

顉 低頭也。低當作「氐」。氐者，《説文》之低字也。《左傳・襄廿六年》：「衛獻公反國，大夫逆於竟者，執其手而與之言；道逆者，自車揖之；逆於門者，頷之而已。」釋文：「頷，本又作頷。」按，依許則頷、頷皆非也。杜注「摇頭」亦非。既不執手而言，又不自車揖之，則在車首肎而已，不至摇頭也。釋文「本又作頷」正是「本又作顉」之譌。《列子・湯問》曰：「顉其頤，則歌合律。」郭璞《游仙詩》：「洪厓頷其頤。」注引《列子》亦作「頷」，引《廣雅》「頷，動也」，頷皆顉之譌。故云五感反。若本頷字，則當云胡感反也。顉其頤者，開口則低其頤。《靈光殿賦》：「顉若動而躨跜。」今本亦譌「頷」。从頁，金聲。五感切，古音在七部。《春秋傳》曰：「迎于門，顉之而已。」

頓 下首也。按，當作「頓首也」三字爲句。《周禮・太祝》九㩴，「一曰䭫首，二曰頓首，三曰空首」，三者分别劃然，不當頓、䭫二字皆訓之曰「下首」明矣。鄭曰：「稽首，拜頭至地也；頓首，拜頭叩地也；空手⑪，拜頭至手，所謂拜手也。吉拜，拜而後稽顙，謂齊衰不杖以下者；凶拜，稽顙而後拜，謂三年服者。」玉裁按，九拜以前三者爲體，後六者爲用。如六書以指事、象形、形聲、會意四者爲體，轉注、假借二者爲用也。凡經言「拜手」，言「拜」，皆《周禮》之「空首」。手部𢷎字下曰：「首至手。」何注《公羊傳》曰：「頭至手曰拜手。」皆與《周禮》「空首」注合。凡經言「稽首」，小篆作「䭫」，古文作「𩒨」，經傳無異偁。何注《公羊》云：「頭至地曰稽首。」與《周禮》注合。凡經傳言「頓首」，言「稽顙」，或單言「顙」，皆九拜之「頓首」。何注《公羊》曰：「顙猶今叩頭。」《檀弓》「稽顙」注曰：「觸地無容。」皆與《周禮》「頓首」注合。頭至手者，拱手而頭至於手，頭與手俱齊心不至地，故曰「空首」。若「稽首」「頓首」，則拱手皆下至地，頭亦皆至地，而稽首尚稽遲，頓首尚急遽。頓首主於以顙叩觸，故謂之「稽顙」，或謂之「顙」。《周禮》之九拜不盡知，而稽首者，吉禮也，頓首者，凶禮也，空首者，吉凶所同之禮也。經傳立文，凡單言拜及下屬稽首、稽顙，言拜、言拜手者，皆空首也。言拜手稽首者，空首而稽首也。言拜而後稽顙者，空首而頓首也。言稽顙而後拜者，頓首而空首也。言稽顙而不拜者，頓首而不空首也。經於吉、賓、嘉，曰稽首，未有言頓首者也。於喪，曰稽顙，亦未有言頓首者也。然則稽顙之即頓首無疑矣。有非喪而言頓首者，非常事也，類乎凶事也。如申包胥之「九頓首而坐」，以國破君亡；穆嬴「頓首於宣子」，以太子不立；與季平子稽顙於叔孫昭子，以君亡；昭公子家駒再拜顙於齊侯，以失國，正同也。若陳無宇稽顙於欒施，以排患釋難，禮之過也，無宇之詐也。沿至秦漢，以頓首爲請罪之辭。《中山策》司馬喜之頓首，別於陰姬公之稽首。漢人文字存者，蔡邕《戍邊上章》云：「朔方髡鉗徒臣邕稽首再拜上書皇帝陛下，」⑫末云：「臣頓首死罪稽首再拜以聞」。蔡質所記立宋皇后儀，首云：「尚書令臣嚻等稽首言，」末云：「臣嚻等誠惶誠恐頓首死罪稽首再拜以聞。」許沖《進說文解字》首云：「召陵萬歲里公乘臣沖䭫首再拜上書皇帝陛下，」末云：「臣沖誠惶誠恐頓首頓首死辠死辠䭫首再拜以聞皇帝陛下。」皆頓首與稽首分別，稽首爲對敭之辭。从頁，首叩地，故从頁。屯聲。都困切，十三部。凡言供頓、頓宿，皆取「屯聚」意，而假頓爲之。又多假頓爲「鈍」。

頫 低頭也。低當作「氐」。《西京賦》：「伏櫺檻而頫聽，聞雷霆之相激。」薛綜曰：「頫，低頭也。」《上林賦》：「頫杳眇而無見。」李善引《聲類》：「頫古文俯字。」从頁，逃省。逃者多媿而俯，故取以會意。从逃，猶从免也。《匡謬正俗》引張揖《古今字詁》云：「頫，今之俯、俛也。」蓋俛字本从免，俯則由音誤而製，用府爲聲，字之俗而謬者，故許書不録。俛，舊音無辨切，頫，《玉篇》音靡卷切，正是一字一音，而孫強輩增「《說文》音俯」四字，不知許正讀如免耳。古音在十三、十四部之閒，大徐云方矩切者，俗音也。《大史卜書》頫仰字如此。卜或作「公」，誤。《匡謬正俗》引正作卜，《漢・藝文志》蓍龜十五家，四百一卷。《大史卜書》當在其內。言此者，以正當時多作「俛」「俯」，非古也。楊雄曰：「人面頫。」此蓋摘取楊所自作《訓纂篇》中三字以證从頁之意。頫本謂低頭，引伸爲凡低之偁。

俛 頫或从人免。《匡謬正俗》引及小徐皆作「俗頫字」。篆體或改作俛，解作从人兔，以从兔聲而讀同俯爲龤，不知舊讀同「免」。《過秦論》「俛起阡陌之中」，李善引《漢書音義》「音免」;《史記・倉公傳》「不可俛仰」，音免;《龜策列傳》「首俛」，索隱、正義皆音免;玄應書兩云「俛仰，無辨切」;《廣韻》「俛，亡辨切，俯俛也」;《玉篇》人部「俛，無辨切，俯俛也」，此皆俛之正音。而《表記》「俛焉日有孳孳」，釋文音勉;《毛詩》「黽勉」，李善引皆作「僶俛」。俛與勉同音，故古假爲勉字。古無讀俛如府者也。頫音同俛。

頣 舉目視人皃。目當依《廣韻》作「眉」，舉眉，揚眉也。从頁，𦣞聲。式忍切，十二部。

𩕄 倨視人也。倨者，不遜也。从頁，善聲。旨善切，十四部。

頡 直項也。《淮南・修務訓》：「王公大人有嚴志頡頏之行者，無不憛悇癢心而悦其色矣。」此頡頏正謂強項也。亢部𡕝下曰：「直項莽𡕝。」《淮南》之「頏」，即《説文》之「𡕝」也。直項者，頡之本義。若《邶風》「燕燕于飛，頡之頏之」，傳曰：「飛而下曰頡，飛而上曰頏」，此其引伸之義。直項爲頡頏，故引伸之直下直上曰頡頏。从頁，吉聲。胡結切，十二部。

䪡 頭頡䪡也。頡、䪡疊韵。古語頭菌蠢皃。若高祖「隆準」，服虔準音「拙」，應劭曰：「頰權準也。」師古曰：「䪡權䪡字，豈當借準爲之?」⑬按，服但云準音「拙」耳，權、䪡之名又出漢後也。从頁，出聲。之出切，十五部。讀又若骨。云又者，謂出聲則讀若「拙」矣，又讀若「骨」也。

顥 白皃。《漢郊祀歌》曰：「西顥沆碭。」《西都賦》曰：「鮮顥氣之清英。」顥與臭音義略同。从景頁。景者，日光也。日光白，从景頁，言白首也。按，上文當云「白首皃」。李善注《文選》引《聲類》：「顥，白首皃。」《聲類》葢本許書，今許書乃爲淺人刪首字耳。《郊祀歌》、《西都賦》及《楚辭》則皆引伸假借也。胡老切，二部。《楚詞》曰：詞當作「辭」，許書皆作《楚詞》。「天白顥顥。」見《大招》，王逸曰：「顥顥，光貌。」按，此當廁「白首人也」之下，寫者亂之耳。土部堋下引《左傳》「朝而堋」在前，引《虞書》「堋淫于家」在後，可證許偁古之例。南山四顥，南，《四八目》⑭、《廣韻》作「商」。皇甫士安《高士傳》曰：「四皓皆河内軹人，或在汲，一曰東園公，二曰角里先生，三曰綺里季，四曰夏黄公。秦始皇時退入藍田山，作歌，乃共入商雒，隱地肺山。漢高徵之不至，深自匿終南山，不能屈己。」按，曰藍田山，曰商雒地肺山，曰終南山，東西相接八百里，實一山也。《詩》傳曰：「終南，周之名山中南也。」《左傳》作中南，《史》《漢》謂之南山，楊雄《解嘲》曰：「四皓采榮於南山。」《説文》作「南山」不誤。《張良傳》注「商山四皓」，宋時淛本作「南山」。顥，此字今補。白首人也。以是爲白首之證。他書作「四皓」者，通假字也。

䫜 大醜皃。醜，可惡也。从頁，樊聲。附袁切，十四部。

䪹 好皃。頭好也。从頁，爭聲。疾正切，十一部。《詩》所謂「䪹首」。䪹首，當作「螓首」，見《衛風・碩人》。傳曰：「螓首，顙廣而方。」箋云：「螓，謂蜻蜻也。」按，《方言》：「蟬小者謂之麥蚻，有文者謂之蜻蜻。」孫炎注《爾雅》引《方言》：「有文者謂之螓。」然則螓、蜻一字也。引古罕言「所謂」者，假令《詩》作「頩首」，則徑偁《詩》句，不言「所謂」。

頨 頨妍也。三字爲句。頨、妍疊韵。大徐改爲「頭妍」，此即改頓首爲「下首」之比。妍，安也。頨義如《周易》之「翩翩」。《東都賦》：「翩翩巍巍，顯顯翼翼。」从頁，翩省聲，讀若翩。按，此當紕延切，古音在十二部。《篇》《韵》王矩一切，葢有認爲羽聲者耳。《廣韵》注云：「孔子頭也。」又附會以爲孔子圩頂之「圩」。

顗 謹莊皃。莊者，壯盛字之假借也。《釋詁》曰：「顗，靜也。」義相足。从頁，豈聲。魚豈切，十五部。

顅 頭鬢少髮也。彡部曰：「鬜者，鬢禿也。」此音義皆同，葢實一字矣。而以顅从頁，故云頭鬢，謂頭上及鬢夾也。鬜从彡，故單言鬢。《考工記》：「數目，顅脰。」故書顅或作「牼」，鄭司農曰：「牼讀爲鬜頭無髮之鬜。」司農意謂鳥頭毛短也。鄭注《明堂位》曰：「齊人謂無髮爲禿楬。」《釋名》曰：「禿，無髮沐禿也，毼，頭生瘡曰瘕，毼亦然也。」⑮楬與毼皆即鬜字。許説《周禮》與先鄭同，後鄭易之曰「顅，長脰也」，非許義。證以《莊子》「其脰肩肩」，則後鄭是也，肩即顅。从頁，肩聲。苦閑切，十四部。《周禮》曰：「數目，顅脰。」

顐 無髮也。《廣韵》曰：「顐者，顐顛也。」「顛者，禿也。」一曰，耳門也。別一義。从頁，困聲。按，毛刻作「困聲」，篆左从困，不誤。凡困聲之字亦入寃韵矣。苦昆切，十三部。

䫗 禿也。禿本訓無髮，此則用其引伸之義也。《考工記》：「作其鱗之而。」注曰：「之而，頰䫗也。」按，頰謂鱗屬之面旁，䫗謂鱗屬之頤顫，圓潤光滑，故謂之禿，古語如是。魚游泳必動其頰與顫，所謂「作其之而」也。《玉篇》：「䫗者，頰下也。」是其字可作「䫗」，而淺者謂爲「積」字。从頁，气聲。苦骨切，十五部。按，《周禮》釋文云：「許慎口忽反，禿也。劉古本反。」正義曰：「舊讀䫗字沽罪反，劉炫以爲當音壼。」玉裁謂板本「壼」字葢誤，當作「壼」。

頛 頭不正也。《釋魚》：「左倪不頪。」《周禮》頪作「靁」，葢皆頛之假借字也。从頁耒。會意。耒，頭傾，説从耒之意。亦聲。耒亦聲。盧對切，十五部。《廣韵》無。讀又若《春秋》「陳夏齧」之齧。又有此音，即與左倪右倪之倪同也。陳夏齧見《春秋經·昭廿三年》。正義考《世本》齧者徵舒曾孫，杜云玄孫。

顊 傾首也。首，玄應引作「頭」，玄應引《蒼頡篇》云：「頭不正也。」又引《淮南子》：「左顊右倪。」按，《釋魚》「左倪」「右倪」，郭注：「行頭左俾、右俾」，俾亦作庳，皆非是。其字正當作顊，故釋文音計反也。从頁，卑聲。匹米切，十六部。

䫔 司人也。司者，今之伺字。一曰，恐也。从頁，契聲，讀若楔。楔，或作「禊」，誤，今依古本正。今楔讀先結切，䫔胡計切，韵書之分別也。十五部。

䫏 頭不正也。从頁，鬼聲。口猥切，十五部。

頗 頭偏也。引伸爲凡偏之偁。《洪範》曰：「無偏無頗，遵王之義。」人部曰：「偏者，頗也。」以頗引伸之義釋偏也。俗語曰頗多、頗久、頗有，猶言偏多、偏久、偏有也。古借「陂」爲頗，如《洪範》古本作「無偏無陂」，顔師古《匡謬正俗》、李善《文選》注所引皆作「陂」，可證。迄乎天寶，乃據其時所用本作「頗」，而詔改爲「陂」，一若古無作「陂」者，不學而作聰之過也。陂、義古皆在歌戈部，則又不知古音之過耳。从頁，皮聲。滂禾切，十七部。又匹我切。言部曰：「詖，古文以爲頗字。」言古文之假借也。

煩 顫也。从頁，尤聲。按，玄應書兩引《説文》皆作「頄」，是其字从頁、又聲。今本《説文》作煩，尤聲，非古也。《篇》《韵》皆沿俗本之誤耳。玄應引《説文》云：「謂掉動不定也。」蓋《演説文》語。《通俗文》曰：「四支寒動謂之顫頄。」于救切，古音在一部。

疣 煩或从疒。按，此篆亦當作疚，从疒，又聲。據玄應書及《廣韵》可證。玄應曰：「今作疣。」知淺人以今體改古體耳。

顫 頭不定也。不定，各本作「不正」，今正。顫、頄皆不寧之皃。上文頛、輡、顣、頗四篆言頭不正，此則義别。頭不定，故从頁。引伸爲凡不定之偁。从頁，亶聲。之繕切，十四部。

顑 顑顲，逗。二字各本無，今依全書通例補。疊韵字。食不飽面黄起行也。《離騷》：「長顑頷亦何傷。」王注：「顑頷，不飽皃。」按，許之顑顲，即顑頷也，《離騷》假借頷爲顲。許書畢出頷篆，云：「面黄也。」此恐淺人所增。《廣韵》：「顑顲，瘦也。」从頁，咸聲。下感、下坎二切，七部。《廣韵》苦感切，又作「顩」，呼唵切。讀若戇。

顲 顑顲也。各本作「面顑顲皃」，今依全書通例正。从頁，咅聲。盧感切，七部。

煩 熱頭痛也。《詩》曰：「如炎如焚。」陸機詩云：「身熱頭且痛。」从頁火。會意。一曰，焚省聲。焚，火部作燓。此謂形聲也。附袁切，十四部。

顡 癡顡，逗。各本奪顡字，今依《玉篇》、《廣韵》補。不聰明也。《廣韵》曰：「顡，顔惡也。」此今義也。从頁，豙聲。五怪切，十五部。據《廣韵》，此《説文》舊音也。

頪 難曉也。謂相佀難分别也。頪、類古今字。類本專謂犬，後乃類行而頪廢矣。《廣雅》云：「頪，疾也。」从頁米。頁，猶種也。言種緐多如米也，米多而不可别，會意。一説黔首之多如米也，故曰元元。盧對切，十五部。按，《六書故》引唐本，从迷省。一曰，鮮白皃，从粉省。鮮，猶新也。粉者，白之甚者也。

顇 顦顇也。許書無「顦」篆，大徐增之，非也。錢氏大昕曰：面部之醮，當是正字。⑯《小雅》：「或盡瘁事國。」傳云：「盡力勞病以從國事。」《左傳》引《詩》曰：「雖有姬姜，無棄蕉萃。」杜曰：「蕉萃，陋賤之人。」《楚辭·漁父》：「顔色憔悴。」王曰：「皯黴黑也。」班固《荅賓戲》：「朝而榮華，夕而焦瘁。」其字各不同。今人多用「憔悴」字，許書無「憔」篆，悴則訓憂也。从頁，卒聲。秦醉切，十五部。

顝 繫頭殟也。歺部曰：「殟者，暴無知也。」今本譌作「胎敗」，則此以殟釋顝，遂不可通。《集韵》《類篇》引此條有「謂頭被繫無知也」七字，當是古注語。《玉篇》引「《莊子》云『問焉則顝然』」。顝，不曉也」。按，與心部之惽音義略同。从頁，昏聲。莫奔切，十三部。

頦 醜也。《廣雅》同。《篇》《韵》云「頤下」，非許義。从頁，亥聲。户來切，一部。按，《廣雅》柯開切。

頛 醜也。此頛之本義。从頁，其聲。去其切，一部。今逐疫有頛頭。此舉漢事以爲證也。《周禮·方相氏》注云：「冒熊皮者以驚敺疫癘之鬼，如今魌頭也。」《淮南書》：「視毛嬙西施猶頛醜也。」高注云：「頛，頛頭也。方相氏黃金四目，衣赭，稀世之頛貌。頛醜，言極醜也。」《風俗通》曰：「俗説亡人魂氣游揚，故作魌頭以存之，言頭魌魌然盛大也。或謂魌頭爲觸壙，殊方語。」按，魌、頛字同，頭大故从頁也。亦作「倛」。《靈光殿賦》：「仡頛㹪以雕眈。」李注：「頛㹪，大首也。」今本作「欺㹪」，葢誤。

顲 呼也。呼當作「評」。言部曰：「評者，召也。」口部曰：「召者，評也。」《周書》：「乃有室大競，顲俊尊上帝。」某氏曰：「招呼賢俊，與共尊事上天。」《商書》：「率顲衆戚，出矢言。」某氏曰：「顲，和也。率和衆憂之人，出正直之言。」按，和之訓，未知何出。葢謂顲同龠，龠以和衆聲也。夫下文「自我王來」至「底綏四方」，皆民不欲徙之言，姚氏鼐之説是也⑰。「顲衆戚」「出矢言」，正謂不欲徙之民相評，急出誓言，爲盤庚敎民命衆張本。注疏殊繆。

从頁，籥聲，讀與籥同。羊戍切，古音在二部，讀如姚。《商書》曰：「率顲衆戚。」見《盤庚上》。戚今本作「慼」，俗字也，衛包所改。

顯 頭明飾也。故字从頁。飾者，妝也。女部曰：「妝，飾也」是也。頭明飾者，冕弁充耳之類。引伸爲凡明之偁。按，㬎謂衆明，顯本主謂頭明飾，乃顯專行而㬎廢矣。日部㬎下曰：「古文以爲顯字。」由今字假顯爲㬎，乃謂古文假㬎爲顯也。此古今字之變遷，所必當深究也。从頁，㬎聲。此舉形聲包會意。呼典切，十四部。

顨 選具也。選擇而共置之也。顨、選疊韵。丌部曰：「巺，具也。顨，具也。」人部曰：「僎，具也。」是巺、顨、顨、僎四字義同。《玉篇》曰：「顨，古文作選。」从二頁。二頁，具之意也。士戀切，十四部。

文九十三。宋本九十三，毛刻九十二，今删「䫇」字，補「頎」字，仍九十二。

重八。

百 頭也。頭下曰：「百也。」與此爲轉注。自古文𩠐行而百廢矣。《白虎通》、何注《公羊》、王注《楚辭》皆曰：「首，頭也。」引伸之義爲始也，本也。《儀禮》古文假借「手」爲首。象形。象人頭之側面也。左象前，右象後。書九切，三部。凡百之屬皆从百。

脜 面和也。和當作「龢」。龢，調也。咊，相應也。許書分別畫然，今人淆之。《抑》詩：「輯柔爾顏。」傳曰：「輯，和也。」

《泮水》：「載色載笑。」傳曰：「色溫潤也。」《玉篇》曰：「野王案：柔色以藴之，是以今爲柔字。」按，今字柔行而腬廢矣。从百肉。骨剛，肉柔，故从百肉會意，肉亦聲。讀若柔。耳由切，三部。

文二。

面 [seal] 顏前也。顏者，兩眉之中閒也。顏前者，謂自此而前則爲目，爲鼻，爲目下、爲頰之閒，乃正鄉人者，故與背爲反對之偁。引伸之爲相鄉之偁，又引伸之爲相背之偁，《易》窮則變，變則通也。凡言面縛者，謂反背而縛之。偭从面。从百，象人面形。謂囗也，左象面。彌箭切，十四部。凡面之屬皆从面。

靦 [seal] 面見人也。各本無「人」，今依《毛詩正義》補。面見人，謂但有面相對，自覺可憎也。《小雅·何人斯》：「有靦面目。」傳曰：「靦，姡也。」女部曰：「姡，面靦也。」按，心部曰：「青徐謂慙曰㥏。」音義皆同，而一从心者，慙在中；一从面者，媿在外。韋注《國語》曰：「靦，面目之皃也。」从面見，此以形爲義之例。見亦聲。他典切，十四部。《詩》曰：「有靦面目。」

䩄 [seal] 或从旦。旦，聲也。《玉篇》曰：「《埤蒼》䩄同靦，字書作𩈂。」

䩉 [seal] 頰也。頰者，面旁也。面旁者，顏前之兩旁。《大招》：「靨輔奇牙，宜笑嫣只。」王注：「言美頰有靨䩉，口有奇牙，嗎然而笑，尤媚好也。」《淮南書》：「奇牙出，靨輔搖。」高注：「靨輔，頰邊文，婦人之媚也。」又曰：「靨輔在頰則好，在顙則醜。」注：「靨䩉者，頰上窐也。」由此言之，靨䩉在頰，故䩉與頰可互偁。古多借「輔」爲䩉，如《毛詩》傳曰：「倩，好口輔也。」此正謂靨䩉。《咸》：「上六，咸其輔頰舌。」《艮》：「六五，艮其輔。」其字皆當作䩉。蓋自外言，曰䩉、曰頰、曰靨䩉；自裏言，則上下持牙之骨謂之䩉。車亦謂牙車，亦謂頷車，亦謂頰車，亦謂䶢車，亦謂之䩉，亦謂之頰。許言「䩉，頰也」者，言其外也；《易》言「䩉頰」、言「䩉」，言其裏也。䩉車非外之䩉，頰車非外之頰，此名之當辨者也。諸家說《左傳》「輔車相依」，用牙車爲訓，而許君不同，說詳車部。○按，《艮卦》虞注云：「輔，面頰骨上頰車也。」面頰骨，今俗語尚如是。上頰車，即頰骨在上持牙者。服虔注《左傳》謂之上頷車。然則在下持牙者，亦得曰下頰車、下頷車矣。必云上頰車、上頷車者，言䩉則言上是也。頰車與舌，言則必動，故《咸》《艮》爻辭取此。从面，甫聲。符遇切，五部。

䩌 [seal] 面焦枯小也。《玉篇》引《楚辭》云：「顏色䩌顇。」希馮所據古本也。《漢·外戚傳》：「嫶妍大息，歎稚子兮。」晉灼曰：「三輔謂幽愁面省瘦曰嫶冥，嫶妍猶嫶冥也。」⑱按，「嫶」即䩌字，省同瘄。从面焦。此舉會意包形聲。即消切，二部。

文四。　重一。

丏 [seal] 不見也。象雝蔽之形。雝，各本作「壅」，今正。其實許書當作「邕」也。《禮經》：「乏參侯道，居侯黨之一，西五步。」鄭曰：「容謂之乏，所以爲獲者御矢也。」《周禮》鄭司農注云：「容者，乏也，待獲者所蔽。」按，乏與丏，篆文相似，義取蔽矢，豈《禮經》本作丏與。彌兖切，古音在十二部。以㝠、賓字知之。凡丏之屬皆从丏。

文一。

首 古文百也。各本古文上有「百同」二字，妄人所增也。許書絶無此例。惟麻下云：「與林同。」亦妄人所增也，今刪。正義已見上矣，故祇言「古文百」。如儿下曰「古文奇字人」，亣下曰「籒文大」，頁下曰「古文䭫」，皆此例也。不見𩠐於百篆之次者，以有从𩠐之篆，不得不出之爲部首也。今字則古文行而小篆廢矣。**巛象髮，**説百上有巛之意，象髮形也。小篆則但取頭形。**髮謂之鬊，**「鬊」字舊奪，今補。**鬊即巛也。**當作「巛即鬊也」，與「云即《易》突字也」例同。鬊之訓「髮隋也」，渾言之則爲髮偁。此八字，葢別一說。上文謂象形，此謂巛即山川字，古音同春，故可假爲鬊字會意。**凡𩠐之屬皆从𩠐。**

䭫 䭫首也。三字句。各本作「下首也」，亦由妄人不知三字句之例而改之，今正。頓首、䭫首，爲《周禮》九拜之二大耑，在漢末時，上書言事者必分別其辭，則二者形狀之不同，所用行禮之分別，許時人人知之，故《小雅》《大雅》「稽首」毛皆無傳，許亦但曰此篆謂䭫首，此篆謂頓首而已。《周禮》䭫首本又作「稽」，許沖上書，前作「稽首」，後作「䭫首」，恐今之經典轉寫譌亂者多矣。鄭曰：「䭫首，(句。)拜頭至地也。頓首，拜頭叩地也。」葢䭫首者，拱手至地，頭亦至於地，而顙不必觸地，與頓首之必以顙叩地異矣。䭫首者，稽遲其首也。頓首亦曰䭫顙。䭫顙者，稽遲其顙也。此吉凶之大辨也。今人作名刺必曰「頓首拜」，是以凶禮施於賓禮、嘉禮。且頓首而拜，非即喪禮之稽顙而後拜乎？亦議禮者所當知矣。詳見頁部、手部。古者吉、賓、嘉皆䭫首，無言頓首者，喪則䭫顙，無言䭫首者，以是知䭫顙即頓首也。諸侯於天子，䭫首；大夫士於諸侯，䭫首；大夫士於鄰國之君，䭫首；家臣於大夫，不䭫首，以避君也；君之於臣，拜手。君於臣䭫首者，重其臣也，《洛誥》云：成王拜手、稽首，是也。**从𩠐，旨聲。**康禮切，十五部。按，此下不云「頁古文䭫」者，已別出之爲部首矣。

𩠑 𢧵𩠐也。「首」字各本奪，今補。斤部曰：「斷者，𢧵也。」𢧵首則字从斷首會意。《集韵》、《類篇》皆云「斷首」是也。《廣雅》：「𩠑，斷也。」此引伸爲凡𢧵之偁也。**从斷𩠐。**舊誤，今正。斷亦聲，此舉會意包形聲也。大丸、旨沇二切，十四部。

剸 或从刀，專聲。《王褒傳》：「水斷蛟龍，陸剸犀革。」即《蘇秦傳》之「水斷牛馬，陸𢧵鵠鴈」⑲也。剸與刀部「剬」義相近，古亦借爲專擅字。小徐本無此篆。

文三。　重一。

県 到𩠐也。到者，今之倒字。此亦以形爲義之例。**賈侍中説，**偁官不偁名者，尊其師也。**此斷𩠐到縣県字。**《廣韵》引《漢書》曰：「三族令先黥劓，斬左右趾，県首，菹其骨。」按，今《漢書·刑法志》作「梟」，葢非孫愐所見之舊矣。県首字當用此，用梟於義無當。不言从到首者，形見於義，如「玨」下不言「从二玉」也。

古堯切，二部。凡県之屬皆从県。

縣 [seal] 繫也。繫當作「系」。繫者，繫繯也，一名惡絮。許書本非此字明矣。許《自序》云「據形系聯」，不作繫也。系篆下云「繫也」，當即「縣也」之譌。二篆爲轉注。古懸挂字，皆如此作。引伸之，則爲所系之偁。《周禮》：「縣系於遂。」邑部曰「周制，天子地方千里，分爲百縣」，則系於國。秦漢縣系於郡。《釋名》曰：「縣，縣也。縣係於郡也。」自專以縣爲州縣字，乃别製从心之懸挂，别其音縣去、懸平，古無二形二音也。顔師古云：「古縣邑字作寰。」亦爲臆說。从系持県。會意。胡涓切，十四部。

文二。

須 [seal] 頤下毛也。各本譌作「面毛也」三字，今正。《禮記·禮運》正義曰：「案《説文》云：耐者，鬚也。鬚謂頤下之毛，象形字也。」今本「而」篆下云：「頰毛也。」「須」篆下云：「面毛也。」語皆不通。「毛」篆下云：「眉髮之屬。」故眉解「目上毛」，須解「頤下毛」，須在頰者謂之䫇，不謂之「而」。釋須爲面毛，則尢無理。須在頤下，頿在口上，䫇在頰，其名分别有定。《釋名》亦曰：「口上曰髭，口下曰承漿，頤下曰鬚，在頰耳旁曰髯。」與許説合。《易·賁》：「六二，賁其須」。侯果曰：「自三至上，有頤之象，二在頤下，須之象也。」引伸爲凡下垂之偁。凡《上林賦》之「鶡蘇」、《吳都賦》之「流蘇」，今俗云「蘇頭」，皆即須字也。俗假須爲「需」，别製鬢鬚字。从頁彡。彡者，毛飾畫之文。須與頿每成三綹，形似之也。相俞切，古音在四部，讀如揆。《釋名》曰：「鬚，秀也。」凡須之屬皆从須。

頿 [seal] 口上須也。在口上，在頰亦得名須，而正名百物則曰頿，曰䫇。《左傳》曰：「至於靈王，生而有頿，是爲頿王。」《釋名》曰：「髭，姿也。爲姿容之美也。」从須，此聲。即移切，十五、十六部。或作髭。

䫇 [seal] 頰須也。頰，面旁也。《釋名》曰：「隨口動摇，冄冄然也。」《封禪書》：「有龍垂胡髯，下迎黄帝。」詳文意乃泛謂須。从須冄，會意。冄亦聲。汝鹽切，七部。俗作𩑶、髯。

顊 [seal] 須髮半白也。兼言髮者，類也。此《孟子》「頒白」之正字也。趙注曰：「頒者，斑也。頭半白斑斑者也。」卑與斑雙聲，是以《漢·地理志》「卑水縣」，孟康音斑，葢古顊讀如斑，故亦假大頭之「頒」。《藉田賦》：「士女頒斌。」李注：「頒斌，相襍之皃也。」其引伸之義也。《王制》：「諸侯曰頖宫。」頖，葢顊字之異體，故假爲泮水之「泮」。《廣韵》又借卧髻之「鬏」爲顊。从須，卑聲。府移切，十六部。讀如班，則十四部。

䫀 [seal] 短須髮皃。《西京賦》説猛獸「鬐鬣」，薛曰：「鬐鬣，作毛鬣也。」鬐即䫀字，須髮短則植，猛獸毛鬣植。从須，否聲。敷悲切，古音在一部。

文五。

彡 [seal] 毛飾畫文也。巾部曰：「飾者，㕞也。」飾畫者，㕞而畫之。毛者，聿也，亦謂之不律，亦謂之弗，亦謂之筆，所以畫者也。其文則爲彡，手之列多，略不過三，故以彡象之也。毛所飾畫之文成彡，須髮皆毛屬也，故皆以爲彡之屬而从彡。象形。所銜切，七部。凡彡之屬皆从彡。

形 象也。各本作「象形也」，今依《韵會》本正。象當作「像」，謂像似可見者也。人部曰：「像，似也。似，像也。」形容謂之形，因而形容之亦謂之形。六書二曰「像形」者，謂形其形也。四曰「形聲」者，謂形其聲之形也。《易》曰：「在天成象，在地成形。」分偁之，實可互偁也。《左傳》：「形民之力。」假爲型模字也。《易》：「其形渥。」假爲荆罰字也。从彡，有文可見，故从彡。幵聲。户經切，十一部。按，枅、笄字皆古兮切，研字五堅切，幵聲古音俟考。

㐱 稠髮也。稠者，多也。禾稠曰「稹」，髮稠曰「㐱」，其意一也。从彡，人聲。之忍切，十二部。《詩》曰：「㐱髮如雲。」《鄘風·君子偕老》文。今《詩》作「鬒」，葢以或字改古字。傳曰：「鬒，黑髮也。」疑黑字亦非毛公之舊，許多襲毛不應有異。《左傳》：「昔有仍氏生女，黰黑而甚美。」黰正謂稠髮，髮多且黑而皃甚美也。服、杜皆云美髮爲黰，不言黑髮。

鬒 㐱或从髟，真聲。黰又其或體。

修 飾也。巾部曰：「飾者，㕞也。」又部曰：「㕞者，飾也。」二篆爲轉注。飾，即今之拭字，拂拭之則發其光采，故引伸爲文飾。女部曰：「妝者，飾也。」用飾引伸之義。此云「修，飾也」者，合本義引伸義而兼舉之。不去其塵垢不可謂之修，不加以縟采不可謂之修，修之从彡者，洒㕞之也，藻繪之也。修者，治也，引伸爲凡治之偁。匡衡曰：「治性之道，必審己之所有餘，而強其所不足。」从彡，攸聲。息流切，三部。經典多假肉部之「脩」。

彰 彣彰也。彣，各本作文，今正。文，遣畫也，與彣義別。古人作「彣彰」，今人作「文章」，非古也。《尚書》某氏傳、《吕覽》注、《淮南》注、《廣雅》皆曰：「彰，明也。」通作「章」。从彡章，會意。謂文成章。章亦聲。諸良切，十部。

彫 琢文也。琢者，治玉也。玉部有「琱」，亦治玉也。《大雅》：「追琢其章。」傳曰：「追，彫也。金曰彫，玉曰琢。」毛傳字當作琱。凡琱琢之成文曰彫，故字从彡，今則彫、雕行而琱廢矣。从彡，治玉成文也。周聲。都僚切，二三部。

𢒈 清飾也。清飾者，謂清素之飾也。《上林賦》：「靚莊刻飾。」郭璞曰：「靚莊，粉白黛黑也。刻飾，刻畫鬋鬢也。」按，「靚莊」即𢒈妝之假借字，𢒈與水部之「瀞」義略同。从彡，青聲。疾郢切，十一部。按，丹部曰：「彤者，丹飾也。从丹彡，彡其畫也。」疑此當云：「𢒈，青飾也。从彡青，青亦聲。」葢謂以青色飾畫之文也。彤不入彡部，𢒈不入青部者，錯見也。

㣎 細文也。細文，文之細者，故字从彡𡮲。彡者，文也。𡮲者，際見之白。際者，壁隙也，璺之細者也。引伸爲凡精美之偁。《周頌》曰：「維天之命，於穆不已。」傳曰：「穆，美也。」[20]《大雅》傳曰：「穆穆，美也。」《釋訓》曰：「穆穆、肅肅，敬也。」皆其義也。古本作「㣎」，今皆从禾作「穆」，假借字也。古昭穆亦當用「㣎」。从彡，𡮲省。各本有「聲」字，誤也，今正。莫卜切，三部。《廣韵》莫六切。

弜橈也。橈者，曲木也。引伸爲凡曲之偁。直者多強，曲者多弱。《易》曰：「棟橈，本末弱也。」弱與橈疊韵。上象橈曲，謂弓也。曲似弓，故以弓像之。彡象毛氂橈弱也。弱似毛氂，故以彡像之。弱物并，不能獨立。故从二弓。而勺切，古音在二部。

文九。重一。

彣䵶也。有部曰：「䵶，有彣彰也。」是則有彣彰謂之彣，彣與文義別。凡言文章皆當作彣彰，作文章者，省也。文訓逪畫，與彣義別。从彡文。以毛飾畫而成彣彰，會意。文亦聲。無分切，十三部。凡彣之屬皆从彣。

彥美士有彣，彣作「文」，非是，今正。人所言也。言、彥疊韵。《釋訓》曰：「美士爲彥。」郭曰：「人所言詠也。」《鄭風》傳曰：「彥，士之美稱。」人所言，故曰彥；有文，故从彣。《大學》彥或作「盤」，古文假借字。从彣，厂聲。厂，山石之厓巖，人可居者也，呼旱切。彥，魚變切，十四部。

文二。

文錯畫也。錯當作「逪」。逪畫者，这逪之畫也。《考工記》曰：「青與赤謂之文。」逪畫之一耑也。逪畫者，文之本義；彣彰者，彣之本義。義不同也。「黃帝之史倉頡，見鳥獸蹏迒之迹，知分理之可相別異也，初造書契。」「依類象形，故謂之文。」象交文。像兩紋交互也。紋者，文之俗字。無分切，十三部。凡文之屬皆从文。

斐分別文也。謂分別之文曰斐。《衞風》：「有匪君子。」傳曰：「匪，文章皃。」《小雅》：「萋兮斐兮。」傳曰：「萋斐，文章相錯也。」《考工記》注曰：「匪，采貌也。」皆不言「分別」。許云「分別」者，渾言之則爲文，析言之則爲分別之文，以字从非知之也。非，違也。凡从非之屬，𩇕，別也；靠，相違也。从文，非聲。此舉形聲包會意也。敷尾切，十五部。《易》曰：「君子豹變，其文斐也。」《革》上九象傳文。今《易》作「蔚」，虞曰：「蔚，蔇也。」許所據蓋孟《易》。

辬駁文也。謂駁襍之文曰辬也。馬色不純曰駁，引伸爲凡不純之偁。辬之字多或體，《易卦》之「賁」字，《上林賦》之「斒」字，《史記》「璸斒」，《漢書》《文選》「玢豳」，俗用之「斑」字皆是。斑者，辬之俗，今乃斑行而辬廢矣。又或假「班」爲之，如孟堅之得氏，以楚人謂虎文曰「班」，即虍部「虨」字也，作辬、斑近是，而《漢書》作「班」。頭黑白半曰「頒」，亦辬之假借字。許知爲不純之文，以从辡知之，辨、辯字皆从辡。从文，辡聲。此舉形聲包會意。布還切，十四部。

𢿒微畫文也。文，各本奪，今補。此謂微畫之文曰𢿒也。凡今人用豪氂，當作此字。《經解》曰：「差若豪氂，謬以千里。」乃是假借字。知爲微畫之文者，以从𠩺知之。「𠩺者，坼也。」微之意也。从文，𠩺聲。此舉形聲包會意。里之切，一部。

文四。

髟 長髮猋猋也。猋與髟疊韵。猋猋當依《玉篇》作「髟髟」。《通俗文》曰：「髮垂曰髟。」潘岳《秋興賦》：「斑鬢髟以承弁。」按，馬融《長笛賦》「特麚昏髟」注：「髟，長髦。」《廣成頌》曰：「羽旄紛其髟⿱髟也。」「旚繇」之假借字也。从長彡。彡猶毛也。會意。《五經文字》必由反，在古音三部。桼部⿱髟桼从此爲聲，可得此字之正音矣。音轉乃爲必凋切、匹妙切，其云所銜切者，大謬，誤認爲彡聲也。一曰，白黑髮襍而髟。依李善《秋興賦》注補此八字，「而」似當作「曰」。凡髟之屬皆从髟。

髮 頭上毛也。各本作「根也」，《廣韵》已然，以《釋名》《廣雅》正之，乃「拔也」之誤，要此二字可不必有耳。毛部曰「毛者，眉髮之屬」，故眉下曰：「目上毛」，須下曰：「頤下毛」，則髮下必當有「頭上毛也」四字。且下文云鬢者「頰髮」，不先言頭上，何以別其在頰者乎。今依《玉篇》《廣韵》語正。从髟，犮聲。方伐切，十五部。

⿰犮首 髮或从首。

⿰爻頁 古文。蓋象角覊之形。

鬢 頰髮也。謂髮之在面旁者也。《晉語》：「美鬢長大則賢。」韋昭曰：「鬢，髮穎也。」明道本如是，他本穎作「頮」，非。髮穎者，穎，禾末，近於采，似人頸，故錐刀皆有穎，髮亦有穎。髮以項爲下，上至於頂，至於𡿺葢，而旁至於頰，則謂之鬢。鬢者，髮之濱也，似禾穎之在末。禾之老，先采而後莖，髮之老而白也，先鬢而餘髮繼之，項髮最後。韋語俗多不解，故詳說之。《釋名》曰：「在頰耳旁曰髥，其上連髮曰鬢，鬢曲頭曰距。」从髟，賓聲。必刃切，十二部。

鬗 髮長皃。皃字依《玉篇》訂。引伸爲凡長之偁，如《郊祀歌》曰：「掩回轅，鬗長馳。」鬗猶今言道里曼曼也。如淳曰：「音樠。」从髟，㒼聲，讀若蔓。母官切，十四部。

⿱髟監 髮長也。《集韵》曰：「⿱髟監鬖，髮長皃。」《廣韵》曰：「⿱髟監鬖，髮疎皃。」从髟，監聲。魯甘切，八部。讀若《春秋》「黑肱以濫來奔」。《左氏春秋經·昭公三十一年》：「冬，黑肱以濫來奔。」讀如此濫也。

⿱髟差 髮好也。《廣韵》有皃字。从髟，差聲。千可切，十七部。《廣韵》昨何切。

鬈 髮好也。也，《廣韵》作「皃」。《齊風·盧令》曰：「其人美且鬈。」傳曰：「鬈，好皃。」傳不言髮者，傳用其引伸之義，許用其本義也。本義謂髮好，引伸爲凡好之偁。凡說字必用其本義，凡說經必因文求義，則於字或取本義，或取引伸、假借，有不可得而必者矣。故許於毛傳，有直用其文者，凡毛許說同是也。有相近而不同者，如毛曰「鬈，好皃」，許曰「髮好皃」；毛曰「飛而下曰頡」，許曰「直項也」是也。此引伸之說也。有全違者，如毛曰「匪，文章皃」，許曰「器似竹匧」；毛曰「干，澗也」，許曰「犯也」是也。此假借之説也。經傳有假借，字書無假借。从髟，卷聲。衢員切，十四部。《詩》曰：「其人美且鬈。」

髦　髦髮也。三字句。各本删「髦」字，作「髮也」二字，此如巂下之删「巂」，作「周燕也」，離下之删「離」，偓下之删「偓」，江河等下之删「江」「河」等字，皆不可通，今補。玄應《佛書音義》卷二引《説文》「髦，髮也，謂髮中之髦也」，卷五引《説文》「髦，髮也，髮中豪者也」，下句乃古注語，上句亦奪一「髦」字，不可讀。髮中之秀出者謂之「髦髮」，《漢書》謂之「壯髮」，馬鬣偁髦亦其意也。《詩》三言「髦士」，《爾雅》、毛傳皆曰：「髦，俊也。」釋文云：「毛中之長豪曰髦，士之俊傑者借譬爲名。」此引伸之義也。古亦假髦爲「毛」字，《既夕禮》注曰「今文髦爲毛」，是今文《禮》叚毛爲髦也。从髟毛。髮之秀者曰毛，猶角之好者曰角。毛亦聲，莫袍切，二部。

鬗　髮皃。玄應曰：凡鬘字皆當作「鬗」。从髟，㒼聲，讀若宀。莫賢切，十二部。

⿱髟周　髮多也。彡部曰：「㐱者，稠髮也。」稠髮當作「⿱髟周」，此則説⿱髟周之義。《小雅》曰：「彼君子女，綢直如髮。」傳曰：「密直如髮也。」是則「綢」乃⿱髟周之假借字。从髟，周聲。直由切，三部。

⿱髟爾　髮皃。从髟，爾聲。此字亦取「爾」會意，如華盛之字作「薾」，皆取麗爾之意也。讀若江南謂酢母爲⿱髟爾。此江南之方言也。漢之江南，謂豫章、長沙二郡。⿱髟爾無異字者，方言固無正字。知此俗語，則髮皃之字之音可得矣。奴禮切，十五、十六部。酢今之醋字。《廣雅》：「嬭，母也。」音與⿱髟爾同。

⿱髟咅　髮皃。从髟，咅聲。步矛切，四部。

⿱髟敄　髮至眉也。《鄘風》：「髧彼兩髦。」傳曰：「髧，兩髦之皃。髦者，髮至眉，子事父母之飾。」許所本也。《内則》「拂髦」注云：「髦，用髮爲之，象幼時鬌，其制未聞。」《既夕禮》曰：「既殯，主人脱髦。」注云：「兒生三月，翦髮爲鬌，男角女羈，否則男左女右，長大猶爲之飾存之，謂之髦，所以順父母幼小之心。至此尸柩不見，喪無飾，可以去之。髦之形象未聞。」《玉藻》：「親没不髦。」注云：「去爲子之飾。」按，鄭既言⿱髟敄之用，而云「其制未聞」者，謂其狀不可詳也。毛云「髮至眉」，葢以髮兩紒下垂至眉，像嬰兒夾囟之角髮下垂，父母在不失其嬰兒之素也。依《禮經》曰「脱」，依《内則》注曰「拂」，髦振去塵箸之，是假他髮爲之。許引《毛詩》作⿱髟敄，今則《詩》《禮》皆作髦，或由音近假借。⿱髟敄與髦義古畫然不同。从髟，敄聲。亡牢切，古音在三部。《廣韻》莫浮切。《詩》曰：「紞彼兩⿱髟敄。」今《詩》紞作「髧」，釋文云：「本又作优。」按，紞，冕冠塞耳者，⿱髟敄葢似之也。

髳　⿱髟敄或省。《漢令》有「髳長」。「髳」即⿱髟敄字，而羌髳字祇从矛。《牧誓》：「庸、蜀、羌、髳、微、盧、彭、濮。」《小雅》「如蠻如髦」傳曰：「蠻，南蠻也。髦，夷髦也。」箋云：「髦，西夷別名。」按，《詩》髦即《書》髳。「髳長」見《漢令》，葢如趙佗自偁「蠻夷大長」，亦謂其酋豪也。

鬋 女鬢垂皃也。《招䰟》曰：「盛鬋不同制。」王云：「鬋，鬢也。制，法也。言九侯之女，裝飾兩結，垂鬢下髮，形貌詭異。」又：「長髮曼鬋，豔陸離些。」注：「曼，澤也。言美人長髮工结，鬢鬋滑澤，其狀豔美，儀皃陸離而難形也。」按，張揖注《上林賦》亦云：「刻畫鬋鬢。」㉑鬋主謂女鬢，不施於男子。《曲禮》：「不蚤鬋。」《士虞禮》：「蚤翦。」翦或爲鬋。鬋皆翦之假借字也。《喪大記》「爪手翦須」可證。《曲禮》注「翦鬚」，釋文作「翦鬢」，非是。从髟，歬聲。作踐切，十二部。

鬑 鬋也。一曰，長皃。此别一義，謂須髮之長。古《陌上桑》曰：「爲人絜白皙，鬑鬑頗有鬚。」从髟，兼聲，讀若慊。力鹽切，七部。

𩯭 束髮尐小也。尐小二字各本作「少」，《廣韻·十六屑》《十七薛》引作少小二字，少乃尐之誤，今正。尐與𩯭疊韻。面小亦謂之「䶢尐」。《通俗文》曰：「露髻曰𩯭。」露髻者，《士喪禮》「婦人髽于室」注云：「既去纚，而以髮爲大紒，如今婦人露紒其象也。」注《喪服》亦云：「髽，露紒也。」然則「露髻」漢人語，謂不用韜髮之纚，露髮爲髻也。今乃婦人無不露髻者矣。《二京賦》解訓𩯭亦云：「露頭髻。」按，鄭云「大髻」，許云「尐小」者，其辭異，其爲粗率之意一也。从髟，截聲。子結切，十五部。

鬄 髲也。《鄘風》：「不屑髢也。」箋云：「髢，髲也。不絜者不用髲爲善。」《左傳》：「衛莊公見己氏之妻髮美，使髡之，以爲吕姜髢。」按，鬄與鬀義别，音亦有異。从髟，易聲。大計切，古音在十六部。从易爲正。大徐又載先彳切，誤。

髢 鬄或从也聲。古易聲在十六部，也聲在十七部，合韵冣近。此字今音大計切，於也聲得之，地亦也聲。

髲 益髮也。各本作「鬄也」二字，今正。《鄘風》正義引《説文》云：「髲，益髮也。言人髮少，聚他人髮益之。」下十字古注語。髲字不見於經傳，假「被」字爲之。《召南》：「被之僮僮。」傳曰：「被，首飾也。」箋云：「禮，主婦髲鬄。」《少牢饋食禮》：「主婦被錫。」注曰：「被錫讀爲髲鬄，古者或鬄賤者、刑者之髮，以髲婦人之紒爲飾，因名髲鬄焉。《周禮》所謂次也。」按，如鄭説，則《詩》《禮》之被，皆即髲也。以鬄爲髲，即是以鬄爲鬄。許云「益髮」，不謂爲禮服，鄭説不同者，髲本髮少裨益之名，因用爲禮服之名。《鄘風》「不屑髢也」，自謂髲鬄，不假益髮爲髻，要燕居則纚笄總而已。禮服笄總之後，必分别加副編次於上爲飾，副編次皆假他髮爲之也。《周禮·追師》之「次」，《禮經》曰「髲鬄」，《詩》曰「被」。从髟，皮聲。平義切，古音在十七部。

𩭛 用梳比也。比者，今之篦字，古衹作比。用梳比謂之𩭛者，次第施之也。凡理髮先用梳梳之，言疏也，次用比比之，言䆑也。《周禮·追師》：「爲副編次。」注云：「次者，次第髮長短爲之。」疑次即𩭛。从髟，次聲。此舉形聲包會意。七四切，十五部。

髺 絜髮也。絜，各本譌作「潔」，今依《玉篇》《韵會》正。絜，麻一耑也。引伸爲圍束之偁，絜髮指束髮也。按，《士喪禮》「主人髻髮」，《戴記》作「括髮」，謂小斂訖，去纚爲露髻也。婦人之髽，亦是去纚而髻，與男子之髻髮相等，則髻爲凶禮矣。然許於髽曰「喪髻」，於髻不云「喪髻」者，髻髮猶云束髮，《内則》《喪服》之「總」，《深衣》之「束髮」㉒，《士喪禮》之「鬠」，同爲一事，鬠即髻字之異者，髻非喪服之專偁也。故《士喪禮》之「用組」，以組束髮也，《深衣》之用錦，以錦束髮也，《喪服小記》之始死「括髮以麻」，以麻束髮也，《喪服》之「布總」，以布束髮也，其他「縞總」「素總」，以縞素束髮也。是皆得謂之髻，非凶禮之專辭也。《士喪禮》注曰：「髻古文作括，」「鬠古文作括。」《禮經》「髻髮」，《戴禮》皆作「括髮」，則用古文與。《周禮》注引「鬠用組」作「擓」。从髟、昏聲。古活切，十五部。

⿱髟般　臥結也。結，今之髻字也。《士冠禮》：「采衣紒。」注云：「古文紒爲結。」按，許書皆作結。鄭注經皆作「紒」。鄭依今文《禮》，許依古文《禮》，故糸部有結無紒也。臥髻者，蓋謂寢時盤髮爲之，令可不椒。从髟，般聲，讀若槃。薄官切，十四部。

⿱髟付　結也。《廣韵》云：「露髻。」从髟，付聲。方遇切，四部。

鬕　鬕帶，逗。結頭飾也。各本奪二字，今依《西京賦》注補。「鬕帶」二字爲句，如《方言》之「⿱髟貴帶」，所以繞於髻上爲飾者。《西京賦》「朱鬕」，薛注：「以絳帕額。」按，薛注「帕」乃「帞」之誤，帕即鬕字㉓，其字之本義乃飾髻上也，故从髟。从髟，莫聲。莫駕切，古音在五部。

⿱髟貴　屈髮也。當依《廣韵》屈上有「髻」字。屈者無尾也，引伸爲凡短之偁。《方言》：「絡頭，帞頭也，紗績，⿱髟貴帶，鬃帶，帑，幓，幧頭也。自關而西秦晉之郊曰絡頭，南楚江湘之閒曰帞頭，自河以北趙魏之閒曰幧頭，或謂之帑，或謂之幓，其偏者謂之⿱髟貴帶，或謂之鬃帶。」按，⿱髟貴者，髻短髮之偁。《方言》之⿱髟貴帶，謂帞頭帶於髻上也。帞頭之制，自項中而前交於額，卻繞髻。从髟，貴聲。亡媿切，十五部。

⿱髟介　簪結也。簪結者，既簪之髻也。許以笄與兓互訓，而笄有固冕弁之笄，有固髮之笄。「子事父母，櫛、縰、笄、總、拂髦」，此固髮爲髻之笄也。縰者，所以韜髮，韜之而後髻之，髻之而後簪之，既簪之髻曰⿱髟介。按，⿱髟介蓋即今文《禮》之紒。从髟，介聲。簪之如介畫然，故从介。古拜切，十五部。按，曹憲注《廣雅》曰：「按《説文》⿱髟介，即籀文髻字也。」

鬣　髮鬣鬣也。囟部巤下曰：「毛巤也。象髮在囟上，及毛髮鬣鬣之形。」鬣鬣，動而直上皃，所謂頭髮上指、髮上衝冠也。辭賦家言「旌旗獵獵」，是其假借字也。許意巤爲今馬鬣字，鬣爲顫動之字，今則鬣行而巤廢矣。人部曰：「儠者，長壯儠儠也。」字意略同。今《左氏傳》長儠作「長鬣」，杜以「多須」釋之，殊誤。須下垂不偁鬣，凡上指者偁鬣。从髟，巤聲。此舉形聲包會意。良涉切，八部。

⿰毛巤　鬣或从毛。許説毛者，通乎獸毛而言，故馬豕之毛，亦曰鬣。《周禮·巾車》翣字故書爲「毼」，亦或爲「⿰毛葛」，按，毼、⿰毛葛皆即⿰毛巤字也。隸體多假葛爲巤。

或从豕。《曲禮》曰：「豕曰剛鬣。」帚部曰：「豕鬣如筆管者曰豪。」是或从豕之意也。

鬛 鬣鬣也。亦謂「髮鬣鬣」也。二篆雙聲。从髟，盧聲。洛乎切，五部。

髴 髴，此複舉字之未删者。若佀也。佀者，像也。若佀者，絫言之。髴與人部仿佛之「佛」義同。許無「髣」字，後人因髴製髣。从髟，弗聲。敷勿切，十五部。

髶 亂髮也。此與艸部「茸」義略同。从髟，耳聲。各本作「茸省聲」，今正。此於雙聲取聲也。而容切，九部。

鬌 髮墮也。鉉本墮作「隋」。《廣韵》云「髮落」是也。《内則》曰：「三月之末，擇日翦髮爲鬌，男角女羈。」鬌本髮落之名，因以爲存髮不翦者之名。故鄭注云：「鬌，所遺髮也。」《方言》《廣雅》有「毻」字，《江賦》注所引字書有「㲊」字，皆謂落毛，與鬌義相近。从髟，隋省聲。鍇本隋作「墮」，皆通。此舉形聲包會意也。《内則》音義曰「丁果反，徐大果反」，是古音在十七部。《匡謬正俗》引吕氏《字林》、《玉篇》、《切韵》並直垂反，則轉入十六部矣。大徐引《唐韵》直追切，在脂韵，非也。宋《廣韵》直垂切，則同陸法言《切韵》。

鬊 鬊髮也。《士喪禮》曰：「巾柶鬊爪埋于坎。」《喪大記》：「君大夫鬊爪，實于緑中。」注曰：「鬊，亂髮也。」《漢書》曰：「黑雲如猋風亂鬊。」按，鬊爲墮髮，而㫒字下曰：「髮謂之鬊，巛即鬊也。」則髮在頭者亦非不可云鬊矣。从髟，㫒聲。舒閏切，十三部。

鬜 鬢禿也。《考工記》「顧脰」注曰：「顧故書或作牼。」鄭司農云：「牼讀爲鬜頭無髮之鬜。」按，大鄭改牼爲鬜，而今書作顧，頁部云「顧，頭鬢少髮也」，是鬜顧音義皆同，顧即鬜也。《明堂位》注曰：「齊人謂無髮爲禿楬。」《釋名》曰：「禿無髮沐禿也。」毼頭生瘡曰瘕，毼亦然也。」毼與楬皆即鬜也。从髟，閒聲。苦閒切，十四部。《經典釋文》鬜有苦瞎、枯曷二反，《明堂位》釋文楬有苦瞎、苦八二反。

鬄 髴髮也。此篆今經典不見，而《五經文字》曰：「鬄，聽亦反。見《詩·風》注。」所云《詩·風》注，謂《采蘩》箋也。今箋云：「《禮記》主婦髮髢。」髢，釋文作「鬄」，張參所見作「鬄」爲是。葢鄭既注《禮》，乃箋《詩》，自用其《禮經》注之説也。《少牢饋食禮》曰：「主婦被錫。」注云：「被錫讀爲髮鬄，古者或鬄賤者刑者之髮，以髮婦人之紒爲飾，因名髮鬄焉，《周禮》所謂次也。」《周禮·追師》注引《少牢饋食禮》「主婦髮鬄」與《詩》箋，皆自用其改易之字，而俗人多識鬄，少識鬄，且誤認爲一字，於是二《禮》及《詩》注皆改鬄爲鬄、爲髢。夫鬄髢同字，訓髮。髮者，益髮也，今俗所謂頭髮也。鬄者，髴髮也。然則鄭云鬄髮以髮婦人之紒，即鬄髮以鬄婦人之紒也。倘經云「髮鬄」直重字而已，於義安乎？推詳《召南》正義，孔沖遠所見《禮》注、《詩》箋不誤，而顔師古《毛詩定本》誤也。若《毛詩音義》云「鬄本亦作髢，徒帝反，劉昌宗吐歷反，沈湯帝反」，夫徒帝爲鬄之反語，吐歷、湯帝二反則爲鬄之反語，《詩音義》之云劉昌宗吐歷反，即《少牢》音義之云劉土歷反也。蓋陸氏於鬄、𩮜未辨，亦溷爲一字，致後來之誤。𩮜字見他書者：《大玄・增》：「次八，兼貝以役，往益來𩮜。」《釋文》云：「𩮜，以刀出髮也。」《司馬遷傳》：「鬄毛髮，嬰金鐵受辱。」師古鬄音吐計反，《文選》作「剔毛髮」。《韓非》曰：「嬰兒不剔首則腹痛。」《莊子・馬蹄》：「燒之剔之。」剔皆𩮜之省也。至若由𩮜之本義而引伸之，則爲解散。《士喪禮》：「特豚四𩮜。」注曰：「𩮜，解也。今文𩮜爲剔。」《禮經》此𩮜，《周禮》、《禮記》作「肆」，皆託歷反，本非鬄字也。而今之《禮經》作鬄，則亦譌字而已矣。〇或問《大雅・皇矣》「攘之剔之」何謂也？曰：釋文云字或作鬄，《詩》本作𩮜，譌之則爲鬄，俗之則爲剔，非古有剔字也。又《周頌》「狄彼東南」㉔，釋文云：「狄，《韓》詩作鬄，除也。」鬄亦𩮜之譌。鄭箋云：「狄當作剔。」用韓説也。《抑》「用逷蠻方」，箋云：「當作剔。」蓋鄭不廢剔字。**从髟，从刀，以刀除髮會意也。易聲。**他歷切，十六部。按，小徐本作「从髟，剔聲」，此甚誤。大徐本不誤。而毛氏扆改爲「从刀，𩮜聲」，則誤中又誤矣。許於刀部無「剔」字，故此篆斷非剔聲也。漢時有「剔」字，許不録者，《禮》古文作𩮜，今文作剔，許於此字從古文，故不取今文也。凡許於《禮經》，依古文則遺今文，依今文則遺古文，猶鄭依古文則存今文於注，依今文則存古文於注也。剔者，𩮜之省俗，據《莊子音義》，吕忱乃録剔於《字林》，云：「剃也。」然則吕謂即俗𩮜甚明。今人好用剔字，以之當手部他歷切之「擿」字，蓋非古矣。

髡　𩮜髮也。《楚辭・涉江》：「接輿髡首。」王注云：「髡，剔也。」剔者，俗𩮜字。《周禮》：「髡者使守積。」注云：「此必王之同族不宫者，宫之爲翦其類，髡之而已。」而部曰：「罪不至髡，完其而鬢曰耏。」**从髟，兀聲。**苦昆切，十三部。

髨　或从元。元亦兀聲也，故亦从元聲。古或假「完」爲髡，如《漢・刑法志》：「完者使守積。」《王制》注同。

鬀　𩮜髮也。鬀，俗作剃。**从髟，弟聲。**必次弟除之，故从弟。此亦形聲包會意。他計切，十五部。**大人曰髡，**謂有罪者。**小兒曰鬀，**《周禮・雉氏》注曰：「雉讀如鬀小兒頭之鬀。」《韓非》曰：「嬰兒不剔首則腹痛。」剔亦鬀也。蓋自古小兒鬀髮。**盡及身毛曰𩮜。**此又析言三字之不同也，上文則渾言之。

𩬊　鬃也。从髟，竝聲。蒲浪切，十部。按，竝聲本在十部。今俗謂卒然相遇曰掽，如滂去聲字，當作𩬊也。

鬃　𩬊也，忽見也。按，「𩬊也」二字衍文。《集韵》《類篇》增「一曰」二字於忽見之上，尤非是。**从髟，彔聲。**芳未切，十五部。此舉形聲包會意也。下文説从彔之意。**彔，籀文魅。**鬼部曰：「𩲡，籀文魅也。彔，古文魅也。」與此不合。立部竦下亦曰：「彔，籀文鬽字。」然則鬼部之羡誤顯然。**亦忽見意。**故鬃从之。

髽　喪結也。鄭注《喪服》曰：「髽，露紒也，猶男子之括髮。斬衰括髮以麻，則髽亦用麻也。蓋以麻自項而前交於額，卻繞紒如著幓頭焉。」注《奔喪》曰：「去纚大紒曰髽。」注《檀弓》曰：「去纚而紒曰髽。」戴先生曰：「婦人當男子括髮免，則髽，齊斬之髽皆布總。」《禮》：女子髽衰，《禮》謂《禮經》也。《喪服經》曰：「女子子在室，爲父布總箭笄髽衰三年。」按，「布總箭笄髽」者，以布束髮，篠竹爲笄，其髻則露髻，不用纚韜髮也。許所偁者，此經謂斬衰之服也。齊衰亦髽。弔則不髽。弔則不髽，爲下文張本也。《檀弓》注曰：「禮婦人弔服，大夫之妻錫衰，士之妻則疑衰與，皆吉笄無首素總。」是婦人弔禮不當髽。魯臧武仲與齊戰於狐鮐，魯人迎喪者始髽。《檀弓》曰：「魯婦人之髽而弔也，自敗於壺鮐始也。」記禮變之始也。襄四年《左傳》亦曰：「邾人、莒人伐鄫，臧紇救鄫侵邾，敗於狐鮐。國人逆喪者皆髽，魯於是乎始髽。」《檀弓》注曰：「其時家家有喪，髽而相弔，後遂因之爲弔服矣。」从髟，坐聲。莊華切，十七部。

文三十八。　重七。

后　繼體君也。《釋詁》、毛傳皆曰：「后，君也。」許知爲繼體君者。后之言後也。開刱之君在先，繼體之君在後也。析言之如是，渾言之，則不別矣。《易·象下》傳曰：「后以施命誥四方。」虞云：「后，繼體之君也。」此許説也，葢同用孟《易》。經傳多假后爲後，《大射》㉕注引《孝經》説曰：「后者，後也。」此謂后即後之假借。象人之形，謂上體𠂆也，𠂆葢人字横寫。不曰从人，而曰象人形者，以非立人也。下文卮解亦曰象人。从口。胡口切，四部。《易》曰：「后以施令告四方。」此用《遘》象傳，説从口之意。傳曰：「天下有風，遘。后以施命誥四方。」鄭作「詰」㉖，許作「告」。按，此條各本作「象人之形，施令以告四方，故𠂆之从一口發號者，君后也」。淺人所竄，不成文理。上體既象人，又何得云从一口發號者？且从一乎？今以下卮字解文法更定，則宜有「《易》曰」，審矣。凡后之屬皆从后。

㖃　厚怒聲。厚當作「㫗」，㫗與㖃疊韵。諸書用呴字，即此字也。《聲類》曰：「呴，嗥也。」俗作「吼」。从后口。各本作「口后」，誤，今正。厚怒故从后，后之言厚也。聲出於口，故从口會意。不云从口后聲、系之口部者，許定此爲后口會意，如古文厚之从后土也。后亦聲。呼后切，四部。

文二。

司　臣司事於外者。外對君而言，君在内也。臣宣力四方，在外，故从反后。《鄭風》：「邦之司直。」傳曰：「司，主也。」凡主其事必伺察，恐後，故古别無伺字，司即伺字。見部曰：「䚄，司也。」人部曰：「伏，司也。」「候，司望也。」頁部曰：「頪，司人也。」犬部曰：「獄，司也。」豸下曰：「欲有所司殺。」皆即今之伺字。《周禮·師氏》《媒氏》《禁殺戮》之注皆云：「司猶察也。」俗又作「覗」。凡司其事者，皆得曰有司。从反后。惟反后，乃鄉后矣。息兹切，一部。凡司之屬皆从司。

詞　意内而言外也。有是意於内，因有是言於外，謂之䛐。此語爲全書之凡例。全書有言意者，如「欪，言意」，「欰，無腸意」，「歔，悲意」，「㸐，臛意」之類是也。有言䛐者，如「吹，詮䛐也」，

「者，别事詞也」，「皆，俱詞也」，「曷，詞也」，「魯，鈍詞也」，「㬜，識詞也」，「曾，詞之舒也」，「乃，詞之難也」，「尒，詞之必然也」，「矣，語已詞也」，「弥，兄詞也」，「粤，驚詞也」，「䫄，丮惡驚詞也」，「䰢，丮鬼警詞也」，「㚔，衆與詞也」之類是也。意即意内，詞即言外；言意而詞見，言詞而意見。意者，文字之義也；言者，文字之聲也。詞者，文字形聲之合也。凡許之説字義，皆意内也；凡許之説形、説聲，皆言外也。有義而後有聲，有聲而後有形，造字之本也。形在而聲在焉，形聲在而義在焉，六藝之學也。詞與辛部之辭，其義迥别。辭者，説也，从𤔔辛，𤔔辛猶理辜，謂文辭足以排難解紛也，然則辭謂篇章也。詞者，意内而言外，从司言，此謂摹繪物狀及發聲助語之文字也。積文字而爲篇章，積詞而爲辭。《孟子》曰「不以文害辭」，不以詞害辭也。孔子曰「言以足志」，詞之謂也；「文以足言」，辭之謂也。《大行人》故書「汁詞命」，鄭司農云：「詞當爲辭。」此二篆之不可掍一也。**从司言。**司者，主也。意主於内而言發於外，故从司言。陸機賦曰：「辭呈材以效伎，意司契而爲匠。」此字上司下言者，内外之意也。郭忠恕《佩觿》曰：「詞朗之字，是謂𥿋行，本作詞䏰。」李文仲《字鑒》曰：「詞朗崩秋字，《説文》作詞䏰崩烁。」是可證古本不作詞，今各本篆作詞，誤也。似兹切，一部。

文二。

卮　圜器也。《内則》注曰：「卮、匜，酒漿器。」**一名觛。**角部曰：「觛者，小卮也。」《急就篇》亦卮觛並舉，此渾言、析言之異也。《項羽本紀》：「項王曰：賜之卮酒。」則與斗卮酒。」斗卮者，卮之大者也，與下文㒸肩言生意同。**所㠯節飲食。**飲食在是，節飲食亦在是也。故从卩。**象人，**謂上體似人字横寫也。**卩在其下也。**卮从人卩，與后从人口同意。章移切，十六部。《易》曰：「君子節飲食。」《頤》象傳文。偁此説从卩之意。古多假「節」爲卩。**凡卮之屬皆从卮。**

⿰卮專　小卮有耳蓋者。《急就篇》皇象本「榑榼椑榹」，榑即⿰卮專也。「有耳蓋」謂有耳、有蓋也。**从卮，專聲。**市沇切，十四部。

⿰卮耑　小卮也。顔師古《急就篇》「椯榼椑榹」，椯即⿰卮耑也。**从卮，耑聲，讀若捶擊之捶。**《廣韵》之累切，大徐旨沇切，由十四部轉入十六部也。

文三。

卩　瑞信也。瑞者，以玉爲信也。《周禮・典瑞》注曰：「瑞節，信也。典瑞若今符璽郎。」《掌節》注曰：「節猶信也，行者所執之信。」「邦節者，珍圭、牙璋、穀圭、琬圭、琰圭也。」按，是五玉者，皆王使之瑞卩。引伸之，凡使所執以爲信而非用玉者，皆曰卩。下文是也。**守邦國者用玉卩，守都鄙者用角卩，**鄭云：「謂諸侯於其國中，公卿大夫、王子弟於其采邑，有所使，亦自有節也。」**使山邦者用虎卩，士邦者用人卩，澤邦者用龍卩，**鄭云：「謂使卿大夫聘於天子諸侯，行道所執之信也。」是三卩者，皆以金爲之，鑄虎、人、龍象焉。必自以其國所多者，於以相别爲信。門關者用符卩，貨賄用璽卩，道路用旌卩。鄭云：「門關，司門、司關也。貨賄者，主通貨賄之官，謂司市也。道路者，主治五涂之官，謂鄉遂大夫也。凡民遠出至於邦國，邦國之民若來入，由門者，司門爲之節，由關者，司關爲之節，其商則司市爲之節，其以徵令及家徙，則鄉遂大夫爲之節。符節者，如今宫中諸官詔符也。璽節者，今之印章也。旌節，今使者所擁節是也。」已上八句，皆《周禮·掌節》職文。此三句，許意葢與鄭注不同。云門關者者，蒙上文使字而言，謂使於門關者也。象相合之形。若卯篆则兩合矣。子結切，十二部。凡卩之屬皆从卩。

令 發號也。号部曰：「號者，嘑也。」口部曰：「嘑者，號也。」發號者，發其號嘑，以使人也，是曰令。人部曰：「使者，令也。」義相轉注。引伸爲律令，爲時令。《詩》箋曰：「令，善也。」按，《詩》多言「令」，毛無傳。古文《尚書》言「靈」，見《般庚》《多士》《多方》。《般庚》正義引《釋詁》：「靈，善也。」葢今本《爾雅》作「令」，非古也。凡令訓善者，靈之假借字也。从亼卩。號嘑者，招集之卩也。故从亼卩會意。力正切，古音在十二部。

𠨍 輔信也。相輔之信也。信者，卩也。从比，故以輔釋之。《周禮·掌節》：「掌守邦節，而辨其用，以輔王命。」从卩，比聲。當云：「从比卩，比亦聲。」古音在十五部。大徐毗必切。《虞書》曰：「𠨍成五服。」《臯陶謨》文。今《尚書》作弼。

𠨎 有大慶也。慶，各本作「度」，今依《廣韵》正。慶者，行賀人也。大慶，謂大可賀之事也。凡从多之字，訓大。《釋言》曰：「庶，侈也。」是其義。从卩，多聲，讀若侈。充豉切，古音在十七部。

卹 宰之也。未聞。葢謂主宰之也。主宰之，則制其必然，故从必。按，《衛風》「有斐君子」，釋文云：「《韓詩》作邲，美皃。」葢即此字。而今本《釋文》及《廣韵》皆誤从邑作「邲」。《廣韵·六至》云：「邲，好皃。」《五質》云：「邲，地名，在鄭。又美皃。」其誤甚矣。从卩，必聲。兵媚切，古音在十二部。《玉篇》無此字，《廣韵》亦有邲無卹。

卲 高也。《廣雅·釋詁》同。《法言》曰：「公儀子、董仲舒之才之卲也。」又曰：「賢皆不足卲也。」从卩，召聲。寔照切，二部。

厄 科厄，逗。曡韵字。木卩也。卩各本作「節」，誤，今正。凡可表識者，皆曰卩。竹之卩，曰節；木之卩，曰科厄。《易》曰：「艮於木爲多節。」科厄，朕起之皃。从卩，厂聲。五果切，《玉篇》牛戈切，十七部。按，厂聲在十六部，合韵冣近也。賈侍中説曰爲：厄，逗。裹也。别一義，不連科字。一曰，厄，逗。葢也。又一義，不連科字。

𠨘 脛頭卩也。肉部曰：「腳，脛也。脛，胻也。」𠨘者，在脛之首，股與腳閒之卩也。故从卩。从卩，桼聲。息七切，十二部。俗作膝。

卷 厀曲也。卷之本義也。引伸爲凡曲之偁。《大雅》：「有卷者阿。」傳曰：「卷，曲也。」又引伸爲舒卷。《論語》：「邦無道，則可卷而懷之。」即手部之捲收字也。又《中庸》：「一卷石之多。」注曰：「卷，猶區也。」又《陳風》：「碩大且卷。」傳曰：「卷，好皃。」此與《齊風》傳「鬈，好皃」同，謂即一字也。《檀弓》：「女手卷然。」亦謂好皃。从卪，𢍏聲。十四部，巨員切。大徐但云居轉切。

卻 卪卻也。各本作「節欲也」，誤，今依《玉篇》欲爲卻，又改節爲卪。卪卻者，節制而卻退之也。从卪，谷聲。去約切，古音在五部。俗作却。

卸 舍車解馬也。舍，止也。馬以駕車，止車則解馬矣。一說解馬謂騎解韋。《方言》曰：「發，舍車也。東齊海岱之閒謂之發，宋趙陳魏之閒謂之稅。」郭注：「今通言發寫。」按，發寫即「發卸」也，寫者，卸之假借字。《曲禮》曰：「器之溉者不寫，其餘皆寫。」義正同卸。今卸爲通用俗語。从卪止，行止有節。午聲。依《韵會》所據小徐本。讀若汝南人寫書之寫。司夜切，古音在五部。

𠨍 二卪也。義取於形。巽从此。見丌部。闕。謂其讀若未聞也。大徐云「士戀切」者，取饌、僎、僔等字之音義爲之。《廣韵》亦云：「卯，具也，士戀切。」

㔾 卪也。闕。按，《玉篇》曰：「《說文》云闕。」葢本祇有闕字，其形反卪，其義、其音則葢闕。今本說其義云「卪也」，說其音云「則俟切」，皆肊爲之，非許意。

文十三。

印 執政所持信也。凡有官守者，皆曰執政，其所持之卪信曰印。古上下通曰璽，《周禮》「璽節」注曰：「今之印章。」按，《周禮》：「守邦國者用玉節，守都鄙者用角節。」謂諸侯於其國中，公卿大夫於其采邑用之，是即用印之始也。季武子於《周禮》爲守都鄙者，而以璽書達於魯君，是古有印明矣。葢以簡冊書之，而寓書於遠，必用布帛檢之，以璽泥𢑏之，至用縑素爲書，而印之用更廣。《漢官儀》：「諸侯王黃金橐駝鈕，文曰璽；列侯黃金龜鈕，文曰章；御史大夫金印紫綬，文曰章；中二千石銀印龜鈕，文曰章；千石至四百石皆銅印，文曰印。」从爪卪，會意。手所持之卪也。《左傳》：「司馬握節以死。」於刃切，十二部。凡印之屬皆从印。

𢑏 按也。按，當作「按印也」，淺人刪去「印」字耳。按者，下也，用印必向下按之，故字从反印。《淮南·齊俗訓》曰：「若璽之抑埴，正與之正，傾與之傾。」璽之抑埴，即今俗云以印印泥也。此抑之本義也。引伸之，爲凡按之偁。《內則》：「而敬抑搔之。」注曰：「抑，按也。」又引伸之，爲凡謙下之偁。《賓筵》傳曰：「抑抑，慎密也。」《假樂》傳曰：「抑抑，美也。」《抑》傳曰：「抑抑，密也。」《猗嗟》傳曰：「抑，美色。」《論語》三用抑字，皆轉語詈，於按下之意相近。《抑》詩、《國語》作「懿戒」，懿同抑。「抑此皇父」、「懿厥哲婦」，懿亦同抑。鄭云：「抑之言噫，有所痛傷之聲也。」从反印。用印者必下向，故緩言之曰印，急言之曰𢑏。《詩·賓筵》抑與怭韵，《假樂》與秩韵，古音在十二部，𢑏即印之入聲也。今音於棘切，入《二十四職》。

抑 俗从手。既从反爪矣，又从手，葢非是。

文二。　重一。

色 顔气也。顔者，兩眉之閒也。心達於气，气達於眉閒，是之謂色。顔气與心，若合符卪，故其字从人卪。《記》曰：「孝子之有深愛者，必有和气；有和气者，必有愉色；有愉色者，必有婉容。」又曰：「戎容，盛氣顚實陽休，玉色。」《孟子》曰：「仁義理智根於心，其生色也，睟然見於面。」此皆从人卪之理也。生色而後見於面㉗，所謂陽氣浸淫，幾滿大宅。許曰「面，顔前也」是也。《魯頌》：「載色載笑。」傳曰：「色，色溫潤也。」《大雅》：「令儀令色。」箋云：「善威儀，善顔色也。」《内則》曰：「柔色以溫之。」《玉藻》曰「色容莊」，「色容顚顚」，「色容厲肅」。《論語》曰：「色難」，「色思溫」，「色勃如也」，「正顔色」。引伸之爲凡有形可見之偁。从人卪。此部不與从人爲伍，而與从卪爲伍者，重卪也。所力切，一部。凡色之屬皆从色。

古文。

艴 色艴如也。按，此當作「艴怒色也」。《孟子》：「曾西艴然不悦。」趙曰：「艴，愠怒色也。」从色，弗聲。蒲没切，十五部。《論語》曰：「色艴如也。」見《鄉黨》篇，今《論語》作「勃」，𣎵部引《論語》作「孛」，葢必有古魯、齊之別在其閒矣。或曰，依《論語》則非怒色也。不知怒者、盛氣之偁，不嫌同詈。《孟子》：「王勃然變乎色。」不與今《鄉黨》同詈乎？

艵 縹色也。縹者，帛青白色也。李善注《神女賦》「艵薄怒以自持」，引《方言》「艵，怒色青皃」。今《方言》無此語，《玉篇》引《楚辭》：「玉色艵以脕顔。」今《遠遊》作「頩」，頩與艵同也。按，許不云「怒色縹」，但云「縹色」者，人或色青，不必怒也。《遠遊》「玉色艵以脕顔」，謂光澤鮮好，不謂怒色。《大招》說美人，亦云「青色直眉」。从色，并聲。普丁切，十一部。

文三。　重一。

卯 事之制也。从卪𠨍。卪𠨍，今人讀節奏。合乎節奏，乃爲能制事者也。凡卯之屬皆从卯。闕。此闕，謂闕其音也，其義其形既憭矣，而讀若某則未聞也。今《說文》去京切，《玉篇》《廣韵》皆云《說文》音「卿」，此葢淺人肊以「卿」讀讀之。卿用卯爲義形，不爲聲形也。《玉篇》「子兮切」，取卪字平聲讀之，《廣韵》子禮切，取卪上聲讀之，葢其音必有所受之矣。

卿 章也。此以疊韵爲訓。《白虎通》曰：「卿之爲言章也，章善明理也。」六卿：天官冢宰，地官司徒，春官宗伯，夏官司馬，秋官司寇，冬官司空。《周禮》之六卿也。《周禮》曰：「治官之屬，太宰卿一人；教官之屬，大司徒卿一人；禮官之屬，大宗伯卿一人；政官之屬，大司馬卿一人；刑官之屬，大司寇卿一人；其一則事官之屬，大司空卿一人也。天子六鄉，鄉老二，鄉則公一人，鄉大夫每鄉卿一人，即此六卿也。从卯，皀聲。皀下曰：「又讀若香。」卿字正从此讀爲聲也。古音在十部，讀如羌，今音去京切。鳥部「鵖」字皀聲，則在古音七部。

文二。

辟 法也。法當作「灋」。《小雅》：「辟言不信。」《大雅》：「無自立辟。」傳皆曰「辟，法也」。又《文王有聲》箋㉘、《抑》箋、《周禮·鄉師》注、《戎右》注、《小司寇》注、《曲禮下》注皆同。引伸之爲罪也，見《釋詁》，謂犯法者則執法以罪之也。又引伸之爲辟除，如《周禮·閽人》「爲之辟」、《孟子》「行辟人」，以及辟寒、辟惡之類是也。又引伸之爲盤辟，如《禮經》之辟，鄭注「逡遁」是也。又引伸爲一邊之義，如《左傳》曰「闕西辟」是也。或借爲「僻」，或借爲「避」，或借爲「譬」，或借爲「闢」，或借爲「壁」，或借爲「襞」。从卩辛，節制其辠也；節當作「卪」，俗所改也。以卪制說卪，以辠說辛。辛从辛，辛，辠也，故辛亦訓辠。从口，句。用法者也。用法上當再出「口」字，以用法說从口。辟合三字會意。必益切，十六部。凡辟之屬皆从辟。

辥 法也。各本作「治也」，今依《尚書·釋文》正。《金縢》云：「我之弗辟。」某氏云：「治也。」「馬、鄭音避，謂避居東都。」《說文》作辥，云：必亦反，法也。」㉙从辟井。刑字下引《易》曰：「井者，法也。」辟亦聲。必益切，十六部。《周書》曰：「我之不辥。」許所據壁中古文也，蓋孔安國以今字讀之，乃易爲「辟」字。馬、鄭所注者從孔讀「不」，今《尚書》作「弗」。

𨐨 治也。丿部曰：「乂，芟艸也。」今則乂訓治而𨐨廢矣。《詩》作「艾」，《小雅·小旻》傳曰：「艾，治也。」从辟，乂聲。魚廢切，十五部。《虞書》曰：當作《唐書》，說詳示部。「有能俾𨐨。」見《堯典》。今𨐨作「乂」，蓋亦自孔安國以今字讀之已然矣。許「辥」「𨐨」字秦漢不行，小篆不用，《倉頡》等篇不取，而許獨存之者，尊古文經也，尊古文也。凡尊經、尊古文之例，視此。

文三。

勹 裹也。今字包行而勹廢矣。象人曲形有所包裹。包當作勹，淺人改也。布交切，以包、苞、匏字例之，古音在三部。凡勹之屬皆从勹。

𠣾 曲脊也。此《論語·鄉黨》、《聘禮記》鞠躬之正字也。《聘禮》鞠躬亦作「鞠窮」，《史記·魯世家》作「匑匔」，徐廣云：「見《三蒼》，謹敬皃也，音穹窮。」《廣雅》亦曰：「匑匔，謹敬也。」《漢書》注曰：「鞠躬，謹敬也。」蓋上字丘弓切，下字巨弓切，爲疊韵。如《左傳》「鞠窮」之即「营藭」耳，上字亦讀丘六切，仍是聯綿字。孔注《論語》曰「斂身」，許曰「曲脊」，蓋未有謹敬而不傴僂者也。許無匑匔字者，以𠣾躬爲正字，鞠則𠣾之假借字也。鞠躬行而𠣾廢矣。从勹，䈞省聲。巨六切，三部，音轉入九部。

匍 手行也。今人以手摸索，其語薄乎切，當作此字。从勹，甫聲。薄乎切，五部。

匐 伏地也。匍、伏疊韵。《釋名》曰：「匍匐，小兒時也。匍猶捕也，藉索可執取之言也。匐，伏也，伏地行也。人雖長大，及其求事盡力之勤，猶亦稱之。《詩》曰：『凡民有喪，匍匐救之。』是也。」按，二篆可合用，可析言。从勹，畐聲。蒲北切，一部。

匊 在手曰匊。《唐風》：「椒聊之實，蕃衍盈匊。」《小雅》：「終朝采緑，不盈一匊。」毛皆云「兩手曰匊」，此云「在手」，恐傳寫之誤。手部曰：「持，握也。握，搤持也。搤，捉也。捉，搤也。把，握也。」然則在手曰捉、曰搤、曰握、曰持、曰把，不曰匊也。據《篇》《韵》所言，則許書之譌久矣。《玉篇》曰：「古文作𦥑。」此語尤誤。𦥑者，叉手也。叉者，手指相錯也。《廣韵》以「兩手奉物」訓𦥑，誤矣。《方言》曰：「掬，離也。燕之外郊、朝鮮洌水之閒曰掬。」此方俗殊語，不係乎本字也。从勹米。會意。米至椒，兩手兜之而聚。居六切，三部。俗作掬。

勻 少也。少當作「帀」，字之誤也。帀者，匊也。匊者，帀偏也。偏者，帀也。是可以得勻之義矣。《廣韵》曰：「勻，偏也，齊也。」作少必譌。从勹二。羊倫切，十二部。

勼 聚也。《釋詁》曰：「鳩，聚也。」《左傳》作「鳩」，古文《尚書》㉚作「逑」，辵部曰：「逑，斂聚也。」《莊子》作「九」，今字則鳩行而勼廢矣。从勹，九聲。此當作「从勹九，九亦聲」。轉寫奪之。讀若鳩。居求切，三部。

旬 偏也。小徐無「也」字，非是。《大雅》：「王命召虎，來旬來宣。」傳曰：「旬，偏也。」「菀彼桑柔，其下侯旬。」傳曰：「旬，言陰均也。」《周禮·均人》：「豐年，則公旬用三日焉。」注曰：「旬，均也。讀如畓畓原隰之畓。」《易》：「坤爲均。」今書亦有作「旬」者。《内則》：「旬而見。」注曰：「旬當爲均，嫡妾同時生子，以生先後見之也。《易》説卦坤爲均，今亦或作旬。」按，旬與均音義皆略同。土部曰：「均，平偏也。」又按，許書古文鈞作「銞」，《儀禮》今文絢作「約」，知古旬、勻二篆相假爲用。十日爲旬。此偏中之一義也，而必言之者，説此篆从勹日之意也。日之數十，自甲至癸而一偏。从勹日。勹日猶勹十也。詳遵切，十二部。

㫬 古文。按，从日勻會意。

勹 覆也。此當爲抱子、抱孫之正字，今俗作抱，乃或捊字也。衣部之「褎」㉛，則訓褎也。从勹人。薄晧切，《廣韵》薄報切，古音在三部。

匈 膺也。肉部曰：「膺，匈也。」二篆爲轉注。膺自其外言之，無不當也；匈自其中言之，無不容也。無不容，故从勹。从勹，凶聲。許容切，九部。今字胷行而匈廢矣。

胷 匈或从肉。

𠣘 帀偏也。偏，衍文，當刪。「帀」下曰：「𠣘也。」與此爲轉注。帀則無不偏者，不待言偏也。𠣘與周義别，口部曰：「周，密也。」周自其中之密言之，𠣘自其外之極復言之。凡圜周、方周，周而復始，其字當作𠣘，謂其極而復也。凡圜幂、方幂、幂積謂之周，謂其至密無疏罅也。《左傳》以周疏對文，是其義。今字周行而𠣘廢，槩用周字，或又作「週」，殊爲乖舛，名之當正者也。有帀而不密者，有密而不帀者，故其字宜辨也。宙者，舟輿所極復，𠣘與宙音義皆相近。《易》曰：「周流六虚」，葢自古叚周爲𠣘矣。从勹，舟聲。職流切，三部。

匌　帀也。匌之言合也，帀而與朔合矣。《海賦》曰：「磊匒匌而相豗。」㉜按，《釋詁》曰：「敆、郃，合也。」郃乃地名，於義無取，當爲匌字之假借也。从勹合，合亦聲。侯閤切，七部。

𩚬　飽也。从勹，象腹。𣪘聲。己又切，又乙庶切。按，己又是也。三部。民祭，句。祝曰「厭𩚬」。祝或作「祀」，非。厭當作「猒」，飽也。求鬼神之猒飫也。

復　重也。今則複行而復廢矣。从勹，復聲。扶富切，三部。《廣韵》匹北切。

复　或省彳。《集韵》云：「古作复。」按，小徐本有复無復，云：从勹，夏聲。

冢　高墳也。土部曰：「墳者，墓也。」墓之高者曰冢，《周禮》：「冢人掌公墓之地。」是也。按，《釋山》云：「山頂曰冢。」鄭注「冢人」云：「冢封土爲丘壟，象冢而爲之。」此從《爾雅》說也。許以冢爲高墳之正偁，則不用《爾雅》說。引伸之，凡高大曰冢。《釋山》及《十月之交》傳：「山頂曰冢。」乃借冢偁耳。《釋詁》曰：「冢，大也。」太子曰冢子，太宰曰冢宰。从勹，墓取勹義。豖聲。知隴切，九部。按，豖聲本在三部，此合音也。古音冢必可讀如獨矣。

文十五。　重二。

包　妊也。二字各本無，今推文意補。下文十三字乃說字形非說義，則必當有說義之文矣。女部曰：「妊者，孕也。」子部曰：「孕者，裹子也。」引伸之爲凡外裹之偁，亦作「苞」，皆假借字。凡經傳言「苞苴」者，裹之曰苞，藉之曰苴。象人裹妊，巳在中，象子未成形也。勹象裹，其中巳字象未成之子也。勹亦聲。布交切，古音在三部。元气起於子，子，人所生也。子下曰：「十一月陽气動，萬物滋，人以爲偁。」男左行三十，女右行二十，俱立於巳，爲夫婦。左、右當作「𠂇」、「又」。男自子左數，次丑、次寅、次卯，爲左行，順行凡三十，得巳。女自子右數，次亥、次戌、次酉，爲右行，逆行凡二十，亦得巳。至此會合。故《周禮》令男三十而娶，女二十而嫁，是爲夫婦也。裹妊於巳，巳爲子，下巳字衍。巳部曰：「巳者，巳也。四月陽气巳出，陰气巳藏，萬物見，成文章。」故夫婦會合而裹妊，是爲子也。十月而生，十月上當有「子」字。《易本命》曰：「天一，地二，人三，三三而九，九九八十一，一主日，日數十，故人十月而生。」男起巳至寅，女起巳至申，故男年始寅，女年始申也。《淮南·氾論》曰：「禮三十而娶。」高云：「三十而娶者，陰陽未分時，俱生於子，男從子數，左行三十年，立於巳，女從子數，右行二十年，亦立於巳，合夫婦。故聖人因是制禮，使男三十而娶，女二十而嫁。其男子自巳數，左行十得寅，故人十月而生於寅，男子數從寅起；女自巳數，右行十得申，亦十月而生於申，故女子數從申起。」高說與許說同。《神仙傳》王綱云：「陽生立於寅，純木之精；陰生立於申，純金之精。夫以木投金，無往不傷，是以金不爲木屈，而木常畏於金。」按，今日者卜命，男命起寅，女命起申，此古法也。自元气至此，又詳說从巳之意。凡包之屬皆从包。

胞 兒生裹也。包謂母腹，胞謂胎衣。《小雅》：「不屬于毛，不離于裏。」箋云：「今我獨不得父皮膚之氣乎，獨不處母之胞胎乎。」釋文：「胞音包。」今俗語「同胞」是也。其借爲脬字，則讀匹交切。脬者，旁光也，腹中水府也。從肉包。包子之肉也。不入肉部者，重包也。包亦聲。匹交切，古音在三部。

匏 瓠也。瓠下曰：「匏也。」與此爲轉注。匏判之曰蠡，曰瓢，曰蓍。《邶風》傳曰：「匏謂之瓠。」謂異名同實也。《豳風》傳曰：「壺，瓠也。」此謂壺即瓠之假借字也。从包，从瓠省。瓠省，舊作「瓠聲」，誤。《韵會》作「从夸，包聲」，亦誤，今正。从包瓠者，能包盛物之瓠也。不入瓠部者，重包也。包亦聲。薄交切，古音在三部。包，逗。取其可包藏物也。說从包之意。藏當作臧。

文三。

茍 自急敕也。急與茍雙聲，敕與茍疊韵。急者，褊也；敕者，誡也。此字不見經典，惟《釋詁》「寁、駿、肅、亟、遄，速也」釋文云：「亟字又作茍，同居力反。經典亦作棘，同。」是其證，可謂一字千金矣。而通志堂刻乃改爲急字，葢誤仞爲从艸之苟也。急不得反居力，與亟、棘音大殊，幸抱經堂刻正之。或欲易《禮經》之「苟敬」爲茍，則又繆。○《小雅·六月》古作「我是用戒」，亦作「我是用棘」，俗本改作「急」，與飭、服、國不韵，正同此。从𦍌省，从勹口。「从勹口」三字，各本作「从包省，从口」五字，誤也。己力切，一部。勹口，逗，各本無勹字，今補。猶慎言也。說从勹口之意。从羊，與義善美同意。各本疊羊字，誤，今刪。說从羊之意，羊者，祥也。凡茍之屬皆从茍。

𦍍 古文不省。

敬 肅也。聿部曰：「肅者，持事振敬也。」與此爲轉注。心部曰：「忠，敬也；憼，敬也；愨，敬也；恭，肅也；憜，不敬也。」義皆相足。後儒或云「主一無適爲敬」，夫「主一」與敬義無涉，且《文子》曰：「一也者，無適之道也。」《淮南·詮言》曰：「一者，萬物之本也，無敵之道也。」適即敵字，非他往之謂。从攴茍。攴，猶迫也，迫而茍也。居慶切，十一部。

文二。　重一。

鬼 人所歸爲鬼。以疊韵爲訓。《釋言》㉝曰：「鬼之爲言歸也。」郭注引《尸子》：「古者謂死人爲歸人。」《左傳》：「子產曰：鬼有所歸，乃不爲厲。」《禮運》㉞曰：「䰟氣歸於天，形魄歸於地。」从儿，由象鬼頭。自儿而歸於鬼也。从厶，二字今補，厶讀如私。鬼陰气賊害，故从厶。陰當作「侌」，此說从厶之意也。神陽鬼陰，陽公陰私。居偉切，十五部。凡鬼之屬皆从鬼。

䰟 古文从示。

䰠 神也。當作神鬼也。神鬼者，鬼之神者也，故字从鬼申。《老子》曰：「其鬼不神。」《封禪書》曰：「秦中冣小鬼之神者。」

《中山經》：「青要之山，魅武羅司之。」郭云：「魅即神字。」許意非一字也。从鬼，申聲。食鄰切，十二部。

䰟 䰟 陽气也。陽當作昜。《白虎通》曰：「䰟者，沄也，猶沄沄行不休也。」《淮南子》曰：「天气爲䰟。」《左傳》：「子產曰：人生始化曰魄，既生魄，陽曰䰟，用物精多，則䰟魄强。」从鬼，云聲。各本篆體作魂，今正。李文仲《字鑑》曰：「《說文》本下形上聲，今作魂，右形左聲，如詞、朗、崩、秋，《說文》本作䛐、朖、𡼏、𤆍，今從隸變。又召字，形在左，則爲叨；含字，聲在右，則爲吟。字畫稍改，則爲別字。」按，李氏在元時，猶見《說文》舊本，故䛐䰟等字不誤。今則大徐本皆作魂，惟小徐本作䰟，《廣韵》、《集韵》、《韵會》亦作䰟。乃乾隆閒汪啟淑刻小徐書，翦割俗刻《說文》之篆文付梓人，而抄本䰟字不可復見矣。是故刻書不可不慎也。䛐之必司上言下者，意内言外之象也。䰟之必鬼下云上者，陽氣沄沄而上之象也。曰云聲者，舉形聲包會意。户昆切，十三部。

魄 魄 陰神也。陰當作「侌」。陽言气，陰言神者，陰中有陽也。《白虎通》曰：「魄者，迫也，猶迫迫然箸於人也。」《淮南子》曰：「地氣爲魄。」《祭義》曰：「氣也者，神之盛也；魄也者，鬼之盛也。」鄭云：「氣謂噓吸出入者也，耳目之聰明爲魄。」《郊特牲》曰：「䰟氣歸於天，形魄歸於地。」《祭義》曰：「死必歸土，此之謂鬼。」「其氣發揚於上，神之箸也。」是以聖人尊名之曰鬼神。按，䰟魄皆生而有之，而字皆从鬼者，䰟魄不離形質，而非形質也，形質亡，而䰟魄存，是人所歸也，故从鬼。从鬼，白聲。《孝經說》曰㉟：「魄，白也；白，明白也；䰟，芸也，芸芸動也。」普百切，古音在五部。

䰡 䰡 厲鬼也。厲之言烈也，厲鬼謂虐厲之鬼。厲或作癘，非。《左傳》曰：「其何厲鬼也？」《月令》注曰：「昴有大陵，積尸之氣，氣佚則厲鬼隨而出行。虛危有墳墓四司之氣，爲厲鬼，將隨强陰出害人。」《西山經》：「剛山，是多神螝。」螝即此䰡字。郭云：「离魅之類也。」恥二反，或作妷。今本《山海經》傳譌舛，依《集韵》《類篇》正。从鬼，失聲。丑利切。按，失聲古音在十二部，《集韵》《類篇》又丑栗切。

魖 魖 秏鬼也。秏舊作「耗」，今正。秏者，乏無之言。《東京賦》曰：「殘夔魖與罔象。」夔，木石之怪也。罔象，水之怪也。與魖爲三物。从鬼，虛聲。形聲包會意。朽居切，五部。

魃 魃 旱鬼也。《大雅·雲漢》曰：「旱魃爲虐。」傳曰：「魃，旱神也。」此言旱鬼，以字从鬼也。神鬼統言之則一耳。《山海經》曰：「大荒之中有山，名曰不句。有黃帝女妭，本天女也。黃帝下之殺蚩尤，不得復上，所居不雨。」妭即魃也。《詩》正義不引此，而引《神異經》，《神異經》乃不知何人假託東方朔者。郭傳《山海經》不云妭即《詩》之旱魃，而云音如旱魃之魃，疏矣。女部曰：「妭，婦人美皃。」然則《山海經》爲假借字。从鬼，犮聲。薄撥切，十五部。《周禮》有赤魃氏，除牆屋之物也。《周禮》秋官之屬，「赤犮氏，掌除牆屋，以蜃炭攻之，以灰灑毒之。」鄭云：「赤犮猶言捇拔也，主除蟲豸自埋者。」按，許作「赤魃」，蓋其所據本不與鄭同，其云「除牆屋之物」，物讀精物、鬼物之物，故敺之之官曰「赤魃氏」，說義亦與鄭異，蓋賈侍中說與。《詩》曰：「旱魃爲虐。」

鬽 老物精也。各本作「精物」，今依《蕪城賦》《王莽傳》二注正。《論衡》曰：「鬼者，老物之精也。」《漢・藝文志》有「神鬼精物」之語，則作精物亦通。《周禮》「以夏日至致地示物鬽」注曰：「百物之神曰鬽。」引《春秋傳》「螭鬽魍魎」。按，今《左傳》作「魅」，《釋文》本作「鬽」。服虔注云：「魅，怪物。或云：魅，人面獸身而四足，好惑人，山林異氣所生。」从鬼彡。密祕切，十五部。彡，鬼毛。説从彡之意。彡者，毛飾畫之文，因以爲毛之偁。

魅 或从未。从未爲聲。

彔 籀文从彖首，从尾省聲。彖首謂彖也，豕之頭也。或曰：當是帚首尾聲，猶未聲也。按，此篆今訛爲二，彔古文也，帚籀文也，與解語不相應，亦與彑部立部不相應，今刪正。鬽當是古文，則彔爲籀文審矣。○七篇录下云「刻木录录也」，盧谷切，與此相似而非一字。「从豕首」當是「从帚省」，篆當作彔，轉寫失其真。

鬾 鬼服也。衣部曰：「褮，鬼衣也。」《周禮》「大喪廞裘」注曰：「廞，興也。若《詩》之興，謂象似而作之。凡爲神之偶衣物，必沽而小耳。」一曰，小兒鬼。《漢舊儀》：「顓頊氏有三子，生而亡去爲疫鬼，一居江水爲瘧鬼，一居若水爲魍魎蜮鬼，一居人宫室區隅善驚人爲小兒鬼。」按，此條《東京賦》注所引較完，亦尚有奪字。《後漢書・禮儀志》注所引則不可讀。《東京賦》：「八靈爲之震慴，況鬾蜮與畢方。」薛解云：「鬾，小兒鬼也；畢方，父老神也。」从鬼，支聲。奇寄切，十六部。按，二義同音，李善《東京賦》注巨宜切，《廣韵》以鬼服去聲，小兒鬼平聲，非也。《韓詩傳》曰：「鄭交甫逢二女鬾服。」蓋《韓詩内傳》語也。《文選・江賦》注引《韓詩内傳》：「鄭交甫漢皐臺下遇二女，請其佩。二女與佩，交甫懷之，循探之，即亡矣。」《南都賦》注引《韓詩外傳》：「鄭文甫遇二女，佩兩珠，大如荆雞之卵。」《七發》㊱注引「《韓詩・序》曰：《漢廣》，悦人也。漢有游女，不可求思。薛君曰：謂漢神也。」許所偁亦説此詩之語。

䰧 鬼皃。从鬼，虎聲。虎烏切，五部。

魕 鬼俗也。謂好事鬼成俗也。《淮南・人閒訓》曰：「荆人鬼，越人魕。」高云：「鬼，好事鬼也；魕，魕祥也。」《景十三王傳》：「治宫室魕祥。」伏虔曰：「魕祥，求福也。」《史記正義》引顧野王云：「魕祥，吉凶之先見也。」按，伏讀魕同祈，顧讀爲知幾其神之幾，皆好事鬼之意耳。《玉藻》《少儀》二篇禨字乃「既嘰」之假借，小食也。从鬼，幾聲。渠稀切，十五部。各書从示作「禨」，同。《淮南傳》曰：「吴人鬼，越人魕。」《淮南傳》謂《鴻烈》也。「吴」，今《鴻烈》作「荆」，《列子》説此事亦作「楚」，疑荆字是。

魗 鬼鬽聲魗魗不止也。从鬼，需聲。奴豆切，四部。當依《廣韵》人朱、乃侯二切。

䰢 鬼變也。鬼之變七也。从鬼，化聲。呼駕切，十七部。

𩴵 見鬼驚詈。見鬼而驚駭其詈曰𩴵也。𩴵爲奈何之合聲，凡驚詈曰「那」者，即䰩字，如「公是韓伯休那」是也。《左傳》「棄甲則那」，亦是奈何之合聲。从鬼，難省聲。讀若《詩》「受福不儺。」《小雅·桑扈》：「受福不那。」傳曰：「那，多也。」此作「不儺」，疑字之誤。或是《三家詩》。諾何切，十七部。

䰨 鬼皃。此葢與「𧢈𧢄」之義相近。从鬼，賓聲。符真切，十二部。

醜 可惡也。《鄭風》：「無我魗兮。」鄭云：「魗亦惡也。」是魗即醜字也。凡云「醜類也」者，皆謂醜即疇之假借字。疇者，今俗之儔類字也。《内則》曰：「鼈去醜。」鄭云：「醜謂鼈竅也。」謂即《爾雅》「白州驠」之「州」字也。从鬼，非真鬼也。以可惡，故从鬼。酉聲。昌九切，三部。〇按，此下大徐補一「魋」篆，以言部有「讙」篆从魋聲也。但許書故有一字从二聲之例，且《釋獸》云：「魋如小熊，竊毛而黄。」是當命爲「从隹，鬼聲」，入隹部，不當入鬼部，肊解之曰：「神獸也。」

䰫 各本無此篆。考玄應書五引《説文》「䰫」字，助交切，訓「捷健也」，又引《廣雅》「䰫，捷也」，《聲類》「䰫，疾也」，葢後人以「勦」代「䰫」，而《説文》「䰫」字亡矣。《玉篇》曰：「䰫，剽輕爲害之鬼也。」《説文》訓當云：「鬼捷皃」，疑魖篆即䰫篆之譌。从鬼，堯聲。《玉篇》士交切，《廣韵》楚交切。

文十七。删魋補䰫。重四。今魅之重文删一則重三。

甶 鬼頭也，象形。敷勿切，十五部。凡甶之屬皆从甶。

畏 惡也。从甶，虎省。虎上體省而儿不省。儿者，似人足而有爪也。於貴切，十五部。鬼頭而虎爪，可畏也。説會意。

㽔 古文省。下象爪形。

禺 母猴屬。爪部曰：「爲者，母猴也。」夊部曰：「夒，一曰母猴也。」郭氏《山海經》傳曰：「禺似獼猴而大，赤目長尾，今江南山中多有，説者不了，乃作牛字。」按，《左傳》魯公爲，《檀弓》作「公叔禺人」，可證爲禺是一物也。頭佀鬼。故从甶。从甶，从内。牛具切，古音在四部，讀如偶。

文三。重一。

厶 姦衺也。衺字淺人所增，當删。女部曰：「姦者，厶也。」二篆爲轉注。若「衺者，𧝓也；𧝓者，衺也」，亦二篆爲轉注，不與姦厶相淆也。公私字本如此，今字私行而厶廢矣。私者，禾名也。《韓非》曰：「倉頡作字，自營爲厶。」見《五蠹篇》，今本《韓非》營作「環」，二字雙聲語轉。營訓帀居，環訓旋繞，其義亦相通。自營爲厶，六書之指事也。八厶爲公，六書之會意也。息夷切，十五部。凡厶之屬，皆从厶。

篡 屰而奪取曰篡。奪，當作敓。奪者，手持隹失之也，引伸爲凡遺失之偁，今吳語云「奪落」是也。敓者，彊取也。今字奪行敓廢。但許造《説文》時，畫然分別，書中不應自相剌謬。凡讀許書，當先校正有如此者。屰而敓者，下取上也。从厶，姦謀也。

算聲。初宦切，十四部。

𠫱 相訹呼也。呼當作評。評，召也。言部曰：「訹者，𠫱也。」𠫱與訹二篆爲轉注。今人以手相招而口言「𠫱」，正當作此字。今則誘行而𠫱廢矣。从厶羑。羊部曰：「羑者，進善也。」訹之若進善然，故从羑。與久切，三部。

誘 或从言秀。秀，聲也。《召南》曰：「有女懷春，吉士誘之。」傳曰：「誘，道也。」按，道即導字。《大雅》「天之牖民。」傳曰：「牖，道也。」是則傳謂牖、誘同字。《大雅》「牖民」，《韓詩外傳》、《樂記》作「誘民」，古二字多通用。《釋詁》曰：「誘，進也。」《儀禮》「誘射」，鄭曰：「誘猶教也。」《樂記》「知誘於外」，鄭曰：「誘猶道也，引也。」葢善惡皆得謂之誘。論二字之本義，牖訓窗明，誘訓相訹，固有不同，故𠫱必从厶。誂下曰「相評誘也」，許意誘不必以正，似《板》傳爲正字，《野有死麕》傳爲假借字，惡無禮之《詩》必非誂誘之誘也。

䛻 或如此。从盾者，盾下曰：「所以扞身蔽目」，葢取自隱藏以招人之意。宋玉曰：「若姣姬揚袂鄣日而望所思。」

羑 古文。羊部有此，云「進善也」。此云𠫱之古文，説古文以羑爲𠫱也，古文本但有羑字，後乃有𠫱字，訓爲「相訹評」，則羑字專爲「進善」矣。

文三。　重三。

嵬 山石崔嵬高而不平也。各本作「高不平也」四字，今依《南都賦》李注訂。有高而上平者，兀下曰：「高而上平」，《爾雅》曰：「夷上洒下曰漘。」是也。《周南》「陟彼崔嵬」，《釋山》曰：「石戴土謂之崔嵬。」毛傳曰：「崔嵬，土山之戴石者。」説似互異，依許云「高不平」，則毛傳是矣。惟土山戴石，故高而不平也。岨下云：「石山戴土。」亦與毛同。从山，鬼聲。此篆可入山部，而必立爲部首者，巍从此也。五灰切，十五部。

巍 高也。高者必大，故《論語》注曰：「巍巍，高大之稱也。」《左傳》卜偃曰：「萬，盈數也；巍，大名也。」雉門外闕高巍巍然謂之象巍。按，本無二字，後人省山作魏，分別其義與音，不古之甚。从嵬，委聲。牛威切，按，古音當在十六部。

文二。

附注：

①《釋言》當作《釋訓》。

②見《尚書正義・益稷》。

③見韓愈《平淮西碑》。

④「蜀才作仇」見《經典釋文・周易・夬》「壯于頄」：「頄，蜀才作仇。」《顏氏家訓・書證》：「《易》有蜀才注，江南學士，遂不知是何人。」

⑤《史記・龜策傳》：「乃遊蓮葉之上。」集解引徐廣曰：「蓮，一作領，領與蓮聲相近，或假借字也。」

⑥《文選・解嘲》注引韋昭作「曲上曰頗」，《漢書・揚雄傳》此句蕭

該音義引同，皆與段氏所引異。又《集韻・四十七寑》亦作「頤曲上曰頞。」《玉篇・頁部》頞下引「《蒼頡》云：狹面鋭頤之貌。」不作「面長」。

⑦《國語・魯語下》「叔孫穆子聘於晉」節：「每懷靡及」，韋昭注：「懷私爲每懷。」

⑧「又曰」當作「箋曰」，見《衛風・碩人》「碩人敖敖」句下。」

⑨胡刻本《文選》卷三十二《離騷》李注此反切置于「顱」字下。

⑩析言，當是渾言之誤。

⑪「空手」是「空首」之誤。

⑫蔡邕《戍邊上章》見《後漢書・律歷志》「論曰」劉昭注引，徙字作「徒」。

⑬見《漢書・高帝紀》「隆準而龍顔」下。段氏引顔注，「頔權」是「頰權」之誤。

⑭《四八目》，《聖賢羣輔録》之又名，是一本僞托陶潛作的書。參《四庫全書總目》。

⑮見《釋名・釋疾病》。「毼，頭生創曰瘕」一句，王先謙謂當作「毼，頭生創也。頭有瘡曰瘍」二句，見《釋名疏證補》。

⑯見《小學答問》。

⑰見《惜抱軒集・九經説》之「盤庚遷殷説」。

⑱見《孝武李夫人傳》，晉注幽當作「憂」，下句當作「嫶冥猶嫶妍也。」

⑲見《史記》。段氏引文誤倒「水」「陸」兩字。

⑳「穆，美也。」是《詩・清廟》「於穆清廟」下毛傳，不見于《維天之命》「於穆不已」，段氏誤記。

㉑「張揖注」當爲「郭璞注」。見《文選・上林賦》「靚糚刻飾」句下。《漢書・司馬相如傳》顔注引同。段氏誤記。

㉒「束髮」不見于《深衣》，僅見于《玉藻》：「錦束髮」，孔疏：「錦束髮者，以錦爲總而束髮也。」段注下文「《深衣》之用錦」當亦指此。段氏皆誤記《玉藻》爲《深衣》。

㉓依段氏文意，「帕即」當作「帞即」。

㉔《詩・魯頌・泮水》：「桓桓于征，狄彼東南。」箋云：「狄當作剔。剔，治也。」段氏誤記《魯頌》爲《周頌》。

㉕《大射》是《鄉射》之誤，見「挾弓矢而后下射射」句下。

㉖「詰」，當作「誥」。

㉗「生色」，刻本原爛脱「生」字首筆，印本有誤爲「主」字者，此承上引《孟子》語中「生色」而言，不當作「主」。

㉘《詩・文王有聲》「皇王維辟」鄭箋：「辟，君也。」不謂法，段氏誤記。

㉙「馬鄭」以下，引自《尚書釋文》，「馬鄭」二字前當補「釋文曰」三字。又引文中「辟」字，《釋文》誤刊作「壁」，段氏據盧本訂正。

㉚「古文」是「今文」之誤。參二篇下辵部述下段注及段氏《古文尚書撰異・堯典》。

㉛「裦」，刻本原誤作「褢」。

㉜「虒」是「𢊁」之誤。

㉝《釋言》當作《釋訓》。

㉞《禮運》當作《郊特牲》。

㉟見《左傳・昭七年》「人生始化曰魄」下正義引。

㊱《七發》當作《七啟》。

説文解字第九篇下

金壇段玉裁注

山　宣也，謂能宣散气，生萬物也。九字依《莊子·釋文》訂。散當作「㪔」。有石而高，象形。所閒切，十四部。凡山之屬皆从山。

嶽　東岱，見下。南靃，南靃者，衡山也。在今湖南衡州府衡山縣西北。《風俗通》曰：「衡山一名霍山。」《爾雅·釋山》曰：「霍山爲南嶽。」《尚書大傳》、《白虎通》皆舉霍山，毛傳則曰南嶽衡，許宗毛者也。曰「南霍」，正皆謂今湖南之衡山，即《漢·地理志》長沙國湘南縣東南之禹貢衡山也。《封禪書》：漢武帝元封四年「巡南郡，至江陵而東。登禮灊之天柱山，號曰南嶽」。此郭景純所謂「武帝以衡山遼曠，移其神於天柱」①者，蓋自是天柱始有霍山之名，而衡山不曰霍山矣。許言霍者，從其朔偁也。天柱山者，今安徽六安州霍山縣南之霍山是也。西華，見下。北恒，《爾雅》曰：「恒山爲北嶽。」毛傳曰：「北嶽恒。」《禹貢》《職方》之恒山也。在今直隸省定州曲陽縣。中大室，大各本作「泰」，今正。古書大字俗或讀他蓋切，改爲太，又改爲泰，葢不可盡正矣。《爾雅》曰：「嵩高爲中嶽。」《封禪書》《郊祀志》皆曰：「中嶽，嵩高也。」按，《禹貢》曰「外方」，《左傳》曰「大室」，《國語》曰「崇山」。崇之字亦作「崈」，亦作「嵩」，故崇山亦曰崈高山，亦曰嵩高山。《地理志》：「潁川郡崈高縣，武帝置以奉大室山，是爲中岳。古文以崇高爲外方山也。」大室、崇高錯舉，可見一山數名。即今河南河南府登封縣北之嵩山也。王者之所㠯巡狩所至。㠯，用也，王者所用至此而巡狩也。巡狩者，巡所守也。天子適諸侯曰巡狩。按，《堯典》，二月至于岱宗，五月至于南嶽，八月至于西嶽，十有一月至于北嶽，不言中嶽也。而《封禪書》、《郊祀志》述《堯典》皆云：「中嶽，嵩高也。」何氏注《公羊》，則偁《堯典》而補其文曰：「還至嵩，如初禮。」應劭《風俗通》則曰：「中嶽，嵩高也，王者所居，故不巡焉。」其説乖異。从山，獄聲。五角切，三部。

岳　古文，象高形。今字作「岳」，古文之變。

岱　大山也。大作「太」者，俗改也。域中冣大之山，故曰大山。作太、作泰，皆俗。《釋山》曰：「泰山爲東嶽。」毛傳曰：「東嶽，岱。」《堯典》：「至于岱宗。」《封禪書》、《郊祀志》曰：「岱宗，泰山也。」《禹貢》《職方》皆曰：「岱在今山東泰安府泰安縣北。」从山，代聲。徒耐切，一部。

㠀　海中往往有山可依止曰㠀。《禹貢》：「鳥夷皮服。」某氏傳讀爲「㠀」，與馬鄭注「如字」不同。衞包徑改經爲「㠀」字，非也。从山，鳥聲。《韵會》作「鳥省聲」，非。讀若《詩》曰「蔦與女蘿」。《小雅·頍弁》文。都晧切，二部。《玉篇》丁了、多老二切。

峱　峱山也。舊奪「峱」字「也」字，今補。三字句。在齊地，上文五嶽不言「在」者，人所共知，不待言也。《齊風・還》曰：「遭我乎峱之閒兮。」傳曰：「峱，峱山也。」《地理志》引作「嶩」，師古云：「亦作巙，音皆乃高反。」从山，狃聲。奴刀切，古音在三部。《詩》曰：「遭我于峱之閒兮。」今《詩》于作「乎」，《漢書》作「虖」。

嶧　葛嶧山也。《地理志》：「東海郡，下邳，葛嶧山在西，古文以爲嶧陽。」《郡國志》：「下邳國下邳縣葛嶧山，本嶧陽山。」按，今在江蘇省淮安府邳州西北六里，非山東兖州府鄒縣東南二十五里之繹山也。《魯頌》：「保有鳧繹。」傳曰：「繹，繹山也。」《左傳》：「邾文公卜遷于繹。」杜云：「繹，邾邑，魯國鄒縣北有繹山。」哀七年：「邾衆保于繹。」杜云：「繹，邾山也。」《史記》：秦始皇「上鄒嶧山」，刻石，頌功德。《地理志》：魯國，騶縣，「嶧山在北」。此山字作「繹」，从糸，不从山，與東海葛嶧山字从山不同。《史記》作「鄒嶧」，《漢志》作「嶧山」，乃譌字也。秦時石刻字作「繹」。在東海下邳。此用永平以前《地志》也。从山，睪聲。羊益切，古音在五部。《夏書》曰：「嶧陽孤桐。」《禹貢》青州文。

嵎　封嵎之山也。在吳楚之閒，汪芒之國。《魯語》：「孔子曰：防風氏者，汪芒氏之君也，守封嵎之山者也。」韋云：「封，封山；嵎，嵎山。在今吳郡永安縣。」按，據許則封嵎乃一山名耳。今封、嵎二山，在浙江省湖州府武康縣東，實一山也。「楚」，當依《玉篇》作「越」。邑部曰：「在夏爲防風氏，在殷爲汪芒氏。」孔子謂防風氏爲汪芒氏之君者，以今釋古之例，謂夏之防風氏其國在殷之汪芒氏也。从山，禺聲。噳俱切，四部。

嶷　九嶷山也，舜所葬。《海内經》：「南方蒼梧之丘，蒼梧之淵，其中有九嶷山，舜之所葬，在長沙零陵畍中。」郭云：「山今在零陵營道縣南，其山九溪皆相似，故云九疑，古者總名其地爲蒼梧也。」在零陵營道。山在今湖南永州府寧遠縣南六十里，桂陽州藍山縣西南五十里。从山，疑聲。語其切，一部。按，諸書多作「九疑」，惟《山海經》作「嶷」，音疑，而郭注亦作「九疑」。

㟩　㟩山也。《禹貢》：「岷山道江。」《夏本紀》作「汶山」，《封禪書》曰：「瀆山，蜀之汶山也。」在蜀湔氐西徼外。《地理志》：「蜀郡，湔氐道，《禹貢》崏山在西徼外，江水所出。」《郡國志》同。今四川直隸茂州西北有湔氐廢縣，㟩山在茂州西北五百里，江水所出，即隴山之南首，連峯千里不绝，蜀西之山皆㟩也。水部曰：「江水出蜀湔氐徼外㟩山，入海。」从山，敃聲。武巾切，古音在十三部。按，此篆省作崏，隸變作汶，作文，作岐，作峎，俗作㟩，作岷。漢蜀郡有汶江道，漢元鼎六年置汶山郡，亦作文山郡，汶、文皆即㟩字之叚借也。《考工記》：「貉踰汶則死。」自謂魯北之水，殷敬順乃疑爲岷江，殊誤。

屼　屼山也。三字句。各本無「屼」字，淺人所刪，乃使文理不完。許書之例，以説解釋文字，若「屼」篆爲文字，「屼山也」爲説解，淺人往往氾謂複字而刪之。如「髦」篆下云「髦髮也」，「巂」篆下云「嶲周」，「河」篆、「江」篆下云「河水」、「江水」，皆删一字，今皆補正。《玉篇》《廣韵》皆曰：「女屼，山名。」按，《中山經》曰：「中次九經岷山之首，曰女几之山。凡岷山之首，自女几之山至于賈超之山，凡十六山。」許立文醠屼系聯，與《山經》合，豈古本作「女屼山」與。**或曰溺水之所出。** 溺各本作「弱」，誤，今正。水部曰：「溺水自張掖刪丹西，至酒泉，合黎，餘波入于流沙。桑欽説。」不云出女屼山也。此云「或曰」者，廣異聞。按，《集韵》《類篇》引《説文》「山名，一曰女屼山，弱水所出」，與今本異，恐未可從。**从山，几聲。** 居履切，十五部。

巀 **巀嶭山也，** 四字句。**在左馮翊池陽。** 左字各本無，今補。《地理志》：「左馮翊，池陽，惠帝四年置，巀嶭山在北。」漢池陽故城在今陝西西安府三原縣西北二十里，嵯峨山在西安府涇陽縣北四十里，即巀嶭山也。巀嶭、嵳峩，語音之轉，本謂山陵皃，因以爲山名也。楊雄《長楊賦》曰：「椓巀嶭而爲弋。」**从山，截聲。** 才葛切，十五部。按，語轉爲嵳。

嶭 **巀嶭山也。从山，辥聲。** 五葛切，十五部。按，語轉爲峩。

嵏 **九嵏山也，在左馮翊谷口。** 左字各本無，今補。《地理志》曰：「左馮翊，谷口，九嵏山在西。」谷口故城今在西安府醴泉縣東北七十里，九嵏山今在縣東北五十里，有九夆俱峻。**从山，嵏聲。** 子紅切，九部。按，此篆各本在「嶢」「㟴」二篆之後，非其次，今依《玉篇》次弟正。又按，古書皆作「嵕」，山在左。

崋 **崋山也，在弘農華陰。** 《地理志》：「京兆尹，華陰，大華山在南，豫州山。」《郡國志》：「弘農郡，華陰，故屬京兆，有大華山。」漢之華陰，今陝西同州府華陰縣是其地，泰華山在縣南十里，即西嶽也。**从山，雩聲。** 各本作「蕚省聲」，今正。蕚即雩聲也。胡化切，古音在五部。按，西嶽字各書皆作「華」，華行而崋廢矣。漢碑多有从山者。

崞 **崞山也，在鴈門。** 《地理志》鴈門郡領縣十四，有崞縣，蓋以山名縣也。不言某縣者，略也。今崞縣故城在山西直隸代州崞縣西三十五里，崞山在縣西南四十里。**从山，𩫏聲。** 古博切，五部。

崵 **首崵山也，在遼西。** 各本無「首」字，今依《玉篇》及《伯夷列傳》正義、《王貢兩龔鮑傳》注所引正。《地理志》遼西郡令支有孤竹城，《郡國志》同。應劭曰：「故伯夷國。」按，許意首崵山即伯夷叔齊餓於首陽之下也。馬融注《論語》，曹大家注《幽通賦》，戴延之《西征記》説夷齊首陽各不同。**从山，昜聲。** 與章切，十部。**一曰，嵎銕崵谷也。** 銕，宋本作「鐵」。此即《堯典》之「嵎夷暘谷」也。土部引《書》「宅嵎夷」，日部引《書》「暘谷」，皆謂古文《尚書》也。此云「嵎銕崵谷」，則今文《尚書》也。《堯典》釋文曰：「《尚書考靈曜》及《史記》作禺銕。」《尚書正義》曰：「夏侯等書宅嵎夷爲宅嵎鐵。」《夏本紀》索隱曰：「嵎夷今文《尚書》及《帝命驗》並作禺鐵。」凡緯書皆同今文《尚書》。金部曰：「銕，古文鐵。」

岵 山有艸木也。艸舊作「草」，誤，今正。有當作「無」。《釋山》曰：「多草木岵，無草木峐。」《釋名》曰：「山有草木曰岵，岵，怙也，人所怙取以爲事用也；山無草木曰屺，屺，圮也，無所出生也。」許書同《爾雅》、《釋名》。《吳都賦》「岡岵童」，用字亦宗《爾雅》。而《毛詩・魏風》傳曰：「山無草木曰岵，山有草木曰屺。」與《爾雅》互異。竊謂《毛詩》所據爲長。岵之言瓠落也，屺之言荄滋也。岵有陽道，故以言父，無父何怙也。屺有陰道，故以言母，無母何恃也。毛又曰「父尚義，母尚恩」，則屬辭之意可見矣。許宗毛者也。疑有無字本同毛，後人易之。从山，古聲。侯古切，五部。《詩》曰：「陟彼岵兮。」《魏風・陟岵》。

屺 山無艸木也。無當作「有」。从山，己聲。墟里切，一部。《釋山》作「峐」，《三蒼》《字林》《聲類》並云峐即屺字，音起。《詩》曰：「陟彼屺兮。」《魏風・陟岵》。

嶨 山多大石也。《釋山》曰：「多大石，礐。」許所據字从山也。《廣韵》引《爾雅》字亦从山。許石部有「礐」，訓「石聲」，與此義別。从山，學省聲。胡角切，三部。

嶅 山多小石也。《釋山》曰：「多小石，磝。」許所據字从山也。魯有具敖二山，「晉師在敖鄗二山之間」，敖蓋即嶅字，以多小石得名。从山，敖聲。五交切，二部。

岨 石戴土也。《周南・卷耳》曰：「陟彼碹矣。」本亦作「砠」。《釋山》曰：「石戴土謂之崔嵬，土戴石爲岨。」毛傳云：「崔嵬，土山之戴石者；石山戴土曰砠。」二文互異而義則一。戴者，增益也。《釋山》謂用石戴於土上，毛謂土而戴之以石。《釋山》謂用土戴於石上，毛謂石而戴之以土。以《緇衣》戴弁例之，則毛之立文爲善矣。石在上則高不平，故曰崔嵬；土在上則雨水沮洳，故曰岨。許於嵬下同毛，此岨下亦同毛也。《詩》、《爾雅》作砠，許作岨，主謂山，故字从山，重土故不从石。从山，且聲。七余切，五部。《詩》曰：「陟彼岨矣。」

岡 山脊也。《釋山》曰：「山脊，岡。」《周南》傳曰：「山脊曰岡。」从山，网聲。古郎切，十部。

岑 山小而高。《釋山》曰：「山小而高曰岑。」《釋名》曰：「岑，嶃也。嶃然也。」从山，今聲。鉏箴切，七部。

崟 山之岑崟也。《子虛賦》：「岑崟參差，日月蔽虧。」又楊雄《蜀都賦》、張衡《南都賦》皆有「嶜岑」字，李善讀爲岑崟。从山，金聲。魚音切，七部。

崒 崒，此複舉字之未删者。危高也。言危殆之高也。《釋山》曰：「崒者，厜㕒。」厜㕒亦作嵳峩。按，《小雅・十月之交》箋曰：「崒者，崔嵬。」是鄭所據《爾雅》厜㕒作崔嵬也。惟土山戴石，故易崩耳。《漸漸之石》曰：「漸漸之石，維其卒矣。」箋云：「卒者，崔嵬也，謂山巔之末也。」是鄭謂卒爲崒之假借字。《子虛賦》：「隆崇嵂崒。」从山，卒聲。醉綏切，十五部。按，《廣韵・六術》「崒，慈卹切」,《六脂》「嶉,醉綏切」,大徐誤也。

巒 山小而鋭。《釋山》曰:「巒,山墮。」説者謂爲一條,許於「巒」「墮」別爲二條,毛公釋隋亦不云「巒也」。蓋《爾雅》「巒」「墮」二物,許云「山小而鋭」,巒之解也。毛云「山之隋隋小者」,墮之解也。後儒合爲一者,非是。劉淵林注《蜀都賦》曰:「巒,山長而狹也;一曰山小而鋭也。」兼用《爾雅》《説文》,而《爾雅》之讀,與毛許異矣。从山,䜌聲。洛官切,十四部。

密 山如堂者。土部曰:「堂,殿也。」《釋山》曰:「山如堂者,密。」郭引《尸子》:「松柏之鼠,不知堂密之有美樅。」按,密主謂山,假爲精密字,而本義廢矣。从山,宓聲。美畢切,十二部。按,《廣韵》密下引《説文》:「山脊也」,峦下云:「山形如堂」,蓋有誤。《玉篇》云:「峦同密。」

岫 山有穴也。有字各本奪,今依《文選》張景陽《褉詩》注補。有穴之山謂之岫,非山穴謂之岫也。《東京賦》:「王鮪岫居。」薛解云:「山有穴曰岫。」然則岫居言居有穴之山。从山,由聲。似又切,三部。

⿱穴由 籀文从穴。

⿱山陖 高也。高上當有陖字,轉寫奪之耳。高者,崇也;陖者,陗高也。凡斗上曰陗。⿱山陖从陖,則義與陖同。同一高,而有危高、陖高、尢高、短而高、巍高、大而高之別。《大雅》:「崧高維嶽,駿極于天。」傳曰:「駿,大也。」《中庸》《孔子閒居》注皆曰:「峻,高大也。」然則《大雅》之駿,用叚借字。从山,陖聲。此舉形聲包會意。私閏切,十三部。

峻 ⿱山陖或省。今經典作此字。

嶞 山之嶞嶞者。《周頌》曰:「嶞山喬嶽。」毛傳曰:「嶞山,山之嶞嶞小者也。」嶞嶞,狹長之皃。凡圜而長者謂之隋圜,方而長者謂之隋方,字或作「橢」。毛傳:「方銎曰斨,隋銎曰斧。」鄭注《月令》曰:「隋曰竇,方曰窖。」注《禮器》曰:「棜禁如今方案隋長。」隋長皆用隋字。《爾雅》:「鰿貝小而橢。」《平準書》、《食貨志》三曰「復小橢之」,皆用橢字。此説山則用嶞字,疑當同毛傳作嶞嶞小者,今奪小字耳。嶞嶞,疑當作「隋隋」,隋即墮字。《詩》釋文曰:「嶞字又作墮。」从山,憜省聲。讀若相推落之墮。徒果切,十七部。

嶘 尤高也。乙部曰:「尢者,異也。」京部曰:「尤者,異於凡也。」尤高謂之嶘,今字作⿰山戔。从山,棧聲。士限切,十四部。

崛 山短而高也。而字舊無,今依《廣韵》補。短高者,不長而高也。不長,故从屈。屈者,無尾也。無尾之物則短。張揖《上林賦》注曰:「崛崎,斗絶也。」从山,屈聲。衢勿切,十五部。屈省作崛②。

崇 山大而高也。各本作「巍高也」三字,今正。《大雅》:「崧高維嶽。」《釋山》、毛傳皆曰:「山大而高曰崧。」《孔子閒居》引《詩》，崧作「嵩」。《釋名》作「山大而高曰嵩」。崧、嵩二形，皆即崇之異體。韋注《國語》云：「古通用崇字。」《太平御覽》及徐鉉皆引其語。《詩·序》曰：「《崇丘》，萬物得極其高大也。」此崇之故訓也。《河東賦》：「瞰帝唐之嵩高，脈隆周之大寧。」嵩高即崇高也。漢碑曰：「如山如岳，嵩如不傾。」謂崇而不傾也。中嶽，《禹貢》謂之外方，秦名大室，漢武帝始謂之崇高山，因以山下户三百爲之奉邑，名曰崇高縣。《武帝紀》、《郊祀志》、《地理志》、《封禪書》可證。崇字，《地理志》作崈，體之小異耳。《史》《漢》或崇、嵩錯出，要無礙爲一字，惟《後漢書·靈帝紀》熹平五年「復崇高山爲嵩高山」語大可疑。證以《東觀紀》「堂谿典請雨，因上言改之，名爲嵩高山」。是則非復崇高爲嵩高，乃改崇高爲嵩高。蓋其時六書之學不明，謂嵩與崇别而改之，沿至今日，尚仍其誤。李賢注云：「《前書》武帝祠中嶽，改嵩高爲崇高。」《前書》未嘗有此文，武帝改大室爲崇高，武帝以前但曰大室，不曰嵩高也。崇高本非中嶽之専偁，故淺人以崇爲氾辭，嵩爲中嶽，强生分别。許造《說文》不取嵩、崧字，蓋其時固憭然也。崇之引伸爲凡高之偁。《大雅》：「福禄來崇。」傳曰：「崇，重也。」《禮經》「崇酒」注：「崇，充也。」《邶風》③：「崇朝其雨。」傳曰：「崇，終也。」皆音近假借。○或問：《釋山》「嵩高爲中嶽」非古名嵩高之證與？曰：嵩即崇字。《封禪書》曰：秦有大室祠，「大室，嵩高也」。此謂秦之大室即漢之崇高也。《釋山》之「嵩高」，蓋漢人語，非本經，故許「嶽」字下言大室，不言崇高。**从山，宗聲。**鉏弓切，九部。此篆舊在「嵒」篆之後，解云：「嵬高也。」必轉寫之誤。今依《玉篇》移其次，依毛傳、《釋名》易其解。

⿰山𧒒　巍高也。从山，𧒒聲。虫部作「𧒒」，毒蟲也。从虫，上象形」。依隸體从虫从萬則誤。**讀若厲。**力制切，十五部。《玉篇》《廣韵》作「巁」，云「巍也」。

巖　厓也。各本作「岸也」，今依《太平御覽》所引正。厂部曰：「厓者，山邊也。」厓亦謂之巖，故厂下云：「山石之厓巖，人可居也。」《戰國策》：「巖下有貫珠者。」《漢書》：「遊於巖廊之上。」皆謂殿下小屋，如厓巖之下可居也。天子之堂九尺，諸侯七尺，其上曰巖廊，其下曰巖下。**从山，**山部之巖主謂山厓，石部之礹主謂積石。**嚴聲。**五緘切，八部。按，此篆之上，舊有「峯」篆，乃大徐所增，古祇用「夆」，夆，啎也。

嵒　山巖也。《西京賦》曰：「下嶄巖以嵒齬。」**从山，品聲。**大徐無「聲」。按，嵒與石部之碞别。五咸切，七部。**讀若吟。**

⿱山絫　⿱山絫⿱山辠，逗。疊韵字也。**山皃也。**各本舛誤，今依全書通例補正。《西京賦》曰：「上林岑以壘嶵。」按，壘嶵即⿱山絫⿱山辠也。**从山，絫聲。**落猥切，十五部。俗作⿱山累。按，二篆同在十五部，則應作⿱山纍，纍聲。

⿱山辠　⿱山絫⿱山辠也。从山，辠聲。徂賄切，十五部。《文選》《篇》《韵》皆作「嶵」。

⿱告山　山皃。一曰，山名。从山，告聲。古到切，《篇》《韵》皆口沃切，三部。

𡺼山皃。从山，陊聲。徒果切，十七部。按，陊者，小篆文之墒也，隓从隋者，从墒之省也。是則𡺼、隓葢一字，不當爲二。

嵯嵳峨，逗。二字各本無，今依全書通例補。山皃。从山，𢀩聲。昨何切，十七部。

峨嵯峨也。从山，我聲。五何切，十七部。

《釋山》「厜㕒」，又作「𡾋峩」。

崝崝嶸，逗。山皃也。各本不完，今補。《方言》曰：「崝，高也。」郭云：「崝嶺，高峻之皃也。」崝，今字作崢。从山，青聲。七耕切，十一部。按，七耕當作士耕。

嶸崝嶸也。从山，榮聲。户萌切，十一部。亦作嶺。

㟧㟧谷也。三字句。各本删㟧字，今補。《廣韵》曰：「㟧，口莖切。或作硎。谷名，在麗山，昔秦密種瓜處。」按，秦冬月種瓜谷中溫處，瓜實，因使諸生往視説之，發機阬諸生。事見《尚書正義》所引衞宏《詔定古文官書·序》、《漢書·儒林傳》注、《藝文類聚》卷八十七同，而師古作「阬谷」，《正義》及《類聚》作「硎谷」，實則㟧谷也。从山，巠聲。户經切，十一部。

崩山壞也。引伸之，天子死曰崩。从山，朋聲。方滕切，六部。按，𨽿體山在朋上。

𨸏古文从𨸏。

𡶩山脅道也。脅者，兩膀也。山如人體，其兩旁曰脅。《水經注》曰：「江水又東，逕赤岬城。」引《淮南子》「徜徉於山岬之旁」注云：「岬，山脅也。」《楚辭·招隱士》云：「坱兮圠，山曲岪。」王注云：「盤結屈也。」結屈，許書作「詰詘」，山脅之道然也。从山，弗聲。符勿切，十五部。

𡺻山名。按，此篆許書本無，後人增之。許書果有是山，則當廁於山名之類矣。《顏氏家訓》：「柏人城東有山，世或呼爲宣務山。予讀柏人城内漢桓帝時所立碑銘云：上有𡾟𡺻，王喬所仙。𡾟字遂無所出，𡺻字依諸字書，即旄丘之旄也。𡺻字《字林》一音忘付反，今依附俗名，當音權務。」《經典釋文》曰：「《字林》有𡺻，亡周反，一音毛，𡺻，丘也。又有𡺻，亡附反，一音毛，亦云：𡺻，丘也。」據顏陸之書，《字林》乃有「𡺻」字，則許書之本無此顯然矣。「旄丘」見《詩》，《爾雅》曰：「前高曰旄丘。」劉成國曰：「如馬舉頭垂髦。」依《字林》，𡺻丘即旄丘，乃丘名，非山名也。从山，敄聲。亡遇切，古音在三部。

嶢焦嶢，山高皃。《楊雄傳》曰：「泰山之高，不嶕嶢則不能浡滃雲而散歊蒸。」嶕，古衹作焦。从山，堯聲。古僚切，二部。

𡹶山陵也。从山，戕聲。慈良切，十部。

𨹃陬隅，自部曰：「隅者，陬也；陬者，隅也。」《孟子》「虎負嵎」，是知嵎者，高山之卪也。嵎即隅字。趙注曰：「虎依陬而怒。」高山之卪也。卪，各本作「節」，今正。山之卪曰𡵨，猶竹卪曰節，木卪曰科厄也。劉逵注《吳都賦》引此謂之許氏記字。从山卪。會意，卪亦聲。子結切，十二部。

崔　大高也。《齊風》：「南山崔崔。」傳曰：「崔崔，高大也。」此云「大高」，未知孰是。嵬下曰：「山石崔嵬，高而不平也。」亦即毛傳之土山戴石曰崔嵬也。从山，隹聲。「聲」字，鉉無，今補。胙回切，十五部。按，小徐無此篆，大徐此篆在部末，非其次。《玉篇》亦本無崔字，於部末補之。疑許葢本無此。《莊子》「山林之畏隹」，隹即今之崔也。但人部有催，手部有摧，則山部當有崔矣。

文五十三。今删「峯」，則五十二。　重四。

屾　二山也。此説義而形在是，如玨之例。凡屾之屬皆从屾。闕。此闕謂闕其讀若也。今音所臻切，恐是肊説。

嵞　會稽山也。《左傳》：「禹會諸侯於塗山，執玉帛者萬國。」《魯語》：「昔禹致羣神於會稽之山，防風氏後至，禹殺而戮之。」二傳所説，正是一事。故云嵞山即會稽山。嵞、塗古今字。故今《左傳》作「塗」。《封禪書》云：「管仲曰：禹封泰山禪會稽。」《吳越春秋》曰：「禹登茅山以朝羣臣，乃大會計，更名茅山爲會稽。」《封禪書》又云：「秦并天下，自殽以東名山五，大室、恒山、太山、會稽、湘山。」劉向上封事曰：「禹葬會稽。」葢大禹以前名嵞山，大禹以後則名會稽山，故許以今名釋古名也。杜注《左傳》云：「塗山在壽春東北。」非古説也。會稽山在今浙江省紹興府治東南十二里。一曰，九江當涂也，民俗㠯辛壬癸甲之日嫁娶。一曰者，别一義，謂嵞山在九江當塗也。《地理志》：「九江郡當塗。」應劭曰：「禹所娶塗山氏國也。」《郡國志》，九江郡屬縣有當塗、有平阿，平阿有塗山。按，平阿本當塗地，漢當塗即今安徽省鳳陽府懷遠縣，縣東南有塗山，非今在江南太平府治之當塗也。《咎繇謨》曰：「予創若時，娶于塗山，辛壬癸甲。」鄭注云：「登用之年，始娶于塗山氏，三宿而爲帝所命治水。」《水經注》引《吕氏春秋》：「禹娶塗山氏女，不以私害公，自辛至甲，四日復往治水，故江淮之俗，以辛壬癸甲爲嫁娶日也。」許云當塗民俗以辛壬癸甲之日嫁娶，正與《吕覽》合，鄭注《尚書》亦同。《吕覽》《尚書》「辛壬癸甲」，言娶塗山所歷之四日也。縣之名當塗者，葢以嵞山得名。嵞、塗古今字。从屾，余聲。同都切，五部。《虞書》曰：「予娶嵞山。」《咎繇謨》文，合二句爲一句，如「東方昌矣」之類，此證後説也。

文二。

屵　岸高也。屵之言巘巘然也。《廣韵》：「高山狀。」从山厂，厂亦聲。五葛切，十四、十五部。凡屵之屬皆从屵。

岸　水厓洒而高者。各本無「洒」字，今依《爾雅》補。《釋丘》曰：「望厓洒而高岸，夷上洒下不漘。」李巡曰：「夷上，平上；洒下，陗下。故名漘。」孫炎曰：「平上陗下，故名曰漘。不者，葢衍字。」據李孫之釋漘，則知李孫之釋岸，亦必曰「陗下而高上也」。陗下者，謂其體斗陗平上；高上者，謂其顛有崔嵬平坦之不同。嵬下曰「高不平也」，對夷上言也。洒釋爲陗者，洒即陖之假借，二字古音同。𨸏部曰：「陖者，陗高也；陗者，陖也。」凡斗立不可上曰陗。

《詩》「新臺有洒」傳曰：「洒，高峻也。」峻同陖。郭景純昧於其義，乃釋高曰陖，陖非高之謂也；釋洒曰水深，水之深淺，何與於厓？不得冠以望厓矣。《爾雅》言厓，許言水厓者，申《爾雅》之説别於山邊之厓也。《衛風》「淇則有岸」，《小雅》「高岸爲谷」，其本義也。《大雅》「誕先登于岸」，傳曰：「岸，高位也」，其引伸之義也。箋云：「岸，訟也。」《小雅·小宛》傳曰：「岸，訟也。」此皆借岸爲犴獄字也。从屵，干聲。五旰切，十四部。

崖 高邊也。辵部曰：「邊，行垂崖也。」土部曰：「垂者，遠邊也。」按，垂爲遠邊，崖爲高邊，邊之義謂行於此二者，此二者因名邊矣。其字从屵也，故爲高邊。从屵，圭聲。五佳切，十六部。此與厂部之「厓」義别。

嶊 高也。《玉篇》曰：「亦作陮。」按，自部曰：「陮隗，高也。」義同字異。从屵，隹聲。都回切，十五部。《玉篇》徒罪切。

嶏 崩也。《列子·黄帝篇》：「目所偏視，晉國爵之；口所偏肥，晉國黜之。」殷敬順釋文云：「肥，皮美切。《説文》、《字林》皆作嶏，又作圮，皆毁也。」按，古肥與「非」通，口所偏肥，猶云口所偏非耳，不必援此也。嶏與「圮」亦非一字。从屵，肥聲。符鄙切，十五部。

⿱屵配 崩聲。从屵，配聲，讀若費。蒲没切，十五部。按，此蓋即「嶏」之或體耳，《玉篇》有嶏無「⿱屵配」可證。《廣韻》傍佩切。

文六。

广 因厂爲屋也。厂各本作「广」，誤，今正。厂者，山石之厓巖，因之爲屋，是曰广。《廣韻》琰、儼二韻及《昌黎集》注，皆作因巖可證。因巖，即因厂也。从厂，各本無此二字，今補。象對刺高屋之形。刺，各本作「刺」，今正。讀七亦切，謂對面高屋森聳上刺也。首畫象巖上有屋。凡广之屬皆从广。讀若儼然之儼。魚儉切，八部。

府 文書臧也。文書所藏之處曰府。引伸之爲府史、胥徒之府，《周禮》「府六人，史十有二人」注云：「府，治藏史掌書者。」又「大宰，以八法治官府」注云：「百官所居曰府。」从广，付聲。方矩切，古音在四部。

廱 天子饗飲辟廱。饗飲，謂鄉飲酒也。食部曰：「饗者，鄉人飲酒也。」辟廱者，天子之學也，在郊。《禮記·文王世子》曰：「凡大合樂，必遂養老。」「天子視學，設三老五更羣老之席位焉。」注云：「以《鄉飲酒禮》言之，席位之處，則三老如賓，五更如介，羣老如衆賓，必也。」又云：「遂養老者，用大合樂之明日也。鄉飲酒鄉射之禮明日乃息，司正徵唯所欲，以告於先生君子可也。是養老之象類。」是則天子養老之禮，即鄉飲酒之禮。水部泮下曰：「諸侯鄉射之宫。」鄉謂鄉飲酒，射謂鄉射。《魯頌》「泮宫」箋云：「在泮飲酒者，徵先生君子，與之行飲酒之禮，而因以謀事也。永錫難老者，長賜之冣壽考，如《王制》所云，八十月告存，九十日有秩也。」是則天子諸侯養老，皆用鄉飲酒禮。《韓詩》説辟廱「所以教天下春射秋饗，尊事三老五更」。許但云「饗飲」者，舉鄉飲以該鄉射也。《大雅》曰：「於樂辟廱。」毛傳曰：「辟廱，水旋丘如璧，以節觀者也。」《魯頌》傳曰：「天子辟廱，諸侯泮宮。」《五經異義》：「《公羊》說：天子三，諸侯二。天子有靈臺以觀天文，有時臺以觀四時施化，有囿臺觀鳥獸魚鼈。諸侯當有時臺、囿臺，諸侯卑不得觀天文，無靈臺。皆在國之東南二十五里。東南少陽用事，萬物著見，用二十五里者，吉行五十里，朝行暮反也。《韓詩》說：辟廱者，天子之學，圓如璧，壅之以水，示圓言辟，取辟有德。不言辟水，言辟廱者，取其廱和也。所以教天下，春射秋饗，尊事三老五更。在南方七里之內，立明堂於中，五經之文所藏處，蓋以茅草取其潔清也。《左氏》說：天子靈臺在太廟之中，壅之靈沼，謂之辟廱。諸侯有觀臺亦在廟中，皆以望嘉祥也。《毛詩》說：靈臺下足以監視。靈者，精也。神之精明稱靈，故稱臺曰靈臺，稱囿曰靈囿，沼曰靈沼。謹按：《公羊傳》、《左氏》說皆無明文，說各無以正之。玄之聞也：《禮記·王制》『天子命之教，然後爲學，在公宮之左，大學在郊，天子曰辟廱，諸侯曰泮宮。天子將出征，受命於祖，受成於學。出征執有罪，反釋奠於學，以訊馘告。』然則太學即辟廱也。《詩·頌·泮水》云：『既作泮宮，淮夷攸服。矯矯虎臣，在泮獻馘。淑問如皋陶，在泮獻囚。』此復與辟廱同義之證也。《大雅·靈臺》一篇之詩，有靈臺，有靈囿，有靈沼，有辟廱。其如是也，則辟廱及三靈皆同處在郊矣。囿也，沼也，同言靈，於臺下爲囿爲沼，可知小學在公宮之左，大學在西郊，王者相變之宜。衆家之說，各不昭晳，當然於郊差近之耳，在廟則遠矣。《王制》與《詩》，其言察察，亦足以明之矣。」从广，雝聲。於容切，九部。

庠 庠 禮官養老，夏曰校，殷曰庠，周曰序。《孟子·滕文公》篇曰：「夏曰校，殷曰序，周曰庠。」《史記·儒林傳》同。《漢書·儒林傳》則云：「夏曰校，殷曰庠，周曰序。」許同《漢書》。疑今《孟子》、《史記》有誤。《孟子》曰：「庠者，養也。」从广，羊聲。似陽切，十部。

廬 廬 寄也。秋冬去，春夏居。《大雅》：「于時廬旅。」毛傳曰：「廬，寄也。」《小雅》：「中田有廬。」箋云：「中田，田中也，農人作廬焉，以便其田事。」《春秋·宣十五年·公羊傳》注曰：「一夫受田百畝，公田十畝，廬舍二畝半，凡爲田一頃十二畝半，八家而九頃，共爲一井。在田曰廬，在邑曰里，春夏出田，秋冬入保城郭。」《漢·食貨志》曰：「一井八家共之，各受私田百畝，公田十畝，是爲八百八十畮，餘二十畮，以爲廬舍。在野曰廬，在邑曰里。春令民畢出在壄，冬則畢入。其《詩》曰：『四之日舉止，同我婦子，饁彼南畮。』又曰：『十月蟋蟀入我牀下，嗟我婦子，聿爲改歲，入此室處。』所以順陰陽，備寇賊，習禮文也。」《孟子》曰：「五畝之宅。」趙注：「廬井邑居各二畝半以爲宅，冬入保城二畝半，故爲五畝也。」按，許意廬與下文廛義互相足，在野曰廬，在邑曰廛，皆二畝半也。引伸之，凡寄居之處，皆曰廬。《周禮》：「十里有廬，廬有飲食。」《左傳》：「立戴公以廬於曹。」「吾儕小人皆有闔廬，以避燥溼寒暑。」皆是。从广，盧聲。力居切，五部。

庭 庭 宮中也。下文曰：「中庭」，則此當曰「中宮」，俗倒之耳。中宮，宮之中，如《詩》之「中林」，林中也。廴部曰：「廷，中朝也。」朝不屋，故不从广。宫者，室也，室之中曰庭。《詩》曰「殖殖其庭」，曰「子有廷内」，曰「洒掃庭内」。《檀弓》：「孔子哭子路於中庭。」注曰：「寢中庭也。」凡經有謂堂下爲庭者，如「三分庭，一在南」，正當作「廷」，爲義相近。《爾雅·釋詁》、《詩·大田》《韓奕》《閔予小子》傳曰：「庭，直也。」引伸之義也。庭者，正直之處也。从广，廷聲。特丁切，十一部。

廇 中庭也。中庭者，庭之中也。《月令》：「中央土，其祀中霤。」注曰：「中霤，猶中室也。古者複穴，是以名室爲霤。」正義引庾蔚之云：「複者，謂地上累土爲之，穴則穿地也。複穴皆開其上取明，故雨霤之，是以後因名室爲中霤也。」按，《釋名》曰：「室中央曰中霤，古者覆穴，後室之，（句。）霤當今之棟下，直室之中，古者霤下之處也。」《月令》、《吕覽》、鄭、劉皆作「中霤」，許則霤謂屋水流，廇謂中室，畫分二字。蓋既有宫室以後，則霤在屋垂，而屋中謂之廇以存古。《釋宫》曰：「宎廇謂之梁。」蓋言室内之制，賦家所謂「藻井」，其是與。从广，留聲。力救切，三部。

庉 樓牆也。樓者，重屋也。从广，屯聲。徒損切，十三部。

庌 廡也。从广，牙聲。五下切，古音在五部。《周禮》曰：「夏庌馬。」《夏官·圉師》職文。注曰：「故書庌爲訝。鄭司農云：當爲庌。玄謂庌，廡也。廡所以庇馬涼也。」按，許亦用仲師説。

廡 堂周屋也。各本作「堂下」，玄應引作「堂周屋曰廡」④，今從之。《釋名》曰：「大屋曰廡，幽冀人謂之庌。」説與許異。許謂堂之四匋爲屋也。《洪範》《晉語》「蕃廡」，皆假廡爲𣞤也。从广，𣞤聲。文甫切，五部。

𢋞 籀文从舞。舞聲。

𢉂 廡也。从广，虜聲，讀若鹵。郎古切，五部。

庖 廚也。《王制》：「三爲充君之庖。」注曰：「庖，今之廚也。」《周禮·庖人》注曰：「庖之言苞也，苞裹肉曰苞苴。」从广，包聲。薄交切，古音在三部。

廚 庖室也。室，各本作「屋」，今依《御覽》。从广，尌聲。直株切，古音在四部。

庫 兵車藏也。此庫之本義也。引伸之凡貯物舍皆曰庫。从車在广下。會意。車亦聲。苦故切，五部。

廏 馬舍也。从广，𣪘聲。居又切，三部。《周禮》曰：「馬有二百十四匹爲廏，廏有僕夫。」四當爲「六」，字之誤也。《夏官·校人》曰：「乘馬一師四圉。三乘爲皁，皁一趣馬。三皁爲毄，毄一馭夫。六毄爲廏，廏一僕夫。六廏成校，校有左右。」注曰：「二耦爲乘，四匹也。自乘至廏，其數二百一十六匹。《易》『乾爲馬』，此應乾之策也。」⑤

𠆛 古文从九。此从古文「叀」，而「九」聲也。

序 東西牆也。《釋宮》曰：「東西牆謂之序。」按，堂上以東西牆爲介，《禮經》謂階上序端之南曰序南，謂正堂近序之處曰東序、西序。古假「杼」爲序，《尚書大傳》：「天子賁庸，諸侯疏杼。」鄭注云：「牆謂之庸，杼亦牆也。」李善《文選》注引《雒書天準聽》：「天球河圖在東杼。」⑥又攴部曰：「次弟謂之敘。」經傳多假序爲敘，《周禮》《儀禮》序字，注多釋爲次弟是也。又《周頌》：「繼序思不忘。」傳曰：「序，緒也。」此謂序爲緒之假借字。从广，予聲。徐吕切，五部。

廦 牆也。與土部之「壁」音義同。从广，辟聲。比激切，十六部。

廣 殿之大屋也。土部曰：「堂，殿也。」《倉頡篇》曰：「殿，大堂也。」《廣雅》曰：「堂堭，合殿也。」殿謂堂無四壁。《漢書·胡建傳》注：「無四壁曰堂皇」，是也。覆乎上者曰屋，無四壁而上有大覆蓋，其所通者宏遠矣，是曰廣。引伸之爲凡大之偁，《詩·六月》《雝》傳皆曰：「廣，大也。」从广，黃聲。古晃切，十部。

廥 芻稾之臧也。《天官書》：「其南衆星曰廥積。」如淳《漢書》注曰：「芻稾積爲廥也。」《史記正義》曰：「芻稾六星在天苑西，主積稾草者。」从广，會聲。古外切，十五部。

庾 水漕倉也。《漢書·孝文紀》應劭注同。謂水轉穀至而倉之也。从广，臾聲。以主切，古音在四部。一曰，倉無屋者。無屋，無上覆者也。《小雅·楚茨》傳曰：「露積曰庾。」《甫田》箋云：「庾，露積穀也。」《周語》：「野有庾積。」韋注：「庾，露積穀也。」《釋名》說同。胡廣《漢官解詁》云：「在邑曰倉，在野曰庾。」

庰 蔽也。此與尸部之「屏」義同而所謂各異。此字从广，謂屋之隱蔽者也。《廣雅》曰：「圊、圂、庰，廁也。」《急就篇》曰：「屏廁清溷糞土壤。」屏與庰通，溷與圂通，圊與清通。下文云：「廁，清也。」則庰亦謂廁。《戰國策》云：「宋王鑄諸侯之象，使侍屏匽。」《周禮》注云：「匽，路廁也。」从广，并聲。必郢切，十一部。

廁 清也。清、圊古今字。《釋名》曰：「廁言人雜廁在上非一也。或曰溷，言溷濁也。或曰圊，言至穢之處宜常修治，使絜清也。」按，凡云雜廁者，猶云溷雜，《急就篇》、《說文敘》皆曰「分別部居，不雜廁」是也。古多假廁爲側，如《史記·張釋之傳》「北臨廁」，《漢書·汲黯傳》「上踞廁視之」是也。从广，則聲。初吏切，一部。

廛 二畝半也，一家之尻。二各本作「一」，尻各本作「居」，今正。按，說已見廬篆注。合《漢·食貨志》、《公羊傳》何注、《詩·南山》箋⑦、《孟子·梁惠王篇》趙注，知古者在野曰廬，在邑曰里，各二畝半，趙注尤明。里即廛也，《詩·伐檀》毛傳曰：「一夫之居曰廛。」《遂人》：「夫一廛。」先鄭云：「廛，居也。」後鄭云：「廛，城邑之居。」《載師》：「以廛里任國中之地。」後鄭云：「廛里者，若今云邑居。」廛，民居之區域也。里，居也。」毛鄭皆未明言二畝半，要其意同也。許於廬不曰二畝半，於廛曰二畝半，以錯見互足。从广里八土。里者，尻也。八土，猶分土也，亦謂八夫同井也。以四字會意。直連切，十四部。

⿸广戈 屋牡瓦也。牡各本作「牝」，也各本作「下」，今正。《廣韵·二十七删》曰：「屋牡瓦名。」是也。屋瓦，下載者曰牝，《昌邑王傳》之版瓦也；上覆者曰牡，《玉篇》「瓪，牡瓦也」，瓪，《廣雅》作甑，今俗猶以圓而上覆之瓦曰「瓪」。⿸广戈之言似環也，瓪之言似筩也。一曰，維綱也。糸部曰：「縜，持綱紐也。」⿸广戈與縜音相近。从广，閔省聲，讀若環。户關切，十四部。

⿸广悤 屋階中會也。謂兩階之中湊也。《西京賦》曰：「刊層平堂，設切厓隒。」今之階隒石，必長石居中，兩邊鬬合。《篇》、《韵》皆作「屋中會」，無階字，非是。从广，悤聲。倉紅切，《廣韵》又作孔切，九部。

㢋 廣也。上文殿之大屋曰廣矣，此廣則其引伸之義也。凡讀《説文》者，必知斯例，而後無所室。《廣雅》曰：「㢋，大也。」今人曰「侈斂」，古字作「㢋廉」。从广，侈聲。尺氏切，古音在十七部。《春秋國語》曰：「俠溝而㢋我。」《吴語》王孫雒曰：「齊宋徐夷曰：吴既敗矣，將夾溝而㢋我。」韋注：「㢋擊曰㢋。」按，㢋擊者，開拓自廣之意也。夾，古書多作俠。

廉 仄也。此與廣爲對文，謂偪仄也。廉之言斂也，堂之邊曰廉，天子之堂九尺，諸侯七尺，大夫五尺，士三尺，堂邊皆如其高。《賈子》曰：「廉遠地則堂高，廉近地則堂卑。」是也。堂邊有隅、有棱，故曰：廉，廉隅也。又曰：廉，棱也。引伸之爲清也、儉也、嚴利也。許以仄晐之，仄者，圻堮陖陗之謂。今之筭法謂邊曰廉，謂角曰隅。从广，兼聲。力兼切，七部。

⿸广秅 開張屋也。謂屋之開張者也。从广，秅聲。宅加切，古音在五部。今字作「秺」，殊誤。濟陰有⿸广秅縣。《地理志》，濟陰郡有秺，孟康音妒，此古音也。

龐 高屋也。謂屋之高者也，故字从广。引伸之，爲凡高大之偁。《小雅》：「四牡龐龐。」傳曰：「龐龐，充實也。」从广，龍聲。薄江切，九部。《詩·音義》：「鹿同反，徐扶公反。」

底 山尻也。尻，各本譌作「居」，今正。山當作「止」，字之誤也。字从广，故曰止尻。《玉篇》曰：「底，止也，下也。」《廣韵》曰：「底，下也，止也。」皆本《説文》。《釋詁》曰：「底，止也。」又曰：「底、止、徯，待也。」《晉語》：「戾久將底。」注曰：「底，止也。」《左傳·昭元年》：「勿使有所壅閉湫底。」服注：「底，止也。」杜注：「底，滯也。」《楚語》：「夫民氣縱則底，底則滯。」注曰：「底，箸也。」按，底訓止，與厂部厎訓柔石引伸之訓致也、至也迥别，俗書多亂之。《小雅》：「伊于胡底。」箋云：「底，至也。」俗本多作「胡底」。一曰，下也。下爲底，上爲蓋，今俗語如是，與前一義相足。《高唐賦》曰：「不見其底，虚聞松聲。」《列子》：「無底之谷，名曰歸墟。」从广，氐聲。都禮切，十五部。按，《釋詁》：「替、戾、底、厎、尼、定、曷、遏，止也。」《釋文》及《唐石經》不誤。郭注：「底，義見《詩傳》。」謂「靡所底止」「伊于胡底」傳曰：「底，至也。」⑧郭又引《國語》「戾久將底」，此爲底字作注也。《釋文》底音丁禮反，底音之視反，今齊、旨二韵，區别亦如是。

庢 礙止也。石部曰：「礙者，止也。」凡庢礙當作此字，今俗作「窒礙」非也。《七發》曰：「發怒庢沓。」言水初發怒，礙止而涌沸也。又右扶風有盩庢縣。山曲曰盩，水曲曰庢。从广，至聲。陟栗切，十二部。

廮 安止也。从广，嬰聲。於郢切，十一部。鉅鹿有廮陶縣。《地理志》、《郡國志》同。

废 舍也。《詩·召南·甘棠》曰：「召伯所茇。」傳曰：「茇，草舍也。」《周禮·大司馬》：「中夏教茇舍。」注云：「茇讀如萊沛之沛。茇舍，草止之也。軍有草止之法。」按，許書艸部：「茇，艸根也。」此废訓「舍也」，與毛鄭說異。以其字从艸、从广別之耳。同音，故義相因，茇废實古今字也。毛傳又云：「草行曰跋。」跋即茇之假借字。《漢·禮樂志》：「拔蘭堂。」拔，舍止也，即废之假借字。从广，犮聲。蒲撥切，十五部。《詩》曰：「召伯所废。」此蓋用《三家詩》字作废，故與毛作茇訓草舍異。

庳 中伏舍。謂高其兩旁而中低伏之舍也。从广，卑聲。便俾切，十六部。一曰，屋卑。卑各本作庳，今依《韵會》訂。《左傳》曰：「宫室卑庳。」引伸之，凡卑皆曰庳，《周禮》：「其民豐肉而庳。」或讀若逋。雙聲。

庇 蔭也。蔭，艸侌也。引伸之爲凡覆庇之偁。《釋言》曰：「庇，休蔭也。」从广，比聲。必至切，十五部。按，《周禮》注：「庀，具也。」《左傳》、《國語》亦有庀字，注或云「具也」，或云「治也」。攷《周禮》故書庀作「比」，許從故書，故《說文》無庀。

庶 屋下衆也。諸家皆曰：「庶，衆也。」許獨云屋下衆者，以其字从广也。《釋言》曰：「庶，侈也。」侈，鄭箋作「胗」，此引伸之義。又引伸之，《釋言》曰：「庶，幸也。」《詩·素冠》傳同。又《釋言》曰：「庶幾，尚也。」从广炗，炗，光，取衆盛之意。商署切，五部。炗，古文光字。見火部。

庤 儲置屋下也。庤與「偫」音義同。云「置屋下」者，以其字从广也。《周頌》：「庤乃錢鎛。」傳曰：「庤，具也。」从广，寺聲。直里切，一部。

廙 行屋也。行屋，所謂幄也。許書巾部無「幄」篆。《周禮》「帷幕幄帟」注云：「四合象宫室曰幄，王所居之帳也。」疏引顔延之《纂要》：「四合象宫曰幄。」巾部曰：「帳，張也。」木部曰：「幢者，帳柱也。」帳有梁柱可移徙，如今之蒙古包之類。廙字本義如是。魏晉後用爲「翼」字，如魏丁廙字敬禮，是用爲「小心翼翼」字也。《篇》《韵》皆曰「廙，敬也。」从广，異聲。與職切，一部。

廔 屋麗廔也。麗廔，讀如離婁二音。囧字下曰：「窗牖麗廔闓明也。」《長門賦》、《靈光殿賦》皆作「離樓」，謂在屋在牆囱牖穿通之皃。《玉篇》作「䕺廔」。从广，婁聲。洛侯切，四部。一曰，所㠯穜也。所㠯二字各本奪，今補。穜，之用切。謂以廔貯穀播穜於地也。木部曰：「杸，穜樓也。」《廣韵》：「樓，種具也。」皆即廔字。

𢈔 屋從上傾下也。𢈔之下推也。从广，隹聲。都回切，十五部。

廢 屋頓也。頓之言鈍，謂屋鈍置無居之者也。引伸之，凡鈍置皆曰廢。《淮南・覽冥訓》：「四極廢。」高注：「廢，頓也。」古謂存之爲置，棄之爲廢；亦謂存之爲廢，棄之爲置。《公羊傳》曰：「去其有聲者，廢其無聲者。」鄭曰：「廢，置也。」于去聲者爲廢，謂廢留不去也。《左傳》：「廢六關」，王肅《家語》作「置六關」。《淮南子》：「舜葬蒼梧，不變其肆。」高注：「不煩市井之所廢。」《莊子》曰：「廢一於堂，廢一於室。」《仲尼弟子列傳》：「子貢好廢居，與時轉貨。」《貨殖列傳》作「廢箸鬻財」。徐廣曰：「箸，猶居也，讀如貯。」廢之爲置，如徂之爲存，苦之爲快，亂之爲治，去之爲藏。从广，發聲。方肺切，十五部，古可入聲。

庮 久屋朽木。朽同「歺」，見歺部。《周禮・内饔》：「牛夜鳴則庮。」先鄭云：「庮，朽木臭也。」《内則》鄭注云：「庮，惡臭也。」引《春秋傳》「一薰一庮」。許説同先鄭。久屋而後有朽木，故字从广。从广，酉聲。與久切，三部。《周禮》曰：「牛夜鳴則庮，臭如朽木。」

廑 少劣之凥。凥，舊作「居」，誤，今正。少劣之居，故从广。引伸之義，與人部之「僅」同。古多用廑爲僅，亦用爲勤字，《文選・長楊賦》注引《古今字詁》曰：「厪，今勤字。」从广，堇聲。巨斤切，十三部。

廟 尊先祖皃也。尊其先祖，而以是儀皃之，故曰宗廟。諸書皆曰「廟，皃也」。《祭法》注云：「廟之言皃也，宗廟者，先祖之尊皃也。」古者廟以祀先祖，凡神不爲廟也，爲神立廟者，始三代以後。从广，朝聲。聲字葢衍。古文从苗爲形聲，小篆从广朝，謂居之與朝廷同尊者，爲會意。眉召切，二部。

庿 古文。見《禮經》十七篇，凡十七篇皆作庿，注皆作廟。

庴 人相依庴也。从广，且聲。子余切，五部。按，《篇》《韵》皆七賜切，則與且聲不相應。《廣雅》無「庴」有「庛」，音七賜切。《玉篇》庴字亦不次於援引《説文》之處，疑許本無庴。

⿸广曷 屋迫也。⿸广曷之言遏也。从广，曷聲。於歇切，十五部。

㡿 卻屋也。卻屋者，謂開拓其屋使廣也，與上屋迫成反對。《廣韵》引作「卻行也」，非是。卻屋之義，引伸之爲㡿逐、爲充㡿，《魏都賦》注引《倉頡》曰：「㡿，廣也。」又引伸爲指㡿，《穀梁・僖五年傳》曰：「目晉矦㡿殺」，是也。从广，屰聲。《廣韵》引無聲字，非是。昌石切，古音在五部。俗作「厈」、作「斥」，幾不成字。

廞 陳輿服於庭也。《周禮》故書廞爲「淫」，鄭司農云：「淫讀爲廞，廞，陳也。」許説同先鄭。《釋詁》曰：「廞，興也。」後鄭注《周禮》云：「廞，興也。」興作之説同《爾雅》。按，易淫爲廞，古音同在七部也。釋廞爲興，古六部七部合音也。从广，欽聲。

讀若歆。許今切，七部。

廫 空虛也。从广，膠聲。此今之「寥」字。洛蕭切，古音在三部。

文四十九。　重三。

厂 山石之厓巖人可凥。凥舊作「居」，今正。厓，山邊也。巖者，厓也；人可居者，謂其下可居也。屋其上則謂之广。象形。謂象嵌空可居之形。呼旱切，十四部。凡厂之屬皆从厂。

厈 籀文从干。象形而从干聲。

厓 山邊也。高邊則曰崖。从厂，圭聲。五佳切，十六部。

厜 厜㕒，逗。山顛也。顛者，頂也。俗造「嶉」字，《唐風》作「首陽之嶉」，謬甚。《釋山》曰：「崒者，厜㕒。」又作「厜㕒」，又作「嵳峩」。許書釋「嵳峩」曰「山皃」，釋「厜㕒」曰「山頂」，不曰同字也。从厂，𠂹聲。姊宜切，古音在十七部。

㕒 厜㕒也。从厂，義聲。魚爲切，古音在十七部。

𠪚 崟也。崟者，山之岑崟也。一曰，地名。蓋《公羊傳》「殽之嶔巖」是也。嶔，蓋即𠪚字。从厂，敢聲。魚音切，古音在八部。繁作厫。

厬 仄出泉也。《小雅》：「有洌氿泉。」《釋水》曰：「氿泉，穴出。」穴出，仄出也。毛傳：「側出曰氿泉。」按，側出泉之字，《詩》《爾雅》作氿，許作厬。水醮之字，今《爾雅》作厬，許作氿。正互相易。水部氿篆下引《爾雅》「水醮曰氿」，則知許所據與今本絶異，水厓枯土爲氿字，側出泉當作厬字矣。从厂，晷聲，讀若軌。居洧切，古音在三部。讀如九，氿亦讀如九，是以二字通用。

厎 柔石也。柔石，石之精細者。鄭注《禹貢》曰：「厲，摩刀刃石也，精者曰砥。」《尚書大傳》：「其桷天子斲其材而礱之，加密石焉。」注曰：「礱，厲之也。密石，砥之也。」按，厎者，砥之正字，後人乃謂砥爲正字，厎與砥異用，强爲分别之過也。厎之引伸之義，爲致也、至也、平也。有假借「耆」字爲之者，如《周頌》「耆定爾功」傳曰「耆，致也」，是也。从厂，氐聲。職雉切，十五部。按，此字从氐聲，俗从氏，誤也。古音氐聲在十六部，氐聲在十五部，不容稍誤，唐以來知此者鮮矣。《五經文字》石刻譌作厎，少一畫，不可從。顧亭林《與潘次耕書》分别厎底不同義，不知古無从氏之厎，厎與底爭首筆之有無，末筆則從同也。厎與底音義均别，广部詳之。

砥 厎或从石。今字用此，而厎之本義廢矣。《毛詩・大東》「周道如砥」，《孟子》作「厎」。

厲 旱石也。旱石者，剛於柔石者也。《禹貢》：「厲砥砮丹。」《大雅》：「取厲取鍛。」引伸之義爲作也，見《釋詁》。又危也，見《大雅・民勞》傳，虞注《周易》。又烈也，見《招䰟》王注。俗以義異異其形，凡砥厲字作「礪」，凡勸勉字作「勵」，惟嚴厲字作「厲」，而古引伸假借之法隱矣。凡經傳中有訓爲惡，訓爲病，訓爲鬼者，謂厲即「癘」之假借也。訓爲遮列者，謂厲即「迾」之假借也，《周禮》之「厲禁」是也。有訓爲涉水者，謂厲即「濿」之假借，如《詩》「深則厲」是也。有訓爲帶之巠者，如《都人士》「巠帶而厲」，傳謂厲即「烈」之假借也。烈，餘也。从厂，蠆省聲。按，《説文》蠆與𧌒篆形絶異，厲从蠆省聲，則字當作「厣」，而隸體蠆作「蠆」，厣作「厲」，皆从萬，非也。後人以隸改篆，則又篆皆从萬矣。漢隸存者，作「蠤」、作「厲」可考也。今篆體及説解皆正。力制切，十五部。

厲 或不省。今各本篆从萬下虫，非是。漢人隸多作厲，不省。

厥 發石也。發石，故从厂。引伸之，凡有撅發皆曰厥。《山海經》曰：「相柳之所抵厥。」郭云：「抵，觸；厥，掘也。」《孟子》：「若崩厥角稽首。」趙云：「厥角者，叩頭以額角犀撅地也。」晉灼注《漢書》曰：「厥猶豎也，叩頭則額角豎。」按，厥角者，謂額角如有所發，角部𧤴下云「角有所觸發」是也。以上皆厥之本義。若《釋言》曰：「厥，其也。」此假借也。假借盛行而本義廢矣。从厂，欮聲。欮，或瘚字。舉形聲該會意也。俱月切，十五部。

厱 厱諸，逗。治玉石也。《淮南·説山訓》：「玉待礛諸而成器。」高注曰：「礛諸，攻玉之石。」礛即厱字也。《廣韵》曰：「礛礑，青礪。」从厂，僉聲。魯甘切，七部。高誘曰：「礛讀曰廉氏之廉。」讀若藍。

厤 治也。甘部曆下云：「从甘厤。厤者，調也。」按，調和即治之義也。厤从秝，秝者，稀疏適秝也。从厂，秝聲。郎擊切，十六部。

𠪚 石利也。謂石鋭也。《漢書·馮奉世傳》：「器不犀利。」如淳曰：「今俗刀兵利爲犀。」《後漢·張衡傳》「犀舟」注同。按，石之利，如砮、砭、厎、厲、厝是也。犀與𠪚雙聲，假借石利之義。引伸之，凡利皆曰𠪚。犀，宋本《漢書》作犀。从厂，異聲。讀若枲。胥里切，一部。

𠩴 美石也，从厂，古聲。矦古切，五部。《廣韵》又當古切。

厗 唐厗石也。四字句。唐厗雙聲字，石名也。《廣韵》齊韵、唐韵皆作「磄厗」，又曰「鎕銻，火齊也」。《玉篇》曰：「厗，古銻字。」从厂，屖省聲。杜兮切，十五部。按，屖固辛聲，然則厗亦辛聲也，蓋古辛亦讀如今西。

𠫐 石聲也。謂石崩之聲。《吳都賦》曰：「拉攦雷硍，崩巒弛岑。」拉即𠫐字也。《玉篇》曰：「𠫐亦拉字。」拉者，折也；柆，木折也。从厂，立聲。盧荅切，七部。

𠪖 石地惡也。《集韵》《類篇》皆曰：「碣𠪖，石地。」按，石部曰：「碣，石地惡也。」二篆疊韵。从厂，兒聲。五歷切，十六部。

𠪗 石地也。𠪗者，堅閉之意。从厂，金聲。讀若紟。巨今切，七部。

厞 石閒見也。閒，讀去聲。閒見，謂突兀忽見。人部俔下云「閒見」是也。厞，史假「逋」字爲之，《魏書》、《北史·溫子昇傳》皆云：「子昇詣梁客館，不修容止，謂人曰：詩章易作，逋峭難爲。」字當作厞。《廣韵》引《字林》云：「峬峭，好形皃也。」「峬」即厞之緐變。凡字書因時而作，故《說文》「厞」，《字林》作「峬」，《說文》秖有「殷」，《字林》有「黫」，近世「波俏」之語，又音字之遷移也。从厂，甫聲。讀若敷。芳無切，五部。

厝 厝石也。各本作「厲石」，今正。《小雅·鶴鳴》曰：「他山之石，可以爲錯。」傳曰：「錯，錯石也。（今本少一錯字。）可以琢玉，舉賢用滯，則可以治國。」下章曰：「他山之石，可以攻玉。」傳曰：「攻，錯也。」錯，古作厝。厝石，謂石之可以攻玉者。《爾雅》：「玉曰琢之。」玉至堅，厝石如今之金剛鑽之類，非厲石也。假令是厲石，則當次厎、厲二篆之下，而不當次此矣。金部鑢下云：「錯銅鐵也」錯亦當作厝，謂剡磢之。从厂，昔聲。蒼各切，又七互切，五部。按，許書厝與措、錯義皆別，而古多通用。如「抱火厝之積薪之下」，假厝爲措也。《詩》曰：「佗山之石，可㠯爲厝。」

厖 石大也。石大，其本義也。引伸之爲凡大之偁，《釋詁》曰：「厖，大也。」《左傳》「民生敦厖」，《周語》「敦厖純固」是也。又引伸之爲厚也，《商頌》「爲下國駿厖」毛傳是也。或假此厖爲尨襍字。《荀卿》引《商頌》，厖作「蒙」。从厂，尨聲。莫江切，九部。

𢉖 岸上見也。岸者，厓陖而高也。岸上見，故从厂中會意。上見者，望之而見於上也。从厂，从㞢省。按，「之省」二字當作「屮」。弓部弢下曰：「屮，垂飾。與鼓同意。」皆以屮象上見者。而豈下曰：「陳樂立而上見也，从屮。」尤爲明證。岸上見，故以屮象之，淺人乃改爲㞢省耳。《廣韵》云：「《說文》作岸。」亦誤。又按，屮與㞢皆謂艸初生，故凡上出者可以㞢象之。《周禮》「作其鱗之而」，之謂上出，而謂下垂。此从㞢省，與肯从㞢皆是也。讀若躍。以灼切，二部。

厥 辟也。厥與「陝」音同義近。从厂，夾聲。胡甲切，八部。

仄 側傾也。傾下曰：「仄也。」此仄下云「傾也」，是之謂轉注。古與側昃字相假借。从人在厂下。會意。阻力切，一部。

厌 籀文从矢，矢亦聲。矢，傾頭也。昃亦作昗，當是籀文昃字。

辟 仄也。仄，俗本譌作「反」，今依《篇》《韵》正。今人言偪仄，乃當作「辟仄」。从厂，辟聲。普擊切，十六部。《廣韵》之石切。

厞 隱也。隱者，蔽也。《特牲饋食禮》：「佐食徹尸薦俎，敦于西北隅，几在南厞。」《有司徹》：「有司官徹饋，饌于室中西北隅，設右几厞。」鄭云：「厞，隱也。」《喪大記》：「甸人取所徹廟之西北厞，薪用爨之。」按，室西北隅曰屋漏，厞者，又西北隅隱蔽之處也。《屈原賦》：「隱思君兮陫側。」陫蓋同厞。《禮》注曰：「古文厞作茀。」从厂，非聲。扶沸切，十五部。《詩音義》引沈重云：「許慎凡非反。」計沈所見《說文》當有「讀若某」之云矣。

厭 笮也。竹部曰：「笮者，迫也。」此義今人字作「壓」，乃古今字之殊。土部「壓」訓「壞也，𡒄也」，無笮義。凡《喪服》言「尊之所厭」，皆笮義。喪冠謂之「厭冠」，謂冠出武下也。《周禮·巾車》：「王后厭翟。」注云：「次其羽使相迫也。」《禮經》：「推手曰揖，引手曰厭。」厭即《尚書大傳》、《家語》之「葉拱」，《家語》注云：「兩手薄其心。」古文《禮》揖、厭分別，今文《禮》厭皆爲揖，鄭不之從。而《禮經》有厭譌作「撎」者，《周禮·大祝》疏竟作「引手曰撎」，斷不可從。撎爲跪而舉頭下手，與厭爲立而引手箸胷不相涉也。《檀弓》：「死而不弔者，厭。」注：「行止危險之下。」已上皆笮之義，其音於輒切。从厂，猒聲。於輒切，又一琰切，八部。按，厭之本義，笮也，合也，與壓義尚近；於「猒，飽也」義則遠。而各書皆假厭爲猒足、猒憎字，猒足、猒憎失其正字，而厭之本義罕知之矣。一曰，合也。《周語》：「克厭天心。」⑨韋注：「厭，合也。」韋注《漢書·敘傳》亦同。按，《蒼頡篇》云「伏合人心曰厭」。《字苑》云「厭，眠内不祥也」，此合義之一耑。寐下云「寐而厭也」，是也。俗字作「魘」，徐鉉用爲新附字，誤矣。《山海經》：「服之使人不厭。」郭云：「不厭，不厭夢也。」此厭字之㝡古者也。其音一琰切。

𠆾 仰也。从人在厂上。會意。魚毁切，十六部。

危字从𠆾卪會意。一曰，屋梠也，秦謂之楣，齊謂之𠆾。楣，各本作「桷」，今依木部訂。木部曰：「楣者，秦名屋櫋聯也。」謂屋櫋聯，秦謂之楣也。木部又曰：「齊謂之檐，楚謂之梠。」此云「齊謂之𠆾」者，蓋齊人或云檐，或云𠆾也。

文二十七。重四。

丸 圜也。也字各本無，今依《韵會》補，以疊韵爲訓也。今丸藥其一耑也。《商頌》「松柏丸丸」傳曰：「丸丸，易直也。」按，謂其滑易而調直也，丸義之引伸也。《大雅》「松柏斯兑」傳亦云：「兑，易直也。」兑與丸古蓋音同而義同矣。傾側而轉者，从反仄。圜則不能平立，故从反仄以象之。仄而反復是爲丸也。胡官切，十四部。凡丸之屬皆从丸。

𡰥 鷙鳥食已，吐其皮毛如丸。玉裁昔宰巫山縣，親見鴟鳥所吐皮毛如丸。从丸，咼聲。讀若骫。於跪切，十六部。

𡰝 丸之孰也。俗所謂圜熟，言旋轉之易也。从丸，而聲。奴禾切，十七部。按，而聲而奴禾切者，如耎之从而合音也。

奿 闕。謂其義其形其音說皆闕也。《廣韵》入《二十五願》，芳万切，引《說文》「其義闕」，「其義」二字，乃《廣韵》所增耳。《玉篇》同。〇芳萬切，則與嬔娩二字同音。《集韵》云于願切，引李舟云《說文》闕。

文四。

危　在高而懼也。引伸爲凡可懼之偁。《喪大記》注：「危，棟上也。」从产，人在厓上，自卪止之。「人在厓上」四字，依《韵會》補。魚爲切，十六部。凡危之屬皆从危。

𩠐　𩠐，此複舉字之未删者。隔也。玄應所引云：「𩠐隔傾側不安也。」此乃以注家語入正文耳，非是。𨸏部隔下云「𩠐也」，與此爲轉注。《廣韵》云：「𩠐者，不正也；隔者，隔隅不安皃。」俗用「崎嶇」字，正此二字之䜌變。𩠐爲不正，故箸之訓曰「飯𩠐」，言𩠐衺之以入飯於口中也。宥坐之器曰「𩠐器」，虚則𩠐，中則正，滿則覆也。今俗作「攲」，又譌「欹」，去之遠矣。《周禮》：「奇衺之民。」注曰：「奇衺，譎觚非常。」《周禮》之「奇」，正𩠐之假借字。从危，支聲。去其切，按，去其當依《廣韵》作「去奇」，十六部。

文二。

石　山石也。或借爲碩大字，或借爲柘字。柘，百二十斤也。在厂之下，口象形。常隻切，古音在五部。凡石之屬皆从石。

磺　銅鐵樸石也。《文選》注二引及《玉篇》無石字。銅鐵樸者，在石與銅鐵之閒，可爲銅鐵而未成者也。不言金玉者，舉㣊以該精也。《周禮》：「卝人掌金玉錫石之地，而爲之厲禁以守之。」注云：「卝之言礦也，金玉未成器曰礦。」未成器，謂未成金玉。从石，黄聲。讀若穬。古猛切，古音在十部。按，各本此下出「卝」篆，解云：「古文礦。《周禮》有卝人」。按，《周禮》鄭注云：「卝之言礦也。」賈疏云：「經所云卝，是緫角之卝字，此官取金玉，於卝字無所用，故轉從石邊廣之字。」語甚明析，「卝之言礦」，卝非磺字也。凡云「之言」者，皆就其雙聲疊韵以得其轉注假借之用。卝本《説文》丱字，古音如關，亦如鯤，引伸爲「緫角卝兮」之卝，又假借爲金玉樸之磺，皆於其雙聲求之。讀《周禮》者，徑謂卝即磺字，則非矣。又或云與角卝之字有别，亦誤。至於《説文》丱字，本作卝，不作丱。《五經文字》曰：「卝，古患反，見《詩·風》，《説文》以爲古丱字。」《九經字㨾》曰：「卝丱，上《説文》，下䜌變。」是《説文》丱字作卝，唐時不誤，確然可證。《五經文字》又云：「卝，《字林》不見。」可證卝變爲丱，始於《字林》。今時《説文》作丱，不作卝，則五季以後，據《字林》改《説文》者所爲也。《説文》既無卝，乃有淺人於石部妄增之，卝果是古文磺，則鄭何必云「之言」，賈何必云「此官取金玉，於卝字無所用」哉？今於丱部正之，於石部删之。學者循是以求之，許書之真面可見矣。〇《五經文字》云「《説文》以爲古丱字」，謂《説文》作卝乃古丱也，《九經字㨾》語甚明。

碭　文石也。《地里志》⑩：「梁國碭縣山出文石。」應劭云：「碭山在東。」師古云：「山出文石，故以名縣也。」按，以碭名山，又以碭名縣，本爲文石之名。从石，昜聲。徒浪切，十部。

碝　石次玉者。《子虛賦》：「碝石、武夫。」張揖曰：「皆石之次玉者。碝石白如冰半，有赤色，武夫赤地白采，蔥蘢白黑不分。」按，此注有奪誤，如冰半謂如冰片也，有赤色宜依《山海經》注作「有赤色者」，蔥蘢白黑不分，亦宜依《山海經》注作「色蔥蘢不分了」。

《西都賦》曰：「碝碱采致。」从石，耎聲。而沇切，十四部。按，耎多譌「需」，故《山海經》誤作「礝」，《玉藻》誤作「瓀」。

砮 砮石，可㠯爲矢鏃。砮石之名，淺人以爲複字刪之，則不完。鏃，當作族；族，矢鋒也。《禹貢》荆州、梁州皆貢砮，賈逵注《國語》曰：「砮，矢鏃之石也。」按，砮本石名，韋昭注石砮云：「砮，鏃也，以石爲之。」乃少誤。从石，奴聲。乃都切，五部。《夏書》曰：「梁州貢砮丹。」《禹貢》：「荆州貢厲砥砮丹，梁州貢砮磬。」此乃許君筆誤。《國語》曰：「肅慎氏貢楛矢石砮。」見《魯語》。楛當作枯，字之誤也，説詳木部枯下。

礜 毒石也。疑本作「礜石也」，三字爲句，後人改之。礜石，石名。《周禮》注曰：「今醫方有五毒之藥。作之，合黄堥，置石膽、丹沙、雄黄、礜石、慈石其中，燒之三日三夜，其煙上箸，以雞羽埽取之，以注創，惡肉破，骨則盡出。」《本艸經》曰：「礜石，味辛有毒。」《西山經》曰：「礜可以毒鼠。」郭云：「蠶食之而肥。」按，今世無此物。出漢中。《本艸》曰：「生漢中山谷及少室。」从石，與聲。羊茹切，五部。

碣 特立之石也。碣之言傑也。東海有碣石山。碣石山見《禹貢》。《地理志》：「右北平郡驪成縣，大碣石山在縣西南。」非東海郡也。東海字疑誤。从石，曷聲。渠列切，十五部。

𥕘 古文。

磏 厲石也。與「廉」音義略同。赤色。《廣韵》曰：「磏，赤礪石也；礛䃴，青礪也。」从石，兼聲。讀若鎌。力鹽切，七部。

碫 碫石也。碫篆舊作「碬」，《九經字樣》所引《説文》已然⑪，今依《詩·釋文》及《玉篇》正。碫石本作「厲石」，自《詩·釋文》所引已然，今正。《大雅》「取厲取碫」，今本作「取鍛」，當依《釋文》本又作碫。毛傳曰：「碫，（逗。）碫石也。（今本奪一字。）」箋云：「碫石（此釋傳。），所以爲鍛質也。」箋意此石可爲椎段之椹質⑫，是則碫石者，石名。椎段字今多用「鍛」，古祇作「段」。《考工》「段氏爲鎛器」，《禮經》「段脩」，字皆作段，是也。段與厲絶然二事，碫石、厲石必是二物。《尚書·粊誓》「段乃戈矛，厲乃鋒刃」，段之，欲其質之堅也，厲之，欲其刃之利也。《詩》「取厲取鍛」，亦明明分別言之。毛傳亦既確指云碫石矣，豈許君於此乃忽溷淆之，訓碫爲厲石乎？揆厥所由，由許依傳云「碫石也」三字爲句，而刪複字者乃妄改爲厲字，猶上礜篆下本云「礜石也」，而刪複字者妄改爲「毒石」。夫碫豈可爲厲，礜豈可概以毒哉？大抵淺人於複字之不可刪者，或刪或改。刪之則如「巂周」之去「巂」，「離黄」之去「離」，改之則如「碫石」之改爲「厲石」，「䭫首」、「頓首」之改爲「下首」。知刪者難，知改者尤難。○或問：《廣雅》何以云「碫，礪也」。曰：此自《廣雅》之誤。《廣雅》之例，每合異類之相近者爲一，此則異類而迥別者也。○又按，上文云「磏，礪石，赤色。」據《淮南》注：「礛讀廉氏之廉。」《淮南》「礛諸」，許作「厱諸」，然則磏即「厱」「礛」，三字一也。以馬赤白色曰騢，玉小赤曰瑕，《海賦》「瑕石詭暉」，《蜀都賦》《吳都賦》皆有「瑕英」⑬，《江賦》「壁立赮駮」言之，則厲石赤色名碫宜矣。碬篆恐當爲碫篆，古本碫、碬皆有而致舛譌，如鼎部之鼏、鼒二篆，衣部之袗、袀二篆，皆以形似致合爲一字。○又按，椎段古衹用段，不用鍛。鍛者，小冶也。凡用鍛爲椎段者非。古詩之碬石，鄭箋謂可爲段質，許意不如是。許謂此石可段物，故引鄭公孫段字子石。古今物不同，今之無碬石，猶之無砭、砮矣。从石段，段亦聲。各本作「从石，叚聲」四字，今正。會意兼形聲也。殳部曰：「段，椎物也。丁亂切。」故爲會意。碫，都亂切，十四部。《春秋傳》舊有「曰」字，今刪正。鄭公孫段字子石。段，各本作碬，乎加切，繆甚矣。而改爲碬字者，恐亦尚未是。蓋此引經説字之例，舉公孫段字子石，以證碫之从段石會意也⑭。《春秋傳》多古文，段者，碫之古文也。

礫　小石也。《釋名》：「小石曰礫。礫，料也。小石相枝柱其間，料料然出内氣也。」《楚辭》王逸注兩云「小石爲礫」。《西京賦》薛注：「石細者曰礫。」从石，樂聲。郎擊切，古音在二部。

䂬　水邊石也。从石，巩聲。居竦切，古音在三部。《春秋傳》曰：「闕䂬之甲。」《左傳》昭十五年、定四年皆作「鞏」，杜注：「闕鞏國所出鎧。」

磧　水陼有石者。陼丘，水中高者也。《三蒼》曰：「磧，水中沙堆也。」《吳都賦》劉注曰：「磧礫，淺水見沙石之皃。」从石，責聲。七迹切，十六部。

碑　豎石也。《聘禮》鄭注曰：「宫必有碑，所以識日景引陰陽也。凡碑引物者，宗廟則麗牲焉。其材，宫廟以石，窆用木。」《檀弓》：「公室視豐碑，三家視桓楹。」注曰：「豐碑，斲大木爲之，形如石碑，於椁前後四角豎之，穿中於閒爲鹿盧，下棺以綍繞。天子六綍四碑，前後各重鹿盧也。諸侯四綍二碑，大夫二綍二碑，士二綍無碑。」按，此《檀弓》注，即《聘禮》注所謂「窆用木」也。非石而亦曰碑，假借之偁也。秦人但曰刻石，不曰碑，後此凡刻石皆曰碑矣。《始皇本紀》「上鄒嶧山立石」、「上泰山立石」，下皆云刻所立石其書法之詳也。凡刻石必先立石，故知豎石者碑之本義，宫廟識日影者是。从石，卑聲。府眉切，當依《廣韵》彼爲切，十六部。

䃍　陊也。陊者，落也。䃍與隊音義同。隊者，從高隊也。《廣韵》曰：「礧䃍，物墜也。」从石，㒸聲。徒對切，十五部。

磒　落也。磒與隕音義同。隕者，從高下也。《春秋經·僖公十有六年》：「隕石于宋五。」《左》《穀》作霣⑮，許所據《左傳》作磒，《釋詁》：「隕，磒落也。」郭云：「磒猶隕也。」从石，員聲。本義石落也，故从石。于敏切，十三部。《春秋傳》曰：「磒石于宋五。」偁此者，説从石之意。

䂻　碎石磒聲。磒舊作「隕」，今正。其聲䂻䂻然。从石，炙聲。所責切，古音在五部。

硞　石聲。今《爾雅·釋言》：「硞，鞏也。」郭云：「硞然堅固。」邢昺曰：「硞，苦學切。當从告，《説文》别有硈，苦八切，石堅也。」按，邢語剖别甚精。《釋文》苦角切，故邢曰苦學切。《四覺》韵字多從屋韵轉入，如《四江》韵字多從東韵轉入，告聲在古音三部屋韵，是以硞轉入覺韵。據陸氏反語，則知陸本作硞，不作硈。《廣韵》《玉篇》皆曰：「硞，苦角切。硈，恪八切。」《集韵》《類篇》克角一切内，亦有硞無硈，皆可證。而《釋文》、注疏、唐石經皆譌作硈，則與陸氏苦角之音不合矣。且硞之與犖音切近，以尤韵與東韵切近，而硈與犖不相關也。硈斷無苦學之音，硞斷無苦八之音，此一定之音理，學者不知古音不可與讀古者此也。《江賦》曰：「幽磵積岨，礐硞犖確。」礐硞，當上音學，下音角。〇或問：何不正音之苦角爲苦八，而謂正文字誤也？曰：音義積古相傳之學，陸氏多從舊，當陸時，字固未誤也。〇《五經文字》曰：「硈，口八反，又苦角反，見《爾雅》。」知張時《爾雅》已誤，而張云吉聲之字，可有口八、口角二反，是其不知音理也。从石，告聲。苦角切，三部。

硍 石聲。从石，𥃩聲。此篆各本作硠，从石，良聲，魯當切，今正。按，今《子虛賦》：「礧石相擊，硠硠礚礚。」《史記》《文選》皆同，《漢書》且作「琅」。以音求義，則當爲「硍硍」，而决非「硠硠」。何以明之？此賦言「水蟲駭，波鴻沸，涌泉起，奔揚會，礧石相擊，硍硍礚礚，若雷霆之聲，聞乎數百里之外」，謂水波大至動摇山石，石聲磤天。硍硍者，石旋運之聲也。礚礚者，石相觸大聲也。硍，《篇》《韵》音諧眼切，古音讀如痕，可以皃石旋運大聲，而硠硠字，祇可皃清朗小聲，非其狀也。音不足以皃義，則斷知其字之誤矣。《江賦》曰「巨石硉矹以前却」，又曰「觸曲崖以縈繞，駭奔浪而相礧」，皆即此賦之意。《漢桂陽太守周憬碑》：「㳽水之邪性，順導其經脉，斷硍溢之電波，弱陽矦之汹涌。」此用《子虛賦》也，而硠作硍，可證予説之不繆。《釋名》曰：「雷，硍也。如轉物有所硍雷之聲也。」最爲明證。左思《吴都賦》：「拉攦雷硍，崩巒弛岑。」雷即《子虛》「礧石」之礧，「礧硍」亦用《子虛賦》字也。而俗本譌作「硠」，李善不能正，且曰「音郎」，於是韓愈本之，有「乾坤擺雷硠」之句⑯，蓋積譌之莫悟也久矣。至於許書之本有此篆，可以《字林》證之，《周禮·典同》釋文曰：「《字林》硍音限，云石聲。」此必本諸《説文》，《説文》必本《子虛賦》也。至於許書本無「硠」字，以硠从良聲，當訓爲清澈之聲，非石聲。《思玄賦》：「伐河鼓之磅硠。」古作「磅琅」，未可知也。古音在十三部。〇《周禮·典同》「高聲硍」注曰：「故書硍爲硍，杜子春讀硍爲鏗鎗之鏗。」硍字見於經典者惟此。

礐 石聲也。此與山部「嶨」義别，《爾雅》假礐爲「嶨」耳。《江賦》曰：「幽澗積岨，礐硞犖確。」注云：「皆水激石，險峻不平之皃。」按，當云「水激石聲也」。从石，學省聲。胡角切，三部。

礚 石聲也。《高唐賦》曰：「礫磥磥而相摩兮，巆震天之礚礚。」《子虛賦》曰：「礧石相擊，硍硍礚礚。」《甘泉賦》曰：「登長平兮雷鼓礚。」今俗用爲磕破、磕睡字，讀苦盍切。从石，盇聲。篆體本如此，俗字則從蓋聲。口太切，十五部。按，《玉篇》礚與硠相屬，云：「硠礚，石聲。」《廣韵》亦云：「硠礚，石聲。」是皆「硍礚」之誤也。

硈 石堅也。从石，吉聲。格八切，古音在十二部。按，《廣韵》恪八切。一曰，突也。别一義。

硻 餘堅也。也各本作者，今依《廣韵》、《集韵》、《類篇》正。按，硈下當云「石堅聲」，硻下當云「餘堅聲」，皆轉寫之譌。蓋自硋至磿八篆，皆皃石聲，下文訓堅之礊，與此訓堅聲之硻、硈，義固別也。《論語》曰：「鄙哉，硜硜乎。」又云：「硜硜然小人哉。」其字皆當作「硻硻」，叚借古文磬字耳。硜者，古文磬字也。「鏗爾舍琴」，亦當爲「硻爾」。又《樂記》「石聲磬磬」，當爲「硻」，《釋名》：「磬者，磬也。其聲磬磬然堅緻。」⑰當作「硻硻然堅緻」。从石，堅省聲。按，此當云「臤聲」，淺人所改也。臤，堅也，讀若鏗鏘之鏗。硻，口莖切，按，古音在十二部，真耕之合也。俗作「硜」，韓退之詩用之。

磿 石聲也。左思《蜀都賦》原稾：「鬼彈飛丸以礌礰。」《集韵》曰，礰即磿字。磿爲石聲者，謂其聲歷歷然，《玉篇》曰「石小聲」是也。《周禮・遂師》「抱磿」，後鄭云：「磿者，適歷執綍者名也。」是叚磿爲歷。《史記・樂毅傳》：「故鼎反乎磿室。」《戰國策》作「歷室」。〇《蜀都賦》語，見《太平御覽》，《世説新語》注引《左思別傳》作「鬼彈飛丸以礌礉」。按，「鬼彈」見《水經注・若水篇》，非佳物也。故改定之，本無此語。从石，厤聲。郎擊切，十六部。

磛 礹石也。按，「磛」「礹」二篆之解，似當依《玉篇》更正，磛下云：「磛礹，山石皃也。」⑱礹下云：「磛礹也。」乃合全書之例。今本乃爲淺人所亂耳。蓋「磛礹」古多用爲連綿字，《上林賦》「嶄巖嵾嵳」，郭云「皆峯嶺之皃」，《高堂賦》⑲「登巉巖而下望」，《西都賦》「蹷嶄巖」，皆即此二篆也。古二篆分用者，《小雅・漸漸之石》傳曰：「漸漸，山石高峻。」此磛之假借字也。《節南山》傳曰：「節，高峻皃。嚴嚴，積石皃。」此礹之假借字也。嚴，《詩音義》作「巖」，謂嚴爲或本。今按，許書則「巖者，厓也。礹者，山石皃」。⑳音同而義別。《詩》當作嚴爲長。从石，斬聲。鉏銜切，八部。

礹 石山也。从石，巖主謂山，故从山；礹主謂石，故从石。《詩》曰：「維石巖巖。」嚴聲。諸書多假「巖」爲礹，如《高唐》《上林》是也。五銜切，八部。

礊 堅也。从石，毄聲。楷革切，十六部。

确 礊也。依《韵會》訂。确即今之埆字，與土部之墧音義同。《丘中有麻》傳曰：「丘中，墝埆之處也。」墝埆，謂多石瘠薄。犾部曰：「獄，确也。」《召南》傳曰：「獄，埆也。」謂堅剛相訟，其引伸之義也。鉉等曰：今俗作「確」。从石，角聲。胡角切，三部。

𣪊 确或从㱿。㱿聲。《管子・地員》：「剛而不觳。」觳，薄也。當是㱿之誤。

磽 礊也。與土部之「墽」音義同。墽下曰：「磽也。」《孟子》：「地有肥磽。」趙曰：「磽，薄也。」从石，堯聲。口交切，二部。

硪 石巖也。巖，厓也。石巖，石厓也。《玉篇》作「礒」。从石，我聲。五河切，十七部。

碞 磛碞也。磛碞，各本作「磛嵒」，非是。今依《集韵》《類篇》正。磛碞，猶上文之「磛礹」，積石高峻皃也。《周書・召誥》：「畏于民碞。」某氏曰：「碞，僭也。」葢謂碞即「僭」之假借字耳。从石品。品象石之嵁礹，品亦聲也。五銜切，七部。《周書》曰：「畏于民碞。」各本碞作「嵒」，誤，今依《集韵》《類篇》正。讀與巖同。

磬 [篆文] 石樂也。石樂各本作「樂石」，誤，今正。樂下云：「五聲八音總名也。」瑟下云：「弦樂也。」籥、龢下皆云：「管樂也。」則此當云「石樂」信矣。《匡謬正俗》所引已作「樂石」，其誤已久。或疑「樂石」字見《秦繹山刻石》，不知與此無涉也，彼謂可樂之石，此謂製石之樂。《白虎通》曰：「磬者，夷則之氣也。」从石，句。声象縣虡之形。各本声作「殸」，上屬，今正。豈下云：「陳樂立而上見也。从屮。」此「从屮」，謂虡之上出可見者崇牙樹羽是也。一象栒之横，丨象虡之植，𠬝象編磬係焉也。或曰：𠬝象磬之股，丨象磬之鼓。磬之懸，股横出而鼓直，凡言磬折者取象於此。程氏瑶田《通藝録》言之詳矣。殳，所㠯擊之也。「所以」二字今補。説从殳之意。磬从石殳會意，而又象其形也。苦定切，十一部。古者毋句氏作磬。毋，各本作母，今正。《明堂位》注引《世本·作》曰：「無句作磬。」《風俗通》、《山海經》注、《廣雅》皆作「毋句」，古「無」「毋」通，句其俱反。

殸 [篆文] 籒文。省。非籒省篆，乃篆加籒也。

硜 [篆文] 古文从巠。各本篆體誤，今依《汗簡》正。《樂記》曰：「石聲磬，磬以立辨。」《史記·樂書》作「石聲硜，硜以立別」。葢硜本古文磬字，後以爲堅确之意，是所謂古今字。《論語》：「子擊磬於衛。」下文既而曰：「鄙哉硜硜乎。」亦不以爲一字。要之，《論語》非不可作「鄙哉磬磬」也。《釋名》曰：「磬者，罄也。其聲罄罄然堅緻也。」

礙 [篆文] 止也。《列子·黄帝篇》作「硋」。从石，疑聲。五溉切，古音在一部。

硩 [篆文] 上擿山巖空青、珊瑚陊之。擿，各本作「摘」。今按，手部：「擿，搔也；搔，刮也。」當正作擿。陊，各本作「墮」。今按，《吴都賦》「硩陊山谷」，正用許語，當正作陊。空青見《本艸經》。珊瑚見玉部。陊，落也。《周禮》：「硩蔟氏掌覆妖鳥之巢。」鄭司農云：「硩讀爲擿，蔟讀爲爵蔟之蔟，謂巢也。」先鄭擿音剔，謂如今人以竿毁鳥巢也。後鄭申其説曰：「玄謂硩古字，从石，析聲。」硩古字者，謂硩擿爲古今字也。从石析聲者，謂古人以石上擲毁物，故从石析會意，而析亦聲也。許意空青、珊瑚皆石也，取石，故其字从石，而覆巢用此字，乃引伸之義也。从石，析聲。析，各本作「折」，篆體作⿱折石，今正。按，《周禮音義》云：「硩音摘，它歷反，徐丈列反，沈勑徹反，李又思亦反。」知《周禮》寫本故不同，徐邈、沈重本作⿱折石，从折聲，李軌本作硩，从析聲。以先鄭讀爲擿，許云「上擿山巖」準之，擿與析古音同在十六部，葢作硩者是，作⿱折石者非。今本《周禮》《説文》作⿱折石，皆誤本。許以擿訓硩，以疊韵爲訓也。《集韵》先的切，依李音；大徐丑列切，依沈音。《周禮》有「硩蔟氏」。《周禮》下有曰字者，衍文。

硟　㠯石衦繒也。衦各本作「扞」，今正。衣部衦下曰：「衦，摩展衣也。」《廣韵・二仙》曰：「硟，衦繒石也。」《急就篇》有硟字，注曰：「硟，以石輾繒，色尢光澤也。」今俗謂之砑。从石，延聲。各本作延聲，篆體作硟，今依脡、朁字正。尺戰切，十四部。

碎　䃺也。䃺，各本作「礳」，其義迥殊矣。䃺，所以碎物，而非碎也，今正。米部曰：「䊳，碎也。」二篆爲轉注。䊳，各書假靡爲之。《孟子》假糜爲之。碎者，破也；䊳者，破之甚也。義少別，而可互訓。瓦部曰：「瓶者，破也。」音義同。从石，卒聲。石可碎物，物亦可碎石，兼此二義。蘇對切，十五部。

破　石碎也。瓦部曰：「瓶者，破也。」然則碎、瓶、䊳三篆同義。引伸爲碎之偁。古有假破爲「坡」者，如《衛風》傳云：「泮，坡也。」亦作陂，亦作破。从石，皮聲。普過切，十七部。

礱　䃺也。下文云：「䃺者，石磑也。」此云「䃺也」者，其引伸之義，謂以石䃺物曰礱也。今俗謂磨穀取米曰礱。从石，龍聲。盧紅切，九部。天子之桷，椓而礱之。椓當依《類篇》所引作「斲」，《穀梁傳》、《晉語》、《尚書大傳》、《公羊》何注皆作「斲」，可證。《尚書大傳》曰：「桷，天子斲其材而礱之，加密石焉，大夫達菱，士首本，庶人到加。」鄭云：「礱，礪之也。密石，砥之也。菱，棱也。」按，棱者，謂斲其通體成棱。首本者，斲其首也。韋注《晉語》亦云：「先粗礱之，加以密砥。」是可證厲、厎之分觕細矣。

研　䃺也。亦謂以石䃺物曰研也。手部曰：「摩者，磑也。磑者，摩也。」爲轉注。此亦研與䃺爲轉注。磑摩以手，故从手；研䃺以石，故从石。从石，幵聲。五堅切，十四部。亦作「硯」。

䃺　石磑也。䃺，今字省作「磨」，引伸之義爲研磨。俗乃分別其音，石磑則去聲，模臥切，研磨則平聲，莫婆切，其始則皆平聲耳。按，《詩》：「如琢如磨。」《釋器》、毛傳皆曰：「玉謂之琢，石謂之磨。」《詩・釋文》：「磨本又作摩。」《詩》、《爾雅》皆言治石，非謂以石治物，然則作摩是矣。釋玄應引《爾雅》作「石謂之摩」，乃善本。从石，靡聲。模臥切，十四部。

磑　䃺也。从石，豈聲。五對切，十五部。古者公輸班作磑。《廣韵》云：「《世本》曰公輸般作磑。」語必出《世本・作》篇矣。班與「般」古通，是以《檀弓》作般，《孟子》注作班。

碓　所㠯舂也。「所㠯」二字各本無，今補。舂者，擣粟也。杵臼所以舂，本斷木掘地爲之，師其意者又皆以石爲之。不用手而用足謂之碓。桓譚《新論》：「宓犧制杵臼之利，後世加巧，借身踐碓。」按，其又巧者，則水碓水磑，失聖人勞其民而生其善心之意矣。从石，隹聲。都隊切，十五部。

䂳　舂已復擣之曰䂳。䂳之言沓也，取重沓之意。《廣雅》：「䂳，舂也。」从石，以石舂。沓聲。徒合切，八部。

磻　㠯石箸惟繳也。惟者，繳射飛鳥也。繳者，生絲縷系矰矢，而以惟躲也。以石箸於繳，謂之磻。《戰國策》：「被礛磻，引微繳，折清風而抎矣。」从石，番聲。博禾切，十四、十七二部合音也。《玉篇》、《廣韵》「𥗋」字同此。

䃴 斫也。斫者，其器所以斫地，因謂之斫也。《釋器》曰：「斫謂之鐯。」鐯字又作「櫡」，依許則當作「䃴」。郭云：「钁也。」金部：「钁者，大鉏也。」然則必以金爲之，安得从石？葢上古始爲之用石，如砮、砭之類，或以其可斫地撅石，故从石歟？从石，箸聲。張略切，五部。

硯 石滑也。謂石性滑利也。《江賦》曰：「緑苔鬖髿乎研上。」李注：「研與硯同。」按，字之本義謂石滑不澀，今人研墨者曰硯，其引伸之義也。从石，見聲。五甸切，十四部。

砭 㠯石刺病也。以石刺病曰砭，因之名其石曰砭石。《東山經》：「高氏之山，其下多箴石。」郭云：「可以爲砭針治癰腫者。」《素問·異法方宜論》：「東方其治宜砭石。」王云：「砭石，謂以石爲鍼。」按，此篇以東方砭石、南方九鍼並論，知古金石並用也，後世乃無此石矣。从石，乏聲。方廉、方驗二切，七部。

𥗊 石地惡也。此與厂部之「𠩥」音義略同。《類篇》曰：「𥗊𠩥，石地。」《管子》：「沙土之次曰五塥。」塥疑同𥗊。从石，鬲聲。下革切，十六部。

砢 磊砢也。磊砢二字雙聲。《上林賦》曰：「水玉磊砢。」張揖㉑云：「磊砢，魁礨皃也。」又說樹曰：「坑衡閜砢。」郭璞云：「閜砢，相扶持也。」《世說新語》曰：「其人磊砢而英多。」从石，可聲。來可切，十七部。

磊 衆石皃。皃各本作「也」，今依《廣韵》訂。石三爲磊，猶人三爲衆。磊之言絫也。古音在十六部。《楚辭》：「石磊磊兮葛蔓蔓。」从三石。落猥切，古音在紙韵，是以亦作「磥」。

文四十九。重五㉒。

長 久遠也。久者，不暫也。遠者，不近也。引伸之爲滋長、長幼之長，今音知丈切。又爲多餘之長，度長之長，皆今音直亮切。兄下曰：「長也。」是滋長、長幼之長也。从兀，从匕。會意。匕，呼霸切。亾聲。二字各本在「變匕」之下，今依《韵會》正。直良切，十部。兀者，高遠意也。說从兀之意。儿部曰：「兀者，高而上平也。」久則變匕。匕，各本作「化」，今正。說从匕之意。匕下曰：「變也。」𠀂者，到亾也。到，各本作「倒」，今正。說𠀂即亾字，亾而倒，變匕之意。凡長之屬皆从長。

𠑷 古文長。

𠤕 亦古文長。

肆 極陳也。陳，當作「敶」，敶列也。極陳者，窮極而列之也。傳注有但言陳者，如《楚茨》「或肆或將」傳、《行葦》「或肆之筵」傳、《鄉飲酒禮》《鄉射禮》《燕禮》注是也。經傳有專取極意者，凡言縱恣者皆是也。《釋言》曰：「肆，力也。」毛傳《大明》《皇矣》傳曰：「肆，疾也。」皆極陳之義之引伸也。又《釋詁》曰：「肆，故也。」

肆，今也。」《毛詩・緜》傳、《思齊》傳曰：「肆，故今也。」此以爲語詈也。其他或以肆爲遂，或以肆爲鬄，或以肆爲肄，蓋皆假借。从長，《崧高》「其風肆好」傳曰：「肆，長也。」按，極陳之，則其勢必長，此字之所以从長也。隶聲。息利切，十五部。

⿱髟隶　或从髟。亦取長髮之意。

镾　久長也。镾，今作「彌」，蓋用弓部之「𢐀」代镾，而又省王也。彌行而镾廢矣。《漢碑》多作「𢐀」，可證。镾之本義爲久長，其引伸之義曰大也、遠也、益也、深也、滿也、徧也、合也、縫也、竟也，其見於《詩》者，《大雅・生民》《卷阿》傳皆曰：「彌，終也。」《周禮・小祝》假爲「敉」，《史記》《禮書》假爲「靡」。从長，爾聲。武移切，十五、十六部。

⿰長失　蛪也。各本誤，今正。此用《釋魚》文也。虫部曰：「蛪，⿰長失也。」二篆爲轉注。今各本蛪篆下作「虵屬」者非是。蛇毒長，从長。說从長之意。郭璞云：「蛪者，蝮屬。」以上七字今本作「蛇惡毒長也，从長」。七字，甚譌舛。《釋文》引「蛇毒長也」，無惡字，亦可證今本之誤。失聲。徒結切，十二部。

文四。　重三。

勿　州里所建旗。九旗之一也。州里當作「大夫士」。《周禮・司常》：「大夫士建物，帥都建旗，州里建旟。」許於旟下既偁「州里建旟」矣，則此偁「大夫士建勿」必也。蓋亦一時筆誤耳。《大司馬》：「鄉家載物。」注云：「鄉家，鄉大夫也。」《鄉射禮》：「旌各以其物。」注：「襍帛爲物，大夫士之所建也。」《士喪禮》：「爲銘各以其物。」注：「襍帛爲物，大夫之所建也。」文弗切，十五部。經傳多作物，而假借勿爲毋字，亦有借爲没字者。《禮記》：「勿勿乎其欲其饗之。」勿勿即没没，猶勉勉也。象其柄，謂右筆也。有三游，謂彡也。三游別於旂九游、旟七游、旗六游、旐四游。襍帛，句。幅半異，《司常》曰：「通帛爲旜，襍帛爲物。」注云：「通帛謂大赤，從周正色，無飾。襍帛者，以帛素飾其側。白，殷之正色。凡九旗之帛，皆用絳。」按，許云「幅半異」，直謂正幅半赤半白，鄭則云「以素飾側」，《釋名》則云「以襍色綴其邊爲翅尾」，説各不同，似許爲長。所以趣民。趣者，疾也。色純則緩，色駁則急。故襍帛所以促民。故遽偁勿勿。遽，《韵會》作「宂遽」二字；偁，舊作「稱」，今正。凡宂遽偁勿勿，此引伸假借。子下曰：「十一月，陽氣動，萬物滋，人以爲偁。」亦是此例。凡勿之屬皆从勿。

⿸㫃勿　勿或从㫃。經傳多作物，蓋「⿸㫃勿」之譌也。

昜　開也。此陰陽正字也，陰陽行而侌昜廢矣。闢户謂之乾，故曰開也。从日一勿。从勿者，取開展意。與章切，十部。一曰，飛揚；一曰，長也；一曰，彊者眾皃。

文二。　重一。

冄　毛冄冄也。冄冄者，柔弱下垂之皃。須部之「䫇」，取下垂意。女部之「姌」，取弱意。《離騷》：「老冄冄其將至。」此借冄冄爲「冘冘」。《詩》：「荏染柔木。」傳曰：「荏染，柔意也。」染即冄之假借。凡言冄、言姌，皆謂弱。象形。而琰切，七部。凡冄之屬皆从冄。

文一。

而 須也。象形。各本作「頰毛也，象毛之形」，今正。頰毛者，須部所謂䫇、須之類耳。《禮運》正義引《説文》曰：「而，須也，須謂頤下之毛，象形字也。」知唐初本須篆下「頤毛也」，而篆下云「須也」，二篆相爲轉注。其象形則首畫象鼻耑，次象人中，次象口上之䫇，次象承漿及頤下者。蓋而爲口上口下之總名，分之則口上爲䫇，口下爲須。須本頤下之專偁，䫇與承漿與頰䫇皆得偁須，是以而之訓曰「須也。象形」。引伸假借之爲語詈，或在發端，或在句中，或在句末；或可釋爲然，或可釋爲如，或可釋爲汝。或釋爲能者，古音能與而同，叚而爲能，亦叚耐爲能。如之切，一部。《周禮》曰：「作其鱗之而。」《考工記·梓人》文。鄭云：「之而，頰頌也。」戴先生云：「鱗屬頰側上出者曰之，下垂者曰而。」此以人體之偁施於物也。按，顧氏《玉篇》以而部次於毛、毳、冄之後，角皮之前，則其意訓而爲獸毛，絶非許意。凡而之屬皆从而。

耏 罪不至髡也。罪當作「辠」。《高帝紀》：「令郎中有罪耐以上請之。」應劭曰：「輕罪不至於髡，完其耏鬢，故曰耏。古耏字从彡，髮膚之意也。杜林以爲法度之字皆从寸，後改如是。言耐罪以上，皆當先請也。耐音若能。」按，耐之罪輕於髡，髡者，鬄髮也，不鬄其髮，僅去須鬢，是曰耐，亦曰完。謂之完者，言完其髮也。《刑法志》曰：「當髡者完爲城旦舂。」王粲詩：「許歷爲完士，一言猶敗秦。」江遂曰：「《漢令》謂完而不髡曰耐。」然則應仲遠言「完其耏鬢」，正謂去而、鬢而完其髮耳。从彡而，而亦聲。彡，拭畫之意。此字从彡而，彡謂拂拭其而去之，會意字也。而亦聲。當如之切，一部。大徐奴代切，非是。

耐 或从寸，諸法度字从寸。此爲罪名，法度之類，故或从寸也。應仲遠《高帝紀》注，意謂耏即而鬢字，用爲耏罪字，至杜林以後，乃改从寸作耐。許説不如是。耐，漢人叚爲能字，本如之切，後變音奴代切。古音「能」讀如而，今音耐、能皆奴代切。

文二。 重一。

豕 彘也。彑部：「彘，豕也。」是二篆爲轉注。《小雅》傳曰：「豕，豬也。」毛渾言之，許分別言名豕、名彘、名豬之故。竭其尾，故謂之豕。此與後「蹏廢，故謂之彘」相對成文，於其音求其義也。立部曰：「竭者，負舉也。」豕怒而豎其尾，則謂之豕。象毛足而後有尾。毛，當作「頭四」二字，轉寫之誤。馬篆下曰：「象馬頭髦尾四足之形。」象篆下曰：「象耳牙四足之形。」芊篆下曰：「从𦍌，象四足尾之形。」豕首畫象其頭，次象其四足，末象其尾。讀與豨同。《左傳》：「封豕長蛇。」《淮南書》作「封豨脩蛇」。式視切，十五部。《廣韵》施是切。按，今世字誤，目豕爲豕，以彖爲彖。何目朙之？爲啄琢从豕，蠡从彖，皆取其聲，目是朙之。此三十二字，未必爲許語。而各本譌舛特甚，今正之。啄、琢用豕絆足行之豕爲聲，俗乃作啄、琢，是豕誤爲豕也。

蠡从彑部訓豕之彖爲聲，俗乃作蠡，是彖誤爲彖也。故皆爲今世字誤。彑部曰：「彖讀若弛。」許書蚰部之「蠡」，心部之「𢙣」，皆从彖爲聲，在古音十六部。各本譌云「今世字誤，以豕爲彘，以彘爲豕。」何以明之？爲啄、琢从豕，蠡从彘，皆取其聲」。不可讀，或正之，又不知蠡之本彖聲，而非从彖也。**凡豕之屬皆从豕。**

𢑚 **古文。**古文與亥同字，說詳亥部。按，此下當有「象毛足」三字，猶希下云「象毛足」也。丿象毛，𠂊象足，𠂊象爪字也。

豬 **豕而三毛叢尻者。**尻，舊作「居」，今正。三毛叢尻，謂一孔生三毛也。說見蘇頌《本艸圖經》犀下。今之豕皆然。**从豕，者聲。**陟魚切，五部。

豰 **小豚也。**豚者，小豕也。《左傳》晉有先豰字彘子，蓋豰即豰字。《釋獸》曰：「貔，白狐，其子豰。」異物而同名也。**从豕，㱿聲。**步角切，三部。

豯 **生三月豚。**此當句，下當有「一曰」二字，爲別一義。**腹奚奚皃也。**奚奚，各本作「豯豯」，今正。大部曰：「奚，大腹也。」以疊韵爲訓。《方言》曰：「豬，其子或謂之豯。」**从豕，奚聲。**胡雞切，十六部。

豵 **生六月豚。从豕，從聲。**子紅切，九部。**一曰，一歲曰豵。**曰字今補。《召南》傳、《邠》傳、《大司馬》職先鄭注皆云：「一歲曰豵。」《釋獸》曰：「豕生三，豵。」**尚叢聚也。**以疊韵爲訓。

豝 ㉓**牝豕也。**《釋獸》、《召南》傳皆曰：「豕，牝曰豝。」**从豕，巴聲。**伯加切，古音在五部。**一曰，二歲豕。**豕字今補。《大司馬》先鄭注云：「二歲爲豝。」**能相杷拏者也。**者字今依《韵會》補。杷，舊作把，譌，今正。杷者，掊也；拏，牽引也。以疊韵爲訓。**《詩》曰：「一發五豝。」**《召南·騶虞》文。今詩一作「壹」。

豣 **三歲豕。**《齊風·還》曰：「並驅從兩肩兮。」傳云：「獸三歲曰肩。」《邠·七月》：「獻豣于公。」傳曰：「三歲曰豣。」豣、肩一物，豣本字，肩假借也。《大司馬》先鄭注云：「四歲爲肩。」**肩相及者也。**也字今補。此以疊韵爲訓。肩相及者，謂與二歲之豕肩相差次。**从豕，幵聲。**古賢切，古音在十一部。**《詩》曰：「並驅從兩豣兮。」**今《詩》豣作「肩」。《周禮》注引《邠風》亦作「肩」。

豶 **羠豕也。**羠，騬羊也。騬，犗馬也。犗，騬牛也。皆去勢之謂也。或謂之劇，亦謂之犍。許書無此二字。《周易·大畜》：「六五，豶豕之牙。」虞翻曰：「劇豕稱豶。」今俗本劇譌作「劇」。**从豕，賁聲。**符分切，十三部。

豭 **牡豕也。**《左傳》：「野人歌曰：既定爾婁豬，盍歸吾艾豭。」此豭爲牡豕之證也。《方言》曰：「豬，北燕朝鮮之間謂之豭。」郭云：「猶云豭斗也。」**从豕，叚聲。**古牙切，古音在五部。

豰 上谷名豬豰。謂上谷評豬曰豰也。上谷，漢郡名，領沮陽等縣十五，沮陽在今直隸保安州。从豕，役省聲。營隻切，十六部。

豧 豷也。「豧，豷。」《釋獸》文。郭云：「俗呼小豷豬爲豧子。」按，葢豷豕之小者也。从豕，隋聲。以水切。按，當依《廣韻》羊捶切。古音在十七部。豧與豰音同，疑豧即豰之或字。

豤 豕齧也。豕字今補。人之齧曰齦，字見齒部；豕之齧曰豤，音同而字異也。《考工記》：「髻豤薜暴不入市。」注云：「豤，頓傷也。」此引伸假借字，今本作「墾」，非。从豕，艮聲。康狠切，十三部。

豷 豕息也。息者，喘也。豷與屓、呬、𧹞音義皆同，而有人豕之別。从豕，壹聲。許利切，十二部。《春秋傳》曰：「生敖及豷。」襄四年《左傳》文。今《左傳》敖作「澆」，《論語》及夰部作「奡」。

豧 豕息也。从豕，甫聲。芳無切，五部。

豢 目穀圈養豕也。圈者，養畜之閑。圈養者，圈而養之。圈豢疊韵。《樂記》注曰：「以穀食犬豕曰豢。」《月令》注曰：「養牛羊曰芻，犬豕曰豢。」《少儀》假「圂」爲豢。从豕，𢍏聲。胡慣切，十四部。

狙 豕屬。凡言屬者，類而別也，別而類也。《廣雅》曰：「狙，豕也。」从豕，且聲。疾余切，五部。

豲 豕屬也。三字依戴氏侗《六書故》所偁唐本，葢晁氏説之所據也。《篇》《韵》皆云：「豲，豕屬。」則爲唐本信矣。二徐本皆云「逸也」，乃以下文《逸周書》割一字爲之。《韵會》又增之云：「豕之逸也。」更可笑矣。《廣雅》説豕屬有豲，豲非豪豬也，或以豪豬説之，殊誤。从豕，原聲，讀若桓。三字舊在撅下，今移此。胡官切，十四部。《逸周書》曰：「豲有爪而不敢目撅。」見《周書·周祝解》。今《周書》爪作「蚤」。蚤，齧人跳蟲也。爪，覆手也。皆假借字。許則叉爲本字。撅者，有所杷也。

豨 豕走豨豨也。豨豨，走皃。以其走皃名之曰豨。《方言》：「豬北燕朝鮮之間謂之豭，關東西謂之彘，或謂之豕，南楚謂之豨。」許説其本義，故次於此。《方言》説其引伸之義也。下文言「封豨」，則亦引伸之義。从豕，希聲。虛豈切，十五部。古有封豨、脩虵之害。上古有此害也。《左傳》申包胥曰：「吳爲封豕長蛇，以荐食上國。」《淮南書》説「封豨脩蛇」即「封豕長蛇」也。

豖 豕絆足行豖豖也。豖豖，艱行之皃。《孟子》曰：「如追放豚，既入其苙，又從而招之。」趙曰：「招，罥也。」按，罥之，謂絆其足。經文招字，與豖古音相近，招之即豖之也。此猶「州吁」即「祝吁」。从豕繫二足。繫當作「係」。此从豕而象形也。丑六切，三部。《廣韵》丑玉切。

豦 鬭相丮不解也。鬭，當作「鬥」，兩丮相對也。丮，持也。不言持，言丮者，以疊韵爲訓也。从豕虍。此會意。虍者，虎文也，故即以爲虎字。豕虎之鬭，當作「鬥」。不相捨。説會意之恉。讀若蘮蒘艸之蘮。「蘮蒘」當作「罽挐」，「之蘮」當作「之挐」。蓋本無末二字，後人增之而誤耳。蘮蒘，竊衣，見《釋艸》。强魚切，五部。司馬相如説：豦，封豕之屬。此別一説也。《毛詩》傳曰：「封，大也。封豕，大豕也。」《上林賦》「擽蜚遽遽」，或作「虡」，《廣韵》引作「虡」㉔，其即豦歟？一曰，虎兩足舉。此又別一義。

豙 豕怒毛豎也。毅，妄怒也，从此會意兼形聲。一曰，殘艾也。艾當作乂，乂或作刈，芟艸也。殘乂者，刪夷之也。从豕，辛省。各本無「省」字，篆體从辛豕。今按《五經文字》毅下云：「从辛省。」正从辛省之譌，以毛豎如食辛辣也。會意。魚既切，十五部。

豩 二豕也。豳从此。許書豳燹二篆皆用豩爲聲也，然則其讀若尚略可識矣。古音當在十三部。闕。謂其義其音皆闕也。二豕乃兼頑鈍之物，故古有讀若頑者。大徐伯貧切，又呼關切。

文二十二。《詩音義》引《説文》「豥」字，《爾雅音義》引《字林》「豥」字，未知《説文》本有此字否也。　重一。

㣇 脩豪獸。《毛詩·六月》《韓奕》傳曰：「脩，長也。」周秦之文，攸訓爲長，其後乃叚脩爲攸，而訓爲長矣。豪，豕鬣如筆管者，因之凡髦鬣皆曰豪。《釋獸》曰：「貄，脩豪。」㣇者，正字；貄者，俗字，或作肆者，叚借字也。按，此言獸，與下文「𩫨豕」非一物。顔氏注《漢書》曰：「豪豬，一名㣇。」非也。一曰，河内名豕也。謂河内謼豕爲㣇，猶上谷之謼豭也。河内，漢郡名，領懷縣等縣十有八，今懷慶、衛輝以及彰德府南境皆是其地。从彑，象頭鋭。下象毛足。⺈者象其髦也，毛當作髦，巾象足。凡㣇之屬皆从㣇。讀若弟。羊至切，十五部。

籒文。

古文。

𢑚 豕屬。从㣇，㫚聲。呼骨切，十五部。

𩫨 𩫨豕，逗。鬣如筆管者。𩫨字各本無，今補。𩫨豕，豕名，《西山經》之「豪彘」，《長楊賦》之「豪豬」也。《西山經》曰：「竹山有獸焉，其狀如豚而白，毛大如笄而黑端。」郭云：「貆豬也，能以脊上豪射物。」按，本是豕名，因其鬣如筆管，遂以名其鬣。凡言豪俊、豪毛，又皆引伸之義也。俗乃別豪俊字从豕，豪毛字从毛。出南郡。漢郡名，領江陵等縣十有八，今荆州府北至襄陽府境是其地。从㣇，高聲。乎刀切，二部。

豪 篆文从豕。篆，各本作籒，非是，今正。㣇爲籒文，則㣇爲古文，𩫨古文也，豪則小篆改㣇从豕，以豪附𩫨，此正以「上」附「二」之例，下文以豚附𧱓，亦其類。孫强輩增竄《玉篇》，所據《説文》已是誤本矣。

彙 彙蟲也。彙字各本無，今補。也字依《廣韵》補。

《釋獸》曰：「彙，毛刺。」其字俗作蝟，作猬。《周易》：「拔茅茹以其彙。」鄭云：「勤也。」以爲謂之叚借也㉕。王弼云：「類也。」以爲會之叚借也。似豪豬而小，从㣇。「而小」二字依《廣韵》補。有毛刺似豪豬，故从㣇也。上文云：「㣇，籒文㣇。」此正从籒文。胃省聲。于貴切，十五部。

蝟 或从虫作。《爾雅》亦入之《釋獸》。

𢑥 㣇屬，从二㣇。息利切，十五部。

𢑥 古文𢑥。《虞書》曰：虞當作「唐」，說詳禾部。「𢑥類于上帝。」《堯典》文。許所據葢壁中古文也，伏生《尚書》及孔安國以今文讀定之，古文《尚書》皆作「肆」，太史公《史記》作「遂」，然則漢人釋「肆」爲「遂」，即《爾雅》之「肆，故也。」壁中文作𢑥，乃肆之假借字也。此引《書》說叚借，與𢼸即「好」，莫即「蔑」爲一例。

文五。重五。

彑 豕之頭，《篇》《韵》曰：「彙類。」今義也。象其鋭而上見也。象形也。凡彑之屬皆从彑。讀若罽。罽者，籒文鋭，故音相通也。居例切，十五部。

彘 豕也。與「豕」篆下「彘也」爲轉注。後蹏廢謂之彘。廢，鈍置也。彘之言滯也。豕前足僅屈伸，後足行步蹇劣，故謂之廢。从彑，从二匕，矢聲。直例切，十五部。彘足與鹿足同。說从二匕之意也。鹿、龟、能足皆从二匕。

彖 豕也。从彑，从豕，讀若弛。式視切。按，古音在十六、十七部閒。《廣韵》尺氏切是也。蠡从䖵，彖聲，⿰忄彖从心，彖聲，古音皆在十六部。今韵蠡入薺，⿰忄彖入佳，皆不誤，而字形从彖則誤。

𧰲 豕也。从彑，下象其足。讀若瑕。乎加切。按，小徐本此爲彖之古文，《篇》《韵》皆無此字。

彖 豕走也。《玉篇》作「豕走悦也」，恐是許書古本如此。《周易》卦辭謂之彖，爻辭謂之象。《㲉辭》傳曰：「彖也者，才也。」虞翻曰：「彖說三才。」「彖者，言乎象者也。」虞翻曰：「八卦以象告，彖說三才，故言乎象也。」古人用彖字必系叚借，而今失其說。劉瓛曰：「彖者，斷也。」从彑，从豕省。通貫切，十四部。

文五。小徐作四。

⿰月⿱豕又 小豕也。《方言》：「豬其子或謂之豚，或謂之貕。」从古文豕。各本作「从㣇省，象形」五字，非也，今正。从又持肉以給祠祀也。凡祭宗廟之禮，豕曰剛鬣，豚曰腯肥。又，手也。徒魂切，十三部。凡⿰月⿱豕又之屬皆从⿰月⿱豕又。各本⿰月⿱豕又作「豚」，誤，今正。

豚 篆文从肉豕。上古文，此小篆也。亦以「上」附「二」之例。不入豚於豕部附以古文⿰月⿱豕又者，以有从⿰月⿱豕又之⿱衛⿰月豕，則不得不立此部首也。《爾雅音義》曰：「籒文作豚。」《玉篇》亦曰：「豚者，籒文。」皆誤。恐學者惑焉，故箸於此。

䝐 豚屬。从豩，衛聲，讀若罽。于歲切，十五部。

文二。　重一。

豸 獸長脊行豸豸然，欲有所司殺形。總言其義其形，故不更言象形也。或曰，此下當有「象形」二字。司，今之「伺」字。許書無「伺」。凡獸欲有所伺殺，則行步詳䆮，其脊若加長。豸豸然，長皃，文象其形也。《周禮·射人》：「以貍步張三侯。」注云：「貍，善搏者也，行則止而擬度焉，其發必獲，是以量矦道法之也。」許言獸者，謂凡殺物之獸也。《釋蟲》曰：「有足謂之蟲，無足謂之豸。」按，凡無足之蟲，體多長，如蛇蚓之類，正長脊義之引伸也。《上林賦》曰「陂池貏豸」，即《子虛賦》之「罷池陂陀」。《西京賦》曰：「增嬋娟以此豸。」按，「貏豸」謂池邐之長，「此豸」謂婀娜之長，亦皆長義之引伸。古多叚豸爲「解廌」之廌，以二字古同音也。廌與解古音同部，是以廌訓解。《方言》曰：「廌，解也。」《左傳》：「庶有豸乎。」《釋文》作「廌」，引《方言》「廌，解也」。正義作「豸」，引《方言》「豸，解也。」今本《釋文》廌譌爲「鳩」，今本《方言》廌譌爲「瘛」，音胡計切，葢古書之難讀如此。池爾切，十六部。凡豸之屬皆从豸。

豹 佀虎，圜文。豹文圜。《易》曰：「君子豹變，其文蔚也。」豹一名程。从虎㉖，勺聲。北教切，二部。

貙 貙獌，似貍。各本下有「者」字，今刪正。貍篆下曰：「似貙。」其狀互見也。《釋獸》：「貙似貍。」又曰：「貙獌，似貍。」犬部獌下曰：「狼屬。」引《爾雅》「貙獌，似貍」。然則此襲《爾雅》「貙似貍」，獌衍文耳。貙常以立秋日祭獸。《吳都賦》注曰：「虎屬。」从豸，區聲。敕俱切，古音在四部。

貚 貙屬也。从豸，單聲。徒干切，十四部。

貔 豹屬。《大雅·韓奕》傳曰：「貔，猛獸也。」《尚書》某氏傳曰：「貔，執夷，虎屬也。」《釋獸》曰：「貔，白狐。」舍人曰：「名白狐也。」按，《方言》曰：「貔，陳楚江淮之間謂之𧳏，北燕朝鮮之間謂之貉，關西謂之狸。」郭云：「貔，未聞語所出。」玉裁謂，《方言》所說，貍也，非貔也。《爾雅》所說白狐，葢亦貍類，非貔也。而皆得貔名者，俗評之相混也。《說文》、毛傳、《尚書》傳則皆貔之本義也。出貉國。北方國也。从豸，㿽聲。房脂切，十五部。《詩》曰：「獻其貔皮。」《大雅·韓奕》。《周書》曰：「如虎如貔。」《牧誓》。貔，猛獸。按，上文「豹屬」當作「貍屬」，許以貍屬爲貔本義，以猛獸爲《詩》《書》之貔也。於全書之例知之。

豼 或从比。比聲。

豺 狼屬，狗聲。《釋獸》曰：「豺，狗足。」許云「狗聲」，似許長。其聲如犬，俗評豺狗。从豸，才聲。士皆切，古音在一部。當入咍韵。

貐 貗貐。貗，大徐作「猰」，《廣韵》引許作「貗」。無貗篆者，疑許本作「契」，無豸旁，後人加之。从貙㉗，虎爪。依許當作叉。食人，迅走。以上《釋獸》說如此。从豸，俞聲。以主切，古音在四部。《爾雅音義》曰：「韋昭餘彼反。」按，彼字必「佊」字或「俀」字之誤，《集韵》《類篇》不知其誤，乃云「貐，尹捶切」。入《四紙》，葢古書之襲繆有如此者。

貘 佀熊而黄黑色，出蜀中。即諸書所謂「食鐵之獸」也，見《爾雅》、《上林賦》、《蜀都賦》注。《後漢書》、《爾雅》謂之「白豹」，《山海經》謂之「猛豹」，今四川川東有此獸，薪采攜鐵飯甑入山，每爲所齧，其齒則奸民用爲僞佛齒。**从豸，莫聲。**莫白切，古音在五部。字亦作「貊」，亦作「狛」。

䝤 猛獸也。猛當作「䝤」，三字爲句。䝤見《上林賦》，郭璞曰：「䝤似牛，領有肉堆，即犎牛也。」按，即《爾雅》之犦牛也。字亦作「䝤」㉘，亦作「𤛾」，《漢書》作「庸」。**从豸，庸聲。**余封切，九部。

貜 𡙡貜也。𡙡，《廣韵》引作「𣫫」，未知孰是。葢合二字爲獸名，與犬部玃字義别。**从豸，矍聲。**王縛切，五部。

貀 貀獸。貀字各本無，今補。**無前足。**前當作「歬」，「貀無前足」，《釋獸》文。**从豸，出聲。**女滑切，十五部。**《漢律》，能捕豺貀購錢百。**錢百，各本作「百錢」，今正。《爾雅》郭注：「律捕虎一，購錢三千，其狗半之。」葢亦沿《漢律》也。購者，以財有所求也。

貈 似狐，善睡獸也。凡狐貉連文者，皆當作此貈字，今字乃皆假「貉」爲貈，造「貊」爲貉矣。**从豸，舟聲。**下各切。按，此切乃貉之古音，非此字本音也。其字舟聲，則古音在三部，《邠》詩貈、貍、裘爲韵，一部三部合音也。**《論語》曰：「狐貈之厚目居。」**《鄉黨篇》文㉙。居當作「凥」。

貆 貈之類。**从豸，亘聲。**按，此篆舊系貉篆下，云「貉之類」，然則亦必人而豸種者。而經傳不言有貆人，則知轉寫譌舛耳。《釋獸》曰：「貈子，貆。」可援以證許書矣。今更正，而移其次於此。胡官切，十四部。

豻 胡地野狗。《禮記·玉藻》、《周禮·巾車》注皆云：「豻，胡犬也。」正義皆云：「胡當作狐，與犬合所生。」按，犬有名狼、名狐者，見《廣雅》，但此注「胡犬」，證以《說文》、高誘《淮南》注、熊安生《禮記正義》云「胡地野狗」，則其字不當作「狐」来矣。**从豸，干聲。**五旰切，十四部。

犴 豻或从犬。**《詩》曰：「宜犴宜獄。」**《小雅·小宛》文。《毛詩》作「岸」，釋文曰：「《韓詩》作犴。云：鄉亭之繫曰犴，朝廷曰獄。」李善《文選》注亦引《韓詩》。按，《毛詩》傳曰：「岸，訟也。」此謂岸爲犴之假借也。獄从二犬，故犴與獄同意。《皇矣》箋亦曰：「岸，訟也。」本《小宛》傳。

貍 伏獸，似貙。伏獸，謂善伏之獸。鄭注《大射》云：「《貍首》，逸詩。貍之言不來也。其詩有射諸矦首不朝者之言，因以名篇。」皇侃以爲舊解云：「貍之取物則伏下其頭，然後必得，言射亦必中，如貍之取物矣。」上文云「貙，似貍」，此云「貍，似貙」，言二物相似，即俗所謂野貓。从豸，里聲。里之切，一部。

貒　貒獸也。各本無「貒」字，今補。三字爲一句。《釋獸》曰：「狐、貍、貒、貈醜，其足蹯，其跡厹。」「貒子，貗。」似豕，而肥。各本無此四字，今依《韵會》所據及《爾雅音義》所引補。从豸，耑聲。讀若湍。他耑切，十四部。

貛　野豕也。从豸，雚聲。呼官切，十四部。按，厹部引《爾雅》「狐、貍、貒、貈醜」，貒作「貛」，葢貒、貛本一字，貛乃貒之或體，淺人刪去上文「似豕而肥」四字，乃注「野豕也」三字，於此以分別之耳。其物非有二，《集韵》、《類篇》亦合爲一字，宜正之曰：「貒或从雚聲。」

貁　鼠屬。善旋。按，當作「禺屬。善倒縣」。《周禮》、《爾雅》、《山海經》有「蜼」字，許無「蜼」，貁即蜼。《廣雅》曰「狖，蜼也」是也。《釋獸》曰：「蜼，卬鼻而長尾。」《周禮》注曰：「蜼，禺屬，卬鼻而長尾。」郭景純曰：「蜼似獼猴而大，黃黑色，尾長數尺，末有网岐，雨則自縣於樹，以尾塞鼻。零陵南康人呼之音餘，建平人呼之音相贈遺之遺，又音余救反，皆土俗輕重不同耳。」《淮南·覽冥》注曰：「狖，猨屬。長尾而卬鼻。」《吳都賦》劉注引《異物志》曰：「狖，猨類。露鼻，尾長四五尺，居樹上，雨則以尾塞鼻。」是以狖者，貁之俗省，蜼、貁爲古今字。許不取「蜼」，用今字也。與鼠部之鼧、鼬分別爲三物。从豸，宂聲。此宂散之宂，俗譌作穴聲，篆體亦誤，今正。宂之古音在三部，余救切，三部。

貂　鼠屬。大而黃黑，出胡丁零國。郭氏《山海經》注曰：「今扶餘國即濊貊故地，在長城北，去玄兔千里，出名馬、赤玉、大珠如酸棗也。」从豸，召聲。都遼切，二部。

貉　北方貉，各本奪貉字，今補。此與西方羌从羊、北方狄从犬、南方蠻从虫、東南閩越从虫、東方夷从大參合觀之。鄭司農云：「北方曰貉，曰狄。」《周禮·大甸》：「獵祭表貉。」注云：「貉讀爲十百之百。」豸穜也。从豸，長脊獸之穜也，故从豸。各聲。莫白切，古音在五部。下各切，俗作「貊」。孔子曰：「貉之言貉貉惡也。」七字一句。各本作「貉之爲言惡也」，今依《尚書音義》、《五經文字》正。《尚書音義》作「貊貊」，淺人所改耳。貉與惡疊韵，貉貉，惡皃。○貂貉二篆，各本在豻篆之後，貆貍篆之前，今以虫部之蠻閩次於以虫爲象之末，犬部之狄次於犬末，羊部之羌次於羊末，人部之僥次於人末，大部夷字次於大末，依類求之，移易次此，必有合乎古本矣。

文二十。　重二。小徐本文十七，容有誤也，其曰重三，必合貒貛爲一字矣。

𤉡　如野牛，青色，其皮堅厚可制鎧。「青色」，各本作「而青」，「其皮堅厚可制鎧」，各本無此七字，今補。《論語》季氏疏、《爾雅·釋獸》疏、《詩·何草不黃》正義、《春秋左傳·宣二年》正義皆有此七字，皆作青色，或作青毛。《釋獸》曰：「兕，似牛。」許云「如野牛」者，其義一也。野牛即今水牛，與黃牛別，古謂之野牛。《爾雅》云「似牛」者，似此也。郭注《山海經》曰：「犀似水牛，豬頭，庳腳。兕亦似水牛，青色，一角，重三千斤。」《考工記》：「函人爲甲，犀甲七屬，兕甲六屬。犀甲壽百年，兕甲壽二百年。」**象形。**謂上象其頭，下象其足尾也。徐姊切，十五部。**𢑚頭，**二字今補。**與禽离頭同。**禸部禽下亦曰：「禽离𢑚頭相似。」今人作楷，𢑚作凹，禽离作凶，其頭不同矣。篆法古當同。**凡𢑚之屬皆从𢑚。**

兕　古文从儿。蓋亦謂其似人胻也，虎足亦與人足同。今字兕行而𢑚不行。漢隸作「光」，《經典釋文》云：「本又作光。」

文一。　重一。

易　蜥易，蝘蜓，守宮也。虫部蜥下曰：「蜥易也。」蝘下曰：「在壁曰蝘蜓，在艸曰蜥易。」《釋魚》曰：「蠑螈，蜥蜴。蜥蜴，蝘蜓。蝘蜓，守宮也。」郭云：「轉相解，博異語，別四名也。」《方言》曰：「守宮，秦晉西夏謂之守宮，或謂之蠦蝘，或謂之蜥易。其在澤中者謂之易蜴。南楚謂之蛇醫，或謂之蠑螈。東齊海岱謂之螔蝾。北燕謂之祝蜓。桂林之中，守宮大者而能鳴謂之蛤解。」按，許舉其三者，略也。易本蜥易，語言假借而難易之義出焉。鄭氏贊《易》曰：「《易》之爲名也，一言而函三義：簡易一也，變易二也，不易三也。」按，易、象二字，皆古以語言假借立名，如象即像似之像也，故許先言本義，而後引祕書說，云祕書者，明其未必然也。**象形。**上象首，下象四足，尾甚微，故不象。羊益切，十六部。古無去入之分。亦以豉切。今俗書蜥易，字多作「蜴」，非也。按，《方言》蜥易「其在澤中者，謂之易蜴。」郭云：「蜴音析。」是可證蜴即蜥字，非羊益切。《小雅》：「胡爲虺蜴。」毛傳曰：「蜴，螈也。」釋文：「蜴，星歷反，字又作蜥。」《說文》引《詩》正作「蜥」，毛語正與《方言》合。《方言》易蜴「南楚謂之蛇醫，或謂之蠑螈。」謂在澤中者也。螈即虫部之「蚖」字，蛇醫也。陸璣云：「蜴一名蠑螈，水蜴也，或謂之蛇醫，如蜥易。」然則蜥易者，統名。倒言易蜥及單言蜥者，別其在澤中者言也。**祕書說曰：「日月爲易。」**祕書謂緯書。目部亦云：「祕書瞋从戌。」按，《參同契》曰：「日月爲易，剛柔相當。」陸氏德明引虞翻注《參同契》云：「字从日下月。」**象侌易也。**謂「上从日，象陽；下从月，象陰。」緯書說字多言形而非其義，此雖近理，要非六書之本，然下體亦非月也。**一曰，从勿。**又一說从旗勿之勿，皆字形之別說也。**凡易之屬皆从易。**

文一。

象　南越大獸。獸之冣大者，而出南越。**長鼻牙，**有長鼻長牙。以上七字，依《韵會》所據小徐本。**三年一乳。**《左傳·定四年》正義作「三年一乳字」㉚。按，古書多假象爲「像」，人部曰：「像者，似也。似者，像也。」像从人，象聲。許書「一曰指事，二曰象形」，當作「像形」。全書凡言「象某形」者，其字皆當作「像」，而今本皆从省作「象」，則學者不能通矣。《周易·繫辭》曰：「象也者，像也。」此謂古《周易》象字即像字之假借。《韓非》曰：「人希見生象，而案其圖以想其生，故諸人之所以意想者，皆謂之象。」似古有象無像。然像字未製以前，想像之義已起，故《周易》用象爲想像之義，如用易爲簡易、變易之義，皆於聲得義，非於字形得義也。《韓非》說同俚語，而非「本無其字，依聲托事」之恉。 象耳牙四足尾之形。象當作「像」，耳牙疑當作「鼻耳」，尾字各本無，今補。徐兩切，十部。

凡象之屬皆从象。

豫 象之大者。此豫之本義，故其字从象也。引伸之，凡大皆偁豫。故《淮南子》、《史記·循吏傳》、《魏都賦》皆云：「市不豫價。」《周禮·司市》注云：「防誑豫。」皆謂賣物者大其價以愚人也。大必寬裕，故先事而備謂之豫，寬裕之意也。寬大則樂，故《釋詁》曰：「豫，樂也。」《易》鄭注曰：「豫，喜豫説樂之皃也。」亦借爲「舒」字，如《洪範》「豫，恒燠若」，即「舒，恒燠若」也。亦借爲「與」字，如《儀禮》古文與作豫是也。 賈侍中說，不害於物。賈侍中名逵，許所從受古學者也。侍中說豫象雖大，而不害於物，故寬大舒緩之義取此字。 从象，非許書，則从象不可解。 予聲。羊茹切，五部。俗作「預」。

古文。

文二。 重一。

四十六部。 文四百九十六。 重六十四。

宋本四作三。

凡七千二百四十七字。此以上言九篇部分、篆文、説解字三者之都數也。

附注：

①郭璞此注見《詩·崧高》正義、《左傳·昭四年》正義引，皆云出郭氏《爾雅注》。

②「省作崛」，崛當作屈。

③《邶風》是《鄘風》之誤。見《蝃蝀》。

④《玄應一切經音義》卷四、卷八引《説文》皆作「廡，堂下周屋也」。卷十一同。段氏所據不明。又《文選》李善注多次引《説文》亦同，《太平御覽》一百八十一引《聲類》及《後漢書·梁鴻傳》注亦皆作「廡，堂下周屋也」。《楚辭·九歌·湘夫人》朱熹集注亦同。故段氏所斷甚可疑。

⑤所引鄭注中「四匹也」三字原無，爲段氏附注之語。

⑥所引李注見王儉《褚淵碑文》「餐東野之秘寶」句下，李引《雒書零準聽》，段氏誤「零準」爲「天準」，又「東杼」原作「東序」。

⑦《南山》當作《信南山》。「中田有廬」句鄭箋云：「中田，田中也。農人作廬焉，以便其田事。」

⑧「伊于胡厎」見《詩·小旻》，其下「厎，至也」是鄭箋語，段氏敘述應分別。

⑨見《周語下》，天，原作帝。段氏引誤。

⑩「里」是「理」之誤。此誤不衹此處。

⑪《九經字樣》石部：「碬，音霞，見《春秋》。」不云見《説文》，段氏

記誤。

⑫椎叚，當作「椎段」。

⑬《文選》中「瑕英」一詞唯見左思《蜀都賦》，此《吳都賦》及「皆」字當删。另揚雄《蜀都賦》亦用此詞，見《文選・左思〈蜀都賦〉》「瑕英」下劉淵林注。

⑭注前文「叚，各本作碬」，首字叚，當作「段」。此「从叚石」當作「从段石」，刻本誤。

⑮今《左》《穀》皆作「隕」，《公羊》作「霣」。似段氏本作「隕」，以與許引作「磒」別，而筆誤作「霣」。

⑯見《調張籍》詩。

⑰四部叢刊縮印明翻宋刻本《釋名》下三磬字皆作「罄」。

⑱《宋本玉篇》石部磛下作「山皃」，無「石」字。

⑲《高堂賦》是《高唐賦》之誤。

⑳礹之釋義當同下字説解。此誤録。

㉑「張揖」是「郭璞」之誤。

㉒段氏删磺之重文卝，實重四。

㉓刻本篆體右形原缺中横，今據二徐補正。

㉔《廣韵・八語》虡下：「《説文》曰：鐘鼓之柎也，飾爲猛獸。」「虡，上同，俗作簴。」

㉕鄭注「勤也」見釋文引。按，《爾雅・釋詁》：「謂，勤也。」《詩・小雅・隰桑》：「遐不謂矣。」鄭箋：「謂，勤。」釋文引據此。

㉖「虎」是「豸」之誤。

㉗「从貍」是「似貍」之誤。

㉘「䝤」當是「㺎」之誤。《上林賦》「其獸則㺎旄獏犛」句，《文選》作「㺎」，《史記》作「𤛾」，《漢書》作「庸」。

㉙今本《論語》「貈」作「貉」。

㉚《左傳・定四年》正義無此文，段氏記誤。

說文解字第十篇上

金壇段玉裁注

馬 怒也，武也。以疊韻爲訓，亦「門，聞也」，「户，護也」之例也。《釋名》曰：「大司馬，馬，武也，大揔武事也。」象馬頭髦尾四足之形。古籀文皆以彡象髦。石建奏事，「事下，建讀之，曰：誤書！馬字與尾當五，今乃四，不足一，上譴死矣」。莫下切，古音在五部。凡馬之屬皆从馬。

影 古文。

影 籀文馬，與影同有髦。《說文》各本籀文、古文，皆作影無別，據《玉篇》古文作影，籀文作影，是古文从㣇加髦，籀从豸加髦，故云二者同有髦也。毛髦覆於頸，故象覆形。

騭 牡馬也。《釋嘼》曰：「牡曰騭，牝曰騇。」郭云：「今江東呼駁馬爲騭。」按，騭古叚陟爲之，《小正》：「四月執陟攻駒。」陟騭古今字。謂之騭者，陟，升也，牡能乘牝。《月令》所謂「累牛騰馬」，皆乘匹之名，《月令》「三月遊牝」，《小正》「四月執騭」，事實相因也。若《釋詁》曰：「騭，陞也。」郭注引《方言》：「魯衛之閒曰騭。」《洪範》：「惟天陰騭下民。」馬融曰：「騭，升也。升猶舉也，舉猶生也。」《漢·五行志》引經，服虔曰：「騭音陟。」應劭曰：「騭，升也。」此等騭字，皆登陟字之假借。《爾雅》以釋《詩》《書》者也，故陟、騭並列，而統曰「陞也」。《方言》：「躡、郅、跂、洛、躋、踚，登也。魯衛曰郅。」郭注《爾雅》引之，郅作「騭」，蓋郭當日所見不誤，後人或用其音改其本字耳。《方言》與《爾雅》同義。从馬，陟聲。鉉本此下有「讀若郅」三字，此必後人羼入，非許原文也。陟聲古音在今職韻，郅聲古音在今質韻，相隔甚遠。諸家訓登，子慎音陟，騭之爲「之翼切」無可疑矣。蓋自僞孔安國解《尚書》云「騭，定也」，意謂爲「質」之假借，而陸德明乃曰「之逸反」，師古乃音「質」，尤而效之者且改《方言》之騭爲郅，增竄「讀若郅」三字於許書，世有善讀書者，必能心知其意矣。一部。

馬 馬一歲也。从馬一，絆其足。「絆其足」三字蓋衍文，衹當云「从馬一」而已。一說畀下云：「从馬，二其足。」此當作「一其足」，絆字賸。韵書、字書皆作「馬」，疑非是，不當从十也。讀若弦，小徐作「絃」。一曰，若環。户關切，十四部。按，今《玉篇》有「爲萌」一切，《集韵》、《類篇》收入耕韵，皆讀若絃之本也。《集韵》《類篇》又收入咍韵，未詳。又按，絃蓋譌字，弦是也。《釋嘼》「玄駒」，音義曰：「玄，《字林》作⿰馬玄，音同。」《廣韵》：「⿰馬玄，胡涓切，馬一歲。」語必本諸《字林》，蓋《字林》始變馬爲⿰馬玄也。

駒 馬二歲曰駒，三歲曰駣。《周禮·廋人》：「教駣攻駒。」鄭司農云：「馬三歲曰駣，二歲曰駒。」《月令》曰：「犧牲駒犢，舉書其數。」犢爲牛子，則駒馬子也。《小雅》：「老馬反爲駒。」言已老矣，而孩童慢之也。按，《詩》駒四見，而《漢廣》、《株林》、《皇皇者華》於義皆當作驕，乃與毛傳、《說文》合，不當作駒。依韵讀之，則又當作駒乃入韵，不當作驕，深思其故，蓋《角弓》用字之本義，「南有喬木」①、《株林》、《皇皇者華》則皆讀者求其韵不得，改驕爲駒也。駒未可駕車，故三詩斷非用駒本義。駣字既見《周禮》，何以連類言之，不錄此篆也？曰：疑《周禮》故書本作兆，或借羊部䍮爲之，許解中駣字葢非許君原文，後人依《周禮》改之耳，不當如《玉篇》擅增也。从馬，句聲。舉朱切，古音在四部。

馱 馬八歲也。《初學記》引何承天《纂文》同。从馬八，八亦聲。合二徐本訂。博拔切，古音在十二部。

䮍 馬一目白曰䮍，一字賸。目部曰：「瞯，戴目也。」《爾雅》釋文引《倉頡篇》：「瞯，目病也。」《廣韵》曰：「瞯，人目多白也。」是則人目白曰瞯，馬目白曰䮍，䮍即从瞯省。《爾雅·釋嘼》䮍作「瞯」。二目白魚，二當作「一」。按，《釋嘼》曰：「一目白䮍，二目白魚。」《魯頌》毛傳，正義本作「二目白曰魚」，釋文本作「一目白曰魚」，以理覈之，葢陸本是，孔本非，毛傳是，《爾雅》誤。傳言「一目」者，以別於二目也，假令二目白，則傳不言二。許本毛，則必上句言目白，下句言一目白。毛本《爾雅》，則知《爾雅》轉寫失其真也。魚，《字林》作「驗」，許無驗字，類言之。从馬，閒聲。户閒切，十四部。《字林》作「驧」。

騏 馬青驪文如綦也。如綦各本作「如博綦」，不通，今依李善《七發》注、《玄應書》卷二、卷四、卷八正。凡馬言色者，如下文深黑色、淺黑色，全體之色也；其言某處黑、某處白、發白色、發赤色，一耑之色也；言襍毛者，謂其毛異色相錯，非比異色成片段者也；其曰文者，獨此而已，謂異色成枝條相交，如文之錯畫然。下文青驪馬爲駽，謂其全體青黑色。此云青驪文如綦，謂白馬而有青黑紋路相交如綦也。綦，糸部作「綥」，白蒼文也。綦者，青而近黑，《秦風》傳曰：「騏，綦文也。」《魯頌》傳曰「蒼騏曰騏」，蒼騏即蒼綦，謂蒼文如綦也。《曹風》：「其弁伊騏。」傳曰：「騏，騏文也。」正義作「綦文」。《顧命》「騏弁」，鄭注曰：「青黑曰騏。」②本作綦弁，古多叚騏爲綦。从馬，其聲。渠之切，一部。

驪 馬深黑色。《魯頌》傳曰：「純黑曰驪。」按，引伸爲凡黑之偁，亦叚「黎」「棃」爲之。从馬，麗聲。呂支切，十六部。

駽 青驪馬。謂深黑色而戴青色也。《魯頌·有駜》曰：「駜彼乘駽。」《釋嘼》、毛傳皆曰：「青驪曰駽。」从馬，肙聲。火玄切，十四部。按，當火縣切。《詩》曰：「駜彼乘駽。」

騩 馬淺黑色。《漢舊儀》：「有天地大變，丞相上病，使者奉策書，駕騩駱馬，即時布衣步出府，免爲庶人。丞相有他過，使者奉策書，駕騅騩馬，即時步出府，乘棧車牝馬歸。」按，乘騩者，取無色之意。从馬，鬼聲。俱位切，十五部。

駵 赤馬黑髦尾也。髦各本作「毛」，今依《廣韵》正。髦者，髦髮也，髮之長者偁髦，因之馬鬣曰髦。《魯頌》傳曰：「赤身黑鬣曰駵。」从馬，丣聲。丣各本作「畱」，篆體作「騮」，大誤。今依《五經文字》、《玉篇》、《廣韵》正。力求切，三部。

騢 馬赤白襍毛。襍毛者，謂異色之毛襍亂相厠也。

或作「襍色」，非是。《魯頌》「有騢」，《釋嘼》、毛傳皆曰：「彤白襍毛曰騢。」从馬，叚聲。乎加切，古音在五部。謂色似鰕魚也。此當作「色似鰕魚」四字，系「襍毛」之下，如驒下「文如鼉魚」一例。鰕魚謂今之蝦，亦魚屬也。蝦畧有紅色，凡叚聲多有紅義，是以瑕爲玉小赤色。此六字蓋舊注之僅存者。

騅 馬蒼黑襍毛。黑當作「白」。《釋嘼》、毛傳皆云：「蒼白襍毛曰騅。」蒼者，青之近黑者也。白毛與蒼毛相閒而生，是爲青馬，雖深於青白襍毛之驄，未黑也。若黑毛與蒼毛相閒而生，則幾深黑矣。《釋言》曰：「菼，騅也。」《王風》傳曰：「菼，薍也，萑之初生者。」艸部曰：「薍者，萑之初生，一曰騅。」此以同色名之。觀萑葦之初生之色，則知蒼白之不可易矣。〇《六書故》云：徐本作白③。正謂唐本不作白也。从馬，隹聲。職追切，十五部。

駱 馬白色黑鬣尾也。《釋嘼》曰：「白馬黑鬣，駱。」《詩音義》曰：「樊孫《爾雅》並作白馬黑髦鬣尾也。」然則許正同樊孫本矣。《魯頌》毛傳亦曰：「白馬黑鬣曰駱。」按，今《毛詩》「有驒有駱，有駵有雒」，毛曰：「黑身白鬣曰雒。」正與「白身黑鬣曰駱」互異。正義曰：「定本集注及徐音皆作駱。」釋文亦云：「雒，本或作駱。」然則本二物相似而同名，淺人惑之，乃妄改字。从馬，各聲。盧各切，五部。

駰 馬陰白襍毛黑。黑字，宋本舊本皆同。汲古毛氏改黑作「也」，以合《爾雅》、毛傳，然而非是。《釋嘼》、《魯頌》傳皆云：「陰白襍毛曰駰。」郭云：「陰，淺黑也。今之泥驄。」或云「目下白」，或云「白陰」，皆非也。「陰，淺黑」本叔然說，然則許蓋「襍毛」之下釋云「陰淺黑也」，如虢下「虎竊毛謂之虢苗，竊，淺也」。正是一例。既說者惑於白陰之說，謂馬私處白而襍黑毛，因致漏奪不可讀，苟求其故，由不解陰之爲淺黑耳。《廣韵》曰：「駰，馬陰淺黑色。」有脱。从馬，因聲。於真切，十二部。《詩》曰：「有駰有騢。」《魯頌·駉》文。

驄 馬青白襍毛也。白毛與青毛相閒，則爲淺青，俗所謂葱白色。《詩》曰：「有瑲葱衡。」《釋器》曰：「青謂之葱。」从馬，悤聲。千公切，九部。

驈 驪馬白跨也。跨者，兩股之閒也。《釋嘼》、毛傳皆曰：「驪馬白跨曰驈。」从馬，矞聲。食聿切，十五部。《詩》曰：「有驈有騜。」《魯頌·駉》文。按，《毛詩》作「皇」，許無「騜」字，《字林》乃有之，此騜後人所改耳。《韵會》作「有皇」是也。《爾雅》作「黃白，騜」，亦是俗本。

駹 馬面顙皆白也。面者，顔前也。《釋嘼》曰：「面顙皆白惟駹。」按，言惟者，以別於上文的顙、白顛、白達、素縣也。面顙白，其他非白也，故从尨。《周禮》「駹車」，借爲尨襍字也。从馬，尨聲。莫江切，九部。

騧 黃馬，黑喙。《釋嘼》曰：「白馬黑脣，駩。黑喙，騧。」如《爾雅》之文，則是白馬黑喙也。《秦風》傳曰：「黃馬黑喙曰騧。」許本之。豈今《爾雅》奪「黃馬」二字與。郭云：「今之淺黃色者，爲騧馬。」从馬，咼聲。古華切，十七部。宋明帝以騧字似「禍」，改从瓜，遂於古音不合。

⿰馬𦝠 籀文騧。咼聲、𦝠聲，同在十七部。

驃 黄馬發白色。發白色者，起白點斑駁也。《釋嘼》曰：「黄白曰騜。」《毛詩》祇作「皇」，然則皇即驃與。牛部犥下曰：「牛黄白色。」與驃音正同也。一曰，白髦尾也。謂黄馬而白鬣尾也。从馬，㶏聲。毗召切，二部。

駓 黄白襍毛也。各本作「黄馬白毛」，今正。《六書通》引唐本作「黄馬白襍毛」④，此唐本衍馬字，淺人不删馬字，而删襍字耳。《釋嘼》、毛傳皆曰：「黄白襍毛曰駓。」《字林》作「駓」。从馬，丕聲。古作丕字，中直貫下，或作丕，是以論曹魏者曰，丕之字不十也。《詩釋文》此字本作「駓」，《字林》乃作「駓」。敷悲切，古音一部。

驖 馬赤黑色。此與「青驪馬」句法同，謂黑色而帶赤色也。驖不見《爾雅》。《秦風》：「駟驖孔阜。」傳曰：「驖，驪也。」驪者，深黑色。許説小異。漢人或叚「鐵」爲之，《前書·地理志》叚「𢧜」爲之。从馬，𢧜聲。他結切，十二部。《詩》曰：「四驖孔阜。」《秦風·駟驖》文。今《詩》四作「駟」。按，《詩》「四牡」「四騏」皆作四，惟「駟介」「俴駟」乃作駟。駟，一乘也，故言馬四則但謂之四，言施乎四馬者乃謂之駟。

⿰馬岸 馬頭有白發色。大徐作「馬頭有發赤色」者非是。《篇》《韵》皆云：「馬白額至脣。」《集韵》曰：「馬流星貫脣。」則爲馬頭發白色矣。《廣韵》曰：「騂⿰馬岸，馬行。」此今義也。按，《東京賦》作「半漢」。从馬，岸聲。五旰切，十四部。

馰 馬白頟也。《秦風》：「有馬白顛。」傳曰：「白顛，的顙也。」《釋嘼》曰：「的顙，白顛。」郭云：「戴星馬也。」《説卦》傳曰：「爲的顙。」虞翻曰：「的，白；顙，頟也。」按，的顙之馬謂之「馰」，《易釋文》云：「的，《説文》作馰。」从馬，勺聲。舊作「的省聲」。的聲亦勺聲也，今正。都歷切，古音在二部。一曰，駿也。駿，馬之良材者。《易》曰：「爲馰顙。」

駁 馬色不純。純同「醇」。崔覲曰：「不襍曰純。」《釋嘼》曰：「駵白，駁。」《豳風》毛傳同，謂駵馬發白色也。許説不同者，許意馬異色成片段者皆得曰駁。引伸之爲凡色不純之偁。从馬，爻聲。北角切，古音在二部。與「駮」各字。

馵 馬後左足白也。左當作「ナ」。《釋嘼》、毛傳皆曰：「後左足白曰馵。」《説卦傳》曰：「震爲馵足。」从馬，二其足。謂於足以二爲記識，如馬於足以一爲記識也，非「一」「二」字。變篆爲隸，馬既作馬，則馵作馵，與篆大乖矣。石經作「馵」。讀若注。之戍切，古音在三部。讀如祝。

驔 驪馬黄脊。《魯頌》：「有驔有魚。」《釋嘼》曰：「驪馬黄脊曰騽。」《爾雅音義》云：「騽，《説文》作驔，音簟。」是則《爾雅》

之騽，即驔之異體。許於此篆用《爾雅》不用毛傳也。《毛傳》曰：「豪骭曰驔。」此即驔之異説。《詩音義》引《字林》云：「驔又音覃，豪骭曰驔。」是則《字林》「豪骭」一義不作騽也。今《説文》乃別有騽篆，訓云「豪骭」，前與《毛詩》不合，後與《字林》不合，此蓋必非許原文。許原文或驔下有「一曰豪骭」之文，或驔篆後有重文作騽之篆，皆不可定。後人乃以兩義分配兩形耳。从馬，覃聲。讀若簟。徒玷切，七部。按，覃之古音如淫，其入聲則如熠，古音又如尋，其入聲則如習，故驔騽必一字。鳥之鷣鳛，蟲之熠燿，其理一也。許此下當有「一曰馬豪骭」五字，又出一騽篆，解云「驔或从習」。《廣韵·二十六緝》「騽」字下云：「馬豪骭，又驪馬黄脊。」《玉篇》騽字下曰：「驪馬黄脊，又馬豪骭。」亦可證二義分二形之非矣。

驠 馬白州也。《山海經》曰：「乾山有嘼，其州在尾上。」⑤今本譌作「川」。《廣雅》曰：「州，豚，臀也。」郭注《爾雅》、《山海經》皆云：「州，竅也。」按，州豚同字，俗作启。《國語》之「龍漦」、《史》《漢》《貨殖傳》之「馬噭」皆此也。《蜀志·周羣傳》：「諸毛繞涿居，署曰潞涿君。」語相戲謔，涿亦州豚同音字也。《釋嘼》曰：「白州，驠。」从馬，燕聲。於甸切，十四部。

騽 馬豪骭也。骭者，骹也。骹者，脛也。高誘注《淮南》曰：「骭，自膝以下脛以上也。」豪骭謂骭上有脩豪也。《魯頌》傳曰：「豪骭曰驔。」正義本作「豪骭白」，白衍。从馬，習聲。似入切，七部。按，此篆宜删正，《玉篇》驔、騽二篆相接，蓋《説文》之舊。

𩦎 馬毛長者也。者字，依《文選·長楊賦》注補。此謂馬毛長者名𩦎也。多借「翰」字爲之，翰行而𩦎廢矣。《尚書大傳》：「之西海之濱，取白狐青翰。」注曰：「長毛也。」《文選·長楊賦》「翰林主人」注引《説文》：「毛長者曰翰。」《曲禮》：「雞曰翰音。」注曰：「翰猶長也。」《常武》詩：「如飛如翰。」箋云：「鳥中豪俊。」蓋其字皆當作𩦎⑥，引伸假借之字也。从馬，倝聲。侯旰切，十四部。

騛 馬逸足者也。者字，今補。逸當作「兔」。《廣韵》曰：「騛兔，馬而兔走。」《玉篇》曰：「騛兔，古之駿馬也。」《吕氏春秋》高注曰：「飛兔、要褭，皆馬名也。日行萬里，馳若兔之飛，因以爲名也。」从馬飛。會意。飛亦聲。甫微切，十五部。《司馬法》曰：「飛衛斯輿。」《司馬法》今佚。此偁《司馬法》，説从飛之意也。

驁 駿馬。句絶。謂駿馬之名也。《大射禮》：「公入驁。」注曰：「驁夏，亦樂章也，以鍾鼓奏之。」按，驁夏，蓋取翶翔之意。凡奇士偁豪俊者，可作驁俊，如《尚書》「獒」可爲酋豪字也。曰壬申日死，乘馬忌之。忌此日也。从馬，敖聲。五到切，二部。

驥 千里馬也，孫陽所相者。孫陽字伯樂，秦穆公時人。其所與有九方皋，即九方歅。《戰國策》汗明説春申君，是伯樂相驥事。按，小徐説伯樂即王良，即郵無恤，大繆。从馬，冀聲。几利切，古音在一部。天水有驥縣。《地理志》：「天水郡冀縣。」《郡國志》：「漢陽郡冀縣。」漢陽即天水也，故城在今陝西鞏昌府伏羌縣東。史皆作冀，不作驥。《左傳》：「冀之北土，馬之所生。」許葢援此説字形从冀馬會意。許本作冀縣，謂此即《左傳》生馬之地，淺人改之。

駿 馬之良材者。引伸爲凡大之偁。《釋詁》毛傳皆曰：「駿，大也。」毛傳見《文王》、《崧高》、《噫嘻》。从馬，夋聲。子峻切，十三部。

驍 良馬也。《周禮》良馬與駑馬爲對文。良馬兼上文種馬、戎馬、齊馬、道馬、田馬言也。《周易》曰「良馬逐逐」，《左傳》云「以其良馬二」，亦精駿之偁。按，上文云「駿，馬之良材者」，此云「良馬」，即蒙上文而言也。《魯頌》傳曰：「駉駉，良馬腹幹肥張也。」引伸爲勇捷之偁。从馬，堯聲。古堯切，二部。《詩》曰：「驍驍牡馬。」陸氏德明所見《説文》如此。《詩釋文》曰：「駉，《説文》作驍。」按，堯聲、冋聲之類相去甚遠，無由相涉。《大雅・崧高》：「四牡蹻蹻。」傳云：「蹻蹻，壯皃。」《魯頌・泮水》傳云：「蹻蹻，言彊盛也。」葢古本《説文》堯聲下有「《詩》曰四牡驍驍」六字，乃《崧高》之異文，或轉寫譌作「驍驍牡馬」，而陸氏乃有「駉，《説文》作驍」之語矣。

䮔 馬小皃。从馬，垂聲。讀若箠。之壘切，按，當依《廣韵》之累切，十六、十七部。⿺辶垂部⿺辶垂以爲聲。

⿰馬乑 籒文从乑。

驕 馬高六尺爲驕。《漢廣》「言秣其馬」、「言秣其駒」，傳曰：「六尺以上爲馬，五尺以上爲駒。」按，此駒字，《釋文》不爲音，《陳風》「乘我乘駒」，傳曰：「大夫乘駒。」箋云：「馬六尺以下曰駒。」此駒字，《釋文》作「驕」，引沈重云：「或作駒，後人改之，《皇皇者華》篇内同。」《小雅》：「我馬維駒。」《釋文》云：「本亦作驕。」據《陳風》《小雅》則知《周南》本亦作「驕」也。葢六尺以下五尺以上謂之驕，與駒義迥別。三詩義皆當作驕，而俗人多改作駒者，以駒與蔞、株、濡、諏爲韵，驕則非韵，抑知驕其本字音在二部，於四部合韵，不必易字就韵而乖義乎。陸氏於三詩無定説，彼此互異，由不知古義也。毛云「大夫乘驕」，以此推之，當是天子乘龍，諸侯乘騋，卿乘馬。从馬，喬聲。舉喬切，二部。《詩》曰：「我馬維驕。」《皇皇者華》二章也，可以此訂《周南》譌字。一曰，野馬。凡驕恣之義，當是由此引伸，旁義行而本義廢矣。女部曰：「⿰女盧，驕也。」心部曰：「怚，驕也。」皆旁義也。俗製「嬌」「憍」字。

騋 馬七尺爲騋，八尺爲龍。《周禮・庾人》曰：「馬八尺以上爲龍，七尺以上爲騋，六尺以上爲馬。」《鄘風》：「騋牝三千。」毛傳：「馬七尺以上曰騋。」鄭司農以《月令》「駕蒼龍」説《周禮》。龍俗作「駥」。从馬，來聲。洛哀切，一部。《詩》曰：「騋牝驪牝。」下牝字，各本作「牡」，今正。《詩》曰：「騋牝三千。」毛傳曰：「騋牝，騋馬與牝馬也。」《釋嘼》曰：「騋牝驪牝。」今《爾雅》譌作「驪牡」，而《音義》不誤可攷。《音義》曰：「騋牝，頻忍反。下同。」下同者，即謂「驪牝」也。此以「驪牝」釋《詩》之「騋牝」，驪與騋以雙聲爲訓，謂騋馬驪色，亦兼牝馬也。此與「《詩》曰不騋不來也」合併《詩》《爾雅》正同⑦。若鄭注《周禮》，則引「騋」句絶，「牡驪牝玄」句絶，「駒」句絶，「褭驂」句絶⑧，孫叔然讀亦如是。

驩 馬名。古叚爲「歡」字。从馬，雚聲。呼官切，十四部。

驗 馬名。今用爲「譣」字，證也，徵也，效也。不知其何自始，驗行而譣廢矣。从馬，僉聲。魚窆切，七部。

⿰馬此 馬名。从馬，此聲。雌氏切，十六部。

⿰馬休 馬名。从馬，休聲。許尤切，三部。

⿰文馬 ⿰文馬馬，⿰文馬字今補。赤鬣縞身，目若黃金，名曰吉皇之乘。各本「名曰」之下有「⿰文馬」字，今刪正。《海内北經》曰：「犬封國曰犬戎國，有文馬，縞身朱鬣，目若黃金，名曰吉量之乘。」量一作「良」。郭注引《周書》、《六韜》、《大傳》說其狀略同，《周書》作「名曰吉黃之乘」，《六韜》作「名曰雞斯之乘」。周成王時，犬戎獻之。成各本作「文」，誤，今正。許引「成王時周靡獻闟闟」，「成王時蜀人獻大翰」，「成王時揚州獻鰅」⑨，皆《逸周書・王會篇》也。《王會篇》又言「犬戎文馬」，是其事矣。或因《尚書大傳》「散宜生之犬戎，取美馬駮身朱鬣雞目者獻紂」，乃改此成王爲「文王」，而不顧其文義。从馬文，文亦聲。無分切，十三部。大徐左馬右文作駇。《春秋傳》曰：「⿰文馬馬百駟。」見宣二年《左傳》，作「文馬」。按，許書當作「文馬」，此言《春秋傳》之文馬，非《周書》之⿰文馬馬也，恐人惑，故辯之。文馬，二字今補。畫馬也。杜注亦云「畫馬爲文四百匹」。《孔子世家》：「文馬三十駟。」亦謂畫馬。西伯獻紂以全其身。此八字葢或取《尚書大傳》事箋記於此，遂致誤入正文，文理不貫，當刪。要自《春秋傳》以下，恐皆非許語。

馶 馬彊也。从馬，支聲。章移切，十六部。

駜 馬飽也。《魯頌・有駜》曰：「有駜有駜。」傳曰：「駜，馬肥彊皃。馬肥彊則能升高進遠，臣彊力則能安國。」按，許義小別，鄭箋亦云：「此言僖公用臣必先致其禄食，禄食足而臣莫不盡其忠也。」从馬，必聲。毗必切，十二部。《詩》曰：「有駜有駜。」

駫 馬肥盛也。各本作「盛肥」，今依《廣韻》訂。从馬，光聲。古熒切，古音在十部。《詩》曰：「駫駫牡馬。」各本作「四牡駫駫」。陸氏德明所見作「駫駫牡馬」。按，即《魯頌》之「駉駉牡馬」也。「駉駉牡馬」，古本作「牧馬」，傳言「牧之坰野」，自當是牧字。《周禮》：「凡馬，特居四之一。」又不當云良馬有騭無騲也。《詩釋文》曰：「駉，古熒反。《說文》作驍，又作駫，同。」「作驍又」三字當刪，云「《說文》作駫同」。《玉篇》亦曰：「駫，古熒切，駉同。」則知《說文》作「駫駫牧馬」，而讀古熒反，十部十一部之音轉也。以今攷之，實則《毛詩》作「駫駫」，許偁「駫駫」，而後人譌亂作「駉駉」，陸所見《説文》不誤，今本《説文》則誤甚耳。毛傳曰：「駫駫，良馬腹幹肥張也。」許言肥盛，即腹幹肥張。从馬光會意，而光亦聲。

騯 馬盛也。也當作「皃」。从馬，旁聲。旁，溥也。此舉形聲包會意。薄庚切，古音在十部。《詩》曰：「四牡騯騯。」《小雅・北山》：「四牡彭彭。」傳曰：「彭彭然不得息。」《大雅・烝民》：「四牡彭彭。」箋云：「彭彭，行皃。」《大明》：「四騵彭彭。」箋云：「馬强。」疑皆非許所偁。《鄭風・清人》「駟介旁旁」，葢許偁此，而「駟介」轉寫譌「四牡」耳。許所據旁作「騯」，毛傳本有「騯騯，盛皃」之語，後逸之。二章曰：「麃麃，武皃。」三章曰：「陶陶，驅馳皃。」則知首章當有「騯騯，盛皃」矣。

駠 駠駠，馬怒皃。从馬，卬聲。吾郎切，十部。《廣韵》平聲。

驤 馬之低仰也。低，當作「氐」。馬之或俛或仰謂之驤。《吴都賦》：「四騏龍驤。」古多叚「襄」爲驤。从馬，襄聲。息良切，十部。

驀 上馬也。《吴都賦》曰：「驀六駮，上馬必捷。」故引伸爲猝乍之偁。从馬，莫聲。莫白切，古音在五部。

騎 跨馬也。兩髀跨馬謂之騎，因之人在馬上謂之騎，今分平去二音。《曲禮》曰：「前有車騎。」正義曰：「古人不騎馬，故經典無言騎者，今言騎，當是周末時禮。」按，《左傳》：「左師展將以昭公乘馬而歸。」此必謂騎也。然則古人非無騎矣，趙旃以其良馬二濟其兄與叔父，非單騎乎。从馬，奇聲。渠羈切，古音在十七部。

駕 馬在軛中也。毛傳曰：「軛，烏噣也。」烏噣即《釋名》之「烏啄」。輈有衡，衡，横也，横馬頸上，其扼馬頸者曰烏啄，下向叉馬頸，似烏開口向下啄物時也。駕之言以車加於馬也。从馬，加聲。古訝切，十七部。

𢍰 籒文駕。从牛。《釋名》曰：「軛，所以扼牛頸也。」各聲者，古音五部與十七部相合，如《春秋傳》以「輅」爲「訝」，是其理也。

騑 驂也，旁馬也。各本無上「也」字，不可通，今補。攷《禮記正義》、《文選》注，引《説文》或作「旁馬也」三字，或作「驂旁馬也」四字，正由有二「也」字而奪一耳。騑馬，經典皆謂之驂，故曰「驂也」。下文云「駕三馬曰驂」，許意古爲駕三馬之名，後乃駕四、駕六，其旁馬皆得驂名矣，故又申之曰「旁馬」。旁者，㝝上在軛中言之。不當衡下者，謂之驂，亦謂之騑，駕三、駕四所同也。若《小雅》傳曰「騑騑，行不止之皃」，别爲一義。从馬，非聲。甫微切，十五部。

駢 駕二馬也。《平帝本紀》曰：「詔光禄大夫劉歆等襍定婚禮，四輔、公卿、大夫、士、郎、吏家屬，皆以禮娶，立軺併馬。」服虔曰：「立軺，小車也。併馬，驪駕也。」按，驪讀同「伉儷」，非馬深黑色，木部棔下曰「讀若驪駕」，是也。併馬謂之儷駕，亦謂之駢。併、駢皆从幷，謂並二馬也。《左傳》「渾良夫乘中佃兩牡」，葢是駕二。

《毛詩》説士駕二，《禮・王度記》亦言士駕二，王肅云：「夏后氏駕兩謂之麗。」駢之引伸，凡二物幷曰駢。从馬，幷聲。部田切，古音在十一部。

驂 駕三馬也。驂、三，疊韵爲訓。《詩・干旄》「良馬四之」，「良馬五之」，「良馬六之」，傳曰：四之，「御四馬也」，五之，「驂馬五轡也」，六之，「四馬六轡也」。然則毛公有駕三之説矣。王肅云：「古者一轅之車駕三馬，則五轡。其大夫皆一轅車，夏后氏駕兩謂之麗，殷益以一騑謂之驂，周人又益以一騑謂之駟。本從一驂而來，亦謂之驂。經言驂，則三馬之名。」《五經異義》：「天子駕數：《易》孟、京，《春秋・公羊》説，天子駕六。《詩》毛説，天子至大夫同四，士駕二。《詩》云『四騵彭彭』，武王所乘；『龍旂承祀，六轡耳耳』，魯僖所乘；『四牡騑騑，周道倭遲』，大夫所乘。謹按：《禮・王度記》曰：『天子駕六，諸侯與卿同駕四，大夫駕三，士駕二，庶人駕一。』説與《易》《春秋》同。」駁曰：「玄之聞也，《周禮・校人》：『掌王馬之政，凡頒良馬而養乘之，乘馬一師四圉。』四馬爲乘，此一圉者養一馬，而一師監之也。《尚書・顧命》：『諸侯入應門，皆布乘黃朱。』言獻四黃馬朱鬣也。既實周天子駕六，《校人》則何不以馬與圉以六爲數？《顧命》諸侯何以不獻六馬？《易經》『時乘六龍』者，謂陰陽六爻上下耳，豈故爲禮制。《王度記》云『天子駕六』者，自是漢法，與古異。『大夫駕三』者，於經無以言之。」依鄭駁，則古無駕三之制。孔晁云：「馬以引重，左右當均。一轅車以兩馬爲服，旁以一馬驂之，則偏而不調，非人情也。《株林》曰：『乘我乘驕。』傳曰：『大夫乘驕。』則毛以大夫亦駕四也。且殷之制亦駕四，故王基云：《商頌》『約軝錯衡，八鸞鏘鏘』，是則殷駕四，不駕三也。」按，《詩》箋曰：「驂，兩騑也。」《檀弓》注曰：「騑馬曰驂。」葢古者駕四，兩服馬夾輈在中，左右各一騑馬，左右皆可以三數之，故謂之驂。以其整齊如翼言之，則謂之騑。驂本非謂駕三也。顧《王度記》曰「大夫駕三」，故訓傳亦言驂馬五轡，則是古有其説，故許釋驂爲駕三。然許不偁《王度記》「天子駕六」以下云云，於騑下亦云「驂也」，是《説文》晚成，不堅執《異義》之説，其説經非不與鄭合矣。从馬，參聲。倉含切，古音在七部。

駟 一乘也。《周禮・校人》鄭司農注云：「四匹爲乘。」按，乘者，覆也，車軛駕乎馬上曰乘，馬必四，故四馬爲一乘，不必已駕者也。引伸之，凡物四曰乘，如乘矢、乘皮、乘韋、乘壺皆是。駟者馬一乘之名，鄭《清人》箋云：「駟，四馬也。」按，《詩》言四牡，言四騏，言四驖，言四騵，言四駱，言四黃，皆作四，下一字皆馬名也。言駟介，言俴駟，皆作駟，謂有所以加乎駟者也。今《詩》作駟驖、駟騵，而《干旄》疏引《異義》、《公羊・隱元年》疏、《説文》驖字下皆不誤。从馬，四聲。息利切，十五部。

駙 副馬也。副者，貳也。《漢・百官公卿表》：「奉車都尉掌御乘輿車，駙馬都尉掌駙馬，皆武帝初置。」晉尚公主者並加之。師古曰：「駙，副馬也，非正駕車，皆爲副馬。」从馬，付聲。符遇切，古音在四部。一曰，近也。附近字，今人作「附」，或作

「傳」，依此當作「駙」。一曰，疾也。與「赴」音義皆相近。

⿰馬皆 [篆] 馬和也。和當作「龢」。《孫卿》曰：「六馬不和，則造父不能以致遠。」从馬，皆聲。户皆切，十五部。

駊 [篆] 駊騀，逗。二字疊韵。馬摇頭也。也，《廣韵》作「皃」，駊騀於頗俄皆近。从馬，皮聲。普火切，十七部。

騀 [篆] 駊騀也。从馬，我聲。五可切，十七部。此二篆併解，各本譌舛，今依全書通例及《玉篇》所載訂正。

⿰馬舀 [篆] 馬行皃。此當曰：「⿰馬舀⿰馬舀，馬行皃。」淺人删之也。牛徐行曰⿰牛攸⿰牛攸，馬徐行曰⿰馬舀⿰馬舀，今人俗語如是矣。从馬，舀聲。土刀切，古音在三部。按，《篇》《韵》皆左舀右馬作「⿰舀馬」，《初學記》引何承天《纂文》作「⿰舀馬」。

篤 [篆] 馬行頓遲也。頓，如頓首以頭觸地也，馬行箸實而遲緩也。古叚借篤爲竺字，以皆竹聲也。二部曰：「竺，厚也。」篤行而竺廢矣。《釋詁》曰：「篤，固也。」又曰：「篤，厚也。」《毛詩·椒聊》《大明》《公劉》傳皆曰：「篤，厚也。」凡經傳篤字，「固」、「厚」二訓足包之。《釋詁》篤、竺並列，皆訓厚。《釋名》曰：「篤，築也。築，堅實稱也。厚，後也，有終後也。」葢篤字之代竺久矣。从馬，竹聲。冬毒切，三部。

騤 [篆] 馬行威儀也。馬行上當有「騤騤」二字。《詩》三言「四牡騤騤」，《采薇》傳曰：「彊也。」《桑柔》傳曰：「不息也。」《烝民》傳曰：「猶彭彭也。」各隨文解之，許檃栝之云：「馬行威儀皃。」於疊韵取義也。从馬，癸聲。渠追切，十五部。《詩》曰：「四牡騤騤。」

⿱與馬 [篆] ⿱與馬⿱與馬，二字今補。馬行徐而疾也。从馬，與聲。此篆各本作「⿱𦥯馬」，解云「學省聲，於角切」，今正。《玉篇》：「⿱與馬，弋魚、弋庶二切，馬行徐而疾。」次騤下、駸上，正與《説文》同。然則古本與《玉篇》同可知矣。《廣韵》平聲《九魚》：「⿱與馬，以諸切，馬行皃。」去聲《九御》：「⿱與馬，羊洳切，馬疾行皃。」《集韵·九魚》「⿱與馬」下曰：「《説文》：馬行徐而疾，引《詩》『四牡⿱與馬⿱與馬』。」《類篇》：「⿱與馬，羊諸、羊茹二切，《説文》：馬行徐而疾，引《詩》『四牡⿱與馬⿱與馬』。」是可證宋初大徐本不誤。《玉篇》、《廣韵》皆有「⿱𦥯馬」字，訓「馬腹下鳴」，不言出《説文》。《集韵》、《類篇》皆於「⿱𦥯馬」下云：「乙角切」，引《説文》「馬行徐而疾也，一曰馬腹下聲。」是當丁度、司馬光編書時，《説文》已或譌舛，乃誤以爲一字兩義。今本《説文》篆用「⿱𦥯馬」，解用「⿱與馬」，正與鼎部「鼏」篆「鼏」解、衣部「袗」篆「袀」解同誤。葢本有「⿱𦥯馬」篆，解「馬腹下聲」，當與騫篆爲伍耳。《論語》注曰：「與與，威儀中適之皃。」心部曰：「懙，趣步懙懙也。」蘇林《漢書》注曰：「懙懙，行步安舒也。」是可以證「⿱與馬⿱與馬」之解矣。五部。《詩》曰：「四牡⿱與馬⿱與馬。」依《集韵》、《類篇》，王伯厚《詩攷》所引《説文》補。今《詩》無此句，《小雅·車攻》《大雅·韓奕》皆云：「四牡奕奕」，古音奕之平聲讀弋魚切，葢即其異文也。

駸 [篆] 馬行疾皃。馬行上當本有「駸駸」字，皃各本作「也」，今依《篇》《韵》正。《小雅·四牡》傳曰：「駸駸，驟皃。」驟者，馬捷步也。从馬，侵省聲。子林切，七部。《詩》曰：「載驟駸駸。」

馺 [seal] 馬行相及也。以疊韵爲訓。《西京賦》薛解曰：「馺娑，駘盪，枍詣，承光，皆臺名。」按，馺娑，駘盪，皆以馬行皃皃臺之高也。从馬及，及亦聲。合二徐本訂。穌合切，七部。讀若《爾雅》曰「小山馺」。大徐本此下有「大山峘」三字，葢淺人所增耳。「小山馺」，今《爾雅》作「小山岌」，許所據，古本也。「讀若」二字葢賸。

馮 [seal] 馬行疾也。从馬，仌聲。皮冰切，六部。按，馮行疾馮馮然，此馮之本義也。展轉他用，而馮之本義廢矣。馮者，馬蹏箸地堅實之皃，因之引伸其義爲盛也，大也，滿也，懣也。如《左傳》之「馮怒」，《離騷》之「馮心」，以及《天問》之「馮翼惟象」，《淮南書》之「馮馮翼翼」，《地理志》之「左馮翊」，皆謂充盛，皆畐字之合音叚借。畐者，滿也。或叚爲「凭」字，凡經傳云「馮依」，其字皆當作凭。或叚爲「淜」字，如《易》、《詩》、《論語》之「馮河」，皆當作淜也。俗作「憑」，非是。

⿰馬耴 [seal] 馬步疾也。按，今人專輒字作「輒」，似當作⿰馬耴爲近之。从馬，耴聲。尼輒切，八部。

騃 [seal] 馬行仡仡也。人部曰：「仡，勇壯也。」《吉日》「儦儦俟俟」，人部作「伾伾俟俟」，《韓詩》作「駓駓騃騃」，李賢注《馬融傳》引《韓詩》「駓駓騃騃，或羣或友」，李善注《西京賦》引《韓詩章句》曰：「趨曰駓，行曰騃。」按，毛傳亦曰「趨則伾伾，行則俟俟」。毛用叚借字，韓乃正字也。騃騃與俟俟音義同。俟，大也。皆鉏里切。《方言》曰：「癡，騃也。」乃讀五駭切。俗語借用之字耳。从馬，矣聲。一部。

驟 [seal] 馬疾步也。步下曰：「行也。」走下曰：「趨也。」行下曰：「人之步趨也。」然則行兼步與趨言之，此馬行、馬步、馬走之別也。《小雅》曰：「載驟駸駸。」按，今字驟爲暴疾之詞，古則爲屢然之詞，凡《左傳》《國語》言驟者，皆與屢同義。如「宣子驟諫」，「公子商人驟施於國」是也。《左傳》言驟，《詩》《書》言屢，《論語》言屢，亦言亟，其意一也。亟之本義，敏疾也，讀去吏切爲數數然，數數然即是敏疾，驟之用同此矣。數之本義，計也，讀所角切爲數數然，乃又引伸爲凡迫促之意。好學者必心知其意，於此可見也。馳驟字，《曲禮》叚「驟」爲之。从馬，聚聲。鉏又切，古音在四部。徐仙民《毛詩音》反爲在遘，古音也。

⿰馬匃 [seal] 馬疾走也。《廣韵》作「走疾」。从馬，匃聲。古達切，十五部。

颿 [seal] 馬疾步也。馬之行疾於風，故曰「追奔電，逐遺風」。从馬，風聲。此當云「从馬風，風亦聲」，或許舉聲包意，或轉寫奪扁，不可知也。符嚴切，《廣韵》符咸、扶汎切，七部。按，今有「帆」字，船上幔以使風者也，自杜注《左傳》已用此字，不必借颿。

驅 [seal] 驅馬也。各本作「馬馳也」，今正。此三字爲一句，驅爲篆文，此三字言其義，許之例如此。「驅馬」常言耳，盡人所知，故不必易字以注之也。驅馬自人策馬言之，革部曰：「鞭，驅也。」是其義也。从馬，區聲。豈俱切，古音在四部。俗作「駈」。

毆 古文驅。从攴。攴者，小擊也，今之扑字，鞭箠策所以施於馬而驅之也，故古文从攴。引伸爲凡駕馭追逐之偁，《周禮》「以靈鼓毆之」，「以炮土之鼓毆之」。《孟子》：「爲淵毆魚」，「爲叢毆爵」，「爲湯武毆民」，皆用古文，其實皆可作「驅」，與殳部之「毆」義別。

馳 大驅也。《詩》每以「馳驅」並言，許穆夫人首言「載馳載驅」，下言「驅馬悠悠」，馳亦驅也，較大而疾耳。从馬，也聲。直离切，古音在十七部。

騖 亂馳也。从馬，敄聲。亡遇切，古音在三部。

鴷 次弟馳也。次弟成行列之馳也，故从㲊。从馬，㲊聲。力制切，十五部。《玉篇》作「駠」。

騁 直馳也。《節南山》傳曰：「騁，極也。」从馬，甹聲。丑郢切，十一部。

駾 馬行疾來皃也。《大雅・緜》曰：「混夷駾矣。」傳曰：「駾，突也。」箋云：「混夷惶怖驚走，奔突入柞棫之中。」从馬，兑聲。他外切，十五部。《詩》曰：「昆夷駾矣。」今《詩》昆作「混」。按，昆恐是譌字，《孟子》亦作「混」。

駃 馬有疾足也。奔軼絶塵，字當作「駃」，今人用俊逸字當作「駃」，於此知騃篆下「馬逸足」之斷爲譌字矣。从馬，失聲。大結切，十二部。按，當依《廣韵》夷質切。

馯 馬突也。馯之言悍也。《淮南書》作「馯」，高曰：「馯馬，突馬也。」从馬，旱聲。侯旰切，十四部。

駧 馳馬洞去也。洞者，疾流也。以疊韵爲訓。从馬，同聲。徒弄切，九部。

驚 馬駭也。驚與「警」義別。《小雅》：「徒御不警。」傳曰：「不警，警也。」俗多譌驚。从馬，敬聲。舉卿切，十一部。

駭 驚也。从馬，亥聲。侯楷切，古音在一部。經典亦作「駴」，戒聲、亥聲同在一部也。

駍 馬奔也。奔者，走也。从馬，巟聲。呼光切，十部。按，《篇》《韵》皆左巟右馬作「䮁」。

騫 馬腹縶也。縶，各本作「縶」，自《篇》《韵》已然。小徐作「熱」，則更誤，今正。土部曰：「墊者，下也。」引《春秋傳》：「墊隘馬腹。」墊正俗所云肚腹低陷也。《仲尼弟子列傳》閔損字子騫，是其義矣。《考工記》：「小體騫腹，謂之羽屬。」《詩・無羊》《天保》傳皆曰：「騫，虧也。」亏部⑩曰：「虧者，气損也。」按，《詩・騫裳》字本用此，見《詩》《左傳》釋文，謂摳衣不使盈滿也，俗借褰絝字爲之，習者不知其非矣。从馬，寒省聲。去虔切，十四部。

鷽 馬腹下聲也。从馬，學省聲。於角切，三部。按，許書不必有此字，姑補於此。聲，《廣韵》作「鳴」。

駐 馬立也。人立曰侸，俗作「住」，馬立曰駐。从馬，主聲。中句切，古音在四部。

馴 馬順也。古馴訓順三字互相叚借，皆川聲也。古文《尚書》「五品不遜」，《史記·殷本紀》及兩《漢書》及《周禮·地官》注，遜皆作「訓」，而《五帝本紀》作「五品不馴」。馴之本義爲馬順，引伸爲凡順之偁。从馬，川聲。此舉形聲包會意。詳遵切，十三部。

駗 駗驙，二字雙聲，各本皆刪，今依《玉篇》補。馬載重難也。俗本重難下有「行」字，非。謂馬所負何者重難也。从馬，㐱聲。張人切，十二部。

驙 駗驙也。从馬，亶聲。張連切，十四部。《易》曰：「乘馬驙如。」《周易·屯》：「六二，屯如亶如，乘馬班如。」亶俗作「邅」，宋時《經典釋文》不誤，許所據《易》蓋上句作「駗如驙如」，「乘馬」二字當爲誤文。

騺 馬重皃也。《晉世家》「惠公馬騺不行」，即《左傳》「晉戎馬還濘而止」，今本《史記》作「鷙」，譌字也，而《秦本紀》作「馬騺」，不誤。非部曰：「𩇯，騺不行也。」今本亦譌「鷙」。《莊子·馬蹄》篇「闉扼鷙曼」，崔云：「拒枙頓遲也。」今刻《釋文》亦譌从鳥，而《集韵》《類篇》不誤。車之前重曰輊，馬重曰騺，其音義一也。《廣雅》：「騺駤，止也。」駤即騺。从馬，埶聲。各本埶譌「執」，篆體上从執，則失其聲矣，今皆正。陟利切，十五部。亦勑利切。

驧 馬曲脊也。勹部曰：「匑者，曲脊也。」音義皆同。从馬，鞠聲。巨六切，三部。《玉篇》作「驧」。

騬 犗馬也。牛部曰：「犗者，𤛛牛也。」其事一，故其訓互通。从馬，乘聲。食陵切，六部。

馻 系馬尾也。此當依《玉篇》作「結馬尾」，《廣韵》作「馬尾結也」，結即今之「髻」字。《大玄》曰：「車軨馬馻，可以周天下。」范注：「軨，轄緊。馻，尾結也。」釋文：「馻音介，馬尾髻也。」按，遠行必髻其馬尾。馻與紒音義同。《詩》曰「駟介」，《左傳》曰「不介馬而馳」，疑介即古文馻。从馬，介聲。古拜切，十五部。

騷 摩馬也。各本摩馬上有「擾也，一曰」四字，淺人所增也，今刪正。人曰搔，馬曰騷，其意一也。摩馬如今人之刷馬。引伸之義爲騷動，《大雅·常武》傳曰「騷，動也」是也。《檀弓》注曰：「騷騷爾，大疾。」若《屈原列傳》曰「離騷」者，「猶離憂也」。此於騷古音與憂同部得之，騷本不訓憂，而擾動則生憂也，故曰「猶」。从馬，蚤聲。穌遭切，古音在三部。

驏 馬轉臥土中也。《韓詩外傳》曰：「其馬佚而驏吾園，而食吾葵。」从馬，展聲。張扇反，十四部。按，各本無此篆，《藝文類聚》引《説文》有之，今依《玉篇》列字次弟補於此。

馽 絆馬足也。足字依《韵會》補。糸部曰：「絆者，馬繫也。」是爲轉注。《小雅·白駒》傳曰：「縶，絆也。」《周頌·有客》箋同。《莊子》：「連之以羈馽。」即此字。从馬，○其足。○象絆之形，隸書作馽，失其意矣。陟立切，七部。《春秋傳》曰：「韓厥執馽前。」前當作歬。語見成公二年《左傳》，今《左》作「執縶馬前」，蓋古本正作「執馽前」，改易誤衍耳。許意絆是物，馽是人用物，據傳文，則謂絆爲馽。讀若輒。

縶 馽或从糸，執聲。

駘 馬銜脱也。銜者，馬勒口中者也。脱當作「挩」，解也。馬銜不在馬口中，則無以控制其馬，崔實《政論》曰「馬駘其銜」是也。銜脱則行遲鈍，《廣雅》曰「駑，駘也」是也。又引伸爲寬大之意，漢有臺名「駘盪」及「春色駘蕩」是也。从馬，台聲。徒哀切，一部。亦徒亥切。

駔 壯馬也。壯，各本作「牡」，今正。李善《文選》注引皆作「壯」，戴仲達引唐本《説文》作「奘馬也」皆可證。此猶牙下「壯齒」譌「牡齒」耳。士部曰：「壯者，大也。」介部：⑪「奘者，駔大也。」《釋言》曰：「奘，駔也。」郭云：「今江東呼爲大駔，而猶麤也。」⑫按，駔本大馬之偁，引伸爲凡大之偁，故駔篆下云「奘馬」，而奘篆下但云「駔大」，許書義例之精密如此。从馬，且聲。《魏都賦》注引《説文》千助反，蓋本《音隱》，《篇》《韵》皆徂古切，五部。大徐子朗切，相傳下文别一義之音也。一曰，駔會也。舊作「馬蹲駔」，今依《後漢·郭太傳》注所引正。注引《説文》：「駔會也。謂合兩家之買賣，如今之度市也。」下十三字葢系舊注，駔會如今之牙行，會俗作「儈」，《史記》「節駔會」，《漢書》作「節駔儈」。《漢書音義》云：「駔亦是儈也。」《後漢書》：「王君公儈牛自隱。」徐廣曰：「駔音祖朗切，馬儈也。」《廣韵》引《晉令》：「儈賣者皆當箸巾，白帖頟，言所儈賣及姓名，一足白履，一足黑履。」葢駔者本平會買賣馬之偁，因以爲平會凡物之偁。《吕氏春秋》：「段干木晉國之駔。」

騶 廄御也。按，騶之叚借作「趣」。《周禮》、《詩》、《周書》之「趣馬」，《月令》、《左傳》謂之「騶」，一用叚借，一用本字也。《周禮》：「乘馬一師四圉，三乘爲阜。阜一趣馬，三阜爲毄。毄一馭夫，六毄爲廄，廄一僕夫。趣馬掌贊正良馬，而齊其飲食，掌駕説之頒。」鄭曰：「趣馬，趣養馬者也。」按，趣者，疾也。掌疾養馬，故曰騶，其字从芻馬，正謂養馬也。《左傳》：「程鄭爲乘馬御，六騶屬焉，使訓羣騶知禮。」杜注云：「六騶，六閑之騶。」《月令》：「季秋，命僕及七騶咸駕。」鄭云：「七騶，謂趣馬主爲諸官駕説者也。」《周禮》趣馬統於馭夫，馭夫統於廄之僕夫，故約言之曰：「廄馭。」《漢書》：「材官騶發。」蘇林讀爲「驟」，如淳讀爲「菆」。从馬，芻聲。此舉形聲包會意。側鳩切，四部。

驛 置騎也。言騎以别於車也。馹爲傳車，驛爲置騎，二字之别也。《周禮》「傳遽」注曰：「傳遽若今時乘傳騎驛而使者也。」葢乘傳謂車，騎驛謂馬。《玉藻》注云：「傳遽以車馬給使者也。」車謂傳，馬謂遽。渾言則傳遽無二，析言則傳遽分車馬。亦可證單騎從古而有，非經典所無。許傳下云：「遽也。」遽下云：「傳也。」此析言也。驛下云：「置騎也。」馹下云：「傳也。」此渾言也。驛下云：「置騎也。」馹下云：「傳也。」此析言也。置騎，猶《孟子》言「置郵」，俗用「駱驛」。从馬，睪聲。羊益切，古音在五部。

馹 傳也。各本傳上有「驛」字，淺人所增，今删正。辵部曰：「遽者，傳也。」人部曰：「傳者，遽也。」《釋言》曰：「馹、傳，遽也。」許用《釋言》文。《左傳》文十六年、襄廿一年、昭五年，《國語·晉語》韋、杜注皆曰：「馹，傳也。」《爾雅》舍人注曰：「馹，尊者之傳也。」《吕覽》注曰：「馹，傳車也。」按，馹爲尊者之傳，用車；則遽爲卑者之傳，用騎可知。舍人説與許合。俗字用馹爲驛，故《左傳·文十六年》傳注馹字皆譌驛，成五年「以傳召伯宗」注曰：「傳，驛也。」驛亦馹之譌。从馬，日聲。人質切，十二部。从日者，謂如日之健行。

騰 傳也。傳與上文傳同，皆張戀切。引伸爲馳也，爲躍也。从馬，朕聲。徒登切，六部。一曰，犗馬也。上文犗馬謂之騬，則是騰爲騬之叚借字也。亦有叚騰爲乘者，如《月令》「絫牛騰馬」，讀乘匹之乘。

騅 苑名也。苑見下文，騅苑葢漢苑三十六所之一也，一曰，馬白頟。與馰音義皆同。鳥之白曰皠，白牛曰㸌。从馬，隺聲。下各切，古音在二部。

駉 牧馬苑也。苑所以養禽獸也。《景帝紀》：「匈奴入上郡，取苑馬。」《武帝紀》：「罷苑馬。」《百官公卿表》曰：「大僕，邊郡六牧師菀令，各三丞屬焉。」如淳曰：「《漢儀注》：大僕，牧師諸苑三十六所，分布北邊西邊，以郎爲苑監，官養馬三十萬匹。」《地理志》：「北地郡靈州有河奇苑、號非苑，歸德有堵苑、白馬苑，郁郅有牧師苑。」師古曰：「苑謂馬牧也。」駉之義葢同閑，牧馬之處謂之閑，亦謂之駉。从馬冋。各本有聲字，今删。此重會意，冋亦聲。古熒切，《五經文字》工營反，十一部。《詩》曰：「在冋之野。」冋，各本作「駉」，淺人不知許書之例者所改也，今正。《魯頌》曰：「駉駉牧馬，在坰之野。」坰或冋字，𠔼，古文冋字。邑外謂之郊，郊外謂之野，野外謂之林，林外謂之冋。《詩》言牧馬在冋，故偁爲从馬冋會意之解，與蘢下、豐下、相下、去下引《易》、買下引《孟子》説字形正同。馬在冋爲駉，猶艸木麗於地爲蘢也。

駪 馬衆多皃。《皇皇者華》云：「駪駪征夫。」傳曰：「駪駪，衆多之皃。」按，毛不曰馬者，以《詩》言人也，其引伸之義也。許言馬者，字之本義也，以其字从馬。焱部引《詩》：「莘莘征夫。」从馬，先聲。所臻切，十三部。

駮 駮獸，駮字今補。如馬倨牙，食虎豹。云如馬，則非真馬也。自駮以下，皆非真馬，故次於部末。「如馬倨牙，食虎豹」，《釋嘼》、毛傳同。《秦風》言「六駮」者，據所見而言也。从馬，交聲。北角切，古音在二部。

駃 駃騠，逗。馬父𩣡子也。謂馬父之騾也。言馬父者，以别於驢父之騾也。今人謂馬父驢母者爲馬騾，謂驢父馬母者爲驢騾。不言驢母者，疑奪，葢當作「馬父驢母贏也」六字。孟康曰：「駃騠，生七日而超其母。」从馬，夬聲。古穴切，十五部。

騠 駃騠也。从馬，是聲。杜兮切，十六部。

驘 驢父馬母者也。者字今補。崔豹曰：「驢爲牡，馬爲牝，即生騾。馬爲牡，驢爲牝，生駏驉。」《抱朴子》曰：「世不信騾乃驢馬所生，云各自有種，況乎仙者難知之事哉。」从馬，𣎆聲。洛戈切，十七部。今字作「騾」。

𩧰 或从羸。羸亦𣎆聲也。

驢 驢獸，二字今補。佀馬長耳。从馬，盧聲。力居切，五部。按，驢、騾、駃騠、騊駼、驒騱，太史公皆謂爲匈奴奇畜，本中國所不用，故字皆不見經傳，葢秦人造之耳。若《鄉射禮》「閭中」注云：「閭，獸名，如驢一角，或曰如驢岐蹄。」引《周書》：「北堂以閭。」閭斷非驢也，而或以爲一物，何哉？

䮵 驢子也。何承天《纂文》同。从馬，冡聲。莫紅切，九部。

驒 驒騱，逗。野馬屬。屬，各本作「也」，今依《太平御覽》正。依《爾雅》則騊駼爲野馬，故許謂驒騱爲野馬屬。郭注《子虛賦》曰：「野馬如馬而小，驒騱、駏驉類也。」从馬，單聲。古音在十四部，郭璞、張守節皆音顛，大徐代何切，乃下文别一義之音也。一曰，驒馬。二字各本奪，今補。驒騱合二字爲一物，此單言驒爲一物，名之宜正者也。青驪白鱗，青黑色之馬，起白片如鱗然。《釋嘼》曰：「青驪驎，驒。」《魯頌》毛傳同。郭云：「色有淺深斑駁隱粼，今之連錢驄也。」郭意與許略異。文如鼉魚也。謂如鼉魚青黑而白斑也。鼉見黽部，謂之魚者，水蟲皆得名魚也。似鰕魚則曰騢，似鼉魚則曰驒，音各相同也。徒河反，十四十七部之合音。

騱 驒騱也。依《韵會》訂。从馬，奚聲。胡雞切，十六部。

騊 騊駼，逗。北野之良馬也。《釋嘼》曰：「騊駼馬，野馬。」如淳《漢書》注曰：「騊駼，野馬也。」師古曰：「騊駼出北海中，其狀如馬，非野馬也。」《楊雄傳》：「前番禺，後陶塗。」師古曰：「國名，出騊駼。」按，如淳用《爾雅》爲訓，顔氏駁之，誤矣。騊駼爲北野之良馬，故謂之野馬。从馬，匋聲。徒刀切，古音在三部。

駼 騊駼也。从馬，余聲。同都切，五部。

驫 衆馬也。《廣雅》曰：「驫驫，走皃也。」《吳都賦》：「驫駥飍矞。」善曰：「衆馬走皃也。」从三馬。甫虬切，三部。《纂文》音風幽切。

文一百一十五。今補⿱𦥯馬、驏二篆，則當云一十七。

重八。

廌 解廌獸也。四字一句。佀牛一角。各本皆作「似山牛」，今删正。《玉篇》、《廣韵》及《太平御覽》所引皆無山也。古者決訟令觸不直者。下「者」字依《玉篇》補。《神異經》曰：「東北荒中有獸，見人鬥則觸不直，聞人論則咋不正，名曰獬豸。」《論衡》曰：「獬豸者，一角之羊，性識有罪，皋陶治獄，有罪者令羊觸之。」按，古有此神獸，非必皋陶賴之聽獄也。《廣韵》曰：「《字林》、《字㨾》作解廌，《廣雅》作⿰豸角⿰豸弟，陸作獬豸。」陸謂陸法言《切韵》也。廌與解疊韵，與豸同音通用。廌能止不直，故古訓爲解。《左傳·宣十七年》：「庶有廌乎。」杜注：「廌，解也。」《釋文》本作廌，正義本作豸。陸云：「廌解之訓見《方言》。」孔云：「豸，解也。《方言》文。」今《方言》卷十二：「㢊，解也。」㢊必廌之誤字，既誤後，乃反以胡計耳。《左釋文》大書廌字，俗改爲「鳩」，莫能諟正。象形。謂象其頭角也。从豸省。此下當有「豸亦聲」。宅買切，十六部。凡廌之屬皆从廌。

⿰孝廌　解廌屬也。蓋亦神獸。从廌，孝聲。古孝切，二部。按，《廣韵》作⿰孝廌，《玉篇》作⿸鹿孝，皆从孝。

薦　獸之所食艸。艸部曰：「荐，艸席也。」與此義別，而古相叚借。《左氏傳》：「戎狄荐居。」服虔云：「荐，艸也。言狄人逐水艸而居，徙無常處。」是則子慎謂荐即薦之叚借字也。《莊子》：「麋鹿食薦。」釋文引《三蒼》注曰：「六蓄所食曰薦。」凡注家云「薦，進也」者，皆荐之叚借字。荐者，藉也。故引伸之義爲進也，陳也。从廌艸。會意。作甸切，十三部。古者神人目廌遺黃帝。絫評曰「解廌」，單評曰「廌」。帝曰：「何食何處？」曰：「食薦，當作艸。夏處水澤，冬處松柏。」此說从廌艸之意。初造字時，因廌食艸，成字後，乃用爲凡獸所食艸之偁。不入艸部者，重廌也。

灋　㓝也。㓝者，罰辠也。《易》曰：「利用㓝人，以正法也。」引伸爲凡模笵之偁。木部曰：「模者，法也。」竹部曰：「笵者，法也。」土部曰：「型者，鑄器之法也。」平之如水，从水；說从水之意。張釋之曰：「廷尉天下之平也。」廌，所目觸不直者去之，从廌去。下廌字，今依《韵會》補。此說从廌去之意，法之正人如廌之去惡也。方乏切，八部。

法　今文省。許書無言今文者，此蓋隸省之字，許書本無，或增之也。如艸部本有斲，無折。

㚉　古文。

文四。　重二。

鹿　鹿獸也。鹿字今補。三字句。《韵會》作山獸。象頭角四足之形。盧谷切，三部。鳥鹿足相比，从比。依《韵會》訂，説从比之意也。上言𠂉象其足矣，此當有「一曰」二字。鳥鹿皆二足相距密，不同他獸相距寬，故鳥从匕，鹿从比。比，密也。古匕與比通用，故槩之曰从比。凡鹿之屬皆从鹿。

麚　牡鹿也。《釋嘼》⑬曰：「鹿牡，麚。」从鹿，叚聲。古牙切，古音在五部。俗作⿸鹿吕。目夏至解角。《月令》：「仲夏之月日長至，鹿角解。」

麟 大牡鹿也。牡，各本及《集韵》、《類篇》皆譌牝，今正。《玉篇》曰「麟，大麚也」是也。《子虛賦》「射麋脚麟」，謂此。按，許此篆爲大麚，麐篆爲麒麐，經典用仁獸字多作麟，蓋同音叚借。从鹿，粦聲。力珍切，十二部。

麀 牝鹿也。《釋嘼》曰：「鹿牝，麀。」《小雅·吉日》傳曰：「鹿牝曰麀。」按，引伸爲凡牝之偁。《大雅·靈臺》傳曰：「麀，牝也。」《左傳》：「思其麀牡。」《曲禮》：「父子聚麀。」皆謂即牝字也。《詩》一言「麀牝」，三言「麀鹿」，皆取生息蕃多之意。从鹿牝省。會意。按，牝本从匕聲，讀扶死反，麀音葢本同，後人以鹿聲呦呦改其音，並改其字作「𪊨」耳。於虬切，三部。

𪊨 或从幽聲。按，上二篆，鉉本在部末，鍇本無，知古本次此，鍇本奪而未補，鉉本則補而綴於後也。今更正。

䴹 麛也。各本麛上有鹿字，今依李善删。《吳都賦》：「翳薈無䴹鷚。」李善䴹音須，引《說文》「麛也」。按，《廣韵》䴹入《十一虞》，䴹入《二十九換》，以許「讀若偄」訂之，是許本从耎，而从需者，乃轉寫譌俗也。古音需聲在五部，耎聲在十四部。从鹿，耎聲。讀若偄弱之偄。奴亂切，十四部。

麛 鹿子也。《釋嘼》曰：「鹿子，麛。」字亦作「麑」，《論語》「麑裘」即「麛裘」，《國語》注曰：「鹿子曰麑，麋子曰麇。」按，麇《王制》祇作夭，注云：「少長曰夭。」从鹿，弭聲。莫兮切，十六部。兒聲同部也。

麉 鹿之絶有力者。《釋獸》文。从鹿，幵聲。古賢切，十二部。今《爾雅》作「麉」。

麒 麒麟，仁獸也。各本無麒麟二字，今依《初學記》補。《公羊傳》曰：「麟者，仁獸也。」何注：「狀如麕，一角而戴肉，設武備而不爲害，所以爲仁也。麟者，木精。」《毛詩》傳曰：「麟，信而應禮。」《左傳》服虔注：「麟，中央土獸。土爲信，信禮之子，修其母致其子。視明禮修而麟至，思睿信立而白虎擾，言從乂成而神龜在沼，聽聰知正而名川出龍，貌恭性仁則鳳皇來儀。」此《左氏》、毛氏說與《公羊》說不同也。《五經異義》：「許慎謹案：《禮運》云：麟鳳龜龍謂之四靈。龍，東方也；虎，西方也；鳳，南方也；龜，北方也；麟，中央也。」是《異義》謂麟爲信獸，從《左》、毛說矣。而此云「仁獸」何也？《異義》早成，《說文解字》晚定，此云「仁獸」，用《公羊》說，以其角端戴肉，不履生蟲，不折生艸也。鄭駁《異義》曰：「五事，言作從，從作乂。言於五事屬金，孔子作《春秋》，故應以金獸性仁之瑞。」鄭說與奉德侯陳欽說略同。鄭云金獸性仁，許云仁獸，與鄭駁無異，但鄭君黨錮事解，箋《毛詩》「信而應禮」，乃依毛說，與駁《異義》相違，是知學固與年而徙矣。麇身，牛尾，一角。《爾雅·釋獸》文。从鹿，其聲。渠之切，一部。丌部曰：「杜林以异爲麒。」

麐 牝麒也。張揖注《上林賦》曰：「雄曰麒，雌曰麟，其狀麇身，牛尾，狼題。」郭璞曰：「麒似麟而無角。」从鹿，吝聲。力珍切，按，吝聲古音在十三部。經典麒麟無作麐者，惟《爾雅》从吝而亦云「本又作麟」。許書別麟、麐爲二，又別麒麟之牡牝，未知許書古本固如此不。《玉篇》、《廣韵》皆麟、麐爲一字，許書蓋本無麐字，淺人所增，今於麒篆下補麒麟二字於仁獸之上，而删麐篆併解説，則於古經傳及《爾雅》皆無不合。單評麟者，大牡鹿也；評麒麟者，仁獸也。麒麟可單評麟。麐者，麟之或字。

麋　鹿屬。从鹿，米聲。武悲切，十五部。麋冬至解角。《月令》：「仲冬，日短至，麋角解。」《夏小正》：「十有一月，隕麋角。」

麎　牝麋也。《釋獸》曰：「麋：牡，麔；牝，麎。」《吉日》：「其祁孔有。」箋云：「祁當作麎。麎，麋牝也。」《大司馬》注，鄭司農曰：「五歲爲慎。」後鄭云：「慎讀爲麎，麋牝曰麎。」按，麎在漢時必讀與祁音同，故後鄭得定《詩》之祁爲麎。《字林》麎讀上尸反，徐音同，沈市尸反，皆本古説也。《爾雅音義》引《字林》上尸反，宋本不誤，俗改爲上刃反，蓋古書之難讀如此。从鹿，辰聲。植鄰切，十三部。

麔　麋牡者。見《釋獸》。从鹿，咎聲。其久切，三部。

𪊨　大麇也。麇，各本誤「麋」，今正。《釋獸》曰：「𪊨，大麕，旄毛，狗足。」郭云：「旄毛者，猥長也。」《山海經》注曰：「麂似獐而大，猥毛狗脚。」狗足。从鹿，旨聲。居履切，十五部。

麂　或从几。几聲。《中山經》如此作。

麇　麞也。《釋獸》曰：「麕：牡，麌；牝，麜；其子，麆。」許書皆無其字，蓋鹿旁皆後人所箸也。从鹿，囷省聲。蓋小篆省囷爲禾也。居筠切，古音在十三部。

麕　籀文不省。今《詩》如此作。

麞　麇屬也。伏侯《古今注》曰：「麞有牙而不能噬。」《考工記》：「續人山以章。」鄭云：「章讀爲獐。獐，山物也。」齊人謂麇爲獐。」陸璣《詩疏》云：「麕，麞也。青州人謂之麐。」按，麞異於麇者，無角。从鹿，章聲。諸良切，十部。

麠　大麃也。牛尾，一角。麃，各本作「鹿」，誤，今正。《釋獸》云：「麠，大麃。牛尾，一角。」許所本也。《史·武帝紀》、《漢·郊祀志》皆曰：「郊雍獲一角獸，若麃然。」武帝所獲，正是麠。蓋麃似麞，無角，大麃有一角，則謂之麠。當時有司因一角附會爲麟也。从鹿，畺聲。舉卿切，古音在十部。

麖　或从京。《蜀都》《吴都》二賦如此作，此與鱷或从京正同。

麃　麞屬。鉉本作「麠屬」，鍇本作「麇屬」，今依《韵會》本。麃者，麞屬也。麞者，麇屬也。韋昭曰：「楚人謂麇爲麃。」蓋麃似麇而無角，陸璣《詩疏》曰：「四足之美有麃，兩足之美有鷮。」从鹿，㶾省聲。薄交切，二部。《詩·鄭風》：「駟介麃麃。」傳云：「武皃。」蓋儦儦之叚借字也。

麈　麋屬。《説文》自麇至麈，皆説麇屬。乾隆三十一年，純皇帝目驗御園麈角於冬至皆解，而麋角不解。敕改時憲書「麋角解」之「麇」爲「麈」，臣因知今所謂麈，正古所謂麇也。《吴都賦》注云：「旄麈有尾，故翦之。」从鹿，主聲。之庚切，古音在四部。

麑　狻麑，獸也。《釋獸》曰：「狻麑如虦貓，食虎豹。」从鹿，兒聲。五雞切，十六部。按，此篆與犬部狻篆，疑皆後人所增。

麙　山羊而大者，細角。此七字，文理不順，疑有誤。當作「山羊而大角者。」从鹿，咸聲。胡毚切，七部。按，《釋獸》説麙與此絶異。

麢　大羊而細角。《釋獸》曰：「麢，大羊。」《山海經》作「麢」，《本艸》作「羚羊」。从鹿，霝聲。郎丁切，十一部。

麈　鹿屬。从鹿，圭聲。古攜切，十六部。

麝　如小麇，臍有香。《釋獸》曰：「麝父，麕足。」郭云：「腳似麇。」从鹿，䠶聲。神夜切，古音在五部。

麔　佀鹿而大。楊雄《蜀都賦》：「麢麔鹿麝。」从鹿，與聲。羊茹切，五部。

麗　旅行也。此麗之本義，其字本作丽，旅行之象也，後乃加鹿耳。《周禮》：「麗馬一圉，八麗一師。」注曰：「麗，耦也。」《禮》之「儷皮」，《左傳》之「伉儷」，《説文》之「驪駕」，皆其義也。两相附則爲麗。《易》曰：「離，麗也。日月麗乎天，百穀艸木麗乎土。」是其義也。麗則有耦可觀。㸚部曰：「麗爾，猶靡麗也。」是其義也。两而介其閒亦曰麗。《離卦》之「一陰麗二陽」是也。鹿之性，見食急，則必旅行。此説从鹿之意也。見食急，而猶必旅行者，義也。《小雅》：「呦呦鹿鳴，食野之苹。」傳曰：「鹿得苹，呦呦然鳴而相呼，懇誠發乎中，以興嘉樂賓客，當有懇誠相招呼以成禮也。」《北史》：「裴安祖聞講《鹿鳴》，而兄弟同食。」古文祗作丽，後乃加鹿之意如是。从鹿丽。各本丽下有聲字，今正。从鹿，《五經文字》作「从鹿省」，葢張氏所據如是，故隸書多作麗，少一畫。郎計切，十五部。《禮》麗皮納聘，葢鹿皮也。《聘禮》曰：「上介奉幣儷皮。」《士冠禮》：「主人酬賓束帛儷皮。」儷即麗之俗。鄭注：「儷皮，两鹿皮也。」鄭意麗爲兩，許意麗爲鹿，其意實相通。《士冠》注曰：「古文麗爲離。」

丽　古文。

[illegible]　篆文麗字。古本皆作篆文，毛刻作「籀文」。《集韵》、《類篇》曰：「古作丽、𣏟。」《玉篇》又乖異不同，《廣韵》則麗、丽各字。疑丽者，古文；麗者，籀文；[illegible]者，小篆也。然小篆多用麗爲形聲。

文二十六。今删䴟。　重六。

按，此部各本麔下麛上有䴟篆，云：「鹿迹也。从鹿，速聲。桑谷切。」無論横互令上下二篆不相接。《釋獸》曰：「麇，其跡躔；鹿，其迹速（又作䴟）；麇，其迹解；兔，其迹迒。」《廣雅》總之曰：「躔、踈、解、亢，迹也。」踈，曹憲匹迹反，是可以證古《爾雅》之作「速」，不作「速」，即加鹿，亦當作「䴟」，不从速。辵部曰：

「速，籀文迹。」速無妨專爲鹿迹之名，即作𪋋，亦必匹迹切，在十六部，不得从速，桑谷切，在三部也。許書有𪋋篆，必是淺人據誤本《爾雅》所羼入，今刪正。《集韵》：「䟞，或迹字，資昔切。」改𪋋篆爲𪋋篆，次於麗篆之下，解云「鹿迹也。从鹿速。速，籀文迹。」乃合。⑭又按，麒麟作麒麐，而麟爲別一字，求之古文，往往不合。麐爲牝麒，何以經傳不評麒，但評麟，且又何不言「牡曰麒」也？鳥部以鳳居首，此亦當鹿篆之下出麒篆，解云「麒麟，仁獸也。麇身，牛尾，一角。从鹿，其聲」。又出麟篆，解云「麒麟也。从鹿，粦聲。一曰，麟大牡鹿也」。又出麐篆，解云「或从吝聲」。以下乃次麢篆，乃合。今本恐非古本耳。

麤　行超遠也。鹿善驚躍，故从三鹿。引伸之爲鹵莽之偁。《篇》《韵》云：「不精也，大也，疏也。」皆今義也。俗作「麁」，今人槩用「粗」，粗行而麤廢矣。粗音徂古切。从三鹿。三鹿齊跳，行超遠之意。《字統》云：「警防也。鹿之性相背而食，慮人獸之害也，故从三鹿。」楊氏與許乖異如此。倉胡切，五部。凡麤之屬皆从麤。

𪋻　鹿行揚土也。羣行則揚土甚。引伸爲凡揚土之偁。土部曰：「埃，塵也。壂，塵也。坋，塵也。」《釋詁》：「塵，久也。」即《桑柔》傳之「填，久也」。《東山》傳：「烝，寘也。」箋云：「古者聲寘、填、塵同也。」又《甫田》傳曰：「尊者食新，農夫食陳。」按，寘、填、塵、陳，四字同音，皆訓久。當是填爲正字，填者寘也，寘則安定，寘、鎮與填同，塵陳皆叚借字也。从麤土。不入土部者，重麤也。直珍切，十二部。

𪋽　籀文。揚土上散，故从二土在上。

文二。　重一。

㲋　㲋獸也。㲋字今補。三字句。佀兔青色而大。《中山經》：「綸山其獸多閭、麈、麢、㲋。」郭注：「㲋似兔而鹿脚，青色，音綽。」按，㲋乃㲋之俗體耳，《集韵》別爲兩字，非也。象形。頭與兔同，足與鹿同。合二形爲一形也。丑略切，按，言部曰：「訬，讀若㲋。」則古音在二部。凡㲋之屬皆从㲋。

籀文。

毚　狡兔也。《小雅·巧言》傳曰：「毚兔，狡兔也。」按，狡者，少壯之意。兔之駿者。駿者，良才者也。从㲋兔。兔之大者，則爲㲋之類。士咸切，八部。

𪊍　獸名。从㲋，吾聲。讀若寫。司夜切，古音在五部。

𪊒　㲋獸也。三字句。佀狌狌。《曲禮》曰：「狌狌能言，不離禽獸。」諸家説狌狌如狗，聲如小兒啼，其字亦作「猩猩」。《玉篇》《廣韵》皆曰：「㲋似貍。」疑「似狌狌」三字，當作「似貍」二字。从㲋，夬聲。古穴切，十五部。

文四。　重一。

兔 兔獸也。各本作「獸名」，今正。三字句。象兔踞，兔字今補。踞，俗字也，當作居。後其尾形。其字象兔之蹲，後露其尾之形也。湯故切，五部。俗作「菟」。兔頭與㲋頭同。凡兔之屬皆从兔。

逸 失也。此以疊韵爲訓。亡逸者，本義也。引伸之爲逸游，爲暇逸。从辵兔。會意。夷質切，十二部。兔謾訑善逃也。説从辵兔之意。謾訑，皆欺也。謾音蠻。訑，言部作詑，音大和切。兔善逃，故从兔辵；猶隹善飛，故奪从手持隹而失之，皆亡逸之意。

冤 屈也。屈，不伸也。古亦叚「宛」爲冤。从冂兔。會意。一音莫狄切，覆也。於袁切，十四部。兔在冂下，不得走，益屈折也。枉曲之意取此。

娩 兔子也。《釋獸》曰：「兔子，娩。」本或作嬎。按，女部曰：「嬎，生子齊均也。」此云：「娩，兔子也。」則二字義別矣。郭云：「俗評曰㜷。」娩疾也。此上當有「一曰」二字。从女兔。芳萬切，十四部。按，《爾雅音義》匹萬反，又匹附反。恐當前一音爲是，後一音非。

㲜 疾也。《玉篇》、《廣韵》皆曰：「急疾也。今作趕。」《少儀》曰：「毋拔來，毋報往。」注云：「報讀爲赴疾之赴，拔、赴皆疾也。」按，赴、趕皆即㲜字，今字㲜趕皆廢矣。从三兔。與三馬、三鹿、三犬、三羊、三魚取意同。兔善走，三之則更疾矣。芳遇切，古音蓋在三部。闕。此闕謂闕其讀若也。然其音固傳矣。

免 兔逸也。从兔⑮不見足會意。許書失此字，而形聲多用爲偏旁，不可闕也，今補。兔免之異，異於其足。能、鹿、㲋从比，鳥、烏、兔从匕。兔象其蹲居之形，有足有尾，其字當橫視之。兔之走最迅速，其足不可諟見，故免省一畫。兔不見獲於人，則謂之免。《孫子》云：「始如處女，敵人開户。後如脱兔，敵不及拒。」是也。此二字之別也。引伸之，凡逃逸者皆謂之免。假借爲袒免、爲免薨。依《毛詩》與洒韵，古音在十三部，轉入十四部也。今音忙辨切，錢氏大昕云：「兔免當是一字，漢人作隸誤分之。」似未然。俛从免，自是會意。

文五。今補免篆，則爲文六。

萈 山羊細角者。从兔足，从苜聲。苜部下曰「从卝，从目」。萈从苜，胡官切，十四部，苜在十五部，合音冣近。俗作「羱」。凡萈之屬皆从萈。讀若丸。寬字从此。寬用爲聲。

文一。

犬 狗之有縣蹏者也。有縣蹏謂之犬，叩氣吠謂之狗，皆於音得義。此與後蹄廢謂之彘，三毛聚居謂之豬，竭尾謂之豕同，明一物異名之所由也。《莊子》曰：「狗非犬。」司馬彪曰：「同實異名。夫異名必由實異，君子必貴游藝也。」象形。苦泫切，十四部。

孔子曰：「視犬之字，如畫狗也。」又曰：「牛羊之字，以形聲。」⑯今牛、羊、犬小篆，即孔子時古文也。觀孔子言，犬即狗矣，渾言之也。凡犬之屬皆从犬。

狗　孔子曰：「狗，叩也，叩气吠㠯守。」「吠以」當作「以吠」。許書有「扣」無「叩」，扣訓「牽馬也」，疑古本有「叩」字，而許逸之。叩，觸也。从卩，口聲。叩气者，出其氣也。一説叩即「敂」之俗。敂者，擊也。凡以此擊彼，皆曰敂。犬敂气吠亦是以内禦外。《鴻範五行傳》注曰：「犬，畜之以口吠守者也。屬言。」按，《釋獸》⑰云：「未成豪，狗。」與「馬二歲曰駒」、「熊虎之子曰豿」同義，皆謂稚也。从犬，句聲。古厚切，四部。

獀　南越名犬獿獀也。獿獀，疊韵字。南越人名犬如是，今江浙尚有此語。从犬，叜聲。所鳩切，三部。

尨　犬之多毛者。《釋嘼》、毛傳皆曰：「尨，狗也。」此渾言之，許就字分别言之也。引伸爲襍亂之偁。《小戎》箋曰「蒙尨」是也。牛白黑襍毛曰牻，襍語曰哤，皆取以會意。从犬彡。會意。彡以言其多毛也。莫江切，九部。《詩》曰：「無使尨也吠。」《召南・野有死麕》文。

狡　少犬也。犬各本作「狗」，今依《急就篇》注、《事類賦》注作犬。《淮南・俶真訓》：「狡狗之死也，割之有濡。」高注：「狡，少也。」引伸爲狂也，滑也，疾也，健也。从犬，交聲。古巧切，二部。匈奴地有狡犬，巨口而黑身。《周書・王會解》：「匈奴以狡犬。狡犬者，巨身四尺果。」⑱顔注《急就篇》曰：「狡犬，匈奴中大犬也，鉅口而赤身。」

獿　犬惡毛也。《爾雅》「旄毛」，郭云：「獿長也。」从犬，農聲。奴刀切，古音在九部，乃容反。

猲　猲獢，各本奪此二字，今依全書通例補，雙聲字也。短喙犬也。見《釋嘼》、《毛詩》傳。从犬，曷聲。許謁切，十五部。《毛詩》作「歇」，《爾雅》又作「獥」，今《爾雅釋文》作「獥」，乃轉寫譌字也。《詩釋文》曰：「《説文》音火遏反。」《詩》曰：「載獫猲獢。」《秦風・四驖》文。《爾雅》曰：「短喙犬謂之猲獢。」《釋嘼》文。此引《詩》又引《爾雅》，可以證「不𥼶不來也」、「騋牝驪牝也」二條皆有譌奪。

獢　猲獢也。从犬，喬聲。許驕切，二部。《毛詩》又作「驕」。

獫　長喙犬也。見《釋嘼》、《毛詩》傳。一曰，黑犬黄頭。别一義。从犬，僉聲。虚檢切，七部。《詩釋文》引《説文》力劒反。

狂　黄犬黑頭。《廣雅》説犬屬有狂。从犬，主聲。讀若注。之戍切，古音在四部。

猈　短脛犬。犬舊作「狗」，今正，説解中例云「犬」也。猈之言卑也，言羆猎也。从犬，卑聲。薄蟹切，十六部。

猗　犗犬也。犬曰猗，如馬曰騬，牛曰犗，羊曰羠，言之不妨通互耳。有用爲歎詞者，《齊風》傳曰：「猗嗟，歎辭」，《商頌》傳曰：「猗，歎辭」是也。《衛風》傳曰：「猗猗，美盛皃。」《檜風》傳曰：「猗儺，柔順也。」《節南山》傳曰：「猗，長也。」皆以音叚借也。有叚爲兮字者，《魏風》「清且漣猗」、「清且直猗」、「清且淪猗」是也。有叚爲加字者，《小雅》「猗于畝丘」是也。有叚爲倚字者，《小雅》「有實其猗」是也。从犬，奇聲。於离切，古音在十七部。

狊　犬視皃。从犬目。古闃切，古十六部。按，《爾雅》：「須屬，鳥曰狊。」此謂鳥振其毛羽如犬張目也。鷽、鷮、須、狊，皆謂須眉、髦鬣、之而、毛鬣之鼓動也，故槩之曰須屬。

㹱　竇中犬聲。犬鳴竇中，聲㹱㹱然也。从犬音，音亦聲。乙咸切，七部。

默　犬暫逐人也。叚借爲人靜穆之偁。亦作「嘿」。从犬，黑聲。讀若墨。莫北切，一部。

猝　犬从艸暴出逐人也。叚借爲凡猝乍之偁。古多叚「卒」字爲之。从犬，卒聲。麤没切，十五部。

猩　猩猩，犬吠聲。遠聞犬吠聲猩猩然也。从犬，星聲。桑經切，十一部。按，《禮記》、《爾雅》皆有「猩猩」，《記》曰：「猩猩能言。」猩猩亦作「狌狌」，許不録狌字，猩字下亦不言獸名，豈以形乍如犬因之得名故與。

㺌　犬吠不止也。从犬，兼聲。讀若檻。胡黯切，七部。一曰，兩犬爭也。於兼犬取意。

獥　小犬吠。从犬，敫聲。荒檻切，八部。南陽新野有獥鄉。野各本作「亭」，今正。南陽郡新野縣見《地理志》、《郡國志》，今河南南陽府新野縣南有漢新野故城。

猥　犬吠聲。此本義也。《廣韵》曰：「鄙也。」今義也。从犬，畏聲。烏賄切，十五部。

獿　獿，㺒也。此複舉字之未删者。㺒也。夊部「夒」，今作獿、作猱，獿則別一字，別一義。从犬，夒聲。女交切，古音在三部。

㺒　犬獿獿咳吠也。《廣雅》曰：「擾也。」从犬，翏聲。火包切，古音在三部。

㺑　犬容頭進也。也，當作「皃」。《漢書》曰：「容頭過身。」从犬，參聲。山檻切，七部。按，此字《集韵》、《類篇》皆云「疏簪切，犬容頭進皃」。不言出《説文》。小徐無此篆。一曰，賊疾也。賊疾，疑有誤。

獎　嗾犬厲之也。口部曰：「嗾，使犬聲也。」厲之猶勉之也。引伸爲凡勸勉之偁。《方言》曰：「自關而西秦晉之間相勸曰聳，或曰獎。」中心不欲，而由旁人之勸語亦曰聳。凡相被飾亦曰獎。」从犬，將省聲。即兩切，十部。俗作奬。

㹜　犬齧也。犬字今補。从犬，戔聲。初版切，十四部。

⿰犭冊 惡健犬也。《廣雅》曰：「狼也。」从犬，删省聲。所晏切，十四部。《廣韵》又平聲。

狠 犬鬥聲。犬，各本作「吠」，今依宋本及《集韵》正。鬥，各本作「鬭」，今正。今俗用狠爲很，許書很、狠義別。从犬，艮聲。五還切，古音在十三部。

⿰犭番 犬鬥聲。鬥字今正。从犬，番聲。附袁切，十四部。

狋 犬怒皃。《漢書·東方朔傳》曰：「狋吽牙者，兩犬爭也。」从犬，示聲。《漢書》五伊反，《玉篇》魚饑切，十五部。大徐語其切，非也。一曰，犬難附。附，各本譌「得」，今依《集韵》、《類篇》正。附猶近也。代郡有狋氏縣。《地理志》、《郡國志》同。孟康曰：「狋音權，氏音精。」讀又若銀。上文云「示聲」，則在脂微，而又讀入文冤部。或曰當作「讀若銀」，在下文「从犬斤聲」之下。

⿰犭斤 犬吠聲。《九辨》：「猛犬狺狺而迎吠。」王注：「讒佞讙呼而在側也。」狺即⿰犭斤字。从犬，斤聲。語斤切，十三部。

猲 犬猲猲不附人也。良犬宋猲，以此得名。亦作「猎」，作「⿰犭足」。从犬，曷聲。南楚謂相驚曰猲。《方言》曰：「猲，驚也。宋衛南楚凡相驚曰猲，或曰透。」透，式六反。讀若愬。式略切，五部。古愬讀如朔。

獷 犬獷獷不可附也。《吕氏春秋》：「荆文王得茹黄之狗。」《説苑》作「如黄」，《廣雅》犬屬有「楚黄」，《廣韵》作「楚獷」[19]，《經典釋文》作「楚獷」，實一字也。引伸爲凡麤惡皃之偁。《漢書》曰：「獷獷亡秦。」从犬，廣聲。古猛切，古音在十部。漁陽有獷平縣。《地理志》、《郡國志》同。服虔曰：「音鞏。」

狀 犬形也。引伸爲形狀，如類之引伸爲同類也。从犬，爿聲。鉏亮切，十部。

奘 妄彊犬也。从犬壯，壯亦聲。徂朗切，十部。

獒 犬知人心可使者。知，一作「如」。《公羊傳》曰：「靈公有周狗謂之獒。」何注：「周狗，可以比周之狗，所指如意者。」按，周狗，《爾雅》注及《博物志》或譌作「害狗」，不可爲據也。《釋嘼》曰：「犬高四尺曰獒。」从犬，敖聲。五牢切，二部。《春秋傳》曰：「公嗾夫獒。」宣六年《左傳》文[20]。

獳 怒犬皃。从犬，需聲。讀若槈。奴豆切，又乃矦切，四部。或作「⿰犭奥」者，譌字也。

狧 犬食也。《爾雅》：「牛曰齝，羊曰齥，麋鹿曰齸，鳥曰嗉，寓鼠曰嗛。」當補之曰：「犬曰狧。」犬食主舌，他物主喉也。《漢·吴王濞傳》曰：「狧糠及米。」《史記》作「䑛」[21]。䑛見舌部，「以舌取食也」。食爾反。狧讀如荅，異字異音而同義。顔注云：「狧古䑛字。」乃大誤。从犬舌。小徐衍「聲」字。讀如比目魚鰈之鰈。魚部不收鰈字，而此有之。《爾雅》鰈本或作「鰨」，葢許書鰨即鰈也。他合切，八部。亦作猎。

狎 犬可習也。引伸爲凡相習之偁。古叚甲爲之，《衛風》傳曰：「甲，狎也。」此言叚借也。从犬，甲聲。胡甲切，八部。

狃 犬性忕也。忕，大徐作「驕」，非。忕，習也，余制切。心部作「怈」，習也，怈即忕之譌也。狃本謂犬性之忕，引伸叚借爲凡忕習之偁，《鄭風》傳曰：「狃，習也。」《國語》韋注、《左傳》杜注皆曰：「狃，忕也。」从犬，丑聲。女久切，三部。

獪 狡獪也。从犬，會聲。《方言》：「剿、蹶，獪也。秦晉之間曰獪，楚謂之剿，或曰蹶，鄭曰蔿，或曰婚。」又曰：「央亡、嚜杘、姡，獪也。」又曰：「屑、恎，獪也。」郭云：「獪，古狡狭字。」从犬，會聲㉒。古外切，十五部。按，此篆蓋本謂犬，叚借之言人。大徐本在狡、獷二篆間，非是。今依小徐及《玉篇》次於此。

犯 侵也。本謂犬，叚借之謂人。从犬，巳聲。防險切，七部。

猜 恨賊也。本謂犬，叚借之謂人。从犬，青聲。倉才切，古在十一部。

猛 健犬也。叚借爲凡健之偁。从犬，孟聲。莫杏切，古音在十部。

犺 健犬也。本謂犬，引伸謂人。《廣韵》曰：「㹻犺，不順。」从犬，亢聲。苦浪切，十部。

狜 多畏也。本謂犬，叚借謂人。从犬，去聲。去劫切，古音蓋在五部。

怯 杜林說，狜从心。今字皆用伯山說也。

獜 健也。《廣韵》引「犬健也」，今本奪犬字。从犬，粦聲。力珍切，十二部。《詩》曰：「盧獜獜。」《齊風》文。《毛詩》作「令令」，纓環聲。許蓋取《三家詩》也。

獧 疾跳也。跳者，躍也。一曰，急也。獧、狷古今字，今《論語》作「狷」，《孟子》作「獧」是也。《論語》曰：「狂者進取，狷者有所不爲也。」大徐別增狷篆，非。从犬，睘聲。古縣切，十四部。

倏 犬走疾也。依《韵會》本訂。引伸爲凡忽然之詞。或叚「儵」字爲之。从犬，攸聲。讀若叔。式竹切，三部。

狟 犬行也。《廣韵》作「大犬也」。从犬，亘聲。胡官切，十四部。《周書》曰：「尚狟狟。」《牧誓》文。今作「桓桓」，許用孔壁中古文也。《釋訓》曰：「桓桓，威也。」《魯頌》傳曰：「桓桓，威武皃。」然則狟狟者，桓桓之叚借字。此亦以玫爲好，以莫爲簪。以聖爲疾，以圛爲繹之例。

犻 過弗取也。此有誤字。《玉篇》但云：「犬過。」《廣韵》但云：「拂取。」疑當合之曰：「犬過拂取。」从犬，朩聲。讀若孛。蒲没切，十五部。《篇》、《韵》皆步内切。

猲 犬張耳皃。从犬，曷聲。陟革切，十六部。

狋 犬張齗怒也。齗，齒本也。从犬，來聲。此从犬來會意。「聲」字衍，當刪。讀又若銀。「又」字衍。魚僅切，古音在十二部。

犮 犬走皃。依《篇韵》訂。从犬而丿之，曳其足則剌犮也。丿，余制切，抴也。抴，引也。剌犮，行皃。剌音辣。犮與址音義同。址下曰：「足剌址也。」蒲撥切，十五部。

戾 曲也。了戾、乖戾、很戾，皆其義也。引伸之訓爲罪，見《釋詁》、《詩》毛傳。又訓爲至，訓爲來，訓爲止，訓爲待，訓爲定，皆見《釋詁》、毛傳，皆於曲引伸之。曲必有所至，故其引伸如是。《釋言》曰：「疑、休，戾也。」从犬出户下。會意。郎計切，十五部。犬出户下爲戾者，身曲戾也。各本少「犬出户下爲」五字，今補正。户下猶户閬，户之下必有閾，閾高，則犬出必曲身；又或户闔，犬擠出亦必偏曲其身。此説戾字會意本義。叚借用廣，而本義廢矣。

獨 犬相得而鬥也。鬥各本作「鬭」，今正。凡爭鬥字，許作鬥。鬭者，遇也。其義各殊，今人乃謂鬭正、鬥俗，非也。从犬，蜀聲。徒谷切，三部。羊爲羣，犬爲獨。犬好鬥，好鬥則獨而不羣。引伸叚借之，爲專壹之偁。《小雅·正月》傳曰：「獨，單也。」《孟子》曰：「老而無子曰獨。」《周禮·大司寇》注曰：「無子孫曰獨。」《中庸》、《大學》皆曰：「慎其獨。」戾、獨等字皆叚借義行，而本義廢矣。一曰，北嗕山有獨狢獸，如虎，白身，豕鬣，尾如馬。《山海經·北山經》曰：「北嗕之山有獸焉，其狀如虎而白身，犬首，馬尾，彘鬣，名曰獨狢。」郭《圖贊》亦云：「虎狀馬尾，號曰獨狢。」

狢 獨狢，獸也。从犬，谷聲。此蒙上文言獨狢而終之，依全書之例，則當次於狻玃以下。余蜀切，三部。郭音谷。

獮 秋田也。《釋天》曰：「秋獵爲獮。」鄭君、韋昭、薛綜、杜預皆曰：「獮，殺也。」釋獮爲殺者，以疊韵爲訓，古音獮與壐同也。若《明堂位》叚省爲獮，取其雙聲耳。从犬，取「載獫獥獢」之意。壐聲。各本篆作壐，云「壐聲」，非是。依《左傳釋文》正。此从小篆文，非从籀文也。息淺切，古音在十五部。

祢 獮或从示。宗廟之田也，故从豕示。此篆文及解，疑皆有譌，不能遽定，姑仍其舊。

獵 放獵，逐禽也。放，小徐作「畋」。畋，平田也，非許義。《韵會》作「效」，效疑「校」之譌。校獵見《吳都賦》，葢即《孟子》之「獵較」也。校獵二字逗，以逐禽釋之。蔡邕《月令章句》曰：「獵，捷也。」《白虎通》曰：「四時之田，總名爲獵。」《毛詩》「不狩不獵」箋云：「冬獵曰狩，宵田曰獵。」此因經文重言而分別之也。引伸爲淩獵，爲捷獵。从犬，巤聲。良涉切，八部。

獠 獵也。許渾言之，《釋天》析言之曰：「宵田爲獠。」《管子·四稱篇》：「獠獵畢弋。」从犬，尞聲。力照切，二部。

狩 火田也。火，各本作「犬」，不可通。今依《韵會》正。《釋天》曰：「冬獵爲狩。」《周禮》、《左傳》、《公羊》、《穀梁》、《夏小正》傳、《毛詩》傳皆同。又《釋天》曰：「火田爲狩。」許不偁「冬獵」，而偁「火田」者，火田必於冬。《王制》曰：「昆蟲未蟄，不以火田。」故言火以該冬也。《孟子》曰：「天子適諸矦曰巡狩。巡狩者，巡所守也。」此謂六書叚借以守爲狩。有叚守爲狩者，如「明夷于南狩」，「天王狩于河陽」皆或作守，是也。从犬，守聲。書究切，三部。《易》曰：「明夷于南狩。」《明夷》「九三」爻辭。

臭 禽走臭而知其迹者，犬也。走臭，猶言逐氣。犬能行路蹤迹前犬之所至，於其气知之也。故其字从犬自，自者，鼻也。引伸叚借爲凡气息芳臭之偁。从犬自。尺救切，三部。

獲 獵所獲也。故从犬。引伸爲凡得之偁。从犬，蒦聲。胡伯切，古音在五部。

獘 頓仆也。人部曰：「仆者，頓也。」謂前覆也，人前仆若頓首然，故曰頓仆。从犬，敝聲。毗祭切，十五部。《春秋傳》曰：「與犬，犬獘。」僖四年《左傳》文。引此證从犬之意也。獘本因犬仆製字，叚借爲凡仆之偁。俗又引伸爲利弊字，遂改其字作「弊」，訓困也、惡也。此與改獎爲「奬」正同。

斃 獘或从死。經書頓仆皆作此字，如《左傳》「斃於車中」，「與一人俱斃」是也。今《左傳》犬獘亦作「犬斃」，葢許時經書斃多作獘。

獻 宗廟犬名羹獻，犬肥者以獻。此説从犬之意也。《曲禮》曰：「凡祭宗廟之禮，犬曰羹獻。」按，羹之言良也，獻本祭祀奉犬牲之偁，引伸之爲凡薦進之偁。按，《論語》鄭注曰：「獻猶賢也。」獻得訓賢者，《周禮》注：「獻讀爲儀。」是以伏生《尚書》「民儀有十夫」，古文《尚書》作「民獻」。《咎繇謨》古文「萬邦黎獻」，漢《孔宙碑》、《費鳳碑》、《斥彰長田君碑》皆用「黎儀」字，皆用伏生《尚書》也。班固《北征頌》亦用「民儀」字。从犬，鬳聲。許建切，十四部。

㹨 獟犬也。从犬，幵聲。五甸切，十四部。一曰，逐虎犬也。《廣韵》曰：「逐獸犬。」葢唐人避諱改。

獟 㹨犬也。二篆爲轉注。从犬，堯聲。五弔切，二部。

狾 狂犬也。《左傳・哀十二年》：「國狗之瘈，無不噬也。」杜云：「瘈，狂也。」按，今《左傳》作「瘈」，非古也，許所見作「狾」。从犬，折聲。狾各本作「折」，篆體亦誤，今正。征例切，十五部。《春秋傳》曰：「狾犬入華臣氏之門。」襄十七年《左傳》曰：「國人逐瘈狗，瘈狗入于華臣氏。」無「之門」二字。《漢・五行志》作「狾」。

狂 狾犬也。二篆爲轉注。叚借之爲人病之偁。从犬，㞷聲。巨王切，十部。

㤮 古文从心。按，此字當从古文作，小篆變爲从犬，非也。

類　種類相佀，唯犬爲甚。說从犬之意也。類本謂犬相佀，引伸叚借爲凡相佀之偁。《釋詁》、毛傳皆曰：「類，善也。」釋類爲善，猶釋不肖爲不善也。《左傳》：「刑之頗類。」叚類爲纇。从犬，頪聲。《廣韵》引無「聲」字。按，此當云「頪亦聲」。頪，難曉也。力遂切，十五部。

狄　北狄也。北，各本作「赤」，誤，今正。赤狄，乃錯居中國狄之一種耳。許書虫部曰「南蠻」、曰「東南閩越」，大部曰「東方夷」，羊部曰「西方羌」，豸部曰「北方貉」，則此必言「北狄」。狄與貉皆在北，而貉在東北，狄在正北。《釋地》曰：「九夷、八狄、七戎、六蠻，謂之四海。」八蠻在南方，六戎在西方，五狄在北方。李巡云：「五狄者，一曰月支，二曰穢貊，三曰匈奴，四曰單于，五曰白屋。」《王制》、《明堂位》皆言東夷、南蠻、西戎、北狄。本犬種。此與蠻閩本虫種，貉本豸種，羌本羊種一例。狄之爲言淫辟也。此與孔子曰「貉之言貉貉惡也」一例。惡與貉，辟與狄，皆疊韵爲訓。《風俗通》云：「狄父子嫂叔同穴無別。狄者，辟也，其行邪辟。其類有五。」按，辟者，今之僻字。从犬，亦省聲。徒歷切，十六部。按，亦當作「束」。李陽冰云：「蔡中郎以豊同豐，李丞相持束作亦。」所謂「持束作亦」者，指迹狄二字言。迹，籀文作速；狄之古文、籀文亦必作𤝵。是以《詩·瞻卬》狄與刺韵，屈原《九章》愁與積、擊、策、蹟、適、蹟、益韵，古音在十六部也。若从亦聲，則古音在五部而非其韵。然自李斯變古籀爲篆文，其形已誤，而其聲至今不誤，聖人諭書名之澤長矣。

狻　狻麑，逗。如虦苗，食虎豹。苗，各本作「貓」，今依虎部正。虦苗，謂淺毛也。《釋獸》曰：「虎竊毛謂之虦苗。」「狻麑如虦苗，食虎豹。」許所本也。於此詳之，故鹿部麑下衹云：「狻麑也。」全書之例如此。凡合二字成文者，其義詳於上字，同部異部皆然。从犬，非犬而从犬者，猶或行、或飛、或毛、或嬴、或介、或鱗皆从虫也。以下同。夋聲。素官切，十四部。見《爾雅》。

玃　大母猴也。各本無「大」，今依《爾雅釋文》、《玄應書》、《廣韵》補。《釋獸》曰：「玃父善顧。」郭云：「貑，玃也，似獼猴而大，色蒼黑，能攫持人，善顧盼。」按，張揖注《上林賦》曰：「玃似獼猴而大。」善攫持人，好顧盼。七字依《玄應》補。攫俗作「玃」，誤。从犬，矍聲。俱縛切，五部。《爾雅》曰：「玃父善顧。」各本此下有「玃持人也」四字，正由上奪而衍於此，今刪。

猶　玃屬。《釋獸》曰：「猶如麂，善登木。」許所說謂此也。《曲禮》曰：「使民決嫌疑，定猶豫。」正義云：「《說文》：猶，玃屬。豫，象屬。此二獸皆進退多疑，人多疑惑者似之，故謂之猶豫。」按，古有以聲不以義者，如猶豫雙聲，亦作「猶與」，亦作「冘豫」，皆遲疑之皃。《老子》：「豫兮如冬涉川，猶兮若畏四鄰。」《離騷》：「心猶豫而狐疑。」以猶豫二字皃其狐疑耳。李善注《洛神賦》，乃以猶獸多豫，狐獸多疑對說。王逸注《離騷》，絶不如此。《禮記正義》則又以猶與豫二獸對說，皆郢書燕說也。如《九歌》：「君不行兮夷猶。」王逸即以猶豫解之，要亦是雙聲字。《春秋經》「猶三望」、「猶朝于廟」、

「猶繹今」，謂可已而不已者曰猶，即猶豫、夷猶之意也。《釋詁》曰：「猷，謀也。」《釋言》曰：「猷，圖也。」《召南》傳曰：「猶，若也。」《說文》：「圖者，畫也，計難也。謀者，慮難也。」圖謀必酷肖其事，而後有濟，故圖也、謀也、若也爲一義。《周禮》：「以猶鬼神示之居。」猶者，圖畫也，是則皆從遲疑鄭重之意引伸之。《魏風》毛傳：「猷，可也。」可之義，與庶幾相近。庶幾，與今語猶者相近也。《釋詁》又曰：「猷，道也。」以與由音同，「秩秩大猷」，《漢書》作「大繇」，可證。《釋詁》又云：「猷，已也。」謂已然之詈，亦即「猶三望」之類也。 从犬，酋聲。 以周切，三部。 今字分猷謀字犬在右，語助字犬在左，經典絕無此例。 一曰，隴西謂犬子爲猶。 此別一義，益證从犬之意。

狙 狙 玃屬。 《莊子》：「狙公賦芧。」司馬彪云：「狙一名獦牂，似猨而狗頭，喜與雌猨交。」崔譔、向秀謂之猵狙。《釋文》：「狙，七餘反。」 从犬，且聲。 親去切，五部。按，親去切，非也，本七餘切。自叚借爲覰字而後讀去聲。《周禮・蜡氏》注：「狙司即覰伺也。」《倉頡篇》曰：「狙，伺候也。」《史》《漢》「狙擊秦皇帝」，伏虔、應劭、徐廣皆曰：「狙，伺也。」《方言》：「自關而西曰索，或曰狙。」郭注云：「狙，伺也。」此皆千恕切。 一曰，犬暫齧人者。 犬下各本有「也」字，今依李善《劇秦美新》注刪。李云且餘反。 一曰，犬不齧人者。 此亦當且餘反。

猴 猴 夒也。 夒上當有「母猴」二字，夒下曰：「獸也，一名母猴。」爲下曰：「母猴也。」玃下曰：「大母猴也。」禺下曰：「母猴屬也。」𤞣下曰：「食母猴。」母猴乃此獸名，非謂牝者。沐猴、獼猴，皆語之轉，字之譌也。陸佃據柳子厚之言曰：「蝯靜而猴躁，其性迥殊。」按，許書亦猴與蝯別，析言之也。若蝯下曰「禺屬」，禺下曰「母猴屬」，毛傳曰「猱猿屬」，猱即《說文》之夒字，是二者可相爲屬，而非一物也。《爾雅》曰：「猱蝯善援。」謂二者一類。 从犬，侯聲。 乎溝切，四部。

𤞣 𤞣 犬屬。 疑犬屬之上，當有「𤞣玃」二字，淺人妄刪之，詳於此，故豸部但曰「𤞣玃也」。 䙳已上黃，䙳已下黑，食母猴。 《上林賦》郭璞注同此，而「要以前黃要以後黑」奪去四字，當校補《南都賦》注李善引《說文》。按，《史》、《漢》、《文選》之《上林賦》、《文選》之《南都》、《廣韵・一屋》說此物，皆作「豰」，从豕。《廣韵・十八藥》又引《說文》「𤞣玃」作「豰玃」，尋許書豰爲小豚，非一物一字也，將由寫者亂之。 从犬，㱿聲。 讀若構。 火屋切，三部。

狼 狼 佀犬，銳頭，白頰，高前，廣後。 詳其狀可識別也。毛傳曰：「狼，獸名。」《釋獸》曰：「狼，牡貛。」許謂貛即貒。 从犬，良聲。 魯當切，十部。

狛 狛 如狼，善驅羊。 从犬，白聲。 讀若檗。 當言「柏」。今人黃檗字作黃柏，正雙聲之轉也。 甯嚴讀之若淺泊。 甯嚴蓋博訪通人之一也。泊，淺水皃，見水部，俗作泊，非也，古音傍各切。狛，大徐匹各切，《玉篇》白駕切，《廣韵》作㹊，亦白駕切，古音在五部。

獌 狼屬。从犬，曼聲。舞販切，十四部。《爾雅》曰：「貙獌侣貍。」《釋獸》曰：「貙侣貍。」郭云：「今貙虎也，大如狗，文似貍。」《釋獸》又曰：「貙獌似貍。」郭云：「今山民呼貙虎之大者爲貙豻。」按，郭語則二條一物也，故許貙下獌下皆偁「貙獌似貍」。郭注《子虛賦》云：「蟃蜒，大獸，似貍，長百尋。」則以《西京賦》「巨獸百尋」者捪而一之，恐附會矣。

狐 祦獸也，鬼所乘之。《爾雅音義》無「之」字。有三德。其色中和，小歬大後，《廣韵》作「豐後」。死則丘首，《音義》、《廣韵》皆作「首丘」。謂之三德。《御覽》有此四字。从犬，瓜聲。户吴切，五部。

獺 水狗也。小徐作「小狗」，大徐作「如小狗」，今依《廣韵》訂。食魚。大徐上有「水居」二字，乃上文作「如小狗」，因妄增。从犬，賴聲。他達切，十五部。

猵 獺屬。楊雄《蜀都賦》作「猵」，《羽獵賦》《江賦》作「獱」，郭璞《三蒼解詁》云：「獱似狐，青色，居水中，食魚。」从犬，扁聲。布玄切，十二部。按，《易》翩與鄰韵，服虔獱音賓，李善獱音頻，古扁聲、賓聲同在十二部也。今韵乃猵入先，獱入真矣。

獱 或从賓。

猋 犬走皃。引伸爲凡走之偁。《九歌》：「猋遠舉兮雲中王。」注：「猋，去疾皃。」《爾雅》「扶搖謂之猋」作此字。从三犬。此與驫、麤、𪟆同意。甫遙切，二部。

文八十三。　重五。

㹜 兩犬相齧也。兩各本作「兩」，今正。从二犬。義見於形也。語斤切，十三部。凡㹜之屬皆从㹜。

㺒 司空也。此「空」字衍。司者，今之伺字。以司釋㺒，以疊韵爲訓也。許書無伺字，以司爲之。《玉篇》㺒注云：「察也。今作伺、覗。」按，希馮直以㺒爲伺、覗之古字，葢用許説也。其字从㹜，葢謂兩犬吠守，伺察之意。从㹜，𦣞聲。息茲切，一部。司事者必𦣞動有言，形聲中有會意，后司字亦从口也。復説獄司空。此句上有奪字。某復者，姓名也。某復説獄司空曰㺒，別一義也。《周禮》：「司救役諸司空。」注：「如漢法城旦、舂、鬼薪、白粲之類。」《儒林列傳》：「大后怒曰：安得司空城旦書乎？」徐廣曰：「司空，掌刑徒之官也。」如淳説：「都司空主罪人。」應劭《漢官儀》曰：「綏和元年，罷御史大夫官，法周制，初置司空。議者又以縣道官有獄司空，故覆加大，爲大司空。」是則漢時有都司空，有獄司空，皆主罪人，皆有治獄之責。以其辨獄也，故从㹜，㹜者，獄之省。

獄 确也。《召南》傳曰：「獄，埆也。」埆同确，堅剛相持之意。从㹜，从言。魚欲切，三部。二犬所㠯守也。説从㹜之意。《韓詩》曰：「宜犴宜獄。鄉亭之繫曰犴，朝廷曰獄。」獄字从㹜者，取相爭之意。許云所以守者，謂陛牢拘罪之處也。

文三。

鼠 穴蟲之緫名也。其類不同而皆謂之鼠。引伸之爲病也，見《釋詁》㉓。《毛詩·正月》作癙，《雨無正》作鼠，實一字也。象形。上象首，下象足尾。書呂切，五部。凡鼠之屬皆从鼠。

䶂 䶂鼠也。三字爲句，各本皆刪一字，淺人所爲也。以下皆同。《廣雅》謂之白䶂，王氏念孫曰：「䶂之言皤也。」从鼠，番聲。讀若樊。附袁切，十四部。或曰鼠婦。此別一義。《釋蟲》曰：「蟠，鼠負。」蟠即䶂字，負即婦字，今之瓮底蟲也。虫部又云：「蛜威，委黍。委黍，鼠婦也。」

𪕉 𪕉鼠出胡地，皮可作裘。从鼠，各聲。下各切，五部。

鼢 地中行鼠，伯勞所化也。中字依《爾雅釋文》補。化，各本作「作」，今依《廣韵》所引《字林》正。《釋獸》有鼢鼠，郭云：「地中行者。」陶隱居云：「鼹鼠一名隱鼠，一名鼢鼠，常穿耕地中，討掘即得。」蘇頌《圖經》曰：「即化爲鴽者也。」按，依許氏説，百勞化田鼠，而田鼠化鴽，物類遞嬗，有如斯矣。《方言》謂之「𪖈鼠」，𪖈即犂字，自其場起若耕言之，則曰犂鼠。一曰，偃鼠。此一曰猶一名也。偃之言隱也，俗作「鼹」。《莊子》云：「鼹鼠飲河，止於滿腹。」从鼠，分聲。房吻切，十三部。《莊子釋文》引《説文》舊音扶問反。

蚡 或从虫分。《周禮·丱人》：「墳壤用麇。」故書墳作「蚠」。鄭司農云：「多蚠鼠也。」

鼮 鼮令鼠也。四字句。令平聲，鼮令，疊韵字。从鼠，平聲。薄經切，十一部。

鼶 鼶鼠也。三字句。見《小正》九月。从鼠，虒聲。息移切，十六部。

䶉 竹鼠也。如犬。後世所謂竹䶉也。《莊子》作留，又作貓。从鼠，丣聲。各本作「畱省聲」，今正。力求切，三部。

鼫 五技鼠也。能飛，不能過屋；能緣，不能窮木；能游，不能渡谷；三句一韵。能穴不能掩身；能走不能先人。二句一韵。此之謂五技。五字依《詩·碩鼠》正義補。《釋獸》鼠屬有鼫鼠，孫炎云：「五技鼠也。」舍人、樊光同。《易·晉》：「九四，晉如鼫鼠。」《九家易》以「五技鼠」釋之。《荀卿》云：「梧鼠五技而窮。」《詩·魏風》：「碩鼠碩鼠，無食我黍。」鄭箋云：「碩，大也。」不言五技，是《詩·碩鼠》非鼫鼠。崔豹《古今注》乃云：「螻蛄一名鼫鼠，有五能而不成技術。」此語殊誤，螻蛄不妨名鼫鼠，要不得云有五技也。倘許謂螻蛄，則此篆必次於部末，如黽部之蠅、鼄，馬部之驘、驢、騊、駼等字矣。从鼠，石聲。常隻切，古音在五部。

鼨 豹文鼠也。《釋獸》曰：「鼨鼠，豹文鼮鼠。」郭讀以豹文下屬，云：「鼠文采如豹者，漢武帝時得此鼠，孝廉郎終軍知之，賜絹百匹。」按，《文選》注、《藝文類聚》皆引《竇氏家傳》載此事，系之光武時竇攸，以豹文爲鼮鼠則同。惟《唐書·盧若虛傳》云：「時有獲異鼠者，豹首虎臆，大如拳，職方辛怡諫謂之鼮鼠而賦之。若虛曰：非也。此許慎所謂鼨鼠，豹文而形小。一坐盡驚。」玉裁謂，他人讀《爾雅》皆「豹文鼮鼠」爲句，終軍、竇攸、辛怡諫從之，許讀《爾雅》「鼨鼠豹文」爲句，盧若虛從之。其是非訖難定也。許有鼨無鼮，疑《爾雅》六字爲一物。从鼠，冬聲。職戎切，九部。

鼨 籀文省。𠔇，古文終。

䶈 鼠屬。从鼠，益聲。於革切，十六部。

貖 或从豸作。

鼷 小鼠也。何休《公羊傳》注云：「鼷鼠，鼠中之微者。」《玉篇》云：「有螫毒，食人及鳥獸皆不痛，今之甘口鼠也。」从鼠，奚聲。胡雞切，十六部。

鼩 精鼩鼠也。四字一句。《爾雅》謂之鼩鼠，郭注：「小鼱鼩也，亦名䶆鼩。」《漢書·東方朔傳》如淳注曰：「鼱鼩，小鼠也。音精劬。」據《爾雅釋文》、《字林》有鼱字。从鼠，句聲。其俱切，古音在四部。

鼸 䶄也。《爾雅》：「鼸鼠」，郭云：「以頰裏藏食者。」从鼠，兼聲。丘檢切，七部。

䶄 鼠屬。《廣韻》謂之「䶄鼠」㉔。从鼠，今聲。讀若含。胡男切，七部。

鼬 如鼠，如鼠，小徐作「如鼦」，鼦乃俗貂字。貂鼠屬也。赤黃色，尾大，食鼠者。見《小正》、《爾雅》。今之黃鼠狼也。从鼠，由聲。余救切，三部。

䶂 胡地風鼠。郭注《爾雅》「鼫鼠」云：「形大如鼠，頭似兔，尾有毛，青黃色，好在田中食粟豆，關西呼爲䶂鼠。見《廣雅》，音雀。」㉕按，《廣雅》云：「䶂鼠，鼫鼠。」與景純皆合，䶂、鼫爲一物。以《說文》正之，鼫與䶂迥非一物也。蓋俗語有移易其名者耳。从鼠，勺聲。之若切，古音在二部。

䶃 鼠屬。从鼠，宂聲。而隴切，九部。按，此字或讀余救切，要與鼬非一物。

鼭 鼭鼠。佀雞，鼠尾。从鼠，此聲。即移切，十五、十六部。

鼲 鼲鼠。出丁零胡，皮可作裘。《魏志》注引《魏略》云：「丁零國出名鼠皮，青昆子，白昆子皮。」王氏引之云：「昆子，即鼲子也。」㉖《後漢書·鮮卑傳》云：「鮮卑有貂、豽、鼲子，皮毛柔蝡，天下以爲名裘。」按，今俗語通曰「灰鼠」，聲之轉也。如揮、翬皆本軍聲。从鼠，軍聲。乎昆切，十三部。

䶇 斬䶇鼠。黑身，白臂若帶，手有長白毛，佀握版之狀，類蝯蜼之屬。見《上林》、《西京賦》，諸家說其狀乖異不同。其字或作「螹胡」，或作「獑胡」，或作「獑猢」，或作「𪖭䶇」。从鼠，胡聲。户吳切，五部。

文二十。　重三。

能 熊屬。《左傳》、《國語》皆云：「晉侯夢黄能入於寢門。」韋注曰：「能似熊。」凡《左傳》、《國語》能作「熊」者，皆淺人所改也。足佀鹿。故皆从比也，㲋足、毚足亦同。从肉，猶龍之从肉也。㠯聲。奴登切，古者在一部㉗。由之而入於咍，則爲奴來切。由一部而入於六部，則爲奴登切。其義則一也。能獸堅中，故偁賢能，賢古文作臤，臤，堅也。而彊壯，偁能傑也。此四句發明叚借之指。賢能、能傑之義行，而本義幾廢矣。子下曰：「十一月陽氣動，萬物滋，人以爲偁。」亦此例也。韋、朋、來、西、烏五篆下，説解皆此例。凡能之屬皆从能。

文一。

熊 熊獸，佀豕，山尻，俗作居。冬蟄。見《夏小正》。从能，炎省聲。按，炎省聲，則當在古音八部，今音羽弓切。《雜語》「火始燄燄」，《漢書》作「庸庸」，《淮南書》「東北曰炎風」，一作「融風」，皆古音之證。《左傳正義》㉘曰：「張叔《反論》云：賓爵下革，田鼠上騰，牛哀虎變，鯀化爲熊，久血爲燐，積灰生蠅。」或疑熊當爲能。王劭曰：「古人讀雄與熊，皆于陵反，張叔用舊音，傅玄《潛通賦》與終韵，用新音也。」玉裁謂，熊不妨古反于陵，要之《反論》必是能字，《春秋左氏》「敬嬴」，《公》《穀》作「頃熊」，蓋炎、熊、嬴三字雙聲。凡熊之屬皆从熊。

羆 如熊，黄白文。見《釋獸》。从熊，罷省聲。以一能當二能也。彼爲切，古音在十七部。

古文从皮。

文二。　重一。

火 焜也。焜各本作「燬」，今正。下文曰：「焜，火也。」爲轉注。南方之行，炎而上。與木曰東方之行、金曰西方之行、水曰北方之行相儷成文。象形。大其下，鋭其上。呼果切，古音在十五部。凡火之屬皆从火。

炟 上諱。漢章帝名也。伏侯《古今注》曰：「炟之字曰著。」按，許書本不書其篆，但曰「上諱」，後人補書之，次於此者，尊上也。《玉篇》曰：「爆也。」《廣韵》曰：「火起也。」其字从火，旦聲。當割切，十四、十五部。

焜 火也。从火，尾聲。許偉切，十五部。《詩》曰：「王室如焜。」《周南·汝墳》文。今《詩》作「燬」，毛傳：「燬，火也。」按，《爾雅》亦作「燬」，《釋言》曰：「燬，火也。」《詩釋文》曰：「燬，音毁，齊人謂火曰燬，郭璞又音貨，《字書》作焜，《説文》同。一音火尾反。」夫曰燬《説文》作焜，則《説文》之有焜無燬可知矣。曰焜一音火尾反，則焜本音燬可知矣。《方言》曰：「煤，火也。楚轉語也，猶齊言焜也。」燬焜實一字，《方言》齊曰焜，即《爾雅》郭注之齊曰燬也。俗乃強分爲二字二音，且肊造齊人曰燬、吳人曰焜之語，又於《説文》別增燬篆，陸德明所據不如此。

燬 火也。从火，毁聲。《春秋傳》曰：「衛侯燬。」許偉切，按，此篆許所本無，當删。

燹 火也。《韵會》引《字林》曰：「逆燒也。」从火，豩聲。穌典切，十三部。

焌 然火也。以火燒物曰然。从火，夋聲。子寸切，又倉裔切，十三部。《周禮》曰：「遂龡其焌。」《周禮·垂氏》曰：「凡卜，以明火爇燋，遂龡其焌契，以授卜師。」注云：「焌讀如戈鐏之鐏，謂之契柱燋火而吹之也。」㉙《士喪禮》：「楚焞置於燋，在龜東。」楚焞即契所用灼龜也。燋謂炬，其存火(三字當依《士喪禮》注作「所以然火者也」)㉚。焌火在歬，目焞焯龜。此許引《周禮》而釋其焌之義，似有舛誤。依鄭注，則契即楚焞，楚焞柱於炬，然之，用以灼龜；焌者，謂吹而然之也。

尞 柴祭天也。示部祡下曰：「燒柴尞祭天也。」是祡、尞二篆爲轉注也。燒柴而祭謂之祡，亦謂之尞，亦謂之禉。木部曰：「禉，祡祭天神。」《周禮》槱燎字當作「禉尞」，凡祡尞作「柴燎」者，皆誤字。从火眘。會意。力照切，二部。眘，古文慎字。見心部。祭天所目慎也。説从眘之意。

然 燒也。通叚爲語詞，訓爲如此，爾之轉語也。从火，肰聲。如延切，十四部。俗作「燃」，非是。

⿱艹難 或从艸難。徐鉉等曰：艸部有此字，此重出，與火部無涉也。按，篆當作爇，或古本作爇，轉寫奪火耳。《漢·五行志》：「巢爇墮地。」《廣韵》引陸佐公《石闕銘》：「刑酷爇炭。」

爇 燒也。从火，蓺聲。徐鉉等曰：《説文》無蓺字，當从火，从艸，爇省聲。按，埶即聲，不必云爇省。如劣切，十五部。《春秋傳》曰：「爇僖負羈。」僖廿八年《左傳》曰：「爇僖負羈氏。」

燔 爇也。按，許𤎅與燔字別，𤎅者，宗廟火炙肉也。此因一从火，一从炙而別之。毛於《瓠葉》傳曰：「加火曰燔。」於《生民》傳曰：「傳火曰燔。」古文多作燔，不分別也。从火，番聲。附袁切，十四部。

燒 爇也。二篆爲轉注。从火，堯聲。式昭切，二部。

烈 火猛也。《大雅》曰：「載燔載烈。」傳曰：「傅火曰燔，貫之加于火曰烈。」《商頌》曰：「如火烈烈。」引伸爲光也，業也。又《方言》曰：「餘也。」按，烈訓餘者，盛則必盡，盡則必有所餘也。又《鄭風》：「火烈具舉。」傳曰：「烈，列也。」此謂烈即列之叚借字。列者，古迾字也。从火，列聲。良薛切，十五部。

炪 火光也。《類篇》作「火不光」。《集韵·六術》曰：「炪㶿，煙皃。」《類篇》同。又《九迄》曰：「炪㶿，煙出也。」煙盛則光微，此蓋與上火猛作反對語。从火，出聲。職悅切，十五部。《商書》曰：「予亦炪謀。」《般庚上》文。此與叚玫爲好、叚狟狟爲桓桓、叚莫爲竹蔑同。壁中古文叚炪爲拙也。今《尚書》作「拙」者，蓋孔安國以今字讀之也。讀若巧拙之拙。其同音也，故相叚借。

熚　熚𤈦，火皃。熚𤈦，疊韵字。如水部之「畢沸」。从火，畢聲。卑吉切，十二部。

𤈦　熚𤈦也。《玉篇》云：「火盛皃。」《廣韵》云：「鬼火。」从火，𩰫聲。敷勿切，十五部。𩰫，籀文悖字。見言部。

烝　火气上行也。此烝之本義。引申之，則烝，進也。如《詩·信南山》《甫田》傳，《泮水》箋是也。又引申之，則久也，衆也。久之義，如《釋詁》㉛曰：「烝，塵也。」《東山》傳曰：「烝，寘也。」《常棣》傳曰：「烝，填也。」皆是。鄭云：「古聲寘、填、塵同。」是也。衆之義，如《東山》「烝在栗薪」傳，《烝民》傳是也。又引申之，則君也。《釋詁》及《文王有聲》傳是也。又厚也。《泮水》傳曰：「烝烝，厚也。」是也。《左傳》凡下婬上謂之烝。从火，丞聲。煑仍切，六部。經典多叚「蒸」爲之者。

烰　烝也。《詩·生民》：「烝之浮浮。」《釋訓》曰：「烰烰，烝也。」毛傳曰：「浮浮，氣也。」按，《爾雅》不偁《詩》全句，故曰：「烝也」而已，毛釋《詩》全句，故曰「浮浮，氣也」。許於此當合二古訓爲解曰：「烰烰，烝皃，謂火氣上行之皃也。」或轉寫者删之耳。从火，孚聲。縛牟切，三部。《詩》曰：「烝之烰烰。」今《詩》作「浮浮」。

煦　烝也。《方言》：「煦、煆，熱也，乾也。吳越曰煦、煆。」按，熱，《廣雅》作「爇」，誤。《樂記》注曰：「以氣曰煦。」一曰，赤皃。日部曰：「昫，日光出温也。」按，昫、煦古通，用煦葢日出之赤色。一曰，盄潤也。首一義足兼之。《文選》注引《韓詩章句》：「煦，暖也。」从火，昫聲。香句切，古音在四部。《廣韵》又況羽切，《方言》注讀如州吁之吁。

熯　乾皃。乾讀如干。此與日部暵同音同義。从火，猶从日也。《易·說卦》傳，王肅、王弼本作「燥萬物者莫熯乎火」。《說文》日部及徐邈本作「莫暵」，字有分見而實同者，此類是也。从火，漢省聲。人善切，十四部。依《楚茨》音義，人善、呼旦二反。《詩》曰：「我孔熯矣。」《小雅·楚茨》文。此偁《詩》說叚借也。《楚茨》毛傳曰：「熯，敬也。」熯本不訓敬，而傳云爾者，謂熯即「戁」之叚借字也。心部曰：「戁，敬也。」《長發》傳曰：「戁，恐也。」是其義也。

炥　火皃。按，此篆當是𤈦之或體。从火，弗聲。普活切，十五部。《廣韵》符弗切。

燋　火皃。从火，翏聲。洛蕭切，古音在三部。《逸周書》曰：「味辛而不燋。」「逸」字衍，當删。《九經字樣》引無「逸」字，可證。《周書》葢七十一篇之《周書》，今本未見有此句。《吕覽·本味篇》曰：「辛而不烈。」《周書》作「不燋」，字異義同。《方言》注曰：「㾴、瘌，皆辛螫也。」按，此等字皆雙聲同義，而㾴爲尤近。

焛　火皃。从火，𨶜省聲。𨶜見門部。作𨶜者誤。

讀若粦。良刃切，十二部。

㷉　火色也。《韓子》：「齊伐魯，索讒鼎，以其鴈往。齊人曰：鴈也。魯人曰：真也。」鴈蓋即㷉之叚借字，如今之作僞古物曰「燒瘢貨」是也。俗作「真贗」。从火，雁聲。讀若鴈。五晏切，十四部。

熲　火光也。《小雅》：「不出於熲。」傳曰：「熲，光也。」箋云：「不得出於光明之道。」按，火光者，字之本義，傳不言火，但言光者，其引申之義也。从火，頃聲。古迥切，十一部。

爚　火光也。光，各本作「飛」，今依《文選·琴賦》《景福殿賦》注、《玄應書》卷九正。《西都賦》：「震震爚爚，雷奔電激。」震震，謂雷；爚爚，謂電也。李善引《字指》曰：「儵爚，電光也。」按，此字或借爲燿字，或借爲鑠字。或作爍者，俗體也。从火，龠聲。以灼切，二部。一曰，爇也。又一義。

熛　火飛也。《玄應》引《三蒼》云：「熛，迸火也。」《吕氏春秋》云：「突泄一熛，焚宫燒積。」班固《答賓戲》借「猋」爲之。从火，㶾聲。讀若摽。甫遙切，二部。當必遙切。按，同部票、熛二字，同音同義，熛即票聲，似票正熛俗。故《集韵》、《類篇》、《韵會》皆合二爲一，然李善、玄應所引，皆有熛字，《玉篇》亦分載，未容改併。

熇　火熱也。《大雅·板》傳曰：「熇熇然熾盛也。」《易》「家人嗃嗃」鄭云：「苦熱之意。」是嗃即熇字也。釋文曰：「劉作熇熇。」从火，高聲。火屋切，古音在二部。《詩》曰：「多將熇熇。」

烄　交木然也。交烄疊韵。《玉篇》曰：「交木然之，以尞柴天也。」从火，交聲。古巧切，二部。

𤆍　小爇也。爇或作「熱」，誤。《節南山》釋文、正義引作「𤆍」，亦誤。《節南山》曰：「憂心如惔。」古本《毛詩》作「如𤆍」，故毛傳曰：「𤆍，燔也。」《瓠葉》傳曰：「加火曰燔。」許曰「燔，爇也。」爇，加火也。是毛訓作爇，許則別之云「小爇」耳。《方言》、《廣雅》曰：「𤆍，明也。」此引伸之別一義。从火，羊聲。羊，各本誤作「干」，篆體亦誤，今正。干部曰：「入一爲干，入二爲羊。」羊讀若飪，𤆍从羊聲，故古音在七部。郭璞、曹憲音淫，入鹽韵，則直廉切，今各書皆譌作𤆄矣。《詩》曰：「憂心如𤆍。」如𤆍，各本作「𤆄𤆄」，今正。《節南山》釋文、正義皆引「憂心如𤆄」。

燋　所㠯然持火也。持火者，人所持之火也。《少儀》：「執燭抱燋。」凡執之曰燭，未爇曰燋，燋即燭也。《士喪禮》注曰：「燎，大燋。」大燋，即大燭也。大燭樹於地，燭則執於手。人所持之火，以燋然之。燋者，苣爲之。卜之用燋，其一耑也。《士喪禮》：「楚焞置於燋，在龜東。」注云：「楚，荆也。荆焞，所以鑽灼龜者。燋，炬也，所以然火者也。」《周禮·垂氏》：「凡卜，以明火爇燋，遂炊其焌契，以授卜師。」杜子春云：「明火，以陽燧取火於日也。」按，以苣然契，契即楚焞，以楚焞灼龜而作其兆，是卜之次弟也。从火，焦聲。即消切，二部。《字林》子約反。《周禮》曰：「目明火爇燋也。」

炭 燒木未灰也。未灰，大徐作「餘」。也。从火，岸聲。各本作「岸省聲」，今依小徐本。岸从厂聲，厂呼旱切也。他旱切，十四部。

羑 束炭也。从火，差省聲。讀若齹。齹，齒部作「鹺」，恐誤。楚宜切，古音在十七部。

敹 交灼木也。从火，教省聲。讀若狡。按，《玉篇》、《廣韵》皆曰：「敹，同烄。」必本諸《説文》，不知今本《説文》何以析爲二。交灼之語，亦不可通。上文炭下曰「燒木未灰」，則灰篆必上聯炭羑二篆，間以敹炦，決非古本。

炦 火气也。从火，犮聲。蒲撥切，十五部。

灰 死火餘夷也。《漢書》曰：「死灰獨不復然乎。」从火又。會意。呼恢切，古音在一部。又，手也，火既滅可以執持。説从又之意。

炱 灰，炱煤也。《通俗文》曰：「積煙曰炱煤。」《玉篇》曰：「炱煤，煙塵也。」《廣韵》曰：「炱煤，灰入屋也。」从火，台聲。徒哀切，一部。按，本部無「煤」，土部有「塺」字。《玉篇》炱煤二文相接。

煨 盆中火。《玉篇》作「盆中火熝。」《廣韵》曰：「熝者，埋物灰中令熟也。」《通俗文》曰：「熱灰謂之煻煨。」許無煻字，今俗謂以火温出冬閒花曰唐花，即煻字也。从火，畏聲。烏灰切，十五部。

熄 畜火也。畜當从艸，積也。熄取滋息之意。从火，息聲。相即切，一部。亦曰滅火。小徐無此四字。滅與蓄義似相反而實相成，止息即滋息也。《孟子》曰：「王者之迹熄而《詩》亡，《詩》亡然後《春秋》作。」

烓 行竈也。从火，圭聲。古支清合韵。讀若冋。冋，汲古閣作「回」，誤。口迥切，十六部。

煁 烓也。《小雅·白華》曰：「樵彼桑薪，卬烘于煁。」《釋言》曰：「煁，烓也。」毛傳曰：「煁，烓竈也。」郭璞云：「今之三隅竈。」按，鄭箋云：「桑薪，薪之善者。不以炊爨養人，反以燎於烓竈，用炤事物而已。」㉜然則行竈非爲飲食之竈，若今火鑪，僅可炤物，自古名之曰烓，亦名之曰煁。或叚「諶」爲之，《春秋傳》裨諶字竈，知諶即煁字也。《漢書·人表》又作「卑湛」。从火，甚聲。氏任切，七部。《詩釋文》市林反。

燀 炊也。从火，單聲。充善切，十四部。《春秋傳》曰：「燀之以薪。」《左傳·昭公二十年》文。

炊 爨也。爨下曰：「炊也，齊謂炊也爨。」㉝从火，吹省聲。昌垂切，古音在十七部。

烘 尞也。云尞者，燔柴之義之引伸也。《小雅·白華》：「卬烘于煁。」毛傳及《釋言》皆曰：「烘，燎也。」从火，共聲。

呼東切。《詩釋文》引《説文》巨凶、甘凶二反。《詩》曰：「卬烘于煁。」

齌 炊餔疾也。餔，日加申時食也。晚飯恐遲，炊之疾速，故字从火。引伸爲凡疾之用，《離騷》曰：「反信讒而齌怒。」王注云：「疾怒。」从火，齊聲。在詣切，十五部。

熹 炙也。炙者，抗火炙肉也。此熹之本義。引申爲熱也，《左傳》：「或叫于宋大廟曰：譆譆出出。」杜曰：「譆譆，熱也。」此同音叚借也，又與熙相叚借。从火，喜聲。許其切，一部。

煎 熬也。《方言》：「熬、聚、煎、僃、鞏，火乾也。凡有汁而乾，謂之煎。東齊謂之鞏。」从火，前聲。子仙切，十四部。

熬 乾煎也。《方言》：「熬，火乾也。凡以火而乾五穀之類，自山而東齊楚以往謂之熬。」从火，敖聲。五牢切，二部。

熬或从麥作。

炮 毛炙肉也。炙肉者，貫之加於火。毛炙肉，謂肉不去毛炙之也。《瓠葉》傳曰：「毛曰炮，加火曰燔。」《閟宮》傳曰：「毛炰，豚也。」《周禮·封人》：「毛炰之豚。」鄭注：「毛炮豚者，爓去其毛而炮之。」《內則》注曰：「炮者，以塗燒之爲名也。」《禮運》注曰：「炮，裹燒之也。」按，裹燒之，即《內則》之塗燒。鄭意《詩》《禮》言「毛炮」者，毛謂燎毛，炮謂裹燒。毛公則謂連毛燒之曰炮，爲許所本。《六月》、《韓奕》皆曰「炰鼈」，箋云：「炰，以火孰之也。」鼈無毛而亦曰炰，則毛與炮二事，鄭説爲長矣。炰與缹皆炮之或體也。《韓奕》之炰，徐仙民音甫九反，《大射》篇注炮鼈，或作缹，或作炰，是知炰缹爲古今字。《通俗文》曰：「燥煑曰缹。」燥煑謂不過濡也。裹燒曰炮，燥煑亦曰炮。漢人燥煑多用缹字。缶聲、包聲古音同在三部。从火，包聲。薄交切，古音在三部。○補炮注㉞：《詩》言炮者四，《瓠葉》《閟宮》是也。言炰者二，《六月》《韓奕》是也。多以爲偏旁小異，而不知本有二字。《瓠葉》：「有兔斯首，炮之燔之。」傳曰：「毛曰炮。」《説文》曰：「炮，毛炙肉也。」鄭注《禮記》曰：「裹燒曰炮。」《禮運》：「以炮以燔，以亨以炙。」《內則》：「炮者取豚若牂，刲之刳之，實棗於其腹中，編萑以苴之，涂之以堇涂，炮之，涂皆乾，擘之。」蓋炮必連毛，故《閟宮》曰：「毛炮」，傳曰：「毛炮豚也。」今《詩·閟宮》作「炰」，乃誤字也。炰乃蒸煑之名，其異體作「缹」。服虔《通俗文》曰：「燥煑曰缹。」《六月》《韓奕》皆言「炰鼈」，鼈無毛，非可炮者，於蒸煑宜。鄭注《禮經·大射儀》言「炰鼈膾鯉」，宋嚴州本不誤，宋本單行《儀禮疏》不誤。《內則》言「濡鼈」，濡同胹。胹，爛也。鼈斷不可言炮，《毛詩》作炰，與炮異體，蓋古本相傳如此，乃缹之古字也。缹之語，如今言「煨」，俗語如「烏」。炮字火在旁，故炰火在下以別之。《説文》有炮無炰，蓋本兼有二字，如裒、袍，蝨、蛾，桌、棘，東、杲、杳之例，而刪其一，炰或變爲缹，又變爲炰。包聲、缶聲，古音同在尤幽部。《集韵·四十四有》缹、炰二形，同俯九切，蓋於《韓奕》正義得之。《廣韵》《集韵·五爻》炮、炰二形同，蒲交切，誤也。《經典釋文》炰字不作音，亦誤。《説文》「衮」下云：「炮炙也，以微火溫肉。」此炮必炰之誤。炰炙者，以包法爲炙，非炮也。炮下云「毛炙」者，連毛燒之以爲炙，非燒肉之炙也。炙下云「炮肉」者，炮肉非炮毛也。自《説文》失去炰篆，誤認炮、炰一字，而其義晦久矣。肉加於火上曰「燔」，貫肉加於火曰「炙」，《生民》作「烈」，爇之鑊曰「亨」。凡炮、燔、炙、𤎍、燎不用鑊，炰、爇、亨、烝用鑊。○陳奐曰：《大射儀》「羞庶羞」注：「有炮鼈膾鯉，雉兔鶉鴽。」釋文：「炮，薄交反，或作炰、缹，同音缶。」此陸本作炮而附炰、缹字也。賈正義曰：「知有炰鼈膾鯉者，按《六月》詩云：吉甫燕喜，既多受祉。又云：飲御諸友，炰鼈膾鯉。故知有此也。」此賈本作炰而釋以《六月》之炰也。賈疏單行宋本今現存黄氏丕烈所。今注疏則炰譌炮，炰亦譌炮矣。《六月》字作炰，正義不言炰同缹，而《韓奕》「炰鼈鮮魚」，正義曰：「按字書，炰，毛燒肉也。（炰，非炮也。此句誤。）缹，烝也。服虔《通俗文》曰：燥煑曰缹。然則炰與缹別。（此句誤。）而此及《六月》云炰鼈者，音皆作缶（舊作缹誤）。然則炰與缹以火孰之，謂烝煑之也。」據此疏則炰別於炮，而音缶，與缹同字。賈云「音皆作缶」者，必據漢魏六朝相傳舊音而言。陸氏於二詩不云炰音缶，於《禮》別炰缹爲二字，疏矣。孔正義引字書「炮，毛燒肉也。缹，烝也」。所謂字書即《説文》，葢《説文》本有缹字，而今佚之。

㶣 炮炙也。炮炙異義，皆得曰㶣也。以微火温肉。依《廣韵》所引本，《玉篇》同。既云炮炙，又云以微火温肉者，嫌炮炙爲毛燒，故又足之，言不必毛燒也。微火温肉，所謂缹也。今俗語或曰烏，或曰煨，或曰燜，皆此字之雙聲疊韵耳。从火，衣聲。烏痕切，十三部。此於合韵得之。

熷 置魚筩中炙也。筩，斷竹也。置魚筩中而乾炙之，事與烝相類。从火，曾聲。作滕切，六部。

𤐫 以火乾肉也。《周禮・籩人》注曰：「鮑者，於楅室中糗幹之，出於江淮也。」此當作「𤐫室中𤐫乾之」。《漢書・貨殖傳》注引作「於煏室乾之」可證。煏即𤐫字，小顔不解糗字，故删之耳。糗者，熬米麥也。引申爲凡熬之偁，語亦可通。𤐫室，漢時有此制。賈公彦云：「楅土爲室。」非也。陸德明云：「皮逼反。」與《周禮》、《毛詩》楅音福、音逼不同，與師古煏音蒲北反合。然則陸本當亦作煏，今《釋文》乃轉寫作楅，非是。𤐫，《方言》作「㷶」，「凡以火而乾五穀之類，自山而東，齊楚以往，謂之熬，關西隴冀以往，謂之㷶，秦晉之閒或謂之聚」。省作「煏」，又或作「焙」，而異其音，《玉篇》作「煏」無「𤐫」。从火，𥠽聲。臣鉉等曰：「𥠽聲當是𥠽省聲之誤。」符逼切，一部。按，符逼當爲「蒲逼」。

𤐫 籒文不省。按小徐無。

爆 灼也。謂火飛所灸也。从火，暴聲。蒲木切，三部。《廣韵》：「北教切，火裂也。」

煬 炙燥也。从火，昜聲。余亮切，十部。《謚法》：「好内遠禮，煬；去禮遠衆，煬。」

㸕 灼也。从火，隺聲。胡沃切，古音在二部。

爤 火孰也。此火字，依《節南山》、《生民》二正義補。《方言》：「自河以北趙魏之閒火孰曰爤。」孰者，食飪也。飪者，大孰也。孰則火候到矣。引伸之，凡淹久不堅皆曰爛，孰則可燦然陳列，故又引伸爲粲爛。从火，蘭聲。郎旰切，十四部。隷作「爛」，不从艸。

燗 或从閒。此如《詩》「蕑」即「蘭」。

爢 爛也。古多叚「糜」爲之。糜訓糝，爢訓爛，義各有當矣。《孟子》：「糜爛其民而戰之。」《文選·答客難》：「至則糜耳。」皆用叚借字也。从火，靡聲。靡爲切，古音在十七部。

尉 从上按下也。按者，抑也。《百官公卿表》應劭注曰：「自上安下曰尉，武官悉以爲偁。」《張釋之傳》曰：「廷尉，天下之平也。」《車千秋傳》：「尉安黎庶。」師古曰：「慰安之字本無心，後俗所加。」从𡰥又持火，會意。𡰥，古文仁。𡰥又，猶親手也。於胃切，十五部。所㠯申繒也。合二徐本訂。説手持火之意也。字之本義如此。引申之爲凡自上按下之偁。《通俗文》曰：「火斗曰尉。」

爞 灼龜不兆也。从龜火。从《韵會》。此會意也。《春秋傳》曰：「卜戰，龜爞，不兆。」《左傳·哀二年》：「卜戰，龜焦。」無「不兆」二字。按，許所據，蓋有「不兆」，與下文「以故兆詢」相貫，而「焦」作「爞」，則淺人所改也。焦者，火所傷也，龜焦曰爞。許引傳説龜火會意，如引「豐其屋」「艸木麗于地」同。讀若焦。音義皆同。即消切，古音在二部。讀如揫，故爞以爲聲。

灸 灼也。今以艾灼體曰灸，是其一耑也。引伸凡柱䅎曰灸，《考工記·廬人》：「灸諸牆。」注云：「灸猶塞也㉟。」以柱兩牆之閒，輓而内之，本末勝負可知也。」古文作「久」，許引《周禮》：「久諸牆。」《士喪禮》㊱：「皆木桁久之」注云：「久當爲灸，灸謂以蓋案塞其口。」按，久、灸皆取附箸相拒之意，凡附箸相拒曰久，用火則曰灸。鄭用方言，許説造字本意。从火，久聲。舉形聲包會意也。舉友切，三部。

灼 灸也。灸各本作「炙」，誤，今正。此與上灸篆爲轉注。灸謂炮肉，灼謂凡物以火附箸之。如以楚焞柱龜曰灼龜，其一耑也。《七諫》注曰：「點，污也。灼，灸也。猶身有病，人點灸之。」醫書以艾灸體謂之「壯」，壯者，灼之語轉也。《淮南》注曰：「然也。」《廣雅》曰：「爇也。」《素問》注曰：「燒也。」其義皆相近。凡訓灼爲明者，皆由經傳叚灼爲「焯」，《桃夭》傳曰：「灼灼，華之盛也。」謂灼爲焯之叚借字也。《周書》：「焯見三有俊心。」今本作灼見。从火，勺聲。之若切，二部。

煉 鑠治金也。治，毛本作「冶」，誤，今依宋本。鑠治者，鑠而治之，愈消則愈精。高注《戰國策》曰：「練濯，治絲也。」正與此文法同。金部曰：「鍊，治金也。」此加鑠者，正爲字从火。从火，柬聲。郎電切，十四部。

燭 庭燎，大燭也。燎當作「尞」，大各本譌作「火」，今正。若《韵會》「庭燎，燭也」，尤善。《小雅》毛傳曰：「庭燎，大燭也。」《燕禮》：「宵則庶子執燭於阼階上，司宫執燭於西階上，甸人執大燭於庭，閽人爲大燭於門外。」《周禮·司烜氏》：「凡邦之大事，共墳燭、庭燎。」鄭云：「墳，大也。」《郊特牲》曰：「庭燎之百，由齊桓公始也。」鄭云：「庭燎之差，公蓋五十，侯伯子男皆三十。」文出《大戴禮》。」按，未爇曰燋，執之曰燭，在地曰燎，廣設之則曰大燭，曰庭燎，大燭與庭燎非有二也。《周禮》絫言「墳燭」、「庭燎」，故鄭注以門外門内別之，《周禮》故書作「蕡燭」，先鄭云：「蕡燭，麻燭也。」賈公彦曰：「古者未有麻燭，故鄭從墳訓大，古庭燎依慕容所爲，以葦爲中心，以布纏之，飴蜜灌之，若今蠟燭。」玉裁謂，古燭蓋以薪蒸爲之，麻蒸亦其一端，麻蒸其易然者，必云古無麻燭，蓋非。許以熜次燭灺之閒，蓋得之矣。从火，蜀聲。之欲切，三部。

熜　然麻蒸也。麻蒸，析麻中幹也，亦曰菆，菆一作廢。古者燭多用葦，鄭注《周禮》曰：「燋，炬也。」㊲許曰：「苣，束葦燒之也。」亦用麻，故先鄭注《周禮》曰：「蕡燭，麻燭也。」先鄭意蕡即「䵚」字。鄭注《士喪禮》㊳曰：「燭用蒸。」蒸即謂麻榦。《弟子職》曰：「蒸閒容蒸。」从火，悤聲。作孔切，九部。

灺　燭㶳也。《曲禮》所謂「燭跋」，《弟子職》所謂「燭堲」㊴。跋者，謂近手所餘；堲者，謂燒過之燼。从火，也聲。徐野切，古音在十七部。

㶳　火之餘木也。各本作「火餘也」，今依唐初玄應本。火之餘木曰㶳，死火之㶳曰灰。引伸爲凡餘之偁。《左傳》：「收合餘燼。」《大雅》箋：「災餘曰燼。」《方言》：「藎，餘也。周鄭之閒曰藎，或曰孑。」藎者，叚借字也。从火，聿聲。臣鉉等曰：「聿非聲，疑从聿省。」徐吝切，十二部。俗作「燼」。一曰，薪也。《方言》：「自關而東秦晉之閒，燒薪不盡曰藎。」

焠　堅刀刃也。《王褒傳》：「清水焠其鋒。」郭璞《三倉解詁》曰：「焠，作刀鋻也。」焠，子妹切。鋻，工練切。」師古云：「焠謂燒而内水中以堅之也。」按，火而堅之曰焠，與水部淬義別。《文選》譌作「淬」，非也。《天官書》曰：「火與水合曰焠。」从火，卒聲。七内切，十五部。

煣　屈申木也。謂曲直之也。今《毄辭》傳、《考工記》皆作「揉」，蓋非古也。手部無「揉」字，《漢書·食貨志》：「煣木爲耒。」从火柔，柔亦聲。人久切，三部。

焚　燒田也。从火林。各本篆作「燓」，解作「从火棥，棥亦聲」，今正。按，《玉篇》、《廣韵》有「焚」無「燓」，焚，符分切。至《集韵》、《類篇》乃合焚燓爲一字，而《集韵·廿二元》固單出燓字，符袁切。竊謂棥聲在十四部，焚聲在十三部。份，古文作「彬」，解云：「焚省聲」，是許書當有焚字，況經傳焚字不可枚舉，而未見有燓，知火部燓即焚之譌。《玄應書》引《說文》：「焚，燒田也。字从火，燒林意也。」凡四見。然則唐初本有焚無燓，不獨《篇》、《韵》可證也。

熑　火煣車网絶也。此爲《考工記》作注也。《輪人》曰：「凡揉牙，外不廉而内不挫，旁不腫，謂之用火之善。」注曰：「廉，絶也。挫，折也。腫，瘣也。」按，廉者，熑之叚借。絶謂火絶。《記》文之「外」謂火，「内」謂正當火處，「旁」謂不當火處。煣之不善，則當火處橈減，而不當火處暴起。畏此二病，或絶火而更煣。假令火未嘗少絶，而無此二病，是真善用火也。車网即牙也。牙，木部作

「枒」。《玉篇》曰：「燫，㸇火不絕。」此義與火絕相輔。从火，兼聲。力鹽切，七部。《周禮》曰：「煣牙外不燫。」

燎 放火也。此與尞義別。《盤庚》曰：「若火之燎于原。」《大雅》曰：「瑟彼柞棫，民所燎矣。」箋云：「人熂燎除其旁草。」《小雅》：「燎之方揚。」箋云：「火田曰燎。」《玄應》引《說文》有「火田爲燎」。《王制》曰：「昆蟲未蟄，不以火田。」从火，尞聲。力小切，二部。按，《詩釋文》引《說文》、《字林》：「尞，力召反。燎，力小反。」

㶾 火飛也。此與熛音義皆同。《玉篇》、《廣韻》亦然，引申爲凡輕銳之偁。《周禮・草人》：「輕㶾用犬。」注：「謂地之輕脃者也。」漢有票姚校尉，票騎將軍。票姚，荀悅《漢紀》作「票鷂」，服虔音飄搖，小顏二字皆去聲，非古也。平聲者，古音。去聲者，今音耳。今俗閒信券曰票，亦尚存古義。凡从票爲聲者，多取會意。从火𡿺。㶾與䙴同意。按，當作「从火䙴省」，蓋省廾爲一也。𡿺即䙴之或體，䙴訓升高，火飛亦升高，故爲同意。方昭切，二部。

⿰火曹 ⿱雥火也。今俗語謂燒壞曰⿰火曹，凡物壞亦曰⿰火曹。从火，⿰車曹聲。作曹切，古音在三部。

⿱雥火 火所傷也。从火，雥聲。即消切，二部。按，《廣韻》雥，徂合切。《玉篇》才帀、走合二切。今以許書焦字从雥聲訂之，則知雥之古音讀如揫，如椒。雧者，會意字，非用雥聲。後人昧其本音，乃以襍字之反語爲雥之反語，非也。戴氏侗乃疑作雧，乃得聲矣。

焦 或省。按，《廣韻》⿱雥火爲籒文，此必有所據。

烖 天火曰烖。《春秋・宣十六年》：「夏，成周宣謝火。」《左傳》曰：「人火之也。凡火，人火曰火，天火曰災。」按，經多言災，惟此言火耳。引申爲凡害之偁。十五年《傳》曰：「天反時爲災，地反物爲妖，民反德爲亂，亂則妖災生。」从火，𢦏聲。祖才切，一部。今惟《周禮》作烖，經傳多借菑爲之。菑或譌爲「葘」。

灾 或从宀、火。火起於下焚其上也。

災 籒文从巛。亦會意，亦形聲。

𤆎 古文从才。形聲。

煙 火气也。陸機《連珠》曰：「火壯則煙微。」从火，垔聲。烏前切，十二部。

烟 或从因。因聲。

⿱宀⿰垔攴 籒文从宀。

⿱宀垔 古文。汲古閣少首筆，从冂，誤。今從《廣韻》、《集韻》、《類篇》正。

焆 焆焆，煙皃。从火，肙聲。因悅切，古音在十四部。

熅 鬱煙也。鬱當作「𩰪」，𩰪與熅聲義皆同。煙熅猶壹壹也。从火，昷聲。於云切，十三部。

炮 望見火皃。依《篇》、《韵》補「見」字。炮然猶旳然也。从火，皀聲。皀見日部，「望遠合也，从日匕。」各本篆體作焜㊵，皀聲。按，皀聲讀若逼，又讀若香，於駒不爲龤聲，皀聲與勺聲則古音同在二部，葉抄宋本及《五音韵譜》作炮，皀聲，獨爲不誤。《玉篇》、《廣韵》、《集韵》、《類篇》作焜，皆誤。讀若駒顙之駒。「駒顙」見《説卦》傳，詳馬部。都歷切，二部。

燂 火熱也。《廣雅》：「燂，煐也。」《攷工記・弓人》：「撟角欲孰於火而無燂。」注云：「燂，炙爛也。」故書燂或作朕。从火，覃聲。大甘切，又徐鹽切，七部。

焞 明也。《鄭語》史伯曰：「黎爲高辛氏火正，以淳燿敦大，天明地德，光照四海，故命之曰祝融。」崔瑗《河閒相張平子碑》云：「遷大史令，實掌重黎厤紀之度，亦能焞燿敦大，天明地德，光照有漢。」今本《國語》作「淳」，漢碑作「焞」，與許所據合。韋云：「淳，大也。燿，明也。」下乂云「敦大」，則「焞燿」自皆當訓明。《士喪禮》「楚焞」，所以鑽灼龜者楚荆也。焞蓋亦取明火之意。引申之又訓盛。《采芑》傳曰：「焞焞，盛也。」漢時有敦煌郡，應劭《地理風俗記》曰：「敦，大也。煌，盛也。」唐時乃作「燉煌」，見《元和郡縣志》。「燉」乃唐人俗字，非焞之異體也。从火，𦎧聲。他昆切，十三部。《毛詩》吐雷切，音之轉也。《春秋傳》曰：「傳」當作「國語」。「焞燿天地。」隱括《鄭語》。

炳 明也。《易》曰：「大人虎變，其文炳也。」从火，丙聲。兵永切，古音在十部。

焯 明也。从火，卓聲。之若切，二部。《周書》曰：「焯見三有俊心。」《立政》文。今《尚書》作「灼」。古義「焯」、「灼」不同。

照 明也。與「昭」音義同。从火，昭聲。之少切，二部。

煒 盛明皃也。各本作「盛赤也」，今依《玄應書》正。《詩・靜女》：「彤管有煒。」傳曰：「煒，赤皃。」此毛就彤訓之，盛明之一耑也。《王莽傳》：「青煒登平，赤煒頌平，白煒象平，玄煒和平。」服虔曰：「煒音暉。」如淳曰：「青煒，青氣之光輝也。」从火，韋聲。于鬼切，十五部。《詩》曰：「彤管有煒。」《邶風》。

㶴 盛火也。凡言盛之字从多。从火，多聲。昌氏切，古音在十七部。

熠 盛光也。《詩》：「熠燿宵行。」傳曰：「熠燿，粦也。粦，熒火也。」又：「倉庚于飛，熠燿其羽。」箋云：「羽鮮明也。」从火，習聲。羊入切，七部。《詩》曰：「熠熠宵行。」《豳風・東山》文。宋本葉抄本作「熠熠」。王伯厚《詩攷》「異字異義」條，舉《説文》「熠熠宵行」，而《文選・張華勵志詩》「涼風振落，熠熠宵流」注引毛傳「熠熠，粦也」，疑皆「熠燿」之誤，當依《詩音義》爲正。小徐本「熠燿」下,無肎行二字。

煜 燿也。此以雙聲爲訓。从火,昱聲。余六切,古音在七部。昱从立聲,煜从昱聲,本音皆在七部。《廣韵·廿六緝》「煜,爲立切」。古音也。

燿 照也。从火,翟聲。弋笑切,二部。

煇 光也。《小雅·庭燎》傳曰:「煇,光也。」日部曰:「暉,光也。」二字音義皆同。煇與光互訓,如《易》象傳「君子之光,其暉吉也」是也。析言之,則煇、光有别,如管輅《荅劉邠》云「不同之名,朝日爲輝,日中爲光」,《玉藻》「揖私朝,煇如也,登車則有光」是也。《史記》:「斷戚夫人手足,去眼,煇耳。」此叚煇爲「熏」也。从火,軍聲。況韋切,古音在十三部。《庭燎》與晨、旂韵,是也。俗作「輝」。火,暉者,日之光;煇者,火之光。

烔 光也。从火,冋聲。古迥切,十一部。

爗 盛也。《十月之交》曰:「爗爗震電。」傳曰:「爗爗,震電皃。」按,凡光之盛曰爗。从火,曅聲。筠輒切,七部。《詩》曰:「爗爗震電。」《小雅》。

爓 火爓也。各本作「火門也」,門乃爓之壞字耳,今正。《文選·蜀都賦》:「高爓飛煽於天垂。」善引《說文》:「爓,火焰也。」焰即爓之省。《六書故》引唐本《說文》:「火爓爓也」,較李善音豔。所據多一爓字。今人云「光燄」者,作此字爲正。古多叚「炎」爲之,如《左傳》「其氣炎以取之」,《司馬相如傳》「末光絕炎」,《楊雄傳》「景炎炘炘」皆是。又《郊祀歌》:「長離前掞光耀明。」㊶晉灼曰:「掞即光炎字。」亦叚借也。爓與燄篆義别。从火,閻聲。余廉切,八部。按,當以贍切。

炫 爓燿也。爓燿,謂光爓燿明也。《封禪文》叚「玄」爲之。从火,玄聲。胡畎切,十四部。《廣韵》去聲。

煌 煌煌,煇也。此依《韵會》本,今大小徐本各奪一字,非也。《皇皇者華》傳曰:「皇皇猶煌煌也。」「朱芾斯皇」傳曰:「皇猶煌煌也。」从火,皇聲。胡光切,十部。

焜 煌也。《甘泉賦》:「樵蒸焜上。」李善引《字書》:「焜,燿火皃。」从火,昆聲。胡本切,十三部。

光 朙也。《左傳》周内史釋《易》「觀國之光」曰:「光,(逗。)遠而自他有燿者也。」从火在儿上,光朙意也。説會意。目在儿上則爲見,气在儿上則爲欠,口在儿上則爲兄,皆同意。古皇切,十部。

炗 古文。

芡 古文。「庶」字从此會意。

熱 昷也。昷,各本作「溫」,今正。許意溫爲水名,凡昷煗字皆當作昷。昷,仁也,从皿飼囚,引申之則爲昷煖。《毛詩》傳曰:「藴藴而暑,爞爞而熱。」从火,埶聲。如列切,十五部。

熾 盛也。从火,戠聲。昌志切,一部。

戥 古文。

燠 熱在中也。《洪範》:「庶徵曰燠,曰寒。」古多叚奧爲之。《小雅》:「日月方奧。」傳曰:「奧,煖也。」从火,奧聲。烏到切,古音在三部。亦於六切。奧者,宛也。熱在中,故以奧會意。此舉聲以見意也。

煖 昷也。昷,各本作「温」,今正。《説卦》傳:「日以晅之。」晅亦作「烜」,葢即煖字也。从火,爰聲。況袁切,十四部。今人讀乃管切,同「煗」。

煗 昷也。昷,各本作「温」,今正。从火,耎聲。乃管切,十四部。今通用「煖」。

炅 見也。从火日。古迥切㊷。按,此篆義不可知,《廣韵》作「光也」,似近之。从日火,亦不可曉。葢後人羼入,如西部有「覀」之比。《廣韵・十二霽》曰:「後漢《大尉陳球碑》有城陽炅横,漢末被誅,有四子,一姓炅,一姓香,一姓桂,一姓炔,四字皆九畫。」《集韵》桂氏譜曰:「桂貞爲秦博士,始皇阬儒,改姓香,其孫改爲炅,弟四子改爲炔。」是則有肊製炅爲姓者,恥其不古,羼入許書,非無證也。《廣韵》云「四字皆九畫」,按,桂字十畫,其三字皆八畫,葢六朝木旁多作才,圭作五畫,然則當云四字皆八畫也。

炕 乾也。謂以火乾之也。《五行志》曰:「君炕陽而暴虐。」師古曰:「凡言炕陽者,枯涸之意,謂無惠澤於下也。」《釋木》曰:「守宮槐,葉晝聶宵炕。」郭云:「晝日聶合,而夜炕布。」从火,亢聲。苦浪切,十部。

燥 乾也。《易》曰:「水流溼,火就燥。」从火,喿聲。蘇到切,二部。

威 滅也。《小雅・正月》曰:「赫赫宗周,褒姒威之。」傳曰:「威,滅也。」从火戌。會意。《詩釋文》引有「聲」字。許劣切,十五部。火死於戌,火生於寅,盛於午,死於戌。陽氣至戌而盡。陽氣當作「昜气」。此二句説會意之恉。《詩》曰:「赫赫宗周,褒姒威之。」女部無「姒」字。

焅 旱气也。與「酷」音義略同。从火,告聲。苦沃切,三部。

燾 溥覆照也。《中庸》曰:「辟如天地之無不持載,無不覆幬。」注云:「幬或作燾。」按,《左傳》亦云:「如天之無不幬。」杜注:「幬,覆也。」葢幬是叚借字,幬訓襌帳,帳主覆也。燾从火,故訓爲「溥覆照」。《周禮・司几筵》注:「敦讀曰燾,燾,覆也。」从火,壽聲。徒到切,古音在三部。

爟 取火於日官名。日當作「木」。《周禮・夏官・司爟》:「掌行火之政,令四時變國火,以救時疾。季春出火,季秋内火。」鄭司農説以《鄹子》曰:「春取榆柳之火,夏取棗杏之火,季夏取桑柘之火,秋取柞楢之火,冬取槐檀之火。」是取火於木之事也。若《秋官・司烜氏》:「以夫遂取明火於日,以鑒取明水於月。」與司爟所職不同。《淮南子・氾論訓》注:「爟火,取火於日之官也。」引《周禮・司爟》云云,是高注亦當爲譌字。从火,雚聲。古玩切,十四部。《周禮》曰：「司爟掌行火之政令。」舉火曰爟。小徐本此四字在《周禮》之上，今依《韵會》所據小徐本訂。《呂覽・本味篇》：「湯得伊尹，爝以爟火。」高注云：「《周禮》，司爟掌行火之政令。爟火者，所以祓除其不祥，置火於桔槔，燭以照之。爟讀曰權衡之權。」又《贊能篇》：「桓公迎管仲，祓以爟火。」高注略同，亦曰爟讀如權字。攷《史記・封禪書》、《漢書・郊祀志》皆曰：「通權火。」又曰：「權火舉而祠。」張晏云：「權火，熢火也。狀若井挈皋，其法類稱，故謂之權火。欲令光明遠照，通於祀所也。漢祀五時於雍，五里熢火。」如淳曰：「權，舉也。」按，如云「權，舉也」，許云「舉火曰爟」，高云「爟讀曰權」，然則爟、權一也。

烜 或从亘。《周禮・秋官・司烜氏》注云：「讀如衛侯燬之燬，故書烜爲垣，鄭司農云當爲烜。」按，依許則烜即爟字，亘聲、雚聲同在十四部也。許本與先鄭說同。

熢 熢隧，各本無「熢」字，今依《文選》注補。隧各本作「燧」，今正。候表也。謂伺候之表。邊有警，則舉火。孟康曰：「熢如覆米䉛，縣著挈皋頭，有寇則舉之。燧，積薪，有寇則燔然之也。」裴駰、顏師古取其說。張揖曰：「晝舉熢，夜燔燧。」李善取其說。《廣韵》：「夜曰熢，晝曰燧。」葢有誤。按，孟、張說熢、隧爲二，許𨺅部曰：「隧，塞上亭，守熢火者也。」則爲一，葢許以隧从𨺅，故釋曰「塞上亭」。从火，逢聲。敷容切，九部。

爝 苣火祓也。苣，束葦燒之也。祓，除惡之祭也。《呂覽・本味篇》：「湯得伊尹，祓之於廟，爝以爟火。」《贊能篇》：「桓公迎管仲，祓以爟火。」从火，爵聲。子肖切，二部。呂不韋曰：「湯得伊尹，爝以爟火，釁以犧豭。」高誘曰：「以牲血塗之曰釁。」

熭 暴乾也。也上大徐衍「火」字，乾音干。《賈誼傳》曰：「日中必熭。」顏之推云：「此語出大公《六韜》，言日中時，必須暴曬，不爾者，失其時也。」暴與暴疾字異。从火，从火猶从日也。火即日也。彗聲。于歲切，十五部。

熙 燥也。《文選・劉琨贈盧諶詩》㊸注引此，下有「謂暴燥也」四字，葢庾儼默注語。《釋詁》又曰：「熙，興也。」《周語》叔向釋「昊天有成命」之詩曰：「緝，明，熙，廣也。」毛傳本之。箋據《釋詁》「熙，光也」，云：「廣當爲光。」按，《文王》傳曰：「緝熙，光明也。」《敬之》傳曰：「光，廣也。」是古光、廣義通。燥者，熙之本義，又訓興、訓光者，引申之義也。从火，巸聲。巸見𦣞部。許其切，一部。

文一百一十二。　重十五。

炎 火光上也。《洪範》曰：「火曰炎上。」其本義也。《雲漢》傳曰：「炎炎，熱氣也。」《大田》傳曰：「炎，火盛陽也。」皆引申之義也。从重火。會意。于廉切，八部。凡炎之屬皆从炎。

燄 火行微燄燄也。微當作「散」。《雒誥》曰：「無若火始燄燄。」《廣韵》曰：「燄，火初著也。」《左傳》注引《書》作「燄燄」，《漢書・梅福傳》引《書》作「庸庸」。此篆與光爓字別，焰者，俗爓字也。从炎，𦥑聲。以冄切，八部。

㶣 炎光也。大徐作「火光」，誤。从炎，丙聲。各本篆體作「㶣」，解云：「舌聲」，鉉疑當是「甜省聲」，非也。此與木部之「栝」皆从丙之誤，今正。谷部曰：「丙，舌皃。讀若三年導服之導。一曰讀若沾。」古音在七、八部。導服即禫服也。鉉曰「以冄切」，《集韵》他點、他店切。

㷔 侵火也。疊韵爲訓也。近火者有畏意。从炎，㐭聲。讀若桑葚之葚。力荏切，七部。

𤆛 火行也。《廣韵》也作「皃」。从炎，占聲。舒瞻切，七部。

燅 於湯中爚肉也。爚當作「鬵」，《玉篇》《韵會》作「瀹」，則俗用字也。鬵者，内肉及菜湯中薄出之。瀹，漬也。《禮·有司徹》：「乃燅尸俎。」鄭注：「燅，温也。古文燅皆作尋，《記》或作尋，《春秋傳》：若可尋也，亦可寒也。」按，燅者，正字。尋者，同音叚借字。云「《記》或作尋」者，《郊特牲》「血腥爓祭」，注云「爓或爲尋」是也。爓亦叚借字也。所引《春秋傳》哀公十二年《左傳》文。賈注云：「尋，温也。」服注云：「尋之言重也，温也，寒歇也。」《郊特牲》之注云：「爓或爲尋」，見《有司徹》疏，今本《禮記》作「爓或爲膶」，誤也。《有司徹》注中尋字，唐人譌作燖，亦非也。《論語》注：「温，尋也。」又《中庸》「温故而知新」注曰：「温讀如尋温之温」，尋本皆無火旁。从炎，从㶿省。小徐下有「聲」字，誤也。此會意。徐鹽切，七部。

𤏐 或从炙作。《廣韵》曰：「𤏐，《說文》同上。」此古本《說文》之異也。天即关。

燮 大孰也。此與又部燮篆義別。从又持炎辛。會意。蘇俠切，八部。辛者，物孰味也。辛下曰：「秋時萬物成而孰，金剛味辛。」此說从辛之意也。《廣韵》曰：「燮，孰也。《文字指歸》从辛又炎。」按，《文字指歸》葢用許說耳。

粦 兵死及牛馬之血爲粦。《列子·天瑞》曰：「馬血之爲轉鄰也，人血之爲野火也。」張注：「此皆一形之内自變化也。」《淮南·氾論訓》曰：「老槐生火，久血爲燐。」許注：「兵死之士，血爲鬼火。」見《詩正義》。高注：「血精在地，暴露百日則爲燐，遙望炯炯若然火也。」又《說林訓》曰：「抽簪招燐，有何爲驚。」高注：「燐血似野火，招之應聲而至。血灑汙人，以簪招則不至。」《博物志》：「戰鬥死亡之處，有人馬血，積年化爲粦。粦著地入草木，皆如霜露不可見。有觸者，著人體，便有光，拂拭便散無數。又有吒聲如熠豆。」粦，鬼火也。《詩·東山》：「熠燿宵行。」傳曰：「熠燿，燐也。燐，熒火也。」熒火謂其火熒熒閃暘㊹，猶言鬼火也。《詩·正義》引陳思王《螢火論》曰：「熠燿宵行，章句以爲鬼火，或謂之燐。」章句者，謂《薛君章句》。是則毛韓古無異說。《毛詩》字本作熒，或乃以《釋蟲》之「熒火、即炤」當之，且或改熒爲「螢」，改粦爲「蟒」，大非《詩》義。古者鬼火與即炤皆謂之熒火，絕無「螢」字也。粦者，鬼火，故从炎舛。从炎舛。鍇曰：「舛者，人足也。」按，《詩》言「宵行」，謂其能相背而行。良刃切，十二部。

文八。　重一。

黑　北方色也。四字各本無，依青赤白三部下云「東方色」、「南方色」、「西方色」，黄下亦云「地之色」，則當有此四字明矣。今補。火所熏之色也。熏者，火煙上出也。此語爲从炎起本。从炎上出囪。會意。囪，古文囱字，在屋曰囱。大徐本此下增「囪古窗字」，許本無之。呼北切，一部。隸作「黑」。凡黑之屬皆从黑。

黸　齊謂黑爲黸。經傳或借「盧」爲之，或借「旅」爲之，皆同音叚借也。「旅弓」、「旅矢」，見《尚書》。《左傳》俗字改爲「玈」。从黑，盧聲。洛乎切，五部。

【黑會】　沃黑色也。沃，引申之義爲肥美。沃黑者，光潤之黑也。女部曰：「嬒，女黑色也。」按，沃黑，《玉篇》《廣韵》皆作「淺黑」，疑沃字誤，淺字長。从黑，會聲。惡外切，十五部。

黯　深黑也。《別賦》「黯然銷魂」，其引申之義。从黑，音聲。乙減切，七部。

黶　中黑也。謂黑在中也。《大學》注：「厭讀爲黶。黶者，閉藏皃也。」其引申之義也。从黑，厭聲。於琰切，八部。

黳　小黑子。師古《漢書》注曰：「黑子，今中國通呼爲黶子，吳楚謂之誌。誌，記也。」㊺按，黶、黳雙聲。从黑，殹聲。烏雞切，十五部。

【黑旦】　白而有黑也。从黑，旦聲。當割切，十四、十五部。五原有莫【黑旦】縣。

【黑箴】　雖皙而黑也。皙者，人色白也。則【黑箴】專謂人面。从黑，箴聲。古咸切，七部。古人名【黑箴】字皙。《仲尼弟子列傳》，曾蒧字皙，奚容蒧字子皙，又狄黑字皙。蒧、箴皆【黑箴】之省。《論語》，曾皙名點，則同音叚借字也。

【黑易】　赤黑也。从黑，易聲。讀若煬。餘亮切，十部。

黲　淺青黑色也。淺青之黑也。《通俗文》曰：「暗色曰黲。」《玉篇》曰：「今謂物將敗時，顏色黲也。」从黑，參聲。七感切，七部。

黤　青黑色也。謂青之黑也。从黑，奄聲。於檻切，八部。

黝　微青黑色也。謂微青之黑也。微，輕於淺矣。黝古多叚「幽」爲之。《小雅》：「隰桑有阿，其葉有幽。」傳曰：「幽，黑色也。」《周禮·牧人》：「陰祀用幽牲。」先鄭云：「幽讀爲黝，黑也。」《守祧》：「其祧，則守祧幽堊之。」先鄭亦云：「幽讀爲黝，黝，黑也。」今本皆轉寫，幽、黝誤譌矣。《玉藻》：「一命緼韍幽衡，再命赤韍幽衡。」鄭云：「幽讀爲黝，黑謂之黝。」从黑，幼聲。於糾切，三部。《爾雅》曰：「地謂之黝。」《釋宮》文。又《釋器》曰：「黑謂之黝。」孫炎注云：「黝，青黑。」

黗　黄濁黑也。謂黄濁之黑也。《廣雅》云：「黗，黑也。黗，黄也。」蓋二字音義同，偏旁異耳。《檀弓》有「韇」字，《廣韵》曰：

「魯公子名，亦黃色也。」然則黰字亦同。从黑，屯聲。他衮切，十三部。

點　小黑也。今俗所謂「點涴」是也。或作「玷」。从黑，占聲。多忝切，七部。

黚　淺黃黑也。淺黃之黑，與黃濁之黑相對成文。《地理志》「犍爲郡黚水」作此字。許水部作「黔水」，音同故也。从黑，甘聲。巨淹切，七部。讀若染繒中束緅黚。此句有譌字，未聞。

黔　黃黑也。謂黃色之黑。《玉篇》曰：「記林切，黃色如金也。」《廣韵》：「居吟切，淺黃色也。」从黑，金聲。古咸切，七部。

黦　黑有文也。从黑，冤聲。讀若飴登字。豆部曰：「登，豆飴也。」食部曰：「飴，米櫱煎也。」於月切，十四、十五部。亦作「黦」。按，《周禮·染人》：「夏纁玄。」注云：「故書纁作黧。」黧即黦也。唐宋人詩詞多用黦字，如韋莊「淚沾紅袖黦」之類。王氏念孫曰：「《淮南·時則訓》：天子衣苑黃。高注云：苑讀登飴之登。《春秋緐露》：民病心腹宛黃。皆字異而義同。」

黭　黃黑而白也。謂黃黑而發白色也。从黑，算聲。一曰，短黑。別一義。讀若昌芥爲齏名曰芥荃也。艸部曰：「荃，芥脃也。」是其物也。脃、荃、黭三字音同。初刮切，十四、十五部。

黬　黑皴也。皮部無「皴」字，見於此。《戰國策》：「墨子百舍重繭，往見公輸般。」《淮南書》：「申包胥累繭重胝，七日七夜至於秦庭。」皆借繭爲黬也。从黑，幵聲。古典切，十二部。

黠　堅黑也。黑之堅者也。石部曰：「硈，石堅也。」亦吉聲也。引申爲奸巧之偁。《貨殖列傳》云「桀黠奴」，謂其性堅而善藏也。《方言》曰：「慧，自關而東趙魏之閒謂之黠，或謂之鬼。」从黑，吉聲。胡八切，十二部。

黔　黎也。黎，履黏也。與驪、黧字同音，故借爲黑義。耇下曰：「老人面涷黎若垢。」謂涷黑也。俗作「黧」。小徐本作黧，乃用俗字改許也。从黑，今聲。巨淹切，七部。秦謂民爲黔首，謂黑色。《秦始皇本紀》：「二十六年，更名民曰黔首。」應劭曰：「黔亦黎黑也。」《祭義》：「明命鬼神，以爲黔首則。」正義云：「此孔子言，非當秦世，錄記之人在後變改之耳。」按，《本紀》泰山刻石：「親巡遠黎，刻碣石門，黎庶無繇。」尚沿周語也。琅邪臺刻石三言黔首，之罘刻石、會稽刻石各言黔首者一，皆用秦制也。周謂之黎民。《大雅·雲漢》、《禮記·大學》「黎民」皆訓衆民。《釋詁》曰：「黎，衆也。」《詩·桑柔》傳曰：「黎，齊也。」宋人或以黑色訓黎民，殊誤。許言此者證秦以前無黔首之偁耳，非謂黎黔同義。《易》曰：「爲黔喙。」《説卦》傳文，謂艮也。按，黔，鄭作「黚」。喙，晁以道、呂東萊所據《釋文》作「彖」，蓋喙之轉寫異體，或古叚彖爲喙之故與。

黕　滓垢也。滓者，澱也。垢者，濁也。《荀卿》曰：「人心譬如槃水，正錯而勿動，則湛濁在下，而清明在上。」楊倞曰：「湛濁謂沈泥滓也。」按，「湛」即黕之叚借字。《文選》注引魏文帝《愁霖賦》曰：「玄雲黕其四塞。」借黕爲黑皃，引申之義也。从黑，冘聲。都感切，八部。

黨 不鮮也。新鮮字當作「鱻」。《屈賦・遠遊》篇：「時曖曖其曭莽。」王注曰：「日月晻黮而無光也。」然則黨、曭古今字。《方言》曰：「黨，知也。楚謂之黨。」郭注：「黨朗，解寤皃。」此義之相反而成者也。《釋名》曰：「五百家爲黨。黨，長也，一聚所尊長也。」此謂黨同尚。从黑，尚聲。多朗切，十部。

黷 握持垢也。垢非可握持之物，而入於握持，是辱也。古凡言辱者皆即黷。故鄭注《昏禮》曰：「以白造緇曰辱。」《字書》辱亦作「黷」。从黑，賣聲。徒谷切，三部。《易》曰：「再三黷。」《蒙卦》辭。古字多叚借通用，許所據《易》作黷，今《易》作瀆。崔憬曰：「瀆古黷字也。」玉裁按，鄭注云：「瀆，褻也。」瀆褻，許女部作「嬻媟」，若依鄭義，則黷爲叚借字，嬻爲正字也。黷訓握垢，故从黑。《吳都賦》：「林木爲之潤黷。」劉注曰：「黷，黑茂皃。」其引申之義也。

黵 大污也。从黑，詹聲。當敢切，八部。

黴 中久雨青黑也。《楚辭・九歌》㊻：「顔黴黎以沮敗。」《淮南・說山訓》曰：「晉文公棄荏席後黴黑。」从黑，微省聲。武悲切，十五部。《集韵》或作黣，葢古體。

黜 貶下也。《玉篇》云：「貶也，下也。」按，當作「貶也，下色也」五字。貶也者，黜陟之義也。下色也者，爲从黑張本也。古或叚「詘」「絀」爲之。从黑，出聲。丑律切，十五部。

盤 盤姍，逗。下色也。也，當依《玉篇》作「皃」。盤姍，疊韵字。从黑，般聲。薄官切，十四部。

黱 畫眉墨也。依小徐有墨字。《玉篇》作「黑黱者，婦人畫眉之黑物也」。《釋名》曰：「黛，代也。滅眉毛去之，以此畫代其處也。」《通俗文》曰：「點青石謂之點黛。」服虔、劉熙字皆作「黛」，不與許同。漢人用字不同之徵也。黛者，黱之俗。《楚辭》、《國策》遂無作黱者。从黑，朕聲。徒耐切。按，朕聲本在七部、六部合音，轉入一部，又變其體爲黛，如螟蟘字，古亦作「螟螣」。

儵 青黑繒發白色也。古亦叚爲倏忽字。又《釋訓》：「儵儵，嘒嘒，罹禍毒也。」釋《小弁》「踧踧周道」、「鳴蜩嘒嘒」也。从黑，攸聲。式竹切，三部。

黬 羔裘之縫也。《召南》：「羔羊之革，素絲五緎。」傳曰：「革猶皮也，緎，縫也。」許所據《詩》作黬。从黑，或聲。于逼切，一部。

黰 黰謂之垽。土部曰：「垽，澱也。」水部曰：「滓，澱也。」「澱，滓垽也。」是澱、黰二篆異部而實一字也，故《爾雅・釋器》作「澱謂之垽」。垽，逗。滓也。黕，滓垢也。異字而同義。从黑，殿省聲。當作「尻聲」。堂練切，十三部。

黮 桑葚之黑也。桑葚見艸部。葚黑曰黮，故《泮水》即以其色名之，毛傳曰：「黮，桑實也。」謂黮即葚之叚借字也。許與毛小別矣。《廣雅》：「黑也。」則引申爲凡黑之偁。《方言》云：「私也。」亦引申之義也。从黑，甚聲。他感切，七部。

黭 果實黭黯黑也。《荀卿子》：「黭然而雷擊之。」注：「黭然，卒至之皃。」此叚借字也。从黑，弇聲。烏感切，七部。

黥 墨刑在面也。此刑亦謂之「墨」。《周禮·司刑》注曰：「墨，黥也。」先刻其面，以墨窒之。从黑，京聲。渠京切，古音在十部。

剠 或从刀作。刀之而墨之也，會也㊼。

黜 黜者，忘而息也。《方言》《廣雅》皆曰：「黜，忘也。」忘而息，宋人所謂黑甜也。故从黑。今人所用「憨」字，即此字之變也。从黑，敢聲。於檻切，八部。

黟 黑木也。《周書·王會篇》：「夷用閵木。」《古今注》：「烏文木出波斯國。」《南方艸木狀》：「文木，樹高七八丈，色正黑，如水牛角。」从黑，多聲。烏雞切，古音在十七部。丹楊有黟縣。《地理志》本作黟，師古所據作「黝」，乃誤本耳。今安徽徽州府黟縣是其地。

文三十七。　重一。

附注：

① 用篇名當作《漢廣》。

② 鄭注見《顧命》正義引，今《顧命》、鄭注之「騏」字皆作「綦」。

③ 《六書故》十七、馬部騅下云：「徐本《説文》曰『蒼黑雜毛』。」段引「白」是「黑」之誤。此下段注「不作白」亦當作「不作黑」方上下貫通。

④ 《六書通》是《六書故》之誤。

⑤ 「乾山」是「倫山」之誤，「罥」當作「獸」。見《山海經·北次三山》。

⑥ 八卷上毛部毲下段氏引《長楊賦》注，謂注所引《説文》之「翰」字當作「毲」，與此説當作「毲」不一。

⑦ 許氏説解所引《詩》「駷牝驪牝」，并非《詩》句，而是合《詩·定之方中》「騋牝三千」與《爾雅·釋畜》「騋牝驪牝」而成。今本《爾雅》「牝」作「牡」。段氏稱許慎此種形式爲「合稱《詩》《爾雅》」或「兼稱《詩》《爾雅》」。在五篇下來部麳下及十篇上犬部獡下段注説這是傳寫訛奪的結果，可參看。

⑧ 《周禮注疏·庾人》鄭注没有這些内容，唯所引《釋文》謂：「牡驪，絶句；牝，絶句。」（反切略）阮元校勘記「牝」下又有「玄」字。馮桂芬《段注考正》謂段氏系據《釋文》增文而足其意。

⑨ 引文分見内部禼字、羽部翰字、魚部鰅字下説解。

⑩ 「干部」是「亏（于）部」之誤。

⑪ 「介部」是「大部」之誤。

⑫ 引郭注「而猶」是「駬猶」之誤。

⑬ 《釋罥》當作《釋獸》，下「麀」「麢」二篆下段注引同誤。

⑭ 「改麢篆」以下一段，原在「又按」一段文末，移前至此，使文義

相貫。

⑮説解「从免」之「免」字及段注「免免之異」之下「免」字，皆是「兔」字之誤。余行達據各本校。

⑯「以形聲」當作「以形舉」。見四篇上羊部羊下説解引。

⑰《釋獸》當作《釋嘼》。

⑱「四尺」是「四足」之誤。

⑲《廣韵》是《集韵》之誤。見《十一唐》獚字下。

⑳「宣六年」當作「宣二年」。

㉑今《史記》作「舐」，《史記》無「䑛」字。

㉒「从犬，會聲」此四字段注本重出，應删。

㉓《爾雅・釋詁》作「癙，病也」。

㉔「䶜鼠」不見于《廣韵》。《廣雅》卷十下《釋獸》：「䶜鼠。」王念孫疏證引《説文》：「䶗，鼸屬。」并謂「䶗，與䶜同」。疑是段氏所據。

㉕今《爾雅》郭注「𪕮」作「鼩」，「音雀」作「音瞿」，段氏系據《釋文》引正。

㉖語見《廣雅》卷十下《釋獸》鼬鼠條下疏證。

㉗「者」，當作「音」。

㉘指《左傳・昭七年》「今夢黄熊入于寢門」下正義。張叔、王劭之語均系段氏約引，并應參阮元校勘記讀之。

㉙注中「謂之」是「謂以」之誤。

㉚此小字注語系段氏擬改寫「其存火」一句段注而作的附記。

㉛《釋詁》是《釋言》之誤。

㉜鄭箋原無「不以」句六字，段氏以文意加。「反以」上，原有「我」字。

㉝引有誤，當作「齊謂炊爨」四字。

㉞「補炮注」以下一段文字，原附在本篇上之末，現移此，以便閲讀。又文内謂「《詩》言炮者四」，今本祇《瓠葉》中二次，「言炰者二」，二則爲四之誤，「炰」分見《六月》《蕩》《韓奕》《閟宫》。

㉟注中「塞」字是「柱」字之誤。

㊱此《士喪禮》是指《既夕禮》。

㊲《周禮・垂氏》「掌共燋契」鄭注曰：「燋謂炬，其存火。」又《儀禮・士喪禮》「楚焞置于燋」鄭注：「燋，炬也，所以然火者也。」

㊳此《士喪禮》是指《既夕禮》。

㊴《管子・弟子職》：「右手執燭，左手正櫛。」《禮記・檀弓上》「夏后氏堲周」鄭注引：「《弟子職》曰：右手折堲。」疑是段氏引作「堲」之據。

㊵炟，刻本誤作「炟」。今改正。

㊶見《漢書・禮樂志》。「長離」當作「長麗」。

㊷「古迴切」當作「古迥切」，見大徐本及《廣韵》。

㊸當作《盧諶贈劉琨詩》，見《文選》卷二十五。

㊹暘，刻本誤作「暘」，今改正。

㊺注中「黳」是「黶」之誤。下句段注「黳」字亦應作「黶」。

㊻《九歌》當作《九嘆》。「黎」本作「黧」。

㊼「會也」是「會意」之誤。

說文解字注

下

（漢）許　慎　撰
（清）段玉裁　注
許惟賢　　整　理

鳳凰出版社

說文解字第十篇下

金壇段玉裁注

囪　在牆曰牖，片部曰：「牖，穿壁以木爲交窗也。」在屋曰囪。屋在上者也。象形。此皆以交木爲之，故象其交木之形，外域之也。楚江切，古音在九部。今竈突尚讀倉紅切。凡囪之屬皆从囪。

四　古文。黑字、曾字从此。黑从炎上出困，故受之以囪部。

悤　多遽悤悤也。从囪，从心。各本作「从心囪」，今正。从囪从心者，謂孔隙既多而心亂也，故其字入囪部會意，不入心部形聲。段令入心部，則當爲心了悟之解矣。囪亦聲。倉紅切，九部。

文二。　重一。各本困篆上有窗篆，解云：「或从穴。」按，《廣韵・四江》曰：「窻，《説文》作窗，通孔也。」今於穴部正窻作「窗」，於此删窗。故舊云重二，今云重一。

焱　火䔢也。古書焱與猋二字多互譌，如曹植《七啟》「風厲猋舉」，當作「焱舉」。班固《東都賦》「焱焱炎炎」，當作「猋猋炎炎」，王逸曰：「猋，去疾皃也。」李善注幾不別二字。从三火。凡物盛則三之。以冉切，八部。《廣韵》以贍切。凡焱之屬皆从焱。

熒　屋下鐙燭之光也。鐙者，錠也。鐙以膏助然之，燭以麻蒸然之，其光熒熒然，在屋之下，故其字从冖。冖者，覆也。熒者，光不定之皃。今江東人俗語如役，高注《淮南》每云「熒惑」是也。泲水出没不常，故《尚書》「泆爲熒」作此字。《周禮》「其川熒雒」，《左傳》閔二年、宣十二年，杜預《後序》「熒澤」，《左傳》杜注「熒陽」，《玉篇》熒字下曰「亦熒陽縣」，漢《韓勑後碑》、《劉寬碑》陰、《鄭烈碑》皆云「熒陽」，唐盧藏用《紀信碑》亦作「熒陽」，《隨書・王劭傳》上表言符命曰：「龍鬬於熒陽者，熒字三火，明火德之盛也。」然則熒澤、熒陽古無作「滎」者。《尚書・禹貢》釋文，經宋開寶中妄改熒爲「滎」，而經典、《史記》、《漢書》、《水經注》皆爲淺人任意竄易，以爲水名當作「滎」，不知泲水名熒，自有本義，於「絶小水」之義無涉也。从焱冂。以火華照屋會意。户扃切。

燊　盛皃。木部𣡍字下曰「衆盛也」，此與同意。从焱在木上。會意。讀若《詩》曰：「莘莘征夫。」讀如此莘字也。今《毛詩・皇皇者華》「駪駪征夫」，馬部「駪」下不引《詩》，而此引作「莘莘」；《招寃》引作「侁侁」，亦作「莘莘」，音相近也。所臻切，十二、十三部。古文仙一曰嶷。此六字譌誤不可通。一曰，役也。役上當有「讀若」二字。

文三。

炙　炙肉也。炙肉各本作「炮肉」，今依《楚茨》傳正。《小雅・楚茨》傳曰：「炙，炙肉也。」《瓠葉》傳曰：「炕火曰炙。」正義云：「炕，舉也。謂以物貫之而舉於火上以炙之。」按，炕者，俗字，古當作「抗」。手部曰：「抗，扞也。」《方言》曰：「抗，縣也。」是也。《瓠葉》言炮、言燔、言炙，傳云：「毛曰炮，加火曰燔，抗火曰炙。」燔炙不必毛也，抗火不同加火之逼近也，此毛意也。箋云：「凡治兔之首，宜鮮者毛炮之，柔者炙之，乾者燔之。」此申毛意也。然則《鳧鷖》、《楚茨》、《行葦》燔炙並言，皆必異義。《生民》傳曰：「傅火曰燔，貫之加於火曰烈。」貫之加於火，即抗火也。《生民》之「烈」，即炙也。《禮運》注曰：「炮，裹燒之也。燔，加於火上也。炙，貫之火上也。」三者正與《瓠葉》傳相合。然則炙與炮之別異，又可知矣。許宗毛義，故炙下云「炙肉也」，用《楚茨》傳爲文，即《瓠葉》傳之「抗火曰炙」也。不用《瓠葉》而用《楚茨》者，其字从肉，故取「炙肉」之文也。火部曰：「熹，炙也。炮，毛炙肉也。衮，炮炙也。𤐫，置魚筒中炙也。」皆是。其引申之義爲逼近熏炙。如《桑柔》傳曰「赫，炙也」是。从肉在火上。有弗貫之，加火上也。此可以得抗火之意。之石切，古音在五部。○炙讀去聲，則之夜切，一義一字耳。或乃別其義，併異其形。長孫訥言曰：「差之一畫，詎惟千里。見炙从肉，莫問厥由。輒意形聲，固當从夕。及其晤矣，彼乃乖斯。若靡馮焉，他皆倣此。」據此知小徐本火部有「炙」字，云：「炙也。从火，夕聲。」蓋唐以前或用羼入許書。凡炙之屬皆从炙。

籒文。徐鍇曰「今《東京》文有此字」，豈謂《東京賦》與？今《文選・東京賦》作「燔炙」。

𤑔 宗廟火孰肉。今世經傳多作「燔」、作「膰」，惟許書作𤑔。火部燔下云：「爇也。」是《詩》作燔爲叚借字，他經作膰乃俗耳。許稱《左傳》作𤑔，《左傳釋文》云：「膰，《周禮》又作𤑔。」皆古文之存焉者也。《異義》：「《左氏》說：脤，社祭之肉，盛之以蜃。宗廟之肉名曰膰。」《說文》作「祳、𤑔」，用《左氏》說。祳下曰：「社肉盛以蜃，故曰祳。天子所以親遺同姓。」𤑔下云：「宗廟火孰肉也，天子所以饋同姓。」古本當如此，今本爲寫者舛誤耳。必云「炙孰」者，爲其字从火。天子所㠯饋同姓。各本作「以饋同姓」四字①，在「有事𤑔焉」之下，非也，今正。《大宗伯》鄭注云：「脤、膰，社稷宗廟之肉，以賜同姓之國，同福祿也，兄弟有共先王者。」鄭與許同用《左氏》說也。若《傳》所云「賜齊侯胙」，又云「宋先代之後，天子有事膰焉，有喪拜焉」。是亦有歸𤑔異姓者。从炙，毛公曰：「傅火曰燔。」又曰：「加火曰燔。」其事與炙相類也。番聲。附袁切，十四部。《春秋傳》曰：「天子有事𤑔焉。」僖廿四年《左傳》文。偁此者，證古經作𤑔，不作燔，又以見有歸𤑔異姓之禮。

𤒹 炙也。其義同炙。其音同燎。从炙，尞聲。讀若𤒹燎。漢時蓋有此語。力照切，二部。

文三。重一。

赤 南方色也。《爾雅》：「一染謂之縓，再染謂之竀，三染謂之纁。」鄭注《士冠禮》云：「朱則四入與。」按，是四者皆赤類也。鄭注《易》曰：「朱深於赤。」按，赤色至明，引申之，凡洞然昭著皆曰赤。如赤體，謂不衣也。赤地，謂不毛也。从大火。火者，南方之行，故赤爲南方之色。从大者，言大明也。昌石切，古音在五部。凡赤之屬皆从赤。

烾　古文从炎土。火生土。

赨　赤色也。《管子·地員篇》：「其種大苗細苗，赨莖黑秀箭長。」尹注：「赨即赤也。」从赤，蟲省聲。金部「鉵」、疒部「痋」、鬲部「融」與此皆蟲省聲，知以虫爲蟲，自古有之也。徒冬切，九部。

䞩　日出之赤也。从赤，㱿聲。按，古本篆文當是上體从㱿，下體从赤。火沃切，三部。《篇》、《韵》皆呼木切。

赧　面慙而赤也。而字依《韵會》。趙注《孟子》曰：「赧赧，面赤心不正皃也。」司馬貞引《小爾雅》曰：「面慙曰赧。」从赤，𠬪聲。𠬪或作𠬝，非也。女版切，十四部。隨②王劭曰：「古音人扇反，今音奴板反。」③周失天下於赧王。《尚書中候》赧爲「然」，鄭注云：「『然』讀曰赧。」

䞓　赤色也。《周南》傳曰：「赬，赤也。」《爾雅·釋器》：「一染謂之縓，再染謂之赬，三染謂之纁。」郭曰：「縓，今之紅也。赬，染赤也。纁，絳也。」④按，糸部云：「縓，帛赤黃色也。絳，大赤也。」系部引《爾雅》正作「䞓」。《周禮》注引《爾雅》，又哀十七年《左傳》作「竀」，叚借字也。《士喪禮》經作「䞓」。从赤，巠聲。勑貞切，十一部。《詩》曰：「魴魚䞓尾。」《周南·汝墳》文。今《詩》作「赬」。

赬　䞓或从貞。貞聲。

䞒　或从丁。丁聲。

浾　棠棗之汁也。从赤水。各本轉寫舛誤，今正。浾與䞓音雖同而義異，別爲一字，非即䞓字也。棠、棗汁皆赤，故从赤水會意。勑貞切，十一部。

泟　浾或从正。正聲。

赭　赤土也。《邶風》「赫如渥赭」，即《秦風》之「顏如渥丹」，故箋訓赭爲丹。古《秦風》，毛亦作「渥赭」，是以《韓詩》作「沰」，沰與赭音義皆同也。《管子·地數篇》云：「上有赭者下有鐵。」是赭之本義爲赤土也。引申爲凡赤。从赤，者聲。之也切，古音在五部。

䞙　赤色也。从赤，倝聲。讀若浣。胡玩切，十四部。

赫　大赤皃。大，各本作「火」，今正。此謂赤，非謂火也。赤之盛，故从二赤。《邶風》：「赫如渥赭。」傳曰：「赫，赤皃。」此赫之本義也。若《生民》傳曰：「赫，顯也。」《出車》傳：「赫赫，盛皃。」《常武》傳兩云：「赫赫然盛也。」《節南山》傳：「赫赫，顯盛也。」《淇奧》傳：「赫，有明德赫赫然。」以及《雲漢》傳：「赫赫，旱氣也。」《桑柔》傳：「赫，炙也。」皆引申之義也。又按，皕部曰：「奭，盛也。」是《詩》中凡訓盛者，皆叚奭爲赫，而《采芑》《瞻彼洛矣》二傳曰：

「赩，赤皃。」⑤即《簡兮》傳之「赫，赤皃。」正謂赩即赫之叚借也。《爾雅·釋訓》「赩赩」，本作「赫赫」，二字古音同矣。或作「赩」，如《白虎通》引「韎韐有赩」。李注《文選》亦引毛傳「赩，赤皃」。**从二赤。**呼格切，古音在五部。音郝，赩，古音亦如郝。

文九。　重四。舊作文八，重五。依《韵會》訂。

大　天大，地大，人亦大焉。象人形。《老子》曰：「道大，天大，地大，人亦大。人法地，地法天，天法道。」按，天之文，从一大，則先造大字也。儿人之文，但象臂脛，大文則首手足皆具，而可以參天地，是爲大。徒蓋切，十五部。**古文亣也。**大下云：「古文亣。」亣下云：「籀文大。」此以古文、籀文互釋，明祇一字而體稍異。後來小篆偏旁，或从古，或从籀，故不得不殊爲二部，亦猶从儿、从人必分系二部也。然則小篆作何字？曰：小篆作古文也。**凡大之屬皆从大。**

奎　兩髀之閒。奎與胯雙聲。奎宿十六星以像似得名。**从大，**兩體之閒，人身寬闊處，故从大。首此篆者，蒙上人形言也。**圭聲。**苦圭切，十六部。

夾　持也。持者，握也。握者，搤也。搤者，捉也。捉物必以兩手，故凡持曰夾。《左傳》曰：「夾輔成王。」古多叚俠爲夾⑥。《公羊》注曰：「滕薛俠轂。」**从大夾二人。**夾，各本作俠。俠者，俜也。非其義，今正。夾者，盜竊褱物也。从亦，有所持夾褱物，故从二入。夾持人，故从二人。大者，人也。一人而二人居其亦，猶一人二亦閒褱物也。故曰：从大，夾二人。古狎切，八部。

奄　覆也，大有餘也。《釋言》曰：「荒，奄也。弇，同也。弇，蓋也。」古奄、弇同用，覆蓋同義。《詩·皇矣》傳曰：「奄，大也。」《執競》傳曰：「奄，同也。」鄭箋《詩》，奄皆訓覆。許云「覆也，大有餘也」，二義實相因也。覆乎上者，往往大乎下，故字从大。《周官》經謂宦者爲奄，以精氣閉藏名之，覆蓋義之引申也。**又，欠也。**三字未詳。《方言》曰：「奄，息也。」李密《陳情表》曰：「氣息奄奄。」**从大申。**會意。依檢切，八部。**申，展也。**說从申之意。申下曰：「神也。」古屈伸多作詘信，不作伸、申，今則作申，俗又作伸。申本義不訓展也，故必特釋之。

夸　奢也。奢者，張也。疊韵同義。**从大，亏聲。**苦瓜切，古音在五部。

奯　奢奯也。當是本作「奯，奢也」，奯字爲逗，轉寫倒之。今經傳都無奯字，有「桓」字。《商頌·長發》傳曰：「桓，大也。撥，治也。」箋云：「廣大其政治。」此可以證桓即奯之叚借字。《檀弓》「桓楹」注亦云：「大楹」。《周禮》「桓圭」同解。《周書·謚法》：「辟土服遠曰桓。辟土兼國曰桓。」皆是大義。《釋訓》曰：「桓桓，威也。」《泮水》傳曰：「桓桓，威武皃。」《詩序》曰：「桓，講武類禡也。」蓋此等桓字，亦奯之叚借字。大之義可以兼武也。桓之本義爲亭郵表，自經傳皆借爲奯字，乃致桓行奯廢矣。非許書尚存，孰能識其本始？非《長發》傳尚存，何以觀其會通？淺人乃易《長發》傳云：「桓，武；撥，治。」是謂桓必無訓大之理，而不知周公之六書有叚借也。又按，《淇奥》傳曰：「咺，威儀容止宣著也。」亦謂咺即查之叚借。宣著者，光大之意也。許書口部咺有本義，漢人作傳注不外轉注、叚借二者，必得其本字而後可説其叚借，欲得其本字非許書莫由也。从大，亘聲。胡官切，十四部。

⿱大瓜　⿱大瓜大也。此謂窊下之大也。从大，瓜聲。烏瓜切，古音在五部。

奯　空大也。此謂空中之大，與豁義略同。《篇》、《韵》云：「大目也。」从大，歲聲。讀若《詩》「施罛濊濊」。濊濊，各本或作「濊濊」，或作「泧泧」，皆誤。説詳水部。呼括切，十五部。

⿱大戜　大也。此謂秩秩然之大也。《地理志》「四驖」作「四⿱大戜」。从大，戜聲。讀若《詩》「⿱大戜⿱大戜大猷」。《小雅·巧言》文。⿱大戜⿱大戜，當作「秩秩」，今《毛詩》正作「秩秩」，傳曰：「秩秩，進知也。」呈在十一部，秩在十二部，古合音爲冣近，是以⿱大戜讀如秩，直質切。

⿱大丣　大也。此謂虚張之大。《廣韵》曰：「起釀也。」从大，丣聲。各本作「卯聲」，今正。按，《漢書》與窌通用，其字當力救切，古音在三部。譌从卯，乃匹皃切矣。

夽　大也。此謂梱物之大。从大，云聲。讀若齳。齳，鍇本作「齫」，無此字，葢由齳作齫而又誤耳。魚吻切，十三部。

奃　大也。此謂根柢之大。从大，氐聲。讀若氐。都兮切，十五部。

⿱大介　大也。此謂分畫之大。《方言》曰：「⿱大介，大也。東齊海岱之閒曰⿱大介，或曰幠。」按，經傳多叚介爲之，《釋詁》曰：「介，大也。」《詩·生民》《小明》傳皆曰：「介，大也。」《士冠禮》注，《易》晉虞注，《左傳》「貴介弟」「介麋」注、《吳語》「介福」注、《孟子》「不以三公易其介」、《離騷》「堯舜耿介」注同。从大，介聲。讀若葢。古拜切，十五部。

⿱大此　瞋大聲也。各本無「聲」字，今依《玉篇》、《廣韵》補。瞋大聲者，謂張目而大聲，若言「喑噁叱咤，千人皆廢」也。疑瞋下奪「目」字。又按，瞋，張目也。瞋大，《史》所謂「目眥盡裂」也。「聲」誤衍⑦。从大，此聲。火戒切，十五部。

⿱大弗　大也。此謂矯拂之大。《周頌》：「佛時仔肩。」傳曰：「佛，大也。」此謂佛即⿱大弗之叚借也。《小雅》：「廢爲殘賊。」毛傳一本「廢，大也」。《釋詁》云：「廢，大也。」此謂廢即⿱大弗之叚借字也。从大，弗聲。讀若「予違汝弼」。《臯陶謨》文，謂讀若此弼也。房密切，古音在十五部。《玉篇》作「⿱弗大」，作「⿰弗大」。

⿱大屯　大也。此謂敦厚之大。从大，屯聲。讀若鶉。鶉當作「⿰𦎫隹」。常倫切，音在十三部。

契　大約也。約取纏束之義。《周禮》有《司約》：「大約劑，書於宗彝。」《小宰》：「聽取予以書契。」大鄭云：「書契，符書也。」後鄭云：「書契謂出予受入之凡要，凡簿書之冣目，獄訟之要辭，皆曰契。」引《春秋傳》「王叔氏不能舉其契」。按，今人但於買賣曰文契。經傳或叚契爲絜，如「爰契我龜」傳曰：「契，開也。」是也。又叚爲挈字，如「死生契闊」，傳曰：「契闊，勤苦也。」又「契契寤嘆」，傳曰：「契契，憂苦也。」皆取提挈勤苦之意也。从大，㓞聲。苦計切，十五部。《易》曰：「後世聖人易之㠯書契。」世各本作「代」，避唐諱也，今正。《易·毄辭》傳文。

夷 東方之人也。从大，从弓。各本作「平也。从大，从弓，東方之人也。」淺人所改耳，今正。《韵會》正如是。羊部曰：「南方蠻閩从虫，北方狄从犬，東方貉从豸，西方羌从羊，西南僰人、焦僥从人，葢在坤地，頗有順理之性。惟東夷从大，大，人也。夷俗仁，仁者壽，有君子不死之國。」按，天大，地大，人亦大。大象人形，而夷篆从大，則與夏不殊。夏者，中國之人也。从弓者，肅慎氏貢楛矢石砮之類也。以脂切，十五部。《出車》、《節南山》、《桑柔》、《召旻》傳皆曰：「夷，平也。」此與「君子如夷」、「有夷之行」、「降福孔夷」傳「夷，易也」同意。夷即易之叚借也。易亦訓平，故叚夷爲易也。《節南山》一詩中，平易分釋者，各依其義所近也。《風雨》傳曰「夷，悦也」者，平之意也。《皇矣》傳曰「夷，常也」者，謂夷即彝之叚借也。凡注家云「夷，傷也」者，謂夷即痍之假借也。《周禮》注「夷之言尸也」者，謂夷即尸之叚借也。尸，陳也。其他訓釋皆可以類求之。

文十八。

亦 人之臂亦也。《玉篇》今作「掖」，按，手部掖者，「以手持人臂投地也。一曰，臂下也」。「一曰，臂下」之語，葢淺人據俗字增之耳。徐鉉等曰：「亦，今別作腋。」按，《廣韵》肘腋作此字。俗用亦爲語䛐，乃別造此。肉部曰：「胳，亦下也。」「胠，亦下也。」今《禮記·深衣》「袼之高下」注云：「袼，衣袂當腋之縫。」袼、腋乃皆俗字。人臂兩垂，臂與身之間則謂之臂亦。臂與身有重疊之意，故引申爲重累之䛐。《公羊傳》：「大火爲大辰，伐爲大辰，北辰亦爲大辰。」何注云：「亦者，兩相須之意。」按，經傳之亦，有上有所蒙者，有上無所蒙者。《論語》「不亦説乎」、「亦可宗也」、「亦可以弗畔」、「亦可以爲成人矣」，皆上無所蒙。皇侃曰：「亦猶重也。」此等皆申重贊美之䛐，亦之言猶大也，甚也。若《周頌》「亦有高廩」、「亦服爾耕」，鄭箋云：「亦，大也。」是謂亦即「奕奕」之叚借也。大部曰：「奕，大也。」又或叚爲「射」，或叚爲「易」。从大，象兩亦之形。謂左右兩直所以象無形之形。羊益切，古音在五部。凡亦之屬皆从亦。

夾 盜竊褱物也。从亦，有所持。兩亦下有物，盜竊而褱之意。失冉切，七部。俗謂蔽人俾夾是也。「蔽人俾夾」，葢漢時有此語。蔽人者，人所不見。人部俾下曰：「門持人也。」手部挾下曰：「俾持也。」曹大家用「陝輸」，《趙壹傳》作「陝揄」⑧，疑陝即夾字。弘農陝字从此。漢弘農陝縣在今河南陝州。从夾之字絶少，故著之。陝隘字从𨸏。

文二。

夨 傾頭也。人部曰：「傾者，夨也。」夨象頭傾，因以爲凡傾之偁。从大，象形。象頭不直也。阻力切，十一部⑨。凡夨之屬皆从矢。

⿱吉矢 頭傾也。《玉篇》引《蒼頡》云：「仡仡也。」从矢，吉聲。讀若孑。古屑切，十二部。

奊 頭衺骫奊態也。頭衺者，頭不正。骫奊者，頭不正之皃也。《左傳》齊有慶奊，即慶繩。葢以頭邪爲名，以繩直爲字，名字相應也。《賈誼傳》：「奊詬無節。」叚奊爲「謑」。从矢，圭聲。胡結切，古音在十六部。

吳 大言也。大言之上，各本有「姓也，亦郡也，一曰吳」八字，乃妄人所增，今刪正。檢《韵會》本正如是。《周頌·絲衣》、《魯頌·泮水》皆曰「不吳」，傳箋皆云：「吳，譁也。」言部曰：「譁者，讙也。」然則大言即謂譁也。孔沖遠《詩正義》作「不娛」，《史記·孝武本紀》作「不虞」，皆叚借字。大言者，吳字之本義也。引伸之爲凡大之偁。《方言》曰：「吳，大也。」《九章》：「齊吳榜以擊汰。」王注：「齊舉大櫂。」从夨口。大言非正理也，故从夨口。五乎切，五部。何承天改吳作「吴」，音胡化反，其繆甚矣。

⿰口大 古文如此。从口大。

文四。小徐本有「⿱日夨」字，作文五，非是。「⿸厂夨」已見日部，⿱日夨者，隸體也。然《廣韵》亦⿱日夨、⿸厂夨並見。

重一。

夭 屈也。从大，象形。象首夭屈之形也。《隰有萇楚》傳曰：「夭，少也。」《桃夭》傳曰：「夭夭，桃之少壯也。」《凱風》傳曰：「夭夭，盛皃也。」《月令》注曰：「少長曰夭。」此皆謂物初長可觀也。物初長者，尚屈而未申，叚令不成，遂則終於夭而已矣。故《左傳》《國語》注曰：「短折曰夭。」《國語》注又曰：「不終曰夭。」又曰：「夭，折也。」孟康注《五行志》曰：「用人不以次弟爲夭。」皆其引申之義也。《論語》：「子之燕居，申申如也，夭夭如也。」上句謂其申，下句謂其屈，不屈不申之閒，其斯爲聖人之容乎。於兆切，二部。按，亦於喬切，古平上無異義，後人乃別之。凡夭之屬皆从夭。

喬 高而曲也。《爾雅·釋詁》、《詩·伐木》《時邁》傳皆曰：「喬，高也。」《釋木》曰：「上句曰喬，句如羽喬。」《漢廣》傳曰：「喬，上竦也。」按，喬不專謂木，淺人以説木則作「橋」，如《鄭風》「山有橋松」是也。以説山則作「嶠」，《釋山》「鋭而高嶠」是也。皆俗字耳。許云「高而曲」，即《爾雅》之「上句如羽」。木有如是者，他物亦有如是者。从夭，从高省。會意。以其曲，故从夭。巨嬌切，二部。依小徐本，無「《詩》曰南有喬木」六字。

幸 吉而免凶也。吉者，善也。凶者，惡也。得免於惡是爲幸。从屰，从夭。屰者，不順也。不順從夭死之事會意。胡耿切，十一部。夭，逗。死之事，《左傳》所謂「夭札」，不終其天年者也。死謂之不幸。依《韵會》本。死爲不幸，則免死爲幸。

奔 走也。走者，趨也。《釋宮》曰：「室中謂之時，堂上謂之行，堂下謂之步，門外謂之趨，中庭謂之走，大路謂之奔。」此析言之耳。渾言之，則奔、走、趨不別也。引申之，凡赴急曰奔，凡出亡曰奔，其字古或叚「賁」，或叚「本」，《毛詩》「予曰有本走」，陸德明本如是。从夭，卉聲。大徐作「賁省聲」，非。此十三部、十五部合音。博昆切，十三部。與尣同意，俱从夭。此說从夭之意。尣者，屈其足，故从夭止，奔之从夭意同也。凡行疾則屈脚疾。

文四。

交　交脛也。交脛謂之交，引申之爲凡交之偁。故爻下曰：「交也」，烄下曰：「交木然也」，敫下曰：「交灼木也」，楇下曰：「木參交以枝炊籅者也」，衿下曰：「交衽也」，凡网者相合曰交，皆此義之引申叚借耳。《楚茨》傳：「東西曰交，邪行曰逪。」⑩这逪字之叚借也。《小雅》：「交交桑扈。」箋云：「交交猶佼佼，飛往來皃。」而《黄鳥》《小宛》傳皆曰：「交交，小皃。」則與本義不同，葢方語有謂小交交者。从大，象交形。謂从大而象其交脛之形也。古爻切，二部。凡交之屬皆从交。

㚇　衺也。衣部衺下曰：「㚇也。」二篆爲轉注。經典叚「回」字爲之。《小旻》：「謀猶回遹。」傳曰：「回，邪也。」《大明》：「厥德不回。」傳曰：「回，違也。」回皆㚇之叚借字。《小旻》言其轉注，《大明》言其叚借，故傳語不同。《大明》傳違即㚇字。㚇久不行，俗乃作違，經典多作回。口部曰：「回，轉也。」乃回之本義。必有許書而後知回衺之本字作「㚇」，桓大之本字作「查」，優咀之本字作「⿸尸大」，倘不能觀其會通，則許書徒存而已矣。从交，韋聲。羽非切，十五部。

絞　縊也。糸部縊下曰：「縊，絞也。」二篆爲轉注。古曰絞、曰縊者，謂网繩相交，非獨謂經死。《禮·喪服》：「絞帶者，繩帶也。」网繩相交而緊謂之絞。《論語》：「直而無禮則絞。」「好直不好學，其蔽也絞。」馬融曰：「絞，刺也。」鄭云：「急也。」刺，盧達切，乖刺也。與鄭義無異，急則無不乖刺者也。皇侃、陸德明乃讀爲「譏刺，七賜反。」其繆甚矣。从交糸。會意。交糸者，网絲相切也。此篆不入糸部者，重交也。交亦聲。古巧切，二部。

文三。

尢　𡯁也。各本少「也」字，遂不可讀，今補。𡯁者，蹇也。尢本曲脛之偁，引申之爲曲脊之偁。故人部僂下曰：「尪也。」曲脛人也。人字依《九經字樣》補。𡯁者，多由曲脛，故言此爲下「象偏曲」張本。从大，象偏曲之形。謂从大而象一脛偏曲之形也。烏光切，十部。凡尢之屬皆从尢。

尪　篆文。从㞷。篆文各本作「古文」，今正。尢者，古文象形字。尪者，小篆形聲字。此亦古文二篆文丄之例。必取古文爲部首者，以其屬皆从古文也。尪見《左傳》、《檀弓》，鄭注釋爲「面鄉天」，或云「短小曰尪」。本从㞷聲，省作尪。

尳　厀病也。从尢骨，骨亦聲。户骨切，十五部。按，此篆當是本在部末，與尶爲類，而「尢，𡯁也」、「𡯁，蹇也」乃正相屬。

𡯁　蹇也。足部曰：「蹇者，𡯁也。」二篆爲轉注。𡯁俗作「跛」，或以沾入足部，致正俗複出，非也。今之經傳有跛無𡯁，《王制》、《公羊》、《穀梁》傳皆作「跛」。从尣，皮聲。布火切，十七部。

⿺尢左，⿺尢左⿺尢左，各本作「⿺尢皮⿺尢左」，今依宋本《說文》、宋刻《集韻・三十八箇》正。行不正也。从尣，左聲。則箇切，十七部。《類篇》遭哥、子我切。

⿺尢皀，行不正也。从尣，皀聲。讀若燿。弋笑切，二部。

尲，尲尬，行不正也。各本奪「尲尬」二字，今依全書通例補，又補「行」字。《集韻・二十五沾》、《廣韻・二十六咸》皆云：「尲尬，行不正也。」可證。今蘇州俗語謂事乖剌者曰「尲尬」。从尣，兼聲。古咸切，七部。

尬，尲尬也。雙聲字。从尣，介聲。公八切，又古拜切，十五部。按，今俗語去聲。

尥，行脛相交也。行而脛相交則行不便利。高注《淮南》、郭注《方言》、王注《素問》皆曰：「了戾謂纏繞不適。」《集韻・五爻》曰：「尥，牛行足外出也。」是其意也。今俗語有此。从尣，勺聲。力弔切，二部。此下舊有「牛行腳相交爲尥」，小徐本無，乃讀者箋記語耳。

⿺尢是，尳不能行，爲人所引曰「⿺尢是⿺尢巂」。疊韵字也。从尣，从爪，是聲。都兮切，十六部。與提攜義相近。从尣，从爪，覆手曰爪。是聲。都兮切，十六部。《玉篇》作「㥂」。

⿺尢巂，⿺尢是⿺尢巂也。从尣，从爪，巂聲。户圭切，十六部。

⿺尢亏，股⿺尢亏也。⿺尢亏之言紆也。紆者，詘也。从尣，亏聲。乙于切，五部。

⿺尢羸，厀中病也。从尣，羸聲。郎果切，十七部。《廣韻》去聲。

文十二。　重一。

壺，昆吾圜器也。缶部曰：「古者昆吾作匋。」壺者，昆吾始爲之。《聘禮》注曰：「壺，酒尊也。」《公羊傳》注曰：「壺，禮器。腹方口圓曰壺，反之曰方壺。有爵飾。」又《喪大記》「狄人出壺」，《大小戴記》「投壺」，皆壺之屬也。象形，謂𡗗。从大，象其蓋也。奄下曰：「蓋也，大有餘也。」⑪户姑切，五部。凡壺之屬皆从壺。

壹，壹壺也。从凶，从壺。壺，不得泄也。虞翻以《否》之閉塞釋絪緼，趙岐亦以閉塞釋志壹、氣壹。於云切，十三部。《易》曰：「天地壹壺。」《毄辭》傳文。今《周易》作「絪緼」，他書作「烟煴」、「氤氳」。蔡邕注《典引》曰：「烟烟煴煴，陰陽和一相扶皃也。」張載注《魯靈光殿賦》曰：「烟煴，天地之蒸氣也。」《思玄賦》舊注曰：「烟煴，和皃。」許據《易》孟氏作壹，乃其本字，他皆俗字也。許釋之曰「不得泄也」者，謂元氣渾然，吉凶未分，故其字从吉凶在壺中會意。合二字爲雙聲疊韵，實合二字爲一字。《文言》傳曰：「與鬼神合其吉凶。」然則吉凶即鬼神也。《毄辭》曰：「三人行則損一人，一人行則得其友，言致一也。」壹壹、構精皆釋致一之義，其轉語爲「抑鬱」。

文二。

壹 嫥壹也。嫥，各本作「專」，今正。嫥下云：「壹也。」與此爲轉注。**从壺吉，吉亦聲。**於悉切，十二部。俗作「壹」。**凡壹之屬皆从壹。**

懿 嫥久而美也。嫥者，壹也。《釋詁》、《詩·烝民》傳皆曰：「懿，美也。」《周書·謚法》曰：「柔克爲懿。温柔聖善曰懿。」許益之以專久者，爲其字从壹也。專壹而後可久，可久而後美。《小爾雅》及《楚辭》注：「懿，深也。」《詩·七月》傳曰：「懿，深筐也。」⑫深即專壹之意也。**从壹，从恣省聲。**「从恣省聲」四字葢或淺人所改竄，當作「从心，从欠，壹亦聲」。从心从欠，所謂持其志，無暴其氣，美在其中，而暢於四支也。壹亦聲者，《國語》：「衛武公作懿戒以自儆。」韋注：「懿讀曰抑。」《大雅》之《抑》詩也。《大雅》：「懿厥哲婦。」箋云：「有所痛傷之聲也。」《金縢》：「對曰信懿。」馬云：「猶噫也。」《小雅》：「抑此皇父。」箋云：「抑之言噫。」古懿抑同用。懿、抑、壹三字同音，可證。古音讀如一，十二部，今乙冀切。

文二。

㚔 所㠯驚人也。从大，从𢆉。各本作从「羊」，《五經文字》曰：「《說文》从大，从𢆉，𢆉音干。今依《漢石經》作幸。」又曰：「㚔者，《說文》。執者，經典相承，凡報之類同是。」則張氏所據《說文》與今本迥異如是。今隸用《石經》體，且改《說文》此部皆作幸，非也，今皆正。干者，犯也。其人有大干犯而觸罪，故其義曰「所以驚人」，其形从大干會意。**一曰，大聲也。**此別一義。**凡㚔之屬皆从㚔。一曰，讀若瓠。**五字未詳，疑當作「一曰讀若執」，在「讀若籋」之下。**一曰，俗語㠯盜不止爲㚔。**又一義。按，《玉篇》此義不系《說文》，《廣韵》引《說文》亦無此語，十字恐後人所沾，大徐本疊㚔字。**讀若籋。**尼輒切，七部。

睪 司視也。司者，今之「伺」字，《廣韵》作「伺」。**从目，**各本作「从橫目」，今依《廣韵》昔韵。眔、蜀、蠲篆下，皆但言从目。**从㚔。**會意字。㚔者，罪也。羊益切，古音在五部。今隸作睪，凡从睪之字同。**今吏將目捕辠人也。**今，各本譌「令」，今正。此以漢制明之，故曰今漢之吏人，攜帶眼目捕罪人。如虞詡令能縫者傭作賊衣，以采線縫賊裾，有出市里者，吏輒禽之，是也。辠各本作「罪」，今依《廣韵》。

執 捕辠人也。辠各本作「罪」，今依《廣韵》。手部曰：「捕者，取也。」引申之爲凡持守之偁。**从丮㚔，**會意。**㚔亦聲。**之入切，七部。今隸作執。

圉 囹圉，逗。**所㠯拘辠人。**㚔爲罪人，囗爲拘之，故其字作圉。他書作囹圄者，同音相叚也。圄者，守之也，其義別。《說文》宋本作囹圄者，非是。《月令》：「仲春命有司省囹圄，孟秋命有司繕囹圄。」注曰：「囹圄所以禁守繫者，若今別獄矣。」蔡邕云：

「㘣，牢也。圉，止也。所以止出入，皆罪人所舍也。」崇精問曰：「獄周曰圜土，殷曰羑里，夏曰均臺，㘣圄何代之獄？」焦氏荅曰：「《月令》秦書，則秦獄名也。漢曰若盧，魏曰司空。」是也。按，蔡説㘣圄，皆罪人所舍，云「皆」，則不必一地，是以囗部曰：「㘣，獄也。」不連圉言，此言㘣圉，錯見以明之。从囗㚔。會意。魚舉切，五部。今隸作「圉」。一曰，圉，垂也。義見《左傳》、《爾雅》、毛傳。一曰，圉人，掌馬者。義見《左傳》、《周禮》注、《禮記》注。按，小徐本無此十二字，當是古本如此。邊垂者可守之地，養馬者守視之事，疑皆圄字引申之義，各書叚圉爲之耳。

盩 引擊也。引而擊之也。从㚔，攴見血也。會意。張流切，三部。今隸作「盩」。扶風有盩庢縣。説者曰：「山曲曰盩，水曲曰庢。」按，即周旋、折旋字之叚借也。在今陝西西安府盩庢縣東三十里，地名終南鎮。《元和郡縣志》終南縣城，即漢盩庢故城也。庢俗作「厔」，非。

報 當辠人也。司馬彪《百官志》曰：「廷尉掌平獄，奏當所應。凡郡國讞疑罪，皆處當以報。」《史記・張釋之列傳》曰：「廷尉奏當，一人犯蹕，當罰金。」又曰：「廷尉當。」是也。又路温舒上書曰：「奏當之成。」司馬貞引崔浩云：「當謂處其罪也。」按，當者，漢人語；報亦漢人語。《漢書・張湯傳》曰：「訊鞫論報。」蘇林注《蘇建傳》⑬曰：「報，論也。斷獄爲報。」是則處分其罪以上聞曰「奏當」，亦曰報也。引申爲報白，爲報復。又叚爲赴疾之赴，見《少儀》、《喪服小記》。今俗云「急報」是也。从㚔，从𠬝。會意。博号切，古音在三部。今隸作「報」。𠬝，逗。服辠也。𠬝見又部，音服，治也。小徐作𠬝，音展，誤甚。此説从𠬝之意，以今字今言通之也。

𥷚 窮治辠人也。治，各本作理，唐人所改也。今依《篇》、《韵》正。辠，各本作罪，今依《廣韵》正。《文王世子》注曰：「讀書論法曰鞫。」⑭正義云：「讀書，讀囚人之所犯罪狀之書；用法，謂以法律平斷其罪。」《周禮・小司寇》：「讀書用法。」先鄭云：「如今讀鞫已乃論之。」《漢書・功臣侯表》：「坐鞠獄不實。」如淳云：「鞠者，以其辭決罪也。」《張湯傳》：「訊鞫論報。」張晏云：「鞫，一吏爲讀狀，論其報行也。」《刑法志》：「遣廷史與郡鞫獄。」如淳云：「以囚辭決獄爲鞫，謂疑獄也。」按，鞫者，俗𥷚字，譌作鞫。古言鞫，今言供，語之轉也。今法具犯人口供於前，具勘語擬罪於後，即周之讀書用法，漢之以辭決罪也。鞫與窮一語之轉，故以窮治罪人釋鞫。引申爲凡窮之偁，《谷風》、《南山》、《小弁》傳曰：「窮也。」《公劉》傳曰：「究也。」《節南山》傳曰：「盈也。」究、盈亦窮之意。《蓼莪》傳曰：「養也。」養與窮相反而成，如亂可訓治，徂可訓存，苦可訓快。若《采芑》傳曰：「鞫，告也。」此則謂鞫即告之叚借字。《文王世子》：「告於甸人」，亦是叚告爲鞫也。从㚔人言。會意。㚔人言者，犯罪人之言也。竹聲。居六切，三部。按，此字隸作「鞫」，經典從之，俗多改爲「鞠」，大誤。

𥷚 或省言。

文七。重一。此部八篆，俗寫皆改㚔爲幸。

奢　張也。張者，施弓弦也。引申爲凡充庰之偁，侈下曰：「一曰奢也。」从大，者聲。式車切，古音在五部。凡奢之屬皆从奢。

奓　籒文。按，籒會意，篆形聲。《西京賦》：「有馮虛公子者，心奓體忲。」薛注：「言公子生於貴戚，心志奓溢，體安驕忲也。」未嘗云奓即侈字。李善引《聲類》云：「奓，侈字也。」疑李登始爲此説，初非許意，平子文章用籒文奢也。《廣韵》讀陟加切。

䵎　富䵎䵎皃。當作「䵎䵎，富皃」。按，此字單聲，而入十七部，丁可切，正如鼉驒亦單聲也。《篇》、《韵》「昌者」一切，殆非是。與朶同音，故小徐云：「謂重而垂也。」《毛詩・桑扈》《那》二傳皆曰：「那，多也。」《釋詁》同。《國語》：「富都那豎。」韋注：「那，美也。」那，不知其本字，以許書折衷之，則䵎爲本字，那爲叚借字耳。俗用「嚲」字，訓「垂下皃」，亦疑䵎之變也。从奢，單聲。丁可切，十四、十七部合音也。

文二　　重一

亢　人頸也。《史》《漢》，《張耳列傳》：「乃仰絶亢而死。」韋昭曰：「亢，咽也。」蘇林云：「肮，頸大脈也，俗所謂胡脈。」《婁敬傳》：「搤其亢。」張晏曰：「亢，喉嚨也。」按，《釋鳥》曰：「亢，鳥嚨。」此以人頸之偁，爲鳥頸之偁也。亢之引申爲高也，舉也，當也。从大省，上大。象頸脈形。下冂。蘇林説與此合。古郎切，十部。按，亦胡郎切，亦下浪切。俗作「肮」，作「吭」。凡亢之屬皆从亢。

頏　亢或从頁。此字見於經者，《邶風》曰：「燕燕于飛，頡之頏之。」毛傳曰：「飛而上曰頡，飛而下曰頏。」解者不得其説。玉裁謂，當作「飛而下曰頡，飛而上曰頏」，轉寫互譌久矣。頡與頁同音，頁古文𩠐，飛而下如𩠐首然，故曰「頡之」，古本當作「頁之」。頏即亢字，亢之引申爲高也，故曰「頏之」，古本當作「亢之」。於音尋義，斷無飛而下曰頏者。若楊雄《甘泉賦》：「柴虒參差，魚頡而鳥胻。」李善曰：「頡胻，猶頡頏也。」師古曰：「頡胻，上下也。」皆以《毛詩》「頡頏」爲訓。魚潛淵，鳥戾天，亦可證頡下頏上矣。俗本《漢書》胻譌从目，作「眆」，《集韵》入諸唐韵，謂即《燕燕》之頏字，俗字之不可問有如此者。楊雄《解嘲》：「鄒衍以頡亢而取世資。」《漢書》作亢，《文選》作頏，正亢頏同字之證。頁部曰：「頡者，直項也。」亢者，人頸。然則頡亢正謂直項。《淮南・修務訓》：「王公大人有嚴志頡頏之行者，無不憚悇癢心而悦其色矣。」此正用直項之訓。《解嘲》之「頡亢」，亦正謂鄒衍强項傲物，而世猶師資之也。亢用字之本義。《東方朔畫贊》云：「苟出不可以直道也，故頡頏以傲世。」亦取直項之義。

䢕　直項莽䢕皃。當作「莽䢕，直項皃」。或曰《淮南書》「有嚴志頡頏之行」，頏即䢕字也。頁部曰：「頡，直項。」从亢，从夋。會意。夋，倨也。説从夋之意。語見夊部。亢亦聲。岡朗切，又胡朗切，十部。按，大徐篆左亢右夋，今依小徐、《玉篇》、《廣韵》左夋右亢。

文二。　重一。

夲　進趣也。趣者，疾也。从大十。會意。大十者，者字依《廣韻》補。猶兼十人也。說从大十之意，言其進之疾如兼十人之能也。凡夲之屬皆从夲。讀若滔。土刀切，二部。

奉　疾也。《上林賦》：「藰莅卉歙。」又：「卉然興道而遷義。」郭璞曰：「卉，猶勃也。」《西京賦》：「奮隼歸鳧，沸卉軿訇。」⑮薛綜曰：「奮迅聲也。」卉皆奉之叚借。从夲，卉聲。呼骨切，十五部。　𢷎从此。

暴　疾有所趣也。趣當作趨，引申爲凡疾之偁。从日出夲廾之。會意。廾者，竦手也。薄報切，二部。按，此與㬥二篆，形義皆殊，而今隸不別。此篆主謂疾，故爲夲之屬；㬥主謂日晞，故爲日之屬。

粇　進也。㫃部旞下曰：「導車所載，全羽以爲允。（句。）允，進也。」許意謂即「粇」之省也。从夲，从屮，屮者，進之意也。允聲。余準切，十三部。《易》曰：「粇升大吉。」《升》初六爻辭。鄭曰：「升，上也。」荀爽云：「謂一體相隨，允然俱升。」《九家易》曰：「謂初失正，乃與二陽允然合志俱升。」允然者，升之皃，不訓信，蓋古本作「粇升」也。

奏　奏，此複舉字之未刪者。進也。《六月》傳曰：「奏，爲也。」其引申之義也。从夲，从𠬞。从屮，則候切。四部。屮，上進之義。說粇奏皆从屮之意。

屛　古文。

𣪊　亦古文。

皋　气皋白之進也。當作「皋，气白之進也」。皋者，複舉字之未刪者也。皋謂气白之進，故其字从白夲。气白之進者，謂進之皃於白气滃然者也。皋與臭同音，臭訓大白。日部暤訓「皓旰」，皓旰者，白皃也。暤、皓字俗寫多从白。頁部顥訓白皃。皋有訓澤者，《小雅・鶴鳴》傳曰：「皋，澤也。」澤與皋，析言則二，統言則一。如《左傳》「鳩藪澤」、「牧隰皋」並舉，析言也。《鶴鳴》傳則皋即澤。澤藪之地，極望數百，沆瀁皛溔，皆白气也，故曰皋。又引申爲凡進之偁，則如《禮》祝曰「皋」是也。或叚皋爲櫜。如伏注《左傳》「皋比」⑯，即《樂記》之「建櫜」。或叚爲高。如《明堂位》「皋門」注云：「皋之言高也。」从白夲。會意。古勞切，古音在三部。《禮》，句。謂《禮經》也。祝曰「皋」，《士喪禮》：「復者一人，升自前東榮中屋北面，招以衣曰：皋某復，三。」注曰：「皋，長聲也。」《禮運》亦云：「皋某復。」按，聲長必緩，故《左傳》「魯人之皋」，注云：「緩也。」《召旻》「皋皋」，《釋訓》曰：「刺素食也。」毛曰：「頑不知道也。」皆緩之意也。登謌曰「奏」，謌或歌字也。登歌，堂上歌也。《禮經》或言歌，或言樂，或言奏，實皆奏也。故皋、奏皆从夲。祝也，登歌也，皆有進意，說皋、奏二篆从夲之意。《周禮》曰：「詔來鼓皋舞。」《樂師》職文。今《周禮》作「來瞽」，先鄭云：「鼓或作瞽。皋當爲告。」後鄭云：「皋之言號。」《大祝》職云：「來瞽令皋舞。」後鄭曰：「皋讀爲卒嗥呼之嗥，來嗥者皆謂呼之入。」《漢書》：「高祖告歸之田。」服虔曰：「告音如嗥。」《東觀漢記·田邑傳》作「號歸」，蓋古告、皋、嗥、號四字音義皆同。

文六。 重二。

夰 放也。放者，逐也。从大八。句。八，逗。分也。各本「从大而八分也」，今正。夰者，大分之意也。古老切，二部。 凡夰之屬皆从夰。

界 舉目驚界然也。《廣韵》引《埤蒼》：「目驚界界然。」《襍記下》曰：「免喪之外，行於道路。見似目瞿，聞名心瞿。」二瞿當作「界」。《詩·齊風》：「狂夫瞿瞿。」傳曰：「無守之皃。」《唐風》：「良士瞿瞿。」傳曰：「瞿瞿然顧禮義也。」亦當作「界界」。 从夰，从䀠，會意。䀠，左右視也。 䀠亦聲。九遇切，五部。

奡 嫚也。嫚者，侮傷也。傲者，倨也。奡與傲音義皆同。引伸爲排奡，多力皃。 从百，从夰，傲者昂頭，故从首。 夰亦聲。古到切，二部。 《虞書》曰：「若丹朱奡。」《皋陶謨》文。朱當作「絑」。 讀若傲。《論語》「奡湯舟」。《憲問》篇文。依宋本及《集韵》《類篇》作「湯」，今作「盪」，非。湯即盪陣字，盪陣音湯。

昦 春爲昦天，元气昦昦也。春爲昦天，《釋天》文。元气昦昦者，釋昦字之義。《黍離》毛傳曰：「蒼天以體言之。元氣廣大，則偁昦天；仁覆閔下，則偁旻天；自上降鑒，則偁上天；據遠視之，蒼蒼然，則偁蒼天。」李巡、孫炎、郭璞本《爾雅》及劉熙《釋名》皆作「春、蒼」「夏、昦」，許君《五經異義》、鄭君《駁異義》所據《爾雅》及歐陽《尚書》皆作「春、昦」「夏、蒼」，鄭君云：「春氣博施，故以廣大言之。」許君：《尚書·堯典》「羲和以昦天，總勑四時」，故知昦天不獨春也。許君作《異義》時，是毛傳，非《爾雅》、歐陽《尚書》，鄭君駁之。而許造《説文》於昦下、旻下，皆用《爾雅》，參合毛傳，略同鄭説。《説文解字》爲定説也。 从日夰，會意。 夰亦聲。 胡老切，古音蓋在三部。

臩 驚走也。 一曰，往來皃。皃，大徐作「也」，非。 从夰，臦聲。各本無「聲」字，今補。俱往切，十部。 《周書》曰：「伯臩。」孔壁多得十六篇古文《尚書》，有《囧命》，《書序》曰：「穆王命伯囧爲太僕正，作《囧命》。」《周本紀》曰：「穆王閔文武之道缺，乃命伯臩申誡大僕之政，作《臩命》。」蓋臩、囧古通用也。許此引《周書》或系《書序》，或系逸《書》十六篇文，皆未可知。 古文臦，古文囧字。七字當作「古文以爲囧字」六字，轉寫譌舛也。

文五。

大 籀文大，改古文。謂古文作大，籀文乃改作亣也。本是一字。而凡字偏旁或从古，或从籀，不一，許爲字書，乃不得不析爲二部。猶人儿本一字，必析爲二部也。顧野王《玉篇》乃用隸法，合二部爲一部，遂使古籀之分不可攷矣。亦象人形。亦者，亦古文也。大象人形，此亦象人形。其字同，則其音同也。而大徐云：「大，徒蓋切。亣，他達切。」分別殊誤。古去入不分，凡今去聲之字，古皆入聲。大讀入聲者，今惟有會稽大末縣獨存古語耳。實則凡大皆可入，非古文去、籀文入之謂。凡亣之屬皆从亣。

奕　大也。《大雅》「奕奕梁山」，傳曰：「奕奕，大也。」《詩·周頌》箋云：「亦，大也。」叚亦爲奕。从大，亦聲。羊益切，古音在五部。《詩》曰：「奕奕梁山。」

奘　駔大也。馬部駔下曰：「壯馬也。」士部壯下曰：「大也。」奘與壯音同，與駔義同。《釋言》曰：「奘，駔也。」此許所本也。孫樊本作「將且也。」从亣壯，壯亦聲。徂朗切，十部。

臭　大白也。各本白下有「澤」字，其誤不知始於何時。獸名白澤，故非經典。即有此物，孰別其大小乎。全書之例，於形得義之字，不可勝計，臭以白大會意，則訓之曰「大白也」。猶下文大在一上，則爲立耳。淺人妄增，《玉篇》《廣韵》仍之，說《石鼓文》者，又引爲證。古來郢書燕説，類多如此。从大白。不入白部者，重大也。古老切，二部。凡曉、皎、皦、皛、皋、縞、皓、杲，訓白之字，皆同音部。但臭字《廣韵》又昌石切，《集韵》又昌石、施隻二切，皆訓白澤，未詳其由。古文㠯爲澤字。此說古文叚借也。叚借多取諸同音，亦有不必同音者，如用臭爲澤，用丂爲亏，用屮爲艸之類。又按，澤當作皐，古澤、睪、皐三字相亂，皋者，气臭白之進也。皋、臭義相近，音同。

奚　大腹也。豕部豯下曰：「豚生三月，腹豯豯皃。」古奚豯通用，《周禮·職方氏》「豯養」，杜子春讀豯爲「奚」。許艸部作「奚養」。从大，𦃃省聲。胡雞切，十六部。𦃃，籀文系。見十二篇系下。

㚖　稍前大也。稍者，出物有漸也。稍前大者，前較大於後也。从大，而聲。讀若畏偄。謂若偄也。而沇切，十四部。古凡耎聲字，皆在十四部，需聲字，皆在四部，後人多亂之。

㚔　大皃。从大，𥄕聲。𥄕讀若書卷之卷，見四篇。或曰拳勇字。拳當作「捲」，手部：「捲，气勢也。」引《國語》：「有捲勇。」或說㚔即捲勇字，許偁之也。隼下云：「一曰皾字。」是其例。讀若傿。鉉本上有「一曰」二字，衍。乙獻切，十四部。

奰　壯大也。从三大、三目。會意。二目爲䁶，三目爲奰，益大也。說會意之指。䁶，各本作「𥄕」，誤，今正。張衡《左思賦》皆用「䁶屓」字，而譌作「贔屓」，俗書之不正如此。屓見尸部，臥息也，許器反。一曰，迫也。別一義。讀若《易》「虙羲氏」。今《易·毄辭》作「包犧氏」，孟氏、京氏作「伏戲」，許作「虙羲」，鄭《大卜》注、應氏《風俗通》同。虙，古音讀如密，奰，古音同，今音平祕切。《詩》曰：「不醉而怒謂之奰。」《大雅·蕩》曰：「內奰于中國。」毛傳曰：「不醉而怒謂之奰。」於壯義、迫義皆近。不言「《詩》傳曰」者，猶《書》曰「仁覆閔下則偁旻天」不言「書傳」，《易》曰「地可觀者，莫可觀於木」，《易》曰「井者，法也」，不言「《易》說」也。

文八。

夫 丈夫也。从大一。从一大，則爲天。从大一，則爲夫。於此見人與天同也。天之一冒大上，爲會意；夫之一毌大首，爲象形，亦爲會意。一目象先。先，首笄也，俗作「簪」。依《御覽》宜補「冠而後簪，人二十而冠，成人也」十二字。此說以一象簪之意。甫無切，五部。周制八寸爲尺，尺部曰：「中婦人手長八寸，謂之咫，周尺也。」十尺爲丈。十部曰：「丈，十尺也。从又，持十。」人長八尺，見《考工記》。故曰丈夫。此說人偁丈夫之指。凡夫之屬皆从夫。

規 規巨，有灋度也。各本無「規巨」二字，今補。於此說規矩二字之義，故工部巨下但云「規巨也」。此許全書之通例也。囟部毗下曰：「毗臍，人臍也。」故肉部臍下曰：「毗臍也。」正同此。圜出於方，方出於矩。古規矩二字不分用，猶威儀二字不分用也。凡規巨、威儀有分用者，皆互文見意，非圜不必矩，方不必規也。灋者，刑也。度者，灋制也。規矩者，有灋度之謂也。萑部曰：「規蒦，商也。一曰，蒦，度也。」凡有所圖度匡正，皆曰規。《左傳》：「規求無度。」陶淵明文：「欣然規往。」《左傳》曰：「大夫規誨。」《詩序》曰：「《沔水》，規宣王也。」从夫見。會意。丈夫所見也。公父文伯之母⑰曰：「女智莫如婦，男智莫如夫。」《字統》曰：「丈夫識用，必合規矩，故規从夫。」居隨切，十六部。

扶 竝行也。从二夫。會意。輦字从此。讀若伴侶之伴。伴侶，許無此義。侶字，許無，當作「旅」。薄旱切，十四部。

文三。

立 侸也。侸，各本作「住」，今正。人部曰：「侸者，立也。」與此爲互訓。淺人易爲住字，亦許書之所無。从大在一之上。在，各本作「立」，今正。鉉曰：「大，人也。一，地也。」會意。力入切，七部。凡立之屬皆从立。

𥪕 臨也。臨者，監也。經典莅字，或作「涖」，注家皆曰「臨也。」《道德經》釋文云：「古無莅字，《說文》作𥪕。」按，莅行而𥪕廢矣。凡有正字而爲叚借字所敓者，類此。从立，隶聲。力至切，十五部。

竨 磊竨，疊韻字。今俗語猶有之。重聚也。从立，𦎧聲。丁罪切，十五部。

端 直也。用爲發耑、耑緒字者，叚借也。从立，耑聲。多官切，十四部。

竱 等也。等者，齊簡也，故凡齊皆曰等。《齊語》：「竱本肇末。」韋注：「竱，等也。肇，正也。謂先等其本，以正其末。」按，《孟子》曰：「不揣其本而齊其末。」揣蓋竱之叚借字。耑聲、專聲同部。趙注云：「揣，量。」似失之。木部㯓下曰：「一曰，度也。」《孟子》正當从木作㯓。韵書謂㑥量曰「故𢾾」，丁兼、丁括切，即竱語之轉也。从立，專聲。旨沇切，十四部。按，《字苑》音剬。李舟《切韵》音端。《春秋傳》曰：宋本如是，今本「傳」作「國語」。「竱本肇末。」

竦　敬也。敬者，肅也。《商頌》傳曰：「竦，懼也。」此謂叚竦爲「愯」也。愯者，懼也。𠬞下曰：「竦手。」謂手容之恭，上其手也。《周南》毛傳曰：「喬，上竦也。」从立，从束。會意。息拱切，九部。束，自申束也。古書多言申束，《韓非》引《周書》曰：「申之束之。」申俗作「伸」。申之使舒，束之使促，常相因互用也。

竫　亭安也。亭者，民所安定也。故安定曰亭安，其字俗作「停」，作「渟」。亭與竫疊韵，凡安靜字，宜作「竫」，靜其叚借字也。靜者，審也。从立，爭聲。疾郢切，十一部。

靖　立竫也。謂立容安竫也。安而後能慮，故《釋詁》毛傳皆曰：「靖，謀也。」从立，青聲。疾郢切，十一部。一曰，細皃。古文《尚書》「戔戔善諞言」，伏生今文作「諓諓善竫言」，見《公羊傳》。王逸注《楚辭》引作「諓諓靖言」，葢竫、靖、戔、諓古通用。靖言謂小人巧言。戈部引《周書》「戔戔巧言」，亦謂《秦誓》也。《山海經·大荒東經》曰：「東海之外，大荒之中，有小人國名靖。」

竢　待也。彳部曰：「待，竢也。」是爲轉注。經傳多叚「俟」爲之，俟行而竢廢矣。俟，大也。从立，矣聲。牀史切，一部。

𢍰　或从巳。巳聲、矣聲，同在一部。

竘　健也。《淮南·人閒訓》：「室始成，竘然善也。」高注：「竘，高壯皃。」此與健之訓合。一曰，匠也。《方言》曰：「竘，治也。吳越飾皃爲竘，或謂之巧。」《廣雅》：「竘，治也。」又曰：「竘，巧也。」此與匠之訓合。从立，句聲。讀若齲。丘羽切。按，高誘音口，郭璞同。許意讀若糗，《廣韵》麌厚韵兼收。古音在四部。《周書》有「竘匠」。葢謂《周書》七十一篇也。竘匠之文佚攷。

竵　不正也。从立，𠁁聲。火鼃切，古音在十六部。俗字作「歪」。

竭　負舉也。凡手不能舉者，負而舉之。《禮運》：「五行之動，迭相竭也。」注：「竭猶負戴也。」豕部曰：「竭其尾。」李尤《翰林論》云：「木氏《海賦》，壯則壯矣，然首尾負竭，狀若文章，亦將由未成而然也。」从立，曷聲。渠列切，十五部。

𥪖　立而待也。依《韵會》補「立而」二字，今字多作「需」，作「須」，而𥪖廢矣。雨部曰：「需，𥪖也。遇雨不進止𥪖也。」引《易》：「雲上於天，需。」需與𥪖音義皆同。樊遲名須，須者，𥪖之叚借。𥪖字僅見《漢書·翟方進傳》。从立，須聲。相俞切，古音在四部。

⿰立芻　或从芻。須聲、芻聲，同在四部。

⿰立羸　痿也。痿者，痹也。从立，羸聲。力臥切，十七部。

竣　居也。各本作「偓竣也」，説者謂即「偓佺」，今正。尸部曰：「居，蹲也。」足部曰：「居，蹲也。」⑱郭注《山海經》、徐廣《史記音義》皆曰：「踆，古蹲字。」許書之竣，葢與蹲音義皆同也。居譌「倨」，倨譌「偓」，竣乃複舉字，倒於下，遂爲「偓竣」矣。古書之譌舛可正者，類如此，固在好學深思心知其意也。《廣韵》曰：「倨也。」此居譌倨之證。从立，夋聲。七倫切，十三部。《國語》曰：「有司已事而竣。」今《齊語》作「已於事」。韋注：「竣，退伏也。」按，《毛詩》云：「不皇啓尻。」故已於事而後即安。

𥪃　見鬼鬽皃。从立，从彔。會意。彔，籀文鬽。見鬼部。讀若虙羲氏之虙。鬽聲在十五部，必聲在十二部，音相近也。當讀如密。今音房六切，非也。

䇢　驚皃。與「䲷」音義同。䲷見《方言》。从立，昔聲。七雀切，五部。

竨　短人立竨竨皃。竨竨，短皃。竨之字，或作「罷」，《周禮·典同》注：「陂讀爲人短罷之罷。」《司弓矢》「庳矢」注：「鄭司農讀爲人罷短之罷。」或作「矲」，《方言》曰：「啙，矲，短也。桂林之中謂短矲。」郭注：「言矲雉也。」按，矲，皮買反；雉，苦買反。今本《方言》雉譌作「䅋」，《典同》釋文雉譌作「矮」。依《集韵》、《類篇》、宋余仁中《周禮》所載《釋文》、明葉林宗所寫《釋文》正之。雉从矢，佳聲，非「雉」字也。从立，卑聲。傍下切，按，當薄蟹切，十六部。

竲　北地高樓無屋者。北地郡也。高樓上不爲覆曰竲。《禮運》曰：「夏則居曾巢。」鄭曰：「暑則聚薪柴居其上也。」此竲之始也。《禮運》本又作竲。从立，曾聲。士耕切，按，當依《廣韵》作滕、疾陵二切，六部。

文十九。　重二。

竝　併也。人部併下曰：「竝也。」二篆爲轉注。鄭注《禮經》：「古文竝，今文多作併。」是二字音義皆同之故也。古書亦多用爲傍字者，傍，附也。从二立。蒲迥切，十一部。凡竝之屬皆从竝。

𣍘　廢也。各本奪「也」字，不可讀，今補。廢者，卻屋也。卻屋，言空屋，人所不居，故𣍘、廢同義。一偏下也。此又爲一義。相竝而一邊庳下，則其勢必至同下，所謂陵夷也。凡陵夷必有漸而然，故曰「履霜堅仌至」。从竝，白聲。他計切，古音鐵，十二部。

替　或从曰。

𣌭　或从兟，从曰。从兟，猶从竝也。兟，見八篇。

文二。　重二。

囟　頭會匘葢也。首之會合處，頭髗之覆葢。《玄應》引「葢」下有「頟空」二字，頟空謂頟腔也。《内則》注曰：「夾囟曰角。」象形。《内則》正義引此云：「囟其字象小兒腦不合也。」按，人部兒下亦云：「从儿，上象小兒頭腦未合也。」《九經字樣》曰：「《說文》作囟，隸變作囟，巤、腦等字从之，細思等字亦从之。攷夢英書偏傍石刻作囟，宋刻書本皆作囟，今人楷字譌囟，又改篆體作囟，所謂象小兒腦不合者不可見矣。息進切，十二部。凡囟之屬皆从囟。

𦞤 或从肉宰。蓋俗字。

由 古文囟字。《內則》正義所引《說文》疑在此字之下。

巤 毛巤也。象髮在囟上，謂𡿺也。𡿺下曰：「巛象髮、髮謂之鬈，鬈即巛也。」及毛髮巤巤之形也。謂囟象毛髮巤巤之形也。良涉切，八部。玉裁按，巤與鬣蓋正俗字。巛即髮，不當復从髟矣。髟部鬣之爲增竄無疑。此與籀文子字同意。「意」字舊奪，今補。子部曰：「𢀓，古文子，从巛，象髮也。」㐬者，倒古文子，然則此「籀」字當作「古」。

𣬉 𣬉臍，逗。各本奪此二字，今訂補。《玄應》引許「𣬉臍，人臍也」。按，肉部臍下曰：「𣬉臍也。」正以𣬉臍之解已見囟部，全書之大例如此。人臍也。《急就篇》作「膍」。𣬉字叚借之用，如《詩·節南山》《采菽》毛傳皆曰：「膍，厚也。」箋云：「𣬉，輔也。」《方言》：「𣬉，滿也。𣬉，廢也。𣬉，明也。」皆是。从囟，囟取通气也。人臍可以通气，如囟門之通气然。从比聲。房脂切，十五部。

文三。　重二。

思 容也。容也，各本作「容也」，或以伏生《尚書》「思心曰容」說之，今正。皃曰恭，言曰從，視曰明，聽曰聰，思心曰容，謂五者之德。非可以恭釋皃，以從釋言，以明、聰釋視、聽也。谷部曰：「容者，深通川也。」引「容畎澮距川」。引申之，凡深通皆曰容。思與容雙聲，此亦門、捫也，户、護也，髮、拔也之例。謂之思者，以其能深通也。至若《尚書大傳》「次五事曰思心，思心之不容，是謂不聖」，劉向、董仲舒、班固皆以寬釋容，與古文《尚書》作「五曰思，思曰睿」爲異本。詳予所述《尚書撰異》。从心，从囟。各本作「囟聲」，今依《韵會》訂。《韵會》曰：「自囟至心，如絲相貫不絕也。」然則會意，非形聲。細以囟爲聲，固非之、咍部字也。息兹切，一部。凡思之屬皆从思。

慮 謀思也。心部曰：「念，常思也。惟，凡思也。懷，念思也。想，覬思也。𢡱，同思之和也。」同一思，而分別如此。言部曰：「慮難曰謀。」與此爲轉注。口部曰：「圖者，畫也，計難也。」然則謀、慮、圖三篆義同。《左傳》曰「慮無」，他書曰「無慮」，皆謂計畫之纖悉必周，有不周者，非慮也。从思，虍聲。良據切，五部。

文二。

心 人心，土臧也，「也」字補。在身之中。象形。博士說吕爲火臧。土臧者，古文《尚書》說，火臧者，今文家說。詳肉部「肺」下。息林切，七部。凡心之屬皆从心。

息 喘也。口部曰：「喘，疾息也。」喘爲息之疾者，析言之；此云息者、喘也，渾言之。人之氣，急曰喘，舒曰息。引伸爲休息之偁，又引伸爲生長之偁。引伸之義行，而鼻息之義廢矣。《詩》曰：「使我不能息兮。」傳曰：「憂不能息也。」《黍離》傳曰：「噎，憂不能息也。」此息之本義也。其他《詩》息字，皆引伸之義也。許書：「齂，臥息也。」「呬，息也。」「屓，臥息也。」「歑，咽中息不利也。」「旡，飲食屰气不得息也。」覞部：「䨲，見雨而比息也。」皆本義也。从心自。自者，鼻也。心气必從鼻出，故从心自。如心思上凝於囟，故从心囟，皆會意也。相即切，一部。各本此下有「自亦聲」三字，自聲在十五部，非其聲類。此與思下云「囟聲」，皆不知韵理者所爲也。

情 人之侌气有欲者。董仲舒曰：「情者，人之欲也。人欲之謂情，情非制度不節。」《禮記》曰：「何謂人情？喜、怒、哀、懼、愛、惡、欲，七者不學而能。」《左傳》曰：「民有好、惡、喜、怒、哀、樂，生於六氣。」《孝經援神契》曰：「性生於陽以理執，情生於陰以繫念。」从心，青聲。疾盈切，十一部。

性 人之昜气性，句。善者也。《論語》曰：「性相近也。」《孟子》曰：「人性之善也，猶水之就下也。」董仲舒曰：「性者，生之質也，質樸之謂性。」从心，生聲。息正切，十一部。

志 意也。从心㞢，㞢亦聲。按，此篆小徐本無，大徐以意下曰「志也」補此爲十九文之一。原作「从心，之聲」，今又增二字，依大徐次於此。志所以不録者，《周禮·保章氏》注云：「志，古文識。」蓋古文有志無識，小篆乃有識字。《保章》注曰：「志，古文識。識，記也。」《哀公問》注曰：「志讀爲識。識，知也。」今之識字，志韵與職韵分二解，而古不分二音，則二解義亦相通。古文作志，則志者，記也，知也。惠定宇曰⑲：「《論語》『賢者識其大者』，蔡邕《石經》作志；『多見而識之』，《白虎通》作志；《左傳》曰『以志吾過』，又曰『且曰志之』，又曰『歲聘以志業』。」又曰「吾志其目也」；《尚書》曰「若射之有志」；《士喪禮》「志矢」注云「志猶擬也」。今人分志向一字，識記一字，知識一字，古衹有一字一音。又旗幟亦即用識字，則亦可用志字。《詩·序》曰：「詩者，志之所之也，在心爲志，發言爲詩。」志之所之，不能無言，故識从言。《哀公問》注云「志讀爲識」者，漢時志識已殊字也。許心部無志者，蓋以其即古文識而識下失載也。職吏切，一部。

意 志也。志即識，心所識也。意之訓爲測度，爲記。訓測者，如《論語》「毋意毋必」，「不逆詐，不億不信」，「億則屢中」，其字俗作「億」。訓記者，如今人云「記憶」是也，其字俗作「憶」。《大學》曰：「欲正其心者，先誠其意。」誠謂實其心之所識也。「如惡惡臭，如好好色，此之謂自謙。」鄭云：「謙讀爲慊，慊之言厭也。」按，厭當爲猒，猒者足也。从心音。會意。於記切，一部。古音入聲於力切。察言而知意也。説从音之意。

恉 意也。今字或作「旨」，或作「指」，皆非本字也。許《序》曰：「曉學者，達神恉。」从心，旨聲。職雉切，十五部。

悳 外得於人，内得於己也。此當依小徐通論作「内得於己，外得於人」。内得於己，謂身心所自得也。外得於人，謂惠澤使人得之也。俗字叚「德」爲之，德者，升也。古字或叚「得」爲之。从直心。《洪範》：「三德，一曰正直。」直亦聲。多則切，一部。

悆　古文。

應　當也。當，田相值也，引伸爲凡相對之偁。凡言語應對之字，即用此。大徐言部增「譍」字，非也。諾下、讎下、唉下、對下譍字，皆當改正。从心，䧹聲。於陵切，六部。

慎　謹也。言部曰：「謹者，慎也。」二篆爲轉注。未有不誠而能謹者，故其字从真。《小雅》「慎爾優游」，「予慎無罪」，傳皆曰：「誠也。」詳八篇真下。从心，真聲。時刃切，十二部。

昚　古文。眘字从此。《釋文·序録》偁「昚徽五典」，是陸氏所據《堯典》作昚，自衛包改作慎，開寶中乃於《尚書音義》中刪之。

忠　敬也。敬者，肅也。未有盡心而不敬者。此與慎訓謹同義。盡心曰忠。各本無此四字，今依《孝經疏》補。《孝經疏》，唐元行沖所爲，唐本有此。从心，中聲。陟弓切，九部。

愨　謹也。《廣韵》曰：「謹也，善也，愿也，誠也。」據《韵會》、《大司寇》注，「愿，殼慎也。」⑳用叚借字「殼」者，「㱿」之俗字也。从心，殼聲。苦角切，三部。

𢡟　美也。从心，䫉聲。莫角切，二部。

快　喜也。引申之義爲疾速，俗字作「駃」。从心，夬聲。苦夬切，十五部。

愷　樂也。《蓼蕭》傳曰：「豈，樂也。」豈，同愷。从心，豈聲。苦亥切，古音在十五部。按，豈部有此篆，解曰：「康也。」疑此重出，乃後人增竄。

㥦　快也。《漢文帝紀》曰：「未有㥦志。」从心，匧聲。苦叶切，八部。今作「愜」。

念　常思也。《方言》曰：「念，思也。」又曰：「念，常思也。」許云：「懷，念思也。」《左傳》引《夏書》曰：「念茲在茲，釋茲在茲，名言茲在茲，允出茲在茲，惟帝念功。」从心，今聲。奴店切，七部。

怤　思也。从心，付聲。甫無切，五部。

憲　敏也。敏者，疾也。《謚法》：「博聞多能爲憲。」引申之義爲法也。又《中庸》引《詩》「憲憲令德」，以「憲憲」爲「顯顯」。又《大雅》：「天之方難，無然憲憲。」傳曰：「憲憲，猶欣欣也。」皆叚借也。从心目，心目竝用，敏之意也。害省聲。許建切，十四部。按，害在十五部，此合音也。

憕　平也。从心，登聲。直陵切，六部。

戁　敬也。敬者，肅也。《商頌》：「不戁不竦。」傳曰：「戁，恐。竦，懼也。」敬則必恐懼，故傳説其引申之義。若《小雅》「我恐熯矣」，傳曰：「熯，敬也。」此謂《詩》叚「熯」爲戁。从心，難聲。女版切，十四部。

忻　闓也。闓者，開也。言闓不言開者，闓與忻音近，如昕讀若希之類也。忻謂心之開發，與欠部欣謂「笑喜也」異義。《廣韵》合爲一字，今義非古義也。从心，斤聲。許斤切，十三部。《司馬灋》曰：「善者，忻民之善，閉民之惡。」今《司馬法》佚此語。謂開其善心，閉其惡心，是爲冣善也。

[忄重] 遲也。遲重之字當作此。今皆叚「重」字爲之，今字也。从心，重聲。直隴切，九部。

惲 重厚也。厚當作㫗，惲厚字當如此。今皆作渾厚，非是。渾者，混流聲也。今俗云水渾。从心，軍聲。於粉切，十三部。

惇 厚也。厚當作㫗，凡惇厚字當作此。今多作敦厚，叚借非本字。敦者，怒也，詆也。一曰誰何也。《雒誥》：「惇大成裕。」从心，𦎫聲。都昆切，十三部。

忼 忼慨也。各本奪「忼」字，今補。忼慨，壯士不得志於心也。各本移入慨篆下，又奪「於心」二字，今依《玉篇》及《文選》注補正。从心，亢聲。苦浪切，又口朗切，十部。俗作「慷」。《戰國策》：「羽聲慷慨。」一本作「忼慷」，蓋因忼有異體而一複一奪也。一曰，《易》「忼龍有悔」。按，「一曰易」三字乃「易曰」二字之誤，淺人所改也。忼之本義爲忼慨，而《周易·乾》「上九忼龍」，則叚忼爲亢。亢之引申之義爲高，子夏傳曰：「亢，極也。」《廣雅》曰：「亢，高也。」是今《易》作亢爲正字。許所據孟氏《易》作忼，叚借字也。凡許引經説叚借，如「無有作玫」、「堲讒説」、「曰圛」皆是，淺人以「忼龍」與「忼慨」義殊，乃妄改爲一曰矣。

慨 忼慨也。依全書通例正。忼慨雙聲也。他書亦叚「愾」爲之，作忼愾。从心，既聲。苦溉切，十五部。

悃 悃愊，逗。至誠也。依《玉篇》、《廣韵》、《後書·章帝紀》訂。悃愊亦雙聲字也。从心，困聲。困一本作「囷」，篆作，非也。古困聲在真文韵，音變遂入冤韵，非囷聲在真文，困聲在冤各有畛域也。苦本切，十三部。

愊 悃愊也。各本作「誠志也」，今依全書通例訂。从心，畐聲。芳逼切，一部。《玉篇》普力切。

愿 謹也。《咎繇謨》曰：「愿而恭。」从心，原聲。魚怨切，十四部。

慧 儇也。人部曰：「儇，慧也。」二篆爲轉注。慧古多叚「惠」爲之。从心，彗聲。胡桂切，十五部。

憭 慧也。《方言》：「愈或謂之慧，或謂之憭。」郭云：「慧憭皆意精明。」按，《廣韵》曰：「了者，慧也。」蓋今字叚了爲憭，故郭注《方言》已云「慧了」，他書皆云「了了」，若論字之本義，則了爲「尥也」，尥者，行脛相交也。从心，尞聲。力小切，二部。

恔 憭也。疊韵互訓。按，《方言》：「恔，快也。東齊海岱之閒曰恔。」《孟子》：「於人心獨無恔乎。」趙注：「恔，快也。」快即憭義之引申，凡明憭者，必快於心也。从心，交聲。吉了切，又下交切，二部。按，此字《廣韵》去聲，云：「恔出《孟子》。」《集韵》《類篇》則平聲，引《説文》作「忟」，上聲引作「恔」，疑古本分二字。

瘱　靜也。靜當作「竫」，亭安也。此篆或作「嫕」，見《後漢書》，傳寫誤爲「嫕」。《洞簫賦》曰：「清靜厭瘱。」《神女賦》曰：「澹清靜其愔瘱。」李善引《韓詩》曰：「瘱，悦也。」引《蒼頡篇》曰：「瘱，密也。」引曹大家《列女傳》注曰：「瘱，深邃也。」从心，㾜聲。爿部「㾜」夾聲，苦叶切，而「瘱」於計切者，合音也。或曰，古音讀如邑。

悊　敬也。口部哲下曰：「知也。」悊與哲義殊。口部云：「哲或从心作悊。」葢淺人妄增之，因古書聖哲字或从心而合之也。从心，折聲。陟列切，十五部。

悰　樂也。此哀樂字也。《選》詩「戚戚苦無悰」。从心，宗聲。藏宗切，九部。

⿰忄丙　安也。《莊子》曰：「以恬養知，以知養恬。」从心，丙聲。各本篆作恬，解作「甛省聲」，今正。谷部丙下曰：「舌皃。从谷省，象形。他念切。」按，許書木部「⿰木丙」及此「⿰忄丙」字，本从丙聲，轉寫从舌，乃改爲「甛省聲」矣。徒兼切，七部。

恢　大也。从心，灰聲。苦回切，十五部。

恭　肅也。肅者，持事振敬也。《尚書》曰：「恭作肅。」此以肅釋恭者，析言則分別，渾言則互明也。《論語》每恭敬析言，如「居處恭，執事敬」「貌思恭，事思敬」皆是。从心，共聲。俱容切，九部。

憼　敬也。敬之在心者也。从心敬，敬亦聲。居影切，十一部。

恕　仁也。孔子曰：「能近取譬，可謂仁之方也矣。」《孟子》曰：「彊恕而行，求仁莫近焉。」是則爲仁不外於恕，析言之則有別，渾言之則不別也。仁者，親也。从心，如聲。商署切，五部。

𢖨　古文省。从女聲。

怡　龢也。各本作「和」，今正。龢者，調也。《玉篇》曰：「怡者，悦也，樂也。」古多叚「台」字，《禹貢》「祗台德先」。鄭注云：「敬和。」从心，台聲。與之切，一部。

慈　㤅也。㤅，各本作「愛」，今正。下文曰：「㤅，惠也。」叀部曰：「惠，仁也。」人部曰：「仁，親也。」从心，茲聲。茲从艸。疾之切，一部。

怟　㤅也。㤅，各本作「愛」，今正。《釋訓》曰：「怟怟，㤅也。」按，「怟怟」字不見於《詩》《書》。从心，氏聲。巨支切，十六部。

⿰忄虒　怟⿰忄虒，逗。疊韵字。不𢝊事也。𢝊，各本作「憂」，今正。从心，虒聲。讀若移。移爾切，十六部。《玉篇》余氏、余支二切，《廣韵》亦兼此二切。

恮　謹也。《廣韵》也作「皃」。从心，全聲。此緣切，十四部。

恩　惠也。从心因，因亦聲。依《韵會》訂。烏痕切，十三部㉑。

⿱帶心 高也。《集韵》曰：「岧嵽，山形。」音義同。一曰，極也。別一義。一曰，困劣也。又一義。《樂記》：「則無怗懘之音。」注云：「怗懘，弊敗不和之皃。」「懘」即⿱帶心之譌。俗用「殢」字，《廣韵》曰：「極困也。」亦即⿱帶心之俗。从心，帶聲。特計切，十五部。

憖 肎也。各本作「問也」，《玉篇》作「閒也」，《左傳音義》引《字林》「閒也。」閒者，肎之誤。問者，閒之誤。《十月》㉒正義引「憖，肯從心也。」當是引「憖，肎也。从心，猌聲」。誤以「也」字倒於「從心」之下，不成文理耳。今依「肎」字。《小爾雅》曰：「憖，願也。」《晉語》：「伯宗妻曰：憖庇州犁焉。」韋注曰：「憖，願也。」願與肯義略同。用部曰：「甯，所願也。」丂部曰：「寧，願詞也。」皆與憖雙聲。謹敬也。李善注《思玄賦》引《字林》此訓，《玉篇》引《說文》無此。《韵會》謹作慎。从心，猌聲。魚覲切，十二部。一曰，說也。說，悅古今字。一曰，且也。且，各本作「甘」，今依《玉篇》訂。《十月之交》鄭箋云：「憖者，心不欲自強之詞。」《左傳》：「不憖遺一老。」杜注云：「憖，且也。」《五行志》應劭注曰：「憖，且辭也。」《小爾雅》曰：「憖，强也，且也。」《春秋傳》曰：「昊天不憖。」《左氏傳・哀十六年》文。魯哀誄孔子曰：「旻天不弔，不憖遺一老。」許隱栝其辭，亦「東方昌矣」之類。又曰：「兩軍之士皆未憖。」文十二年傳。杜注：「憖，缺也。」釋文：「憖，魚覲反，又魚轄反。」是則憖與「𢇍」雙聲叚借，即《方言》所謂「傷也」，而郭注《方言》云：「《詩》曰不憖遺一老，亦恨傷之言也。」似於文理不協。

懬 闊也。廣大也。各本作「廣也，大也」，今依《詩・泮水》釋文訂。《魯頌・泮水》曰：「憬彼淮夷。」釋文云：「憬，《說文》作懬。」按，許闊也，一曰廣大也，此懬之本義。毛云「遠行也」，即其引伸之義也。由其廣大，故必遠行。然則《毛詩》自作「懬」，今作「憬」者，或以《三家詩》改之也。《元帝紀》：「眾僚久懬，未得其人。」假懬爲曠字。从心廣，廣亦聲。苦謗切，十部。一曰，寬也。依鍇本，四字在此。《詩》曰：「懬彼淮夷。」各本無此六字，今依《詩釋文》補。蓋許所據《毛詩》如此，憬下所偁蓋《三家詩》。

悈 飭也。飭，各本作「飾」。古書飾、飭多互譌，不可勝正。力部曰：「飭，致堅也。」悈與戒義同，警也。《釋言》曰：「悈，褊急也。」許言部諽字下曰：「飭也，讀若悈。」蓋悈音紀力反，與苟、戒、棘、亟音義皆同，而《方言》曰：「悈，革，老也。」此又因揫斂之義而引伸之也。从心，戒聲。居薤切，古音在一部。《司馬灋》曰：「有虞氏悈於中國。」中國，國中也。今《司馬法・天子之義》篇作「有虞氏戒於國中」。

㥯 謹也。从心，𤔌聲。於靳切，十三部。

慶 行賀人也。賀下曰：「以禮相奉慶也。」是二篆爲轉注也。賀从貝，故云以「以禮相奉慶」；从夊，故云「行賀人」㉓。从心夊，謂心所喜而行也。从鹿省。此三字今補。丘竟切，古音在十部。讀如羌，音轉讀如卿。吉禮以鹿皮爲摯，《士冠禮》、《聘禮》「儷皮」，鄭注：「兩鹿皮也。」鹿部曰：「禮麗皮納聘。」蓋鹿皮也。故从鹿省。此說从鹿省之意。

愃 寬閒心腹皃。閒，各本作「嫺」，今正。嫺者，習也。非其義。郭注《方言》曰：「今江東呼快爲愃，相緣反。」从心，宣聲。況晚切，十四部。《詩》曰：「赫兮愃兮。」《衞風·淇奧》文。《毛詩》作「咺」，傳云：「威儀容止宣著也。」《韓詩》作「宣」，顯也。許作「愃」，而義亦異。

愻 順也。訓順之字作「愻」，古書用字如此。凡愻順字，从心；凡遜遁字，从辵；今人遜專行而愻廢矣。《學記》：「不陵節而施之謂遜。」劉向書作「愻」，此未經改竄之字也。《論語》「孫以出之」，「惡不孫以爲勇者」，皆愻之叚借。从心，孫聲。穌困切，十三部。《唐書》曰：「五品不愻。」謂《堯典》也。說詳禾部。許所據古文如此。愻者，順也，故《尚書大傳》作「五品不訓」，《五帝本紀》作「五品不馴」，訓與馴皆順也。

𡫏 實也。《邶風》：「其心塞淵。」毛傳：「塞，瘞也。」崔集注本作「實也」，今以許書繩之，作「實」爲是矣。《詩》「秉心塞淵」、「王猷允塞」皆同。鄭箋云：「塞，充實也。」今文《尚書》「文塞晏晏」，鄭注《考靈耀》云：「道德純備謂之塞。」道德純備，充實之意也。《咎繇謨》「剛而塞」，《夏本紀》作「剛而實」。按，㠭部曰：「寋，窒也。」穴部曰：「窒，寋也。寘，寋也。」寋廢而俗多用塞，塞，隔也，非其義也。至若《燕燕》、《定之方中》、《堯典》、《咎繇謨》諸塞字，又皆當作𡫏，即曰叚借，亦當叚寋而不當叚塞也。从心，寋聲。各本作「塞省聲」，今正。寋，窒也，寋聲中有會意。先則切，一部。《虞書》曰：「剛而𡫏。」

恂 信心也。《毛詩》叚「洵」字爲之，如「洵美且都」、「洵訏且樂」，鄭箋皆云：「洵，信也。」《釋詁》曰：「詢，信也。」注引《方言》：「宋衞曰詢。」皆叚詢爲恂也。至若《論語》「恂恂如也」，王肅注：「温恭皃。」《漢書》「李將軍恂恂如鄙人」，《史記》作「悛悛如鄙人」，此皆逡巡字之叚借而非正字也。从心，旬聲。相倫切，十二部。

忱 誠也。誠者，信也。《詩·大明》曰：「天難忱斯。」毛曰：「忱，信也。」言部諶下曰：「誠諦也。」引《詩》「天難諶斯」。古忱與諶義近通用。从心，冘聲。氏任切，七部。《詩》曰：「天命匪忱。」《大雅·蕩》曰：「天生烝民，其命匪諶。」毛曰：「諶，誠也。」許作忱，是亦可徵二字互用也。

惟 凡思也。《方言》曰：「惟，思也。」又曰：「惟，凡思也。慮，謀思也。願，欲思也。念，常思也。」許本之曰：「惟，凡思也。念，常思也。懷，念思也。想，冀思也。」思部：「慮，謀思也。」凡許書分部遠隔，而文理參五可以合觀者，視此。凡思，謂浮泛之思。《生民》「載謀載惟」，箋云：「諏謀其日，思念其禮。」按，經傳多用爲發語之詞，《毛詩》皆作「維」，《論語》皆作「唯」，古文《尚書》皆作

「惟」，今文《尚書》皆作「維」。古文《尚書》作惟者，《唐石經》之類可證也。今文《尚書》作維者，《漢石經》殘字可證也。俗本《匡謬正俗》乃互易之，大誤。又《魯詩》作惟，與《毛詩》作維不同，亦見《漢石經》殘字。从心，隹聲。以追切，十五部。

懷 念思也。念思者，不忘之思也。《釋詁》、《方言》皆曰：「懷，思也。」《詩·卷耳》《野有死麕》《常棣》傳同。若《終風》傳曰「懷，傷也」，《釋詁》曰「至也」，《匪風》《皇矣》傳曰「歸也」，《皇皇者華》《板》傳皆曰「和也」，皆引申之義，可以意會者也。古文又多叚懷爲「褱」者。从心，褱聲。户乖切，古音在十五部。

惀 欲知之皃。《廣韵》混韵注曰：「心思求曉事。」从心，侖聲。盧昆切，十三部。

想 覬思也。覬，各本作「冀」，今正。欠部曰：「欿，㱃也。」見部曰：「覬，欿㱃也。」覬思者，覬望之思也。《周禮·眂祲》：「十曰想。」从心，相聲。息兩切，十部。

㥍 深也。深當作「突」，許書深爲水名，突爲突淺字。穴部突下曰：「深也。」言突深古今字，以今字釋古字也。㥍與邃音義皆同，从穴者爲室之深，从心者爲意思之深。从心，㒸聲。徐醉切，十五部。

慉 起也。《邶風·谷風》傳曰：「慉，興也。」起與興義同，今本傳作「養」者，非也。《小雅·蓼莪》箋云：「畜，起也。」此謂「拊我畜我」之畜，乃慉之叚借。从心，畜聲。許六切，三部。《詩》曰：「能不我慉。」許所據如此。與「能不我知」、「能不我甲」句法同也。能讀爲而。

㦤 滿也。《方言》曰：「臆，滿也。」《廣雅》曰：「臆，滿也。」《漢蔣君碑》：「餘悲馮㦤。」皆㦤之叚借字也。从心，啻聲。於力切，一部。一曰，十萬曰㦤。《詩·楚茨》傳：「萬萬曰億。」《豐年》傳：「數萬至萬曰億。」鄭箋云：「十萬曰億。」注《王制》云：「億今十萬。」韋昭注《鄭語》《楚語》曰：「賈唐説皆以萬萬爲億，今數也。後鄭十萬爲億，古數也。」其詳在《説文解字讀》。經傳皆作億，無作㦤者，叚借字也。

意 籀文省。上从言省。

悹 𢝊也。𢝊，各本作「憂」，今正。《廣韵·廿四緩》引《詩》傳「悹悹，無所依」，今《大雅·板》傳作「管管」。又《篇》、《韵》皆云：「悹悹，憂無告也。」今《詩·板》、《釋訓》皆作「灌灌」。按，「憂無告」之訓，正字作「懽」，見下文，不當作悹。从心，官聲。古玩切，十四部。

憀 憀然也。三字句。憀然，猶了然也。《類篇》曰：「力求切，賴也，且也。」按，聊者，憀之叚借字。《方言》：「俚，聊也。」《漢書》「其畫無俚之至耳」，《戰國策》「民無所聊」，凡聊賴可作憀賴。从心，翏聲。洛蕭切，古音在三部，力求切。

㤲 敬也。《釋詁》、《商頌》毛傳皆曰：「恪，敬也。」从心，客聲。當作「从心客，客亦聲」。苦各切，五部。今字作

「恪」。《春秋傳》曰：「㠯陳備三愙。」《左傳·襄廿五年》文。按，不引《商頌》而引此者，以證从心客會意也。《五經異義》㉔：「《公羊》説：存二王之後，所以通夫三統之義。《禮戴》説：天子存二代之後，猶尊賢也。古《春秋左氏》説：周家封夏、殷二王之後，以爲上公，封黄帝、堯、舜之後，謂之三恪。」許慎謹案云：「治《魯詩》丞相韋玄成，治《易》施讎等説引《外傳》曰：『三王之樂，可得觀乎？』知王者所封三代而已。」不與《左氏》説同。鄭駁之云：「所存二王之後者，命使郊天，以天子之禮祭其始祖，受命之王自行其正朔服色。恪者，敬也。敬其先聖而封其後，與諸侯無別殊異，何得比夏、殷之後。」按，許不偁《公羊》説、《戴》説而偁古《左氏》，亦不與《異義》同，葢《異義》先成，《説文》晚定，用《左氏》説與鄭同也。

愯 懼也。與竦音義略相近。从心，雙省聲。息拱切，九部。《春秋傳》曰：「駟氏愯。」昭公十九年《左傳》文。今本作「聳」，後人所易也。又昭六年《左傳》「聳之以行」，《漢書·刑法志》引作「㦻」，晉灼曰：「古悚字。」按，《漢書》「雙」不省。又《魏都賦》「吳蜀二客愯焉相顧」，張載注：「愯，懼也。」引《左傳》「駟氏愯」，張用《説文》也。俗本譌爲「矘」。

懼 恐也。恐下曰：「懼也。」是爲轉注。从心，瞿聲。其遇切，五部。

愳 古文。䀠者，左右視也。形聲兼會意。

怙 恃也。《韓詩》云：「怙，賴也。」从心，古聲。侯古切，五部。

恃 賴也。《韓詩》云：「恃，負也。」从心，寺聲。時止切，一部。

慒 慮也。見《釋言》。从心，曹聲。藏宗切，今音也。《廣韻》又似由切，古音也，宜三部。《爾雅音義》曰：「《字書》作悰。」然《説文》悰、慒並出。

悟 覺也。見部覺下曰：「悟也。」是爲轉注。按，古書多用「寤」爲之。从心，吾聲。五故切，五部。

𢙵 古文悟。

憮 㤅也。㤅，各本作「愛」，今正。韓鄭曰憮。《方言》：「亟、憐、憮、㤿，愛也。宋衛邠陶之閒曰憮，或曰㤿。」又曰：「韓鄭曰憮。」《釋詁》曰：「憮，撫也。」一曰，不動。別一義。《論語》：「夫子憮然。」《孟子》：「夷子憮然。」《三蒼》曰：「憮然，失意皃也。」趙岐曰：「憮然猶悵然也。」皆於此義近。从心，無聲。文甫切，五部。郭璞茫甫反。

㤅 惠也。叀部曰：「惠，仁也。」仁者，親也。从心，旡聲。八篇「飲食屰气不得息曰旡」，古文作㒫，此用古文爲聲也。許君惠㤅字作此，愛爲行皃，乃自愛行而㤅廢，轉寫許書者遂盡改㤅爲愛，全非許憮㤅二篆相聯之意。烏代切，十五部。

𢟪 古文。既者，㒫聲，即旡聲也。𢟪者，古文愛。唐人乃用爲「伊余來塈」、「民之攸塈」之塈，其貤繆有如此者。《詩》

之壄，乃呬之叚借，息也。

㥠 知也。此與言部「諝」音義皆同。从心，胥聲。私呂切，五部。

慰 安也。《方言》：「慰，尻也。江淮青徐之閒曰慰。」从心，尉聲。於胃切，十五部。一曰，恚怒也。别一義。恚，恨也。《小雅》：「以慰我心。」毛曰：「慰，怨也。」《韓詩》作「以愠我心」，愠，恚也。

𢡟 謹也。从心，𣪠聲。讀若毳。此芮切，十五部。

篙 篙箸也。按，箸必是謁字，不可解，疑當作足部之「躇」。篙躇，猶今人所用躊躇也，皆裵回不決之皃，故从心。从心，篙聲。按，篙當依竹部作「簋」，云「省聲」。直由切，三部。

怞 朖也。未聞，疑是「恨也」之誤。《檜》傳云：「悼，動也。」《鼓鍾》傳云：「妯，動也。」《菀柳》傳云：「蹈，動也。」三字音義略同。从心，由聲。直又切，三部。《詩》曰：「憂心且怞。」《小雅·鼓鍾》文。今《毛詩》作「妯」，毛云「動也」，鄭云「悼也」。

㥺 㥺憮也。㥺乃複字未删者，憮各本作「撫」，今正。《方言》：「㥺，憐也。」上文「憮，㤅也。」㤅與憐同義。从心，某聲。讀若侮。亡甫切，古音在一部。

忞 自勉彊也。各本少「自勉」二字，《韵會》有之，與《篇》、《韵》合。《大雅》：「亹亹文王。」毛傳曰：「亹亹，勉也。」亹即釁之俗，釁从分聲，釁釁即忞忞之叚借也。从心，文聲。武巾切，十三部。《周書》曰：「在受德忞。」《立政》文。今《尚書》作「敃」。《釋詁》：「敃，强也。」許所據古文不同。讀若旻。

慔 勉也。勉者，彊也。《釋訓》曰：「懋懋、慔慔，勉也。」从心，莫聲。莫故切，五部。按，《爾雅音義》云：「亦作慕。」今《説文》慔、慕分列，或恐出後人改竄。

愐 勉也。《釋詁》曰：「蠠没、勔，勉也。」《方言》曰：「釗、薄，勉也。南楚之外曰薄努，自關而東周鄭之閒曰勔釗。」按，《毛詩》「黽勉」亦作「僶俛」，《韓詩》作「密勿」，《爾雅》作「蠠没」。蠠本或作「蠹」，蠹即「蜜」，然則《韓詩》正作「蜜勿」，轉寫誤作「密」耳。《爾雅釋文》云：「勔本作僶，又作黽。」是則《説文》之愐爲正字，而作勔、作蠠、作蠹、作蜜、作密、作黽、作僶，皆其别字也。今則不知有愐字，而愐字廢矣。从心，面聲。彌殄切，古音在十四部。

忕 習也。从心，大聲。此篆各本作「愧」，解云：「曳聲」，今正。《詩·四月》正義、《蕩》釋文皆引《説文》：「忕，習也。」是唐初本有忕篆。而《玄應書》卷十三云「忕又作愧」，引《字林》「愧，習也」。《倉頡篇》「愧，明也」。然則《説文》作忕，《字林》變作愧，實一字，淺人用《字林》改《説文》耳。犬部狃下曰：「犬性忕也。」可證許書故有忕篆。狃忕之見於經傳，不可枚舉。陸德明時世反，又市制反，又時設反，《字林》作愧，則翼世反。十五部。○又按，愧葢本作怈，唐人避諱於偏旁世字，多改爲曳。《集韵》、《類篇》皆曳、怈爲重文。

懋 勉也。古多叚「茂」字爲之。 从心，楙聲。 莫候切，三部。《虞書》曰： 虞當作唐，見禾部。 「時惟懋哉。」《堯典》文。今作「惟時」，未知孰是。

[illegible] 或省。

慕 習也。習其事者，必中心好之。 从心，莫聲。 莫故切，五部。

悛 止也。《方言》：「悛，改也。自山而東或曰悛，或曰懌。」从心，夋聲。 此緣切，十三部。

㥠 肆也。《廣雅》曰：「㥠，緩也，忘也。」从心，隶聲。 他骨切，十五部。《廣韵》又他內切。

惥 趣步惥惥也。趣，疾走也。趣步惥惥，謂疾而舒也。馬部𩦺下曰：「馬行徐而疾。」義正相類。《漢書》：「長倩懙懙。」蘇林曰：「懙懙，行步安舒也。」《論語》：「與與如也。」馬注曰：「與與，威儀中適之皃。」與與，即惥惥之叚借。欠部曰：「歟，安气也。」从心，與聲。 余呂切，五部。《廣韵》又平聲。

慆 説也。説，今之「悦」字。《尚書大傳》：「師乃慆。」注曰：「慆，喜也。」可證許説。《悉蟀》傳曰：「慆，過也。」《東山》傳曰：「慆慆，言久也。」皆引申之義也。古與「滔」互叚借。 从心，舀聲。 土刀切，古音在三部。

懕 安也。《小戎》傳曰：「厭厭，安靜也。」《湛露》傳曰：「厭厭，安也。」釋文及《魏都賦》注引《韓詩》：「愔愔，和悦之皃。」按，愔見《左傳》「祈招之詩」，葢愔即懕之或體，厭乃懕之叚借。《載芟》：「有厭其傑，厭厭其苗。」亦懕之叚借。《廣韵》：「稖稖，苗美也。」用《載芟》傳也。 从心，厭聲。 於鹽切，按，古音讀如音，在七部。《詩》曰：「懕懕夜飲。」《湛露》文。按，此則許所據，从心。

憺 安也。《子虛賦》曰：「憺乎自持。」按，人部曰：「倓，安也。」音義皆同。 从心，詹聲。 徒敢切，八部。

怕 無僞也。僞，各本作「爲」。今按，許以爲訓母猴，僞訓作也，是許書作爲字皆當作「作僞」也。今本人部僞下曰：「詐也。」淺人所改耳。《子虛賦》曰：「怕乎無爲。」憺怕俗用「澹泊」爲之，叚借也。澹作「淡」尤俗。 从心，白聲。 李善蒲各切，五部。徐鉉曰：匹白切，又葩亞切。按，匹白者，今音之轉，葩亞者，用雅字爲俗字之俗音也。今人所云怕懼者，乃迫之語轉。

恤 㥁也。㥁各本作「憂」，今正。《釋詁》及《小雅·杕杜》《祈父》傳皆曰：「恤，憂也。」按，卩部曰[25]：「卹，㥁也。」比部引《周書》「無毖于卹」，今《尚書》作「恤」，恤與卹音義皆同，又疑古祗有卹，恤其或體。 收也。當依《玉篇》作「救也」。 从心，血聲。 辛聿切，十二部。

忓 極也。極者，屋之高處。干者，犯也。忓者，以下犯上之意。 从心，干聲。 古寒切，十四部。

懽　喜歀也。懽歀疊韵。歀者，意有所欲也。欠部曰：「歡者，喜樂也。」懽與歡音義皆略同。从心，雚聲。古玩切，十四部。《廣韵》曰：「懽同歡，呼官切。」《爾雅》曰：「懽懽、愮愮，憂無告也。」《釋訓》文。懽懽，即《大雅》之「老夫灌灌」，傳曰：「灌灌，猶款款也。」懽本訓「喜款」，而悹者款款然之誠，亦與喜樂之款款同其誠切。許説其本義，《爾雅》説其引申之義也。

㥥　懽也。懽讀如「歡」，冢上懽篆而云也。从心，禺聲。噳俱切，古音在四部。此與愚各字，猶慕與慔各字也。琅邪朱虛，見《地理志》，故城在今山東青州府臨朐縣東六十里。有㥥亭。按，漢時縣道國邑千五百八十七，鄉六千六百二十二，亭二萬九千六百三十五，其名皆著於籍，故許氏得偁鄉亭之名，班氏但舉縣道國邑之名也。

惄　飢餓也。餓當作「意」，《釋言》曰：「惄，飢也。」李巡云：「惄，宿不食之飢也。」《周南》傳曰：「惄，飢意也。」爲許所本。从心，叔聲。奴歷切，古音在三部。一曰，悹也。悹，各本作「憂」，今正。《釋詁》及《小弁》傳曰：「惄，思也。」舍人云：「惄，志而不得之思也。」《方言》曰：「惄，溼，憂也。自關而西秦晉之閒凡志而不得，欲而不獲，高而有墜，得而中亡，謂之溼，或謂之惄。」按，思與悹義略同也。《詩》曰：「惄如輖飢。」輖，各本作「朝」，誤，今依李仁甫本訂。毛傳曰：「輖，朝也。」謂輖即朝之叚借字也。《周南·汝墳》文。

⿰忄卻　勞也。此與人部⿰亻卻音義皆同，本一字耳。詳彼注。从心，卻聲。其虐切，古音在五部。

憸　憸詖也。憸，葢「險」之字誤，詖同「頗」，古文以詖爲頗也。憸利於上，佞人也。《立政》曰：「國則罔有立政，用憸人。」馬融曰：「憸利佞人也。」从心，僉聲。息廉切，七部。

愒　息也。此休息之息。上文息篆訓喘息，其本義。凡訓休息者，引申之義也。《釋詁》及《甘棠》傳皆曰：「憩，息也。」憩者，愒之俗體。《民勞》傳又曰：「愒，息也。」非有二字也。又《釋言》曰：「愒，貪也。」此愒字乃「濷」之叚借。如《左傳》「玩歲而愒日」，許引作「忨歲而濷日」。《公羊傳》「不及時而葬曰愒」，愒，急也，亦即濷字也。从心，曷聲。去例切，十五部。

⿱毳心　精戇也。未聞。《玉篇》《廣韵》云：「寢熟也。」从心，毳聲。千短切，《篇》、《韵》呼骨切，十五部。

⿱冊心　疾利口也。疾，惡也。謂疾惡利口之人也。《般庚》：「相時⿱冊心民，猶胥顧于箴言。」謂惟憎惡利口之人，尚能相與稍顧清議。女部姍訓「誹也」，《漢書》「姍笑」，與⿱冊心義略同。从心，从冊。小徐作「冊聲」，誤。按，當讀如刪。大徐息廉切，非也。《詩》曰：「相時⿱冊心民。」《詩》無此語。《尚書·般庚上》曰：「相時憸民。」《集韵》引《説文》作「《商書》：相時⿱冊心民」，豈丁度等所見不誤與。《玉篇》、《廣韵》、《集韵》、《篇》《韵》皆同，其誤久矣。

《類篇》皆不言憸、𢙉爲一字，《立政》兩言「憸人」，釋文曰：「憸本又作𢙉」，是則當爲一字矣。而𢙉从冊，葢从刪省聲，如珊姍字之比。《漢石經・尚書》殘碑此字作「散」，散即散，疑古文《般庚》作𢙉，今文《般庚》作散，異字同音。𢙉訓「疾利口」與憸訓「詖邪」異字異音異義，不知者乃掍而一之。《般庚》或作「憸民」，《立政》或作「𢙉人」，皆淺者所爲耳，無容同字而許異訓也。凡《釋文》云「本又作」之下，往往出古字，《序》內所云「兼采《說文》、《字詁》，以示同異」者，此云「本又作𢙉」，正用《說文》，仍襲舊說，未定《般庚》有𢙉而《立政》無𢙉也。

急 褊也。褊者，衣小也。故凡窄陋謂之褊。《釋言》曰：「褊，急也。」从心，及聲。居立切，七部。

𢤱 𢝊也。𢝊各本作「憂」，今正。从心，辡聲。方沔切，十二部。一曰，急也。此義少見。《左傳》曰：「邾莊公弁急而好絜。」弁葢辡之叚借字。杜云：「弁，躁疾也。」《玉藻》：「弁行剡剡起屨。」釋文、正義皆曰：「弁，急也。」

㤞 急性也。各本作「疾也」，今依《韵會》正。《釋言》曰：「悈，褊，急也。」釋文：「悈，本或作㤞，又作亟，同，紀力反。」按，㤞正悈之誤，㤞與急雙聲同義。㤞字不見於經，有叚「亟」爲之者，如《詩》「經始勿亟」，箋云「亟，急也」是也。有叚「戒」爲之者，如《鹽鐵論》引《六月》「我是用戒」，謝靈運《撰征賦》作「用棘」是也。有叚「悈」爲之者，如《釋言》「悈，急也」是也。有叚「棘」爲之者，如《素冠》傳、《六月》《出車》《文王有聲》箋皆曰「棘，急也」是也。有叚「革」爲之者，如《禮器》「非革其猶」，《檀弓》「夫子之病革矣」，注皆曰「急也」是也。傳、箋、注以叚借法釋經。从心，亟聲。舉形聲關會意也。己力切，一部。一曰，謹重皃。此義之相反而相成者也。急則易遲，《列子》：「讒㤞夌誶。」注：「㤞，吃也。」

懁 急也。懁下曰：「一曰急也。」此與義音同。《論語》「狷」，《孟子》作「獧」，其實當作懁。《齊風》：「子之還兮。」傳曰：「還，便捷之皃。」走部曰：「趨，疾也。」其義皆近。从心，睘聲。讀若絹。古縣切，十四部。

㤟 恨也。㤟即《孟子》「悻」字也。《孟子》：「則怒悻悻然見於其面。」趙以「恚怒」釋之，又引《論語》：「悻悻然小人哉。」今《論語》作「硜硜」。从心，巠聲。胡頂切，十一部。

㤨 急也。按，人性急也。从心弦，性緩者佩弦以自急。弦亦聲。胡田切，十二部。河南密縣見《地理志》，故城在今河南開封府密縣東七十里。有㤨亭。

慓 疾也。《廣雅》：「急也。」《弓人》曰：「於挺臂中有柎焉，故剽。」注云：「剽，疾也。」此謂剽即慓之叚借也。从心，票聲。敷沼切，二部。亦平聲。

愞 駑弱也。也上本有「者」，今刪。駑當作「奴」，許書無駑字，葢秪云「奴馬」也。从心，耎聲。乃亂切，十四部。此篆各本作「懦」，从心，需聲，人朱切，乃淺人所改，今正。愞與人部「偄」音義皆同，弱也，本乃亂切，音轉爲乃過切。《廣韵》獮韵「愞，而兖切」，換韵「愞，奴亂切」，過韵「愞，乃臥切」，《玉篇》心部「愞」，乃亂、乃過二切，皆訓「弱也」。此自古相傳不誤之字也，因形近或譌爲「懦」，再譌爲「儒」。其始尚分愞、懦爲二字二音，故《玉藻》注云：「舒愞者，所畏在前也。」釋文云：「愞，乃亂反，又奴臥反，怯愞也。又作懦，人于反，弱也。皇云學士。」是其分別井然。而轉寫愞譌爲懦，故《五經文字》曰：「懦，人于反，又乃亂反，見《禮記》注。」於是有懦無愞，而以愞之反語入於懦下。《廣韵》虞韵懦字下「人朱切又乃亂切」，其誤正同。又考僖二年《左傳》愞字，《穀梁傳》愞字，《釋文》轉寫皆譌作懦。凡經傳愞字，皆譌作懦，不可勝正。愞通作耎，亦或借蝡，《漢書·西南夷傳》「選耎」，《後書·章帝八王傳》《西羌傳》「選愞」，《史記·律書》「選蝡」，《方言》注「愞撰」，今無不作儒者。葢需、耎二聲，古分別畫然，需聲在古音四部，人于切，耎聲在古音十四部，乃亂切，而自張參以來，改耎爲需，不能諟正。《說文》心部之愞，手部之㨎，皆經淺人任意竄改，以合里俗，世有好學深思心知其意者，必以愚言爲然也。

恁　下齎也。未聞。按，《後漢書》班固《典引》曰：「亦宜勤恁旅力。」李賢注引《說文》：「恁，念也。」當用以訂正。《廣雅》曰：「恁，思也。」《廣韵》、《玉篇》亦曰：「念也。」恁、念爲疊韵。《廣雅》又云：「恁，弱也。」則與《詩》「荏染」同音通用耳。从心，任聲。如甚切，七部。李善如深切。

㤫　失常也。从心，代聲。他得切，一部。此字不古，說見下。

怚　驕也。此與女部「𡟰，驕也」音義同。𡟰下今本作「嬌」，乃驕之俗字耳。从心，且聲。子去切，五部。

悒　不安也。《大戴禮》曰：「君子終身守此悒悒。」盧注：「憂念也。」《蒼頡篇》曰：「悒悒，不暘之皃也。」其字古通作「邑」，俗作「唈」。《爾雅》云：「僾，唈也。」謂憂而不得息也。从心，邑聲。邑者，人所聚也，故凡鬱積之義从之。於汲切，七部。

悆　忘也。此義未聞，恐有譌字。嘾也。嘾者，含深也。含深者，欲之甚也。《淮南·修務訓》高注云：「憛悇，貪欲也。」賈誼《新書·勸學篇》：「孰能無悇憛養心，而顛一視之。」《匈奴篇》：「一國聞之者，見之者，垂羨而相告，人悇憛其所自。」按，嘾、憛，悆，悇，皆古今字，悇憛猶憛悇也。若《廣雅》云：「悇憛，懷憂也。」此則其引申之義，凡求得未有不患失者。从心，余聲。羊茹切，五部。《周書》曰：「有疾不悆。」《金縢》文。今本作「弗豫」，許所據者，壁中古文，今本則孔安國以今文字易之也。悆，喜也。喜者，樂也。此引《書》而釋之，必釋之者，以《書》義與字本義別也。凡引「曰圛」，而釋之曰「圛升雲半有半無」，引「布重莧席」，而釋之曰「織蒻席」，引「如虎如貔」，而釋之曰「貔，猛獸」，引「朕堲讒說殄行」，而釋之曰「堲，疾惡也」，皆此例。

忒　更也。从心，弋聲。他得切，一部。按，人部「代，更也，弋聲。」忒與音義同。《尸鳩》傳曰：「忒，疑也。」《瞻卬》傳曰：「忒，差也。」皆一義之區別也。左部曰：「差者，忒也，參差不相值也。」不相值，即更改之意。凡人有過失改常謂之忒，本無岱字，各本有岱篆，注云：「失常也。从心，代聲。」代亦弋聲，則音義皆同。此蓋淺人妄增。如貝部「貣」外沾「貸」，虫部「蟘」改爲「蟘」，皆其類。岱篆宜删。《廣韵》無岱爲是也。忒之引申爲已甚，俗語用之，或曰「大」，他佐切，或曰「太」，或曰「忒」，俗語曰「忒殺」，忒之叚借或作「貣」。

憪 愉也。《廣韵》曰：「憪，心静然。」則今人所用閒静字當作此字。許云「愉」者，即下文「愉愉如也」之愉，謂憺怕之樂也。**从心，閒聲。**户閒切，十四部。

愉 **薄也。**薄本訓林薄、蠶薄，而叚爲淺泊字。泊，水部作洦，凡言厚薄，皆皁泊之叚借也。此「薄也」，當作「薄樂也」，轉寫奪樂字，謂淺薄之樂也。引申之凡薄皆云愉，《唐風》：「他人是愉。」傳曰：「愉，樂也。」《禮記》曰：「有和氣者必有愉色。」此愉之本義也。毛不言薄者，重樂不重薄也。《鹿鳴》：「視民不恌。」傳曰：「恌，愉也。」許書人部作「佻，愉也」。《周禮》：「以俗教安則民不愉。」鄭注：「愉謂朝不謀夕。」此引申之義也。淺人分别之，别製「偷」字从人，訓爲偷薄，訓爲苟且，訓爲偷盜，絶非古字，許書所無。然自《山有樞》鄭箋云「愉讀曰偷。偷，取也」，則不可謂其字不古矣。**从心，俞聲。**羊朱切，古音在四部。**《論語》曰：「私覿愉愉如也。」**《鄉黨》篇文。覿者，儥之俗字。愉愉，《聘禮》作「俞俞」。《論語》鄭注云：「愉愉，容色和也。」正薄樂之義。

懱 **輕易也。**易當作「傷」。人部曰：「傷，輕也。」懱者，輕易人蔑視之也。《剝》之初六曰：「蔑貞凶。」馬云：「蔑，無也。」鄭云：「輕慢。」鄭謂蔑即「懱」之叚借字也。**从心，蔑聲。**莫結切，十五部。**《商書》曰：「以相陵懱。」**今《商書》無此文。陵讀如在上位不陵下之陵。

愚 **戇也。**愚者，智之反也。**从心禺。**會意。愚亦聲。麌俱切，古音在四部。**禺，母猴屬。**母字舊奪，今補。許書夒下、爲下、玃下皆曰「母猴」，即沐猴、獮猴一語之轉，而由部禺下曰「母猴屬」，此即用彼語，淺人删「母」，非也。**獸之愚者。**已上八字説从禺之意。

戇 **愚也。**與上篆互訓。**从心，贛聲。**陟絳切，古音在八部。按，師古《張陳王周傳》注曰：「舊音下紺反，今音讀竹巷反。」此音有古今之證也。

㥒 **姦也。**《篇》、《韵》皆云：「恨也。」**从心，采聲。**倉宰切，一部。

惷 **愚也。**見《哀公問》、《表記》。**从心，舂聲。**丑江切，古音在九部。徐仙民昌容反。

懝 **騃也。**騃本訓「馬行仡仡」，引申爲疑立之狀，又引申之，則《方言》曰：「癡騃也。」懝騃，即《方言》之「癡騃」。疒部曰：「癡，不慧也。」**从心疑，會意。疑亦聲。**五溉切，一部。**一曰，惶也。**惶者，恐也。

忮 **很也。**很者，不聽从也。《雄雉》《瞻卬》傳皆曰：

「忮，害也。」害即很義之引申也。或叚伎爲之。伎之本義爲與，許人部伎下引《詩》「籀人伎忒」，言叚借也。从心，支聲。之義切，十六部。

悍 勇也。从心，旱聲。侯旰切，十四部。

態 意態也。各本作「意也」，少一字，今補。意態者，有是意因有是狀，故曰意態。猶詈者意內而言外，有是意因有是言也。意者，識也。从心能。會意。心所能，必見於外也。能亦聲。一部。

㑷 或从人。

怪 異也。从心，圣聲。古壞切，一部。

像 放也。从心，象聲。徒朗切，十部。

慢 惰也。从心，曼聲。謀晏切，十四部。一曰，慢不畏也。

怠 慢也。从心，台聲。徒亥切，一部。

懈 怠也。古多叚「解」爲之。从心，解聲。古隘切，十六部。

憜 不敬也。今書皆作「惰」。《韋玄成傳》：「供事靡憜。」師古曰：「憜，古惰字。」从心，𡐦省聲。𡐦者，篆文隓字，見𨸏部。按，肉部有隋字，則此當云隋聲也。徒果切，十七部。《春秋傳》曰：「執玉憜。」僖公十一年《左傳》曰：「天王使召武公、内史過賜晉侯命，受玉惰。」許受作「執」。按，《國語》作「晉侯執玉卑」，葢或二書相涉之故。

惰 憜或省𨸏。今俗皆如此作。

媠 古文。《漢書·韋玄成傳》：「無媠爾儀。」《張敞傳》：「被輕媠之名。」若《方言》：「媠，美也。南楚之外曰媠。」則方俗殊語耳。

慫 驚也。从心，從聲。讀若悚。悚，當作「竦」，許書有「愯」無「悚」。息拱切，九部。

怫 鬱也。鬱，各本作「欝」，誤。鬱者，芳艸築以煑之，引申爲凡抑鬱之偁。《瓠子歌》曰：「魚弗鬱兮柏冬日。」弗者，怫之借字。从心，弗聲。符弗切，十五部。

忦 忽也。从心，介聲。呼介切，十五部。《孟子》曰：「孝子之心，不若是忦。」《萬章》篇文。今本「夫公明高以孝子之心，爲不若是恝」注云：「恝，無愁之皃。」張古黠切㉖，丁音畍。按，忦、恝古今字。

忽 忘也。古多叚「曶」爲之，曶俗作㫚。从心，勿聲。呼骨切，十五部。

忘 不識也。識者，意也，今所謂知識、所謂記憶也。从心，亡聲。依《韵會》本。武方切，十部。

𢝫 忘也，𢝫兜也。疑當作「𢝫兜，忘也」。𢝫兜，葢古語，忘之皃也。猶今人曰糊塗不省事。从心，㒼聲。母官切，十四部。

恣 縱也。縱者，緩也，一曰，捨也。从心，次聲。資四切，古音在十二部。

愓 放也。與「惕」音義同。《方言》：「婸、愓，遊也。江沅之閒謂戲爲婸，或謂之愓。」按，《廣韵》作婸。从心，昜聲。徒朗切，十部。《方言》音羊。一曰，平也。《玉藻》：「行容愓愓。」注：「直而疾皃也。」

憧 意不定也。《咸》九四曰：「憧憧往來。」劉表章句曰：「憧憧，意未定也。」説與許同。从心，童聲。尺容切，九部。

悝 啁也。口部曰：「啁，嘐也。」啁即今之「嘲」字，悝即今之「詼」字，謂詼諧啁調也，今則詼嘲行而悝啁廢矣。《東京賦》曰：「悝繆公於公室。」李注：「悝猶嘲也。」从心，里聲。苦回切，古音在一部。《春秋傳》有孔悝。衛孔圉之子也，見《左傳·哀公十五年》。許偁此者，葢悝字漢人少用也。一曰，病也。《釋詁》曰：「悝，憂也。」又曰：「瘇，病也。」葢憂與病相因，悝、瘇同字耳。《詩》：「悠悠我里。」傳曰：「里，病也。」是則叚借里爲悝。

憰 權詐也。此與言部譎音義皆同，葢彼以言，此以心。从心，矞聲。古穴切，十五部。

㤮 誤也。《廣韵》曰：「㤮，惑也。」又曰：「誤人也。」从心，狌聲。居況切，十部。

怳 狂之皃。《廣韵》曰：「慠怳。」从心，兄聲。各本作「況省聲」，乃不知古音者所改，今正。許往切，十部。

恑 變也。今此義多用「詭」，非也。詭訓責。从心，危聲。過委切，十六部。

𢤱 有二心也。古多叚借「擕」爲之。从心，巂聲。户圭切，十六部。

悸 心動也。《衛風》：「垂帶悸兮。」傳曰：「垂其紳帶，悸悸然有節度也。」此未知以悸爲何字之叚借。凡若此類思而未得者，可姑置之，但心知其必是叚借，斯可矣。从心，季聲。其季切，十五部。

憿 㚔也。㚔者，吉而免凶也。引申之曰「饮幸」，亦曰「憿幸」，俗作「僥倖」、「儌倖」、「徼倖」，皆非也。凡傳言「徼福」者，皆當作「憿福」爲正。从心，敫聲。古堯切，二部。

懖 歫善自用之意也。歫字各本無，依《尚書音義》所引補。許書無「拒」，歫即今拒字。从心，銛聲。古活切，十五部。《商書》曰：「今女懖懖。」《般庚上》篇文。馬云：「拒善自用之意。」許同之。鄭云：「難告之意。」其義略同，其字皆作懖，未嘗作聒也。衛包因鄭云「懖讀如聒耳之聒」，竟改經文作「聒聒」，《開成石經》從之，學者取以改孔氏《正義》，陸氏《釋文》，至宋人乃有訓聒聒爲譊譊多言者。

聒 古文从耳。葢壁中文如是。孔安國易从耳爲从心，葢由伏生《尚書》如是。

忨 貪也。貪者，欲物也。忨與玩、翫義皆略同。从心，元聲。五換切，十四部。《春秋傳》曰：「忨歲而潵日。」按，《左傳・昭元年》曰：「翫歲而愒日。」習部引之，《國語》作「忨日而潵歲」。韋曰：「忨，偷也。潵，遲也。」此所偁疑用《外傳》文。然杜注翫、愒皆「貪也」，釋文曰：「翫字又作忨。」則許所據《左傳》如是。

惏 河内之北謂貪曰惏。内字衍。小徐作河之北，即河内也。惏與女部婪音義同。賈注《左傳》曰：「惏，嗜也。」《方言》曰：「惏，殘也。陳楚曰惏。」从心，林聲。盧含切，古音在七部。

懜 不明也。从心，夢聲。夕部：「夢，不明也。」此舉形聲包會意。武亙切，六部。

愆 過也。過者，度也。凡人有所失，則如或梗之有不可徑過處，故謂之過。从心，衍聲。去虔切，十四部。

𡩁 或从寒省。寒聲。

諐 籀文。从言，侃聲。過在多言，故从言。

慊 疑也。疑者，惑也，故下文受之以惑。今字多作「嫌」，按，女部：「嫌者，不平於心也，一曰，疑也。」不平於心，爲嫌之正義，則嫌疑字作慊爲正。今則嫌行而慊廢，且用慊爲歉，非是；又或用慊爲㥦，尤非是。《大學》：「此之謂自謙。」注曰：「謙讀爲慊，慊之言猒也。」凡云「之言」者，皆就字之本音本義而轉之，猒足非慊之本義也。至若鄭本《周易》「爲其慊於陽，故偁龍焉」，鄭注云：「慊讀爲羣公溓之溓。古書篆作立心，與水相近，讀者失之，故作慊。溓，雜也。陰謂此上六也，陽謂今消息用事乾也。上六爲蛇，得乾氣雜似龍。」㉗此鄭注則易慊爲溓，皆不用字之本義也。从心，兼聲。户兼切，七部。

惑 亂也。亂者，治也，疑則當治之。古多叚「或」爲惑。从心，或聲。胡國切，一部。

怋 怓也。从心，民聲。呼昆切，按，古音當在十二部，讀若民，如今音則與惛無別矣。

怓 亂也。《大雅・民勞》毛傳曰：「惛怓，大亂也。」惛當作怋。从心，奴聲。女交切，古音在五部。《詩》曰：「㠯謹怋怓。」怋，各本作「惛」，今正。《民勞》釋文曰：「惛，《説文》作怋。」舊本如是，今本作「《説文》作昬」，誤也。怋怓爲連綿字，《説文》古本當是怋篆下云「怋怓，亂也」，怓篆下云：「怋怓也」，而引《詩》在怋篆下。

惷 亂也。从心，春聲。尺允切，十三部。《春秋傳》曰：「王室日惷惷焉。」昭二十四年《左傳》文。今本作「王室實蠢蠢焉」。杜注：「動擾皃。」一曰，厚也。別一義。

惛 不憭也。憭，慧也。从心，昏聲。呼昆切，十三部。

忥 癡皃。癡，不慧也。故忥與惛爲伍。从心，气聲。許既切，十五部。

𢡱 寱言不慧也。哀二十四年《左傳》曰：「是躗言也。」釋文曰：「《字林》作𢡱。云夢言意不慧也。」按，《左傳》作「躗」，是叚借字。从心，衞聲。于歲切，十五部。

憒 亂也。《大雅·召旻》：「潰潰回遹。」傳曰：「潰潰，亂也。」按，潰潰者，憒憒之叚借也，後人皆用憒憒。从心，貴聲。胡對切，十五部。

忌 憎惡也。从心，己聲。渠記切，一部。

忿 悁也。忿與憤義不同，憤以气盈爲義，忿以狷急爲義。从心，分聲。敷粉切，十三部。

悁 忿也。悁之言狷也，狷，急也。《澤陂》曰：「中心悁悁。」傳曰：「悁悁，猶悒悒也。」从心，肙聲。於缘切，十四部。

𢜳 籒文。剈聲。

一曰，𢝊也。𢝊，各本作「憂」，今正。𢝊，愁也。

𢡆 恨也。从心，黎聲。郎尸切，十五部。一曰，怠也。

恚 怒也。怒，各本作「怨」㉘，今依《大雅·綿》正義正。下文曰：「怒者，恚也。」二篆互訓。从心，圭聲。於避切，十六部。

怨 恚也。从心，夗聲。於願切，十四部。

㤪 古文。按，此篆體葢有誤，《集韵》、《類篇》云：「古作㤪。」又《班馬字類》、《韵會》皆引《史記·封禪書》「百姓怨其法」，字作「𢙐」，今《史記》無有如此者，葢古字日即於亡矣。

怒 恚也。从心，奴聲。乃故切，五部。按，古無「努」字，衹用怒。

憝 怨也。从心，敦聲。徒對切，古音在十三部。《周書》曰：「凡民罔不憝。」《康誥》文。今作「凡民自得罪，寇攘姦宄，殺越人于貨，暋不畏死，罔弗憝」。《孟子》引作「凡民罔不譈」。

慍 怨也。怨，各本作「怒」。《大雅·緜》傳曰：「慍，恚也。」正義云：「《説文》：慍，怨也。恚，怒也。有怨者必怒之，故以慍爲恚。」然則唐初本作怨甚明。《車舝》「以慰我心」，《韓詩》作「以慍我心」。慍，恚也。與毛《緜》傳合。毛《閒關》傳曰：「慰，怨也。」葢《毛詩》亦作慍，後人譌爲慰耳。从心，𥁕聲。於問切，十三部。

惡 過也。人有過曰惡，有過而人憎之亦曰惡，本無去入之別，後人强分之。从心，亞聲。烏各切，五部。

憎 惡也。从心，曾聲。作滕切，六部。

怖 恨怒也。《小雅·白華》：「念子懆懆，視我邁邁。」毛傳曰：「邁邁，不悦也。」釋文云：「《韓詩》及《説文》皆作怖怖。《韓詩》云：意不悦好也。許云：很怒也。」今《説文》作恨，似宜依很。邁者，怖之叚借，非有韓、許，則《毛詩》不可通矣。許宗毛而不廢《三家詩》。从心，朮聲。蒲昧切，十五部。《詩》曰：「視我怖怖。」

忍 怒也。从心刀。各本作「刀聲」，今刪正。从心刀，謂心中含怒如懷刃也。李陽冰云「當从刈省聲」，非是。本部固有忍篆矣。讀若顡。魚既切，十五部。

憏 怨恨也。《廣雅》：「憏，恨也。」本此。从心，彖聲。讀若膎。户佳切，十六部。按，彖各本誤作「象」，篆體誤作㥩，今改正。彖聲在十四部，彖讀若弛，在十六部。蠡、憏皆彖聲，故同在十六部也。今俗作蠡、憏，此豕部下所謂「今世字誤以彖爲彖」也。口部喙篆疑亦本從彖聲。

恨 怨也。从心，艮聲。胡艮切，十三部。

懟 怨也。今與憝音義皆同，謂爲一字。許不尒者，敦聲古在十三部。从心，對聲。大淚切，十五部。

悔 悔恨也。按，悔乃複舉字之未刪者，《韵會》無，當从之。悔者，自恨之意。从心，每聲。荒内切，古音在一部。

愷 小怒也。从心，豈聲。充世切。按，《廣韵》，愷在《十三祭》，引《說文》「小怒也」，尺制切；恒在《四十四有》、《四十九宥》，「小怒也」，芳否、敷救二切。《集韵》則祭韵有愷，有韵愷、悟二同匹九切。《類篇》從之，而無恒字。葢恒、愷、悟三字同。以《說文》音或作歅及《說文》恒字《廣韵》作恒求之，定爲一字異體。古音壴、尌、樹、豎皆讀近受，愷斷不讀充世切也。音者，相與語唾而不受也，天口切，與小怒義亦相近。

怏 不服懟也。按，當作「不服也，懟也」，奪一「也」字，遂不可解矣。《集韵》作「不服對也」，尤非。怏葢倔强之意。《方言》曰：「鞅、侼，懟也。」《集韵》於陽韵曰：「怏然，自大之意。」攷王逸少《蘭亭序》曰：「怏然自足。」自來石刻如是，本非快字，而學者尟知之。或叚鞅爲之，《方言》是也。《周亞夫傳》曰：「此鞅鞅非少主臣。」从心，央聲。於亮切，十部。

懣 煩也。煩者，熱頭痛也。引申之，凡心悶皆爲煩。《問喪》曰：「悲哀志懣氣盛。」古亦叚「滿」爲之。从心滿。滿亦聲。《廣韵》莫旱切，十四部。大徐莫困切。

憤 懣也。从心，賁聲。房吻切，十三部。

悶 懣也。从心，門聲。莫困切，十三部。

惆 失意也。《荀卿子》：「惆然不嗛。」陸機《歎逝賦》：「心惆焉而自傷。」《廣雅》曰：「惆，痛也。」从心，周聲。敕鳩切，三部。

悵 望恨也。望其還而不至爲恨也。从心，長聲。丑亮切，十部。

愾 大息皃。大，各本作「太」；皃，各本作「也」，皆誤，今正。古無「太息」連文者，淺人爲之也。口部嘆下曰：「大息也。」大息者，呼吸之大者也。呼，外息也；吸，内息也。《曹風・下泉》：「愾我寤嘆。」嘆或作歎者，誤。箋云：「愾，嘆息之意。」許云「大息」

者，謂嘆；云「皃」者，謂愾也。《祭義》曰「入户而聽，愾然必有聞乎其嘆息之聲」，是也。若《哀公問》「則愾乎天下矣」，注云：「愾，至也。」此叚愾爲「訖」。从心，氣聲。許既切，陸引《説文》火既反，十五部。《詩》曰：「愾我寤嘆。」

慅 愁不安也。當依《韵會》本作「慅慅，愁也」。慅訓愁，慘訓毒，音義皆殊，而寫者多亂之。《白華》作慅，見於許書。《月出》《正月》《抑》皆作慘，入韵，且毛傳曰：「慅慅，憂不樂也。」「慘慘，猶戚戚也。」㉙正爲許説所本。而陸氏三者皆云七感反，其慣亂有如此者。从心，喿聲。七早切，二部。《詩》曰：「念子慅慅。」《小雅·白華》文。

愴 傷也。愴訓傷，猶創訓傷也。《祭義》曰：「必有悽愴之心。」从心，倉聲。初亮切，十部。

怛 憯也。《匪風》：「中心怛兮。」傳曰：「怛，傷也。」《甫田》：「勞心怛怛。」傳曰：「怛怛，猶忉忉也。」按，上章傳曰：「忉忉，憂勞也。」此因其義相同，故曰猶。从心，旦聲。得案切，又當割切，在十四、十五部。

悬 怛或从心在旦下。《詩》曰：「信誓悬悬。」《衛風·氓》傳文。按，《詩》曰「信誓旦旦」，傳曰「信誓悬悬然」，謂旦即悬之叚借字。箋云：「言其懇惻款誠。」是也。許偁《詩》傳而云《詩》曰者，此《詩》曰不醉而怒謂之奰」、「《虞書》曰仁覆閔下則偁旻天」之例也。悬悬下當有然字。

憯 痛也。从心，朁聲。七感切，古音在七部。

慘 毒也。毒，害也。从心，參聲。七感切，古音在七部。

悽 痛也。从心，妻聲。七稽切，十五部。

恫 痛也。《大雅·思齊》傳曰：「恫，痛也。」《康誥》：「恫瘝乃身。」从心，同聲。他紅切，九部。一曰，呻吟也。呻吟見口部。《匡謬正俗》曰：「太原俗呼痛而呻吟爲通喚，《周書》痌瘝是其義。江南謂呻喚，關中謂呻恫。」按，前説可包後説，此等恐皆後人入也。

悲 痛也。按，憯者，痛之深者也。恫者，痛之專者也。悲者，痛之上騰者也。各從其聲而得之。从心，非聲。府眉切，十五部。

惻 痛也。从心，則聲。初力切，一部。

惜 痛也。从心，昔聲。思積切，古音在五部。

愍 痛也。與「閔」義殊。从心，敃聲。眉殞切，十三部。

慇 痛也。《柏舟》：「耿耿不寐，如有隱憂。」傳曰：「隱，痛也。」此謂隱即慇之叚借。痛憂，猶重憂也。《桑柔》：「憂心慇慇。」《釋訓》：「慇慇，憂也。」謂憂之切者也。凡經傳隱訓痛者，皆《柏舟》詩之例。从心，殷聲。於巾切，古音在十三部。樊光於謹反。

㤎 痛聲也。《閒傳》：「斬衰之哭，若往而不反；齊衰之哭，若往而反；大功之哭，三曲而偯。」注曰：「一舉聲而三折也，偯聲餘從容。」《孝經》：「哭不偯。」鄭注云：「氣竭而息，聲不委曲。」按，《音義》皆云：《説文》作「㤎」，然則許云「痛聲」者，委曲自見其痛於聲，非痛之至者也。从心，依聲。於豈切，十五部。《孝經》曰：「哭不㤎。」此許所學孔氏古文也。作偯者，俗字。

𢟪 𢟪𢟪，在也。各本作「𢟪存也」三字，今正。《釋訓》曰：「存存、𢟪𢟪，在也。」許本之。今《爾雅》作「存存、萌萌，在也」。郭云：「未見所出。音武庚反。」可謂疏於考覈矣。《釋文》曰：「施亡朋反，字或作蕄。」《廣韵》引《爾雅》：「存存、蕄蕄，在也。」音武登切。《玉篇》艸部引《爾雅》：「存存、蕄蕄，在也。音莫耕切。」又曰：「𢡡，同蕄，或作萌。」玉裁按，蕄與𢟪相似，而竹艸不同。又後人音切，與讀簡大異。葢蕄者，𢟪之譌，竹誤而爲艸也。𢡡者，蕄之譌，門誤而爲明也，又誤而去心作萌，而郭反以武庚，《玉篇》從之，又誤而以萌爲萠，而陳博士施乾反以莫登，《廣韵》本之，此展轉貤繆之故。叚令景純解讀許書，何難正其形，説其音義也。《論語》：「簡在帝心。」即𢟪字之叚借。从心，簡省聲。讀若簡。古限切，十四部。

慅 動也。《月出》：「勞心慅兮。」《常武》：「徐方繹騷。」傳曰：「騷，動也。」此謂騷即慅之叚借字也。二字義相近，騷行而慅廢矣。从心，蚤聲。穌遭切，古音在三部。一曰，起也。別一義。

感 動人心也。許書有感無憾，《左傳》、《漢書》憾多作感㉚，葢憾淺於怨怒，才有動於心而已。从心，咸聲。古禫切，古音在七部。

忧 心動也。各本作「不動也」，今正。《玉篇》曰：「心動也。」《廣韵》曰：「動也。」與頁部之「煩」義近。从心，尤聲。讀若祐。于救切，古音在一部。

𢙐 怨𢙐也。各本作「怨仇也」，今正。《廣韵》亦作「怨𢙐」，謂怨惡之也。𢙐與咎音同義別，古書多叚咎字爲之，咎行而𢙐廢矣。从心，咎聲。此與人部「倃」皆謂歸咎於彼，舉形聲包會意也。其久切，三部。

愪 𢝊皃。以下𢝊字廿二見，并上文四見，各本皆作「憂」，淺人用俗行字改之也。許造此書，依形立解，斷非此形彼義、牛頭馬脯以自爲矛盾者。𢝊者，愁也。憂者，和行也。如今本，則此廿餘篆將訓爲和行乎。他書可用叚借，許自爲書不可用叚借。从心，員聲。王分切，十三部。

怮 𢝊皃。从心，幼聲。於虯切，三部。

忦 𢝊也。从心，介聲。此與上介下心之字義別。五介切，十五部。

恙 𢝊也。古相問曰「不恙」，曰「無恙」，皆謂無憂也。从心，羊聲。余亮切，十部。

惴 𢝊懼也。《釋訓》、毛傳皆曰：「惴惴，懼也。」許意懼不足以盡之，故增𢝊字。从心，耑聲。之瑞切，古音在十四部。《詩》曰：「惴惴其慄。」《詩》者，《秦風·黄鳥》文。慄當作「栗」，轉寫之誤也。古戰栗、堅栗，皆作栗。戰栗及《禮經》栗階，皆取栗駭之意。

憌 𢝊也。从心，鈞聲。常倫切，十二部。《廣韵》作忶。

怲 𢝊也。《釋訓》曰：「怲怲，憂也。」毛傳曰：「怲怲，憂盛滿也。」怲怲與「彭彭」音義同，故云憂盛滿。从心，丙聲。兵永切，古音在十部。讀如旁。《詩》曰：「憂心怲怲。」

惔 𢝊也。从心，炎聲。此以形聲晐會意。徒甘切，八部。《詩》曰：「憂心如炎。」《節南山》：「憂心如惔。」許所據作「憂心如炎」，引之以朙會意也。此「豐」「麗」引《易》之例，今更正。炎者，火光上也。憂心如之，故其字作惔。《雲漢》：「如惔如焚。」亦「如炎」之誤。毛傳曰：「惔，燎之也。」

惙 𢝊也。《釋詁》㉛、毛傳同。从心，叕聲。陟劣切，十五部。《詩》曰：「憂心惙惙。」《召南·草蟲》文。一曰，意不定也。

慯 𢝊也。《周南·卷耳》傳曰：「傷，思也。」此傷即慯之叚借。思與憂義相近也。《方言》「傷」，《廣雅》作「慯」。从心，傷省聲。各本作「殤省聲」，今正。式亮切，十部。按，舊音式羊切，見《廣韵》。

愁 𢝊也。或借爲「揫」字，《鄉飲酒義》曰「秋之爲言揫也」是。从心，秌聲。士尤切，三部。

愵 𢝊皃。《毛詩》「惄如輖飢」，《韓詩》作「愵如」。《方言》：「愵，憂也。自關而西秦晉之閒或曰惄。」蓋古惄、愵通用。从心，弱聲。讀與惄同。奴歷切，古音在二部。

惂 𢝊困也。从心，臽聲。苦感切，八部。

悠 𢝊也。《釋訓》曰：「悠悠、洋洋，思也。」《小雅》：「悠悠我里。」傳曰：「悠悠，憂也。」按，此傳乃悠之本義。《渭陽》：「悠悠我思。」無傳。蓋同《釋訓》。若《黍離》「悠悠蒼天」，傳曰：「悠悠，遠意。」此謂悠同「攸」，攸同「脩」，古多叚攸爲脩長也，遠也。从心，攸聲。以周切，三部。

悴 𢝊也。《方言》：「悴，傷也。」傷即慯字。从心，卒聲。讀與《易·萃》卦同。秦醉切，十五部。

慁 𢝊也。昭六年《左傳》曰：「主不慁賓。」杜云：「慁，患也。」从心，圂聲。胡困切，十三部。一曰，擾也。《禮記·儒行》：「不慁君王。」《陸賈傳》：「無久慁公爲也。」

愸 楚潁之閒謂𢝊曰愸。从心，𥝢聲。力至切，按，古音在一部。《玉篇》、《廣韵》皆力之切，至韵本無此字，至《集韵》乃並見之，至二韵。大徐「力至」二字，乃「力之」之誤也。

忏 悳也。《卷耳》：「云何吁矣。」傳曰：「吁，悳也。」此謂吁即忏之叚借也。于部曰：「吁，驚詞也。」㉜本義不訓憂。《何人斯》曰：「云何其盱。」《都人士》曰：「云何盱矣。」盱亦忏之叚借。毛無傳，疑《卷耳》本亦作「盱」也。盱，張目也。《釋詁》：「盱，憂也。」盱本或作忏。从心，亏聲。讀若吁。況于切，五部。

忡 悳也。按，也當作「皃」。《釋訓》曰：「忡忡，憂也。」毛傳曰：「忡忡，猶衝衝也。」从心，中聲。敕中切，九部。《詩》曰：「憂心忡忡。」《召南·草蟲》文。

悄 悳也。按，也當作「皃」。《釋訓》曰：「悄悄，憂也。」㉝毛傳曰：「悄悄，憂皃。」从心，肖聲。親小切，二部。《詩》曰：「憂心悄悄。」《邶·柏舟》文。

慽 悳也。《小明》曰：「政事愈戚。」傳曰：「戚，迫也。」㉞又曰：「自詒伊戚。」傳曰：「戚，憂也。」按，下傳謂戚即慽之叚借字也。戚者，戉也。从心，戚聲。倉歷切，古音在三部。或書作「慼」。

悳 愁也。上文云：「愁，悳也。」此云：「悳，愁也。」二篆互訓，不知何時淺人盡易許書悳字。許於夊部曰：「憂，和行也，从夊，悳聲。」非和行則不得从夊矣。又引《詩》「布政憂憂」，於此知許所據《詩》，惟此作憂，其他訓愁者，皆作悳。自叚憂代悳，則不得不叚優代憂，而《商頌》乃作「布政優優」。優者，饒也，一曰，倡也。从心頁。鍇本下衍「聲」字，非。悳心形於顔面，故从頁。此九字鉉本無之，鍇本有。《韵會》引同。今汪啓淑所刻鍇本，悳篆奪去，憚篆已下又奪一葉，少憚至惢三十三篆，惟姑蘇顧氏、黄氏所臧舊抄不少。此會意，如息从心自，由心達於鼻，思从心囟，由心徹於囟也。於求切，三部。

患 悳也。从心上貫吅，吅亦聲。此八字乃淺人所改竄，古本當作「从心毌聲」四字。毌貫古今字，古形横直無一定，如目字，偏旁皆作罒，患字上从毌，或横之作串，而又析爲二中之形，葢恐類於申也。《春秋繁露》曰：「心止於一中者，謂之忠；持二中者，謂之患，患人之中不一者也。」董氏所説，固非字之本形矣。古毌多作串，《廣韵》曰：「串，穿也。」親串即親毌，貫，習也。《大雅》：「串夷載路。」傳曰：「串，習也。」葢其字本作毌，爲慣、摜字之叚借也。《廣韵》又謂炙肉之器爲「弗」，初限切，亦毌字之變體也。患，胡丱切，十四部。舊多讀平聲。

古文从關省。以關省爲聲也。關从𢇍聲，𢇍从卝聲，卝者，从《説文》卵字。

亦古文患。

恇 怯也。犬部曰：「怯，多畏也。」杜林作怯。《素問》：「尺虚者行步恇然。」王注：「恇然不足。」《樂記》㉟：「衆不恇懼。」此叚匡爲恇也。从心匡，匡亦聲。去王切，十部。按，「匡亦」二字衍。

㥦 思皃。从心，夾聲。苦叶切，八部。

懾 失气也。失气言則曰讋。从心，聶聲。之涉切，八部。一曰，心服也。心字依《玄應書》補。

憚 忌難也。憎惡而難之也。《詩》亦叚爲「癉」字，《大東》「哀我憚人」是也。从心，單聲。徒案切，十四部。一曰，難也。當作「難之也」，難讀去聲，今本奪「之」字。凡畏難曰憚，以難相恐嚇亦曰憚。昭十三年《左傳》曰：「憚之以威。」《周禮》：「暴内陵外則壇之。」壇，書或爲憚。大鄭讀從「憚之以威」之憚。《西京賦》曰：「驚蝄蜽，憚蛟蛇。」

悼 懼也。陳楚謂懼曰悼。《方言》：「悛、憮、矜、悼、憐，哀也。齊魯之閒曰矜，陳楚之閒曰悼，趙魏燕代之閒曰悛，自楚之北郊曰憮，秦晉之閒或曰矜，或曰悼。」按，《方言》甚明了，許易哀爲懼，未詳。《方言》又曰：「悼，傷也。秦謂之悼。」皆不訓懼。《檜風》：「中心是悼。」傳曰：「悼，動也。」於懼義相合。《小雅》：「上帝甚蹈。」傳曰：「蹈，動也。」謂蹈即悼之叚借也，故鄭申之云：「蹈讀曰悼。」从心，卓聲。徒到切，二部。

恐 懼也。从心，巩聲。丘隴切，九部。

㤨 古文。

慴 懼也。从心，習聲。讀若疊。之涉切，七部。

怵 恐也。《孟子》云「怵惕」。从心，朮聲。丑律切，十五部。

惕 敬也。从心，易聲。他歷切，十六部。

悐 或从狄。狄聲也。《漢書·王商傳》如此作。

恭 戰栗也。栗，舊作「慄」，今正。《大學》曰：「恂栗也。」《戰國策》曰：「戰戰栗栗，日慎一日。」《方言》：「蛩恭，戰慄也。荆吳曰蛩恭。蛩恭，又恐也。」注：「鞏恭兩音。」从心，共聲。此與上共下心之恭字義别。户工切，又工恐切，九部。

核 苦也。《通俗文》：「思愁曰核。」《廣雅》：「核，痛也。」从心，亥聲。胡槩切，一部。

惶 恐也。从心，皇聲。胡光切，十部。

悑 惶也。从心，甫聲。普故切，五部。

怖 悑或从布聲。

慹 悑也。《莊子·齊物論》：「哀樂慮歎變慹。」司馬彪云：「慹，不動皃。」桂馥曰：「不當作心。」从心，執聲。之入切，七部。

㦊 憊也。此與憊篆轉注。从心，毄聲。苦計切，十六部。

憊 㦊也。《通俗文》：「疲極曰憊。」从心，葡聲。蒲拜切，十五部。今《周易》、《公羊傳》皆作「憊」。

痛 憊或从疒。

惎 毒也。《左傳》用此字，有用其本義者，如定四年「惎閒王室」，哀元年「惎澆能戒之」，注云：「惎，毒也。」此用其本義也。宣十二年「晉人惎之脱扃」[36]，注云：「惎，教也。」此叚惎爲「諅」也。諅，誡也。从心，其聲。渠記切，一部。《周書》曰：「來就惎惎。」今《尚書》無此文，葢即《秦誓》「未就予忌也」。惎、忌音同義相近。其餘乖異不敢肊說，蓋必有誤奪。

恥 辱也。辰部曰：「辱，恥也。」二篆爲轉注。从心，耳聲。敕里切，一部。

㥏 青徐謂慙曰㥏。《方言》：「㥏、恧，慙也。荆揚青徐之閒曰㥏，若梁益秦晉之閒言心内慙矣，山之東西自愧曰恧。」从心，典聲。他典切，十二部。

忝 辱也。《小雅·小宛》曰：「無忝爾所生。」傳云：「忝，辱也。」从心，天聲。他典切。按，从天爲聲，則古音必在十二部，蓋或㥏之或體耳。自《字林》讀他念切，而失其本音矣。

慙 媿也。女部曰：「媿，慙也。」二篆爲轉注。从心，斬聲。昨甘切，八部。

恧 慙也。从心，而聲。女六切，古音在一部，音轉入三部屋韵。

怍 慙也。从心，乍聲。依小徐本在各切，五部。

憐 哀也。从心，粦聲。落賢切，十二部。

㦁 泣下也。無聲出涕曰泣。从心，連聲。从心者，哀出於心也。从連者，不可止也。連亦聲。力延切，十四部。《易》曰：「泣涕㦁如。」《屯》上六爻辭，「泣涕」，《易》作「泣血」。《雨無正》傳曰：「無聲曰泣血。」《檀弓》注曰：「泣無聲如血出。」而九家虞翻注《易》乃云：「血流出目。」未知孰是。㦁如，《易》作「漣如」。漣者，瀾之或字，蓋許所據爲長。

忍 能也。能者，熊屬。能獸堅中，故賢者偁能，而彊壯偁能傑。凡敢於行曰能，今俗所謂「能幹」也。敢於止亦曰能，今俗所謂「能耐」也。能、耐本一字，俗殊其音。忍之義亦兼行止，敢於殺人謂之忍，俗所謂忍害也；敢於不殺人亦謂之忍，俗所謂忍耐也，其爲能一也。仁義本無二事，先王不忍人之心、不忍人之政中，皆必兼斯二者。从心，刃聲。而軫切，十三部。

㥝 厲也。蓋淬厲之意。一曰，止也。《左傳》「弭兵」之弭，《周禮》「彌災兵」之彌，《郊特牲》「有由辟焉」之辟，皆當作此字。从心，弭聲。讀若沔。彌兖切，按，弭在弓部，亦作「𢐀」，古音在十六部。㥝亦當在十六部。讀若沔者，音之轉耳。

𢘅 懲也。古多用「乂」、「艾」爲之，而𢘅廢矣。从心，乂聲。魚肺切，十五部。

懲 𢘅也。二篆爲轉注。古亦叚「徵」爲懲。从心，徵聲。直陵切，六部。

憬 覺悟也。从心，景聲。俱永切。《詩》曰：「憬彼淮夷」。《魯頌》文。按，上文云：「悟，覺也。」憬當與悟爲鄰，且《毛詩》作「廣」，故訓遠行皃。憬蓋出《三家詩》，淺人取以改毛，許書蓋本無此篆，或益之於此。

文二百六十三。 重二十三㊲。

惢 心疑也。《魏都賦》曰：「神惢形茹。」从三心。今俗謂疑爲多心。會意。今花蘂字當作此，蘂、桒皆俗字也。凡惢之屬皆从惢。讀若《易》「旅瑣瑣」。《旅》初六爻辭，惢讀如此瑣也。按，古音在十六部，今才規、才累二切是也。

繠 𠂹也。𠂹，各本作「埀」，誤，今正。《左傳》曰：「佩玉繠兮，余無所繫之。旨酒一盛兮，余與褐之父睨之。」注云：「繠然服飾慛也。」按，繠然，垂意。《左氏》繠、繫、睨爲韵，古音十六部也。从惢系。各本下有「聲」字，今刪。此會意字。系者，所以系而垂之也。不入系部者，重惢也。惢亦聲。如壘切，古音在十六部。

文二。

四十部。文八百一十。重八十八。宋本作八十七。凡萬四字。此第十篇分部及篆體及説解各都數。

附注：

① 二徐本説解皆作「以饋同姓諸侯」六字，段氏移前時字有增減。

② 段氏慣用「隨」作「隋」。

③ 王劭音見《史記·周本紀》「十年，烈王崩，弟扁立」下索隱引，段注下文引《尚書中候》文亦見此。

④ 「染赤」當作「淺赤」。此沿注疏本誤。參阮元校勘記。

⑤ 《瞻彼洛矣》此注不見于毛傳，見于釋文。

⑥ 以上「凡持曰夾」「叚俠爲夾」及《左傳》例中「夾輔」三「夾」字，刻本皆誤爲「夹」，此逕改。

⑦ 此字段注前後兩説矛盾，似以後説更改前説而忘删前説者。

⑧ 《後漢書·趙壹傳》：「榮納由於閃榆。」不作「陜揄」，李賢注：「閃榆，傾佞之貌也。榆音輸。」（中華書局點校本榆皆作揄。）錢大昕《廿二史考異·後漢書三》謂「閃榆，猶言陜輸。《集韵》作閃揄」。

⑨ 夨聲、力聲《六書音均表》均列在一部，此「十」字誤衍。

⑩ 《楚茨》「獻醻交錯」傳：「邪行爲錯。」不作遣。故下文段氏言「（交錯）这遣字之叚借也」。

⑪ 奄下説解「葢」本作「覆」。

⑫ 段氏引《詩》傳「懿」下脱「筐」字。

⑬ 《蘇建傳》誤，當是《胡建傳》，蘇林注見「辟報故不窮審」句下顔注引。

⑭ 見「亦告于甸人」句下，「論法」是「用法」之誤。

⑮ 「𨋩」刻本誤爲「𨌈」字，今據《文選》正。

⑯ 伏注，指服虔注，見《左傳·襄十七年》「皐比私有討于吳」句下正義引。

⑰ 段氏下引之語，見《國語·魯語下》「公伯文父卒」一節，系孔子贊公父文伯之母之語，段氏誤記。應于「公父」上補「孔子贊」三字。

⑱ 所引足部「居，蹲也」是「蹲，居也」之誤倒。

⑲ 惠定宇説見所著《論語古義》，刊《昭代叢書》甲集補。段氏引惠説止于「志業」二字。以下爲段氏足其文而增引，非惠書所有。又下引《士喪禮》，是指《既夕禮》。

⑳《周禮・秋官・大司寇》「上愿糾暴」下注，注疏本作「慤慎」。

㉑「痕」刻本誤作「痕」，今改正。又段氏于「因」「痕」下皆注「十二部」，而《六書音韵表》列艮聲于十三部，此恩字亦注十三部。段注此類不一致情況全書中甚多。

㉒《十月》當作《十月之交》。

㉓故云以，「以」字衍。又六篇下貝部「賀」下説解，段氏于「以禮」下，增補「物」字。

㉔《五經異議》及許案、鄭駁，見《禮記・郊特牲》「天子存二代之後，猶尊賢也」下正義引，「通夫」原作「通天」，《禮戴》指《小戴禮記》，今稱《禮記》。

㉕「卪部」是「血部」之誤。

㉖「古黜」當作「古黠」。

㉗鄭注見《詩・采薇》「歲亦陽止」下正義引。

㉘大小徐本皆作「恨也」，此不知何指。

㉙《月出》以下三詩及毛傳，十三經注疏本「懆」皆作「慘」，阮元校勘記謂依韵當作「懆」。又《慧琳音義》卷六十二引毛傳亦作懆。

㉚今十三經注疏本《左傳》多處用「憾」，然觀《釋文》皆作「感」。《漢書》亦無「憾」字。

㉛《釋詁》當作《釋訓》。

㉜「驚詞」當作「驚語」。

㉝「憂也」當作「愠也」。

㉞今十三經注疏本，「戚」，經傳皆作「蹙」，段氏於《毛詩故訓傳定本》訂爲「戚」。又「迫也」當作「促也」。

㉟《樂記》當作《禮器》。

㊱「晉人」是「楚人」之誤。

㊲實爲二十二。

説文解字第十一篇上一

金壇段玉裁注

水 準也。準，古音追，上聲。此以疊韵爲訓，如户、護，尾、微之例。《釋名》曰：「水，準也。」準，平也。天下莫平於水，故《匠人》「建國」必「水地」。北方之行。《月令》曰：「大史謁之天子曰：某日立冬，盛德在水。」象衆水竝流，中有微陽之氣也。火外陽内陰，水外陰内陽，中畫象其陽。云微陽者，陽在内也，微猶隱也。水之文與☵卦略同。式軌切，十五部。凡水之屬皆从水。

𣲖 西極之水也。从水，八聲。府巾切，十二部。《爾雅》曰：「西至於𣲖國，謂之四極。」《釋地》曰：「東至於大遠，西至於邠國，南至於濮鉛，北至於祝栗，謂之四極。」釋文：「邠，本或作豳。《説文》作𣲖，同彼貧反。」案𣲖之作豳，聲之誤也，作邠則更俗矣，而可證唐以前早有以邠代豳者。許意西極𣲖國必以𣲖水得名。言水必先𣲖，與邑部言地先鄯善，皆自西而東，如《禹貢》之先弱水、黑水也。許不以溺水先於河者，水莫尊於河與江也。《南都賦》：「砏𣲖輣軋。」李善𣲖音八，引《埤蒼》「𣲖，大聲也」。此假借別爲一義。其音亦可讀如邠，砏、𣲖疊韵也。

河 河水。各本水上無「河」字，由盡删篆下複舉隸字，因并不可删者而删之也。許君原本當作「河水也」三字。河者，篆文也；「河水也」者，其義也。此以義釋形之例。毛傳云：「洽，水也。渭，水也。」此釋經之例。出敦煌塞外昆侖山，句。發原注海。敦，鍇作「燉」，鉉作「焞」，皆誤，今正。唐朝乃作「燉煌」，見《元和郡縣志》，前此皆作「敦」。酈氏書引應劭《地理風俗記》曰：「敦，大也。煌，盛也。」《地理志》、《郡國志》皆有敦煌郡，縣六，首敦煌。許但云敦煌，謂郡也。明之沙州衞，今甘肅之安西州敦煌縣、玉門縣，皆漢郡地也。《史記・大宛傳》曰：「于寘之西，水皆西流，注西海。其東，水東流，注鹽澤，鹽澤潛行地下。其南則河源出焉，多玉石，河（此四字當作『爲積石河』。）注中國。鹽澤去長安可五千里。」又曰：「張騫死後，漢使窮河源，河源出于寘，其山多玉石，采來。天子案古圖書，名河所出山曰崑崙云。」《漢書・西域傳》曰：「西域以孝武時始通，本三十六國。東則接漢，阸以玉門、陽關，西則限以蔥嶺。其南山，東出金城，與漢南山屬焉。其河有兩源，一出蔥嶺，一出于闐。于闐在南山下，其河北流，與蔥嶺河合，東注蒲昌海。蒲昌海，一名鹽澤者也，去玉門、陽關千三百餘里，（千字依《水經注》。）廣袤三四（此字依小司馬增）①百里。其水亭居，冬夏不增減，皆以爲潛行地下，南出於積石，爲中國河云。」《地理志》曰：「金城郡河關縣，積石山在西南羌中。河水行塞外，東北入塞内，至勃海郡章武入海，過郡十六，行九千四百里。」按，于闐今之和闐也。班云「積石山」者，即《禹貢》之「道河積石」，今甘肅西寧府西南境之大積石也。許云「出敦煌塞外」者，即《班志》云「河水行塞外」也。云「昆侖山」者，即馬、班所云「出蔥嶺于寘，天子案古圖書，名其山曰崑崙」也。云「發原注海」者，《釋水》文，即《志》所云「東北入塞内，至章武入海」也。《史》、

《漢》所云「古圖書」者，謂《禹本紀》、《山海經》皆云「河出昆侖」也。馬、班皆不信《禹本紀》、《山海經》之言，而許云「出昆侖山」者，許從漢武帝所詺也。塞外之山至高大者皆可謂之昆侖，故武帝取以詺蔥嶺于闐山，而不取荒誕之說。《爾雅·釋水》曰：「江河淮濟爲四瀆。四瀆者，發源注海者也。」「河出崑崙虛，色白，所渠并千七百一川，色黄。」《爾雅》但言「出崑崙虛」，而絶無《禹本紀》、《山海經》荒誕之言，故許取爲說。从水，可聲。乎哥切，十七部。

泑 泑澤，澤上補一字。在昆侖虛下。宋本河、泑下皆作「昆侖」，趙鈔本侖作「崙」，非。虛字各本無，今依《太平御覽》所引補。昆侖虛見《爾雅》、《山海經》、《水經》。北部曰：「虛，大丘也。昆侖丘謂之昆侖虛。」《山海經·西山經》曰：「不周之山，東望泑澤，河水所潛也。其源渾渾泡泡。」《西山經》之泑澤，郭景純、酈善長皆云，即《史》《漢》之鹽澤，一名蒲昌海者也。云「河水所潛」，即《史》《漢》書所謂「潛行地下，南出於積石」也。泑澤歫于闐山漢武詺之昆侖者不甚遠，故曰「在昆侖虛下」。从水，幼聲。讀與㕭同。㕭同呦。於糾切，三部。

涷 涷水，水上補「涷」字，以下皆同。出發鳩山，入河。《北山經》曰：「又北二百里，曰發鳩之山，漳水出焉。東流注于河。」《水經注·濁漳篇》曰：「漳水又東，涷水注之。涷水西出發鳩山，東逕余吾縣故城南，又東逕屯留縣故城北，又東流注于漳。故許慎曰：水出發鳩山，入關。從水，東聲也。」案，酈注作「入關」，不可通。《說文》云入於河，亦與水道不合。又但云「出發鳩山」，不言發鳩所在郡縣，葢許所據《山海經》作「涷水出焉，東流注于河」，故許仍舊立文。如下文「涻出北囂山，入邛澤」，亦全用《北山經》語。涷作漳，正如今《北山經》作涔、許作涻，及木部引「樜出發鳩山」，今作「柘」之比。泑、涷字皆出《山海經》，故類舉之耳。若依《水經注》，則涷入濁漳，濁漳逕入海，不入河。發鳩山，《淮南子》注、《水經》、《山海經》注皆云：在上黨長子縣西。今山西潞安府長子縣縣西五十里，有發鳩山。从水，東聲。德紅切，九部。按，《方言》「瀧涿謂之霑漬」，瀧涿亦曰瀧涷。又《爾雅》《楚辭》有「涷雨」，王云暴雨也。

涪 涪水，句，以下同。出廣漢剛邑道徼外，南入漢。《地理志》曰：「廣漢郡剛氐道。」《郡國志》曰：「廣漢屬國都尉，領陰平道、甸氐道、剛氐道。」剛氐，此作「剛邑」，葢誤。《百官公卿表》曰：「列侯所食縣曰國，皇大后、皇后、公主所食曰邑，有蠻夷曰道。」然則《志》偁甸氐道、剛氐道、湔氐道，皆以其有氐而道之。《志》於剛氐道下曰：「涪水出徼外，南至墊江，入漢，過郡二，行千六十九里。」過郡二者，廣漢、巴郡也。墊江屬巴郡。按，剛氐道徼外，葢在今四川龍安府松潘廳境內地，舊松潘衞也。衞東有小分水嶺，涪水出焉。東南流，經龍安府之平武縣、江油縣、彰明縣，又經綿州，又經潼川府之三臺縣、射洪縣、遂寧縣，至重慶府之合州城南。嘉陵江合渠江自東北來會，合流至重慶府府城北入大江。合州，漢之墊江縣也，嘉陵江即西漢水也。許云南入漢，謂入嘉陵江也。《水經》云：「涪水出廣魏涪縣西北，南至小廣魏，與梓潼水合。梓潼水出其縣北畍，西南入於涪，又西南至小廣魏，南入於墊江。」云出涪縣與

《志》異者，《水經》舉稍近言也。墊江，縣名，而云入於墊江者，以地名名水也。益州之水見於史者，涪水謂之內水，今之涪江也。雒水合綿水謂之中水，今在瀘州州城北入大江，《水道提綱》謂之沱江者是也。外水今之大江也。从水，咅聲。縛牟切，三部。

潼 潼水，出廣漢梓潼北畍，南入褺江。褺，各本作「墊」，今正。廣漢郡梓潼，前後二《志》同。《前志》曰：「梓潼五婦山，馳水所出，南入涪，行五百五十里。」應劭注云：「潼水所出，南入墊江。」《水經》曰：「梓潼水出其縣北畍，西南入於涪，又西南至小廣魏南，入於墊江。」按，馳水、潼水、梓潼水，異名同實。五婦山即今四川保寧府劒州州西北五十里之五子山。今劒州及綿州之梓潼縣，蓋漢梓潼地。潼水出五子山之西大山，東南流，經今梓潼縣，又經潼川府之鹽亭縣，又至射洪縣東南之獨坐山，入涪江，今謂之潼江、射江、瀰江。許云南入褺江，即謂今射洪東南入涪江，涪江下流至重慶府之合州，合嘉陵江也。《漢志》墊江，應劭音徒浹反，孟康音重疊之疊。許書衣部云：「褺，重衣也。巴郡有褺江縣。」此縣爲嘉陵江、渠江、涪江會合之地，水如衣之重複，故曰褺江。其字音疊，淺人乃譌作昏墊之墊，觀應、孟之音，則知《漢書》字固從衣也。云入褺江者，其縣其水通名也。今四川忠州之墊江縣，則漢巴郡臨江縣地，與漢褺江相距甚遠。〇又按，涪下曰「南入漢」者，言至褺江而入西漢水也。潼下曰「南入褺江」者，言入西漢水，在褺江境也。錯見互相足。〇又按，《地理志》、《水經》之羌水，下合白水，又合西漢水，即今四川保寧府昭化縣城北合嘉陵江之白水也。羌水亦謂之墊江者，蓋昔人以其委名其源。《魏書》吐谷渾阿豺登其國西彊山，觀墊江源。今洮州衞西南三百四十里西彊山，羌水所出。从水，童聲。徒紅切，九部。

江 江水，出蜀湔氐徼外崏山，入海。蜀郡湔氐道，二《志》同。《前志》曰：「湔氐道，《禹貢》崏山在西徼外，江水所出，東南至江都入海，過郡九，行七千二百六十里。」今本九作七，行七千作行二千②，今依徐鍇所引正。過郡九者，蜀郡、犍爲、巴郡、南郡、長沙、江夏、廬江、丹陽、廣陵國也。湔氐徼外崏山，即《禹貢》岷山，《封禪書》謂之瀆山，李膺《益州記》謂之羊膊嶺。今四川龍安府松潘廳，即松潘衞，衞北二百三十里大分水嶺，是也。流經茂州、成都府、眉州、嘉定府、叙州府、瀘州、重慶府、忠州、夔州府，湖廣之宜昌府、荆州府、岳州府、武昌府、漢陽府、黄州府，江西之九江府，江南之安慶府、池州府、太平府、江寧府、鎮江府、常州府諸境，至北岸通州、南岸蘇州府昭文縣境入海。此《禹貢》、《漢志》所謂北江入海也。从水，工聲。古雙切，九部。

沱 江別流也。《召南》曰：「江有沱。」《釋水》曰：「水自江出爲沱。」毛傳曰：「沱，江之別者。」按，今《説文》衍「流」字，宜删。沱爲江之別，如勃、澥爲海之別，立文正同。《禹貢》某氏注云：「沱，江別名。」江別名，謂江之別出者之名也。別皆彼列切。出崏山東，句。別爲沱。《禹貢》曰：「岷山道江，東別爲沱。」按，荆州、梁州皆有沱。《地理志》蜀郡郫下曰：「《禹貢》江沱在西，東入江。」汶江下曰：「江沱在西南，東入江。」皆謂梁州沱也。於南郡枝江曰：「江沱在西，東入江。」謂荆州沱也。道江之東別爲沱，自當謂梁州者。鄭注《尚書》，不信《地理志》所説，以今水道言之。《水道提綱》曰：江至灌縣曰都江，分爲二派，其南流者正派也，「其東流經郫縣、新繁、成都、新都、金堂，南經簡州、資陽、資縣、富順，至瀘州復入江者，沱江也」。③沱江會北來綿、雒諸水，而南入江，曰中水。是首受江，尾入江，與《漢志》合。然此郫之沱耳，汶江之沱，尚當在其上流，未審今何水。從水，它聲。徒何切，十七部。

浙　江水東至會稽山陰爲浙江。會稽郡山陰，二《志》同。今浙江省紹興府山陰縣是其地。今俗皆謂錢唐江爲浙江，不知錢唐江《地理志》、《水經》皆謂之「漸江」。江至會稽山陰，古曰浙江。《説文》浙、漸二篆分舉劃然，後人乃以浙名冒漸，蓋由二水相合。如《吳越春秋》越王至浙江之上，《史記》楚威王盡取故吳地至浙江，始皇至錢唐臨浙江，皆謂是也。今則江故道不可攷矣。歙金氏榜《禮箋》曰：「《班志》南江，在會稽吳縣南，東入海，楊州川。北江在毗陵北，東入海，楊州川。中江出丹陽蕪湖西南，東至陽羨入海，楊州川。毗陵之北江，即今大江。其蕪湖之中江，吳縣之南江，逕流湮廢。據《班志》丹陽石城下云：分江水，首受江，東至餘姚入海，過郡二，行千二百里。《説文》：江水至會稽山陰爲浙江。闞駰《十三州志》曰：江水至會稽，與浙江合。晉灼亦云：《水經》，江水又東，至石城縣分爲二，其一東北流，過毗陵縣北爲北江，其一又東至會稽餘姚縣東，入於海。酈注沔水篇曰：江水自石城東出爲南江，又東，逕宣城之臨城縣南，又東，逕安吳縣，又東，逕寧國縣南，又東，逕故鄣縣南、安吉縣北，又東北，爲長瀆，歷湖口，又歷烏程縣，南通餘杭縣，則與浙江合，又東，逕餘姚縣故城南，又東，注於海，所謂《地理志》江水自石城東出逕吳國南爲南江者也。榜謂分江水合三江言之爲南江，猶岷江合言之爲北江。班氏備列南江、中江、北江，以應《職方》楊州其川三江。其於石城著南江源委，猶於湔氏道著北江源委，故《志》於中江言出蕪湖西南，東至陽羨入海，至南江、北江，但云東入海，以入海之地已互見於石城、湔氏道也。是分江水爲南江，即《志》文考之益明。」酈注能説南江，而不能説中江耳。从水，𣂺聲。旨熱切，十五部。

涐　涐水，出蜀汶江徼外，東南入江。蜀郡汶江，見《前志》，《後志》云：「蜀郡汶江道。」《前志》蜀郡青衣下云：「大渡水東南至南安入涐。」汶江下云：「涐水出徼外，南至南安，東入江，過郡三，行三千四十里。」《水經》曰：「大江又東南過犍爲武陽縣，青衣水、沫水從西南來，合而注之。」又曰：「青衣水出青衣縣西蒙山，東與沫水合，至犍爲南安縣入江。」沫水出廣柔徼外，東南過旄牛縣北，又東至越巂靈道縣，出蒙山南，東北與青衣水合，東入於江。」注曰：「江水又東南逕南安縣西縣治，青衣水會，衿帶二水矣。縣南有峨眉山，有濛水，即大渡水也。水發蒙谿，東南與涐水合。涐水出徼外，徑汶江道南，至南安入大渡水，大渡水又東入江。」按，《經》曰武陽，注曰南安，二縣壤接。犍爲南安者，今四川嘉定府治附郭縣曰樂山是也。蜀郡汶江縣者，今四川茂州治是其地。凡言徼外者，皆謂去其郡縣境不甚遠。如廣漢剛氏道徼外，蜀湔氏徼外皆是。徼者，張揖曰：「塞也，以木柵水爲蠻夷界也。」《漢志》青衣縣下有大渡水，而無青衣水，蓋今之青衣水，班所謂大渡水也，今之大渡河，班所謂渽水也。凡水以互受而名亂，舉如是矣。且《地理志》不言沬水，但言大渡水入渽，渽水至南安入江。《水經》、《華陽國志》、張揖注《漢書》皆曰：沬水與青衣水合入江。然則諸家云沬水與青衣水合者，即《班志》之大渡水與渽水合也。以今水道言，今之青衣江，出雅州府蘆山縣東伏牛山西麓，東南流經滎經縣東、雅州府城北、名山縣南、洪雅縣南、夾江縣西，至嘉定府西境與陽江合者，諸家之青衣水，《班志》之大渡水也。今之大渡河，出小金川司、大金川司，至上下魚通，合打箭鑪瀘河，經曬經關合越巂河，經峩眉縣西南大峩山前，又經三峩山麓，至嘉定府西南境，青衣江自西北來會者，諸家所云沬水，班固所云渽水也。大渡河自北而西、而西南、而東、而東北，曲行千五百里。班云過郡三者，蜀郡、越巂、犍爲也。云行三千四十里，三千或是二千之誤。凡唐宋史云大渡河者，皆謂《地理志》之渽水，即《司馬相如傳》之沬水。从水，𢦏聲。各本篆作涐，解作我聲，音五何切，字之誤也，今更正。按，作涐則與《漢志》不合，遂有欲改《志》作涐者。攷《漢志》師古注曰：「渽音哉。」蓋沿《音義》舊文。《玉篇》涪、潼、渽、江、沱、湔、浙、沬、温、灊、滇、淹、沮、涂、沅，共十五字聯屬，皆崏江之類，與《說文》正合。而涐字則廁於部末孫強、陳彭年襍收字中，此與木部梔字可正梔字之誤正同。《水經注》云：「呂忱曰：渽水出蜀，許慎以爲渽水也，从水，𢦏聲。」分別許、呂古今異體。俗改渽爲涐，非是。《廣韵·十六咍》曰：「渽，水名，出蜀。」此用《字林》。《集韵·十六咍》、《類篇》水部皆云：「渽，或作涐。」此許字之佚見於古籍者。祖才切，一部。

湔　湔水，出蜀郡緜虒玉壘山，東南入江。郡字衍。《前志》曰：「蜀郡緜虒。」《後志》曰：「蜀郡緜虒道。」有蠻夷曰道。《前志》省文耳。《前志》曰：「緜虒玉壘山，湔水所出，東南至江陽入江，過郡三，行千八百九十里。」又曰：「廣漢郡緜竹縣紫巖山，緜水所出，東至新都北入雒。廣漢郡雒縣章山，雒水所出，南至新都谷(字誤。)入湔。」過郡三者，蜀郡、廣漢、犍爲也。湔水、緜水、雒水，三水互受通偁。《水經》云：「又東過江陽縣南，雒水從三危山東過廣魏雒縣南，東南注之。」是即《漢志》之湔水兼緜雒至江陽入江者也。三危山，蓋即《漢志》之玉壘山，《水經》以雒爲湔也。江陽，今四川瀘州，緜虒玉壘山當在松潘衛境内。《蜀都賦》曰：「廓靈關以爲門，包玉壘而爲宇。」劉逵注：「玉壘，山名，湔水出焉，在成都西北。岷山盼在後，故曰宇，靈關在前，故曰門也。」今水道，緜水由緜竹縣至漢州合雒水，雒水由什邡縣至漢州合緜水，其下流經簡州、資陽縣、資縣、内江縣、富順縣至瀘州城與大江會，於《漢志》、《水經》皆無不合，特其名或異耳。此史所謂中水也。其上游據酈氏云：「湔水入江，有湔堋、湔堰、湔洩諸偁。」故今謂中水爲沱江，但秦李冰所造，非禹故道。《漢志》亦不謂湔爲沱。从水，前聲。子仙切，十二部。一曰，湔，半澣也。各本作「手澣之」，今依《水經注》引《字林》「手」作「半」，依《集韵》《玉篇》「之」作「也」。此別一義。半澣者，澣衣不全濯之，僅濯其垢處曰湔，今俗語猶如此，此相沿古語，如云「湔裙」是也。《廣韵》：「湔，洗也。一曰水名。」此用《說文》而互易其先後耳。《字林》蓋全襲《說文》語，而酈書於「湔水出緜虒玉壘山下」引呂忱云：「一曰半浣水也，下注江。」此妄增「水」字，謂「半浣」爲湔水別名，亦其涉獵者博，不無牴牾。濯者，瀚也；湔者，半瀚也。《說文》屬辭之法。

沬 沬水，出蜀西南徼外，東南入江。蜀謂蜀郡也。不言何縣者，未審也。沬水即涐水，兩列之，蓋許有未審。**从水，末聲。**莫割切，十五部。按，瀑下云：「一曰，沫也。」沫謂水泡。《江賦》說水鳥云：「拊拂瀑沫。」

温 温水，出犍爲符，句。南入黔水。犍，依王氏宋本從木。《隸釋》曰：「漢碑犍爲皆作楗爲」是也。符，各本作「涪」，誤，今正。《地理志》犍爲郡符下云：「温水，南至鄨，入黚水。黚水亦南至鄨，入江。」按，黚、黔音同，黔水即黚水。《水經》於江水曰：「又東，過枳縣西，延江水從牂柯郡北流西屈注之。」枳縣今重慶府涪州治也。枳與涪陵縣壤接，今涪州城東北有黔江，南自貴州合諸水入焉。亦曰烏江，亦曰涪江，亦曰涪陵江。此水自西而東而北，源流二千三百里。詳見《水道提綱》。會貴州大定、貴陽、遵義、平越、石阡、思南六府及湖廣施南半府，四川酉陽、黔江、彭水、南川、涪州諸水，實巨川也。《水經注·延江篇》曰：「温水一曰煖水，出犍爲符縣，而南入黚水。黚水亦出符縣南，與温水會，俱南入鄨水。」《江水篇》曰：「《華陽記》曰：枳縣在江州巴郡東四百里，治涪陵。水會，皆烏江之源委也。」《漢志》今本疑有奪字，以《水經注》正之，疑當云「温水至鄨入黚水。黚水亦出符，至鄨，北入江。」鄨非入江之地，今云「至鄨入江」，非例也。《水經》之延江水，於江水條曰：「枳縣西注江」，於延江條曰：「至沅陵縣入於沅。」酈氏有一水枝分之說，但許不言黔水所入，班但言黚水入江，不言何處入江，古人略之，蓋其慎也。《水道提綱》綜緝冣詳，而覈之古籍，猝難互證。犍爲符縣，今四川瀘州合江縣其地也。**从水，昷聲。**烏蒐切，十三部。今以爲温煖字，許意當用昷爲温煖。

灊 灊水，出巴郡宕渠，西南入江。巴郡宕渠，二《志》同，今順慶府渠縣縣東北七十里有宕渠城是也。《前志》宕渠下曰：「灊水西南入江，不曹水出東北南入灊。」《水經》於江水曰：「又東北至巴郡江州縣東，强水、涪水、漢水、白水、宕渠水五水合，南流注之。」酈云：「宕渠水即潛水渝水矣。」《水經》又曰：「潛水出巴郡宕渠縣，又南入於江。」按，許云西南入江，則此水必合嘉陵江至合州入江，未詳今之何水。鄭注《禹貢》梁州曰：「漢別爲潛，其穴本小，水積成澤，流與漢合。」《蜀都賦》：「演以潛沫。」劉逵云：「《禹貢》梁州沱潛既道，有水從漢中沔陽縣南流，至梓潼漢壽縣入穴中，通岡山下，西南潛出，今名伏水，舊說云《禹貢》潛水也。」劉澄之、酈道元說與逵略同。或以今保寧府廣元縣之由七盤關經神宣驛，又經龍洞口至朝天驛，北穿穴而出入嘉陵之水證之，此水甚小，殆非是，況所由非宕渠也。班、許皆不釋《禹貢》，以灊水系諸宕渠縣，云西南入江。許云出宕渠，班則不云出宕渠，然則灊是入西漢以入江之水，今不能定爲何水耳。**从水，朁聲。**昨鹽切，七部。

沮 沮水，出漢中房陵，東入江。漢中郡房陵，二《志》同。《左傳》之麇國，「成大心敗麇師於防渚」，闞駰曰：「防即房陵也。」今湖北鄖陽府房縣是其地。《左傳·定四年》：「吳人敗楚及鄖，楚子出涉睢。」哀六年：「昭王曰：江漢睢漳，楚之望也。」《前志》房陵下曰：「東山，沮水所出，東至郢入江。」應劭「南郡臨沮」注曰：「沮水，出漢中房陵，東入江。」《水經》曰：「沮水，出漢中房陵縣東山，東南過臨沮縣畍，又東南過枝江縣，東南入於江。」今此水出房縣西南二百里之景山，經當陽縣合南漳水，至荆州府城西南周寅店入江。顧景范曰④：其字正作沮，《左傳》作睢，皆七餘反，後譌爲柤，讀曰租，字與音俱變矣。今襄陽沮水左右地皆曰沮中，亦謂之柤中，《襄陽記》柤中在上黄畍。《吳志》赤烏四年諸葛瑾取柤中，《魏志》正始四年諸葛瑾攻沮中，正是一事。从水，且聲。子余切，五部。按，《經典釋文》、《漢書》注皆曰七餘反。

滇 益州池也。二《志》皆云：「益州郡滇池縣。」《前志》滇池縣下：「滇池澤在西北。」《南中志》曰：「有澤水周迴二百里，所出深廣，下流淺狹，如倒流，故曰滇池。」今雲南雲南府附郭昆明縣府城南之滇池是也。城西南八十里爲海口大河，即滇池導流之處也。下流至武定府，注於金沙江。金沙江在四川叙州府入江。从水，真聲。都年切，十二部。

涂 涂水，出益州牧靡南山，西北入繩。繩，各本譌作「澠」，今正。牧，《前志》作收，《後志》作牧，《華陽國志》竟作升。李奇曰：「靡音麻，收靡即升麻。」常璩曰：「升麻縣山出好升麻。」收、升、牧三字皆同紐。《隸釋·益州太守碑》牧靡字三見，《晉書》亦作牧矣。益州郡牧靡，二《志》同。《前志》曰：「南山臘，涂水所出，西北至越巂入繩，過郡二，行千二十里。」《水經注·若水篇》曰：「若水，又東，涂水注之，水出建寧郡之收靡縣南山，縣山竝即草以立名，山在縣東烏句山南五百里，山生收靡，可以解毒。涂水導源臘谷，西北流至越巂入若水。」按，涂水出臘谷，故《漢志》謂之臘。涂水，《漢志》、《說文》皆云入繩，而《水經注》云入若水者，善長云：「若水又逕越巂大莋縣入繩，繩水出徼外，南逕旄牛道，至大莋與若水合，自下亦通謂之繩水矣。」諸書録記羣水，或言入若，又言注繩，正是異水沿注，通爲一津，隨納通稱也。《水道提綱》曰：「金沙江即古繩水，鴉龍江一名打沖河，即古若水。金沙江出番地，至雲南姚安府大姚縣境合鴉龍江，至四川叙州府治宜賓縣西南境入於江。金沙自犛石山發源，至雲南麗江府境，已四千二百餘里，自麗江至四川叙州府又二千五百餘里，源遠流長，所受大水數十，小水無數，其爲大江上源無疑也。」玉裁謂，多以金沙爲大江正源，然非《禹貢》「嶓山道江」之旨。《禹貢》於河源、江源皆舉其近者，聖人不尚遠略之意。牧靡今何縣，涂水今何水，未審。从水，余聲。同都切，五部。按，古道塗、塗墍字皆作涂。

沅 沅水，出牂柯故且蘭，東北入江。牂柯郡故且蘭，二《志》同。且音苴，子閭反。《前志》故且蘭下曰：「沅水東南至益陽入江，過郡二，行二千五百三十里。」按，益陽屬長沙國，《漢志》「東南」，以地望準之，當從《說文》作「東北」。過郡二，當作三，謂牂柯、武陵、長沙國也。《水經》曰：「沅水，出牂柯故且蘭縣，爲旁溝水。又東至鐔成縣爲沅水，東過無陽縣，又東北過臨沅縣南，又東至長沙下雋縣西北，入于江。」《水道提綱》曰：「沅水數源：一曰鎮陽江，出貴州平越府東北之黄平州南金鳳山；一曰清水江，其源有二，北曰平越府西北之豬梁江，南曰都匀府西南之馬尾河。古稱沅水出故且蘭，必指豬梁江及豬梁所納之卡龍河也。清水江與鎮陽江合於黔陽縣，西經常德府治武陵縣西南而入洞庭湖，源流實二千三百餘里。古稱辰、酉、敘、无、漸五溪，皆入焉。」从水，元聲。愚袁切，十四部。

淹　淹水，出越巂徼外，東入若水。越巂郡屬益州，二《志》同。巂音先蘂反，今四川語言讀如西上聲。《佩觿》謂字作嶲、與巂不同者，謬説也。同字異音耳。不言何縣徼外者，未審也。《水經》曰：「淹水，出越巂遂久縣徼外，東南至青蛉縣，又東過姑復縣南，東入於若水。」然則淹水亦合金沙江以入江者也。越巂郡，今四川寧遠府是其地。从水，奄聲。英廉切，八部。《廣韵》淹下曰：「漬也，滯也，久留也，敗也。」

溺　溺水，自張掖删丹西至酒泉合黎，餘波入于流沙。《禹貢》曰：「弱水既西。」又曰：「道弱水，至于合黎，餘波入于流沙。」張掖郡删丹，二《志》同。《前志》删丹下曰：「桑欽以爲道弱水自此，西至酒泉合黎。」又張掖郡居延下曰：「居延澤在東北，古文以爲流沙。」《水經》曰：「合離山在酒泉會水縣東北，流沙地在張掖居延縣東北。」今甘肅舊山丹衛即删丹廢縣。舊甘州衛西北千二百里有故居延城，故居延城東北有居延海，衛西北四十里有合黎山，衛西有弱水。胡氏渭《禹貢錐指》曰：「溺水正流入居延海，其餘波則入流沙，流沙非居延也。」从水，弱聲。而灼切，二部。按，今人用爲休没字，溺行而休廢矣。又用爲人小便之㞙字，而水名則皆作弱。桑欽所説。《漢書·儒林傳》：「孔氏《古文尚書》，安國授都尉朝，朝授膠東庸生，庸生授清河胡常少子，常授號徐敖，敖授王璜及平陵塗惲子真，子真授河南桑欽君長。」《地理志》偁桑欽説五，水部引桑欽説三。桑，《經典釋文》作「乘」。

洮　洮水，出隴西臨洮，東北入河。隴西郡臨洮，二《志》同。《前志》臨洮下曰：「洮水出西羌中，北至枹罕，東入西。」枹罕屬金城郡。「東入西」，西字誤，當依《水經注》作「東入河」。《水經》曰：「河水又東入塞，過敦煌酒泉張掖郡南，又東過隴西河關縣北，洮水從東南來流注之。」酈注引段國《沙州記》曰：「洮水與墊江水俱出嵹臺山，山南即墊江源，山東即洮水源。」按，嵹臺山即西頃山也，墊江即入西漢水之白水也。今甘肅蘭州府狄道州州西南二百二十里有臨洮城，漢縣也。今洮河出洮州衛西南邊外之西傾山東麓，東北流經狄道州南，至蘭州府西境入河，曰洮口，行八百餘里。从水，兆聲。土刀切，二部。按，洮爲地名、水名極多，又爲洮頮，又爲洮汰、洮米，皆用此字。

涇　涇水，出安定涇陽幵頭山，東南入渭。《禹貢》雍州曰：「涇屬渭汭。」《周禮·職方氏》曰：「雍州，其川涇。」《前志》曰：「安定郡涇陽，幵頭山在西，《禹貢》涇水所出，東南至陽陵入渭，過郡三，行千六十里。雍州川。」陽陵屬左馮翊。過郡三者，安定、扶風、馮翊也。今甘肅平涼府附郭平涼縣府西南，有故涇陽城，漢縣也。开頭山亦作笄頭山，《始皇紀》作雞頭山，在今平涼府西南四十里。今涇水出山之涇谷，經涇州，又經陝西邠州長武縣，至西安府高陵縣西南二十里入渭，曰涇口，大致東南流也。涇濁渭清，故《詩》曰「涇以渭濁」。涇水溉田之利，自秦漢鄭國、白公而後，迄於唐、宋、元、明，皆修復白渠。**雝州之川也。**《周禮・職方氏》文。班氏述《地理志》曰：「采獲舊聞，考迹《詩》《書》，推表山川，以綴《禹貢》、《周官》、《春秋》。故每言《禹貢》某山，《禹貢》某水，某州川，某州浸。」許意略同。**从水，巠聲。**古靈切，十一部。按，《爾雅》直波爲徑，《釋名》作直波曰涇，云：「涇，徑也，言如道徑也。」《莊子》「涇流之大」，司馬彪云：「涇，通也。」《大雅》「鳧鷖在涇」，鄭箋曰：「涇，水中也。」與下章沙訓水旁爲反對，謂水中流徑直孤往之波也。今蘇州、嘉興溝瀆曰某涇、某涇，亦謂其可徑通。

渭　**渭水，出隴西首陽渭首亭南谷，東南入河。**隴西郡首陽，二《志》同。首陽縣，今甘肅蘭州府渭源縣當是其地。《禹貢》曰：「道渭自鳥鼠同穴，入于河。」《前志》首陽下曰：「《禹貢》鳥鼠同穴山在西南，渭水所出，東至船司空入河，過郡四，行千八百七十里。雍州寖。」過郡四者，天水、扶風、京兆、馮翊也。《水經》曰：「渭水出隴西首陽縣渭谷亭南鳥鼠山。」注曰：「渭水出隴西首陽縣首陽山渭首亭南谷。山在鳥鼠山西北。縣有高城嶺，嶺上有城，號渭源城，渭水出焉。東北流逕首陽縣西與別源合，別源出鳥鼠山渭水谷。《禹貢》所謂渭出鳥鼠者也。」按，酈注葢本《説文》，較《説文》多「首陽山」三字，疑今《説文》奪去。酈依《説文》，故以首陽山南谷與鳥鼠山爲二。以今地志言之，皆在渭源縣西，相距甚近。今渭水出此，經鞏昌府及寧遠縣、伏羌縣、秦安縣、秦州、清水縣、寶雞縣、岐山縣、扶風縣、武功縣、盩厔縣、鄠縣、咸陽縣、西安府、臨潼縣、高陵縣、渭南縣、朝邑縣，至華陰縣北入於河，古所謂渭汭。《左傳・閔二年》：「虢公敗犬戎於渭隊。」服虔曰：「隊謂汭也。」杜預本作「渭汭」。**从水，胃聲。**云貴切，十五部。《洞簫賦》注引《埤蒼》：「沸渭，不安皃。」⑤**杜林説《夏書》，**五字句。**㠯爲出鳥鼠山。**《後漢書・杜林傳》曰：「林於西州得漆書古文《尚書》一卷，雖遭艱困，握持不離。出以示衞宏、徐巡等，宏、巡益重之，於是古文遂行。」此云「杜林説《夏書》」，謂林説古文《尚書・禹貢》也。云「㠯爲出鳥鼠山」者，冡上省文，謂杜云渭水出隴西首陽縣之鳥鼠山。鳥鼠山與首陽山南谷同縣而異地，故別爲異説也。**雝州寖。**《職方氏》文。鄭曰：「浸，可以爲陂灌溉者。」

漾　**漾水，出隴西豲道，東至武都爲漢。**豲，各本作「柏」，字之誤也，今依《水經注》所引《説文》正。《前志》豲道屬天水，《後志》屬漢陽，漢陽即天水也。豲道不屬隴西，當作氐道，乃與《漢志》合。《水經注・漾水篇》曰：「許慎、吕忱、闞駰竝言漾水出隴西豲道，東至武都爲漢水，不言氐道。然豲道在冀之西北，又隔諸川，無水南入，疑出豲道之爲謬矣。」按，《禹貢》曰：「嶓冢道漾，東流爲漢，又東爲滄浪之水。」《前志》隴西郡氐道下曰：「《禹貢》養水所出，至武都爲漢。」武都郡武都下曰：「東漢水受氐道水，一名沔，過江夏謂之夏水。」二條相屬爲辭。隴西郡西下又曰：「《禹貢》嶓冢山，西漢所出，南入廣漢白水，東南至江州入江。」鄭注《尚書》「道漾」引《地理志》：「漾水出隴西氐道，至武都爲漢，至江夏謂之夏水。」注「梁州沱潛」云：「潛蓋西漢，出嶓冢，東南至巴郡江州入江，行二千七百六十里。」又云：「漢别爲潛。其穴本小，水積成澤，流與漢合，大禹自導漢疏通，即爲西漢水也。」班、鄭皆謂東漢、西漢同出嶓冢。西漢者，别於漢而曰西漢，東流者，本無東偁。《班志》武都下云「東漢」者，淺人增字。鄭注云「潛蓋西漢」，今《尚書正義》倒爲「漢西」，皆非也。班、鄭所云，今水道不合，故異説紛然。金氏榜《禮箋》曰：「後儒言漢水源者，咸求之于嶓冢。榜以《漢志》攷之，嶓冢導漾，惟据《禹貢》漢水言耳。《周・職方》荆州漢水，則不導源於嶓冢，故《志》於武都沮下曰：『沮水出武都沮縣東狼谷，南至沙羡南入江，過郡五，行四千里。荆州川。』《説文》、《水經》、《後漢・郡國志》皆云然。蓋瀁水輟流，不與漢相屬，由來久矣。《志》言《禹貢》瀁水出隴西氐道縣，至武都爲東漢水，一名沔，過江夏謂之夏水，入江。此明《禹貢》漢水故道，若魏郡鄴東故大河、館陶屯氏河之類。班氏自謂采獲舊聞，考跡《詩》《書》，推表山川，以綴《禹貢》、《周官》、《春秋》，下及戰國、秦漢者如是，非謂漢代遥流之道，東漢水仍上受氐道水也。《水經》説西漢水曰：『瀁水，出隴西氐道縣嶓冢山，東至武都沮縣爲漢水，東南至江州縣東南入于江。』瀁水既輟東流，勢必西入，徒以氐道無可考見，後世莫能定其孰爲瀁水，而與東漢水不相屬，得《水經》校之益明。後儒考《漢志》不詳于漢源，求嶓冢不得，因旁漢水之山强名之爲嶓冢，亦近誣矣。《漢志》：『《禹貢》嶓冢山，在隴西西縣西，漢水所出，南入廣漢白水，東南至江州入江。』不見于氐道，然於氐道言『《禹貢》瀁水所出，東至武都爲漢』，正釋《經》嶓冢導瀁，東流爲漢，明氐道亦得有嶓冢山。是山峯岫延長，西氐道皆其盤迴之地，準之地望，氐道當在西縣東。《志》已于西縣著嶓冢山，氐道例不重出。《水經》言『瀁水出隴西氐道嶓冢山』，郭景純《山海經》注亦言嶓冢在武都氐道縣南，可與《漢志》互明。西漢水，鄭《書》注以爲《禹貢》梁州之潛，以上受漢别，故得西漢水之稱，後乃併其上流出嶓冢者名之爲西漢水矣。」玉裁謂，金氏之言，可爲異説折衷。許云出隴西氐道至武都爲漢水，許非用《班志》而與《志》同，皆釋《尚書》禹時漢源也。不言嶓冢山者，言氐道而嶓冢在其中，與《志》同也。武都者，漢武都郡之武都縣，今甘肅鞏昌府成縣西北百里有仇池城，城東南有漢武都故城。**从水，羕聲。**余亮切，十部。按，《韓詩》「江之漾矣」，以爲羕之假借。

瀁　古文从養。漾者，小篆。瀁者，壁中古文如是。今《尚書》作「漾」者，漢人以篆文改古文也。《漢書》作「養」者，今文《尚書》用假借字也。《史記》作「瀁」，蓋亦本作養而或加之水旁，因合乎古文。《淮南書》作「洋」，高誘曰：「洋或作養。」

漢　漾也。《尚書》某氏傳曰：「泉始出山爲漾。」按，漾言其微，漢言其盛也。蕭何曰：「語曰天漢，其名甚美。」**東爲滄浪水。**《禹貢》文。《水經》曰：「沔水又東，過鄖縣南，又東北流，又屈東南，過武當縣東北。」注曰：「縣西北四十里水中，有洲名滄浪洲，庾仲雍《漢水記》謂之千齡洲，非也。是世俗語譌，音與字變矣。《地記》曰：水出荆山，東南流，爲滄浪之水。余按，《禹貢》言又東爲滄浪之水，不言過而言爲者，明非他水決入也。蓋漢沔水，自下有滄浪通稱爾。纏絡鄢郢，地連紀郡，咸楚都矣。漁父歌之，不違水地。」玉裁按，鄭注《尚書》滄浪之水，言今謂夏水來同，故世變名焉，本未嘗謂他水決入，若《地記》云出荆山，是他水決入矣。从水，難省聲。按，鷬、難、暵字從堇聲，則漢下亦云「堇聲」是矣，「難省聲」，蓋淺人所改，不知文殷元寒合韵之理也。呼旰切，十四部。

㵄 古文漢如此。按，古文從或，從大。或者，今之國字也。

浪 滄浪水也。按，據此解，可證前後某篆下皆當云「某水也」，淺人删之，存一水字，非是。南入江。《禹貢》曰：「又東，爲滄浪之水，過三澨，至于大别，南入于江。」許以漾、浪、沔三篆全偁道漾，經文記禹時漢水故道也。其下流爲滄浪水入江，與今水道同。其源出隴西氐道嶓冢山至武都者，今不可攷。从水，良聲。來宕切，十部。按，當平聲，今但爲波浪字。

沔 沔水，出武都沮縣東狼谷，東南入江。武都沮縣，二《志》同，今陝西漢中府略陽縣是其地，有沮水出焉。《前志》沮縣下曰：「沮水出東狼谷。」《後志》沮縣下曰：「沔水出東狼谷。」《水經》曰：「沔水出武都沮縣東狼谷中。」酈注曰：「沔水一名沮水。」引闞駰云：「以其初出沮洳然，故曰沮水。」是則《前志》之沮水，《水經》、《說文》之沔水，皆云出沮縣東狼谷，實一水也。《前志》曰：「南至沙羨南入江，過郡五，行四千里。」過郡五者，武都、漢中、南陽、南郡、江夏也。《水經》亦歷叙沔水所過之縣，而曰「又南至江夏沙羨縣南入於江」。許説沔與《漢志》、《水經》同。此漢時漢水之道，與《禹貢》時其源不同，其委則一。常璩云：「始源曰沔。」玉裁謂，漢言其盛，沮與沔皆言其微，沔者發源細然之謂。《尚書》、《周官》、《春秋傳》曰漢，漢時曰沮水，曰沔水，是爲古今異名。《水經》且謂西漢水曰漢水，謂《禹貢》漢水曰沔水，許亦云涪水入漢，不云入西漢，云沔水入江，云淯水入沔，則許漢、沔分偁同《水經》。班云：「沮水，荆州川。」《職方》：「荆州之川江漢。」然則班謂沮即東漢亦明矣。且《志》雖有西漢東漢之目，而曰東漢水一名沔。凡漢中下云旬水入沔、淮水入沔、筑水入沔，弘農下云淯水入沔，洱水入沔，甲水入沔，右扶風下云褒水入沔，廣漢下云白水入漢、涪水入漢，分别畫然。亦謂東漢爲沔，西漢爲漢。今漢水出陝西寧羌州，經沔縣、褒城縣、漢中府、城固縣、洋縣、西鄉縣、石泉縣、漢陰縣、紫陽縣、興安州、洵陽縣、白河縣、湖廣舊上津縣、竹山縣、鄖西縣、鄖陽府、均州、光化縣、穀城縣、襄陽府、宜城縣、安陸府、荆門州、潛丘縣、天門縣、沔陽州、漢川縣，至漢陽府城東北，合於大江，今曰漢口，古曰夏口，曰沔口，《左傳》謂之夏汭。寧羌州，距今略陽縣二百二十里。析言之，沮、沔各爲一水；渾言之，則或統呼沮，或統呼沔也。从水，丏聲。彌兗切，十二部。《小雅》：「沔彼流水。」毛傳：「沔，水流滿也。」按，許云：「瀰，水滿也。」《詩》之沔，爲瀰之假借。或曰入夏水。《水經注·夏水篇》云：「江津豫章口東有中夏口，是夏水之首，江之汜也，屈原賦所謂夏首。」按，今湖北荆州府附郭江陵縣府東南二十五里，有夏水口是也。《水經》：「夏水，東至江夏雲杜縣入于沔。」注云：

「當其決入之所謂之堵口。」按，堵口當在今湖北漢陽府沔陽州境內。沔水與夏水合，至漢陽府入江，或曰沔口，或曰夏口，然則入夏水即入江也。劉澄之《永初山川記》云：「夏水是江流沔，非沔入夏。」今按，二水相合，互受通偁，謂沔入夏亦無不可。

湟 湟水，出金城臨羌塞外，東入河。金城郡臨羌，二《志》同。舊西寧衞西二百八十里有故臨羌城。《前志》臨羌下曰：「西北至塞外有西王母石室、僊海、鹽池，北則湟水所出，東至允吾入河。」允吾下曰：「逆水，出參街谷，東至枝陽入湟。」浩亹下曰：「浩亹水，出西塞外，東至允吾入湟。」按，《水經》：「河水又東，過金城允吾縣北。」注言湟水、浩亹水、逆水源流皆甚詳。《水道提綱》曰：「青海在今西寧府邊西五百餘里，古名西海，即鮮水也。今爲厄魯特等二十三旗地。青海東即湟水，古所謂湟中地。北即大通河，古所謂浩亹水，東南會湟水入黃河也。湟水即洛都水，源出今西寧府西北邊外，至今蘭州西境入黃河。」按，允吾音鉛牙，今甘肅蘭州府府西北三百里，有故鉛吾城是也。浩亹音閤門，僊海即西海，古音西讀如仙。从水，皇聲。乎光切，十部。

汧 汧水，出右扶風汧縣西北。句。入渭。右扶風汧，二《志》同。《前志》汧下曰：「吳山在西，古文㠯爲汧山，雍州山。」又曰：「汧水出西北，入渭。」《後志》汧下曰：「有吳嶽山，本名汧，汧水出。」按，《前志》不云汧水出汧山，《後志》乃云爾。汧故城，當即今陜西鳳翔府隴州州治東南汧源廢縣。《括地志》曰：「故汧城在隴州南三里。」汧山在今隴州西北。《禹貢》之岍，《周禮》之嶽山也。汧陽河，即古汧水出焉，東南流經汧陽縣，至寶雞縣東三十里，合於渭。班、許皆於「西北」句絶，此水自西北而東南也。从水，幵聲。苦堅切，十二部。

澇 澇水，出右扶風鄠，北入渭。右扶風鄠，見邑部。《上林賦》曰：「終始灞滻，出入涇渭。酆鎬潦潏，紆餘委蛇。經營乎其內，蕩蕩乎八川，分流相背而異態。」潘岳《關中記》曰：「涇、渭、灞、滻、酆、鎬、潦、潏，所謂八川。」李善曰：「潦即澇水也。」《水經》曰：「渭水又東過槐里縣南，又東，澇水從南來注之。」今陜西西安府鄠縣西三里，澇水出南山澇谷，北流經故萯陽宫，西入長安縣畍入渭，故曰北入渭。《水道提綱》曰：渭水「東經鄠縣北境、咸陽縣城東南，又東，北有豐水自西來合，諸水北流注之」。諸水者，澇水、滈水、潏水。从水，勞聲。魯刀切，二部。《史》、《漢》、《文選》皆作潦，惟《封禪書》正作澇，按，今用爲旱澇字。

漆 漆水，出右扶風杜陵岐山，東入渭。二《志》皆杜陵屬京兆尹，杜陽屬右扶風，此杜陵當作杜陽。杜陽今陜西鳳翔府麟遊縣是其地。周公劉居豳，今陜西邠州是其地，漢之漆、栒邑二縣也。太王遷郊，今鳳翔府岐山、扶風二縣是其地，漢之杜陽南、美陽北也。《大雅》曰：「民之初生，自土漆沮。」傳曰：「漆，漆水；沮，沮水也。」又曰：「周原，漆、沮之閒也。」《周頌・潛》傳又曰：「漆、沮，岐州之二水也。」據毛説，則漆、沮二水實在岐周之地。《小雅・吉日》傳但云：「漆、沮之水，麀鹿所生。」其解必同《大雅》、《周頌》。許云漆水出杜陽，正岐周地也。此漆、沮在涇西，《禹貢》「道渭又東過漆沮」，則在涇東，與岐周無涉。玉裁謂，《水經》曰「漆水出扶風杜陽縣俞山，東北入於渭」，正與《説文》合，惟岐作俞耳。酈氏引《開山圖》曰：「岐山在杜陽北，長安西，有渠謂之漆渠。」酈又云：「漆水出杜陽縣之漆溪，謂之漆渠。漆渠合岐水，與横水合，東注雍水，又合杜水，南注於渭。」郭璞《山海經》注云：「今漆水出岐山。」皆與《水經》合。而《前志》右扶風漆縣下云：「漆水在縣西。」以地望準之，葢此漆水出豳地，漢漆縣以水爲名，西南流至周郊地南、漢杜陽美陽境而入渭，實出今之邠州，西南流至麟遊、扶風閒入渭也。《大雅》云：「率西水滸。」箋云：「循漆、沮水側。」傳又云：「周原，漆沮之閒也。」是此水源委自豳至郊，漢人皆審知形勢，今則茫昧難詳矣。闞駰《十三州志》云「漆水出漆縣西北，至岐山東北入渭」，正與《毛詩》傳箋合。許及《水經》云「出杜陽岐山」者，容舉其近源言之。邑部云「郊在右扶風美陽中水鄉」，此以岐山系杜陽者，岐山在杜陽之南，美陽之北，周原在岐山之陽，故《詩譜》曰：「周原者，岐山陽，地屬杜陽。」《郡國志》注所引如是。**从水，桼聲。**四字依《水經注》所引在此。小徐本「从某，某聲」往往閒在兩義之中，不同大徐，皆小徐爲古本也。親吉切，十二部。**一曰，漆城池也。**小徐本如是，與《水經注》所引合。大徐本作「一曰入洛」，葢淺人讀酈注《沮水篇》者改之。洛水，雍州之浸，下文「出歸德北夷畍中」者，即涇東之漆沮水也。涇西之漆，不得入洛，中隔涇水矣。一曰者，別一義。城隍有水曰池，城池謂之漆，葢古有是名。酈兼引此句，猶其兼引「一曰湔半澥」之謬。○補漆注⑥ **漆水，出右扶風杜陽**作「陵」者，誤。**岐山東入渭。**休寧汪氏龍曰：《山海經》：揄次之山，漆水出焉。《地理志》：右扶風漆縣，漆水在縣西。《水經》：漆水出右扶風杜陽俞山東，北入於渭。《十三州地理志》：漆水，出漆縣西北，至岐山東，入渭。戴先生言：漆水北流，注於涇，此涇西之漆水，注涇以入渭者也。此與《緜》詩之漆無涉。《十三州地理志》有水出杜陽縣岐山北漆溪，謂之漆渠，西南流，注岐水。《水經注》：杜水出杜陽山，東南流，合漆水，水出杜陽之漆溪，謂之漆渠，南流合岐水，至美陽縣，注於雍水。《隋書・地理志》：扶風普潤縣有漆水。此涇西之漆，合杜、岐、雍以入渭者也。是即《緜》詩之漆。詩首章謂太王始居杜、漆、沮之地，非謂公劉，此漆非《説文》出右扶風杜陽岐山東入渭之漆也。**一曰，入洛。**汪氏龍曰：「四字二徐皆有，不當删。此涇東之漆，與上文涇西二漆水，截然爲三。《水經注》：鄭渠在太上皇陵東南，濁水入焉。（《書》正義作「濯水」。）俗謂之漆水，又謂之漆、沮，其水東流，注於洛水，此《説文》所謂入洛也。」**一曰，漆城池。**

滻

滻水，出京兆藍田谷，入霸。霸，宋本、汲古閣初印皆同。霸、灞古今正俗字，許書無灞，《史》《漢》皆作霸水。京兆尹藍田，二《志》同。故城在今陝西西安府藍田縣縣治西十一里。《前志》京兆尹南陵下曰：「文帝七年置。沂水出藍田谷，北至霸陵入霸水。霸水亦出藍田谷，北入渭。」師古曰：「沂音先歷反。」按，此乃大謬。沂者，滻字之誤。《水經注》引《志》可證。張揖注《上林賦》亦曰：「霸出藍田西北而入渭，滻亦出藍田谷，北至霸陵入霸。」《水經》曰：「渭水，又東過長安縣北，又東過霸陵縣北，霸水從縣西北流注之。」注云：「霸者，水上地名也。古曰滋水，秦穆公霸世，更名滋水爲霸水，以顯霸功。水出藍田縣藍田谷，逕藍田縣東。又左合滻水。又北，長水注之。又北，會兩川。又北，左納漕渠，又東，逕新豐縣，右會故渠。」故渠即《經》所謂「東過霸陵縣，霸水從縣西北流注之」者也，今無水。「又北，逕秦虎圈東。又北，入於渭水。」⑦張守節曰：「雍州藍田縣滻水，即荆谿，狗枷之下流也。」⑧按，酈注説「長水出杜縣白鹿原，西北流謂之荆谿，又西北左合狗枷川，注於霸，俗謂之滻水」，非也。《史記》霸、滻、長水，盡得比大川之禮⑨，此可證張氏之誤矣。《水道提綱》曰：「灞水上源，即藍水也。出藍田縣藍關之西南山秦嶺，經西安府境東而北，有滻水西南自太乙山、東南之西王谷嶺及秦嶺三源合而北流，又東北流來會。既合滻水，東北至高陵縣南境入渭，曰灞口。」从水，産聲。所簡切，十四部。按，《史》、《漢》作「産」。

洛 洛水，出左馮翊歸德北夷畍中，東南入渭。左馮翊三字，當作「北地」二字。《前志》北地郡歸德下：「洛水出北蠻夷中，入河。」入河者，入渭以入河也。此揔舉其源委也。左馮翊褱德下曰：「洛水東南入渭。」此言其入渭之處也。許之例，舉源地不舉委地，然則當云「出北地歸德」無疑矣。今甘肅慶陽府安化、合水二縣，漢歸德地也，今陝西同州府朝邑縣有懷德城，漢縣也。《括地志》云：「洛水源出慶州洛源縣白於山。」《方輿紀要》曰：「洛水出慶陽府合水縣北二十里白於山，東北流經廢洛源縣，又經保安縣、安塞縣、甘泉縣、鄜州，又南經洛川縣南、中部縣東，而沮水入焉。沮水自中部縣子午嶺東南流而入於洛水（即《説文》瀘水出北地直路西、東入洛也）。自是洛水亦兼沮水之稱。又南流經宜君縣，過耀州，合漆水，歷三原縣、富平縣、白水縣，又東南流經澄城縣、同州府，至朝邑縣南入渭水。」《水道提綱》云：「舊合渭入河。自明時改流，逕入河，不南入渭，今洛口南去渭口三十里。」按，《水經注》本有《雍州洛水篇》，今亡之矣。《禹貢》「道渭」節謂之漆、沮，《職方》「雍州其浸渭、洛」，《小雅・瞻彼洛矣》傳曰：「洛，宗周之浸也。」《左傳》、《國語》皆云：「三川震。」韋、杜以涇、渭、洛爲三川。从水，各聲。盧各切，五部。按，雍州洛水，豫州雒水，其字分別，自古不紊。《周禮・職方》：「豫州，其川熒雒。雍州，其浸渭洛。」（正義本不誤。）《逸周書・職方解》、《地理志》引《職方》正同。「雒」不見於《詩》。《瞻彼洛矣》傳曰：「洛，宗周浸水也。」此《職方氏》文也。「洛」不見於《左傳》，《傳》凡雒字，皆作雒，如僖七年「伊雒之戎」，宣三年「楚子伐陸渾之戎，遂至於雒」是也。《淮南・墬形訓》曰：「洛出獵山。」據高注，謂雍州水也。「雒出熊耳。」據高注，謂豫州水也。《漢・地理志》弘農上雒下云：「《禹貢》雒水，出冢領山，東北至鞏入河。豫州川。」盧氏下云：「伊水，出熊耳山，東北入雒。」黽池下云：「穀水，出穀陽谷，東北至穀城入雒。」新安下云：「《禹貢》澗水，在東南入雒。」河南穀成下云：「《禹貢》瀍水，出朁亭北，東南入雒。」此謂豫州水也。左馮翊褱德下云：「洛水東南入渭。」北地歸德下云：「洛水，出北蠻夷中，入河。」直路下云：「沮水，出東西入洛。」此謂雍州水也。已上皆經數千年尚未誤者，而許書水部下不舉豫州水，尤爲二字分別之證。

後人書豫水作洛，其誤起於魏裴松之引《魏略》曰：「黄初元年，詔以漢火行也，火忌水，故洛去水而加隹。魏於行次爲土。土，水之牡也。水得土而乃流，土得水而柔，故除隹加水，變雒爲洛。」此丕改雒爲洛，而又妄言漢變洛爲雒，以揜己紛更之咎，且自詭於復古。自魏至今，皆受其欺。《周禮》、《春秋》，在漢以前，誰改之乎？《尚書》有豫水無雍水，而蔡邕石經殘碑《多士》作「雒」，鄭注《周禮》引《召誥》作「雒」，是今文古文《尚書》皆不作「洛」，鄭、蔡斷不擅改經文也。自魏人書雒爲洛，而人輒改魏以前書籍，故或致數行之內，雒、洛錯出，即如《地理志》引《禹貢》既改爲洛矣，則上雒下曰「《禹貢》雒水」，不且前無所承乎？若《郊祀志》汧、洛從水，後文宣帝「以四時祀江海雒水」，成王「郊於雒邑」，字皆從隹，又當時二字確然分別之證也。

淯　淯水，出弘農盧氏山，東南入沔。弘農郡盧氏，二《志》同。今河南河南府盧氏縣是其地。《前志》盧氏下曰：「有育水，南至順陽入沔。」順陽者，南陽之博山也。《中山經》曰：「攻離之山，淯水出焉，南流注于漢。」（依《文選》注。）《水經》曰：「淯水，出弘農盧氏縣攻離山，東南過南陽西、鄂縣西北，又東過宛縣南，又屈南過淯陽縣東，又南過新野縣西，又南過鄧縣東，南入於沔。」今河南南陽府府城東三里，俗名白河者是。由南陽達於新野，府境諸水悉會焉。又南至湖廣光化縣，又東經故鄧城東南而入漢水。《水道提綱》云：漢水「經襄陽府城北、樊城南，有白河、唐河，東北自河南新野合南陽府諸縣及鄧州水南流，又合西來之清河，東來棗陽之滾河來會」。齊氏所謂白河，即淯水也。南陽之水，淯冣大。《水經注》云：「合魯陽關水、洱水、梅谿水、朝水、棘水、濁水、湍水、比水、白水入漢。」《南都賦》曰：「淯水盪其胷，推淮引湍，三方是通。」知淯冣大。齊氏召南以趙河當之，非也。許謂西漢爲漢，謂東漢爲沔，故涪下曰「入漢」，淯下曰「入沔」。《漢志》、《水經》之例亦同。从水，育聲。余六切，三部。按，《漢志》作育。或曰出酈山西。《前志》南陽酈下曰：「育水出西北，南入漢。」漢當作沔，葢出酈山者與出盧氏山者，異源而同流，故班、許皆兼述之也。酈故城，在今河南南陽府内鄉縣東北。

汝　汝水，出弘農盧氏還歸山，東入淮。弘農盧氏見上。《前志》汝南郡定陵下曰：「高陵山，汝水出東南，至新蔡入淮，過郡四，行千三百四十里。」《水經》曰：「汝水，出河南梁縣勉鄉天息山。」酈云：「《地理志》曰出高陵山，即猛山也。亦言出南陽魯陽縣之大盂山，又言出弘農盧氏縣還歸山。《博物志》曰：汝出燕泉山。竝異名也。余以永平中除魯陽太守，既在遘見，不容不述。今汝水出魯陽縣之大盂山蒙柏谷，西即盧氏畍也。其水東北流，逕太和城西、城北，又東屈堯山西嶺下。水流兩分，一東逕堯山南，爲滍水；一東北出，爲汝水。東流至原鹿縣，入於淮，所謂汝口。」據酈說得諸親見，大盂山之西即盧氏畍，此許云出盧氏還歸山所由也。凡言水源者，或數源竝合，而偏舉其一，或遠源罕見，而劣舉其近，是以每多乖異。《前志》云出定陵，入淮於新蔡，皆在汝南郡，而云過郡四，班固知不始於高陵山矣。過郡四者，葢南陽、河南、潁川、汝南也。《方輿紀要》曰：「今汝水出汝州魯山縣西南七十里大盂山，東北流，出縣北，經伊陽縣、汝州南，又東南經寶豐縣、郟縣南，入南陽府裕州畍，經葉縣北，又東入許州之襄城郾城縣南，而入汝寧府西平縣境，東南流經上蔡縣西、汝陽縣北，又東經新蔡縣西、息縣北，至江南潁州南而注於淮，葢非復漢以前故道矣。」《水道提綱》曰：「汝水舊從舞陽縣北而南入西平畍，自元末於㶁河堨斷其流，使東歸潁，於是西平雲莊諸石二山之水明時亦塞。今水道與古全異，即名稱亦隨時不同，所謂濯、溵、澺、汶、溱、滇，亦難確鑿指證，但據時俗所見，叙次源流耳。」从水，女聲。人渚切，五部。

潩　潩水，出河南密縣大隗山，南入潁。河南郡密，二《志》同。今河南開封府密縣縣東南三十里有故密城。大騩山即具茨山，在今河南開封府新鄭縣縣西南四十里，葢山與密接畍。《前志》密下曰：「有大騩山，潩水所出，南至臨潁入潁。」《水經》曰：「潩水，出河南密縣大騩山，東南入於潁。」今潩水自新鄭大騩山南流，經許州長葛縣流入許州北二里。又南經許州臨潁縣而合於潁，一名魯固河，又名清流河是也。从水，異聲。與職切，一部。酈曰：「時人謂之敕水。」非也。敕、潩音相類，故字從聲變爾。按，師古曰：「潩又音昌力反。」李吉甫曰：「潩水，俗名㴒水。」

汾　汾水，出大原晉陽山，西南入河。太原郡晉陽，二《志》同。今山西太原府太原縣縣治東北有太原舊城。城中舊有三城，一曰大明城，古晉陽城也。《左傳》有六名：曰大夏，曰大原，曰大鹵，曰夏墟，曰晉陽，曰鄂，其實一也。《周禮》：「河內曰冀州，其浸汾、潞。」《左傳》曰：「新田有汾澮以流其惡。」又曰：「宣汾洮。」《前志》曰：「大原郡晉陽，晉水所出，東入汾。汾陽，汾水所出，西南至汾陰入河。」《水經》曰：「汾水，出大原汾陽縣北管涔山，至汾陰縣北，西注於河。」按，許云「出晉陽山」，與《志》、《水經》不合者，《志》、《水經》舉其遠源，許舉其近源也。汾出管涔山，東南過晉陽縣東，晉水從縣南東流注之，許意謂晉水即汾水之源。所謂晉陽山者，葢即縣甕山，在今太原縣西南十里，晉水所出也。杜注《左傳》曰：「汾水出太原。」與許合。今汾水出靜樂縣管涔山，經陽曲縣，至太原縣城東，晉水入焉。又經清源縣東南、徐溝縣北，又經交城縣、文水縣、平遥縣、汾陽縣、孝義縣、介休縣、靈石縣、霍州、趙城縣、洪洞縣、臨汾縣、襄陵縣、太平縣、曲沃縣，至絳州城南，澮水入焉。又經稷山縣、河津縣，至滎河縣北境入河，在龍門之南五十里，曰汾口，於古水道無大異。从水，分聲。符分切，十三部。按，《大雅》「汾王之甥」，毛曰：「汾，大也。」此謂汾即墳之假借也。或曰出汾陽北山，《漢志》、《水經》説見上。鄭注《周禮》亦曰汾出汾陽。冀州浸。《周禮·職方氏》文。

澮　澮水，出河東彘霍山，西南入汾。「河東彘」三字，鉉奪，鍇本誤作「河西」二字，今正。《前志》：「河東郡彘。」《後志》曰：「永安故彘。」《前志》彘下曰：「霍大山，在東，冀州山。」今山西霍州州東南霍山，《禹貢》之大岳也。《水經》曰：「澮水，出河東絳縣東澮交東高山，西至王澤，注於汾水。」不言出霍山者，《水經》舉其近源，許舉其遠源也。《水道提綱》曰：「澮河，源出翼城縣東南山，西流經中衛鎮，又西稍北至城南，又西經曲沃縣南，又西至絳州城，南入汾。」《方輿紀要》：「翼城縣有澮高山，有澮水入曲沃縣畍，至絳州南入汾。」**从水，會聲。**古外切，十五部。按，今文《尚書》以畎澮爲〈〈，見谷部。〈〈下又曰「水流澮澮也」，澮澮即活活。

沁　沁水，出上黨穀遠羊頭山，東南入河。上黨郡穀遠，二《志》同。今山西沁州沁源縣縣城南故穀遠城，漢縣也。《前志》穀遠下曰：「羊頭山世靡谷，沁水所出，東南至熒陽入河，過郡三，行九百七十里。」三郡：上黨、河內、河南也。《水經》曰：「沁水出上黨涅縣謁戾山，南過穀遠縣東，至熒陽縣北，東入於河。」按，《水經》及注皆云至熒陽入河，師古據唐時在懷州武陟入河，疑轉寫錯誤，非也，古水道與唐時不同耳。《山海經》、《水經》舉涅謁戾山，班、許舉穀遠羊頭山者，羊頭即謁戾也。戴先生曰：「山在今武鄉縣西百二十里，西北接祁縣平遥縣，西南接沁源縣，一名麓臺山，迆邐而西爲綿山。其北爲介休縣，西爲靈石縣，皆謁戾山也。」今沁水出沁州沁源縣西北百里之綿山東谷，西南流經平陽府岳陽縣東，又折而東南經澤州府沁水縣東，又南經陽城縣東而入河南懷慶府畍，歷濟源縣東北，又南經府城北，又東南經武陟縣東、修武縣西，而入於河。與唐時入河處同。**从水，心聲。**七鴆切，七部。《經典釋文》引郭璞《三蒼解詁》曰：「音狗吣之吣。」吣今譌作沁。

沾　沾水，出上黨壺關，東入淇。上黨壺關，二《志》同。今山西潞安府附郭長治縣府治，即漢壺關地。《前志》壺關下曰：「有羊腸坂，沾水東至朝歌入淇。」《水經注·淇水篇》曰：「淇水出沮洳山，衡激横山。又東北，沾水注之。水出壺關縣東沾臺下，東流注淇水。」今山西潞安府壺關縣東南有沾水是。**一曰，沾，益也。**沾、添古今字，俗製添爲沾益字，而沾之本義廢矣。添從忝聲，忝從天聲，古音當在真先部也。《楚辭·大招》：「不沾薄只。」王曰：「沾，多汁也。薄，無味也。其味不濃不薄，適甘美也。」漢《曹全碑》「惠沾渥」，《白石神君碑》「澍雨沾洽」，《魏受禪表》「玄澤雲行，冈不沾渥」，皆即今之添字。竊疑《小雅》「既霑既足」，古本當作沾，「既瀀既渥」，言厚也；「既沾既足」，言多也。**从水，占聲。**他兼切，二義同七部。《檀弓》假爲覘字，《史記·陳丞相世家》、《滑稽列傳》假爲霑字。

潞　冀州浸也。《周禮·職方氏》曰：「冀州其浸汾、潞。」鄭云：「潞出歸德。」此謂潞即洛耳。按，班、許皆云洛出歸德北夷畍中，漢歸德在今甘肅慶陽府境，洛水在今陝西同州府境入河，非冀州地也。且雍州既曰其浸洛矣，安得又爲冀浸。鄭注於雍州云「洛出懷德」，冀州云「潞出歸德」，蓋由株守《地理志》，而未思《志》歸德下言其源，懷德下言其委，一水兩言，不當改洛爲潞，以屬冀州。自雍入冀，古無此水以當之。許但云冀州浸，不言何出何入，不欲强爲之説。蓋此浸自周初迄漢，湮没不彰，古今變遷，大類如斯。如大河故瀆，泲水枯絶，沔水不出嶓冢，皆無可疑者。班、許皆不言潞之源流，此可以正鄭注矣。闞駰曰：潞縣「有潞水，爲冀州浸」。即漳水也。善長亦謂無他大川可以爲浸，惟漳水耳，此非許意也。《周禮》川漳、浸潞竝言，則非一物。**上黨有潞縣。**上黨郡潞縣，二

《志》同。今山西潞安府潞城縣縣東北四十里有故潞城，漢縣葢治此。《春秋·宣十五年》：「晉師滅赤狄潞氏，以潞子嬰兒歸。」《前志》曰：「潞縣，故潞子國也。」按，潞國以水得名。**从水，路聲。**洛故切，五部。

漳　水名。从水，章聲。《韵會》所據鍇本如此。諸良切，十部。水名二字，古本當作「漳水也」三字。**濁漳出上黨長子鹿谷山，東入清漳。**上黨郡長子，二《志》同。本晉邑，見《左傳》、《國語》。今山西潞安府長子縣縣西南有故長子城是也。《前志》長子下曰：「鹿谷山，濁漳水所出，東至鄴，入清漳。」《水經》曰：「濁漳水，出上黨長子縣西發鳩山。」酈曰：「漳水出鹿谷山，與發鳩連麓而在南。《淮南子》謂之發苞山，故異名互見也。」按，今濁漳水出山西長子縣西五十里之發鳩山，經潞安府、潞城縣、襄垣縣、黎城縣，入河南林縣盼，合於清漳，《禹貢》所謂衡漳也。**清漳出沾山大要谷，北入河。**上黨郡沾，二《志》同。師古曰：「沾音他兼反。」今山西平定州樂平縣縣西南三十里有沾縣故城。《前志》沾下曰：「大黽谷，清漳水所出，東北至阜成入大河，（「大」衍。）過郡五，行千六百八十里。冀州川。」過郡五者，上黨、魏郡、清河、信都、勃海也。《水經》曰：「清漳水出上黨沾縣西北少山大要谷，至武安縣黍窖邑，入於濁漳。」按，《志》言濁漳入清漳，清漳入河，《經》言清漳入濁漳，濁漳會虖沱入海。乖異者，當緣作《水經》時與作《志》時異也。許云入河，與《志》合。王氏應麟曰：「漳水舊入河，周定王五年，河徙而南，故漳水不入河而自達於海。」⑩王氏特臆度之詞，依班、許則漢時未嘗不入河也。今清漳出樂平縣西南二十里之少山，經和順縣、遼州、河南涉縣，至林縣交漳口合濁漳。既合之後，入直隸盼。移徙分合，自昔不常。今則一派至山東臨清州入運河，一派在直隸新河縣入北泊，會滹沱至天津入海。詳見《水道提綱》。**南漳，出南郡臨沮。**南郡臨沮，二《志》同。今湖北襄陽府南漳縣縣西南六十里有臨沮故城是也。《左傳》曰：「江漢雎漳，楚之望也。」雎即出漢中房陵之沮水，見上文。《前志》臨沮下曰：「《禹貢》南條、荆山在東北，漳水所出。東至江陵入陽水，陽水入沔，行六百里。」按，《志》不言沮者，以漳該沮也。其云陽水，葢謂沮水也。《水經》曰：「漳水出臨沮縣東荆山，東南至枝江縣北烏扶邑，入於江。」酈氏曰：「今漳水於當陽縣之東南百里餘而右會沮水也。」按，今漳水源自鄖陽府房縣景山，至保康縣境會沮水。

淇　淇水，出河内共北山，東入河。《韵會》引作「東至黎陽入河」，此用《漢書》增三字也。《説文》之例，舉所出之郡縣，不舉入河入江之郡縣。所出之地不變者多，下流古今多變，故略之也。河内郡共，二《志》同。共音恭。今河南衞輝府輝縣治，古共城也。《前志》共下曰：「北山，淇水所出，東至黎陽入河。」北山，今輝縣西北蘇門山，其別阜曰共山是也。《詩》曰：「毖彼泉水，亦流於淇。」又曰：「泉源在左，淇水在右。」泉謂淇之源也。今淇水自彰德府林縣流入衞輝府淇縣境，入衞河而入海，與古入河者迥異。**或曰出隆慮西山。**隆慮，漢諱殤帝改曰林慮，此不改者，書成於和帝永元十二年已前也。《前志》河内郡隆慮，《後志》作林慮，慮音閭。

今河南彰德府林縣是其地。西山者，今林縣西北二十五里隆慮山是也。《水經》曰：「淇水出河内隆慮縣西大號山，東北入於海。」《山海經》注亦曰：「今淇水出汲郡隆慮縣大號山，東過河内縣南爲白溝。」从水，其聲。渠之切，一部。《山海經》作濝。

蕩　蕩水，出河内蕩陰，東入黄澤。河内郡蕩陰，二《志》同。蕩音湯，古音也。後人省艸。古有羑里城，西伯所拘也，今河南彰德府湯陰縣西南有故蕩陰城。《前志》蕩陰下曰：「蕩水，東至内黄入黄澤。」今本奪「入黄」二字。《水經》曰：「蕩水出河内蕩陰縣西山東，東北至内黄縣，入於黄澤。」注云：「蕩水合羑水、長沙溝，逕内黄城南，東注白溝。」按，内黄黄澤在今直隸内黄縣。《水道提綱》曰：「衛河經湯陰縣東眄，湯河出湯陰縣西山中，東流經縣城北，東入衛河。」則與古水道大異。从水，蒻聲。徒朗切，十部。按，古音吐郎切，假借爲浩蕩字，古音亦同。

沇　沇水，出河東垣東王屋山，謂垣縣東之王屋山。《水經》云垣縣東王屋山，是也。東爲泲。各本作「河東東垣」，誤倒一字，今依《水經》正。《周禮·職方氏》注、《山海經》注皆云「東垣」，衍字耳。《漢志》真定縣故東垣非此地，若《晉史》、《宋志》、《後魏志》、《隋志》之「東垣」，則今河南府之新安縣也。河東郡垣，二《志》同。今山西絳州垣曲縣、河南懷慶府濟源縣是其地。垣曲縣西北二十里有垣縣城是也。《前志》垣下曰：「《禹貢》王屋山在東北，沇水所出。東南至武德入河，軼出熒陽北地中，又東至琅槐入海。過郡九，行千八百四十里。」過郡九者，河東、河内、陳留、梁國、濟陰、泰山、濟南、齊郡、千乘也。《水經》曰：「濟水，出河東垣縣東王屋山，爲沇水。東至温縣西北，爲濟水，南當鞏縣北，南入於河。」王屋山今在濟源縣西八十里，沇水所出。《北山經》曰：「王屋之山，聯水出焉。」郭云：「聯、沇聲相近，即沇水也。」《尚書》某氏傳曰：「泉源爲沇，流去爲濟。」按，泉出沮洳曰沇，引伸爲沇州。口部曰：「九州之渥地也。」故以沇名焉。从水，允聲。以轉切，十四部。

㕣　古文沇如此。各本篆作㳂，誤，今正。臣鉉等曰：「口部已有，此重出。」按，口部小篆有㕣，然則鉉時不從水旁也。口部㕣下曰：「山閒㳂泥地。從口，從水敗皃。」葢㕣字在古文則爲沇水、沇州，在小篆則訓「山閒㳂泥地」。如變字，在籀文則訓順，在小篆則訓慕，皆同形而古今異義也。古文作㕣，小篆作沇，隸變作兖。此同義而古今異形也。

泲　沇也，東入于海。按，沇泲二篆之解，文體與漾、漢、浪三篆同，皆用《禹貢》文也。《禹貢》曰：「道沇水東流爲濟，入于河，泆爲熒，東出於陶丘北，又東至于菏，又東北會于汶，又北，東入于海。」今泲水不特入河，以後經文所謂，不可致詳。考《郡國志》曰：「河東，垣，有王屋山，兖水出。河内，温，濟水所出，王莽時大旱，遂枯絶。」《水經注》曰：「濟水故瀆在温，當王莽之世，川瀆枯竭，其後水流徑通，津渠勢改，尋梁脈水，不與昔同。」是在西漢已後，所謂東流爲濟入于河者，已非禹蹟之舊矣。許云「東入于海」，此謂禹時故道，獨行達海，故謂之瀆。今之大清河、小清河，非無泲水在其閒，而混淆莫辨。漢水之源，今與《經》絶殊，泲水之流，軼出地中而爲巨川，今又與《經》絶殊也。从水，𠂔聲。子禮切，十五部。按，四瀆之泲字如此作，而《尚書》、《周禮》、《春秋》三傳、《爾雅》、《史記》、《風俗通》、《釋名》皆作濟，《毛詩·邶風》有泲字，而傳云地名，則非水也。惟《地理志》引《禹貢》《職方》作泲，而泰山郡下云：「甾水入泲，《禹貢》汶水入泲。」齊郡下云：「如水入泲。」河南郡下云：「狼湯渠，首受泲。」東郡臨邑下云：「有泲廟。」然以濟南、濟陰名郡，《志》及漢碑皆作濟，則知漢人皆用濟，《班志》、許書僅存古字耳。《風俗通》説四瀆曰：「濟出常山房子贊皇山，東入泜。」酈氏譏其誤，亦可證泲字之久不行矣。

洈　洈水，出南郡高城洈山，東入繇。城，《前志》作成，《水經注》作城。南郡高成下曰：「洈山，洈水所出，東入繇。繇水南至華容入江。過郡二，行五百里。」《水經·江水篇》曰：「又東南當華容縣南，灕水入焉，又東南油水從西南來注之。」《油水篇》曰：「油水出武陵孱陵縣西畍，東過其縣北，又東北入於江。」油水即《説文》下文之油水，非《漢志》之繇水也。《漢志》洈入繇，繇入江，此在江北而南入，南郡高城華容在江北也。油水入江在江南而北入，孱陵在江南也。然則繇、油同音，而絶不相涉。酈注《油水篇》乃云：「孱陵縣白石山，油水所出，東逕其縣西，與洈水合。洈出高城縣洈山，東逕其縣下，東至孱陵縣入油水。」殊爲襲《志》語而謬誤。蓋江北之洈水、繇水不可攷，乃以江南之油水當之也。《山海經》曰：「宜諸之山，洈水出焉，南流注於漳。」从水，危聲。過委切，十五部。師古音危。

溠　溠水，在漢南。《職方氏》曰：「豫州，其浸波、溠。」注云：「《春秋傳》曰：楚子除道梁溠，營軍臨隨。則溠宜屬荆州，在此非也。」按，傳文見莊四年。《職方》荆州浸潁、湛，豫州浸波、溠，許書於湛曰豫浸，於溠曰荆浸，葢正《經》文之誤，與鄭説溠正同也。杜預曰：「溠水在義陽厥縣西，東南入鄖水。」釋例曰：「厥縣西有漈水，源出縣北，從縣西、東南至隨縣，入鄖水。」《水經注》曰：「溠水，出隨縣西北黄山，南逕㵐西縣西，又東南㵐水入焉，又東南逕隨縣故城西，又南流，注於溳。溳入夏水。」《方輿紀要》曰：「今溠水出德安府隨州西北二百里之栲栳山，東南流，至州北百十里，有魯城河流合焉。至安貢鎮入溳。」《水道提綱》曰：「漢水至漢川縣溳口塘北，有溠、溳諸水，北自隨州南流，會德安府雲夢應城數縣水來注之，源流長五百餘里。」玉裁謂，《職方》謂爲一州之浸，正指溳、溠合流長五百餘里而言也。从水，差聲。側駕切，古音在五部。荆州浸也。《春秋傳》曰：「脩涂梁溠。」見上。

洭　洭水，出桂陽縣盧聚，南出洭浦關爲桂水。縣字依《韵會》補。此水出桂陽郡桂陽縣，郡縣同名，故曰桂陽縣。如邑部鄏下云河南縣之例。南出二字，各本作「山」字，今依《水經》正。桂陽郡桂陽，二《志》同。今廣東廣州府連州州治，即漢縣地也。《前志》桂陽下曰：「洭水南至四會入鬱，過郡二，行九百里。」二郡，桂陽、南海也。《水經》曰：「洭水，出桂陽縣盧聚，東南過含洭縣南，出洭浦關爲桂水。」按，《前志》南海中宿縣有洭浦關，酈注亦云尒。今《志》文闕作官，桂陽下洭作匯，皆譌字也。今洭水出連山縣，東南流，經連州、英德縣、清遠縣，合湞水，經三水縣至廣州府城西，入西江以入海。班所謂入鬱，今廣東之北江也。其出洭浦關，在今清遠縣。酈氏曰「桂水」者，洭之別名也。从水，匩聲。去王切，十部。按，洭水亦曰湟水。《史記》：「出桂陽，下匯水。」匯者，洭之誤。《漢書》作「下湟水」是也。酈氏引《山海經》湟水，今《山海經》云：「潢水出桂陽西北山，東南注肄水，入敦浦西。」潢者，湟之聲誤。敦者，郭之字誤。《水經注》引作「郭浦」，郭浦即洭浦也，音相近。

溱　溱水，出桂陽臨武，入洭。洭，各本作「匯」，今正。桂陽郡臨武，二《志》同。今湖南桂陽州臨武縣縣東五十里臨武故城是也。《前志》臨武下曰：「秦水東南至湞陽入洭，行七百里。」《水經》曰：「溱水，出桂陽臨武縣南，繞城西北屈，東流，東至曲江縣安聶邑，東屈，西南流過湞陽縣，出洭浦關與桂水合，東入於海。」《志》之秦水，即溱水也。《經》之「出洭浦關，與桂水合」，桂水即洭水。許云洭水「出洭浦關爲桂水」是也。班、許皆云溱入洭，酈注則云洭入溱，酈葢本《山海經》。《經》曰：「肄水出臨武（武作「晉」，誤。）西南，而東南注海，入番禺西。湟水出桂陽西北山，東南注肄水，入郭浦西。」酈曰肄水，葢溱水之別名也。今人謂湞水出南雄保昌縣，西南經始興縣、曲江縣、英德縣，而翁江、洭水入之，此正《漢志》、《水經》、《說文》之溱水，乃誤謂之湞耳。溱水從東北來，洭水自西右注之，湞水自東左注之。湞水者，今之翁江也。班、許皆洭爲綱，溱入洭，洭入鬱，注海。許云湞入溱，班及《水經》不言湞者，水差小也。《方輿紀要》曰：「舊志云：溱水出湖廣臨武縣西南，經曲江縣，西北流，合武水。」經英德縣盼，正古之溱水。《水經注》及《元和郡縣志》又謂之始興大江。从水，秦聲。側詵切，十一部。按，經典鄭國溱、洧字，皆如此作，《鄭風》溱與人韵，則不當作「潧」也。《地理志》鄭水作溱，粵水作秦，又《方輿紀要》載舊志云：「溱與尋同音，故《水經注》觀峽亦名秦峽也。」據此可證溱水讀如秦國，《前志》秦爲古字。

湞　湞水，出南海龍川，西入溱。南海郡龍川，二《志》同。今廣東惠州府龍川縣是其地。應劭注《漢書》曰：「湞水出南海龍川，西入秦。」《水經》溱水注曰：「溱水出峽，左則湞水注之。水出南海龍川縣西，逕湞陽縣南，右注溱水。」故應劭曰：「湞水西入秦。」按，此正今之翁江也，出韶州府翁源縣，西南流，至英德縣城東南，合溱水，今俗謂之合湞水。齊氏召南曰：「此水源流三百餘里，受巨溪甚多。」《漢書》所謂下湞水。从水，貞聲。陟盈切，十一部。

深　深水，出桂陽南平，西入營道。桂陽郡南平，零陵郡營道，二《志》同。今湖南桂陽州藍山縣縣東五里有南平城。《水經》曰：「深水出桂陽盧聚，西北過零陵營道縣、營浦縣、泉陵縣，至燕室，邪入於湘。」酈云：「桂陽縣本隸桂陽郡，後割屬始興縣，有盧溪。盧聚山在南平縣之南，九疑山之東。」玉裁謂，盧聚山在南平之南，《經》舉其遠源，許舉其近源。洭出盧聚，南流入海；深出盧聚，西北流入湘以入江，是分馳不同也。《湘水篇》經、注皆不言深水，葢吕忱言深水導源盧溪，西入營水，亂流營波，同注湘津，故《湘水篇》言營不言深耳。今深、營二水源委未聞。漢營道、營浦縣皆氏於水，以《字林》訂《說文》，則當作入營，不必有道字。泉陵縣即今湖南永州府零陵縣，今瀟水合諸水於此入湘，深水、營水在其中也。**从水，突聲。**式針切，七部。按，此無深淺一訓者，許意深淺字當作突，詳突下。

汨 長沙汨羅淵也。長沙下葢奪羅字，許例郡縣兼書。《前志》「長沙國羅」，《後志》「長沙郡羅」。應劭曰：「楚文王徙羅子自枝江居此。」今湖南長沙府湘陰縣縣東北六十里有羅縣城是也。岳州府平江縣縣南三十里亦有羅城，云古羅子國也。《水經注·湘水篇》曰：「湘水，又北，汨水注之。汨水，出豫章艾縣桓山，西南逕吳昌縣北，又西逕羅縣北，謂之羅水。又西逕玉笥山，又西爲屈潭，即汨羅淵也。屈原懷沙自沈於此。又西逕汨羅戍南，西南注於湘，春秋之羅汭，世謂之汨羅口。」按，今湘陰縣北七十里汨羅江是也。**从水，冥省聲。**莫狄切，古音十一部與十六部合韻。**屈平所沈水。**小徐本如此。

[氵買] [氵買]水，出豫章艾縣，凡縣字，皆後人所增，古本必無也。**西入湘。**豫章郡艾，二《志》同。《左傳》吳公子慶忌所居，今江西寧都州州西百里有艾城是也。《水經·湘水篇》曰：「又北過羅縣西，[氵買]水從東來流注之。」[氵買]水又別爲篇曰：「[氵買]水，出豫章艾縣，西過長沙羅縣西，又西至磊石山，入於湘水。」按，《水經》言[氵買]不言汨，諸書多言汨不言[氵買]，依《廣韵·廿三錫》⑪，汨、[氵買]、溟三形同。《春秋》莒君密州，《左傳》密作買，亦是買聲近密之證。考之於今，則由江西寧都州，逕湖南平江縣，至湘陰縣入湘者，但有汨水，別無[氵買]水，則[氵買]汨之爲古今字憭然。酈氏云「汨出艾縣，逕羅縣」，皆與《經》言[氵買]同。惟云[氵買]水入湘曰東町口，汨水入湘曰汨羅口，汨羅口在[氵買]口之北，磊石山又在羅口之北，《經》言[氵買]水至磊石山入湘，非是[氵買]尚在羅口南注湘耳。此言甚辨。依《水道提綱》，汨水出平江縣西，北至歸義驛，又西分爲二支。一支西流，稍北於山麓西入湘；一支北流數十里，西北入湘曰屈潭，亦曰汨羅口。正酈之東町、汨羅二口，非有二水也。酈葢未溯上游，不辨異文同物。許書葢本同《水經》有[氵買]無汨，而後人妄增汨字，故其文不類許書。屈原所沈，例所不載。且許既有溟字，云冥聲，豈得冥省聲又爲一字乎。**从水，買聲。**莫蟹切，今莫狄切作汨，十六部。

湘 湘水，出零陵縣陽海山，北入江。縣字今補。凡郡縣同名，則言縣以該之也。零陵郡零陵，二《志》同。《前志》零陵下曰：「陽海山，湘水所出，北至酃入江。過郡二，行二千五百三十里。」過郡二者，零陵、長沙也。又有離水，東南至廣信入鬱（下衍「林」字，非。）行九百八十里。《水經》曰：「湘水，出零陵始安縣陽海山，東北流過下雋縣西，又北至巴丘山，入於江。」酈曰：「陽海山即陽朔山，山在始安縣北，縣故零陵之南部也。湘、灕同源，南爲灕水，北則湘川。」今廣西桂林府興安縣南九十里，俗謂之海陽山，即陽海山也。湘水出焉。北流經全州入湖南畍，經東安縣、零陵縣、祁陽縣、常寧縣、衡陽縣、衡山縣、湘潭縣、善化縣，至喬口，資水來會，又經湘陰縣，至磊石山，分爲二派，又合入洞庭湖，曰湘口。《漢志》云：「至酃入江。」未詳。按，離水字本不從水旁，後人益之耳，許書所無。从水，相聲。息良切，十部。按，《詩・召南》「于以湘之」，假借爲鬺字。

油 油水，出武陵孱陵西，東南入江。武陵郡孱陵，二《志》同。今湖北荊州府公安縣縣西二十五里有孱陵故城是也。《水經》曰：「油水，出武陵孱陵縣西畍，東過其縣北，又東北入於江。」注云：「逕公安縣，西北流，注於大江。」然則許云東南入江，南當作北，明矣。《江水篇》經云：「江水又東南，當華容縣涌水入焉，又東南，油水從西南來注之。」注云：「右合油口，油水東有景口，景口東有淪口，淪水南與景水合，又東通澧水及諸陂湖。」按，今荊州府虎渡口北，江之南岸有支津，南通公安諸湖水，古油水必在其閒。《江表傳》曰：「劉備爲荊州牧，立營油口。」五代梁開平四年，馬殷遣將侵荊南，軍於油口。今公安縣北，舊有油口巡司，是其水今雖湮没，非無可考也。从水，由聲。以周切，三部。按，經史曰「油然作雲」，曰「雲之油油」，曰「禾黍油油」，曰「油油以退」，《玉藻》注曰「油油，悦敬皃。」俗用爲油膏字。

潭 潭水，出武陵鐔成王山，東入鬱林。林字賸，當删，俗人不知鬱爲水名。《漢志》涯水入鬱，離水入鬱，亦皆沾林矣。王，《集韵》引作「玉」，《韵會》引作「五」，《漢志》作「玉」，未審當何從。武陵郡鐔成，二《志》同。《前志》鐔成下曰：「玉山，潭水所出，東至阿林入鬱，過郡二，行七百二十里。」過郡二者，武陵、鬱林也。今廣西潯州府阿林廢縣，漢縣也。鬱林郡廣鬱下曰：「鬱水，首受夜郎豚水，東至番禺郡四會入海，過郡四，行四千三十里。」過郡四者，牂柯、蒼梧、鬱林、南海也。潭水即今福禄江，源出苗地，東南至今貴州黎平府西爲古州江，東至永從縣南，合彩江爲福禄江。入廣西畍，至柳城縣爲柳江。又東南經象州，至潯州府城北曰潯江。此爲廣西之右江，亦曰北江，合廣西左江，亦曰南江，即所謂入鬱也。唐始置潯州，以北潯江爲名。潯江即古潭水，古二字同音，因改其字耳。今人上流爲柳江，下流爲潯江。漢人統曰潭，下流亦曰溜，潭與溜實一水也。按，鬱水，今嶺外之盤江，由雲南、貴州、廣西至廣東爲西江入海者也。《淮南書》曰：始皇「使尉屠睢發卒五十萬爲五軍，一軍守鐔成之嶺，一軍守九疑之塞，一軍處番禺之都，一軍守南埜之畍，一軍結餘干之水。」皆謂今之嶺也。漢鐔成縣故城，在唐之朗溪縣，今之湖南沅州府黔陽縣。王山葢在嶺，故潭水流嶺外東入鬱也。嶺北之水多入沅。从水，覃聲。徒含切，應劭音淫，七部。按，今義訓爲深，取從覃之意也。或訓水側，與潯同也。

溜 溜水，出鬱林郡。不言縣者，有未審也。鬱林郡在今廣西。《前志》有中畱縣，師古曰：「畱，力救反，水名。」葢中畱、潭中，皆以水得名也。《後志》及《宋書・州郡志》作「中溜」，字從水，疑《前志》亦當從水。《元和郡縣志》曰：「貞觀八年，改南昆州爲柳州，因柳江爲名。」柳州即今柳州府。柳江出苗地，至今貴州古州永從縣生苗畍中，東南入廣西，至柳城縣曰柳江，至象州會於盤江。柳江即古溜水，後世譌其字耳。从水，畱聲。力救切，三部。按，今俗訓爲水急流。

潓 潓水，出廬江，入淮。出，疑當作在。漢廬江郡，今安徽廬州府南至安慶府之境是其地。潓水未詳。从水，惠聲。胡計切，十五部。

灌 灌水，出廬江雩婁，北入淮。廬江郡雩婁，二《志》同。《前志》雩婁下曰：「決水，北至蓼入淮。灌水，亦北至蓼入決。過郡二，行五百一十里。」過郡二者，廬江、六安國也。《水經注》：「決水自安豐縣故城西北，逕蓼縣故城東，又西北灌水注之。水導源廬江金蘭縣西北東陵鄉大蘇山，東北逕蓼縣故城西，而注決水。決水又北入於淮。」按，《前志》廬江郡下云：「金蘭西北有東陵鄉，淮水出。」依酈注，則金蘭者，縣名。而《志》無此縣。《志》云「淮水出」，乃「灌水出」之誤。蓋出金蘭東陵鄉，逕雩婁，至蓼入決也。酈云：「灌水俗謂之澮水。」又云：「決水北入於淮，俗謂之澮口。」蓋灌、澮聲相倫，習俗害真尒。酈時已與古名全違，今則更難詳矣。《方輿紀要》曰：「雩婁（今安徽潁州府霍丘縣）西南八十里有雩婁故城。《左傳》襄廿六年，楚人侵吳及雩婁。昭五年，薳啓彊待命於雩婁。是其地也。蓼縣城在霍丘縣西北，決水即今史河，灌水今自河南固始縣東流，經霍丘縣西，合史水入淮是也。」从水，雚聲。古玩切，十四部。按，今字以爲灌注、灌溉之字。

漸 漸水，出丹陽黟南蠻中，東入海。丹陽郡黟，二《志》同，今安徽徽州府黟縣是其地。云漸水出黟南之蠻夷中，則今錢塘江之北源南源皆見矣。《前志》黟下曰：「漸江水出南蠻夷中，東入海。」《水經》曰：「漸江水，出三天子都，北過餘杭，東入於海。」按，班、許、《水經》皆曰「漸江水」，酈氏注則曰「浙江」，蓋《水經》以後無稱漸江者，其前則《山海經》、《吳越春秋》、《史記》皆曰「浙江」。《山海經》有出於漢人者。漢人之書，《地理志》、《說文》爲謹嚴。據許立文，曰江至會稽山陰爲浙江，謂崏江也。曰漸江水出丹陽黟南蠻中，謂今錢唐江也。分別畫然。蓋浙江者，崏江之委；漸江者，錢唐江源流之總稱。二水古於山陰相合，故可統名之曰浙江。後世水道絕不相通，而錢唐江猶冒浙江之名，失其本號耳。《水道提綱》曰：「浙水有南北二源。北曰徽港，即新安江，出歙縣、黟縣、績溪、休寧諸山。南源有二：一曰衢港，即信安江，出開化、江山二縣山；一曰婺港，即東陽江，出東陽縣山。南北二港，在嚴州府治建德縣合流，而北經桐廬縣、富陽縣，至蕭山縣西南合浦陽江，經杭州府城東南，至龕、赭二山之閒入海。」班、許云「黟南蠻中」，今之北源南源皆包舉矣。从水，斬聲。慈冄切，八部。按，走部有趣字，訓進也，今則皆用漸字而趣廢矣。

泠 泠水，出丹陽宛陵，西北入江。丹陽郡宛陵，二《志》同。今安徽寧國府附郭宣城縣，漢故縣也。《前志》宛陵下曰：「清水，西北至蕪湖入江。」按，許之泠水，即班之清水。應劭「零陵泠道」下注引《說文》此條，則應氏未知清、泠異名同實也。泠水，即今宣城縣西六十里之青弋江。《元和郡縣志》：「青弋水在宣州西九十九里。」《水道提綱》曰：「江水又東北爲蕪湖縣西北之魯港口。魯明江南匯旌德、太平、石埭、涇縣諸水，東北流，經宣城西北境曰青弋江，折而西北流，經蕪湖城南而西北注之，是爲魯港口。此水三源，東南源出旌德南，南源出太平南，西南源出石埭西北。」从水，令聲。郎丁切，十一部。按，凡清泠用此字，凡樂工泠人，《左傳》用此字。

濘 濘水，在丹陽。未聞。从水，箄聲。匹卦切，十六部。

溧 溧水，出丹陽溧陽縣。縣字俗所沾。丹陽郡溧陽，二《志》同。據舊志，漢縣葢在今江蘇江寧府高淳縣南十五里之固城。《前志》溧陽下應劭曰：「溧水所出南湖也。」《方輿紀要》曰：「今溧水在今溧陽縣北四十里，即永陽江也。《祥符圖經》：溧水承丹陽湖，東入長蕩湖。丹陽湖即應劭之南湖也。張鐵曰：溧水即永陽江之上源，大江之水，南會於此，江上有渚，曰瀨渚，又謂之陵水。范雎說秦昭王，子胥出昭關至陵水是也。自瀨渚東流爲瀨溪，鄉民誤曰爛溪，入長蕩湖，又分流東行爲吳王漕，葢五代時楊行密漕運所經也。自東壩築，而丹陽湖之水不復入於溧水，永陽江之源流亦滋晦矣。《水利攷》，永陽江一名穎陽江，古名中江。」⑫按，中江者，《前志》丹陽郡蕪湖下云：「中江出西南，東至陽羨入海，楊州川。」謂《禹貢》、《職方》三江之一也。今蕪湖河東接太平府南之黃池河，又東接溧水縣之固城。丹陽石臼諸湖未築東壩以前，諸湖匯長蕩湖，而入太湖，而入於海。此正古中江之道，今則壩西諸水俱西流入江，與古絕異。又按《禹貢》，三江既入，惟北江徑入海，中江則合太湖以入海，南江則合漸江爲浙江以入海。既合之後，則謂太湖爲江，謂漸江爲江，故《班志》直云入海，不云入太湖，可勿疑也。从水，㮚聲。力質切，十二部。

瀷 瀷水，出河南密縣，東入潁。从水，翼聲。與職切，一部。按，此潩字之異體，後人收入，如瀆、汨之實一字也。《淮南書》曰：「澤受瀷而無源。」許慎云：「瀷，湊漏之流也。」見《文選》注，但造《說文》不收瀷字。

潕 潕水，出南陽舞陰，東入潁。南陽郡舞陰，二《志》同。今河南南陽府泌陽縣北十里有舞陰故城。《水經》曰：「潕水，出潕陰縣西北扶予山，東過其縣南，又東過西平縣北，又東過郾縣南，又東過定潁縣北，東入於汝。」酈云：潕水過潕陰縣北，不出其南，又去郾縣遠，不得過。今《水道提綱》敘汝水，不言潕水源流，惟《方輿紀要》引舊志云：「潕水，出泌陽縣北，自平地湧出，如飛舞然。東北流達舞陽縣東南爲三里河，又東入於汝。」未知今水道然否。《水經》入汝，許云入潁，乖異俟攷。从水，𣞤聲。文甫切，五部。按，水名作潕，縣以水得名，而舞陰、舞陽字作舞，當依《漢志》。

㵐 㵐水，出南陽魯陽，入父城。南陽郡魯陽，二《志》同。今河南汝州魯山縣有魯陽故城是。父城，大徐作城父，誤。潁川郡父城，二《志》同。今河南汝州郟縣西四十里有父城故城是也。城父縣，《前志》屬沛郡，《後志》屬汝南郡，今安徽潁州府亳州東南七十里有城父故城是也。《左傳·昭十九年》：「楚大城城父，大子建居之。」哀十六年：「大子建自城父奔宋。」服注及《呂覽·慎行篇》高注、闞駰《十三州志》、《史記·楚世家》正義，皆說此事作城父。杜注及酈氏《汝水篇》注、裴駰注《五子胥傳》、李吉甫《元和郡縣志》

説此事皆作父城，未審當何從。而此條潕入父城，與《水經注》所引合，則斷非城父也。《汝水篇》注曰：「汝水又逕郟縣故城南，潕水注之。水出魯陽縣之將孤山，至父城，與出魯陽北山之桓水會，亂流東北至郟入汝。」按，今汝水由嵩縣天息山東經伊陽縣、汝州、寶豐縣、郟縣、襄城縣，而沙河來會，尚與古水道不殊。潕水入汝，亦必同古水道也。从水，無聲。五勞切，二部。

瀙　瀙水，出南陽舞陰中陽山，入潁。舞陰，二徐皆作舞陽，今正。《前志》舞陰下曰：「中陰山，瀙水所出，東至蔡入汝。」《水經》曰：「瀙水，出潕陰縣東上界山，東過吳房縣南，又東過灈陽縣南，又東過上蔡縣南，東入於汝。」酈云：「《山海經》謂之視水，郭注：視當爲瀙。出葴山。許慎云：出中陽山。皆山之殊目也。」按，《志》云中陰，許云中陽，乖異。雖酈注引作陽，然中陰二字正葴之反語，與《中山經》云出葴山者合，疑作陰是也。《方輿紀要》曰：「瀙水自唐縣東北流，達舞陽縣南。又東南經泌陽縣東北，又東經泌陽之象河關，入汝寧府遂平縣境。」未知今水道然否也。齊氏召南曰：「汝水舊從舞陽縣北而南入西平界，自元末於渦河堨斷其流，使東歸潁，於是西平雲莊、諸石二山之水，明時亦塞。今水道與古全異，即名稱亦隨時不同。所謂灈、瀙、澺、汶、溱、湞，亦難確鑿指證，但據時俗所見敘次源流耳。」玉裁案，顧氏祖禹所臚舉尚或據舊志爲説，不如齊氏據現在者言也。从水，親聲。七吝切，十二部。

淮　淮水，出南陽平氏桐柏大復山，東南入海。南陽郡平氏，二《志》同。今河南南陽府桐柏縣縣西北四十里有故平氏城。《前志》平氏下曰：「《禹貢》桐柏大復山在東南，淮水所出，至淮陵入海，過郡四，行三千二百四十里。」《水經》曰：「淮水，出南陽平氏縣胎簪山，東北過桐柏山，東過江夏、廬江、九江、下邳諸郡，至廣陵淮浦縣入於海。」按，桐柏大復，以四字爲山名。《漢志》、《説文》、《風俗通》、酈注皆云「桐柏大復山」，應劭注《地理志》云「復陽縣在桐柏大復山之陽」是也。後世地志析爲二山，乃非是。《禹貢》衹云桐柏，省言之也。古經史所舉之山，皆舉其全勢，後人乃以一支一節當之。若《水經》所謂胎簪，亦即桐柏耳。作《水經》者別爲二，亦非也。今淮水出河南桐柏縣桐柏山，東流經羅山縣、真陽縣、息縣、固始縣、光州，又入江南界，經潁州府、霍邱縣、潁上縣、壽州、懷遠縣、鳳陽府、臨淮縣、五河縣、盱眙縣、泗州，至清河縣，合於河。經山陽縣、阜寧縣、安東縣，至雲梯關入於海。古水道河於冀州入海，不與淮同入海。淮之古水道，今未有異。淮自平氏至入海，大致東北行，東多北少。許云東南，南字誤。从水，隹聲。户乖切，十五部。按，《禹貢》潍水，《漢書》作維水，其作淮者誤。

滍　滍水，出南陽魯陽堯山，東北入汝。南陽魯陽，見上。《前志》魯陽下曰：「魯山，滍水所出，東北至定陵入女。」《水經》曰：「滍水，出南陽魯陽縣西之堯山，東北過潁川定陵縣西北，東入於汝。」今沙河源出魯山縣西境之堯山，東經寶豐縣、葉縣、舞陽縣，汝水西北自襄城來會，俗曰沙河，即古滍水也。《左傳·僖三十三年》：「楚人與晉師夾泜水而軍。」杜云：「泜水出魯陽縣，東經襄城、定陵入汝。」杜謂泜即滍也。又襄十八年：「楚伐鄭，涉於魚齒之下。」杜、酈皆謂所涉即溠水也。从水，𢀖聲。直几反。按，直几當作直里，古音在一部。

澧 澧水，出南陽雉衡山，東入汝。南陽郡雉，二《志》同。雉音弋爾反。今河南南陽府治南陽縣府北八十里有故雉城，漢縣也。《前志》雉下曰：「衡山，澧水所出，東至郾入汝。」郾，顔本譌作郾，云音屋，非也。《水經注》曰：「汝水，又東南逕郾縣故城北，又東得醴水口。醴水，出南陽雉縣衡山，即《山海經·中山經》之衡山。馬融《廣成頌》曰：『面據衡陰。』在雉縣畍，故世謂之雉衡山。東南流，逕葉縣故城北，又東注葉陂，又東逕郾縣故城南，左入汝。」按，《馬融傳》注引《中山經》：「又東三十里曰雉山，澧水出焉。又東五十里曰宣山，又東四十五里曰衡山。」然則分之爲雉、衡二山，合之則單評衡山。李賢曰：「衡山在今鄧州向城縣北。」杜佑曰：「北重山在向城縣北，即是三鴉之第一。又北分嶺山嶺北，即三鴉之第二鴉也。其第三鴉，入臨汝郡魯山縣畍。」杜之三鴉，蓋即古衡山也。今澧水未詳。从水，豊聲。盧啟切，十五部。此條衡山，非南岳。澧水，非入洞庭之澧水。入洞庭之水，《水經》別爲篇，其字本作「醴」。《禹貢》：「江又東至於醴。」衛包始改爲「澧」。鄭注醴爲陵云：「今長沙有醴陵縣。」馬融、王肅醴爲水名。《夏本紀》、《地理志》皆作醴，《尚書正義》、《史記索隱》引《楚詞》「濯余佩兮醴浦」，正作醴。《水經》注出雉衡山者，從酉；出武陵者，從水。正是互譌也。

溳 溳水，出南陽蔡陽，東入夏水。南陽郡蔡陽，二《志》同。故城當在今湖北德安府隨州境内。夏水見上文沔字下。《水經》曰：「溳水，出蔡陽縣，東南過隨縣西，又南過江夏安陸縣西，又東南入於夏。」酈云：「溳水，出縣東南大洪山。山在隨郡之西南，竟陵之東北，槃基所跨，廣員百餘里。」今溳水出大洪山之陰，東南經隨州應山縣、安陸縣、雲夢縣、應城縣，至漢川縣涓口塘入漢，源流長五百里。入漢，即古之入夏水也。今漢、夏不分。从水，員聲。王分切，十三部。按，水徑德安府治，即古鄖國也。鄖蓋以水得名。《水經注》曰：「隨水至安陸縣故城西入於溳。」故鄖城也。《左傳·定四年》，吳敗楚於柏舉，及於清發。蓋溳水兼清水之目矣。

淠 淠水，出汝南弋陽垂山，東入淮。汝南郡弋陽，二《志》同。今河南光州州東北有故弋陽城。《水經·淮水篇》曰：「淮水，東過期思縣北，又東北淠水注之。水出弋陽南垂山，西北流，歷陰山關西北出山，又東北流逕新城戍東，又東北得詔虞水口，又東北注淮。俗曰白鷺水。」⑬按，今之白露河也，出光州南三十里之南岳山，北流，又東入固始縣界，合春河注於淮。春河即《水經注》之詔虞水也。《水經注》曰：「沘水，字或作淠。」但《說文》有淠無沘，《前志》有沘無淠，不得混爲一水⑭。从水，畀聲。匹備切，又匹制切，十五部。按，《大雅》傳曰：「淠，舟行皃。」箋云：「淠淠然涇水中之舟。」又《小雅》傳曰：「淠淠，衆也。」

濦 濦水，出汝南上蔡黑閭澗，入汝。汝南上蔡縣，二《志》同。今河南汝寧府上蔡縣西南十里故蔡城是。《水經注·汝水篇》曰：「汝水，又東南逕新蔡縣故城南，又東南左會濦水，水上承汝水，別流於奇雒城北爲黄陂，東流於上蔡岡東爲蔡塘，又東逕平輿縣故城南，爲澺水。又東南左迆爲葛陂，又東出爲鮦水，俗謂之三丈陂。陂東注爲富水。澺水正流，自葛陂東南逕新蔡縣故城東，而東南流，注於汝。」《方輿紀要》曰：「澺水在汝寧府東四十里，俗名洪河，源出西平縣。」《水道提綱》曰：南汝水「至新蔡縣之東南，有洪河自西北來會。洪河出舞陽縣東南之筆尖山，經西平縣、上蔡縣、汝陽縣，至新蔡縣南入汝」。大致東南流也。按，於古水道不改。**从水，啻聲。**篆文各本作澺，此云意聲。《集韵》、《類篇》皆云：《說文》作湇，隸作澺。是宋時古本如此，今據正。於力切，一部。

洶 **洶水，出汝南新鄎，入潁。**汝南郡新鄎，見《前志》。《後志》曰：「汝南郡，宋公國。周名鄎丘，漢改爲新鄎，章帝建初四年，徙宋公於此。」今安徽潁州府治阜陽縣縣東八里，有新鄎城。《水經注·潁水篇》曰：「細水，上承陽都阪陂水，枝分東南出爲細水，東逕新陽縣故城北，又東南逕宋縣故城北，縣即所謂鄎丘者也。又南逕細陽縣，又東南逕細陽縣故城南。」引《地理志》「細水出細陽縣東南入潁」。按，今洶水不得其詳。**从水，囟聲。**穌計切，古音當在十二部。《前志》及酈作細，洶細古今字，皆从囟聲也。

灈 **灈水，出汝南吳房，入瀙。**汝南郡吳房，二《志》同。孟康曰：「本房子國。楚靈王遷房於楚。吳王闔閭弟夫槩奔楚，封於此，爲棠谿氏。以封吳，故曰吳房。今吳房城棠谿亭是。」按，昭十三年杜注，房滅於楚，後平王遷之於荆山。今河南汝寧府遂平縣治，故吳房城也。《水經》曰：「灈水，出汝南吳房縣西北奥山，東過其縣北入於汝。」酈云：「灈水東逕灈陽故城西，東流入瀙水，逕其縣南，又東入於汝。」今遂平縣縣西七十里奥來山，蓋《水經》之奥山也。《方輿紀要》曰：「灈水在遂平縣南，東北流入汝。」《水道提綱》曰：「灈水今難確鑿指證。」**从水，瞿聲。**其俱切，五部。

潁 **潁水，出潁川陽城乾山，東入淮。**各本作乾山，《韵會》引作耿山。《晉書音義》引作陽城少室陽乾山，則兼用《水經》、《漢志》改《說文》也。《爾雅音義》引《字林》作陽城乾山，與今《說文》合。潁川以水名郡，字當從水，而漢碑郡名多從禾，蓋漢時相習如此寫，如女陽、女陰、舞陽、舞陰，以水名縣，而不作汝、潕字也。恐《漢志》、《說文》古本郡名亦當從禾耳。潁川郡陽城，二《志》同。今河南河南府登封縣縣東南四十里，有陽城廢縣。《前志》陽城下曰：「陽乾山，潁水所出，東至下蔡入淮，過郡三，行千五百里。荆州浸。」過郡三者，潁川、淮陽、沛郡也。《水經》曰：「潁水，出潁川陽城縣西北少室山，東南至慎縣東南入於淮。」《水道提綱》曰：「今潁水源出登封縣北嵩山西南之少室山，東南經密縣、禹州，分爲二派。一經新鄭縣至臨潁縣，一經襄城縣至臨潁縣。二支復合，經商水縣，合汝水，又合榮陽水，至陳州府南，分爲二派。一爲過河，一爲沙河。過河至江南太和縣與沙河合，又經潁上縣，與淮水合，曰潁口，皆東南流也。」《水經》曰至慎縣入淮，慎縣故城在今潁上縣。**从水，頃聲。**余頃切，十一部。**豫州浸。**《職方氏》曰：「荆州其浸潁、湛。豫州其浸波、溠。」許潁下、湛下皆曰「豫州浸」，而溠下曰「荆州浸」，此非筆誤，蓋案地形互易之也。

洧 **洧水，出潁川陽城山，東南入潁。**《前志》陽城下曰：「陽城山，洧水所出，東南至長平入潁，過郡三，行五百里。」過郡三者，潁川、南陽、汝南也。按，據《志》，則陽城縣有陽城山，許不複言陽城，如河南縣、弘農縣之例。《水經》曰：「洧水，出河南密縣西南馬領山，東南至習城西折入於潁。」酈曰：「亦言出陽城山，葢馬領之統目焉。習城西折入潁，即《地理志》至長平縣入潁者也。」《方輿紀要》曰：「今洧水出登封縣陽城山，經密縣，至禹州新鄭縣，合溱水爲雙洎河，又經長葛縣、洧川縣、鄢陵縣、扶溝縣，至西華縣入潁，大致東南流也。」《一統志》曰：「洧水本至西華入潁，宋時導之自扶溝入蔡。」《左傳》：襄十一年濟隧，九年陰坂，廿六年涉於樂氏，說者云皆謂洧津也。　从水，有聲。　榮美切，古音在一部。

濦　濦水，出潁川陽城少室山，東入潁。《水經》曰：「㶏水出㶏强縣南澤中，東入潁。」酈云：「㶏水出潁川陽城縣少室山，東流注於潁，而亂流東南逕臨潁縣西北，又東逕㶏陽城北，又東逕㶏强縣故城南。　汝水於奇雒城西別東派，時人謂之大㶏水，左合小㶏水，東逕西華縣故城南，至女陽縣故城北，東注於潁。」按，《前志》，汝南郡㶏强，以㶏水得名。　今大溵水在郾城縣南，至商水縣東二十里合潁水，小溵水在臨潁縣西南，東流合於潁水。　从水，㥯聲。　於謹切，十三部。　亦音殷。　其字一變爲㶏，再變爲溵。

過　過水，受淮陽扶溝浪湯渠，東入淮。　湯，《韵會》作蕩。《前志》作狼湯，師古上音浪，下音徒浪反。《水經注》作蒗蕩渠，《集韵》作蒗蕩渠，皆音同字異耳。　淮陽國扶溝，見《前志》。　淮陽國，孝明帝更名陳國，而扶溝改屬陳留置。　扶樂縣，屬陳國。　今河南開封府扶溝縣，漢縣地也。《前志》扶溝下曰：「渦水首受狼湯渠，東至沛郡向入淮，過郡三，行千里。」《水經》曰：「淮水，又東過當塗縣北，過水從西北來注之。」又曰：「陰溝水，出河南陽武縣蒗蕩渠，東南至沛爲過水。　又東南至下邳淮陵縣入於淮。」酈云：「淮水於荆山北，過水東南注之。」注言下邳淮陵入淮，誤矣。　按，《淮水篇》酈注曰：「淮水逕當塗縣故城北，又東北，又北，沙水注之，《經》所謂蒗蕩渠也。　於荆山北，過水東南注之。」據酈所云，是渠水、過水以次入淮也。　今過水在安徽鳳陽府懷遠縣入淮，其上流詳見《水道提綱》等書，非《漢志》、《說文》、《水經》舊迹矣。　从水，過聲。　古禾切，十七部。

泄　泄水，受九江博安洵波，北入氐。《前志》「九江郡博鄉」，此云博安，與《水經》合。　洵波，當作「芍陂」。　氐，當作「比」。《水經》曰：「泄水，出博安縣，北過芍陂西，與沘水合，西北入於淮。」注云：「博安縣，《地理志》之博鄉縣也。　泄水自縣上承沘水於麻步川，西北出歷濡谿，謂之濡水。　自濡谿逕安豐縣，北流注於淠，亦謂之濡須口。」按，淠即沘字，見《沘水篇》注。　洵波無考，疑作芍陂。《水經》云「過芍陂」，則非受也。　疑當作「水受九江博安洵」爲句，洵即過水出者，下四字，當作「過芍陂北入比」六字，然無左證，又與酈云「上承沘」者不合，亦所謂聞疑載疑而已。　从水，世聲。　余制切，五部。《毛詩·大雅》傳曰：「泄泄，猶沓沓也。」此謂假泄爲「詍」也。

汳　汳水，受陳留浚儀陰溝，至蒙爲雝水，東入於泗。雎，當作「獲」，字之誤也。陳畱郡浚儀，二《志》同。《晉地道記》云：「衛之儀邑。」蘇林曰：「故大梁城，梁惠王始都此。」今河南開封府祥符縣縣城西北浚儀廢縣是也。蒙，二《志》皆屬梁國。《春秋左傳》宋有蒙門、蒙澤，今河南歸德府治商邱縣府東北四十里有蒙城，是也。《前志》河南郡熒陽下曰：「卞水，在西南梁國。」蒙下曰：「獲水，首受甾獲渠，東北至彭城入泗。」《水經》曰：「汳水，出陰溝於浚儀縣北，又東至梁郡蒙縣爲獲水，餘波南入睢陽城中。獲水，出汳水於梁郡蒙縣北，又東過蕭縣南，睢水北流注之。又東至彭城縣北，東入於泗。」按，《水經》至蒙爲獲水，許書當同，不當云爲雎水也。下文灉篆下云：「河灉水也。」用《爾雅》「河出爲灉」語，然則自河出即爲灉，非自河出爲汳，既而爲灉也。且許言汳受陰溝，則非受河矣。曰陰溝，曰浪湯渠，曰汳水、獲水，許能言其分合，今當河流紊徙之後，不可得而言。《方輿紀要》曰：「汳水，或謂即《禹貢》之雝水，《春秋》之邲水，秦漢之鴻溝，上與河、泲通，下與泗、淮通，隋以前自歸德府至蕭縣、碭山縣閒入泗，隋以後則自歸德至泗州兩城閒入淮，宋時東南之漕，大都由汴以達畿邑，故汴河之經理爲詳，自後則湮廢矣。」《禹貢錐指》曰：「元至元中，河徙出陽武縣南，奪過入淮，而新鄉之流遂絕。及泰定元年，改從汴渠，至徐州城東北，合泗以入淮，即今河所行是也。」⑮然則今之大河，開封而下，徐州而上，皆故汴也。从水，反聲。皮變切，十四部。《漢志》作卞，《後漢書》作汴。按，卞者，弁之隸變也，變汳爲汴，未知起於何代，恐是魏晉都雒陽惡其從反而改之。舊音切芳萬，今則併其音改之也。

潧 潧水，出鄭國。鄭國，謂周之鄭國，即漢之新鄭也。《鄭語》曰：「前華後河，右洛左濟，主芣騩而食溱洧。」《水經》曰：「潧水，出鄭縣西北平地。」酈云：「出鄶城西北雞絡塢下，東南流，左合滋水，又南，左會承雲山水，又東南，逕鄶城西，謂之柳泉水，又南，注於洧，世亦謂之爲鄶水也。」今溱水在河南開封府密縣，東北流，經新鄭縣西北，南流合洧水爲雙洎河，而洧盛溱涸矣。从水，曾聲。側詵切，十二部。按，曾聲，則在六部，而經傳皆作溱，秦聲。《鄭風》「褰裳涉溱」，與「豈無他人」爲韵，學者疑之。玉裁謂，《說文》、《水經》皆云潧水在鄭，溱水出桂陽，葢二字古分别如是，後來因《鄭風》異部合韵，遂形聲俱變之耳。《詩》曰：「潧與洧方汍汍兮。」汍，音丸藥之丸。各本作「渙渙」，今正。此《鄭風》文也。今《毛詩》作「渙渙」，春水盛也。釋文曰：「《韓詩》作洹洹，音丸。《說文》作汎，音父弓反。」按，作汎，父弓反，音義俱非，葢汍汍之誤。汍汍與洹洹同。《漢志》又作「灌灌」，亦當讀汍汍，皆水盛沄旋之貌。引此詩者，爲潧字之證，知今經傳皆非古本。《廣韵》曰：「《詩》作溱洧，誤。」

淩 淩水，在臨淮。《前志》臨淮郡，《後志》爲下邳國。《前志》泗水國淩，應劭曰：「淩水所出，入淮南。」《後志》淩屬廣陵郡。《水經注·淮水篇》：「淮水，左逕泗水國南。淩水，出淩縣，東流，逕其縣故城東，而東南流，注於淮，是曰淩口。」今江蘇徐州府宿遷縣縣東南五十里有淩城。淩水未詳。从水，夌聲。力膺切，六部。《廣韻》曰：「淩，歷也。」今字今義也。

濮 濮水，出東郡濮陽，南入鉅野。東郡濮陽，二《志》同。《前志》濮陽下曰：「衛成公自楚丘徙此。故帝丘，顓頊虛。」杜預曰：「帝丘，昆吾氏因之，故曰昆吾之虛。」今直隸大名府開州西南濮陽故城是也。鉅野，二《志》屬山陽郡，《前志》鉅壄下曰：「大壄澤在北，兖州藪。」即西狩獲麟之所，《爾雅》十藪之一。今山東曹州府鉅野縣，漢舊縣也。自隨以後，濟流枯竭，大野漸微，元末爲河所決，河徙後遂涸爲平陸。濮水者，殷紂時師延作靡靡之樂，已而自沈之水也。《前志》陳畱郡封丘下曰：「濮渠水，首受泲，東北至都關，入羊里水。」《水經注·濟水篇》言濮渠故瀆，「自濟東北流爲高梁陂，又東逕匡城北，又東北逕酸棗縣故城南，又東逕蒲城北，又東逕韋城南，又東逕長垣縣故城北。又東分爲二瀆，北濮出焉。濮渠又東逕須城北，又東逕濮陽故城南，又東逕離狐縣故城南，又東逕葭密縣故城北，又東北逕鹿城南，又東與句瀆合，與濟同入鉅野」。按，酈所云，即許所説故道也。今濮河自河南封邱縣流徑長垣縣北、東明縣南，又東經開州東南，合洪河入山東濮州界，俗譌爲普河。《方輿紀要》曰：「今濟絶河遷，濮水源流不可復考矣。」从水，僕聲。博木切，三部。《牧誓》、《左傳》之濮人、百濮，則在江漢之南。

濼 齊魯閒水也。《春秋·桓十八年》：「公會齊侯於濼。」三經三傳皆同。杜曰：「濼水在濟南歷城縣，西北入濟。」《水經注·濟水篇》曰：「濟水，又逕盧縣故城北，又逕什城北，又東北右會玉水，又東北濼水入焉，水出歷城縣故城西南。《春秋·桓公十八年》：『公會齊侯於濼。』是也。俗謂之娥英水。合大明湖、歷水，北流注於濟。」《齊乘》曰：「小清河之在歷城者，即古濼水。」按，今山東濟南府歷城縣小清河，源出縣西，東經章邱、鄒平、長山、新城，入青州府高苑縣，至博興縣，合時水入海。而章邱以下淤塞，濼水東北入大清河。从水，樂聲。盧谷切，古音在二部。《經典釋文》引《説文》匹沃反，此蓋《音隱》文也。《玄應》曰：「凡陂池，山東名爲濼，匹博切，鄴東有鸕鷀濼，是也。幽州呼爲淀，音殿。」按，濼、泊古今字，如梁山泊是也。《春秋傳》曰：「公會齊侯于濼。」

漷 漷水，在魯。《春秋經·襄十九年》：「取邾田自漷水。」《公羊傳》曰：「其言自漷水何？以漷爲竟也。何言乎以漷爲竟？漷移也。」何云：「魯本與邾婁以漷爲竟，漷移入邾婁畍，魯隨而有之。諸侯土地，本有度數，不得隨水，隨水有之，當坐取邑。」《水經注·泗水篇》曰：「漷水，出東海合鄉縣，西南流入邾，又逕魯國鄒山東南而西南流。《左傳》所謂嶧山，《詩》所謂『保有鳧嶧』者也。又西南，逕蕃縣故城南，又西逕薛縣故城北，夏車正奚仲之國也。又西至湖陸縣，入於泗。」按，合鄉、蕃、薛故城，皆在今山東滕縣。不云在魯邾婁之閒，徑云水在魯者，邾婁魯附庸非敵，故立文如是。《一統志》曰：「漷水源出滕縣東北百里述山，西流會諸泉水，逕縣南，又西會南梁河，入運河，舊名南沙河，西南流入泗，不與南梁會。自漕河東徙，遏其南流，乃北出趙溝，會南梁以入運河也。」从水，𩫏聲。苦郭切，五部。

淨 魯北城門池也。《公羊傳·閔二年》：「桓公使高子將南陽之甲，立僖公而城魯。或曰：自鹿門至于爭門者是也。或曰：自爭門至于吏門者是也。魯人至今以爲美談，曰：猶望高子也。」鹿門者，魯南城之東門；爭門者，魯北城之門。天子十二門，通十二子；諸侯大國當是九門，俟攷。淨者，北城門之池，其門曰爭門，則其池曰淨，从爭旁水也。《廣韵》曰：「埩，七耕切。魯城北門池也。《說文》作淨。」蓋古書有作「埩」門者矣。城北誤倒。从水，爭聲。士耕切，十一部。又才性切。按，今俗用爲瀞字，釋爲無垢薉，切以才性，今字非古字也。

濕 濕水，出東郡東武陽，入海。東郡東武陽，二《志》同。今山東曹州府朝城縣東南有東武陽城是也。《前志》東武陽下曰：「禹治漯水，東北至千乘入海，過郡三，行千二十里。」過郡三者，東郡、平原、千乘也。《水經》曰：「河水又東北過高唐縣東。」注云：「河水於縣漯水注之。漯水上承河水於東武陽縣東南，而北逕武陽新城東，又逕東武陽故城南，又北逕陽平縣故城東，又北絕莘道城之西北，又東北逕樂平縣故城東，又北逕聊城縣故城西，又東北逕清河縣故城北，又東北逕文鄉城東南，又東北逕博平縣故城南，又東北逕瑗縣故城西，又東北逕高唐縣故城東，又東北逕濕陰縣故城北，又東北逕著縣故城南，又東北逕崔氏城北，又東逕鄒平縣故城北，又東北逕建信縣故城北，又東北逕千乘縣二城間，又東北爲馬常坑，亂河枝流而入於海。」按，此班、許所說故道也。《河渠書》：「禹以爲河所從來者高，水湍悍，難以行平地，數爲敗，乃厮二渠以引其河。」《漢書音義》曰：「二渠，其一出貝丘西南南折者也，其一則漯川。」⑯出貝丘者，王莽時遂空，唯用漯耳。玉裁謂，濕水故瀆，今不可詳。从水，㬎聲。它合切，七部。按，日部㬎讀若唫，此濕所以在七部也。漢隸以濕爲燥溼字，乃以漯爲泲濕字。累者，俗絫字，在十六部，於音殊遠隔也。桑欽云：「出平原高唐。」平原郡高唐，二《志》同。今山東濟南府禹城縣西南有高唐故城，《左傳》襄十九年、廿五年、昭十年、哀十年之高唐也。《前志》高唐下曰：「桑欽言漯水所出。」酈注《河水篇》云：「按《竹書》、《穆天子傳》兩言濕水，尋其沿歷逕趣，不得近出高唐也。桑氏所言，葢津流所出，次於是間也。」玉裁按，桑舉其源之近者耳。今禹城縣濕水，已不可詳。

泡 泡水，出山陽平樂，東北入泗。山陽郡平樂，見《前志》。《志》云：「侯國：泡水，東北至沛，入泗。」《水經注·泗水篇》曰：「黄溝，又東逕平樂縣，又東，右合泡水，即豐水之上源也。水上承大薺陂，東逕貰城北，又東逕巳氏縣故城南，又東逕卭城縣故城南，又東逕單父縣故城南，又東逕平樂縣，右合泡水。自下豐、泡竝得通稱，故《地理志》曰：平樂，泡水所出。又東逕豐縣故城南，又東逕沛縣故城南，於城南東注泗。」《地理志》曰：「泡水，自平樂東北至沛入泗者也。」按，今泡河自今山東單縣流逕江蘇豐縣北，又東逕沛縣畍，循城東南至泗亭驛，而合於泗。从水，包聲。匹交切，按，今俗曰包河，古音在三部。又流貌也，或曰浮漚也。

菏 菏水，在山陽湖陵南。各本水上衍「澤」字，陵下奪「南」字，今依《尚書音義》正。《前志》山陽湖陵下曰：「《禹貢》，菏水在南。」濟陰郡下曰：「《禹貢》：荷澤在定陶東。」《水經》曰：「荷水，在山陽湖陸縣南，荷澤在濟陰定陶縣東。」是豫州菏澤，徐州菏水，畫然二事。依《水經》及注，菏水雖源於菏澤，而與菏澤迥別。釋文於徐州引《説文》「水出山陽湖陵南」，非菏澤也。今本《説文》淺人增澤，大誤矣。山陽郡湖陵，見《前志》。王莽改曰湖陸，光武仍曰湖陸⑰，至章帝復湖陸之號。今山東兖州府魚臺縣縣東南六十里有湖陵故城，與江南沛縣接畍。《前志》湖陵下曰：「《禹貢》：浮於淮、泗，通於荷。荷水在南。」不但言荷水在南，而必舉此《禹貢》文者，明此荷水非豫州及道沇水之荷澤也。《水經》曰：「濟水，又東至乘氏縣西，分爲二。其一東南流者，過乘氏縣南，又東過昌邑縣北，又東過金鄉縣南，又東過東緡縣北，又東過方與縣北，爲荷水。又東過湖陸縣南，東入於泗水。」酈氏云：「《尚書》曰：浮于淮、泗，達于荷。是也。」按，此經、注所説故道，今多湮塞不可詳。《禹貢》：「浮于淮、泗，達于菏。」不稱道菏澤、沇水又東至於菏者，彼爲菏澤，此爲菏水，與班意同也。不言《夏書》言《禹貢》者，正襲班語也。《尚書古文疏證》曰：「自淮而泗，自泗而菏，然後由菏入泲，以達於河，徐之貢道也。上文沇州浮于濟漯，達于河次，青州便浮于汶，達于濟，不復言達于河。次徐州，浮于淮、泗，達于菏，不復言達于濟。至揚州，則浮于江、海，達于淮、泗，且不復言達于菏。不復言者，蒙上文也，聖經之書法也。」从水，苛聲。古俄切，十七部。按，當左形右聲，篆體取結搆乃似上艸下河耳。《五經文字》云：「菏見《夏書》，古本亦作荷。」玉裁謂，古《尚書》、《史記》、《漢書》、《水經注》皆作荷，或是假借，或是字誤，不可定。而應劭曰：「《尚書》荷水，一名湖。」韋注：「漢曰荷，胡阿反。」是則湖陵以荷水得名，荷與湖語之轉。至若今《史記》、《漢書》、俗本《尚書》作「浮于淮、泗，達于河」，皆誤字也。《郡國志》注，譌作苛。

泗　泗水，受泲水，東入淮。《地理志》濟陰乘氏下曰：「泗水，東南至睢陵入淮，過郡六，行千一百一十里。」又魯國卞縣下曰：「泗水出縣北（三字依《水經注》補），西南至方與入泲，過郡三，行五百里。青州川。」出乘氏者，其遠源；出卞者，其近源。過郡三，當作過郡二。過郡二者，魯、山陽也。《水經》曰：「泗水，出魯卞縣北山，西南過魯縣北，又西過瑕丘縣、東屈，從縣東南流，漷水從東來注之。又南過平陽縣西，又南過高平縣西，洸水從西北來流注之。又南過方與縣東，菏水從西來注之。又屈東南過湖陸縣南，涓涓水從東北來流注之。又東過沛縣東，又東南過彭城縣東北，又東南過呂縣南，又東南過下邳縣西，又東南入於淮。」此舉卞縣以下所經二郡也。卞縣，今山東兖州府泗水縣縣東五十里卞故城是也。許不言水所出，但云受泲水，則又舉其源之至近者也。《水經》言濟水又東過湖陸縣南，東入於泗水。《前志》：「泗水至方與入泲。」一謂濟入泗，一謂泗入泲。酈氏《泗水篇》注云：「泗、濟合流，故地記或言濟入泗，泗亦言入濟，互受通稱，故《地理志》有南梁水入濟之文。」玉裁謂，許言泗受濟水，則與班殊，與《水經》合也。今泗水出縣東陪尾山，西流逕曲阜北八里，又西南流，逕滋陽縣東五里，轉南流，與曲阜縣之沂水合，入金口閘，又南流逕鄒縣西南五十里，又南至濟寧州天井閘，入運河。《禹貢錐指》曰：「泗水自泗水縣歷曲阜、滋陽、濟寧、鄒縣、魚臺、滕縣、沛縣、徐州、邳州、宿遷、桃源，至清河縣入淮，此禹跡也。今其故道，自徐州以南，悉爲黄河所占。」《一統志》引《志》云：「金口之堰修，而泗水盡入於漕。」从水，四聲。息利切，十五部。按，《毛詩》傳曰：「自目曰涕，自鼻曰泗。」

洹 洹水，在齊魯閒。齊，當依《水經注》所引《説文》、《字林》作「晉」。《左傳・成七年》⑱：「聲伯夢涉洹。」杜曰：「洹水出汲郡林慮縣，東北至魏郡長樂縣入清水。」《水經》曰：「洹水，出上黨泫氏縣，東過隆慮縣北，又東北出山，過鄴縣南，又東過内黄縣北，東入於白溝。」林慮縣即隆慮縣，今河南彰德府林縣是其地也。今洹水自山西長子縣流入，經林縣東北，流經安陽縣北，又東流經内黄縣西北，入衞河。《水道提綱》曰：「衞河，又東北經彰德府治安陽縣東南畍，有洹河自西北來會，其南岸即内黄縣西境也。」《水經》之白溝，今衞河在内黄者，皆即淇水。許當云「在晉衞之閒」，云「在晉魯閒」者，魯衞相近，以魯聲伯夢涉而云也。从水，亘聲。羽元切，十四部。《玉篇》曰：「汍同。」

灉 河灉水也。也字依《水經注》補。《水經》曰：「瓠子河，出東郡濮陽縣北河。」酈云：「《尚書》雝、沮會同。《爾雅》曰：水自河出爲灉。許愼曰：雝者，河雝水也。」是酈意以瓠子河爲《尚書》之雝也。按，自河出爲灉，濟爲濋，汶爲瀾，洛爲波，漢爲潛，淮爲滸，江爲沱，過爲洵，潁爲沙，汝爲濆，見於《釋水》。其見於《説文》者，則沱也，潛也，灉也，洵也。河之別爲灉，如江之別爲沱，沱非一沱，則灉亦非一灉。凡首受河之水，皆可名之矣。在宋。説者以汳水當之。从水，雝聲。於容切，九部。

澶 澶淵水也。也字今補。在宋。《春秋經・襄二十年》：「盟于澶淵。」三十年：「會于澶淵，宋災故。」杜曰：「澶淵在頓丘縣南，今名繁汙。此衞地，又近戚田。」按，頓丘，今直隸大名府清豐縣縣西南二十五里頓丘故城是也。澶淵即繁水，在河南彰德府内黄縣縣東二十六里。《史記》廉頗拔魏繁陽，漢置縣，屬魏郡。應劭曰：「在繁水之陽也。」張晏曰：「其畍爲繁淵。」按，繁與澶疊韵，汙與淵雙聲。繁陽故城，在今内黄縣東北二十七里，實衞地而云在宋者。葢以《春秋》書宋災，故而云然，未爲宲也。〇又按，澶淵，高氏士奇《春秋地名攷》爲詳。从水，亶聲。市連切，十四部。《吳都賦》注曰：「澶恬，安流貌。」

洙 洙水，出泰山葢臨樂山，北入泗。泰山郡葢，二《志》同。今山東沂州府沂水縣縣西北七十里有葢城，是也。《前志》葢下曰：「臨樂于山，洙水所出，西北至葢入池水。」《水經》曰：「洙水，出泰山葢縣臨樂山，西南至卞縣入於泗。」按，此條《水經》與《志》迥殊。《志》云「臨樂于山」者，謂勃海郡臨樂縣之于山也，泝其源而言。故下文云至葢，非謂洙出葢也，而經注皆删于字。謂臨樂爲葢縣山名，其亦誤矣。池，注引作泗，云或作池，葢字誤。夫經、注皆云泗水出卞縣，不云出葢縣，又皆云洙水至卞入泗，不云至葢入泗，然則即改池爲泗，亦於水道不合。安知班時無池水，抑或不知何字之誤，而竟作泗字也。杜預《釋例》云：「出魯國東北，西南入沇水，下合泗。」乃作「沇」字，俟攷。葢洙水，在班時已非古道，故其書法不同他水。至桑、酈時，更昧於臨樂之源，乃誣班爲出蓋。觀《春秋·莊九年》「浚洙」，知其易湮也。許亦云「出泰山蓋臨樂山，北入泗」，恐非許氏原文，淺人用《水經》改竄之。今洙水在曲阜縣北四里，上不得其源，下流不入泗而入沂，又迥非酈氏之舊，蓋以湮没而以是冒之耳。从水，朱聲。市朱切，四部。

沭 沭水，出青州浸。出下有奪文。《集韵》、《類篇》徑删浸字，非是。當補「琅邪東莞南入泗」七字。《周禮》：「青州，其浸沂、沭。」注云：「沭出東莞。」《前志》琅邪郡東莞：「術水，南至下邳入泗，過郡三，行七百一十里。青州浸。」東莞，今山東沂州府沂水縣治西北東莞故城是也。《水經》曰：「沭水，出琅邪東莞縣西北大弁山，東南過其縣東，又東南過莒縣東，又南過陽都縣東，入於沂。」酈曰：「舊瀆入泗，非入沂也。」今沭水出沂水縣北、臨朐縣南之沂山，東南流，徑莒州東，又西南流，徑蘭山縣東，又南徑郯城縣東，又西南流入江南沭陽縣畍，分爲二派，下流入海，迥非舊道矣。从水，术聲。食聿切，十五部。《前志》作術，云青州浸，其所據《職方》當如是作。

沂 沂水，出東海費東，西入泗。東海郡費，見《前志》。春秋魯季氏邑，今山東沂州府費縣西北二十里費故城是也。《職方氏》曰：「青州，其山鎮曰沂山，其浸沂、沭。」鄭曰：「沂山，沂水所出也，在蓋。」《前志》泰山郡蓋下曰：「沂水出。」《水經》曰：「沂水，出泰山蓋縣艾山。」許云出東海費東，説乖異者，蓋沂山即東泰山，是山盤回數縣，今沂水出沂水縣之雕厓山，即沂山西峯也。又西北接大弁山，即沭水所出也。《前志》曰：「沂水南至下邳入泗。」《水經》曰：「沂水，出泰山蓋縣艾山，南過琅邪臨沂縣東，又南過開陽縣東，又東過襄賁縣東，屈從縣南，西流，又屈南過郯縣西，又南過良成縣西，又南過下邳縣西，南入於泗。」許云「西入泗」，疑當作「南入」，然酈善長所據已作西矣。今沂水出雕厓山，東南流逕沂水縣西，又南流逕蘭山縣東，又南流逕郯城縣西，又南流入江南邳州畍。从水，斤聲。魚衣切，古音在十三部。按，漢人多以爲圻堮之圻。一曰，沂水出泰山蓋，此即班、鄭、《水經》之説也。許分爲二説，則不謂雕厓山即沂山矣。如渭下之謂渭首亭與鳥鼠山爲二説。青州浸。

洋 洋水，出齊臨朐高山，東北入鉅定。齊郡臨朐，《後志》作齊國臨朐。今山東青州府臨朐縣其地也。《前志》臨朐下曰：「石膏山，洋水所出，東北至廣饒入鉅定。」《水經注·巨洋水篇》曰：「巨洋水，又逕臨朐縣故城東，又東北逕委粟山，又東北洋水注之。水西出石膏山西北石澗口，東南逕逢山祠西，又東南歷逢山下，即石膏山也。巨洋水又東北逕劇縣故城西，又東北逕益縣故城東，又東北積而爲潭，枝津出焉，謂之百尺溝。西北流，注於巨淀。又東北逕壽光縣故城西，又東北注於海。」按，班、許曰洋水，即《水經》及注之巨洋水也。班、許以出臨朐石膏山者爲正源耳。許云高山，即石膏山也。《前志》齊郡有廣饒、鉅定二縣，馬車瀆水首受鉅定。然則鉅定本水名，因以爲縣名。定、淀古今字。《魏都賦》張注曰「淀者，如淵而淺」是也。廣饒、鉅定故城皆在今山東青州府樂安縣境，今樂安縣東北四十里清水泊，即古鉅定湖。巨洋水，今曰瀰河，源出今臨朐縣南沂山西麓，北流逕臨朐縣東，又北歷益都縣，又東北流逕壽光東，又東北會黑塚泊，入於海。今南陽水亦名長沙水，源出益都縣西南石膏山，東北至城西，折而東，繞城北，又東流入瀰河。**从水，羊聲。**似羊切，十部。按，《毛詩・衞風》傳曰：「洋洋，盛大也。」《魯頌》傳曰：「洋洋，衆多也。」讀與章切。

濁　濁水，出齊郡上文不言郡，此字葢淺人增之。**厲嬀山東，北入鉅定。**厲，當作廣。嬀，當作爲。皆字之誤。齊郡廣，見《前志》，《後志》作「齊國廣」，今山東青州府益都縣縣西南四里，有廣縣故城是也。《前志》廣下曰：「爲山，濁水所出，東北至廣饒入鉅定。」《水經注》曰：「淄水，又東北逕廣饒縣故城南，又東北馬車瀆水注之，水首受巨淀，淀即濁水所注也。吕忱曰，濁水一名溷水，出廣縣爲山，一名冶嶺山，東北流，逕廣固城西，城在廣縣西北四里。又東北流，逕堯山東，又東北流，逕東陽城北，合陽水，即長沙水也。又北逕臧氏臺西，又北逕益城西，又北流注巨淀。」今北陽水，源出益都縣西南九迴山，即古爲山，東北流，逕城北，又東北逕壽光縣四十里，又北入清水泊，即古濁水也。**从水，蜀聲。**直角切，三部。按，濁者，清之反也。《詩》曰：「涇以渭濁。」又曰：「載清載濁。」

溉　溉水，出東海桑瀆覆甑山，東北入海。東，當作北。瀆，當作犢。皆字之誤也。北海郡桑犢，見《前志》。今山東萊州府濰縣有桑犢故城，《水經注》之桑犢亭也。《前志》桑犢下云：「覆甑山，溉水所出，東北至都昌入海。」今濰縣東南四十里溉源山，即覆甑山也。《水經注》亦謂之塔山。《寰宇記》曰：「天寶六載，勑改爲溉源山。」今溉水自溉源山北流至昌邑縣境入海，即東虞河也，亦曰東丹河。**从水，既聲。**古代切，古音在十五部。按，多借爲濯摡字。**一曰，灌注也。**此依《韵會》本。注下曰「灌也」，渶下曰「溉灌也」。《洞簫賦》：「迴江流川而溉其山。」李注引《説文》：「溉，猶灌也。」與今本異。

濰　濰水，出琅邪箕屋山，東入海。琅邪郡箕，見《前志》。故城當在今山東沂州府莒州境。《前志》箕下云：「《禹貢》維水，北至都昌入海，過郡三，行五百二十里。兖州寖也。」《水經》曰：「濰水，出琅邪箕縣濰山，東北過東武縣西，又北過平昌縣東，又北過高密縣西，又北過淳于縣東，又東北過都昌縣東，又東北入於海。」按，屋山在今莒州西北九十里。《水經注》曰：「濰山、屋山及《淮南子》云出覆舟山，實一山也。」今濰水出莒州西東北箕屋山，東南流，入青州府諸城縣畍，逕萊州府高密縣畍，又北，逕安邱縣東，又北，流入萊州府昌邑縣畍，又東北入海，曰淮河口，與古水道合。漢都昌城，在今昌邑縣西。**徐州浸。**徐，當作兖。《職方氏》：「河東曰兖州，其浸盧、維。」鄭云：「盧、維，當爲雷、雍。」班《志》則云：「維，兖州浸。」不改字也。許云「兖州浸」亦同。**《夏書》曰：「濰淄其道。」**許水部無淄字，此淄葢俗加水旁耳。《周禮》作「葘」，《漢志》作「甾」，古字也。「濰甾其道」，《禹貢》青州文。**从水，維聲。**以追切，十五部。按，《地理志》述《禹貢》作維，今版本作惟，誤。琅邪箕下云「《禹貢》維水」，蒙上文言也。其靈門下、横下、折泉下，皆作「淮」，則轉寫之誤。葢班从今文《尚書》作維，許从古文《尚書》作濰。《左傳·襄十八年》作維，音義曰：「本又作濰。」今山東土語與淮同音，故竟作淮字。

浯 [seal] 浯水，出琅邪靈門壺山，東北入濰。琅邪郡靈門，見《前志》。今山東沂州府莒州州北百二十里有靈門城。《前志》靈門下曰：「壺山，浯水所出，東北入淮。」淮當作「維」，字之誤也。《水經注》曰：「濰水，又北逕平昌縣故城東，又北浯水注之。水出浯山，世謂之巨平山。許慎言水出靈門山，世謂之浯汶矣。其水東北逕姑幕縣故城東，又東北逕平昌縣故城北，又東北流，注於濰水。」今浯水自莒州流入諸城縣畍，東北流，逕安丘縣東南入濰水。从水，吾聲。五乎切，五部。

汶 [seal] 汶水，出琅邪朱虛東泰山，東入濰。琅邪郡朱虛，見《前志》，《後志》屬北海國。今山東青州府臨朐縣東六十里有朱虛故城。《前志》朱虛下云：「東泰山，汶水所出，東至安丘，入維。」《水經》曰：「汶水出朱虛縣泰山，北過其縣東，又北過淳于縣西，又東北入於濰，謂之東汶水，以別於《禹貢》汶水也。」按，東泰山即《封禪書》黄帝封東泰山，今沂山是也。今東汶河源出臨朐縣南沂山東北谷，東流近穆陵關，折東北流數十里，折東流百五十里，至安邱縣西南境，折東北流經縣城西北，又東流數十里與濰水會。从水，文聲。亡運切，十三部。按，二汶水在齊。漢人㟭山、㟭江字作汶山、汶江，以古音同讀如文之故，謂之假借可也。《考工記》「貉踰汶則死」，《淮南子》同。鄭云汶水在魯北，酈注以入《汶水篇》。《考工記》多齊語，則謂入泲之汶無疑也。殷敬順扨爲異説，殊非是。

桑欽説：汶水出泰山萊蕪，西南入泲。此謂《禹貢》汶水也。上文渭水、濕水、沂水皆舉別説，皆謂一水而説源有不同也，此則畫然二水，源流皆異。泰山郡萊蕪，二《志》同。《前志》萊蕪下曰：「原山，《禹貢》汶水出，西南入泲。桑欽所言。」《水經》於濟水曰：「又東北過壽張縣西畍安民亭南，汶水從東北來注之。」於汶水曰：「又西南過壽張縣北，又西南至安民亭入於濟。」按，舊泲水合汶於安民亭，今東平州西南十里安山鎮即古亭也。今汶水出今山東泰安府萊蕪縣東北七十里之原山，亦名馬耳山。西南流，經縣城西北，又經泰安府南境，又經寧陽縣北境，至汶上縣北之戴村壩，又經汶上西南境之南旺，分流南北。南流者四分以接徐沛，北流者六分以接臨清。自明永樂中宋禮開會通河以及國朝，運河皆全資汶水，而入泲之故道湮矣。《前志》朱虛下但云汶水，萊蕪下則云《禹貢》汶水，然則出朱虛入濰者，非《禹貢》汶水也。

治 [seal] 治水，出東萊曲城陽丘山，南入海。城，當作「成」，字之誤也。東萊郡曲成，二《志》同。今山東萊州府掖縣東北六十里有曲成故城。《前志》曲成下曰：「陽丘山，治水所出，南至沂，入海。」按，沂字疑誤，一本作「至臨沂」，尤誤。當作「計斤」二字。今掖縣東南三十里有陽邱山，亦名馬鞍山。今治水名小沽河，自掖縣馬鞍山南流，至平度州東南，與出登州府黄縣之大沽河合，流逕即墨，至膠州之麻灣口入海。《一統志》曰：「《左傳·昭二十年》『姑尤以西」，杜注：姑水、尤水，皆在城陽郡東，南入海。《齊乘》：姑即大沽河，尤即小沽河。」玉裁謂，尤古音讀如貽，與治同在第一部，《齊乘》之言可信也。　从水，台聲。　直之切，一部。　按，今字訓理，蓋由借治爲理。

濅　濅水，出魏郡武安東北，入呼沱水。　魏郡武安，二《志》同。　今河南彰德府武安縣縣西南五十里有武安城。《前志》武安下曰：「濅水東北至信都國東昌入虖池河，過郡五，行六百一十里。」从水，㝱聲。　子鴆切，七部。　按，沈浸、浸淫之字多用此，隸作浸。　㝱，籀文寑。　見宀部。

湡　湡水，出趙國襄國之西山，東北入濅。　趙國襄國，二《志》同。　今直隸順德府邢臺縣西南有襄國故城，商祖乙遷於邢，周時邢國皆在此。《前志》襄國下曰：「西山，渠水所出，東北至廣平國任縣入濅。」按，渠水當是湡水之譌。《一統志》曰：「灃河，源出邢臺縣東南，東流逕南和縣西南，又東北逕任縣東，至隆平縣入胡盧河，即百泉水也。」《方輿紀要》曰：「百泉水，蓋即灃河之上源。」引《志》云：「百泉水，一名湡水，又名鴛鴦水，《隋志》以爲㴲水也。」鴛鴦水，在南和縣西，見《魏都賦》注。　从水，禺聲。　噳俱切，古音在四部。　顏師古音藕，又音牛吼反。

㴲　㴲水，出趙國襄國，東入湡。　《前志》襄國下云：「又有蓼水、馮水，皆東至廣平國朝平入湡。」按，馮水當是㴲水之譌，字之誤也。　廣平國南和下云「列葭水東入㴲」，蓋湡、㴲二水今不可別矣。　㴲入湡，湡入濅，濅入虖沱，虖沱移徙不常，故道今不可攷。《水經注·虖沱篇》佚。　从水，虒聲。　息移切，十六部。

渚　渚水，在常山中丘逢山，東入湡。　常山郡中丘，見《前志》。　中丘下云：「逢山長谷，諸水所出，東至張邑入濁。」按，諸當作「渚」，濁當作「湡」，皆字之誤也。　張邑即廣平國之張也，中丘、渚水俟攷。　从水，者聲。　章與切，五部。《爾雅》曰：「小州曰渚。」《釋水》文。　州、洲古今字。《召南》傳曰：「渚，小洲也，水岐成渚。」

洨　洨水，出常山石邑井陘，東南入于泜。　于，衍字也。　常山郡石邑，見《前志》。　井陘，謂石邑之井陘山也。　今直隸正定府獲鹿縣西南有石邑城，戰國時趙邑也。《前志》石邑下曰：「井陘山在西，洨水所出，東南至廮陶入泜。」井陘縣下應劭注曰：「井陘山在南。」然則井陘縣在石邑之西，井陘山在石邑西南、井陘縣南也。　井陘山之東南，則石邑地也。　今洨河出獲鹿縣南，東流逕欒城縣西，又南入趙州畍。　舊志云：下流至寧晉縣，注於胡盧河。上源四泉交合，故謂之洨也。　从水，交聲。　下交切，二部。　師古曰：「音效，又音爻。」沛國有洨縣。　沛國洨，見《後志》、《前志》作沛郡洨。　凡言「有」者，皆别於上文之義。　應劭云：「洨縣，洨水所出，南入淮。」是別一洨水也。　師古曰：「音肴。」

濟　濟水，出常山房子贊皇山，東入泜。　常山郡房子，見《前志》。　後志云：「常山國房子。」今直隸正定府贊皇縣是其地。《前志》房子下曰：「贊皇山，石濟水所出，東至廮陶入泜。」

《後志》曰：「贊皇山在縣西南六十里，濟水所出。」按，此水名與四瀆之泲字各不同，而經傳皆作濟，《風俗通》遂誤以常山房子之水列入四瀆，而云廟在東郡臨邑縣，豈知《班志》臨邑下云「有泲廟」，字固作「泲」乎。今本《前志》「石濟水」，石字疑衍。以《説文》、《風俗通》、《後志》正之，皆不當有石字。《一統志》曰：「舊志云：槐水出黄沙嶺，流經贊皇縣西北十里入元氏縣畍，合泜水，又東南歷高邑柏鄉達寧晉縣，入胡盧河，即古大陸澤。」玉裁謂，槐水即古濟水也。贊皇山，在今贊皇縣西南。从水，齊聲。子禮切，十五部。今字以爲濟渡字。

泜　泜水，在常山。《前志》常山郡元氏下曰：「沮水，首受中丘西山窮泉谷，至堂陽入黄河。」按，沮當作泜，《北山經》注云：「今泜水出中丘縣西窮泉谷，東注於堂陽縣，入於漳水。」以郭正班，知沮爲字之誤。《風俗通》云：「濟水出常山房子贊皇山，東入沮。」此亦泜譌作沮也。由書氐作互，遂譌且耳。《班志》入黄河，亦當依郭作濁漳。攷《水經注》濁漳過堂陽縣，而河水不徑堂陽。《元和志》曰：「泜水在贊皇縣西南二十五里，即韓信斬陳餘處。」今泜水在元氏縣，源出封龍山，東南流，經縣西南六十里紙屯村，入槐河。泜與濟互受通稱。从水，氐聲。直尼切，十五部。按，蘇林音「祗」，晉灼音「邸」，師古音「脂」，又丁計反，兼用二音也。司馬貞曰：「今俗呼此水音如邸。」

濡　濡水，出涿郡故安，東入淶。淶，各本作「漆」「涑」二字，今正。戴先生曰：「《易水篇》注云：許慎曰，濡水入淶。淶即巨馬之異名，與巨馬河注『巨馬河即淶水也』正合。今《水經注》淶譌深，《説文》淶譌漆、涑二字，皆字之誤耳。」涿郡故安，二《志》同。今直隸易州東南有故安故城，是戰國時燕與趙易土，燕以武陽與趙，即此也。《前志》故安下曰：「閻鄉，易水所出，東至范陽入濡。并州寖。濡水亦至范陽入淶。」今本《漢志》脱濡字。師古謬爲之注，非也。《水經注·易水篇》曰：「易水，逕范陽縣故城南，又東與濡水合。水出故安縣西北窮獨山南谷，東流與源泉水合，又東南流，逕樊於期館西，荆軻館北，又東逕武陽城西北，又東逕紫池堡，又東得白楊水口，又東合檀水，又東南流，於容城縣西北大利亭東南合易水，而注巨馬水也。故《地理志》曰：易水至范陽入濡。又曰：濡水合渠。許慎曰：濡水合淶。淶、渠二號，即巨馬之異名。」按，酈引濡水入渠，即「濡水亦至范陽入淶」之句也。今本作「淶」，酈本作「渠」，今勝酈本。酈有「濡」字，則又酈本勝。今凡書之當參伍以求其是者如此。濡水，今在易州北，即北易水也，東南入保定府定興縣界爲沙河。一曰東南流，入容城縣境。从水，需聲。人朱切，五部。按，《左傳·昭七年》：「盟於濡上。」釋文云：「《説文》女于反。」是《音隱》舊説，此水斷不作乃官反也。師古注《漢書》於故安下云：「濡，乃官反。」殊誤。漁陽郡白檀下：「濡水出北蠻夷中。」⑲遼西郡肥如下：「玄水東入濡水，濡水南入海陽。」此則酈注《濡水篇》所謂「濡、難聲相近」。今謂之灤河者，音乃官反，是矣。其字葢本作渜，譌而爲濡。〇今字以濡爲霑濡，經典皆然。

灅　灅水，出右北平俊靡，東南入庚。俊，各本作

「浚」，今依二《志》作俊。右北平俊靡，二《志》同。今直隸順天府遵化州州西北有俊靡故城是。《前志》右北平無終下曰：「浭水，西至雍奴入海。」俊靡下曰：「灅水，南至無終，東入庚。」浭與庚，一字也。《水經注·鮑丘水篇》曰：「鮑丘水，北逕雍奴縣東，又東庚水注之。水出右北平徐無縣北塞中，而南流得黑牛谷水，又西南流，灅水注之。水出右北平俊靡縣，東南流與温泉水合，又東南逕石門峽，又東南流，謂之北黄水，又屈而南，爲南黄水，又西南逕無終山，藍水注之。又西南入於庚水，庚水又南，逕北平城西，而南入鮑丘水。鮑丘水又東，巨梁水注之。鮑丘水至雍奴縣北，屈東入海。」歙程氏瑤田《通藝録》曰：「今灅水自遵化州西北四十五里鮎魚石關外入口，東經温泉，酈所謂與温泉水合也。又東迆南十五里曰水門口，酈所謂石門峽也。又西南入棃河，棃河即庚水也。庚水既得灅水，又稍西而淋河南入之，淋河，酈所謂藍水也。鮑丘水今之潮河也。潮河合泃水、庚水東流，有還鄉河西南入之，酈所謂巨梁水也。流俗多誤，以古正之如此。灅、棃一聲之轉，灅水俗呼棃河，因使所入之庚水冒稱棃河，而巨梁河冒稱庚水。」⑳从水，壘聲。九軌切，十五部。

沽 沽水，出漁陽塞外，東入海。漁陽下當有「縣」字，説見邑部。漁陽郡漁陽，二《志》同。今直隸順天府密雲縣縣西南三十里漁陽故城是也。《前志》漁陽下曰：「沽水，出塞外，東南至泉州入海，行七百五十里。」《水經》曰：「沽河，從塞外來南，過漁陽狐奴縣北，西南與濕餘水合，爲潞河。又東南至雍奴縣西，爲笥溝。又東南至泉州縣，與清河合。東入於海。清河者，派河尾也。」按，凡曰出某縣塞外、某縣徼外、某縣某方、蠻夷中者，皆言其來之遠，不可得其地名，故系之某縣也。此云漁陽塞外，則非出漁陽矣。今直隸之白河，即沽河也。白河遠出宣化府獨石口之獨石水，合赤城水、龍門水，東南流，逕密雲縣西，與潮河合。潮河，古鮑丘水也。既得潮河，西南逕懷柔縣東南，南經順義縣東，至通州城北東南三面，俗稱古潞水。又南逕舊漷縣西，又逕香河縣西南，又東南逕武清縣東，又東南入天津縣畍。合諸大川，由直沽入海。與酈注所述，不甚異。程氏瑤田曰：「俗謂沽水及酈注之獨固門漁水、嬴山皆在今之薊州者，繆甚。」玉裁謂，《方輿紀要》謂漢漁陽在今薊州，亦大繆。从水，古聲。古胡切，五部。今字以爲沽買字。《伐木》鄭箋曰：「酤，買也。」字从酉。

沛 沛水，出遼東番汗塞外，西南入海。番音盤，汗音寒。遼東郡番汗，二《志》同。今奉天府遼陽州，漢遼東郡治也。番汗未聞。《前志》番汗下曰：「沛水出塞外，西南入海。」沛水亦未聞。从水，巿聲。普蓋切，十五部。今字爲顛沛，跋之假借也。《大雅·蕩》傳曰：「沛，拔也」是也。拔，當作「跋」。又本部渿下云：「沛之也」，即《孟子》「沛然莫之能禦」意，蓋勃然之假借也。

浿 浿水，出樂浪鏤方，東入海。樂浪音洛郎。樂浪郡鏤方，二《志》同。鏤方未聞。《前志》樂浪郡浿水縣下曰：「浿水，西至增地入海。」《水經》曰：「浿水，出樂浪鏤方，東南過臨浿縣，東入於海。」酈按：「《漢志》是，《説文》及《水經》非也。」酈云其水西流，逕故樂浪朝鮮縣，即樂浪郡治，而西北流，故《地理志》曰浿水西至增地縣入海。浿水，今朝鮮國之大通江，在平壤城北。平壤城，即古王險城，漢之朝鮮縣也。《隋書》曰：「平壤城，南臨浿水。」从水，貝聲。普拜切，十五部。一曰，出浿水縣。此即《前志》說也。浿水縣未聞。

滱 北方水也。《北山經》曰：「獄法之山，滱津之水出焉。」从水，寇聲。戶乖切，十五部。

灅 灅水，出鴈門陰館絫頭山，東入海。沈約《宋書》曰：「陰館，前漢作觀，後漢、晉作館。」按，今《前書》不作觀，蓋淺人改也。鴈門郡陰館，二《志》同。今山西代州州北四十里陰館城是。在句注陘北，絫頭山在今朔州代州之閒。《前志》陰館下曰：「絫頭山，治水所出，東至泉州入海，過郡六，行千一百里。」《水經》曰：「灅水，出鴈門陰館縣，東北過代郡桑乾縣南，又東過涿鹿縣北，又東過出山，過廣陽薊縣北，又東至漁陽雍奴縣西入笥溝。」按，治水、灅水，異名同實。《武五子傳》作台水，台即治也。《前志》代郡且如下：「于延水出塞外，東至廣寧入治。（今本無「廣」。）」平舒下：「祁夷水，北至桑乾入治。」小顏本治皆譌沽，姑、故二音，其繆甚矣。酈云：「《地理志》于延水東至廣寧入治，非是。」謂于延逕廣寧故城南，又逕茹縣故城北，又逕鳴雞山西，又逕且居縣故城南，乃後注於灅水，不當云在廣寧入治也。新校《水經注》改治作沽，不免誤會。今直隸永定河即桑乾河，即古灅水也。源出山西朔州馬邑縣洪濤山，會灰河，經馬邑縣、山陰縣、應州、大同府、渾源州、陽高縣、天鎮縣、廣靈縣、蔚州，入直隸畍。經西寧縣、懷安縣、保安州、懷來縣、昌平州、宛平縣、良鄉縣、固安縣、永清縣、霸州、天津府，至大沽，北入於海。从水，纍聲。力追切，十五部。按，此篆疑當是「從水，絫聲」。其山曰絫頭山，故其水曰漯水。今字絫作累，又與纍相亂。《水經注》作濕水者，漯作濕，乃又譌濕也。漯餘水亦譌作濕餘，又或譌作溫餘。一曰，治水也。各本作「或曰」，今依《集韵》、《類篇》作「一曰」，謂灅水一名治水，見《漢志》。酈氏亦云「一曰治水」。師古曰：「治，弋之反。」

瀘 瀘水，出北地直路西，東入洛。北地郡直路，見《前志》，今未聞。《前志》直路下曰：「沮水出東，西入洛。」《水經》曰：「沮水，出北地直路縣，東過馮翊祋祤縣北，東入於洛。」按，《前志》當云「出西、東入」，今本誤倒。洛者，上文出北地歸德北夷界中，東南入渭之水也。酈注謂沮水下流合銅官，注鄭渠，而東入洛。自鄭渠湮廢，沮水故道難考矣。今沮水出陝西鄜州中部縣西北子午山，東流經駱駝岡翟道山南，俗曰沮水，有子午河自西來會，又東有慈烏河西南來會，東南流，經縣城南，又東稍北三十餘里入洛河，蓋非班、許、《水經》所謂也。《禹貢》：「道渭自鳥鼠同穴，東會于灃，又東會于涇，又東過漆沮，入于河。」《尚書》某氏傳云：「漆沮，一水名，亦曰洛水。」《水經》：「渭水又東過華陰縣北。」注云：「洛水入焉，闞駰以爲漆沮之水也。」是則洛水之下流，古稱漆沮，炳焉可信。《尚書》傳云：「漆沮，一水名，亦曰洛水。」正義申之曰：「孔以爲洛水一名漆沮，文理甚明，言一水名者，正恐人疑爲二水也。」今版本皆作二水名，然則亦曰洛水者，謂漆乎，謂沮乎，不可通矣。若《周頌》傳云：「漆、沮，岐周之二水也。」此言涇西之漆、沮爲二水，以別於涇東之漆沮爲一水。《雅》《頌》皆舉涇西之二水，《禹貢》舉涇東之一水，各不同也。酈曰：「濁水入沮至白渠，俗謂之漆水，又謂之爲漆沮水。」此洛水所以得名漆沮與。**从水，虘聲。**側加切，古音在五部。子余切，與出漢中房陵之沮各字。《漢書》《水經》不別。

泒　**泒水，起鴈門葰人戍夫山，東北入海。**葰人縣，《後志》無，《前志》屬太原郡。此屬鴈門者，二郡境相接，容有改屬也。葰，如淳音瑣，師古音山寡反。《史記》周勃、樊噲二傳作「霍人」，《左傳・襄十年》之霍人也。今山西代州繁峙縣南有葰人故城。戍夫山，即泰戲之山也。《北山經》曰：「泰戲之山，虖沱之水出焉，而東流注於漊水。」郭云：「今虖沱水出鴈門鹵城縣南武夫山。」李吉甫曰：「泰戲山，一名武夫山，在繁峙縣東南，虖沱水出焉。」《通典》：「虖沱水出繁畤縣東南泒阜山。」《明統志》謂之小泒山、大泒山。然則戍夫即武夫，即泰戲也，泒水即虖沱之源也。**从水，瓜聲。**古胡切，五部。

滱　**滱水，起北地靈丘，東入河。**北地，當作代郡。《前志》曰：「代郡靈丘。」今山西大同府靈丘縣東有靈丘故城。靈丘下曰：「滱水東至文安，入大河，過郡五，行九百四十里。」《水經》曰：「滱水，出代郡靈丘縣高氏山，東南過廣昌縣南，又東南過中山上曲陽縣北，恒水從西來注之。又東過唐縣南，又東過安憙縣南，又東過安國縣北，又東過博陵縣南，又東北注於易。」今直隸唐河，即古滱水也，出大同府渾源州南。今翠屏山，即古高氏山。東南流入靈邱縣，又東南流入直隸易州廣昌縣界，由倒馬關流入，逕完縣西北、唐縣西南界，又東南過定州，入慶都縣南界，又逕祁州南，會沙、滋二水，又東北逕博野、蠡二縣南，又東北逕高陽縣東，又北逕安州東，入白洋淀。《一統志》曰：「據《水經注》，蓋滱水故道本由今清苑縣東南與濡博諸水合流注易，後徙而東，不入縣境。」按，《前志》云入大河，有誤。大河之名，亦非《志》所有。**从水，寇聲。**苦侯切，四部。**滱水即漚夷水。**漚當作嘔。**并州川也。**《職方氏》：「并州，其川虖池、嘔夷。」鄭曰：「嘔夷，祁夷與，出平舒。」按，《前志》平舒下云：「祁夷水北至桑乾入治。（治即㶟，今本作沽，誤。）」今出大同府廣靈縣之壺流河也，與靈丘之滱河，劃然二事。班云「滱河，并州川」，是亦謂滱即嘔夷，爲許所本。古寇聲、區聲同部。

淶　**淶水，起北地廣昌，東入河。**北地，當作代郡。「代郡，廣昌」，見《前志》。《後志》屬中山國。今直隸易州廣昌縣縣北有廣昌故城。《職方氏》曰：「并州，其浸淶、易。」鄭云：「淶出廣昌。」《前志》廣昌下曰：「淶水，東南至容城入河，過郡三，行五百里。并州浸。」《水經》曰：「巨馬河，出代郡廣昌縣淶山。」巨馬河即淶水也。「東過迺縣北，又東南過容城縣北，又東過勃海東、平舒縣東，入於海。」酈云：「巨馬水於東平舒北，南入於滹沱，而同歸於海也。」今淶水一名巨馬河，源出廣昌縣南，東流轉南，逕易州淶水縣東，又南入保定府定興縣畍，至縣南爲白溝河。又東南逕容城縣東北，又東逕新城縣南，又東南逕雄縣西，又東入保定縣界。非酈注舊迹也。**从水，來聲。**洛哀切，一部。**并州浸。**

泥（篆）泥水，出北地郁郅北蠻中。北地郡郁郅，見《前志》。今甘肅慶陽府安化縣治，即郁郅故城也。《前志》郁郅下曰：「泥水出北蠻夷中。」泥陽下應注曰：「泥水出郁郅北蠻中。」《一統志》曰：「東河在安化縣東，即白馬水也。」《元和志》：「延慶縣西臨白馬州。」《寰宇記》：「白馬水出北塞夷中。」引《水經注》云：「洛川南逕尉李城東北，合馬嶺水，號白馬水。」《明統志》：「東河來自沙漠，至安化城北，合懷安及靈溝水，南流至合水縣，爲馬蓮河。東河及下流馬蓮河，皆即古泥水也。」按，馬蓮即馬嶺之轉語。从水，尼聲。奴低切，十五部。按，今字皆用爲塗泥字。

湳（篆）西河美稷保東北水。宋本及《集韵》、《類篇》皆同。一本無「北」字。西河郡美稷，見《前志》。今蒙古鄂爾多斯左翼中旗東南有漢美稷故城，在故勝州之西南也。《檀弓》注曰：「保，縣邑小城。」保、堡古今字。《水經注·河水篇》曰：「河水又南，樹頹水注之。河水又左，得湳水口。水出西河郡美稷縣，東南流，又東南流入長城東，鹹水入之。又東南，渾波水注之。又東逕西河富昌縣故城南，又東流入於河。」按，漢富昌城，在鄂爾多斯左翼前旗界。湳水，未審今鄂爾多斯何水也。从水，南聲。乃感切，古音在七部。酈曰：「羌人因湳水爲姓。」

漹（篆）漹水，出西河中陽北沙，南入河。北沙，《水經注》引作「之西」。西河郡中陽，二《志》同。戴先生曰：「《水經》河水，南過西河圁陽縣東，又南過離石縣西，又南過中陽縣西，又南過土軍縣西。據地望考之，中陽西濵河，當在今汾州府寧鄉縣境。《趙世家》『秦取我西都及中陽』是也㉑。道元乃云中陽故城在東，東翼汾水，不濵於河也。《元和志》於孝義縣下云：『魏移西河郡中陽於今理。』此條可證明《水經》之中陽其所本之書，道元偶失檢。道元《汾水篇》注所言鄔澤北起大陵，南接鄔正，今平遙之西，孝義之東，介休之北，最爲洿下汾川轉徙不常之地。《說文》之漹水，乃入河，非入汾。漢中陽西濵黄河，《說文》亦一證。道元就漹字與鄔字牽合，謂漹水即鄔澤，謬矣。」玉裁按，漹水今未得其證。从水，焉聲。乙乾切，十四部。

涶（篆）河津也，在西河西。河津名涶，猶洹津、孟津也。在西河西，謂在西河郡之西，今未詳其地。从水，垂聲。土禾切，十七部。按，口部以爲唾重文。

㵪（篆）㵪水也。未詳。从水，旟聲。以諸切，五部。

洵（篆）過水出也。各本誤作「過水中也」，今正。《釋水》曰：「水自過出爲洵，大水溢出別爲小水之名也。」《水經注》引《字林》曰：「洵，過水也。」經有假借洵爲均者，如「洵直且侯」是也。有假爲恂者，如「洵美且都」、「洵訏且樂」是也。有假爲敻者，如「于嗟洵兮」，即《韓詩》之「于嗟夐兮」是也。有假爲泫者，《國語》「無洵涕」是也。从水，旬聲。相倫切，十二部。

涻（篆）涻水，水名。出北嚻山，入卬澤。卬，俗本作邛，誤，今依舊抄《繫傳》本。《北山經》曰：「鉤吾之山，又北三百里，曰北嚻之山，洿水出焉。而東流注於卬澤。」許所據洿作「涻」，如柘作「樜」，颾作「劦」，皆與今本不同也。其地未詳。从水，舍聲。始夜切，古音在五部。

汈　汈水也。《集韵》、《類篇》引《説文》有「出上黨」三字。又沴汈與澳淴同。沴汈，溼相箸也，亦垢濁也。从水，刃聲。乃見切，古音在十二部。

湩　湩水也。《集韵》、《類篇》曰：「出潁川。」从水，直聲。恥力切，一部。

淁　淁水也。从水，妾聲。七接切，八部。

涺　涺水也。从水，居聲。九魚切，五部。

𤅊　𤅊水也。从水，臮聲。其冀切，十五部。

沋　沋水也。《廣韵》曰：「在高密。」按，蓋即《左傳》尤水，上文之治水也。从水，尤聲。羽求切，古音在一部。

洇　洇水也。从水，因聲。此字《玉篇》及小徐皆作「涃」，困聲。《廣韵》洇、涃竝收，《集韵》、《類篇》引《説文》互異，而今存宋本皆作「洇」，因聲，於真切。毛斧季改爲困聲，苦頓切，非是。十一部。

淉　淉水也。从水，果聲。古火切，十七部。

湞　湞水也。从水，貟聲。讀若瑣。穌果切，在十七部。

浝　浝水也。从水，尨聲。莫江切，九部。

溾　溾水也。从水，乳聲。乃后切，四部。或以爲「酒醴維醹」之醹。

汷　浜水也。《廣韵》《集韵》皆曰：「在襄陽。」从水，宍聲。宍，古文終。職戎切，九部。古文終見仌部。

洦　淺水也。《顔氏家訓》曰：「遊趙州，見柏人城北有一小水，土人亦不知名，後讀城西門《徐整碑》云：『洦流東指。』案《説文》此字古泊字也。泊，淺水貌。此水無名，直以淺貌目之，或當即以洦爲名乎。」玉裁按，顔書今本譌誤，爲正之可讀如此。《説文》作洦，隸作泊，亦古今字也。犬部狛字下云：「讀若淺泊。」淺水易停，故泊又爲停泊。淺作薄，故泊亦爲厚薄字。又以爲憺怕字。今韵以泊入鐸，以洦入陌，由不知古音耳。但上下文皆水名，此字次第不應在此，蓋轉寫者以從百從千類之。从水，百聲。匹白切。按，當作旁各切，五部。

汘　汘水也。从水，千聲。倉先切，十二部。

洍　洍水也。从水，𦣞聲。詳里切，一部。《詩》曰：「江有洍。」此蓋《三家詩》。下文引「江有汜」，則《毛詩》也。云汜水「别復入水也」。[22]而證以「江有汜」，此言轉注也。云洍水名而證以「江有洍」，此言假借也。引《書》作「𢻃」「莫席」，皆此例。

澥　勃澥，海之别也。宋本作「郣」，今本及《集韵》、《類篇》皆作勃。别下，宋本、葉本、趙本、《五音韵譜》、《類篇》、《集韵》，皆無「名」字，毛斧季妄增之。然《文選》注已誤多矣。《毛詩》傳曰：「沱江之别者也。」海之别，猶江之别。勃澥，屬於海，而非大海，猶沱屬於江，而非大江也。《説文》或言屬，或言别。言屬而别在其中，言别而屬在其中。此與稗下云「禾别」正同。《周禮》注：「州、黨、族、閭、比者，鄉之屬别。」則屬别竝言也。《漢書·子虛賦》音義曰：「勃澥，海别枝也。」《齊都賦》注曰：「海旁曰勃，斷水曰澥。」《潛丘劄記》曰：「今海自山東登州成山折而西，逕寧海州、福山、蓬萊、招遠縣，又西逕萊州、掖縣、昌邑、濰縣，又西逕青州、壽光、樂安、諸城縣北界，折而西北，逕濟南、利津、霑化、海豐縣，又北逕直隸、河間、鹽山、滄北、静海縣東界，又北至天津衞，折而東逕順天、寶坻、豐潤縣，又東逕永平、灤州、樂亭、盧龍、昌黎縣，又東出山海關，逕遼東、寧遠、廣寧衞南界，折而南，逕海、蓋、復、金四衞西界，又折而東，逕金州南界，有旅順口，南與登州海口相對，皆謂之勃海。太史公多言勃海，《河渠書》謂永平府之勃海也，《封禪書》謂登、萊兩府之勃海也，《蘇秦列傳》指天津衞之海言，《朝鮮列傳》指海之在遼東者言。勃海之水大矣，非專謂近勃海郡者也。」玉裁按，此於大海爲别枝。从水，解聲。胡買切，十六部。一説，澥，即澥谷也。《集韵》、《類篇》皆作「一曰澥谷也」五字，此别一義也。《律曆志》曰：「黄帝使泠綸自大夏之西、昆侖之陰，取竹之解谷。」孟康曰：「解，脱也。谷，竹溝也。取竹之脱無溝節者也。一説昆侖之北谷名也。」按，《漢書》解谷，《説文》作「澥」，《廣韵》作「嶰」。

海　天池也。見《莊子·消摇游》。㠯納百川者。《爾雅》：「九夷、八狄、七戎、六蠻，謂之四海。」此引伸之義也。凡地大物博者，皆得謂之海。从水，每聲。呼改切，一部。按，海篆當與澥相屬，各本誤廁漠篆後，今正。

漠　北方流沙也。《漢書》亦假「幕」爲漠。一曰，清也。《毛詩》傳曰：「莫莫，言清静。」从水，莫聲。慕各切，五部。

附注：

① 《史記·大宛傳》張守節正義引《漢書》有「廣衺三四百里」句，司馬貞索隱無相關内容，段氏誤記。

② 此引《漢書·地理志》，原文作「過郡七，行二千六百六十里。」段氏校正兩字，另「二百」當是「六百」，徐鉉引亦作「六百」。

③ 本篇段氏在引用古籍如《水經注》等時，常有節略，而於《水道提綱》《大清一統志》《讀史方輿紀要》等書引用時尤多綜緝改竄，又夾用各書分注小字語，整理時難以一一標注，但爲示明起訖之處，仍加引號。

④ 顧説見《讀史方輿紀要》卷七十五。段氏節引。

⑤ 今中華書局影印胡刻《文選》，《洞簫賦》作「佚豫以沸慣」，李善注引《埤蒼》曰：「怫慣，不安貌。」

⑥「補漆注」三字及以下文字原在第十一篇上一之末，爲便閲讀，今移接於此。

⑦「又北」以下十二字亦酈氏《水經注》語，爲段氏插語所隔。

⑧見《史記·封禪書》正義。

⑨見《史記·封禪書》。

⑩見《通鑑地理通釋》卷五「十道山川考」之「大川·漳」條，首五字爲段括語，「而南」當作「而東」。

⑪「錫」是「鍚」之誤。

⑫以上引見《讀史方輿紀要》卷二十「江寧府溧陽縣」下，張鐵原爲「張鉉」。

⑬「注之」上是經文，以下各句爲節引酈注文。

⑭《六書音韵表》比聲、畀聲同在十五部，二字本可通用。《廣韵》亦謂沘水「今謂之淠水」。（余行達《説文段注研究》53頁）

⑮所引係本書「元明大河圖第三十一」之圖中左下角説明文。

⑯見《史記·河渠書》集解引，「南折」本作「東折」。

⑰此句「陸」是「陵」之誤。參段氏《古文尚書撰異》「禹貢·達於菏」下之説。

⑱「成七年」當作「成十七年」。

⑲《漢書·地理志》作「洫水出北蠻夷」，段氏誤「洫」爲「濡」，又衍「中」字。

⑳此綜述《通藝録》七「水地記」中「灃水考」「庚水考」兩文之説，非直引原文。

㉑《史記·趙世家》趙武靈王十年，「秦取我中都及西陽。」戴引有誤字，請參集解引「徐廣曰」。

㉒「下文引」，指許於「汜」字下引。「汜」字在前，「下文」應作「上文」爲妥。「水別復入水也」爲「汜」下説解，段謂「水」是衍文。參「汜」下段注。

説文解字第十一篇上二

金壇段玉裁注

溥 大也。見《釋詁》。从水，尃聲。滂古切，五部。

⿰氵闇 水大至也。水大，《廣韵》作「大水」。从水，闇聲。乙感切，七部。

洪 洚水也。《堯典》《咎繇謨》皆言「洪水」。《釋詁》曰：「洪，大也。」引伸之義也。《孟子》以洪釋洚，許以洚釋洪，是曰轉注。大壑曰「谼」，字亦作洪。从水，共聲。户工切，九部。

洚 水不遵道。《孟子·滕文公篇》：「《書》曰：洚水警予。洚水者，洪水也。」《告子篇》：「水逆行謂之洚水。洚水者，洪水也。」水不遵道，正謂逆行。惟其逆行，是以絶大。洚、洪二字，義實相因。一曰，下也。此别一義。洚與夅、降音義同。从水，夅聲。户工切，又下江切，九部。

衍 水朝宗于海皃也。鉉無皃字，非。海淖之來，旁推曲暢，兩厓渚涘之閒，不辨牛馬，故曰衍。引伸爲凡有餘之義，假羡字爲之。从水行。洐字，水在旁；衍字，水在中。在中者，盛也。會意。以淺切，十四部。

淖 水朝宗于海也。《禹貢》：「荆州，江漢朝宗于海。」鄭以《周禮》「春見曰朝，夏見曰宗」釋之，古説則謂潮也。《論衡·書虚篇》辨子胥驅水爲濤事曰：「天地之性，上古有之。《經》江漢朝宗于海，唐虞之前也。」又曰：「濤之起也，隨月盛衰，小大滿損不齊同。」虞翻注《易》「習坎有孚」曰：「水行往來，朝宗于海，不失其時，如月行天。」注「行險而不失其信」曰：「水性有常，消息與月相應。」皆與許説合。朝宗于海者，謂彼此相迎受。洚水之時，江漢不順軌，不與海通，海淖不上。至禹治之，江漢始與海通。於楊州曰：「三江既入」，謂江漢之入海也。於荆州曰：「江漢朝宗于海」，謂海淖上達直至荆州也。江漢之水下赴海，淖上迎，呼吸相通，恩禮相受，二州之文相爲表裏，古説如是。朝宗于海，謂海水來朝，見尊禮也。从水，朝省。會意。隸不省。直遥切，二部。按，《説文》無濤篆，蓋濤即淖之異體。濤，古當音稠。淖者，輈聲，即舟聲。《文選》注引《倉頡篇》：「濤，大波也。」蓋淖者，古文；濤者，秦字。枚乘《七發》「觀濤」，即爲觀淖。

濥 水脈行地中濥濥也。濥濥，動皃。寅下曰：「正月陽氣動，泉欲上出，髕寅於下也。」《淮南·天文訓》曰：「指寅則萬物螾。」注：「螾，動生皃。」皆其義也。《江賦》曰：「潛演之所汩淈。」《蜀都賦》曰：「濥以潛沫。」劉注：「水潛行曰濥。」此二水伏流，故曰濥。按，今《文選》作演，誤。从水，夤聲。弋刃切，十二部。

滔 水漫漫大皃。《堯典》：「浩浩滔天。」按，漫漫，當作「曼曼」，許書無漫字。从水，舀聲。土刀切，古音在三部。

涓 小流也。凡言涓涓者，皆謂細小之流。从水，肙聲。古懸切，十四部。《爾雅》曰：「汝爲涓。」見《釋水》。亦大水溢出別爲小水之名也。郭本作「濆」，葢非。濆，水厓也。

混 豐流也。盛滿之流也。《孟子》曰：「源泉混混。」古音讀如衮，俗字作滚。《山海經》曰：「其源渾渾泡泡。」郭云：「水濆涌也。衮、咆二音。」渾渾者，假借渾爲混也。今俗讀户衮、胡困二切，訓爲水濁，訓爲雜亂，此用混爲溷也。《説文》混溷義別。从水，昆聲。胡本切，十三部。

潒 水潒瀁也。瀁者，古文爲漾水字，隸爲潒瀁字，是亦古今字也。潒瀁，曡韵字，搖動之流也。今字作蕩漾。从水，象聲。讀若蕩。徒朗切，十部。

漦 順流也。順下之流也。《釋言》曰：「漦，盝也。」盝同漉酒之漉。《國語》、《史記》「龍漦」，韋昭曰：「漦，龍所吐沫。」按，龍沫必徐徐漉下，故亦謂之漦。一曰，水名。未詳。从水，𠩺聲。俟甾切，一部。

汭 水相入皃。皃各本作「也」，今依《玉篇》、《廣韵》正。上下文皆水皃，則皃字是也。水相入皃者，汭之本義也。《周禮·職方》之汭，即《漢志》右扶風汧縣之芮水名也。《大雅》之汭，亦作芮，毛云：「水厓也。」鄭云：「汭之言内也。」《尚書》嬀汭、渭汭，某氏釋爲水北。雒汭，某氏釋爲雒入河處。《左傳》漢汭、渭汭、雒汭、滑汭，杜氏或云「水内也」，或云「水之隈曲曰汭」，大意與《大雅》鄭箋相近。鄭箋「之言」云者，謂汭即内也。凡云某之言某，皆在轉注、假借閒。从水内。與枘同意。内亦聲。而鋭切，十五部。

潚 深清也。謂深而清也。《中山經》曰：「澧沅之風交瀟湘之浦。」《水經注·湘水篇》曰：「二妃出入瀟湘之浦。瀟者，水清深也。《湘中記》云：湘川清照五六丈，下見底石如摴蒲矢，五色鮮明。是納瀟湘之名矣。」據善長説，則瀟湘者，猶云清湘。其字讀如肅，亦讀如蕭。自景純注《中山經》云瀟水。今所在未詳，始別瀟、湘爲二水，俗又改潚爲瀟，其謬日甚矣。《詩·鄭風》：「風雨潚潚。」毛云：「暴疾也。」《羽獵賦》：「風廉雲師，吸噏潚率。」①《二京賦》：「飛罕潚箾。」《思玄賦》：「迅猋潚其媵我。」義皆與毛傳同。水之清者多駛，《方言》云：「清，急也。」是則《説文》、毛傳二義相因。从水，肅聲。子叔切。按，子字疑誤，《廣韵》息逐切。二部。

演 長流也。演之言引也，故爲長遠之流。《周語》注曰：「水土氣通爲演，引伸之義也。」一曰，水名。未詳。从水，寅聲。以淺切，古音在十二部。

渙 散流也。各本作「流散」，今正。分散之流也。《毛詩》曰：「渙渙，春水盛也。」《周易》曰：「風行水上，渙。」又曰：「説而後散之，故受之以渙。渙者，離也。」从水，奐聲。呼貫切，十四部。

泌 俠流也。俠者，甹也。三輔謂輕財者爲甹。俠流者，輕快之流，如俠士然。《魏都賦》李注引作「駃流」，非善本。《陳風》：「泌之洋洋。」毛曰：「泌，泉水也。」《上林賦》曰：「偪側泌瀄。」司馬彪曰：「泌瀄，相楔也。」《邶風》：「毖彼泉水。」毛曰：「泉水始出毖然流也。」毖即泌之假借字。从水，必聲。兵媚切，古音必在十二部。郭璞音筆。

活 流聲也。《衛風》：「北流涽涽。」《毛傳》曰：「涽涽，流也。」按，傳當作「流貌」，其音户括切。引伸爲凡不死之稱。《邶風》「不我活兮」，《孟子》「民非水火不生活」是也。許書當亦本作「流貌」，淺人妄改竄之耳。从水，昏聲。古活切。按，古，當作「户」；活，當作「括」。《衛風》音義曰「如字」是也。十五部。

𣽛 涽或从聒。此字當是既改貌爲聲，讀古活切，乃製此字，非許書本有也。

湝 水流湝湝也。《小雅》：「淮水湝湝。」毛曰：「湝湝，猶上文湯湯也。」《廣雅》曰：「湝湝，流也。」从水，皆聲。古諧切，十五部。一曰，湝，水寒也。此依宋本。《詩》曰：「風雨湝湝。」今《鄭風》衹有「風雨凄凄」，《邶風》傳曰：「凄，寒風也。」許引《詩》證寒義，所據與今本異，或是兼采三家。

泫 湝流也。湝，當作「潛」，字之誤也。《檀弓》曰：「孔子泫然流涕。」《魯語》：「無洵涕。」韋曰：「無聲涕出爲洵涕。」按，洵者，泫之假借字也。《文選》詩曰：「花上露猶泫。」从水，玄聲。胡畎切，古音在十二部。上黨有泫氏縣。上黨郡泫氏，二《志》同。音工懸反。今山西澤州府高平縣治，即漢泫氏故縣。

滮 水流貌。《小雅》：「滮池北流。」毛曰：「滮，流貌。」从水，彪省聲。隸不省。皮彪切，三部。《詩》曰：「滮池北流。」池，宋本作「沱」，非是。

淢 疾流也。急疾之流也。《江賦》「潣淢濜涓」是其義也。《毛詩》「築城伊淢」，假借淢爲洫也。从水，或聲。于逼切，一部。

瀏 流清貌。《鄭風》曰：「潧與洧，瀏其清矣。」毛曰：「瀏，深貌。」謂深而清也。《釋名》曰：「緑，瀏也。荆泉之水，於上視之，瀏然緑色。此似之也。」从水，劉聲。力久切，三部。《詩》曰：「瀏其清矣。」

濊 礙流也。有礙之流也。《衛風》：「施罛濊濊。」毛曰：「罛，魚罟。濊濊，施之水中。」按，施罟而水仍流，故曰礙流。礙流者，言礙而不礙也。《韓詩》云：「流貌。」與毛、許一也。濊又訓多水貌。《司馬相如傳》：「湛恩汪濊。」从水，歲聲。各本篆作「濊」，云薉聲，今正。呼括切，十五部。按，《釋文》不云《說文》作濊。證一。《玉篇》瀏、濊二字相連，與《說文》同。濊下云：「呼括切，水聲。又於衛、於外二切，多水貌。」不云有二字。證二。《廣韵·十三末》「濊，水聲。濊，上同。」證三。《類篇》：「濊，又呼括切。礙流也。」引《詩》「施罟濊濊。」證四。是知妄人改礙流之字爲「濊」，而別補濊篆於部末，云「水多貌，呼會切」，不知部末至澒、萍等篆已竟，水多非其次也，今刪正。《詩》曰：「施罟濊濊。」罟，當作「罛」，濊濊，今本作「濊濊」，大繆。

滂 沛也。《小雅》曰：「俾滂沱矣。」从水，旁聲。普郎切，十部。

汪 深廣也。謂深而又廣也。《後漢書》：「叔度汪汪若千頃陂。」《江賦》：「澄澹汪洸。」《晉語》曰：「汪是土也。」韋云：「汪，大貌。」从水，㞷聲。俗作「汪」，烏光切，十部。一曰，洼，逗。池也。《左傳》：「祭仲殺雍糾，尸諸周氏之汪。」杜云：「汪，池也。」《通俗文》曰：「停水曰汪。」按，今俗語謂小水聚曰汪。

漻 清深也。謂清而深也。《南都賦》曰：「漻淚淢汨。」按，李善引《韓詩內傳》：「漻，清貌也。」蓋《鄭風》毛作瀏，韓作漻，許謂二字義別。今《文選》注內字譌「外」。从水，翏聲。洛蕭切，古音在三部。

泚 清也。此本義也。今《詩》「新臺有泚。」毛曰：「泚，鮮明貌。」此假泚爲「玼」也。从水，此聲。千禮切，十五部。

況 寒水也。未得其證。《毛詩・常棣》《桑柔》《召旻》皆曰：「兄，滋也。」矢部矤下曰：「兄，詞也。」古矤兄、比兄，皆用「兄」字，後乃用況字，後又改作況、作况。从水，兄聲。許訪切，十部。

沖 涌繇也。繇、搖古今字。涌，上涌也；搖，旁搖也。《小雅》曰：「攸革沖沖。」毛云：「沖沖，垂飾貌。」此涌搖之義。《豳風》傳曰：「沖沖，鑿冰之意。」義亦相近。《召南》傳曰：「忡忡，猶衝衝也。」忡與沖，聲義皆略同也。凡用沖虛字者，皆盅之假借。《老子》：「道盅而用之。」今本作沖是也。《尚書》「沖人」，亦空虛無所知之意。从水，中聲。讀若動。直弓切，九部。

汎 浮皃。皃，當作「也」。《邶風》：「汎彼柏舟。」毛曰：「汎，流貌。」《廣雅》曰：「汎汎、氾氾，浮也。」从水，凡聲。孚梵切。按，古音在七部。如風字，亦凡聲也。《上林賦》汎淫爲疊韵，音轉爲扶弓反。

沄 轉流也。回轉之流沄沄然也。《釋言》曰：「沄，沆也。」郭云：「水流漭沆。」从水，云聲。讀若混。按，沖讀若動，沄讀若混者，古音動混不同今音也。王分切，十三部。

浩 澆也。按，澆，當作「沆」，字之誤也。澆者，洪也。洪非浩義。沄、浩、沆同義而又雙聲，故三篆相聯。从水，告聲。胡老切，古音在三部。《虞書》曰：虞當作唐。「洪水浩浩。」《堯典》「洪水」與「浩浩」，不相屬爲句，檃栝舉之耳。

沆 莽沆，逗。大水也。《西京賦》：「滄池漭沆。」薛云：「漭沆猶洸潒，亦寬大也。」《南都賦》：「漭沆洋溢。」《吳都賦》、《海賦》皆云「沆瀁」，《羽獵賦》云「沆茫」，義皆同。从水，亢聲。胡朗切，十部。一曰，大澤貌。《風俗通・山澤篇》曰：「傳曰：沆者，莽也。言其平望莽莽，無涯際也。沆，澤之無水，斥鹵之類也。今俗語亦曰沆。」《水經注・巨馬河篇》曰：「巨馬水，又東徑督亢澤。」荆軻轉之督亢地圖也②，引《風俗通》「沆，莽也」云云，是則沆通作亢矣。

泬 水從孔穴疾出也。从水穴。《釋水》曰：「氿泉穴出。」按，此會意字。其《韓詩》之「回泬」，《楚辭》之「泬寥」，皆假借也。穴亦聲。呼穴切，十二部。

濞 水暴至聲。《上林賦》：「滂濞沆溉。」司馬彪曰：「滂濞，水聲也。」《洞簫賦》：「澎濞慷慨，一何壯士。」《高唐賦》：「濞洶洶其無聲。」按，滂濞雙聲，澎與滂同。从水，鼻聲。匹備切，十五部。

瀺 水之小聲也。古書多瀺灂連文。瀺，士湛反；灂，士卓反，雙聲字。《高唐賦》：「巨石溺溺之瀺灂。」注引《埤蒼》：「瀺灂，水流聲貌。」《上林賦》：「瀺灂霣隊。」司馬貞引《説文》：「水之小聲也。」李善引《字林》：「瀺灂，小水聲也。」疑《説文》本有二篆，上云「水之小聲也。从水，毚聲」，下云「瀺灂也。从水，爵聲」。全書之例如此。單用灂字者，《江賦》：「漰湱㴸灂。」謂大波相激之聲。从水，爵聲。士角切，二部。

潝 水流疾聲。《上林賦》：「汩㴵漂疾。」㴵，郭音許立反。然則即潝字也，《小雅》：「潝潝訿訿。」《釋訓》云：「莫供職也。」从水，翕聲。許及切，七部。

滕 水超踊也。踊，依《韵會》本从足。超踊，皆跳也。跳，躍也。《小雅》：「百川沸騰。」毛曰：「沸，出；騰，乘也。」騰者，滕之假借。《玉篇》引「百川沸滕」。《周易》：「滕口説。」引伸之義。从水，朕聲。徒登切，六部。

潏 涌出也。《上林賦》：「潏潏淈淈。」李善皆引《説文》證之。應劭、晉灼注《上林賦》云：「潏，涌出聲也。」《江賦》：「潏湟淴泱。」《南都賦》：「没滑瀎潏，潛盧洞出。」一曰，水中坻，人所爲爲潏。《釋水》曰：「小沚曰坻，人所爲爲潏。」一曰，潏，水名，在京兆杜陵。京兆尹杜陵，二《志》同。故城在今陝西西安府咸寧縣東南。潘岳《關中記》曰：「涇渭霸滻，豐鎬澇潏。」《上林賦》所謂「八川分流」也。師古《上林賦》注曰：「《地理志》鄠縣有潏水，北過上林苑，入渭，而今之鄠縣則無此水。許慎云：潏水在京兆杜陵。此即今所謂沈水，從皇子陂北流經昆明池入渭者也。蓋爲字或从水旁穴，與沈字相似，俗人因名沈水乎？」按，《水經注》：「渭水又東北，逕渭城南，有沈水自南注之。亦謂是水謂潏水也。故吕忱曰：潏水出杜陵縣。亦曰高都水，王氏五侯壞决高都是也。」是則當酈時已名沈水。小顔推求其故，殆因潏之聲誤爲泬，泬之字誤爲沈，由俗人不識泬字，遂名之沈水。沿譌積習，往往如此。小顔之説善矣。而戴先生挍《水經注》，乃盡改沈水爲泬水，則又無以證古今之異名同實，且使小顔之前固作泬水，則小顔何不顯證之而作疑辭乎？《一統志》：「今潏水在西安府長安縣南，源出南山，自咸寧縣界流入又西北入渭水。」〇按，酈注沈水，沈葢沇字之誤。李善注《上林賦》曰：「潏水出杜陵，今名沇水，自南山黄子陂西北流經至昆明池入渭。」司馬貞注《上林》語全同，亦作「今名沇水」。（單行《索隱》如此。）沇從允聲，余準切。潏，矞聲，食聿切。二字相爲雙聲疊韵，唐初呼沇水，字異而音實同耳。小顔與李善同時，其注《漢書》，葢亦本作「今所謂沇水，轉寫作沈字，由俗書沈字似沇也」，惟小顔不知潏、沇同聲，而指爲泬字之誤，是爲無稽之談。《集韵》：「沇，庾準切，水名。」謂潏水也。若沇水東流爲泲，則讀以轉切矣。从水，矞聲。古穴切，十五部。

洸　水涌光也。《江賦》曰：「澄澹汪洸。」又曰：「流映揚焆。」謂涌而有光也。《邶風》曰：「有洸有潰。」毛曰：「洸洸，武也。潰潰，怒也。」《大雅》：「武夫洸洸。」毛曰：「洸洸，武貌。」此引伸假借之義。从水光，光亦聲。古黄切，十部。《詩》曰：「有洸有潰。」

波　水涌流也。《左傳》：「其波及晉國者。」《莊子》：「夫孰能不波。」皆引伸之義也。又假借爲陂字，見《漢書》。从水，皮聲。博禾切，十七部。

澐　江水大波謂之澐。專謂江水也。玉裁昔署理四川南谿縣，攷故碑，大江在縣有揚澐灘。从水，雲聲。王分切，十三部。

瀾　大波爲瀾。《魏風》：「河水清且漣猗。」《釋水》引作「瀾」，云「大波爲瀾」。《毛傳》云：「風行水成文曰漣。」按，傳下文云：「淪，小風水成文。」則瀾爲大可知，與《爾雅》無二義也。凡瀾漫當作此瀾字。从水，闌聲。洛干切，十四部。

漣　瀾或從連。古闌連同音，故瀾、漣同字，後人乃別爲異字異義異音。

淪　小波爲淪。《魏風》：「河水清且淪猗。」《釋水》曰：「小波爲淪。」毛傳曰：「小風水成文轉如輪也。」《韓詩》曰：「從流而風曰淪。」《釋名》曰：「淪，倫也。水文相次有倫理也。」从水，侖聲。力迍切，十三部。《詩》曰：「河水清且淪猗。」猗，各本作「漪」，今正。《毛詩》漣猗、直猗、淪猗，猗與兮同。《漢石經》魯詩殘碑作「兮」，可證。後人妄加水作漪，《吳都賦》乃有「刷盪漪瀾」、「濯明月於漣漪」之句，其繆甚矣。一曰，没也。《微子篇》：「今殷其淪喪。」某氏曰：「淪，没也。」按，《釋言》：「淪，率也。」《小雅》：「淪胥以鋪。」此以淪爲率之假借也。古率讀如律、於淪雙聲。

漂　浮也。謂浮於水也。《鄭風》：「風其漂女。」毛曰：「漂猶吹也。」按，上章言吹，因吹而浮，故曰「猶吹」。凡言猶之例，視此。漂潎，水中擊絮也，《莊子》曰「洴澼」。从水，奥聲。匹消切，又匹妙切，二部。

浮　汎也。各本汎作「氾」，今正。木華《海賦》：「浮天無岸。」李注引《説文》：「浮，汎也。」按，上文云：「汎，浮也。」是汎、浮二字互訓，與氾、濫二字互訓義別。汎、浮二篆當類廁，今本多非許之舊。从水，孚聲。縛牟切，三部。

濫　氾也。謂廣延也。《商頌》、《左傳》皆云「賞不僭，刑不濫」，《魯語》「濫於泗淵」，皆其引伸之義。从水，監聲。盧瞰切，八部。一曰，濡上及下也。此因濫與淋聲近，淋訓以水洪，則濫訓略同。《詩》曰：「觱沸濫泉。」觱，小徐作滭，此《詩・小雅》《大雅》皆有之。今作「檻泉」者，字之假借也。毛曰：

「觱沸，泉出皃。檻泉，泉正出也。」濫泉由小以成大，故偁以證氾義。一曰，清也。此又別一義，與濫蓋相反而相成也者。

氾 濫也。《玄應》引此，下有「謂普博也」四字。《楚辭·卜居》：「將氾氾若水中之鳧乎。」王逸云：「氾氾，普愛衆也。」若水中之鳧羣戲遊也。」《論語》：「汎愛衆。」此假汎爲氾。从水，巳聲。孚梵切，七部。

泓 下深皃。下深，謂其上似淺陿，其下深廣也。《楊子》：「其中宏深，其外肅括。」《月令》：「其器閎。」鄭云：「閎謂中寬，象土含物。」泓之義略同。从水，弘聲。烏宏切，古音在六部。

湋 回也。以疊韵爲訓。从水，韋聲。羽非切，十五部。

測 深所至也。深所至謂之測，度其深所至亦謂之測，猶不淺曰深，度深亦曰深也。今則引伸之義行，而本義隱矣。《呂覽》：「昏乎其深而不測。」高云：「測，盡也。」此本義也。《考工記》：「桼欲測。」鄭云：「測猶清也。」此引伸之義也。从水，則聲。初側切，一部。

湍 疾瀨也。瀨，水流沙上也。疾瀨，瀨之急者也。趙注《孟子》曰：「湍者，圜也，謂湍湍縈水也。」趙語爲下文「決東、決西」張本。从水，耑聲。他耑切，十四部。

淙 水聲也。水聲淙淙然。从水，宗聲。藏宗切，九部。

激 水礙衺疾波也。當依《衆經音義》作「水流礙邪急曰激也」。水流不礙則不衺行，不衺行則不疾急。《孟子》：「激而行之，可使在山。」《賈子》曰：「水激則旱兮，矢激則遠。」从水，敫聲。吉歷切，古音在二部。一曰，半遮也。此亦有礙之意，與徼、邀音義略同。

洞 疾流也。此與辵部迵、馬部駧音義同。引伸爲洞達，爲洞壑。从水，同聲。徒弄切，九部。

瀿 大波也。从水，旛聲。孚袁切，十四部。

洶 洶涌也。各本無「洶洶」字，今依《高唐賦》注補。相如賦曰：「洶涌滂潰。」左思賦曰：「濞焉洶洶。」楊雄賦曰：「洶洶旭旭，天動地岋。」从水，匈聲。許拱切，九部。

涌 滕也。滕，水超踊也。二篆宜相連，今本蓋非古也。从水，甬聲。余隴切，九部。一曰，涌水，在楚國。《左傳·莊十八年》：「閻敖遊涌而逸，楚子殺之。」杜曰：「涌水在南郡華容縣。」華容，今湖北荆州府監利縣地。涌水在今江陵縣東南，自監利縣流入夏水支流也。《水經》曰：「江水，又東南當華容縣南，涌水入焉。」酈云：「水自夏水南通於江，謂之涌口。」

湁 湁湒，逗。鬻也。《上林賦》：「潏潏淈淈，湁潗鼎沸。」索隱引周成《雜字》曰：「湁潗，水沸之皃也。」潗與湒同，湒又訓雨下，故不類廁於此。鬻、沸古今字。鼎沸者，言水之流如鬻鼎沸也。按，此葢引《上林》成語，如人部引「徼御受屈」，今本奪「鼎」字。从水，拾聲。丑入切，七部。

涳 直流也。从水，空聲。哭工切，又苦江切，九部。

汋 激水聲也。从水，勺聲。市若切，古音在二部。《釋名》：「汋，澤也。有潤澤也。」「自臍以下曰水腹，水汋所聚也。」「胞主以虛承汋也。」葢皆借爲液字。又《楚詞》「汋約」，即《莊子》「淖約」。井一有水，一無水，謂之瀱汋。見《釋水》。劉氏《釋名》説其義曰：「瀱，竭也。汋，有水聲汋汋也。」然則瀱謂一無水，汋謂一有水。

瀱 井一有水，一無水，謂之瀱汋也。从水，罽聲。居例切，十五部。按，《釋水》文，已見上文，此但云「瀱汋也」已足，不當複舉。攷《釋名》作罽，不从水，《説文》當同之，瀱篆乃淺人所增耳。《爾雅》作瀱，亦非古本。罽訓竭，於音得之。

渾 溷流聲也。溷作混者，誤。溷，亂也。酈善長謂二水合流爲渾濤，今人謂水濁爲渾。从水，軍聲。户昆切，十三部。一曰，洿下也。洿下曰：「一曰，窊下也。」

洌 水清也。案，許書有洌、冽二篆，《毛詩》有冽無洌。「冽彼下泉」，傳云：「冽，寒也。」「有冽氿泉」，傳云：「冽，寒意。」「二之日凓冽」，傳云：「凓冽，寒氣也。」皆不从水。《東京賦》：「玄泉洌清。」薛曰：「洌，清澄皃。」从水，𠛱聲。良薛切，十五部。《易》曰：「井洌寒泉食。」《井》九五爻辭。王云：「絜也。」崔憬云：「清且絜也。」皆與許合。經云「洌寒」，故崔云既寒且絜。

淑 清湛也。湛，没也。湛沈古今字。今俗云深沈是也。《釋詁》曰：「淑，善也。」此引伸之義。从水，叔聲。殊六切，三部。

溶 水盛也。《甘泉賦》：「溶方皇於西清。」善曰：「溶，盛皃也。」按，今人謂水盛曰溶溶。从水，容聲。余隴切，又音容，九部。

澂 清也。澂之言持也，持之而後清。《方言》曰：「澂，清也。」澂、澄古今字。《禮運》：「澄酒在下。」字作澄。鄭云：「澄酒與《周禮》沈齊字雖異，葢同物也。」《周易》：「君子以徵忿。」徵者，澂之假借字。蜀才作登。鄭云：「徵猶清也。」必云猶者，正謂澂不訓清，澂之斯清，故王弼訓止也。从水，徵省聲。直陵切，六部。

清 朖也。澂水之皃。朖者，明也。澂而後明，故云澂水之皃。引伸之，凡潔曰清，凡人潔之亦曰清。同瀞。从水，青聲。七情切，十一部。

湜 水清見底也。各本作「底見」，依《詩釋文》正。《邶風》曰：「涇以渭濁，湜湜其止。」毛云：「涇渭相入，而清濁異。」按，毛本作「止」，鄭乃作「沚」。毛意涇以入渭而形己濁，且以己形渭之湜湜然清澂，喻君子以新昏而不潔己，且以己而益見新昏之可安。止者，水之澂定也，鄭易止爲沚，云：「小渚曰沚。湜湜，持正皃。喻君子得新昏，故謂己惡，己之持正守初，如沚然不動搖。」是其訓湜字，比傳是字之解爲之，非水清見底之謂矣。从水，是聲。常職切，古音在十六部。《詩》曰：「湜湜其止。」古今各本及《玉篇》、《集韵》、《類篇》皆作「止」，《毛詩》舊文也。傳於《蒹葭》云：「小渚曰沚。」於此無文可以證矣。鄭箋當有「止讀爲沚」之文，淺人刪之，而竝改經文。

潣 水流浼浼皃。浼浼，當作「潣潣」，淺人所改也。一説潣、浼古今字，故以浼浼釋潣潣。「河水浼浼」，見《邶風》。浼之本義訓污，《邶風》之浼浼，即潣潣之假借。免聲古讀如門，與潣音近。毛傳曰：「浼浼，平地也。」即潣潣之義也。从水，閔聲。眉殞切，十三部。

滲 下漉也。司馬相如《封禪文》：「滋液滲漉。」楊雄《河東賦》：「澤滲灕而下降。」今俗云滲扇。从水，參聲。所禁切，七部。

潿 不流濁也。謂薉濁不流去也。《左傳》曰：「有汾澮以流其惡。」从水，圍聲。羽非切，十五部。此於聲見義。

溷 亂也。《離騷》：「世溷濁而不分兮。」王曰：「溷，亂也。濁，貪也。」一曰，水濁皃。此別一義，今人不分。从水，圂聲。胡困切，十三部。

淈 濁也。今人汩亂字當作此。按，《洪範》：「汩陳其五行。」某氏曰：「汩，亂也。」《書·序》「汩作」，汩，治也。《屈賦》「汩鴻」，謂治洪水。治亂正一義，即《釋詁》之「淈，治也」。某氏注《爾雅》引《詩》「淈此羣醜」，其勿反。从水，屈聲。古忽切，十五部。一曰，滒泥。多汁成泥。一曰，水出皃。《上林賦》：「潏潏淈淈。」

漩 回泉也③。杜詩：「撇漩捎濆無險阻。」漩，夔州土人讀去聲，謂峽中回流大者，其深不測，舟遇之則旋轉而入，《江賦》所謂「盤渦谷轉」也。濆，土人讀如潠，謂峽中回流漸平，則突涌如山，《江賦》所謂「溭淢濆瀑」也。斯二者，必撇之、捎之而行，不可正犯。杜用峽中語言入詩。从水旋省聲。似沿切，十四部。按，《廣韵》又辭戀切。

漼 深也。《小雅》：「有漼者淵。」毛傳曰：「漼，深皃。」从水，崔聲。七罪切，十五部。《詩》曰：「有漼者淵。」

淵 回水也。顔回字子淵。从水，象形。下文釋象形。左右，謂川。岸也。中，謂𣶒。象水皃。烏懸切，十二部。

𣶒 淵或省水。

囦 古文，从口水。口其外，而水其中。《江賦》：「濆滉囦泫。」用囦字。

濔 水滿也。依《詩釋文》補水字。《邶風》曰：「河水濔濔。」毛云：「濔濔，盛皃。」《玉篇》曰：「洋亦濔字。」按，盧氏文弨曰：《漢·地理志》：《邶》詩云，河水洋洋，字从芉姓爲聲，謂《新臺》也。俗譌爲洋洋。師古謂《邶》無此句。从水，爾聲。奴禮切，古音在十六部。

澹　澹澹，水繇皃也。《東京賦》注、《高唐賦》注引皆有「澹澹」字，「皃」字亦依《東京賦》注補。《高唐賦》曰：「水澹澹而盤紆。」《東京賦》曰：「渌水澹澹。」俗借爲淡泊字。繇當作「搖」。从水，詹聲。徒敢切，八部。

潯　旁深也。今人用此字，取義於旁而已。从水，尋聲。徐林切，七部。

泙　谷也。《廣韵》曰：「水名。」《玉篇》曰：「谷名。」从水，平聲。符兵切，十一部。

泏　水皃。《廣韵》曰：「水出皃。」《文子》曰：「原流泏泏，沖而不盈。」从水，出聲。讀若窋。竹律切，十五部。

瀳　水至也。至，疑當作「荒」，荒，大也。《廣韵》曰：「水荒曰洊。」洊者，瀳之異文。《周易》曰「水洊至，習坎」，「洊雷震」。《釋言》：「荐，再也。」荐，同洊。从水，薦聲。讀若尊。今音在甸切，古音十三部。

澌　士得水沮也。《魏風》毛傳云：「沮洳，其漸洳者。」《衆經音義》引《倉頡篇》云：「沮者，漸也。」許君沮字下未舉此義。今俗謂水稍稍侵物入其内曰澌，當作此字。从水，㪿聲。讀若䴸。竹隻切，十六部。

滿　盈溢也。从水，㒼聲。莫旱切，十四部。

滑　利也。古多借爲汩亂之汩。从水，骨聲。户八切，十五部。

濇　不滑也。止部曰：「歰，不滑也。」然則二字雙聲同義。《七發》：「邪氣襲逆，中若結轖。」此假轖爲濇也。从水，嗇聲。色立切。按，當依職韵所力切，一部。

澤　光潤也。又水艸交厝曰澤。又借爲釋字。从水，睪聲。丈伯切，古音在五部。

淫　浸淫隨理也。浸淫者，以漸而入也。司馬相如《難蜀父老》曰：「六合之内，八方之外，浸淫衍溢。」《史記》作「浸潯」。从水，㸒聲。余箴切，七部。一曰，久雨曰淫。《月令》曰：「淫雨蚤降。」《左傳》曰：「天作淫雨。」鄭曰：「淫，霖也。雨三日以上爲霖。」

瀸　漬也。《公羊傳·莊十七年》：「齊人瀸于遂。」瀸者何，瀸，積也，衆殺戍者也。」積本又作漬。何曰：「積，死非一之辭。」按，傳文及《説文》皆當作積爲長。許云：「漬，漚也。」瀸篆不與漬篆聯，可以知許説矣。从水，韱聲。子廉切，七部。《爾雅》曰：「泉一見一不爲瀸。」《釋水》文。此與上文别一義。

泆　水所蕩泆也。蕩泆者，動盪奔突而出。《禹貢》：「道沇水入于河，泆爲熒。」本作泆，《周禮疏》、師古《漢書注》所引不誤，且《史記》、《水經注》皆作泆，惟《漢·地理志》作軼。軼，車相出也，正與泆義同。《左傳》：「彼徒我車，懼其侵軼我。」又曰：「迭我殽地。」迭即泆、軼之假借也。凡言淫泆者，皆謂太過，其引伸之義也。衛包改《禹貢》之洪爲「溢」，淺人以滿釋之，固可歎矣。从水，失聲。夷質切，十二部。

潰 漏也。漏，當作屚，屋穿水下也。《左傳》：「凡民逃其上曰潰。」此引伸之義。《小雅》《大雅》毛傳皆曰：「潰，遂也。」此皆謂假潰爲遂。从水，貴聲。胡對切，十五部。

沴 水不利也。《河東賦》：「秦神下讋，跖魂負沴。」服虔曰：「沴，河岸之坻也。」晉灼申之曰：「沴，渚也。」按，坻礙水、令水不行，故謂之沴。从水，㐱聲。郎計切。按，㐱聲本音當在十二部，鄭訓沴爲殄，是也。今音郎計者，依如淳音拂戾之戾也。《五行傳》曰：「若其沴作。」其，當作「六」，字之誤也。《五行傳》，謂伏生《洪範五行傳》也。「若六沴作」，見《洪範五行傳》文。鄭曰：「沴，殄也。」服虔曰：「沴，害也。」司馬彪引《五行傳》説曰：「氣之相傷謂之沴。」

淺 不深也。許於深下但云「水名」，不云不淺，而測下、淺下、突下，可以補足其義。是亦一例。按，不深曰淺，不廣亦曰淺，故《考工記》曰：「以博爲帴。」帴者，淺之假借。又馬、鄭古文《尚書》「夤淺納日」，馬云「淺，滅也」。馬意讀爲戩滅之戩，謂伺日入也。从水，戔聲。七衍切，十四部。

洔 水暫益且止未減也。此義未見。葢與待、偫、峙字義相近。《爾雅·釋水》亦借爲沚字。从水，寺聲。直里切，一部。

渻 少減也。今減省之字當作渻，古今字也。女部又曰：「媘者，減也。」媘、渻音義皆同。《左傳》有渻竈，人姓名也。一曰，水門。此義未見。《玉篇》云：「一曰水門名。」《廣韵》、《集韵》則云：「一曰水名。」从水，省聲。息井切，十一部。又水出丘前謂之渻丘。《爾雅·釋丘》文也。《釋名》作阯丘。阯，基阯也。按，阯丘，疑本作杫丘。古楷、杫字同，故渻丘亦爲楷丘。

淖 泥也。《左傳》曰：「有淖於前，乃皆左右相違於淖。」杜注同。《倉頡篇》云：「深泥也。」《字林》云：「濡甚曰淖。」按，泥淖以土與水合和爲之，故淖引伸之義訓和。《儀禮》：「嘉薦普淖。」注曰：「普淖，黍稷也。」普，大；淖，和也。德能大和乃有黍稷也。」劉瓛述張禹之義曰：「仲者，中也；尼者，和也。言孔子有中和之德，故曰仲尼。」葢漢人尼與泥通用，故漢碑仲尼字或作泥。又按，許泥爲水名，不箸塗泥之解，於此補見，是與深同例也。魏晉以後，泥淖字作埿。从水，卓聲。奴教切，二部。

濢 小溼也。小，葢「下」之誤。《篇》《韵》皆云下溼，從古本也。从水，翠聲。遵誄切，十五部。按，《篇》《韵》皆云：「且遂切，下溼也。」「遵誄切，汁漬也。」

溽 溽暑，溼暑也。溽暑二字，依李善注《悼亡詩》補。《月令》：「季夏，土潤溽暑。」鄭曰：「潤溽謂塗溼也。」潤、溽雙聲字。《記》言土塗溼而暑上烝也。塗讀如雨雪載塗之塗。許以溼暑釋

《記》溽暑，後人妄删，非是。《大雅·雲漢》傳曰：「藴藴而暑，隆隆而雷，蟲蟲而埶。」此暑埶之别，暑言下溼，埶言上燥也。謂之溽者，濃也，厚也。《儒行》注曰：「恣滋味爲溽。」《月令》溽，本或作辱。从水，辱聲。而蜀切，三部。

涅 黑土在水中者也。者字，依《論語釋文》補。《論語》孔注：「涅，可以染皁者。」按，水部曰：「澱者，滓垽也。滓者，澱也。」土部曰：「垽者，澱也。」黑部曰：「黮謂之垽，垽，滓也。」皆與涅義近。从水土，日聲。奴結切，十二部。

滋 益也。艸部茲下曰：「艸木多益也。」此字从水茲，爲水益也。凡經傳增益之義，多用此字。亦有用茲者，如《常棣》《召旻》傳云：「兄，茲也。」《桑柔》傳云：「兄，茲也。」祇是一義。从水，茲聲。各本篆文作滋，解作玆聲，誤也，今正。説詳四篇下玆篆下。子之切，一部。一曰，滋水出牛飲山白陘谷，東入呼沱。此謂水名也。《地理志》：「常山郡南行唐牛飲山白陸谷，滋水所出。東至新市，入虖池水。」南行唐故城，在今直隸正定府行唐縣縣治北。新市故城，在今正定府治西北四十里。《一統志》曰：「滋河源出山西五臺縣旿，東南流，逕正定府靈壽縣北、行唐縣南，又東歷正定、藁城二縣北、無極縣南，又東北入定州深澤縣旿。古與滹沱合流，今折而東北與滱、沙二水合，不入滹沱矣。」

㴯 青黑皃。皃字，依《廣韵》訂。从水，冒聲。各本篆文作㴯，解作曶聲，此以隸體改篆也。《篇》、《韵》皆曰「涺，今作㴯。」今據正。其音當依《廣韵》荒内切，十五部。大徐呼骨切。

浥 溼也。《召南》毛傳曰：「厭浥，溼意也。」从水，邑聲。於及切，七部。

沙 水散石也。《詩正義》作「水中散石」，非是。《水經注》引與今本同。凡古人所引古書，有是有非，不容偏信。《大雅》傳云：「沙，水旁也。」許云「水散石」，與毛不異。石散碎謂之沙，引伸之，凡生澀皆爲沙，如《内則》鳥「沙鳴」是。从水少。會意。水少沙見。釋其會意之恉。所加切，十七部。古音娑。從石作砂者，俗字也。古丹沙祇用此。楚東有沙水。此别一義也。《水經注·渠水篇》曰：「渠水，又東南流，逕開封縣，睢、渙二水出焉。右則新溝注之，即沙水也。音蔡，許慎正作沙音。」言楚東有沙水，謂此水也。

沚 譚長説，沙或从尐。少、尐二字皆見小部。尐者，少也。

瀨 水流沙上也。《九歌》：「石瀨兮淺淺。」伍子胥書有下瀨船，漢有下瀨將軍。應劭《漢書》注曰：「瀨，水流沙上也。」臣瓚曰：「瀨，湍也。吴越謂之瀨，中國謂之磧。」按，瀨之言㳻也，水在沙上，㵐㳻而下滲也。《埤倉》云：「㵐㳻，漉也。」从水，賴聲。洛帶切，十五部。

濆 水厓也。《詩·大雅》：「鋪敦淮濆。」傳曰：「濆，厓也。」《周南》：「遵彼汝墳。」傳曰：「墳，大防也。」畫然分别。《周禮·大司徒》職：「丘陵墳衍原隰。」注曰：「水涯曰墳。」而《常武》箋亦釋濆爲「大防」，是鄭謂古經假借通用也。許則謹守毛傳。从水，賁聲。符分切，十三部。《詩》曰：「敦彼淮濆。」「敦彼」當是「鋪敦」之誤，箋釋爲陳屯。

涘　水厓也。《爾雅·釋丘》、《王風》、《秦風》傳皆曰：「涘，厓也。」从水，矣聲。牀史切，一部。《周書》曰：「王出涘。」《周頌·思文》箋曰：「武王渡孟津，白魚躍入于舟，出涘以燎。」正義引《大誓》云：「惟四月太子發上祭于畢，下至于孟津之上。太子發升舟，中流白魚入于王舟。王跪取，出涘以燎之。」按，今文《尚書》、古文《尚書》皆有《大誓》，非枚頤本之《大誓》也。許引《大誓》者三，此與手部、攴部也。

汻　水厓也。《大雅》：「率西水滸。」傳曰：「滸，水厓也。」《釋丘》曰：「岸上，滸。」从水，午聲。呼古切，五部。

氿　水厓枯土也。按，今《爾雅》：「水醮曰厬，仄出泉曰氿。」許書仄出泉曰厬，水厓枯土曰氿，與今《爾雅》正互易。依《毛詩》「有洌氿泉」，似今《爾雅》不誤也。从水，九聲。居洧切，古音在三部。《爾雅》曰：「水醮曰氿。」《釋水》文。今本作厬，音義云：「字又作漸。」

漘　水厓也。《魏風》傳：「漘，厓也。」《爾雅》曰：「厓，夷上洒下漘。」按，夷上，謂上平也。洒下，謂側水邊者斗峭。从水，脣聲。常倫切，十三部。《詩》曰：「寘河之漘。」《集韵》、《類篇》皆河上有「諸」，《韵會》同。

浦　水瀕也。瀕下曰：「水厓，人所賓附也。」《大雅》：「率彼淮浦。」傳曰：「浦，厓也。」从水，甫聲。滂古切，五部。

沚　小渚曰沚。《召南》傳曰：「沚，渚也。」此渾言之。《秦風》傳、《爾雅·釋水》曰：「小渚曰沚。」此析言之也。从水，止聲。諸市切，一部。《詩》曰：「于沼于沚。」

沸　畢沸，逗。濫泉也。畢，一本从水作「滭」。《上林賦》「滭弗」，蘇林曰：「滭音畢。」則古非無滭字也。泉下小徐有「也」，按，也當作「皃」。《詩·小雅》《大雅》皆有「觱沸檻泉」之語，傳云：「觱沸，泉出皃。檻泉正出。」《釋水》曰：「濫泉正出。」正出，涌出也。司馬彪注《上林賦》曰：「滭弗，盛皃也。」按，畢沸疊韵字。《毛詩》觱、檻皆假借字。今俗以沸爲鬻字。从水，弗聲。分勿切，十五部。《上林賦》「滭弗」，一本作「滓」。

潨　小水入大水曰潨。《大雅》傳曰：「潨，水會也。」按，許説申毛，若鄭箋云「潨水，外之高者也，有瘞埋之象。」則謂潨與崇同，恐非《詩》意。从水，眾聲。此形聲包會意。徂紅切，九部。《詩》曰：「鳧鷖在潨。」

派　别水也。《吴都賦》：「百川派别。」劉逵注引《字説》曰：「水别流爲派。」从水𠂢，𠂢亦聲。匹賣切，十六部。按，《衆經音義》兩引《説文》「𠂢，水之衺流别也」以釋派，《韵會》曰：「派，本作𠂢，从反永。」引鍇云：「今人又增水作派。」據此，則《説文》

本有𠂢無派，今鍇、鉉本水部派字當删。

汜 水別復入水也。上水字衍文。《召南》傳曰：「決復入水也。」謂既決而復入之水也。自其水出而不復入者，《釋水》「自河出爲灉」已下是也。決而復入者，汜是也。《釋名》曰：「汜，已也。如出有所爲，畢已而復入也。」按，古以「無已」釋已，如祀之解曰「祭無已」是也。故汜之字从已。从水，巳聲。詳里切，一部。《詩》曰：「江有汜。」一曰，汜，窮瀆也。此別一義。《釋丘》曰：「窮瀆，汜。」郭云：「水無所通者。」《漢書》：「張良閒從容步游下邳汜上。」④服虔讀爲「圯音頤，楚人謂橋曰圯。」此漢人易字之例也。應劭曰：「汜水之上。」此不易字，謂窮瀆無水之上也。下文「直墮其履汜下」，良「下取履」。其爲無水之瀆了然。《史記》本亦作「汜」，小司馬云，姚察見《史記》有作土旁者。云有，則知《史記》不皆作土旁也⑤。義本易憭，諸家説皆不察。

湀 湀辟，逗。流水處也。流，鉉作「深」，非。《釋水》曰：「湀闢，流川。」从水，癸聲。求癸切，十五部。《字林》音圭。

滎 滎濘，逗。絶小水也。滎篆本在濘篆下，今移正。滎濘二字，各本無，今依全書通例補。李善注《七命》引《説文》「濘，絶小水也。奴泠切」。可以證今本之誤，但尚奪「滎」字耳。《甘泉賦》：「梁弱水之濎濙。」服虔曰：「崑崙之東有弱水，渡之若濎濙耳。」善曰：「汀濙，小水也。」引《字林》「濙，絶小水也」。按，《甘泉賦》之「濎濙」，《七命》之「汀濘」，皆謂小水也。濙濘義同。濙即許之滎字，一爲熒省，一不省也。若熒澤、熒陽，古皆作熒，不作滎。唐碑、宋槧，尚多不誤，近今乃皆作滎。《潛丘劄記》乃云：《説文》「絶小水」之「絶」，爲《爾雅》「正絶流曰亂」之「絶」，與《禹貢》「泲入河泆滎」相發明，其荒謬有如此者。中斷曰絶，絶者，窮也，引伸爲極至之用。絶小水者，極小水也。此六書不可以本義滅其引伸之義者也。許書「陘者，山絶坎也。」此中絶之絶，「絶小水」非其倫也。然則熒澤字，從火之義若何？曰：泲之顯伏不測，如火之熒熒不定也。从水，熒省聲。户扃切，十一部。

濘 滎濘也。从水，寧聲。乃定切，十一部。按，濴濘疊韵，此當依《七命》注「奴泠切」，後人謂淖爲泥濘，讀乃定切，義與音皆非古矣。

洼 深池也。《史》、《漢》皆云：「得神馬渥洼水中。」《莊子·齊物論》云「似洼者」。从水，圭聲。一佳切，又於瓜切，按，古音在十六部。

窪 清水也。未詳。从水，窐聲。一穎切，又屋瓜切，按，古音在十六部。一曰，窊也。穴部曰：「窊，污衺下地也。」

潢 積水池也。《左傳》：「潢污行潦之水。」服虔曰：「畜小水謂之潢，水不流謂之污，行潦，道路之水。」从水，黃聲。乎光切，十部。《廣韵》引《釋名》曰：「潢，染書也。」乎曠切。唐有妝潢匠。

沼 池也。《召南》傳曰：「沼，池也。」張揖《廣雅》同。按，《衆經音義》兩引作「小池也」。从水，召聲。之少切，二部。

按，沼之言招也，招外水豬之。

池 陂也。从水，也聲。此篆及解各本無，今補。按，徐鉉等曰：「池沼之池，通用江沱字，今別作池，非是。」學者以爲確不可易矣。攷《初學記》引《説文》：「池者，陂也。从水，也聲。」依自部陂下「一曰池也」，衣部「褫讀若池」覈之，則池與陂爲轉注，徐堅所據不誤。又攷《左傳·隱三年》正義引應劭《風俗通》云：「池者，陂也。从水，也聲。」《風俗通》一書，訓詁多襲《説文》，然則應所見固有池篆，別於沱篆顯然，徐堅所見同應。而孔穎達引《風俗通》不引《説文》者，猶上文引《廣雅》「沼，池也」不系諸《説文》耳。逮其後《説文》佚此，而淺人謂沱、池無二。夫形聲之字，多含會意，沱訓江別，故从它，沱之言有它也。停水曰池，故从也，也本訓女陰也。《詩》謂水所出爲泉，所聚爲池，故曰「池之竭矣，不云自瀕。泉之竭矣，不云自中。」豈與沱同字乎。漢碑作池沼字皆從「也」。《廣雅》曰：「沼，池也。池，沼也。」⑥二字互訓，與許合。直離切，古音在十七部。今本《初學記》也聲誤爲它聲，今本《左傳正義》陂也誤爲「陂池」，皆淺人所改。

湖 大陂也。自部曰：「陂，一曰，池也。」然則大陂謂大池也。古言「鴻隙大陂」，言「汪汪若千頃陂」，皆謂大池也。池以鍾水，湖特鍾水之大者耳。从水，胡聲。户吳切，五部。揚州濅有五湖。《職方氏》曰：「揚州，其澤藪曰具區，其浸五湖。」鄭曰：「具區、五湖，在吳南。」按，《經》具區、五湖，分析言之，五湖之非具區，明矣。鄭云皆「在吳南」，則其相聯屬可知也。濅，逗。川澤所仰以溉灌者也。上文言：渭，雝州浸；汾，冀州浸；潞，冀州浸，溠，荆州浸；沭、沂，皆青州浸；五湖，揚州浸。下文曰：湛，豫州浸。皆據《職方》爲言，此總釋浸字，以補濅篆下所未備也。鄭曰「浸可以爲陂灌溉者」，按，可以爲陂，謂可以爲池也。許云「川澤所仰以溉灌者」，謂《職方》其澤藪、其川、其浸三者析言之，川流或竭，澤水本希，藉浸水亭蓄者多，可以灌注之，故必兼言浸也。上文溉字下曰「溉，灌注也。」《風俗通》曰：「湖者，言流瀆四面所猥也，川澤所仰以溉灌也。」用許語。

汥 水都也。水都者，水所聚也，民所聚曰都。汥之證未詳。从水，支聲。章移切，十六部。

洫 十里爲成，成閒廣八尺、深八尺，謂之洫。《考工記·匠人》文也。《匠人》溝洫之制，惟歙程氏瑤田《通藝録》能發明之。洫亦作淢，《韓詩》「築城伊洫」，《毛詩》作淢，傳曰：「淢，成溝也。」箋云：「方十里曰成，淢其溝也。」按，門閾之字，古文作⿵門洫，是或與血異部而音通也。溝洫對文則異，散文則通，故毛曰「成溝」。从水，血聲。況逼切，按，古音在十二部，入聲。今入職韵者，以《毛詩》作淢之故。《論語》曰：「盡力于溝洫。」《論語·泰伯篇》，今本于作「乎」。

溝 水瀆也。也字依《玄應》補。廣四尺，深四尺。《匠人》職曰：「九夫爲井，井閒廣四尺、深四尺，謂之溝。」从水，冓聲。古矦切，四部。

瀆　溝也。謂井閒廣四尺、深四尺者也。从水，賣聲。徒谷切，三部。　一曰，邑中曰溝。曰字依《玄應》補。不必井閒，亦不必廣四尺、深四尺者也。按，瀆之言竇也，凡水所行之孔曰瀆，小大皆得稱瀆。《釋水》曰：「注澮曰瀆。」又曰：「江河淮濟爲四瀆。」《水經注》謂古時水所行，今久移者曰故瀆。

渠　水所居也。渠居疊韵。《風俗通》亦云：「渠者，水所居也。」从水，榘聲。小徐云，榘即柜字，見木部。又《堯廟碑》以柜爲榘。彊魚切，五部。

瀶　谷也。泉出通川爲谷，谷亦稱瀶也。从水，臨聲。讀若林。力尋切，七部。　一曰，寒也。與癛音義略同。

湄　水艸交爲湄。《小雅》：「居河之湄。」《釋水》、毛傳皆曰：「水草交爲湄。」从水，眉聲。武悲切，十五部。

洐　溝行水也。从水行。此以會意包形聲。户庚切，古音在十部。

澗　山夾水也。《釋山》、毛傳皆云。《小雅》：「秩秩斯干。」毛云：「干，澗也。」此謂《詩》假借干爲澗也。从水，閒聲。古莧切，十四部。　一曰，澗水，出弘農新安，東南入雒。雒，各本作「洛」，今正。《地理志》曰：「弘農郡新安，《禹貢》澗水在東南入雒。《禹貢》雒水出弘農郡上雒冢領山，東北至鞏入河。」按，《地理志》、《禹貢》雒水字作雒，凡云伊水入雒、穀水入雒、澗水入雒、瀍水入雒，凡云上雒縣、雒陽縣，字皆不作洛也。且《志》文前後相應，此云「《禹貢》雒水」，則前文稱「《禹貢》逾于雒」、「伊雒瀍澗，既入于河」、「道雒自熊耳」，古本必皆作雒，斷不作洛也。且《志》稱《職方》「豫州川曰熒雒」、「雍州浸曰渭洛」，二字分別畫然，可以證上稱《禹貢》亦必分別畫然。惟豫雒、雍洛不同字，故北地歸德下云「洛水出北蠻夷中」，直路下云「沮水出東西入洛」，左馮翊褱德下云「洛水東南入渭」，與雒水字迥別。學者以是求之，可以知黄初一詔之欺人矣。漢新安縣故城，在今河南河南府澠池縣東。澗水在今澠池縣東，合於穀水，而互受通稱，同至今洛陽縣西南入洛水。

澳　隈厓也。其内曰澳，其外曰鞫。鞫，舊作「隈」，今正。《爾雅》説厓岸曰：「隩，隈厓。内爲隩，外爲鞫。」郭以隈字上屬，厓字下屬。以許訂之，郭非是。𨸏部隈下曰：「水曲隩也。」隩下曰：「水隈厓也。」亦隈厓聯文。隩與澳字異而音義同。今《毛詩》「瞻彼淇奥」，字作奥，古文假借也。《毛詩》曰：「奥，隈也。」此言水曲之裏淵奥然也。《大雅》：「芮鞫之即。」箋云：「水之内曰澳，水之外曰鞫。」鞫謂水曲之表圜穹然也。鞫之雙聲爲居窮切，故傴僂之狀曰鞠窮，曰躹窮。水曲之表如弓，故曰鞫。《韓詩》、《漢志》作「阬」，《字林》作「坈」，俗本《爾雅》改鞫爲隈，因或取以改《説文》耳。从水，奥聲。於六切，三部。

澩　夏有水、冬無水曰澩。《釋山》曰：「山上有水，埒。夏有水、冬無水，澩。」謂山上夏有停潦，冬則乾也。从水，學省聲。讀若學。胡角切，三部。

㶇　澩或不省。

灘　水濡而乾也。灘字古義如此。後人用爲沙灘，此之謂古今字也。沙灘字亦或作潬。從水，鷬聲。《詩釋文》引《說文》他安反。大徐益以呼旰切，非也。十四部。《詩》曰：「灘其乾矣。」《王風》文。今《毛詩》作「暵」，葢非也。一章曰「灘其乾矣」，二章曰「灘其脩矣」，脩且乾也，三章曰「灘其溼矣」，知灘兼濡與乾言之。毛傳曰：「菸皃。」菸者，一物而濡之、乾之，則菸邑無色也。

灘　俗灘从隹。

汕　魚游水皃。《小雅》：「南有嘉魚，烝然汕汕。」傳曰：「汕，樔也。」《詩》不从毛，葢三家之說。从水，山聲。所晏切，十四部。《詩》曰：「烝然汕汕。」

決　下流也。各本作「行流」，《衆經音義》三引，皆作「下流」。下讀自上下下之下，胡駕切，決水之義。引伸爲決斷。从水，夬聲。古穴切。《衆經音義》三引《說文》胡玦切，十五部。

廬江有決水，出大別山。《地理志》：「廬江郡，雩婁：決水北至蓼入淮，又有灌水，亦北至蓼入決。」《水經注》：「決水，自安豐縣故城西北，逕蓼縣故城東，又西北，灌水注之，又北入於淮。」決水即今史河，詳灌字下。按，《漢志》六安國安豐縣下曰：「《禹貢》，大別在西南。」許云決水出大別山，即安豐之大別山也。漢安豐今爲固始及霍丘。

灓　屚流也。宋姚宏曰：「《戰國策》：王季歷葬於楚山之尾，灓水齧其墓。謂墓爲山尾屚流所沮敗也。孔衍《春秋後語》改爲鸞水，注云：宜都縣有鸞水。誤甚。王季葬鄠南。」从水，䜌聲。洛官切，十四部。

滴　水注也。《埤倉》有渧字，讀去聲，即滴字也。从水，啻聲。都歷切，十六部。

注　灌也。《大雅》曰：「挹彼注茲。」引伸爲傳注，爲六書轉注。注之云者，引之有所適也。故釋經以明其義曰注，交互之而其義相輸曰轉注。釋故、釋言、釋訓皆轉注也。有假注爲「咮」者，如「注星」即「咮星」是也。从水，主聲。之戍切，古音如晝，在四部。○按，漢、唐、宋人經注之字無有作註者，明人始改注爲註，大非古義也。古惟註記字从言，如《左傳敘》「諸所記註」，韓愈文「市井貨錢註記」⑦之類。《通俗文》云：「記物曰註。」《廣雅》：「註，識也。」古起居註用此字，與注釋字別。

沃　溉灌也。自上澆下曰沃。故下文云：「澆者，沃也。」《周禮》、《左傳》皆言「沃盥」是也。水沃則土肥，故云沃土。水沃則有光澤，故毛傳云「沃沃，壯佼也」，又云「沃，柔也」。从水，芺聲。烏酷切，古音在二部。隷作「沃」。

浩　所目攤水也。攤，當作「雝」，塞也。《廣雅》曰：「浩，隁也。」从水，皆聲。所責切，古音在五部。曹憲倉故反。《漢律》曰：「及其門首洒浩。」葢謂壅水於人家門前，有妨害也。

溓　埤增水邊土，人所止者。土部曰：「埤，增也。」增，益也。」酈善長曰：「《左傳》文十六年，楚軍次於句溓。定四年，左司馬戌敗吳師於雍溓。昭二十三年，司馬薳越縊於薳溓。服虔或謂之邑，又謂之地。京相璠、杜預亦云，水際及邊地名也。今南陽、淯陽二縣之閒，淯水之濱，有南溓北溓矣。」从水，筮聲。筮，小篆作簭。時制切，十五部。《夏書》曰：「過三溓。」《禹貢》文。《水經》曰：「三溓地在南郡邔縣北沱。」酈注云：「《地說》曰：沔水東行過三溓，合流觸大別山阪。故馬融、鄭玄、王肅、孔安國等，咸以爲三溓、水名也。惟許慎說異。」按，《水經》釋爲地，與許合。《水經》者，或謂桑欽所作，然則許正用孔氏古文《尚書》說也。

津　水渡也。《商書·微子》曰：「若涉大水，其無津。」俗本妄增「涯」字。按，經傳多假借津爲盡潤字。《周禮》「其民黑而津」是。从水，𦘒聲。將鄰切，十二部。隸省作津。

𦨈　古文津从舟淮。按，當是「从舟，从水，進省聲」。

淜　無舟渡河也。《小雅》傳曰：「徒涉曰馮河，徒搏曰暴虎。」《爾雅·釋訓》、《論語》孔注同。淜，正字；馮，假借字。从水，朋聲。皮冰切，六部。

㶇　小津也。謂渡之小者也，非地大人衆之所。小，一作水，非。从水，橫聲。户孟切。按，《玉篇》户觥切爲長。古音在十部。一曰，㠯船渡也。《方言》曰：「方舟謂之㶇。」郭云：「楊州人呼渡津舫爲杭，荆州人呼㶇音橫。」《廣雅》：「㶇，筏也。」

泭　編木㠯渡也。《周南》：「江之永矣，不可方思。」傳曰：「方，泭也。」即《釋言》之「舫，泭也」。《爾雅》字多從俗耳。《釋水》曰：「大夫方舟，士特舟，庶人乘泭。」《方言》曰：「泭謂之䉫，䉫謂之筏。筏，秦晉之通語也。」《廣韻》曰：「大曰䉫，曰筏，小曰泭。」按，《論語》「乘桴于海」，假「桴」爲泭也。凡竹木蘆葦皆可編爲之，今江蘇、四川之語曰䉫。从水，付聲。芳無切，古音在四部。

渡　濟也。上文濟篆下無此義，此補見。《邶風》傳曰：「濟，渡也。」《方言》曰：「過度謂之涉、濟。」凡過其處皆曰渡，假借多作度。天體三百六十五度，謂所過者三百六十五也。从水，度聲。徒故切，五部。

沿　緣水而下也。《禹貢》：「沿于江海，達于淮泗。」鄭本沿作「松」，字之誤也。馬本作「均」，依今文《尚書》也。均者，沿之假借字。如《三年問》「反巡過其故鄉」，《荀卿》巡作鉛，假鉛爲巡，其理一也。从水，㕣聲。與專切，十四部。㕣古文沇。《春秋傳》曰：「王沿夏。」《左傳·昭十三年》曰：「王沿夏，將欲入鄢。」

泝　逆流而上曰㴑洄。《秦風》傳曰：「逆流而上曰遡洄，順流而涉曰遡游。」《釋水》同，涉作「下」。㴑，向也。向，當作「鄉」，淺人所改也。漢人書向背字，皆作鄉，不作向。《中庸》「素隱」注曰：「素讀爲攻城攻其所傃之傃。傃猶鄉也。」按，遡者，從其朔；

傃者，從其素。故字从朔、从素。水欲下，違之而上也。此釋洄字之義。洄、違疊韵。从水，㡿聲。桑故切，五部。

遡 㴑或从辵朔。朔亦聲也。

洄 㴑洄也。从水，回聲。以形聲包會意。户灰切，十五部。

泳 潛行水中也。《周南》：「不可泳思。」《釋水》、毛傳皆曰：「潛行爲泳。」下文云：「潛，涉水也。」「涉，徒行厲水也。」从水，永聲。爲命切，古音在十部。

潛 涉水也。上文云「潛行水中」，對下文「浮行水上」言之。《邶風》傳云：「由厀以上爲涉。」然則言潛者，自其厀以下没於水言之，所謂泳也。《左傳・哀十七年》：「越子以三軍潛涉。」又按，潛、汓等字，後人不甚分明。若《水經注・江水篇》云：「有潛客泳而視之，見水下有兩石牛。」此則謂潛全没水中矣。一曰，藏也。此今日通行義。《釋言》曰：「潛，深也。」《方言》曰：「潛、涵，沈也。」从水，朁聲。昨鹽切，七部。一曰，漢爲潛。《釋水》文。劉逵注《蜀都賦》云：「《禹貢》梁州，沱、潛既道，有水從漢中沔陽縣南流，至梓潼漢壽縣，入大穴中，通岡山下，西南潛出。今名伏水，舊説云《禹貢》潛水也。」郭璞《爾雅音義》同此説。

淦 水入船中也。水入船中，必由朕而入。淦者，浸淫隨理之意。从水，金聲。古暗切，古音在七部。一曰，泥也。謂塗泥。

汵 淦或从今。今聲。

泛 浮也。《邶風》曰：「汎彼柏舟，亦汎其流。」上汎謂汎汎，浮皃也。下汎當作泛，浮也。汎、泛古同音，而字有區别如此。《左傳・僖十三年》「汎舟之役」，亦當作泛。从水，乏聲。孚梵切，古音在七部。

汓 浮行水上也。若今人能划水者是也。《列子》曰：「習於水，勇於泅。」从水子。子猶小也。浮於水上，望之甚小也。似由切，三部。古文或㠯汓爲没字。此古文小篆之别也，其義其音其形皆别矣。按，善水者或没、或浮，皆無不可，則不妨同字同音也。

泅 汓或从囚聲。

砅 履石渡水也。謂若今有水汪，岂甎石而過。水之至小至淺者也。从水石。會意。力制切，十五部。《詩》曰：「深則砅。」此稱《邶風》言假借也。《毛詩》曰：「深則厲。」《釋水》曰：「以衣涉水爲厲。」又曰：「繇帶以上爲厲。」此竝存二説也。毛傳依之。定本改云「以衣涉水爲厲，謂由帶以上也」。合爲一説，繆矣。履石渡水，乃水之至淺，尚無待於揭衣者，其與「深則厲」，絶然二事明矣。厲、砅二字同音，故《詩》容有作砅者，許稱以明假借。如《尚書》以「作孜」爲「作好」，以「莫席」爲「蔑席」之比。《經典釋文》引《韓詩》「至心曰厲」，《玉篇》作「水深至心曰砅」。至心，即由帶以上之説也。葢《韓詩》作「深則砅」，許稱之與？戴先生乃以橋梁説砅，如其説，許當徑云「石梁」，不當云「履石渡水」矣。《詩》言「深則厲，淺則揭」，喻因時之宜，倘深待石梁，則有不能渡者矣。《禹貢》「厲砥」，《玄應》引作「砅砥」，僞《説命》「用汝作厲」，宋庠《國語補音》引《詩》作砅[8]，《汗簡》云：「砅，古文礪。」此可見古假砅爲厲，非一處矣。

濿 砅或从厲。厲者，石也。從水厲，猶從水石也。引伸之爲凡渡水之稱。如《大人賦》云：「横厲飛泉以正東。」是也。字多作厲。○厲既改作𠩾，則此亦當作濿。

湊 水上人所會也。引伸爲凡聚集之偁。从水，奏聲。倉奏切，四部。

湛 沒也。古書浮沈字多作湛，湛沈古今字，沉又沈之俗也。下文云：「沒，湛也。」二字轉注。从水，甚聲。按，直林切，七部。大徐宅減切，未知古義古音也。凡湛字，引伸之義甚多，其音不一，要其古音則同直林切而已。一曰，湛水，豫州浸。州，各本作章，今依《地理志》注、《集韵》所引訂正。《職方氏》：「荆州，其浸潁、湛；豫州，其浸波、溠。」許系溠於荆，系湛於豫，蓋以正經文之互譌也。鄭注云：「湛，未聞。」許系諸豫，蓋必實有所指矣。《水經·汝水篇》注曰：「汝水，又東南，逕繁丘城南而東南出。湛水，出犨縣北魚齒山西北，東南流，歷魚齒山爲湛浦。《春秋傳·襄十六年》，楚晉戰於湛阪，蓋即湛水以名阪也。又東南，逕蒲城北，又東，入汝。《周禮》鄭注曰未聞，蓋偶有不照。」按，許意亦正謂斯水也。杜元凱云：「昆陽縣北有湛水，東入汝。」今河南南陽府葉縣北二十里，有昆陽城。

𣵀 古文。

湮 沒也。《釋詁》：「湮，落也。」落與沒義相近。从水，垔聲。於真切，十二部。

休 沒也。此沈溺之本字也，今人多用溺水水名字爲之，古今異字耳。《玉篇》引孔子曰：「君子休於口，小人休於水。」顧希馮所見《禮記》尚作休。从水人，讀與溺同。奴歷切，古音蓋在二部。

沒 湛也。湛，各本作「沈」，淺人以今字改之也，今正。沒者，全入於水，故引伸之義訓盡。《小雅》：「曷其沒矣。」傳云：「沒，盡也。」《論語》「沒階」，孔安國曰：「沒，盡也。」凡貪沒、乾沒皆沈溺之引伸。从水，㫚聲。莫勃切，十五部。

渨 沒也。从水，畏聲。烏恢切，十五部。按，此字疑後人所增。

滃 雲气起也。《易林》：「潼滃蔚薈，扶首來會。」謂雲起也。《江賦》：「氣滃渤以霧杳。」有假翁爲滃者，《周禮》「醴齊」[9]注：「盎猶翁也。成而翁翁然蔥白色。」从水，翁聲。烏孔切，九部。

泱 滃也。《射雉賦》：「天泱泱以垂雲。」善曰：「《毛詩》英英白雲，毛萇曰：英英，白雲皃。泱與英古字通。」按，泱滃雙聲。从水，央聲。於良切，十部。徐爰曰：「音英。」音之轉也。

淒 雨雲起也。各本作「雲雨」，誤。今依《初學記》、《太平御覽》正。雨雲，謂欲雨之雲。唐人詩晴雲、雨雲是也。按，《詩》曰：「淒其以風。」毛傳：「淒，寒風皃。」又曰：「風雨淒淒。」蓋淒有陰寒之意。《小雅》：「有渰淒淒。」皃急雨欲來之狀，未嘗不兼風言之。許以字從水，但謂之雨雲。从水，妻聲。七稽切，十五部。《詩》曰：「有渰淒淒。」今《詩》作「萋萋」，非也。《呂覽》、《漢書》、《玉篇》、《廣韵》皆作「淒淒」。

渰　雨雲皃。各本作「雲雨皃」，今依《初學記》、《太平御覽》正。《毛傳》曰：「渰，雲興皃。」《顏氏家訓》、定本集注作「陰雲」，恐許所據，徑作「雨雲」。渰，《漢書》作「黤」。按，「有渰淒淒」，謂黑雲如鬠，淒風怒生，此山雨欲來風滿樓之象也。既而白雲彌漫，風定雨甚，則「興雲祁祁，雨我公田」也。《詩》之體物瀏亮如是。从水，弇聲。衣檢切，七部。

溟　小雨溟溟也。《太玄經》：「密雨溟沐。」《玉篇》曰：「溟濛小雨。」《莊子》「南溟」、「北溟」，其字當是本作冥。从水，冥聲。莫經切，十一部。

涑　小雨霝皃。霝，各本作「零」，今正。涑涑，亦雨聲。从水，束聲。所責切，十六部。俗作「漅」。

瀑　疾雨也。暴，疾有所趣也，故从水、从暴爲疾雨。从水，暴聲。平到切，二部。《詩》曰：「終風且瀑。」《詩·邶風》文。按，《毛詩》：「終風且暴。」傳曰：「暴，疾也。」即指風言，許所據葢《三家詩》。一曰，沫也。沫，一作「沬」，誤。馬融《長笛賦》曰：「山水猥至，滆瀑噴沫。」噴沫，水跳沫也。滆瀑，噴沫皃。《蜀都賦》亦曰：「龍池滆瀑濆其限。」濆，當作「噴」。《江賦》曰：「拊拂瀑沫。」一曰，瀑，霣也。雨部曰：「霣，雨也。齊人謂靁爲霣。」⑩

澍　時雨也。所㠯樹生萬物者也。依《魏都賦》注、《後漢·明帝紀》注補五字。樹舊譌「澍」，今正。樹、澍以曡韵爲訓。《難蜀父老》曰：「羣生澍濡。」从水，尌聲。當句切⑪，古音在四部。

湒　雨下也。《廣雅》云：「湒湒，雨也。」《毛詩》：「其角湒湒。」宋本《釋文》如是。假借爲角皃。从水，咠聲。姊入切，七部。一曰，灊涌皃。上文云：「湁湒，灊也。」

澬　久雨涔澬也。亦作「涔䨏」。一曰，水名。《廣韵》曰：「在常山郡。」从水，資聲。才私切，又即夷切，十五部。

潦　雨水也。各本作「雨水大皃」，今依《詩·采蘋》正義、《文選》陸機《贈顧彥先詩》注、《衆經音義》卷一訂。《曲禮》釋文亦曰：「雨水謂之潦。」雨水謂雨下之水也。《左傳》曰：「水潦將降。」《召南》：「于彼行潦。」傳曰：「行潦，流潦也。」按，傳以流釋行。服注《左傳》乃云：「道路之水。」趙注《孟子》乃云「道旁流潦」，以道釋行，似非。潦水流而聚焉，故曰行潦，不必在道旁也。从水，尞聲。盧皓切，二部。俗借澇水字爲之。

濩　雨流霤下皃。皃，宋本無，非。霤，屋水流下也。今俗語評簷水溜下曰「滴濩」，乃古語也。或假濩爲「鑊」，如《詩》「是刈是濩」是也。或假爲「護」，如湯樂名「大濩」是也。从水，蒦聲。胡郭切，五部。

涿 流下滴也。《周禮·壺涿氏》注：「壺，瓦鼓也。涿，擊之也。」按，擊瓦鼓之聲如滴然，故曰壺涿。今俗謂一滴曰一涿，音如篤，即此字也。又作「沰」，音當洛反。《廣雅》：「沰，磓也。」崔寔書：「上火不落，下火滴沰。」《周禮·掌舍》注云：「桓受居霤水涑槖者也。」槖即沰之假借。从水，豖聲。竹角切，古音在三部。上谷有涿鹿縣。鹿字各本奪，今補。涿縣在涿郡，不在上谷也。《地理志》：「上谷郡，涿鹿。」今涿鹿故城，在直隸宣化府保安州南。《明志》謂之軒轅城。涿郡涿，今涿縣，故城在順天府涿州州治。

𣅀 奇字涿。古文奇字也。从日乙。从日者，謂於日光中見之，乙蓋象滴下之形，非甲乙字。

瀧 雨瀧瀧也。也，大徐作「皃」，今依小徐及《廣韵》。瀧瀧，雨滴皃也。音轉讀爲浪浪，平聲。《方言》曰：「瀧涿謂之霑漬。」郭云：「瀧涿猶瀨滯也。」瀨滯當作瀨滯。《埤倉》云：「滯瀨，瀧也。」《通俗文》云：「霝滴謂之瀨滯。」又《廣韵》、《集韵》皆云：「瀧涑，沾漬也。」瀧涑，即瀧涿也。《荀卿書》：「東籠而退。」楊倞云：「東籠即瀧涑。」从水，龍聲。力公切，九部。

潻 潻沛也。《玉篇》同。未聞。一本作「沛之」，《廣韵》、《集韵》、《類篇》同。亦未聞。按，潻沛當係「瀨滯」之字誤，又佚滯篆耳。與上文三篆同義，故廁於此。从水，柰聲。奴帶切，十五部。瀨，郎計切。滯，都計切。今俗語多如此。

滈 久雨也。引伸爲水皃。《上林賦》：「翯乎滈滈。」《吳都賦》⑫：「滈汗六州之域。」借爲京兆鎬水字。从水，高聲。平老切，二部。

漊 雨漊漊也。漊漊，猶縷縷也。不絕之皃。一曰，汝南人《廣韵》有人字。謂歓酒習之不醉曰漊。曰字依《韵會》訂。謂不善飲者，每日飲少許，久久習之，漸能不醉，其方言曰漊。从水，婁聲。力主切，古音在四部。

溦 小雨也。今人槩作「微」。《廣韵》、《集韵》皆曰：「浽溦，小雨。」按，《爾雅》：「谷者，溦。」假借字也。从水，散聲。各本作「微省聲」，今正。無非切，十五部。

濛 溦雨皃。溦，各本作「微」，今正。皃，各本作「也」，今依《玉篇》正。溦、溟、濛三字一聲之轉。《豳風》曰：「零雨其濛。」傳云：「濛，雨皃。」《廣韵》：「空濛，小雨。」《廣雅》作「霥」，霥，俗字也。从水，蒙聲。莫紅切，九部。

沈 陵上滈水也。謂陵上雨積停潦也。古多假借爲湛沒之湛，如《小雅》「載沈載浮」是。又或借爲瀋字，《檀弓》「爲榆沈」是也。从水，冘聲。直深切，又尸甚切，八部。一曰，濁黕也。黑部曰：「黕，滓垢也。」黕、沈同音通用。

㴒 靁震㴒㴒也。从水，靁震雨中，故从水。再聲。作代切，一部。

淊 泥水淊淊也。从水，臽聲。胡感切，八部。一曰，繅絲湯。繅絲必用灉湯，名曰涫。

涵 水澤多也。所受潤澤多也。从水，圅聲。胡男切，七部。《詩》曰：「僭始既涵。」《小雅·巧言》文。傳曰：「僭，數。涵，容也。」按，涵訓容者，就受澤多之義而引伸之。

澤 漸溼也。《魏風》：「彼汾沮洳。」傳曰：「汾，汾水也。沮洳，其漸洳者。」洳、澤同字。沮，子預反，猶溜也。从水，挐聲。人庶切，五部。

瀀 澤多也。與優義近。《瞻卬》傳曰：「優，渥也。」優即瀀之假借矣。从水，憂聲。於求切，三部。《詩》曰：「既瀀既渥。」《小雅·信南山》文。今詩作「優」。

涔 漬也。《淮南書》：「牛蹄之涔。」謂水之漬於牛跡中者也。《毛詩》：「潛有多魚。」《韓詩》作「涔」。《爾雅》曰：「糝謂之涔。」毛傳曰：「潛，糝也。」説者云糝即「罧」字。《韓詩》曰：「涔，魚池也。」此皆涔之别義。从水，岑聲。鉏箴切，七部。一曰，涔陽渚在郢。屈原《九歌》：「望涔陽兮極浦。」王逸曰：「涔陽，江碕名，附近郢。」按，許曰在郢，王曰附近郢；許云渚名，王云江碕名。皆不云有涔水。謂近郢濱大江之洲渚耳。近儒説未可信。

漬 漚也。謂浸漬也。古多假爲「骴」字。《公羊傳》「大瘠」，《禮記》注引作「大漬」。《公羊傳》：「瀸者何？漬也。衆殺戍者也。」《周禮·蜡氏》掌除骴，故書骴作「脊」，鄭司農云：「脊讀爲漬，謂死人骨也。」《漢志》：「國亡捐瘠。」孟康曰：「肉腐爲瘠。」按，骴、漬、脊、瘠四字，古同音通用，當是骴爲正字也。从水，責聲。前智切，十六部。

漚 久漬也。言久漬者，略别於漬也。上統言，此析言，互相足也。《陳風》：「可以漚麻。」傳曰：「漚，柔也。」《考工記》：「漚其絲。」注曰：「楚人曰漚，齊人曰涹。」或假渥字爲之，如《左傳》「鄗人漚菅者」，《周禮》注引作「繒人渥菅」是也。从水，區聲。烏候切，四部。

浞 小濡皃也。濡者，霑也。上文濡篆下未舉此義，故此及雨部補見。《小雅》曰：「既霑既足。」蓋足即浞之假借也。从水，足聲。士角切，古音在三部。

渥 霑也。《小雅》「既優既渥」。《考工記》：「欲其柔滑而腥脂之。」注：「腥讀如沾渥之渥。」按，渥之言厚也，濡之深厚也，《邶風》傳曰：「渥，厚漬也。」从水，屋聲。於角切，古音在三部。

漼 灌也。漼與渼義同。从水，隺聲。口角切，又公沃切，三部。

洽 霑也。《大雅》：「民之洽矣。」傳曰：「洽，合也。」此謂《毛詩》假洽爲合也。《釋詁》曰：「郃，合也。」郃即洽。《毛詩》：「在洽之陽。」稱引者多作「在郃之陽」是也。从水，合聲。矦夾切，七部。

濃 露多也。《小雅·蓼蕭》傳曰：「濃濃，厚皃。」按，酉部曰：「醲，厚酒也。」衣部曰：「襛，衣厚皃。」凡農聲字皆訓厚。从水，農聲。女容切，九部。《詩》曰：「零露濃濃。」

瀌 瀌瀌，雨雪皃。依《韵會》所據小徐本訂。《小雅·角弓》曰：「雨雪瀌瀌，見晛曰消。」《廣雅》：「瀌瀌，雪也。」《劉向傳》作「麃」。从水，麃聲。甫嬌切，二部。

溓 溓溓，薄仌也。溓溓二字，依《文選》注補。潘岳《寡婦賦》曰：「水溓溓以微凝。」按，食部鎌下云：「讀若風溓溓。」蓋當云「讀若風溓之溓」。風溓，謂風之蹙淩也。或曰中絶小水。《玉篇》、《廣韵》作「大水中絶小水出也」，當是古人所見完本，後奪誤爲四字耳。謂大水中絶小水之流而出也。八字一句。《公羊傳》曰：「周公盛，魯公燾，羣公溓。」何曰：「盛者，新穀；燾者，冒也，故上以新也；溓者，連新於陳上財令半相連耳。」此溓引伸之義也。《公羊》疏本作「溓」，今本《公羊》作「廩」，誤。鄭注《周易》引「羣公溓」，見《詩·采薇》正義。又曰，淹也。晁以道云：「唐本有此四字。」楊上善注《素問》云：「溓，水靜也。」於此義相近。淹篆下無此義，於此補見。从水，兼聲。力鹽切，七部。按，宋晁以道所據唐本力篹反，楊上善《素問》注廉檢反，李善《文選》注力檢反。

濂 或从廉。晁以道云：唐本有，見《樓攻媿集》。

泐 水之理也。各本水下有「石」字，今刪。𠂤部曰：「防，地理也。从𠂤。」木部曰：「朸，木之理也。从木。」然則泐訓「水之理，「从水」無疑矣。淺人不知水有理，又見下文引《周禮》説石，乃妄增一字。水理如地理、木理可尋，其字皆从力。力者，人身之理也。从水，防聲。形聲包會意也。大徐無「聲」字。盧則切，一部。《周禮》曰：「石有時而泐。」《考工記》文。石隨其理而解散，石之理如水之理，故借用泐字。水理猶地理，故泐以防會意形聲。

滯 凝也。凝，俗冰字。《周禮·廛人》：「凡珍異之有滯者。」鄭司農云：「貨物沈滯於廛中不決。」《泉府》：「貨之滯於民用者。」故書滯爲「癉」，杜子春云：「癉當爲滯。」从水，帶聲。直例切，十五部。

泜 箸止也。箸，直略切。箸止，有所箸而止也。土部坻下曰：「箸也。」與此字皆从氐，徐楚金引《左傳》「物乃泜伏」。按，《左傳》自作「坻伏」，杜曰：「坻，止也。」尋其義當作坻，與泜義略同。蓋唐宋以來，氏氐溷淆多矣。从水，氐聲。按，《玉篇》之是切，《廣韵》諸氏切，十六部。大徐直尼切，誤認爲坻字耳。

㶁 水裂去也。謂水分裂而去也。韓愈文用「㶁㶁」字。从水，虢聲。古伯切，古音在五部。

澌 水索也。《方言》曰：「澌，索也。」郭注云：「盡也。」按，許説其本義，楊説其引伸之義也。索訓盡者，索乃索之假借字，入室搜索有盡意也。《方言》曰：「鋌，賜也。」賜者，澌之假借，亦作儩。从水，斯聲。息移切，十六部。

汽 水涸也。《大雅·民勞》傳曰：「汔，危也。」《周易》：「汔至亦未繘井，小狐汔濟。」虞翻曰：「汔，幾也。」皆引伸之義。水涸爲將盡之時，故引伸之義曰危、曰幾也。从水，气聲。許訖切，《詩音義》引《説文》巨乞反，十五部。或曰泣下。别一義。《詩》曰："汔可小康。"前説引伸之義。

涸 渴也。渴，盡也。渠列切。《釋詁》曰："涸，渴也。"俗本作竭。《月令》："仲秋之月，水始涸。"从水，固聲。讀若狐貈之貈。按，貈從舟聲，今人以貉爲之，音下各切。别作貛貊字，音莫白切。皆非古也。此涸下當云"讀若貉"，恐音既變之後，絫經改竄耳。下各切，五部。

𣻸 涸亦从水鹵舟。未聞其意。

消 盡也。未盡而將盡也。从水，肖聲。相幺切，二部。

潐 ⑬盡也。《荀卿書》："其誰能以己之潐潐，受人之掝掝者哉。"楊倞曰："潐，盡也。"潐潐謂窮盡明於事，猶《楚辭》之察察。从水，焦聲。子肖切，二部。按，焦者，火所傷，義近盡，故訓盡則以焦會意。

渴 盡也。渴、竭古今字。古水竭字多用渴，今則用竭爲渴字矣。从水，曷聲。《佩觿》曰："《説文》、《字林》渴音其列翻。"按，大徐苦葛切，非也。十五部。

濂 水虛也。《爾雅音義》引作"水之空也"，葢許用釋《爾雅》舊説，故爲分别之詞。《釋詁》曰："濂，虛也。"虛，師古引作"空"。康者，穀皮中空之謂，故从康之字，皆訓爲虛。𣢾下曰："饑虛也。"㝩下曰："屋㝩㝗也。"《詩》："酌彼康爵。"箋云："康，虛也。"《方言》曰："㝩，空也。"《長門賦》"㰠梁"，虛梁也。《急就篇》顔注曰："轅謂輿中空處，所用載物也。"水之空，謂水之中心有空處。从水，康聲。苦岡切，十部。

溼 幽溼也。从一，句。覆也；覆土而有水，故溼也。凡溼之所从生，多生於上，有覆而氣不泄，故从一土水會意。从㬎省聲。失入切，七部。今字作"濕"。

湆 幽溼也。从水，音聲。去急切，七部。《五經文字》云："湇從泣下月，大羹也；湆從泣下日，幽深也。今《禮經》大羹，相承多作下字，或傳寫久譌，不敢改正。"按，湇字不見於《説文》，則未知張説何本。《儀禮音義》引《字林》云："湆，羹汁也。"《玉篇》、《廣韵》同。然則本無異字。肉之精液，如幽溼生水也。《廣雅》："羹謂之脀。"皆字之或體耳。

洿 濁水不流也。服虔注《左傳》云："水不流謂之汙。"按，汙即洿之假借字。《孟子·梁惠王》作"洿"，《滕文公》作"汙"。《玄應》引《説文》"濁水不流池也"。引《字林》"濁水不流曰洿。"宜有"池"爲長。一曰，窊下也。窊本作"窳"，今改。从水，夸聲。哀都切，五部。

汙 薉也。艸部曰："薉者，蕪也。"地云蕪薉，水云汙薉，皆謂其不潔清也。此篆上"濁水不流池"類言之。大徐本移浼篆於汙篆前，不知下文潤、瀆、浼類列，略同《方言》，廁於此則非其次矣。

从水，亏聲。烏故切，按，當哀都切，五部。義與洿略同。一曰，小池爲汙。池之小者。汙池，見《孟子·滕文公》。一曰，涂也。與杅義略同。木部曰：「杅，所以涂也。」

湫 隘下也。當作「湫隘，湫，下也」，此舉《左傳》「湫隘」字，而釋湫，如《毛傳》云「文茵，文，虎皮也」之例。杜預亦云「湫、下；隘、小」，下文塏訓高燥，爲湫之反。昭三年《左傳》，服注：「湫，箸也。」十二年，杜注：「湫，愁隘也。」皆引伸之義。一曰，有湫水在周地。未聞。《春秋傳》曰：「晏子之宅湫隘。」事見《左傳·昭三年》。安定朝那有湫淵。淵各本作泉，唐人避諱改也，今正。安定郡朝那，二《志》同。朝，追輪切。朝那故城在今甘肅平涼府附郭平涼縣西北。《前志》云：「有湫淵祠。」蘇林云：「淵方四十里，停不流，冬夏不增減，不生艸木。」《一統志》曰：「朝那湫今在平涼府固原州西南。」从水，秋聲。子了切，又即由切，三部。

潤 水曰潤下。語見《洪範》。从水，閏聲。如順切，十三部。

準 平也。謂水之平也。天下莫平於水，水平謂之準，因之製平物之器亦謂之準。《漢志》：「繩直生準。準者，所以揆平取正。」是也。因之凡平均皆謂之準。《考工記》：「準之然後量之。」《易·繫辭》：「易與天地準。」是也。从水，隼聲。之允切。按，隼即「鵻」字，鵻从隹聲，準古音在十五部，讀之壘切。《考工記》故書準作水。○準，《五經文字》云：「《字林》作准。」按，古書多用「准」，蓋魏晉時恐與淮字亂而别之耳。

汀 平也。謂水之平也。水平謂之汀，因之洲渚之平謂之汀。李善引《文字集略》云：「水際平沙也。」乃引伸之義耳。从水，丁聲。他丁切，十一部。

[平丁] 汀或从平。

沑 水吏也。謂水駛也。駛，疾也，其字在《說文》作䮉，不解者譌爲吏耳。一本作「利」，義同。錢氏大昕云：「吏當作文。《海賦》踧沑注云：蹵聚也。《廣韵》云：蹜沑，水文聚。踧、蹜同。」按，《廣韵》上聲人九切，引《說文》同。入聲女六切，云「水文聚」。又，𥁕也。从水，丑聲。人九切，三部。

瀵 水漫也。漫，各本作「浸」，今依《集韵》訂。《說文》水部無漫，當作「曼」。曼者，引也。瀵者，水之引而愈出也。曼、瀵聲類相近。从水，糞聲。讀若粉。方問切，《廣韵》匹問切，十三部。《爾雅》曰：「瀵大出尾下。」《釋水》文。郭云：「今河東汾陰縣有水口如車輪，濆沸涌出，其深無限，名之曰瀵。郃陽縣復有瀵，亦如之。相去數里而夾河，河中陼上，又有一瀵，瀵源皆潛相通。」按，《地理志》「上谷郡潘縣」，師古普半反。全氏祖望據《水經注》「河水過蒲阪」下引《帝王世紀》曰：舜都蒲阪，「或言都平陽及瀵」，正《前志》潘當作瀵。

滜 新也。謂水色新也。如玉色鮮曰玼。《廣韵》曰：「新水狀也。」从水，皐聲。七皐切，十五部。

瀞 無垢薉也。此今之「淨」字也。古瀞今淨是之謂古今字。古籍少見，《韵會》云，《楚辭》「收潦而水清」，注作瀞。按，今《文選》本作「百川靜」，洪興祖本作「百川清」，皆與黄氏所見異。古書多假清爲瀞。从水，靜聲。疾正切，十一部。

瀎 瀎泧，二字各本奪，今依全書例補。飾滅皃。飾，各本作「拭」，今正。又部曰：「㕞，飾也。」巾部曰：「飾，㕞也。」許書無「拭」字，飾、拭古今字，今本《説文》又部作拭，而《五經文字》所引不誤。拭滅者，拂拭滅去其痕也。瀎泧，今京師人語如此，音如「麻沙」。《釋名》曰：「摩娑，猶末殺也。手上下之言也。」巾部㡕字下曰：「讀如末殺之殺。」末殺，《字林》作「抹摋」，即瀎泧也。異字而同音義。从水，蔑聲。莫達切，古在十二部，入聲。

泧 瀎泧也。从水，戉聲。讀若椒椒之椒。按，音所八切，十五部。大徐云火活切，非也。

洎 灌釜也。灌者，沃也。沃，今江蘇俗云燠，烏到切。《廣韵·三十七號》云：「燠釜，以水添釜也。」《周禮·士師》：「洎鑊水。」注云：「洎，謂增其沃汁。」《吕覽》：「多洎之，少洎之。」《左傳》：「去其肉而以其洎饋。」正義云：「洎者，添釜之名。添釜以爲肉汁，遂名肉汁爲洎。」从水，自聲。其冀切。按，當依《釋文》其器反，十五部。

湯 㶁水也。从水，昜聲。土郎切，十部。又始陽切，湯湯，水盛。

渜 湯也。《士喪禮》「渜濯棄于坎」注⑭：「沐浴餘潘水。渜作濡。作濡，荆沔之間語。」疏：「潘水既經溫煑，謂之渜，已將沐浴謂之濯。」〇今北方灤河，《漢志》《水經》作「濡水」，乃官切，正渜之誤耳。耎多譌需，詳手部。渜、湲古皆平聲，猶安㬮。从水，耎聲。乃管切，十四部。

湲 渜水也。日部曰：「安㬮，溫也。」然則湲渜猶安㬮，皆疊韵字。从水，安聲。烏旰切，十四部。

洏 湲也。洏與渜音近，耎從而聲也。从水，而聲。如之切，一部。一曰，煑孰也。肉部曰：「胹，爛也。」然則洏與胹同也。《内則》作「濡」，葢字之誤。注曰：「凡濡，謂亨之以汁和也。」

涚 財温水也。《考工記》曰：「以涚水漚其絲。」注云：「故書涚作湄。鄭司農云：湄水，溫水也。玄謂，涚水以灰所泲水也。」玉裁按，湄當作「渜」，《集韵》云「渜或作湄」是也。大鄭從渜，故釋之曰「溫水」，鄭從涚，故依《禮記》「涚齊貴新」之涚，釋爲以灰所泲水，其説殊矣。許則字從涚，而釋從大鄭。依許説，則《内則》、《祭統》涚字不可解。从水，兑聲。輸芮切，十五部。《周禮》曰：「以涚漚其絲。」

涫 鬻也。《春秋繁露》：「燔以涫湯。」《韓詩外傳》作「沸湯」，然則涫、鬻一也。《周禮》注曰：「今燕俗名湯熱爲觀。」觀即涫。今江蘇俗語鬻水曰「滾水」，滾水即涫，語之轉也。从水，官聲。古丸切，十四部。酒泉有樂涫縣。二《志》同。故城在今甘肅肅州高臺縣西北、鎮夷城西南。

涾 涫溢也。今河朔方言謂鬻溢爲涾。河朔，河北也。从水，沓聲。徒合切，八部。

汏 淅灡也。淅字賸。《文選》注王元長《舉秀才文》⑮注引無「淅」字，可證。《士喪禮》：「祝淅米于堂。」注：「淅，汏也。」《釋詁》曰：「汏，墜也。」汏之則沙礫去矣，故曰墜也。《九章》：「齊吳榜以擊汏。」吳，大也。榜，楫也。言齊同用大楫擊水而行，如汏洒於水中也。凡舟子之用櫓，振力擊之，乃徐抴之，如汏然。今蘇州人謂搖曳洒之曰汏，音如俗語之大，在禡韵。从水，大聲。徒蓋切，十五部。大徐云，又代何切。按，凡沙汏、淘汏，用淅米之義引伸之。或寫作汰，多點者，誤也。若《左傳》「汏侈」、「汏輈」字，皆即泰字之假借，寫作汰者，亦誤。

灡 淅也。從簡者，柬擇之意。從析者，分別之意。故二字轉注。从水，簡聲。古限切，十四部。

淅 汏米也。《毛詩》傳曰：「釋，淅米也。」《爾雅》：「溞溞，淅也。」《孟子》注曰：「淅，漬米也。」凡釋米、淅米、漬米、汏米、灡米、淘米、洮米、漉米，異稱而同事。淅箕謂之籅。从水，析聲。先擊切，十六部。

滰 浚乾漬米也。自其方漚未淘言之曰漬米，不及淘抒而起之曰滰。乾音干。从水，竟聲。其兩切，十部。《孟子》曰：「孔子去齊，滰淅而行。」《萬章篇》文。今滰作「接」，當是字之誤。

溲 沃汏也。沃汏，各本作「浸沃」，今依《國語補音》宋刊本訂。沃汏者，澆沃而汏洒之，若今人言溲麪是也。《士虞禮》「明齊溲酒」，注：「明齊，新水也。」言以新水溲釀此酒也。」此溲即沃汏之義。从水，叜聲。疏有切，三部。

浚 抒也。抒者，挹也。取諸水中也。《春秋經》「浚洙」，《孟子》「使浚井」，《左傳》「浚我以生」，義皆同。浚之則深，故《小弁》傳曰：「浚，深也。」从水，夋聲。私閏切，十三部。

瀝 漉也。从水，歷聲。郎擊切，十六部。一曰，水下滴瀝也。鉉本有「一曰水下滴瀝」六字，鍇本無。今按，《文選・魯靈光殿賦》李注引「水下滴瀝之也」，則鉉本是。許意瀝漉皆訓自下而上之，滴瀝則爲自上而下之，故殊其義。

漉 浚也。《月令》：「仲春毋竭川澤，毋漉陂池。」注：「順陽養物也。」从水，鹿聲。盧谷切，三部。一曰，水下皃也。鉉本無，今依鍇本。《封禪文》：「滋液滲漉。」後世言「漉酒」，是此義。

渌 漉或从彔。彔聲也。《考工記》作「盝」，三部。

潘 淅米汁也。《內則》曰：「其間面垢，燂潘請靧。」鄭云：「潘，米瀾也。」按，瀾者，灡之省。力旦反。从水，番聲。普官切，十四部。《經典釋文》芳袁反⑯。一曰，潘水，在河南熒陽。熒，各本作「滎」，誤，今正。熒陽故城，在今河南開封府滎澤縣西南。《水經注・濟水篇》云：「《晉書・地道志》：濟自大伾入河，與河水鬬，南泆爲滎澤。《尚書》：滎波既豬。孔安國曰：滎澤，波水，已成遏豬。闞駰曰：澤名也。故吕忱曰：播水在滎陽。謂是水也。昔大禹遏其淫水，而於滎陽下引河東南以通淮泗。」按，所引吕忱語，謂《字林》也。《字林》多本《説文》，且《説文》、《字林》之例，手部播字，不應旁及水名。然則《字林》正作潘字，水在滎陽，與《説文》合。馬、鄭、王《尚書》皆作滎播，謂即滎澤。許、吕則潘别爲一水，與滎爲二。僞孔傳釋滎爲澤名，波爲水名，正同也。鄭注《周禮》，滎、雒、波、溠爲四。云波讀爲播，引《禹貢》「滎播既都」，則注《書》一之，注《周禮》亦二之矣。僞孔本作波，依《周禮》改《尚書》也。許作潘，謂潘其正字，播其假借字也。今潘水未聞。

灡　潘也。此字以從蘭與大波之瀾别，而古書通用。《周禮·稾人》注：「雖其潘灡戔餘不可褻。」《内則》注：「潘，米灡也。」从水，蘭聲。洛干切，十四部。按，《周禮》《禮記》音義皆云去聲。

泔　周謂潘曰泔。今各處語言同此。《荀卿子》曰：「曾子食魚有餘，曰泔之。」从水，甘聲。古三切，古音在七部。

滫　久泔也。《荀卿子》：「蘭槐之根是爲芷，其漸之滫，君子不近，庶人不服。其質非不美也，所漸者然也。」《大戴禮》同。謂久泔臭薉也。《内則》「滫瀡」注：「秦人溲曰滫。」此則别是湯液之類，與久泔異實同名，秦人方言也。从水，脩聲。息流切，又思酒切，三部。

澱　滓垽也。《釋器》曰：「澱謂之垽。」土部曰：「垽，澱也。」黑部曰：「䵦謂之垽。」按，䵦與澱，異字而音義同，實則一字也。从水，殿聲。堂練切，十三部。

淤　澱滓濁泥也。《方言》：「水中可居爲洲，三輔謂之淤。」其引伸之義也。从水，於聲。依據切，五部。

滓　澱也。《釋名》曰：「緇，滓也。泥之黑者曰滓，此色然也。」《廣雅》曰：「澱謂之滓。」按，古亦假滓爲「緇」。从水，宰聲。阻史切，一部。

淰　濁也。義與澱、淤、滓相類。《禮運》曰：「龍以爲畜，故魚鮪不淰。」注：「淰之言閃也。」凡云「之言」者，皆假其音以得其義。蓋濁其本義，閃其引伸假借之義也。《衆經音義》引《埤倉》：「淰，水無波也。」杜詩：「山霧戎戎溼，溪雲淰淰寒。」戎戎言其流動，淰淰言其凝滯，水無波之義之引伸也。从水，念聲。乃忝切，七部。《禮記音義》審閃二音。

淪　漬也。此葢謂納於污濁也，故厠於此。《孟子》：「淪濟漯。」言浚治其污濁也。淪與鬻同音而義近，故皆假淪爲鬻。今人曰煠，助甲切；古人曰淪，亦作汋，詳鬻部。从水，龠聲。以灼切，二部。

𤄯　釃酒也。釃，下酒也，即今之漉酒也。以筐曰釃。一曰，浚也。此亦同瀝、灑，義可兩兼。从网水，焦聲。讀若《夏書》「天用剿絶」。剿，當依刀部作「劋」。今本从力，尤誤。子小切，二部。

漀 側出泉也。側出者，旁出如醉出然，故其字與䍜、湑爲類。《爾雅·釋水》曰：「氿泉穴出。穴出，仄出也。」毛傳：「側出曰氿泉。」許厂部曰：「厬[17]，仄出泉也。」厬與氿音同字異。漀者，厬之一名也。从水，殸聲。去挺切，十一部。殸，籒文磬字。

湑 茜酒也。《小雅·伐木》云：「釃酒有藇。」傳曰：「以筐曰釃，以藪曰湑。」又云：「有酒湑我。」傳曰：「湑，茜之也。」按，毛、許釃、茜皆有別，酉部云：「茜者，禮：祭，束茅加於裸圭而灌鬯酒，是爲茜。」與鄭大夫《甸師》注合。是則毛傳湑訓以藪茜之藪，謂艸如祭之用茅也，故亦曰茜。一曰，浚也。此亦同漉、瀝，義可兩兼。湑、浚雙聲。一曰，露皃也。《小雅·蓼蕭》云：「零露湑兮。」傳曰：「湑湑然蕭上露皃。」从水，胥聲。私呂切，五部。《詩》曰：「有酒湑我。」又曰：「零露湑兮。」

湎 湛於酒也。湛，各本作「沈」，此等皆後人以習用改之耳。沈休於酒，《周易》所謂「飲酒濡首」，亦不知節也。《韓詩》云：「飲酒閉門不出客曰湎。」《樂記》：「流湎以忘本。」其引伸之義也。从水，面聲。彌兗切，十四部。按，鄭注《酒誥》曰：「飲酒齊色曰湎。」《大雅》：「天不湎爾以酒。」箋云：「天不同女顏色以酒，有沈湎於酒者，是乃過也。」鄭意此字从面會意，故釋云「齊色」，謂同飲者至於同色也。許則謂形聲。《周書》曰：「罔敢湎于酒。」《酒誥》文。

𤕰 酢𤕰也。《周禮》，酒正「四飲」，漿人「掌共王之六飲」，皆有漿。注云：「漿，今之酨漿也。」《內則》注云：「漿，酢酨也。」按，酉部云：「酨，酢漿也。」則漿、酨二字互訓。从水，將省聲。即良切，十部。

𣲘 古文漿。从爿聲也。

涼 薄也。涼廁於此者，謂六飲之涼，與漿爲類也。鄭司農云：「涼以水和酒也。」玄謂「涼，今寒粥，若糗飯襍水也」。許云「薄也」，蓋薄下奪一「酒」字。以水和酒，故爲薄酒，此用大鄭說也。引伸之爲凡薄之稱。如「職涼善背」、「號多涼德」，毛杜皆云「涼，薄」是也。薄則生寒，又引伸爲寒。如「北風其涼」是也。至《字林》乃云：「涼，微寒也。」唐殷敬順引之。《廣韵》、《玉篇》皆云：「凉，俗涼字。」至《集韵》，乃特出凉字，注云：「薄寒曰凉。」从水，京聲。呂張切，十部。

淡 薄味也。醲之反也。酉部曰：「醲，厚酒也。」又澹淡，亦作淊淡，水滿皃。楊雄賦：「秬鬯泔淡。」應劭曰：「泔淡，滿也。」按，泔淡訓滿，謂淡爲「贍」之假借。从水，炎聲。徒敢切，八部。

涒 食已而復吐之。未聞。《江賦》「涒粼」，謂水皃。从水，君聲。他昆切，十三部。《爾雅》曰：「大歲在申，曰涒灘。」《釋天》文。高誘曰：「涒，大也。灘，循也。萬物皆大，循其情性也。」

澆 ⿰氵芺也。沃爲澆之大，澆爲沃之細，故不類廁。凡醲者，澆之則薄，故其引伸之義爲薄。《漢書·循吏傳》：「澆淳散樸。」

从水，堯聲。古堯切，二部。

液 𧗼也。血部曰：「𧗼，气液也。」按，《樂記》注曰：「永歎淫液，歌遲之也。」《考工記》：「春液角。」鄭司農液讀爲醳，謂重醳治之。此皆引伸之義也。从水，夜聲。羊益切，古音在五部。

汁 液也。古經傳多假汁爲「叶」，《方言》曰：「斟、協，汁也。北燕朝鮮洌水之閒曰斟，自關而東曰協，關西曰汁。」此兼瀋汁和叶而言，如「台、朕、賚、畀、卜、陽，予也」之例。汁液必出於和協，故其音義通也。从水，十聲。之入切，七部。漢汁邡縣用此字。

渮 多汁也。《淮南·原道訓》曰：「甚淖而渮。」高云：「渮亦淖也。」饘粥多瀋者曰渮，讀歌謳之歌。按，今江蘇俗語謂之稠也。从水，哥聲。讀若哥。古俄切，十七部。

灝 豆汁也。豆者，尗也。从水，顥聲。乎老切，二部。《廣韻》曰：「灝溔，水勢遠也。」

溢 器滿也。《禮經》：「一溢米。」注：「二十兩曰溢。」按，謂二十兩溢者，謂滿於一斤十六兩之外也。後人因製「鎰」字。从水，益聲。以形聲包會意也。夷質切，古音在十六部。

洒 滌也。下文云：「沬，洒面也。浴，洒身也。澡，洒手也。洗，洒足也。」今人假洗爲洒，非古字。按，古有假洒爲峻陗之峻者，如《詩》：「新臺有洒。」《爾雅》：「望厓洒而高，岸；夷上洒下，漘。」《毛詩》：「洒，高峻也。」⑱ 从水，卥聲。先禮切，按，西聲當在古音十三部。古文㠯爲灑埽字。各本奪「㠯」字，今依全書通例補。凡言某字古文以爲某字者，皆謂古文假借字也。洒、灑本殊義而雙聲，故相假借。凡假借多疊韵或雙聲也。《毛詩》洒埽四見，傳云：「洒，灑也。」鄭注《周禮》「隸僕」，韋注《國語》皆同。皆釋假借之例。若先鄭云「洒當爲灑」，則以其義別而正之，以漢時所用字正古文也。

滌 洒也。皿部曰：「盪，滌器也。」引伸爲凡清瀞之詈。如《七月》傳曰：「滌場，埽地。」⑲《雲漢》傳曰：「滌滌，旱氣也。山無木，川無水。」是。从水，條聲。徒歷切，古音在三部。《周禮》「條狼氏」、《樂記》「條蕩其聲」，皆假條爲滌。《周禮》：「凡酒脩酌。」假脩爲滌也。

濈 和也。《小雅》：「爾羊來思，其角濈濈。」傳曰：「聚其角而息濈濈然也。」按，毛意言角之多，葢言聚而和也，如輯之訓聚兼訓和。从水，戢聲。阻立切，七部。

瀋 汁也。《左傳·哀三年》曰：「無備而官辦者，猶拾瀋也。」杜云：「瀋，汁也。」陸德明云：「北土呼汁爲瀋。」按，《禮記·檀弓》：「爲榆沈。」假沈爲瀋。从水，審聲。昌枕切，七部。《春秋傳》曰：「猶拾瀋也。」按，瀋篆當廁於汁篆下，乃得其次，寫者亂之耳。《玉篇》廁於液、灝之下。

渳 飲歃也。《周禮》：「王𡺸大肆，以秬鬯渳。」杜子春讀渳爲「泯」，以秬鬯浴尸也。按，浴尸則釁尸口鼻，與飲歃義相近。从水，弭聲。緜婢切，十六部。

⿰氵篹 飲歃也。歃，歠也。从水，篹聲。各本篆作

「潩」，解作算聲。今按，《玉篇》、《廣韵》皆作瀷，知古《説文》如此作，《集韵》、《類篇》始誤从俗本《説文》耳。衫洽切，又先活切，宋本皆如此，今各本衫洽改作「巽倦」，古音在十四部。即今之涮字也，涮所患切。**一曰，吮也。**吮，欶也。

漱　盪口也。漱者，欶之大也。盪口者，吮刷其口中也。《曲禮》：「諸母不漱裳。」假漱爲湅也。**从水，欶聲。**以形聲包會意。所右切，三部。

洞　滄也。此義俗从仌作「洞」。《篇》《韵》洞皆訓冷，是也。《大雅》：「洞酌彼行潦。」毛曰：「洞，遠也。」此謂洞即迥之假借也。《江賦》「趏漲截洞」同。**从水，同聲。**户褧切，十一部。

滄　寒也。《周書·周祝解》曰：「天地之間有滄熱。」《列子·湯問》：「一兒曰，日初出，滄滄涼涼。」仌部滄字，音義同。**从水，倉聲。**七岡切，十部。

瀙　冷寒也。冷寒者，冷之寒，同寒而有別也。《世説新語》曰：「劉真長始見王丞相，時盛暑之月，丞相以腹熨彈棊局，曰，何乃渹。劉既出，人問見王公云何？劉曰，未見他異，惟聞作吳語耳。」注云：「吳人以冷爲渹。」《大平御覽》引此事，渹作「瀙」。《集韵》《類篇》皆云：「瀙、渹二同，楚慶切，吳人謂冷也。」今吳俗謂冷物附他物，其語如鄭國之鄭，即瀙字也。**从水，靚聲。**七定切，十一部。《廣韵》楚敬切。

淬　滅火器也。滅火器者，蓋以器盛水濡火使滅，其器謂之淬。與火部之焠義略相近，故焠通作淬。**从水，卒聲。**七芮切[20]，十五部。

沐　濯髮也。引伸爲芟除之義。如《管子》云：「沐涂樹之枝。」《釋名》云：「沐、秃，無上克之稱。」**从水，木聲。**莫卜切，三部。

沬　洒面也。《律歷志》引《顧命》曰：「王乃洮沬水。」師古曰：「沬，洗面也。」《禮樂志》：「霑赤汗，沬流赭。」晉灼曰：「沬，古靧字。」《檀弓》：「瓦不成味。」鄭云：「味當作沬。沬，靧也。」按，此沬謂瓦器之釉，如洗面之光澤也。**从水，未聲。**荒内切，十五部。

頮　古文沬从𠬞水，从頁。各本篆作湏，解作「从頁」，今正。《尚書》：「王乃洮頮水。」《釋文》曰：「《説文》作沬，云古文作頮。」《文選》「頮血飲泣」李注曰：「頮，古沬字。」李注本作「古文沬字」，奪「文」耳。陸語尤可證《説文》作頮，從兩手匊水而洒其面會意也。《内則》作「靧」，從面貴聲。蓋漢人多用靧字，沬、頮本皆古文，小篆用沬，而頮專爲古文，或奪其𠬞，因作湏矣。

浴　洒身也。《老子》：「浴神不死。」河上公曰：「浴，養也。」《夏小正》：「黑鳥浴，浴也者，飛乍高乍下也。」皆引伸之義也。**从水，谷聲。**余蜀切，三部。

澡　洒手也。皿部曰：「盥，澡手也。」《儒行篇》曰：「澡身而浴德。」其引伸之義。按，或假「繰」爲澡，如《禮記》「緦冠繰纓」是。《荀卿》又作「慅纓」。**从水，喿聲。**子皓切，二部。

洗　洒足也。洒，俗本作「灑」，誤，今依宋本正。《内則》

曰：「面垢，燂潘請靧。足垢，燂湯請洗。」此洒面曰靧，洒足曰洗之證也。洗讀如跣足之跣。自後人以洗代洒滌字，讀先禮切，沿至近日，以洒代灑，轉同《詩》、《禮》之用矣。从水，先聲。穌典切，十三部。

汲 引水也。各本有「於井」二字，今依《玄應》引及《玉篇》訂。其器曰缾、曰罋，其引罋之繩曰綆、曰繘。《井》九三曰：「可以汲。」引伸之，凡擢引皆曰汲。《廣雅》曰：「汲，取也。」古書多用汲汲爲「彶彶」，同音假借。从及水。本作「从水，从及」，今訂。及亦聲。居立切，七部。小徐本从水，及聲。

淳 渌也。上文曰：「渌，或漉字。」似淳、淋二篆宜類廁，恐轉寫者亂之也。《内則》、《考工記》注皆曰：「淳，沃也。」按，《㡆氏》「而沃之」，即上文之「渥淳其帛」也。《内則》「淳熬」、「淳模」㉑之名，因沃之以膏也。然則許云「渌也」，謂渌之後一義。从水，䵍聲。常倫切，按，當依《經典釋文》之純反，常倫乃不澆之訓，純，醇二字之假借也，假借行而本義廢矣。十三部。

淋 㠯水沃也。今俗語皆爾。郭璞注《三倉》曰：「淋，漉水下也。」从水，林聲。力尋切，七部。一曰，淋淋，山下水也。謂山下其水也。與下文「決，下水也」㉒義同。《七發》曰：「洪淋淋焉，若白鷺之下翔。」

渫 除去也。《井》九三曰：「井渫不食。」荀爽曰：「渫，去穢濁，清潔之意也。」按，凡言泄漏者，即此義之引伸，變其字爲「泄」耳。从水，枼聲。私列切，十五部。按，枼聲，或在十五部，或在八部，蓋二部之通融，難以枚數。枼从世聲。

澣 濯衣垢也。《周南》箋云：「澣謂濯之。」半澣曰湔，見上文。从水，榦聲。胡玩切，十四部。《篇》、《韵》皆上聲。按，作澣者，今俗字也。

浣 今澣从完。小徐本如此。按，《儀禮》古文，假浣爲盥，《公羊傳》亦有此字。

濯 澣也。《崧高》傳曰：「濯濯，光明也。」《靈臺》傳曰：「濯濯，娛遊也。」皆引伸之義也。有假「洮」爲濯者，如鄭注《顧命》之洮爲「澣衣成事」是也。《周禮》故書以濯爲「洮」，《爾雅》以濯爲「珧」，《史》、《漢》以楫濯爲「楫櫂」，皆古文假借。从水，翟聲。直角切，二部。

涑 澣也。涑亦假「漱」爲之。《公羊傳》：「臨民之所漱浣也。」何曰：「無垢加功曰漱，去垢曰浣。齊人語。」解云：「無垢加功，謂但用手斗漱，去垢蓋用足物。故《内則》云：冠帶垢，和灰請漱。衣裳垢，和灰請澣。鄭云：手曰漱，足曰澣。是也。」㉓若然則涑與澣別，而許不別者，許渾言，何析言也。《毛詩·周南》箋云㉔：「汙，煩也。煩撋之，用功深，澣謂濯之耳。」是則澣對汙言，又分深淺。實則何之去垢，即《毛詩》之汙，何之無垢加功，即《毛詩》之澣。古人因義立文，後人當因文攷義耳。上文湔篆下云「一曰手澣」，已依《水經注》訂手爲半，依諸家「用手曰涑」之云，則作手固未嘗非是。从水，束聲。速矦切，三部。河東有涑水。《左傳》曰：「伐我涑川。」《水經》曰：「涑水，出河東聞喜縣東山黍葭谷。」今涑水出山西絳州絳縣陳村峪，伏流復出，西入聞喜縣畍，又西南入夏縣畍，經安邑縣北，西流入蒲州府猗氏縣畍，又西南經臨晉縣南、虞鄉縣北、永濟縣西南入五姓湖，又西南入黃河。按，《左傳音義》此水徐仙民息錄反，《字林》音速。

潎 於水中擊絮也。擊當爲「擎」，擎、潎同音。手部曰：「擎，敝也，一曰，擊也。」㉕似敝義於此爲近。《考工記》注曰「湖漂絮」㉖，《莊子》曰「洴澼絖」，皆謂於水面漂擎之。竹部曰：「箈，潎絮簀也。」糸部曰：「紙，絮一箈也。」然則擎絮乃造紙之先聲，亦謂之漂。《史記》：韓信「釣於城下，諸母漂」。漂與潎雙聲，爲轉注。漂，孚妙切。《玉篇》及曹憲注《廣雅》乃合潎、漂爲一字，同切孚妙，誤矣。**从水，敝聲。**匹蔽切，十五部。《秋興賦》：「游鯈潎潎。」魚游水皃，引伸之義也。

滏 涂也。謂涂墍也。《通俗文》曰：「泥塗謂之滝澒。」**从水，从土，尨聲。讀若隴。**按，隴字葢誤，尨聲不得讀如隴也。滏又見土部，《玉篇》亦在土部，引《說文》木貢切。《玄應》：「滝澒，上莫董切，下胡動切。」大徐亡江切。滏之言蒙，不得讀若隴。葢水部本無此字，淺人增之，妄增此讀若也。

灑 汛也。凡埽者先灑，《弟子職》云「實水於盤，攘臂袂及肘。堂上則播灑，室中握手」是也。引伸爲凡散之稱。**从水，麗聲。**山豉切，十六部。音變爲所蟹切，音轉爲沙下切。

汛 灑也。卂，疾飛也。水之散如飛，此以形聲包會意也。楊雄《劇秦美新》云：「況盡汛埽前聖數千載功業。」汛埽即灑埽也。俗用爲潮汛字。**从水，卂聲。**息晉切，十二部。按，汛與灑互訓而殊音，洒則經典用爲灑之假借，然謂洒即汛之假借，則於古音尤合。葢洒从西聲，西古音如詵也。小顏注《東方朔傳》「洒埽」云：「洒音信。」此謂即汛字也。云「又山豉反」，此謂即灑字也。此等必皆《漢書音義》舊說。

染 吕繒染爲色。此據《周禮・染人》言也。「染人掌染絲帛」，繒者，帛也。不言絲者，舉帛以該絲也。夏纁玄，秋染夏。**从水，杂聲。**此當云「从水木，从九」。裴光遠曰：「从木，木者，所以染，梔茜之屬也。从九。九者，染之數也。」按，裴說近是。《禮》一入爲縓，再入爲赬，三入爲纁，朱則四入，五入爲緅，玄則六入，七入爲緇。字从九者，數之所究，言移易本質，必深入之也。而琰切，八部。

泰 滑也。此以疊韵爲訓。字从廾水，水在手中，下溜甚利也。與辵部達字義近，皆他達切。《周易》：「泰，通也；否，塞也。」《左傳》：「汏輈，及鼓跗，著于丁寧。」「汏輈，以貫笠轂。」皆滑之意也。滑則寬裕自如，故引伸爲縱泰。如《論語》「泰而不驕」是也。又引伸爲泰侈，如《左傳》之「汏侈」，《西京賦》之「心奓體泰」是也。汏即泰之隸省、隸變，而與淅米之汏同形，作「汰」者，誤字。**从廾水，大聲。**他蓋切，十五部。按，隸作泰，字形字音字義皆與古絕異。

夳 古文泰如此。按，當作夳，从大，取滑之意也，从大聲，轉寫恐失其真矣。後世凡言大，而以爲形容未盡，則作太。如大宰、俗作太宰，大子、俗作太子，周大王、俗作太王是也。謂太即《說文》夳字，夳即泰，則又用泰爲太，展轉貤繆，莫能諟正。

濶 海岱之閒謂相污曰濶。《方言》：「氾、浼、濶、洼，洿也。自關而東，或曰洼，或曰氾；東齊海岱之閒，或曰浼，或曰濶。」按，洿、污古通用。子雲義取污薉，許説及《廣雅》皆从之。郭注以洿池釋之，非也。从水，閻聲。余廉切，八部。

浼 污也。《孟子·公孫丑篇》曰：「爾焉能浼我哉。」趙注：「惡人何能污我也。」从水，免聲。武罪切，古音免聲字多在十三部。《詩》曰：「河水浼浼。」《邶風·新臺》文。毛傳曰：「浼浼，平地也。」按，浼浼，與亹亹同。如「亹亹文王」，即「勉勉文王」也。《文選·吳都賦》：「清流亹亹。」李注引《韓詩》：「亹亹，水流進皃。」此必《毛詩》「浼浼」之異文，今李注奪一亹字，非。許引此詩者，言假借之義也。《孟子》曰：「汝安能浼我。」此證本義。

灒 污灑也。謂用污水揮灑也。釋玄應曰：「江南言灒，子旦反。山東言湔，子見反。」《史記·廉藺傳》作「濺」，楊泉《物理論》作「⿰口戔」，皆音子旦反。一曰，水中人也。中，讀去聲。此與上文無二義而別之者。此兼指不污者言也，上但云灑，則不中人。从水，贊聲。則旰切，十四部。

⿰氵愁 腹中有水气也。从水，愁聲。士尤切，三部。

湩 乳汁也。見《列子》、《穆天子傳》。或借「重」字爲之，《漢書·匈奴傳》「重酪之便美」是也。《管子》「湩然擊鼓士忿怒」，借湩爲「鼕」也。《周禮》注「湩容」，即《毛詩》傳[27]之「童容」也。从水，重聲。多貢切，九部。

洟 鼻液也。《易·萃》：「上六，齎咨涕洟。」鄭注：「自目曰涕，自鼻曰洟。」[28]《檀弓》：「垂涕洟。」正義：「目垂涕，鼻垂洟。」《詩·陳風》：「涕泗滂沱。」毛傳：「自目曰涕，自鼻曰泗。」泗即洟之假借字也。古書弟、夷二字，多相亂，於是謂自鼻出者曰涕，而自目出者別製淚字，皆許不取也。《素問》謂目之水爲淚，謂腦滲爲涕。王襃《童約》：「目淚下落，鼻涕長一尺。」《曹娥碑》：「泣淚掩涕，驚動國都。」漢魏所用已如此。从水，夷聲。他計切，十五部。《周易音義》他麗反，又音夷。

汗 身液也。身各本作「人」，今依《太平御覽》訂。《易》：「渙汗其大號。」劉向説曰：「汗出而不反者也。」从水，干聲。矦旰切，十四部。漢餘汗縣字如此，讀如干。

泣 無聲出涕者曰泣。依《韵會》所據小徐本訂。者，別事詞也。哭下曰：「哀聲也。」其出涕不待言，其無聲出涕者爲泣，此哭、泣之別也。《尚書大傳》曰：「微子將往朝周，過殷之故墟，志動心悲，欲哭則爲朝周，俯泣則近婦人，推而廣之作雅聲，謂之《麥秀歌》。」从水，立聲。去急切，七部。《素問》以爲澀字。

涕 泣也。按，「泣也」二字，當作「目液也」三字，轉寫之誤也。毛傳皆云[29]「自目出曰涕」，《篇》、《韵》皆云「目汁」，泣非其義。从水，弟聲。他禮切，十五部。

潸 涕流皃。《小雅·大東》曰：「潸焉出涕。」毛云：「潸，涕下皃。」从水，散省聲。所姦切，十四部。《詩》曰：

「潸焉出涕。」焉，《韵會》作「然」。

湅 瀾也。《周禮・染人》：「凡染，春暴練。」注云：「暴練，練其素而暴之。」按，此練當作湅。湅其素，素者，質也。即《㡛氏》之湅絲、湅帛也。已湅之帛曰練，糸部練下云「湅繒也」是也。㡛氏如法湅之、暴之，而後絲帛之質精，而後染人可加染。湅之以去其瑕，如瀾米之去康粊，其用一也。故許以瀾釋湅。《戰國策》：「蘇秦得大公陰符之謀，伏而誦之，簡練以爲揣磨。」簡練者，瀾湅之假借也。高誘曰：「簡，汰也。練，濯治也。」正與許云「瀾，淅也。淅，汰米也。湅，瀾也」相符合。許不以湅、瀾二篆爲伍者，瀾謂米，湅謂絲帛也。金部治金曰鍊，猶治絲帛曰湅。从水，柬聲。郎甸切，十四部。

讞 議辠也。《文王世子》：「獄成，有司讞於公。其死罪，則曰某之罪在大辟。其刑罪，則曰某之罪在小辟。」鄭曰：「成，平也。讞，言白也。」按，今本注作「讞之言白也」，之字衍。以徐邈云「言也」，正義云「言白也」正之，當是本作「言也，白也」，正義省一也字耳。言與讞雙聲叠韵。《王制》：「百官各以其成，質於三官。大司徒、大司馬、大司空以百官之成，質於天子。」此云以成讞於公，猶以成質於天子也。故其字从水獻，其議如水之平而獻於上也。所質既下爲受質，所讞不當而上更議之亦爲讞。葢本下獻上之詞，又轉爲上平下之詞矣。《漢書》云「諸獄疑於人，心不厭者，輒讞之」是。从水。獻與灋同意。灋以三體會意，讞以二體會意。灋下云：「平之如水，从水。」讞之从水，同也。讞以會意包形聲，灋則專會意。魚列切，十四、十五部之合音。

渝 變污也。《釋言》曰：「渝，變也。」《鄭風》傳、虞翻注《易》、杜注《左傳》皆同。許謂瀞而變污。从水，俞聲。羊朱切，四部。一曰，渝水在遼西臨渝，東出塞。遼西郡臨渝，二《志》同。臨渝故城無考。《前志》臨渝下曰：「渝水，首受白狼，東入塞外，又有侯水，北入渝。」同郡文黎縣下曰：「渝水，首受塞外，南入海。」按，《水經注・遼水篇》詳白狼水、渝水、候水。今渝水未詳。《一統志》於永平府曰：「古今水道變遷，所當闕疑。」

減 損也。古書多假「咸」爲減。从水，咸聲。古斬切，古音在七部。

滅 盡也。从水，烕聲。此舉形聲包會意。亡列切，十五部。

漕 水轉穀也。穀，各本譌「轂」，今依《韵會》、《平準書》索隱、《蕪城賦》注訂。如淳《漢書》注曰：「水轉曰漕。」《百官志》曰：「大倉令主受郡國傳漕穀。」从水，𣈅聲。在到切，古音在三部。一曰，人之所乘及船也。乘下疑奪「車」字，葢車亦得稱漕。或云「及」葢誤字。按，《史記》索隱作「一云車運曰轉，水運曰漕」十字，當從之。

泮 諸侯饗射之宮。諸侯上當有「泮宮」二字。饗，大徐作「鄉」，今依小徐。饗者，謂鄉飲酒也。《詩・行葦》《泮水》皆言諸侯鄉飲酒之禮，見鄭箋。古者養老之禮，即鄉飲酒之禮也。公劉先射而後養老，故曰饗射。廱篆下曰：「天子饗飲辟廱。」亦謂鄉飲酒，不言射者，言饗以闢射。《五經異義》引《韓詩》説，辟雍所以教天下，春射秋饗，尊事三老五更。《魯頌》曰：「思樂泮水」，又曰：「既作泮宫。」毛曰：「泮水，泮宫之水也。天子辟廱，諸矦泮宫。」《王制》曰：「天子曰辟廱，諸矦曰頖宫。」鄭云：「辟，明也；廱，和也。所以明和天下。頖之言班也，所以班政教也。」許書無頖字，蓋禮家製頖字，許不取也。小戴三云「頖宫」。西南爲水，東北爲牆，从水半。《魯頌》箋云：「辟廱者，築土雝水之外圓如璧，四方來觀者均也。泮之言半也，蓋東西門以南通水，北無也。」《白虎通》曰：「獨南面禮儀之方有水耳。」半亦聲。普半切，十四部。《詩》：「迨冰未泮。」傳云：「泮，散也。」此假泮爲判也。「隰則有泮」傳云：「泮，坡也。」此假泮爲畔也。

漏 㠯銅受水，刻節，晝夜百節。百節，各本作「百刻」，今依《韵會》所據小徐本訂。晝夜以百節之，故爲刻者百，因謼百刻矣。《周禮·挈壺氏》：「凡喪，縣壺以代哭者，皆以水火守之，分以日夜。」注云：「以水守壺者，爲沃漏也。以火守壺者，夜則視刻數也。分以日夜者，異晝夜漏也。漏之箭，晝夜共百刻，冬夏之閒有長短焉。」《文選》注引司馬彪曰：「孔壺爲漏，浮箭爲刻。下漏數刻，以考中星，昏明星焉。」按，晝夜百刻，每刻爲六小刻，每小刻又十分之，故晝夜六千分，每大刻六十分也。其散於十二辰，每一辰八大刻二小刻，共得五百分也。此是古法。《樂記》：「百度得數而有常。」注云：「百度，百刻也。」《靈樞經》：「漏水下百刻，以分晝夜。」从水屚，取屚下之義，屚亦聲。此依《韵會》而更考定之如此。屚，屋穿水下也，故云取屚下之義。盧后切，四部。今字皆假「漏」爲屚。

澒 丹沙所化爲水銀也。《本艸經》曰：「鎔化還復爲丹。」然則本丹之所化明矣，後代燒煅麄次朱砂爲之。《淮南書》高注曰：「白澒，水銀也。」《廣雅》曰：「水銀謂之澒。」字一作「汞」，説者分别之云：汞，水銀滓。从水，項聲。呼孔切，九部。

萍 苹也，苹、蓱二篆見艸部。《篇》、《韵》皆云萍蓱同字，疑許書本有萍無蓱。《小正》《毛詩》《爾雅》皆作苹，《爾雅》、毛傳皆曰「蓱也」。蓱即萍之别字，《周禮》「萍氏」疑本作「苹氏」，然則《説文》艸部苹下曰「萍也」與水部萍下曰「苹也」爲轉注，不當有蓱篆。水艸也。从水苹，「水艸也」三字，釋从水之意。苹亦聲。薄經切，十一部。

汩 治水也。《天問》：「不任汩鴻，師何以尚之。」王云：「汩，治也。鴻，大水也。」引伸之，凡治皆謂汩。《書·序》「汩作」，汩，治也㉚。汩本訓亂，如亂之訓治，故《洪範》「汩陳其五行」，汩，亂也。上文淈訓濁，而《釋詁》云：「淈，治也。」郭景純云：「淈汩同。」从水，曰聲。于筆切，十五部。俗音古忽切，訓汩沒，汩亂。

文四百六十五。宋本五作八，今删瀡篆，補池篆。

重二十三。今補瀌篆㉛。

附注：

① 「風廉」是「飛廉」之誤。

② 轉，當是「傳」之誤，荆軻傳見《史記·刺客列傳》。

之遂，倍遂曰溝，倍溝曰洫，倍洫曰巜。」已上《攷工記·匠人》職文，説詳鄭注及程氏瑤田《通藝録》。今《周禮》〈作「甽」，巜作「澮」，與許所據不同者，後人所改也。〈、巜、巛三篆下，皆宜曰象形而不言者，省文也。姑泫切，十四部。凡〈之屬皆从〈。

甽　古文〈，从田川。古文疑當作籒文，葢〈巜皆古文也。按，鄭注《攷工記》曰：「甽，畎也。」謂甽畎古今字，甽即今之畎字也。田之川也。四字小徐有，而田譌作「甽」。

畎　篆文〈，从田，犬聲。畎爲小篆，則〈甽爲古籒可知。此亦先二後上之例。六畎爲一畮。《漢·食貨志》曰：「趙過能爲代田，一畮三甽，古法也。后稷始甽田，以二耜爲耦，廣尺深尺，曰甽，長終晦。一晦三畎，一夫三百甽，而播種於甽中。」按，長終畮者，長百步也。六尺爲步，步百爲畮。播種於甽中者，甽中猶甽閒，播種於兩甽之閒也。深者爲甽，高者爲田，皆廣尺。三百甽積廣六百尺，長百步，亦長六百尺。故一夫百畮，其體正方。許云六畎爲一畮者，謂其地容六畎耳，與一畮三畎之制非有二也。畎與田來歲互易，即代田之制也。六尺爲步，步百爲畮，見田部。

文一。　重二。

巜　水流澮澮也。澮澮當作「活活」，毛傳曰：「活活，流也。」水部曰：「活活，水流聲也。」古昏聲、會聲多通用。水流涓涓然曰〈，活活然則曰巜，巜大於〈矣。此字之本義也。因以名井田之制。方百里爲巜，廣二尋，深二仞。《考工記·匠人》文。尋、仞依許寸部人部説皆八尺。今《周禮》作澮，許所據作巜，後人以水名易之也。古外切，十五部。凡巜之屬皆从巜。

粼　水生厓石閒粼粼也。厓者，山邊也。从巜，粦聲。力珍切，十二部。

文二。

川　毌穿通流水也。毌各本作貫。毌，穿物持之也。穿，通也。巛則毌穿通流，又大於巜矣。水有始出謂川者，如《爾雅》「水注川曰谿」、許云「泉出通川爲谷」是也。有絶大乃謂川者，如《皋陶謨》「〈巜距川」、《攷工記》「澮達於川」是也。本小水之名，因以爲大水之名。《虞書》曰：謂古文《皋陶謨》。「濬〈巜距巛。」距，各本作「距」，今正。今《尚書》作「畎澮距川」者，後人所改也。言深〈巜之水會爲川也。此偁《尚書》釋之，以見《尚書》之川，與川字有閒矣。川，今昌緣切，古音在十三部，讀如春，《雲漢》之詩是也。凡川之屬皆从川。

巠　水𠃊也。巠之言濥也，濥者水𠃊行地中濥濥也。故从川在地下。从川在一下，一，地也。會意。壬省聲。古靈切，十一部。一曰，水冥巠也。冥巠，水大皃。今字作「溟涬」，司馬注《莊》曰：「涬溟，自然氣也。」

古文巠不省。

㐬　水廣也。引申爲凡廣大之偁。《周頌》：「天作高山，大王荒之。」傳曰：「荒，大也。」凡此等皆叚荒爲巟也。荒，蕪也。荒行而巟廢矣。从巛，亡聲。呼光切，十部。《易》曰：「包巟用馮河。」《泰》九二爻辭。今《易》作「荒」，陸云：「本亦作巟。」

𢦦 水流皃。皃舊作「也」。今依《篇》、《韵》正。《江賦》：「溭淢濜溳。」李云：「參差相次也。」淢即𢦦。《詩》「黍稷彧彧」，彧者，𢦦之變，叚𢦦爲「𩞄」也。从巛，或聲。于逼切，一部。亦胡國切。

㳌 水流也。此與水部汩義異。汩，治水也。《上林賦》曰：「汩乎混流。」又曰：「汩急漂疾。」《方言》：「汩，疾行也。」注云：「汩汩，急皃。于筆切。」此用汩爲㳌也。《廣韵》合爲一，非。从巛，曰聲。于筆切，十五部。

𡿬 水流𡿬𡿬也。从巛，列省聲。大徐曰：「𠛱字从𡿬，此疑誤，當是从𣦼省。」小徐本作「𣦼省聲」。良薛切，十五部。

邕 邑四方有水、自邕成池者是也。邑，各本無，依《韵會》補。成，各本作「城」，誤，依《廣韵》、《韵會》正。自邕當作「自擁」，轉寫之誤。擁者，抱也。池沼多由人工所爲，惟邑之四旁有水來自擁抱，旋繞成池者，是爲邕。以擁釋邕，以疊韵爲訓也，故其字从川邑。引申之，凡四面有水皆曰邕。《周頌》曰：「于彼西雝。」傳曰：「雝，澤也。」《大雅》曰「於樂辟雝」、「鎬京辟雝」，傳曰：「水旋丘如璧曰辟雝。」《水經注》釋漁陽郡雍奴曰：「四方有水爲雍，不流爲奴。」皆邕字之叚借也。从巛邑。川圍邑會意。讀若雝。於容切，九部。

𨙨 籀文邕如此。

𡿧 害也。害者，傷也。𡿧害字本如此作。災行而𡿧廢矣。《玉篇》云：「天反時爲𡿧。」今凡作灾、災、菑，皆叚借字也。《周語》曰：「陽塞而在陰，川原必塞。原塞，國必亡。」②以一塞川，是爲害川，故字从一雝川。从一雝川。雝壅古今字。《王莽傳》「邕涇水不流」，亦叚邕爲壅。此會意也。祖才切，一部。《春秋傳》曰：「川雝爲澤，凶。」宣十二年《左傳》文。此偁傳說會意之恉也。知莊子曰：「《周易》師之臨曰：師出以律，否臧，凶。川雝爲澤，夭且不整，所以凶也。」與偁「艸木麗於土」說麗从艸麗、偁「豐其屋」說豐从宀豐同。

侃 剛直也。《論語・鄉黨》：「與下大夫言，侃侃如也。」孔曰：「侃侃，和樂皃也。」葢謂即「衎衎」之叚借字。从㐰，㐰，古文信也。見言部。从巛，取其不舍晝夜。信則可恒，會意。空旱切，十四部。《論語》曰：「子路侃侃如也。」見《先進篇》。今作「子路行行如也，冉有、子貢侃侃如也」。葢許氏筆誤。

州 水中可凥者曰州。凥，各本作「居」，今正。者字，今補。《周南》：「在河之州。」《釋水》、毛傳皆曰：「水中可居者曰州。」水匊繞其旁，从重川。水字今補。匊繞，各本作「周遶」，誤，今正。匊者，帀也。會意。職流切，三部。俗作「洲」。昔堯遭洪水，民凥水中高土，故曰九州。州，本州渚字，引申之乃爲九州，俗乃别製「洲」字，而小大分係矣。《詩》曰：「在河之州。」《關雎》文。證州之本義也。一曰，州疇也。以疊韵爲訓。疇，耕治之田也。各疇其土而生也。人各耕治以爲生。此説州之别一義，其實前義内可包。

川　古文州。此像前後左右皆水。

文十。　重三。

泉　水原也。《釋水》曰：「濫泉正出，正出，涌出也。沃泉縣出，縣出，下出也。氿泉穴出，穴出，仄出也。」毛傳亦云：「檻泉正出，側出曰氿泉。」許作濫泉、厬泉。《召旻》曰：「泉之竭矣，不云自中。」傳曰：「泉水從中以益者也。」引申之，古者謂錢曰泉布。許云：「古者貨貝而寶龜，周而有泉，至秦廢貝行錢。」象水流出成川形。同出而三岐，略似巛形也。疾緣切，十四部。凡泉之屬皆从泉。

⿱緐泉　泉水也。泉水者，泉出之水也。《淮南書》云：「莫鑒於流瀿，而鑒於澄水。」許注云：「楚人謂水暴溢爲瀿。」瀿即⿱緐泉字，泉水暴溢曰⿱緐泉也。从泉，緐聲。讀若飯。符萬切，十四部。古讀平聲。

文二。

灥　三泉也。凡積三爲一者，皆謂其多也。不言从三泉者，不待言也。闕。此謂讀若未詳，闕其音也。今音詳遵切，依附泉之雙聲爲之。凡灥之屬皆从灥。

厵　水本也。各本作「水泉本也」，今删正。《月令》「百源」注曰：「衆水始所出爲百源。」單評曰原，絫評曰原泉。《孟子》「原泉混混」是也。从灥出厂下。厂者，山石之厓巖。會意。愚袁切，十四部。

原　篆文从泉。此亦先二後上之例，以小篆作原，知厵乃古文籀文也。後人以原代高平曰邍之邍，而别製源字爲本原之原，積非成是久矣。

文二。　重一。

永　水長也。引申之，凡長皆曰永。《釋詁》、毛傳曰：「永，長也。」《方言》曰：「施於衆長謂之永。」象水巠理之長永也。巠者，水脈。理者，水文。于憬切，古音在十部。《詩》曰：「江之永矣。」《周南·漢廣》文。凡永之屬皆从永。

羕　水長也。引申之爲凡長之偁。《釋詁》曰：「羕，長也。」从永，羊聲。余亮切，十部。《詩》曰：「江之羕矣。」《漢廣》文。《毛詩》作永，《韓詩》作羕，古音同也。《文選·登樓賦》：「川既漾而濟深。」李注引《韓詩》：「江之漾矣。」薛君曰：「漾，長也。」漾乃羕之譌字。

文二。

𠂢　水之衺流別也。流別者，一水岐分之謂。《禹貢》曰：「漾東流爲漢，沇東流爲泲，江東別爲沱。」此言流別之始。《釋水》詳之，自「河出爲灉，濟爲濋」已下是也。流別則其勢必衺行，故曰「衺流別」。𠂢與水部派音義皆同，派蓋後出耳。衺流別，則正流之長者較短而巠理同也，故其字从反永。从反永。匹卦切，十六部。凡𠂢之屬皆从𠂢。讀若稗縣。禾部曰「琅邪有稗縣」，今《地理志》作椑縣，誤也。小徐本作蜀稗縣，非，蜀祇有郫縣，音疲。

衇　血理分衺行體中者。理分，猶分理。《序》曰：「見鳥獸蹏迒之迹，知分理之可相别異。」衺行體中，而大候在寸口，人手卻十分動脈爲寸口也。从𠂢，从血。會意。不入血部者，重𠂢也。𠂢亦聲。莫獲切，十六部。

脈　衇或从肉。

䘑　籀文。左血左𠂢③。

覛　衺視也。《釋詁》曰：「覛、胥，相也。」郭云：「覛，謂相視也。」按，覛與目部䀛通用。古詩：「䀛䀛不得語。」李善引《爾雅》及注作「䀛」，今《文選》譌作「脈」，非也。覛不入見部者，重𠂢也。从𠂢，从見。會意。𠂢亦聲。莫狄切，《廣韵》莫獲切，十六部。俗有尋覓字，此篆之譌體。

𧢌　籀文。

文三。　重三。

谷　泉出通川爲谷。《釋水》曰：「水注川曰谿。」注：「谿曰谷。」許不言谿者，許以谿專係之「山瀆無所通」也。川者，毌穿通流之水也，兩山之閒必有川焉。《詩》「進退維谷」，叚谷爲鞫。毛傳曰：「谷，窮也。」即《邶風》傳之「鞫，窮」也。从水半見出於口。此會意。古祿切，三部。亦音浴。凡谷之屬皆从谷。

谿　山隫無所通者。隫，各本作「瀆」，今正。𨸏部曰：「隫，通溝也。讀若洞。古文作𧮭。」《釋山》曰：「山𧮭無所通，谿。」然則許作隫明矣。从谷，奚聲。苦兮切，十六部。

𧮰　通谷也。通迵之谷也。《文選》注曰：「華延《洛陽記》云，城南五十里有大谷，舊名通谷。」引申爲凡疏達之偁。从谷，害聲。呼括切，十五部。

𧯈　空谷也。虛廫之谷也。《大雅》曰：「大風有隧，有空大谷。」从谷，翏聲。洛蕭切，古音在三部。

𧯝　大長谷也。《司馬相如傳》曰：「巖巖深山之谾谾兮。」晉灼曰：「谾音籠，古𧯝字。」蕭該曰：「谾或作𧯝，長大皃也。」徐廣谾音力工反，與晉說同。《白駒》傳曰：「空谷，大谷也。」从谷，龍聲。讀若聾。盧紅切，九部。

谹　谷中響也。此與「弦，屋響也」義近。《攷工記》：「其聲大而宏。」司農注：「謂聲音大也。」引申爲凡大之偁。《史記·司馬相如傳》：「必將崇論谹議。」从谷，厷聲。户萌切，古音在六部。

谸 望山谷千千青也。各本千千作「谸谸」，今正。《高唐賦》：「仰視山顛，肅何芊芊。」李注云：「《説文》曰：谸，望山谷千千青也。千與芊，古字通。」按，千、芊爲古今字，俗用芊改千。《楚詞》及陸機《文賦》皆用「千眠」字。《南都賦》作「阡瞑」，謝朓詩：「遠樹曖阡阡。」《廣雅》乃有「芊芊」字耳。从谷，千聲。倉絢切，十二部。古讀平聲。

㕡 深通川也。深之使通也。㕡與叡、睿音義皆相近④，故今文《洪範》曰：「思心曰㕡，㕡作聖。」古文曰：「思曰睿，睿作聖。」从𣦵谷。會意。私閏切，十三部。𣦵，殘也。殘猶穿也。谷，阬坎意也。𣦵謂穿之，谷取阬坎之意，阬坎，深意也。已上十一字依《韵會》本。《虞書》曰：「㕡畎澮距川。」川部既偁《咎繇謨》「濬く巜距川」矣，此又偁而字異何也？蓋前爲古文《尚書》，此爲今文也。以濬く皆倉頡古文知之。

𣽎 㕡或从水。

濬 古文㕡。从水，从睿。睿，古文叡也。叡，深明也，通也。

文八。 重二。

仌 凍也。仌、凍二篆爲轉注，絫評之曰仌凍，如《月令》「冰凍消釋」是也。象水冰之形。冰，各本作「凝」，今正。謂象水初凝之文理也。筆陵切，六部。凡仌之屬皆从仌。

冰 水堅也。《易》象傳：「初六履霜，陰始凝也。馴致其道，至堅冰也。」古本當作「陰始冰也」，「至堅仌也」。《釋器》「冰脂也」，孫本冰作「凝」，按，此可證《詩》「膚如凝脂」本作「冰脂」，以冰代仌，乃别製凝字，經典凡凝字皆冰之變也。从水仌。會意。魚陵切，六部。

凝 俗冰从疑。以雙聲爲聲。

凍 仌也。初凝曰仌，仌壯曰凍。又於水曰冰，於他物曰凍。故《月令》曰：「水始冰，地始凍。」从仌，東聲。多貢切，九部。

𠗲 仌出也。仌出者，謂仌之出水文棱棱然。輕讀爲力膺切，重讀則里孕切，今俗語猶尒。《豳》詩：「三之日納于凌陰。」傳曰：「凌陰，冰室也。」此以冰釋凌，以室釋陰，非謂𠗲爲仌室也。鄭注《周禮》「凌人」徑云：「凌，冰室也。」似失之。从仌，朕聲。六部。《詩》曰：「納于𠗲陰。」《七月》文。

凌 𠗲或从夌。夌聲也。

凘 流仌也。謂仌初結及已釋時隨流而行也。从仌，斯聲。息移切，十六部。

凋 半傷也。傷，創也。半傷，未全傷也。从仌，仌霜者傷物之具，故从仌。周聲。都僚切，二部、三部。

冬 四時盡也。冬之爲言終也。《考工記》曰：「水有時而凝，有時而釋。」故冬从仌。 从仌，从夂。 會意，夂亦聲。 都宗切，九部。 夂，古文終字。 見糸部。

㚘 古文冬，从日。

冶 銷也。 銷者，鑠金也。仌之融如鑠金然，故鑪鑄亦曰冶。《易》「野容誨淫」，陸德明本作「冶容」。按，野、冶皆蠱之叚借也。《張衡賦》言「妖蠱」，今言「妖冶」。 从仌，台聲。 「聲」蓋衍。台者，悦也。仌台悦而化，會意。 冶今音羊者切，古音讀如與，在五部。或曰台雙聲也，故以爲聲。

凔 寒也。 此與水部「滄」音義皆同。 枚乘《上書》曰：「欲湯之滄，絶薪止火而已。」按，《方言》曰：「澳，淨也。」二字當从冫，澳即滄字，淨即清字。 从仌，仌者，寒之象也，故訓寒之字皆从仌。 倉聲。 初亮切，十部。

冷 寒也。 从仌，令聲。 魯打切，十一部。

𠗗 寒也。 从仌，函聲。 胡男切，八部。

凜 凜凜，依《文賦》注補二字。 寒也。 引申爲敬畏之偁，俗字作「懍懍」。 从仌，廩聲。 力稟切，七部。

凊 寒也。 《曲禮》曰：「凡爲人子之禮，冬温而夏清。」 从仌，青聲。 七正切，十一部。 凜、凊二篆，舊在凍篆之前，非其次也，今更正。 凡全書内多有乙正者，學者依此求之。

滭 滭冹，二字今補。 風寒也。 《豳風・七月》：「一之日觱發。」傳曰：「觱發，風寒也。」按，「觱發」皆叚借字，「滭冹」乃本字。 猶水部「畢沸」，今《詩》作「觱沸」。 或許所據《毛詩》不同今本，或許采《三家詩》，皆未可定也。 《詩》曰：「一之日滭冹。」 七字今補。 从仌，畢聲。 卑吉切，十二部。

冹 滭冹也。 三字今正。 从仌，犮聲。 分勿切，十五部。

凓 凓冽，二字今補。 寒皃。 皃，各本作「也」，今依《大東》正義及小徐本。 毛傳曰：「凓冽，寒氣也。」古亦單用「凓」字，《春秋緐露》謂煗寒曰「熏凓」。 《詩》曰：「二之日凓冽。」 七字今補。 亦《豳風・七月》文也。 今《詩》作「栗烈」。 考《詩》「冽彼下泉」疏引《七月》「二之日凓冽」，是孔本與許同，而陸《釋文》作「栗烈」，與許異，且云《説文》作「颲颲」，其實風部未嘗引《詩》也。 《五經文字》仌部有「凓」，知其所據《詩》作「凓」⑤。 从仌，㮚聲。 力質切，十二部。

冽 凓冽也。 三字今正。 古單用冽字者，如《詩》「冽彼下泉」，傳曰：「冽，寒也。」「有冽氿泉」，傳曰：「冽，寒意也。」《素問》曰：「風寒冰冽。」 从仌，列聲。 各本篆作「瀨」，解作「賴聲」，音洛帶切，今正。 按，瀨字即《廣韵》、《玉篇》皆無之，而孔沖遠《大東》正義、李善注《高唐賦》、《嘯賦》皆引《説文》《字林》冽字，是今本冽譌爲瀨，顯然也。 良辥切，十五部。

文十七。 重二。

雨 水從雲下也。 引申之，凡自上而下者偁雨。 一象天，冂象雲，水霝其閒也。丰者，水字也。王矩切，五部。凡雨之屬皆从雨。

𠕲 古文。象形。

靁 霒昜薄動生物者也。各本作「陰陽」，今正。動下各本有「靁雨」二字，不辭，今依《韵會》本正。薄音博，迫也。陰陽迫動，即謂靁也。迫動，下文所謂回轉也，所以回生萬物者也。从雨，畾，象回轉形。許書有畕無畾，凡積三則爲衆，衆則盛，盛則必回轉。二月陽盛，靁發聲，故以畾象其回轉之形，非三田也。韵書有畾字，訓田閒，誤矣。凡許書字有畾聲者，皆當云靁省聲也。魯回切，十五部。○凡古器多以回爲靁。

靐 籒文。靁閒有回。當作「畾閒有回」，奪「畾」。回，靁聲也。説畾閒有回之意。

𩂩 古文靁。

𩇓 古文靁。

霣 齊人謂靁爲霣。各本齊上有「雨也」二字，按，自靁篆至震篆，皆言雷電。自霝篆至霸篆，皆言雨。叚令霣之正義爲雨，則當次於彼閒，今刪。《韵會》本亦無此二字，齊人謂靁曰霣，方俗語言如此。靁古讀如回，回與員語之轉。《公羊傳》「星霣如雨」，叚爲隕字。从雨，員聲。于敏切，十三部。一曰，雲轉起也。別一義。雲回轉而起名之霣者，略與雲同音也。古文云作員。讀若昆。大徐無此三字。

𩃼 古文霣如此。古當作籒。員下云「籒文作鼎」，鼎下云「籒文以鼎爲貝」是也。𡚦者，籒文妘，鼎者，籒文則，皆是以鼎爲貝。

霆 靁餘聲鈴鈴，句。所目挺出萬物。聲下有「也」字者，誤衍。鈴與挺，皆以曡韵爲訓。靁所以生物，而其用在餘聲鈴鈴然者。《禮記》曰：「地載神氣，神氣風霆，風霆流形，庶物露生。」从雨，廷聲。特丁切，十一部。古多讀上聲。

霅 霅霅，靁電皃。靁，各本作「震」，今依《韵會》本。霅霅，聲光襍沓之皃。按，馬融《廣成頌》「霅爾雹落」，霅音素洽反，今俗語云「霎時閒」，霎即霅之俗字。从雨，譶省聲。省譶爲言，如省蟲爲虫也。丈甲切，八部。一曰，霅，衆言也。依《韵會》本，六字在此。譶，疾言也。霅以爲聲，或訓霅爲衆言，則是从言从雨會意矣。《吳都賦》曰：「鞁霅驚捷。」

電 霒昜激燿也。孔沖遠引《河圖》云：「陰陽相薄爲靁，陰激陽爲電，電是靁光。」按，《易》震爲靁，離爲電，《月令》「靁乃發聲」、「始電」，《詩・十月之交》、《春秋・隱九年》言「震電」，《詩・采芑》《常武》《雲漢》言「靁霆」。「震」、「靁」一也，「電」、「霆」一也。《穀梁傳》曰：「電，霆也。」古義霆、電不別，許意則統言之，謂之靁，自其振物言之謂之震，自其餘聲言之謂之霆，自其光燿言之謂之電，分析較古爲愿心。靁、電者，一而二者也。从雨，从申。靁自其回屈言，電自其引申言。申亦聲也，小徐本作雨申聲。堂練切，古音在十二部。讀如陳。

⿱雨㽞　古文電如此。申部曰：「㽞，籀文申。」又部曰：「㽞，古文申。」乖牾不合，依此則當作古。

震　劈歷，振物者。劈歷，疾雷之名。《釋天》曰：「疾靁爲霆。」《倉頡篇》曰：「霆，霹靂也。」然則古謂之霆，許謂之震。《詩·十月之交》、《春秋》隱九年、僖十五年，皆言「震」。振與震疊韵，《春秋正義》引作「震物」爲長，以能震物而謂之震也。引申之，凡動謂之震，辰下曰「震也」。从雨，辰聲。章刃切，十三部。古多讀平聲。《春秋傳》曰：「震夷伯之廟。」《左氏·僖十五年》經傳皆有之。必引此者，以爲劈歷震物之證也。《史記》殷武乙暴靁震死，神道設教之至㬎者也。

⿱雨⿲爻⿱辰火爻　籀文震。

雪　冰雨，說物者也。冰各本作「凝」，今正。凝者，冰之俗也。《釋名》曰：「雪，綏也。水下遇寒氣而凝綏綏然下也。」故許謂之冰雨。說，今之悅字，物無不喜雪者。說與雪疊韵。从雨，彗聲。相絶切，十五部。

霄　雨霰爲霄。雨猶霣也。《釋天》曰：「雨霓爲霄雪。」此霄字本義。若《淮南書》「上游於霄雿之野」，高讀如紺綃之綃，此則別爲一義。乃今義行而古義罕用矣。霄亦叚消。从雨，肖聲。相邀切，二部。齊語也。亦方俗語言如此。

霰　稷雪也。謂雪之如稷者。《毛詩》傳曰：「霰，暴雪也。」暴當是黍之字誤。俗謂米雪或謂粒雪皆是也。曾子曰：「陽之專氣爲霰。」《詩》箋云：「將大雨雪，始必微温，雪自上下，遇温氣而團，謂之霰。久之寒勝，則大雪矣。」从雨，散聲。穌甸切，十四部。

⿱雨見　霰或从見。見聲。

雹　雨仌也。仌舊作「冰」，今正。雨仌，謂自上而下之仌也。曾子曰：「陰之專氣爲雹。」劉向曰：「盛陽雨水，温暖而湯熱，陰氣脅之不相入，則轉而爲雹。故沸湯之在閉器，而湛於甘泉，則爲冰，此其驗也。」《左氏傳》曰：「聖人在上，無雹，雖有，不爲災。」从雨，包聲。蒲角切，古音在三部。

⿱雨晶　古文雹如此。象其磊磊之形。

霝　雨䨣也。䨣，各本作「零」，今依《廣韵》正。霝與零義殊，許引《東山》「霝雨」，今作「零雨」，譌字也。《定之方中》：「靈雨既零。」傳曰：「零，落也。」零亦當作霝。霝亦叚「靈」爲之，《鄭風》：「零露漙兮。」正義本作「靈」，箋云：「靈，落也。」靈落即霝落。雨曰霝䨣，艸木曰零落。从雨吅，象䨣形。郎丁切，十一部。《詩》曰：「霝雨其濛。」《豳風·東山》文。

䨣　雨䨣也。此下雨本字，今則落行而䨣廢矣。从雨，各聲。盧各切，五部。

零　徐雨也。徐各本作「餘」，今依《玉篇》、《廣韵》及《太平御覽》所引《纂要》訂。謂徐徐而下之雨。《小雅》：「興雲祁祁。」傳曰：「祁祁，徐也。」箋云：「古者陰陽和，風雨時，其來祁祁然而不暴疾。」引申之義爲零星，爲凋零。从雨，令聲。郎丁切，古音在十二部。讀如鄰。

䨮 小雨財零也。財，當作「才」，取初始之義。今字作「纔」。从雨，鮮聲。讀若斯。息移切，十六部。鮮聲在十四部，而讀如斯者，以雙聲合音也。《列子》「鮮而食之」，即析而食之也。斯，析音義同。

霢 霢霂，句。小雨也。《信南山》曰：「益之以霢霂。」《釋天》、毛傳皆曰：「霢霂，小雨也。」《釋名》曰：「言裁霢歷霑漬，如人沐頭，惟及其上枝，而根不濡也。」按，霢霂者，溟濛之轉語。水部溟下曰：「小雨溟溟也。」濛下曰：「濛濛溦雨也。」从雨，脈聲。莫獲切，十六部。

霂 霢霂也。此雙聲字。从雨，沐聲。莫卜切，三部。

䨚 小雨也。从雨，酸聲。素官切，十四部。

䨘 溦雨也。溦，各本作「微」，今正。水部曰：「溦，小雨也。」今人謂小雨曰廉纖，即䨘也。从雨，𢦏聲。子廉切，七部。又讀若芟。又字衍。一説謂讀若𢦏矣，又讀若芟也。

霥 小雨也。从雨，眾聲。職戎切，九部。《明堂月令》曰「霥雨」。《月令》無此文。惟「季春行秋令，淫雨蚤降」注云：「今《月令》曰衆雨。」漢人衆讀平聲，即許所據之霥雨也。但《記》文「淫雨」，鄭注云「霖雨」，許不當以小雨釋霥，似「小」必是誤字。

霃 久霒也。《月令》：「季春行秋令，則天多沈陰。」沈即霃之叚借也，沈行而霃廢矣。从雨，沈聲。直深切，七部。

䨴 久雨也。䨴之言連也。从雨，兼聲。力鹽切，七部。

䨡 久雨也。从雨，圅聲。胡男切，八部。

霖 凡雨三日已往爲霖。《左傳·隱九年》：「春王三月癸酉，大雨霖以震，書始也。庚辰，大雨雪，亦如之。書時失也。凡雨，自三日以往爲霖，平地尺爲大雪。」按，許直用傳文爲説也。已當作「以」，自三日以往，謂雨三日又不止，不定其日數也。雨三日止，不得謂霖矣。韋注《國語》亦曰：「雨三日以上爲霖。」若宋人注《尚書》云：「三日雨爲霖」，失古義矣。《釋天》：「久雨謂之淫，淫謂之霖。」从雨，林聲。力尋切，七部。

䨙 霖雨也。南陽謂霖䨙。俗本作「謂霖雨曰䨙」。全書多類此者，今不可盡正矣。其字从㐺，㐺者，衆立也。故雨多取之，是可以證霥雨之爲霖，而非小雨矣。淫雨即霥雨之叚借。从雨，㐺聲。銀箴切，七部。按，舉形聲關會意。

𩅟 雨聲。从雨，真聲。讀若資。真聲而讀若資者，合音也。故《廣韵》作𩆵。即夷切，十五部。

䨞 雨皃。方語也。方上蓋奪「北」字。《集韵》曰：「䨞，火五切，北方謂雨曰䨞。呂静説。」按，呂氏《韵集》所據《説文》

爲完善。从雨，禹聲。讀若禹。王矩切，五部。按，如今音雨、䨞皆切王矩，何以見爲殊語？依《集韵》當作讀若虎。《玉篇》尤句切。

𩅦 小雨也。从雨，僉聲。子廉切，七部。

霑 雨䨣也。《小雅》：「既霑既足。」从雨，沾聲。張廉切，七部。

䨣 濡也。濡此義水部失載，於此見之。今人多用霑染、濡染，染行而䨣廢矣。染者，以繒染爲色，非霑義。从雨，染聲。而剡切，八部。

霤 屋水流也。水部曰：「澑，霤下兒也。」《釋名》曰：「中央曰中霤。古者寝穴後室之，霤當今之棟下直室之中，古者霤下之處也。」从雨，畱聲。力救切，三部。

屚 屋穿水入也。今字作漏，漏行而屚廢矣。漏者，以銅受水刻節也。从雨在尸下。尸者，屋也。尸部屋下云：「尸，象屋形。」會意。盧后切，四部。

𩃬 雨濡革也。雨濡革則虛起，今俗語若朴。从雨革。會意。讀若膊。匹各切，五部。霸字以爲聲。

霽 雨止也。《釋天》：「雨濟謂之霽。」濟古多訓止者，如「厲風濟則衆竅爲虛」是也。許云雨止者，以詁訓字易其本字也。凡止曰濟，雨止則有霽字。《洪範》曰：「雨曰濟。」今古文皆如是，是《尚書》用濟爲霽也。从雨，齊聲。子計切，十五部。

霋 霽謂之霋。从雨，妻聲。七稽切，十五部。

霩 雨止雲罷兒。《淮南·天文訓》：「道生於虛霩，虛霩生宇宙。」今俗字作「廓」，廓行而霩廢矣。从雨，郭聲。苦郭切，五部。

露 潤澤也。澤與露疊韵。《五經通義》曰：「和氣津凝爲露。」蔡邕《月令》曰：「露者，陰之液也。」按，露之言臚也，故凡陳列表見於外曰露。亦叚「路」爲之，如《孟子》「神農章羸露」，字作「路」是也。从雨，路聲。洛故切，五部。

霜 喪也。以疊韵爲訓。成物者。《豳風》：「九月肅霜。」傳曰：「肅，縮也。霜降而收縮萬物。」《秦風》：「白露爲霜。」傳曰：「白露凝戾爲霜，然後歲事成。」按，雷、雨、露，皆所以生物，雪亦所以生物而非殺物者，故其用在霜殺物之後。《詩》言：「雨雪雱雱，益之以霢霂，生我百穀。」其證也。惟霜爲䨏斂萬物之用。許列字，首靁，爲動萬物者莫疾乎此也；次之以雪，乃次之以霝、零，謂冬雪而後春雨也；次之以露，露，春夏秋皆有之；秋深乃凝霜也，次之以霜，而歲功成矣。歲功以雪始，以霜終。从雨，相聲。所莊切，十部。

霚 地气發，天不應，曰霚。「曰霚」二字今補。霚，今之霧字。《釋天》曰：「地氣發，天不應，曰霧。」霧者俗字，霧一本作「霿」，非也。《釋名》曰：「霧，冒也。氣蒙冒覆地之物也。」《開元占經》引《元命包》：「陰陽亂爲霧。」从雨，亦雨之類也，故从雨。

地气發而天應之，則雨矣。敄聲。亡遇切，古音在三部。敄从矛聲，故霚讀如矛。

雺 籀文霚省。《洪範》「曰蒙」，古文《尚書》作「曰雺」，徐邈音亡鉤反。《宋世家》作「曰霧」，霧即霚，霚者，雺之小篆。

霾 風而雨土爲霾。依《釋天》補三字。《邶風》：「終風且霾。」《釋天》曰：「風而雨土爲霾。」傳曰：「霾，雨土也。」《釋名》曰：「霾，晦也。」从雨，貍聲。莫皆切，古音在一部。《詩》曰：「終風且霾。」

霿 天氣下，地不應，曰霿。《釋天》曰：「天氣下，地不應，曰霿。」今本作「曰雺」，或作「曰霧」，皆非也。霿，《釋名》作「蒙」，《開元占經》作「濛」。《釋名》曰：「蒙，日光不明蒙蒙然也。」《開元占經》引郗萌曰：「在天爲濛，在人爲霧；日月不見爲濛，前後人不相見爲霧。」按，霚與霿之別，以郗所言爲確。許以霿系天气，以霚系地气，亦分別井然。大氐霚下、霿上，霚溼、霿乾，霚讀如務、霿讀如蒙，霚之或體作霧，霿之或體作蒙，不可亂也。而《爾雅》自陸氏不能諟正，譌舛不可讀。如《玉篇》云：「霚，天氣下，地不應也。霿，地氣發，天不應也。」葢本《爾雅》，而與《說文》互易，則又在陸氏前矣。其他經史，雺、霿、霧三字往往淆譌，要當以許書爲正。○《開元占經》引《月令》「仲冬行夏令，氛濛冥冥。」今《月令》作「氛霧」，霧乃霿之誤也。○衞包《尚書》曰：「蒙，恒風若。」《漢・五行志》作「霿」，《尚書大傳》作「瞀」。劉向曰：「瞀，眊。眊，亂也。」按，此霿字引申假借之義也。本音茂，轉音蒙。《易傳》：「蒙者，蒙也。」亦霿之叚借。霿，晦也。晦，本訓月盡，引申爲日月不見之偁。《釋天》曰：「霿謂之晦。」許言此者，欲人知霿與霚異也。从雨，瞀聲。莫弄切，亦平聲。瞀亦敄聲而入九部者，合音也。

霓 屈虹青赤或白色，或字陸德明作「也一曰」三字，非也。《韵會》白下無「色」字，是也。屈當作「詘」，許書云詰詘者，謂詘曲，屈非其義。許意詘曲之虹多青赤，或有白色者，皆謂之霓。《釋天》曰：「螮蝀，虹也。霓爲挈貳。」郭云：「雙出色鮮盛者，爲雄，曰虹；闇者爲雌，曰霓。」據此似青赤爲虹，白色爲霓。然析言有分，渾言不別。故趙注《孟子》曰：「霓，虹也。虹見則雨。」《楚辭》有白霓。霒气也。从雨，霓爲陰氣，將雨之兆，故从雨。一从虫，作蜺，猶虹从虫也。兒聲。五雞切，十六部。如淳五結切，郭璞五擊切，沈約《郊居賦》：「雌蜺連蜷。」深恐人讀爲平聲⑥。

䨘 寒也。从雨，執聲。都念切，七部。或曰早霜也。讀若《春秋傳》「墊阨」。成六年、襄九年、廿五年，皆云「墊隘」。阨者，阸之隷變，阸、隘古通用。此謂䨘音同墊耳。非謂《春秋傳》有「䨘隘」也。而《九經字㨾》云：「䨘音店，寒也。《傳》曰：䨘隘。」引《說文》而失其真，遂致爲經作音而非其實，以經典絶無䨘字也。

雩 夏祭樂於赤帝，以祈甘雨也。《公羊傳》曰：「大雩者何？旱祭也。」《月令》：「仲夏之月，大雩帝，用盛樂。乃命百縣，雩祀百辟卿士有益於民者，以祈穀實。」注曰：「雩，吁嗟求雨之祭也。雩帝，謂爲壇南郊之旁，雩五精之帝，配以先帝也。自鞀鞞至柷敔皆作曰盛樂，凡他雩用歌舞而已。《春秋傳》曰：龍見而雩。雩之正當以四月。」按，鄭言「五精之帝」，高誘注《時則訓》曰：「帝，上帝也。」許獨云「赤帝」者，以其爲夏祭而言也。以祈甘雨，故字从雨，以于𧨨而求，故从亏。服虔曰：「雩，遠也。」亦於从于得義也。从雨，亏聲。羽俱切，五部。

翌 雩或从羽。或字如此作。雩，舞羽也。説从羽之意。《周禮·樂師》有羽舞，有皇舞。鄭司農云：「羽舞者，析羽；皇舞者，以羽覆冒頭上，衣飾翡翠之羽。」《鼓師》⑦云：「教皇舞，帥而舞旱暵之事。」按，皇舞亦羽舞也，故字或作「翌」，而雩或作「𦏸」。

需 䇓也。䇓者，待也，以曡韵爲訓。《易》彖傳曰：「需，須也。」須即䇓之叚借也。《左傳》曰：「需，事之賊也。」又曰：「需，事之下也。」皆待之義也。凡相待而成曰需。遇雨不進止䇓也。从雨而。遇雨不進，説从雨之意。而者，䇓之意。此字爲會意，各本作「而聲」者，非也。《公羊傳》曰：「而者何？難也。」《穀梁傳》曰：「而，緩辭也。」而爲遲緩之辭，故从而。而訓須，須通䇓，从而，猶从䇓也。《春秋經》：「己丑，葬我小君頃熊，雨，不克葬，庚寅日中而克葬。」是从雨而之證也。相俞切，古音在四部。《易》曰：「雲上于天，需。」《易·需卦》象傳文。此偁《易》以證从雨之意。雲上于天者，雨之兆也。宋衷曰：「雲上于天，需時而降雨。」

䨙 水音也。江氏聲曰：「五聲羽屬水。許字作䨙，與各書不同。」今按，此當謂流水之音耳。从雨，羽聲。王矩切，五部。

文四十六。六，宋本作七。　重十一。

雲 山川气也。天降時雨，山川出雲。从雨，云象回轉之形。回上各本有「雲」字，今刪。古文祗作云，小篆加雨於上，遂爲半體會意，半體象形之字矣。云象回轉形，此釋下古文雲爲象形也。王分切，十三部。凡雲之屬皆从雲。

云 古文省雨。古文上無雨，非省也。二，蓋上字，象自下回轉而上也。《正月》：「昏姻孔云。」傳曰：「云，旋也。」此其引伸之義也。古多叚云爲曰，如《詩》云即《詩》曰是也。亦叚員爲云，如「景員維河」，箋云：「員，古文作云。」「昏姻孔云」，本又作「員」。「聊樂我員」，本亦作「云」。《尚書》「云來」，衛包以前作「員來」。小篆妘字，籀文作䶨，是云員古通用，皆叚借風雲字耳。自小篆別爲雲，而二形迥判矣。

𠄔 亦古文雲。此冣初古文，象回轉之形者，其字引而上行書之，所謂觸石而出膚寸而合也，變之則爲「云」。

霒 雲覆日也。今人陰陽字，小篆作「霒昜」。霒者，雲覆日；昜者，旗開見日。引申爲兩儀字之用。今人作陰陽，乃其中之一耑而已。霒字今僅見《大戴禮記·文王官人篇》、《素問·五帝政大論》⑧。从雲，今聲。於今切，七部。

侌 古文霒省。古文雲本無雨耳，非省也。陰字从此。

会 亦古文雲。此最初古文也。会則以小篆法整齊之，云亦同。

文二。　重四。

魚 水蟲也。象形。魚尾與燕尾相侣。其尾皆枝，故象枝形，非从火也。語居切，五部。凡魚之屬皆从魚。

鰖 魚子已生者也。謂魚卵生於水艸閒，初孚有魚形者。云已生，對未生言之。魚子未生者曰鯤，鯤即卵字。卵，《説文》作卝，古音讀如關，亦可讀如昆。《内則》：「濡魚，卵醬。」卵，鄭讀鯤，或作擱。鯤醬者，魚卵醬也。《内則》讀卵如字，未嘗不協。凡未出者爲卵，已出者爲子。鯤即魚卵，故《説文》以卝包之。而魚部無鯤字，鰖則已出於卵者也。从魚，隋聲。各本作「憜省聲」，按，肉部有隋字，今正。徒果切、十七部。《集韵》、《類篇》又翾規切，音之轉也。

𩻬 籀文鰖。从魚，據徐氏鉉《筆迹相承小異》條云：《史籀》筆迹如此也。陏者，从籀文隓字而省一左也。

鮞 魚子也。魚子，謂成細魚者。上文曰「魚子已生」者，謂初出卵，此云「魚子」，則成細魚矣。凡細者偁子。《魯語》曰：「魚禁鯤鮞。」韋注曰：「鯤，魚子也；鮞，未成魚也。」韋意鯤是卵未孚者，鮞是已孚而尚未成魚者。許則就已孚又別爲鰖、鮞二形。○按，《爾雅》曰：「鯤，魚子也。鱦，小魚也。」爲韋所本。許無鯤字者，以卝包之，據《内則》之「卵醬」也；許有鮞無鱦者，鱦从繩省聲，之與蒸合音最近，鱦者，鮞之俗字也。《爾雅》、鄭皆云：「鯤，魚子。」《爾雅》意魚子即魚卵，今人俗語猶如是。若《西京賦》「摷鯤鮞」，薛注：「鯤，魚子也。鮞，細魚族類也。」此與鄭《内則》注「鯤，魚子也」皆謂出卵者爲魚子，失《爾雅》本義。若《莊子》評絶大之魚爲鯤，此則齊物之寓言，所謂汪洋自恣以適己者。一曰，魚之美者，東海之鮞。鮞之別一義。見《吕覽・本味篇》伊尹語。高注曰：「鮞，魚名也。」木部櫨下、禾部秏下，皆言「伊尹曰」，此不言者，媘文。从魚，而聲。如之切，一部。《五經文字》人六切。

魼 魼魚也。舊删魼字，今補。此如河篆下云「河水也」之例。《漢書》、《上林賦》：「禺禺魼鰨。」郭璞注云：「比目魚也。」按，郭説未知其審。犬部狧字下有「比目魚，鰈」。同《爾雅》。而魚部無鰈字。《玉篇》、《廣韵》合魼、鰈爲一字，非也。从魚，去聲。去魚切，五部。

魶 魶魚。侣鼈，無甲，有尾，無足，口在腹下。从魚，納聲。按，此篆《玉篇》作「魶」，《廣韵》作「魶」，《史記》、《上林賦》有魶字，云「魶一作鰨」。奴荅切，八部。

鰨 虛鰨也。《漢書》、《上林賦》「魼鰨」，《史記》作「鱋魶」，魶一作鰨，注家皆以魼、鰨爲二魚，許亦別魼與虛鰨爲二，虛非魼，鱋之異文也。郭注云：「鰨，鯢魚也，似鮎，有四足，聲如嬰兒。」按，許下文云：「鯢，剌魚也。」不類列一處，則鰨之非鯢明矣。从魚，曷聲。土盍切，八部。

鱒 赤目魚也。見《豳風》。《釋魚》曰：「鮅，鱒。」毛傳曰：「鱒，大魚也。」陸璣郭璞皆云：「鱒似鯶，赤眼。」从魚，尊聲。慈損切，十三部。

⿱粦魚　⿱粦魚魚也。亦三字句。《周禮》：「其動物宜鱗物。」劉本作「⿱粦魚」，音鱗。按，劉本叚⿱粦魚爲鱗耳，非川澤祇生此魚也。《集韻》曰：「鱗通作⿱粦魚。」本劉。从魚，粦聲。力珍切，十二部。

鰫　鰫魚也。鄭注《内則》云：「今東海鰫魚，有骨名乙，在目旁，狀如篆乙，食之鯁人，不可出。」从魚，容聲。余封切，九部。

䱬　䱬魚也。从魚，胥聲。相居切，五部。

鮪　鮥也。《毛詩・衛風》傳曰：「鮪，鮥也。」許本之。陸璣疏曰：「鮪魚，形似鱣而青黑，頭小而尖，似鐵兜鍪，口亦在頷下，其甲可以摩薑，大者不過七八尺。益州人謂之鮔鰽。大者爲王鮪，小者爲鮛鮪。一名鮥。肉色白，味不如鱣也。」郭氏《山海經》傳曰：「鮪即鱏也，似鱣而長鼻，體無鱗甲。」按，即今之鱘魚也。《周禮》：「春獻王鮪。」《天官・𩽾人》文。注曰：「王鮪，鮪之大者。」引《月令》：「季春薦鮪于寢廟。」《西京賦》⑨曰：「王鮪岫居。」薛綜、陸璣、李奇、酈道元皆言：鮪自南方江中來，至河南鞏穴，又入河，度龍門。葢古事如此，不然鮪出江中，何以西周能薦鮪也。从魚，有聲。榮美切，古音在一部。讀如以。

鮔　鮔鯍，亙。鮔字淺人删之，今補。鮪也。鮪字各本無，今依全書通例補。《上林賦》：「鮔鰽螹離。」郭注曰：「鮔鰽，鮪也。」李善注《吳都賦》同。按，劉逵注《蜀都賦》曰：「鱣，鮔鰽也。」古人言鱣鮪，多有不別者，如《山海經》傳亦云「鮪即鱣也」，當是以爲一類而渾言之。周雒謂之鮪，蜀謂之鮔鯍。十字各本譌作「《周禮》謂之鮔」五字，今補正。李奇注《上林》曰：「周洛曰鮪，蜀曰鮔鰽。」陸《詩疏》曰：「益州人謂之鮔鰽。」按，蜀有之者，出於江也；周雒有之者，出鞏穴入河也。鮔、鰽雙聲字。从魚，恆聲。各書多作「鮔」，省立心也。古恆切，六部。

鯍　鮔鯍也。从魚，巟聲。武登切，古音當在十部，讀如茫，音轉入蒸登部，而字形亦改爲鰽矣。

鮥　叔鮪也。此見《釋魚》，許本之。叔鮪者，鮪之小者也，對王鮪爲辭。《江賦》亦以叔鮪、王鱣儷句。叔，《字林》作「鮛」，俗字也。郭注《爾雅》曰：「鮪，鱣屬也。今宜都郡自京門以上江中，通出鱏鱣之魚。有一魚狀似鱣，建平人呼鮥子，即《爾雅》之鮥也。」按，今川江中尚有鮥子魚，昔在南溪縣、巫山縣食之。叔鮪名鮥，則王鮪不名鮥，而以鮥注鮪者何也？渾言析言不同，故互注而又別其大小也。从魚，各聲。盧各切，今語正如此，五部。

鯀　鯀魚也。从魚，系聲。此未詳爲何魚。系聲讀古本切，亦未詳所以，恐古音不同今讀也。禹父之字，古多作「鮌」、「骸」，《禮記》及《釋文》作「鰥」，《廣韻》曰：「禹父鮌，《尚書》本作鯀。」按，鮌乃鯀譌。

鰥　鰥魚也。見《齊風》，毛傳曰：「大魚也。」謂鰥與魴皆大魚之名也。鄭箋乃讀鰥爲《爾雅》鯤魚子之鯤，殆非是。鰥多叚借爲鰥寡字，鰥寡字蓋古祇作「矜」，矜即憐之叚借。从魚，眔聲。古頑切，古音在十三部。《齊風》與雲韵可證也。眔，古讀同隶，十三、十五部合音也。

鯉 鱣也。此見《釋魚》。毛傳於鱣云鯉，於鯉不云鱣者，鯉者俗通行之語，不待注也。舍人云：「鯉，一名鱣。」毛云：「鱣，鯉也。」《爾雅》古説如此。自陸璣説「鱣身形似龍，鋭頭，口在頷下，背上腹下皆有甲，縱廣四五尺，今於孟津東石磧上釣取之，大者千餘斤」。而郭注乃分鯉、鱣爲二，云：「鱣，大魚，似鱏，而短鼻，口在頷下，體有邪行甲，無鱗，肉黄，大者長二三丈。此即今江中及關東之黄魚也。」⑩如其言，則鱣絶非鯉矣。《周頌》：「有鱣有鮪，鰷鱨鰋鯉。」鱣鯉並言，似非一物。而箋云：「鱣，大鯉也。」然則凡鯉曰鯉，大鯉曰鱣，猶小鮪曰鮥，大鮪曰鮪，謂鱣與鯉、鮥與鮪不必同形，而要各爲類也。許意當亦如是。〇按，他家説鱣、鮪同類，而有短鼻、長鼻，肉黄、肉白之分。《爾雅》、毛、鄭、許則短鼻長鼻、肉黄肉白者，統以鮪鮥包之，而惟三十六鱗之魚謂之鯉，亦謂之鱣。古人多云鱣鮪出鞏穴，渡龍門爲龍，今俗語云「鯉魚跳龍門」，蓋牽合爲一非一日矣。从魚，里聲。良止切，一部。

鱣 鯉也。《衞風》毛傳曰：「鱣，鯉也。」許本之。以鮪鮥例之，此當同。鄭曰：「大鯉也。」蓋鯉與鱣同類而別異，猶鮥與鮪同類而別異。从魚，亶聲。張連切，十四部。

⿰魚⿱亶虫 籒文鱣。从死⑪，蟺爲聲。

鱄 鱄魚也。《士喪禮》：「魚鱄鮒九。」鱄、鮒皆常用之魚也，故《春秋》有名鱄字子魚者⑫。《吕覽》曰：「魚之美者，洞庭之鱄。」今本作「鱄」，非也。《廣韵》：「鱄出洞庭湖。」《山海經》曰：「鱄魚，其狀如鮒而彘尾。」《江賦》亦有「蟤」，蟤與鱄蓋非一物。从魚，專聲。旨兖切，十四部。郭璞音蟤如團扇之團。

鮦 鮦魚。舊作「魚名」，今正。許書之例，不言某名也。《釋魚》曰：「鰹，大者鮦，小者鮵。」許無鰹、鮵字。一曰，⿰魚蠡也。此一曰，猶今言一名也。許書一字異義，言一曰；一物異名，亦言一曰，不嫌同辭也。此六字本相接，誤解者失其義，中隔以「从魚，同聲」四字，今正。《本艸經》「蠡魚，一名鮦魚」。陸德明所據作「⿱彖魚」。《釋魚》「鱧」，郭注「鮦也。」此由不考鱧非⿰魚蠡之故。若《釋文》云：「鱧又作⿱彖魚」，則淺人所改耳。《毛詩》傳曰：「鱧，鮦也。」正義云：「諸本或作『鱧、鯇』。」作鯇，則與舍人《爾雅》不異。」按，作鯇不誤，淺人認鱧爲⿰魚蠡，因改鯇爲鮦也。蠡即⿰魚蠡，⿰魚蠡與鱧異物異字。陶通明説《本艸》曰：「蠡今皆作鱧字。」此郭誤注《爾雅》之由也。許以鱯魠鱧鰈爲一魚，⿰魚蠡鮦爲一魚。⿰魚蠡即今俗所謂烏魚，或曰烏鯉，頭有七星之魚也。《爾雅》鯉鱣爲一，鰋鮎爲一，鱧鯇爲一，古説本不誤，而郭氏妄疑之。鱧鯇又非下文之鰹鮦鮵也，而郭氏妄合之。〇此當直云「⿰魚蠡也」，上四字淺人所加，當刪。鮦即今頭有七星之魚，俗云烏鯉，其字正當作⿰魚蠡。攷《釋魚》郭本作「鱧，鮦也」。舍人本作「鱧，鯇也」。《毛詩·魚麗》或作「鱧，鮦也」。與郭合；或作「鱧，鯇也」。與舍人合。詳《詩正義》。初疑郭自釋鱧爲鮦，非《爾雅》正文作「鱧，鮦」，但陸璣

《詩疏》正引《爾雅》曰：「鱧，鮦也。許慎謂之鱶魚。」然則《爾雅》正文實有如此本，爲許所本。今《詩疏》「謂之鱶魚」，譌作「謂之鱧魚」。从魚，同聲。讀若絝襱。絝襱，見衣部，丈冢切。故鮦亦直隴切，九部。鮦陽縣則音轉讀若紂。

鱶　鮦也。正與鮦篆轉注。《本艸》作蠡魚，省作蠡。陶貞白云：今皆作「鱧」字。按，此名之所以不正也。从魚，蠡聲。蠡作蠡，少一畫者，誤。今盧啓切，古音在十六部，與豊聲在十五部不同。

鱋　鱋魚也。三字今正。一名鯉，一名鰜。一名舊當作「一曰」，此一名鯉耳，非即三十六鱗之鯉也。从魚，婁聲。洛侯切，四部。

鰜　鰜魚也。三字今正。按，當作「鱋魚也」。《玉篇》曰：「鱋，大青魚。」《類篇》曰：「鰜魚，大而青。」是爲一物也。《廣韵》云：「比目魚。」因鳥有鶼，皮傅耳。从魚，兼聲。古甜切，七部。

鯈　鯈魚也。《周頌》箋云：「鯈，白鯈也。」《爾雅》：「鮂，黑鰦。」郭云：「即白鯈魚，江東呼爲鮂。」《莊子》：「鯈魚出游從容。」按，白鯈即今白鱶條。《山海經·北山篇》：彭水鯈魚，「其狀如雞而赤毛，三尾，六足，四首，其音如鵲」。此異物非常有者也。晉水鮆魚，「其狀如鯈」。鯈者，白鯈魚也。《玉篇》合二物爲一，疏矣。从魚，攸聲。其字亦作「鯈」，亦作「鮋」，俗作「鰷」，其音舊直由切，大徐同，在三部，今音迢。

䱏　䱏魚也。从魚，豆聲。天口切，四部。亦作「鮏」。

鯾　鯾魚也。《爾雅》郭注曰：「江東呼魴魚爲鯿。」《海内北經》：「大鯾居海中。」郭曰：「鯾即魴也。」从魚，便聲。房連切，古音在十一部。

鯿　鯾或从扁。便、扁聲同。

魴　赤尾魚也。《周南》曰：「魴魚赬尾。」《釋魚》曰：「魴，魾。」傳曰：「魚勞則尾赤。」按，此傳當有「魴魚也」三字，以魴勞赤尾興如燬，非謂魴必赬尾也。《左傳》：「如魚竀尾，衡流而方羊。」亦謂其困頓。許以赤尾魚釋魴，殆失之。魴即鯿魚也，許列字亦二篆相比近而不言爲一。从魚，方聲。符方切，十部。

鰟　籀文。魴从旁。此依小徐及《玉篇》。

鱮　鱮魚也。《齊風》：「其魚魴鱮。」傳曰：「魴鱮，大魚。」箋云：「鱮似魴而弱鱗。」陸疏曰：「鱮似魴，厚而頭大。其頭尤大而肥者，徐州人謂之鰱。」《廣雅》曰：「鱮，鰱也。」[13] 从魚，與聲。徐吕切，五部。

鰱　鰱魚也。按，許列字，亦二篆相比近，而不言爲一。从魚，連聲。力延切，十四部。

鮍　鮍魚也。从魚，皮聲。敷羈切，古音在十七部。

⿰魚幼 ⿰魚幼魚也。《廣雅》：「⿰魚幼，⿰魚奥也。」謂⿰魚幼亦名⿰魚奥，鰌之類也。从魚，幼聲。讀若幽。於糾切，三部。按，《廣雅》、《玉篇》於堯切。

鮒 鮒魚也。鮒見《易》、《禮》，鄭注《易》曰：「鮒魚微小。」虞翻曰：「鮒，小鮮也。」王逸注《大招》及《廣雅》皆云：「⿰魚脊，鮒也。」从魚，付聲。符遇切，古音在四部。

⿰魚巠 ⿰魚巠魚也。《尚書大傳》曰：「大都⿰魚巠魚。」鄭注：「大都，明都。⿰魚巠魚，今江南以爲鮑。」从魚，巠聲。仇成切，十一部。

⿰魚脊 ⿰魚脊魚也。今人所常食也。从魚，脊聲。資昔切，十六部。按，或作「鰿」，責聲，亦十六部也。或作「鯽」，非是。

鱺 鱺魚也。此即今人謂鰻爲「鰻鱺」之字也，與鱧、⿰魚蠡、鯉皆不同。《類篇》云：「小鮦也。」此用郭注《爾雅》語。从魚，麗聲。郎兮切，十六部。

鰻 鰻魚也。亦二篆相比近而不言爲一。葢許於此等，在疑信之間。从魚，曼聲。母官切，十四部。

鱯 鱯魚也。郭注《釋魚》曰：「鱯，似鮎而大，白色。」按，今江中多有之，俗譌爲回魚，聲之誤耳。《水經注》：「沔陽縣度口，水有二源，一曰清檢，一曰濁檢。清水出鱯，濁水出鮒，常以二月八月取。」《華陽國志》鱯譌爲「⿰魚奥」。从魚，蒦聲。胡化切，古音在五部。

魾 大鱯也。其小者名鮡。見《釋魚》。丕訓大，此會意兼形聲也。《爾雅》「魴魾」，亦謂魴之大者爲魾。从魚，丕聲。敷悲切，古音在一部。

鱧 鱯也。《釋魚》、毛傳，鱧、鯇爲一，許鱧、鱯爲一，各有所受之也。从魚，豊聲。盧啓切，十五部。

⿰魚果 鱧也。《廣韵》曰：「⿰魚果似鮎。」與《説文》合。从魚，果聲。胡瓦切，十七部。

鱨 揚也。揚，各本从木者，誤。《魚麗》傳曰：「鱨，揚也。」陸疏曰：「今黃頰魚也。似燕頭魚身，形厚而長大，頰骨正黃。魚之大而有力解飛者，徐州人謂之揚。」按，《山海經》之鰄，郭云：「黃頰魚也。」从魚，嘗聲。市羊切，十部。

鱏 鱏魚也。郭景純説，鮪即鱏也。許意不尒，故二篆割分異處。劉注《蜀都賦》曰：「鱏魚出江中。頭與身正半，口在腹下。」亦與陸璣所説鮪狀正同。鱏，今字作「鱘」，見陳藏器《本艸》。从魚，覃聲。余箴切，七部。師古曰：「今俗語讀尋。」傳曰：「伯牙鼓琴，鱏魚出聽。」「傳曰」者，諸書多有之，不定爲何書也。諸書或作鱏魚，或作淫魚，或作潛魚，皆由聲近。傳意謂大魚耳，淫者，大也。

鯢 剌魚也。剌，盧達切。或作「刺」者，誤。剌魚者，乖剌之魚，謂其如小兒，能緣木。《史》、《漢》謂之人魚。《釋魚》曰：

「鯢，大者謂之鰕。」郭云：「今鯢魚似鮎，四脚，前似獼猴，後似狗，聲如小兒啼，大者長八九尺，別名鰕。」按，此魚見書傳者不下數十處，而人不之信，少見則多怪也。余在雅州親見之。《廣雅》：「鰨，鯢也。」亦謂此。《集韵》有「魜」字，刺之俗。**从魚，兒聲。**形與聲皆如小兒，故从兒。舉形聲闗會意也。五雞切，十六部。

鰼　鰌也。見《釋魚》。郭云：「今泥鰌。」按，《山海經》之鰼魚別是一物。**从魚，習聲。**似入切，七部。

鰌　鰼也。从魚，酋聲。七由切，三部。

鯇　鯇魚也。《釋魚》：「鱧，鯇也。」毛傳同。許於鱧下云：「鱯也」，不云「鯇也」，故鯇篆割分異處，蓋其所傳不同。鯇、鯶古今字。今人曰「鯶子」，讀如混，多食之。**从魚，完聲。**户版切，舊音也，十四部。又胡本切，今音也，音轉而形改爲鯶矣。

魠　哆口魚也。哆者，張口也。《上林賦》：「鰅鰫鰬魠。」郭注：「魠，鱤也。一名黃頰。」郭語恐非許意，儻是黃頰，則當與鱨爲伍。《廣雅》曰：「魧、鱅，魠也。」以魠爲名，取開袥之意。**从魚，乇聲。**他各切，五部。

鮆　刀魚也。飲而不食。各本作「飲而不食，刀魚也」，今依《韵會》本、《漢書·貨殖傳》顔注正如此，下多者字。刀魚，今人語尚如此，以其形像刀也。俗字作「魛」。《尚書大傳》有「魚刀」，蓋即此。飲而不食，故其形纖削而味清雋，春出江中，人多食之。《山海經》云：「苕水注於具區，其中多鮆魚。」郭云：「鮆魚狹薄而長頭，大者尺餘，太湖中今饒之。」郭不係江係太湖者，以《經》云「具區」也。今太湖中尚時有之。又按，《釋魚》：「鮤，鱴刀。」郭云：「今之鮆魚，亦呼爲魛魚。」郭説蓋非。鄭注《周禮》：「薧物爲鱴刀，含漿之屬。」鱴刀、含漿，必皆蚌蛤之類。故謂之薧物，不得因一刀字附會也。〇《周禮正義》云：「孫注《爾雅》，刀魚與鱴別。」然則孫鮤、鱴爲逗，刀爲句，郭蓋同。**九江有之。**九江謂岷江東至於醴以下也。**从魚，此聲。**徂禮切，十五、十六部。《漢書音義》曰：「楚人言薺魚。」

鮀　鮎也。《釋魚》、毛傳皆曰：「鯊，鮀也。」許以魦系樂浪潘國，釋鮀爲鮎，於古説不同，蓋有所受之也。《春秋傳》名鮀者字子魚⑭。玉裁又按，鯊見於《詩》、《爾雅》、毛傳皆曰：「鯊，鮀也。」許當無異説，不當訓鮀爲鮎，而以鯊爲出樂浪潘國。蓋鮎，鰋也；鰋，鮎也。許同《爾雅》、毛傳。而鮀下訓「沙也」，亦與古同。《毛詩》鯊本作「沙」，故《説文》無鯊字。鮀下云「沙也」，淺人以爲怪，遂竄改錯亂如此。諸書紀載，雖有魦字，从沙省聲，此樂浪潘國之魚，非《詩》之沙也，故不相牽混，許書之精嚴如此。〇《邠風》「莎雞」，古衹作沙。〇《釋魚》開卷鯉、鱣爲一，鰋、鮎爲一，鯊、鮀爲一，許説皆同，惟鱧、鯇爲一，許説不同。〇舍人云：「鯊，石鮀也。」郭云：「今吹沙小魚也，體圓而有點文。」**从魚，它聲。**徒何切，十七部。

鮎　鰋也。《釋魚》及《魚麗》傳曰：「鰋，鮎也。」孫炎云：「鰋，一名鮎。」郭別鰋、鮎爲二，非也。**从魚，占聲。**奴兼切，七部。

鰋 鮀也。謂之鰋者，以其偃頷也。偃者，仰也。玉裁按，「鮀也」乃「鮎也」之誤，妄人所改也。从魚，晏聲。於幰切，十四部。

鰋 鰋或从匽。今經典皆如此作。

鮷 大鮎也。从魚，弟聲。此字《詩》《爾雅》釋文、《廣韵》作「鮧」，从夷。《文選・蜀都賦》及《玉篇》作「鮷」，未知孰是，以夷弟篆體易譌也。《山海經》傳曰：「今亦呼鮎爲鮷。」《字林》曰：「青州人呼鮎鯷。」郭注《爾雅》曰：「鮎別名鯷。江東通呼鮎爲鮧。」蓋鮷、鯷、鮧三形一字，同大兮反，而鮧則別一字，別一音，不當合而一之。杜兮切，十五部。

鱱 鱱魚也。从魚，賴聲。洛帶切，十五部。

䲝 䲝魚也。此是魚名，《類篇》謂即小魚爲魿之魿，非也。从魚，朁聲。鉏箴切，七部。

䲓 䲓魚也。从魚，翁聲。烏紅切，九部。

䱤 䱤魚也。从魚，臽聲。户賺切，八部。

鱖 鱖魚也。《篇》、《韵》皆曰「大口細鱗有斑文」，即今人所食之鱖魚也。而《釋魚》「鱊鮬，鱖鯞」，郭云：「小魚也，似鮒子而黑，俗呼爲魚婢，江東呼爲妾魚。」羅端良以今之彭皮當之。玉裁謂，鯞音同婦，鱊鱖音近，鮬鯞音近，鱖婦即今俗謂之鬼婆子是也，非別有細魚。鯞音章酉反，非。从魚，厥聲。居衛切，十五部。

鯫 白魚也。白而小之魚也。《史記》：「鯫千石。」徐廣曰：「鯫，鯫魚也。」⑮張守節曰：「褋小魚也。」按，鯫是小魚之名，故小人謂之鯫生。師古於《漢書》作鯫字，音輒，蓋未然⑯。从魚，取聲。士垢切，四部。《漢書》「鯫生教我」⑰，服虔曰：「鯫音淺鯫，小人皃也。」淺鯫，漢人有此語，通作鄹。《釋名》：「奏者，鄹也。鄹，狹小之言也。」又：「盾，約脅而鄹者曰陷虜。」淺鯫即淺鄹，俗人不曉，乃讀爲音淺句絶矣。

鱓 鱓魚也。今人所食之黄鱔也。黄質黑文似蛇。《異苑》云：「死人髮化。」其字亦作「䱇」，俗作「鱔」，或叚「鮮」字爲之。如蠏篆下云：「非蛇鮮之穴無所庇。」是也。或叚「鱣」爲之，如《楊震傳》「鳥銜三鱣」是也。各本此下有「皮可爲鼓」四字，由古以鼉皮冒鼓。鼉、鱓皆从單聲，古書如《吕覽》等皆叚「鱓」爲鼉，淺人牗讀古書，率尒妄增，不知字各有本義。許書但言本義，則此四字可增於黽部，而不可贅於此也。今删正。从魚，單聲。常演切，十四部。

鮸 鮸魚也。隋煬責貢四方，海錯幾盡，首曰鮸魚。按，今江浙人所食海中黄花魚，乾之爲白鯗，即此魚也。一名石首魚，首中有二石。許云出薉邪頭國者，蓋許據所見載籍言之。《江賦》：「鯼鮆順時而往還。」注云：「《字林》曰：鯼魚出南海，頭中有石，一名石首。」然則此魚又名鯼，南海亦有之。出薉邪頭國。薉邪頭國，穢貊也。从魚，免聲。亡辨切，古音在十三部。

魵 魵魚也。《釋魚》曰：「魵，鰕。」謂魵魚一名鰕魚也。出薉邪頭國。陳氏《魏志》、范氏《後漢書・東夷傳》皆曰：「濊國海出班魚皮。」今《一統志》「朝鮮」下亦云尒。班魚即魵魚也。郭注《爾雅》云：「出穢邪頭國。見呂氏《字林》。」郭注但偁《字林》，不偁《說文》，豈所謂逐末忘本者非邪。 从魚，分聲。 符分切，音轉如頒，十三部。

鰟　鰟魚也。 出樂浪潘國。 樂音洛，浪音郎。樂浪潘國，真番也。番音潘。 从魚，虜聲。 郎古切，五部。

鰸　鰸魚也。 狀侶鰕。 各本作「蝦」，誤。 無足，鰕有足，鰸則似鰕而無足。《集韵》《類篇》奪「無」字，非也。 長寸，大如叉股， 叉，今釵字。 出遼東。 从魚，區聲。 豈俱切，古音在四部。

鯜　鯜魚也。 出樂浪潘國。 从魚，妾聲。 七接切，八部。

鮇　鮇魚也。 出樂浪潘國。 从魚，巿聲。 博蓋切，十五部。

鮙　鮙魚也。 出樂浪潘國。 从魚，匊聲。 居六切，三部。 一曰，鮙魚出九江。 九江，鉉本作「江東」，《爾雅音義》引無「東」，皆非也。 有兩乳，一曰，溥浮。 上「一曰」別其義，鮙即今之江豬，亦曰江豚，樂浪潘國與九江同產此物。云一曰者，載異說，殊其地也。下「一曰」猶今言「一名」也，溥浮，俗字作「鱄䱐」，普姑、覆浮二反，鱄一作「䲕」，吳東門謂䲕䱐門，即今蘇州葑門也。《釋魚》「鱀是鱁」，亦江豚之類也，謂之海豚。

魦　魦魚也。 出樂浪潘國。 从魚，沙省聲。 《詩·小雅》有「鯊」，則爲中夏之魚，非遠方外國之魚明甚。蓋《詩》自作沙字，吹沙小魚也。樂浪潘國之魚必出於海，自作魦字，其狀不可得而言也。或云即鮫魚，然魦鮫二篆不相連屬也。所加切，十七部。

鱳　鱳魚也。 出樂浪潘國。 从魚，樂聲。 盧各切，古音在二部。

鮮　鮮魚也。 出貉國。 按，此乃魚名，經傳乃叚爲新鱻字，又叚爲尟少字，而本義廢矣。 从魚，羴省聲。 相然切，十四部。

鰅　鰅魚也。 皮有文。 《上林賦》郭注曰：「鰅魚，有文彩。」按，長卿謂八川之中有之，侈靡過其實也。據下文樂浪乃有之，然平子賦《南都》，亦曰「鱓鱷鰅鱅」，是南陽有之。 出樂浪東暆。 見日部。 神爵四年，初捕收輸考工。 捕，當作「搏」。搏，索取也。今人用捕字，漢人多用搏字。神爵，孝宣帝年號。《百官公卿表》少府屬官有考工，捕此魚輸考工者，用其皮飾器也。 周成王時，楊州獻鰅。 見《周書·王會篇》。蓋漢時楊州地已無此物矣。今《王會篇》作「禺禺」，攷《上林賦》鰅與禺禺爲二物，作禺禺非是。 从魚，禺聲。 魚容切。按，禺聲古音在四部。《漢書》注音顒，徐廣李善音娛。

鱅　鱅魚也。 《史記》、《上林賦》「鰅鱅鰬魠」，《漢書》、

《文選》「鱅」皆作「鰫」，非是。據許書鰫、鱅劃然二物，且郭注《上林》云：「鱅，常容反。」與慵字音正同。段令从容聲，則不得反以常容矣。郭云：「鱅似鰱而黑。」陸璣云：「鱮，徐州人謂之鰱，或謂之鱅。」从魚，庸聲。蜀容切，九部。

鰂 烏鰂魚也。四字句。烏，俗本作「鰞」，今正。陶貞白云：「是鸔烏所化，其口腹猶相似，腹中有墨，能吸波潠墨，令水溷黑自衛。」劉淵林云：「腹中有藥。」謂其背骨，今名海鰾鮹是也。从魚，則聲。昨則切，一部。《吳都賦》作「賊」，他書作「鰂」。

鯽 鰂或从即。此乃俗「鯽」字，以即聲古音在十二部也。今人用爲鰿魚字。

鮐 海魚也。各本也作「名」，今依《史記正義》、《漢書注》、《文選·七命》注正。鮐亦名侯鮐，即今之河豚也。《吳都賦》「王鮪侯鮐」，以王侯相儷，改作鯸者，非。《貨殖傳》：「鮐鮆千斤。」鮐狀如科斗，背上青黑有黃文。《詩》：「黃髮台背。」毛曰：「台背，大老也。」箋云：「台之言鮐也，大老則背有鮐文。」是謂台爲鮐之叚借字，今《爾雅》作「鮐背」。从魚，台聲。徒哀切，一部。

鮊 海魚也。从魚，白聲。旁陌切，古音在五部。《玉篇》讀平亞切，《廣韵》禡韵作「鮁」。讀若書白不黑。未知所出。《大玄·昆》次三曰：「昆白不黑，不相親也。」疑用此語。

鰒 海魚也。郭注《三倉》曰：「鰒似蛤，一偏著石。」《廣志》曰：「鰒無鱗，有殼，一面附石，細孔襍襍，或七或九。」《本艸》曰：「石決明，一名鰒魚。」李時珍云：「與石決明同類殊種。」从魚，复聲。蒲角切，三部。

鮫 海魚也。皮可飾刀。今所謂沙魚，所謂沙魚皮也。許有魦字，云「从沙省」，葢即此魚。陳藏器曰：「沙魚，狀皃非一，皆皮上有沙，堪揩木，如木賊。」蘇頌曰：「其皮可飾刀靶。」按，其皮可磨錯，故通謂之鮨魚，音措各切。有鐇鮨，有橫骨在鼻前如斤斧形者也。有出入鮨，子朝出求食暮還入母腹中者也。《淮南子》：「鮫革犀兕爲甲冑。」《中山經》有「鮫魚」，郭云即此魚。《中庸》：「黿鼉鮫龍。」本又作「蛟」。从魚，交聲。古肴切，二部。

鱷 海大魚也。此海中魚冣大者。字亦作「鯨」，《羽獵賦》作「京」，京，大也。从魚，畺聲。渠京切，古音在十部。《春秋傳》曰：「取其鱷鯢。」宣公十二年《左氏傳》文。劉淵林注《吳都賦》、裴淵《廣州記》皆云：「雄曰鯨，雌曰鯢。」是。此鯢非剌魚也。

鯨 鱷或从京。古京音如姜。

鯁 魚骨也。故其字从魚，與骨部「骾」字別。而骨骾字，亦多借鯁爲之。《爾雅》曰：「魚枕謂之丁，魚腸謂之乙，魚尾謂之丙。」今益之曰：魚骨謂之鯁，魚甲謂之鱗，魚臭謂之鮏。从魚，𠭴聲。古杏切，古音在十部。

鱗 魚甲也。甲者，鎧也。魚鱗似鎧。亦有無鱗有甲之魚，鱣是也。从魚，粦聲。力珍切，十二部。

鮏　魚臭也。魚气也。與肉部「胜」義別。字俗作「鯹」。从魚，生聲。桑經切，十一部。

鱢　鮏臭也。从魚，喿聲。穌遭切，二部。《周禮》曰：「膳膏鱢。」按，此六字當作「讀若《周禮》曰：膳膏臊」八字。葢臊从肉，見肉部，云「豕膏臭也」，與先鄭説同。然則許所據《周禮》不作「膳膏鱢」，鱢與鮏同義。

鮨　魚胳醬也。醬字衍。胳者，豕肉醬也。引申爲魚肉醬，則偁魚胳可矣。《公食大夫禮》「牛鮨」注曰：「《内則》鮨爲膾。」然則膾用鮨。謂此經之醢牛鮨，即《内則》之醢牛膾也。聶而切之爲膾，更細切之則成醬爲鮨矣。鮨者，膾之冣細者也。牛得名鮨，猶魚得名胳也。鄭曰：「今文鮨作鰭。」按，鰭是叚借字，《説文》有耆無鰭。出蜀中。謂魚醬獨蜀中有之。从魚，旨聲。旨夷切，十五部。一曰，鮪魚名。鮪魚名，當作「鮨魚也」。三字一句，謂有魚名鮨也。

鮺　臧魚也。《釋名》曰：「鮓，菹也。以鹽米釀魚爲菹，孰而食之也。」按，古作鮺之法，令魚不死壞，故陶士行遠遺其母，即《内則》之魚膾，聶而切之者也。南方謂之鮗，北方謂之鮺。此一説也。《周禮》注曰：「荆州之鮺魚。」然則南方亦言鮺。一曰，大魚爲鮺，小魚爲鮗。此又一説也。此十字舊在下篆「鮺也」之下，今依《廣韻》移併。从魚，差省聲。側下切，十七部。俗作「鮓」。

鮗　鮺也。渾言不別，析言則別之。从魚，今聲。徂慘切，古音在七部。《廣韻》昨淫切，《玉篇》才枕、才箴二切。

鮑　饐魚也。饐，飯傷溼也。故鹽魚溼者爲饐魚。《周禮·籩人》「有鮑」注云：「鮑者，於煏室中煏乾之，出於江淮。」師古注《漢書》曰：「鮑，今之鯹魚也。」鄭以爲於煏室乾之，非也。秦始皇載鮑亂臭，則是鯹魚耳。而煏室乾者，本不臭也。鯹，於業反。按，《玉篇》作「裛魚」，皆當作「浥」耳。浥，溼也。《釋名》曰：「鮑，腐也。埋藏淹使腐臭也。」从魚，包聲。薄巧切，古音在三部。

鮗　蟲連行紆行者。《考工記·梓人》注曰：「連行，魚屬；紆行，蛇屬。」按，紆者，詘也，縈也，蛇行必縈曲。从魚，令聲。郎丁切，古音在十二部。

鰕　鰕魚也。三字句。各本作「鮗也」，今正。鰕者，今之蝦字。古謂之鰕魚，如鼃曰「鼃魚」。馬部騢下云：「色似鰕魚。」鼃下云：「文如鼃魚。」郭注《爾雅》云：「今青州呼鰕魚爲鰝。」皆其證。鰕篆是此物正字。不訓以「鰕魚」，則騢之似鰕魚，鼃之狀似鰕，爲似何物乎？況鰕篆之下，緊接鰝篆，釋云「大鰕」，鰝爲今之大蝦，無可疑者。若如各本，則鰝不爲大鮗乎？由《釋魚》有「鮗，鰕」之文，郭曰：「出穢邪頭國。」與《説文》鮗解同，淺人遂改鰕篆之解爲「鮗也」。不知許立文之例，以類相從，鰕果是鮗，則鰕篆必次鮗篆後，不次鰝篆前。至於物有同名異實者，如《爾雅》鰕三見，「鰝，大鰕」，則今之蝦也。「鮗、鰕」則穢邪頭之魚也。鯢大者謂之鰕，則今有四脚之魚也。而皆謂之鰕，豈可合而一之乎？鰕篆者，長須水蟲之正字。古亦借「瑕」爲之。凡叚聲如瑕、鰕、騢等，皆有赤色。古亦用鰕爲雲赮字。从魚，故《爾雅》鰕在《釋魚》。叚聲。乎加切，古音在五部。

鰝 大鰕也。見《釋魚》。郭云：「鰕大者出海中，長二三丈，鬚長數丈。今青州呼鰕魚大者爲鰝鰕。」《吳都賦》曰：「罩鰝鰕。」从魚，高聲。胡倒切，二部。

鯦 當互也。見《釋魚》。今《爾雅》互作「魱」，郭云：「海魚也。似鯿而大，鱗肥美，多鯁。今江東呼其最大長三尺者爲當魱。魱音胡。」按，《集韵》、《類篇》模韵魱字注云：「吳人以爲珍，即今時魚。」尋繹郭注，誠謂時魚也。時魚，《七之》作「鰣」，或作「⿰魚寺」。《廣韵》亦曰：「鰣魚似魴，肥美，江東四月有之。」但依許氏立文之例求其義，自鰕至鮚六字，皆字从魚，而實非魚者，故殿於魚部之末。如蠅、鼉、奄、鼂，必居黽尾。羸、驢、騱、駼，必厠馬後也。然則許説爲何物不可知，而必與郭説異。亦猶鱴刀，鄭云薶物，郭乃云薺魚。互，俗作「魱」，蓋非是，當是「⿱罒互」之省。⿱罒互者，罟也，見网部。从魚，咎聲。其久切，三部。按，《字林》作「鯦，鮛鮪也。鮥，當魱也。」與《爾雅》《説文》互易。乃鯦、鮥字之互譌耳。而《五經文字》乃云：「鯦，其救反。又音洛。」洛乃鮥音，鯦豈有洛音哉？凡《五經文字》可議處類此。〇《釋文》云：「《字林》作鮥，音各。」今各譌洛。

魧 大貝也。貝，海介蟲也。居陸名猋，在水名蜬。《釋魚》曰：「大者魧。」《尚書大傳》曰：「散宜生得大貝，如車渠。」車渠，車网也。車网者，輮也。《江賦》字作「蚢」。从魚，故《爾雅》介蟲皆入《釋魚》。亢聲。一曰，魚膏。別一義。讀若岡。古郎切，十部。《文選》胡剛切。

鮩 蚌也。蚌者，蜃屬。亦名鮩。从魚，丙聲。兵永切，古音在十部。

鮚 蚌也。《地理志》會稽鄞縣有「鮚埼亭」，師古曰：「鮚，蚌也。長一寸，廣二分，有一小蟹在其腹中。埼，曲岸也，其中多鮚。故以名亭。」按，此名瑣鮚。瑣者，小也，鮚之小者。《江賦》：「瑣蛣腹蟹。」注引《南越志》曰：「瑣蛣長寸餘，大者長二三寸，腹中有蟹子，如榆莢，合體共生，皆爲蛣取食。」从魚，吉聲。巨乙切，十二部。《文選》字作「蛣」。《漢律》：「會稽郡獻鮚醬二斗。」「二斗」二字依《廣韵》補。《廣韵》斗誤升。小徐本作「三斗」。

鮅 魚名。从魚，必聲。毗必切。按，自鮅至魮十篆，蓋皆非許書所本有，以魚部䲆、鮞爲魚子，自魼至鱷皆魚名，自鰒至鮑皆泛言魚之體、魚之用，自魿至鮚皆字从魚而實非魚者。至此而魚部畢矣，不當又舉魚名及魚之狀皃，故知必淺人所增也。《釋魚》云：「鮅，鱒。」系一魚二名。儻許録鮅字，便當與鱒相聯，由許時《爾雅》本無鮅字，但作必，必則例不録。

⿰魚瞿 魚名。从魚，瞿聲。九遇切。

鯸 魚名。从魚，矦聲。乎鉤切。按，《吳都賦》「鯸鮐」，當是本作「鮧鮐」，故與「王鮪」相儷。《廣雅》「鮧鮔」即「鮧鮐」之俗字也。叚令許録鮧字，則當廁於鮐篆之上。

鯛 骨耑脃也。从魚，周聲。都僚切。如其義，則當與鯁篆相屬。《篇》、《韵》皆曰「魚名」，何也？

鯙 烝然鯙鯙。从魚，卓聲。都教切。按，《詩·南有嘉魚》「烝然罩罩」，傳曰：「罩，籗也。」音義：「罩，張教反。」此偁《詩》作「鯙鯙」，不言其義。《篇》、《韵》皆不載其字，大徐云：「都教切」者，非《唐韵》有此字此音，乃傅合《毛詩音義》爲此音耳。《集韵》《類篇》效韵亦無此字，惟覺韵有此字，訓曰「魚名」，葢其可疑如此。

鮁 鱣鮪鮁鮁。从魚，犮聲。北末切。按，《毛詩》「鱣鮪發發」，傳曰：「發發，盛皃。」音義云：「補末反。《韓詩》作鱍。」是作鮁者，非《毛》非《韓》，不可信。又不言其義，《篇》《韵》皆無鮁字，其可疑如此。

鮇 鯕魚，出東萊。从魚，夫聲。甫無切。依《玉篇》當作「鮇鯕魚」。

鯕 魚名。从魚，其聲。渠之切。按，其訓當云「鮇鯕也」。《廣韵·七之》又單出鯕字，云：「鯿魚。」

鮡 魚名。从魚，兆聲。治小切。按，字見《爾雅》，鱯之小者也。叚令許録此字，當與鱯篆相屬。

魤 魚名。从魚，匕聲。呼跨切。

鱻 新魚精也。云精者，即今之鯖字。《廣韵》云：「賁魚煎食曰五侯鯖。」煎食作煎肉者，誤。謂以新魚爲肴也。《周禮·䱷人》：「辨魚物爲鱻薨。」鄭司農曰：「鮮，生也。薨，乾也。」《詩·思文》正義引鄭注《尚書》曰：「衆鱻食，謂魚鼈也。」引申爲凡物新者之偁。《獸人》⑱六畜、六獸、六禽，亦偁「鱻薨」。史言「數見不鮮」，許書玼下云：「新玉色鮮也。」黨下云：「不鮮也。」其字葢皆本作鱻。凡鮮明、鮮新字，皆當作鱻。自漢人始以鮮代鱻，如《周禮》，經作鱻，注作鮮，是其證。至《説文》全書不用叚借字，而玼下、黨下，亦皆爲淺人所改。今則鮮行而鱻廢矣。从三魚。相然切，十四部。不變魚也。也字今補。此釋从三魚之意，謂不變其生新也。他部如驫、麤、猋等，皆謂其生者，鱻則謂其死者，死而生新自若，故曰不變。

文一百三。　重七。

𩺰 二魚也。此即形爲義，故不言从二魚。二魚重而不竝，《易》所謂貫魚也，魚行必相隨也。《晉語》：「暇豫之吾吾，不如鳥烏。」韋注：「吾讀如魚。」韓文公詩用「魚魚雅雅」，豈即本《國語》乎？从二魚，與从三魚不同，三魚謂不變其新，二魚謂連行可觀。語居切，五部。凡𩺰之屬皆从𩺰。所以不併入魚部、必立此部者，以有𤅩字从𩺰也。

𤅩 搏魚也。搏，舊作「捕」，今正。搏，索持也。漢人用搏字多如此。捕魚字，古多作魚，如《周禮·䱷人》本作「魚」，此與取鼈者曰「鼈人」，取獸者曰「獸人」同也。《左傳》：「公將如棠觀魚者。」魚者，謂捕魚者也。《吕氏春秋》、《淮南鴻烈》高注每云「漁讀如《論語》之語」，「讀如相語之語」，尋其文義，皆由本文作魚，故爲讀若，以別諸水蟲。《周禮音義》：「䱷本作魚，又音御。」「御」音，即高氏之「語」音也。然則古文本作魚，作𩺰，瀺其籀文乎，至小篆則𣳔爲漁矣。《周禮》當从古作「魚人」，作「魰」者次之，作「𩽾」者非也。从鱻水。必从鱻者，捕魚則非一魚也。鱻水者，魚之驚透於水也。語居切，五部。

漁　篆文瀺从魚。後篆文者，亦先二後上之例也。

文二。　重一。

燕　燕燕，玄鳥也。各本無「燕燕」二字，今補。乙下曰：「燕燕也。齊魯謂之乙。」隹部巂下曰：「巂周者，燕也。」《邶風》傳曰：「燕燕，乙也。」《商頌》傳曰：「玄鳥，乙也。」《釋鳥》曰：「巂周，燕燕，乙也。」古多叚燕爲宴安、宴享。籋口，故以廿像之。布翄，故以北像之。枝尾。與魚尾同，故以火像之。象形。於甸切，十四部。凡燕之屬皆从燕。

文一。

龍　鱗蟲之長，能幽能朙，能細能巨，能短能長。四句一韵。春分而登天，秋分而潛淵。二句一韵。《毛詩·蓼蕭》傳曰：「龍，寵也。」謂龍即寵之叚借也。《勺》傳曰：「龍，和也。」《長發》同。謂龍爲邕和之叚借字也。从肉，與能从肉同。㠯肉，飛之形。「㠯肉」二字依《韵會》補，無此則文理不完。《六書故》所見唐本作「从肉，从飛及，童省」。按，从飛謂𠃧、飛省也，从及謂𠃌反古文及也，此篆从飛，故下文受之以飛部。童省聲。謂卂也。力鍾切，九部。凡龍之屬皆从龍。

䨼　龍也。雙聲轉注。从龍，霝聲。郎丁切，十一部。

龕　龍皃。此篆之本義也。叚借爲戡亂字。今人用戡堪字，古人多叚「龕」。《文選》注引《尚書》孔傳曰：「龕，勝也。」从龍，今聲。各本作「合聲」，篆體亦誤。今依《九經字樣》正。古音在七部，侵韵。今音入八部，覃韵。口含切。

䶬　龍耆脊上䶬䶬也。《士喪禮》：「載魚左首進鬐。」注曰：「鬐，脊也。古文鬐爲耆。」按，此鄭从今文，而疊古文於注也。許髟部無「鬐」，此出耆者，許於此字從《禮》古文，不從《禮》今文也。耆者，老也。老則脊隆，故凡脊曰耆。或作鬐，因馬鬣爲此字也，龍魚之脊上出者，如馬鬣然。《上林賦》曰：「揵鰭掉尾。」郭云：「鰭，背上鬣也。」鰭亦耆之今字。渾言之，耆即脊；析言，耆在脊上。䶬龍，龍耆皃。从龍，幵聲。古賢切，十二部。

龖　飛龍也。《廣韵》曰：「龍飛之狀。」从二龍。凡襲、讋字，从此省聲。讀若沓。徒合切，八部。

文五。

飛　鳥翥也。羽部曰：「翥者，飛舉也。」古或叚「蜚」爲飛。象形。像舒頸展翄之狀。甫微切，十五部。凡飛之屬皆从飛。

䨿 翄也。羽部曰：「翄者，翼也。」二篆爲轉注。翼必兩相輔，故引申爲輔翼。《卷阿》傳曰：「道可馮依，以爲輔翼也。」《行葦》鄭箋云：「在前曰引，在旁曰翼。」又凡敬者，必如兩翼之整齊，故毛傳曰：「翼，敬也。」鄭箋云：「小心翼翼，恭慎皃。」从飛，異聲。與職切，一部。籀文䨿。小徐有此三字。

翼 篆文䨿，从羽。先籀後篆者，亦先二後上之例也。䨿爲飛之屬。

文二。　重一。

非 韋也。韋，各本作「違」，今正。違者，離也。韋者，相背也。自違行韋廢，盡改韋爲違，此其一也。非以相背爲義，不以離爲義。从飛，下翄，謂从飛省，而下其翄。取其相背也。翄垂則有相背之象，故曰非韋也。甫微切，十五部。凡非之屬皆从非。

𩇯 別也。別者，分解也。从非己。舊己下有「聲」字，今刪。己猶身，非己，猶言不爲我用。會意。非亦聲。非尾切，十五部。

靡 柀靡也。柀，各本作「披」，今正。柀靡疊韵字。旇下曰：「旇旗柀靡也。」⑲《項羽傳》：「漢軍皆柀靡。」顔師古、張守節皆「普彼反」，蓋其字本作柀，从木析也，寫者譌从手。柀靡，分散下垂之皃。《易·中孚》九二曰：「吾與爾靡之。」孟王皆曰：「散也。」凡物分散則微細，引申之，謂精細可喜曰靡麗。爾下曰：「麗爾猶靡麗也」是也。又與亡字、無字皆雙聲，故謂無曰靡。从非，麻聲。文彼切，古音在十七部。

靠 相韋也。韋，各本作「違」，今正。相韋者，相背也，故从非。今俗謂相依曰靠，古人謂相背曰靠，其義一也。猶分之、合之皆曰離。从非，告聲。苦到切，古音在三部。

陛 陛牢謂之獄。五字句。各本作「牢也」二字，今依《韵會》本訂。牛部曰：「牢者，閑養牛馬圈也。」引申之，凡閑罪人者曰陛牢。即夏均臺、殷羑里、周圜土、秦囹圄、漢若盧也。《法言》曰：「狴犴使人多禮。」字作狴，猶鄉亭之繫曰犴，朝廷曰獄，字皆从犬。所㠯拘非也。从非，説从非之意。陛省聲。邊兮切，十五部。

文五。

卂 疾飛也。引申爲凡疾之偁。故擣下曰「卂擣也」。辵部迅从卂。从飛而羽不見。飛而羽不見者，疾之甚也。此亦象形。息晉切，十二部。凡卂之屬皆从卂。

煢 回疾也。回轉之疾飛也。引申爲煢獨，取裦回無所依之意。或作「惸」，作「睘」，作「嬛」。毛傳曰：「睘睘無所依也。」从卂，營省聲。渠營切，十一部。

文二。

二十一部。　文六百八十五。　重六十三。

宋本三作二。

凡九千七百六十九字。已上十一篇分部及篆文重文及說解字之都數也。

附注：

①「侯累」是「侯果」之誤。侯果有《易注》，清人有輯本。

②見《周語上》「幽王二年」一節，「陽塞」是「陽失」之誤。

③「左辰」當作「右辰」。

④段氏于《古文尚書撰異》之《洪範》「思曰睿」下謂容、睿形音義皆異。

⑤《詩·七月》「二之日栗烈」阮元校勘記云：「[段氏]《詩經小學》全書考栗烈當爲凓冽，其説甚詳。」

⑥《南史》卷二十二《王筠傳》記沈約以《郊居賦》示筠，「筠讀至『雌霓(五的反)連蜷』，約撫掌欣抃曰：『僕常恐人呼爲霓(五兮反)』。」

⑦《鼓師》當作《舞師》。

⑧「五帝」是「五常」之誤。

⑨《西京賦》當作《東京賦》。

⑩末句本作「今江東呼爲黃魚。」。

⑪「死」應作「魚」。

⑫《左傳·襄十四年》有衛公子名鱄，字子鮮，不字子魚。他則未見。下文「鮀」字下段注又言：「《春秋傳》名鮀者字子魚。」想所指同，段氏記誤相混。參見附注⑭。

⑬《廣雅》卷十下作「鰱，鱮也」。段氏誤倒。

⑭《春秋》三傳中，無名鮀之人。《論語·雍也》：「不有祝鮀之佞。」何晏集解：「祝鮀，衛大夫，子魚也。」《左傳·定公四年》記衛靈公時事，「其使祝佗從。」杜預注：「祝佗，大祝子魚。」所指當是一人，即段氏所謂。

⑮見《史記·貨殖列傳》。集解引：「徐廣曰：鯫音輒，膊魚也。」索隱則曰：「鯫音輒，一音昨苟反。鯫，小魚也。」正義曰：「鯫音族苟反，謂雜小魚也。」

⑯見《漢書·貨殖傳》「鮿鮑千鈞」句下。師古曰：「鮿，膊魚也，即今不著鹽而乾者也。鮿音輒。」

⑰《漢書》當作《史記》，四字及服虔注見《項羽本紀》，而「教我」作「説我」。《漢書·張良傳》同，而注引「服虔曰：鯫音七垢反。鯫，小人也」。文字有異。

⑱《獸人》當作「庖人」。《周禮·庖人》：「庖人掌六畜、六獸、六禽，辨其名物，凡其死生鱻薧之物，以共王膳。」

⑲七篇上㫃部旇字下説解「旇旗披靡也」，段氏注謂「披靡」是「指麾」之誤。

說文解字第十二篇上

金壇段玉裁注

乚 燕燕，乙鳥也①。燕燕見前篇，「玄鳥」二字淺人所增。齊魯謂之乚，取其鳴自謼。象形也。舊作「呼」，今依《韵會》正。也字，今依《韵會》補。謼者，評也，號也。《山海經》説鳥獸，多云「其名自號」。燕之鳴如云「乙」。燕乙雙聲。《莊子》謂之鷾鴯，鷾亦雙聲也。既得其聲，而像其形，則爲乙。燕篆像其籋口、布翄、枝尾全體之形，乚篆像其于飛之形。故二篆皆曰像形也。乚象翅開首竦，横看之乃得。本與甲乙字異，俗人恐與甲乙亂，加鳥旁爲「鳦」，則贅矣。本音烏拔反，十五部。入於筆切者，非是。凡乚之屬皆从乚。

鳦 乚或从鳥。按，此葢非古字，今《爾雅》、毛傳皆如此作。

孔 通也。通者，達也。於《易》卦爲《泰》。孔訓通，故俗作空穴字多作孔。其實空者，竅也，作孔爲叚借。嘉美之也。各本無此四字，由淺人謂與下複而删之，今依《韵會》補。也當作「詈」，詈者，意内而言外也。通爲吉，窴爲凶，故凡言孔者皆所以嘉美之。毛傳曰：「孔，甚也」，是其義。甚者，尤安樂也。或曰：《詩》言「亦孔之醜」，豈嘉美之乎？曰：此即今甚字通於美惡之意也。从乚子，會意。康董切。按，此字未見三代用韵之文，但以肉好即邊孔求之，疑孔古音在三部，故吼、犼、孔以爲聲。乚請子之候鳥也，《月令》：「仲春玄鳥至。至之日，以大牢祠于高禖，天子親往。」注云：「高辛氏之世，玄鳥遺卵，娀簡吞之而生契，後王以爲媒官嘉祥，而立其祠焉。」乚至而得子，嘉美之也。説从乚子會意之恉。故古人名嘉字子孔。此又以古人名字相應説孔訓嘉美之證。見於《左傳》者，楚成嘉字子孔，鄭公子嘉字子孔。《春秋經》宋孔父，《左傳》云孔父嘉，何休云：「經稱字。」按，孔父字孔，故後以爲氏。

乳 人及鳥生子曰乳，獸曰產。生部曰：「生，進也。產，生也。」渾言之，此復析言之。孺下曰：「乳子也。」按，古書之文多通偁。从孚乚。會意。而主切，古音在四部。乚者，乚鳥。《朙堂月令》：乚鳥至之日，祠于高禖，㠯請子。故乳从乚。此説从孚乚會意之恉。孚者，卵即孚也。乚者，請子之候鳥也。請子必以乚至之日者，乚，春分來，秋分去，開生之候鳥，帝少昊司分之官也。《左傳》曰：「玄鳥氏，司分也。」此説《月令》請子必以玄鳥至之日之恉。

文三。　重一。

不 鳥飛上翔不下來也。凡云不然者，皆於此義引申叚借。其音古在一部，讀如德韵之北，音轉入尤、有韵，讀甫鳩、甫九切，與弗字音義皆殊。音之殊，則弗在十五部也；義之殊，則不輕、弗重。如「嘉肴弗食，不知其旨」，「至道弗學，不知其善」之類可見。《公羊傳》②曰：「弗者，不之深也。」俗韵書謂不同弗，非是。又《詩》

「鄂不韡韡」，箋云：「不當作柎。柎，鄂足也。古聲不柎同。」从一，一猶天也。他處云：「一，地也。」此以在上，知爲天。象形。謂也，象鳥飛去而見其翅尾形。音見上。凡不之屬皆从不。

否 不也。不者，事之不然也。否者，説事之不然也。故音義皆同。《孟子·萬章》：「曰：然則舜僞喜者與？孟子曰：否。」注：「孟子言舜不詐喜也。」又：「咸丘蒙問：舜南面而立，瞽瞍亦北面而朝之。孟子曰：否。」注：「言不然也。」又：「萬章曰：堯以天下與舜，有諸？孟子曰：否。」注：「堯不與之。」又：「萬章問曰：人有言伊尹以割烹要湯。孟子曰：否然也。」萬章又問，「孔子於衞主癰疽？」孟子曰：「否然也。」萬章又問，「百里奚自鬻於秦養牲者？」孟子曰：「否然。」注皆曰：「否，不也。不如是也。」注以「不如是」釋否然，今本正文皆譌作「否，不然」，語贅而注不可通矣。否字引申之義訓爲不通，如《易》之「泰否」，《堯典》之「否德」，《小雅》之「否難知也」，《論語》之「予所否者」，皆殊其音讀符鄙切。要之，古音則同在弟一部。从口不，不亦聲。方久切，古音在一部。

文二。

至 鳥飛從高下至地也。凡云「來至」者，皆於此義引申叚借。引申之，爲懇至，爲極至。許云「到，至也」，「臻，至也」，「叚，至也」，此本義之引申也。又云「親，至也」，「寴，至也」，此餘義之引申也。从一，一猶地也。一在下，故云。象形。謂也。不象上升之鳥，首鄉上；至象下集之鳥，首鄉下。脂利切，古音讀如質，在十二部。不上去而至下，句。來也。瑞麥之來，爲行來之來。凡至之屬皆从至。

𡉏 古文至。

到 至也。《大雅》曰：「靡國不到。」《論語》兩言「民到于今」。《釋詁》曰：「到，至也。」从至，刀聲。都悼切，二部。

臻 至也。見《釋詁》。古亦叚溱爲之。从至，秦聲。側詵切，十二部。

𡏳 忿戾也。从至，至而復孫。孫，遁也。二孫字，大徐作「遜」，非。古無遜字，凡《春秋》、《詩》、《書》遜遁字，皆作孫。傳曰：「孫之爲言孫也。」不作「爲言遜」。《爾雅》作「遜，遁也」。爲後人所改之俗字。許辵部有遜篆，亦是後人臆增。「孫，遁也」，此子孫字引申之義。孫之於王父，自覺其微小，故逡巡遁避之誼取諸此。至而復逡巡者，忿戾之意也。《周書》曰：「有夏氏之民叨𡏳。」《尚書·多方》文。今本無氏字，𡏳作懫。按，𡏳作懫者，天寶閒衞包改也。《釋文》𡏳作懫，宋開寶閒改也。《釋文》曰：「懫，勑二反。《説文》之二反。」不云「《説文》作𡏳」，知其大字本不作懫矣。《禮記·大學》：「心有所忿懥。」注云：「懥，怒皃。或作懫。」按，懥、懫不見許書，衞包以意改經，非必懫即𡏳也。𡏳讀若摯。《釋文》云「《説文》之二反」，此《音隱》舊音也。大徐丑利切，十五部。或曰古音當在十二部。

臺　觀四方而高者也。《釋名》曰：「觀，觀也。於上觀望也。」觀不必四方，其四方獨出而高者，則謂之臺。《大雅》：「經始靈臺。」《釋宮》、毛傳曰：「四方而高曰臺。」傳意高而不四方者，則謂之觀，謂之闕也。《釋名》：「臺，持也。築土堅高能自勝持也。」古臺讀同持。心曰靈臺，謂能持物。《淮南子》：「其所居神者，臺簡以游大清。」注：「臺，持也。」又：「臺無所鑒，謂之狂生。」注：「臺，持也。」此皆作臺自可通。或作古文握，古文握與臺形相似。从至，从高省，與室屋同意。按，臺不必有屋，李巡注《爾雅》曰：「臺上有屋謂之謝。」然則無屋者謂之臺，築高而已。云「與室屋同意」者，室屋篆下皆云「从至者所止也」是其意也。㞢聲。徒哀切，一部。

臸　到也。不言至言到者，到者至之得地者也。辵部曰：「𨕤，近也。从臸聲。」然則二至當重不當竝。从二至。會意。至亦聲。人質切，十二部。

文六。　重一。

西　鳥在巢上也。象形。下象巢，上象鳥會意。上下皆非字也，故不曰會意，而曰象形。鳥在巢上者，此篆之本義。今音先稽切，古音讀如詵，讀如僊，如西施亦作先施。《漢書》曰：「西，遷也。」古音在十二、十三部。日在西方而鳥西，上西即下文東西之西也，下西西之本義也。故因以爲東西之西。此説六書叚借之例。叚借者，本無其字，依聲託事。古本無東西之西，寄託於鳥在巢上之西字爲之。凡許言「以爲」者類此：韋本訓相背，而以爲皮韋；烏本訓孝烏③，而以爲烏呼；來本訓瑞麥，而以爲行來；朋本古文鳳，而以爲朋攩；子本訓十一月昜气動萬物滋，而以爲人偁。後人習焉不察，用其借義，而廢其本義，乃不知西之本訓鳥在巢，韋之本訓相背，朋之本訓爲鳳，逐末忘本，大都類是，微許君言之，烏能知之。凡西之屬皆从西。

棲　西或从木妻。蓋从木、妻聲也。从妻爲聲，蓋製此篆之時，已分別西爲東西，棲爲鳥在巢，而其音則皆近妻矣。《詩》「可以棲遲」，漢《嚴發碑》作「衡門西遲」。然則「雞棲于塒」、「雞棲于桀」，古本必作「雞西」。《論語》「爲是棲棲」，古本亦必作「西西」。

卤　古文西。

卤　籀文西。按，卤下曰：「从西省」，若籀文西如此，則卤正从籀文卤矣。

𧟭　姓也。从西，圭聲。户圭切。按，許書自女部姬、姜等十二字而外，未有云姓者。古之神聖，母感天而生，故字从女，是以姬、姜等十二字皆从女。其他繼別爲氏，或以字，或以官，或以邑，雖亦可謂之姓，而其字不容列於《説文》。黄帝姬姓，而黄帝之子十二姓者，除姬、姞字外，酉、祁、己、滕、箴、任、苟、僖、儇、依十字，許皆不云姓，是也④。惟矢部吳下云：「姓也，郡也。」爲妄人所增。而此𧟭篆，解云「姓也」，雖篆文亦屬僞羼，蓋必有妄人以許書無其姓爲恥而竄入之，傳寫遂莫之察。許果有此篆，必釋其本義，不徒云「姓也」。小徐云，張説《梁四公子記》有「𧟭闚」，依《廣韵》梁四公子字作「罣」與垔各字⑤。

文二。當云文一。　重三。

鹵 西方鹹地也。从卥省，省字衍。此承上文卥部从卥之籀文也，謂卤也。囗象鹽形。大徐本無囗，小徐譌作図。凡既从某，而又象其形，謂之合體之象形，多不成字，其成字者則會意也。轉寫者以其不成字而刪之，致文理不可讀，皆當依此補之。合體象形，有半成字，半不成字者，如鹵从卤，而又以囗象之，是也。有网不成字者，如卥以弓象鳥，以囟象巢，是也。鹵，郎古切，五部。安定有鹵縣。《地理志》：「安定郡鹵縣。」東方謂之㡿，西方謂之鹵。《禹貢》：「青州，海濱廣斥。」謂東方也。安定有鹵縣，謂西方也。大史公曰：「山東食海鹽，山西食鹽鹵。」然對文則分析，㮣文則不拘。鹹地僅產鹽，引申之，《春秋經》大原亦曰大鹵。《釋名》：「地不生物曰鹵。」凡鹵之屬皆从鹵。

𪉟 鹹𪉟也。𪉟字各本缺，淺人謂複字而刪之也，今補。《曲禮》：「凡祭宗廟之禮，鹽曰鹹鹺。」鄭注：「大鹹曰鹺。今河東云。」按，鹹𪉟古語，不容刪字。从鹵，差省聲。昨河切，十七部。河内謂之𪉟，鄭言「河東」，皆魏地。沛人言若虘。五字當作「讀若沛人言䣜」六字。沛郡酇縣，字本作䣜，其土音讀在何切，𪉟之讀如此也。䣜見邑部。

鹹 銜也。以疊韵爲訓。北方味也。酸、苦、辛、甘，下不著某方之味，此著之者，錯見也。从鹵，咸聲。胡毚切，古音在七部。

文三。

鹽 鹵也。天生曰鹵，人生曰鹽。十字各本作「鹹也」二字，今正。鹽之味鹹，鹽不訓爲鹹。《玄應書》三引《說文》「天生曰鹵，人生曰鹽」，當在此處。上冠以「鹵也」二字，則渾言、析言者備矣。《周禮》：「鹽人，掌鹽之政令。」有出鹽直用不湅治者，有湅治者。从鹵，監聲。余廉切，古音在八部。古者夙沙初作鬻海鹽。夙，大徐作「宿」，古宿夙通用。《左傳》有夙沙衞，《呂覽》注曰：「夙沙，大庭氏之末世。」《困學紀聞》引魯連子曰：「古善漁者，宿沙瞿子。」又曰：「宿沙瞿子善煮鹽。」許所說葢出《世本·作篇》，所謂「人生曰鹽」也。凡鹽之屬皆从鹽。

盬 河東鹽池也。《地理志》：「河東郡安邑，鹽池在西南。」《郡國志》亦云：「安邑，有鹽池。」《左氏傳》曰：「郇瑕氏之地，沃饒而近盬。」服虔注云：「盬，鹽池也。土俗裂水沃麻，分灌川野，畦水秏竭，土自成鹽，即所謂鹹鹺也。而味苦，號曰盬田。」杜注《左氏》、郭注《穆天子傳》皆曰：「盬者，鹽池。」然則鹽池，古者謂之盬，亦曰盬田。《周禮》因以爲盬不湅治之偁。又引申之，《詩》以爲不堅固之偁。《周禮》「苦良」，苦讀爲盬，謂物之不佳者也。袤五十一里，廣七里，周百十六里。《左傳》正義、《後漢書》注所引同。惟《水經注·涑水篇》引作「長五十一里，廣六里，周一百一十四里」爲異。《魏都賦》注：「猗氏南鹽池，東西六十四里，南北七十里。」

《郡國志》注引楊佺期《洛陽記》:「河東鹽池,長七十里,廣七里。」《水經注》曰:「今池水東西七十里,南北七十里。」參差乖異,蓋隨代有變。从鹽省,古聲。公户切,五部。

鹼 鹵也。《廣韵》千廉切,水和鹽也。从鹽省,此篆明明从鹵,不知何以云从鹽省。僉聲。魚欠切,七部。

文三。

户 護也。以曡韵爲訓。半門曰户。象形。矦古切,五部。凡户之屬皆从户。

𢨤 古文户从木。从木而象其形。按,此當是籒文,加木。惟古文作户,故此部文九,皆从户也。

扉 户扇也。《釋宫》曰:「闔謂之扉。」門闔,門扇也。然則門户一也。从户,非聲。甫微切,十五部。

扇 扉也。《月令》:「乃脩闔扇。」注云:「用木曰闔,用竹葦曰扇。」案,析言如此,渾言之則不拘。从户羽。依《韵會》本。从羽者,如翼也。式戰切,十四部。

房 室在旁也。凡堂之内,中爲正室,左右爲房,所謂東房、西房也。引申之,俎亦有房。从户,焦氏循曰:「房必有户,以達於堂;又必有户,以達於東夾、西夾;又必有户,以達於北堂。」方聲。符方切,十部。

戻 輜車旁推户也。輜車者,衣車也。前後有蔽,旁有可開之户。从户,大聲。讀與釱同。徒蓋切,十五部。

戹 隘也。隘者,陋也。陋者,阸陝也。陝者,隘也。从户,乙聲。按,聲字衍。或於雙聲取音,此从甲乙之乙,取乙乙難出之意也。於革切,十六部。

肁 始開也。引申爲凡始之偁。凡經傳言肇始者,皆肁之叚借,肇行而肁廢矣。《釋詁》、《毛詩》傳皆曰:「肇,始也。」戈部曰:「肇,擊也。」从户聿。聿於語詞有始義,故从聿。治小切,二部。

扆 户牖之閒謂之扆。《釋宫》曰:「牖户之閒謂之扆。」凡室,户東牖西,户牖之中閒是曰扆。《詩》、《禮》多叚「依」爲之。从户,衣聲。於豈切,十五部。

𢨷 閉也。《士喪禮》注曰:「徹帷𢨷之事畢,則下之。」《襍記》注曰:「既出,則施其𢨷,鬼神尚幽闇也。」據此二注,𢨷爲褰舉之義,與《東都賦》⑥「袪黼帷」同。疑閉當作「開」。一説𢨷在開閉之閒,故兼此二義。从户,劫省聲。口盍切。按,「劫省聲」疑當作「去聲」。《儀禮音義》「劉昌宗羗據反」可據也。《玉篇》亦有羗據一反。

扃 外閉之關也。關者,以木横持門户也。《曲禮》:「入户奉扃。」注曰:「奉扃,敬也。」孔疏曰:「奉扃之説多家,今謂禮有鼎,扃所以關鼎,今關户之木與關鼎相似,凡常奉扃之時,必兩手向心而奉之,今入户雖不奉扃木,其手若奉扃然,以其手對户若奉扃，言恭敬也。」玉裁謂：下文言户開亦開，户闔亦闔，知户闔而入，用兩手推户爲奉扃，若户開而入，則兩手不偏可矣。户扃葢以木横著於户爲之機，令外可閉者。鼎鬬字正作鼏，《禮》古文叚扃爲之。車上所以止旗者，亦曰扃。从户，冋聲。古熒切，十一部。

文十。　重一。

門　聞也。以疊韵爲訓。聞者，謂外可聞於内，内可聞於外也。从二户象形。此如鬥从二丮，不必有反丮字也。莫奔切，十三部。凡門之屬皆从門。

閶　閶闔，二字今補。《離騷》、《大人賦》、《淮南子》、《西京賦》、《靈光殿賦》、《大象賦》皆云「閶闔」，王逸、高誘、薛綜、韋昭、李善注皆曰：「閶闔，天門也。」八風，西方曰閶闔風。天門也。从門，昌聲。尺量切，十部。楚人名門皆曰閶闔。皆字依《韵會》補。

闈　宫中之門也。《釋宫》曰：「宫中之門謂之闈。」《周禮·保氏》：「使其屬守王闈。」注：「闈，宫中之巷門。」从門，韋聲。羽非切，十五部。

⿵門詹　⿵門詹謂之樀。今《釋宫》：「檐謂之樀。」許所據《爾雅》有異本作⿵門詹。樀，廟門也。木部：「樀，户樀也。」此樀義不同，謂廟門也。故⿵門詹从門。《吳語》：「王背檐而立，大夫向檐。」韋云：「檐謂之樀。樀，門户。」韋注「户」，當作「也」。《國語》、《爾雅》字皆當作⿵門詹，郭以屋梠釋樀，非是。从門，詹聲。余廉切，八部。

閎　巷門也。巷者，里中道也。然則閎猶閭也。《釋宫》：「衖門謂之閎。」郭引《左傳》「盟諸僖閎」云：「閎，衖頭門。」从門，厷聲。户萌切，古音在六部。

閨　特立之户。《釋宫》曰：「宫中之門謂之闈，其小者謂之閨。」上圜下方，有佀圭。从門圭。會意。圭亦聲。古攜切，十六部。

閤　門旁户也。《釋宫》曰：「小閨謂之閤。」按，漢人所謂閤者，皆門旁户也。皆於正門之外爲之。前書注曰：「閨、閤，内中小門也。」《公孫弘傳》：「起客館，開東閤，以延賢人。」師古云：「閤者，小門也。東向開之，避當庭門，而引賓客，以别於掾史官屬也。」亦有云「南閤」者，如許沖云「臣父故大尉南閤祭酒」是也。有云「西閤」者，如《晉書》衛玠爲太傅西閤祭酒是也。唐時不臨前殿，御便殿，謂之「入閤」，謂立仗於前殿，喚仗，則自東西閤入也。凡上書於達官曰「閤下」，猶言執事也，今人乃譌爲「閣下」。从門，合聲。古沓切，八部。

闒　樓上户也。《齊風》傳曰：「闥，門内也。」許書無闥。闒即今闥字。《西京賦》説神明臺曰：「上飛闥而仰眺。」《西都賦》説井榦樓曰：「排飛闥而上出。」此二闥，皆樓上户，在高處，故名之曰飛。从門，𦐇聲。徒盍切，八部。

閈　閭也。《左傳》《爾雅》釋文、《左傳》正義⑦、《蕪城賦》注、《玉篇》、《廣韵》引皆作「閭」，至《爾雅》疏乃譌爲「門」，今正。下文曰「閈，里門也。」《漢書》：「綰自同閈。」應注：「楚名里門曰閈。」《招魂》：「去君之恒幹。」王注：「或作恒閈。閈，里也。楚人名里曰閈。」按，惟《左傳》「高其閈閎」用爲凡門之偁。從門，干聲。矦旰切，十四部。汝南平輿里門曰閈。當許時，古語猶存於汝南平輿也。

閭 里門也。周制，二十五家爲里，其後則人所聚居爲里，不限二十五家也。里部曰：「里，凥也。」里門曰閭。从門，吕聲。力居切，五部。《周禮》：「五家爲比，五比爲閭。」見《大司徒》職。閭，侣也。二十五家相羣侣也。侣，當作「旅」，旅，衆也。此引《周禮》言閭之古義。

閻 里中門也。别於閭閈爲里外門也。从門，臽聲。余廉切，八部。

壛 閻或从土。

闠 市外門也。薛綜《西京賦》注曰：「闤，市營也。闠，中隔門也。」劉逵《蜀都賦》注曰：「闤，市巷也。闠，市外内門也。」崔豹《古今注》曰：「市牆曰闤，市門曰闠。」李善引《倉頡篇》曰：「闤，市門也。」按，諸家皆有闤字，而許不録，葢以還、環包之。市之營域曰環，其外門曰闠。从門，貴聲。胡對切，十五部。

闉 闉闍，二字今依《詩》正義補。城曲重門也。城曲，各本作「城内」，今依《詩》正義正。《鄭風》曰：「出其闉闍。」傳曰：「闉，曲城也。闍，城臺也。」正義曰：「《釋宮》云：闍謂之臺。闍是城上之臺，謂當門臺也。闍既是城之門臺，則知闉是門外之城，即今之門外曲城是也。故云：闉，曲城。闍，城臺。」按，毛分言之，許併言之者，許意説字从門之恉也。有重門，故必有曲城，其上爲門臺，即所謂城隅也。故闉闍字皆从門，而《詩》曰「出其闉闍」，謂出此重門也。城曲，曲城，意同。从門，垔聲。於真切，十三部。《詩》曰：「出其闉闍。」

闍 闉闍也。从門，者聲。當孤切，五部。

闕 門觀也。《釋宮》曰：「觀謂之闕。」此觀上必加門者，觀有不在門上者也。凡觀與臺，在於平地，則四方而高者曰臺，不必四方者曰觀。其在門上者，則中央闕然，左右爲觀，曰兩觀。《周禮》之象魏，《春秋經》之兩觀，《左傳·僖五年》之觀臺也。若中央不闕，則跨門爲臺，《禮器》謂之「臺門」，《左傳》謂之「門臺」是也。此云「闕，門觀也」者，謂門有兩觀者偁闕。从門，欮聲。去月切，十五部。

閞 門欂櫨也。欂櫨，柱上枅也。枅，屋欂櫨也。閞則門柱上枅之名。从門，弁聲。皮變切，十四部。

𨳲 門扉也。从門，介聲。胡介切，十五部。

闔 門扉也。《月令》：「乃脩闔扇。」《公羊傳》：「齒著乎門闔。」《釋宮》：「闔謂之扉。」从門，盍聲。胡臘切，八部。一曰，閉也。下文曰：「閉，闔門也。」《易》曰：「闔户謂之坤。」

闑 門梱也。木部曰：「梱，門橜也。」相合爲一義。《釋宮》：「㮰謂之闑。」古者門有二闑，二闑之閒謂之中門。惟君行中門，臣由闑外。賈公彥《聘禮·疏》所言是也。《禮》古文闑作「槷」。从門，臬聲。魚列切，十五部。

閾 門榍也。木部曰：「榍者，門限也。」相合爲一義。《釋宮》曰：「柣謂之閾。」柣，郭千結反，即榍字也。《禮》古文閾作「㦸」。此皆叚借字也。从門，或聲。于逼切，一部。《論語》曰：「行不履閾。」《鄉黨篇》文。

𨵉 古文閾从洫。从洫聲。此猶《大雅》：《毛詩》「築城伊淢」，淢即洫之古文。《韓詩》正作洫。

閬 門高也。《文選·甘泉賦》注引作「門高大之皃也」。自部曰：「阬，閬也。」此曰：「閬，門高皃。」相合爲一義。凡許書異部合讀之例如此。《大雅》：「迺立皋門，皋門有伉。」傳曰：「王之郭門曰皋門。伉，高皃。」按，《詩》伉當是「阬」之譌。《甘泉賦》：「閌閬閬其寥郭兮。」閌亦即阬字。許書無閌。从門，良聲。來宕切，十部。巴郡有閬中縣。見《漢·地理志》。

闢 開也。引申爲凡開拓之偁。古多叚借「辟」字。从門，辟聲。房益切，十六部。

⿵門𠬜 《虞書》曰：「闢四門。」按，此六字當在「从門，辟聲」之下。《虞書》當作《唐書》，說詳禾部。从門，从𠬜。按，此上當依《匡謬正俗》、《玉篇》補「古文闢」三字。𠬜者，今之攀字，引也。今俗語以手開門曰攀開，讀如班。古文於此會意。《書·序》「東郊不⿵門𠬜」，馬本作「闢」。張揖《古今字詁》云：「⿵門𠬜、闢古今字。」舊讀⿵門𠬜爲開，非也。詳《匡謬正俗》。自衛包徑改⿵門𠬜爲開，而古文之見於《尚書》者滅矣。

⿵門爲 闢門也。《魯語》：「⿵門爲門與之言，皆不踰閾。」韋注：「⿵門爲，闢也。」从門，爲聲。韋委切，古音在十七部。《國語》曰：「⿵門爲門而與之言。」謂公父文伯之母與季康子。

闡 開也。从門，單聲。昌善切，十四部。《易》曰：「闡幽。」《繫辭》傳文。

開 張也。張者，施弓弦也。門之開，如弓之張；門之閉，如弓之弛。从門，幵聲。按，大徐本改爲「从門，从幵」，以幵聲之字，古不入之咍部也。玉裁謂，此篆幵聲，古音當在十二部。讀如「攐帷」之攐，由後人讀同闓，而定爲苦哀切。

⿵門⿱一𠬜 古文。一者，象門閉。从𠬜者，象手開門。

闓 開也。本義爲開門，引申爲凡启導之偁。心部曰：「忻者，闓也。」从門，豈聲。苦亥切，古音在十五部。

閜 大開也。引申爲凡大之偁。《上林賦》曰：「谽呀豁閜。」司馬彪云：「谽呀，大皃。豁閜，空虛也。」《方言》：「閜，桮也。其大者謂之閜。」从門，可聲。火下切，十七部。大桮亦爲閜。五字葢後人所增。

閘 開閉門也。謂樞轉軋軋有聲。从門，甲聲。烏甲切，八部。

閟 閉門也。引申爲凡閉之偁。《載馳》、《閟宮》傳曰：「閟，閉也。」又叚爲祕字。《閟宮》箋曰：「閟，神也。」此謂閟即「祕」之叚借也。示部曰：「祕，神也。」**从門，必聲。**兵媚切，古音在十二部。**《春秋傳》曰：「閟門而與之言。」**六字當是「閟而以夫人言」之誤，見《左傳·莊公卅二年》。閟爲句，謂孟任不從也，而以夫人言，謂莊公以立爲夫人爲辭也。

閣 所㠯止扉者。《釋宮》曰：「所以止扉謂之閣。」郭注：「門辟旁長橜也。」引《左傳》「高其閈閣」，而又云「閣，長杙，即門橜也。」按，郭云「門辟旁長橜」者，謂門開，則邊旁有兩長橜使其止而不過也。云「即門橜」者，謂《左傳》之閣，即他經之闑，兩扉中之橜也。是二者皆所以止扉，皆謂之閣，但《左傳》主謂中門者耳。許闑訓門橜，閣訓所以止扉，則畫然二義。許本諸《釋宮》，今本《釋宮》譌爲閎。陸氏《音義》不辯是非，云：「本亦作閣，音各。郭注本無此字。」不知郭氏於「衖門謂之閎」下，引《左》「盟諸僖閎」，於「所以止扉謂之閣」下，引《左》「高其閈閣」，郭作注時，閣絕未誤爲閎，注亦絕無誤也。顔師古《匡謬正俗》分別閎、閣二字不同，所引《左傳》作「閈閣」，所引《爾雅》及注皆作「閣」。今雅雨堂刻本譌亂不可讀。《左傳》「高其閈閣」，閈猶門也，高其門則所以止扉亦必高。葢晉館門不容車，失於狹小，致子產壞垣，故士文伯飾說門雖小而甚高，此處無取閈閎連文。陸氏《音義》亦誤從閎，轉云讀者因《爾雅》或作「閣」，因改《左傳》作各音，與《爾雅音義》皆爲顛倒，見其誤不可不正也。閣本訓直橜，所以扞格者。引申之，橫者可以庋物，亦曰閣，如《內則》所云天子諸矦大夫士之閣，漢時天祿、石渠閣，皆所以閣書籍，皆是也。閣字之義如此，故凡止而不行，皆得謂之閣。倘《爾雅》作「謂之閎」，於所以止扉何涉乎？〇子產何以毀垣？因門不容車也，亦因門閣高也。觀孫叔敖患民卑車，因教閭里高其梱，居半歲，民悉自高其車，此非閣高而車不得入之證乎？故郭云《左傳》之閣即門橜也。〇《左傳》「閈閎」，杜注：「閎，門也。」此必有誤。杜本乃誤本，郭景纯、顔師古所據本不誤。陸之《音義》、孔之《正義》皆據誤本爲之。〇又《左傳》「閈」字，沈重云：「閉也。」此必古說。葢「閈閣」猶《禮記》之扞格也，閈本不从門，後人因閣亦加門耳。〇蔡邕《月令章句》於「脩鍵閉」云：「鍵，門牡，所以止扉，亦謂之剡移。」鄭注亦云：「鍵，牡；閉，牝。」按，蔡謂鍵爲門牡，許則云闟爲門牡，葢闟居闑之下、門之中，《漢書》所謂門牡者；而閣居兩旁，每扉以一長杙上貫於過門板，下拄於地，故云「所以止扉，古謂之剡移」。有闑有闟、又有閣者，慎於待暴也。故曰：「高其閈閣，厚其牆垣，以無憂客使。」閣亦得稱牡，而與闟異物。〇闟與閣，皆閉門乃用之，不比闑爲死物，謂梱即閣誤矣。**从門，各聲。**古洛切，五部。

閒 隙也。隙者，壁際也。引申之，凡有兩邊、有中者，皆謂之隙。隙謂之閒，閒者，門開則中爲際，凡罅縫皆曰閒，其爲有兩有中一也。《攷工記》說鐘，銑與銑之閒曰銑閒，篆與篆、鼓與鼓、鉦與鉦之閒，曰篆閒、鼓閒、鉦閒。病與瘳之閒曰病閒，語之小止曰言之閒。閒者，稍暇也，故曰閒暇。今人分別其音爲户閑切，或以「閑」

代之。閒者，隙之可尋者也，故曰閒廁，曰閒迭，曰閒隔，曰閒諜。今人分别其音爲古莧切。《釋詁》、毛傳曰：「閒，代也。」《釋言》曰：「閒，俔也。」人部曰：「俔，閒見也。」厂部曰：「厝，石閒見也。」今音皆去聲。凡自其單出言之曰閒。从門月。會意也。門開而月入，門有縫而月光可入，皆其意也。古閑切，十四部。

閒 古文閒。此篆各本體誤，《汗簡》等書皆誤，今攷正。與古文恒同，中从古文月也。

𨵦 門傾也。此與上閜篆各字各義，或合爲一，非也。《上林賦》説大木之狀：「阬衡閜砢。」索隱引郭璞云：「阬衡閜砢者，揭蘖傾敧皃也。」⑧按，此閜字當作𨵦，與「谽呀豁閜」義不同。𨵦砢讀惡可、來可二反。《玉篇》引賦正作𨵦。从門，阿聲。烏可切，十七部。

閼 遮攤也。遮者，遏也。攤者，褎也。古書壅遏字多作「攤閼」，如許所説則同義異字也。从門，於聲。此於雙聲取音。烏割切，十五部。《爾雅》：「歲在卯曰單閼。」讀如「蟬焉」。

䌛 開閉門利也。今俗語云自由自便，當作此字。从門，繇聲。各本作「繇聲」，許有䌛無繇，今正。按此篆當音由，《唐韻》乃旨沇切，未詳。一曰，縷十紘也。按，「紘」字有譌。紘者，冠卷，非其義。疑當作「緫」。《漢律》曰：「綺絲數謂之絩，布謂之緫。」緫者，謂布縷之數，八十縷爲一緫，即禾部之稯，《禮經》之升也。縷者，麻綫也。

閪 門聲也。从門，曷聲。乙鎋切，十五部。按，駱駝鳴聲「圖」字當作閪。

闟 門響也。響，疑當作「鄉」。鄉者，今之向字。門鄉者，謂門所向。《釋宮》：「兩階閒謂之鄉。」《集韻·四十一漾》引作「謂之闟」。从門，鄉聲。許亮切，十部。

闌 門遮也。謂門之遮蔽也。俗謂櫳檻爲闌。引申爲酒闌字，於遮止之義演之也。从門，柬聲。洛干切，十四部。

閑 闌也。引申爲防閑。古多借爲清閒字，又借爲嫻習字。从門中有木。會意。户閒切，十四部。

閉 闔門也。闔下曰：「閉也。」與此爲轉注。又閟下曰：「閉門也。」按，《左傳》「高其閈閎」，疑閈乃閉字之誤。从門，才，所以歫門也。从門而又象撑歫門之形，非才字也。博計切，十五部。玉裁按，才不成字，云「所以歫門」，依許全書之例，當云「才象所以歫門之形」乃合，而無象形之云，則當是合二字會意。攷王逸少書《黄庭經》三用「閉」字，即今閉也。而中从午，蓋許書本作从門午，午所以歫門。舂字下曰：「午，杵省也。」然則此午亦是杵省。歫門用直木如杵然，轉寫失真，乃昧其本始矣。

閡 外閉也。有外閉，則爲礙。从門，亥聲。五漑切，一部。

闇 閉門也。借以爲幽暗字。从門，音聲。烏紺切，七部。

關 以木横持門户也。《通俗文》作「櫎」。引申之，

《周禮》注曰：「闕，眄上之門。」又引申之，凡曰關閉，曰機關，曰關白，曰關藏，皆是。凡立乎此而交彼曰關，《毛詩》傳曰：「關關，和聲也。」又曰：「閒關，設舝皃。」皆於音得義者也。从門，𢇍聲。古還切，十四部。

𨷲 關下牡也。關者，橫物，即今之門櫝。關下牡者，謂以直木上貫關，下插地，是與關有牝牡之別。《漢書》所謂「牡飛」、「牡亡」者，謂此也。《月令》曰：「脩鍵閉，慎管籥。」注曰：「鍵，牡；閉，牝也。管籥，搏鍵器也。」然則關下牡謂之鍵，亦謂之籥，籥即𨷲之叚借字。析言之，則鍵與𨷲有二；渾言之，則一物也。《金縢》：「啓籥見書。」亦謂𨷲閉兆書者。古無鎖鑰字，蓋古祇用木爲，不用金鐵，故《説文》鍵下祇云鉉，不云門牡。从門，龠聲。以灼切，二部。

闐 盛皃也。謂盛滿於門中之皃也。《詩》曰：「振旅闐闐。」《孟子》作「填」。《玉藻》「盛氣顛實」，叚顛爲闐也。从門，真聲。待年切，十二部。

闛 闛闛，盛皃也。謂盛滿於門中之皃也。楊雄賦「西馳闛闔」，此叚闛爲閶也。《大司馬》注：「鼓聲不過閶。」此叚「閶」爲闛，闛即鼓部之「鼞」也。「鼙聲不過閶」，閶即鼓部之「鼛」也。从門，堂聲。徒郎切，十部。

閹 門豎也。門字，今依《御覽》補。豎猶孺也。《周禮》注曰：「豎，未冠者之官名。」凡《文王世子》之「內豎」，《左傳》之「使牛爲豎」皆是。司門則曰門豎，故从門。宮中奄昏閉門者。昏，各本作「閽」，今正。《周禮》注曰：「奄，精氣閉藏者。今謂之宦人。」他豎不必奄人，此豎則奄人也，故从奄。一説當依小徐作「閽閽閉門者」，一説當作「宮中掩門者」。从門，奄聲。此當言「从門奄，奄亦聲」。英廉切，八部。

閽 常目昏閉門隸也。《周禮》注曰：「隸，給勞辱之役者。」《周禮·閽人》：「王宮每門四人，囿游亦如之。」注云：「閽人，司昏晨以啓閉者。刖人、墨者使守門。」按，古閽與勳音同，《易》「厲閽心」，馬作「熏」，荀以熏爲勳，而易爲動。漢光禄勳卿一人，胡廣曰：「勳猶閽也，主殿宮門户之職。」从門昏，會意。昏亦聲。呼昆切，十三部。

闚 閃也。此與窺義別。窺，小視也。从門，規聲。去隓切，十六部。

閃 闚頭門中也。《禮運》：「魚鮪不淰。」注云：「淰之言閃也。」从人在門中。會意。王在門中，則重王，故入王部。人在門中，則重門，入門部。失冄切，古音蓋在七部。○舊此篆在冃篆後，今移正。

𨷿 妄入宮亦也。亦，舊作掖。師古注《漢》曰：「掖門在兩旁，如人臂掖。」依許字例，當作亦也。《漢書》以「闌」爲𨷿字之叚借。《成帝紀》：「闌入尚方掖門。」應劭曰：「無符籍妄入宮曰闌。」又或作「蘭」，《列子》：「宋有蘭子。」張湛注曰：「凡物不知生之主曰闌。」殷敬順曰：「《史記》：無符傳出入謂之闌，此闌子謂以技妄遊。」从門，䜌聲。讀若闌。洛干切，十四部。

⿵門二　登也。登，上車也。凡有所上皆曰登。从門二，二，古文下字。見二部。讀若軍敶之敶。臣鉉等曰：「下，言自下而登上也。」按，从門二，當作「从門二」，篆當作「⿵門丅」。《篇》、《韵》䦝字可證。直刃切，十二部。从此爲聲者，有閔、䦝、藺。觀此可以知「陣」字之俗矣。

閲　具數於門中也。具者，供置也。數者，計也。計者，會也，筭也。云於門中者，以其字从門也。《周禮》「大閲」，注曰：「簡軍實也。」《左氏春秋》「大閲」，傳曰：「簡車馬也。」引申爲閲歷，又引申爲明其等曰閥，積其功曰閲。手部揲下曰：「閲持也。」《易》「揲之以四」，謂以四更迭數之也。古叚閲爲「穴」，《詩》「蜉蝣堀閲」，傳曰：「堀閲，容閲也。」閲即穴。宋玉賦「空穴來風」，《莊子》作「空閲來風」。司馬彪云：「門户孔空，風善從之。」《道德經》：「塞其兑，閉其門。」兑即閲之省。《詩》「我躳不閲」，傳云：「閲，容也。」言我躳不能見容，如無空穴以自處也。从門，兑聲。弋雪切，十五部。

闋　事已閉門也。引申爲凡事已之偁。《詩》：「俾民心闋。」傳曰：「闋，息也。」《禮記》：「有司告以樂闋。」从門，癸聲。傾雪切，十五部。

闞　望也。望者，出亡在外，望其還也。望有倚門、倚閭者，故从門。《大雅》：「闞如虓虎。」謂其怒視。从門，敢聲。苦濫切，八部。

闊　疏也。𠫓部曰：「疏，通也。」闊之本義如是，不若今義訓爲廣也。从門，猶㿽之从囪。活聲。苦括切，十五部。

閔　弔者在門也。引申爲凡痛惜之辭。俗作「憫」。《邶風》：「覯閔既多。」《豳風》：「鬻子之閔斯。」傳曰：「閔，病也。」从門，文聲。眉殞切，十三部。

⿱民心　古文閔。按，此篆《篇》、《韵》不載，恐不足據。小徐篆作「⿱民心」，然則大徐上體从古文民，今寫譌甚，《汗簡》正从古文民。

闖　馬出門皃。引申爲突兀驚人之辭。《公羊傳》曰：「開之則闖然公子陽生也。」何云：「闖，出頭皃。」韓退之詩曰：「喁喁魚闖萍。」从馬在門中，讀若郴。許讀平聲，今去聲。丑禁切，七部。俗語轉若㧺。

文五十七。　重六。

耳　主聽者也。者字今補。凡語云「而已」者，急言之曰「耳」，在古音一部。凡云「如此」者，急言之曰「爾」，在古音十五部。如《世説》云：「聊復爾耳。」謂「且如此而已」是也。二字音義，絶不容相混。而唐人至今，譌亂至不可言。於古經傳，亦任意填寫，致多難讀。即如《論語》一經，言「云爾」者，謂如此也。言「謹爾」、「率爾」、「鏗爾」者，爾猶然也。言「無隱乎爾」、「一日長乎爾」，爾猶汝也。言「汝得人焉爾乎」，言得人於此否也。《公羊傳》、《三年問》「焉爾」皆訓於此也。全經惟有「前言戲之耳」，乃而已之訓。今俗刻作「汝得人焉耳乎」，乃極爲可笑。曹操曰：「俗語云，生女耳。耳是不足之詞。」此古説之存者也。音轉讀爲仍，如耳孫亦曰仍孫是也。象形。而止切，一部。凡耳之屬皆从耳。

耴 耳巫也。巫，各本作「埀」，今正。从耳，丨下巫，象形。「今補。陟葉切，八部。《春秋傳》曰：按，曰字衍。秦公子耴者，其耳巫也，故目爲名。今按，《左氏傳》秦無公子耴，惟鄭七穆子良之子公孫輒字子耳，以許訂之，古本《左傳》當作「公孫耴」。《白虎通》所謂旁其名爲之字，聞名即知其字，聞字即知其名也。《左傳》云：「以類命爲象。」生而耳垂，因名之耴，猶生而夢神以黑規其臀，因名之黑臀。《吳都賦》：「魚鳥聱耴。」耴音牛乙切，非此字。

貼 小巫耳也。从耳，占聲。丁兼切，七部。

耽 耳大巫也。《淮南·墬形訓》：「夸父耽耳在其北。」高注：「耽耳，耳垂在肩上。耽讀衣褶之褶。或作攝，以兩手攝其肩之耳也。」按，許書本無「瞻」字，耽即瞻也。今本於耽篆之外，沾一瞻篆，誤矣。从耳，冘聲。丁含切，八部。《詩》曰：「士之耽兮。」《衛風·氓》文。此引《詩》説叚借也。毛傳曰：「耽，樂也。」耽本不訓樂，而可叚爲「媅」字，女部曰：「媅者，樂也。」

聃 耳曼也。曼者，引也。耳曼者，耳如引之而大也，如曼膚、曼睩之曼。《史記·老子列傳》曰：「姓李氏，名耳，字聃。」《史記索隱》、《老子音義》、《後漢書·桓帝紀》注、《文選·遊天台山賦》注所引皆如此。今本《史記》作「名耳，字伯陽，謚曰聃」，淺人妄改者也。「字伯陽」，見唐固《國語注》。从耳，冄聲。他甘切，七部。

𦕒 聃或从甘。甘聲。

聸 巫耳也。从耳，詹聲。都甘切，八部。南方有聸耳國。古祇作「耽」，一變爲「瞻耳」，再變則爲「儋耳」矣。

耿 耳箸頰也。頰者，面旁也。耳箸於頰曰耿，耿之言黏也，黏於頰也。《邶風》：「耿耿不寐。」傳曰：「耿耿，猶儆儆也。」憂之聯綴於心，取義於此。凡云耿者，謂專壹也。杜林説皮傳耿光，而非字義。从耳，烓省聲。烓，小徐作炯，大徐本舊皆作烓。烓讀若冋，見火部。耿，古杏切，十一部。杜林説：「耿，光也。古文《尚書》曰：「文王之耿光。」《離騷》注曰：「耿，光也。」又曰：「耿，明也。」从火，依《韵會》訂。聖省聲。」凡字皆ナ形又聲，杜説非也。徐鍇曰：此説或後人所加。

聯 連也。連者，負車也。負車者，以人輓車，人與車相屬，因以爲凡相連屬之偁。周人用聯字，漢人用連字，古今字也。《周禮》：「官聯以會官治。」鄭注：「聯讀爲連。古書連作聯。」此以今字釋古字之例。从耳，从絲。四字今補。會意。力延切，十四部。从耳，耳連於頰；故从耳。从絲，絲連不絶也。故又从絲。

聊 耳鳴也。《楚辭》曰：「耳聊啾而戃慌。」王注云：

「聊啾，耳鳴也。」此聊之本義，故字从耳。若《詩・泉水》傳云：「聊，願也。」箋云：「聊，且略之辭也。」《方言》曰：「俚，聊也。」《戰國策》：「民無所聊。」此等義相近，皆叚聊爲憀也。憀者，憀賴也。又《詩》傳「椒聊，椒也」，不言聊爲語詞，葢單評曰椒，絫評曰椒聊。《楚詞》亦云：「懷椒聊之蔎蔎。」《爾雅》曰：「朻者聊。」朻即茮，椒、椴，實成茮彙。 从耳，丣聲。丣，各本譌作「卯」，篆體亦譌，今竝正。洛蕭切，古音在三部。讀如劉。

聖 通也。《邶風》：「母氏聖善。」傳云：「聖，叡也。」《小雅》：「或聖或不。」傳云：「人有通聖者，有不能者。」《周禮》六德教萬民：「智、仁、聖、義、忠、和。」注云：「聖通而先識。」《洪範》曰：「睿作聖。」凡一事精通亦得謂之聖。 从耳，聖从耳者，謂其耳順。《風俗通》曰：「聖者，聲也。言聞聲知情。」按，聲、聖字古相叚借。 呈聲。式正切，十一部。

聰 察也。察者，覈也。聰、察以雙聲爲訓。 从耳，悤聲。倉紅切，九部。

聽 聆也。凡目所及者云視，如視朝、視事是也。凡目不能偏而耳所及者云聽，如聽天下、聽事是也。 从耳惪，會意。耳惪者，耳有所得也。 𡈼聲。他定切，十一部。

聆 聽也。二篆轉注。《匡謬正俗》載俗語云「聆瓦」。聆者，聽之知微者也。《文王世子》曰：「夢帝與我九聆。」此叚聆爲鈴，夢天以九个鈴與己也。 从耳，令聲。郎丁切，古音在十二部。

職 記㪅也。㪅，舊作「微」，今正。記，猶識也。纖微必識，是曰職。《周禮》「太宰之職」、「大司徒之職」，皆謂其所司。凡言司者，謂其善伺也。凡言職者，謂其善聽也。《釋詁》曰：「職，主也。」毛傳同。見《詩・悉蟀》《十月之交》。《周禮》「職方」亦作「識方」。 从耳，戠聲。之弋切，一部。

聒 讙語也。讙者，譁也。 从耳，昏聲。古活切，十五部。

聥 張耳有所聞也。《廣雅》：「驚也。」 从耳，禹聲。王矩切，五部。

聲 音也。音下曰：「聲也。」二篆爲轉注。此渾言之也，析言之則曰：生於心有節於外謂之音。宮、商、角、徵、羽，聲也。絲、竹、金、石、匏、土、革、木，音也。《樂記》曰：「知聲而不知音者，禽獸是也。」 从耳，殸聲。書盈切，十一部。 殸，籀文磬。見石部。

聞 知聲也。往曰聽，來曰聞。《大學》曰：「心不在焉，聽而不聞。」引申之，爲令聞廣譽。 从耳，門聲。無分切，十三部。

䎽 古文从昏。昏聲。

聘 訪也。汎謀曰訪。按，女部曰：「娉，問也。」二字義略同。 从耳，甹聲。匹正切，十一部。

聾 無聞也。 从耳，龍聲。盧紅切，九部。

聳 生而聾曰聳。《方言》：「聳，聾也。生而聾，陳楚江淮之閒謂之聳，荆揚之閒及山之東西雙聾者謂之聳。」又古多叚聳爲慫。《方言》曰：「聳，悚也。」又曰：「聳，欲也。荆吴之閒曰聳，自關而西秦晉之閒相勸曰聳。中心不欲而由旁人之勸語，亦謂之聳。」从耳，從省聲。息拱切，九部。

聹 益梁之州，謂聾爲聹。秦晉聽而不聰，聞而不達，謂之聹。《方言》曰：「聹，聾也。梁益之閒謂之聹，秦晉之閒聽而不聰聞而不達謂之聹。」从耳，宰聲。作亥切，一部。

聵 聾也。《國語》曰：「聾聵不可使聽。」韋云：「耳不別五聲之和曰聾，生而聾曰聵。」从耳，貴聲。五怪切，十五部。

⿰耳𣪠 聵或从𣪠。許書𣪠聲之字三，而逸𣪠篆。

⿰耳豙 或从豙作。豙應改「辛省」，說見豕部。

聉 無知意也。此意内言外之意，無知者，其意；聉者，其聲也。《方言》曰：「聾之甚，秦晉之閒謂之聉。」注曰：「言聉無所聞知也。」疑《方言》之正文，本作「謂之聉」，今本譌。从耳，出聲。讀若孼。五滑切，十五部。

⿰耳月 墮耳也。見《方言》。从耳，月聲。魚厥切，十五部。

⿰耳闋 吴楚之外，凡無耳者謂之⿰耳闋。《方言》曰：「吴楚之外郊，凡無有耳者謂之⿰耳闋。其言⿰耳闋者，若秦晉中土謂墮耳者明也。」言若斷耳爲盟。斷耳即墮耳，盟當作「明」，字之誤也。从耳，闋聲。五刮切，十五部。

聅 軍法㠯矢毌耳也。从耳矢。會意。恥列切，十五部。《司馬灋》曰：「小辠聅之，中辠刵之，大辠剄之。」

聝 軍戰斷耳也。《大雅》：「攸聝安安。」傳曰：「聝，獲也。不服者殺而獻其左耳曰聝。」《魯頌》：「在泮獻聝。」箋云：「聝，所格者之左耳。」《春秋傳》曰：「㠯爲俘聝。」《左傳·成三年》文。从耳，或聲。古獲切，古音在一部。

馘 聝或从𩠐。今經傳中多从首。

⿸麻耳 乘輿金耳也。金耳，俗本作「金飾馬耳」，舊本作「金馬耳」，《玉篇》同，今依《廣韵·五支》《四紙》作「乘輿金耳」訂正。乘輿者，天子之車也。金耳者，金飾車耳也。《西京賦》：「戴翠帽，倚金較。」薛注：「金較，黄金以飾較也。」崔豹《古今注》曰：「車耳重較也。」《史記·禮書》「彌龍」，徐廣曰：「乘輿車金薄繆龍爲輿倚較。」繆者，交錯之形。車耳刻交錯之龍，飾以金，惟乘輿爲然。與文虎伏軾、龍首銜軛畫爲三事。《史記》之彌，即許之⿸麻耳。⿸麻耳者，本字；彌者，同音叚借字。淺人不得其解，乃妄改而不可通矣。⿸麻耳非人耳也，故其字殿焉。从耳，麻聲。讀若渳水。一曰，若《月令》靡艸之靡。亡彼切。《廣韵》亦忙皮切。古音在十七部，音轉入十六部。彌字古多在十六部用，故叚彌爲⿸麻耳。

耹 《國語》曰：「回禄信於耹遂。」闕。《國語》，今見《周語》。闕者，謂其義其音其形皆闕也。韋注：「聆遂，地名。」宋庠音禽⑨。《後漢書・楊賜傳》引作「黔遂」，黔亦今聲也。而《說苑》引《國語》作「亭遂」，《竹書》帝癸三十年作「聆隧災」，是其字从令、从今不可定，而許書此篆，或後人所偶記註於此者。

聑 安也。《長笛賦》曰：「瓠巴聑柱。」从二耳。會意。二耳之在人首，帖妥之至者也。凡帖妥當作此字，帖其叚借字也。丁帖切，八部。《文選》注引《說文》丁篋切。

聶 駙耳私小語也。口部咠下曰：「聶語也。」按，二篆皆會意。以口就耳則爲咠，咠者已二耳在旁，彼一耳居閒，則爲聶。《史記・魏其武安傳》曰：「乃效女兒呫聶耳語。」韋曰：「呫聶，附耳小語聲。」从三耳。尼輒切，八部。

文三十二。　重五。

𦣝 顄也。頁部曰：「顄，頤也。」二篆爲轉注。𦣝者，古文頤也。鄭《易》注曰：「頤中(句)，口車輔之名也。震動於下，艮止於上。口車動而上，因輔嚼物以養人，故謂之頤。頤，養也。」按，鄭意謂口下爲車，口上爲輔，合口車輔三者爲頤。《左氏》云：「輔車相依。」車部云：「輔，人頰車也。」《序卦》傳曰：「頤者，養也。」古名頤，字真，晉枚頤字仲真，李頤字景真。枚頤或作梅賾，誤也。象形。此文當横視之，横視之則口上口下口中之形俱見矣。與之切，一部。

凡𦣝之屬皆从𦣝。

頤 篆文𦣝。此爲篆文，則知𦣝爲古文也。先古文後篆文者，此亦先二後上之例。不如是，則𦣝篆無所附也。

𩠜 籀文，从𦣻。𦣝本象形，如籀文篆文則从𦣻、从頁，而後象其形也。

巸 廣𦣝也。𦣝，各本作臣，今正。許書主篆文也。廣𦣝曰巸，引申爲凡廣之偁。《周頌・昊天有成命》傳曰：「緝，明也。熙，廣也。」熙乃巸之叚借字也。熙从火，其義訓燥，不訓廣也。毛傳於《文王》曰：「緝熙，光明也。」與《昊天有成命》傳不同。而《敬之》傳曰：「光，廣也。」然則光即廣，二傳義本同，不得如鄭箋云廣爲光字之誤。周内史說《周易》曰：「光(逗)，遠而自他有耀者也。」然則光即廣可知。《大戴禮》：「積厚者流光。」即流廣也。《釋詁》：「緝、熙，光也。」即《周語》叔向所云「緝、明，熙、廣也」。毛公兼取之爲傳，學者宜觀其會通。凡詁訓有析之至細者，有通之甚寬者，非好學深思、心知其意，不能盡其理也。熙訓廣，而熙乃巸之叚借，然則古經熙字可作巸者多矣。〇《文王》毛傳曰：「緝熙，光明也。」此係《釋詁》而必兼言明者，欲與叔向之語不相違也。《昊天有成命》傳直用叔向語者，以叔向固釋此詩也。《敬之》：「緝熙于光明。」傳曰「光，廣也」者，以緝熙既訓光明，則「光明於光明」文理難通，故此光必訓廣也。然則《文王》《敬之》熙訓光，《昊天有成命》熙訓廣，未嘗不析之甚細矣。从𦣝，巳聲。與之切，一部。

戺 古文巸从户。按，此古文从户，疑當作「从尸」。凡人體字多从尸，不當从户也。《顧命》「夾兩階戺」，某氏云：「堂廉曰戺。」《廣雅》云：「戺，切也。」此因堂邊垿堮象人下頷之廣闊，故借以爲名，而讀牀史切。〇又按，《九經字樣》云：「《說文》作戺，經典作卮。」然則今本《說文》異於唐時也。然唐時已从户，則亦誤矣。

文二。　重三。

手 拳也。今人舒之爲手，卷之爲拳，其實一也。故以手與拳二篆互訓。象形。象指掌及掔也。書九切，三部。凡手之屬皆从手。

古文手。

掌 手中也。手有面有背，背在外則面在中，故曰手中。《左傳》云「有文在手」者，在掌也。《釋名》云：「水泆出所爲澤曰掌，水渟處如手掌中也。」《詩》：「或王事鞅掌。」傳曰：「鞅掌，失容也。」箋云：「鞅猶何也，掌謂捧之也。」玉裁按，凡《周禮》官名掌某者，皆捧持之義。从手，尚聲。諸兩切，十部。

拇 將指也。將指，謂手中指也。《大射禮》：「右巨指鉤弦。」注云：「右巨指，右手大擘也。」又：「設決朱極三。」注云：「三者，食指、將指、無名指，小指短不用。」《左傳·定十四年》：「闔廬傷將指，取其一屨。」注云：「其足大指見斬，遂失屨。」《易·咸》：「初六，咸其拇。」馬、鄭、薛、虞皆云：「拇，足大指也。」合三經而言之，手以中指爲將指，爲拇；足以大指爲將指，爲拇。此手足不同偁也。許謂手中指。《易》拇，荀作「母」。从手，母聲。莫厚切，古音在一部。

指 手指也。手非指不爲用，大指曰巨擘，次曰食指，曰啑鹽指，中曰將指，次曰無名指，次曰小指。叚借爲恉，心部曰：「恉，意也。」从手，旨聲。職雉切，十五部。

拳 手也。合掌指而爲手，故掌、指二篆廁手、拳二篆之閒。卷之爲拳，故《檀弓》曰：「執女手之拳然。」从手，𢍏聲。巨員切，十四部。

掔 手掔也。各本作「手掔」，今正。掔者，手上臂下也。肉部曰：「臂者，手上也。肘者，臂節也。」又部曰：「厷者，臂上也。」是則肘以下、手以上，渾言之曰臂，析言之則近手處曰掔。《士喪禮》：「設決麗于掔。」注云：「掔，手後節中也。」云「後節中」者，肘以上爲前節，則肘以下爲後節。後節之中，以上爲臂，則以下爲掔也。俗作「捥」。《左傳》：「涉佗捘衛矦之手，及捥。」非古字也。从手，臤聲。依《韵會》此四字在此。臤見目部。烏貫切，十四部。楊雄曰：「掔，握也。」此葢楊雄《倉頡訓纂》一篇中語。握者，搤持也。楊說別一義。凡《史》、《漢》云「搤掔」、「扼腕」者，皆疊字，言持手游民也。

攕 好手皃。《魏風·葛屨》曰：「摻摻女手，可以縫裳。」傳曰：「摻摻，猶纖纖也。」漢人言手之好曰纖纖，如古詩云：「纖纖擢素手。」傳以今喻古，故曰猶。其字本作「攕」，俗改爲「摻」，非是。《遵大路》傳曰：「摻，擥也。」是摻字自有本義。孔氏《正義》引《說文》：「摻，參（此音反）[10]聲，訓爲斂。操，喿（七遙反）聲，訓爲奉也。」是唐初《說文》確有摻字之證。自淺人摻、操不分，而奪摻篆，亦猶鼏、鼏不分，而奪鼏篆，袀、袗不分，而奪袀篆也。知摻之有本義，則知用爲攕字之非矣。从手，韱聲。所咸切，七部。《詩》曰：「攕攕女手。」

掣 人臂皃。《考工記·輪人》曰：「望其輻，欲其掣爾而纖也。」注云：「掣，纖殺小皃也。鄭司農讀爲紛容掣參之掣。玄謂如桑螵蛸之蛸。」按，「紛容掣參」出《上林賦》。从手，削聲。所角切，二部。《周禮》曰：「輻欲其掣尒。」大徐無「尒」字，非也。今《記》作爾，許所見作尒。尒者，本字，詈之必然也。爾者，叚借字也。爾行而尒廢矣。

摳 繑也。按，糸部曰：「繑，絝紐也。」與摳義絶遠，疑是「矯」字之譌。矢部曰：「矯，柔箭箝也。」摳之義爲矯枉。一曰，摳衣。各本下有「升堂」二字，今依《韵會》删正。攐篆下曰：「摳衣也。」然則此當云：「一曰攐衣」。《曲禮》曰：「摳衣趨隅。」摳，提也。衣，裳也。《論語》注云：「攝齎者，摳衣也。」从手，區聲。口矦切，四部。

攐 摳衣也。高注《淮南》曰：「攐，縮也。」按，《詩》言「褰裳」，當作此篆。褰訓絝，非其義也。亦有作騫者，謂虧其下體之衣，較作褰爲長。从手，寒聲。按，此篆與攓篆别者，以从衣也。當云「从手衣，寒省聲」。會意兼形聲。去虔切，十四部。

撎 舉首下手也。六字各本作「舉手下手也」五字，今正。《西征賦》注、《玉篇》引《説文》有拜字，《左傳·成十六年》釋文引《字林》「舉首下手」，皆是也。凡不跪不爲拜，跪而舉其首惟下其手，是曰肅拜，漢人曰撎。《周禮》九拜，九曰肅拜。先鄭注云：「肅拜但俯下手，今時撎是也。」鄭注《少儀》曰：「肅拜，拜不低頭也。」云「但俯下手」，云「不低頭」，正與「舉首下手」合。今本《説文》既譌，而《少儀》注又删「不」字，作「拜低頭」，乃終古昧其禮矣。程氏瑤田曰：「言舉首者，以别於䭫首、頓首、空首，三拜皆必下其首也。」按，此婦人之拜也。婦人以肅拜當男子之空首，《少儀》云「婦人吉事，雖有君賜，肅拜」是也。以手拜當男子之稽首，《少儀》之手拜，《士昏禮》之拜扱地是也。以稽顙當男子之頓首，《喪服小記》之爲夫與長子稽顙是也。肅拜與成十六年之肅不同，肅不連拜，介者不拜，長揖而已。不拜者，不跪也。肅拜則跪而舉首下手也。〇南宋張淏《雲谷襍記》引程氏《攷古編》云：「國史《王貽孫傳》，大祖嘗問趙普拜禮，何以男子跪而婦人不跪？普訪禮官，無有知者。貽孫曰：唐天后朝，婦人始拜而不跪。普問所出，曰：大和中，有幽州從事張建章著《渤海國記》，備言其事。予按(予，程氏自偁)，後周天元大象二年，詔内外命婦皆執笏，其拜宗廟及天臺，皆俯伏如男子。據此詔，特令於廟朝跪，其他拜不跪矣。豈武后時，并廟朝不跪，建章記之未詳耶。周昌諫帝廢太子，吕后見昌爲跪謝。《戰國策》，蘇秦嫂蛇行匍匐，四拜自跪而謝。《隋志》，皇帝册后，后先拜後起，皇帝後拜先起。則唐以前婦拜皆跪伏也。」玉裁按，婦人拜亦無不跪者，肅拜跪而舉首不俯伏，雖拜君賜亦然。天元時，令拜宗廟天臺，俯伏如男子，可以證常拜之跪而不必俯伏也。至於天后而始不跪，孫甫《唐書》曰：武后欲尊婦人，始易今拜。从手，壹聲。於計切，古音在十二部。讀如壹。

揖 攘也。攘，汲古閣改作「讓」，誤。此與下文「攘，推也」相聯爲文。鄭《禮》注云：「推手曰揖。」凡拱其手使前曰揖，凡推手小下之爲土揖，推手小舉之爲天揖，推手平之爲時揖也。《成十六年》「敢肅使者」，則若今人之長揖。从手，咠聲。伊入切，八部。一曰，手箸匈曰揖。此別一義。上言揖以爲讓，謂手遠於胸。此言手箸於胸曰揖者。箸，直略切。《禮經》有揖有厭，厭，一涉切。推手曰揖，引手曰厭。推者，推之遠胸；引者，引之箸胸。如《鄉飲酒》「主人揖先入」，此用推手也。「賓厭衆賓」，此用引手也，謙若不敢前也。今文厭皆作揖，則今文《禮》有揖無厭。許君於《禮》，或從古文，或從今文。此手箸胸曰揖，葢於此從今文，不從古文，是以統謂之揖介。推手引手，隨宜而用。今人謙讓，亦兼有此二者。《周禮》疏、《儀禮》疏厭或作「撎」，譌字不可從。

攘 推也。推手使前也。古推讓字如此作。上《曲禮》注曰：「攘，古讓字。」許云讓者，相責讓也。攘者，推也。从古也。《漢書·禮樂志》：「盛揖攘之容。」《藝文志》：「堯之克攘。」《司馬遷傳》：「小子何敢攘。」皆用古字。凡退讓用此字。引申之，使人退讓亦用此字，如攘寇、攘夷狄是也。从手，襄聲。汝羊切，按，當人樣切，十部。

拱 斂手也。斂當作「撿」，與下篆相聯爲文。《尚書大傳》曰：「拱則抱鼓。」皇侃《論語疏》曰：「拱，沓手也。」九拜皆必拱手而至地，立時敬則拱手，如《檀弓》「孔子與門人立拱」，《論語》「子路拱而立」，《玉藻》「臣侍於君垂拱」是也。行而張拱曰翔，凡拱不必皆如抱鼓也。推手曰揖，則如抱鼓；拜手，則斂於抱鼓。稽首、頓首，則以其斂於抱鼓者下之。引手曰厭，則又較斂於拜手。凡沓手，右手在內，左手在外，是謂尚左手，男拜如是，男之吉拜如是，喪拜反是。左手在內，右手在外，是謂尚右手，女拜如是，女之吉拜如是，喪拜反是。《喪服記》：「袪尺二寸。」注曰：「袪，袖口也。尺二寸，足以容中人之併兩手也。吉時拱尚左手，喪時拱尚右手。」合《內則》、《奔喪》、《檀弓》尚左尚右之文繹之，可以知拱時沓手之宜矣。拱，古文叚借作共，《鄉飲酒禮》注曰：「共，拱手也。」〇《尚書大傳》注曰：「兩手搤之曰拱。」然則「桑穀一暮大拱」⑪、《孟子》「拱把之桐梓」，皆非沓手之拱，拱之小者也。趙岐云：「合兩手。」徐鍇云：「兩手大指頭相拄。」从手，共聲。居竦切，九部。

撿 拱也。凡斂手宜作此字。从手，僉聲。良冄切，七部。

𢷎 首至手也。各本作「首至地也」，今正。首至地，謂䭫首，拜中之一，不可該九拜。拜之名生於空首，故許言首至手。《周禮》之空首，他經謂之拜手。鄭注曰：「空首，拜頭至手，所謂拜手也。」何注《公羊傳》曰：「頭至手曰拜手。」某氏注《尚書·大甲》《召誥》曰：「拜手，首至手也。」何以謂之頭至手？足部曰：「跪者，所以拜也。」既跪而拱手，而頭俯至於手，與心平，是之謂頭至手。《荀卿子》曰「平衡曰拜」是也。頭不至於地，是以《周禮》謂之空首，空首者，對䭫首、頓首之頭箸地言也。詳言曰拜手，省言曰拜。拜本專爲空首之偁，引申之，則䭫首、頓首、肅拜皆曰拜。䭫首者何也？拜頭至地也。既跪而拱手，下至於地，而頭亦下至於地，《荀卿》所謂「下衡曰䭫首」，《白虎通》、鄭注《周禮》、何注《公羊》、某氏注《尚書・召誥》、趙注《孟子》皆曰「拜頭至地曰䭫首」是也。頓首者，拜頭叩地也。既跪而拱手，下至於地，而頭不徒下至地，且叩觸其頟，是之謂頓首。《荀卿》所謂「至地曰䭫顙」也。《周禮》之頓首，即他經之䭫顙，故《周禮》注云：「頓首，頭叩地。」《士喪禮》、《檀弓》「䭫顙」注云：「頭觸地。」叩、觸一也。凡言拜手、䭫首，言拜䭫首者，先空首而後䭫首也。言拜而後䭫顙者，先空首而後頓首也。言䭫顙而後拜者，先頓首而後空首也。言䭫顙而不拜者，徒頓首而不空首也。空首、䭫首、頓首三拜爲經，振動、吉拜、凶拜、奇拜、褒拜、肅拜爲緯。振動者，戰栗變動之拜，有不必爲此三拜，而爲此三拜者也。吉拜者，拜之常也，當拜而拜，當䭫首而䭫首是也。凡䭫首，未有用於凶者也。凶拜者何也？拜而後䭫顙，䭫顙而後拜皆是也。凡頓首，未有不用於凶者也。奇拜者，一拜也。一䭫首、一頓首亦是也。簡少之譽也。褒拜者，拜不止於再也。䭫首、頓首不止於再者，亦是也。多大之譽也。肅拜者，婦人之拜，不低頭者也。總計之曰九拜。凡云拜手者，頭至手，故其字从手作𢷎。从手𠦪。𠦪見夲部，疾也。徐鍇曰：「从𠦪者，言進趨之疾。」按，《釋名》曰：「拜於丈夫爲跌，跌然屈折下就地也。」博怪切，十五部。

𢪃 古文𢷎。从二手。蓋从二手而比聲。凡拜必兼用首手足三者，而造字者重手，故从手。䭫首、頓首則重頭，故从首頁。〇又《汗簡》曰：「𢪃出《說文》。」是則从二古文手也。但楊雄說廾（居竦）从兩手作拜，豈不相混乎。

拜 楊雄說，𢷎从兩手下。蓋叟禮等所說，楊所作《訓纂篇》中字如此。凡空首，首至手而平衡，手未嘗下於心也。䭫首、頓首，則下矣。楊蓋兼三拜而製此字也。見於《周禮》者，作𢷎。他經皆同子雲作。

捾 搯捾也。捾乃複舉字，誤移搯下耳。義理與抉略同。今人剜字當作此。大徐附剜於刀部，非也。从手，官聲。烏括切，十四部。一曰，援也。援者，引也。

搯 捾也。《魯語》公父文伯母戒文伯之妾曰：「無洵涕，無搯膺。」韋注：「搯，叩也。膺，胷也。」按，韋注即俗所謂「椎心」，喪禮有「擗拊心也」，則叩胷亦未爲失。此正謂哀之甚，如欲挑出心肝者然，韋衹言其大致而已。今人俗語亦云「搯出」。《文選・長笛賦》：「搯膺擗摽。」李善引《國語》及韋注而云「苦洽反」，殊誤。苦洽切當是掐字，从臽聲，爪刺也。下引《魏書・程昱傳》，昱於魏武前忿爭，聲氣忿高，邊人掐之乃止⑫。是則从臽之掐，於搯膺豪不相涉也。韓子文⑬「搯擢胃腎」，亦是用搯膺字。《通俗文》：「捾出曰掏，爪按曰掐。」掏即搯也，許不錄掐。从手，舀聲。土刀切，古音在三部。《周書》曰：「師乃搯。」《尚書・大誓》文。漢《大誓》有今文古文之別，合於伏生二十八篇者，後得之《大誓》，今文也。馬、鄭所注者，孔壁之《大誓》，古文也。《尚書大傳》「師乃慆」，鄭云：「慆，喜也。」此今文《大誓》也。許所偁作「師乃搯」，此古文《大誓》也。如古文流爲雕，今文作流爲烏之比，詳《古文尚書撰異》。搯者，擂兵刃㠯習擊刺也。擂，各本作「拔」，《詩・清人》釋文引作「抽」，今據正。此釋《大誓》搯字之義，以明與訓搯之搯不同也。凡《說文》既說字義，而引經又釋其義者，皆以明說經與說字不同。如圛訓「回行」，《商書》之「曰圛」，則訓「圛者，升雲半有半無」。聖訓「以土增大道」，《唐書》之「朕聖讒說殄行」，則訓「聖，疾惡也」。蕢訓「火不明」，《周書》之「布重蕢席」，則訓「織蒻席也」。此亦同此例。搯本訓「搯」，而《大誓》之搯，訓「抽兵刃以習擊刺」。搯與抽同，於六書爲叚借，故必箸之。《詩》曰：「左旋右擂。」左右當作ナ又，擂各本作「搯」，自陸氏作《詩音義》時已誤，今正。此引《詩・鄭風・清人》文爲「抽兵刃」之證也。毛曰：「右抽者，抽矢以射。」箋云：「御者習旋車，車右抽刃。」引之證軍中有此儀，武王丙午逮師（逮作還者誤）尚未渡孟津，故抽兵刃習擊刺。凡引經說字，不必見本字。如引「突如其來如」，證不順忽出，引「龍戰于野」，證陰極陽生，引「先庚三日」，證「庚更事也」，皆是此例。此又引抽證抽耳。若作「右搯」，則「《詩》曰左旋右搯」六字當在「《周書》曰師乃搯」之下，而今本爲不辭。

𢷎 擁也。从手，巩聲。居竦切，九部。按，此篆已見巩部，爲巩之或字，此不當重出，當是淺人所增，刪之可也。𢷎訓擁，則當與擁篆相聯爲文，增之者廁非其所矣。

推 排也。今《六脂》、《十五灰》殊其音義，古無二音二義也。从手，隹聲。他回切，十五部。按，《廣韵》又隹、湯回二音。

捘 推也。謂排擠也。从手，夋聲。子寸切，十三部。《左傳音義》子對反。《春秋傳》曰：「捘衛侯之手。」定八年《左傳》曰：「將歃，涉佗捘衛侯之手，及捥。」此謂衛侯欲先歃，涉佗執其手卻之，由指掌逆推及於掔也。杜云血及捥，非。

排 擠也。今義列也。从手，非聲。步皆切，十五部。

擠 排也。《左傳》：「知擠于溝壑矣。」杜云：「隊也。」隊，今之墜字，謂排而墜之也。《商書・微子》作「隮」，引《左傳》亦作「隮」。隮者，躋之俗。从手，齊聲。子計切，十五部。

抵 擠也。排而相歫也。从手，氐聲。丁禮切，十五部。

摧 擠也。《釋詁》、毛傳皆曰：「摧，至也。」即抵之義也。自推至摧六篆同義。从手，崔聲。昨回切，十五部。一曰，挏也。挏者，擁引也。一曰，斮也。斮者，斷也。今此義行而上二義廢矣。《詩》：「室人交徧摧我。」傳曰：「摧，沮也。」此折之義也。

拉 摧也。《公羊傳》：「搚榦而殺之。」何曰：「搚，折聲也。」按，搚亦作拉，此上文「摧一曰折也」之義。从手，立聲。盧合切，七部。

挫 摧也。此亦上文「摧一曰折也」之義。《考工記》：「揉牙内不挫。」注云：「挫，折也。」《詩》：「乘馬在廄，摧之秣之。」傳曰：「摧，挫也。」箋云：「挫，今莝字也。」傳箋今本譌舛，今正之如是。从手，坙聲。則臥切，十七部。

扶 左也。左，俗本改作「佐」，非。左下曰：「手相助也。」从手，夫聲。防無切，五部。

㧴 古文扶，从攴。

𢪏 扶也。古詩：「好事相扶將。」當作「扶𢪏」，字之叚借也。凡云「將順其美」，當作「𢪏順」。《詩》：「百兩將之。」傳曰：「將，送也。」「天不我將。」箋云：「將，猶養也。」皆於𢪏義爲近。《玉篇》曰：「𢪏，今作將，𢷎同。」从手，爿聲。七良切，十部。《廣韵》即良切。

持 握也。从手，寺聲。直之切，一部。

挈 縣持也。縣者，系也。胡涓切。下文云：「提，挈也。」則提與挈皆謂縣而持之也。今俗語云「挈帶」。古叚借爲契絜字，如「爰挈我龜」，傳云：「挈，開也。」又如絥字下云：「樂浪挈令。」从手，㓞聲。苦結切，十五部。

拑 脅持也。謂脅制而持之也。凡脅之爲制，猶膺之爲當也。《鬼谷子》有「飛鉗」，鉗即拑字。从手，甘聲。巨淹切，八部。

揲 閱持也。閱者，具數也，更迭數之也。匹下曰：「四丈也。从八匸，八揲一匹。」按，八揲一匹，則五五數之也。五五者，由一五、二五，數之至於八五，則四丈矣。《毄辭》傳曰：「揲之以四，以象四時。」謂四四數之也。四四者，由一四、二四，數之至若干四，則得其餘矣。凡傳云三三、兩兩、十十、五五者，皆放此。閱持者，既得其數而持之，故其字从手。从手，枼聲。食折切，十五部。按，枼聲或在八部，或在十五部，由古此二部相合，同一世聲，而彼此皆用之。

摯 握持也。握持者，搤持也。《周禮》「六贄」字，許書作摯。又鳥部鷙鳥字，皆或叚摯爲之。从手執。會意也。脂利切，十五部。

操 把持也。把者，握也。操重讀之，曰節操，曰琴操，皆去聲。从手，喿聲。七刀切，二部。

𢹎 爪持也。覆手曰爪，謂覆手持之也。徐鉉等曰：「今俗別作掬。」今按，本部自有匊篆，掬其俗體耳。其義訓兩指撮，非訓爪持。从手，瞿聲。居玉切，古音在四部。

捡 急持衣裣也。此篆古叚借作禽，俗作擒、作捡。走獸總名曰禽者，以其爲人所捡也。又按，此解五字當作「急持也一曰持衣裣也」九字乃合，必轉寫有譌奪矣。从手，金聲。巨今切，七部。

㩒 捡或从禁。禁聲。

搏 𡩋持也。𡩋各本作「索」，今正。入室搜曰𡩋，𡩋持謂摸索而持之。《周禮·環人》：「搏諜賊。」釋文云：「搏音博，又房布反。劉音付。」《射人》注：「貍，善搏者也。行則止而擬度焉，其發必獲。」釋文云：「搏音博，劉音付。」《士師》注：「胥讀爲宿偦之偦，偦謂司搏盜賊也。」釋文云：「搏音博，劉音付。」《小雅·車攻》箋：

「獸，田獵摶獸也。」釋文云：「摶音博，舊音付。」按，《小司徒》注之「伺捕盜賊」、即《士師》注之「司搏盜賊」也。一用今字，一用古字。本部古捕盜字作搏，而房布反又音付，猶後人所謂捫搎、摸㨿也。本部搏、捕二篆皆收，捕訓「取也」，又部取下云「捕也」，是與索持義迥別。今則捕行而搏廢，但訓爲搏擊。又按，搏擊與索取無二義，凡搏擊者，未有不乘其虛怯扼其要害者，猶執盜賊必得其巢穴也。本無二義二音，至若《考工記》之「摶埴」，《虞書》之「拊搏」，此則「拍」字之叚借。从手，尃聲。補各切。此今音也。陸氏説又房布切，劉音付，皆古音也。五部。一曰，至也。此別一義。蓋搏亦爲今之附近字，許則云「駙者，近也」，《左傳》則作傅。

據，杖持也。謂倚杖而持之也。杖者，人所據，則凡所據皆曰杖。據或作据。《楊雄傳》：「三摹九据。」晉灼曰：「据，今據字也。」按，何氏《公羊傳注》據亦皆作据，是叚借拮据字。从手，豦聲。居御切，五部。

攝，引持也。謂引進而持之也。凡云攝者，皆整飭之意。《論語》「攝齎」，《史記》「矦生攝弊衣冠」。襄十四年《左傳》曰：「不書者，惰也；書者，攝也。」注云：「能自攝整。」《詩》：「攝以威儀。」傳曰：「言相攝佐者以威儀也。」《論語》：「官事不攝。」注云：「攝猶兼也。」皆引持之意。从手，聶聲。書涉切，八部。

拑，并持也。謂兼二物而持之也。秝部曰：「秉，持一禾。兼，持二禾。」兼者，會意字。拑者，形聲字。拑與兼音略同。从手，冄聲。他含切，七部。

抪，捫持也。謂捫按而持之也。金部鋪下云：「箸門抪首也。」抪首者，人所捫摸處也。从手，布聲。普胡切，五部。

挾，俾持也。俾持謂俾夾而持之也。亦部夾下曰：「盜竊褱物也。俗謂蔽人俾夾。」然則俾持正謂藏匿之持，如今人言懷挾也。《孟子》「挾貴」、「挾賢」、「挾長」、「挾有勳勞」、「挾故」，此皆本義之引申，音胡頰切。若《詩》《禮》之「挾矢」，《周禮》之「挾日」，音皆子協反。「挾日」，干本作「帀日」，《左傳》作「浹」，謂十日徧也。《禮》注：「方持弦矢曰挾。」謂矢與弦成十字形也，皆自其交會處言之。古文《禮》挾皆作「接」，然則接矢爲本字，挾矢爲叚借字與。从手，夾聲。各本作「夾聲」，篆體亦从二人，今皆正。从二入，以形聲中有會意也。胡夾切，八部。

捫，撫持也。撫，安也。一曰揗也。謂安揗而持之也。《大雅》：「莫捫朕舌。」傳曰：「捫，持也。」渾言不分析也。若王猛「捫蝨」之類，又專謂摩挲。从手，門聲。莫奔切，十三部。

《詩》曰：「莫捫朕舌。」《大雅·抑》文。

擥，撮持也。謂總撮而持之也。从手，監聲。盧敢切，八部。

攕，理持也。謂分理而持之也。从手，韱聲。良涉切，八部。

握，搤持也。按，下文云：「搤，一曰握也。」从手，屋聲。於角切，三部。

臺 古文握。《淮南·詮言訓》：「臺無所鑒，謂之狂生。」高注：「臺，持也。所鑒者玄德也。持無所鑒，所持者非玄德，故謂之狂生。」合《文選》任彦昇《哭范僕射詩》注及今本《淮南子》可得其真矣。《俶真訓》曰：「其所居神者，臺簡以游大清。」此臺亦疑臺之誤。

撣 提持也。提持猶縣持也。《太玄》：「撣繫其名。」撣訓觸，別一義。从手，單聲。讀若行遲驒驒。驒驒，未見所出。蓋即《詩》之「嘽嘽駱馬」，傳曰：「嘽嘽，喘息之皃。馬勞則喘息。」徒旱切，十四部。

把 握也。握者，搤持也。《孟子》注曰：「拱，合兩手也。把，以一手把之也。」从手，巴聲。博下切，古音蓋在五部。

搹 把也。《喪服》：「苴絰大搹。」注曰：「搹，扼也。中人之扼圍九寸。」此言中人滿手把之，其圍九寸，則其徑約計三寸也。《喪服傳》：「朝一溢米，夕一溢米。」王肅、劉逵皆云：「滿手曰溢。」與鄭異。按，此謂溢爲搹之叚借字也，然搹溢字見一章，數行內不應異用，則知鄭説爲長。从手，鬲聲。於革切，十六部。

扼 搹或从戹。扼，今隸變作扼，猶軶隸變作軛也。許云，扼者，搹之或字，而鄭注《禮》云「搹，扼也」者，漢時少用搹，多用扼，故以今字釋古字，非於許有異也。

挐 牽引也。从手，如聲。按，各本篆作「拏」，解作「奴聲」。別有挐篆，解云「持也。从手，如聲。女加切。」二篆形體互譌，今正。挐字見於經者，僖元年「獲莒挐」，三傳之經所同也。其義則宋玉《九辯》曰：「枝煩挐而交横。」王注：「柯條糾錯而崱嶷。」《招魂》：「稻粢穱麥，挐黃粱些。」王注：「挐，糅也。」王逸《九思》：「殽亂兮紛挐。」注：「君任佞巧，競疾忠信，交亂紛挐也。」左思《吳都賦》：「攢柯挐莖。」李注曰：「許慎注《淮南子》云：挐，亂也。」凡若此等，皆於牽引義爲近。而《漢·霍去病傳》：「昏，漢匈奴相紛挐。」此與《九思》「紛挐」同，謂漢與虜相亂也。而師古注乃云「紛挐，亂相持搏也」。以亂釋紛，以相持搏釋挐，大非語意。竊意其時《説文》已同今本，故顔從而傅會耳。蓋其字本如聲讀女居切，其義爲牽引。《廣韵·九魚》挐注「牽引」，未嘗作拏。《説文》拏訓持，即今所用攫拏字也。其字奴聲，讀女加切。《廣韵》麻韵拏、挐兩收，淆亂其義。《玉篇》有挐無拏，訓爲持也，乃同今本《説文》，孫强輩所改耳。一曰，已也。小徐本有此四字。

攜 提也。古多叚爲攜字。从手，巂聲。户圭切，十六部。

提 挈也。挈者，縣持也。攜則相竝，提則有高下，而互相訓者，渾言之也。从手，是聲。杜兮切，十六部。

㧙 拈也。从手，耴聲。丁愜切，八部。

拈 㧙也。《篇》、《韵》皆云：「指取也。」从手，占聲。奴兼切，七部。

摛 舒也。《蜀都賦》：「摛藻掞天庭。」《魏都賦》：「摛翰則華縱春葩。」《太玄經》：「幽攡萬類。」字作「攡」。从手，离聲。丑知切，古音在十七部。

捨 釋也。釋者，解也。按，經傳多叚「舍」爲之。从手，舍聲。書冶切，古音在五部。

擪 一指按也。《洞簫賦》：「挹抐擫擶。」李注：「言中制也。」《莊子·外物》：「擪其噦。」一作「壓」。《南都賦》：「彈琴擫籥。」李注引《說文》。按，擫、擫皆同擪。从手，猒聲。於協切，七部。

按 下也。以手抑之使下也。印部曰：「抑者，按也。」从手，安聲。烏旰切，十四部。

控 引也。引者，開弓也。引申之，爲凡引遠使近之偁。《詩》：「控於大邦。」傳曰：「控，引也。」此即《左傳》所謂「控，告也」。又：「抑磬控忌。」傳曰：「騁馬曰磬，止馬曰控。」按，「騁馬曰磬」者，如《大明》傳之「俔，磬也」，極辭也。「止馬曰控」者，是亦引之使近之意也。从手，空聲。苦貢切，九部。《詩》曰：「控于大邦。」《庸·載馳》文。匈奴引弓曰控弦。依《羽獵賦》注訂。此引匈奴方語，以證控引一也。《漢書》於匈奴或言「引弓」，或言「控弦」一也。

揗 摩也。《廣雅》曰：「揗，順也。」《廣韵》曰：「手相安慰也。」今人無循字，古葢作揗。循者，行順也。《淮南》曰：「引揗萬物。」高注：「引揗，拔擢也。」讀允恭之允。从手，盾聲。食尹切，十三部。《廣韵》詳遵切。

掾 緣也。緣者，衣純也。《既夕禮》注：「飾衣領袂口曰純。」引申爲凡夤緣邊際之偁。掾者，緣其邊際而陳掾也。陳掾，猶經營也。《易》卦辭曰彖，謂文王緣卦以得其義。然則彖者，掾之叚借字與。漢官有掾屬，正曰掾，副曰屬。漢舊注：「東西曹掾比四百石，餘掾比三百石。屬比二百石。」此等皆翼輔其旁者也，故曰掾。从手，彖聲。以絹切，十四部。

拍 拊也。《釋名》曰：「拍，搏也。手搏其上也。」按，許釋搏曰「索持」，則古經搏訓拍者，字之叚借。《考工記》：「搏埴之工。」注曰：「搏之言拍也。」云之言者，見其義本不同也。从手，百聲。普百切，古音在五部。讀如粕。

拊 揗也。揗者，摩也。古作拊揗，今作撫循。古今字也。《堯典》曰：「擊石拊石。」拊輕擊重，故分言之。又《皋陶謨》「搏拊」，樂器名。《明堂位》作「拊搏」。从手，付聲。芳武切，古音在四部。

掊 杷也。杷，各本作「把」，今正。木部曰：「杷者，收麥器也。」引申爲凡用手之偁。掊者，五指杷之，如杷之杷物也。《史》、《漢》皆言「掊視得鼎」，師古曰：「掊，手杷土也。杷音蒲巴反，其字从木。」按，今俗用之刨字也。《大雅》曰：「曾是掊克。」傳曰：「掊克，自伐而好勝人也。」以自伐釋掊，以好勝人釋克，未得其解。定本掊作「倍」，正義謂己兼倍於人而自矜伐，似定本爲是矣。然《孟子》

書亦作「掊克」，趙注但云「不良也」。知《詩》本不作掊。毛意謂掊爲倍之叚借字。掊有聚意，與捊音義近，有深取意，則不同捊也。《毛詩》釋文云：「掊克，聚斂也。」此謂同捊也。《方言》曰：「掊，深也。」郭注云：「掊尅，深能。」以深釋掊，以能釋尅，此亦必古説，但皆非毛義。《方言》掊訓深，與許説合。〇《六書故》引唐本作「捊也」，不若顔氏本作「杷」。从手，咅聲。父溝切，《廣韵》薄侯切，古音在一部。今鹽官入水取鹽爲掊。《百官志》注引胡廣曰：「鹽官掊坑而得鹽。」

捋　取易也。按，捋與寽，二篆義別。寽見𠬪部，云「五指寽也」。五指寽者，如用指取禾采之穀是也。捋則訓「取易」而義不同。《詩》「薄言捋之」「捋采其劉」，傳曰：「捋，取也。」此捋之本義也。若董逌《詩詁》曰：「以指歴取也。」朱子《詩集傳》曰：「捋，取其子也。」此於今之俗語求其義，而不知今之俗語，許書自有本字，凡訓詁之宜審慎如此。〇寽下云：「五指捋也。」宋本云：「五指持也。」皆未是。《廣韵·六術》云：「寽，持取。今寽禾是。」是則許當本作「五指持取」也。五指持而取之，於義乃合。从手，寽聲。郎括切，十五部。

撩　理之也。之字，依《玄應書》卷十五補。下云「謂撩捋整理也」，今多作料量之料。《通俗文》曰：「理亂謂之撩理。」从手，尞聲。洛蕭切，二部。

措　置也。置者，赦也。立之爲置，捨之亦爲置。措之義亦如是。經傳多叚「錯」爲之。《賈誼傳》叚「厝」爲之。从手，昔聲。倉故切，五部。

插　刺内也。内，各本作「肉」，今正。内者，入也。刺内者，刺入也。漢人注經多叚「捷」字、「扱」字爲之。从手，臿聲。楚洽切，八部。

掄　擇也。《晉語》：「君掄賢人之後，有常位於國者而立之。」韋注：「掄，擇也。」《周禮》：「凡邦工入山林，而掄材不禁。」鄭注：「掄猶擇也。」按，鄭意掄之本訓不爲擇，故曰猶。从手，侖聲。盧昆切，十三部。

擇　柬選也。柬者，分別簡之也。簡者，存也。今小徐本作「簡選」，乃是譌字。《韵會》作「揀」，乃是俗字。辵部選下曰：「一曰選擇也。」从手，睪聲。丈伯切，古音在五部。

捉　搤也。从手，足聲。側角切，三部。一曰，握也。上文云：「握者，搤持也。」與此爲轉注。

搤　捉也。《婁敬傳》曰：「搤其亢，拊其背。」《楊雄傳》曰「搤熊羆，拕豪豬」，「搤其咽，炕其氣」，皆謂捉持之。師古云：「搤與扼同。」依許則搤扼音雖同而義迥別也。从手，益聲。於革切，十六部。

挺　長也。《商頌》：「松桷有挺。」傳曰：「挺，長皃。」此許所本也。《字林》云：「挺，長也，丑連反。」此又本許也。自寫詩者譌从木作梴，又以梴竄入《説文》木部，而終古長誤矣。此義丑連反。若《老子》「挻埴以爲器」，其訓和也，柔也，其音始然反，音羶，其俗字作埏。見於《詩》、《老子》，音義甚明，而今本譌舛。又《方言》：「挻，取也。凡取物而逆謂之篡，楚部或謂之挻。」此義音羊羶反。从手延，延亦聲。小徐本作「从手，延聲」四字。式連切。按，當作丑延切，十四部。篆體右葢从延，延，丑連切，解當依小徐作「从手，延聲」四字。

揃，搣也。搣之訓見下。揃謂搣也。《急就篇》：「沐浴揃搣寡合同。」《莊子》：「眥搣可以休老。」本亦作揃搣。揃搣者，道家修養之法，故莊云「可以休老」。史游與「沐浴」「寡合同」類言，寡合同，即嗇精寡慾之説也。若《士喪禮》、《士虞禮》之「蚤揃」，蚤讀爲爪，謂斷爪，揃讀爲翦，許作剃，謂剃須也。《士虞禮》揃或爲「鬋」。《曲禮》亦作「蚤鬋」，注云：「鬋鬢也。」釋鬋爲剃理鬢髮。是《禮經》揃字爲剃若鬋之叚借，而不用揃之本義。顔師古注《急就》曰：「揃搣謂鬄拔眉髮也，葢去其不齊整者。」顔氏誤以《禮經》之揃，釋《莊》、《史》之揃搣，是誤以叚借爲本義也。訓詁不通其源，斯誤有如此者。○《莊子釋文》引《三倉》云：「揃猶翦也。」云「猶翦」，則翦非本義。《三倉》不妨言叚借，惟《説文解字》不言叚借。从手，歬聲。即淺切，十四部。

搣，㧊也。㧊，各本作「批」，小徐本及《集韵》、《類篇》、《廣韵》作「批」，今正。批者，批之譌；批者，㧊之譌也。手部㧊、批二篆義别，㧊下云：「一曰，㧊，搣頰旁也。」與此曰「搣，㧊也」相爲轉注。《廣韵》、《玉篇》皆曰：「搣者，摩也。」然則「搣頰旁」者，謂摩其頰旁，養生家之一法。故《莊子》曰：「靜默可以補病，眥搣可以休老。」眥搣，即㧊搣之叚借字。一本作揃搣。《釋文》引《字林》「搣，批也，千米反」。批亦㧊之誤。若作批，則捲之俗字，訓反手擊也，尤誤。○按，《廣韵》、《玉篇》云「摩也」，此字本義。《廣韵》又曰「批也」，批即批之誤。又曰「捽也」，捽即批之解也。又云「手拔也」，《玉篇》云：「《莊子》云：揃搣，拔除也。」是皆用師古《急就篇》注而誤，葢訓詁之難如此。从手，威聲。亡列切，十五部。

批，捽也。捽之訓在下。按，《玄應書》兩引《説文》「批，撠也」。撠，居逆反，謂撠撮取也。又引《通俗文》「掣挽曰批」。按，玄應本較今本爲長，但許本無撠，祇用戟，是亦以俗字改許書也。从手，此聲。側氏切，十五、十六部。此與下手上此字義别。

揤，捽也。从手，即聲。子力切，古音在十二部。魏郡有揤裴矦國。《漢・地理志》作「即」，《工子矦表》作「揤」，據此則今本《地理志》誤也。

捽，持頭髮也。《金日磾傳》：「日磾捽胡，投何羅殿下。」孟康曰：「胡音互，捽胡，若今相僻臥輪之類也。」晉灼曰：「胡，頸也。捽其頸而投殿下也。」从手，卒聲。昨没切，十五部。

撮，四圭也。《漢・律麻志》曰：「量多少者不失圭撮。」孟康曰：「六十四黍爲圭。」按，《廣韵》圭下云：「孟子曰：六十四黍爲一圭，十圭爲一合。」孟子即孟康。《經典釋文・序錄》有「孟子注

《老子》二卷，或曰孟康也。康字公休」。《孫子筭經》：「六粟爲一圭，十圭爲一撮，十撮爲一抄，十抄爲一勺，十勺爲一合。」說與孟異。《本艸序例》曰：「凡散藥有云刀圭者，十分方寸匕之一，准如梧桐子大也。一撮者，四刀圭也。十撮爲一勺。十勺爲一合。」此葢醫家用四圭爲撮之說，可相發明。从手，最聲。倉括切，十五部。亦二指撮也。大徐作「一曰兩指撮也」。按，許此別爲一義。而應仲遠注《漢》云：「圭，自然之形，陰陽之始。四圭曰撮，三指撮之也。」不說是二義。三指所撮爲四圭，則四圭甚少，殆即孫子所謂六粟爲圭乎。二十四粟，三指可撮也。小徐本作二指，二疑三之誤。大徐本又改爲兩耳。圭者，瑞玉。上圜下方，故應云「自然之形，陰陽之始」。《易》之數，陰變於六，故六粟曰圭。

掬 撮也。此蒙三指撮而言，不蒙四圭也。从手，𥷚省聲。居六切，三部。按，字之同音者有三：此謂三指撮也。臼，謂叉手也。匊，謂在手也。

摕 撮取也。謂撮而取之，亦蒙三指撮言也。《有司徹》：「乃摭于魚腊俎。俎釋三个，其餘皆取之。」古文摭爲「摕」。《儀禮》宋本、嘉靖本、單行疏本、《釋文》宋本皆如是。俗本作今文摭爲摕者，非也。凡言撮者，皆謂少取。《禮經》依古文爲是。《西京賦》：「摕飛鼯。」亦謂撮取。薛解云：「捎取之也。」《文賦》：「意徘徊而不能揥。」揥當是摕之誤。今俗語云「捎帶」者，當作摕。从手，帶聲。讀若《詩》曰：「螮蝀在東。」謂讀若「螮」也。都計切，十五部。《經典釋文》之舌切，李善大結切。

⿱斦示 摕或从斦，从示。葢从斦而示聲。网手急持人也。其義有別。《廣韵》不云二形一字。

捊 引堅也。堅，各本作「取」，今正。《詩釋文》作「堅」，今本譌爲「取土」二字，非也。堅義同聚，引堅者，引使聚也。《玉篇》正作「引聚也」。《大雅》：「捄之陾陾。」傳曰：「捄，虆也。陾陾，衆也。」箋云：「捄，捊也。度，投也。築牆者捊聚壤土，盛之以虆，而投諸版中。」此引聚之正義。箋與傳互相足。《賓筵》之「仇」，鄭讀爲⿰叀斗；此捄，鄭釋爲捊，皆於其音之相近得其義也。《常棣》：「原隰裒矣。」傳云：「裒，聚也。」此重聚不重引，故不言引，但言聚也。裒者，捊之俗。《易》：「君子以裒多益寡。」鄭、荀、董、蜀才作「捊」，云「取也。」此重引，故但言取也。从手，孚聲。步侯切，三部。《詩》曰：「原隰捊矣。」六字，小徐本有，《玉篇》引亦有。

抱 捊或从包。古音孚聲、包聲同在三部。後人用抱爲褱裦字，葢古今字之不同如此。

揜 自關以東取曰揜。取上俗本有「謂」字，今依宋本。《方言》曰：「掩，索取也。自關而東曰掩，自關而西曰索，或曰狙。」按，許所據《方言》葢作揜，李善注《子虛》、《上林賦》引《方言》，亦作揜也。今《廣韵》「掩，取也」，字作掩。从手，弇聲。衣檢切，七部。一曰，覆也。弇，葢也。故从弇之揜爲覆。凡《大學》「揜其不善」，《中庸》「誠之不可揜」，皆是。

授 予也。予者，推予也。象相予之形。从手受。手付之，令其受也。故从手受。受亦聲。殖酉切，三部。

承 奉也，受也。廾部曰：「奉者，承也。」是二篆爲轉注也。𠬪部曰：「受者，相付也。」凡言承受、承順、承繼，又《魯頌》傳曰「承，止也」，皆奉之訓也。凡言「或承之羞」、「承之以劒」，皆相付之訓也。《左傳》曰：「蔡大夫恐昭侯之又遷也，承。」此叚承爲「懲」也。从手卩廾。合三字會意。署陵切，六部。

挋 給也。給者，相足也。《士喪禮》曰：「乃沐櫛，挋用巾。」又曰：「浴用巾，挋用浴衣。」注曰：「挋，晞也，清也。」按，晞者，乾之也。浴用巾，既以巾拭之矣，而復以浴衣挋之，謂抑按之使乾，此乾彼溼，可互相足，故曰給也。《爾雅》曰：「挋、拭、刷，清也。」渾言之也。析言之，則挋與拭不同。故許書「㕞，飾也。𢷾，飾也」爲一義。「挋，給也」，又爲一義也。从手，臣聲。章刃切，十二部。一曰，約也。約者，纏束也。此挋之別一義也。

𢷾 飾也。飾，各本作「拭」，今正。又部曰：「㕞者，飾也。」巾部曰：「飾者，㕞也。」飾、拭正俗字。自淺人盡改許書之飾爲拭，而字例晦矣。𢷾與挋爲伍，則非妝飾也。《周禮·遺人》：「以恤民之囏阸。」注云：「故書囏阸作𢷾阸。」按，此古文叚借字也。从手，堇聲。居焮切，十三部。

抪 𢷾也。今人用拂拭字，當作此抪，許作「抪飾」也。拂者，過擊也。非其義。从手，𣎵聲。普活切，十五部。○此篆舊次接篆之下，非古也。今移此。

攩 朋羣也。此鄉黨、黨與本字，俗用黨者，叚借字也。鳥部朋下曰：「古文鳳也。鳳飛羣鳥從以萬數，故以爲朋攩字。」《儒林傳》：「唯京氏爲異黨。」師古曰：「黨讀曰儻。」按，儻當作「攩」。从手，黨聲。多朗切，十部。

接 交也。交者，交脛也。引申爲凡相接之偁。《周禮·廩人》「接盛」，讀爲一扱再祭之扱。从手，妾聲。子葉切，八部。

挏 推引也。推，各本作「攤」，今依《廣韵》、《韵會》本。推讀如或推或輓之推，謂推之使前也。从手，同聲。徒總切，九部。漢有挏馬官，作馬酒。見《百官公卿表》、《禮樂志》。應劭曰：「主乳馬，取其乳汁挏治之，味酢可飲，因以名官。」如淳曰：「主乳馬，以韋革爲夾兜，受數斗，盛馬乳，挏其上肥，因名曰挏馬官。今梁州亦名馬酪爲馬酒。」《顏氏家訓》曰：「此謂撞擣挺挏之，今爲酪酒亦然。」按，挺挏字，見《淮南子》。

招 手評也。評，各本作「呼」，今正。呼者，外息也。評者，召也。不以口而以手，是手評也。《匏有苦葉》傳曰：「招招，號召之皃。」按，許書「召者，評也。號者，嘑也」。是用手用口通得云招也。从手，召聲。止搖切，二部。

撫 安也。从手，無聲。芳武切，五部。一曰，揗也。揗，各本作「循」，今正。揗者，摩也。拊亦訓揗，故撫拊或通用。

⿺辶亡 古文撫。从亡辵。

捪　撫也。此冡上訓揗之撫而言。今人所用「抆」字，許土部墀下所用「㨉」字，皆即捪字也。从手，昏聲。武巾切，十三部。一曰，摹也。摹者，規也。

揣　量也。量者，稱輕重也。稱者，銓也。銓者，衡也。从手，耑聲。此以合音爲聲。初委切，十四、十五部。按，《方言》常絹反，是此字古音也。木部有椯字，箠也。一曰度也，一曰剟也。聲義皆與此篆同，而讀兜果切。又今人語言用敁敠字，上丁兼切，下丁括切，知輕重也，亦揣之或體。其音爲耑之雙聲。度高曰揣。《方言》同。《左傳》：「揣高卑。」杜注云：「度高曰揣，度深曰仞。」按，《國語》：「竱本肇末。」竱即《孟子》「揣其本」之揣，其義同也。一曰，捶之。捶者，以杖擊也。椯訓箠，揣訓捶，其意一也。

抧　開也。从手，只聲。讀若抵掌之抵。抵，各本作「抵」，今正。抵，側手擊也。抵掌者，側此手擊彼手掌也。諸氏切，十六部。

摜　習也。此與辵部「遦」音義皆同。古多叚貫爲之。从手，貫聲。古患切，十四部。《春秋傳》曰：「摜瀆鬼神。」昭二十六年《左傳》文。今本作「貫」，杜曰：「貫，習也。」

投　擿也。下文云：「擿，投也。」二篆爲轉注。《巷伯》傳曰：「投，棄也。」从手，殳聲。大徐作「从殳」，非。度矦切，四部。

擿　搔也。此義音剔。《詩》：「象之揥也。」傳曰：「揥所以摘髮也。」釋文云：「揥，勑帝反。摘，他狄反，本又作擿，非也。擿音直戟反。」按，以許說繩之，則作擿爲是，擿正音他狄反也。以象骨搔首，因以爲飾，名之曰揥。故云「所以擿髮」。即後人玉導、玉搔頭之類也。《廣韵・十二霽》曰：「揥者，揥枝，整髮釵。」許書無揥。从手，適聲。讀如剔，十六部。一曰，投也。與上文「投者，擿也」爲轉注。此義音直隻切，今字作「擲」，凡古書用投擲字，皆作擿。許書無「擲」。

搔　刮也。刮，各本作「括」，今正。括者，絜也。非其義。刮者，掊杷也。掊杷正搔之訓也。《内則》：「疾痛苛養，敬抑搔之。」注曰：「抑，按。搔，摩也。」摩馬曰騷，其聲同也。又疒部「疥，搔瘍也」。瘍之需手搔者，謂之「搔瘍」。俗作「瘙瘍」。釋文、正義已如此。从手，蚤聲。穌遭切，古音在三部。

扴　刮也。此與搔義同。刮，小徐作「括」，譌。大徐不誤。《廣韵》曰：「扴者，揩扴物也。」《易》：「介于石。」馬本作「扴」，云：「觸小石聲。」按，扴于石，謂摩礈于石也。从手，介聲。古黠切，十五部。

摽　擊也。《左傳》：「長木之斃，無不摽也。」杜云：「摽，擊也。」《柏舟》傳曰：「摽，拊心皃。」从手，票聲。符少切，二部。《左》釋文敷蕭、普交二切。一曰，挈闟牡也。闟牡，一物也。見門部。挈者，提而启之也。葉鈔本闟作門。

挑　撓也。下文云：「撓者，擾也。擾者，煩也。」挑者，謂撥動之，《左傳》云「挑戰」是也。从手，兆聲。土凋切，二部。一曰，摷也。摷者，拘擊也。小徐摷下有「爭」。《國語》曰：「郤至挑天。」《周語》單襄公語。韋本作「佻天」，注云：「佻，偷也。」今按，「佻天之功，以爲己力」，與《左傳》「天實置之，而二三子以爲己力」語意正同。然則許意爲「一曰摷爭」作證。

抶　挑也。抶者，有所入以出之也。从手，夬聲。於說切，十五部。

撓　擾也。此與女部嬈字音義皆同。从手，堯聲。奴巧切，二部。一曰，捄也。捄篆下曰：「一曰擾也。」是撓、擾、捄三字義同。

擾　煩也。煩者，熱頭痛也。引申爲煩亂之偁。訓馴之字，依許作「犪」，而古書多作「擾」，葢擾得訓馴，猶亂得訓治，徂得訓存，苦得訓快，皆窮則變，變則通之理也。《周禮》注曰：「擾猶馴也。」言猶者，字本不訓馴。从手，夒聲。而沼切，古音在三部。今作擾，从憂，俗字也。

挶　戟持也。戟持者，手如戟而持之也。《左傳》：「褚師出，公戟其手。」杜云：「抵徒手屈肘如戟形。」鄭注《斯干》「如矢斯棘」云：「如人挾弓矢戟其肘。」按，古者戟之制，其鋒謂之援，援體斜橫出，故人下其肘（臂卩），翹其捥與手似之。亦謂之「戟」。《鴟鴞》傳曰：「拮据，戟挶也。」字本作戟，俗加手旁，非是。謂有所操作，曲其肘如戟而持之也。从手，局聲。居玉切，三部。

据　戟挶也。《鴟鴞》：「予手拮据。」傳曰：「拮据，戟挶也。」《公羊》注叚据爲據。从手，居聲。九魚切，五部。

擖　刮也。此與扴音義略同。从手，葛聲。口八切，十五部。一曰，撻也。撻，見下文。

摘　拓果樹實也。拓者，拾也。拾者，掇也。掇者，拾取也。果樹實者，有果之樹之實也。拓之謂之摘，引申之，凡他取亦曰摘。此篆與擿音義殊。从手，啻聲。他歷切，又竹歷切。按，竹歷切是也，他歷則爲擿之音矣。十六部。宋本竹歷，今本改竹戹，以同《廣韵》。一曰，指近之也。別一義。

搳　擖也。與擖篆宜聯綴。从手，害聲。胡秸切，十五部。

摲　斬取也。各本斬取二字作「暫」，今正。斬者，截也，謂斷物也，暫非其義。《禮器》：「有摲而播也。」《長楊賦》：「麾城摲邑。」《蒼頡篇》曰：「摲，拍取也。」鄭曰：「摲之言芟也。」按，芟，刈艸也。摲本訓芟夷。《禮器》注謂於此少與，得分以與彼，是爲芟殺有所與。摲殺上貴之分，以布偏於賤者，謂之摲而播。故《廣雅》本之爲說曰：「摲者，次也。」是鄭注《禮》之義，而非摲之本義也。从手，斬聲。昨甘切，八部。《廣韵》作「摲，斬取也」。山檻切。

搚　摺也。《公羊傳》曰：「使公子彭生送桓公，於其乘焉，搚幹而殺之。」幹者，脅骨也。何曰：「搚者，折聲也。」搚或作

「擠」者，或體也。或作「拉」者，叚借字也。从手，劦聲。虛業切，七部。一曰，拉也。上文曰：「拉者，摧也。」

摺 敗也。敗者，毀也。今義爲摺疊。从手，習聲。之涉切，八部。

揫 束也。束者，縛也。《鄉飲酒義》曰：「西方者秋，秋之爲言愁也。」愁讀爲揫。按，韋部「䪓，收束也。」或从要作𩏄，或从秋手作揫，揫即⿱秌手⑭。然則此篆實爲重出也。从手，秌聲。即由切，三部。《詩》曰：「百祿是⿱秌手。」《商頌·長發》文。今《詩》作「遒」，傳曰：「遒，聚也。」

摟 曳聚也。此當作「曳也，聚也」。各本奪上「也」字。《山有樞》曰：「弗曳弗摟。」傳曰：「摟亦曳也。」此曳訓所本也。曳者，臾曳也。《釋詁》曰：「摟，聚也。」此聚訓所本也。趙注《孟子》曰：「摟，牽也。」此曳義之引申也。从手，婁聲。洛矦切，四部。

抎 有所失也。成公二年《左傳》石稷謂孫良夫曰：「子國卿也，隕子，辱矣。」許所據作「抎」，正謂失也。《戰國策》：「被礛磻，引微繳，折清風而抎矣。」此叚抎爲隕也。《史記·東粵列傳》：「不戰而耘，利莫大焉。」謂閩粵不戰而失其王頭，此叚耘爲抎也。从手，云聲。于敏切，十三部。《春秋傳》曰：「抎子，辱矣。」

披 從旁持曰披。《士喪禮》「設披」注曰：「披，絡柳棺上，貫結於戴，人君旁牽之以備傾虧。」又「執披者旁四人」注曰：「前後左右各二人。」⑮此從旁持之義也。《五帝本紀》：「黃帝披山通道。」徐廣曰：「披，他本亦作陂字，蓋當音詖。陂者，旁其邊之謂也。」按，披、陂皆有旁其邊之意，中散能知之。而索隱云：「披音如字，謂披山林艸木而行，以通道也。」此則司馬貞不知古義之言。蓋俗解訓披爲開，《廣韵》云：「披，開也，分也，散也。」木部柀訓「析也」，柀靡字如此作，而淺人以披訓析，改柀靡爲「披靡」，莫有能諟正者。从手，皮聲。敷羈切，舊彼義切，古音在十六部。

⿸疒挈 引縱曰⿸疒挈。《爾雅釋文》作「引而縱之曰⿸疒挈」。引，開弓也。縱，緩也，一曰舍也。按，引縱者，謂宜遠而引之使近，宜近而縱之使遠，皆爲牽掣也。不必如《釋文》所據《爾雅》曰「甹夆，掣曳也」。俗字作「摕」，作「扯」，聲形皆異矣。从手，瘛省聲。尺制切，十五部。俗作「掣」。

⿱此手 積也。《小雅·車攻》曰：「助我舉柴。」傳曰：「柴，積也。」箋云：「雖不中，必助中者舉積禽也。」柴，許所據作「⿱此手」，此聲、責聲古同在十六部，以疊韵爲訓。从手，此聲。前智切，《詩釋文》引《說文》士賣反，出《音隱》。《詩》曰：「助我舉⿱此手。」《西京賦》作「舉胔」，薛注：「胔，死禽獸將腐之名。」一曰，搣頰旁也。一曰二字，《廣韵》及小徐本及《集韵》、《類篇》皆有之，是也。無此則與上文「積也」矛盾，而「積也」即釋《車攻》，又非引「曰圜」、引「聖讒」說而釋之之比。上文搣下云：「⿱此手也」，此⿱此手下云「搣頰旁也」，是二篆爲轉注，亦考、老之例。搣頰旁，可以休老，見《莊子》。《莊子》亦作「眥㩉」，叚借字。

掉 搖也。掉者，搖之過也。搖者，掉之不及也。許渾言之。从手，卓聲。徒弔切，二部。《春秋傳》曰：「尾大不掉。」《左傳·昭十一年》文。

搖 動也。从手，䍃聲。余招切，二部。

搈 動搈也。動搈，漢時語。《廣雅》曰：「搈，動也。」从手，容聲。余隴切，九部。

𢶍 當也。《廣雅》曰：「𢶍，當也。」从手，貳聲。直利切，曹憲引《説文》直二反。按，作直異切者誤。

揂 聚也。《商頌》：「百祿是遒。」傳曰：「遒，聚也。」按，傳謂此遒爲「揂」之叚借字。从手，酋聲。即由切，三部。

掔 固也。掔之言堅也，緊也，謂手持之固也。或叚借爲牽字，如《史記》「鄭襄公肉袒掔羊」，即《左傳》之「牽羊」也。俗用慳吝字，亦爲掔之俗。从手，臤聲。苦閑切，十四部。讀若《詩》「赤舄掔掔」。掔掔，當依《豳風》作「几几」，傳曰：「几几，絇皃。」掔在十二部，几在十五部。云讀若者，古合音也。

捀 奉也。奉者，承也。从手，夆聲。敷容切，九部。

𢹔 舉也。从手舉。此篆各本作「擧」，云「對舉也。从手，輿聲。以諸切」。下文出揚、𢾺二篆，即出舉篆，云「對舉也。居許切」。不特義同，形聲亦皆不甚異。讀許者，往往疑焉。今按，《玉篇》列字次第，捀下揚上作「𢹔，丘言切，舉也」。《説文》捀下揚上則作「擧」，顯是𢹔篆之譌。葢希馮作《玉篇》時，所據《説文》未誤也。《説文》本有𢹔無擧，後人自譌舛耳。《廣韵·廿二元》亦曰「𢹔，舉也」。《上林賦》、《毛詩》箋、《漢書音義》、《通俗文》皆有「揵」，揵即此𢹔篆也。字从手舉會意。邱言切，十四部。

揚 飛舉也。从手，昜聲。與章切，十部。

𢾺 古文揚，从攴。漢碑用「颺歷」，他文用「𢾺歷」，皆用今文《尚書·般庚》之「優賢揚歷」也。

舉 對舉也。對舉謂以兩手舉之，故其字从手與，ナ手與又手也。从手，與聲。居許切，五部。一曰，輿也。小徐有此四字。按，輿即舁，轉寫改之。《左傳》：「使五人輿豭從己。」舁之叚借也。舁者，共舉也。共者，非一人之辭也。舉之義，亦或訓爲舁，俗别作「擧」，羼入《説文》，音以諸切，非古也。

掀 舉出也。掀之言軒也。从手，欣聲。虚言切，古音在十三部，虚斤切。《春秋傳》曰：「掀公出於淖。」成十六年《左傳》文。釋文曰：「捧轂舉之，則公軒起也。」徐許言反，一曰掀，引也。胡根反。○又按，陸引《字林》云：「火氣也。」葢吕氏所見昭十八年《左傳》作「行火所掀」，與今本作焮不同，亦謂火氣高舉也。

揭 高舉也。見於《詩》者，《匏有苦葉》傳曰：「揭，褰裳也。」《碩人》傳曰：「揭揭，長也。」《蕩》傳曰：「揭，見根皃。」从手，曷聲。去例切，又基竭切，十五部。

拯 上舉也。出休爲拯。从手，丞聲。《易》曰：「拯馬壯吉。」各本篆作抍，解無「出休爲拯」四字，丞聲作「升聲」，拯馬作「抍馬」，今皆正。《易·明夷》釋文曰：「丞音拯救之拯。《說文》云，舉也。子夏作抍。《字林》云，抍，上舉，音承。」然則《說文》作拯，《字林》作抍，在呂時爲古今字。陸引無「上」字，而李注《羽獵賦》引有之。李注謝靈運《擬鄴中集詩》、曹植《七啓》、潘勗《九錫文》、傅亮《修張良廟教》、王巾《頭陁寺碑》，皆引《說文》「出溺爲拯」，是古本確有此四字。《方言》曰：「蹣、抍，拔也。出休爲抍，出火爲蹣。」《方言》之書，字多經轉寫，改作「抍」，即以今字改古字之一，抑或子雲固如此作，許不之錄耳。「用拯馬壯吉」，《周易·明夷》六二爻辭，其字今作「拯」，陸氏德明作「丞」，云「拯救之拯」，猶《艮》「不承其隨」，云「承音拯救之拯」。《左傳》：「目於眢井而承之」，云：「承，拯救之拯也。」葉林宗抄文淵閣宋本不誤，通志堂、抱經堂皆改大字爲拯，殊非。《集韵》抍、承、撜、拯、丞五形同字，丞承即取諸《艮》、《隨》二卦釋文⑯。《類篇》丞作「承」，今本《釋文》改丞爲「拯」，遂使《集韵》、《類篇》之本原泯没矣。《羽獵賦》：「丞民乎農桑。」李引《聲類》「丞亦拯字」，此丞之證也。《列子》：「使弟子竝流而承之。」張注：「承音拯。」引《方言》「出溺爲承」，此承之證也。《玉篇》曰：「丞，《聲類》云抍字。」然則《聲類》之作丞、作承，固難考。《集韵》曰：「丞者，承之或體。」《玉篇》曰：「抍音蒸，又上聲。」葢古多讀平聲，今則讀上聲。古音在六部。陸云音拯救之拯。《玉篇》、《廣韵》皆云「蒸上聲」。不作反語者，《廣韵》云「無韵切」也。無韵切者，此韵字少，庱、殑、殑又皆難識也。

撜 拯或从登。拯，各本作抍，今正。丞聲、登聲皆六部也。升聲亦六部，而此篆古从丞、从登，不从升者，丞、登皆有上進之意，形聲中有會意。經典登作升，皆叚借字，升之本義，實於上舉無涉。

振 舉救之也。之字，依《韵會》補。諸史籍所云振給、振貣是其義也。凡振濟當作此字，俗作「賑」，非也。《匡謬正俗》言之詳矣。从手，辰聲。章刃切，十三部。一曰，奮也。此義則與震略同。《采芑》傳曰：「入曰振旅。」《振鷺》傳曰：「振振，羣飛皃。」《七月》傳曰：「沙雞羽成而振訊之。」皆此義。《麟止》《殷其雷》傳曰：「振振，信厚也。」則此義之引申，葢未有不信厚而能奮者。

扛 横關對舉也。以木横持門户曰關。凡大物而兩手對舉之曰扛。項羽力能扛鼎，謂鼎有鼏，以木横貫鼎耳，而舉其兩耑也。即無横木而兩手舉之，亦曰扛。即兩人以横木對舉一物，亦曰扛。《字林》：「捎、掆，舁也。」《匡謬正俗》曰：「音譌，故謂扛爲剛，有造掆字者，故爲穿鑿也。」《西京賦》作「舡鼎」，舡即舩。魏《大饗碑》作《舩鼎》，舩者，扛之叚借字也。从手，工聲。古雙切，九部。

扮 握也。《大玄》曰：「地則虚三以扮天之十八也。」扮猶并也。从手，分聲。讀若粉。房吻切，十三部。

撟 舉手也。引申之，凡舉皆曰撟。古多叚「矯」爲之。

陶淵明曰：「時矯首而遐觀。」王逸注《楚辭》曰：「矯，舉也。」从手，喬聲。居少切，二部。一曰，撟擅也。擅，專也。凡矯詔當用此字。

捎 自關已西，凡取物之上者爲撟捎。取物之上，謂取物之顛也。捎之言梢也。《方言》曰：「撟，捎選也。自關而西秦晉之閒凡取物之上謂之撟捎。」按，今俗語云「捎帶」是也。《西京賦》注曰：「摕者，捎取之。」《考工記》「捎其藪」「捎溝」⑰，注曰：「捎，除也。」其引申之義。从手，肖聲。所交切，二部。

擁 裛也。各本作「抱也」，今正。抱者，《說文》之或捊字也。裛見衣部，裹也，改裛爲抱，大失許例。《公食大夫禮》：「擁簠粱。」注云：「擁，抱也。」《吳語》：「官帥擁鐸。」注云：「擁，抱也。」《漢書》注曰：「南方謂抱小兒爲雍樹。」雍者，擁之叚借字。从手，雝聲。於隴切，九部。按，《玉篇》作「擁」，蓋古體也。抱之則物必在前，故上雝下手。

㨎 染也。如染繒爲色也。从手，耎聲。而泉反，十四部。《周禮》曰：「六曰㨎祭。」各本篆作「擩」，解作需聲，引《周禮》作「擩祭」，今正。古音耎聲在十四部，需聲在四部，其音畫然分別。後人乃或淆亂其偏旁，本从耎者，譌而从需，而音由是亂矣。《周禮·大祝》九祭，六曰㨎祭。《士虞禮》、《特牲饋食禮》、《少牢饋食禮》、《有司徹》四篇經文，凡用㨎字二十，唐石經《周禮》、《士虞》皆作擩，《特牲》、《少牢》、《有司》皆作㨎，參差乖異。此非經字不一，乃《周禮》、《士虞》經淺人妄改也。郭璞而沿反，李善而緣反，劉昌宗而玄反，陸德明而泉反，皆耎聲之正音也。杜子春讀如虞芮之芮，郭璞而悅反，劉昌宗而誰反，顏師古如閲反，陸德明而劣反，皆耎聲之音轉也。古音十四、十五部，冣相近之理也。今則《周禮》、《禮經》、《漢書》、《子虛賦》注皆誤从需，《玉篇》擩而主切，《廣韵》麌韵作擩，切而主，薛韵作㨎，切如劣，不知其本爲一字。而《五經文字》云：「㨎，如悅反，字書無此字，見《禮經》。擩，汝主反，見《周禮》。」是則唐《開成石經》正用張參之說，故《周禮》與《儀禮》異字，不知何以就《禮經》中《士虞》與他篇又異字也。張氏云：《周禮》作擩，汝主反。今按，《周禮》釋文曰而泉反，一音而劣反，劉又而誰反，絶無汝主一反，不可以證陸氏《周禮》之本作㨎乎？《士虞禮》釋文曰如悅反，劉而玄反，又而誰反，與《特牲》、《少牢》、《有司》音義皆同，亦不言而主反，又不可以見《士虞》之本作㨎乎？其云字書無㨎字，則其所據《說文》已爲俗改之，本有擩無㨎，而不知《說文》古本之有㨎無擩也。《禮經》注曰：「㨎，染也。」李奇《子虛賦》注曰：「染，㨎也。」

揄 引也。漢《郊祀歌》曰：「神之揄，臨壇宇。」師古云：「揄，引也。」《史記》：「揄長袂。」《廣韵》：「揄揚，詭言也。」皆其引申之義。《大雅》：「或春或揄。」叚揄爲舀也。从手，俞聲。羊朱切，古音在四部。

搫 搫擭，逗。不正也。《廣韵》：「搫拔，宛轉也。」今義也。从手，般聲。薄官切，十四部。

擭 搫擭也。从手，蒦聲。一虢切，古音在五部。

一曰，布擭也。此即今之布濩字也。劉逵注《吴都賦》曰：「布濩，遍滿皃。」一曰，握也。握者，搤持也。《西京賦》：「擭獑猢。」薛云：「擭謂握取之也。」今本握譌「掘」。《玄應》不誤。

拚 拊手也。拊，揗也。拍，拊也。此不但言拊，言拊手者，謂兩手相拍也。今人謂歡拚是也。《漢書》、《吴都賦》皆云「拚射」，孟康曰：「手摶爲拚。」此則謂兩人手相搏也。从手，弁聲。皮變切，十四部。俗作「抃」。

擅 專也。專當作「嫥」。嫥者，壹也。从手，亶聲。時戰切，十四部。

揆 度也。各本作「葵也」，今依《六書故》所據唐本正。度者，法制也，因以爲揆度之度。今音分去入，古無二也。《小雅》：「天子葵之。」傳曰：「葵，揆也。」謂叚葵爲揆也。从手，癸聲。求癸切，十五部。

擬 度也。今所謂揣度也。从手，疑聲。魚己切，一部。

損 減也。水部曰：「減者，損也。」二篆爲轉注。从手，員聲。穌本切，十三部。

失 縱也。縱者，緩也，一曰捨也。在手而逸去爲失。兔部曰：「逸，失也。」古多叚爲逸去之逸，亦叚爲淫泆之泆。从手，乙聲。以甲乙之乙爲聲。式質切，十二部。

捝 解捝也。今人多用「脱」，古則用捝，是則古今字之異也。今脱行而捝廢矣。从手，兑聲。他括切，十五部。

撥 治也。《公羊傳》：「撥亂世，反諸正。」何注曰：「撥猶治也。」何言猶者，何意撥之本義非治，撥之，所以爲治也。許則直云治。从手，發聲。北末切，十五部。

挹 抒也。《大雅》曰：「泂酌彼行潦，挹彼注兹。」从手，邑聲。於汲切，七部。

抒 挹也。凡「挹彼注兹」曰抒，斗部曰：「斜，抒也。𣄃，抒屚也。斞，挹也。」水部曰：「浚，抒也。漉，浚也。」「韏，抒井韏也。」《左傳》：「難必抒矣。」此叚抒爲紓。紓者，緩也。服虔本正作「紓」。从手，予聲。神與切，五部。

抯 挹也。《方言》曰：「抯，摣取也。南楚之閒凡取物溝泥中謂之抯，亦謂之摣。」从手，且聲。讀若樝棃之樝。樝棃，見木部。側加切，古音在五部。按，《方言》抯、摣實一字也，故許有抯無摣。

攫 扟也。《蒼頡篇》曰：「攫，搏也。」《通俗文》曰：「手把曰攫。」《淮南子》曰：「鳥窮則搏，獸窮則攫。」按，《衆經音義》卷五、卷十二引《説文》同，而注之曰「扟，居逆切」。是其所據《説文》作「丮」，轉寫譌作「扟」耳。丮者，持也。从手，矍聲。居縛切，五部。

扟 從上挹取也。取字，各本無，依《玄應》補。《通俗文》云：「從上取曰扟。」从手，卂聲。讀若莘。所臻切，十二部。

拓 拾也。《有司徹》篇：「乃摭于魚腊俎，俎釋三个，其餘皆取之。」摘下云：「拓果樹實也。」《儀禮》摭，古文作撫。此實非一字，因雙聲而異。陳宋語。《方言》：「摭，取也。陳宋之閒曰摭。」从手，石聲。之石切，古音在五部。

摭 拓或从庶。石聲、庶聲，皆古音五部。

攈 拾也。《魯語》：「收攟而烝。」韋云：「攟，拾也。」《漢·刑法志》：「蕭何攈摭秦法，取其宜於時者，作律九章。」从手，麇聲。居運切，十三部。亦作捃。

拾 掇也。《史記·貨殖傳》曰：「俯有拾，仰有取，射有決拾。」毛傳曰：「決，所以鉤弦也。拾，遂也。」⑱拾韜左臂，即俗所謂收拾也。《曲禮》：「拾級聚足。」鄭曰：「拾讀爲涉，聲之誤也。」从手，合聲。是執切，七部。

掇 拾取也。《周南》傳曰：「掇，拾也。」从手，叕聲。都括切，十五部。

擐 毌也。毌，各本作「貫」，今正。毌，穿物持之也。今人廢毌而專用貫矣。杜注《左傳》、韋注《國語》，皆曰「擐，貫也」。从手，睘聲。胡慣切，十四部。《春秋傳》曰：「擐甲執兵。」成二年《左傳》文。

揯 引急也。《淮南書》曰：「大弦揯，則小弦絶。」从手，恆聲。古恆切，六部。

摍 蹴引也。蹴，猶迫也，古多叚「戚」爲之。蹴引者，蹴迫而引取之。摍，古叚「縮」爲之。《毛詩》傳曰：「鄰之釐婦，夜暴風雨室壞，趨而至。顔叔子納之，而使執燭。放乎旦而蒸盡，縮屋而繼之。」釋文云：「縮，又作摍，同。」按，《武梁祠堂碑》云「摍笮」是也。《戰國策》：「淖齒管齊之權，縮閔王之筋，縣之廟梁，宿昔而死。」亦即摍字。摍屋，即《左傳》所謂「抽屋」也。从手，宿聲。所六切，三部。

⿰扌虔 相援也。从手，虔聲。巨言切，十四部。

援 引也。《大雅》：「以爾鉤援。」毛傳：鉤援，「鉤，鉤梯也。所以鉤引上城者」。又：「無然畔援。」傳曰：「無是畔道，無是援取。」从手，爰聲。雨元切，十四部。

㨨 引也。《鄭風》：「左旋右抽。」傳曰：「左旋，講兵。右抽，抽矢以射。」竹部曰：「籒，讀書也。」《牆有茨》傳曰：「讀，抽也。」《方言》曰：「抽，讀也。」《尚書》：「克由繹之。」《大史公自序》：「紬史記石室金匱之書。」紬即籒也，籒之言抽也。从手，畱聲。敕鳩切，三部。

抽 㨨或从由。由聲也。㨨或，一本作「籒文」，非也。

⿰扌秀 㨨或从秀。秀字古本當不出，篆體偏旁作秀，則可證古於偏旁不諱也。

擢 引也。毛傳曰：「楫，所以擢舟也。」擢舟，謂引舟也。

从手，翟聲。直角切，古音在二部。

拔　擢也。从手，犮聲。蒲八切，十五部。

揠　拔也。《孟子》：「宋人有閔其苗之不長而揠之者。」趙云：「揠，挺拔之，欲亟長也。」《方言》：「揠、擢、拂、戎，拔也。自關而西或曰拔，東齊海岱之閒曰揠。」从手，匽聲。烏黠切，十四十五部。

擣　手椎也。以手爲椎而椎之。一曰，築也。木部曰：「築，擣也。」二篆爲轉注。築者，必用築，非徒手也，故爲別。从手，𠷎聲。都晧切，古音在三部。小徐本篆作，解云：壽聲。

攣　係也。係者，絜束也。《易·小畜》：「有孚攣如。」馬曰：「連也。」虞曰：「引也。」攣者，係而引之，其義近擢。从手，䜌聲。呂員切，十四部。

挺　拔也。《左傳》：「周道挺挺。」直也。《月令》：「挺重囚。」寬也。皆引申之義。从手，廷聲。徒鼎切，十一部。

𢶍　拔取也。南楚語。《莊子·至樂》篇：「攓蓬而取之。」司馬注曰：「攓，拔也。」《方言》曰：「攓，取也。南楚曰攓。」又曰：「楚謂之攓。」从手，𡨄聲。九輦切，十四部。𢶍、攓二通⑲，又音騫。《楚辭》曰：「朝𢶍阰之木蘭。」阰各本作「批」，今依《韵會》，與《楚辭》合，但《說文》無阰字耳。句見《離騷》。王逸曰：「搴，取也。阰，山名。」

探　遠取之也。探之言深也。《易》曰：「探嘖索隱。」从手，罙聲。他含切，古音在七部。

撢　探也。《周禮·撢人》：「掌撢序王意以語天下。」釋文曰：「與探同。」按，許書則義同而各自爲字。从手，覃聲。他紺切，古音在七部。

挼　摧也。摧，各本作「推」，今依《玉篇》、《韵會》、《文選》注、《玄應梵書音義》正。摧者，擠也。《周禮·守祧》、《禮經·士虞》《特牲》《少牢》「隋祭」，或作隋、作墮，或作挼，或作綏。隋當是正字，挼、綏當是叚借。鄭云：「下祭曰墮，墮之言猶墮下也。」按，隋聲、妥聲同在古十七部。許云「挼，摧也」。摧亦有墮下之義。挼篆疊韵雙聲皆當妥聲，下挼莎一解，則更當从妥，不待言矣。从手，妥聲。各本作「委聲」，今正。徐鉉曰：「俗作挼，非。」乃因《說文》無妥，而爲此謬說也。奴禾切，十六、十七部。一曰，兩手相切摩也。《玄應》引無摩字。阮孝緒《字略》云：「煩撋猶挼莎。」今人多用此義而字作「挪」。

撆　飾也。各本作「別也」，不可通，今正。《文選·洞簫賦》注引「撆，飾也」。飾者，㕞也。見巾部。飾者，今之拭字。蓋一本作㕞，其義一也，而字形一譌爲刷，再譌遂爲別矣。此攷覈者所宜知也。拭與拂義略同。蔡邕《篆勢》曰：「揚波振撆。」《文選》：「撇波而濟。」撇同撆。又《史記·荆軻傳》「跪而蔽席」，《孟荀傳》「襒席」，皆謂拭席，皆擎之異體也。从手，敝聲。芳滅切，十五部。一曰，擊也。此別一義。《韵會》作「擊也，一曰拂也」。拂即飾，易其先後耳。

撼 揻 搖也。搖，宋本作「擂」，誤。从手，咸聲。胡感切，古音在七部。鉉曰：「今別作撼，非是。」

搦 搦 按也。按者，抑也。《周禮·矢人》：「橈之以眡其鴻殺之稱。」注曰：「橈搦其榦。」謂按下之令曲，則強弱見矣。《玄應書》曰：「搦，猶捉也。」此今義非古義也，古義搦同橈。从手，弱聲。尼革切。《釋文》女角切。古音在五部。

掎 掎 偏引也。一本作「偏引一足也」，見李賢、司馬貞所引，此依《左傳》注增二字耳。《左傳》曰：「譬如捕鹿，晉人角之，諸戎掎之。」杜注云：「掎之，掎其足也。」《國語》：「掎止晏萊。」韋云：「從後曰掎。」《子虛賦》「踋麟」，司馬彪云：「踋，掎也。」《詩》：「伐木掎矣。」傳曰：「伐木者掎其顛。」从手，奇聲。居綺切，古音在十七部。

揮 揮 奮也。按，奞部奮下曰：「翬也。」翬下曰：「大飛也。」此云「奮也」。揮與翬義略同。《玄應》引此下有「謂奮訊振去之也」七字，蓋庾儼默注語。从手，軍聲。許歸切，十三、十五部。

摩 摩 揅也。揅，各本作「研」，今正。此以揅與摩互訓。石部研之訓「䃺也」，手部揅之訓「摩也」，義各有屬，無容淆之。摩、揅之功精於䃺、研。挼下曰：「兩手相切摩也。」《學記》曰：「相觀而善之謂摩。」凡《毛詩》、《爾雅》「如琢如摩」，《周禮》「刮摩」，字多从手。俗从石作磨，不可通。从手，麻聲。莫鄱切，十七部。

揅 揅 摩也。从手，研聲。宋本奪此字，今依小徐、《集韵》、《類篇》補。《易》「極深研幾」，蜀才作「揅」。⿱臬木堅切，十四部。

⿰扌毘 ⿰扌毘 反手擊也。《左傳》曰：「宋萬遇仇牧于門，⿰扌毘而殺之。」《玉篇》所引如是，今《左傳》作「批」，俗字也。从手，毘聲。匹齊切，十五部。俗作「批」。

攪 攪 亂也。毛傳同。从手，覺聲。古巧切，古音在三部。《詩》曰：「祇攪我心。」《小雅·何人斯》文。祇，各本譌作衹，誤。《我行其野》傳曰：「祇，適也。」唐人凡此訓必从衣氏。

搑 搑 推擣也。《漢書》：「而僕又茸以蠶室。」師古曰：「茸，音人勇反。推也，謂推致蠶室之中也。」如顏說，則茸者，搑之叚借字。从手，茸聲。而隴切，九部。

撞 撞 刊擣也。刊者，疾也。从手，童聲。宅江切，九部。

捆 捆 就也。捆與因音義同，今則因行而捆廢矣。从手，因聲。於真切，十二部。

扔 扔 捆也。捆，各本作「因」，今正。扔與仍音義同。《老子》曰：「爲之而莫之應，則攘臂而扔之。」从手，乃聲。如乘切，六部。

括　絜也。絜者，麻一耑也。引申爲絜束之絜。凡物圍度之曰絜，賈子「度長絜大」是也。束之亦曰絜，凡經言括髮者，皆謂束髮也。髟部曰：「髻者，絜髮也。」然則束髮曰髻，括爲凡物總會之偁。《毛詩》傳曰：「括，至也。」其引申之義也。《易》「括囊」，借爲昏字也。从手，昏聲。古活切，十五部。

抲　抲，此複舉字之未刪者。撝也。从手，可聲。虎何切，十七部。《周書》曰：「盡執抲。」小徐本抲下有「獻」字，葢誤衍。《酒誥》文。今《尚書》抲作「拘」，字之誤也。此如許所言，苛之字止句也。《後漢書・郡國志》「菏水」，譌爲苟水，正同。《周書》當「盡執」爲逗，下云：「抲以歸於周。」謂指撝以歸於周也。

擘　撝也。《禮記》「燔黍捭豚」，釋文云：「捭，卜麥反。注作擗，又作擘，皆同。」按，卑聲、辟聲皆在十六部，故《記》作捭，注作擘，今注亦作捭矣。「擘豚」，謂手裂豚肉也。又《周禮・旅人》注曰：「薜，讀如藥黃檗之檗，破裂也。」按，薜乃擘之叚借。《西京賦》云：「剖析豪氂，擘肌分理。」李善引《周禮注》作擘，豈其所據與今不同歟。《內則》曰：「塗皆乾，擘之。」《喪大記》：「絞一幅不辟。」《內則》：「麛爲辟雞。」皆假辟爲擘也。若《孟子》「以仲子爲巨擘」，巨擘謂手大指也。凡大指主開，餘四指主合，故謂之巨擘。从手，辟聲。博戹切，十六部。今俗語謂裂之曰「擘開」，其字如此。

撝　裂也。《易》：「撝謙。」馬曰：「撝猶離也。」按，撝謙者，溥散其謙，無所往而不用謙。裂義之引申也。《曲禮》：「爲國君削瓜者華之。」注曰：「華，中裂之也。」華音如花，撝古音如呵，故知華即撝之叚借也。从手，爲聲。許歸切。按，歸必是規字之誤，此字必在《五支》，不得入《八微》也。古音在十七部。一曰，手指撝也。《敘》曰：「比類合誼，以見指撝。」《易》：「撝謙。」注曰：「指撝皆謙。」凡指撝，當作此字。

捇　裂也。《周禮》有「赤犮氏」，注云：「赤犮猶捇拔也。」捇拔，葢漢時有此語。从手，赤聲。呼麥切，釋文采昔反，古音在五部。

扐　《易》：「筮再扐而後卦。」《易・繫辭》傳文也。卦，今《易》作「掛」，釋文云：「京作卦。云再扐而後布卦。」葢許同京也。大衍之數五十，其用四十有九。分而爲二以象兩，掛一以象三，揲之以四以象四時，歸奇於扐以象閏，五歲再閏，故再扐而後掛。虞翻曰：「奇，所掛一策。扐，所揲之餘，不一則二，不三則四，取奇以歸扐。扐并合掛左手之小指，爲一扐，則似閏月定四時成歲，故歸奇於扐以象閏者也。已一扐，復分掛如初揲之，歸奇於初扐，并掛左手次小指閒，爲再扐，則再閏也。又分扐揲之如初，而掛左手第三指閒，成一變，則布卦之一爻，謂已二扐，又加一爲三，并重合前二扐爲五歲，故五歲再閏，再扐而後掛。」據虞則字作掛者，謂再爲分二掛一。或作卦者，謂於此起卦爻，皆可通也。凡數之餘曰扐。《王制》：「祭用數之仂，喪用三年之仂。」鄭皆以爲數之什一。仂、扐葢同字。《考工記》云「以其圍之阞捎其藪」，假阞爲之。鄭以爲三分之一。然則權度多少，中其節謂之扐，無定數也。从手，力聲。盧則切，一部。

技 巧也。工部曰：「巧者，技也。」二篆爲轉注。古多叚伎爲技能字。人部曰：「伎，與也。」从手，支聲。渠綺切，十六部。

摹 規也。規者，有法度也。以法度度之，亦曰規。《廣韵》曰：「摹者，以手摹也。」《楊雄傳》「參摹而四分之」，「三摹九据」。或手在旁作「摸」，今人謂之「摸揉」，讀入聲，實一字。摹與模義略同。《韵會》此下有「謂所規倣也」五字，葢庾儼默注語之存者。倣當作放。从手，莫聲。莫胡切，五部。

拙 不巧也。不能爲技巧也。从手，出聲。職説切，十五部。

揩 縫指揩也。縫指揩者，謂以鍼紩衣之人，恐鍼之契其指，用韋爲籠，韜於指以藉之也。揩之言重沓也。射韝亦謂之臂揩。从手，沓聲。讀若眔。徒合切，八部。一曰，韋韜。謂如射韝韜於臂者。

摶 㠯手圜之也。各本作「圜也」，語不完。今依《韵會》所據補。以手圜之者，此篆之本義。如《禮經》云「摶黍」，《曲禮》云「摶飯」是也。因而凡物之圜者曰摶，如《考工記》「摶以行石」，「摶身而鴻」，「相笴欲生而摶」是也。俗字作「團」。古亦借爲專壹字，《左傳》云：「若琴瑟之摶壹。」《秦瑯邪臺刻石》曰：「摶心揖志。」是也。專壹，許女部作「嫥壹」。从手，專聲。度官切，十四部。

㨡 手推之也。从手，圂聲。户骨切，十三、十五部。

捄 盛土於梩中也。木部曰：「梠者，徙土輂也。或作梩。」《大雅》：「捄之陑陑。」傳曰：「捄，虆也。陑陑，衆也。」箋云：「築牆者捊聚壤土，盛之以虆，而投諸版中。」《孟子》虆梩竝言，趙曰：「虆梩，籠臿之屬，可以取土者也。」許説專爲釋《大雅》而言。从手，求聲。舉朱切，古音在三部。一曰，捊也。各本作擾，今依《韵會》本正。捊者，引聚也。於前義相近。捊之乃後盛之。《詩》曰：「捄之陑陑。」《大雅·緜》文。陑音而，亦作「陾」，各本作「陝」，誤。今依《玉篇》。

拮 口手共有所作也。《豳風》：「予手拮据。」傳曰：「拮据，撠挶也。」手病口病，故能免於大鳥之難。《韓詩》曰：「口足爲事曰拮据。」韓之足即毛之手也。許葢合毛韓爲此訓。从手，吉聲。古屑切，十二部。《詩》曰：「予手拮据。」《鴟鴞》文。

搰 掘也。《吳語》：「夫諺曰：狐埋之，而狐搰之。是以無成功。」韋注：「搰，發也。」《玉篇》云：「《左傳》搰褚師定子之墓，本亦作掘。」从手，骨聲。户骨切，十五部。

掘 搰也。二篆疊韵轉注。按，凡字書韵書謂「掘亦作闕」者，似是而非也。《左傳》「闕地及泉」，「闕地下冰而牀焉」。《國語》：「闕爲深溝，通於商魯之閒。」韋云：「闕，穿也。」凡云闕者，皆謂空之，與掘義別。从手，屈聲。衢勿切，十五部。

掩 斂也。小上曰掩。《釋器》：「圜弇上謂之鼒。」弇上，當作「掩上」。从手，奄聲。衣檢切，八部。

摡 滌也。滌者，洒也。洒，先禮切。《詩》：「摡之釜鬵。」傳曰：「摡，滌也。」今本作「溉」者，非。凡《周禮》、《禮經》摡字本皆从手，《釋文》不誤，而俗本多譌。从手，既聲。古代切，古音在十五部。《詩》曰：「摡之釜鬵。」《匪風》文。

揟 取水沮也。沮，《玉篇》《廣韵》作「具」，非也。取水之具，或以木，或以瓦缶，則製字不當从手矣。沮，今之「渣」字。《集韵·九麻》曰「柞，滓也。亦作渣。」取水渣者，必浚之漉之，如釃酒然。然則揟與水部之湑音義皆同，今所謂濾水也。《周禮》謂伺捕盜賊爲胥，亦此意。淺人不得其解，遂改沮爲具，非製字之意。从手，胥聲。相居切，五部。武威有揟次縣。見《漢·地理志》、《郡國志》。孟康曰：「揟，子如反。次音咨。」

播 穜也。穜者，埶也。埶者，穜也。《堯典》曰：「播時百穀。」从手，番聲。補過切，十四、十七部。一曰，布也。《周禮·瞽矇》注曰：「播謂發揚其音。」

𢿥 古文播。《九歌》：「⿱釆丑芳椒兮成堂。」補注：「⿱釆丑，古播字。」

挃 穫禾聲也。《周頌·良耜》曰：「穫之挃挃。」傳曰：「挃挃，穫聲也。」从手，至聲。陟栗切，十二部。《詩》曰：「穫之挃挃。」⑳

㨖 刺也。刺者，直傷也。《方言》曰：「㨖，到也。」《廣雅》曰：「㨖，至也。」从手，致聲。陟利切，十五部。一曰，刺之財至也。財，今纔字。《甘泉賦》曰：「洪臺崛其獨出兮，㨖北極之嶟嶟。」

扤 動也。《詩·正月》：「天之扤我。」傳曰：「扤，動也。」《考工記》：「是以大扤。」从手，兀聲。五忽切，十五部。

抈 折也。《晉語》：「其爲本也固矣，故不可抈也。」韋云：「抈，動也。」按，依韋注，是謂此抈爲扤之叚借字也。其本義則訓折，舊音云：抈音月，又五拮反。从手，月聲。魚厥切，十五部。

摎 縛殺也。縛殺者，以束縛殺之也。凡縣死者，曰縊，亦曰雉經。凡以繩帛等物殺人者，曰縛殺，亦曰摎，亦曰絞。《廣韵》曰：「摎者，絞縛殺也。」多絞字爲長。今之絞罪，即古所謂摎也。引申之，凡繩帛等物二股互交，皆得曰摎，曰絞，亦曰糾。《喪服》曰：「絞帶。」又曰：「殤之絰，不摎垂。」注云：「不絞其帶之垂者。」《周禮》、《襍記》注皆云：「環絰者，一股纏而不糾。」丩部曰：「糾，三合繩也。」《檀弓》作「繆絰」，繆即摎之叚借。故注云：「繆，讀爲不摎垂之摎也。」《喪服》及《檀弓》注「摎垂」字，今本譌爲樛木之樛，遂不可通矣。惟《玉篇》不誤。从手，翏聲。居求切，亦力周切，三部。

撻 鄉飲酒罰不敬，撻其背。《周禮·閭胥》：「凡事掌其比，觵撻罰之事。」故書或言觵撻之罰事。鄭云：「觵撻者，失禮之罰。觵用酒，其爵以兕角爲之。撻，扑也。」按，鄭但云失禮，許必系之鄉飲酒者，禮莫大於此，惟此可登時行觵撻也。從手，達聲。他達切，十五部。

遾 古文撻。从虍者，言有威也。《周書》曰：「遾目記之。」周當作虞，此《皋陶謨》文壁中古文作遾也。

掕 止馬也。掕馬猶勒馬也。疑《易》「拯馬壯」，拯乃掕之叚借。从手，夌聲。里甑切，六部。

抨 彈也。彈，大徐誤作「撣」，今依小徐及《玄應》正。彈者，開弓也。開弓者，弦必反於直，故凡有所糾正，謂之彈。《廣雅》曰：「彈，拼也。」拼，即抨，布茔切。《玄應》曰：「抨，彈繩墨也。」補耕切，又普耕切，江南音也。按，孟康《漢書注》曰：「引繩以抨彈。」从手，平聲。普耕切，十一部。

捲 气埶也。謂作气有勢也。此與拳音同而義異。《小雅·巧言》：「無拳無勇。」毛傳曰：「拳，力也。」《齊語》：「桓公問曰：於子之鄉，有拳勇股肱之力，秀出於衆者？」韋云：「大勇爲拳。」此皆叚拳爲捲，葢與古本字異。《齊風》箋云：「權，勇壯也。」權者，捲之異體。从手，卷聲。巨員切，十四部。按，《五經文字》本部㉑權字下曰：「从手作權者，古拳握字。」从手之權，字書、韵書皆不錄，惟《盧令》鄭箋云：「鬈讀當爲權。權，勇壯也。」又《吳都賦》：「覽將帥之權、勇。」李注云：「《毛詩》無拳無勇，權與拳同。」此𦉼處字，今雖譌作權，从木，然可知其必《五經文字》所謂从手之字也。是可以知字書、韵書遺漏之古字甚多，莫之能補；古書之譌繆亦甚多，莫之諟正也。《國語》曰：「有捲勇。」《齊語》文。《廣韵》引《說文》「有」上有「子」字。㉒一曰，捲收也。此別一義，即今人所用舒卷字也。《論語》「卷而懷之」，叚卷字爲之。《廣韵》「書卷」字亦當作捲。此義音居轉切。

扱 收也。收者，捕也。《曲禮》：「以箕自鄉而扱之。」此扱之本義也。《儀禮》注云：「扱，柶。」此插之叚借字也。从手，及聲。楚洽切，七部。

摷 拘擊也。拘止而擊之也。《集韵》、《類篇》作「擊也，拘也」，非是。又謂此即「鈔」之別體，亦非許意也。以下十七篆皆言擊，而冣後釋擊曰「扑也」，許書文法往往如是。从手，巢聲。子小切。《廣韵》作「藻」，楚交切。二部。《漢書》：「命摷絶而不長。」叚摷爲剿也。

挨 擊背也。《列子》：「攩拯挨扢。」張注曰：「烏駭反，推也。」从手，矣聲。於駭切，一部。今俗音平聲。

撲 挨也。撲與扑、檏義皆别，今人溷之。《廣韵·一屋》云：「拂箸。」今義也。从手，菐聲。蒲角切。《廣韵》普木切。一部㉓。

擊 旁擊也。《公羊傳》曰：「公怒以斗擊而殺之。」注：「擊猶擊也。」擊謂旁擊頭項。《莊子》：「擻以馬捶。」从手，毄聲。苦弔切，二部。小徐本手在左旁。

扚 疾擊也。疾速擊之也。《史記・天官書》「扚雲」，索隱曰：「劉氏音時酌反，《説文》音丁了反。」許慎注《淮南》云：「扚，引也。」按，「扚雲」从手，今本譌从木。从手，勺聲。都了切，二部。

抶 笞擊也。笞，所以擊也。抶之見《左傳》者多矣。从手，失聲。敕栗切，十二部。

抵 側擊也。《戰國策》：「抵掌而談。」《東京賦》：「抵璧於谷。」《解嘲》：「介涇陽，抵穰侯。」按，抵字今多譌作「扺」，其音義皆殊。《國策》：「夏無且以藥囊提荆軻。」《史記》：「薄太后以冒絮提文帝。」提皆抵之叚借字也。从手，氐聲。諸氏切，十六部。與抵在十五部不同。

抰 㠯車鞅擊也。鞅者，馬頸靼也。鞅、抰疊韵。从手，央聲。於兩切，十部。

㨤 衣上擊也。擊，《集韵》、《類篇》皆作「攴」，攴者，小擊也。从手，保聲。方口切，三部。方字類隔，當作彼。

捭 兩手擊也。謂左右兩手横開旁擊也。引申之爲《鬼谷子》之捭闔。捭之者，開也；闔之者，閉也。《禮記》：「燔黍捭豚。」叚捭爲擘字。从手，卑聲。北買切，十六部。

捶 㠯杖擊也。《内則》注曰：「捶，擣之也。」引申之，杖得名捶，猶小擊之曰扑，因而擊之之物得曰扑也。擊馬者曰箠。从手，垂聲。之壘切，壘當作坐，十六部。

搉 敲擊也。敲，横擿也。擿即築之譌變。搉與敲疊韵，又雙聲也。《廣雅》曰：「揚搉，都凡也。」別一義。从手，隺聲。苦角切，二部。

摬 中擊也。擊之而中也。中，《玉篇》作「傷」。从手，竟聲。一敬切，古音在十部，倚兩切。

拂 過擊也。徐鍇曰：「擊而過之也。」刀部曰：「刜，擊也。」與拂義同。从手，弗聲。敷勿切，十五部。

摼 擣頭也。《廣韵》曰：「撞也。」从手，堅聲。讀若《論語》「鏗尒舍琴而作」。讀若二字，衍文也。尒，大徐作「爾」。琴，大徐作「瑟」。今皆正。舊抄《繫傳》本作「琴」。《論語・先進篇》釋文曰：「鏗，苦耕反。投琴聲。」是則陸氏《論語》本作「舍琴而作」。下文云「本今作瑟」者，後人所增語。《廣韵》曰：「揁，琴聲。口莖切。」《玉篇》曰：「揁，口耕切。琴聲。」引《論語》「揁爾舍琴而作」。揁，蓋摼之異體。大徐「摼，口莖切」。按，堅聲古音在十二部。

抌 突擊也。深淺字，許作突。抌、深疊韵字。《刺客列傳》：「左手把其袖，右手揕其匈。」揕即抌字。徐廣曰：「一作抗。」按，抗乃抌之譌耳。从手，冘聲。竹甚切，七部。讀若告言不正曰抌。宋本無告字，「曰抌」之抌，未知何字之誤。

擊 傷擊也。傷擊者，擊之而傷也。故其字从手毀。从手毀，毀亦聲。小徐無「毀亦」字。許委切，十五部。

擊 攴也。攴下曰：「小擊也。」二篆爲轉注。攴訓小擊，擊則兼大小言之。而但云「攴也」者，於攴下見析言之理，於擊下見渾言之理，互相足也。攴之隸變爲扑，手即又也，又下曰「手也」，因之鞭箠等物皆謂之扑。此經典扑字之義也。《咎繇謨》古文「戛擊」，今文《尚書》擊爲隔，同音叚借。从手，毄聲。古歷切，十六部。

扞 忮也。忮，當作枝，枝持字古書用枝，亦用支，許之字例則當作榰。許之榰柱，他書之搘拄也。攴部敔下云「止也」，扞義當略同。忮訓很，非其義。《周南》「干城」，傳曰：「干，扞也。」《左傳》亦以「扞城其民」釋干城。孫炎以「自蔽扞」釋《爾雅》扞字。許盾下云：「所以扞身蔽目。」然則扞字之訓可定矣。《廣韵》扞下曰：「以手扞，又衞也。」《玉篇》亦曰：「扞，衞也。」字亦作「捍」，《祭法》：「能禦大災，能捍大患，則祀之。」《魯語》作「扞」。从手，干聲。矦旰切，十四部。

抗 扞也。《既夕禮》注曰：「抗，禦也。」《左傳》曰：「以亢其讎。」注云：「亢猶當也。」亢爲抗之叚借字。《周禮》「綱惡」，馬注云：「綱讀爲以亢其讎之亢。書亦或爲亢，亢，禦也，禁也。」綱亦亢之叚借字也。引申之義爲高抗。《既夕》注曰：「抗，舉也。」从手，亢聲。苦浪切，十部。

杭 抗或从木。若《既夕禮》「抗木橫三縮二」，其字固可从木矣。今人用此字，讀胡郎切，乃斻之譌變。地名餘杭者，乃秦政舟渡處也。

捕 取也。此與搏義別。从手，甫聲。薄故切，五部。

簎 刺也。刺者，直傷也。《周禮·鼈人》：「以時簎魚鼈龜蜃。」鄭司農云：「簎謂以杈刺泥中搏取之。」《魯語》里革曰：「鳥獸孕，水蟲成，獸虞於是乎禁罝羅，矠魚鼈，以爲夏槁。」韋云：「矠，擉也。擉刺魚鼈。」按，矠本矛屬，此叚借矠爲簎也。許所據《國語》作簎，與《周禮》同。从手，籍省聲。士革反。按，《周禮音義》：「劉倉伯反，徐倉格反，沈槍昔反。」李賢《馬融傳》注七亦反。古音在五部。《春秋國語》曰：「簎魚鼈。」

撚 執也。執者，捕罪人也。引申爲凡持取之偁。《廣韵》曰：「撚者，以手撚物也。」从手，然聲。乃殄切，十四部。一曰，禸也。蹂者，獸足蹂地也。

挂 畫也。畫，葉本作「宣」，李文仲《字鑑》亦作「宣」，《六書故》云：「唐本作縣。」《玉篇》亦作「懸」也。《特牲禮》曰：「實于左袂，挂于季指，卒角。」鄭云：「挂袪以小指者，便卒角也。」《易·毄辭》傳：「分而爲二以象兩，掛一以象三。」孔疏曰：「掛其一於㝡小指閒。」皆於縣義合。古本多作畫者，此等皆有分別畫出之意。陸德明云：「掛，別也。」後人乃云「懸挂」，俗製掛字耳。許訓畫者，古義疊韵爲訓。唐本訓縣，非古也。《禮》注云：「古文掛作卦。」从手，圭聲。古賣切，十六部。

拕 曳也。申部曰：「束縛捽抴爲臾。」又曰：「曳者，臾曳也。」然則曳之義略同抴。一説曳本作抴，後人避諱改之。《南越傳》：「拕舟而入水。」㉔《論語》：「加朝服拕紳。」《易》：「終朝三褫之。」鄭本作拕，叚拕爲褫也。高誘注《淮南》「遇盜拕其衣」云：「拕，奪也。」从手，它聲。託何切，十七部。《廣韻》又徒可切。

捈 臥引也。臥引謂横而引之也。《廣雅》曰：「捈，舒也。」㉕从手，余聲。同都切，五部。

抴 捈也。厂下曰：「抴也。」臾下曰：「束縛捽抴也。」抴與曳音義皆同。《檀弓》：「負手曳杖。」釋文曳作「抴」，俗刻誤从木，非也。《九歌》：「桂擢兮蘭抴。」王逸曰：「擢，楫也。抴，船旁板也。」按，《毛詩》傳云：「楫，所以擢舟也。」故因謂楫爲擢，擢者，引也。船旁板曳於水中，故因謂之抴，俗字作櫂、作枻，皆非是也。从手，世聲。余制切，十五部。俗作拽。

揙 搏也。从手，扁聲。婢沔切，古音在十二部。

撅 㠯手有所杷也。以，各本誤「从」。杷，各本誤「把」，今正。杷本訓收麥器，引申之用手捊聚亦曰杷。《通俗文》曰：「手杷曰掊，手把曰攫。」此杷與把之别也。《内則》「不涉不撅」。撅，揭衣也。撅之義與掘不同，韵書淆之非也。从手，厥聲。居月切，十五部。

攎 拏持也。拏，各本作「挐」，誤。《廣韻》攎下云：「攎斂。」从手，盧聲。洛乎切，五部。

挐 持也。从手，奴聲。各本篆作「拏」，解作「如聲」，此與前文訓牽引之拏互譌也。今正。煩拏、紛拏，字當从如，女居切。挐攫字，當从奴，女加切。古音同在五部，而形異。猶糸部有絮、䋈二篆也。一曰，誣也。《方言》曰：「嘳哰、謰謱，挐也。」郭注：「言諸挐也，女加反。」又曰：「挐，楊州會稽之語也。或謂之惹，或謂之淹。」許言部曰：「諸挐，羞窮也。」《方言》及言部字皆从奴，亦可證篆體作挐之繆。

搵 没也。没者，湛也，謂湛浸於中也。《集韻》引《字林》：「搵抐，没也。」抐，奴困切。从手，𥁕聲。烏困切，十三部。又烏没切。

搒 掩也。《廣韻》曰：「笞打。」今義也。从手，旁聲。北孟切，古音在十部。

挌 擊也。凡今用格鬥字，當作此。《後漢·陳寵傳》：「斷獄者急於篣格酷烈之痛。」注引此《説文》。《周禮》注曰：「若今時無故入人室宅廬舍，上人車船，牽引人欲犯法者，其時格殺之，無罪。」《公羊·定四年》注曰：「挾弓者，懷格意也。」《莊卅一年》注：「古者方伯征伐不道，諸矦交格而戰者，誅絶其國。」此等格字，皆當从手。从手，各聲。古覈切，古音在五部。

拲 兩手共同械也。《周禮·掌囚》：「上罪梏拲而桎。」鄭司農云：「拲者，兩手共一木也。」从手，共聲。此舉形聲包會意。居竦切，九部。《周禮》曰：「上辠梏拲而桎。」

桊 拲或从木。猶桎梏字。

掫 夜戒守有所擊也。一本無「守」字。有所擊，謂鼓類也。襄廿五年《左傳》：「陪臣干掫有淫者。」杜云：「干掫，行夜也。」昭廿年傳：「賓將掫。」杜云：「掫，行夜也。」《周禮·鎛師》《掌固》皆云：「夜三鼜。」杜子春云：「謂擊鼓行夜戒守也。《春秋傳》所謂『賓將趣』，趣與鼜音相近。」㉖許不云擊鼓，而云「有所擊」者，凡有聲可警覺者，皆是，若欜亦行夜所擊者也。从手，取聲。子矦切，四部。《春秋傳》曰：「賓將掫。」

捐 棄也。𠦒部曰：「棄，捐也。」二篆爲轉注。从手，肙聲。與專切，十四部。按，俗音居專切。

掤 所㠯覆矢也。《鄭·大叔于田》傳曰：「掤，所以覆矢也。」《左傳》：「公徒釋甲執冰而踞。」冰者，掤之叚借字。賈逵、服虔皆曰：「冰，櫝丸蓋也。」杜預云：「或說櫝丸是箭筩，其蓋可以取飲。」从手，朋聲。筆陵切，六部。《詩》曰：「抑釋掤忌。」

扜 指摩也。摩，各本作「麾」，俗，今正。扜摩爲雙聲。《山海經》曰：「有人方扜弓射黃蛇。」从手，亏聲。億俱切，五部。亦匈于切。

摩 旌旗。《巾車》曰：「木路建大麾。」鄭云：「大麾不在九旗中，以正色言之則黑，夏后氏所建。」按，凡旌旗皆得曰摩，故許以旌旗釋摩。叚借之，字作戲。《淮陰矦傳》、《項羽本紀》皆曰「戲下」，是也。所㠯指摩也。說从手之意。凡旗之所指曰指摩。師之耳目，在乎旗鼓也。《坶誓》㉗曰：「右秉白旄以麾。」《小雅》曰：「麾之以肱。」从手，靡聲。許爲切，古音在十七部。俗作麾。

捷 獵也。以曡韵爲訓。謂如逐禽而得之也。軍獲得也。《小雅》：「一月三捷。」傳曰：「捷，勝也。」箋云：「往則庶乎一月之中三有勝功。」《春秋經》：「齊矦來獻戎捷。」《易》：「晝日三接。」《內則》：「接以大牢。」鄭注皆讀爲「捷，勝也」。是古文叚借字也。又按，《大雅》「征夫捷捷」，言樂事也。又《有瞽》傳曰：「業，大板也。捷業如鋸齒。」皆其引申之義。从手，疌聲。疾葉切，八部。《春秋傳》曰：「齊人來獻戎捷。」莊三十一年《左氏》、《公》、《穀》皆作「齊矦」，按，作「人」近是，不必親來。

扣 牽馬也。《周禮·田僕》：「凡田，王提馬而走，諸矦晉，大夫馳。」注曰：「提猶舉也，晉猶抑也，使人扣而舉之、抑之，皆止奔也。馳，放不扣。」《史記》：「伯夷叔齊，扣馬而諫。」从手，口聲。苦后切，四部。

掍 同也。《方言》：「掍，同也。宋衞之閒或曰掍。」漢人賦多用掍字。从手，昆聲。古本切，十三部。

搜 衆意也。其意爲衆，其言爲搜也。《魯頌·泮水》曰：「束矢其搜。」傳曰：「五十矢爲束。搜，衆意也。」此古義也。與《考工記》注之「藪」略同。鄭司農云：「藪，讀爲蜂藪之藪。」後鄭云：「蜂藪者，衆輻之所趨也。」一曰，求也。索下曰：「入家搜也。」从手，叜聲。所鳩切，三部。《詩》曰：「束矢其搜。」

換 易也。从手，奐聲。胡玩切，十四部。

掖 㠯手持人臂也。各本臂下有「投地」二字，今依《左傳音義》刪正。《左傳》：「衛人伐邢，二禮從國子巡城，掖以赴外，殺之。」赴當是仆之誤。正義曰：「《說文》云：掖，持臂也。謂執持其臂投之城外也。」釋文曰：「《說文》云：以手持人臂曰掖。」陸孔所據，皆無「投地」二字，淺人傅合《左》文增之。不知掖人者，不必皆投地也。《詩·衡門·序》曰：「僖公愿而無立志，故作是詩，以誘掖其君。」鄭云：「掖，扶持也。」是可證矣。从手，夜聲。羊益切，古音在五部。一曰，臂下也。此義字本作「亦」，或借「掖」爲之，非古也。《儒行》：「逢掖之衣。」《高后本紀》：「見物如蒼犬據其掖。」俗亦作「腋」。

摻 斂也。从手，參聲。各本無摻篆及解，今依《鄭風·遵大路》正義所引補。《詩》：「摻執子之袪。」傳曰：「摻，擥也。」正義引《說文》「摻，參聲。斂也。操，喿聲。奉也」。蓋因俗二字相亂，故分引之。今本無摻篆，亦由南朝以來摻操不別之故。凡許書鼎部鼏鼏相似而失其一，衣部衫袀相似而失其一，水部沱池相似而有沱無池，皆此類。所斬切，古音在七部。

文二百六十六。宋作六十五，今增「摻」文㉘。重十九。

𠦬 背呂也。呂下曰：「脊骨也。」脊兼骨肉言之，呂則其骨，析言之如是，渾言之則統曰背呂，猶俗云背脊也。象脅肋形。脅者，兩膀也。肋者，脅骨也。此四字當作「象形。𠂢象脅肋也」七字，象形謂「象背脊，居中而直，一象人要，𠂢則象背左右脅肋之形也。古懷切。《玉篇》云：「俗作乖。」按，「俗作乖」當在艸部芇字注中。凡𠦬之屬皆从𠦬。讀若乖。此三字大徐無。

脊 背呂也。《釋名》曰：「脊，積也。積續骨節脈絡上下也。」从𠦬，从肉。兼骨肉而成字也。資昔切，十六部。

文二。

附注：

① 「乙鳥」，鉉本、鍇本皆作「玄鳥」，依十一篇下「燕」下說解及此句段注皆當作「玄鳥」。此誤。

② 脫「注」字。

③ 「孝烏」，當作「孝鳥」，見四篇上「烏」下說解。

④ 《國語·晉語四》記十二姓，「苟」作「荀」，然《通志·氏族略四》曰：「荀氏，《國語》云黃帝之後。」

⑤ 今《廣韵》十二齊有「蜀」「罜」二字，蜀下注云：「姓也。梁四公子蜀闖之後。」罜下注云：「姓。出《說文》。」余迺永新校無異說。

⑥ 當作《西都賦》。

⑦ 《左傳·襄三十一年》「高其閈閎」下正義引「《說文》云：閈，門也」。不作「閭也」，故段注此「《左傳》正義」四字應刪。

⑧「傾敵」不辭。據《史記・司馬相如傳》索隱引郭璞此注，「敵」作「敧」，敧與傾同義，是。

⑨宋庠《國語補音》謂「本音琴」。琴、禽同音。

⑩今孔氏正義「摻」下脱「參」字，「此音反」作「山音反」。阮元校勘記謂有「參」及作「山」皆是，「山音反」乃參字反切。此段注既有「參」字，反切乃不應據誤本作「此音」。

⑪「桑穀一暮大拱」是《史記・封禪書》「有桑穀生于廷，一暮大拱」的節語。桑穀，可參《詩・鶴鳴》「其下維穀」毛傳、孔疏。

⑫《程昱傳》未見其事，疑是《蘇則傳》之誤。

⑬指韓愈《貞曜先生墓志銘》。

⑭依韋部，此二句當作「或从秋手作揫，揫即揫。」

⑮上二注皆見《既夕禮》。

⑯《隨》卦是《明夷》卦之誤。參段注前文。

⑰前例見《輪人》，後例見《匠人》。後例「捎」今本作「梢」。段氏于《周禮漢讀考》云前例亦應作「梢」，與此不一致。

⑱毛傳見《小雅・車攻》「決拾既佽」下，原無「所以」二字，段氏增之，則詞性有別。

⑲「二二」疑是「互」朽損致誤。

⑳「擭」，今《詩》作「穫」。二徐本亦皆作「穫」。

㉑「本部」當作「木部」。

㉒《廣韵・二仙》捲下引《國語》，「有」上有「予」字，不作「子」，此作「子」，疑段氏校改。依今《國語・齊語》當作「子」。

㉓段氏《六書音均表》，羑聲在三部，此「一部」疑是「三部」之誤。

㉔此句見《漢書・嚴助傳》劉安上書中，不見于《南越傳》，段氏誤記。

㉕「舒」，當作「抒」。見《廣雅》卷二上。

㉖杜子春語見《周禮・掌固》「夜三鼜」鄭注引。「趣與鼜音相近」，鼜，原作「造」。

㉗《坶誓》，今《尚書》作《牧誓》。

㉘又增「⿱砑手」字，實文二百六十七。

説文解字第十二篇下

金壇段玉裁注

女 婦人也。男，丈夫也。女，婦人也。立文相對。《喪服經》每以丈夫、婦人連文。渾言之，女亦婦人；析言之，適人乃言婦人也。《左傳》曰：「君子謂宋共姬女而不婦。女待人，婦義事也。」此可以知女道、婦道之有不同者矣。言女子者，對男子而言。子皆美偁也。曰女子子者，系父母而言也。《集韵》曰：「吳人謂女爲婮，牛居切。青州呼女曰婮，五故切。楚人謂女曰女，奴解切。」皆方語也。**象形，王育説。**不得其居六書何等，而惟王育説是象形也。蓋象其揜斂自守之狀。尼吕切，五部。小徐「王育説」三字在「从女」下。**凡女之屬皆从女。**

姓 **人所生也。**《白虎通》曰：「姓者，生也。人所稟天氣所以生者也。吹律定姓，故姓有百。」按，《詩》：「振振公姓。」傳曰：「公姓，公生也。」①「不如我同姓。」傳曰：「同姓，同祖也。」昭四年《左傳》：「問其姓。」釋文云：「女生曰姓。姓謂子也。」定四年，蔡大夫公孫生，《公》《穀》皆作公孫姓。**古之神聖人，母感天而生子，故偁天子。**《五經異義》：「《詩》齊、魯、韓，《春秋公羊》説：聖人皆無父，感天而生。《左氏》説：聖人皆有父。謹案：《堯典》以親九族，即堯母慶都感赤龍而生堯，安得九族而親之？《禮讖》云：唐五廟，知不感天而生。玄之聞也：《詩》言感生得無父，有父則不感生，此皆偏見之説也。《商頌》曰：天命玄鳥，降而生商。謂娀簡吞鳦子生契，是聖人感生見於經之明文。劉媪是漢大上皇之妻，感赤龍而生高祖，是非有父感神而生者也(同「耶」)？且夫蒲盧之氣，嫗煦桑蟲成爲己子，况乎天氣因人之精，就而神之，反不使子賢聖乎？是則然矣，又何多怪！」按，此鄭君調停之説。許作《異義》時，從《左氏》説聖人皆有父，造《説文》則云神聖之母感天而生，不言聖人無父，則與鄭説同矣。**因生巳爲姓，从女生。**因生以爲姓，若下文神農母居姜水，因以爲姓；黄帝母居姬水，因以爲姓；舜母居姚虚，因以爲姓，是也。感天而生者，母也。故姓从女生會意。其子孫復析爲衆姓，如黄帝子二十五宗，十二姓，則皆因生以爲姓也。**生亦聲。**息正切，十一部。按，古平聲。**《春秋傳》曰：「天子因生巳賜姓。」**大小徐本互異，由淺人不學，以爲重複，故大徐本删「因生以爲姓」五字，小徐删《春秋傳》以下十一字，皆非也。傳者，隱八年《左傳》文：「無駭卒，羽父請謚與族，公問族於衆仲。對曰：天子建德，因生以賜姓，胙之土而命之氏。」杜曰：「因其所由生以賜姓也。」按，人各有所由生之姓，其後氏别既久，而姓幾湮。有德者出，則天子立之，令姓其正姓，若大宗然。如《周語》帝胙四岳國，賜姓曰姜，氏曰有吕。陳胡公不淫，故周賜之姓(謂嬀姓)，命氏曰陳。飂叔安裔子董父事帝舜，帝賜之姓曰董，氏曰豢龍。蓋此三者，本皆姜、嬀、董之子孫，故予之以其姓。又或特賜之姓，前無所承者，如《史記》、《白虎通》禹祖昌意，以薏苡生，賜姓姒氏。殷契以玄鳥子生，賜姓子氏。斯皆因生以賜姓也。必兼《春秋傳》之說，而姓之義乃完。㚤字不見於許書，蓋古衹作「以」，古書亦有作「似」者。

姜 神農居姜水，因㠯爲姓。《晉語》：「司空季子曰：昔少典娶于有蟜氏，生黃帝、炎帝。黃帝以姬水成，炎帝以姜水成，成而異德，故黃帝爲姬，炎帝爲姜。」韋注：「成謂所生長以成功也。」《渭水篇》注曰：「岐水又東，逕姜氏城南爲姜水。」引《帝王世紀》：「炎帝神農氏姜姓。母女登遊華陽，感神而生炎帝，長於姜水。」是其地。按，姜、姬字，蓋後所製。从女，羊聲。居良切，十部。

姬 黃帝居姬水，因水爲姓。从女，𦣞聲。居之切，一部。

姞 黃帝之後伯鯈姓也。《國語》晉胥臣臼季曰：「黃帝之子，得姓者十四人，爲十二姓。」姞其一也。《詩·都人士》作「吉」。南燕、密須，姞姓國也。后稷妃家。《左傳》：「鄭文公賤妾曰燕姞，夢天使與己蘭。曰：余爲伯儵，余而祖也。以是爲而子。既而生穆公，名之曰蘭。」文公卒，石癸曰：「姞，吉人也，后稷之元妃也。今公子蘭，姞甥也。天或啓之，必將爲君。」遂立之。《古今人表》云：「姞人，棄妃。」直以姞人爲姓名。从女，吉聲。巨乙切，十二部。

嬴 帝少皞之姓也。按，秦、徐、江、黃、郯、莒，皆嬴姓也。嬴，《地理志》作「盈」。又按，伯翳，嬴姓，其子皋陶，偃姓。偃、嬴語之轉耳。如娥皇女英，《世本》作女瑩，《大戴禮》作女匽，亦一語之轉。从女，𣎆省聲。依《韵會》作「𣎆」，今各本作「嬴省聲」，非也。以成切，十一部。

姚 虞舜居姚虛，因㠯爲姓。《帝王世紀》云：「舜母名握登，生舜於姚墟，因姓姚氏也。」《世本》：「舜姓姚氏。」从女，兆聲。余招切，二部。或爲：姚，嬈也。下文曰：「嬈者，苛也。」《史篇》㠯爲：姚，易也。《王莽傳》：「徵天下《史篇》文字。」孟康曰：「史籀所作十五篇也。」許三偁《史篇》，皆説《史篇》者之辭。易蓋冶也。《廣雅》姚、娧皆好也。《荀卿子》「美麗姚冶」，楊注引《說文》「姚，美好皃」。今《說文》無此語。

嬀 虞舜居嬀汭，因㠯爲氏。氏，各舊本及《集韵》、《類篇》皆同。毛斧季剜改爲姓，非也。舜既姚姓，則嬀爲舜後之氏可知。按，依《史記》，當云「因以爲氏姓」。尋姓氏之禮，姓統於上，氏別於下。鄭駁《五經異義》曰：「天子賜姓命氏，諸侯命族。族者，氏之別名。姓者，所以統繫百世不別也。氏者，所以別子孫之所出。故《世本》之篇，言姓則在上，言氏則在下也。」此由姓而氏之説也。既別爲氏，則謂之氏姓。故《風俗通》、《潛夫論》皆以氏姓名篇，諸書多言氏姓。氏姓之見於經者，《春秋·隱九年》「天王使南季來聘」，《穀梁傳》曰：「南，氏姓也。季，字也。」南爲逗，氏姓也三字爲句，此氏姓之明文也。《史記·陳杞世家》：「舜爲庶人時，堯妻之二女，居於嬀汭，其後因爲氏姓，姓嬀氏。」《五帝本紀》曰：「自黃帝至舜禹，皆同姓。帝禹爲夏后，而別氏姓，姓姒氏（今《史記》奪一「姓」字，此氏姓之例與《陳世家》同）。契爲商，姓子氏。棄爲周，姓姬氏。」此皆氏姓之明文也。《左傳》曰：「陳胡公不淫，故周賜之姓，使祀虞帝。」賜之姓者，賜姓曰嬀也。叚令嬀不爲姓，何以不賜姓姚，而賜姓嬀乎。凡言賜姓者，先儒以爲有德者則復賜之祖姓，使紹其後。故后稷賜姓曰姬，四岳堯賜姓曰姜，董父舜賜姓曰董，秦大費賜姓曰嬴，皆予以祖姓也。其有賜姓而本非其祖姓者，如鄭氏駁《異義》云：「炎帝姓姜，大皥之所賜也。黄帝姓姬，炎帝之所賜也。」是炎帝、黄帝之先，固自有姓，而炎帝、黄帝之姜、姬，實爲氏姓之㧊始。夏之姓姒，商之姓子，亦同然。則單云姓者，未嘗不爲氏姓，單云氏者，其後以爲姓，古則然矣。至於周，則以三代以上之姓及氏姓，爲昏姻不通之姓，而近本諸氏於官，氏於事，氏於王父字者，爲氏不爲姓，古今之不同也。舉舜凥嬀汭，因爲氏姓，以發其凡。凡訓詁家曰姓某氏者，皆於此起例。从女，姚之从女，以握登也。嬀之从女，以釐降二女也。爲聲。居爲切，古音在十七部。

妘 祝融之後姓也。祝融者，顓頊之子黎也。《國語》曰：「其後八姓，己、董、彭、秃、妘、曹、斟、芈也。妘姓，鄔、鄶、路、偪陽是也。」又《世本》曰：「鄅，妘姓也。」《大戴禮》「云鄶人」，云即妘字。从女，云聲。王分切，十三部。

⿰鼎女 籀文妘。从員。員，籀文作鼎，古音同云。小徐本篆作⿰女員。

姺 殷諸侯，爲亂，昭元年《左傳》曰：「王伯之令也，猶不可壹。於是乎虞有三苗，夏有觀、扈，商有姺、邳，周有徐、奄。」皆謂當時作亂之諸侯也。疑姓也。嫌姺是國名，故曰疑。疑者，不定之詈也。姺从女，葢以姓爲國名。从女，先聲。所臻切，古音在十三部。《廣韵》入《二十七銑》。《春秋傳》曰：「商有姺、邳。」

⿰女然 人姓也。《廣韵》曰：「⿰女然，姓也。」从女，然聲。奴見切，十四部。

⿰丑女 人姓也。《廣韵》、《玉篇》皆曰：「妞，姓也。」从女，丑聲。呼到切。按，古音在三部，讀如狃。好之古音讀如朽，是以《尚書》叚⿰丑女爲好也。《商書》曰：「無有作⿰丑女。」《鴻範》文。今《尚書》⿰丑女作「好」。此引經説叚借也。⿰丑女本訓人姓，好惡自有真字，而壁中古文叚⿰丑女爲好，此以見古之叚借，不必本無其字，是爲同聲通用之肇耑矣。此如「朕堲讒説」，叚堲爲疾，「尚狟狟」，叚狟作桓，「布重莧席」，叚莧爲織蒻之義，「曰圛」，叚圛爲升雲半有半無之義，皆偁經以明六書之叚借也。而淺人不得其解，或多異説，葢許書之湛晦久矣。

娸 人姓也。从女，其聲。去其切，一部。杜林説：娸，醜也。醜者，可惡也。按，頁部曰：「䫏，醜也。」杜説葢以娸爲䫏頭字也。〇以上十一篆皆冡姓而言。

⿰女乇 少女也。《廣韵》曰：「美女。」从女，乇聲。坼下切，古音在五部，丁故切是也。

媒 謀也。以疊韵爲訓。謀合二姓者也。慮難曰謀。《周禮·媒氏》注曰：「媒之言謀也，謀合異類使和成者。」从女，某聲。莫桮切，古音在一部。

妁 酌也。斟酌二姓者也。斟者，酌也。酌者，盛酒行觴也。斟酌二姓者，如挹彼注兹，欲其調適也。《孟子》曰：「不待父母之命，媒妁之言。」从女，勺聲。市勺切，二部。

嫁 女適人也。《白虎通》曰：「嫁者，家也。婦人外成以出適人爲家。」按，自家而出謂之嫁，至夫之家曰歸。《喪服經》②謂嫁於大夫曰嫁，適士庶人曰適。此析言之也，渾言之，皆可曰適，皆可曰嫁。从女，家聲。古訝切，古音在五部。

娶 取婦也。取彼之女，爲我之婦也。經典多叚「取」爲娶。从女，取聲。說形聲包會意也。此從小徐本。七句切，古音在四部。

婚 婦家也。《釋親》曰：「婦之父爲婚，婦之黨爲婚兄弟。」《禮》，娶婦㠯昏時，婦人侌也，故曰婚。《禮》謂《禮經》也。《士昏禮》曰：「凡行事必用昏昕。」注曰：「用昕使者，用昏壻也。」《郊特牲》曰：「昏禮不用樂，幽陰之義也。」从女昏，昏亦聲。呼昆切，十三部。

𡣍 籒文婚如此。其會意形聲不可孯說。車部之[illegible]，巾部之[illegible]，皆以爲聲。

姻 壻家也。《釋親》曰：「壻之父爲姻，婦之父母、壻之父母相謂爲婚姻。壻之黨爲姻兄弟。」《周禮》：「六行：孝、友、睦、婣、任、恤。」注云：「婣者，親於外親。」引申之義也。女之所因，故曰姻。因者，就也。从女因，因亦聲。於真切，十二部。

婣 籒文姻从𣶒。𣶒，聲也。《周禮》如此作。

妻 婦與己齊者也。妻齊以疊韵爲訓。此渾言之也，《曲禮》曰：「庶人曰妻。」析言之也。从女，从屮，从又。七稽切，十五部。又，逗。持事妻職也。釋从又之意。屮聲。說从屮之故。鉉等以不應既云从屮，又云屮聲，刪此二字。

𡜊 古文妻。从肖女。肖，古文貴字。古文貴不見於貝部，恐有遺奪。

婦 服也。亦以疊韵爲訓。婦，主服事人者也。《大戴禮·本命》曰：「女子者，言如男子之教而長其義理者也，故謂之婦人。婦人，伏於人也，是故無專制之義，有三從之道。」《曲禮》曰：「士之妃曰婦人。」析言之也。从女持帚灑埽也。說會意。房九切，古音在一部。服古音同。

妃 匹也。匹者，四丈也。《禮記》：「納幣一束。束五兩，兩五尋。」注云：「十箇爲束，兩兩合其卷，是謂五兩。八尺曰尋。」按，四丈而兩之，各得二丈。夫婦之片合，如帛之判合矣。故帛四丈曰兩，曰匹，人之配耦亦曰匹。妃本上下通偁，後人以爲貴偁耳。《釋詁》曰：「妃，媲也。」引申爲凡相耦之偁。《左傳》曰：「嘉耦曰妃。」其字亦叚配爲之。《太玄》作嬰，其云嬰埶者，即《左傳》之「嘉耦曰妃，怨耦曰仇」也。从女己。各本下有「聲」字，今刪。此會意字，以女儷己也。芳非切，十五部。

媲　妃也。《釋詁》曰：「妃，媲也。」此云：「媲，妃也。」見相爲轉注。从女，𣬉聲。匹計切，十五部。

妊　孕也。孕者，褢子也。从女壬，壬亦聲。如甚切，七部。按，《廣韵》惟見去聲。

娠　女妊身動也。凡从辰之字，皆有動意，震、振是也。妊而身動曰娠，別詈也。渾言之，則妊娠不別。《詩》：「大任有身，生此文王。」傳曰：「身，重也。」葢妊而後重，重而後動，動而後生。从女，辰聲。失人切，十三部。《春秋傳》曰：「后緍方娠。」哀元年《左傳》曰：「后緍方娠，逃出自竇，歸于有仍，生少康焉。」方娠者，方身動去産不遠也。其字亦叚「震」爲之，昭元年《左傳》「邑姜方震大叔」是也。若《生民》「載震載肅」③，傳曰：「震，動也。」箋云：「遂有身。」則以妊解之。一曰，官婢女隸謂之娠。《方言》曰：「燕齊之閒，養馬者謂之娠，官婢女厮謂之娠。」郭注：「娠音振。女厮，婦人給使者。」

嫋　婦人妊娠也。娠，各本作「身」，今依《廣韵·十虞》正。《廣雅》曰：「嫋，傷也。」从女，芻聲。側鳩切，古音在四部。《周書》曰：「至于嫋婦。」《梓材》文。今作「屬婦」，許所據則壁中文也。崔子玉《清河王誄》：「惠於嫋孀。」亦取諸古文。

嬔　生子齊均也。謂生子多而如一也。《玄應書》曰：「今中國謂蕃息爲嬔息，音芳萬切。《周成難字》云：『嬔，息也。』」按，依列篆次弟求之，則此篆爲免身，當云「从女免生」。从女免生。小徐作「从女，𤯓聲」，大徐作「从女，从生，免聲」。恐皆誤。以免爲聲，尤非。葢《玄應》在唐初已誤矣，今正。讀若幡。依小徐本今音芳萬切，以平讀去耳，十四部。

嫛　嫛婗也。各本婗上刪嫛字，今補。此三字句，嫛婗合二字爲名，不容分裂。《釋名》：「人始生曰嬰兒，或曰嫛婗。嫛，是也。言是人也。婗，其啼聲也。」《襍記》曰：「中路嬰兒失其母焉。」注：「嬰猶鷖彌也。」按，鷖彌即嫛婗，語同而字異耳。从女，殹聲。烏雞切，十五部。

婗　嫛婗也。从女，兒聲。五雞切，十六部。一曰，婦人惡皃。此則專謂婗字。

母　牧也。以疊韵爲訓。牧者，養牛人也，以譬人之乳子。引伸之，凡能生之以啓後者，皆曰母。从女，象褱子形。褢，褱也。象兩手褱子也。一曰，象乳子也。《廣韵》引《倉頡篇》云：「其中有兩點者，象人乳形。豎通者，即音無。」按，此就隷書釋之也。莫后切，古音在一部。

嫗　母也。《樂記》：「煦嫗覆育萬物。」鄭曰：「以氣曰煦，以體曰嫗。」《詩》毛傳：栁下惠「嫗不逮門之女。」亦以體曰嫗之意。不逮門者，不及入門。《荀卿》所謂「與後門者同衣」，即此也。凡人及鳥生子曰乳，皆必以體嫗之。《方言》：「伏雞曰抱。」郭云：「江東呼菢，央富反。」按，菢即嫗也，母之呼嫗由此。《高帝本紀》曰：「有一老嫗夜哭。」从女，區聲。衣遇切，古音在四部。

媼 母老偁也。母，大徐作女，非也。高帝母曰劉媼，文穎曰：「幽州及漢中皆謂老嫗爲媼。」孟康曰：「長老尊稱也。左師謂太后曰：媼愛燕后，賢於長安君。」《禮樂志》「媼神蕃釐」，「后土富媼」。張晏曰：「媼，老母偁也。」坤爲母，故偁媼。**从女，𥁕聲。讀若奧。**按，从𥁕，葢與嫗同意。形聲中有會意也。𥁕聲而讀如奧者，方俗語音之轉耳。烏晧切，古音當在十三部。

姁 嫗也。然則姁亦母偁也。師古曰：「吕后名雉，字娥姁。」**从女，句聲。**況羽切，四部。

姐 蜀人謂母曰姐，方言也。其字當蜀人所製。**淮南謂之社。**因類記之也，社與姐音近。**从女且聲讀若左。**左，即今ナ字也。今兹也切，古音當在五部。

姑 夫母也。《釋親》曰：「婦偁夫之父曰舅，稱夫之母曰姑。姑舅在則曰君舅、君姑，没則曰先舅、先姑。」按，聖人正名之義，名有可叚借通用者，有不可叚借通用者。可叚借者舅姑是也，故母之昆弟爲舅，夫之父亦曰舅，妻之父曰外舅；夫之母曰姑，男子偁父之姊妹亦曰姑，偁妻之母曰外姑。葢《白虎通》云：「舅者，舊也。姑者，故也。舊故之者，老人之偁也。」故其偁可氾用之。不可叚借者，父母是也。故同姓有父母，異姓無父母，夫之父母未聞偁父母也，姑之夫未聞偁父也，姑未聞偁母也，母之兄弟未聞偁父也，母之兄弟之妻未聞偁母也，從母之夫未聞偁父也。惟外祖父、外祖母則以父之父母例之而得偁，從母則以父之昆弟偁從父例之而得偁，從母之子亦以從父昆弟例之而得偁，凡同姓五服之外及異姓之親，衹偁兄弟，無偁昆弟者，古人偁謂之嚴也，今天下之名不正者多矣，盍反諸經乎。許於舅舉母之昆弟，於姑舉夫母，各舉男女所冣尊，以發舅姑之例也。姑之字叚爲語䛐。《卷耳》傳曰：「姑，且也。」**从女，古聲。**古胡切，五部。

威 姑也。引伸爲有威可畏。**从女，戌聲。**按，小徐本作戌聲，而復以會意釋之。於非切，十五部。**《漢律》曰：「婦告威姑。」**惠氏定宇曰：「《爾雅》『君姑即威姑也』。」古君威合音差近。

妣 歿母也。歿，正作「殁」，終也。《曲禮》曰：「生曰父、曰母、曰妻，死曰考、曰妣、曰嬪。」析言之也。《釋親》曰：「父曰考，母曰妣。」渾言之也。**从女，比聲。**卑履切，十五部。

𡚱 籒文妣省。

姊 女兄也。《釋親》曰：「男子謂先生爲姊，後生爲妹。」④《邶》詩：「問我諸姑，遂及伯姊。」傳曰：「父之姊妹稱姑，先生曰姊。」**从女，𠂔聲。**將几切，十五部。

妹 女弟也。《衛風》：「東宮之妹。」傳曰：「女子後生曰妹。」**从女，未聲。**莫佩切，十五部。按，《釋名》曰：「姊，積也。妹，昧也。」字當从未。《白虎通》曰：「姊者，咨也。妹者，末也。」又似从末。

娣 同夫之女弟也。小徐本有「夫之」二字，而尚少

「同」字，今補。同夫者，女子同事一夫也。《釋親》曰：「女子同出謂先生爲姒，後生爲娣。」孫郭皆云：「同出，謂俱嫁事一夫。」《王度記》曰：「諸侯娶一國，則二國往媵之。」《公羊傳》、《白虎通》皆曰：「諸侯娶一國，則二國往媵之，以姪娣從。姪者何？兄之子也。娣者何？女弟也。」《大雅・韓奕》傳曰：「諸侯一娶九女，二國媵之。諸娣，衆妾也。」按，女子謂女兄弟曰姊妹，與男子同。而惟媵己之妹，則謂之娣，蓋別於在母家之偁，以明同心事一君之義也。《禮・喪服經》皆言妹，無言娣者，今大徐本作「女弟也」非是。小徐本又妹、娣二篆互譌，而娣下曰「女弟也」，妹下曰「夫之女弟也」，楚金以班昭《女誡》㛮妹之偁注之。夫夫之姊呼女妐，夫之妹呼女叔，見鄭氏《昏義》注。夫之妹呼女叔，猶夫之弟呼叔也，呼妹則名不正矣。今本《爾雅》轉寫女叔誤爲「女妹」，不可不正。〇或問俱嫁一夫，謂先生爲姒，古未聞以姊媵者，何以有先生者也？曰：二國往媵，容有小國，容有年稍長者。又問娣異名以別於妹矣，何姪不爲異名乎？曰：姪之名以別於男子之謂猶子，早爲異名矣，不煩更異也。曰：《釋親》又言長婦謂稚婦爲娣婦，娣婦謂長婦爲姒婦，見於傳者，姒爲妯娌之偁，何也？曰：此所謂名之可以叚借通偁者也。如兄弟之偁，同姓異姓皆得偁之也。妯娌偁長者曰姒，少者曰娣，與坐以夫齒之禮竝行不悖。从女，弟聲。形聲中會意。徒禮切，十五部。

媦 楚人謂女弟曰媦。方言之不同也。从女，胃聲。云貴切，十五部。《春秋公羊傳》曰：楚王之妻媦。桓二年《公羊傳》文。

嫂 兄妻也。鄭注《喪服》曰：「㛮者，尊嚴之。㛮猶叟也，叟，老人之偁也。」按，古者重男女之別，故於兄之妻尊嚴之，於弟之妻卑遠之，而皆不爲服。男子不爲兄弟之妻服，猶女子不爲夫之兄弟服也。女子於夫之姊妹則相服小功者，相與居室之親也。从女，叜聲。形聲中有會意。穌老切，古音在三部。

姪 女子謂兄弟之子也。各本作「兄之女也」，不完，今依《爾雅》正。《釋親》曰：「女子謂晜弟之子爲姪。」《喪服》大功章曰：「女子子適人者，爲衆昆弟，姪丈夫婦人報。」傳曰：「姪者，何也？謂吾姑者吾謂之姪。」經言丈夫婦人同謂之姪，則非專謂女也。《公羊傳》曰：「二國往媵，以姪娣從。」謂婦人也。《左傳》曰：「姪其從姑。」謂丈夫也。不謂之猶子者，女外成別於男也。今世俗男子謂兄弟之子爲姪，是名之不正也。从女，此从女者謂系乎姑之偁也。許誤會用《公羊》「兄之女也」爲訓，非是。至聲。从至者，謂雖適人，而於母家情摯也。形聲中有會意也。徒結切，十二部。

姨 妻之女弟，同出爲姨。《釋親》曰：「妻之姊妹，同出爲姨。」孫曰：「同出，俱已嫁也。」此獨言女弟者，以弟姨疊韵也。《釋名》曰：「妻之姊妹曰姨，姨，弟也，言與己妻相長弟也。」按，長弟謂次弟也。後世謂母之姊妹曰姨母。从女，夷聲。以脂切，十五部。

妿 女師也。《詩》：「言告師氏。」毛傳：「師，女師也。古者女師教以婦德、婦言、婦容、婦功。」李善引《漢書音義》曰：「婦人年五十無子者爲傅。」从女，加聲。此説形聲。杜林説，加教於女也。杜説會意。讀若阿。烏何切，十七部。按，《列女傳》華孟姬、楚昭伯嬴傳，皆言保阿；《内則》篇、《喪服經》注皆言可者。鄭云：「可者，賤於諸母，謂傅姆之屬。」蓋可者即阿，阿即妿也。

娒　女師也。《士昏禮》注曰：「姆，婦人年五十無子，出而不復嫁，能以婦道教人者。」《左傳》：「宋大災。宋伯姬卒，待姆也。」何注《公羊》曰：「禮，后夫人必有傅母，所以輔正其行、衞其身也。選老大夫爲傅，選老大夫妻爲母。」按，母即娒也。从女，每聲。讀若母同。今音每與母殊，古音同在一部耳。故許作娒，《字林》及《禮記音義》作姆也。莫后切，古音在一部。

媾　重婚也。重婚者，重疊交互爲婚姻也。杜注《左傳》曰：「重婚曰媾。」按，字从冓者，謂若交積材也。《曹風》：「不遂其媾。」毛傳曰：「媾，厚也。」引伸之義也。从女，冓聲。形聲中有會意。古厚切，四部。《易》曰：「匪寇，婚媾。」《屯》六二爻辭。

姼　美女也。《廣韻》曰：「姡姼，輕薄皃。」此今義也。《方言》曰：「謂父妣曰母姼，稱父考曰父姼，音多。」⑤此方俗里語也。从女，多聲。尺氏切，古音在十七部。

㚰　姼或从氏。氏聲在十六部，合音㝡近。

妭　美婦也。《廣韻》引「婦人美皃」，大徐作「婦人美也」。按，《廣韻》曰：「妭，鬼婦。」引《文字指歸》云：「女妭，禿無髮，所居之處天不雨。」此謂旱魃也，魃在鬼部，與此各字，而俗亂之。从女，犮聲。蒲撥切，十五部。

㜎　女隸也。《周禮》作「奚」，叚借字也。《酒人》：「女酒三十人，奚三百人。」鄭注：「古者從坐男女，没入縣官爲奴。其少才智者（者字今增），以爲奚，今之侍史官婢，或曰奚宦女。」《守祧》：「女祧每廟二人，奚四人。」鄭曰：「奚，女奴也。」从女，奚聲。胡雞切，十六部。

婢　女之卑者也。《内則》：「父母有婢子。」鄭曰：「所通賤人之子。」是婢爲賤人也。而《曲禮》：「自世婦以下，自偁曰婢子。」《左傳》秦穆姬言「晉君朝以入，則婢子夕以死」。是貴者以婢子自謙。婢亦稱婢子，與《内則》婢子不同也。鄭注《曲禮》曰：「婢之言卑也。」从女卑，會意。卑亦聲。據《韵會》，小徐無此三字。便俾切，十六部。

奴　奴婢皆古辠人。《周禮》曰：「其奴，男子入于辠隸，女子入于舂稾。」《秋官·司厲》文。「鄭司農云：謂坐爲盜賊而爲奴者，輸於罪隸、舂人、稾人之官也。由是觀之，令之爲奴婢，古之罪人也。故《書》曰：予則奴戮汝。《論語》曰：箕子爲之奴。《春秋傳》曰：斐豹，隸也，著於丹書。玄謂奴從坐而没入縣官者，男女同名。」⑥按，許用仲師説，入罪隸者奴，入舂稾者可呼婢。引伸之，凡水不流曰奴，木之類近根者奴。毛傳曰：「帑，子也。」《左傳》「鳥帑」，鳥尾也；「駑馬」，下乘也。其字皆當作「奴」，皆引伸之義也。从女又。男女皆在焉，故从女又，所以持事也，會意。乃都切，五部。

伖 古文奴。

㚤 婦官也。《廣韻》曰：「漢有鉤㚤夫人，居鉤弋宮。《漢書》亦作弋。」玉裁按，如淳曰：「姬音怡，衆妾之總稱也。」引《漢官》「姬妾數百」。瓚曰：「《漢祿秩令》及《茂陵書》：姬，内官也，位次婕妤下。」⑦瓚說、淳音皆是也。婦官字當作㚤，漢時借姬爲之，音怡，如姒姓本作「以」，《春秋》亦用弋爲之，皆一聲之轉然也。音怡而用爲衆妾之偁，則又方俗語言如是。从女，弋聲。與職切，一部。

媊 《甘氏星經》曰：《天官書》曰：「昔之傳天數者，在齊甘公。」徐廣曰：「或曰甘公名德也，本是魯人。」按，《藝文志》無《甘氏星經》，有《甘德長柳占夢》十一卷⑧，云楚人。「大白號上公，句。妻曰女媊，居南斗，食厲，天下祭之曰明星。」《天官書》曰：「大白，大臣也，其號上公。」「妻曰女媊，居南斗，食厲。」未聞。《論衡》所引《山海經》：「度朔山二神人，主閱領萬鬼，鬼之惡害人者，執以葦索，而用飤虎。」殆與相類。大白偁明星，《詩》毛傳曰：「日且出謂明星爲启明，日既入謂明星爲長庚。」《封禪書》、《地理志》：「陳倉有上公明星祠。」蓋祀大白也。此云「天下祭之曰明星」，蓋祀女媊也。或曰「雖有南北斗、大白，諸布之廟矣」，則上公明星之祠，蓋祀女媊。从女，前聲。昨先切，十二部。《廣韻》即移切。

媧 古之神聖女，化萬物者也。媧化疊韵。司馬貞《三皇本紀》曰：「三皇說者不同。譙周以燧人爲皇，宋均以祝融爲皇，鄭康成依《春秋緯》注《禮記》云：女媧三皇承伏羲者，皇甫謐亦同。」⑨从女，咼聲。古蛙切，古音在十七部。

𡡾 籀文媧从𤔔。𤔔聲，亦同十七部。

娀 帝高辛之妃，偰母號也。偰見人部。高辛氏之子，堯司徒，殷之先也。《商頌》：「天命玄鳥，降而生商。」傳曰：「春分玄鳥降，湯之先祖有娀氏女簡狄，配高辛氏帝，帝率與之祈於郊禖而生契，故本其爲天所命，以玄鳥至而生焉。」按，有娀，諸家說爲國名。《長發》鄭箋云：「有娀氏之國，亦始廣大。」許氏「偰母號」者，以其國名爲之號，故《長發》傳曰：「有娀，契母也。」是亦以爲號也。从女，戎聲。息弓切，九部。《詩》曰：「有娀方將。」

娥 帝堯之女，舜妻娥皇字也。《曲禮》曰：「男子二十冠而字，女子許嫁笄而字。」从女，我聲。五何切，十七部。秦晉謂好曰娙娥。《方言》：「娥，好也。秦曰娥，秦晉之閒凡好而輕者謂之娥。」漢武帝制，倢伃、娙娥、傛華、充依皆有爵位。

嫄 邰國之女，周棄母字也。邰，舊作「台」，誤，今正。邑部曰：「邰者，炎帝之後，姜姓所封，周棄外家國也。」裴駰引《韓詩章句》曰：「姜，姓。原，字。」按，《史記》作「原」。从女，原聲。愚袁切，十四部。

嬿 女字也。《毛詩》：「燕婉之求。」傳曰：「燕，安。婉，順也。」《韓詩》作「嬿婉」。嬿婉，好皃。見《西京賦》注。从女，燕聲。于甸切，十四部。

妸 女字也。从女，可聲。讀若阿。烏何切，十七部。

嬃 女字也。樊噲以呂后女弟呂須爲婦，須即嬃字也。《周易》：「歸妹以須。」鄭云：「須，有才智之稱。天文有須女。」按，鄭意須與諝、胥同音通用。諝者，有才智也。从女，須聲。相俞切，古音在四部。《楚詈》曰：詈，當作「辭」。「女嬃之嬋媛。」屈原賦《離騷》篇文。賈侍中說，楚人謂姊爲嬃。賈語蓋釋《楚辭》之女嬃。王逸、袁山松、酈道元皆言：女嬃，屈原之姊。惟鄭注《周易》，屈原之妹名女須。《詩正義》所引如此，妹字恐姊字之譌。

婕 女字也。師古《漢書注》曰：「倢伃，字或从女，其音同耳。」从女，疌聲。子葉切，八部。

嬩 女字也。倢伃之伃，蓋亦可用此。人部曰：「伃，婦官也。」从女，與聲。讀若余。以諸切，五部。

孁 女字也。漢婦官十四等，中有娛靈，靈蓋可作孁。从女，霝聲。郎丁切，十一部。

嫽 女字也。《廣韵》：「相嫽戲也。」此今義也。按，《毛詩》傳及許人部曰：「僚，好皃。」蓋亦可用此字。《方言》：「釥、嫽，好也。」从女，尞聲。洛簫切，二部。

㛺 女字也。十四等中「充依」，依蓋可用此字。从女，衣聲。讀若依。於稀切，十五部。

婤 女字也。从女，周聲。職流切，三部。

姶 女字也。从女，合聲。烏合切，七部。《春秋傳》曰：「嬖人婤姶。」昭公七年《左氏傳》曰：「衛襄公夫人姜氏無子，嬖人婤姶生孟縶。」一曰，無聲。別一義。

妀 女字也。《玉篇》云：「妲妀。」从女，己聲。居擬切，一部。

妵 女字也。昭廿一年《左氏傳》：「宋華妵居於公里。」从女，主聲。天口切，四部。

⿺久女 女字也。从女，久聲。舉友切，古音在一部。小徐本作奺。《廣韵》曰：「亦作奺。」

⿰女耳 女字也。字，各本作「號」，今依《玉篇》、《廣韵》。从女，耳聲。仍吏切，一部。

始 女之初也。《釋詁》曰：「初，始也。」此與爲互訓。初、裁，皆衣之始也。基者，牆之始也。凡言之者，皆分別之詈。有叚「殆」爲始者，《七月》毛傳云：「殆，始也。」是也。从女，台聲。詩止切，一部。按，凡始事有急緩之殊，不得云有二義。今人乃爲之二音，緩者讀去聲，《月令》紀節物用始字十餘，而「蟬始鳴」獨市志反，其亦庸人自擾也矣。

媚 說也。說，今悅字也。《大雅》毛傳曰：「媚，愛也。」

从女，睂聲。美祕切，十五部。

嫵 媚也。《上林賦》：「嫵媚孅弱。」李善引《埤倉》曰：「嫵媚，悦也。」按，嫵媚可分用。《張敞傳》：「長安中傳京兆眉憮。」憮即嫵字。蘇林曰：「憮音嫵。北方人謂眉好爲詡畜。」从女，無聲。文甫切，五部。

媄 色好也。按，凡美惡字可作此。《周禮》作「媺」，蓋其古文。从女，美聲。小徐本如是。無鄙切，十五部。

㜅 媚也。㜅有媚悦之義。凡古經傳用「畜」字，多有爲㜅之叚借者。蘇林[10]曰：「北方人謂睂好爲詡畜。」又如《禮記》：「孝者，畜也。順於道不逆於倫是之謂畜。」《孟子》曰：「《詩》曰畜君何尤。畜君者，好君也。」《吕覽》曰：「《周書》曰：民善之則畜也，不善則讎也。」高注：「畜，好也。」《説苑》：尹逸對成王曰，「夫民善之則畜也，不善則讎也。」又孔子曰，「夫通達之國皆人也，以道導之，則吾畜也；不以道導之，則吾讎也。」此等皆以好惡對言，畜字皆取㜅媚之義。今則無有用㜅者矣。从女，畜聲。丑六切，三部。按，當依《廣韵》許竹切。

嫷 南楚之外，謂好曰嫷。《方言》曰：「嫷，美也。南楚之外曰嫷。」郭注：「言婑嫷也。」曹植《七啓》：「形媠服兮揚幽若。」媠即嫷之省，心部之古文憜也。《張敞傳》：「被輕媠之名。」皆引伸之義也。从女，憜省聲。憜省聲，即墮省聲也。徒果切，十七部。

姝 好也。《邶風》傳曰：「姝，美色也。」《衛風》傳曰：「姝，順皃。」[11]《齊風》傳曰：「姝，初昏之皃。」各隨文爲訓也。从女，朱聲。昌朱切，古音在四部。

好 媄也。各本作「美也」，今正。與上文媄爲轉注也。好本謂女子，引伸爲凡美之偁。凡物之好惡，引伸爲人情之好惡，本無二音，而俗强别其音。从女子。會意。呼晧切，古音在三部。

嬹 説也。説，今之悦字。李善注潘岳《關中詩》、顏延年《和謝靈運詩》，皆引《説文》「興，悦也」。謂興與嬹古同也。今惟《漢·功臣表》有甘泉侯[12]嬹，許孕反。从女，興聲。許應切，六部。

嬮 好也。謂嬮嬮也。从女，猒聲。於鹽切，七部。

⿰女殳 好也。此與姝音義皆同。从女，殳聲。昌朱切，古音在四部。《詩》曰：「靜女其⿰女殳。」《邶風·靜女》文。今《毛詩》作「姝」，傳云：「姝，美色也。」豈許所見《毛詩》異與？抑取諸三家與？

姣 好也。姣謂容體壯大之好也。《史記》：「長姣美人。」按，古多借「佼」爲姣，如《月令》「養壯佼」，《陳風·澤陂》箋「佼，大」，皆姣字也。《小雅·白華》箋云：「姣大之人。」《陳風》「佼人」，字又作姣。《方言》云：「自關而東，河泲之閒，凡好謂之姣。」从女，交聲。胡茅切，二部。按，切非也，當依《廣韵》古巧切。

嬽 好也。《上林賦》：「柔嬈嬽嬽。」郭璞曰：「皆骨體耎弱長豔皃也。」今《文選》譌作「嫚嫚」，《漢書》不誤，《史記》作「嬛嬛」，則是別本。按，今人所用娟字當即此。从女，𥈠聲。委員切，十四部。讀若蜀郡布名。按，糸部：「䋚，蜀白細布也。」其字彗聲，以合韵得音。

娧 好也。《召南》：「舒而脫脫兮。」傳曰：「脫脫，舒皃。」按，脫蓋即娧之叚借，此謂舒徐之好也。从女，兑聲。杜外切，十五部。

媌 目裏好也。目裏好者，謂好在匡之裏也。凡《方言》言順、言矊、言鑠、言盱、言揚，皆謂目之好外見也，惟媌狀目裏。《方言》曰：「媌，好也。自關而東，河濟之閒，謂之媌。」按，此謂纖細之好也。从女，苗聲。莫交切，二部。

嫿 靜好也。靜者，審也。《廣韵》曰：「嫿，分明好皃。」《神女賦》曰：「既姽嫿於幽靜。」《魏都賦》曰：「風俗以韰果爲嫿。」从女，畫聲。呼麥切，十六部。

婠 體德好也。从女，官聲。一完切，十四部。讀若楚郤宛。謂讀如此宛也。《左傳》有楚郤宛。

娙 長好也。體長之好也。故其字从「巠」。上文曰：「秦晉謂好爲娙娥。」漢婦官十四等有娙娥，武帝邢夫人號娙娥。从女，巠聲。五莖切，十一部。

𡤅 白好也。色白之好也。《通俗文》：「服飾鮮盛，謂之𡤅𡤅。」《聲類》：「𡤅，綺也。」皆引伸之義也。从女，贊聲。則旰切，十四部。

𡡒 順也。《邶風》傳曰：「孌，好皃。」《齊風》傳曰：「婉孌，少好皃。」義與許互相足。从女，𤔔聲。力沇切，十四部。《詩》曰：「婉兮𡡒兮。」《齊風·甫田》、《曹風·候人》。

孌 籀文𡡒。宋本如此，趙本毛本刪之。因下文有「孌，慕也」，不應複出。不知小篆之孌，爲今戀字，訓慕，籀文之孌，爲小篆之𡡒，訓順，形同義異，不嫌複見也。據全書之例，亦可𡡒後不重出，而於「慕也」之下益之，云：「籀文以爲𡡒字。」凡言古籀以爲某字者，亦可附於某字之下。如屮篆下可出中篆，云：「古文屮。」丂篆下可出丂篆，云：「古文巧。」其道一也。今《毛詩》作孌，正用籀文。

妴 婉也。从女，夗聲。於阮切，十四部。

婉 順也。《鄭風》傳曰：「婉然美也。」《齊風》傳曰：「婉，好眉目也。」从女，宛聲。於阮切，十四部。《春秋傳》曰：「太子痤婉。」襄二十六年《左傳》文。按，傳云：「棄生佐，惡而婉，大子痤美而很。」佐即宋元公也。此所稱舛誤，一時記憶不精耳。按，《集韵》、《類篇》皆作「大子佐婉」，蓋依傳改正，而又失之，不知佐非大子也。

姛 直項皃。从女，同聲。他孔切，《廣韵》徒揔切，九部。

嫣 長皃。《詩》毛傳：「頎頎，長皃。」頎與嫣聲相近也。《文選》：「嫣然一笑。」注引王逸云：「嫣，笑皃。」然《大招》字作「嗎」，許書無嗎字。 从女，焉聲。 於建切，十四部。《廣韵》亦平聲。

姌 弱長皃。《上林賦》：「嫵媚姌嫋。」郭璞曰：「姌嫋，細弱也。」小顏云：「謂骨體。」按，《毛詩》⑬曰：「荏染，柔意也。」荏染即姌也。 从女，冄聲。 而剡切，七部。

嫋 姌也。《九歌》：「嫋嫋兮秋風。」王曰：「嫋嫋，秋風搖木皃。」按，《楚辭》讀上聲，《上林賦》讀入聲，實無二義也。 从女，弱聲。 形聲中有會意。 奴鳥切，二部。

孅 兑細也。 兑，各本作「鋭」。《集韵》、《類篇》皆作「兑」，兑者，悦也。《漢書》曰：「古之治天下，至孅至悉也。」孅與纖音義皆同，古通用。 从女，韱聲。 息廉切，七部。

嫇 嬰嫇也。《廣韵》嫈下作「嫈嫇」。《玄應》引《字林》「嫈嫇，心態也」。即許書嫈下之「小心態」也。《九思》作「瑩嫇」，疑今本《說文》有舛誤。 从女，冥聲。 莫經切，十一部。 一曰，嫇嫇，小人皃。

媱 曲肩行皃。《九思》：「音案衍兮要媱。」舞容也。《廣韵》曰：「媱，美好。」 从女，䍃聲。 余招切，二部。

嬛 材緊也。 材緊，謂材質堅緻也。緊者，纏絲急也。《上林賦》：「便嬛綽約。」郭璞曰：「便嬛，輕利也。」 从女，睘聲。 許緣切，十四部。 《春秋傳》曰：「嬛嬛在疚。」 哀十六年《左傳》公誄孔子文。按，宀部引《詩》「煢煢在疚」，此引傳「嬛嬛在疚」，正與今《詩》、《春秋》「煢」、「嬛」字互易。《魏風》⑭又作「睘睘」，傳曰：「無所依也。」蓋依韵當用熒聲之「煢」，而或用嬛、睘者，合音通用，如瓊本在十四部，今入十一部也。

姽 閒體行姽姽也。 閒，各本作「閑」，今正。閒者，幽閒也。《神女賦》：「志解泰而體閒，既姽嫿於幽靜。」李引《說文》曰：「姽，靖好皃。」五累切，與今本異。 从女，危聲。 過委切，十六部。

委 委，逗。 隨也。 辵部曰：「隨，從也。」《毛詩·羔羊》傳曰：「委蛇者，行可從迹也。」《君子偕老》傳曰：「委委者，行可委曲從迹也。」按，隨其所如曰委，委之則聚，故曰委輸，曰委積，所輸之處亦稱委，故曰原委。 从女，禾聲。 十六、十七部合音冣近，故讀於詭切也。《詩》之「委蛇」，即「委隨」，皆疊韵也。

婐 婐姬也。 三字句。今本刪婐字，非也。婐姬與旖施音義皆同，俗作婀娜。 从女，果聲。 烏果切，十七部。 一曰，果敢也。 小徐有此五字。果敢，《爾雅》、《倉頡篇》皆作「惈」。 一曰，女侍曰婐。 《孟子·盡心篇》：「二女果。」趙曰：「果，侍也。」依許說則果當女旁。 讀若騧，一曰，若委。 大徐本以「从女果聲」綴此下。 孟軻曰：「舜爲天子，二女婐。」

㛊 婐㛊也。疊韵字。一曰，弱也。从女，厄聲。五果切，十七部。按，當依《廣韵》奴果切。

⿰女占 小弱也。从女，占聲。一曰，女輕薄善走也。讀若占。一曰，多技埶也。齒懾切，七部。

⿱沾女 ⿱沾女妗也。依《玉篇》補⿱沾女字，三字句也。《廣韵》作「妗⿱沾女」。从女，沾聲。丑廉切，七部。

妗 ⿱沾女妗也。⑮疊韵字。从女，今聲。火占切，七部。一曰，善笑皃。《玉篇》曰：「⿱沾女妗，善笑皃。」按，《集韵》：「俗謂舅母曰妗，巨禁切。」舅之妻不偁母，云舅母，亦里語也。

⿰女篕 竦身也。竦者，敬也。从立束，自申束也。竦身，取自申之意。凡言天矯者，當用此字。从女，篕聲。讀若《詩》「糾糾葛屨」。讀如此糾字。篕字古音正如是，在三部。今⿰女篕居天切，音之轉也。

婧 竦立也。女有字婧者，《列女傳》曰：「妾婧者，齊相管仲之妾也。」从女，青聲。七正切，十一部。《廣韵》子盈切。一曰，有才也。讀若韭菁。韭菁，韭華也。見艸部。

妌 靜也。从女，井聲。疾正切，十一部。

姂 婦人皃。从女，乏聲。房法切，七部。

嫙 好也。《齊風》：「子之還兮。」《韓詩》作「嫙」，嫙，好皃。从女，旋聲。似沿切，十四部。

⿱齊女 材也。《廣雅》：「⿱齊女，好也。」《玉篇》引《詩》「有⿱齊女季女」，引《說文》「材也」。按，《毛詩》作「齊」，敬也。顧氏或取諸《三家詩》，取人材整齊之意。从女，齊聲。祖雞切，十五部。《玉篇》引《說文》子奚切，《廣韵》同。

姡 面靦也。各本作「面醜」，今正。醜者，可惡也。與媿、恥義隔。面靦者，《詩》云「有靦面目」是也。面部靦下曰：「面見人也。」面見人，如今人言無面目相見，其義彼此相成，此許例也。《爾雅》毛傳皆云：「靦，姡也。」此云「姡，靦也」，是之謂轉注。今人亦尚有「羞姡姡」之語。从女，𠯑聲。古活切，十五部。

嬥 直好皃。直好，直而好也。嬥之言擢也。《詩》：「佻佻公子。」《魏都賦》注云：「佻或作嬥。」《廣韵》曰：「嬥嬥，往來皃。《韓詩》云：嬥歌，巴人歌也。」按，「《韓詩》云」三字當在嬥嬥之上，其下六字乃張載注《左》語也。此皆別義。从女，翟聲。徒了切，二部。一曰，嬈也。下文嬈下云：「一曰嬥也。」二篆爲轉注。

嫢 媞也。媞者，諦也。諦者，審也。从女，規聲。讀若癸。居隨切，十六部。秦晉謂細嫢。宋本如是。《方言》曰：「嫢、笙、揫、摻，皆細也。自關而西，秦晉之閒謂細而有容曰嫢。」

媞 諦也。諦者，審也。審者，悉也。《詩》：「好人提提。」傳云：「提提，安諦也。」《釋訓》：「媞媞，安也。」孫炎曰：「行步之安也。」《檀弓》：「吉事欲其折折爾。」注云：「安舒貌。」按，折者，提之譌。提者，媞之叚借字也。从女，是聲。承旨切，十六部。按，《詩》、《爾雅》皆大兮反，《廣韵》同，而注云：「《說文》又時尒切。」然則《說文》舊音在紙韵也。一曰，妍黠也。妍者，技也。黠者，桀黠也。黠之引申之義也。一曰江淮之閒謂母爲媞。方俗殊語也。《廣韵》承紙切，又音啼。

婺 不繇也。繇者，隨從也。不繇者，不隨從也。今此字無用者矣，惟婺女、星名，婺州、地名。从女，敄聲。亡遇切，古音在三部。

嫺 嫺雅也。三字句。各本删嫺字，非也。依《玉篇》、《廣韵》本作「嫺雅」，《相如傳》：「雍容嫺雅。」雅之叚借之義爲素也。嫺雅，今所謂嫺習也。嫺，古多借閑爲之。《邶風》「棣棣」，毛傳曰：「棣棣，富而閑也。」今本作「閑習」。杜注《左》所引無習字，蓋古本也。習則能暇，故其字从閒。从女，閒聲。户閒切，十四部。

嫛 說樂也。說者，今之悅字。按，《老子》、《史記》「天下熙熙」，字皆當爲嫛嫛，今熙行而嫛廢矣。熙者，燥也，謂暴燥也，其義別。从女，𦣞聲。許其切，一部。

婜 美也。从女，臤聲。苦閑切，古音在十二部。

娱 樂也。古多借虞爲之。从女，吳聲。虞俱切，五部。

娭 戲也。戲者，三軍之偏也。一曰兵也。嬉戲，則其餘義也。《左傳》：「子玉曰：請與君之士戲。」固以戰爲戲矣。《上林賦》：「娭遊往來。」善曰：「娭，許其切。」然則今之嬉字也。今嬉行而娭廢矣。从女，矣聲。遏在切。按，此音非也，《篇》、《韵》皆許其切，一部。一曰，卑賤名也。《廣韵》曰：「婦人賤偁，出《倉頡篇》。」按，《篇》、《韵》皆不言遏在切。

媅 樂也。《衛風》：「無與士耽。」傳曰：「耽，樂也。」《小雅》：「和樂且湛。」傳曰：「湛，樂之久也。」耽、湛皆叚借字，媅其真字也，叚借行而真字廢矣。从女，甚聲。丁含切，古音在七部。

娓 順也。順者，理也。尾主於順，故其字从尾。按，此篆不見於經傳，《詩》、《易》用「亹亹」字，學者每不解其何以會意形聲。徐鉉等乃妄云當作「娓」，而近者惠定宇氏從之，校李氏《易集解》及自爲《周易述》皆用娓娓。抑思毛、鄭釋《詩》皆云「勉勉」，康成注《易》亦言「没没」，亹之古音讀如門，勉、没皆曡韵字，然則亹爲釁之譌體，釁爲勉之叚借，古音古義，於今未泯，不當以無知妄説擅改宣聖大經。从女，尾聲。讀若媚。無匪切，十五部。

嫡 孎也。从女，啻聲。都歷切，十六部。按，俗以此爲嫡庶字，而許書不尒，蓋嫡庶字古衹作適。適者，之也，所之必有一定也。《詩》：「天位殷適。」傳曰：「紂居天位，而殷之正適也。」凡今經傳作嫡者，蓋皆不古。

孎 謹也。謹者，慎也。《祭義》：「洞洞乎屬屬乎如弗勝。」《廣雅》：「洞洞、屬屬，敬也。」屬葢孎之省。从女，屬聲。之欲切，《篇》、《韵》皆陟玉切，三部。讀若人不孫爲孎。各本孎上有「不」字，宋本無者是也。孎當作倨，人部曰「倨，不孫也」可據。孎讀如倨，雙聲合音。

婏 宴婏也。《邶風》：「燕婉之求。」傳曰：「宴⑯，安。婉，順也。」《西京賦》⑰曰：「嬿婉，美好之皃。」按，古宛、冤通用，婉、婏音義皆同。**从女，冤聲。**於願切，十四部。

媕 女有心媕媕也。**从女，弇聲。**衣檢切，七部。

媣 諟也。諟者，理也。**从女，染聲。**而琰切，七部。

嫥 壹也。壹下云：「嫥也。」與此爲轉注。凡嫥壹字，古如此作，今則專行而嫥廢矣。專者，六寸薄也，紡專也。**从女，專聲。**職緣切，十四部。**一曰，女嫥嫥。**《篇》《韵》皆云：「可愛之皃。」

如 從隨也。從隨即隨從也。隨從必以口，从女者，女子，從人者也。幼從父兄，嫁從夫，夫死從子。故《白虎通》曰：「女者，如也。」引伸之，凡相似曰如，凡有所往曰如，皆從隨之引伸也。**从女，从口。**人諸切，五部。

嫧 齊也。謂整齊也。《方言》：「婩嫧，鮮好也，南楚之外通語也。」**从女，責聲。**側革切，十六部。

娕 謹也。謹者，慎也。按，《史記·申屠嘉傳》：「娖娖廉謹。」説者多云「娖」即娕字。《玉篇》、《廣韵》皆不謂一字也。**从女，束聲。讀若謹敕數數。**未詳。錢氏大昕云：「數數即娖娖。」小顔云：「持整之皃。」測角切，三部。

嬐 敏疾也。**从女，僉聲。**息廉切，七部。**一曰，莊敬皃。**

嬪 服也。《堯典》曰：「釐降二女于嬀汭，嬪于虞。」《大雅》曰：「摯仲女任⑱，自彼殷商，來嫁于周，曰嬪于京。」傳曰：「嬪，婦也。」按，婦者，服也。故釋嬪亦曰服也。《老子》賓與臣同義，故《詩》曰：「率土之賓，莫非王臣。」嬪與婦同義，亦其理也。**从女，賓聲。**符真切，十二部。

𡠗 至也。以雙聲疊韵釋之。**从女，執聲。**各本作「執」聲，篆作𡠗，非也，今正。从執，則非聲矣。脂利切，十五部。**《周書》曰：「大命不𡠗。」**周當爲商，字之誤也。此《西伯戡黎》文。陸氏《釋文》云：「摯，本又作𡠗。」是陸氏所見尚有作𡠗者。某氏傳云：「至也」，與許説同也。**讀若執同。**鍇本作執，誤，今正。**一曰，《虞書》「雉𡠗」。**此別一義，謂𡠗即今贄字。引《堯典》「一死贄」以明之。鄭康成曰：「贄之言至，所以自致。」是其義相近。《虞書》當作《唐書》，詳示部。

媘 僞伏也。僞者，低頭也。伏者，伺也。**从女，沓聲。**他合切，八部。**一曰，服意也。**服，各本作「伏」，今依《集韵》、《類篇》正。悦服之意也。

妟 安也。安者，竫也。今經傳無妟字。**从女，从日。**女系日下，陰統乎陽也。婦從夫則安，會意。烏諫切，十四部。

宴、匽从以爲聲。《詩》曰「㠯晏父母」。今《毛詩》無此，葢《周南》「歸寧父母」之異文也。毛傳曰：「寧，安也。」尋《詩》上文「言告言歸」，歸謂嫁也。方嫁不當遽圖歸寧，則此歸字作以字爲善，謂可用以安父母之心。《草蟲》：「未見君子，憂心沖沖。」箋云：「在塗而憂，憂不當君子，無以寧父母，故心衝衝然。」《葛覃》「曷澣曷否」二句，箋云：「言常自絜清，以事君子。」⑲正謂能事君子，則能寧父母心。二箋義互相足也。

嬗 緩也。今人用嬋字，亦作此。从女，亶聲。時戰切，十四部。一曰，傳也。《孟子》：孔子曰：「唐虞禪，夏后殷周繼。」依許說，凡禪位字當作嬗，禪非其義也，禪行而嬗廢矣。嬋者，嬋聯之意。

嫴 保任也。《急就篇》：「疻痏保嫴謕呼號。」師古曰：「保嫴者，各隨其輕重令毆者以日數保之，限內致死，則坐重辜也。」按，保辜，唐律、今律皆有之。辜者，嫴之省。嫴與保同義疊字。師古以坐重辜解之，誤矣。《春秋公羊傳》注曰：「古者保辜。鄭伯髡原爲大夫所傷，以傷辜死，君親無將，見辜者，辜內當以弑君論之，辜外當以傷君論之。」辜皆當作嫴。原許君之義，實不專謂罪人保嫴，謂凡事之估計豫圖耳。《廣雅》曰：「嫴榷，都凡也。」是其理也。从女，辜聲。古胡切，五部。

媻 奢也。奢者，張也。趙注《孟子》、《廣雅·釋詁》皆曰：「般，大也。」媻之从般，亦取大意。《子虛賦》「媻姍勃窣」，借用此爲蹣跚字。从女，般聲。薄波切。按，當依《廣韵》薄官切。古音在十四部。一曰，小妻也。小徐有此五字，《廣韵》同。小妻字，史多有之，見《漢書·枚乘傳》、《外戚傳》、《佞幸傳》，《後書·陽球傳》，漢時名之不正者。

娑 舞也。《陳風·東門之枌》曰「婆娑其下」，「市也婆娑」，《爾雅》及毛傳皆曰：「婆娑，舞也。」《詩音義》曰：「婆，步波反。《說文》作媻。」《爾雅音義》但云：「娑，素何反。」不爲婆字作音。葢陸所據《爾雅》固作「娑娑」。《魯頌》傳曰：「犧尊有沙飾也。」《鄭志》：「張逸曰：犧讀爲沙，沙，鳳皇也。不解鳳皇，何以爲沙？答曰：刻畫鳳皇之象於尊，其形娑娑然。」按，今經傳娑娑字，皆改作婆娑。《詩》、《爾雅》即以「媻娑」連文，恐尚非古也。然古書中用婆娑字者不少，存愚說以俟攷訂可耳。从女，沙聲。素何切，十七部。《詩》曰：「市也媻娑。」

姷 耦也。耕有耦者，取相助也。故引伸之，凡相助曰耦，姷之義取乎此。《周禮·宮正》⑳：「以樂侑食。」鄭曰：「侑猶勸也。」按，勸即助，《左傳》：「王享醴，命晉侯宥。」杜云：「既饗，又命晉侯助以束帛。」以助釋宥。古經多叚宥爲侑，《毛詩》則叚右爲之，傳曰：「右，勸也。」从女，有聲。讀若祐。于救切，古音在一部。

侑 姷或从人。今通用此體。

姰 均適也。均，舊作「鈞」，今正。男女併也。併者，竝也。按，《篇》、《韵》皆訓姰爲狂，相倫、黃練二切，今義今音也。

从女，旬聲。讀若旬。居匀切，十二部。

姕 婦人小物也。小物，謂用物之瑣屑者，今人用「些」字，取𢿱細之意，即姕之俗體也。从女，此聲。即移切，古音當在十六部。《詩》曰：「婁舞姕姕。」《小雅·賓之初筵》文。婁，舊作「屢」，今正。姕姕，《詩》作「傞傞」，傳曰：「傞傞，不止也。」古此聲、差聲冣近，《庸風》「玼兮玼兮」，或作「瑳兮瑳兮」。

妓 婦人小物也。今俗用爲女伎字。从女，支聲。讀若蚑。蚑，各本作「跂」，今正。虫部曰：「凡生之類，行皆曰蚑。」渠綺切，十六部。

嬰 繞也。各本作「頸飾也」，今正。貝部：「賏，頸飾也。」嬰與賏非一字，則解不應同。孫綽《天台山賦》：「方解纓絡。」李引《說文》：「嬰，繞也。」纓與嬰通。陸機《赴洛中道作》詩：「世網嬰我身。」㉑李引《說文》：「嬰，繞也。」唐初本可據。繞者，纏也。一切纏繞如賏之纏頸，故其字从賏。《越絕書》：「嬰案楯以白璧。」《司馬法》：「大夫嬰弓。」《山海經》「嬰以百圭百璧」，謂陳之以環祭也。又「燕山多嬰石」，言石似玉，有符采嬰帶也。凡史言嬰城自守，皆謂以城圍繞而守也。凡言嬰兒，則嫛婗之轉語。从女賏。賏，貝連也，頸飾。各本作「其連也」，今正。又移「頸飾」二字於此。此六字釋以賏會意之恉。於盈切，十一部。

𡛴 三女爲𡛴。《唐風·綢繆》曰：「今夕何夕，見此粲者。」毛傳：「三女爲粲，大夫一妻二妾。」𡛴，逗。美也。《周語》：「有三女奔密康公，其母曰：夫獸三爲羣，人三爲衆，女三爲粲。夫粲，美之物也。衆以美物歸女，而何德以堪之。」从女，𣦻聲。大徐作「𣦼省聲」。按，經傳作粲，叚借字。陸德明曰：「《字林》作𡛴。」漢晉字之變遷也。倉案切，十四部。

媛 美女也。人所欲援也。《庸風》：「邦之媛也。」傳曰：「美女爲媛。援者，引也。謂人所欲引爲己助者也。」鄭箋《詩》云：「邦人所依倚以爲援助也。」援媛以曡韵爲訓。从女，爰聲。依小徐本，無「爰引也」三字。王眷切，十四部。《詩》曰：「邦之媛兮。」《君子偕老》文。兮，今《詩》作「也」，許作兮，又偁「玉之瑱兮」，可證許所據也字皆作兮。

娉 問也。凡娉女及聘問之禮，古皆用此字。娉者，專詞也。聘者，汎詞也。耳部曰：「聘者，訪也。」言部曰：「汎謀曰訪。」故知聘爲汎詞也。若夫《禮經》「大曰聘，小曰問」，渾言之，皆曰聘，此必有所專適，非汎詞也。至於聘則爲妻，則又造字所以从女之故，而經傳槩以聘代之，聘行而娉廢矣。从女，甹聲。匹正切，十一部。

娽 隨從也。《史記·平原君列傳》曰：「公等錄錄，因人成事。」王邵云：「錄錄，借字。《說文》：娽娽，隨從之皃也。」㉒依王本，多四字。从女，录聲。力六切，三部。

妝 飾也。此飾篆引伸之義也。宋玉賦曰：「體美容冶，不待飾裝。」《上林賦》：「靚粧刻飾。」㉓粧者，俗字。裝者，叚借字。

从女，爿聲。側羊切，十部。

孌 慕也。从女，䜌聲。此篆在籒文爲嫋，順也。在小篆爲今之戀慕也。凡許書複見之篆，皆不得議删。《廣韵·卅三線》曰：「戀，慕也。」孌、戀爲古今字。《廣韵》力眷切，十四部。大徐力沇切，《廣韵·二十八獮》，此切訓美好。

媟 嬻也。與下篆爲轉注。媟與日部「暬」義似同而實異。宋人合爲一字，非也。《方言》曰：「媟，狎也。」《漢·枚乘傳》曰：「以故得媟黷貴幸。」今人以褻衣字爲之，褻行而媟廢矣。从女，枼聲。私列切，十五部。

嬻 媟嬻也。單言之曰媟，曰嬻，絫言之曰媟嬻。《國語》：「陳侯淫於夏氏，不亦嬻姓矣乎。」惟明道本不誤。今人以溝瀆字爲之，瀆行而嬻廢矣。黑部有「黷，握持垢也」。義亦與嬻別。从女，賣聲。徒谷切，三部。

㜸 短面也。《淮南書》曰：「聖人之思脩，愚人之思叕。」高注：「叕，短也。」《方言》：「䂒，短也。」注：「蹶䂒，短小皃。」㜸篆葢形聲兼會意。从女，窡聲。丁滑切，十五部。

嬖 便嬖，逗。㤅也。《玉篇》作「便僻也」。《廣韵》曰：「愛也。卑也。妾也。」按，經傳中不外此三義。从女，辟聲。博計切，十六部。

𡣍 難也。《大東》傳曰：「契契，憂苦也。」《擊鼓》傳曰：「契潤，勤苦也。」按，契與𡣍音近，《廣韵》𡣍音契。从女，毄聲。苦賣切，十六部。

妎 妬也。《字林》亦云：「疾妎，妬也。」按，《楚語》：「弭其百苛，殄其讒慝。」韋注曰：「弭，止也。殄，覆也。」明道本不誤，謂解除之也。今本譌作「妎其讒慝」，文理不可通。从女，介聲。胡葢切，十五部。

妬 婦妬夫也。从女，石聲。各本作「户聲」，篆亦作「妒」，今正。此如柘、橐、蠹等字，皆以石爲聲，户非聲也。當故切，五部。

媢 夫妬婦也。《大學》曰：「媢疾以惡之。」鄭曰：「媢，妬也。」《顏氏家訓》曰：「太史公論英布曰：禍之興自愛姬，生於妬媢。《漢書·外戚傳》亦云：成結寵妾妬媢之誅。此二媢字，竝當作媢。《五宗世家》亦云：常山憲王后妬媢。王充《論衡》云：妬夫媢婦生，則忿怒鬭訟。」按，顏所舉，惟《英布傳》是此字本義，其餘皆與妬不分別。《尚書》祇作「冒」。从女，冒聲。莫報切，古音在三部。一曰，梅目相視也。梅當作「怒」。《周語》曰：「道路以目。」按，杜詩用「抉眼」，即《易》之「反目」也。許目部云：「眏，涓目也。」梅目，或眏目之誤，所謂裂眥。又按，梅當作侮，謂目相侮也。《史記》曰「目笑之」。

𡝤 巧也。此與䄏各字，今用𡝤爲䄏，非也。《詩》曰：「桃之𡝤𡝤。」女子笑皃。木部已偁「桃之枖枖」矣，此作「媄媄」，蓋《三家詩》也。釋爲「女子笑皃」，以明媄之別一義。从女，芙聲。於喬切，二部。俗省作「妖」。

佞　巧讇高材也。巧者，技也。讇者，諛也。从女，仁聲。小徐作「仁聲」，大徐作「从信省」。按，今音佞乃定切，故徐鉉、張次立疑仁非聲。攷《晉語》：「佞之見佞，果喪其田；詐之見詐，果喪其賂。」古音佞與田韵，則仁聲是也。十二部，音轉入十一部。

嫈　小心態也。見娸篆下。从女，熒省聲。烏莖切，十一部。

嫪　婟也。《聲類》云：「婟嫪，戀惜也。」从女，翏聲。郎到切，古音在三部。

婟　嫪也。《爾雅》：「鶭，澤虞。」郭注：「今婟澤鳥，常在澤中，見人輒鳴喚不去。」按，此二篆爲轉注。从女，固聲。胡誤切，五部。

姿　態也。態者，意也。姿謂意態也。从女，次聲。即夷切，十五部。

⿰女虘　驕也。驕，俗本作「嬌」，小徐不誤。古無嬌字，凡云嬌即驕也。《文選·琴賦》：「或怨⿰女虘而躊躇。」《幽憤詩》：「恃愛肆姐。」姐即⿰女虘之省。李善皆引《說文》「⿰女虘，嬌也」。《與魏文帝箋》：「蹇姐名昌。」姐亦⿰女虘字。按，心部：「怚，驕也。」音義皆同。从女，虘聲。子豫切，五部。

妨　害也。害者，傷也。从女，方聲。敷方切，十部，亦去聲。

妄　亂也。从女，亡聲。巫放切，十部。

婾　巧黠也。按，偷盜字，當作此婾。从女，俞聲。託侯切，四部。

⿱汚女　⿱汚女鹵，逗。疊韵字。貪也。貪者，欲物也。从女，汚聲。胡古切，五部。

娋　小小侵也。侵者，漸進也。凡用稍稍字，謂出物有漸；凡用娋娋字，謂以漸侵物也。《方言》：「娋，姊也。」方俗語也。从女，肖聲。息約切，按，當依《篇》《韵》所教切。

⿰女朵　量也。《廣韵》作「挅」，云稱量。从女，朵聲。丁果切，十七部。

妯　動也。《小雅》：「憂心且妯。」《釋詁》、毛傳皆曰：「妯，動也。」箋云：「妯之言悼也。」《方言》：「妯，擾也。」人不靜曰妯。」按，心部引《詩》：「憂心且怞。」从女，由聲。徒歷切，古音在三部。《廣韵》丑鳩切，《方言》「妯娌」，度六切。

嫌　不平於心也。心部曰：「慊，疑也。」嫌與慊義別。从女，兼聲。户兼切，七部。一曰，疑也。此謂二篆義同。

㛭　減也。減者，損也。按，水部又曰：「渻，少減也。」然則㛭、渻音義皆同。作省者，叚借字也。省行而㛭渻廢矣。許書凡云省改，皆作省，應以婿正之。从女，省聲。所景切，十一部。

婼 不順也。《毛詩》傳曰：「若，順也。」此字从若，則當訓順，而云不順也，此猶祀从巳，而訓祭無巳也。从女，若聲。丑略切，五部。《春秋傳》有叔孫婼。魯大夫也。

婞 很也。很者，不聽從也。王逸《離騷》注同。一曰，見親。小徐有此四字。按，凡親幸、嬖幸，當作此婞。从女，幸聲。胡頂切，十一部。《楚詞》曰：「鮌婞直。」《離騷》文。此證叚義。

嫳 易使怒也。《廣韵》：「嫳，輕薄之皃。」从女，敝聲。讀若擊擊。擊擊，見手部。匹滅切，十五部。

嫸 好枝格人語也。枝格，見丰部。謂不欲人語，而言他以枝格之也。《廣韵》曰：「嫸，偏忮。」一曰，靳也。謂靳固也。《左傳》注曰：「戲而相媿曰靳。」从女，善聲。旨善切，十四部。

娺 疾悍也。敏疾而勇也。《廣韵》曰：「婠娺，好皃。」从女，叕聲。讀若唾。今丁滑切，十五部。許讀若唾者，合音也。

嬒 含怒也。一曰，難知也。从女，酓聲。五感切，七部。《詩》曰：「碩大且嬒。」《陳風·澤陂》文。今《詩》作「儼」，傳曰：「矜莊皃。」一作「曮」。《太平御覽》引《韓詩》作嬒，「嬒，重頤也。」《廣雅·釋詁》曰：「嬒，美也。」蓋《三家詩》有作嬒者，許偁以證字形而已，不謂《詩》義同含怒、難知二解也。

娿 媕娿也。媕娿雙聲字。《韵會》作「陰阿」，李燾本作「陰娿」，《集韵》、《類篇》同。《廣韵》曰：「媕娿不決。媕音庵。」从女，阿聲。烏何切，十七部。

姸 技也。技者，巧也。《釋名》曰：「姸，研也。研精於事宜則無蚩繆也。蚩，癡也。」按，此爲今用姸媸字所本。《方言》：「自關而西，秦晉之故都謂好曰姸。」一曰，不省錄事也。省錄，謂檢點收錄也。《魏書》劉祥言事，蒙遜曰：「劉裕入關，敢姸姸然也！」靳之。此正謂其不曉事也。从女，幵聲。五堅切，十四部。一曰，難侵也，讀若研。一曰，慧也。一曰，安也。

娃 圜深目皃也。洼，深池也。窐，甑空也。凡圭聲字，義略相似。从女，圭聲。於佳切，十六部。或曰吳楚之閒謂好娃。《方言》：「娃，美也。吳、楚、衡、淮之閒曰娃，故吳有館娃之宮。」

𡞞 不媚，歬卻𡞞𡞞也。《後漢書》班昭《女誡》曰：「動靜輕脱，視聽陝輸。」陝輸，不定皃㉔。从女，陝聲。失冉切，七部。

姎 鼻目閒皃。謂若眉語目成然也。从女，央聲。

於説切，十五部。《廣韵》於決切㉕。讀若煙火炔炔。火部無此字，葢即「焆焆，煙皃」之或體也。焆音因悦切。

孈　愚戇多態也。戇者，愚也。愚者，戇也。从女，巂聲。讀若隓。式吹切。《篇》《韵》移爾、胡卦二切。十六部。隓，篆文作墮。十六、十七合音冣近。

㜕　不説也。説者，今之悦字。心部曰：「恚者，恨也。」㜕从恚聲，形聲中有會意。从女，恚聲。於避切，十六部。

嫼　怒皃。从女，黑聲。呼北切，一部。按，此字《廣韵》：「烏黠切，嫉怒也。」則黑非聲矣。《玉篇》：「莫勒切，奴也。」奴者，怒之誤。

娀　輕也。从女，戉聲。王伐切，十五部。

嫖　輕也。與人部僄音義皆同。漢霍去病票姚校尉，票姚讀如飄搖，謂輕疾也。荀悦《漢紀》作票鷂，音亦同耳。古多平聲，後代乃多改爲去聲。師古讀頻妙、羊召二切，殊失古意。證以杜子美詩，益可見矣。从女，票聲。匹招切，二部。

㛗　訬疾也。訬者，訬擾也。《漢書·述》曰「江都輕訬」㉖，謂輕薄爲訬也。㛗與訬雙聲。又女字也，《穆天子傳》：「盛姬之喪，叔㛗爲主。」从女，坙聲。昨禾切，十七部。《廣韵》醋伽切。

姎　女人自偁姎我也。各本我上奪「姎」，今補。《後漢書·西夷傳》注、《廣韵·三十三蕩》㉗皆引「女人自偁姎我」。姎我聯文，如吳人自偁阿儂耳。从女，央聲。烏浪切。按，《後漢書》胡朗反，《廣韵》烏朗切。十部。

媁　不説皃。説，今悦字。恣也。小徐有此二字。从女，韋聲。羽非切，十五部。《廣韵》音威。

婎　姿婎，逗。疊韵字。恣也。恣，各本作「姿」，今正。按，心部：「恣者，縱也。」諸書多謂暴厲曰「恣睢」。睢讀香季切，亦平聲。睢者，仰目也，未見縱恣之意。葢本作姿婎，或用恣睢爲之也。《集韵》、《類篇》皆云：「姿婎，自縱皃。」此許義也。今用「雖」爲語詞，有縱恣之意，葢本當作婎，叚雖爲之耳。雖行而婎廢矣。一曰，醜也。與人部仳倠醜面之「倠」通用。从女，隹聲。許惟切。《集韵》、《類篇》自縱義讀虎癸切，十五部。

𡟯　有守也。从女，弦聲。胡田切，十二部。

媥　輕皃。从女，扁聲。芳連切，十二部。

嫚　侮傷也。傷，各本作「易」，今正。人部曰：「侮者，傷也。傷者，輕也。」嫚與心部之「慢」音同義別。凡嫚人當用此字。从女，曼聲。謀患切，十四部。

㛼　疾言失次也。所謂儳言。从女，臿聲。讀若懾。丑聶切，八部。

嬬　弱也。嬬之言濡也。濡，柔也。一曰，下妻也。下妻猶小妻。《後漢書·光武紀》曰：「依託爲人下妻。」《周易》：

「歸妹以須。」釋文云：「須，荀、陸作嬬，陸云妾也。」从女，需聲。相俞切，古音在四部。

婄 不肖也。从女，否聲。讀若竹皮箁。箁，竹箬也，見竹部。匹才切，一部。《集韵》：「《篇》、《韵》布美切。」

嬯 遲鈍也。《集韵》：「嬯，當來切。」即此字也。今人謂癡如是。从女，臺聲。徒哀切，一部。闒嬯亦如此。謂其字亦如此作也。闒嬯未聞。《廣韵》：「蹋跆，連手唱歌也。」

嫸 下志貪頑也。从女，覃聲。讀如深。乃忝切，七部。《篇》《韵》式荏切。

㜗 婪也。从女，參聲。七感切，七部。

婪 貪也。此與心部之「惏」音義皆同。从女，林聲。盧含切，七部。杜林說，卜者攩相詐譣爲婪。攩、譣，各本作黨、驗，今正。攩者，許之黨字，譣者，許之驗字也。讀若潭。

嬾 懈也。懈者，怠也。《集韵》、《類篇》作「懈也，怠也。」非是。从女，賴聲。洛旱切，此音於合韵得之。古音蓋在十五部。俗作「懶」。一曰，䬾也。大徐作「臥也」，小徐作「臥食」，今正。臥部曰：「楚謂小嬾曰䬾。从臥食。」因之或奪一字，或析爲二字耳。

婁 空也。凡中空曰婁，今俗語尚如是。凡一實一虛層見疊出曰婁。人曰離婁，窗牖曰麗廔，是其意也。故婁之義，又爲數也，此正如窗牖、麗廔之多孔也。而轉其音爲力住切，俗乃加尸旁爲屢字。古有婁無屢也。《毛詩》「婁豐年」，傳曰㉘：「婁，亟也。」亟者，數也。《角弓》「式居婁驕」，箋云：「婁，斂也。」此則謂爲摟之叚借也。从毋，从中女。按，从毋，猶从無也。無者，空也。从中女，謂《離》卦，離，中虛也。皆會意也。婁空之意也。婁空連讀。洛侯切，四部。一曰，別一義。婁務，逗。愚也。務，讀如瞀，婁務即子部之「㝐瞀」，故云愚也。說詳彼注。

[illegible] 籀文婁。从人中女，臼聲。

[illegible] 古文婁如此。按，此上體當是从囧，即窗牖、麗廔，闓明之意也。

娎 娎㛍也。娎當是複舉字。《玉篇》云：「娎，喜也。」《廣韵》云：「娎，喜皃。」从女，折聲。許列切，八部。

㛍 得志㛍㛍也。《篇》《韵》皆云此義邱協切，是與「悏」音義皆同也。从女，夾聲。呼帖切，八部。一曰，㛍息也。一曰，少气也。《篇》《韵》皆云此義呼牒切。《廣韵》也作「皃」。

嬈 苛也。苛者，小艸也。引申爲瑣碎之偁。《玄應》曰：「苛，煩也，擾也。」嬈亦惱也。苛音何可切。一曰，擾也。此也字補。戲弄也。《玄應》引《三倉》「嬲，乃了切。弄也，惱也」。按，嬲乃嬈之俗字，故許不録。嵇康《與山巨源書》：「足下若嫐之不置。」李善云：「嫐，擿嬈也。音義與嬈同。奴了切。」近孫氏星衍云：「嫐即嫋字艸書之譌。」然嵇康艸蹟作「娚」，《玄應》引《三倉》故有嫐字，則未可輕議。从女，堯聲。奴鳥切，二部。一曰，嬥也。上文嬥下曰「嬈也」，二篆爲轉注，亦考老之例。然嬥之訓嬈，即謂苛也、擾也，不當此有「一曰嬥也」四字。

嫛 惡也。許意葢謂毀物爲毀，謗人爲嫛。一曰，人皃也。从女，毀聲。許委切，十六部。

姍 誹也。《漢書》「姍笑三代」，説者謂即訕字也。从女，刪省聲。所晏切，十四部。一曰，翼便也。未聞。

㛤 醜也。醜者，可惡也。一曰，老嫗也。婦人之老者曰嫗，不必母也。从女，酋聲。讀若蹴。七宿切，三部。

嫫 嫫母，逗。母，莫后切。古帝妃都醜也。都，猶冣也。民所聚曰都，故凡數曰都，詣極亦曰都。《漢書·古今人表》：「悔母，黃帝妃，生蒼林。」荀卿詩㉙、《四子講德論》皆作「嫫姆」，《講德論》曰：「嫫姆倭傀，善譽者不能揜其醜。」从女，莫聲。莫胡切，五部。按，郭注《方言》：「莽，音嫫母之嫫。」是其讀模上聲，嫫母爲雙聲也。師古音暮，似未協。

婓 往來婓婓也。當依《廣韵》作「婓婓，往來皃」。《玉篇》也亦作「皃」。《小雅》、毛傳曰：「騑騑，行不止之皃。」與婓音義皆同。从女，非聲。芳非切，十五部。一曰，大醜皃。

孃 煩擾也。煩，熱頭痛也。擾，煩也。今人用擾攘字，古用孃。《賈誼傳》作「搶攘」，《莊子·在宥》作「傖囊」，《楚詞》作「恇攘」，俗作「劻勷」，皆用叚借字耳。今攘行而孃廢矣。又按，《廣韵》「孃，女良切。母稱」。娘亦「女良切。少女之号」。唐人此二字分用畫然，故耶孃字斷無有作娘者，今人乃罕知之矣。一曰，肥大也。《方言》：「䑋（郭音壤），盛也。秦晉或曰䑋，凡人言盛及其所愛，偉其肥晠謂之䑋。」郭注云：「肥䑋多肉。」按，肉部既有䑋字矣，此與彼音義皆同也。《漢書》「壤子王梁、代」，壤即䑋，孃字。从女，襄聲。女良切，十部。按，前後二義皆當音壤。

嬒 女黑色也。黑部曰：「黯，沃黑色也。」音同義近。从女，會聲。古外切，十五部。《詩》曰：「嬒兮蔚兮。」《曹風·候人》文。今《詩》作「薈」，毛傳曰：「薈蔚，雲興皃。」按，艸部既偁「薈兮蔚兮」矣，此或爲《三家詩》，或本作「讀若《詩》曰薈兮蔚兮」，今有舛奪，皆未可定也。

㜸 好皃。此謂柔耎之好也，補前文諸好所未備。从女，耎聲。形聲中有會意。而沇切，十四部。俗作「輭」。按，俗音奴困切，又改其字作「嫩」㉚，於形聲無當。

媕 誣挐也。《方言》：「挐，揚州、會稽之語也。或謂之惹，或謂之䛳。」注：「言誣䛳也。」又曰：「誣、䛳，與也。吳越曰誣，荆齊曰䛳，與，猶秦晉言阿與也。」按，媕、䛳同字，挐上从如，李仁甫本如是。《廣韵》同。从女，奄聲。依劒切，八部。

㜮 過差也。差忒者，不相值也。凡不得其當曰過差，亦曰嬧。今字多以濫爲之。《商頌》：「不僭不濫。」傳曰：「賞不僭，刑不濫也。」《左氏》曰：「賞僭則懼及淫人，刑濫則懼及善人。」其字皆可作嬧，濫行而嬧廢矣。从女，監聲。盧瞰切，八部。《論語》曰：「小人窮斯嬧矣。」《衞靈公篇》文。今作濫。

嫯　侮傷也。傷，各本作「易」，非是。前文曰：「嫚，侮傷也。」字與慢别。此云「嫯，侮傷也」，字與傲别。今則傲行而嫯廢矣。从女，敖聲。五到切，二部。

婬　厶逸也。厶作「私」，非也，今正。厶音私，姦衺也。逸者，失也。失者，縱逸也。婬之字，今多以「淫」代之，淫行而婬廢矣。从女，㸒聲。余箴切，七部。

姘　除也。按，《詩》：「作之屏之，其菑其翳。」《論語》曰：「屏四惡。」屏皆謂除也。依許則屏，蔽也，姘，除也，義各有當。經傳皆用「屏」，屏行而姘廢矣。《莊子》：「至貴國爵并焉。」注：「并，棄除也。」是又叚「并」爲之。从女，并聲。普耕切，十一部。按，今屏除之義讀上聲。《漢律》：「齊民與妻婢姦曰姘。」此别一義也。民各本作「人」，今正。高注《淮南》曰：「齊民，凡人齊於民也。」禮，士有妾，庶人不得有妾，故平等之民，與妻婢私合，名之曰姘，有罰。此姘取合并之義。

奸　犯婬也。此字謂犯姦婬之罪，非即姦字也。今人用奸爲姦，失之。引申爲凡有所犯之偁。《左傳》多用此字，如「二君有事，臣奸旗鼓」之類。从女，干聲。形聲中有會意。干，犯也，故字从干。古寒切，十四部。

姅　婦人污也。謂月事及免身及傷孕皆是也。《廣韵》曰：「姅，傷孕也。」傷孕者，懷子傷也。从女，半聲。博幔切。《廣韵》又音判。十四部。《漢律》曰：「見姅變，不得侍祠。」按，「見姅變」，如今俗忌入產婦房也，不可以侍祭祀。《内則》曰：「夫齋則不入側室之門。」正此意。《漢律》與《周禮》相爲表裏。

娗　女出病也。按，病下當有「容」字。《廣雅》曰：「娗娗，容也。」然則謂女出而病容娗娗然也。《廣韵》有娗無婷，唐喬知之、杜甫詩，皆用娉婷字。娉婷，皆讀平聲。疑娗、婷同字，長好皃。从女，廷聲。徒鼎切，十一部。

婥　女病也。《廣韵》曰：「婥約，美皃。」此今字今義也。从女，卓聲。奴教切，二部。《廣韵》昌約切。

娷　諉也。言部曰：「諈諉，絫也。」又曰：「諉，絫也。」按，絫者，若今言以此累人也。娷與諈音義皆同，可附見於言部。从女，垂聲。竹恚切，十六部。

㛴　有所恨痛也。恨者，怨也。痛者，病也。从女，𡿺省聲。形聲中有會意也。㛴之从𡿺者，與思之从囟同意。奴晧切，古音當在三部。俗作惱，懊惱，樂府作「懊憹」。今汝南人有所惃言大嫋。舉方俗殊語爲證。

媿 慙也。慙下曰：「媿也。」二篆爲轉注，亦考老之例。从女，鬼聲。俱位切，十五部。按，此亦形聲中有會意。

愧 媿或从恥省。按，即謂「从心」可也。

奻 訟也。从二女。訟者，爭也。《周易・睽》傳曰：「二女同居，其志不同行。」《革》傳曰：「二女同居，其志不相得。」此奻从二女之意也。女還切，十四部。

姦 厶也。厶下曰：「姦衺也。」二篆爲轉注。引申爲凡姦宄之偁。俗作奸，其後竟用奸字。从三女。三女爲㚣，亦三女爲姦，是以君子遠色而貴德。古顏切，十四部。

𢘐 古文姦，从旱心。大徐作「从心，旱聲。」

妥 安也。从爪女。妥與安同意。《說文》失此字，偏旁用之，今補。《釋詁》曰：「妥，安止也。」又曰：「妥，安坐也。」此二條略同，以止也、坐也爲句，坐者，止也，見土部。《毛詩》、《禮經》、《禮記》皆以安坐訓妥。《禮記》：「詔妥尸。古者尸無事則立，有事而後坐。」似《爾雅》安坐連讀。竊謂《爾雅》妥、安、坐、止四字互訓，《士虞》、《特牲》、《少牢》「妥尸」，皆謂安之使之坐。故《士虞》《少牢》安之而後坐，《特牲》先坐而後安之。若《士相見》妥而後傳言，固即時然後言，易其心而後語之意，不必坐而後言也。今有理宜敷陳之言，豈能待君命席乎？故《士虞》、《少牢》兼安也、坐也二義。《士相見》祇取安義。《毛詩》傳：「妥，安坐也。」以義必兼坐，如「肆，故今也」，義得兼故與今。若《檀弓》「退然如不勝衣」，退或爲妥，則二字雙聲。妥與蜕、脱、毻聲義皆近，如花叉爲花落，凡物落必安止於地也。知妥與安同意者，安女居於室，妥女近於手，好女與子妃，皆以男女人之大欲存焉，故从之會意。他果切，十七部。綏以爲聲。

文二百三十八。三，小徐作五。今增妥。　重十四。

毋 止之䛐也。䛐，依《禮記釋文》補。䛐者，意內而言外也。其意禁止，其言曰毋也。古通用「無」，《詩》、《書》皆用「無」。《士昏禮》：「夙夜毋違命。」注曰：「古文毋爲無。」是古文《禮》作「無」，今文《禮》作毋也。漢人多用毋，故《小戴禮記》、今文《尚書》皆用毋，《史記》則竟用毋爲有無字。○又按，《詩》「毋教猱升木」，字作毋。鄭箋：「毋，禁辭。」从女一，會意。武扶切，五部。女有姦之者，一禁止之，令勿姦也。各本但有「从女有奸之者」六字，今補十字。禁止之令勿姦，此說从一之意。毋與乍同意。乍下云：「止也。从亡一，一有所礙之也。」然則毋下亦當「从女一，一有所礙之」。其義可互證。《曲禮》釋文、《大禹謨》正義皆引《說文》云：「其字从女，内有一畫，象有姦之形，禁止之勿令姦。古人云毋，猶今人言莫也。」此以己意增改，而失許意。葢許以禁止令勿姦說从一，陸、孔以有姦之者說从一，不知「女有姦之者」五字爲从一以禁止張本。唐人之增改，今本之奪落，皆繆。而唐本可摘以正今本。凡毋之屬皆从毋。

毐 士之無行者。各本作「人無行也」，今依顏氏《五行志》注所引正。士之無行者，故其字从士、毋。古多叚毋爲有無字，毋即無。婁之訓空也，亦从毋會意。毐之本義如此，非爲嫪毐造此字也。从士毋。會意。賈侍中說。按，此四字當上屬讀之。今人下屬讀之，非也。秦始皇母與嫪毐婬，舊从水旁，今正。坐誅，故世罵婬曰嫪毐。此舉無行之極者爲證，事詳《史記》。但據師古《五行志》注云「摎毐，許慎作嫪毐」，與今《史記》、《漢書》本不同。摎，當依本字讀居虯反。然則許自作嫪，《史》、《漢》自作摎，今本《史》、《漢》改同許作嫪，非古也。其人本姓邯鄲摎氏之摎，摎力周、居由二切。許云罵之之詈，則無怪乎取其姓同音之字改爲嫪，嫪之本音亦力周切也。嫪者，婟也。今俗謂婦人所私之人爲婟嫪，乃古語也。讀若娭。依許許其切，今遏在切，《廣韵》又音哀，音之變也。一部。

文二。

民 衆萌也。萌，古本皆不誤，毛本作「氓」，非。古謂民曰萌，漢人所用不可枚數。今《周禮》「以興耡利甿」，許耒部引「以興耡利萌」。愚謂鄭本亦作萌，故注云：「變民言萌，異外內也。萌猶懵懵無知皃也。」鄭本亦斷非甿字。大氐漢人萌字，淺人多改爲氓。如《周禮音義》此節摘「致氓」是也，繼又改氓爲「甿」，則今之《周禮》是也。說詳《漢讀攷》。民、萌異者，析言之也；以萌釋民者，渾言之也。从古文之象。仿佛古文之體，少整齊之也。凡許書有从古文之形者四，曰革，曰弟，曰民，曰酉，說見革下。彌鄰切，十二部。

凡民之屬皆从民。

古文民。蓋象萌生緐廡之形。

氓 民也。《詩》：「氓之蚩蚩。」傳曰：「氓，民也。」《方言》亦曰：「氓，民也。」《孟子》：「則天下之民，皆悅而願爲之氓矣。」趙注：「氓者，謂其民也。」按，此則氓與民小別，蓋自他歸往之民則謂之氓，故字从民亡。从民，亡聲。讀若盲。武庚切，古音在十部。

文二。　重一。

丿 又戾也。象ナ引之形。又ナ，各本作「右」、「左」，今正。戾者，曲也。右戾者，自右而曲於左也。故其字象自左方引之。丿音義略同擎，書家八法謂之掠。房密切，又匹蔑切，十五部。

凡丿之屬皆从丿。

乂 芟艸也。艸部曰：「芟，乂艸也。」二篆爲轉注。《周南》曰：「是刈是濩。」《周頌》曰：「奄觀銍艾。」艾者，乂之叚借字。銍者，所以乂也。禾部曰：「穫，乂穀也。」是則芟艸穫穀總謂之乂。鄭箋《詩》云：「芟末曰艾。」刀部有「銁」，金部有「鎌」、有「鍥」，所以芟艸也。銍則穫禾短鎌也。引申之，乂訓治也，見諸經傳。許辟部云：「壁，治也。」引《唐書》「有能俾壁」，則壁爲正字。从丿乀相交。象左右去之，會意也。魚廢切，十五部。

刈 乂或从刀。乂者，必用銁鎌之屬也。

弗 撟也。撟，各本作「撟」，今正。撟者，舉手也，引申爲高舉之用。矯者，揉箭箝也，引申爲矯拂之用。今人不能辯者久矣。

弗之訓矯也，今人矯弗皆作拂，而用弗爲不，其誤葢亦久矣。《公羊傳》㉛曰：「弗者，不之深也。」固是矯義。凡經傳言不者，其文直；言弗者，其文曲。如《春秋》：「公孫敖如京師，不至而復。」「晉人納捷菑于邾，弗克納。」弗與不之異也。《禮記》：「雖有嘉肴，弗食不知其旨也；雖有至道，弗學不知其善也。」弗與不不可互易。从丿乀，丿乀，皆有矯意。从韋省。韋者，相背也，故取以會意。謂或左或右，皆背而矯之也。分勿切，十五部。

乁　左戾也。从反丿，讀與弗同。自左而曲於右，故其字象自右方引之。乀音義略同拂，書家八法謂之磔。分勿切，十五部。或問乀篆何以不次乂弗之前也？曰：此以丿爲部首，故必从丿字列畢，而後列反背之形，乂、弗皆系之从丿也。

文四。　重一。

厂　抴也。抴者，捈也。捈者，臥引也。臥引者，横引之。明也。此義未聞。象抴引之形。依此則「明也」當爲衍文。余制切，十六部。凡厂之屬皆从厂。虒字从此。按，虒字从虎，而以爲聲。又若系从糸，厂聲，寫者短之，乃與右戾之丿相溷。曳字从申，厂聲，寫者亦不察。皆當攷正者也。

弋　橜也。木部橜下曰：「弋也。」二篆爲轉注。《爾雅》曰：「橜謂之杙。」㉜按，俗用「杙」爲弋，顧用弋爲隿射字，其誤久矣。杙者，劉劉杙也，不爲橜弋字。弋象形，故不从木也。象折木衺銳者形。者，各本作「著」，不可通，今正。古箸與者無二字，箸即者字。折木之衺銳者爲橜，故上體象其衺銳。厂象物挂之也。凡用橜者，爲有所表識，所謂楬櫫也，故有物挂之。又若舟之弋、弐亦是所以系舟也。故用厂爲合體之象形。與職切，一部。

文二。

乁　流也。从反厂，讀若移。移从多聲，在十七部，亦用於十六部。乁與厂古音同，在十六部也。弋支切。凡乁之屬皆从乁。

也　女侌也。此篆女陰是本義，叚借爲語詈，本無可疑者，而淺人妄疑之。許在當時必有所受之，不容以少見多怪之心測之也。从乁象形，乁亦聲。按，小徐有「乁聲」二字，無「从乁」二字，依例則當云「从乁」，故又補三字。从乁者，流也。乁亦聲，故其字在十六、十七部之閒也。余者切，《玉篇》余爾切。

乜　秦刻石也字。《秦始皇本紀》二世元年，「皇帝曰：金石刻盡始皇帝所爲也。今襲號而金石刻辭不稱始皇帝，其於久遠也如後嗣爲之者，不稱成功盛德。」《顏氏家訓》載：開皇二年，長安掘得秦鐵稱權，有鐫銘，與《史記》合。「其於久遠也」也字，正作乜，俗本譌作世。薛尚功《歷代鐘鼎款識》載秦權一，秦斤一，文與《家訓》大同，而權作乜，斤作殹，又知也、殹通用，鄭樵謂「秦以殹爲也」之證也。殹葢與兮同，兮也古通，故《毛詩》兮也二字，他書所稱或互易。石鼓「汧殹沔沔」，汧殹即「汧兮」。

文二。　重一。

氏 巴蜀名山岸脅之𠂤旁箸欲落墯者曰氏。十六字爲一句，此謂巴蜀方語也。𠂤，大徐無，小徐作「堆」，俗字耳，今正。𠂤，小𨸏也。箸，直略切。小𨸏之旁箸於山岸脅，而狀欲落墯者，曰氏。其字亦作「坻」，亦作「阺」。𨸏部曰：「秦謂陵阪曰阺。」㉝阺與氏音義皆同。楊雄《解嘲》曰：「響若坻隤。」應劭曰：「天水有大坂名曰隴坻，其山堆傍箸崩落作聲，聞數百里，故曰坻隤。」韋昭曰：「坻音若是理之是。」以上見《文選》注。今本《漢書》作「阺隤」。師古曰：「阺音氏，巴蜀名山旁堆欲墮落曰氏，應劭以爲天水隴氏，失之矣。氏音丁禮反。」玉裁按，顔説殊非。古隴阺亦作隴坻，與巴蜀之氏形小異，而音義皆同。阺、坻字同氏聲，或从氐聲而丁禮切者，字之誤也。劉逵注《吳都賦》「坻頽」曰：「天水之大阪，名曰隴坻，因爲隴坻之曲。」説與應仲遠同。坻，韋音是，阺，顔音氏，皆不誤。攷氏亦作「是」，見《夏書》。《禹貢》曰：「西頃因桓是來。」鄭注云：「桓是，隴阪名。其道般桓旋曲而上，故曰桓是。今其下民謂阪爲是(句絶)，謂曲爲桓也(各本誤，今校訂如此)。」據此，則桓是即隴阺，亦可作隴氏，昭昭然矣。古經傳氏與是多通用，《大戴禮》「昆吾者衞氏也」，以下六氏字皆是之叚借。而《漢書》漢碑叚氏爲是，不可枚數。故知姓氏之字，本當作是，叚借氏字爲之，人第習而不察耳。姓者統於上者也，氏者别於下者也，是者分别之詞也，其字本作是。漢碑尚有云姓某是者，今乃專爲姓氏字，而氏之本義，惟許言之，淺人以爲新奇之説矣。氏崩聲聞數百里。象形。謂乚象傍於山脅也。氏之附於姓者，類此。乁聲。乁讀若移。氏，《篇》、《韵》皆承紙切，十六部。大徐承旨切，非也。凡氏之屬皆从氏。楊雄賦：「響若氏隤。」

氒 木本也。木部曰：「木下曰本。」本亦曰氒，氒者，言其氒然大也，古多用橜弋字爲之。《列子》曰：「吾處也若橜株駒。」株駒，木棍也。殷敬順曰：「橜，《説文》作身。」按，《玉篇》亦作身，繇變也。从氏丅，本大於末也。各本無「下本」二字。小徐作「从氏而大於末也」，亦誤，今正。从氏下者，氏猶是，謂此木之下。下者，木本也。木榦大於上體，故製其字从氏下。讀若厥。居月切，十五部。

文二。

氐 至也。氐之言抵也。凡言大氐猶大都也。本也。小徐本有此二字，氐爲本，故柢以會意。《國語》曰：「天根見而水涸。」韋曰：「天根，亢氐之閒。」从氏下箸一。箸，直略切。會意也。許書無低字。「底，一曰，下也。」而昏解云：「从日，氐省。氐者，下也。」是許説氐爲高低字也。《廣韵》都奚切，《玉篇》丁兮切。十五部。大徐丁禮切。一，逗。地也。一之用甚多，故每分别解之。

凡氐之屬皆从氐。

⿰氐垔 臥也。按，《篇》、《韵》皆音印，又音致，仆也。疑認爲氐聲而易其音耳。从氐，垔聲。於進切，十二部。

⿰氐失 觸也。《廣韵》陟栗切，手拔物也。从氐，失聲。

徒結切，十二部。

𨈇 闕。小徐作「家本無注」，鍇云「一本無此篆」。此云「家本無注」，疑許沖之言也。按，《廣雅·釋詁》云：「𨈇，誤也。」曹憲乎孝反。然則其字从氐，學省聲，形音義皆可攷。《篇》、《韵》音晧㉞，古音在三部。

文四。

戈 平頭戟也。《攷工記》：「冶氏爲戈，廣二寸，内倍之，胡三之，援四之。倨句外博，重三鋝。」鄭曰：「戈今句孑戟也。或謂之雞鳴，或謂之擁頸。内謂胡以内接柲者也，長四寸，胡六寸，援八寸。戈，句兵也，主於胡也，俗謂之曼胡以此。」鄭司農云：「援，直刃也。胡其孑。」按，依先鄭，戈有直刃，則非平頭也。宋黄氏伯思始疑鄭注，近程氏瑤田攷戈刃如劒横出而稍倨，所謂援八寸也。援之下近柲爲胡，連上爲刃，所謂胡六寸也。其横毌於柲而外出者，凡四寸，所謂内倍之也。戈戟之金非冒於柲之首，皆爲之内，横毌外出，且於胡之近柲處爲三孔，纏縛於柲以固之。古戈戟時有存者，覈之可知也。説詳《通藝録》。按，許説戈爲平頭戟，从弋以一象之，然則戈刃之横出無疑也。横出故謂之援。援，引也。凡言援者皆謂横引之，直上者不曰援也。且戈戟皆句兵，矛刺兵，殳毄兵。殳嫥於毄者也，矛嫥於刺者也，戟者兼刺與句者也，戈者兼句與毄者也。用其横刃則爲句兵，用横刃之喙以啄人則爲毄兵。毄與句相因爲用，故《左氏》多言戈擊。若晉中行獻子夢厲公以戈擊之；齊王何以戈擊子之，解其左肩；鄭子南逐子皙擊之以戈；衛齊氏用戈擊公孟，公魯以背蔽之，斷肱，以中公孟之肩；魯昭公將以戈擊僚柤；楚盜以戈擊昭王，王孫由余以背受之，中肩；越靈姑浮以戈擊闔廬，傷將指；齊簡公執戈將擊陳成子；衛石乞盂黶敵子路以戈擊之，斷纓，皆言擊不言刺。惟盧蒲癸以寢戈自後刺子之言刺。蓋癸與王何同用戈，癸逼近子之，故言刺。王何去子之稍遠，故言擊。且二人一在後，一在前，相爲掎角也。若長狄僑如，魯富父終甥摏其喉，以戈殺之，由長狄長三丈，既獲之不能殺之，故自下企上以舂其喉也。自下舂其喉，計長狄長不過二丈，容既獲之後，身横於地而殺之。摏亦擊也。《方言》曰：「戈，楚謂之釨。凡戟而無刃，秦晉之閒謂之釨，或謂之鏔，吴楊之閒謂之戈。東齊秦晉之閒，謂其大者曰鏝胡，其曲者謂之鉤釨鏝胡。」《方言》釨鉤鏝字皆轉寫譌俗，古衹作句孑曼。云無刃者，謂無直刃也。云句孑者，謂其爲句兵，取義於無右臂之孑也。云曼胡者，取義於曲處如頤領之肥大也。詳繹鄭注本無不同，所引先鄭乃不可從。从弋，謂柲長六尺六寸。一衡之，象形。衡各本作横，依許全書例正。弋之首，一横之而已矣。先鄭云「援爲直刃，胡其孑」，非也。古禾切，十七部。凡戈之屬皆从戈。

肈 上諱。按，許原書無篆體，但言上諱，後人乃補此篆。説詳示部。上諱者，漢和帝諱也。《後漢書》作「肇」，李賢引伏無忌《古今注》曰：「肇之字曰始，音兆。」許慎《説文》肈音大小反，上諱也。伏、許竝漢時人，而帝諱不同，蓋應别有所據。」㉟玉裁按，古有肈無肇，从戈之肈，漢碑或从殳，俗乃从攵作肇，而淺人以竄入許書支部中。《玉篇》曰：「肈俗肇字。」《五經文字》戈部曰：「肈作肇，訛。」《廣韵》有肈無肇，伏侯作《古今注》時，斷無从攴之肇。李賢注《後漢書》亦斷不至認肈、肇爲二字。蓋伏侯作肁，與許作肈不同。和帝命名之義取始，肁者，始開也。引申爲凡始，故伏云諱肁，而易之之字作始。實則漢人肁字不行，祇用肈字訓始。如《詩・生民》傳、《夏小正傳》可證。外閒所諱者肈也，故許云諱肈。此則伏、許不同之由，章懷之所疑，而今日《後漢書》正文作肇，譌也。李舟《切韵》云：「肈，擊也。」其字从戈，肁聲，形音義皆合直小切。許諱其字，故不爲之解。今經典肈字俗譌从攴，不可不正。攴部妄竄之肇，今已芟去。

戟　有枝兵也。兵者，械也。枝者，木別生條也。戟爲有枝之兵，則非若戈之平頭，而亦非直刃似木枝之衺出也。戈刃之倨句平而稍侈，故曰外博，戟則大侈倨句一矩有半，故可刺可句。《攷工記・冶氏》：「戟廣寸有半寸，内三之，胡四之，援五之。倨句中矩，與刺重三鋝。」鄭曰：「戟，今三鋒戟也。内長四寸半，胡長六寸，援長七寸半。三鋒者，胡直中矩，言正方也。鄭司農云：刺謂援也。玄謂：刺者箸柲直前如鐏者也，戟胡橫貫之。胡中矩，則援之外句磬折與？」《通藝録》曰：「内三之，謂戟柄橫出柲外者，四寸有半也；胡四之，謂上連刃直而下垂者，長六寸也；援五之，謂衺上之刃長七寸半也。刺者，謂橫出之内有鋒也。倨句中矩者，謂刺橫胡直正方之形也。不言援之倨句，言刺之倨句者，戟爲句兵，中矩者主於句也。」據《三儀實録》，雙枝爲戟，獨枝爲戈以爲證，說與鄭注大乖異，然恐程說近是。《方言》「匽戟」，《廣雅》作「偃戟」。偃者，仰也，據衺上之刃名之也。《周禮》「棘門」，《明堂位》「越棘大弓」，《左傳》「子都拔棘以逐之」，棘皆訓戟。棘者，刺也。戟有刺，故名之曰棘。衺者爲援，則橫者爲棘、爲刺也。張揖注《子虛賦》曰：「雄戟，胡中有軶者。」軶同戹。蓋於直垂之胡之中爲橫出者，是曰軶。軶亦有鋒，故《方言》「三刃枝」，郭注云：「今戟胡（胡字今增）中有小孑刺者，所謂雄戟也。」然則合援與刺與軶是爲三刃枝。鄭所謂三鋒戟者，又不如是。古制茫昧難知，但曰援者，斷非直刃。凡《左傳》言「公戟其手」，《詩》毛傳言「拮据，戟挶也」，許書言「挶，戟持也」，「据，戟挶也」，《史》言「須髯如戟」，皆取衺出，不取直上，是則信而有徵耳。《方言》曰：「戟無刃，吳揚之閒謂之戈。」然則戟者，戈之有刃者也。戟亦非直刃，謂之有刃者何？其刃幾於直也。《少儀》曰：「戈有刃者櫝。」戈之分別有刃無刃古矣。《左傳》：「狂狡輅鄭人，鄭人入於井，倒戟而出之，獲狂狡。」此用援刺鄭人不中，鄭人攀柲刺而上也。「或以戟鉤」欒樂斷肘而死，則援與刺皆兼鉤刺之用矣。靈輒「倒戟以禦公徒」，而免趙盾，此主於用援也。許云「有枝兵」者，援刺皆得云枝。从戈，倝省。省作「聲」者，誤，今依徐鉉正。从倝猶从弋，謂柲長丈有六尺也。从戈者，其器戈之屬也。紀逆切。按，大徐有「讀若棘」三字，非也。《釋名》：「戟，格也。傍有枝格也。」古音有《秦風》與澤作爲韵。古音在五部，讀如脚。《周禮》：「戟長丈六尺。」《攷工記》曰：「車戟常。」

戛　戟也。《廣雅》曰：「戛，戟也。」本此。《西京賦》㊱：「立戈迆戛。」薛解云：「戈謂句孑戟也。戛，長矛也。」與許不合。《康誥》：「不率大戛。」《釋詁》：「戛，常也。」此謂戛同「楷」。《皋陶暮》：「戛擊鳴球。」《明堂位》作「揩擊」，揚雄賦作「拮隔」，此謂戛同

「扴」，皆六書中之叚借。从戈百。百者，頭也。謂戟之頭略同戈頭也。會意。古黠切，十五部。讀若棘。按，棘在一部，相去甚遠，疑本作讀若孑而誤。〇戟、戛二篆與戈篆同類，立文本相連，惟因上諱之字例，必部首以下第一字出之，故使戈、戟二篆相隔。各本乃又移戎、𢧵、戰三篆於戟前，非也，今正。

戎 兵也。兵者，械也。《月令》「乃教於田獵，以習五戎」注：「五戎謂五兵：弓矢、殳、矛、戈、戟也。」按，《周禮》「司兵掌五兵」，鄭司農云：「戈，殳，戟，酋矛，夷矛。」後鄭云：「此車之五兵也，步卒之五兵，則無夷矛而有弓矢。」兵之引申爲車卒、步卒，故戎之引申亦爲卒旅。兵可相助，故引申之義，《小雅》「烝也無戎」傳曰：「戎，相也。」又引申爲戎狄之戎，又《民勞》傳：「戎，大也。」《方言》：「戎，大也。宋魯陳衛之閒語。」又鄭《詩》箋云：「戎猶女也。」猶之云者，以戎、汝雙聲而通之也。戎有讀若汝者，《常武》之詩是也；又有讀若鞣者，《常棣》之詩是也。从戈甲。金部曰：「鎧者，甲也。」甲亦兵之類，故从戈甲會意。如融切，九部。[illegible]，古文甲字。日部早篆下及此，小徐皆有此五字，大徐皆删之，由古文甲、小篆甲所異甚微故也。漢隸書早字平頭，如小篆本平頭，古文乃出頭作[illegible]，轉寫既久，惑不能別。於日部及此删去五字，於甲篆則用出頭者爲小篆，别取《汗簡》所載異體爲古文，皆非也。今一一正之。

𢧵 周制：侍臣執𢧵，立於東垂。兵也。見《周書·顧命》。某氏傳曰：「𢧵瞿皆戟屬。」鄭云：「𢧵瞿葢今三鋒矛。」王肅則曰：「皆平器之名。」[37]許不言何兵，略同孑雍也。从戈，癸聲。渠追切，十五部。

戰 盾也。盾下曰：「瞂也。」按，瞂字必淺人所改，循全書之例，必當云「戰也」，二篆爲轉注。淺人不識戰爲干戈字，讀侯旰切，乃改爲瞂[38]。瞂見《毛詩》，非常語，不當以瞂釋盾。干戈字本作戰。干，犯也。戰，盾也。俗多用干代戰，干行而戰廢矣。《方言》：「盾，自關而東或謂之瞂，或謂之干，關西謂之盾。」孔安國《論語》注云：「干，盾也。」戰本讀如干，淺人以其旱聲，乃讀與敦同，而不知旱、敦、戰等字古音皆讀同干也。《毛詩·兔罝》《釆芑》傳云：「干，扞也。」謂干爲扞之叚借，干非不可去聲。从戈，旱聲。《玉篇》《廣韵》皆云：「戰，盾。古寒切。」《廣韵·廿八翰》未嘗出戰字，是依《唐韵》不誤者也，不知大徐侯旰切，用何等《唐韵》耳。十四部。

賊 敗也。敗者，毁也。毁者，缺也。《左傳》：周公「作《誓命》曰：毁則爲賊」。又叔向曰：「殺人不忌爲賊。」从戈，則聲。此云「則聲」，貝部又云，敗、賊皆从貝會意[39]。據从貝會意之云，是賊字爲用戈若刀毁貝，會意而非形聲也，説稍不同。以周公《誓命》言，則用戈毁則，正合會意。昨則切，一部。今字从戎作「賊」。

戍 守邊也。《春秋》曰：「公子買戍衛。」从人持戈。會意。傷遇切，按，古音讀如獸，在三部、四部。衛公叔戍，《世本》作朱，古音朱讀如州。

戰 鬥也。鬥，各本作「鬬」，今正。鬥者，兩士相對，兵杖在後也。《左傳》曰：「皆陳曰戰。戰者，聖人所慎也。」故引申爲戰懼。从戈，單聲。之扇切，十四部。

戲 三軍之偏也。偏，若先偏後伍、偏爲前拒之偏，謂軍所駐之一面也。《史》《漢》：《項羽紀》、《高帝紀》皆曰：「諸侯罷戲下，各就國。」師古曰：「戲，軍之旌旗也。音許宜反，亦讀曰麾。」又《竇田灌韓傳》：「灌夫率壯士兩人，及從奴十餘騎，馳入吳軍，至戲下，所殺傷數十人。」師古曰：「戲，大將之麾也。讀與麾同，又音許宜反。」按，顔說必本舊音義，似與許說小異，然相去不遠，度舊音義必有用許說者矣。一曰，兵也。一說謂兵械之名也。引申之爲戲豫，爲戲謔，以兵杖可玩弄也，可相鬥也。故相狎亦曰戲謔。《大雅》毛傳曰：「戲豫，逸豫也。」从戈，虘聲。香義切，古音葢在十七部，讀如摩。虘从豆从虍，鬳从鬲从虍，虍皆謂器之飾，非聲也。

戜 利也。利者，銛也。一曰，剔也。剔當作「鬄」，詳髟部。从戈，呈聲。徒結切。按，呈聲當在十一部，而大部臷、金部鐵，遞用爲聲，則十一部、十二部合音冣近之理也。《山海經》戜國、戜民國，今譌作臷。

或 邦也。邑部曰：「邦者，國也。」葢或、國在周時爲古今字，古文祇有或字，既乃復製國字。以凡人各有所守，皆得謂之或，各守其守，不能不相疑。故孔子曰：「或之者，疑之也。」而封建日廣，以爲凡人所守之或字，未足盡之，乃又加囗而爲「國」。又加心爲「惑」，以爲疑惑，當別於或，此孳乳寖多之理也。既有國字，則國訓邦，而或但訓有。漢人多以有釋或，毛公之傳《詩·商頌》也，曰「域，有也」，傳《大雅》也，曰「囿，所以域養禽獸也」。域即或。《攷工記·梓人》注：「或，有也。」《小雅·天保》箋、鄭《論語》注皆云：「或之言有也。」高誘注《淮南》，屢言「或，有也」。《毛詩》「九有」，《韓詩》作「九域」，緯書作「九囿」。葢有，古音如以，或，古音同域，相爲平入。从口。羽非切。戈㠯守其一。从三字會意。于逼切。《廣韵》分域切雨逼，或切胡國，非也。一部。一，逗。地也。解从一之意。

域 或或从土。既从口从一矣，又从土，是爲後起之俗字。

𢧵 斷也。斤部曰：「斷者，𢧵也。」二篆爲轉注。《商頌》：「九有有𢧵。」箋云：「九州齊壹𢧵然。」《大雅》：「𢧵彼淮浦。」傳云：「𢧵，治也。」从戈，雀聲。昨結切，十五部。按，雀聲在二部，於古音不合，葢當於雙聲合韵求之。

𢦔 殺也。殺者，戮也。按，漢魏六朝人𢦔、堪、戡、龕四字，不甚區別。《左傳》「王心弗堪」，《漢·五行志》作「王心弗𢦔」，勝也。从戈，今聲。口含切，古音在七部。《商書》曰：「西伯既𢦔黎。」《西伯戡黎》文。今作「戡黎」，許所據作「𢦔黎」。邑部𨞲下又引「西伯戡𨞲」，其乖異或因古文、今文不同與？《爾雅》曰：「堪，勝也。」郭注引《書·西伯堪黎》。葢訓勝，則堪爲正字，或叚戓，或叚戡，又或叚龕，皆以同音爲之也。

戕 槍也。槍者，歫也，歫謂相抵爲害。《小雅》：「曰予不戕。」傳曰：「戕，殘也。」此戕之正義。下又稱《左氏》例爲別一義。**它國臣來弑君曰戕。**《春秋・宣十八年》：「邾人戕鄫子於鄫。」《左氏傳》曰：「凡自虐其君曰弑（唐石經作「凡自內」，非），自外曰戕。」賈注：「邾使大夫往殘賊之。」按，襄卅一年《左傳》曰：「閽戕戴吳。」閽，越俘也。戴吳，吳餘祭也。故亦曰戕。**从戈，爿聲。**在良切，十部。

戮 殺也。殺下曰：「戮也。」二篆爲轉注。古文或叚「翏」爲之，又勠力字亦叚戮爲「勠」。**从戈，翏聲。**力六切，三部。

戡 刺也。刺者，直傷也。平直皆得云刺。經史多叚此爲堪勝字。**从戈，甚聲。**竹甚、口含二切。按，竹甚，古音也。七部。

戭 長槍也。槍者，歫也。謂以長物相刺。《通俗文》曰：「剡木傷盜曰槍。」按，槍非古兵器，戭亦非器名，取槍歫之義耳。今之用金曰槍者，則古之矛也。故戭字廁於此，不與器物爲伍。**从戈，寅聲。**弋刃、以淺二切。按，刃當作忍，弋忍，古音也。十二部。**《春秋傳》有檮戭。**高陽氏才子八愷之一也，見《左傳・文十八年》。《漢書》作敳，《集韵》無敳。

𢦏 傷也。傷者，刅也。此篆與烖、菑音同而義相近，謂受刅也。**从戈，才聲。**祖才切，一部。凡烖、載、胾之類以爲聲。

戩 滅也。滅者，盡也。盡之義兼美惡，故滅之義亦兼美惡。凡盡皆得云滅，亦皆得云戩也。《天保》曰：「俾爾戩穀。」朱子曰：「戩，盡也。穀，善也。」此注甚合古義。《爾雅》：「履、戩、祓、福也。」此謂《樛木》之「福履」、《天保》之「戩穀」、《卷阿》之「祓祿」④，皆得訓福。履本不訓福，與福連文，則可訓福矣。戩、祓本不訓福，與穀、祿連文，則亦可訓福矣。皆於兩字摘一字以釋兩字之義。毛公仍之，曰「戩，福也」。而「履，祿也」、「茀，小也」，則不相襲矣。古人之文，貴善讀之，所謂不以文害辭，不以辭害志。許於戩不襲《爾雅》毛傳，斯善讀《爾雅》毛傳者也。今之能善讀者，葢尟矣。**从戈，晉聲。**即淺切，古音在十二部。讀如藎。**《詩》曰：「實始戩商。」**《魯頌・閟宮》文。今《詩》作「翦」。按，此引《詩》說叚借也。毛傳曰：「翦，齊也。」許刀部曰：「𠝣，齊斷也。」𠝣之字多叚翦爲之，翦即𠝣。戩者，𠝣之叚借。毛云：「𠝣，齊也」者，謂周至於大王，規模氣象始大可與商國竝立，故曰齊。《緜》詩古公以下七章是也，非翦伐之謂。若不通毛傳、許書之例，竟謂大王滅商，豈不事辭俱窒礙乎！毛意謂戩即𠝣，許說其本義以明轉注，復引《詩》字以明叚借。兩公之例，皆尋繹全書而可得，不則以文害辭，謂大王有翦商之志矣。夫《詩》明言翦商而見大王之德盛，後儒言有翦商之志，而大王之心遂不可問。嗚呼，是非不知訓詁之禍也哉。

㦰 絕也。絕者，刀斷絲也。引申爲凡斷之稱。斷之亦曰㦰，與殲義相近。**从从持戈。**二人持戈會意。子廉切，七部。**一曰，田器古文。**一說謂田器字之古文如此作也。田器字見於全書者，銛、鈂、鈐、鎌皆田器，與戗同音部，未宷爲何字之古文，疑銛字近之。此如銚本田器，斗部作「斛」，云出《爾雅》，古一字不限一體也。讀若咸，一曰，讀若《詩》「攕攕女手」。咸、攕古音皆在七部。

武　楚莊王曰：莊，上諱也，不當用。古莊、壯通用，謚法固取壯非取艸。《周書》：「兵甲亟作莊，睿圉克服莊，勝敵志强莊，武而不遂莊。」皆壯字也，後人以莊代之耳。此莊王必本作壯。若諱莊之字曰嚴，乃漢法。許則從《左氏》古文。典下云「莊都説」，亦當作壯。《晉語》有「壯馳兹」，蓋古姓本作壯，後乃盡改爲莊。「夫武定功戢兵。」故「止戈爲武」。宣十二年《左傳》文，此䙴栝楚莊王語，以解武義。莊王曰「於文，止戈爲武」，是倉頡所造古文也。祇取「定功戢兵」者，以合於止戈之義也。文之會意已明，故不言从止戈。文甫切，五部。《大雅》：「履帝武敏。」傳曰：「武，迹也。」此武之别一義也。

戢　臧兵也。《周頌·時邁》曰：「載戢干戈，載櫜弓矢。」傳曰：「戢，聚也。櫜，韜也。」聚與藏義相成，聚而藏之也。戢與輯音同，輯者，車輿也，可聚諸物，故毛訓戢爲聚。《周南》傳亦云：「揖揖，會聚也。」《周語》：「夫兵戢而時動，動則威，觀則玩，玩則無震。」戢與觀正相對，故許易毛曰藏，以其字从戈，故曰「藏兵」。从戈，咠聲。阻立切，七部。《詩》曰：「載戢干戈。」

戠　闕。从戈，从音。大徐如此。小徐無「从戈从音」，有「職從此，古職字，古之職役皆執干戈」十四字，蓋後人箋記之語，非許語也。其義其音皆蓋闕矣。攷《周易》「朋盍簪」，虞翻本簪作「戠」，云：「戠，聚會也。舊讀作撍，作宗。」釋文云：「荀作撍，京作宗。」㊶陰弘道云：張揖《字詁》㨗、撍同字。按，此戠當以音爲聲，故與簪聲、㨗聲爲伍，然《尚書》「厥土赤埴」，古文作「赤戠」，是戠固在古音弟一部也。一部内意亦从音，音未必非聲，蓋七部與一部合韵之理。之弋切，一部。

戔　賊也。此與殘音義皆同，故殘用以會意。今則殘行而戔廢矣。《篇》、《韵》皆云「傷也」。殘與㱚通，故《周禮》注曰：「雖其潘瀾戔餘，不可褻也。」《周易》「束帛戔戔」，子夏傳作「殘殘」，皆㱚餘之意也。从二戈。會意。昨干切，十四部。《周書》曰「戔戔」，句絶。《周書·秦誓》文也。今《書》「截截善諞言」，言部引之，古文《尚書》也。此稱「戔戔」，截截之異文，今文《尚書》也。《春秋公羊傳》曰：「惟諓諓善竫言，俾君子易怠。」劉向《九歎》曰：「讒人諓諓，孰可愬兮。」王逸注引《書》「諓諓靖言」。《漢書·李尋傳》曰：「昔秦穆公説諓諓之言，任仡仡之勇。」諓即戔。許作戔，爲本字，他家作諓，加之言旁也。巧言也。也字今補。按，《公羊音義》引賈逵《外傳》注曰：「諓諓，巧言也。」許正用侍中説釋戔戔，與上賊義少别。此正如圛訓回行，而引《洪範》「曰圛」，釋之曰「升雲半有半無也」；垐訓以土增大道，而引《堯典》「垐讒説」，釋之曰「疾惡也」，皆是一例。或本稱「戔戔竫言，又曰戔戔巧言也」，轉寫有奪文，未可定耳。

文二十六。　重一。

戉 大斧也。一本奪大字，非。斧，所以斫也。**从戈，𠃊聲。**王伐切，十五部。俗多金旁作鉞。**《司馬灋》曰：「夏執玄戉，殷執白戚，周ナ杖黃戉，又把白髦。」**《周書·坶誓》作「秉白旄」，此作「把白髦」者，蓋《司馬法》之文有不同也。《毛詩》傳曰：「秉，把也。」手部曰：「把，握也。」髦者，旄之叚借字。**凡戉之屬皆从戉。**

戚 戉也。《大雅》曰：「干戈戚揚。」傳云：「戚，斧也。揚，鉞也。」依毛傳戚小於戉，揚乃得戉名。《左傳》：「戚鉞秬鬯，文公受之。」戚鉞亦分二物，許則渾言之耳。戚之引伸之義爲促迫，而古書用戚者，俗多改爲蹙。試思親戚，亦取切近爲言，非有異義也。《大雅》：「戚戚兄弟。」傳曰：「戚戚，内相親也。」《小雅》：「戚戚靡所騁。」箋云：「戚戚，縮小之貌。」其義本相通，而淺人於《節南山》必易其形與音矣。戚訓促迫，故又引申訓憂。《小明》：「自詒伊戚。」傳曰：「戚，憂也。」度古祇有戚，後乃別製慽字。**从戉，尗聲。**倉歷切，古音在三部。

文二。

我 施身自謂也。不但云「自謂」，而云「施身自謂」者，取施與我古爲疊韵。施讀施捨之施，謂用己廁於衆中而自稱則爲我也。施者，旗貌也。引申爲施捨者，取義於旗流下𠂹也。《釋詁》曰：「卬、吾、台、予、朕、身、甫、余、言，我也。」又曰：「朕、予、躳，身也。」又曰：「台、朕、賚、畀、卜、陽，予也。」或以賚、畀、卜、予不同義，愚謂有我則必及人，故賚、畀、卜亦在施身自謂之内也。口部曰：「吾，我自稱也。」女部曰：「姎，女人自稱。姎，我也。」《毛詩》傳曰：「言，我也。卬，我也。」《論語》二句，而我吾互用。《毛詩》一句，而卬我襍稱，蓋同一我義，而語音輕重緩急不同，施之於文，若自其口出。**或説我，頃頓也。**謂傾側也。頃，頭不止也。頓，下首也。故引申爲頃側之意。《賓筵》：「側弁之俄。」箋云：「俄，傾貌。」人部曰：「俄，頃也。」然則古文以我爲俄也，古文叚借如此。**从戈手。**合二成字，不能定其會意形聲者，以手字不定爲何字也。五可切，十七部。**手，古文埀也。**埀當作𠂹。𠂹、埀在十七部，然則我以爲形聲也。**一曰，古文殺字。**我从殺則非形聲，會意亦難説也。殺篆下載古文三，有一略相似者。**凡我之屬皆从我。**

古文我。

義 己之威義也。言己者，以字之从我也。己，中宮，象人腹，故謂身曰己。義，各本作「儀」，今正。古者威儀字作義，今仁義字用之。儀者，度也，今威儀字用之。誼者，人所宜也，今情誼字用之。鄭司農注《周禮·肆師》：「古者書儀但爲義，今時所謂義爲誼。」是謂義爲古文威儀字，誼爲古文仁義字。故許各仍古訓，而訓儀爲度。凡儀象、儀匹，引申於此，非威儀字也。古經轉寫既久，肴襍難辨，據鄭、許之言，可以知其意。威義古分言之者，如北宮文子云「有威而可畏謂之威，有儀而可象謂之義」。《詩》言「令儀令色」、「無非無義」是也。威義連文不分者，則隨處而是，但今無不作儀矣。《毛詩》：「威義棣棣，不可選也。」傳曰：「君子望之儼然可畏，禮容俯仰各有宜耳。棣棣，富而閑習也。不可選，物有其容，不可數也。」㊷義之本訓謂禮容各得其宜，禮容得宜，則善矣。故《文王》、《我將》毛傳皆曰：「義，善也。」引申之訓也。从我，从羊。威儀出於己，故从我。董子曰：仁者，人也。義者，我也。謂仁必及人，義必由中斷制也。从羊者，與善美同意。宜寄切，古音在十七部。

羛　《墨翟書》義从弗。《墨翟書》，《藝文志》所謂《墨子》七十一篇也。今存者五十三篇，義無作羛者，葢歲久無存焉爾。从弗者，葢取矯弗合宜之意。魏郡有羛陽鄉，讀若錡。此以地名證羛字，又箸其方音也。凡古地名，多依昝俗方語，如蓮勺呼輦酌，卑水呼班水，銅陽呼紂陽，大末呼闥末，剡呼舌剡反，酈呼蹢躅之蹢，曲逆呼去遇，如是者不可枚數，羛陽讀若錡，同也。然注家皆讀羛陽虛宜切，與錡音稍不同也。今屬鄴，本内黄北二十里鄉也。按，此十二字，乃後人箋記之語，非許語也。鄴、内黄皆魏郡屬縣，羛陽鄉本在内黄北二十里。司馬紹統《郡國志》曰：「魏郡内黄有羛陽聚。」劉注：「世祖破五校處。」《光武紀》：「大破五校於羛陽，降之。」李注：「羛陽聚，屬魏郡。故城在今相州堯城縣東。諸本有作苐者，誤也。」《左傳》：「晉荀盈如齊逆女，還，卒於戲陽。」杜注：「内黄縣北有戲陽城。」按，漢、晉皆在内黄北，魏《地形志》無内黄縣，當是併於鄴，則羛陽亦在鄴矣。故知必後人箋記語也。戲、羛音同許宜反。《左氏傳》有戲陽速，則戲陽又爲氏姓。

文二。　重二。

亅　鉤逆者謂之亅。鉤者，曲金也。《司馬相如列傳》：「猶時有銜橜之變。」集解引徐廣云：「鉤逆者謂之橜。」索隱引周遷《輿服志》云：「鉤逆者爲橜。」皆謂橜爲亅之叚借字也。「清道而行，中路而馳」，斷無枯木朽株之難，故知必謂鉤也。象形。象鉤自下逆上之形。《玉篇》引《說文》衢月切，大徐同，十五部。凡亅之屬皆从亅，讀若橜。

乚　鉤識也。鉤識者，用鉤表識其處也。褚先生補《滑稽傳》：東方朔上書，「凡用三千奏牘。人主從上方讀之，止，輒乙其處，二月乃盡」。此非甲乙字，乃正乚字也。今人讀書有所鉤勒即此。《内則》：「魚去乙。」鄭曰：「乙，魚體中害人者名也。今東海鰫魚有骨名乙，在目，狀如篆乙，食之鯁人，不可出。」此亦非甲乙字，乃狀如篆乚也。魚腸名乙耳，不當別有乙也。戉斧之字，从乚爲聲。从反亅，讀若窡。大徐作「讀若捕鳥罬」。《玉篇》引《說文》居月切，大徐同。十五部。

文二。

琴　禁也。禁者，吉凶之忌也。引申爲禁止。《白虎通》曰：「琴，禁也。以禁止淫邪，正人心也。」此疊韵爲訓。神農所作。《世本》文也。《宋書·樂志》曰：「琴，馬融《笛賦》云宓羲造，《世本》云神農所造也。瑟，馬融《笛賦》云神農造，《世本》云宓羲所造也。」按，《風俗通》、《廣雅》皆同《世本》，季長説誤。《山海經》郭傳引《世本》「伏羲作琴，神農作瑟」，恐系轉寫舛錯。洞越。句。練朱五弦，洞，當作迵，迵者，通達也。越，謂琴瑟底之孔。迵孔者，琴腹中空，而爲二孔通達也。越音活，或作趏。「練朱五絃」者，《虞書》傳曰：「古者帝王升歌清廟之樂，大琴練弦。」蓋練者其質，朱者其色。鄭注《樂記》「清廟之瑟朱弦」云：「練朱弦也，練則聲濁。」五者，初制琴之弦數。周時加二弦。文王、武王各加一弦。象形。象其首身尾也，上圓下方，故象其圓。巨今切，七部。凡珡之屬皆从珡。

古文珡从金。以金形聲字也。今人所用琴字，乃上从小篆，下作今聲。

瑟 庖犧所作弦樂也。弦樂，猶磬曰石樂。清廟之瑟，亦練朱弦。凡弦樂以絲爲之，象弓弦，故曰弦。《淇奧》傳曰：「瑟，矜莊皃。」《旱麓》箋曰：「瑟，絜鮮皃。」皆因聲叚借也。瑟之言肅也。《楚辭》言「秋氣蕭瑟」。从珡，必聲。所櫛切，十二部。

古文瑟。玩古文琴、瑟二字，似先造瑟字，而琴从之。

文二。重二。

乚 匿也。匿者，亡也。象迟曲隱蔽形。迟曲，見辵部。隱蔽，見𨸏部。象逃亡者自藏之狀也。凡乚之屬皆从乚。讀若隱。於謹切，十三部。

直 正見也。《左傳》曰：「正直爲正，正曲爲直。」其引申之義也。見之審則必能矯其枉，故曰正曲爲直。从十目乚。謂以十目視乚，乚者無所逃也。三字會意。除力切，一部。今隸作直。

㮳 古文直，或从木如此。𠕁猶目也。从木者，木從繩則正。

文二。重一。

亡 逃也。逃者，亡也。二篆爲轉注。亡之本義爲逃，今人但謂亡爲死，非也。引申之，則謂失爲亡，亦謂死爲亡。孝子不忍死其親，但疑親之出亡耳。故喪篆从哭亡。亦叚爲有無之無，雙聲相借也。从入乚。會意。謂入於迟曲隱蔽之處也。武方切，十部。凡亡之屬皆从亡。

乍 止亡詈也。各本作「止也，一曰亡也」六字，今正。乍無亡義，淺人離析所改耳。補「詈」字者，如毋下云「止詈也」，亦本有詈，而後人删之。乍與毋同意。毋者，有人姦女，而一止之，其言曰毋。乍者，有人逃亡，而一止之，其言曰乍。皆咄咄逼人之語也。亡與止亡者皆必在倉猝，故引申爲倉猝之稱。《廣雅》曰：「暫也。」《孟子》：「今人乍見孺子將入於井。」《左傳》：「桓子乍謂林楚。」文意正同。而《左傳》俗本改乍爲「咋」。从亡一。會意。鉏駕切，古音在五部。一，逗。有所礙也。礙者，止也。説从一之意。毋字从一，亦是有所礙之意。

望 出亡在外，望其還也。還者，復也。本義。引申之，爲令聞令望之望。从亡，朢省聲。按，望以朢爲聲，朢以望爲義，其爲二字較然也，而今多亂之。巫放切，十部。亦平聲。

無 亡也。凡所失者，所未有者，皆如逃亡然也。此有無字之正體，而俗作無。無乃𣞤之隸變，𣞤之訓豐也，與無義正相反。然則隸變之時，昧於亡爲其義，𣞤爲其聲，有聲無義，殊爲乖繆。古有叚𣞤爲𣠮者，要不得云本無二字。漢隸多作𣠮，可證也。或叚亡爲無者，其義同，其音則雙聲也。从亡，𣞤聲。按，不用莫聲，而用𣞤聲者，形聲中有會意。凡物必自多而少，而無。《老子》所謂「多藏必厚亡」也。武夫切，五部。古音武夫與莫胡二切不別，故無、模同音，其轉語則《水經注》云燕人謂無爲毛，楊子以曼爲無，今人謂無有爲沒有，皆是也。

无 奇字無也。謂古文奇字如此作也。今六經惟《易》用此字。通於元者，元，俗刻作无，今依宋本正。《禮運》曰：「是謂合莫。」注引《孝經》說曰：「上通元莫。」正義云：「上通元莫者，《孝經緯》文。言人之精靈所感，上通元氣寂寞。引之者，證莫爲虛無也。正本元字作无，謂虛無寂寞，義或然也。」按，此注疏，今本譌誤不可讀，而北宋本可據正。疏正本字當是定本之誤，謂鄭引上通元莫，顏師古定本作无莫也。依許云「通於元者，虛无道也」，則《孝經緯》必作元莫矣。蓋其義謂上通元始，故其字形亦用元篆上毌於一。虛无道也。謂虛无之道，上通元氣寂寞也。《玉篇》曰：「无，虛无也。」奇字之无與篆文之𣠮，義乃微別。許說其義，非僅說其形也。王育說，天屈西北爲无。此稱王育說，又无之別一義也。亦說其義，非說其形。屈猶傾也，天傾西北，地不滿東南，見《列子》及《素問》。天傾西北者，謂天體不能正圜也。

匄 气也。气者，雲气也。用其聲叚借爲气求、气與字。俗以气求爲入聲，以气與爲去聲。匄訓气，亦分二義二音。《西域傳》：「气匄亡所得。」此气求之義也，當去聲。又曰：「我匄若馬。」此气與之義也，當入聲。要皆強爲分別耳。《左傳》：「公子棄疾不強匄。」又子產曰：「世有盟誓，毋或匄奪。」皆言气求也。《通俗文》曰：「求願曰匄。」則是求之曰气匄，因而與之亦曰气匄也。今人以物與人曰「給」，其實當用匄字。《廣韵》古達切。其字俗作丐，與丏不同。《廣韵》曰：「二字同。」非是。亡人爲匄，逯安說。此稱逯安說，以說字形會意。逯安亦通人之一也。从亡人者，人有所無，必求諸人，故字从亡、从人。古代切，按，《廣韵》古太切，亦古達切，十五部。

文五。　重一。

匸 衺徯有所夾藏也。夾，各本作「俠」，今正。衺者，寠也。徯者，待也。夾者，盜竊褱物也。迆衺相待有所竊臧，故其字从㇄，而上復有一覆之。从㇄，上有一覆之。會意。凡匸之屬皆从匸。讀若徯同。徯，各本譌「傒」，今正。胡禮切，十六部。

區 踦區，藏隱也。踦區，疊韵。踦區，猶危部、自部之䧢隔，彼言傾側不安也，此言委曲包蔽也。區之義，内臧多品，故引申爲區域，爲區別。古或叚「丘」字爲之，如區蓋亦作丘蓋，區宇亦作丘宇是也。或叚爲句曲字，如《樂記》「區萌達」，即《月令》之「句者畢出，萌者盡達」也。从品在匸中。會意。豈俱切，古音在四部。鄭注《禮記》「嫌名」曰：「若禹與雨，丘與區之類是。」可證古音同邱也。品，彄。衆也。品下曰：「衆庶也。」

匿 亡也。《廣韻》曰：「藏也，微也，亡也，陰姦也。」从匸，若聲。此取雙聲爲形聲也。讀若羊騶箠。此有譌奪，當云「讀若羊箠⿱執金之⿱執金」。金部曰：「⿱執金者，羊箠耑鐵也。」説詳金部。⿱執金讀若至，至古音同質。匿讀若⿱執金，即讀若質也。古亦讀尼質切，在十二部，不在一部也。今音乃女力切。

㔷 側㔷也。各本作「側逃也」，今依《玉篇》逃作㔷。《玉篇》曰：「又作陋。」是知側㔷即《堯典》之「側陋」，謂隱藏不出者也。从匸，丙聲。按，丙聲不可通。大徐云：「當是从内會意，傳寫之誤。」玉裁按，或从谷部之㕯聲。艸部⿱艹㕯从㕯聲，而讀若陸，陸與漏音相近也。盧候切，四部。《廣韻》無此字。一曰，箕屬。其器未詳。

匽 匿也。匽之言隱也。《周禮·宮人》：「爲之井匽。」鄭司農云：「匽，路廁也。」後鄭云：「匽豬，謂霤下之池畜水而流之者。」按，二説皆謂隱蔽之地也。从匸，妟聲。於蹇切，十四部。

医 臧弓弩矢器也。臧，各本作盛，今依《廣韻》。此器可隱藏兵器也。从匸矢，會意。矢亦聲。小徐有此三字。於計切，十五部。《春秋國語》曰：「兵不解医。」《齊語》文。今《國語》作「翳」，叚借字。韋曰：「翳，所以蔽兵也。」按，古翳隱、翳薈字，皆當於医義引申，不當借華蓋字也，翳行而医廢矣。

匹 四丈也。按，四丈之上，當有「布帛」二字。《襍記》曰：「納幣一束，束五兩，兩五尋。」鄭曰：「納幣謂昏禮納徵也。十箇爲束，貴成數。兩兩合其卷，是謂五兩。八尺曰尋，五兩，兩五尋（謂每兩五尋），則每卷二丈也，合之則四十尺。今謂之匹，猶匹偶之云與。」《周禮》：「凡嫁子，娶妻，入幣純帛無過五兩。」鄭曰：「五兩，十端也，每端二丈。」按，二丈爲一端，二端爲兩。每兩爲一匹，長四丈，五兩則五匹，爲一束也。凡古言束帛者，皆此制。凡言匹敵、匹耦者，皆於二端成兩取意。凡言匹夫匹婦者，於一兩成匹取意。兩而成匹，判合之理也，雖其半亦得云匹也。馬稱匹者，亦以一牝一牡，離之而云匹，猶人言匹夫也。○按，字之本義有難定者，如《襍記》注「今謂之匹，猶匹偶之云與」，是以匹偶爲本義，而帛二兩爲引申之義也。與許説迥異。四丈爲匹之云，三代時經傳不見。其字从八，八者別也。夫婦有別，故謂之匹。从匸，亦取別嫌明微意與。鄭意或當如是。从匸八。謂八之數隱其中，會意。八揲一匹。説从八之意。揲者，閱持也。閱持者，更迭持之而具數也。筮者，揲之以四，此揲之以八。八尺者五而得四丈，故其字从八。所以揲之以八者，度人之兩臂爲尋，今人於布帛猶展兩臂度之也。八亦聲。古音八，讀如必。普吉切，十二部。

文七。

匚受物之器。此其器蓋正方，文如此作者，横視之耳。直者其底，横者其四圍，右其口也。《廣韵》曰：「或曰受一斗曰匚。」按，口部云：「囸，規也。」㊸今人皆作圜，作圓。方本無正字，故自古叚方爲之。依字匚有榘形，固可叚作方也。象形。凡匚之屬皆从匚。讀若方。府良切，十部。

籒文匚。

匠木工也。工者，巧飭也。百工皆稱工、稱匠，獨舉木工者，其字从斤也。以木工之偁，引申爲凡工之偁也。从匚斤。會意。疾亮切，十部。斤，逗。所目作器也。説从斤之意。匚者，榘也。

匧槭臧也。小徐本如是。大徐無槭字，木部槭下曰：「匧也。」是二篆爲轉注。臧字似衍，《玉篇》作「緘也」，乃槭之誤。若《文選》應璩《百一詩》、任昉《哭范僕射詩》，李注皆引《説文》「篋，笥也」。此則所據本不同，自當以小徐本爲善耳。《戰國策》：「乃夜發書，陳篋數十。」从匚，夾聲。苦叶切，八部。

篋匧或从竹。按，《廣韵》曰：「匧，藏也。篋，箱篋也。」分一字爲二，而删去槭字之所繇也。

匡飯器，句。小徐有也字。筥也。謂即筥也。竹部曰：「筥，筲也。筲，一曰飯器，容五升。」筲有三義，而筥匡取此一義耳。匡不專於盛飯，故《詩》采卷耳以頃匡，求桑以懿匡。匡之引申叚借爲匡正。《小雅》：「王于出征，以匡王國。」傳曰㊹：「匡，正也。」蓋正其不正爲匡。凡小不平曰匡刺，革其匡刺，亦曰匡也。《詩》有「頃匡」，謂匡之半淺半深不平者，故謂之頃，所謂匡刺也。匡刺見《攷工記》注。从匚，㞷聲。去王切，十部。

筐匡或从竹。今人亦分匡筐爲二義。

匜佀羹魁。斗部曰：「魁，羹枓也。」枓，勺也。匜之狀似羹勺，亦所以挹取也。柄中有道，可目注水酒。道者，路也。其器有勺，可以盛水、盛酒，其柄空中，可使勺中水酒自柄中流出，注於盥槃及飲器也。《左傳》：「奉匜沃盥。」杜曰：「匜，沃盥器也。」此注水之匜也。《内則》：「敦牟巵匜，非餕莫敢用。」鄭曰：「巵匜，酒漿器。」此注酒之匜也。今大徐本無酒字，小徐有之，《韵會》删「酒」而以「盥器」二字冠於「佀羹魁」之上，妄甚。若《左傳》釋文引《説文》無酒字，因經注但言盥耳。从匚，此器蓋亦正方。也聲。此形聲中有會意。从也者，取其流也。移尒切，按，《篇》、《韵》平聲，古音十六、十七部皆可讀。

匴渌米籔也。渌者，浚也。浚者，抒也。抒者，挹也。籔者，簍也。簍者，漉米籔也。然則匴與簍二字一物也。謂淅米訖，則移於此器内浚乾之而待炊，所謂滰淅也。《士冠禮》：「爵弁、皮弁、緇布冠各一匴。」注：「匴，竹器名。今之冠箱也。」古文匴爲篹。按，渌米之籔，斷非可盛冠，此必異物同名，或别有正字，俟考。从匚，算聲。穌管切，十四部。

𠥂小桮也。木部曰：「桮，𠥂也。」二篆爲轉注。而桮下見渾言之義，此見析言之義，兩處互相足而後義全。此許立文之例也。⿷匚贛下亦可云「栝也」，栝下亦可云「大⿷匚贛也」，是互相足之謂也。門部云：「大栝爲閜。」故小栝爲⿷匚贛矣。《方言》曰：「㼜、椷、盞、温、閜、䀇、㿻，栝也。自關而東趙魏之閒曰椷，或曰盞，或曰温。」按，椷葢即許之⿷匚贛，音同字異。許則椷訓匧，各有本義也。从匚，贛聲。古送切。按，《廣韵》又音感，正音也。八部。郭注《方言》椷讀如封緘，略有輕重耳。

⿰木贛　⿷匚贛或从木。

匪　器，佀竹匧。小徐祇云如篋。《小雅》：「承筐是將。」傳曰：「筐，篚屬。所以行幣帛也。」按，此筐與飯器之筐，異名同實。故毛訓之曰「匪屬」也。《小雅》言匡，《禹貢》、《禮記》言匪。應劭《漢書注》曰㊺：《漢書》作棐。應劭曰：「棐，竹器也。方曰箱，隋曰棐。」隋者，方而長也。他果反。古盛幣帛必以匪，匪、篚古今字。有借匪爲斐者，如《詩》「有匪君子」是也。有借爲分者，《周禮》「匪朌」㊻，鄭司農云「匪，分也」是也。有借爲非者，如《詩》「我心匪鑒」，「我心匪石」是也。有借爲彼者。如《左傳》引《詩》「如匪行邁謀」，杜曰「匪，彼也」，《荀子》引「匪交匪舒」，即《詩》「彼交匪紓」是也。从匚，非聲。非尾切，十五部。按，竹部曰：「篚，車笭也。」非匪之異體，故不錄於此。《逸周書》曰：「實玄黃于匪。」按，此句今惟見《孟子·滕文公》篇引《書》，其上文云：「綏厥士女，篚厥玄黃。昭我周王見休，惟臣附于大邑周。」似必爲《周書》。趙氏亦云：從有攸以下道武王伐紂時，皆《尚書》逸篇之文也。

⿷匚倉　古器也。古器有名⿷匚倉者。从匚，倉聲。七岡切，十部。

⿷匚攸　田器也。艸部曰：「莜，蓺田器也。」⿷匚攸與莜音義皆同，葢一物也。从匚，攸聲。徒聊切，古音在三部。

⿷匚異　田器也。《玉篇》云：「大鼎也。」《廣韵》⿷匚異訓大鼎。从匚，異聲。與職切，一部。

匫　古器也。畢尚書沅得曶鼎，豈其器即匫與。从匚，曶聲。呼骨切，十五部。

匬　甌匬，器也。大徐無匬字，非是。甌者，小盆也。甌匬二字爲名，則非甌也。《玉篇》云：「余主切。器受十六斗。」按，《玉篇》葢謂即《論語》「與之庾」之庾，苞注「十六斗爲庾」也。然《禮經》作「十六斗爲籔」，今文籔作逾。从匚，俞聲。度侯切，四部。《廣韵》無此字。

匱　匣也。匱之義引申爲竭。《大雅》：「孝子不匱，永錫爾類。」傳曰：「匱，竭也。」凡物淥藏之，則有若無，實若虛，故匱之引申爲竭，爲乏。竭，水渴也。乏，反其正也。从匚，𧶠聲。求位切，十五部。俗作櫃。《史記》「石室金鐀」㊼，字作鐀。

匵　匱也。木部曰：「櫝，匱也。」是則匵與櫝音義皆同，實一物也。《論語》曰：「韞匵而藏諸。」又曰：「龜玉毀櫝中。」其實一字也。引申之亦爲小棺。从匚，賣聲。徒谷切，三部。

匣　匱也。《廣韵》曰：「箱，匣也。」古亦借柙爲之。柙，檻也。从匚，甲聲。按，此不注古文甲字，則从小篆甲也。胡甲切，八部。

匯　器也。謂有器名匯也。《禹貢》曰：「東匯澤爲彭蠡。」又曰：「北會于匯。」舊説匯者，回也。此匯之別一義。依許圜、莫、垐之例。此亦可稱《禹貢》而釋之曰：「匯，回也。」今按，匯之言圍也，大澤外必有陂圍之，如器之圍物。古人説淮水曰：淮，圍也。匯从淮，則亦圍也。《尚書》「東匯澤爲彭蠡」，謂東有圍受衆水之彭蠡，非謂漢水回而成澤也。東爲北江，謂漢水合江，又東合彭蠡爲北江也。从匚，淮聲。胡罪切，十五部。

医　棺也。木部曰：「棺者，關也。所以掩屍。」此云「棺也」，二篆義同。《曲禮》曰：「在牀曰屍，在棺曰柩。」是棺、柩義別。虚者爲棺，實者爲柩，析言之也。柩或可以評棺，棺不可以評柩，是以許於柩曰「棺也」，於棺下不云「柩也」以立文，不得用考老之例也。从匚，久聲。各本有柩無医，今依《玉篇》補。《玉篇》曰：「医，棺也。亦作柩。」蓋希馮在梁時所據《説文》如是，以後柩行医廢，遂變許書之舊。而郭忠恕列医爲古文，夏竦説医爲「孫强集」，夏疑《玉篇》作医，不出於希馮而出於孫强也。医蓋古文，而小篆仍之者，《檀弓》曰：「有虞氏瓦棺，夏后氏堲周，殷人棺槨，周人牆置翣。」瓦棺堲周，皆以土不以木。《易》曰：「後世聖人，易之以棺槨。」後世聖人，謂黄帝、堯、舜，然則土棺始於黄帝，堯、舜仍之。《倉頡》造字，从匚从久。《白虎通》云：「柩，久也。久不復變也。」造字之初，斷不从木。許言久聲者，以形聲包會意也。巨救切，三部。

柩　医或从木。蓋殷人用木，以後乃有此字。

匶　籀文从舊。从舊，猶从久也。舊之言久也。《周禮》用匶字。

匰　宗廟盛宔器也。《周禮·司巫》：「祭祀共匰主。」杜子春云：「匰，器名。主，木主也。」許云宗廟盛宔器，亦用杜説。从匚，單聲。都寒切，十四部。《周禮》曰：「祭祀共匰主。」匰主，謂主之匰。鄭曰：「大祝取主陳之器則退也。」

文十九。　重五。今增医則重六。

曲　象器曲受物之形也。匚，象方器受物之形，側視之；象圜其中受物之形，正視之。引申之爲凡委曲之稱，不直曰曲。《詩》曰：「予髮曲局。」又曰：「亂我心曲。」箋云：「心曲，心之委曲也。」又樂章爲曲，謂音宛曲而成章也。《周語》曰：「士獻詩，瞽獻曲。」韋云：「曲，樂曲也。」《毛詩》傳曰：「曲合樂曰歌，徒歌曰謠。」《韓詩》曰：「有章曲曰歌，無章曲曰謠。」按，曲合樂者，合於樂器也。《行葦》傳曰：「歌者比於琴瑟也。」即曲合樂曰歌也。區玉切，三部。凡曲之屬皆从曲。或説曲，蠶薄也。曲見《月令》、《方言》、《漢書·周勃傳》。詳艸部薄下。其物以萑葦爲之。《七月》傳曰：「豫畜萑葦，可以爲曲也。」其字俗作苖，又作笛。

古文曲。小徐無。

𠚕　㽛曲也。㽛者，骨耑㽛奊也。曲當作。今人用委曲字，古用骫，其字从骨从玉，謂如骨玉之堅，而柔之使橈也。《廣韵》作「匤，匣也。」从凵，玉聲。區玉切，三部。

古器也。从曲，舀聲。土刀切，古音在三部。

文三。　重一。小徐無重一。

甾　東楚名缶曰甾。《太史公》曰：「自彭城以東，東海、吳、廣陵，此東楚也。」缶下曰：「瓦器所以盛酒漿，秦人鼓之以節歌。象形。」然則缶既象形矣，甾復象形，實一物而語言不同，且實一字而書法少異耳。《玉篇》作甾，近之。若《廣韵》，謂即艸部之甾字，風馬牛不相及也。甾上从一雝川，此象缶之頸少殺，安得云同字！今隸當作甾。象形也。口大而頸少殺。側詞切，一部。凡甾之屬皆从甾。

古文甾。

疀　斛也。斛者，斛旁有庣也。甾之類，故其字从甾。古田器也。此上當有「一曰」二字。斛下亦引《爾雅》「斛謂之疀，古田器也」。此別一義，叚斛疀爲銚臿也。許書金部作「銚臿」，乃其正字，今之鍫也，江沅說。从甾，疌聲。楚洽切，八部。

畚　蒲器也。𤮊屬，所㠯盛糧。糧，各本作「穜」，今正。《周禮·挈壺氏》：「挈畚以令糧。」大鄭云：「縣畚於稟假之處。」後鄭云：「畚所以盛糧之器，故以畚表稟。」《左傳·宣二年》正義引《説文》：「蒲器可以盛糧。」《左傳釋文》、《詩正義》引「艸器所以盛種」。種字葢非。果爲種字，則當云「穀種」，不得但言種也。何休注《公羊》云：「畚，草器。」杜注《左傳》「以草索爲之」。蒲與艸不相妨。糧者，穀也。从甾，弁聲。布忖切，古音在十四部。

𤮊　⿰巾及也。⿰巾及者，蒲席⿰田宁也。⿰巾及下曰：「⿰田宁也。所以盛米。」然則四篆一物也。从甾，并聲。薄經切，十一部。杜林㠯爲竹筥。筥，䈰也。䈰，飯器。楊雄㠯爲蒲器。杜有《倉頡訓纂》一篇，《倉頡故》一篇，楊有《倉頡訓纂》一篇，其說不同如此。此與鼂、斡二篆，皆兼引楊、杜二家說。讀若輧車。

⿸虍甾　𤮊也。𤮊者，小口罌也。从甾，虍聲。讀若盧同。洛乎切，五部。

⿰缶⿸虍甾　籒文⿸虍甾如此。缶、甾一也。

⿰鹵盧　篆文。按，⿰鹵盧與⿸虍甾二體，必當互易，淺人所改也。⿸虍甾必古文，故盧以爲聲。且二字皆从甾，無庸用先古後篆之例。故二體當互易，而⿸虍甾下應曰古文。

文五。　重三。

瓦　土器已燒之總名。土部坏下曰「一曰瓦未燒」，瓦謂已燒者也。凡土器未燒之素，皆謂之坏；已燒皆謂之瓦。《毛詩·斯干》傳曰：「瓦，紡專也。」此瓦中之一也。《古史攷》曰：「夏時昆吾氏作瓦。」按，有虞氏上陶，瓦之不起於夏時可知也。許書缶部曰：「古者昆吾作匋。」壺，系之「昆吾圜器」。韋昭云：「昆吾，祝融之孫，陸終第二子，名黎，爲己姓，封於昆吾衞是也。」然則昆吾作匋，謂始封之昆吾，非夏桀之昆吾也。《廣韵》引《周書》「神農作瓦器」，當得其實。說詳缶部。凡燒瓦器之竈曰窯。象形也。象卷曲之狀。五寡切，古音在十七部，讀如阿。凡瓦之屬皆从瓦。

瓬周家搏埴之工也。搏作「摶」者，誤，今正。《考工記》曰：「搏埴之工陶瓬。」鄭曰：「搏之言拍也。埴，黏土也。」按，手部：「搏，索持也。拍，拊也。」是搏之本義不訓拍，故鄭以之言通之。从瓦，方聲。分兩切，十部。讀若抵破之抵。抵不成字，轉寫譌舛。《考工記》注，大鄭讀爲甫始之甫，後鄭讀如放於此乎之放，許云方聲，則讀同後鄭。「放於此乎」，今《公羊》放作昉。

甄匋也。匋者，作瓦器也。董仲舒曰：「如泥之在鈞，惟甄者之所爲。」《陳留風俗傳》曰：「舜陶甄河濱。」其引申之義爲察也，勉也。《考工記》叚借爲震掉字⑱。从瓦，垔聲。居延切。按，本音側鄰切，十二、十三部。音轉乃入仙韵，非二韵有異義。

甍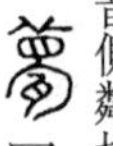屋棟也。棟者，極也，屋之高處也。《方言》：「甑謂之甗。」《廣雅》作「甍謂之甗」，每、夢一聲之轉，之蒸合韵之理。棟自屋中言之，故从木。甍自屋表言之，故从瓦。《爾雅》、《方言》謂之甗者⑲，屋極爲分水之脊，雨水各從高霤瓦而下也。《釋名》曰：「甍，蒙也。在上覆蒙屋也。」《左傳》：「子之援廟桷，動於甍。」未詳其說。从瓦，夢省聲。莫耕切，古音在六部。按，惟此篆主謂屋瓦，故先之。

甑甗也。《考工記》：「陶人爲甑，實二鬴，厚半寸，脣寸，七穿。」按，甑所以炊烝米爲飯者，其底七穿，故必以箅蔽甑底，而加米於上，而餴之，而餾之。从瓦，曾聲。子孕切，六部。

鬵籒文甑从𩰲。

甗甑也。一穿。各本作「一曰穿也」，小徐本在「𧆨聲」之下，今正。按，甑空名窐，見穴部，不得云又名甗也。《陶人》：「爲甗，實二鬴，厚半寸，脣寸。」鄭司農云：「甗無底甑。」無底，即所謂一穿。葢甑七穿而小，甗一穿而大。一穿而大，則無底矣。甑下曰「甗也」，渾言之。此曰「甑也一穿」，析言之。渾言見甗亦評甑，析言見甑非止一穿，參差互見，使文義相足。此許訓詁之一例也。或曰當依小徐，𧆨聲之下作「一曰甑一穿也」六字。山之似甗者曰甗。《詩》：「陟則在甗。」傳曰：「甗，小山別於大山也。」《釋名》曰：「甗，甑也，甑一孔者。甗形孤出處似之也。」按，此謂似甑體而已。鬲部曰：「鼎大上小下若甑曰鬵。」然則甑形大上小下，山名甗者亦爾。俗作「巘」，非。《爾雅》：「小山別大山曰鮮。」《詩·皇矣》⑳同。字作鮮者，甗之叚借。《文選·吳都賦》作「巘」。李注「古買反」。此因《爾雅》鮮或作嶰，又譌作巘也。从瓦，𧆨聲。讀若言。魚蹇切，十四部。

瓵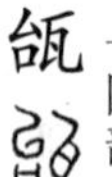甌瓿謂之瓵。《爾雅·釋器》文。《史記·貨殖傳》：「蘖麴鹽豉千合。」徐廣曰：「或作台，器名有瓵。孫叔然云，瓵瓦器，受斗六升。台當爲瓵，音貽。」按，今《史記》譌舛，爲正之如此。所引孫叔然者，《爾雅》注也。从瓦，台聲。與之切，一部。

甞大盆也。盆者，盎也。甞其大者也。《漢書》楊雄

《酒箴》曰：「爲甍所轠。」从瓦，尚聲。丁浪切，十部。

甌 小盆也。《方言》：「罃甂謂之盎，自關而西或謂之盆，或謂之盎，其小者謂之升甌，又曰甂，陳魏宋楚之閒謂之瓯，自關而西謂之甂，其大者謂之甌。」按，許亦同。《方言》謂甌爲盆，而郭景純疑《方言》與《爾雅》說瓬不合。从瓦，區聲。烏侯切，四部。

瓮 罌也。罌者，缶也。缶者，小口罌也。然則瓮者，罌之大口者也。《方言》曰：「瓶、瓮、瓿甊，甖也。自關而西，晉之舊都河汾之閒，其大者謂之甀，其中者謂之瓿甊；自關而東，趙魏之郊謂之瓮，或謂之甖。」甖即罌字。从瓦，公聲。烏貢切，九部。按，小徐瓨下「讀若翁」三字當在此。

瓨 似罌，長頸，受十升。《史》《漢》，《貨殖傳》皆曰：「醯醬千瓨。」按，醯醬者，今之醋也，別於下文之醬。升當作斗，《漢書注》古本有作斗者。从瓦，工聲。讀若洪。洪，小徐作「翁」，古雙切，九部。按，《篇》、《韵》皆户江切，字亦作「缸」。

瓭 小盂也。盂者，飲器也。《方言》曰：「盂，宋、楚、魏之閒或謂之盌。」从瓦，夗聲。烏管切，十四部。《方言》作「盌」，俗作「椀」。

瓴 罋也。似缾者。罋，大徐作「瓮」，蓋非。《高祖本紀》曰：「譬猶居高屋建瓴水。」如淳曰：「瓴，盛水瓶也。居高屋之上，而幡瓴水，言其向之勢易也。建音蹇。」晉灼曰：「許慎云：瓴，罋似瓶者也。」按，缶部云：「罋，汲缾也。」瓴同物而非罌、瓮。从瓦，令聲。郎丁切，十一部。

甈 罌謂之甈。《方言》、《廣雅》罌皆作「甇」。从瓦，卑聲。部迷切，十六部。

甂 似小瓿，大口而卑，用食。《方言》：「甂，陳、魏、宋、楚之閒謂之題，自關而西謂之甂。」《淮南書》曰：「狗彘不擇甂甌而食。」《玉篇》曰：「小盆，大口而卑下。」从瓦，扁聲。芳連切，古音在十二部。

瓿 甂也。《玉篇》：「瓿甊，小罌也。」《廣韵》同。从瓦，音聲。蒲口切，四部。

甊 器也。《廣韵》：「罌也。」从瓦，容聲。與封切，九部。

甓 令適也。大徐適作「甋」。《陳風》：「中唐有甓。」傳曰：「甓，令適也。」《釋宮》同。郎丁、都歷二反。《爾雅》作「瓴甋」，俗字也。土部墼字解亦云：「令適。」《考工記》注作「令甓」，實一物也。詳墼字注。从瓦，辟聲。扶歷切，十六部。《詩》曰：「中唐有甓。」《陳風·防有鵲巢》文。讀若檗。

甃 井壁也。井壁者，謂用塼爲井垣也。《周易·井》九四[51]曰：「井甃无咎。」又：「上六，井收。」荀作「井甃」。《莊子》曰：「缺甃之涯。」从瓦，秋聲。側救切，三部。

甈 康瓠，句。按，當有「謂之甈」三字。破罌也。康之言空也，瓠之言壺也。空壺，謂破罌也。罌已破矣，無所用之，空之而已。《釋器》曰：「康瓠謂之甈。」甈之言滯而無用也。《法言》曰：「甄陶天下者，其在和乎。剛則甈，柔則坯。」此引申之義也。**从瓦，臬聲。**魚列切[52]，十五部。《廣韵》五計切，《玉篇》邱滯切。

⿱埶瓦　甈或从埶。埶聲古與臬聲同，是以臬多叚「藝」爲之。

⿰爽瓦　瑳垢瓦石也。瑳，俗作「磋」，今依宋本作瑳，亦叚借字耳。其字當用「厝」，厝，厲石也。《詩》曰：「它山之石，可以爲厝。」用瓦石去垢曰⿰爽瓦。《方言》注曰：「漺，錯也。」漺與磢同。《海賦》曰：「飛㳵相磢。」《江賦》曰：「奔溜之所磢錯。」磢即⿰爽瓦。**从瓦，爽聲。**初兩切，十部。

⿰耎瓦　蹈瓦聲⿰耎瓦⿰耎瓦也。大徐無「⿰耎瓦⿰耎瓦也」三字，小徐作「蹈瓦⿰耎瓦也」，《玄應》作「蹈瓦聲躐躐也」，今按，躐躐當作⿰耎瓦⿰耎瓦，《通俗文》：「瓦破聲曰⿰耎瓦。」《玉篇》：「⿰耎瓦⿰耎瓦，蹋瓦聲。」**从瓦，耎聲。**零帖切。《廣韵》又良涉切。八部。按，古音當在十四部。

⿰瓦今　治橐榦也。治，各本作「冶」，今正。冶橐，謂排囊。排讀普拜切，其字或作「韛」，或作「橐」。冶者以韋囊鼓火，《老子》之所謂「橐」也。其所執之柄曰⿰瓦今，榦猶柄也。⿰瓦今或譌作「肣」，而《廣韵》以「排囊柄」釋之。《玉篇》以「似瓶有耳」釋⿰瓦今。引許者，冶皆譌治，而其義湛薶終古矣。排囊之柄，古用瓦爲之，故字从瓦。後乃以木爲之，故《集韵》作「⿰木酓」，从木。**从瓦，今聲。**胡男切，古音在七部。他書譌作「⿰石含」。

⿰卒瓦　破也。破上當有「瓦」字。破下曰：「石⿰卒瓦也。」此曰「瓦破也。」是二篆爲轉注，而形各有所从。⿰卒瓦與碎音同義異[53]。碎者，䃺也。⿰卒瓦則破而已，不必䃺也。今則碎行而⿰卒瓦廢矣。**从瓦，卒聲。**穌對切，十五部。

瓪　敗瓦也。依小徐有「瓦」字。今俗所謂瓦瓪是此字也，今人語如辦之平聲耳。《玉篇》《廣韵》皆曰：「瓪，牝瓦也。」此今義，非許義。广部曰：「庌，屋牝瓦也。」牡瓦、牝瓦，見《九章算經》及《漢書》，説詳庌下。**从瓦，反聲。**布綰切，十四部。

文二十五　重二

弓　窮也，補此二字，以疊韵爲訓之例也。**目近窮遠者。**者字今補。**象形。**居戎切，古音在六部。讀如肱。**古者揮作弓。**郭景純引《世本》曰：「牟夷作矢，揮作弓。」此等皆當出《世本·作篇》。揮，黄帝臣。**《周禮》六弓：「王弓、弧弓，目䠶甲革甚質；夾弓、庾弓，目䠶干侯鳥獸；唐弓、大弓，目授學䠶者。」**《夏官·司弓矢》文也，説詳鄭注。甚質，今作椹質。按，故書作「鞎」，大鄭云：「鞎當爲椹。」許書無椹字，葢許從鄭，鄭本作「甚」也。干，今作「豻」。**凡弓之屬皆从弓。**

弴　畫弓也。《大雅》：「敦弓既堅。」傳曰：「敦弓，畫弓也。天子畫弓。」按，《荀卿子》：「天子彫弓，諸侯彤弓，大夫黑弓，禮也。」《公羊傳》何注曰：「禮，天子雕弓，諸侯彤弓，大夫嬰弓，士盧弓。」盧弓即玈弓、黑弓也。嬰弓，陸德明云見《司馬法》。按，嬰即《江賦》之纓字，葢朱黑相閒而嬰繞也。彤弓，《毛傳》曰：「朱弓也，以講德習射。」彫弓者，葢五采畫之。凡經傳言彫，有謂刻鏤者，如「玉謂之彫，金謂之鏤」，《禮記》「玉豆彫篹」，《論語》「朽木不可彫」，是也。有謂繪畫者，如此彫弓是也。彡部曰：「彫，琢文也。」古繪畫與刻畫無二字。諸侯彤弓，則天子當五采。石鼓詩有秀弓，秀即繡，五采備謂之繡。或曰，天子之弓但刻畫爲文也。《兩京賦》：「彫弓斯彀。」薛云：「彫弓，謂有刻畫也。」弴與彫語之轉。敦弓者，弴之叚借字。《詩》、《禮》又叚追爲之。敦、弴可讀如𠂤，不得竟讀彫也。《孟子》作弤，亦雙聲字。从弓，𦎧聲。都昆切，十三部。

弭　弓無緣可㠯解轡紛者。《釋器》曰：「弓有緣者謂之弓，無緣者謂之弭。」孫云：「緣謂繁束而漆之，弭謂不以繁束，骨飾兩頭者也。」《小雅》：「象弭魚服。」傳曰：「象弭，弓反末也，所以解紛者。」箋云：「弓反末彆者，以象骨爲之，以助御者解轡紛，宜骨也。」㊹按，紛猶亂，今《詩》作「紒」，亦通。紒者，今之結字。許合《爾雅》《毛詩》爲説也。弭可以解紛，故引申之訓止，凡云弭兵、弭亂者是也。从弓，耳聲。緜婢切。按，古音當在一部，而入紙韵，在十六部者，以或从兒聲也。

𢐀　弭或从兒。兒聲也。𢐀葢此篆之正體，故亦作「彌」，爾兒聲同，故《周禮》「彌災兵」，《漢書》「彌亂」，即𢐀字也。弭節亦作「靡節」。《郊特牲》「有由辟焉」，辟亦弭字。

弲　角弓也。角弓，謂弓之傅角者也。《詩》曰：「觲觲角弓。」相角居角之法，詳於《弓人》。按，今《詩》「騂騂角弓」，釋文曰：「騂，《説文》作弲，音火全反。」此陸氏之偶誤，葢角部稱「觲觲角弓」，陸當云《説文》作觲」，而誤云「作弲」也。弲自謂角弓，不謂弓調利。雒陽名弩曰弲。此弲之別一義。从弓，肙聲。烏玄切。按，陸云《説文》火全反。十四部。

弧　木弓也。《易》曰：「弦木爲弧。」《考工記》：「凡爲弓，冬析幹。凡幹，柘爲上，檍次之，檿桑次之，橘次之，木瓜次之，荆次之，竹爲下。」按，木弓，謂弓之不傅以角者也。弓有專用木不傅角者，後世聖人初造弓矢之遺法也。引申之，爲凡紆曲之稱。《輈人》曰：「凡揉輈，欲其孫而無弧深。」从弓，瓜聲。户吳切，五部。一曰，往體寡、來體多，曰弧弓。弓字今補。《弓人》曰：「往體寡，來體多，謂之王弓之屬，利射革與質。」注云：「射深者用直，此又直焉，於射堅宜也。」王弓合九而成規，弧弓亦然。」按，王弓之屬者，言王弓以包弧弓也。弧者，直而稍紆之謂。弧弓亦天子之弓，王弓亦直而稍紆，則王弓弧弓得互稱也。

弨　弓反也。《小雅》：「彤弓弨兮。」傳曰：「弨，弛皃。」按，《詩正義》引《説文》有「謂弛之而弓反」㊺六字，葢出庾儼默説。弛者，弓解也。弓反者，《詩》所云「翩其反也」。弓反爲弨之本義，弛之則亦反矣。从弓，召聲。尺招切，二部。《詩》曰：「彤弓弨兮。」《彤弓》文。

⿰弓雚　弓曲也。陸德明云：《說文》音權。然則與拳曲音義略同。《爾雅》曰：「菼薍其萌虇。」陸云：「本或作⿰弓雚，非。⿰弓雚，《說文》云：弓曲也。」按，偏旁多後人所加，作⿰弓雚者，正是古本，艸初生句曲也。从弓，雚聲。九院切，十四部。按，古平聲。

彄　弓弩耑，弦所凥也。耑者，頭也。兩頭隱弦處曰彄，亦引申他用。《詩》箋云：「韘所以彄沓手指。」从弓，區聲。恪侯切，四部。

⿰弓繇　弓便利也。繇之言由也㊻，所謂自由自便也。从弓，繇聲。讀若燒㊼。弋招切，二部。

張　𢻱弓弦也。𢻱，各本作「施」，今正。𢻱，敷也。張弛，本謂弓施弦、解弦。引申爲凡作輟之稱。《禮記》曰：「張而不弛，文武弗能也。弛而不張，文武弗爲也。一張一弛，文武之道也。」从弓，長聲。陟良切，十部。

彏　弓急張也。《廣韵》曰：「弓弦急皃。」从弓，矍聲。許縛切，五部。《廣韵》又居縛切。

弸　弓彊皃。《法言》：「弸中彪外。」引申之義也。从弓，朋聲。父耕切，古音在六部。

彊　弓有力也。引申爲凡有力之稱，又叚爲勥迫之勥。从弓，畺聲。巨良切，十部。

彎　持弓關矢也。凡兩相交曰關，如以木橫持兩扉也。矢栝檃於弦，而鏑出弓背外，是兩耑相交也。《孟子》曰：「越人關弓而射之。」《左傳》：「將注，豹則關矣。」皆謂引弓將滿，是之謂彎。或叚「貫」爲關。从弓，䜌聲。烏關切，十四部。

引　開弓也。開下曰：「張也。」是門可曰張，弓可曰開，相爲轉注也。施弦於弓曰張，鉤弦使滿以竟矢之長亦曰張，是謂之引。凡延長之偁，開導之偁，皆引申於此。《小雅·楚茨》、《大雅·召旻》毛傳皆曰：「引，長也。」从弓丨。此引而上行之丨也。爲會意。丨亦象矢形。余忍切，十二部。

弙　滿弓有所鄉也。鄉，今向字。漢人無用向者。《廣雅》曰：「弙，張也。」《大荒南經》：「有人方扜弓射黃蛇。」郭曰：「扜，挽也。音紆。」按，此叚「扜」爲弙也。弙與彎雙聲。从弓，亏聲。哀都切，五部。

弘　弓聲也。《集韵》曰：「弸弦，弓聲也。或作彋。」按，弦、彋皆即此篆也。《甘泉賦》曰：「帷弸彋其拂汨兮。」蘇林云：「弸音石墮井弸爾之弸，彋音宏。」李善曰：「弸彋，風吹帷帳之聲也。」是則弓聲之義，引申爲他聲。經傳多叚此篆爲宏大字。宏者，屋深。故《爾雅》曰：「宏，大也。」从弓，厶聲。厶，古文厷字。見又部。胡肱切，六部。

⿰弓璽　弛弓也。弛弓者，⿰弓璽之義。⿰弓璽非弛字也。《玉篇》以爲今之彌字；《廣韵》以爲玉名，皆非是。从弓，璽聲。斯氏切，十五十六部。

弛 [篆] 弓解弦也。弦字各本無，今補。引申爲凡懈廢之稱。从弓，也聲。施氏切，十六部。

㢮 [篆] 弛或从虒。虒聲亦在十六部。

弢 [篆] 弓衣也。《左傳》多言弢，《詩》言韔。《秦風》傳曰：「韔，弓室也。」《鄭風》作「韣」，傳曰：「韣弓，弢弓也。」然則弢與韔與韣同物，故許皆以弓衣釋之。《月令》曰：「帶以弓韣。」《少儀》曰：「弓則以左手屈韣執拊。」是又名韣而可屈，則以韋爲之也。革部又曰：「鞬，所以戢弓矢。」《方言》曰：「弓謂之鞬，或謂之韇丸。」《廣雅》：「鞬，弓藏也。韇𩎟，矢藏也。」合三書言之，鞬、韇丸，乃藏弓矢所通稱也。从弓叏。叏當作又。土刀切，二部。叏，乑飾，與鼓同意。弢㊽，當作中。冃部肻下曰：「屮，其飾也。」厂部屵下曰：「岸上見也。」豈下曰：「陳樂立而上見也。」巂以中象其冠，崗以中象其首，然則弢鼓从中者，皆象其飾。鼓从又，則謂手擊之；弢从又，則謂手執之也。此云與鼓同意，乃使二篆之意可以互證。

弩 [篆] 弓有臂者。从弓，奴聲。奴古切，五部。《周禮》四弩：夾弩、庾弩、唐弩、大弩。《司弓矢》文也。弩統於弓，故官但言弓。

彀 [篆] 張弩也。《射雉賦》注引作「張弓弩也」。《詩》釋文、正義作「張弓」，皆非。《孟子》趙注亦但云「張弩」，葢本謂弩，引申移之弓耳。《射雉賦》：「捧黃間以密彀。」亦謂弩也。《孟子》曰：「羿之教人射，必志於彀。學者亦必志於彀。」趙云：「彀，張也。張弩向的者，用思專時也。」又曰：「羿不爲拙射變其彀率。」趙云：「彀，弩張，向表率之正體望之，極思用巧之時，不可變也。」按，趙注本謂用巧，如朱注云「弓滿也」，則專謂用力，而非必中矣。《大雅》：「敦弓既句。」句讀倨句之句。毛傳曰：「天子之弓，合九而成規。」是此弓倨多句少，言句以見其倨也。不得云句即彀。从弓，𣪊聲。古候切，四部㊾。

彉 [篆] 滿弩也。滿弩者，張而滿之。或作「弩滿」，非也。《吾丘壽王傳》曰：「十賊彍弩，百吏不敢前。」師古云：「引滿曰彍。」《晉語》韋注云：「張羅闉。去壘五十步而陳，周軍之前後左右，彍弩注矢以誰何，謂之羅闉。」唐開元中，變府兵置彍騎十萬人。彍同彉㊿。从弓，黃聲。讀若郭。按，陽唐無入，以魚虞模之入爲入，故彉讀若郭，與《韓詩》「鞹，廓也」同一例。郭即今廓字，古無二音，如鼓下云「萬物郭皮甲而出」是也。五部。古音當讀古曠切，在十部。

彃 [篆] 䠶也。䠶者，弓弩發於身而中於遠也。亦謂之彈。从弓，畢聲。卑吉切，十二部。《楚辭》曰：「夫芎焉彃日也。」屈原賦《天問》篇文。今本無「夫也」二字，芎作羿。郭氏《山海經》傳云：「莊周云：昔者十日竝出，艸木焦枯。《淮南子》云：堯乃令羿射十日，中其九，日中烏盡死。」又引《離騷》：「羿焉畢日，烏焉落羽。」又引《歸藏鄭母經》：「昔者羿善射，畢十日，果畢之。」按，畢即彃字。

彈 [篆] 行丸也。《左傳》：「晉靈公從臺上彈人，而觀其避丸也。」引申爲凡抨彈、糾彈之偁。从弓，單聲。徒案切，十四部。亦平聲。

弓 或說：彈从弓持丸如此。各本篆形作「弤」，今正。《汗簡》云：「弓，彈字也。出《説文》。」又《佩觿》、《集韵》皆有弓字，蓋古本《説文》从弓而象丸形，與玉部杇玉字同意。

發 䠶發也。《詩》曰：「壹發五豝。」引申爲凡作起之偁。从弓，癹聲。方伐切，十五部。

芎 帝嚳䠶官，夏少康滅之。云「夏少康滅之」，則邑部竆下云「夏后時諸侯夷羿國也」，羽部羿下云「亦古諸侯也」，皆即此。芎，帝嚳射官，爲諸侯，自鉏遷於竆石，所謂有竆后羿也。滅夏后相而篡其位，寒浞殺而代之。浞生奡及豷，少康及后杼滅之。有竆由是遂亡。芎與羿古蓋同字。而堯時射師彈十日者，高誘云：「此堯時羿，非有竆后羿。」从弓，幵聲。五計切，古音當在十一部。《論語》曰：「芎善䠶。」《憲問篇》文。按，今《論語》作「羿」，羿之譌也。

彆 弓戾也。从弓，敝聲。方結反，亦方血反，又邊之入聲。按，此依《詩・采薇》釋文、正義所引《説文》補。弓戾者，謂弓很戾不調。鄭箋《詩》「象弭」云：「弓反末彆者，以象骨爲之。」意與小異。

文二十七。今補彆。　重三。

弜 彊也，重也。重，當作「緟」，見糸部。重弓者，彊之意也。緟，疊之意也。《詩》：「交韔二弓。」傳曰：「交二弓於韔中也。」从二弓。其兩切。按，此音後人以意爲之也。凡弜之屬皆从弜。闕。謂其讀若不聞也。

弻 輔也。輔者，車之輔也。引申爲凡左右之偁。《釋詁》曰：「弻，俌也。」人部曰：「俌，輔也。」俌、輔音義皆同也。《詩》曰：「交韔二弓，竹閉緄縢。」傳云：「交韔，交二弓於韔中也。閉，紲。緄，繩。縢，約也。」《小雅》：「騂騂角弓，翩其反矣。」傳曰：「騂騂，調利皃。不善紲檠巧用，則翩然而反也。」《士喪禮》(61)注曰：「柲，弓檠。弛則縛之於弓裏，備損傷。以竹爲之。《詩》所謂竹柲緄縢。」木部曰：「榜，所以輔弓弩檠榜也。」然則曰檠、曰榜、曰柲、曰閉者，竹木爲之，曰紲、曰縢者，縛之於弛弓，以定其體也。弓必有輔而後正，人亦然，故輔謂之弻。从弜，㐁聲。徐鍇曰：「㐁非聲。」按，非也。㐁下曰：「一讀若誓。」弻字从此，誓與弻同十五部也。房密切。《玉篇》曰：「今字作弼。」

𢐗 古文弻如此。从重㐁者，取會意。㐁，舌皃也。弛弓之檠，如口中之舌。二弓則二舌矣，重㐁以見二弓也。

𢐀 亦古文弻。攴，小擊也。榜之則不無扑擊。

𢏥 弻或如此。弗者，矯也。故从弗，弗亦聲。

文二。　重三。

弦 弓弦也。弓弦以絲爲之，張於弓。因之張於琴瑟者，亦曰弦。俗別作「絃」，非也。弦有急意，故董安于性緩，佩弦以自急。心部曰：「㤂，急也。」从弓，象絲軫之形。謂𢆶也，象古文絲而系於軫。軫者，系弦之處，後人謂琴系弦者曰軫。胡田切，十二部。今字作弦。〇按，軫當作「紾」，从車者，譌也。紾者，轉也。《方言》：「軫，戾也。」軫乃紾之叚借字，絲紾言弦戾也。凡弦之屬皆从弦。

盭　弼戾也。按，此乖戾正字，今則戾行而盭廢矣。戾謂犬出户下，而身曲戾，其意略近，故以戾釋盭。《史記》《漢書》多用盭字。从弦省，从盩。此會意字。盭，了戾之也。大徐刪此五字，小徐盭作盭，了作引，今正。了戾雙聲字。《淮南·原道訓》注曰：「抮艴，了戾也。」《方言》：「軫，戾也。」注謂「相了戾也」。王砅注《素問》、段成式《酉陽雜俎》皆用了戾。許意山曲曰盩，水曲曰厔，扶風有盩厔縣，取此義。是盭有詘曲之意，故此篆从盩，非用引擊之意也。今《淮南》注了戾，《道藏》不誤，而俗刻作「引戾」，正與此誤同。讀若戾。郎計切，十五部。

玅　急戾也。陸機賦「弦幺徽急」，疑當作「弦玅」。从弦省，少聲。於霄切，二部。按，《類篇》曰：「彌笑切，精微也。」則爲今之妙字，妙或作玅是也。

𢎎　不成遂急戾也。不成遂者，不成就也，因之急戾，是曰𢎎。从弦省，曷聲。讀若瘞。於罽切，十五部。《廣韻》作「竭」，非。

文四。《玉篇》以弦字入弓部，盭、玅、𢎎皆入幺小之幺部，非許君分別立弦部之意也。弦善戾，故从弦，無取幺小之義。

系　縣也。縣，各本作「繫」，非其義，今正。県部曰：「縣者，系也。」引申爲凡總持之偁，故系與縣二篆爲轉注。系者，垂統於上，而承於下也。系與係可通用，然經傳係多謂束縛，故係下曰：「絜束也。」其義不同系之義。引申爲世系。《周禮·瞽矇》「世帝繫」、《小史》「奠繫世」，皆謂帝繫《世本》之屬，其字借繫爲之，當作系。《大傳》「繫之以姓而弗別」，亦系之叚借。从糸，糸，細絲也，縣物者不必麤也。厂聲。厂，余制切，抴也。虒字从之，系字亦从之，形聲中有會意也。胡計切，十六部。凡系之屬皆从系。

𣪠　系或从毄處。从處而毄聲也。毄亦在十六部，故古係縛字亦多叚毄爲之。

𦃃　籀文系从爪絲。此會意也。覆手曰爪，絲縣於掌中而下垂，是系之意也。

孫　子之子曰孫。《爾雅·釋親》文也。子卑於父，孫更卑焉，故引申之義爲孫順，爲孫遁。字本皆作孫，經傳中作「遜」者，皆非古也。至部𡐦下解曰：「从至。至而復孫，孫，遁也。」字作孫，不作遜，此許書無遜之證。《春秋經》：「夫人孫于齊。」「公孫于齊。」《公羊傳》曰：「孫猶孫也。内諱奔謂之孫。」《穀梁傳》曰：「孫之爲言猶孫也，諱奔也。」云猶孫者，謂如孫之退然自處於眇小。《詩》：「公孫碩膚。」箋云：「孫讀當如公孫于齊之孫。孫之言孫遁也。周公孫遁，辟此成功之大美。」《書·序》：「帝堯將孫于位。」亦謂遜遁。此等字，今皆俗改爲「遜」，絕非古字古義。惟孫順字，《唐書》作㥦，見心部，而俗亦以遜爲之。从系子。系於子也。會意。思寬切，十三部。系，逗。續也。釋孫从系之意。系部曰：「繼者，續也。系猶繼也。」

緜 聯散也。聯者，連也。散者，眇也。其相連者甚散眇，是曰緜。引申爲凡聯屬之偁。《大雅》：「緜緜瓜瓞。」傳曰：「緜緜，不絶皃。」又引申爲絲絮之偁，因其媆弱而名之。如糸部絮下云「敝緜也」，鄭注《禮記》云「纊，新緜也」是也。又引申爲薄弱之偁。如淮南王安諫伐閩粤曰：「粤人緜力，薄材不能陸戰」是也。从系帛。謂帛之所系也。系取細絲，而積細絲可以成帛，是君子積小以高大之義也。武延切，十四部。

繇 隨從也。辵部曰[62]：「從，隨行也。」「隨，從也。」繇與隨、從三篆爲轉注。从系者，謂引之而往也。《爾雅·釋故》曰：「繇，道也。」《詩》《書》繇作「猷」，叚借字。《小雅》「匪大猶是經」，《大雅》「遠猶辰告」，傳皆曰：「猶，道也。」《書·大誥》「猷爾多邦」，猷亦道也。道路及導引，古同作道，皆隨從之義也。繇之譌體作繇，亦用爲傜役字。傜役者，隨從而爲之者也。从系，有所系而隨從之也。𥁕聲。余招切。按，此音非也，當以周切，三部。

由 或繇字。古繇由通用，一字也。各本無此篆，全書由聲之字皆無梠柢，今補。按，《詩》、《書》、《論語》及他經傳皆用此字，其象形會意今不可知，或當从田，有路可入也。《韓詩》：「横由其畝。」傳曰：「東西曰横，南北曰由。」《毛詩》由作從。

文四。重二。今補由則重三。

三十六部。文七百八十一。宋本作七百七十九文。重八十。宋本作重八十四。凡九千二百三字。此總舉弟十二篇部及文及重文及説解字四者之都數也。

附注：

① 今傳文「公生」作「公同姓」。

② 以下二句不見於《喪服經》文，鄭玄于「子嫁反在父之室」句下注曰：「凡女行于大夫以上曰嫁，行于士庶人曰適人。」

③ 肅，今《詩》作「夙」。鄭箋：「夙之言肅也。」

④ 今《爾雅·釋親》作「謂女子先生爲姊，後生爲妹」，段氏據《唐石經》補句首「男子」二字，而又誤脱「謂」下「女子」二字，遂不可讀。周祖謨《爾雅校箋》所據宋監本此句完整不誤。

⑤ 《方言》卷六：「南楚瀑洭之間，謂婦妣曰母㛂，稱婦考曰父㛂。」《廣雅·釋親》亦云：「妻之父謂之父㛂，妻之母謂之母㛂。」段氏兩婦字皆誤作「父」。

⑥ 此見所引《周禮·司厲》句下注。「令之爲奴婢」，令是「今」之誤。

⑦ 所引臣瓚語見《史記·吕后本紀》集解及《漢書·文帝紀》顔師古注引，語中「禄秩令」皆作「秩禄令」，段氏記誤。

⑧ 十一卷，《藝文志》作二十卷。

⑨ 見司馬貞補《三皇本紀》「女媧氏没，神農氏作」句下自注，文字有小異。

⑩ 蘇林，當作孟康，引語見《漢書・張敞傳》注。此語又見前「嫵」字下段注。

⑪ 《衛風》當作《鄘風》，傳語見《干旄》「彼姝者子」句下。

⑫ 「甘泉侯」是「景嚴侯」之誤。

⑬ 《毛詩》當作「毛傳」。

⑭ 《魏風》當作《唐風》，見《杕杜》。

⑮ 「淁姈」是「娑姈」之誤。

⑯ 「宴」當作「燕」。見《新臺》。

⑰ 脱「注」字。見「从嬿婉」句下。

⑱ 「女」是「氏」之誤。見《大明》。

⑲ 以上引《詩》，「沖沖」本作「忡忡」，兩「曷」字本作「害」。

⑳ 「宫正」是「膳夫」之誤。

㉑ 詩題「中道」二字是「道中」之誤，詩中「綱」字是「網」字之誤。

㉒ 今《史記》索隱引王劭語下另引《説文》，「娽娽」二字作「録録」。引《説文》不當屬王劭語。

㉓ 「艷粃」，《史記》《漢書》及《文選》所録《上林賦》，艷皆作「靚」；粃，《史》《漢》作「莊」，《文選》作「粧」。

㉔ 上兩陜字，原誤刻作「陝」。

㉕ 《廣韵》姎有二音二義，《十六屑》：「姎，於決切，娟也。」《十七薛》：「姎，於悦切，鼻目間輕薄。」段氏當録後一音。

㉖ 「江都輕訬」，《漢書・叙傳》「景十三王」下作「江都訬輕」。段氏系據《文選・吴都賦》「輕訬之客」下劉注轉引，胡氏《文選考異》已指出劉注之誤。

㉗ 《西夷傳》當作《南蠻傳》。三十三蕩，當作「三十七蕩」。

㉘ 「傳曰」當作「箋曰」。

㉙ 詩，當作「賦」。《荀子・賦篇》有「嫫母刁父」句。

㉚ 嫰，字當作「嫩」，刻誤。

㉛ 脱「注」字。見僖二十六年。

㉜ 見《釋宫》。「橥」是「樴」之誤。郭璞注云：「樴，橜也。」

㉝ 十四篇下𨸏部：「阺，秦謂陵阪曰阺。」不作阺，且段注謂阺阺有别。

㉞ 《玉篇》三百四十二氏部：「䍃，乎孝切。」《廣韵・去聲三十六效》：「䍃，胡教切。」皆音效，不音皓。

㉟ 見《和帝紀》。李引伏，止于「音兆」。下爲李注文，「大小反」，原作「大可反」。疑李所引伏書，本作「肇」字，故李謂伏、許「不同」，而段氏遂有下文一段分析，並推斷伏書本作「犀」字。

㊱ 《西京賦》當作《東京賦》。

㊲ 「平器」是「兵器」之誤。

㊳ 四篇上盾部盾篆下注未作此説。

㊴ 「貝部又云」當作「攴部又云」。「賊敗皆从貝」一語在攴部敗字下。

㊵ 祓禄，今《詩・卷阿》作「茀禄」。《爾雅・釋詁》「祓，福也」下郭注引《詩》作「祓禄」，疑爲段注所據。

㊶《周易》釋文作「京作搢，荀作宗」，段氏誤倒京、荀二字。

㊷毛傳「宜」作「戚儀」。段氏引作「宜」，系據正義本。又「不可選」三字原無，段氏據疏增成其義。

㊸「囿」是「圓」之誤。

㊹「傳曰」當作「箋曰」。

㊺以上六字贅文可刪。下所引《漢書》棐字見《食貨志上》：「賦入貢棐。」段氏下文「隋者，方而長也，他果反」，是顏師古注釋應劭注之語，「方」是「圜」字之誤。

㊻《周禮》無「盼」字，三見「匪頒」。段氏所引鄭司農注，見《天官・大宰》「八曰匪頒之式」句下。

㊼此句作「鐀」字者，是《漢書・司馬遷傳》文，《史記・太史公自序》作「匱」。

㊽《周禮》用「甄」僅一例，見《春官・典同》：「薄聲甄」，注謂「猶掉也」。當是段氏所指。

㊾《爾雅》未見「甂」字，疑是《廣雅》之誤。

㊿當補「傳」字。

(51)「九四」是「六四」之誤。

(52)段氏用大徐音，「魚列切」當作「魚例切」。

(53)九篇下石部破字下段注謂瓬碎同義。

(54)鄭箋「宜骨」，阮元校勘記引他本作「宜滑」，是。

(55)《詩正義》引《說文》「弓反」下有「謂弛之而體反也」一語，段氏引誤體爲弓。又：徐鍇亦於「弨」下曰：「弓弛，强而體反也。」

(56)⿰弓䌛，《說文》無此形，當依篆作⿰弓繇。

(57)「讀若燒」，大小徐同。疑「燒」是「烑」字之譌，烑⿰弓䌛（即⿰弓繇）在《廣韻》同音。

(58)「弢」疑當作「叏」，方與上下文相應。

(59)㱿聲，《六書音韵表》在三部。

(60)唐變府兵爲彍騎，見《新唐書・兵志》，字作「彍」。馮夢龍《智囊補・明智・李鄴侯》用「驥騎」字。此「彍同彉」，當作「彍、驥同彉」。

(61)此《士喪禮》指《既夕禮》。

(62)「辵部曰」三字應改爲「从部曰」，下文「隨，從也」前應增「辵部曰」三字。

說文解字第十三篇上

金壇段玉裁注

糸 細絲也。絲者，蠶所吐也。細者，微也。細絲曰糸，糸之言蔑也，蔑之言無也。象束絲之形。此謂古文也。古文見下，小篆作，則有增益。凡糸之屬皆从糸。讀若覛。莫狄切，十六部。

古文糸。

繭 蠶衣也。衣者，依也。蠶所依曰蠶衣。蠶不自有其衣，而以其衣衣天下，此聖人之所取法也。从糸，从虫，从芇。芇聲，各本作黹省，黹不得爲繭會意。《韵會》㒼省聲，㒼上从二十并，亦非也。《五經文字》曰：「从虫，从芇，芇音綿。」許書𦫳部有芇字，「相當也」，讀若宀，張參所據本是矣。今據正。虫者，蠶也。芇者，僅足蔽其身也。工殄反，十四部。

絸 古文繭。从糸見。見聲也。

繅 繹繭爲絲也。从糸，巢聲。穌遭切，二部。俗作繰，乃帛如紺色之字。

繹 㩅絲也。㩅者，引也。引申爲凡駱驛瀶尋之稱。《駉》傳曰：「繹繹，善走也。」从糸，睪聲。羊益切，古音在五部。

緒 絲耑也。耑者，艸木初生之題也，因爲凡首之稱。抽絲者得緒而可引，引申之凡事皆有緒可纘。从糸，者聲。徐吕切，五部。

緬 散絲也。散，各本作「微」，今正。緬之引申爲凡緜邈之稱。《穀梁·莊三年》傳曰：「改葬之禮緦，舉下，緬也。」从糸，面聲。弭沇切，十四部。

純 絲也。《論語》：「麻冕，禮也。今也純。」孔安國曰：「純，絲也。」此純之本義也，故其字从糸。按，純與醇音同，醇者，不澆酒也。叚純爲醇字，故班固曰：「不變曰醇，不襍曰粹。」崔覲説《易》曰：「不襍曰純，不變曰粹。」其意一也。美絲、美酒，其不襍同也。不襍則壹，壹則大，故《釋詁》、毛傳、鄭箋皆曰：「純，大也。」《文王》「純亦不已」，即《周易》之「純粹」也。《詩》之「純束」，讀如屯；《國語》之「稛」，《左傳》之「麇」①，皆其字也。《禮》之純，釋爲緣，實即緣之音近叚借也。从糸，屯聲。常倫切，十三部。《論語》曰：「今也純，儉。」《子罕》篇文。

綃 生絲也。《韵會》作「生絲繒也」。今按，言繒名則非其次，依鄭君則實繒名，當云「生絲也。一曰，繒名」。生絲，未湅之絲也。已湅之繒曰練，未湅之絲曰綃。以生絲之繒爲衣，則曰綃衣。古經多作「宵」，作「繡」。《特牲禮》：「主婦纚笄宵衣。」注曰：「宵衣，染之以黑，其繒本名曰綃。《詩》有素衣朱綃，《記》有玄綃衣。凡婦人助祭者，同服也。」《少牢禮》注曰：「大夫妻尊亦衣綃衣，而侈其袂。」《玉藻》曰：「君子狐青裘豹褎，玄綃衣以裼之。」②注曰：「綃，綺屬也。《郊特牲》：「繡黼丹朱中衣。」注曰：「繡讀爲綃。綃，繒名也。」引《詩》「素衣朱綃」。合此數條，知宵、繡皆叚借字。以此生絲織繒曰綃，仍從絲得名也。故或云「繒名」，或云「綺屬」，綺即文繒也。从糸，肖聲。相幺切，二部。

緍 大絲也。从糸，皆聲。口皆切，十五部。

紞 絲曼延也。曼延疊韵字。曼，引也。延，行也。紞之言网也。巾部有「幒」，幒氏湅絲。幒、紞古葢一字。从糸，㐬聲。呼光切，十部。按，當讀如芒。

紇 絲下也。謂絲之下者也。从糸，气聲。下没切，十五部。《春秋傳》有臧孫紇。

紙 絲滓也。滓者，澱也。因以爲凡物渣滓之稱。从糸，氏聲。都兮切，十五部。按，此篆與紙別。氏聲在十六部。

絓 繭滓絓頭也。謂繅時繭絲成結，有所絓礙，工女蠶功畢後，别理之爲用也。引申爲挂礙之稱。按，《集韵》、《類篇》皆作「繭滓也。一曰絓頭」。此古本也。一曰絓頭者，一名絓頭也。从糸，圭聲。胡卦切，十六部。一曰，以囊絮湅也。別一義謂以囊盛絲緜其中，於水湅之也。湅，各本作練，今正。湅絮，《莊子》所謂「洴澼絖」，《史記》所謂「漂」，《攷工記》注所謂「湖漂絮」。水部潎下云「於水中擊絮」是也。

纅 絲色也。謂絲之色，光采灼然也。《考工記》曰：「絲欲沈。」注云：「如在水中時色。」今人謂之「漂亮」。从糸，樂聲。以灼切，二部。

繀 箸絲於筟車也。竹部曰：「筟，筳也。筳，維絲筦也。」筟車亦曰維車。《方言》曰：「維車，趙魏之閒謂之轣轆，東齊海岱之閒謂之道軌。」箸絲於筳謂之維。从糸，崔聲。穌對切，十五部。

經 織從絲也。從絲二字，依《太平御覽》卷八百二十六補。古謂横直爲衡從。《毛詩》云「衡從其畝」是也。字本不作縱，後人妄以代之，分別其音有慈容、足容之不同。《韓詩》作「横由其畝」，其說曰：「東西耕曰横，南北耕曰由。」由即從也，何必讀如⿰車從乎。織之從絲謂之經，必先有經而後有緯，是故三綱五常六藝謂之天地之常經。《大戴禮》曰：「南北曰經，東西曰緯。」抑許云：「絞，縊也。縊，經也。」縊死何言經死也？謂以繩直縣而死，從絲之義之引申也。平者、立者，皆得謂之從。按，獨言從絲者，蒙上文專言帛，以謂布之有從縷同也。从糸，巠聲。九丁切，十一部。

織 作布帛之總名也。布者，麻縷所成。帛者，絲所成。作之皆謂之織。許此部別布於絲，自緝篆至絣篆二十六字，皆言布也。而有不可分者，如織篆是也。經與緯相成曰織，古叚爲識字。如《詩》之「織文」，徽識也。从糸，戠聲。之弋切，一部。

⿰糸式 《樂浪挈令》織，从糸，从式。樂浪，漢幽州郡名也。挈令者，《漢·張湯傳》有「廷尉挈令」，韋昭曰：「在板挈也。」

《後書·應劭傳》作「廷尉板令」，《史記》又作「絜令」，《漢·燕王旦傳》③又有「光禄挈令」。挈當作栔，栔，刻也。樂浪郡栔於板之令也，其織字如此。錄之者，明字合於六書之法，則無不可用也。如錄《漢令》之𢂼作「䙰」。

紝 機縷也。蠶曰絲，麻曰縷。縷者，綫也。綫者，縷也。《喪服》言縷若干升，《孟子》以麻、縷、絲、絮竝言，皆謂麻也。然亦有麻、絲竝言縷者，機縷是也。機縷，今之機頭。《內則》曰：「執麻枲，治絲繭，織紝組紃。」紝合麻、枲、絲、繭言之。《左傳》：「魯賂楚以執斲、執鍼、織紝，皆百人。」杜曰：「織紝，織繒布者。」从糸，壬聲。如甚切，七部。按，此字經典及《玉篇》、《廣韵》皆平聲，豈《唐韵》有上聲一切耶，抑二徐誤耳。

䋕 紝或从䋕④。

綜 機縷也。此亦兼布帛言之也。《玄應書》引《說文》：「機縷也，謂機縷持絲交者也。」下八字葢庾儼默注。又引《三倉》：「綜，理經也。謂機縷持絲交者也，屈繩制經令得開合也。」按，今尚謂之綜。引申之義爲兼綜，爲錯綜。《太玄經》曰：「乃綜于名。」从糸，宗聲。子宋切，九部。

綹 緯十縷爲綹。此亦兼布帛言之也，故《篇》、《韵》曰：「緯十絲曰綹。」文互相足也。許言縷不言絲者，言縷可以包絲，言絲不可以包縷也。从糸，咎聲。讀若柳。力九切，三部。

緯 織衡絲也。衡，各本作「橫」，今正。凡漢人用字，皆作從衡。許曰「橫，闌足也」⑤，不對植者言也。云「織衡絲」者，對上文「織從絲」爲言，故言絲以見縷。經在軸，緯在杼。木部曰：「杼，機之持緯者也。」引申爲凡交會之稱。漢人左右六經之書，謂之秘緯。从糸，韋聲。云貴切，十五部。

緷 緯也。此亦兼布帛言之也。緯亦稱緷者，語之轉也。微文二部每互轉。《爾雅》：「百羽謂之緷。」古本反。按，此緷字，正許書「稛」字之叚借。《玉篇》云：「緷，大束也。」是也。从糸，軍聲。王問切，十三部。

繢 織餘也。此亦兼布帛言之也。上文機縷爲機頭，此織餘爲機尾。繢之言遺也，故訓爲織餘。織餘今亦呼爲機頭，可用系物及飾物。《急就篇》綊、繢、總爲一類是也。顏王注未諦，今則此義廢矣。一曰，畫也。四字依《韵會》補。今所傳小徐《繫傳》本，此卷全闕。黄氏作《韵會》時，所見尚完，知小徐本有此四字也。畫者，介也。今謂之畍畫。繢、畫雙聲。《考工記》曰：「設色之工，畫、繢、鐘、筐、㡃。」又曰：「畫繢之事，襍五采。」⑥《咎繇謨》：「日、月、星辰、山、龍、華蟲作繪。」鄭注曰：「繪讀曰繢。」讀曰，猶讀爲，易其字也。以爲訓畫之字，當作繢也。繪訓「五采繡」，故必易繪爲繢。鄭司農注《周禮》，引《論語》「繢事後素」。从糸，貴聲。胡對切，十五部。

統 紀也。《淮南·泰族訓》曰：「繭之性爲絲，然非得女工煑以熱湯而抽其統紀，則不能成絲。」按，此其本義也。引申爲凡綱紀之稱。《周易》：「乃統天。」鄭注云：「統，本也。」《公羊傳》：「大一統也。」何注：「統，始也。」从糸，充聲。他綜切，九部。《玉篇》一音桶。

紀 別絲也。別絲，各本作「絲別」。《棫樸》正義引「紀，別絲也」。又云：「紀者，別理絲縷。」今依以正。別絲者，一絲必有其首，別之是爲紀，衆絲皆得其首，是爲統。統與紀義互相足也，故許不析言之。《禮器》曰：「衆之紀也，紀散而衆亂。」注曰：「紀者，絲縷之數有紀也。」此紀之本義也。引申之，爲凡經理之稱。《詩》：「綱紀四方。」箋云：「以罔罟喻爲政，張之爲綱，理之爲紀。」《洪範》九疇：四，「五紀」。斗牽牛爲星紀。《史記》每帝爲本紀，謂本其事而分別紀之也。《詩》：「滔滔江漢，南國之紀。」毛傳曰：「其神足以綱紀一方。」箋云：「南國之大川，紀理衆水，使不壅滯。」从糸，己聲。居擬切，一部。

繈 觕纇也。觕見角部，各本作「粗」，非也，今正。觕訓角長，引申爲凡粗長之稱。絲節粗長謂之繈。孟康曰：「繈，錢貫也。」其引申之義也。又引申爲繈緥，《呂覽·明理篇》：「道多繈緥。」高注：「緥，小兒被也。」又《直諫篇》「繈緥」注：「繈，褸格繩。緥，小兒褯也。」⑦褸即縷，格即絡，織縷爲絡，以負之於背，其繩謂之繈。高説㝡分明。《博物志》云：「織縷爲之，廣八寸，長二尺。」乃謂其絡，未及其繩也。凡繩，韌者謂之繈。从糸，強聲。居兩切，十部。

纇 絲節也。節者，竹約也。引申爲凡約結之稱。絲之約結不解者曰纇。引申之，凡人之愆尤，皆曰纇。《左傳》「忿纇無期」是也。亦叚「類」爲之，昭十六年傳曰：「刑之頗類。」服虔讀類爲纇，解云：「纇，不平也。」从糸，頪聲。盧對切，十五部。

紿 絲勞即紿。即，當爲則。古書即、則多互譌。絲勞敝則爲紿，紿之言怠也。如人之券怠。然古多叚爲「詒」字，言部曰：「詒者，相欺詒也。」从糸，台聲。徒亥切，一部。

納 絲溼納納也。納納，溼意。劉向《九歎》：「衣納納而掩露。」王逸注：「納納，濡溼皃。」《漢·酷吏傳》：「阿邑人主。」蘇林曰：「邑音人相悒納之悒。」按，悒納，當作「浥納」，媕阿之狀，於濡溼義近也。古多叚納爲内字，内者，入也。从糸，内聲。奴荅切，古音亦在十五部。

紡 紡絲也。紡，各本作「網」，不可通。唐本作「拗」，尤誤，今定爲「紡絲也」三字句，乃今人常語耳。凡不必以他字爲訓者，其例如此。絲之紡，猶布縷之績緝也。《左傳》：「莒婦人紡焉以度而去之。」蓋緝布縷爲繩，亦用紡名也。《晉語》：「執而紡於廷之槐。」亦謂以紡縷繩縛之也。《聘禮》：「賓裼，迎大夫賄，用束紡。」鄭曰：「紡，紡絲爲之，今之縳也。」縳見下文，白鮮支也。據此是紡絲專用作絹也。从糸，方聲。妃兩切，十部。

绝 斷絲也。斷之則爲二，是曰绝。引申之，凡横越之曰绝，如绝河而渡是也。又绝則窮，故引申爲極，如言绝美、绝妙是也。許書𨸏部云：「陘，山絶坎也。」是中斷之義也。水部曰：「滎，絶小水也。」是極至之義也。閻氏百詩乃以絶河釋滎，以釋《禹貢》不知《禹貢》滎澤自古作从三火之熒，後人乃譌爲滎。从刀糸，𢇍絲以刀也會意。卩聲。以上五字今定。情雪切，十五部。

𢇍 古文絶。象不連體絶二絲。象形也。

繼 續也。虞翻注《易》曰：「繼，統也。」从糸𢇍。各本篆文作「繼」，解作「从糸𢇍」，則不可通，今正。此會意字，从糸𢇍者，謂以糸聯其絶也。自傳寫譌亂，併篆體改之，因又删𢇍篆矣。古詣切，十五部。

𢇇 𢇍或作𢇇。反𢇍爲𢇇。大徐無篆文，但有「一曰反𢇍爲𢇇」六字，不可了。小徐本云：「或作𢇇，反𢇍爲𢇇。」今依以補一篆文，乃使文從字順矣。反之而成字者，如反巳爲㠯，反人爲匕，反正爲乏是也。小徐本見《韵會》。《莊》、《列》皆云：「得水爲𢇇。」此篆見古書者，惟此。而《莊》譌作𢇍。

續 連也。連者，負車也。聯者，連也。皆其義也。《釋詁》曰：「繼也。」从糸，賣聲。似足切，三部。

賡 古文續从庚貝。《咎繇謨》：「乃賡載歌。」釋文加孟、皆行二反，賈氏昌朝云：「《唐韵》以爲《說文》誤。」徐鉉曰：「今俗作古行切。」按，《說文》非誤也。許謂會意字，故从庚貝會意。庚貝者，貝更迭相聯屬也。《唐韵》以下皆謂形聲字，从貝，庚聲，故當皆行反也。不知此字果从貝、庚聲，許必入之貝部或庚部矣。其誤起於孔傳以續釋賡，故遂不用許說。抑知以今字釋古文，古人自有此例。即如許云「舄，䧿也」，非以今字釋古文乎？《毛詩》：「西有長庚。」傳曰：「庚，續也。」此正謂庚與賡同義，庚有續義。故古文續字，取以會意也。仞會意爲形聲，其晳亂有如此者。

纘 繼也。《豳風》：「載纘武功。」傳曰：「纘，繼也。」《中庸》：「武王纘大王、王季、文王之緒。」注曰：「纘，繼也。」或叚纂爲之。从糸，贊聲。作管切，十四部。

紹 繼也。同《釋詁》。从糸，召聲。市沼切，二部。一曰，紹，緊糾也。緊者，纏絲急也。糾者，三合繩也。

𦀡 古文紹从卩。今本譌，依《玉篇》、《廣韵》、《汗簡》改正。

䌟 偏緩也。緩，正作𦃃，𦅺也。《毛詩》：「檀車幝幝。」毛曰：「幝幝，敝皃。」釋文云：「《韓詩》作䌟䌟。」蓋物敝則緩，其義相通。从糸，羨聲。昌善切，十四部。

縕 緩也。縕之言挺也，挺有緩意。縕與綎義別，《韵會》誤合爲一字。从糸，盈聲。讀與聽同。他丁切，十一部。

綎 縕或从呈。

縱 緩也。一曰，捨也。各本作「舍也」，由俗以舍捨通用也，今正。捨者，釋也。从糸，從聲。足用切，九部。後人以爲從衡字者，非也。

紓 緩也。《小雅》：「彼交匪紓。」傳曰：「紓，緩也。」《左傳》多用紓字，其義皆同，亦叚「抒」爲之。从糸，予聲。傷魚切，五部。

繎 絲勞也。勞，《玉篇》作「縈」，葢《玉篇》爲是與下文紆義近也。或曰縈篆何以不次此，曰：後文緈、縈等篆，皆統於繩，繎，紆則謂絲也。《廣韵》作「絲勞皃」。从糸，然聲。如延切，十四部。

紆 詘也。詘者，詰詘也。今人用屈曲字，古人用詰詘，亦單用詘字。《易》曰：「往者詘也，來者信也。」詘謂之紆，《考工記》：「連行紆行。」亦或叚「汙」爲之。《左傳》曰：「盡而不汙。」从糸，亐聲。億俱切，五部。一曰，縈也。縈者，環之相積，紆則曲之而已，故別爲一義。緈下云：「紆未縈繩」可證。

緈 直也。《廣韵》云：「緈婞。」⑧从糸，幸聲。讀若陘。胡頂切，十一部。

纖 細也。細者，散也。《魏風》：「摻摻女手。」《韓詩》作「纖纖女手」。毛傳曰：「摻摻猶纖纖也。」《尚書》：「厥篚玄纖縞。」鄭注：「纖，細也。」《漢・文紀》遺詔：「纖七日，釋服。」服虔注：「纖，細布。」凡細謂之纖，其字或作孅。《漢・食貨志》如此。《荀卿子》「纖驪」，《列子》作「盜驪」，《穆天子傳》「盜驪」，郭注爲「馬細頸，驪，黑色也」。《廣雅》作「駣騄」，駣者，趹駣脩長之謂，盜、駣同聲，纖、駣同義也。从糸，韱聲。息廉切，七部。

細 散也。散者，眇也。眇今之妙字。从糸，囟聲。穌計切，十五部。

緢 氂絲也。氂，各本作「旄」，俗所改也。氂者，犛牛尾也。凡羽旄古當作羽氂。氂絲者，犛牛尾之絲，至細者也。故次於纖細二篆後。《賈子・容經》：「跘旋之容，旄如濯絲。」旄同緢，言細如濯絲也。从糸，苗聲。武儦切，二部。《周書》曰：「惟緢有稽。」《甫刑》文。今本緢作「貌」，僞孔傳云：「惟察其貌。」按，許所據壁中文，葢謂惟豪氂是審也。

縒 參縒也。參，或曑字。此曰參差。木部曰「槮差」，竹部曰「篸差」，又曰「參差管樂」，皆長短不齊皃也。皆雙聲字。《集韵》、《類篇》皆引《說文》：「參縒也，謂絲亂皃。」《韵會》於差字下引《說文》「參差，絲亂皃。」葢古本有此三字。从糸，差聲。楚宜切，古音在十七部。

繙 繙冤也。三字句。各本無繙字，冤作冕，今補正。《玉篇》繙下曰：「冤也。」《集韵》引《說文》同。葢謂繙字爲複字而刪之，不知繙冤爲疊韵古語。《集韵》、《類篇》皆曰：「繙絻，亂也。」是冤俗作絻也。巾部有幡、帑二篆，亦是疊韵。小兒拭觚布也。此謂亂也，仍當補「亂」字，下文二篆皆訓亂。从糸，番聲。附袁切，十四部。

縮 亂也。《釋詁》曰：「縮，亂也。」《通俗文》云：「物不申曰縮。」不申則亂，故曰亂也。不申者，申之則直，《禮記》：「古者冠縮縫。」《孟子》：「自反而縮。」皆謂直也。亂者，治之。《詩》曰：

「縮版以載。」《爾雅》、毛傳皆曰：「繩之謂之縮之。」治縮曰縮，猶治亂曰亂也。从糸，宿聲。所六切，三部。一曰，蹴也。蹴者，躡也。躡者，蹈也。蹈者，踶也。⑨踶者，躗也。凡足掌迫地不遽起曰踶，是以蹴鞠謂之蹋鞠，蹋而起之也。《論語》：「足縮縮如有循。」鄭注曰：「舉前曳踵行也。」曳踵行不遽起，故曰縮縮，俗作「蹜蹜」，非。踵，足跟也。

紊 亂也。从糸，文聲。亡運切，十三部。《商書》曰：「有條而不紊。」《般庚上》文。

級 絲次弟也。本謂絲之次弟，故其字从糸。引申爲凡次弟之偁。階之次弟，《曲禮》云「拾級聚足連步以上」是也。尊卑之次弟，賈生云「等級分明，而天子加焉，故其尊不可及」是也。《後漢書》注：「秦法，斬首多者，進爵一級，因謂斬首爲級。」从糸，及聲。居立切，七部。

總 聚束也。謂聚而縛之也。悤有散意，糸以束之。《禮經》之總，束髮也。《禹貢》之總，禾束也。引申之，爲凡兼綜之偁。从糸，悤聲。作孔切，九部。俗作摠，又譌作揔。

𥿑 約也。革部曰：「直轅𩌦縛。」𩌦當爲𥿑，大車之衡，約之而已，不必三束。从糸，具聲。居玉切，三部。

約 纏束也。束者，縛也。引申爲儉約。从糸，勺聲。於略切，二部。

繚 纏也。从糸，尞聲。盧鳥切，二部。

纏 繞也。从糸，廛聲。直連切，十四部。

繞 纏也。从糸，堯聲。而沼切，二部。

紾 紾轉也。紾字各本無，今補。此三字句，與上文繙冤也一例。淺人删之，如「離黃倉庚也」之删離，「巂周燕也」之删巂耳。紾轉葢古語。鄭司農《考工記注》之「抮縛」，即紾轉二字也。凡了戾曰紾轉，亦單評曰紾，亦曰軫䋶（牛力反）。《考工記》：「老牛之角紾而昔。」鄭司農云：「紾讀爲抮轉之抮。」⑩《孟子》兩云「紾兄之臂」，趙注皆云：「戾也。」《淮南·原道訓》「抮抱」，高注：「了戾也。」抮抱，《廣雅》作「軫䋶」，云：「轉戾也。」《方言》曰：「軫，戾也。」郭注：「相了戾也。江東音善。」从糸，㐱聲。之忍切，十二部。按，《周禮》釋文云：「劉徒展反，許慎尚展反，又徒展反。」此《說文》舊音也。尚展一反，即景純所謂「江東音善」也。徒展一反，於今語言爲近。

繯 落也。落者，今之絡字，古叚落不作絡，謂包絡也。《莊子》「落馬首」，《漢書》「虎落」，皆作落。木落乃物成之象，故曰落成，曰包落，皆取成就之意也。《馬融傳》曰：「繯㚔四野之飛征。」李注引《說文》，又引《國語》「繯於山有牢」，賈逵注云：「繯，還也。」按，還、環古今字，古用還不用環。《國語》「繯於山有牢」，今本譌作「環山於有牢」，韋注曰：「環，繞也。」山於誤倒，環爲俗字，葢非韋氏之誤，而淺人轉寫所致也。知古書之貤繆不可知者多矣。从糸，睘聲。胡畎切，十四部。李賢又胡串反。

辮　交也。《玄應》引作「交織之也」。《終軍傳》曰：「解辮髮，削左衽。」《三蒼》叚「編」爲之。从糸，辡聲。分而合也，故从辡，形聲中有會意也。頻犬切，十四部。

結　締也。从糸，吉聲。古屑切，十二部。古無髻字，即用此。見髟部。

縎　結也。《玉篇》云：「結不解。」从糸，骨聲。古忽切，十五部。

締　結不解也。解者，判也。下文曰：「紐，結而可解也。」故結而不可解者曰締。从糸，帝聲。特計切，十六部。

縛　束也。束下曰：「縛也。」與此爲轉注。引申之，所以縛之之物亦曰縛。从糸，尃聲。符钁切，五部。

繃　束也。从糸，崩聲。補盲切，古音在六部。《墨子》曰：《漢志》：「《墨子》七十一篇，名翟，爲宋大夫，在孔子後。」「禹葬會稽，桐棺三寸，葛㠯繃之。」今《墨子·節葬篇》此句三見，皆作緘。古蒸、侵二部音轉冣近也。鄭注《禮記》曰：「齊人謂棺束爲緘。」⑪

絿　急也。《毛詩》傳曰：「絿，急也。」《左傳》杜注從之。後儒好異，乃以緩釋絿，字義於字音不洽矣。絿之言糾也。从糸，求聲。巨鳩切，三部。《詩》曰：「不競不絿。」《商頌·長發》文。

絅　急引也。此本義也。《中庸》：「《詩》曰：衣錦尚絅。」此叚借爲褧字也。从糸，冋聲。古熒切，十一部。

䋑　㪔絲也。㪔，各本作「散」，今正。㪔，分離也。水之衺流別曰𠂢，別水曰派，血理之分曰衇，散絲曰䋑。《廣韵》曰：「未緝麻也。」从糸，𠂢聲。匹卦切，十六部。

𦃄　不均也。此與纇雙聲，其義亦相近。从糸，羸聲。力臥切，十七部。

給　相足也。足居人下，人必有足而後體全，故引申爲完足。相足者，彼不足此足之也，故从合。从糸，合聲。形聲亦會意也。居立切，七部。

綝　止也。葢古以綝爲禁字。《釋詁》曰：「綝，善也。」从糸，林聲。讀若郴。丑林切，七部。

縪　止也。《考工記·玉人》曰：「天子圭中必。」注曰：「必讀如鹿車縪之縪。謂以組約其中央，爲執之以備失隊。」按，鹿車即繀車，東齊海岱之閒謂之道軌。《廣雅》曰：「道軌謂之鹿車。」鹿車下鉄，陳宋淮楚之閒謂之畢，所謂鹿車縪也，與用組約圭中央，皆所以止者。又詳革部鞸下。从糸，畢聲。卑吉切，十二部。

終　絿絲也。按，絿字恐誤，疑下文䌖字之譌，取其相屬也。《廣韵》云：「終，極也，竆也，竟也。」其義皆當作冬。冬者，四時盡也，故其引申之義如此。俗分別冬爲四時盡，終爲極也、竆也、竟也，乃使冬失其引申之義，終失其本義矣。有𠔠而後有𣅘、冬，而後有終，此造字之先後也。其音義，則先有終之古文也。从糸，冬聲。職戎切，九部。

𠔠 古文終。有𠔠而有𣅘冬，而後有終。

䌖 合也。合者，亼口也，因爲凡网合之偁。衆絲之合曰䌖，如衣部五采相合曰褋也。从糸集。集當作雧，會意亦形聲也。讀若捷。姉入切，七部。

紈 綮也。綮者，白致繒也。紈即綮也，故从丸，言其滑易也。《商頌》毛傳曰：「丸丸，易直也。」《釋名》曰：「紈，渙也，細澤有光渙渙然也。」从糸，丸聲。胡官切，十四部。紈篆舊在終篆前，非也。今依《玉篇》次此。與繒爲伍，《玉篇》必仍許也。

繒 帛也。七篇帛下曰：「繒也。」是爲轉注。《春秋傳》叚爲鄫字。从糸，曾聲。疾陵切，六部。

䋫 籀文繒从宰省。宰省聲也。不曰辛聲，定爲宰省聲者，辛與曾有真蒸之別，宰省與曾爲之、蒸之相合，通轉取近者也。楊雄曰爲《漢律》祠宗廟丹書告也。也字，依《韵會》補。䋫爲祠宗廟丹書告神之帛，見於《漢律》者字如此作，楊雄言之。雄《甘泉賦》曰「上天之䋫」，蓋即謂郊祀丹書告神者，此則从宰不省者也。

緭 繒也。从糸，胃聲。云貴切，十五部。

絩 綺絲之數也。言綺以見凡繒也。綺者，文繒也。文繒絲尚有數，則餘繒可知。其若干絲爲一絩，未聞。《漢律》曰：「綺絲數謂之絩，布謂之總，《禮經》：「布八十縷爲升。」⑫禾部曰：「布八十縷爲稯。」《漢・王莽傳》：「一月之祿，十緵布二匹。」孟康曰：「緵八十縷也。」今按，總即稯也，稯即緵也，緵即升也，皆謂八十縷。《召南・羔羊》「五總」，傳曰：「總，數也。」綬組謂之首。」司馬紹統《輿服志》：「乘輿黃赤綬五百首，諸侯王赤綬三百首，相國緑綬二百四十首，公侯、將軍紫綬百八十首，九卿、中二千石、二千石青綬百二十首，千石、六百石黑綬八十首，四百石、三百石、二百石黃綬六十首。凡先合單紡爲一系，四系爲一扶，五扶爲一首，五首爲一文，文采淳爲一圭。首多者系細，首少者系麤。」从糸，兆聲。治小切，二部。

綺 文繒也。謂繒之有文者也。文者，錯畫也，錯畫謂这遣其介畫。繒爲这遣方文，謂之文綺。引申之曰「交延結綺窗」，曰「疆場綺分」⑬，皆謂似綺文。从糸，奇聲。祛彼切，古音在十七部。

縠 細縛也。縛之細者也。《詩》：「玼兮玼兮，其之展也。蒙彼縐絺，是紲袢也。」傳曰：「禮有展衣者，以丹縠爲衣。蒙，覆也。絺之靡者爲縐。」靡謂如䊤碎然，細之至也。箋云「縐絺，絺之蹙蹙者」是也。此謂裹衣縐絺，外服丹縠衣，縠與縐絺，正一類也。今之縐紗，古之縠也。《周禮》謂之沙，注謂之沙縠，疏云輕者爲沙，縐者爲縠⑭。按，古衹作沙，無紗字。从糸，𣪊聲。胡谷切，三部。

縳 縳 白鮮卮也。卮，各本作色，今正。下文云：「縞，鮮卮也」，今本譌「鮮色」，則此色誤亦同。卮與支音同。縞爲鮮支，縳爲鮮支之白者。《聘禮》「束紡」注曰：「紡，紡絲爲之，今之縳也。」《周禮》「素沙」注曰：「素沙者，今之白縳也。」釋文皆引《説文》居掾反，《聲類》以爲今正絹字。按，據許，則縳與絹各物，音近而義殊。二《禮》之鄭注，自謂縳不謂絹也。縳以其質堅名之，字从專；絹以色如麥稍名之，字从肙。李登作《聲類》時，已失其傳矣。若《羽人》「十摶爲縳」，《左傳》「縳一如瑱」，又皆卷縳之義，非字之本義。从糸，專聲。持沇切，十四部。

縑 縑 并絲繒也。謂駢絲爲之雙絲繒也。《吕氏春秋》：「昔吾所亡者紡緇也，今子之衣禪緇也，以禪緇當紡緇，子豈有不得哉。」任氏大椿曰：「禪緇即單緇也。」余謂此紡即方也，竝絲曰方，猶併船曰方，此紡非紡之本義。《後漢·輿服志》及《古今注》竝云「合單紡爲一系」者同。此方絲所謂兼絲也。从糸，兼聲。形聲中有會意。古甜切，七部。

綈 綈 㫗繒也。㫗，各本作「厚」，今正。《管子·輕重戊篇》管子對桓公，「魯梁之民俗爲綈」，公服綈；既又對桓公，「宜服帛，去綈」。然則帛薄綈厚可知也。《史記·范雎傳》索隱曰：「蓋今之絁。」按，非也，絁即許之𦄂字。从糸，弟聲。杜兮切，十五部。

練 練 湅繒也。湅者，𤄊也。𤄊者，淅也。淅者，汏米也。湅繒汏諸水中，如汏米然。《考工記》所謂湅帛也。已湅之帛曰練，引申爲精簡之偁。如《漢書》「練時日」、「練章程」是也。从糸，柬聲。郎甸切，十四部。

縞 縞 鮮卮也。各本作「鮮色」，今正。《漢·地理志》師古注：「縞，鮮支也。」《司馬相如傳》正同。顔語多本《説文》，彼時未誤，蓋支亦作卮，因譌色也。《廣雅》：「縏緫、鮮支、縠，絹也。」許謂縞即鮮支。《鄭風》：「縞衣綦巾。」毛曰：「縞衣，白色男服也。」王逸曰：「縞，素也。」任氏大椿釋繒曰：「孰帛曰練，生帛曰縞。」从糸，高聲。古老切，二部。

𦄂 𦄂 粗緒也。粗者，疏也。粗緒，蓋亦繒名。《廣韵》云：「繒似布，俗作絁。」玉裁按，蓋今之綿紬。从糸，璽聲。式支切，十六部。

紬 紬 大絲繒也。大絲，較常絲爲大也。《左傳》：「衞文公大帛之冠。」大帛謂大絲繒。《後漢書》「大練」，亦謂大絲練也。《獨斷》説飛軨以緹紬廣八尺⑮，長拄地。今繒帛通呼爲紬，不必大絲也。叚借爲抽字，《史記》：「紬石室金匱之書。」徐廣音抽，師古《漢書》音胄，皆是也。音胄，謂同籀也。籀者，讀書也。《釋名》曰：「紬，抽也。抽引絲耑出細緒也。」與許説迥異。从糸，由聲。直由切，三部。

綮 綮 致繒也。致，送詣也。凡細膩曰致，今之緻字也。漢人多用致，不作緻。致繒曰綮，未聞其證。一曰，微識信也，有齒。各本識作「幟」，俗字也，今正。巾部曰：「微者，微識也。」

徽識信，蓋謂棨戟。棨、綮通用也。《漢・匈奴傳》曰：「棨戟十。」師古曰：「棨戟，有衣之戟也。」以赤黑繒爲之。《古今注》曰：「棨戟，殳之遺象。以木爲之，後世滋僞，無復典刑，以赤油韜之，亦謂之油戟，亦謂之棨戟。王公以下，通用之以前驅。」按，用赤黑繒，故曰綮，其用同徽識，故曰徽識信。从糸，啟省聲。各本作「𢼄聲」，𢼄不成字。按，木部棨下曰「啟省聲」，則此亦當云「啟省聲」，今依《韵會》正。康禮切，十五部。

綾 東齊謂布帛之細者曰綾。同《方言》。从糸，夌聲。力膺切，六部。

縵 繒無文也。《春秋緐露》：「庶人衣縵。」引申之，凡無文皆曰縵。《左傳》「乘縵」，注：「車無文者也。」《漢・食貨志》「縵田」，注：「謂不畮者也。」从糸，曼聲。莫半切，十四部。《漢律》曰：「賜衣者，縵表白裏。」

繡 五采備也。《考工記》：「畫繢之事襍五采，五采備謂之繡。」鄭氏古文《尚書》曰：「予欲觀古人之象，日、月、星辰、山、龍、華蟲作繢，宗彝、藻、火、粉米、黼、黻希繡。」此古天子冕服十二章。希讀爲黹，或作絺，字之誤也。按，今人以鍼縷所紩者謂之繡，與畫爲二事，如《考工記》則繡亦系之畫繢，同爲設色之工也。畫繢與文字，又爲一事，故許以觀古人之象説，遵修舊文也。从糸，肅聲。息救切，三部。

絢 《詩》云：「素目爲絢兮。」逸《詩》，見《論語・八佾》篇。馬融曰：「絢，文貌也。」鄭康成《禮》注曰：「采成文曰絢。」注《論語》曰：「文成章曰絢。」許次此篆於繡、繪閒者，亦謂五采成文章，與鄭義略同也。鄭注「繪事後素」云：「畫繪先布衆采，然後以素分其閒，以成其文。」朱子則云：「後素，後於素也。」謂先以粉地爲質，而後施五采。據許絢在繡繪閒，繡繪皆五采也，蓋許用白受采之恉與。从糸，旬聲。許掾切，古音在十二部。按，唐玄度《九經字樣》𥿋、絢同字，注云：「上《説文》从筍聲，下經典相承隸省。」按，𥿋不見於他書，疑唐氏所據未確也。惟《儀禮》注云：「絢，今文作約。」然則絢出《禮》古文，許用《禮》古文，故不録《禮》今文。《玉篇》約同上絢，本《禮》注也。《集韵》𥿋同絢，此本唐氏也。

繪 會五采繡也。會繪疊韵。今人分《咎繇謨》繪、繡爲二事，古者二事不分，統謂之設色之工而已。古者繢訓畫，繪訓繡，説見繢下。《虞書》曰：「山、龍、華蟲作繪。」《咎繇謨》文。《論語》曰：「繪事後素。」《八佾》篇文。此皆證繪繡無二事也。从糸，會聲。黄外切，十五部。

緀 帛文皃。帛，各本作「白」，今依《韵會》正。《韵會》用小徐本也。《詩》曰：「緀兮斐兮，成是貝錦。」《小雅・巷伯》文。今《詩》緀作「萋」，毛傳曰：「萋、斐，文章相錯也。貝錦，錦文也。」箋云：「錦文者，如餘泉餘蚳之貝文也。」按，《爾雅》：「餘貾，黄白文。餘泉，白黄文。」从糸，妻聲。七稽切，十五部。

絑 繡文如聚細米也。繡謂畫也。米、絑疊韵。今

《咎陶謨》作「粉米」，許所見壁中古文作「黺絑」。黹部云：「黺，畫粉也。」此云：「絑，繡文如聚細米也。」皆古文《尚書》説也。此不言《虞書》者，經文已見於七篇矣。畫粉爲衛宏説，此葢亦衛説與。从糸米，米亦聲。莫禮切，十五部。

絹 繒如麥稍色。色字今補。色譌「也」，而俗删之耳。自絹至縩廿三篆，皆言繒帛之色，而此色字先之。《聲類》溷縛、絹爲一字，由不考其義之殊也。稍者，麥莖也。繒色如麥莖青色也。《射雉賦》曰：「麥漸漸以擢芒。」又曰：「闕悶藹葉。」四月時也。繒色似之曰絹。漢人叚爲羂字。从糸，肙聲。吉掾切，十四部。

綠 帛青黃色也。《綠衣》毛傳曰：「綠，閒色。」《玉藻》正義曰⑯：「五方閒色，綠、紅、碧、紫、駵黃是也。木青剋土黃，東方閒色爲綠，綠色青黃也。火赤剋金白，南方閒色爲紅，紅色赤白也。金白剋木青，西方閒色碧，碧色白青也。水黑剋火赤，北方閒色紫，紫色黑赤也。土黃剋水黑，中央閒色駵黃，駵黃色黃黑也。」从糸，彔聲。力玉切，三部。

縹 帛白青色也。白青，各本作「青白」，今正。此金剋木之色，所剋當在下也。縹，《禮記正義》謂之碧。《釋名》曰：「縹，猶漂漂淺青色也。有碧縹，有天縹，有骨縹，各以其色所象言之也。」从糸，𤐫聲。敷沼切，二部。

䋃 帛青經縹緯。經者，從絲。緯者，衡絲。一曰，育陽染也。育陽，漢南郡屬縣⑰，縣在育水北，故曰育陽。育與䋃疊韵。育水，水部作淯水。从糸，育聲。余六切，三部。

絑 純赤也。純同醇，厚也。赤，南方色也。按，市下云：「天子朱市，諸侯赤市。」然則朱與赤深淺不同。《豳風》：「我朱孔陽。」傳曰：「朱，深纁也。陽，明也。」許云：「纁者，淺絳。絳者，大赤。」葢純赤、大赤，其異者微矣。鄭注《禮經》曰：「凡染絳，一入謂之縓，再入謂之赬，三入謂之纁。朱則四入與？」是朱爲深纁之説也。凡經傳言朱，皆當作「絑」，朱其叚借字也。朱者，赤心木也。《虞書》丹朱如此。丹朱，見《咎繇謨》，許所據壁中古文作「丹絑」，葢六經之絑，僅見此处，朱行而絑廢矣。从糸，朱聲。章俱切，古音在四部。

纁 淺絳也。《考工記·鍾氏》：「三入爲纁。」《爾雅》：「一染謂之縓，再染謂之赬，三染謂之纁。」鄭注《禮》曰：「纁裳，淺絳裳也。」从糸，熏聲。許云切，十三部。《周禮》故書纁作「竆」。

絀 絳也。此絀之本義，而廢不行矣。《韵會》絳作「縫」，非也。古多叚絀爲「黜」。从糸，出聲。丑律切，十五部。

絳 大赤也。大赤者，今俗所謂大紅也。上文純赤者，今俗所謂朱紅也。朱紅淡，大紅濃。大紅如日出之色，朱紅如日中之色。日中貴於日出，故天子朱市，諸侯赤市，赤即絳也。从糸，夅聲。古巷切，九部。

綰 惡絳也。惡下各本衍「也」，今删。此如粊下云「惡米也」，繫下云「惡絮也」，謂絳色之惡者也。从糸，官聲。烏版切，十四部。一曰，䍥也。䍥，各本作「絹」，今正。网部䍥：「一曰綰也。」二篆爲轉注。老考互訓之例也。䍥字不行，多叚絹爲之。《周禮・翨氏》注：「置其所食之物於絹中，鳥來下則掎其腳。」是也。但他書容可同音相代，淺人將此䍥改作絹，則似綰可訓繒如麥稍色，全書之條理不可知矣，讀許者不可不思。讀若雞卵。卵古讀如關，綰音亦如是，説詳卵部。

縉 帛赤色也。《南都賦》引臣瓚云：「赤白色。」《玉篇》亦云：「帛赤白。」皆誤。赤白則爲下文之紅矣。从糸，晉聲。即刃切，十二部。《春秋傳》曰：縉雲氏。《春秋》文十八年《左傳》文。黄帝以雲紀，故爲雲師而雲名。服虔曰：「夏官爲縉雲氏。」《禮》有「縉緣」。凡許云《禮》者，謂《禮經》也，今之所謂《儀禮》也。十七篇無「縉緣」，俟攷。緣，以絹切。《玉藻》曰：「童子之節也，緇布衣。錦緣，錦紳并紐，錦束髮，皆朱錦也。」朱錦爲緣，豈即縉緣與？

綪 赤繒也。定四年《左傳》：「分康叔以綪茷。」茷即旆也。杜曰：「綪，大赤，取染草名也。」《襍記》注作「蒨旆」，蒨即茜也。㠯茜染故謂之綪。茜者，茅蒐也。韋部又曰：「茅蒐染韋，一入曰韎。」然則必數入而後謂之綪，今不得其詳矣。茜與綪合韵而同音，故茜染謂之綪也。从糸，青聲。倉絢切，古音在十一部。茜在十三部，以雙聲合韵。

緹 帛丹黄色也。謂丹而黄也。下文云：「縓，帛赤黄色。」丹與赤不同者，丹者如丹沙，與赤異，其分甚微。故鄭注《草人》曰：「赤緹，縓色也。」《酒正》：「五齊，四曰緹齊。」注曰：「緹者，成而紅赤，若今下酒矣。」按，紅赤者，赤而白，緹齊不純赤，故謂之紅赤。緹齊俗作醍，見《禮運》。从糸，是聲。他禮切，十六部。

衹 緹或作衹。从衣，氏聲也。古氏與是同用，故是聲亦从氏聲。此篆與衣部袛裯之袛大別，其義則彼訓短衣，其音則氐聲在十五部，氏聲在十六部也。按，唐石經《周易》「衹既平」，《詩》「衹攪我心」、「亦衹以異」，《左傳》「衹見疏也」，《論語》「亦衹以異」，以及凡訓適之字，皆从衣氏，葢有所受之矣。張參《五經文字》：經典字畫之砥柱也。衣部曰：「衹，止移切，適也。」《廣韵》本孫愐《唐韵》曰：「衹，章移切，適也。」《玉篇》衣部亦曰：「衹，之移切，適也。」舊字相承可據如是。至《集韵》云：「祇，章移切，適也。」始从示，然恐轉寫轉刊之誤耳。至《類篇》，則衹、祇二文皆訓適，至《韵會》，而从示之祇訓適矣。此其遞譌之原委也。衹之訓適，以其音同在十六部，而得其義。凡古語詞，皆取諸字音，不取字本義，皆叚借之法也。攷毛公《我行其野》傳曰：「衹，適也。」鄭《何人斯》箋、《論語》注曰：「衹，適也。」服虔《左傳・襄廿九年》解云：「衹，適也。」王弼注《坎》卦曰：「衹，辭也。」顔師古《竇嬰傳》注曰：「衹，適也。」此古字古言之存者章章也。自宋以來，刊版之書多不省照，衣改從示者不少，學者所宜訂正。錢氏大昕《養新録》乃云：「《説文》無衹字，《五經文字》承《玉篇》之誤，未免千慮一失耳⑱。衹譌祇，俗又作秖，唐人詩文用之，讀如支，今則改用只，讀如質，此古今推移之變也。若《史記·韓安國傳》云「褆取辱耳」，此用祇之同音字，如《周易》「祇既平」，他家作「褆」而異其義，要是同音。○顏元孫《干禄字書》石本秖、秪注云：「上神祇，巨移反；下適秖，章移反。」是則秖字起於唐初，葢六朝俗字。

縓 帛赤黄色也。赤黄者，赤而黄也。《禮·喪服》注曰：「縓，淺絳也。練冠而麻衣縓緣，三年練之受飾也。」《檀弓》注曰：「縓，纁之類。」一染謂之縓，再染謂之赬，三染謂之纁。三句《爾雅·釋器》文。《考工記》祇言三入，不言一入、再入，《爾雅》可補《記》文所未備。《記》云：「鍾氏染羽，以朱湛丹秫，三月而熾之，淳而漬之，三入爲纁。」鄭注：《記》與《爾雅》同色耳。染布帛者，染人掌之，依鄭則染人染布帛與鍾氏染羽同用朱湛丹秫也。古以茜染者，謂之韎，謂之緹；以朱及丹秫染者，謂之縓、赬、纁。赬者，赤色也。纁者，淺絳也。《玉藻》之「縕韍」，即「韎韐」也。縕即縓之叚借字也。韎亦謂之縓。从糸，原聲。七絹切，十四部。

紫 帛青赤色也。青，當作黑。潁容《春秋釋例》曰：「火畏於水，以赤入於黑，故北方閒色紫也。」《論語》皇疏、《玉藻》正義略同。此作青者，葢如《禮器》注所云，秦二世時語，民言從之，至漢末猶存與⑲。許説必無誤，轉寫亂之耳。从糸，此聲。將此切，十五部，亦十六部。

紅 帛赤白色也。《春秋釋例》曰：「金畏於火，以白入於赤，故南方閒色紅也。」《論語》曰：「紅紫不以爲褻服。」按，此今人所謂粉紅、桃紅也。从糸，工聲。户公切，九部。

繱 帛青色也。《爾雅》：「青謂之蔥。」蔥即繱也，謂其色蔥。蔥，淺青也，深青則爲藍矣。市部曰：「大夫赤市蔥衡。」用《玉藻》文也。潘岳《耤田賦》：「繱犗服於縹軛。」《廣雅》：「絹一名繱。」作繱者誤。从糸，蔥聲。倉紅切，九部。

紺 帛深青而揚赤色也。而字，依《文選》注補。揚，當作「陽」，猶言表也。《釋名》曰：「紺，含也。青而含赤色也。」按，此今之天青，亦謂之紅青。許言陽，劉言含，其意一也。以纁入深青而赤見於表，是爲紺。賈氏《考工疏》云：「纁入赤汁則爲朱，不入赤汁而入黑汁，則爲紺。」賈説非也，入深青乃爲紺，入黑乃爲緅矣。从糸，甘聲。古暗切，古音在七部。

綥 帛蒼艾色也。蒼者，艸色也。艾者，仌臺也。蒼艾色，謂蒼然如艾色，是爲綥。毛傳曰：「綦巾，蒼艾色。」許所本也。鄭箋則云：「綦，綦文也。」綦文者，文錯畫也，象交文，今作紋是也。不純綦，而紋路蒼畫爲十字相交，是爲綦文。《曹風》：「其弁伊騏。」傳曰：「騏，騏文也。」《秦風》傳曰：「騏，綦文也。」《魯頌》傳：「蒼騏曰騏。」《顧命》「騏弁」，鄭注曰：「青黑曰騏。」《玉藻》「綦組綬」，注曰：「綦文襍色也。」皆謂蒼文也。从糸，畁聲。畁，各本作「畀」，併篆體作綥，今正。此用廾部之畁爲聲，非用丌部之畀爲聲也。廾部之畁，从甶缶之甶爲聲，非由，非鬼頭之甶也。甶在古音弟一部，甶在古音弟十五部，此不可或紊者也。其亦古音弟一部也，故綥字亦作綦，經典用之，徐鉉以補《説文》或體，許本書無之。渠之切，一部。《玉篇》作綨。《詩》曰：「縞衣綥巾。」未嫁女所服。《鄭風・出其東門》文。傳曰：「縞衣，白色男服也。綦巾，蒼艾色女服也。」箋云：「縞衣綦巾，所爲作者之妻服也。」鄭與毛異，許用毛説而以未嫁二字申毛意。一曰，不借綥。不借，亦作「薄借」。薄音博，《禮・喪服》：「傳曰：繩屨者，繩菲也。」注云：「繩菲，今時不借也。」《急就篇》作「不借」，《釋名》作「搏腊」，同耳。《周禮・弁師》注曰：「璂，讀如薄借綦之綦。」不借綦，若今云艸屩襻也。《士喪禮》「組綦」注云：「綦，屨係也。所以拘止屨也。讀如馬絆綦之綦。」《内則》「屨著綦」注亦云：「綦，屨繫也。」按，許不云「一曰屨系」，而舉「不借綦」者，以俗語易曉也。如今小兒屩帶。

綦 綥或从其。大徐所補。攷玉部有璂，艸部有綦，則當依大徐補也。

繅 帛如紺色。如紺色者，如紺而别於紺也。《廣雅》系諸青類，蓋比紺色之青更深矣。《禮記》用爲澡治字，他書用爲繅絲字。或曰深繒。深繒，疑有譌舛，繒不得言深也。从糸，喿聲。讀若喿。親小切，二部。按，《廣雅》音早，《廣韵》同。

緇 帛黑色也。黑者，北方色也，火所熏之色也。《考工記》：「三入爲纁，五入爲緅，七入爲緇。」鄭注曰：「玄色者，在緅緇之閒，其六入者與？」从糸，甾聲。側持切，一部。按，《玉藻》：「大夫佩水蒼玉而純組綬。」注：「純當爲緇。古文緇字，或作糸旁才。」又《周禮・媒氏》「純帛」注：「純實緇字也，古緇以才爲聲。」《祭統》：「王后蠶於北郊，以供純服。」注：「純以見繒色。」《論語》：「今也純。」鄭讀爲緇。鄭意今之紂字，俗譌爲純耳。然則許書當爲紂篆，解云「古文緇，从糸，才聲」。而缺者，豈從今書，不從故書之例與？

纔 帛雀頭色也。今經典緅字許無，纔即緅字也。《考工記》：「三入爲纁，五入爲緅，七入爲緇。」注：「染纁者，三入而成，又再染以黑，則爲緅。緅，今禮俗文作爵，言如爵頭色也。又復再染以黑，乃成緇矣。」《士冠禮》「爵弁服」注：「爵弁者，冕之次，其色赤而微黑，如爵頭然。或謂之緅。」依鄭，則爵、緅、纔三字一也。三字雙聲。《巾車》「雀飾」注曰：「雀，黑多赤少之色。」玉裁按，今目驗雀頭色，赤而微黑。一曰，微黑色，如紺。句。纔，逗。淺也。前一説謂黑多，後一説謂微黑，不同。鄭注《考工・巾車》謂黑多，注《士冠禮》謂微黑，亦不同也。其實雀頭微黑而已。纔、淺亦於雙聲求之。猶竊之訓淺也。江沅曰：「今用爲才字。」乃淺義引伸。讀若讒。从糸，毚聲。士咸切，八部。

綝 帛騅色也。騅者，蒼白色也。詳馬部。《釋言》曰：「菼，騅也。」《王風》毛傳曰：「菼，騅也。蘆之初生者也。」艸部曰：「菿者，雚之初生。一曰騅。」帛色如菿，故謂之騅色，謂之綝也，取其與菿同音也。从糸，剡聲。土敢切，八部。《詩》曰：「毳衣如綝。」《王風・大車》文。按，此十字，當作「从糸，菿省。《詩》曰：毳衣如菿」。説會意之恉，復證之以《詩》，如蘼、豐引《易》之例。

若如今本，則色固緅矣，何云「如緅」？且偁《詩》毛氏，毛固作葼，何云偁毛？

綟　帛莀艸染色也。莀，各本譌「戾」，《韵會》譌「艾」，今正。艸部，莀艸可以染留黄，染成是爲綟。綟與莀疊韵，與留雙聲。留黄或作駵黄，或作流黄，皇侃作緇黄，蓋即鵹黄之色。其色黎黑而黄也。《漢・百官公卿表》：「諸侯王金璽盭綬。」如淳曰：「盭音戾，綠盭也，以綠爲質。」晉灼曰：「盭，艸名也。似艾，可染綠，因以爲綬名。」按，綠近黄，綠爲質而染黑，故曰駵黄，中央之閒色。何承天《纂文》云：「綟，紫色。」非也。漢制，綠綟綬在紫綬之上，紫綬一名緺綬，其色青紫。从糸，戾聲。按，戾聲當作「莀省」，會意包形聲也。郎計切，十五部。

紑　白鱻衣皃。鱻，各本作「鮮」，今正。許例新鮮字如此作也。《毛詩》傳曰：「絲衣，祭服也。紑，絜鮮皃。」从糸，不聲。匹丘切，古音在一部。《詩》曰：「素衣其紑。」《周頌》作「絲衣」，絲衣乃篇名，素恐譌字。此謂士爵弁玄衣纁裳，非白衣也。本義謂白鮮，引申之爲凡新衣之偁。

緂　白鱻衣皃。从糸，炎聲。充彡切，八部。《廣韵》他甘切。謂衣采色鮮也。六字葢非許語。依《玉篇》，則「白鮮衣皃」四字，當作「衣采色鮮也」五字。

繻　繒采色也。此本義也。《左傳》「紀裂繻」，大夫以裂繻爲名，此繻乃㡏之叚借。巾部曰：「㡏，繒耑裂也。」[20]是也。《終軍傳》：「關吏與軍繻。」蘇林曰：「繻，帛邊也。舊關出入皆以傳，傳因裂繻頭，合以爲符信也。」即《左氏》裂繻字，正當作㡏，是以二傳作㡏。从糸，需聲。相俞切，古音在四部。讀若「繻有衣」。《周易・既濟》六四文。葢有譌奪。證之以絮篆下所偁，則繻當作「需」，衣下奪「絮」字。

縟　緐采飾也。飾，各本作「色」，今依《文選・西京賦》《月賦》《景福殿賦》《劉越石荅盧諶詩》注正。緐，本訓馬髦飾，引申之，爲緐多。飾，本訓㕞也，引申之爲文飾。《喪服》傳曰：「喪成人者其文縟，喪未成人者其文不縟。」注曰：「縟猶數也。」按，數如數罟之數。从糸，辱聲。而蜀切，三部。○按，自縵、繡二篆至此，皆言文采與色之不同。

纚　冠織也。冠織者，爲冠而設之織成也。凡繒布不須翦裁而成者，謂之織成。《內則》注曰：「縰，韜髮者也。」《士冠禮》曰：「纚廣終幅，長六尺。」注曰：「纚，今之幘[21]。終，充也。纚一幅長六尺，足以韜髮而結之矣。」《禮經》：贊者奠纚而後設纚，賓正纚乃加冠[22]。是以纚韜髮而後冠也。此纚葢織成，緇帛廣二尺二寸，長袛六尺，不待翦裁，故曰冠織。漢制，齊三服冠獻冠幘縰，正是織成者。注云：「如方目紗。」按，引申之，网有名纚者。薛綜曰：「纚網如箕形，狹後廣前。」《西京賦》曰：「纚鰋鮋。」《吳都賦》曰：「纚鰽魦。」○《釋名》：「纚以韜髮者也。以纚爲之，因以爲之名。」按，劉語似誤，本爲韜髮之偁，繼乃以爲帛偁，如劉語乃倒其先後矣。从糸，麗聲。所綺切，十六部。亦作「縰」，同。《問喪》「雞斯」，即笄纚之叚借也。謂㠯緇帛韜髮。六字各本無，依《集韵》、《類篇》、《韵會》，所引皆有，蓋古注之存者。

紘 冠卷維也。維字，今依《玉篇》補。卷，《經典釋文》起權反。《玉藻》：「縞冠玄武。」注曰：「武，冠卷也。古者冠與卷殊。」《襍記》注曰：「秦人曰委，齊東曰武。」《喪大記》注曰：「武，吉冠之卷也。」冠卷不得偁紘，故知冠卷下有維字，必爲古本矣。《周禮·弁師》注：「朱紘，以朱組爲紘也，紘一條屬兩端於武。」又曰：「紐小鼻在武上，笄所貫也。」《士冠禮》注曰：「有笄者屈組爲紘，垂爲飾；無笄者纓而結其絛。」按，有笄者，謂冕弁；無笄者，謂冠。許一部冠下曰：「弁冕之總名也。」則此云「冠卷維」者，謂冕弁之紘，以一組自頤下而上，屬兩耑於武者也。蓋笄貫於武，紘實屬於笄首耳。許以笄統於卷，故曰冠卷維。許鄭説略同。戴先生説冠無笄有武，冕弁有笄無武，紘屬於笄，説更明了。〇引申之，凡中寬者曰紘，如《月令》「其器圜以閎」，閎讀爲紘。《淮南書》有「八紘」。从糸，厷聲。户萌切，古音在六部。

紭 紘或从弘。

紞 冕冠塞耳者。《魯語》：「王后親織玄紞。」韋曰：「紞，所以縣瑱當耳者。」《齊風》：「充耳以素乎而，充耳以青乎而，充耳以黄乎而。」箋云：「素、青、黄，謂所以縣瑱者，或名爲紞。織之，人君五色，臣則三色而已。瓊華、瓊瑩、瓊英，謂縣紞之末所謂瑱也。」玉裁按，紞所以縣瑱，瑱所以塞耳，紞非塞耳者也。《大戴禮》：「黈絖塞耳，所以揜聰。」黈，黄色也。絖同纊。薛綜《東京賦注》曰：「黈纊，言以黄綿大如丸，縣冠兩邊當耳，不欲妄聞不急之言。」此薛氏緣辭生訓。《大戴》絖字，乃紞之譌，形之誤也。黄色之紞，下垂充耳。人君紞五色，故或單舉玄，或單舉黄，以該他色。自紞譌爲絖，漢初諸儒不能辨證，《禮緯》《客難》《東京賦》諸書又改作「纊」，因起薛氏繆説，而吕忱、顔師古從之。用黄綿塞耳，《禮》之所無。《士喪禮》曰：「瑱用白纊。」豈有生時以纊充耳者？如淳《漢書注》曰：「以玉爲瑱，以黈纊縣之。」如語亦欠明了。古文用字，斷無有呼絛繩爲纊者。許書「冕冠塞耳者」，當作「冕冠所以縣塞耳者」，乃與鄭箋《詩》、韋注《國語》合。鄭、韋析言之，許渾言之耳。引申之義，爲衮紞。鄭云「被識也」，按，今人語謂之當頭，即當耳之意。又「紞如打五鼓」，亦謂當鼓面有聲也。从糸，冘聲。都感切，七部。

纓 冠系也。冠系，可以系冠者也。系者，係也。以二組系於冠卷結頤下，是謂纓。與紘之自下而上系於笄者不同。冠用纓，冕弁用紘。纓以固武，即以固冠，故曰冠系。《玉藻》之記曰：「玄冠朱組纓，天子之冠也。緇布冠繢緌，諸侯之冠也。玄冠丹組纓，諸侯之齊冠也。玄冠綦組纓，士之齊冠也。」許此冠字，專謂冠，不該冕弁。从糸，嬰聲。於盈切，十一部。

紻 纓卷也。此卷亦起權反。卷本訓𠨘曲，引申爲凡曲之偁。纓卷謂纓之曲繞也，是爲紻。从糸，央聲。於兩切，十部。

緌 系冠纓𠂹者。各本作「系冠纓也」，《韵會》無「也」字，皆非，今正。緌與纓無異材，垂其餘則爲緌，不垂則亟於纓卷閒。《内則》「冠緌纓」，注曰：「緌者，纓之飾也。」正義曰：「結纓頷下以固冠，結之餘者散而下垂，謂之緌。」按，《玉藻》曰：「有事然後緌。」《檀弓》曰：「喪冠不緌，扱其餘也。」引申之爲旌旂之緌，以旄牛尾爲之。古字或作「蕤」，或叚「綏」爲之。**从糸，委聲。**儒佳切，古音在十六部。

緄　織成帶也。各本無成字，依《文選·七啓》注、《後漢·南匈奴傳》注補。《玉篇》帶誤「章」。凡不待翦裁者曰織成。緄帶見《後漢書》，葢非三代時物也。《詩·小戎》：「竹柲緄縢。」毛傳曰：「緄，繩也。」此古義也，而許不取之，過矣。漢碑用爲衮字。**从糸，昆聲。**古本切，十三部。

紳　大帶也。巾部帶下曰：「紳也。」與此爲轉注。革部鞶下云：「大帶也。男子帶鞶，婦人帶絲。」帶下云：「紳也。男子鞶帶，婦人帶絲。」皆於古大帶、革帶不分別，是其疏也。古有革帶，以系佩韍而後加之大帶，紳則大帶之垂者也。《玉藻》曰：「紳長，制士三尺。子游曰：參分帶下，紳居二焉。」注云：「紳，帶之垂者也。言其屈而重也。」許但云大帶，亦是渾言不析言。葢許意以革帶統於大帶，以帶之垂者統於帶，立言不分別也。**从糸，**大帶用素，用練，故从糸。**申聲。**失人切，十二部。

繟　帶緩也。繟之言嬗也。《韓詩》「檀車嬗嬗」，《毛詩》作「幝幝」。**从糸，單聲。**昌善切，十四部。

綬　韍維也。韍，古文作「市」，韠也。韍維，謂所以維韍者。《釋器》曰：「璲，瑞也。」此謂玉瑞也。又曰：「璲，綬也。」郭云：「即佩玉之組，所以連繫瑞者，因通謂之璲（今本字誤）。」古者韍佩皆系於革帶，佩玉之系謂之璲，俗字爲繸，又謂之綬，韍之系亦謂之綬。《爾雅》渾言之，許析言之。言韍可以該佩也，謂之綬者，韍佩與革帶之閒有聯而受之者，故曰綬。《玉藻》曰：「天子佩白玉而玄組綬，公侯佩山玄玉而朱組綬，大夫佩水蒼玉而純組綬，世子佩瑜玉而綦組綬，士佩瓀玟而緼組綬，孔子佩象環五寸而綦組綬。」是其制也。司馬氏《輿服志》曰：「五伯迭興，戰兵不息，於是解去韍佩，留其係璲，以爲章表。故《詩》曰『鞙鞙佩璲』，此之謂也。至秦乃以采組連結於璲，光明章表，轉相結受，故謂之綬。」漢承不改，夫《大東》所言，其時未嘗去玉。綬見《玉藻》、《爾雅》，非至秦漢乃有此名。古之所謂綬者，璲也，秦漢之綖也。秦漢之所謂綬者，所以代古之韍佩也，非古之綬也。然則許曰「綬，韍維也」，又曰「組，綬屬也」，此古之綬也；又曰「綖，綬維也。緺，綬紫青色也。綸，青絲綬也」，此秦、漢之綬也。秦漢改韍佩爲綬，遂改綬爲綖，此名之遷移當正者也。**从糸，受聲。**殖酉切，三部。

組　綬屬也。屬當作織，淺人所改也。組可以爲綬，組非綬類也。綬織猶冠織，織成之幘梁謂之纚，織成之綬材謂之組。《玉藻》綬必連組，曰「玄組綬」、「朱組綬」是也。《内則》曰：「織紝組紃。」《周禮》典絲掌組。《詩》曰：「執轡如組。」傳曰：「組，織組也。執轡如組，御衆有文章，言能制衆，動於近，成於遠也。」按，《詩》意非謂如組之柔，謂如織組之經緯成文，御衆縷而不亂，自始至終秩然，能御衆者如之也。織成之後所用韍佩之系，其大者也。**其小者**

㠯爲冠纓。各本冠作「冕」，今依《七啓》李注、《急就》顔注正。冕用紘，冠用纓；冕可偁冠，冠不得偁冕也。《玉藻》曰：「玄冠朱組纓，天子之冠也。緇布冠繢緌，諸侯之冠也。玄冠丹組纓，諸侯之齊冠也。玄冠綦組纓，士之齊冠也。」緌與纓同材，故諸侯言緌不言纓。纓以組之細者爲之，大爲組綬，小爲組纓，其中之用多矣。典絲所供所受之組是也。从糸，且聲。則古切，五部。

緺 綬紫青色也。各本無色，今依《後漢·南匈奴傳》、《大平御覽》正。《百官公卿表》曰：「丞相，金印紫綬。高帝十一年更名相國，綟綬。」㉓徐廣曰：「似紫。紫綬名緺綬，其色青紫。何承天云：緺，青紫色也。」按，紫者，水剋火之閒色，又因水生木而色青，是爲紫青色。从糸，咼聲。古蛙切，古音在十七部。

縌 綬維也。此綬謂漢之綬也。乘輿長丈九尺九寸，至四百石、三百石、二百石，長丈五尺，百石，長丈二尺者是也。綬維謂之縌，乘輿至二千石皆長三尺二寸，千石至二百石皆長三尺者是也。司馬彪曰：「縌者，古佩璲也。佩綬相迎受，故曰縌。」按，當曰「與綬相迎受，故曰縌」。縌之言逆也。漢之縌，古之綬也。漢之綬，猶古之韍佩也。縌篆其創於李斯輩與。从糸，逆聲。宜戟切，古音在五部。

纂 佀組而赤。《漢·景帝紀》曰：「錦繡纂組，害女紅者也。」臣瓚引此爲注。按，組之色不同，似組而赤者，則謂之纂。《釋詁》曰：「纂，繼也。」此謂纂即纘之叚借也。近人用爲撰集之偁。从糸，算聲。作管切，十四部。

紐 系也。今本系下曰：「係也。」係者，結束也。一曰，結而可解。結者，締也。締者，結不解也。其可解者，曰紐。《喪大記》曰：「小斂、大斂，皆左衽結絞不紐。」正義云：「生時帶竝爲屈紐，使易抽解；若死，則無復解義，故絞束畢結之不爲紐也。」从糸，丑聲。女久切，三部。

綸 糾青絲綬也。各本無糾字，今依《西都賦》李注、《急就篇》顔注補。糾，三合繩也。糾青絲成綬，是爲綸。郭璞賦云：「青綸競糾。」正用此語。《緇衣》注曰：「綸，今有秩、嗇夫所佩也。」《釋艸》：「綸似綸。」郭曰：「今有秩、嗇夫所帶糾青絲綸。」《法言》：「五兩之綸。」李軌云：「綸，糾青絲綬也。」今本《法言》改糾爲如，不可通矣。攷《輿服志》：「乘輿黄赤綬，諸侯王赤綬，諸國貴人、相國皆緑綟綬㉔，公侯、將軍紫綬，九卿、中二千石、二千石青綬，千石、六百石黑綬，四百石、三百石、二百石黄綬，百石青紺綸，一采宛轉繆織，長丈二尺。」按，繆即糾字。自黄綬以上，綬之廣皆尺六寸，皆計其首。首多者系細，首少者系粗，皆必經緯織成。至百石而不計其首，合青絲繩辮織之，有經無緯，謂之宛轉繩，若今人用絲繩如箸粗爲帶者也。《緇衣》曰：「王言如絲，其出如綸；王言如綸，其出如綍。」《小雅》曰：「之子于釣，言綸之繩。」《召南》曰：「其釣維何，維絲伊緡。」傳云：「緡，綸也。」綸之繩，猶言糾之繩矣。後人用以代經綸字，遂使其義不傳。从糸，侖聲。古還切，古音在十三部。

綎 系綬也。系當作絲。《廣韵》曰：「絲綬，帶綎。」《玉篇》曰：「絲綎，綬也。」按，此綬，蓋綬之類而已，非印綬之綬。从糸，廷聲。他丁切，十一部。

絙 緩也。緩，當作綬。《玉篇》絙下曰：「絙，綬也。」此亦綬之類也。从糸，亘聲。胡官切，十四部。

⿱㬥糸 頸連也。頸當作領。《玉篇》作「領連」是也。謂聯領於衣也。衣部曰：「襮，黼領也。」毛傳曰：「襮，領也。」領謂之襮，連領謂之⿱㬥糸。《玉篇》以爲同字也。从糸，暴省聲。補各切，古音在二部。

紟 衣系也。聯合衣襟之帶也。今人用銅鈕，非古也。凡結帶皆曰紟。《玉藻》：「紳韠結三齊。」注云：「結，約餘也。結或爲紟（宋本如此）。」韋注《國語》曰：「帶甲者紟鎧也。」紟，今本譌衿。《荀卿·非十二子》曰：「其纓禁緩。」叚禁爲紟也。按，襟，交衽也，俗作衿，今人衿、紟不別。又《喪禮》紟，單被也，乃紟之別一義。亦因可以固結之義引申之。从糸，今聲。居音切，七部。按，又巨禁切。

⿰糸金 籒文从金。《玉篇》、《古文四聲韵》皆作⿰糸金。

緣 衣純也。此以古釋今也。古者曰衣純，見經典，今曰衣緣。緣其本字，純其叚借字也。緣者，沿其邊而飾之也。《深衣》曰：「純袂緣，純邊，廣各寸半。」袂緣猶袂口也。廣各寸半者，表裏共三寸也。《既夕禮》注曰：「飾裳在幅曰綼，在下曰緆。」緣之義引申爲因緣、賓緣，而俗遂分別其音矣。从糸，彖聲。以絹切，十四部。

纀 常削幅謂之纀。《爾雅·釋器》文也。郭云：「削殺其幅，深衣之裳也。」按，許書之削，當作消，纀之言僕也，僕之言附也。从糸，僕聲。博木切，三部。

絝 脛衣也。今所謂套袴也。左右各一，分衣兩脛。古之所謂絝，亦謂之褰，亦謂之襗，見衣部。若今之滿當袴，則古謂之幝，亦謂之幒，見巾部。此名之宜別者也。从糸，夸聲。苦故切，五部。按，此字，疑當同胯、跨作絝，今皆作袴。

繑 絝紐也。紐者，系也。脛衣上有系，系於幝帶曰繑。从糸，喬聲。牽遙切，二部。

緥 小兒衣也。衣部曰：「褯，緥也。」《斯干》：「載衣之裼。」傳曰：「裼，褓也。」褓，緥之俗字。古多云小兒被也。李奇曰：「小兒大藉。」師古曰：「即今小兒繃。」古多叚借保、葆字。从糸，保聲。博抱切，古音在三部。

繜 薉貉中女子無絝，吕帛爲脛空，用絮補核，名曰繜衣，狀如襜褕。無絝者，無左右各一之絝也。帛，依《急就篇》當作布。空、腔古今字。核，當作覈，果覈之引申也。帛爲脛腔，褚以絮而裹之，若今江東婦之卷胖。胖音如滂，去聲，是名繜衣，亦曰母繜。《急就篇》曰：「襌衣蔽膝布母繜。」蓋蔽厀、繜衣、襜三者相似，故曰狀如襜。衣部曰：「襜，衣蔽前也。」又曰：「直裾謂之襜褕。」此當曰狀如襜，不當有褕字。从糸，尊聲。子昆切，十三部。

紴 絛屬。按，《急就篇》絨、緞、紃三字相聯，必三者爲一類也。緞葢本作紴，篆形皮、叚相似而譌，緞乃又譌緞，説者因以履後帖解耳，未知是否。从糸，皮聲。讀若被，或讀若水波之波。博禾切，十七部。

絛 扁緒也。《廣雅》作「編緒」，《漢書》及賈生《新書》作「偏諸」。葢上字作編，下字作諸爲是。諸者，謂合衆采也。《賈誼傳》曰：「今民賣僮者，爲之繡衣絲履偏諸緣。」服虔曰：「偏諸如牙條，以作履緣。」又：「白縠之表，薄紈之裏，緁以偏諸。」晉灼曰：「以偏諸緁著衣。」然則偏諸之爲絛明矣。《雜記》注曰：「紃，若今時絛也。」《毛詩》《左傳》正義曰：「王后親織玄紞，即今之絛繩，必用雜采線織之。」按，紴、絨葢其闊者，絛其陿者，紃其圜者。从糸，攸聲。土刀切，古音在三部。

絨 采彰也。彰者，彣彰也。爲五采彣彰，可以緣飾之物也。一曰，車馬帬。一曰謂一名也。帬各本作飾，今正。師古《漢書注》曰：「偏諸，若今之織成，以爲要襻及褾領者也。古謂之車馬帬，其上爲乘車及騎從之象。」《急就篇》「絨」注曰：「絨，織采爲之。一名車馬飾，即今之織成也。」按，二注皆用許爲訓，顔意偏諸即絨也，一作飾，不同者，後人改之耳。从糸，戉聲。王伐切，十五部。

縱 絨屬。《急就篇》絛、績、總爲類。師古曰：「總一作縱。《説文》作縱。」按，《羔羊》：「素絲五總。」傳曰：「總，數也。」豈即縱與？从糸，從省聲。足容切，九部。

紃 圜采也。采彰，扁諸，圜采，葢古有是名，而漢語猶然。圜采以采線辮之，其體圜也。《内則》：「織紝組紃。」注曰：「紃，絛也。」《襍記》：「紃以五采。」注曰：「紃，施諸縫中，若今時絛也。」孔穎達曰：「似繩者爲紃。」从糸，川聲。詳遵切，十三部。

緟 增益也。增益之曰緟，經傳統叚重爲之，非字之本。如《易》之重卦，象傳言「重巽」，又言「洊雷震」「習坎」「明兩作離」，「兼山艮」「麗澤兑」，皆謂緟之也。今則重行而緟廢矣。增益之，則加重，故其字从重。許書重文若干，皆當作緟文。从糸，重聲。直容切，九部。

纕 援臂也。援臂者，捋衣出其臂也。《王制》：「適四方，羸股肱。」注云：「謂擐衣出其臂脛。」蕭該云：「擐當作捋。」擐是穿著之名，非出臂之義。陸德明曰：「擐舊音患，今宜音宣，依字作捋。」《字林》云：「捋，捋臂也。先全反。」玉裁按，援、捋古今字，捋，俗又作揎。鄭作擐，猶許作援，二聲古同耳。字書、韵書有从受聲之字，今以《詛楚文》石刻攷之，其云：「亦應受皇天上帝及大沈久湫之幾靈德賜亯劑楚師。」釋爲爰、釋爲援，皆可。董逌云「古受字」，非也。援臂者，援，引也，引褎而上之也，是爲纕臂。襄訓解衣，故其字从襄糸，今則攘臂行而纕臂廢矣。攘乃揖讓字。从糸，襄聲。汝羊切，十部。《廣韵》攘臂平聲。

纗 維綱中繩也。綱者，网之紘也，又用繩維之，左右皆有繩，而中繩居要，是曰纗。《思玄賦》舊注云：「纗，系也。」蓋引申之爲凡系之偁。《思玄賦》曰：「纗幽蘭之秋華。」李善引《通俗文》曰：「繫幃曰纗。」幃者，今之香囊也。《通俗文》各本作《説文》，今以意改。从糸，巂聲。讀若畫。户圭切，《廣韵》又胡卦切，十六部。或讀若維。維，疑當作「絓」。

綱 网紘也。各本作「維紘繩也」，今依《棫樸》正義正。紘者，冠維也。引申之爲凡維系之偁。孔穎達云：「紘者㉕，网之大繩。」《商書》曰：「若罔在綱，有條而不紊。」《詩》曰：「綱紀四方。」箋云：「以罔罟喻之，張之爲綱，理之爲紀。」从糸，岡聲。古郎切，十部。

㭃 古文綱。《古文四聲韵》作㭃㭃二形，㭃从古文糸也。

縜 綱紐也。紐者，結而可解也。大曰系，小曰紐。綱之系网也，必以小繩毌大繩，而結於网，是曰縜。引申爲凡紐之偁。《梓人》：「爲侯，上綱與下綱出舌尋，縜寸焉。」注云：「綱所以繫侯於植者也。縜，籠綱者。」按，綱繩麤大，故以小繩毌大繩爲紐，連於侯，其用與网一也。从糸，員聲。爲贇切，十三部。大鄭曰：「讀如竹青皮之筠。」《周禮》曰：「縜寸。」

綅 綫也。各本綫上有絳字，今依《閟宫》釋文、正義正，以綫訓綅不言色也。綅既爲絳綫，則經不必言朱矣。《閒傳》：「禫而綅。」《襍記》注：「禫既祭，乃服禫服，朝服綅冠。」鄭曰：「黑經白緯曰綅。」別一義。从糸，侵省聲。子林切，七部。又息廉反。《詩》曰：「貝胄朱綅。」《魯頌·閟宫》文。傳曰：「貝胄，貝飾也。朱綅，以朱綅綴之。」按，毛意謂以朱綫綴貝於胄耳，正義謂綴甲，非也。

縷 綫也。此本謂布縷，引申之絲亦名縷。从糸，婁聲。力主切，古音在四部。

綫 縷也。鄭司農《周禮》注曰：「線，縷也。」此本謂布綫，引申之絲亦偁綫。从糸，戔聲。私箭切，十四部。

線 古文綫。《周禮·縫人》作線，《鮑人》同。注曰：「故書線作綜，當爲糸旁泉，讀爲絤。」按，線作綜，字之誤也。絤則鄭時行此字。《漢·功臣表》：「不絶如綫。」晉灼曰：「綫今線縷字。」蓋晉時通行線字，故云尒。許時古線今綫，晉時則爲古綫今線，蓋文字古今轉移無定如此。

䋄 縷一枚也。一枚，猶一箇也。从糸，穴聲。乎決切，十二部。

縫 目鍼紩衣也。鍼下曰：「所目縫也。」《召南》：「羔羊之縫。」傳曰：「縫言縫殺之大小得其宜。」引申之義也。从糸，逢聲。符容切，九部。

緁 緶衣也。下文緶下曰：「緁衣也。」與此爲轉注。衣部曰：「𧝎者，緶也。」《喪服》傳曰：「斬者何？不緝也。齊者何？

緝也。」齊即𩎟，緝即緁。叚借字也。緁者，緶其邊也。从糸，疌聲。七接切，八部。

䌌 緁或从習。習聲與緁聲相近也。

紩 縫也。與上文縫爲轉注。黹下曰：「鍼縷所紩衣也。」凡鍼功曰紩。从糸，失聲。直質切，年二部㉖。

緛 衣戚也。戚今之蹙字也，古多用戚，無蹙字。《考工記》曰：「不微至，無以爲戚速。」《詩》鄭箋云：「緆絺，絺之戚戚者。」今俗改作「蹙」。衣戚，衣部所謂襞，韋部所謂韏。《子虛賦》：「襞積褰緆，紆徐委曲，鬱橈谿谷。」張揖注曰：「襞積，簡齰也。褰，縮也。緆，戚也。其緆中文理，弟鬱迴曲，有似於谿谷也。」按，簡古字，襇、襉皆今字。緆訓戚，與鄭箋合。俗本譌裁，而小顔、小司馬皆不得其解。甚矣，古書之難讀也。衣戚亦曰韏衣，是爲緛。引申之，爲凡戚之偁。《素問》曰：「大筋緛短，小筋弛長。」緛短謂戚而短也。緛以衣喻，弛以弓喻。从糸，耎聲。而沇切，十四部。

組 補縫也。補者，完衣也。古者衣縫解曰袒，見衣部。今俗所謂綻也。以鍼補之曰組。《內則》云：「衣裳綻裂，紉鍼請補綴。」是也。引申之，不必故衣亦曰縫組。《古豔歌行》曰：「故衣誰當補，新衣誰當綻。賴得賢主人，覽取爲我組。」謂故衣誰則補之，新衣誰則縫之，賴有賢主婦，見而爲補縫之也。綻字，古亦作組，淺人改之。从糸，旦聲。丈莧切，十四部。

繕 補也。《周禮·繕人》注曰：「繕之言勁也，善也。」《叔于田·序》注云：「繕之言善也。」《曲禮》：「招搖在上，急繕其怒。」注曰：「急猶堅也。繕讀曰勁。」按，許言補，其本義也，而中含善、勁二義，故鄭云「之言」，不必如《曲禮》注之改讀也。从糸，善聲。時戰切，十四部。

絬 衣堅也。各本無此三字，以《論語》曰：「絬衣長，短右袂」冠於「从糸」之上，今補正。《玉篇》注曰：「堅也。」《廣韵》注曰：「堅絬。」皆本諸《說文》古本，非能杜撰也。自淺人不知許有引經說叚借之例，則訓《論語》「絬衣」爲堅衣，而不可通，乃刪其本義，徑引《論語》，使絬爲褻之或體，殊不思絬果褻或字，則當於衣部褻篆之下出一絬篆，云「褻或从舌聲」，不得憒憒如是。且上文云：「補縫也」，下文云「綴得理也」，堅義正與補、綴相合，列字之次弟可攷者如是。衣堅者，今蘇州人所謂勩箸也。从糸，舌聲。舌以柔而存。天下之至柔，馳騁天下之至剛，从舌非無意也。私列切，十五部。《論語》曰：「絬衣長，短右袂。」《鄉黨篇》文。今《論語》「絬衣」作「褻裘」。衣部曰：「褻，私服也。」然則《論語》自訓私服，而作絬者，同音叚借也。許偁之者，說六書之叚借也。如玫，人姓也，而偁「無有作玫」，堋，喪葬下土也，而偁「堋淫于家」，《尚書》叚玫爲好，叚堋爲朋也。

纍 綴得理也。綴者，合箸也。合箸得其理，則有條不紊，是曰纍。《樂記》曰：「纍纍乎端如貫珠。」此其證也。一曰，大索也。《論語》作「縲」，字之誤。注云：「黑索也。」亦誤作「累」，如《孟子》「係累其子弟」是。亦作「羸」，如《易·大壯》「羸其角」，馬云：「大索也。」鄭、虞作「纍」。引申之，不以罪死曰纍，見楊雄《反離騷》注。从糸，畾聲。畾聲即靁省聲也。力追切，十五部。按，纍、絫二字大不同，纍在十五部，大索也，其隸變不得作累，絫在十六部，增也，引申之，延及也，其俗體作累，古所不用。

縭 㠯絲介履也。介者，畫也。謂以絲介畫履閒爲飾也。葢即《周禮》之繶約。从糸，离聲。力知切，古音在十七部。

緱 刀劒緱也。《廣韵》曰：「刀劒頭纏絲爲緱也。」按，謂人所把處如人之喉然。从糸，矦聲。古矦切，四部。

緊 戟衣也。所以韜戟者，猶盛弓弩矢器曰医也。叚借爲語詞。《左傳》：「王室之不壞，緊伯舅是賴。」「民不易物，惟德緊物。」《毛詩》「伊可懷也」箋云：「伊當作緊。緊猶是也。」从糸，殹聲。烏雞切，十五部。一曰，赤黑色繒。赤，當依《玉篇》作青。《巾車》：「王后安車，彫面緊總。」注曰：「緊讀爲凫鷖之鷖。鷖總者，青黑色，以繒爲之。」鄭司農說也。

縿 旌旗之游所屬也。各本失「所屬」二字，今補。㫃部曰：「游，旌旗之流也。」《周禮·巾車》注云：「正幅爲縿，游則屬焉。」正義曰：「正幅爲縿，《爾雅》文。」又《覲禮》正義：「《爾雅》說旌旗正幅爲縿。」唐後《爾雅》奪「正幅爲縿」四字，邢疏不能攷補。縿是旌旗之體，游則屬焉，故孫炎注曰：「爲旒於縿。」郭璞曰：「縿，衆旒所箸。」戴先生曰：「游，箸縿垂者也，交龍鳥隼之屬，皆畫於縿。」《爾雅》曰：「纁帛縿。」鄭本之，曰：九旗之帛皆用絳，上有弧以張縿之幅。見《覲禮》、《明堂位》、《考工記》。下以人維之，《周禮·節服氏》「六人維王之太常」，《爾雅》「維以縷」是也。所以太常必維之者，正恐其游長曳地。《毛詩》「素絲紕之」，大夫旌旗之游亦維持之也。游屬於縿，而統於縿，然㫃部游下不云旌旗之縿也，則知縿下斷不云旌旗之游。理合析言，不得渾言矣。从糸，參聲。所銜切，古音在七部。

徽 衺幅也。即《詩》之「邪幅」也。傳曰：「邪幅，偪也。所以自偪束也。」箋云：「邪幅，如今行縢也。偪束其脛，自足至厀。」按，《内則》謂之偪，許云謂之徽，未見所出，葢猶蔽厀謂之韠與？《釋詁》曰：「徽，善也，止也。」《大雅》箋云：「美也。」自偪束之義之引申也。一曰，三糾繩也。三糾，謂三合而糾之也。丩部曰：「糾，三合繩。」《易》：「係用徽纆。」劉表曰：「三股曰徽，网股曰纆。」一說糾本三股，三糾當爲九股。从糸，微省聲。許歸切，十五部。

䊵 扁緒也。見絛下。一曰，弩要俗作署。鉤帶。从糸，𣃔聲。𣃔者，籒文折字。并列切，十五部。

紉 單繩也。單，各本及《集韵》作「繟」，非其義。李文仲《字鑑》作「繟」。今依《廣韵》、《佩觿》作「單」。《太平御覽》引《通俗文》曰：「合繩曰糾，單展曰紉，織繩曰辮，大繩曰絚。」釋玄應引《字林》：「單繩曰紉。」單對合言之。凡言綸、言糾，皆合三股、二股爲之，紉則單股爲之。《玉篇》曰：「紉，繩縷也。展而續之。」《方言》曰：「繝、剿，續也。楚謂之紉。」葢單股必以他股連接而成。《離騷》

曰：「紉秋蘭以爲佩。」注：「紉，索也。」《内則》：「紉鍼請補綴。」亦謂綫接於鍼曰紉。从糸，刃聲。女鄰切，古音在十三部。

繩 索也。索下云：「繩也。艸有莖葉，可作繩索也。」故从𣎳糸。繩可以縣，可以束，可以爲閑，故《釋訓》曰：「兢兢繩繩，戒也。」《周南》傳曰：「繩繩，戒慎也。」从糸，蠅省聲。食陵切。蠅字入黽部者，謂其虫大腹如黽類也，故蠅以黽會意，不以黽形聲。繩爲蠅省聲，故同在古音弟六部，黽則古音如芒，在弟十部。

綪 紆未縈繩。未縈繩，謂未重疊繞之如環者。紆者，詘也，少少詘曲之而已。將縈繩，先詘曲之。引申爲凡紆曲之偁。《士喪禮》：「陳襲事于房中，西領南上不綪。」注云：「綪讀爲綪。綪，屈也。江沔之閒謂縈收繩索爲綪。」按，許紆下「一曰縈也」，此即江沔之閒語也。此云「紆未縈繩」，用詘訓也。凡器物曲陳之皆曰綪。一曰，急弦之聲。聲綪綪然也。从糸，爭聲。讀若旌。側莖切，十一部。

縈 收卷也。卷，居轉切。各本作韏，非也，今依《韵會》、《玉篇》正。凡舒卷字，古用𢍰曲之卷，今用气勢之捲，非也。收卷長繩，重疊如環，是爲縈。於營切，今俗語尚不誤。《詩·周南》：「葛藟縈之。」傳曰：「縈，旋也。」从糸，熒省聲。於營切，十一部。

絇 纑繩絇也。纑者，布縷也。繩者，索也。絇，糾合之謂，以讀若鳩知之。謂若纑、若繩之合少爲多皆是也。《廣韵》：「絇，九遇切。絲絇也。」唐《會真記》崔氏書曰：「奉寄采絲一絇。」元稹詩曰：「棼絲不成絇。」正讀九遇切，是唐人多用此語。若屨絇，《禮經》及《禮記》皆作絇，《周禮》作句，鄭云：「著舄屨之頭，以爲行戒。」句當爲絇，聲之誤也。」玉裁按，許不言屨飾，但言「纑繩絇」，許意屨絇字當從《周禮》作句爲正，取拘止之意。从糸，句聲。讀若鳩。古音在四部，今其俱切。

縋 㠯繩有所縣也。縣者，系也。以繩系物垂之，是爲縋。縋之言垂也。《玄應》引縣下有鎮。《春秋傳》曰：「夜縋納師。」見《左傳·襄十九年》。从糸，追聲。持僞切，按，當持位切，古音在十五部。

絭 纕臂繩也。纕，各本作「攘」，今正。纕者，援臂也。臂褏易流，以繩約之，是繩謂之絭。絭有叚「絭」爲之者，《史記·滑稽列傳》：「帣韝鞠䩋。」徐廣云：「帣，收衣袖也。」又有叚「卷」爲之者，《列女傳》：「趙津女娟攘卷操檝。」卷即絭也。禾部曰：「稛，絭束也。」冖部曰：「冠，絭也。」是引申爲凡束縛之偁。从糸，𢍏聲。居願切，十四部。

緘 所㠯束匧也。所㠯二字，今補。篋者，笥也。束者，縛也。束之者曰緘，引申之齊人謂棺束曰緘[27]，《喪大記》作咸。从糸，咸聲。古咸切，古音在七部。

縢 緘也。亦所以束者也。《周書》有《金縢》。凡艸之藟木之虆曰縢，俗作藤。从糸，朕聲。徒登切，六部。

編 次簡也。以絲次弟竹簡而排列之曰編。孔子讀

《易》：「韋編三絕。」册字下曰：「象其札，一長一短，中有二編之形。」然則駢比其簡，上下用絲編二，是以有得青絲編《考工記》者也。《禮》之編茅爲鼎鼏，《周禮》王后之編列髮爲之，亦猶是法也。从糸，扁聲。布玄切，十二部。

維 車蓋維也。車蓋之制，詳於《考工記》，而其維無考。許以此篆專系之車蓋，蓋必有所受矣。引申之，凡相系者曰維，載維、綏維是也。《管子》曰：「禮義廉恥，國之四維。」从糸，隹聲。以追切，十五部。

絥 車絥也。《郊祀志》：「雍五時路車各一乘，駕被具。西時、畦時禺車各一乘，禺馬四匹，駕被具。」師古曰：「駕車備馬之飾皆具。」按，駕車之飾，此所謂絥也；被馬之飾，革部所謂鞁也。从糸，伏聲。平祕切，古音在一部。

茯 絥或从艸。

鞴 絥或从革，葡聲。葡聲、伏聲同在弟一部。

⿰糸正 ⿰糸正綊，逗。各本少此二字，今依全書通例補。 亲輿馬飾也。亲輿，天子車。飾，亦妝飾之飾。⿰糸正綊字，今無所攷。傅玄《乘輿馬賦》注今不傳。从糸，正聲。諸盈切，十一部。

綊 ⿰糸正綊也。其義已釋於上，故此但云「⿰糸正綊也」。凡緜連字不可分釋者，其例如此。从糸，夾聲。胡頰切，八部。

緐 馬髦飾也。馬髦，謂馬鬣也。飾亦妝飾之飾。蓋集絲絛下垂爲飾曰緐。引申爲緐多。又俗改其字作繁，俗形行而本形廢，引申之義行而本義廢矣。至若鄭注《周禮》《禮記》之「繁纓」，繁讀爲鞶帶之鞶，謂今馬大帶也。此易字之例，其說與許說絕殊。从糸每。各本下有「聲」字，非也，今刪。每者，艸盛上出，故从糸每會意，猶之纛字亦以每緐會意也。附袁切，十四部。《春秋傳》曰：「可吕稱旌緐乎。」哀廿三年《左傳》文。

⿰糸㝸 緐或从㝸。以弁形聲。㝸，籀文弁。見皃部。

繮 馬紲也。《釋名》曰：「韁，疆也。繫之使不得出疆限也。」从糸，畺聲。居良切，十部。

紛 馬尾韜也。韜，劍衣也。引申爲凡衣之偁。《釋名》曰：「紛，放也。防其放弛以拘之也。」楊子言「車軨馬駘」，馬駘謂結束馬尾，豈韜之而後結之與？《羽獵賦》注：「紛，旗流也。」《尚書》：「敵乃干。」傳曰：「施汝盾紛。」《離騷》用繽紛字，皆引申叚借也。从糸，分聲。撫文切，十三部。

紂 馬緧也。《方言》曰：「車紂，自關而東，周、洛、韓、鄭、汝、潁而東謂之緻，或謂之曲綯，或謂之曲綸；自關而西謂之紂。」从糸，肘省聲。除柳切，三部。

緧 馬紂也。《考工記》：「必⿰魚叟其牛後。」注云：「⿰魚叟讀爲緧，關東謂紂爲緧。」按，亦作緻，商王紂，古文《尚書》作「受」。从糸，酋聲。七由切，三部。

絆　馬縶也。馬部縶下曰：「馬絆也。」㉘與此爲轉注。《小雅》：「縶之維之。」傳曰：「縶，絆。維，繫也。」《周頌》曰：「言授之縶，以縶其馬。」箋云：「縶，絆也。」按，縶謂繩，用此繩亦謂之縶，此凡字之大例，《有客》其冣明者也。引申爲凡止之偁。从糸，半聲。博幔切，十四部。

緰　絆前兩足也。《莊子·馬蹏篇》：「連之以羈緰。」崔云：「絆前兩足也。」《吳都賦》：「緰驫驫。」劉注同。从糸，須聲。相主切，古音在四部。按，向秀云：「馬絆，音竦。」《集韵》入《二腫》。《漢令》：「蠻夷卒有緰。」疑有奪字。殊下云：「蠻夷長有罪當殊之。」此應云「蠻夷卒有罪，當緰之」。

紖　牛系也。牛系，所以系牛者也。《周禮·封人》作「絼」。鄭司農云：「絼，箸牛鼻繩，所以牽牛者，今時謂之雉，與古者名同。」後鄭云：「絼字當以豸爲聲。」按，絼讀如豸，池爾切，漢人呼雉即絼也。絼變作紖，而讀丈忍切，仍絼、雉之雙聲。今人讀紖余忍切，則非也。《少儀》曰：「牛則執紖。」从糸，引聲。讀若矤。直引切，十二部。

縼　㠯長繩系牛也。《玉篇》云：「以長繩系牛馬放之也。」从糸，旋聲。辝戀切，十四部。

縻　牛轡也。轡，本馬轡也。大車駕牛者，則曰牛轡，是爲縻。潘岳賦曰：「洪縻在手。」凡言「羈縻勿絶」，謂如馬牛然也。从糸，麻聲。靡爲切，古音在十七部。

𦃇　縻或从多。多聲、麻聲，同十七部。

紲　犬系也。犬字，各本無，今補。《少儀》：「犬則執緤，牛則執紖，馬則執靮。」注曰：「緤、紖、靮，皆所以繫制之者。」按，許以此篆次於牛系、牛轡之後，其爲用《少儀》顯然也。緤本犬系，引申之馬亦曰紲，故上文韁下曰：「馬紲也。」若紲本謂馬，則宜次於韁篆後矣。从糸，世聲。私列切，十五部。《春秋傳》曰：「臣負羈紲。」《春秋》僖廿四年《左傳》文。服虔注曰：「一曰犬韁曰紲，古者行則有犬。」按，如服説，則紲之本義也。如杜説「紲，馬韁」，則紲引申之義也。服云「犬韁」，許云「馬紲」，文意正同。

緤　紲或从枼。枼亦世聲也。

纆　索也。《易》：「係用徽纆。」劉表曰：「三股曰徽，兩股曰纆。」《字林》曰：「兩合曰糾，三合曰纆。」从糸，黑聲。莫北切，一部。按，从黑者，所謂黑索拘攣罪人也。今字从墨。

緪　大索也。《通俗文》：「大索曰緪。」一曰，急也。《淮南子》曰：「張瑟者，小弦絚，大弦緩。」高氏注曰：「絚，急也。」王逸注《九歌》曰：「緪急張弦也。」「如月之恆」，傳曰：「恆，弦也。」本亦作緪，沈重古恆反。按，手部：「揯，引急也。」緪與揯音義皆同。从糸，恆聲。古恆切，六部。亦作絚，非从亘之絙也，亦古鄧切。

繘　綆也。《易·井卦》：「汔至亦未繘井，羸其瓶。」鄭云：「繘，綆也。」《方言》曰：「繘，自關而東，周、洛、韓、魏之閒謂之綆，或謂之絡；關西謂之繘。」从糸，矞聲。余聿切，十五部。

繘 古文从絲。

繘 籀文繘。从絲，又从臼也。臼者，叉手也。

綆 汲井綆也。汲者，引水於井也。綆者，汲水索也。何以盛水？則有缶。缶部曰：「罋，汲缾也」是也。何以引缾而上？則有綆。《春秋傳》「具綆缶」是也。从糸，更聲。古杏切，古音在十部。讀如岡。

絠 彈彄也。彈者，開弓也。彄者，弓弩耑弦所凥也。弦與弓弩於發矢時相離是名絠。从糸，有聲。弋宰切，又古亥切，一部。

繳 生絲縷也。生絲爲縷也。凡蠶者爲絲，麻者爲縷，絲細縷麤，故糾合之絲得偁縷。謂縷系矰矢，而㠯隿䠶也。李善《文賦》注所引有此十字。今按，有此乃完，當作「生絲縷系矰矢，而㠯隿䠶也」共十一字。矢部曰：「矰者，隿䠶矢也。」隹部曰：「隿者，繳䠶飛鳥也。𢿌者，繳𢿌也。」从糸，敫聲。之若切，古音在二部。

繴 繴謂之罿，罿謂之罬，罬謂之罦，捕鳥覆車也。見《釋器》及网部。从糸，辟聲。博厄切，十六部。

緍 釣魚繳也。繳，本施於鳥者，而鉤魚之繩似之，故曰釣魚繳。《召南》曰：「其釣維何？維絲伊緍。」傳曰：「緍，綸也。」謂糾絲爲繩也。从糸，昏聲。武巾切，十三部。吳人解衣相被謂之緍。《方言》：「緍、緜，施也。秦曰緍，趙曰緜，吳越之閒脫衣相被謂之緍緜。」按，《大雅》：「荏染柔木，言緍之絲。」傳曰：「緍，被也。」是其爲古義古訓，不始《方言》也。

絮 敝緜也。緜者，聯散也，因以爲絮之偁。敝者，敗衣也，因以爲孰之偁。敝緜，孰緜也，是之謂絮。凡絮必絲爲之，古無今之木緜也。以絮納袷衣閒爲袍曰褚，亦曰裝。褚亦作著。以麻緼爲袍亦曰褚。从糸，如聲。息據切，五部。

絡 絮也。今人聯絡之言葢本於此。包絡字，漢人多叚落爲之，其實絡之引申也。《楊雄傳》曰：「緜絡天地。」以絮喻也。一曰，麻未漚也。《陳風》曰：「東門之池，可以漚麻。」傳曰：「漚，柔也。」箋云：「於池中柔麻，使可緝績作衣服。」按，未漚者曰絡，猶生絲之未湅也。从糸，各聲。盧各切，五部。

纊 絮也。《玉藻》：「纊爲繭。」注曰：「纊今之新緜也。」按，鄭釋纊爲新緜者，以別於緼之爲新緜及舊絮也。許則謂纊爲絲絮，不分新故，謂緼爲麻紼，與鄭絕異。从糸，廣聲。苦謗切，十部。《春秋傳》曰：「皆如挾纊。」《春秋》宣十二年《左傳》文。

絖 纊或从光。

紙 絮一笘也。笘，各本譌「苫」，今正。笘下曰：「潎絮簀也。」潎下曰：「於水中擊絮也。」《後漢書》曰：「蔡倫造意，用樹膚、麻頭及敝布、魚网以爲紙。元興元年奏上之，自是莫不從用焉。天下咸稱蔡侯紙。」按，造紙昉於漂絮，其初絲絮爲之，以笘荐而成之。今用竹質、木皮爲紙，亦有緻密竹簾荐之是也。《通俗文》曰：「方絮曰紙。」《釋名》曰：「紙，砥也。平滑如砥。」从糸，氏聲。諸氏切，十六部。

䋈 治敝絮也。敝絮，猶故絮也。从糸，咅聲。芳武切，古音在四部。

繫 繫𦃇也。一曰，惡絮。一曰猶一名也。繫𦃇，讀如谿黎，疊韵字。音轉爲縴𦃇。縴，苦堅切。《廣韵·十二齊》、《一先》皆曰：「縴𦃇，惡絮。」是也。《釋名》曰：「煮繭曰莫。莫，幕也。貧者著衣可以幕絮也。或謂之牽離，煮熟爛牽引使離散如絮也。」㉙按，此與煮繭絓頭不同物，編《太平御覽》者合而一之，誤矣。从糸，毄聲。大徐古詣切，非也。此字之本音，見《周易釋文》云：「直作毄下糸者，音口奚反。」《集韵》：「繫，牽兮切。」㉚引《説文》「繫𦃇，今惡絮」。陸德明、丁度非不言之憭然也，而六朝以後舍系不用，而叚繫爲系，遂使繫之本義薶蕴終古，至鼎臣奉敕校定此書，亦徑云「古詣切」，何淺率如是！尚自謂用《唐韵》，不知《唐韵》齊韵内之繫，非許書之繫𦃇也。十六部。

𦃇 繫𦃇也。从糸，虒聲。郎兮切，十六部。一曰，維也。此別一義，謂𦃇亦訓維系。

緝 績也。自緝篆至絣篆，皆説麻事。麻事與蠶事相似，故亦从糸。凡麻枲先分其莖與皮曰𣎳，因而漚之，取所漚之麻而𣏟之。𣏟之爲言微也。微纖爲功，析其皮如絲，而撚之，而剿之，而續之，而後爲縷。是曰績，亦曰緝，亦絫言緝績。《孟子》曰：「妻辟纑。」趙注曰：「緝績其麻曰辟。」按，辟與擘肌分理之擘同，謂始於析麻皮爲絲也。引申之，用縷以縫衣亦爲緝。如《禮經》云「斬者不緝也，齋者緝也」是也。又引申之爲積厚流光之偁。《大雅》傳曰「緝熙，光明也」是也。从糸，咠聲。七入切，七部。

絘 績所未緝者。各本作「績所緝也」，今依《廣韵》正。网縷相接而後爲緝，未撚接之前，豫𣏟纖微諸縷以儲偫之，是爲絘，令其次弟可用也。引申之，《周禮》有「絘布」，鄭司農云：「列肆之税布。」从糸，次聲。七四切，十五部。

績 緝也。《豳風》：「八月載績。」傳曰：「載績，絲事畢而麻事起矣。」績之言積也，積短爲長，積少爲多，故《釋詁》曰：「績，繼也，事也，業也，功也，成也。」《左傳》曰：「遠績禹功。」《大雅》曰：「維禹之績。」傳曰㉛：「績，功也。」从糸，責聲。則歷切，十六部。

纑 布縷也。言布縷者，以別乎絲縷也。績之而成縷，可以爲布，是曰纑。《禮經》縷分別若干升以爲麤細，五服之縷不同也。趙岐曰：「湅麻曰纑。」麻部䌤下曰：「未湅治纑也。」然則湅治之乃曰纑，蓋縷有不湅者，若斬衰、齊衰、大功、小功之縷，皆不湅，緦衰之縷則湅之，若吉服之縷，則無不湅者。不湅者曰䌤，湅者曰纑，統呼曰縷。从糸，盧聲。洛乎切，五部。

紨 布也。謂布名。一曰，粗紬。謂大絲繒之粗者。《漢書·武五子傳》：嚴延年女羅紨。从糸，付聲。防無切，五部。

䌨 蜀細布也。左思《蜀都賦》：「黄潤比筒。」注：「黄潤，謂筒中細布也。」楊雄《蜀都賦》曰：「筒中黄潤，一端數金。」从糸，彗聲。祥歲切，十五部。

絺 細葛也。葛者，絺綌艸也。其緝績之一如麻枲。其所成之布，細者曰絺，粗者曰綌。蓋艸有不同，如今之葛布，有黄艸葛，其粗者也。从糸，希聲。丑脂切，十五部。

綌 粗葛也。从糸，谷聲。綺戟切，古音在五部。

⿰巾谷 綌或从巾。

縐 絺之細者也。者字依《御覽》補。《詩》曰：「蒙彼縐絺。」《庸風・君子偕老》文。傳曰：「蒙，覆也。絺之靡者爲縐。」按，靡謂紋細皃，如水紋之靡靡也。米部曰：「䊳，碎也。」凡言靡麗者，皆取䊳義，謂其極細。此毛説與鄭説之不同也。一曰，戚也。戚，各本作蹴，蹴者，躡也，非其義。蓋本作戚，俗作蹙，又改爲蹴耳，今正。鄭箋云：「縐絺，絺之蹙蹙者。」此鄭説之異毛也。戚戚者，如今皺紗然。上文云：「緛，衣戚也。」《子虛賦》：「襞積褰縐。」張揖注云：「縐，戚也。」从糸，芻聲。側救切，四部。

絟 細布也。《江都王傳》：「遺帝荃、葛。」㉜師古曰：「字本作絟，千全反，又千劣反，江南筩布之屬皆爲荃也。」从糸，全聲。此緣切，十四部。

紵 檾屬。檾者，枲屬也。《陳風》曰：「東門之池，可以漚紵。」細者爲絟，布白而細曰紵。各本作「粗者爲紵」，今依《玄應書》正。卷十二、十五略同也。《周禮》：「典枲掌布緦縷紵之麻艸之物。」白而細疏曰紵，古亦借爲褚衣之褚。从糸，宁聲。直呂切，五部。

⿰糸⿱耂宁 紵或从緒省。

緦 十五升抽其半布也。各本無「抽其半」三字，當由不通人刪之，今補。緦者，布名，猶大功、小功皆布名也。經云「緦麻三月者」，注云：「緦麻，緦布衰裳而麻絰帶也。」今本注内刪下「緦」字，則不可通矣。「傳曰：緦者十五升，抽其半，有事其縷，無事其布曰緦。」㉝凡布幅廣二尺二寸。《禮經》㉞「布八十縷爲升」，即許之布八十縷爲稯也。斬衰三升，三升有半，齊衰四升，繐衰小功之縷四升有半，大功八升若九升，小功十升若十一升。緦布朝服之縷七升有半。升數各不同，而皆合二尺二寸之度以成布。十五升去半者，十五升朝服之升數也，去其半，則爲七升有半。朝服用十五升，其布密，緦用其半，其布疏。謂之緦者，鄭曰：治其縷細如絲也。傳所謂有事其縷也。繐衰用小功之縷，而升數不及半，緦用朝服之縷，而升數祇取半，皆聖人因宜適變之精意。一曰，兩麻一絲布也。此説非也。鄭注《喪服》曰：「或曰有絲，朝服用布，何衰用絲乎？」从糸，思聲。息茲切，一部。

⿱囟丂 古文緦，从恖省。思各本作「糸」，誤，今正。

緆 細布也。布，一本作「麻」，古亦呼布爲麻也。《燕禮》：「冪用綌若錫。」鄭注：「今文錫爲緆。緆，易也。治其布使滑易也。」按，今文其本字，古文其叚借字也。《子虛賦》「被阿錫」，即《列子》之「衣阿緆」。許意從《禮》今文，故録緆字。《喪服》「錫衰」「傳曰：錫者何也？麻之有錫者也。錫者十五升，抽其半，無事其縷，有事其布曰錫。」按，據是，則緆之與緦但一事其縷，一事其布爲少異耳，其爲十五升之半則同也。何緦下偁傳以釋之，而緆下不偁傳也？曰，緦在五服之内，故聖人特製其字，錫衰不在五服内，故聖人用錫之名，不別製字。錫衰之錫，與細布之緆，其實不同也。葢古者布十五升爲冣細，十五升布成，治之使滑易，是曰緆。錫衰則半十五升而治之，亦名曰緆，實非緆也。是以傳之釋經也，先之曰「錫者何也？麻之有錫者也。」有讀爲又，言麻既爲布矣，而又加灰易之，此言錫之本義也。繼之曰：「錫者十五升，抽其半，無事其縷，有事其布曰錫。」此釋錫衰之錫也。兩言錫者，意各有在。許作字書釋緆本義，故衹曰細麻，而不必詳十五升去半之緆，葢用傳前說，以包後說矣。从糸，易聲。先擊切，十五部。

𦆀 緆或从麻。先鄭曰：「錫，麻之滑易者。」劉熙曰：「錫，易也。治其麻使滑易也。」古說謂治麻曰錫。

繐 細疏布也。《禮經》曰：「繐衰裳，牡麻絰，既葬除之者。傳曰：繐衰者何？以小功之縷也。」注云：「治其縷如小功，而成布四升半。細其縷者，以恩輕也。升數少者，以服至尊也。凡布細而疏者謂之繐，今南陽有鄧繐。」按，小功十升若十一升成布，而此用小功之縷四升半成布，是爲縷細而布疏。其名曰繐者，布本有一種細而疏者曰繐，但不若繐衰之大疏，而繐衰之名繐，實用其意。故鄭舉凡布以名之。劉氏《釋名》説繐衰亦曰細而𥦗如繐也。許云「細疏布」，亦謂凡布，不主繐衰，與緆本爲細布名，而錫衰之錫取以爲名正同。故皆不引《禮》傳。从糸，惠聲。私鋭切，十五部。按，此篆各本在前絚纍二篆之間，非其次也。今移此以正之。

緰 緰貲，逗。布也。謂布名。《急就篇》：「服瑣緰𢄼與繒連。」師古曰：「緰𢄼，緆布之尤精者也。」𢄼、貲同。从糸，俞聲。度侯切，四部。

縗 喪服衣。喪字各本無，今補。凡服，上曰衣，下曰裳。《禮》衰裳連言，即衣裳也。以衰統負板、辟領等爲言也。長六寸，博四寸，直心。《禮・喪服記》曰：「衰長六寸，博四寸。」注云：「廣袤當心也。前有衰，後有負板，左右有辟領，孝子哀戚無所不在。」按，縗經典多叚借「衰」爲之。从糸，衰聲。倉回切，古音在十七部。

絰 喪首戴也。《喪服經》「苴絰」注曰：「麻在首在要皆曰絰。絰之言實也。明孝子有忠實之心，故爲制此服焉。首絰象緇布冠之缺項，要絰象大帶，又有絞帶象革帶。」按，經傳首要皆言絰，而首章傳「苴絰大搹，去五分一以爲帶。齊衰之絰，斬衰之帶也」云云，然則在首爲絰，在要爲帶，絰特舉絰以統帶耳。故許以喪首戴釋絰，猶言當心之縗，則負板、辟領皆統其中也。从糸，至聲。徒結切，十二部。

緶　交枲也。謂以枲二股交辮之也。交絲爲辮，交枲爲緶。一曰，緁衣也。上文緁下云「緶衣也」，此云「緶，緁衣也」，是爲轉注。从糸，便聲。房連切，十一部。

⿱户糸　屨也。屨者，足所依也。《方言》曰：「絲作之者謂之履，麻作之者謂之不借，或謂之屨，或謂之鞔角，或謂之麤，或謂之屩，或謂之扉。屨其通語也。」一曰，青絲頭屨也。上義謂麻作之，此義謂青絲爲頭。讀若阡陌之陌。許書無阡陌，葢當作仟佰也。一曰以下十三字，當在「从糸，户聲」之下。从糸，户聲。大徐亡百切，郭景純下瓦反，一音畫，古音在五部。

䋓　枲屨也。枲者，麻也。《急就篇》：「屐屩䋓蔍。」今俗語屨之判合爲幫，讀如邦。从糸，封聲。博蠓切，九部。

緉　屨兩枚也。《齊風》：「葛屨五兩。」屨必兩而後成用也，是之謂緉。一曰，絞也。一曰，猶一名也。《方言》：「緉、緛，絞也。關之東西或謂之緛，絞通語也。」按，緉之言兩也，緛之言雙也，絞之言交也。从糸兩，兩亦聲。各本兩作兩，篆作緉，非，當正。力讓切，十部。

絜　麻一耑也。一耑猶一束也。耑，頭也。束之必齊其首，故曰耑。人部係下云：「絜束也。」是知絜爲束也。束之必圍之，故引申之圍度曰絜。束之則不枚曼，故又引申爲潔淨，俗作「潔」，經典作絜。从糸，㓞聲。古屑切，十五部。

繆　枲之十絜也。枲即麻也。十絜猶十束也。亦叚爲謬誤字，亦叚爲謚法之穆。一曰，綢繆也。《唐風》：「綢繆束薪。」傳曰：「綢繆猶纏緜也。」《鴟鴞》鄭箋同，皆謂束縛重疊。从糸，翏聲。武彪切，三部。

綢　繆也。謂「枲之十絜，一曰綢繆」二義，皆與繆同也。今人綢繆字不分用，然《詩·都人士》單用綢字，曰「綢直如髮」。毛傳以「密直」釋之，則綢即「稠」之叚借也。从糸，周聲。直由切，三部。按，此二篆疑有譌亂。

絮　絜緼也。絜緼謂束緼也。束緼見《蒯通傳》。一曰，敝絮也。敝絮謂孰緜也。前説謂麻，此謂絲。从糸，奴聲。女余切，五部。《易》曰：「需有衣絮。」《既濟》六四爻辭。按，此篆舊在繫篆之前，彼上下文皆言絲絮，非其類，今移次於此。

緼　紼也。《玉藻》：「纊爲繭，緼爲袍。」注曰：「纊，新緜也；緼，今之纊及故絮也。」纊及故絮者，謂以新緜合故絮裝衣。鄭説與許異。衣部曰：「以絮曰襺，以緼曰袍。」許絲絮不分新舊，槩謂之纊，以亂麻謂之緼。孔安國釋《論語》曰：「緼，枲著也。」許所本也。《蒯通傳》：「束緼乞火。」師古曰：「緼，亂麻。」从糸，𥁕聲。於云切，十三部。亦上去聲。

紼　亂枲也。枲，各本作「系」，不可通，今正。亂枲者，亂麻也。可以裝衣，可以然火，可以緝之爲索。故《采芑》毛傳曰：「紼，繂也。」言用紼爲索也。从糸，弗聲。分勿切，十五部。

絣 氐人殊縷布也。漢武都郡，應劭曰：「故白馬氐羌。」《華陽國志》曰：「武都郡有氐傁。」殊縷布者，蓋殊其縷色而相間織之。絣之言駢也。从糸，并聲。北萌切，十一部。自緝篆至此篆皆説麻事也。

紕 氐人𦇧也。氐人所織毛布也。《周書》伊尹爲四方獻令，正西以紕罽爲獻。《後漢·西南夷傳》冉駹夷能作毞毲，毞即紕也。《華陽國志》同。《禮記》用紕爲紕繆字。从糸，毛似糸，故从糸。比聲。讀若《禹貢》「玭珠」。卑履切，十五部。亦平聲。玭珠，見玉部注。

𦇧 西胡毳布也。西胡，見玉部㺸注。毳者，獸細毛也。用織爲布，是曰𦇧，亦叚「罽」爲之。从糸，罽聲。居例切，十五部。

縊 絞也。絞，各本作「經」，庸人所改也，今正。交部曰：「絞，縊也。」與此爲轉注。絞縊必兩股辮爲之。《喪服》：「傳曰：喪之經不摎垂，蓋不成也。」㉟不摎垂謂不絞也。經本訓從絲，爲一股，縊死必兩股爲之，以其直縣也，故亦謂之經，許解縊必不云經也。《左傳》曰：「若其有罪，絞縊以戮。」手部曰：「摎，縛殺也。」从糸，益聲。於賜切，十六部。《春秋傳》曰：「夷姜縊。」桓十六年《左傳》文。

綏 車中靶也。靶，各本作「把」，《玉篇》作「車中靶也」。《廣韵》引《説文》同。按，靶是，把非。靶者，轡也。轡在車前，而綏則系於車中，御者執以授登車者，故別之曰「車中靶」也。《少儀》曰：「車則脱綏，執以將命。」綏本系於車中，故可脱。郭璞注《子虛賦》曰：「綏，所執以登車。」《論語》曰：「升車必正立執綏。」周生烈曰：「正立執綏，所以爲安。」按，引申爲凡安之偁。从糸，妥聲。聲字各本無，今補。妥字見《禮經》、《小雅》，許偶遺之，今已補於女部。毛公曰：「妥，安坐也。」綏以妥會意，即以妥形聲。古音在十七部，今音息遺切。

彝 宗廟常器也。彝本常器，故引申爲彝常。《大雅》：「民之秉彝。」傳曰：「彝，常也。」从糸。糸，綦也。綦，許書所無，當作「幂」。《周禮·幎人》：「以疏布巾幎八尊，以畫布巾幎六彝。」彝尊必以布覆之，故从糸也。廾持之。之字今補。廾，竦手也。彝下亦曰「廾以奉之」。米，器中實也。酒者，米之所成，故从米。从彑，象形。各本作「彑聲」，非也。今依《韵會》正。彑者，豕之頭，鋭而上見也。爵从鬯又而象雀之形，彝从糸米廾而象畫鳥獸之形，其意一也。故云「與爵相似」。此與爵相佀。相似，猶同意也。以脂切，十五部。《周禮》六彝：雞彝，鳥彝，黄彝，虎彝，蜼彝，斝彝，㠯待祼將之禮。見《春官·司尊彝》職。

彝　皆古文彝。

文二百四十八。宋本八。今本九。　重三十一。

素　白致繒也。繒之白而細者也。致者，今之緻字。漢人作注不作緻，近人改爲緻，又於糸部增緻篆，皆非也。鄭注《襍記》曰：「素，生帛也。」然則生帛曰素，對湅繒曰練而言。以其色白也，故爲凡白之偁。以白受采也，故凡物之質曰素。如𣪠下「一曰素也」是也。以質未有文也，故曰素食，曰素王。《伐檀》毛傳曰：「素，空也。」从糸𠂹，取其澤也。澤者，光潤也。毛潤則易下𠂹，故从糸𠂹會意。桑故切，五部。　凡素之屬皆从素。

𦃃　素屬。从素，𠬞聲。居玉切，三部。

𦂇　白𦂇，逗。縞也。縞者，鮮支也。《急就篇》有「白𦂇」，顔注曰：「謂白素之精者，其光𦂇𦂇然也。」从素，勺聲。以灼切，二部。

𦆏　素屬。素，當作索。索，見𣎵部，繩索也。从素之字，古亦从糸，故𦆏字或作「䌥」，或作「綷」，《采尗》毛傳曰：「紼，綷也。」謂麻繩也。今《説文》譌作「素屬」，乃不可通矣。从素，猶从糸也。率聲。所律切，十五部。

𦂳　𦃁也。《淇澳》毛傳曰：「綽，緩也。」从素，卓聲。昌約切，二部。

綽　𦂳或省。今多如此作。

𦃁　𦂳也。糸部曰：「紓，緩也。」然則緩，紓也。从素，爰聲。胡管切，十四部。大徐管作「玩」，非。

緩　𦃁或省。今多如此作。

文六。　重二。

絲　蠶所吐也。吐者，寫也。从二糸。息茲切，一部。　凡絲之屬皆从絲。

𨊛　馬𨊛也。从絲車。各本篆文作轡，解作「从絲，从𠁁」。《五經文字》同。中从軸末之𠁁也。惟《廣韵·六至》轡下云：「《説文》作𨊛。」此葢陸法言、孫愐所見《説文》如此而僅存焉。以絲運車，猶以扶輓車，故曰𨊛與連同意。祇應从車，不煩从𠁁也。今據以正誤。　與連同意。見連、輦二字下。兵媚切，十五部。《詩》曰：「六𨊛如絲。」《小雅·皇皇者華》文。此非以證𨊛字，乃以釋从絲之意也。「六𨊛如絲」，毛傳曰：「言調忍也。」如絲，則是以絲運車，故其字从絲車。凡引經説會意之例如此。

𢇇　織㠯絲毌杼也。織字下各本衍絹字，《玉篇》又誤絹，今删。以絲，各本誤作「从糸」，毌作貫，今正。杼者，機之持緯者。毌，穿物持之也。以絲貫於杼中而後織，是之謂𢇇。杼之往來如闗機合開也。　从絲省，卝聲。卝者，丱字也。鉉等云「古磺字」，非也。古還切，十四部。　卝，古文丱字。各本無此五字，今補，説詳㸚部。

文三。

率 捕鳥畢也。畢者，田网也，所以捕鳥，亦名率。按，此篆本義不行，凡衛訓將衛也，達訓先導也，皆不用本字，而用率，又或用帥。如《緜》傳云：「率，循也。」《北山》傳云：「率，循也。」其字皆當作「達」，是也。又詳帥下。《左傳》「藻率」，服虔曰：「《禮》有率巾」，即許書之帥也。象絲网，謂㐅。上下其竿柄也。上其竿之露者，下其柄也。畢网長柄。所律切，十五部。凡率之屬皆从率。

文一。

虫 一名蝮。《爾雅·釋魚》：「蝮虫。」今本虫作「虺」。博三寸，首大如擘指。《釋魚》文。擘指，大指也。郭云：「此自一種蛇，人自名爲蝮虺，今蝮蛇細頸、大頭、焦尾，色如艾綬文，文閒有毛似豬鬣，鼻上有鍼。大者長七八尺，一名反鼻，非虺之類。此足以明此自一種蛇。」按，此注見《斯干》正義及小顔《田儋傳》注。郭意《爾雅》之蝮，今無此物，今之蝮蛇，非《爾雅》之蝮蛇也。象其臥形。虫篆象臥而曲尾形，它篆下云：「虫也，象冤曲垂尾形。」許偉切，十五部。物之𢼸細，或行或飛，「或飛」二字依《爾雅釋文》補。或毛或蠃，蠃見衣部，但也，俗作「蠃」，非。或介或鱗，㠯虫爲象。按，「以爲象」，言以爲象形也。从虫之字，多左形右聲，左皆用虫爲象形也。《月令》：「春，其蟲鱗。夏，其蟲羽。中央，其蟲倮（虎豹之屬，恒淺毛也）。秋，其蟲毛。冬，其蟲介。」㊱許云「或飛」者，羽也。古虫、蟲不分，故以蟲諧聲之字，多省作虫。如融、赨是也。鱗介以虫爲形，如螭、虯、蛊、蚌是也；飛者以虫爲形，如蝙蝠是也；毛蠃以虫爲形，如蝯、蜼是也。凡虫之屬皆从虫。

蝮 虫也。是曰轉注，考老之例也。《招魂》曰：「蝮蛇蓁蓁。」从虫，复聲。芳目切，三部。玉裁按，虫、蝮二篆説解葢有疑焉。許它下解云：「虫也。从虫而長，象冤曲㫃尾形。」虫篆下説云：「象其臥形。」然則虫乃不㫃尾之它，它乃㫃尾之虫，二篆實一字也。乃解虫爲蝮，援《爾雅》「博三寸，頭大如擘」以實之。依《爾雅》之形，則頭廣一寸，身廣三寸，必四足之它乃有此形。而許所云象其臥、象其冤曲㫃尾者，必無足之它，而非四足之它也。無足爲它之常形，故其臥曰虫，舒之曰它，而鼀、黽篆从它篆之上體，亦未嘗非虫篆之上體也。然則以蝮訓虫似非許意矣。況《爾雅》蝮虫在《釋魚》，陸云：「今作虺。」尋其形皃，非無足之它。諸書皆云「至毒」，則即《字林》所謂蝝聽之類。故景純亦云：今俗細頸、大頭之蝮它，非《爾雅》之蝮它。許書以雖、虺、蜥、蝘、蜓、蚖六篆同四足者類記，葢許意虫爲無足它，虺爲四足它，各不相涉。《爾雅》古本作蝮虫，乃是借虫以爲虺，博三寸、首大如擘者，乃虺之形，非虫之形。許書虫篆下作「它也。象其臥形」，而無「蝮虫也」之云，則文從字順矣。蝮字恐古《爾雅》衹作復，故知許不當有。

螣 神它也。《荀卿》曰：「螣蛇無足而飛。」《毛詩》叚借爲「蟘」字。从虫，朕聲。徒登切，六部。

蚦 大它，可食。从虫，冄聲。人占切，七部。

蠸 蜟也。《釋蟲》曰：「蠸、蚓，豎蚕。」許謂蠸也，蚓也，豎蚕也，一物三名也。蚓，許作蜟。从虫，堇聲。弃忍切，十三部。

蜟 側行者。《考工記》：「卻行，仄行。」鄭曰：「卻行，蜟衍屬。仄行，蟹屬。」與許異。今觀丘蚓，實卻行，非側行，鄭說長也。丘蚓俗曰曲蟮，漢巴郡有朐忍縣，以此蟲得名。丘、朐、曲一語之轉也。或譌朐忍爲「胊肕」，讀如蠢潤二音，遠失之矣。从虫，寅聲。余忍切，十二部。

蚓 蜟或从引。

螉 螉蝬，各本無此二字，今補。蟲在牛馬皮者。《爾雅》釋文引《字林》：「螉蝬，似蟒蟲在牛皮者。」《字林》本《說文》也。郭氏《爾雅注》：「蚣蝬一作螉蝬。」此謂蜇螽、舂黍。从虫，翁聲。烏紅切，九部。

蝬 螉蝬也。从虫，從聲。子紅切，九部。

蠁 知聲蟲也。十部曰：「肸，蠁布也。」《釋蟲》曰：「國貉，蟲蠁。」《廣雅》曰：「土蛹，蠁蟲。」从虫，鄉聲。許兩切，十部。

蚼 司馬相如說：从向。鄉、向，聲同也。按，《春秋》羊舌肸字叔向，說者向讀上聲，蓋向者，蚼之省也，以肸、蠁爲名、字。

蛁 蟲也。謂蟲名也。按，《玉篇》以「蛁蟧」釋之，非也。蛁自蟲名，下文蚗下「蛁蟟」，別一蟲名。凡單字爲名者，不得與雙字爲名者相牽混。蛁蟧即蛁蟟，不得以釋蛁也。从虫，召聲。都僚切，二部。

𧒒 蟲也。謂蟲名。从虫，叡聲。祖外切，十五部。

蛹 繭蟲也。按，許於繭曰：「蠶衣也。」於絲曰：「蠶所吐也。」於蠶曰：「任絲蟲也。」於蛾曰：「蠶化飛蛾也。」蛹之爲物，在成繭之後，化蛾之前，非與蠶有二物也。立文不當曰「繭蟲」，當曰「繭中蠶也」，乃使先後如貫珠然。疑轉寫必有譌亂。从虫，甬聲。余隴切，九部。

蜆 蛹也。見《釋蟲》。《顏氏家訓》曰：「《莊子》蜆二首。蜆即古虺字，見《古今字詁》。」按，《字詁》原文必曰古蜆今虺，以許書律之，古字叚借也。从虫，鬼聲。讀若潰。胡罪切，十五部。

蛕 腹中長蟲也。从虫，有聲。户恢切，古音在一部。

蟯 腹中短蟲也。《倉公列傳》：「診其病，曰蟯瘕。」从虫，堯聲。如招切，二部。

雖 似蜥易而大。易，各本作蜴，誤，今正。此字之本義也。自借以爲語詈，尟有知其本義者矣。《常棣》云：「每有良朋。」又云：「雖有兄弟。」傳云㊲：「每，雖也。」凡人窮極其欲曰恣睢，雖即睢也。按，《方言》：「守宮在澤中者，東齊海岱謂之螔螏。」

注云：「似蜥易大而有鱗。」蜦字疑雖之誤。从虫，唯聲。息遺切，十五部。

虺 以注鳴者。者字今補。注者，咮字之叚借。許用《考工記》文也。《梓人》職云：「以注鳴者。」鄭云：「精列屬。」與許不同也。上文雖下云：「似蜥易。」下文蜥下云：「蜥易。」則虺爲蜥易屬可知矣。今《爾雅》以爲虫蝮字。《詩》曰：「胡爲虺蜥。」《小雅・節南山》文㊳。今《詩》蜥作蜴，蜴即蜥字也。从虫，兀聲。許偉切，十五部。

蜥 蜥易也。易下曰：「蜥易，蝘蜓。蝘蜓，守宮也。」渾言之，此分别蜥易、蝘蜓、榮蚖爲三，析言之也。《方言》曰：「守宮，秦晉西夏或謂之蠦蝘，或謂之蜥易。」从虫，析聲。先擊切，十六部。蜥亦作蜴。《詩》「胡爲虺蜥」，今作「虺蜴」，其音同也。

蝘 在壁曰蝘蜓，在艸曰蜥易。析言之。从虫，匽聲。於殄切，十四部。

⿱匽䖵 蝘或从䖵。

蜓 蝘蜓也。从虫，廷聲。徒典切，古音在十一部。一曰，螾蜓。一曰謂一名也。

蚖 榮蚖，逗。它醫，榮蚖之異名也。《釋魚》曰：「蠑螈，蜥易也。」《小雅・節南山》㊴傳曰：「蜴，螈也。」蜴當作易，螈當作蚖。榮蚖或單評蚖。《史記》「龍漦化爲玄蚖以入王後宮」是也。《方言》曰：「其在澤中者謂之易蜴（音析），南楚謂之蛇醫，或謂之蠑螈，東齊海岱謂之螔蜍。」以注鳴者。謂與虺皆以咮鳴也。从虫，元聲。愚袁切，十四部。

蠸 蟲也。謂蟲名，未詳何物。《釋蟲》有「蠸，輿父，守瓜」。一曰，大螫也。螫者，蟲行毒也。大螫者，大行毒也。讀若蜀都布名。糸部曰：「繕，蜀細布也。」此謂大螫之讀若繕。从虫，雚聲。巨員切，十四部。

螟 蟲食穀心者。吏冥冥犯法，即生螟。心，各本譌「葉」，今依《開元占經》正。《釋蟲》、毛傳皆曰：「食心曰螟，食葉曰蟘，食根曰蟊，食節曰賊。」云「吏冥冥犯法即生螟」，正爲食心言之。惟食心，故从虫冥會意。从虫冥，冥亦聲。此从宋本及小徐本。莫經切，十一部。按，鉉本於此下妄增「又螟蛉」三字，宋本所無。且螟蠕，桑蟲也。見下文，字不作蛉。

蟘 蟲食苗葉者。見《爾雅》、毛傳。吏乞貣則生蟘。貣，各本作「貸」，今正。乞、貣，皆求也。貝部曰：「貣，從人求物也。」冥、螟，貣、蟘，皆疊韵。《左傳》曰：「妖由人興也，人無釁焉，妖不自作。」故螟、蟘、蟊之害，皆由吏。鄭箋《大田》云：「明君以正己而去之。」正己可去，則不正可招。李巡、孫炎皆謂由政所致也。从虫貣，貣亦聲。各本篆作蟘，解作「从虫貸，貸亦聲」，今正。徒得切，一部。叚「螣」字爲之，一部與六部合聲也。《詩》曰：「去其螟蟘。」《小雅・大田》文。今《詩》作「螣」，叚借字也。

蟣　蝨子也。蝨，齧人蟲也。子，其卵也。《戰國策》作「幾瑟」，叚借字。一曰，齊謂蛭曰蟣。《釋魚》「蛭，蟣」注曰：「今江東呼水中蛭蟲入人肉者爲蟣。」从虫，幾聲。居豨切，十五部。

蛭　蟣也。此蒙上蟣字第二義釋之。似後人所移，原書當不在是。水蛭者，今之馬黄。既是水物，當與下蛟、螭、虯、蝓爲類。「蛭，蟣」，《釋魚》文。从虫，至聲。之日切，十二部。

蝚　蛭蝚，逗。至掌也。《釋蟲》文。郭云：「未詳。」《本艸經》：「水蛭味鹹，一名至掌。」是名醫謂即水蛭也。从虫，柔聲。耳由切，三部。

蛣　蛣⿰虫出，逗。蝎也。《釋蟲》曰：「蝎，蛣蝠也。」郭云：「水中蠹蟲。」按，下文「蝎，蝤蠐也。」不識何以不類記。从虫，吉聲。去吉切，十二部。

⿰虫出　蛣⿰虫出也。从虫，出聲。區勿切，十五部。今《爾雅》作「蝠」。

蟫　白魚也。今衣、書中白蟲，有粉如銀者是也。一名蛃魚，《本艸經》謂之衣魚。从虫，覃聲。余箴切，七部。

蛵　丁蛵，逗，疊韵。負勞也。《釋蟲》文。郭曰：「即蜻蛉也。江東呼狐梨，所未聞。」按，許意非蜻蛉也。許下文蛉下云：「蜻蛉也。一名桑根。」不與此爲伍，則許意不謂蜻蛉可知。从虫，巠聲。户經切，十一部。

蜭　毛蠹也。《釋蟲》文。蠹者，木中蟲也。蜭居木中，其形外有毛，能食木，故曰毛蠹，是爲蜭。蜭之言陷也。从虫，臽聲。乎感切，八部。

蟜　蟲也。謂蟲名。按，上蜭、下蛓，同類也。則蟜當亦蜭、蛓之類耳。从虫，喬聲。居夭切，二部。

蛓　毛蟲也。不曰毛蠹者，不居木中，但食葉也。《釋蟲》云：「蟱，蛅蟴。」郭云：「蛓屬也。今青州人呼蛓爲蛅蟴，孫叔然云八角螫蟲，失之。」按，今俗云刺毛者是也。食木葉，體有棱角，有毛，有采色，毛能螫人。叔然説不誤也。其老而成蛹，則外有㱿如雀卵然。《本艸經》謂之「雀甕」，或出成蛾，放子如蠶子，或即卵育於㱿中。故《本艸》云：「雀甕，蛅蟖房也。」蛅蟴，音髯斯。从虫，𢦏聲。讀若笥。三字依《爾雅釋文》補。千志切，一部。《本艸》作蚝，音同。

⿱圭虫　蠆也。《史記·律書》：「北至於⿱圭虫。⿱圭虫者，主毒螫殺萬物也。⿱圭虫而藏之，九月也。」从虫，圭聲。烏蝸切，十六部。《篇》、《韵》皆口圭切。

蚳　⿱圭虫也。此篆與蝗子之蚳迥別。《孟子書》當是「蚳鼃」，鼃即⿱圭虫，大夫以蚳⿱圭虫爲名也。从虫，氐聲。巨支切，十六部。

蠆 毒蟲也。《左傳》曰：「蠭蠆有毒。」《詩》曰：「卷髮如蠆。」《通俗文》曰：「蠆，長尾謂之蠍。蠍毒傷人曰蛆。」蛆，張列反。或作蜇。」旦聲非且聲也。象形。按，不曰「从虫，象形」，而但曰「象形」者，虫篆有尾，象其尾也，蠍之毒在尾。《詩》箋云：「蠆，螫蟲也。尾末揵然，似婦人髮末上曲卷然。」其字上本不从萬，以苗象其身首之形，俗作蠆，非，且與牡螨字混。丑芥切。按，《字林》他割反，《玄應書》他達切，皆舊音也。十五部。

蠤 蠆或从蚰。蠍尾有單鉤者，有雙鉤者，故或从蚰。

蝤 蝤蠐也。《詩·衛風》：「領如蝤蠐。」傳曰：「蝤蠐，蝎蟲也。」《爾雅》同。按，下文云：「蝎，蝤蠐也。」然則二者爲轉注。从虫，酋聲。字秋切，三部。

蠐 蠐蠤也。《釋蟲》：「蝤蠐，蝎。」郭云：「在木中者。」「蟦，蠐螬。」郭云：「在糞土中者也。」是二者似同而異。宋掌禹錫、蘇頌亦辯蠐螬與蝤蠐、蝎不同。許意謂蝤蠐、蝎爲一物，而蠐螬下不云「蝎也」，蓋亦不謂一物矣。从虫，斉聲。徂兮切，十五部。

蝎 蝤蠐也。《釋蟲》曰：「蝎，桑蠹，桑中蟲也。」按，上文許云「蛣蚰，蝎也」。不類厠於此者，許意蛣蚰別爲一物也。蓋一類而種別者多矣。从虫，曷聲。胡葛切，十五部。

强 蚚也。下云：「蚚，强也。」二字爲轉注。《釋蟲》曰：「强醜捋。」郭曰：「以腳自摩捋。」叚借爲彊弱之彊。从虫，弘聲。此聲在六部，而强在十部者，合韵也。巨良切。

彊 籒文强。从蚰，从彊。據此，則强者古文，秦刻石文用强，是用古文爲小篆也。然以强爲彊，是六書之叚借也。

蚚 强也。从虫，斤聲。巨衣切，古音在十三部。

蜀 葵中蠶也。葵，《爾雅釋文》引作「桑」。《詩》曰：「蜎蜎者蠋，蒸在桑野。」似作桑爲長。毛傳曰：「蜎蜎，蠋皃。蠋，桑蟲也。」傳言蟲，許言蠶者，蜀似蠶也。《淮南子》曰：「蠶與蜀相類，而愛憎異也。」桑中蠹即蝤蠐。从虫，上目象蜀頭形，中謂勹。象其身蜎蜎。市玉切，三部。《詩》曰：「蜎蜎者蜀。」《豳風》文。今左旁又加虫，非也。

蠲 馬蠲也。馬蠲，亦名馬蚿，亦名馬蚈，亦名馬蠸，見《呂覽·仲夏紀》㊵、《淮南·時則訓》高注，而《爾雅·釋蟲》「蛝馬蝬」郭注：「馬蠲，蚼，俗呼馬蝬。」《方言》曰：「馬蚿大者謂之馬蚰。」蚰、蝬同字也。《莊子》謂之蚿，多足蟲也。今巫山夔州人謂之艸鞵絆，亦曰百足蟲。茅茨陳朽則多生之，故《淮南》、《呂覽》皆曰：「腐艸化爲蚈。」高注曰：「蚈讀如蹊徑之蹊。」是也。其注《淮南》云：「一曰熒火。」乃備異說。鄭注《戴記》「腐艸爲熒」曰：「熒，飛蟲，熒火也。」蓋非古文古說。从虫，罒象形。不云从蜀者，物非蜀類，又書無蜀部也。益聲。益聲在十六部。故蠲之古音如圭，《韓詩》「吉圭爲饎」，《毛詩》作「吉蠲」，蠲乃圭之叚借字也。唐詩「水搖文蠲動」，亦尚讀如桂，音轉乃讀古懸切。《朙堂月令》曰：「腐艸爲蠲。」許所據者，古文古說。

螕 齧牛蟲也。今人謂齧狗蟲，語亦同。《通俗文》曰：「狗蝨曰螕。」从虫，毘聲。邊兮切，十五部。

蠖 尺蠖。逗。疊韵字。詘申蟲也。詘，各本作「屈」，非，今正。詘者，詰詘也，曲也。《易·毄辭》曰：「尺蠖之詘，以求信也。」信古伸字。《釋蟲》曰：「蠖，尺蠖。」注：「今蝍蝛。」《方言》曰：「蠀蝛謂之蚇蠖。」注：「又呼步屈。」从虫，蒦聲。烏郭切，五部。

蝝 復陶也。《釋蟲》曰：「蝝，蝮蜪。」俗字从虫也。《國語》曰：「蟲舍蚳蝝。」韋注：「蝝，蝮蜪也。可以食。」按，此說蓋與下文二說畫然爲三。郭注《爾雅》則牽合董說耳。復陶未知於今何物。劉歆說：蝝，𧖴蠹子也。此與下董說皆說《春秋》也。宣十五年：「冬蝝生。」《五行志》曰：「劉歆以爲蝝，蚍蠹之有翼者，食穀爲災。」按，《志》云「有翼」，此云「子」，亦異。董仲舒說：蝝，蝗子也。何注《公羊》曰：「蝝即螺也。始生曰蝝，大曰螺。」《五行志》曰：「董仲舒、劉向以爲蝗始生也。」螺即螽字，董、何說同也。从虫，彖聲。與專切，十四部。

螻 螻蛄也。今之土狗也。从虫，婁聲。洛侯切，四部。一曰，螜，天螻。《釋蟲》文。郭注云：「螻蛄也。」按，依郭，則此一曰猶一名耳，但恐郭注未安。《方言》：「蠀螬，或謂之蝖螜，或謂之天螻。」則非螻蛄也。許書無螜字。

蛄 螻蛄也。《孟子》：「蠅蚋姑嘬之。」蚋一作「蟵」，或云蟵姑即螻蛄也。从虫，古聲。古乎切，五部。

蠪 蠪丁，螘也。按，此當於「蠪丁」爲逗，各本刪「蠪」字者，非也。讀《爾雅》者，以丁螘爲句，亦非。蠪丁、螘之一名耳。《爾雅》丁作朾。从虫，龍聲。盧紅切，九部。

蛾 羅也。蛾羅，見《釋蟲》，許次於此，當是螘一名蛾。古書説蛾爲𧖴蠹者多矣，蛾是正字，蟻是或體。許意此蛾是螘，䖵部之蝨是蠶蝨，二字有別。郭注《爾雅》蛾羅爲蠶蝨，非許意也。《爾雅》螘字本或作蛾，蓋古因二字雙聲通用，要之本是一物，非叚借也。从虫，我聲。五何切，十七部。今音則魚綺反，在十六部。

螘 𧖴蠹也。俗作「蚍蜉」，非是，今正。蟲部曰：「𧖴蠹，大螘也。」析言之也。渾言之，則凡螘皆曰𧖴蠹。《爾雅》：「蚍蜉，大螘，小者螘。」亦是析言。从虫，豈聲。魚綺切。按，當魚豈切。古音在十五部。《廣韵》入尾韵者，古音也，入紙韵者，緣蟻字而合之也。

蚳 螘子也。《釋蟲》曰：「螘子，蚳。」郭云：「蟻卵也。」《周禮》饋食之豆有蚳醢，鄭曰：「蚳，蛾子。」《國語》：「蟲舍蚳蝝。」韋注同。从虫，氏聲。直尼切，十五部。《周禮》有蚳醢。《天官·醢人》文。讀若祁。

䗹 籒文蚳，从䖵。

𧊒 古文蚳，从辰土。从土者，出之土中也。从辰者，辰聲也。古氏聲、辰聲相似，祇、振字通用是其例。

蠜 自蠜也。《召南》：「趯趯阜螽。」傳曰：「阜螽，蠜也。趯趯，躍也。」从虫，樊聲。附袁切，十四部。

蛪 悉蛪也。《唐風》：「蟋蟀在堂。」傳曰：「蟋蟀，蛬也。」按，許書無蛬字，今人叚蛪爲之。从虫，帥聲。所律切，十五部。按，蟋蟀皆俗字。

蝒 馬蜩也。與《釋蟲》同。凡言馬者謂大，馬蜩者，蜩之大者也。《方言》曰：「蟬其大者謂之蟧，或謂之蝒馬。」蝒馬二字誤倒。此篆不與下文蜩、蟬、蜈、蚗諸篆爲伍，不得其故，恐是淺人亂之耳。从虫，面聲。武延切，十四部。

蟷 蟷蠰，逗。不過也。皆螗螂別名。从虫，當聲。都郎切，十部。

蠰 蟷蠰也。从虫，襄聲。汝羊切，十部。

蜋 堂蜋也。堂蜋與蟷蠰，一語小異耳。从虫，良聲。魯當切，十部。一名斫父。斫，各本作「蚚」，今依《爾雅音義》正。堂蜋，臂有斧，能斫，故曰斫父。郭云「江東呼爲石蜋」，石即斫，今江東呼斫郎。

蛸 蟲蛸，逗。堂蜋子。《月令》：「仲夏之月螳蜋生。」注云：「螳蜋，螵蛸母也。」《鄭志》王瓚問曰：「《爾雅》莫貈、螳蜋，同類物也。今沛魯以南謂之蟷蠰，三河之域謂之螳蜋，燕趙之際謂之食肬，齊濟以東謂之馬敫。然名其子則同云螵蛸，是以注云螵蛸母也。」㊶按，堂蜋夘附於木，堅韌不可動，至小暑而子羣生焉。从虫，肖聲。相邀切，二部。按，蟲字从䖵，故入䖵部。凡一物二字而異部者例此。

蛢 蟜蟥，逗。㠯翼鳴者。蟥，各本作蝗，今正。《釋蟲》曰：「蛂蟥，蛢。」郭云：「甲蟲也。大如虎，豆緑色，今江東呼黃瓶。」按，蛂蟥即蟜蟥也。以翼鳴者，見《考工記·梓人》鄭注：「翼鳴，發皇屬。」發皇即蛂蟥也。从虫，并聲。薄經切，十一部。

蟜 蟜蟥，蛢也。蛢字今補，此轉注之例也。从虫，矞聲。余律切，十五部。

蟥 蟜蟥也。从虫，黃聲。乎光切，十部。

䗐 姑䗐，逗。强羊也。羊，《釋文》所引及宋本如此，鉉本作「蛘」，李仁甫本作「芉」，皆非是。《釋蟲》曰：「蛄䗐，强𧊅。」郭云：「今米穀中蠹小黑蟲是也。建平人呼爲𧊅子。𧊅，亡婢反。」郭音恐未諦。蓋今江東人謂麥中小黑蟲爲羊子者是也。當音陽。《方言》：「姑䗐謂之强羊。」字亦正作羊。郭注廣之以「江東名𧉙，音加。建平人呼𧊅子，音芉，姓」。不得改《方言》正文作𧊅也。《爾雅》正文恐亦本作羊。从虫，施聲。式支切，古音在十七部。

蛅 蛅斯，逗。墨也。《釋蟲》云：「蟔，蛅蟴。」郭云：「蛓屬。」按，許蛓下云：「毛蟲也。」此乃食木葉之蟲，非木中之蠹，其夘育自藏之殼曰雀甕，宜與蛓篆類列。从虫，占聲。職廉切，古音在七部。

蜆 縊女也。與《釋蟲》同。郭云：「小黑蟲，赤頭，憙自經死，故曰縊女。」从虫，見聲。胡典切，十四部。

蜰 盧蜰也。按，《爾雅》蜚、蠦蜰爲一物，許書蜚在蟲部，蜰在虫部，不言一物，許實有所見也。《唐本艸》説「蜚蠊味辛辣而臭，漢中人食之，一名蠦蜰」。从虫，肥聲。符非切，十五部。

⿰虫卻 渠⿰虫卻，逗。一曰，天社。社，一作杜。《廣韵》譌作神。按，渠⿰虫卻即蛣蜣雙聲之轉。《玉篇》謂蜣、⿰虫卻同字，是也。《釋蟲》曰：「蛣蜣，蜣蜋。」《莊子》云：「蛣蜣之智，在於轉丸。」陶隱居云：「憙入人糞中，取屎丸而卻推之，俗名爲推丸。」羅願云：「一前行以後兩足曳之，一自後而推致焉，乃坎地納丸，不數日有蜣蜋自其中出。」玉裁謂，此物前卻推丸，故曰渠⿰虫卻。一曰猶一名也。《廣雅》曰：「天柱，蜣蜋也。」从虫，卻聲。以形聲包會意。其虐切，五部。

⿰虫爾 ⿰虫爾蠃，逗。疊韵。蒲盧。句。疊韵。《釋蟲》、毛傳同。細要土蠭也。天地之性，細要純雄無子。《詩》曰：「螟⿰虫霝有子，⿰虫爾蠃負之。」《小雅·小宛》曰：「螟蛉有子，蜾蠃負之。」毛傳曰：「螟蛉，桑蟲也。蜾蠃，蒲盧也。負，持也。」箋云：「蒲盧取桑蟲之子，負持而去，煦嫗養之，以成其子。喻有萬民不能治，則能治者將得之。」《中庸》注曰：「蒲盧，果蠃，土蜂也。蒲盧取桑蟲之子，去而變化，以成爲己子。」《列子》曰：「純雌其名大署，純雄其名稺蜂。」《淮南》曰：「貞蟲之動以毒螫。」高注：「貞蟲，細要蜂，蜾蠃之屬。無牝牡之合曰貞。」《楊子》曰：「取螟⿰虫霝祝曰：類我，類我！」戴先生曰：「古語謂隨變而成者曰蒲盧。」蒲盧又見《大戴禮》、《山海經》，《小正》曰：「雉入于淮爲蜃。」蜃者，蒲盧也。从虫，爾聲。古火切，十七部。

蜾 ⿰虫爾或从果。果聲也。

蠃 ⿰虫爾蠃也。从虫，𣎆聲。郎果切，十七部。一曰，虒蝓。此謂單言蠃則謂虒蝓也。虒蝓見下文蝓篆下。按，下文蝸篆下「蠃也」，此當云「一曰蝸也」，而云「一曰螔蝓」者，一物三名，舉其易知者也。

⿰虫霝 螟⿰虫霝，逗。疊韵。桑蟲也。《小雅》毛傳文。《釋蟲》同。按，上文云：「蜀，桑中蠶。」謂蠶其中者也。此桑蟲似步屈，其色青細，或在艸葉上，土蜂取之，寘木空中，或書卷閒、筆筒中，七日而成其子。里語曰，呪云「象我，象我」。《詩義疏》云爾。从虫，霝聲。郎丁切，十一部。

蛺 蛺蜨也。疊韵爲名。今俗云「胡蝶」。見《莊子》。从虫，夾聲。兼叶切，八部。

蜨 蛺蜨也。从虫，疌聲。徒叶切，八部。俗作「蝶」。

蚩 蚩蟲也。蚩字今補，此三字句，謂有蟲名蚩也。叚借爲「氓之蚩蚩」，毛傳曰：「蚩蚩，敦厚之皃。」《玉篇》曰：「癡也。」此謂《毛詩》。又曰：「笑也。」此謂叚蚩爲欰也。从虫，㞢聲。赤之切，一部。

螌 螌蝥，逗。雙聲。毒蟲也。《本艸經》蟲部下品曰：「斑猫，味辛寒，有毒，一名龍尾。諸家云，大豆葉上取之，長五六分，甲上黄黑斑文，烏腹尖喙。」按，斑猫，俗字也。从虫，般聲。布還切，十四部。

蝥 盤蝥也。从虫，敄聲。莫交切。按，古音當如木，在三部。俗依《本艸》讀耳。蟲部曰：「蟊，亦或从敄。」

蟠 鼠婦也。《釋蟲》曰：「蟠，鼠負。」負又作婦。《本艸經》曰：「鼠婦一名負蟠。」郭璞曰：「甕器底蟲。」按，此溼生蟲，今蘇州人所謂鞵底蟲也。蟠音附袁切。借爲蟠曲字，如《樂記》云：「禮樂之極乎天而蟠乎地。」《方言》曰：「未陞天龍謂之蟠龍。」此讀如盤。舟部「般旋」，字之叚借也。从虫，番聲。附袁切，十四部。

蛜 蛜威，蛜，各本作「蚜」，今正。蛜威，疊韵字。逗。委黍。句。委黍，逗。鼠婦也。《豳風》：「伊威在室。」毛傳曰：「伊威，委黍也。」《釋蟲》同。按，《釋蟲》以蟠、鼠婦，與伊威、委黍畫爲二條，不言一物。蛜威即今之地鼈蟲，與鼠婦異物。《本艸經》曰：「鼠婦一名蛜蝛，以其略相似耳。」《本艸經》以鼠婦與䗪蟲爲二條，分下品、中品，實則䗪即鼠婦，葢一物而略有異同，今難細別耳。許書之蟅謂螽，絕非鼠婦。《大平御覽》乃引《説文》曰：「蟠蟅，鼠婦也。」依他書增一字，不可據。从虫，伊省聲。於脂切，十五部。

蜙 蜙蝑，逗。雙聲。春黍也。《詩釋文》曰：「楊雄、許慎皆云春黍。」陸氏所據有此三字，今補。《周南》傳曰：「斯螽，蜙蝑也。」《豳風》傳曰：「螽斯，蜙蝑也。」《釋蟲》曰：「蜤螽，蜙蝑。」舍人曰：「今所謂春黍也。」《方言》曰：「春黍謂之蜙蝑。」《詩》斯螽即螽斯，《爾雅》蜤即斯。蜙蝑、春黍皆雙聲，蜙春、蝑黍又疊韵。陸璣疏曰：「幽州人謂之春箕，蝗類也。」目股鳴者。《考工記·梓人》文。鄭曰：「股鳴，蜙蝑動股屬。」《七月》曰：「五月斯螽動股。」从虫，松聲。息恭切，九部。陸氏引許慎思弓反。

蚣 蜙或省。《毛詩》如此作。

蝑 蜙蝑也。从虫，胥聲。相居切，五部。陸氏引許慎先吕反。

蟅 螽也。螽，各本譌作「蟲」，今正。《方言》曰：「蟒，宋魏之間謂之蚮，南楚之外謂之蟅蟒，或謂之蟱。」郭注：「即蝗也。蟅音近詐，蟒音莫梗反，亦呼虴蜢。」按，即今北人所謂蛨蚱，江南人謂之蝗蟲。蟅蟒、虴蜢一語之轉。許書上文云「蜙蝑」，下文曰「蝗」，蟅亦蝗也。故列字之次如此。若《廣雅》、《本艸》所云蟅者，皆非許意。从虫，庶聲。之夜切，古音在五部。

蝗 螽也。䖵部曰：「螽，蝗也。」是爲轉注。《漢書·五行傳》曰「介蟲之孽者」，謂小蟲有甲飛揚之類，陽氣所生也，於《春秋》爲螽，今謂之蝗。按，螽、蝗古今語也，是以《春秋》書螽，《月令》再言蝗蟲，《月令》吕不韋所作。从虫，皇聲。乎光切，十部。陸氏引《説文》榮庚反，又《爾雅釋文》華孟反，皆音之轉也。

蜩 蟬也。《豳風》傳曰：「蜩，螗也。」《大雅》：「如蜩如螗。」傳曰：「蜩，蟬也。螗，蝘也。」《小雅》：「鳴蜩嘒嘒。」傳曰：

「蜩，蟬也。」不同者，或渾言，或析言，蟬之類不同也。《夏小正》傳曰：「唐蜩者匽。」《爾雅》曰：「蜩，蜋蜩，螗蜩。」許書無螗字。螗蓋蟬之大者也，當依《小正》作唐。从虫，周聲。徒聊切，古音在三部。《詩》曰：「五月鳴蜩。」《七月》文。

𧊔 蜩或从舟。古周、舟通用。

蟬 㠯旁鳴者。《考工記·梓人》文。鄭云：「旁鳴，蜩蜺屬。」正義云：「蟬鳴在脅。」从虫，單聲。市連切，十四部。

蜺 寒蜩也。《方言》：「小而黑者謂之蜺。」又曰：「蟪謂之寒蜩。寒蜩，瘖蜩也。」不言蜺與寒蜩爲一。許本《爾雅》爲說。《釋蟲》曰：「蜺，寒蜩。」《月令》：「七月寒蟬鳴。」鄭曰：「寒蟬，寒蜩，謂蜺也。」郭璞云：「寒螿也。」从虫，兒聲。五雞切，十六部。或叚爲虹霓字。

螇 螇鹿，逗。蛁尞也。尞，舊作「蟟」，許書無此字，淺人增虫耳。今作尞，音聊。《釋蟲》曰：「蜓蚞，螇螰。」《方言》曰：「蛥蚗，齊謂之螇螰，楚謂之蟪蛄，或謂之蛉蛄，秦謂之蛥蚗。自關而東謂之虭蟧，或謂之蝭蟧，或謂之蜓蚞。西楚與秦通名也。」按，蛥蚗即許之蚒蚗，蛥當音伊；虭蟧音如貂料，即許之蛁尞也。蜓蚞音如廷木，許無蚞字。蝭蟧，《夏小正》作蝭蠑，字宜、支遼二音，今江東俗語尚如此，辭章家作遮了二字是也。《小正》：「七月寒蟬鳴。」傳曰：「蝭蠑也。」與上文五月良蜩、唐蜩爲各物。《方言》亦以蛥蚗與蟬爲各物。然則許之蜺、螇螰與蜩、蟬蓋亦有別矣。从虫，奚聲。胡雞切，十六部。

蚗 蚒蚗，逗。《方言》作「蛥蚗」，蛥音折，蚗音于列反。蛥多聲，不當音折，疑《方言》有誤，當從許作蚒音伊。蛁尞也。按，蛁尞與蝭蟧、蜓蚞、螇螰，皆關雙聲疊韻。从虫，夬聲。於悅切，《廣韻》古穴切，十五部。

蛃 蛃蚗，逗。各本皆作「蚒蚗」，則與篆文不屬。今依《廣韻·二仙》所引正。蟬屬。按，《爾雅》：「蝒者，馬蜩。」《方言》：「蟬大者謂之蝒馬。」《玉篇》、《廣韻》皆曰蛃即蝒字。然則許之蛃蚗即爾雅之馬蜩也。前文蝒篆及解，顯系淺人羼入，故失其次字之恉。讀若周天子赧。謂赧王。从虫，丏聲。武延切，十四部。

蛚 蜻蛚也。按，楊雄、李巡、陸璣、郭璞、《玉篇》、《廣韻》皆云「蟋蟀一名蜻蛪」，但許書不與上文蟋篆爲伍，蓋不以爲一物與？鄭注《考工記》曰：「以注鳴者，精列屬。」从虫，列聲。良薛切，十五部。

蜻 蜻蛚也。从虫，青聲。子盈切，十一部。按，蜻蛚二篆，當先蜻後蛚，後人倒之。下先蜻蛉則同此蜻，如蚒蚗同蚒威之蚒，螟蠕同食穀之螟也。

蛉 蜻蛉也。《戰國策》曰：「六足四翼，飛翔乎天地之閒。」方言曰：「蜻蛉謂之蝍蛉。」郭云：「江東謂之狐黎，淮南人呼蠊蚒，音康伊。」按，《淮南書》「水蠆爲蟌」，即蜻蛉也。今人作蜻蝏、蜻蜓。从虫，令聲。郎丁切，十一部。一曰，桑根。一曰猶一名也。今本作一名。

蠓 蔑蠓也。各本蔑作「蠛」，無此字，今正。蔑之言末也，散也。《爾雅》作蠛，非古也。《釋蟲》曰：「蠓，蠛蠓。」孫炎曰：「此蟲小於蚊。」郭圖讚曰：「小蟲似蜹，風舂雨磑。」謂其飛上下如舂，則天風；回旋如礱，則天雨。陸佃引郭語互易之，非也。《史記》：「蜚鴻滿埜。」索隱引高誘曰：「飛鴻，蠛蠓也。」按，古鴻蒙爲疊韵，故高君知鴻爲蠓也。楊雄賦：「浮蠛蠓而撇天。」蠛蠓猶鴻蒙也。細至於蠓，則其外皆鴻蒙矣，故其字从蒙。从虫，蒙聲。莫孔切，九部。

蟟 蟲蟟。蟲字在䖵部，故於此釋其義，而䖵部曰「蟲蟟也」，皆文勢之自然也。一曰，浮游。朝生莫死者。一曰猶一名也。浮游，各本作「蜉蝣」，俗人所改耳。蝣字許書無，蜉字雖有亦非，今正。《釋蟲》曰：「蜉蝣，渠略。」《曹風》毛傳曰：「蜉蝣，渠略也。朝生夕死。」其狀詳陸璣《詩疏》、《爾雅注》。渠略，叚借字。从虫，㝠聲。离灼切，五部。

蜹 秦晉謂之蜹，楚謂之蟁。蟁作蚊，俗，今正。蟁在䖵部，故不類列於此也。此爲方俗殊語以舉例也。从虫，芮聲。而銳切，十五部。

蠨 蠨蛸，逗。雙聲。長股者。《釋蟲》曰：「蠨蛸，長踦。」《豳風》毛傳同。跂當作踦，其足長故謂之長踦。許則顯之曰長股者也。此鼅鼄之一種，俗謂喜母。从虫。肅聲。古音肅在三部，今音穌彫切，俗寫作蠨。蛸，古音消，今音所交切。此古今之轉變也。蛸篆已見上文，爲蟲蛸字，故此不再出。

蝔 蝔蟲也。有蟲名蝔也。从虫，省聲。息正切，十一部。

蛶 商何也。《釋蟲》曰：「蛶，螪何。」郭云：「未詳。」陸云：「商，失羊反。《字林》之亦反。」按，《字林》近古，之亦反，則字本作「螪」，而許書當作「啻何」矣。从虫，寽聲。力輟切，十五部。

蜡 蠅胆也。肉部曰：「胆，蠅乳肉中也。」蜡、胆音義皆通。《周禮》：「蜡氏掌除骴。」蜡氏，《秋官》職也。鄭曰：「蜡，骨肉臭腐，蠅蟲所蜡也。蜡讀如狙司之狙。」按，狙司，即覰伺也。蠅蟲所蜡，即蠅乳肉中之說。乳者，生子也。蠅生子爲蛆。蛆者，俗字。胆者，正字。蜡者，古字。已成爲蛆，乳生之曰胆、曰蜡。《齊民要術》：「作浥魚法：勿令蠅胆。」其意同也。《釋蟲》「蠢醜鏬」，蠢，千據反，即蜡字之異者也。《廣韵》音誤而字不誤，今《爾雅》各本誤。郭云：「鏬者，剖母背而生。」今大蠅有如是者，蠶蛹變而爲蛾亦是裂殼而出。蜡字，《禮記·郊特牲》借爲八蜡字，尋八蜡本當作昔，昔，老也。息老物也。故《字林》作䄍，李仁甫説文作蜡，年終祭名。斯爲巨謬。《本艸》以蜡爲水母之名。从虫，昔聲。此當依《廣韵》七慮切，五部。自大徐鉏駕切，遂有改其義曰「年終祭名」者矣。葢《唐韵》祇有蜡祭音義，不可以釋此，猶繫古詣切，不可以釋繫褫也。

蝡 動也。動者，作也。蟲之動曰蝡。从虫，耎聲。而沇切，十四部。

蚑 徐行也。凡生之類行皆曰蚑。依李善《洞篇》、《琴》二賦注補「徐」字及「凡生」以下八字。凡蟲行曰蚑。《周書》曰：「蚑行喘息。」《小弁》曰：「鹿斯之奔，維足伎伎。」伎本亦作跂。毛傳曰：「舒皃。」箋云：「伎伎然舒者，留其羣也。」按，其字當作蚑蚑，毛傳、鄭箋正與「徐行」説合也。《漢書》：「跂跂脈脈善緣壁。」其字亦當作蚑蚑。凡生之類者，或行或飛，或毛或蠃，或介或鱗，皆是也。**从虫，支聲。**巨支切，十六部。

蠉 **蟲行也。**凡蟲行曰蠉，上蚑爲徐行，則蠉爲疾行也。羽部曰：「翾，小飛也。」**从虫，瞏聲。**香沇切，十四部。

蚩 **蟲申行也。**各本作「曳行」，以「讀若騁」定之，則伸行爲是，今正。許本無伸字，衹作申，故譌爲曳也。**从虫，屮聲。讀若騁。**屮讀若徹，屮聲而讀騁者，以雙聲爲用也。依《説文》在十一部，今讀丑善切。

螸 **螽醜螸。**螽，俗本作「蠭」，今依宋本、李燾本、《集韵》正。《釋蟲》曰：「蠭醜螸。」音義曰：「蠭，施乾作螽。」施所據與許合。**𠂹腴也。**腴者，腹下肥也。螽之類皆垂其腴矣。**从虫，欲聲。**余足切，三部。《篇》《韵》皆羊朱切。

蝙 **蠅醜蝙。**《釋蟲》文。字衹作扇。**搖翼也。**也字依宋本補。**从虫，扇聲。**式戰切，十四部。

蛻 **它、蟬所解皮也。从虫，兑聲。**兑聲，各本作「税省聲」，淺人改耳，今正。輸芮切，十五部。

蠚 **螫也。**蠚、螫葢本一字。若聲、赦聲同部也。或讀呼各切，山東行此音；或讀式亦切，關西行此音，見《釋玄應書》。今人乃以此篆切呼各，下篆切式亦，分而二之。**从虫，若省聲。**呼各切，五部。

螫 **蟲行毒也。**《周頌》曰：「自求辛螫。」古亦叚奭爲之。《史記》「有如兩宮螫將軍」，《漢書》作「奭將軍」是也。或云蛆，音知列切。亦作蜇。**从虫，赦聲。**施隻切，古音在五部。

蝁 **蛈也。**俗本作「虺屬」，今依宋本及《集韵》正。長部曰：「蛈，蝁也。」與此爲轉注。詳長部下。**从虫，亞聲。**烏各切，五部。

蛘 **騷蛘也。**騷，各本作「搔」，今正。疥字下曰：「騷也。」今亦作搔㊷。搔，刮也。非其意。唐人所引作「瘙」，瘙見号韵，乃俗字，許所無。依義當作騷，騷，擾也。毛云「動也。」騷痒者，擾動於肌膚閒也。《玄應》引《禮記》「蛘不敢搔」，俗多用痒、癢、養字，葢非也。蛘从虫者，往往有蟲潛於膜，故疥字亦或作蜐、作蚧。**从虫，羊聲。**余兩切，十部。

䖸 **敗創也。**敗者，毀也。創者，傷也。毀壞之傷，有蟲食之，故字从虫。《春秋經》曰：「鼷鼠食郊牛角。」又曰：「日有食之。」字或作蝕。**从虫人食，食亦聲。**乘力切，一部。按，可云飾省聲。

蛟 **龍屬，無角曰蛟。**各本作「龍之屬也」四字，今依《韵會》正。龍者，鱗蟲之長。蛟其屬，無角，則屬而別也。郭氏《山海經》傳曰：「似蛇四腳，細頸，頸有白嬰，大者數圍，卵生，子如一二斛瓮，能吞人。」按，蛟或作鮫，然鮫者，魚名，其字不相代也。从虫，交聲。依《韻會》本四字在此，古肴切，二部。池魚滿三千六百，蛟來爲之長，能逹魚而飛。《韻會》有而字。置笱水中，即蛟去。逹者，先導也。曲竹捕魚曰笱。

螭 若龍而黃。《南都賦》曰：「憚夔龍，怖蛟螭。」李注引《説文》：「蛟螭若龍而黃。」按，李注蛟字誤衍。左思《蜀都賦》：「或藏蛟螭。」劉注云：「蛟螭，水神也。一曰雌龍，一曰龍子。」似亦謂蛟螭爲一物然。《上林賦》：「蛟龍赤螭。」文穎曰：「龍子爲螭。」張揖曰：「赤螭雌龍也。」皆劉説所本。張、左之賦，皆不謂蛟、螭一物也。許謂离爲「山神」，螭爲「若龍而黃」，與諸家説異。司馬相如曰「赤螭」，楊雄《解嘲》曰：「翠虯絳螭之將登乎天。」不謂其色黃矣。北方謂之地螻。《吕氏春秋》曰：「黃帝之時，天先見大螻、大螾。」《史記·封禪書》：「黃帝得土德，黃龍地螾見。」地螻之説，其本此與？非螻蛄也。从虫，离聲。丑知切，古音在十七部。或云：無角曰螭。六字疑後人所增，非許書本有。蓋既改虯下爲有角，則注此爲無角。

虯 龍無角者。各本作「龍子有角者」，今依《韻會》所據正。然《韻會》尚誤多「子」字，李善注《甘泉賦》引《説文》「虯龍無角者」，他家所引作「有角」，皆誤也。王逸注《離騷》、《天問》，兩言「有角曰龍，無角曰虯。」高誘注《淮南》同。張揖《上林賦》注、《後漢書·馮衍傳》注、《玉篇》、《廣韻》皆曰「無角曰虯」，絶無「龍子」「有角」之説。惟《廣雅》云「有角曰龍」，即虯字。「無角曰䖢。」即螭字。其説乖異，恐轉寫之譌，不爲典要。从虫，丩聲。渠幽切，三部。

蜦 它屬也。它者，虫也。象冤曲垂尾形。蜦即其屬也。黑色，潛於神淵之中，能興雲致雨。依《甘泉》、《江賦》二注訂。㊸《淮南書》曰：「犧牛粹毛，宜於廟牲，其於以致雨，不若黑蜧。」高云：「黑蜧，神蛇。潛於神淵，能興雲雨。」从虫，侖聲。讀若䓞艸。䓞，各本譌「戾」，今正。䓞見艸部。侖聲而讀䓞者，雙聲也，十三部與十五部音轉冣近也。力計切，大徐力屯切。

蜧 蜦或从戾。《淮南書》如此作。

螊 海蟲也。長寸而白，可食。按，自螊至蝓，八篆爲一類，皆介蟲也。其外有殼，螊其小者也。長寸而白，謂其殼；可食，謂其中肉也。《本艸》所謂「蝛蜼似蛤而長扁」。蝛與螊音同。《玉篇》曰：「螊，小蚌，可食。」从虫，兼聲。讀若嗛。按，嗛，户監切，則當依《玉篇》胡緘切，古音當在七部。大徐、《廣韻》力鹽切。

蜃 大蛤。依《韻會》有此二字。羅氏願曰：「《月令》：九月雀入大水爲蛤，十月雉入大水爲蜃。」比雀所化爲大，故稱大蛤也。按，鄭注《禮記》曰：「大蛤曰蜃。」韋注《國語》曰：「小曰蛤，大曰蜃。」高注《吕覽》曰：「蜃，蛤也。」高渾言之，鄭、韋析言之。蜃與蚌雖屬而別。郭注《爾雅》云蚌即蜃。蜃之用，詳於《周禮》、《左傳》。玉部曰：「珧，蜃甲也，所以飾物。」「珕，蜃屬。」「天子佩刀，玉琫珧珌；士珕琫珧珌。」雉入水所匕。五字依《廣韻》，所據各本作

「雉入海化爲蜃」。按，自《夏小正》九月雀入于海爲蛤，十月玄雉入于淮爲蜃，故《國語》趙簡子所説正同，而《吕氏》、《月令》皆言「入大水」。鄭於季秋則曰「大水，海也」。於孟冬則曰「大水，淮也」。皆本《小正》爲説，知許斷不作「雉入海」矣。从虫，辰聲。時忍切，十三部。《玉篇》作蜄，入蚰部。

蛤　蜃屬。屬而有大小之别也。有三，目下。皆生於海。三者生於海，别於生淮者也。厲，千歲雀所七。千當作十，雀十歲則爲老矣。《月令》所云「爵入大水爲蛤」也。高誘注《時則訓》，連上賓字讀，云「賓雀者，老雀也。棲人堂宇之閒，如賓客者」。秦人謂之牡厲。《本艸經》蟲魚上品有牡蠣。海蛤者，百歲燕所七也。《本艸經》蟲魚部，上品有海蛤。陶隱居云：「以細如巨勝潤澤光淨者好。」《圖經》云：「久爛者爲海蛤，未爛有文理者爲文蛤也。」此又其一也。魁蛤，一名復絫，老服翼所七也。服翼，蝙蝠也。詳《爾雅》、《方言》。《釋魚》「魁陸」注曰：「《本艸》云：魁狀如海蛤，圓而厚，外有理縱横，即今之蚶也。」按，宋人謂之瓦屋子，今浙人食之，亦名瓦隴子。以其紋理名之。此其一也。以上三十二字，今本有譌奪，依《爾雅音義》正。从虫，合聲。古沓切，八部。

蠯　陛也。陛，各本作「蜌」，今《爾雅》同。《韵會》作「陛」，即蚌語之轉也。當依玉部作「玭」，玭，蚌之有聲者也。《釋魚》曰：「蜌，蠯。」許無蜌字，故先蠯而以陛釋之。郭云：「今江東呼蚌長而陜者爲蠯。」陶隱居注《本艸》之「蝏，蛢也」。蝏，音亭。蛢，蒲幸切，即蠯字。《周禮·鼈人》《醢人》皆有蠯，鄭司農云：「蠯，蛤也。」杜子春云：「蠯，蜯也。」蜯即蚌字。蚌、蛤有異，故二家説不同。許用杜説也，故下文受之以蚌。脩爲蠯，圜爲蠇。《毛詩》傳曰：「脩，長也。」長者謂之蠯，圜者謂之蠇。从虫，庳聲。蒲猛切，十一部。按，庳聲而讀入十一部者，支清之合音也。

蚌　蜃屬。蜃當作「蠯」。《釋魚》曰：「蚌，含漿。」鄭注《鼈人》云：「貍物，亦謂鱴刀，含漿之屬。」按，珠出於蚌。玉部曰：「玭，蚌之有聲者。」从虫，丰聲。步項切，九部。

蠇　蚌屬，佀蠊敥大。蠊，即上文長寸而白者。據《本艸經》牡蠣條注，則此物有絶大者，不得云「似蠊敥大」也。且蛤下作厲，云「秦謂之牡厲」，似蛤屬有厲，蚌屬有蠇，其字不必同，不煩以《本艸》牽合也。許所聞或與後人不盡合，讀書不貴盡信。出海中，今民食之。从虫，萬聲。讀若賴。力制切，十五部。

蝸　蝸，此複舉篆文之未删者也。當依《韵會》删。蠃也。蠃者，今人所用螺字。《釋魚》曰：「蚹蠃，螔蝓。」鄭注《周禮·醢人》：「蠃，螔蝓。」許上文蠃下亦云：「一曰蠃螔蝓」。此物亦名蝸，故《周禮》、《儀禮》「蠃醢」，《内則》作「蝸醢」，二字疊韵相轉注。薛綜《東京賦》注曰：「蝸者，螺也。」崔豹曰：「蝸，陵螺。」蝸本咼聲，故蝸牛或作瓜牛。徐仙民以力戈切蝸，似未得也。力戈乃蠃字反語耳。今人謂水中可食者爲螺，陸生不可食者曰蝸牛，想周漢無此分別。嬴古多叚「蠃」爲之。**从虫，咼聲。**古華切，十七部。舊音當如過。此篆舊在蠃、蚌二篆閒，今按，嬴即螔蝓，前文嬴篆下言之，故移使相聯。

蝓　虒蝓也。虒蝓讀移臾二音，今生牆壁閒溼處，無殼，有兩角，無足，延行地上，俗評延游，即虒蝓古語也。《本艸經》作蛞蝓，云一名陵螺，後人又出蝸牛一條。據本經則蛞蝓即蝸牛，合之《釋蟲》及鄭注《周禮》許造《說文》皆不云嬴與螔蝓爲二。蓋螺之無殼者古亦評螺，有殼者正評螔蝓，不似今人語言分別評也。陸佃、寇宗奭分別之說，似非古言古義。**从虫，俞聲。**羊朱切，古音在四部。

蜎　肙也。肙，各本作「蜎」，仍複篆文不可通。攷肉部肙下云：「小蟲也。」今據正。《韵會》引《說文》「井中蟲也」，恐是據《爾雅》注改。肙、蜎蓋古今字。《釋蟲》：「蜎，蠉。」蠉本訓蟲行，叚作肙字耳。郭云：「井中小蛣蟩赤蟲，一名孑孓。」《廣雅》曰：「孑孓，蜎也。」《周禮》：「刺兵欲無蜎。」注云：「蜎，掉也。謂若井中蟲蜎蜎。」《詩》毛傳曰：「蜎蜎，蠋皃。」蠋，桑蟲也。其引申之義也。今水缸中多生此物，俗謂之水蛆，其變爲蚊。**从虫，肙聲。**形聲中有會意。狂兖切，十四部。

蟺　夗蟺也。夗，轉臥也，引申爲凡宛曲之稱。夗蟺疊韵，蓋謂凡蟲之宛曲之狀。《篇》、《韵》皆云：「蛩蟺，蚯蚓也。」雖蚓有此名，而非許意。上文蜎，善曲之物也，故承之以蟺。**从虫，亶聲。**常演切，十四部。

蚴　蚴蟉也。三字句，疊韵也。司馬相如《大人賦》：「驂赤螭青虯之蚴蟉蜿蜒。」謂宛轉之皃也。按，《篇》、《韵》皆曰：「龍皃。」依賦文爲訓耳。非許有「龍皃」二字也。**从虫，幽聲。**於虯切，亦上聲，三部。《漢書》作蚴。

蟉　蚴蟉也。从虫，翏聲。力幽切，亦上聲三部。

蟄　臧也。臧者，善也。善必自隱，故别無藏字。凡蟲之伏爲蟄。《周南》曰：「螽斯羽，蟄蟄兮。」傳曰：「和集也。」其引申之義也。**从虫，執聲。**直立切，七部。

蚨　青蚨，逗。**水蟲，可還錢。**其事見《鬼谷子》、《淮南萬畢術》、《搜神記》、陳藏器《本艸拾遺》，未知今尚有此物否。《鬼谷子》曰：「若蚨母之從其子也，出無閒，入無朕，獨往獨來，莫之能止。」此謂青蚨之還錢，與《萬畢》、《搜神》所說正合也。而陶隱居以「螳螂在穴中」釋之，此由誤認蚨爲蛈，遂以《爾雅》「王蛈蜴」爲注。《酉陽雜俎》亦云：「青蚨，《鬼谷子》謂之蛈母。」郢書燕說，博學者尤難免矣。**从虫，夫聲。**房無切，五部。

⿰虫匊　⿰虫匊鼀，逗。**詹諸。**句。黽部曰：「鼀鼀，詹諸也。其鳴詹諸，其皮鼀鼀，其行𪓰𪓰。」此則又名⿰虫匊鼀。《釋魚》作「鼀䵶，蟾諸。」鼀䵶即⿰虫匊鼀一語之轉。**目脰鳴者。**《攷工記・梓人》文。脰，項也。鄭曰：「脰鳴，鼃黽屬。」按，鼃黽與⿰虫匊鼀別而屬也，故下文受之以蝦蟆。**从虫，匊聲。**居六切，三部。《篇》、《韵》渠竹切。

蝦　蝦蟆也。蝦蟆，見於《本艸經》。背有黑點，身小，能跳接百蟲，解作呷呷聲，舉動極急。蟾蜍身大，背黑無點，多痱磊，不能跳，不解作聲，行動遲緩。絶然二物。陳藏器、蘇頌皆能詳言之。

許於此但云蝦蟆，不云蝌黿也，亦謂其似同而異。从虫，叚聲。乎加切，古音在五部。古或借爲霞字，與魚鰕字从魚別。

蟆 蝦蟆也。从虫，莫聲。莫遐切，古音在五部。

蠵 觜蠵。二字各本無，今補。此以疊韵爲名。角部觜下曰：「一曰觜蠵也。」未言何物。此蒙其文釋之曰：「大龜。」大龜也。龜之冣大者。《爾雅》十龜，二曰靈龜，注曰：「涪陵郡出大龜，甲可以卜，緣中叉(叉，今之釵字，謂其邊可爲釵也)，似瑇瑁，俗評爲靈叉。今大觜觿龜也，一名靈蠵，能鳴。」《吳都賦》曰：「摸瑇瑁，捫觜蠵。」按，觜蠵與瑇瑁二物也。㠯胃鳴者。《攷工記·梓人》文。鄭本作「脣鳴」，云「滎原屬」，賈、馬作「胃」，賈云：「靈蠵也。」按，許得古學於賈侍中，故亦作胃，用賈説矣。从虫，巂聲。户圭切，十六部。觜，即移切。

⿰虫夐 司馬相如説，蠵从夐。从夐聲也。夐在十四部，合韵。葢《凡將篇》中所載異體。

螹 螹離也。三字句。螹，《史記》、《文選》同。《漢書》作「漸」。《上林賦》説水族曰：「鮫龍赤螭，䱭鰽螹離。」司馬彪曰：「螹離，魚名也。」張揖曰：「其形狀未聞。」按，許以此次於蠵、蠏二篆閒，必介蟲之類。周人或以「漸離」爲名，取於物爲假也。斬𪄷字或作螹胡，非也。从虫，斬聲。慈染切，八部。《玉篇》才廉切。

蠏 有二敖八足，敖，俗作螯，作聱。《廣韵》曰：「聱，蟹大腳也。螯，蟹屬。」然則俗作螯尤誤也。敖，出游也。故其大腳曰敖。今本《大戴禮》作螯，非。旁行，《攷工記·梓人》「仄行」，即旁行也。鄭亦云蟹屬。非它鮮之穴無所庇。庇者，蔭也。鮮者，今之鱓字。鱓者，魚名，見魚部，魚之似蛇者也。常演切，又作䱇。今《大戴禮》作䱇，或誤䱉。《荀子》作蟺。許書古本多作鮮，葢漢人多叚貉國鮮魚之字爲之，本無正字也。《玄應》曰：「鱓又作鱔、鮮二形。同。」《勸學篇》曰：「蟹二螯八足，非虵䱇之穴而無所寄者，用心躁也。」从虫，解聲。胡買切，十六部。《廣韵》曰：「蟹，《説文》作蠏。」㊹知古如此作。

䲒 蠏或从魚。

蛫 蠏也。《廣雅》：「蛫蟹，蛫也。」其雄曰蜋螘，其雌曰博帶。」从虫，危聲。過委切，十六部。按，以上四篆，皆互物也。

蜮 短弧也。弧，各本作「狐」，今正。毛公、班固、張揖、陸璣、杜預、范甯皆曰「短弧」㊺，今惟《五行志》、《左傳釋文》作「弧」，不誤矣。《小雅》：「爲鬼爲蜮。」傳曰：「蜮，短弧也。」《左傳釋文》曰：「短弧，又作狐。」按，此因其以氣射害人，故謂之短弧，作狐，非也。其氣爲矢，則其體爲弧。佀鼈，三足，《洪範》傳、陸璣疏皆云爾。㠯气䠶害人。陸疏云：人在岸上，影見水中，投人影則殺之。師古曰：「短弧即射工也，亦呼水弩。」陸氏佃、羅氏願皆曰：「口中有橫物如角弩，聞人聲以气爲矢，用水勢以射人，隨所箸發創，中影亦病也。」从虫，或聲。于逼切，一部。

蟈 蜮又从國。國聲亦或聲也。《周禮》「蟈氏」，鄭司農云：「蜮讀爲蟈。蟈，蝦蟆也。《月令》曰：螻蟈鳴。故曰掌去鼃黽。鼃黽，蝦蟆屬。」《周禮》經注本如此，今本經作「蟈氏」，注曰：「蟈當爲蜮。」此譌謬倒易，不可通之本。後鄭依司農易字，故注曰：「蟈，今御所食蛙也。字从虫，國聲。蜮乃短弧與。」所以申明先鄭易字之恉也。許不從先鄭説者也，故謂蟈即蜮字之異者。蜮氏去蟈，即去短狐也。葢《周禮》故書作蜮，亦或作蟈，先鄭從或本，許則謂蟈與蜮無二義也。

蚖 侶蜥易，長一丈，當同鼉，下云長丈許。水潛，吞人即浮。出日南也。劉注《吳都賦》曰：「《異物志》云：鰐魚長二丈餘，有四足，似鼉，喙長三尺，甚利齒，虎及大鹿渡水，鰐擊之皆中斷。生子則出，在沙上乳卵。卵如鴨子，亦有黄白，可食。其頭琢去齒，旬日閒更生。廣州有之。」按，據劉注，則不必日南郡乃有其物也。从虫，屰聲。吾各切，五部。俗作蝷、鰐、鱷。

蝄 蝄蜽。逗，疊韵。山川之精物也。精物者，《易》所謂「精氣爲物」也，主謂精氣結成之物。鬼部曰：「鬽，老精物也。」或作物精，非是㊻。「精氣爲物」，謂精靈之聚者，「游䰟爲變」，謂飄楸者，皆鬼神之情狀也。《國語》：「木石之怪曰夔、蝄蜽，水之怪曰龍、罔象。」韋注：「蝄蜽，山精，好斆人聲而迷惑人也。」杜注《左氏》罔兩曰水神，葢因上文螭訓山神，故訓罔兩爲水神，猶韋因《國語》水怪爲龍、罔象，故謂蝄蜽爲山精也。許兼言山川爲長矣。又賈注《國語》曰：「罔兩，罔象，言有夔龍之形而無實體。」許云精物，殆亦與賈説異。淮南王説：謂劉安。蝄蜽狀如三歲小兒，赤黑色，赤目，長耳，美髮。《玄應書》引赤目下有「赤爪」二字。从虫，网聲。文兩切，十部。按，蝄蜽，《周禮》作「方良」，《左傳》作「罔兩」，《孔子世家》作「罔閬」，俗作「魍魎」。《國語》曰：「木石之怪夔、蝄蜽。」《魯語》文。許意夔別爲一物，如龍一足。

蜽 蝄蜽也。从虫，兩聲。按，兩聲之字，疑古祗从兩，後人改之。良奬切，十部。

蝯 善援。以疊韵爲訓。援者，引也。《釋獸》曰：「猱蝯善援。」許意以蝯善攀援，故偁蝯，夒則蝯之屬而已，故不言夒。禺屬。由部曰：「禺，母猴屬。」蝯即其屬，屬而別也。郭氏《山海經》傳曰：「蝯似獼猴而大，臂腳長，便捷。色有黑有黄，其鳴聲哀。」柳子厚言猴性躁而蝯性緩，二者迥異。从虫，爰聲。雨元切，十四部。《干禄字書》曰：「猿俗，猨通，蝯正。」

蠗 禺屬。亦與母猴屬而別也。按，《爾雅·釋獸》自麋鹿至闕泄目爲寓屬，此對下篇《釋嘼》言之。嘼者，人所養也。寓屬者，皆寄在於野不爲人養者，而淺者謂即《説文》所謂禺屬，何其謬哉。猱、蝯、玃父可謂禺屬，豈其他亦可謂禺屬乎？《上林賦》：「蛭、蜩、蠗、蝚棲息乎其閒。」郭璞云：「蠗猱似獼猴而黄。」蠗、猱二物，郭併言之，非也。惟《史記》作「蠗」，《漢書》譌作「玃」，司馬貞曰：《西山經》皋塗之山有獸名蠗，是此字。攷其所説之狀，非蝯猴類，其字今譌作玃，依郭注則當作玃，未可取爲證也。从虫，翟聲。直角切，二部。司馬貞曰：「《字林》音狄。」

蜼 如母猴，猶言禺屬也。禺者，母猴屬。許書多言母猴，母猴、獮猴、沐猴，一聲之轉。《周禮》「蜼彝」，鄭曰：「蜼，禺屬。」卬鼻長尾。《釋獸》文也。卬者，望欲有所庶及也。張揖注《上林》曰：「蜼似母猴，卬鼻而長尾。」郭注《爾雅》、《山海經》皆曰：「似獮猴，尾長數尺，有岐鼻，露向上，雨即自縣樹，以尾塞鼻。」从虫，隹聲。余季切，十五部。按，《山海經》注曰：「音遺，又音誄。」注《爾雅》曰：「零陵南康人呼餘，建平人呼相贈遺之遺，又音余救切，皆土俗輕重不同耳。」㊼左思《吳都賦》劉注引《異物志》説狖與郭説蜼同。狖，余幼切，正因蜼有余救一切，而别製字耳。《異物志》，譙允南所作。

蚼 北方有蚼犬，食人。《海内北經》：「蚼犬如犬，青，食人從首始。」郭注：「蚼音陶，或作蚼，音鉤。」按，作蚼爲是，正許所本也。《周書》：「渠搜以鼩犬，能飛，食虎豹。」鼩同蚼，借鼩字爲之耳。《大戴禮》作「渠搜貢虛犬」㊽，虛亦音之轉也。今本《周書》作「鼩犬」，依《文選》王融《曲水詩序》正。从虫，句聲。古厚切，四部。

蛩 蛩蛩，獸也。四字句。《子虛》、《上林賦》皆有「蛩蛩」，張揖曰：「蛩蛩，青獸，狀如馬。」按，《史記》作「邛邛」。一曰，秦謂蟬蛻曰蛩。方俗殊語也。蛩之言空也。从虫，巩聲。渠容切，九部。

蟨 鼠也。當作「蟨鼠也」三字句。鼠名。此蓋用《吕氏春秋》「蟨，鼠前兔後」之説。一曰，西方有獸，前足短，與蛩蛩巨虛比，其名曰蟨。《釋地》曰：「西方有比肩獸焉，與邛邛岠虛比，爲邛邛岠虛齧甘艸。即有難，邛邛岠虛負而走。其名謂之蟨。」按，司馬相如賦曰：「蹵蛩蛩，轔距虛。」張揖曰：「蛩蛩狀如馬，距虛似蠃而小。」《説苑》亦云二獸，而郭璞云：距虛即邛邛，變文互言之。引《穆天子傳》「邛邛距虛，日前五百里」。邛距雙聲，似郭説長。从虫，厥聲。居月切，十五部。

蝙 蝙蝠，逗。服翼也。服翼二字，舊在蝠篆下，今依全書通例移此。「蝙蝠，服翼。」《釋蟲》㊾文。《方言》曰：「蝙蝠自關而東謂之服翼，或謂之飛鼠，或謂之老鼠，或謂之僊鼠。自關而西秦隴之閒，謂之蝙蝠，北燕謂之蟙蠌，音職墨。」从虫，扁聲。布懸切，古音在十二部。

蝠 蝙蝠也。从虫，畐聲。方六切，古音在一部。

蠻 南蠻。《職方氏》：「八蠻。」《爾雅》：「九夷、八狄、七戎、六蠻，謂之四海。」《王制》云：「南方曰蠻。」《詩·角弓》：「如蠻如髦。」傳曰：「蠻，南蠻也。」《采芑》：「蠢爾荆蠻。」傳曰：「荆蠻，荆州之蠻也。」它種，从虫。説从虫之所由，以其蛇種也。蛇者，虫也。蠻與閩皆人也，而字从虫，故居部末。如貉之居豸末，狄之居犬末，羌之居羊末焉。䜌聲。莫還切，十四部。《詩》傳曰：「緜蠻，小鳥皃。」《韓詩》曰：「文皃。」

閩 東南越。《釋名》曰：「越，夷蠻之國也。度越禮義，無所拘也。」《職方氏》：「七閩。」鄭司農曰：「南方曰蠻。」後鄭曰：「閩，蠻之别也。」引《國語》：「閩芉蠻矣。」它種。从虫，門聲。武巾切，古音在十三部。《月令》注叚爲黽字。

虹 虹（篆） 螮蝀也。《釋天》曰：「螮蝀謂之雩。螮蝀，虹也。」毛傳同。狀佀虫。虫，各本作「蟲」，今正。虫者，它也。虹似它，故字从虫。从虫，工聲。户工切，九部。《朙堂月令》曰：「虹始見。」季春文。

⿰虫申 （篆） 籀文虹从𦥔。會意。𦥔部曰：「昌，籀文𦥔。」𦥔，電也。電者，陰陽激燿也。虹似之，取以會意。

螮 螮（篆） 螮蝀，逗。雙聲。虹也。與虹篆轉注。从虫，帶聲。都計切，十五部。今《詩》作「蝃」，《爾雅》作「螮」。

蝀 蝀（篆） 螮蝀也。从虫，東聲。多貢切，《廣韵》平上二聲，九部。

蠥 蠥（篆） 衣服歌䚻艸木之怪，謂之䄏；禽獸蟲蝗之怪，謂之蠥。怪者，異也。地反物爲䄏。《漢·五行志》曰：「凡艸物之類，謂之妖。妖猶夭胎，言尚微。蟲豸之類，謂之孽，孽則牙孽矣。及六畜，謂之旤，言其著也。及人，謂之痾。痾，病皃，言寖深也。甚則異物生謂之眚，自外來謂之祥。祥，猶禎也。氣相傷，謂之沴。沴猶臨莅，不和意也。」許所説較異，蓋所傳有不同矣。禽獸蟲蝗之字，皆得从虫，故蠥从虫。諸書多用「孽」，俗作「⿱薛女」。从虫，辥聲。魚列切，十五部。

文一百五十三。　重十五。宋本如此。毛斧季增蛘於蠥篆後，云古文蠥。改十五爲十六，非也。

附注：

①《左傳·哀公二年》：「羅無勇，麇之。」杜注：「麇，束縛也。」阮元校勘記引段玉裁曰：「案《廣韵·十八吻》：麇，邱粉切。引《左傳》『無勇，麇之』，蓋傳本作麇字，所謂『本無其字，依聲託事』也，麇則後人所製俗字。」

②經韵樓刻本「禓」誤爲「裼」，今更正。

③下所引四字見「又將軍都郎羽林」句下顏師古注。此處當補「注」字。

④「从絫」當作「从任」。

⑤見六篇上木部。「闌足」當作「闌木」。

⑥「襍五采」，「采」是「色」之誤。

⑦「小兒褅」，「褅」是「被」之誤。

⑧「絓婞」，「婞」是「綷」之誤。見《四十一迥》。

⑨二篇下足部「蹈，踐也。」與此異。

⑩「袗轉」當作「袗縛」，雖前行段氏認爲袗縛即袗轉，然不應徑改引文。

⑪見《喪服大記》「士大夫以咸」句下注。「緘」下脱「繩」字，當補。

⑫見《儀禮·喪服》「冠六升外畢」下賈注。《禮經》下當補「注」字。

⑬上句見《古詩十九首》，下句見《西都賦》。

⑭《周禮·内司服》「素沙」，鄭玄注曰：「今世有沙縠者，名出于此。」惟「輕者爲沙，縐者爲縠」二語并不見于賈公彦疏。《漢書·江

充傳》「充衣紗縠禪衣」句下顔師古注有此語，而「沙」作「紗」。

⑮「八尺」，今《漢魏叢書》本《獨斷》作「八寸」。又可參《文選・東京賦》「疏轂飛軨」下胡克家《考異》。

⑯以下引文系簡括《玉藻》「衣正色，裳間色」下孔疏，「剋」原作「刻」。

⑰「南郡」當作「南陽郡」。

⑱此綜述《十駕齋養新録》卷一「祇」條之説。

⑲見「或素或青」下鄭注，段氏檃括其辭。

⑳「繒」是「正」之誤，「耑」當作「褍」。見七篇下巾部幍字下説解及段注。

㉑「幘」下引脱「梁也」二字。

㉒二句檃括《儀禮・士冠禮》文。

㉓「緱綬」今本作「緑綬」。

㉔「緑緱綬」，緱字衍。

㉕《詩・棫樸》正義，「紘者」作「綱者」。

㉖「年」是「十」之誤。

㉗參見注⑪。

㉘馬部馽下説解段氏補正爲「絆馬足也」。縶爲馽重文。

㉙「如絮」當作「如緜」。見《釋采帛》。

㉚「牽兮切」，《集韵》本作「牽奚切」。

㉛「傳曰」是「箋曰」之誤。

㉜「遺帝」，「帝」本作「建」，指江都王建。

㉝前引「緦麻三月者」是《儀禮・喪服》經文，「注云」一句是檃括鄭注語。「傳曰」及以下數句是接引經文。

㉞此當補「注」字。參見注⑫。

㉟「喪」是「殤」之誤。「蓋不成也」，本作「蓋未成人也」。段氏引誤。

㊱此節引《月令》文，而「虎豹」兩句八字，是鄭注語。

㊲「傳云」當作「箋云」。

㊳「節南山」當作「正月」。

㊴同㊳。

㊵「仲夏紀」當作「季夏紀」。下文所引「腐草化爲蚈」出此。

㊶見《鄭志》卷下，厖原作「朧」。

㊷七篇下疒部「疥，搔也」。

㊸《文選・甘泉賦》未用「蝓」字，段氏誤記。

㊹《廣韵・十二蟹》下：「蠏，《説文》上同。」段氏所引「《説文》作蠏」，是《韵會・九蟹》下文。

㊺依段注文意，此「短弧」是「短狐」之誤。核段氏所述六人文，唯班固《漢書・五行志》下之上「南方謂之短弧」一句作「弧」，餘皆作「狐」(段注下文所引毛傳「蜮，短弧也」，「弧」字今十三經注疏本作「狐」)。王念孫説與段同，見《廣雅疏證》卷十下「射工、短狐，蜮也」條疏證。

㊻此與九篇上鬼部「鬽」下段注自相矛盾。

㊼此郭璞注見《後漢書・馬融傳》「尾蒼蛇」句下李賢注引，不見于今《爾雅》郭注。

㊽見《大戴禮記・少間篇》注。引文上當補「注」字。

㊾《釋蟲》當作《釋鳥》。

說文解字第十三篇下

金壇段玉裁注

䖵 蟲之總名也。蟲下曰：「有足謂之蟲，無足謂之豸。」析言之耳。渾言之，則無足亦蟲也。虫下曰：「或行或飛，或毛或蠃，或介或鱗，皆以虫爲象。」故蟲皆从虫，而虫可讀爲蟲。蟲之總名偁䖵，凡經傳言昆蟲，即䖵蟲也。日部曰：「昆，同也。」《夏小正》：「昆，小蟲。」傳曰：「昆者，衆也。猶䰟䰟也。䰟䰟者，動也。小蟲動也。」《月令》①：「昆蟲未蟄。」鄭曰：「昆，明也。」許意與《小正》傳同。从二虫。二虫爲䖵，三虫爲蟲。䖵之言昆也，蟲之言衆也。古䰟切，十三部。凡䖵之屬皆从䖵。讀若昆。

蠶 任絲蟲也。任，俗譌作「吐」，今正。任與蠶以疊韵爲訓也。言惟此物能任此事，美之也。絲下曰：「蠶所吐也。」从䖵，朁聲。昨含切，古音在七部。讀如鬵。

䖸 蠶匕飛䖸。匕，各本作「化」，今正。匕者變也。蠶吐絲則成蛹於繭中，蛹復化而爲䖸。按，此䖸與虫部之蛾羅主謂螘者，截然不同。而郭氏釋《爾雅》「蛾羅」爲蠶蛾，非許意也。从䖵，我聲。五何切，十七部。

蛾 或从虫。

蚤 齧人跳蟲也。齧，噬也。跳，躍也。蝨但齧人，蚤則加之善躍，故著之，惡之甚也。从䖵，叉聲。子皓切，古音在三部。叉古爪字。按，此四字，妄人所沾，不言古文，而言古某字，許無此例。且叉，手足甲也。爪，丮也。未嘗謂叉爲爪之古文，直由俗謂爪爲手足甲，乃謂叉爲其古字，徑注之於此，不可不删去。

蚤 蚤或从虫。經傳多叚爲「早」字。

蝨 齧人蟲。古或叚「幾瑟」作蟣蝨。蟣者，蝨子也。从䖵，卂聲。所櫛切，十二部。

螽 蝗也。蝗下曰：「螽也。」是爲轉注。按，《爾雅》有蛗螽、草螽、蜇螽、蟿螽、土螽，皆所謂螽醜也。蜇螽，《詩》作「斯螽」，亦云「螽斯」，毛、許皆訓以蜙蝑，皆螽類而非螽也，惟《春秋》所書者爲螽。从䖵，𠔾聲。職戎切，九部。𠔾，古文終字。見糸部。

螽 螽或从虫，眾聲。《公羊經》如此作。

蟁 蟁蟲也。蟲上補蟁字，三字一句，蟲名也。从䖵，㞡省聲。知衍切，十四部。

蠽 小蟬蜩也。謂蟬之小者也。《釋蟲》曰：「蠽，茅蜩。」郭云：「江東呼爲茅蠽，似蟬而小，青色。」《方言》曰：「蟬，其小者謂之麥蚻。」郭云：「如蟬而小，青色，今關西呼麥蠽。」按，茅、麥雙聲，蠽、蚻同字。郭云：「蠽音癰癤之癤。」从䖵，截聲。子列切，亦音札，十五部。按，其字从䖵，故與虫部蟬、蜩等異處。

蠿 蠿蟊，逗。作网鼄蟊也。黽部曰：「鼅鼄，鼄蟊曰：「我有載于西。」《大誥》曰：「有大艱于西土。西土人亦不靜，越茲蠢。」載爲壁中古文真本，其辭不同者，蓋許檃栝其辭如此也。

〇螱 飛螘。从蚰，㷉聲。《爾雅》：「螱，飛螘。」《釋文》曰：「《說文》《字林》从蚰。」今據補。於貴切，十五部。

文二十五。今增螱，則二十六。　重十三。

蟲 有足謂之蟲，無足謂之豸。有舉渾言以包析言者，有舉析言以包渾言者。此蟲、豸析言以包渾言也。蟲者，蝡動之總名，前文既詳之矣，故衹引《爾雅·釋蟲》之文。豸者，獸長脊，行豸豸然，欲有所伺殺形也。本謂有足之蟲，因凡蟲無足者，其行但見長脊豸豸然，故得叚借豸名。今人俗語云「蟲豸」。《詩》：「溫隆蟲蟲。」毛傳曰：「蟲蟲而熱也。」按，蟲蟲葢融融之叚借。《韓詩》作「烔」，許所不取。从三虫。人三爲衆，虫三爲蟲，蟲猶衆也。直弓切，九部。凡蟲之屬皆从蟲。

蟊 蟲食艸根者。艸當作苗。《小雅》：「去其螟螣，及其蟊賊。」《釋蟲》：「食苗根，蟊。」毛傳：「食根曰蟊。」螟、蟘已見虫部。蟘是介屬，螟蟊是蠃屬。从蟲，𡕥象形。謂上體象此蟲繚繞於苗幹之形。與蚰部蠿蟊字，从蚰矛聲不同也。今人則盡叚蟊爲之矣。莫浮切，三部。吏抵冒取民財則生。抵當作牴，觸也。抵冒亦見《董仲舒傳》，冒古音茂，以疊韵爲訓。冒者，冡而前也。吏不卹其民，彊禦而取民財，則生此。

蝥 蟊或从敄。敄，聲也。此則與虫部蝥蝥同字。

蛑 古文蟊从虫，从牟。牟聲。《竹邑相張君碑》：「蛑賊不起。」凡漢人言侵牟，皆蛑之叚借。

𧖣 𧖣蠹，逗。雙聲。蠹見蚰部。大螘也。《爾雅》文。从蟲，𣬉聲。房脂切，十五部。

蚍 𧖣或从虫，比聲。《方言》作蚍蜉。

蠠 蟁也。蟁之一名。从蟲，冃聲。當依《篇》、《韵》从二。武巾切，十三部。按，此蚊之一名耳，不當仍讀蚊，當依《篇》、《韵》良刃切。

蜚 臭蟲負蠜也。按，臭蟲下有奪字，當云「臭蟲也。一曰負蠜也」。晝然二說，如虫部蝝下之竝載三說也。《春秋·莊二十九年》：「秋有蜚。」《左氏傳》曰：「爲災也。」《公羊傳》曰：「紀異也。」《穀梁傳》曰：「一有一亡曰有。」《漢·五行志》：「劉歆以爲負蠜也。性不食穀，食穀爲災。（按，子駿蓋演《左氏》說也。）劉向以爲蜚色青，近青眚，非中國所有。南越盛暑，男女同川澤，淫風所生，爲蟲臭惡。是時嚴公取齊淫女爲夫人，既入，淫於兩叔，故蜚至。」按，子政蓋演《穀梁》之說，而何休、范甯皆從之也。許列臭蟲於先，而負蠜次之，許意子政說長也。負蠜與蠜晝然二物。《釋蟲》曰：「阜螽，蠜也。」毛傳同，許同，此一物也。《釋蟲》曰：「草螽（今《爾雅》作蟲，譌），負蠜也。」毛傳則云：「草蟲，常羊也。」常羊即負蠜。」鄭箋云：「艸蟲鳴，則阜螽躍而從之，是以謂之負蠜也。」劉子駿及許之負蠜即艸蟲也，即常羊也，《左氏》之所以釋蜚也。至於臭蟲生南越，而有於中國，子政之說則然，亦如有蜮，有鸜鵒來巢，皆本非所有，《公》《穀》之所以釋蜚也。《釋蟲》曰：「蜚，蠦蜰。」郭云：「臭蟲，負盤也。」攷《本艸經》「蜚蠊」，注家云：「辛辣而臭，漢中人食之，一名盧蜰，一名負盤。」郭注亦謂此。而許虫部蜰下，但言盧蜰，不言蜚也。似許不以盧蜰與臭蟲爲一物。《本艸》之蜚蠊，非必淫气所生，劉向所以説經者，又未必蜚蠊也。故所云盧蜰者，葢《本艸》之蜚蠊，此云臭蟲者，未必爲《本艸》之蜚蠊也。盤、蠜二字⑤，尢不當牽混。从蟲，非聲。房未切，十五部。

蜚 𧕴或从虫。今《春秋》三經皆如此作，古書多叚爲飛字。

蠱 腹中蟲也。中蟲皆讀去聲。《廣韵》、《集韵》皆曰：「蟲，直衆切，蟲食物也。亦作蚛。」腹中蟲者，謂腹内中蟲食之毒也。自外而入故曰中，自内而蝕故曰蟲。此與虫部腹中長蟲、腹中短蟲讀異。《周禮》：「庶氏掌除毒蠱。」注云：「毒蠱，蟲物而病害人者。《賊律》曰：敢蠱人及教令者棄市。」《左氏正義》曰：「以毒藥藥人，令人不自知，今律謂之蠱。」《玄應》屢引《説文》「蠱，腹中蟲也。謂行蟲毒也」。下五字葢默注語。顧野王《輿地志》曰：「主人行食飲中殺人，人不覺也。」字從箸蟲於飲食器中會意。《春秋傳》曰：「皿蟲爲蠱，晦淫之所生也。」晦淫，俗本作「淫溺」，誤，今依宋本正。《春秋傳》者，昭元年《左氏傳》文。醫和視晉侯疾曰：「是爲近女室疾(句)。如蠱，非鬼非食，惑以喪志。天有六氣，淫生六疾：陰淫寒疾，陽淫熱疾，風淫末疾，雨淫腹疾，晦淫惑疾，明淫心疾。女，陽物而晦時，淫則生内熱惑蠱之疾。」於文，皿蟲爲蠱。穀之飛亦爲蠱，在《周易》，女惑男，風落山謂之蠱，皆同物也。」和言如蠱者，蠱以鬼物飲食害人，女色非有鬼物飲食也，而能惑害人，故曰「如蠱」。人受女毒，一如中蠱毒然，故《嗀辭》謂之「蠱容」，張平子賦謂之「妖蠱」，謂之「蠱媚」，皆「如蠱」之説也。言於文皿蟲爲蠱者，造字者謂蟲在皿中，而飤人即以人爲皿，而蝕其中。康謂之蠱，米亦皿也。女惑男，風落山，男亦皿也，山亦皿也。故云皆同物也。此皆蠱之引申之義。梟磔死之鬼，亦爲蠱。梟磔，各本作「梟桀」。《史記·封禪書》索隱引樂彦云：「《左傳》皿蟲爲蠱，梟磔死之鬼亦爲蠱。」梟當作县，斷首倒縣，磔辜也。殺人而申張之也。强死之鬼，其㚃魄能馮依於人以爲淫厲，是亦以人爲皿而害之也。此亦引申之義。《序卦》傳曰：「蠱者，事也。」伏曼容注曰：「蠱，惑亂也。萬事從惑而起，故以蠱爲事。」引《大傳》「乃命五史以書五帝之蠱事」。从蟲，从皿。會意。公户切，亦去聲，五部。《聲類》弋者切，音冶。皿，物之用也。物上當有蠱字，皿所以盛飲食行蠱者也。此説从皿之意。

文六。　重四。

風 八風也。東方曰明庶風，東南曰清明風，南方曰景風，西南曰涼風，西方曰閶闔風，西北曰不周風，北方曰廣莫風，東北曰融風。《樂記》：「八風從律而不姦。」鄭曰：「八風從律，應節至也。」《左氏傳》：「夫舞，所以節八音而行八風。」服注：「八卦之風也。乾音石，其風不周。坎音革，其風廣莫。艮音匏，其風融。震音竹，其風明庶。巽音木，其風清明。離音絲，其風景。坤音土，其風涼。兑音金，其風閶闔。」《易通卦驗》曰：「立春，調風至。春分，明庶風至。立夏，清明風至。夏至，景風至。立秋，涼風至。秋分，閶闔風至。立冬，不周風至。冬至，廣莫風至。」《白虎通》調風作條風。「條者，生也。明庶者，迎衆也。清明者，芒也。景者，大也，言陽氣長養也。涼，寒也，陰氣行也。閶闔者，咸收藏也。不周者，不交也，言陰陽未合化矣。廣莫者，大莫也，開陽氣也。」按，調風、條風、融風，一也。八卦、八節、八方，一也。《通卦驗》始於調風，許終於融風者，許依《易》八卦之次，終於艮也。艮者，萬物之所以成終而成始也。風之用大矣，故凡無形而致者皆曰風。《詩序》曰：「風，風也，教也。風以動之，教以化之。」劉熙曰：「風，氾也，放也。」从虫，凡聲。凡，古音扶音切。風，古音孚音切，在七部，今音方戎切。風動蟲生，故蟲八日而匕。依《韵會》此十字在「从虫，凡聲」之下。此説从虫之意也。《大戴禮》、《淮南書》皆曰：「二九十八，八主風，風主蟲，故蟲八日化也。」⑥謂風之大數盡於八，故蟲八日而化，故風之字从虫。凡風之屬皆从風。

凬　古文風。

䬉　北風謂之䬉。《爾雅》：「南風謂之凱風，東風謂之谷風，北風謂之涼風，西風謂之泰風。」毛傳於《詩·凱風》《谷風》皆用爲訓，《桑柔》之「大風」，則不言何風，而箋以西風釋之。若《邶》詩「北風其涼」，本無涼風字，故毛但曰「寒涼之風」而已，不用《爾雅》也。陸氏《爾雅音義》曰：「涼本或作䬉。」許所據《爾雅》同或作本。从風，京聲。各本作「涼省聲」，俗人所改。涼、輬、䣼皆京聲，今正。吕張切，十部。

颰　小風也。也，《玉篇》作「皃」，《廣韵》之「颰」，即此字也。从風，术聲。翾聿切，十五部。

飆　扶搖風也。司馬注《莊子》云：「上行風謂之扶搖。」《釋天》曰：「扶搖謂之猋。」郭云：「暴風從下上。」按，《爾雅》、《月令》用古字，陸云《字林》作飆，不言《説文》。此等舉一以包二耳。从風，猋聲。甫遙切，古音在三部。

颮　古文飆。各本作「飆或从包」，今正。班固《西都賦》「颮颮紛紛。」李善、李賢注皆引「颮，古飆字」。

飄　回風也。回者，般旋而起之風。《莊子》所謂「羊角」，司馬云：「風曲上行，若羊角也。」《釋天》云：「迴風爲飄。」《匪風》毛傳同。按，《何人斯》傳曰：「飄風，暴起之風。」依文爲義，故不云回風。从風，㶾聲。撫招切，二部。

颯　風聲也。各本作「翔風也」，今依《文選·風賦》注正。《廣韵》同。《九歌》曰：「風颯颯兮木蕭蕭。」《風賦》曰：「有風颯然而至。」翔風非字意也。从風，立聲。穌合切，七部。

飂　高風也。《吕氏春秋·有始覽》曰：「西方曰飂風。」从風，翏聲。力求切，三部。

䬍 疾風也。《廣雅》作「𩗴」。《廣韵》曰「𩘎」，爲䬍之俗。然則作𩗴者，又𩘎之省也。按，古有「颸」字，亦訓疾風，楚飢切。見《楚辭》及《吳都賦》。从風忽，忽亦聲。呼骨切，十五部。

䬐 大風也。从風，胃聲。王忽切⑦，十五部。《玉篇》于貴切。

𩗗 大風也。从風，曰聲。曰，各本作日月之「日」，非聲也。今併篆體正。于筆切，十五部。

颺 風所飛揚也。揚者，飛舉也。从風，昜聲。與章切，十部。

𩗬 𩗬颲，二字各本無，今補。疊韵字也。逗。風雨暴疾也。从風，利聲。讀若栗。力質切，十三部。

颲 𩗬颲也。各本作「烈風也」，今正。《詩》「二之日栗烈」。《說文》仌部作「凓冽」，今本冽譌「瀨」。陸氏《音義》不偁仌部而曰《說文》作「𩗬颲」，葢由疊韵音同而誤也。然可以證古本之「𩗬颲」緜聯矣。《廣韵・五質》「𩗬」下曰：「𩗬颲，暴風。」《十七薛》「颲」下曰：「風雨暴至。」亦可爲證。从風，𠛱聲。讀若烈。良薛切，十五部。按，凡列風當作此字，其譌也爲「別風」。

文十三。　重二。

它 虫也。从虫而長，象冤曲𠂹尾形。𠂹，各本作「垂」，今正。𠂹者，艸木華葉𠂹也。引申爲凡物下𠂹之偁。垂者，遠邊，非其義。冤曲者，其體；𠂹尾者，其末。象其臥形，故詘尾而短。象其上冤曲而下𠂹尾，故長。詘尾謂之虫，𠂹尾謂之它。它與𠂹古音同也。《詩》：「維虺維蛇，女子之祥。」《吳語》：「爲虺弗摧，爲蛇將若何。」虺皆虫之叚借，皆謂或臥或𠂹尾耳。臥者較易制，曳尾而行者難制，故曰「爲虺弗摧，爲蛇將若何」也。託何切，十七部。今人蛇與它異義異音。蛇，食遮切。上古艸凥患它，故相問「無它乎」？上古者，謂神農以前也。相問「無它」，猶後人之「不恙」「無恙」也。語言轉移，則以無別故當之。而其字或叚「佗」爲之，又俗作「他」，經典多作它，猶言彼也。許言此以說叚借之例。《羔羊》傳曰：「委蛇，行可從迹也。」亦引申之義也。凡它之屬皆从它。

蛇 它或从虫。它，篆本以虫篆引長之而已，乃又加虫左旁，是俗字也。

文一。　重一。

龜 舊也。此以疊韵爲訓，門、聞，户、護之例。龜，古音姬，亦音鳩；舊，古音臼，亦音忌。舊本鴟舊字，叚借爲故舊，即久字也。劉向曰：「蓍之言耆，龜之言久。龜千歲而靈，蓍百年而神。以其長久，故能辨吉凶。」《白虎通》語略同。龜之大者曰鼇，敖與久音相近。外骨内肉者也。外骨，《考工記・梓人》文。鄭云：「龜屬。」从它，龜頭與它頭同。此如黽頭與它頭同，魚尾與燕尾同，兔頭與㲋頭同，㲋足、能足與鹿足同，虎足與人足同，兕頭與禽頭、离頭同，皆其物形相似，故製字同之也。此說从它之意也。天地之性，廣肩無雄，龜鼈之類，㠯它爲雄。《列子》曰：「純雌其名大要，純雄其名穉蜂。」張注：「大要，龜鼈之類也。穉，小也。」許注蠕、蠃，亦偁《列子》。按，以它爲雄，則其子皆它子也。故字从它，此从它之又一説也。象足甲尾之形。从它者，象它頭而已。左象足，右象背甲，曳者象尾。居追切，古音在一部。讀如基，音轉讀如鳩。凡龜之屬皆从龜。

古文龜。象形而不从它。

龜名。當作「䶰龜也」三字句。从龜，夊聲。徒冬切，九部。夊，古文終字。見糸部。

龜甲邊也。《公羊傳》曰：「龜青純。」何注：「純，緣也。謂緣甲頿也。千歲之龜，青頿，明乎吉凶也。」《樂記》、《史記·樂書》皆曰：「青黑緣者，天子之寶龜也。」按，頿者，須之省。䶱之叚借字。劉淵林注《蜀都賦》引譙周《異物志》曰：「涪陵多大龜，其甲可以卜，其緣中叉（今釵字），似瑇瑁，名曰靈叉。」郭注《爾雅》亦用其語。而今本多譌字。緣者，甲之邊也。甲文象木戴孚甲之象，故介蟲外骨謂之甲。从龜，冄聲。汝閻切，七部。天子巨䶱，尺有二寸。此以下出《三正記》，見《白虎通》。天子下當有龜字，巨當作「歫」。《漢志》「元龜歫冄，長尺二寸。」冄叚借字也。孟康曰：「冄，龜甲緣也。歫，至也。度背兩邊，緣尺二寸也。」按，兩邊相歫尺二寸，故知元龜尺二寸謂其廣，不謂其脩也。《魯頌》毛傳曰：「元龜，龜尺二寸。」諸侯尺，大夫八寸，士六寸。皆謂兩邊相歫。

文三。重一。

鼃黽也。《周禮·蟈氏》：「掌去鼃黽。」鄭司農云：「蟈，蝦蟇也。《月令》曰：螻蟈鳴。鼃黽，蝦蟇屬。書或爲掌去蝦蟇。」玄謂：「蟈，今御所食蛙也。」「齊魯之閒謂鼃爲蟈，黽，耿黽也。蟈與耿黽尤怒鳴爲聒人耳，故去之。」⑧按，蛙即鼃字，依大鄭說，則鼃、黽二字爲一物；依後鄭說，則鼃即蟈，爲一物。黽乃耿黽，爲一物。依許黽下曰：「鼃黽也。」似同大鄭說。然有當辯者，許果合二字爲一物，則黽篆下當云：「鼃黽，蝦蟆也。」鼃下云：「鼃黽也。」乃合全書之例。而蝦、蟆篆居虫部，此則單舉鼃篆，釋曰「蝦蟆」，黽篆下則曰「鼃黽也」，是許意鼃黽爲一物，鼃爲一物，凡兩字爲名，一字與他物同者，不可與他物牽混，知鼃黽非鼃也。許之鼃黽，即鄭之耿黽。鼃，古音圭，與耿雙聲，故得爲一字，絫評曰鼃黽、耿黽，單評曰黽。《爾雅》：「鼁鱦，蟾蠩，在水者黽。」是則詹諸之類，而以在水中爲別也。許、鄭之單言鼃，即《本艸》所謂鼃一名長股。陶云：「俗名土鴨，南人名蛤子善鳴者。」寇宗奭曰：「其色青，腹細，後腳長，善躍。大其聲曰蛙，小其聲曰蛤。」此鼃與鼃黽之別，皆在水中而善鳴，故《周禮》設官去之。黽之叚借，爲「黽勉」。从它，象形。謂从它象其頭，下象其大腹也。莫杏切，古音在十部。讀如芒。黽頭與它頭同。言頭，而餘爲腹可知矣。黽本無尾，故《風俗通》辯「蝦蟇掉尾肅肅」乃夏馬之字誤。凡黽之屬皆从黽。

籒文黽。古文祇象其頭腹，籒文又象其長足善跳。

鼃 蝦蟆屬。屬，各本作「也」，今依《韵會・九佳》所據小徐本正。《廣韵》同。蝦蟆見虫部。蝦蟆與詹諸小別，鼃則與蝦蟆大別，而其形相似，故言屬而別見。《漢書・武帝紀》：「元鼎五年，鼃、蝦蟆鬭。」是可知其別矣。鼃者，《周禮》所謂蟈，今南人所謂水雞，亦曰田雞，鼃、蛤皆其鳴聲也。故宋人詩多云「吠蛤」，亦云「蛙聲閣閣」。从黽，圭聲。烏媧切，古音十六部。按，當音乖，字亦作䵷、作蛙。

鼀 圥鼀，逗。疊韵。詹諸也。虫部曰：「蝲鼀，詹諸也。」一物四名，曰蝲鼀，曰圥鼀，曰詹諸，曰䵹䵺。許主名詹諸而詳釋之。其鳴詹諸，蝦蟆能作呷呷聲，蟾蜍不能作聲。詹諸象其謇吃之音，此言所以名詹諸也。其字俗作蟾蠩，又作蟾蜍。其皮鼀鼀，鼀鼀，猶蹙蹙也。其身大，背黑，多痱磊。此言所以名蝲鼀、圥鼀也。蝲之義，蓋取於拳局。其行圥圥。圥圥，舉足不能前之皃。蟾蜍不能跳。菌圥，圜上椎鈍，非鋭物也。故以狀其行，此言所以名圥鼀也。从黽圥，會意。圥亦聲。七宿切，三部。

䵹 鼀或从酋。酋聲，圥聲，同在三部。

䵺 䵹䵺，逗。詹諸也。《詩》曰：「得此䵹䵺。」《邶風・新臺》文。今《詩》作「戚施」，毛傳曰：「戚施，不能仰者。」《釋言》曰：「戚施，面柔也。」言其行䵺䵺。此五字當在《詩》曰之上。小徐自糸至卵部，今皆不傳，不可攷矣。䵺䵺，猶施施也。《王風》毛傳曰：「施施，難進之意。」此言所以名䵹䵺也。从黽，爾聲。式支切，古音在十六部、十七部之閒。

鼈 甲蟲也。《考工記》注：「外骨，龜屬。内骨，鼈屬。」按，鼈骨較龜稍内耳，實介屬也。故《周易》鼈、蟹、蠃、蚌、龜爲一屬。从黽，敝聲。并列切，十五部。

黿 大鼈也。今目驗黿與鼈同形，而但分大小之別。从黽，元聲。愚袁切，十四部。

鼉 水蟲佀蜥易，長丈所。所字，依《太平御覽》補。丈所，猶丈許也。《大雅・靈臺》傳曰：「鼉，魚屬。」馬部驒下曰：「青驪白鱗，文如鼉魚。」許依毛謂之鼉魚也。皮可爲鼓。四字本在魚部鱓下，由古多用鱓爲鼉，而淺人注之也。今移此。《詩》：「鼉鼓逢逢。」《史記》：「樹靈鼉之鼓。」从黽，單聲。徒何切，古在十四部，唐干切。

䵷 水蟲也。薉貉之民食之。蓋猶中國之食鼃謂之水雞也。从黽，奚聲。胡雞切，十六部。

䵶 䵷屬。頭有兩角。以頭有二角，別於䵷也。蓋亦可食。出遼東。从黽，句聲。其俱切，古音在四部。讀如鉤。《篇》、《韵》皆作「鼩」。按，《吳都賦》有「鼅鼊」，劉注：「龜屬也。如瑇瑁。」此與單名鼩者各物。

蠅 「營營青蠅」。《小雅・青蠅》文。傳曰：「營營，往來皃。」蟲之大腹者，从黽虫。虫，猶蟲也。此蟲大腹，故其字从黽虫會意，謂腹大如黽之蟲也。其音則在六部，余陵切。故繩爲蠅省聲，非許之精詣，則必仞爲形聲字，遂使古音不可攷矣。

鼅 鼅鼄，逗。雙聲。**鼄蝥也。** 各本奪鼄字，今補。鼄、蝥疊韵。蚰部曰：「蠿蝥，作网鼄蝥也。」此曰「鼅鼄，鼄蝥也。」以見一物三名。如蝌下、鼀下、鼊下皆曰「詹諸也」之例。《方言》：「鼅鼄，鼄蝥也。自關而西秦晉之閒謂之鼄蝥，自關而東趙魏之郊謂之鼅鼄，或謂之蠾蝓。蠾蝓者，侏儒語之轉也。北燕、朝鮮洌水之閒謂之蝳蜍。」按，蠿蝥即《爾雅》之次蠹，蠹音浮，斷非从出也。鼅鼄同《爾雅》鼄蝥，即《爾雅》之鼄蝥。郭曰：「今江東呼蝃蝥，蝃音掇。」晉時江東評蝃蝥，蝃即鼄促言之耳。蝃或作蚍，《本艸》亦作蚍，章悅反。蝥音謀，又音無。**从黽，** 亦蟲之大腹者也。故从黽。**智省聲。** 陟离切，十六部。

蜘 或从虫。

鼄 鼅鼄也。从黽，朱聲。 陟輸切，四部。

蛛 鼄或从虫。

鼂 匽鼂也。讀若朝。 陟遙切，二部。**楊雄說：匽鼂，蟲名。** 蓋見楊雄《倉頡訓纂》。《廣韵》亦引《倉頡篇》云：「蟲名。」按，爲何蟲，許亦不憭也。《夏小正》言「匽之興」，不得援以證匽鼂。**杜林目爲朝旦，非是。** 此目爲乃說叚借之例。杜林用鼂爲朝旦字，蓋見杜林《倉頡故》。攷屈原賦「甲之鼂吾以行」王逸曰：「鼂，旦也。」《左傳》：「衞大夫史朝。」《風俗通》作史鼂之後爲鼂姓。《漢書》鼂姓又作晁，是古叚鼂爲朝，本無不合。許云非是，未審。他處亦未見此例也。若木部構下，杜林以爲椽桷字；斗部斡下，杜林以爲軺車輪斡，亦未辯其非是矣。蓋叚借之學，明其爲借字非真字，而真字存。不明其爲借字，直指爲真字，而真字、借字之義皆廢矣。伯山蓋謂鼂夕爲真字，故辯以防之也。**从黽，从旦。** 蓋亦蟲之大腹者，故从黽。其从旦之意，不能詳也。

鼂 古文从皀。 古文，各本作「篆文」，今依《玉篇》正。凡先古籒後篆者，皆由文勢不得不尒，此非其比也。《廣韵》古本，亦必先鼂後鼂，注曰古文。今本二大字轉寫譌舛，《集韵》、《類篇》依大徐而誤。皀見日部，讀若窈。古文从黽，皀聲。

文十三。　重五。

卵 凡物無乳者卵生。 乙部曰：「人及鳥生子曰乳，獸曰產。」此云：「凡物無乳者卵生。」按，此乳字，與乙部乳字義少異。此乳謂乳汁也，惟人及四足之獸有之，故其子胎生。羽蟲、鱗蟲、介蟲及一切昆蟲，皆無乳汁，其子卵生，故曰凡物無乳者卵生。然則何以言人及鳥生曰乳，獸曰產也？此乳猶抱也，嫗也。《方言》：「北燕、朝鮮洌水之閒謂伏雞曰抱。爵子及雞雛皆謂之鷇。其卵伏而未孚，始化謂之涅。」鄭注《樂記》曰：「以體曰嫗。」惟鳥於卵伏之，抱之，既孚而或生哺之，有似人之抱哺其子。凡獸之恩勤遜於是，故以鳥之將子，與人竝言乳，實乳汁之義之引申。許泥乙爲鳥，故訓乳曰「人及鳥」也。子部曰：「穀，乳也。」此乳汁之乳。「字」及「孺」皆曰「乳子也」，此乳哺之乳。此云「無乳者卵生」，亦指謂乳汁也。**象**

形。此冡上黽象形言之。卵未生則腹大。卵，陰陽所合，天地之襍也，故象其分合之形。盧管切，十四部。糸部縮下云：「讀若雞卵。」蓋古卵讀如管也。凡卵之屬皆从卵。

卝 古文卵。各本無，今依《五經文字》、《九經字様》補。《五經文字》曰：「卝，古患反。見《詩·風》，《字林》不見。又古猛反，見《周禮》。《說文》以爲古卵字。」《九經字様》曰：「《說文》作卝，隸變作卵。」是唐本《說文》有此無疑。但張引《說文》古文卵，删去「文」字，未安。張之意當云：卵，上《說文》下隸變。乃上字誤舉其重文之古文，非是。然正可以證唐時《說文》之有卝。《汗簡》以卝爲古文卵字，與為古文風，為古文龜，皆據本書。郭氏所見《說文》尚完好也。卵之古音，讀如管。引申之，《內則》：「濡魚卵醬。」鄭曰：「卵讀爲鯤。鯤，魚子也。或作攔。」韋注《國語》亦云「鯤，魚子也」。《內則》之魚子，言其未生者。《魯語》之魚子，言其已生者。其意一也。又引申之爲《詩》「總角卝兮」之卝，毛傳曰：「卝，幼穉也。」此謂出腹未久，故仍得此偁，如魚之未生已生皆得曰鯤也。又引申之，《周禮》有「卝人」，鄭曰：「卝之言礦也。金玉未成器曰卝。」此謂金、玉、錫、石之樸，韞於地中而精神見於外，如卵之在腹中也。凡漢注云「之言」者，皆謂其轉注叚借之用。以礦釋卝，未嘗曰「卝古文礦」，亦未嘗曰「卝讀爲礦」也，自其雙聲以得其義而已。卝固讀如管、讀如關也。自劉昌宗、徐仙民讀侯猛，虢猛反，謂即礦字，遂失注意，而後有妄人敢於《說文》礦篆後益之曰「卝，古文礦」。《周禮》有「卝人」，則不得不敢於卵篆後徑删「卝，古文卵」，是猶改蘭臺桼書以合其私，其誣經、誣許率天下而昧於六書，不當膺析言破律、亂名改作之誅哉。𢍏从卝聲，關从𢍏聲，許說形聲，井井有條如是。

毈 卵不孚也。爪部曰：「孚者，卵即孚也。从爪子。」不孚者，卵坼不成。《樂記》曰：「卵生者不殈。」鄭曰：「殈，裂也。今齊人語有云殈者。」按，殈即毈也。《呂氏春秋》：「雞卵多毈。」《管子·五行篇》：「羽卵者不段。」叚段爲之。从卵，段聲。徒玩切，十四部。按，當讀如鍛。

文二。　重一。二字今補。

二 地之數也。《易》曰：「天一，地二。」惟初大始，道立於一，有一而後有二。元气初分，輕清昜爲天，重濁侌爲地。」从耦一。耦，各本作「偶」，誤，今正。偶者，桐人也，凡云偶爾用之。耦者，二人竝耕之偁，故凡奇耦字用之。古書或不拘，許必從其朔也。大徐本無一字，非。耦一者，兩其一也。兩畫當均長，今人上短下長，便是古文上字。三篆亦三畫均長。而至切，十五部。凡二之屬皆从二。

弍 古文二。

亟 敏疾也。攴部曰：「敏者，疾也。」疾者，本無其字，依聲託事之字也。後人以捷當之。今人亟分入聲、去聲，入之訓急也，去之訓數也。古無是分別，數亦急也，非有二義。《詩》：「亟其乘屋。」箋云：「亟，急也。」《詩》多叚棘爲亟，如「棘人欒欒」，傳曰：「棘，急也。」「我是用棘」，「非棘其欲」，皆同。《禮記》作「匪革其猶」，革亦亟之叚借字也。《釋言》曰：「悈，急也。」亦作「愜」，皆亟字之異者耳。**从人口又二。二，天地也。**徐鍇曰：「乘天之時，因地之利，口謀之，手執之，時不可失，疾也。」玉裁謂，天地之道，恆久而不已。手病、口病，夙夜匪懈。君子自强不息，人道之所以與天地參也。故从人，从二。紀力切，又去吏切，一部。

恆 **常也。**常，當作「長」。古長久字衹作長，淺人稍稍分別，乃或借下帬之常爲之，故至《集韵》乃有「一曰久也」之訓，而《篇》、《韵》皆無之⑨。此俗字之不可不正者也。時之長，與尺寸之長，非有二義。**从心舟在二之閒上下。**上下，猶往復也。**心目舟施，恆也。**謂往復遙遠，而心以舟運旋，歷久不變，恆之意也。宙下曰：「舟車所極復也。」此說會意之指。胡登切，六部。俗本心上增一字，非。

𠀚 **古文恆。从月。**此篆轉寫譌舛。既云从月，則左當作月，不當作夕也。若《汗簡》則左作舟，而右亦同此，不可曉。又按，門部之古文閒作閖，蓋古文月字略似外字。古文恆直是二中月耳。**《詩》曰：「如月之恆。」**《小雅·天保》文。此說从月之意，非謂《毛詩》作𠀚也。傳曰：「恆，弦也。」按，《詩》之恆，本亦作緪，謂張弦也。月上弦而就盈，於是有恆久之義。故古文从月。

亘 **求回也。**回，各本作「亘」，今正。以回釋亘，以雙聲爲訓也。回者，轉也。亘字經典不見。《易·屯卦》「磐桓」，磐亦作盤，亦作槃，義當作般；桓義當作亘。般者，辟也。亘者，回也。馬融云：「槃桓，旋也。」是二字皆叚借也。凡舟之旋曰般，旌旗之指麾曰旋，車之運曰轉，瓢柄曰斡，皆其意也。**从二，从回。**會意。須緣切，按，古音讀如桓，十四部。**回，古文回。**見口部。**象亘回之形。**亘回雙聲，猶回轉也。**上下，所求物也。**上下謂二。所求在上，則轉而上；所求在下，則轉而下。此說从回、从二之意。

竺 **厚也。**竺，各本作「厚」，今正。許意厚薄字當作竺，山陵之厚乃作厚，不容一之。《爾雅》、毛傳皆曰：「篤，厚也。」今經典絶少作竺者，惟《釋詁》尚存其舊。叚借之字行，而真字廢矣。篤，馬行鈍遲也。聲同而義略相近，故叚借之字專行焉。**从二，**加厚之意。**竹聲。**冬毒切，三部。

凡 **㝡括而言也。**㝡，各本作「最」。㝡者，犯而取也。非其義，今正。㝡者，積也。才句切。括者，絜也。絜者，束也。絜者，麻一耑，束之成一耑也。㝡括者，總聚而絜束之也。意内言外曰䛐。其意㝡括，其言凡也。《春秋緐露》曰：「號凡而略，名目而詳⑩。目者，徧辨其事也。凡者，獨舉其大也。享鬼神者，號一曰祭。祭之散名，春曰祠，夏曰礿，秋曰嘗，冬曰烝。獵禽獸者，號一曰田。田之散名，春苗，秋蒐，冬狩。」按，《周禮》多言凡。六典，凡也；治典、教典、禮典、政典、刑典、事典，目也。鄭注言㝡目者，謂其總數也。若其他言凡祭祀，凡賓客，凡禮事，凡邦之弔事，言師掌官成以治凡，亦皆聚括之謂。舉其凡，則若网在綱。杜預之説《春秋》曰：「傳之義例，總歸諸凡。凡之言氾也，包舉氾濫一切之稱也。」**从**

二。二，耦也。耦，各本作「偶」，今正。二二者，天地之大數也。故从二。从弌，弌古文及字。見又部。及，逮也。从及者，取搭束之意。浮芝切，古音在七部，讀扶音切。按，篆體右像古文及之半，而左引筆下垂，内从一，非从二也。與説解不相應。大許既列之二部，明言从二，不宜乖異如是。蓋轉寫既久，譌奪之由，尠有深思者。許以先篆後古籀爲經例，先古籀後篆爲變例。變例之興，起於部首。部首爲二，則从二之凡當先列，从一之凡當後之。攷定其文，當作弌，冣括而言也。从二，二，耦也。从弌。弌古文及。此下又云「𠄞，篆文弌」。李斯省改古文，漢人行之，故許立文必如是。妄人不知一移一奪，乃使倉頡所造，千古放佚，許君凡例，委於艸莽矣。○江沅曰：「右旁作乁，乃古文及之省也。乛乃二之形，而以上筆引長配右也。當云从古文及省，則得之矣。」

文六。　重二。按，凡有古文有小篆，則當重三。

土 土 地之吐生萬物者也。吐、土疊韵。《釋名》曰：「土，吐也。吐萬物也。」二，象地之上、地之中。上，各本作「下」，誤，今依《韵會》正。地之上，謂平土面者也。土二横當齊長，士字則上十下一，上横直之長相等，而下横可隨意。今俗以下長爲土字，下短爲士字，絶無理。丨，物出形也。此所謂引而上行，讀若囟也。合二字象形爲會意。它魯切。《廣韵》引《文字指歸》曰：「無點。」按，《文字指歸》蓋以無點者它魯切，有點者徒古切，田地主也，釋氏書國土必讀如杜，是也。五部。　凡土之屬皆从土。

地 坔 元气初分，輕清昜爲天，重濁侌爲地。元者，始也。《陰陽大論》曰：「黄帝問於岐伯曰：地之爲下否乎？岐伯曰：地爲人之下，大虚之中者也。黄帝曰：馮乎？岐伯曰：大氣舉之也。」按，地之重濁，而包舉乎輕清之氣中，是以不墜。萬物所敶列也。敶，各本作「陳」，今正。攴部曰：「敶者，列也。」凡本無其字，依聲託事者，如「萬」，蟲，終古叚借爲千萬，雖唐人必用万字，不可從也。若本有其字，如叚陳國爲敶列，在他書可，而許書不可。地與敶以雙聲爲訓。从土，地以土生物，故从土。也聲。坤道成女，玄牝之門，爲天地根，故其字从也。或云从土乙力，其可笑有如此者。徒四切，古音在十七部。《漢書》或叚爲「第，但也」之第。

墬 𡑞 籒文地。从𨸏土，㒸聲。從小徐本，惟㒸字小徐作象，非其聲也，今正作㒸。从𨸏，言其高者也。从土，言其平者也。㒸見彑部，蠡、像、隊皆以爲聲，在古音十六部。地字古音本閒於十六、十七兩部也。若大徐作从隊，𨸏部隊音徒玩切，其繆愈難糾矣。漢人多用墬字者，傳寫皆誤少一畫。

坤 坤 地也。《易》之卦也。象傳曰：「地勢坤，君子以厚德載物。」《説卦》傳曰：「坤，順也。」按，伏羲取天地之德爲卦，名曰乾、坤。从土申。會意。苦昆切，十三部。土位在申也。此説从申之意也。《説卦》傳曰：「坤也者，地也。萬物皆致養焉，故曰致役乎坤。」坤正在申位，自倉頡造字已然，後儒乃臆造乾南坤北爲伏羲先天之學，《説卦》傳所定之位爲文王後天之學，甚矣，人之好怪也。或問伏羲畫八卦，即有乾、坤、震、巽等名與不？曰：有之。伏羲三奇謂之乾，三耦謂之坤，而未有乾字、坤字，傳至於倉頡，乃後有其字。坤，顛特造之，乾、震、坎、離、艮、兑，以音義相同之字爲之。故文字之始作也，有義而後有音，有音而後有形，音必先乎形。名之曰乾坤者，伏羲也。字之者，倉頡也。畫卦者，造字之先聲也。是以不得云☷即坤字。

垓 兼晐八極地也。晐，各本作「垓」，今正。晐俗作「該」。日部晐下曰：「兼晐也。」此用其義釋垓，以疊韵爲訓也。凡四方所至，謂之四極，八到所至，謂之八極。《淮南書》曰：「八紘之外，乃有八極。」非此義也。兼備八極之地，謂之垓。从土，亥聲。古哀切，一部。《國語》曰：「天子凥九垓之田。」《鄭語》曰：「王者居九晐之田，收經入以食兆民。」韋云：「九晐，九州之極數也。」又《楚語》：「天子之田九晐，以食兆民。」韋云：「九晐，九州之内有晐數也。食兆民，民耕而食其中也。天子曰兆民。」按，晐者，垓字之異也。韋云「有垓數」者，即《風俗通》「千生萬，萬生億，億生兆，兆生經，經生垓」。

墺 四方之土，可定凥者也。各本作「四方土可居也」，少三字。今依李善《西都賦》注正。《禹貢》：「四墺既宅。」今作「隩」者，衛包改也。僞孔傳曰：「四方之土可居。」《玉篇》土部引《夏書》「四墺既宅」。《廣韵·三十七号》墺字注曰：「四墺，四方土。」《文選·西都賦》「天地之隩區」李注，引此《説文》，知班賦本从土，唐以後人乃改之，如今本《尚書釋文》之作隩耳。《周語》：「宅爲九隩。」注云：「隩，内也。」其字从𨸏。从土，奥聲。於六切，三部。按，音轉多讀於報切。

𡋯 古文墺。蓋壁中《禹貢》如是與。

堣 堣夷，逗。在冀州暘谷。暘，各本作「陽」，今正。日部曰：「暘，日出也。」引《虞書》曰「暘谷」，則此當作暘可知也。山部崵下曰：「首崵山，在遼西，一曰嵎銕崵谷也。」嵎銕崵三字，皆與此異。嵎當作堣。蓋堣夷暘谷者，孔氏古文如是。禺銕崵谷者，今文《尚書》如是。今《堯典》作「宅嵎夷，曰暘谷」。依古文而堣譌嵎，恐衛包所改耳。《玉篇》唐韵皆作堣，可證。《堯典》音義曰：「《尚書考靈曜》及《史記》作禺銕。」《尚書正義》卷二曰：「夏矦等書，古文宅堣夷（堣作嵎者譌）爲宅嵎鐵。」嵎鐵即禺銕之異字。凡緯書皆用今文，故知許土部所偁爲古文，山部爲今文。《尚書》如昧谷爲古文，桺穀爲今文，正同。詳見《古文尚書撰異》。堣夷暘谷，許明云在冀州，山部曰：「首崵山，在遼西，一曰禺銕崵谷。」一曰猶一名，非有二物。遼西正在冀州，然則《堯典》之堣夷，非《禹貢》青州之嵎夷。司馬貞注《禹貢》云：「今文《尚書》及《帝命驗》竝作禺鐵在遼西。」此謂《堯典》也。陸氏引馬云：「嵎，海隅也。夷，萊夷也。」馬釋《堯典》始以《禹貢》釋之，而僞孔傳大意從之。羲和測日，不必遠至海外也。僞孔云：「日出於谷，而天下明，故稱暘谷。」似以此暘谷與日初出東方湯谷合而一之，其謬不亦甚乎。立春日，句。日值之而出。日正當堣夷而出。乃許所聞《尚書》古義如此。从土，禺聲。噳俱切，五部。《尚書》曰：「宅堣夷。」許之例不云《尚書》，此當云「唐書」，改之者作「虞書」，其説見禾部。

坶 朝歌南七十里地。《周書》曰：「武王與紂戰于坶野。」此《書·序》文也。今《書·序》紂作受，坶作牧。《詩·大明》：「矢于牧野。」正義引鄭《書·序》注云：「牧野，紂南郊地名。《禮記》及《詩》作坶野，古字耳。」此鄭所見《詩》、《禮記》作「坶」，《書·序》祇作「牧」也。許所據《序》則作「坶」，葢所傳有不同。坶作坶者，字之增改也，每亦母聲也。从土，母聲。莫六切，三部。徐邈曰：「牧，一音茂。」

坡 𡊅 阪也。自部曰：「坡者曰阪。」此二篆轉注也。又曰：「陂，阪也。」是坡、陂二字音義皆同也。坡謂其陂陀。《毛詩》：「隰則有泮。」傳曰：「泮，坡也。」此釋叚借之法，謂泮即坡之雙聲叚借也。鄭不從其說，而易之曰「讀爲畔」。从土，皮聲。滂禾切，十七部。

坪 𡊌 地平也。舊鈔小徐本作垩。《廣韵》：「垩，地名。」今義也。从土平，平亦聲。小徐無「平亦」二字。皮命切，十一部。亦平聲。

均 𡊢 平偏也。平者，語平舒也。引申爲凡平舒之偁。偏者，帀也。平偏者，平而帀也，言無所不平也。《小雅·節南山》傳曰：「均，平也。」古多叚旬爲均，亦叚鈞爲均。从土匀。匀者，帀也。故以會意。匀亦聲。小徐無「匀亦」二字。居匀切，十二部。

壤 𡒞 柔土也。《大雅》：「陶復陶穴。」毛傳：「陶其土而復之，陶其壤而穴之。」《九章筭術》：「今有穿地，積一萬尺，問爲堅壤各幾何？荅曰：爲堅七千五百尺，爲壤一萬二千五百尺。」穿地四，爲壤五，爲堅三，爲墟四。」劉徽注：「壤謂息土，堅謂築土。」《周禮》：「辨十有二壤之名物，而知其種，以教稼穡樹蓺。」注：「壤亦土也。以萬物自生言，則言土。土猶吐也。以人所耕而樹蓺言，則言壤。壤，和緩之皃。」某氏注《尚書》曰：「無塊曰壤。」《周禮·草人》：「墳壤用麋，勃壤用狐。」鄭云：「墳壤潤解，勃壤粉解。」《釋名》曰：「壤，瀼也。肥濡意也。」按，言物性之自然，壤異乎堅土。言人功，則凡土皆得而壤之。壤與柔弱雙聲。《穀梁》：「日有食之。」傳曰：「吐者，外壤；食者，内壤。闕然不見其壤，有食之者也。」麋信云：「齊魯之閒謂鑿地出土，鼠作穴出土，皆曰壤。」按，蟲鼠所出字亦作塲，作塲，音失羊反，見《方言》，亦取柔意。今俗語謂弱曰壤。《漢書》「壤子王梁、代」，壤謂肥䁍也。从土，襄聲。如兩切，十部。

塙 𡎿 堅不可拔也。堅者，剛土也⑪。拔者，擢也。不可拔者，不可擢而起之也。《易·文言》曰：「確乎其不可拔，潛龍也。」虞翻曰：「確，剛皃也。」鄭曰：「堅高之皃。」按，今《易》皆作「確」。攷釋文曰：「《說文》云高至。」《毄辭》：「夫乾，確然示人易矣。」釋文曰：「《說文》云：高至。」皆不言《說文》作「隺」，是則陸所據《易》二⑫皆作「隺」，而今本俗誤也。許意隺訓高至，塙訓堅不可拔。《文言》字作隺，而義从塙。《毄辭》乃義如其字。从土，高聲。苦角切，古音在二部。今俗字作「確」，乃确字之變耳。

墽 𡑐 磽也。石部曰：「磽者，磬石也。磬者，堅也。」墽之義同磽，則兼謂土石堅鞕耳。其字亦作墝，何注《公羊》云：「墝埆不生五穀曰不毛。」从土，敫聲。口交切，二部。

壚 黑剛土也。各本無黑字，依《韵會》則小徐有，《尚書正義》⑬所引同，今補。《釋名》曰：「土黑曰壚，盧然解散也。」《周禮·草人》：「埴壚用豕。」鄭云：「埴壚，黏疏者。」以黏釋埴，以疏釋壚。黑部曰：「齊謂黑爲驢。」古文作「旅」。許於驢得其義，云「黑而剛」，則疏之義亦見矣。从土，盧聲。洛乎切，五部。

垟 赤剛土也。《草人》：「凡糞種，騂剛用牛。」故書騂爲挈。杜子春挈讀爲騂，謂地色赤而土剛强也。按，馬部無騂字，子春易字作解，必塙然易爲垟字，而許用其說入《說文》也。然則相承作騂，又譌作騂者，乃大繆耳。从土，觲省聲。息營切，十一部。

埴 黏土也。《禹貢》「厥土赤埴墳」，《周禮·草人》「埴壚」，《攷工記》「摶埴之工」，孔傳、鄭注皆曰：「埴，黏土也。」《釋名》：「土黃而細密曰埴。埴，膱也。黏昵如脂之膱也。」按，《禹貢》埴字，鄭本作戠，而讀爲熾。熾，赤皃也。見《禹貢》音義及《蜀都賦》「丹沙赩熾」李注。又《太平御覽》三十七引東晉會稽謝沈古文《尚書》注，「徐州土赤戠墳，戠音志。」又《禹貢》正義曰：「戠埴音義同。埴爲黏土，故土黏曰戠。」蓋孔本本亦作戠，惟孔釋戠爲黏土，鄭易戠爲熾，釋爲赤皃，見經文赤戠連讀爲異耳。據釋文則韋昭所注《漢·地理志》亦作戠，而今《漢書》作埴，《晉書》成公綏《天地賦》云：「海岱赤埴，華梁青黎。」何超音義：「埴，尺志反。」此又戠之加土旁者也。戠、埴、墊，皆埴之異字。从土，直聲。常職切，一部。按，《廣韵》常職、昌志二切，今江浙俗語皆用昌志一切。

坴 土凷坴坴也。坴坴，大凷之皃。从土，圥聲。力竹切，三部。讀若速。大徐本速作「逐」，誤也。坴讀如速，與奄讀七宿切意同。一曰，坴梁地。《始皇本紀》：三十三年「發諸嘗逋亡人，贅壻、賈人，略取陸梁地，爲桂林象郡南海，以適遣戍。」字作陸。按，坴梁，蓋其地多土凷，而土性强梁也。

𡊅 土也。土蓋凷之誤。《集韵》凷字亦作𡊅，《類篇》𡊅亦苦會切，墣也。蓋自坴至堛，併重文六篆，皆言凷。此土也二字，淺人所改。从土，軍聲。户昆切，十三部。雒陽有大𡊅里。雒作「洛」，非，今正。說詳水部洛下。大𡊅，雒陽里名。此舉爲𡊅篆之證也。《漢·王子侯表》：「土軍侯郢客。」師古曰：「土軍，西河之縣。說者以爲洛陽土軍里，非也。」按，土軍里，乃大𡊅里之誤。依此注，疑大本作土，土𡊅里或有作土軍里者，故說《漢書》者或偶用之。

墣 凷也。《吳語》曰：「涓人疇枕王以墣。」《淮南書》曰：「土之勝水也，非以一墣塞江。」从土，菐聲。匹角切，古音在三部。

圤 墣或从卜。卜聲，亦在三部。

凷 墣也。是曰轉注。《喪服》：「傳曰：寢苫枕凷。」从土凵，凵屈象形。小徐本如是。屈者，無尾也。凷之形略方而體似無尾者，故从土而象其形。苦對切，十五部。

塊 俗凷字。依《爾雅釋文》。

堛 凷也。《釋言》：「凷，堛也。」郭引「枕王以堛」，堛即墣之異文。《禮運》「蕢桴」，注曰：「蕢讀爲凷，聲之誤也。凷，堛也。」从土，畐聲。芳逼切，一部。

堫 穜也。穜者，埶也。堫者，以禾穜入土也。《廣雅》曰：「稯，種也。」即堫穜字之異體也。从土，㚇聲。子紅切，九部。一曰，内其中。引申之義。謂以此入彼中，皆得曰堫也。大鑿中木謂之鏓，杵臼謂之舂，亦此意。

塍 稻田中畦埒也。《集韵》、《類篇》、宋本作「稻中畦也」，今本及《文選》注作「稻田畦也」，《韵會》作「稻中畦埒也」，今合訂之如此。畦，五十畝之介也。埒者，庳垣，亦所以爲畍。稻田中作介畫以蓄水，取義於此。謂之塍，必言稻中者，禾黍不必爲此，惟稻必蓄水以養之。《周禮·稻人》：「以遂均水，以列舍水。」鄭曰：「遂，田首受水小溝也。列，田之畦埒也。開遂舍水於列中。」按，列讀如遮迾之迾，非人所行之畛陌也。許、鄭說正同。今四川謂之田繩子，江浙謂之田縆。縆亦繩也。《西都賦》：「溝塍刻鏤。」从土，朕聲。食陵切，六部。

坺 坺土也。坺字，各本無，今補。厽下曰：「絫坺土爲牆壁。」凡初出於田爲坺土，稍治之乃爲凷。一臿土謂之坺。一下各本有「曰」字，今依《玄應書》卷二十、《廣韵·十三末》正。木部曰：「相，臿也。」鐅、臿詳見木、金二部。一臿所起之土謂之坺，今人云坺頭是也。耒部曰：「耕廣五寸爲伐，二伐爲耦。」與《考工記》「二耜爲耦，一耦之伐廣尺、深尺謂之甽」稍不同。鄭云：「甽土曰伐。」伐即坺。依《考工記》，二耜之土爲伐。許云一枱之土爲伐，即此云一臿土謂之坺也。惟臿與枱不同物耳。从土，犮聲。蒲撥切，十五部。《詩》曰：「武王載坺。」本在「塵皃」下，今移此。《商頌·長發》文。今《詩》作「旆」，傳曰：「旆，旗也。」按，《毛詩》當本作「坺」，傳曰：「坺，旗也。」訓坺爲旗者，謂坺即旆之同音叚借也。此如《小宛》訓題爲視，謂題即眡之叚借；《斯干》訓革爲翼，謂革爲䩭之叚借。若此之類，不可枚數。淺學者少見多怪，乃改坺爲旆，以合旗訓，葢亦久矣。許之引此詩，則偁經說叚借之例。如引「無有作政」，說政即好；引「朕堲讒說」，說堲即疾。一曰，塵皃。坺之言蓬勃也。

坄 匋竈窗也。匋，各本作「陶」，今正。缶部曰：「匋，瓦器竈也。」穴部曰：「窗者，通空也。」燒瓦器之竈，上必通孔。謂之坄者，其火熒然而出也。《士喪禮》：「爲垼於西牆下，東鄉。」注云：「垼，塊竈。」《既夕記》云：「垼用塊。」注云：「塊，堛也。」葢《士喪》之竈，土凷爲之，以煮沐浴者之潘水，不似人家廚竈，必令適爲之，且僅通孔可煮而已，故謂之坄，不謂之竈也。坄，《禮經》作「垼」，古文《禮》作「役」。从土，役省聲。營隻切，十六部。

基 牆始也。𨸏部曰：「阯者，基也。」此蒙基而釋之。牆始者，本義也。引申之，爲凡始之偁。《釋詁》、《周語》、《毛詩》傳皆曰：「基，始也。」《禮經》古文借基爲期年字。从土，其聲。居之切，一部。

垣 牆也。此云「垣者，牆也」，渾言之。牆下曰「垣蔽也」，析言之。垣蔽者，牆又爲垣之蔽也。垣自其大言之，牆自其高言之。从土，亘聲。雨元切，十四部。

⿰𩫖亘　籀文垣从𩫖。

圪　牆高皃也。《大雅·皇矣》曰：「崇墉言言。」傳曰：「言言，高大也。」又曰：「崇墉仡仡。」傳曰：「仡仡猶言言也。」依《說文》本作「圪圪」。《詩》曰：「崇墉圪圪。」从土，气聲。魚迄切，十五部。

堵　垣也。《儒行》曰：「儒有一畝之宮，環堵之室。」注云：「宮謂牆垣也。堵，面一堵也。」面一堵者，謂面各一堵也。依鄭說，堵與垣別，大氐散文則通，對文則別也。五版爲堵。《詩》毛傳曰：「一丈爲板，五板爲堵。」此《五經異義》所謂古《周禮》、古《春秋》說也。《異義》：「今《戴禮》及《韓詩》說：八尺爲板，五板爲堵，五堵爲雉，板廣二尺，積高五板爲一丈。五堵爲雉，雉長二十丈。⑭何休注《公羊》取《韓詩》說。古《周禮》及古《春秋左氏傳》說：一丈爲板，板廣二尺，五板爲堵，一堵之牆長丈，高丈，三堵爲雉，一雉之牆長三丈，高一丈，以度長者用其長，以度高者用其高也。諸說不同。」鄭辨之云：「《左氏傳》鄭莊公弟段居京城，祭仲曰：都城過百雉，國之害也。先王之制，大都不過三國之一，中五之一，小九之一。今京不度，非制也。古之雉制，書傳各不得其詳。今以《左氏》說鄭伯之城，方五里，積千五百步也。大都三國之一，則五百步也。五百步爲百雉，則知雉五步。五步於度長三丈，則雉長三丈也，雉之度於是定可知矣。」玉裁按，鄭駁《異義》取古《周禮》、《春秋》說，一丈爲板，計之適合，未嘗自立說六尺爲板也。迨箋《詩》則主用古說，參以《公羊傳》五板而堵，五堵而雉，而定爲板長六尺。鄭意《公羊》五板而堵者，高一丈也。五堵而雉者，廣三丈也。何注《公羊》取《韓詩》說，八尺爲板，五板而堵，爲四十尺，五堵而雉，爲二百尺。說各乖異，似古《周禮》、《春秋》、《毛詩》說爲善。高一丈，廣三丈爲雉，不必板定六尺也。許君《異義》，未詳其於古今孰從。此云五板爲堵，古今說所同也。葢言板廣二尺，五板積高一丈爲堵而已，其長幾尺爲板，幾堵爲雉，皆於古今說未敢定。从土，者聲。當古切，五部。

⿰𩫖者　籀文从𩫖。

壁　垣也。《釋名》：「壁，辟也。辟禦風寒也。」按，壁自其直立言之。从土，辟聲。比激切，十六部。

⿰土尞　𠣬垣也。𠣬，各本作「周」，今正。𠣬，帀也。周，密也。義異。𠣬垣，謂垣之圍帀者也。《西都賦》曰：「繚以周牆四百餘里。」《西京賦》曰：「繚亙綿聯。」薛注：「繚亙猶繞了也。」按，《魏都賦》亦曰：「繚亙開囿。」今本皆譌作「繚垣」，非也。繚、亙雙聲字。从土，尞聲。力沼切，二部。《玉篇》平去二聲。

堨　壁間隙也。隙者，壁際也。壁際者，壁之釁也，亦曰堨。此古義也，今義堰也。讀同壅遏，後人所用俗字也。从土，曷聲。讀若謁。此古音也，十五部。大徐魚列切，《廣韵》烏曷切。

埒　庳垣也。庳者，中伏舍也。引申之爲卑也。按，《廣韵》引孟康云：「等庳垣也。」似孟氏所據爲長。等者，齊等也。卑垣延長而齊等若一，是之謂埒。引申之爲涯際之偁，如《淮南》「道有形埒」是也。爲回環之偁，如《爾雅》「水潦所還埒丘」，又「馬埒」是也。又爲相等之偁，如《史記》「富埒天子」之類是也。孟康語葢出《漢書音義》，今宜依以補「等」字。从土，寽聲。力輟切，十五部。

堪 地突也。突者，犬從穴中暫出也，因以爲坳突之偁。俗乃製凹、凸字。地之突出者曰堪，《淮南書》曰：「堪輿行雄以起雌。」許注曰：「堪，天道；輿，地道也。」見《文選》注。《甘泉賦》：「屬堪輿以壁壘。」張晏曰：「堪輿，天地緫名也。」按，張説未安。堪言地高處，無不勝任也，所謂雄也。輿言地下處，無不居納也，所謂雌也。引申之，凡勝任皆曰堪。古叚戡、㦰爲之。从土，甚聲。口含切，古音在七部。

堀 突也。突爲犬從穴中暫出，因謂穴中可居曰突，亦曰堀。俗字作「窟」。古書中堀字多譌掘，如《秦國策》「窮巷堀門」，《齊策》「堀穴窮巷」，今皆譌爲「掘」。《鄒陽書》「伏死堀穴」，尚不誤也。《曹風》「蜉蝣堀穴」⑮，此葢自來古本如是。毛云：「堀閱，容閱也。」箋云：「堀地解閱，謂其始生時也。」唐以後本，盡改爲掘字，遂謂許所據爲異本矣。陸璣云：「蜉蝣陰雨時，從地中出。」郭璞云：「生糞土中。」然則未嘗掘地也。堀閱、容閱，皆聯緜字也。箋則云堀於地中解閱而出矣。《風賦》：「堀堁揚塵。」謂突起之堁。从土，屈聲。各本篆作堀，解作「屈省聲」，而別有堀篆，綴於部末。解云：「兔堀也。从土，屈聲。」此化一字爲二字，兔堀非有異義也。篆从屈隸省作屈，此其常也，豈有篆文一省一不省，分別其義者？今正此篆之形而删彼篆。苦骨切，十五部。《詩》曰：「蜉游堀閱。」《曹風・蜉蝣》文。堀閱，容閱也。容閱，如《孟子》之「容悦」。

堂 殿也。殿者，擊聲也。叚借爲宫殿字者。《釋宫室》曰：「殿有殿鄂也。」殿鄂，即《禮記》注之「沂鄂」。沂，《説文》作垠，作圻。《釋名・釋形體》亦曰「臀，殿也。高厚有殿鄂也」。古音屍聲、斤聲、㞷聲互通，合音作幾、作畿。是以《禮記》「彫幾」謂有沂鄂。堂之所以偁殿者，正謂前有陛，四緣皆高起，沂鄂顯然，故名之殿。許以殿釋堂者，以今釋古也。古曰堂，漢以後曰殿，古上下皆偁堂，漢上下皆偁殿。至唐以後，人臣無有偁殿者矣。《初學記》謂殿之名起於《始皇紀》曰「作前殿」，葉大慶《攷古質疑》博引《説苑》諸書，以證古有殿名，要其所引，皆漢人所作書也。即《六韜》亦豈真周人書哉？从土，尚聲。徒郎切，十部。

坣 古文堂如此。葢从尚省。

𩫖 籀文堂从尚，京省聲。从尚不省，則異乎古文。邑部鄗，地名。從籀文堂也。篆文以爲从尚，則聲在其中，故省其京省。

垛 門堂孰也。門字，孰字，今補正。《攷工記》：「門堂三之二，室三之一。」鄭曰：「門堂，門側之堂也。」《釋宫》曰：「門側之堂謂之塾。」孫炎郭璞皆曰：「夾門堂也。」堂無塾，門堂乃有塾，删去門字，於制不可通矣。孰，經典皆作塾，以孰加土，猶以孰加火耳。謂之孰者，《白虎通》云：「所以必有塾何？欲以飾門，因取其名。

明臣下當見於君，必孰思其事。」是知其字古作孰而已，後乃加之土也。謂之垛者何也？朶者，木下垂，門堂伸出於門之前後，略取其意。後代有朵殿，今俗謂門兩邊伸出小牆曰垛頭，其遺語也。孰之制，於正堂之脩廣得三之二，其室於正堂之脩廣得三之一。北向堂者爲孰，得堂脩廣三之一，南向者亦爲孰，亦得堂脩廣三之一，故曰門堂三之二也。室三之一者，北向、南向兩孰之中，共一室，室得堂脩廣亦三之一，與門之脩廣等。《顧命》曰：「先路在左塾之前，次路在右塾之前。」此謂北面之孰也。《士虞禮》：「匕俎在西塾之西。」《絲衣》：「自堂徂基。」毛傳云：「基，門塾之基。」此皆謂南面之孰也。《士冠禮》：「筮與席所卦者具饌於西塾。」此南面之塾也。「擯者玄端負東塾。」此北面之塾也。《尚書大傳》曰：「上老平明坐於右塾，庶老坐於左塾，餘子畢出然後歸，夕亦如之。」蓋謂北面之塾也。《食貨志》：「春將出民，里胥平旦坐於右塾，鄰長坐於左塾。」蓋謂南面之塾也。凡孰之可攷者如此。孰字依《白虎通》及崔豹《古今注》，則正作孰，俗作塾皆可。近儒或曰當作墪。墪之音義，皆與孰迥隔。若《後漢書・劉縯傳》：「畫伯升像於塾，旦起射之。」《東觀記》、《廣漢書》⑯並作墪，此乃所傳之異，不得云墪即塾字也。畫伯升於門牆之山頭而射之，故曰畫於塾。山頭者，俗語牆之冣高處也。據李賢引《字林》曰：「塾，門側堂也。」是知漢後多用塾字，此《說文》、《字林》之分古今也。从土，朵聲。丁果切，十七部。

坫　屏也。陳氏《禮書》曰：「坫之別，凡有四：《記》曰『反坫出尊。』《論語》曰：『邦君爲兩君之好，有反坫。』此反爵之坫也。《記》曰：『崇坫康圭。』此奠玉之坫也。《記》又曰：『士於坫一。』此庋食之坫也。《士冠禮》：『爵弁、皮弁、緇布冠各一匴，執以待於西坫南。』《大射》：『將射，工遷於下，東坫之東南。』《士喪禮》：『牀笫夷衾，饌於西坫南。』《既夕禮》：『設棜於東堂下南順，齊於坫。』此堂隅之坫也。」《爾雅》曰：「垝謂之坫。」郭云：「坫，端也。在堂隅。」按，端本作「墆」，高皃也，以土爲之，高可屏蔽，故許云屏也。其字俗作「店」，崔豹曰：「店，置也。所以置貨鬻物也。」从土，占聲。都念切，七部。

⿱浝土　涂也。涂、塗、泥、涅，皆古今字。水部涂字下遺「涂泥」一解，則木部曰「杇，所以涂也」（此部六言涂），金部曰「錯，金涂也」，皆不得其轉注矣。《詩》：「雨雪載涂。」毛傳曰：「涂，凍釋也。」⑰《小正》「凍塗」，傳曰：「凍下而澤上多也。」《詩・角弓》傳曰：「塗者，泥也。」《通俗文》曰：「泥塗謂之浝澒。」泥塗必兼水土爲之，故字兼从水土，淺人又入之水部，非也。从土，浝聲。當作从土水，尨聲。力嵎切。按，此音非也，《玉篇》曰：「《說文》木貢切。」九部。

垷　涂也。以下五涂字，皆涂泥引申之義也。涂泥，可以附物者也，故引伸之用，以附物亦曰涂。《詩・角弓》曰：「如塗塗附。」傳曰：「塗，泥也。附，箸也。」按，上塗謂泥，下塗附連讀，謂箸。鄭箋則謂以塗塗木桴。涂附謂之垷。《廣雅》：「垷，拭也。」即垷字之異也。从土，見聲。胡典切，十四部。

墐　涂也。《内則》曰：「塗之以謹塗。」注曰：「謹當爲墐，聲之誤也。墐塗，塗有穰草也。」按，合和黍穰而塗之，謂之墐塗，取乾則易擘也。从土，堇聲。渠吝切，十三部。按，《禮記音義》音斤。

墍 卬涂也。卬，各本作仰，今正。卬涂，舉首而涂之。郢人「施廣領大袖以仰塗」⑱是也。《周書·梓材》曰：「既勤垣墉，惟其塗塈茨。」按，以艸蓋屋曰茨，塗塈茨者，涂其茨之下也，故必卬涂。《摽有梅》傳：「塈，取也。」《假樂》傳：「塈，息也。」皆叚借字。从土，既聲。其冀切。按，當云其既切，十五部。

垩 白涂也。以白物涂白之也。《周禮》曰：「其祧則守祧幽堊之。」注云：「幽讀爲黝。黝，黑也。堊，白也。」《爾雅》曰：「地謂之黝，牆謂之堊。」郭云：「黑飾地，白飾牆也。」《釋名》曰：「堊，亞也。亞次也，先泥之次以白灰飾之也。」按，謂涂白爲堊，因謂白土爲堊。古用蜃灰。《周禮》：「共白盛之蜃。」注云：「謂飾牆使白之蜃也。今東萊用蛤謂之叉灰云。」从土，亞聲。烏各切，五部。

墀 涂地也。巾部曰：「幔，墀地以巾捫之也。」凡涂地爲墀，今因謂地爲墀矣。从土，犀聲。直尼切，十五部。《禮》：「天子赤墀。」蓋出《禮緯含文嘉》之文。《爾雅》：「地謂之黝。」然則惟天子以赤飾堂上而已。故漢未央殿青瑣丹墀，後宮則玄墀而彤庭也。《漢典職儀》曰：「以丹漆地，故偁丹墀。」張載注《魏都》曰：「丹墀，以丹與蔣離合用塗地也。」按，蔣疑是「將」字。

墼 令適也。瓦部甓下曰：「令甓也。」按，令甓即令適也。甓、適、墼三字同韵。《釋宮》曰：「瓴甋謂之甓。」郭云：「甌甎也。」《陳風》：「中唐有甓。」傳曰：「甓，令適也。」字作令適、零嫡二音。加瓦者，俗字也。甌甎亦皆俗字。甎，古衹作專。如《斯干》傳曰：「瓦，紡專也。」寸部專下曰：「一曰紡專也。」皆可證。陸德明云：「《字林》作塼。」此許、吕各因時作字書之例，許意在存古，吕意在宜今也。韋注《吴語》曰：「員曰囷，方曰鹿。」然則鹿專者，言其方正也。亦曰墼。一曰，未燒者。者，各本作「也」，今依《玉篇》正。《韵會》作「未燒磚也」。燒謂入於匋，匋，瓦器竈也。上文一義謂已燒之專曰墼，此一義謂和水土入模笵中而成者曰墼，別於凷而未經匋竈也。《喪服》「柱楣」注：「屋下累墼爲之。」此必未燒者也。「枕凷」，則未墼者也。厽部垒下曰：「墼也。」蓋亦謂未燒者。今俗語謂未燒者曰土墼。从土，毄聲。古歷切，十六部。

𡊅 埽除也。𡊅字《曲禮》作「糞」，《少儀》作「拚」，又皆作「攢」。糞即華部之𡍫字，與𡊅音同義略同。拚其叚借字也。《少儀》曰：「汎埽曰埽，埽席前曰拚。」此析言之也。許以埽除釋𡊅，以𡊅釋埽，渾言之也。《弟子職》「既拚盥漱」，謂埽席前也。「汎拚正席」，謂廣𡊅內外不止席前也。《小雅·伐木》箋亦以灑攢釋洒埽。从土，弁聲。讀若𡍫。方問切，古音在十四部。

埽 𡊅也。𡊅，各本譌「棄」，今正。此二篆爲轉注也。从土帚。會意。帚亦聲也。穌老切，古音在三部。

在 存也。存，恤問也。《釋詁》：「徂、在，存也。」在、存，察也。」按，《虞夏書》在訓察，謂在與伺音同，即存問之義也。在之義，古訓爲存問，今義但訓爲存亡之存。从土，才聲。昨代切，一部。

㘴 止也。止，下基也。引申爲住止。凡言坐落、坐罪是也。引申爲席地而坐。《小雅》「不遑啓處」傳曰：「啓，跪。處，居也。」古謂跪爲啓，謂坐爲凥，爲處。凥俗作居，引申謂凡止箸爲坐。从畱省，从土，會意。徂臥切，十七部。土所止也。此與畱同意。釋从土之意。从土不必土，猶畱从田不必田。皆謂所止也。故曰同意。

坐 古文㘴。今古文行而小篆廢矣。止必非一人，故从二人。《左傳》：「鍼莊子爲坐。」凡坐獄訟必兩造也。

坁 箸也。《韵會》作「箸止也」。箸，直略切，者字之叚借也。行之既久，乃不可變矣。凡言者者，別事詈也，有所箸之詈也。故凡言箸，皆者引申之義。《左傳·昭廿九年》：「物乃坁伏，鬱湮不育。」杜注：「坁，止也。」此坁字見於經者，而《開成石經》譌作「坻」，其義迥異。楚金所見《左傳》故未誤。尋其所由，蓋唐初已有誤坻者，故《釋文》曰：「坁音旨，又音丁禮反。」後一音則已譌爲坻。凡字切丁禮者，皆氐聲也。今版本《釋文》及《左傳》及《廣韵·四紙》，皆作坻，坻行而坁廢矣。从土，氏聲。諸氏切，十六部。與十五部之坻異義。

填 𡫳也。𡫳，各本作「塞」。塞，隔也。非其義也。𡫳下云：「窒也。」窒下云：「𡫳也。」窴亦𡫳也，填與窴音義同。𡫳之則堅固，其義引申爲久。《大雅》：「倉兄填兮。」傳曰：「填，久也。」《常棣》：「烝也無戎。」傳曰：「烝，填也。」《東山》：「烝在桑野。」傳曰：「烝，窴也。」而《爾雅·釋詁》則曰：「塵，久也。」是填、窴、塵三字音同。故鄭箋《東山》云：「古者聲填、窴、塵同也。」塵爲叚借字。蓋古經有作塵者，今新陳字作陳，非古也，而古音之存者也。詩詞内作鎮亦是此字。从土，真聲。植鄰切，今待秊切，十部。

坦 安也。《論語》曰：「君子坦蕩蕩。」按，魯讀爲坦湯湯。此如《陳風》「子之湯兮」，傳曰：「湯，蕩也。」謂湯爲蕩之叚借字也。司馬相如賦叚「壇」爲坦。从土，旦聲。他但切，十四部。

坒 地相次坒也。依小徐及《玉篇》、《廣韵》作「次坒」，大徐作「次比」。衛大夫貞子名坒。句有誤。北宮貞子名喜，不名坒。又衛有褚師比謚聲子，不謚貞子。从土，比聲。毗至切，十五部。

堤 滯也。滯者，冰也。按，此篆與坁篆音義皆同。《國語》曰：「戾久將底，底箸滯淫。」《左傳》曰：「勿使有所壅閉湫底。」杜云：「底，滯也。」《釋詁》底、底皆訓「止也」⑲。底字與坁、堤字音雖別而義略同。俗用堤爲隄，則非。从土，是聲。丁禮切。按，本在紙韵，讀如氏，後乃轉入薺韵，十六部。

壎 樂器也。目土作，句。六空。空，本作孔，今正。《詩》：「伯氏吹壎。」毛傳：「土曰壎。」《周禮·小師》：「掌教鼓壎。」大鄭云：「壎，六孔。」後鄭云：「壎，燒土爲之，大如鴈卵。」《爾雅》曰：「大塤謂之嘂。」《白虎通》曰：「《樂記》云：壎，坎音也。在十一月。」从土，熏聲。況袁切，古音在十三部。《白虎通》曰：「壎之爲言勳。」

封　爵諸侯之土也。謂爵命諸侯以是土也。《詩》毛傳：「之子，嫁子也。」「之事，祭事也。」《莊子》「之人也」，即「是人也」。然則「之土」，言「是土也」。其義之土，故其字从之土。引申爲凡畛域之偁。《大司徒》注曰：「封，起土畍也。」《封人》注曰：「聚土曰封，謂壝埒及小封疆也。」《冢人》注曰：「王公曰丘，諸臣曰封。」又引申爲大也，又引申爲緘固之偁。从之土，从寸。合三字會意。府容切，九部。寸，逗。守其制度也。此說从寸之意。凡法度曰寸，尊字、寺字下，皆曰有法度。公侯百里，伯七十里，子男五十里。此用《孟子》及《王制》之説，所謂制度也。

籒文封。从丰土。从土，丰聲也。

古文封省。無寸也。从㞢土，則與㞢部「讀若皇」者同字。猶豕、亥古文同作也。「艸木妄生」字，之在土上，之之本義也。「爵諸侯之土」字，从之土，之之引申叚借義也。

璽　王者之印也。印者，執政所持信也。王者所執，則曰璽。按，《周禮》「貨賄用璽節」注云：「璽節主以通貨賄。璽節者，今之印章也。」《左傳》：「季武子璽書追而與公冶。」皆非謂王者。蓋古者尊卑通偁，至秦漢而後，爲至尊之偁。故《始皇本紀》：「乃爲璽書賜公子扶蘇，中車府令趙高行符璽事。」蔡邕《獨斷》曰：「皇帝六璽，皆玉螭虎紐。」許此語舉漢制也。㠯主土。以上八字，依《玉篇》所引，此說从土之意也。从土，爾聲。斯氏切，十五、十六部。

璽　籒文从玉。蓋周人已刻玉爲之。曰籒从玉，則知从土者古文也。

墨　書墨也。聿下曰：「所以書也。楚謂之聿，吳謂之不律，燕謂之弗，秦謂之筆。」此云「墨，書墨也」，蓋筆墨自古有之，不始於蒙恬也。箸於竹帛謂之書，竹木以桼，帛必以墨，用帛亦必不起於秦漢也。周人用璽書印章必施於帛，而不可施於竹木，然則古不專用竹木，信矣。引申之爲「晉於是始墨」，「肉食者無墨」，爲「貪以敗官爲墨」。从土黑。小徐曰：會意。大徐有「黑亦聲」三字。莫北切，一部。

垸　㠯桼龢灰丸而髹也。龢，各本作和，今正。丸，大徐無，今依小徐。桼者，木汁可以髹物也。丸者，圜也，傾側而轉者。髹者，髹，桼也。説詳桼部。灰者，燒骨爲灰也。玄應《梵書音義》曰：「《通俗文》曰：燒骨以漆曰垸。」《倉頡訓詁》曰：「垸以漆和之。今中國言垸，江南言䯿。䯿音瑞。垸，胡灌切。」玉裁按，許䩉下云：「桼垸。」《周禮·巾車》杜子春云：「軗讀爲垸桼之桼。」《輪人》注，鄭云：「丸漆之。」蓋以桼合和燒骨之灰，摶而丸之，以髹擦物。丸與垸疊韵爲訓。丸而髹之，既乾如沙礫不光潤，乃摩之，鄭所云「丸漆之乾，乃以石摩平之」也。既摩乃復桼之，許於䩉下所云「桼垸已，復桼之」也。如此數四，乃後敷丹雘。今時桼工，亦略同此。垸或叚「浣」爲之，如《角人》注：「骨入桼浣者孚之以量也。」或叚「睆」

爲之，如《檀弓》：「華而睆。」孫炎云：「睆，桼也。」叔然乃指其冣後光潤者而言。 从土，完聲。胡玩切，十四部。 一曰，補垣也。此依小徐本。《月令》曰：「脩宮室，坏垣牆，補城郭。」《左傳》曰：「繕完葺牆，以待賓客。」

型 型 鑄器之灋也。以木爲之曰模，以竹曰笵，以土曰型。引申之爲典型。叚借𠛬字爲之，俗作「刑」，非是。《詩》毛傳屢云：「𠛬，法也。」又或叚形爲之。《左傳》引《詩》：「形民之力，而無醉飽之心。」謂程量其力之所能爲，而不過也。 从土，𠛬聲。户經切，十一部。

埻 埻 埻的。各本無此二字，今補。木部臬下曰：「䠶埻的也。」此與爲轉注。亦有單言埻者。的，明也。亦有單言的者。䠶臬也。《周禮·司裘》注曰：「以虎狼豹麋之皮飾侯側，又方制之以爲𩫏，謂之鵠，箸於侯中。」𩫏即埻之叚借字也。《詩·小雅》以勺爲旳。《吕氏春秋》曰：「射而不中，反修于招。」高云：「于招，埻蓺也。」按，于當作干，蓺同臬。《戰國策》「以其類爲招」，《春秋後語》作「以其頸爲招」，《文選·詠懷詩》注引作「以其頸爲旳」，招即旳字。 从土，𩫏聲。讀若準。之允切，十三部。

塒 塒 雞棲於垣爲塒。《釋宮》：「鑿垣而棲爲塒。」《王風》傳同。按許意與古異。連雞棲於庳垣，不必鑿穴也。 从土，時聲。市之切，一部。

城 城 㠯盛民也。言盛者，如黍稷之在器中也。 从土成。《左傳》曰：「聖王先成民而後致力於神。」成亦聲。氏征切，十一部。

𩫖 𩫖 籀文城从𩫏。

墉 墉 城垣也。《皇矣》：「以伐崇墉。」傳曰：「墉，城也。」《崧高》：「以作爾庸。」傳曰：「庸，城也。」庸、墉古今字也。城者，言其中之盛受；墉者，言其外之牆垣具也。毛統言之，許析言之也。《周易》曰：「乘其墉。」又曰：「公用射隼於高墉之上。」 从土，庸聲。余封切，九部。

𩫏 𩫏 古文墉。五篇曰：「𩫏，度也。民所度凥也。」字音古博切。此云「古文墉」者，蓋古讀如庸，秦以後讀如郭。如豕、亥同𠀅字，訓順訓慕同孌字之比。

堞 堞 城上女垣也。女之言小也。𨸏部陴下曰：「城上俾倪女牆也。」堞與陴異字而同義。《左傳》：「堙之環城，傅於堞。」杜曰：「堞，女牆也。」古之城以土，不若今人以專也。土之上閒加以專牆，爲之射孔，以伺非常，曰俾倪，曰陴，亦曰堞。《左傳》：「盧蒲嫳攻崔氏，崔氏堞其宮而守之。弗克。」此謂於宮牆之上，又加俾倪也。 从土，葉聲。按，从葉者，如葉之薄於城也，亦有會意焉。今字作「堞」。徒叶切，八部。

坎 坎 陷也。陷者，高下也。高下者，高而入於下也，因謂阱謂坎。井部曰：「阱者，大陷也。」穴部曰：「窞，坎中更有坎也。」⑳《易》曰：「坎，陷也。習坎，重險也。」《毛詩》傳曰：「坎坎，擊鼓聲。」

按，此謂坎坎爲「竷竷」之叚借字也。**从土，欠聲。**苦感切，八部。

墊　下也。謂地之下也。《臯陶謨》曰：「下民昏墊。」因以爲凡下之偁。《方言》曰：「凡柱而下曰埕，屋而下曰墊。」馬部云：「騺，馬腹墊也。」漢後用爲褺江縣字。**从土，執聲。**都念切，七部。**《春秋傳》曰：「墊隘。」**《左傳》文。成六年、襄九年、廿五年，凡三見。

坻　小渚也。《爾雅》曰：「小州曰渚。小渚曰沚。小沚曰坻。」《毛詩·周南》《秦》㉑傳曰：「水中可居者，曰州。渚，小州也。坻，小渚也。小渚曰沚。」今按，毛傳不應坻、沚同訓，若云「坻，小沚也。小渚曰沚」，則於《爾雅》合。許水部渚下，引《爾雅》「小州曰渚」，沚下云：「小渚也。」皆與《爾雅》毛傳同。則此小渚亦當作「小沚」，明矣。坻者，水中可居之最小者也。**从土，氐聲。**直尼切，十五部。與十六部之坘迥別。**《詩》曰：「宛在水中坻。」**《秦風·蒹葭》文。

汷　坻或从水，从夂。夂聲。

渚　坻或从水耆。耆聲。

𡑞　下入也。此與下溼曰「隰」義略同。《吳都賦》曰：「𡍼𡑞鱗接。」李注曰：「𡍼𡑞，枝柯相重疊皃也。」按，太沖之「𡍼𡑞」，即許書之「屆尼」。楚立、除立二切。**从土，㬎聲。**敕立切。按，當依《廣韵》直立切。七部。

垎　水乾也。乾，音干。《玉篇》、《廣韵》皆作「土乾也」，爲長。謂土中之水乾而無潤也。王逸《九思》：「冰凍兮垎澤。」自注：「垎，竭也。寒而水澤竭成冰。」按，「水澤竭」，所謂乾也。今《楚辭》作「洛澤」，《廣韵》、《集韵·十九鐸》皆引「冬冰兮洛澤」，誤甚。**从土，各聲。**胡格切，古音在五部。讀如貉。**一曰，堅也。**按，乾與堅義相成，水乾則土必堅。《齊民要術》曰：「溼耕堅垎，數年不佳。」謂耕溼田，則土堅垎不佳也。《學記》曰：「發然後禁，則扞格而不勝。」注曰：「格，讀如凍垎之垎。扞格，堅不可入之皃。」正義云：「言格是堅彊。譬如地之凍，則堅彊難入。故云如凍垎之垎。但今人謂地堅爲垎也。」正義本注是「凍垎」，陸德明本是「凍洛」，陸非孔是。《管子》：「沙土之次曰五塥。」塥蓋謂堅垎。

垐　以土增大道上。增，益也。此與茨同意。以艸次於屋上曰茨，以土次於道上曰垐。**从土，次聲。**疾資切，古音在十二部。

堲　古文垐。見於經者，曰「夏后氏堲周」，注云：「火孰曰堲。」引《弟子職》「右手折堲」，是鄭與許異也。**从土即。**古次、即同在十五部，而次古讀如漆，故即聲後改爲次聲，而唐書叚堲爲疾也。今音疾資切。**《虞書》曰：「龍，朕堲讒說殄行。」**《堯典》文。虞當作唐，說在示部。**堲，疾惡也。**此釋經以說叚借。謂堲即疾之叚借，如「蒀席」爲竹蔑之叚借，「作敂」爲好之叚借也。古音讀如疾。《廣韵》子栗、將七二切是也。徐仙民讀在力反，乃失古義矣。

增 益也。益者，饒也。會下曰：「曾，益也。」是可叚曾爲之。从土，曾聲。作滕切，六部。

埤 增也。《詩·北門》曰：「政事一埤益我。」傳曰：「埤，厚也。」此與會部𣝣、衣部裨音義皆同。凡从曾之字，皆取加高之意。會部曰：「曾者，益也。」是其意也。凡从卑之字，皆取自卑加高之意。所謂「天道虧盈益謙」、「君子捊多益寡」也。凡形聲中有會意者，例此。从土，卑聲。符支切，十六部。

坿 益也。《吕氏春秋·七月紀》㉒：「坿牆垣。」高注：「坿讀如符。坿，猶培也。」《十月紀》：「坿城郭。」高注：「坿，益也，令高固也。」按，今多用附，訓益。附乃附婁，讀步口切，非益義也。今附行而坿廢矣。从土，付聲。符遇切，古音在四部。

塞 隔也。自部隔下云：「塞也。」是爲轉注。俗用爲窒𡫳字，而塞之義、𡫳之形俱廢矣。《廣韵》曰：「邊塞也。」《明堂位》：「四塞世告至。」注云：「四塞，謂夷服、鎮服、蕃服，在四方爲蔽塞者。」按，鄭注所謂天子守在四夷也。《戰國策》：「齊有長城巨防，足以爲塞。」《吕氏春秋》：「天下有九塞。」所謂守在四竟也。《邶風》、《庸風》傳曰：「塞，瘞也。」「塞，充實也。」㉓皆謂塞爲𡫳之叚借字也。从土，𡫳聲。大徐作「从土，从𡫳」。先代切，一部。按，此切音，蓋因俗通用此字，故以此切別於穌則切也。舊音本無不同。

圣 汝潁之閒謂致力於地曰圣。此方俗殊語也。致力必以手，故其字从又土會意。从又土。讀若兔鹿窟。按，許有窋無窟，此當作「堀」。苦骨切，十五部。

垍 堅土也。堅者，剛也。堅土，《周禮》所謂「彊㯺」、鄭云「彊堅」者是也。按，㯺一作「壏」，《管子》：「壚土之次曰五壏。五壏之狀，芬焉若糠以肥。」說與鄭異。讀若冀。冀在一部，而用爲聲者，取雙聲。从土，自聲。其冀切，按，當曰几利切，十五部。

埱 气出土也。气之出土滃然，故埱與歜音義皆略同。引申爲凡气出之偁。或叚借椒爲埱，《周頌》曰：「有飶其香，有椒其馨。」傳曰：「飶，芬香也。椒，猶飶也。」按，椒，沈作俶，尺叔反。沈說善矣，若作埱尤合。飶與埱皆謂香气突出觸鼻，非謂椒聊也。一曰，始也。俶下云：「一曰始也。」此與音義皆同。从土，叔聲。昌六切，三部。

埵 堅土也。《玉篇》云：「确也。」讀若朶。从土，垂聲。丁果切，十七部。

埐 地也。未詳。从土，侵省聲。各本作「𠬶聲」，無此字，今正。籀文寑亦省作𡪢也。子林切，七部。

埾 積土也。捊下曰：「引埾也。」引申爲凡聚之偁。各書多借爲聚字，《白虎通》：「琮之爲言埾也，象萬物之宗埾也。」今乃譌爲「聖」。从土，聚省聲。舉形聲包會意也。才句切，古音在四部。

壔 保也。保，《集韵》、《類篇》作「堡」，俗字也。《檀弓》：「公叔禺人遇負杖入保者息。」《月令》：「四鄙入保。」注皆云：

「都邑小城曰保。」許云保謂之㙐。一曰，高土也。一曰二字，今本無，依小徐、《集韵》、《類篇》補。此別一義。讀若毒。許時音讀如此。从土，𩫖聲。今都晧切，古音在三部。

培 培敦，逗。土田山川也。《左傳》祝鮀曰：「分魯土田倍敦。」釋文曰：「倍，本亦作陪。」許所見作培爲是矣。杜云：「倍，增也。敦，厚也。」《左氏》但言土田，而《魯頌》曰：「錫之山川、土田、附庸。」《大雅》曰：「告于文人，錫山土田。」毛傳曰：「諸侯有大功德，賜之名山、土田、附庸。」《魯頌》箋云：「策命伯禽，使爲君於東，加賜之以山川、土田及附庸，令專統之。」《王制》曰：「名山大川不以封。」諸侯附庸則不得專臣也。按，封建所加厚曰培敦，許合《詩》以釋《左》也。引申爲凡裨補之偁。从土，咅聲。蒲回切，按，古音在一部。

埩 治也。治土曰埩。《廣韵》曰：「埩，魯城北門池也。」《公羊傳》作爭，許水部作淨。从土，爭聲。疾郢切，十一部。《廣韵》側莖切。其埩門字士耕切。

墇 擁也。擁者，裛也。裛，許之抱字。謂圍抱以擁水也。疑當作「邕」。邕俗作雝，《廣韵》：「墇，壅也。」壅又雍之俗。此與障音同義小異。《祭法》、《魯語》「鯀鄣洪水」，當作此墇字。韋昭曰：「防也。」从土，章聲。之亮切，十部。《廣韵》亦平聲。

堋 遏遮也。未聞。从土，則聲。初力切，一部。

垠 地垠咢也。咢字，各本無，今補。《玄應書》卷八引「圻，地圻咢也。」《文選·七發》注引「圻，地圻㖔也」。㖔者，後人增土，咢則許書本然，淺人以咢爲怪，因或改、或刪耳。按，古者邊畍謂之垠咢，《周禮·典瑞》《輈人》、《禮記·郊特牲》《少儀》《哀公問》五注皆云「圻鄂」，圻或作沂。張平子《西京賦》作「垠鍔」，注引許氏《淮南子》注曰：「垠鍔，端厓也。」《甘泉賦》李注曰：「鄂，垠鄂也。」按，垠亦作圻。或作沂者，叚借字。《淮南書》亦作「埜」。《玉篇》曰：「古文也。」咢作鄂、作鍔者，皆叚借字。或作壥、作堮者，異體也。咢者，譁訟也。叚借之，《毛詩》「鄂不韡韡」，鄂葢本作咢。毛傳曰：「咢猶咢咢然，言外發也。」箋云：「承華者曰咢，不當作柎。柎，咢足也。」毛意本謂花瓣外出者，鄭箋則以詩上句爲華不謂蒂，故謂咢爲下系於蒂而上承華瓣者。毛云咢咢，猶今人云𪓹𪓹，毛、鄭皆謂其四出之狀。《長笛賦》注、《字林》始有从卪之「鄂」，垠咢字之別體也。俗卪、阝混殽，故作鄂不作鄂。物之邊畍有齊平者，有高起者，有捷業如鋸齒者，故統評之曰垠咢。有單言垠，單言咢者，如《甘泉賦》既云「亡鄂」，又曰「無垠」是也。故許以地垠咢釋垠。《廣韵》曰：「圻，圻堮。又岸也。」正本《說文》。从土，㫐聲。語斤切，十三部。《廣韵》又語巾切。一曰，岸也。岸者，水厓陵而高者也，亦曰垠。

圻 垠或从斤。斤聲也。古斤聲與幾聲合韵冣近，故《周禮》故書畿爲近。田部曰：「以遠近言之，則言畿也。」鄭曰：「畿猶限也。」是王畿可作王圻，王圻亦可作王垠也。

墠 野土也。野者，郊外也。野土者，於野治地除艸。《鄭風》「東門之壇」，壇即墠字。傳曰：「除地町町者。」町町，平意。

《左傳》：「楚公子圍逆女於鄭，鄭人請墠聽命。楚人曰：若野賜之，是委君貺於草莽也。」可見墠必在野也。鄭子産草舍不爲壇，壇即墠字，可見墠必除草也。《周書》：「爲三壇同墠。」此壇高墠下之證也。《祭法》：「王立七廟，二祧，一壇，一墠。」注曰：「封土曰壇，除地曰墠。」此壇墠之别也。築土曰封，除地曰禪。凡言封禪，亦是壇墠而已。經典多用壇爲墠，古音略同也。从土，單聲。常衍切，十四部。

垑　恃也。《廣韵》曰：「垑，恃土地也。」疑所見是完本。恃土地者，自多其土地，故字从多土。《玉篇》：「垑，治土地名。」恐有錯誤矣。《釋詁》㉔曰：「恀，恃也。」謂自多之意。一説《爾雅》蓋本作垑，故許同之。从土，多聲。尺氏切，古音在十七部。

壘　軍壁也。萬二千五百人爲軍，行軍所駐爲垣，曰軍壁。壘之言絫也，壘與垒字音義皆别。《周禮·量人》：「營軍之壘舍。」鄭云：「軍壁曰壘。」《晉語》：「趙鞅使尹鐸墮晉陽壘培。」韋曰：「壘壍曰培。」从土，畾省聲。各本作「畾聲」，無此字，今正。力委切。按，力委，誤也，當依《廣韵》力軌切。十五部。

垝　毁垣也。當曰「垝垣，毁垣也」。《衛風·氓》曰：「乘彼垝垣。」傳曰：「垝，毁也。」下文云：「毁，缺也。」从土，危聲。過委切，十六部。《詩》曰：「乘彼垝垣。」

陒　垝或从𨸏。

圮　毁也。《廣韵》：「岸毁。又覆也。」从土，己聲。符鄙切，古音在一部。《虞書》曰：虞當作唐，説在禾部。「方命圮族。」《堯典》文。

䣫　圮，或从手，配省，非聲。大徐作「从手，从非，配省聲」，未知孰是。此蓋即户部之扉戺字，其音義皆略同也。

垔　塞也。按，此字古書多作堙、作陻，真字乃廢矣。《左傳》「井堙木刊」服注，《周語》「墮高堙庳」韋注，皆同此。从土，𠧪聲。於真切，古音在十三部。《商書》曰：大徐「《尚書》曰」，小徐「《書》曰」，皆誤。「鯀垔洪水。」《周書·鴻範》文。《左傳》與許例云《商書》。

陻　垔或从𨸏。

𡋯　古文垔如此。上从古文西。

塹　阬也。江沅曰：「阬，閬也。閬，門高大之皃。門之高大，阬之深廣，相似也。故𨸏部『阬，閬也』，即《緜》傳之『阬，高皃』。古《毛詩》蓋作『臯門有阬』耳。塹則與阬之深廣同義。」玉裁按，江説是也。《左氏傳》注：「塹，溝塹也。」《廣韵》曰：「遶城水也。」《史記·李斯列傳》「陗塹之勢異」，塹乃漸之叚借。謂斗直者與陂陀者之勢不同也。从土，斬聲。依《韵會》如此。七豔切，八部。一曰，大也。大下疑奪一字，今無攷。

埂　秦謂阬爲埂。秦謂阬塹曰埂，二字音略同。此與《釋詁》「阬、壑，隍、漮，虚也」同義。若《廣韵》曰：「吳人謂堤封爲埂」，今江東語謂畦埒爲埂，此又別一方語，非許所謂。从土，叜聲。讀若井汲綆。古杏切，古音在十部。

壙 塹穴也。謂塹地爲穴也。墓穴也。《周禮·方相氏》：「及墓，入壙，以戈擊四隅。」鄭曰：「壙，穿地中也。」从土，廣聲。苦謗切，十部。一曰，大也。《孟子》曰：「水之就下，獸之走壙。」

塏 高燥也。燥者，乾也。《左傳》：「請更諸爽塏者。」杜曰：「爽，明也。塏，燥也。」从土，豈聲。苦亥切，十五部。

毀 缺也。缺者，器破也。因爲凡破之偁。从土，毇省聲。許委切，十六部。

毀 古文毀，从壬。

壓 壞也。此與厂部厭義絶不同，而學者多不能辨。《廣韵》壓下云：「鎮也，降也，笮也。」乃皆厭之訓也。一曰，窴補也。从土，厭聲。烏狎切，七部。

壞 敗也。敗者，毀也。从土，褱聲。下怪切，十五部。按，毀壞字皆謂自毀、自壞，而人毀之、人壞之其義同也。不必有二音。

⿰褱攴 籀文壞从攴。

⿰眔土 古文壞省。褱省聲也。

坷 坎坷也。坎坷雙聲。謂不平也。从土，可聲。康我切，十七部。梁國寧陵有坷亭。《郡國志》：「梁國寧陵，故屬陳留。」

⿰土虖 ⿰土㡿也。與缶部之罅音義皆同。从土，虖聲。呼訝切，古音在五部。

⿰阝虖 ⿰土虖或从𨸏。

坼 裂也。裂者，繒餘也。因以爲凡隙之偁。从土，㡿聲。丑格切，古音在五部。讀如託。《詩》曰：「不⿰土㡿不疈。」《大雅·生民》文。今《詩》作「副」，許作疈者，所據用籀文也。毛傳曰：「不坼不副，言易也。」

坱 塵埃也。塵者，鹿行土也。㉕引申爲土飛揚之偁。坱者，塵埃廣大之皃也。賈誼賦曰：「大鈞播物兮，坱圠無垠。」王逸《楚辭》注曰：「坱，霧昧皃。」从土，央聲。於亮切，十部。按，《文選》烏黨切。《篇》、《韵》皆同。

塺 塵也。《楚辭》：「愈氛霧其如塺。」王逸曰：「塺，塵也。」按，塺之言蒙也。从土，麻聲。亡果切，十七部。《廣韵》去聲。

塿 塺土也。从土，婁聲。洛侯切，四部。俗書附婁作培塿。

坋 塵也。凡爲細末糝物若被物者，皆曰坋。如《左氏》：「芥其雞。」賈逵云：「季氏擣芥爲末，播其雞翼，可以坌郈氏雞。」《五行志》：「棄灰於道者，黥。」孟康云：「商鞅以棄灰於道，必坋人，坋人必門，故設黥刑以絶其源。」《貨殖傳》「胃脯」，晉灼云：「燖羊胃，以末椒薑坋之。」皆是也。其音則《後漢・東夷傳》注引《說文》蒲頓反爲長。今俗語如蓬去聲。按，坋之言被也。从土，分聲。房吻切，十三部。一曰，坋，大防也。《周南》傳曰：「墳，大防也。」許釋墳爲墓，然則「汝墳」乃叚借字也。此義音當平聲。

⿱非土　塵也。塵，《玉篇》作「塺」。⿱非土之言沸也。从土，非聲。房未切，十五部。

埃　塵也。《莊子》曰：「野馬也，塵埃也，生物之以息相吹也。」絫言之曰塵埃。从土，矣聲。烏開切，一部。

⿱殹土　塵埃也。埃，當从《玉篇》作「⿱殹土」，⿱殹土之言翳也。从土，殹聲。烏雞切，十五部。

垽　澱也。水部曰：「澱，滓垽也。」是二篆爲轉注。二字義同，音亦同部。从土，沂聲。魚僅切，十三部。

垢　濁也。濁，水部曰：水名也。而濁穢字用之。从土，后聲。古厚切，四部。

㙪　天侌塵起也。依《玉篇》補起字，較完。《詩》曰：「㙪㙪其陰。」《邶風・終風》文。今《詩》㙪作「曀」，毛傳曰：「如常陰曀曀然。」許所據作㙪，其訓曰天陰塵。蓋雨部所云「天气下，地不應，曰霿」。霿，晦也。从土，壹聲。於計切，十二部。

坏　丘一成者也。一各本作「再」，今正。《水經注》曰：「河水又東，逕成皋大伾山下。」《爾雅》：「山一成謂之伾。」許愼、吕忱等並以爲丘一成也，孔安國以爲再成曰伾。據此是俗以孔傳改易許書，今本非善長所見也。一曰，瓦未燒。今俗謂土坏，古語也。瓦者，土器已燒之總名。然則坏者，凡土器未燒之總名也。此與墼字異義同，但墼專謂塼耳。《國語》：「趙簡子使尹鐸墮晉陽壘培，尹鐸增之。」韋注：「壘墼曰培。」此培字，正坏之叚借。《月令》：「坏垣牆，坏城郭。」注曰：「坏，益也。」是又叚坏爲培也。从土，不聲。芳桮切，古音在一部。

垤　螘封也。螘封者，其土似封畤之高，故謂之封。《周禮》注：「聚土曰封。」此亦其意也。《詩》毛傳曰：「垤，螘冢也。」按，垤之言突也。从土，至聲。徒結切，十二部。《詩》曰：「雚鳴于垤。」《豳風・東山》文。雚，各本作鸛，今依萑部所引《詩》更正。

坥　益州部謂螾場曰坥。《郡國志》：「自漢中至犍爲，屬國、郡國十二，益州刺史部也。」螾，丘蚓也。場，失羊切。俗作塲，古作壤。《穀梁傳》：「吐者外壤，食者内壤。」徐邈、麋信皆作場，音傷，是也。螾場，謂其外吐之土。《方言》曰：「梁、宋之閒，蚍蜉黎鼠之場謂之坻，螾場謂之坥。」郭云：「其糞曰坥。」按，醫書謂之蚓樓，今土面虚起者是也。許云益部，與梁宋之閒不合。疑《方言》宋當作益。从土，且聲。七余切，五部。又七豫切。

埍　徒隸所凥也。徒隸，賤者偁。一曰，女牢。陛牢所以拘罪者也，其拘女者曰埍。一曰，亭部。葢謂鄉亭之繫也。《韓詩》「宜犴宜獄」云：「鄉亭之繫曰犴，朝廷曰獄。」从土，肙聲。古泫切，十四部。

壡 囚突出也。从土，叡聲。胡八切，十五部。

瘞 幽薶也。艸部曰：「薶者，瘞也。」二篆爲轉注。幽者，隱也。隱而薶之也。絫言之則曰瘞薶。从土，㾜聲。於罽切，十五部。疑古音當在八部，合韻也。

堋 喪葬下土也。謂葬時下棺於壙中也。是名曰堋。从土，朋聲。方鄧切，六部。《春秋傳》曰：「朝而堋。」昭十二年《左傳》文。葬鄭簡公事也。《禮》謂之封。《禮》謂《禮經》，所謂《儀禮》十七篇也。《既夕禮》：「乃窆，主人哭踊無筭。」注云：「窆，下棺也。今文窆爲封。」按，許於《禮經》，有從今文者，有從古文者，此云「《禮》謂之封」，則從今文也。《小戴記》一書，於《禮經》多從今文，故此字皆作封，無作窆者。《檀弓》「縣棺而封」，鄭云「封當爲窆」，鄭以封於義不親切，故欲依《禮》古文及《周官》易其字也。《周官》謂之窆。《周官》者，《漢志》所謂《周官經》，漢人謂之《周禮》也。《遂人》：「及窆陳役。」鄭司農云：「窆謂下棺時。」《禮記》謂之封，《春秋》謂之堋，皆葬下棺也。聲相似。」《鄉師》注略同。蒸、侵、東三韵相爲通轉，故三字音相近，大鄭云「聲相似」是也。語言之小異耳，此皆謂下棺。或以不封不樹亦改讀爲窆，則誤矣。窆見穴部。《虞書》曰：「堋淫于家。」亦如是。大徐無「亦如是」三字，遂致不可通。上偁《春秋傳》、《禮》、《周官》，説轉注也。堋、封、窆異字同義也，惟封略近叚借。此偁《皋陶謨》説叚借也，謂叚堋爲朋，其義本不同，而形亦如是作也。「堋淫于家」，即朋淫于家，故孔安國以今文字讀之，定爲朋字。朋淫即「羣居終日，言不及義」，「恒舞于宫，酣歌于室」，徇于貨色也。不知此恉，乃或以楚王戊私姦服舍釋之。夫下棺之地，非持服之舍也，其説《書》之乖刺何如哉！故不知有偁經説叚借之例，不可與讀《説文》。

塋 墓地。地，各本作「也」，今正。《玉篇》及《文選》李注引皆作地。《漢書音義》如淳曰：「塋，冢田也。」《詩》：「蘞蔓于域。」毛傳：「域，塋也。」按，塋之言營也，營者，帀居也。經營其地而葬之，故其字从營。从土，營省，會意。亦聲。此從小徐也。余傾切，十一部。

墓 丘墓也。墓字今補。丘謂之虚，故曰丘墓，亦曰虚墓。《檀弓》曰「虚墓之閒，未施哀於民而民哀」是也。《周禮》有冢人，有墓大夫。鄭曰：「冢，封土爲丘壠，象冢而爲之。墓，冢塋之地，孝子所思慕之處。」然則丘自其高言，墓自其平言，渾言之則曰丘墓也。墓之言規模也。《方言》：「凡葬而無墳謂之墓，所以墓謂之墲。」注引《漢·劉向傳》「初陵之墲」，今《漢書》作「初陵之橅」。从土，莫聲。莫故切，五部。

墳 墓也。此渾言之也，析言之，則墓爲平處，墳爲高處。故《檀弓》孔子曰：「古者墓而不墳。」邯鄲淳《孝女曹娥碑》曰：「丘墓起墳。」鄭注《禮記》曰：「墓謂兆域，今之封塋也。土之高者曰墳，此其別也。」《方言》曰：「冢，秦晉之閒謂之墳，或謂之培，或謂之堬，或謂之埰，或謂之埌，或謂之壠。自關而東，謂之丘，小者謂之塿，大者謂之丘。」此又別國方言之不同也。墳之義多引申叚借用之，如「厥土黑墳」，「公置之地，地墳」。此引申之用也。如「遵彼汝墳」，借墳爲坋。《周禮》「墳衍」，借墳爲濆也。从土，賁聲。符分切，十三部。

壟 丘壠也。高者曰丘壠。《周禮》注曰：「冢，封土爲丘壠也。」《曲禮》：「適墓不登壟。」注曰：「爲其不敬。壟，冢也。墓，塋域。」是則壠非謂墓畮也。郭注《方言》曰：「有畮埒似耕壠以名之。」此恐方語而非經義也。壟畝之偁，取高起之義引申之耳。从土，龍聲。力踵切，九部。

垗 畔也。畔者，田畮也。畮者，竟也。垗畔雙聲。爲四畔畮祭其中。畔，各本譌「時」，《集韵》、《類篇》又譌「時」，今正。四畔，謂四面有埒也。《周禮·小宗伯》：「兆五帝於四郊。」鄭曰：「兆爲壇之塋域。」然則四面爲垠埒也。引申爲《孝經》之「宅兆」，《樂記》之「綴兆」。垗，古叚肇爲之。《尚書大傳》：「兆十有二州。」鄭云：「兆，域也。爲塋域以祭十二州之分星也。」而古文《堯典》作肇，《大雅》：「以歸肇祀。」鄭云：「肇，郊之神位也。」是讀爲兆也。《商頌》：「肇域彼四海。」箋云：「肇當作兆。」畮祭其中，畮當作介。介，畫也。从土，兆聲。兆者，分也。形聲中有會意也。治小切，二部。《周禮》曰：「垗五帝於四郊。」今《周禮》作兆，許作垗者，蓋故書今書之不同也。〇此篆本在堋篆後，今移此，乃條理秩然。

壇 祭壇場也。《祭法》注：「封土曰壇，除地曰墠。」《楚語》：「屏攝之位，壇場之所。」韋注：「屏攝，爲祭祀之位也。除地曰場。」《漢·孝文帝紀》：「其廣增諸祀壇場珪幣。」師古曰：「築土爲壇，除地爲場。」按，墠即場也。爲場而後壇之，壇之前，又必除地爲場，以爲祭神道，故壇場必連言之。宋本作「祭場也」，無壇字，非是。若《祭法》壇與墠則異地，場有不壇者，壇則無不場也。从土，亶聲。徒干切，十四部。

場 祭神道也。也，《廣韵》作「處」。《玉篇》引《國語》「屏攝之位曰壇（今譌場），壇之所除地曰場。」一曰，山田不耕者。田部云：「暘，不生也。」場與暘義相近，《方言》曰：「坻，場也。」李善曰：「浮壤之名也。音傷。」按，不耕則浮壤起矣，是即蚍蜉、犂鼠、螾場之字也。一曰，治穀田也。《豳風·七月》曰：「九月築場圃。」傳曰：「春夏爲圃，秋冬爲場。」箋云：「場圃同地也。」《周禮·場人》注曰：「場，築地爲墠，季秋除圃中爲之。」故許云治穀之田曰場。从土，昜聲。直良切，十部。

圯 東楚謂橋。大史公曰：「彭城以東，東海、吳、廣陵，此東楚也。」《史》、《漢》：「張良嘗閒從容步游下邳圯上。」服虔曰：「汜音頤，楚人謂橋爲汜。」按，字當作圯，《史》、《漢》叚汜爲之，故服子愼讀如頤也。或云姚察見《史記》本有从土旁者。應劭曰：「汜水之上，謂窮瀆無水之上也。」則應説从水作汜爲合，與从土訓橋異。

詳水部汜下。从土，巳聲。與之切，一部。

垂 遠邊也。辵部曰：「邊者，行垂崖也。」垂者，遠邊也。崖者，高邊也。邊本謂行於垂崖，因之垂崖有遠邊、高邊之偁，厓有山邊之偁矣。《逍遙游》：「翼若垂天之雲。」崔云：「垂猶邊也。其大如天一面雲也。」《漢書》：「千金之子，坐不垂堂。」謂坐不於堂之邊也。垂本謂遠邊，引申之凡邊皆曰垂。俗書邊垂字作「陲」，乃由用垂爲𠂹，不得不用陲爲垂矣。𨸏部曰：「陲，危也。」則無邊義。从土，𠂹聲。是爲切，古音在十七部。

圭 瑞玉也。瑞者，以玉爲信也。上圜下方。圭之制，上不正圜，以對下方言之，故曰上圜。上圜下方，法天地也。故應劭曰：「圭，自然之形，陰陽之始也。」以圭爲陰陽之始，故六十四黍爲圭，四圭爲撮，十圭爲一合，量於此起焉。《方言》曰：「鼃，始也。」多不得其解，愚謂鼃從圭聲，與圭同音，鼃，始也，即圭，始也。公執桓圭，九寸，桓，玉部作「瓛」，此不改者，依《周禮》文也。鄭曰：「雙植謂之桓，桓圭以宮室之象爲瑑飾。」侯執信圭，伯執躳圭，皆七寸，鄭曰：「信當爲身，身圭躳，圭皆象以人形爲瑑飾。九寸、七寸，謂其長也。子執穀璧，男執蒲璧，皆五寸。二玉以穀、以蒲爲瑑飾，五寸，謂其徑也。㠯封諸侯。詳《周禮·大宗伯》《典瑞》《玉人》。天子以封諸侯，諸侯守之，以主其土田山川，故字从重土。从重土。重土者，土其土也。古畦切，十六部。楚爵有執圭。此說楚制之乖異也。其事柀見各書，若《國策》之景翠、莊辛，《淮南》之荊佽非，子發，《說苑》之鄂君子晳，《呂覽》之能得五員者，皆楚執圭者也。高注《淮南》曰：「楚爵功臣賜以圭，謂之執圭，比附庸之君。」

珪 古文圭从玉。古文从玉，謂頒玉以命諸侯守此土田培敦也。小篆重土而省玉，葢李斯之失與。今經典中圭、珪錯見。○圭、珪移於部末者，許例當如此也。

文一百三十一。今去「堀」。　重二十六㉖。

垚 土高皃。依《韵會》所據本，與《廣韵》合。从三土。會意。吾聊切，二部。凡垚之屬皆从垚。

堯 高也。堯，本謂高，陶唐氏以爲號。《白虎通》曰：「堯猶嶢嶢。嶢嶢，至高之皃。」按，焦嶢，山高皃，見山部。堯之言至高也。舜，《山海經》作俊，俊之言至大也。皆生時臣民所偁之號，非謚也。从垚在兀上，高遠也。會意。兀者，高而上平也。高而上平之上，又增益之以垚，是其高且遠可知也。吾聊切，二部。

古文堯。此从二土，而二人在其下。小徐本、《汗簡》、《古文四聲韵》尚不誤，汲古閣乃大誤。

文二。　重一。

堇 黏土也。《內則》：「塗之以謹塗。」鄭曰：「謹當爲墐，聲之誤也。墐塗，塗有穰草也。」按，鄭注墐當爲堇，轉寫者誤加土耳。《玉篇》引《禮》「堇涂」，是希馮時不誤也。鄭謂土帶穰曰堇，許說不尒。葢土性黏者，與埴異字同義也。从黃省，从土。从黃者，黃土多黏也。會意。巨斤切，十三部。按，徐仙民《篇》、《韵》皆居隱切。凡堇之屬皆从堇。

⿱艹⿱黄土 古文堇。古文从黃不省。

⿱𦰩土 亦古文。此篆各本皆譌，今依難字古所用形聲更正。

艱 土難治也。引申之，凡難理皆曰艱。按，許書無墾字，疑古艱即今墾字，豤亦艮聲也。从堇，艮聲。古閑切，古音在十三部。

囏 籒文艱。从喜。必有喜悅之心，而後不畏其艱，而後無不治也，故从喜。此字見《周禮》。

文二　重三。

里 尻也。鄭風：「無踰我里。」傳曰：「里，居也。」二十五家爲里。」《周禮·載師》「廛里」，鄭云：「廛里者，若今云邑居矣。里，居也。」《縣師》「郊里」，鄭云：「郊里，郊所居也。」《遺人》「鄉里」，鄭云：「鄉里，鄉所居也。」《遂人》曰：「五家爲鄰，五鄰爲里。」《穀梁傳》曰：「古者三百步爲里。」《毛詩》亦借里爲悝。悝，病也。从田，从土。有田有土而可居矣。良止切，一部。一曰，士聲也。一說以推十合一之士爲形聲。凡里之屬皆从里。

釐 家福也。家福者，家居獲祐也。《易》曰：「積善之家，必有餘慶。」《漢·孝文帝紀》：「詔曰：今吾聞祠官祝釐，皆歸福於朕躬。」如淳曰：「釐，福也。」《賈誼傳》受釐宣室，是也。」如說㝡合。應劭注釐爲「祭餘肉」，失之。師古直謂釐爲「禧」之叚借字。禧與釐雖同在古音弟一部，然義各有當。釐字从里，里者，家居也，故許釋爲「家福」，與禧訓「禮吉」不同。《春秋》三經「僖公」，《史記》作「釐公」，叚借字耳。有叚釐爲氂者，經解云：「差若毫氂」，或作釐，是也。有叚釐爲賚者，《大雅》：「釐爾女士。」傳曰：「釐，予也。」「釐爾圭瓚。」傳曰：「釐，賜也。」有叚釐爲理者，《堯典》「允釐百工」是也。从里，𠩺聲。里之切，一部。

野 郊外也。邑部曰：「距國百里曰郊。」冂部曰：「邑外謂之郊，郊外謂之野，野外謂之林，林外謂之冂。」《詩·召南》《邶風》傳皆曰：「郊外曰野。」《鄭風》傳曰：「野，四郊之外也。」《論語》：「質勝文則野。」包咸曰：「野如野人，言鄙略也。」从里，予聲。羊者切，古音在五部。

壄 古文野。从里省，从林。亦作「埜」。

文三　重一。

田 敶也。各本作「陳」，今正。敶者，列也。田與敶古皆音陳，故以疊韵爲訓，取其敶列之整齊謂之田。凡言田田者，即陳陳相因也。陳陳，當作敶敶。陳敬仲之後爲田氏，田即陳字，叚田爲陳也。樹穀曰田。穜菜曰圃，樹果曰園。見口部。象形。各本作「象四」，今依《韵會》正。今人謂爲从口从十，非許意也。此象甫田之形，毛公曰：「甫田，謂天下田也。」待年切，古音如陳，十二部。口十，逗。千百之制也。此說象形之指，謂口與十合之，所以象阡陌之一縱一橫也。各本作阡陌，自部無此二字，今正。《周禮·遂人》曰：「凡治野，夫間有遂，遂上有徑。十夫有溝，溝上有畛。百夫有洫，洫上有涂。千夫有澮，澮上有道。萬夫有川，川上有路，以達于畿。」百夫之涂謂之爲百，千夫之道謂之爲千，言千百以包徑畛路也。南畝則畛縱遂橫，溝縱洫橫，澮縱川橫，遂、徑、畛、涂、道、路，縱橫同之。東畝則畛橫遂縱，溝橫洫縱，澮橫川縱，徑、畛、涂、道、路之橫縱同之。故十與口，皆象其縱橫也。阡陌則俗字也。凡田之屬皆从田。

町 田踐處曰町。玉裁按，此踐字疑淺人所增。《廣韵》青韵注曰「田處」，迥韵注曰「田塸」。塸者，俗區字。田處者，謂人所田之處。淺人以二字古奥，乃因下文町疃爲禽獸踐處，妄增之。《左傳》：「町原防。」杜曰：「原防不得方正如井田，別爲小頃町。」賈逵曰：「原防之地，九夫爲町，三町而當一井。」《急就篇》「頃町界畝」，顔注：「平地爲町。一曰町，治田處也。」《西京賦》：「編町成篁。」薛注：「町謂畎畝也。」《釋名·州國篇》曰：「鄭，町也。其地多平，町町然也。」《論衡》：「町町若荆軻之廬。」《詩》毛傳曰：「墠，除地町町者。」皆謂平坦，於踐義不相涉。从田，丁聲。他頂切，十一部。《廣韵》有平聲。

𤱩 城下田也。所謂附郭之田也。張晏云：「城旁地也。」一曰，𤱩，郤地。郤，當作「隙」。古隙、郤字相叚借。《曲禮》「郤地」，即隙地也。地，各本譌作「也」，今正。《河渠書》《溝洫志》皆云：「故盡河堧棄地。」韋昭曰：「河堧，謂緣河邊地。」《食貨志》：「趙過試以離宫卒田其宫堧地。」師古曰：「堧，餘地。」《史記·五宗世家》：「臨江王侵廟堧垣爲宫。」《史記·鼂錯列傳》、《漢書·申屠嘉傳》《鼂錯傳》皆云：「錯鑿大上皇廟堧垣。」古者廟有垣，垣外有堧，堧之竟復有垣以闌之，是爲堧垣。臨江王、鼂錯皆侵毁堧垣者也。堧者，河外、宫廟外沿邊隙地也，其字作堧同。从田，耎聲。而緣切，十四部。又乃臥切。按，此字从需者譌。《玉篇》云：「𤱩正，𤳌俗；堧正，壖俗」是也。

疇 耕治之田也。耕者，犂也。犂其田而治之，其田曰疇。有謂麻田曰疇者，劉向《說苑》、蔡邕《月令章句》、韋昭《國語注》、如淳《漢書注》同。此別爲一說，非許義也。有謂疇爲畍埒小畔際者，劉逵《蜀都》注、張載《魏都》注之說，亦非許義。許謂耕治之田爲疇，耕治必有耦，且必非一耦，故賈逵注《國語》曰：「一井爲疇。」杜預注《左傳》曰：「並畔爲疇。」並畔，則二井也。引申之，高注《國策》、韋注《漢書》：「疇，類也。」王逸注《楚辭》：「二人爲匹，四人爲疇。」張晏注《漢書》：「疇，等也。」如淳曰：「家業世世相傳爲疇。」攷《國語》：「人與人相疇，家與家相疇。」《戰國策》曰：「夫物各有疇。」《漢書》曰：「疇人子弟」，「疇其爵邑」。王粲賦：「顯敞寡疇。」曹植賦：「命疇嘯侶。」葢自唐以前，無不用从田之疇，絶無用从人之儔訓類者。此古今之變，不可不知也。楊倞注《荀卿》乃云：「疇當爲儔」矣。从田，𠃬象耕田溝詰詘也。依《韵會》本訂。耕田溝謂甽也，不必正直，故云詰詘。直由切，三部。隸作疇。

𠃬 疇或省。口部𠷎以𠃬爲聲，老部𦒱以𠃬爲聲也。

𤳹 𤳹 燒穜也。《篇》、《韵》皆云：「田不耕，火種也。」謂焚其艸木而下種，葢治山田之法爲然。《史記》曰：「楚越之地或火耕。」杜甫《夔府》詩：「燒畬度地偏。」从田，翏聲。力求切，三部。《漢律》曰：「𤳹田茠艸。」二者皆農事。茠或薅字，見蓐部。

畬 畬 二歲治田也。二，各本作三，今正。《周易音義》云：「畬，馬曰：田三歲。《說文》云：二歲治田。」此許作二之證。攷《釋地》曰：「一歲曰菑，二歲曰新田，三歲曰畬。」《小雅》、《周頌》毛傳同。馬融、孫炎、郭璞皆同。鄭注《禮記·坊記》、許造《說文》、虞翻注《易·无妄》皆云：「二歲曰畬。」許全書多宗毛公，而意有未安者則不從，此其一也。菑，艸部云：「反耕田也。」反耕者，初耕反艸，一歲爲然。二歲則用力漸舒矣。畬之言舒也。三歲則爲新田。从田，余聲。以諸切，五部。《易》曰：「不菑畬，田。」田，汲古以爲衍而空一字，宋本皆有之，葢「凶」字之誤。許所據與《坊記》所引同也。《周易·无妄》六二爻辭。

𤳉 𤳉 龢田也。《考工記·車人》：「爲耒，堅地欲直庛，柔地欲句庛。」《地官·草人》：「墳壤用豕。」㉗鄭曰：「墳壤，潤解也。」曰柔地，曰潤解，皆龢田之謂，對剛土而言。从田柔，會意。柔亦聲。耳由切，三部。鄭有𤳉，地名也。《鄭語》：「史伯對桓公曰：若克二邑，鄢、蔽、補、丹、依、𤳉、歷、華，君之土也。」韋注：「言克虢、鄶，則此八邑皆可得也。」

畸 畸 𣧩田也。𣧩，各本作「殘」，今正。𣧩者，禽獸所食餘也，因之凡餘謂之𣧩，今則殘行而𣧩廢矣。𣧩田者，餘田不整齊者也。凡奇零字，皆應於畸引申用之，今則奇行而畸廢矣。从田，奇聲。居宜切，古音在十七部。

𤳝 𤳝 𣧩薉田也。薉字，依《集韵》、《類篇》、《韵會》所據補。𣧩而且蕪之田也，是曰𤳝。从田，𢀩聲。昨何切，十七部。《詩》曰：「天方薦𤳝。」《小雅·節南山》文。《毛詩》作「瘥」，傳云：「薦，重。瘥，病。」許此所引，葢或《三家詩》也。

畮 畮 六尺爲步，步百爲畮。《司馬法》如是。《王制》曰：「方一里者爲田九百畮。」謂方里而井。秦田，二百四十步爲畮。秦孝公之制也。商鞅開阡陌封疆則。鄧展曰：「古百步爲畮，漢時二百四十步爲畮。」按，漢因秦制也。从田，每聲。莫后切，古音在一部。

畞 畞 畮或从十久。十者，阡陌之制。久，聲也。每、久古音皆在一部。今惟《周禮》作畮，《五經文字》曰：「經典相承作畝。」《干祿字書》曰：「畝，通；畞，正。」

甸 甸 天子五百里內田。《禹貢》：「五百里甸服。」《周語》曰：「先王之制，邦内甸服。」韋注云：「邦内謂天子畿内千里之地。」《商頌》曰：「邦畿千里，惟民所止。」《王制》曰：「千里之内曰甸。」京邑在其中央，故《夏書》曰：「五百里甸服。」則古今同矣。甸，王田也。服，服其職業也。自商以前，邦畿内爲甸服，武王克殷，周公致大平，因禹所弼除甸内，更制天下爲九服，千里之内謂之王畿，王畿之外曰侯服，侯服之外曰甸服。祭謀父諫穆王稱先王之制，猶以王畿爲甸服者。甸古名，世俗所習也。故周襄王謂晉文公曰：「昔我先王之有天下也，規方千里以爲甸服」是也。《周禮》亦以蠻服爲要服，足以相況也。按，周制王畿千里，不在九服，而亦未嘗不從古曰甸服也。若《小司徒》「九夫爲井，四井爲邑，四邑爲丘，四丘爲甸」，鄭云：「甸之言乘也，讀如維禹敶之之敶。」別一義。《毛詩》：「維禹甸之。」傳曰：「甸，治也。」从勹田。各本作「从田，包省」。小徐作「包省聲」，今正。勹，裹也。布交切。甸之外九服，重重勹之，故从勹田。堂練切，十二部。

畿（篆）天子千里地，即天子五百里内田也。五百里自其一面言，千里自其四面言，爲方百里者百也。《商頌》：「邦畿千里。」傳曰：「畿，疆也。」《大司馬》「九畿」注曰：「畿，猶限也。」㠯逮近言之，則言畿。逮字依小徐本。逮者，及也。「九畿」注曰：「故書畿爲近。」鄭司農云：「近當言畿。」按，故書作近，猶他書叚圻作畿耳。許言以逮近言之則曰畿者，謂畿㝡近天子，故稱畿。畿與近合音㝡切。古惟王畿偁畿，甸服外無偁畿者。至周，而侯、甸、男、采、衞、蠻、夷、鎮、藩皆曰畿，直以其遞相傳近轉移叚借名之，非古也。故許以近釋畿。畿之言垠也，故亦作圻。《邶風》：「薄送我畿。」傳曰：「畿，門内也。」謂門限也。《小雅》：「如畿如式。」傳曰：「畿，期也。」《禮記》：「丹漆雕畿。」注曰：「畿，圻堮也。」古幾、畿通用。从田，幾省聲。形聲中包會意。巨衣切，十五部。

畦（篆）田五十晦曰畦。《離騷》：「畦畱夷與揭車。」王逸注：「五十畞曰畦。」《蜀都賦》劉注曰：「《楚辭》：倚沼畦瀛。王逸曰：瀛，澤中也。班固以爲畦，田五十畞也。」㊳此葢班固釋「畦畱夷」之語，今俗本《文選》逸之。按，《孟子》曰：「圭田五十畞。」然則畦从圭田會意兼形聲與？又用爲畦畛。《史記》：「千畦薑韭。」韋昭曰：「畦，猶壟也。」从田，圭聲。户圭切，十六部。

畹（篆）田三十晦曰畹。大徐本三作二，誤。《魏都賦》：「下畹高堂。」張注云：「班固曰，畹三十畞也。」此葢孟堅《離騷章句》「滋蘭九畹」之解也。王注乃云十二畞曰畹，或曰田之長爲畹，恐非是。从田，宛聲。於阮切，十四部。

畔（篆）田界也。田界者，田之竟處也。《左傳》：「子産曰：行無越思，如農之有畔，其過鮮矣。」一夫百畞，則畔爲百畞之界也。引申爲凡界之偁。或叚「泮」爲之。《氓》詩曰：「隰則有泮。」傳曰：「泮，坡也。」坡即陂。箋云：「泮讀爲畔。畔，涯也。」經典多借爲叛字，《論語》：「佛肸以中牟畔。」《大雅》：「無然畔援。」傳曰：「無是畔道，無是援取。」从田，半聲。薄半切，十四部。

界（篆）竟也。竟，俗本作境，今正。樂曲盡爲竟，引申爲凡邊竟之偁。界之言介也。介者，畫也。畫者，介也。象田四界，聿所以畫之。介、界古今字。《爾雅》曰：「疆、界，垂也。」按，垂，遠邊也。从田，介聲。形聲中有會意。古拜切，十五部。此篆上田下介，小徐舊本、《五經文字》、《篇》、《韵》、漢碑可據。

甿（篆）竟也。竟，俗本作境，今正。一曰，百也。百，今之陌字。趙魏謂百爲䀕。方語也。从田，亢聲。古朗切，十部。按，此古朗今譌古郎，因諱朗改爲郎也。鼎臣時未嘗諱朗字。

畷 兩百閒道也。百者，百夫洫上之涂也。兩百夫之閒而有洫，洫上有涂。兩千夫之閒而有澮，澮上有道，所謂阡也。洫横則澮縱，涂横則道縱，故道在中縱，而左右各十涂皆横，是謂兩陌閒道，是之謂畷。《郊特牲》：「饗農及郵表畷。」注云：「郵表畷，謂田畯所以督約百姓於井閒之處。」引《詩》「爲下國畷郵」。按，畷之言綴也，衆涂所綴也。於此爲田畯督約百姓之處，若街彈室者然，曰郵表畷。百廣六尺。百字各本無，今補。所以知必有百者，鄭注《周禮》云：「徑容牛馬，畛容大車，涂容乘車一軌，道容二軌，路容三軌。」軌者，徹也。《攷工記》曰：「徹廣六尺，涂容一軌。」是陌容六尺也。道容二軌，是阡容丈二尺也。許祇言陌之廣，使徑、畛、道、路之廣皆可意知。从田，叕聲。陟劣切，十五部。

畛 井田閒百也。井田閒者，謂十夫閒也。兩十夫之閒，猶井閒也。徑、畛、涂、道、路，皆可謂之陌阡，故曰井田閒陌。《遂人》曰：「十夫有溝，溝上有畛。」《周頌》曰：「徂隰徂畛。」毛傳曰：「畛，埸也。」按，埸者，疆埸也。《信南山》「疆埸有瓜」是也。古祇作「昜」。《左傳》曰：「封畛土略。」謂疆界。从田，㐱聲。之忍切，十二部。

畤 天地五帝所基止祭地也。止，依《韵會》正，下基也。以基止釋畤，以疊韵爲訓也。所基止祭地，謂祭天地五帝者，立基止於此而祭之之地也。畤不見於經，秦人因周制挑五帝於四郊，依附爲之，挑字音譌，遂製畤字耳。考《封禪書》：秦襄公居西垂，作西畤，祠白帝。其後文公都汧，作鄜畤，郊祭白帝。其後德公居雍，宣公作密畤於渭南，祭青帝。靈公作吳陽上畤，祭黄帝；作下畤，祭炎帝。獻公作畦畤櫟陽，祀白帝。漢高祖立黑帝祠，命曰北畤。按，密、上、下三畤及鄜畤及北畤，謂之雍五畤。祭青、黄、赤、白、黑五帝之地也。先言天地者，秦畤謂五帝即天地，故曰：「唯雍四畤，上帝爲尊。」秦之郊見，即祭畤也。从田，寺聲。周市切，一部。右扶風雝有五畤。《地理志》右扶風雍下曰：「有五畤。」按，雍祇有四畤，密畤、吳陽上畤、下畤、北畤也。《史記》雍五畤，《漢志》右扶風有五畤，蓋兼鄜縣之鄜畤祀白帝而言，鄜雖屬左馮翊，而馮翊、扶風故皆内史地，故得統偁之。《史記》於高祖未立北畤前曰「雍四畤」，蓋亦謂密、上、下、鄜四畤。是以四畤上親郊見，而西畤、畦畤上不親往，别白言之也。好畤、鄜畤，皆黄帝時築。築，各本作「祭」，今依《韵會》訂。《封禪書》曰：「自未作鄜畤也，而雍旁故有吳陽武畤，雍東有好畤，自古以雍州積高，神明之隩，故立畤郊上帝，蓋黄帝時嘗用事，雖晚周亦郊焉。其語不經見，縉紳者不道。」按，史公作吳陽武畤，而許作鄜畤，與《史》、《漢》不合，傳聞之異也。或云秦文公立。秦文公立鄜畤，《史》、《漢》皆云尒，而舉爲疑辭，且若好畤亦文公立者，皆傳聞之異也。

略 經略土地也。昭七年《左傳》芋尹無宇曰：「天子經略，諸侯正封，古之制也。」杜注：「經營天下，略有四海，故曰經略。正封，封疆有定分也。」《禹貢》曰：「嵎夷既略。」凡經界曰略。

《左傳》曰：「吾將略地。」又曰：「略基阯。」㉙引申之，規取其地亦曰略地。凡舉其要而用功少皆曰略。略者，對詳而言。从田，各聲。离約切，古音在五部。

當 田相值也。值者，持也。田與田相持也。引申之，凡相持相抵皆曰當。報下曰：「當辠人也。」是其一耑也。流俗妄分平去二音，所謂無事自擾。从田，尚聲。都郎切，十部。

畯 農夫也。《釋言》曰：「畯，農夫也。」孫云：「農夫，田官也。」《詩·七月》：「田畯至喜。」傳曰：「畯，田大夫也。」《周禮·籥章》：「以樂田畯。」注：「鄭司農云：田畯，古之先教田者。」按，田畯，教田之官，亦謂之田。《月令》：「命田舍東郊。」鄭曰：「田謂田畯，主農之官也。」亦謂之農。《郊特牲》：「大蜡饗農。」鄭曰：「農，田畯也。」田畯教田之時，則親而尊之。《詩》三言「田畯至喜」是也。死而爲神，則祭之。《周禮》之「樂田畯」，「大蜡饗農」是也。从田，夋聲。子峻切，十三部。

甿 田民也。甿爲田民，農爲耕人，其義一也。民部曰：「氓，民也。」此从田，故曰田民也。唐人諱民，故「氓之蚩蚩」，《周禮》「以下劑致氓」，石經皆改爲甿。古祇作萌，故許引《周禮》「以興耡利萌」。蓋古本如是。鄭云：「變民言萌，異外内也。萌猶懵懵無知貌。」从田，亡聲。武庚切，古音在十部。

疄 轢田也。轢，車所踐也。《子虛賦》：「掩兔轔鹿。」字从車。《上林賦》：「車徒之所閵轢。」又叚閵爲之。足部曰：「蹸，轢也。」義相近。从田，粦聲。良刃切，十二部。

畱 止也。稽下曰：「稽，畱止也。」从田，丣聲。田，所止也。猶坐从土也。力求切，三部。

畜 田畜也。田畜，謂力田之蓄積也。《貨殖列傳》曰：「富人爭奢侈，而任氏獨折節爲儉力田畜。田畜人爭取賤賈，任氏獨取貴善。非田畜所出，弗衣食。」艸部曰：「蓄，積也。」畜與蓄義略同。畜从田，其源也。蓄从艸，其委也。俗用畜爲六嘼字。古叚爲好字，如《説苑》尹逸對成王曰：「民善之則畜也，不善則讎也。」晏子對景公曰：「畜君何尤。畜君者，好君也。」謂畜即好之同音叚借也。淮南王曰：「玄田爲畜。」王，大徐作「子」。此如引楚莊王止戈爲武説會意也。玄田猶「畇畇原隰」也。丑六切，亦許六切，三部。

蓄 《魯郊禮》，畜从田，从茲。茲，益也。《魯郊禮》，已見鳥部，此許據《魯郊禮》文，證古文从茲乃合於田畜之解也。艸部曰：「茲，艸木多益也。从艸，絲省聲。」古文本从茲，小篆乃省其半。而淮南王乃認爲玄字矣。此小篆省改之失也。今本上从茲，則與茲益之云不貫矣。故正之如此。

疃 禽獸所踐處也。踐者，履也。獸足蹂地曰厹，其所蹂之處曰疃。本不專謂鹿。《詩》則言鹿而已。《詩》曰：「町疃鹿場。」《豳風·東山》文。毛傳曰：「町疃，鹿迹也。」謂鹿迹所在也。《楚辭·九思》：「鹿蹊兮躖躖。」躖與疃葢一字。疃亦作暖。

《郡國志》廣陵郡東陽，劉昭云：「縣多麞。」引《博物志》：「十百爲羣，掘食艸根，其處成泥，名曰麞暖。民人隨此暖種稻，不耕而穫其收百倍。」今《後漢書》譌爲「畯」，《埤雅》引此又譌「暖」，然因《埤雅》可以校正也。从田，童聲。土短切，十四部。此音之轉也，古音蓋在九部。

畼 不生也。今之暢，蓋即此字之隸變。《詩》：「文茵暢轂。」傳曰：「暢轂，長轂也。」《月令》：「命之曰暢月。」注曰：「暢，充也。」蓋皆義之相反而相生者也。从田，昜聲。丑亮切，十部。

文二十九。　重三。

畕 比田也。比，密也。二人爲从，反从爲比。比田者，兩田密近也。从二田，會意。凡畕之屬皆从畕。闕。闕，大徐本無，非也。此謂其音讀闕也。大徐居良切，小徐、《玉篇》同。以畺之音皮傅之而已。竊謂田與田相乘，所謂陳陳相因也，讀如敶列之敶。

畺 界也。《七月》：「萬壽無疆。」傳曰：「疆，竟也。」田部曰：「界，竟也。」然則畺、界義同，竟、境正俗字。《信南山》：「我疆我理。」傳曰：「疆，畫經界也。理，分地理也。」《緜》曰：「乃疆乃理。」《江漢》曰：「于疆于理。」其義皆同。經界出於人爲，地理必因地防，二者必相因而至。不知地防，則水不行。从畕，三，其介畫也。介，各本作「界」，今正。介，畫也。畫，介也。二字義同。居良切，十部。

疆 畺或从土，彊聲。今則疆行而畺廢矣。惟《周禮》有畺。

文二。　重一。

黄 地之色也。玄者，幽遠也，則爲天之色可知。《易》曰：「夫玄黄者，天地之襍也，天玄而地黄。」从田，土色黄，故从田。炗聲。乎光切，十部。炗，古文光。見火部。凡黄之屬皆从黄。

[illegible] 古文黄。

䵍 赤黄色也。赤黄者，赤色敝而黄也。色字依《類篇》補。一曰，輕傷人䵍姁也。傷，各本作「易」，今正。侮者，傷也。傷者，輕也。此謂輕侮人者其狀䵍姁也。《後漢書》曹大家《女誡》：「視聽陜輸。」注云：「陜輸，不定皃。」蓋即䵍姁也，語同字異耳。从黄，夾聲。許兼切，八部。

䵎 黑黄色也。黑黄，各本作「黄黑」，疑當作黑黄。黑色之敝而黄也。《詩》：「我馬玄黄。」傳曰：「玄馬病則黄。」正此意。若黄黑，則土克水之色，謂之騂黄。从黄，耑聲。他耑切，十四部。

䵋 青黄色也。青色敝而黄也。从黄，有聲。呼辠切，古音在一部。

黇 白黄色也。白色之敝而黄也。从黄，占聲。他兼切，七部。

䵍䵍 鱻朙黃色也。依《篇》《韵》補色字。上文皆非正黃色，惟此爲鮮明正黃耳。艸部蘳以爲聲。从黃，圭聲。户圭切，《廣韵》胡瓦切，十六部。

文六。　重一。

男男 丈夫也。夫下曰：「周制八寸爲尺，十尺爲丈，人長一丈，故曰丈夫。」㉚《白虎通》曰：「男，任也。任，功業也。」古男與任同音，故公侯伯子男，王莽男作任。从田力，言男子力於田也。會意。農力於田，自王公以下，無非力於田者。那含切，古音在七部。凡男之屬皆从男。

舅舅 母之兄弟爲舅。《釋親》曰：「母之罤弟爲舅。」毛傳同。按，周人謂兄爲罤也。舅之言舊也，猶姑之言故也。父之昆弟偁父，母之昆弟不得偁父，故偁舅。凡同姓可偁父，凡異姓不可偁父，故舅之也。今俗人言舅父者，非也。母之父母曷爲曰外王父、外王母與？父之父母偁王父、王母，故母之父母得偁王父、王母，而外以別之也。父之昆弟偁從父，故母之姊妹偁從母也。舍是則異姓無有偁父母者也。異姓可偁舅，故婦偁夫之父曰舅，男子偁妻之父曰外舅，母之從父昆弟曰從舅。又偁父之舅曰大舅，見《後漢書》，大者今太字。妻之父爲外舅。男子於妻父亦言舅，對妻之舅吾父爲偁也。母之昆弟不曰外舅者，妻黨之別於母黨也。从男，臼聲。其九切，三部。

甥甥 謂我舅者吾謂之甥。《釋親》文。此泛釋甥義也。若母之昆弟爲吾舅，則謂吾爲甥矣。若妻之父爲吾外舅，則亦謂吾爲甥矣。《釋親》妻黨章曰：「姑之子爲甥，舅之子爲甥，妻之罤弟爲甥，姊妹之夫爲甥。」注謂平等相甥，非也。姑之子，吾父母得甥之；舅之子，吾母姪之，吾父得甥之；妻之昆弟，吾父母得甥之；姊妹之夫，吾父母壻之而甥之。是四者皆舅吾父者也，舅者，耆舊之偁，甥者，後生之偁，故異姓尊卑異等者以此相偁。《爾雅》類列於此，亦以見舅之子、妻之昆弟偁吾父皆曰舅，不似後世俗呼也。其立文如此者，從其便也。自來不得其解，則謂平等相甥。吾姊妹之夫，吾父既甥之矣，吾又呼之爲甥，此豈正名之義乎？姑之子爲外兄弟，舅之子爲内兄弟，妻之昆弟爲婚兄弟，姊妹之夫爲姻兄弟，既正其名矣，又安得淆之乎？外孫亦偁彌甥，姊妹之孫離孫也，亦偁從孫甥。皆見《左傳》、《釋名》。妻之昆弟曰外甥一條，㝡爲無理。从男，生聲。所更切，十一部。

文三。

力力 筋也。筋下曰：「肉之力也。」二篆爲轉注。筋者，其體。力者，其用也。非有二物。引申之，凡精神所勝任，皆曰力。象人筋之形。象其條理也。人之理曰力，故木之理曰朸，地之理曰阞，水之理曰泐。林直切，一部。治功曰力，《周禮·司勳》文。能禦大災。《國語》祭法文㉛，引以釋治功曰力也。凡力之屬皆从力。

勳 能成王功也。《司勳》曰：「王功曰勳。」鄭云：「輔成王業若周公。」从力，熏聲。許云切，十三部。

勛 古文勳从員。員，聲也。《周禮》故書勳作勛，鄭司農云：「勛讀爲勳。勳，功也。」按，此先鄭以今字釋古文也。故書勛字，學者不識，故先鄭云：此即小篆之勳。

功 㠯勞定國也。《司勳》曰：「國功曰功。」鄭曰：「保全國家若伊尹。」許則舉祭法文以釋之也。《詩》：「以奏膚公。」傳曰：「膚，大也。公，功也。」此謂叚公爲功也。从力，工聲。古紅切，九部。

助 左也。左，今之佐字。左下曰：「手相左助也。」二篆爲轉注。右下曰：「手口相助也。」《易》傳曰：「右者，助也。」按，左右皆爲助，左者以ナ助又，右者以手助口。疑此解當云「左右也」，傳寫奪右字。《商頌》曰：「實左右商王。」傳云：「左右，助也。」从力，且聲。牀倨切，五部。

勴 助也。从力非，力去其非也。慮聲。良倨切，五部。

勑 勞也。此當云「勞勑也」，淺人刪一字耳。此勞依今法讀去聲。《孟子》放勳曰：「勞之來之。」《詩・序》曰：「萬民離散，不安其居，宣王能勞來還定安集之。」來，皆勑之省，俗作「倈」。从力，來聲。洛代切，一部。俗誤用爲敕字。

劼 慎也。慎者，謹也。《廣韵》曰：「用力也。又固也，勤也。」从力，吉聲。巨乙切，十二部。按，《篇》、《韵》皆恪八切，巨乙，非也。《周書》曰：「劼毖殷獻臣。」《酒誥》文。按，此篆解小徐本譌舛不可讀。

務 趣也。趣者，疾走也。務者，言其促疾於事也。从力，敄聲。亡遇切，古音在三部。

勥 迫也。迫者，近也。按，所謂「實偪處此」也。勥與彊義別：彊者有力，勥者以力相迫也。凡云勉勥者，當用此字，今則用強、彊，而勥、勥廢矣。从力，强聲。巨良切。按，此音非也，當依《廣韵》《玉篇》其兩切。十部。

勥 古文从彊。按，以虫部蠠籀文强訂之，古當作籒。

勱 勉力也。勉者，勥也。亦作「邁」。《左傳》引《夏書》「臯陶邁種德」。邁，勉也。从力，萬聲。莫話切。按，古音當在十四部。《周書》曰：「用勱相我邦家。」《立政》文。今《書》邦作國。讀與厲同。厲亦萬聲也。漢時如此讀。

勉 勥也。勥，舊作「彊」，非其義也。凡言勉者，皆相迫之意。自勉者，自迫也。勉人者，迫人也。《毛詩》「黽勉」，《韓詩》作「密勿」，《爾雅》作「蠠沒」，《大雅》、毛傳曰：「亹亹，勉也。」《周易》鄭注：「亹亹，猶沒沒也。」从力，免聲。亡辨切，古音當在十三部。

劭 勉也。《釋詁》同。漢成帝詔曰：「先帝劭農。」蘇林曰：「劭音翹，精異之意也。」晉灼曰：「劭，勸勉也。」按，卪部「卲」，高也。」卲與劭相似，轉寫容有互譌者。如應仲遠之名當是卲字。此蘇林所説，當亦是「卲農」。《爾雅》、《方言》皆曰：「釗，勉也。」釗當是劭之叚借字。从力，召聲。讀若舜樂《韶》。《爾雅釋文》云：「或上遙反。」用許讀也。今皆寔照切，二部。

勖　勉也。《釋詁》同。《邶風》：「以勖寡人。」傳曰：「勖，勉也。」《方言》：「釗、薄，勉也。秦晉曰釗，或曰薄。南楚之外曰薄努。自關而東，周鄭之閒曰勔釗，齊魯曰勖。」按，勖古讀如茂，與懋音義皆同，故《般庚》「懋建大命」、「予其懋簡相爾」。今文《尚書》懋皆作勖，見《隸釋》石經殘碑。心部曰：「懋，勉也。」从力，冒聲。許玉切，三部。按，許玉非也，古音同茂，俗寫此字形尤譌踳不通。《周書》曰：「勖哉夫子。」《坶誓》文。

勸　勉也。《廣韻》曰：「獎勉也。」按，勉之而悦從亦曰勸。从力，雚聲。去願切，十四部。

𠢕　彊力也。彊力，各本作「勥力」，非。今依《玉篇》《廣韻》正。俗語𠢕彊，彊讀去聲。从力，厥聲。瞿月切，十五部。

勍　彊也。《春秋傳》曰：「勍敵之人。」彊者，弓有力也。引申爲凡有力之偁。《春秋傳》者，僖二十二年《左傳》文。杜亦曰：「勍，强也。」按，勍與人部之倞字音義皆同，而勍獨見《左氏》。从力，京聲。渠京切，古音讀如彊，在十部。

勁　彊也。《廣韻》：「勁，健也。」从力，巠聲。吉正切，十一部。○按，以上三篆，移其舊次。

勝　任也。任者，保也。保者，當也。凡能舉之、能克之皆曰勝。本無二義二音，而俗强分平去。从力，朕聲。識蒸切，六部。亦去聲。

勶　發也。發者，䠶發也。引申爲凡發去之偁。勶與徹義別：徹者，通也；勶謂除去。若《禮》之「有司徹」、「客徹重席」，《詩》之「徹我牆屋」，其字皆當作勶，不訓通也。或作撤，乃勶之俗也。从力徹，會意。謂以力通之也。徹亦聲。丑列切，十五部。

勠　勠力，并力也。勠力二字，依《後漢・劉虞傳》注引補。《文賦》注引賈逵《國語解詁》曰：「勠力，并力也。」許所本也。幷者，相從也。併者，竝也。幷、併古通用矣。《左傳》《國語》或云「勠力同心」，或云「勠力一心」，皆謂數人共致力。僞《尚書》傳訓云「陳力」，斯失之。古書多有誤作「戮」者。从力，翏聲。嵇康力幽反，吕靜《韵集》讀同飂，《尚書音義》引《説文》力周反。按，《文賦》「匪予力之所勠」與流、求爲韵，此相傳古音也。今音力竹切。《字林》音遼。

勨　繇緩也。繇，蓋今之傜字。言傜役緩也。與勠爲反對之詞。从力，象聲。余兩切，十部。

動　作也。作者，起也。从力，重聲。徒總切，九部。

運　古文動，从辵。

𤳳　推也。推，依今音他回切。𤳳者，以物磊磊自高推下也。古用兵下礧石，《李陵傳》作「壘石」，《鼂錯傳》「具藺石」，如淳注曰：「城上雷石。」《周禮》注亦作「雷」。《唐書・李光弼傳》「擂石車」，又作「擂」，其實用勵爲正字也。故許書之字，可用而不用者多矣。《子虛賦》曰：「礧石相擊，硠硠礚礚。」亦當作勵。从力，靁省聲。舊作畾聲，今依小徐正。盧對切，十五部。

劣　弱也。弱者，橈也。从力少。會意。力輟切，十五部。

勞　勮也。勮，各本从刀，作「劇」，今訂从力。《文選・北征賦》注引《說文》「劇，甚也」。恐是許書本作「勮，用力甚也」，後因以爲凡甚之詞，又譌其字从刀耳。以俟明者定之。从力，熒省。焱火燒冖，用力者勞。焱，舊作熒，今正。此析熒字而釋之。燒冖，謂燒屋也。斯時用力者最勞矣。或改冖作門者，誤。魯刀切，二部。

〓　古文如此。如此，大徐作「从悉」，篆體作〓，今依《玉篇》、《汗簡》、《古文四聲韵》所據正。《汗簡》與《玉篇》中雖小異，下皆从力，竊謂古文乃从熒不省，未可知也。

勮　務也。務者，趣也。用力尤甚者。从力，豦聲。其據切，五部。音轉爲渠力切，字譌从刀作「劇」。

勀　尤勮也。勮，大徐作「極」，小徐作「勮」㉜，今正。勀又勮之尤者也。剋者，以力制勝之謂，故其事爲尤勞。許書勀與克義不同：克者，肩也。肩者，任也。以《春秋》所書言之，如「辛巳，雨，不克葬。戊午，日下昃，乃克葬」，如「晉人納捷菑于邾，弗克納」。此克之義也。如「鄭伯克段于鄢」，傳曰：「得儁曰克。」此勀之義也。勀之字，譌而从刀作剋，猶勮之譌而从刀也。經典有克無剋，百家之書克、剋不分，而勀乃廢矣。从力，克聲。苦得切，一部。

勩　勞也。《毛詩》傳同。按，凡物久用而勞敝曰勩。明楊慎《荅中官問》，謂「牙牌摩損，當用鎔字」，今按，非也，當用勩字。今人謂物消磨曰勩是也。蘇州謂衣久箸曰勩箸。从力，貰聲。余制切，十五部。《詩》曰：「莫知我勩。」《小雅・雨無正》文。

勦　勞也。从力，巢聲。子小切，又楚交切，二部。《春秋傳》曰：「安用勦民。」昭九年《左傳》，叔孫昭子曰：「《詩》云，經始勿亟，庶民子來。焉用速成，其以勦民也。」許檃栝其辭。按，刀部剿字亦作剿㉝，《禮記》「母剿說」，與此从力字絕不同，俗多淆之。

券　勞也。《輈人》：「終日馳騁，左不楗。」書楗或作券。鄭云：「券，今倦字也。」據此，則漢時已倦行券廢矣。从力，𠔉聲。今皆作倦，葢由與契券从刀相似而避之也。渠眷切，十四部。

勤　勞也。慰其勤亦曰勤。从力，堇聲。巨巾切，按，巾當作「斤」，十三部。

加　語相譖加也。譖，各本作「增」，今正。增者，益也。義不與此同。譖下曰：「加也。」誣下曰：「加也。」此云「語相譖加也」，知譖、誣、加三字同義矣。誣人曰譖，亦曰加，故加从力。《論語》曰：「我不欲人之加諸我也，吾亦欲無加諸人。」馬融曰：「加，陵也。」袁宏曰：「加，不得理之謂也。」劉知幾《史通》曰：「承其誣妄，重以加諸。」韓愈《爭臣論》曰：「吾聞君子不欲加諸人，而惡訐以爲直者。」皆得加字本義。引申之，凡據其上曰加，故加巢即架巢。从力口。謂有力之口也。會意。古牙切，十七部。

勢 健也。健者，伉也。此豪傑真字；自叚豪爲之而勢廢矣。豪，豕鬣如筆管者。从力，敖聲。讀若豪。五牢切，按，當乎刀切，二部。

勇 气也。气，雲气也。引申爲人充體之气之偁。力者，筋也。勇者，气也。气之所至，力亦至焉。心之所至，气乃至焉。故古文勇从心。《左傳》曰：「共用之謂勇。」从力，甬聲。余隴切，九部。

㦷 勇或从戈用。

恿 古文勇从心。《孟子》曰：「志氣之帥也。」

勃 排也。排者，擠也。今俗語謂以力旋轉曰勃，當用此字。《論語》：「色孛如也。」許所引乃本字本義，謂孛孛，盛气也㉞。今《論》叚借勃字，殊失其恉。从力，孛聲。蒲没切，十五部。

勡 劫也。以力脅止人而取其物也。《賈誼傳》曰：「盜者白晝大都之中勡吏而奪之金。」《貨殖傳》曰：「攻剽椎埋。」按，此篆諸書多从刀，而許刀部剽下曰：「一曰剽劫人也。」是在許時，固从力、从刀竝行，二形不必有是非矣。从力，㶾聲。匹妙切，二部。

劫 人欲去，以力脅止曰劫。脅，猶迫也。俗作「愶」，古無其字，用脅而已。以力止人之去曰劫，不專謂盜，而盜禦人於國門之外，亦劫也。太史公曰：「劫人作姦。」或曰以力去曰劫。用力而逃也。从力去。依《韵會》補此三字。二義皆力去也，此篆从力，而俗作刦从刀，蓋刀與力相淆之處固多矣。居怯切，八部。

飭 致臤也。臤者，堅也。致者，送詣也。致之於堅，是之謂飭。《攷工記》曰：「審曲面埶，以飭五材。」謂五材皆必堅緻也。又曰：「飭力以長地材。」謂整頓其人力也。凡人物皆得云飭：飭人而筋骸束矣，飭物而器用精良矣。其字形與飾相似，故古書多有互譌者。飾在外，飭在內，其義不同。竊謂許書「工」下云「巧飾也」，當作「巧也，飭也」。飭即《記》所謂「飭五材，辨民器，謂之百工」，不徒修飾其外而已。凡經傳子史之譌，皆可以意正之。飭與敕義略相近，敕，誡也。从人力，食聲。讀若敕。恥力切，一部。

劾 灋有辠也。法者，謂以法施之。《廣韵》曰：「劾，推窮罪人也。」从力，亥聲。按，此字俗作「刻」，从刃，恐从刀，則混於刀部之刻也。胡槩切，一部。亦入海韵、代韵。

募 廣求之也。依《光武紀》注增「之」字。从力，莫聲。莫故切，五部。

文四十。　重六。

劦 同力也。同力者，龢也。龢，調也。从三力。會意。胡頰切。按，此字本音戾，力制切，十五部。淺人妄謂與協、勰、協同音，而不知三字皆以劦會意，非以形聲也。惟不以劦爲聲，故三字皆在八部，而劦聲之荔、珕，則皆力制切，在十五部。《山海經》曰：「惟號之山，其風若劦。」《北山經》曰：「母逢之山，北望雞號之山，其風如颲。」郭傳：「颲，急風皃也。音戾。或云飄風也。」按，郭本與許所據不同。郭《江賦》用颲字。許意葢謂其風如并力而起也。凡劦之屬皆从劦。

恊 同心之龢也。同心一如同力，故从劦心會意。从劦心。胡頰切，八部。

勰 同思之龢也。同思一如同力。从劦思。胡頰切，八部。

協 同衆之龢也。各本作衆之和同，非是，今正。同衆之和，一如同力。从劦十。十，衆也。胡頰切，八部。

叶 古文協，从口十。字見《周禮·大史》，「協事」注曰：「故書協作叶。杜子春云：叶，協也。書亦或爲協，或爲汁。」《大行人》「協辭命」注：「故書作汁辭命。鄭司農云：汁當爲叶。書或爲叶。」㉟按，十口所同，亦同衆之意。

旪 叶或从曰。口曰一也。

文四。舊譌一。　重二。舊譌五。

二十三部。　文七百。宋本六百九十九。　重一百二十四。宋本四作三。　凡八千三百九十八字。以上總弟十三篇部數、文數、説解字數之都數也。

附注：

①《月令》當作《王制》。

②「次蠹」，今本《爾雅》作「次畫」。下文段氏謂「《爾雅》字譌蠹」，蠹當作畫。

③「俾」當作「裨」。

④「从虫」當作「从蚰」。

⑤「盤」是「盤」之形誤。「負盤」見上引《爾雅》郭注。

⑥「八日化」當作「八月化」。見《大戴禮記·易本命》、《淮南子·地形訓》。

⑦段氏用大徐音，「王忽切」當作「王勿切」。《廣韻》同。

⑧此處引二鄭注語三節，前二節均在《序官·蟈氏》下，唯第三節在所引「掌去鼃黽」句下。

⑨宋本《玉篇》四百三十二巾部常字下有「恒也」注語。

⑩「名目而詳」當作「名詳而目」。又下文「冬曰丞」當作「冬曰蒸」。

⑪三篇下臤部堅字説解爲「土剛也」。土字段氏補，在剛字上。

⑫「二」字下脱「字」字。

⑬《尚書·禹貢》「下土墳壚」句下《釋文》引「壚，《説文》：黑剛土也。」段氏「正義」二字疑是「音義」之誤。參阮元校勘記。

⑭《異義》之語，見《左傳·隱公元年》正義引，其中「雉長二十

丈」，正義引作「雉長四丈」。

⑮《詩・曹風・蜉蝣》今本作「蜉蝣掘閱」。下引之毛傳鄭箋「堀」亦作「掘」。段氏謂唐以後改也。

⑯「賡漢書」即「續漢書」。段氏因家諱改。

⑰今《毛詩正義》兩「涂」字，皆作「塗」。

⑱此語見《漢書・揚雄傳下》「匠石輟斤」句顏引服虔曰。

⑲刻本引《釋詁》「厎」作「底」，注疏本《爾雅》作「廢」，底、廢皆系誤字，參阮元校勘記。此據改。

⑳「窞」字是「窞」字之誤。

㉑《秦》指《秦風・蒹葭》，其上當補「《召南》」。下引之毛傳分見此三篇。

㉒「七月紀」即「孟秋紀」，下文「十月紀」即「孟冬紀」。

㉓「塞，充實也」是《鄘風・定之方中》「秉心塞淵」箋文，段氏記爲傳文，誤。

㉔《釋詁》當作《釋言》。

㉕十篇上鹿部：「麤，鹿行揚土也。」此當補「揚」字。

㉖實重文二十七。較大徐本多亜下重文陋。

㉗豕，原作「麋」。

㉘劉注見《文選・蜀都賦》「其沃瀛則有攢蔣叢蒲」下，本無「田五十畝也」一句。

㉙「略基阯」見《左傳・宣十一年》。「阯」今作「趾」。

㉚「夫」字見十篇下夫部，説解「人長八尺」，段氏此誤引作「人長一丈」。

㉛見《魯語上》「海鳥曰爰居」一節。

㉜小徐作「劇」。段氏誤引爲「勮」。

㉝「刀剖」，剖是部字之誤。

㉞「許所引」，指卷六下「孛」字下説解引《論語》。

㉟參阮元校勘記。

說文解字第十四篇上

金壇段玉裁注

金 五色金也。凡有五色，皆謂之金也。下文白金、青金、赤金、黑金，合黄金爲五色。 黄爲之長，故獨得金名。 久薶不生衣，百鍊不輕，此二句言黄金之德。 從革不韋。舊作「違」，今正。韋，背也。從革，見《鴻範》，謂順人之意，以變更成器，雖屢改易，而無傷也。五金皆然。 西方之行。以五行言之，爲西方之行。 生於土，从土，ナ又注，象金在土中形。謂土旁二筆也。 今聲。下形上聲。居音切，七部。 凡金之屬皆从金。

金 古文金。象形而不諧聲。

銀 白金也。黄金既專金名，其外四者，皆各有名。《爾雅》曰：「黄金謂之璗，其美者謂之鏐。」然則黄金自有名，而許以璗系諸玉部，云：「金之美者，與玉同色。」與《釋器》不合，何也？璗爲金，而字从玉，許書主釋字形，故其説如此也。《爾雅》又曰：「白金謂之銀，其美者謂之鐐。」此則許所本也。 从金，㫃聲。語巾切，十二部。

鐐 白金也。《爾雅》别之曰「其美者」，許不别也。《毛詩》傳曰：「大夫鐐琫而鐐珌。」 从金，尞聲。洛蕭切，二部。

鋈 白金也。 从金，⿰氵芺省聲。大徐「⿰氵芺省聲」，小徐「沃聲」。考《説文》芺聲之字，未有省艸者。鋈字今三見於《毛詩・小戎》，毛傳曰：「沃，白金也。」①而車部軜下《詩》曰：「⿰氵芺以觼軜。」引《詩》正作⿰氵芺，不作鋈。知古本《毛詩》衹作⿰氵芺，⿰氵芺即鐐之叚借字。古芺聲、尞聲同部也。金部本有鐐、無鋈，淺人乃依今《毛詩》補之。烏酷切，二部。

鉛 青金也。 从金，㕣聲。與專切，十四部。

錫 銀鉛之閒也。《周禮・丱人》注曰：「鈏也。」《職方氏》曰：「鑞也。」②鑞字《説文》無。經典多叚錫爲賜字，凡言錫予者，即賜之叚借也。 从金，易聲。先擊切，十六部。

鈏 錫也。見《釋器》。 从金，引聲。羊晉切，十二部。

銅 赤金也。銅色本赤，今之白銅，點化爲之耳。《食貨志》曰：「金有三等，黄金爲上，白金爲中，赤金爲下。」孟康曰：「赤金，丹陽銅也。」按，丹陽銅，即《吳王濞傳》「章郡銅山」，《貨殖傳》「章山之銅」也。 从金，同聲。徒紅切，九部。

鏈 銅屬。應劭曰：「鏈似銅。」與許説合。 从金，連聲。力延切，十四部。

鐵 黑金也。 从金，㦸聲。天結切，十二部。

鐵 鐵或省。

銕 古文鐵从夷。按，夷蓋「弟」之譌也。

鍇 九江謂鐵曰鍇。从金，皆聲。苦駭切，十五部。

鋚 鐵也。一曰，轡首銅也。別一義。《小雅》：「鞗革沖沖。」毛傳曰：「鞗，轡也。革，轡首也。」按，「鞗，轡也」當作「鞗，轡首飾也」。轉寫奪去二字耳。下文云：「沖沖，垂飾皃。」正承轡首飾而言。許釋鋚爲轡首銅，鋚即鞗字，《詩》本作「攸」，轉寫誤作鞗。攸、革，皆古文叚借字也。古金石文字作「攸勒」，或作「鋚勒」。轡首銅者，以銅飾轡首也。革部勒下云：「馬頭絡銜也。」即毛傳所謂轡首也。《周頌·載見》箋云：「鶬謂金飾。」正與轡首銅之訓合。《大雅·韓奕》鞹以爲鞃，淺以爲幦，鋚以飾勒，金以飾軛，四事文意一例。鋚勒謂以銅飾轡之近馬頭處，垂之沖沖然也。从金，攸聲。以周切，三部。

鏤 剛鐵也。可㠯刻鏤。鏤本剛鐵之名，剛鐵可受鐫刻，故鐫刻亦曰鏤。《釋器》曰：「金謂之鏤。鏤，鋑也。」《詩》「鉤膺鏤鍚」，箋皆訓刻金。許以可以刻鏤釋鏤，此即「已，已也。申，申也」之例也。今則引申之義行而本義廢矣。《禹貢》「梁州貢鏤」，某氏傳亦云「剛鐵」。从金，婁聲。盧候切，四部。《夏書》曰：「梁州貢鏤。」一曰，鏤，釜也。《方言》：「鍑，江淮陳楚之閒謂之錡，或謂之鏤。」

鑽 鐵屬。从金，賁聲。讀若熏。小徐本「讀若訓」。火運切，十三部。

銑 金之澤者。澤者，光潤也。《釋器》曰：「絶澤謂之銑。」《晉語》：「玦之以金銑者，寒之甚矣。」韋注：「銑，猶洒也。洒洒，寒皃。言於太子無温潤也。」許言其光潤，韋言寒皃，皆謂金之精者耳，似異而非異也。从金，先聲。穌典切，古音在十三部。一曰，小鑿。鑿，所以穿木也。一曰，鐘下兩角謂之銑。《考工記·鳧氏》曰：「兩欒謂之銑。」鄭注：「銑，鐘口兩角。」按，古鐘羨而不圜，故有兩角。

鋻 剄也。剄，各本譌「剛」，今正。刀部曰：「剄，刀劍刃也。」刃下曰：「刀鋻也。」故剄與鋻爲轉注。王褒《聖主得賢臣頌》曰：「清水淬其鋒。」李善引《三倉解詁》云：「淬，作刀鋻也。」《文選》俗本譌爲「鑒」。从金，臤聲。此形聲中有會意也。堅者，土之臤；緊者，絲之臤；鋻者，金之臤。彼二字入臤部，會意中有形聲也。古甸切，十二部。

鏐 金屬也。一曰，剝也。剝者，裂也。剝訓裂，知鏐與剺義同音別。《方言》：「蠡，分也。」注：「謂分割也。」此即鏐之叚借。《方言》又曰：「劙，解也。」亦即此字。从金，黎聲。里西切，十五部。

錄 金色也。錄與綠同音。金色，在青黄之閒也。叚借爲省錄字，慮之叚借也。故錄囚即慮囚。云「庸錄」者，猶無慮也，言其緐猥。从金，彔聲。力玉切，三部。

鑄 銷金也。从金，壽聲。之戍切，古音在三部。亦讀如祝。

銷　鑠金也。从金，肖聲。相邀切，二部。

鑠　銷金也。从金，樂聲。書藥切，二部。

鍊　冶金也。冶，大徐本譌作「治」，今正。湅，治絲也。練，治繒也。鍊，冶金也。皆謂灡湅欲其精，非苐冶之而已。冶者，銷也。引申之，凡治之使精曰鍊。从金，柬聲。此亦形聲包會意。郎甸切，十四部。

釘　鍊鉼黃金也。《周禮·職金》：「旅於上帝，則共其金版。饗諸侯亦如之。」注曰：「鉼金謂之版。此版所施未聞。」按，今《爾雅》「鉼金謂之鈑」，鈑系版之譌，則鉼當是餅之譌也。凡物匾之曰餅。鍊餅，鍊而成之。从金，丁聲。當經切，十一部。今人用此字則古錔字之義也。

錮　鑄𡫳也。𡫳作塞，誤，今正。凡銷鐵以窒穿穴謂之錮。《左傳》曰：「子反請以重幣錮之。」《漢書》曰：「下錮三泉。」从金，固聲。此亦形聲包會意。古慕切，在五部。

鑲　作型中腸也。型者，鑄器之法也。其中腸謂之鑲，猶瓜中腸謂之瓤也。鑲亦用爲句鑲，兵器也，別一義，見《釋名》。从金，襄聲。汝羊切，十部。

鎔　冶器灋也。冶者，銷也，鑄也。《董仲舒傳》曰：「猶泥之在鈞，唯甄者之所爲。猶金之在鎔，唯冶者之所鑄。」師古曰：「鎔謂鑄器之模範也。」今人多失其義。从金，容聲。余封切，九部。

鋏　可㠯持冶器鑄鎔者也。冶器者，鑄於鎔中，則以此物夾而出之。此物金爲之，故从金。从金，夾聲。古叶切，八部。讀若漁人夾魚之夾。夾，二徐作「莢」，非，今正。《周禮》：「幷夾取矢。」一曰，若挾持。一謂讀若挾持之挾。

鍛　小冶也。小冶，謂小作鑪韛以冶金，如嵇康之鍛竈是也。冶之則必椎之，故曰鍛鐵。殳部曰：「段，椎物也。」鍛从段金，會意兼形聲。《考工記》：「段氏爲鎛器。」段即鍛也。《詩》之「碫石」，則鍛質也。从金，段聲。丁貫切，十四部。

鋌　銅鐵樸也。樸，木素也，因以爲凡素之偁。小徐作「朴」，非也。石部曰：「磺，銅鐵樸。」鋌與磺義同音別。亦謂之鋇。《淮南書》曰：「苗山之鋌。」从金，廷聲。徒鼎切。十一部。

𨭪　鐵文也。謂鐵之文理也。从金，曉聲。呼鳥切，二部。

鏡　景也。景者，光也。金有光可照物，謂之鏡。此以疊韵爲訓也。鏡亦曰鑒，雙聲字也。从金，竟聲。居慶切，古音在十部。

鉹　曲鉹也。从金，多聲。尺氏切，古音在十七部。一曰，鬵鼎。鬲部曰：「鬵，鉹也。」與此爲轉注。讀若擿。一曰，《詩》云：「侈兮哆兮。」宋本皆如此，今本作「哆兮侈兮」。一曰下，當奪「若」字，謂讀若哆也。小徐作「一曰，若《詩》曰侈兮之侈，同。」

鈃 佀鍾而長頸。鍾，俗本作「鐘」，今從宋本。鍾者，酒器，見下。此以相聯爲文矣。用此知古酒鍾有腹有頸，蓋大其下，小其上也。从金，幵聲。户經切，古音當在十二部。

鍾 酒器也。古者，此器蓋用以宁酒，故大其下，小其頸。自鍾傾之而入於尊，自尊勺之而入於觶，故量之大者亦曰鍾。引申之義爲鍾聚。从金，重聲。職容切，九部。

鑑 大盆也。盆者，盎也。《淩人》：「春始治鑑。」注云：「鑑如甀，大口，以盛冰，置食物於中，以禦温氣，春而始治之。」按，鄭云「如甀」，《醢人》作醢，云：「塗置甀中。」③則鑑如今之甕。許云大盆，則與鄭説不符。疑許説爲是。且字从金，必以金爲之也。从金，監聲。革懺切，八部。一曰，鑑諸，逗。可㠯取朙水於月。鑑諸，當作「鑑，方諸也」。轉寫奪字耳。《周禮·司烜氏》：「以夫遂取明火於日，以鑒取明水於月。」注：「夫遂，陽遂也。鑒，鏡屬。取水者，世謂之方諸。」《淮南書》：「方諸見月則津而爲水。」高注：「方諸，謂陰燧大蛤也。孰摩令熱，月盛時以向月下，則水生，以銅盤受之，下水數滴。」高説與許、鄭異。《考工記》以「鑒燧之齊」併言，則鑑之爲鏡可知也。鄭云「鏡屬」，又注《考工記》云：「鑒亦鏡也。」《詩》云：「我心匪鑒。」毛傳曰：「鑒所以察形。」蓋鏡主於照形，鑑主於取明水，本系二物，而鏡亦可名鑒，是以經典多用鑑字，少用鏡者。鑑亦叚「監」爲之，是以《毛詩》「宜鑒於殷」，《大學》作「儀監」。鄭箋《詩》云：「以殷王賢愚爲鏡。」注《大學》云：「監視殷時之事。」各依文爲説而已。《尚書》監字，多有同鑒者。

鐈 佀鼎而長足。从金，喬聲。巨嬌切，二部。

鐆 陽鐆也。从金，隊聲。按，此字非其次，疑後人因上説方諸而增之。《周禮·秋官》本作「遂」。

鋞 𥁕器也。𥁕，各本作「溫」，今正。許書溫系水名，𥁕訓「仁也」。𥁕訓仁，故引申爲𥁕煗字。煗下曰：「𥁕也。」䵷下曰：「安䵷，𥁕也。」凡經史可借用溫，而許書不宜自相矛盾。凡讀許書者知此，則九千三百餘文之説解，絶無不可通之處矣。蓋非用其字之本義，即用其字之引申之義，斷無有風馬牛不相及者也。溫訓水名，此云「溫器也」，是爲風馬牛不相及矣。𥁕器者，謂可用煗物之器也。圜而直上。而字依《廣韵》補。从金，巠聲。户經切，十一部。

鑴 瓽也。瓦部曰：「瓽，大盆也。」然則鑴與鑑同物。《周禮·眡祲》十煇，三曰鑴。鄭注：「鑴讀爲童子佩觿之觿，謂日旁氣刺日也。」按，今本《周禮注》觿譌金旁，非是。觿者，佩角，鋭耑可以解結。故鄭讀鑴爲觿，今本作「讀如」亦非也。从金，巂聲。户圭切，十六部。

鑊 鑴也。《少牢饋食禮》有羊鑊，有豕鑊。鑊，所以煑也。从金，蒦聲。胡郭切，五部。

鍑 如釜而大口者。如而二字，依《玄應》補。釜者，䥷之或字。鬲部曰：「䥷，鍑屬。」是二篆爲轉注也。《方言》曰：「釜，自關而西或謂之鍑。」从金，复聲。方副切，三部。

鍪　鍑屬。从金，敄聲。莫浮切，三部。

錪　朝鮮謂釜曰錪。《方言》：「鍑，北燕朝鮮洌水之閒或謂之錪，或謂之鉼。」从金，典聲。他典切，十二部。

銼　銼鑹，二字依全書通例補。疊韵字。鍑也。从金，坐聲。昨禾切，十七部。

鑹　銼鑹也。从金，羸聲。魯戈切，十七部。

鉶　器也。此禮器也。《魯頌》：「毛炰胾羹。」傳曰：「羹，大羹、鉶羹也。」按，大羹，煮肉汁不和，貴其質也。鉶羹，肉汁之有菜和者也。大羹盛之於登，鉶羹盛之於鉶。鉶羹菜和謂之芼。其詳在《禮經》。鉶，經典亦作鈃。此猶荆罰字，本从井。作刑，非正字也。《内饔》職鉶作荆，亦叚借字。从金，荆聲。户經切，十一部。

鎬　昷器也。从金，高聲。乎老切，二部。武王所都，在長安西上林苑中，字亦如此。此於例不當載而特詳之者，説叚借之例也。土部堋下引《春秋傳》矣，而又曰《虞書》「堋淫於家」，亦如是，謂《書》朋淫之字亦如此作也。武王都鎬，本無正字，偶用鎬字爲之耳。一本有其字之叚借，一本無其字之叚借也。鎬京或書「鄗」，乃淺人所爲，不知漢常山有鄗縣。

鑣　昷器也。昷，各本作「溫」，今正，下同。《廣韵》曰：「鑣，銅瓫也。」今江東尚有「鑣孰」之語，與火部以微火温肉之衮義同。或作爊，或作鏖。《集韵》曰：「盡死殺人曰鏖糟。」漢霍去病「合短兵，鏖皋蘭下」是也。一曰，金器。則非炊物器。从金，麃聲。於刀切，古音在三部。讀若奥。小徐有此三字。

銚　昷器也。今煮物瓦器謂之銚子，讀徒弔切，是也。从金，兆聲。以招切，二部。一曰，田器。《周頌》：「庤乃錢鎛。」傳曰：「錢，銚也。」許下文錢下亦曰：「銚也。」古田器銚，《釋器》、《方言》皆作「斛」。《釋器》曰：「斛謂之疀。」郭云：「即古鍫臿字。」《方言》曰：「臿，燕之東北朝鮮洌水之閒謂之斛，趙魏之閒謂之喿。」銚、斛、喿三字同，即今鍫字也。七遥反，亦湯料反。今人俗語正切七遥。

⿰金𠁁　酒器也。未聞。或曰即《行葦》之大斗，非是。毛傳「大斗長三尺」，謂勺柄長三尺也。从金，𠁁象器形。大口切，四部。

𠁁　⿰金𠁁或省金。斲字用爲聲。

鐎　鐎斗也。即刀斗也。孟康曰：「以銅作鐎器，受一斗。晝炊飯食，夜擊持行，名曰刀斗。」荀悦曰：「刀斗，小鈴，如宮中傳夜鈴也。」蘇林曰：「形如銷，以銅作之，無緣，受一斗，故云刀斗。」鐎即鈴也。④《廣韵》：「温器，三足而有柄。」从金，焦聲。即消切，二部。

銷　小盆也。《廣韵》曰：「銅銚。」从金，肙聲。火玄切，十四部。

鏏 鼎也。《淮南·説林訓》：「水火相憎，鏏在其閒，五味以和。」注曰：「鏏，小鼎。」又曰：「鼎無耳爲鏏。」从金，彗聲。讀若彗。于歲切，十五部。

鍵 鉉也。謂鼎扃也。以木横關鼎耳而舉之，非是則既炊之鼎不可舉也。故謂之關鍵。引申之爲門户之鍵閉。門部曰：「關，以木横持門户也。」門之關，猶鼎之鉉也。从金，此以木爲而字从金者，系於鼎而言之也。抑《易》言「金鉉」，則鍵有金飾之者矣。建聲。渠偃切，十四部。一曰，車舝。各本作「轄」，今正。轄雖亦訓鍵，而非正字也。舛部曰：「舝，車軸耑鍵也。」謂鐵貫於軸耑，如鼎鉉之貫於鼎耳。

鉉 所㠯舉鼎也。所以二字，今補。汲古閣於「舉鼎」下增「具」字，今删正。手部曰：「扛，横關對舉也。」謂横關於网耳，露其耑以网手對舉之，非是則難扛也。从金，玄聲。胡犬切，十二部。按，《易音義》有古冥、古螢二反，則讀同扃。《易》謂之鉉，《禮》謂之鼏。鼏音扃，與鼏音蜜，畫然二物二事。《易》謂之鉉者，《周易·鼎》「六五，鼎黄耳金鉉；上九，鼎玉鉉」是也。古説皆云鉉貫於耳，顔師古獨云：「鉉者鼎耳，非鼎扃也。」其説甚誤。《易》言「黄耳金鉉」，則耳與鉉非一物明矣。云《禮》謂之鼏者，《士冠禮》：「設扃鼏。」鄭注：「今文扃爲鉉，古文鼏爲密。」一部皆然。《攷工記·匠人》亦作扃。許所見《禮經》扃作鼏，即鼎部所云「横關鼎耳而舉之者」也。鼏與扃，皆以冂冂之冂爲聲，扃訓外閉之關，音義皆同。若鼏則訓鼎葢，古音如密，今音如覔，説詳鼎部。许引《易》、《禮》以博異名，猶土部堋下云「《禮》謂之封，《周官》謂之窆」也。凡單言《禮》者，皆謂《禮經》，今之《儀禮》也。據鄭則《禮》今文爲鉉矣，許何以鉉專系《易》也？許於《禮經》之字，古文是者則從古文，今文是者則從今文。此從古文作鼏，故曰「《禮》謂之鼏」也。如《士喪禮》今文銘皆爲名，從今文，故不錄銘字。《聘禮》、《士喪禮》今文赴作訃，從古文，故言部不錄訃字。《士虞》、《少牢》、《特牲》古文酳皆作酌，許从古文，故酉部不錄酳字。《既夕禮》今文窆爲封，從今文，則以窆專系《周官》也。

鋊 可㠯句鼎耳及鑪炭。句，讀如鉤。鉤鼎耳舉之、鉤鑪炭出之之器也。从金，谷聲。讀若浴。余足切，三部。一曰，銅屑。《食貨志》：「民盗摩錢以取鋊。」

鎣 器也。謂摩鋥之器也。以金爲之。《爾雅》注曰：「䴉鷉，膏中鎣刀。」从金，熒省聲。讀若銑。烏定切，十一部。

鐫 鐫器也。葢鋭利之器。郭注《爾雅》用爲今之「尖」字：「融丘，鐫頂者。」从金，雋聲。子廉切，七部。一曰，鐫也。鐫，大徐誤作「鑴」。鐫者，穿木琢石也。

錠 鐙也。《廣韵》曰：「豆有足曰錠，無足曰鐙。」《玄應》引《聲類》無豆字，誤矣。从金，定聲。丁定切，十一部。

鐙 錠也。《祭統》曰：「夫人薦豆執校，執醴授之執鐙。」注曰：「校，豆中央直者也。鐙，豆下跗也。執醴者以豆授夫人，執其下跗，夫人受之，執其中央直者。」按，跗《説文》作柎，闌足也。鐙有柎，則「無足曰鐙」之説未可信。豆之遺制，爲今俗用燈盞。徐氏兄弟遂以膏鐙解《説文》，誤矣。《生民》傳曰：「木曰豆，瓦曰登。豆薦菹醢，登薦大羹。」箋云：「祀天用瓦豆，陶器質也。」然則瓦登用於祭天，廟中之鐙，笵金爲之，故其字从金。从金，登聲。都滕切，六部。

鏶　鍱也。从金，集聲。秦入切，七部。

鍓　鏶或从咠。咠聲。

鍱　鏶也。此謂金銅鐵椎薄成葉者。齊謂之鍱。从金，枼聲。與涉切，七部。

鏟　鏶也。从金，産聲。初限切，十四部。一曰，平鐵。謂以剛鐵削平柔鐵也。《廣韵》曰：「鏟，平木器也。」凡鏟削多用此字，俗多用剗字。

鑪　方鑪也。方，對下圜言之。凡爇炭之器曰鑪，定公三年《左傳》：「邾莊公自投於牀，廢於鑪炭，爛，遂卒。」从金，盧聲。洛乎切，五部。

鏇　圜鑪也。《玄應》曰：「《周成難字》作檈，謂以繩轉軸裁木爲器曰檈。」按，圜鑪之義之引申也。《古文苑·美人賦》：「金市熏香。」⑤説者以爲圜鑪。从金，旋聲。辭戀切，十四部。

⿰金虒　器也。从金，虒聲。杜兮切，十六部。

鐪　煎膠器也。煎，熬也。膠作之以皮，故熬之而後成。从金，虜聲。郎古切，五部。

釦　金飾器口。謂以金涂器口。許所謂錯金，今俗所謂鍍金也。《漢舊儀》：「大官尚食，用黄金釦器。中官私官尚食，用白銀釦器。」《後漢·和熹鄧皇后紀》：「蜀漢釦器。」班固《西都賦》：「玄墀釦切。」謂金涂門限也。切者，門限。《吳語》：「三軍皆譁釦以振旅。」韋曰：「譁釦，喧呼。」此釦乃叚借字。从金口，會意。口亦聲。苦厚切，四部。

錯　金涂也。涂，俗作「塗」，又或作「搽」。謂以金措其上也。或借爲措字，措者，置也。或借爲摩厝字，厝者，厲石也。或借爲这遣字，東西曰这，邪行曰遣也。从金，昔聲。倉各切，五部。

⿰金御　鉏⿰金御也。鉏音牀吕切，⿰金御音魚巨切，疊韵字。齒部：「齟齬，齒不相值也。」鉏⿰金御蓋亦器之能相抵拒錯摩者。故《廣韵》以「不相當」釋鉏鋙。《周禮·玉人》注云：「駔牙」，《左傳》人有名鉏吾者，皆此二者之同音叚借。从金，御聲。魚舉切，五部。

鋙　⿰金御或从吾。吾古讀如魚。

錡　鉏⿰金御也。《豳風》：「既破我斧，又缺我錡。」傳曰：「鑿屬曰錡。」此蓋所謂鉏⿰金御者與？字或作奇。从金，奇聲。魚綺切，古音在十七部。按，《豳風》音義巨宜反。江淮之閒謂釜錡。大徐錡上有曰字。《召南》：「維錡及釜。」傳曰：「錡，釜屬。有足曰錡。」《方言》曰：「鍑，江淮陳楚之閒謂之錡。」郭云：「或曰三脚釜也，音技。」按，《詩》、《左傳》皆錡釜並言，然則本以有足別於釜，而江淮語同之耳。

鍤　𩫏衣鍼也。𩫏，各本作「郭」，今正。郭者，齊之郭氏虚也。𩫏者，城𩫏，民所度居也。古無廓字，祇用郭字，其實當用𩫏。如鼓下云「郭皮甲而出」，此云「郭衣」，皆謂恢廓。張衣於版，以鍼密籤其週，使伸直，今之治裘者正如此，是曰𩫏衣。其鍼曰鍤，鍤之言深入也。以爲鍪臿字者，失之遠矣。从金，臿聲。楚洽切，八部。

鉥　綦鍼也。綦疑當作「長」。《管子》：「一女必有一刀一錐，一箴一鉥。」房注：「鉥，時橘切，長鍼也。」《玉篇》亦曰「長鍼」。从金，朮聲。食聿切，十五部。

鍼　所目縫也。縫者，以鍼紩衣也。竹部箴下曰：「綴衣箴也。」以竹爲之，僅可聯綴衣；以金爲之，乃可縫衣。从金，咸聲。職深切，七部。今俗作針。

鈹　大鍼也。《玄應》曰：「醫家用以破癰。」从金，皮聲。敷羈切，古音在十七部。一曰，劒而刀裝者。劒，兩刃，刀，一刃，而裝不同。實劒而用刀削裹之，是曰鈹。《左傳》曰：「夾之以鈹」。

鎩　鈹有鐔也。鐔，劒鼻也。云「鈹有鐔」者，則知鈹有不爲鼻者矣。如刀裝之鈹，不爲鼻者也。賈誼曰：「鉏櫌棘矜，非銛於句戟長鎩。」張衡曰：「植鎩縣瞂，用戒不虞。」曰長、曰植，則鎩有柄，有柄故不爲鼻。薛綜解「一曰鋋似兩刃刀」。鋋謂其上出之鋒也。《淮南書》：「飛鳥鎩羽。」許注曰：「鎩，殘也。」左思賦亦曰：「鳥鎩翮。」此等鎩字，乃引申之義。鎩可殘羽，故凡兒殘者曰鎩。《公羊》作「摋」：「宋萬臂摋仇牧，碎其首。」何云：「側手擊曰摋。」从金，殺聲。所拜反，十五部。《廣韵》又所八切。

鈕　印鼻也。从金，丑聲。女久切，三部。

⿰王丑　古文鈕。从王。璽之籒文从玉，古文印鈕字从玉，葢初作印時，惟以玉爲之也。

銎　斤斧穿也。穿者，通也。《詩釋文》作「斧空也」。三字，謂斤斧之孔，所以受柄者。《豳風》毛傳曰：「方銎曰斨，隋銎曰斧。」⑥隋謂狹長。从金，巩聲。曲恭切，九部。

鈭　鈭錍，斧也。斧之一種也。疊韵字。从金，此聲。即移切，十六部。

錍　鈭錍也。从金，卑聲。府移切，十六部。

鏨　小鑿也。从金斬，斬亦聲。藏濫切，八部。

鐫　破木鐫也。謂破木之器曰鐫也，因而破木謂之鐫矣。从金，雋聲。子全切，十三部。一曰，琢石也。此破木引申之義耳。凡似此者，皆淺人所增也。讀若瀸。瀸在閉口音，非其類。

鑿　所㠯穿木也。所以二字今補。穿木之器曰鑿，因之既穿之孔亦曰鑿矣。《考工記》曰：「量其鑿深以爲輻廣。」《九辨》：「圜鑿而方枘。」音家讀曹報反。从金，糳省聲。在各切，古音在二部。

銛　臿屬。臿，大徐作「鍤」，則是郭衣鍼矣。臿者，舂去麥皮也。叚借爲鍫臿，即上文田器之銚也。其屬亦曰銛。俗作「杴」。《廣韵》曰：「古作檶，或作欣。」皆即銛字。引申爲銛利字。賈誼曰：「莫邪爲鈍，鉛刀爲銛。」《漢書音義》曰：「銛，利也。」又按，《方言》曰：「銛，取也。」此引申叚借之義也。《孟子》：「以言銛之，以不言銛之。」今本誤作餂。从金，舌聲。舌者，口舌字，非聲，當作丙，舌皃也。他念切，在三篇谷部。木部「炊竈木」之柄，此臿屬之銛，皆用爲聲，篆體亦當改正。此息廉切，七部八部。讀若棪。桑欽讀若鎌。

鈂　臿屬也。从金，冘聲。讀若沈。直深切，七部。

鍦　臿金也。从金，危聲。過委切，十六部。一曰，鍦，瑩鐵也。瑩當作鎣，猶明也。讀若毀行。毀，大徐作「跛」。

鐅　河内謂臿頭金也。郭注《方言》曰：「江東謂鍫刃爲鐅。」从金，敝聲。芳滅切，十五部。按，當依郭氏普蔑反。

錢　銚也。古者田器。《詩》毛傳云尒。見上文銚字下。云古田器者，古謂之錢，今則但謂之銚，謂之臿，不謂之錢，而錢以爲貨泉之名。从金，戔聲。《詩》曰：「庤乃錢鎛。」《周頌·臣工》文。即淺切，十四部。一曰，貨也。大徐無此四字。按，貝部下曰：「古者貨貝而寶龜，周而有泉，至秦廢貝行錢。」《檀弓》注曰：「古者謂錢曰泉布。」《周禮·泉府》注：「鄭司農云：故書泉或作錢。」《外府》注云：「其藏曰泉，其行曰布。取名於水泉，其流行無不遍。」《周語》：「景王二十一年，將鑄大錢。」韋曰：「古曰泉，後轉曰錢。」玉裁謂，秦漢乃叚借錢爲泉，《周禮》、《國語》早有錢字，是其來已久，錢行而泉廢矣。昨先切。或曰此不當有「一曰貨也」四字，貝下當云「至秦廢貝行泉」。王莽時錢文尚曰「大泉五十」，曰「貨泉」。

钁　大鉏也。鉏之大者曰钁。从金，矍聲。居縛切，五部。

鉏　立薅斫也。斫也，各本作「所用也」，今依《廣韵》正。云薅者，披去田艸也。斫者，斤也。斤以斫木，此則斫田艸者也。云「立薅」者，古薅艸坐爲之，其器曰槈，其柄短；若立爲之，則其器曰鉏，其柄長。槈之用淺，鉏之用可深，故曰斫。《釋名》曰：「齊人謂其柄曰橿，橿然正直也。頭曰鶴，似鶴頭也。」橿見木部。从金，且聲。士魚切，五部。俗作「鋤」。按，此篆原在下文鉵鑼之閒，非其次也，故今移此。

鈐　鈐鏞，逗。大犂也。犂者，耕也。鈐鏞雙聲。一曰，類枱。各本作「相」，誤，今正。枱，耒耑也。耒者，手耕曲木也。耒枱與犂之別，一以人，一以牛也。《説文》作枱，他書作耜。若相者，臿也。則當云「類臿」而已。从金，今聲。巨淹切，七部。

鏞　鈐鏞也。从金，隋聲。徒果切，十七部。

鏺　兩刃，有木柄，可以乂艸。兩刃如劒然，兩邊有刃。乂，芟艸也，字或作刈。从金，發聲。讀若撥。普活切，十五部。按，癹字與此音同義近。

鈶　枱屬也。枱，大徐作「相」，今正。葢大徐耒下云「耒相」，而木部枱音弋之切，此部之誤亦同。从金，蟲省聲。讀若同。徒冬切，九部。

䥯　枱屬也。枱，大徐作「相」，非。从金，罷聲。讀若嫣。彼爲切，古音在十七部。《廣韵》作䥯。

鎌　鍥也。从金，兼聲。力鹽切，七部。俗作鐮。

鍥　鎌也。《方言》曰：「刈鉤，江淮陳楚之閒謂之鉊，或謂之鐹。自關而西或謂之鉤，或謂之鎌，或謂之鍥。」鍥，郭音結。刀部曰：「𠛎，鎌也。」即《方言》之刈鉤也。从金，契聲。苦結切，十五部。

鉊　大鎌也。見《方言》。从金，召聲。止搖切，二部。《方言》：「錐謂之鍣。」其字从苕。取其象苕秀也。亦音苕。《廣雅》作此鉊，誤矣。鎌或謂之鉊。張徹說。

銍　穫禾短鎌也。《周頌》：「奄觀銍艾。」傳曰：「銍，穫也。」按，艾同乂，穫也。銍，所以穫也。淺人刪「所以」二字。《禹貢》：「二百里納銍。」某氏曰：「銍艾謂禾穗。」亦謂所穫之穗爲銍。从金，至聲。陟栗切，十二部。

鎮　博壓也。博，當作簙，局戲也。壓，當作厭，笮也。謂局戲以此鎮壓，如今賭錢者之有樁也。未知許意然否。引申之爲重也，安也，壓也。从金，真聲。陟刃切，十二部。

鉆　鐵銸也。《周禮·典同》注：「飛鉆涅闇。」疏引《鬼谷子》「飛鉗」。从金，占聲。敕淹切，古音在七部。讀如砧。劉氏渠金反。一曰，膏車鐵鉆。謂脂其車轂者，以器納輨濡膏而染轂中也。其器曰鉆，鐵爲之。

銸　鉆也。此與竹部籋義同音近。从金，耴聲。陟葉切，八部。

鉗　以鐵有所劫束也。劫者，以力脅止也。束者，縛也。从金，甘聲。巨淹切，七部。

釱　鐵鉗也。鐵，《御覽》作「脛」。《平準書》：「釱左趾。」釱，踏腳鉗也。狀如跟衣，箸足下，重六斤，以代刖。从金，大聲。特計切，十五部。

鋸　槍唐也。槍唐，葢漢人語。《廣韵》引《古史考》曰：

「孟莊子作鋸。」从金，居聲。居御切，五部。

鐕 可目綴箸物者。《喪大記》：「君裏棺用朱綠，用襍金鐕；大夫裏棺用玄綠，用牛骨鐕。」注：「鐕所以琢箸裏。」按，今謂釘者皆是，非獨棺釘也。从金，朁聲。則參切，七部。

錐 鋭也。此「門，聞也」「户，護也」之例。从金，隹聲。職追切，十五部。

鑱 鋭也。从金，毚聲。士銜切，八部。

鋭 芒也。芒者，艸耑也。艸耑必鐵，故引申爲芒角字。今俗用鋒鋩字，古祇用夆芒。从金，兑聲。以芮切，十五部。

𠩺 籒文鋭，从厂剡。从剡，厂聲。蕨劂字从此。

鏝 鐵杇也。杇，所以涂也。秦謂之杇，關東謂之槾。从木，是則木爲者曰杇，金爲者曰鏝。許以从木、从金別之也。《戰國策》：「豫讓刃其杅。」杅而有刃，知古者通偁。从金，曼聲。母官切，十四部。

槾 鏝或从木。已見木部。

鑽 所目穿也。本是器名，因之謂穿亦曰鑽。从金，贊聲。借官切，十四部。

鑢 厝銅鐵也。厝，作錯，誤。厝者，厲石也，故以爲凡砥厲之字。厲銅鐵謂之鑢，故其字从金。《周禮注》作鐧。从金，慮聲。良據切，五部。

銓 稱也。稱，各本作「衡」，今正。禾部：「稱，銓也。」與此爲轉注。乃全書之通例。稱，即今秤字。衡者，「牛觸，橫大木其角」。權衡字經典用之，許不尒。葢古權衡二字，皆叚借字，權爲垂之叚借，古十四部與十七部合音，是以若干爲若柯，桓表爲和表，斟灌爲斟戈，《毛詩》觀爲多之借，單聲之鼍、鄲入戈韵。垂古音陀，叚權爲之，俗乃作錘。若衡則叚借之横字。權衡者，一直一横之謂。从金，稱錘以金爲之，故从金。全聲。此緣切，十四部。

銖 權十絫黍之重也。各本作「權十分黍之重也」，今正。權，五權也。五權：銖、兩、斤、鈞、䄷也。厽部曰：「絫，十黍之重也。」此云「銖，權十絫黍之重也」。㒳部曰：「兩，二十四銖爲一兩。」斤，本無其字，以斫木之斤爲之，十六兩也。鈞，三十斤也。禾部曰：「䄷，百二十斤也。」按，許説與《漢·律曆志》合。《志》曰：「一龠容千二百黍，重十二銖。㒳之，二十四銖爲兩。十六兩爲斤，三十斤爲鈞，四鈞爲石。」此許所本，言「十絫黍」者，謂百黍也。必言黍者，蒙十黍之重爲絫而言，又使兩、斤、鈞、䄷黍數可計也。若禾部稱下云：「十二粟爲一分，十二分爲一銖。」則用《淮南·天文訓》與《律曆志》別爲一説。粟者，禾實也。以今禾黍驗之，粟輕於黍遠甚，程氏瑤田説。从金，朱聲。市朱切，四部。

鋝 十一銖二十五分銖之十三也。各本十一銖作「十銖」，二十五分銖奪「銖」字，今依《尚書音義》、《漢·蕭望之傳》注、《廣韵·十七薛》正。十一銖，計黍千一百。云二十五分銖之十三者，此用命分之法：百黍以四除之，凡二十五而除盡，命爲二十五分，二十五分之十三，得五十二黍，命爲二十五分銖之十三，合十一銖，共爲黍千一百五十二。**从金，寽聲。**力輟切，十五部。**《周禮》曰：「重三鋝。」**《考工記・弓人》文⑦。**北方㠯二十兩爲三鋝。**三，各本無，戴仲達作「二」，今依東原師補正。師説曰：無三字者，誤也⑧。攷《尚書》僞孔傳及馬融、王肅皆云：鍰重六兩。鄭康成云：鍰重六兩大半兩。鋝即鍰。賈逵云：俗儒以鋝重六兩。此俗儒相傳譌失，不能覈實，脱去大半兩言之。《説文》多宗賈侍中，故曰北方二十兩爲三鋝，正謂六兩大半兩爲一鋝也。按，三鋝爲黍四萬八千。

鍰　鍰　鋝也。《尚書釋文》引「六鋝也」。六誤衍。鄭注《攷工記》曰：「許叔重《説文解字》云：鋝，鍰也。今東萊謂大半兩爲鈞，十鈞爲環，環重六兩大半兩，鍰鋝似同矣。」《周禮・職金》正義曰：「夏侯、歐陽説，墨罰疑赦，其罰百率，古以六兩爲率。古《尚書》説百鍰。鍰者，率也。一率十一銖二十五分銖之十三也。百鍰爲三斤。鄭玄以爲古之率多作鍰。」玉裁按，古文《尚書・吕刑》作鍰，今文《尚書》作率，亦作選，或作饌。《史記・周本紀》作率，《尚書大傳》「一饌六兩」作饌，《漢書・蕭望之傳》「金選」之法作選，皆今文《尚書》也。今文謂率六兩，説古文者謂鍰六兩大半兩，許用古文説者也。百鍰爲三斤，正與十一銖二十五分銖之十三數相合。**从金，爰聲。**户關切，十四部。**《書》曰：**古本作「《書》曰」，趙本作「《虞書》曰」，今按，當作「《周書》曰」。**「罰百鍰。」**《吕刑》文。東原師曰：「鍰、鋝篆體易譌，説者合爲一，恐未然也。鍰當爲十一銖二十五分銖之十三。《攷工記》作垸，其叚借字。鋝當爲六兩大半兩。《史記》作率，《漢書》作選，其假借字。二十五鍰而成十二兩，三鋝而成二十兩。《吕刑》之鍰，當爲鋝。《弓人》膠三鋝，當爲鍰。一弓之膠三十四銖二十五分銖之十四，不得多至二十兩也。」

錙　錙　六銖也。爲黍六百。鄭注《禮記・儒行》曰：「八兩爲錙。」高注《詮言訓》曰：「六兩曰錙，倍錙曰錘。」《風俗通義》曰：「銖六則錘。錘，暉也。二錘則錙。錙，熾也。二錙則兩也。」《廣韵》曰：「八銖爲錙。」其説皆乖異，不與許合。惟高注《説山訓》曰：「六銖曰錙，八銖曰錘。」與許説合，與《詮言》注乖異。疑《説山》之注，乃許注之僅存者也。**从金，甾聲。**甾者，或菑字也。側持切，一部。

錘　錘　八銖也。爲黍八百。諸家説異，見上。後人謂稱之權爲錘。《漢志》所謂「以輕重爲宜，圜而環之，今之肉倍好者」也。古字衹當作垂，謂有物垂之而使平。**从金，垂聲。**直垂切，古音在十七部。

鈞　鈞　三十斤也。斤者，十六兩也。三十斤爲銖萬一千五百二十，爲絫二十七萬六千四百八十。《漢志》曰：「鈞者，均也。陽施其氣，陰化其物，皆得其成就平均也。」按，古多叚鈞爲均。**从金，勻聲。**居勻切，十二部。

銞　銞　古文鈞从旬。古旬勻多通用。

鈀　鈀　兵車也。从金，巴聲。伯加切，古音在五部。

《司馬灋》曰：「晨夜内鈀車。」今《司馬法》無此文。《方言》：「箭廣長而薄鐮謂之錍，或謂之鈀。」一曰，鐵也。别一義。此依《韵會》本。

鐲 鉦也。《周禮·鼓人》：「以金鐲節鼓。」鄭注：「鐲，鉦也。形如小鐘，軍行鳴之以爲鼓節。」大鄭云：「讀如濁其源之濁。」从金，蜀聲。直角切，三部。軍灋：司馬執鐲。《周禮》作「公司馬執鐲」。杜子春云：「公司馬，謂五人爲伍，伍之司馬也。」

鈴 令丁也。令，平聲。令丁，疊韵字。《晉語》十一⑨注：「丁寧，令丁，謂鉦也。」《吴語》十九：⑩「丁寧，令丁，謂鉦也。」今《國語》皆奪「令丁」字，而存於《舊音補音》。《廣韵》曰：「鈴似鐘而小。」然則鐲、鈴一物也。古謂之丁寧，漢謂之令丁，在旂上者亦曰鈴。从金，令聲。郎丁切，古音在十二部。

鉦 鐃也。佀鈴，柄中，句。上下通。鐲、鈴、鉦、鐃，四者相似而有不同。鉦似鈴而異於鈴者，鐲、鈴似鐘，有柄爲之舌以有聲，鉦則無舌。柄中者，柄半在上半在下，稍稍寬其孔爲之抵拒，執柄搖之，使與體相擊爲聲。《鼓人》：「以金鐃止鼓。」注曰：「鐃如鈴，無舌有柄，執而鳴之，以止擊鼓。」按，鐃即鉦。鄭説鐃形與許説鉦形合。《詩·新田》傳曰：「鉦以静之。」與《周禮》「止鼓」相合。从金，正聲。諸盈切，十一部。

鐃 小鉦也。鉦鐃一物，而鐃較小。渾言不别，析言則有辨也。《周禮》言鐃不言鉦，《詩》言鉦不言鐃，不得以大小别之。《大司馬》：「仲冬大閲，乃鼓退，鳴鐃且卻。」《左傳》：陳子曰，「吾聞鼓不聞金」，亦謂聞鼓進、聞鐃退也。从金，堯聲。女交切，二部。軍灋：卒長執鐃。見《大司馬》職。五人爲伍，五伍爲兩，五兩爲卒。

鐸 大鈴也。《鼓人》：「以金鐸通鼓。」注：「鐸，大鈴也。」謂鈴之大者。説者謂軍法所用金鈴金舌謂之金鐸，施令時所用，金鈴木舌則謂之木鐸。按，《大司馬》職曰「振鐸」，又曰「摝鐸」，鄭謂摝掩上振之。鐸之制同鈴。从金，睪聲。徒洛切，五部。軍灋：五人爲伍，五伍爲兩，兩司馬執鐸。見《大司馬》職。

鎛 大鐘。淳于之屬，所㠯應鐘磬也。大鐘下當有「也」字。鄭注《周禮》、《禮經》皆云「鎛似鐘而大」。《國語》韋注云：「鎛，小鐘也。」葢誤。鄭云「似鐘」，則非鐘也。故許既云「大鐘」，而又云「淳于之屬」，淳于，《國語》、《周禮》注作「錞于」，《周禮》作「錞」，乃矛戟之鐏也。《鼓人》：「以金錞和鼓。」注曰：「錞，錞于也。圜如碓頭，大上小下，樂作鳴之，與鼓相和。」疏謂出於漢之大予樂官。韋注《吴語》⑪曰：「唐尚書云：錞于，鐲。非也。錞于與鐲各異物。」今按，古鐘制隋圜，錞于如碓頭正圜。許云「淳于之屬」，葢鎛正圜。大於編鐘，爲後代鐘式正圜之始。云「所以應鐘磬」者，《大射儀》：「笙磬西面，其南笙鐘，其南鎛。」「頌磬東面，其南頌鐘，其南鎛。」鐘磬編縣，鎛特縣，於此知鎛所以應鐘磬，淳于以和鼓，事正相類。堵㠯二，金樂則鼓鎛應之。當作「堵無鎛，全樂則鼓鎛應之」。《周禮》曰：「凡縣鐘磬，半爲堵，全爲肆。」注曰：「鐘磬編縣之，二八十六枚而在一虡，謂之堵，鐘一堵，磬一堵，謂之肆。天子宮縣，諸侯軒縣，卿大夫判縣，士特縣。諸侯之卿大夫半天子之卿大夫。西縣鐘，東縣磬。士亦半天子之士，縣磬而已。」今按，《大射儀》樂人所陳諸侯之軒縣，全樂有鎛者也。若諸侯之卿大夫，則二堵而分東西，諸侯之士且僅有一堵，皆不成肆，皆無鎛。《左傳》晉侯賜魏絳以二肆之半，鐘一堵，磬一堵及一鎛也，此君之特賜，故有鎛。从金，薄聲。匹各切，五部。《周禮》、《國語》字作「鎛」，乃是叚鎛鱗字。

鏞 大鐘謂之鏞。《爾雅》文。《大雅》、《商頌》毛傳皆同。惟《商頌》字作「庸」，古文叚借。《考工記》曰：「大鐘十分其鼓閒，以其一爲之厚。」从金，庸聲。余封切，九部。

鐘 樂鐘也。當作金樂也。秋分之音，萬物穜成，故謂之鐘。「萬、故謂之鐘」五字，今補。猶鼓者「春分之音，萬物郭皮甲而出，故謂之鼓」；笙者「正月之音，物生，故謂之笙」；管者「十二月之音，物開地牙，故謂之管」也。鐘與穜疊韵。从金，童聲。職茸切，九部。經傳多作「鍾」，叚借酒器字。古者垂作鐘。蓋出《世本·作篇》。

銿 鐘或从甬。鐘柄曰甬，故取以成字。甬亦聲。

鈁 方鐘也。《廣韵》曰：「鑊屬。」今義也。从金，方聲。形聲包會意。府良切，十部。

鎛 鎛鱗也。「也」衍。鐘上橫木上金𠌶也。縣鐘者，直曰虡，橫曰筍。《攷工記》云：「鱗屬以爲筍。」《明堂位》云：「夏后氏之龍簨虡。」注云：「飾簨以鱗屬，又於龍上刻畫之爲重牙。」然則橫木刻爲龍，而以黃金涂之，光華爛然，是之謂鎛鱗。鎛之言薄也，迫也，以金傅箸之也。徐廣之言車，亦曰「金薄繆龍」，徐楚金以「金博山」釋之。《隨書·音樂志》云：「近代加金博山於簨上。」此非許所謂。《淮南》說金尊云「華藻鎛鮮」。鎛之意略同耳。鎛訓迫，故田器曰鎛。《周頌》之鎛，毛曰「鎒也」。鄭注《攷工記》曰：「田器。」正謂鎒迫地拔艸而有此偁。《釋名》以爲鎛亦鉏類，「鎛，迫也」。今本《釋名》作鑮，非。从金，尃聲。補各切，五部。一曰，田器。《詩》曰：「庤乃錢鎛。」《周頌》文。

鍠 鐘聲也。从金，皇聲。乎光切，十部。《詩》曰：「鐘鼓鍠鍠。」《周頌》文。今《詩》作「喤喤」。毛傳曰：「和也。」按，皇，大也，故聲之大，字多从皇。《詩》曰「其泣喤喤」，「喤喤厥聲」。玉部曰：「瑝，玉聲也。」《執競》以鼓統於鐘，總言「鍠鍠」。

鎗 鎗鏓，二字各本無，今依全書例補之。雙聲字也。鐘聲也。引申爲他聲。《詩·采芑》：「八鸞鎗鎗。」毛曰：「聲也。」《韓奕》作「將將」，《烈祖》作「鶬鶬」，皆叚借字。或作「鏘鏘」，乃俗字。《漢書·禮樂志》「鏗鎗」，《藝文志》作「鏗鏘」，《廣雅》作「鍧鎗」。从金，倉聲。楚庚切，按，古音七羊反，在十部。

鏓 鎗鏓也。《學記》曰：「善待問者如撞鐘，叩之以小者則小鳴，叩之以大者則大鳴。待其松容，然後盡其聲。」注曰：「松容，謂重撞擊也。」鎗鏓，善狀鐘聲，今匙用此者。从金，悤聲。倉紅切，九部。一曰，大鑿中木也。「中木也」，各本作「平木者」，《玉篇》、《廣韵》竟作「平木器」，今正。鑿非平木之器。馬融《長笛賦》：「鏓硐隤墜。」李注云：「《説文》曰：鏓，大鑿中木也。」然則以木通其中皆曰鏓也。今按，中讀去聲，許正謂大鑿入木曰鏓，與種植、舂杵聲義皆略同。《詩》曰：「鑿冰沖沖。」傳曰：「沖沖，鑿冰之意。」今四川富順縣邛州，鑿鹽井深數十丈，口徑不及尺，以鐵爲杵，架高絙而鑿之，俗偁中井。中讀平聲，其實當作此鏓字。囪者，多孔；蔥者，空中；聰者，耳順；義皆相類。凡字之義，必得諸字之聲者如此。《釋名》曰：「轗，言輻轗入轂中也。」轗入，正「鏓入」之譌。

錚 金聲也。《後漢書》曰：「鐵中錚錚。」鐵堅則聲異也。《玉篇》云：「錚同鎗。」非是。从金，爭聲。側莖切，十一部。

鏜 鐘鼓之聲也。鼓部曰：「鼞，鼓聲也。」引《詩》「擊鼓其鼞」，爲其字之从鼓也。此引《詩》「擊鼓其鏜」，葢有韓、毛之異與？《邶風》傳曰：「鏜，擊鼓聲也。」許以其从金，故先之以鐘，曰「鐘鼓之聲」。相如賦作「闛鞈」。《司馬法》曰：「鼓聲不過閶。」皆叚借字。从金，堂聲。土郎切，十部。《詩》曰：「擊鼓其鏜。」

鑋 金聲也。从金，輕聲。苦定切，十一部。《篇》、《韵》皆有去盈切。讀若《春秋傳》「⿱輕足而乘它車。」昭公廿六年《左氏傳》文。今《左傳》作「鑋而乘他車」，則不可通矣。⿱輕足，葢即脛字，亦或作踁。林雍既斷足，乃以脛築地而行，故謂之脛。

鐔 劍鼻也。《攷工記》、《曲禮》、《少儀》所謂「劍首」也。《通藝錄》曰：「劍鼻謂之鐔，鐔謂之珥，又謂之環。一謂之劍口。有孔曰口，視其旁如耳然曰珥，面之曰鼻，對末言之曰首。」玉裁按，《莊子》説劍凡五事，曰鋒、鍔、脊、鐔、夾。鋒者，其耑，許書之鏠字，《左傳》所謂劍末也。鍔者，其刃，許之㓵字。脊者，其身中隆處，《記》因之有「兩從」「臘廣」之偁也。鐔者，其鼻，玉部所謂設璏處也。夾者，其柄。鐔在其耑，《記》所謂莖，許刀部所謂釗也。印鼻、劍鼻、瓜鼻皆謂鼻者，鼻猶初也，始生子爲鼻子。从金，覃聲。徐林切，七部。《廣韵》徒含切。

鏌 鏌釾，逗。大戟也。大徐無「大戟」字，小徐及臣瓚《賈誼傳》注、李善《羽獵賦》注、李賢《杜篤傳》注引許皆同。淺人但知莫邪爲劍，故删之也。應劭、司馬貞、顔師古皆主劍説，非許意。《史記》趙良、司馬相如皆云「干將之雄戟」，張揖曰：「吳王劍師干將所造者也。」然則干將、莫邪古説皆謂戟矣。从金，莫聲。慕各切，五部。

釾 鏌釾也。从金，牙聲。以遮切，古音在五部。疊韵字也。漢《郭究碑》作「鋣」，《杜篤傳》注引同。

鏢 刀削末銅也。削者，刀鞞也。私妙切，俗作「鞘」。刀室之末以銅飾之曰鏢，鞞用革，故其末飾銅耳。而高誘注《天文訓》云：「標讀如刀末爲鏢。」《通俗文》曰：「刀鋒爲鏢。」皆自刀言，不自刀室言。與许説異矣。

鈒 鋋也。《廣韵》云：「戟也。」又云：「鈒鏤。」皆非古義。从金，及聲。穌合切，七部。

鋋 小矛也。矛者，酋矛，長二丈，建於兵車者也。其小者，可用戰，曰鋋。《坶誓》「立爾矛」是也。《鄭風》、《魯頌》有「二矛」，《秦風》有「厹矛」。《方言》曰：「矛或謂之鋋。」師古注《漢書》曰：「鋋，鐵把短矛也。」从金，延聲。市連切，十四部。

鈗 侍臣所執兵也。从金，允聲。《周書》曰：「一人冕，執鈗。」讀若允。按，《顧命》作「執鋭」。僞孔傳云：「鋭，矛屬也。」陸氏音義云：「鋭，以税反。」不言《説文》作鈗，讀若允。與其《説文》作黺、作[illegible]、作[illegible]、作凭、作[illegible]詳引許書之例不合。此可疑一也。顧氏《玉篇》無鈗字，有鋭字，云：「徒會切，矛也。」在鈒、鋋之下，鉈、鏦、錟之上，正與《説文》列字次弟同，惟易鈗爲鋭耳。此可疑二也。《漢書》，《長揚賦》「兖鋋瘢耆」，張佖引《説文》同今本以釋兖，謂兖當作鈗。是《説文》今本至南唐張佖乃見之，與小徐本同。此可疑三也。《廣韵·十七準》無鈗字，惟《十四泰》鋭「杜外切，矛也」，是可知陸法言《切韵》、孫愐《唐韵》皆無鈗矣。此可疑四也。《集韵·十四太》「鋭，徒外切，矛屬」。毛氏《禮部韵略》、黄氏《韵會》皆同，以至毛居正《六經正誤》云：「鋭，矛屬。許氏《説文》音兑，《廣韵》徒外切。今音以税切，非也。當從《説文》、《廣韵》音。」岳珂《九經三傳沿革例》云：「《顧命》執鋭，《説文》以爲兵器，注中釋爲矛屬。」是則南宋時所據許書古本，尚有釋鋭爲兵器、讀若兑者，非純用大小徐本也。此可疑五也。竊謂《顧命》本作鋭，《説文》亦本有鋭無鈗，鋭篆厠於鋋下、鉈上，訓曰「矛屬。从金，兑聲。《周書》曰：一人冕執鋭。一曰芒也」。次出剡篆，訓云「籀文鋭也」。今校《説文》當如是改移，而徑删鈗篆。〇又徒外切者，執鋭舊音。必許云讀若兑，故相沿如此音也。以税切者，訓芒之音。《尚書音義》「以税反」，恐是李昉、陳鄂所擅改，而非陸氏本書也。

鉈 短矛也。《方言》曰：「矛，吴揚江淮南楚五湖之間謂之鍦，或謂之鋋，或謂之鏦。」按，鍦即鉈字，《廣雅》作[illegible]。《晉書》：「丈八鉈矛左右盤。」⑫ 从金，它聲。食遮切，古音在十七部。

鏦 矛也。从金，從聲。七恭切，九部。今楚江切。

[illegible] 鏦或从彖。非聲也。未詳。《玄應》曰：「《字詁》云：古文[illegible]、穳二形，今作穳，同，麤亂切。《字林》云：穳，小矛也。」按，[illegible]與鏦當是各字而同義。从金，彖聲。今《説文》轉寫有誤。

錟 長矛也。本義也。《史記》：「錟戈在後。」又：「非錟於句戟長鎩。」叚爲銛利字也。劉伯莊云四廉反，而毛晃讀同剡。从金，炎聲。讀若老耼。徒甘切，八部。

鏠 兵耑也。兵，械也。耑，物初生之題，引申爲凡物之顛與末。凡金器之尖曰鏠。俗作鋒。古亦作夆。山之顛曰峯，古無峯字。从金，逢聲。敷容切，九部。

鐓 矛戟柲下銅鐏也。柲，欑也。欑，積竹杖也。矛戟之矜以積竹杖爲之，其首非銅裹而固之恐易散，故有銅鐏。故字从金。《秦風》毛傳曰：「鐓，鐏也。」从金，敦聲。徒對切，古音在十三部。《方言》：「鐏謂之釬。」注曰：「或名爲鐓，音頓。」《玄應書》卷廿一引《説文》作鐓，而謂梵經作錞，乃樂器錞于字。然則東晉、唐初《説文》作鐓可知。《玉篇》、《廣韵》皆鐓爲正字，錞注同上。《曲禮》：「進矛戟者前其鐓。」釋文云「又作錞」而已。舊本皆作𦎫聲，篆作鐓，今更正。《詩》曰：「厹矛沃鐓。」《秦風》文。厹，各本作「厽」，今正。沃，今《詩》作「鋈」。車部引《詩》「沃以觼軜」，字亦作沃。許書無鋈字之證也。以白金固鐏，謂涂銀於銅也。

鐏 柲下銅也。《曲禮》曰：「進戈者前其鐏，後其刃；進矛戟者前其鐓。」注云：「後刃，敬也。三兵鐏鐓雖在下，猶爲首也。鋭底曰鐏，取其鐏地；平底曰鐓，取其鐓地。」按，鐏地可入地，鐓地箸地而已。知古鐓讀如敦也。鄭析言之，許渾言不析者，蓋鋭鈍皆可爲，非必戈鋭而矛戟鈍也。《曲禮》或互文耳。从金，尊聲。徂寸切，十三部。

鏐 弩眉也。从金，翏聲。力幽切，三部。一曰，黄金之美者。見《爾雅・釋器》。鄭本《尚書》「厥貢鏐鐵」注同。《漢・地理志》亦作鏐。韋昭云：「紫磨金。」

鍭 矢金族翦羽謂之鍭。族，各本作「鏃」，今正。㫃部曰：「族，矢鏠也。束之族族也。」是可以證矣。《大雅》傳曰：「鍭矢參亭。」參亭者，《考工記》所謂一在前、二在後也。《釋器》曰：「金鏃翦羽謂之鍭。」从金，矦聲。乎鉤切，四部。按，此篆鍇無鉉有。攷《儀禮記》作「翭矢」。羽部：「翭，羽本也。一曰羽初生皃。」「翦，羽生也。一曰矢羽。」然則翭矢以翦羽得名，不以金族爲義。小徐本是，大徐非也。當從小徐删正。〇按，《爾雅》翦羽、不翦羽，依許説一有羽、一無羽也，孫炎訓翦爲斷，非。

鏑 矢鏠也。謂矢族之入物者。古亦作「鍉」，是聲、啇聲同部也。从金，啇聲。都歷切，十六部。

鎧 甲也。甲本十干之首，从木戴孚甲之象，因引申爲甲冑字。古曰甲，漢人曰鎧。故漢人以鎧釋甲。从金，豈聲。苦亥切，古音在一部。

釬 臂鎧也。《管子・戒》曰：「弛弓脱釬。」房注：「釬所以扞弦。」按，房非也。《禮》，射時箸左臂者謂之遂，亦謂之拾。若戰陣所用臂鎧，謂之釬，兩臂皆箸之，又非無事時所箸臂衣謂之韝也。从金，干聲。矦旰切，十四部。

錏 錏鍜，逗。疊韵字也。頸鎧也。《漢・刑法志》：「三屬之甲。」蘇林曰：「三屬者，兜鍪也，盆領也，髀褌也。」按，盆疑當作益，益領即錏鍜。許兜部曰：「兜鍪，首鎧也。」冃部曰：「冑，兜鍪也。」此云「錏鍜，頸鎧也」，則與蘇説三屬同矣。从金，亞聲。烏牙切，古音在五部。

鍜 錏鍜也。从金，叚聲。乎加切，古音在五部。

鐧 車軸鐵也。此與鞏異義。鞏者，車軸耑鍵也，謂以鐵鐕毌軸頭而制之也。若車軸之在釭中者，以鐵鍱裹之，謂之鐧。

《釋名》曰：「輨，閒也。閒釭軸之閒使不相摩也。」按，釭中亦以鐵鍱裹之，則鐵與鐵相摩，而轂軸之木皆不傷，乃名鐵之在軸者曰鐧，在轂者曰釭。從金，閒聲。古莧切，十四部。

釭 車轂中鐵也。木部曰：「槅，車轂中空也。」今《攷工記》作「藪」。大鄭云：「藪讀爲蜂藪之藪，謂轂空壺中也。」按，壺中謂三十輻菑所趨，非以鐵鍱裹之，懼其易傷也。其裹之之鐵鍱曰釭，因之壺中亦曰釭。《釋名》曰：「釭，空也。其中空也。」《方言》曰：「自關而西謂之釭。」引申之，凡空中可受者皆曰釭。《漢書》曰：「昭陽宮壁帶爲黃金釭，函藍田璧。」是也。俗謂膏燈爲釭，亦取凹處盛膏之意。如《方言》釭亦曰「鍋也」。釭有鐵，則軸又易傷，故又有鐧。從金，工聲。古雙切，九部。本音工。

鏨 車樘結也。木部曰：「樘，衺柱也。」古音堂，今音丑庚切。《考工記》注曰：「堂，讀如牚距之牚、車牚之牚。」然則「車樘」，漢人語也。《急就篇》、《釋名》作棠。劉熙曰：「棠，蹀也。在車兩旁蹀幰使不得進卻也。」今按，其結曰鏨，其制未詳，葢可以系車幰者。從金，斯聲。讀若誓。時制切，十五部。一曰，銅生五色也。如古銅器朱翠之色。

鈘 乘輿馬頭上防鈘。乘輿，天子之車。防，古多作方。方鈘者，其名，下言其制。插目翟尾鐵翮，句。象角，句。所目防网羅鈘去之。司馬彪《輿服志》曰：「乘輿，金根，安車，立車皆方鈘，插翟尾。」劉注引顏延之《幼誥》曰：「鈘，乘輿馬頭上防鈘。角所以防網羅，鈘以翟尾鐵翮象之也。」玉裁按，得顏語而後象角之義明。翮者，羽莖也。蔡邕《獨斷》曰：「方鈘，鐵也，廣數寸，在馬騣後，有三孔，插翟尾其中。」薛解《西京賦》⑬曰：「方鈘謂轅旁以五寸鐵鏤錫（此字有誤），中央低，兩頭高，如山形。而貫中以翟尾，結箸之轅兩邊，恐馬相突也。」蔡云在馬髦後，薛云在轅兩邊。馬髦之後，正負轅處也，與許云在馬頭上者不同。依《西京賦》既言金鍐，又言方鈘，蔡邕曰：「金鍐者，馬冠也，高廣各五寸，上如玉華形，在馬髦前。」則馬頭上有金鍐，方鈘不在馬頭也。鍐取夋字之義，夋者，匘葢也。然許云以防网羅罣礙，則應在馬頭上。許意馬頭無金夋，有方鈘。從金，气聲。許訖切，十五部。

鑾 人君乘車，四馬鑣，八鑾。鑣上當有「四」字，每鑣二鑾，四馬故四鑣，四鑣故八鑾也。鑣者，馬銜也。銜者，馬勒口中也。許云「人君乘車四馬」者，人君兼天子諸侯言，此破天子駕六之說也。《五經異義》：「《易》孟、京，《春秋公羊》說，天子駕六。《毛詩》說，天子至大夫同駕四，士駕二。《詩》云『駟騵彭彭』，武王所乘；『龍旂承祀，六轡耳耳』，魯僖所乘；『四牡騑騑，周道倭遲』，大夫所乘。謹按，《禮·王度記》曰：『天子駕六，諸侯與卿大夫駕四，大夫駕三，士駕二，庶人駕一。』與《易》、《春秋》同。」鄭駁曰：「《周禮·校人》：『掌王馬之政，凡頒良馬而養乘之，乘馬一師四圉。』四馬爲乘，此一圉養一馬，而一師監之也。《尚書·顧命》：『諸侯入應門，皆布乘黃朱。』言獻四黃馬朱鬣也。既實周天子駕六，《校人》則何不以馬與圉以六爲數？《顧命》諸侯何以不獻六馬？《易經》『時乘六龍』者，謂陰陽六爻上下耳，豈故爲禮制。《王度記》云『今天子駕六』者，自是漢法，與古異。『大夫駕三』者，於經無以言之。」玉裁謂，許造《説文》云人君駕四馬，與《異義》異，與鄭駁同。此《説文》爲許晚年定論之一證也。云四鑣八鑾者，此破鑾在衡之説也。《秦風》正義曰：「鸞和所在，經無正文。經解注引《韓詩内傳》曰：『鸞在衡，和在軾。』又《大戴禮·保傅篇》文與《韓詩》説同。故鄭依用之。《蓼蕭》傳曰：『在軾曰和，在鑣曰鸞。』箋不易之。《異義》載《禮》戴氏、《詩》毛氏二説。謹案云經無明文，且殷周或異故。鄭亦不駁。《商頌·烈祖》箋云：鸞在鑣，以無明文，且殷周或異，故鄭爲兩解。」玉裁謂，鄭箋《駟鐵》云「置鸞於鑣」，異於乘車也，《烈祖》箋、《大馭》注則云「鸞在衡」⑭。許本無定説，而造《説文》云「四鑣八鑾」，宗毛氏。此又《説文》爲許晚年定論之二證也。「八鑾」三見《詩》，字作「鸞」。**鈴象鸞鳥之聲。**此釋名鑾之義。鸞者，赤神之精，赤色五采，雞形，鳴中五音，頌聲作則至。爲鈴，系於馬銜之兩邊，聲中五音，似鸞鳥，故曰鑾。《小雅》「鑾刀」傳曰：「鑾刀，刀有鑾者，言割中節也。」《禮記》曰：「聲和而後斷也。」今《詩》亦作「鸞刀」矣。若崔豹《古今注》云：「五輅衡上金雀鸞也。鸞口銜鈴，故謂之鑾。」司馬氏《輿服志》云：「乘輿鸞雀立衡。」即《韓詩》、《戴禮》在衡曰鑾之説，而爲之鳥形，恐非古矣。**聲龢則敬也。**聲字今補。龢字今正。《玉藻》曰：「君子在車，則聞鸞和之聲，行則鳴佩玉，是以非僻之心無自入也。」**从金，鸞省。**此舉會意包形聲。洛官切，十四部。

銊　銊　車鑾聲也。从金，戌聲。《詩》曰：「鑾聲銊銊。」徐鉉等曰：今俗作「鐬」。以銊作斧戉之戉，非是。呼會切，十五部。玉裁按，《詩·采菽》：「鸞聲嘒嘒。」傳曰：「中節也。」《泮水》：「鸞聲噦噦。」傳曰：「言其聲也。」釋文不言有作「鐬」者。鼎臣何以云「今作鐬」與？攷《玉篇》、《廣韵》皆有「鐬」字，注「呼會切，鈴聲也」。而《泮水》「噦噦」呼會反。鑾聲即鈴聲。然則古本《毛詩》非無作「鐬鐬」者，故《篇》、《韵》猶存其説。鐬爲正字，《采菽》「嘒嘒」，呼惠反，殆叚借字。許訓噦爲「气啎」，見於《内則》，《詩》不得以狀鑾聲，或叚借可也。以戌聲之字狀鸞聲，尤殊不類。鐬从歲聲，歲从戌聲。戌聲、歲聲則與鑾聲相似。《詩》言「和鑾雝雝」，宫聲也，車緩行舒徐聲也。「八鑾鎗鎗」，「鑾聲銊銊」，鳴玉鑾之秋秋，商聲也。車將止，舌與鈴相摩聲也。疑古《毛詩·泮水》本作「銊銊」，後乃變爲鐬字。許所據作銊，戌聲，辛律切，變爲鐬，呼會切。當鼎臣兄弟時，《説文》銊篆譌銊，而鼎臣兄弟乃仍以呼會切之，葢昧其遷移原委矣。銊字之存於今者，爲鋸聲，爲⿰金屈銊。

鍚　鍚　馬頭飾也。《韓奕》傳曰：「鏤鍚，有金鏤其鍚也。」箋云：「眉上曰鍚，刻金飾之，今當盧也。」按，人眉目閒廣揚曰揚，故馬眉上飾曰鍚。盧即顱字。**从金，陽聲。**與章切，十部。今經典作「錫」。**《詩》曰：「鉤膺鏤鍚。」一曰，鍱車輪鐵也。**鍱車輪，謂以鐵鍱附車輪箸地匊帀處也。其鍱謂之鍚。

銜　銜　馬勒口中也。也，當作者。革部曰：「勒，馬頭落銜也。」落謂絡其頭，銜謂關其口，統謂之勒也。其在口中者，謂之銜。落以輅爲之，輅，生革也。銜以鐵爲之，故其字从金。引申爲凡口含之用。从金行。會意。户監切，荔金亦聲，在七部。銜者，所㠯行馬者也。所以字今補。凡馬，提控其銜以制其行止，此釋从行之意。

鑣 馬銜也。馬銜，横毌口中，其兩耑外出者系以鑾鈴。又巾部曰：「幩，馬纏鑣扇汗也。」荔扇汗亦繞於兩耑。从金，麃聲。補嬌切，二部。

䚦 鑣或从角。荔古或以角之至堅者爲之。

鉣 組帶鐵也。按，組上疑當有馬字。从金，劫省聲。讀若劫。居怯切，八部。

鈇 斫莝刀也。各本作莝斫刀。今按，《尹翁歸傳》注作「斫莝刀」，《後漢・馮魴傳》注但云「莝刀」，近是，而尚奪字⑮。莝者，斬芻也。斬芻之刀，今之鍘刀。《禮記》屢言「鈇鉞」。《秋官・掌戮》注曰：「斬以鈇鉞，若今要斬；殺以刀刃，若今棄市。」古多訓鈇爲椹質。《文選・册魏公九錫文》⑯引《倉頡篇》：「鈇，椹質也。鉞，斧也。」《公羊傳》曰：「不忍加之鈇鑕。」鑕即質。何休云：「斬䠯之刑。」范雎曰：「匈當椹質，要待斧鉞。」《漢・王訢傳》：暴勝之將斬訢，訢已伏質而仰言，因壯而貰之。然則斬人皆胸伏椹質。説《倉頡》者謂椹質爲鈇，以古詩斬芻之質謂之稾砧，隱語夫字言之。説《倉頡》者是也。然則許此解當云「莝刀質也」。俗人不得其解，因删去質字耳。若《五經文字》云：「鈇音斧，又與斧同。」則甚繆誤。《後漢・獻帝紀》：「加鈇鉞虎賁。」注引《倉頡篇》「鈇，斧也」，此奪去「椹質也鉞」四字，爲俗誤所本。从金，莝刀之質，古荔鐵爲之。夫聲。甫無切，五部。讀上聲者非。

鈎 鉤魚也。鉤者，曲金也。以曲金取魚謂之鈎。从金，勺聲。多嘯切，二部。

鏊 羊箠也。耑有鐵。也字，依《廣韵》補。箠者，所以擊馬也。因之擊羊者謂之羊箠。其耑有鐵，故字从金。《淮南・道應訓》曰：「白公罷朝而立，倒杖策，錣上貫頤。」高注云：「策，馬捶。端有針以刺馬，謂之錣。倒杖策，故錣貫頤也。」又《氾論訓》注曰：「錣，楇頭箴。」按，錣即許之鏊字。捶同箠。楇者，箠也。馬箠亦耑有鐵，其用同也。《曲禮》所謂「策彗邮勿」。从金，埶聲。讀若至。脂利切，十五部。《廣韵》入至薛二韵是，入絹韵誤也。

鋃 鋃鐺，逗。疊韵字。瑣也。瑣，俗作「鎖」，非。瑣爲玉聲之小者，引申之，彫玉爲連環不絶謂之瑣。漢以後罪人不用纍紲，以鐵爲連環不絶係之，謂之鋃鐺，遂製鎖字。《漢・西域傳》：「陰末赴琅當德。」謂以長鎖鎖趙德也。正文本無鎖字，今本乃作「鎖琅當德」，殊爲不辭。琅當，叚借字也。若宫室青瑣，以青畫户邊爲瑣文。故《楚辭》注曰：「文如連瑣。」从金，良聲。魯當切，十部。

鐺 鋃鐺也。从金，當聲。都郎切，十部。今俗用爲酒鎗字，楚庚切。

鋂 大環也。一環毌二者。環，各本作瑣。毌，原作貫。今正。《盧令》三章曰：「盧重鋂。」傳曰：「鋂，一環貫二也。」

上文「重環」傳云：「子母環，謂以一環毌二環。」此云一環毌二，以一毌二，則一環差大，故許知爲大環也。《玉篇》、《廣韵》皆云：「大環。」用許之舊。《詩正義》引《說文》「鋂，環也。一環貫二」。由其以大環貫小環釋子母環，遂刪此大字，而云環固未誤也。非綿連者，不得云瑣。犬飾以纓環不以瑣，且犬既有紲矣，何爲施以大鋃鐺乎。○《韵會》「一環貫二者」五字在每聲之下，葢此五字後人所增。从金，每聲。莫桮切，古音在一部。《詩》曰：「盧重鋂。」《齊風》文。

鍡　鍡鑸，逗。疊韵字。不平也。《莊子》有畏壘之山，《史記》作畏累虛。《玉篇》云：「鍡鑸，亦作碨礧。」从金，畏聲。烏賄切，十五部。

鑸　鍡鑸也。从金，壘聲。洛猥切，十五部。

鎎　怒戰也。怒則有氣，戰則用兵，故其字从金氣。氣者，气之叚借字也。从金，愾省。此會意而愾省亦聲也。今本作「氣聲」，乃上下不毌。許既切，十五部。《哀公問》音義曰：「愾，許乞反，又許氣反。」《春秋傳》曰：「諸侯敵王所愾。」愾，各本作「鎎」，今正。《春秋傳》者，文公四年《左傳》文。杜曰：「敵，猶當也。愾，恨怒也。」心部曰：「愾，大息。从心氣。」是則王所愾，王所怒也。敵王所怒，故用金革，此引以證會意之恉。與引「艸木麗乎地」說麗，引「豐其屋」說豐，引「莫可觀於木」說相，引「在同之野」說駉同意。許於愾下云：「从心氣。氣亦聲。」是謂氣即气字。此作「从金氣」，《春秋傳》「敵王所愾」，亦無不合。凡此校正，私謂必符許意。知我罪我，所不計也。

鋪　箸門抪首也。抪，各本作「鋪」，依《舞賦》李注正。手部曰：「抪，捫持也。」捫持者，古者箸門爲嬴形，謂之椒圖，是曰鋪首。以金爲之，則曰金鋪。以青畫瑣文鏤中，則曰青瑣。見《西京》、《蜀都賦》注。按，《大雅》「鋪敦淮濆」，箋云：「陳屯其兵於淮水之上。」此謂叚鋪爲敷也。今人用鋪字本此。《江漢》：「淮夷來鋪。」傳曰：「鋪，病也。」則謂叚鋪爲痡也。从金，甫聲。普胡切，五部。

鐉　所㠯鉤門户樞也。門户樞有不利轉者，以此鉤轉之也。一曰，治門户器也。別一義。从金，巽聲。此緣切，十四部。按，《玉篇》釋爲「六兩，所劣切」者，此《尚書大傳》鐉訓六兩誤字。

鈔　叉取也。叉者，手指相錯也。手指突入其閒而取之，是之謂鈔。字从金者，容以金鐵諸器刺取之矣。《曲禮》曰：「毋剿說。」剿即鈔字之叚借也。今謂竊取人文字曰鈔，俗作抄。从金，少聲。楚交切，二部。

錔　㠯金有所冃也。冃，各本作冐。凡覆乎上者，頭衣之義之引申耳。輨下曰：「轂耑錔也。」錔取重沓之意，故多借沓爲之。《漢・外戚傳》：「切皆銅沓黃金塗。」謂以銅冒門限，以黃金涂銅也。高注《呂覽》郈氏「金距」云：「以利鐵作假距，沓其距上。」⑰即服注《左傳》「以金錔距」也。手部㧺下曰：「亦曰韜也。」从金，沓聲。形聲包會意。他荅切，八部。

銽　斷也。未聞。从金，𠯑聲。古活切，十五部。

鉻　鬄也。鬄者，鬀髮也。亦謂之鉻。俗作「⿰各刂」，作「斱」。从金，各聲。盧各切，五部。

⿰金亶　伐擊也。从金，亶聲。旨善切，十四部。

鏃　利也。今用爲矢鏠之族，與許不同。疑後所增字。从金，族聲。作木切，三部。

鈌　刺也。从金，夬聲。於決切，十五部。

鏉　利也。《玉篇》、《廣韵》云：「鐵生鏉也。亦曰鉎。」此今義非古義也。古云鐵繡作采。从金，欶聲。所右切，三部。

鎦　殺也。《般庚》：「重我民，無盡劉。」《君奭》：「咸劉厥敵。」《左傳·成十三年》：「虔劉我邊垂。」《釋詁》：「劉，殺也。」《書》孔傳、《左》杜注同。从金刀，此會意。从金。殺義未著，必从金刀而後著。丣聲。丣者，古文酉也。力求切，三部。此篆二徐皆作鎦，別無劉篆。鎦古書罕用，古未有姓鎦者，且與殺義不協。其義訓殺，則其文定當作劉。楚金疑脱劉篆，又疑鎦之丣下本作刀，轉寫譌田，後説是也。竹部有藰，劉聲；水部有瀏，劉聲；又「劉，劉杙」；又劉向、劉歆，以許訂許，此必作劉。若無劉字，劉聲無本矣。今輒更正篆文，以截斷衆疑。至若此字丣聲、非丣聲，絕無可疑者。二徐固皆不誤。蓋凡丣聲之字，皆取疊韵而又雙聲，丣、丣皆在古音第三部，而各有其雙聲，故二聲不可淆混。東漢一代持卯金刀之説，謂東卯、西金，從東方王於西也。此乃讖緯鄙言，正馬頭人、人持十、屈中、止句一例，所謂不合孔氏古文、謬於《史籒》之野言。許之所以造《説文》者，正爲此等。矯而煣之，隱而栝之，使六書大明。以視何休之恃此説經，其相去何如也！正劉爲劉，許君之志也。或疑其有忌諱而隱之，夫改字以惑天下，後世君子不出於此。

錉　業也。賈人占錉。从金，昏聲。武巾切，十二部。按，此字必後人所增，必當删者。《史》、《漢》「賈人緡錢」字从糸，李匪曰：「緡，絲也。以貫錢也。」[18]引《詩》「維絲伊緡」，如淳引胡公云：「緡錢爲緡者，《詩》云：氓之蚩蚩，抱布貿絲。故謂之緡也。」不知何人因二千一算改爲錉字，正如矢族改爲鏃耳。以業訓之，尤不可通。

鉅　大剛也。《孫卿·議兵篇》曰：「宛鉅鐵鉇，慘如蠭蠆。」《史記·禮書》本之，曰：「宛之鉅鐵施，鑽如蠭蠆。」徐廣云：「大剛曰鉅。」按，引申爲鉅大字。从金，巨聲。其吕切，五部。

鎕　鎕銻，逗。雙聲字。火齊也。玉部曰：「玫瑰，火齊也。」然則鎕銻即玫瑰也。《廣韵》：「火齊似雲母，重沓而開，色黄赤似金，出日南。」齊讀去聲。从金，唐聲。徒郎切，十部。

銻　鎕銻也。从金，弟聲。杜兮切，十五部。

鈋　吪圜也。吪，動也。謂本不圜，變化而圜也。《廣韵》曰：「鈋，刓也。去角也。」从金，化聲。五禾切，十七部。

鐓 下𠂹也。鐓之言隤也，故爲下垂。一曰，千斤椎。椎，所以擊也。《周禮》注：「槍雷椎椁。」千斤椎，若今衆舉以築地者是也。秦始皇造鐵鐓，重不可勝，刻作力士像以祭之，鐓乃可移動。若朱亥袖四十斤鐵椎，張良爲鐵椎重百廿斤，皆其細也。从金，敦聲。都回切，古音敦，十三部。按，下𠂹、千斤椎二義，皆鐓之餘義。矛戟柲下銅鐏下𠂹而重，引伸之爲此二義，葢後人分別增一篆，改鐓篆爲錞耳。似刪之無不可者。

鍒 鐵之耎也。耎，猶偄也。偄者，弱也。鍒正爲鉅之反。从金柔，柔亦聲。耳由切，三部。

錭 鈍也。今俗謂挫抑人爲錭鈍，讀如刀。从金，周聲。徒刀切，古音在三部。

鈍 錭也。古亦叚頓爲之。从金，屯聲。徒困切，十三部。

鍗 利也。《周易》：「喪其資斧。」子夏傳及衆家並作「齊」。應劭云：「齊，利也。」然則鍗爲正字，齊爲叚借字。从金，𠂔聲。讀若齊。徂奚切，十五部。

錗 側意。司部曰：「詈者，意内而言外也。」側意，猶側詈。錗即今之歪字。唐人曰夭邪。从金，委聲。女恚切，十六部。

文百九十七。按鍇本百九十六，無鏃字，張次立補之。

重十三。

幵 平也。凡岐頭兩平曰幵。幵字古書罕見，《禹貢》：「道岍及岐。」許書無岍字，葢古祇名幵山，後人加之山旁，必岐頭平起之山也。用幵爲聲之字，音讀多岐。如汧、麗、鳽、研、妍、雃，在先韵，音之近是者也。如幷、刑、形、邢、銒，入清青韵，此轉移之遠者也。如笄、枅，入齊韵，此轉移更遠者也。幵从二干，古音仍讀如干。何以證之？籀文栞讀若刊，小篆作栞，然則干、幵同音可知。荆罰字，本从井，刑剄字，从幵，畫然異字異音，今則絶不知有从井之字，以刑代荆，音義兩失，而凡刑聲、幷聲之字，盡失古音。得吾說存之，而後大略可證。象二干對冓。原作「構」，今正。上平也。干即竿之省。古賢切，古音在十四部。凡幵之屬皆从幵。

文一。

勺 料也。二字依《玄應》書卷四補。木部枓下云：「勺也。」此云：「勺，枓也。」是爲轉注。考、老之例也。《考工記》：「勺一升。」注曰：「勺，尊斗也。」斗同枓，謂挹以注於尊之枓也。《士冠禮》注亦云：「尊斗所以斞酒也。」今皆譌「尊升」，不可通矣。《詩》：「酌以大斗。」毛云：「長三尺。」謂其柄。所㠯挹取也。所以二字依《息夫躬傳》顔注補。顔之訓詁，多取諸許也。挹者，抒也。勺是器名，挹取者，其用也。刪「所以」，則體用溷矣。象形。中有實，與包同意。外象其哆口有柄之形，中一象有所盛也。與包同意，謂包象人褢子，勺象器盛酒漿，其意一也。李陽冰曰：「勺从勹裹之勹。」失之。勹象張口，豈同弇口哉！此字當依《考工記》上灼反，《中庸》市若反，《篇》、《韵》時灼、市若切。大徐之若切，非也。今俗語猶時灼切，二部。俗作杓。凡勹之屬皆从勹。

与　賜予也。賜，予也。予，推予犇人也。一勹爲与。下从勹；一者，推而予之。余吕切，五部。此與予同意。大徐作「此与與同」，小徐作「此即與，同」。惟小徐《袪妄》内作「與予皆同」近是，今正。以一推勹，猶以丿推𠔾也。故曰同意。與，攩與也。从舁，義取共舉，不同与也。今俗以與代与，與行而与廢矣。

文二。

几　凥几也。凥，各本作「踞」，今正。凥几者，謂人所凥之几也。凥，処也。処，止也。古之凥，今悉改爲居，乃改云「居几」，既又改爲蹲踞俗字。古人坐而凭几，蹲則未有倚几者也。几俗作「机」。《左傳》：「設机而不倚。」《周易》：「涣奔其机。」皆俗字。象形。象其高而上平可倚，下有足。居履切，十五部。《周禮》五几：玉几，彫几，彤几，髹几，霥几。《周禮·司几筵》職文。髹几，今《周禮》作「漆几」，葢許所據不同。髹者，桼也。凡几之屬皆从几。

凭　依几也。依者，倚也。凭几亦作凴几，叚借字。臥則隱几。从任几。三字今正。任几，猶言倚几也。會意。皮冰切，六部。《周書》曰：「凭玉几。」《顧命》文。今《尚書》作「凴」，衛包所改俗字也。古叚借祇作馮，凡馮依皆用之。讀若馮。馮，从馬，仌聲。故其讀同也。

凥　処也。各本作「處」，今正。凡尸得几謂之凥，尸即人也。引申之爲凡凥処之字，既又以蹲居之字代凥，别製踞爲蹲居字，乃致居行而凥廢矣。《方言》、《廣雅》凥処字皆不作居，而或妄改之。許書如「家，凥也」，「宋，凥也」，「寁，凥之速也」，「窶，無禮凥也」，「宭，羣凥也」之類，皆改爲居，而許書之㶁絡不可知矣。从尸几。會意。九魚切，五部。尸得几而止也。釋會意之指，較舊本增三字。《孝經》曰：「仲尼凥。」《孝經》首章首句也。今作「居」。許君受魯國三老所獻、衛宏所校古文《孝經》如是。《釋文》引鄭本亦作「凥」。《顔氏家訓》云：「仲尼居三字之中，《三倉》尼旁益丘，《説文》尸下施几，如此之類，何由可從，甚爲紕繆。」鄭所據者古文真本，㞓字亦是孔子命名取字本義，何云不可從也！凥，逗。謂閒凥如此。此釋《孝經》之凥，即《小戴》之《孔子閒居》也。鄭《目録》曰：「退朝而處曰燕居，退燕避人曰閒居。」閒居而與曾子論孝，猶閒居而與子夏説愷弟君子。故《孝經》之凥謂閒處，閒處即凥義之引申。但閒處之時，實凭几而坐，故直曰「仲尼凥」也。如此謂尸得几。

処　止也。人遇几而止。引申之，爲凡凥処之字，俗分别其上去。从夂几。夂，讀若黹，從後致也。人兩脛後有致之者，至乎几而止，故字从夂几。昌與切，五部。夂得几而止也。此釋會意之指。以上八字，與舊本不同，今更正如此。又以上三篆皆會意，而不入人部、尸部、夂部者，重几也。

處　處或从虍聲。今或體獨行，轉謂処俗字。

文四。　重一。

且　所㠯薦也。所㠯二字，今補。薦當作「荐」，今不改者，存其舊以示人推究也。薦訓獸所食艸，荐訓薦席。薦席謂艸席也。艸席可爲藉，謂之荐。故凡言藉當曰荐，而經傳薦、荐不分，凡藉義皆多用薦，實非許意。且，古音俎，所以承藉進物者。引申之，凡有藉之詈皆曰且。凡語助云且者，必其義有二，有藉而加之也。云婥且、苟且者，謂僅有藉而無所加，粗略之詈也。凡經注言「且字」者十有一，《鄉飲酒禮》注：「同姓則以伯仲別之，又同，則以且字別之。」言同姓之中，有伯仲同者，則呼某甫也。《少牢饋食禮》注：「伯某之某，且字也。」《士喪禮》「父某甫」注云：「某甫，且字也。」若言山甫、孔甫。」《士虞禮》「適爾皇祖某甫」注云：「某甫，且字也。」若言尼甫。」又《曲禮》「有天王某甫」注云：「某甫，且字也。」《檀弓》「烏呼哀哉，尼甫」注云：「因且字以爲之謚。」《禖記》「陽童某甫」注云：「某甫，且字也。」《坊記》「《魯春秋》猶去夫人之姓曰吳，其死曰孟子卒」注云：「孟子之子，蓋其且字。」又《公羊傳·宣十五年》「王札子殺召伯、毛伯」注云：「札者，冠且字也。」桓四年，「天王使宰渠伯糾來聘」注云：「宰渠伯糾，天子下大夫，繫官氏且字。」定四年，「劉卷卒」注云：「劉卷氏采，不名且字。」古言表德之字，謂之且字，往往可證者如是。蓋古二十而冠，祇云某甫，五十而後以伯仲，某甫者，所以藉伯仲也。故鄭注《禮》之某甫如是。何注《春秋》之札、卷、糾皆爲且字，與鄭無不合。作正義者多不能憭，致轉寫多譌，而其不譌者固可攷而知也。經注之且字，非許書則不憭矣。若《周頌》傳曰：「萋且，敬愼皃。且，此也。」則毛公傳於故訓者也。从几，句。足有二横，句。一，逗。其下地也。横音光，即桄字，今俗語讀光去聲是也。合鄭《閟宫》箋、《明堂位》注言之，有虞氏斷木爲四足而已，夏后氏中足爲横距之象，周人足閒有横，横下有跗，似乎堂後有房，故云大房。按，跗許作柎，闌足也。闌足者，週圍之足空其底之下也。造字之時，象其直者四，横者二，置於地，故以一象地。子余切，又千也切。古音嫭在五部。凡且之屬皆从且。

𠀃　古文㠯爲且，又㠯爲几字。上「㠯爲」二字衍文也。古文且字，無二横者。鄭注《明堂位》曰「有虞氏以梡斷木爲四足而已，夏后氏始中足爲横距」是也。又「以爲几字」者，古文叚借之法，几亦箸於地，故几且同字。古文字少。此字大徐本挩去，从小徐本補入。

俎　《禮》俎也。謂《禮經》之俎也。从半肉在且上。仌爲半肉字，如酉谷有半水字。會意字也。《魯頌》傳曰：「大房，半體之俎也。」按，半體之俎者，《少牢禮》「上利升羊載右胖，下利升豕右胖載於俎」是也。故曰「《禮》俎」。半部曰：「胖，半體肉也。」側吕切，五部。

⿰豦且　且往也。且往，言姑且往也。匆遽之意。从且，豦聲。昨誤切，五部。此不用且之本義，如豋、豋不用豆之本義。

《篇》、《韻》字體皆不同。

文三。　重一。

斤　斫木斧也。此依小徐本。凡用斫物者，皆曰斧。斫木之斧則謂之斤。象形。横者象斧頭，直者象柄，其下象所斫木。舉欣切，十三部。凡斤之屬皆从斤。按，此篆象形之下，當有「一曰十六兩也」六字，乃與金部銖、鈞，网部兩，禾部秝合成五權。十黍爲絫，附見於絫下；斗二升曰觳，附見於鬲下。《説文》之例正如此。班固説五權曰：「斤，明也。」即《爾雅》、毛傳之「斤斤，察也」。

斧　所㠯斫也。所㠯二字今補。斧之爲用廣矣，斤則不見於他用也，葢其制有異矣。白與黑相次文曰黼，葢如畫斧然，故亦曰斧藻。从斤，父聲。方矩切，五部。

斨　方銎斧也。銎者，斤斧空也。《毛詩》傳曰：「隋銎曰斧，方銎曰斨。」隋讀如妥，謂不正方而長也。从斤，爿聲。七羊切，十部。《詩》曰：「又缺我斨。」《豳風·破斧》文。按，許不偁《七月》偁此者，明斧斨之用不專伐木也。

斫　擊也。擊者，攴也。凡斫木、斫地、斫人，皆曰斫矣。从斤，石聲。之若切，古音在五部。

斪　斪斸，逗。所㠯斫也。各本無「斪斸所㠯」四字，今補。《爾雅》：「斪斸謂之定。」斪斸合二字成文，斪之言鉤也，斸之言斫也。《考工記·車人》注作「句欘」。斤斧所以斫木，斪斸所以斫地。从斤，句聲。其俱切，四部。

斸　斪斸也。原作「斫也」，今依全書通例正。木部有欘字，所以斫也，「齊謂之茲其」，葢實一字。从斤，屬聲。職玉切，三部。

斲　斫也。从斤，㽬聲。小徐有「聲」，鍇曰非聲。鉉曰：「㽬，器也，斤以斲之。」皆不知古音者也。古音三部、四部同入，今音析入《三覺》。竹角切。

𣃔　斲或从畫，从丮，畫聲。大徐作「从畫，从丮」，篆體作「𣃔」，今依《玉篇》正。畫聲猶㽬聲也。

釿　劑斷也。劑者，齊也。小徐無斷字。《釋名》曰：「釿者，謹也。板廣不可得制削，又有節，則用此釿之。所以詳謹令平滅斧迹也。」《六書故》曰：「釿，魚斤切。似鍚而小。」按，此篆葢从斤，金聲，讀若呻吟之吟。其義謂以斤斧之屬，制斷金鐵物也。今俗閒謂戾斷堅爲釿斷，當即此字。劉成國以「謹也」釋之，葢已失其義、誤其音，非許入斤部之恉矣。从斤，金聲。聲字今補。古音在七部。大徐宜引切。

所　伐木聲也。伐木聲乃此字本義，用爲處所者，叚借爲処字也。若「王所」、「行在所」之類是也。用爲分别之詞者，又从処所之義引申之。若「予所否者」、「所不與舅氏同心者」之類是也，皆於本義無涉，是真叚借矣。从斤，户聲。疏舉切，五部。《詩》曰：「伐木所所。」《小雅·伐木》文。首章「伐木丁丁」，傳曰：「丁丁，伐木聲。」次章「伐木許許」，傳曰：「許許，柿皃。」此「許許」作

「所所」者，聲相似。不用「柿兒」之説，用「伐木聲」之説者，蓋許以毛爲君，亦參用三家也。今按，丁丁者，斧斤聲；所所，則鋸聲也。

斯 析也。以疊韵爲訓。《陳風》曰：「墓門有棘，斧以斯之。」傳曰：「斯，析也。」段借訓爲此，亦疊韵也。《殷其靁》傳曰：「斯，此也。」**从斤，其聲。**其聲，未聞。斯字自《三百篇》及《唐韵》在支部無誤，而其聲在之部，斷非聲也。息移切，十六部。**《詩》曰：「斧㠯斯之。」**

斮 斬也。斬者，截也。截者，斷也。斫用衺，斮，截用正。**从斤，㫺聲。**側略切，古音在五部。

斷 截也。戈部截下曰：「斷也。」今人斷物讀上聲，物已斷讀去聲。引申之義爲決斷，讀丁貫切。**从斤𢇍。**會意。徒玩切，十四部。《廣韵》徒管切。**𢇍，古文絶。**見糸部。

㓪 古文斷从㠯。**㠯，古文叀字。**見叀下。**《周書》曰：「㓪㓪猗無它技。」**《秦誓》文。許所據壁中古文也。

𠛷 亦古文斷。

⿰良斤 柯擊也。柯，《廣韵》作相。**从斤，良聲。**來可切，按，此音恐譌，古音當讀如琅，十部。

新 取木也。取木者，新之本義。引申之，爲凡始基之偁。《采芑》傳曰：「田一歲曰菑，二歲曰新田。」其一耑也。**从斤，亲聲。**當作「从斤木，辛聲」。非從亲聲也。息鄰切，十二部。

斦 二斤也。闕。「二斤也」，言形而義在其中。《爾雅》、毛傳曰：「斤斤，明也。」蓋其義與？闕者，言其義、其音未之聞也。大徐語斤切。質字从此。

文十五。　重三。

斗 十升也。賈昌朝作「升十之也」。此篆段借爲斗陗之斗，因斗形方直也。俗乃製「陡」字。**象形，有柄。**上象斗形，下象其柄也。斗有柄者，蓋象北斗。當口切，四部。許説俗字「人持十爲斗」，魏晉以後作升，似升非升，似斤非斤，所謂人持十也。**凡斗之屬皆从斗。**

斛 十斗也。《律曆志》曰：「量者，躍於龠，合於合，登於升，聚於斗，角於斛。」《考工記》：「豆實三而成觳，受斗二升。」鬲部亦曰：「斗二升曰觳。」然則謂觳即斛者，謬也。**从斗，角聲。**胡谷切，三部。

斝 玉爵也。**夏曰醆，**小徐如此，大徐作「琖」，皆許所無。《周禮·量人》音義曰：「琖，側産反。劉昌宗本作湔，音同。」按，古當用戔字，後人以意加旁。**殷曰斝，周曰爵。**見《明堂位》及《毛詩》傳。魯祀周公，爵用玉琖，仍雕。《周禮》、《祭統》皆云玉爵。然則三代皆飾玉可知，故許統云玉爵也。《禮運》：「醆斝及尸君，非禮也。」鄭云：「先王之爵，惟魯與王者之後得用之，其餘諸侯用時王之器而已。」《大雅》：「洗爵奠斝。」箋云：「用殷爵者，尊兄弟也。」《明堂位》注曰：「斝畫禾稼也。」**从斗，吅象形。**二徐本皆譌，今正之如此。从斗而上象其形也。與⿸厂⿰鬯又同意。⿸厂⿰鬯又，从鬯，从又，而严象形。斝从斗，而冂象形。故云同意也。此三爵者，其狀各異，今惟爵有存者耳。古雅切，古音在五部。或說斝受六升。《考工記》爵受一升而已，醆、斝未聞也。或説斝容六升，故字从斗。

料 量也。量者，稱輕重也。稱其輕重曰量，稱其多少曰料，其義一也。知其多少，斯知其輕重矣。如稻重一秙爲粟二十斗是也。引申之，凡所量度豫備之物曰料，讀去聲。从米在斗中。米在斗中，非盈斗也。視其淺深，而可料其多少。此會意。讀若遼。洛蕭切，二部。《廣韵》又去聲。

斞 量也。此量讀五量之量。从斗，臾聲。以主切，古音在四部。《周禮》曰：「桼三斞。」桼，各本譌「求」，今正。《攷工記·弓人》文。鄭注「斞，輕重未聞」。許亦但云「量也」。一弓之膠甚少，與《論語》、《攷工記》之庾絶異。

斡 蠡柄也。此蠡非蟲齧木中，乃本無其字，依聲叚借之字。見瓢字下，又見葢字下。《方言》則从瓜作𤬰矣。楊雄曰：「瓢也。」郭云：「瓠勺也。」判瓠爲瓢以爲勺，必執其柄而後可以挹物，執其柄則運旋在我，故謂之斡。引申之，凡執柄樞轉運皆謂之斡。賈誼《鵩鳥賦》云：「斡流而遷。」張華《勵志詩》云：「大儀斡運。」皆是也。或叚借「筦」字。《楚詞》云：「筦維焉繫，天極焉加。」或作「斡」字，程氏瑤田云：「《考工記》旋蟲謂之幹，蓋斡之譌也。」从斗，瓢亦料之類，故从斗。倝聲。烏括切，古音在十四部。《匡謬正俗》云：「斡音筦，不音烏活反。」引陸士衡《愍思賦》爲證。按，其字倝聲，則顏説是也。然俗音轉爲烏括切，又作「捾」，作「⿰舌斗」，亦於六書音義無甚害也。楊雄、杜林説，皆目爲軺車輪斡也。《漢志》：楊雄《倉頡訓纂》一篇，杜林《倉頡訓纂》、《倉頡故》各一篇。軺車者，小車也。小車之輪曰斡，亦取善轉運之意，亦本義之引申也。

魁 羹斗也。斗，當作「枓」。古斗枓通用，然許例以義爲別。枓，勺也，抒羹之勺也。《史記》：趙襄子「使廚人操銅枓以食代王及從者，行斟，陰令宰人以枓擊殺代王」。斟者，羹汁也。魁，頭大而柄長。《毛詩》傳曰：「大斗長三尺。」是也。引申之，凡物大皆曰魁。如《檀弓》：「不爲魁。」《游俠傳》曰：「閭里之俠，原涉爲魁。」《翟方進傳》：「芋魁。」《百官志》：「里有里魁。」皆是。北斗七星魁方杓曲，魁象首，杓象柄也。若《國語》注「小阜曰魁」，即《説文》𠂤字之叚借，亦未嘗不取枓首之意。从斗，鬼聲。苦回切，十五部。

斠 平斗斛量也。《月令》：「角斗甬，正權槩。」鄭注：「角、正，皆謂平之也。」角者，斠之叚借字。今俗謂之校，音如教，因有書校讎字作此者。音義雖近，亦大好奇矣。从斗，冓聲。古岳切，古在三部、四部之入聲。

斟 勺也。勺，《玉篇》、《廣韵》作酌。按，許以盛酒行觴爲酌，則水漿不曰酌。枓曰勺，用枓挹注亦曰勺。《詩》：「洞酌彼行潦，挹彼注茲。」則勺、酌古通也。勺之謂之斟，引申之，盛於勺者亦謂之斟。《方言》：「斟，汁也。北燕朝鮮洌水之閒曰斟。」《左傳》：

「羊斟不與。」《趙世家》、《張儀列傳》：「廚人進斟。」是也。又引申之，凡增益謂之斟。《方言》曰：「斟，益也。南楚凡相益而又少謂之不斟，凡病少愈而加劇亦謂之不斟，或謂之何斟。」言雖少損無所益也。勺之，斟之，多少在己，故凡處分曰斟勺，今多用斟酌。○《左傳》：「華元殺羊食士，其御羊斟不與。」此羊斟謂羊汁也。《宋世家》說此事云：「華元殺羊以食士，其御羊羹不及。」可以證《左傳》之解矣。《傳》當本作「其御羊羊斟不與」，上羊其名也，故字叔牂。「君子謂羊斟非人也，其羊斟之謂乎？」二斟字衍文。《淮南子》作羊羹，不斟謂不益也。《呂覽・察微篇》羊斟爲人名，亦是淺人增斟也。从斗，甚聲。職深切，七部。

斜 抒也。抒，各本从木，今正。手部曰：「抒者，挹也。」「挹者，抒也。」水部：「浚，抒也。」革部：「鞔，所以抒井也。」臼部：「舀，抒臼也。」凡以斗挹出之，謂之斜。故字从斗。音轉義移，乃用爲衺。俗人乃以人之衺正作邪，物之衺正作斜，其可蚩有如此者。从斗，余聲。讀若荼。荼，當作余。今似嗟切，古音在五部。

斞 挹也。挹，亦抒也。《詩》箋、《禮》注皆用「斞」，皆謂挹酒於尊中也。如鄭說，則「庾斞之仇」，乃此字之叚借。从斗，臾聲。舉朱切，古音蓋在三部。故鄭得以易仇字。

料 量物分半也。量之而分其半，故字从斗半。《漢書》：「士卒食半菽。」孟康曰：「半，五斗器名也。」王邵曰：「言半，量器名，容半升也。」今按，半即料也。《廣韵》料注：「五升。」然則孟康語升誤斗，王劭語斗誤升，當改正。《集韵》云：「一曰升五十謂之料。」當有誤。人日食五升菽，略同《周官》之人月二鬴也。字从半斗，即以五升釋之。許意不尒。从斗半，半亦聲。博幔切，十四部。

⿰旁斗 量旁溢也。大徐無旁，非。旁者，溥也。形聲包會意。从斗，旁聲。普郎切，十部。

⿱䜌斗 抒扇也。扇，各本作「滿」，誤。《玄應》作「漏」，爲是。依許義當作扇，謂抒而扇之，有所注也。元和汪元亮曰：「今賣酒家汲酒於甕中之器，名曰酒端，傾入於扇筧，而注於酒缾，是其物也。」《通俗文》曰：「汲取曰⿱䜌斗。」从斗，䜌聲。俱願切，十四部。

斣 相易物俱等爲斣。从斗，蜀聲。昌六切，三部。今南俗有此語，而《篇》、《韵》皆丁豆切。按，小徐本無此篆。

⿸庣斗 斛旁有庣也。庣，各本作「厞」，今正。斛旁有庣，謂斛中有寬於方尺之處。若作有厞，是斛外有物名厞矣。《漢・律曆志》曰：「量者，龠、合、升、斗、斛也。其法用銅，方尺而圜其外，旁有庣焉。」鄭氏曰：「庣，過也。算方一尺，所受一斛，過九氂五豪，然後成斛。」劉徽注《九章算術》曰：「晉武庫中所作銅斛，其篆書字題斛旁云：律嘉量斛。方一尺，而圜其外，庣旁九氂五豪，冪一百六十二寸，深一尺，積一千六百二十寸，容十斗。及斛底律嘉量斗，方尺而圜其外，庣旁九氂五豪，冪一百六十二寸，深一寸，積一百六十二寸，容一斗。升居斛旁，合、龠在斛耳上。」與《律曆志》同。按，庣旁者，謂方一尺而又寬九氂五豪也，不寬九氂五豪，則不容十斗。故製字从斗庣會意。从斗，庣聲。形聲中包會意也。土雕切，二部。庣字不見於許書，今按，即窕之異體。穴部曰：「窕，深肆極也。」《釋言》曰：「窕，肆也。」又曰：「窕，閒也。」毛傳曰：「窈窕，幽閒也。」此以幽釋窈，以閒釋窕。窕訓肆，則爲過乎方尺，訓閒，則爲方尺又寬九氂五豪。从广與从穴同也。今篆體去其首筆，則非是。《爾雅釋文》、《玉篇》、《廣韵》皆作斛。一曰，突也。此即鄭氏「過也」之意也。一曰，斛利也。此又一義。《爾雅》曰：「斛謂之疀。」古田器也。斛者，金部銚之叚借字。銚者，田器。此云古田器者，所以明六書之叚借也。詳銚下。

升　十合也。十合各本作「十龠」，誤，今正。《律曆志》曰：「合龠爲合，十合爲升，十升爲斗，十斗爲斛，而五量嘉矣。」作「十龠」，則不可通。古經傳登多作升，古文叚借也。《禮經》注曰：「布八十縷爲升。」升字當爲登，今之《禮》皆爲升，俗誤已行久矣。按，今俗所用又作「陞」。經有言升不言登者，如《周易》是也；有言登不言升者，《左傳》是也。从斗，象形。斛，左耳爲升，右耳爲合。乁以象耳形也。各本作「亦象形」，非。識蒸切，六部。合龠爲合，龠容千二百黍。十字各本無，今補。不補，則五量惟升、斗、斛見於本書，且失其相絫之數矣。絫下云：「增也。一曰十黍之重。」正爲銖字張本。鬲下云：「鼎屬。實五觳。」又云：「斗二升曰觳。」正爲角部觳下無此義，故補之。亼部合下無「一曰十龠爲合」之文，龠部下無「一曰龠容千二百黍」之文，此處之當補，正同鬲下，非沾足也。「合龠爲合」，見《律曆志》，而《尚書正義》引作「十龠」，《月令》正義引作「合」，《通典》引作「十」，《六典》說唐制作「合」，是《漢書》古本不同，要以下文云「合者合龠之量」、「躍於龠」、「合於合」，《廣雅》「二龠曰合」斷之，知「十龠」之非矣。古者一分一合謂之判合，叚是「十龠」，則此量不得名合，不得云「合於合」、「合二龠爲合」，猶之十二銖兩之爲兩也。

文十七。小徐十六。

矛　酋矛也。建於兵車，長二丈。見《考工記》。《記》有酋矛、夷矛。酋矛常有四尺，夷矛三尋。鄭注：「酋夷，長短。酋之言遒也，酋近夷長矣。」按，許不言夷矛者，兵車所不建，不常用也。《魯頌》箋云：「兵車之法，左人持弓，右人持矛，中人御。」象形。《考工記》謂之刺兵，其刃當直，而字形曲其首，未聞。直者象其柲，左右蓋象其英。《鄭風》傳云：「重英，矛有英飾也。」《魯頌》傳云：「朱英，矛飾也。」按，矛飾蓋縣毛羽。據鄭箋，則毛傳云「重喬，累荷也」者，所以縣毛羽也。莫浮切，三部。凡矛之屬皆从矛。

𢦮　古文矛，从戈。

⿰矛良　矛屬。《廣韵》曰：「短矛。」从矛，良聲。力當切，十部。

⿰矛害　矛屬。从矛，害聲。苦蓋切，十五部。

矠　矛屬。《魯語》：「矠魚鼈以爲夏犒。」韋云：「矠，揕也。揕刺魚鼈以爲犒儲也。」按，此矠字引申之義也。《周禮》作「簎魚鼈」，注云：「謂杈刺泥中搏取之。」《莊子》：「擉鼈於江。」《東京賦》：「毒冒不蔟。」皆音近義同者也。从矛，𥎦聲。讀若笮。士革切，古音在五部。按，當依《周禮》槍昔反。《國語》七亦反。

矜 矜 矛柄也。《方言》曰：「矛，其柄謂之矜。」《釋名》曰：「矛，冒也。刃下冒矜也。下頭曰鐏，鐏入地也。」按，《曲禮》戈曰鐏，矛戟曰鐓，金部渾言之不別也。矜本謂矛柄，故字从矛。引申爲戈戟柄，故《過秦論》「棘矜」即戟柄。字从令聲。令聲古音在真部，故古叚矜爲憐。《毛詩·鴻鴈》傳曰：「矜，憐也。」言叚借也。《釋言》曰：「矜，苦也。」其義一也。若矜夸、矜持、矜式，《無羊》傳「矜矜」以言堅彊，《菀柳》傳「矜，危也」，皆自矛柄之義引申之。蓋矛柄㝡長，直立於地。《坶誓》曰：「偁爾戈，立爾矛。」此謂戈柄短，矛柄長也。故諸義皆由是引申。从矛，令聲。各本篆作「矜」，解云「今聲」，今依漢石經《論語》、《溧水校官碑》、《魏受禪表》皆作矜正之。《毛詩》與天、臻、民、旬、填等字韵，讀如鄰，古音也。漢韋玄成《戒子孫詩》始韵心，晉張華《女史箴》、潘岳《哀永逝文》始入蒸韵，由是巨巾一反，僅見《方言》注、《過秦論》李注、《廣韵·十七真》，而他義則皆入蒸韵，今音之大變於古也。矛柄之字，改而爲「穜」，云「古作矜」，他義字亦皆作矜，从今聲，又古今字形之大變也。徐鉉曰：「居陵切，又巨巾切。」此不達其原委之言也。

𥏼 𥏼 刺也。从矛，丑聲。女久切，三部。《篇》、《韵》女六切。

文六。　重一。

車 車 輿輪之總名也。車之事多矣，獨言輿輪者，以轂、輻、牙皆統於輪，軾、較、軫、軹、轛皆統於輿，輈與軸則所以行此輿輪者也。故倉頡之制字，但象其一輿兩輪一軸，許君之説字，謂之「輿輪之總名」，言輪而軸見矣。渾言之，則輿輪之總名。析言之，則惟輿偁車，以人所居也。故《攷工記》曰：「輿人爲車。」夏后時奚仲所造。《左傳》曰：「薛之皇祖奚仲居薛，以爲夏車正。」杜云：「奚仲爲夏禹掌車服大夫。」然則非奚仲始造車也。《明堂位》曰：「鉤車，夏后氏之路也。」《毛詩》「元戎」傳曰：「元，大也。夏后氏曰鉤車，先正也。殷曰寅車，先疾也。周曰元戎，先良也。」箋云：「鉤者，鉤股曲直有正也。」俗本譌甚，今依《釋名》及《音義》改正。蓋奚仲時車制始備，合乎句股曲直之法。《古史攷》云：「少昊時加牛，禹時奚仲加馬。」彊爲之説耳。象形。謂象兩輪一軸一輿之形，此篆橫視之乃得。古音居，在五部。今尺遮切。《釋名》曰：「古者曰車，聲如居。言行所以居人也。今曰車，車，舍也。行者所處若屋舍也。」韋昭《辯釋名》曰：「古惟尺遮切，自漢以來，始有居音。」按，三國時尚有歌無麻，遮字衹在魚歌韵內，非如今音也。古音讀如祛，以言車之運行，不讀如居但言人所居止。《老子》：「當其無，有車之用。」音義去於反，此車古音也。然《考工記》「輿人爲車」，是自古有居音。韋説未愜也。凡車之屬皆从車。

𨏥 𨏥 籀文車。从戈者，車所建之兵，莫先於戈也。从重車者，象兵車聯綴也。重車則重戈矣。

軒 軒 曲輈藩車也。謂曲輈而有藩蔽之車也。曲輈者，戴先生曰：「小車謂之輈，大車謂之轅。人所乘欲其安，故小車暢轂梁輈；大車任載而已，故短轂直轅。」艸部曰：「藩者，屏也。」服虔注《左傳》、薛綜解《東京賦》、劉昭注《輿服志》皆云：「車有藩曰軒。」皆同許説。許於藩車上，必云曲輈者，以輈穹曲而上，而後得言軒。凡軒舉之義，引申於此。曲輈，所謂軒轅也。杜注《左傳》，於軒皆曰：「大夫車。」定九年曰：「犀軒，卿車。」从車，干聲。虚言切，十四部。藩，俗作「轓」。

輜 輜軿，逗。衣車也。五字，依定九年《左傳》正義所引。衣車，謂有衣蔽之車，非《釋名》所云「所以載衣服之車」也。《倉頡篇》曰：「軿，衣車也。」《霍光傳》曰：「昌邑王略女子載衣車。」李善《二京賦》注引張揖云：「輜重，有衣車也。」《左傳》：「陽虎載蔥靈。」杜曰：「蔥靈，輜車名。」賈逵曰：「蔥靈，衣車也。有蔥有靈。」

軿，車前衣也。車後爲輜。九字依《文選》任彦昇《策秀才》文、劉孝標《廣絶交論》二注所引。前有衣爲軿車，後有衣爲輜車。上文渾言之，此析言之也。軿之言屏也，輜之言載也。二篆互文見義。輜亦有蔽，軿亦可載，故每渾言不別。《列女傳》齊孟姬曰：「立車無軿，非敢受命。」此軿爲蔽前之證也。《釋名》曰：「軿車四面屏蔽，婦人所乘。」云四面，未諦。又曰：「有邸曰輜，無邸曰軿。」邸如四圭有邸之邸，讀如底。《宋書・禮志》引《字林》：「軿車有衣蔽，無後轅。其有後轅者謂之輜。」劉昭注《輿服志》引同，而奪四字。有後轅無後轅，即有邸無邸之説。此於前衣、後衣之外，別爲一説。从車，甾聲。側持切，一部。

軿 輜軿也。各本上解作「軿車前衣車後也」，此解作「輜車也」，皆誤。今依全書通例正之。輜、軿俗多聯舉，故備析言、渾言之解。《周禮》：「苹車之萃。」鄭曰：「苹，猶屏也。所用對敵自隱蔽之車也。」杜子春云：「苹車當爲軿車。」據此，則兵車亦有軿車矣。从車，并聲。薄丁切。《廣韵》又部田切。按，古音當在十四部。

轀 臥車也。《史記》，始皇崩於沙丘，不發喪，棺載轀涼車中，百官奏事，宦者輒從轀涼車中可其奏。《漢・霍光傳》載光屍柩以轀輬車。孟康曰：「如衣車有窻牖，閉之則温，開之則涼，故名之轀輬車也。」師古曰：「轀輬本安車，可以臥息，後因載喪，飾以柳翣，故遂爲喪車耳。轀者密閉，輬者旁開窻牖，各別一乘，隨事爲名，後人既專以載喪，又去其一，總爲藩飾，而合一名呼之耳。」按，顔説是也。本是二車可偃息者，故許分解曰臥車。《始皇本紀》上渾言曰轀輬車，下言上轀車臭，以屍實在轀車，不在輬車也。古二車隨行，惟意所適。从車，𥁕聲。烏魂切，十三部。

輬 臥車也。《史記》作「涼」。从車，京聲。吕張切，十部。

軺 小車也。《漢・平帝紀》：「立軺併馬。」服虔曰：「立軺，立乘小車也。」从車，召聲。以招切，二部。

輕 輕車也。三字句。《周禮》：「輕車之萃。」鄭曰：「輕車所用馳敵致師之車也。」漢之發材官輕車，亦謂兵車。輕本車名，故字从車。引申爲凡輕重之輕。作音者乃以經之輕車，讀遣政反，古無是分别矣。从車，巠聲。去盈切，十一部。

輶　輕車也。輶車，即輕車也。本是車名，引申爲凡輕之偁。《大雅》：「德輶如毛。」箋云：「輶，輕也。」此引申之義也。从車，酋聲。以周切，三部。《詩》曰：「輶車鑾鑣。」《秦風・四驖》文。傳曰：「輶，輕也。」此本義也。

輣　樓車也。樓，各本作「兵」，今正。《光武紀》：「衝輣撞城。」李賢引許慎云：「輣，樓車也。」李注《文選》亦曰「樓車」。《前書・叙傳》注，鄧展作「兵車」，乃或用以改許書耳。从車，朋聲。薄庚切，古音在六部。

軘　兵車也。軘車，見《左傳・宣十二年》、《襄十一年》，服虔曰：「屯守之車。」杜預曰：「兵車名。」从車，屯聲。徒魂切，十三部。

𨏥　陷敶車也。敶者，列也。見攴部。於此可見古戰陣字用此矣。用陣者，叚借字也。作陣者，俗字也。《大雅》：「與爾臨衝。」傳曰：「臨，臨車也。衝，衝車也。」釋文曰：「《説文》作𨏥，陷陣車也。」定八年《左傳》：「主人焚衝。」釋文亦云爾。前、後《漢書》「衝輣」，衝皆即𨏥字。李善曰：「衝字略作𨏥。」从車，童聲。尺容切，九部。

轈　兵車。高如巢，㠯望敵也。《左傳正義》引「兵高車加巢以望敵」，與釋文及今本不同。今本爲長。《篇》、《韵》皆云「若巢」，亦今本也。今《左傳》作「巢車」，杜曰：「巢車，車上爲櫓。」此正言櫓似巢，不得言加巢。宣十五年傳：「晉使解揚如宋，楚子登諸樓車。」服虔曰：「樓車所以窺望敵軍，兵法所謂雲梯者。」杜曰：「樓車，車上望櫓。」从車，巢聲。此形聲包會意。鉏交切，二部。《春秋傳》曰：「楚子椉轈車。」成十六年《左傳》文。椉，今本作「登」。依《九經字樣》所引，爲古本。

輯　車輿也。各本作「車和輯也」，大誤，今正。自轈篆以上，皆車名。自輿篆至軜篆，皆車上事件，其閒不得有「車和」之訓。許書列字次弟，有倫可攷而知也。叚令訓爲「車和」，則此篆當與軼、䡩、輩、軭、軔、輟、軫、轚諸篆爲類。《列子・湯問篇》唐殷敬順釋文引《説文》「輯，車輿也」。殷氏所見未誤。《大玄》：「礥上九，崇崇高山，下有川波。其人有輯航，可與過。測曰：高山大川，不輯航，不克也。」此輯謂輿，山必輿，川必航，而後可過。是古義見於子雲之書，非無可徵也。輿之中，無所不居，無所不載，因引申爲斂義。《喪大記》、《檀弓》之「輯杖」、「輯屨」是也。又爲和義。《爾雅》：「輯，和也。」《版》詩毛傳同。《公劉》傳曰：「和睦也。」引申義行，本義遂廢。淺人少可多怪，改易許書，此字从車之恉，遂不可得而聞矣。从車，咠聲。秦入切，七部。

輿　車輿也。車輿謂車之輿也。《攷工記》：「輿人爲車。」注曰：「車輿也。」按，不言爲輿，而言爲車者，輿爲人所居，可獨得車名也。軾、較、軫、軹、轛，皆輿事也。从車，舁聲。以諸切，五部。

䡬　衣車蓋也。衣車，上文之輜、軿是也。四圍爲衣，上爲蓋，皆以蔽輿也。故廁於輿下。《集韵》云：「一曰戰車，以遮矢也。」从車，曼聲。䡬之言幔也。莫半切，十四部。

軓 車軾前也。杜子春注《大馭》職，鄭司農注《輈人》，後鄭注《少儀》，皆曰：「軓謂車軾前也。」《秦風》：「陰靷鋈續。」傳曰：「陰，揜軓也。」戴先生云：「車旁曰輢，式前曰軓，皆揜輿版也。軓以揜式前，故漢人亦呼曰揜軓，《詩》謂之陰。」《攷工記·輈人》：「軓前十尺。」書或作軋。《大馭》「祭軋」，杜子春云：「軋當爲軓。」《禮記·少儀》「祭范」，鄭曰：「《大馭》作祭軓，軓與范聲同。」按，其字葢古文作軋，今字作軓，叚借作笵，笵又譌范。此岐出之由也。鄭於《少儀》注謂「軾前」，於《輈人》注云：「軋是軋法也，謂輿下三面材，輢軾之所尌，持車正也。」其説亦互異。《攷工》注取範圍之意，謂軾前及兩輢所尌皆爲軋，析言之則曰軾前。从車，凡聲。大徐但云音範，《廣韵》防錽切，古音在七部。《周禮》曰：「立當前軓。」《周禮·大行人》：「上公立當車軹，侯伯立當前侯，諸子立當車衡前侯。」自唐石經已下，皆譌作「前疾」，而《詩·小雅》疏、《論語》疏皆作「前侯」不誤。此偁「前軓」，從來謂「前侯」之異文。今按，非也。葢《周禮》「車軹」本作「前軓」，前軓者，前乎軓也。自車軓以至車衡，八尺幾半，而前侯介其中。前侯者，前乎下垂拄地者也。其相去尺寸之差也。若作車軹，謂軎頭，則自軹至前侯凡七尺五寸有餘，而自前胡歫衡四尺有餘而已，恐非也。軹、軓、軌三字互譌甚多，戴先生集中曾作文辨之。今又知許引《周禮》軓字爲是，軹乃字形之誤，若侯誤爲軓，聲形皆無當也。〇又按，《周禮》注，「車軹，軹也」，㝡不可通。依《輈人》《大馭》注正之，則必經文作「軋」，注云：「車軋，軓也。」以今字注古字也。舊述《漢讀攷》説未了，今於此正之。

軾 車前也。此當作「車輿前也」。不言輿者，輿人爲車，車即輿也。輿之在前者曰軾，在旁者曰輢，皆輿之體，非與輿二物也。戴先生曰：「軾與較皆車闌上之木，周於輿外，非横在輿中。較有兩，在兩旁；軾有三面。故《説文》槩言之曰車前。軾卑於較者，以便車前射御執兵，亦因之伏以式敬。」玉裁謂，輿四圍，旁謂之輢，前謂之軾，軾卑於較二尺二寸。説詳先生《考工記圖》。从車，式聲。賞職切，一部。經傳多作式者，古文叚借也。

輅 車軨前横木也。《婁敬傳》：「脱輓輅。」蘇林曰：「輅音凍洛之洛，一木横遮車前，二人挽之，三人推之。」[19]劉昭注《輿服志》曰：「《韵集》云，軶前横木曰輅。」按，「軶前」，當依許作「軨前」。輓輅之車用人，不用牛馬，疑有轅無軶也。《禮經·既夕》篇：「賓奉幣由馬西當前輅。」注曰：「輅，轅縛所以屬引。」疏曰：「謂以木縛車轅上，以屬引於上而挽之。」是喪車亦有轅無軶。輅之見於經者，此而已矣。若《左傳》梁由靡、虢射「輅秦伯」，「狂狡輅鄭人」，皆謂車前相接，可以禽之。此輅引申之義也。故杜曰：「輅，迎也。」應邵注《漢》云：「輅謂以木當胷以挽車。」《廣韵》用之，改其字作「輅」，形與義皆非。以木當胷，乃今之縴板，與輅各物。《解嘲》云：「婁敬委輅脱輓。」謂委車前横木，脱縴板。輅非胷前木也。从車，各聲。洛故切，五部。按，當依蘇林、孟康、《廣韵》音胡格反乃合。若近代用輅爲路車字，其淺俗不足道也。

較　車輢上曲鉤也。各本作「車騎上曲銅也」，今依李善《西京賦》、《七啓》二注正。《攷工記·車人》⑳：「以其廣之半，爲之式崇，以其隧之半，爲之較崇。較高五尺五寸，高於軾者二尺二寸也。」戴先生曰：「左右兩較，故《衞風》曰：猗重較兮。毛傳：重較，卿士之車。因《詩》辭傅會耳，非禮制也。」玉裁按，較之制，葢漢與周異。周時較高於軾，高處正方有隅，故謂之較。較之言角也。至漢乃圜之如半月然，故許云車上曲鉤。曲鉤言句中鉤也。圜之則亦謂之車耳。其飾則崔豹云：「文官青耳，武官赤耳。」《西京賦》云：「戴翠帽，倚金較。」《荀卿》及《史記·禮書》云：「彌龍以養威。」彌，許書作靡。解云：「乘輿金耳也。」皆謂較爲龍形，而飾以金。司馬氏《輿服志》：「乘輿金薄繆龍，爲輿倚較。」是其義也。下文「公列侯安車倚鹿」，然則較辨尊卑，自周已然。故劉熙曰：「較在箱上，爲辜較也。重較，其較重，卿所乘也。」毛公謂重較卿士之車，必有所受之矣。惟較可辜搉尊卑，故其引申爲計較之較，亦作校，俗作挍。凡言校讎，可用較字。史籍計較字，亦用覺。从車，爻聲。古岳切。古音讀如交，在二部。今字作較，《周禮》故書校作「搉」。

⿰車反　車耳反出也。車耳即較也。其反出者，謂之⿰車反。反出謂圜角有邪倚向外者也。漢景帝詔：「吏六百石以上，皆長吏也。或不更服，出入閭里，與民無異。令長吏二千石車朱兩轓，千石至六百石朱左轓。」應劭曰：「車耳反出，所以爲之藩屏翳塵泥也。二千石雙朱，其次乃偏朱其左。⿰車反以簟爲之，或用革。」按，此説師古非之，是也。轓與⿰車反兩物兩字。轓，蔽也。許軒下云「曲輈藩車」，字作藩。《詩》之「茀」，《周禮》之「蔽」，《左傳》「以藩載欒盈」，《輿服志》畫轓、黑轓、朱轓是也。較之反出者曰⿰車反。《景帝紀》自謂車蔽，不得以車耳釋之也。从車反，反亦聲。府遠切，十四部。

轛　車横軨也。謂車闌也。木部横下曰：「闌木也。」《攷工記》曰：「參分軹圍去一以爲轛圍。」注：「兵車之轛圍，二寸八十一分寸之十四。轛，式之植者横者也。鄭司農云：謂車輿軨立者也。」按，許云「横軨也」，横訓闌，則直者、衡者皆在內矣。漢人從衡字祇作衡，不作横。横者，桄也。後鄭又云：「轛者，以其鄉人爲名。」按，字所以从對與？从車，對聲。追萃切，十五部。《廣韵》作「轛，都隊切」。《周禮》曰：「參分軹圍，去一㠯爲轛圍。」《輿人》職文。按，鄭云：「輢之植者衡者也。與轂末同名。」許君軹下云：「車輪小穿。」不言別義，而此引「參分軹圍」之文，令學者疑，葢其疏也。

輒　車兩輢也。兩，各本作兩，今正。車兩輢謂之輒。按，車必有兩輢，如人必有兩耳，故从耴。耴，耳垂也。此篆在輢篆之先，故輢篆下但云「車旁」，而不言兩。凡許全書之例，皆以難曉之篆先於易知之篆。如輯下云：「車輿也。」而後出輿篆。輒下云：「車兩輢也。」而後出輢篆是也。《廣韵》作「車相倚也」，乃字之誤，不可從。凡專輒用此字者，此引申之義。凡人有所倚恃，而妄爲之，如人在輿之倚於輢也。从車，耴聲。陟葉切，八部。

輢　車旁也。謂車兩旁，式之後、較之下也。注家謂之輢。按，輢者，言人所倚也。前者對之，故曰轛；旁者倚之，故曰輢。

兵車戈、殳、戟、矛皆臿於車輢，輢之上曰較。从車，奇聲。於綺切，古音在十七部。

𨊠 車約𨊠也。《巾車》職云：「孤乘夏篆，卿乘夏縵。」大鄭曰：「夏，赤也。篆讀爲圭瑑之瑑。夏瑑，轂有約也。」玄謂「夏瑑五采畫轂約也，夏縵亦五采畫無瑑耳」。玉裁謂，鄭說夏瑑即《詩》之約軝，毛公所謂長轂之軝，朱而約之也。但許君篆作𨊠，以約𨊠系之輿，下文以約軝系之轂，與二鄭迥異。依許意蓋謂轛、輢、軨等，皆有物纏束之，謂之約𨊠。以赤畫之，謂之夏𨊠。卿雖赤畫而無約，謂之夏縵。𨊠之言巡也，巡繞之詈，此許之《周禮》說也。从車，川聲。敕倫切，古音在十三部。《周禮》曰：「孤乘夏𨊠。」故書作緑，或爲篆，此字形之異也。許所據篆作𨊠，此聲相近而異也。一曰，下棺車曰𨊠。《禮經》有輴車，《玉篇》、《廣韵》皆謂𨊠、輴同字也。《士喪禮》㉑：「遷於祖，用軸。」注曰：「軸，輁軸也。狀如轉轔，刻兩頭爲軹輁，狀如長牀。穿桯，前後著金，而關軸焉。天子諸侯以上有四周，謂之輴。天子畫之以龍。」按，惟天子諸侯殯葬朝廟皆用輴，許云下棺車，謂天子諸侯窆用𨊠也。

轖 車箱交革也。各本革作「錯」。李善《七發》注、顔師古《急就篇》注，作「交革」，今從之。車箱，各本作「車籍」，《七發》注同。《急就》注、《廣韵》作「車藉」，皆不可通。今以意正之曰「車箱」。箱與籍，字形之誤也。毛《大東》傳曰：「服，牝服也。箱，大車之箱也。」鄭曰：「大車，平地任載之車。」竹部曰：「箱，大車牝服也。」按，箱本謂大車之輿，引申之而凡車之輿皆得名箱。此箱不謂大車也。交革者，交猶遮也，謂以去毛獸皮鞔其外。《攷工記》：「棧車欲弇。」注曰：「爲其無革鞔不堅，易坼壞也。」「飾車欲侈。」注曰：「飾車，革鞔輿也。大夫以上革鞔輿。」《巾車》職：「士乘棧車。」注曰：「棧車，不革鞔而漆之。」王之玉路、金路、象路，皆以革鞔，而有玉、金、象之飾，因有玉、金、象之名。革路，鞔之以革而漆之，無他飾，故偁革路。木路，不鞔以革漆之而已，故偁木路。凡革鞔謂之轖，故《急就篇》曰：「革轖髤漆油黑蒼。」髤漆油黑蒼，又在革轖之外。《巾車》言孤卿夏，大夫墨是也。許所云約𨊠者，蓋在未鞔革之前約以固之，鞔之則格空遮蔽，故曰轖。轖之言嗇也，引申之爲結塞之偁，故枚乘《七發》曰「邪氣襲逆，中若結轖」也。从車，嗇聲。所力切，一部。

軨 車轖閒橫木。車轖閒，蒙上文言之，猶言車輿閒也。木部曰：「橫，闌木也。」車轖閒橫木，謂車輢之直者、衡者也。軾與車輢皆以木一橫一直爲方格成之，如今之大方格然。《楚辭》：「倚結軨兮長大息，涕潺湲兮下霑軾。」戴先生曰：「軨者，軾較下縱橫木總名，即《攷工記》之軹轛也。結軨，謂軨之橫從交結。倚軨而涕霑軾，則是倚於輢内之軨，故其涕得下霑軾也。」玉裁按，惟此軨乃許所謂，若《曲禮》「僕展軨效駕」，軨即輪。亦作轔，《士喪禮》㉒注所云「轉轔」。展軨，謂使馬稍動車輪也。《東京賦》：「疏轂飛軨。」薛解曰：「飛軨，以緹紬（一作油）廣八尺（當作寸）長拄地，左青龍，右白虎，繫軸頭取兩邊飾。二千石亦然，但無畫耳。」此蓋漢制，師古取以注《急就篇》之軨，殊誤。《急就》軹軾軫𨍭竝言，正謂橫直結軨耳。从車，令聲。郎丁切，古音在十二部。

轜 軨。司馬相如說，軨从霝。蓋亦《凡將篇》字也。按，古令或作霝，作靈，零或作霝，苓或作蘦，皆令、霝通用之證。《左傳》：「陽虎載蔥靈，寢於其中而逃。」蔥蓋本作囪，初江切。靈即轜也。《文選》四十八注㉓引「《尚書大傳》曰：未命爲士，不得有飛軨。鄭注：如今窗車也。」李尤《小車銘》曰：「軨之嗛虛，疎達開通。」蓋古者飾車輓革，更有不輓革者，露其窗櫺與？木部：「櫺，楯閒子。」

軺 軺車歬横木也。軺車，小車也。木部曰：「横，闌木也。」軺車前横木，謂小車軾、輢之直者、衡者也。《方言》曰：「軺謂之軸。」按，軸字恐有誤。从車，君聲。讀若羣。羣，大徐作「帬」。牛尹切，十三部。《方言》牛忿反。一曰，讀若褌。

軫 車後横木也。木部：「横，闌木也。」《輿人》注曰：「軫，輿後横者也。」《方言》曰：「軫謂之枕。」《秦風》：「小戎俴收。」傳曰：「收，軫也。」近戴先生曰：「輿下之材，合而成方，通名軫。故曰：軫之方也，以象地也。鄭注專以輿後横木爲軫，以輢式之所尌三面材爲軓，又以軓爲任正者。如其說，宜記於輿人。今輈人爲之，殆非也。輿人爲式、較、軹、轛，軫、輢、軓，輈人爲輈、衡、軸、伏兔。《記》不言輢、軓、衡、伏兔之度。輢、軓，輿揜版耳。衡圍準乎軸，伏兔取節於輈。當兔，省文互見。」桐城姚氏鼐曰：「《記》曰軫之方以象地，蓋軫方六尺六寸。《記》曰參分車廣以其一爲隧，蓋以二尺二寸爲輿後，其前廣如軫，而深四尺四寸，以設立木焉，是爲收。毛公曰：收，軫也。謂輿深四尺四寸收於軫矣。非謂軫名收也。」玉裁按，似姚氏之説爲完。合輿下三面之材，與後横木而正方，故謂之軫，亦謂之收。軫从㐱，密緻之言也。《中庸》：「振河海而不泄。」注曰：「振猶收也。」以振與軫同音而得其義，故曰猶。鄭未嘗不謂合四面爲軫矣。六分車廣，以一爲軫圍，輢軾所尌之圍亦在其中矣。渾言之，四面曰軫；析言之，輢、軾所尌曰軓，輢後曰軫；又析言之，軾前曰軓。許言車後横木，可知車後非無植者、衡者以接於輢。或其制庳於軾耳，不獨有合於三面材者也。从車，㐱聲。之忍切，十三部。

轐 車伏兔也。戴先生曰：「伏兔謂之轐。《易·小畜》九三：輿脱輻。《大畜》九二：輿脱輹。《大壯》九四：壯於大輿之輹。《説文》：轐，車伏兔也。輹，車軸縛也。《釋名》：屐似人屐也。又曰：伏兔，在軸上，似之也，又曰輹。輹，伏也。伏於軸上也。按，轐、輹實一字。其下有革，以縛於軸。今《易·小畜》作輻，系傳寫者誤。輻在轂與牙之閒，非可脱者。」玉裁謂，劉成國合輹於伏兔，非也。依許則伏兔名轐，車軸之縛名輹，迥然二物。轐之言僕也。毛傳曰：「僕，附也。」爲伏兔之形附於軸上，以輅固之，輈畜於兩伏兔閒者，名曰當兔。从車，菐聲。博木切，三部。《周禮》曰：「加軫與轐焉。」《考工記》文。鄭司農云：「轐讀如旃僕之僕，謂伏兔也。」

𨐌 車伏兔下革也。謂以𩊚固之於軸上也。𩊚者，生革可以爲縷束也。从車，𤔔聲。𤔔，古文婚字。各本作「古昏字」，今正。女部婚篆下曰：「𢡟，籒文婚。」若依女部，則此當作「籒文婚字」。全書惟此篆及巾部幔篆用爲聲，而今本幔篆又譌从𡡉矣。讀若閔。眉殞切，十三部。按，此音謂縛之緡密也，與《毛詩》之「緡緡」，《韓詩》之「民民」同義。《廣韵》既有轗，云「車軾兔下革」，又有𨍵，云「車軾兔下𨏥」，明是一而二之。𨏥字必誤。

軸 所㠯持輪者也。「所以、者」三字，今補。軸所以持輪，引伸爲凡機樞之偁。若織機之持經者，亦謂之軸是也。《小雅》「杼軸其空」，今本作「柚」，乃俗誤耳。若《方言》「土作謂之抒，木作謂之軸」，亦是引申之義。抒作杼，軸作柚，皆非也。《方言》抒、軸與《大東》無涉。从車，由聲。直六切，三部。

輹 車軸縛也。謂以革若絲之類，纏束於軸，以固軸也。縛者，束也。古者束輈曰楘，曰歷録，束軸曰輹，亦曰鞪，約轂曰約軝，衣衡曰𢃈，皆所以爲固，皆見於許書。輈束箸於外，故《詩》箸其數，軸束隱於輿下，故不知其數。《釋名》曰：「轐，複也。重複非一之言也。」轐當爲輹，轉寫誤耳。或曰轐當爲輻之誤，若屐下云「又曰輹」，輹當爲轐。从車，复聲。芳六切，三部。《易》曰：「輿說輹。」說，各本作「脫」，許書必當用說。今依《周易》正。《周易·小畜》九三、《大畜》九二文也。馬云「車下縛也」，與許合，其非轐明矣。或作腹者，叚借字；或作輻者，譌字。

輮 車网也。今本作「車軔」，《篇》、《韵》皆作「車輞」，輞譌爲軔，見《爾雅釋文》。輞从車旁，葢俗古衹作网耳。或曰許本有輞篆，解曰「車輞也」，在輮篆之上，今軔篆即輞之誤。然許有軔篆，諸家引之，疑未能明也。車网者，輪邊圍繞如网然。《攷工記》謂之牙。「牙也者，以爲固抱也。」又謂之輮。「行澤者反輮，行山者仄輮。」大鄭曰：「牙，世間或謂之罔。」《釋名》曰：「輞，罔也。罔羅周輪之外也。關西曰輮。言曲揉也。」按，牙亦作「枒」。木部枒下曰：「一曰車网會也。」所以名牙者，合衆曲而爲之，如襍佩之牙，亦曲體也。亦謂之渠，俗作轑。《尚書大傳》「大貝如車渠」是也。車网木必擇材。《攷工記》注曰：「今世牙以橿。」《爾雅》注曰：「杻，檍，材中車輞。」又：「赤楝，中爲車輞。」从車，柔聲。人九切，三部。按，輮之言肉也，凡物邊爲肉，中爲好。

𨏥 車輮規也。規者，圜之匡郭也。《考工記》曰：「規之以眡其圜，萬之以眡其匡。」注曰：「輪中規則圜矣。等爲萬蔞以運輪上，輪中萬蔞則不匡剌也。」按，此謂作輮之笵。一曰，一輪車。今江東多用一輪車。《篇》、《韵》皆奪「一」。从車，熒省聲，讀若煢。渠營切，十一部。

輪 有輻曰輪。云有輻者，對無輻而言也。輪之言倫也。从侖。侖，理也。三十輻兩兩相當而不迆，故曰輪。無輻曰輇。鄭注《周禮》「蜃車」云：「《禮記》或作槫，或作輇。」注《士喪禮》[24]曰：「載柩車。《周禮》謂之蜃車，《襍記》謂之團，或作輇，或作槫。聲讀皆相同耳，未聞其正。」注《襍記》「大夫載以輲車」云：「輲讀爲輇，或作槫。」注《喪大記》「士葬用國車」云：「輇字或作團，是以又誤爲國。輇車柩車也。」[25]又《士喪禮》注云：「其車之轝狀如牀，中央有轅前後出，設前後輅。轝上有四周，下則前後有軸，以輇爲輪。」按，鄭於《禮經》、《襍記》兩引許叔重《說文解字》曰「有輻曰輪，無輻曰輇」，而以輲、蜃、團、槫皆即輇字，但許不言喪車無輻也。戴先生曰：「輇者，輪之名；輲者，車之名。不宜溷而一之。注《喪大記》改輴爲輇，亦誤。」詳見《釋車》。从車，侖聲。力屯切，十三部。

轂 輻所湊也。湊者，水上人所會也。引申爲凡會之偁。《老子》曰：「三十輻共一轂。」轂中空曰槀，見木部。从車，殸聲。古祿切，三部。

輥 轂齊等皃也。等者，齊簡也。因爲凡齊之偁。齊者，等也。輥者，轂勻整之皃也。戴先生曰：「齊等者，不橈減也。榦木圜甚。」从車，昆聲。昆者，同也。此舉形聲包會意也。古本切，十三部。《周禮》曰：「望其轂，欲其輥。」《考工記·輪人》文。鄭本作「眼」，注曰：「眼，出大皃也。」今按，鄭本當是作「睍」，睍者，目出皃也。轂之圜似之。與許說略同。

軝 長轂之軝也，㠯朱約之。《小雅·斯干》㉖傳曰：「軝，長轂之軝也。朱而約之。」長轂者，《小戎》所謂「暢轂」也。傳曰：「暢轂，長轂也。」大車轂長尺五寸，兵車、田車、乘車轂長三尺二寸。五分三尺二寸之長，一爲賢，得六寸四分。三爲軹，得尺九寸二分。虛其一者，留以置輻也。參分三尺二寸之長，二在外，一在內，以置其輻。二在外，而三爲軹者在是。一在內，而一爲賢者在是。《考工記》此軹字，即《毛詩》之軝字。軹者，同音叚借字也。取此尺九寸二分者，以革約之，而朱其革，《詩》所謂「約軝」也。《考工記》詳之曰：「容轂必直，陳篆必正，施膠必厚，施筋必數，幬必負榦。既摩，革色青白，謂之轂之善。」說者㉗曰：「容者，治轂爲之形容也。篆，轂約也。幬，負榦者。革轂相應，無贏不足也。」既摩，革色青白者，「謂丸桼之乾，而以石摩平之，革色青白，善之徵也」。玉裁按，容如製甲必先爲容之容。先爲容轂之笵，盛轂於中，以治之飾之。陳篆者，刻畫其文，而以革縷若絲嵌約之，而後施膠，施筋，而後幬之以渾革，而丸桼之，而摩之。革色青白，而後朱畫之。容轂以下，渾轂所同也。幬而朱之，軝所獨也。本是幬而朱之，毛云朱而約之，許云以朱約之者，既朱則似先朱其革，其意一也。《詩》曰「約軝錯衡」，皆謂文也。錯衡，文衡也。文衡者，巾部曰：「𢄼，車衡上衣也。」蓋爲衣而畫之。○軹即軝，說本歙程氏瑤田《通藝録》，其說冣確，於古音冣合，而古無有言之者。孰謂今人不勝古人也。从車，氏聲。渠支切，十六部。《詩》曰：「約軝錯衡。」《小雅·采芑》《商頌·烈祖》文。箋云：「約軝，轂飾也。」

䩢 軝或从革。以革輓，故从革。

軹 車輪小穿也。輪，當作轂。《輪人》職曰：「五分其轂之長，去一以爲賢，去三以爲軹。」鄭司農云：「賢，大穿也。軹，小穿也。」後鄭又改《記》文作「去二爲賢」，程氏辨其非是，詳見《通藝録》。許同先鄭。从車，只聲。諸氏切，十六部。輪人爲輿，「參分較圍，去一以爲軹圍」。㉘注曰：「軹，輢之植者、衡者也。與轂末同名。」轂末即謂車輪小穿也。按，輢軨謂之軹，軹之言積也，枝也。

積稛，多小意而止也。以狀軹圍之小，可說其意。而轂末小穿取此名，其意不可說。

軎 車軸耑也。耑者，物初生之題也，因以爲凡頟之偁。車軸之末，見於轂外者，曰軎。軎之言遂也，出也。如鄭說，轂末小穿曰軹，而軎出於此穿外。然古說軹、軎多不分。如《大馭》「右祭兩軹」，故書軹爲軒。杜子春云：「軒當作軹。軹謂兩轊也。」是非合轂末、軸末爲一乎。今按，《少儀》曰：「祭左右軌。」《大馭》曰：「祭兩軹。」於事實同。《少儀》曰：「祭范。」《大馭》曰：「祭軓。」范、軓於聲同，本無不合。祭兩轊，所以祭輪也。祭軓，所以祭輿也。言輪輿而全車在是矣。轂末曰軹，乃大鄭刱說。子春未嘗謂轂末曰軹。此注當是本作「故書軒爲軹。杜子春云：軹當作軒，謂兩轊也」。或讀軒爲簪笄之笄，葢兩軎左右出轂外如笄之出髮然，有鐵牽以鍵之，又似笄之毌髮也。故其字从幵，取上平岐頭之意。若轂末之穿，不可冒此名。況當杜時，軹訓兩輢，而不訓轂末小穿。兩輢非所當祭，故易爲軒。漢時故有軒字也。漢時亦有訓軹爲軎者，如劉熙曰：「軹，指也。如指而見於轂頭也。」非訓軹爲軎乎？杜以軒改軹，聖人正名之義也。然則作《說文》者，當云「軒，軎也。从車，幵聲。讀若笄。軎，車軸耑也。从車，象形」乃合。而乃舍軒存軎，軹不爲輢之直者衡者，而訓爲車轂小穿，軓不作軋，祇作軓，皆使古形、古訓散佚無徵。豈所謂涉獵廣博，或有抵牾者與？抑從今書則不録故書，如《儀禮》之從今文，則不録古文與？**从車，象形。**謂以口象轂耑之孔，而以車之中直象軸之出於外。于濊切，十五部。〇《五經文字》作軎，繫、擊之類從之。又曰：「轊轊同，上《說文》，下隸變。」是則張所見《說文》作軎也。**杜林說。**葢《倉頡訓纂》一篇、《倉頡故》一篇說如此。

轊 軎或从彗。从車，彗聲。

輻 輪轑也。以上六篆言轂，而及軸末之出於轂者，故遂以湊於轂者終之也。輻凡三十。**从車，畐聲。**方六切，三部。

軑 車輨也。《離騷》曰：「齊玉軑而竝馳。」王逸釋爲車轄，非也。《玉篇》、《廣韵》皆云「車轄」，轄皆輨之誤也。**从車，大聲。**特計切，十五部。

輨 轂耑錔也。錔者，以金有所冒也。轂孔之裏，以金裹之，曰釭。轂孔之外，以金表之，曰輨。輨之言管也。《方言》曰：「關之東西曰輨，南楚曰軑，趙魏之間曰鍊鏅。」軑音大，鍊音柬。**从車，官聲。**古滿切，十四部。

轅 輈也。《攷工記》：輈人爲輈，車人爲大車之轅，是輈與轅別也。許渾言之者，通偁則一也。轅之言如攀援而上也。**从車，袁聲。**雨元切，十四部。

輈 轅也。**从車，舟聲。**張流切，三部。

𨏼 籒文輈。从籒文車也。

輂 直轅車轒也。按，依車部，轒當系曲轅車。且此處列字次弟，應論車轅，不應論衡縛。《韵會》作「直轅車也」，無「轒」字爲是，當從之。直轅車，大車也。从車，具聲。具古音如舊。居玉切，三部。

軏 車轅耑持衡者。衡者，橫木，長六尺六寸，以施軶駕馬頸者也。持衡者曰軏，則衡與轅耑相接之關鍵也。戴先生曰：「大車鬲以駕牛，小車衡以駕馬。轅耑持鬲，其關鍵名輗。輈耑持衡，其關鍵名軏。輈轅所以引車，必施輗軏然後行。信之在人，亦交接相持之關鍵，故孔子以輗軏喻信。」从車，元聲。魚厥切，元之入聲也。古音在十四、十五部。

軶 轅前也。曰轅前者，謂衡也。自其橫言之，謂之衡，自其扼制馬言之，謂之軶，隸省作軛。《毛詩·韓奕》作厄，《士喪禮》㉙今文作厄，叚借字也。《車人》爲大車作鬲，亦叚借字。《西京賦》作槅。木部曰：「槅，大車枙也。」枙當作軶。从車，戹聲。於革切，十六部。

䡣 軶軥也。軶軥之異名曰䡣也。䡣之言圍也，下圍馬頸也。《廣韵》曰：「還也。車相避也。」與古義異。从車，軍聲。乎昆切，十三部。

軥 軶下曲者。軶木上平而下爲兩坳，加於兩服馬之頸，是曰軥。《韓奕》毛傳曰：「厄，烏噣也。」《小爾雅》曰：「衡，扼也。扼下者，謂之烏啄。」㉚《釋名》曰：「槅，扼也。所以扼牛頭也。馬曰烏啄。下向叉馬頸，似烏開口向下啄物時也。」噣、啄同字，軶與軥同體。《左傳》「射兩軥而還」，服注：「車軶兩邊叉馬頸者。」从車，句聲。古候切，四部。亦平聲。

轙 車衡載轡者。《釋器》曰：「載轡謂之轙。」郭云：「車軛上環轡所貫也。」四馬八轡，除驂馬內轡納於軾前之觼，在手者惟六轡。驂馬外轡復有游環，以與服馬四轡同入軶上大環，以便總持。大環謂之轙。」《東京賦》：「龍輈華轙。」此本義也。《郊祀歌》：「靈禗禗象輿轙。」如淳曰：「轙者，僕人嚴駕待發之意。」此引申之義也。整船亦曰艤，同轙意。从車，義聲。魚綺切，古音在十七部。《漢書》、《廣韵》又音儀。

钀 轙或从金獻。从金者，環以金爲之。獻聲與義聲古合音冣近，即義尊、獻尊同音之理。今《爾雅》「鑣謂之钀」，與轙異事。

軜 驂馬內轡系軾前者。系，各本作「繫」。繫見系部，非其義也，今正。驂馬兩內轡爲環系諸軾前，故御者衹六轡在手。《秦風》毛傳曰：「軜，驂內轡也。」是則軜之言內，謂內轡也。其所入軾前之環曰觼。角部曰「觼，環之有舌者」是也。《詩》言「觼軜」者，言施觼於軜也。《大戴禮》：「六官以爲轡，司會均入以爲軜。」此引申叚借之義也。从車，內聲。奴荅切，八部。按，內聲當在十五部，而十五部字之入八部者，自古然矣。《詩》曰：「汏㠯觼軜。」今《小戎》汏作鋈。小徐本先輔後軜，今易之。

輔 《春秋傳》曰：「輔車相依。」凡許書有不言其義，徑舉經傳者，如：卙下云「詞之卙矣」，鶴下云「鶴鳴九皋，聲聞于天」，艴下云「色艴如也」，絢下云「《詩》云素以爲絢兮」之類是也。此引《春秋傳・僖公五年》文，不言輔義者，義已具於傳文矣。《小雅・正月》曰：「其車既載，乃棄爾輔。」傳曰：「大車既載，又棄其輔也。」「無棄爾輔，員于爾輻。」傳曰：「員，益也。」正義云：「大車，牛車也。爲車不言作輔，此云棄輔，則輔是可解脱之物，蓋如今人縛杖於輻，以防輔車也。」今按，《吕覽・權勳篇》曰：「宮之奇諫虞公曰：虞之與虢也，若車之有輔也。車依輔，輔亦依車。虞虢之勢是也。」此即《詩》「無棄爾輔」之説也。合《詩》與《左傳》，則車之有輔信矣。引申之義，爲凡相助之偁。今則借義行而本義廢，尠有知輔爲車之一物者矣。人部曰：「俌，輔也。」以引申之義釋本義也，今則本字廢而借字行矣。面部曰：「酺，頰車也。」面酺自有本字，《周易》作輔，亦字之叚借也。今亦本字廢而借字行矣。《春秋傳》「輔車相依」，許廁之於此者，所以説輔之本義也，所以説《左氏》也。謂輔與車必相依倚也。他家説《左》者，以頰與牙車釋之，乃因下文之脣齒而傅會耳。固不若許説之善也。**从車，甫聲。**扶雨切，五部。**人頰車也。**小徐本箸此四字於甫聲下，與上文意不相應。又無「一曰」二字以別爲一義，知淺人妄謂引《傳》未詮而增之也。面部既有「酺，頰也」之文，則必不用借義爲本義矣。若大徐本移輔篆於部末，解曰「人頰車也。从車，甫聲」。而無《春秋傳》曰「輔車相依」八字，輔非真車上物，廁末似合許例，然無解於面部業有酺篆也。校許宜删去四字。

轑轑　車蓋弓也。輪人爲蓋，「蓋弓二十有八，以象恒星也。」鄭注曰：「弓者，蓋橑也。」[31]蓋弓曰轑，亦曰橑。橑者，椽也，形略相似也。重棼亦偁重轑。《張敞傳》「殿屋重轑」是也。《釋名》曰：「轑，蓋叉也。」叉者，今爪字。非叉字。玉部瑵下曰：「車蓋玉瑵。」以玉爲爪也。詳彼注。**从車，尞聲。**盧晧切，二部。**一曰，輻也。**輻三十，湊轂亦如椽然，故亦得轑名。其物皆系於車者也，故皆从車。

⿴行車　車搖也。未聞。以篆之次第詳之，此篆當亦謂車上一物，而今失傳。「車搖」當是譌字。**从車行。一曰，衍省聲。**小徐無「行一曰」三字。古絢切，十四部。

⿱丞車　軺車後登也。《廣韵・十六蒸》、《四十二拯》皆曰「⿱丞車，軺車後登，出《字林》」，今按，不言出《説文》，恐是吕氏後增之字，非許舊也。古車無不後登者。**从車，丞聲。讀若《易》「拯馬」之拯。**拯馬，見《周易・明夷》六二爻辭。署陵切，六部。

載載　乘也。乘者，覆也。上覆之，則下載之。故其義相成。引申之，謂所載之物曰載。如《詩》「載輸爾載」，下載音才再反，是也。引申爲凡載物之偁，如《詩》「汎汎楊舟，載沈載浮」，《中庸》「天地之無不持載」是也。又叚借之爲始。才之叚借也。才者，艸木之初也。夏曰載，亦謂四時終始也。又叚借爲事。《詩》「上天之載」，毛傳曰「載，事也」是也。又叚爲語䛐。《詩》「載馳載驅」，毛傳：「載，辭也。」「春日載陽。」箋云：「載之言則也。」**从車，𢦏聲。**作代切，一部。《韵會》此下有「《易》曰大車以載」六字。

軍（篆） 圜圍也。於字形得圜義，於字音得圍義。凡渾、輝、煇等軍聲之字，皆兼取其義。四千人爲軍。王氏鳴盛說此句必譌。按，唐釋玄應引《字林》「四千人爲軍」，是吕忱之誤也。許書當作「萬有二千五百人爲軍」，見《周禮・大司馬》職。旅篆下云：「軍之五百人爲旅。」師篆下云：「二千五百人爲師。」既皆偁之，則此必偁，無可疑者。百人爲卒，廿有五人爲兩，不偁者，以其制於字義相遠耳。若万二千五百人以爲圜圍，乃此篆之所由製。从包省，从車。包省，當作「勹」。勹，裹也。勹車會意也。舉云切，十三部。車，逗。兵車也。上車，各本誤軍，今正。此釋从車之意。惟車是兵車，故勹車爲軍也。

軷（篆） 出將有事於道，必先告其神。立壇四通，封茅目依神爲軷。此言軷之義。既祭，犯軷，句。轢牲而行，爲範軷。此言範軷之義。《周禮・大馭》「犯軷」注曰：「行山曰軷，犯之者，封土爲山象，以菩芻棘柏爲神主，既祭之，以車轢之而去，喻無險難也。《春秋傳》曰：跋涉山川。故書軷作罰。杜子春云：罰當爲軷。軷讀爲別異之別，謂祖道轢軷磔犬也。《詩》云：載謀載惟，取蕭祭脂，取羝以軷。《詩》家說曰：將出祖道，犯軷之祭也。《聘禮》曰：乃舍軷飲酒於其側。《禮》家說亦謂道祭。」玉裁按，封，立也。各本作樹，今正。「犯軷轢牲而行」，大徐作「軷轢於牲而行」，非也。山行之神主曰軷，因之山行曰軷。《鄘風》毛傳曰：「草行曰跋，水行曰涉。」即此山行曰軷也。凡言跋涉者，皆字之同音叚借。鄭所引《春秋傳》本作「軷涉山川」，今人輒改之。从車，犮聲。薄撥切，十五部。《詩》曰：「取羝目軷。」《大雅・生民》文。毛傳曰：「軷，道祭也。」

範（篆） 範軷也。三字句。其義已見上，故祗云「範軷也」。从車，笵省聲。大徐音犯，《廣韵》防錽切，七部。讀與犯同。不曰「讀若犯」，而曰「與同」者，其音義皆取犯，讀若則但言其音而已。按，車軓字，本作軓，从車，巳聲。鄭說曰：「軓，法也。輿下三面材，輢式之所尌，持車正也。」然則《周易》「範圍」字當作軓，或作笵，而範其叚借字也。釋文曰：「鄭曰：範，法也。馬、王肅、張作犯違。」此亦範、犯同音通用之證也。

𨏼（篆） 載高皃。𨏼𨏼，車載高皃。《衞風》「庶姜孽孽」毛云：「孽孽，盛飾。」《韓詩》作「𨏼𨏼」，長皃。《吕覽》：「宋王作爲蘖臺。」高誘曰：「蘖當作𨏼。《詩》曰：庶姜𨏼𨏼。高長皃。」然則韓爲本字，毛爲叚借字。《爾雅》：「蓁蓁、孽孽，戴也。」亦載高之意也。《西京賦》：「飛檐𨏼𨏼。」从車，獻聲。俗改作「巘省聲」，不知古音者所爲也。五葛切，十五部。

轄（篆） 車聲也。轂與軸相切聲也。《史記》、《大人賦》「轕轄」，《漢書》轄作「螛」。張揖曰：「轕螛，搖目吐舌皃。」則《史記》爲譌字矣。从車，害聲。胡八切，十五部。《廣韵》又苦蓋切。一曰，轄，逗。鍵也。鍵下曰：「鉉也。一曰，車轄。」此鍵、轄二篆爲轉注也。舝下曰：「車軸耑鍵也。」然則舝、轄二篆異字而同義、同音。

轉 還也。還，大徐作「運」，非。還者，復也。復者，往來也。運訓迻徙，非其義也。還即今環字。从車，專聲。知戀切，十四部。亦陟兗切。淺人分别上去異義，無事自擾。

輸 委輸也。委者，委隨也。委輸者，委隨輸寫也。以車遷賄曰委輸，亦單言曰輸。引申之，凡傾寫皆曰輸。輸於彼，則彼贏而此不足，故勝負曰贏輸。不足則如隓壞然，故《春秋》「鄭人來輸平」，《公羊》、《穀梁》皆曰：「輸者，隓也。」《左傳》作渝。渝，變也。从車，俞聲。式朱切，古音在四部。《廣韵》又傷遇切。

輖 重也。謂車重也。《小雅》：「戎車既安，如輊如軒。」毛曰：「輊，摯也。」《考工記》：「大車之轅摯。」鄭曰：「摯，輖也。」《士喪禮》㉜：「軒輖中。」鄭曰：「輖，蟄也。」摯、蟄、輊同字，輖雙聲。許書有輖、摯而已。摯者，依聲託事字也。軒言車輕，輖言車重。引申爲凡物之輕重，故《禮經》以之言矢。《周南》叚輖爲輈字，故毛傳曰：「輖，輈也。」而説《詩》者或以本義釋之。从車，周聲。職流切，三部。

輩 若軍發車，百㒳爲輩。㒳各本作兩，今正。車之偁㒳者，謂一車㒳輪，無取二十四銖之兩，此許之字例也。「若軍發車，百㒳爲輩。」葢用《司馬灋》故言，故以若發聲。今《司馬灋》存者尟矣。引申之，爲什伍同等之偁。如鄭注《宮正》云：「使之輩作輩學，相勸帥也。」从車，非聲。非者，㒳𢼝。形聲中有會意。俗从北，非聲也。補妹切，十五部。

軋 ⿰車𠬝也。⿰車𠬝，大徐作「輾」，非也。《匈奴傳》曰：「有罪小者軋，大者死。」顔曰：「謂輾轢其骨節。」按，本謂車之⿰車𠬝於路，引申之爲勢相傾。从車，乙聲。此从甲乙爲聲，非从燕乙也。惟今韵則入《十四黠》耳。烏轄切，古音當在十一部。

⿰車𠬝 轢也。碾，其俗字也。从車，𠬝聲。軋从乙者，言其難乙乙也。⿰車𠬝从𠬝者，言其易也。𠬝者，柔皮也。尼展切，十四部。

轢 車所踐也。踐者，履也。軷下曰：「轢牲而行。」是也。从車，樂聲。歷各切，宋本如此。郎擊切，今本如此。古音在二部。

軌 車徹也。攴部曰：「徹者，通也。」車徹者，謂輿之下㒳輪之閒。空中可通，故曰車徹，是謂之車軌。軌之名，謂輿之下隋方空處，《老子》所謂「當其無，有車之用」也。高誘注《吕氏春秋》曰：「㒳輪之閒曰軌。」毛公《匏有苦葉》傳曰：「由輈以下曰軌。」合此二語，知軌所在矣。上歫輿，下歫地，㒳旁歫輪，此之謂軌。毛云「由輈以下」，則輿下之輈，軌也；輈下之軸，軌也；虛空之處，未至於地，皆軌也。濡軌者，水濡輪閒空虛之處，而至於軸，而至於輈，則必入輿矣。故濟盈斷無有濟濡軌之水者，禮義之大防也。毛何以不言㒳輪之閒，而言由輈以下乎？曰㒳輪之閒，自廣陿言之。凡言度涂以軌者，必以之。由輈以下，自高庳言之，《詩》言「濡軌」，《晏子》言「其深滅軌」，以之。《中庸》「車同軌」，兼廣陿高庳言之。徹廣六尺，軹崇三尺三寸，天下同之，同於天子所制之度也。《穀梁傳》「車軌塵」，即《曲禮》之「驅塵不出軌」，謂其塵之高廣一如軌之高廣，而不過也。《車人》「徹廣六尺」，自其裏言之。《匠人》注「徹廣八尺」，自其表言之。曰「由輈以下曰軌」，曰「兩輪之閒曰軌」，自其裏言之。《少儀》「祭左右軌」，《史記》「車不得方軌」，自其表言之。自軌徹之説不明，訓之以地上之迹，迹非不名軌徹也，而迹豈軌徹也？《邶詩》不能通，乃以軓字易軌字，而毛傳「由輈以下」復改作「由輈以上」，郢書燕説，沈錮千年矣。許云「車徹」，固已了然，如後人之憒憒，則許當云「軌，車䡵也」，「䡵，車迹也」已矣。故太史公言「好學深思」，不若卜子言「近思」㉝。从車，九聲。軌从九者，九之言鳩也，聚也，空中可容也。形聲中有會意。古音居酉反，在三部。今音居洧反。

䡵　車迹也。兩輪之迹也。迹者，步處也。因引申爲凡迹之偁。兩輪之迹，亦謂之軌徹，而非軌徹之體也。《莊子》曰：「夫迹，履之所出，而迹豈履也？」䡵之言從也，有所從來也，又可從是以求其質也。䡵，古字衹作從。《羔羊》傳曰：「委蛇委蛇，行可從迹也。」《君子偕老》傳曰：「委委，行可委曲從迹也。」俗變爲「蹤」，再變爲「踪」，固不若用許書䡵字矣。从車，從省。大徐有「聲」字，非也。此以會意包形聲。即容切，九部。

軼　車相出也。車之後者突出於前也。《楚辭》：「軼迅風於清源。」《禹貢》：「沇水入于河，泆爲滎。」《漢志》作軼。鄭注《司刑》㉞曰「過失若舉刃欲斫伐而軼中人者」，皆本義之引申叚借也。从車，失聲。形聲中有會意。夷質切，十二部。

䡩　車䡩弘聲也。弘，大徐作「釞」，非。小徐作「鋐」，《集韻》作「軳」㉟，亦誤，今正。谹，谷中響也。宖，屋響也。弘，弓聲也。車聲䡩弘，借弓聲之字耳。䡩弘，大聲。从車，真聲。《廣韻》口莖切。按，《廣雅》作「䡩」，《玉篇》作「輤」，皆即此字也。古音真聲之字，在十二部。讀若《論語》「鏗尒，舍琴而作」。琴，各本作「瑟」，今正。陸元朗所據《論語》作「琴」，小徐手部亦作「舍琴」。一曰，讀若掔。按，臤聲、堅聲與真聲同在十二部。

䡅　抵也。抵者，擠也。擠者，排也。車抵於是，而不過是，曰䡅。如馬之不前曰樊騺，詳馬部。䡅與車重之摯、墊、輊、轋本各義，與輖又殊音，而《集韻》總合爲一字，誤矣。小徐引潘岳賦「如䡅如軒」，今按，潘作「轋」，不作䡅也。从車，埶聲。陟利切，十五部。

軭　車戾也。戾者，曲也。《考工記》曰：「萬之以眡其匡也。」注云：「等爲萬蔞，以運輪上，輪中萬蔞則不匡剌也。」軭不專謂輪，凡偏戾皆是。从車，㞷聲。巨王切，十部。

軔　所㠯礙車也。所㠯二字，今補。《玄應》時已失之。《離騷》：「朝發軔於蒼梧。」王逸曰：「軔，支輪木也。」从車，刃聲。而振切，十三部。《字林》如戰反。按，此篆大徐在輮篆之前者，輮下輞譌作軔，遂先之以軔也。

輟　車小缺復合者也。此與辵部之連，成反對之義。連者，負車也。聯者，連也。連本訓輦，而爲聯合之偁。其相屬也，小缺而復合，則謂之輟。引申爲凡作輟之偁。凡言輟者，取小缺之意也。《論語》：「櫌不輟。」从車，叕聲。形聲中有會意。陟劣切，十五部。按，网部叕爲罬之重文。

軫 礙也。礙者，止也。从車，多聲。康禮切，古音在十七部。

轚 車轄相擊也。轄者，鍵也。鍵在軎頭，謂車軎相擊也。諸書亦言車轂相擊。从車毄。會意。殳部曰：「毄者，相擊中也。」毄亦聲。古歷切，十六部。《周禮》曰：「舟輿轚互者。」《秋官·野廬氏》：「凡道路之舟車轚互者，敘而行之。」注曰：「謂於迫隘處也。」《穀梁傳》曰：「御轚者不得入。」

⿱算車 治車軸也。治，《篇》、《韵》皆作「⿱竹車」。四字句，鏇轉規圜之意。从車，算聲。所眷切，十四部。

軻 棱軸車也。棱，各本作「接」，今正。棱者，續木也。軸所以持輪，而网木相棱，則危矣。故引申之，多迍曰轗軻。趙邠卿曰：「孟子名軻，字則未聞也。」而《廣韵》曰：「孟子居貧轗軻，故名軻，字子居。」从車，可聲。康我切，十七部。

⿱殸車 車堅也。堅者，剛也。从車，殸聲。殸，籒文磬。此形聲中有會意也。口莖切，十部。

軵 反推車，令有所付也。反推車者，謂不順也。付，與也。本可不與而故欲與之，至於逆推車以與之而不顧。此說其字之會意也。故其字从車付。从車付，會意。讀若茸。茸，宋本、小徐本作「胥」，非也。《淮南·氾論訓》曰：「相戲以刃者，大祖軵其肘。」高云：「軵，擠也。讀近茸，急察言之。」可知此茸之不誤矣。《廣韵》曰：「軵，推車也。而隴切，或作搑。」按，手部「搑，推擣也」。《漢·司馬遷傳》：「而僕又茸之蠶室。」師古曰：「茸，人勇反，推也。謂推致蠶室之中也。」是搑、茸、軵三字通用。《集韵》云：「軵或作輯，或作軏。」皆必有據。若《淮南·說林訓》「倚者易軵也」，注云：「軵讀軵濟之軵。」《覽冥訓》「廝徒馬圉軵車奉饟」，注云：「軵，推也。讀楫拊之拊。」有譌字不可讀，然大約以付爲形聲，是高時固有网讀也。大徐而隴切，九部。

輇 蕃車下庳輪也。蕃當作「藩」。藩車，見軒字下。庳者，屋卑也。因以爲凡卑之偁。藩車而下爲卑輪，蓋所謂安車，輪卑則車安矣。未知是否。从車，全聲。讀若饌。市緣切，十四部。一曰，無輻也。見輪下。

輗 大車轅耑持衡者也。轅與衡相接之關鍵也。《墨子》曰：「吾不知爲車輗者巧也，用咫尺之木，不費一朝之事，而引三十石之任。」此與小車之軏同用而異名。許不與軏篆爲伍者，大車別於小車也。自輗至輂五篆，皆言大車，前文暈篆當亦廁此處。从車，兒聲。五雞切，十六部。

輨 輗或从宜。宜聲在十七部，與十六部合韵冣近。

棿 輗又从木。

軝 大車後也。大車以載任器，牝負長八尺，謂較也。

其後必崇，其闌與三面等，非若小車之後也，故曰軝。軝之言底也。从車，氐聲。丁禮切，十五部。

轃 大車簀也。此以雙聲爲訓。簀者，牀棧也。大車之藉似之。小車謂之茵，車重席也。以虎皮者，謂之文茵。大車謂之轃，竹木爲之。从車，秦聲。讀若臻。側詵切，十二部。

轒 淮陽名車穹隆轒。淮陽，漢國。有縣九，今開封府陳州以南是其地。車穹隆，即車蓋弓也。《方言》曰：「車枸簍，宋魏陳楚之閒謂之筱，或謂之簝籠。秦晉之閒自關而西謂之枸簍，西隴謂之棆，南楚之外謂之篷，或謂之隆屈。」郭云：「即車弓也。」按，許之穹隆，即簝籠也。許之轒，蓋即棆字與。抑淮陽謂之轒，爲《方言》所不載也。《釋名》曰：「隆强，或曰車弓。」《長楊賦》：「碎轒轀。」別一義也。从車，賁聲。符分切，十三部。按，此篆當與上「轑，蓋弓也」爲伍。轑言其分，轒言其合也。廁此者，後人亂之。

輐 大車後壓也。壓，當依《玉篇》作厭。厭，笮也。所以鎮大車後者。从車，宛聲。於云切，古音當在十三部。《篇》、《韵》云：「轒輐，兵車。」《漢書》、《文選》作「轒轀」。

輂 大車駕馬者也。者字今補。《小司徒》「正治輂輦。」注曰：「輂，駕馬，所以載任器。」與許説同。云「大車駕馬者」，言者以別於駕牛也。古大車多駕牛，其駕馬者則謂之輂。按，《左氏傳》：「陳畚梮。」梮者，土轝。《漢·五行志》作「輂」，是梮乃輂之或字也。《史·河渠書》「山行即橋」，一作「檋」。《夏本紀》正作「檋」。《漢·溝洫志》作「山行則梮」。韋昭曰：「梮，木器。如今轝牀，人舉以行也。」然則《周禮》輂之制，四方如車之輿，故曰轝，或作轝。或駕馬，或人舉，皆宜用之。徒土則謂之土轝，即《公羊》之「筍」，《史記》之箯輿也。用之舁人，則謂之橋。橋即《漢書》「輿轎而越嶺」之轎字也。《左氏正義》謂梮字从手，其説非是。《禮經》「輁軸」，輁即輂字之異者。注云：「輁狀如長牀。」是也。夏禹四載乘輂，蓋亦馬引之，不然何以云「桀始乘人車」？攷古者所當辯也。从車，共聲。居玉切，按，共聲古音在九部。《士喪禮》㊱，輁，九勇反，是也。淺人不知爲同字。

𨋽 連車也。謂車牽聯而行，有等差也。《左傳》「差車」，官名。一曰，卻車抵堂爲𨋽。《東京賦》：「皇輿宿駕，𨋽於東階。」薛解曰：「𨋽之言卻也，謂卻於東階下，天子未乘之時也。」从車，𢀩省聲。讀若遲。士皆切。按，李善音柴，是也。古音在十七部。

輦 輓車也。謂人輓以行之車也。《小司徒》「輂輦」注曰：「輦，人輓行，所以載任器也。」《司馬法》云：「夏后氏謂輦曰余車，殷曰胡奴車，周曰輜輦。夏后氏二十人而輦，殷十八人而輦，周十五人而輦。」故書輦作「連」。鄭司農云：「連讀爲輦。」按，夫部「扶，竝行也」，輦字从此。輦設輅於車前，用索輓之，故从車扶會意。扶在前，車在後，故連字下曰「負車」。連、輦古今字。《周禮》、《管子》皆作連。此車名輦，輓此車之人名輦者，《爾雅》曰：「徒御不警，徒，輦者也。」㊲毛傳同。又《詩》：「我任我輦。」毛傳曰：「任者，輦者。」《釋名》曰：「輦，人所輦也。」从車㚘。㚘在車歬引之也。會意。力展切，十四部。

輓 引車也。引車曰輓，引申之，凡引皆曰輓。《左傳》曰：「或輓之，或推之，欲無入，得乎？」《史記》借爲晚字。从車，免聲。無遠切，十四部。俗作挽。

軖 紡車也。紡者，紡絲也。凡絲必紡之，而後可織。紡車曰軖。《通俗文》曰：「繰車曰軠，尼心切。」別是一物。繰與紡，二事也。木部曰：「檷者，絡絲柎。」竹部曰：「篗，所以收絲者。」糸部曰：「繀，箸絲於筟車也。」又在繰之後、紡之前，俟再攷。此非車也，其偁車者何？其用同乎車也。其物有車名，故其字亦从車。从車，㞷聲。讀若狂。巨王切，十部。一曰，一輪車。別一義。

轘 車裂人也。《周禮・條狼氏》：「誓僕右曰殺，誓馭曰車轘。」注曰：「車轘，謂車裂也。」从車，睘聲。胡慣切，十四部。按，大徐云：「睘，渠營切。非聲。當从環省。」此惑於《毛詩》青青、睘睘爲韵，而不知《詩》之睘睘乃煢煢之雙聲叚借也。《春秋傳》曰：「轘諸栗門。」宣公十一年《左傳》文。

斬 截也。截者，斷也。𦣻部：「𩠐，截也。」《周禮・掌戮》注曰：「斬以鈇鉞，若今要斬也。殺以刀刃，若今棄市也。」本謂斬人，引申爲凡絕之偁。从車斤。會意。側減切，八部。斬法車裂也。此說从車之意。蓋古用車裂，後人乃法車裂之意，而用鈇鉞，故字亦从車斤者，鈇鉞之類也。

轜 喪車也。从車，重而，而亦聲。各本篆作輀，解作「从車，而聲」，今更正。《文選》注、《玉篇》、《廣韵》、《龍龕手鑑》皆作「轜」。从重而者，葢喪車多飾，如《喪大記》所載，致爲緐縟。而者，須也。多飾如須之下垂，故从重而，亦以而爲聲也。如之切，一部。

轟 轟轟，二字依《文選》注補。羣車聲也。从三車。呼宏切，古音在十二部。李善曰：「《倉頡篇》云：軥軥，衆車聲也。呼萌切。今爲輷字，音田。」《玄應》曰：「轟，今作輷字。書作軥，同。呼萌切。」按，古字作軥，今字作輷，《玉篇》作輷，皆當在真臻部也。

文九十九　重八

𠂤 小𨸏也。小𨸏，𨸏之小者也。《廣雅》本之，曰：「𠂤，細阜也。」今譌舛不可讀矣。小𨸏曰𠂤，《國語》叚借魁字爲之。《周語》：「夫高山而蕩以爲魁陵糞土。」賈逵、韋昭皆曰：「小阜曰魁。」即許之𠂤也。賈逵注見《海賦》，其字俗作「堆」，堆行而𠂤廢矣。氏下云：「山岸脅之堆，旁箸欲落墯者曰氏。」小徐作堆，大徐則删之。《士冠禮》注：「追猶堆也。」是追即𠂤之叚借字。李善注《七發》曰：「追，古堆字。」《詩》：「追琢其章。」追亦同𠂤。葢古治金玉，突起者爲𠂤，穿穴者爲琢。𠂤語之轉爲敦，如《爾雅》之「敦丘」，俗作墩。《詩》「敦彼獨宿」，傳㊳以「敦敦然」釋之，皆是也。象形。象小於𨸏，故𨸏三成，𠂤二成。都回切，十五部。凡𠂤之屬皆从𠂤。

𡴎 危高也。从𠂤，屮聲。讀若臬。魚列切，十五部。

官 吏事君也。从宀𠂤，會意。古丸切，十四部。𠂤猶眾也。𠂤不訓眾，而可聯之訓眾。以宀覆之，則治眾之意也。此與師同意。人眾而帀□之，與事眾而宀覆之，其意同也。

文三。

附注：

① 沃，毛傳本作「鋈」，段氏引誤。

② 「曰」上脱「注」字。

③ 四字系鄭注語。「云」上當加「注」字。今本「甒」作「瓶」。阮元校勘記云一本作「甒」。

④ 以上引孟康、荀悦、蘇林語，見《史記·李將軍列傳》「不擊刁斗以自衛」句下集解及索隱。「鐎即鈴也」，「鐎」本作「銷」，系索隱承蘇林語所下之注。

⑤ 「帀」本作「鉦」。

⑥ 二句分見《七月》及《破斧》。

⑦ 《弓人》當作《冶氏》。

⑧ 「師」指戴震，此説及下鍰字注引「東原師曰」皆據《東原文集》卷三《辨尚書攷工記鍰鋝二字》一文節述。又下引僞孔傳、馬融、賈逵三説，見《吕刑》「其罰百鍰」句下傳及釋文，鄭玄説見此句之正義引，王肅説見《考工記·冶氏》「重三鋝」句下正義引。

⑨ 此「十一」指《國語》卷次，非《晉語》篇次。

⑩ 脱「注」字。「十九」亦指《國語》卷次。

⑪ 《吴語》是《晉語》之誤。韋注見《晉語》五「宋人弑昭公」節。

⑫ 今《晉書》「鉈矛」作「虵矛」。見《劉曜載記》。

⑬ 薛解，指薛綜注。西京賦，是「東京賦」之誤。所指注語在「方釳左纛」句下。錫，當作鍚，故注曰「此字有誤」。

⑭ 《烈祖》鄭箋作「鸞在鑣」。段誤混之。

⑮ 上引《漢書·尹翁歸傳》注今本作「斫莝刃」，《後漢書·馮魴傳》注今本作「《説文》曰：鈇，銼刃也」。

⑯ 脱「注」字。

⑰ 見《察微篇》，今本「假距」作「鍛距」。

⑱ 見《史記·平準書》「賈人緡錢」集解引，「李匪」當作「李斐」。

⑲ 「三人」是「一人」之誤。

⑳ 「車人」是「輿人」之誤。

㉑ 此《士喪禮》是指《既夕禮》。

㉒ 此《士喪禮》是指《既夕禮》。

㉓ 見揚雄《劇秦美新》「式軨軒旂旗以示之」句下。

㉔ 輪字下段氏兩引《士喪禮》，皆是指《既夕禮》。

㉕ 注中「又誤」本作「文誤」。

㉖ 《斯干》是《采芑》之誤。

㉗以下兩段引文皆見《輪人》鄭玄注。

㉘此見《考工記》「輿人爲車」下，非「輪人爲輿」下。

㉙《士喪禮》當作「《既夕禮》注」，在「楔貌如軛上兩末」句下，注曰：「今文軛作厄。」

㉚見《小爾雅·廣器》，原文「㖇」是「喙」字。段氏作「烏㖇」，系據《釋名》及《小爾雅》清人注本，參《詩經小學》。

㉛「蓋弓」兩句，見《周禮·輈人》，原無「恒」字。所引鄭注，則見《輪人》「弓鑿廣四枚」下。

㉜此《士喪禮》是指《既夕禮》。

㉝「好學深思」，見《史記·五帝本紀》「太史公曰」。「近思」，見《論語·子張》子夏語。

㉞《司刑》當作《司刺》。鄭注語見「再宥曰過失」句下。

㉟「軴」是「鉊」之誤，述古堂影宋鈔本《集韵》作「鉫」，亦誤。承趙振鐸先生告，潭州本作「鉚」，鉚即鉊字，爲《集韵》習用之體。方成珪、馬釗對《集韵》此字之誤均有考訂。

㊱此《士喪禮》是指《既夕禮》。「軿軸」，《釋文》：「九勇反。」

㊲轚，當作「轚」。徒，段氏引時補。

㊳「傳」當作「篓」。

説文解字第十四篇下

金壇段玉裁注

𨸏 大陸也。也字今補。《釋地》、毛傳皆曰：「大陸曰阜。」李巡曰：「高平曰陸。謂土地豐正名爲陸，陸土地獨高大名曰阜，阜最大名爲陵。」引申之，爲凡厚、凡大、凡多之稱。《秦風》傳曰：「阜，大也。」《鄭風》傳曰：「阜，盛也。」《國語》注曰：「阜，厚也。」皆由土山高厚演之。山無石者。山下曰：「有石而高。象形。」此言無石，以別於有石者也。《詩》曰：「如山如阜。」山與𨸏，同而異也。《釋名》曰：「土山曰阜。」象形者，象土山高大而上平，可層絫而上，首象其高，下象其三成也。房九切，三部。凡𨸏之屬皆从𨸏。

𨸏 古文。上象絫高，下象可拾級而上。

陵 大𨸏也。《釋地》、毛傳皆曰：「大阜曰陵。」《釋名》曰：「陵，隆也。體隆高也。」按，引申之，爲乘也，上也，躐也，侵陵也，陵夷也。皆夌字之叚借也。夊部曰：「夌，越也。一曰，夌，徲也。」夌徲即陵夷也。从𨸏，夌聲。力膺切，六部。

䧢 大𨸏也。以其昆干綿遠爲言。从𨸏，鯀聲。胡本切，十三部。

阞 地理也。《攷工記》曰：「凡溝逆地阞，謂之不行。」注云：「溝謂造溝，阞謂脈理。」按，力者，筋也。筋有脈絡可尋，故凡有理之字皆从力。阞者，地理也。朸者，木理也。泐者，水理也。手部有扐，亦同意。从𨸏，力聲。盧則切，一部。

陰 闇也。闇者，閉門也。閉門則爲幽暗，故以爲高明之反。水之南、山之北也。从𨸏。《穀梁傳》曰：「水北爲陽，山南爲陽。」注云：「日之所照曰陽。」然則水之南，山之北爲陰可知矣。《水經注》引伏虔曰：「水南曰陰。」《公羊·桓十六年》傳注曰：「山北曰陰。」按，山北爲陰，故陰字从𨸏。自漢以後通用此爲霒字。霒，古文作侌。夫造化侌昜之气，本不可象，故霒與陰、昜與陽，皆叚雲日山𨸏以見其意而已。侌聲。於今切，七部。

陽 高明也。闇之反也。从𨸏，不言山南曰昜者，陰之解可錯見也。山南曰陽，故从𨸏。毛傳曰：「山東曰朝陽，山西曰夕陽。」昜聲。與章切，十部。

陸 高平地。《釋地》、毛傳皆曰：「高平曰陸。」从𨸏，坴聲。土部坴下曰：「土塊坴坴也。」然則陸从坴者，謂其有土無石也。大徐作「从𨸏，从坴，坴亦聲」。力竹切，三部。

𨺲 籒文陸。从古文𨸏省。从籒文光、不从土者，从𨸏而土見矣。

阿 大陵曰阿。《釋地》、毛傳皆曰：「大陵曰阿。」从𨸏，可聲。烏何切，十七部。一曰，阿，曲𨸏也。《毛詩》：「菁菁者莪，在彼中阿。」傳云：「大陵曰阿。」「考槃在阿。」傳曰：「曲陵曰阿。」各隨其宜解之也。《大雅》：「有卷者阿。」傳曰：「卷，曲也。」然則此阿謂曲𠂤也。引申之，凡曲處皆得偁阿。是以《緜蠻》傳曰：「丘阿，丘之曲阿。」室之當棟處曰阿。《考工記》「四阿」，若今四注屋。《左傳》：「椁有四阿。」毛傳：「偏高曰阿丘。」許書言「谷，口上阿也」。皆是也。曲則易爲美，故《隰桑》傳曰：「阿然，美皃。」凡以阿言私曲、言昵近者，皆引申叚借也。

陂 阪也。陂與坡音義皆同。凡陂必邪立，故引申之義爲傾邪。《子虛賦》：「罷池陂陀。」言旁穨也。《易》：「無平不陂。」《洪範》：「無偏無陂。」**从𠂤，皮聲。**彼爲切，古音在十七部。**一曰，池也。**池，各本作「沱」，誤。今依《韵會》正。說詳水部。池與沱形義皆別，此云「陂者，池也」，故水部有池篆云：「陂也。」正考老轉注之例。《詩》惟《召南》言沱，餘多言池，不可淆溷。許書：「沼，池也。」「注，深池也。」「潢，積水池也。」「湖，大陂也。」「汥，水都也。」「窪，一曰窊也。」「洿，一曰，窊下也。」義皆同物，豈可改爲沱乎？陂得訓池者，陂言其外之障，池言其中所蓄之水。故曰「劉媼嘗息大澤之陂」，謂大澤之旁也。曰「叔度汪汪，若千頃陂」，即謂千頃池也。湖訓大陂，即大池也。《陳風》「彼澤之陂」，傳曰：「陂，澤障也。」《月令》注曰：「畜水曰陂。」凡經傳云「陂池」者，兼言其內外。或分析言之，或舉一以互見。許池與陂互訓，渾言之也。陂有叚「波」爲之者，如《漢·諸侯王表》曰：「波漢之陽。」《西域傳》曰：「傍南山北波河。」

阪 坡者曰阪。《釋地》、毛傳皆曰：「陂者曰阪。」許云「坡者曰阪」，然則坡、陂異部同字也。《說卦》傳：「其於稼也爲反生。」叚借反爲阪也。**从𠂤，反聲。**府遠切，十四部。**一曰，澤障也。**陂爲澤障，故阪亦同。**一曰，山脅也。**山脅，山胛也。《呂覽》：「阪險原隰。」高注：「阪險，傾危也。」《小雅·阪田》箋曰：「崎嶇墝埆之處也。」

陬 阪隅也。謂阪之角也。「正月爲陬」①，亦謂寅方，在東北隅也。引申爲凡隅之偁。陬與隅疊韵爲訓。**从𠂤，取聲。**子侯切，四部。

隅 陬也。隅與陬爲轉注。《廣雅》曰：「陬，角也。」《小雅》箋曰：「丘隅，丘角也。」上言阪此不言阪者，不主謂阪之隅也。《考工記》「宫隅」、「城隅」，謂角浮思也。《大雅》：「惟德之隅。」傳曰：「隅，廉也。」今人謂邊爲廉，角爲隅，古不別。其字亦作「嵎」，作「湡」。**从𠂤，禺聲。**噳俱切，古音在四部。偶平聲。

險 阻難也。从𠂤，僉聲。虛檢切，七部。

限 阻也。《廣韵》：「度也，齊也，眄也。」皆其引申之義。**从𠂤，艮聲。**乎簡切。古音在十三部。**一曰，門榍也。**此別一義，而前義可包之。木部曰：「榍，門限也。」是爲轉注。其字俗作「梎」作「㡰」。

阻 險也。从𠂤，且聲。《大射儀》：「且左還毋周。」注曰：「古文且爲阻。」《堯典》古文：「黎民俎飢。」鄭注云：「俎讀曰阻。」是皆古文叚借字也。側呂切，五部。

陮 𨻦 陮隗，逗。高也。陮隗猶崔巍，亦猶㝡辠，疊韵字也。从𨸏，隹聲。都辠切，十五部。

隗 𨻶 陮隗也。从𨸏，鬼聲。五辠切，十五部。

阭 𨸶 高也。从𨸏，允聲。余準切。《玉篇》余剸切，十三、十四部。一曰，石也。

𨺅 𨺅 磊𨺅也。各本奪𨺅字，今補。磊𨺅猶磊瑋也。疊韵字。从𨸏，乑聲。洛猥切，古音在十六、十七部之閒。垂上聲。

陗 陗 陖也。凡斗直者曰陗。《李斯列傳》曰：「樓季也而難五丈之限，跛牂也而易百仞之高，陗塹之勢異也。」塹當爲漸。陂陀者曰漸，斗直者曰陗，凡閒出者曰庯陗。斗俗作陡。古書皆作斗。从𨸏，肖聲。七笑切，二部。

陖 陖 陗高也。謂斗直而高也。卑者雖直，不得云陖矣。山部陖或作峻，高也。此陖陗高也，是峻、陖之別也。專言高者，或未必陗矣。陖古叚借洒字爲之。《邶風》曰：「新臺有洒。」傳曰：「洒，高峻也。」峻即陖之同音通用。傳意謂經之洒，即陖之叚借也。西聲、夋聲，古音同在十三部。《釋丘》曰：「望厓洒而高，岸。夷上洒下，漘。」洒而高，謂體斗直而頂高出也。夷上洒下，謂頂平不高出而體亦斗直也。李巡注甚明了，而郭璞說誤。从𨸏，夋聲。私閏切，十三部。

隥 隥 仰也。仰者，舉也。登陟之道曰隥，亦作「墱」。《西都賦》：「陵墱道而超西墉。」《西京賦》：「墱道邐倚以正東。」薛曰：「墱，閣道也。」按，閣道謂淩空如棧道者。从𨸏，登聲。都鄧切，六部。此以形聲包會意。

陋 陋 阸陝也。阸者，塞也。陝者，隘也。𨸏𨸏部曰：「隘，陋也。」然則陋與隘爲轉注。阸陝者，如邊塞狹隘也。故从𨸏。引申爲凡鄙小之偁。《賈子》曰：「反雅爲陋。」《淮南》注曰：「陋，鄙小也。」从𨸏，㔷聲。盧候切，四部。

陝 陝 隘也。从𨸏，夾聲。侯夾切，八部。俗作陿、峽、狹。

陟 陟 登也。《釋詁》曰：「陟，陞也。」毛傳曰：「陟，升也。」陞者，升之俗字。升者，登之叚借。《禮・喪服》注曰：「今文《禮》皆登爲升。俗誤已行久矣。」據鄭說，則古文《禮》皆作登也。許此作登不作升者，許書說解不用叚借字也。漢人用同音字代本字，既乃不知有本字，所謂「本有其字，依聲託事」者然也。从𨸏步。謂緣𨸏而步也。𨸏有層次可尋，是謂會意。竹力切，一部。

𨺻 𨺻 古文陟。

陷 陷 高下也。高下者，高與下有懸絶之勢也。高下之形曰陷，故自高入於下亦曰陷，義之引申也。《易》曰：「坎，陷也。」謂陽陷陰中也。凡深没其中曰陷。从𨸏，臽聲。大徐作「从𨸏，从臽，臽亦聲」。户猪切，八部。一曰，陊也。

隰 隰 阪下溼也。《釋丘》②曰：「下溼曰隰。」又曰：「陂者曰阪，下者曰隰。」葢上隰指平地言之，下隰指阪言之。阪形固高，而其四旁窊溼處亦謂之隰也。許用後説者，以其字从𨸏也。从𨸏，㬎聲。似入切，七部。

䧢 敧䧢也。各本奪䧢字，今補。危部敧篆下曰：「敧䧢也。」此亦曰「敧䧢也」，敧䧢以雙聲成文，謂傾側不安，不能久立也。不容刪一字矣。敧䧢，他書作「崎嶇」，漢碑亦作嶇。从𨸏，區聲。豈俱切，古音在四部。

隫 下隊也。《毄辭》曰：「夫乾確然，示人易矣；夫坤隫然，示人簡矣。」許冂部曰：「隺，高至也。」引《易》「夫乾隺然」。然則正與下隊作反對語。按，隫與積，音同而義異。如《李陵傳》「隫其家聲」③，斷不可作積矣。从𨸏，賁聲。杜回切，十五部。

隊 從高隊也。隊、墜，正俗字。古書多作隊，今則墜行而隊廢矣。大徐以墜附土部，非許意。《釋詁》：「隊，落也。」釋文从墜，而以隊附見，偵矣。《左傳》曰：「以成一隊。」杜注：「百人爲隊。」蓋古語一隊猶言一堆，物墮於地則聚。因之名隊爲行列之偁。後人以墜入至韵，以隊入隊韵，而莫測其原委矣。从𨸏，㒸聲。徒對切，十五部。按，當云直類切。

降 下也。此下爲自上而下，故厠於隊、隕之閒。《釋詁》曰：「降，落也。」古多叚降爲夅。夊部曰：「夅，服也。」此今人讀下江切之正字。《詩·召南》：「我心則降。」毛傳曰：「降，下也。」《春秋經》：「郕降于齊師。」何注曰：「降者自伏之文。」又：「齊人降鄣。」《穀梁傳》曰：「降，猶下也。」皆夅之叚借字也。分爲平去韵，而昧其原委矣。以地言曰降，故从𨸏；以人言曰夅，故从夊干相承。从𨸏，夅聲。此亦形聲包會意。古巷切，九部。

隕 從高下也。《釋詁》曰：「隕，下落也。」毛傳曰：「隕，隋也。」隋即陊字。从𨸏，員聲。于敏切，十三部。《易》曰：「有隕自天。」《姤》九五爻辭。

隉 危也。危者，在高而懼也。《秦誓》曰：「邦之杌隉。」《易》作「臲卼」。許出部之「槷黜，不安也」，皆字異而音義同。从𨸏，从毀省。會意。徐巡巳爲隉，凶也。《後漢書·杜林傳》曰：「沛南徐巡始師事衞宏，後更受林學。林於西州得桼書古文《尚書》一卷，以傳衞宏、徐巡，於是古文遂行。」隉，凶也。此巡之説《秦誓》也。賈侍中説：隉，濞度也。此葢亦賈侍中説古文《秦誓》也。侍中受古文《尚書》於塗惲，撰《歐陽大小夏侯尚書古文尚書同異集》爲三卷。隉與臬雙聲。臬者，射埻的也。有法度之意。《尚書·立政篇》臬訓法。《左傳》：「陳之藝極。」藝亦臬之叚借。賈謂隉爲臬之叚借，故云法度也。此條可以證六書叚借。依賈説，則杌隉連文，杌當同扤，訓搖動。班固説：不安也。班固，字孟堅。右扶風安陵人。楚令尹鬭班之後。按，《漢書》，子文生於瞢中而虎乳之，楚人謂乳穀，謂虎於檡，故名穀於檡，字子文。楚人謂虎文班，其子以爲號。秦之滅楚，遷晉代之閒，因氏焉。云謂虎文班，班即許書辬字之叚借，今之斑字也。今本《漢書》奪去「文」字，則文義不貫矣。班爲《白虎通義》，又爲《離騷章句》，見於劉逵、張載所引。此説「隉，不安也」，恐亦説《尚書》語。許本之曰「危也」。《周書》曰：「邦之阢隉。」《秦誓》文。上偁三家説，而後偁經者，明此書爲説字之書，特偁經爲證也。阢當是轉寫之誤，當是本作「扤」，或作「兀」，未可定也。今《尚書》作「杌隉」，《周易》作「劓刖」，作「臲卼」，鄭注字作「倪仉」，許出部作「槷黜」，其文不同如此。阢者，石戴土也。非此之用。讀若虹蜺之蜺。蜺，雨部作霓。虫部：「蜺，寒蜩也。」於此知漢人已叚借蜺爲霓矣。霓平韵讀五兮翻，入韵讀五的翻，又五結翻。隉當切五結，十五部。

阤　小崩也。大曰崩，小曰阤。《吳都賦》曰：「崩巒阤岑。」此其義也。《子虛賦》曰：「登降阤靡。」《上林賦》曰：「巖阤甗錡。」皆謂欹傾也。後人多用「陊」爲之，古書或用「褫」爲之。从𨸏，也聲。丈爾切，又弋爾切，古音在十七部。

隓　敗城𨸏曰隓。从𨸏，𡍮聲。許書無𡍮字，蓋或古有此文，或絫左爲聲，皆未可知。⿰土隋爲篆文，則隓爲古籀可知也。山部嶞曰「隓聲」，肉部隋曰「隓省聲」。皆用此爲聲也。小篆隓作⿰土隋，隸變作墮，俗作隳。用墮爲崩落之義，用隳爲傾壞之義，習非成是，積習難反也。《虞書》曰：「萬事墮哉。」墮本敗城𨸏之偁，故其字从𨸏。引申爲凡阤壞之偁。許規切，古音在十七部。

⿰土隋　篆文。小篆則从土、隋聲也。先古籀後小篆者，是亦先二後上之例也。曷爲不入⿰土隋於土部，而隓爲重文也？其字本从𨸏，以壞𨸏爲義，而壞城次之，故入𨸏部，而⿰土隋爲重文也。

⿰阝頃　仄也。仄下曰「側傾也」，頃者，頭不正也。故从頁。傾者，人之仄也，故从人。⿰阝頃者，山阜之仄也，故从𨸏。《禹貢》「西頃」，蓋可作此字。从𨸏，頃聲。大徐作「从𨸏，从頃，頃亦聲」。形聲兼會意也。去營切，十一部。

陊　落也。艸部曰：「艸曰苓，木曰落。」引申之，凡自上而下皆曰落。石部硩下曰：「上擿山巖空青珊瑚陊之。」《吳都賦》曰：「硩陊山谷。」按，今字叚墮爲陊，而叚陊爲阤義。雖略相近，而實本不同。《召南》毛傳：「盛極則墮落者梅也。」又叚墮爲陊。从𨸏，多聲。徒果切，十七部。

阬　閬也。閬者，門高大之皃也。引申之，凡孔穴深大皆曰閬阬。《釋詁》云：「虛也。」地之孔穴虛處與門同，故曰閬也。以疊韵爲訓。《詩》曰：「皋門有伉。」然則門亦得偁阬也。〇今按，閬訓迂遠，疑本作⿰阝良，俗作閬，又譌閬耳。阬塹亦⿰阝良阻也。土部曰：「塹者，阬也。」然則阬者，塹也。爲轉注。从𨸏，亢聲。客庚切，古音在十部。讀如康。俗字作坑。

隫　通溝。句。《西都賦》曰：「通溝大漕，潰渭洞河。」以防水者也。小徐及《廣韵》本如此。隫與瀆不同。瀆从水，主謂水，故解曰「溝也」。隫从𨸏，主謂地，故曰「通溝，以防水」。防水，猶禦水也。通洞之溝，水去迅速，無滯不爲災。通之言洞也。洞者，疾流也。故其字讀若洞。四瀆字當作此，亦作四竇。从𨸏，賣聲。徒谷切，三部。讀若洞。大徐洞作瀆，非也。此許所聞舊音。《急就篇》：「乘風縣鐘華洞樂。」《皇象碑》本洞作隫。衣部襩或从賣聲，作⿰礻賣。

⿰谷賣　古文隫从谷。《釋山》曰：「山⿰谷賣無所通，谿。」

防　隄也。《周禮・稻人》曰：「以防止水。」注云：「偃豬者，畜流水之陂也。防者，豬旁隄也。」引申爲凡備禦之偁。《禮記鄭目録》云：「名曰《坊記》者，以其記六藝之義，所以坊人之失者也。」防之俗作坊。从𨸏，方聲。符方切，十部。

埅　防或从土。俗字所由作坊也。俗又以坊爲邑里之名。

隄　唐也。唐、塘，正俗字。唐者，大言也。叚借爲陂唐，乃又益之土旁作塘矣。隄與唐得互爲訓者，猶陂與池得互爲訓也。其實窊者爲池，爲唐，障其外者爲陂，爲隄。从𨸏，是聲。都兮切，十六部。按，或作隄。此猶麟之定，即麟之題也。

阯　基也。止下曰：「下基也。」阯與止音義皆同。止者，艸木之基也。阯者，城𨸏之基也。从𨸏，止聲。諸市切，一部。

址　阯或从土。《左傳》曰：「略基址。」

陘　山絶坎也。《釋山》曰：「山絶，陘。」按，今《爾雅》奪坎字。郭注云：「連山中斷絶。」非是。陘者，領也。《孟子》作「徑」，云：「山徑之蹊。」趙注：「山徑，山領也。」楊子《法言》作「山𡹎之蹊」，皆即陘字。凡巠聲之字，皆訓直而長者。河北八陘：一曰軹關陘，二曰太行陘，三曰白陘，四曰滏口陘，五曰井陘，六曰飛狐陘，七曰蒲陰陘，八曰軍都陘。戴先生《水地記》曰：「此皆兩山中隔以成隘道也。軹關之山與太行中隔沁水，其山脈來自大岳。白陘之山與大行中隔丹水，其山脈自發鳩別而東。井陘滏口之山與白陘中隔漳水，其山脈自清漳之源沾領別而東。飛狐蒲陰之山與井陘中隔滹沱，其山脈來自北岳。軍都之山與蒲陰中隔桑乾水，其山脈自大同府之外陰山別而東。大行之名尤顯著，故偁大行八陘。」《元和郡縣圖志》引《述征記》曰：「大行山首始於河内，北至幽州，凡有八陘。」後代史志、地記，多本其説。於軹關已北、軍都已南諸山，槩目以大行，其亦不達於理矣。先生所論八陘，冣爲明析，而山絶坎之訓亦明。凡天下之地勢，兩山之閒必有川焉，則兩川之閒必有山焉，是爲坎象。坎者，陷也。陷者，高下也。高在下閒爲陷。陘者一山在兩川之閒，故曰「山絶坎」。絶猶如絶流而渡之絶，其莖理亙於陷中也。从𨸏，巠聲。户經切，十一部。

附　附婁，逗。疊韵字。小土山也。《左傳・襄二十四年》，子大叔曰：「部婁無松柏。」杜注：「部婁，小阜。」服虔曰：「喻小國。」《風俗通義》引《左傳》釋之曰：「言其卑小。部者，阜之類。今齊魯之閒，田中少高卬名之爲部矣。」按，或作「培塿」，依許，則傳文本作「附婁」字。从𨸏，其本義也。上蒲口反，下路口反。《玉篇》曰：「《説文》以坿爲坿益字，从土。此附作步口切，小土山也。」玉裁謂，土部「坿，益也」。增益之義宜用之，相近之義亦宜用之。今則盡用附，而附之本義廢矣。从𨸏，付聲。符又切。按，此音非也，當云蒲口切。四部。《春秋傳》曰：「附婁無松柏。」《左氏傳》多古文，許所見未誤。

阺 秦謂陵阪曰阺。大𨸏曰陵，坡曰阪，秦人方言皆曰阺也。《漢書》楊雄《解嘲》曰：「響若坻隤。」應劭云：「天水有大坂，名曰隴坻，其山堆旁箸崩落作聲，聞數百里。故曰坻隤。」按，仲遠誤也。依《説文》則巴蜀名山岸脅之旁箸欲落墒者曰氏。氏崩聞數百里。秦謂陵阪曰阺，其字則氏與阺不同，其語言則秦與巴蜀不同。且氏主謂石，故崩聲聞遠。阺主謂土，陵阪皆土阜也。氏或譌作坻，韋昭音若是理之是，不誤。阺字或作坻，音丁兮、丁禮二反。《高唐賦》：「臨大阺之稸水。」是其正字也。自仲遠合而一之，古音十六、十五部之別亦淆矣。凡氏聲在十六部，凡氐聲在十五部。从𨸏，氐聲。丁禮切，十五部。

阢 石山戴土也。戴，小徐作「載」。《釋山》曰：「石戴土謂之崔嵬。」然則崔嵬一名阢也。从𨸏，兀聲。五忽切，十五部。《玉篇》午回切。

隒 崖也。崖者，高邊也。按，今俗語謂邊曰隒，當作此字。《王風》傳曰：「涘者，厓也。漘者，水隒也。」蓋平者曰厓，高起者曰隒。《釋山》云：「重甗，隒。」从𨸏，兼聲。讀若儼。魚檢切，七部八部。

阸 塞也。塞，先代切。與窒、寱字别。塞者，隔也。阸之言扼也。从𨸏，戹聲。於革切，古音在十六部。

隔 塞也。塞，先代切。各本作「障」，今依《西京賦》注所引作「塞也」，與土部「塞，隔也」爲轉注。《廣韵》亦曰「塞也」。《西京賦》曰：「隴坻之隘，隔閡華戎。」从𨸏，鬲聲。古覈切，十六部。

障 隔也。从𨸏，章聲。之亮切，十部。

隱 蔽也。艸部曰：「蔽茀，小皃也。」小則不可見，故隱之訓曰蔽。若《孟子》「隱几」，字則當爲「𢀩」。𠬪部曰：「𢀩，有所據也。」从𨸏，㥯聲。於謹切，十三部。

隩 水隈厓也。厓，山邊也。引申之，爲水邊。隈厓，謂曲邊也。《釋丘》曰：「厓内爲隩，外爲鞫。」《毛詩》：「瞻彼淇奧。」傳曰：「奧，隈也。」奧者，隩之叚借字也。又「芮鞫之即」，毛曰：「芮，水厓也。鞫，究也。」鄭曰：「芮之言内也，水之内曰隩，水之外曰鞫。」《漢書》作「阮」，《字林》作「坈」。从𨸏，奥聲。烏到切，按，當於六切，三部。

隈 水曲也。各本作「水曲隩也」，今依《西都》《海賦》二注訂。从𨸏，畏聲。烏恢切，十五部。

𦥮 𦥮商，逗。此蓋古語。小塊也。塊，俗凷字。从𨸏，从臾。臾，古文蕢字。見艸部，艸器也。謂一蕢之土而已。去衍切，十四部。

𨼼 水衡官谷也。未詳。水衡官，見《漢書・百官公卿表》。又《天文志》「解谷」④，晉灼曰：「谷名。」蓋非此。从𨸏，解聲。胡買切，十六部。一曰，小谿。此別一義。兩𨸏閒小谿曰𨼼，如小山別大山曰嶰也。谿者，山瀆之無所通者也。

隴 天水大阪也。《地理志》：天水郡有隴縣。《郡國志》，漢陽郡，永平十七年天水郡更名也，隴縣有大阪名隴坻。按，坻即上文阺字也。从𨸏，龍聲。力踵切，九部。

阦 酒泉天阦阪也。《地理志》：酒泉郡天阦縣。師古曰：此地有天阦阪，故以名。从𨸏，衣聲。於希切，十五部。

陝 弘農陝也。《地理志》：弘農郡陝縣。《後志》同。今河南直隸陝州有廢陝縣。古虢國，王季之子所封也。《左傳》曰：「虢仲虢叔，王季之穆也。」《國語》稱「文王敬友二虢」。杜預以爲皆文王母弟。馬融云：「虢叔，同母弟；虢仲，異母弟。」今按，同母、異母不可知。據許衹云「王季之子」可也。《地理志》曰：「陝故虢國。東虢在滎陽。」賈逵曰：「虢仲封東虢，制是也。虢叔封西虢，虢公是也。」《鄭語》：「西有虞、虢。」韋曰：「虢，虢叔之後西虢也。」又「濟、雒、河、潁之閒，虢、鄶爲大。」韋曰：「虢，東虢也。虢仲之後。」按，《地理志》及《説文》皆但云「陝，故虢國」，不目爲西虢者，葢東周時東虢已滅於鄭，不煩分別也。《春秋》晉滅虢，謂在陝之西虢，王季之子虢叔之後。从𨸏，夾聲。十篇亦部下曰⑤：「弘農陝字从此。」失冄切，八部。

⿰阝無 弘農陝東陬也。陬者，隅也。从𨸏，𡙈聲。武扶切，五部。

⿰阝卷 河東安邑陬也。从𨸏，卷聲。居遠切，十四部。

陭 上黨陭氏阪也。《地理志》：上黨郡有陭氏縣。葢因有陭氏阪以名也。今本《郡國志》作「猗氏」，因河東猗氏而誤。从𨸏，奇聲。於离切，按，當依《漢書》於義切，古音在十七部。

隃 北陵，西隃鴈門是也。此八字用《爾雅·釋地》。郭注曰「鴈門山」是也。《史記·趙世家》作「先俞」，古西、先同音也。《地理志》：「鴈門郡，秦置。句注山在陰館。」按，句注山，一名西陘山，一名鴈門山。今在山西，代州西北二十五里有鴈門關。从𨸏，俞聲。傷遇切，古音在四部。

阮 代郡五阮關也。《地理志》：代郡有五原關。阮者，正字。原者，叚借字也。《成帝紀》作「五阮關」，如淳曰：「近捲反。」从𨸏，元聲。虞遠切，十四部。

⿰阝告 大𨸏也。前云大𨸏曰陵矣，此云大𨸏曰⿰阝告，未聞。一曰，右扶風郿有⿰阝告𨸏。⿰阝告又爲𨸏名。从𨸏，告聲。苦沃切，三部。

陚 丘名。从𨸏，武聲。方遇切，五部。

⿰阝貞 丘名。从𨸏，貞聲。陟盈切，十一部。

⿰阝丁 丘名。从𨸏，丁聲。讀若丁。當經切，十一部。

⿰阝爲 鄭地阪。从𨸏，爲聲。許爲切。《釋文》于詭切。古音在十七部。《春秋傳》曰：「將會鄭伯於⿰阝爲。」於，當作于。䧦，今經傳皆作「鄬」。襄七年「十有二月，公會晉侯、宋公、陳侯、衛侯、曹伯、莒子、邾子于鄬」。三經同。《左氏傳》曰：「及將會于鄬，子駟相，又不禮焉。」句本無鄭伯字，許以此敘鄭事，故增此二字。凡引古書不無異同者例此。

陼 如渚者陼丘，水中高者也。《釋水》曰：「水中可居者曰州，小州曰渚。」《釋丘》曰：「如渚者陼丘。」謂在水中高而平，如水中小州然也。許本之爲說。今《爾雅》作「小洲曰陼」，「如陼者渚丘」，溷淆通用。从𨸏，者聲。當古切，五部。

陳 宛丘也。《韵會》有「也」。舜後嬀滿之所封。《毛傳謚》⑥曰：「陳者，大皞虙戲氏之墟。帝舜之冑，有虞閼父者，爲周武王陶正。武王賴其利器用，與其神明之後，封其子嬀滿於陳，都於宛丘之側，是曰陳胡公。」按，今河南陳州府治是其地。許必言宛丘者，爲其字从𨸏也。毛傳曰：「四方高，中央下曰宛丘。」即《釋丘》之「宛中曰宛丘」也。陳本大皞之虚正字，俗叚爲敶列之敶，陳行而敶廢矣。从𨸏，从木，大皞以木德王，故字从木。申聲。直珍切，十二部。

𨸐 古文陳。按，古文从申不从木。

陶 再成丘也。在濟陰。《釋丘》曰：「一成爲敦丘，再成爲陶丘。」《禹貢》曰：「道沇水東流爲濟，入于河，泆爲熒，東出于陶丘北。」《地理志》曰：「濟陰郡定陶縣。《禹貢》陶丘在西南。」按，定陶故城在今山東曹州府定陶縣西南，古陶丘在焉。从𨸏，匋聲。徒刀切，古音在三部。《夏書》曰：「東至于陶丘。」《禹貢》文。陶丘有堯城，堯嘗所凥，故堯號陶唐氏。謂堯始居於陶丘，後爲唐侯，故曰陶唐氏也。

陉 耕以臿浚出下壚土也。耕，謂耕者也。臿，當依十二篇甾部作「疀」，古田器。斗部引《爾雅》「斛謂之疀」是也。郭璞曰：「斛、疀，古鍫、鍤字。」浚者，抒也。抒者，挹也。壚者，黑剛土也。耕者用鍫抒取地下黑剛土謂之陉。《釋名》曰：「鍤，插地起土也。或曰銷，或曰鏵。其板曰葉。」鏵即木部之「苿」，苿者，兩刃臿也。一曰，耕休田也。謂爰田易耕者。从𨸏，从土，召聲。之少切，二部。

阽 壁危也。引申爲凡物之危。漢文帝詔曰：「或阽於死亡。」如淳曰：「阽，近邊欲墮之意。」从𨸏，壁高故从𨸏。占聲。余廉切，古音在七部。服虔音反坫之坫，孟康音屋檐之檐。

除 殿陛也。殿謂宮殿，殿陛謂之除。因之凡去舊更新皆曰除，取拾級更易之義也。《天保》：「何福不除。」傳曰：「除，開也。」从𨸏，取以漸而高之意。余聲。直魚切，五部。

階 陛也。因之，凡以漸而升皆曰階。木部曰：「梯，木階也。」从𨸏，皆聲。古諧切，十五部。

阼 主階也。階之在東者。古者天子踐阼臨祭祀，故國運曰阼。从𨸏，乍聲。昨誤切，五部。

陛 升高陛也。升、登古今字，古叚升爲登也。自卑而可以登高者謂之陛。賈誼曰：「陛九級上廉遠地，則堂高。陛無級廉近地，則堂卑。」《獨斷》曰：「羣臣與至尊言，不敢指斥，故呼在陛下者而告之。」从𨸏，坒聲。旁禮切，十五部。

陔 階次也。近階之處也。《小雅》有《南陔》，序曰：「南陔，孝子相戒以養也。」束晳詩曰：「循彼南陔，言采其蘭。」是用階次之説矣。而《禮經》「賓出奏陔夏」，注曰：「以爲行節。」序以戒釋陔，皆取引申叚借之義。从𨸏，亥聲。古哀切，一部。

際 壁會也。兩牆相合之縫也。引申之，凡兩合皆曰際。際取壁之兩合，猶閒取門之兩合也。《詩·菀柳》鄭箋：「瘵，接也。」此謂叚瘵爲際。从𨸏，祭聲。子例切，十五部。

隙 壁際也。今本際下有「孔」字，依《文選》沈約《詠月詩》注正。《左傳》曰：「牆之隙壞，誰之咎也。」際自分而合言之，隙自合而分言之。引申之，凡坼裂皆曰隙。又引申之，凡閒空皆曰隙。叚借以郤爲之。从𨸏㡭。會意也。㡭者，際見之白。㡭亦聲。綺戟切，古音在五部。

陪 重土也。《左傳》曰：「分之土田陪敦。」注曰：「陪，增也。敦，厚也。」諸侯之臣於天子曰陪臣，取重土之義之引申也。一曰，滿也。从𨸏，咅聲。薄回切，古音在一部、四部之閒。一曰，陪臣，陪，備也。小徐本有此七字。

隊 道邊庳垣也。未聞。从𨸏，彖聲。徒玩切，十四部。按，《篇》、《韵》皆丈轉切。

陾 築牆聲也。从𨸏，耎聲。如乘切，六部。《詩》曰：「捄之陾陾。」《大雅·緜》文。毛傳曰：「捄，虆也。陾陾，衆也。度，居也。言百姓之勸勉也。登登，用力也。」箋云：「捄，捊也。度猶投也。築牆者捊聚壤土，盛之以虆而投諸版中。」按，箋與傳不異，箋之投即傳之居。《詩》之捄謂捊土，度謂投版中，然後乃築之登登然。則毛傳謂「陾陾，衆也」爲長。許謂「築牆聲」似非是。又其篆从耎聲，則與如乘切相去甚遠。依《玉篇》手部作「捄之陑陑」，則之韵而聲可轉入蒸韵，如耳孫之即仍孫也。葢其字从𨸏，故許必云「築牆」，以傅合之，而聲則或譌爲耎聲。

陴 城上女牆俾倪也。土部曰：「堞，城上女垣也。」凡小者謂之女，女牆即女垣也。俾倪疊韵字，或作睥睨，或作埤堄，皆俗字。城上爲小牆，作孔穴可以窺外，謂之俾倪。《左傳·宣十二年》：「守陴者皆哭。」杜注：「陴，城上俾倪。」《釋名》云：「城上垣曰俾倪。言於其孔中俾倪非常。亦曰陴。陴，裨也。言裨助城之高也。亦曰女牆。」从𨸏，卑聲。符支切，十六部。

𩫖 籀文陴从𩫏。

隍 城池也。池之在城外者也。有水曰池，無水曰隍矣。矣字依《水經注》補。《周易·泰》：「上六，城復于隍。」虞注曰：「隍，城下溝。無水稱隍，有水稱池。」从𨸏，皇聲。乎光切，十部。《易》曰：「城復于隍。」

阹　依山谷爲牛馬圈也。司馬相如《上林賦》、《楊雄傳》、左思《吳都賦》皆有此字。郭璞、李奇、劉淵林注皆略同許。从𨸏，去聲。去魚切，五部。

陲　危也。許義坙訓遠邊，陲訓危。以坙从土，陲从𨸏之故。今義訓垂爲懸，則訓陲爲邊。邊陲行而邊垂廢矣。从𨸏，坙聲。是爲切，古音在十七部。

隖　小障也。障，隔也。《埤蒼》云：「小障曰隖。」《通俗文》：「營居爲隖。」一曰，庳城也。庳，猶卑也。从𨸏，烏聲。安古切，五部。

院　堅也。从𨸏，完聲。王眷切，十四部。按，宀部爲寏之或體。

陯　山𨸏陷也。今則淪行而陯廢矣。从𨸏，侖聲。盧昆切，十三部。《廣韵》力迍切。

陙　水𨸏也。水，《集韵》作小。从𨸏，辰聲。食倫切，十三部。

⿰阝戔　水𨸏也。从𨸏，戔聲。慈衍切，十四部。

文九十二。　重九。

𨺅　兩𨸏之閒也。从二𨸏。似醉切。按，此字不得其音，大徐依隧讀也，《廣韵》、《玉篇》扶救切，又依𨸏音讀也。凡𨺅之屬皆从𨺅。

䦢　𨸏突也。突者，穿也。謂兩𨸏閒空闕處也。从𨺅，夬聲。於決切，十五部。

䧢　陋也。𨸏部曰：「陋者，陋陜也。陜者，隘也。」然則四字相爲轉注。从𨺅，𦳋聲。烏懈切，十六部。按，此舉形聲包會意，如人之咽喉也。𦳋，籀文嗌字。此見口部嗌下。各本譌作隘，今正。

隘　篆文䧢从𨸏益。篆，各本作籀，今正。䧢，籀文也。隘，小篆也。先籀而後篆者，爲其字之从兩𨸏也。

𨽌　塞上亭守烽火者也。注見火部烽下。彼云：「烽隧，候表也。」總釋此二篆。此云「塞上亭守烽火者」，謂邊塞之上守望烽火之亭，故其字从𨺅，在院隘之閒也。从𨺅，从火，遂聲。徐醉切，十五部。

隧　篆文𨽌省。此爲小篆，則知上爲籀文矣。

文四。　重二。

厽　絫坺土爲牆壁。絫者，今之累字。土部曰：「一臿土謂之坺。」臿者，今之鍫。以鍫取田閒土塊，令方整不散，今里俗云坺頭是也，亦謂之版光。累之爲牆壁。野外軍壁多如是，民家亦如是矣。軍壁則謂之壘。象形。像坺土積疊之形。其音力詭切，在古十六部。大徐力軌切，非也。凡古厽聲之字，在十六部，畾聲之字，在十五部，此必當辨者也。《玉篇》云：「厽，《尚書》以爲參字。」按，此謂《西伯戡黎》「乃罪多，參在上」或作厽也。凡厽之屬皆从厽。

絫 增也。增者，益也。凡增益謂之積絫。絫之隸變作累，累行而絫廢。古書時見絫字，乃不識爲今之累字。良僞切，亦如是。从厽糸。會意。糸，細絲也。積細絲成繒，積坺土成牆，其理一也。不入糸部入厽部，重厽也。《玉篇》乃以入糸部矣。厽亦聲。力軌切，按，當云力詭切，在十六部。一曰，二字今增。《玉篇》作又。絫十黍之重也。十黍爲絫，而五權從此起。十絫爲一銖，二十四銖爲兩，十六兩爲斤，三十斤爲鈞，四鈞爲石。石，許作柘。

垒 絫墼也。墼者，令適未燒者也。已燒者爲令適，今俗謂之塼，古作專，未燒者謂之墼，今俗謂之土墼。坺土則又未成墼者，積坺土爲牆曰厽，積墼爲牆曰垒，此音同義異之字也。土部曰：「軍壁曰壘。」此又音義皆異之字也。《玉篇》之注甚誤，故辨之。《禮·喪服》：「翦屏柱楣。」注曰：「於中門之外，垒墼爲之。」今本垒皆譌壘。《急就篇》「墼壘」，亦當作垒。葢俗字厽、畾之不分者多矣。从厽土，會意。不入土部者，重厽也。厽亦聲。各本無此三字，今依上篆補。力軌切，古在十六部，劣委反。

文三。

四 侌數也。自一篇列一部、三部，十三篇列二部，二篇列八部，三篇列十部，數未備也。故於此類列之。象四分之形。謂口像四方，八像分也。息利切，十五部。凡四之屬皆从四。

古文四如此。小篆略改之。

亖 籀文四。此筭法之二二如四也。二字兩畫均長，則亖字亦四畫均長。今人作篆多誤。《覲禮》「四享」，鄭注曰：「四當爲三。書作三四字，或皆積畫，字相似，由此誤。」《聘禮》注云：「朝貢禮純四只。」《鄭志》荅趙商問，「四當爲三」。《周禮·内宰》職注：「天子巡守禮制幣丈八尺純四䋮。」《鄭志》荅趙商問亦云：「四當爲三。」《左傳》「是四國者，專足畏也」。劉炫謂「四當爲三」，皆由古字積畫之故。按，《說文》之例，先籀文次古文，此恐轉寫誤倒。

文一。重二。

宁 辨積物也。辨，今俗字作辦，音蒲莧切。古無二字二音也。《周禮》：「以辨民器。」辨，具也。分別而具之，故其字从刀。積者，聚也。宁與貯葢古今字。《周禮》注作䝹。《史記》作「積著」。《釋宮》：「門屏之閒曰宁。」郭云：「人君視朝所宁立處。」《毛詩》傳云：「宁立，久立也。」然則凡云宁立者，正積物之義之引申。俗字作佇、作竚，皆非是。以其可宁立也，故謂之宁。《齊風》作「著」。象形。其旁有禦，其下有阯，其上有顛，辨積之形也。直呂切，五部。凡宁之屬皆从宁。

㡾 㡾也。所㠯盛米也。今本盛上有「載」，依《廣韵》刪。巾部曰：「㡾，載米𡧍也。」二篆爲轉注。今俗以艸爲之，俗語如遁，即㡾字也。以竹爲之，俗語如巨，即𡧍字也。皆所以盛米。从宁甾。甾，缶也。十二篇曰：「東楚名缶曰甾。」此必著爲缶者，嫌其與艸部从𡿺田之甾相似也。幡之宁物，猶甾之宁物也，故从宁甾會意。不入甾部者，重宁也。宁亦聲。陟呂切，五部。

文二。

叕　綴聯也。以綴釋叕，猶以絫釋厽也。聯者，連也。象形。陟劣切，十五部。凡叕之屬皆从叕。

綴　合箸也。《玄應書》作「合令箸也」。箸，直略切。古多叚綴爲贅。从叕糸。聯之以絲也。會意。叕亦聲。陟衛切，十五部。

文二。

亞　醜也。此亞之本義。亞與惡，音義皆同。故《詛楚文》「亞駝」，《禮記》作「惡池」。《史記》盧綰孫他之封「惡谷」，漢書作「亞谷」⑦。宋時玉印曰「周惡夫印」，劉原甫以爲即條侯亞父。象人局背之形。像醜惡之狀也。衣駕切，古音在五部。賈侍中說：吕爲次弟也。別一義。《易·上繫》：「言天下之至嘖而不可惡也。」荀爽惡作亞，云「次也」。《尚書大傳》：「王升舟入水，鼓鐘惡，觀臺惡，將舟惡。」鄭注：「惡讀爲亞。亞，次也。」皆與賈説合。凡亞之屬皆从亞。

⿱亞日　闕。謂形音義之説皆闕也。大徐衣駕切，按，而字讀如晉，則其音傳矣。

文二。

五　五行也。古之聖人知有水火木金土五者，而後造此字也。从二，像天地。侌昜在天地閒交午也。此謂㐅也，即釋古文之意。水火木金土相尅相生，陰陽交午也。疑古切，五部。凡五之屬皆从五。

㐅　古文五如此。小篆益之以二耳。古文像陰陽午貫之形。《毛詩》「七月鳴鵙」王肅云：「當爲五月。」正爲古文五與七相近似。

文一。　重一。

六　《易》之數。侌變於六，正於八。此謂六爲陰之變，八爲陰之正也。與下文言七、九一例。八篆已見二篇，故類言之。六爲陰之變，九爲陽之變，聖人以九六繫爻，而不以七八。金氏榜曰⑧：《乾鑿度》謂七八爲彖，九六爲變，故彖占七八，爻占九六。一爻變者以變爻占，是爻占九六也。六爻皆不變及變兩爻以上者，占之彖辭，是彖占七八也。公子重耳筮得貞《屯》悔《豫》皆八，董因筮得《泰》之八，穆姜筮得《艮》之八，凡陰不變者爲八也。从入八。會意。力竹切，三部。凡六之屬皆从六。

文一。

七　昜之正也。《易》用九不用七，亦用變不用正也。然則凡筮陽不變者當爲七，但《左傳》、《國語》未之見。从一，微侌從中衺出也。謂乚。親吉切，十二部。凡七之屬皆从七。

文一。

九 昜之變也。《列子》、《春秋緐露》、《白虎通》、《廣雅》皆云：「九，究也。」象其屈曲究盡之形。許書多作「詰詘」，此云「屈曲」，恐後人改之。舉有切，三部。凡九之屬皆从九。

馗 九達道也。《釋宮》曰：「九達謂之逵。」《韓詩》：「施于中馗。」侣龜背，故謂之馗。龜背中高而四下，馗之四面無不可通，似之。龜，古音如姬，如鳩。馗古音如求。以疊韵爲訓也。大徐本此下有「馗，高也」三字，非是。从九首。會意。首猶向也，故道字亦从首。九亦聲，古音在三部。今渠追切。

逵 馗或从辵坴。今《毛詩》作此字。馗，高也。故从坴。故字今增。徐楚金云：「坴，高土也。會意。」玉裁按，坴亦聲。

文二。　重一。

禸 獸足蹂地也。足著地謂之厹。以蹂釋厹，以小篆釋古文也。先古文後小篆者，上部先二之例也。象形。謂乚。九聲。人九切，三部。《尒疋》曰：小徐作「《爾雅》曰」是也。此葢後人所改耳。「狐貍貛貉醜，其足蹞，其迹厹。」《釋獸》文。「狐貍貛」，今作「貍狐貒」。郭注：「厹，指頭處也。」葢渾言之，凡迹皆曰厹；分析言之，則各有名，如《爾雅》所說。凡厹之屬皆从厹。

蹂 篆文厹。《爾雅音義》云：「古文爲蹂。」由不知《說文》之例而改之。从足，柔聲。

禽 走獸總名。《釋鳥》曰：「二足而羽謂之禽，四足而毛謂之獸。」許不同者，其字从厹，厹爲獸迹，鳥迹不云厹也。然則倉頡造字之本意，謂四足而走者明矣。以名毛屬者名羽屬，此乃偁謂之轉移叚借，及其久也，遂爲羽屬之定名矣。《爾雅》自其轉移者言之，許指造字之本言之。凡經典禽字，有謂毛屬者，有謂羽屬者，有兼舉者。故《白虎通》曰：「禽者何？鳥獸之緫名。」从厹，象形。厹以像其足迹，凶以像其首。今聲。巨今切，七部。禽、离、兕頭相侣。此猶魚尾同燕尾，能足同鹿足之意也。

离 山神也。也字今補。獸形。形，各本作「也」，今正。《左傳》：「螭魅罔兩。」杜注：「螭，山神。獸形。」《周禮》：「地示物魅。」正義引服虔《左傳》注：「螭，山神。獸形。」《上林賦》：「蛟龍赤螭。」如淳注曰：「螭，山神也。獸形。」按，山神之字，本不从虫。从虫者，乃許所謂若龍而黃者也。今《左傳》作「螭魅」，乃俗寫之譌。《東京賦》作「魑」，亦是俗字。徐鉉於鬼部增「魑」字，誤矣。薛綜《二京》解云：「魑魅，山澤之神也。」與許、服說同。本是山神，而形如獸，故其字从厹。若今本作神獸，則大誤矣。从禽頭，謂凶也。从厹，獸形，則頭足皆獸矣。从屮。从屮，若巂字之首，像其冠耳。竊謂當从山。从山者，謂其爲山神也。音丑知切，古音在十七部。大徐呂支切。歐陽喬說：离，猛獸也。此別一義。《西都賦》：「挖熊螭。」李注引歐陽《尚書》說曰：「螭，猛獸也。」《漢書・儒林傳》：「歐陽事伏生，世世相傳，至曾孫高字子陽，傳孫地餘，地餘子政。由是《尚書》世有歐陽氏學。」⑨《藝文志》：「歐陽章句三十一卷。」許云歐陽喬者，蓋即高。古喬、高通用。許作离，李善作螭者，俗亂之也。此蓋說今文《坶誓》，《史記》作「如豺如離」可證。离、離古通用。《周禮正義》引服氏《左傳》注：「螭，山神。獸形。或曰如虎而噉虎。」二說並列，正同許氏。若俗本《說文》前說改爲「山神獸也」，則與後說不別矣。

萬　蟲也。謂蟲名也。叚借爲十千數名，而十千無正字，遂久叚不歸，學者昧其本義矣。唐人十千作万，故《廣韵》万與萬別。从厹，蓋其蟲四足像獸。象形。與虫部蠆同。象形，蓋萬亦蠆之類也。無販切，十四部。

禹　蟲也。夏王以爲名，學者昧其本義。从厹，蓋亦四足。象形。王矩切，五部。

古文禹。見《漢書》。

𥝢　周成王時州靡國獻𥝢，人身反踵。足跟也。作「踵」者，誤。自笑，笑即上脣弇其目，食人。已上見《周書・王會篇》。郭璞云：「亦見《尚書大傳》。」北方謂之土螻。博異名。《西山經》說土螻狀「如羊而四角」，不同此。《爾雅》曰：「𥝢𥝢，如人，被髮。」讀若費。一名梟陽。許作「梟陽」，宋本及《爾雅音義》可證也。他書多作「梟羊」者。从厹，象形。囟像其首，𦥑像其手執人。符未切，十五部。《爾雅釋文》引許扶味反。

离　蟲也。殷玄王以爲名，見《漢書》。俗改用偰、契字。从厹，象形。讀與偰同。私列切，十五部。

古文离。

文七。重三。

嘼　犍牲也⑩。《爾雅釋文》引「《字林》：嘼，犍也。《說文》：嘼，牲也。」⑪今本《說文》作「犍也」，乃後人以《字林》改《說文》耳。嘼牲二字連文。《禮記》、《左傳》皆云名子者「不以畜牲」⑫是也。牛部犍字下亦曰：「嘼牲也」，圈下曰：「養嘼之閑」，䑕下曰：「讀若嘼牲之嘼」。今俗語多云「畜牲」。嘼今多用畜者，俗書叚借而然。《爾雅》釋獸、釋嘼，必異其名者，陸德明曰：「嘼是嘼養之名，獸是毛蟲總號。故《釋嘼》惟論馬牛羊雞犬，《釋獸》通說百獸之名。」按，《尚書・武成》「歸嘼」，今作「歸獸」，二字不分久矣。凡畜養古作嘼養。象耳頭足厹地之形。象耳，謂冂；象頭，謂田；象足厹地，謂古也。許救切，三部。凡六畜當用此音，今專讀丑六切，非也。古文嘼下从厹。謂古文作[illegible]也。言此者，謂古文本从厹，象足蹂地。小篆雖易其形，特取整齊易書耳。故以古文之形釋小篆。凡嘼之屬皆从嘼。

獸　守備者也。以疊韵爲訓，能守能備，如虎豹在山是也。一曰，兩足曰禽，四足曰獸。十字見《爾雅音義》，與

《釋鳥》云「二足而羽謂之禽，四足而毛謂之獸」合。許於鳥字下曰：「長尾禽總名也。」與此同，與禽字下異。从罒，从犬。《少儀》有守犬，守禦宅舍者也。故从之會意。舒救切，三部。

文二。

甲 東方之孟，昜气萌動。《史記·曆書》曰⑬：「甲者，言萬物剖符甲而出也。」《漢書·律曆志》曰：「出甲於甲。」《月令》注曰：「日之行，春東從青道發生，月爲之佐，時萬物皆解孚甲。」《月令》曰：「孟春之月，天氣下降，地氣上騰，天地和同，艸木萌動。」今本小篆作，古文作，今正。說詳戈部戎字下。从木戴孚甲之象。孚者，卵孚也。孚甲猶今言穀也。凡艸木初生，或戴穜於顛，或先見其葉，故其字像之。下像木之有莖，上像孚甲下覆也。古狎切，八部。《衞風》毛傳曰：「甲，狎也。」言甲爲狎之叚借字也。又《大雅》：「會朝清明。」毛傳曰：「會，甲也。」會讀如檜，物之蓋也。會朝猶言第一朝，此於雙聲取義。《貨殖傳》「蓋一州」，《漢書》作「甲一州」。《大一經》曰：攷《藝文志》陰陽家有《大壹兵法》一篇，五行家有《泰一陰陽》二十三卷，《泰一》二十九卷。然則許偁《大一經》者，葢此類。人頭空爲甲。空，各本作「宜」，今依《集韵》作空爲善。空、腔古今字。許言頭空、履空、頷空、脛空皆今之腔也。「人頭空」謂髑髏也。凡甲之屬皆从甲。

古文甲。始於一，見於十，歲成於木之象。宋本作「始於十，見於千」，或疑當作「始於下見於上」。

文一。　重一。

乙 象春艸木寃曲而出，侌气尚彊，其出乙乙也。寃之言鬱，曲之言詘也。乙乙，難出之皃。《史記》曰：「乙者，言萬物生軋軋也。」《漢書》曰：「奮軋於乙。」《文賦》曰：「思軋軋其若抽。」軋軋皆乙乙之叚借。軋从乙聲，故同音相叚。《月令》鄭注云：「乙之言軋也。時萬物皆抽軋而出。」物之出土艱屯，如車之輾地澁滯。與丨同意。謂與自下通上之丨同意也。乙自下出，上礙於陰，其書之也，宜倒行。於筆切，十二部。按，李善乙音軋。乙承甲，象人頸。以下皆冡「《大一經》曰」言之。凡乙之屬皆从乙。

乾 上出也。此乾字之本義也。自有文字以後，乃用爲卦名，而孔子釋之曰「健也」。健之義，生於上出，上出爲乾，下注則爲溼。故乾與溼相對，俗別其音，古無是也。从乙。乙，物之達也。釋从乙之恉，物達則上出矣。倝聲。倝者，日始出光倝倝也。然則形聲中有會意焉。渠焉切，又古寒切，十四部。

籒文乾。葢籒文倝，故籒文朝、籒文乾皆从之。

亂 不治也。从乙𤔔，乙，治之也。各本作「治也。从乙，乙治之也。从𤔔。」文理不可通。今更正。亂本訓不治，不治則欲其治，故其字从乙。乙以治之，謂詘者達之也。轉注之法，乃訓亂爲治。如武王曰：「予有亂十人。」是也。𤔔部「𤔔，不治也。幺子相亂，𠬪治之也。」⑭文法正同。亦爲後人改竄不可讀。郎段切，十四部。

如怡。

尤 𠃍 異也。从乙，又聲。羽求切，古音在一部。讀

文四。 重一。

丙 丙 位南方。句。萬物成，炳然。句。侌气初起，昜气將虧。鄭注《月令》曰：「丙之言炳也。萬物皆炳然箸見。」《律書》曰：「丙者，言陽道箸明。」《律曆志》曰：「明炳於丙。」从一入冂。合二字會意。陽入冂伏臧，將虧之象也。兵永切，古音在十部。一者昜也。釋篆體之一。丙承乙，象人肩。冡《大一經》。凡丙之屬皆从丙。

文一。

丁 个 夏時萬物皆丁實。丁實，小徐本作「丁壯成實」。《律書》曰：「丁者，言萬物之丁壯也。」《律曆志》曰：「大盛於丁。」鄭注《月令》曰：「時萬物皆强大。」象形。當經切，十一部。丁承丙，象人心。冡《大一經》。凡丁之屬皆从丁。

文一。

戊 戊 中宮也。鄭注《月令》曰：「戊之言茂也。萬物皆枝葉茂盛。」《律曆志》曰：「豐楙於戊。」象六甲五龍相拘絞也。六甲者，《漢書》「日有六甲」是也。五龍者，五行也。《水經注》引《遁甲開山圖》曰：「五龍見教，天皇被迹。」滎氏注云：「五龍治在五方，爲五行神。」《鬼谷子》：「盛神法五龍。」陶注曰：「五龍，五行之龍也。」許謂戊字之形，像六甲五行相拘絞也。莫候切，三部。俗多誤讀。戊承丁，象人脅。冡《大一經》。凡戊之屬皆从戊。

成 成 就也。从戊，丁聲。氏征切，十一部。

𢦩 𢦩 古文成从午。

文二。 重一。

己 己 中宮也。戊、己皆中宮。故「中央土，其日戊己」⑮注曰：「己之言起也。」《律曆志》曰：「理紀於己。」《釋名》曰：「己，皆有定形可紀識也。」引申之義爲人己，言己以別於人者，己在中，人在外可紀識也。《論語》：「克己復禮爲仁。」克己，言自勝也。象萬物辟藏詘形也。辟藏者，盤辟收斂。字像其詰詘之形也。此與已止字絕不同。宋以前分別，自明以來書籍閒大亂。如《論語》「莫己知也，斯己而已矣」。唐石經不譌，宋儒乃不能了。居擬切，一部。己承戊，象人腹。冡《大一經》。凡己之屬皆从己。

𢀒 𢀒 古文己。己、亥譌三家者，己與三形似也。

巹 巹 謹身有所承也。承者，奉也，受也。按，《禮記》借爲合巹字，巹見豆部。从己丞。會意。丞即承也。讀若《詩》云「赤舄几几」。几几，各本作「己己」，非韵。《昏義》釋文作「几几」，今據以正之。許讀同几。今居隱切，十五、十三部之轉也。

𢀩 𢀩 長居也。居，各本作「踞」，俗字也。尸部曰：「居

者，蹲也。」長居謂箕其股而坐。許云𡰥居者，即他書之箕踞也。《玉篇》云：「𡰥即跽字，長跪也。」非許意。許於足部跽下云：「長跪也。」與𡰥別。从己，其聲。讀若杞。暨己切，一部。按，《集韵》：「𡰥，古國名。衛宏說與杞同。」葢衛宏以𡰥爲杞宋之杞，此出唐人所謂衛宏官書，多不可信，即如此條，乃因許語而附會之也。

文三。　重一。

巴 蟲也。謂蟲名。或曰食象它。《山海經》曰：「巴蛇食象，三歲而出其骨。」象形。伯加切，古音在五部。按，不言从己者，取其形似而軵之，非从己也。凡巴之屬皆从巴。

𢀳 𢀳擊也。𢀳者，反手擊也。今之琵琶，古當作𢀳𢀳。从巴帚。闕。闕者，闕其會意形聲之說也。大徐博下切。按，此字當是从帚，巴聲。

文二。

庚 位西方。《律書》曰：「庚者，言陰氣更萬物。」《律曆志》：「斂更於庚。」《月令》注曰：「庚之言更也，萬物皆肅然更改，秀實新成。」象秋時萬物庚庚有實也。庚庚，成實皃。服虔《漢書注》曰：「庚庚，横皃也。」字象形。古行切，古音在十部。讀如岡。庚承己，象人𪗑。冡《大一經》。按，小徐駁李陽冰說「从干，」象人兩手把干立」不可從。今各本篆皆從陽冰，非也。中凵者，象人𪗑。凡庚之屬皆从庚。

文一。

辛 秋時萬物成而孰。《律書》曰：「辛者，言萬物之新生，故曰辛。」《律曆志》曰：「悉新於辛。」《釋名》曰：「辛，新也。物初新者，皆收成也。」金剛味辛。謂成孰之味也。辛痛即泣出。故以爲艱辛字。从一辛。一者，陽也。陽入於辛，謂之愆陽。息鄰切，十三部。辛，辠也。辛痛泣出，辠人之象。凡辠、宰、辜、辥、辭皆从辛者，由此。辛承庚，象人股。冡《大一經》。凡辛之屬皆从辛。

辠 犯灋也。从辛自。辛自即酸鼻也。徂賄切，十五部。言辠人戚鼻苦辛之䇃。戚，今之蹙字。此釋从辛自之指。秦目辠佀皇字，改爲罪。此志改字之始也。古有叚借而無改字。罪本訓捕魚竹网，从网非聲。始皇易形聲爲會意，而漢後經典多從之，非古也。

辜 辠也。《周禮》：「殺王之親者，辜之。」鄭注：「辜之言枯也，謂磔之。」按，辜本非常重罪，引申之，凡有罪皆曰辜。从辛，古聲。古乎切，五部。

𣧍 古文辜从死。从古文死也。

辥 辠也。此字古書内罕見。从辛，𡰪聲。𡰪見𠂤部。私列切，十五部。

辤 不受也。《聘禮》：「辭，曰：非禮也敢。」注曰：

「辭，不受也。」按，經傳凡辤讓皆作辭說字，固屬叚借，而學者乃罕知有辤讓本字。或又用辤爲辭說，而愈惑矣。《禮經》一書多言「辭曰」，謂其文辭如是也。《聘禮》之「辭曰非禮也敢」，則於辭爲逗，謂辤則其辭如是也。故鄭特注之以别於他處之言「辭曰」者。哀六年《左傳》：「五辭而後許。」釋文曰：「辭本又作辤。」从受辛。會意。受辛宜辤之也。釋會意之恉。《世說新語》蔡邕題曹娥碑「黄絹幼婦，外孫虀臼」。解之曰：「虀臼所以受辛，辤字也。」按，此正當作辤，可證漢人辤、辭不别耳。似茲切，一部。

辝 籒文辤。和悅以卻之，故从台。

辭 說也。今本說譌「訟」。《廣韵·七之》所引不誤，今本此說譌爲訟。詞字下訟譌爲說，其誤正同。言部曰：「說者，釋也。」从𤔔辛。會意。似茲切，一部。𤔔辛猶理辜也。釋會意之恉。依小徐本訂正。

𤔲 籒文辭从司。《易·毄辭》本亦作𤔲。

文六。　重三。

辡 辠人相與訟也。从二辛。會意。方免切，十二部。凡辡之屬皆从辡。

辯 治也。治者，理也。俗多與辨不别。辨者，判也。从言在辡之閒。謂治獄也。會意。符蹇切，十二部。

文二。

壬 位北方也。侌極昜生，《月令》鄭注：「壬之言任也。時萬物懷任於下。」《律書》曰：「壬之爲言任也。言陽气任養萬物於下也。」《律曆志》曰：「懷任於壬。」《釋名》曰：「壬，妊也。陰陽交物懷妊，至子而萌也。」故《易》曰：「龍戰于野。」《坤》上六爻辭。戰者，接也。釋《易》之戰字。引《易》者，證陰極陽生也。《乾鑿度》曰：「陽始於亥，乾位在亥。」《文言》曰：「爲其兼於陽，故稱龍。」許君以亥壬合德，亥壬包孕陽气，至子則滋生矣。象人褱妊之形。如林切，七部。承亥壬㠯子，生之敘也。故舉《坤》上六爻辭。坤上六在亥。壬與巫同意。巫像人兩袖舞，壬像人腹大也。壬承辛，象人脛，脛任體也。冡《大一經》。凡壬之屬皆从壬。

文一。

癸 冬時水土平，可揆度也。揆癸疊韵。《律書》曰：「癸之爲言揆也。言萬物可揆度。」《律曆志》曰：「陳揆於癸。」象水從四方流入地中之形。居誄切，十五部。癸承壬，象人足。冡《大一經》。凡癸之屬皆从癸。

癸 籒文从𣥠，从矢。癸像人足，故从𣥠，矢聲。癸本古文，小篆因之不改，故先篆後籒。而艸部葵作葵，手部作揆，知古形聲兼取二形也。

文一。　重一。

子 十一月昜气動，萬物滋。《律書》：「子者，滋也。」

言萬物滋於下也。」《律曆志》曰：「孳萌於子。」人目爲偁。人，各本譌「入」，今正。此與以朋爲朋攩，以韋爲皮韋，以烏爲烏呼，以來爲行來，以西爲東西一例。凡言以爲者，皆許君發明六書叚借之法。子本「陽气動，萬物滋」之偁，萬物莫靈於人，故因叚借以爲人之偁。象形。象物滋生之形，亦象人首與手足之形也。即里切，一部。凡子之屬皆从子。

𢀈　古文子。从巛，象髮也。象髮，與𡿺同意。

𢀇　籒文子。囟有髮，巛也。臂、𠔿也。脛人也。在几上也。木部曰：「牀者，安身之几坐也。」

孕　褱子也。从子，乃聲。乃聲二字，各本作「从几」，誤，今正。艸部艿字，人部仍字，皆乃聲。《管子》孕作「䖆」，从繩省聲，可證也。以證切，六部。

㝃　生子免身也。从子免。按，許書無免字，據此條則必當有免字，偶然逸之，正如由字耳。免聲當在古音十四部。或音問，則在十三部。與免聲之在五部者，迥不同矣。但立乎今日以言六書，免、由皆不能得其象形會意，不得謂古無免、由字也。㝃則會意兼形聲。亡辯切，十四部。

字　乳也。人及鳥生子曰乳，獸曰犍。引申之爲撫字，亦引申之爲文字。《敘》云：「字者，言孳乳而浸多也。」从子在宀下，會意。子亦聲。疾置切，一部。

㝅　乳也。上文之乳謂生子也，此乳者，謂既生而乳哺之也。《左傳》曰：「楚人謂乳，㝅。」其音乃苟切。今本《左傳》作「榖」，《漢書》作「穀」，或作「㝅」，或作「𣪊」，皆非也。音亦如構。从子，㱿聲。大徐古候切，非也。當乃苟、奴豆切，二部。一曰，㝅瞀也。各本刪㝅字，今補。此三字一句。㝅瞀疊韵。《荀子·儒效篇》作「溝瞀」，《漢書·五行志》作「傋霿」，《楚辭·九辨》作「怐愗」，《廣韵·五十候》作「怐愗」，又作「㝅瞀」，又作「嫯瞀」。其字皆上音寇，下音茂。其義皆謂愚蒙也。《山海經》注「穀瞀」，穀亦㝅之譌。

孿　一乳兩子也。此謂人也。孿之言連也。从子，䜌聲。此別一義也，故言一曰。吕患切，十四部。

孺　乳子也。以疊韵爲訓。凡幼者曰孺子，此其義也。《爾雅》曰：「孺，屬也。」亦以同音爲訓。屬者，聯也。一曰，輸孺也。輸孺，尚小也。此二孺字各本無。《廣韵》有之⑯，文義乃完。於此見刪字者之無理，亦「周燕也」「黃倉庚也」之類也。輸孺疊韵字，孺讀如儒。《方言》十二曰：「儒輸，愚也。」郭注：「儒輸猶愞選也。」輸孺即儒輸也。《荀子·修身篇》：「偷儒憚事。」偷儒即輸孺。从子，需聲。而遇切，四部。

季　少偁也。叔季皆謂少者，而季又少於叔。从子，稚省，稚亦聲。居悸切，十五部。

孟　長也。从子，皿聲。莫更切，古音在十部。讀如芒。《爾雅》：「孟，勉也。」此借孟爲猛。

古文孟如此。

孼 庶子也。《玉藻》：「公子曰臣孼。」鄭注：「孼當作枿，聲之誤也。」玉裁按，此《記》文本作枿，注曰：「枿當作孼。」後人因注改經，又因經改注。師古《匡謬正俗》未之知也。凡木萌旁出，皆曰櫱，人之支子曰孼，其義略同，故古或通用，固不必指爲聲誤。何注《公羊》曰：「庶孼，衆賤子，猶樹之有櫱生。」得其義矣。从子，辥聲。魚列切，十五部。

孶 孶孶，彶彶生也。孶孶二字各本無，今依《玄應書》補。攴部孜下曰：「孜孜，彶彶也。」此云：「孶孶，彶彶生也。」孜、孶二字古多通用。《堯典》：「鳥獸孶尾。」某氏傳曰：「乳化曰孶。」然則蕃生之義，當用孶，故从茲。無怠之義，當用孜，故从攴。从子，茲聲。按，此篆从艸木多益之茲，猶水部之滋也。形聲中有會意。《五經文字》云「从玆」，非也。玆本在先韵耳。子之切，亦音字，一部。凡許書玆、滋、鷀、孶、慈、鎡，各本篆體皆謬，今皆更正。

籀文孶从絲。謂絲聲也。玆从艸，絲省聲。故小篆玆聲、籀文絲聲一也。

孤 無父也。《孟子》曰：「幼而無父曰孤。」引申之，凡單獨皆曰孤。孤則不相酬應，故背恩者曰孤負。孤則人輕賤之，故鄭注《儀禮》曰：「不以己尊孤人也。」从子，瓜聲。古乎切，五部。

存 恤問也。恤，憂也，收也。《爾雅》曰：「在，存也。在、存、省、士，察也。」今人於在存字，皆不得其本義。从子，在省。大徐本作才聲，今小徐本作在聲，依《韵會》所引正。楚金注曰：「在亦存也。」會意。徂尊切，十三部。

孷 放也。放，各本譌作「效」，今依宋刻及《集韵》正。放、仿古通用。許曰「放，逐也」，「仿，相似也」。孷訓放者，謂隨之、依之也。今人則專用仿矣。教字、學字皆以孷會意。教者，與人以可放也。學者，放而像之也。放，分兩切。从子，爻聲。古肴切，二部。按，《玉篇》曰：「公孝切也。《說文》又音交。」然則古肴切者，出於《說文音隱》。

疑 惑也。惑，亂也。从子止匕，矢聲。此六字有誤。匕矢皆在十五部，非聲。疑止皆在一部，止可爲疑聲。匕部有𠤕，未定也。當作「从子𠤕省，止聲」。以子𠤕會意也。語其切，一部。

文十五。　重四。

了 尥也。尥，行脛相交也。牛行腳相交爲尥。凡物二股或一股，結糾紾縛不直伸者，曰了戾。《方言》：「軫，戾也。」郭注：「相了戾也。」《淮南・原道訓》注、楊倞《荀卿》注、王砅《素問》注、段成式《酉陽雜俎》及諸書皆有「了戾」字，而或妄改之。《方言》曰：「佻，縣也。」郭注：「了佻，縣物皃。丁小反。」按，他書引皆作「了𢀖」，亦即許之「了尥」也。叚借爲憭悟字。从子無臂，象形。象其足了戾之形。盧鳥切，二部。凡了之屬皆从了。

孑 無又臂也。引申之，凡特立爲孑。《詩》曰：「孑孑干旄。」又曰：「靡有孑遺。」《方言》曰：「戟而無刃，秦晉之閒謂之釪。」釪即孑字，《左傳》正作孑。 从了，乚象形。 居桀切，十五部。

孓 無𠂇臂也。《大荒西經》：「有人名曰吳回，奇左，是無右臂。」郭注：「即奇肱也。」又：「大荒之山有人焉，是顓頊之子，三面一臂。」郭注：「無左臂也。」《廣雅》：「孑孓，蜎也。」郭璞云：「井中小蛣蟩，赤蟲也。」从了，亅象形。 居月切，十五部。

文三。 宋夢英書《說文偏旁五百四十字》，有孑部，而無亅部，誤也。 郭忠恕《與夢英書》曰：「《說文字源》，惟有五百四十部。孑字後校在子部。」按，子字乃了字之譌，當云孑在了部。

孨 謹也。《大戴禮》曰：「博學而孨守之。」正謂謹也。引申之義爲弱小。《史記》：「吾王孱王也。」韋昭曰：「仁謹皃。」與許合。 孟康曰：「冀州人謂愞弱爲孱。」此引申之義，其字則多叚孱爲孨。 从三子。 會意。 服虔音鉏閑反，孟康音如潺湲之潺。 見十四部。 凡孨之屬皆从孨。 讀若翦。 旨沇切，十四部。

孱 迮也。 按，此迮當爲筰，今之窄字也。 从孨在尸下。 士連切，十四部。《廣韵》又士山切。 一曰，呻吟也。 呻吟，見口部。

孴 盛皃。《文選·靈光殿賦》曰：「芝栭欑羅以戢孴。」李注：「戢孴，衆皃。」从孨，从日。 讀若薿薿。 一曰，若存。 今魚紀切，李善乃立切。

⿱孖日 籒文孴。 从二子。 句絕。 一曰，⿱孖日即奇字⿱孖日。 俗本曰多譌日。

文三。 重一。

𠫓 不順忽出也。 謂凡物之反其常，凡事之屰其理，突出至前者，皆是也。 不專謂人子。 从到子。 到，今倒字。 倒子，會意也。 他骨切，十五部。《易》曰：「突如其來如。」不孝子突出，不容於内也。 此引《易》而釋之，以明从倒子會意之恉也。《離》九四曰：「突如其來如，焚如死如棄如。」鄭注曰：「震爲長子，爻失正，突如震之失正，不知其所如。 不孝之罪，五刑莫大，故有焚如死如棄如之刑。」如淳注《王莽傳》⑰亦曰：「焚如死如棄如，謂不孝子也。」皆與許合。 許蓋出於孟氏矣。 子之不順者，謂之突如，造文者因有𠫓字，施諸凡不順者。 𠫓即《易》突字也。 倉頡之𠫓，即《易》之突字，非謂倉頡時已見爻辭。 正謂《周易》之突，即倉頡之𠫓也。 此爻辭之用叚借也。 突之本義，謂犬從穴中暫出。 𠫓之本義，謂不順。 故曰用叚借。 按，小徐本有此六字，大徐本刪之，由其不知許意也。 若近惠氏定宇校李鼎祚《周易集解》，改作「㐬如其來如」，則爲紕繆矣。 凡𠫓之屬皆从𠫓。

㐬 或从到古文子。 𢀇，古文子也。 故㐬爲倒古文子。 大徐於此下安「即《易》突字」四字。 惠氏之誤本此。

育 養子使作善也。《孟子》曰：「中也養不中，才也養不才。」从𠫓，不从子而从倒子者，正謂不善者可使作善也。 肉聲。 余六切，三部。《虞書》曰： 《虞書》當作《唐書》，說在禾部。「教育子。」《堯典》文。今《尚書》作「冑子」。攷鄭注《王制》作冑，注《周官・大司樂》作育。王肅注《尚書》作冑。葢今文作育，古文作冑也。《釋言》曰：「育，稚也。」故《史記》作「教稚子。」《邠風》毛傳亦曰「鬻子，稚子也。」稚者，當養以正，二義實相因。

毓　育或从每。《周禮》、《周易・蒙卦》皆作此字。每，艸盛也。養之則盛矣。

疏　通也。疋部曰：「㽞，通也。」疏與㽞音義皆同。皆从疋者，疋，所以通也。鄭注《月令》、《明堂位》，薛解《西京賦》，張注《靈光殿賦》皆訓疏爲「刻鏤」，古㽞、疏、䟽三字通用矣。疏之引申爲疏闊，分疏，疏記。从㐬，从疋，疋亦聲。所葅切，五部。

文三。　重二。

丑　紐也。《律曆志》曰：「紐牙於丑。」《釋名》曰：「丑，紐也。寒氣自屈紐也。」《淮南・天文訓》、《廣雅・釋言》皆曰：「丑，紐也。」系部曰：「紐，系也。一曰，結而可解。」十二月陰氣之固結已漸解，故曰紐也。十二月萬物動，用事。《後漢書・陳寵傳》曰：「十二月，陽氣上通，雉雊雞乳，地以爲正，殷以爲春。」象手之形。人於是舉手有爲。又者，手也。从又而聯綴其三指，象欲爲而凓冽氣寒未得爲也。敕九切，三部。日加丑，亦舉手時也。上言月，此言日。每日太陽加丑，亦是人舉手思奮之時。各本譌作「時加丑」，今改正。凡丑之屬皆从丑。

𦘴　食肉也。食肉必用手，故从丑肉。从丑肉，會意。不入肉部者，重丑也。丑亦聲。女久切，三部。

羞　進獻也。宗廟犬名羹獻，犬肥者獻之。犬羊一也，故从羊。引申之，凡進皆曰羞。今文《尚書》「次二曰羞用五事」，羞，進也。从羊丑。會意。不入羊部者，重丑也。羊，所進也。説从羊之意。从丑者，謂手持以進也。丑亦聲。息流切，三部。

文三。

寅　髕也。髕，字之誤也。當作「濥」。《史記》、《淮南王書》作「螾」。《律書》曰：「寅言萬物始生螾然也。」《天文訓》曰：「斗指寅則萬物螾。」高注：「螾，動生皃。」《律曆志》曰：「引達於寅。」《釋名》曰：「寅，演也。演生物也。」《廣雅》曰：「寅，演也。」《晉書・樂志》曰：「正月之辰謂之寅。寅，津也。謂物之津塗。」按，《漢志》、《廣雅》演字皆濥之誤。水部曰：「濥，水脈行地中濥濥也。」「演，長流也。」俗人不知二字之別，濥多誤爲演。以濥釋寅者，正月陽氣欲上出，如水泉欲上行也。螾之爲物，詰詘於黄泉，而能上出，故其字从寅。《律書》、《天文訓》以螾釋寅。正月昜气動，句。去黄泉，欲上出，侌尚强也。杜注《左傳》曰：「地中之泉，故曰黄泉。」陰上强，陽不能徑遂，如宀之屋於上，故从宀。象宀不達，髕寅於下也。髕寅，字之誤也。當作「濥濥」。或曰當作「螾螾」。宀象陰尚强，臾象陽氣去黄泉欲上出。弋真切，十二部。凡寅之屬皆从寅。

𡎜　古文寅。下从土，上象其形。

文一。　重一。

卯 冒也。二月萬物冒地而出。《律書》曰：「卯之爲言茂也。言萬物茂也。」《律曆志》：「冒茆於卯。」《天文訓》曰：「卯則茂茂然。」《釋名》曰：「卯，冒也。載冒土而出也。」葢陽氣至是始出地。象開門之形。字象開門也。莫飽切，古音在三部。故二月爲天門。卯爲春門，萬物已出。凡卯之屬皆从卯。

丣 古文卯。按，十干、十二支之字，皆古文也，非後人所能造者。而丣爲春門，丣爲秋門，尤㬎明。然則兆酉皆古文而異者也。

文一。　重一。

辰 震也。三月昜气動，靁電振，民農時也，物皆生。震、振古通用。振，奮也。《律書》曰：「辰者，言萬物之蜄也。」《律曆志》曰：「振美於辰。」《釋名》曰：「辰，伸也。物皆伸舒而出也。」季春之月，生氣方盛，陽氣發泄，句者畢出，萌者盡達。二月靁發聲，始電，至三月而大振動。《豳風》曰：「四之日舉止。」故曰「民農時」。从乙匕，匕，呼跨切，變也。此合二字會意。乙象春艸木寃曲而出，陰氣尚强，其出乙乙。至是月，陽氣大盛，乙乙難出者，始變化矣。匕象芒達，匕字依《韵會》補。芒達，芒者盡達也。厂聲。鉉等疑厂呼旱切非聲。按，厂之古音不可攷，文䨲與元寒音轉亦冣近也。今植鄰切，古音在十三部。辰，房星，天時也。此將言从二，先説其故也。晶部曟字下曰：「房星，爲民田時者。从晶，辰聲。或省作晨。」此房星之字也。而此云「辰，房星」。辱下云：「房星爲辰，田候也。」則字亦作辰，《爾雅》「房心尾爲大辰」是也。韋注《周語》曰：「農祥，房星也。」房星晨正，爲農事所瞻仰，故曰天時。引申之，凡時皆曰辰。《釋訓》云：「不辰，不時也。」房星高高在上，故从上。从二，二，古文上字。凡辰之屬皆从辰。

辰 古文辰。

辱 恥也。心部曰：「恥，辱也。」此之謂轉注。《儀禮》注曰：「以白造緇曰辱。」从寸在辰下。會意。寸者，法度也。而蜀切，三部。失耕時，故从辰。於封畺上戮之也。故从寸。辰者，農之時也，故房星爲辰。説从辰之意。田候也。

文二。　重一。

巳 巳也。《律書》曰：「巳者，言萬物之巳盡也。」⑱《律曆志》曰：「巳盛於巳。」《淮南・天文訓》曰：「巳則生巳定也。」《釋名》曰：「巳畢布巳也。」辰巳之巳，既久用爲巳然、巳止之巳，故即以巳然之巳釋之。《序卦》傳：「蒙者，蒙也。比者，比也。剥者，剥也。」《毛詩》傳曰：「虚，虚也。」自古訓故有此例，即用本字不叚異字也。《小雅・斯干》箋云：「似讀爲巳午之巳，巳續妣祖者，謂巳成其宮廟也。」此可見漢人巳午與巳然無二音，其義則異而同也。《廣雅・釋言》：「巳，㠯也。」乃淺人所改。近大興朱氏重刻汲古閣《説文》改爲「己也」，殊誤。四月昜气巳出，陰气巳臧，今藏字。萬物見，句。成彣彰，故巳爲它象形。巳不可像也，故以蛇象之。蛇長而冤曲垂尾，其字像蛇，則象陽巳出陰巳藏矣。此六字一句。讀巳者，蛇象也。亥者，古文豕也。此近十二屬之説，而與《論衡·物勢篇》義各不同。祥里切，一部。凡巳之屬皆从巳。

㠯 用也。用者，可施行也。凡㠯字皆此訓。从反巳。與巳篆形勢略相反也。巳主乎止，㠯主乎行，故形相反。二字古有通用者。羊止切，一部。又按，今字皆作以，由隸變加人於右也。賈侍中説：己意巳實也。象形。己各本作「巳」，今正。己者，我也。意者，志也。己意巳實，謂人意巳堅實，見諸施行也。凡人意不實，則不見諸施行。吾意巳堅實，則或自行之，或用人行之。是以《春秋傳》曰「能左右之曰以」，謂或ナ或又，惟吾指撝也。賈與許無二義。云象形者，巳篆上實下虛，㠯篆上虛下實，由虛而實，指事亦象形也。一説象己字之上而實其下。

文二。

午 啎也。啎者，屰也。五月侌气啎屰昜，冒地而出也。啎屰，各本作「午逆」，今正。《律書》曰：「午者，陰陽交，故曰午。」《律曆志》曰：「咢布於午。」《天文訓》曰：「午，仵也。陰氣從下上，與陽相仵逆也。」《廣雅·釋言》：「午，仵也。」按，仵即啎字。四月純陽，五月一陰屰陽，冒地而出，故製字以象其形。古者横直交互謂之午，義之引申也。《儀禮》：「度而午。」[19]注云：「一縱一横曰午。」象形。各本無此二字，今補。此與矢同意。矢之首與午相似，皆象貫之而出也。疑古切，五部。凡午之屬皆从午。

啎 屰也。屰，各本作「逆」，今正。逆，迎也。屰，不順也。今則逆行而屰廢矣。相迎者，必相屰，古亦通用逆爲屰。攷《儀禮》之「梧受」，《爾雅》、《釋名》之「梧丘」，《太史公書》之「魁梧」、「枝梧」，《漢書》之「抵梧」，皆是啎之譌字。啎，屰也，迎也，遻也。不識啎字，乃多妄改。《管子·七臣七主篇》：「事無常而法令申，不啎，則失國勢。」《戰國策》有樓啎，《吕覽·明理篇》：「亂世之民，長短頡啎百疾。」高注：「啎，迎也。」字皆左吾右午，啎之或體也。姚宏云：「字書無之。」過矣。从午，吾聲。五故切，五部。

文二。

未 味也。口部曰：「味者，滋味也。」六月滋味也。《韵會》引作「六月之辰也」。《律書》曰：「未者，言萬物皆成，有滋味也。」《淮南·天文訓》曰：「未者，昧也。」《律曆志》曰：「昧薆於未。」《釋名》曰：「未，昧也。日中則昃，向幽昧也。」《廣雅·釋言》曰：「未，味也。」許説與《史記》同。五行，木老於未。《天文訓》曰：「木生於亥，壯於卯，死於未。」此即昧薆之説也。象木重枝葉也。老則枝葉重疊，故其字象之。無沸切，十五部。凡未之屬皆从未。

文一。

申 神也。神不可通，當是本作𦥔，如「巳，巳也」之例。謂此𦥔酉之篆，即今引申之義也。淺人不得其例，妄改爲神。攷諸古説，無有合者。《律書》曰：「𦥔者，言陰用事，𦥔則萬物，故曰𦥔。」[20]《律曆志》曰：「𦥔堅於𦥔。」《天文訓》曰：「𦥔者，𦥔之也。」皆以𦥔釋申，爲許所本。而今本《淮南》改「申之」作「呻之」，其可欸一而已。或曰神當作身，下云「陰氣成體」。《釋名》、《晉書·樂志》、《玉篇》、《廣韵》皆云：「申，身也。」許説身字从申省聲，皆其證。此説近是，然恐尚非許意。七月侌气成，體自申束。《韵會》無體字。陰气成，謂三陰成爲否卦也。古屈伸字作詘申，亦叚信，其作伸者，俗字，或以羼入許書人部耳。《韓子·外儲説》曰：「申之，束之。」今本申譌紳。申者，引長；束者，約結。《廣韵》曰：「申，伸也，重也。」从臼，自持也。臼，叉手也。申與晨、要同意。當是从丨，以象其申，从臼，以象其束。疑有奪文。丨即余制切之丿字也。失人切，十二部。吏臣餔時聽事，申旦政也。餔者，日加申時食也。申旦政者，子產所謂「朝以聽政，夕以修令」，公父文伯之母所謂「卿大夫朝攷其職，夕序其業，士朝而受業，夕而習復」也。凡申之屬皆从申。

古文申。虹、陳篆下如此。

籀文申。小篆改此作申，禍晨字从此。

輴　擊小鼓，引樂聲也。《周禮·小師》「鼓輴」，鄭司農云：「輴，小鼓名。」《周頌》：「應田縣鼓。」箋云：「田當作輴。輴，小鼓，在大鼓旁，應鼙之屬也。聲轉字誤，變而作田。」从申，柬聲。羊晉切。按，依許則古音在十四部。

臾　束縛捽抴爲臾曳。束，縛也。縛，束也。捽，持頭髮也。抴，捈也。捈，臥引也。曳字各本無，今補。束縛而牽引之，謂之臾曳。凡史偁瘐死獄中，皆當作此字。臾曳者，臾之本義。《周禮》臾弓，「往體多，來體寡」，往多殆即牽引之意與。凡云「須臾」者，殆方語如是，不關本義。从申，从乙。乙象艸木寃曲。「从申，从乙」者，引之又寃曲之也。羊朱切，古音在四部。

曳　臾曳也。臾曳已見上文，故但云「臾曳也」。此許之通例也。臾曳雙聲，猶牽引也。引之則長，故衣長曰曳地。从申，丿聲。丿見十二篇，余制切，抴也，象抴引之形。此形聲包會意也。余制切，十五部。

文四。　重二。

酉　就也。就，高也。《律書》曰：「酉者，萬物之老也。」《律曆志》曰：「畱孰於酉。」《天文訓》曰：「酉者，飽也。」《釋名》曰：「酉，秀也。秀者，物皆成也。」八月黍成，可爲酎酒。此舉一物以言就。黍以大暑而種，至八月而成，猶禾之八月而孰也。不言禾者，爲酒多用黍也。酎者，三重酒也。必言酒者，古酒可用酉爲之，故其義同曰就也。凡从酒之字當別酒部，解曰「从酒省」，許合之，疏矣。象古文酉之形也。古文酉，謂丣也。仿佛丣字之形，而製酉篆。此與弟从古文弟之形，民从古文民之形，革从古文革之形爲一例。周伯琦乃謂不可解矣。與久切，三部。凡酉之屬皆从酉。

丣　古文酉从丣。从丣，一以閉之。丣爲春門，萬物已出。丣爲秋門，萬物已入。一，閉門象也。《管子·幼官篇》：「春三卯同事，秋三卯同事。」惠氏士奇云：「春當作三丣，秋當作三丣。」取許書爲説也。《虞翻別傳》曰：翻奏鄭玄解《尚書》違失云：「古大篆丣字讀當爲桺，古桺丣同字，而以爲昧，甚違不知蓋闕之義。」玉裁按，壁中古文《尚書》作「昧谷」，鄭注《尚書》依之。今文《尚書》作「桺穀」，鄭注《周禮·縫人》取之。今文、古文本有，斷難合一者也。鄭本不誤。而仲翔謂其改丣爲昧，其他三事，亦皆仲翔誤會。說詳《古文尚書撰異》。凡畱、桺、聊、劉字从丣。

酒 就也。所吕就人性之善惡。賓主百拜者，酒也。淫酗者，亦酒也。从水酉。以水泉於酉月爲之。酉亦聲。子酉切，三部。一曰，造也。吉凶所造起也。造古讀如就。古者儀狄作酒醪，禹嘗之而美，遂疏儀狄。見《戰國策》。杜康作秫酒。又見巾部曰：「少康作箕帚、秫酒。」少康者，杜康也。按，許書事物原始皆用《世本》，此皆出《世本》。

䤍 䊮生衣也。《方言》曰：「䴸，麴也。」郭注云：「音蒙，有衣麴。」从酉，麴，所以爲酒也。故字从酉。冡聲。包會意。莫紅切，九部。

䣱 孰䊮也。从酉，甚聲。余箴切，七部。

釀 醞也。作酒曰釀。《周禮·酒人》：「掌爲五齊三酒。」爲猶作也。从酉，襄聲。女亮切，十部。

醞 釀也。引申爲醞藉。《詩·小宛》箋、《禮記·禮器》注、《漢書·匡張孔馬傳贊》皆曰「醞藉」，師古云：「謂如醞釀及薦藉，道其寬博重厚也。」今人多作蘊藉，失之遠矣。《毛詩》叚借温字。从酉，昷聲。於問切，十三部。

䤄 酒疾孰也。《廣韵》云：「一宿酒。」謂一宿而孰也。从酉，弁聲。芳萬切，十四部。

酴 酒母也。米部：「䊮，酒母也。」此酴亦訓酒母，則今之酵也。《玉篇》曰：「麥酒，不去滓飲也。」从酉，余聲。讀若廬。同都切，五部。

釃 下酒也。《小雅》曰：「釃酒有藇。」又曰：「有酒湑我。」傳曰：「以筐曰釃，以藪曰湑。湑，莤之也。」引申爲分疏之義。《溝洫志》云：「釃二渠以引河」是也。《司馬相如傳》借「灑」。从酉，麗聲。所綺切，十六部。一曰，醇也。不澆酒也。按，醇蓋誤字，當作「淳」。水部曰：「淳者，淥也。淥者，浚也。」其義與下酒同耳，而分爲二者，言淳、言淥，則不專謂酒也。淳見《儀禮》、《攷工記》、《內則》，之純反。

䣺 䤙酒也。《玉篇》曰：「以孔下酒也。」按，謂涓涓而下也。从酉，肙聲。古玄切，古音在十四部。《廣韵》去聲。

䤙 酳也。《廣韵》曰：「下酒也。」按，謂滴瀝而下也。在水部作「瀝」，在酒部[21]作「䤙」。《周禮·量人》作「歷」。古文叚借。从酉，鬲聲。郎擊切，十六部。

醴 酒一宿孰也。《周禮·酒正》注曰：「醴猶體也。成而汁滓相將，如今恬酒矣。」按，汁滓相將，蓋如今江東人家之白酒。滓即糟也。滓多，故酌醴者用柶。醴甘，故曰如今恬酒，恬即甛也。許云「一宿孰」，則此酒易成與？《禮經》：「以醴敬賓曰醴賓。」注多改爲「禮賓」。从酉，豊聲。盧啟切，十五部。

醪　汁滓酒也。米部曰：「糟，酒滓也。」許意此爲汁滓相將之酒，醴爲一宿孰之酒，與鄭異。从酉，翏聲。魯刀切，古音在三部。

醇　不澆酒也。澆，渼也。凡酒沃之以水則薄，不襍以水則曰醇。故厚薄曰醇澆、醇襍，亦即此字。一色成體謂之醇，純其叚借字。从酉，𦎧聲。常倫切，十三部。

醹　厚酒也。《大雅》：「酒醴維醹。」傳曰：「醹，厚也。」此以疊韵爲訓。从酉，需聲。而主切，古音在四部。《詩》曰：「酒醴維醹。」

酎　三重醇酒也。《廣韵》作「三重釀酒」，當从之。謂用酒爲水釀之，是再重之酒也。次又用再重之酒爲水釀之，是三重之酒也。杜預注《左傳》曰：「酒之新孰，重者曰酎。」㉒鄭注《月令》曰：「酎之言醇也，謂重釀之酒也。」醇者其義，釀者其事實。金壇于氏，明季時以此法爲酒。从酉，肘省聲。各本作「从時省」，誤。紂、疛篆皆曰「肘省聲」，今據正。除柳切，三部。《廣韵》音胄，李仁甫本同，除帘切。《明堂月令》曰：「孟秋天子飲酎。」秋當作夏，天子飲酎，《月令》孟夏文也。諸侯嘗酎，見《左傳》。

醠　濁酒也。醠，《周禮》作「盎」，古文叚借也。鄭曰：「盎猶翁也。成而翁翁葱白色，如今酇白矣。」《釋文》云：「酇白，今之白醝酒也。宜作醝。」按，鄭曰：「五齊泛醴尤濁。縮酌者，盎以下差清。」此非與許不合也，但云差清，則固濁也。盎清於醴，而濁於緹、沈，即緹、沈亦非全清也。《淮南・説林訓》：「清醠之美。」高注：「醠，清酒。」亦與鄭意同。从酉，盎聲。烏浪切，十部。

醲　厚酒也。《鴻範》次三曰：「農用八政。」鄭曰：「農讀爲醲。」然則凡厚皆得爲醲也。从酉，農聲。女容切，九部。

酮　重釀酒也。从酉，耳聲。此篆各本作「醋」，解云：「酒也。从酉，茸聲。而容切。」《廣韵》《玉篇》皆有酮無醋，解云：「重釀也。」《玉篇》列字正與《説文》次弟相合。然則古本《説文》作酮可知矣。《廣雅》亦云：「酮，汝吏切。」今據以更正。仍吏切，一部。〇又按，艸部之茸，亦耳聲也。則酮可而容切。

酤　一宿酒也。《商頌》：「既載清酤。」傳曰：「酤，酒也。」《小雅》：「無酒酤我。」傳曰：「酤，一宿酒也。」一曰，買酒也。《論語・鄉黨》作沽。从酉，古聲。古乎切，五部。亦上聲。

𨢦　酒也。《玉篇》曰：「酒厚。」从酉，𧗿省聲。陟離切，十六部。

醶　泛齊，行酒也。泛齊，見《周禮・酒正》。鄭曰：「泛者，成而滓泛泛然，如今宜成醪矣。」行酒未聞，疑是貨物行敝之行，謂行用之酒也。行酒上疑當有「一曰」二字。从酉，監聲。盧瞰切，八部。

醰　酒味淫也。淫者，浸淫隨理也。謂酒味淫液深長。

从酉，贛省聲。古禫切，八部。讀若《春秋傳》曰「美而黬。」見《左傳》桓元年、文十六年。謂讀同黬。

酷 酒味厚也。依《廣韵》訂。引申爲已甚之義。《白虎通》曰：「酷，極也。教令窮極也。」从酉，告聲。苦沃切，三部。

酓 酒味苦也。《廣韵》、《玉篇》、《集韵》、小徐本皆同。汲古閣所據宋本奪此篆此解，而毛扆補之於部末。《夏本紀》用爲壓字，叚借也。从酉，今聲。於剡切，古音在七部。

醰 酒味長也。《廣韵》、《玉篇》皆云：「酒味不長也。」「不」是賸字。《集韵》云：「酒味苦也。」由宋時《說文》以酓義系醰篆而奪酓之故耳。汲古初刻時，正如此。或曰古酓覃同部，疑無二字。然小徐本分列畫然，小徐作「甛長味也」。按，《洞簫賦》：「良醰醰而有味。」李注引《字林》：「醰甛同，長味也。」「同」是賸字。从酉，覃聲。徒紺切，古音在七部。按，《文選》注大含切。

𨠍 酒色也。謂酒之顏色也。《廣韵》曰：「酒氣。」从酉，朩聲。普活切，十五部。

配 酒色也。本義如是。後人借爲妃字，而本義廢矣。妃者，匹也。从酉，己聲。己，非聲也。當本是「妃省聲」，故叚爲妃字，又別其音妃平配去。滂佩切，十五部。

䣧 酒色也。从酉，弋聲。與職切，一部。

酌 盛酒行觴也。盛酒於觶中以飲人，曰行觴。《投壺》云：「命酌曰請行觴。」觶實曰觴。《詩》曰：「我姑酌彼金罍。」取行觴之意。曰：「泂酌彼行潦。」取盛酒之意。从酉，勺聲。形聲包會意。之若切，二部。

醮 冠娶禮，祭也。《士冠禮》：「若不醴則醮用酒。」三加，凡三醮。」鄭曰：「酌而無酬酢曰醮。」《士昏禮》：「父醮子，命之迎婦。嫡婦則酌之以醴，庶婦使人醮之，酌之以酒。」鄭曰：「酒不酬酢曰醮。」依鄭說，非謂祭也。而許云「冠娶禮祭」，事屬可疑。詳經文不言祭也，蓋古本作「冠娶妻禮也，一曰：祭也。」轉寫有奪與？祭者，别一義，不蒙冠婚。宋玉《高唐賦》：「醮諸神，禮太一。」此後世醮祀之始見也。从酉，焦聲。子肖切，二部。

𥛠 醮或从示。按，依此則有祭義審矣。

𨣧 歃酒也。歃，歠也。歠，飲也。歃謂小飲之。从酉，晉聲。子朕切，七部。

䣶 少少歓也。《士昏禮》注：「酳，漱也。酳之言演也，安也。漱所以絜口，且演安其所食。」《特牲》、《少牢》注意略同。《曲禮》注㉓：「以酒曰酳。」按，《禮》、《禮記》皆作酳，許書作䣶。《玉篇》云：「䣶、酳同字。」是也。攷《士虞禮》注、《少牢禮》注皆云：「古文酳作䣶。」《特牲》注云：「今文酳皆爲䣶。」三䣶字必皆酳之字誤。其一云今文者，則古文之誤。許於此字用古文《禮》，故从䣶。《禮記》多用今文《禮》，故記作酳。酳从胤省聲。从酉，勻聲。余刃切，十二部。

醻 獻醻，主人進客也。《楚茨》箋曰：「始主人酌賓爲獻，賓既酌主人，主人又自飲酌賓曰醻，至旅而爵交錯以徧。」《彤弓》傳曰：「醻，報也。謂報客之酢也。」《瓠葉》傳曰：「醻，道飲也。」謂主人必自飲，如今俗之勸酒也。从酉，𠷎聲。市流切，三部。

酬 醻或从州。州聲。

醋 客酌主人也。《瓠葉》傳曰：「酢，報也。」《彤弓》箋曰：「主人獻賓，賓酢主人，主人又飲而酌賓，謂之醻。」从酉，昔聲。在各切，五部。按，諸經多以酢爲醋，惟《禮經》尚仍其舊。後人醋、酢互易，如穜、種互易。

⿰酉𥁑 飲酒俱盡也。从酉，𥁑聲。迷必切，十二部。

釂 飲酒盡也。酒，當作「爵」，此形聲包會意字也。《曲禮》注曰：「盡爵曰釂。」按，欠部「𣤶，酒盡也。」與此音義同。而本部醮，釂則各義。水部曰：「潐，盡也。」謂水也。从酉，爵聲。大徐「嚼省聲」，非也。子肖切，二部。

酣 酒樂也。張晏曰：「中酒曰酣。」引申爲凡飽足之偁。从酉，甘聲。胡甘切，古音在七部。

酖 樂酒也。酒樂者，因酒而樂。樂酒者，所樂在酒。其義別也。《毛詩》叚耽及湛以爲酖。《氓》傳曰：「耽，樂也。」《鹿鳴》傳曰：「湛，樂之久也。」引申爲凡樂之偁。《左傳》曰：「宴安酖毒，不可懷也。」從來謂即鴆字，竊謂非也。所樂非其正，即毒也，謂之酖毒。从酉，冘聲。丁含切，古音在七部。

醧 宴厶飲也。厶，各本作「私」，今正。宴私，各本作「私宴」，今正。《小雅·楚茨》：「諸父兄弟，備言燕私。」傳曰：「宴而盡其私恩也。」《尚書大傳》曰：「既侍其宗，然後得燕私。燕私者，何也？祭已而與族人飲，飲而不醉，是不親；醉而不出，是不敬。」《湛露》傳曰：「夜飲燕私也。宗子有事，則族人皆侍。不醉而出，是不親也。醉而不出，是渫宗也。」《特牲饋食禮》注曰：「《尚書》傳曰：宗室有事，族人皆侍終日。大宗已侍於賓，暮，然後燕私。燕私者，何也？祭已而與族人飲也。」皆燕私之證。今《湛露》傳亦譌爲「私燕」矣。宴私之飲，謂之醧，見《韓詩》。《魏都賦》：「愔愔醧燕。」張載注云：「《韓詩》曰：賓爾籩豆，飲酒之醧。能者飲，不能者已，謂之醧。」《東都賦》：「登降飫宴之禮既畢。」李善引薛君《韓詩章句》曰：「曰飲酒之禮，跣而上坐者謂之宴（今本跣上衍「不」字）。」徐堅《初學記》引《韓詩》說冣詳。曰：「夫飲之禮，不脱屨而即序者謂之禮（此句「禮」當作飫），跣而上坐者謂之宴。能飲者飲，不能飲者已，謂之醧。齊顔色，均衆寡，謂之沇。閉門不出客謂之湎（客字依《詩釋文》訂）。君子可以宴，可以醧，不可以沇，不可以湎。」許云「醧，宴私之飲也」，正謂跣而升堂，能飲則飲，不能則已，本《韓詩》爲說也。而《毛詩·常棣》醧作「飫」，《釋言》曰：「飫，私也。」毛傳曰：「飫，私也。不脱屨升堂謂之飫。」毛之飫字，於韓爲醧。毛以不脱屨升堂釋飫，韓分別飫、醧之名，數典獨詳。以《國語》攷之，《周語》彪傒曰：「夫禮之立成者爲飫，昭明大節而已，少曲與焉，是以爲之日惕，其欲教民戒也。」原公曰㉔：「禘郊之事，則有全烝。王公立飫，則有房烝。親戚燕饗，則有殽烝。夫王公諸侯之有飫也，將以講事成章，建大德，昭大物也。故立成，禮烝而已。飫以顯物，燕以合好，歲飫不倦，時宴不淫。」是則飫之禮大於宴醧，故飫主於敬，宴、醧主於和。飫必立成，宴、醧必坐。飫在晝，宴在夜。飫必履而升堂，宴、醧必跣。飫以建大德，昭大物，公之至者，不得云私。宴、醧主飲酒以親親，故曰宴私。且《周語》分别其禮曰：「王公立飫，則有房烝，親戚饗宴，則有殽烝。」是則王公立飫，同異姓皆在焉，不專親戚。宴、醧則惟同姓而已。故《常棣》、《湛露》、《楚茨》之燕私，皆同姓也。然則《常棣》當作醧，不當作飫，了然可見矣。故許於醧曰「宴私飲也」，用《韓詩》説也，而非與毛説異也。何以言之？葢《常棣》醧爲正字，飫爲音近叚借字。以韵言之，區聲與豆、具、孺同部，而芺聲不同部。毛韓各有所受，往往毛多古字，韓爲今字。此一條韓爲正字，毛爲叚借字。如《斯干》「如鳥斯革」，革訓翼，韓作「翱」，訓翅，亦韓正字，毛叚借也。毛云「飫，私也」者，用《爾雅·釋言》文。葢作《爾雅》時，《常棣》詩已作飫矣。故《爾雅》云「飫，私也」，而毛仍之。毛公知《詩》飫非《國語》飫也，故足之曰「脱屨升堂謂之飫」，即韓之「脱屨升坐謂之宴」也。宴、醧是一事，言宴而醧在其中，言「脱屨升堂」，而「能者飲，不能者已」在其中矣。以《詩》、《爾雅》之飫，别《國語》之飫，以「脱屨升堂」説《爾雅》之私，毛義也。下文又曰：「九族會曰和，孺，屬也，王與親戚燕則尚毛。」是爲燕醧而非《國語》之飫可知矣。今毛傳作「不脱屨升堂謂之飫」者，由不善讀毛者摭取《國語》及《韓詩》説，妄增不字，自漢已然，鄭君不能辯，乃强爲之説曰：「聽朝爲公，於堂爲私。」非古燕私之義也。又云：「圖非常，議大疑爲私。」非《國語》説也。且「兄弟既具」箋云：「九族，從上至高祖、下至元孫之親也。屬者以昭穆相次序。」「妻子好合」箋云：「王與族人燕，則宗婦内宗之屬，亦從后於房中。」是鄭明知《詩》言燕私，不得參之以立成之飫。摠由此《詩》字作飫而義實醧，讀者不據《韓詩》，不攷燕、飫之别，莫得其解。許君食部飫下云：「燕食也。」亦依附毛義而失之。《角弓》傳曰：「饇，飽也。」饇即飫，此飫之本義也。从酉，區聲。依據切，古音在四部。讀如謳。《玉篇》、《廣韵》作「醧」，於娱切。

醵 會歓酒也。《禮器》注曰：「合錢飲酒曰醵。」从酉，豦聲。其虐切，古音在五部。其庶反。

⿰酉巨 醵或从巨。巨聲也。

酺 王悳布，大歓酒也。《禮器》注引王居明堂禮曰「仲秋乃命國醵。」葢醵、餔略同也。《漢文帝紀》：「餔五日。」文穎曰：「音步。《漢律》三人以上無故飲酒，罰金四兩。今詔横賜，得令會聚飲食五日也。」伏虔音蒲。按，《周禮·族師》「祭酺」注：「酺者，爲人物災害之神。」别一義。从酉，甫聲。薄乎切，五部。

醅 醉飽也。後人用潑醅字，謂酒未泲也。與古義絶殊。从酉，咅聲。讀若僰。匹回切，古音在一部、四部閒。

醉 卒也。卒其度量不至於亂也。以曡韵爲訓。从酉卒。此以會意包形聲，卒亦聲也。將遂切，十五部。一曰，酒潰也。此别一義。潰當爲潰之誤。若今醉蠏、醉鰕之類。

醺 醉也。謂酒氣熏蒸。从酉，熏聲。聲字當刪。許舉會意包形聲耳。許云切，十三部。《詩》曰：「公尸來燕醧醺。」《大雅・鳧鷖》文。今《詩》作「來止熏熏」。上四章皆云「來燕」，則作燕宜也。醧醺，恐淺人所改。毛傳：「熏熏，和悦也。」許以「來燕熏熏」釋此篆之从酉熏，正與釋豐、釋麤、釋刑、釋庸之引《易》同例。此亦引經釋會意之例也。學者不悟久矣。

醟 醟 酗酒也。《無逸》曰：「酗于酒德。」从酉，熒省聲。爲命切，十一部。

䣱 䣱 酒醟也。依《尚書釋文》訂。《書》作「酗」，某氏傳曰：「以酒爲凶曰酗。」《周禮・司救》注亦云「酗醟」。从酉，句聲。香遇切，古音在四部。

醒 醒 病酒也。《小雅》：「憂心如醒。」傳曰：「病酒曰醒。」一曰，醉而覺也。《節南山》正義引《説文》無「一曰」二字，葢有者爲是。許無醒字，醉中有所覺悟，即是醒也，故醒足以兼之。《字林》始有醒字，云「酒解也」。見《衆經音義》㉕。葢義之岐出，字之日增多類此。从酉，呈聲。直貞切，十一部。

醫 醫 治病工也。《周禮》有醫師、食醫、疾醫、瘍醫、獸醫。从殹，从酉。四字各本無，今補。許書之例，必先舉篆之从某从某，或从某某聲，而下又釋其从某之故，往往云「故从某」者是也。葢人所不憭者，則釋之。此从殹，从酉，於六書爲會意。於其切，古音在一部。與毉、鷖字在十五部不同。此以殹會意，彼以殹形聲也。殹，惡姿也。此説从殹之故。殳部曰：「殹，擊中聲也。」初不訓惡姿。而疒部「瘢，劇聲也」。劇聲謂疲極之聲。此从殹者，瘢之省也。如會下云：「曾，益也。」曾即增，望下云「壬，朝廷也」，利下「禾即龢」，利下「未即味」，又辛即辠，尸即屋，皆叚借之法。醫之性然，得酒而使。謂醫工之性多如是。故从酉。故字今補。此説从酉之故，以醫者多愛酒也。王育説。以上王説也。一曰，殹，病聲。亦謂瘢之省。酒所目治病也。故从酉殹。前説殹酉各義，後説合酉殹一義。《周禮》有醫酒。《酒人》㉖：「辨四飲之物，二曰醫。」醫非酒也，而謂之酒者，醫亦酒類也。言此者，此亦醫字从酉之一説。醫本酒名也，《内則》作臆。古者巫彭初作醫。此出《世本》。巫彭始作治病工。

莤 莤 禮，句。祭，束茅加於祼圭，而灌鬯酒，是爲莤。像神歆之也。歆字各本作「飲」，非，今依《韵會》正。《周禮・甸師》：「祭祀共蕭茅。」鄭大夫云：「蕭或爲莤。莤讀爲縮。束茅立之，祭前沃酒其上，酒滲下去，若神飲之，故謂之縮。縮，浚也。故齊桓公責楚不貢，苞茅不入，王祭不共，無以縮酒。」㉗許説本鄭大夫也，惟鄭不言是祼儀耳。許云加於祼圭者，謂加於祼圭之勺也。从酉艸。以酒灌艸會意也。所六切，三部。按，《周禮》、《禮記・内則》二鄭所引《左傳》㉘皆作縮，然則縮者，古文叚借字。莤者，小篆新造字。故毛公《伐木》傳曰：「湑，莤之也。以藪曰湑。」説者謂：藪，艸也。而《周禮》蕭茅或作莤，皆漢人所用字。或疑古文酉作丣，則莤即艸部之茆，故古文《尚書》以茆爲縮。不知《汗簡》所載古文《尚書》皆妄人所爲，好言六書，而不知其所以然者也。《春秋傳》曰：「爾貢苞茅不入，王祭不供，無𠔇莤酒。」《春秋·僖四年·左氏傳》文。偁之以證縮酌用茅也。鄭大夫注《周禮》、鄭注《郊特牲》引《傳》，皆作「縮酒」，《傳》固二本不同。一曰，莤，榼上塞也。寘，各本作「塞」，乃邊塞字耳。榼，酒器也。以艸窒其上孔曰莤。此别一義。

醨 薄酒也。薄對厚言。上文醪、醇、醹、酎，皆謂厚酒，故謂厚薄爲醇醨。今人作漓，乃俗字也。屈原賦曰：「何不餔其糟而歠其醨。」从酉，离聲。讀若離。吕支切，古音在十七部。

醶 酢也。二字雙聲。从酉，韱聲。初減切，七部。

酸 酢也。《月令》：「春三月，其味酸。」《鴻範》：「曲直作酸。」从酉，夋聲。素官切，十四部。關東謂酢曰酸。

䤝 籀文酸从畯。畯，聲也。

截 酢漿也。水部漿下曰：「酢漿也。」酢漿謂截也。截、漿二篆爲轉注。鄭注《内則》曰：「漿，酢截也。」許書漿下當是「酢截也」，後人改之耳。鄭注《周禮》「四飲」曰：「漿，今之截漿也。」絫言之曰截漿。从酉，𢦔聲。徒奈切，一部。

醶 酢漿也。漿、截、醶，三者同物。从酉，僉聲。魚窆切，七部。今俗作釅。

酢 醶也。酢本截漿之名，引申之，凡味酸者皆謂之酢。上文「醶，酢也」，「酸，酢也」，皆用酢引申之義也。从酉，乍聲。倉故切，五部。今俗皆用醋，以此爲酬酢字。

酏 黍酒也。《周禮》四飲，「四曰酏」注曰：「今之粥也。」《禮記·内則》「黍酏」注曰：「酏，粥也。」或以酏爲醴，注曰：「釀粥爲醴也。」按，飲非酒也，故五齊三酒掌於酒人，六飲掌於漿人。而許酏下曰：「黍酒。」醫下曰：「醫酒。」葢許意與鄭説不同，故賈侍中「酏爲粥清」爲别一説，賈與鄭合也。从酉，也聲。移爾切，古音葢在十七部。《釋文》以支反。一曰，甛也。謂甛酒。賈侍中説：酏爲鬻清。鬻，𩱝也。俗作粥耳。鄭云：「酏飲，粥稀者之清也。」本此。凡鬻稀者，謂之酏，用爲六飲之一。厚者謂之餰，取稻米舉糔溲之，小切狼臅膏，以與稻米爲餰，用爲醢人羞豆之實。《周禮》謂餰爲酏，鄭既援《内則》以正之矣。

醬 醢也。从肉酉。从肉者，醢無不用肉也。酒𠔇龢醬也。此説从酉之故。爿聲。即亮切，十部。今俗作醬。

𤖮 古文醬如此。

𤖮 籀文。作之陳之皆必以器，故从皿。

醢 肉醬也。《周禮·醢人》：「掌醓醢。」麋臡、鹿臡、麇臡、蠃醢、蠯醢、蚳醢、魚醢、兔醢、鴈醢，凡醢皆肉也。鄭曰：「作醢及臡者，必先膊乾其肉，乃復莝之，䄄以粱麴及鹽，漬以美酒，塗置甀中，百日則成矣。」此醬从肉，从酉之恉也。許訓盬云：「血醢。」訓凡醢曰：「肉醬。」就字形别之耳。从酉，𥁕聲。大徐作「从酉𥁕」。𥁕者，𥁕之或字。呼改切，一部。

⿱⿰鹵艹盇 籒文。从艸，謂芥醬、榆醬之屬也。从鹵，謂鹽也。从盇，猶从盇聲也。

醔 醔䤈，逗。榆醬也。榆醬，用榆人爲之。榆人者，榆子中人也。《齊民要術》曰：「作榆子醬法：治榆子人一升，擣末篩之，清酒一升，醬五升，合和一月可食之。」景差《大招》：「吳酸蒿蔞。」王逸注曰：「或云醔䤈。」醔䤈，即榆醬也。从酉，敄聲。莫候切，三部。

䤈 醔䤈也。从酉，俞聲。田候切，四部。按，或音茂逗，或音牟頭，或音模途，皆疊韻也。

⿰酉畢 擣榆醬也。擣，築也。擣而爲之，謂之⿰酉畢。从酉，畢聲。蒲計切，古音在十二部。

⿰酉喬 醬也。《廣雅》同。《玉篇》曰：「⿰酉監醬也。」⿰酉監醬亦見《廣雅》。从酉，喬聲。居律切，十五部。

⿰酉京 襍味也。《周禮·漿人》「六飲」，鄭司農云：「涼，以水和酒也。」玄謂：「涼，今寒粥，若糗飯襍水也。」《內則》有「濫」無「涼」。鄭曰：「以諸和水也。以《周禮》六飲校之，則濫，涼也。紀莒之閒名諸爲濫。」按，許作⿰酉京，即《周官》、《內則》之涼字也。襍味者，即以諸和水說也。乾者爲桃諸，梅諸，水漬爲桃濫，於《釋名》可得其義也。《內則》正義曰：「諸者，衆襍之辭。」又按，《廣雅》云：「⿰酉京，醬也。」疑襍味下本有醬字，故廁於此。若六飲之涼，則已見水部。从酉，京聲。呂釀切，十部。按，當呂張切。

⿱漸酉 闕。慈冄切，八部。

⿱任酉 闕。而琰切，七部。按，依《玉篇》、《廣韻》上字下當云「⿱漸酉⿱任酉，味薄也。从酉，漸聲」。下字下當云「⿱漸酉⿱任酉也。从酉，任聲」。二篆疊韻。而今本但注闕字，疑許書本無此二篆。

酹 餟祭也。食部餟下曰：「酹，祭也。」與此爲轉注。《廣韻》曰：「以酒沃地。」《史記》：「其下四方地，爲餟食。」蓋餟、酹皆於地，餟謂肉，故《漢書》作「腏」，酹謂酒，故从酉。从酉，寽聲。郎外切，十五部。此篆舊在䤈、⿰酉畢之閒，非其次也。故移於此。

文六十七。　重八。

酋 繹酒也。繹之言昔也。昔，久也。多下曰：「从重夕。夕者，相繹也。故重夕爲多。」然則繹酒謂日久之酒，對酓爲疾孰酒，醴酤爲一宿酒言之。繹俗作「醳」。《周禮·酒人》㉙「三酒」注曰：「事酒，酌有事者之酒，其酒則今之醳酒也。昔酒，今之酋久白酒，所謂舊醳者也。清酒，今中山冬釀接夏而成。」《郊特牲》：「舊澤之酒。」注曰：「澤讀爲醳。舊醳之酒，謂昔酒也。」玉裁按，許云繹酒，蓋兼事酒、昔酒言之。事酒謂繹酒，昔酒謂舊繹之酒也。酋之義引申之，凡久皆曰酋。久則有終，《大雅》「似先公酋矣」傳曰：「酋，終也。」从酉，水半見於上。謂八也。酋上與谷上正同，皆曰水半見。繹酒糟滓下湛，水半見於上，故像之。字秋切，三部。《禮》有大酋，掌酒官也。《禮》謂《明堂月令》：「仲冬，乃命大酋。」注曰：「酒孰曰酋。大酋者，酒官之長也。」凡酋之屬皆从酋。

尊 酒器也。凡酒必實於尊，以待酌者。鄭注《禮》曰：「置酒曰尊。」凡酌酒者必資於尊，故引申以爲尊卑字，猶貴賤本謂貨物而引申之也。自專用爲尊卑字，而別製罇、樽爲酒尊字矣。从酋，廾㠯奉之。廾者，竦手也。奉者，承也。設尊者，必竦手以承之。祖昆切，十三部。《周禮》六尊：犧尊，象尊，箸尊，壺尊，大尊，山尊，㠯待祭祀賓客之禮。見《周禮·司尊彝》職。犧作獻。鄭司農云：「獻讀爲犧，犧尊飾以翡翠。象尊以象鳳皇，或曰以象骨飾尊。箸尊，箸略尊也，或曰箸尊箸地無足。壺者，以壺爲尊。《春秋傳》曰：尊以魯壺。大尊，大古之瓦尊。山尊，山罍也。」按，《毛詩》「閟之犧尊」，即獻尊也，故許同大鄭作犧。以待祭祀，《司尊彝》詳之矣。大行人賓客之祼亦必用彝，饗禮、食禮亦必用尊，故約之曰「以待祭祀賓客之禮」。

尊 尊或从寸。此與寺从寸意同，有法度者也。

文二。　重一。

戌 威也。九月昜气微，萬物畢成，昜下入地也。威大徐作滅，非。火部曰「威，滅也」。本《毛詩》傳。火死於戌，陽氣至戌而盡，故威从火戌，此以威釋戌之指也。《律書》曰：「戌者，萬物盡滅。」《淮南·天文訓》：「戌者，滅也。」《律曆志》：「畢入於戌。」《釋名》：「戌，恤也，物當收斂矜恤之也。」九月於卦爲《剝》，五陰方盛，一陽將盡，陽下入地，故其字从土中含一。五行，土生於戊，盛於戌。戊午合德。《天文訓》曰：「土生於午，壯於戌，死於寅。」从戊一，戊者，中宮，亦土也。一者，一陽也。戊中含一，會意也。一亦聲。辛聿切，十二部。凡戌之屬皆从戌。

文一。

亥 荄也。十月微昜起，接盛侌。《律曆志》曰：「該閡於亥。」《天文訓》曰：「亥者，閡也。」《釋名》曰：「亥，核也。收藏萬物，核取其好惡真僞也。」許云荄也者，荄，根也，陽氣根於下也。十月於卦爲《坤》，微陽從地中起，接盛陰，即壬下所云「陰極陽生」。故《易》曰：「龍戰於野。」戰者，接也。从二。二，古文上字也。謂陰在上也。一人男，一人女也。其下从二人，一人男，一人女，像乾道成男，坤道成女。从乚，象褱子咳咳之形也。咳與亥音同。胡改切，一部。《春秋傳》曰：「亥有二首六身。」《左傳·襄三十年》文。孔氏《左傳正義》曰：「二畫爲首，六畫爲身。」按，今篆法，身祇有五畫。葢周時首二畫，下作六畫，與今篆法不同也。凡亥之屬皆从亥。

古文亥。各本篆體譌繆，今依宋本舊本更正。㣇、𧰨字皆與豕形略相似。亥爲豕。與豕同。謂二篆之古文實一字也。豕之古文，見九篇豕部，與亥古文無二字。故《呂氏春秋》曰：「子夏之晉，過衛，有讀史記者，曰：晉師三豕涉河。子夏曰：非也。是己亥也。夫己與三相近，豕與亥相似。至於晉而問之，則曰：晉師己亥渡河也。」亥而生子，復從一起。此言始一終亥，亥終則復始一也。一下以韵語起，此以韵語終。

文一。　重一。

五十一部。　文六百三。　重七十四。

凡八千七百一十七字。

附注：

①見《爾雅·釋天》。

②《釋丘》當作《釋地》。

③見司馬遷《報任安書》。《李陵傳》當作《司馬遷傳》。

④《天文志》當作《律曆志》。

⑤「下」字上脱「夾」字。

⑥《毛傳譜》是《毛詩譜》之誤。

⑦《史記》中「亞谷」出現兩次，見《惠景間侯者年表》及《韓信盧綰列傳》，後者集解引徐廣曰：「亞，一作惡。」而《漢書》中「亞谷」見于《景武昭宣元成功臣表》，「惡谷」見于《盧綰傳》，各只一次。段説稍有出入。

⑧見金氏《禮箋·一》，段氏有竄改。

⑨此節引《漢書·儒林傳》。

⑩據下段氏注文，此「獸牲也」，當作「畱牲也。」

⑪見《釋畜》。引《字林》「犍」，引文本作「産也」，不作「犍也」。

⑫語見《左傳·桓六年》，不見《禮記》。此系沿《經典釋文·釋畜》之誤。

⑬《曆書》當作《律書》。

⑭第四篇下𠬪部「𤔔，治也」。此引衍「不」字。

⑮見《禮記·月令》。

⑯宋本《廣韵·十遇》「孺」下引「《説文》曰：乳子也。一曰：輸孺，尚小也。」

⑰《王莽傳》當爲《匈奴傳》。如淳注語在「莽作焚如之刑」句下。

⑱《史記·律書》「萬物」作「陽氣」。又段氏認爲漢人巳、已二字音同，義亦異而同，故今用已者，注中悉作巳。

⑲見《大射儀》，作「度尺而午」，段引脱「尺」字。

⑳《史記·律書》「則」今本作「賊」，集解引徐廣曰：「賊，一作則。」

㉑「酒部」是「酉部」之誤。

㉒見《左傳·襄公二十二年》「見於嘗酎」句下，段引誤「酎」字爲「耐」。

㉓「注」是「釋文」之誤。

㉔以下引語見《周語中》「晉侯使隨會聘于周」一節，「原公」當爲「定王」，段氏記誤。

㉕《玄應一切經音義》卷十四引《字林》作「醒，醉解也」。不作「酒解」。

㉖《酒人》當作《酒正》。

㉗「不入」二字衍，「苞茅」當屬上。

㉘《周禮》引見段注前文。《禮記》鄭注在《郊特牲》「縮酌用茅」句下，今本作「酌酒」，阮元校勘記云各本「酌」作「縮」。段注謂見《内則》，誤。

㉙同㉖。

說文解字第十五卷上

《後漢書·儒林傳》作「《說文解字》十四篇」，捨《敘》而言也。許沖及《隨志》、《唐志》皆云十五卷，合《敘》而言也。大史公《自序》、班氏《序傳》，皆別自爲篇。

金壇段玉裁注

敘曰：二字舊在下文「此十四篇」之上，今審定移置於此。《左傳·宣十五年》正義引「《說文序》云：倉頡之初作書」可證。《史記》、《漢書》、《法言》、《大玄》敘皆殿於末，古箸書之例如此。許書十四篇既成，乃述其箸書之意，而爲五百四十部冣目，記其文字都數，作韵語以終之，略放大史公《自序》云。古者庖犧氏之王天下也，仰則觀象於天，俯則觀法當作「灋」。於地，視鳥獸之文與地之宜，近取諸身，遠取諸物，於是始作《易》八卦，㠯垂憲象。及神農氏，結繩爲治而統其事。謂自庖犧以前，及庖犧及神農皆結繩爲治而統其事也。《毄辭》曰：「易之興也，其於中古乎。」虞曰：「興易者，謂庖犧也。庖犧爲中古，則庖犧以前爲上古，黃帝堯舜爲後世聖人。」按，依虞說，則傳云「上古結繩而治」者，神農以前皆是。云「後世聖人易之以書契」者，謂黃帝。《孝經緯·援神契》云：「三皇無文。」是五帝以下，始有文字。」①庶業其緐，其，同《荀卿書》之「綦」，猶極也。飾僞萌生。萌生，謂多也。以上言庖犧作八卦，雖即文字之肇耑，但八卦尚非文字。自上古至庖犧、神農，專恃結繩，事緐僞茲，漸不可枝，爲下黃帝造書契張本。黃帝之史倉頡，倉，或作蒼。按，《廣韵》云：「倉，姓，倉頡之後。」則作蒼非也。《帝王世紀》云：「黃帝史官倉頡。」衞恒《四體書勢》云：「昔在黃帝，創制造物，有沮誦、倉頡者，始作書契，以代結繩。」葢二人皆黃帝史也。諸書多言倉頡，少言沮誦者，文略也。按，史者，記事者也。倉頡爲記事之官，思造記事之法，而文生焉。見鳥獸蹏迒之迹，知分理之可相別異也，分理，猶文理。初造書契。高誘注《呂覽》曰：「蒼頡生而知書，寫倣鳥跡以造文章。」百工㠯乂，乂，治也。萬品㠯察，葢取諸夬。「夬，揚于王庭。」言文者宣教朙化於王者朝廷，文，即謂書契也。此引《易·彖辭》而釋之。君子所㠯施祿及下，居德則忌也。居德，依許字例當作「凥悳」，而不必改正者，十四篇皆釋造字之恉，其說解必用本義之字，而不用叚借，有爲後人所亂者，則必更正之，《敘》則許所自製之文，不妨同彼時通用之字，亦使學者知古今字詁不同，故知《敘》字不必同十四篇字也。施祿及下，謂能文者，則祿加之。居德則忌，謂律己則貴德不貴文也。倉頡之初作書，葢依類象形，故謂之文。依類象形，謂指事象形二者也。指事亦所以象形也。文者，逪畫也，这逪其畫而物像在是。如見迒而知其爲兔，見速而知爲鹿也。其後形聲相益，即謂之字。形聲相益，謂形聲、會意二者也。有形則必有聲，聲與形相軵爲形聲，形與形相軵爲會意。其後，爲倉頡以後也。倉頡有指事、象形二者而已。其後文與文相合，而爲形聲，爲會意，謂之字。如《易》本衹八卦，卦與卦相重，而得六十四卦也。**文者，物象之本。**各本無此六字，依《左傳·宣十五年》正義補。**字者，言孳乳而寖多也。**孳者，汲汲生也。人及鳥生子曰乳。寖猶漸也。字者，乳也。《周禮·外史》、《禮經·聘禮》、《論語·子路篇》皆言名，《左傳》「反正爲乏」、「止戈爲武」、「皿蟲爲蠱」皆言文，六經未有言字者。秦刻石「同書文字」，此言字之始也。鄭注二《禮》、《論語》皆云：「古曰名，今曰字。」按，名者，自其有音言之；文者，自其有形言之；字者，自其滋生言之。《大行人》「屬瞽史，諭書名」，《外史》「達書名於四方」，此韵書之始也。《中庸》曰：「書同文。」此字書之始也。周之韵書不傳，而《毛詩》及他經韵語固在；周之字書不傳，而許君《說文》可補其闕。○按，析言之，獨體曰文，合體曰字；統言之，則文字可互稱。《左傳》止戈、皿蟲皆曰文，是合體爲文也。許君某部言文若干，謂篆文；言凡若干字，謂說解語。是則古篆通謂之文，己語則謙言字也。**箸於竹帛謂之書。**箸，各本作「著」，今正从竹。此字古衹作「者」，者者，別事䛐也。別之則其事昭焯，故曰「者明」，而俗改爲著明。別之則䛐與事相黏連軵麗，故引申爲直略切之附者，張略切之衣者，而俗亦皆作附著、衣著。或云《說文》無著，改爲箸，皆未得其原也。者於竹帛，附著而著明之於竹帛也。古者大事書之於册，小事簡牘。《聘禮記》曰：「百名以上書於册，不及百名書於方。」古用竹木不用帛，用帛蓋起於秦。秦時官獄職務緐，初有隸書，以趨約易。始皇至以衡石量書決事，此非以縑素代竹木不可。許於此兼言帛者，蓋㬎捪秦以後言之。**書者，如也。**謂如其事物之狀也。聿部曰：「書者，者也。」②謂昭明其事。此云「如也」，謂每一字皆如其物狀。**㠯迄五帝三王之世，改易殊體，**迄，當爲訖。訖，止也。迄，俗。此等蓋皆後人所改。然漢碑多用迄，或許不廢此字。黄帝爲五帝之首，自黄帝而帝顓頊高陽、帝嚳高辛、帝堯、帝舜爲五帝，夏禹、商湯、周文武爲三王。其閒文字之體，更改非一，不可枚舉。傳於世者，槩謂之倉頡古文，不皆倉頡所作也。**封于泰山者，七十有二代，靡有同焉。**于當作於，泰當作大。封大山者七十二家，見《管子》、《韓詩外傳》、司馬相如《封禪文》、《史記·封禪書》。《封禪書》曰：「古者封泰山禪梁父者七十二家，而夷吾所記者十有二焉。」無懷氏、虙羲氏、神農、炎帝、黄帝、顓頊、帝俈、堯、舜、禹、湯、周成王也。《援神契》曰：「三皇無文。」而無懷、虙羲在五帝前，曷云有文字乎？五帝以前亦有記識而已，非必成字。黄帝以下，乃各著其字，故㬎捪之曰：「七十二代，靡有同焉。」**《周禮》：八歲入小學，**《大戴禮·保傅篇》曰：「古者年八歲而出就外舍，學小藝焉，履小節焉。束髮而就大學，學大藝焉，履大節焉。」盧景宣注曰：「外舍小學，謂虎門師保之學也。大學，王宮之東者。束髮，謂成童。」《白虎通》曰：「八歲入小學，十五入大學。」是也。此大子之禮。《尚書大傳》曰：「公卿之大子、大夫元士嫡子，年十三始入小學，見小節而踐小義。年二十而入大學，見大節而踐大義。」此世子入學之期也。又曰：「十五始入小學，十八入大學。」謂諸子性晚成者，至十五入小學；其早成者，十八入大學。《内則》曰「十年出就外傅，居宿於外學書計」者，謂公卿以下教子於家也。玉裁按，《食貨志》曰：「八歲入小學，學六甲五方書計之事。」《白虎通》曰：「八歲毀齒，始有識知，入學學書計。」許亦曰：「《周禮》八歲入小學。」皆是泛言教法，非專指王大子。《内則》：「六年教之數與方名。」已識字，已知算矣。至十歲，乃就外傳，講求六書之理、九數之法，故曰十年學書計。與他家云「八歲入小學」異者，所傳不同也。《周禮》無「八歲入小學」之文，因《保氏》併系之《周禮》。**保氏教國子，先㠯六書。**《周禮·保氏》，教國子六藝，「五曰六書」。國子者，公卿大夫之子弟，師氏教之，保氏養之，而世子亦齒焉。六書者，文字聲音義理之總滙也。有指事、象形、形聲、會意，而字形盡於此矣。字各有音，而聲音盡於此矣。有轉注、叚借，而字義盡於此矣。異字同義曰轉注，異義同字曰叚借。有轉注，而百字可一義也；有叚借，而一字可數義也。字形字音之書，若大史籀著大篆十五篇，殆其一耑乎。字義之書，若《爾雅》，其冣著者也。趙宋以後，言六書者，匈衿陋隘，不知轉注、叚借所以包括詁訓之全，謂六書爲倉頡造字六法，説轉注多不可通。戴先生曰：指事、象形、形聲、會意四者，字之體也。轉注、叚借二者，字之用也。聖人復起不易斯言矣。**一曰指事。**劉歆、班固首象形，次象事。指事即象事。鄭衆作處事，非也。**指事者，視而可識，察而見意。**見意，各本作「可見」，今依顏氏《藝文志》注正。意，舊音如憶。識、意在古音第一部，以下每書二句，皆韵語也。**丄丅是也。**丄丅各本作上下，非，今正。此謂古文也。有在一之上者，有在一之下者，視之而可識爲上下，察之而見上下之意。許於丄部曰：「丄，高也。」此指事。「丅，底也。」此指事。《序》復舉以明之。指事之别於象形者，形謂一物，事晐衆物。專博斯分，故一舉日月，一舉丄丅。丄丅，所晐之物多；日月，衹一物。學者知此，可以得指事、象形之分矣。指事亦得稱象形，故乙、丁、戊、已皆指事也，而丁、戊、已皆解曰象形；子、丑、寅、卯皆指事也，而皆解曰象形；一、二、三、四皆指事也，而四解曰象形。有事則有形，故指事皆得曰象形，而其實不能溷。指事不可以會意，殺合兩文爲會意，獨體爲指事。徐楚金及吾友江艮庭往往認會意爲指事，非也。**二曰象形。**象當作像。像者，佀也。象者，南越大獸也。自《易大傳》已叚借矣。劉歆、班固、鄭衆亦皆曰象形。**象形者，畫成其物，隨體詰詘。日月是也。**詰詘，見言部，猶今言屈曲也。日下曰：「實也。大陽之精。象形。」月下曰：「闕也。大陰之精。象形。」此復舉以明之，物莫大乎日月也。有獨體之象形，有合體之象形。獨體如日、月、水、火是也。合體者，从某而又象其形，如眉从目而以⺄象其形，箕从竹而以甘象其形，衰从衣而以𠂹象其形，𤰝从田而以𠃬象耕田溝詰屈之形是也。獨體之象形，則成字可讀。軵於从某者，不成字不可讀，説解中往往經淺人删之。此等字半會意半象形，一字中兼有二者，會意則兩體皆成字，故與此别。**三曰形聲。**劉歆、班固謂之象聲。形聲即象聲也。其字半主義，半主聲。半主義者，取其義而形之；半主聲者，取其聲而形之。不言義者，不待言也。得其聲之近似，故曰象聲，曰形聲。鄭衆作諧聲。諧，詥也，非其義。**形聲者，㠯事爲名，取譬相成。江河是也。**事兼指事之事，象形之物。言物亦事也。名即古曰名，今曰字之名。譬者，諭也；諭者，告也。以事爲名，謂半義也。取譬相成，謂半聲也。江河之字，以水爲名，譬其聲如工、可，因取工、可成其名。其別於指事、象形者，指事、象形獨體，形聲合體。其別於會意者，會意合體，主義；形聲合體，主聲。聲或在左，或在右，或在上，或在下，或在中，或在外。亦有一字二聲者。有亦聲者，會意而兼形聲也。有省聲者，既非會意，又不得其聲，則知其省某字爲之聲也。**四曰會意。**劉歆、班固、鄭衆皆曰會意③。會者，合也，合二體之意也。一體不足以見其義，故必合二體之意以成字。**會意者，比類合誼，目見指撝。武信是也。**誼者，人所宜也。先鄭《周禮》注曰：「今人用義，古書用誼。」誼者本字，義者叚借字。指撝與指麾同，謂所指向也。比合人言之誼，可以見必是信字；比合戈止之誼，可以見必是武字。是會意也。會意者，合誼之謂也。凡會意之字，曰从人言，曰从止戈。人言、止戈，二字皆聯屬成文，不得曰从人、从言，从戈、从止。而全書内往往爲淺人增一从字，大徐本尤甚，絶非許意。然亦有本用兩从字者，固當分别觀之。有似形聲而實會意者，如拘、鉤、笱，皆在句部，不在手、金、竹部，莽、莫、葬，不入犬、日、死部，𦬇、糾，不入艸、糸部之類，是也。**五曰轉注。**劉歆、班固、鄭衆亦皆曰轉注。轉注，猶言互訓也。注者，灌也。數字展轉互相爲訓，如諸水相爲灌注，交輸互受也。轉注者，所以用指事、象形、形聲、會意四種文字者也。數字同義，則用此字可，用彼字亦可。漢以後釋經謂之注，出於此。謂引其義使有所歸，如水之有所注也。里俗作註字，自明至今，刊本盡改舊文，其可嘆矣。**轉注者，建類一首，同意相受。考老是也。**

建類一首，謂分立其義之類而一其首。如《爾雅·釋詁》第一條説「始」是也。同意相受，謂無慮諸字意恉略同，義可互受相灌注而歸於一首，如初、哉、首、基、肇、祖、元、胎、俶、落、權輿，其於義或近或遠，皆可互相訓釋，而同謂之「始」是也。獨言考、老者，其㬎明親切者也。老部曰：「老者，考也。」「考者，老也。」以考注老，以老注考，是之謂轉注。葢老之形，从人毛匕，屬會意；考之形，从老、丂聲，屬形聲，而其義訓則爲轉注。全書内用此例不可枚數，但類見於同部者易知，分見於異部者易忽。如人部「但，裼也」，衣部「裼，但也」之類，學者宜通合觀之。異字同義，不限於二字。如裼、嬴、裎，皆曰「但也」，則與但爲四字；窒、窴，皆曰「𡫳也」，則與𡫳爲三字是也。《爾雅》首條，初爲衣之始，哉爲才之叚借字，才者艸木之初，首爲人體之始，基爲牆始，肇爲肁之叚借，肁者，始開，祖爲始廟，元爲始，胎爲婦孕三月，俶爲始也，落之爲始義，以反而成，權輿之爲始，葢古語。是十一者，通謂之始，非一其首，而同其異字之義乎。許云「考者，老也」，「老者，考也」，舉其切近著明者言之。其他若初、才、首、基、肁、祖、元、胎、俶、落、權輿等字之皆爲始，未嘗不義同《爾雅》也。有參差其辭者，如初下曰「始也」，始下曰「女之初也」，同而異，異而同也。有綱目其辭者，如𧮫爲意内言外，而矤爲兄𧮫，者爲別事𧮫，魯爲鈍𧮫，曾爲𧮫之舒，尒爲𧮫之必然，矣爲語已𧮫，乃爲𧮫之難是也。有云「之言」者，如孔子云「貉之言貉，貉，惡也」，「狄之言淫辟也」是也。凡經傳内云「之言」，亦云「之爲言」者，視此。有云「猶」者，如不下云「一猶天也」，爾下云「麗爾猶靡麗也」，夲下云「大十猶兼十人也」，苟下云「勹口猶慎言也」，𡫳下云「㠭猶齊也」是也。凡傳注中云「猶」者，視此。有以叚借爲轉注者，如會下云「曾，益也」，曾即增；皀下云「匕，合也」，匕即比；旞下云「允，進也」，允即粃是也。凡《爾雅》及傳注以叚借爲轉注者，視此。《爾雅》訓哉爲始，謂哉即才之叚借也。毛傳訓瑕爲遠，謂瑕即遐之叚借也。故轉注中可包叚借，必二之者，分别其用也。既叚借而後與叚義之字相轉注，未叚借則與本義之字相轉注也。轉注之説，晉衞恒、唐賈公彦、宋毛晃皆未誤，宋後乃異説紛然。戴先生《荅江慎修書》正之，如日月出矣，而爝火猶有思復然者，由未知六書轉注叚借二者，所以包羅自《爾雅》而下一切訓詁音義，而非謂字形也。玉裁按，衞恒《四體書勢》曰：「轉注者，以老注考也。」此申明許説也，而今《晉書》譌爲「老壽考也」，則不可通。毛晃曰：「六書轉注，謂一字數義，展轉注釋，而後可通。」後世不得其説。六曰假借。劉歆、班固、鄭衆皆作假借。六書之次第，鄭衆：一象形，二會意，三轉注，四處事，五假借，六諧聲，所言非其叙。劉歆、班固：一象形，二象事，三象意，四象聲，五轉注，六假借，與許大同小異。要以劉、班、許所説爲得其傳。蓋有指事、象形，而後有會意、形聲；有是四者爲體，而後有轉注、假借二者爲用。戴先生曰：「六者之次第出於自然。」是也。學者不知轉注，則亦不知假借爲何用矣。假當作「叚」，又部曰：「叚，借也。」然則人部當云「借，叚也」。叚借者，古文初作而文不備，乃以同聲爲同義。轉注專主義，猶會意也；叚借兼主聲，猶形聲也。假借者，本無其字，依聲託事。令長是也。託者，寄也，謂依傍同聲而寄於此。則凡事物之無字者，皆得有所寄而有字。如漢人謂縣令曰令長，縣萬户以上爲令，減萬户爲長。令之本義，發號也。長之本義，久遠也。縣令、縣長本無字，而由發號、久遠之義引申展轉而爲之，是謂叚借。許獨舉令長二字者，以今通古，謂如今漢之縣令、縣長字即是也。原夫叚借放於古文本無其字之時，許書有言「以爲」者，有言「古文以爲」者，皆可薈萃舉之。以者，用也，能左右之曰以。凡言「以爲」者，用彼爲此也。如「來」，周所受瑞麥來麰也，而以爲行來之來。「烏」，孝烏也，而以爲烏呼字。「朋」，古文鳳，神鳥也，而以爲朋攩字。「子」，十一月陽氣動萬物滋也，而人以爲偁。「韋」，相背也，而以爲皮韋。「西」，鳥在巢上也，而以爲東西之西。言「以爲」者凡六，是本無其字，依聲託事之明證。本無來往字，取來麥字爲之，及其久也，乃謂來爲來往正字，而不知其本訓，此許説叚借之明文也。其云「古文以爲」者，「洒」下云：古文以爲灑埽字。「疋」下云：古文以爲《詩・大雅》字。「丂」下云：古文以爲巧字。「臤」下云：古文以爲賢字。「𣄼」下云：古文以爲魯衞之魯。「哥」下云：古文以爲歌字。「詖」下云：古文以爲頗字。「㗊」下云：古文以爲醜字。「爰」下云：古文以爲車轅字。「𣪠」下云：《周書》以爲討字。此亦皆所謂依聲託事也。而與來、烏、朋、子、韋、西六字不同者，本有字而代之，與本無字有異。然或叚借在先，製字在後，則叚借之時，本無其字，非有二例。惟前六字，則叚借之後終古未嘗製正字，後十字，則叚借之後遂有正字爲不同耳。許書又有引經説叚借者，如「攺」，人姓也，而而引《商書》「無有作攺」，謂《鴻範》叚攺爲好也。「莧」，火不明也，而引《周書》「布重莧席」，釋云「蒻席也」，謂《顧命》叚莧爲蔑也。「堲」，古文垐，以土增大道上也，而引《唐書》「朕堲讒説殄行」，釋云「堲，疾惡也」，謂《堯典》叚壆爲疾也。「圛」，回行也，而引《商書》「曰圛」，釋云「圛者，升雲半有半無」，謂《鴻範》叚圛爲駱驛也。「枯」，槀也，而引《夏書》「唯箘輅枯」，釋云：「木名。」謂叚枯槀之枯爲木名也。此皆許偁經説叚借，而亦由古文字少之故，與云「古文以爲」者，正是一例。大氐叚借之始，始於本無其字，及其後也，既有其字矣，而多爲叚借，又其後也，且至後代譌字亦得自冒於叚借。博綜古今，有此三變。以許書言之，本無難、易二字，而以難鳥、蜥易之字爲之，此所謂無字依聲者也。至於經傳子史不用本字，而好用叚借字，此或古古積傳，或轉寫變易，有不可知。而如許書，每字依形説其本義，其説解中必自用其本形本義之字，乃不至矛盾自陷。而今日有絶不可解者：如「㥑」爲愁，「憂」爲行和，既畫然矣，而愁下不云「㥑也」，云「憂也」。「𡨄」爲窒，「塞」爲隔，既畫然矣，而窒下不云「𡨄也」，云「塞也」。「但」爲裼，「袒」爲衣縫解，既畫然矣，而裼下不云「但也」，云「袒也」。如此之類，在他書可以託言叚借，在許書則必爲轉寫譌字。葢許説義出於形，有形以範之，而字義有一定，有本字之説解以定之，而他字説解中不容與本字相背。故全書譌字，必一一諟正，而後許免於誣。許之爲是書也，以漢人通借緐多，不可究詰，學者不識何字爲本字，何義爲本義，雖有《倉頡》、《爰歷》、《博學》、《凡將》、《訓纂》、《急就》、《元尚》諸篇，楊雄、杜林諸家之説，而其篆文既亂襍無章，其説亦零星閒見，不能使學者推見本始，觀其會通。故爲之依形以説音義，而製字之本義昭然可知。本義既明，則用此字之聲而不用此字之義者，乃可定爲叚借。本義明而叚借亦無不明矣。

及宣王大史籀，著大篆十五篇，與古文或異。大史，官名。籀，人名也。省言之，曰史籀。《漢·藝文志》云：「《史籀》十五篇。」自注：「周宣王大史，作大篆十五篇。」又云：「《史籒篇》者，周時史官教學童書也。」然則其姓不詳。記傳中凡史官多言史某，而應劭、張懷瓘、顔師古及《封演聞見記》、郭忠恕《汗簡》引《説文》，皆作「大史史籀」，或疑大史而史姓，恐未足據。大篆十五篇，亦曰《史籀篇》，亦曰《史篇》。《王莽傳》：「徵天下《史篇》文字。」孟康云：「史籀所作十五篇古文書也。」此古文二字，當易爲大篆。大篆與倉頡古文或異，見於許書十四篇中者，備矣。凡云「籀文作某者」是也。「或」之云者，不必盡異也，葢多不改古文者矣。籀文字數不可知，《尉律》：「諷籀書九千字，乃得爲史」，此籀字訓讀書，與宣王大史籀非可牽合。或因之謂籀文有九千字，誤矣。大篆之名，上別乎古文，下別乎小篆。而爲言曰《史篇》者，以官名之；曰《籀篇》、籀文者，以人名之。而張懷瓘《書斷》乃分大篆及籀文爲二體，尤爲非是。又謂籀文亦名史書，尤非。凡《漢書·元帝紀》、《王尊傳》、《嚴延年傳》、《西域傳》之馮嫽，《後漢書·皇后紀》之和熹鄧皇后、順烈梁皇后，或云善史書，或云能史書，皆謂便習隸書，適於時用，猶今人之工楷書耳。而自應仲遠注《漢》，已云「史書，周宣王大史籀所作大篆十五篇也」。殊爲繆解。許偁《史篇》者三：奭下云：「此燕召公名，《史篇》名醜。」匋下云：「《史篇》讀與缶同。」姚下云：「《史篇》以爲姚易。」知《史篇》不徒載篆形，亦有説解。《班志》云：「建武時亡六篇。」唐玄度云：「建武中獲九篇。章帝時王育爲作解説，所不通者，十有二三。」許葢取王育説與？

至孔子書六經，左丘明述《春秋傳》，皆㠯古文，六經，《易》、《書》、《詩》、《禮》、《樂》、《春秋》也。始見

《小戴・經解》、《莊子・天運》。孔子書六經以古文者，以壁中經知之。左氏述《春秋傳》以古文者，於張蒼所獻知之。皆見下文。古文、大篆，二者錯見，此云「皆以古文」，兼大篆言之。六經、《左傳》不必有古文而無籀文也。下文云「取《史籀》大篆，或頗省改」，兼古文言之。不必所省改皆大篆而無古文也。秦書八體，一曰大篆，二曰小篆。不言古文，知古文已包於大篆中也。王莽改定古文，有六書，一曰古文，二曰奇字，即古文而異者，三曰篆書，即小篆。不言大篆，知古文、奇字二者内已包大篆也。《吕氏春秋》云：「倉頡造大篆。」是古文亦可偁大篆之證。厥意可得而說。謂雖當詭更正文，玩其所習，蔽所希聞之世，而真古文之意，未嘗不可說也。其後諸侯力政，不統於王，其後，謂孔子殁而微言絕，七十子終而大義乖也。惡禮樂之害己，而皆去其典籍。見《孟子》。分爲七國，韓、趙、魏、燕、齊、楚、秦。田疇異晦，如周制六尺爲步，步百爲晦。秦孝公二百四十步爲晦。車涂異軌，車之徹廣曰軌，因以軌名涂之廣。七國時，車不依徹廣八尺之定制，或廣或陜焉。涂不依諸侯經涂七軌、環涂五軌、野涂三軌之制，各以意爲之。故曰車涂異軌也。律令異灋，如商鞅爲左庶長，定變法之令。衣冠異制，如趙武靈王效胡服爲惠文冠，前插貂尾，又服鞾。齊王之側注冠，楚王之解豸冠，是也。言語異聲，文字異形。謂《大行人》「屬瞽史喻書名，聽聲音」之制廢，而各用其方俗語言，各用其私意省改之文字也。言語異聲，則音韵歧；文字異形，則體製惑。車同軌、書同文之盛，於是乎變矣。秦始皇帝初兼天下，丞相李斯乃奏同之，罷其不與秦文合者。以秦文同天下之文，秦文即下文小篆也。《本紀》曰：「二十六年，書同文字。」斯作《倉頡篇》，《藝文志》曰：「《倉頡》一篇，上七章，秦丞相李斯作。」中車府令趙高作《爰歷篇》，《志》曰：「《爰歷》六章，車府令趙高作。」車上當有中字，伏儼曰：「中車府令主乘輿路車者也。」大史令胡母敬作《博學篇》，《志》曰：「《博學》七章，大史令胡母敬作。」司馬彪曰：「大史令掌天時星厤。」胡母，姓也。《公羊音義》、《史記索隱》毋皆音無。或作父母字，非也。李之七章，趙之六章，胡母之七章，各爲一篇。《漢志》冣目合爲《倉頡》一篇者，因漢時閭里書師合爲三篇，斷六十字以爲一章，凡五十五章，并爲《倉頡篇》故也。六十字爲一章者，凡五十五，然則自秦至司馬相如以前，小篆祇有三千三百字耳。淺人云倉頡大篆有九千字，大篆之多，三倍於小篆，其說之妄，不辨而可知矣。皆取史籀大篆，或頗省改，省同媘。女部曰：「媘，少減也。亦作渻。」水部曰：「渻，減也。」省者，減其緐重。改者，改其怪奇。如民、弟、革、酉，皆象古文之形，所謂改也。書中載秦刻石「乜」、「汥」二字，此又刻石與其小篆異者，如古文之有奇字也。云「取史籀大篆，或頗省改」者，言史籀大篆，則古文在其中。大篆既或改古文，小篆復或改古文大篆。「或」之云者，不盡省改也。不改者多，則許所列小篆，固皆古文大篆。其不云古文作某、籀文作某者，古籀同小篆也。其既出小篆，又云古文作某、籀文作某者，則所謂「或頗省改」者也。所謂小篆者也。篆者，引書之謂。大史籀作者大篆，則謂李斯等作者小篆以別之。小篆，《藝文志》作秦篆。凡許書中云篆書者，小篆也；云籀文者，大篆也。是時秦燒滅經書，滌除舊典，大發吏卒，興戍役，官獄職務繇，皆詳《始皇本紀》。初有隸書，以趣約易，趣，疾走也。而古文由此絶矣。《藝文志》曰：「是時始造隸書矣。起於官獄多事，苟趨省易，施之於徒隸也。」晉衛恒曰：「秦既用篆，奏事繇多，篆字難成，即令隸人佐書曰隸字。」唐張懷瓘曰：「秦造隸書，以赴急速，爲官司刑獄用之，餘尚用小篆焉。」按，小篆既省改古文大篆，隸書又爲小篆之省，秦時二書兼行，而古文大篆遂不行，故曰「古文由此絶」。秦時刻石皆用小篆，漢初人不識科斗，其證也。自爾秦書有八體：爾，猶此也。《藝文志》《史籀》十五篇」下，即次之以《八體六技》，而不言其篇數。韋昭注八體用許説。一曰大篆，不言古文者，古文在大篆中也。上云「古文由此絶」，何也？古文大篆雖不行，而其體固在，刻符蟲書等，未嘗不用之也。二曰小篆，其時所冣重也。三曰刻符，《魏書》江式表④，符下有書字。符者，周制，六節之一。漢制以竹，長六寸，分而相合。四曰蟲書，新莽六體有鳥蟲書，所以書旛信也。此蟲書即書旛信者。五曰摹印，即新莽之繆篆也。六曰署書，木部曰：「檢者，書署也」。凡一切封檢題字，皆曰署，題榜亦曰署。册部曰：「扁者，署也。从户册。」七曰殳書，蕭子良曰：「殳者，伯氏之職也。古者文既記笏，武亦書殳」。按，言殳以包凡兵器題識，不必專謂殳。漢之剛卯，亦殳書之類。八曰隸書。所以便於官獄職務也。自刻符而下，其《漢志》所謂「六技」與？刻符、旛信、摹印、署書、殳書，皆不離大篆、小篆，而詭變各自爲體，故與左書偁「六技」。漢興，有艸書。衛恒曰：「漢興而有艸書，不知作者姓名。至章帝時，齊相杜度號善作之。」宋王愔曰：「元帝時，史游作《急就章》，解散隸體麤書之，章艸之始也。」按，艸書之偁，起於艸稾。趙壹云：「起秦之末，殆不始史游。」其各字不連緜者曰章艸，晉以下相連緜者曰今艸。猶隸之有漢隸、今隸也。漢人所書曰漢隸，晉唐以下楷書曰今隸。艸書又爲隸書之省，文字之變已極，故許蒙八體而附著之於此，言其不可爲典要也。漢趙壹有《非艸書》一篇。《尉律》：謂漢廷尉所守律令也。《百官公卿表》曰：「廷尉，秦官，掌刑辟。」《藝文志》曰：「漢興蕭何草律。」《刑法志》所謂「蕭何捃摭秦法，取其宜於時者，作律九章」也。此以下至「輒舉劾之」，説漢律所載取人之制。學僮十七已上，僮，今之童字。始試，句絶。謂始應攷試也。諷籀書九千字，乃得爲史。史，各本作「吏」，今依《江式傳》正。《周禮》注曰：「倍文曰諷。」竹部曰：「籀，讀書也。」《毛詩》傳曰：「讀，抽也。」《方言》曰：「抽，讀也。」抽即籀，籀讀二文爲轉注。《尚書》：「克由繹之。」由繹，即籀繹也。《史記》云：「紬史記石室金匱之書。」如淳云：「抽徹舊書故事而次述之。」紬亦即籀字也。今本《説文》言部讀下云：「誦書也。」不合故訓，誦乃籀之誤耳。凡古卜筮抽繹卦爻本義而爲辭者，因以籀名之。今《左傳》作「䌛」，俗作繇，許偁則作卜籀。籀之説明，而許所謂諷籀書者可明矣。諷籀書九千字者，諷謂能背誦《尉律》之文，籀書謂能取《尉律》之義推演發揮，而繕寫至九千字之多。諷若今小試之默經，籀書若今試士之時藝。上云始試，則此乃試之之事也。《藝文志》：「試學童，諷書九千字以上，乃得爲史。」無籀字。得爲史，得爲郡縣史也。《周禮》：「史十有二人。」注曰：「史，掌書者。」又「史掌官書以贊治。」注曰：「贊治，若今起文書草也。」《後漢書・百官志》：「郡大守、郡丞、縣令若長、縣丞、縣尉，各置諸曹掾史。」又㠯八體試之，八體，《漢志》作「六體」。攷六體乃亡新時所立，漢初蕭何艸律，當沿秦八體耳。《班志》固以試學童爲蕭何律文也。自「學僮十七」至「輒舉劾之」，許與班略異，而可互相補正。班云「大史試學童」，許則云郡縣以「諷籀書」試之，又「以八體試之」，而後「郡移大史」試之。此許詳於班也。班云「諷書」，許則云「諷籀書」，此亦許詳於班也。班云「六體」，許則云「八體」，此許覈於班也。班云「以爲尚書御史史書令史」，許云「尚書史」，此班詳於許也。班云「吏民上書，字或不正，輒舉劾」。許不言「吏民上書」，此亦班詳於許也。班書之成，雖在許前，而許不必見班書，固別有所本矣。郡移大史并課，句絕。㝡者㠯爲尚書史。大史者，大史令也。并課者，合而試之也。上文試以諷籀書九千字，謂試其記誦文理。試以八體，謂試其字迹。縣移之郡，郡移之大史，大史合試此二者。㝡讀殿㝡之㝡，其㝡者用爲尚書令史也。尚書令史十八人，二百石，主書。《藝文志》曰：「以爲尚書御史史書令史。」云「史書令史」者，謂能史書之令史也。漢人謂隸書爲史書，故孝元帝、孝成許皇后、王尊、嚴延年、楚王侍者馮嫽、後漢孝和帝和熹鄧皇后⑤、順烈梁皇后、北海敬王睦、樂成靖王黨、安帝生母左姬、魏胡昭史，皆云善史書。大致皆謂適於時用，如《貢禹傳》云：「郡國擇便巧史書者以爲右職。」又蘇林引胡公云：「漢官假佐，取内郡善史書者給佐諸府也。」是可以知史書之必爲隸書。向來注家釋史書爲大篆，其繆可知矣。⑥石建自詭馬不足一，馬援糾繆皋爲四羊，其可證也。葢漢承秦後，切於時用，莫若小篆、隸書也。《志》兼言御史令史，御史之令史，即《百官志》之蘭臺令史，許不及之者，以下文云「字或不正，輒舉劾之」，乃尚書所職，非御史所職也。○《光武紀》注引「《漢制度》曰：帝之下書有四：一曰策書，二曰制書，三曰詔書，四曰誡敕。策書者，編簡也，其制長二尺，短者半之，篆書。起年月日，稱皇帝以命諸侯王。三公以罪免亦賜策，而以隸書，用尺一木兩行⑦，惟此爲異也。制書者，帝者制度之命，其文曰制詔。三公皆璽封，尚書令印重封，露布州郡也。詔書者，詔，告也。其文曰告某官云如故事。誡敕者，謂敕刺史大守。其文曰有詔敕某官。他皆倣此」。按，此知漢人除策諸侯王用木簡篆書外，他皆用縑素隸書而已，絶無用大篆之事也。書或不正，輒舉劾之。劾者，用法以糾有罪也。《百官志》曰：「民曹尚書，主凡吏民（今本奪「民」字）上書事。」然則吏民上書，字或不正，輒舉劾正。民曹尚書事，而令史實佐之者也。此以上言漢初《尉律》之法如此。今雖有《尉律》，不課，今者，許謂當其時也。謂不試以諷籀《尉律》九千字也。小學不修，謂不以八體試之也。《漢志》自《史籀》十五篇下至杜林《倉頡故》一篇，總之爲小學十家，四十五篇。謂之小學者，八歲入小學所教也。莫達其説久矣。莫解六書之說也。玉裁按，漢之取人，蕭何初制用律及八體書，迄乎孝武，依丞相御史言，用通一藝以上補卒史，乃後吏多文學之士。合《說文》、《藝文志》及《儒林傳》參觀可見。葢始用律，後用經，而文學由之盛。始試八體，後不試，第聽閭里書師習之，而小學衰矣。故言今以惜之。孝宣皇帝時，召通《倉頡》讀者，句絕。此通《倉頡》讀者，齊人，而失其姓名。《藝文志》云：徵齊人能通《倉頡》讀者，是也。「張敞從受之」，謂令張敞從此人學，如晁錯之從伏生受《尚書》，張叔等十餘人詣京師受業博士或學律令也。張敞從受之。《藝文志》曰：「《倉頡》多古字，俗師失其讀，宣帝時徵齊人能正讀者，張敞從受之。傳至外孫之子杜林，爲作訓故。」按，云「《倉頡》多古字」者，謂《倉頡篇》中大半古文大篆，且周秦時所用音義，在漢時則爲古字。如張揖《古今字詁》所記者是也。「俗師失其讀」者，失其音義也。「正讀」者，正其音義。張敞字子高，河東平陽人。子吉，吉子竦，字伯松，博學文雅過於敞。《郊祀志》曰：「美陽得鼎，獻之有司，多以爲宜薦見宗廟。張敞好古文字，按鼎銘勒而上議曰：此鼎殆周之所以褒賜大臣，大臣子孫刻銘其先功，臧之於宮廟者也。不宜薦見宗廟。制曰：京兆尹議是。」涼州刺史杜業，業，《漢書》作鄴，似當從許作「業」。杜鄴字子夏，本魏郡繇陽人也。其母張敞女，從敞子吉學問，得其家書。吉子竦又從鄴學問，亦著於世，尤長小學。鄴子林，亦有雅材，其正文字，過於鄴、竦。沛人爰禮，沛，依六篇邑部當作「𨚍」，此亦從俗也。亏部平下曰「爰禮說」，其一端也。講學大夫秦近，講學大夫，新莽所設官名。《儒林傳》：「蕭秉、陳俠、歐陽政爲王莽講學大夫。」秦近，或曰即桓譚《新論》云：「秦近君說《堯典》篇目兩字至十餘萬言，說『曰若稽古』三萬言」者也。亦能言之。謂已上共五人，皆能說《倉頡》讀也。杜業在哀帝時，爰禮秦近皆在平帝及亡新時。孝平皇帝時，徵禮等百餘人，令說文字未央廷中，目禮爲小學元士。《孝平紀》：「元始五年，徵天下通知逸經、古記、天文、麻算、鍾律、小學、《史篇》、方術、《本艸》及以五經、《論語》、《孝經》、《爾雅》教授者，在所爲駕一封軺傳，遣詣京師，至者數千人。」《王莽傳》曰：「元始四年，徵天下通一藝教授十一人以上，及有逸禮、古書、《毛詩》、《周官》、《爾雅》、天文、圖讖、鍾律、月令、兵法、《史篇》文字，通知其意者，皆詣公車，令記說廷中。」紀、傳所說，正是一事。爰禮等百餘人說文字未央廷中，正其時也。禮等通小學、《史篇》文字者也。《史篇》，孟康云「史籀所作十五篇」也。玉裁按，《楊雄傳》曰：「《史篇》莫善於《倉頡》。」是則凡小學之書，皆得偁《史篇》。《藝文志》曰：「至元始中，徵天下通小學者以百數，各令記字於庭中。楊雄取其有用者，以作《訓纂篇》。」黃門侍郎楊雄，楊从木，或从手者，誤。本傳：奏《羽獵賦》，除爲郎，給事黃門。采目作《訓纂篇》。《志》曰：「《訓纂》一篇，楊雄作。」《楊雄傳》曰：「《史篇》莫善於《倉頡》，作《訓纂》。」凡《倉頡》已下十四篇，凡五千三百四十字，羣書所載，略存之矣。凡者，冣括也。冣括者，都數也。《倉頡》已下十四篇謂自《倉頡》至於《訓纂》，共十有四篇，篇之都數也。五千三百四十字，字之都數也。《藝文志》曰：「漢時，閭里書師合《倉頡》、《爰歷》、《博學》三篇，斷六十字以爲一章，凡五十五章，并爲《倉頡篇》。」此謂漢初《倉頡篇》祇有三千三百字也。《志》又曰：「武帝時司馬相如作《凡將篇》，無復字。元帝時黄門令史游作《急就篇》，成帝時將作大匠李長作《元尚篇》，皆《倉頡》中正字也。《凡將》則頗有出矣。」此謂三家所作，惟《凡將》之字有出《倉頡篇》外者也。《志》又曰：「至元始中，徵天下通小學者以百數，各令記字於庭中。揚雄取其有用者，以作《訓纂篇》，順續《倉頡》，又易《倉頡》中重復之字，凡八十九章。」此謂雄所作《訓纂》凡三十四章，二千四十字，合五十五章，三千三百字，凡八十九章，五千三百四十字也。班但言章數，許但言字數，而數適相合。不數《急就》、《元尚》者，皆《倉頡》中字，既取《倉頡》，可不之數也。不數《凡將》者，《凡將》字雖或出《倉頡》外，而必晐於《訓纂》中，故亦不之數也。《訓纂》續《倉頡》，而無複《倉頡》之字，且易《倉頡》中自複者，故五千三百四十字一無重複也。然則何以云十四篇也？合李斯、趙高、胡母敬、司馬相如、史游、李長、揚雄所作而言之，計字則無複，計篇則必備也。本祇有《倉頡》、《爰歷》、《博學》、《凡將》、《急就》、《元尚》、《訓纂》七目，又析之爲十四，其詳不可聞矣。漢初蓋《倉頡》、《爰歷》、《博學》爲《三倉》，班於「《倉頡》一篇」自注云：「上七章」，則《爰歷》爲中，《博學》爲下，可知也。自揚雄作《訓纂》，以後班固作十三章，和帝永元中郎中賈魴又作《滂喜篇》，梁庾元威云：「《倉頡》五十五章爲上卷，揚雄作《訓纂》記「滂喜」爲中卷，賈升郎更續記「彦（音盤）均」爲下卷。人偁爲《三倉》。」元魏江式亦云：「是爲《三倉》。」蓋自張揖作《三倉訓詁》，陸璣《詩疏》引《三倉》說，郭璞作《三倉解詁》，魏晉時早有《三倉》之偁。韋昭注《漢》云：班固十三章「疑在《倉頡》下篇三十四章之內。」然則賈魴所作有三十四章，而班之十三章在其中。許所云五千三百四十字，不數班、賈所作也。揚雄《訓纂》終於「滂熹」二字。滂熹者，言滂沱大盛。賈魴用此二字爲篇目，而終於「彦均」二字。故庾氏云：「揚記滂喜，賈記彦均。」《隨志》則云「揚作《訓纂》，賈作《滂喜》」，其實一也。喜與熹古通用。熹者，大盛之意。彦音盤，大也。《大學》「人之彦聖」，彦一作盤，是也。懷瓘《書斷》云：「《倉頡》《訓纂》八十九章，合賈廣班三十四章，凡百二十三章，文字備矣。」按八十九章，五千三百四十字，又增三十四章，二千四十字，凡七千三百八十字。許全書凡九千三百五十三文，蓋五千三百四十字之外，他采者三千十三字⑧，班、賈之篇未嘗不在网羅之內。且班、賈而外，亦且偕歸漁獵之中。班前於許，賈則同時。許即不見班、賈之書，而未央廷中百餘人所説，揚雄所未采，《凡將》所出《倉頡》外，《藝文志》所云《別字》十三篇者具焉，是皆許之所本也。自《倉頡》至《彦均》，章皆六十字，凡十五句，句皆四言。許引「幼子承詔」，郭注《爾雅》引「考妣延年」是也。《凡將》七言，如《蜀都賦》注引「黄潤纖美宜製襌」，《藝文類聚》引「鐘磬竽笙筑坎侯」是也。《急就》今尚存，前多三言，後多七言。《元尚》今無考。若《隨志》所載班固《大甲篇》、《在昔篇》，蓋即在十三章内。崔瑗《飛龍篇》、蔡邕《聖皇篇》、《黄初篇》、《吴章篇》，蔡邕《女史篇》，皆由其字已具《三倉》中，故不得列於《三倉》也。若《藝文志》又偁「《倉頡傳》一篇，揚雄《倉頡訓纂》一篇，杜林《倉頡訓纂》一篇，杜林《倉頡故》一篇」，此四篇者，又皆漢人釋《倉頡》五十五章之作。五十五章，四言爲句，如今童子所讀千字文。此四篇者，如顏師古、王伯厚之釋《急就篇》也。自《倉頡》至《彦均》，漢魏時葢皆以隸書書之，或以小篆書之，皆閭里書師所教習，謂之史書。及亡新居攝，使大司空甄豐等校文書之部，校，今之挍字也。古無挍字，借校字爲之。自目爲應制作，《王莽傳》曰：「莽奏起明堂、辟雍、靈臺，制度甚盛，立《樂經》。」自言「盡力制禮作樂事」。頗改定古文。頗者，閒見之詞。莽之於古文閒有改定，如疊字下，亡新以爲疊从三日，大盛，改爲三田，是其一也。時有「六書」，與《周禮·保氏》六書，同名異實。莽之六書，即秦八體而損其二也。一曰古文，孔子壁中書也。下文詳之。秦有小篆、隸書，而古文由此絶。故惟孔子壁中書爲古文，故六書首此。二曰奇字，即古文而異者也。分古文爲二。儿下云：「古文奇字人也。」无下云：「奇字无也。」許書二見，葢其所記古文中時有之，不獨此二字矣⑨。《楊雄傳》云：「劉歆之子棻，嘗從雄學奇字。」按，不言大篆者，大篆即包於古文、奇字二者中矣。張懷瓘謂奇字即籀文，其跡有石皷文存，非是。三曰篆書，即小篆，上文所謂小篆。秦始皇帝使下杜人程邈所作也。按，此十三字，當在下文「左書即秦隸書」之下。上文明言李斯、趙高、胡毋敬皆取史籀大篆省改所謂小篆，則作小篆之人既顯白矣，何容贅此，自相矛盾耶。況蔡邕《聖皇篇》云「程邈删古立隸文」，而蔡琰、衞恆、羊欣、江式、庚肩吾、王僧虔、酈道元、顏師古亦皆同辭。惟傳聞不一，或晉時許書已譌，是以衞巨山疑而未定耳。下杜人程邈，爲衙獄吏，得罪幽繫雲陽，增減大篆體，去其緐複。始皇善之，出爲御史，名書曰隸書。下杜，江式、張懷瓘皆作「下邽」，庚肩吾《書品》作「下邳」。邈，《説文》無此字，葢古祇作「藐」。四曰左書，即秦隸書。左，今之佐字。小徐本作左，而後「大叔佐夏」不畫一，葢許《叙》從俗作佐，後人或以古字改之，而又不盡改也。左書，謂其法便捷，可以佐助篆所不逮。上文云：「初有隸書，以趣約易。」不言誰作，故此補之曰：「秦始皇帝使下杜人程邈所作也。」五曰繆篆，所目摹印也。摹，規也。規度印之大小，字之多少而刻之。繆，讀綢繆之繆。上文秦文八體，「五曰摹印」。六曰鳥蟲書，所目書幡信也。幡，當作旛，漢人俗字以幡爲之。書旛，謂書旗幟；書信，謂書符卩。上文「四曰蟲書」，此曰鳥蟲書，謂其或像鳥，或像蟲，鳥亦偁羽蟲也。按，秦文八體，尚有刻符、署書、殳書，此不及之者，三書之體不離乎摹印、書旛之體，故舉二以包三。古文則析爲二，以包大篆。莽意在復古應制作，故不欲襲秦制也。壁中書者，已下尊崇古籀，述己作書之意，故承壁中書而釋之。魯恭王壞孔子宅，而得《禮》、《記》、《尚書》、《春秋》、《論語》、《孝經》，劉歆《移書讓大常博士》曰：「魯恭王壞孔子宅，欲以爲宮，得古文於壞壁中，《逸禮》三十有九，《書》十六篇。」《藝文志》曰：「魯恭王壞孔子宅，欲以廣其宮，得古文《尚書》及《禮》、《記》、《論語》、《孝經》，凡數十篇，皆古字也。」《景十三王傳》曰：「於其壁中得古文經傳。」按，古文傳，謂《記》及《論語》也。許所謂得《禮》者，《禮》古經也。《志》言《禮》古經五十六卷，出於魯淹中及孔氏，與后氏戴氏《經》十七篇相似，多三十九篇。十七篇即唐以後所謂《儀禮》，多出之三十九篇，漢儒莫爲之注，遂亡。○《記》者，謂《禮》之記也。《河閒獻王傳》，《禮》與《禮記》爲二，此亦當云《禮》、《禮記》，轉寫奪一禮字耳。《志》云：「《記》百三十一篇，七十子後學者所記也。《明堂陰陽》三十三篇，古明堂之遺事也。《王史氏》二十一篇，七十子後學者也。」《隋志》：「劉向考校經籍，得《記》百三十篇，《明堂陰陽記》三十三篇，《孔子三朝記》七篇，《王史氏記》二十一篇，《樂記》二十三篇，凡五種合二百十四篇。」《經典釋文·敘録》引「《劉向別録》云：《古文記》二百十四篇」是也⑩。謂之「古文記」，則以上皆爲古文可知。○《尚書》者，《志》言「《尚書古文經》四十六卷，爲五十七篇。」以考伏生《經》二十九篇，得多十六篇。劉歆亦云得《古文逸書》十六篇，要之伏生所有以及所無皆爲古文矣。○《春秋》，葢謂《春秋經》也。《志》言「《春秋古經》十二篇」是也。《春秋》經傳，《班志》不言出誰氏，據許下云北平侯張蒼獻《春秋左氏傳》，意經傳皆其所獻。古經與傳別，然則班云《春秋古經》十二篇，《左氏傳》三十卷，皆謂蒼所獻也。而許以經系之孔壁，以傳系之北平侯，恐非事實。或曰《春秋》二字衍文。○《論語》，《志》云「《論語》古二十一篇，出孔子壁中，兩《子張篇》」是也。《齊論語》則二十二篇，《魯論語》則二十篇。○《孝經》者，《志》云「《孝經古孔氏》一篇，二十二章」是也。《孝經》一篇十八章，漢長孫氏、江翁、后蒼、翼奉、張禹各自名家。經文皆同，唯孔氏壁中古文爲異。○以上皆古文，以其出於壁中，故謂之「壁中書」，晉人謂之科斗文。王隱曰：「大康元年，汲郡民盜發魏安釐王冢，得竹書漆字科斗之文。科斗文者，周時古文也。其字頭麤尾細，似科斗之蟲，故俗名之焉。」據此，則科斗文乃晉人里語，而孔安國叙《尚書》，乃有科斗文字之偁，其爲作僞，固顯然可見矣。**又北平侯張蒼獻《春秋左氏傳》。**孝惠三年，乃除挾書之律，張蒼當於三年後獻之。然則漢之獻書，張蒼最先，漢之得書，首《春秋左傳》，而平帝時乃立博士，何也？秦禁挾書，而蒼身爲秦柱下御史，遂臧《左氏》至漢弛禁而獻之，亦可以知秦法之不行矣。此亦壁中諸經之類也，故類記之。《論衡》說《左傳》卅篇出恭王壁中，恐非事實。**郡國亦往往於山川得鼎彝，其銘即前代之古文，皆自相佀。**何休云：「亦者，兩相須之意。」銘字不見於金部，由古文《士喪禮》作名，許從古文《禮》也。而此作銘者，不廢今字也。佀，像也。郡國所得秦以上鼎彝，其銘即三代古文。如《郊祀志上》有故銅器，問李少君，少君曰：「此器齊桓公十年陳於柏寢。」已而案其刻，果齊桓公器。又美陽得鼎，獻之有司，多以爲宜薦見宗廟，張敞按鼎銘勒而上議。凡若此者，亦皆壁中經之類也。「皆自相似」者，謂其字皆古文，彼此多相類。**雖叵復見遠流，**流，小徐本作「沫」，葢誤。**其詳可得略說也。**玄應引《三倉》曰：「叵，不可也。」許可部無此字。以可急言之，即爲不可。如試可乃已，即試不可乃已也。而此有叵字者，不廢今字也。雖不可再見古昔原流之詳，而其詳亦可得略說之。就恭王所得、北平所獻，以及郡國所得鼎彝，古文略具於是。故王莽時，六書不得古文，便以壁中書爲古文。反古復始之道，莫之能易也。而世人大共非訾，《禮記》鄭注曰：「口毁曰訾。」目爲好奇者也，故詭更正文，詭，當作恑，變也。鄉壁虚造不可知之書，鄉，俗用向爲之。變亂常行，目燿於世。此謂世人不信壁中書爲古文，非毁之，謂好奇者改易正字，向孔氏之壁，憑空造此不可知之書，指爲古文，變亂常行，以燿於世也。正文、常行，世人謂秦隸書也。諸生競逐説字解經誼⑪，誼，各本譌作「誼」，今正。誼、義古今字。《藝文志》曰：「後世經傳既已乖離，博學者又不想多聞闕疑之義，而務碎義逃難，便辭巧説，破壞形體。説五字之文，至於二三萬言。後進彌以馳逐，故幼童而守一藝，白首而後能言。」稱秦之隸書爲倉頡時書，云父子相傳，何得改易。謂諸生之爭逐説字解經義也。稱秦隸書即倉頡書，云此積古以來父傳之子者，安能有所改易，而乃謂其非古文，乃輒别造不可知之書爲古文也。説字以解經，本無不合，患在妄説隸書之字，如下文所舉。乃猥曰：「馬頭人爲長」，謂馬上加人，便是長字會意。曾不知古文小篆長字，其形見於九篇，明辨皙也。今馬頭人之字罕見，葢漢字之尤俗者。「人持十爲斗」，今所見漢隸字，斗作升，與升字、什字相混，正所謂人持十也。斗見十四篇，小篆即古文也，本是像形字。「虫者，屈中也。」蟲从三虫，而往往叚虫爲蟲，許多云「蟲省聲」是也。但虫、蟲見十三篇，本像形字，所謂隨體詰詘。隸字秖令筆畫有横直可書，本非从中而屈其下也。如許書於民、酉字，曰从古文之體。小篆有變古文令可書者，隸書亦有變小篆令可書者，其道一也。廷尉説律至目字斷法，猶之説字解經義也。「苛人受錢，苛之字止句也。」《通典》陳羣、劉邵等《魏律令序》曰：「盜律有受所監臨，受財枉法，襍律有假借不廉，令乙有所呵人受錢科，有使者驗賂，其事相類，故分爲請賕律。」按，訶責字，見三篇言部，俗作呵，古多以苛字、荷字代之。漢令乙有所苛人受錢，謂有治人之責者，而受人錢，故與監臨受財、假借不廉、使者得賂爲一類。苛从艸，可聲。假爲訶字。並非「从止句」也。而隸書之尤俗者，乃譌爲「岢」，説律者曰：此字从止句，句讀同鉤，謂止之而鉤取其錢。其説無稽，於字意、律意皆大失。今《廣韵・七歌》曰：「岢，止也。虎何切。」《玉篇》止部云：「岢，古文訶。」亦皆譌字耳，而不若「岢」之甚。若此者甚衆，不可勝數也。皆不合孔氏古文，謬於《史籀》。文字以《倉頡》、《史籀》爲正，故必兼舉之。不曰「倉頡古文」，而曰「孔氏古文」者，漢時惟孔子壁中書爲倉頡古文也。鼎彝之銘，則合於孔氏古文者也。俗儒啚夫，啚，俗本作「鄙」，非。啚者，嗇也。田夫謂之嗇夫。翫其所習，蔽所希聞，不見通學，未嘗覩字例之條，字例之條，謂指事、象形、形聲、會意、轉注、叚借六書也。《藝文志》曰：「安其所習，毁所不見，終以自蔽，此學者之大患也。」怪舊埶而善野言，埶，今藝字也。《五音韵譜》作「執」，亦通。目其所知爲祕妙，妙，古作「玅」。妙取精細之意，故以目小之義引申叚借之。後人别製「妙」文，蔡邕題曹娥碑有「幼婦」之言，知其字漢末有之。許書不録者，晚出之俗字也。而不廢此字者，可從者則不廢。从女，少聲，於古造字之義有合。古好从女子，妥从女爪。安从宀女，妟从女日，《周禮》媺从女散。男女者，人之大欲存焉，故古造字多有取於此。凡俗字不若「馬頭人」「人持十」之已甚者，許所不廢也。究洞聖人之微恉。究，窮也。洞，同「迵」。迵者，達也。恉者，意也。又見《倉頡篇》中「幼子承詔」，「幼子承詔」，葢《倉頡篇》中之一句也。《倉頡篇》例四字爲句。今許書言部無「詔」字，葢許以「誥」字包之。古曰誥，秦漢曰詔，義同音近。因曰：「古帝之所作也，其辭有神僊之術焉。」曰，大徐作「號」。「幼子承詔」，葢指胡亥即位事。俗儒啚夫既謂隸書即倉頡時書，因謂李斯等所作《倉頡篇》爲黄帝之所作，以黄帝、倉頡君臣同時也。其云「幼子承詔」者，謂黄帝乘龍上天，而少子嗣位爲帝也。無稽之談，漢人乃至於此哉。其迷誤不諭，豈不悖哉。諭，猶曉也。悖，亂也。自「世人大共非訾」以下至此，皆言《尉律》不課，小學不修，莫達其説」之害。葢自不試以諷籒《尉律》九千字，不課以八體書，專由通一藝進身而不讀律，則不知今矣。所習皆隸書，而隸書之俗體又日以滋蔓，則不知古矣。以其滋蔓之俗體説經，有不爲經害者哉？此許自言不得不爲《説文解字》之故。《孟子》曰：「予豈好辨哉，予不得已也。」古聖賢作述，皆必有所不得已焉。爾後，魏江式亦以篆形謬錯，隸體失真，追來爲歸，巧言爲辯，小兔爲𪓑，神蟲爲蠶，皆不合古文大篆及許氏説，請撰集字書，號曰《古今文字》。《書》曰：「予欲觀古人之象。」《虞書・皋陶謨》文。言必遵修舊文，而不穿鑿。《尚書》：「日、月、星辰、山、龍、華蟲作會，宗彝、藻、火、粉米、黼、黻希繡，以五采彰施于五色作服。」日月以下像其物者，實皆依古人之像爲之。古人之像，即倉頡古文是也。像形、像事、像意、像聲，無非像也。故曰「古人之像」。文字起於像形，日、月、星辰、山、龍、華蟲、宗彝、藻、火、粉米、黼、黻，皆像其物形，即皆古像形字。古畫圖與文字非有二事，帝舜始取倉頡依類像形之文，用諸衣裳以治天下，故知文字之用大矣。虙羲、倉頡觀於天地人物之形，而畫卦造書契，帝舜法伏羲、倉頡之像形，以爲旗章衣服之飾。大舜之智，猶修舊不敢穿鑿，況智不如舜者乎！孔子曰：「吾猶及史之闕文，今亡矣夫。」《論語・衛靈公篇》文。葢非其不知而不問。人用己私，私當爲厶。是非無正，巧説衺辭，使天下學者疑。《藝文志》曰：「古制，書必同文，不知則闕，問諸故老。至於衰世，是非無正，人用其私。故孔子曰：吾猶及史之闕文也，今亡矣夫。葢傷其寖不正。」葢文字者，上葢釋《論語》之辭，此葢承上起下之辭。經藝之本，六藝字，古當衹作「埶」。埶，穜也。六經爲人所治，如穜植於其中，故曰六藝。後人穜埶字作「蓺」，六藝又加云作「藝」，葢皆俗字，許書當是用「埶」。王政之始，歬人所吕垂後，後人所吕識古。故曰：「本立而道生。」「知天下之至嘖而不可亂也。」上句《論語・學而篇》文，下句《易・毄辭傳》文。今叙篆文，合吕古籒，此吕下至「葢闕如也」，自述作書之例也。

篆文謂小篆也，古籀謂古文籀文也。許重復古，而其體例不先古文籀文者，欲人由近古以攷古也。小篆因古籀而不變者多，故先篆文，正所㠯說古籀也。隸書則去古籀遠，難以推尋，故必先小篆也。其有小篆已改古籀，古籀異於小篆者，則以古籀駙小篆之後，曰「古文作某」、「籀文作某」，此全書之通例也。其變例則先古籀後小篆，如一篇二下云：「古文丄。」丅下云：「篆文二。」先古文而後篆文者，以旁帝字从二，必立二部，使其屬有所从。凡全書有先古籀後小篆者，皆由部首之故也。博采通人，至於小大，信而有證。小大，《論語》云「賢者識其大者，不賢者識其小者」是也。《中庸》曰：「無徵不信。」可信者必有徵也。徵，證也。證，諭也。許君博采通人，載孔子說、楚莊王說、韓非說、司馬相如說、淮南王說、董仲舒說、劉歆說、楊雄說、爰禮說、尹彤說、逯安說、王育說、莊都說、歐陽喬說、黃顥說、譚長說、周成說、官溥說、張徹說、甯嚴說、桑欽說、杜林說、衛宏說、徐巡說、班固說、傅毅說，皆所謂通人也。而賈侍中逵，則許所從受古學者，故不書其名，必云賈侍中說。稽譔其說，稽，留止也。稽留而攷之也。譔，專教也。譔音與詮同，詮，具也。稽攷詮釋，或以說形，或以說音，或以說義，三者之說，皆必取諸通人。其不言某人說者，皆根本六藝經傳，務得倉頡、史籀造字本意，因形以得其義與音，而不爲穿鑿。將㠯理羣類，羣類，謂如許沖所云「天地鬼神、山川艸木、鳥獸蚰蟲、雜物奇怪、王制禮儀、世閒人事，靡不畢載」，皆以文字之說說其條理也。解謬誤，謂說形、說音、說義有謬誤者，皆得解判之也。曉學者，達神恉，曉者，明之也。

達，猶通也。指者，意也。達神恉者，使學者皆通憭於文字之形、之音、之義也。神恉者，指事、象形、形聲、會意、轉注、叚借，神妙之恉也。分別部居，不相雜廁也。居，當作「凥」。凡居處字，古用凥，後世乃用居爲之。許從俗也。廁，猶置也。分別部居，不相雜廁，謂分別爲五百四十部也。周之字書，漢時存者，《史籀》十五篇，其體式大約同後代《三倉》。許所引《史篇》三，姚下、匋下、奭下，略如後代《倉頡傳》、《倉頡故》。秦之《倉頡》、《爰歷》、《博學》合爲《倉頡篇》者，每章十五句，每句四字。《訓纂》、《滂熹》同之。《凡將篇》每句七字，《急就》同之。其體例皆雜取需用之字，以文理編成有韵之句，與後世《千字文》無異，所謂雜廁也。識字者略識其字，而其形或譌，其音義皆有所未諦，雖有楊雄之《倉頡訓纂》、杜林之《倉頡訓纂》、《倉頡故》而散而釋之，隨字敷演，不得字形之本始，字音字義之所以然。許君以爲音生於義，義箸於形。聖人之造字，有義以有音，有音以有形，學者之識字，必審形以知音，審音以知義。聖人造字實自像形始，故合所有之字，分別其部爲五百四十，每部各建一首，而同首者，則曰「凡某之屬皆从某」，於是形立而音義易明。凡字必有所屬之首，五百四十字可以統攝天下古今之字，此前古未有之書，許君之所獨𠛬，若網在綱，如裘挈領，討原以納流，執要以說詳，與《史籀篇》、《倉頡篇》、《凡將篇》亂雜無章之體例，不可以道里計。顔黃門曰：「其書隱栝有條例，剖析窮根原，不信其說，則冥冥不知一點一畫有何意焉。」此冣爲知許者矣。蓋舉一形以統衆形，所謂隱栝有條例也。就形以說音義，所謂剖析窮根源也。是以《史篇》、《三倉》自漢及唐，遞至放失，而《說文》遂嫥行於世。如左公、毛公之《詩傳》、《春秋傳》皆後出，而率循獨永久勿替也。按，史游《急就篇》亦曰：「分別部居不襍廁。」而其所謂分別者，如姓名爲一部，衣服爲一部，飲食爲一部，器用爲一部。《急就》之例如是，勝於李斯、胡母敬、趙高，司馬相如、楊雄所作諸篇散無友紀者，故自述曰「急就奇觚與衆異」也。然不無待於訓詁，訓詁之法，又莫若據形類聚，故同一分別部居，而功用殊矣。萬物咸覩，靡不兼載。許沖云：「天地鬼神、山川艸木、鳥獸蚰蟲、襍物奇怪，王制禮儀、世閒人事，靡不畢載。」蓋史游之書，以物類爲經，而字緯之，許君之書，以字部首爲經，而物類緯之也。厥誼不昭，爰朙㠯諭。誼，兼字義、字形、字音而言。昭，明也。諭，告也。許君之書，主就形而爲之説解。其篆文，則形也。其説解，則先釋其義。若元下云「始也」，丕下云「大也」是也。次釋其形，若元下云「从一从兀」，丕下云「从一从不」是也。次説其音，若「兀爲聲」、「不爲聲」，及凡「讀若某」皆是也。必先説義者，有義而後有形也。音後於形者，審形乃可知音，即形即音也。合三者以完一篆，説其義而轉注、叚借明矣，説其形而指事、象形、形聲、會意明矣，説其音而形聲、叚借愈明矣。一字必兼三者，三者必互相求；萬字皆兼三者，萬字必以三者彼此交遣互求。説其義而轉注、叚借明者，就一字爲注，合數字則爲轉注，異字同義爲轉注，異義同字則爲叚借。故就本形以説義而本義定，本義既定而他義之爲借形可知也。故曰説其義而轉注、叚借明也。説其形而指事、象形、形聲、會意明者，説其形則某爲指事，某爲象形，某爲獨體之象形，某爲合體，某爲合二字之會意，某爲合二字之形聲，某爲會意兼有形聲，皆可知也。説其聲而形聲、叚借愈明者，形聲必用此聲爲形，叚借必用此聲爲義。其偁《易》孟氏，《書》孔氏，《詩》毛氏，《禮》，《周官》，《春秋》左氏，《論語》，《孝經》，漢田何以《易》授丁寬，寬授田王孫，王孫授施讎、孟喜、梁丘賀，喜授白光、翟牧，後漢洼丹、觟陽鴻、任安、范升、楊政皆傳孟氏《易》。而虞翻自其高祖光至翻，五世皆治孟《易》，故仲翔孟學爲尤邃。孟《易》者，許君《易》學之宗也。孔氏有古文《尚書》，孔安國以今文字讀之，因以起其家。司馬遷亦從安國問故。遷書載《堯典》、《禹貢》、《洪範》、《微子》、《金縢》諸篇，多古文説。孔氏者，許《書》學之宗也。毛公，趙人也。治《詩》爲河閒獻王博士。毛氏者，許學《詩》之宗也。高堂生傳《士禮》十七篇，而《禮》古經五十六卷出壁中，有大戴、小戴，慶氏之學，許不言誰氏者，許《禮》學無所主也。古謂之《禮》，唐以後謂之《儀禮》，不言《記》者，言《禮》以該《記》也。《周官經》六篇，王莽時劉歆置博士，古謂之《周官經》，許鄭亦謂之《周禮》，不言誰氏者，許《周禮》學無所主也。《春秋》古經十二篇，《左氏傳》三十卷，出壁中及張蒼家，《左氏》者，許《春秋》學之宗也。《論語》不言誰氏者，學無所主也。《孝經》亦不言誰氏者，學無所主也。許沖以爲魯國三老所獻，議郎衞宏所校。以上爲《班志》之六藝九種，而不言樂者，以《禮》、《周官》該樂也。偁者，揚也。揚者，舉也。許書内多舉諸經以爲證，以爲明諭厥誼之助。皆古文也。此反對上文「皆不合孔氏古文，謬於《史籀》」而言。所謂萬物兼載，爰明以諭者，皆合於《倉頡》古文，不謬於《史籀》大篆。不言大篆者，言古文以該大篆也。所説之義，皆古文大篆之義，所説之形，皆古文大篆之形；所説之音，皆古文大篆之音。故曰：「皆古文也。」然則所偁六藝，皆以言古文大篆。即六藝之外，所偁載藉，如《老子》、《淮南王》、伊尹、《韓非》、《司馬法》之類，六藝孟氏、孔氏、毛氏、左氏外，所偁諸家，如《韓詩》、《魯詩》、《公羊春秋》之類，亦皆以言古文大篆也。且逐字説之，不必有所偁者，無非以言古文大篆之字形、字音、字義也。上文「萬物咸覩，靡不兼載，厥誼不昭，爰明以諭」，正謂全書皆發揮古文。言其偁《易》孟氏、《書》孔氏、《詩》毛氏、《禮》、《周官》、《春秋》左氏、《論語》、《孝經》，謂全書中明諭厥誼，往往取證於諸經，非謂偁引諸經皆壁中古文本也。《易》孟氏之非壁中明矣。古書之言古文者有二，一謂壁中經籍，一謂倉頡所製文字。雖命名本相因，而學士當區別。如古文《尚書》、古文《禮》，此等猶言古本，非必古本字字皆古籀，今本則絶無古籀字也。且如許書未嘗不用《魯詩》、《公羊傳》、今文《禮》，然則云皆古文者，謂其中所説字形、字音、字義，皆合《倉頡》、《史籀》，非謂皆用壁中古本明矣。所説字形、字音、字義，皆合《倉頡》、《史籀》，則《周禮·保氏》所教六書指事、象形、形聲、會意、轉注、叚借字例之條，大明於天下。俗儒啚夫迷誤不諭者，可昭然共諭矣。**其於所不知，蓋闕如也。**此用《論語·子路篇》語。「蓋闕」疊韵字。凡《論語》言「如」，或單字，孛如、躩如是；或重字，申申如、夭夭如是；或疊韵雙聲字，踧踖如、鞠躬如、蓋闕如是。蓋舊音如割，《漢書·儒林傳》曰：「疑者丘蓋不言。」蘇林曰：「丘蓋者，不言所不知之意也。」如淳曰：「齊俗以不言所不知爲丘蓋。」丘蓋，《荀卿書》作「區蓋」。丘、區、闕三字雙聲。許全書中多箸闕字，有形音義全闕者，有三者中闕其二、闕其一者。分別觀之，書凡言闕者十有四，容有後人增竄者⑫。如單下「大也，从吅甲，吅亦聲，闕。」此謂从甲之形不可解也。𨛜从反邑，𠃨从反丮，𠨍从反卩，卯从卩𠨍⑬，沝从二水，灥从三泉，皆云闕，謂其音讀缺也。𦥑下直云闕，謂形義音皆缺也。戠下云闕，从戈从音，謂其義及讀若缺也。

説文解字第一

一 部一

二 部二 古文上字。蒙一而次之，短畫在長畫之上，有物在一之上也。其別於二字者，二兩畫長短均也。各本二篆作丄，非。

示 部三 次示者，示从二，蒙二而次之也。二者，古文上。

三 部四 蒙示有三垂，而以三次之。

王 部五 蒙三而次之，从一毌三也。

玉 部六 亦蒙三而次之。

玨 部七 蒙王而次之。凡竝之重之而又有屬者，則別爲部。如玨之屬，有班、琎是也。並之重之而無屬，則不別爲部。如示示在示部之末是也。

气 部八 文象形而次此者，爲其列多不過三。

士 部九 蒙上以一毌三，次之以十合一。

丨 部十 王玉中皆有丨以毌之，故次之以丨。

屮 部十一 蒙引而上行之丨也。

艸 部十二 蒙屮而次之。

蓐部十三蒙艸而次之。

茻部十四蒙艸而次之。

說文解字第二

小部十五仍蒙丨而次之。

八部十六蒙小从八，而次之以八。余居八部，而所屬有㒓，蓋古本此下有余部。

釆部十七釆者，八之類，皆象分別之形也。故次於此。

半部十八蒙八而次之。

牛部十九蒙半从八牛而次之。

犛部二十蒙牛而次之。

告部二十一蒙牛而次之。

口部二十二蒙告从口而次之。

凵部二十三張口也。故次於此。

吅部二十四蒙口而次之。

哭部二十五蒙吅而次之。

走部二十六有形不相蒙者，此是也。

止部二十七蒙走从止而次之。

癶部二十八蒙止㞢二文而次之。

步部二十九亦蒙止㞢二文次之。

此部三十蒙止而次之。

正部三十一蒙止而次之。

是部三十二蒙正而次之。

辵部三十三仍蒙止而次之。

彳部三十四蒙辵从彳而次之。

廴部三十五蒙彳而次之。

㢟部三十六蒙廴而次之，兼蒙止。

行部三十七蒙彳部亍二文而次之。

齒部三十八仍蒙止而次之。

牙部三十九牙之形無所蒙，而其爲物齒屬也，故次於此。

足部四十仍蒙止而次之。

疋部四十一仍蒙止。

品部四十二遠蒙口而次之。

龠部四十三蒙品而次之。

冊部四十四蒙龠从册而次之。

說文解字第三

㗊部四十五蒙品而次之。

舌部四十六仍蒙口。

干部四十七蒙舌从干而次之。

㕯部四十八仍蒙口。
只部四十九仍蒙口。
㕭部五十仍蒙口。
句部五十一仍蒙口。
丩部五十二蒙句从丩而次之。
古部五十三仍蒙口。
十部五十四蒙古从十而次於此。
卅部五十五蒙十而次之。
言部五十六仍蒙口。
誩部五十七蒙言而次之。
音部五十八蒙言而次之。
䇂部五十九蒙言从䇂而次之。
丵部六十其形下體類䇂而次之。
菐部六十一蒙丵而次之。
𠬞部六十二蒙菐从廾而次之。
𠬜部六十三反𠬞故次之。
共部六十四蒙廾而次之。
異部六十五蒙廾而次之。
舁部六十六蒙廾而次之。

𦥑部六十七蒙舁从𦥑而次之。
晨部六十八蒙𦥑而次之。
爨部六十九蒙𦥑蒙𠬞而次之。
革部七十古文革从𦥑，故蒙𦥑而次於此。
鬲部七十一形無所蒙，以物可爨而次之。
䰜部七十二蒙鬲而次之。
爪部七十三蒙𦥑而次之。
丮部七十四義同爪，故次之。
鬥部七十五蒙丮而次之。
又部七十六𦥑之形从又从𠂇也，故蒙𦥑而次之以又𠂇。
𠂇部七十七
史部七十八蒙又而次之。
支部七十九蒙又而次之。
𦘒部八十蒙又而次之。
聿部八十一蒙𦘒而次之。
畫部八十二蒙聿而次之。
隶部八十三仍蒙又。
臤部八十四仍蒙又。
臣部八十五蒙臤从臣而次之。

殳部八十六仍蒙又。

殺部八十七蒙殳而次之。

几部八十八蒙殳从几而次之。

寸部八十九仍蒙又。

皮部九十仍蒙又。

㼱部九十一蒙皮而次之。

攴部九十二仍蒙又。

教部九十三蒙攴而次之。

卜部九十四蒙攴从卜而次之。

用部九十五蒙卜而次之。

爻部九十六卦爻之事與卜相近，故次於此。

㸚部九十七蒙爻而次之。

說文解字第四

旻部九十八仍蒙攴而次之。

目部九十九蒙旻从目而次之。

䀠部一百蒙目而次之。

眉部一百一蒙目而次之。

盾部一百二蒙目而次之。

自部一百三字形略與目字形相似，故次之。

白部一百四白與自一字，如大與大一字。

鼻部一百五蒙自而次之。

皕部一百六蒙白部之百字而次之。

習部一百七蒙白而次之。

羽部一百八蒙習从羽而次之。

隹部一百九羽傅於隹，故次之。

奞部一百十蒙隹而次之。

雈部一百十一蒙隹而次之。

𦫳部一百十二蒙雈从𦫳而次之。

苜部一百十三蒙𦫳而次之。

羊部一百十四蒙𦫳而次之。

羴部一百十五蒙羊而次之。

瞿部一百十六仍蒙䀠蒙隹而次之。

雔部一百十七仍蒙隹。

雥部一百十八仍蒙隹。

鳥部一百十九鳥與隹同物，故次之。

烏部一百二十蒙鳥而次之。

𠦒部一百二十一形無所蒙。

冓部一百二十二上體與𠦒相似，故次之。

幺部一百二十三形無所蒙。

𢆶部一百二十四蒙幺而次之。

叀部一百二十五蒙幺而次之。

玄部一百二十六蒙幺而次之。

予部一百二十七形略與幺相似，故次於此。

放部一百二十八形無所蒙，仍遠蒙攴也。

𠬪部一百二十九遠蒙爪，蒙又。

𣦼部一百三十蒙𠬪从又。

歺部一百三十一蒙𣦼从歺。

死部一百三十二蒙歺而次之。

冎部一百三十三亦蒙歺。

骨部一百三十四蒙冎而次之。

肉部一百三十五蒙骨从肉而次之。

筋部一百三十六蒙肉而次之。

刀部一百三十七不必蒙上。

刃部一百三十八蒙刀而次之。

㓞部一百三十九蒙刃而次之。

丯部一百四十蒙㓞从丯而次之。

耒部一百四十一蒙丯而次之。

角部一百四十二首與刀相似，故蒙刀而次之。

說文解字第五

竹部一百四十三不蒙上。

箕部一百四十四蒙竹而次之。

丌部一百四十五蒙箕之足而次之。

左部一百四十六遠蒙三篇之𠂇。

工部一百四十七蒙左从工而次之。

㠭部一百四十八蒙工而次之。

巫部一百四十九蒙工而次之。

甘部一百五十不蒙上。

旨部一百五十一蒙甘而次之。

曰部一百五十二蒙甘从口而次之。

乃部一百五十三不蒙上。

丂部一百五十四與乃略相似故次之。

可部一百五十五蒙丂而次之。

兮部一百五十六蒙丂而次之。

号部一百五十七蒙丂而次之。

亏部一百五十八蒙丂而次之。

喜部一百五十九不蒙上。

壴部一百六十蒙喜从壴而次之。

鼓部一百六十一蒙壴而次之。

豈部一百六十二蒙壴从豆而次之。

豆部一百六十三蒙上次之以豆。

豊部一百六十四蒙豆而次之。

豐部一百六十五蒙豆而次之。

䖒部一百六十六蒙豆而次之。

虍部一百六十七蒙虘从虍而次之。

虎部一百六十八蒙虍而次之。

虤部一百六十九蒙虎而次之。

皿部一百七十不蒙上。

凵部一百七十一皿之類也，故次之。

去部一百七十二蒙凵而次之。

血部一百七十三蒙皿而次之。

丶部一百七十四不蒙上。

丹部一百七十五蒙丶而次之。

青部一百七十六蒙丹而次之。

井部一百七十七丼與丹形似故次之。

皀部一百七十八不蒙上。

鬯部一百七十九亦从匕，故次之。

食部一百八十亦从匕，故次之。

亼部一百八十一蒙食从亼而次之。

會部一百八十二蒙亼而次之。

倉部一百八十三蒙會而次之。

入部一百八十四蒙亼而次之。

缶部一百八十五不蒙上而首略相似。

矢部一百八十六略有似缶處。

高部一百八十七

冂部一百八十八不蒙上。以冂之小篆作冂，似高之下體，故次之。

𩫖部一百八十九蒙高形相似。

京部一百九十蒙高而次之。

亯部一百九十一蒙高而次之。

㫗部一百九十二倒亯而次之。

畗部一百九十三蒙高而次之。

㐭部一百九十四仍蒙入。

嗇部一百九十五蒙㐭而次之。

來部一百九十六蒙嗇从來而次之。

麥部一百九十七蒙來而次之。

夊部一百九十八蒙麥从夊而次之。

舛部一百九十九蒙夊而次之。

舜部二百蒙舛而次之。

韋部二百一蒙舛而次之。

弟部二百二事近皮韋，故次之。

夂部二百三形似夊，故次之。

久部二百四形似夂，故次之。

桀部二百五仍蒙舛。

說文解字第六

木部二百六

東部二百七蒙木而次之。

林部二百八蒙木而次之。

才部二百九不蒙上。以下十餘部皆以艸木之事，而類次。

叒部二百十不蒙上。

之部二百十一不蒙上。

帀部二百十二蒙倒之而次之。

出部二百十三形近之而次之。

𣎵部二百十四不蒙上。

生部二百十五

乇部二百十六

𠂹部二百十七

𠌶部二百十八蒙𠂹而次之。

華部二百十九蒙𠌶而次之。

禾部二百二十仍蒙木而次之。

稽部二百二十一蒙禾而次之。

巢部二百二十二仍蒙木。

桼部二百二十三仍蒙木。

束部二百二十四仍蒙木。

㯻部二百二十五蒙束而次之。

囗部二百二十六蒙束从囗而次之。

員部二百二十七蒙囗而次之。

貝部二百二十八蒙員从貝而次之。

邑部二百二十九仍蒙囗而次之。

𨛜部二百三十蒙邑而次之。

說文解字第七

日部二百三十一

旦部二百三十二蒙日而次之。

倝部二百三十三蒙旦而次之。
㫃部二百三十四蒙倝从㫃而次之。
冥部二百三十五仍蒙日。
晶部二百三十六蒙日。
月部二百三十七月者日之類也，故次之。
有部二百三十八蒙月而次之。
朙部二百三十九蒙月而次之。
囧部二百四十蒙朙从囧而次之。
夕部二百四十一蒙月而次之。
多部二百四十二蒙夕而次之。
毌部二百四十三不蒙上。
㔾部二百四十四不蒙上。
𣐺部二百四十五蒙㔾而次之。[14]
卤部二百四十六不蒙上。
齊部二百四十七不蒙上。
朿部二百四十八不蒙上，遠蒙木也。
片部二百四十九亦遠蒙木。
鼎部二百五十蒙片而次之。
克部二百五十一不蒙上。

彔部二百五十二克之類也，故次之。
禾部二百五十三不蒙上。
秝部二百五十四蒙禾而次之。
黍部二百五十五蒙禾而次之。
香部二百五十六蒙黍而次之。
米部二百五十七禾之類也，故次之。
毇部二百五十八蒙米而次之。
臼部二百五十九蒙毇从臼而次之。
凶部二百六十形似臼，故次之。
朩部二百六十一不蒙上。
𣏟部二百六十二蒙朩而次之。
麻部二百六十三蒙𣏟而次之。
尗部二百六十四不蒙上。
耑部二百六十五不蒙上。
韭部二百六十六不蒙上。
瓜部二百六十七不蒙上。
瓠部二百六十八蒙瓜而次之。
宀部二百六十九不蒙上。
宮部二百七十蒙宀而次之。

呂部二百七十一蒙宮从呂而次之。

穴部二百七十二蒙宀而次之。

㝱部二百七十三蒙宀而次之。

疒部二百七十四蒙㝱从疒而次之。

冖部二百七十五不蒙上。

𠔿部二百七十六蒙冂而次之。

冃部二百七十七蒙冃而次之。

㒳部二百七十八蒙冂而次之。

网部二百七十九蒙冂而次之。

襾部二百八十蒙冂而次之。

巾部二百八十一蒙冂而次之。

巿部二百八十二蒙巾而次之。

帛部二百八十三蒙巾而次之。

白部二百八十四蒙帛从白而次之。

㡀部二百八十五蒙巾而次之。

黹部二百八十六蒙㡀而次之。

說文解字第八

人部二百八十七不蒙上。

匕部二百八十八倒人而次之。

匕部二百八十九反人而次之。

从部二百九十並人而次之。

比部二百九十一反从而次之。

北部二百九十二二人相背而次之。

丘部二百九十三蒙北而次之。

㐺部二百九十四从三人故次之。

𡈼部二百九十五蒙人而次之。

重部二百九十六蒙𡈼而次之。

臥部二百九十七仍蒙人。

身部二百九十八蒙人而次之。

㐆部二百九十九反身也，故次之。

衣部三百衣从二人也，故次之。近篆衣者多失其形。

裘部三百一蒙衣而次之。

老部三百二蒙人而次之。

毛部三百三蒙老从毛而次之。

毳部三百四蒙毛而次之。

尸部三百五象人臥故次之。

尺部三百六蒙尸而次之。

尾部三百七蒙毛蒙尸而次之。

履部三百八蒙尸而次之。
舟部三百九蒙履从舟而次之。
方部三百十蒙舟而次之。
儿部三百十一仍蒙人。
兄部三百十二蒙儿而次之。
兂部三百十三蒙儿而次之。
皃部三百十四蒙儿而次之。
𠑹部三百十五蒙儿而次之。
先部三百十六蒙儿而次之。
禿部三百十七蒙儿而次之。
見部三百十八蒙儿而次之。
覞部三百十九蒙見而次之。
欠部三百二十仍蒙儿。
㱃部三百二十一蒙欠而次之。
㳄部三百二十二蒙欠而次之。
旡部三百二十三反欠，故次之。

說文解字第九

頁部三百二十四蒙儿而次之。
𦣻部三百二十五蒙頁从𦣻而次之。
面部三百二十六蒙𦣻而次之。
丏部三百二十七形似雝蔽其面，故次於此。
首部三百二十八蒙頁而次之。
𥄉部三百二十九倒首故次之。
須部三百三十蒙頁而次之。
彡部三百三十一蒙須从彡而次之。
彣部三百三十二蒙彡而次之。
文部三百三十三蒙彣从文而次之。
髟部三百三十四蒙彡而次之。
后部三百三十五不蒙上。
司部三百三十六反后，故次之。
卮部三百三十七形似后，而次之。
卩部三百三十八蒙卮从卩而次之。
印部三百三十九蒙卩而次之。
色部三百四十蒙卩而次之。
𠨍部三百四十一蒙卩而次之。
辟部三百四十二蒙卩而次之。
勹部三百四十三不蒙上。
包部三百四十四蒙勹而次之。

茍部三百四十五蒙勹而次之。

鬼部三百四十六不蒙上。

甶部三百四十七蒙鬼頭而次之。

厶部三百四十八蒙鬼从厶而次之。

嵬部三百四十九蒙鬼而次之。

山部三百五十蒙嵬从山而次之。

屾部三百五十一蒙山而次之。

屵部三百五十二蒙山而次之。

广部三百五十三

厂部三百五十四蒙屵广，从厂而次之。

丸部三百五十五蒙厂部仄而次之。

危部三百五十六蒙厂部厃而次之。

石部三百五十七蒙厂而次之。

長部三百五十八不蒙上。

勿部三百五十九

冄部三百六十不蒙上。

而部三百六十一不蒙上。

豕部三百六十二不蒙上。

㣇部三百六十三豕之類也，故次之。

彑部三百六十四蒙㣇从彑而次之。

豚部三百六十五蒙㣇而次之。

豸部三百六十六足似豕，故次之。

𤉡部三百六十七足似豕，故次之。

易部三百六十八亦四足，故次之。

象部三百六十九亦四足，故次之。

說文解字第十

馬部三百七十亦四足，故次之。

廌部三百七十一亦四足，故次之。

鹿部三百七十二頭似廌，故次之。

麤部三百七十三蒙鹿而次之。

㲋部三百七十四足似鹿而次之。

兔部三百七十五字形似㲋而次之。

萈部三百七十六足似兔而次之。

犬部三百七十七形不蒙上，皆四足類也，故次之。

㹜部三百七十八蒙犬而次之。

鼠部三百七十九亦四足類，故次之。

能部三百八十足似鹿，仍蒙鹿而次之。

熊部三百八十一蒙能而次之。

火部三百八十二蒙熊从火而次之。

炎部三百八十三蒙火而次之。

黑部三百八十四蒙炎而次之。

囪部三百八十五蒙黑从古文囪而次之。

焱部三百八十六仍蒙火。

炙部三百八十七仍蒙火。

赤部三百八十八仍蒙火。

大部三百八十九蒙赤从大而次之。

亦部三百九十蒙大而次之。

夨部三百九十一蒙大而次之。

夭部三百九十二蒙大而次之。

交部三百九十三蒙大而次之。

尣部三百九十四蒙大而次之。

壺部三百九十五蒙大而次之。

壹部三百九十六蒙壺而次之。

㚔部三百九十七蒙大而次之。

奢部三百九十八蒙大而次之。

亢部三百九十九蒙大而次之。

夲部四百蒙大而次之。

夰部四百一蒙大而次之。

亣部四百二大之異體也。故次之。

夫部四百三蒙亣而次之。

立部四百四蒙夫而次之。

竝部四百五蒙立而次之。

囟部四百六不蒙上。

思部四百七蒙囟而次之。

心部四百八蒙思从心而次之。

惢部四百九蒙心而次之。

說文解字第十一

水部四百十不蒙上。

沝部四百十一蒙水而次之。

瀕部四百十二蒙沝部涉而次之。

𡿨部四百十三以下十部皆水之類也。

巜部四百十四蒙𡿨而次之。

川部四百十五蒙巜而次之。

泉部四百十六蒙川而次之。

灥部四百十七蒙泉而次之。

永部四百十八蒙水而次之。

𠂢部四百十九蒙永而次之。

谷部四百二十仍蒙水。

仌部四百二十一水所成也，故次之。

雨部四百二十二水之自天者也，故次之。

雲部四百二十三蒙雨而次之。

魚部四百二十四水中物也，故次之。

𩺰部四百二十五蒙魚而次之。

燕部四百二十六尾似魚，故次之。

龍部四百二十七魚類也，故次之。

飛部四百二十八蒙龍象飛形而次之。

非部四百二十九蒙飛而次之。

卂部四百三十蒙飛而次之。

説文解字第十二

乚部四百三十一以下四部蒙飛，皆言鳥事。

不部四百三十二

至部四百三十三

西部四百三十四

鹵部四百三十五蒙西而次之。

鹽部四百三十六蒙鹵而次之。

戶部四百三十七不蒙上。

門部四百三十八蒙户而次之。

耳部四百三十九形似户而次之。

𦣝部四百四十

手部四百四十一

𠦬部四百四十二以上皆人體事，故類次之。

女部四百四十三

毋部四百四十四蒙女而次之。

民部四百四十五

丿部四百四十六

𠂆部四百四十七

乁部四百四十八反厂而次之。

氏部四百四十九蒙乁而次之。

氐部四百五十蒙氏而次之。

戈部四百五十一

戉部四百五十二蒙戈而次之。

我部四百五十三蒙戈而次之。

亅部四百五十四

珡部四百五十五

乚部四百五十六
亾部四百五十七蒙乚而次之。
匸部四百五十八蒙乚而次之。
匚部四百五十九形似匸而次之。
曲部四百六十
甾部四百六十一
瓦部四百六十二
弓部四百六十三
弜部四百六十四
弦部四百六十五蒙弓而次之。
系部四百六十六

說文解字第十三

糸部四百六十七蒙系从系而次之。
素部四百六十八蒙糸而次之。
絲部四百六十九
率部四百七十
虫部四百七十一
䖵部四百七十二
蟲部四百七十三

風部四百七十四
它部四百七十五蒙虫而次之。
龜部四百七十六蒙它而次之。
黽部四百七十七蒙它而次之。
卵部四百七十八蒙黽下體之形而次之。
二部四百七十九不蒙上。
土部四百八十蒙二而次之。
垚部四百八十一蒙土而次之。
堇部四百八十二蒙土而次之。
里部四百八十三蒙土而次之。
田部四百八十四里从田，故次之。
畕部四百八十五蒙田而次之。
黄部四百八十六蒙田而次之。
男部四百八十七蒙田而次之。
力部四百八十八蒙男从力而次之。
劦部四百八十九蒙力而次之。

說文解字第十四

金部四百九十不蒙上。
幵部四百九十一不蒙上。

勺部四百九十二不蒙上。

几部四百九十三不蒙上。

且部四百九十四蒙几而次之。

斤部四百九十五不蒙上。

斗部四百九十六不蒙上。

矛部四百九十七不蒙上。

車部四百九十八不蒙上。自勺至此皆器物也。

𠂤部四百九十九不蒙上。

𨸏部五百蒙𠂤而次之。

𨺅部五百一蒙𠂤而次之。

厽部五百二不蒙上。

四部五百三不蒙上。

宁部五百四略似四而次之。

叕部五百五略似宁而次之。

亞部五百六略似叕而次之。

五部五百七四之類也，故次之。

六部五百八五之類也，故次之。

七部五百九

九部五百十

禸部五百十一蒙九而次之。

嘼部五百十二蒙禸而次之。

甲部五百十三不蒙上。

乙部五百十四十干爲類。

丙部五百十五

丁部五百十六

戊部五百十七

己部五百十八

巴部五百十九似己而次之。

庚部五百二十

辛部五百二十一

辡部五百二十二蒙辛而次之。

壬部五百二十三

癸部五百二十四

子部五百二十五以下十二支爲類。

了部五百二十六蒙子而次之。

孨部五百二十七蒙子而次之。

𠫓部五百二十八蒙子而次之。⑮

丑部五百二十九

寅部五百三十

卯部五百三十一

辰部五百三十二

巳部五百三十三

午部五百三十四

未部五百三十五

申部五百三十六

酉部五百三十七

酋部五百三十八　蒙酉而次之。

戌部五百三十九

亥部五百四十

附注：

①見《周禮・保氏》賈疏引，是，原作「則」。

②三篇下聿部：「書，箸也。」此改爲「者也」，係段氏據己前文所論，而三篇下並未改。

③《漢書・藝文志》作「象意」，不作「會意」。

④指江式延昌三年三月所上表，見《魏書・江式傳》。

⑤《後漢書・和帝紀》未有和帝善史書之文，而鄧皇后傳謂后「六歲能史書」。故「後漢孝和帝」五字只可連下讀，印本有于「帝」下點斷者，誤也。

⑥《漢書・元帝紀》「贊曰」謂元帝「善史書」，顔注引應劭曰：「周宣王大史史籀所作大篆。」是段氏所指爲謬者。

⑦「尺一木」是「尺一寸」之誤。

⑧「三千」當作「四千」。

⑨余行達指出：許所記奇字除儿、无二篆外，尚見于倉、涿、沓三篆下，共五見。

⑩今本《經典釋文・叙録》作「二百四篇」，黄焯《經典釋文彙校》謂段玉裁據《隋書・經籍志》補「十」字。

⑪「逐」字，大徐本所無，小徐本有。

⑫余行達統計，許書言「闕」，實共四十二見。

⑬卯是「卯」之誤。卯見九篇上。

⑭此上篆體原誤从邑，今據正文正。

⑮此上篆體原誤作，今據正文正。

説文解字第十五卷下

金壇段玉裁注

此十四篇，《後漢書·儒林傳》亦云：「許慎作《説文解字》十四篇，傳於世。」葢許不云十五卷也。慎子沖乃合十四篇及《叙》偁十五卷以獻，此後序錄家或云十四篇，或云十五卷，所以不同也。五百四十部也，林罕《字源偏旁小説》增一部，《序》云五百四十一字。郭忠恕《與夢英書》云：「見寄偏旁五百三十九字。」張美和撰《吳均增補復古編序》：「《説文》以五百四十二字爲部。」容相傳部數稍有異同。要異者甚尠，可存而不論也。九千三百五十三文，重一千一百六十三。今依大徐本所載字數覈之，正文九千四百卅一，增多者七十八文；重文千二百七十九，增多者百一十六文。此由列代有沾註者，今難盡爲識別，而亦時可裁僞，去太去甚，略見注中。解説凡十三萬三千四百四十一字。今依大徐所載説解字數，凡十二萬二千六百九十九，較少萬七百四十二字。此可證説解中歷代妄删字，奪去字至於如此之多。篆文多於本始，説解少於厥初，其增損皆由後人，今未可强説耳。《大史公自序》内云：「凡百三十篇，五十二萬六千五百字。」實兼《自序》言之。然則許云解説十三萬三千四百四十一字者，實兼《叙》言之。其建首也，立一爲耑。耑，物初生之題也。引申爲凡始之偁，謂始於一部。方目類聚，物目羣分。類聚，謂同部也。羣分，謂異部也。同條牽屬，屬者，連也。共理相貫。貫，古音冠，其字古作毌。毌者，穿也。同條共理，謂五百四十部相聯綴也。襍而不越，辵部曰：「逑，踰也。」引《易》「襍而不逑」。此作越者，彼依《易》文，此依俗用也。據形系聯。系者，縣也。聯者，連也。謂五百四十部次弟，大略以形相連次，使人記憶易檢尋。如八篇起人部，則全篇三十六部皆由人而及之是也。雖或有以義相次者，但十之一而已。部首以形爲次，以六書始於象形也。每部中以義爲次，以六書歸於轉注也。後許爲字書者《字林》，冣目之先後今不傳。嗣此顧希馮《玉篇》，其目以義爲次，而乖謬不可通者，如兄弟二目，次於人儿父臣男民夫予我身女諸部之閒，而不知兄之本義訓茲長，不訓翼，弟之本義訓韋束次弟，不訓叔季，訓翼、訓叔季者，其引申之義耳。如顧目次，則此二篆失其本義。又如毛部、而部，次於羽角皮革之閒，而不知毛謂眉髮之屬而謂人須，引申乃用於鳥獸。如顧目次，此二篆失其本義，誤以人體系諸物體也。引而申之，古屈伸字，多作詘信，亦作申。《説文》人部有伸篆，解云「屈伸」，近字也。謂由一形引之至五百四十形也。目究萬原。究者，窮也。謂天地鬼神、山川艸木、鳥獸蚰蟲、襍物奇怪、王制禮儀、世閒人事，莫不畢舉。畢終於亥，畢，猶竟也。終，古作冬。冬者，四時盡也，引伸爲凡盡之偁。後人叚終字爲之。知化窮冥。知化窮冥，即《易》之「知化窮神」也。于時大漢，于，粵也。聖德熙朙。毛傳曰：「緝熙，光明也。」承天稽唐，敷崇殷中。謂光武封禪也。龔奉天命，稽攷唐堯故事，巡守至于岱宗，柴望秩于山川，用布尊崇之禮大盛。封泰山，禪梁父，升中于天，刻石紀號也。殷者，盛也。中猶成也，告成功也。**遐邇被澤，渥衍沛滂。**渥者，霑也，厚也。衍，如水潮之盛溢也。滂者，沛也。沛之義不見於本篆下，而古書多用之。蓋古祇作巿，水之大至，如艸木之盛。後人乃叚沛水字爲之。如盈暖字、水突字，後人乃叚温、深也。**廣業甄微，學士知方。**謂光武立五經十四博士，初建三雍。明帝即位，親行其禮。肅宗大會諸儒於白虎觀，考詳同異，又詔高才生受古文《尚書》、《毛詩》、《穀梁》、《左氏春秋》，以网羅遺逸。孝和亦數幸東觀，覽閱書林。**探嘖索隱，厥誼可傳。**探，取也。嘖，初也，深也。索者，索之叚借字，小徐本作「索」。誼，義古今字。自「于時大漢」至此，謂當此經學大明之時，而惟小學不修，莫達其説，翫其所習，蔽所希聞，故作此十四篇也。**粵在永元，困頓之年，**漢和帝永元十二年，歲在庚子，《爾雅》曰：「歲在庚曰上章，在子曰困頓。」**孟陬之月，**《爾雅》曰：「正月爲陬月。」**朔日甲申。**《後漢書》：賈逵於和帝「永元十三年卒，時年七十二」。然則許之譔《說文解字》先逵卒一年，用功伊始，蓋恐失隊所聞也。自永元庚子至建光辛酉，凡歷二十二年，而其子沖獻之。**曾曾小子，**曾曾，猶俗云層層也。曾之言重也，古者裔孫通曰曾孫。是以《詩》謂成王爲曾孫，《左傳》曰：「曾孫蒯聵敢昭告皇祖文王。」**祖自炎神。**炎帝神農氏也。居姜水，因以爲姓。亦曰厲山氏，厲山一作列山。其後甫、許、申、呂，皆姜姓之後。**縉雲相黃，**黃帝以雲紀官。服虔曰：「其夏官爲縉雲氏。」賈逵《左傳解詁》云：「縉雲氏，姜姓也。炎帝之苗裔。當黃帝時，任縉雲之官也。」按，韋昭云：「黃帝滅炎帝之子孫，而有天下。非滅神農也。」**共承高辛。**共音恭，謂共工也。《國語》：「共工虞於湛樂，淫失其身，庶民弗助，禍亂並興。」賈侍中云：「共工，炎帝之後，姜姓也。顓頊氏衰，共工氏侵陵諸侯，與高辛氏爭王也。」《淮南・原道訓》云：「共工與高辛氏爭爲帝，宗族殘滅，繼嗣絶祀。」高注：「共工以水行霸於伏羲、神農閒者，非堯時共工也。」按，共工當高陽、高辛嬗代之時，故《淮南書》或云與顓頊爭爲帝，或云與高辛氏爭爲帝。所云顓頊者，亦謂帝顓頊高陽之後裔耳。高注謂在伏犧、神農閒，非也。張湛注《列子》云：「共工氏興霸於伏犧、神農之閒，其後苗裔恃其強，與顓頊爭爲帝。」然則共工之後皆偁共工矣。《國語》：「堯命禹治水，共之從孫四岳佐之。」賈逵曰：「共，共工也。」許摘共字訓爲共工，實本《國語》。云承高辛，承者，奉也，受也。諱其爭帝之事，若言黃帝時有縉雲氏，高辛時有共工，夏禹時有大岳，周時有呂叔，此之謂世祿。**大岳佐夏，呂叔作藩。**佐者，左之俗字。漢碑多作佐。蓋既用左爲ナ，則造佐爲左矣。毛傳曰：「藩，屏也。」艸部同。屏者，蔽也。《國語》：「大子晉曰：共之從孫四嶽佐伯禹，皇天嘉之，胙禹以天下，賜姓曰姒，氏曰有夏。胙四岳國，命爲侯伯，賜姓曰姜，氏曰有呂。」韋注：「以國爲氏也。」《左傳》言大岳，亦言四岳。《外傳》言四岳，亦言四伯。皆謂一人，非謂四人。毛傳云：「堯之時，姜氏爲四伯，掌四嶽之祀，述諸侯之職。於周則有甫、有申、有齊、有許也。」按，大嶽姜姓，爲禹心吕之臣，故封吕侯。取其地名與心吕義合也。吕侯歷夏殷之季，而國微，故周武王封文叔於許，以爲周藩屏。杜預《世族譜》云：「許，姜姓。與齊同祖，堯四嶽伯夷之後也。」大子晉曰：「申、吕雖衰，齊、許猶在。」蓋東遷之初，申、吕未滅，東遷以後，齊、許偁盛矣。此云吕叔，謂文叔也。文叔者，出於吕，故謂之吕叔。**俾侯于許**，許，邑部作鄦。云：「炎帝大嶽之胤，甫侯所封。讀若許。」然則字當作鄦。爲叔重氏姓。而此祇作許者，其字蓋自《詩》、《春秋》已皆叚許爲之。漢時地理亦作許縣，故仍而不改，不欲駭俗。此所謂本有其字，依聲託事者。依託既久，不便更張。汎覽古書，惟《史記・鄭世家》僅存鄦字，蓋司馬所見載籍或存古字也。《地理志》：「申在南陽宛縣。」王符《潛夫論》云：「申城在南陽宛北序山之下，宛西三十里有吕。」按，漢宛縣，今爲河南南陽府城。漢許縣，今在河南許州，州東三十里，有故許昌城。鄦下言：「甫侯所封」，此云吕叔所侯者，甫即吕也。故《詩》言甫不言吕，《國語》言吕不言甫。《尚書・吕刑》即甫刑。吕叔、甫侯，皆謂文叔也。今《地理志》作大叔，周穆王時吕侯是其胄也。**世祚遺靈**。祚，古作胙。漢碑多作祚，許從之。世胙，猶世禄也。《周語》曰：「胙四岳國，命爲侯伯。」許正用此胙字。靈之言令也。令，善也。古鼎彝銘以霝冬爲令終。鄭箋《毛詩》曰：「靈，善也。」**自彼徂召**，謂自許往遷汝南召陵縣也。《左傳》僖四年、昭十四年、定四年之召陵，漢爲縣，屬汝南。晉改屬潁川。今河南許州郾城縣，縣東四十五里有故召陵城。漢時召陵有萬歲里，許氏所居也。又有郇里，見於許書。闞駰説召陵曰：「召，高也。」然則召同卲，卩部曰「卲，高也」，是也。**宅此汝瀕**。瀕，厓也。宅，居也。居此汝水之厓。蓋自文叔以下二十四世，當戰國初，楚滅之後，有遷召陵者，爲許君之先。許詳此者，放《史記》之自序其先也。**竊卬景行**，《詩》曰：「高山卬止，景行行止。」八篇云：「卬望欲有所庶及也。」引《詩》「高山卬止」。此又槩栝二句而偁之。景行，大道也。**敢涉聖門**。聖門，謂凡造六藝之五帝、三王、周公、孔子、左氏，及倉頡、史籀之門庭也。**其弘如何，節彼南山**。言大道聖門之大，比於南山之高峻也。節，高峻皃。山部曰：「岊，高山之卪也。」《詩》之節，蓋岊之叚借字。**欲罷不能**，罷，猶置也。**既竭愚才**。此六句，自言用功等於顏苦孔之卓也。**惜道之味**，甘下曰：「美也。从口含一。一，道也。」**聞疑載疑**。《穀梁傳》曰：「《春秋》信以傳信，疑以傳疑。」《少儀》曰：「毋身質言語。」注云：「聞疑則傳疑。」《水經注》曰：「聞疑書疑。」立乎後漢，以説古文字之形、音、義，其不能無疑者，衆矣。聞疑而載之於書，以俟後世賢人君子，所以衛道也。如不爲此，則六書之學絶矣。司馬氏不爲《史記》，則孔子《左氏春秋》之學絶矣。皆干城大道，勇敢而爲之者也，皆不以小疵揜其大醇。**演贊其志**，演，長流也。故凡推廣之曰演，文王演《周易》是也。贊者，見也。《易》曰：「幽贊於神明而生蓍。」孔子贊《周易》是也。志者，識也。古志、識同字。演贊其志，謂推演贊明惜道載疑所知識者也。**次列微辭**。次，猶叙也。列，猶敶也。微同散，散者，眇也。眇者，今之妙字。凡粗者爲惡，精者爲妙。《易》曰：「眇萬物而爲言。」《文賦》

曰：「眇衆慮而爲言。」辭者，説也。次列微辭，謂叙嗽其散眇之説解也。《説文解字》皆微辭也。於文言説，於字言解者，互言之。説者，説釋也。解者，判也。**知此者稀，**稀，猶少也。自許而前，自許而後，知此道味者少矣。劉歆作《七略》，班固述《藝文志》，學者所奉爲高山景行者也。而《六藝略》中以《孝經》、《爾雅》、《小爾雅》、《古今字》爲孝經家，以《史籀》、《八體》、《倉頡》、《凡將》、《急就》、《元尚》、《訓纂》、《別字》、《倉頡傳》、《倉頡訓纂》、《倉頡故》爲小學家。於小學家言《周官》六書：象形、象事、象意、象聲、轉注、叚借，是矣。而不知《爾雅》三卷、《小爾雅》一篇、《古今字》一卷，此與小學家之《倉頡傳》、楊雄《倉頡訓纂》、杜林《倉頡訓纂》、《倉頡故》同爲訓詁之書，皆古六書之所謂轉注、叚借者，不當畫而二之，當合此爲小學類；而以《孝經》、《五經襍議》、《弟子職》、《説》合於《論語》家爲一家。六藝九種，易爲八種，庶經與傳分別井然，不當分合舛繆，一至於斯也。且曰象形、象事、象意、象聲、轉注、叚借，六者造字之本，此語實爲巨繆。指事、象形、形聲、會意者，造字之法也。轉注、叚借者，用字之法也。有《史籀》、《八體》、《倉頡》、《凡將》、《急就》、《元尚》、《訓纂》、《別字》等篇，以著指事、象形、形聲、會意之文字；乃有《倉頡傳》、《倉頡訓纂》、《倉頡故》等篇，又自古有《爾雅》三卷二十篇、《小爾雅》一篇、《古今字》一卷，皆所以説轉注、叚借之用者，其不當岐視明矣。一而二之，至今學者膠柱鼓瑟，謂小學專爲字形，六書爲六搸字形，而《爾雅》之學乃別一事，晦盲沈痼，莫能箴其膏肓，起其廢疾。許説之迥異於班者，終古曾莫之知。故知許所云「知此者稀」者，信也。許以九千三百五十三文，當《爾雅》、《史籀篇》、《倉頡篇》之字形，以每字之義，當《爾雅》、《倉頡傳》、《倉頡故》之訓釋，以「象某形」、「从某形」、「从某聲」説其形，以「某聲」、「讀若某」説其音，二者補古人所未備。其書以形爲主，經之爲五百四十部，以義緯之，又以音緯之。後儒苟取其義之相同相近者，各比其類爲一書，其條理精密勝於《爾雅》遠矣。後儒苟各類其同聲者，介以《三百篇》古音之部分如是爲一書，周秦漢之韵具在此矣。故許一書可以爲三書。○劉、班之以《爾雅》、《小爾雅》、《古今字》別於《史籀篇》、《倉頡篇》及釋《倉頡篇》者，葢謂《爾雅》、《小爾雅》所言者六經古字古義，《倉頡傳》、《倉頡訓纂》、《倉頡故》所言者今字今義，實有不同。不知古今非有異字，《爾雅》、《小爾雅》所列之字，未嘗出《史籀》十五篇、《倉頡》、《凡將》等篇外也。但同此字，而古今用者不同，叚借依託致緐，故又有説古今字之書。班既以《古今字》一卷附於《爾雅》矣，則應合諸小學家顯然也。又況《爾雅》、《小爾雅》、《古今字》三者，皆以統攝六藝，附之小學則當，專附之《孝經》則不當。若《五經雜議》十八篇、《弟子職》一篇、《説》三篇，皆非小學之言，亦非《孝經》之詁。《孝經》於六藝，名經而實傳，故宜以《孝經》及説《孝經》各篇及《五經雜議》十八篇、《弟子職》一篇、《説》三篇合於《論語》家，爲學者幼少所習之傳。**儻昭所尤，**儻，許書無此字，《漢書》「黨可徼幸」，叚黨爲之。或然之詈也。尤者，訧之叚借字。毛傳曰：「訧，過也。」許曰：「訧，辠也。」言此道既尠知者，則稽譔此書，雖以自信，容或明昭過誤之處，莫爲諟正乎。**庶有達者，理而董之。**庶，冀也。達者，通人也。理，猶治也。董，督也，正也。督者，如衣之循其裻縫也。董與裻雙聲，督與衺疊韵。非通人不能治之，非通人治之不能正其譌缺。自有《說文》以來，世世不廢，而不融會其全書者，僅同耳食。强爲注解者，往往眯目而道白黑。其他《字林》、《字苑》、《字統》，今皆不傳。《玉篇》雖在，亦非原書。要之，無此等書無妨也，無《說文解字》，則倉、籀造字之精意，周、孔傳經之大恉，薶緼不傳於終古矣。玉裁之先百三公，自河南隨宋南渡，居金壇縣十六代。至先王父諱文，食貧力學，善誨後進不倦，著《書法心得錄》。生先考諱世續，事父母至孝。卅二歲喪親，終其身，每祭必泣。以赤貧，好學厲行，授徒嚴課程，善開導。謂食人之食，而訓其子弟，必求無媿於心。每誦先王父詩句云：「不種硯田無樂事，不撑鐵骨莫支貧。」目是律己，教四子，務讀經書，勿溺時藝。嘉慶六年，生玄孫義正。　恩賜「七葉衍祥」扁。並拜白金黄緞之　賜。八年，年九十四終於蘇。反葬於金壇大埧頭。著有《物恆堂制義》。長子即玉裁也。年十三，學使者博野尹公諱會一，錄取博士弟子，授以朱子小學。生平敬守是書，年二十六，舉於鄉。歷任貴州玉屏、四川巫山知縣。四十六，以父年已七十一，遂引疾歸養。五十五，避横屰，奉父遷居蘇州閶門外下津橋。始年二十八時，識東原戴先生於京師，好其學，師事之。遂成《六書音均表》五卷，《古文尚書撰異》卅二卷，《詩經小學》卅卷，《毛詩故訓傳略說》卅卷。復以向來治《說文解字》者，多不能通其條毌，攷其文理，因悉心校其譌字，爲之注，凡三十卷。謂許以形爲主，因形以說音、說義。其所說義，與他書絕不同者，他書多叚借，則字多非本義，許惟就字說其本義。知何者爲本義，乃知何者爲叚借，則本義乃叚借之權衡也。故《說文》、《爾雅》相爲表裏，治《說文》而後《爾雅》及傳注明。《說文》、《爾雅》及傳注明，而後謂之通小學，而後可通經之大義。始爲《說文解字讀》五百四十卷，既乃檃桰之，成此注。發軔於乾隆丙申，落成於嘉慶丁卯。剖析既緐，疵纇不免。召陵或許其知己，達者仍俟諸後人。〇自「其建首也」至末，皆用韵語。耑分毌聯原，此合古音弟十三、十四部也。冥朙中滂方，此合古音弟九、弟十、弟十一部也。傳年申神辛藩靈瀕門山，此合古音弟十二、弟十三、弟十四部。而靈讀爲令善字，如《易傳》之真清有時合用也。能才疑辭尤之，此古音之弟一部也。漢人用韵，自元成至桓靈，大氐同此。一之下曰：「道立於一，化成萬物。」亥之下曰：「亥而生子，復從一起。」於六書每事爲二句，亦皆韵語也。

召陵萬歲里《郡國志》：「一里百家，里魁掌之。」**公乘**漢仍秦制爵，一爵曰公士，八爵曰公乘。公乘者，言其得乘公家之車也。荀綽曰：「吏民爵不得過公乘。公乘者，軍吏之爵祿冣高者也。」**艸莽臣沖，**《士相見禮》曰：「凡自偁於君，上大夫則曰下臣，宅者，在邦則曰市井之臣，在野則曰艸茅之臣。」宅者，謂致仕者去官而居宅。茅，古文作苗，《孟子》作莽。沖爵公乘而不仕，故自偁艸莽臣。**稽首再拜，**稽，篇末作䭫，二徐本同，不應一篇而乖異如此。葢沖本从俗皆作稽，後人或以古字改之，參差不壹。凡許自序及沖上書用字，皆同漢人，不必合於其全書所謂古今字也。其全書說解之語，必依用本字本義，令全書形與義畫一，所謂成一家之言也。首部曰：「䭫，下首也。」是本字，經傳及漢人多用稽，是叚借字。凡說解內俗本誤改者，如「龢，調也」，故調下曰「龢也」，不當作唱和之和。「穽，窒也」，故窒下曰「穽也」，不當作邊塞之塞。「但，裼也」，故裼下曰「但也」，不當作綻裂之袒。「匍，帀徧也」，故帀下曰「匍也」，不當作周密之周。「厶，姦衺也」，故姦下曰「厶也」，不當作禾名之私。「飾，㕞也」，故㕞下曰「飾也」，不當作許不錄之拭。「居，蹲也」，故蹲下曰「居也」，不當作俗用之踞。「侸，立也」，故立下曰「侸也」，不當作俗逗字之住。「䊳，碎也」，故碎下曰「䊳也」，不當作石磑之䃺。「繯，縮也」，故縮下曰「繯也」，不當作絹。「悟，覺也」，故覺下曰「悟也」，不當作寤。「灸，灼也」，故灼下曰「灸也」，不當作炙。「慐，愁也」，故愁下曰「慐也」，不當作行和之憂。凡若此類，許必枘鑿相應，斷不矛盾自陷。全書內有似此者，皆淺人所竄改，當從其朔者也。

上書皇帝陛下：孝安帝也。

臣伏見陛下神明盛德，承遵聖業。上考度於天，考者，攷之叚借字。下流化於民。先天而天不違，違，古祇作韋，相背也。後天而奉天時。萬國咸寧，萬本蟲名，用爲數名，所謂本無其字，依聲託事，而終未製字，終古叚借者。後世乃造万字。寧同寍，寍，安也。所謂本有其字而叚借者。神人㠯和。和，當作龢，此從俗作和。猶復深惟五經之妙，惟，思也。許云「孔子書六經」，此云五經者，合《樂》於《禮》，則爲五經也。故《莊子·天運篇》有六經之目，《禮記·經解篇》列《詩》、《書》、《樂》、《易》、《禮》、《春秋》爲六，《大史公自序》列《易》、《禮》、《書》、《詩》、《樂》、《春秋》爲六，《藝文志》列《六藝略》，沖亦云六藝羣書之詁。而漢立五經博士，惟《樂》無閒。許君以五經傳說臧否不同，於是撰爲《五經異義》。然則云六經者，古古相傳之說也。云五經者，漢人所習也。皆爲漢制。謂光武好經術，立五經十四博士，又以李封爲《春秋左氏》博士。博采幽遠，窮理盡性，㠯至於命。章帝建初中，大會諸儒於白虎觀，考詳同異，親臨偁制，如石渠故事。顧命史臣著爲《通義》，又詔高才生受古文《尚書》、《毛詩》、《穀梁》、《左氏春秋》。

先帝謂孝和帝。詔侍中騎都尉賈逵，修理舊文，殊藝異術，王教一耑，苟有可以加於國者，靡不悉集。賈逵字景伯，扶風平陵人也。九世祖誼。父徽，從劉歆受《左氏春秋》，兼習《國語》、《周官》，又受古文《尚書》於塗惲，學《毛詩》於謝曼卿。逵悉傳父業，尤明《左氏傳》、《國語》，爲之《解詁》五十一篇。章帝使出《左氏傳》大義長於二傳者，具條奏之。又詔撰歐陽大小夏侯《尚書》古文同異，集爲三卷。復令撰齊、魯、韓《詩》與毛氏異同，並作《周官解故》。和帝永元三年，以爲左中郎將，八年復爲侍中，領騎都尉，内備帷幄，兼領祕書近署，甚見信用。云「修理舊文，殊藝異術，靡不悉集」者，《和帝紀》云：「十三年春正月丁丑，帝幸東觀，覽書林，閱篇籍，博選術藝之士，以充其官。」此皆用侍中說爲之。安帝永初四年，詔謁者劉珍及五經博士，校定東觀五經諸子傳記百家藝術，整齊脫誤，是正文字。此安帝之繼述先帝也。沖名侍中者，君前臣名也。許六言賈侍中說①，不言賈逵說者，弟子不敢名其師也。《左傳》：君子曰：「苟有可以加於國家者，棄其邪可也。」沖語本左氏。

《易》曰：「窮神知化，德

之盛也。」《穀辭傳》文。《書》曰：「人之有能有爲，使羞其行，而國其昌。」《鴻範》文。羞，進也。偁此者，上爲殊藝悉集作證，下爲齎獻父書起本。臣父故大尉南閤祭酒慎，故，猶今言前任也。閤，各本譌作「閣」，今正。古書閤之誤閣者多矣。閤爲閨閤小門，閣爲庋閣之處。太尉南閤祭酒，謂太尉府掾曹出入南閤者之首領也。《百官志》：「太尉掾史屬二十四人，黄閤主簿，錄省衆事。」黄閤即南閤也。沈約《宋志》：「三公黄閤者，天子當陽，朱門洞開，三公近天子，引嫌故黄其閤。」陳元爲司空南閤祭酒，見《經典釋文》。言南閤以别於他曹。今《説文》各本於弟一行署曰：「漢太尉祭酒許慎記。」太尉祭酒四字相聯，不通。如淳曰：「祭祠時尊長以酒沃酹，故吴王濞於宗室中爲祭酒。」豈太尉有數人，而叔重爲之祭酒乎？其不然可知矣。《後漢書·儒林傳》曰：「許慎字叔重，汝南召陵人也。性淳篤，少博學經籍，馬融常推敬之。時人爲之語曰：五經無雙(音春)許叔重(古平聲)。爲郡功曹，舉孝廉，再遷除洨長，卒於家。初慎以五經傳説臧否不同，於是撰爲《五經異義》，又作《説文解字》十四篇，皆傳於世。」按，史不言其爲大尉南閤祭酒，由郡功曹舉孝廉，即應劭《漢官儀》云「世祖詔自今以後，審四科辟召，及刺史二千石察茂才尤異，孝廉之吏，務盡實覈」也。凡史云故某官者，皆謂冣後致仕之一任。沖云「故太尉南閤祭酒」，不云「故洨長」，然則疑洨長落職，又至京師充三府掾，已而歸里，卒於家。不得云終於洨長也。《後漢書·獨行傳》，魯平先爲陳留大守，後爲博士。亦其證。本從逵受古學。古學者，古文《尚書》、《詩毛氏》、《春秋左氏傳》及《倉頡》古文、《史籀》大篆之學也。逵卒於永元十三年。許於逵受古學，故江式《論書表》云：逵即汝南許慎古學之師也。蓋聖人不妄作，皆有依據。《論語》曰：「蓋有不知而作之者，我無是也。」今五經之道，昭炳光明。蒙上「深惟五經之妙」，「博采幽遠」，逵復「修理舊文」，許從賈受古學言之。許於五經，既有《五經異義》，爲今學古學所折衷矣。而文字者，其本所由生。有文字而後有五經，故曰「本立而道生。」自《周禮》、《漢律》，皆當學六書，貫通其意。於經獨言《周禮》者，舉一以晐六藝也。必兼言《漢律》者，知古而不知今，不可以爲政。故四科辟召，三曰明達法令，足以決疑。且《尉律》之制，諷籀書九千字乃得爲史，又以八體試之。自《尉律》不課，小學不修，至説律「苛人受錢」者，妄生繆解。六書不講，以律誤人，猶以經禍人也。恐巧説衺辭使學者疑。《藝文志》曰：「後世經傳，既已乖離，博學者又不思多聞闕疑之義，而務碎義逃難，便辭巧説，破壞形體。」慎博問通人，考之於逵，折衷於逵也。作《説文解字》。一書之名，惟見沖奏中。既曰「説文」，又曰「解字」者，古曰文，今曰字，言文字以晐古文、籀文、小篆三體；言説解以全晐指事、象形、形聲、會意、轉注、叚借六書。每字先説解其義，次説解其形，次説解其音。説，釋也。解，判也。後世從省，但目爲説文。六藝羣書之詁，《周禮》言三物者，六德、六行、六藝也。言六藝者，禮、樂、射、御、書、數也。漢人言六藝者，司馬遷、劉歆、班固，謂六經也。周之六藝，主習其事；漢之六藝，主習其文。文與事未有不相兼而習者。抑周時以六藝㯺栝技能，爲六德、六行之助。孔子所云志道、據德、依仁、游藝也。漢時以六藝統攝古聖載籍，晐六德、六行、六藝之大全。漢之有六經，實即周之教民三物也。周人所習之文，以《禮》、《樂》、《詩》、《書》爲急，故《左傳》曰：「説《禮》、《樂》而敦《詩》、《書》。」《王制》曰：「春秋教以《禮》、《樂》，冬夏教以《詩》、《書》。」而《周易》其用在卜筮，其道㝡精微，不以教人。《春秋》則列國掌於史官，亦不以教人。故韓宣子適魯，乃見《易象》與《魯春秋》，此二者非人所常習，明矣。云《魯春秋》者，獨得周公之法，與晉史不同也。孔子雅言，惟《詩》、《書》、執禮，而七十二子，身通六藝，謂或通其一二，不必一人而兼六藝也。六藝足以攝羣書，必兼言羣書者，容有不見六藝而見羣書者也。《漢律》亦羣書之一也。詁者，訓故言也。凡前古所傳曰故言。皆訓其意。訓者，順其理而説之也。而天地鬼神、山川艸木、鳥獸蚰蟲、襍物奇怪、王制禮儀、儀，依許祇當作義，此亦從俗用儀。世閒人事，莫不畢載，凡十五卷。凡者，㝡括之詞也。沖云「十五卷」，則此《叙》別爲一卷明矣。許云「十四篇」者，不數《叙》言之也。沖云「十五卷」者，兼舉《叙》也。十三萬三千四百四十一字。不言五百四十部，九千三百五十三文，重千一百六十三者，已詳於《叙》矣。十三萬三千四百四十一字，葢兼每篇説解及《叙》言之，《叙》亦説解也。

《自叙》凡五千三十字，以今各篇所載説解字數十二萬二千六百九十九，併此爲十二万七千七百二十九，於二許所謂十三万三千四百四十一字，尚不足五千七百十二字。慎前㠯詔書校書東觀，校者，今之挍字，經典祇作校。許以詔書校書東觀，不見本傳。葢安帝永初四年，詔謁者劉珍及五經博士，校定東觀五經諸子傳記百家藝術，整齊脱誤，是正文字。《儒林傳》則云：大后詔劉珍與劉騊駼、馬融校定東觀五經諸子云云，與《和帝紀》同。《馬融傳》亦云：「永初四年，拜爲校書郎中。詣東觀典校秘書。」葢此時分司其事者，史不盡載，許亦其一也。許於和帝永元十二年，已㧑造《説文》，歷十一年，至永初四年，復校書東觀。其涉獵者廣，故其書以博而精也。又十有一年而書成。推詳許之行事先後，葢其官終於大尉南閤祭酒，故沖署曰「故大尉南閤祭酒」。凡言故者，皆謂方罷之一任，漢詔書皆如此。自祭酒解職而病，而遣沖獻《説文》，自是而卒於家。曰：「今慎已病，遣臣齎詣闕。」葢自召陵遺沖也。然則爲汶長，必在爲大尉掾之先，而校書東觀，其在爲大尉掾後與。《玉海》曰：「洛陽宮殿名云東觀，在洛陽南宮。」教小黄門孟生、李喜等，元帝之世，史游爲黄門令。董巴《輿服志》曰：「禁門曰黄闥，中人主之，故曰黄門。」《宦者傳》曰：「永平中，中常侍四人，小黄門十人。迄乎延平，中常侍至有十一人，小黄門二十人。」教小黄門事，亦受詔爲之。孟生、李喜，小黄門二人名也。㠯文字未定，未奏上。沖言當其時未奏上者，以文字未定也。既云文九千三百五十三，重千一百六十三，解説十三萬三千四百四十一字，則文字已定矣。何以云未定也？古人著書，不自謂是，時有增删改竄，故未死以前，不自謂成。司馬闕其十篇，班氏或言當考，皆以任重道遠，死而後已。許雖綱舉目張，而文字實緐，聞疑傳疑，不無待於更正。今有由聲、爿聲、免聲，而無正篆，以及凡可疑者，皆因未定而未竟也。逮病且死，則自謂不能致力，而命子奏上矣。**今慎已病，遣臣齎詣闕。**齎者，持遺也。詣，送致也。闕者，東都之兩觀也。《東京賦》曰：「建象魏之兩觀，旌六典之舊章。」**慎又學《孝經孔氏古文說》。**以下至「幷上」，述附奏古文《孝經》說之意。**古文《孝經》者，孝昭帝時魯國三老所獻。**《藝文志》曰：「古文《尚書》者，出孔子壁中。武帝末，魯恭王壞孔子宅，欲以廣其宮，而得古文《尚書》及《禮記》、《論語》、《孝經》，孔安國悉得其書，以古文《尚書》獻之。」按，《志》於《禮》、《論語》、《孝經》下，皆不言安國獻壁中文。然則安國所得雖多，而所獻者獨《尚書》一種而已。淹中所出之《禮》古經，魯國三老所獻之古文《孝經》，皆即恭王壁中所得，而安國未獻者也。《孝經》至昭帝時，魯國三老乃獻之。**建武時，**建武，光武帝年號。**給事中議郎衛宏所校，**云給事中議郎者，議郎有不給事中者也。《百官志》：「議郎，六百石。」衛宏字敬仲，東海人。范史言作《毛詩序》，爲古文《尚書》作訓旨，而不言其校古文《孝經》。**皆口傳，官無其說。謹撰具一篇幷上。**撰，亦具也。丌部曰：「巽，具也。」古不从手，此从手者，隨俗也。《藝文志》：《孝經》古文二十二章，與《孝經》十八章異。劉向曰：「《庶人》章分爲二，《曾子敢問》章分爲三，又多一章，凡二十二章。」班固曰：「《孝經》經文，諸家皆同。惟孔氏壁中古文爲異。『父母生之，續莫大焉』，『故親生之膝下』，諸君說不安處，古文字讀皆異。」桓譚《新論》云：「古《孝經》千八百七十一字，今異者四百餘字。」按，衛宏校而爲之說，未著書，僅口傳，故外閒有其說，官徒有三老所獻，而無其說也。許學其說於宏，沖傳其說於父，乃撰而上之。如《公羊春秋》自子夏至漢景時，胡毋子都乃箸竹帛，而近世有僞造孔安國《孝經注》者，吁可怪也。惜沖之說不傳耳。許受古學於賈侍中，他經古學，皆得諸侍中，《孝經》學獨得諸衛宏，故必分別言之。亦使《孝經》古文說官有其書，以扶微學。**臣沖誠惶誠恐，頓首頓首，死辠死辠，䭫首再拜，㠯聞皇帝陛下。**起末皆云「稽首再拜」，而末稽首之上云「誠惶誠恐，頓首頓首，死罪死罪」，東漢人文字多如此。見於今者，若蔡邕《戍邊上章》，蔡質所記《立宋皇后儀》，皆見《漢書》注，《漢百石卒史碑》見《隸釋》，與此而四。《周禮》九㩻，一曰稽首，吉拜也，頭至地也。二曰頓首，凶拜，即稽顙也，頭叩地也。三曰空首，吉凶皆有之，即拜手也，頭至手也。稽首、頓首，吉凶不相兼，是以周制惟喪稽顙，惟大變用頓首。如《左傳》穆嬴、申包胥之頓首，即稽顙也。《獨斷》曰：「漢承秦法，羣臣上書皆言昧死言，王莽盜位，慕古法，去昧死，曰稽首，光武因而不改，意非不善也。而仍兼言頓首、死罪，爲請罪之辭，遂使一簡一行之閒，吉凶二拜並出，殊爲非禮。」說詳《釋拜》。建光元年九月己亥朔，二十日戊午上。建光元年，安帝即位之十五年。歲在辛酉。自和帝永元十二年，歲在庚子，至此凡廿二年。召上書者汝南許沖詣左掖門外會，宋本無「外」字。凡言掖門者，謂正門之旁門。手部曰：「掖者，一曰臂下也。」其字古作亦，今作掖。門之在旁，如臂與脅之有閒也。云左掖門者，謂北宮東面掖門，對下朱雀掖門爲南面掖門言也。會者，謂上書者多皆會於此也。令并齎所上書，所上書，謂《說文解字》十五卷，《孝經孔氏古文說》一篇。并齎者，合而齎上之也。九月二十日沖所言先達於上，即命至左掖門進所上二種。十月十九日，中黃門饒喜《百官志》：「中黃門冗從僕射一人，六百石。中黃門比百石。」㠯詔書賜召陵公乘許沖布四十匹，即日受詔朱雀掖門。《百官志》曰：「北宮朱爵司馬主南掖門。」《古今注》曰：「永平二年十一月，初作北宮朱爵南司馬門。」敕勿謝。

附注：

① 余行達統計，實爲十七見，分見犧、赳、迹、蹢、謓、橢、憲、囧、県、戹、豫、嫛、毒、隉、亞、㠯、酏各篆下。

説文解字注後叙

段先生作《説文解字注》，沅時爲之校讎，且慫恿其速成。既成，又日望其刻以行也。癸酉之冬，刻事甫就，而沅適游閩，至是刻將過半矣。先生以書告，且屬爲後叙。沅謂世之名許氏之學者夥矣，究其所得，未有過於先生者也。許氏箸書之例以及所以作書之恉，皆詳於先生所爲注中，先生亦自信以爲於許氏之志什得其八矣，沅更何所言哉！先生命序之意，蓋謂沅研誦其中十有餘年矣，作篆以正其體，編音均十七部以諧其聲，必有能以約而説詳者。沅於是即所見而㪚之曰：許書之要，在明文字之本義而已。先生發明許書之要，在善推許書每字之本義而已矣。經史百家字多叚借，許書以説解名，不得不專言本義者也。本義明而後餘義明，引申之義亦明，叚借之義亦明。形以經之，聲以緯之。凡引古以證者，於本義，於餘義，於引申，於叚借，於形，於聲，各指所之，罔不就理。薣、謚之譌衍，鼏、袀之譌奪，罔不灼知。列字之次弟，後人之坿益，罔不畢見。形聲義三者，皆得其雜而不越之故焉。縣是書以爲旳，而許氏箸書之心以明，經史百家之文字，亦無不由此以明。孔子曰：「必也正名」，蓋必形聲義三者正，而後可言可行也。亦必本義明，而後形聲義三者可正也。沅先大父艮庭徵君，生平服膺許氏，箸《尚書注疏》既畢，復從事於《説文解字》，及見先生作而輟業焉。沅之有事於校讎也，先徵君之意也。今先徵君音容既杳，先生獨神明不衰，靈光巋然，書亦將傳佈四方。而沅學殖荒陋，莫罄高深，瞻前型之邈然，幸後學之多賴，愉快無極，感慨從之。至於許書之例，有正文坿見于説解者，有重文坿見于説解者，此沅之私見，而先生或當以爲然者也。坿于此以更質諸先生。時嘉慶十有九年秋八月，親炙學者江沅謹拜叙于閩浙節署。

跋

焕聞諸先生曰：昔東原師之言，僕之學不外以字攷經，以經攷字。余之注《説文解字》也，葢竊取此二語而已。經與字未有不相合者，經與字有不相謀者，則轉注叚借爲之樞也。先生自乾隆庚子去官後，注此書先爲長編，名《説文解字讀》，抱經盧氏、雲椒沈氏曾爲之序。既乃簡練成注，海内延頸望書之成已三十年於兹矣。會徐直卿學士偕其友胡竹巖明經積城力任刊刻，江子蘭師因率焕同司校讎，得朝夕誦讀，而苦義藴閎深，非淺涉所能知也。敬述先生所示箸書之大要，分贈同人，竊謂小學明而經無不可明矣。乙亥三月受業長洲陳焕拜手敬書。

説文解字讀序

文與字古亦謂之名，《春官》外史掌達書名于四方，《秋官》大行人九歲屬瞽史，諭書名。名者，王者之所重也。聖人曰：「必也正名乎。」鄭康成注《周官》、《論語》，皆謂古者謂之名，今世謂之字。字之大端，形與聲而已。聖人説字之形，曰「一貫三爲王」，「推一合十爲士」，「儿象人胻之形，在人下，故詰屈」，「黍可爲酒，从禾入水也」，「牛羊之字，以形舉也」，「視犬之字，如畫狗也」，此皆以形而言也。其説字之聲曰：「烏，盱呼也，取其助氣，故以爲烏呼」，「狗，叩也，叩氣吠以守」，「粟之爲言續也」，「貉之爲言惡也」，皆以聲而言也。春秋時人亦多能言其義，如「止戈爲武」，「反正爲乏」，「皿蟲爲蠱」，「二首六身爲亥」，皆見於《左氏傳》。故孔子曰：「今天下書同文。」知當時尚無有亂名改作者。自隸書行而篆之意寖失，今所賴以見制字之本源者，惟漢許叔仲《説文》而已。後世若邯鄲淳、江式、吕忱、顧野王輩，咸宗尚其書。唐宋以來，如李陽冰、郭忠恕、林罕、張有之流，雖未嘗不遵用，而或以私意增損其間，則亦未可爲篤信而能發明之者。逮於勝國，益猖狂滅裂，許氏之學寖微。我朝文明大啓，前輩往往以是書提倡後學，於是二徐《説文》本學者多知珍重。然其書多古言古義，往往有不易得解者，則又或以其難通而疑之。夫不通衆經，則不能治一經，況此書爲義理事物之所統彙，而以寡聞尠見之胸，用其私智小慧，妄爲穿鑿，可乎？吾友金壇段若膺明府，於周秦兩漢之書無所不讀，於諸家小學之書靡不博覽，而别擇其是非，於是積數十年之精力，專説《説文》。以鼎臣之本頗有更易，不若楚金爲不失許氏之舊，顧其中尚有爲後人竄改者、漏落者、失其次者，一一考而復之，悉有左證，不同肊説。詳稽博辨，則其文不得不繁。然如楚金之書，以繁爲病，而若膺之書，則不以繁爲病也。何也？一虚辭，一實證也。蓋自有《説文》以來，未有善於此書者。匪獨爲叔重氏之功臣，抑亦以得道德之指歸，政治之綱紀，明彰禮樂而幽通鬼神，可以砭諸家之失，可以解後學之疑，斯真能推廣聖人正名之旨，而其有益於經訓者功尤大也。文弨年七十，猶幸得見是書，以釋見聞之陋，故爲之序，以識吾受益之私云爾。乾隆五十有一年中秋前三日，杭東里人盧文弨書於鍾山講舍之須友堂。

説文部目分韵

《説文》五百四十部，始一終亥，分屬十四篇，猝難檢尋。宋李仁甫《五音韵譜》本改依陸法言二百六韵編次，較原書易得其部首。今先生依始一終亥成注，復命焕用仁甫法始東終乏爲目，所以便學者也。其或與《廣韵》小異者，徐鼎臣音切用《唐韵》，或不與《廣韵》同，仁甫仍之耳。嘉慶乙亥春三月長洲陳焕編。

一東

東德紅切。六上，二。工古紅切。五上，五。豐敷戎切。五上，二十三。風方戎切。十三下，三。蟲直弓切。十三下，二。熊羽弓切。十上，十二。弓居戎切。十二下，二十一。宫居戎切。七下，十。

三鍾

从疾容切。八上，四。龍力鍾切。十一下，十七。凶許容切。七上，三十，止。

四江

囪楚江切。十下，一。

五支

支章移切。三下，十。卮章移切。九上，十四。氏是爲切。六下，八。皮符羈切。三下，二十一。乁弋支切。十二下，六。䖒許羈切。五上，二十四。危魚爲切。九下，七。

六脂

隹職追切。四上，十二。尸式脂切。八上，十九，止。厶息夷切。九上，二十五。夂楚危切。五下，二十四。奞息遺切。四上，十三。龜居追切。十三下，五。眉武悲切。四上，四。

七之

之止而切。六下，二。甾側詞切。十二下，十九。而如之切。九下，十二。思息兹切。十下，二十三。絲息兹切。十三上，三。司息兹切。九上，十三。𦣞與之切。十二上，十。箕居之切。五上，二。丌居之切。五上，三。犛里之切。二上，六。

八微

非甫微切。十一下，十九。飛甫微切。十一下，十八。衣於希切。八上，十四。㐆於機切。八上，十三。韋宇非切。五下，二十七。囗羽非切。六下，十七。

九魚

魚語居切。十一下①，十四。䲆語居切。十一下，十五。凵去魚切。五上，二十九。且子余切。十四上，五。疋所菹切。二下，十一。舁以諸切。三上，二十二。

十虞

亏羽俱切。五上，十六。雩況于切。六下，九。夫甫無切。十下，十九。毋武扶切。十二下，二。巫武扶切。五上，七。須相俞切。九上，七。几市朱切。三下，十九。殳市朱切。三下，十七。

十一模

麤倉胡切。十上，四。壺户吳切。十下，十一。虍荒烏切。五上，二十五。烏哀都切。四上，二十三，止。

十二齊

𠧪徂奚切。七上，十七。西先稽切。十二上，四。禾古兮切。六下，十一。稽古兮切。六下，十二。兮胡雞切。五上，十四。

十四皆

乖古懷切。十二上，十二，止。

十五灰

嵬五灰切。九上，二十六，止。𠂤都回切。十四上，十，止。來洛哀切。五下，二十二。才昨哉切。六上，四，止。

十七真

申失人切。十四下，三十七。身失人切。八上，十二。辰植鄰切。十四下，三十三。晨食鄰切。三上，二十四。臣植鄰切。三下，十六。人如鄰切。八上，一。儿如鄰切。八下，六。辛息鄰切。十四下，二十二。頻符真切。十一下，二。民彌鄰切。十二下，三。灥詳遵切。十一下，七。寅弋真切。十四下，三十一。巾居銀切。七下，二十一。

十九臻

屾所臻切。九下，二。

二十文

文無分切。九上，十。彣無分切。九上，九。雲王分切。十一下，十三。

二十一欣

斤舉欣切。十四上，六。筋居銀切。四下，十六。堇巨斤切。十三下，十一。犾語斤切。十上，九。

二十二元

吅況袁切。二上，十。言語軒切。三上，十二。

二十三魂

蚰古蒐切。十三下，一。門莫奔切。十二上，八。豚徒蒐切。九下，十六。

二十五寒

干古寒切。三上，三。𣦼昨干切。四下，十。丹都寒切。五下，一。

二十六桓

丸胡官切。九下，六。雈胡官切。四上，十四。萈胡官切。十上，七。毌古丸切。七上，十三。華北潘切。四下，一。耑多官切。七下，五。

二十七刪

𠬜普班切。三上，十九。

二十八山

山所閒切。九下，一。虤五閑切。五上，二十七。臤苦閑切。三下，十五。

一先

先穌前切。八下，十一。田待年切。十三下，十三。幵古賢切。十四上，二。弦胡田切。十二下，二十三。玄胡涓切。四下，六。

二仙

次敘連切。八下，十七。䪞式連切。四上，十八。㢟丑連切。二下，六。辛去虔切。三上，十五。宀武延切。七下，九。泉疾緣切。十一下，六。川昌緣切。十一下，五。叀職緣切。四下，五。員王權切。六下，十八。

三蕭

卤徒遼切。七上，十六。県古堯切。九上，六。幺於堯切。四下，三。垚吾聊切。十三下，十。髟必凋切。九上，十一。

五肴

爻胡茅切。三下，二十七。交古爻切。十下，九。包布交切。九上，二十一。勹布交切。九上，二十。巢鉏交切。六下，十三。

六豪

高古牢切。五下，十三。毛莫袍切。八上，十七。刀都牢切。四下，十七。夲土刀切。十下，十六。

八戈

戈古禾切。十二下，九。禾户戈切。七上，二十三。多得何切。七上，十二。它託何切。十三下，四。

九麻

麻莫遐切。七下，三。巴伯加切。十四下，二十。奢式車切。十下，十四。車尺遮切。十四上，九。牙五加切。二下，九。蕐户瓜切。六下，十。瓜古華切。七下，七。

十陽

羊與章切。四上，十七。方府良切。八下，五。匚府良切。十二下，十七。亾武方切。十二下，十五。長直良切。九上，九。香許良切。七上，二十六。畕居良切。十三下，十四。王雨方切。一上，五。

十一唐

倉七岡切。五下，九。亢古郎切。十下，十五。尣烏光切。十下，十。黄乎光切。十三下，十五。

十二庚

庚古行切。十四下，二十一。行户庚切。二下，七。明武兵切。七上，九。生所庚切。六下，六。京舉卿切，五下，十六。卯去京切。九上，十八。兄許榮切。八下，七。

十四清

晶子盈切。七上，六。

十五青

青蒼經切。五下，二。丁當經切。十四下，十七。冂古熒切。五下，十四。冥莫經切。七上，五。

十六蒸

仌筆陵切。十一下，十一。

十七登

能奴登切。十上，十一。

十八尤

北去鳩切。八上，七。裘巨鳩切。八上，十五。牛語求切。二上，五。酉字秋切。十四下，三十九。舟職流切。八下，四。雔市流切。四上，二十。矛莫浮切。十四上，八。𢆶於虯切。四下，四。丩居虯切。三上，八。

二十一侵

心息林切。十下，二十四。壬如林切。十四下，二十四。兂側琴切。八下，八。林力尋切。六上，三。音於今切。三上，十四。㐺魚音切。八上，八。金居音切。十四上，一。琴巨今切。十二下，十三。

二十二覃

男那含切。十三下，十六。

二十三談

三穌甘切。一上，四。甘古三切。五上，八。

二十四鹽

鹽余廉切。十二上，六。炎于廉切。十上，十四。

二十七銜

彡所銜切。九上，八。

二腫

廾居竦切。三上，十八。

四紙

只諸氏切。三上，五。氏承旨切。十二下，七。豕式視切。九下，十三。是承旨切。二下，二。沝之壘切。十一下，一。此雌氏切。二上，十六，止。惢才規、才縈二切。十下，二十五，止。豸池尒切。九下，十七。㸚力几切。三下，二十八，止。毇許委切。七上，二十八。

五旨

旨職雉切。五上，十六。矢式視切。五下，十二。水式軌切。十一上，全部。死息姊切。四下，十二。兕徐姊切。九下，十八。黹陟几切。七下，二十六，止。夂陟侈切。五下，二十九。履良止切。八下，三。厽力軌切。十四下，三。癸居誄切。十四下，二十五。几居履切。十四上，四。匕卑履切。八上，三。

六止

止諸市切。二上，十三。齒昌里切。二下，八。耳而止切。十二上，九。史疏士切。三下，九。士鉏里切。一上，九。子即里切。十四下，二十六。巳詳里切。十四下，三十四。里良止切。十三下，十二。喜虛里切。五上，十七。己居擬切。十四下，十九。

七尾

尾無斐切。八下，二。豈墟豨切。五上，二十。虫許偉切。十三上，五，止。鬼居偉切。九上，二十三。

八語

鼠書呂切。十上，十。黍舒呂切。七上，二十五。宁直呂切。十四下，五。呂力舉切。七下，十一。女尼呂切。十二下，一。予余呂切。四下，七。

九麌

羽王矩切。四上，十一。雨王矩切。十一下，十二。丶知庾切。五上，三十二，止。

十姥

土它魯切。十三下，九。鹵郎古切。十二上，五。虍呼古切。五上，二十六。古公户切。三上，九。鼓工户切。五上，十九。𠑹公户切。八下，十。户侯古切。十二上，七。五疑古切。十四下，八。午疑古切。十四下，三十五。

十一薺

米莫禮切。七上，二十七。氐丁禮切。十二下，八。豊盧啓切。五上，二十二。匸胡禮切。十二下，十六。

十二蟹

廌宅買切。十上，二。

十五海

亥胡改切。十四下，四十一，止。乃奴亥切。五上，十一。

十六軫

廴余忍切。二下，五。

十九隱

乚於堇切。十二下，十四。

二十阮

㫃於幰切。七上，四。

二十一混

𣝣胡本切。六下，十六。丨古本切。一上，十，止。

二十三旱

厂呼旱切。九下，五。

二十四緩

卵盧管切。十三下，七。

二十七銑

丏彌兖切。九上，四。犬苦泫切。十上，八。𡿨姑泫切。十一下，三。

二十八獮

舛昌兖切。五下，二十五。孨旨兖切。十四下，二十八。䰜②而兖切。三下，二十二。辡平免切。十四下，二十三。㢟知衍切。五上，六。

二十九篠

鳥都了切。四上，二十二。了盧鳥切。十四下，二十七。

三十小

小私兆切。二上，一。𠬪平小切。四下，九。

三十一巧

丣莫飽切。十四下，三十二。爪側狡切。三下，四。

三十二晧

丂苦浩切。五上，十二。夰古老切。十下，十七。夭於兆切。十下，八。冃莫保切。七下，十六。老盧晧切。八上，十六。艸倉老切。一下，二。

三十三哿

可肯我切。五上，十三。我五可切。十二下，十一。𠂇臧可切。三下，八。

三十四果

火呼果切。十上，十三。

三十五馬

馬莫下切。十上，一。冎古瓦切。四下，十三。𦫳工瓦切。四上，十五。瓦五寡切。十二下，二十。

三十六養

象徐兩切。九下，二十，止。㒳良獎切。七下，十八。弜其兩切。十二下，二十二。亯許兩切。五下，十七。网文紡切。七下，十九。上時掌切。一上，二。

三十七蕩

茻摸朗切。一下，四，止。

三十八梗

丙兵永切。十四下，十六。皿武永切。五上，二十八。永于憬切。十一下，八。囧俱永切。七上，十。

三十九耿

黽莫杏切。十三下，六。

四十靜

丼子郢切。五下，三。

四十一迥

竝蒲迥切。十下，二十一。鼎都挺切。七上，二十。壬他鼎切。八上，九。

四十四有

有云久切。七上，八。九舉有切。十四下，十一。久舉友切。五下，三十。韭舉友切。七下，六。臼其九切。七上，二十九。酉與久切。十四下，三十八。缶方久切。五下，十一。不方久切。十二上，三。𨸏房久切。十四下，一。𨺅房久切。十四下，二。𡿺書九切。九上，五。𦣻書九切。九上，二。手書九切。十二上，十一。禸人九切。十四下，十二。丑敕久切。十四下，三十。

四十五厚

㫗胡口切。五下，十八。后胡口切。九上，十二。口苦后切。二上，八。𧺆子苟切。二上，十二。斗當口切。十四上，七。

四十七寑

品丕飲切。二下，十二。㐭力甚切。五下，二十。㱃於錦切。八下，十六。

四十八感

𣐺胡感切。七上，十五。𢎘乎感切。七上，十四。

五十剡

焱以冄切。十下，二。冄而剡切。九下，十一。广魚儉切。九下，四。

五十五范

凵口犯切。二上，九。

一送

㝱莫鳳切。七下，十三。

三用

用余訟切。三下，二十六。重柱用切。八上，十。共渠用切。三上，二十。

四絳

𨛜胡絳切。六下，二十一，止。

五寘

朿七賜切。七上，十八。

六至

至脂利切。十二上，三。示神至切。一上，三。二而至切。十三下，八。四息利切。十四下，四。自疾二切。四上，六。白疾二切。四上，七。㣇芊至切。九下，十四。鼻父二切。四上，八。比毗二切。八上，五。

七志

異羊吏切。三上，二十一。

八未

未無沸切。十四下，三十六。气去既切。一上，八。㒸居未切。八下，十八，止。

九御

去丘據切。五上，三十。

十遇

句九遇切。三上，七。眀九遇切。四上，三。瞿九遇切。四上，十九。壴中句切。五上，十八。

十一暮

步薄故切。二上，十五。素桑故切。十三上，二。兔湯故切。十上，六。瓠胡誤切。七下，八。

十二霽

弟特計切。五下，二十八。系胡計切。十二下，二十四，止。

十三祭

毳此芮切。八上，十八。彑居例切。九下，十五。厂余制切。十二下，五。㡀毗祭切。七下，二十五。

十四泰

大徒蓋切。十下，五。貝博蓋切。六下，十九。會黄外切。五下，八。巜古外切。十一下，四。

十五卦

𠂢匹卦切。十一下，九。𣏟匹卦切。七下，二。

十六怪

丯古拜切。四下，二十。

十八隊

耒盧對切。四下，二十一。

十九代

隶徒耐切。三下，十四。

二十一震

刃而振切。四下，十八。舜舒閏切。五下，二十六。盾食閏切。四上，五。朩匹刃切。七下，一。囟息進切。十下，二十二。卂息晉切。十一下，二十，止。寸倉困切。三下，二十。印於刃切。九上，十六。

二十八翰

倝古案切。七上，三。半博幔切。二上，四。爨七亂切。三上，二十五，止。旦得案切。七上，二。

三十一襇

釆蒲莧切。二上，三。

三十二霰

見古甸切。八下，十三。燕於甸切。十一下，十六。片匹見切。七上，十九。

三十三線

面彌箭切。九上，三。

三十五笑

覞弋笑切。八下，十四。

三十六效

敎古孝切。三下，二十四。皃莫敎切。八下，九。

三十七号

号胡到切。五上，十五。告古奥切。二上，七。冃莫報切。七下，十七。

三十八箇

左則箇切。五上，四。

三十九過

臥吾貨切。八上，十一。

四十禡

襾呼訝切。七下，二十。亞衣駕切。十四下，七。乇呼跨切。八上，二。

四十一漾

放甫妄切。四下，八。鬯丑諒切。五下，五。

四十三映

誩渠慶切。三上，十三。

四十五勁

正之盛切。二下，一。

四十九宥

又于救切。三下，七。嘼許救切。十四下，十三。

五十候

冓古候切。四下，二。戊莫候切。十四下，十八。鬥都豆切。三下，六。豆徒候切。五上，二十一。

六十梵

欠去劒切。八下，十五。

一屋

哭苦屋切。二上，十一。谷古祿切。十一下，十。卜博木切。三下，二十五。攴普木切。三下，二十三。木莫卜切。六上，一。

禿他谷切。八下，十二。彔盧谷切。七上，二十二。鹿盧谷切。十上，三。畐房六切，又芳逼切。五下，十九。目莫六切。四上，二。尗式竹切。七下，四。肉如六切。四下，十五。竹陟玉切。五上，一。六力竹切。十四下，九。臼居玉切。三上，二十三。業蒲沃切。三上，十七。

三燭

束書玉切。六下，十五。蓐而蜀切。一下，三。足即玉切。二下，十。曲丘玉切。十二下，十八。玉魚欲切。一上，六。

四覺

角古岳切。四下，二十二，止。玨古岳切。一上，七。丵士角切。三上，十六。

五質

日人質切。七上，一。率所律切。十三上，四。七親吉切。十四下，十。桼親吉切。六下，十四。一於悉切。一上，一。壹於悉切。十下，十二。乙於筆切。十四下，十五。

六術

出尺律切。六下，四。戌辛律切。十四下，四十。聿余律切。三下，十二。

八物

勿文弗切。九下，十。甶敷勿切。九上，二十四。市分勿切。七下，二十二。

十月

月魚厥切。七上，七。戉王伐切。十二下，十。曰王伐切。五上，十。𥄎火劣切。四上，一。亅衢月切。十二下，十二。

十一没

𠫓他骨切。十四下，二十九。骨古忽切。四下，十四。

十二曷

屵五葛切。九下，三。歺五割切。四下，十一。亣大他達切。十下，十八。

十三末

癶北末切。二上，十四。宋普活切。六下，五。

十四黠

㓞恪八切。四下，十九。乚烏轄切。十二上，一。八博拔切。二上，二。殺所八切。三下，十八。㕯女滑切。三上，六。

十六屑

卪子結切。九上，十五。苜徒結切，又讀若末。四上，十六。頁胡結切。九上，一。穴胡決切。七下，十二。血呼決切。五上，三十一。丿匹蔑切，又房密切。十二下，四。

十七薛

舌食列切。三上，二。屮丑列切。一下，一。叕陟劣切。十四下，六。桀渠列切。五下，三十一，止。

十八藥

龠以灼切。二下，十三。勺之若切。十四上，三。叒而灼切。六下，一。辵丑略切。二下，三。㲋丑略切。十上，五。谷其虐切。三上，四。

十九鐸

𩫏古博切。五下，十五。

二十陌

白旁陌切。七下，二十四。帛旁陌切。七下，二十三。乇陟格切。六下，七。丮几劇切。三下，五。

二十一麥

麥莫獲切。五下，二十三。冊楚革切。二下，十四，止。疒女戹切。七下，十四。革古覈切。三下③，一。畫胡麥切。三下，十三。

二十二昔

夕祥易切。七上，十一。尺昌石切。八下，一。赤昌石切。十下，四。炙之石切。十下，三。石常隻切。九下，八。彳丑亦切。二下，四。亦羊益切。十下，六。易羊益切。九下，十九。辟必益切。九上，十九。

二十三錫

糸莫狄切。十三上，一。冖莫狄切。七下，十五。秝郎擊切。七上，二十四。鬲郎激切。三下，二。䰜郎激切。三下，三。

二十四職

食乘力切。五下，六。夨阻力切。十下，七。色所力切。九上，十七。嗇所力切。五下，二十一。力林直切。十三下，十七。茍己力切。九上，二十二。皕彼力切。四上，九。

二十五德

北博墨切。八上，六。黑呼北切。十上，十五，止。克苦得切。七上，二十一。

二十六緝

習似入切。四上，十。亼秦入切。五下，七。十是執切。三上，十。入人汁切。五下，十。㗊阻立切④。二上，一。立力及切。十下，二十。邑於汲切。六下，二十。皀皮及切。五下，四。

二十七合

卅蘇沓切。三上，十一。帀子荅切。六下，三。雥徂合切。四上，二十一。

二十九葉

夲尼輒切。十下，十三。𦘒尼輒切。三下，十一。

三十怗

劦胡頰切。十三下，十八，止。

三十二狎

甲古狎切。十四下，十四。

附注：

①「十一下」，原誤作「上一下」，已改。

②「㲋」，原誤作「㲊」，已改。

③「三下」，原誤作「三十」，已改。

④「阻立切」，原誤作「阻力切」，已改。

六書音均表

戴震序

韵書始萌芽於魏李登《聲類》，積三百餘年，至隋陸灋言《切韵》，梗槩之法乃具。然皆就其時之語言音讀，參校異同，定其遠近洪細，往往有意求密，而用意太過，强生區別。至如虞夏商周之文，六書之假借諧聲，《詩》之比音協句，以成歌樂，茫乎未之考也。唐初因灋言撰本，爲選舉士人作律詩之用，視二百六韵中字數多者限以獨用，字數少者合比近兩韵或三韵同用，苟計字多寡而已。宋吳棫作《韵補》，於韵目下始有古通某、古轉聲通某之云，其分合最爲疎舛。鄭庠作《古音辨》，僅分陽、支、先、虞、尤、覃六部。近崑山顧炎武更析東、陽、耕、蒸而四，析魚、歌而二，故列十部。吾郡老儒江慎修永於真已下十四韵，侵已下九韵，各析而二，蕭、宵、肴、豪及尤、侯、幽亦爲二，故列十三部。古音之學以漸加詳如是。前九年段君若膺語余曰：支、佳，一部也。脂、微、齊、皆、灰，一部也。之、咍，一部也。漢人猶未嘗淆借通用，晉宋而後乃少有出入。迄乎唐之功令，支注「脂、之同用」，佳注「皆同用」，灰注「咍同用」，於是古之截然爲三者，罕有知之。余聞而偉其所學之精，好古有灼見卓識。又言：真、臻、先，與諄、文、殷、魂、痕爲二，尤、幽與侯爲二，得十七部。今官於蜀地且數年，政事之餘優而成是書，曰《六書音均表》，凡爲表者五。撰述之意，表各有序說，既詳之矣。其書始名《詩經韵譜》、《羣經韵譜》，嘉定錢學士曉徵爲之序。兹易其體例，且增以新知，十七部葢如舊也。余昔感於其言五支、六脂、七之有分，癸巳春寓居浙東，取顧氏《詩本音》，章辨句析，而諷誦乎經文，歎始爲之之不易，後來加詳者之信足以補其未逮。顧氏轉侯韵入虞，江氏轉虞韵字入侯，此江優於顧。然顧氏藥、鐸有分，而江氏不分，此顧優於江。若夫五支異於六脂，猶清異於真也；七之又異於支、脂，猶蒸又異於清、真也，寔千有餘年莫之或省者，一旦理解，按諸《三百篇》劃然，豈非稽古大快事歟！時余畧記入聲之說，未暇卒業，今樂覩是書之成也，不惟字得其古人音讀，抑又多通其古義。許叔重之論假借曰：「本無其字，依聲託事。」夫六經字多假借，音聲失而假借之意何以得？訓詁音聲相爲表裏，訓詁明，六經乃可明。後儒語言文字未知，而輕憑臆解以誣聖亂經，吾懼焉。段君又有《詩經小學》、《書經小學》、《説文考證》、《十七部古韵表》等書，將繼是而出，視逃其難相與鑿空者，於治經孰得孰失也？ 乾隆丁酉孟春月休寧戴震序。

吴省欽序

予友金壇段君若膺《六書音均表》既成，有問於予者曰：是書何以作？讀之將何用也？曰：是書爲古音而作也。古今語言不同，古音不明，不獨三代秦漢有韵之文不能以讀，其無韵之文假借、轉注音義不能知，立乎今日而譯三代秦漢之音，是書爲之舌人也。曰：鄭氏庠、陳氏第、顧氏炎武、江氏永之書何如？曰：鄭氏諸人之書善矣，或分所當合，或合所當分，得是書而義始備也。曰：今官韵依劉淵之一百十七部，而顧氏、江氏及是書依陸氏灋言二百六部之舊，何也？曰：必依二百六部之舊，而後可由今韵以推古韵也。如支、脂、之分爲三，尤與侯、元與魂痕，各分爲二，皆與《三百篇》合，而一百十七部者去之遠也。曰：是書何以於顧氏十部、江氏十三部之後，確然定爲十七部也？曰：《詩三百篇》之韵確有是十七部，而顧氏、江氏分析未備，其平入分配多未審。是書上溯《三百篇》，下沿《廣韵》。《廣韵》分爲數韵，而《三百篇》合爲一韵者，則爲一部。《三百篇》在此部，而《廣韵》遁入於他部，是爲古今音轉移不同。是書弟一表及弟四表，古本音之義也。然則一韵而《廣韵》析爲數韵者，何也？曰：音之變也。冬、鍾之侈而爲東，支、脂、之之侈而爲佳、皆、咍，耕、清之斂而爲青，真之斂而爲先，十七部皆有是也。弟二表何以作也？曰：今韵於同一諧聲之偏旁而互見諸部，古音則同此諧聲即爲同部，故古音可審形而定也。曰：以古之本音正後人合韵、協音之説之非矣，而仍言合韵，何也？曰：古與今異部是爲古本音，如丘謀尤古在之咍部，而今在尤幽部，曹菽茅滔古在尤幽部，而今在蕭宵肴豪部是也。古與古異部而合用之，是爲古合韵。如母字古在之咍部，《詩》凡十七見，而《蝃蝀》協雨；興字古在蒸登部，《詩》凡五見，而《大明》協林心是也。知其分而後知其合，知其合而後愈知其分。凡《三百篇》及三代秦漢之音，研求其所合；又因所合之多寡遠近及異平同入之處，而得其次弟。此十七部先後所由定，而弟三表及弟四表古合韵之義也。曰：古四聲與今四聲不同，何也？曰：古今部分之轉移不同若是，其四聲之轉移不同猶是也。其言表，何也？曰：暴諸外以示人也，是太史公十表之義也。其言音均，何也？曰：古言均，今言韵也。韵、韻皆不見於《説文》，而韵字則見於薛尚功所載《曾侯鐘銘》是也。其冠以六書，何也？曰：知此而古指事、象形、諧聲、會意之文舉得其部分，得其音韵，知此而古假借、轉注舉可通。故曰《六書音均表》也。然則讀之而苦其難，何也？曰：於今韵則依《廣韵》部分，於字書則宗《説文解字》，於古音則窮《三百篇》及羣經有韵之文，於言古音之書則考顧氏《音學五書》、江氏《古韵標準》，以《三百篇》及周秦所用，正漢魏以後轉移之音，而歷代音韵沿革源流以見，而陸氏部分之故以見，而顧氏江氏之未協者以見。彼吴氏棫、楊氏慎、毛氏奇齡之書無論矣。問者曰：有是哉。遂書之以爲釋例。乾隆丁酉五月南匯吴省欽冲之甫。

六書音均表

四川候補知縣前貴州玉屏縣
知縣臣段玉裁記

凡五萬二千三百二十五字

原序

金壇段君懋堂撰次《詩經韵譜》及《羣經韵譜》成，予讀而善之，廼序其端曰：自文字肇啟，即有音聲，比音成文，而詩教興焉。三代以前，無所謂聲韵之書，然《詩三百篇》具在，參以經傳子騷，類而列之，引而伸之，古音可僂指而分也。許叔重云：「倉頡初作書，依類象形，故謂之文。其後形聲相益，即謂之字。」文字者，終古不易，而音聲有時而變。五方之民，言語不通，近而一鄉一聚，猶各操土音，彼我相嗤，矧在數千年之久乎！謂古音必無異於今音，此夏蟲之不知有冰也。然而去古浸遠，則於六書諧聲之旨，漸離其宗。故惟《三百篇》之音爲最善，而昧者乃執隋唐之韵以讀古經，有所齟齬，屢變其音以相從，謂之叶韵。不惟無當於今音，而古音亦滋茫昧矣。明三山陳氏始知攷《毛詩》、屈宋賦以求古音，近世崐山顧氏、婺源江氏，攷之尤博以審。今段君復因顧、江兩家之説，證其違而補其未逮，定古音爲十七部。若網在綱，有條不紊。窮文字之源流，辨聲音之正變，洵有功於古學者已。古人以音載義，後人區音與義而二之，音聲之不通而空言義理，吾未見其精於義也。此書出，將使海内説經之家奉爲圭臬，而因文字音聲以求訓詁，古義之興有日矣，詎獨以存古音而已哉！乾隆庚寅四月九日嘉定錢大昕書。

戴東原先生來書

大箸辨別五支、六脂、七之，如清、真、蒸三韵之不相通，能發自唐以來講韵者所未發。今春將古韵考訂一番，斷從此説爲確論。然執管欲作序者屢，而苦於心不精，姑俟稍安閒爲之，目近極繁擾也。癸巳十月卅日震頓首。

寄戴東原先生書乙未十月

玉裁自幼學爲詩，即好聲音文字之學。甲戌、乙亥閒從同邑蔡丈一帆遊，始知古韵大略。庚辰入都門，得顧亭林《音學五書》讀之，驚怖其考據之博。癸未遊於先生之門，觀所爲《江慎修行略》，又知有《古韵標準》一書，與顧氏少異，然實未能深知之也。丁亥自都門歸，憶《古韵標準》所稱元、寒、桓、删、山、先、仙七韵，與真、諄、臻、文、欣、魂、痕七韵，《三百篇》内分用，不如顧亭林、李天生所云自真至仙古爲一韵之説，與舍弟玉成取《毛詩》細繹之，果信。又細繹之，真、臻二韵，與諄、文、欣、魂痕五韵，《三百篇》内分用，而江氏有未盡也。蕭、宵、肴、豪，與尤、侯、幽分用矣。又細繹之，則侯與尤、幽，《三百篇》内分用，而江氏有未盡也。支、脂、之、微、齊、佳、皆、灰、咍九韵，自來言古韵者合爲一韵，及細繹之，則支、佳爲一韵，脂、微、齊、皆、灰爲一韵，之、咍爲一韵，而顧氏、江氏均未之知也。又細繹其平入之分配，正二家之踳駁。遂書《詩經》所用字，區別爲十七部。既攷其出入，而得其本音。又詳其斂侈，而識其音變。又察其高下遲速，而知四聲古今不同。又觀其會通，而知協音合韵，自古而有。於諧聲推測其條理，於假借轉注默會其指歸，蘊緼千年，一旦軒露，成《詩經韵譜》《羣經韵譜》各一帙。己丑再至都門，程蕺園舍人賞之。第其書簡略，無注釋不可讀，是年冬寓法源寺側之蓮華菴，鍵户燒石炭，從邵二雲孝廉借書，竟爲注釋。每一部畢，孝廉輒取寫其福。至庚寅二月書成，錢辛楣學士以爲鑿破混沌，爲作序。三月銓授貴州玉屏縣。壬辰四月三入都，時先生館於洪素人户部之居，以是書請益。先生云：體裁尚未盡善。玉裁旋奉命發四川候補，八月至蜀。後署理富順及南溪縣事，又辦理化林坪站務。王師申討金酋，儲偫輓輸，無敢稍懈息。然每處分公事畢，漏下三鼓，輒篝鐙改竄是書以爲常。今年夏六月，偕同官朱雲駿入報銷局，興趣略同，暇益潛心商訂。九月書成，爲表五：一曰《今韵古分十七部表》，別其方位也；二曰《古十七部諧聲表》，定其物色也；三曰《古十七部合用類分表》，洽其指趣也；四曰《詩經韻分十七部表》，臚其美富也；五曰《羣經韻分十七部表》，資其參證也。改名曰《六書音均表》，均即古韵字也。鶡冠子曰：五聲不同均。成公綏曰：音均不恒。陶者以鈞作器，樂者以均審音。十七部爲音均，音均明而六書明，六書明而古經傳無不可通。玉裁之爲是書，蓋將使學者循是以知假借、轉注，而於古經傳無疑義，而恐非好學深思，尠能心知其意也。抑先生曾言尤、侯兩韵可無用分，玉裁攷周秦漢初之文，侯與尤相近，而必獨用。先生又言十七部次弟不能深曉，支、脂、之析爲三部，能發自唐以來講韵者所未發，但何以不列於一處，而以之弟一、脂弟十五、支弟十六。玉裁按，十七部次弟出於自然，非有穿鑿。取弟三表細繹之，可知也。之、咍音與蕭、尤近，亦與蒸近；脂、微、齊、皆、灰音與諄、文、元、寒近；支、佳音與歌、戈近，實韵理分劈之大耑。先生又言：顧亭林平仄通押之説未爲非，所定四聲，似更張大甚。玉裁按，今四聲不同古，猶古部分不同今，抽繹遺經雅記，差可自信其非妄。以上三者，皆不敢爲苟同之論，惟求研審音韵之真而已。夫郭璞《爾雅》，注於烏尤；宋祁《唐書》，修於益州。玉裁入蜀數年，幸適有成書。而所爲《詩經小學》、《書經小學》、《説文考證》、《古韵十七部表》諸書，亦漸次將成。今輒先寫《六書音均表》一部，寄呈座右，願先生爲之序，而糾其疵謬，則幸甚幸甚！玉裁頓首。

今韻古分十七部表

六書音均表一

今世所存韻書，《廣韻》最古。《廣韻》二百六部，蓋放於隋陸灋言。戴東原編修《聲韻考》曰：「灋言書今不傳，宋《廣韻》卷首猶題云：陸灋言撰本、長孫納言箋注。而《集韻·韻例》曰：先帝時令陳彭年、丘雍因灋言韻就爲刊益。然則《廣韻》之二百六韻蓋灋言舊目。」自唐初有同用獨用之功令，以便屬文之士。《聲韻考》曰：「唐封演《聞見記》云：陸法言撰爲《切韻》，先仙刪山之類，屬文之士苦其苛細。國初許敬宗等詳議，以其韻窄，奏合而用之。然則《廣韻》同用獨用之注，乃唐初功令。」至南宋劉淵新刊《禮部韻略》，遂併同用之韻爲一韻，而爲部百有七。今取百有七部之書，考求古音，今音混淆未明，無由討古音之源也。宋鄭庠分古韻爲六部，近崑山顧炎武據依《廣韻》部分分古韻爲十部，而婺源江永又分爲十三部。鄭氏東、冬、江、陽、庚、青、蒸，入聲屋、沃、覺、藥、陌、錫、職爲一部；支、微、齊、佳、灰爲一部；魚、虞、歌、麻爲一部；真、文、元、寒、刪、先，入聲質、物、月、曷、黠、屑爲一部；蕭、肴、豪、尤爲一部；侵、覃、鹽、咸，入聲緝、合、葉、洽爲一部。其説合於漢魏及唐之杜甫、韓愈所用，而於周秦未能合也。顧氏考《三百篇》作《詩本音》，二百六部分爲十：東、冬、鍾、江爲一部；支、脂、之、微、齊、佳、皆、灰、咍，入聲質、術、櫛、物、迄、月、没、曷、末、黠、鎋、屑、薛、麥、昔、錫、職、德爲一部；魚、虞、模、侯，入聲藥、鐸、陌爲一部；真、諄、臻、文、欣、元、魂、痕、寒、桓、刪、山、先、仙爲一部；蕭、宵、肴、豪、尤、幽，入聲屋、沃、燭、覺爲一部；歌、戈、麻爲一部；陽、唐爲一部；庚、耕、清、青爲一部；蒸、登爲一部；侵、覃、談、鹽、添、咸、銜、嚴、凡，入聲緝、合、盍、葉、怗、洽、狎、業、乏爲一部。較鄭氏爲密矣。江氏訂其於《三百篇》所用有未合者，作《古韻標準》，二百六部分爲十三：東、冬、鍾、江爲一部；支、脂、之、微、齊、佳、皆、灰、咍，入聲麥、昔、錫、職、德爲一部；魚、虞、模，入聲藥、鐸、陌爲一部；真、諄、臻、文、欣、魂、痕，入聲質、術、櫛、物、迄、没爲一部；元、寒、桓、刪、山、先、仙，入聲月、曷、末、黠、鎋、屑、薛爲一部；蕭、宵、肴、豪爲一部；歌、戈、麻爲一部；陽、唐爲一部；庚、耕、清、青爲一部；蒸、登爲一部；尤、侯、幽，入聲屋、沃、燭、覺爲一部；侵，入聲緝爲一部；覃、談、鹽、添、咸、銜、嚴、凡，入聲合、盍、葉、怗、洽、狎、業、乏爲一部。較諸顧氏益密，而仍於《三百篇》有未合者。今既泛濫《毛詩》，理順節解，因其自然，補三家部分之未備，釐平入相配之未確，定二百六部爲十七部，表於左：

弟一部	弟二部	弟三部	弟四部
七之 十六咍	三蕭 四宵 五肴 六豪	十八尤 二十幽	十九侯
六止 十五海	二十九篠 三十小 三十一巧 三十二晧	四十四有 四十六黝	四十五厚
七志 十九代	三十四嘯 三十五笑 三十六效 三十七号	四十九宥 五十一幼	五十候
二十四職 二十五德		一屋 二沃 三燭 四覺	

弟五部	弟六部	弟七部	弟八部	弟九部
九魚 十虞 十一模	十六蒸 十七登	二十一侵 二十四鹽 二十五添	二十二覃 二十三談 二十六咸 二十七銜 二十八嚴 二十九凡	一東 二冬 三鍾 四江
八語 九麌 十姥	四十二拯 四十三等	四十七寑 五十琰 五十一忝	四十八感 四十九敢 五十二豏 五十三檻 五十四儼 五十五范	一董 二腫 三講
九御 十遇 十一暮	四十七證 四十八嶝	五十二沁 五十五豔 五十六㮇	五十三勘 五十四闞 五十七陷 五十八鑑 五十九釅 六十梵	一送 二宋 三用 四絳
十八藥 十九鐸		二十六緝 二十九葉 三十怗	二十七合 二十八盍 三十一洽 三十二狎 三十三業 三十四乏	

弟十部	弟十一部	弟十二部	弟十三部	弟十四部
十陽 十一唐	十二庚 十三耕 十四清 十五青	十七真 十九臻 一先	十八諄 二十文 二十一欣 二十三魂 二十四痕	二十二元 二十五寒 二十六桓 二十七刪 二十八山 二仙
三十六養 三十七蕩	三十八梗 三十九耿 四十靜 四十一迥	十六軫 二十七銑	十七準 十八吻 十九隱 二十一混 二十二很	二十阮 二十三旱 二十四緩 二十五潸 二十六產 二十八獮
四十一漾 四十二宕	四十三映 四十四諍 四十五勁 四十六徑	二十一震 三十二霰	二十二稕 二十三問 二十四焮 二十六慁 二十七恨	二十五願 二十八翰 二十九換 三十諫 三十一襉 三十三線
		五質 七櫛 十六屑		

弟十五部	弟十六部	弟十七部
六脂 八微 十二齊 十四皆 十五灰	五支 十三佳	七歌 八戈 九麻
五旨 七尾 十一薺 十三駭 十四賄	四紙 十二蟹	三十三哿 三十四果 三十五馬
六至 八未 十二霽 十三祭 十四泰 十六怪 十七夬 十八隊 二十廢	五寘 十五卦	三十八箇 三十九過 四十禡
六術 八物 九迄 十月 十一沒 十二曷 十三末 十四黠 十五鎋 十七薛	二十陌 二十一麥 二十二昔 二十三錫	

弟一部弟十五部弟十六部分用說

《廣韻》上平七之、十六咍，上聲六止、十五海，去聲七志、十九代，入聲二十四職、二十五德，爲古韻弟一部。上平六脂、八微、十二齊、十四皆、十五灰，上聲五旨、七尾、十一薺、十三駭、十四賄，去聲六至、八未、十二霽、十三祭、十四泰、十六怪、十七夬、十八隊、二十廢，入聲六術、八物、九迄、十月、十一沒、十二曷、十三末、十四黠、十五鎋、十七薛，爲古韵弟十五部。上平五支、十三佳，上聲四紙、十二蟹，去聲五寘、十五卦，入聲二十陌、二十一麥、二十二昔、二十三錫，爲古韵弟十六部。

五支、六脂、七之三韵。自唐人功令同用，鮮有知其當分者矣。今試取《詩經韵表》弟一部、弟十五部、弟十六部觀之，其分用乃截然。且自《三百篇》外，凡羣經有韵之文，及楚騷諸子，秦漢六朝詞章，所用皆分別謹嚴，隨舉一章數句，無不可證。或有二韵連用，而不辨爲分用者，如《詩·相鼠》二章：齒、止、俟，弟一部也；三章：體、禮、死，弟十五部也。《魚麗》二章：鱧、旨，弟十五部也；三章：鯉、有，弟一部也。《板》五章：懠、毗、迷、尸、屎、葵、資、師，弟十五部也；六章：篪、圭、攜，弟十六部也。《孟子》引齊人言「雖有智慧」二句，弟十五部也；「雖有鎡基」二句，弟一部也。屈原賦「寧與騏驥抗軛」二句，弟十六部也；「寧與黃鵠比翼」二句，弟一部也。《秦琅邪臺刻石》，自「維廿六年」至「莫不得意」，凡二十四句，以始、紀、子、理、士、海、事、富、志、字、載、意韵，弟一部也。自「應時動事」至「莫不如畫」凡十二句，以帝、地、懈、辟、易、畫韵，弟十六部也。倘以《相鼠》齒與禮、死成文，《魚麗》鯉與旨爲韵，則自亂其例而非韵。玉裁讀坊本《詩經·竹竿》二章：「泉源在左，淇水在右。女子有行，遠父母兄弟」，每疑右爲古韵弟一部字，弟爲弟十五部字，二字古鮮合用。及考唐石經、宋本集傳、明國子監注疏本，皆作「遠兄弟父母」，而後其疑豁然。三部自唐以前分別最嚴，蓋如真文之與庚，青與侵，稍知韵理者，皆知其不合用也。自唐初功令不察，支、脂、之同用，佳、皆同用，灰、咍同用。而古之畫爲三部，始湮没不傳。迄今千一百餘年，言韵者莫有見及此者矣。

古七之字多轉入於尤韵中，而五支、六脂則無有，此三部分別之大概也。

職、德爲弟一部之入聲，術、物、迄、月、没、曷、末、黠、鎋、薛爲弟十五部之入聲，陌、麥、昔、錫爲弟十六部之入聲。顧氏於三部平聲既合爲一，故入聲亦合爲一。古分用甚嚴，即唐初功令陌、麥、昔同用，錫獨用，職、得同用，亦未若平韵之掍合五支、六脂、七之爲一矣。

弟二部弟三部分用説

下平三蕭、四宵、五肴、六豪，上聲二十九篠、三十小、三十一巧、三十二晧，去聲三十四嘯、三十五笑、三十六效、三十七号，爲古韻弟二部。十八尤、二十幽，上聲四十四有、四十六黝，去聲四十九宥、五十一幼，入聲一屋、二沃、三燭、四覺，爲古韵弟三部。《詩經》及周秦文字分用畫然，顧氏誤合爲一部。江氏《古韵標準》既正之矣。

顧氏於平聲合二部爲一，故弟二部之字轉入於弟三部入聲者，不能分別而箋識之也。

弟三部之入聲，顧氏割其半入魚、模韵，如屋讀烏、獨讀𨑨之類，皆漢後之轉音，非古本音，即以矦合魚之誤也。

弟三部弟四部弟五部分用説

下平十九矦，上聲四十五厚，去聲五十候，爲古韵弟四部。上平九魚、十虞、十一模，上聲八語、九麌、十姥，去聲九御、十遇、十一暮，入聲十八藥、十九鐸，爲古韵弟五部。《詩經》及周秦文字分用畫然。顧氏誤合矦於魚爲一部，江氏又誤合矦於尤爲一部，皆攷之未精。顧氏合矦於魚，其所引據，皆漢後轉音，非古本音也。矦古音近尤，而別於尤；近尤，故入音同尤。別於尤，故合諸尤者亦非也。

弟二、弟三、弟四、弟五部，漢以後多四部合用，不甚區分。要在《三百篇》故較然畫一，《載馳》之驅、矦，不連下文悠、曹、憂爲一韵；《山有蓲》之蓲、榆、婁、驅、愉，不連下章栲、杻、埽、考、保爲一韵；《南山有臺》之枸、楰、耇、後，不連上章栲、杻、壽、茂爲一韵；《左氏傳》「專之渝」、「攘公之羭」，不與下文蕕、臭爲一韵。此弟四部之別於弟三部也。《株林》之駒、株，不與馬、野爲一韵；《板》之渝、驅，不與怒、豫爲一韵；《史記》「甌窶滿溝」，不與「汙邪滿車」爲一韵。此弟四部之別於弟五部也。

古弟二部之字，多轉入於屋、覺、藥、鐸韻中，弟三部之字多轉入於蕭、宵、肴、豪韻中，弟四部之字多轉入於虞韻中，弟五部平聲之字多轉入於麻韻中，入聲之字多轉入於陌、麥、昔韻中，此四部分別之大概也。

《左氏傳》鸜鵒童謠，首二句鵒、辱及末二句鵒、哭，弟三部也；羽、野、馬，弟五部也；跦、侯、襦，弟四部也；巢、遙、勞、驕，弟二部也。一謠而可識四部之分矣。

弟五部弟十六部入聲分用說

弟五部入聲與弟十六部入聲，周秦漢人分用，晉宋而下，多以弟五部入聲之字韻入於弟十六部，鄭氏合藥、陌、錫爲一部，未爲審矣。

弟六部獨用說

下平十六蒸、十七登，上聲四十二拯、四十三等，去聲四十七證、四十八嶝，爲古韻弟六部，自古獨用無異辭。鄭庠合諸庚、青爲一部，其說甚疏。而南宋劉淵併證、嶝入徑韻，元陰時夫併拯、等入迥韻，爲唐功令所未議合，而以臆見誤合之者。

弟七部弟八部分用說

下平二十一侵、二十四鹽、二十五添，上聲四十七寑、五十琰、五十一忝，去聲五十二沁、五十五豔、五十六㮇，入聲二十六緝、二十九葉、三十怗，爲古韻弟七部。下平二十二覃、二十三談、二十六咸、二十七銜、二十八嚴、二十九凡，上聲四十八感、四十九敢、五十二豏、五十三檻、五十四儼、五十五范，去聲五十三勘、五十四闞、五十七陷、五十八鑑、五十九釅、六十梵，入聲二十七合、二十八盍、三十一洽、三十二狎、三十三業、三十四乏，爲古韻弟八部。《廣韻》平上去入末四韻，其次弟本如是。唐功令鹽、添同用，咸、銜同用，嚴、凡同用；上聲琰、忝同用，豏、檻同用，儼、范同用；去聲豔、㮇同用，陷鑑同用，釅范同用；入聲葉怗同用，洽狎同用，業乏同用。宋景德四年，崇文院上校定《切韻》五卷，明年大中祥符元年，敕改名《大宋重修廣韻》，同用、獨用皆仍唐舊。粵三十一年爲景祐四年，修《禮部韻略》，以賈昌朝請，韻窄者凡十三處，許令附近通用。蓋合嚴於鹽、添，合凡於咸、銜，合儼於琰、忝，合范於豏、檻，合釅於豔、㮇，合梵於陷、鑑，合業於葉、怗，合乏於洽、狎，幷合欣於文，合隱於吻，合焮於問，合迄於物，又合廢於隊、代，爲十有三處。今《廣韻》上去聲末四韻，各本改同《禮部韻略》及《集韻》，與平入聲齟齬。此係《禮部韻略》頒行後，檢《廣韻》者依新例塗改，遂相沿舛謬，幸其參差不治，尚可稽尋，詳見《聲韵攷》。《詩三百篇》分用畫然，漢以後乃多合用，非《三百篇》即合用也。顧氏合而一之，江氏既正之矣。

弟九部獨用説

上平一東、二冬、三鍾、四江，上聲一董、二腫、三講，去聲一送、二宋、三用、四絳，爲古韵弟九部，古獨用無異辭。江韵音轉近陽韵，古音同東韵也。鄭庠以東、冬、江、陽、庚、青、蒸合爲一部，其説疏矣。

弟十部獨用説

下平十陽、十一唐，上聲三十六養、三十七蕩，去聲四十一漾、四十二宕，爲古韵弟十部，古獨用無異辭。

弟十一部獨用説

下平十二庚、十三耕、十四清、十五青，上聲三十八梗、三十九耿、四十靜、四十一迥，去聲四十三映、四十四諍、四十五勁、四十六徑，爲古韵弟十一部，古獨用無異辭。

弟十二部弟十三部弟十四部分用説

上平十七真、十九臻，下平一先，上聲十六軫、二十七銑，去聲二十一震、三十二霰，入聲五質、七櫛、十六屑，爲古韵弟十二部。十八諄、二十文、二十一欣、二十三魂、二十四痕，上聲十七準、十八吻、十九隱、二十一混、二十二很，去聲二十二稕、二十三問、二十四焮、二十六慁、二十七恨，爲古韵弟十三部。二十二元、二十五寒、二十六桓、二十七刪、二十八山，下平二仙，上聲二十阮、二十三旱、二十四緩、二十五潸、二十六産、二十八獮，去聲二十五願、二十八翰、二十九換、三十諫、三十一襉、三十三線，爲古韵弟十四部。《三百篇》及羣經屈賦分用畫然。漢以後用韵過寬，三部合用，鄭庠乃以真、文、元、寒、删、先爲一部，顧氏不能深考，亦合真以下十四韵爲一部，僅可以論漢魏閒之古韵，而不可以論《三百篇》之韵也。江氏考《三百篇》，辨元、寒、桓、删、山、仙之獨爲一部矣，而真、臻一部與諄、文、欣、魂、痕一部分用，尚有未審。讀《詩經韵表》而後見古韵分别之嚴。唐虞時「明明上天，爛然星陳；日月光華，宏予一人」①，弟十二部也。「南風之薰兮，可以解吾民之愠兮」，弟十三部也。「卿雲爛兮，禮縵縵兮；日月兊華，旦復旦兮」②，弟十四部也。三部之分不始於《三百篇》矣。

弟十二部入聲質、櫛韵，漢以後多與弟十五部入聲合用，《三百篇》分用畫然，如《東方之日》一章不與二章一韵，《都人士》三章不與二章一韵，可證。

弟十七部獨用説

下平七歌、八戈、九麻，上聲三十三哿、三十四果、三十五馬，去聲三十八箇、三十九過、四十禡，爲古韵弟十七部，古獨用無異辭。漢以後多以魚、虞之字韵入於歌、戈，鄭氏以魚、虞、歌、麻合爲一部，乃漢魏晉之韵，非《三百篇》之韵也。

古弟十七部之字多轉入於支韵中。

古十七部平入分配説

二十四職、二十五德，陸灋言以配蒸、登韵，攷《毛詩》古韵，爲之、咍韵之入聲。

一屋、二沃、三燭、四覺，陸灋言以配東、冬、鍾、江韵，攷《毛詩》古韵爲尤、幽韵之入聲。

十八藥、十九鐸，灋言以配陽、唐韵，攷《毛詩》古韵爲魚、虞、模之入聲。

二十六緝以下八韵，古分二部，其平入相配一也。

五質、七櫛、十六屑，灋言以配真、臻、先韵，與《毛詩》古韵合。

六術、八物、九迄、十月、十一沒、十二曷、十三末、十四黠、十五鎋、十七薛，灋言以配諄、文、欣、元、魂、痕、寒、桓、删、山、仙韵，攷《毛詩》古韵爲脂、微、齊、皆、灰之入聲。

二十陌、二十一麥、二十二昔、二十三錫，灋言以配庚、耕、清、青韵，攷《毛詩》古韵爲支、佳韵之入聲。

今韵同用獨用未允説

灋言二百六部，綜周秦漢魏至齊梁所積而成典型，源流正變，包括貫通。長孫納言謂爲酌古沿今，無以加者，可稱灋言素臣。如支、脂、之三韵，分之所以存古，類之所以適今，用意精深，後人莫測也。今韵支、脂、之同用，佳、皆同用，灰、咍同用，則弟一部、弟十五部、弟十六部之界蕪。尤、侯同用，則弟三部、弟四部之略泯，真、諄同用，元、魂、痕同用，先、仙同用，則弟十二部、弟十三部、弟十四部之區畫靡漫，入聲質、術同用，屑、薛同用，則弟十二部與弟十五部相紛糅矣。唐初功令，蓋沿陳隋之習而不師古，然如支與脂、之同用，則唐以前上自《商頌》，下迄隋季，未見有一篇蹈此者。唐之杜甫，孰精《文選》及庾信諸家，故所爲近體詩用五支韵者，凡二十七首，不雜脂、之一字，其意蓋以許敬宗所定未善也。若南宋劉淵併證、嶝入徑韵，元陰時夫併拯等入迥韵，則弟六部、弟十一部之大閑潰決，唐功令所未議合而妄合之，又與平聲齟齬，其不學無術之甚矣。唐以前支韵必獨用，隨舉篇章皆足爲證。《文選》所載，不必覼縷，即如周興嗣《千字文》「上和下睦，夫唱婦隨」已下用十韵，不雜脂、之一字。庾信《楊柳歌》用二十七韵，不雜脂、之一字，唐人之謹守六朝家法者，惟杜甫近體詩，如《陪鄭廣文遊何將軍山林》「萬里戎王子」、「憶過楊柳渚」二首，《重過何氏》「山雨尊仍在」一首，《九日楊奉先會白水崔明府》一首，《贈畢四》一首，《元日寄韋氏妹》一首，《秦州雜詩》「唐堯真自聖」一首，《過南鄰朱山人水亭》一首，《過故斛斯校書莊》「燕入非傍舍」一首，《送王侍御往東川放生池祖席》一首，《宴戎州楊使君東樓》一首，《雲安九日鄭十八攜酒陪諸公》一首，《宿昔》一首，《鸚鵡》一首，《猿》一首，《從驛次草堂復至東屯茅屋》「峽内歸田客」一首，《孟冬》一首，《和江陵宋大少府暮雨後同諸公及舍弟宴書齋》一首，《紫宸殿退朝口號》一首，《秋興》「昆吾御宿自逶迤」一首，《傷春》「鶯入新年語」一首，《贈崔十三評事公輔》一首，《偶題》一首，《同豆盧峯知字韵》一首，《復愁》「江上亦秋色」一首，《解悶》「憶過瀘戎摘荔枝」一首，《承聞河北諸道節度入朝歡喜口號絶句》「漁陽突騎邯鄲兒」一首，凡五支韵必獨用。韓愈《答崔立之》八十二韵亦獨用五支。

古十七部本音説

《三百篇》音韵，自唐以下不能通，僅以爲協音，以爲合韵，以爲古人韵緩，不煩改字而已。自有明三山陳第深識確論，信古本音與今音不同，如鳳鳴高岡，而啁噍之喙盡息也。自是顧氏作《詩本音》，江氏作《古韵標準》，玉裁保殘守闕，分別古音爲十七部。凡一字而古今異部，以古音爲本音，以今音爲音轉。如尤讀怡，牛讀疑，丘讀欺，必在弟一部而不在弟三部者，古本音也；今音在十八尤者，音轉也。舉此可以隅反矣。

弟一部之韵，音轉入於尤。弟三部尤、幽韵，音轉入於蕭、宵、肴、豪。弟四部侯韵，音轉入於虞。弟五部魚、虞、模韵，音轉入於麻。弟六部蒸韵，音轉入於侵。弟七部侵、鹽韵，音轉入於覃、談、咸、銜、嚴、凡。弟二部至弟五部、弟六部至弟八部，音轉皆入於東、冬、鍾。弟九部東、冬、鍾韵，音轉入於陽、唐。弟十部陽、唐韵，音轉入於庚。弟十一部庚、耕、清、青韵，音轉入於真。弟十二部真、先韵，音轉入於文、欣、魂、痕。弟十三部文、欣、魂、痕韵，音轉入於元、寒、桓、删、山、仙。弟十三部、弟十四部，音轉皆入於脂、微。弟十五部脂、微、齊、皆、灰韵，音轉入於支、佳。弟十六部支、佳韵，音轉入於脂、齊、歌、麻。弟十七部歌、戈韵，音轉亦多入於支、佳。此音轉之大較也。

四江一韵，東、冬、鍾轉入陽、唐之音也。不以其字雜厠之陽、唐，而别爲一韵，繫諸一東、二冬、三鍾之後。别爲一韵，以箸今音也。繫諸一東、二冬、三鍾之後，以存古音也。長孫納言所謂酌古沿今者是也。其例甚善，而他部又未能準是例，惟二十幽一韵爲尤韵將轉入蕭之音，十九臻一韵爲真韵將轉入諄之音，亦用此例之意。

《説文》而下，《字林》所載，即多《説文》所無。苟有合於指事、象形、形聲、會意之法，攷文者所不廢也。《三百篇》後，孔子贊《易》，老子言《道德》五千餘言，用韵即不必皆同《詩》。漢代用韵甚寬，離爲十七者，幾不可别識。晉宋而降，迄於梁陳，音轉音變，積習生常。區别既多，陸韵遂定。皆古今聲音之自然，攷文者不能變今音而一反諸三代也。

古十七部音變説

古音分十七部矣，今韵平五十有七，上五十有五，去六十，入三十有四，何分析之過多也？曰：音有正變也。音之斂侈必適中，過斂而音變矣，過侈而音變矣。之者，音之正也；咍者，之之變也。如同一台聲，而怡、詒在之韵，咍、怠在咍、海韵。蕭、宵者，音之正也；肴、豪者，蕭、宵之變也。如同一肖聲，而宵、消在宵韵，梢、旓在肴韵。同一高聲，歊在宵韵，蒿、膏在豪韵。尤、侯者，音之正也；屋者，音之變也。入聲沃、燭爲正音，屋韵過侈爲音變。魚者，音之正也；虞、模者，魚之變也。如都，古音豬；荼，古音舒之類。蒸者，音之正也；登者，蒸之變也。如去聲韵目，證、嶝二字皆登聲，嶝字，古音同證。侵者，音之正也；鹽、添者，侵之變也。如廉，古音林；占，古音鍼。嚴、凡者，音之正也；覃、談、咸、銜者，嚴、凡之變也。嚴、凡猶弟十四部之元韵，覃、談、咸、銜猶弟十四部之寒、桓、删、山也。侵猶弟十二部之真韵，鹽、添猶弟十二部之先韵。冬、鍾者，音之正也；東者，冬、鍾之變也。鍾爲正音，冬韵稍侈，東韵過侈。陽者，音之正也；唐者，陽之變也。

耕、清者，音之正也；庚、青者，耕、清之變也。庚音侈，青音斂。真者，音之正也；先者，音之變也。如田，古音陳；填，古音塵之類。諄、文、欣者，音之正也；魂、痕者，諄、文、欣之變也。如魂，云聲；雲、芸、妘、沄在文韵。痕，艮聲；垠、齦在欣韵。元者，音之正也；寒、桓、删、山、仙者，元之變也。脂、微者，音之正也；齊、皆、灰者，脂、微之變也。支者，音之正也；佳者，支之變也。歌、戈者，音之正也；麻者，歌、戈之變也。大略古音多斂，今音多侈。之變爲咍，脂變爲皆，支變爲佳，歌變爲麻，真變爲先，侵變爲鹽，變之甚者也。其變之微者，亦審音而分析之。音不能無變，變不能無分。明乎古有正而無變，知古音之甚諧矣。

古四聲説

古四聲不同今韵，猶古本音不同今韵也。攷周秦漢初之文，有平上入而無去。洎乎魏晉，上入聲多轉而爲去聲，平聲多轉爲仄聲，於是乎四聲大備，而與古不侔。有古平而今仄者，有古上入而今去者，細意搜尋，隨在可得其條理。今學者讀《三百篇》諸書，以今韵四聲律古人，陸德明、吴棫皆指爲協句，顧炎武之書亦云平仄通押、去入通押，而不知古四聲不同今，猶古本音部分異今也。明乎古本音不同今韵，又何惑乎古四聲不同今韵哉！如戒之音亟，慶之音羌，亯饗之音香，至之音質，學者可以類求矣。

古平上爲一類，去入爲一類。上與平一也，去與入一也。上聲備於《三百篇》，去聲備於魏晉。或謂四聲起於永明，其説非也。永明文章，沈約、謝朓、王融輩始用四聲以爲新變。五字之中，音韵悉異；一句之内，角徵不同。梁武帝不好焉，而問周捨曰：何謂四聲？捨曰：天子聖哲是也。謂如以此四字成句，是即行文四聲諧協之旨。非多文如梁武不知平上去入爲何物，而捨以此四字代平上去入也。取《宋書·謝靈運傳論》及《南史》沈約、庚肩五、陸厥傳，《梁書·王筠傳》讀之自明。

弟二部平多轉爲入聲，弟十五部入多轉爲去聲。弟二部爍、籥、爵、綽、較、虐、謔、藥、鑿、沃、櫟、駮、的、翟、濯、翯、躍、蹻、熇、藐、削、溺等字，繹《三百篇》皆平聲，漢人不皆讀平矣。至弟十五部，古有入聲而無去聲，隨在可證。如《文選》所載班固《西都賦》「平原赤，勇士厲」而下，以厲、竄、穢、歷、折、噬、殺爲韵，厲、竄、穢、噬讀入聲。左思《蜀都賦》「軌躅八達」而下，以達、出、室、術、駟、瑟、恤爲韵，駟讀入聲。《吴都賦》「高門鼎貴」而下，以貴、傑、裔、世、轍、設、噎爲韵，貴、裔、世讀入聲。《魏都賦》「均田畫疇」而下，以列、翳、悦、世爲韵，翳、世讀入聲。「鬈首之豪」而下，以傑、闕、設、晰、裔、髮爲韵，晰、裔讀入聲。郭璞《江賦》以駃、月、聒、翃、豁、磍爲韵，駃讀入聲。江淹《擬謝法曹詩》以汭、別、袂、雪爲韵，汭、袂讀入聲。《擬謝臨川詩》以缺、設、絶、澈、晰、泬、蔽、汭、逝、雪、穴、滅、澨、説爲韵，晰、蔽、汭、逝、澨讀入聲。灋言定韵之前，無去不可入。至灋言定韵以後，而謹守者不知古四聲矣。他部皆準此求之。

古無去聲之説，或以爲怪。然非好學深思不能知也。不明乎古四聲，則於古諧聲不能通。如李陽冰校《説文》，於臬字曰「自非聲」，徐鉉於裔字曰「冏非聲」，是也。於古假借、轉注尤不能通，如「卒於畢郢」之郢，本程字之假借；「顛沛」之沛，本跋字之假借，而學者罕知是也。

古今不同隨舉可徵説

古音聲不同，今隨舉可證。如今人兄榮字讀入東韵，朋棚字讀入東韵，佳字讀入麻韵，母富婦字讀入虞、遇韵，此音轉之徵也。子字不讀即里切，側字不讀莊力切，此音變之徵也。上韵内之字，多讀爲去韵，此四聲異古之徵也。今音不同唐音，即唐音不同古音之徵也。

音韵隨時代遷移説

今人概曰古韵不同今韵而已，唐虞而下，隋唐而上，其中變更正多。概曰古不同今，尚皮傅之説也。音韵之不同，必論其世。約而言之，唐虞夏商周秦漢初爲一時，漢武帝後洎漢末爲一時，魏晋宋齊梁陳隋爲一時。古人之文具在，凡音轉、音變、四聲，其遷移之時代皆可尋究。

古音韵至諧説

明乎古本音，則知古人用韵精嚴，無出韵之句矣。明乎音有正變，則知古人咍音同之，先音同真，本無詰屈聱牙矣。明乎古四聲異今韵，則知平仄通押、去入通押之説未爲審矣。古文音韵至諧，自唐而後，昧兹三者，皆歸之協韵二字。

古音義説

字義不隨字音爲分別。音轉入於他部，其義同也。音變析爲他韵，其義同也。平轉爲仄聲，上入轉爲去聲，其義同也。今韵例多爲分別，如登韵之能爲才能，咍韵之能爲三足鼈；之韵之台爲台予，咍韵之台爲三台星；六魚之譽爲毁譽，九御之譽爲稱譽；十一暮之惡爲厭惡，十九鐸之惡爲醜惡者，皆拘牽瑣碎，未可以語古音古義。

古諧聲説

一聲可諧萬字，萬字而必同部，同聲必同部。明乎此而部分音變平入之相配，四聲之今古不同，皆可得矣。

諧聲之字半主義、半主聲。凡字書以義爲經，而聲緯之，許叔重之《説文解字》是也。凡韵書以聲爲經，而義緯之，商周當有其書而亡佚久矣。字書如張參《五經文字》，爿部、冓部、㐭部以聲爲經，是倒置也。韵書如陸灋言，雖以聲爲經，而同部者蕩析離居矣。

古假借必同部説

自《爾雅》而下，詁訓之學不外假借、轉注二耑。如《緇衣》傳「適，之；館，舍；粲，餐也」，適之、館舍爲轉注，粲餐爲假借也。《七月》傳「壺，瓠；叔，拾也」，叔拾爲轉注，壺瓠爲假借也。粲、壺自有本義，假借必取諸同部。故如真文之與蒸侵，寒删之與覃談，支佳之與之咍，斷無有彼此互相假借者。

古本音不同今音，故如《夏小正》借養爲永，《詩》《儀禮》借蠲爲圭。古永音同養，蠲音同圭也。古音有正而無變，故如借田爲陳，借荼爲舒，古先韵之田音如真韵之陳，模韵之荼音如魚韵之舒也。古四聲不同今韵，故如借害爲曷，借宵爲小（見《學記》），爲肖（見《漢書》），古害聲如曷，小、肖聲皆如宵也。故必明乎此三者，而後知假借。

古轉注同部説

訓詁之學，古多取諸同部，如「仁者，人也」，「義者，宜也」，「禮者，履也」，「春之爲言蠢也」，「夏之爲言假也」，「子，孳也」，「丑，紐也」，「寅，津也」，「卯，茂也」之類。《説文》神字注云：「天神引出萬物者也。」祇字注云：「地祇提出萬物者也。」麥字注云：「秋穜厚薶，故謂之麥。」神、引同十二部，祇、提同十六部，麥、薶同弟一部也。劉熙《釋名》一書，皆用此意爲訓詁。

凡八千二百一十二字。

附注：

① 見《尚書大傳》，「宏予」當作「弘予」。

② 見《尚書大傳》。文淵閣《四庫全書》於「禮縵縵兮」下注：「一作糺，一作糾，李善引《大傳》作體。」《四部叢刊》影印《左海文集》本《尚書大傳》作「糺」。當以「糾」爲是。

古十七部諧聲表

六書音均表二

六書之有諧聲，文字之所以日滋也。攷周秦有韵之文，某聲必在某部，至嘖而不可亂。故視其偏旁以何字爲聲，而知其音在某部，易簡而天下之理得也。許叔重作《説文解字》，時未有反語，但云「某聲」、「某聲」，即以爲韵書可也。自音有變轉，同一聲而分散於各部各韵。如一某聲，而某在厚韵，媒、腜在灰韵；一每聲，而悔、晦在隊韵，敏在軫韵，晦、痗在厚韵之類。參縒不齊，承學多疑之。要其始，則同諧聲者必同部也，《三百篇》及周秦之文備矣。輒爲十七部諧聲偏旁表，補古六藝之散逸，類列某聲、某聲，分繫於各部。以繩今韵，則本非其部之諧聲而闌入者，憭然可攷矣①。

弟一部陸韵平聲之咍，上聲止海，去聲志代，入聲職德

絲聲　台聲　枲聲　里聲
貍聲　來聲　思聲　其聲
匠聲　龜聲　𣎆聲　犛聲

又聲　有聲　尤聲　右聲
而聲　丌聲　辺聲與十三部近別　㞢聲隸作之
事聲　𡳿聲　市聲　某聲
才聲　𢦏聲　在聲　母聲
佩聲　久聲　臺聲　式聲
㠯聲隸作以　能聲　矣聲　疑聲
亥聲　郵聲　牛聲　茲聲
茲聲②　畐聲　富聲　不聲
丕聲石經作丕　甾聲　巛聲　甾聲
辭聲　司聲　丘聲　采聲
友聲　否聲　音聲　宰聲
啚聲　止聲　鹵聲　巳聲
已聲　耳聲　士聲　喜聲
寺聲　時聲　史聲　吏聲
負聲　弁聲與十五部弁別　緋聲　戒聲
婦聲　舊聲　乃聲　異聲
北聲　㐭聲　戠聲　子聲
啻聲　意聲　再聲　葡聲

備聲 直聲 悳聲 圣聲
弋聲 則聲 賊聲 革聲
或聲 戜聲 息聲 亟聲
力聲 阞聲 棘聲 嗇聲
黑聲 匿聲 畟聲 色聲
塞聲 仄聲 夨聲 𠬝聲
服聲 麥聲 克聲 㝵聲
得聲 伏聲 牧聲 墨聲
皕聲 苟聲與四部苟別

右諧聲偏旁見於今韵他部内者，皆從弟一部轉入。

弟二部陸韵平聲蕭宵肴豪，上聲篠小巧晧，去聲嘯笑效号

毛聲 樂聲 梟聲 澡聲
尞聲 小聲 丿聲 少聲
㶾聲隸作票 麃聲 㬥聲 暴聲二字隸通作暴
夭聲 芺聲 敖聲 卓聲
勞聲 龠聲 翟聲 爵聲
交聲 虐聲 高聲 喬聲
刀聲 召聲 到聲 兆聲
苗聲 䍃聲 要聲 爻聲
肴聲 𡥉聲與三部孝別 教聲 丵聲
𣪊聲 巢聲 弔聲 堯聲
嚻聲 盜聲 勺聲 隺聲
弱聲 皃聲 貌聲 臯聲
号聲 號聲 了聲 𠬪聲
𣅀聲

右諧聲偏旁見於今韵他部内者，皆從弟二部轉入。

弟三部陸韵平聲尤幽，上聲有黝，去聲宥幼，入聲屋沃燭覺

九聲 厹聲 尻聲 州聲
求聲 流聲 六聲 坴聲
鼀聲 休聲 舟聲偏旁石經作月 𢚧聲
憂聲 汓聲 游聲 曹聲
攸聲 條聲 修聲 脩聲
肅聲 尗聲 叔聲 戚聲
叜聲 秋聲 夲聲半同 翏聲
舀聲 髟聲 猋聲 卯聲

丣聲　畱聲　周聲　矛聲
柔聲　敄聲　包聲　匋聲
焦聲　樵聲　㠯聲　𦏧聲
壽聲　孚聲　丝聲　幽聲
酉聲　酋聲　臭聲　叜聲叟同
牢聲　爪聲　叉聲古文爪　蚤聲
丩聲　收聲　囚聲　秀聲
冃聲　冃聲　冒聲　好聲
報聲　手聲　老聲　牡聲
畜聲　畱聲　雔聲　帚聲
𦣻聲古文百　百聲　頁聲亦古文百　道聲
守聲　卆聲　自聲隸作阜　夰聲
缶聲　由聲　穴聲穴散字與八部宂十、二部穴別　戊聲
丑聲　丂聲　考聲　保聲
𤓽聲古文保　簋聲　劉聲　肘聲
受聲　棗聲　韭聲　䙴聲隸偏旁改同憂
臼聲　咎聲　艸聲　草聲俗作皁
夰聲　昊聲　孝聲　祝聲

鳥聲　谷聲　角聲　族聲
屋聲　獄聲　哭聲　足聲
束聲　敕聲　匊聲　𦥑聲
學聲　竹聲　籟聲　復聲
肉聲偏旁石經作月　告聲　育聲　毒聲
𠧪聲　賣聲　辱聲　蓐聲
𠈌聲古文夙　曲聲　玉聲　奧聲
𡈼聲　㱿聲　蜀聲　木聲
珏聲　录聲與十四部彔別　㬥聲　逐聲
丵聲　豖聲與十五部豕別　卜聲　攴聲隸作攵
局聲　夙聲《説文》作㱞　鹿聲　𦤎聲
䡞聲隸作孰　秃聲　目聲

右諧聲偏旁見於今韵他部内者，皆從弟三部轉入。

弟四部陸韵平聲侯，上聲厚，去聲候

婁聲　句聲　朱聲　禺聲
壴聲　尌聲　廚聲　區聲
䓪聲　矦聲　几聲與十五部几別　殳聲

需聲　須聲　俞聲　芻聲
后聲　取聲　冣聲與十五部最別　聚聲
後聲　臾聲　侮聲　口聲
㫗聲　厚聲　付聲　府聲
走聲　奏聲　丶聲　主聲
斗聲　冓聲　豆聲　具聲
屚聲　寇聲　晝聲　部聲
𠷎聲　斲聲

右諧聲偏旁見於今韵他部内者，皆從弟四部轉入。

弟五部 陸韵平聲魚虞模，上聲語麌姥，去聲遇御暮，入聲藥鐸

且聲　沮聲　者聲　奢聲
父聲　甫聲　尃聲與十四部專別　浦聲
亏聲隸作于　粤聲　荂聲　夸聲
雩聲　瓠聲　夫聲　牙聲
叚聲與十四部段別　豭聲　家聲　車聲
巴聲　吳聲　虍聲　虙聲

盧聲　虘聲　虛聲　古聲
居聲　各聲　洛聲　路聲
瓜聲　烏聲　於聲古文烏　与聲
與聲　卸聲　御聲　亦聲
䠶聲射同　厺聲　亞聲　惡聲
魚聲　䲆聲　穌聲　舍聲
余聲　涂聲　素聲　眀聲
瞿聲　襾聲　賈聲　茻聲俗作暮
庶聲　度聲　席聲　麤聲
巨聲　榘聲　壺聲　奴聲
舁聲　圖聲　乎聲　乍聲
土聲　夕聲　無聲　毋聲
巫聲　石聲　疋聲與三部足別　馬聲
呂聲　鹵聲　下聲　女聲
処聲　羽聲　兆聲　雨聲
五聲　吾聲　予聲　午聲
許聲　户聲　雇聲　武聲
鼠聲　黍聲　禹聲　鼓聲
鼓聲　夏聲　宁聲　舃聲

隻聲 蒦聲 旅聲 寡聲
圂聲 蠱聲 若聲 魯聲
豦聲 屰聲 㡿聲隸作斥，俗作斥 朔聲
凵聲 兔聲 咢聲 睪聲
擇聲 𧮫聲與三部谷不同 卻聲 𩫏聲與十三部𦎫別
𨛬聲隸作郭 𠦝戈聲隸作戟 乇聲 𧮰聲
稽聲 靃聲 炙聲 白聲
帛聲 尺聲 百聲 赤聲
赦聲 赫聲 咢聲《說文》作㖾 壑聲
𡿺聲 䨣聲 霸聲 叒聲
乇聲

右諧聲偏旁見於今韵他部内者，皆從弟五部轉入。

弟六部陸韵平聲蒸登，上聲拯等，去聲證嶝

瞢聲 夢聲 蠅聲 朋聲
弓聲 曾聲 升聲 䧹聲
灷聲 朕聲 興聲 夌聲
亙聲與十四部亘別 恒聲 丞聲 烝聲

承聲 徵聲 兢聲 厶聲古文厷
厷聲肱同 仌聲隸作冫 登聲 豋聲《說文》作𢍘
𥨊聲 仍聲 爯聲 稱聲
𤼷聲 䔲聲

右諧聲偏旁見於今韵他部内者，皆從弟六部轉入。

弟七部陸韵平聲侵鹽添，上聲寑琰忝，去聲沁豔㮇，入聲緝葉怗。

咸聲 鹹聲 覃聲 林聲
心聲 今聲 念聲 金聲
酓聲 欽聲 歙聲 凡聲
風聲 𢆉聲 南聲 㚔聲與十一部幸別
𩙿聲 男聲 琴聲 彡聲
㝷聲 甚聲 音聲 兂聲
㚣聲 朁聲 侵聲 錦聲
𥤢聲與十五部突別 壬聲 任聲 品聲
㸒聲與二部䍃別 淫聲 占聲 黏聲
王聲隸作乏 三聲 參聲 㦰聲

戠聲 巳聲《説文》作㔾 氾聲 从聲
兼聲 廉聲 僉聲 閃聲
㐁聲 甛聲 冄聲 㐭聲
稟聲 審聲 弇聲 猒聲
厭聲 咠聲 戢聲 及聲
立聲 溼聲 亼聲 㬎聲
隰聲 合聲 拾聲 邑聲
雥聲 雧聲 入聲 十聲
叶聲 聶聲 習聲 燮聲
龖聲 劦聲 協聲 叜聲
廿聲 卌聲

右諧聲偏旁見於今韵他部内者，皆從弟七部轉入。

弟八部陸韵平聲覃談咸銜嚴凡，上聲感敢豏檻儼范，去聲勘闞陷鑑釅梵，入聲合盍洽狎業乏

函聲 臽聲 峪聲 監聲
鹽聲 炎聲 剡聲 熊聲
焱聲 𠭥聲籒文敢字《説文》作㪏 厰聲 嚴聲
广聲 詹聲 斬聲 毚聲
甘聲 奄聲 雙聲 欠聲
冘聲與冗別，古冗在三部 妾聲 甲聲 枼聲
涉聲 灋聲 業聲 疌聲
㗊聲 巤聲 耴聲與四部取別 夾聲
盍聲 曶聲 臿聲 籋聲
沓聲 帀聲

右諧聲偏旁見於今韵他部内者，皆從弟八部轉入。

弟九部陸韵平聲東冬鍾江，上聲董腫講，去聲送宋用絳

中聲 躳聲 宮聲 東聲
重聲 童聲 龍聲 公聲
蟲聲 冬聲 夅聲 降聲
隆聲 丰聲 奉聲 夆聲
逢聲 用聲 甬聲 庸聲
从聲 㐺聲 囪聲 悤聲
同聲 農聲 邕聲 雝聲雍同
宋聲 戎聲 封聲 容聲
工聲 巩聲 空聲 送聲
充聲 共聲 雙聲 冢聲

蒙聲　凶聲　匈聲　兇聲
嵏聲　宗聲　崇聲　嵩聲
豐聲　衆聲　尨聲　厖聲
竦聲　冢聲　茸聲

右諧聲偏旁見於今韵他部內者，皆從弟九部轉入。

弟十部陸韵平聲陽唐，上聲養蕩，去聲漾宕

王聲　行聲　衡聲　㞷聲
匡聲　往聲　狂聲　网聲
岡聲　黃聲　廣聲　昜聲
煬聲　陽聲　湯聲　爿聲
牆聲　將聲　臧聲　永聲
方聲　放聲　旁聲　皇聲
亢聲　兵聲　兊聲　京聲
芊聲　羕聲　嗀聲　襄聲隸作襄
庚聲　康聲　唐聲　皀聲
鄉聲　卿聲　上聲　畺聲
彊聲　強聲　兄聲　桑聲
爽聲　刅聲與十三部刃別　梁聲　彭聲
央聲　昌聲　囧聲　朙聲
网聲　兩聲　倉聲　相聲
亯聲隸作亨、享　向聲　尚聲　堂聲
象聲　皿聲　孟聲　卬聲
慶聲　丙聲　叓聲　章聲
商聲　亡聲　巟聲　𠷎聲隸作喪
長聲　𡉼聲隸作良　量聲　羹聲
誩聲　競聲　香聲　弜聲
秉聲　黽聲　亞聲　𢀖聲
竝聲　兊聲　匚聲

右諧聲偏旁見於今韵他部內者，皆從弟十部轉入。

弟十一部陸韵平聲庚耕清青，上聲梗耿靜迴，去聲映諍勁徑

熒聲　丁聲　成聲　亭聲
正聲　生聲　盈聲　鳴聲
殸聲籀文磬　壬聲與七部壬別　廷聲　呈聲
戝聲　戠聲　青聲　鼎聲
名聲　平聲　寍聲　寧聲
甯聲　嬰聲　甹聲　敬聲

冂聲　冥聲　鼏聲　爭聲
頃聲　幵聲　幷聲　貞聲
霝聲　巠聲　井聲　耿聲
冂聲古文作冋　鬩聲　㚔聲隸作幸　晶聲
省聲

右諧聲偏旁見於今韵他部内者，皆從弟十一部轉入。

弟十二部陸韵平聲真臻先，上聲軫銑，去聲震霰，入聲質櫛屑。

秦聲　卂聲　人聲　儿聲古文奇字人
粦聲　瀕聲　寅聲　丏聲
𡧍聲　賓聲　𡰥聲　身聲
旬聲　甹聲　信聲　辛聲
亲聲　新聲　令聲　天聲
田聲　千聲　年聲　因聲
命聲　申聲　陳聲　電聲
仁聲　真聲　顛聲　佞聲
匀聲　訇聲　㒼聲　閵聲
進聲　扁聲　臣聲　臤聲
賢聲　堅聲　辡聲　弦聲

𩇯聲　民聲　𦘫聲　𠙹聲
玄聲見一先③　牽聲　引聲　矜聲
胤聲見二十一震④　八聲　𠔁聲　穴聲
匹聲　必聲　宓聲　瑟聲
𥁕聲　暜聲从白，與五部普別，今作替　實聲　吉聲
壹聲　頡聲　質聲　七聲
壼聲　卪聲隸省點　即聲　節聲
日聲　疾聲　㮚聲　桼聲
漆聲　至聲　室聲　畢聲
一聲　乙聲　血聲　徹聲
逸聲　印聲　𠮛聲隸作抑　失聲
𠛱聲隸作別

右諧聲偏旁見於今韵他部内者，皆從弟十二部轉入。

弟十三部陸韵平聲諄文欣魂痕，上聲準吻隱混很，去聲稕問焮慁恨。

先聲　辰聲　晨聲　脣聲
困聲　麇聲　屯聲　春聲
門聲　殷聲　分聲　釁聲

釁聲 𥃩聲今作艮 西聲 垔聲
免聲 昏聲不从民 孫聲 奔聲
賁聲 君聲 員聲 𦋞聲
鰥聲 昆聲 𦎫聲 𣪉聲隸作敦
璊聲 川聲 雲聲 云聲
存聲 巾聲 侖聲 堇聲
壼聲 文聲 彣聲 吝聲
閔聲 豩聲 豳聲 軍聲
斤聲 刃聲 典聲 昷聲
温聲 縕聲 亹聲 熏聲
焚聲 彬聲 豚聲 盾聲
㐱聲 舛聲 䑞聲 飧聲
寸聲 筋聲 䖵聲 𤔌聲
㥯聲 隱聲 乚聲 圂聲
𣝣聲

右諧聲偏旁見於今韵他部内者，皆從弟十三部轉入。

弟十四部陸韵平聲元寒桓删山仙，上聲阮旱緩潸産獮，去聲願翰换諫襇線

叀聲 專聲 袁聲 睘聲

釆聲與一部采别 𢍏聲 卷聲 𠯑聲
𢀩聲 厂聲 屵聲 彥聲
雁聲 鴈聲 旦聲 半聲
辛聲 言聲 泉聲 邍聲
歎聲 難聲 厵聲原同 䜌聲
官聲 玨聲 𧝑聲 展聲
卵聲 爰聲 反聲 閒聲
亘聲隸作亘 宣聲 桓聲 見聲
連聲 莧聲 寬聲 丱聲張參曰：《説文》以爲古卵字
𢍎聲 𢁉聲隸作巽 夗聲 宛聲
𡿨聲篆文作畎 干聲 岸聲 旱聲
罕聲 妟聲 宴聲 匽聲
安聲 晏聲 㫃聲 倝聲
𣦼聲 亶聲 曼聲 柬聲
闌聲 蘭聲 吅聲 雚聲
單聲 患聲 奐聲 敻聲
肩聲 弁聲覍同 毌聲 貫聲
番聲 潘聲 𤔔聲 閑聲

廛聲 丹聲 焉聲 肰聲
縣聲 然聲 元聲 完聲
冠聲 肙聲 山聲 戔聲
衍聲 憲聲 㪔聲 散聲
潸聲 𣏟聲 樊聲 延聲
鬳聲 獻聲 次聲與十五部次別 羨聲
緜聲 耑聲 段聲 燕聲
丸聲 虔聲 辡聲 鮮聲
爨聲 𠬞聲隸作攀 𡫳聲隸作寒 褰聲
姦聲 面聲 般聲 煩聲
贊聲 祘聲 彖聲 筭聲
㕣聲與九部公別 沿聲 袁聲 班聲
建聲 算聲 𠦒聲 犬聲
刪聲 片聲 巂聲與十六部巂別 㚘聲
允聲 夋聲 㒼聲 寽聲
𤼷聲从瓦誤 斷聲

右諧聲偏旁見於今韵他部内者，皆從弟十四部轉入。

弟十五部陸韵平聲脂微齊皆灰，上聲旨尾薺駭賄，去聲至未霽祭泰怪夬隊廢，入聲術物迄月没曷末黠鎋薛

妻聲 飛聲 皆聲 自聲
帥聲 歸聲 厶聲與六部厶別 私聲
夊聲 衣聲 鬼聲 嵬聲
𠂤聲 貴聲 畾聲 眔聲
褱聲 綏聲 枚聲 几聲
𥝌聲與十七部禾別 示聲 視聲 祁聲
祋聲 敳聲 豈聲 微聲
非聲 囗聲與四部口別 韋聲 幾聲
隹聲 崔聲 唯聲 隼聲同鵻
夷聲 匕聲 尼聲 旨聲
稽聲 耆聲 脊聲 尾聲
犀聲 虫聲 屖聲 倉聲
畏聲 希聲 氏聲與十六部氏別 底聲
氐聲 奞聲 㡀聲 夂聲
師聲 威聲 癸聲 比聲
皀聲 米聲 麋聲 皋聲
罪聲 伊聲 委聲 回聲

回聲古文回 尸聲 次聲 戾聲
利聲 秎聲古文利 黎聲 毇聲
毀聲 尒聲 爾聲 𪓕聲
豐聲與九部豐別 夊聲 弟聲 朿聲
美聲 耒聲 此聲 火聲
水聲 矢聲 兕聲 二聲
履聲 肆聲 棄聲 㚔聲
捧聲 兌聲 气聲 旡聲
既聲 㤅聲 愛聲 胃聲
吠聲 四聲 豕聲 豙聲
季聲 采聲 惠聲 卒聲
未聲 市聲與一部市別 位聲 率聲
尢聲 復聲古文作退 出聲 隶聲
彗聲 慧聲 凷聲 尉聲
犮聲 對聲 頪聲 類聲
内聲 孛聲 貝聲 乂聲
砅聲 蠇聲 厲聲 匄聲
曷聲 禼聲 㒼聲 丯聲
㓞聲 契聲 害聲 折聲

哲聲 帶聲 戌聲 歲聲
薉聲 外聲 世聲 貰聲
欮聲 厥聲 烕聲 祭聲
医聲 殹聲 𡿪聲 列聲
大聲 亣聲籀文大 癹聲 發聲
伐聲 乚聲 戉聲 亅聲
叕聲 寽聲 𠬪聲 𠯑聲隸作舌
聒聲 屮聲 𡴘聲 嶭聲
辥聲 糱聲 櫱聲 𨏵聲
桀聲 羍聲與七部卒、十一部幸別 逹聲 月聲
舌聲口舌字从干 最聲 奪聲 𢧵聲
秝聲 聿聲 律聲 弗聲
𠬝聲 乞聲 系聲 衰聲
妃聲 配聲 肥聲 兀聲
自聲 臬聲 白聲亦自字，與五部白別 裔聲
术聲秫省作术 曳聲 𠛎聲隸作制 鼻聲
旻聲 祟聲 𣪠聲 𡫀聲
竄聲 末聲 夬聲 勿聲

叡聲　器聲　䎩聲與七部䎩別　㳄聲
㪚聲　𠃋聲　肉聲　䉶聲
葢聲　繼聲　會聲　巜聲
杀聲　殺聲　介聲　由聲
臬聲从丿　𦣻聲　剌聲與十六部刺別　賴聲
骨聲　𠫓聲　突聲　乙聲與十二部乙別
曰聲與十二部日別　乾聲　𦥑聲　𣥠聲
㓹聲籀文鋭　𠜂聲　𩰫聲　㣇聲
毳聲　歺聲　𢷎聲

右諧聲偏旁見於今韵他部内者，皆從弟十五部轉入。

弟十六部陸韵平聲支佳，上聲紙蟹，去聲寘卦，入聲陌麥昔錫

支聲　巂聲　知聲　是聲
𣍘聲　毕聲　斯聲　乁聲
氏聲　衹聲　疧聲　厂聲
虒聲　圭聲　佳聲　卮聲
奚聲　兒聲　規聲　嶲聲

𧥮聲　㒸聲與十四部彖別　蠡聲从彖非　厶聲
殺聲　𠃊聲與十部乚別　豸聲　麗聲
危聲　兮聲　只聲　鬳聲
益聲　𧖴聲　帝聲　啻聲隸作商，與十部商別
適聲　易聲　析聲　晳聲
朿聲與三部束別　策聲　速聲籀文迹　責聲隸作責
刺聲　辟聲　鬲聲　䍙聲
鷊聲　脊聲　狊聲與三部臭別　鶪聲
解聲　厄聲　戹聲　狄聲
迹聲　秝聲　厤聲　歷聲
役聲　鬩聲　畫聲　𠂢聲
派聲　冊聲　毄聲　繫聲
糸聲　𣫔聲　買聲

右諧聲偏旁見於今韵他部内者，皆從弟十六部轉入。

弟十七部陸韵平聲歌戈麻，上聲哿果馬，去聲箇過禡

它聲　沱聲　佗聲　冎聲

咼聲　過聲　哥聲　爲聲
皮聲　乁聲　可聲　何聲
离聲　離聲　也聲　地聲
施聲　池聲　義聲　儀聲
羲聲　加聲　嘉聲　多聲
它聲　奇聲　猗聲　𡪂聲
麻聲　靡聲　我聲　羅聲
罹聲　詈聲　罷聲　羆聲
𠂹聲　垂聲　七聲與十五部匕別　化聲
吹聲　𠂇聲　左聲　沙聲
瓦聲　隓聲　隋聲　墮聲
隨聲　坐聲　禾聲　和聲
穌聲　果聲　祼聲　朵聲
萑聲　𧴪聲　瑣聲　惢聲
臥聲　戈聲　羸聲　𢆉聲⑤
䰙聲𩰲同⑥

右諧聲偏旁見於今韵他部内者，皆從第十七部轉入。

右十七部諧聲。凡不可知者及疑似不明者，缺之。

不以會意淆，不以漢後音韵惑。溯洄沿流，什得其八九矣

凡四千六百零一字

附注：

① 余行達《説文段注研究》云：「《六書音均表》是段氏壯年時所作，而《説文注》是他晚年所寫，學識與日俱進，二書常有矛盾，則以《説文注》爲正確的較多……我曾用此二書逐字對照，《音均表》某部應當移入他部的有十四個；原有一五二一個聲，依《音均表》全表體例及《説文注》，還要補出一一三個聲。又有五個聲爲《説文》所無，當刪。」（34頁）惜未見余氏《〈六書音均表〉校補》全文，未得收録此項成果。

② 段氏于四篇下「玆」篆下注云「《釋文》云：玆音玄。此相傳古音，在十二部也。」故玆聲應改入十二部。此或即余行達所稱「應當移入他部的」十四個聲之一。

③「玄聲」之「玄」字刻本因避諱作「廟諱」二字，今改。

④「胤聲」之「胤」字刻本因避諱作「廟諱」二字，今改。

⑤「屮聲」當作「𢆉聲」。字形有誤。

⑥「𩰲聲」當作「䰙聲」。字形有誤。

古十七部合用類分表

六書音均表三

今韵二百六部，始東終乏，以古韵分之，得十有七部。循其條理，以之、咍、職、德爲建首，蕭、宵、肴、豪音近之，故次之；幽、尤、屋、沃、燭、覺音近蕭，故次之；侯音近尤，故次之；魚、虞、模、藥、鐸音近侯，故次之；是爲一類。蒸、登音亦近之，故次之；侵、鹽、添、緝、葉、怗音近蒸，故次之；覃、談、咸、銜、嚴、凡、合、盇、洽、狎、業、乏音近侵，故次之；是爲一類。之二類者，古亦交互合用。東、冬、鍾、江音與二類近，故次之；陽、唐音近冬、鍾，故次之；庚、耕、清、青音近陽，故次之；是爲一類。真、臻、先、質、櫛、屑音近耕、清，故次之；諄、文、欣、魂、痕音近真，故次之；元、寒、桓、删、山、仙音近諄，故次之；是爲一類。脂、微、齊、皆、灰、術、物、迄、月、没、曷、末、黠、鎋、薛音近諄、元二部，故次之；支、佳、陌、麥、昔、錫音近脂，故次之；歌、戈、麻音近支，故次之；是爲一類。《易大傳》曰：「方以類聚，物以羣分。」是之謂矣。學者誠以是求之，可以觀古音分合之理，可以求今韵轉移不同之故，可以綜古經傳假借轉注之用，可以通五方言語清濁輕重之不齊。輒依其類，表於左。

弟一類	弟二類	弟三類
弟一部　平聲之咍。上聲止海。去聲志代。入聲職德。	弟二部　平聲蕭宵肴豪。上聲篠小巧晧。去聲嘯笑效号。 弟三部　平聲尤幽。上聲有黝。去聲宥幼。入聲屋沃燭覺。 弟四部　平聲侯。上聲厚。去聲候。 弟五部　平聲魚虞模。上聲語麌姥。去聲御遇暮，入聲藥鐸。	弟六部　平聲蒸登。上聲拯等。去聲證嶝。 弟七部　平聲侵鹽添。上聲寑琰忝。去聲沁豔㮇。入聲緝葉怗。 弟八部　平聲覃談咸銜嚴凡。上聲感敢豏檻儼范。去聲勘闞陷鑑釅梵。入聲合盇洽狎業乏。

弟四類	弟五類	弟六類
弟九部　平聲東冬鍾江。上聲董腫講。去聲送宋用絳。 弟十部　平聲陽唐。上聲養蕩。去聲漾宕。 弟十一部　平聲庚耕清青。上聲梗耿靜迥。去聲映諍勁徑。	弟十二部　平聲真臻先。上聲軫銑。去聲震霰。入聲質櫛屑。 弟十三部　平聲諄文欣魂痕。上聲準吻隱混很。去聲稕問焮慁恨。 弟十四部　平聲元寒桓刪山仙。上聲阮旱緩潸産獮。去聲願翰換諫襉線。	弟十五部　平聲脂微齊皆灰。上聲旨尾薺駭賄。去聲至未霽祭泰怪夬隊廢。入聲術物迄月没曷末黠鎋薛。 弟十六部　平聲支佳。上聲紙蟹。去聲寘卦。入聲陌麥昔錫。 弟十七部　平聲歌戈麻。上聲哿果馬。去聲箇過禡。

古合韻説

古本音與今韻異，是無合韻之説乎？曰：有。聲音之道，同源異派，弇侈互輸，協靈通氣，移轉便捷。分爲十七，而無不合。不知有合韻，則或以爲無韻。如顧氏於《谷風》之嵬萎怨，《思齊》之造士，《抑》之告則，《瞻卬》之鞏後，《易》象傳之文炳、文蔚、順以從君是也。或指爲方音，顧氏於《毛詩・小戎》之參與中韻，《七月》之陰與沖韻，《公劉》之飲與宗韻，《小戎》之音與膺弓縢興韻，《大明》之興與林心韻，《易・屯》象傳之民與正韻，《臨》象傳之命與正韻，《離騷》之名與均韻是也。或以爲學古之誤，江氏於《離騷》之同調是也。或改字以就韻，如《毛詩・匏有苦葉》改「軓」爲「軌」以韵牡，《無將大車》改「疷」爲「疧」以韵塵，劉原甫欲改「烝也無戎」之戎爲「戍」以韵務是也。或改本音以就韻，如《毛詩・新臺》之「鮮」，顧氏謂古音徙，《小雅・杕杜》之「近」，顧氏謂古音悸是也。其失也誣矣。

古合韻次弟近遠説

合韻以十七部次弟分爲六類，求之同類爲近，異類爲遠。非同類而次弟相附爲近，次弟相隔爲遠。

古異平同入説

入爲平委，平音十七，入音不能具也，故異平而同入。職、德二韵爲弟一部之入聲，而弟二部、弟六部之入音即此也。屋、沃、燭、覺爲弟三部之入聲，而弟四部及弟九部之入音即此也。藥、鐸爲弟五部之入聲，而弟十部之入音即此也。質、櫛、屑爲弟十二部之入聲，亦即弟十一部之入音。術、物、迄、月、没、曷、末、黠、鎋、薛爲弟十五部之入聲，亦即弟十三部、弟十四部之入音。陌、麥、昔、錫爲弟十六部之入聲，而弟十七部之入音即此也。合韵之樞紐於此可求矣。

弟二部與弟一部同入説

弟二部與弟一部合用最近。《毛詩》「儦儦俟俟」，《韓詩》作「駓駓騃騃」，《説文》作「伾伾俟俟」。儦在弟二部，駓、伾在弟一部也。《史記·太史公自序》：「幽厲昏亂，既喪酆鎬。陵遲至赧，洛邑不祀。」祀在弟一部，鎬在弟二部，合韵也。《漢書·序傳》：「元后娠母，月精見表。遭成之逸，政自諸舅。陽平作威，誅加卿宰。」母、宰弟一部，表弟二部，舅弟三部，合韵也。弟二部入音同弟一部。如《太史公自序》：「子羽暴虐，漢行功德。」以弟二部之虐，合韵弟一部之德，讀如匿。《上林賦》以弟二部之約、弱、削、皪、藐字，合韵弟一部之飾、服、郁、側字。約讀如薏，削讀如息，弱讀如食，皪讀如力，藐讀如墨。此其同入之證也。古音多斂，自音侈變爲肴豪韵，鮮能知其入音矣。

弟六部與弟一部同入説

弟六部與弟一部合用最近。其入音同弟一部，如「得來」之爲「登來」，「螟蟘」之爲「螟螣」。得、蟘在弟一部，登、螣在弟六部也。陸韵以職德配蒸登，非無見矣。

弟四部與弟三部同入説

弟四部與弟三部合用最近。其入音同弟三部。

弟九部與弟三部同入説

弟九部入音同弟三部，故陸韵以屋、沃、燭、覺配東、冬、鍾、江也。

弟十部與弟五部同入説

弟十部入音同弟五部，故陸韵以藥、鐸配陽、唐也。

弟十一部與弟十二部同入説

弟十一部與弟十二部合用最近。其入音同弟十二部。如今文《尚書》「辨秩」，《史記》作「平程」，屈賦《九章》亦以程韵匹。又《儀禮》古文「鼏」皆爲「密」，今文《尚書》「惟刑之謐哉」，《史記》作「惟刑之靜」。程、鼏、靜在弟十一部，秩、匹、密、謐在弟十二部也。陸韵以陌、麥、錫、昔配庚、耕、清、青，於音理未審。

弟十三部弟十四部與弟十五部同入説

弟十三部、弟十四部與弟十五部合用最近。其入音同十五部。如「黽勉」爲「蠠没」，亦爲「蜜勿」；「氤氳」爲「壹鬱」。勉、氳弟十三部，没、勿、鬱弟十五部也。《毛詩》「以按徂旅」，《孟子》作「以遏徂莒」；《吕刑》「其罰百鍰」，《史記》作「其罰百率」。按、鍰弟十四部，遏、率弟十五部也。

弟十七部與弟十六部同入説

弟十七部與弟十六部合用最近。其入音同弟十六部。

古諧聲偏旁分部互用説

諧聲偏旁分別部居，如前表所列矣。閒有不合者，如裘字求聲而在弟一部，朝字舟聲而在弟二部，牡字土聲而在弟三部，侮字每聲而在弟四部，股投字殳聲而在弟五部，仍孕字乃聲而在弟六部，參字彡聲而在弟七部，枼字世聲而在弟八部，送字𠈃聲而在弟九部，彭字彡聲而在弟十部，𣎆字𣎆聲而在弟十一部，矜字今聲而在弟十二部，存字才聲而在弟十三部，憲字害省聲而在弟十四部，截字雀聲而在弟十五部，狄字亦省聲而在弟十六部，那字冄聲而在弟十七部，此類甚多，即合韵之理也。

古一字異體説

凡一字異體者，即可徵合韵之條理。以弟十六部言之，鶂或爲鷊，逖古爲逷，兒聲、鬲聲，狄聲、易聲，同在本部也。芰或爲茤，鬄或爲髢，鍚或爲鉈，輗或爲𨋍，弛或爲虒，支聲、易聲、兒聲、虒聲在十六部，多聲、也聲、宜聲在十七部。此可見次弟相近合用之理。鷊或爲鵴，説本相如；速改爲迹，起於李斯。鬲聲、朿聲在十六部，赤聲、亦聲在弟五部。此可見次弟相遠合用之理。他部皆準此求之。

古異部假借轉注説

古六書假借，以音爲主，同音相代也。轉注以義爲主，同義互訓也。作字之始，有音而後有字。義不外乎音，故轉注亦主音。假借取諸同部者多，取諸異部者少，轉注取諸同部異部者各半。十七部爲假借轉注之維綱，學者必知十七部之分，然後可以知十七部之合；知其分，知其合，然後可以盡求古經傳之假借轉注而無疑義。異部假借，如《常棣》借務爲侮，《大田》借螣爲蟘，《文王有聲》借淢爲洫，《雨無正》借荅爲對之類。異部轉注如「愛，隱也」，「曾，重也」，「蒸，塵也」之類。《方言》：如萌蘖之蘖，秦晉之閒曰肄；水火之火，齊言曰焜，此同部轉注假借之理也。如關西曰迎，關東曰逆，荊郊之鄙謂淫曰遙，齊魯之閒鮮聲近斯，趙魏之東實寔同聲，此異部合韵之理也。

六書説

文字起於聲音，六書不外謠俗。六書以象形、指事、會意爲形，以諧聲、轉注、假借爲聲；又以象形、指事、會意、諧聲爲形，以轉注、假借爲聲；又以象形、指事、會意、諧聲、轉注、假借爲形，以十七部爲聲。六書猶五音，十七部猶六律。不以六律，不能正五音；不以十七部，不能分別象形、指事、會意、諧聲四者文字之聲韵鴻殺，而得其轉注假借。故十七部曰音均。均者，勻也，徧也，一部之内其音勻圓如一也。均、韵古今字。轉注異字同義，假借異義同字，其源皆在音均。《説文解字》者，象形、指事、會意、諧聲之書也。《爾雅》、《廣雅》、《方言》、《釋名》者，轉注假借之書也。陸灋言《切韵》爲音韵之書。然古十七部藏薶未悟，不可以通古經傳之文。今特表而出之，箸其分合，周秦漢人詁訓之精微，後代反語雙聲疊韵音紐字母之學，胥一以貫之矣。

凡二千七百七十八字

詩經韵分十七部表

六書音均表四

十七部之分，於《詩經》及羣經導其源派也。諦觀《毛詩》用韵，弟一部、弟十五部、弟十六部之分，弟二、弟三、弟四、弟五部之分，弟十二、弟十三、弟十四部之分，以及入聲之分配，皆顯然不辨而自明。《孟子》曰：「博學而詳説之，將以反説約也。」宋蘇氏之言曰：「參伍錯綜，八面受敵，沛然應之，而莫禦焉。」顧氏《詩本音》、江氏《古韵標準》，雖以《三百篇》爲據依，未取《三百篇》之文部分而彙譜之也。玉裁紬繹有年，依其類爲之表。因其自然，無所矯拂，俾學者讀之，知周秦韵與今韵異。凡與今韵異部者，古本音也。其於古本音有齟齬不合者，古合韵也。本音之謹嚴，如唐宋人守官韵；合韵之通變，如唐宋詩用通韵。不以本音蔑合韵，不以合韵惑本音，三代之韵，昭昭矣。凡本音鐵其字之旁以識之△，凡合韵規其字之外以識之○。

弟一部陸韵平聲之咍，上聲止海，去聲志代，入聲職德

絲治訧邶·緑衣三章　霾來來思終風二章　思來雄雉三章　淇思姬謀泉水一章　異貽靜女三章　尤思之鄘·載馳四章○此篇分章從朱　蚩絲絲謀淇丘期媒期衞·氓一章　思哉六章　淇思之竹竿一章　期哉塒來思王·君子于役一章　佩思來鄭·子衿二章　鋂偲齊·盧令三章　哉其之之思哉其之之思魏·園有桃一、二章　期之秦·小戎二章　梅裘哉終南一章　思佩渭陽二章　梅絲絲騏曹·鳲鳩二章　貍裘豳·七月四章　騏絲謀小雅·皇皇者華三章　疚來采薇三章　來疚杕杜四章　來又南有嘉魚四章　臺萊基期南山有臺一章　來期思白駒三章　時謀萊矣十月之交五章　膴謀小旻五章　箕謀巷伯二章　丘詩之七章　來疚大東二章　裘試四章　梅尤四月四章　期時來頍弁二章　能又時賓之初筵二章　呶僛郵四章　牛哉黍苗二章　膴飴謀龜時茲大雅·緜三章　絲基抑九章　富時疚茲召旻五章　牛右周頌·我將　之思哉茲敬之　紑俅基牛鼐絲衣　駓騏伾期才魯頌·駉二章○以上平聲　采友周南·關雎四章○此分章從鄭　否母葛覃三章　苢采苢有芣苢一章　苢苢二章三章同　趾子麟之趾一章　沚事

召南・采蘩一章　子子子殷其靁一、二、三章　汜以以悔江有汜一章　矣李子何彼襛矣二章　裏已邶・緑衣一章　子否否友匏有苦葉四章　沚以谷風三章　久以旄丘二章　子耳四章　齒止止俟鄘・相鼠二章　右母衛・竹竿二章〇從《唐石經》「遠兄弟父母」，今本誤爲「遠父母兄弟」則非韵。　背痗伯兮四章　李玖木瓜三章　涘母母有王・葛藟二章　李子子玖丘中有麻三章　子里杞母鄭・將仲子一章　洧士褰裳二章　晦已子喜風雨三章　畝母齊・南山三章　子已止魏・陟岵一章屺母二章　食食唐・有杕之杜一、二章　采已涘右沚秦・蒹葭三章　鯉子陳・衡門三章　已矣墓門一章　耜趾子畝喜豳・七月一章　止杞母小雅・四牡四章　杞母杕杜三章　鯉有魚麗三章　有時六章　杞李子母子已南山有臺三章　載喜右彤弓二章　沚喜菁菁者莪二章　里子六月二章　喜祉久友鯉矣友六章　芑畝試采芑一章　止試三章　有俟友右子吉日三章　海止友母沔水一章　士止祈父二章　仕子已殆仕節南山四章　士宰史(氏)十月之交四章　里痗八章　仕殆使子使友雨無正六章　止否小旻五章　克富又小宛二章采負似三章　梓止母裏在小弁三章　祉已巧言二章　恥久恃蓼莪三章　子子子子大東四章　紀仕有四月六章　杞子事母北山一章　止起楚茨五章　理畝信南山一章　畝耔薿止士甫田一章　止子畝喜右否畝有敏三章　戒事耜畝大田一章　止子畝喜四章　右有有似裳裳者華四章　友喜車舝一章　否史恥怠賓之初筵五章　識又同上　食誨載食誨載食誨載緜蠻一、二、三章　時右大雅・文王一章已子二章　止子四章　涘止子大明四章　止右理畝事緜四章　母婦思齊一章　(造)士五章　悔祉子皇矣四章　芑仕子文王有聲八章　祀子敏止生民一章　祀子二章　字翼三章　秠芑秠畝芑負祀六章　時祀悔八章　時子既醉五章　士士子八章　紀友士子假樂四章　里有公劉六章　饎子母泂酌一章　止士使子卷阿七章　式止晦蕩五章　時舊七章　友子抑六章　李子八章　否事耳子十章　子止悔十二章　里喜能忌桑柔十章　紀宰(氏)右止里雲漢七章　事式崧高二章　子里韓奕四章　理海江漢三章　子似祉四章　子已六章　誨寺瞻卬三章　倍事四章　富忌五章　(茂)止召旻四章　里里舊七章　鮪鯉祀福周頌潛　祀子雝　祉母

同上　以婦士耜畝載芟　耜畝良耜　始有子魯頌・有駜三章　子耳閟宮三章　熾富背試五章○此篇分章從朱　喜母士有祉齒八章　有始子①商頌・玄鳥　里止海同上　子士長發七章○以上上聲

得服側周南・關雎三章　革緎食召南・羔羊二章　側息殷其靁二章　側特忒鄘・柏舟二章　麥北弋桑中二章　麥極載馳四章　極德衞・氓四章　側服有狐三章　麥國國食王・丘中有麻二章　飾力直鄭・羔裘二章　食息狡童二章　克得得極齊・南山四章　棘服魏・葛屨一章　棘食國極園有桃二章　輻側直億特食伐檀二章　麥德國國直碩鼠二章　翼棘稷食極唐・鴇羽二章　棘域息葛生二章　棘息息特秦・黃鳥一章　翼服息曹・蜉蝣二章　翼服候人二章　棘忒忒國鳲鳩三章　（穋）麥豳・七月六章②　克得伐柯一章　福食德小雅・天保五章　翼服戒棘采薇五章　牧來載棘出車一章　棘德湛露三章　飭服（急）國六月一章　則服二章　翼服服國三章　翼奭服革采芑二章　菑特富異我行其野三章　翼棘革斯干四章　特克則得力正月七章　輻載意九章③　德國雨無正一章　蜮得極側何人斯八章

食北巷伯六章　德極蓼莪四章　載息大東三章　來服四章　息國北山四章　息直福小明五章　棘稷翼億食祀侑福楚茨一章　祀食福式稷敕極億四章　備戒（告）五章　翼彧穡食信南山三章　（螣）賊大田二章　祀黑稷祀福四章　翼福鴛鴦二章　棘極國青蠅二章　福德賓之初筵四章　息暱極菀柳一章　側極緜蠻三章　翼國大雅・文王三章　億服四章　德福七章④　翼福國大明三章　直載翼緜五章　載備祀福旱麓四章　德色革則皇矣七章　亟來囿伏靈臺二章　式則下武三章　德服四章　北服六王有聲六章⑤　匐嶷食生民四章　背翼福行葦八章○此分章從鄭　德福既醉一章　子德假樂一章　福億二章　翼德翼則卷阿五章　息國極慝德民勞三章　克服德力蕩三章　國德德側四章　（告）則抑二章　賊則八章　國忒德棘十二章　穡食桑柔六章　賊國力七章　極背克力十五章　德直國崧高八章　則德烝民一章　德則色翼式力二章　棘極江漢三章　德國六章　戒國常武一章　翼克國五章　塞來六章　忒背極慝識織瞻卬三章⑥　稷極周頌・思文　德則魯頌・泮水四章　德服馘五章　稷福（穋）麥國穡閟宮一章　忒稷

三章　國福商頌・殷武四章翼極五章〇以上入聲

古本音

訧尤聲在此部。《詩》緑衣一見。今入尤。尤尤聲在此部。《詩》載馳、四月二見，《周易》六見。今入尤。郵郵聲在此部。《詩》賓之初筵一見。今入尤。謀某聲在此部。《詩》泉水、氓、皇皇者華、巷伯、緜五見，《左傳》三見。今入尤。丘丘聲在此部。《詩》氓、巷伯二見，《左傳》一見，《戰國策》齊謠與箕頤能韵。今入尤。裘裘聲在此部。《詩》終南、七月、大東三見，《左傳》一見，學記一見。今入尤。疚久聲在此部。《詩》采薇、杕杜、大東、召旻四見。今入宥。又又聲在此部。《詩》南有嘉魚、小宛、賓之初筵四見。今入宥。牛牛聲在此部。《詩》黍苗、我將、絲衣三見，《易》一見，屈賦二見。今入尤。龜龜聲在此部。《詩》緜一見，《易》頤初九與頤韵，漢褚少孫所引古傳下有靈龜與上有兔絲韵，今入尤。始見於《史記》龜策傳、班固《幽通賦》、李尤《辟雝賦》、宋《讀曲歌》。紑不聲在此部。《詩》絲衣一見。今入尤。富畐聲在此部。《詩》我行其野、小宛、瞻卬、召旻、閟宫五見，《易》三見。今入宥。友友聲在此部。《詩》關雎、匏有苦葉、六月、吉日、沔水、雨無正、車舝、假樂、抑九見，《左傳》閔二年與右韵，屈賦《橘頌》與理韵。今入有。否否聲在此部。《詩》葛覃、匏有苦葉、小旻、甫田、賓之初筵、抑七見。《易》二見。今入有。有又聲在此部。《詩》芣苢、葛藟、魚麗、吉日、四月、甫田、裳裳者華、公劉、有駜、閟宫、元鳥十二見，屈賦一見。今入有。右右聲在此部。《詩》竹竿、蒹葭、彤弓、吉日、甫田、裳裳者華、文王、緜、雲漢、我將十見。《左傳》一見。今入有、宥。玖久聲在此部。《詩》木瓜、丘中有麻二見。《説文》云：讀若芑。今入有。久久聲在此部。《詩》旄丘、六月、蓼莪三見，《易》二見。今入有。負負聲在此部。《詩》小宛、生民二見。《周書》金縢「丕子之責」，《史記》作「負子」。古負音近丕。今入有。婦婦聲在此部。《詩》思齊、載芟二見，屈賦一見。今入有。秠丕聲在此部。《詩》生民一見。今入有。侑有聲在此部。《詩》楚茨一見。今入宥。舊舊聲在此部。《詩》蕩、召旻二見。今入宥。服𠬝聲在此部。《詩》關雎、有狐、葛屨、蜉蝣、候人、采薇、六月、采芑、大東、文王、下武、文王有聲、蕩、泮水十六見，《易》四見，士冠禮三見，公冠篇一見，武王踐祚篇一見，《爾雅》釋訓一見。今入屋。輻畐聲在此部。《詩》伐檀、正月二見。今入屋。福畐聲在此部。《詩》天保、小明、楚茨、大田、鴛鴦、賓之初筵、文王、大明、旱麓、行葦、既醉、假樂、潛、閟宫、殷武十四見，《易》五見，士冠禮一見，公冠篇一見，考功記梓人一見，《爾雅》釋訓一見。今入屋。牧牧聲在此部。《詩》出車一見，《易》一見，屈賦一見。今入屋。或或聲在此部。《詩》信南山一見，公冠篇與禄服德福極韵。今入屋。囿有聲在此部。《詩》靈臺一見，讀如弋，司馬相如《封禪文》與喜韵，張衡《東京賦》與事備韵，讀如以。今入宥韵、屋韵。蓋昉於景差《大招》、劉向《九歎》。伏伏聲在此部。《詩》靈臺一見，《易》一見。今入屋。葍畐聲在此部。《詩》我行其野一見。今入屋。匐畐聲在此部。《詩》生民一見。今兼入屋。祐右聲在此部。《易》二見。今入宥。〇母母聲在此部。《詩》葛覃、竹竿、葛藟、將仲子、南山、陟岵、四牡、杕杜、南山有臺、沔水、小弁、蓼莪、北山、思齊、泂酌、雝、閟宮十七見。今入厚。畝本作畮。每聲在此部。《詩》南山、七月、采芑、信南山、甫田、大田、緜、生民、載芟、良耜十二見。今入厚。〇能㠯聲在此部。《詩》賓之初筵一見，《易》二見。今兼入登、等。〇敏每聲在此部。《詩》甫田、生民二見。今入軫。暱匿聲在此部。《詩》菀柳一見。今入質。〇霾貍聲在此部。《詩》終風一見。今入皆。始見於顔延之《和謝靈運一首》，韵迷萋泥淮偕懷等字。鋂每聲在此部。《詩》盧令一見。今入灰。媒某聲在此部。《詩》氓一見，屈賦二見。今入灰。梅每聲在此部。《詩》終南、鳲鳩、四月三見。今入灰。䵹龜聲在此部。今又入脂。始見於曹植《七啟》與歸機飛韵。駓丕聲在此部。《詩》駉一見，《招魂》與犛牛災韵。今入脂。伾丕聲在此部。《詩》駉一見。今入脂。否否聲在此部。今又入旨。悔每聲在此部。《詩》江有汜、皇矣、生民、抑四見，屈賦二見。今入賄、入隊。洧有聲在此部。

《詩》褰裳一見。今入旨。晦每聲在此部。《詩》風雨、蕩二見。今入賄，入隊。秠丕聲在此部。今又入脂，入旨。鮪有聲在此部。《詩》潛一見。今入旨。佩佩聲在此部。《詩》子衿、渭陽二見，屈賦四見。今入隊。痗每聲在此部。《詩》伯兮、十月之交二見。今入隊。戒戒聲在此部。《詩》采薇、楚茨、大田、常武四見，《易》一見，屈賦二見，《秦泰山刻石》文與治誨志事嗣韵。今入怪。背北聲在此部。《詩》伯兮、行葦、桑柔、瞻卬、閟宮五見。今入隊。誨每聲在此部。《詩》緜蠻、瞻卬四見，《左傳》一見，《秦泰山刻石》文與治志事嗣戒韵。今入隊。毐母聲在此部。《左傳》僖二十八年與謀韵。今入灰。鄙啚聲在此部。屈賦一見。今入旨。怪圣聲在此部。屈賦二見。今入怪。䕭貍聲在此部。《左傳》一見。今入皆。備𤰈聲在此部。《詩》楚茨、旱麓二見，《易》一見，屈賦一見。今入至。㣁備聲在此部。《易》二見。今入怪。〇革革聲在此部。《詩》羔羊、采芑，斯干、皇矣四見，《易》三見，《秦琅邪臺刻石》文與得極福殖賊式韵。今入麥。麥麥聲在此部。《詩》桑中、載馳、丘中有麻、碩鼠、閟宮五見。今入麥。馘或聲在此部。《詩》泮水一見。今入麥。

古合韵

俅本音在弟三部。絲衣以韵紑基牛鼒。造本音在弟三部。乾象傳與道咎久首韵是也。思齊以韵士，此正古合韵，而顧氏云無韵矣。考古弟一部與弟三部合用不可枚數，如《老子》「持而盈之」節，已保守咎道爲韵。屈原惜往日佩好代意爲韵，遠遊疑浮爲韵，賈誼鵩鳥賦憂疑爲韵，班彪北征賦憂畱災爲韵，班婕妤自悼賦以時思詩郵兹滋災期韵周求幽流休，又以綦期之韵流憂浮休，曹全碑以首韵里紀市圮，皆之咍與尤幽合韵。而支脂二部合尤幽者絶少，是以之咍部内字多轉入於尤韵，而支脂二部内字未嘗轉入於尤韵，知古合韵即音轉之權輿也。顧氏之與脂與支三部、尤與蕭二部皆混合不分。於思齊之造士，召旻之茂止，七月之穋麥，抑之告則，楚茨之備戒告，皆不得其韵。於漢人合用，皆指爲混讀，以爲誤之最多者，無若班婕妤自悼賦。蓋惟不知其分，又以不知其合矣。茂本音在弟三部。《詩》五見，召旻以韵止，正古合韵，而顧氏亦云無韵。告本音在弟三部，入聲。《詩》四見，楚茨以韵備戒，抑以韵則，《爾雅》釋訓以韵忒食則慝，正古合韵。顧氏於抑二章則云無韵，於楚茨五章則以備戒位爲韵。不知備戒字今韵在弟十五部，古韵在弟一部。弟一部與弟三部音近，是以備戒與告合韵。位字古今音皆在弟十五部，與弟一部備戒字次第相遠而少通矣。穋本音在弟三部。七月以韵麥，閟宫以韵稷福麥國穡。讀如力。禄本音在弟三部。公冠篇以韵彧服德極。讀如力。毒本音在弟三部。《爾雅》釋訓以韵德忒食。讀如極。鞠本音在弟三部。《爾雅》釋訓以韵慝職，屈賦懷沙以韵默。讀如亟。○膴本音在弟五部。小旻以韵謀，緜以韵飴謀龜時茲，古合韵也。《韓詩》小旻作「民雖靡膴」，緜作「周原膴膴」，則用本韵而非合韵。呶本音在弟五部。賓之初筵以韵僛郵。讀如疑。○螣本音在弟六部。音塍。大田假借爲蟘字，以韵賊，此合韵也。《説文》引《詩》作「去其螟蟘」，則在本韻。○急本音在弟七部。六月以韵飭服熾國，《爾雅》釋訓以韵福極德直力服息。讀如亟。○用本音在弟九部。《易》剥象傳以韵災尤載，豐象傳以韵災志事。讀如以。亦古合韵。○節本音在弟十二部。離騷合韵服字，讀如側。此今韵即唧字入職韵之所因也。○世本音在弟十五部。讒鼎銘旦顯爲韵，世怠合韵。錢辛楣詹事説。出本音在弟十五部。屈賦思美人合韵佩異態竢。沫本音在弟十五部。離騷合韵兹字。○氏本音在弟十六部。十月之交以韵士宰史，雲漢以韵紀宰右止里，亦古合韵也。《荀子》「寶珍隨珠不知佩兮」，俾亦弟十六部字，而以韵異媒之，亦弟一部與弟十六部合韵。

弟二部 陸韵平聲蕭宵肴豪，上聲篠小巧晧，去聲嘯笑效号

芼樂周南·關雎五章　藻潦召南·采蘋一章　悄小少摽邶·柏舟四章　暴笑敖悼終風一章　夭勞凱風一章　籥翟爵簡兮三章　旄郊鄘·干旄一章　綽較謔虐衛·淇奥三章　敖郊驕鑣朝勞碩人四章　勞朝暴笑悼氓五章　刀朝河廣二章　桃瑤木瓜二章　苗搖王·黍離一章　樂樂君子陽陽一、二章　消麃喬搖鄭·清人二章　漂要蘀兮一章　樂

謔藥樂謔藥溱洧一、二章　倒召齊・東方未明一章　驕忉甫田一章　滔儦敖載驅四章　桃殽謠驕魏・園有桃一章　鑣驕苗勞郊郊號碩鼠三章　鑿襮沃樂唐・揚之水一章　鑣驕秦・駟驖三章　櫟駮樂晨風二章　巢苕忉陳・防有鵲巢一章　皎僚糾悄月出一章　炤燎紹慘三章　搖朝忉檜・羔裘一章　膏曜悼三章　飄嘌弔匪風一章　苗膏勞曹・下泉一章⑦　葽蜩豳・七月四章　譙消翹搖曉鴟鴞三章⑧○消作儵誤　蒿昭恌傚敖小雅・鹿鳴二章　郊旐旄出車二章　罩樂南有嘉魚一章　苗囂旄敖車攻三章　嗷勞驕鴻雁三章　苗朝搖白駒一章　沼樂炤虐殺正月十一、十二章　勞囂十月之交七章　盜暴巧言三章　蒿勞蓼莪一章　號勞北山五章　刀毛膋信南山五章　鷮教車舝二章　的爵賓之初筵一章　藻鎬魚藻一章，二、三章同　教傚角弓二章　瀌消驕七章　苗膏勞黍苗一章　沃樂隰桑二章　高勞朝漸漸之石一章　燎勞大雅・旱麓五章　廟保思齊三章　濯翯沼躍靈臺三章　舟瑤刀公劉二章　寮囂笑蕘板三章　虐謔蹻耄謔熇藥四章　昭樂懆藐教虐耄抑十一章○吳棫曰：開元中修《五經文字》「我心慘慘」爲懆。　削爵濯溺桑柔五章　藐蹻濯崧高四章　到樂韓奕五章　苗麃周頌・載芟　樂樂樂魯頌・有駜一、二、三章　藻蹻蹻昭笑教泮水二章○

以上平聲

古本音

襮暴聲在此部。《詩》唐・揚之水一見。今入沃。　暴暴聲在此部。《詩》終風、氓、巧言三見。今兼入屋。　沃芺聲在此部。《詩》唐・揚之水、隰桑二見。《韓詩外傳》載夏臣之歌與樂蹻樂韵。今入沃。　熇高聲在此部。《詩》板一見。今入沃。　翯高聲在此部。《詩》靈臺一見。今入覺。　較爻聲在此部。《詩》淇奧一見。今入覺。　駮交聲在此部。《詩》晨風一見。今入覺。　濯翟聲在此部。《詩》靈臺、桑柔、崧高三見。《爾雅》釋魚「蜃小者珧」，陸德明曰：「珧，衆家本皆作濯。」知濯古音同珧也。今入覺。弟二部古多平聲，今多轉入他部爲入聲矣。　樂樂聲在此部。《詩》關雎、溱洧、唐・揚之水、晨風、南有嘉魚、正月、隰桑、抑、韓奕九見。離騷與邈韵，遠遊與撟韵。今入覺。　邈貌聲在此部。屈賦一見。今入覺。　藐貌聲在此部。《詩》抑、崧高二見。今入覺。　○籥龠聲在此部。《詩》簡兮一見。今入藥。　爵爵聲在此部。《詩》簡兮、賓之初筵、桑柔三見。今入藥。　綽卓聲在此部。《詩》淇奧一見。今入藥。　虐虐聲在此部。《詩》淇奧、正月、板、抑四見。今入藥。　謔虐聲在此部。《詩》淇奧、溱洧、板四見。今入藥。　藥樂聲在此部。《詩》溱洧、板三見。今入藥。　櫟樂聲在此部。《詩》晨風一見。今入藥。濯翟聲在此部。今又入藥。躍翟聲在此部。《詩》靈臺一見。今入藥。蹻喬聲在此部。《詩》板、崧高、泮水四見。今兼入藥。溺弱聲在此部。《詩》桑柔一見。今入藥。削肖聲在此部。《詩》桑柔一見。今入藥。鑿糳聲在此部。《詩》唐・揚之水一見。宋玉九辨與固教樂高韵。今入鐸。樂樂聲在此部。今又入鐸。熇高聲在此部。今又入鐸。瀑暴聲在此部。今又入鐸。○按，簡兮三章、淇奧三章、溱洧一二章、唐・揚之水一章、靈臺三章、板四章、抑十一章皆弟二部平聲。苟列之弟五部入聲，斯鉏鋙而不類矣。○翟翟聲在此部。《詩》簡兮一見。今入陌。趯翟聲在此部。《詩》草蟲首二句喓喓趯趯爲韵。今入錫。櫟樂聲在此部。今又入錫。的勺聲在此部。《詩》賓之初筵一見。今入錫。弔弔聲在此部。《詩》匪風一見。今兼入錫。溺弱聲在此部。今又入錫。

古合韵

滔本音在弟三部。江漢與浮游求韵是也，載驅四章合韵儦敖字。糾本音在弟三部。月出一章合韵皎僚悄字。蜩本音在弟三部。王褒九懷與州脩牛流休悠浮求幬儔怞韵是也，七月四章合韵葽字。譙本音在弟三部。鴟鴞以韵消翹摇嘵字。保本音在弟三部。《詩》四見，思齊三章合韵廟字。舟本音在弟三部。公劉二章合韵瑤刀字。○慘本音在弟七部。月出合韵照燎紹字。

弟三部陸韵平聲尤幽，上聲有黝，去聲宥幼，入聲屋沃燭覺

鳩洲逑周南・關雎一章　流求二章　逵仇兔罝二章　休求漢廣一章　舟流憂游邶・柏舟一章　舟游求救谷風四章　漕悠游憂泉水四章　悠漕憂鄘・載馳一章　滺舟游憂衛・竹竿四章　憂求憂求憂求王・黍離一、二、三章　脩歗歗淑中谷有蓷二章　蕭秋采葛二章　潚膠瘳鄭・風雨二章○潚作瀟誤　休慆憂休唐・蟋蟀三章　聊條聊條椒聊一、二章　周游有杕之杜二章　收輈秦・小戎一章　袍矛仇無衣一章　荍椒陳・東門之枌三章　蕭周曹・下泉二章　茅綯豳・七月七章　銶遒休破斧三章　裒求小雅・常棣二章　柔憂采薇二章　舟浮休菁菁者莪四章　矛醻節南山八章　憂休十月之交八章　流休雨無正五章　觩柔敖求桑扈四章　浮流髦憂角弓八章　幽膠隰桑三章　茅猶白華一章　臭孚大雅・文王七章　求孚下武二章　揄蹂叟浮生民七章　曹牢匏公劉四章　游休酋卷阿二章　休逑怓憂休民勞二章　柔劉憂桑柔一章　浮滔游求江漢一章　游騷常武三章　苞流五章　收瘳瞻卬一章　優憂六章　觩柔敖休周頌・絲衣　陶囚魯頌・泮水五章　觩搜七章　球旒休絿

柔優酋商頌・長發四章○以上平聲

昴裯猶召南・小星二章　包誘野有死麕一章　冒好報邶・日月二章　手老擊鼓四章　（軓）牡匏有苦葉二章○從《考工記》注，《禮記正義》、《唐石經》作軌，改爲軌以韵牡者，非也。　慉讎售谷風五章　埽道道醜鄘・牆有茨一章　報好報好報好衛・木瓜一、二、三章　陶翿（敖）王・君子陽陽二章　罦造憂覺兔爰二章　好造鄭・緇衣二章　狩酒酒好叔于田二章　鴇首手阜大叔于田三章　軸陶抽好清人三章　手魗好遵大路二章　酒老好女曰雞鳴二章　好報三章　茂道牡好齊・還二章　栲杻埽考保唐・山有樞二章　晧繡鵠憂揚之水二章　褎究好羔裘二章　好好有杕之杜二章　阜手狩秦・駟驖一章　阜手小戎二章　簋飽權輿二章　缶道翿陳・宛丘三章　晧懰受慅月出三章　棗稻酒壽豳・七月六章　蚤韭八章　務（戎）小雅・常棣四章　埽簋牡舅咎伐木二章　壽茂天保六章　罶酒魚麗一章，二、三章同　栲杻壽茂南山有臺四章　草考湛露二章　櫜好醻彤弓三章　饎老猶醜采芑四章　好阜草狩車攻二章　戊禱好阜阜醜吉日一章　苞茂好猶斯干一章　卯醜十月之交一章　猶（集）咎

道小旻三章　道草擣老首小弁二章　醻究七章　好草巷伯五章　受昊六章　酒咎北山六章　鼛洲妯猶鼓鐘三章　飽首考楚茨六章　酒牡考信南山五章　阜好莠大田二章　首阜舅頍弁三章　首酒魚藻三章　首酒瓠葉二章三章同　首炰酒醻四章　首罶飽苕之華三章　草道何草不黃四章　槱（趣）大雅・棫樸一章　欲孝文王有聲三章　道草茂苞褎秀好生民五章　祝究蕩三章　酒（紹）抑三章　（苟）饎報六章　寶好桑柔六章　寶保崧高五章　考保蒸民三章　道考韓奕一章　首休考壽江漢六章　（福）保烈文　牡考周頌・雝　壽考同上　壽保載見　造（疚）考孝閔予小子　鳥蓼小毖　糾（趙）蓼朽茂良耜　牡酒魯頌・有駜二章　茆酒酒老道醜泮水三章○以上上聲

谷谷周南・葛覃一、二章　匊族麟之趾三章　角屋獄獄足召南・行露二章　樕鹿束玉野有死麕一章　鞫覆育毒邶・谷風五章　束讀讀辱鄘・牆有茨三章　祝六告干旄三章　陸軸宿告衛・考槃三章　告鞫齊・南山三章　曲藚玉玉族魏・汾沮洳三章　匊篤唐・椒聊二章　六燠無衣二章　（驅）續轂馵玉曲秦・小戎一章　薁菽豳・七月六章　屋穀七

章　蜀宿東山一章　陸復宿九罭三章　谷木小雅・伐木一章　穀禄足天保二章　穀玉鶴鳴二章　谷束玉白駒四章　穀㮚穀族黄鳥一章　蓫宿畜復我行其野二章　禄僕禄屋正月三章　屋穀禄椓獨十三章　粟獄卜穀小宛五章　木谷六章　鞫畜育復腹蓼莪四章　濁穀四月五章　奥蹙菽戚宿覆小明三章　奏禄楚茨六章　霂渥足穀信南山二章　木附猷屬角弓六章　禄匊局沐采緑一章　束獨白華一章　夙育稷大雅・生民一章　俶告既醉三章　禄僕七章　鹿穀谷桑柔九章　迪復毒十一章　谷穀垢十二章　肅穆周頌・雝　角續良耜○以上入聲

古本音

漕曹聲在此部。《詩》泉水、載馳二見。今入豪。　歗肅聲在此部。《詩》中谷有蓷一見。今入嘯。　蕭肅聲在此部。《詩》采葛、下泉二見，九歌、山鬼與憂韵。今入蕭。　潚肅聲在此部。《詩》風雨一見。今兼入蕭。　膠翏聲在此部。《詩》風雨、隰桑二見。今入有。　慆舀聲在此部。《詩》蟋蟀一見。今入豪。　聊丣聲在此部。《詩》椒聊一見，《戰国策》「民無所聊」與「上下相愁」韵。今入蕭。　條攸聲在此部。《詩》椒聊一見。今入蕭。　袍包聲在此部。《詩》無衣一見。今入豪。　莜收聲在此部。《詩》東門之枌一見。張參《五經文字》云：勤由反。今入宵。　椒叔聲在此部。《詩》東門之枌一見。今入宵。　茅矛聲在此部。《詩》七月、白華二見，離騷與留韵。今入肴。　綯匋聲在此部。《詩》七月一見。今入豪。　舀舀聲在此部。《詩》生民「或揄」，《説文》引作或舀。今兼入小。　曹曹聲在此部。《詩》公劉一見，劉安招隱士與留咆韵。今入豪。　牢牢聲在此部。《詩》公劉一見。今入豪。　匏包聲在此部。《詩》公劉一見。今入肴。　滔舀聲在此部。《詩》江漢一見。今入豪。　騷蚤聲在此部。《詩》常武一見。今入豪。　苞包聲在此部。《詩》斯干、生民、常武三見。今入肴。　陶匋聲在此部。《詩》君子陽陽、清人、泮水三見。今入宵豪。　昴卯聲在此部。《詩》小星一見。今入巧。　包包聲在此部。《詩》野有死麕一見。今入肴。　冒冒聲在此部。《詩》日月一見。今入号。　好好聲在此部。《詩》日月、木瓜、緇衣、叔于田、清人、遵大路、女曰雞鳴、還、羔裘、彤弓、吉日、斯干、巷伯、大田、生民、桑柔十七見，洪範一見。今入晧号。　報報聲在此部。《詩》日月、木瓜、女曰雞鳴、抑六見，《國語》一見。今入号。　老老聲在此部。《詩》擊鼓、女曰雞鳴、采芑、小弁、泮水五見。今入晧。　埽帚聲在此部。《詩》牆有茨、山有樞、伐木三見。今入晧号。　道道聲在此部。《詩》牆有茨、還、宛丘、小旻、小弁、何草不黄、生民、韓奕、泮水九見，洪範一見，《易》十六見，《左傳》一見。今入晧。　翿嗀聲在此部。《詩》君子陽陽、宛丘二見。今入号。造告聲在此部。《詩》兔爰、緇衣、閔予小子三見，《易》一見。今入晧号。鴇𠦒聲在此部。《詩》大叔于田一見。今入晧。栲考聲在此部。《詩》山有樞、南山有臺二見。陸璣云：許叔重讀若糗。今入晧。考丂聲在此部。《詩》山有樞、湛露、楚茨、信南山、蒸民、韓奕、江漢、雝、閔予小子十見，《易》二見，越語「上帝不考」與「時反時守」韵。今入晧。保保聲在此部。《詩》山有樞、崧高、蒸民三見。今入晧。晧告聲在此部。《詩》唐・揚之水、月出二見。今入晧。飽包聲在此部。《詩》權輿、楚茨、苕之華三見，《易》一見。今入巧。稻舀聲在此部。《詩》七月一見。今入晧。覺學聲在此部。《詩》兔爰一見，《左傳》哀二十一年與臯蹈憂韵。今兼入效。慅蚤聲在此部。《詩》月出一見。今入晧。棗棗聲在此部。《詩》七月一見。今入晧。蚤叉聲在此部。《詩》七月一見。今入晧。櫜咎聲在此部。《詩》彤弓一見。今入豪。茆卯聲在此部。《詩》泮水一見。《廣韵》云：《說文》作茆，音柳。今兼入巧。草艸聲在此部。《詩》湛露、車攻、小弁、巷伯、何草不黃、生民六見，《左傳》襄四年與州道擾獸牡韵。今入晧。禱壽聲在此部。《詩》吉日一見。今入晧号。卯卯聲在此部。《詩》十月之交一見。今入巧。擣壽聲在此部。《詩》小弁一見。今入晧。昊夰聲在此部。《詩》巷伯一見。今入晧。鼛咎聲在此部。《詩》鼓鐘一見。今入豪。皁草聲在此部。

《詩》大田一見。今入晧。炮包聲在此部。《詩》瓠葉一見。今入肴。孝孝聲在此部。《詩》文王有聲、閔予小子二見。今入效。寶缶聲在此部。《詩》桑柔、崧高二見。今入晧。鳥鳥聲蓋在此部。《詩》小毖一見。今入篠。蓼翏聲在此部。《詩》良耜一見。今入篠。告告聲在此部。《詩》干旄、考槃、南山、既醉四見。今兼入号。燠奧聲在此部。《詩》唐・無衣一見。今兼入号。奧奧聲在此部。《詩》小明一見。今兼入号。擾夒聲在此部。應劭音柔。《左傳》一見。今入小。臯臯聲在此部。《左傳》一見。今入豪。蹈舀聲在此部。《左傳》一見。今入號。竈鼀聲在此部。《論語》與奧韵，《周官經》大祝「二曰造」，故書作竈。今入号。巧丂聲在此部。屈賦一見。今入巧。嫂叜聲在此部。屈賦一見。今入晧。○牡牡聲在此部。《詩》還、伐木、信南山、雝、有駜五見。《左傳》襄四年與州道艸擾獸韵。今入厚。茂戊聲在此部。《詩》還、南山有臺、斯干、生民、良耜五見。今入候。戊戊聲在此部。《詩》吉日一見。今入候。○孚孚聲在此部。《詩》文王、下武二見。今入虞。罦孚聲在此部。《詩》兔爰一見。今入虞。務敄聲在此部。《詩》常棣一見。今入遇。髳髳聲在此部。《詩》小戎一見。《集韵》三燭內有此字，是也。今入遇。裕谷聲在此部。《易》一見。今入遇。○逵坴聲在此部。《詩》兔罝一見，王粲從軍行與愁丘由流舟游收憂疇休罶韻。古馗逵同字，讀若仇。鮑照蕪城賦「崢嶸古馗」，韻塗鼯狐趨雛膚，字讀如衢。後人誤以爲韻衰威飛依頹摧字，入脂韻。○顧氏以逵在脂韻爲本音，讀仇如其以合之，誤。簋簋聲在此部。《詩》權輿、伐木二見。今入旨。○戚尗聲在此部。《詩》小明一見，今入錫。迪由聲在此部。《詩》桑柔一見，陸雲王羊二公詩亦音軸。今入錫。覿賣聲在此部。《易》一見。今入錫。

古合韻

久本音在弟一部。《詩》三見，《易》二見，而臨象傳韻道，乾象傳韻道咎造首，大過象傳韻醜咎，離象傳韻咎道，凡四見。此古合韻也。聲音之道，随時變遷。孔子贊《易》時與《三百篇》音韻稍異，是以一久字，而同《詩》者二見，異《詩》者四見也。福本音在弟一部。烈文合韻保字。疚本音在弟一部。閔予小子合韻造考孝字。在本音在弟一部。屈賦天問合韻守字。稷本音在弟一部。生民合韻夙育字。○敖本音在弟二部。君子陽陽合韻陶翿字。髦本音在弟二部。角弓合韻浮流憂字。趙本音在弟二部。良耜與糾蓼朽茂合韻，攷工記鄭注引「其鎛斯捎」，則在本韻。紹本音在弟二部。抑與酒合韻。○揄本音在弟四部。生民合韻蹂叟浮字。《說文》引作或舀，則在本韻。趣本音在弟四部。棫樸合韻槱字。苟本音在弟四部。抑與讎報合韻。驅本音在弟四部。小戎合韻續轂馵玉曲字，張衡東京賦亦以驅燭屬爲韻。附本音在弟四部。角弓與木猷屬合韻。奏本音在弟四部。楚茨合韻祿字。垢本音在弟四部。桑柔合韻谷穀字。○恆本音在弟五部。民勞合韻休逑憂字。○軓本音在弟七部。匏有苦葉合韻牡字，讀如阜。《周官經》「立當前侯」，《說文》作前軓。集本音在弟七部。小旻合韻猶咎道字。讀如就。任本音在弟七部。屈賦橘頌合韻醜字。讀如蹂。○戎本音在弟九部。常棣合韻務字。龍本音在弟九部。屈賦天問合韻遊字。讀如罶。

弟四部陸韻平聲侯，上聲厚，去聲候

蔞駒周南・漢廣三章　姝隅躕邶・靜女一章　驅侯載驅一章[9]　殳驅衞・伯兮一章　濡侯渝鄭・羔裘一章　樞榆婁唐・山有樞一章　芻隅逅逅綢繆二章　駒株陳・株林一章　駒濡驅諏小雅・皇皇者華二章　隅趨縣蠻二章　渝驅大雅・板八章　隅愚抑一章　○以上平聲

笱後邶・谷風三章　咮媾曹・候人三章　豆(飫)具孺小雅・常棣六章　枸楰耇後南山有臺五章　餱具無羊二章　瘉後口口愈侮正月二章　笱後小弁八章　樹數口厚巧言五章

(裕)瘉角弓三章　駒後饇取五章　附後奏侮大雅・緜九

章　(褟)附侮皇矣八章　句鍭樹侮行葦六章　主醹斗耇七章　厚主卷阿二章　漏覯抑七章　後(鞏)後瞻卬七章　后後周頌・雝　后后商頌・元鳥　○以上上聲

古本音

咮朱聲在此部。《詩》候人一見。今兼入宥。　晝晝聲在此部。《易》一見。今入宥。　○蔞婁聲在此部。《詩》漢廣一見。今兼入虞。　駒句聲在此部。《詩》漢廣、株林、皇皇者華、角弓四見。今入虞。　姝朱聲在此部。《詩》靜女一見。今入虞。　隅禺聲在此部。《詩》靜女、綢繆、緜蠻、抑四見。今入虞。　躕廚聲在此部。《詩》載馳、伯兮、山有樞、皇皇者華、板五見。今入虞遇。　殳几聲在此部。《詩》伯兮一見。今入虞。　咮朱聲在此部。今又入虞。　濡需聲在此部。《詩》羔裘、皇皇者華二見。今入虞。　渝俞聲在此部。《詩》羔裘、板二見。今入虞。　樞區聲在此部。《詩》山有樞一見。今入虞。　榆俞聲在此部。《詩》山有樞一見。今入虞。　婁婁聲在此部。《詩》山有樞一見。今兼入虞。　愉俞聲在此部。《詩》山有樞一見。今入虞。　芻芻聲在此部。《詩》綢繆一見。今入虞。　株朱聲在此部。《詩》株林一見。今入虞。　諏取聲在此部。《詩》皇皇者華一見。今入虞。　趨芻聲在此部。《詩》緜蠻一見。今入虞。

愚愚聲在此部。《詩》抑一見。今入虞。　具具聲在此部。《詩》常棣、無羊二見。今入遇。無羊具與餱韵，《古韵標準》云與物韵，謬甚。　孺需聲在此部。《詩》常棣一見。今入遇。　枸句聲在此部。《詩》南山有臺一見。今入麌。　楰臾聲在此部。《詩》南山有臺一見。今入麌。　瘉俞聲在此部。《詩》正月、角弓二見。今入麌。　愈俞聲在此部。《詩》正月一見。今入麌。　侮侮聲在此部。《詩》正月、緜、皇矣、行葦四見。《左傳》一見。今入麌。　取取聲在此部。《詩》角弓一見，離騷一見。今兼入麌。　樹尌聲在此部。《詩》巧言、行葦二見。今入麌遇。　數婁聲在此部。《詩》巧言一見。今入麌遇。　附付聲在此部。《詩》緜、皇矣二見。今入遇。　句句聲在此部。《詩》行葦一見。今兼入虞遇。　主丶聲在此部。《詩》行葦、卷阿二見，《易》二見。今入麌。　醹需聲在此部。《詩》行葦一見。今入麌。　饇區聲在此部。《詩》角弓一見。今入遇。　揄俞聲在此部。《左傳》一見。今入虞。　儒需聲在此部。《左傳》一見。今入虞。　邾朱聲在此部。《左傳》一見。今入虞。　跦朱聲在此部。《左傳》一見。今入虞。　襦需聲在此部。《左傳》一見。今入虞。　僂婁聲在此部。《左傳》一見。今兼入麌。　傴區聲在此部。《左傳》一見。今入麌。　俯府聲在此部。《左傳》一見。今入麌。　鮒付聲在此部。《易》一見。今入遇。　誅朱聲在此部。《易》一見。今入虞。遇禺聲在此部。《易》一見。今入遇。鳧几聲在此部。屈賦卜居一見。今入虞。軀區聲在此部。卜居一見。今入虞。○漢人以弟四部入弟五部合用者，如田於何所之歌，以口後斗與所雨黍韵；日出東南隅之曲，以隅樓鉤襦頭愚躕姝趨須殊駒與敷鋤餘夫居韵。

古合韵

飫本音在弟二部。《詩》常棣合韵豆具孺字。○裕本音在弟三部。角弓合韵瘉字。○禡本音在弟五部。皇矣合韵附侮字。○翬本音在弟九部。瞻卬合韵後後字。讀若苟。

弟五部陸韵平聲魚虞模，上聲語麌姥，去聲遇御暮，入聲藥鐸

砠瘏痡吁周南・卷耳四章　華家桃夭一章　罝夫兔罝一章

二三章同　居御召南・鵲巢一章　露夜露行露一章　牙家三章　華車何彼襛矣一章　葭豝虞虞騶虞一、二章　故露邶・式微一章　邪且邪且狐烏車邪且北風一、二、三章

旟都鄘・干旄二章　瓜琚衛・木瓜一章　且且王・君子陽陽一、二章　蒲許揚之水三章　路袪惡故鄭・遵大路一章　車華琚都有女同車一章　蘇華都且山有扶蘇一章　闍荼荼且藘娛出其東門二章　著素華齊・著一章　圃瞿夜莫東方未明三章　洳莫度度路魏・汾沮洳一章　莫除居瞿唐・蟋蟀一章　袪居故羔裘一章　夜居葛生四章　渠餘輿輿秦・權輿一、二章　華家檜・隰有長楚二章　瓜壺苴樗夫邠・七月六章　据荼祖瘏家鴟鴞三章○從毛作祖，今本多作租。　胡膚狼跋一章　胡膚瑕二章　華夫小雅・皇皇者華一章　家帑圖乎常棣八章　固除庶天保一章　作莫家故居故采薇一章　華車四章　華塗居書出車四章　牙居祈父一章　樗故居家我行其野一章　除去芋斯干三章　魚旟無羊四章　徒夫十月之交四章　圖辜鋪雨無正一章　夫夜夕惡二章　都家七章　且辜幠巧言一章○《唐石經》作幠，誤。　幠辜同上　舍車盱何人斯五章　盧瓜菹信南山三章　蒲居魚藻三章　餘旟盱都人士五章　狐車何草不黃四章　徒家大雅・緜五章　瑕(入)思齊四章　椐柘路固皇矣二章　去呱訏路生民三章○此分章從朱　呼夜蕩五章　度虞抑五章　去故莫虞怒雲漢六章　祖屠壺魚蒲車且胥韓奕三章　居譽五章　車旟舒鋪江漢一章　惡斁夜譽周頌・振鷺　沮魚潛　鰕魚袪邪徂魯頌・駉四章○以上平聲

楚馬召南・漢廣二章⑩　筥釜采蘋二章⑪　下女三章　下處

殷其靁三章　渚與與處江有汜二章　茹據愬怒邶・柏舟二
章　羽野雨燕燕一章　土處顧日月一章　處馬下擊鼓三
章　下苦凱風三章　羽阻雄雉一章　雨怒谷風一章　處
與旄丘二章　舞處簡兮一章俁舞虎組二章　虛楚鄘・定之
方中二章　雨母蝃蝀二章　組五予干旄二章　楚甫王・揚
之水二章　滸父父顧葛藟一章　野馬馬武鄭・叔于田三章
馬組舞舉虎所女大叔于田一章　射御二章　楚女女
揚之水一章　鱮雨齊・敝笱二章　岵父魏・陟岵一章　鼠
黍女顧女土土所碩鼠一章鼠女女二章三章同　楚户
者者唐・綢繆三章　杜湑踽父杕杜一章　羽栩盬黍怙所
鴇羽一章　楚野處葛生一章　苦下與采苓二章　楚虎虎
禦秦・黃鳥三章　鼓下夏羽陳・宛丘二章　栩下東門之枌
一章　紵語東門之池二章　顧予墓門二章　馬野株林二章
羽楚處曹・蜉蝣一章　股羽野宇户下鼠户處豳・七月
五章　圃稼七章　雨土户予鴟鴞二章　野下東山一章
宇户二章　羽馬四章　渚所處九罭二章　馬盬處小雅・
四牡二章下栩盬父三章　許藇羜父顧伐木二章　湑酤鼓
舞暇湑三章　盬處采薇三章　杜盬杕杜一章二章同　湑

寫語處蓼蕭一章　茹穫六月四章　鼓旅采芑三章　午馬
麌所吉日二章　羽野寡鴻雁一章　野渚鶴鳴二章[12]　栩黍
處父黃鳥三章　祖堵户處語斯干二章　雨輔予正月十章[13]
馬處十月之交四章　土沮小旻一章　扈寡小宛五章　怒
沮巧言二章　者謀虎巷伯六章　雨女予谷風一章　夏暑
予四月一章　下土北山二章　土野暑苦雨罟小明一章除
莫庶暇顧怒二章　處與女四章　祖祜信南山四章　鼓
祖雨黍女甫田二章　湑寫寫處裳裳者華一章　扈羽胥祜
桑扈一章　譽射車舝二章　女舞三章　湑寫四章　楚旅
賓之初筵一章　鼓奏祖二章　語羖四章[14]　筥予予馬予
黼采菽一章　股下紓予三章　鱮者采綠四章　御旅處黍
苗三章　虎野暇何草不黃三章　尋祖大雅・文王五章　旅
野女大明七章　沮父緜一章〇從《漢書》、《水經注》作「漆沮」
父馬滸下女宇二章　怒旅旅祜下皇矣五章　許武祜下
武五章　御斝行葦三章　渚處湑脯下鳧鷖三章　野處旅
語公劉三章　怒豫板八章　宇怒處圉桑柔四章　沮所顧
助祖予雲漢四章　馬土崧高五章　下甫蒸民一章　若賦
二章　茹吐甫茹吐寡禦五章舉舉助補六章　土訏甫噳

虎韓奕五章　滸虎土江漢三章　(士)祖父(戎)常武一章　父
旅浦土處緒二章　武怒虎虜浦所四章　瞽虡羽鼓圉
(奏)舉周頌・有瞽　祜嘏載見　馬旅馬有客　女筥黍良耜
馬野者馬野者馬野者馬野者魯頌・駉一、二、三、四章
下舞有駜一章　武祖祜泮水四章　黍秬土緒閟宮一章
武緒野虞女旅父魯宇輔二章祖女三章嘏魯許宇八章
鼓祖商頌・那　祖祜所烈祖　武楚阻旅所緒楚殷武一、
二章○以上上聲
莫濩綌斁周南・葛覃二章　石席邶・柏舟三章　落若衛・
氓三章　蓆作鄭・緇衣三章　蘀伯蘀兮一章二章同　薄鞹
夕齊・載驅一章　碩獲秦・駟驖二章　澤戟作無衣二章
穫蘀貉豳・七月四章　駱若度小雅・皇皇者華四章　奕舄
繹車攻四章　澤作宅鴻雁三章　蘀石錯鶴鳴一章　藿夕
客白駒二章　閣橐斯干三章　惡懌節南山八章　作莫度
獲巧言四章　踖碩炙莫庶客錯度獲格作楚茨三章　碩
若大田一章　洛洛洛瞻彼洛矣一、二、三章　白駱駱若裳裳
者華三章　柏奕懌頍弁一章　炙酢瓠葉三章　赫莫獲度
廓宅大雅・皇矣一章　席酢行葦三章　炙臄咢四章　懌

莫板二章　格度射抑七章　作獲赫桑柔十四章　伯宅崧
高二章　碩伯八章　貊伯壑籍韓奕六章　(業)作常武三章
柞澤周頌・載芟　駱雒繹斁作魯頌・駉二章　博斁逆
獲泮水七章　繹宅貊諾若閟宮七章　柏度尺舄碩奕作
碩若九章　斁奕客懌㫺作夕恪商頌・那○以上入聲

古本音

莽莽聲在此部。屈賦二見。今入蕩。○戲虘聲在此部。屈賦遠游一見。今入支寘。綌谷聲在此部。《詩》葛覃一見。今入陌。斁睪聲在此部。《詩》葛覃、振鷺、駉、泮水、那五見。今入昔。石石聲在此部。《詩》柏舟、鶴鳴二見。今入昔。席庶聲在此部。《詩》柏舟、行葦二見。《禮記》三見。今入昔。蓆席聲在此部。《詩》緇衣一見。今入昔。夕夕聲在此部。《詩》載驅、白駒、雨無正、那四見。今入昔。碩石聲在此部。《詩》駟驖、楚茨、大田、崧高、閟宮六見，《禮記》一見。今入昔。獲蒦聲在此部。《詩》駟驖、巧言、楚茨、皇矣、桑柔、泮水六見。今入麥。澤睪聲在此部。《詩》三見，《禮記》一見。今入陌。戟戟字蓋在此部。《詩》無衣一見。今入陌。奕亦聲在此部。《詩》車攻、頍弁、閟宮、那四見。今入昔。舄舄聲在此部。《詩》車攻、閟宮二見。今

入昔。繹睪聲在此部。《詩》車攻、駉、閟宫三見。今入昔。宅乇聲在此部。《詩》鴻雁、皇矣、崧高、閟宫四見，《禮記》一見。今入陌。客各聲在此部。《詩》白駒、楚茨、抑三見。今入陌。懌睪聲在此部。《詩》節南山、頍弁、板、抑四見。今入昔。炙炙聲在此部。《詩》楚茨、瓠葉、行葦三見。今入昔。踖昔聲在此部。《詩》楚茨一見。今入昔。格各聲在此部。《詩》楚茨、抑二見。今入陌。白白聲在此部。《詩》裳裳者華一見。今入陌。柏白聲在此部。《詩》頍弁、閟宫二見。今入陌。赫赫聲在此部。《詩》皇矣、桑柔二見。今入陌。射射聲在此部。《詩》大叔于田、車舝、抑三見。今入昔。伯白聲在此部。《詩》崧高、韓奕三見。今入陌。貊百聲在此部。《詩》韓奕、閟宫二見。今入陌。籍耤聲在此部。《詩》韓奕一見。今入昔。柞乍聲在此部。《詩》載芟一見。今讀窄。逆屰聲在此部。《詩》泮水一見。今入陌。尺尺聲在此部。《詩》閟宫一見。今入昔。昔昔聲在此部。《詩》抑一見。今入昔。○韓愈諱辨以昔皙同音，不知昔本音䧿也。虩𡭴聲在此部。《易》二見。今入昔麥。啞亞聲在此部。《易》一見。今入陌。坼㡿聲在此部。《易》一見。今入陌。索索聲在此部。《易》一見，屈賦二見。今兼入陌。帛白聲在此部。《禮記》二見。今入陌。擇睪聲在此部。《左傳》一見。今入陌。釋睪聲在此部。屈賦二見。今入昔。蹠庶聲在此部。屈賦一見。

今入昔。○按，弟五部入聲與弟十六部入聲分用。漢人十九首中，青青陵上柏、磊磊澗中石一章，與明月皎夜光、促織鳴東壁一章可徵也。晉盧諶荅魏子悌用弟十六部十一字，而襍以腋昔字，陶淵明移居以宅夕席昔與役析韵，宋謝靈運南樓遲客詩以迫客夕與適隔擿析韵，謝惠連雪賦以錯索奕隙席白與積璧韵，謝莊月賦以斁與璧韵，梁江淹擬陶潛以陌夕隙與適役績益韵，此弟五部入聲入於弟十六部入聲之漸，而法言之所因也。○華𠌶聲在此部。《詩》桃夭、何彼襛矣、有女同車、山有扶蘇、著、萇楚、采薇、出車八見，《易》一見。今入麻。家豭聲在此部。《詩》桃夭、萇楚、鴟鴞、常棣、采薇、我行其野、雨無正、緜、行露九見，《左傳》三見。今入麻。牙牙聲在此部。《詩》祈父、行露二見。今入麻。車車聲在此部。《詩》何彼襛矣、北風、有女同車、采薇、何人斯、韓奕、江漢七見，《易》二見。今兼入麻。葭叚聲在此部。《詩》騶虞一見。今入麻。豝巴聲在此部。《詩》騶虞一見。今入麻。邪牙聲在此部。《詩》北風、駉四見。今入麻。瓜瓜聲在此部。《詩》木瓜、七月、信南山三見，《左傳》一見，今入麻。且且聲在此部。《詩》北風、山有扶蘇、出其東門、巧言、韓奕、有客八見。今兼入馬。罝且聲在此部。《詩》兔罝一見。今入麻。荼余聲在此部。《詩》出其東門、鴟鴞三見。今兼入麻。俗書減一畫。闍者聲在此部。《詩》出其東門一見。今兼入麻。舍舍聲在此部。《詩》何人斯一見，《易》一見，《禮記》一見。今入馬禡。騢叚聲在此部。

《詩》駟一見。今入麻。馬馬聲在此部。《詩》漢廣、擊鼓、叔于田、大叔于田、株林、東山、四牡、吉日、十月之交、采菽、緜、崧高、有客、駟十八見，《易》一見，《左傳》一見。今入馬。下下聲在此部。《詩》采蘋、殷其雷、擊鼓、凱風、采苓、宛丘、東門之枌、七月、東山、四牡、北山、采菽、緜、皇矣、鳧鷖、蒸民、有駜十七見，《易》十八見，今入馬。瑕叚聲在此部。《詩》狼跋一見，《左傳》一見。今入麻。塗涂聲在此部。《詩》出車一見。今兼入麻。若若聲在此部。《詩》七見。今兼入馬。霞叚聲在此部。屈賦一見。今入麻。野予聲在此部。《詩》燕燕、叔于田、葛生、株林、七月、東山、鴻雁、鶴鳴、小明、何草不黃、公劉、駟十五見，《左傳》一見。今入馬。者古文旅聲在此部。《詩》綢繆、巷伯、采綠、駟六見。今入馬。夏夏聲在此部。《詩》宛丘、四月二見。今入馬。暇叚聲在此部。《詩》伐木、小明、何草不黃三見。今入禡。寡寡聲在此部。《詩》鴻雁、蒸民、小宛三見，《易》一見。今入馬。嘏叚聲在此部。《詩》載見、閟宮二見。今入馬。寫舄聲在此部。《詩》蓼蕭、裳裳者華、車舝四見。今入馬。夜亦聲在此部。《詩》行露、東方未明、葛生、雨無正、蕩、振鷺六見。今入禡。炙炙聲在此部。今又入禡。射射聲在此部。今又入禡。柘石聲在此部。《詩》皇矣一見。今入禡。斝斝聲在此部。《詩》行葦一見。今入馬。稼家聲在此部。《詩》七月一見。今入禡。作乍聲在此部。

《詩》七見。今兼入箇。詐乍聲在此部。晉語一見。今入禡。假叚聲在此部。士冠禮一見。今入馬禡。啞亞聲在此部。今又入禡。○弟五部之字，漢晉宋人入於弟十七部合用，皆讀如歌戈韵之音，至梁陳閒，弟十七部音變析麻韵，而皆在麻韵矣。

古合韵

母本音在弟一部。《詩》蝃蝀以韵雨。此古合韵也。謀本音在弟一部。《詩》巷伯以合韵者虎字。士本音在弟一部。《詩》常武以合韵祖父戎字，《禮記》射義引《詩》以合韵舉處所射譽字。○奏本音在弟四部。《詩》賓之初筵以韵鼓祖，有瞽以韵瞽虡羽鼓圉舉。垢本音在弟四部。《左傳》宣十五年引諺合韵汙瑕字。○入本音在弟七部。《詩》思齊合韵瑕字。○業本音在弟八部。《詩》常武合韵作字。○戎本音在弟九部。《詩》常武合韵祖父字。○迎本音在弟十部。離騷合韵故字。讀如魚。廣本音在弟十部。樂記合韵旅鼓武雅語古下字。春秋寶乾圖：移河爲界在齊吕，填閼八流以自廣。

弟六部陸韵平聲蒸登，上聲拯等，去聲證嶝

薨繩周南・螽斯二章　掤弓鄭・大叔于田三章　來贈女曰雞鳴三章　薨夢憎齊・雞鳴三章　升朋唐・椒聊一章　膺弓縢興音秦・小戎三章　興陵增小雅・天保三章　恆升

崩承六章　陵朋菁菁者莪三章　陵懲興沔水三章　興夢斯干六章　蒸雄兢崩肱升無羊三章　蒸夢勝憎正月四章　陵懲夢雄五章　騰崩陵懲十月之交三章　兢冰小旻五章　兢冰小宛六章　弓繩采綠三章　陾薨登馮興勝大雅・緜六章　烝烝烝烝烝烝烝烝文王有聲一、二、三、四、五、六、七、八章　登升生民八章　繩承抑六章　崩騰朋陵魯頌・閟宮四章　乘縢弓綅增膺懲承五章　勝乘承商頌・元鳥〇以上平聲

古本音

弓弓聲在此部。《詩》大叔于田、小戎、采綠、閟宮四見，《左傳》一見，《考工記》一見。今入東。　夢夢聲在此部。《詩》雞鳴、斯干、正月四見。今入東送。　馮仌聲在此部。《詩》緜一見。今兼入東。　雄厷聲在此部。《詩》無羊、正月二見。《左傳》一見。今入東。

古合韻

陾本音在弟一部。《詩》緜六章以韵薨登馮興勝字，此古合韻。　來本音在弟一部。女曰雞鳴合韵贈字。讀如淩。〇凡古宮徵之爲無徵，得來之爲登來，耳孫之爲仍孫，《詩》之訓爲承也，上林賦箴持之音鍼懲，陸浤言《切韵》眙字之入四十七證，皆弟一部弟六部關通之義。　〇音本音在弟七部。　小戎合韵膺弓縢興字。　綅本音在弟七部。　閟宮合韵崩騰朋陵乘縢弓增膺懲承字。〇凡古曾之爲譖，興之爲廞，堋之爲窆，朋之爲鳳，戴勝亦爲戴鵀，仍叔亦爲任叔，皆弟六部弟七部關通之義。　〇文、言本音在弟十三部、弟十四部。　屈賦天問以韵勝陵字。

緝葉怗

弟七部陸韵平聲侵鹽添，上聲寑琰忝，去聲沁豔㮇，入聲

覃覃周南・葛覃一、二章　林心兔罝三章　三今召南・摽梅二章　風心邶・綠衣四章　音南心燕燕三章　南心凱風一章　音心四章　音心雄雉二章　風心谷風一章　甚耽衛・氓三章　衿心音鄭・子衿一章　風林欽秦・晨風一章　林南林南陳・株林一章　鬵音檜・匪風三章　芩琴琴湛心小雅・鹿鳴三章　駸諗四牡五章　琴湛常棣七章　音心白駒四章　簟寢斯干六章　風南心何人斯四章　錦甚巷伯一章　欽琴音南僭鼓鐘四章　琴心車舝五章　林湛賓之初筵二章　煁心白華四章　林興心大雅・大明七章　音男思齊一章　心音皇矣四章　林林生民三章　歆今八章　南音卷阿一章　僭心抑九章　風心桑柔六章　林譖九章　風心蒸民八章　深今瞻卬七章　玷貶召旻三章　心南魯頌・泮水六章　林黮音琛金八章〇以上平聲

揖蟄周南·螽斯三章　及泣邶·燕燕二章　溼泣泣及王·中谷有蓷三章　合軜邑秦·小戎二章　隰及小雅·皇皇者華一章　合翕常棣七章　濈溼無羊一章　集合大雅·大明四章　楫及棫樸三章　輯洽板二章〇以上入聲

古本音

覃鹹聲在此部。今入覃。三三聲在此部。《詩》摽梅一見。今入談。南羊聲在此部。《詩》燕燕、凱風、株林、何人斯、鼓鐘、卷阿、泮水八見。今入覃。湛甚聲在此部。《詩》鹿鳴、常棣、賓之初筵三見。今入覃。男男聲在此部。《詩》思齊一見，《史記》「二百里任國」，即「二百里男邦」。今入覃。黮甚聲在此部。《詩》泮水一見。今入感。合合聲在此部。《詩》小戎、常棣、大明三見。今入合。洽合聲在此部。《詩》板一見。今入洽。〇風凡聲在此部。《詩》緑衣、晨風、何人斯、蒸民、谷風、桑柔六見。今入東。

古合韻

興本音在弟六部。大明以韻林心字。〇耽本音在弟八部。《詩》氓假借作媅樂字。〇軜本音蓋在弟十五部。《詩》小戎以韻合邑字。

弟八部陸韻平聲覃談咸銜嚴凡，上聲感敢琰檻儼范，去聲勘闞陷鑑釅梵，入聲合盇洽狎業之

檻菼敢王·大車一章　萏儼枕陳·澤陂三章　巖瞻惔談斬監小雅·節南山一章　涵讒巧言二章　甘餤三章　藍襜詹采緑二章　巖詹魯頌·閟宮六章　監嚴濫遑商頌·殷武四章〇以上平聲

葉涉邶·匏有苦葉一章　葉韘韘甲衛·芄蘭二章　業捷小雅·采薇四章　業捷及大雅·蒸民七章　葉業商頌·長發七章〇以上入聲

古本音

枕冘聲在此部。《詩》澤陂一見，《易》一見。今入寑。瞻詹聲在此部。《詩》節南山一見。今入鹽。襜詹聲在此部。《詩》采緑一見。今入鹽。詹詹聲在此部。《詩》采緑一見。今入鹽。葉枼聲在此部。《詩》匏有苦葉、芄蘭、長發三見。今入葉。涉涉聲在此部。《詩》匏有苦葉一見。今入怗。捷疌聲在此部。《詩》采薇、蒸民二見。今入葉。接妾聲在此部。《易》一見，屈賦二見，今入葉。韘枼聲在此部。《詩》芄蘭二見。今入怗。

古合韻

及本音在弟七部。《詩》蒸民合韻業捷字。〇遑本音在弟十部。《詩》殷武合韻監嚴濫字，又桑柔以瞻韻相，天問以嚴韻亡饗長，

《急就章》以談韵陽桑讓莊，皆弟八部弟十部合韵也。

弟九部 陸韵平聲東冬鍾江，上聲董腫講，去聲送宋用絳

中宮召南·采蘩二章 僮公三章 蟲螽忡降草蟲一章 墉訟訟從行露三章 縫總公羔羊三章 東公同小星一章 襛雝何彼襛矣一章 蓬豵騶虞二章 仲宋忡邶·擊鼓二章 躳中式微二章 戎東同旄丘三章 中宮中宮鄘·桑中一、二章 葑東庸中宮三章 中宮定之方中一章 東蓬容衛·伯兮二章 罿庸凶聰王·兔爰三章 控送鄭·大叔于田二章 松龍充童山有扶蘇二章 丰巷送丰一章 雙庸庸從齊·南山二章 葑東從唐·采苓三章 中（驂）秦·小戎二章 同功豵公豳·七月四章 同功七章 沖（陰）八章 東濛東濛東濛東濛東山一、二、三、四章 蟲螽忡降仲戎小雅·出車五章 濃沖雝同蓼蕭四章 （顒）公六月三章 攻同龐東車攻一章 （調）同五章 同從吉日二章 聰饔祈父三章 傭訩節南山六章 誦訩邦十章 從用邛小旻一章 共邛巧言三章 東空大東二章 雝重無將大車三章 同邦瞻彼洛矣三章 同功賓之初筵一章 蓬邦同從采菽四章 中降大雅·旱麓二章 公恫邦思齊二章 恭邦共皇矣五章 衝庸七章 樅鏞鐘廱靈臺四章 鐘廱逢公五章 功崇豐文王有聲二章 廱東六章 幪唪生民四章 融終既醉三章 潨宗

宗降崇鳧鷖四章 （飲）宗公劉四章 （諶）終蕩一章 蟲宮宗（臨）躳雲漢二章 邦功崧高二章 邦庸三章 同功常武六章 訌共邦召旻二章 中（弘）躳[15]六章 邦崇功（皇）周頌·烈文 工公臣工 雝容振鷺 雝公雝 訩功魯頌·泮水六章 公東庸閟宮三章 蒙東邦同從功六章 共厖龍勇動竦總商頌·長發五章〇以上平聲

古本音

降巷雙邦龐厖字，今韵析爲江絳韵，即弟九部轉入弟十部之音也。

古合韵

調本音在弟三部。讀如稠。車攻以韵同字，屈原離騷以韵同字，東方朔七諫以韵同字，皆讀如重。此古合韵也。潘岳藉田賦以茅韵農，東晳勸農賦以曹韵農。《韓詩》「橫由其畮」，《毛詩》作「橫從」。《毛詩》狃聲之狃，《漢書》作嶩。《史記》衞青傳「大當户銅離」，徐廣曰：「一作稠離。」汝南鮦陽之鮦，見腫韵，亦見有韵。皆弟三部、弟九部關通之義。江氏謂車攻調同非韵，離騷七諫爲古人相效之誤，其説似是而非。〇顒本音在弟四部。郭璞《山海經注》亦音娛也。六月合韵公字。〇弘[16]本音在弟六部。《詩》召旻合韵中躳字。應本音在弟六部。《易》蒙彖傳以韵中中蒙功字，比彖傳韵從中窮字，恆彖傳韵動字，未濟彖傳韵中終字。騰

本音在弟六部。《禮記》月令孟春以韵降同動字，孟冬以韵降通冬字。○駗本音在弟七部。《詩》小戎合韵中字。陰本音在弟七部。《詩》七月合韵沖字。飲本音在弟七部。《詩》公劉合韵宗字。諶本音在弟七部。《詩》蕩合韵終字。臨本音在弟七部。《詩》雲漢合韵蟲宮宗躳字。禽本音在弟七部。《易》屯象傳以韵窮字，比象傳以韵中中終字，恆象傳以韵中容終凶功字。深本音在弟七部。《易》恆象傳以韵中容終凶功字。心本音在弟七部。《易》艮象傳合韵躳㊣終字。○皇本音在弟十部。《詩》烈文合韵邦崇功字。○正本音在弟十一部。《易》豫象傳合韵凶字，艮象傳合韵躳終字。

弟十部陸韵平聲陽唐，上聲養蕩，去聲漾宕

筐行周南・卷耳一章　岡黄觥傷三章　荒將樛木二章　廣泳永方廣泳永方廣泳永方漢廣一、二、三章　方將召南・鵲巢二章　陽遑殷其靁一章　裳亡邶・緑衣一章⑰　頏將燕燕二章　方良忘日月三章　鏜兵行擊鼓一章　行臧雄雉四章　涼雱行北風一章　景養二子乘舟一章　襄詳詳長鄘・牆有茨二章　唐鄉姜桑中一章　上上上一、二、三章　彊良兄鶉之奔奔一章　堂京桑臧定之方中二章　蝱行狂載馳三章○此分章從朱　湯裳爽行衛・氓四章　廣杭望河廣一章　梁裳有狐一章　陽簧房王・君子陽陽一章　牆桑兄鄭・將仲子二章　黄襄行揚大叔于田二章　彭旁英翔清人一章　行英翔將姜忘有女同車二章　狂狂褰裳一、二章　昌堂將丰二章　裳行三章　瀼揚臧野有蔓草二章　明昌明光齊・鷄鳴二章　昌陽狼臧還三章　堂黄英著三章　明裳東方未明一章　兩蕩南山二章　湯彭蕩翔載驅三章　昌長揚揚蹌臧猗嗟一章　霜裳魏・葛屨一章　方桑英英行汾沮洳二章　岡兄陟岵三章　堂康荒唐・蟋蟀一章，二、三章同　行桑梁嘗常鴇羽三章　桑楊簧亡秦・車鄰三章　蒼霜方長央蒹葭一章　堂裳將忘終南二章　桑行行防黄鳥三章　裳兵行無衣三章　陽黄渭陽一章　湯上望陳・宛丘一章　魴姜衡門二章　楊牂煌東門之楊一章　翔堂傷檜・羔裘二章　稂京曹・下泉一章　陽庚筐行桑豳・七月二章　桑斨揚桑三章　黄揚裳同上　霜場饗羊堂觥疆八章　場行東山二章　斨皇將破斧一章　魴裳九罭一章　簧將行小雅・鹿鳴一章　享嘗王疆天保四章　剛陽采薇三章　方彭央方襄出車三章　陽傷遑杕杜一章　桑楊光疆南山有臺二章　瀼光爽忘蓼蕭二章　藏貺饗彤弓一章　方

陽章央行六月四章　鄉央衡瑲皇珩采芑二章　央光將庭燎一章　湯揚行忘沔水二章　桑粱明兄黃鳥二章　祥祥斯干七章牀裳璋喤皇王八章　霜傷將京痒正月一章　行良常臧十月之交二章　向藏王向六章　盟長巧言三章　霜行大東二章　漿長光襄五章襄章箱明庚行六章揚漿七章　彭旁將剛方北山三章牀行四章仰掌五章　將湯傷忘鼓鐘一章　蹌羊嘗亨將祊明皇饗慶疆楚茨二章　將慶六章　享明皇疆信南山六章　明羊方臧慶甫田二章　粱京倉箱粱慶疆四章　泱泱泱瞻彼洛矣一、二、三章　黃章章慶裳裳者華二章　上怲臧頍弁一章　仰行車舝五章　抗張賓之初筵一章　良方讓忘角弓四章　黃章望都人士一章　藏忘隰桑四章　粱良白華七章　享嘗瓠葉一章　黃傷苕華一章　黃行將方何草不黃一章　常京大雅・文王五章　上王方大明一章商京行王二章　梁光五章　王京行王商六章洋煌彭揚王商明八章　伉將行緜七章　王璋棫樸二章　章相王方五章　兄慶光喪方皇矣三章　京疆岡六章　陽將方王同上　王方七章○「同爾兄弟」，《後漢書》伏湛傳作「弟兄」入韵。　王京下武一章　王京文王有聲七章　將明既醉二章　皇王忘章假樂二章　疆綱三章　康疆倉糧囊光張揚行公劉一章岡京三章長岡陽五章糧陽荒同上　長康常卷阿四章卬璋望綱六章岡陽九章　康方良明王民勞一章　明王板八章　商商商商商商商蕩二、三、四、五、六、七、八章　明卿四章　螗羹喪行方六章　尚亡抑四章　章兵方同上　將往競梗桑柔三章　王痒荒蒼七章　瞻相臧腸狂八章　疆粻行崧高六章　將明烝民四章　彭鏘方七章　張王章衡鍚韓奕二章彭鏘光四章　湯洸方王江漢二章　祥亡瞻卬五章　罔亡罔亡六章　喪亡荒召旻一章　荒康行周頌・天作　方王饗我將　王康皇康方明喤將穰執競　王章陽央鶬光享載見　王忘閔予小子　將明行敬之　香光載芟　皇黃彭疆臧魯頌・駉一章　黃明有駜一章　皇揚泮水六章　王陽商閟宮二章　嘗衡剛將羹房洋慶昌臧方常四章　嘗將商頌・那　疆衡鶬享將康穰享疆嘗將烈祖　商芒湯方元鳥　商祥芒方疆長將商長發一章　衡王七章　鄉湯羌享王常殷武二章○以上平聲

古本音

行行聲在此部。《詩》卷耳、擊鼓、雄雉、北風、載馳、氓、大叔于田、有女同車、丰、汾沮洳、鴇羽、秦・黄鳥、秦・無衣、七月、東山、鹿鳴、六月、沔彼流水、十月之交、大東、北山、車舝、何草不黄、大明、緜、公劉、蕩、崧高、天作、敬之三十二見,《易》四十六見。今兼入庚映。　觵觵从角,黄聲,俗从光,黄聲⑱。光聲在此部。《詩》卷耳七月二見。今入庚。　泳永聲在此部。《詩》漢廣三見。今入映。　永永聲在此部。《詩》漢廣三見,《夏小正》「時有養日」、「時有養夜」,即「永日」、「永夜」,同音假借也。今入梗。　兵兵聲在此部。《詩》擊鼓、秦・無衣、抑三見,《左傳》一見。今入庚。　景京聲在此部。《詩》二子乘舟一見。今入梗。　兄兄聲在此部。《詩》鶉之奔奔、將仲子、陟岵,小雅・黄鳥、皇矣五見。今入庚。　京京聲在此部。《詩》定之方中、下泉、正月、甫田、文王、大明、皇矣、下武、文王有聲、公劉十一見,《左傳》一見。今入庚。　蝱亡聲在此部。《詩》載馳一見。今入庚。　彭彭字在此部。《詩》清人、載驅、出車、北山、大明、烝民、韓奕、駉八見。今入庚。　英央聲在此部。《詩》清人、有女同車、著、汾沮洳五見,屈賦四見。今入庚。　明明聲在此部。《詩》雞鳴、東方未明、小雅・黄鳥、大東、楚茨、信南山、甫田、大明、既醉、民勞、板、蕩、烝民、執競、敬之、有駜十六見,《書》一見,《易》十五見。今入庚。　庚庚聲在此部。《詩》七月、大東二見。今入庚。　衡行聲在此部。《詩》采芑、韓奕、閟宫、烈祖、長發五見。今入庚。　珩行聲在此部。《詩》采芑一見。今入庚。　喤皇聲在此部。《詩》斯干、執競二見。今入庚。　盟明聲在此部。《詩》巧言一見。今入庚。　亨亯聲在此部。《詩》楚茨、瓠葉二見。古亨通亯孰、亯獻同字,皆在此部。今兼入庚。　祊鬃从示,彭聲。或从方聲。彭聲、方聲在此部。《詩》楚茨一見。今入庚。　慶慶聲在此部。《詩》楚茨、甫田、裳裳者華、皇矣、閟宫七見,《易》十二見,士冠禮二見。漢人始有讀入十一部者,如「彰皇德兮,侔周成永延長兮,膺天慶」之類,然尚讀平聲,後此又讀去聲,入映矣。　怲丙聲在此部。《詩》頍弁一見。今入映。　卿皀聲在此部。《詩》蕩一見,《左傳》一見。今入庚。　羹羹聲在此部。《詩》蕩、閟宫二見。漢人《急就篇》與杭薑醬香藏霜餳糧韵。今入庚。　競競聲在此部。《詩》桑柔一見,《左傳》一見。今入映。　梗更聲在此部。《詩》桑柔一見。今入梗。　病丙聲在此部。《左傳》一見,《老子》「得與亡孰病」,亡、病爲韵。今入映。　堂尚聲在此部。《攷工記》一見。今兼入庚。

古合韵

懲本音在弟六部。離騷以合韵常字。　○瞻本音在弟八部。《詩》桑柔合韵相臧狂字。　嚴本音在弟八部。天問合韵亡饗長字。　○降本音在弟九部。九歌東君合韵裳狼漿翔行字。　○古人以弟九部入弟十部用者，如《老子》「五音令人耳聾」，聾讀如郎，合韻盲爽狂字。其合用最多者，如東方朔七諫沈江章，用弟十部二十四字，而以弟九部龍同降功公蒙江聰縱蓬凶容重東壟十五字合韻。莊忌哀時命用弟十部二十字，而以弟九部桐通容忠容凶宮窮匈幪十字合韻。

弟十一部陸韻平聲庚耕清青，上聲梗耿靜迥，去聲映諍勁徑

縈成周南・樛木一章⑲　丁城兔罝一章　定姓麟之趾二章　盈成召南・鵲巢三章　星征小星一章二章同　盈鳴邶・匏有苦葉二章　盈鳴同上　旌城鄘・干旄三章　青瑩星衛・淇奧二章　清盈鄭・溱洧二章　鳴盈鳴聲齊・雞鳴一章　庭青瑩著二章　名清成正甥猗嗟二章　菁睘姓唐・杕杜二章　鳴苹笙小雅・鹿鳴一章　平寧生常棣五章　丁嚶伐木一章　鳴聲聲生聽平同上　定聘采薇二章　鳴旌驚盈車攻七章　征聲成八章　庭楹正冥寧斯干五章　定生寧酲成政姓節南山六章　領騁七章　平寧正九章　程經聽爭成小旻四章　令鳴征生小宛四章　冥熲無將大車二章　領屏桑扈二章　營成黍苗四章　平清成寧五章　青生苕華二章⑳　生楨寧大雅・文王三章　成生緜九章　屏平皇矣二章　營成靈臺一章　聲聲寧成文王有聲一章　正成七章　靈寧生民二章　涇寧清馨成鳧鷖一章　鳴生卷阿九章　屏寧城板七章　刑聽傾蕩七章　政刑抑三章　盈成十章　牲聽雲漢一章　星嬴成正寧八章　營城成崧高四章　平定爭寧江漢二章　霆驚常武三章　平庭六章　城城瞻卬三章　成禎周頌・維清　庭聲鳴聽成有瞽　庭敬閔予小子　馨寧載芟　盈寧良耜　成聲平聲聲商頌・那　成平爭烈祖　聲靈寧生殷武五章○以上平聲

古本音

平平聲在此部。《詩》八見。今兼入先。

古合韻

極本音在弟一部。《易》未濟象傳合韻正字。○金本音在弟七部。周語引諺合韻城字。○中本音在弟九部。訟象傳合韻成正字。○亯本音在弟十部。萃象傳合韻正命字，乾文言傳合韻情字。○令本音在弟十二部。《詩》小宛以韻鳴征生，《左傳》所引逸詩以韻挺扃定，士冠禮亦以「以歲之正，以月之令」爲韻。此古合韻也。　領本音在弟十二部。《詩》節南山合韻騁字，桑扈合韻屏字。

天命淵賢信民人賓本音皆在弟十二部。《易》彖象傳合韻形成貞寧生正平精情字。○睘本音在弟十四部。《詩》杕杜合韻菁姓字，一作「煢煢」，則在本韻。

弟十二部陸韵平聲真臻先，上聲軫銑，去聲震霰，入聲質櫛屑

蓁人周南・桃夭三章　麟麟麟麟之趾一、二、三章　蘋濱召南・采蘋一章　淵身人邶・燕燕四章　洵信擊鼓五章　薪人凱風二章　榛苓人人人簡兮四章　天人天人鄘・柏舟一、二章　零人田人淵千定之方中三章　人姻信命蝃蝀三章　天人天人天人王・黍離一二三章　薪申揚之水一章　田人人仁鄭・叔于田一章　溱人褰裳一章　薪人信揚之水二章　顛令齊・東方未明二章　田人甫田一章二章同　令仁盧令一章　鄰命人唐・揚之水二章　薪天人人綢繆一章　苓顛信采苓一章○顛俗作巔　鄰顛令秦・車鄰一章　天人身天人身天人身黃鳥一、二、三章　榛人人年曹・鳲鳩四章　薪年豳・東山三章　駰均詢小雅・皇皇者華五章　田千采芑一章二章同　天千三章　淵闐同上　天淵鶴鳴二章　年溱無羊四章　親信節南山四章　電令十月之交三章　天人七章　天信臻身天雨無正三章　天人人小宛一章　陳人人天㉑何人斯三章　翩人信巷伯三章天人人五章　薪人大東三章　薪人同上　天淵四月七章　濱臣均賢北山二章　塵(疷)無將大車一章○一作疷，無此字。宋劉彝臆改疷，以韵塵，亦無此字。攷《唐石經》正作疷，與小雅白華疷字皆甚明畫。顧亭林從劉説謂石經乃從諱民減畫之例，非也。　盡引楚茨六章　甸田信南山一章　賓年三章　田千陳人年甫田一章　(岡)薪車舝四章　榛人青蠅三章　命申采菽三章　天臻矜菀柳三章　田人白華三章　薪人四章　玄矜民㉒何草不黃二章　天新大雅・文王一章　(躳)天七章　天莘大明六章　天人棫樸四章　天淵人旱麓三章　民(嫄)生民一章　堅鈞均賢行葦五章　壼年胤㉓既醉六章　人天命申假樂一章　天人命人卷阿八章　旬民填天矜桑柔一章　翩泯燼頻二章　天人臻雲漢一章　天神申崧高一章　田人三章　身人烝民四章　甸命韓奕一章　(卣)人田命命年江漢五章　田人瞻卬二章　天人三章　晉引頻召旻五章六章　人(訓)(刑)周頌・烈文　人天雝○以上平聲

實室周南・桃夭二章　袺襭芣苢三章　七吉召南・摽有梅一章　曀曀疐邶・終風三章○從毛作疐　(葛)節日旄丘一章　日室栗漆瑟鄘・定之方中一章　日疾衛・伯兮三章　實噎王・黍離三章　室穴日大車三章　栗室即鄭・東門之墠二章　日室室即齊・東方之日一章　漆栗瑟日室唐・山有樞三章　七吉無衣一章　日室葛生五章　漆栗瑟耋秦・車鄰二

章　穴慄穴慄穴慄黃鳥一、二、三章　韠結一檜・素冠三章　實室隰有長楚三章　七一一結曹・鳲鳩一章　◯子室幽・鴟鴞一章　實室東山二章　垤室窒至三章　實日小雅・杕杜一章至恤四章　徹逸十月之交八章　血疾室雨無正七章　恤至蓼莪三章　珌室瞻彼洛矣二章　設逸賓之初筵一章抑怭秩三章　實吉結都人士三章　瓞◯生大雅・緜一章　穴室同上　◯淢匹文王有聲三章　栗室生民五章　抑秩匹假樂三章　密即公劉六章　毖恤◯熱桑柔五章　挃栗櫛室周頌・良耜◯以上入聲

古本音

即即聲在此部。《詩》東門之墠、東方之日、公劉三見，《易》一見。今入職。　抑抑聲在此部。《詩》賓之初筵、假樂二見，屈賦一見。今入職。　洫血聲在此部。《韓詩》「築城伊洫」與匹韵。今入職。　◯矜矜字在此部。《詩》菀柳、何草不黃、桑柔三見。漢韋元成戒子孫詩韵心，則入侵韵。晉張華女史箴韵興。潘岳哀永逝文韵興承升，始入烝韵。　◯苓令聲在此部。《詩》簡兮采苓二見，自漢枚乘七發韵鶬鸎鳴，揚雄反離騷韵榮，今韵乃專入青矣。　零令聲在此部。《詩》定之方中一見。今入青。　令令聲在此部。《詩》東方未明、盧令、車鄰、十月之交四見。今入青。　命命聲在此部。《詩》蝃蝀、唐・揚之水、采菽、假樂、卷阿、韓奕、江漢六見。今入映。　佞佞聲在此部。晉語一見。《左傳》「佞夫」，《公羊》作「年夫」，今入徑。　壼壼聲在此部。《詩》既醉一見。今兼入混。◯翩扁聲在此部。《詩》巷伯、桑柔二見，《易》一見。今入仙。　偏扁聲在此部。今入仙。　◯至至聲在此部。《詩》東山、杕杜、蓼莪三見。今入至。　◯杕杜四章，來疚弟一部平聲，至恤弟十二部入聲，偕◯近邇弟十五部上聲，凡用三韵。蓼莪三章矣恥久恃弟一部上聲，恤至弟十二部入聲，凡用二韵。顧氏皆合爲一韵，不能分別。　恤血聲在此部。《詩》杕杜、蓼莪、桑柔三見。今入術。　設設聲在此部。《詩》賓之初筵一見。今入薛。　徹徹聲在此部。《詩》十月之交與逸韵。今入薛。　毖必聲在此部。《詩》桑柔與恤韵。今入至。　替替聲在此部。《詩》召旻與引頻韵，屈賦懷沙與抑韵，《莊子》則陽篇「與世偕行而不替」與「所行之備而不洫」韵，其字平讀如親而近汀，入讀如七而近鐵也。張衡東京賦韵結節◯諦秩，潘岳西征賦韵結節閉，未違古音。十六屑内僣字以替諧聲，今入霽。　◯召旻替與引頻爲韵，不連粺爲韵，懷沙默鞫弟一、弟三部合韵，抑替弟十二部入聲，鄙改弟一部上聲。非默鞫抑一韵，替鄙改一韵也。　噎壹聲在此部。《詩》終風二見。今入霽。　疐疐聲在此部。《詩》終風一見。今入霽。

古合韵

子本音在弟一部。《詩》鴟鴞合韵室字。　淢本音在弟一部。

《詩》下武合韵匹字。《韓詩》作「築城伊洫」，則在本韵矣。〇卣本音在弟三部。《詩》江漢合韵人田命年字。〇躬本音在弟九部。《詩》文王合韵天字。〇岡本音在弟十部。《詩》車舝合韵薪字。　明本音在弟十部。屈賦惜誦合韵身字。〇刑本音在弟十一部。《詩》烈文合韵人訓字。　生本音在弟十一部。《詩》緜合韵瓞字。讀如瑟。　正本音在弟十一部。《易》姤象傳合韵牽賓牽民命各字。　平本音在弟十一部。《書》洪範「王道平平」，合韵偏字。　倩本音在弟十一部。《論語》引《詩》合韵盼絢字。　名本音在弟十一部。離騷合韵均字，哀郢合韵天字。　程本音在弟十一部。屈賦懷沙合韵匹字。〇艱本音在弟十三部。離騷合韵替字，學者多不得其韵矣。　盼本音在弟十三部。《論語》引《詩》合韵倩絢字。〇熱本音在弟十五部。《詩》桑柔合韵毖恤字。　葛本音在十五部。《詩》旄丘合韵節日字。〇疷本音在弟十六部。《詩》無將大車合韵塵字。

弟十三部

陸韵平聲諄文欣魂痕，上聲準吻隱混很，去聲稕問焮慁恨

詵孫振 周南・螽斯一章　麕春 召南・野有死麕一章　緍孫 何彼襛矣三章　門殷貧艱 邶・北門一章　洒浼殄 新臺二章　奔君 鄘・鶉之奔奔二章　倩盼 衛・碩人二章　隕貧 氓四章　漘昆昆聞 王・葛藟三章　啍璊奔 大車二章　順問 鄭・女曰雞鳴三章　門雲雲存巾員 出其東門一章　鰥雲 齊・敝笱一章　輪漘淪囷鶉飧 魏・伐檀三章　羣錞苑 秦・小戎三章　勤閔 豳・鴟鴞一章　晨煇旂 小雅・庭燎三章　羣犉 無羊一章　鄰云慇 正月十二章　先墐忍隕 小弁六章　艱門云 何人斯一章　雲雰 信南山二章　芹旂 采菽二章　慍問 大雅・緜八章　亹熏欣芬艱 鳧鷖五章　訓順 抑二章　慇辰東痻 桑柔四章　川焚熏聞遯 雲漢五章　雲門 韓奕四章　典禋 周頌・維清　耘畛 載芟　芹旂 魯頌・泮水一章〇以上平聲

古本音

詵先聲在此部。《詩》螽斯一見。今入臻。　振辰聲在此部。《詩》螽斯一見。今入真。　麕困聲在此部。《詩》野有死麕一見。今入真。　緍昏聲在此部。《詩》何彼襛矣一見。今入真。　痻昏聲在此部。《詩》桑柔一見。今入真。　貧分聲在此部。《詩》北門、氓二見。今入真。　巾巾聲蓋在此部。《詩》出其東門一見。今入真。　困困聲在此部。《詩》伐檀一見。今入真。　晨辰聲在此部。《詩》庭燎一見。今入真。　辰辰聲在此部。《詩》桑柔一見，《左傳》一見。今入真。　先先聲在此部。《詩》小弁一見，屈賦二見。今入先。　墐堇聲在此部。《詩》小弁一見。今入

真。忍刃聲在此部。《詩》小弁一見。今入軫。眕㐱聲在此部。《詩》載芟一見。今入軫。殄㐱聲在此部。《詩》新臺一見。今入銑。禋垔聲在此部。《詩》維清一見。今入真。典典聲在此部。《詩》維清一見，《儀禮》古文腆爲殄。今入銑。閔文聲在此部。《詩》鴟鴞一見。今入軫。○艱艮聲在此部。《詩》北門、何人斯、鳧鷖三見。今入山。殷月聲在此部。《詩》北門一見。今兼入山。員員聲在此部。《詩》出其東門一見。今兼入仙。川川聲在此部。《詩》雲漢一見。今入仙。鰥鰥字在此部。《詩》敝笱一見。今入山。盼分聲在此部。《詩》碩人一見。今入襇。○煇軍聲在此部。《詩》庭燎一見。今入微。旂斤聲在此部。《詩》庭燎、采菽、泮水三見，《左傳》一見。今入微。亹亹聲在此部。《詩》鳧鷖一見。今兼入尾。錞享聲在此部。《詩》小戎一見。今兼入隊。浼免聲在此部。《詩》新臺一見。今入賄。西西聲在此部。《禮記》與巡韻，劉向九歎與紛韻，漢魏晉人多讀如下平一先之音。今入齊。賁賁聲在此部。《左傳》一見，今兼入微。洒西聲在此部。《詩》新臺一見，顏師古東方朔傳注音信。今入薺。○洒今又入卦。

古合韻

冰本音在弟六部。屈賦合韻門字。○東本音在弟九部。《詩》桑柔合韻慇辰痻字。○炳本音在弟十部。《易》革象傳合韻蔚君字。讀如份。○倩本音在弟十一部。《詩》碩人合韻盼字。○鄰本音在弟十二部。《詩》正月合韻云慇字。○苑本音在弟十四部。《詩》小戎合韻羣錞字。○蔚本音在弟十五部。《易》革象傳合韻炳君字。讀如氳。

弟十四部陸韻平聲元寒桓刪山仙，上聲阮旱緩潸產獮，去聲願翰換諫襇線

轉卷選邶·柏舟三章　鴈旦泮匏有苦葉三章　干言泉水三章　泉歎四章　孌管靜女二章　展袢顏媛鄘·君子偕老三章　反遠載馳二章　僩咺諼僩咺諼衞·淇奧一二章　澗寬言諼考槃一章　垣關漣關言言遷氓二章　怨岸泮宴晏旦反六章　乾歎歎難王·中谷有蓷一章　館粲館粲館粲鄭·緇衣一、二、三章　園檀言將仲子三章　慢罕大叔于田三章　晏粲彥羔裘三章　旦爛鴈女曰雞鳴一章　言餐狡童一章　壇阪遠東門之壇一章○壇作墠者誤　漙婉願野有蔓草一章　渙蕑觀觀觀觀溱洧一、二章　還閒肩儇齊·還一章　孌丱見弁甫田三章　環鬈盧令二章　孌婉選貫反亂猗嗟三章　閒閑還魏·十畝之閒一章　檀干漣廛貆餐伐檀一章　粲爛旦唐·葛生三章　旃然言焉旃然言焉旃然言焉采苓一、二、三章　園閑秦·駟驖三章　菅言陳·東門之池三章　蕑卷悁澤陂二章　冠欒慱檜·素冠一章　泉

歎曹・下泉一章，二、三章同　山山山山豳・東山一、二、三、四章　遠踐伐柯二章　原難歎小雅・常棣三章　阪衍踐遠衍伐木三章　嘽痯遠杕杜三章　汕衍南有嘉魚三章　安軒閑原憲六月五章　園檀鶴鳴一章二章同　干山斯干一章　山泉言垣小弁八章　幡言遷巷伯四章　泉歎大東三章　熯愆孫楚茨四章　翰憲難那桑扈三章　霰見宴頍弁三章　樊言青蠅一章　筵秩賓之初筵一章　筵共反幡遷僊三章　反遠角弓一章　遠然二章　菅遠白華一章　燔獻瓠葉二章　援羨岸大雅・皇矣五章　閑言連安八章　垣翰文王有聲四章　原緐宣歎巘原公劉二章　泉原三章　泉單原五章　館亂鍛六章　澗澗同上　安殘綣反諫民勞五章　板癉然遠管亶遠諫板一章　難憲二章　藩垣翰七章　旦衍八章　顏愆抑七章　言行九章　翰蕃宣崧高一章　番嘽翰憲七章　完蠻韓奕六章　宣翰江漢四章　嘽翰漢常武五章　簡反反周頌・執競　渙難訪落　駽燕魯頌・有駜三章　山丸遷虔梴閑安商頌・殷武六章　○以上平聲

古本音

肩肩聲在此部。《詩》還一見。今入先。　燕燕聲字在此部。《詩》有駜一見。今入先霰。　見見聲在此部。《詩》甫田、頍弁二見。今入霰。　霰散聲在此部。《詩》頍弁一見。今入霰。　宴妟聲在此部。《詩》氓、頍弁二見。今入霰。　駽肙聲在此部。《詩》有駜一見。今入先。　顯本音蓋在此部。《左傳》一見，《毛詩》「顯顯令德」，《中庸》作「憲憲」。今入銑。　○巽巽聲在此部。《易》象傳三見。今入慁。　○羨次聲在此部。《詩》皇矣一見。今兼入脂。　○番番聲在此部。《詩》崧高一見。今兼入戈。　皤番聲在此部。《易》一見。今入戈。　緐緐聲在此部。《詩》公劉一見。今兼入戈。　獻鬳聲在此部。《詩》瓠葉一見。今兼入歌。　癉單聲在此部。《詩》板一見。今兼入箇。　儺難聲在此部。《說文》引「求福不儺」，與翰憲難韻。今入歌。

古合韻

共本音在弟九部。《詩》賓之初筵合韻筵反幡遷僊字。　○行本音在弟十部。《詩》抑合韻言字。　○秩本音在弟十二部。《詩》賓之初筵合韻筵字。　實本音在弟十二部。《易》蒙象傳合韻順巽字，泰象傳合韻願亂字。　翩本音在弟十二部。屈賦湘君合韻淺閒字。　進本音在弟十二部。屈賦合韻願字。　○孫本音在弟十三部。《詩》楚茨合韻熯愆字。　順本音在弟十三部。《易》蒙象傳合韻實巽字，渙象傳合韻願字。　○那本音在弟十七部。《詩》桑扈合韻翰憲難字，《說文》作「求福不儺」，則在本韻。

弟十五部　陸韻平聲脂微齊皆灰，上聲旨尾薺駭賄，去

聲至未霽祭泰怪夬隊廢，入聲術物迄月没曷末黠鎋薛
萋飛喈周南・葛覃一章　歸私衣三章　嵬隤罍懷卷耳二
章　纍綏樛木一章　枚飢汝墳一章　祁歸召南・采蘩三章
薇悲夷草蟲三章　歸歸歸殷其靁一、二、三章　微衣飛
邶・柏舟五章　靁懷終風四章　遲違畿谷風二章　微歸微
歸式微一、二章　敳遺摧北門三章　喈霏歸北風二章　頎
衣妻姨私衛・碩人一章　荑脂蠐犀眉二章　懷歸懷歸懷
歸王・揚之水一、二、三章　懷畏懷畏懷畏鄭・將仲子一、二、
三章　衣歸丰四章　淒喈夷風雨一章　晞衣齊・東方未明
二章　崔綏歸歸懷南山一章　萋晞湄躋坻秦・蒹葭二章
衣師無衣一章，二、三章同　遲飢陳・衡門一章　衣悲歸
檜・素冠二章　隮飢曹・候人四章　蓍師下泉三章　遲祁
悲歸豳・七月二章　歸歸歸歸東山一、二、三、四章　歸悲
衣枚一章　畏懷二章　飛歸四章　衣歸悲九罭四章　騑
遲歸悲小雅・四牡一章　騑歸二章　威懷常棣二章　薇歸采
薇一章，二、三章同　騤依腓五章　依霏遲飢悲哀六章　纍綏
遲萋喈祁歸夷出車六章　萋悲萋悲歸杕杜二章
南有嘉魚三章　晞歸湛露一章　焞靁威采芑四章　飛躋斯
干四章　師氏維毗迷師節南山三章　夷違五章　微微哀

十月之交一章　訿哀違依底小旻二章　威罪巧言一章　麋
階伊幾六章　頹懷遺谷風二章　嵬萎怨三章　淒腓歸四
月二章　薇桋哀六章[24]　喈湝悲回鼓鐘二章　尸歸遲私楚
茨五章　淒祁私大田三章○從《漢書》、《説文》、《玉篇》、《廣韵》
作淒，今作萋，誤。　茨師瞻彼洛矣一章　摧綏鴛鴦四章　幾
幾車舝三章　維葵膍戾采菽五章　枚回大雅・旱麓六章
惟脂生民七章　罍歸泂酌二章　萋喈卷阿九章　懠毗迷
尸屎葵資師板五章　壞畏七章　咨咨咨咨咨咨蕩二、
三、四、五、六、七、八章　騤夷黎哀桑柔二章　資疑維階三章
推雷遺遺畏摧雲漢三章　郿歸崧高六章　騤喈齊歸
烝民八章　回歸常武六章　鴟階瞻卬三章　幾悲六章　追綏
威夷周頌・有客　飛歸魯頌・有駜二章　枚回依遲閟宮一
章　違齊遲躋遲祗圍商頌・長發三章○以上平聲
尾燬燬邇周南・汝墳三章　瀰鷕邶・匏有苦葉二章　菲體
死谷風一章　薺弟二章　泲瀰弟姊泉水二章　煒美靜女
三章　泚瀰鮮新臺一章　指弟鄘・蝃蝀一章　體禮禮死
相鼠三章　濟閟載馳二章　藟弟王・葛藟一章，二、三章同
唯水齊・敝笱三章　濟瀰弟載驅二章　弟偕死魏・陟岵三
章　火衣豳・七月一章　火衣二章　火葦三章　尾几狼跋一章

轉弟小雅·常棣一章　偕(近)邇杕杜四章　軆旨魚麗二章
旨偕五章　泥弟弟豈蓼蕭三章　矢兕醴吉日四章　匕
砥矢履視涕大東一章　穉火大田二章　穉穧三章　旨偕
賓之初筵一章　禮(至)二章　尾豈魚藻二章　濟弟大雅·旱
麓一章　葦履體泥行葦一章弟爾几二章　依濟几依公劉
四章　罪罪瞻卬二章　秭醴妣禮皆周頌·豐年　濟(積)秭
醴妣禮載芟○以上上聲
掇捋周南·芣苢二章　肆棄汝墳二章　蕨惙説召南·草蟲
二章　伐茇敗惕拜説甘棠一、二、三章○張參、徐鉉皆云：愒
別作憩。　塈謂摽有梅三章　脱帨吠野有死麕三章　出卒
述邶·日月四章　闊説擊鼓四章　闊活五章　厲揭匏有苦
葉一章　潰肄塈谷風六章　肇邁衞害泉水三章　逝害二
子乘舟二章　紕四畀鄘·干旄一章　活濊發揭孽朅㉕衞·
碩人四章　説説氓三章　遂悸遂悸芄蘭一、二章　朅桀伯
兮一章　厲帶有狐二章　穗醉王·黍離二章　月佸桀括
君子于役二章　葛月采葛一章　艾歲三章　達闕月鄭·
子衿三章　月闥闥發齊·東方之日二章　桀(怛)甫田二章
季寐棄魏·陟岵二章　外泄逝十畝之閒二章　逝邁外蹶
唐·蟋蟀二章　比佽比佽杕杜一、二章　棣檖醉秦·晨風三

章　逝邁陳·東門之枌三章　肺晢東門之楊二章　萃誶墓
門二章○誶，今本譌作訊，從王逸《楚詞注》引《詩》「誶予不顧」，《廣
韵》六至引「歌以誶止」改正。　發偈(怛)檜·匪風一章　閱雪
説曹·蜉蝣三章　祋芾候人一章　發烈褐歲豳·七月一章
烈渴小雅·采薇二章　旆瘁出車二章　淠嘒采芑一章，
二、三章同　佽柴車攻五章　艾晣噦庭燎二章　惠戾屆闋
節南山五章　(結)厲滅威正月八章　滅戾勩雨無正二章
退遂瘁誶(荅)退四章○誶今本譌作訊出瘁五章　艾敗小旻
五章　邁寐小宛四章　嘒淠屆寐小弁四章　蔚悴蓼莪二章
烈發害五章　律弗卒六章　舌揭大東七章　烈發害
四月三章　穗利大田三章　秣艾鴛鴦二章　肇逝渴括車舝
一章　淠嘒駟屆采菽二章　愒瘵邁菀柳二章　撮髮説都
人士二章　厲蠆邁四章　愛謂隰桑四章　外邁白華五章
卒没出漸漸之石二章　世世大雅·文王二章　妹渭大明五
章　拔兑駾喙緜八章　翳栵皇矣二章　拔兑對季季三章
類比四章　茀仡肆忽拂八章　月達害生民二章　旆
檖四章　軷烈歲七章　匱類既醉五章　位塈假樂四章
溉塈泂酌三章　愒泄厲敗大民勞四章　蹶泄板二章　類
懟對内蕩三章　揭害撥世八章　(疾)戾抑一章　寐内四

章　舌逝六章　僾逮桑柔六章　隧類對醉悖十二章　舌外發烝民三章　惠厲瘵屆瞻卬一章　奪説二章　類瘁五章　活達桀周頌・載芟　茷噦大邁魯頌・泮水一章　大艾歲害閟宮五章　撥達達越發烈截商頌・長發二章　旆鉞烈曷櫱達截伐桀六章◯以上入聲

古本音

哀衣聲在此部。《詩》采薇、十月之交、小旻、四月、桑柔五見。今入哈。　豈微聲在此部。《詩》蓼蕭、魚藻二見。本亦作愷。今愷入海。　愛旡聲在此部。《詩》隰桑一見。今入代。　僾㤅聲在此部。《詩》桑柔一見。今入代。　溉既聲在此部。《詩》泂酌一見。今入代。　逮隶聲在此部。《詩》桑柔一見。今入代。◯鷕唯聲在此部。《詩》「有瀰濟盈，有鷕雉鳴」，瀰、鷕爲韻。《經典釋文》引《説文》以水反，《字林》于水反；《廣韻》注云：又羊水切；《集韻》五旨内有此字，皆本音也。今誤入三十小。◯牝匕聲在此部。《大戴禮》與死韵，《老子》「谷神不死，是謂元牝」。今兼入軫。　率采芑一章、二章、三章，皆以莅止、率止爲韵。今兼入質。◯竄竄聲在此部。《易》訟象傳一見，宋玉高唐賦、班固兩都賦、潘岳西征賦、張載七命各一見。《説文》引虞書「竄三苗」。今入換。◯坻氐聲在此部。《詩》蒹葭一見。今兼入紙。　燬毀聲在此部。《詩》汝墳一見。今入紙。　邇爾聲在此部。《詩》汝墳、小雅・杕杜二見。今入紙。凡尒聲字，漢人入十六部，用如「故人心尚爾」，韵綺被解，此之類是也。　瀰镾聲在此部。《詩》新臺一見，匏有苦葉一見。今兼入紙。　泚此聲在此部。《詩》新臺一見，今兼入紙。凡此聲字，漢人多入十六部用。　訿此聲在此部。《詩》小旻一見。今兼入紙。　砥氐聲在此部。底或作砥。《詩》大東作砥，《孟子》引作底。今分別底在五旨，砥在四紙。　瀰爾聲在此部。《詩》載驅一見。今入紙。　爾尒聲在此部。《詩》行葦一見。今入紙。　柴此聲在此部。《詩》車攻一見。今入佳。◯火火聲在此部。《詩》七月、大田四見。今入果。

古合韻

疑本音在弟一部。《詩》桑柔合韵資維階字。◯飽本音在弟三部。屈賦天問合韵繼豐達字。◯荅本音在弟七部。雨無正合韵退遂瘁誶退字。《新序》、《漢書》皆作對，則在本韵。◯結本音在弟十二部。《詩》正月合韵厲滅威字。　疾本音在弟十二部。詩抑合韵戾字。　至本音在弟十二部。《詩》賓之初筵合韵禮字，屈賦遠遊合韵比厲衞字。　閟本音在弟十二部。《詩》載馳合韵濟字。◯近本音在弟十三部。《詩》小雅・杕杜合韵偕邇字，顧氏云：近字本在脂微韵，所謂以合韵惑本音也。　敦本音在弟十三部。《詩》北門合韵遺摧字。　焞本音在弟十三部。《詩》采芑合韵雷威字，《漢書》韋元成傳引作「推推」，則在本韻。頎本音在弟十三部。《詩》碩人合韻衣妻姨私字。〇或以頎讀本音，衣讀如殷合韻。中庸戎衣，鄭讀爲殷。《白虎通》云：「衣者，隱也。裳者，障也。」微韻與文欣二韻轉移最近。微韻中軍聲、翬聲、斤聲、月聲之字皆自文欣韻中轉入。〇鮮本音在弟十四部。《詩》新臺合韻泚瀰字，顧氏亦不辨爲合韻矣。怨本音在弟十四部。《詩》谷風合韻嵬萎字，讀如伊。此與北門之敦讀堆，采芑之焞讀推，碩人之頎讀畿，新臺之鮮讀師，杕杜之近讀幾正同。亹亹之字，本音旼而今韻入尾，分聲之釁，本在弟十三部而鄭司農讀徽，於弟五類弟六類觀其會通可矣。怛本音在弟十四部。《說文》怛悬同字，引《詩》「信誓悬悬」是也。《詩》甫田以韻桀字，匪風以韻發偈字，此古合韻。漢書王吉傳引匪風作「中心悬兮」，則在本韻。〇積本音在弟十六部。《詩》載芟合韻濟秭醴妣禮字。〇蛇本音在弟十七部。屈賦東君合韻雷懷歸字，遠遊合韻妃夷飛佪字。歌本音在弟十七部。屈賦遠遊合韻妃夷飛佪字，讀如幾。

弟十六部陸韻平聲支佳，上聲紙蟹，去聲寘卦，入聲陌麥昔錫

支觿觿知衞・芄蘭一章　斯知陳・墓門一章　枝知檜・隰有長楚一章　斯提小雅・小弁一章　伎（雌）枝知五章　易知祇何人斯六章　篪知斯七章　卑疧白華八章　篪圭攜大雅・板六章〇以上平聲

適益讁邶・北門二章　（翟）鬄揥晳帝鄘・君子偕老二章　簀錫璧衞・淇奧三章　提辟揥刺魏・葛屨二章　甓鷊惕陳・防有鵲巢二章　鵙績豳・七月三章　（局）蹐脊蜴小雅・正月六章　帝易大雅・文王六章　辟刉皇矣二章　績辟文王有聲五章　益易辟辟板六章　帝辟帝辟蕩一章　解易辟韓奕一章　（幭）厄二章　刺狄瞻卬五章　解帝魯頌・閟宮三章　辟績辟適解商頌・殷武三章〇以上入聲

古本音

觿巂聲在此部。《詩》芄蘭二見。今兼入齊。提是聲在此部。《詩》葛屨、小弁二見。今兼入齊。攜巂聲在此部。《詩》板一見。今入齊。髢本作鬄。易聲在此部。《詩》君子偕老一見。今入霽。揥帝聲在此部。《詩》君子偕老、葛屨二見。今入祭。帝帝聲在此部。《詩》君子偕老、文王、蕩、閟宮五見，《秦琅邪臺刻石》與（地）懈辟易畫韻。今入霽。圭圭聲在此部。《詩》板一見。今入齊。締帝聲在此部。屈賦一見。今入齊霽。繫毄聲在此部。《左傳》一見。今入霽。晲兒聲在此部。《左傳》一見。今入霽。

古合韻

里本音在弟一部，周語富辰引言合韻里字。〇翟本音在弟二部。《詩》君子偕老合韻鬄揥晳帝字。讀如狄。〇局本音在弟

三部。《詩》正月合韻蹐脊易字。讀如昊。〇釋本音在弟五部。屈賦悲回風合韻積擊策蹟適愁適蹟益字。〇壞本音在弟十五部。周語彪傒引《詩》合韻支字。　幭本音在弟十五部。《詩》韓奕合韻軛字，從他經作辟，則在本韻。　考車覆笭，既夕禮、玉藻、少儀、《公羊傳》、《説文》皆謂之辟，《毛詩》幭厄二字皆屬假借，厄即軶。毛傳：「厄，烏蠋也。」今譌爲「烏蠋」。　詳見《詩經小學》。　雌本音在弟十五部。《詩》小弁合韻伎枝知字，爲此聲字入十六部之始矣。〇離本音在弟十七部。屈賦少司命合韻知字，《老子》「載營魄抱一，能無離乎」，合兒疵爲雌知韻，又「常德不離」，合雌谿兒韻，離字入支韻蓋久矣。　螭本音在弟十七部。屈賦涉江合韻知字。

弟十七部陸韻平聲歌戈麻，上聲哿果馬，去聲箇過禡

皮紽蛇召南·羔羊一章　沱過過歌江有汜三章　爲何爲何爲何邶·北門一、二、三章　離施新臺三章　河儀他鄘·柏舟一章　珈佗河宜何君子偕老一章　皮儀儀爲相鼠一章　猗磋磨衛·淇奧一章　阿薖歌過考槃二章　左瑳儺竹竿三章　離靡王·黍離一章，二、三章同　羅爲罹吪兔爰一章　麻嗟嗟施丘中有麻一章　宜爲鄭·緇衣一章　加宜女曰雞鳴二章　吹和蘀兮二章　何何齊·南山三章四章同　左我唐·有杕之杜一章　何多何多何多秦·晨風一、二、三章　差原麻娑陳·東門之枌二章　池麻歌東門之池一章　陂荷何爲沱澤陂一章　縭儀嘉何豳·東山四章　錡吪嘉破斧二章　何何伐柯一章　鯊多小雅·魚麗一章　多嘉四章　椅離儀湛露四章　莪阿儀菁菁者莪一章　駕猗馳破車攻六章　何羆蛇斯干六章　羆蛇七章　地裼瓦儀議罹九章　阿池訛無羊二章　猗何瘥多嘉嗟節南山二章　河他小旻六章　罹何何小弁一章　掎杝佗六章　禍我可何人斯二章　議爲北山六章　左宜裳裳者華四章　羅宜鴛鴦一章　何嘉他頍弁一章　俄傞賓之初筵四章　嘉儀同上　阿難何隰桑一章　阿何緜蠻一章　波沱他漸漸之石三章　峩宜大雅·棫樸二章　阿池皇矣六章　賀左下武六章　何嘉儀既醉四章　沙宜多嘉爲鳧鷖二章　阿歌卷阿一章　多馳多歌十章　儀嘉磨爲抑五章　嘉儀八章　寇可詈歌桑柔十六章　皮羆韓奕六章　犧宜多魯頌·閟宮三章　河宜何商頌·元鳥〇以上平聲

古本音

地也聲在此部。《詩》斯干一見，屈賦天問與歌韻，橘頌與過韻，上林賦與河馳韻。讀如沱。今入至。〇考地字周秦人亦入於十

六部，如《莊子》接輿歌「禍重如地，莫之知避」。秦琅邪臺刻石文「陵水經地」，韻帝懈辟易畫字，司馬相如子虛賦「揜草蔽地」。韻「絶乎心繫」。《元命包》曰：「地者，易也。」皆讀如狄。　差差聲在此部。《詩》東門之枌一見。今兼入皆。○皮爲聲在此部。《詩》羔羊、相鼠、韓奕三見，《左傳》一見。今入支。　蛇它聲在此部。《詩》羔羊、斯干三見，屈賦二見。今兼入支。　爲爲聲在此部。《詩》北門、相鼠、兔爰、緇衣、澤陂、北山、鳧鷖、抑十見，《易》一見。今入支寘。　離离聲在此部。《詩》新臺、湛露二見，屈賦四見。今入支寘。　施也聲在此部。《詩》新臺、丘中有麻二見，屈賦三見。今入支寘。　義我聲在此部。《書》一見，《易》一見，《大戴禮》一見。今入寘。　儀義聲在此部。《詩》柏舟、相鼠、東山、湛露、菁莪、斯干、賓之初筵、既醉、抑十見。今入支。　宜多聲在此部。《詩》君子偕老、緇衣、女曰雞鳴、裳裳者華、鴛鴦、棫樸、鳧鷖、閟宮、元鳥九見，士冠禮一見，《易》一見。今入支。　猗奇聲在此部。《詩》淇奧、車攻、節南山三見。今入支紙。　靡麻聲在此部。《詩》黍離三見，《易》一見。今入紙。　罹罹聲在此部。《詩》兔爰、斯干、小弁三見。今入支。　吹吹聲在此部。《詩》蘀兮一見，《老子》「或呴或吹」，與隨羸墮韻。今入支。　差差聲在此部。今又入支佳卦。　池也聲在此部。《詩》東門之池、無羊、皇矣三見，屈賦一見。今入支。　陂皮聲在此部。《詩》澤陂一見，《莊子》「生於陵陂」與施爲韻。今入支寘。唐元宗不知洪範「遵王之義」義讀俄，而改頗爲陂以合之，又不知陂之本讀坡也。　縭离聲在此部。《詩》東山一見。今入支。　錡奇聲在此部。《詩》破斧一見。今入支紙。　椅奇聲在此部。《詩》湛露一見。今入支。　馳也聲在此部。《詩》車攻、卷阿二見，屈賦二見。今入支。　罷罷聲在此部。《易》一見。今入支蟹。　羆罷省聲在此部。《詩》斯干、韓奕三見。今入支。　議義聲在此部。《詩》斯干、北山二見。今入寘。　掎奇聲在此部。《詩》小弁一見。今入紙。　杝也聲在此部。《詩》小弁一見。今入紙。　詈詈聲蓋在此部。讀如羅。《詩》桑柔一見。今入寘。　哆多聲在此部。《詩》巷伯與侈韻。今入紙。　侈多聲在此部。《詩》巷伯與哆韻。今入紙。　犧義聲在此部。《詩》閟宮一見。今入支。　隓陊聲在此部。《書》一見。今兼入支。　隨墯聲在此部。《論語》季隨與季騧韻。今入支。　騧咼聲在此部。《論語》季騧與季隨韻。今兼入佳。

古合韻

弱本音在弟二部。《易》大過傳「本末弱也」合韻「大者過也」。○陸本音在弟三部。《易》漸上九合韻儀字。讀如羅。○宋人改陸爲逵以韻儀，不知今韻逵在脂，儀在支，古韻逵音仇、儀音莪也。○寇本音在弟四部。《詩》桑柔合韻可詈歌字。讀如科。○路本音在弟五部。《大戴禮》驪駒詩合韻駕字，讀如羅，爲漢以後弟五部入弟十七部合用之始。虧雐聲字蓋在弟五部。屈賦離騷以韵離字，天問以韵加字，蓋古合韵。◯儺本音在弟十四部。《詩》竹竿合韵左瑳字。原本音在弟十四部。《詩》東門之枌合韵差麻娑字，古獻尊之爲犧尊，若干之爲若柯，嫛娑之爲婆娑，嘽嘽駱馬之爲痑痑駱馬，皆此類。難本音在弟十四部。《詩》隰桑合韵阿何字。◯裼本音在弟十六部。《詩》斯干以韵地瓦儀議罹字，讀如拕。此爲次弟最近之合韵。江氏改易地字古音，謂地裼一韵，瓦儀議罹一韵，其說疏矣。

凡二萬八千一百七十九字

附注：

①「始」當作「殆」。
②「六章」當作「七章」。
③「九章」當作「十章」。
④「七章」當作「六章」。
⑤「六王」是「文王」之誤。
⑥「三章」當作「四章」。
⑦「一章」當作「四章」。
⑧「三章」當作「四章」。
⑨「載驅」當作「鄘·載馳」。
⑩「召南」當作「周南」。
⑪「采蘋」上當補「召南·」。
⑫「二章」當作「一章」。
⑬「十章」當作「九章」。
⑭「四章」當作「五章」。
⑮「弘」原刻本爲避諱作「御名」二字。
⑯同⑮。
⑰「一章」當作「二章」。
⑱「黄聲」二字當删。「觵」是角部「觵」下重文。該字下段注謂：「觥，俗觵从光。今《毛詩》从俗。」此處「俗从光」，當與該字下一致，意即「从光聲」，不當又謂「黄聲」。
⑲「一章」當作「三章」。
⑳「苕華」當作「苕之華」。
㉑上「人」字當作「身」。
㉒「玄」原刻本爲避諱作「廟諱」二字。
㉓「胤」原刻本爲避諱作「廟諱」二字。
㉔「六章」當作「八章」。
㉕「櫱」當作「蘖」。

羣經韻分十七部表

六書音均表五

弟一部陸韻平聲之咍，上聲止海，去聲志代，入聲職德

災牛災《周易》上經无妄六三　軀頤頤初九　來思下經咸九四　期時歸妹九四　丘思渙六四　治事始象上傳蠱　志富載疑象上傳小畜　志備祐大有　疑尤喜志賁　災尤載(用)剥　志富災之試災无妄　災尤志喜大畜　災志㥁事否志疑象下傳遯　待尤之蹇　志志疑喜祐志損　事來之志之志辭來益　志喜疑事志富升　之志革　之尤鼎　災志事(用)豐　災尤旅　疑治巽　疑志兑　㥁疑時來久既濟　來能謀能繫辭下傳「象事知器」已下　事試治災治文言傳乾　時災來怠雜卦傳○喜起熙《尚書》臯陶謨帝舜歌○時來之士冠禮醮辭○時財能《大戴禮》公冠篇祝雍祝成王冠辭　時財時武王踐阼篇牖銘○思辭哉《禮記》曲禮上首節　裘箕學記○按，《列子》云：「古詩言：良弓之子，必先爲箕；良治之子，必先爲裘。」知韻語也。○姬旗丘《春秋左傳》僖十五年，晉嫁伯姬筮辭　每謀二十八年晉輿人誦　思來宣二年宋城者謳　裘駘襄四年，魯人誦　謀志哉昭十二年，鄉人言南蒯將叛　薶謀之哀五年，萊人歌○疑基晉語叔詹引諺　怠來災之越語范蠡引所聞○基時《孟子》公孫丑篇引齊人言○附能佩離騷　時態同上　茲詞同上　佩詒同上　之之同上　異佩同上　疑之同上　媒疑同上　茲(沬)同上　待期同上　來思九歌·湘君　辭旗少司命　貍旗思來山鬼　謀之天問　牛來同上　尤之期之同上　識喜同上　佑喜同上　肬之九章·惜誦　志咍同上　尤之同上　持之哀郢　時丘之同上　期志抽思　思媒同上　眙詒思美人　詒志同上　之旹期同上　能疑同上　詩疑娭治之否欺思之尤之惜往日　牛之同上　之疑辭之同上　志喜橘頌　右期悲回風　怪來遠遊　疑(浮)同上○以上平聲

字字《周易》上經屯六二　否否喜否上九　福母下經晉六二　趾否子鼎初六　(道)已始象下傳恆　子婦家人　起止始雜卦傳　久止同上○備字士冠禮字辭　事嗣士昏禮醮子命○理鼜里始《大戴禮》保傳篇「易曰正其本」以下　負趾否曾子制言上篇「行則爲人負」三句　嶷士五帝德篇「其色郁郁」四句○始鼜里《禮記》經解引《易》　起海子孔子閒居言「五起」

○友右《春秋左傳》閔二年卜辭　子止僖二十五年衛禮至銘
子使襄四年魯人誦　誨殖嗣襄三十一年鄭輿人誦子産　(世)
怠昭三年讒鼎銘　杞子鄙恥已士昭十二年南蒯鄉人歌○紀
止越語范蠡引所聞「贏縮以爲常」節　起始范蠡對越王「人事不
起，弗爲之始」○已殆《論語》微子篇楚狂接輿歌　賚富堯曰篇
○附在茝離騷　畝芷同上　茝悔同上　悔醢同上　在
理同上　汜里天問　子在同上　在里同上　趾在止同上
止殆同上　止子同上　子婦同上　市姒佑弒同上
戒殆同上　恃代九章·惜誦　志態同上　以醢涉江　鄙
改懷沙　恠態采有同上　佩異態娭(出)思美人　佩(好)
代意置載備異再識惜往日　友理橘頌　恃止同上　紀
止悲回風　意事卜居○以上上聲
子克《周易》上經大有九三　纆棘得坎上六　翼食下經明夷
初九　食來祀困九二　食惻福井九三　革塞食鼎九三
忒服象上傳豫　忒服觀　革息得革象下傳革　福則震
昃食息豐　克則直克得象上傳同人　牧得服則服得國
謙　得德則蠱　食則得意息國則象下傳明夷　得直福
困　惻福井　福則震　得戒同上　塞極節　革得極則

文言傳乾　食色伏飭雜卦傳○極極福極極德極《尚書》洪
範「五、皇極」已下　色德福極「而康而色」已下　側直極極
「無反無側」已下　德直克克直克克克福食食國忒
「六、三德」已下○服德福士冠禮始加緇布冠祝辭　服德福再
加皮弁祝辭　服德三加爵弁祝辭○食福《考工記》梓人祭侯辭
極國則栗氏量銘○司職《大戴禮》哀公問五義篇「若天之司」
二句　直黑曾子制言上篇「蓬生麻中」四句　服德武王踐阼篇
劍銘　直得子張問入官篇「枉而直之」三句　(祿)彧服德福極
公冠篇孝昭冠辭○彧作或，誤。○職極服則《禮記》禮運篇「禮
行於郊」以下　得翼國孔子閒居言「五起」○置置德服晉語公
子縶引所聞　稷殖叔詹引諺　服國鄭語宣王時童謠　德力食
殛越語范蠡對越王「王其且馳騁弋獵」節○食食息慝《孟子》梁惠
王篇「今也不然」節　來直翼得德滕文篇引放勳言○福極德
直力服(急)息德(毒)忒食(告)則慝職(鞠)《爾雅》釋訓「穰穰，福
也」已下○附服則離騷　息服同上　(節)服同上　極服同上
極翼同上　極息側九歌·湘君　極識天問　得殛同上
億極同上　極得同上　側佑同上○二句一韵　惑服同
上　牧國同上　服直九章·惜誦　極得哀郢　北域側得

息抽思　默(鞫)懷沙　戒得惜往日　服國橘頌　默得悲回
風　得則遠遊　息德同上　食翼卜居○以上入聲
弟二部陸韵平聲蕭宵肴豪，上聲篠小巧晧，去聲嘯笑
效号
咷笑《周易》上經同人九五　號笑下經萃初六　巢笑咷旅上
九○憍逃《大戴禮》武王踐阼篇觴豆銘○巢遥勞驕《春秋左傳》
昭二十五年童謡○撓逃朝《孟子》公孫丑篇北宫黝節　濯暴滕
文公篇引曾子言○附遥姚離騷　邈樂同上　笑窕九歌·山
鬼　到照天問　燿鶩遠遊　撟樂同上○以上平聲
弟三部陸韵平聲尤幽，上聲有黝，去聲宥幼，入聲屋沃
燭覺
柔憂求《周易》雜卦傳　柔憂同上○游救《大戴禮》武王踐阼
篇盥盤銘　矛羞矛銘　柔求子張問入官篇「優而柔之」二句○
犹臭《春秋左傳》僖四年繇辭　湫攸昭十二年○遊休《孟子》梁
惠王篇晏子引夏諺　流憂梁惠王篇引晏子言○附游求離騷
留茅同上　流湫同上　猶洲修舟流九歌·湘君　蕭憂山
鬼　(龍)游天問　流求同上　告救同上　憂求同上　浮
懮九章·抽思　救告同上　悠憂思美人　流(昭)幽聊由
(廚)惜往日　憂求游同上　求流橘頌　聊愁悲回風　游

浮遠遊　留由同上○以上平聲
道咎《周易》上經小畜初九　酒缶牖咎坎六四　首醜離上九
裕咎下經晉初六　狩首明夷九三　酒咎首未濟上九
道(久)彖上傳臨　道咎造(久)首象上傳乾　咎道同人　考
道咎蠱　道醜道觀　咎道考道復　(久)醜咎大過　咎
道(久)離　咎道象下傳睽　咎道醜咎解　咎道咎夬　咎
飽醜道保漸　咎道節　咎道既濟　保(母)繫辭下傳「无有
師保」二句○好道《尚書》洪範「無有作好」二句○晧壽《大戴禮》
將軍文子篇「常以晧晧，是以眉壽」○雠保《春秋左傳》僖五年，士
蔿引所聞　州道草擾獸牡襄四年，周箴　皐覺蹈憂哀二十
一年，齊歌○就憂狃咎晉語引商銘　狃咎輿人誦惠公　報臭
國人誦改葬共世子　考守越語范蠡引所聞「上帝不考，時反是守」
牡道究范蠡引所聞「凡陳之道」以下○奥竈《論語》爲政篇王孫
賈問○附好巧離騷　道考天問　(在)守同上　嫂首同上
仇雠保道九章·惜誦　好就同上　(任)醜橘頌○以上上聲
告瀆告《周易》上經蒙　復輹目小畜九二、九三○輹作輻，譌。
肉毒噬嗑六三　輹逐牿大畜九二、九三、六四　逐復下經
睽初九　復夙解　木谷覿困初六　足餗渥鼎九四　陸復

育漸九三　木桷六四　屋覯豐上六○族睦《尚書》堯典「以親九族」二句○目腹復《春秋左傳》宣二年宋謳　蹴目成十六年箋辭　卜卜昭三年引諺　鵒辱昭二十五年引童謠　鵒哭同上○濁足《孟子》離婁篇引孺子歌○附育腹天問　竺燠同上　欲祿同上　復慼九章・哀郢　木足思美人　屬轂遠游

○以上入聲

弟四部陸韵平聲侯，上聲厚，去聲候

須濡《周易》上經賁六二、九三○侯侯《考工記》梓人祭侯辭○渝輸《春秋左傳》僖四年繇辭　儒郰襄四年魯人歌　珠侯襦昭二十五年引童謠　竇踰哀十七年衛繇辭○附駒鳧軀卜居

○以上平聲

寇媾《周易》上經屯六二　寇媾賁六四　寇媾下經睽上九　鮒漏井九二　主蔀斗豐初九、六二　蔀斗主九四　聚聚彖下傳萃　樹數繫辭下傳「不封不樹」二句　晝誅遇雜卦傳○垢口《大戴禮》武王踐阼篇機銘○僂傴俯走侮口《春秋左傳》昭七年引正考父鼎銘　主藪昭七年引武王告諸侯○附詬厚離騷　屬具同上　屬數天問　厚取同上○以上上聲

弟五部陸韵平聲魚虞模，上聲語麌姥，去聲御遇暮，入聲藥鐸

輿廬《周易》上經剝上九　穫畬无妄六二　牙衢大畜六五、上九　華夫大過九五　孤夫膚下經睽九四、九五　孤塗車弧弧上九　譽故蹇初六、六二　膚且夬九四　魚膚且魚瓜姤九二、九三、九四、九五　徐車困九四　魚虛彖下傳中孚　居虛繫辭下傳「變動不居」二句　度懼故「其出入以度」三句　譽懼「二多譽」二句　居著雜卦傳○惡路《尚書》洪範「無有作惡」二句○魚徒《大戴禮》子張問入官篇「水至清」以下○瑕家《春秋左傳》閔元年引諺　去餘狐僖十五年筮辭　孤弧姑逋家虛伯姬嫁秦筮辭　汙瑕垢宣十五年伯宗引諺　詐虞宣十五年宋盟楚書　家夫襄四年引虞箴　豬豭定十四年宋野人歌　虛瓜夫辜哀十七年衛侯夢渾良夫歌○吾烏枯晉語優施歌　詐賂晉語輿人誦惠公○豫助豫度《孟子》梁惠王篇引夏諺○如余且《爾雅》釋天月名　辜涂同上○附度路離騷　路步同上　迎故同上　狐家同上　車疏同上　都居同上　華居疏九歌・大司命　錯洿故天問　衢居如同上　故懼同上　如居九章・涉江　如蕪哀郢　姑徂抽思　故慕懷沙　莫故同上　錯懼同上　度路思美人　度暮故同上　紆娛居悲回風　都如遠游　居戲霞除同上　予居都閭同

上　路度同上　顧路同上○以上平聲

雨處《周易》上經小畜上九　股馬下經明夷六二　輔序艮六五　處斧旅九四　下若巽九二　下斧上九　土下象上傳離　下與女彖下傳咸　下與恆　所與艮　下普象上傳乾　與下隨　下與下剥　下與輔下大過　處下象下傳咸　下與困　下舍與井　雨暑女繫辭上傳「鼓之以雷霆」以下　處語繫辭上傳「或出或處」以下，凡用三韵　馬下下傳「服牛乘馬」以下　處宇雨「上古穴居」以下　虎覩下文言傳乾　下舍同上　故旅下寡處雜卦傳○祖社女《尚書》甘誓「用命賞于祖」以下　女女赦湯誓「予其大賚女」以下　怒斁敘洪範「我聞在昔」以下　敘廡「五者來備」以下　雨夏雨「庶民惟星」以下○湑脯序祜士冠禮再醮辭　楚俎三醮辭　假甫字辭○所女《考工記》梓人祭侯辭○賈野旅《大戴禮》曾子制言上篇「近市無賈」三句　馬下五帝德篇「春夏乘龍」以下　土雨所古祜公冠篇上天祝辭　土雨者下土祝辭○舍固《禮記》曲禮上「將適舍」二句　户下「將入户」二句　武虎怒「前朱鳥」節　土户禮運「後聖有作」節　户下俎鼓嘏祖(子)下所祜禮運「元酒在室」節　旅(廣)鼓武雅語古下樂記子夏對魏文侯　夏露孔子閒居「天有四時」以下皆如詩句　舉(土)處所射譽射義引《詩》○《大戴禮》投壺篇「同惟曾孫侯氏」下，「四正具舉」上，有「今日大射」四字又誤衍十一字。○社輔《春秋左傳》閔二年卜辭　父所筮辭　羽野馬昭二十五年童謡　褚伍與襄三十一年鄭人誦○黍廡晉語叔詹引諺　所禦野與越語范蠡引所聞「往從其所」以下○夜夏《論語》微子篇「八士」二叔○附與莽序暮離騷　武怒舍故同上　予野同上　輔土同上　圃暮同上　夜御下予佇妬同上　馬女同上　下女同上　固惡寤古同上　女女同上　舉輔同上　女下同上　與予同上　渚下浦女與九歌·湘君　渚予下湘夫人　浦者與同上　下女予大司命　下予少司命　鼓簴姱舞東君　渚下浦予河伯　下雨予山鬼　馬鼓壄國殤　鼓舞與古禮魂　所處羽天問　輔緒同上　怒固同上　下所九章·惜誦　雨宇涉江　姱怒抽思　莽土懷沙　下舞同上　莽(草)思美人　處慮曙去悲回風　語曙遠游○以上上聲

虩啞《周易》下經震　虩啞初九　索矍上六　作坼彖下傳解　柝客繫辭下傳「重門擊柝」二句　薄射錯逆説卦傳「雷風相薄」以下○度索《大戴禮》子張問入官篇「揆而度之」二句　射莫

投壺篇命射辭○席諸《禮記》曲禮上「必愼唯諾」與「毋踖席」爲韵①席作尺「將即席」以下韵語也　炙酪帛朔禮運「以炮以燔」下席帛炙魄莫「腥其俎」節　宅壑作澤郊特牲大蜡辭　惡碩大學引諺○度擇《春秋左傳》隱十一年引諺　索獲昭二十七年，公子光引上國言○作客越語范蠡對越王：「天時不作，弗爲人客。」○附索妒離騷　錯度同上　迫索同上　宅惡同上　若柏作九歌·山鬼　度作天問　䠶若同上　釋白惜誦　薄薄同上　蹠客薄釋哀郢　作穫同上　莫壑遠游○以上入聲

弟六部陸韵平聲烝登，上聲拯等，去聲證嶝

陵興《周易》上經同人九三　陵孕勝下經漸九五　升陵象上傳坎　凝冰象上傳坤　乘興陵賁　恆承象下傳歸妹○弓興《考弓記》弓人「下柎之弓」二句②○興崩《大戴禮》武王踐阼篇劍銘○乘弓朋《春秋左傳》莊二十二年引《詩》　陵雄襄十年繇辭　澠陵興昭十二年，齊侯投壺辭○登崩周語引諺　懲興晉語輿人誦惠公○附　弓懲凌雄九歌·國殤　興膺天問　（言）勝陵（文）同上　膺仍九章·悲回風○以上平聲

弟七部陸韵平聲侵鹽添，上聲寑琰忝，去聲沁豔㮇，入聲緝葉怗

心金《周易》繫辭上傳「二人同心」二句○黔心《春秋左傳》襄十七年宋謳　愔音金心昭十二年引祈招之詩○附心淫離騷　風林九章·涉江　心風哀郢　潭心抽思○以上平聲

附急立離騷　悒急天問○以上入聲

弟八部陸韵平聲覃談咸銜嚴凡，上聲感敢豏檻儼范，去聲勘闞陷鑑釅梵，入聲合盍洽狎業乏

坎窞《周易》上經坎初六　坎枕窞六三○附敢憺九章·抽思○以上平聲

法接《周易》象上傳蒙○附甲接九歌·國殤　接涉九章·哀郢○以上入聲

弟九部陸韵平聲東冬鍾江，上聲董腫講，去聲送宋用絳

龍用《周易》上經乾初九　墉攻同人九四　中（應）中蒙功象上傳蒙　窮中功需　從中（應）窮比　通同泰　通邦否　中功坎　動（應）象下傳恆　同通睽　中窮功邦蹇　衆中功解　窮終夬　中窮困　窮中功凶井　功邦中窮漸　窮同中功渙　中窮通節　中邦中孚　中窮既濟　中終（應）未濟　中窮終象上傳坤　（禽）窮屯　中終需　凶寵邦功師　功邦同上　中（禽）中終比　凶（正）豫　凶功中窮隨　凶中功坎　容公邦離　（深）中容（禽）終凶功象下傳恆　窮中大壯　（心）躬（正）終艮　中窮功中窮凶巽

中窮節　凶功繫辭下傳「三多凶」二句　終窮雜卦傳○邦雍
《尚書》堯典「協和萬邦」二句○容恭《大戴禮》武王踐阼篇帶銘○
容恭同王《禮記》曲禮上「正爾容」節　降騰同動月令孟春
騰降通冬月令孟冬　從同邦孔子閒居言「五起」○中融
《春秋左傳》隱元年鄭莊公歌　茸公從僖五年士蔿賦○功庸越
語范蠡引所聞「聖人之功」節，皆韵語也○躬中窮終《論語》堯曰
篇○附庸降離騷　縱巷同上　同調同上　降中窮⿰忄蟲九
歌・雲中君　堂宮中河伯　功同天問　從通同上　躬降
同上　逢從同上　沈封同上　中窮行九章・涉江　江
東同上　同容抽思　豐容懷沙　江洶悲回風　讒從卜居
忠窮同上　凶從同上○以上平聲

弟十部陸韵平聲陽唐，上聲養蕩，去聲漾宕

囊裳黃《周易》上經坤六四、六五、上六　荒亡行泰九二　亡
桑否九五　光王觀六四　亨尚坎　壯罔下經大壯九三
往亨損　良望歸妹六五　筐羊上六　望亡中孚六四　防
戕小過九二　疆亨疆行常行慶疆象上傳坤　行亨往行
小畜　剛亨明履　明行亨大有　亨明行謙　亨明章行
噬嗑　亨往賁　剛長象行剝　行長復　養養頤　行往
亨大過　亨行長象下傳遯　上明行晉　行明行剛睽

上行往亨行損　疆光慶行疆方行益　剛光夬　剛長
章行姤　亨慶行升　當亡革　明行剛亨鼎　行明艮
當剛歸妹　剛明旅　行剛巽　亨行小過　亨當既濟
方光象上傳坤　剛常屯　明光長同上　行常需　長
明訟　常行當師　傷上比　明行當剛行當慶履　當
行當長否　剛行同人　當行剛亡長豫　當長當臨
行剛當光當明噬嗑　慶行大畜　光上慶頤　罔往當
詳長象下傳大壯　行當慶光晉　當剛行慶亡睽　當明
光長夬　當光上萃　明慶剛祥困　當行同上　剛當
光行喪震　常當行良行筐歸妹　當明行慶翔藏豐
傷喪旅　當慶當光兑　當上當長中孚　當長上亢小過
當行未濟　象像繫辭下傳「易者，象也」以下　彰剛望「君
子知微」三句　方常行「初率其辭」以下　藏明行文言傳乾
剛方常光行慶殃文言傳坤　剛行雜卦傳○明良康《尚書》
皋陶謨皋陶賡載歌　喪亡往湯誓「時日曷喪」以下　黨蕩洪範
「皇極之敷言」　明昌「無虐煢獨」以下　行光王「是訓是行」以
下　明章康「百穀用成」以下○疆慶《儀禮》士冠禮三加爵弁祝
辭　芳祥忘士冠禮醴辭　慶疆士冠禮三醮辭○强防⿱尚足《考

工記》弓人「維幹强之」六句○强亡强枉《大戴禮》武王踐阼篇丹書○按，今本《大戴禮》作「敬勝怠者，吉；怠勝敬者，滅。義勝欲者，從；欲勝義者，凶」。學記正義以此四語爲瑞書之辭，引《大戴禮》「敬勝怠者，强；怠勝敬者，亡」。則知今本乃後人所改，從正義所引爲是。凡事不强則枉，不敬則不正。枉古平聲，强枉爲韵，敬正爲韵。　傷長楹銘　杖杖觴豆銘　張良常讓讓堂行張投壺篇命射辭○堂揚《小戴禮》曲禮上「將上堂、將入户、將即席」等皆韵語也。　仰放檀弓上子貢聞「泰山其頹」之歌而言　亨羊羹祥禮運「然後退而合亨」以下　當昌祥當綱樂記「天地順而四時當」以下　方將明孔子閒居言「五起」○鏘姜昌卿京《春秋左傳》莊二十二年繇辭　亡昌閔二年卜辭　競病僖七年引諺　羊衁筐貺償相僖十五年筮辭　上堂文二年，狼瞫引《周志》　商亡昭二十六年引《詩》　翔廣昭五年筮辭　唐常方行綱亡哀六年引《夏書》　陽兵姜商九年卜辭○網上周語單襄公引諺　嘗傷太子晉引諺　祥殃亡越語范蠡引所聞「上帝不考」以下皆韵語也　荒荒常范蠡對越王「馳騁弋獵」以下皆韵語也　皇常行陽匡常行陽剛范蠡引所聞○揚疆張光《孟子》滕文篇引大誓○陽明藏英《爾雅》釋天祥　相壯陽釋天月名○附英傷離騷　裳芳同上　荒章常徵同上　殃長同上　當浪同上　桑羊同上　當芳同上　央芳同上　長芳同上　行粻同上　鄉行同上　良皇琅芳漿倡堂康九歌·東皇太一　芳英央光章雲中君　望張卜湘夫人　堂房張芳衡同上　翔陽坑大司命　方桑明東君　裳狼降漿翔行同上　望蕩河伯　行傷國殤　明藏尚行天問　揚光同上○二句一韵　方桑同上　堂臧同上　尚匠同上　饗喪同上　臧羊同上　兄長同上　行將同上　方狂同上　將長同上　亡嚴饗長同上　長彰同上　杭旁九章·惜誦　糧芳同上　英光湘涉江　陽傷同上　當行同上　亡行哀郢　傷長抽思　亡光一作完○同上　章明懷沙　量臧同上　强像同上　將當思美人　揚章同上　長像橘頌　傷倡忘長芳章芳貺羊明悲回風　湯行同上　行鄉陽英壯放遠游　行芒同上　涼皇同上　鄉行同上　長明通卜居○以上平聲

弟十一部陸韵平聲庚耕清青，上聲梗耿靜迥，去聲映諍勁徑

盈平《周易》上經坎九五　井井井井瓶下經井　元天形成天命貞寧彖上傳乾　元生天坤　生貞盈寧屯

中成正淵訟　正賢天大畜　生平彖下傳咸　成成恆
正定家人　亨正命萃　信正革　成命人同上
成民節　貞天中孚　正民象上傳屯　聽正需　正敬訟
正命臨　賓民平觀　正命正象下傳晉　井正成井
正聽艮　極正未濟　精生繫辭下傳「男女搆精」二句
平傾「危者使平」二句　亨情正精情天平文言傳乾　正
定雜卦傳○姓明《虞書》堯典「平章百姓」二句○正令士冠禮
三加爵弁祝辭○敬正《大戴禮》武王踐祚篇丹書　聲旌投壺篇
命射辭　寧靈公冠篇下士祝辭　經刑易本命篇「東西爲緯」以
下○清省爭《禮記》曲禮「冬溫而夏清」三句　成貞文王世子篇
引語　成生經清平寧樂記「小大相成」以下　正定定聲「紀
綱既正」以下　霆形生孔子閒居「地載神氣」以下　正清寧成
生成政姓緇衣引《詩》○挺扃令定《春秋左傳》襄五年引逸
《詩》　幸幸宣十六年引諺○城金周語伶州鳩引諺　聽誠刑
生貞傾晉語國人誦改葬共世子　成榮叔詹引諺　生形征成
刑越語范蠡對越王「逆節萌生」以下　成形范蠡引所聞「聖人之
功」節○清纓《孟子》離婁篇引孺子歌○生嬴成寧正《爾雅》釋
天祥○附情聽離騷　正征同上　征庭旌靈九歌·湘君
青莖成少司命　旍星正同上　冥鳴山鬼　聽刑天問

營成傾同上　營盈同上　寧情同上　情正九章·惜誦
情路正聽抽思　星營同上　盛正懷沙　征零成情程
遠游　榮人征同上　耕名身生貞人清楹卜居　清輕
鳴名貞同上　醒清漁父　清纓同上○以上平聲

弟十二部陸韵平聲真臻先，上聲軫銑，去聲震霰，入聲
質櫛屑

田人《周易》上經乾九二　淵天人九四、九五　翩鄰泰六四
身人下經艮　人神彖下傳豐　身仁象上傳復　牽賓牽民
正命吝象下傳姤　信身繫辭下傳「尺蠖之屈」四句　天田文
言傳乾「上不在天」二句　天田人「上不在天」三句　親新信雜
卦傳　進親顛同上○偏平《尚書》洪範○天田年引少牢饋
食禮祝嘏主人○人淵《大戴禮》武王踐阼篇盥盤銘　民年公冠
篇祝雍祝成王冠辭一作「近於仁，遠於佞」○新新新《禮記》大學
湯盤銘○佞田晉語輿人誦惠公○倩盼絢《論語》八佾篇引
《詩》　親人人堯曰篇○附名均離騷　艱替同上　轔天
人九歌·大司命　民嬪天問　鱞親同上　人身九章·惜誦
明身同上　天名哀郢　鎮人抽思　顛天悲回風○以
上平聲
血穴《周易》上經需六四　實疾即下經鼎九二　實血歸妹上

六　吉失象上傳需　吉失訟　吉失比　吉失室小畜
吉失隨　失節象下傳家人　實節蹇　實節鼎　吉節未濟
○節節節《春秋左傳》成十五年子臧引《志》○附節日九歌・東君　抑替九章・懷沙　匹程同上　一逸遠游○以上入聲

弟十三部陸韵平聲諄文欣魂痕，上聲準吻隱混很，去聲稕問焮慁恨

文文《周易》彖上傳賁　君羣象上傳否　炳蔚君角下傳革　焚聞旅　存門繫辭上傳「成性存存」二句　緼醇繫辭下傳「天地絪緼」二句○訓訓《尚書》洪範全篇多用韵語，今略分見之各部中。「是彝是訓」二語，亦疊字爲韵也。○純循《大戴禮》哀公問五義篇「穆穆純純」以下六句三韵　聞孫武王踐阼篇矛銘　門存《大戴禮》驪駒詩，見《漢書》服虔注。○西巡《禮記》祭義「日出於東」四句　神先雲孔子閒居「清明在躬」六句○晨辰振旂　賁焞軍奔《春秋左傳》僖五年童謡，《外傳》同○附忍隕離騷　門雲九歌・湘夫人　門雲塵大司命　雲先國殤　分陳天問　寘墳同上　云先同上○無「先」字非　貧門九章・惜誦　聞忳同上　忍軫同上　聞患九章・抽思　還聞悲回風　雰媛同上　勤聞遠游　傳垠然存先門同上　門冰同上　天聞鄰同上○以上平聲

弟十四部陸韵平聲元寒桓刪山仙，上聲阮旱緩潸産獮，去聲願翰換諫襉線

邅班《周易》上經屯六二　班漣上六　皤翰賁六四　園戔六五　反連下經蹇九三、六四　變面革上六　干言漸初六　磐衎六二　順實巽順象上傳蒙　願亂履　實願願亂泰　變巽象下傳家人　亂變巽萃　巽願亂漸　順願渙　變願中孚　言蘭繫辭上傳「同心之言」二句　變倦繫辭下傳「通其變」以下四句，用二韵　遠遷「《易》之爲書」以下凡用六韵　言見言遷「八卦以象告」以下　散烜説卦傳「雷以動之」四句　爛反雜卦傳　緩難同上○言愆聲士昏禮庶母命女○然善《大戴禮》哀公問五義「百姓淡然」二句　殘然武王踐阼篇楹銘○安顔言《禮記》曲禮上「坐必安」以下韵語也　斑拳檀弓下「原壤登木」而歌　旦患坊記引逸《詩》○旦顯《左傳》昭三年讒鼎銘　愆言昭四年子産引逸《詩》○然遷越語范蠡引所聞「得時無怠」節　遠反遠范蠡引所聞「聖人之功」節○反遠《論語》子罕篇引逸《詩》○附然安離騷　反遠同上　遷盤同上　淺翩閒九歌・湘君　蘭言湲湘夫人　閒蔓閒山鬼　反遠國殤　暖寒言天問　安遷同上　變遠九章・惜誦　拌援同

上　言然同上　遠壇同上　衍遷哀郢　霰見同上　反遠同上　願進抽思　摶爛橘頌　仙延遠游〇以上平聲

弟十五部陸韵平聲脂微齊皆灰，上聲旨尾薺駭賄，去聲至未霽祭泰怪夬隊廢，入聲術物迄月没曷末黠鎋薛

師尸《周易》上經師六五　係維隨上六　稊妻大過九二　咨洟下經萃上六　藜妻困六三　次資旅六二〇頹壞萎《禮記》檀弓上孔子歌　綏哀檀弓下成人語　違遲悲孔子閒居言「五起」〇水瑰歸懷《春秋左傳》成十七年子叔嬰齊歌　淮坻師昭十二年晉侯投壺詞〇懷歸違哀微依妃晉語國人誦改葬共世子〇哀追《論語》微子篇接輿歌〇附幃祇離騷　雷蛇懷歸九歌・東君　歸懷河伯　懷肥天問　依譏同上〇二句一韵　衰嵬九章・涉江　懷悲遠游　妃歌夷蛇飛徊同上〇以上平聲

視履尾《周易》上經履六三　胏失噬嗑九四　死棄離九四　藟朊下經困上六　娣履視娣歸妹初九、九二、六三　濟尾未濟〇死牝《大戴禮》易本命篇「高者爲生」四句〇罪罪《春秋左傳》桓十年引周諺　尾幾文十七年引古人言　尾裔哀十七年繇辭〇附死體天問　底雉同上　涕弭遠游〇以上上聲

大利《周易》上經坤六二　退遂利下經大壯上六　遂饋家人六二　曳掣劓睽六三　厲貝震六二　沛沫豐九三　内外義謂彖下傳家人　發大害象上傳坤　外敗需　竄掇訟　外大際泰　害敗害晢大有　謂内臨　貴類悖頤　際大歲坎　外害象下傳咸　害大末説同上　位愛謂家人　内貴蹇　位退悖解　悖貴鼎　位快逮旅　外大位害渙　契察夬繫辭下傳「上古結繩」以下　大廢「其道甚大」二句　位氣説卦傳「天地定位」二句　逮悖氣物「水火相逮」以下　外内類退雜卦傳〇發䋄䋄發《考工記》「工人爲柎而發」四句③〇廢世《大戴禮》武王踐阼篇丹書　害大楹銘〇撥蹶越《禮記》曲禮上「衣毋撥」以下　悖佛學記「其施之也悖」二句〇外泄《春秋左傳》隱公元年鄭武姜歌　類異成四年引《史佚之志》　蔽萃匱成九年引《詩》　器罪昭七年楚僕區之法〇骨猾捽晉語伐驪戎兆　蔽察埶越語范蠡引所聞「贏縮以爲常」節〇達适突忽《論語》微子篇周八士，凡用三韵〇慧勢《孟子》公孫丑篇引齊人言　察斃決《孟子》盡心篇〇附刈穢離騷　蔽折同上　艾害同上　枻雪末绝九歌・湘君　裔澨逝蓋湘夫人　帶逝際少司命　繼飽蠥達天問　越活同上　害敗同上　摯説同上　會殺同上〇二句一韵　汏滯九章・涉江　慨邁哀郢　歲逝抽思　濟示懷沙　汨忽同上　喟謂愛類

同上　發達思美人　(至)比厲衞遠游○以上入聲

弟十六部陸韵平聲支佳，上聲紙蟹，去聲寘卦，入聲陌麥昔錫

(儀)卦《易》繫辭傳「易有大極」四句○閲(里)周語富辰引人言

支(壞)(壞)支周語彪傒引《詩》　危埤晉語醫龢引所聞○附蘂

纚離騷　(離)知九歌・少司命　知(螭)九章・涉江○以上平聲

益擊《周易》下經益上九　易適繫辭下傳「上下無常」四句○晳

役《春秋左傳》襄十七年宋謳　縈繫晛哀十三年乞糧辭○附隘

績離騷　畫歷天問　解締九章・悲回風　積擊策蹟適悐

適蹟益(釋)同上　軶蹟卜居○以上入聲

弟十七部陸韵平聲歌戈麻，上聲哿果馬，去聲箇過禡

離歌嗟《周易》上經離九三　沱嗟六五　(陸)儀下經漸上九

和靡中孚九二　罷歌六三　過離小過上六　過(弱)象上傳

傳過　爲嘉象下傳革　義何鼎　何過何小過　地宜繫辭下傳「仰則觀象于天」四句　化宜「神而化之」二句○脞隋墮

《尚書》臯陶謨賡歌　頗義洪範○頗，唐開元中改爲「陂」○嘉宜

士冠禮字辭○義過《大戴禮》武王踐阼篇弓銘　(路)駕《大戴禮》

驪駒詩，見《漢書》服虔注○皮多那皮何《春秋左傳》宣二年宋謳

何多羅襄八年引詩○隨騧論語微子篇「八士」二季○附他

化離騷　差頗同上　化離同上　馳蛇同上　離(虧)同上

可我同上　被離爲九歌・大司命　何離爲同上　池阿

歌同上○或多河波二韵，河伯章語也　河波螭河伯　阿羅山鬼　爲化天問　加(虧)同上　施化同上　多何同上　歌

地同上　宜嘉同上○嘉作「喜」，非。　嘉嗟施何同上　儀

施九章・抽思　化爲思美人　過地橘頌○失過，一作「過失」，誤　儀爲悲回風　馳蛇遠游　靡波同上　移波釃爲漁父

○以上平聲

凡八千五百五十五字

附注：

①「母」是「毋」之誤。

②《考弓記》當作《考工記》。

③「工人」當作「弓人」。

參校書目

（限列附注所涉及者）

十三經注疏附校勘記　中華書局出版
尚書大傳　漢伏勝撰　四部叢刊本
韓詩外傳　漢韓嬰撰　龍溪精舍叢書本　中國書店出版
大戴禮記　漢戴德撰　四部叢刊本
禮箋　清金榜撰　皇清經解本
鄭志　漢鄭玄撰　叢書集成本
五經異議疏證　清陳壽祺撰　皇清經解本
論語古義　清惠棟撰　昭代叢書甲集
經典釋文　四部叢刊本
經典釋文彙校　黃焯撰　中華書局出版
爾雅校箋　周祖謨撰　江蘇教育出版社出版
校輯世本　龍溪精舍叢書本　中國書店出版
汲冢周書　四部叢刊本
國語　上海古籍出版社出版
戰國策集注彙考　諸祖耿撰　江蘇古籍出版社出版
史記　中華書局出版標點本
漢書　中華書局出版標點本
後漢書　中華書局出版標點本
三國志　中華書局出版標點本
晉書　二十五史本　上海古籍出版社等出版
魏書　二十五史本　上海古籍出版社等出版
宋書　二十五史本　上海古籍出版社等出版
南史　二十五史本　上海古籍出版社等出版
隋書　二十五史本　上海古籍出版社等出版
國語補音　宋宋庠撰　文淵閣四庫全書本
穆天子傳　四部叢刊本
華陽國志　晉常璩撰　四部叢刊本
古今注　晉崔豹撰　四部叢刊本
水經注校　王國維撰　上海人民出版社出版
伏侯古今注　漢伏無忌撰　龍溪精舍叢書本　中國書店出版
酉陽雜俎　唐段成式撰　四部叢刊本
讀史方輿紀要　清顧祖禹撰　上海書店出版
大清一統志　文淵閣四庫全書本
通志　浙江古籍出版社出版
老子道德經　諸子集成本　中華書局出版
莊子集釋　清郭慶藩撰　中華書局出版
管子校正　清戴望撰　諸子集成本　中華書局出版

列子集釋　楊伯峻撰　中華書局出版
墨子閒詁　清孫詒讓撰　中華書局出版
荀子集解　王先謙撰　諸子集成本　中華書局出版
孫子十家注　諸子集成本　中華書局出版
晏子春秋集釋　吳則虞撰　中華書局出版
吕氏春秋校釋　陳奇猷撰　學林出版社出版
春秋繁露　漢董仲舒撰　龍溪精舍叢書本　中國書店出版
揚子法言　諸子集成本　中華書局出版
太玄經　漢揚雄撰　四部叢刊本
文子纘義　宋杜道堅撰　二十二子本　上海古籍出版社出版
商君書錐指　蔣禮鴻撰　中華書局出版
韓非子校注　江蘇人民出版社出版
淮南子　二十二子本　上海古籍出版社出版
抱朴子　晉葛洪撰　四部叢刊本
論衡　漢王充撰　四部叢刊本
白虎通德論　漢班固撰　四部叢刊本
顔氏家訓集解　王利器撰　上海古籍出版社出版
初學記　唐徐堅等撰　中華書局出版
韓昌黎全集　中國書店出版
分門集注杜工部詩　四部叢刊本

戴震全書　黄山書社出版
楚辭　宋洪興祖補注　中華書局出版
楚辭集注　宋朱熹撰　上海古籍出版社出版
文選　唐李善注　中華書局出版
文選六臣注　中華書局出版
古文苑　龍溪精舍叢書本　中國書店出版
太平御覽　中華書局出版
樂府詩集　宋郭茂倩編　中華書局出版
補注黄帝内經素問　二十二子本　上海古籍出版社出版
齊民要術　後魏賈思勰撰　四部叢刊本
五經算術　北周甄鸞撰　文淵閣四庫全書本
九章算術　晉劉徽注　叢書集成本
神農本草經　中醫古籍出版社出版
南方草木狀　晉嵇含撰　文淵閣四庫全書本
説文解字　宋徐鉉校定　黄侃手批本　上海古籍出版社出版
説文解字繫傳　宋徐鍇撰　中華書局出版
宋本玉篇　梁顧野王撰　中國書店出版
小爾雅訓纂　漢孔鮒撰　清宋翔鳳訓纂　龍溪精舍叢書本　中國書店出版
釋名　漢劉熙撰　四部叢刊本

參校書目

釋名疏證補　清王先謙撰集　上海古籍出版社出版
方言箋疏　清錢繹撰集　中華書局出版
新校互注宋本廣韻　余迺永校注　上海辭書出版社出版
五經文字　唐張參撰　文淵閣四庫全書本
九經字樣　唐唐玄度撰　文淵閣四庫全書本
類篇　宋司馬光等撰　中華書局出版
集韻　宋丁度等撰　上海古籍出版社出版
廣雅疏證　清王念孫撰　江蘇古籍出版社出版
六書故　元戴侗撰　文淵閣四庫全書本
一切經音義　唐玄應撰　叢書集成本
四庫全書總目　中華書局出版
康熙字典　上海書店印行
古今通假會典　高亨撰　齊魯書社出版
讀書雜志　清王念孫撰　江蘇古籍出版社出版
經義述聞　清王引之撰　江蘇古籍出版社出版
惜抱軒文集　清姚鼐撰　四部叢刊本
嘉定錢大昕全集　江蘇古籍出版社出版
説文解字羣經正字　清邵瑛撰　續修四庫全書本　上海古籍出版社出版
説文解字段注考正　清馮桂芬撰　續修四庫全書本　上海古籍出版社出版

六書音韻表　周祖謨訂正　音韻學叢書本　中華書局出版
説文段注研究　余行達撰　巴蜀書社出版
説文解字注　上海古籍出版社出版
説文解字注　宋文民整理　徐复、李傳書審閲　傳世藏書本　海南國際新聞出版中心出版
説文解字讀　北京師範大學出版社影印本

筆畫索引

説明

(一)本索引收録《説文解字》全部單字，包括重文。

(二)單字按筆畫數排列。同筆畫者，單字少的按第一筆，單字多的按一二筆的筆形依次排列。筆形順序爲：一丨丿丶乛。筆畫數與筆形完全相同者，按其在《説文》中出現的先後順序排列。同部首的字相對集中排列。

(三)起筆順序依慣例。起筆筆形依新字形。一丨丿丶乛以外的筆形作如下規定：

(1)趯(㇀)作橫(一)，但趯和點(丶)相連的作點。

(2)捺(㇏)作點(丶)，短撇(㇒)和點(丶)對稱的也作點。

(3)筆形帶鈎或曲折的作折(乛)。

三畫

〔一〕

〔丨〕

〔丿〕

〔丶〕

〔乛〕

四畫

〔一〕

〔丨〕

〔丿〕

六畫

七畫

[一]

筆畫索引

七畫

八畫

［一］

九畫

十畫

〔一〕

十一畫

[一]

十二畫

〔一〕

〔丨〕

十三畫

[一]

十四畫

[一]

十四畫

筆畫索引 十四畫

十五畫

〔一〕

筆畫索引

十五畫

十六畫

［一］

［丿］

十七畫

〔一〕

筆畫索引 十七畫

十八畫

【一】

十九畫

[一]

筆畫索引 十九畫

二十畫

〔一〕

筆畫索引　二十畫

二十一畫

二十二畫

【丨】

【冖】

二十三畫

【一】

二十五畫

二十六畫

二十七畫

類比字索引

類比字是段氏爲一篆作注時，牽涉到的相關字。段氏在注中比較這些字與本篆及有關字的同異、古今、正俗、正譌、形變、音變、同義、近義、反義、異義、假借等種種關係。爲便於讀者檢索這方面的内容，特編製本索引。索引每項上字爲類比字，下面括號内是本篆，再下是本篆出現的頁碼。如：

合（祫）……九

即在本書九頁「祫」篆下段注中，有段氏關於「合」與「祫」或牽涉到的其它相關字之間關係的訓釋内容。

本表按類比字筆劃編排，筆劃相同的字，按起筆及以下各筆筆形横、竪、撇、點、折的先後爲序編排。

四畫

〔一〕

〔丨〕

〔丿〕

〔丶〕

五畫

七畫

八畫

［一］

類比字索引

十一畫

〔一〕

類比字索引

十一畫

十二畫

十三畫

〔一〕

［丶］

十四畫

[一]

十五畫

十六畫

十七畫

〔一〕

十八畫

【一】

十九畫

二十畫

二十一畫

二十四畫

二十五畫